2016

2º EDIÇÃO

WANDER GARCIA E RENAN FLUMIAN

COORDENADORES

TUDO *em* UM

PARA CONCURSOS DO

TRT

ANALISTA E TÉCNICO

PAULA TSENG

ORGANIZADORA

EDITORA FOCO

Coordenadores: Wander Garcia e Renan Flumian
Organizadora: Paula Tseng
Autores: Wander Garcia, Ana Paula Garcia, André Justo, Arthur Trigueiros, Bruna Vieira, Cíntia Rodrigues, Eduardo Dompieri, Enildo Garcia, Felippe Monteiro, Fernando Cavalcante, Flavia M. Barros, Gabriela R. Pinheiro, Helder Satin, Henrique Subi, Hermes Arrais Alencar, Hermes Cramacon, Ivo Tomita, Joelson Sampaio, Licínia Rossi, Luiz Carlos Fabre, Luiz Dellore, Magally Dato, Márcio Alexandre Pereira, Maria do Carmo Milani, Renan Gomes de Pieri, Renato Montans de Sá, Robinson Sakiyama Barreirinhas, Teresa Melo e Tiago Queiroz
Editor: Márcio Dompieri
Gerente Editorial: Paula Tseng
Equipe Editora Foco: Georgia Renata Dias e Ivo Shigueru Tomita
Capa: R2 Editorial
Projeto gráfico: Ladislau Lima
Diagramação: R2 Editorial
Gráfica: Impressul

Dados Internacionais de Catalogação na Publicação (CIP)
(Câmara Brasileira do Livro, SP, Brasil)

Tudo em um para concursos de TRT 2016 : doutrina completa + questões comentadas / [coordenadores Wander Garcia, Renan Flumian ; organizadora Paula Tseng]. -- 2. ed. -- Indaiatuba, SP : Editora Foco Jurídico, 2016. -- (Tudo em um para concursos)

1. Brasil. Tribunal Regional do Trabalho 2. Concursos públicos - Brasil I. Garcia, Wander. II. Flumian, Renan. III. Tseng, Paula. IV. Série.

ISBN: 978-85-8242-151-2

16-00849 CDU-347.998.4(81)(079.1)

Índices para catálogo sistemático:

1. Brasil : Tribunal Regional do Trabalho : Questões comentadas : Concursos públicos 347.998.4(81)(079.1)

Atualizações e erratas: A presente obra é vendida como está, sem garantia de atualização futura. Porém, atualizações voluntárias e erratas são disponibilizadas no site www.editorafoco.com.br, na seção *Atualizações*. Esforçamo-nos ao máximo para entregar ao leitor uma obra com a melhor qualidade possível e sem erros técnicos ou de conteúdo. No entanto, nem sempre isso ocorre, seja por motivo de alteração de software, interpretação ou falhas de diagramação e revisão. Sendo assim, disponibilizamos em nosso site a seção mencionada (*Atualizações*), na qual relataremos, com a devida correção, os erros encontrados na obra. Solicitamos, outrossim, que o leitor faça a gentileza de colaborar com a perfeição da obra, comunicando eventual erro encontrado por meio de mensagem para contato@editorafoco.com.br.

Impresso no Brasil (04.2016)
Data de Fechamento (03.2016)

MISTO
Papel produzido a partir de fontes responsáveis
FSC
www.fsc.org

2016

Editora Foco Jurídico Ltda
Al. Júpiter 578 - Galpão 01 – American Park Distrito Industrial
CEP 13347-653 – Indaiatuba – SP
E-mail: contato@editorafoco.com.br
www.editorafoco.com.br

AUTORES

Wander Garcia – @wander_garcia

Procurador do Município de São Paulo. Professor e coordenador do IEDI. Doutor e Mestre em Direito pela PUC/SP.

Ana Paula Garcia

Procuradora do Estado de São Paulo. Professora do IEDI. Pós-graduada em Direito.

André Nader Justo

Economista formado pela UNICAMP.

Arthur Trigueiros – @proftrigueiros

Procurador do Estado de São Paulo. Professor da Rede LFG e do IEDI. Autor de diversas obras de preparação para Concursos Públicos e Exame de Ordem. Pós-graduado em Direito.

Bruna Vieira – @profa_bruna

Advogada. Professora do IEDI, PROORDEM, LEGALE, ROBORTELLA e ÊXITO. Palestrante e professora de Pós-Graduação em Instituições de Ensino Superior. Autora de diversas obras de preparação para Concursos Públicos e Exame de Ordem. Pós-graduada em Direito.

Cíntia Martins Rodrigues

Advogada. Professora Assistente IEDI.

Eduardo Dompieri – @eduardodompieri

Professor do IEDI. Autor de diversas obras de preparação para Concursos Públicos e Exame de Ordem. Pós-graduado em Direito.

Enildo Garcia

Especialista em Matemática Pura e Aplicada (UFSJ), Analista de Sistemas (PUC/RJ). Professor-tutor da pós-graduação em Matemática (UFSJ – UAB).

Felippe Monteiro

Advogado. Professor do IEDI e de cursos preparatórios. Mestre em Direito por *Harvard Law School*. Mestre em Gestão e Políticas Públicas pela Fundação Getúlio Vargas.

Fernando Cavalcante

Professor assistente do IEDI. Especialista em Processo Civil pela PUC/SP. Monitor de Processo Civil na PUC/SP. Advogado.

Flavia M. Barros

Procuradora do Município de São Paulo. Mestre em Direito Administrativo pela PUC/SP. Doutoranda em Direito Administrativo pela USP. Professora de Direito Administrativo.

Gabriela Rodrigues Pinheiro

Advogada. Pós-Graduada em Direito Civil e Processual Civil pela Escola Paulista de Direito. Professora Universitária e do IEDI Cursos *On-line* e preparatórios para concursos públicos exame de ordem. Autora de diversas obras jurídicas para concursos públicos e exame de ordem.

Helder Satin

Desenvolvedor de sistemas Web e Gerente de projetos. Professor do IEDI. Professor de Cursos de Pós-Graduação. Graduado em Ciências da Computação, com MBA em Gestão de TI.

Henrique Subi – @henriquesubi

Agente da Fiscalização Financeira do Tribunal de Contas do Estado de São Paulo. Mestrando em Direito Político e Econômico pela Universidade Presbiteriana Mackenzie. Especialista em Direito Empresarial pela Fundação Getúlio Vargas e em Direito Tributário pela UNISUL. Professor de cursos preparatórios para concursos desde 2006. Coautor de mais de 20 obras voltadas para concursos, todas pela Editora Foco.

Hermes Arrais Alencar

Procurador Federal. Mestre em Direito Previdenciário pela PUC/SP. Professor do CPC Marcato, do EPD e do JUSPODIVM. Autor de diversas obras de Direito Previdenciário.

Hermes Cramacon – @hermescramacon

Advogado. Professor do Complexo Damásio de Jesus e do IEDI. Pós-Graduado em Direito.

Ivo Tomita – @ivoshigueru

Especialista em Direito Tributário pela PUC/SP – Cogeae. Autor e organizador de obras publicadas pela Editora Foco. Advogado e colaborador da Editora Foco.

Joelson Sampaio

Bacharel em Economia pela Universidade de São Paulo, Mestre em Finanças pela EAESP – FGV. *Summer Program in Finance na Kellogg School of Management*. Doutorando em Teoria Econômica – Universidade de São Paulo. Doutorando em Finanças Corporativas e Mercados Financeiros – Fundação Getúlio Vargas. Professor de Finanças dos cursos de graduação da PUC-SP e FECAP. Professor tutor de Finanças da FGV-*Online*. Professor de pós-graduação do SENAC-SP. Tem experiência na área de Finanças e Economia, com ênfase em finanças empresariais (corporate finance), atuando principalmente nos seguintes temas: *venture capital* e *private equity*, mercado de capitais e governança corporativa.

Licínia Rossi – @liciniarossi

Advogada. Mestre em Direito Constitucional pela PUC/SP. Especialista em Direito Constitucional pela Escola Superior de Direito Constitucional. Professora Exclusiva de Direito Administrativo e Constitucional na Rede Luiz Flávio Gomes de Ensino (LFG). Professora de Direito na UNICAMP.

Luiz Carlos Fabre

Procurador do Trabalho e Professor de Cursos Preparatórios para Concursos.

Luiz Dellore – @dellore

Doutor e Mestre em Direito Processual Civil pela USP. Mestre em Direito Constitucional pela PUC/SP. Professor do Mackenzie, EPD, IEDI, IOB/Marcato e outras instituições. Advogado concursado da Caixa Econômica Federal. Ex-assessor de Ministro do STJ. Membro do IBDP (Instituto Brasileiro de Direito Processual), do IPDP (Instituto Panamericano de *DerechoProcesal*) e diretor do CEAPRO (Centro de Estudos Avançados de Processo). Colunista do portal jota.info.

Magally Dato

Agente de Fiscalização do Tribunal de Contas do Município de São Paulo e Professora de Língua Portuguesa.

Márcio Alexandre Pereira

Advogado. Especialista pela Escola Superior do Ministério Público. Mestre pelo Mackenzie. Professor das disciplinas de Direito Civil e Direito Processual Civil em Cursos Preparatórios de Exame de Ordem e Concursos Públicos. Professor de Cursos de Extensão Universitária e de Pós-graduação da Escola Superior da Advocacia e da Escola Paulista de Direito.

Maria do Carmo P. Milani

Advogada graduada pela PUC/SP.

Renan Gomes De Pieri

Doutorando e Mestre em Economia pela FGV-SP. Consultor do Banco Mundial (*poverty, gender and equity group*). Professor com passagens pela graduação e pós-graduação do Mackenzie, Fecap e Insper.

Renato Montans de Sá – @RenatoMontans

Advogado. Mestre e Especialista em Direito Processual Civil pela PUC/SP. Professor da Rede LFG. Coordenador do curso de Pós-graduação em Direito Processual Civil Moderno da Universidade Anhanguera-Uniderp/Rede LFG.

Robinson Sakiyama Barreirinhas – robinson.barreirinhas@gmail.com

Secretário Municipal dos Negócios Jurídicos da Prefeitura de São Paulo. Professor do IEDI. Procurador do Município de São Paulo. Autor e coautor de mais de 20 obras de preparação para concursos e OAB. Ex-Assessor de Ministro do STJ.

Teresa Melo

Procuradora Federal e Assessora de Ministro do STJ. Professora do IEDI.

Tiago Queiroz

Diretor de Cartório Judicial e Pós-Graduado em Direito.

COMO USAR O LIVRO

Para que você consiga um ótimo aproveitamento deste livro, atente para as seguintes orientações:

1º Tenha em mãos um ***vademecum*** ou **um computador** no qual você possa acessar os textos de lei citados. Neste ponto, recomendamos o **Vade Mecum de Legislação FOCO**, que é o Vade Mecum com o melhor conteúdo impresso do mercado, acompanha, em livro à parte, Mini Vade Mecum de Jurisprudência com 1 ano de informativos do STF e do STJ. – confira em www.editorafoco.com.br.

2º Para cada ponto da matéria, **você deve primeiro começar pela teoria**, ou seja, começar pela leitura do resumo. **Em seguida, deve fazer as questões correspondentes.** Um exemplo vai deixar mais claro qual é o procedimento. Imagine que você comece a estudar por Direito Administrativo. Você deverá ler os resumos de "regime-administrativo" e de "princípios administrativos" (matérias conexas) e, em seguida, resolver as questões desses mesmos temas. Após, deve ler o resumo de "poderes administrativos" e, em seguida, resolver as questões de "poderes administrativos". E assim por diante. O foco é esse: revisão da teoria e treinamento, revisão da teoria e treinamento, revisão da teoria e treinamento! Você pode estudar uma disciplina inteira e ir até o fim ou estudar várias disciplinas ao mesmo tempo (por exemplo, duas disciplinas por dia). Mas você não pode deixar de seguir a regra de revisar a teoria e logo em seguida resolver as questões de cada ponto de cada disciplina. Vai mais uma dica: alterne capítulos de acordo com suas preferências; leia um capítulo de uma disciplina que você gosta e, depois, de uma disciplina que você não gosta tanto ou não sabe muito, e assim sucessivamente. Dessa forma, você será sempre premiado ao terminar uma disciplina mais complicada pra você.

3º **Quando estiver lendo o resumo, grife os trechos que você considerar mais importantes.** Esses trechos serão lidos novamente quando faltar uma semana para a prova, junto com outras anotações que você fará quando estiver resolvendo as questões.

4º Iniciada a resolução das questões, tome o cuidado de ler cada uma delas **sem olhar para o gabarito e para os comentários**; se a curiosidade for muito grande e você não conseguir controlar os olhos, tampe os comentários e os gabaritos com uma régua ou um papel; na primeira tentativa, é fundamental que resolva a questão sozinho; só assim você vai identificar suas deficiências e "pegar o jeito" de resolver as questões; marque com um lápis a resposta que entender correta, e só depois olhe o gabarito e os comentários.

5º **Leia com muita atenção o enunciado das questões.** Ele deve ser lido, no mínimo, duas vezes. Da segunda leitura em diante, começam a aparecer os detalhes, os pontos que não percebemos na primeira leitura.

6º **<u>Grife</u> as palavras-chave, as afirmações e a pergunta formulada.** Ao grifar as palavras importantes e as afirmações você fixará mais os pontos-chave e não se perderá no enunciado como um todo. Tenha atenção especial com as palavras "correto", "incorreto", "certo", "errado", "prescindível" e "imprescindível".

7º Leia os comentários e também **cada dispositivo legal** neles mencionados; não tenha preguiça; abra o *vademecum* e leia os textos de leis citados, tanto os que explicam as alternativas corretas, como os que explicam o porquê de ser incorreta dada alternativa; você tem que conhecer bem a letra da lei, já que mais de 90% das respostas estão nela; mesmo que você já tenha entendido determinada questão, reforce sua memória e leia o texto legal indicado nos comentários.

8º Leia também os **textos legais que estão em volta** do dispositivo; por exemplo, se aparecer, em Direito Penal, uma questão cujo comentário remete ao dispositivo que trata da falsidade ideológica, aproveite para ler também os dispositivos que tratam dos outros crimes de falsidade; outro exemplo: se aparecer uma questão, em Direito Constitucional, que trate da composição do Conselho Nacional de Justiça, leia também as outras regras que regulamentam esse conselho.

9º Depois de resolver sozinho a questão e de ler cada comentário, você deve fazer uma **anotação ao lado da questão**, deixando claro o motivo de eventual erro que você tenha cometido; conheça os motivos mais comuns de erros na resolução das questões:

DL – "desconhecimento da lei"; quando a questão puder ser resolvida apenas com o conhecimento do texto de lei;

DD – "desconhecimento da doutrina"; quando a questão só puder ser resolvida com o conhecimento da doutrina;

DJ – "desconhecimento da jurisprudência"; quando a questão só puder ser resolvida com o conhecimento da jurisprudência;

FA – "falta de atenção"; quando você tiver errado a questão por não ter lido com cuidado o enunciado e as alternativas;

NUT – "não uso das técnicas"; quando você tiver se esquecido de usar as técnicas de resolução de questões objetivas, tais como as da **repetição de elementos** ("quanto mais elementos repetidos existirem, maior a chance de a alternativa ser correta"), das **afirmações generalizantes** ("afirmações generalizantes tendem a ser incorretas" - reconhece-se afirmações generalizantes pelas palavras *sempre, nunca, qualquer, absolutamente, apenas, só, somente exclusivamente* etc.), dos **conceitos compridos** ("os conceitos de maior extensão tendem a ser corretos"), entre outras.

Obs.: se você tiver interesse em fazer um Curso de "Técnicas de Resolução de Questões Objetivas", recomendamos o curso criado a esse respeito pelo IEDI Cursos *Online*: www.iedi.com.br.

10ª Confie no **bom-senso**. Normalmente, a resposta correta é a que tem mais a ver com o bom-senso e com a ética. Não ache que todas as perguntas contêm uma pegadinha. Se aparecer um instituto que você não conhece, repare bem no seu nome e tente imaginar o seu significado.

11ª Faça um levantamento do **percentual de acertos de cada disciplina** e dos **principais motivos que levaram aos erros cometidos**; de posse da primeira informação, verifique quais disciplinas merecem um reforço no estudo; e de posse da segunda informação, fique atento aos erros que você mais comete, para que eles não se repitam.

12ª Uma semana antes da prova faça uma **leitura dinâmica** de todos os **grifos** e **anotações** que você fez.

13ª Para que você consiga ler o livro inteiro, faça um bom **planejamento**. Por exemplo, se você tiver 90 dias para ler a obra, divida o número de páginas do livro pelo número de dias que você tem, e cumpra, diariamente, o número de páginas necessárias para chegar até o fim. Se tiver sono ou preguiça, levante um pouco, beba água, masque chiclete ou leia em voz alta por algum tempo.

14ª Desejamos a você, também, muita **energia**, **disposição**, **foco**, **organização**, **disciplina**, **perseverança**, **amor** e **ética**!

Wander Garcia e Renan Flumian

Coordenadores

APRESENTAÇÃO

A experiência diz que aquele que quer ser aprovado em concursos de ponta precisa **ENTENDER A TEORIA** e **TREINAR MUITO**.

A presente obra traz solução completa nesse sentido.

Na primeira parte do livro você vai **ENTENDER A TEORIA** a partir de uma **SUPER-REVISÃO** com 712 páginas de resumos altamente sistematizados e atualizados com legislação e jurisprudência do momento.

Na segunda parte da obra você vai **TREINAR MUITO**, resolvendo mais de 2.300 questões comentadas, alternativa por alternativa, inclusive com a indicação de dispositivos legais e de decisões judiciais a serem compreendidos sempre que necessários.

O livro traz a revisão e o treinamento de praticamente todas as disciplinas que caem nos concursos do TRT, e você ainda ganha acesso, por sete dias, ao curso de Direito Administrativo do IEDI Cursos *On-line*.

Mesmo sendo uma obra de revisão, num volume apenas, buscou-se a todo tempo apresentar o conteúdo mais forte possível, com legislação atualizada e altíssima sistematização, tornando o livro um material com excelentes conteúdo e qualidade.

A obra nasceu da experiência prática dos Coordenadores da Coleção, que, por muitos anos como Professor ou Coordenador dos maiores Cursos Preparatórios do País, perceberam que os examinandos, com a aproximação das prova de concursos (em qualquer das fases: objetiva, discursiva ou oral), precisavam de um material que pudesse condensar as principais informações para o exame, em texto sistematizado e passível de ser lido em sua completude em tempo hábil para uma sólida preparação.

É por isso que podemos dizer que, agora, você tem em suas mãos a **REVISÃO** e o **TREINAMENTO DOS SONHOS** para fazer Concursos do TRT – Analista e Técnico. Revisão e treinamento esses que certamente serão decisivos para a sua **APROVAÇÃO**!

Wander Garcia e Renan Flumian
Coordenadores

SUMÁRIO

DOUTRINA COMPLETA 1

5. DIREITO ADMINISTRATIVO 119

6. DIREITO CONSTITUCIONAL 215

7. DIREITO PENAL – PARTE ESPECIAL 297

11. DIREITO PROCESSUAL DO TRABALHO 603

12. DIREITO PREVIDENCIÁRIO 663

QUESTÕES COMENTADAS 715

1. ADMINISTRAÇÃO PÚBLICA 717

2. ADMINISTRAÇÃO FINANCEIRA E ORÇAMENTÁRIA 733

3. REGIMENTO INTERNO 747

4. LEI 8.112/1990 755

5. LEI 8.666/1993 767

6. DIREITO ADMINISTRATIVO 777

7. DIREITO CONSTITUCIONAL 819

CAPÍTULOS *ON-LINE*

Como ter acesso ao Capítulos *On-line*?

Entre no site
www.editorafoco.com.br

clique em
Atualizações

e baixe o arquivo
Capítulos *On-line*

DOUTRINA COMPLETA

1. Administração Pública

Felippe Monteiro

1. PROCESSO ORGANIZACIONAL

A pergunta que todos devem se fazer quando analisam a Administração Pública e suas facetas, sob o ponto de vista da gestão pública, é como atua a gestão pública. Os juristas diriam que, tendo em vista o princípio da legalidade, o poder público deverá agir na forma da lei. No entanto, uma resposta ainda mais completa seria que a administração atua por meio de processo organizacional.

E o que seria o processo organizacional?

> Processo organizacional consiste na forma em que a Administração Pública atua, visando atingir determinado objetivo, por meio da aplicação de seus escassos recursos financeiros.

O processo organizacional pode ser dividido em 4 aspectos, ou 4 funções, como defendem alguns doutrinadores: (A) planejamento, (B) organização, (C) direção e (D) controle.

Essas funções podem ser retratadas pelo seguinte diagrama:

Diagrama

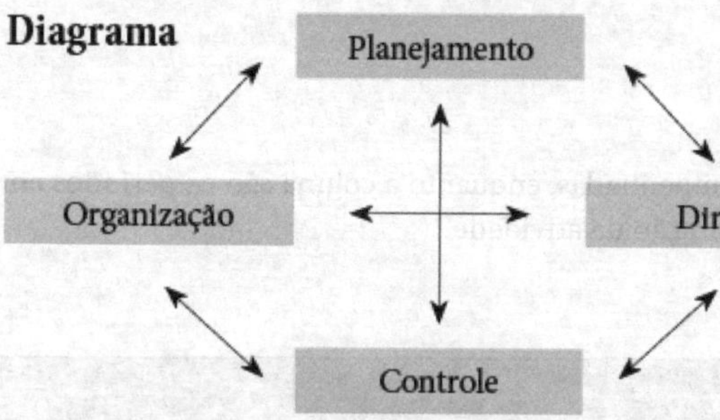

Esse diagrama retrata claramente o processo organizacional. Pode-se entender como a Administração atua apenas pela visualização da figura. Por meio de um planejamento, estrutura-se o objetivo que se almeja e a forma como se deve alcançá-lo. Definido o objetivo, a Administração deve direcionar os seus esforços, por meio da organização de sua estrutura para alcançar o resultado pretendido. E é claro, deve-se controlá-lo a todo momento para verificar se a administração está na direção correta.

Outro ponto importante: todas as funções se comunicam entre si. É uma via de múltiplas mãos, assim como se visualiza pelo diagrama.

Diante disso, convém analisarmos, de forma pormenorizada, cada uma dessas funções.

1.1. Planejamento

O que seria planejamento?

> Planejamento consiste na função que delimita os problemas que se busca solucionar, define objetivos a atingir e as medidas adequadas para alcançá-los. Planejamento é o passo inicial que define o que a Administração Pública deve fazer, como fazer e quando fazer.

O que está por trás do planejamento é a diminuição das incertezas do futuro, por meio de uma reflexão, visando adiantar os problemas e propor objetivos de longo prazo. Chiavenato define planejamento como "processo de estabelecer objetivos e definir a maneira como alcançá-los".

Outra definição de planejamento que vale a pena a transcrição é a de Djalma de Oliveira:

"Planejamento é um processo desenvolvido para o alcance de uma situação futura desejada, de um modo mais eficiente, eficaz e efetivo, com a melhor concentração de esforços e recursos da empresa"(Djalma de Oliveira).

Um ponto importante em relação a função de planejamento, que muitas pessoas cometem equívocos ao utilizar um instituto como o outro, diz respeito à diferença entre objetivos e planos. Objetivos consistem nos resultados ou metas que se buscam alcançar, ao passo que os planos caracterizam-se pela identificação dos recursos necessários, as tarefas a serem executadas e as ações a serem observadas em determinado período, visando facilitar as operações da administração.

Essa diferenciação ficará mais clara quando analisarmos os passos do processo de planejamento elaborado por Shermerhon, que são os seguintes:

1. Definição dos objetivos
2. Determinação da situação atual
3. Desenvolvimento de premissas para o futuro
4. Análise e escolha das alternativas
5. Implementação do plano e avaliação dos resultados.

Assim, o primeiro passo do planejamento consiste na definição dos objetivos. Depois, se faz uma análise do contexto atual, de forma a entender a distância entre o objetivo pretendido e a situação atual da Administração. Diante disso, estrutura-se premissas que podem ajudar o alcance do objetivo. O penúltimo passo é analisar todas as premissas e verificar qual delas é mais eficaz para alcance dos objetivos. Por mim, deve-se implementar o plano e avaliar contantemente os resultados.

Uma outra pergunta que comumente se faz sobre o planejamento é qual seria a vantagem desta função. Sobral e Paci definiram que seriam vantagens do planejamento o seguinte: (i) dá um norte à Administração Pública, (ii) ajuda no autoconhecimento da empresa, (iii) ajuda a focar os esforços, (iv) ajuda na motivação e no comprometimento, (v) define os parâmetros de controle.

Os tipos de planejamento são:

✓ Planejamento Estratégico
✓ Planejamento Tático
✓ Planejamento Operacional

As características do Planejamento Estratégico podem ser resumidas nos seguintes termos:

a) orientado para o longo prazo.
b) envolve a participação de toda a organização.
c) busca o consenso.
d) forma de aprendizagem organizacional.
e) fundamenta-se na (i) visão do futuro, (ii) fatores ambientais externos, e (iii) fatores organizacionais internos.

Por sua vez, o Planejamento Tático caracteriza-se pelo (a):

a) envolver de uma unidade organizacional específica: uma diretoria, uma divisão ou um departamento;
b) orientação para o médio prazo, geralmente o exercício de 1 ano;
c) planejamento tático que geralmente envolve: (i) planos de produção, (ii) planos financeiros, (iii) planos de marketing e (iv) planos de recursos humanos.
d) políticas que são exemplos de planos táticos, na medida em que funcionam como orientação geral, consubstanciadas em um objetivo para tomada de decisão.

No que se refere ao Planejamento Operacional, tem-se as seguintes características:

a) como se depreende do próprio nome, diz respeito às tarefas realizadas no nível operacional, ou seja, preocupa-se com as atividades do dia a dia (o que fazer e como fazer).
b) planejamento operacional foca no curto prazo, abrangendo cada uma das tarefas individualmente.
c) os planos operacionais estão voltados para a eficiência (ênfase nos meios), pois a eficácia (ênfase nos fins) é problema dos níveis institucional e intermediário da organização.
d) os planos operacionais são classificados em: (i) procedimentos (método), (ii) orçamentos (dinheiro), (iii) programas (tempo), e (iv) regulamentos (pessoas).

Importante destacar as diferenças entre procedimentos, orçamentos e programas, sendo que todos consistem em instrumento para o Planejamento Operacional.

Chiavenato, define procedimento como "uma sequência de etapas ou passos que devem ser rigorosamente seguidos para a execução de um plano. Constitui séries de fases detalhadas indicando como cumprir uma tarefa ou alcançar uma meta previamente estabelecida. Assim, os procedimentos são subplanos de planos maiores".

Nesse sentido, evidencia-se que procedimento é mais específico do que as políticas. Em relação ao orçamento, este refere-se ao dinheiro, considerando determinado período de tempo. Pode se referir ao gasto e despesas de determinado setor ou serviço.

Programas, por sua vez, são planos operacionais que levam em consideração: (i) tempo, e (ii) atividades que devem ser executadas.

Alguns exemplos de programas

a) Cronograma: gráfico que as linhas são as atividades ou tarefas a serem desempenhadas, enquanto a coluna são os períodos em dia, semanas ou meses. No cronograma, os traços horizontais representam a duração da atividade.

Cronograma

Atividades	Jan	Fev	Mar	Abr	Mai	Jun	Jul	Ago
Projeto do novo produto								
Definição de componentes								
Projeto dos componentes								
Aprovação final								
Projeto de produção								
Aquisição de maquinário								
Instalação das máquinas								

Adaptado Chiavenato

b) Gráfico de Gantt: é um cronograma, em que as colunas caracterizam-se por semanas.

Gráfico de Gantt:

Atividades	Jan	Fev	Mar	Abr	Mai	Jun	Jul	Ago
Projeto do novo produto								
Definição de componentes								
Projeto dos componentes								
Aprovação final								
Projeto de produção								
Aquisição de maquinário								
Instalação das máquinas								

Adaptado Chiavenato

c) PERT (Program Evaluation Review Technique): baseia-se em 5 fatores: (i) rede básica, (ii) alocação de recursos, (iii) considerações de tempo e espaço, (iv) rede de caminhos, e (v) caminho crítico.

Quadro Preparatório para elaboração do PERT:

	Atividades	Dias	Tempo Otimista		Tempo Pessimista		Folga	Pré-requisito
			Início	Fim	Início	Fim		
1	Projeto do novo produto	5	1	5	1	5	0	–
2	Definição de componentes	20	6	25	6	25	0	1
3	Projeto dos componentes	25	26	50	26	50	0	2
4	Projeto de produção	13	51	63	51	63	0	3
5	Admissão de pessoa	25	20	25	20	25	0	3
6	Treinamento de pessoa	50	30	80	46	63	5	5
7	Aquisição das máquinas	20	2	35	54	25	19	2
8	Instalação das máquinas	10	64	65	64	65	0	4 e 7
9	Produção experimental	5	66	66	66	66	0	6 e 8
10	Testes dos protótipos	5	67	71	67	71	0	9
11	Início da operação	8	72	70	72	79	0	10

Adaptado Chiavenato

Diagrama PERT

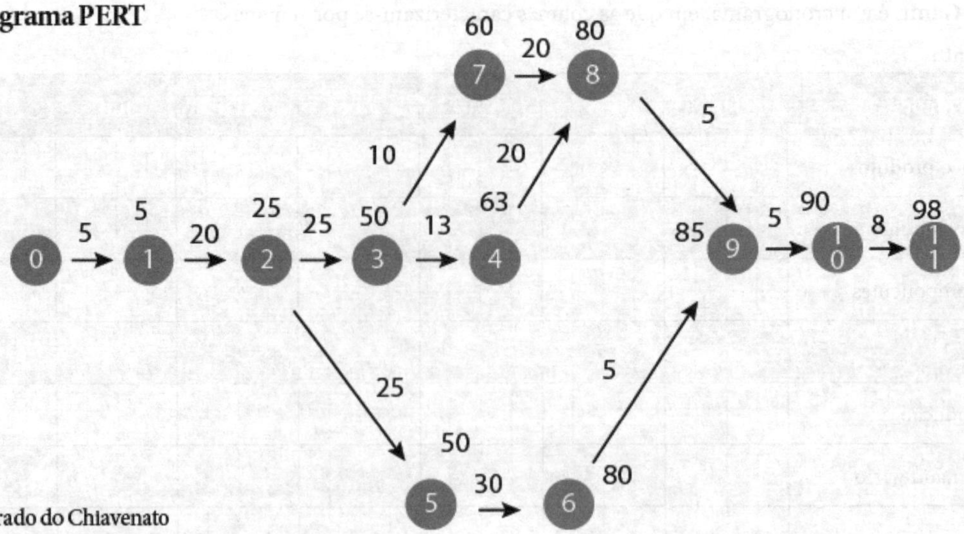

Retirado do Chiavenato

Importante destacar algumas considerações sobre o PERT:

a) A rede básica consiste em três fatores: (i) eventos, que representam os pontos de decisão ou cumprimento da tarefa (círculo do PERT), (ii) as atividades são representadas pelas setas, e constituem os esforços físicos ou mentais, e (iii) as relações entre as tarefas são indicadas pela sequência desejada.

b) Sempre deve-se elaborar primeiramente o quadro preparatório.

c) Além de ferramenta de planejamento, serve também como ferramenta de controle, por facilitar a identificação dos problemas, e, por conseguinte, a implementação de medidas corretivas.

A fim de finalizar esta seção sobre o planejamento, convém destacar algumas diferenças entre os tipos desta função, que podem ser visualisados pela tabela abaixo:

Nível Organizacional	Tipo de Planejamento	Conteúdo	Tempo	Amplitude
Institucional	Estratégico	Genérico e Sintético	Longo prazo	Macrorientado Aborda a organização com um todo.
Intermediário	Tático	Menos genérico e mais detalhado	Médio prazo	Aborda cada unidade organizacional separadamente
Operacional	Operacional	Detalhado e Analítico	Curto prazo	Microrientado Aborda cada operação separadamente

1.2. Organização

A outra função do processo organizacional é a organização. De nada adianta, planejar o futuro da Administração, se todos os insumos não estão organizados para alcançar o objetivo planejado.

Nesse sentido, deve-se definir o que se entende por organização. Consoante as palavras de Chiavenato, podemos dividi-la em: (i) unidade ou entidade social; e (ii) função do processo organizacional.

1. Organização como uma unidade ou entidade social: As pessoas interagem entre si visando atingir determinado objetivo comum. Nesse conceito, organização pode ser qualquer tipo de órgão, entidade, empresa etc.

✓ Organização formal: baseada em uma divisão racional do trabalho, contemplando a interação e diferenciação dos órgãos, representado por um organograma.

✓ Organização informal: baseada nos relacionamentos interpessoais dos ocupantes dos cargos.

2. Organização como função administrativa de organizar: Parte integrante do processo organizacional, caracterizando-se como o "ato de organizar, estruturar e integrar os recursos e os órgãos incumbidos de sua administração e estabelecer relações entre eles e suas atribuições".

Diante disso, a organização como função administrativa de organizar leva ao conceito de estrutura organizacional.

1.2.1. Estrutura Organizacional

a) Definição:

É a arquitetura organizacional que permite a divisão, organização e coordenação das atividades dos membros da organização.

b) Unidade organizacional:

Cada divisão dentro da organização é denominada de unidade. Assim, departamentos, seções, diretorias, equipes são considerada unidades organizacionais.

Nas palavras de Chiavenato:

"A função administrativa de organizar conduz necessariamente à criação da estrutura organizacional, a qual pode ser definida como:

1. O conjunto de tarefas formais atribuídas às unidades organizacionais – divisões ou departamentos – e às pessoas.

2. As relações de subordinação, incluindo linhas de autoridade, responsabilidade pelas decisões, número de níveis hierárquicos e amplitude do controle administrativo.

3. As comunicações para assegurar coordenação eficaz entre órgãos e pessoas ao longo das unidades organizacionais.

1.2.2. Estrutura Vertical

✓ Difícil imaginar uma organização com uma estrutura integralmente horizontal. Isso porque faz parte de qualquer organização a hierarquização.

✓ A estrutura vertical envolve três elementos: (i) hierarquia administrativa, (ii) amplitude de controle e (iii) o grau de centralização ou descentralização do processo de tomada de decisão.

1.2.2.1. Hierarquia Administrativa

a) Conceito: é a divisão da organização em níveis de administração, visando assegurar o cumprimento das tarefas e o alcance dos seus objetivos.

b) Função: propiciar que as pessoas exerçam suas tarefas e deveres de maneira eficiente e eficaz.

Sobre o conceito de hierarquia administrativa, importante destacar as palavras de Chiavenato, nos seguintes termos: "A hierarquia administrativa é consequência da divisão do trabalho, ou seja, existe para assegurar que o trabalho pulverizado entre os diversos componentes da organização seja devidamente executado."

c) Divisão de trabalho: Princípio fundamental, que decorre da ideia de hierarquia administrativa, que enuncia que o trabalho é melhor executado (eficiente), por meio da especialização dos empregados. Ou seja, é o grau em que as tarefas organizacionais são divididas e fragmentadas em atividades separadas.

Críticas atuais:

✓ Quando exagerada, os empregados passam a fazer trabalhos simples e repetitivos, podendo levá-los a fatigas mentais.

✓ Menor desafio, menor motivação.

d) Cadeia de Comando: trata-se da "linha contínua de autoridade que liga todas as pessoas de uma organização e mostra quem se subordina a quem." (Chiavenato)

Teoria Clássica:

– Princípio da unidade de comando: cada empregado se subordina a apenas um chefe.

– Princípio escalar: linhas claramente definidas de autoridade que faz com que os empregados saibam exatamente a quem se reportar.

e) Autoridade: "é o direito formal e legítimo de tomar decisões, dar ordens e alocar recursos para alcançar objetivos organizacionais desejados". (Chiavenato)

Características

– Autoridade decorre de posição organizacional, não de pessoas

– Autoridade deve ser aceita pelos subordinados (Teoria da Aceitação da Autoridade)

– Autoridade do topo da hierarquia é maior do que abaixo.

– Autoridade é compatível com a responsabilidade.

f) Atribuição: consiste no "mecanismo pelo qual a autoridade e a responsabilidade são distribuídas entre as pessoas ou os órgãos da organização, ficando sujeitos a se reportarem e a justificarem os resultados de suas atividades aos seus superiores na cadeia de comando." (Chiavenato)

g) Delegação: processo pelo qual o administrador delega autoridade e responsabilidade a empregado abaixo na cadeia de comando.

h) Autoridade de linha e *Staff*: Autoridade de linha são os órgãos responsáveis pelo cumprimento dos objetivos principais da organização, enquanto os órgãos de *staff* são os responsáveis por complementar e apoiar os órgãos de linha.

1.2.2.2. Amplitude Administrativa (Amplitude de Controle)

a) Conceito: diz respeito ao número de empregado que deve se reportar a um administrador. Ou seja, quanto maior a amplitude de controle, maior é o número de subordinado para cada administrador.

Organização alta x Organização achatada

– A amplitude do controle determina se uma organização será alta ou achatada.

– A estrutura alta produz uma amplitude estreita e muitos níveis hierárquicos.

– A estrutura achatada produz uma amplitude maior e menos níveis hierárquicos.

Organização alta (Verticalizada)

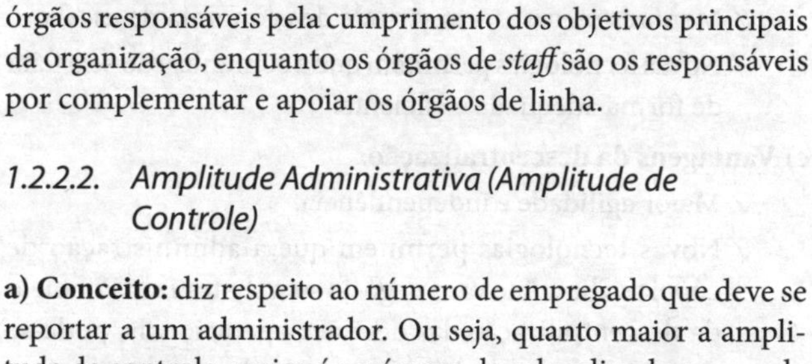

3 níveis administrativos

Organização achatada (Horizontalizada)

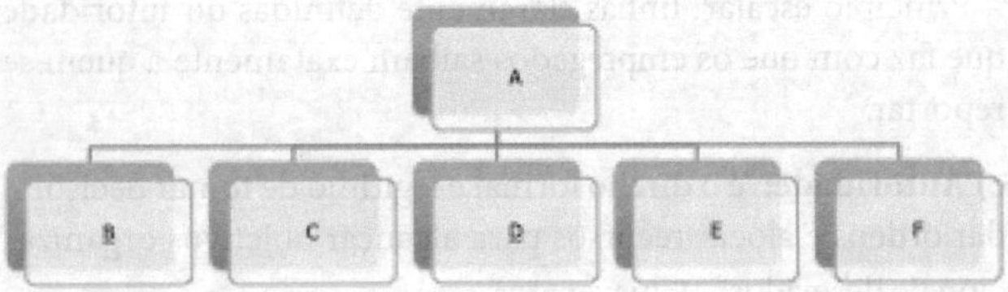

2 níveis administrativos

1.2.2.3. Centralização/Descentralização

a) Definição: Se a autoridade para decidir estiver situada no topo da estrutura, estamos diante de uma organização centralizada. Se a autoridade para decidir encontra-se dispersa nos níveis organizacionais mais baixos, estamos diante de uma organização descentralizada.

b) Vantagens da Centralização:

✓ Melhor para coordenar e controlar as atividades.

✓ Evitar que o erro em determinada divisão, devido a uma decisão equivocada, afete a organização como um todo.

✓ Menores recursos, em virtude de economia de escala.

✓ Novas tecnologias permitem que a comunicação seja feita de forma adequada e eficiente.

c) Vantagens da descentralização:

✓ Maior agilidade e independência.

✓ Novas tecnologias permitem que a administração de cúpula saiba como vai o negócio sem centralizar. Por meio da descentralização das decisões operacionais, pode-se gastar tempo controlando os resultados.

1.2.3. Desenho departamental

a) Conceito: "O desenho departamental refere-se à especialização horizontal da organização e ao seu desdobramento em unidades organizacionais que recebem o nome de departamentos ou divisões". (Chiavenato)

b) Departamentalização: "significa o agrupamento de atividades em unidades organizacionais e o agrupamento destas unidades em uma organização total". (Chiavenato).

c) Abordagens da departamentalização:

(i) Funcional: baseia-se nas habilidades e conhecimentos.

(ii) Divisional: baseia-se em resultados organizacionais. Agrupa-se em vários departamentos dentro da divisão, e cada divisão é autônoma para produzir produto/serviço. Pode ter variações de acordo com processo, localização geográfica, clientes etc.

(iii) Matricial: combinação da divisional e funcional.

(iv) Equipes: substituem-se os órgãos definitivos por equipes, de modo a horizontalizar a estrutura organizacional. Equipe permanente e multifuncionais.

(v) Rede: uma empresa desintegra as suas funções em diversas outras empresas, ligadas por uma organização central.

1.3. Direção

Dentro do processo organizacional, a direção é a única função interpessoal, enquanto as outras são impessoais. A função de direção consiste na comunicação entre o administrador e o subordinado, visando atingir o objetivo delimitado no momento do planejamento.

Nesse sentido, convém transcrever as palavras de Chiavenato:

"A direção é a função administrativa que se refere ao relacionamento interpessoal do administrador com seus subordinados. Para que o planejamento e a organização possam ser eficazes, eles precisam ser complementados pela orientação e pelo apoio às pessoas, por meio de uma adequada comunicação, liderança e motivação, características essas que um administrador deve possuir para conseguir dirigir pessoas com eficiência".

1.3.1. Teorias sobre direção

1.3.1.1. Teoria X e teoria Y

✓ Criada por Douglas McGregor, um dos maiores especialistas em teoria comportamental.

✓ A ideia é que cada administrador possui uma concepção própria sobre o comportamento das pessoas que tende a moldar sua relação com os subordinados.

1.3.1.1.1. Teoria X

✓ Como o administrador pensa que as pessoas em geral são passivas, preguiçosas e sem qualquer atitude proativa, ele tende a dirigir e controlar os subordinados de maneira rígida e intensiva, fiscalizando de perto todo o trabalho do empregado.

✓ Pessoas tratadas desta forma, por óbvio, não conseguirão se motivar, o que a faz responder com falta de interesse e estímulo, fazendo aumentar a pressão do administrador.

✓ Essa maneira é considerada negativa e arcaica, e é baseada na desconfiança.

1.3.1.1.2. Teoria Y

✓ O administrador dirige as pessoas com maior participação, flexibilidade e responsabilidade, na medida em que parte do pressuposto que as pessoas têm iniciativa própria.

✓ O administrador que age de acordo com a teoria Y delega mais e ouve mais os subordinados, visto que acredita na criatividade e interesse das pessoas.

✓ Essa teoria é moderna, e baseada na confiança.

1.3.2. Sistemas Administrativos

✓ Teoria de Likert, outro expoente da teoria comportamental.

✓ O estudo de Likert leva em consideração algumas variáveis:

(i) Processo decisorial: o administrador tanto pode centralizar o processo decisório ou descentralizá-lo. E pode exercer uma supervisão direta, rígida e fechada sobre os subordinados (estilo

autocrático) ou mais genérica, aberta, orientadora e democrática (estilo democrático).

(ii) Sistemas de comunicação: podem-se adotar tanto fluxos descendentes de ordens e ascendentes de informação (comunicação rígida e vertical), quanto fluxos desenhados para proporcionar acesso a todos os dados necessários ao desempenho (comunicação horizontal e vertical aberta e intensa).

(iii) Relacionamento interpessoal: o administrador pode tanto criar cargos especializados, em que as pessoas não conversam entre si ou cargos que permitam um trabalho maior em grupo, em operações autogerenciadas e autoavaliadas.

(iv) *Sistemas de punição e recompensas*: o administrador pode adotar um sistema baseado na punição e no medo, visando a obediência dos subordinados ou um sistema baseado em recompensas para estimular as pessoas.

✓ Diante dessas variáveis, Likert concluiu que existem quatro sistemas administrativos: (a) autoritário-coercitivo, (b) autoritário-benevolente, (c) consultivo, e (d) participativo.

Sistema 1: autoritário-coercitivo

✓ O sistema mais fechado e arbitrário de administrar uma organização.

✓ Coercitivo e coativo, impondo regras e regulamentos, e exigindo a rígida obediência.

✓ Decisões monopolizadas na cúpula da organização.

✓ Não há flexibilidade, acesso às informações e o indivíduo deve trabalhar de forma isolada.

✓ Utiliza-se punição e castigos (motivação negativa) para reforçar a obediência.

Sistema 2: autoritário-benevolente

✓ Menos coercitivo e coativo que o sistema 1.

✓ As decisões repetitivas, operacionais, que podem ser revistas pela cúpula, poderiam ser delegadas a níveis inferiores da organização.

✓ Menores restrições à liberdade, comparando-se com o Sistema 1.

✓ O fluxo de informação é mais dinâmico. Ordem e instruções de cima para baixo e informação de baixo para cima.

✓ Apesar de algumas desconfianças, há uma maior permissão para relacionamento entre as pessoas.

✓ Apesar de utilizar ainda sistemas de punição e castigos (motivação negativa), começa-se a pensar em alguma recompensa também.

Sistema 3: Consultivo

✓ Mais aberto que o sistema 1 e 2.

✓ Esse sistema dá margem para as pessoas contribuirem no processo decisório.

✓ Descentralização e delegação das decisões.

✓ *O sistema se apoia na confiança nas pessoas, o que permite maior interação interpessoal, e, por conseguinte, maior trabalho em grupo.*

✓ *As comunicações são intensas. Apesar de serem verticalizadas, ainda, há comunicação horizontal.*

✓ *Sistema utiliza muitas recompensas, e menos punições.*

Sistema 4: participativo

✓ É o sistema mais aberto e democrático de todos.

✓ Como o próprio nome diz, permite e incentiva a delegação do processo decisório nos níveis mais baixos da organização, exigindo apenas o controle por resultados pela cúpula.

✓ Baseia-se na confiança das pessoas, incentivando o trabalho em equipe e a responsabilidade.

✓ O fluxo de comunicação é tanto vertical quanto horizontal.

✓ Utiliza-se o sistema de recompensa, sendo as punições raras.

1.4. Controle

A função de controle é importante porque ela verifica a todo momento se os objetivos estão sendo perseguidos ou não. E isso está intimamente ligado com o funcionamento de todas as outras funções administrativas.

Nessas bases, importante destacar as palavras de Chiavenato sobre controle:

"A função administrativa de controle está relacionada com a maneira pela qual os objetivos devem ser alcançados por meio da atividade das pessoas que compõem a organização. O planejamento serve para definir os objetivos, traçar as estratégias para alcançá-los e estabelecer os planos de ação. A organização serve para estruturar as pessoas e os recursos de maneira que trabalhem de forma organizada e racional. A direção mostra os rumos e dinamiza as pessoas para que utilizem os recursos da melhor maneira possível. Por fim, o controle serve para que todas as coisas funcionem de maneira certa e no tempo certo."

Destarte, o controle caracteriza-se como função administrativa presente em todos os níveis organizacionais, responsável por monitorar e avaliar constantemente as atividades e operações das empresas.

Por níveis organizacionais, quer-se dizer que:

(i) Nível institucional – Controle estratégico

(ii) Nível intermediário – Controles táticos

(iii) Nível operacional – Controles operacionais

1.4.1. Processo do controle

A função administrativa de controle segue as seguintes etapas:

(i) Estabelecimento de objetivos ou padrões de desempenho (padrões de qualidade, padrões de quantidade, padrões de tempo, padrões de custo).

(ii) Avaliação ou mensuração do desempenho atual.

(iii) Comparação do desempenho atual com os objetivos ou padrões estabelecidos.

(iv) Tomada de ação corretiva para corrigir possíveis desvios ou anormalidades.

1.4.2. *Características do controle*

A função administrativa de controle caracteriza-se pelos seguintes aspectos:

1. Orientação estratégica para resultados, focalizando as atividades essenciais.
2. Os dados devem ser compreensíveis.
3. O controle deverá ser flexível, de modo a se adequar a novas circunstâncias e situações.
4. Orientação rápida para as exceções, indicando eventuais desvios e o que deve ser feito para consertar.
5. Natureza positiva, evitando se ater em sistemas de punições.
6. Clareza e objetividade.
7. Autocontrole, proporcionando participação de todas as pessoas envolvidas.

1.4.3. *Tipos de controle*

1.4.3.1. *Controles estratégicos (controle organizacional)*

a) Conceito (Chiavenato): "Constituem o sistema de decisões de cúpula que controla o desempenho e os resultados da organização como um todo, tendo por base as informações externas – que chegam do ambiente exterior – e as informações internas – que sobem internamente por meio dos vários níveis organizacionais".

b) Tipos:

(i) Balanços e relatórios financeiros: aspectos como volume de vendas, produções, lucros.

(ii) Controle dos lucros e perdas: demonstrativo de L&P permite uma visão sintética da posição em determinado período, e comparação com determinadas áreas.

(iii) Análise do retorno sobre o investimento (RSI): relação de ganho em relação ao investimento de capital.

1.4.3.2. *Controles táticos*

a) Conceito (Chiavenato): "Os controles táticos são feitos no nível intermediário e referem-se a cada uma das unidades organizacionais – sejam departamentos, divisões ou equipes."

b) Tipos:

(i) Controle orçamentário: análise dos tipos de planos de resultados esperados, tendo como base o dinheiro. Trata-se de processo de monitorar e controlar despesas programadas de diversas unidades organizacionais, apontando erros e indicando a forma de corrigir.

(ii) Contabilidade de custos: informação sobre distribuição e análise de custos (custo fixo, custos variáveis), (gráfico do ponto de equilíbrio), mostra como os níveis de vendas e os custos totais afetam os lucros da empresa.

1.4.3.3. *Controles operacionais*

a) Conceito: Controle realizado no nível operacional da organização, levando em consideração o curto prazo.

b) Tipos:

(i) Ação disciplinar: realizar sobre o comportamento das pessoas, visando orientar ou corrigir desvios feitos, podendo ser positiva (recompensas) e negativa (penalizações).

(ii) Controle de estoques: inventário é o nome que se dá ao volume de produto ou material no estoque. Deve-se buscar que o o estoque corresponda ao tamanho certo para as tarefas a serem executadas.

Ex.: LEC (Lote Econômico de Compra), consiste em um método de controle do inventário que envolve a compra de determinados materiais sempre que o número cair a um determinado nível. Proporciona a reposição do estoque no momento em que o anterior foi esgotado, reduzindo, assim, o seu custo.

(iii) Controle de qualidade: ciclo PDCA.

1.4.4. *Ciclo PDCA (deming)*

✓ Também conhecido como *ciclo da melhoria contínua.*

✓ Trata-se de um processo que visa maximizar a eficiência e buscar a excelência.

✓ Parte-se da insatisfação como o *status quo* e pressupõe a análise do processo com vistas a torná-lo melhor.

✓ 4 etapas:

(i) Planejar a mudança (*to plan*)
(ii) Implementá-la (*to do*)
(iii) Verificar o resultado (*to check*)
(iv) agir corretivamente (*to act correctly*)

✓ Considerado uma ferramenta oficial do setor público, foi regulamentado pelo antigo Ministério da Administração e Reforma do Estado (MARE).

2. COMPORTAMENTO ORGANIZACIONAL

Após estudar processo organizacional, importante passar-se a análise de comportamento organizacional. Trata-se de ciência interdisciplinar, que estuda a dinâmica das organizações e como os grupos e indivíduos se comportam e interagem dentro dela.

Nessas bases, para entender como funciona o comportamento organizacional, importante iniciarmos com a definição do que seria *cultura organizacional*:

2.1. Cultura organizacional

Cultura organizacional caracteriza-se como norma informal que direciona o comportamento dos indivíduos dentro da organização, visando alcançar os objetivos organizacionais.

Na definição de Chiavenato temos cultura organizacional como: "conjunto de hábitos e crenças, que foram estabelecidos por normas, valores, atitudes e expectativas e que são compartilhados por todos os membros da organização".

Destaca-se que a Cultura organizacional deve estar alinhada com o processo organizacional (planejamento, organização, direção e controle).

A cultura organizacional existe em três níveis:

(i) **Artefatos:** tudo aquilo visível e perceptível dentro da organização. São os padrões de comportamentos dos membros de uma organização. Ex.: Quando se percorrem determinadas organizações, podem se notar como as pessoas se vestem, como se comportam etc.

(ii) **Valores compartilhados**: todos os valores relevantes tanto para a organização e pessoas e demonstram as razões pelas quais elas agem. São as justificativas aceitas por todos os membros (filosofia, estratégias e objetivos).
(iii) **Pressuposições básicas:** as normas não escritas, que englobam todas as crenças inconscientes, percepções, pensamentos e sentimentos que os indivíduos acreditam.

Assim, para se compreender a cultura de uma organização torna-se essencial conhecer os artefatos, valores compartilhados e pressuposições básicas.

Existem diversas culturas diferentes. Há culturas mais conservadores que mantém ideias tradicionais, ultrapassadas, enquanto que há culturas mais modernas, caracterizadas por novos hábitos, flexibilidade, de acordo com um mundo mais dinâmico.

Uma conclusão importante sobre a cultura organizacional é que esta tem impacto no desempenho econômico da empresa, e cada vez mais estamos observando uma mudança da cultura da obediência para a cultura do compromisso.

2.1.1. *Tese da reciprocidade*

Esta tese parte do pressuposto de que há uma forte interação psicológica entre os indivíduos e a organização, gerando um processo de reciprocidade. Nas palavras de Chiavenato:

"A organização oferece incentivos para o participante e, além disso, remunera-o, oferece segurança e *status quo* e cria condições para que ele trabalhe adequadamente. De forma recíproca, o participante responde com contribuições, trabalhando, esforçando-se e desempenhando suas tarefas conforme solicitado. A organização espera que o participante atenda às suas exigências e necessidades e, por seu turno, o empregado espera que a organização aja corretamente com ele e decida com justiça e equidade."(Chiavenato)

2.2. Clima organizacional

Clima organizacional consiste no meio interno da organização, ou seja, somente os integrantes terão a percepção de como é o clima. Trata-se de atmosfera psicológica.

Destaca-se que o clima organizacional varia de um departamento para outro, e considerando a organização como um todo.

O clima organizacional está intimamente ligado com as propriedades motivacionais do ambiente interno da organização, constituindo a qualidade do ambiente percebida pelos participantes da empresa e que influencia os respectivos comportamentos.

O clima organizacional é subjetivo, e tem influência direta nos resultados da organização.

2.3. Motivação

As necessidades das pessoas podem ser designadas como desejos, objetivos individuais ou motivos. Motivo caracteriza-se como força interna que impulsiona e influencia todas as atividades da pessoa. Logo, necessidade e/ou motivo constituem a fonte interna de motivação.

Apesar da existência de particularidades entre as pessoas (experiências pessoais, individualidades psicológicas etc.), elas são semelhantes no que diz respeito à forma como as pessoas se organizam para obter a satisfação. Daí a importância de sistematizar as teorias sobre motivação, que servem como instrumentos para o gestor. Nesse sentido, convém citar Chiavenato:

"As chamadas teorias da necessidades partem do princípio de que os motivos do comportamento residem dentro do próprio indivíduo: sua motivação para agir e se comportar deriva das forças que existem dentro dele próprio. Algumas dessas necessidades são conscientes, enquanto outras não."

2.3.1. *Teorias sobre motivação*

2.3.1.1. *Teoria das necessidades de Maslow:*

Essa teoria se baseia na ideia de que as necessidades humanas estão arranjadas em uma pirâmide de importância e de influência comportamental das pessoas. Na base das pirâmides encontram-se as necessidades básicas, enquanto que no topo estão as mais idealizadas, conforme retrata a figura a seguir.

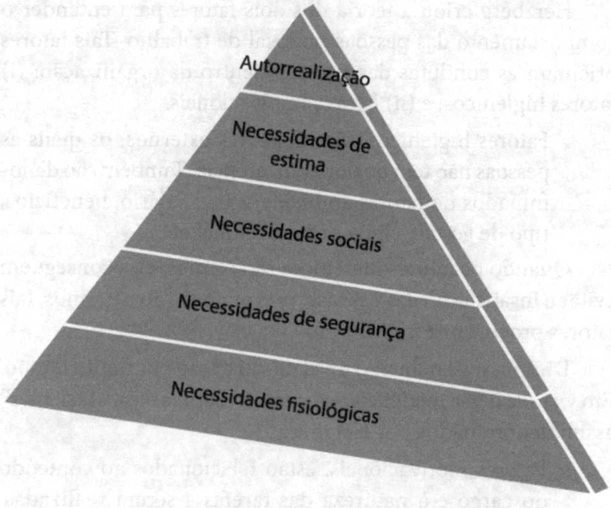

- ✓ Necessidades fisiológicas: São as necessidades biológicas e básicas do indivíduo: alimentação (fome e sede), descanso (sono), abrigo (calor e frio). Quando essas necessidades não estão satisfeitas, o indivíduo só pensa em satisfazê-las.
- ✓ Necessidades de segurança: são as necessidades de proteção das pessoas. Tem ampla relação com a ideia de estabilidade e permanência no emprego.
- ✓ Necessidades sociais: são as necessidades de integração das pessoas com as outras. Sociabilidade.
- ✓ Necessidade de estima: são as necessidades relacionadas com a aprovação social e de consideração. As pessoas devem ser autoconfiantes.
- ✓ Necessidade de autorrealização: São as necessidades que levam as pessoas a realizarem todo o seu potencial.

2.3.1.2. *Ciclo motivacional*

A motivação funciona de maneira cíclica. As fases do ciclo motivacional se repetem a todo momento. (i) as pessoas tendem a um estado de equilíbrio, (ii) se houver qualquer necessidade, o equilíbrio se rompe, criando uma (iii) tensão, que modifica o comportamento (iv) até satisfazer a necessidade e voltar ao Estado de equilíbrio.

2.3.1.3. *Modelo contigencial de Vroom*

Vroom defende que para se alcançar a motivação deve-se levar em consideração a interação de três fatores:

(i) Expectativas: O desejo de alcançar os objetivos individuais. Ex.: mais dinheiro, mais segurança, mais aceitação etc.

(ii) Recompensas: a relação percebida entre a produtividade e o cumprimento dos objetivos. Ex.: Trabalha por dinheiro e recebe por produção.

(iii) Relação entre expectativas e recompensas: capacidade percebida de influenciar o próprio nível de produtividade. Ex.: Se a pessoa perceber que o seu esforço tem pouco efeito no resultado, tenderá a não se esforçar muito.

2.3.1.4. *Teoria dos fatores higiênicos e motivacionais de Herzberg*

Herzberg criou a teoria dos dois fatores para entender o comportamento das pessoas no local de trabalho. Tais fatores orientam as condutas das pessoas dentro da organização: (i) fatores higiênicos, e (ii) fatores motivacionais.

✓ Fatores higiênicos: são os fatores externos, os quais as pessoas não tem qualquer ingerência. Também são denominados de fatores ambientais. Ex.: Salário, benefícios, tipo de gestão, clima organizacional etc.

Quando os fatores higiênicos são ótimos, eles conseguem evitar a insatisfação das pessoas, mas quando são péssimos, tais fatores provocam a insatisfação.

É impossível manter o nível de satisfação por muito tempo. Em virtude dessa tendência, existem os "fatores insatisfacientes", assim denominados por Herzberg.

✓ Fatores motivacionais: estão relacionados ao conteúdo do cargo e à natureza das tarefas a serem realizadas. Está sob controle da pessoa, já que está relacionado com aquilo que ela faz.

Os fatores motivacionais têm relação direta com os sentimentos de crescimento, de se fazer um trabalho desafiador etc.

Quando são ótimos, aumenta a satisfação da pessoa no trabalho, e quando precários evitam a satisfação.

Recebem o nome de "fatores satisfacientes".

*Os fatores são independentes entre si.

3. GESTÃO DE PESSOAS

3.1. Liderança

A liderança é um fenômeno que ocorre em grupos sociais e que consiste na influência interpessoal exercida em determinada situação, por meio de comunicação humana, visando atingir certos objetivos específicos.

Nesse sentido, pode-se desmembrar o conceito de liderança nos seguintes tópicos:

(i) A liderança é um tipo de influência entre pessoas. A liderança consiste no processo de alterar o comportamento de outra pessoa, por meio do poder ou autoridade.

Importante destacar que poder é diferente de autoridade. Nesse sentido, importante destacar as seguintes palavras de Chiavenato:

> "O poder significa o potencial de influência de uma pessoa sobre outras; é a capacidade de exercer influência, embora isso não signifique que essa influência realmente seja exercida. Em outras palavras, o poder é o potencial influenciador que pode ou não ser efetivamente realizado. Por outro lado, a autoridade é o poder legítimo, ou seja, o poder que tem uma pessoa em virtude do papel que exerce, de uma estrutura organizacional."

Chiavenato especifica os vários tipos de influência, nos seguintes termos:

✓ **Coação**: forçar, coagir ou constranger mediante pressão, coerção ou compulsão.

✓ **Persuasão**: Prevalecer sobre uma pessoa, sem forçá-la, com conselhos, argumentos ou induções que faça alguma coisa.

✓ **Sugestão**: colocar ou apresentar um plano, uma ideia ou uma proposta a uma pessoa ou grupo, para que considere, pondere ou execute.

✓ **Emulação**: procurar imitar com vigor, para igualar-se ou ultrapassar, ou, pelo menos, chegar a ficar quase igual a alguém.

(ii) A liderança acontece em uma determinada situação. O grau que a pessoa exerce sua liderança não apenas depende de suas características individuais, como também das situações na qual se encontra.

(iii) A liderança é realizada pelo processo de comunicação humana. A arte de induzir as pessoas a cumprirem o que deve ser cumprido.

(iv) A liderança objetiva atingir um ou mais objetivos específicos. "A definição de liderança envolve dois aspectos importantes: o primeiro é a capacidade presumida de motivar as pessoas a fazerem aquilo que precisa ser feito. O segundo é a tendência dos liderandos de seguirem aqueles que percebem como instrumentais para satisfazerem os seus próprios objetivos e necessidades pessoais." (Chiavenato).

3.1.1. *Estilos de liderança*

White e Lippitt realizaram uma pesquisa para verificar o impacto de três estilos diferentes de liderança: (i) liderança autocrática, (ii) liderança liberal, e (iii) liderança democrática.

O resultado desta pesquisa foi o seguinte:

(i) Liderança autocrática: maior volume de trabalho, produzidos com enorme sinais de tensão, frustração e medo.

(ii) Liderança liberal: menos quantidade e qualidade, produzidos com forte sinais de individualismo, insatisfação e pouco respeito com o líder.

(iii) Liderança democrática: apesar de não apresentarem o nível quantitativo elevado, melhorou na qualidade, produzido com um clima de satisfação, integração e comprometimento.

Um resumo desta pesquisa pode ser verificado pelo quadro abaixo:

Itens	Liderança autocrática	Liderança liberal	Liderança democrática
Tomada de decisões	O líder é o único a decidir, sem qualquer participação dos membros do grupo	Participação mínima do líder. Qualquer membro pode tomar a decisão.	O líder estimula o grupo a debater e a decidir sobre as diretrizes.
Programação dos trabalhos	O líder determina a forma e o momento como devem ser executadas as tarefas.	O líder fornece informações somente quando solicitado.	Os membros do grupo especificam as providências com os conselhos do líder.
Divisão do trabalho	O líder delimita a tarefa de cada um dos membros.	O grupo escolhe a divisão das tarefas e a escolha dos colegas.	Todos os membros têm liberdade de dividir as tarefas.
Participação do líder	Líder pessoal e dominador tanto nos elogios quanto nas críticas.	O líder participa somente quando perguntado.	O líder é um membro do grupo. Estimula a todos.

3.1.2. *Liderança centrada na tarefa vs. Liderança centrada nas pessoas*

✓ **Liderança centrada na tarefa (*job centered*)**

✓ Preocupa-se estritamente com a execução das tarefas e com os resultados.

✓ Utilizado pelas empresas com cargos desenhados segundo o modelo clássico de forma padronizada e isolada.

✓ Lembra a Teoria X de McGregor.

✓ **Liderança centrada nas pessoas (*employee centered*)**

✓ Preocupa-se com os aspectos humanos do subordinado, que participa do processo decisório.

✓ Dá mais ênfase na pessoa do que no trabalho em si.

✓ Preocupa-se mais com a meta do que com o método, sem desfocar do desempenho desejado.

✓ Lembra a Teoria Y de McGregor.

3.2. Avaliação de desempenho

Antes de entrar no conteúdo, importante definir alguns conceitos importantes relacionados com os famosos 3Es.

✓ Eficácia: está relacionada com o grau de atingimento de determinado objetivo ("consiste em fazer a coisa certa").

✓ Eficiência: está relacionada com a maneira pela qual fazemos a coisa. ("consiste no como fazemos, método"). Economia de meios, menor consumo etc.

✓ Efetividade: está relacionada com o impacto causado pelo resultado.

A avaliação do desempenho consiste em uma responsabilidade gerencial que deve monitorar os trabalhos da equipe, assim como cada membro isoladamente, comparando os resultados obtidos com os resultados esperados. A avaliação de desempenho preocupa-se com a eficácia e eficiência., e esta se inicia com a escolha da equipe de trabalho.

3.2.1. *Fatores determinantes do desempenho humano*

✓ A contratação e a escolha da equipe deve retratar o perfil adequado para as atividades a serem desempenhadas.

✓ Os objetivos e as metas devem ser devidamente explicitados.

✓ A tarefa deve ser desenhada e redesenhada sob medida para as pessoas, considerando os objetivos propostos.

✓ A motivação também possui papel importante para que as pessoas executem as tarefas de forma adequada e atinjam os objetivos propostos.

✓ O gestor deve buscar sempre obter o reforço positivo (satisfação do funcionário), nos seguintes termos, segundo Chiavenato:

(i) Desenvolver constantemente as habilidades e competências das pessoas como base fundamental para um desempenho eficiente e eficaz.

(ii) Remoção contínua das restrições ambientais que possam afetar negativamente o desempenho humano, como excesso de regras e regulamentos, supervisão cerrada, controles burocráticos, métodos e procedimentos mecânicos e tradicionais.

(iii) A motivação com o incentivo constante das pessoas para que deem o melhor de suas habilidades e competências na execução das tarefas.

(iv) A orientação das pessoas no sentido de dedicarem seu esforço para um desempenho excelente ou, pelo menos, gradativamente excelente.

(v) A avaliação do resultado do desempenho alcançado e a devida recompensa imediata ou a correção adequada, sempre buscando um reforço positivo.

(vi) A satisfação do trabalho, uma vez que ela é consequência do sucesso no desempenho das tarefas e da recompensa percebida.

Com a observância de todos esses fatores, o desempenho poderá ser melhorado constantemente pela própria pessoa, com pouca influência externa. Todavia, caso o desempenho não seja satisfatório, deverá surgir a intervenção externa, por meio do monitoramento, medição, avaliação do desempenho dos indivíduos, a fim de que a todo momento possa direcioná-lo para o rumo correto.

3.2.2. *Como fazer a avaliação*

Passo 1: Formular consensualmente o objetivo e obter o comprometimento de todos.

Passo 2: Definir e alocar os meios e recursos para o alcance do objetivo proposto. Importante desenhar os cargos, tarefas, métodos e processos de trabalhos adequadamente.

Passo 3: Executar as tarefas. Nessa parte, o gestor deverá deixar as pessoas livres, já que dessa forma elas produzem melhor do que quando são supervisionadas de perto. Ideia de Administração participativa.

Passo 4: Medir os resultados e compará-los com os objetivos formulados: deve-se abandonar os controles intermediários e apertar no controle dos resultados. Essa medição deverá ser contínua.

Passo 5: Retroação e avaliação conjunta: a retroação consiste no *feedback* sobre o desempenho de cada individuo e do grupo. Este processo deve se pautar na troca de informações conjuntas, visando guiar os indivíduos nas ações presentes e futuras.

3.2.3. *Avaliação 360 ou Avaliação circular*

Trata-se de um tipo de avaliação em que todas as pessoas da organização trocam impressões entre elas. Ou seja: subordinados, superiores, colegas, clientes etc. Conhecida também como *feedback* em rede.

3.2.4. *Avaliação Participativa por Objetivos (APPO)*

✓ Consiste em uma forma de avaliação. A formulação dos objetivos é feita de forma consensual entre subordinado e gerente.

✓ Há o comprometimento pessoal no cumprimento dos objetivos estabelecidos consensualmente.

✓ Há negociação com o gerente sobre a alocação dos recursos e meios para se alcançarem os objetivos.

✓ Monitoramento dos resultados com base nos objetivos, e *feedback* contínuo.

3.3. Gestão de conflitos

Uma das maiores habilidades que um gestor pode ter consiste na administração de conflitos. Nesse sentido, uma pergunta surge: como ocorrem os conflitos? Como os indivíduos não têm objetivos idênticos, as diferenças de propósitos e interesses geram os conflitos, ocorrendo uma interferência deliberada de uma das partes envolvidas.

Nessa linha, convém citar novamente Chiavenato: "Conflito é muito mais que um simples desacordo ou desavença: constitui uma interferência ativa ou passiva, mas deliberada para impor um bloqueio sobre a tentativa de outra parte alcançar os seus objetivos".

Caso o conflito ocorra entre pessoas, poderá ser:

(i) interno: é o chamado conflito psicológico. De natureza íntima em relação a sentimentos, opiniões. Ex.: Pessoa quer trabalhar na empresa porque dá prestígio, mas ao mesmo tempo não gosta do patrão.

(ii) externo: é o chamado conflito pessoal e ocorre entre pessoas com objetivos antagônicos.

3.3.1. *Níveis de gravidade do conflito*

Há três níveis possíveis de gravidade do conflito:

(i) Conflito percebido: é o conflito em potencial. As partes percebem que o conflito existe porque sentem que os seus objetivos são diferentes dos objetivos dos outros, e que há margem para interferências.

(ii) Conflito experienciado: é o conflito velado, dissimulado. O conflito provoca sentimentos de hostilidade, medo entre uma pessoa e outra.

(iii) Conflito manifesto: conflito aberto. Não há dissimulação entre as partes. O conflito é expresso.

3.3.2. *Abordagem quanto à gestão de conflitos*

O administrador pode fazer três abordagens quanto à administração de conflitos: (i) abordagem estrutural, (ii) abordagem de processo, e (iii) abordagem mista.

3.3.2.1. *Abordagem estrutural*

Baseada no fato de que os conflitos surgem das percepções criadas pelas condições de diferenciação, de recurso limitados e escassos e de interdependência. Se houver a possibilidade de alterar esses elementos, as percepções e os conflitos poderão ser controlados.

A abordagem estrutural atua na condição que gera o conflito, buscando mostrar que as pessoas têm interesses e objetivos que podem ser compartilhados, evitando que as pessoas vejam seus objetivos como incompatíveis (ameaça externa, inimigo comum, sistemas de recompensas formais).

Nesse sentido, se utiliza um sistema de recompensa para retribuir o desempenho conjunto e combinado; a organização cria objetivo comum.

A abordagem estrutural reduz a diferenciação dos grupos, por meio de reagrupamento de indivíduos, de modo que os grupos conflitantes se tornem parte de um grupo maior. Ao rodar em diferentes grupos, o indivíduo começa a perceber que existem outras perspectivas e até objetivos em comuns, antes ocultos.

3.3.2.2. *Abordagem de processo*

Essa abordagem procura reduzir os conflitos por meio da alteração do processo, por meio da intervenção do administrador no conflito. Pode ser utilizada por qualquer uma das partes no conflito, pessoa de fora ou uma terceira parte, como consultor ou gerente neutro.

A abordagem de processo pode ser concretizada de três diferentes formas:

(i) Desativação do conflito. Ocorre quando uma das partes em conflito reage cooperativamente, desarmando o conflito.

(ii) Reunião de confrontação entre as partes. Ocorre quando o ponto de desativação já foi ultrapassado e as partes se preparam para um conflito aberto. As partes se reúnem, exteriorizam as emoções, identificam os motivos do conflito e tentam encontrar soluções que todos ganham.
(iii) Colaboração, passado o ponto de desativação e da reunião de confrontação. As partes trabalham juntas para identificar os problemas e encontrar soluções do tipo ganha/ganha ou soluções que possam contemplar os objetivos das duas partes.

3.3.2.3. *Abordagem mista*

Essa abordagem procura administrar o conflito tanto com aspectos estruturais como processuais, incluindo tanto interferência na estrutura quanto no episódio conflitivo.

A abordagem mista pode ser realizada da seguinte forma:
(i) Influenciar o processo de conflito por meio estruturais, como, por exemplo, criar regras para a solução de conflitos.
(ii) Criar terceiras partes, de modo que criam-se papéis integradores, responsáveis por coordenar os grupos conflitantes em direção aos objetivos organizacionais, e que estejam disponíveis para solucionar e tentar alcançar uma solução ganha/ganha.

As abordagens estruturais, mistas e de processos podem ser resumidas pelo quadro abaixo:

Abordagem estruturais	Abordagem mistas	Abordagem de processos
Fixação de objetivos comuns	Definição de regras e regulamentos	Desativação do conflito
Sistemas de recompensas grupais	Formação de grupos e equipes de trabalho	Confrontação direta
Reagrupamento de pessoas	Papéis de ligação	Colaboração
Rotação de pessoas	Papéis integradores	
Separação de pessoas		

3.3.3. *Efeitos positivos e negativos do conflito*

Podem ser considerados efeitos positivos do conflito:
(i) Despertar sentimento e energia dos membros do grupo, estimulando interesses em descobrir meios eficazes de realizar as tarefas.
(ii) Estimular sentimento de identidade, aumentando a coesão grupal.
(iii) Chamar atenção para problemas existentes na organização.

Os efeitos negativos, por sua vez, são:
(i) Indivíduos sentem-se hostilizados, frustrados e tensos, consequências indesejáveis para a organização.
(ii) Grande parte da energia criada com o conflito é gasta nele mesmo, impedindo a direção para outras atividades mais importantes.
(iii) A cooperação é substituída por condutas mais individualistas.

3.3.4. *Estilos de gestão de conflitos*

Há cinco estilos de administração do conflito, consoante Chiavenato, levando-se em consideração duas dimensões: (i) dimensão assertiva (satisfação de seus próprios interesses), e (ii) dimensão cooperativa (satisfação dos interesses dos outros).

1. Estilo competitivo: "reflete a assertividade para impor o seu próprio interesse e é utilizado quando uma ação pronta e decisiva deve ser rapidamente imposta em ações importantes e impopulares, durante as quais a urgência ou a emergência se torna necessária ou indispensável. O negócio é ganhar"(Chiavenato).
2. Estilo de evitação: "reflete uma postura não assertiva, nem cooperativa e é apropriado quando um assunto é trivial, quando não existe nenhuma possibilidade de ganhar, quando uma demora para obter maior informação se torna necessária ou quando um desentendimento pode ser muito oneroso."
3. Estilo de compromisso: "Reflete uma moderada porção de ambas as características de assertividade e de cooperação. É apropriado quando os objetivos de ambos os lados são igualmente importantes, quando os componentes têm igual poder e ambos os lados querem reduzir as diferenças ou quando as pessoas precisam chegar a alguma solução temporária sem pressão de tempo. O negócio é ter jogo de cintura".
4. Estilo de acomodação. "Reflete um alto grau de cooperação e funciona melhor quando as pessoas sabem o que é errado, quando um assunto é mais importante que outros para cada lado".
5. Estilo de colaboração. "Reflete um alto grau de assertividade e de cooperação. O estilo colaborativo habilita ambas as partes a ganhar, enquanto utiliza uma substancial parcela de negociação e intercâmbio. O estilo de colaboração é importante, quando os pontos de vista das partes podem ser combinados para uma solução mais ampla e quando o compromisso de ambos os lados requer consenso."

4. GESTÃO ESTRATÉGICA E PLANEJAMENTO ESTRATÉGICO

4.1. Gestão estratégica vs Planejamento estratégico

A gestão estratégica caracteriza-se como a forma pela qual a organização dá vida ao planejamento estratégico. A gestão estratégica é a responsável por integrar todos os esforços da administração para atingir os objetivos definidos no plano estratégico.

A gestão estratégica é mais ampla que o planejamento estratégico, haja vista que compreende todo o ciclo do processo administrativo (planejamento, organização, direção e controle).

Enquanto o planejamento estratégico é uma metodologia de planejamento de longo prazo, a gestão estratégica é responsável por gerir em todas as áreas da organização, as ações mais importantes para o futuro da organização.

4.2. Planejamento estratégico

O planejamento estratégico possui as seguintes etapas:

1. Definição da missão, da visão e dos valores.
2. Diagnóstico institucional/estratégico.
3. Definição de questões, objetivos e estratégicas.
4. Desmembramento dos planos.
5. Implementação.
6. Avaliação.

* Importante há autores e concursos públicos que defendem que o diagnóstico vem antes da definição da missão, da visão e dos valores.

4.2.1. Definição da missão, da visão e dos valores

A primeira fase é a definição da missão (razão de ser), da visão (ideal desejado) e dos valores da organização. Essas definições serão os pilares de todo o planejamento estratégico.

Missão é a razão de existir da empresa, e deve expressar a essência da empresa e se orientar para o futuro.

A visão deve estabelecer o consenso da empresa sobre o futuro que se deseja. Deve estabelecer como se espera que a entidade seja vista no futuro e reconhecida por todos. Muito voltada para o público externo.

Na elaboração da visão, deve-se trabalhar com 3 cenários: (i) otimista (o que a organização gostaria de encontrar), (ii) intermediário (o que a organização se prepara para organizar), e (iii) pessimista (o que a organização não gostaria de encontrar).

Valores determinam como cada membro deve se portar no desempenho das atividades rotineiras. Trata-se de princípios, crenças, normas e padrões que orientam as atividades da organização.

4.2.2. Diagnóstico institucional

O diagnóstico define a situação atual da organização, por meio da análise do ambiente interno, ressaltando os pontos fortes e fracos; e do ambiente externo (considerado incontrolável) com as ameaças e oportunidades.

Utiliza-se a famosa matriz SWOT (*Strengths, Weaknesses, Opportunities and Threats*).

4.2.3. Definição de questões, objetivos e estratégias

✓ Questões estratégicas: são questões abrangentes e relevantes que trazem preocupações que possam abalar o sucesso da organização no futuro. Devem ser respondidas para encontrar solução adequada antes de traçar os objetivos e estratégicas.

✓ Objetivo: deve demonstrar o resultado que a organização deve buscar, transformando a situação atual que se visa modificar. Muitos desses objetivos se encontram relacionados com as respostas às questões anteriores. Por óbvio, devem-se buscar objetivos que envolvam a combinação de pontos fortes e oportunidades. O objetivo deve ser claro, direto e fácil de se mensurar.

✓ Estratégia: é o caminho escolhido pela organização para alcançar os objetivos.

4.2.4. Desmembramento dos planos

✓ Plano (produto do planejamento) ordena os objetivos gerais e os divide em objetivos específicos.

✓ Plano é a ligação entre o planejamento e a implementação.

✓ Plano identifica e ordena as ações necessárias para atingir os objetivos.

✓ Os planos devem ser alinhados com a visão, missão, objetivos gerais e a estratégia, e podem ser organizados em programa.

✓ Programa contém conjunto de ações e projetos e preocupam-se em organizar um objetivo específico do plano.

✓ Depois deve haver o desmembramento dos planos estratégicos, em planos táticos e planos operacionais.

4.2.5. Implementação

A implementação é a execução dos planos operacionais e programas, que compreende um conjunto de atividades.

4.2.6. Avaliação

Medir o desempenho atual e compará-lo com as expectativas fixadas.

5. *BALANCED SCORECARD* ("BSC")

Atualmente o grande problema relacionado às medidas e aos indicadores é que estes se restringem apenas a aspectos financeiros, deixando de lado outros aspectos importantes da empresa.

Nesse sentido, os indicadores financeiros não revelam os esforços empregados por outras áreas da empresa não envolvidas na produção.

Assim, tendo em vista a necessidade de se criar um método orientado para a organização como um todo – e não só por aspectos financeiros – criou-se o BSC, fundado no equilíbrio organizacional.

O BSC consiste em modelo de gestão estratégica voltado para o futuro das organizações, por meio do alinhamento de um conjunto de indicadores (financeiros e não financeiros) com a visão, missão e estratégias.

A atuação das organizações é medida pelos indicadores, e os indicadores do BSC utilizam as variáveis críticas do desempenho da empresa.

Importante destacar que o BSC não é utilizado para elaboração do planejamento estratégico, mas, sim, para a sua gestão.

O BSC pode ser utilizado por toda a empresa ou por determinado departamento, podendo medir inclusive a contribuição pessoal de cada pessoa.

Segundo Kaplan e Norton, criadores do BSC, as empresas utilizam-se desse modelo de gestão para "alinhar os objetivos individuais e da unidade com a estratégia adotada pela empresa; vincular os objetivos estratégicos com as metas de longo prazo e com os orçamentos anuais; e revisar periodicamente a estratégia, focando o aprendizado e a melhoria desta."

O BSC baseia-se em quatro perspectivas básicas: (i) finanças, (ii) clientes, (iii) Processos internos, (iv) Aprendizagem/crescimento pessoal.

(i) Finanças: análise da empresa sob o ponto de vista financeiro. Avalia a empresa frente à lucratividade, ao retorno sobre o investimento etc.

(ii) Clientes: análise de como a empresa é considerada pelo cliente e como ela pode atendê-lo da melhor forma possível. As empresas devem definir quem são os seus clientes. Os indicadores devem mostrar se os produtos e/ou serviços satisfazem o cliente: retenção de cliente, participação no mercado etc.

(iii) Processos internos: análise do negócio do ponto de vista interno da organização. Deve-se incluir indicadores que garantam a qualidade do serviço ou produto ofertado para o cliente. Trata-se de análise de processo interno que cria valor para o cliente, aumentando a produtividade e trazendo melhores resultados. Ex.: Indicador de qualidade, produtividade, inovação, logística, comunicação interna etc.

(iv) Aprendizagem e crescimento organizacional: análise da capacidade da organização em melhorar continuamente e se preparar para obter sucesso no futuro. Ex.: Indicadores e medidas podem ser treinamentos, competência, motivação etc.

✓ Não necessariamente as organizações precisam se ater a essas perspectivas, podendo criar quantas necessárias para a sua realidade.

Nas palavras de Chiavenato: "O BSC busca estratégias e ações equilibradas em todas as áreas que afetam o negócio da organização como um todo, permitindo que os esforços sejam dirigidos para as áreas de maior competência e detectando e indicando as áreas para eliminação de incompetências. É um sistema focado no comportamento e não no controle."

Todas as perspectivas do BSC são relacionadas entre elas. Ou seja: há uma relação de causa e efeito. É o que se chama de união de esforços para se alcançar o resultado almejado.

O mapa estratégico serve para melhorar a visualização da estratégia e as relações de causa e efeito entre as perspectivas. Nesse sentido, convém analisar o mapa estratégico retirado do site da justiça federal:

As principais críticas ao BSC são:

(i) As relações de causa e efeito são vagas. Logo, não há como afirmar que determinadas causas levam a determinados efeitos e vice-versa.

(ii) Há pouca interação e inovação em relação ao ambiente externo.

(iii) A partir do momento que se define a estratégia e se elabora o mapa estratégico, as estratégicas ficam rígidas, influenciando negativamente o processo de adequação às constantes mudanças do ambiente.

Com a reforma gerencial de 1995, a utilização do BSC pelas organizações públicas entrou na pauta.

Como os indicadores de desempenho tradicionais se mostraram insuficientes e inadequados, surge a ideia de se utilizar o BSC.

Embora tenha se iniciado a discussão para criar modelo de BSC par o setor público, até agora isso ainda não aconteceu.

Um dos problemas para a implementação do BSC é a dificuldade de se instaurar um sistema de recompensas, caso as estratégias sejam realizadas.

2. ADMINISTRAÇÃO FINANCEIRA E ORÇAMENTÁRIA

Robinson Sakiyama Barreirinhas

1. INTRODUÇÃO

1.1. Definição de Direito Financeiro e de Administração Financeira e Orçamentária

O Estado, entendido aqui como o governo (setor público), atua de diversas formas para atender às expectativas do povo: conduzindo a política monetária (emitindo moeda, orientando os juros no mercado), regulamentando setores da economia (por meio das agências reguladoras, por exemplo), administrando empresas estatais etc.

Mas uma das principais formas de atuação estatal refere-se à política fiscal ou orçamentária, relativa à prestação de serviços públicos (por meio de despesas públicas) e à arrecadação dos recursos financeiros necessários para isso.

O Direito Financeiro é o ramo do Direito que trata das normas jurídicas atinentes à atividade fiscal do governo, às finanças públicas:

> Direito Financeiro é o subsistema normativo que rege a atividade fiscal do Estado, ou seja, a arrecadação de recursos (receitas) e a realização de despesas públicas.

Assim, quando a União cobra imposto de renda, quando o Estado do Rio de Janeiro constrói uma rodovia, ou ainda quando o Município de Aracaju paga os salários de seus servidores, há realização de receitas e despesas públicas: tudo isso é regulado pelo Direito Financeiro.

A tributação resulta na principal receita pública e, nesse sentido, é correto afirmar que o Direito Tributário é abrangido pelo Direito Financeiro. Entretanto, dada sua relevância, o estudo dos tributos costuma ser feito separadamente, por opção didática (não será abordado a fundo neste momento).

A expressão Administração Financeira e Orçamentária indica uma das faces da Administração Pública.

A Lei de Responsabilidade fiscal prestigia a expressão *gestão fiscal*, com sentido muito próximo.

Note que *Direito Financeiro* refere-se a um subsistema normativo enquanto *Administração Financeira e Orçamentária* atine às atividades da administração pública relativas à gestão fiscal.

De certa forma, podemos afirmar que *Administração Financeira e Orçamentária* relaciona-se à aplicação do Direito Financeiro pelo poder público.

> Administração Financeira e Orçamentária (AFO) refere-se às atividades da administração pública relacionadas diretamente com as finanças governamentais.

Em se tratando de concursos públicos, as questões de AFO são relativas ao Direito Financeiro, com viés mais pragmático, abrangendo também a aplicação prática dos conceitos jurídicos.

O estudo conjunto das matérias será proveitoso não apenas para leitores que se dedicarão a concursos que exigem as duas matérias (Direito Financeiro e AFO).

Por um lado, a AFO baseia-se essencialmente no Direito Financeiro, além de no Direito Administrativo e em aspectos da Administração e da Contabilidade Públicas. Impossível estudar AFO sem se dedicar ao Direito Financeiro.

Por outro lado, o estudo prático da execução orçamentária (típico objeto de questões de AFO) torna muito mais fácil a compreensão da teoria abrangida pelo Direito Financeiro.

1.2. Normatização

A Constituição Federal traz as principais normas que regulam as finanças públicas, especialmente nos arts. 163 a 169.

No âmbito infraconstitucional, a competência legislativa relativa ao Direito Financeiro é concorrente da União, dos Estados e do DF, nos termos do art. 24, I, da CF. Ou seja, cabe ao Congresso Nacional estabelecer as normas gerais, aplicáveis em todas as esferas governamentais (União, Estados, Distrito Federal e Municípios).

Essas normas gerais (nacionais) são veiculadas necessariamente por lei complementar federal, nos termos dos arts. 163, I, e 165, § 9º, da CF.

Nos termos do art. 165, § 9º, da CF, cabe à lei complementar:

✓ dispor sobre o exercício financeiro, a vigência, os prazos, a elaboração e a organização do plano plurianual, da lei de diretrizes orçamentárias e da lei orçamentária anual;

✓ estabelecer normas de gestão financeira e patrimonial da administração direta e indireta bem como condições para a instituição e funcionamento de fundos.

Atualmente, a Lei n. 4.320, de 17 de março de 1964, traz normas gerais relativas ao Direito Financeiro. Embora seja formalmente lei ordinária, foi recepcionada pelo sistema constitucional atual como lei complementar. Isso significa que qualquer modificação ou eventual revogação deve ser veiculada por lei complementar federal (jamais por lei ordinária ou medida provisória).

Também temos a Lei Complementar n. 101, de 4 de maio de 2000, conhecida com Lei de Responsabilidade Fiscal – LRF, tratando do assunto. Importante lembrar que, nos termos do art. 1º da LRF, suas disposições se aplicam inclusive a fundos, autarquias, fundações e empresas estatais dependentes (voltaremos ao tema no final do estudo, quando analisarmos a estrutura da LRF).

É importante que se tenha claro: quando a Constituição Federal ou a lei complementar se referem apenas à União, à administração pública federal ou ao Congresso Nacional, as normas de Direito Financeiro de caráter geral aplicam-se também aos Estados, ao Distrito Federal e aos Municípios, conforme o princípio da simetria.

Finalmente, cada ente político publica as leis orçamentárias específicas que regulam a atividade fiscal do Estado: o Plano Plurianual (PPA), a Lei de Diretrizes Orçamentárias (LDO) e a Lei Orçamentária Anual (LOA), conforme o art. 165 da CF.

Normatização
Constituição Federal – arts. 163 a 169
Normas gerais veiculadas por lei complementar federal – Lei 4.320/1964 (recepcionada como lei complementar) e LC 101/2000 (LRF)
PPA – LDO – LOA

Os concursos públicos exigem basicamente o conhecimento dessas normas e dos princípios que regem as finanças públicas, o que será estudado nos próximos capítulos.

Ademais, embora as normas constitucionais relativas à política monetária não se enquadrem estritamente em nossa matéria, é interessante ressaltar que muitos concursos cobram conhecimento a respeito do art. 164 da CF dentre as questões de Direito Financeiro, de modo que é interessante memorizarmos o dispositivo:

Art. 164. A competência da União para emitir moeda será exercida exclusivamente pelo banco central.

§ 1º – É vedado ao banco central conceder, direta ou indiretamente, empréstimos ao Tesouro Nacional e a qualquer órgão ou entidade que não seja instituição financeira.

§ 2º – O banco central poderá comprar e vender títulos de emissão do Tesouro Nacional, com o objetivo de regular a oferta de moeda ou a taxa de juros.

§ 3º – As disponibilidades de caixa da União serão depositadas no banco central; as dos Estados, do Distrito Federal, dos Municípios e dos órgãos ou entidades do Poder Público e das empresas por ele controladas, em instituições financeiras oficiais, ressalvados os casos previstos em lei.

2. LEIS ORÇAMENTÁRIAS: PPA, LDO, LOA

A legislação específica, que autoriza e orienta a despesa pública, compõe-se do Plano Plurianual – PPA (a cada quatro anos), a Lei de Diretrizes Orçamentárias – LDO (anual) e Lei Orçamentária Anual.

Essas leis são de iniciativa privativa do Executivo, conforme art. 165 e art. 48, II, da CF. Os prazos para a apresentação dos projetos de lei aos Legislativos devem ser fixados pela lei complementar (art. 166, § 6º da CF).

Art. 165 da CF. Leis de iniciativa do Poder Executivo estabelecerão:

I – o plano plurianual;

II – as diretrizes orçamentárias;

III – os orçamentos anuais.

(...)

Analisaremos as características de cada uma dessas leis e, mais adiante, o trâmite legislativo para sua aprovação.

Antes disso, apresentamos preliminarmente uma tabela resumo:

Lei	Descrição	Dispositivos
Plano Plurianual PPA	Estabelece, de forma regionalizada, as diretrizes, objetivos e metas da administração pública para as despesas de capital, e outras delas decorrentes, e para as relativas aos programas de duração continuada. Os planos e programas nacionais, regionais e setoriais previstos na CF serão elaborados em consonância com o plano plurianual e apreciados pelo Congresso Nacional. As leis orçamentárias anuais serão compatíveis com o plano plurianual. Todo investimento cuja execução ultrapasse um exercício dever estar incluído no PPA (CF, art. 167, § 1º e LRF, art. 5º, § 5º).	Art. 165, §§ 1º e 7º da CF
Lei de diretrizes orçamentárias LDO	Compreenderá as metas e prioridades da administração pública, incluindo as despesas de capital para o exercício financeiro subsequente, orientará a elaboração da lei orçamentária anual e disporá sobre as alterações na legislação tributária e estabelecerá a política de aplicação das agências financeiras oficiais de fomento. Integrará o projeto de lei de diretrizes orçamentárias Anexo de Metas Fiscais, em que serão estabelecidas metas anuais, em valores correntes e constantes, relativas a receitas, despesas, resultados nominal e primário e montante da dívida pública, para o exercício a que se referirem e para os dois seguintes, além do Anexo de Riscos Fiscais	Art. 165, § 2º, da CF Art. 4º da LRF

Lei orçamentária anual LOA	Conterá a discriminação da receita e despesa de forma a evidenciar a política econômica financeira e o programa de trabalho do Governo, obedecidos os princípios de unidade, universalidade e anualidade. Compreenderá: – o orçamento fiscal referente aos poderes da União, seus fundos, órgãos e entidades da administração direta e indireta; – o orçamento de investimento das empresas em que a União, direta ou indiretamente, detenha a maioria do capital social com direito a voto; e – o orçamento da seguridade social. O projeto de lei orçamentária será acompanhado de demonstrativo do efeito, sobre as receitas e as despesas, decorrente de isenções, anistias, remissões, subsídios e benefícios de natureza financeira, tributária e creditícia. A lei orçamentária anual não conterá dispositivo estranho à previsão da receita e à fixação da despesa, não se incluindo na proibição a autorização para abertura de créditos suplementares e contratação de operações de crédito, ainda que por antecipação de receita, nos termos da lei. A lei orçamentária anual identificará, individualizando-os, os projetos e atividades, segundo a sua localização, dimensão, características principais e custo.	Art. 165, § 5º, da CF Art. 2º e seguintes da Lei 4.320/1964 Art. 5º da LRF

O STF manifestou-se no sentido de que a LDO, "que tem objeto determinado e destinatários certos, assim sem generalidade abstrata, é lei de efeitos concretos, que não está sujeita à fiscalização jurisdicional no controle concentrado" (ADIn 2.484 MC/DF, rel. Ministro Carlos Veloso, j. 19.12.2001, Tribunal Pleno).

Gabarito de concurso público
Em relação ao controle concentrado de constitucionalidade, a ser efetivado em relação à lei de diretrizes orçamentárias, o Supremo Tribunal Federal assentou que a lei de diretrizes orçamentárias, que tem objeto determinado e destinatários certos, assim sem generalidade abstrata, é lei de efeitos concretos, que não está sujeita à fiscalização jurisdicional no controle concentrado. (Procurador da Fazenda Nacional – 2006 – ESAF)

Posteriormente, entretanto, a Suprema Corte entendeu que "deve exercer sua função precípua de fiscalização da constitucionalidade das leis e dos atos normativos quando houver um tema ou uma controvérsia constitucional suscitada em abstrato, independente do caráter geral ou específico, concreto ou abstrato de seu objeto":

Jurisprudência
CONTROLE ABSTRATO DE CONSTITUCIONALIDADE DE NORMAS ORÇAMENTÁRIAS. REVISÃO DE JURISPRUDÊNCIA. O Supremo Tribunal Federal deve exercer sua função precípua de fiscalização da constitucionalidade das leis e dos atos normativos quando houver um tema ou uma controvérsia constitucional suscitada em abstrato, independente do caráter geral ou específico, concreto ou abstrato de seu objeto. Possibilidade de submissão das normas orçamentárias ao controle abstrato de constitucionalidade (ADIn 4.048 MC/DF, rel. Min. Gilmar Mendes, j. 14.05.2008, Tribunal Pleno).

2.1. Plano Plurianual – PPA

O Plano Plurianual é ferramenta de planejamento de médio prazo (4 anos), atinente às despesas de capital (investimentos, aquisições de imóveis etc.) e programas de duração continuada.

Ademais, os planos e programas nacionais, regionais e setoriais previstos na Constituição serão elaborados em consonância com o plano plurianual e apreciados pelo Congresso Nacional.

> *Art. 165 da CF*
>
> *§ 1º – A lei que instituir o plano plurianual estabelecerá, de forma regionalizada, as diretrizes, objetivos e metas da administração pública federal para as despesas de capital e outras delas decorrentes e para as relativas aos programas de duração continuada.*
>
> *(...)*
>
> *§ 4º – Os planos e programas nacionais, regionais e setoriais previstos nesta Constituição serão elaborados em consonância com o plano plurianual e apreciados pelo Congresso Nacional.*

Gabaritos de concursos públicos
O Plano Plurianual tem por objetivo definir projetos de investimento e ações governamentais de duração continuada. (Procurador do Estado/RO – 2011 – FCC) *O plano plurianual (PPA), que veio substituir o orçamento plurianual de investimento (OPI), estabelecerá, de forma regionalizada, as diretrizes, os objetivos e as metas da administração pública federal para as despesas de capital e outras delas decorrentes e para as relativas aos programas de duração continuada.* (Técnico Judiciário – TRE/MT – 2005 – CESPE)

Essa norma de planejamento tem aspectos impositivos, na medida em que nenhum investimento cuja execução ultrapasse um exercício financeiro poderá ser iniciado sem prévia inclusão no plano plurianual, ou sem lei que autorize a inclusão, sob pena de crime de responsabilidade (art. 167, § 1º, da CF).

Art. 167, § 1º, da CF. Nenhum investimento cuja execução ultrapasse um exercício financeiro poderá ser iniciado sem prévia inclusão no plano plurianual, ou sem lei que autorize a inclusão, sob pena de crime de responsabilidade.

Art. 5º, § 5º, da LRF. A lei orçamentária não consignará dotação para investimento com duração superior a um exercício financeiro que não esteja previsto no plano plurianual ou em lei que autorize a sua inclusão, conforme disposto no § 1º do art. 167 da Constituição.

O projeto de PPA é enviado ao Legislativo no primeiro ano do mandato do chefe do Executivo. Aplica-se ao segundo exercício do mandato até o primeiro exercício do mandato subsequente.

Gabarito de concurso público
Elaborar-se-á no primeiro ano do mandato do Executivo e terá vigência de 48 meses: Plano Plurianual (Analista – TRE/MG – 2005 – FCC)

Os principais dispositivos da LRF que tratariam do assunto foram vetados (art. 3º).

Ainda assim, subsistem as normas que impõem observância ao PPA na elaboração da LDO e na realização da despesa pública (arts. 5º, *caput*, e 16, § 1º, II, da LRF):

Art. 5º da LRF. O projeto de lei orçamentária anual, elaborado de forma compatível com o plano plurianual, com a lei de diretrizes orçamentárias e com as normas desta Lei Complementar: (...)

Art. 16, § 1º, II, LRF. Para os fins desta Lei Complementar, considera-se: (...) compatível com o plano plurianual e a lei de diretrizes orçamentárias, a despesa que se conforme com as diretrizes, objetivos, prioridades e metas previstos nesses instrumentos e não infrinja qualquer de suas disposições.

2.2. Lei de Diretrizes Orçamentárias – LDO

A Lei de Diretrizes Orçamentárias – LDO, como diz o nome, traça metas e prioridades a serem perseguidas pela administração pública no exercício seguinte ao da sua aprovação, além de orientar a elaboração da Lei Orçamentária Anual – LOA.

Art. 165, § 2º, da CF. A lei de diretrizes orçamentárias compreenderá as metas e prioridades da administração pública federal, incluindo as despesas de capital para o exercício financeiro subsequente, orientará a elaboração da lei orçamentária anual, disporá sobre as alterações na legislação tributária e estabelecerá a política de aplicação das agências financeiras oficiais de fomento.

Eis, portanto, as características básicas da LDO:

- ✓ aponta as metas e prioridades da administração (federal, estadual, distrital e municipal);
- ✓ refere-se às despesas de capital para o exercício financeiro seguinte;
- ✓ orienta a elaboração da LOA;
- ✓ dispõe sobre as alterações na legislação tributária; e
- ✓ estabelece a política de aplicação das agências financeiras oficiais de fomento.

Perceba que a LOA é um documento contábil árido, com valores e dotações, enquanto a LDO é um texto orientador da confecção da LOA e da legislação específica subsequente.

Além das normas constitucionais, a elaboração da LDO atenderá também aos requisitos do art. 4º, I, da LRF, devendo dispor sobre:

- ✓ equilíbrio entre receitas e despesas;
- ✓ critérios e forma de limitação de empenho, a ser efetivada nos casos de frustração da receita estimada (art. 9º da LRF) e de excesso do limite da dívida consolidada (art. 31, § 1º, II, da LRF);
- ✓ normas relativas ao controle de custos e à avaliação dos resultados dos programas financiados com recursos dos orçamentos; e
- ✓ demais condições e exigências para transferências de recursos a entidades públicas e privadas.

A LDO terá dois importantes anexos: o Anexo de Metas Fiscais e o Anexo de Riscos Fiscais.

Art. 4º da LRF

§ 1º Integrará o projeto de lei de diretrizes orçamentárias Anexo de Metas Fiscais, em que serão estabelecidas metas anuais, em valores correntes e constantes, relativas a receitas, despesas, resultados nominal e primário e montante da dívida pública, para o exercício a que se referirem e para os dois seguintes.

(...)

§ 3º A lei de diretrizes orçamentárias conterá Anexo de Riscos Fiscais, onde serão avaliados os passivos contingentes e outros riscos capazes de afetar as contas públicas, informando as providências a serem tomadas, caso se concretizem.

O Anexo de Metas Fiscais conterá também (art. 4º, § 2º, da LRF):

- ✓ avaliação do cumprimento das metas relativas ao ano anterior;
- ✓ demonstrativo das metas anuais, instruído com memória e metodologia de cálculo que justifiquem os resultados pretendidos, comparando-as com as fixadas nos três exercícios anteriores, e evidenciando a consistência delas com as premissas e os objetivos da política econômica nacional;
- ✓ evolução do patrimônio líquido, também nos últimos três exercícios, destacando a origem e a aplicação dos recursos obtidos com a alienação de ativos;
- ✓ avaliação da situação financeira e atuarial: (a) dos regimes geral de previdência social e próprio dos servidores públicos e do Fundo de Amparo ao Trabalhador; e (b) dos demais fundos públicos e programas estatais de natureza atuarial; e
- ✓ demonstrativo da estimativa e compensação da renúncia de receita e da margem de expansão das despesas obrigatórias de caráter continuado.

Veremos, mais adiante, que toda a gestão fiscal deve observar essas metas, em especial nos casos de geração ou majoração de despesas (arts. 16, § 1º, II, e 17, § 2º, da LRF) e de renúncia de receitas (art. 14, *caput*, da LRF).

2.3. Lei Orçamentária Anual – LOA

2.3.1. Definição

A LOA é o instrumento legal pelo qual o Legislativo autoriza a execução das despesas públicas (pelo Executivo, mas também por agentes do próprio Legislativo e do Judiciário).

Ela traz diversas dotações, com valores máximos disponíveis ao gestor.

Isso significa que o gestor jamais pode realizar despesas superiores às autorizadas na respectiva dotação orçamentária.

Nesse sentido, o art. 167, II, da CF veda expressamente a realização de despesas ou a assunção de obrigações diretas que excedam os créditos orçamentários ou adicionais (estudaremos os créditos adicionais mais adiante).

Na verdade, é expressamente vedado o início de programas ou projetos não incluídos na lei orçamentária anual (art. 167, I, da CF).

Ademais, as dotações orçamentárias devem ser específicas, sendo igualmente vedada a concessão ou a utilização de créditos ilimitados (art. 167, VII, da CF).

O conteúdo formal da LOA é bastante restrito, devendo ater-se à previsão de receita e à fixação da despesa (são vedadas as matérias estranhas, as chamadas "caudas orçamentárias"). Excepcionalmente, admite-se apenas a autorização para abertura de créditos suplementares e a contratação de operações de crédito, ainda que por antecipação de receita:

Art. 165, § 8º, da CF. A lei orçamentária anual não conterá dispositivo estranho à previsão da receita e à fixação da despesa, não se incluindo na proibição a autorização para abertura de créditos suplementares e contratação de operações de crédito, ainda que por antecipação de receita, nos termos da lei.

Qualquer dispositivo que trate de assunto alheio à LOA, tal qual previsto no § 8º do art. 165 da CF, é inconstitucional.

Isso não pode, entretanto, levar à desconsideração de uma função essencial dos orçamentos públicos na atualidade, que é o de planejamento da atividade financeira estatal, da ação governamental.

De fato, ainda que haja controvérsia quanto à natureza jurídica da LOA (lei material ou apenas formal), é certo que ela é ferramenta por meio da qual a administração pública deve planejar e realizar seus programas, projetos e atividades de modo racional, transparente e eficiente.

Art. 2º da Lei 4.320/1964. A Lei do Orçamento conterá a discriminação da receita e despesa de forma a evidenciar a política econômica financeira e o programa de trabalho do Governo, obedecidos os princípios de unidade, universalidade e anualidade.

Trata-se do **orçamento-programa,** focado nos objetivos da administração pública.

Gabaritos de concursos públicos
A Constituição Federal de 1988 consolidou definitivamente o orçamento-programa no Brasil, ao vincular o processo orçamentário ao PPA, à LDO e à LOA. Orçamento-programa é um plano de trabalho, um instrumento de planejamento da ação do governo, por meio da identificação dos seus programas de trabalho, projetos e atividades, além do estabelecimento de objetivos e metas a serem implementados, bem como a previsão dos custos relacionados. (Analista – TRF/1ª – 2006 – FCC)
O Orçamento Programa é considerado um importante instrumento para compatibilizar objetivos e cumprimento de tarefas com desembolsos. (Analista – TRE/BA – 2003 – FCC)

Nesse sentido, para que cumpra essa função de planejamento, a LOA deve ser elaborada de forma compatível com o PPA e com a LDO além das normas das LRF e Lei 4.320/1964 (art. 165, § 7º da CF e art. 5º da LRF).

A LOA é una (princípio da unidade), incluindo os três orçamentos existentes (art. 165, § 5º, da CF):

- ✓ o orçamento fiscal referente aos Poderes da União dos Estados, do Distrito Federal e dos Municípios, seus fundos, órgãos e entidades da administração direta e indireta, inclusive fundações instituídas e mantidas pelo poder público;
- ✓ o orçamento de investimento das empresas em que a União, direta ou indiretamente, detenha a maioria do capital social com direito a voto; e
- ✓ o orçamento da seguridade social, abrangendo todas as entidades e órgãos a ela vinculados, da administração direta ou indireta, bem como os fundos e fundações instituídos e mantidos pelo Poder Público.

Os orçamentos fiscal e de investimento, além de compatibilizados com o Plano Plurianual, terão entre suas funções a de reduzir desigualdades inter-regionais, segundo critério populacional (art. 165, § 7º, da CF).

O projeto de lei orçamentária será acompanhado de demonstrativo regionalizado do efeito, sobre as receitas e despesas, decorrente de isenções, anistias, remissões, subsídios e benefícios de natureza financeira, tributária e creditícia (art. 165, § 6º, da CF).

2.3.2. Natureza jurídica do orçamento

É incontroverso que a lei orçamentária brasileira é formalmente lei. O que se discute é se possui materialmente natureza de lei.

Alguns autores, como Hoennel, defendem que o orçamento é formalmente e materialmente lei.

Outros defendem que é lei material em relação às receitas, e apenas formal quanto às despesas. Nesse sentido, León Duguit defende que, em relação à despesa, o orçamento é simples operação ou ato administrativo. Em relação à receita, o orçamento seria materialmente lei nos países que condicionam a cobrança de tributos à previsão orçamentária (isso era antigamente denominado princípio da anualidade, não mais subsistente no Direito brasileiro com essa característica).

Finalmente, doutrinadores como Gaston Jèze entendem que o orçamento jamais é lei em sentido material, mas simples ato-condição, pois apenas autoriza os atos de arrecadação e realização das despesas e dá eficácia à lei (o orçamento não aumenta o conteúdo da lei, mas a torna eficaz para determinadas situações).

Gabarito de concurso público
Gaston Jèze defende que o orçamento, em nenhuma de suas partes, pode ser entendido como uma lei, considerada em sua substância, embora tenha o aspecto formal e a aparência de uma lei, tratando-se, então, de um ato-condição para a realização das despesas e para a exigência dos tributos. (Procurador de Contas TCE/ES – CESPE – 2009)

2.3.3. Natureza autorizativa do orçamento em relação às despesas – Distinção entre disponibilidade financeira e disponibilidade orçamentária

Antes de prosseguirmos, é bom termos clara uma peculiaridade dos orçamentos públicos.

Quando pensamos em orçamento em nosso dia a dia, lembramos sempre de uma ferramenta de planejamento, não de autorização.

Pense em um exemplo: o salário de João é de R$ 5 mil. Para se organizar e não gastar mais do que ganha, João faz um orçamento mensal com as seguintes características:

Orçamento mensal do João	
Receitas	Despesas
Salário: 5.000,00	Refeições: R$ 500,00
	Aluguel: R$ 1.500,00
	Transporte: R$ 500,00
	Educação: R$ 1.000,00
	Vestuário: 250,00
	Lazer: R$ 1.000,00
	Poupança: R$ 250,00

Perceba que João prevê despesas propriamente ditas de R$ 4.750,00, sobrando R$ 250,00 que ele poupa mensalmente. Mas note que João não é obrigado a gastar R$ 250,00 com roupa todo mês, nem está legalmente limitado a esse montante (não sofrerá qualquer sanção se gastar mais).

Imagine que em determinado mês João queira ir a um restaurante mais caro, para comemorar a aprovação em um concurso público, e acabe gastando R$ 1.000,00 naquele período (R$ 500,00 a mais do que tinha planejado para as refeições) e, para compensar, deixe de poupar e gastar com vestuário (deixe de gastar R$ 500,00 com estas despesas). Sem problemas, certo? Afinal, o orçamento de João é apenas uma ferramenta de planejamento e permite esses pequenos ajustes.

No orçamento público não é bem assim. O orçamento, além de ser uma poderosa e essencial ferramenta de planejamento, é também autorizativa, refletindo uma divisão de atribuições entre os poderes Legislativo e Executivo.

O Legislativo aprova o orçamento e o Executivo somente pode realizar as despesas autorizadas na lei orçamentária até os montantes nela indicados.

Por exemplo, imagine que a Câmara dos Vereadores de determinado Município X aprove a seguinte Lei Orçamentária Anual (simplificada), prevendo receitas de R$ 50 milhões (IPTU, ISS, ITBI, transferências da União e do Estado etc.):

Orçamento anual do Município X (LOA)	
Receitas	Despesas
IPTU, ISS, ITBI, transferências etc.: R$ 50 milhões	Salários: R$ 10 milhões
	Limpeza urbana: R$ 4 milhões
	Manutenção de equipamentos: R$ 5 milhões
	Postos de Saúde: R$ 15 milhões
	Escolas: 15 milhões
	Festas populares: R$ 1 milhão

Da mesma forma que João, o Prefeito do Município X não é obrigado a gastar, por exemplo, R$ 1 milhão com festas populares: o orçamento não é impositivo no Brasil!

Por outro lado, bem diferente do que acontece com João, o Prefeito do Município X não tem liberdade para gastar mais do que aquele R$ 1 milhão orçado para as festas, mesmo que "economize" em outra rubrica orçamentária. Para isso, seria preciso uma autorização legislativa específica (crédito adicional, como veremos mais adiante).

Perceba, portanto, que embora o orçamento público não seja impositivo em relação às despesas (o Executivo não é obrigado a gastar todo o valor orçado para as despesas), ele é autorizativo (o Executivo não pode gastar mais do que é disponibilizado no orçamento).

O orçamento público não é impositivo em relação às despesas: não obriga que seja gasto todo o valor orçado para as despesas. O orçamento público é autorizativo quanto às despesas: não se pode gastar mais do que é disponibilizado no orçamento.

Uma observação, antes de continuarmos: embora estejamos fazendo referência ao Executivo (para facilitar o entendimento), também o Legislativo e o Judiciário realizam despesas públicas e devem observar estritamente as disponibilidades orçamentárias, ou seja, não podem gastar mais com salários, aluguéis, material de escritório etc. do que é previsto nas respectivas rubricas da Lei Orçamentária Anual.

Gabaritos de concursos públicos

Sob o princípio constitucional de que "a lei não excluirá da apreciação do Poder Judiciário lesão ou ameaça a direito" (art. 5º, XXXV da CF), pode-se afirmar que o orçamento, no que se refere à despesa pública, por se constituir em autorização para realizá-la, não implica a vinculação do administrador em fazê-lo, mas há de motivar [dar causa] para não executar a despesa, cabendo, assim, ao administrador público responsável pela execução orçamentária justificar-se perante o Poder Judiciário, se a tanto provocado. (Procurador da Fazenda Nacional – 2007 – ESAF)

O gestor público não é obrigado a realizar todas as despesas previstas no orçamento, tendo em vista o seu caráter não impositivo. (Procurador do Estado/SP – FCC – 2009)

As peculiaridades do processo de elaboração e execução orçamentária no Brasil não incluem o seu caráter impositivo. (Analista – TRE/GO – 2008 – CESPE)

O caráter não impositivo do orçamento se refere à realização das despesas.

As receitas públicas são indisponíveis, de modo que não há discricionariedade em sua arrecadação.

Outro ponto importante: devemos distinguir disponibilidade orçamentária de disponibilidade financeira.

Perceba que a Câmara de Vereadores do Município X autorizou despesas de R$ 50 milhões para aquele ano porque partiu da suposição de que haveria receitas no mesmo montante.

Imagine, entretanto, que o setor de serviços passe por mau momento e o Município não arrecade tanto ISS quanto esperado, de modo que a receita caia 10% durante o ano (em agosto, por exemplo, a Secretaria de Finanças percebe que somente terá R$ 45 milhões de receita naquele ano).

Nesse cenário, embora haja disponibilidade orçamentária de R$ 50 milhões (previsão na lei orçamentária anual), haverá disponibilidade financeira (de caixa, dinheiro) de apenas R$ 45 milhões. Ou seja, embora haja autorização legal para gastar até R$ 50 milhões (= disponibilidade orçamentária), isso será impossível, pois há dinheiro para despesas de até R$ 45 milhões (= disponibilidade financeira).

Havendo frustração de receita estimada (= arrecadação menor do que a prevista), o Município X deverá limitar a realização de despesas (limitação de empenho e movimentação financeira, contingenciamento – art. 9º da LRF).

Gabaritos de concursos públicos

É possível suspender, por ato do Poder Executivo, a realização de despesas previstas no orçamento no caso de frustração da receita estimada. (Procurador do Estado/SP – FCC – 2009)

As peculiaridades do processo de elaboração e execução orçamentária no Brasil incluem o contingenciamento das dotações orçamentárias. (Analista – TRE/GO – 2008 – CESPE)

O oposto também pode acontecer: a economia vai muito bem, melhor do que imaginada pelos Vereadores, e a Secretaria de Finanças percebe que terá receitas de R$ 60 milhões até o final do ano (R$ 10 milhões a mais do que o previsto). O Executivo, entretanto, não poderá sair gastando esse excesso de arrecadação, pois não há autorização legislativa (ele não pode gastar mais do que autorizado no orçamento).

Nesse cenário favorável, caso o Executivo queira gastar o excesso de arrecadação, deverá conseguir autorização orçamentária para isso, por meio de créditos adicionais, como veremos mais adiante. Ou seja, deverá ampliar a disponibilidade orçamentária para que possa realizar despesas maiores.

Disponibilidade orçamentária refere-se aos valores constantes da Lei Orçamentária Anual, ou seja, ao limite de despesa autorizada pelo orçamento.

Disponibilidade financeira refere-se ao dinheiro efetivamente disponível para a realização das despesas.

Pode haver disponibilidade orçamentária, mas sem disponibilidade financeira, em caso de não arrecadação da receita prevista no orçamento.

Pode haver disponibilidade financeira sem disponibilidade orçamentária, quando a arrecadação é superior ao que foi previsto no orçamento.

Aproveitamos para lembrar que as disponibilidades de caixa (dinheiro) da União serão depositadas no Banco Central; as dos Estados, do Distrito Federal, dos Municípios e dos órgãos ou entidades do Poder Público e das empresas por ele controladas, em instituições financeiras oficiais, ressalvados os casos previstos em lei.

> *Art. 164, § 3º, da CF. As disponibilidades de caixa da União serão depositadas no banco central; as dos Estados, do Distrito Federal, dos Municípios e dos órgãos ou entidades do Poder Público e das empresas por ele controladas, em instituições financeiras oficiais, ressalvados os casos previstos em lei.*

Tendo esses conceitos claros, fica mais fácil entender não apenas a LOA, mas todas as normas e os princípios que regem as finanças públicas, como veremos ao longo de nosso estudo.

2.3.4. Princípios que regem a LOA

Diversos princípios, muitos deles previstos constitucionalmente, regem a Lei Orçamentária Anual – LOA.

2.3.4.1. Anualidade

A lei orçamentária é anual (LOA), de modo que suas dotações orçamentárias referem-se a um único exercício financeiro – art. 165, § 5º, da CF.

A vigência por tempo determinado é, a rigor, uma peculiaridade das leis orçamentárias (PPA, LDO e LOA): 4 anos para o PPA e 1 ano para a LDO e a LOA.

Nesse sentido, as dotações aprovadas pelo Legislativo valem apenas para o respectivo exercício financeiro. Não há como, em princípio, empenhar despesa neste ano com base em dotação do exercício anterior.

Há, excepcionalmente, a possibilidade de reabertura de créditos especiais e extraordinários, nos limites de seus saldos, para incorporação no exercício financeiro subsequente. Isso ocorre apenas no caso de créditos especiais e extraordinários cuja autorização seja promulgada nos últimos 4 meses do exercício (art. 167, § 2º, da CF).

Não confundir com a hipótese de restos a pagar (art. 36 da Lei 4.320/1964). Nesse caso, há empenho da despesa em determinado exercício financeiro, mas o pagamento somente pode ser realizado no exercício seguinte. A despesa, de qualquer forma, foi empenhada no exercício próprio.

Finalmente, é interessante ressaltar que antigamente era utilizada essa expressão (*princípio da anualidade*) para se referir a algo completamente distinto, que não mais subsiste no direito brasileiro: a exigência de previsão da receita do tributo na LOA como requisito para sua cobrança (ou seja, se não houvesse previsão na LOA, o tributo não poderia ser exigido). Repetimos: isso não existe atualmente no Brasil.

2.3.4.2. Universalidade

A LOA inclui todas as despesas do exercício, inclusive as de operações de crédito autorizadas em lei (art. 3º da Lei 4.320/1964).

Abrangerá também todas as despesas próprias dos órgãos do governo e da administração centralizada, ou que por intermédio deles se devam realizar (art. 4º da Lei 4.320/1964).

Essas são características decorrentes do princípio da universalidade.

Gabarito de concurso público
O princípio da universalidade estabelece que todas as receitas e despesas devem estar previstas na LOA. (Advogado da União/ AGU – CESPE – 2009)

Dessa forma, não é possível que o Legislativo autorize a realização de despesas públicas por outro veículo normativo que não seja a LOA ou os créditos adicionais.

Quanto às receitas, eventual criação e cobrança de novo tributo durante o exercício, por exemplo, não são vedadas, nem dependem da previsão orçamentária (não subsiste no direito brasileiro o antigo princípio da anualidade no âmbito tributário, como vimos). Mas, até para se manter o equilíbrio das finanças públicas, essa alteração da legislação tributária deve constar da LDO (art. 165, § 2º, da CF) e a receita correspondente deve ser contabilizada no orçamento anual, na forma de recursos disponíveis para a abertura de créditos adicionais, por exemplo (art. 43 da Lei 4.320/1964).

Todas as receitas (assim como despesas) devem constar da LOA pelos seus totais, vedadas quaisquer deduções (art. 6º da Lei 4.320/1964).

Assim, ainda que parcela da receita deva ser transferida para outra entidade, por força de determinação constitucional, legal ou convencional, haverá indicação do total como receita e do valor transferido como despesa da entidade que enviar os recursos. Na contabilidade da entidade que recebe os valores, eles serão lançados como receita, também pelo total (art. 6º da Lei 4.320/1964).

Ressalvamos que o art. 3º, parágrafo único, da Lei 4.320/1964 admite excepcionalmente que não sejam incluídas na LOA as receitas relativas a operações de crédito por antecipação da receita, emissões de papel-moeda e outras entradas compensatórias, no ativo e passivo financeiros.

Gabarito de concurso público
O princípio da universalidade determina a previsão de inclusão de todas as receitas e despesas, não comportando exceções, a não ser as chamadas receitas de compensação, referidas no art. 3º, parágrafo único, da Lei n. 4.320/1964. (Procurador do Estado/ SP – VUNESP – 2005)

2.3.4.3. Unidade

A Constituição Federal (art. 165, § 5º) prevê 3 orçamentos: fiscal, de investimento e da seguridade social.

Entretanto, todos eles compõem uma única peça legislativa em cada esfera de governo: a Lei Orçamentária Anual, daí falar-se em princípio da unidade:

> *Art. 165, § 5º, da CF. A lei orçamentária anual compreenderá:*
>
> *I – o orçamento fiscal referente aos Poderes da União, seus fundos, órgãos e entidades da administração direta e indireta, inclusive fundações instituídas e mantidas pelo Poder Público;*
>
> *II – o orçamento de investimento das empresas em que a União, direta ou indiretamente, detenha a maioria do capital social com direito a voto;*
>
> *III – o orçamento da seguridade social, abrangendo todas as entidades e órgãos a ela vinculados, da administração direta ou indireta, bem como os fundos e fundações instituídos e mantidos pelo Poder Público.*

Gabarito de concurso público
O orçamento da seguridade social, que abrange todas as entidades e órgãos a ela vinculados, da administração direta ou indireta, está compreendido na lei orçamentária anual. (Magistratura Federal-5ª Região – 2011)

Como dito, cada esfera de governo (União, Estados, DF e Municípios) terá uma única LOA para cada exercício, o que também é indicado como princípio da unidade.

Gabarito de concurso público
A determinação "cada entidade de Governo deve possuir um orçamento", está contida no Princípio da Unidade. (Analista – TRE/MS – 2007 – FCC)

Nesse sentido, as receitas de cada Estado, do Distrito Federal e dos Municípios destinadas à seguridade social constarão dos respectivos orçamentos, não integrando o orçamento da União, o que é fixado pelo art. 195, § 1º, da CF.

2.3.4.4. Exclusividade

A LOA não conterá dispositivo estranho à previsão da receita e à fixação da despesa, admitindo-se a autorização para abertura de créditos suplementares e para contratação de operações de crédito – art. 165, § 8º, da CF.

> *CF, art. 165, § 8º A lei orçamentária anual não conterá dispositivo estranho à previsão da receita e à fixação da despesa, não se incluindo na proibição a autorização para abertura de créditos suplementares e contratação de operações de crédito, ainda que por antecipação de receita, nos termos da lei.*

Tratamos disso ao definir a Lei Orçamentária Anual.

O conteúdo formal da LOA é bastante restrito, devendo ater-se à previsão de receita e à fixação da despesa.

São vedadas as matérias estranhas, as chamadas "caudas orçamentárias".

Excepcionalmente, admitem-se apenas a autorização para abertura de créditos suplementares e a contratação de operações de crédito, ainda que por antecipação de receita.

Gabaritos de concursos públicos
O princípio da exclusividade orçamentária determina que a lei orçamentária anual não conterá dispositivo estranho à previsão da receita e à fixação da despesa, não se incluindo nessa proibição a autorização para a abertura de créditos suplementares e a contratação de operações de crédito, ainda que por antecipação de receita nos termos da lei. (Magistratura/MS – 2008 – FGV)
O princípio da exclusividade da matéria orçamentária não impede que a lei orçamentária anual contenha autorização para contratação de operações de crédito. (Procurador da Fazenda Nacional – 2007.2 – ESAF)

Qualquer dispositivo que trate de assunto alheio à LOA, tal qual previsto no § 8º do art. 165 da CF, é inconstitucional.

2.3.4.5. *Equilíbrio*

Deve haver equilíbrio entre a previsão de receitas e a autorização de despesas.

Dito de outra forma, para cada real de despesa autorizada deve haver um real de receita correspondente.

Gabarito de concurso público
O orçamento estabelecerá o necessário equilíbrio entre receitas e despesas, havendo, portanto, uma vinculação entre a obtenção das receitas de impostos e as despesas previstas. (Magistratura Federal-4ª Região – 2010)

É por essa razão que as emendas ao projeto de LOA somente poderão ser aprovadas caso indiquem os recursos necessários, admitidos apenas os provenientes de anulação de despesa (exceto aquelas inafastáveis, previstas no art. 166, § 3º, II, da CF).

Com isso se evita que o Legislativo, por pressão política, aumente irresponsavelmente a previsão de despesas sob o argumento genérico de futuros aumentos de arrecadação, por exemplo. Somente se pode aumentar ou criar despesa, por meio de emenda, se houver cancelamento de outra despesa em montante correspondente (essa é a regra).

O princípio do equilíbrio rege também a abertura de créditos adicionais, que dependem sempre da comprovação dos recursos disponíveis. Nesse caso, há maior margem para a administração, pois, além da anulação parcial ou total de outras dotações, é possível a abertura dos créditos especiais no caso de superávit financeiro no balanço patrimonial anterior, excesso de arrecadação ou realização de operações de crédito, conforme o art. 43, § 1º, da Lei 4.320/1964.

O equilíbrio deve também ser observado na execução orçamentária.

De fato, se durante o exercício a administração perceber que a previsão de receitas constante da LOA não se realizará (= frustração de receita), os Poderes e o Ministério Público deverão, por ato próprio e nos montantes necessários, reduzir as despesas de modo compatível (limitação de empenho e movimentação financeira, contingenciamento – art. 9º da LRF).

O levantamento da receita efetivamente realizada, para fins de verificação do equilíbrio, deve ser feito bimestralmente e confrontado com as metas de resultado primário ou nominal estabelecidas no Anexo de Metas Fiscais da LDO.

O princípio do equilíbrio não impede a realização de superávits. Ou seja, não é porque a administração auferiu receitas superiores que as previstas que deverá, necessariamente, ampliar as despesas – ver art. 48, *b*, da Lei 4.320/1964 e art. 31, § 1º, II, da LRF.

2.3.4.6. *Especificação, especialização ou discriminação*

A LOA deve prever de maneira pormenorizada as receitas e as despesas.

Ademais, não pode haver dotações globais ou ilimitadas – art. 167, VII, da CF e art. 5º da Lei 4.320/1964.

Em relação às despesas, o orçamento público atualmente foca os objetivos do governo, não simplesmente os gastos que podem ser realizados.

Por essa razão, ganha importância a chamada classificação funcional-programática para as contas públicas.

A *função* representa o maior nível de agregação das ações de governo. A função é desdobrada em *programas*, pelos quais se estabelecem produtos finais (pode haver desdobramento em subfunções e subprogramas, para fins de especificação ainda maior).

Programas e subprogramas podem se desdobrar em *projetos* e *atividades*, que possibilitam alcançar os produtos e objetivos.

O menor nível de desagregação da ação do governo, com destinação de recursos orçamentários, corresponde aos *subprodutos* e *subatividades*.

Gabarito de concurso público
Relativamente à classificação da despesa pública, associe os termos listados nas colunas. (Técnico – MPU – 1996 – CESPE)

A classificação permite o acompanhamento das ações governamentais de maneira organizada e, portanto, transparente.

Gabarito de concurso público
A classificação funcional-programática representou um grande avanço na técnica de apresentação orçamentária. A partir do orçamento do ano 2000, diversas modificações foram introduzidas nesta classificação. O objetivo principal dessas mudanças foi articular o Planejamento (Plano Plurianual – PPA) e o Orçamento, por intermédio da criação de Programas para todas as ações de governo, com um gerente responsável por metas. (Analista – TRF/1ª – 2006 – FCC)

Atendendo a essa diretriz de planejamento, a LOA não pode ser livremente alterada. Nesse sentido, são vedados (art. 167, VI, VIII e XI da CF):

✓ a transposição, o remanejamento ou a transferência de recursos de uma categoria de programação para outra ou de um órgão para outro, sem prévia autorização legislativa;

✓ a utilização, sem autorização legislativa específica, de recursos dos orçamentos fiscal e da seguridade social para suprir necessidade ou cobrir déficit de empresas, fundações e fundos, inclusive dos mencionados no art. 165, § 5º, da CF; e

✓ a utilização dos recursos provenientes das contribuições sociais de que trata o art. 195, I, "a", e II, da CF [do (i) empregador e equiparado sobre folha de salários e rendimentos do trabalho pagos, devidos ou creditados e do (ii) trabalhador e equiparado], para a realização de despesas distintas do pagamento de benefícios do regime geral de previdência social de que trata o art. 201 da CF.

Gabarito de concurso público
É possível a transposição de recursos de uma categoria de programação para outra, ***com a prévia autorização legislativa.*** (Advogado da União/AGU – CESPE – 2009)

Finalmente, o princípio da especialização é também indicado em relação à necessidade de discriminação das receitas e despesas por unidade administrativa.

Gabarito de concurso público
A discriminação das receitas e das despesas deve ser feita por unidade administrativa, de tal forma que se possa saber quanto poderá render ou despender cada unidade considerada. Tal situação diz respeito ao princípio da especialização. (Analista – TRT/23ª – 2007 – FCC)

2.3.4.7. Unidade de tesouraria, e não afetação ou não vinculação das receitas dos impostos

As receitas devem ser recolhidas em caixa único, pelo *princípio da unidade de tesouraria*, sendo vedada qualquer fragmentação para criação de caixas especiais (art. 56 da Lei 4.320/1964).

Ademais, não deve haver, em regra, vinculação entre as receitas e as despesas no orçamento.

Essa regra não é absoluta. Há casos em que a legislação especial e até mesmo a Constituição preveem essa vinculação, como, por exemplo, no empréstimo compulsório (os recursos arrecadados com esse tributo devem ser aplicados obrigatoriamente na despesa que fundamentou sua instituição).

Os fundos especiais, como outro exemplo, são compostos com o produto de receitas especificadas por lei que se vinculam à realização de determinados objetivos e serviços (art. 71 da Lei 4.320/1964). O dispêndio dessas receitas se dará por dotações próprias consignadas na LOA ou em créditos adicionais. Salvo determinação legal em contrário, o saldo positivo do fundo é transferido para o exercício seguinte, a crédito do mesmo fundo.

Ainda em relação aos fundos, é também importante ressaltar que a Constituição veda expressamente sua instituição sem prévia autorização legislativa (art. 167, IX, da CF).

Entretanto, em relação às receitas dos *impostos* especificamente, o art. 167, IV, da Constituição Federal veda expressamente a vinculação a órgão, fundo ou despesa, ressalvando apenas:

✓ a repartição do produto da arrecadação dos impostos a que se referem os arts. 158 e 159 da CF;

✓ a destinação de recursos para as ações e serviços públicos de saúde, para manutenção e desenvolvimento do ensino e para realização de atividades da administração tributária, como determinado, respectivamente, pelos arts. 198, § 2º, 212 e 37, XXII, da CF e a prestação de garantias às operações de crédito por antecipação de receita, previstas no art. 165, § 8º, da CF, bem como o disposto no § 4º do art. 167 da CF (vinculação da receita própria de impostos estaduais e municipais e das transferências constitucionais para prestação de garantia ou contragarantia à União ou para pagamento de débitos para com ela).

Ademais, os arts. 80 e 82 do ADCT preveem outras hipóteses de vinculação de receitas de impostos específicas.

Trata-se do *princípio da vedação de vinculação ou afetação da receita dos impostos.*

Gabaritos de concursos públicos
Considerando que o governo de determinado estado da Federação, após a arrecadação de impostos, tenha criado um fundo para que essa receita seja destinada à manutenção do ensino fundamental, o estado pode criar fundo com a referida vinculação de receita de imposto, bem como de receita proveniente de taxa. (Magistratura Federal/1ª Região – 2009 – CESPE)
O princípio da não afetação refere-se à impossibilidade de vinculação da receita de impostos a órgãos, fundo ou despesa, com exceção de alguns casos previstos na norma constitucional. (Advogado da União/AGU – CESPE – 2009)
A vinculação de receita de impostos para a realização de atividades da administração tributária não fere o princípio orçamentário da não afetação. (Procurador Federal – 2010 – CESPE)
Caso determinado estado da Federação apresente, como garantia ao pagamento de dívida que possui com a União, 5% da receita própria do IPVA, nessa situação, a afetação da receita não representa violação ao princípio da não vinculação de receitas tributárias. (Procurador Federal – 2007 – CESPE)

Perceba que essa vedação refere-se a apenas uma das espécies tributárias, qual seja, aos impostos. Nada impede, portanto, que haja vinculação legal da receita de taxas e contribuições a determinadas despesas ou fundos (além da vinculação constitucional do empréstimo compulsório, à qual já nos referimos).

2.3.4.8. Resumo

A seguir, apresentamos os mais citados princípios orçamentários, em forma de tabela, para facilitar os estudos, lembrando que essa é uma das matérias mais exigidas em concursos públicos:

Princípios orçamentários	
Anualidade	A lei orçamentária é anual (LOA), de modo que suas dotações orçamentárias referem-se a um único exercício financeiro – art. 165, § 5º, da CF
Universalidade	A LOA inclui todas as despesas e receitas do exercício – arts. 3º e 4º da Lei 4.320/1964
Unidade	A LOA refere-se a um único ato normativo, compreendendo os orçamentos fiscal, de investimento e da seguridade social – art. 165, § 5º, da CF e art. 1º da Lei 4.320/1964. Ademais, cada esfera de governo (União, Estados, DF e Municípios) terá uma única LOA para cada exercício, o que também é indicado como princípio da unidade
Exclusividade	A LOA não conterá dispositivo estranho à previsão da receita e à fixação da despesa, admitindo-se a autorização para abertura de créditos suplementares e para contratação de operações de crédito – art. 165, § 8º, da CF
Equilíbrio	Deve haver equilíbrio entre a previsão de receitas e a autorização de despesas, o que deve também ser observado na execução orçamentária. Isso não impede a realização de superávits – ver art. 48, *b*, da Lei 4.320/1964 e art. 31, § 1º, II, da LRF
Especificação, especialização ou discriminação	Deve haver previsão pormenorizada de receitas e despesas, não cabendo dotações globais ou ilimitadas – art. 167, VII, da CF e art. 5º da Lei 4.320/1964
Unidade de tesouraria	As receitas devem ser recolhidas em caixa único, sendo vedada qualquer fragmentação para criação de caixas especiais – art. 56 da Lei 4.320/1964
Não afetação ou não vinculação da receita dos impostos	É vedada a vinculação de receita de impostos a órgão, fundo ou despesa, com as exceções previstas no art. 167, IV, da CF

2.3.5. *Créditos adicionais*

Muitas vezes, as dotações orçamentárias previstas na LOA para determinada despesa mostram-se insuficientes. Em outros casos, simplesmente não há previsão orçamentária para determinada despesa necessária. Nessas hipóteses, são possíveis ajustes na LOA após sua aprovação, durante o exercício financeiro, feitos por meio de créditos adicionais.

Há três espécies de crédito adicional: suplementar, especial e extraordinário.

Caso a dotação orçamentária indicada na LOA **não seja suficiente** para a despesa pretendida pelo Executivo, será necessário o seu reforço por meio de **créditos adicionais suplementares** (art. 41, I, da Lei 4.320/1964).

Por exemplo, se a dotação prevista na LOA para compra de medicamentos for insuficiente, pois houve um surto de determinada doença na localidade, o Legislativo pode aprovar uma lei ampliando essa dotação (= crédito adicional suplementar), retirando recursos de outra (por exemplo, reduzindo a dotação para publicidade oficial).

A abertura de crédito adicional suplementar deve ser autorizada por lei.

Como vimos, a CF, ao tratar do princípio da exclusividade (art. 165, § 8º), permite que a LOA traga "autorização para abertura de créditos suplementares".

Isso significa que a própria LOA pode autorizar o Executivo a suplementar dotações, até determinada importância (art. 7º, I, da Lei 4.320/1964).

Caso **não haja dotação** orçamentária para uma despesa pretendida pelo Executivo, ele apresentará projeto de lei que autorize a abertura de **crédito adicional especial** (art. 41, II, da Lei 4.320/1964).

Por exemplo, durante o exercício financeiro a cidade é escolhida para sediar um grande evento internacional, mas não há dotação orçamentária para isso (não se previa essa despesa quando foi proposta e aprovada a LOA).

Nesse caso, o Legislativo pode aprovar uma lei criando uma nova dotação, não prevista na LOA (não vai suplementar uma dotação existente, portanto). Trata-se de um crédito adicional especial.

O Legislativo autoriza, por lei, a abertura dos créditos adicionais suplementares e especiais. O Executivo efetua a abertura dos créditos por decreto (art. 42 da Lei 4.320/1964).

Importante salientar que a CF, em seu art. 167, V, veda expressamente a abertura de crédito suplementar ou especial sem prévia autorização legislativa e sem indicação dos recursos correspondentes.

De fato, não é possível criar novas dotações, ou aumentar as já existentes, se não houver recursos disponíveis (isso desequilibraria as contas públicas, o que é inadmissível).

Assim, a abertura de créditos adicionais deve ser precedida de exposição justificativa e depende da comprovação de que existem recursos disponíveis, decorrentes de (art. 43, § 1º, da Lei 4.320/1964):

✓ superávit financeiro no balanço patrimonial do exercício anterior;

✓ excesso de arrecadação;
✓ anulação parcial ou total de outras dotações ou outros créditos adicionais; ou
✓ produto de operações de crédito.

Em casos de despesas imprevisíveis e urgentes, como as decorrentes de guerra, comoção interna ou calamidade pública, o Executivo poderá abrir **crédito adicional extraordinário** (art. 167, § 3º, da CF e art. 41, III, da Lei 4.320/1964) diretamente, por decreto, sem lei autorizativa prévia (é uma importante exceção). No entanto, em seguida dará conhecimento ao Legislativo.

Interessante notar que o art. 167, § 3º, da CF refere-se à medida provisória (art. 62 da CF), ao tratar do crédito extraordinário e, efetivamente, é esse o instrumento utilizado pela União.

O Supremo Tribunal Federal entendeu que a hipótese de despesa imprevisível e urgente deve ser analisada a partir das expressões "guerra", "comoção interna" e "calamidade pública" utilizadas na Constituição. O STF afastou, nesse caso, a possibilidade de abertura de crédito extraordinário por medida provisória para "prover despesas correntes, que não estão qualificadas pela imprevisibilidade ou pela urgência".

Jurisprudência

Além dos requisitos de relevância e urgência (art. 62), a Constituição exige que a abertura do crédito extraordinário seja feita apenas para atender a despesas imprevisíveis e urgentes. Ao contrário do que ocorre em relação aos requisitos de relevância e urgência (art. 62), que se submetem a uma ampla margem de discricionariedade por parte do Presidente da República, os requisitos de imprevisibilidade e urgência (art. 167, § 3º) recebem densificação normativa da Constituição. Os conteúdos semânticos das expressões "guerra", "comoção interna" e "calamidade pública" constituem vetores para a interpretação/aplicação do art. 167, § 3º c/c o art. 62, § 1º, inciso I, alínea "d", da Constituição. "Guerra", "comoção interna" e "calamidade pública" são conceitos que representam realidades ou situações fáticas de extrema gravidade e de consequências imprevisíveis para a ordem pública e a paz social, e que dessa forma requerem, com a devida urgência, a adoção de medidas singulares e extraordinárias. A leitura atenta e a análise interpretativa do texto e da exposição de motivos da MP n. 405/2007 demonstram que os créditos abertos são destinados a prover despesas correntes, que não estão qualificadas pela imprevisibilidade ou pela urgência. A edição da MP n. 405/2007 configurou um patente desvirtuamento dos parâmetros constitucionais que permitem a edição de medidas provisórias para a abertura de créditos extraordinários. (ADIn 4.048 MC/DF, rel. Min. Gilmar Mendes, j. 14.05.2008, Tribunal Pleno)

Os créditos adicionais têm vigência no exercício em que forem autorizados, em regra. Excepcionalmente, os créditos adicionais especiais e extraordinários autorizados (lei promulgada) no último quadrimestre do exercício serão reabertos nos limites de seus saldos e incorporados ao orçamento do exercício seguinte (art. 167, § 2º, da CF).

Gabarito de concurso público

Suponha que um ente público apresente a seguinte situação no último mês do exercício:

– arrecadação prevista para o exercício: R$ 1.500.000,00;

– arrecadação prevista após revisão das estimativas: R$ 1.750.000,00;

– despesas empenhadas e liquidadas: R$ 1.450.000,00 (não há intenção de novos empenhos);

– créditos extraordinários abertos no exercício: R$ 70.000,00;

– crédito especial aprovado em novembro e que só será utilizado no exercício subsequente: R$ 85.000,00.

Com base nesses dados e tendo em vista a solicitação de novos créditos especiais de R$ 150.000,00, conclui-se que será possível aprovar tal solicitação no limite de R$ 145.000,00. (Analista – TRE/GO – 2008 – CESPE)

Nota do autor:

O crédito adicional especial é autorizado por lei e destinado a despesas para as quais não haja dotação orçamentária específica – art. 41, II, da Lei 4.320/1964. Assim como o crédito adicional suplementar, sua abertura depende da existência de recursos disponíveis, decorrentes, entre outras possibilidades, de excesso de arrecadação ou de anulação total ou parcial de outras dotações ou de outros créditos adicionais – art. 43, § 1º, II e III, da Lei 4.320/1964.

No caso descrito na questão, houve excesso de arrecadação de R$ 250 mil (a previsão era de R$ 1.500.000,00 e foram arrecadados R$ 1.750.000,00).

Como é o último mês do ano e não há intenção de novos empenhos, e ainda considerando que, durante o exercício, houve empenho de apenas R$ 1.450.000,00 dos R$ 1.500.000,00 inicialmente previstos, conclui-se que há "sobra" de R$ 50 mil nas dotações já existentes, que podem ser total ou parcialmente anuladas. Perceba que, na LOA, se havia previsão de R$ 1.500.000,00 em receitas, foram fixadas dotações orçamentárias (autorização para despesas) no mesmo montante.

Assim, somando-se o excesso de arrecadação (R$ 250 mil) ao valor de dotações que podem se anuladas (R$ 50 mil), tem-se um total de R$ 300 mil que, em princípio, poderiam suportar a abertura do crédito adicional especial pretendido.

Entretanto, deve-se considerar que já foram abertos créditos especiais no valor de R$ 85 mil e extraordinários no montante de R$ 70 mil, sobrando apenas R$ 145 mil para suportar a nova abertura de créditos especiais (= R$ 300 mil – R$ 85 mil – R$ 70 mil).

Note que a pretensão de se utilizar os créditos extraordinários apenas no exercício seguinte (art. 167, § 2º, da CF) é irrelevante, pois foi onerado o orçamento presente. Ademais, lembre-se que o crédito extraordinário, embora possa ser aberto sem demonstração dos recursos disponíveis, será considerado para fins de cálculo do excesso de arrecadação – art. 43, § 4º, da Lei 4.320/1964.

Veja a seguinte tabela, para estudo e memorização dos créditos adicionais – art. 41 da Lei 4.320/1964 e art. 167, § 3º, da CF:

Créditos Adicionais		
Suplementares	Destinados a reforço de dotação orçamentária já existente	– autorizados por lei e abertos por decreto executivo – dependem da existência de recursos disponíveis para suportar a despesa
Especiais	Destinados a despesas para as quais não haja dotação orçamentária específica	
Extraordinários	Para atender a despesas imprevisíveis e urgentes, como as decorrentes de guerra, comoção interna ou calamidade pública	– abertos por decreto do Executivo, que dele dará imediato conhecimento ao Legislativo (o art. 167, § 3º, da CF refere-se à medida provisória – art. 62 da CF)

2.3.6. *Processo legislativo*

Os projetos de leis orçamentárias (PPA, LDO e LOA) são de iniciativa privativa do Chefe do Poder Executivo.

Isso significa que somente o Presidente da República, o Governador ou o Prefeito podem apresentar o projeto de lei ao Legislativo. Não é possível iniciativa por membro ou órgão do Legislativo ou do Judiciário, mesmo em caso de omissão do Executivo.

É importante lembrar que o Judiciário tem autonomia financeira e um dos aspectos dela é que os Tribunais elaboram suas propostas orçamentárias, dentro dos limites estipulados conjuntamente com os demais Poderes na LDO, e encaminham para a consolidação pelo Executivo (art. 99, § 1º, da CF).

O Ministério Público também tem a prerrogativa de elaborar sua proposta orçamentária, sempre observando os limites estabelecidos na LDO (art. 127, § 3º, da CF). Mais recentemente, as Defensorias Públicas Estaduais passaram a ter assegurada a iniciativa relativa à sua proposta orçamentária, mais uma vez observados os limites traçados pela LDO (art. 134, § 2º, da CF).

De qualquer forma, é importante reiterar e ter em mente que é sempre o chefe do Executivo que envia o projeto de lei ao Legislativo (o Judiciário, o MP e a Defensoria jamais enviam a proposta diretamente ao Legislativo).

Ademais, se a proposta enviada pelo Judiciário, pelo MP ou pela Defensoria não respeitar os limites traçados na LDO, caberá ao Executivo realizar os ajustes para fins da consolidação da proposta orçamentária anual a ser enviada ao Legislativo (arts. 99, § 4º, e 127, § 5º, da CF).

Nos termos do art. 195, § 2º, da CF, a proposta de orçamento da seguridade social será elaborada de forma integrada pelos órgãos responsáveis pela saúde, previdência social e assistência social, tendo em vista as metas e prioridades estabelecidas na lei de diretrizes orçamentárias, assegurada a cada área a gestão de seus recursos.

Os arts. 22 a 26 da Lei 4.320/1964 e o art. 5º da LRF indicam o conteúdo e a forma da proposta orçamentária.

Gabarito de concurso público
A proposta orçamentária que o Poder Executivo deve encaminhar ao Poder Legislativo compor-se-á, tão somente, de mensagem, projeto de Lei de Orçamento, tabelas explicativas de receita e despesa e especificação dos programas especiais de trabalho custeados por dotações globais. (Fiscal de Tributos/Santos-SP – 2005 – FCC)

Os projetos de PPA, LDO, LOA e também os relativos aos créditos adicionais seguem um procedimento específico previsto no art. 166 da CF, distinto do processo legislativo comum, relativo às leis em geral. Aplicam-se subsidiariamente, no que não contrariar este procedimento específico, as demais normas relativas ao processo legislativo (§ 7º).

De início, cabe salientar que são apreciados pelas duas Casas do Congresso Nacional (Senado e Câmara), na forma do regimento comum (art. 166, *caput*, da CF), cabendo a uma Comissão mista permanente de Senadores e Deputados (= Comissão de Orçamento e Finanças):

✓ examinar e emitir parecer sobre os projetos de PPA, LDO, LOA e créditos adicionais e sobre as contas apresentadas anualmente pelo Presidente da República;

✓ examinar e emitir parecer sobre os planos e programas nacionais, regionais e setoriais previstos na Constituição e exercer o acompanhamento e a fiscalização orçamentária, sem prejuízo da atuação das demais comissões do Congresso Nacional e de suas Casas, criadas de acordo com o art. 58 da CF.

É claro que no âmbito Estadual, Distrital e Municipal, em que o Legislativo é unicameral, a Comissão de Orçamento e Finanças é formada pelos respectivos deputados ou vereadores exclusivamente. No mais, o procedimento legislativo e as competências da Comissão e das Assembleias e Câmaras são os mesmos.

As emendas serão apresentadas na Comissão mista, que sobre elas emitirá parecer, e apreciadas, na forma regimental, pelo Plenário das duas Casas do Congresso Nacional.

Em relação ao projeto da LOA ou que a modifiquem, as emendas somente podem ser aprovadas caso:

✓ sejam compatíveis com o plano plurianual e com a lei de diretrizes orçamentárias;

✓ indiquem os recursos necessários, admitidos apenas os provenientes de anulação de despesa, excluídas as que incidam sobre:

a) dotações para pessoal e seus encargos;

b) serviço da dívida;

c) transferências tributárias constitucionais para Estados, Municípios e Distrito Federal; ou

✓ sejam relacionadas:

a) com a correção de erros ou omissões; ou

b) com os dispositivos do texto do projeto de lei.

Perceba que essas normas visam a manter o equilíbrio do orçamento (analisamos o tema ao tratarmos dos princípios que regem a LOA).

De fato, o Legislativo não pode ampliar ou criar despesas se não indicar exatamente a origem dos recursos, admitidos apenas os provenientes de anulação de despesa, com as importantes vedações acima indicadas. Não pode, por exemplo, cancelar despesas com salários ou com serviço da dívida (pagamento de empréstimos) para autorizar outros gastos.

Em relação à receita, a reestimativa por parte do Legislativo só será admitida se comprovado erro ou omissão de ordem técnica ou legal – art. 12, § 1º, da LRF.

Gabaritos de concursos públicos
Ao se referir à previsão e à arrecadação da receita pública, a Lei de Responsabilidade Fiscal dispõe que a reestimativa de receita por parte do Poder Legislativo só será admitida se comprovado erro ou omissão de ordem técnica ou legal. (Procurador do Estado/RR – 2006 – FCC)
Só será admitida a reestimativa de receita por parte do Poder Legislativo se comprovado erro ou omissão de ordem técnica ou legal. (Analista – TRT/23ª – 2007 – FCC)

As emendas ao projeto de lei de diretrizes orçamentárias não poderão ser aprovadas quando incompatíveis com o plano plurianual.

Não se admitirão emendas ao projeto de Lei de Orçamento que visem a (art. 33 da Lei 4.320/1964):

- ✓ alterar a dotação solicitada para despesa de custeio, salvo quando provada, nesse ponto a inexatidão da proposta;
- ✓ conceder dotação para o início de obra cujo projeto não esteja aprovado pelos órgãos competentes;
- ✓ conceder dotação para instalação ou funcionamento de serviço que não esteja anteriormente criado;
- ✓ conceder dotação superior aos quantitativos previamente fixados em resolução do Poder Legislativo para concessão de auxílios e subvenções.

O envio dos projetos de lei ao Legislativo é regulado por lei complementar federal (art. 166, § 6º, da CF). Depois disso, o chefe do Executivo ainda poderá enviar mensagem ao Legislativo para propor modificação nos projetos enquanto não iniciada a votação, na Comissão de Orçamento e Finanças, da parte cuja alteração é proposta (§ 5º).

Atualmente, os prazos para envio dos projetos pelo Executivo para o Legislativo são regidos pelo art. 35, § 2º, do ADCT, contados em relação ao encerramento das sessões e períodos legislativos.

O encerramento das sessões e períodos legislativos são definidos no art. 57, *caput*, da CF: o Congresso nacional se reúne anualmente de 2 de fevereiro a 17 de julho (= primeiro período) e de 1º de agosto a 22 de dezembro (= segundo período da sessão legislativa).

O projeto de PPA para vigência até o final do primeiro exercício financeiro do mandato presidencial subsequente será encaminhado até quatro meses antes do encerramento do primeiro exercício financeiro (= até o dia 31 de agosto do primeiro ano do mandato) e devolvido para sanção até o encerramento da sessão legislativa (= até 22 de dezembro do mesmo ano).

O projeto de LDO, que vigorará no ano seguinte, será encaminhado até oito meses e meio antes do encerramento do exercício financeiro (= até 15 de abril) e devolvido para sanção até o encerramento do primeiro período da sessão legislativa (até 17 de julho).

O projeto de LOA, assim como o do PPA, será encaminhado até quatro meses antes do encerramento do exercício financeiro (= até o dia 31 de agosto) e devolvido para sanção até o encerramento da sessão legislativa (= até 22 de dezembro do mesmo ano).

Caso o Executivo não envie a proposta orçamentária no prazo fixado nas Constituições Federal, Estaduais ou nas Leis Orgânicas do Distrito Federal e dos Municípios, o Legislativo considerará como proposta a Lei Orçamentária vigente (art. 32 da Lei 4.320/1964).

Mais comum que isso, entretanto, é o Executivo enviar o projeto de LOA e ele não ser aprovado até o final do exercício. Nesse caso, normalmente a LDO prevê a solução (execução de dotações do projeto, especialmente em relação às despesas inadiáveis, ou utilização da LOA anterior, por exemplo).

Eventual veto do chefe do Executivo ao projeto de LOA, ou ainda emenda ou rejeição, podem resultar em recursos sem despesas correspondentes. Nesse caso, esses valores poderão ser utilizados, conforme o caso, mediante créditos especiais ou suplementares, com prévia e específica autorização legislativa (art. 166, § 8º, da CF).

3. RECEITAS

3.1. Definição e privilégio

Há duas definições de receitas públicas, uma da doutrina clássica, outra da legislação financeira e da prática profissional, ambas muito exigidas em concursos públicos.

Essa espécie de desacordo entre a doutrina e a legislação exige muito cuidado do estudante.

A doutrina clássica descreve as *entradas ou ingressos* como um gênero, de que são espécies as *entradas provisórias* e as *entradas definitivas*. Receitas, em sentido estrito, seriam apenas as entradas definitivas.

Para Aliomar Baleeiro, receita pública é a entrada que, integrando-se ao patrimônio público sem quaisquer reservas, condições ou correspondência no passivo, vem acrescer o seu vulto, como elemento novo e positivo (= entrada definitiva).

Simples entradas ou ingressos ou movimentos de fundos (= entradas provisórias), sempre de acordo com Aliomar Baleeiro, não podem ser consideradas incremento ao patrimônio governamental, pois implicam dever de restituição posterior ou representam mera recuperação de valores emprestados ou cedidos pelo governo.

Essa definição doutrinária de receita pública exclui os empréstimos recebidos e as amortizações daqueles concedidos (seriam meros ingressos ou entradas provisórias, já que os empréstimos devem ser devolvidos no futuro; e as amortizações são restituição do que foi emprestado no passado). Exclui também as devoluções ou indenizações pagas ao Poder Público, que não incrementam seu patrimônio (são apenas retorno à situação anterior).

Gabarito de concurso público
Assinale a opção correta, considerando que a União realize licitação para venda de terrenos públicos, exigindo caução dos concorrentes, a ser devolvida após o término do procedimento administrativo. Segundo o conceito adotado no direito financeiro, a caução será considerada ingresso de valores provisórios e, portanto, não corresponderá a receita. (Magistratura Federal/1ª Região – 2009 – CESPE)

Eis um quadro sinótico:

Doutrina Clássica – Aliomar Baleeiro	
Entradas ou Ingressos	**Entradas provisórias ou simples entradas, ou simples ingressos** (não ingressam definitivamente, em princípio, ou são mera restituição/indenização): depósitos, cauções, fianças, empréstimos, empréstimo compulsório, indenizações etc.
	Receitas ou entradas definitivas (ingressam definitivamente): tributos em geral, preços públicos

Ocorre que, como dito inicialmente, a legislação financeira não faz essa distinção, pelo menos não em relação à denominação contábil.

Para a legislação, diferentemente da lição da doutrina clássica, todas as entradas de recursos financeiros nos cofres públicos são denominadas receitas públicas, ainda que de natureza extraorçamentária, como veremos no próximo tópico.

Antes disso, vale também registrar que as receitas públicas são privilegiadas com relação aos créditos privados, conforme o princípio da supremacia do interesse público sobre o particular. Por essa razão, não cabe, em regra, compensação, nos termos do art. 54 da Lei 4.320/1964.

> *Art. 54 da Lei 4.320/1964. Não será admitida a compensação da observação de recolher rendas ou receitas com direito creditório contra a Fazenda Pública.*

Note que no âmbito estritamente privado permite-se a compensação entre dívidas líquidas, vencidas e de coisas fungíveis, conforme o art. 369 do CC.

Isso não ocorre em relação aos créditos da administração pública. Excepcionalmente, admite-se a compensação com créditos tributários, mas apenas se houver lei autorizativa expressa do ente político correspondente, nos termos do art. 170 do CTN.

3.2. Classificações das receitas

Como dito, na contabilidade pública toda entrada de recursos financeiros é denominada receita.

O que existe de mais próximo daquela definição clássica de receita pública (= entrada ou ingresso definitivo) é a classificação das receitas públicas pelo critério da previsão orçamentária: receitas *orçamentárias* ou *extraorçamentárias*, que encontra guarida na legislação financeira.

3.2.1. Critério da previsão orçamentária: receitas orçamentárias e extraorçamentárias

Receita orçamentária é aquela prevista na LOA, ou que deveria estar prevista na LOA, objeto da execução orçamentária.

Receita extraorçamentária é aquela à margem do orçamento público, que ingressa apenas temporariamente nos cofres públicos, caso dos depósitos, cauções, consignações, fianças etc., cuja restituição não onera dotação orçamentária (independe de autorização legal).

Trata-se de classificação bastante usual na prática orçamentária.

Gabarito de concurso público
Receita pública classifica-se em dois grupos denominados receitas orçamentária e extraorçamentária. (Analista – TRF/5ª – 2008 – FCC)
Configuram apenas receitas extraorçamentárias: cauções e consignações. (Técnico – TRT/24ª – 2011 – FCC)

É interessante notar que essa classificação (receitas orçamentárias e extraorçamentárias), embora próxima, não se identifica exatamente com a distinção feita pela doutrina clássica entre (i) receitas públicas e (ii) simples ingressos ou entradas.

Vimos que, para a doutrina clássica, os empréstimos recebidos e as amortizações (pagamentos recebidos dos devedores) não são considerados receitas (pois não entrariam definitivamente nos cofres públicos ou, no caso da amortização, seria simples restituição).

Ocorre que, nos termos do art. 11, § 2º, da Lei 4.320/1964, os empréstimos e as amortizações correspondem a receitas de capital (são receitas orçamentárias, portanto).

Ademais, empréstimos compulsórios e indenizações recebidas são também receitas orçamentárias, conforme a legislação financeira.

Ressalvamos que as entradas decorrentes de operações de Antecipação de Receitas Orçamentárias – ARO, apesar de ser espécie de operação de crédito, são consideradas receitas extraorçamentárias (a receita orçamentária é a do tributo, cujo recebimento está sendo antecipado pelo poder público). Voltaremos ao tema ao estudarmos as operações de crédito.

Finalmente, segundo a legislação brasileira, são também receitas extraorçamentárias (i) o superávit do orçamento corrente e (ii) as decorrentes da inscrição dos restos a pagar – arts. 11, § 3º, e 36 da Lei 4.320/1964.

Gabarito de concurso público
De acordo com os ditames estabelecidos pela Lei n. 4.320/1964, em relação à receita orçamentária, NÃO é correto afirmar que o superávit do orçamento corrente constituirá item de receita orçamentária. (Analista – TRE/SE – 2007 – FCC)

Além dessa classificação pelo critério da previsão orçamentária, há outras aceitas pela doutrina e muito exigidas em concursos.

Listemos as principais classificações, incluindo a das receitas orçamentárias e extraorçamentárias:

✓ **critério da previsão orçamentária**: receitas orçamentárias e extraorçamentárias;

✓ **critério da origem**: receitas originárias e derivadas (alguns autores referem-se também às transferidas);

✓ **critério da regularidade**: receitas ordinárias ou extraordinárias;

✓ **critério da categoria econômica:** receitas correntes e de capital.

Já vimos a classificação pelo critério da previsão orçamentária.

Veremos as outras a seguir.

Antes disso, anotamos que a contabilidade pública refere-se, muitas vezes, à classificação por categorias econômicas e por grupo de fontes.

3.2.2. *Critério da origem: receitas originárias e derivadas (e transferidas)*

O critério da origem (receita originária e derivada) é muito citado pela doutrina.

Receita *originária* é aquela auferida pela exploração do patrimônio estatal, o que inclui a prestação de serviços em regime privado e, portanto, a cobrança de tarifa ou preço público.

Exemplos de receitas públicas originárias são o recebimento de aluguéis, do preço pela venda de imóveis ou de outros bens da administração, juros por aplicações financeiras, preço público cobrado pela Prefeitura para instalação de barracas de feira na rua, tarifa exigida pela concessionária pela prestação de serviço público.

Gabarito de concurso público
A cobrança de tarifas ou preço público corresponde a uma receita originária. (Procurador Federal – 2010 – CESPE)

Perceba que a receita pública originária aproxima-se do rendimento e da receita auferidos pelas pessoas naturais e sociedades em geral.

Receita *derivada* é aquela decorrente do poder estatal, exigida compulsoriamente dos cidadãos por força de lei (tributos, penalidades pecuniárias).

Nesse caso, não há qualquer similitude com as receitas ou rendimentos auferidos pelas pessoas naturais e sociedades em geral. De fato, a receita derivada decorre diretamente do poder estatal, de relações de direito público decorrentes da imposição da lei, sem paralelo nas relações de direito privado.

O art. 9º da Lei 4.320/1964 descreve expressamente o tributo como receita derivada.

Há ainda autores que, nessa classificação, acrescentam as *receitas transferidas*. Trata-se das receitas tributárias (derivadas, portanto), mas que não são arrecadadas pela entidade política que vai utilizá-las.

É o caso, por exemplo, do recebimento pelos Municípios de parcela do ICMS arrecadado pelo Estado (art. 158, IV, da CF).

3.2.3. *Critério da regularidade: receitas ordinárias e extraordinárias*

O critério da regularidade refere-se às receitas usualmente auferidas pelo Poder Público (*ordinárias*) e aquelas esporádicas, eventuais (*extraordinárias*).

Exemplo de receita ordinária é a dos tributos em geral: imposto de renda, ICMS, IPTU etc.

Como receita extraordinária, citamos uma doação recebida, preço pela venda de um bem, eventual imposto extraordinário criado pela União, em caso de guerra externa ou sua iminência, que será suprimido gradativamente, cessada a causa de sua criação (art. 154, II, da CF).

3.2.4. *Critério das categorias econômicas: receitas correntes e de capital*

O critério das categorias econômicas (receitas correntes e de capital) é muitíssimo importante, pois é amplamente adotado pela legislação orçamentária.

De fato, o art. 11 da Lei 4.320/1964 dispõe expressamente que: "A receita classificar-se-á nas seguintes categorias econômicas: Receitas Correntes e Receitas de Capital."

Referido artigo não traz, a rigor, uma definição expressa do que seriam receitas correntes e de capital, apenas lista quais são elas.

Receitas – categorias econômicas	
Correntes	**De Capital**
– receitas tributárias – de contribuições – patrimonial, agropecuária, industrial, de serviços e outras – as provenientes de recursos financeiros recebidos de outras pessoas de direito público ou privado, quando destinadas a atender despesas classificáveis em despesas correntes	– provenientes da realização de recursos financeiros oriundos de constituição de dívidas – da conversão, em espécie, de bens e direitos – os recursos recebidos de outras pessoas de direito público ou privado, destinados a atender despesas classificáveis em Despesas de Capital – o superávit do Orçamento Corrente

Pela listagem, entretanto, é possível aferir uma proximidade com a classificação pelo critério da regularidade. As receitas correntes coincidem, em geral, com as ordinárias (auferidas usualmente pela administração). As receitas de capital correspondem, também *grosso modo*, com as extraordinárias (eventuais, esporádicas).

Também é interessante notar que as receitas de capital englobam aquelas decorrentes de operações de crédito (valores auferidos pela contração de empréstimos) e de alienações de bens ("conversão, em espécie, de bens e direitos").

Gabarito de concurso público
É exemplo de receita de capital a receita de alienação de bens. (Analista – MPU – 2007 – FCC)

Em relação à alienação de bens e direitos, que geram receita de capital, é interessante notar que a LRF traz importante norma relativa à preservação do patrimônio público. Seu art. 44 veda expressamente a aplicação da receita de capital derivada da alienação de bens e direitos que integram o patrimônio público para o financiamento de despesa corrente, salvo se destinada por lei aos regimes de previdência social, geral e próprio dos servidores públicos.

Veja, portanto, que um Município, por exemplo, não pode vender um imóvel público para, com os recursos auferidos (= receita de capital) pagar salários do funcionalismo (= despesa corrente). Isso busca evitar a dilapidação do patrimônio público.

Finalmente, perceba que as transferências recebidas são classificadas conforme sua destinação. Se a transferência é destinada a atender despesas correntes, será classificada como receita corrente. Se, por outro lado, a transferência recebida destinar-se a despesa de capital, será classificada como receita de capital.

Gabarito de concurso público
A fonte de receita gerada por meio de recursos financeiros recebidos de outras entidades de direito público ou privado e destinados ao atendimento de gastos, classificáveis em despesas correntes denomina-se transferências correntes. (Analista – TRF/1ª – 2006 – FCC)

Por exemplo, se o Município firma convênio com a União e recebe transferência de recursos para a realização de obra (= despesa de capital), essa receita do Município será classificada como receita de capital.

3.2.5. Resumo das classificações

Veja, a seguir, uma tabela com as principais classificações das receitas públicas:

Classificações da Receita Pública			
Critério	**Espécies**	**Definição**	**Exemplos**
Previsão orçamentária	Orçamentária	Prevista (ou deveria) no orçamento	Tributos, transferências
	Extraorçamentária	À margem do orçamento	Depósitos, cauções, consignações, fianças, superávit, restos a pagar, operações de ARO
Origem	Originária	Decorre da exploração do patrimônio estatal e da prestação de serviço em regime privado	Recebimento de aluguel, preço pela venda de imóvel ou veículo da administração, juros em aplicações financeiras
	Derivada	Decorre da imposição legal	Tributos, multas
	Transferida	Auferida por outra entidade política e transferida para quem vai utilizá-la	Advinda dos Fundos de Participação dos Estados e dos Municípios
Regularidade	Ordinária	Usual, comum	Tributos
	Extraordinária	Esporádica, eventual	Doações, preço pela venda de bem, imposto extraordinário
Categoria econômica	Corrente	Listagem no art. 11, § 1º, da Lei 4.320/1964 – muito próximo das receitas ordinárias	Tributos, transferências correntes
	De Capital	Listagem no art. 11, § 2º, da Lei 4.320/1964 – muito próximo das receitas extraordinárias	Decorrente de operação de crédito (empréstimo), preço pela alienação de bens, transferências de capital

3.3. Renúncia de receita

A receita pública é, em princípio, indisponível.

Isso significa que o agente público não pode abrir mão dela, já que isso atentaria contra o princípio da indisponibilidade do interesse público.

Nesse sentido, a administração pública deve instituir e arrecadar todos os tributos de sua competência, sob pena de incorrer em irresponsabilidade na gestão fiscal, conforme o art. 11 da LRF:

Art. 11 da LRF. Constituem requisitos essenciais da responsabilidade na gestão fiscal a instituição, previsão e efetiva arrecadação de todos os tributos da competência constitucional do ente da Federação.

Parágrafo único. É vedada a realização de transferências voluntárias para o ente que não observe o disposto no caput, no que se refere aos impostos.

Perceba que, nos termos do parágrafo único desse dispositivo legal, a sanção para o caso de não cumprimento desse requisito de responsabilidade fiscal, especificamente no caso da arrecadação dos impostos, é a vedação de recebimento de transferências voluntárias.

Assim, se um Município, por exemplo, não institui e efetivamente arrecada o ISS em seu território, não poderá receber transferências voluntárias da União, decorrentes de convênio.

Gabaritos de concursos públicos
Segundo a Lei de Responsabilidade Fiscal (Lei Complementar 101/2000), no "Art. 11 – Constituem requisitos essenciais da responsabilidade na gestão fiscal a instituição, previsão e efetiva arrecadação de todos os tributos da competência constitucional do ente da Federação. Parágrafo único – É vedada a realização de transferências voluntárias para o ente que não observe o disposto no caput, no que se refere aos impostos". Esse artigo é de constitucionalidade questionável diante da regra de competência tributária privativa dos entes federados, mas a doutrina tende fortemente a admitir sua constitucionalidade, pois não imporia obrigação de exercício de competência tributária, mas apenas consequências de seu não exercício. (Magistratura Federal-4ª Região – 2010)
É vedada a realização de transferências voluntárias a ente da federação que não esteja arrecadando todos os impostos de sua competência constitucional. (Ministério Público/MG – 2010.1)

Importante ressaltar, entretanto, que essa sanção não impede a transferência de verbas destinadas às ações de educação, saúde e assistência social (o que, a rigor, diminui muito a efetividade dessa penalidade), conforme o art. 25, § 3º, da LRF:

> *Art. 25, § 3º, da LRF. Para fins da aplicação das sanções de suspensão de transferências voluntárias constantes desta Lei Complementar, excetuam-se aquelas relativas a ações de educação, saúde e assistência social.*

Gabarito de concurso público
Tratando-se de ações de educação, saúde e assistência social, não se podem aplicar sanções de suspensão de transferências voluntárias a determinado ente federativo. (Ministério Público/RO – 2010 – CESPE)

Entretanto, excepcionalmente é possível a renúncia de receita, desde que cumpridos os requisitos legais.

Em relação aos tributos, somente por lei específica é que se pode criar benefícios fiscais, reduzindo a tributação (art. 150, § 6º, da CF).

> *CF, art. 150, § 6.º Qualquer subsídio ou isenção, redução de base de cálculo, concessão de crédito presumido, anistia ou remissão, relativos a impostos, taxas ou contribuições, só poderá ser concedido mediante lei específica, federal, estadual ou municipal, que regule exclusivamente as matérias acima enumeradas ou o correspondente tributo ou contribuição, sem prejuízo do disposto no art. 155, § 2.º, XII, g.*

Ademais, nos termos do art. 14 da LRF, a concessão ou ampliação de incentivo ou benefício de natureza tributária da qual decorra renúncia de receita deverá estar acompanhada de estimativa do impacto orçamentário-financeiro no exercício em que deva iniciar sua vigência e nos dois seguintes, atender ao disposto na LDO e pelo menos uma das seguintes condições:

- ✓ demonstração pelo proponente de que a renúncia foi *considerada na estimativa de receita da lei orçamentária*, na forma do art. 12 da LRF (ver também o art. 5º, II, da LRF), e de que *não afetará as metas* de resultados fiscais previstas no anexo próprio da LDO;
- ✓ estar acompanhada de *medidas de compensação*, no período mencionado no *caput* (exercício em que se inicia a renúncia e nos dois seguintes), por meio do aumento de receita, proveniente da elevação de alíquotas, ampliação da base de cálculo, majoração ou criação de tributo ou contribuição.

A renúncia de receita lastreada nessa segunda condição (medidas de compensação) entrará em vigor apenas quando implementadas essas medidas de compensação (art. 14, § 2º, da LRF).

Gabaritos de concursos públicos
O estado deverá observar diversas regras para a concessão de renúncia de receita, especialmente a que impõe que a concessão desse benefício esteja acompanhada de estimativa de impacto orçamentário-financeiro e atenda ao disposto na LDO. (Procurador do Estado/CE – 2008 – CESPE)
Com o objetivo de possibilitar que mais empresas tivessem interesse em abrir filiais no estado em que governa, o governador encaminhou à respectiva casa legislativa projeto de lei sobre alteração da alíquota de ICMS. Com base nessa situação, assinale a opção correta a respeito de renúncia de receita. Entre outros fatores, é preciso, inclusive, estimar o impacto orçamentário-financeiro no exercício inicial de vigência da lei que pode resultar do mencionado projeto e nos dois seguintes. (Procurador do Estado/PI – 2008 – CESPE)

Perceba que, além da estimativa de impacto orçamentário-financeiro para o exercício em que deva iniciar a renúncia da receita e nos dois seguintes, e do cumprimento de pelo menos uma das condições acima indicadas, a previsão da renúncia da receita na LDO é essencial.

De fato, o Anexo de Metas Fiscais da LDO deve conter demonstrativo da estimativa e compensação da renúncia de receita e da margem de expansão das despesas obrigatórias de caráter continuado, conforme previsto expressamente no art. 4º, § 2º, V, da LRF.

Gabarito de concurso público
O anexo de metas fiscais deve conter o demonstrativo da estimativa e compensação da renúncia de receita. A lei de diretrizes orçamentárias dispõe, entre outros assuntos, sobre o equilíbrio entre receitas e despesas. (Procurador do Município/Aracaju – 2008 – CESPE)

A renúncia de receita, como se percebe, é tratada com muita cautela pela LRF, considerando que o cumprimento dos limites e condições legais é pressuposto para a responsabilidade na gestão fiscal (art. 1º, § 1º, da LRF).

Ademais, o conceito do que seja renúncia de receita é relativamente amplo, abrangendo anistia, remissão, subsídio, crédito presumido, concessão de isenção em caráter não geral, alteração de alíquota ou modificação de base de cálculo que implique redução discriminada de tributos ou contribuições, e outros benefícios que correspondam a tratamento diferenciado (art. 14, § 1º, da LRF).

Por outro lado, os requisitos do art. 14 da LRF para a renúncia de receita não se aplicam:

✓ às alterações das alíquotas do imposto de importação, imposto de exportação, IPI e do IOF, quando realizadas pelo Executivo na forma do art. 153, § 1º, da CF; e

✓ ao cancelamento de débito cujo montante seja inferior ao dos respectivos custos de cobrança.

O legislador reconheceu que as alterações de alíquotas daqueles tributos de carga fortemente extrafiscal não poderia ser limitada pelas rígidas exigências da LRF. Ademais, é muito comum o cancelamento de débitos cuja cobrança é antieconômica e, portanto, prejudicial em determinados aspectos ao interesse público.

Gabaritos de concursos públicos
A Lei de Responsabilidade Fiscal – LRF estabelece normas de finanças públicas voltadas para a responsabilidade na gestão fiscal. Entre as normas da LRF, não se inclui a necessidade de estimativa do impacto orçamentário-financeiro para redução da alíquota do IPI. **(Procurador da Fazenda Nacional – 2007.2 – ESAF)**

4. DESPESAS

4.1. Definição

A despesa pública pode ser entendida em seu sentido amplo como o conjunto de dispêndios do Estado ou de outra pessoa de direito público, para funcionamento dos serviços públicos, conforme leciona Aliomar Baleeiro. Corresponde, assim, à parte do orçamento em que constam as autorizações de gastos governamentais (em oposição às receitas).

Mas a despesa pública pode ser definida em sentido mais estrito, como específico dispêndio de recursos financeiros que onera determinada dotação orçamentária.

Definição de Despesa Pública – Aliomar Baleeiro
Conjunto de dispêndios do Estado, ou de outra pessoa de direito público, para o funcionamento dos serviços públicos (parte do orçamento em que se encontram classificadas todas as autorizações para gastos com as várias atribuições e funções governamentais).
Aplicação de certa quantia, em dinheiro, por parte da autoridade ou agente público competente, dentro de uma autorização legislativa, para execução de fim a cargo do governo.

Perceba que realizar a despesa não se reduz, exatamente, ao pagamento de dinheiro pela prestação de um serviço ou pela compra de um bem, por exemplo.

Para que haja a contratação de um serviço ou a compra de um bem, é necessário o **prévio empenho**, ou seja, é preciso que o agente público destaque parcela ou a totalidade da disponibilidade de determinada dotação orçamentária para que a despesa possa ser realizada.

Imagine, por exemplo, que o Estado queira adquirir um veículo oficial. Para isso, é preciso que haja determinada dotação orçamentária na LOA, com disponibilidade de recursos, o que significa que há autorização legislativa para a despesa. Havendo essa disponibilidade orçamentária, o agente público realiza o empenho da despesa correspondente ao preço do veículo (isso reduz a disponibilidade orçamentária no mesmo montante).

Somente depois do empenho é que pode ser efetivamente adquirido esse veículo.

É muito importante ter isso bem claro: é peremptoriamente vedada a realização da despesa sem prévio empenho, conforme o art. 60 da Lei 4.320/1964.

Se não houver dotação orçamentária, ou seus recursos já tiverem sido empenhados para outras despesas, não é possível novo dispêndio. Nos termos do art. 167, II, da CF, é vedada a realização de despesas ou a assunção de obrigações diretas que excedam os créditos orçamentários ou adicionais.

Voltaremos ao assunto mais adiante, ao estudarmos a execução orçamentária.

Gabarito de concurso público
As despesas públicas são aplicações em dinheiro de recursos arrecadados pelo Estado com o objetivo de prover os serviços de ordem pública ou atender ao próprio desenvolvimento econômico do Estado. Elas, segundo o ordenamento doutrinário jurídico, obedecem a determinados requisitos, a saber: utilidade, legitimidade, discussão pública, possibilidade contributiva, oportunidade, hierarquia de gastos e estipulação por lei. (Procuradoria Distrital – 2007)

4.2. Classificação

Assim como as receitas, as despesas também são classificadas a partir de diversos critérios.

Muito importante a classificação da Lei 4.320/1964, pelo critério das categorias econômicas, que distingue as despesas *correntes* das despesas de *capital*.

Mas é também possível distinguirmos, dentre muitas outras classificações possíveis: despesas *orçamentárias* e *extraorçamentárias*; despesas *ordinárias* e *extraordinárias*; despesas *federais*, *estaduais*, *distritais* e *municipais*.

Veremos a seguir cada uma delas, deixando a classificação legal, pelas categorias econômicas, por último.

Antes disso, anotamos que a contabilidade pública refere-se muitas vezes às classificações institucional, funcional-programática e de natureza da despesa.

4.2.1. *Critério da previsão orçamentária: despesas orçamentárias e despesas extraorçamentárias*

A definição de despesa em sentido estrito que demos anteriormente, a qual exige prévio empenho, refere-se à despesa *orçamentária*. Essa é a regra.

Excepcionalmente, entretanto, há dispêndios de dinheiro que não oneram o orçamento público: são as despesas *extraorçamentárias*.

A rigor, como não há empenho nesse caso (não se onera dotação orçamentária), seria impreciso definir como despesa pública, nos termos do art. 60 da Lei 4.320/1964.

De fato, pela definição clássica, essas despesas extraorçamentárias nem seriam classificadas como despesa pública.

De qualquer forma, assim como todas as entradas de recursos financeiros são denominadas *receitas* na contabilidade pública (inclusive aquelas que não ingressam definitivamente, ou seja, os simples ingressos ou entradas ou receitas extraorçamentárias), todas as saídas de recursos são denominadas *despesas* na terminologia contábil (inclusive as simples devoluções, as despesas extraorçamentárias).

O estudante deve tomar cuidado com essa imprecisão terminológica, pois os concursos públicos exigem conhecimento dessas denominações muitas vezes contraditórias.

Gabarito de concurso público
O princípio da legalidade em matéria de despesa pública significa que se exige a inclusão da despesa em lei orçamentária para que ela possa ser realizada, com exceção dos casos de restituição de valores ou pagamento de importância recebida a título de caução, depósitos, fiança, consignações, ou seja, advindos de receitas extraorçamentárias que, apesar de não estarem fixados na lei orçamentária, sejam objeto de cumprimento de outras normas jurídicas. (Procurador Federal – 2010 – CESPE)

Por exemplo, o recebimento de uma caução é receita extraorçamentária (simples entrada, para a doutrina clássica de Aliomar Baleeiro, para quem nem seria receita pública. A devolução dessa caução ao particular corresponde a uma despesa *extraorçamentária*, ou seja, não onera qualquer dotação orçamentária (não é preciso prévio empenho).

Gabarito de concurso público
As seguintes informações referentes à "Prefeitura XYZ" foram extraídas no final do exercício financeiro de 2010: ***Despesas Orçamentárias e Extraorçamentárias*** ***Valores (R$)*** *Pessoal Ativo* *10.000* ***Consignações em folha de pagamento repassadas ao ente destinatário*** ***3.000*** *Encargos trabalhistas (patronal)* *2.000* ***Depósitos de terceiros restituídos*** ***5.000*** *Aquisição de computadores* *4.000* *TOTAL* *31.000* *O valor das despesas extraorçamentárias, em R$, é igual a 8.000.* (Técnico – TRT/24ª – 2011 – FCC) Nota do autor: grifos nossos, para facilitar o entendimento

O caso dos restos a pagar gera um pouco mais de discussão. Há despesa orçamentária no exercício em que foi realizada (o exercício em que ocorreu o empenho), onerando a dotação correspondente. Mas, como o pagamento somente será realizado em exercício posterior, é preciso um artifício contábil. Nesse exercício posterior, o valor dos restos a pagar é contabilizado como receita extraorçamentária, para compensar sua inclusão na despesa orçamentária, para fins de balanço financeiro (art. 103, parágrafo único, da Lei 4.320/1964).

Entretanto, em relação ao exercício em que os restos a pagar são efetivamente pagos, podem ser considerados despesa extraorçamentária (porque não há empenho nesse exercício do pagamento, já que o empenho foi realizado em orçamento anterior).

Caso o leitor não compreenda o conceito de restos a pagar, não se preocupe. Voltaremos ao tema mais adiante, ao tratarmos especificamente dele.

Gabarito de concurso público
A inscrição em Restos a Pagar é receita extraorçamentária. O pagamento de Restos a Pagar é despesa extraorçamentária. (Analista – TRE/SE – 2007 – FCC)

4.2.2. *Critério da regularidade: despesas ordinárias e extraordinárias*

Essa classificação, bastante usual, é análoga à das receitas ordinárias e extraordinárias, analisada anteriormente.

Trata-se do critério da regularidade.

As despesas usualmente realizadas pelo Poder Público são as *ordinárias*, e aquelas esporádicas, eventuais são as despesas *extraordinárias*.

Exemplo de despesas ordinárias são os pagamentos de salários, contas de água e luz relativas aos imóveis públicos, dispêndio com limpeza urbana, segurança pública etc.

Como despesas extraordinárias podemos citar a aquisição de um imóvel, a compra de um equipamento bélico incomum etc.

Há crítica doutrinária a essa classificação. Para Jèze, citado por Aliomar Baleeiro, as despesas extraordinárias são também rotineiras, embora ocorram em prazos mais dilatados (não são realizadas todos os anos – essa é a única peculiaridade).

Por outro lado, as chamadas receitas ordinárias correspondem, muitas vezes, às despesas obrigatórias de caráter continuado, definidas no art. 17 da LRF, cuja criação ou majoração sujeitam-se a requisitos específicos, que veremos mais adiante.

Isso ocorre porque a legislação orçamentária exige maior cautela em relação a essas despesas continuadas, cuja contratação onerará continuamente a administração: não apenas no exercício presente, mas também nos futuros.

A distinção entre despesas ordinárias e extraordinárias é também relevante para a análise do déficit púbico, muito mais grave quando decorre das primeiras (das despesas ordinárias), pois tende a se repetir nos exercícios futuros. Um déficit decorrente de despesa extraordinária, diferentemente, pode ser fato esporádico e isolado, decorrente de alguma emergência que não se repetirá nos anos seguintes.

4.2.3. Critério das categorias econômicas: despesas correntes e de capital

Como já dito, é importantíssima a classificação pelo critério das categorias econômicas (despesas correntes e de capital), pois é amplamente adotada pela legislação orçamentária.

O art. 12 da Lei 4.320/1964 dispõe: "A despesa será classificada nas seguintes categorias econômicas: despesas correntes (...) despesas de capital".

As despesas correntes são subclassificadas em despesas de custeio e transferências correntes.

As despesas de capital são subclassificadas em investimentos, inversões financeiras e transferências de capital.

Eis uma tabela:

Despesas – Categorias econômicas		
Despesas correntes	**Despesas de custeio**	Para manutenção de serviços anteriormente criados, inclusive as destinadas a atender a obras de conservação e adaptação de bens imóveis
	Transferências correntes	Para despesas as quais não corresponda contraprestação direta em bens ou serviços, inclusive para contribuições e subvenções destinadas a atender à manifestação de outras entidades de direito público ou privado. As subvenções podem ser sociais ou econômicas
Despesas de capital	**Investimentos**	Para o planejamento e a execução de obras, inclusive as destinadas à aquisição de imóveis considerados necessários à realização destas últimas, bem como para os programas especiais de trabalho, aquisição de instalações, equipamentos e material permanente e constituição ou aumento do capital de empresas que não sejam de caráter comercial ou financeiro
	Inversões financeiras	Para (a) aquisição de imóveis, ou de bens de capital já em utilização, (b) aquisição de títulos representativos do capital de empresas ou entidades de qualquer espécie, já constituídas, quando a operação não importe aumento do capital, (c) constituição ou aumento do capital de entidades ou empresas que visem a objetivos comerciais ou financeiros, inclusive operações bancárias ou de seguros
	Transferências de capital	Para investimentos ou inversões financeiras que outras pessoas de direito público ou privado devam realizar, independentemente de contraprestação direta em bens ou serviços, constituindo essas transferências auxílios ou contribuições, segundo derivem diretamente da Lei de Orçamento ou de lei especialmente anterior, bem como as dotações para amortização da dívida pública

Perceba que há uma proximidade com a classificação pelo critério da regularidade. As despesas correntes coincidem, em geral, com as ordinárias (despendidas usualmente pela administração). As despesas de capital correspondem, também *grosso modo*, com as extraordinárias (eventuais, esporádicas).

Outra constatação interessante é que as despesas de capital referem-se essencialmente à aquisição de bens ou à realização de obras que serão incorporados ao patrimônio público (= investimentos ou inversões). Há aumento ou, pelo menos, manutenção do patrimônio público existente (troca-se, por exemplo, dinheiro no banco por um automóvel). É o caso da compra de veículos, construção de estradas, aquisição de ações de companhias abertas etc.

Gabarito de concurso público
A construção de um prédio pelo poder público é classificada como investimento. (Analista – TRT/10ª – 2004 – CESPE)
As dotações destinadas à aquisição de títulos representativos do capital de empresas ou entidades de qualquer espécie, já constituídos, quando a operação não importa em aumento de capital, são classificadas como inversões financeiras. (Analista – TRE/RN – 2005 – FCC)

As despesas correntes, por outro lado, implicam, *grosso modo*, redução do patrimônio público (no pagamento de salário, troca-se o dinheiro no banco pelo serviço prestado pelo servidor público, por exemplo, com diminuição imediata do patrimônio público). É o caso do pagamento de salários, de aluguéis, manutenção de estradas, limpeza urbana etc.

Finalmente, é interessante notar a correlação que há entre despesas e receitas. Em geral, as despesas correntes são suportadas por receitas correntes. Já as despesas de capital são, muitas vezes, suportadas por receitas de capital.

De fato, seria irresponsabilidade contrair empréstimo (= receita de capital) para pagar salários (= despesa corrente). Isso indicaria fortemente desequilíbrio nas contas públicas, que tenderia a se repetir nos exercícios futuros. A despesa corrente, que costuma ocorrer todos os anos, deve ser suportada por uma receita também constante, como a tributária.

Por essa razão, a Constituição Federal veda expressamente a realização de operações de créditos que excedam o montante das despesas de capital, ressalvadas as autorizadas mediante créditos suplementares ou especiais com finalidade precisa, aprovados pelo Poder Legislativo por maioria absoluta (art. 167, III, da CF).

Os empréstimos públicos são realizados, em geral, para que a administração possa realizar despesas que serão usufruídas pela população por muitos anos (obras são o melhor exemplo). Assim, é razoável que o pagamento por essa despesa seja também diluído nos orçamentos futuros. Daí a correlação entre essas receitas de capital (= operações de crédito, principalmente) e as despesas de capital.

Essa correlação entre despesas e receitas é ainda mais evidente na definição das transferências correntes e de capital.

Em geral, quando um ente político transfere recursos para outro, para que este último realize uma despesa de capital (obra pública, por exemplo), a transferência realizada é classificada como despesa de capital (analogamente, o recebimento dessa transferência é classificada como receita de capital).

Por exemplo, se a União realiza uma transferência voluntária para determinado Município, para que seja realizada uma obra pública: (a) a União terá uma despesa de capital (= transferência de capital enviada); (b) o Município terá uma receita de capital (= transferência de capital recebida); e (c) ao realizar a obra, o Município terá uma despesa de capital (= investimento).

4.2.4. Resumo das classificações

Veja, a seguir, uma tabela com as classificações das despesas públicas:

Classificações das Despesas Públicas			
Critério	**Espécies**	**Definição**	**Exemplos**
Previsão orçamentária	Orçamentária	Oneram dotação orçamentária (exigem empenho)	Salários, manutenção de equipamentos públicos, obras, aquisição de participação societária (quase todos os dispêndios financeiros – esta é a regra)
	Extraorçamentária	À margem do orçamento	Devolução de cauções e fianças, repasse de valores retidos no contracheque (empréstimo consignado repassado ao banco)
Regularidade	Ordinária	Usual, comum	Salários, manutenção de equipamentos públicos, aluguel, água e luz, limpeza urbana, segurança pública
	Extraordinária	Esporádica, eventual	Aquisição de um imóvel, compra de equipamento bélico incomum, socorro a catástrofe totalmente inesperada etc.
Categoria econômica	Corrente	Indicadas no art. 12, §§ 1º a 3º, da Lei 4.320/1964, muito próximo das despesas ordinárias, que implicam redução do patrimônio público	Pagamento de salários, aluguéis, água, luz, manutenção de equipamentos, limpeza urbana, segurança pública, transferências correntes
	De Capital	Listagem no art. 12, §§ 4º a 6º, da Lei 4.320/1964 – muito próximo das receitas extraordinárias, que representam aumento ou manutenção do patrimônio público	Aquisição de bens, realização de obras, aquisição de participação societária, transferências de capital

4.3. Despesas e responsabilidade fiscal

A despesa pública relaciona-se direta e essencialmente a uma das principais funções governamentais, que é a de prover serviços e bens públicos à população (função *alocativa*), embora sirva também à distribuição de renda (*função redistributiva*) e à interferência nos níveis de preços e empregos da economia (*função estabilizadora do governo*).

De fato, quando o cidadão pensa no governo, tende a lembrar das despesas realizadas com segurança, saúde, educação, trânsito etc.

Ademais, note que uma parcela relevantíssima da riqueza produzida pelo país é captada pelo governo na forma de tributos e devolvida por meio de bens e serviços públicos.

Assim, é importantíssimo regular rigorosamente a realização dessas despesas que totalizam centenas de bilhões de reais anuais nas três esferas de governo, considerando não apenas a necessidade de coibir desvios, mas também limitar o impulso comum dos agentes eleitos em atender suas bases eleitorais gastando mais do que o erário suporta.

Já vimos que o agente público não pode realizar despesas sem autorização legislativa, que corresponde à existência de disponibilidade orçamentária na LOA.

Nesse sentido, é vedada a realização de despesas ou a assunção de obrigações diretas que excedam os créditos orçamentários ou adicionais (art. 167, II, da CF).

O atendimento a essa diretriz constitucional é garantido pela vedação de realização de despesa sem prévio empenho, que deverá ser realizado dentro dos limites dos créditos concedidos na LOA (arts. 59 e 60 da Lei 4.320/1964).

Ademais, nenhum investimento cuja execução ultrapasse um exercício financeiro poderá ser iniciado sem prévia inclusão no plano plurianual, ou sem lei que autorize a inclusão, sob pena de crime de responsabilidade (art. 167, § 1º, da CF).

Interessante lembrar também que nenhum benefício ou serviço da seguridade social poderá ser criado, majorado ou estendido sem a correspondente fonte de custeio total (art. 195, § 5º, da CF).

Além dessas essenciais normas constitucionais e legais, a Lei de Responsabilidade Fiscal veio regular ainda mais rigidamente a contratação e a realização de despesas, sempre no intuito de garantir a responsabilidade na gestão fiscal (art. 1º da LRF).

Nesse sentido, o art. 16 da LRF cuida das regras para a criação, expansão ou aperfeiçoamento de ação governamental que acarrete aumento da despesa (despesa nova, projetos governamentais).

O art. 17 da LRF trata das normas para criação e aumento das despesas obrigatórias de caráter continuado (manutenção, atividades governamentais).

O atendimento a essas normas dos arts. 16 e 17 da LRF são pressupostos para a própria validade da contratação e da despesa, nos termos do art. 15 da mesma Lei:

> *Art. 15. Serão consideradas não autorizadas, irregulares e lesivas ao patrimônio público a geração de despesa ou assunção de obrigação que não atendam o disposto nos arts. 16 e 17.*

Veremos a seguir, em tópicos específicos, cada um desses importantes dispositivos legais.

Antes disso, registramos que há outras disposições constitucionais e legais que regulam a criação e majoração de despesas específicas, como aquelas com *pessoal* (art. 169, § 1º, da CF e art. 21 da LRF) e com a *seguridade social* (art. 195, § 5º, da CF e art. 24 da LRF).

Gabarito de concurso público
Para que seja estendido um serviço de saúde, previdência e assistência social, incluindo os destinados aos inativos e pensionistas, é necessária indicação da fonte de custeio total. (Procurador de Contas TCE/ES – CESPE – 2009)
Nenhum benefício ou serviço relativo à seguridade social poderá ser criado, majorado ou estendido sem a indicação da fonte de custeio total. (Ministério Público/MG – 2008)

4.3.1. Criação, expansão ou aperfeiçoamento de ação governamental

Qualquer nova ação governamental, ampliação ou aperfeiçoamento que acarrete aumento da despesa deve vir acompanhada de estimativas e declarações que comprovem a adequação com o planejamento e o equilíbrio das contas públicas. Eis o art. 16, I e II, da LRF:

> *Art. 16. A criação, expansão ou aperfeiçoamento de ação governamental que acarrete aumento da despesa será acompanhado de:*
>
> *I – estimativa do impacto orçamentário-financeiro no exercício em que deva entrar em vigor e nos dois subsequentes;*
>
> *II – declaração do ordenador da despesa de que o aumento tem adequação orçamentária e financeira com a lei orçamentária anual e compatibilidade com o plano plurianual e com a lei de diretrizes orçamentárias.*
>
> *(...)*

Assim, não há como o governo criar ou ampliar ação governamental (i) sem estimativa do impacto orçamentário-financeiro no exercício presente e nos dois seguintes, acompanhada das premissas e metodologia de cálculo utilizadas (art. 16, § 2º, da LRF), ou (ii) sem a declaração do ordenador da despesa quanto à adequação com a LOA, com a LDO e com o PPA.

Perceba que o dispositivo não se refere à simples *manutenção* da ação governamental, mas apenas à criação, à ampliação e ao aperfeiçoamento que implique aumento da despesa.

Gabaritos de concursos públicos
A criação de ação governamental que acarrete despesa pública será acompanhada de estimativa do impacto orçamentário-financeiro no exercício em que deva entrar em vigor e nos dois subsequentes. Considera-se despesa obrigatória de caráter continuado a despesa corrente derivada de ato administrativo normativo que fixe para o ente a obrigação legal de sua execução por um período superior a dois exercícios. (Advogado da União/AGU – CESPE – 2009)

Somente após a apresentação da estimativa e da declaração é que será possível o empenho e a licitação correspondentes e a execução das obras. São também requisitos necessários para a desapropriação de imóveis urbanos realizada nos termos do art. 182, § 3º, da CF. É o que dispõe o § 4º do art. 16 da LRF:

> Art. 16. (...)
>
> (...)
>
> § 4º As normas do *caput* constituem condição prévia para:
>
> I – empenho e licitação de serviços, fornecimento de bens ou execução de obras;
>
> II – desapropriação de imóveis urbanos a que se refere o § 3º do art. 182 da Constituição.

Gabarito de concurso públicos
É condição prévia para empenho e licitação de serviços criados por ação governamental nova, a declaração do ordenador da despesa de que o aumento tem adequação orçamentária e financeira com todos os tipos de orçamentos. (Advogado da União/AGU – CESPE – 2009)

A despesa será considerada adequada com a LOA, desde que seja objeto de dotação específica e suficiente, ou que esteja abrangida por crédito genérico, de forma que somadas todas as despesas da mesma espécie, realizadas e a realizar, previstas no programa de trabalho, não sejam ultrapassados os limites estabelecidos para o exercício (art. 16, § 1º, I, da LRF).

A despesa será considerada compatível com a LDO e com o PPA, desde que se conforme com as diretrizes, objetivos, prioridades e metas previstos nessas leis e não infrinja qualquer de suas disposições (art. 16, § 1º, II, da LRF).

Finalmente, as exigências do art. 16 não se aplicam à despesa considerada irrelevante, nos termos em que dispuser a LDO (art. 16, § 3º, da LRF).

4.3.2. Despesa obrigatória de caráter continuado

Já dissemos que a legislação orçamentária exige maior cautela em relação a essas despesas cujas contratações onerarão continuamente a administração, não apenas no exercício presente, mas também nos futuros.

De fato, uma má contratação desse tipo de despesa não afetará o equilíbrio apenas do orçamento atual, mas poderá ter impacto negativo durante muitos anos.

Interessante lembrar que as despesas que constituem obrigações constitucionais e legais (normalmente são de caráter continuado) não serão objeto da limitação de empenho, em caso de desequilíbrio na execução orçamentária – art. 9º, § 2º, da LRF. Ou seja, referem-se a obrigações inafastáveis que certamente onerarão o orçamento presente e, muito provavelmente, também os futuros.

Por essa razão, a LRF traz exigências ainda mais rígidas para a criação e para o aumento das despesas que terão caráter obrigatório para o Poder Público e perdurarão por mais de dois exercícios financeiros.

Um bom exemplo é a despesa com contratação de novos servidores públicos.

Perceba que, após a contratação, o governo não terá escolha: deverá, por força de lei, pagar os salários, benefícios e encargos como contrapartida pela prestação do serviço laboral (= despesa obrigatória). Ademais, essa despesa não ocorrerá apenas no ano em que os novos servidores forem contratados, mas tende a se repetir por muitos anos no futuro (= despesa de caráter continuado).

Considera-se também como aumento de despesa a prorrogação daquela criada por prazo determinado (art. 17, § 7º, da LRF).

Gabarito de concurso público
Considera-se obrigatória de caráter continuado a despesa corrente derivada de lei, de medida provisória ou de ato administrativo normativo que fixe para o ente a obrigação legal de sua execução por um período superior a dois exercícios. (Procurador Federal – 2010 – CESPE)

Os gastos com novos servidores, instalação de nova escola, hospital, creche etc., todos geradores de despesas obrigatórias de caráter continuado, somente poderão ser contratados se houver a estimativa de impacto orçamentário-financeiro prevista no art. 16, I, da LRF e, adicionalmente, atendimento aos requisitos ainda mais rígidos do art. 17 da mesma lei:

> *Art. 17. Considera-se obrigatória de caráter continuado a despesa corrente derivada de lei, medida provisória ou ato administrativo normativo que fixem para o ente a obrigação legal de sua execução por um período superior a dois exercícios.*
>
> *§ 1º Os atos que criarem ou aumentarem despesa de que trata o caput deverão ser instruídos com a estimativa prevista no inciso I do art. 16 e demonstrar a origem dos recursos para seu custeio.*
>
> § 2º Para efeito do atendimento do § 1º, o ato será acompanhado de comprovação de que a despesa criada ou aumentada não afetará as metas de resultados fiscais previstas no anexo referido no § 1º do art. 4º, devendo seus efeitos financeiros, nos períodos seguintes, ser compensados pelo aumento permanente de receita ou pela redução permanente de despesa.
>
> (...)

Note que, além da estimativa do impacto orçamentário-financeiro, o Poder Público deverá comprovar a origem dos recursos para custeio da despesa obrigatória de caráter continuado e demonstrar que ela não afetará as metas de resultados fiscais previstas no anexo da LDO.

Essa comprovação conterá as premissas e a metodologia de cálculo utilizadas, sem prejuízo do exame de compatibilidade da despesa com as demais normas do PPA e da LDO (art. 17, § 4º, da LRF).

Mais ainda, o novo gasto deverá ser compensado pelo aumento permanente de receita (aumento da tributação, por exemplo) ou pela redução permanente da despesa (extinção de cargos em comissão, por exemplo). Essas medidas integrarão o instrumento de criação ou aumento da despesa obrigatória de caráter continuado (art. 17, § 5º, *in fine*, da LRF).

Não basta, portanto, que a administração diminua os gastos com publicidade, por exemplo, ou que realize operação de crédito para que possa contratar servidores. Essas medidas somente garantiriam o equilíbrio no exercício presente, mas não nos futuros. A redução da despesa deve ser permanente ou deve haver aumento também permanente da receita.

Nesse sentido, o art. 17, § 3º, da LRF considera aumento permanente da receita o proveniente da elevação de alíquotas, ampliação da base de cálculo, majoração ou criação de tributo ou contribuição.

Enquanto essas medidas de compensação (redução de despesa e/ou aumento permanente de receita) não forem implementadas, a despesa criada ou majorada não poderá ser executada (art. 17, § 5º, da LRF).

Finalmente (art. 17, § 6º, da LRF), cabe registrar que os requisitos mais rígidos do art. 17, § 1º, da LRF não se aplicam às despesas destinadas ao serviço da dívida (= pagamento) nem ao reajustamento de remuneração de pessoal de que trata art. 37, X, da CF.

Gabaritos de concursos públicos
A revisão geral anual da remuneração de servidores públicos é uma exceção à necessidade de que, para o aumento da despesa, seja demonstrada a origem dos recursos para seu custeio. (Advogado da União/AGU – CESPE – 2009)

Note, entretanto, que a dispensa refere-se apenas ao § 1º do art. 17 da LRF. Mesmo essas despesas com serviço da dívida e reajuste salarial devem observar e se adequar às metas fiscais traçadas na LDO, ou seja, implicam necessidade de diminuição de despesa ou aumento de receita.

4.4. Despesas mínimas

Os recursos públicos são limitados, e as necessidades da população são vastas.

Nesse cenário, o governo precisa escolher quais despesas realizará, para onde canalizará as receitas auferidas.

Assim como um hospital com um único leito de UTI muitas vezes precisa decidir qual dos diversos pacientes graves deve ocupá-lo, o Poder Público também precisa definir o dispêndio de seus recursos limitados.

Essa escolha é feita, no limite, pelo Legislativo, ao aprovar a legislação orçamentária proposta pelo Executivo (PPA, LDO e, principalmente, a LOA). O Executivo deverá, posteriormente, sancionar essas leis.

Trata-se, portanto, de um trabalho colaborativo, incluindo em parte também o Judiciário, o Ministério Público e a Defensoria Pública, que encaminham suas respectivas propostas orçamentárias para a consolidação pelo Executivo (arts. 99, § 1º, 127, § 3º, e 134, § 2º, da CF).

Nesse sentido, os Legislativos federal, estaduais, distrital e municipais são instâncias fundamentais pelas quais a sociedade decide onde gastará os recursos públicos.

Mas essa liberdade de escolha não é total.

O constituinte entendeu por bem fixar limites mínimos de gastos relativos a despesas consideradas essenciais para o país.

De fato, a Constituição Federal dispõe sobre despesas mínimas com educação e saúde, prevendo inclusive excepcionais vinculações de impostos para estas finalidades (lembre-se que, em princípio, as receitas dos impostos não podem ser vinculadas a despesas determinadas – art. 167, IV, da CF).

Esses limites mínimos são tão importantes que a Constituição e a LRF fixam sanções pelo seu descumprimento.

Bastante grave, pode haver intervenção federal nos Estados e no Distrito Federal, e intervenção estadual nos Municípios, conforme os arts. 34, VII, *e*, e 35, III, da CF, em caso de descumprimento desses limites mínimos.

No caso das despesas com saúde, o descumprimento dos limites mínimos por Estados, Distrito Federal e Municípios possibilita a retenção ou a restrição da entrega das transferências constitucionais de impostos, nos termos do art. 160, parágrafo único, II, da CF.

Conforme o art. 25, § 1º, IV, *b*, da LRF, o descumprimento dos limites com saúde ou educação impede a realização de transferências voluntárias em favor do ente faltoso.

Tudo isso sem prejuízo da reprovação das contas e outras sanções fixadas na legislação especial.

Finalmente, é interessante ressaltar que as Constituições Estaduais e as Leis Orgânicas Distrital e Municipais podem fixar limites mínimos superiores (podem ampliar, jamais reduzir esses limites mínimos).

4.4.1. Despesas mínimas com saúde

Todas as esferas de governo devem aplicar obrigatoriamente determinados valores anuais em ações e serviços públicos de saúde. É o que dispõe o art. 198, § 2º, da CF:

> *Art. 198. As ações e serviços públicos de saúde integram uma rede regionalizada e hierarquizada e constituem um sistema único, organizado de acordo com as seguintes diretrizes:*
>
> *(...)*
>
> *§ 2º A União, os Estados, o Distrito Federal e os Municípios aplicarão, anualmente, em ações e serviços públicos de saúde recursos mínimos derivados da aplicação de percentuais calculados sobre:*
>
> *I – no caso da União, na forma definida nos termos da lei complementar prevista no § 3º;*
>
> *II – no caso dos Estados e do Distrito Federal, o produto da arrecadação dos impostos a que se refere o art. 155 e dos recursos de que tratam os arts. 157 e 159, inciso I, alínea "a", e inciso II, deduzidas as parcelas que forem transferidas aos respectivos Municípios;*
>
> *III – no caso dos Municípios e do Distrito Federal, o produto da arrecadação dos impostos a que se refere o art. 156 e dos recursos de que tratam os arts. 158 e 159, inciso I, alínea "b" e § 3º.*
>
> *(...)*

Perceba que no caso da União, a CF não se refere a percentuais ou a base de cálculo, permitindo maior liberdade para o legislador infraconstitucional fixar os gastos mínimos com saúde por meio de lei complementar federal.

O mesmo não ocorre em relação a Estados, Distrito Federal e Municípios, para os quais a própria Constituição fixa a base de cálculo, deixando para a lei complementar apenas a definição do percentual.

De fato, nos termos do art. 198, II e III, da CF, o gasto mínimo com saúde para Estados, Distrito Federal e Municípios será determinado pela aplicação do percentual fixado na lei complementar sobre a somatória do produto da arrecadação dos impostos de competência própria com os montantes das receitas dos impostos transferidos (exceto relativos ao IOF sobre ouro – art. 153, § 5º, da CF), subtraídos os valores dos impostos transferidos para outros entes.

Por exemplo, no caso de determinado Estado, o percentual indicado na lei complementar será calculado sobre a base computada da seguinte forma:

+ receita do ICMS, do IPVA e do ITCMD (impostos próprios – art. 155 da CF)
+ receita do IR que fica com o Estado (art. 157, I, da CF)
+ receita transferida pela União, correspondente a 20% do produto de eventual imposto residual criado (art. 157, II, da CF)
+ receita recebida por meio do Fundo de Participação dos Estados e do Distrito Federal (art. 159, I, a, da CF)
+ receita transferida pela União, correspondente a 10% da arrecadação do IPI sobre exportações de produtos industrializados realizados a partir de seu território (art. 159, II, da CF)
– 50% da receita do IPVA, transferida para os Municípios (art. 158, III, da CF)
– 25% da receita do ICMS, transferida para os Municípios (art. 158, IV, da CF)
– 25% da receita recebida pelo Estado relativa ao IPI sobre exportações, transferida aos Municípios (art. 159, § 3º, da CF)

Atualmente, a matéria é regulada pela LC 141/2012. É importante salientar que, nos termos do art. 198, § 3º, da CF, essas normas devem ser reavaliadas pelo menos a cada 5 anos.

No caso da União, o gasto mínimo anual com saúde deve corresponder ao montante empenhado no exercício anterior, apurado nos termos da própria lei complementar, acrescido de, no mínimo, o percentual correspondente à variação nominal do Produto Interno Bruto (PIB) ocorrida no ano anterior ao da lei orçamentária anual.

Ou seja, o legislador impõe um aumento crescente dos gastos federais com saúde, vinculado ao crescimento do PIB brasileiro. Na hipótese de contração do PIB, não haverá redução do gasto com saúde, mantendo-se o valor nominal empenhado no exercício anterior:

> LC 141/2012, art. 5º. A União aplicará, anualmente, em ações e serviços públicos de saúde, o montante correspondente ao valor empenhado no exercício financeiro anterior, apurado nos termos desta Lei Complementar, acrescido de, no mínimo, o percentual correspondente à variação nominal do Produto Interno Bruto (PIB) ocorrida no ano anterior ao da lei orçamentária anual.
>
> (...)
>
> § 2º Em caso de variação negativa do PIB, o valor de que trata o *caput* não poderá ser reduzido, em termos nominais, de um exercício financeiro para o outro.

No caso dos Estados, sobre aquela base de cálculo definida no art. 198, § 2º, II, da CF, incidirá o percentual de 12% (art. 6º da LC 141/2012).

Para os Municípios, vale o percentual de 15 % (art. 7º da LC 141/2012).

O Distrito Federal submete-se a uma alíquota mista, de 12% e 15%, lembrando que esse ente federal não possui divisão em Municípios, cumulando as competências tributárias estaduais e municipais. A primeira delas (12%) é computada sobre as receitas dos impostos das transferências relativas à competência estadual (incluindo o produto da arrecadação direta de impostos que não possam ser segregados em base estadual e municipal). O segundo percentual (15%) refere-se à receita dos impostos e das transferências atinentes à competência municipal (arts. 6º a 8º da LC 141/2012).

Eis uma tabela-resumo:

Despesas mínimas com saúde	
União	Montante empenhado no exercício anterior, apurado nos termos da LC 141/2012, acrescido de, no mínimo, o percentual correspondente à variação nominal do Produto Interno Bruto (PIB) ocorrida no ano anterior ao da lei orçamentária anual
Estados	12% sobre a somatória das receitas de impostos da competência própria com as receitas de impostos transferidas (exceto IOF sobre ouro) e subtraídas as transferência de impostos para Municípios
Distrito Federal	12% sobre a somatória das receitas de impostos da competência própria e transferidas relativas à competência estadual (exceto IOF sobre ouro) e os não segregados em bases estadual e municipal 15% sobre a somatória das receitas de impostos da competência própria e transferidas relativas à competência municipal (exceto IOF sobre ouro)
Municípios	15% sobre a somatória das receitas de impostos da competência própria com as receitas de impostos transferidas (exceto IOF sobre ouro)

Finalmente a LC 141/2012 define o que pode ser considerada despesa com saúde, de modo a coibir ampliação indevida do conceito pelos governos. Há, por exemplo, quem incluísse indevidamente despesas com educação de trânsito, obras viárias etc., pelo argumento de que reduziriam a mortalidade (o que não deixa de ser verdade, diga-se, mas foge da intenção do constituinte).

Assim, somente as despesas indicadas no art. 3º da LC 141/2012 podem ser computadas, para aferir-se o cumprimento aos limites mínimos com saúde.

4.4.2. Despesas mínimas com educação

De modo semelhante, o constituinte determina despesas mínimas com educação a serem observadas nas três esferas de governo.

Nesse caso, o próprio art. 212 da CF fixa percentuais e a base de cálculo não apenas para Estados, Distrito Federal e Municípios, mas também para a União, nos seguintes termos:

> *Art. 212. A União aplicará, anualmente, nunca menos de dezoito, e os Estados, o Distrito Federal e os Municípios vinte e cinco por cento, no mínimo, da receita resultante de impostos, compreendida a proveniente de transferências, na manutenção e desenvolvimento do ensino.*
>
> *§ 1º A parcela da arrecadação de impostos transferida pela União aos Estados, ao Distrito Federal e aos Municípios, ou pelos Estados aos respectivos Municípios, não é considerada, para efeito do cálculo previsto neste artigo, receita do governo que a transferir.*
>
> *(...)*

Assim, a base de cálculo será sempre o total da receita com impostos da competência própria somada à receita de impostos transferida, subtraída a parcela de impostos transferida a outros entes.

No caso da União, o percentual incidente sobre essa base de cálculo é de 18%.

Para os Estados, Distrito Federal e Municípios, o percentual mínimo é de 25%.

Eis uma tabela-resumo:

Despesas mínimas com educação		
	Percentual	**Base de cálculo**
União	18%	Receitas de impostos da competência própria, subtraídas as transferências de impostos para Estados, DF e Municípios
Estados	25%	Somatória das receitas de impostos da competência própria com as receitas de impostos transferidas e subtraídas as transferências de impostos para Municípios
Distrito Federal	25%	Somatória das receitas de impostos da competência própria com as receitas de impostos transferidas
Municípios	25%	Somatória das receitas de impostos da competência própria com as receitas de impostos transferidas

4.5. Despesas com pessoal

As normas constitucionais e legais que regem a preparação dos projetos de PPA, LDO e LOA, além daquelas que regulam estritamente o equilíbrio na execução orçamentária compõem forte limitação ao excesso de gastos.

O constituinte teve um cuidado especial, entretanto, com as despesas com pessoal, muitas vezes objeto de medidas populistas, principalmente na proximidade das eleições ou ao final de mandatos.

Para coibir abusos, o art. 169 da CF dispõe expressamente que a lei complementar fixará limites máximos para a despesa com pessoal ativo e inativo das três esferas governamentais.

É interessante registrar que o art. 167, X, da CF veda expressamente a transferência voluntária de recursos e a concessão de empréstimos, inclusive por antecipação de receita, pelos governos federal e estaduais e suas instituições financeiras, para pagamento de despesas com pessoal ativo, inativo e pensionista, dos Estados, do Distrito Federal e dos Municípios.

Gabarito de concurso público
Não é possível a transferência voluntária de recursos, pelo governo federal, aos estados para o pagamento de despesas de pessoal ativo, inativo e pensionista. (Advogado da União/AGU – CESPE – 2009)

Embora essa última não seja norma relativa estritamente ao limite para despesas com pessoal, demonstra a preocupação do constituinte em impor ao administrador público a responsabilidade fiscal e o dever de equilibrar as contas públicas. As despesas correntes com pessoal são contínuas e obrigatórias e devem ser suportadas por receitas ordinárias, não por transferências voluntárias ou empréstimos.

4.5.1. Limites máximos

Atualmente, os limites para despesas com pessoal são determinados pelos arts. 19 e 20 da LRF, nos seguintes termos:

✓ União: limite de **50%** da **Receita Corrente Líquida**, sendo 2,5% para o Legislativo, incluindo TCU, 6% para o Judiciário, 40,9% para o Executivo e 0,6% para o Ministério Público da União.

✓ Estados e DF: limite de **60%** da **Receita Corrente Líquida**, sendo 3% para o Legislativo, incluindo o TCE, 6% para o Judiciário, 49% para o Executivo e 2% para o Ministério Público do Estado. Se no Estado houver Tribunal de Contas dos Municípios, o percentual do Legislativo será acrescido em 0,4% e o do Executivo reduzido no mesmo valor.

✓ Municípios: limite de **60%** da **Receita Corrente Líquida**, sendo 6% para o Legislativo, incluindo o TCM, quando houver, e 54% para o Executivo.

Eis uma tabela-resumo:

Limites para despesas com pessoal % sobre a receita corrente líquida		
	Percentual	**Base de cálculo**
União	50%	2,5% para o Legislativo, incluindo o Tribunal de Contas da União
		6% para o Judiciário
		40,9% para o Executivo
		0,6% para o Ministério Público da União
Estados e Distrito Federal	60%	3% para o Legislativo, incluindo o Tribunal de Contas Estadual
		6% para o Judiciário
		49% para o Executivo
		2% para o Ministério Público Estadual
Municípios	60%	6% para o Legislativo, incluindo o Tribunal de Contas Municipal, quando houver
		54% para o Executivo

Perceba que a base de cálculo, no caso dos arts. 19 e 20 da LRF, não é a receita de impostos (como no caso dos limites mínimos para despesas com educação e saúde), mas a chamada receita corrente líquida, definida no art. 2º, IV, da LRF:

> *Art. 2º Para os efeitos desta Lei Complementar, entende-se como:*
> *(...)*
> *IV – receita corrente líquida: somatório das receitas tributárias, de contribuições, patrimoniais, industriais, agropecuárias, de serviços, transferências correntes e outras receitas também correntes, deduzidos:*
> *a) na União, os valores transferidos aos Estados e Municípios por determinação constitucional ou legal, e as contribuições mencionadas na alínea "a" do inciso I e no inciso II do art. 195, e no art. 239 da Constituição;*
> *b) nos Estados, as parcelas entregues aos Municípios por determinação constitucional;*
> *c) na União, nos Estados e nos Municípios, a contribuição dos servidores para o custeio do seu sistema de previdência e assistência social e as receitas provenientes da compensação financeira citada no § 9º do art. 201 da Constituição.*
> *§ 1º Serão computados no cálculo da receita corrente líquida os valores pagos e recebidos em decorrência da Lei Complementar nº 87, de 13 de setembro de 1996, e do fundo previsto pelo art. 60 do Ato das Disposições Constitucionais Transitórias.*
> *§ 2º Não serão considerados na receita corrente líquida do Distrito Federal e dos Estados do Amapá e de Roraima os recursos recebidos da União para atendimento das despesas de que trata o inciso V do § 1º do art. 19.*
> *§ 3º A receita corrente líquida será apurada somando-se as receitas arrecadadas no mês em referência e nos onze anteriores, excluídas as duplicidades.*

A receita corrente líquida corresponde, basicamente, à receita corrente, definida no art. 11, § 1º, da Lei 4.320/1964, subtraídas as transferências realizadas a outros entes políticos e também excluídas importantes receitas relativas aos sistemas previdenciários.

Também é importante salientar que, além desses limites, o art. 29-A da CF traz outros percentuais de despesas máximas para os Legislativos municipais, aplicáveis aos gastos com servidores ativos (incluindo subsídios dos vereadores). As alíquotas são de 3,5% a 7%, dependendo da população, calculadas sobre a receita dos **tributos** (não apenas impostos, nem sobre o total da receita corrente líquida) da competência própria e transferidos (incluída aquela relativa ao IOF sobre ouro). Ademais, a Câmara não poderá gastar mais de 70% de sua receita com folha de pagamento, incluindo o gasto com o subsídio dos vereadores.

Gabarito de concurso público
A despesa total com pessoal nos estados e municípios não pode exceder 60% da receita corrente líquida respectiva. (Ministério Público/SE – 2010 – CESPE)
As despesas de pessoal executadas anualmente pelos Municípios não poderão ultrapassar 60% da respectiva receita corrente líquida. (Ministério Público/MG – 2008)

A definição do que seja despesa total com pessoal é dada pelo art. 18 da LRF: somatório dos gastos do ente da Federação com os ativos, os inativos e os pensionistas, relativos a mandatos eletivos, cargos, funções ou empregos, civis, militares e de membros de Poder, com quaisquer espécies remuneratórias, tais como vencimentos e vantagens, fixas e variáveis, subsídios, proventos da aposentadoria, reformas e pensões, inclusive adicionais, gratificações, horas extras e vantagens pessoais de qualquer natureza, bem como encargos sociais e contribuições recolhidas pelo ente às entidades de previdência.

Incluem-se no cômputo os valores dos contratos de terceirização de mão de obra que se referem à substituição de servidores e empregados públicos (art. 18, § 1º, da LRF).

O cálculo da despesa total com pessoal é feito somando-se a realizada no mês em referência com as dos onze meses imediatamente anteriores, adotando-se o regime de competência (= quando o serviço é efetivamente prestado pelo servidor, e não, necessariamente, quando o pagamento é realizado), conforme o art. 18, § 2º, da LRF.

4.5.2. Controle e recondução das despesas aos limites

O controle desses limites para despesas com pessoal é feito, dentre outra formas, pela verificação ao final de cada quadrimestre (art. 22 da LRF).

Caso a despesa total com pessoal aproxime-se muito do limite máximo, a LRF impõe determinadas medidas para redução. Trata-se do chamado *limite prudencial*, que é de 95% do limite máximo, previsto no art. 22, parágrafo único, da LRF.

Atingido o limite prudencial, ficam proibidos para o Poder ou órgão respectivo, enquanto perdurar o excesso:

- ✓ concessão de vantagem, aumento, reajuste ou adequação de remuneração a qualquer título, salvo os derivados de sentença judicial ou de determinação legal ou contratual, ressalvada a revisão prevista no art. 37, X, da CF;
- ✓ criação de cargo, emprego ou função;
- ✓ alteração de estrutura de carreira que implique aumento de despesa;
- ✓ provimento de cargo público, admissão ou contratação de pessoal a qualquer título, ressalvada a reposição decorrente de aposentadoria ou falecimento de servidores das áreas de educação, saúde e segurança;
- ✓ contratação de hora extra, salvo no caso do disposto no inciso II do § 6º do art. 57 da Constituição e as situações previstas na lei de diretrizes orçamentárias.

Caso a despesa ultrapasse não apenas o limite prudencial, mas o próprio limite máximo indicado nos arts. 19 e 20 da LRF, além das medidas restritivas indicadas no art. 22, que acabamos de ver, a administração deverá eliminar o excedente nos dois quadrimestres seguintes, sendo pelo menos um terço no primeiro deles.

As providências para recondução das despesas aos limites são indicadas essencialmente no art. 169, §§ 3º e 4º, da CF:

- ✓ redução em pelo menos 20% das despesas com cargos em comissão e funções de confiança (regulado pelo art. 23, § 1º, da LRF);
- ✓ exoneração dos servidores não estáveis;
- ✓ se as duas medidas anteriores não forem suficientes para assegurar a recondução da despesa ao limite, o servidor estável poderá perder o cargo, desde que ato normativo motivado de cada um dos Poderes especifique a atividade funcional, o órgão ou unidade administrativa objeto da redução de pessoal.

Perceba que o art. 169, § 4º, da CF traz hipótese de demissão do servidor estável, além daquelas previstas no art. 41, § 1º, da CF.

Nesse caso, o servidor que perder o cargo fará jus à indenização correspondente a um mês de remuneração por ano de serviço. Ademais, o cargo objeto da redução será considerado extinto, vedada a criação de cargo, emprego ou função com atribuições iguais ou assemelhadas pelo prazo de quatro anos.

Se a administração não conseguir cumprir o prazo para a recondução, fixado no art. 23 da LRF, serão imediatamente suspensos todos os repasses de verbas federais ou estaduais (art. 169, § 2º, da CF). Além dessa sanção determinada diretamente pelo texto constitucional, o art. 23, § 3º, da LRF reitera e amplia, vedando:

- ✓ recebimento de transferências voluntárias;
- ✓ obtenção de garantia, direta ou indireta, de outro ente;
- ✓ contratação operações de crédito, ressalvadas as destinadas ao refinanciamento da dívida mobiliária e as que visem à redução das despesas com pessoal.

Essas restrições do art. 23, § 3º, da LRF aplicam-se imediatamente se a despesa total com pessoal exceder o limite no primeiro quadrimestre do último ano do mandato dos titulares de Poder ou órgão.

4.5.3. *Criação ou aumento de despesas com pessoal*

A concessão de qualquer vantagem ou aumento de remuneração, a criação de cargos, empregos e funções ou alteração de estrutura de carreiras, bem como a admissão ou contratação de pessoal, a qualquer título, pelos órgãos e entidades da administração direta ou indireta, inclusive fundações instituídas e mantidas pelo poder público, só poderão ser feitas se houver (art. 169, § 1º, da CF):

✓ prévia dotação orçamentária suficiente para atender às projeções de despesa de pessoal e aos acréscimos dela decorrentes;

✓ autorização específica na LDO, ressalvadas as empresas públicas e as sociedades de economia mista.

Gabarito de concurso público
O governo de um estado da Federação estuda a concessão de aumento de remuneração a seus servidores públicos. Nessa situação hipotética, a concessão do aumento só poderá ser efetivada se houver prévia dotação orçamentária para atender à despesa com pessoal, mesmo que esta não tenha sido prevista na LDO. (Procurador do Estado/CE – 2008 – CESPE)
Para a concessão de aumento a servidores de sociedade de economia mista, é suficiente a prévia dotação orçamentária, não havendo a necessidade de autorização específica na Lei de Diretrizes Orçamentárias. (Procurador do Estado/PI – 2008 – CESPE)

Ademais, sob pena de nulidade, qualquer ato que provoque aumento da despesa com pessoal deve necessariamente atender os requisitos dos arts. 16 e 17 da LRF (relativos às despesas em geral e às obrigatórias de caráter continuado, que já estudamos), além do disposto no art. 37, XIII, da CF (que veda a vinculação ou equiparação de quaisquer espécies remuneratórias para o efeito de remuneração de pessoal do serviço público), conforme o art. 21, I, da LRF. Também deve ser atendido o limite legal de comprometimento aplicado às despesas com pessoal inativo.

Como dito anteriormente, há um impulso de determinados governantes para conceder generosos aumentos e benefícios remuneratórios ao final do governo, deixando para o próximo titular a "conta". Para tentar evitar isso, será também considerado nulo de pleno direito o ato de que resulte aumento da despesa com pessoal expedido nos 180 dias anteriores ao final do mandato do titular do respectivo Poder ou órgão. Essa regra vale mesmo no caso de reeleição do governante.

Registre-se que há limitações também na legislação eleitoral (ver art. 73, V e VIII, da Lei 9.504/1997).

5. EXECUÇÃO ORÇAMENTÁRIA

Vimos que o Poder Público, não apenas o Executivo, mas também o Legislativo e o Judiciário, executa (realiza) suas despesas dentro dos limites autorizados pela Lei Orçamentária Anual – LOA, ou seja, dentro das disponibilidades dos créditos orçamentários ou adicionais, conforme o art. 167, II, da CF.

Na prática, isso corresponde ao que se denomina *execução orçamentária*, abrangendo não apenas o efetivo empenho, contratação e realização das despesas, mas também a auferição das receitas previstas na LOA.

A doutrina costuma afirmar que o ciclo orçamentário apresenta quatro fases: (a) elaboração e apresentação da proposta orçamentária; (b) discussão e aprovação da LOA, autorização legislativa; (c) programação e execução orçamentária; e (d) avaliação e controle. Estudaremos nesse capítulo basicamente a terceira dessas fases.

5.1. Exercício financeiro

Antes de prosseguirmos, é bom termos clara definição do exercício financeiro, a que se refere a LOA.

O exercício financeiro coincide com o ano civil (de 1º de janeiro a 31 de dezembro), conforme o art. 34 da Lei 4.320/1964.

Pertencem ao exercício financeiro as receitas nele arrecadadas e as despesas nele legalmente empenhadas.

> Lei 4.320/1964, art. 35. Pertencem ao exercício financeiro:
>
> I – as receitas nele arrecadadas;
>
> II – as despesas nele legalmente empenhadas.

> Art. 39. Os créditos da Fazenda Pública, de natureza tributária ou não tributária, serão escriturados como receita do exercício em que forem arrecadados, nas respectivas rubricas orçamentárias.

Ou seja, se há empenho de uma despesa neste ano, ainda que o pagamento seja realizado apenas no exercício seguinte, essa despesa será contabilizada no ano atual (= regime de competência das despesas).

Por outro lado, ainda que uma receita seja prevista na LOA deste ano, se ela ingressar nos cofres públicos no exercício seguinte, somente neste último exercício (no exercício seguinte) é que a receita será contabilizada (= regime de caixa para as receitas).

Despesa: regime de competência Receita: regime de caixa

Perceba, portanto, que há um regime misto na contabilidade pública, a indicar conservadorismo: a receita é contabilizada somente quando efetivamente realizada (quando o dinheiro entra no caixa do poder público) enquanto a despesa já é contabilizada no ano em que há empenho (ainda que o pagamento seja feito no futuro ou não venha a ser realizado).

Gabarito de concurso público
De acordo com o art. 35 da Lei n. 4.320, de 17 de março de 1964, a administração pública adota o regime de caixa para as receitas efetivamente ingressadas no exercício financeiro e o regime de competência para as despesas empenhadas pagas e não pagas no exercício financeiro. (Analista – TRF/1ª – 2006 – FCC)

Quando há anulação de uma despesa durante o exercício, o valor reverte à dotação correspondente. Se a anulação ocorre após o encerramento do exercício a que pertencia, será computada como receita do ano em que se efetivar, nos termos do art. 38 da Lei 4.320/1964.

Gabarito de concurso público
Nos termos da Lei n. 4.320 de 17/03/64, em relação ao exercício financeiro, é correto afirmar que reverte à dotação a importância de despesa anulada no exercício; quando a anulação ocorrer após o encerramento deste, considerar-se-á receita do ano em que se efetivar. (Analista – TRT/23ª – 2007 – FCC)

5.2. Acompanhamento e controle da execução orçamentária

Caso haja frustração de receitas, ou seja, se as entradas previstas no orçamento não ocorrerem, não será possível haver as despesas no montante correspondente (lembre-se que, além da disponibilidade orçamentária, é preciso disponibilidade financeira – de caixa – para a realização das despesas – vimos isso ao estudarmos a LOA).

No dia a dia da administração pública, os órgãos responsáveis pela execução orçamentária vão controlando as receitas auferidas e as despesas realizadas durante o exercício financeiro, ajustando a atividade financeira à LOA e à realidade das finanças públicas.

O Executivo, até 30 dias após a publicação da LOA, estabelecerá a programação financeira e o cronograma de execução mensal de desembolso (art. 8º da LRF):

> Art. 8º Até trinta dias após a publicação dos orçamentos, nos termos em que dispuser a lei de diretrizes orçamentárias e observado o disposto na alínea c do inciso I do art. 4º, o Poder Executivo estabelecerá a programação financeira e o cronograma de execução mensal de desembolso.
>
> Parágrafo único. Os recursos legalmente vinculados a finalidade específica serão utilizados exclusivamente para atender ao objeto de sua vinculação, ainda que em exercício diverso daquele em que ocorrer o ingresso.

Ou seja, depois de publicada a autorização legal para a realização das despesas (= publicação da LOA), o Executivo se preparará para gastar os recursos orçamentários de forma organizada, racional e transparente durante o exercício.

Como já dito, se houver frustração de receita estimada (arrecadação menor do que a prevista), o Executivo deverá limitar a realização de despesas (limitação de empenho e movimentação financeira, contingenciamento – art. 9º da LRF). Essa verificação do equilíbrio entre disponibilidades orçamentária e financeira é feita bimestralmente:

> *Art. 9º Se verificado, ao final de um bimestre, que a realização da receita poderá não comportar o cumprimento das metas de resultado primário ou nominal estabelecidas no Anexo de Metas Fiscais, os Poderes e o Ministério Público promoverão, por ato próprio e nos montantes necessários, nos trinta dias subsequentes, limitação de empenho e movimentação financeira, segundo os critérios fixados pela lei de diretrizes orçamentárias.*
>
> *(...)*

Imagine, por exemplo, que a LOA de determinado Estado preveja receitas de ICMS durante o exercício no montante de R$ 1,2 bilhão. Com base nessa previsão, foram autorizadas despesas em valor equivalente.

No cronograma do Executivo (art. 8º da LRF), previu-se R$ 100 milhões de entrada nos cofres públicos por mês (chegando aos R$ 1,2 bilhão nos 12 meses do ano, portanto).

Ocorre que, neste exemplo, o Executivo percebe, ao final do primeiro bimestre, que o caixa do Estado recebeu apenas R$ 150 milhões, pois houve enorme e atípico inadimplemento (houve, portanto, frustração de receita no valor de R$ 50 milhões!).

Nesse caso, o Executivo deverá limitar a realização de empenho (= bloquear, congelar ou contingenciar dotações) e movimentações financeiras nesse valor de R$ 50 milhões, para equilibrar as contas públicas (art. 9º da LRF).

Gabaritos de concursos públicos
É possível suspender, por ato do Poder Executivo, a realização de despesas previstas no orçamento no caso de frustração da receita estimada. (Procurador do Estado/SP – FCC – 2009)
As peculiaridades do processo de elaboração e execução orçamentária no Brasil incluem o contingenciamento das dotações orçamentárias. (Analista – TRE/GO – 2008 – CESPE)

O oposto também pode acontecer: em vez dos R$ 200 milhões previstos para o primeiro bimestre, o Executivo afere que a economia está bastante aquecida e houve grande aumento nas atividades empresariais, com correspondente ampliação da arrecadação, que chegou a R$ 250 milhões no período.

Nesse cenário favorável, havendo disponibilidade orçamentária, o Executivo pode rever o cronograma de dispêndios (art. 8º da LRF), ampliando a realização de despesas. Caso não haja disponibilidade orçamentária (ou seja, na hipótese de disponibilidade financeira superior à disponibilidade orçamentária), deverá conseguir autorização legal para a despesa a maior, por meio de créditos adicionais.

Durante o exercício, o Executivo deverá controlar as disponibilidades orçamentárias e financeiras para cumprir não apenas a LOA, mas também a LDO, especialmente as metas fiscais nela fixadas, e o PPA.

5.3. Fases da execução orçamentária

Vejamos, agora, como se dá, na prática, a realização da despesa, por meio de um exemplo.

O Executivo precisa consertar uma porta de um prédio público qualquer:

- ✓ para consertar a porta, a administração precisará contratar alguém que faça tal conserto, caso não tenha capacidade para fazê-lo por si. A contratação se dará nos termos da Lei 8.666/1993;
- ✓ no entanto, antes de contrair a obrigação, o Executivo precisará destacar da dotação orçamentária correspondente o valor necessário para o conserto – **é o empenho da despesa**, documentado pela *nota de empenho*. Se não houver recursos orçamentários suficientes, deverá abrir crédito adicional. Não se pode contratar se não houver tais recursos: é **vedada a realização de despesa sem prévio empenho** (art. 60 da Lei 4.320/1964). Interessante notar que o art. 58 da Lei 4.320/1964 dá outra definição para empenho (diz que ele gera a obrigação de pagamento para o Estado – definição bastante exigida em concursos públicos);

✓ feito o empenho e contratado o serviço, o prestador conserta a porta (cumpre o contrato);

✓ o efetivo conserto da porta deve ser atestado pelo órgão competente. A verificação do direito do prestador do serviço ao pagamento pelo ente é a chamada **liquidação da despesa** (art. 63 da Lei 4.320/1964), ou seja, um agente público vai conferir se a porta foi mesmo consertada, conforme contratado;

✓ feita a liquidação, o órgão competente expede a **ordem de pagamento** (art. 64 da Lei 4.320/1964) em favor daquele que realizou o serviço;

✓ somente então o órgão responsável pelos pagamentos (tesouro) entrega o dinheiro ao contratado que consertou a porta (art. 65 da lei 4.320/1964).

Fases da realização das despesas[1]
1º – Empenho: art. 60 da Lei 4.320/1964
2º – Contratação na forma da Lei 8.666/1993
3º – O serviço é realizado ou o bem é entregue
4º – Liquidação da despesa: art. 63 da Lei 4.320/1964
5º – Ordem de pagamento: art. 64 da Lei 4.320/1964
6º – Entrega do dinheiro ao contratado: art. 65 da Lei 4.320/1964

O empenho é efetivado, em regra, por valor certo e para pagamento único (= empenho *ordinário*, comum). Apenas excepcionalmente (extraordinariamente) admite-se o empenho por *estimativa*, no caso de valor não determinado previamente, e o empenho *global*, no caso de pagamento parcelado.

Essas são as três modalidades de empenho: ordinário, estimativo e global – art. 60, §§ 2º e 3º, da Lei 4.320/1964:

> Art. 58. O empenho de despesa é o ato emanado de autoridade competente que cria para o Estado obrigação de pagamento pendente ou não de implemento de condição.
>
> Art. 60. É vedada a realização de despesa sem prévio empenho.
>
> § 1º Em casos especiais previstos na legislação específica será dispensada a emissão da nota de empenho.
>
> § 2º Será feito por estimativa o empenho da despesa cujo montante não se possa determinar.
>
> § 3º É permitido o empenho global de despesas contratuais e outras, sujeitas a parcelamento.

Gabaritos de concursos públicos

Segundo a Lei Complementar n. 101/2000 e Lei n. 4.320/1964, o empenho de despesa é ato que cria para o Estado a obrigação de pagamento, que somente será efetuado após regular liquidação. (Ministério Público/MG – 2010.1)

"O ato emanado de autoridade competente que cria para o Estado obrigação de pagamento pendente ou não de implemento de condição" denomina-se empenho de despesa. (Procurador do Estado/RR – 2006 – FCC)

O empenho da despesa é ato que antecede a sua liquidação. Quando não se possa determinar o montante da despesa, o empenho se fará por estimativa. O pagamento da despesa somente será efetuado após a sua liquidação. Para a realização da despesa deve-se observar a seguinte ordem: previsão orçamentária, empenho, liquidação e pagamento. (Procurador do Estado/PE – 2004 – FCC)

A despesa pública no Brasil tem uma sistemática de execução que passa por diversos estágios. A liquidação da despesa far-se-á por meio do exame do próprio processo ou expediente que versa sobre a solvência do direito creditório, em que se demonstrarão os valores bruto e líquido a pagar, pois na legislação atual não existe formulário específico para formalizar essa fase da despesa. Sem prejuízo das demais formas de pagamento previstas na legislação, as despesas com compras de materiais e serviços enquadradas como suprimento de fundos poderão ser pagas mediante a utilização de cartão de crédito corporativo. O ordenador de despesa é a autoridade responsável pelo uso do cartão, pela definição e pelos controles dos limites de utilização, sendo vedada sua utilização em finalidade diversa da prevista inicialmente. As despesas de exercícios anteriores que dependam de requerimento do favorecido para execução prescrevem em cinco anos, contados da data do ato ou fato que tiver dado origem ao respectivo direito. O início do período da dívida corresponde à data constante do fato gerador do direito, não devendo ser considerado, para fins de prescrição quinquenal, o tempo de tramitação burocrática e o de providências administrativas a que estiver sujeito o processo [nota do autor: ver Decreto 20.910/1932 e art. 70 do Decreto 93.872/1986]. (Analista – TRE/AL – 2004 – CESPE)

5.4. Restos a pagar

Ao final do exercício, é razoável que haja despesas pertencentes a este ano (nele empenhadas e executadas), mas cujo pagamento somente possa ser realizado no próximo exercício.

Imagine o caso de conserto de uma porta realizado no dia 27 de dezembro, com pagamento a ser realizado em 30 dias. A despesa pertence ao exercício em que foi empenhada e realizada (regime de competência), mas o dispêndio financeiro ocorrerá somente no ano seguinte.

São os **restos a pagar**: despesas empenhadas em um exercício, cujo pagamento se dará no exercício seguinte.

Os restos a pagar podem ser despesas **processadas** (já liquidadas no exercício da despesa) ou **não processadas** (não liquidadas no exercício da despesa), conforme o artigo 36 da Lei 4.320/1964:

> *Art. 36. Consideram-se Restos a Pagar as despesas empenhadas mas não pagas até o dia 31 de dezembro distinguindo-se as processadas das não processadas.*
>
> *Parágrafo único. Os empenhos que correm a conta de créditos com vigência plurianual, que não tenham sido liquidados, só serão computados como Restos a Pagar no último ano de vigência do crédito.*

1. É comum referir-se resumidamente a três estágios da execução da despesa pública, quais sejam (i) empenho, (ii) liquidação e (iii) pagamento

Gabaritos de concursos públicos
Com relação aos restos a pagar e à técnica de realização de despesa pública, os empenhos que correm por conta de créditos com vigência plurianual que não tenham sido liquidados somente serão computados como restos a pagar no último ano de vigência do crédito. (Procurador de Contas TCE/ES – CESPE – 2009)

O registro dos restos a pagar é feito por exercício e por credor distinguindo-se as despesas processadas das não processadas (art. 92, parágrafo único, da Lei 4.320/1964).

Segundo o art. 42 da LRF, nos dois últimos quadrimestres do mandato não devem ser contraídas obrigações que não possam ser pagas integralmente no mesmo exercício. Em caso de parcelas a pagar no próximo exercício, é necessário assegurar-se que haverá recursos financeiros suficientes no final do ano.

> *Art. 42. É vedado ao titular de Poder ou órgão referido no art. 20, nos últimos dois quadrimestres do seu mandato, contrair obrigação de despesa que não possa ser cumprida integralmente dentro dele, ou que tenha parcelas a serem pagas no exercício seguinte sem que haja suficiente disponibilidade de caixa para este efeito.*
> *Parágrafo único. Na determinação da disponibilidade de caixa serão considerados os encargos e despesas compromissadas a pagar até o final do exercício.*

Por exemplo: imagine que uma Prefeitura resolva realizar uma grande festa de final de ano, no último exercício do mandato do atual prefeito. A festa será realizada no dia 31 de dezembro, de modo que o empenho e a contratação devem ser realizados necessariamente no atual exercício (último ano do mandato), muito embora o pagamento seja, neste nosso exemplo, devido apenas no ano seguinte (= restos a pagar), a ser efetivado pelo novo prefeito (ou pelo mesmo, em caso de reeleição).

Abstraindo-se eventuais vedações da legislação especial, o prefeito atual somente poderá realizar essa despesa neste ano se comprovar que deixará dinheiro em caixa, até o dia 31 de dezembro, suficiente para responder integralmente por essa contratação, sem prejuízo das demais obrigações financeiras da Prefeitura. É isso que determina, grosso modo, o art. 42 da LRF.

Gabaritos de concursos públicos
O artigo 42 da Lei Complementar nº 101/2000 (Lei de Responsabilidade Fiscal) veda a assunção de obrigação de despesa nos dois quadrimestres anteriores ao término do mandato eletivo, que não possa ser cumprida integralmente dentro dele, sem que haja disponibilidade financeira para esse efeito. Isso significa que são permitidas contratações quando o saldo de caixa projetado para o final do exercício for suficiente para cobrir as parcelas empenhadas. (Procurador do Estado/RO – 2011 – FCC)
Segundo a Lei Complementar n. 101/2000 e Lei n. 4.320/1964, é vedado ao titular de Poder ou órgão, nos últimos dois quadrimestres do seu mandato, contrair obrigação de despesa que não possa ser cumprida integralmente dentro dele, ou que tenha parcelas a serem pagas no exercício seguinte sem suficiente disponibilidade de caixa. (Ministério Público/MG – 2010.1)

6. OPERAÇÕES DE CRÉDITO

Em geral, para suportar as despesas correntes (salários, aluguéis, manutenção de equipamentos etc.), a administração dispõe das receitas correntes (tributos e transferências correntes, principalmente).

Ocorre que a administração pública muitas vezes decide realizar despesas de capital extraordinárias, como uma obra de grande porte, de valor bastante elevado.

Nesse caso, se a administração pública decidir valer-se das receitas correntes, poderá haver desequilíbrio orçamentário e financeiro (faltar dinheiro para as despesas correntes). Ou então, poderá ser necessário ampliar pesadamente a arrecadação tributária, o que pode não ser razoável.

Uma solução bastante usual é a realização de operação de crédito de longo prazo.

Com isso, dilui-se no tempo o custo da obra. O pagamento pelo investimento se dará ao longo dos exercícios futuros, pela amortização do principal e dos juros, normalmente em parcelas (= serviço da dívida).

Perceba que, nesse caso do empréstimo de longo prazo, não apenas os contribuintes do presente exercício serão onerados, mas também os contribuintes dos anos seguintes (quando o empréstimo será pago), o que é bastante razoável. Isso porque a obra será usufruída não apenas no ano de sua conclusão, mas por muitos outros que se seguirão.

As operações de crédito são, portanto, uma forma legítima e justa de se conseguir recursos financeiros para despesas de capital.

Podem, entretanto, ser completamente danosas para as contas públicas e para a população, caso sejam contratadas irresponsavelmente, com juros acima do razoável ou para suportar despesas correntes.

É por essa razão que a Constituição Federal e a Lei de Responsabilidade Fiscal, entre outras normas, regulam estritamente as operações de crédito.

Além dos empréstimos de longo prazo, são possíveis também as operações de Antecipação de Receitas Orçamentárias – ARO, que são operações de crédito de curto prazo, a serem realizadas e pagas no mesmo exercício financeiro.

A função da ARO, como diz o nome, é de simples antecipação de receitas correntes durante o ano, que podem ser utilizadas para suportar despesas correntes.

Vejamos cada uma dessas espécies de operações de crédito.

6.1. Operações de crédito de longo prazo

Estudemos inicialmente as operações de crédito cujo pagamento se dá a longo prazo, durante os exercícios futuros.

As receitas auferidas são receitas de capital (art. 11, § 2º, da Lei 4.320/1964).

Como já dito, essas receitas provenientes de operações de crédito de longo prazo servem para suportar despesas de capital, cujos resultados (obras, grandes investimentos) serão usufruídos durante os exercícios futuros.

É por essa razão que a Constituição Federal veda, como regra geral, as operações de crédito em valor superior ao das despesas de capital:

CF, art. 167. São vedados: (...) III – a realização de operações de créditos que excedam o montante das despesas de capital, ressalvadas as autorizadas mediante créditos suplementares ou especiais com finalidade precisa, aprovados pelo Poder Legislativo por maioria absoluta;

Para esse cálculo, considera-se, em cada exercício, o total dos recursos de operações de crédito nele ingressados e o das despesas de capital executadas, nos termos e com as ressalvas do art. 32, § 3º, da LRF.

Ou seja, se em determinado ano o Estado gasta R$ 100 milhões com despesas de capital (obras, investimentos), não poderá haver receitas de empréstimo superiores a esse montante no mesmo período.

Para a realização de operações de crédito é necessária expressa autorização legal, conforme art. 48, II, da CF e art. 32, § 1º, I, da LRF. A autorização legal pode ser dada, sempre de maneira expressa, por lei específica, no texto da LOA (exceção ao princípio da exclusividade – art. 165, § 8º, da CF) ou por lei autorizativa de crédito adicional.

No caso de operações de crédito **externas** de natureza financeira, é necessária também autorização específica do Senado Federal, nos termos do art. 52, V, da CF.

Veremos, mais adiante, que o Senado Federal fixa diversos limites para o endividamento. Caso esses limites sejam extrapolados, uma das principais consequências é a vedação de novas operações de crédito, exceto para refinanciamento do principal atualizado da dívida mobiliária. Voltaremos ao tema logo mais.

Além das operações de crédito propriamente ditas, é possível que haja prestações de garantias que eventualmente onerarão o ente garantidor. A LRF (art. 40, § 1º) estabelece que, em regra, para oferecimento de garantia pelo ente, é necessário o oferecimento de contragarantia em valor igual ou superior.

O controle do atendimento aos requisitos para as operações de crédito e, indiretamente, dos limites de endividamento, é, em grande medida, realizado pelo Ministério da Fazenda.

Nos termos do art. 32 da LRF, compete a esse órgão do Executivo verificar o cumprimento dos limites e condições relativos à realização de operações de crédito de cada ente da Federação, inclusive das empresas por eles controladas, direta ou indiretamente.

A operação financeira realizada em desacordo com o disposto na LRF **é nula,** nos termos do art. 33, § 1º, da LRF, situação na qual será feito o cancelamento com a devolução do principal, vedado o pagamento de juros ou encargos (a instituição financeira acaba punida por não ter exigido a comprovação do atendimento às exigências, no caso de operação interna não mobiliária – *caput* do art. 33).

6.2. Operações de Antecipação de Receita Orçamentária – ARO

O efetivo ingresso em caixa das receitas previstas no orçamento não é uniforme durante o exercício financeiro. Há meses em que há entradas maiores, outros em que os valores recebidos pelo tesouro são menores.

Essa flutuação pode causar momentâneas insuficiências de caixa, sanáveis por operações de Antecipação de Receita Orçamentária – ARO, contratadas pelo poder público com instituições financeiras.

Lei 4.320/1964, art. 7º: A Lei de Orçamento poderá conter autorização ao Executivo para: (...) II – Realizar, em qualquer mês do exercício financeiro, operações de crédito por antecipação da receita, para atender a insuficiências de caixa.

Veja, portanto, que essa espécie de operação de crédito não tem a função de fornecer recursos para a realização de despesas de capital, mas apenas equilibrar momentaneamente as contas públicas, durante o exercício financeiro.

Gabaritos de concursos públicos
A LRF prevê a possibilidade de operações de crédito por antecipação de receita orçamentária em relação aos municípios. (Ministério Público/MG – 2010.1)

O ingresso é classificado como receita extraorçamentária, ou seja, não é prevista na LOA (a receita orçamentária corresponde apenas à entrada efetiva do tributo, antecipada pela operação de ARO):

Lei 4.320/1964, art. 3º: A Lei de Orçamento compreenderá todas as receitas, inclusive as de operações de crédito autorizadas em lei.

Parágrafo único. Não se consideram para os fins deste artigo as *operações de crédito por antecipação da receita*, as emissões de papel-moeda e outras entradas compensatórias no ativo e passivo financeiros.

As operações de crédito por ARO seguem as regras e limitações do art. 38 da LRF:

- ✓ só podem ser realizadas a partir do dia 10 de janeiro de cada exercício;
- ✓ devem ser liquidadas integralmente até o dia 10 de dezembro do mesmo exercício;
- ✓ não podem ser realizadas se forem cobrados outros encargos que não a taxa de juros da operação, prefixada ou indexada à taxa básica financeira;
- ✓ não poderão ser realizadas antes de integralmente resgatada a operação de ARO anterior;
- ✓ não poderão ser realizadas no último ano de mandato do chefe do Executivo.

No mais, as operações de ARO, como espécie de operações de crédito, sujeitam-se aos limites e condições gerais para contratação, antes estudados, inclusive a necessidade de autorização legal prévia, muitas vezes dada na própria LOA (exceção ao princípio da exclusividade – art. 165, § 8º, da CF).

Por não ser operação destinada a captar recursos para despesas de capital, sua contratação não é computada para fins da limitação do art. 167, III, da CF (vedação de operações de crédito em montante superior ao das despesas de capital), conforme o art. 38, § 1º, da LRF.

7. DÍVIDA PÚBLICA

O endividamento público, embora tenha importante função de financiar a realização de despesas de capital, pode ser um grave problema para a saúde das finanças públicas.

O endividamento excessivo, ainda mais em um país com histórico de juros altíssimos, implica grande ônus para os orçamentos, drenando importantes r ecursos para o serviço da dívida, diminuindo a capacidade de investimento do poder público e exigindo uma alta carga tributária, entre outros efeitos perversos.

Ao realizar operações de crédito, o ente federado cria ou aumenta sua dívida pública.

São por essas razões que o constituinte preocupou-se em prever a fixação de condições e limites rígidos para as operações de crédito e para o endividamento público, a cargo do Senado Federal. Nesse mesmo sentido vão as regulações da LRF, também estudadas.

Mas há também aumento da dívida pública quando o ente não honra seus compromissos, deixando de pagar, por exemplo, fornecedores ou mesmo precatórios judiciais.

É por isso que a LRF, em seu art. 29, § 1º, equipara às operações de crédito a assunção, o reconhecimento ou a confissão de dívidas.

A legislação financeira (arts. 92 e 98 da Lei 4.320/1964 e art. 29 da LRF) classifica a dívida pública em (i) dívida consolidada ou fundada e (ii) dívida flutuante.

Distingue-se também a dívida mobiliária.

Vejamos as características de cada uma delas.

7.1. Dívida consolidada ou fundada

A dívida consolidada ou fundada refere-se, em regra, ao montante total das obrigações financeiras para amortização em prazo superior a doze meses.

Ou seja, compõe-se basicamente das dívidas de longo prazo, contraídas para fazer frente a despesas de capital, embora o art. 98 da Lei 4.320/1964 refira-se ao desequilíbrio orçamentário.

Gabaritos de concursos públicos
Caso determinado estado da Federação celebre operação de crédito para obtenção de ativos para construção e reforma de rodovias estaduais, estabelecendo, no contrato, que o prazo para amortização da referida operação será de 36 meses, nessa situação, os valores relativos à operação de crédito enquadrar-se-ão no conceito de dívida pública consolidada. (Procuradoria Federal – 2007 – CESPE)

Eis as definições dadas pela LRF e pela Lei 4.320/1964 para a dívida fundada ou consolidada:

Definições de dívida consolidada ou fundada		
	LRF, art. 29, I	**Lei 4.320/1964, art. 98**
Dívida consolidada ou fundada	Dívida pública consolidada ou fundada é o montante total, apurado sem duplicidade, das obrigações financeiras do ente da Federação, assumidas em virtude de leis, contratos, convênios ou tratados e da realização de operações de crédito, para amortização em prazo superior a doze meses	A dívida fundada compreende os compromissos de exigibilidade superior a doze meses, contraídos para atender a desequilíbrio orçamentário ou a financeiro de obras e serviços públicos

Ademais, além das obrigações com prazo de amortização superior a 12 meses, também compõem a dívida pública consolidada:

- ✓ as operações de crédito com prazo inferior a doze meses cujas receitas tenham constado do orçamento (art. 29, § 3º, da LRF);
- ✓ os precatórios judiciais não pagos durante a execução do orçamento em que houverem sido incluídos, para fins de aplicação dos limites (art. 30, § 7º, da LRF);
- ✓ a relativa à emissão de títulos de responsabilidade do Banco Central, a qual compõe a dívida consolidada da União (art. 29, § 2º, da LRF).

7.2. Dívida flutuante

A dívida flutuante refere-se às obrigações financeiras para amortização em prazo inferior a doze meses, normalmente dentro do próprio exercício financeiro (ARO e restos a pagar).

Nos termos do art. 92 da Lei 4.320/1964, a dívida flutuante compreende:

- ✓ os restos a pagar, excluídos os serviços da dívida;
- ✓ os serviços da dívida a pagar;
- ✓ os depósitos;
- ✓ os débitos de tesouraria.

7.3. Dívida mobiliária

Além da classificação da dívida como consolidada ou flutuante, é muito comum distinguir-se a dívida pública mobiliária, representada por títulos emitidos pelos entes políticos, inclusive pelo Banco Central (art. 29, II, da LRF).

Os títulos públicos emitidos circulam no mercado, de modo que o constituinte entendeu por bem prever regulação específica.

Nesse sentido, o Senado Federal tem competência privativa para estabelecer limites globais e condições para a dívida mobiliária dos Estados, do Distrito Federal e dos Municípios (art. 52, IX, da CF – note que o dispositivo não se refere à União).

O refinanciamento do principal da dívida mobiliária não excederá, ao término de cada exercício financeiro, o montante final do exercício anterior, somado ao das operações de crédito autorizadas no orçamento para esse efeito e efetivamente realizadas, acrescido da atualização monetária (art. 29, § 4º, da LRF).

7.4. Limites de endividamento

O Senado Federal fixa, por proposta do Presidente da República, os limites globais para o montante da dívida consolidada de cada ente político (União, Estados, DF e Municípios – art. 52, VI, da CF).

A rigor, o Senado fixa não apenas teto máximo para o endividamento total (limite da dívida consolidada, além do qual não é possível novas operações de crédito), mas também limites para operações em cada exercício, determinados por percentuais da receita corrente líquida, limites máximos para comprometimento anual com amortização, juros e encargos da dívida consolidada, além de diversas outras exigências.

Compete também ao Senado dispor sobre os limites globais e as condições para operações de crédito externo e interno dos entes políticos, suas autarquias e também das demais entidades controladas pelo poder público federal (art. 52, VII, da CF).

Já vimos que, além das operações de crédito propriamente ditas, é possível que haja prestações de garantia que eventualmente onerarão o ente garantidor. A LRF (art. 40, § 1º) estabelece que, em regra, para oferecimento de garantia pelo ente, é necessário o oferecimento de contragarantia em valor igual ou superior.

Por exemplo, muitas vezes uma instituição financeira internacional só concorda em realizar empréstimo para um Município se a União garantir o pagamento (como se fosse uma fiadora em um contrato comum). Nesse caso, a União somente poderá oferecer a garantia se o Município apresentar-lhe uma contragarantia (por exemplo, parcela das receitas a que o Município faz jus junto ao Fundo de Participação - art. 160, parágrafo único, I, da CF). Caso a União venha a ser chamada a responder pelo débito perante a instituição financeira (por inadimplemento do Município), poderá cobrar a dívida mais facilmente (retendo a parcela do Município no Fundo de Participação).

No caso da União, compete ao Senado fixar limites e condições para concessão de garantias em operações de crédito externo e interno (art. 52, VIII, da CF).

Finalmente, o Senado também tem competência para estabelecer limites globais e condições específicas para o montante da dívida mobiliária dos Estados, do Distrito Federal e dos Municípios.

É fácil perceber, portanto, o papel essencial do Senado Federal no controle da dívida pública nacional, pois é ele quem fixa importantes limites e condições para a contratação e para o endividamento nas três esferas de governo.

Reveja o disposto nos citados incisos do art. 52 da CF:

> *CF, art. 52. Compete privativamente ao Senado Federal:*
>
> *(...)*
>
> *V – autorizar operações externas de natureza financeira, de interesse da União, dos Estados, do Distrito Federal, dos Territórios e dos Municípios;*
>
> *VI – fixar, por proposta do Presidente da República, limites globais para o montante da dívida consolidada da União, dos Estados, do Distrito Federal e dos Municípios;*
>
> *VII – dispor sobre limites globais e condições para as operações de crédito externo e interno da União, dos Estados, do Distrito Federal e dos Municípios, de suas autarquias e demais entidades controladas pelo Poder Público federal;*
>
> *VIII – dispor sobre limites e condições para a concessão de garantia da União em operações de crédito externo e interno;*
>
> *IX – estabelecer limites globais e condições para o montante da dívida mobiliária dos Estados, do Distrito Federal e dos Municípios;*
>
> *(...)*

7.5. Recondução aos limites

Caso um ente da Federação extrapole ao final de um quadrimestre os limites da dívida consolidada, fixados pelo Senado Federal nos termos do art. 52, VI, da CF, deverá reconduzi-la a esse limite até o término dos três quadrimestres subsequentes, reduzindo o excedente em pelo menos 25% no primeiro (art. 31, *caput*, da LRF).

Ademais, além do dever de reconduzir a dívida aos limites, a legislação financeira fixa diversas sanções para os entes que se encontrem nessa situação, sendo uma das principais a vedação de contratação de novas operações de crédito, internas ou externas, inclusive por ARO, exceto para refinanciamento do principal atualizado da dívida mobiliária.

Além disso, o ente deverá obter, durante o período de excesso, resultado primário necessário à recondução da dívida ao limite (*grosso modo*, deve haver economia, despesas inferiores a receitas), promovendo, entre outras medidas, limitação de empenho, na forma do art. 9º da LRF.

Se o ente político não conduzir a dívida ao limite até o final do terceiro quadrimestre, ficará também impedido de receber transferências voluntárias da União ou do Estado (essa vedação, como já dito, não abrange as transferências voluntárias relativas a ações de educação, saúde e assistência social - art. 25, § 3º, da LRF).

Eis o disposto no art. 31 da LRF:

> *LRF, Art. 31. Se a dívida consolidada de um ente da Federação ultrapassar o respectivo limite ao final de um quadrimestre, deverá ser a ele reconduzida até o término dos três subsequentes, reduzindo o excedente em pelo menos 25% (vinte e cinco por cento) no primeiro.*
>
> *§ 1º Enquanto perdurar o excesso, o ente que nele houver incorrido:*
>
> *I – estará proibido de realizar operação de crédito interna ou externa, inclusive por antecipação de receita, ressalvado o refinanciamento do principal atualizado da dívida mobiliária;*
>
> *II – obterá resultado primário necessário à recondução da dívida ao limite, promovendo, entre outras medidas, limitação de empenho, na forma do art. 9º.*
>
> *§ 2º Vencido o prazo para retorno da dívida ao limite, e enquanto perdurar o excesso, o ente ficará também impedido de receber transferências voluntárias da União ou do Estado.*
>
> *§ 3º As restrições do § 1º aplicam-se imediatamente se o montante da dívida exceder o limite no primeiro quadrimestre do último ano do mandato do Chefe do Poder Executivo.*
>
> *§ 4º O Ministério da Fazenda divulgará, mensalmente, a relação dos entes que tenham ultrapassado os limites das dívidas consolidada e mobiliária.*
>
> *§ 5º As normas deste artigo serão observadas nos casos de descumprimento dos limites da dívida mobiliária e das operações de crédito internas e externas.*

8. PRECATÓRIOS

Os bens públicos são impenhoráveis. Por essa razão, a execução contra o poder público é diferente daquela direcionada contra particulares, seguindo o rito do art. 730 do CPC:

> CPC, art. 730. Na execução por quantia certa contra a Fazenda Pública, citar-se-á a devedora para opor embargos em 10 (dez) dias; se esta não os opuser, no prazo legal, observar-se-ão as seguintes regras:
>
> I – o juiz requisitará o pagamento por intermédio do presidente do tribunal competente;
>
> II – far-se-á o pagamento na ordem de apresentação do precatório e à conta do respectivo crédito.

Veja, portanto, que em vez de expropriação de bens, o juiz da execução, reconhecendo o direito do exequente, requisita, por meio do presidente do Tribunal, que a administração pública realize o pagamento.

Gabaritos de concursos públicos
O precatório é expedido após ter sido intentada pelo credor ação de execução contra a Fazenda Pública, nos termos do art. 730 do CPC. (Procurador do Estado/RR – 2006 – FCC)

Essa requisição judicial denomina-se *precatório*, regulado pelo art. 100 da CF:

> *Art. 100. Os pagamentos devidos pelas Fazendas Públicas Federal, Estaduais, Distrital e Municipais, em virtude de sentença judiciária, far-se-ão exclusivamente na ordem cronológica de apresentação dos precatórios e à conta dos créditos respectivos, proibida a designação de casos ou de pessoas nas dotações orçamentárias e nos créditos adicionais abertos para este fim.*
>
> *(...)*

Veja que o ente público deve observar estritamente a ordem de apresentação dos precatórios. Ou seja, não pode pagar um mais recente antes de outro mais antigo. Se ocorrer *quebra da ordem cronológica*, o presidente do Tribunal poderá deferir o sequestro de verbas em favor do prejudicado (art. 100, § 6º, da CF).

A execução orçamentária e financeira identificará os beneficiários de pagamento de sentenças judiciais, por meio de sistema de contabilidade e administração financeira, para fins de observância da ordem cronológica (art. 10 da LRF).

Gabaritos de concursos públicos
É vedado o fracionamento, repartição ou quebra do valor da execução, para que o pagamento se faça parte como obrigação definida em lei como de pequeno valor e parte mediante expedição de precatório. (Procurador do Estado/RR – 2006 – FCC)

Recebido o precatório até 1º de julho, o ente político inclui na proposta orçamentária para o ano seguinte os valores necessários para seu pagamento. Caso o precatório seja apresentado a partir do dia 2 de julho, os valores correspondentes serão incluídos no orçamento do segundo exercício seguinte.

Por exemplo, se o precatório é apresentado a determinado Estado no primeiro semestre deste ano, no projeto de LOA (que vigorará no ano seguinte) deverá ser incluído valor para sua quitação. O efetivo pagamento deve ocorrer no curso do exercício seguinte, ou seja, até 31 de dezembro do ano posterior ao da apresentação do precatório. Caso o precatório seja apresentado somente no segundo semestre deste ano, será incluído no projeto de LOA somente no ano seguinte, para pagamento até o final do exercício subsequente (ou seja, deverá ser pago não no ano que vem, mas no outro imediatamente posterior).

Gabaritos de concursos públicos
A apresentação dos precatórios tem que ser feita até 1º de julho para ser pago até o final do exercício seguinte, após inclusão da verba necessária no orçamento. O termo limite para pagamento do precatório é o último dia do ano seguinte àquele em que o precatório foi comunicado ao Presidente do Tribunal, ou seja, o prazo de um ano e meio. (Procurador do Estado/RR – 2006 – FCC)

Atualmente, esse dever de inclusão no orçamento refere-se apenas aos créditos relativos a sentenças transitadas em julgado.

A não inclusão dos valores no orçamento respectivo gera para o credor prejudicado o direito de requerer o sequestro ao presidente do Tribunal (art. 100, § 6º, da CF).

Gabaritos de concursos públicos
Se, no pagamento, houver preterição da ordem cronológica dos precatórios, caberá ao credor solicitar ao presidente do tribunal sentenciante, em face da infração do direito de precedência, que determine o sequestro da quantia necessária à satisfação do débito, que, segundo a jurisprudência, poderá recair sobre qualquer quantia pública. (Procurador de Contas TCE/ES – CESPE – 2009)

Não há precatório no caso de créditos de pequeno valor, conforme definidos em lei. Nesse caso, o Tribunal emite a chamada Requisição de Pequeno Valor – RPV, que deve ser paga imediatamente (art. 100, § 3º, da CF). Ou seja, o pagamento de RPV onera o orçamento presente, sem possibilidade de incluir-se no projeto de LOA para exercício posterior.

Os atos da presidência do Tribunal relativos à emissão de precatórios e sequestro de verbas têm caráter administrativo, não jurisdicional, mesmo quando confirmados por colegiado, razão pela qual podem ser impugnados por meio de mandado de segurança.

Gabarito de concurso público
Os atos de determinado presidente de tribunal de justiça que versem sobre o processamento e pagamento de precatórios judiciais não têm caráter jurisdicional. (Procuradoria Federal – 2007 – CESPE)

A rigor, há pelo menos duas ordens cronológicas: precatórios comuns e precatórios alimentícios.

Isso porque os créditos de natureza alimentícia, definidos no art. 100, § 1º, da CF, são pagos com precedência em relação aos precatórios comuns.

Gabarito de concurso público
Considerando que um cidadão tenha obtido na justiça, em virtude de sentença transitada em julgado, o reconhecimento do direito de receber de ente público valores a título de vencimentos, o crédito previsto impõe preferência ao pagamento com relação aos créditos de outra natureza. (Magistratura Federal/1ª Região – 2009 – CESPE)

Ademais, dentre os precatórios alimentícios, serão pagos preferencialmente a quaisquer outros, até o limite de 3 vezes o valor máximo das RPV, aqueles cujos titulares tenham 60 anos ou mais na data da expedição (art. 100, § 2º).[2] O montante excedente ao triplo do limite da RPV será pago na ordem cronológica dos precatórios alimentícios em geral.

2. Essa restrição em relação aos titulares com 60 anos "na data da expedição" não será mantida pelo STF, certamente, mas é importante que o leitor acompanhe a conclusão do julgamento das ADIns 4.357, 4.372, 4.400 e 4.425.

A atualização de valores de requisitórios, após sua expedição, até o efetivo pagamento, independentemente de sua natureza, será feita pelo índice oficial de remuneração básica da caderneta de poupança, e, para fins de compensação da mora, incidirão juros simples no mesmo percentual de juros incidentes sobre a caderneta de poupança, ficando excluída a incidência de juros compensatórios (art. 100, § 12, da CF).[3]

O Judiciário vem entendendo que há apenas juros moratórios sobre o precatório, computados somente a partir do primeiro dia do exercício seguinte àquele em que a requisição deveria ser paga (ou seja, antes disso não há atraso do poder público, nem, portanto, juros moratórios).

É importante saber que muitos entes políticos não cumprem os prazos constitucionais para pagamento de precatórios, o que levou o constituinte originário e derivado a instituir parcelamentos (arts. 33 e 78 do ADCT).

Atualmente, na tentativa de solucionar o problema dos precatórios em atraso, o art. 100, § 15, da CF dispõe que, além das regras gerais previstas no artigo constitucional, lei complementar federal poderá estabelecer regime especial para pagamento de crédito de precatórios de Estados, Distrito Federal e Municípios, dispondo sobre vinculações à receita corrente líquida e forma e prazo de liquidação.

Até que seja produzida essa lei complementar, valem as regras previstas no art. 97 do ADCT. Essa nova sistemática para pagamentos prevê a possibilidade de (i) parcelamento em até 15 anos ou de (ii) depósito mensal em conta especial calculado sobre a receita corrente líquida do ente devedor, na forma do art. 97, § 1º, do ADCT.[4]

É importante que o leitor acompanhe os desdobramentos do julgamento das ADIns 4.357, 4.372, 4.400 e 4.425, em que os Ministros do STF já se manifestaram pela inconstitucionalidade de normas inseridas no art. 100 da CF pela EC 62/2009, em especial o cômputo da correção monetária, que não poderá ser feito pelo índice da poupança, e também pela inconstitucionalidade do regime especial de parcelamento previsto pelo art. 97 do ADCT.

9. FISCALIZAÇÃO DA GESTÃO FISCAL

O art. 70 da CF prevê a fiscalização contábil, financeira, orçamentária, operacional e patrimonial dos entes federados e das entidades da administração direta e indireta, quanto à legalidade, legitimidade, economicidade, aplicação das subvenções e renúncia de receitas.

Trata-se da fiscalização da gestão fiscal ou controle da administração financeira.

Submete-se à fiscalização qualquer pessoa física ou jurídica, pública ou privada, que utilize, arrecade, guarde, gerencie ou administre dinheiros, bens e valores públicos ou pelos quais a União responda, ou que, em nome desta, assuma obrigações de natureza pecuniária, conforme o art. 70, parágrafo único, da CF:

CF, art. 70. A fiscalização contábil, financeira, orçamentária, operacional e patrimonial da União e das entidades da administração direta e indireta, quanto à legalidade, legitimidade, economicidade, aplicação das subvenções e renúncia de receitas, será exercida pelo Congresso Nacional, mediante controle externo, e pelo sistema de controle interno de cada Poder.

Parágrafo único. Prestará contas qualquer pessoa física ou jurídica, pública ou privada, que utilize, arrecade, guarde, gerencie ou administre dinheiros, bens e valores públicos ou pelos quais a União responda, ou que, em nome desta, assuma obrigações de natureza pecuniária.

Ou seja, mesmo empresa ou pessoa natural pode ter que prestar contas à fiscalização, desde que lide com dinheiro público.

Gabarito de concurso público
Cabe ao Tribunal de Contas fiscalizar a aplicação de quaisquer recursos repassados pela União aos Estados, mediante convênio ou qualquer instrumento = semelhante. (Procurador do Estado/ PE – 2004 – FCC)

Não se pode esquecer que os atos da administração financeira e orçamentária são atos administrativos e, como tais, submetem-se aos princípios que regem a administração pública, especialmente: legalidade, impessoalidade, moralidade, publicidade e eficiência (art. 37, *caput*, da CF).

Assim, não basta que o agente público arrecade as receitas previstas em lei e realize as despesas dentro das disponibilidades orçamentárias. É essencial que o faça não apenas dentro da legalidade, mas também de maneira eficiente, eficaz, impessoal, razoável etc.

É por essa razão que a fiscalização e o controle da gestão fiscal referem-se não apenas à conformidade dos atos administrativos com as normas aplicáveis (= exame de conformidade), mas também ao desempenho da gestão pública (= exame de desempenho).

Exame de conformidade: análise quanto ao atendimento das normas aplicáveis. Exame de desempenho: análise quanto à qualidade, economicidade, eficiência e racionalidade na gestão fiscal.

É muito comum a realização de despesa pública estritamente em conformidade com a lei, mas de maneira absolutamente ineficiente ou ineficaz, o que implicará sanções no âmbito do controle da gestão fiscal.

O poder público deve fazer o máximo e o melhor possível com os recursos disponíveis (= eficiência), em relação às necessidades da população (= eficácia), atendendo-as efetivamente (= efetividade). A economicidade refere-se a todos esses aspectos da gestão fiscal.

Gabarito de concurso público
O Tribunal de Contas, como órgão auxiliar do controle externo da fiscalização contábil, financeira, orçamentária, operacional e patrimonial da União, a cargo do Congresso Nacional, com base no princípio da economicidade, toma em consideração a relação custo/benefício no fornecimento de serviços públicos, em vista da despesa para tanto realizada. (Procurador da Fazenda Nacional – 2007 – ESAF)

3. A correção e juros pelo índice da poupança é outra norma que está para ser afastada pelo STF, dependendo apenas da conclusão do julgamento das citadas ADIs.
4. O parcelamento, da forma como consta no art. 97 do ADCT, está para ser afastado pelo STF, que, no entanto, pode modular o julgamento de modo heterodoxo, fixando outro prazo para o pagamento dos precatórios em atraso.

Essa análise quanto à qualidade do gasto público (= exame de desempenho) é tão importante quanto à fiscalização atinente à legalidade ou até mais relevante.

O controle é prévio, concomitante e subsequente à realização das despesas públicas.

Há controle prévio quando se acompanha o trâmite dos projetos de lei orçamentários, ou os procedimentos de licitação. Ocorre controle concomitante durante a execução da despesa (medições, liquidação, relatórios periódicos etc.). Finalmente, os gestores devem prestar contas posteriormente em relação aos gastos, o que se insere no controle subsequente ou posterior.

Gabarito de concurso público
São formas de exercício prévio (1), concomitante (2) e subsequente (3) de verificação da legalidade dos atos de execução do orçamento público: leis (1), relatórios periódicos (2) e prestação de contas (3). (Consultor – Senado – 2012 – FGV)
Corresponde à atividade exercida pelo Controle da Execução Orçamentária a verificação da legalidade dos atos de execução orçamentária de forma prévia, concomitante e subsequente. (Analista – TRE/MS – 2007 – FCC)

A administração pública evoluiu a partir da chamada *administração patrimonialista*, em que a coisa pública não se distinguia do patrimônio do soberano. Posteriormente surgiu a *administração burocrática*, em resposta ao patrimonialismo, buscando combater a corrupção e o nepotismo por meio do princípio da legalidade e do controle estrito dos procedimentos. Finalmente, surge a *administração gerencial*, que propõe mudança do foco do controle sobre os procedimentos para o controle sobre os resultados, buscando com isso maior agilidade e eficiência na gestão pública.

Acompanhando essa evolução, o controle da gestão fiscal tende atualmente a focar o desempenho e os resultados, por meio da fiscalização *a posteriori*. Isso não significa, evidentemente, que se abandonou a fiscalização prévia e concomitante, ou o exame de conformidade (legalidade), mas apenas que, como dito, o controle subsequente, dos resultados, passa a ser prioritário.

A fiscalização da gestão fiscal é realizada por órgãos internos de cada Poder (= controle interno) ou pelo Legislativo, com o auxílio dos Tribunais de Contas, em relação ao Executivo e ao Judiciário (= controle externo).

– **controle interno:** exercido pelos órgãos competentes de cada Poder (art. 74 da CF). – **controle externo:** exercido pelo Legislativo (Congresso Nacional, Assembleias Estaduais e Distrital, Câmaras de Vereadores) com o auxílio dos respectivos Tribunais de Contas (art. 71 da CF).

Gabarito de concurso público
A fiscalização das contas públicas, quanto à legalidade e à legitimidade, será feita mediante controle externo e pelo sistema de controle interno de cada Poder. (Procurador do Estado/PE – 2004 – FCC)

No que se refere ao controle interno, a Controladoria Geral da União – CGU supervisiona os diversos órgãos de controle existentes na estrutura da administração pública federal.

Os Estados, Distrito Federal e Municípios possuem também diversos órgãos especializados no controle da gestão fiscal (normalmente departamentos de auditoria interna).

Gabarito de concurso público
O controle interno incumbe aos Poderes Executivo, Legislativo e Judiciário, cabendo a cada um manter um sistema de controle individual, de acordo com suas características próprias e, ao mesmo tempo, integrar o sistema com o dos outros poderes, a fim de que haja coordenação e uniformização de comportamentos e providências. (Procurador de Contas TCE/ES – CESPE – 2009)

O art. 74 da CF traz regras gerais atinentes ao controle interno em cada Poder:

> *Art. 74. Os Poderes Legislativo, Executivo e Judiciário manterão, de forma integrada, sistema de controle interno com a finalidade de:*
>
> *I – avaliar o cumprimento das metas previstas no plano plurianual, a execução dos programas de governo e dos orçamentos da União;*
>
> *II – comprovar a legalidade e avaliar os resultados, quanto à eficácia e eficiência, da gestão orçamentária, financeira e patrimonial nos órgãos e entidades da administração federal, bem como da aplicação de recursos públicos por entidades de direito privado;*
>
> *III – exercer o controle das operações de crédito, avais e garantias, bem como dos direitos e haveres da União;*
>
> *IV – apoiar o controle externo no exercício de sua missão institucional.*
>
> *§ 1º – Os responsáveis pelo controle interno, ao tomarem conhecimento de qualquer irregularidade ou ilegalidade, dela darão ciência ao Tribunal de Contas da União, sob pena de responsabilidade solidária.*
>
> *§ 2º – Qualquer cidadão, partido político, associação ou sindicato é parte legítima para, na forma da lei, denunciar irregularidades ou ilegalidades perante o Tribunal de Contas da União.*

A Constituição Federal, ao cuidar do controle externo refere-se ao Congresso Nacional e ao Tribunal de Contas da União, basicamente, mas essas normas aplicam-se também aos demais entes políticos, pelo princípio da simetria.

Gabarito de concurso público
O controle externo da administração pública é atribuição constitucional do Poder Legislativo, que o exercerá diretamente ou com o auxílio dos tribunais de contas municipais, estaduais e da União, podendo sustar a despesa irregular que possa causar dano irreparável ou grave lesão à economia pública. (Procurador do Município/Boa Vista-RR – 2010 – CESPE)

O Tribunal de Contas da União – TCU é formado por 9 Ministros, nomeados entre os brasileiros com mais de 35 e menos de 65 anos de idade, idoneidade moral e reputação ilibada, notórios conhecimentos jurídicos, contábeis, econômicos e financeiros ou de administração pública e mais de 10 ano de exercício de função ou de efetiva atividade profissional que exija os conhecimentos antes elencados (art. 73, § 1º, da CF).

Os Ministros do TCU são escolhidos: um terço pelo Presidente da República, com aprovação do Senado, sendo dois alternadamente dentre auditores e membros do Ministério Público junto ao Tribunal, indicados em lista tríplice pelo Tribunal, segundo os critérios de antiguidade e merecimento, e dois terços pelo Congresso Nacional. Os Ministros do TCU são equiparados aos Ministros do STJ, nos temos do art. 73, § 3º, da CF.

Os pareceres prévios sobre as contas, emitidos pelo Tribunal de Contas, não vinculam a decisão do Legislativo. No entanto, no caso dos Municípios, o parecer prévio sobre as contas do Prefeito só deixará de prevalecer por decisão de dois terços dos Vereadores (art. 31, § 2º, da CF).

Deve-se atentar que os Tribunais de Contas têm competência para assinar prazo para que o órgão ou entidade adote as providências necessárias ao cumprimento da lei, sustar a execução do ato impugnado, se não atendido, comunicando ao Legislativo, e aplicar sanções previstas em lei, incluindo multas, aos responsáveis (art. 71, incisos VIII a X da CF).

As regras gerais fixada na CF para o TCU aplicam-se, no que couber, à organização, composição e fiscalização dos Tribunais de Contas dos Estados e do DF e aos Tribunais e Conselhos de Contas dos Municípios (onde houver – art. 75 da CF).

Como a quase totalidade dos Municípios não tem Tribunal de Contas próprio, as Câmaras Municipais são auxiliadas, no controle externo, pelo Tribunal de Contas do Estado ou pelo Tribunal de Contas dos Municípios (órgãos do nível estadual). Excepcionalmente, os Municípios de São Paulo e do Rio de Janeiro possuem Tribunais de Contas próprios.

Interessante lembrar que não é mais possível a criação de novos Tribunais, Conselhos ou órgãos de Contas Municipais (art. 31, § 4º, da CF). Ou seja, não haverá outros além dos já existentes.

Os Tribunais de Contas dos Estados são compostos por 7 Conselheiros (art. 75, parágrafo único, da CF).

O Tribunal de Contas do Município do Rio de Janeiro possui também 7 Conselheiros e o Tribunal de Contas do Município de São Paulo conta com 5 (cinco) Conselheiros.

Dentre as atribuições do Congresso Nacional, atinentes ao controle externo, destacamos aquelas previstas no art. 49 da CF:

> *Art. 49. É da competência exclusiva do Congresso Nacional:*
>
> *(...)*
>
> *V – sustar os atos normativos do Poder Executivo que exorbitem do poder regulamentar ou dos limites de delegação legislativa;*
>
> *(...)*
>
> *IX – julgar anualmente as contas prestadas pelo Presidente da República e apreciar os relatórios sobre a execução dos planos de governo;*
>
> *X – fiscalizar e controlar, diretamente, ou por qualquer de suas Casas, os atos do Poder Executivo, incluídos os da administração indireta;*
>
> *(...)*
>
> *XIII – escolher dois terços dos membros do Tribunal de Contas da União;*
>
> *(...)*

Quanto às competências específicas da Câmara dos Deputados, indicamos o disposto no art. 51 da CF:

> *Art. 51. Compete privativamente à Câmara dos Deputados: (...)*
>
> *II – proceder à tomada de contas do Presidente da República, quando não apresentadas ao Congresso Nacional dentro de sessenta dias após a abertura da sessão legislativa;*
>
> *(...)*

O Senado Federal também tem competência específica, relativa ao desempenho da administração tributária, conforme o art. 52, XV, da CF:

> Art. 52. Compete privativamente ao Senado Federal:
>
> (...)
>
> XV – avaliar periodicamente a funcionalidade do Sistema Tributário Nacional, em sua estrutura e seus componentes, e o desempenho das administrações tributárias da União, dos Estados e do Distrito Federal e dos Municípios.

A Comissão Mista de Orçamento e Finanças, prevista no art. 166, § 1º, da CF, detém competência específica relacionada à fiscalização de despesas não autorizadas, conforme o art. 72 da CF:

> Art. 72. A Comissão mista permanente a que se refere o art. 166, § 1º, diante de indícios de despesas não autorizadas, ainda que sob a forma de investimentos não programados ou de subsídios não aprovados, poderá solicitar à autoridade governamental responsável que, no prazo de cinco dias, preste os esclarecimentos necessários.
>
> § 1º – Não prestados os esclarecimentos, ou considerados estes insuficientes, a Comissão solicitará ao Tribunal pronunciamento conclusivo sobre a matéria, no prazo de trinta dias.
>
> § 2º – Entendendo o Tribunal irregular a despesa, a Comissão, se julgar que o gasto possa causar dano irreparável ou grave lesão à economia pública, proporá ao Congresso Nacional sua sustação.

As competências do Tribunal de Contas da União, na qualidade de auxiliar do Congresso Nacional no controle externo, estão indicadas no art. 71 da CF:

- ✓ apreciar as contas prestadas anualmente pelo Presidente da República, mediante parecer prévio que deverá ser elaborado em sessenta dias a contar de seu recebimento;
- ✓ julgar as contas dos administradores e demais responsáveis por dinheiros, bens e valores públicos da administração direta e indireta, incluídas as fundações e sociedades instituídas e mantidas pelo Poder Público federal, e as contas daqueles que derem causa a perda, extravio ou outra irregularidade de que resulte prejuízo ao erário público;
- ✓ apreciar, para fins de registro, a legalidade dos atos de admissão de pessoal, a qualquer título, na administração direta e indireta, incluídas as fundações instituídas e mantidas pelo Poder Público, excetuadas as nomeações

para cargo de provimento em comissão, bem como a das concessões de aposentadorias, reformas e pensões, ressalvadas as melhorias posteriores que não alterem o fundamento legal do ato concessório;

✓ realizar, por iniciativa própria, da Câmara dos Deputados, do Senado Federal, de Comissão técnica ou de inquérito, inspeções e auditorias de natureza contábil, financeira, orçamentária, operacional e patrimonial, nas unidades administrativas dos Poderes Legislativo, Executivo e Judiciário, e demais entidades públicas (indicadas no inciso II do dispositivo constitucional);

✓ fiscalizar as contas nacionais das empresas supranacionais de cujo capital social a União participe, de forma direta ou indireta, nos termos do tratado constitutivo;

✓ fiscalizar a aplicação de quaisquer recursos repassados pela União mediante convênio, acordo, ajuste ou outros instrumentos congêneres, a Estado, ao Distrito Federal ou a Município;

✓ prestar as informações solicitadas pelo Congresso Nacional, por qualquer de suas Casas, ou por qualquer das respectivas Comissões, sobre a fiscalização contábil, financeira, orçamentária, operacional e patrimonial e sobre resultados de auditorias e inspeções realizadas;

✓ aplicar aos responsáveis, em caso de ilegalidade de despesa ou irregularidade de contas, as sanções previstas em lei, que estabelecerá, entre outras cominações, multa proporcional ao dano causado ao erário;

✓ assinar prazo para que o órgão ou entidade adote as providências necessárias ao exato cumprimento da lei, se verificada ilegalidade;

✓ sustar, se não atendido, a execução do ato impugnado, comunicando a decisão à Câmara dos Deputados e ao Senado Federal; e

✓ representar ao Poder competente sobre irregularidades ou abusos apurados.

Gabarito de concurso público
Compete ao Tribunal de Contas aplicar, em caso de ilegalidade de despesa, aos responsáveis, as sanções previstas em lei. (Procurador do Estado/PE – 2004 – FCC)

Ademais, os parágrafos do art. 71 trazem regras atinentes à sustação de contratos, exigibilidade judicial das multas aplicadas e dos débitos reconhecidos pelo Tribunal de Contas, além de normas relativas às prestações de contas da própria Corte:

> Art. 71. (...)
>
> (...)
>
> § 1º – No caso de contrato, o ato de sustação será adotado diretamente pelo Congresso Nacional, que solicitará, de imediato, ao Poder Executivo as medidas cabíveis.
>
> § 2º – Se o Congresso Nacional ou o Poder Executivo, no prazo de noventa dias, não efetivar as medidas previstas no parágrafo anterior, o Tribunal decidirá a respeito.
>
> § 3º – As decisões do Tribunal de que resulte imputação de débito ou multa terão eficácia de título executivo.
>
> § 4º – O Tribunal encaminhará ao Congresso Nacional, trimestral e anualmente, relatório de suas atividades.

Gabarito de concurso público
As decisões do Tribunal de Contas de que resulte imputação de multa têm eficácia de título executivo. (Procurador do Estado/PE – 2004 – FCC)

A Lei de Responsabilidade Fiscal, ao regulamentar a matéria, deixou expresso que compete ao controle interno e externo fiscalizar o cumprimento de suas normas, com ênfase a (art. 59 da LRF):

✓ atingimento das metas estabelecidas na lei de diretrizes orçamentárias;

✓ limites e condições para realização de operações de crédito e inscrição em Restos a Pagar;

✓ medidas adotadas para o retorno da despesa total com pessoal ao respectivo limite, nos termos dos arts. 22 e 23 da LRF;

✓ providências tomadas, conforme o disposto no art. 31 da LRF, para recondução dos montantes das dívidas consolidada e mobiliária aos respectivos limites;

✓ destinação de recursos obtidos com a alienação de ativos, tendo em vista as restrições constitucionais e as da LRF;

✓ cumprimento do limite de gastos totais dos legislativos municipais, quando houver.

Gabarito de concurso público
A fiscalização do cumprimento das normas da LRF será efetivada pelo Poder Legislativo, diretamente ou com o auxílio dos Tribunais de Contas, pelo sistema de controle interno de cada Poder e pelo Ministério Público. (Ministério Público/MG - 2008)

Os parágrafos do art. 59 da LRF trazem normas específicas atinentes às competências dos Tribunais de Contas:

> Art. 59. O Poder Legislativo, diretamente ou com o auxílio dos Tribunais de Contas, e o sistema de controle interno de cada Poder e do Ministério Público, fiscalizarão o cumprimento das normas desta Lei Complementar, com ênfase no que se refere a:
>
> (...)
>
> § 1º Os Tribunais de Contas alertarão os Poderes ou órgãos referidos no art. 20 quando constatarem:
>
> I – a possibilidade de ocorrência das situações previstas no inciso II do art. 4º e no art. 9º;
>
> II – que o montante da despesa total com pessoal ultrapassou 90% (noventa por cento) do limite;
>
> III – que os montantes das dívidas consolidada e mobiliária, das operações de crédito e da concessão de garantia se encontram acima de 90% (noventa por cento) dos respectivos limites;
>
> IV – que os gastos com inativos e pensionistas se encontram acima do limite definido em lei;

V – fatos que comprometam os custos ou os resultados dos programas ou indícios de irregularidades na gestão orçamentária.

§ 2º Compete ainda aos Tribunais de Contas verificar os cálculos dos limites da despesa total com pessoal de cada Poder e órgão referido no art. 20.

§ 3º O Tribunal de Contas da União acompanhará o cumprimento do disposto nos §§ 2º, 3º e 4º do art. 39.

Finalmente, é interessante lembrar que Tribunal de Contas da União tem competência para efetuar os cálculos das quotas referentes aos Fundos de Participação dos Estados e do Distrito Federal e dos Municípios (art. 161, parágrafo único, da CF).

10. TRANSPARÊNCIA

A transparência na gestão fiscal decorre do princípio da publicidade dos atos administrativos e permite o controle exercido não apenas no âmbito do governo (controle interno e externo), mas também pela população em geral.

Para haver efetiva transparência, é preciso, além de permitir o acesso de todos às informações relativas à legislação financeira e à execução orçamentária, facilitar a compreensão desses dados, por meio de relatórios padronizados e claros.

Nos termos do art. 48 da LRF, são instrumentos de transparência da gestão fiscal, aos quais será dada ampla divulgação, inclusive em meios eletrônicos de acesso público: os planos, orçamentos e leis de diretrizes orçamentárias; as prestações de contas e o respectivo parecer prévio; o Relatório Resumido da Execução Orçamentária e o Relatório de Gestão Fiscal; e as versões simplificadas desses documentos.

Ademais, a transparência deve ser assegurada também mediante (art. 48, parágrafo único, da LRF):

✓ incentivo à participação popular e realização de audiências públicas, durante os processos de elaboração e discussão dos planos, lei de diretrizes orçamentárias e orçamentos;

✓ liberação ao pleno conhecimento e acompanhamento da sociedade, em tempo real, de informações pormenorizadas sobre a execução orçamentária e financeira, em meios eletrônicos de acesso público;

✓ adoção de sistema integrado de administração financeira e controle, que atenda ao padrão mínimo de qualidade estabelecido pelo Poder Executivo da União e ao disposto no art. 48-A da LRF.

Note que o art. 48, parágrafo único, II, da LRF, incluído pela LC 131/2009, refere-se à disponibilização de informações em *tempo real* por meio eletrônico, o que se significa acesso via *internet*.

Nesse sentido, o art. 48-A (também incluído pela LC 131/2009) indica que os dados relativos à despesa devem ser oferecidos no momento de sua realização.

Esse dispositivo é muito importante, pois deixa claro que as informações relativas à execução orçamentária devem ser disponibilizadas para qualquer pessoa física ou jurídica, relativamente às despesas e receitas, especificamente (art. 48-A, incisos I e II, da LRF):

✓ quanto à despesa: todos os atos praticados pelas unidades gestoras no decorrer da execução da despesa, no momento de sua realização, com a disponibilização mínima dos dados referentes ao número do correspondente processo, ao bem fornecido ou ao serviço prestado, à pessoa física ou jurídica beneficiária do pagamento e, quando for o caso, ao procedimento licitatório realizado;

✓ quanto à receita: o lançamento e o recebimento de toda a receita das unidades gestoras, inclusive referente a recursos extraordinários.

As contas apresentadas pelo chefe do Executivo devem ficar disponíveis durante todo o exercício no respectivo Poder Legislativo e no órgão técnico responsável pela sua elaboração para consulta e apreciação pelos cidadãos e instituições da sociedade (art. 49 da LRF).

Gabarito de concurso público
São instrumentos de transparência da gestão fiscal: os planos, orçamentos e leis de diretrizes orçamentárias; as prestações de contas e o respectivo parecer prévio; o Relatório Resumido da Execução Orçamentária e o Relatório de Gestão Fiscal; e as versões simplificadas desses documentos. Aos instrumentos de gestão fiscal devem ser dadas ampla divulgação, inclusive em meios eletrônicos de acesso público. A transparência será assegurada também mediante liberação ao pleno conhecimento e acompanhamento da sociedade, em tempo real, de informações pormenorizadas sobre a execução orçamentária e financeira, em meios eletrônicos de acesso público. Para os fins a que se refere o incido II do parágrafo único do art. 48 da LRF, os entes da Federação disponibilizarão a qualquer pessoa física ou jurídica o acesso a informações referentes ao lançamento e ao recebimento de toda a receita das unidades gestoras, inclusive referente a recursos extraordinários. (Consultor – Senado – 2012 – FGV)

Essa importante diretriz de transparência foi reforçada pela Lei de Acesso à Informação (Lei 12.527/2011), com diversos dispositivos aplicáveis diretamente às informações sobre a gestão fiscal.

A seguir, indicamos os principais relatórios e prestações de contas atinentes à gestão fiscal:

Principais relatórios e prestações de contas			
Relatório	**Descrição**	**Dispositivo**	**Prazo para apresentação**
Arrecadação de tributos (mensal)	– Os entes políticos divulgarão os montantes de cada um dos tributos arrecadados, os recursos recebidos, os valores de origem tributária entregues e a entregar (relativos a transferências constitucionais) e a expressão numérica dos critérios de rateio.	Art. 162 da CF	– último dia do mês subsequente ao da arrecadação.
Relatório resumido da execução orçamentária (bimestral)	– O Poder Executivo publicará relatório resumido da execução orçamentária.	Art. 165, § 3º, da CF Arts. 52 e 53 da LRF	– publicado até 30 dias após o encerramento de cada bimestre.
Relatório de Gestão Fiscal (quadrimestral)	– Conterá comparativo com os limites fixados pela LRF de (i) despesa com pessoal, (ii) dívida consolidada e mobiliária, (iii) concessão de garantias e (iv) operações de crédito; – indicação das medidas corretivas, caso ultrapassados os limites. – no último quadrimestre do ano, dados referentes à disponibilidade de caixa no último dia do exercício e quanto a inscrição em Restos a Pagar.	Arts. 54 e 55 da LRF	– publicado até 30 dias após o encerramento do período correspondente, com ampla divulgação.
Demonstração e avaliação do cumprimento das metas fiscais (quadrimestral)	– O Poder Executivo demonstrará e avaliará o cumprimento das metas fiscais de cada quadrimestre, em audiência pública na comissão de orçamento e finanças prevista no art. 166, § 1º, da CF.	Art. 9º, § 4º, da LRF	– audiência pública na comissão de finanças da casa legislativa até o final dos meses de maio, setembro e fevereiro.
Prestação de contas e balanço anual	– A prestação de contas evidenciará o desempenho da arrecadação em relação à previsão, destacando as providências adotadas no âmbito da fiscalização das receitas e combate à sonegação, as ações de recuperação de créditos nas instâncias administrativa e judicial, bem como as demais medidas para incremento das receitas tributárias e de contribuições; – As contas prestadas pelos Chefes do Poder Executivo incluirão, além das suas próprias, as dos Presidentes dos órgãos dos Poderes Legislativo e Judiciário e do Chefe do Ministério Público, as quais receberão parecer prévio, separadamente, do respectivo Tribunal de Contas.	Art. 84, XXIV, da CF Arts. 56 a 58 da LRF	– encaminhada ao Tribunal de Contas dentro de 60 dias após a abertura da sessão legislativa; – Tribunal de Contas terá 60 dias do recebimento para elaborar parecer prévio conclusivo para a apreciação pelo Congresso (ver exceções art. 57 da LRF).[5]
Consolidação Nacional das contas públicas	– Consolidação nacional e por esfera de governo, feita pelo Executivo da União, das contas dos entes da Federação relativas ao exercício anterior, e a sua divulgação, inclusive por meio eletrônico de acesso público; – O descumprimento dos prazos previstos para a apresentação das contas pela LRF impedirá, até que a situação seja regularizada, que o ente da Federação receba transferências voluntárias e contrate operações de crédito, exceto as destinadas ao refinanciamento do principal atualizado da dívida mobiliária.	Art. 51 da LRF	– Municípios encaminham à União até 30 de abril, com cópia ao Estado; – Estados enviam à União até 31 de maio; – União consolida nacionalmente até 30 de junho.

5. Ver ADI 2.238/DF.

Gabarito de concurso público
Relatório resumido da execução orçamentária deve ser publicado pelo Poder Executivo federal no prazo máximo de trinta dias após o encerramento de cada bimestre. (Magistratura Federal-5ª Região – 2011)
Compete ao Poder Executivo publicar o relatório resumido da execução orçamentária no prazo de até trinta dias após o encerramento de cada bimestre. (Procurador de Contas TCE/ES – CESPE – 2009)

11. ESTRUTURA DA LEI DE RESPONSABILIDADE FISCAL – LRF

Analisamos ao longo desse nosso estudo os principais dispositivos da LRF, cujo conhecimento é indispensável para a compreensão do Direito Financeiro e das normas atinentes à Administração Financeira e Orçamentária.

Além disso, o estudante que pretende alcançar um nível alto de preparação para concursos deve se habituar a navegar pela LC 101/2000 e conhecer normas mais específicas que, embora não com tanta frequência, também aparecem em exames.

Para isso, oferecemos mais adiante uma tabela, indicando a estrutura da LRF e os principais aspectos a serem observados no estudo dessa importante lei.

Antes disso, é importantíssimo termos clara a abrangência da Lei de Responsabilidade fiscal e alguns conceitos essenciais.

O art. 1º, § 1º, da LRF define os pressupostos da responsabilidade na gestão fiscal:

> Art. 1º, § 1º. A responsabilidade na gestão fiscal pressupõe a ação planejada e transparente, em que se previnem riscos e corrigem desvios capazes de afetar o equilíbrio das contas públicas, mediante o cumprimento de metas de resultados entre receitas e despesas e a obediência a limites e condições no que tange a renúncia de receita, geração de despesas com pessoal, da seguridade social e outras, dívidas consolidada e mobiliária, operações de crédito, inclusive por antecipação de receita, concessão de garantia e inscrição em Restos a Pagar.

O art. 1º, § 3º, da LRF dispõe que, ao se referir à União, aos Estados, ao Distrito Federal e aos Municípios, o legislador está indicando não apenas os três Poderes, os Tribunais de Contas e o Ministério Público, mas também fundos, autarquias, fundações e empresas estatais dependentes.

O conceito de empresa estatal dependente, sujeita à LRF, é também muito importante e dado pelo art. 2º, III, da LRF, qual seja a empresa controlada que receba do ente controlador recursos financeiros para pagamento de despesas com pessoal ou de custeio em geral ou de capital, excluídos, no último caso, aqueles provenientes de aumento de participação acionária.

Empresa controlada, por sua vez, é a sociedade cuja maioria do capital social com direito a voto pertença, direta ou indiretamente, a ente da Federação (art. 2º, II, da LRF).

Vejamos, agora, a estrutura da LRF:

Estrutura da LRF	
Capítulo I **Disposições Preliminares**	Traz as definições gerais e indica a abrangência subjetiva (a quem se aplica) e objetiva (a que se aplica) da LRF
Capítulo II **Planejamento**	Indica as normas relativas à LDO e à LOA, além da execução orçamentária e cumprimento de metas; O dispositivo relativo ao PPA foi vetado (art. 3º)
Capítulo III **Receita Pública**	Impõe a previsão e efetiva arrecadação de todos os tributos como requisito essencial para a responsabilidade fiscal; Fixa regras para a renúncia de receita
Capítulo IV **Despesa Pública**	Dispõe sobre os requisitos para a criação e majoração das despesas, especialmente para as obrigatórias de caráter continuado; Trata especificamente da despesa com pessoal, limites, controle e recondução da despesa aos patamares legais; Cuida também das despesas com seguridade social
Capítulo V **Transferências Voluntárias**	Regula as transferências de recursos decorrentes de convênios e acordos, ou seja, não decorrentes de imposição constitucional, legal ou destinados ao Sistema Único de Saúde
Capítulo VI **Destinação de Recursos Públicos para o Setor Privado**	Trata do importante tema das subvenções, empréstimos e financiamentos ao setor privado realizados com recursos públicos; Devem ser autorizados por lei específica, atender às condições da LDO e estar previstos na LOA ou em créditos adicionais
Capítulo VII **Dívida e Endividamento**	Cuida dos requisitos para operações de crédito, garantias e contragarantias, restos a pagar, vedações, limites, controle e recondução aos limites

Capítulo VIII **Gestão Patrimonial**	Normas atinentes à manutenção das disponibilidades de caixa e à preservação do patrimônio público; Trata também da empresa controlada que firma contrato de gestão com o poder público
Capítulo IX **Transparência, Controle e Fiscalização**	Traz as normas básicas relativas à transparência e à disponibilização de dados relativos à gestão fiscal a qualquer interessado, em tempo real, por meio da *internet*; Cuida também de relatórios e prestação de contas; Trata do controle interno e externo
Capítulo X **Disposições Finais e Transitórias**	Traz normas específicas, como competência dos Estados e Municípios para fixar limites inferiores para as dívidas, operações de crédito e prestação de garantias; Cuida também de prazos para implementação de medidas relacionadas à transparência

3. LEI 8.112/1990

REGIME JURÍDICO DOS SERVIDORES PÚBLICOS CIVIS FEDERAIS

Wander Garcia

1. DISPOSIÇÕES PRELIMINARES

A Lei 8.112/1990 regulamenta o regime jurídico dos **servidores** públicos **civis** da União, das autarquias, inclusive as em regime especial, e das fundações públicas federais (art. 1º).

Nesse sentido, essa lei somente regula aqueles que são servidores, definidos pela Lei 8.112/1990 como aqueles aquelas pessoas legalmente investidas em **cargo público** (art. 2º), que é o conjunto de atribuições e responsabilidades previstas na estrutura organizacional que devem ser cometidas a um servidor (art. 3º), podendo se tratar tanto de cargo efetivo, como de cargo em comissão.

Assim, temos que para que alguém seja regido pela Lei 8.112/1990, há três requisitos:

a) deve se tratar de **servidor público**, ou seja, de alguém que está investido em *cargo público* (efetivo ou em comissão), o que não é o caso daqueles que tem mero *emprego público*, por exemplo;

b) deve se tratar de servidor público **civil**, ou seja, a Lei 8.112/1990 não regulamente o regime jurídico dos militares, regime esse que está previsto na Lei 6.880/1980;

c) deve ser tratar de servidor público civil das **pessoas jurídicas de direito público federais**, ou seja, da União, das autarquias, inclusive as em regime especial, e das fundações públicas federais, o que não é o caso, por exemplo, de alguém que trabalhe numa empresa estatal (ex: Petrobrás), pois, as empresas estatais são pessoas jurídicas de direito privado; ademais, servidores de outras esferas (municipal, distrital e estadual) também não são regidos pela Lei 8.112/1990, mas sim pela lei local que estabelecer o seu regime jurídico, aplicando-se a Lei 8.112/1990 apenas supletivamente, ou seja, quando efetivamente houver uma lacuna na lei local.

Segundo o parágrafo único do art. 3º da Lei 8.112/1990, "os cargos públicos, acessíveis a todos os brasileiros, são criados por lei, com denominação própria e vencimento pago pelos cofres públicos, para provimento em caráter efetivo ou em comissão", sendo vedada "a prestação de serviços gratuitos, salvo os casos previstos em lei" (art. 4º).

Assim, importa ressaltar três características dos cargos públicos:

a) são **criados por lei**, ou seja, não podem ser criados por decretos, portarias ou outros atos de hierarquia inferior à lei;

b) são **acessíveis a todos os brasileiros**, regra que repete do texto constitucional, que acrescenta que os brasileiros tem essa acessibilidade, mas desde que preencham os requisitos estabelecidos em lei e, quanto aos estrangeiros, também podem ingressar no serviço, mas apenas na forma da lei; ou seja, brasileiros tem acessibilidade imediata, não sendo necessário lei para que estejam autorizados a trabalhar no serviço público, mas leis podem trazer requisitos sobre essa acessibilidade (norma de eficácia contida ou restringível), como aliás faz a Lei 8.112/1990, que exige, por exemplo, idade mínima de 18 anos para investidura em cargo público (art. 5º, V); já os estrangeiros, não tem acessibilidade imediata ao serviço público, sendo necessário que haja uma lei autorizando (norma de eficácia limitada), lei essa que ainda não existe em se tratando de contratação para **cargos públicos**, prevalecendo ainda o art. 243,§ 6º, da Lei 8.112/1990, para o qual "os empregos dos servidores estrangeiros com estabilidade no serviço público, enquanto não adquirirem a nacionalidade brasileira, passarão a integrar tabela em extinção";

c) são **necessariamente remunerados**, não havendo que se falar em cargo público exercido sem remuneração, sendo vedada a prestação de serviços gratuitos, salvo nos casos previstos em lei;

d) podem ser **efetivos ou em comissão**, lembrando que os cargos efetivos dependem de concurso público e admitem o instituto da estabilidade, ao passo que os cargos em comissão são providos sem concurso público e sem motivação, uma parte por pessoas que necessariamente são já servidores públicos efetivos (a lei fixará esse percentual quando criar todo e qualquer cargo público) e outra parte por pessoas advindas de fora da Administração, sendo que os servidores com cargo em comissão não podem adquirir a estabilidade, podendo ser exonerados a qualquer momento, independentemente de motivação; ressalte-se, todavia, que, apesar das diferenças, tanto os servidores com cargo efetivo, como os servidores com cargo em comissão são regidos pela Lei 8.112/1990, não se aplicando a estes apenas as disposições incompatíveis com a sua característica de transitoriedade, como é o caso do instituto da estabilidade, previsto nos arts. 21 e 22 da Lei 8.112/1990.

2. PROVIMENTO, VACÂNCIA, REMOÇÃO, REDISTRIBUIÇÃO E SUBSTITUIÇÃO

2.1. Provimento

2.1.1. Aspectos gerais

Provimento quer dizer **designação** de alguém para titularizar cargo público. Há várias espécies de provimento, mas tudo começa com a nomeação, provimento originário.

Não se deve confundir o provimento (que é a designação), com a posse (aceitação do cargo, que vem após o provimento de nomeação – art. 7º), com a entrada em exercício, que é o início dos trabalhos. Se alguém for provido (designado), não quer dizer que já detém o cargo, pois é necessário ainda que aceite esse cargo (aceitação essa que tem o nome de posse, no caso do provimento originário denominado nomeação). Já se alguém for provido e aceitar o provimento, não quer dizer que já receberá os vencimentos em virtude do cargo respectivo, pois é necessário ainda que entre em exercício, ou seja, que comece a trabalhar, para que possa receber.

Quanto aos **requisitos básicos** para investidura em um cargo público temos os seguintes (art. 5º):

I - a nacionalidade brasileira;

II - o gozo dos direitos políticos;

III - a quitação com as obrigações militares e eleitorais;

IV - o nível de escolaridade exigido para o exercício do cargo;

V - a idade mínima de dezoito anos;

VI - aptidão física e mental.

Esses são apenas os requisitos básicos, podendo a lei, de acordo com as atribuições do cargo, e desde que haja justificativa plausível e pertinente, exigir outros **requisitos específicos**.

Repare que somente a lei pode estabelecer exigir esses requisitos adicionais. Assim, não é possível que um edital preveja um requisito para a investidura num cargo público que não esteja previsto como requisito básico na Lei 8.112/1990 ou como requisito específico numa outra lei.

Até mesmo a exigência de exame psicotécnico em concurso público depende de lei expressamente o prevendo, não estando esse exame previsto como requisito básico de investidura em cargo público na Lei 8.112/1990, apesar de haver leis exigindo esse exame em determinados concursos federais.

Sobre os requisitos para investidura em cargo público a jurisprudência atual vem exigindo o seguinte:

a) que estejam **previstos em lei** (art. 37, I, da CF); decretos, resoluções e outros instrumentos não são suficientes para inserir no edital a previsão de exame psicotécnico; deve ser lei em sentido formal (STF, AI 529.219 Agr, DJ 26.03.2010);

b) que sejam **objetivos**, **científicos** e **pertinentes**, sob pena de violação ao princípio da isonomia (art. 5º, *caput*, da CF);

c) que sejam passíveis de **recurso** e **impugnação**, sob pena de violação aos princípios do contraditório e da ampla defesa; *vide*, por exemplo, o REsp 1.046.586 (STJ).

No mais, há interessante súmula do STJ, que trata do momento em que se pode exigir comprovação de requisito relacionado ao exercício do cargo: "o diploma ou habilitação legal para o exercício do cargo deve ser exigido na posse e não na inscrição para o concurso público" (Súmula 266).

Ainda em relação a acessibilidade a cargos em empregos públicos, há também a questão das pessoas com deficiência. De acordo com o art. 5º, § 2º, da Lei 8.112/1990, assegura-se às pessoas com essa características o direito de se inscrever em concurso público para provimento de cargo cujas atribuições sejam compatíveis com a deficiência, reservando-se <u>até</u> 20% das vagas oferecidas no concurso. O dispositivo cumpre o disposto no art. 37, VIII, da CF, pelo qual *"a lei reservará percentual dos cargos e empregos públicos para as pessoas portadoras de deficiência e definirá os critérios para a sua admissão"*.

Repare que, segundo a Lei 8.112/1990, não é necessário reservar exatamente 20% das vagas, mas sim até 20%.

Alguns anos depois da entrada em vigor da Lei 8.112/1990 foi editado o Decreto 3.298/1999, que dispõe sobre a Política Nacional para Integração da Pessoa Portadora de Deficiência (hoje a expressão correta é Pessoa com Deficiência). Esse Decreto estabelece que o candidato com deficiência concorrerá a todas as vagas, sendo reservado o percentual mínimo de 5% em face da classificação obtida. Caso a aplicação do percentual mencionado resulte em número fracionado, este será elevado até o primeiro número inteiro subsequente. Por exemplo, em caso de haver 103 vagas no edital de um concurso, 5% disso resultaria em 5,15 vagas reservadas para pessoas com deficiência. Todavia, considerando o número inteiro subsequente, ter-se-ia, nesse concurso reserva de 6 vagas para essas pessoas.

Caso, na reserva de vagas, chegue-se a um número de vagas inferior a 1 (ex: havendo 10 vagas no edital, estaria reservada a fração de 0,6 vaga para as pessoas com deficiência), de rigor reconhecer que o número de vagas reservadas é de 1 (uma), para que a norma tenha sua máxima efetividade, na esteira, inclusive, do que definiu o STF nos REs 227.299 e 606.728-AgR.

Outro debate importante diz respeito ao significado da expressão "reserva de vagas". Sobre o STF já pacificou seu entendimento no sentido de que nessa reserva de vagas para pessoas com deficiências, estes só concorrem entre si pelas vagas reservadas, no que se convencionou chamara de concorrência específica entre as pessoas com deficiência (RMS 25.666, DJ 04.12.2009). No entanto, tais pessoas estão sujeitas ao atendimento dos requisitos mínimos para a aprovação, como nota mínima (mas previamente estabelecida e não decorrente de conta feita com as notas tiradas pelas pessoas que não são deficientes), mesma prova dos demais candidatos e cumprimento dos demais requisitos editalícios.

Quanto ao responsável pelo provimento dos cargos públicos far-se-á mediante ato da autoridade competente de cada Poder (art. 6º), ou do Presidente ou Procurador-Geral, quando se tratar do Tribunal de Contas e do Ministério Público, respectivamente. Pode, em qualquer caso, haver delegação dessa competência.

Segundo o art. 8º, são **formas de provimento** de cargo público as seguintes:

I - nomeação;

II - promoção;

III - readaptação;

IV - reversão;

V - aproveitamento;

VI - reintegração;

VII - recondução.

A ascensão e a transferência estavam nesse rol de formas de provimento, mas a Lei 9.527/1997 revogou a Lei 8.112/1990 nesse ponto e tais instituto agora não mais estão previsto na lei. Havia muita polêmica em torno da constitucionalidade deles. No caso da transferência por exemplo, ela permitia que um servidor estável passasse de um cargo efetivo num determinado quadro da Administração, para outro cargo efetivo de igual denominação em outro quadro da Administração. Por exemplo, um servidor do Ministério da Educação poderia lograr transferir o seu cargo para o INSS. Porém, há um concurso público para cada uma dos dois cargos e, em conseguindo essa transferência, haveria uma violação ao princípio do concursos, pois muitas vez, por meio de um concurso mais fácil e com outras disciplinas, um servidor poderia conseguir uma vaga num concurso mais difícil e com cobrança de outras matérias.

Vejamos agora as sete formas de provimento prevista na Lei 8.112/1990.

2.1.2. Nomeação

A nomeação, provimento originário, far-se-á, segundo o art. 9º da Lei 8.112, em **duas categorias** de cargos:

I - em caráter efetivo, quando se tratar de cargo isolado de provimento efetivo ou de carreira; ou

II - em comissão, inclusive na condição de interino, para cargos de confiança vagos.

Quanto ao **cargo em comissão**, conforme já mencionado, é provido por servidores de carreira nos percentuais mínimos previstos em lei, mas também pode ser provido por pessoas que sequer já trabalharam alguma vez na Administração. Uma questão importante é possível que um cargo em comissão venha a ser exercido de forma interina por servidor já ocupante de cargo em comissão ou de natureza especial na Administração. A Lei 8.112/1990 admite essa possibilidade (art. 9º, parágrafo único), sem prejuízo das atribuições do que atualmente ocupa, hipótese em que deverá optar pela remuneração de um deles durante o período da interinidade.

Quanto ao **cargo efetivo**, seja ele isolado (aquele em que o servidor entra num cargo e até o final de sua vida funcional permanece nele, não havendo promoção, pois o cargo é único e não há uma carreira), seja ele em carreira (aquele em que o servidor entra num cargo, mas aquela carreira tem mais de um grau de cargo, admitindo promoções para cargos superiores na mesma carreira), a nomeação respectivas depende de prévia habilitação em concurso público (art. 10).

O **concurso público** será de provas ou de provas e títulos, e pode ser realizado em duas etapas, nos termos da lei e do regulamento plano de carreira respectivo. A inscrição do candidato é condicionada ao pagamento do valor fixado no edital, quando indispensável ao seu custeio, e ressalvadas as hipóteses de isenção nele expressamente previstas (art. 11).

Segundo o Decreto 6.593/2008, o editais dos concursos federais deverão prever a possibilidade de isenção de taxa de inscrição para os candidatos que: a) estiver inscrito no Cadastro Único para Programas Sociais do Governo Federal – CadÚnico, de que trata o Decreto 6.135/2007; b) for membro de família de baixa renda, nos termos do mesmo Decreto 6.315/2007. A isenção se efetivará mediante requerimento do candidato, no prazo previsto no edital, contendo ou o número do CadÚnico ou a declaração de que atende à condição de membro de família de baixa renda, declaração feita sob as penas da lei. Considera-se família de baixa renda a que tem renda familiar mensal per capita de até meio salário mínimo ou que possua renda familiar mensal de até três salários mínimos (art. 4º, II, do Decreto 6.315/2007).

O concurso público pode ter validade de <u>até</u> 2 (dois) anos, podendo ser prorrogado uma única vez, por igual período (art. 12). Assim, caso o edital preveja que o concurso terá validade de 6 meses (lembrando que o prazo de validade do concurso e suas condições tem estar fixados no edital, que deve ser publicado no Diário Oficial da União e em jornal diário de grande circulação), é possível que, após homologado o concurso e decorridos 6 meses a Administração promova a sua prorrogação por apenas mais 6 meses (igual período), sendo que a Administração não é obrigada a prorrogar o concurso, havendo discricionariedade para fazê-lo ou não.

Não se abrirá novo concurso enquanto houver candidato aprovado em concurso anterior com prazo de validade não expirado. No entanto, caso um novo concurso venha a ser aberto havendo ainda candidatos aprovados em concurso anterior ainda com prazo de validade em curso, os aprovados do primeiro concurso tem preferência na nomeação em relação aos candidatos do novo concurso.

Há alguns anos STF e o STJ passaram a entender também que o candidato aprovado em concurso tem *direito* de ser nomeado *no limite das vagas previstas no respectivo edital* (descontadas as desistências), uma vez que a Administração, ao estabelecer o número de vagas, *vincula-se* a essa escolha e cria expectativa nos candidatos, impondo-se as nomeações respectivas, em respeito aos princípios da *boa-fé, razoabilidade, isonomia* e *segurança jurídica*.

É bom consignar que o STF até admite que a Administração deixe de nomear os aprovados no limite das vagas do edital se houver ato *motivado* demonstrando a existência de fato novo que torne inviável a nomeação. Tal ato, todavia, poderá ser controlado pelo Judiciário (RE 227.480, DJ 21.08.2009). De qualquer forma, na prática, será muito difícil que a Administração consiga justificar a existência de motivo que inviabiliza as nomeações, pois somente razões *pertinentes, novas, imprevisíveis* e *justificadas antes da impugnação de candidatos* à ausência de sua nomeação atendem ao princípio da *adequada motivação*.

Uma vez exarado o provimento de nomeação, passa-se às etapas seguintes de posse e entrada em exercício. A posse não é necessária para os provimentos que se derem após a nomeação, como a promoção (art. 13, § 4º).

Quanto à **posse**, ela se efetiva assinatura de um termo ("termo de posse"), documento do qual devem constar as atribuições, os deveres, as responsabilidades e os direitos inerentes ao cargo ocupado (art. 13, *caput*). O servidor adere a esse documento, que não pode ser alterado unilateralmente, por qualquer das partes, ressalvados os atos de ofício previstos em lei.

O **prazo** para a posse é de 30 (trinta) dias contados, da publicação do ato de provimento, no caso, da publicação da nomeação no Diário Oficial. Caso o servidor esteja, na data de publicação do ato de provimento, em licença prevista nos incisos I, III e V do art. 81, ou afastado nas hipóteses dos incisos I, IV, VI, VIII, alíneas "a", "b", "d", "e" e "f", IX e X do art. 102, o prazo será contado do término do impedimento.

A Lei 8.112/1990 admite a posse de alguém pela presença de terceiro que o presente, mas desde que tal se dê mediante **procuração específica**. Ou seja, não basta uma procuração geral para a prática de atos, sendo necessário que se trate de uma procuração com poderes específicos para a aceitação de um cargo público determinado.

Para que se controle a evolução patrimonial de quem ingressa no serviço público federal, o servidor nomeado, no ato da posse, apresentará declaração de bens e valores que constituem seu patrimônio.

Para que se evite a acumulação indevida de cargos público, o servidor nomeado, também no ato da posse, apresentará declaração quanto ao exercício ou não de outro cargo, emprego ou função pública.

A posse também pressupõe a prévia inspeção médica oficial (art. 14), que terá por objetivo averiguar se o empossado é apto física e mentalmente para o exercício do cargo. Caso não se constate tais atributos, não haverá posse e o provimento será tornado sem efeito. Importante ressaltar que não se considera inapto para o exercício do cargo uma pessoa com deficiência, só por esse motivo. Se o edital não estabelecia alguma restrição absolutamente pertinente nesse sentido (por exemplo, impedir que uma pessoa sem pernas e braços participe de um concurso para salva-vidas), não será nessa hora que a Administração poderá impedir que uma pessoa com deficiente venha a ingressar no serviço. Nesse sentido, é até curioso, para não dizer uma absurdo jurídico, que, nessa fase algumas inspeções médicas, alegando mesmo pequenos problemas nas vistas de alguém, peritos médicos queiram impedir a posse de pessoas nessa condição. Da mesma forma, alguém aprovado em concurso que toma possa em perfeitas condições e que, depois de já estar investido venha a ter alguma inaptidão para o trabalho, não terá sua nomeação tornada sem efeito, mas sim terá direito a aplicação de institutos como readaptação e até aposentadoria por invalidez.

É importante deixar claro que, caso a posse não se dê no prazo previsto na lei, não é caso de exoneração do nomeado, vez que esse não chegou a se investir no cargo público, mas de simplesmente tornar sem efeito o ato de provimento (art. 13, § 6º), passando para a nomeação do próximo classificado no caso de nomeações para cargos efetivos.

Após a posse, passa à **entrada em exercício**. Segundo o art. 15, o exercício é o efetivo desempenho das atribuições do cargo público ou da função de confiança, sendo que o prazo para tal entrada em exercício é de 15 (quinze) dias, contados da data da posse. Compete à autoridade competente do órgão ou entidade para onde for nomeado ou designado o servidor dar-lhe exercício.

Aqui, caso o servidor empossado não venha a entrar em exercício, o caso não é de tornar sem efeito a nomeação, mas de exonerar o servidor do cargo, já que se está diante de alguém que já ingressou no serviço público (o que se deu no ato da posse, em que ocorre o fenômeno da investidura), sendo necessário proceder à exoneração do servidor.

Caso diferente é o daquele designado para ter exercício em **função de confiança**. Nesse caso, tem-se um servidor que já tem um cargo na Administração e que apenas recebeu a oportunidade de atuar transitoriamente numa função de confiança (função destinada a chefias, direções a assessoramentos, acessíveis somente a servidores ocupantes de cargo efetivo, nos termos do art. 37, V, da CF). Nesse caso o **início do exercício** da função coincidirá com a data de publicação do ato de designação (não é necessário posse, nem prazo para entrada em exercício), salvo quando o servidor estiver em licença ou afastado por qualquer outro motivo legal, hipótese em que recairá no primeiro dia útil após o término do impedimento, que não poderá exceder a trinta dias da publicação. Caso o servidor não venha, na prática a entrar em exercício, assumindo efetivamente a função de confiança, a lei determina que se tornar sem efeito o ato de sua designação para função de confiança, não sendo correto exonerar esse servidor caso não assuma esse plus na carreira dele, mas, conforme dito, simplesmente tornar sem efeito o ato, permanecendo o servidor no cargo efetivo que já detém naquela Administração.

Tratando-se de servidor que deva ter **exercício em outro município**, por motivo de remoção, redistribuição, requisição, cessão ou posto em exercício provisório, terá, no mínimo, 10 (dez) e, no máximo, 30 (trinta) dias de prazo, contados da publicação do ato, para a retomada do efetivo desempenho das atribuições do cargo, incluído nesse prazo o tempo necessário para o deslocamento para a nova sede, sendo que, na hipótese de o servidor encontrar-se em licença ou afastado legalmente, o prazo a que se refere este artigo será contado a partir do término do impedimento (art. 18). Vale ressaltar que o servidor pode declinar desses prazos, retomando imediatamente o efetivo desempenho das suas atribuições.

Segundo o art. 16, "o início, a suspensão, a interrupção e o reinício do exercício serão registrados no assentamento individual do servidor", que, ao entrar em exercício, "apresentará ao órgão competente os elementos necessários ao seu assentamento individual".

No que se refere à **jornada de trabalho** dos servidores, esta será fixada em razão das atribuições pertinentes aos respectivos cargos, mas respeitada a duração máxima do trabalho semanal de 40 (quarenta) horas e observados os limites mínimo e máximo de 6 (seis) horas e 8 (oito) horas diárias, respectivamente, ressalvado o disposto em sentido contrário sobre a duração do trabalho em leis especiais.

Quanto aos servidores que trabalham em regime de escala de 24 horas de trabalho por 72 horas de descanso, e que, assim, estariam descumprindo a regra que limita o trabalho a 8 horas diárias, a jurisprudência entende o seguinte: a) que não há ilegalidade nisso, pois decorre da próprio tipo de regime de trabalho; b) que só haverá direito a horas extras nesse tipo de caso, se o servidor cumprir mais do que 200 horas semanais; isso porque se pegarmos 40 horas semanais e dividirmos por 6 dias úteis por semana, e depois multiplicarmos esse resultado por 30 (total de dias do mês), chegaremos a 200 horas mensais, ao passo que o servidor que trabalhar no regime de escala, em regra trabalha no máximo 168 horas mensais, de modo que só haverá horas extras se trabalhar bem mais do que isso, superando as 200 horas (STJ, REsp 1.019.492/RS).

Vale ressaltar que o ocupante de cargo em comissão ou função de confiança submete-se a regime de integral dedicação ao serviço, podendo ser convocado sempre que houver interesse da Administração. Essa exclusividade encontra exceção no art. 120 da Lei 8.112/1990, pelo qual, "o servidor vinculado ao regime desta Lei, que acumular licitamente dois cargos efetivos, quando investido em cargo de provimento em comissão, ficará afastado de ambos os cargos efetivos, salvo na hipótese em que houver compatibilidade de horário e local com o exercício de um deles, declarada pelas autoridades máximas dos órgãos ou entidades envolvidos"

Outro tema importância para o servidor detento de cargo efetivo é o do **estágio probatório.** Segundo o art. 20, o servidor ficará sujeito a esse estágio para que se avalie no período a sua aptidão e capacidade a fim de verificar se pode ou não adquirir a estabilidade, observados os seguinte fatores:

I - assiduidade;

II - disciplina;

III - capacidade de iniciativa;

IV - produtividade;

V- responsabilidade.

Quanto ao período de estágio probatório, a Lei 8.112/1990 prevê 24 meses. Ocorre que esse período (24 meses) coincidia com o período de efetivo exercício para o servidor adquirir a estabilidade no texto original da Constituição, que falava em 2 anos. Porém, com a EC 19/98, o período de efetivo exercício passou a ser de 3 anos, o que fez com que o STF (STA 269 AgR, DJ 26.02.2010) e STJ (MS 12.523/DF, DJ 18.08.2009) entendessem que onde se lê na Lei 8.112/1990 "24 meses", deve-se ler "3 anos", como período de estágio probatório.

A Lei 8.112/1990 prevê, ainda, que, 4 (quatro) meses antes de findo o período do estágio probatório, será submetida à homologação da autoridade competente a avaliação do desempenho do servidor, realizada por comissão constituída para essa finalidade, de acordo com o que dispuser a lei ou o regulamento da respectiva carreira ou cargo, sem prejuízo da continuidade de apuração dos fatores enumerados acima. Esse dispositivo, cuja redação foi dada pela Lei 11.784/2008, veio para fazer frente ao disposto no art. 41, *caput* e § 4º, da CF, pelo qual, para que o servidor venha a ter estabilidade são exigidos os requisitos de a) ter cargo efetivo, b) cumprir 3 anos de efetivo exercício e c) ser aprovado em avaliação especial de desempenho por comissão instituída para essa finalidade.

É direito do servidor que a avaliação de desempenho ocorra no limite dos três anos de efetivo exercício. Isso significa que, após o transcurso desse prazo, sem a realização da avaliação, o servidor pode ser considerado estável, pois a desídia da Administração não pode ser a ele imputada, presumindo-se que o servidor teve reconhecida sua aptidão.

Após o transcurso dos três anos de efetivo exercício, o servidor pode até ser exonerado por inaptidão para o cargo, mas desde que a avaliação de desempenho tenha se dado durante o período de estágio probatório e a exoneração tenha sido motivada nas suas conclusões (RMS 23.504, DJ 02.08.2010).

O servidor não aprovado no estágio probatório será exonerado ou, se estável, reconduzido ao cargo anteriormente ocupado na esfera federal, na forma do art. 29.

"O servidor em estágio probatório até pode exercer cargos em comissão ou funções de confiança no órgão ou entidade de lotação, mas somente poderá ser cedido a outro órgão ou entidade quando for para ocupar cargos de Natureza Especial, cargos de provimento em comissão do Grupo-Direção e Assessoramento Superiores - DAS, de níveis 6, 5 e 4, ou equivalentes" (§ 3º do art. 20).

Ao mesmo servidor em estágio probatório somente poderão ser concedidas as licenças e os afastamentos previstos nos arts. 81, incisos I a IV, 94, 95 e 96, bem assim afastamento para participar de curso de formação decorrente de aprovação em concurso para outro cargo na Administração Pública Federal.

Por fim, de rigor ressaltar que o estágio probatório ficará suspenso durante as licenças e os afastamentos previstos nos arts. 83, 84, § 1º, 86 e 96, bem assim na hipótese de participação em curso de formação, e será retomado a partir do término do impedimento.

Ademais, para o STF (MS 22.744, DJ 26.11.2004) e para o STJ (RMS 23.689, DJ 07.06.2010), não pode o servidor em estágio probatório aposentar-se voluntariamente, uma vez que o estágio probatório constitui etapa final do processo seletivo para a aquisição da titularidade do cargo público.

2.1.3. *Promoção*

A **promoção (ou acesso)** *é o ato de designação para titularizar cargo superior da própria carreira*. Consiste em ato de provimento derivado vertical.

É feita pelo Chefe do Poder. No caso do Poder Executivo, seu Chefe (que age por decreto) pode delegá-la para o Ministro ou Secretário, que agirão por resolução ou portaria.

É importante consignar a respeito da promoção que: "a União, os Estados e o Distrito Federal manterão escolas de governo para a formação e o aperfeiçoamento dos servidores públicos, constituindo-se a participação nos cursos um dos requisitos para a promoção na carreira, facultada, para isso, a celebração de convênios ou contratos entre os entes federados" (art. 39, § 2º, CF).

Além disso, nos termos do art. 17 da Lei 8.112/1990, "a promoção não interrompe o tempo de exercício, que é contado no novo posicionamento na carreira a partir da data de publicação do ato que promover o servidor".

2.1.4. *Readaptação*

Segundo o art. 24, a readaptação "é a investidura do servidor em cargo de atribuições e responsabilidades compatíveis com a limitação que tenha sofrido em sua capacidade física ou mental verificada em inspeção médica".

Imagine um servidor cujo cargo tem como atribuição a digitação de documentos. Imagine, agora, que esse servidor venha a perder os braços num acidente de trânsito. Nesse caso tem-se uma limitação superveniente em sua capacidade física, que justifica que esse servidor solicite sua designação para outro cargo de atribuições e responsabilidades compatíveis com a limitação que passou a ter, provimento esse que terá o nome de readaptação.

A Lei 8.112/1990 exige, ainda, que readaptação seja efetivada em cargo de atribuições afins, respeitada a habilitação exigida, nível de escolaridade e equivalência de vencimentos e, na hipótese de inexistência de cargo vago, o servidor exercerá suas atribuições como excedente, até a ocorrência de vaga.

No entanto, caso a inspeção médica venha a revelar que o servidor é incapaz, de forma permanente, para o serviço público, o readaptando será aposentado.

2.1.5. *Reversão*

Segundo o art. 25, a reversão é o retorno à atividade de **servidor aposentado** em dois casos:

I - **por invalidez**, quando uma junta médica oficial declarar insubsistentes os motivos da aposentadoria; ou

II - no **interesse da administração**, desde que:

a) tenha solicitado a reversão;

b) a aposentadoria tenha sido voluntária;

c) estável quando na atividade;

d) a aposentadoria tenha ocorrido nos cinco anos anteriores à solicitação;

e) haja cargo vago.

No primeiro caso, tem-se uma hipótese de ato vinculado, já que um servidor aposentado por invalidez que, por ter se recuperado, esteja novamente apto para o trabalho, é obrigado a retornar ao serviço público, não sendo correto que continue sem trabalhar e recebendo proventos de aposentadoria se já não é mais incapaz para o trabalho. Encontrando-se provido o cargo, o servidor exercerá suas atribuições como excedente, até a ocorrência de vaga.

Já no segundo caso, tem-se uma hipótese de ato discricionário em que a Administração, por meio de ato do Ministro de Estado ou de autoridade por ele delegada, publica no Diário Oficial o quantitativo das vagas dos cargos que se destinam à reversão, segundo critérios de conveniência e oportunidade tirados do interesse da Administração (art. 4º, I, do Decreto 3.644/2000). O servidor que retornar à atividade por interesse da administração perceberá, em substituição aos proventos da aposentadoria, a remuneração do cargo que voltar a exercer, inclusive com as vantagens de natureza pessoal que percebia anteriormente à aposentadoria. Em seguida, quando se aposentar novamente só terá os proventos calculados com base nas regras atuais se permanecer pelo menos cinco anos no cargo.

Vale destacar, em qualquer dos dois casos acima, mais três regras:

a) que não cabe reversão quanto ao aposentado que já tiver completado 70 (setenta) anos de idade, pois, nesse caso, incide o instituto da aposentadoria compulsória;

b) que a reversão far-se-á no mesmo cargo ou no cargo resultante de sua transformação; e

c) que o tempo em que o servidor estiver em exercício será considerado para concessão da aposentadoria.

2.1.6. Reintegração

Segundo o art. 28, "a reintegração é a reinvestidura do servidor estável no cargo anteriormente ocupado, ou no cargo resultante de sua transformação, quando invalidada a sua demissão por decisão administrativa ou judicial, com ressarcimento de todas as vantagens".

Um exemplo é o caso de um servidor que vem a ser demitido do serviço público sem o devido processo legal. Nesse caso, este servidor poderá ingressar em juízo para o fim de pedir a declaração de nulidade da demissão operada, com a consequente determinação de que retorne ao serviço público, determinação essa que tem o nome de reintegração.

A reintegração também pode ser determinada por ato administrativo. Por exemplo, quando a própria Administração, percebendo que cometeu uma ilegalidade, anula o ato de demissão e determina a reintegração do agente que fora demitido.

A reintegração se dará no cargo que o servidor ocupada. Porém, na hipótese de o cargo ter sido extinto, o servidor ficará em disponibilidade, observado o disposto nos arts. 30 e 31.

Outra possibilidade é de que, no meio tempo entre a demissão do servidor e a sua reintegração, alguém tenha sido nomeado para o seu lugar. Nesse caso, esse alguém, se já era servidor federal ocupante de outro cargo na Administração, será reconduzido ao cargo de origem, sem direito à indenização ou aproveitado em outro cargo, ou, ainda, posto em disponibilidade.

2.1.7. Recondução

Segundo o art. 29, a recondução "é o retorno do servidor estável ao cargo anteriormente ocupado e decorrerá de:

I - inabilitação em estágio probatório relativo a outro cargo;

II - reintegração do anterior ocupante."

Essa forma de provimento nem sempre está prevista nos estatutos de servidores públicos nos estados e municípios, mas está presente no estatuto federal.

A primeira hipótese se aplica àquele que já tem um cargo público na esfera federal e que acaba por, depois de adquirir a estabilidade nesse primeiro cargo, ser aprovado em novo concurso e deixar o cargo em que se encontrava. Imagine que alguém então esteja nessa situação, mas no estágio probatório desse novo cargo acaba por ser reprovado. Não houvesse o instituto da recondução essa pessoa ficaria na rua, ou seja, perderia o primeiro e o segundo cargos. Porém, na esfera federal essa pessoa tem direito de voltar para o cargo que detinha. Os tribunais vêm interpretando ampliativamente o disposto no art. 29 da Lei 8.112/1990, com base no princípio da isonomia, para permitir a recondução não só do que não foi aprovado no estágio probatório de novo cargo, como também daquele que foi bem no estágio probatório do novo cargo e deseja ser reconduzido ao cargo de origem (STF, MS 24.271, DJ 20.09.2002, e STJ, REsp 817.061/RJ, DJ 04.08.2008)

A segunda hipótese se aplica na mesma situação (alguém que tinha um cargo na esfera federal e, já estável, preste novo concurso e assume nova cargo em qualquer esfera), mas que acaba por ser desalojado desse segundo cargo pelo fato de ter sido nomeado para assumir o cargo de alguém que fora demitido, mas que acabou por conseguir a sua reintegração. Imagine que alguém então passe para um novo concurso, assuma uma vaga e, de repente, quem ocupava a sua vaga, acaba voltando para o serviço público. Nesse caso, esse que passou no novo concurso e foi nomeado em empossado nesse novo concurso, ficará desalojado, mas terá direito de retornar para o cargo anterior que detinha, pelo instituto da recondução.

Em qualquer dos dois casos, o servidor que é reconduzido para o antigo cargo que tinha pode se depara com o fato de que seu cargo estar cumprido à essa época. Nesse caso, o servidor será aproveitado em outro cargo de atribuições e vencimentos compatíveis com o anteriormente ocupado, nos termos do art. 30.

2.1.8. Disponibilidade e do Aproveitamento

A **disponibilidade** *é a colocação do servidor estável em inatividade remunerada, até seu adequado aproveitamento em outro cargo, com proventos proporcionais ao seu tempo de serviço.*

Trata-se de direito do servidor, desde que estável, que ocorre nas seguintes situações: a) quando o cargo é extinto; b) quando o cargo é declarado desnecessário; c) quando um servidor é reintegrado e volta para o cargo para onde foi chamado um novo servidor, ficando este desalojado por não ter um cargo de origem, devendo, então, ser colocado em disponibilidade.

É importante ressaltar que só tem esse direito quem já é estável (*vide* § 3º do art. 41 da CF). Nesse sentido, dispõe a Súmula 22 do STF que: "o estágio probatório não protege o funcionário contra a extinção do cargo".

Nunca se deve esquecer de que a CF é taxativa no sentido de que na disponibilidade a remuneração será proporcional ao tempo de serviço do agente. Antes da EC 19/98, o STF entendia que era integral, portanto é bom saber que agora é proporcional.

Uma vez colocado o servidor em disponibilidade, fica-se aguardando que este venha a ser aproveitado novamente no serviço, caso em que se terá o provimento denominado **aproveitamento**.

Segundo o art. 30, "o retorno à atividade de servidor em disponibilidade far-se-á mediante aproveitamento obrigatório em cargo de atribuições e vencimentos compatíveis com o anteriormente ocupado", sendo que "o órgão Central do Sistema de Pessoal Civil determinará o imediato aproveitamento de servidor em disponibilidade em vaga que vier a ocorrer nos órgãos ou entidades da Administração Pública Federal" (art. 31).

Segundo o art. 37, § 3º, "nos casos de reorganização ou extinção de órgão ou entidade, extinto o cargo ou declarada sua desnecessidade no órgão ou entidade, o servidor estável que não for redistribuído será colocado em disponibilidade, até seu aproveitamento", sendo que o servidor posto em disponibilidade poderá ser mantido sob responsabilidade do órgão central do Sistema de Pessoal Civil da Administração Federal - SIPEC, até o seu adequado aproveitamento em outro órgão ou entidade (art. 31, parágrafo único).

Por fim, o art. 32 dispõe que "será tornado sem efeito o aproveitamento e cassada a disponibilidade se o servidor não entrar em exercício no prazo legal, salvo doença comprovada por junta médica oficial".

2.2. Vacância

A desinvestidura ou vacância *consiste no desligamento do agente público correspondente à sua destituição do cargo, do emprego ou da função*.

Segundo o art. 33, a vacância do cargo público decorrerá de:

I – **exoneração:** não tem caráter punitivo;

II – **demissão:** tem caráter punitivo e demanda processo disciplinar;

III – **promoção:** o cargo anterior ao da promoção fica vago;

IV – **readaptação:** o cargo anterior ao da readaptação fica vago;

V – **aposentadoria:** no serviço público quem se aposenta perde o cargo que detinha;

VI – **posse em outro cargo inacumulável:** quem está num cargo e toma posse em outro que não é passível de cumulação, perde o primeiro cargo;

VII – **falecimento:** com a morte do servidor que ocupa um cargo, este, naturalmente, fica vago.

A **exoneração**, que não tem caráter punitivo, dar-se-á, quanto ao **cargo efetivo**, a pedido do servidor, ou de ofício. A exoneração de ofício dar-se-á:

I - quando não satisfeitas as condições do estágio probatório;

II - quando, tendo tomado posse, o servidor não entrar em exercício no prazo estabelecido.

A EC 19/98 prevê mais duas hipóteses de exoneração motivada. A primeira se dá em caso de **avaliação insatisfatória de desempenho.** Isso porque, a partir de tal emenda, é requisito para adquirir a estabilidade a aprovação em **avaliação *especial* de desempenho** (feita por comissão instituída para essa finalidade após os 3 anos de estágio probatório – art. 41, § 4º, CF) e, mesmo após adquirir-se a estabilidade, o servidor estará sujeito a **avaliações *periódicas* de desempenho** (procedimento que será regulamentado na forma de lei complementar, assegurada ampla defesa – art. 41, § 1º, III, CF), sendo que, não aprovado em qualquer dos dois tipos de avaliação, será exonerado. A segunda nova espécie de exoneração se dá **para atender limite de despesas com pessoal ativo e inativo** (art. 169, § 4º). A Lei de Responsabilidade Fiscal traz limites máximos de despesas com pessoal ativo e inativo, consistentes nos seguintes percentuais da receita corrente líquida: 50% (União) e 60% (Estados e Municípios). Em caso de superação desse limite, deve-se exonerar pessoal, consoante os critérios trazidos na Lei 9.801/1999, que estabelece a necessidade de se começar a tentativa de readequação dos gastos reduzindo em pelo menos 20% os cargos em comissão e as funções de confiança, passando à exoneração dos não estáveis, para só após exonerar servidores estáveis e, mesmo assim, desde que ato normativo motivado de cada um dos Poderes especifique a atividade funcional, o órgão ou unidade objeto da redução e traga os seguintes critérios combinados: menor tempo de serviço, maior remuneração e menor idade. O servidor que perde cargo por esse motivo fará jus a indenização correspondente a um mês de remuneração por um ano de serviço. O cargo será extinto, vedada a criação de outro semelhante por pelo menos 4 anos.

Já **exoneração** de **cargo em comissão** e a **dispensa** de **função de confiança** dar-se-á:

I - a juízo da autoridade competente;

II - a pedido do próprio servidor.

Quanto à exoneração de cargo em comissão a juízo da autoridade competente, trata-se de ato **discricionário**, já que os cargos em comissão são de livre provimento e **livre** exoneração, e **irrevogável**, vez que a exoneração exaure a relação jurídica entre a Administração Pública e o agente; em caso de interesse no retorno do agente, o caso é de **nova nomeação** para o cargo em comissão e não de **revogação da exoneração**.

2.3. Remoção

A remoção não é uma forma de provimento, pois o servidor permanece no mesmo tipo de cargo que detinha, havendo mudança apenas no local de trabalho.

Trata-se, segundo o art. 36, do "deslocamento do servidor, a pedido ou de ofício, no âmbito do mesmo quadro, com ou sem mudança de sede".

Há três **modalidades** de remoção:

I - **de ofício, no interesse da Administração**; aqui o que importa é o interesse da Administração em suprir necessidades em determinados locais mais carentes de servidores do que em outros.

II - **a pedido, a critério da Administração**; aqui, a Administração não estava pensando em remover o servidor de um lugar para outro, mas, diante de um pedido do servidor a Administração analisa o caso e, entendendo que há também interesse público na remoção, vem a deferir o pedido formulado pelo servidor;

III - **a pedido, para outra localidade, independentemente do interesse da Administração**; aqui, a Administração não estava pensando em remover o servidor de um lugar para outro, mas, diante de um pedido do servidor baseado em fundamentos que a lei prevê como suficientes para que o servidor tenha o seu pedido atendido, a primeira é obrigada a deferir o pedido, mesmo que não haja interesse dela na remoção do servidor.

Quanto à terceira modalidade de remoção (a pedido, para outra localidade, independentemente do interesse da Administração), o servidor terá direito subjetivo a que seu pedido seja atendido se preencher um dos seguintes requisitos:

"a) para acompanhar cônjuge ou companheiro, também servidor público civil ou militar, de qualquer dos Poderes da União, dos Estados, do Distrito Federal e dos Municípios, que foi deslocado no interesse da Administração; vale salientar que a jurisprudência do STJ tem aplicado esse dispositivo não só quando o cônjuge que se desloca trabalha nos entes políticos mencionados (União, Estado, DF e Municípios), como também quanto aos agentes públicos que se deslocam e trabalham na administração indireta, inclusive em empresas estatais, tudo em homenagem ao princípio da proteção à família, previsto no art. 226 da CF (MS 14.195-DF); por outro lado, o dispositivo não tem sido aplicado quando o servidor removido não residia na mesma localidade que seu cônjuge pleiteante da remoção para acompanha-lo, antes da remoção do primeiro, pois se entende que o Estado, no caso, não se omite do seu dever de proteger a família, que ocorre quando há afastamento do convívio familiar direto e diário de um de seus integrantes (AgRg no REsp 1.209.391-PB). De nossa parte não concordamos com essa decisão, pois a proteção da família deve ser vista sob o prisma da máxima efetividade das normas constitucionais, de modo a abranger também a promoção da família, e não só a manutenção de *status quo* familiar.

b) por motivo de saúde do servidor, cônjuge, companheiro ou dependente que viva às suas expensas e conste do seu assentamento funcional, condicionada à comprovação por junta médica oficial;

a) em virtude de processo seletivo promovido, na hipótese em que o número de interessados for superior ao número de vagas, de acordo com normas preestabelecidas pelo órgão ou entidade em que aqueles estejam lotados."

Quanto à remoção de ofício, no interesse da Administração, este não é um direito absoluto da Administração. Nesse sentido, o STF, com fundamento no princípio constitucional da proteção à família, entende que esse princípio pode, em certas circunstâncias fáticas específicas, prevalecer em relação a dado objetivo legal de interesse público, quando houver grande desproporção entre a intensidade da desproteção da família e o ganho ao interesse público com determinada medida tomada nesse sentido. Por exemplo, entendeu-se que o princípio da proteção à família prevalece quando, determinada a remoção de ofício, verifica-se que o servidor não terá mais como frequentar na nova lotação curso superior que fazia e também não terá sua esposa ao seu lado por conta da impossibilidade do cônjuge de acompanha-lo (Ag. Reg. n. ARE 681.780-DF).

Por outro lado, quando um servidor pede sua remoção voluntariamente, não pode o seu cônjuge, argumentando que deseja acompanhar o servidor, exigir sua remoção também (STJ, AgRg no REsp 1.290.031, j. 28.08.2013). Isso porque o direito de acompanhar o cônjuge somente existe caso este tenha sido removido no interesse da Administração (art. 36, parágrafo único, III, "a", da Lei 8.112/1990), o que não acontece neste caso. De qualquer forma, a decisão do STJ a favor do direito à remoção para acompanhamento de cônjuge, em situação intermediária na qual este foi removido após processo seletivo criado por conta de abertura de nova unidade de órgão público em outra localidade, sendo que o STJ entendeu que esse processo seletivo foi mero instrumento formal adotado, uma vez que a transferência do servidor estaria condicionada ao juízo de conveniência da Administração (MS 14.753-DF).

2.4. Redistribuição

A redistribuição também não é uma forma de provimento, pois, aqui não um servidor saindo de um cargo e sendo designado para outro (provimento), mas, sim, há saída de um cargo de um lugar para outro lugar dentro da próprio órgão ou entidade do mesmo poder. Repare: um cargo é deslocado de um órgão para outro, pouco importando se este cargo está ocupado ou não.

Assim, a redistribuição trata-se, segundo o art. 37, do "deslocamento de cargo de provimento efetivo, ocupado ou vago no âmbito do quadro geral de pessoal, para outro órgão ou entidade do mesmo Poder, com prévia apreciação do órgão central do SIPEC,

São requisitos para a redistribuição os seguintes: "I - interesse da administração; II - equivalência de vencimentos; III - manutenção da essência das atribuições do cargo; IV - vinculação entre os graus de responsabilidade e complexidade das atividades; V - mesmo nível de escolaridade, especialidade ou habilitação profissional; VI - compatibilidade entre as atribuições do cargo e as finalidades institucionais do órgão ou entidade."

Vale ressaltar que a redistribuição ocorrerá *ex officio*, ou seja, de forma obrigatória para Administração, para ajustamento de lotação e da força de trabalho às necessidades dos serviços, inclusive nos casos de reorganização, extinção ou criação de órgão ou entidade.

Por fim, vale trazer à baila mais três regras a respeito do instituto, previstas nos §§ 2º, 3º e 4º do art. 37: a) "a redistribuição de cargos efetivos vagos se dará mediante ato conjunto entre o órgão central do SIPEC e os órgãos e entidades da Administração Pública Federal envolvidos"; b) "nos casos de reorganização ou extinção de órgão ou entidade, extinto o cargo ou declarada sua desnecessidade no órgão ou entidade, o servidor estável que não for redistribuído será colocado em disponibilidade, até seu aproveitamento na forma dos arts. 30 e 31"; c) "o servidor que não for redistribuído ou colocado em disponibilidade poderá ser mantido sob responsabilidade do órgão central do SIPEC, e ter exercício provisório, em outro órgão ou entidade, até seu adequado aproveitamento".

2.5. Substituição

A substituição também não é uma forma de provimento, pois o servidor que vem a substituir outra em cargo ou função fica apenas transitoriamente nessa condição, não havendo troca de seu cargo pelo cargo onde fará a substituição temporária.

Segundo o art. 38, "os servidores investidos em cargo ou função de direção ou chefia e os ocupantes de cargo de Natureza Especial têm substitutos indicados no regimento interno ou, no caso de omissão, previamente designados pelo dirigente máximo do órgão ou entidade".

A substituição se dará nos afastamento, impedimentos legais ou regulamentares do titular e também na vacância do cargo. Ocorrendo quaisquer dessas hipóteses, o substituto assumirá automática e cumulativamente o exercício do cargo ou função de direção ou chefia e os de Natureza Especial, sem prejuízo do cargo que ocupa.

O servidor substituto deverá, em qualquer hipótese, optar, durante o período de substituição, entre a remuneração do cargo que ocupa normalmente e a do cargo em que está substituindo.

O substituto fará jus, ainda, à retribuição pelo exercício do cargo ou função de direção ou chefia ou de cargo de Natureza Especial, mas, nesses casos, tal retribuição só será devida nos casos dos afastamentos ou impedimentos legais do titular, superiores a trinta dias consecutivos, paga na proporção dos dias de efetiva substituição, que excederem o referido período.

O instituto da substituição aplica-se aos titulares de unidades administrativas organizadas em nível de assessoria (art. 39).

3. DIREITOS E VANTAGENS

3.1. Vencimento e da Remuneração

Segundo o art. 40, **vencimento** "é a retribuição pecuniária pelo exercício de cargo público, com valor fixado em lei".

Já segundo o art. 41, **remuneração** "é o vencimento do cargo efetivo, acrescido das vantagens pecuniárias permanentes estabelecidas em lei".

Diante dos dois conceitos acima, percebe-se que o conceito de remuneração é mais amplo, pois engloba não só o vencimento, mas também as vantagens pecuniárias permanentes estabelecidas em lei.

Outro ponto a se observar é que tanto o vencimento como as vantagens pecuniárias precisam estar fixados em lei, sendo que somente as vantagens pecuniárias permanentes é que compõem a remuneração.

A Lei 8.112/1990 e a Constituição Federal enunciam os seguintes **princípios** a respeito do vencimento e da remuneração:

a) irredutibilidade de vencimentos e vantagens permanentes: o art. 41, § 3º, dispõe que o vencimento do cargo efetivo, acrescido das vantagens de caráter permanente, é irredutível; a disposição também está presente no art. 37, XV, da CF;

b) isonomia de vencimentos: o art. 41, § 4º, assegura a isonomia de vencimentos para cargos de atribuições iguais ou assemelhadas do mesmo Poder, ou entre servidores dos três Poderes, ressalvadas as vantagens de caráter individual e as relativas à natureza ou ao local de trabalho;

c) garantia de remuneração mínima: o art. 41, § 5º, dispõe que nenhum servidor receberá remuneração inferior ao salário mínimo.

d) proibição de efeito cascata: vantagens e gratificações não podem incidir umas sobre as outras. Nesse sentido, *vide* o inciso XIV do art. 37 da CF: *"os acréscimos pecuniários percebidos por servidor público não serão computados nem acumulados para fins de concessão de acréscimos ulteriores"*.

e) respeito ao teto constitucional: o art. 42 da Lei 8.112/1990 estabelece que nenhum servidor poderá perceber, mensalmente, a título de remuneração, importância superior à soma dos valores percebidos como remuneração, em espécie, a qualquer título, no âmbito dos respectivos Poderes, pelos Ministros de Estado, por membros do Congresso Nacional e Ministros do Supremo Tribunal Federal; porém, essa regra foi superada por emendas constitucionais feitas na CF, que trouxeram novas disposições; a EC 41/2003 modificou o inciso XI do art. 37 da CF, que antes trazia como teto único o subsídio dos Ministros do STF, estabelecendo um teto nacional consistente também no subsídio mensal, em espécie, dos Ministros do STF, bem como subtetos para Estados, DF e Municípios. Na esfera da União vale o teto nacional (subsídio dos Ministros do STF) para todos os Poderes. Vale salientar que o valor do que deve estar contido no teto abrange a remuneração e o subsídio, os proventos, pensões ou outra espécie remuneratória, percebidos cumulativamente ou não, incluídas as vantagens pessoais ou de qualquer outra natureza. Além disso, a regra do teto atinge os ocupantes de cargos, funções e empregos públicos da administração, direta, autárquica e fundacional, membros dos Poderes da União, dos Estados, do DF e dos Municípios, detentores de mandato eletivo e demais agentes políticos. Aplica-se também às empresas públicas e sociedades de economia mista e suas subsidiárias que receberem recursos da União, dos Estados, do Distrito Federal ou dos Municípios para pagamento de despesas de pessoal ou custeio em geral (art. 37, § 9º, da CF).

De acordo com o art. 44, o **servidor perderá**:

a) a remuneração do dia em que faltar ao serviço, sem motivo justificado;

b) a parcela de remuneração diária, proporcional aos atrasos, ausências justificadas, ressalvadas as concessões de que trata o art. 97, e saídas antecipadas, salvo na hipótese de compensação de horário, até o mês subsequente ao da ocorrência, a ser estabelecida pela chefia imediata.

Quanto às **faltas justificadas** decorrentes de caso fortuito ou de força maior (ex: uma greve de ônibus na localidade, impedindo que um servidor chegue à repartição), estas poderão ser compensadas a critério da chefia imediata, sendo assim consideradas como efetivo exercício.

Quanto aos descontos em folha sobre a remuneração ou provento, os arts. 45 e 46 trazem as seguintes regras:

a) são proibidos, salvo por imposição legal ou mandado judicial, valendo salientar, no segundo caso, que o vencimento, a remuneração e o provento não serão objeto de arresto, sequestro ou penhora, exceto nos casos de prestação de alimentos resultante de decisão judicial.

b) são admitidos, mediante autorização do servidor, para consignação em folha de pagamento a favor de terceiros, a critério da administração e com reposição de custos, na forma definida em regulamento.

c) são admitidos para reposições e indenizações parceladas ao erário, desde que o valor de cada parcela não seja inferior ao correspondente a 10% (dez por cento) da remuneração, provento ou pensão, sendo que quando o pagamento indevido houver ocorrido no mês anterior ao do processamento da folha, a reposição será feita imediatamente, em uma única parcela e, na hipótese de valores recebidos em decorrência de cumprimento a decisão liminar, a tutela antecipada ou a sentença que venha a ser revogada ou rescindida, serão eles atualizados até a data da reposição (art. 46); o STJ entende que deve ser aplicado esse regime do art. 46 quando um servidor é autorizado a fazer doutorado fora do País condicionado a ficar o mesmo período no serviço público quando de seu retorno, mas que venha a se aposentar logo depois do seu retorno, prevalecendo essa regra em detrimento da regra prevista num contrato celebrado entre o servidor e a Administração, que previa a indenização à vista por parte do servidor, fundamentando-se a decisão no fato de que a regra estatutária (lei) prevalece sobre um mero contrato (REsp 1.103.315-ES, j. 19.08.2010):

Tratando-se de servidor em débito com o erário, mas que for demitido, exonerado ou que tiver sua aposentadoria ou disponibilidade cassada, terá o prazo de 60 (sessenta) dias para quitar o débito (art. 47), como forma de salvaguardar que a Administração, que terá, assim, maiores garantidas de que receberá os valores a que tem direito. Vale salientar que a não quitação do débito no prazo de 60 dias implicará sua inscrição em dívida ativa.

3.2. Vantagens

3.2.1. Aspectos gerais

Conforme se viu, a remuneração engloba o vencimento e também vantagens permanentes.

Resta saber o que são vantagens, quais são suas espécies e, depois, quais vantagens são permanentes e quais não são, ou seja, quais vantagens se incorporam ou não aos vencimentos e proventos.

Segundo o art. 49, temos as seguintes modalidades de **vantagens**:

I – **indenizações**, que **não** se incorporam ao vencimento ou provento para qualquer efeito;

II – **gratificações**, que se incorporam ao vencimento ou provento, nos casos e condições indicados em lei.

III – **adicionais**, que se incorporam ao vencimento ou provento, nos casos e condições indicados em lei.

Repetindo texto constitucional, que tem disposição semelhante no art. 37, XIV, o art. 50 dispõe que "as vantagens pecuniárias não serão computadas, nem acumuladas, para efeito de concessão de quaisquer outros acréscimos pecuniários ulteriores, sob o mesmo título ou idêntico fundamento". A ideia aqui é evitar o chamado efeito cascata, em que uma vantagem incide sobre a outra, em situação análoga ao que acontece quando há computo de juros sobre juros.

Vejamos, agora, cada uma das modalidades de vantagens.

3.2.2. Indenizações

Conforme já mencionado as indenizações são uma modalidade de vantagem que **não** se incorporam ao vencimento ou provento para qualquer efeito, sendo que os respectivos valores serão estabelecidos em regulamento.

Segundo os arts. 51 e ss., são **indenizações** ao servidor:

I - ajuda de custo: essa indenização compensa despesas de instalação do servidor que, no interesse do serviço, passa a ter exercício em nova sede, com mudança de domicílio em caráter permanente; a administração deve cobrir as despesas de transporte do servidor e de sua família, compreendendo passagem, bagagem e bens pessoais, calculando-se a ajuda de custo sobre a remuneração do servidor, não podendo exceder a importância correspondente a 3 (três) meses, nos termos de regulamento; a ajuda de custo segue, ainda, às seguintes regras: a) não será concedida ajuda de custo nas hipóteses de remoção a pedido do servidor e também a servidor que se afastar do cargo, ou reassumi-lo, em virtude de mandato eletivo; b) será concedida ajuda de custo àquele que, não sendo servidor da União, for nomeado para cargo em comissão, com mudança de domicílio; c) o servidor ficará obrigado a restituir a ajuda de custo quando, injustificadamente, não se apresentar na nova sede no prazo de 30 (trinta) dias; d) à família do servidor que falecer na nova sede são assegurados ajuda de custo e transporte para a localidade de origem, dentro do prazo de 1 (um) ano, contado do óbito; Segundo o STF, "o fato de o servidor voltar à origem espontaneamente não gera o direito à ajuda de custo, mostrando-se irrelevante a circunstância de haver sido afastado de função comissionada" (MS 24.089/DF);

II – diárias: essa indenização é devida ao servidor que, a serviço, afastar-se da sede em caráter transitório para outro ponto do no Brasil ou no exterior, consistindo em passagens e diárias destinadas a cobrir despesas extraordinárias com pousada, alimentação e locomoção urbana, conforme regulamento; as diárias seguem, ainda, às seguintes regras: a) serão concedidas por dia de afastamento, sendo devida apenas metade quando deslocamento não exigir pernoite ou quando a União custear, por meio diverso, as despesas extraordinárias cobertas por diárias; b) o servidor não fará jus a diárias nos casos em que o deslocamento constituir exigência permanente do cargo ou quando se deslocar dentro da mesma região metropolitana, aglomeração urbana ou microrregião, constituídas por municípios limítrofes e regularmente instituídas, ou em áreas de controle integrado mantidas com países limítrofes, cuja jurisdição e competência dos órgãos, entidades e servidores brasileiros considera-se estendida, salvo se houver pernoite fora da sede, hipóteses em que as diárias pagas serão sempre as fixadas para os afastamentos dentro do território nacional; c) o servidor que receber diárias e não se afastar da sede, por qualquer motivo, fica obrigado a restituí-las integralmente, no prazo de 5 (cinco) dias, sendo que, na hipótese de o servidor retornar à sede em prazo menor do que o previsto para o seu afastamento, restituirá as diárias recebidas em excesso, no mesmo prazo.

III – transporte: essa indenização é devida para fazer frente a despesas do servidor com a utilização de meio próprio de locomoção para a execução de serviços externos, por força das atribuições próprias do cargo, conforme o disposto em regulamento.

IV – auxílio-moradia: essa indenização consiste no ressarcimento das despesas comprovadamente realizadas pelo servidor com aluguel de moradia ou com hospedagem em hotel, no prazo de um mês após a comprovação da despesa pelo servidor, desde que a) não exista imóvel funcional disponível para uso pelo servidor, b) o cônjuge ou companheiro do servidor não ocupe imóvel funcional, c) o servidor ou seu cônjuge ou companheiro não seja ou tenha sido proprietário ou tenha direitos sobre imóvel no Município aonde for exercer o cargo, nos 12 meses que antecederem a sua nomeação; d) nenhuma outra pessoa que resida com o servidor receba auxílio-moradia; e) o servidor tenha se mudado do local de residência para ocupar cargo em comissão ou função de confiança do Grupo-Direção e Assessoramento Superiores - DAS, níveis 4, 5 e 6, de Natureza Especial, de Ministro de Estado ou equivalentes; e) o Município no qual assuma não se enquadre nas hipóteses do art. 58, § 3º, em relação ao local de residência ou domicílio do servidor; f) o servidor não tenha sido domiciliado ou tenha residido no Município, nos últimos 12 meses, desconsiderando-se prazo inferior a 60 dias dentro desse período; g) o deslocamento não tenha sido por força de alteração de lotação ou nomeação para cargo efetivo; h) o deslocamento tenha ocorrido após 30 de junho de 2006. Quanto ao valor mensal, auxílio é limitado a 25% do valor do cargo em comissão, função comissionada ou cargo de Ministro de Estado ocupado, não poderá superar 25% da remuneração de Ministro de Estado, sendo que, independentemente do valor da remuneração, fica garantido o ressarcimento até o valor de R$ 1.800,00. Por fim, no caso de falecimento, exoneração, colocação de imóvel funcional à disposição do servidor ou aquisição de imóvel, o auxílio-moradia continuará sendo pago por um mês.

3.2.3. Das Gratificações e Adicionais

Segundo o art. 61, além do vencimento e das vantagens previstas na lei, serão deferidos aos servidores as seguintes **retribuições, gratificações e adicionais**:

I – retribuição pelo exercício de função de direção, chefia e assessoramento (art. 62): devida ao servidor ocupante de cargo efetivo investido em função de direção, chefia ou assessoramento, cargo de provimento em comissão ou de Natureza Especial, sendo que lei específica estabelecerá a remuneração dos cargos em comissão; fica transformada em Vantagem Pessoal Nominalmente Identificada – VPNI a incorporação da retribuição pelo exercício de função de direção, chefia ou assessoramento, cargo de provimento em comissão ou de Natureza Especial a que se referiam os arts. 3º e 10 da Lei 8.911, de 11 de julho de 1994, e o art. 3º da Lei 9.624, de 2 de abril de 1998, ficando a VPNI sujeita às revisões gerais de remuneração dos servidores públicos federais; sobre o fim da incorporação na remuneração dessa retribuição pelo exercício de tais funções, confira a seguinte decisão do STJ: "O art. 62, § 2º, da Lei n. 8.112/1990 instituiu a incorporação, a cada ano, de um quinto do valor relativo à gratificação pelo exercício de função de direção, chefia ou assessoramento até o limite de cinco anos. Já os arts. 3º e 10 da Lei n. 8.911/1994, que regulamentou com minúcias os chamados quintos, definiram critérios específicos para a concessão daquela incorporação. Sobreveio, então, a MP 1.595-14/1997, convertida na Lei 9.527/1997, que afastou a incorporação e transformou o que vinha sendo pago a esse título em vantagem pessoal nominalmente identificada (VPNI), isso em 11.11.1997. Após, a Lei 9.624/1998 transformou em décimos as parcelas de quintos incorporados entre 01.11.1995 e 10.11.1997. Note-se que houve um alargamento do prazo limite para a incorporação dos quintos ao comparar-se o estipulado na Lei 9.527/1997 e na Lei 9.624/1998, o que alcançou todos os servidores que já preenchiam os requisitos para a obtenção da incorporação. Outrossim, resguardava aquela lei para aqueles que ainda não haviam integralizado o período necessário a possibilidade da incorporação de décimos pelo cumprimento de determinadas condições, ao considerar a situação individual de cada servidor. Por último, veio a MP 2.225-45/2001, que, ao referir-se aos retrocitados artigos das Lei 9.624/1998 e Lei 8.911/1994, permitiu a incorporação da gratificação relativa ao exercício da função comissionada no período de 08.04.1998 a 05.09.2001, transformando-a em VPNI. Com esse entendimento, também acolhido pelo Tribunal de Contas da União, a Turma, ao prosseguir o julgamento, deferiu a ordem para assegurar às autoras o direito à incorporação referente ao período mencionado, ou seja, de 08.04.1998 (Lei 9.624/1998) a 05.09.2001 (MP n. 2.225-45/2001)" (REsp 781.798-DF);

II – gratificação natalina (arts. 63 a 66): devida ao servidor no importe de 1/12 (um doze avos) da remuneração a que fizer jus no mês de dezembro, por mês de exercício no respectivo ano, sendo que a fração igual ou superior a 15 (quinze) dias será considerada como mês integral e, no caso de o servidor ser exonerado, perceberá sua gratificação natalina, proporcionalmente aos meses de exercício, calculada sobre a remuneração do mês da exoneração; a gratificação deve ser depositada para o servidor até o dia 20 (vinte) do mês de dezembro de cada ano; por fim, de rigor destacar que a gratificação natalina não será considerada para cálculo de qualquer vantagem pecuniária; segundo o STJ, "o adicional pela prestação de serviço extraordinário (hora extra) não integra a base de cálculo da gratificação natalina dos servidores públicos federais, pois não se enquadra no conceito de remuneração do *caput* do art. 41 da Lei 8.112/1990" (REsp 1.195.325-MS), conceito esse que abrange apenas os vencimentos e as vantagens de natureza permanente, que não é o caso da hora extra;

IV – adicional pelo exercício de atividades insalubres, perigosas ou penosas (arts. 68 a 72): os dois primeiros adicionais são devidos aos servidores que trabalhem com habitualidade em locais insalubres ou em contato permanente com substâncias tóxicas, radioativas ou com risco de vida, devendo o servidor que fizer jus a ambos adicionais optar por um deles, cessando o direito ao adicional com a eliminação das condições ou dos riscos que deram causa a sua concessão; quanto ao adicional de atividade penosa, será devido aos servidores em exercício em zonas de fronteira ou em localidades cujas condições de vida o justifiquem, nos termos, condições e limites fixados em regulamento; independente do direito ao adicional, a lei determina permanente controle da atividade de servidores em operações ou locais considerados penosos, insalubres ou perigosos, sendo que a servidora gestante ou lactante será afastada, enquanto durar a gestação e a lactação, das operações e locais previstos neste artigo, exercendo suas atividades em local salubre e em serviço não penoso e não perigoso e, quanto aos locais de trabalho e os servidores que operam com Raios X ou substâncias radioativas, serão mantidos sob controle permanente, de modo que as doses de radiação ionizante não ultrapassem o nível máximo previsto na legislação própria, submetendo-se os servidores respectivos a exames médicos a cada 6 (seis) meses.

V – adicional pela prestação de serviço extraordinário (arts. 73 e 74): devido ao servidor por serviço extraordinário, ou seja, por horas extras, sendo que o seu montante corresponderá à hora normal de trabalho com acréscimo de 50% (cinquenta por cento); porém, a Lei 8.112/1990 determina que somente será admitido o serviço extraordinário para atender a situações excepcionais e temporárias, respeitado o limite máximo de 2 (duas) horas por jornada.

VI – adicional noturno (art. 75): devido ao servidor pela prestação de serviço noturno, em horário compreendido entre 22 (vinte e duas) horas de um dia e 5 (cinco) horas do dia seguinte, sendo que o seu montante corresponderá à hora normal de trabalho acrescido de 25% (vinte e cinco por cento), computando-se cada hora como cinquenta e dois minutos e trinta segundos; em se tratando de prestação de serviço noturno em horário extra (serviço extraordinário), o acréscimo de 25% incidirá sobre o valor da remuneração já com o acréscimo de 50% pela hora extra; segundo o STJ, o adicional noturno será devido mesmo que o servidor federa preste o serviço em regime de plantão, pois "o plantonista se submete aos mesmos desgastes sofridos pelos demais trabalhadores noturnos nos dias em que dobra a jornada; ele é obrigado a trocar o dia pela noite, bem como também se vê privado de vivenciar uma dia a dia normal, já que a vida dos homens urbanos rege-se pelo horário comercial das empresas" (REsp 1.292.335-RO, j. 09.04.2013);

VII – adicional de férias (art. 76): devido ao servidor, independentemente de solicitação, por ocasião das férias, sendo que o seu montante corresponderá a 1/3 (um terço) da remuneração do período das férias. Caso o servidor exerça função de direção, chefia ou assessoramento, ou ocupar cargo em comissão, qualquer uma das vantagens correspondentes será considerada no cálculo do adicional de férias; quando um servidor se aposenta com férias a gozar, inicia-se prazo prescricional para pleitear indenização pelas férias não gozadas no momento da aposentadoria, que é quando não mais poderia usufruir férias (STJ, AgRg no AREsp 225.215-BA, j. 06.12.2012);

VIII – gratificação por encargo de curso ou concurso (art. 76-A): devida ao servidor que, em caráter eventual: a) atuar como instrutor em curso de formação, de desenvolvimento ou de treinamento regularmente instituído no âmbito da administração pública federal; b) participar de banca examinadora ou de comissão para exames orais, para análise curricular, para correção de provas discursivas, para elaboração de questões de provas ou para julgamento de recursos intentados por candidatos; c) participar da logística de preparação e de realização de concurso público envolvendo atividades de planejamento, coordenação, supervisão, execução e avaliação de resultado, quando tais atividades não estiverem incluídas entre as suas atribuições permanentes; d) participar da aplicação, fiscalizar ou avaliar provas de exame vestibular ou de concurso público ou supervisionar essas atividades. Os critérios de concessão e os limites dessa gratificação serão fixados em regulamento, observados os seguintes parâmetros: a) o valor da gratificação será calculado em horas, observadas a natureza e a complexidade da atividade exercida; b) a retribuição não poderá ser superior ao equivalente a 120 horas de trabalho anuais, ressalvada situação de excepcionalidade, devidamente justificada e previamente aprovada pela autoridade máxima do órgão ou entidade, que poderá autorizar o acréscimo de até 120 horas de trabalho anuais; c) o valor máximo da hora trabalhada corresponderá aos seguintes percentuais, incidentes sobre o maior vencimento básico da administração pública federal: i) 2,2%, em se tratando de atividades previstas nos incisos "a" e "b" acima; ii) 1,2%, em se tratando de atividade prevista nos incisos "c" e "d" acima. Por fim vale informar que a gratificação em questão somente será paga se as atividades referidas acima forem exercidas sem prejuízo das atribuições do cargo de que o servidor for titular, devendo ser objeto de compensação de carga horária quando desempenhadas durante a jornada de trabalho (§ 4º do art. 98), bem como que ela não se incorpora ao vencimento ou salário do servidor para qualquer efeito e não poderá ser utilizada como base de cálculo para quaisquer outras vantagens, inclusive para fins de cálculo dos proventos da aposentadoria e das pensões.

Vale lembrar que o "adicional por tempo de serviço" previsto na redação original da Lei 8.112/1990 (art. 67) não mais existe, tendo em vista a revogação do dispositivo. Assim, o adicional devido à razão de 1% por ano de serviço público, que também já foi à razão de 5% a cada 5 anos, não mais existe.

3.3. Férias

Temas fundamental em matéria de direitos do servidor é o das férias.

O art. 39, § 3º, da CF dispõe que o servidor tem, dentre outros direitos que o trabalhador comum, o direito o direito de férias anuais (art. 7º, XVII).

Regulamentando a questão o art. 77 da Lei 8.112/1990 dispõe que o servidor fará jus a 30 dias de férias, que podem ser acumuladas, até o máximo de dois períodos, no caso de necessidade do serviço, ressalvadas as hipóteses em que haja legislação específica. Nesse sentido, caso porventura haja excepcional acúmulo de mais de dois períodos de férias não gozadas, o STJ entende que esse fato não resulta em perda do direito de usufruí-la, vez que o objetivo das férias, que é de buscar a preservação da saúde do servidor público, deve continuar sendo buscado (MS 13.391/DF)

Quanto às demais regras sobre as férias temos as seguintes (arts. 77 a 80):

a) o primeiro período aquisitivo de férias depende de 12 meses de exercício;

b) é vedado levar à conta de férias qualquer falta ao serviço;

c) as férias poderão ser parceladas em até três etapas, desde que haja requerimento pelo servidor e interesse da administração pública;

d) o pagamento da remuneração das férias será efetuado até 2 (dois) dias antes do início do respectivo período;

e) o servidor exonerado do cargo efetivo, ou em comissão, perceberá indenização relativa ao período das férias a que tiver direito e ao incompleto, na proporção de um doze avos por mês de efetivo exercício, ou fração superior a quatorze dias, sendo que a indenização será calculada com base na remuneração do mês em que for publicado o ato exoneratório;

f) em caso de parcelamento das férias, o servidor receberá o valor adicional de um terço quando da utilização do primeiro período.

g) o servidor que opera direta e permanentemente com Raios X ou substâncias radioativas gozará 20 dias consecutivos de férias, por semestre de atividade profissional, proibida em qualquer hipótese a acumulação;

h) as férias somente poderão ser interrompidas por motivo de calamidade pública, comoção interna, convocação para júri, serviço militar ou eleitoral, ou por necessidade do serviço declarada pela autoridade máxima do órgão ou entidade, sendo que o restante do período interrompido será gozado de uma só vez, observado o direito ao parcelamento de férias na forma já mencionada.

3.4. Licenças

Outra tema fundamental em matéria de direitos do servidor é o da licença. Esta *consiste no direito do servidor não exercer suas atividades laborativas, com ou o sem remuneração, nos taxativos casos previstos em lei, em que se entende justo, atendido o interesse público, que se confira a licença.*

Segundo o art. 82, a licença concedida dentro de 60 dias do término de outra da mesma espécie será considerada como prorrogação.

Os taxativos **casos** em que se pode deferir uma licença aos servidores públicos estão previstos no art. 81 e são os seguintes:

I – por motivo de doença em pessoa da família (art. 83): concedida ao servidor por motivo de doença do cônjuge ou companheiro, dos pais, dos filhos, do padrasto ou madrasta e enteado, ou dependente que viva a suas expensas e conste do seu assentamento funcional, mediante comprovação por perícia médica oficial, sendo deferida apenas se a assistência direta do servidor for indispensável e não puder ser prestada simultaneamente com o exercício do cargo ou mediante compensação de horário na forma do art. 44, II; a licença em questão, incluídas as prorrogações, poderá ser concedida a cada período de doze meses nas seguintes condições: a) por até 60 dias, consecutivos ou não, mantida a remuneração do servidor; e b) por até 90 dias, consecutivos ou não, sem remuneração. O início do interstício de 12 meses será contado a partir da data do deferimento da primeira licença concedida, sendo que a soma das licenças remuneradas e das licenças não remuneradas, incluídas as respectivas prorrogações, concedidas em um mesmo período de 12 meses, não poderá ultrapassar os 60 e 90 dias referidos acima. Vale ressaltar que é vedado o exercício de atividade remunerada durante o período da licença de que trata este item.

II – por motivo de afastamento do cônjuge ou companheiro (art. 84): concedida ao servidor para acompanhar cônjuge ou companheiro que foi deslocado para outro ponto do território nacional, para o exterior ou para o exercício de mandato eletivo dos Poderes Executivo e Legislativo. A licença em questão será por prazo indeterminado e sem remuneração. **Excepcionalmente**, no deslocamento de servidor cujo cônjuge ou companheiro também seja servidor público de qualquer dos Poderes de qualquer ente federativo, poderá haver **exercício provisório** em órgão ou entidade da Administração Federal direta, autárquica ou fundacional, desde que para o exercício de atividade compatível com o seu cargo; quanto à hipótese excepcional de *exercício provisório*, é distinta da prevista no art. 36, parágrafo único, III, "a" (direito à remoção por deslocamento de cônjuge por interesse da Administração), não requerendo que o servidor tenha sido deslocado por motivo de interesse da Administração; por conta disso, o STJ reconheceu tal direito a uma servidora da justiça trabalhista de Porto Alegre, cujo marido fora aprovado em concurso para trabalhar numa Prefeitura do Rio de Janeiro, autorizando que esta trabalhasse no TRT da 1ª Região (Rio de Janeiro), já que o cargo dela (analista judiciário) encontra atividade compatível nesse tribunal (REsp 871.762-RS);

III - para o serviço militar (art. 85): concedida ao servidor convocado para o serviço militar, na forma e condições previstas na legislação específica; no entanto, concluído o serviço militar, o servidor terá até 30 dias sem remuneração para reassumir o exercício do cargo;

IV – para atividade política (art. 86): concedida ao servidor, sem remuneração, num primeiro momento, durante o período que mediar entre a sua escolha em convenção partidária, como candidato a cargo eletivo, e a véspera do registro de sua candidatura perante a Justiça Eleitoral, sendo que, posteriormente, a partir do registro da candidatura e até o décimo dia seguinte ao da eleição, o servidor fará jus à licença, assegurados os vencimentos do cargo efetivo, somente pelo período de três meses. Ressalte-se que servidor candidato a cargo eletivo na localidade onde desempenha suas funções e que exerça cargo de direção, chefia, assessoramento, arrecadação ou fiscalização, dele será afastado, a partir do dia imediato ao do registro de sua candidatura perante a Justiça Eleitoral, até o décimo dia seguinte ao do pleito;

V – para capacitação (art. 87): concedida ao servidor, no interesse da Administração, após cada quinquênio de efetivo exercício, permitindo que este se afaste do exercício do cargo efetivo, com a respectiva remuneração, por até três meses, para participar de curso de capacitação profissional. Vale ressaltar que os períodos de licença não são acumuláveis;

VI – para tratar de interesses particulares (art. 91): concedida, a critério da Administração, ao servidor ocupante de cargo efetivo, desde que não esteja em estágio probatório, para o trato de assuntos particulares, pelo prazo de até três anos consecutivos, sem remuneração. A licença poderá ser interrompida, a qualquer tempo, a pedido do servidor ou no interesse do serviço;

VII – para desempenho de mandato classista (art. 92): assegurada ao servidor, para o desempenho de mandato em confederação, federação, associação de classe de âmbito nacional, sindicato representativo da categoria ou entidade fiscalizadora da profissão ou, ainda, para participar de gerência ou administração em sociedade cooperativa constituída por servidores públicos para prestar serviços a seus membros, considerando o afastamento como de efetivo exercício, conforme disposto em regulamento e observados os seguintes limites: a) para entidades com até 5.000 associados, dois servidores; b) para entidades com 5.001 a 30.000 associados, quatro servidores; c) para entidades com mais de 30.000 associados, oito servidores. Somente poderão ser licenciados servidores eleitos para cargos de direção ou representação nas referidas entidades, desde que cadastradas no órgão competente. A licença terá duração igual à do mandato, podendo ser prorrogada, no caso de reeleição.

3.5. Afastamentos

A par das licenças, há também como direitos dos servidores os afastamentos, que são das seguintes modalidades:

I - **Afastamento para Servir a Outro Órgão ou Entidade (art. 93):** o servidor poderá (repare que não é "deverá", pois há discricionariedade para a Administração) ser cedido temporariamente para outro órgão ou entidade dos Poderes da União, Estados, DF e Municípios, nas seguintes hipóteses: a) para **cargo em comissão** ou **função de confiança**; b) em **casos previstos em leis específicas**; a cessão far-se-á mediante Portaria publicada no Diário Oficial da União; no primeiro caso, sendo a cessão para órgãos ou entidades dos Estados, DF ou Municípios, o ônus da remuneração (ou seja, que pagará o servidor) será do órgão ou entidade cessionária (quem recebe o servidor – Estados, DF ou Municípios), mantido o ônus para o cedente (a União ou suas pessoas de direito público) nos demais casos; caso o servidor seja cedido a empresa pública ou sociedade de economia mista e opte pela remuneração do cargo efetivo ou por esta acrescida de percentual da retribuição do cargo em comissão, a entidade cessionária (a empresa estatal) efetuará o reembolso das despesas realizadas pelo órgão ou entidade de origem (a União ou suas pessoas de direito público); a União arcará também com os ônus mencionados nos dois casos acima quando for ela quem requisitar um servidor de outra entidade; independentemente de se tratar de cargo em comissão ou função de confiança, o servidor do Poder Executivo poderá também ser cedido para trabalhar, para fim determinado e a prazo certo, para outro órgão da Administração Federal direta, desde que este não tenha quadro próprio de pessoal e haja autorização expressa do Presidente da República; da mesma forma, o Ministério do Planejamento, Orçamento e Gestão, com a finalidade de promover a composição da força de trabalho dos órgãos e entidades da Administração Pública Federal, poderá determinar a lotação ou o exercício de empregado ou servidor, independentemente de se tratar de cargo em comissão ou função de confiança.

II – Afastamento para Exercício de Mandato Eletivo (art. 94): ao servidor já investido em mandato eletivo aplicam-se as seguintes disposições: a) tratando-se de mandato federal, estadual ou distrital, ficará afastado do cargo; b) investido no mandato de Prefeito, será afastado do cargo, sendo-lhe facultado optar pela sua remuneração; c) investido no mandato de vereador e, havendo compatibilidade de horário, perceberá as vantagens de seu cargo, sem prejuízo da remuneração do cargo eletivo; não havendo, será afastado do cargo, sendo-lhe facultado optar pela sua remuneração; no caso de afastamento do cargo, o servidor contribuirá para a seguridade social como se em exercício estivesse; o servidor investido em mandato eletivo ou classista não poderá ser removido ou redistribuído de ofício para localidade diversa daquela onde exerce o mandato.

III – Afastamento para Estudo ou Missão no Exterior (arts. 95 e 96): o servidor poderá ausentar-se do País para estudo ou missão oficial desde que haja autorização do Presidente da República, Presidente dos Órgãos do Poder Legislativo e Presidente do Supremo Tribunal Federal, sendo que a ausência não excederá a 4 anos, e finda a missão ou estudo, somente decorrido igual período, será permitida nova ausência; todavia, o servidor beneficiado por esse afastamento não poderá ter deferidos exoneração na Administração ou pedido licença para tratar de interesse particular antes de decorrido período igual ao do afastamento, ressalvada a hipótese de ressarcimento da despesa havida com seu afastamento; essa forma de afastamento não se aplica aos servidores da carreira diplomática, dada as peculiaridades dessa carreira; já quanto ao afastamento de servidor para servir em organismo internacional de que o Brasil participe ou com o qual coopere, dar-se-á com perda total da remuneração, sem prejuízo de que no organismo internacional para no qual o servidor vai atuar este recebe remuneração; aplica-se à participação em programa de pós-graduação no Exterior autorizado nos termos do presente afastamento as regras de que trata o afastamento seguinte.

IV – Afastamento para Participação em Programa de Pós-Graduação *Stricto Sensu* no País (art. 96-A): o servidor poderá, desde que haja interesse da Administração e que a frequência realmente não possa ocorrer simultaneamente com o exercício do cargo ou mediante compensação de horário, pedir o afastamento do exercício do cargo efetivo, mantendo a remuneração, para participar em programa de pós-graduação *stricto sensu* (mestrado ou doutorado) em instituição de ensino superior no País; ato do dirigente máximo do órgão ou entidade definirá, em conformidade com a legislação vigente, os programas de capacitação e os critérios para participação em programas de pós-graduação no País, com ou sem afastamento do servidor, que serão avaliados por um comitê constituído para este fim; os afastamentos para realização de programas de mestrado e doutorado somente serão concedidos aos servidores titulares de cargos efetivos no respectivo órgão ou entidade há pelo menos 3 anos para mestrado e 4 anos para doutorado, incluído o período de estágio probatório, que não tenham se afastado por licença para tratar de assuntos particulares para gozo de licença capacitação ou com fundamento neste artigo nos 2 anos anteriores à data da solicitação de afastamento; os afastamentos para realização de programas de pós-doutorado somente serão concedidos aos servidores titulares de cargos efetivo no respectivo órgão ou entidade há pelo menos quatro anos, incluído o período de estágio probatório, e que não tenham se afastado por licença para tratar de assuntos particulares ou com fundamento neste artigo, nos quatro anos anteriores à data da solicitação de afastamento; os servidores beneficiados pelos afastamentos terão que permanecer no exercício de suas funções após o seu retorno por um período igual ao do afastamento concedido; caso o servidor venha a solicitar exoneração do cargo ou aposentadoria, antes de cumprido o período de permanência mencionado, deverá ressarcir o órgão ou entidade, na forma do art. 47 da Lei 8.112, de 11 de dezembro de 1990, dos gastos com seu aperfeiçoamento; também terá de ressarcir o órgão ou entidade o servidor que não obtiver o título ou grau que justificou seu afastamento no período previsto, salvo na hipótese comprovada de força maior ou de caso fortuito, a critério do dirigente máximo do órgão ou entidade.

3.6. Concessões

Outro instituto bastante comum no serviço público é o das concessões. Esse instituto tem três: a) concessão que permite ao servidor, em determinadas situações, ausentar-se do serviço por um pequeno período, que varia de acordo com a hipótese, sem qualquer prejuízo; b) concessão que permite ao servidor cumprir um horário especial de trabalho, diferente dos demais servidores; c) concessão que garante ao servidor e seus familiares vaga em instituição de ensino quando mudar de sede no interesse da administração.

Vejamos as hipóteses legais que permitem a **ausência ao serviço** (art. 97):

I - para **doação de sangue**, por 1 (um) dia;

II - pelo período comprovadamente necessário para **alistamento ou recadastramento eleitoral**, limitado, em qualquer caso, a dois dias;

III - **casamento** ou **falecimento** do cônjuge, companheiro, pais, madrasta ou padrasto, filhos, enteados, menor sob guarda ou tutela e irmãos, por 8 (oito) dias consecutivos.

Vejamos as hipóteses legais que permitem o **horário especial de trabalho** (art. 98):

I - quando comprovada a incompatibilidade entre o **horário escolar** e o da repartição, sem prejuízo do exercício do cargo; o servidor poderá ajustar o seu horário de trabalho com o horário escolar, porém será exigida a compensação de horário no órgão ou entidade que tiver exercício, respeitada a duração semanal do trabalho.

II - quanto ao servidor portador de deficiência, quando comprovada a necessidade por junta médica oficial, independentemente de compensação de horário.

III – quanto ao servidor cujo cônjuge, filho ou dependente for portador de deficiência física, exigindo-se, porém, neste caso, compensação de horário.

IV – quanto ao servidor que desempenhe atividade prevista nos incisos I e II do *caput* do art. 76-A (atuação como instrutor em curso de formação, de desenvolvimento ou de treinamento no âmbito da administração federal, ou participação de banca examinadora ou de comissão para análise curricular e correção ou elaboração de provas), vinculado à compensação de horário a ser efetivada no prazo de até 1 (um) ano.

Quanto à hipótese legal que garante ao servidor e seus familiares **vaga em instituição de ensino** (art. 99), esta se dá quando o servidor mudar de sede no interesse da administração, caso em que terá direito à matrícula em instituição de ensino congênere, em qualquer época, independentemente de vaga, sendo que esse direito é garantido ao próprio servidor e também ao cônjuge ou companheiro, aos filhos, ou enteados do servidor que vivam na sua companhia, bem como aos menores sob sua guarda, com autorização judicial.

3.7. Tempo de Serviço

O tema "tempo de serviço" já não é mais tão importante hoje. Em relação ao "adicional por tempo de serviço", este já não existe mais, desde que a Lei 8.112/1990 foi revogada nesse ponto. Já em relação à "aposentadoria por tempo de serviço", também não existe mais, desde que a EC 20/1998 passou a exigir "tempo de contribuição" no lugar de "tempo de serviço", para que alguém se aposente no serviço público.

De qualquer forma, a revogada norma acerca do "adicional por tempo de serviço" pode ainda gerar alguma controvérsia pra quem tenha conseguido algum adicional quando ainda era cabível e a questão das aposentadorias tem regras de transição, que admitem que, quem estava no serviço público antes da EC 20/1998, possa considerar o mero "tempo de serviço" anterior à emenda, para compor parte do tempo necessário para conseguir a aposentadoria.

Assim, apesar da pouca utilização do instituto tempo de serviço na esfera federal, justifica-se ainda tecer considerações a respeito, por conta do eventual uso do instituto em alguma situação específica.

Confira-se as regras a respeito:

a) é contado para todos os efeitos o tempo de serviço público federal, inclusive o prestado às Forças Armadas (art. 100).

b) a apuração do tempo de serviço será feita em dias, que serão convertidos em anos, considerado o ano como de trezentos e sessenta e cinco dias (art. 101).

c) além das ausências ao serviço previstas no art. 97 (concessões para doação de sangue, casamento etc.), são considerados como de efetivo exercício os afastamentos em virtude de (art. 102): i) férias (assim, incide sobre as férias o adicional de periculosidade – STJ, Resp 536.104/RS); ii) exercício de cargo em comissão ou equivalente, em órgão ou entidade dos Poderes da União, dos Estados, Municípios e Distrito Federal; iii) exercício de cargo ou função de governo ou administração, em qualquer parte do território nacional, por nomeação do Presidente da República; iv) participação em programa de treinamento regularmente instituído ou em programa de pós-graduação stricto sensu no País, conforme dispuser o regulamento; v) desempenho de mandato eletivo federal, estadual, municipal ou do Distrito Federal, exceto para promoção por merecimento; vi) júri e outros serviços obrigatórios por lei; vii) missão ou estudo no exterior, quando autorizado o afastamento, conforme dispuser o regulamento; viii) licença à gestante, à adotante e à paternidade; para tratamento da própria saúde, até o limite de vinte e quatro meses, cumulativo ao longo do tempo de serviço público prestado à União, em cargo de provimento efetivo; para o desempenho de mandato classista ou participação de gerência ou administração em sociedade cooperativa constituída por servidores para prestar serviços a seus membros, exceto para efeito de promoção por merecimento; por motivo de acidente em serviço ou doença profissional; para capacitação, conforme dispuser o regulamento; por convocação para o serviço militar; ix) deslocamento para a nova sede de que trata o art. 18; x) participação em competição desportiva nacional ou convocação para integrar representação desportiva nacional, no País ou no exterior, conforme disposto em lei específica; xi) afastamento para servir em organismo internacional de que o Brasil participe ou com o qual coopere; por conta de se considerar tais ausências como de efetivo exercício, "é devido o pagamento de auxílio-alimentação e vale-transporte durante os afastamentos de servidor público federal previstos no art. 102 da Lei 8.112/1990, tal como a licença para frequência a curso de aperfeiçoamento" (STJ, REsp 614.433/RJ);

d) contar-se-á apenas para efeito de aposentadoria e disponibilidade (art. 103): i) o tempo de serviço público prestado aos Estados, Municípios e Distrito Federal; ii) a licença para tratamento de saúde de pessoal da família do servidor, com remuneração, que exceder a 30 (trinta) dias em período de 12 (doze) meses; iii) a licença para atividade política, no caso do art. 86, § 2º; iv) o tempo correspondente ao desempenho de mandato eletivo federal, estadual, municipal ou distrital, anterior ao ingresso no serviço público federal; v) o tempo de serviço em atividade privada, vinculada à Previdência Social; vi) o tempo de serviço relativo a tiro de guerra; vii) o tempo de licença para tratamento da própria saúde que exceder o prazo a que se refere a alínea "b" do inciso VIII do art. 102.

e) o tempo em que o servidor esteve aposentado será contado apenas para nova aposentadoria (art. 103, § 1º);

f) será contado em dobro o tempo de serviço prestado às Forças Armadas em operações de guerra (art. 103, § 2º); essa regra não foi recepcionada pela texto constitucional incluído pela EC 20/1998, pelo qual "a lei não poderá estabelecer qualquer forma de contagem de tempo de contribuição fictício" (art. 40, § 10, da CF);

g) é vedada a contagem cumulativa de tempo de serviço prestado concomitantemente em mais de um cargo ou função de órgão ou entidades dos Poderes da União, Estado, Distrito Federal e Município, autarquia, fundação pública, sociedade de economia mista e empresa pública (art. 103, § 3º).

3.8. Direito de Petição

Fechando o rol de direitos do servidor, temos o direito de petição.

Esse direito está assegurado a qualquer indivíduo, de forma, genérica no próprio texto constitucional. O art. 5º, XXXIV, da CF assegura a todos, independentemente do pagamento de taxas, "o direito de petição aos Poderes Públicos em defesa de direitos ou contra ilegalidade ou abuso de poder".

Dessa forma, a primeira conclusão é de que, mesmo que não houvesse a repetição desse direito na Lei 8.112/1990, o servidor, invocando o próprio texto constitucional, já poderia exercer o direito de petição. Assim, eventual pedido que o servidor deseja fazer que eventualmente não se encaixe nas hipóteses legais previstas na lei em questão, pode ser feito com fundamento na Constituição, ocasião em que as balizas serão as previstas no texto maior, e não as trazidas na Lei 8.112/1990.

A segunda conclusão é de que, como o texto constitucional não estabelece prazo algum para o exercício desse direito, não poderia uma lei infraconstitucional restringir um direito constitucional considerado fundamental. Assim, o servidor, mesmo que fundamente seu pedido na Lei 8.112/1990, pode exercer esse direito a qualquer tempo, devendo a Administração analisar o pedido formulado. Todavia, é possível que o direito de fundo que dá ensejo ao pedido formulado pelo servidor já tenha decaído (pela decadência ou pela prescrição), caso em que é possível que a Administração, ao apreciar o pedido formulado pelo servidor, venha a não acolhê-lo, pela extinção do direito potestativo ou da pretensão.

Feitas essas observações, vamos ao que dispõe a Lei 8.112/1990 acerca do direito de petição.

Quanto ao **objeto do direito**, o art. 104 assegura ao servidor o direito de requerer aos Poderes Públicos providências em "defesa de direito ou interesse legítimo". Repare que o texto constitucional é mais amplo, permitindo o direito de petição "em defesa de direitos ou contra ilegalidade ou abuso de poder". Assim, há de se ler o texto infraconstitucional à luz do texto constitucional, para o fim de ampliar as hipóteses que ensejam o direito de petição do servidor.

Quanto ao **destinatário do requerimento** (pedido feito no direito de petição), o art. 105 dispõe que o "requerimento será dirigido à autoridade competente para decidi-lo. Todavia, a petição será encaminhada à autoridade competente por intermédio da chefia do requerente".

Quanto à **impugnação à decisão tomada em face do requerimento**, o art. 106 dispõe que "cabe pedido de reconsideração à autoridade que houver expedido o ato ou proferido a primeira decisão, pedido de reconsideração esse que não pode ser renovado".

Tanto o requerimento, como o pedido de reconsideração acima mencionados deverão ser **despachados** no prazo de 5 dias e **decididos** dentro de 30 dias.

Ainda em relação à impugnação de decisões tomadas em face do requerimento, o art. 107 prevê agora a figura do **recurso**, que caberá nas seguintes hipóteses: a) do indeferimento do pedido de reconsideração; b) das decisões sobre os recursos sucessivamente interpostos.

O recurso (o primeiro deles) será dirigido à autoridade imediatamente superior à que tiver expedido o ato ou proferido a decisão, e, sucessivamente (os demais recursos), em escala ascendente, às demais autoridades.

Assim como acontece com o pedido de reconsideração, o recurso será encaminhado por intermédio da autoridade a que estiver imediatamente subordinado o requerente, ou seja, por intermédio da chefia do requerente.

Quanto aos **prazos para a interposição do pedido de reconsideração ou do recurso**, o art. 108 prevê que são de 30 dias, a contar da publicação ou da ciência, pelo interessado, da decisão recorrida.

Quanto **aos efeitos em que são recebidos os recursos**, em regra, o efeito é somente devolutivo, ou seja, o recurso não suspende a tomada de decisões pela Administração com base no que foi decidido. Todavia, a juízo da autoridade competente, o recurso poderá ser recebido com efeito suspensivo (art. 109). Em caso de provimento do pedido de reconsideração ou do recurso, os efeitos da decisão retroagirão à data do ato impugnado. Sobre o efeito meramente devolutivo, como regra, do recurso administrativo, o STJ entende que "a Administração, após regular processo disciplinar e diante da presunção de sinceridade, da imperatividade, da autoexecutoriedade e da boa-fé do ato administrativo, pode aplicar penalidade ao servidor público independentemente do julgamento do recurso administrativo interposto que, em geral, é recebido apenas no efeito devolutivo (art. 109 da Lei 8.112/1990)" (MS 10.759-DF).

Quanto ao **direito de requerer**, o art. 110 prevê que **prescreve** nos prazos seguintes, contados da data da publicação do ato impugnado ou da data da ciência pelo interessado, quando o ato não for publicado:

a) em 5 anos, quanto aos atos de demissão e de cassação de aposentadoria ou disponibilidade, ou que afetem interesse patrimonial e créditos resultantes das relações de trabalho;

b) em 120 dias, nos demais casos, salvo quando outro prazo for fixado em lei.

Há de se esclarecer que o pedido de reconsideração e o recurso, quando cabíveis, **interrompem a prescrição** (art. 111).

Reforçando a questão da prescrição, a Lei 8.112/1990 ainda prevê que "a prescrição é de ordem pública, não podendo ser relevada pela administração", ou seja, aquele que for julgar o requerimento inicial do direito de petição ou algum recurso há de **reconhecer de ofício a prescrição**, quando esta já tiver se efetivado.

Conforme mencionado no início desse item, em sendo o direito de petição um direito de natureza constitucional fundamental, a lei não poderia impedir que alguém o exerça transcorrido certo tempo. Talvez por isso a Lei 8.112/1990 tenha, logo após estabelecer os prazo prescricionais e dispor que são de ordem pública (arts. 110 e 112), se "arrependido", ao assegurar que "a administração deverá rever seus atos, a qualquer tempo, quando **eivados de ilegalidade**" (art. 114, *g.n.*).

Em outras palavras, para conjugar o texto constitucional com o texto da Lei 8.112/1990, quando um servidor público invocar o direito constitucional de petição, para fazer algum requerimento, este deve sempre ser conhecido, mas nem sempre deferido, pois é possível que a pretensão ou o direito potestativo do servidor já tenha prescrito ou decaído. Em qualquer caso, em a Administração reconhecendo ter havido uma ilegalidade, deve, respeitados os prazos decadenciais existentes, tomar as devidas providências para a anulação dos atos.

Para assegurar a máxima efetividade do direito de petição, o art. 113 assegura "vista do processo ou documento, na repartição, ao servidor ou a procurador por ele constituído".

Por fim, o art. 115 dispõe que são fatais e improrrogáveis os prazos estabelecidos acima, salvo motivo de força maior.

4. DO REGIME DISCIPLINAR

4.1. Aspectos gerais

A temática do "regime disciplinar" tem quatro grandes temas: a) deveres do servidor; b) proibições ao servidor; c) vedação de acumulação remunerada de cargos públicos; d) responsabilidade civil, administrativa e penal do servidor; e) penalidades disciplinares e hipóteses em que devem ser aplicadas.

A partir dos deveres e proibições dos servidores será construído um cenário com as condutas que o servidor podem ou não tomar e, em seguida, serão enumerados os casos em que um servidor pode sofrer uma penalidade disciplinar, bem como quais são as penalidades disciplinares cabíveis para cada caso.

Portanto, ao se estudar os deveres e proibições dos servidores, há de se ficar atento, pois tais deveres e proibições serão retomados quando se definir quais casos ensejam punição disciplinar a respectiva penalidade disciplinar.

4.2. Deveres do servidor

Segundo o art. 116, são **deveres do servidor**:

I – exercer com zelo e dedicação as atribuições do cargo;

II – ser leal às instituições a que servir;

III – observar as normas legais e regulamentares;

IV – cumprir as ordens superiores, exceto quando manifestamente ilegais; por exemplo, n

V – atender com presteza:

a) ao público em geral, prestando as informações requeridas, ressalvadas as protegidas por sigilo;

b) à expedição de certidões requeridas para defesa de direito ou esclarecimento de situações de interesse pessoal;

c) às requisições para a defesa da Fazenda Pública.

VI – levar as irregularidades de que tiver ciência em razão do cargo ao conhecimento da autoridade superior ou, quando houver suspeita de envolvimento desta, ao conhecimento de outra autoridade competente para apuração; esse dever teve redação alterada pela Lei 12.527/2011 e é extremamente relevante, pois em boa parte dos casos apenas um servidor público sabe das irregularidades cometidas por outro servidor e, se não há um dever como esse para que o servidor público inocente denuncie irregularidades, grande parte dos casos de corrupção e outras ilegalidades nunca será conhecida para punir o servidor que tiver cometido a irregularidade; agora, o servidor inocente quanto à irregularidade poderá se tornar um servidor culpado por uma infração disciplinar (de não denunciar a irregularidade), o que faz como que os servidores tenham efetivamente que denunciar ilegalidades para que não sejam punidos também;

VII – zelar pela economia do material e a conservação do patrimônio público;

VIII – guardar sigilo sobre assunto da repartição;

IX – manter conduta compatível com a moralidade administrativa;

X – ser assíduo e pontual ao serviço;

XI – tratar com urbanidade as pessoas;

XII – representar contra ilegalidade, omissão ou abuso de poder; essa representação será encaminhada pela via hierárquica (pela chefia do servidor) e apreciada pela autoridade superior àquela contra a qual é formulada, assegurando-se ao representando ampla defesa.

4.3. Proibições ao servidor

Segundo o art. 117, são **proibições ao servidor**:

I – ausentar-se do serviço durante o expediente, sem prévia autorização do chefe imediato;

II – retirar, sem prévia anuência da autoridade competente, qualquer documento ou objeto da repartição;

III – recusar fé a documentos públicos;

IV – opor resistência injustificada ao andamento de documento e processo ou execução de serviço;

V – promover manifestação de apreço ou desapreço no recinto da repartição;

VI – cometer a pessoa estranha à repartição, fora dos casos previstos em lei, o desempenho de atribuição que seja de sua responsabilidade ou de seu subordinado;

VII – coagir ou aliciar subordinados no sentido de filiarem-se a associação profissional ou sindical, ou a partido político;

VIII – manter sob sua chefia imediata, em cargo ou função de confiança, cônjuge, companheiro ou parente até o segundo grau civil;

IX – valer-se do cargo para lograr proveito pessoal ou de outrem, em detrimento da dignidade da função pública; o STJ entendeu configurado o dispositivo num caso em que um "servidor não ocupante de cargo efetivo, valendo-se do cargo, tenha indicado irmão, nora, genro e sobrinhos para contratação por empresas recebedoras de verbas públicas, ainda que não haja dano ao erário ou proveito pecuniário e independentemente da análise de antecedentes funcionais", esclarecendo o Tribunal que "é de natureza formal o ilícito administrativo consistente na inobservância da proibição de que o servidor se valha do cargo para lograr proveito pessoal ou de outrem, em detrimento da dignidade da função pública (art. 117, IX, da Lei 8.112/1990), nesse contexto não importa, para configuração do ilícito, qualquer discussão acerca da eventual ocorrência de dano ao erário ou da existência de proveito pecuniário, pois o que se pretende é impedir o desvio de conduta por parte do servidor"; tratando-se a autoridade que cometeu o ilícito de um detentor de cargo em comissão, considerou-se adequada a aplicação no caso da pena de destituição de cargo em comissão (MS 17.811-DF);

X – participar de gerência ou administração de sociedade privada, personificada ou não personificada, exercer o comércio, exceto na qualidade de acionista, cotista ou comanditário; repare que a proibição, aqui, não é de ser sócio, acionista ou cotista de uma sociedade empresária ou simples, mas sim de ser gerente ou administrador desta; assim, um servidor federal pode ser sócio de uma empresa, mas não pode constar no contrato social dela como gerente ou administrador, nem agir como tal.

XI – atuar, como procurador ou intermediário, junto a repartições públicas, salvo quando se tratar de benefícios previdenciários ou assistenciais de parentes até o segundo grau, e de cônjuge ou companheiro; não se pode confundir esse tipo administrativo (que traz hipótese de advocacia administrativa) com hipóteses em que um servidor comete alguma irregularidade em seu serviço, mas sim objetivo de atuar como procurador ou intermediário de alguém; nesse sentido o STJ afastou a aplicação de demissão em um caso em que uma servidora (chefe do setor de RH de um órgão federal) acabou por considerar corretas assinaturas de aposentada apostas recadastramento, quando, na verdade, as assinaturas não condizia com as constantes de seu assento funcional; no caso, além de não ter havido advocacia administrativa, ficou demonstrado que a aposentada tinha direito aos benefícios, não havendo, assim, prejuízo algo ao erário (MS 14.993-DF); o STJ também já decidiu que essa proibição só resta violada no plano concreto quando há efetivamente um tráfico de influência, ou seja, quando o servidor se vale do próprio cargo com o intuito de intermediar vantagens para outrem (MS 7.261-DF);

XII – receber propina, comissão, presente ou vantagem de qualquer espécie, em razão de suas atribuições; essa vedação não se aplica nos seguintes casos: a) participação nos conselhos de administração e fiscal de empresas ou entidades em que a União detenha, direta ou indiretamente, participação no capital social ou em sociedade cooperativa constituída para prestar serviços a seus membros; b) gozo de licença para o trato de interesses particulares, na forma do art. 91 da lei, observada a legislação sobre conflito de interesses.

XIII – aceitar comissão, emprego ou pensão de estado estrangeiro;

XIV - praticar usura sob qualquer de suas formas; a lei se refere aqui ao caso do servidor que empresta, habitualmente, dinheiro a pessoas, mediante a cobrança de juros acima de 12% ao ano; uma instituição financeira pode fazer isso, mas uma pessoa qualquer não, principalmente um servidor público, que, além de estar sujeito a outras sanções legais pela prática da usura, está infringindo uma proibição da Lei 8.112/1990 e pode ser punido administrativa também;

XV – proceder de forma desidiosa;

XVI – utilizar pessoal ou recursos materiais da repartição em serviços ou atividades particulares;

XVII – cometer a outro servidor atribuições estranhas ao cargo que ocupa, exceto em situações de emergência e transitórias;

XVIII – exercer quaisquer atividades que sejam incompatíveis com o exercício do cargo ou função e com o horário de trabalho;

XIX – recusar-se a atualizar seus dados cadastrais quando solicitado.

4.4. Acumulação remunerada de cargos públicos

Neste item, remete-se ao capítulo que tratou disso no contexto do Direito Administrativo em geral, no qual se trouxe as disposições constitucionais à respeito do tema (art. 37, XVI, XVII e § 10), que coincidem e, ao mesmo tempo, são mais amplas que as disposições do art. 118 da Lei 8.112/1990.

Todavia, há duas disposições na Lei 8.112/1990 que não estão contidas na Constituição, e que devem ser estudadas.

A primeira deles está no art. 119, e estabelece que o servidor não poderá exercer mais de um cargo em comissão (salvo quando se assume outro cargo em comissão interinamente), nem ser remunerado pela participação em órgão de deliberação coletiva. Todavia, essa última proibição não se aplica à remuneração devida pela participação em conselhos de administração e fiscal das empresas públicas e sociedades de economia mista, suas subsidiárias e controladas, bem como quaisquer empresas ou entidades em que a União, direta ou indiretamente, detenha participação no capital social, observado o que, a respeito, dispuser legislação específica. Assim, o ocupante de um cargo em comissão na Administração Federal pode, por exemplo, receber "jetons" pela participação no conselho de administração da Petrobras, caso seja designado para tal conselho.

A segunda disposição, prevista no art. 120, dispõe que o servidor vinculado ao regime da Lei 8.112/1990 que acumular licitamente dois cargos efetivos, quando investido em cargo de provimento em comissão, ficará afastado de ambos os cargos efetivos, salvo na hipótese em que houver compatibilidade de horário e local com o exercício de um deles, declarada pelas autoridades máximas dos órgãos ou entidades envolvidos.

4.5. Responsabilidades

O servidor público, ao cometer um ato no contexto de suas funções, pode responder em três grandes esferas, segundo a Lei 8.112/1990. São elas: a) civil; b) penal; c) administrativa. Há também uma quarta esfera, que é a de improbidade administrativa.

Vamos a um exemplo. Imagine que um servidor cometa um crime de concussão, ou seja, exija dinheiro de um comerciante, para que conceda alguma licença administrativa que o comerciante tinha direito. Nesse caso, o servidor responderá civilmente (terá de pagar uma indenização ao comerciante, devolvendo os valores exigidos deste), penalmente (responderá pelo crime de concussão), administrativamente (estará sujeito a sanção disciplinar, no caso, à demissão) e por ato de improbidade (estará sujeito às sanções previstas na Lei 8.429/1992, que, além da perda do cargo e de ressarcimento ao erário, incluem pagamento de multa de civil, proibição de contratar com o Poder Público, entre outras). As sanções civis, penais e de improbidade são aplicadas por meio de processos judiciais. E as sanções administrativa são aplicadas pela própria Administração, independentemente de participação do Poder Judiciário.

Por conta disso é que o art. 121 tem o seguinte teor: "o servidor responde civil, penal e administrativamente pelo exercício irregular de suas atribuições".

Quanto à responsabilidade civil por danos causados ao erário (à Administração) ou a terceiros, o art. 122 dispõe que tal responsabilidade se configura tanto por condutas dolosas, como por condutas culposas do agente, mas, em qualquer caso, é necessário que o agente público tenha atuado com culpa (negligência, imprudência ou imperícia) ou dolo (intenção).

No caso de dano causado ao erário, não havendo acordo entre a Administração e o servidor público causador do dano, o Poder Público deverá ingressar em juízo para satisfação de seu crédito, mas, não havendo bens suficientes para serem liquidados e pago o débito, proceder-se-á na forma do art. 46 da Lei 8.112/1990.

No caso de danos causados a terceiros (por exemplo, um médico de hospital público comete um erro médico junto a um paciente), a vítima (o terceiro) não poderá acionar diretamente o servidor público, devendo acionar apenas a Fazenda Pública e esta, sim, podendo acionar em ação regressiva o servido que tiver agido com culpa ou dolo (art. 122, § 2º).

Em qualquer caso (dano causado diretamente ao erário ou dano causado a terceiro, que leva o Estado a indenizar esse terceiro), a obrigação de reparar o dano estende-se aos sucessores e contra eles será executada, até o limite do valor da herança recebida. Assim, se o servidor deveria indenizar os Estado diretamente ou ressarcir este por pagamentos feitos a terceiros, em valor, por exemplo, de R$ 50 mil, uma vez falecendo o servidor, o Estado, dentro dos limites da herança do servidor, vai ingressar no inventário deste para reaver esse valor.

É importante consignar que as sanções civis, penais e administrativas poderão cumular-se, sendo independentes entre si (art. 125), o que significa que, se o servidor vier a sofrer uma sanção administrativa, por exemplo, não estará exonerado de receber uma sanção civil ou penal pelo mesmo fato, e vice-versa. Há de se lembrar, ainda, que as demais sanções cabíveis pela prática de um ato de improbidade também, pelo mesmo fato, também são independentes (art. 12, *caput*, da Lei 8.429/1992).

Tal regra não prejudica disposição do art. 126, que tem o seguinte teor: "a responsabilidade administrativa do servidor será afastada no caso de absolvição criminal que negue a existência do fato ou sua autoria".

Essa disposição não significa que a responsabilidade administrativa não é independente da penal. Significa que, caso numa ação penal (por exemplo, numa ação em que se acusa um servidor de ter cometido crime de concussão, ou seja, de ter exigido propina de alguém), caso o juiz criminal absolva o servidor por *negativa da existência do fato* (ou seja, sentenciando que os fatos – exigência de propina – não ocorreram de jeito algum) ou por *negativa da autoria* (ou seja, sentenciando que a propina até foi exigida, mas não pelo servidor acusado, que não foi o autor do crime), a comissão disciplinar que estiver julgando o servidor pelos mesmos fatos na esfera administrativa deverá afastar essa responsabilidade. Em outra palavras, se um juiz criminal assegurar que os fatos não ocorreram (negativa da existência do fato) ou assegurar que o servidor não cometeu os fatos (negativa da autoria), não pode a Administração punir esse mesmo servidor na esfera administrativa (por exemplo, demitindo esse servidor), pois a decisão de um juiz na esfera criminal elimina a possibilidade de rediscussão dos mesmos fatos na esfera administrativa.

Porém, é fundamental que fique claro que somente absolvição do juiz criminal por esses dois motivos é que tem esse efeito na esfera administrativa. Caso a absolvição do juiz criminal for fundamentada em "falta de provas" (ou seja, o juiz criminal sentencia dizendo que não sabe se houve ou não crime, por isso simplesmente absolve por falta de prova), nesse caso essa decisão criminal não terá interferência alguma na esfera administrativa, não impedindo, assim, que o servidor absolvido na esfera criminal seja demitido, pelos mesmos fatos, na esfera administrativa.

Assim, a **comunicabilidade de instância** (a interferência da instância criminal na instância administrativa) somente se dá nos dois casos de absolvição criminal mencionados, quais sejam, negativa de existência do fato e negativa de autoria.

Por fim, a Lei 12.527/2011, com o objetivo de incentivar que servidores denunciem colegas que cometem irregularidades (aliás, um dever do servidor, conforme já visto), incluiu o art. 126-A na Lei 8.112/1990, que tem o seguinte teor: "nenhum servidor poderá ser responsabilizado civil, penal ou administrativamente por dar ciência à autoridade superior ou, quando houver suspeita de envolvimento desta, a outra autoridade competente para apuração de informação concernente à prática de crimes ou improbidade de que tenha conhecimento, ainda que em decorrência do exercício de cargo, emprego ou função pública:

4.6. Penalidades disciplinares

Neste item estudaremos quatro assuntos: a) quais são as **penalidades disciplinares** que podem ser aplicadas a um servidor federal; b) quais são as **infrações disciplinares** que ensejam a aplicação das penalidades e qual penalidade é aplicável a cada caso; c) **quem pode aplicar** as penalidades disciplinares; d) qual é o **prazo prescricional** para a aplicação das penalidades.

Segundo os arts. 127 e seguintes, as **penalidades disciplinares** são as seguintes:

I – advertência (art. 129); a advertência será aplicada por escrito, nos casos de violação de proibição constante do art. 117, incisos I a VIII e XIX, e de inobservância de dever funcional previsto em lei, regulamentação ou norma interna, que não justifique imposição de penalidade mais grave; quanto aos incisos citados, temos o I ("ausentar-se do serviço durante o expediente, sem prévia autorização do chefe imediato"); II ("retirar, sem prévia anuência da autoridade competente, qualquer documento ou objeto da repartição"), III ("recusar fé a documentos públicos"), IV ("opor resistência injustificada ao andamento de documento e processo ou execução de serviço"), V ("promover manifestação de apreço ou desapreço no recinto da repartição"), VI ("cometer a pessoa estranha à repartição, fora dos casos previstos em lei, o desempenho de atribuição que seja de sua responsabilidade ou de seu subordinado"), VII ("coagir ou aliciar subordinados no sentido de filiarem-se a associação profissional ou sindical, ou a partido político"), VIII ("manter sob sua chefia imediata, em cargo ou função de confiança, cônjuge, companheiro ou parente até o segundo grau civil"), XIX ("recusar-se a atualizar seus dados cadastrais quando solicitado"),

II – suspensão; a suspensão será aplicada em caso de reincidência das faltas punidas com advertência e de violação das demais proibições que não tipifiquem infração sujeita a penalidade de demissão, não podendo exceder de 90 dias; um caso específico, que haverá suspensão de até 15 dias, é o do servidor que, injustificadamente, recusar-se a ser submetido a inspeção médica determinada pela autoridade competente, cessando os efeitos da penalidade uma vez cumprida a determinação; quando houver conveniência para o serviço, a penalidade de suspensão poderá ser convertida em multa, na base de 50% por dia de vencimento ou remuneração, ficando o servidor obrigado a permanecer em serviço.

III – demissão; a demissão será aplicada nos seguintes casos (art. 132): a) crime contra a administração pública; b) abandono de cargo (segundo o art. 138, "configura abandono de cargo a ausência intencional do servidor ao serviço por mais de trinta dias consecutivos"); o STJ entende que é necessário o "animus abandonandi", a intenção de abandonar o cargo, que não acontece quando um servidor é preso preventivamente, sendo que, solto em razão da ilegalidade da prisão, poderá pedir a sua reintegração com todas as vantagens financeiras e de tempo de serviço devidamente ressarcidas (MS 12.424-DF); c) inassiduidade habitual (segundo o art. 139, "entende-se por inassiduidade habitual a falta ao serviço, sem causa justificada, por 60 dias, interpoladamente, durante o período de doze meses")[1]; d) improbidade administrativa; e) incontinência pública e conduta escandalosa, na repartição; f) insubordinação grave em serviço; g) ofensa física, em serviço, a servidor ou a particular, salvo em legítima defesa própria ou de outrem; h) aplicação irregular de dinheiros públicos; i) revelação de segredo do qual se apropriou em razão do cargo; o STJ manteve pena de demissão a servidor que forneceu a terceiro sua senha de acesso ao sistema eletrônico de tribunal, para que este manipulasse o ponto eletrônico com o objetivo de garantir ao funcionário horas extras, as quais seriam compensadas futuramente com folga ao serviço (MS 13.677-DF); j) lesão aos cofres públicos e dilapidação do patrimônio nacional; k) corrupção; l) acumulação ilegal de cargos, empregos ou funções públicas; m) transgressão dos incisos IX a XVI do art. 117 (IX – "valer-se do cargo para lograr proveito pessoal ou de outrem, em detrimento da dignidade da função pública"; X: "participar de gerência ou administração de sociedade privada, personificada ou não personificada, exercer o comércio, exceto na qualidade de acionista, cotista ou comanditário"; XI: "atuar, como procurador ou intermediário, junto a repartições públicas, salvo quando se tratar de benefícios previdenciários ou assistenciais de parentes até o segundo grau, e de cônjuge ou companheiro"; XII: "receber propina, comissão, presente ou vantagem de qualquer espécie, em razão de suas atribuições"; XIII: "aceitar comissão, emprego ou pensão de estado estrangeiro"; XIV: "praticar usura sob qualquer de suas formas"; XV: "proceder de forma desidiosa"; XVI: "utilizar pessoal ou recursos materiais da repartição em serviços ou atividades particulares"); n) caracterizada a acumulação de cargos ilegal e provada a má-fé, aplicar-se-á a pena de demissão em relação aos cargos, empregos ou funções públicas em regime de acumulação ilegal, hipótese em que os órgãos ou entidades de vinculação serão comunicados; o STF entende que configurada uma das hipóteses prevista como hábil à demissão, não há que se falar em alegação de violação ao princípio da proporcionalidade (RMS, 28.638/DF, j. 24.10.2013); em outro precedente importante sobre o art. 132 da Lei 8.112/1990, o STJ decidiu que, diferentemente do que acontece em direito penal em alguns casos, não se pode reconhecer a aplicação do princípio da insignificância quando constatada falta disciplinar prevista no artigo em questão, que considera tais faltas tão graves, que ensejam a demissão do servidor, tratando-se de ato vinculado, em que cabe ao administrador unicamente aplicar a penalidade prevista na lei (MS 18.090-DF); por outro lado, o STJ também tem precedente no sentido de que a pena de demissão deve ter respaldo em prova convincente para não comprometer a razoabilidade e a proporcionalidade da sanção administrativa (MS 12.957-DF); em outras palavras, o STJ está a dizer que se não houver certeza de que o fato imputado ao servidor (e que impõe demissão) realmente aconteceu, não se deve aplicar sanção tão grave como é a demissão;

IV – cassação de aposentadoria ou disponibilidade; será cassada a aposentadoria ou a disponibilidade do inativo que houver praticado, na atividade, falta punível com a demissão (art. 134); o STJ afastou processo administrativo promovido contra servidor aposentado, que lhe imputava uma série de desrespeitos aos arts. 116 e 117 da Lei 8.112/1990, pois ficou demonstrado que todas as imputações se referiam a declarações fortes feitas pelo servidor após a sua aposentadoria, o que impossibilitava o processo e o apenamento disciplinar, que só incide sobre fatos praticados na atividade, na forma do art. 134 ora mencionado (MS 8.228-DF);

V – destituição de cargo em comissão; a destituição de cargo em comissão exercido por não ocupante de cargo efetivo será aplicada nos casos de infração sujeita às penalidades de suspensão e de demissão (art. 135); constatada essa hipótese, a exoneração efetuada nos termos do art. 35 (ou seja, a exoneração feita livremente pela autoridade ou feita a pedido do servidor) será convertida em destituição de cargo em comissão.

1. "Art. 140. Na apuração de abandono de cargo ou inassiduidade habitual, também será adotado o procedimento sumário a que se refere o art. 133, observando-se especialmente que: I - a indicação da materialidade dar-se-á: a) na hipótese de abandono de cargo, pela indicação precisa do período de ausência intencional do servidor ao serviço superior a trinta dias; b) no caso de inassiduidade habitual, pela indicação dos dias de falta ao serviço sem causa justificada, por período igual ou superior a sessenta dias interpoladamente, durante o período de doze meses; II - após a apresentação da defesa a comissão elaborará relatório conclusivo quanto à inocência ou à responsabilidade do servidor, em que resumirá as peças principais dos autos, indicará o respectivo dispositivo legal, opinará, na hipótese de abandono de cargo, sobre a intencionalidade da ausência ao serviço superior a trinta dias e remeterá o processo à autoridade instauradora para julgamento."

VI – destituição de função comissionada.

No que diz respeito à **dosimetria da pena**, o art. 128, "na aplicação das penalidades serão consideradas a natureza e a gravidade da infração cometida, os danos que dela provierem para o serviço público, as circunstâncias agravantes ou atenuantes e os antecedentes funcionais", sendo que "o ato de imposição da penalidade mencionará sempre o fundamento legal e a causa da sanção disciplinar", dever decorrente do princípio da motivação.

Quanto ao **direito ao esquecimento** ou à **reabilitação do servidor**, as penalidades de advertência e de suspensão terão seus registros cancelados, após o decurso de 3 e 5 anos de efetivo exercício, respectivamente, se o servidor não houver, nesse período, praticado nova infração disciplinar, sendo que o cancelamento da penalidade não surtirá efeitos retroativos (art. 131).

Já quanto às outras **consequências futuras da demissão e da destituição de cargo** em comissão, temos três casos específicos:

a) **incompatibilização do ex-servidor para nova investidura em cargo público federal, pelo prazo de 5 (cinco) anos (art. 137)**: caso se deem por infringência do art. 117, incisos IX ("valer-se do cargo para lograr proveito pessoal ou de outrem, em detrimento da dignidade da função pública") e XI ("atuar, como procurador ou intermediário, junto a repartições públicas, salvo quando se tratar de benefícios previdenciários ou assistenciais de parentes até o segundo grau, e de cônjuge ou companheiro");

b) **impossibilidade para sempre de retorno do ex-servidor ao serviço público federal (art. 137, parágrafo único)**: caso deem por infringência do art. 132, incisos I ("crime contra a administração pública"), IV ("improbidade administrativa"), VIII ("aplicação irregular de dinheiros públicos"), X ("lesão aos cofres públicos e dilapidação do patrimônio nacional") e XI ("corrupção").

c) **efetivação da indisponibilidade de bens e ressarcimento ao erário:** caso se deem por infringência ao art. 132, incisos IV ("improbidade administrativa"), VIII ("aplicação irregular de dinheiros públicos"), X ("lesão aos cofres públicos e dilapidação do patrimônio nacional") e XI ("corrupção").

Por fim, de rigor tratar das **consequências da acumulação ilegal de cargos empregos ou funções**, que estão contidas nas seguintes regras (art. 133):

a) detectada a qualquer tempo a acumulação indevida, a autoridade a que se refere o art. 143 notificará o servidor, por intermédio de sua chefia imediata, para **apresentar opção** no prazo improrrogável de 10 dias, contados da data da ciência, de qual cargo pretende permanecer e de qual pretende se exonerar; a opção pelo servidor até o último dia de prazo para defesa configurará sua boa-fé, hipótese em que se converterá automaticamente em pedido de exoneração do outro cargo; o STF não reconheceu a boa-fé de servidor que acumulava quatro cargos de médico (dois no INSS e mais dois em duas prefeituras diversas), por ter o servidor feito a opção em prazo superior aos 10 dias enunciados em lei, bem como pelo fato de que a presunção de boa-fé prevista em lei já estava desfeita quando o servidor reconheceu que acumulava cargos ilegalmente e nada fez para resolver a questão, ao contrário, aceitou outro cargo em Prefeitura, valendo salientar, ainda que o STF também afastou a alegação de que contrações temporárias junto ao Poder Público não entram no cômputo das acumulações ilegais (RMS 26.929);

b) na hipótese de omissão do servidor em fazer a opção, a autoridade competente adotará procedimento sumário para a sua apuração e regularização imediata, cujo processo administrativo disciplinar se desenvolverá nas seguintes fases: i) instauração, com a publicação do ato que constituir a comissão, a ser composta por 2 servidores estáveis, e simultaneamente indicar a autoria e a materialidade da transgressão objeto da apuração (a indicação da autoria dar-se-á pelo nome e matrícula do servidor, e a materialidade pela descrição dos cargos, empregos ou funções públicas em situação de acumulação ilegal, dos órgãos ou entidades de vinculação, das datas de ingresso, do horário de trabalho e do correspondente regime jurídico); ii) instrução sumária, que compreende indiciamento, defesa e relatório; sendo que a comissão lavrará, até 3 dias após a publicação do ato que a constituiu, termo de indiciamento em que serão transcritas as informações de que trata o item anterior, bem como promoverá a citação pessoal do servidor indiciado, ou por intermédio de sua chefia imediata, para, no prazo de 5 dias, apresentar defesa escrita, assegurando-se-lhe vista do processo na repartição, observado o disposto nos arts. 163 e 164; Apresentada a defesa, a comissão elaborará relatório conclusivo quanto à inocência ou à responsabilidade do servidor, em que resumirá as peças principais dos autos, opinará sobre a licitude da acumulação em exame, indicará o respectivo dispositivo legal e remeterá o processo à autoridade instauradora, para julgamento; iii) julgamento; no prazo de 5 dias, contados do recebimento do processo, a autoridade julgadora proferirá a sua decisão, aplicando-se, quando for o caso, o disposto no § 3º do art. 167; caracterizada a acumulação ilegal e provada a má-fé, aplicar-se-á a pena de demissão, destituição ou cassação de aposentadoria ou disponibilidade em relação aos cargos, empregos ou funções públicas em regime de acumulação ilegal, hipótese em que os órgãos ou entidades de vinculação serão comunicados; o prazo para a conclusão do processo administrativo disciplinar submetido ao rito sumário não excederá trinta dias, contados da data de publicação do ato que constituir a comissão, admitida a sua prorrogação por até quinze dias, quando as circunstâncias o exigirem; o procedimento sumário rege-se pelas disposições deste artigo, observando-se, no que lhe for aplicável, subsidiariamente, as disposições dos Títulos IV e V da Lei 8.112/1990.

O art. 141 trata das **autoridades competentes para a aplicação das penalidades disciplinares**, que são as seguintes:

I - Presidente da República, Presidentes das Casas do Poder Legislativo e dos Tribunais Federais e Procurador-Geral da República, quando se tratar de demissão e cassação de aposentadoria ou disponibilidade de servidor vinculado ao respectivo Poder, órgão, ou entidade;

II - autoridades administrativas de hierarquia imediatamente inferior àquelas mencionadas no parágrafo anterior, quando se tratar de suspensão superior a 30 dias;

III - chefe da repartição e outras autoridades na forma dos respectivos regimentos ou regulamentos, nos casos de advertência ou de suspensão de até 30 dias;

IV - autoridade que houver feito a nomeação, quando se tratar de destituição de cargo em comissão.

O art. 1º, I, do Decreto 3.035/1999 delega competência aos Ministros de Estado e ao Advogado-Geral da União para, no âmbito dos órgãos da Administração direta, autárquica e fundacional que lhes são subordinados ou vinculados, julgar processos administrativos disciplinares e aplicar penalidades, nas hipóteses de demissão e cassação de aposentadoria ou disponibilidade de servidores. A norma que prevê a delegação impões observância das disposições legais e regulamentares pertinentes, inclusive a manifestação prévia e indispensável do órgão de assessoramento jurídico. O STF considera legítima essa delegação de competência (RMS 24.619 e RMS 25.736).

O próprio art. 1º, I, do Decreto deixa claro, todavia, que não é possível a subdelegação dessa competência, ou seja, os Ministros não poderão subdelegar essa competência para outras autoridades. Porém, como exceção, o 1º, § 3º, do Decreto admite que o Ministro da Educação (MEC) promova a subdelegação da competência aos dirigentes das instituições federais de ensino vinculadas ao MEC.

O art. 142 dispõe que a **ação disciplinar prescreverá**:

I - em 5 anos, quanto às infrações puníveis com demissão, cassação de aposentadoria ou disponibilidade e destituição de cargo em comissão;

II - em 2 anos, quanto à suspensão;

III - em 180 dias, quanto à advertência.

IV – nos prazos de prescrição previstos na lei penal, quando as infrações disciplinares também forem capituladas como crime; nesse caso, quando já há condenação penal pelo mesmo fato que enseja a infração disciplinar, o prazo de prescrição para aplicar a sanção disciplinar é contado considerando a pena em concreto aplicada pelo juízo criminal (STJ, MS 14.040-DF); não havendo processo criminal apurando o fato objeto de processo disciplinar, aplica-se a regra geral da prescrição de 5 anos prevista do art. 142, I, acima, mesmo que o fato possa em tese ser considerado crime também (STJ, MS 15.462-DF);

O prazo de prescrição **começa a correr** da data em que o fato se tornou conhecido, e não da data em que o ato foi praticado. Porém, a abertura de sindicância ou a instauração de processo disciplinar **interrompe** a prescrição, até a decisão final proferida por autoridade competente, sendo que, **interrompido** o curso da prescrição, o prazo começará a correr a partir do dia em que cessar a interrupção.

Assim, o prazo prescricional começa a ser contado da data em que se tornou conhecido o fato desabonador, mas a instauração do processo disciplinar, mediante a publicação da respectiva portaria, interrompe a prescrição até a decisão final proferida por autoridade competente. Tomada essa decisão, o prazo começará a correr por inteiro novamente, vez que, na *interrupção* da prescrição (diferentemente da *suspensão* desta), é isso que ocorre. Todavia, como alguns processos disciplinares demoram muito tempo e se convencionou que deve, por conta dos prazo previstos na Lei 8.112/1990, durar até 140 dias (prazo máximo para a conclusão do PAD – Processo Administrativo Disciplinar), entende-se que o prazo prescricional interrompido com a abertura do processo disciplinar volta a correr após 140 dias da instauração sem que tenha sido concluído. Vide a respeito a seguinte decisão: STJ, MS 12.735-DF.

5. PROCESSO ADMINISTRATIVO DISCIPLINAR

5.1. Disposições Gerais

Uma vez que se faça necessário apurar se um servidor cometeu infração disciplinar e aplicar, se for o caso, a penalidade disciplinar respectiva, de rigor instaurar sindicância ou processo disciplinar que siga o devido processo legal previsto em lei e, assim, possibilite apuração adequada e eventual punição que respeite aos princípios da ampla defesa e do contraditório.

Porém, para que isso ocorra, é necessário que haja uma provocação. Nesse sentido, o art. 143 dispõe que a "**autoridade que tiver ciência** de irregularidade no serviço público é obrigada a **promover a sua apuração imediata**, mediante sindicância ou processo administrativo disciplinar, assegurada ao acusado ampla defesa".

Essa **apuração**, por **solicitação da autoridade** que tiver ciência do fato, "**poderá ser promovida** por autoridade de órgão ou entidade diverso daquele em que tenha ocorrido a irregularidade, mediante competência específica para tal finalidade, delegada em caráter permanente ou temporário pelo Presidente da República, pelos presidentes das Casas do Poder Legislativo e dos Tribunais Federais e pelo Procurador-Geral da República, no âmbito do respectivo Poder, órgão ou entidade, **preservadas as competências** para o julgamento que se seguir à apuração".

São **requisitos para que denúncias sobre irregularidades sejam objeto de apuração os seguintes** (art. 144): a) que contenham a identificação e o endereço do denunciante; b) que sejam formuladas por escrito, confirmada a autenticidade; c) que o fato narrado configure evidente infração disciplinar ou ilícito penal, sob pena de a denúncia ser arquivada, por falta de objeto.

Num primeiro momento, instaura-se uma **sindicância** para apuração inicial dos fatos, sendo que o **prazo** para a sua conclusão não excederá 30 dias, podendo ser prorrogado por igual período, a critério da autoridade superior.

Ao final, a **sindicância pode esta resultar** no seguinte (art. 145):

a) arquivamento do processo; por exemplo, por se apurar que o fato, mesmo que comprovado, não constitui qualquer infração disciplinar;

b) aplicação de penalidade de advertência ou suspensão de até 30 dias; repare que se o caso for daqueles em que cabível sanções mais graves, como, por exemplo, suspensão de mais de 30 dias ou demissão, o caso é de instauração de processo disciplinar, pois não cabe aplicação de sanções mais graves no bojo de uma sindicância;

c) instauração de processo disciplinar, que deve acontecer sempre que o ilícito praticado pelo servidor ensejar a imposição de penalidade de suspensão por mais de 30 dias, de demissão, cassação de aposentadoria ou disponibilidade, ou destituição de cargo em comissão, será obrigatória a instauração de processo disciplinar (art. 146).

Vale salientar que a sindicância é mero procedimento preparatório e, assim, não é elemento indispensável para instaurar processo administrativo, assim como o inquérito policial não é para a ação penal, e o inquérito civil, para a ação civil pública. Dessa forma, quando já houver elementos suficientes para a instauração direta de um processo disciplinar, este pode ser instaurado imediatamente, sem necessidade de se instaurar a sindicância (STJ, MS 8.030-DF).

5.2. Afastamento Preventivo

Concluindo-se que é o caso de instaurar processo disciplinar, a autoridade instauradora deste poderá, nos casos em que se tiver elementos para supor que o servidor poderá influir na apuração da irregularidade, determinar o afastamento preventivo do servidor (art. 147).

Esse medida importará no afastamento do servidor investigado do exercício de seu cargo, pelo prazo de até 60 dias, sem prejuízo da sua remuneração.

O afastamento poderá ser prorrogado por igual prazo, findo o qual cessarão os seus efeitos, ainda que não concluído o processo.

5.3. Processo Disciplinar

5.3.1. Aspectos gerais

Definida a instauração do processo disciplinar, a apuração passar a ser de responsabilidade de uma comissão, responsável pela condução do processo.

A comissão deverá ser composta de 3 servidores estáveis designados pela autoridade competente, observado o disposto no § 3º do art. 143 (que trata da delegação de competência para a apuração), que indicará, dentre eles, o seu presidente, que deverá ser ocupante de cargo efetivo superior ou de mesmo nível, ou ter nível de escolaridade igual ou superior ao do indiciado (art. 149, *caput*). O requisito básico para que alguém seja designado para uma comissão processante é a condição de servidor público efetivo e estável da administração. Repare: não basta ser um servidor efetivo, sendo necessário que já tenha estabilidade, tratando-se de uma garantia ao investigado, pois tem por escopo assegurar a independência total desses servidores, sem ingerência da chefia. Nesse sentido, foi anulado processo administrativo em que um dos servidores componentes da comissão, apesar de ter cargo efetivo de fiscal da Receita Federal, não era estável ainda (STJ, AgRg no REsp 1.317.278-PE). Porém, não há necessidade de que o servidor seja da carreira ou mesmo do órgão dos servidores que serão investigados pela comissão. Nesse sentido o STF deixou claro que "na ausência de disposição legal que restrinja o campo de escolha da autoridade competente para a formação da comissão, a aludida Lei 8.112/1990 deixara margem de escolha ao administrador dentro de um universo não definido, mas definível, qual seja, 3 servidores estáveis" (RMS 25.105). Nesse caso os servidores investigados eram do INCRA e um dos integrantes da comissão era um delegado federal.

Sobre a comissão, há, ainda, a seguintes regras: a) terá como secretário servidor designado pelo seu presidente, podendo a indicação recair em um de seus membros; b) não poderá participar de comissão de sindicância ou de inquérito, cônjuge, companheiro ou parente do acusado, consanguíneo ou afim, em linha reta ou colateral, até o terceiro grau; c) exercerá suas atividades com independência e imparcialidade, assegurado o sigilo necessário à elucidação do fato ou exigido pelo interesse da administração, sendo que as reuniões e as audiências das comissões terão caráter reservado (art. 150); d) suas reuniões serão registradas em atas que deverão detalhar as deliberações adotadas.

O STJ entende que, nos processos disciplinares, "a instauração de comissão provisória, nas hipóteses em que a legislação de regência prevê expressamente que as transgressões disciplinares serão apuradas por comissão permanente, inquina de nulidade o respectivo processo administrativo por inobservância dos princípios da legalidade e do juiz natural" (MS 13.148/DF, *DJe* 01.06.2012).

O processo disciplinar tem as seguintes **fases** (art. 151):

I – instauração, com a publicação do ato que constituir a comissão; vale ressaltar que a portaria de instauração de processo administrativo não requer descrição pormenorizada das irregularidades em apuração, sendo que a individualização de condutas só é requisito essencial para a aplicação das sanções (STF, RMS 32.034-DF); da mesma forma, o STF deixou claro em outro precedente que a mera referência na portaria de instauração do processo de "possível cometimento de infrações disciplinares seria suficiente para demarcar o fato supostamente delituoso e garantir a legalidade da mesma" (RMS, 25.105); isso significa que basta a descrição dos fatos a serem apurados, sem necessidade de descrição pormenorizada, sendo de rigor, por outro lado, que no momento do indiciamento, após a fase instrutória do procedimento, haja descrição pormenorizada e individualização de conduta (STJ, MS 12.927-DF); vale salientar que, caso se instaure um processo administrativo para apurar certas irregularidades, e, no curso da investigação chegue-se à conclusão de que houve outras irregularidades, não há ilegalidade, desde que o indiciamento seja bem claro em relação a quais são essas outras ilegalidades e que se dê o devido direito de defesa e contraditório;

II – inquérito administrativo, que compreende instrução, defesa e relatório;

III – julgamento.

O prazo para a sua conclusão não excederá 60 dias, contados da data de publicação do ato que constituir a comissão, admitida a sua prorrogação por igual prazo, quando as circunstâncias o exigirem (art. 152). Para que não haja atrasos, sempre que necessário, a comissão dedicará tempo integral aos seus trabalhos, ficando seus membros dispensados do ponto, até a entrega do relatório final.

5.3.2. Inquérito

Uma vez instaurado o processo disciplinar, com a publicação do ato que constituir a comissão, passa-se à **segunda fase do processo disciplinar, que é o inquérito**.

Conforme já mencionado, o inquérito terá três subfases (instrução, defesa e relatório), obedecendo-se às seguintes regras:

a) obedecerá ao princípio do **contraditório**, assegurada ao acusado **ampla defesa**, com a utilização dos meios e recursos admitidos em direito (art. 153);

b) os autos da sindicância integrarão o processo disciplinar, como **peça informativa da instrução**; na hipótese de o relatório da sindicância concluir que a infração está capitulada como ilícito penal, a autoridade competente **encaminhará cópia dos autos ao Ministério Público**, independentemente da imediata instauração do processo disciplinar (art. 154);

c) na fase do inquérito, a comissão, **a título de instrução**, promoverá a tomada de depoimentos, acareações, investigações e diligências cabíveis, objetivando a coleta de prova, recorrendo, quando necessário, a técnicos e peritos, de modo a permitir a completa elucidação dos fatos (art. 155);

d) é **assegurado ao servidor o direito de acompanhar o processo pessoalmente ou por intermédio de procurador**, arrolar e reinquirir testemunhas, **produzir provas e contraprovas** e **formular quesitos**, quando se tratar de prova pericial, sendo que o presidente da comissão poderá denegar pedidos considerados impertinentes, meramente protelatórios, ou de nenhum interesse para o esclarecimento dos fatos, indeferindo-se, ainda, o pedido de prova pericial, quando a comprovação do fato independer de conhecimento especial de perito (art. 156); de acordo com a Súmula Vinculante STF n. 5, a ausência de defesa técnica por advogado no processo disciplinar, não ofende a Constituição; assim, desde que concedida ao servidor investigado a oportunidade de ser efetivado o contraditório e a ampla defesa, não há problema algum que não tenha sido assistido por advogado no processo disciplinar (STJ, MS 12.457-DF);

e) as **testemunhas serão intimadas** a depor mediante mandado expedido pelo presidente da comissão, devendo a segunda via, com o ciente do interessado, ser anexado aos autos; **se a testemunha for servidor público, a expedição do mandado será imediatamente comunicada ao chefe da repartição onde serve**, com a indicação do dia e hora marcados para inquirição (art. 157); aplicando subsidiariamente o art. 41 da Lei 9.784/1999 à Lei 8.112/1990, o STJ entende que a notificação de testemunha para sua oitiva no processo disciplinar deve ser realizada com antecedência mínima de 3 dias (MS 12.895-DF);

f) o **depoimento será prestado oralmente e reduzido a termo**, não sendo lícito à testemunha trazê-lo por escrito; as testemunhas serão inquiridas separadamente; na hipótese de depoimentos contraditórios ou que se infirmem, proceder-se-á à acareação entre os depoentes (art. 158);

g) concluída a inquirição das testemunhas, a comissão promoverá o **interrogatório do acusado**, observados os procedimentos previstos nos dois parágrafos anteriores; no caso de mais de um acusado, cada um deles será ouvido separadamente, e sempre que divergirem em suas declarações sobre fatos ou circunstâncias, será promovida a acareação entre eles; o procurador do acusado poderá assistir ao interrogatório, bem como à inquirição das testemunhas, sendo-lhe vedado interferir nas perguntas e respostas, facultando-se-lhe, porém, reinquiri-las, por intermédio do presidente da comissão (art. 159).

h) **quando houver dúvida sobre a sanidade mental do acusado, a comissão proporá à autoridade competente que ele seja submetido a exame por junta médica oficial**, da qual participe pelo menos um médico psiquiatra; o incidente de sanidade mental será processado em auto apartado e apenso ao processo principal, após a expedição do laudo pericial (art. 160).

i) **tipificada a infração disciplinar, será formulada a indiciação do servidor, com a especificação dos fatos a ele imputados e das respectivas provas**; o indiciado **será citado** por mandado expedido pelo presidente da comissão para apresentar **defesa escrita, no prazo de 10 dias**, assegurando-se-lhe vista do processo na repartição; havendo dois ou mais indiciados, o prazo será comum e de 20 dias; o prazo de defesa poderá ser prorrogado pelo dobro, para diligências reputadas indispensáveis; no caso de recusa do indiciado em apor o ciente na cópia da citação, o prazo para defesa contar-se-á da data declarada, em termo próprio, pelo membro da comissão que fez a citação, com a assinatura de 2 testemunhas (art. 161);

j) o indiciado que **mudar de residência** fica obrigado a comunicar à comissão o lugar onde poderá ser encontrado (art. 162);

k) achando-se o indiciado em **lugar incerto e não sabido, será citado por edital**, publicado no Diário Oficial da União e em jornal de grande circulação na localidade do último domicílio conhecido, para apresentar defesa; nessa hipótese, o prazo para defesa será de 15 dias a partir da última publicação do edital (art. 163).

l) considerar-se-á **revel** o indiciado que, regularmente citado, não apresentar defesa no prazo legal; a revelia será declarada, por termo, nos autos do processo e devolverá o prazo para a defesa; para defender o indiciado revel, **a autoridade instauradora do processo designará um servidor como defensor dativo**, que deverá ser ocupante de cargo efetivo superior ou de mesmo nível, ou ter nível de escolaridade igual ou superior ao do indiciado (art. 164).

m) apreciada a defesa, **a comissão elaborará relatório minucioso**, onde resumirá as peças principais dos autos e mencionará as provas em que se baseou para formar a sua convicção; **o relatório será sempre conclusivo quanto à inocência ou à responsabilidade do servidor**; reconhecida a responsabilidade do servidor, a comissão indicará o dispositivo legal ou regulamentar transgredido, bem como as circunstâncias agravantes ou atenuantes (art. 165);

n) o processo disciplinar, com o relatório da comissão, **será remetido à autoridade que determinou a sua instauração, para julgamento** (art. 166).

5.3.3. Julgamento

Concluída a sindicância e remetido o relatório da comissão à autoridade que determinou do respectivo processo disciplinar, a autoridade julgadora proferirá a sua decisão, atendidas as seguintes regras:

a) a autoridade julgadora **proferirá a sua decisão no prazo de 20 dias**, contados do **recebimento do processo** (art. 167);

b) se a penalidade a ser aplicada **exceder a alçada** da autoridade instauradora do processo, este será encaminhado à autoridade competente, que decidirá em igual prazo;

c) havendo mais de um indiciado e diversidade de sanções, o **julgamento caberá à autoridade competente para a imposição da pena mais grave;**

d) se a penalidade prevista for a **demissão ou cassação de aposentadoria ou disponibilidade, o julgamento caberá às autoridades de que trata o inciso I do art. 141** (Presidente da República, Presidentes das Casas do Poder Legislativo e dos Tribunais Federais e Procurador-Geral da República);

e) reconhecida pela comissão a **inocência do servidor**, a autoridade instauradora do processo determinará o seu **arquivamento**, salvo se flagrantemente contrária à prova dos autos.

f) o **julgamento acatará o relatório da comissão, salvo quando contrário às provas dos autos**; quando o relatório da comissão contrariar as provas dos autos, **a autoridade julgadora poderá, motivadamente, agravar a penalidade proposta, abrandá-la ou isentar o servidor de responsabilidade** (art. 168); o STF reconheceu a correção da conduta da autoridade julgadora ao não acatar o relatório da comissão, pelo fato de a autoridade ter fundamentou satisfatoriamente sua tese e ainda o fez com respaldo em parecer emitido em consultoria jurídica do órgão (RMS 24.619):

g) verificada a ocorrência de **vício insanável**, a autoridade que determinou a instauração do processo ou outra de hierarquia superior **declarará a sua nulidade, total ou parcial, e ordenará, no mesmo ato, a constituição de outra comissão para instauração de novo processo** (art. 169); não se deve confundir essa situação, com a prevista no art. 174 da Lei 8.112/1990; o art. 169 da Lei 8.112/1990 trata da situação em que o processo disciplinar é anulado e se inicia novamente, caso em que é possível que o novo processo implique na imposição de sanção mais grave que a sanção aplicada no processo anulado; já o art. 174 trata da situação em que um processo já está devidamente encerrado (com trânsito em julgado administrativo), não havendo qualquer vício que leve à sua anulação, mas em que há fatos novos que podem levar à mudança de resultado da decisão final, caso em que não é possível que na revisão haja reforma da decisão para piorar a situação do servidor apenado; nesse sentido, o STF afastou a alegação de *reformatio in pejus*, feita por um fiscal que sofrera processo administrativo em que resultou a aplicação de advertência e que depois, anulado o processo, acabou por sofrer a sanção demissão após o processo ter sido reiniciado e desenvolvido normalmente (RMS 23.922);

h) o **julgamento fora do prazo legal não implica nulidade do processo**;

i) a autoridade julgadora que **der causa à prescrição** de que trata o art. 142, § 2º (prescrição quando o fato apurado for também crime), será responsabilizada na forma do Capítulo IV do Título IV (*vide* arts. 121 e seguintes).

j) **extinta a punibilidade pela prescrição, a autoridade julgadora determinará o registro do fato nos assentamentos individuais do servidor** (art. 170);

k) quando a infração estiver capitulada **como crime**, o processo disciplinar **será remetido ao Ministério Público** para instauração da ação penal, ficando trasladado na repartição (art. 171);

l) o servidor que responder a processo disciplinar **só poderá ser exonerado a pedido, ou aposentado voluntariamente, após a conclusão do processo e o cumprimento da penalidade, acaso aplicada**; ocorrida a exoneração de que trata o parágrafo único, inciso I do art. 34, o ato será convertido em demissão, se for o caso (art. 172);

m) **serão assegurados transporte e diárias** (art. 173): i) ao servidor convocado para prestar depoimento fora da sede de sua repartição, na condição de testemunha, denunciado ou indiciado; ii) aos membros da comissão e ao secretário, quando obrigados a se deslocarem da sede dos trabalhos para a realização de missão essencial ao esclarecimento dos fatos; a interpretação a *contrario sensu* do art. 173, I, em questão, faz concluir que a competência territorial para a instauração do processo administrativo não é necessariamente do domicílio ou sede da repartição do servidor; o STJ, nesse sentido, entende conforme a lei que o processo administrativo se instaure no local onde os fatos ocorreram (MS 13.111-DF).

O STF admite que a intimação do servidor de sua demissão em virtude de processo disciplinar se dê por publicação da decisão em Diário Oficial, sendo desnecessária a intimação pessoal (RMS 24.619). Já no bojo do processo disciplinar, especificamente na fase de defesa que ocorre no inquérito (o *inquérito* tem três fases: instrução, defesa e relatório; e depois do inquérito vem o *julgamento*), uma vez tipificada a infração disciplinar, será formulada a indiciação do servidor, com a especificação dos fatos a ele imputados e das respectivas provas, sendo que o servidor indiciado será **citado por mandado** expedido pelo presidente da comissão para apresentar defesa escrita, no prazo de 10 dias, ou seja, nesse último caso (citação para defesa) é necessária a intimação pessoal, ao contrário da decisão que ocorre ao final, mesmo que seja de demissão, que não requer intimação pessoal, bastando publicação do Diário Oficial.

5.3.4. Revisão do Processo

A decisão tomada pela autoridade julgadora é passível de pedido de reconsideração e de recurso, na forma dos arts. 106 e seguintes. Todavia, num determinado momento não haverá mais recurso cabível, valendo salientar que o art. 57 da Lei de Processo Administrativo Federal (Lei 9.784/1999), lei aplicável supletivamente às disposições da Lei 8.112/1990, dispõe que "o recurso administrativo tramitará no máximo por três instâncias administrativas, salvo disposição legal diversa". No momento em que não couber mais recursos, ter-se-á a **coisa julgada administrativa**, situação em que a decisão, na esfera administrativa, fica imutável, podendo o interessado apenas ingressar em juízo, na tentativa de que o Judiciário reveja a decisão tomada pela Administração.

Todavia, na excepcional hipótese em que, após a coisa julgada administrativa, sobrevir fatos novos capazes de justificar a inocência do punido ou a inadequação da penalidade aplicável, caberá o pedido de revisão do processo, pedido esse que deve ser feito na própria esfera administrativa, e que autoriza que a Administração, caso verifique a pertinência dos fatos novos para um dos fins mencionados, reveja a decisão tomada e já transitada em julgado administrativamente.

Acerca da revisão do processo disciplinar, confira-se as seguintes regras:

a) o processo disciplinar poderá ser revisto, **a qualquer tempo, a pedido ou de ofício**, quando se aduzirem **fatos novos ou circunstâncias** suscetíveis de justificar a **inocência** do punido ou a **inadequação** da penalidade aplicada (art. 174);

b) em caso de falecimento, ausência ou desaparecimento do servidor, **qualquer pessoa da família poderá requerer a revisão do processo**;

c) no caso de incapacidade mental do servidor, a revisão será requerida pelo respectivo **curador**;

d) no processo revisional, **o ônus da prova cabe ao requerente** (art. 175);

e) a simples alegação de injustiça da penalidade não constitui fundamento para a revisão, que **requer elementos novos**, ainda não apreciados no processo originário (art. 176);

f) o requerimento de revisão do processo **será dirigido** ao Ministro de Estado ou autoridade equivalente, que, se autorizar a revisão, encaminhará o pedido ao dirigente do órgão ou entidade onde se originou o processo disciplinar; deferida a petição, a autoridade competente providenciará a **constituição de comissão**, na forma do art. 149 (art. 177);

g) a revisão correrá **em apenso** ao processo originário, sendo que, **na petição inicial**, o requerente pedirá dia e hora para a produção de provas e inquirição das testemunhas que arrolar (art. 178);

h) a comissão revisora terá **60 dias para a conclusão dos trabalhos** (art. 179);

i) aplicam-se aos trabalhos da comissão revisora, no que couber, as normas e procedimentos próprios da comissão do processo disciplinar (art. 180);

j) **o julgamento caberá à autoridade que aplicou a penalidade**, nos termos do art. 141 (art. 181);

k) o prazo para julgamento será de **20 dias**, contados do recebimento do processo, no curso do qual a autoridade julgadora poderá determinar diligências;

l) julgada procedente a revisão, será **declarada sem efeito a penalidade aplicada**, restabelecendo-se todos os direitos do servidor, exceto em relação à destituição do cargo em comissão, que será convertida em exoneração (art. 182);

m) **da revisão do processo não poderá resultar agravamento de penalidade**.

A regra que impede a *reformatio in pejus* na revisão do processo equivale à regra, no mesmo sentido, prevista na lei processual penal. Trata-se de regra tão importante que o STJ vem aplicando essa proibição mesmo quando se trate de uma situação em que a própria Administração, já tendo julgado um servidor num processo administrativo, resolver reabrir o caso e fazer um rejulgamento, apenando dessa vez o servidor. Aqui, além do desrespeito ao instituto da coisa julgada administrativa, tem-se também violação ao princípio que impede a *reformatio in pejus* em "revisões" administrativas. Nesse sentido, o STJ concedeu segurança a um Defensor Público da União, vítima de um rejulgamento, anulando a sua demissão, com fundamento, ainda, nos princípios da boa-fé e da segurança jurídica (MS 16.141-DF).

6. SEGURIDADE SOCIAL DO SERVIDOR

6.1. Disposições Gerais

Segundo o art. 183, a União manterá Plano de Seguridade Social para o servidor e sua família.

Porém, o **servidor ocupante de cargo em comissão** que não seja também ocupante de cargo ou emprego efetivo na administração pública direta, autárquica e fundacional, **não terá direito** aos benefícios do Plano de Seguridade Social, com exceção da assistência à saúde.

Será assegurada ao servidor licenciado ou afastado sem remuneração a manutenção da vinculação ao regime do Plano de Seguridade Social do Servidor Público, mediante o recolhimento mensal da contribuição própria, no mesmo percentual devido pelos servidores em atividade, acrescida do valor equivalente à contribuição da União, suas autarquias ou fundações, incidente sobre a remuneração total do cargo a que faz jus no exercício de suas atribuições, computando-se, para esse efeito, inclusive, as vantagens pessoais, devendo o recolhimento respectivo ser efetuado até o 2º dia útil após a data do pagamento das remunerações dos servidores públicos, aplicando-se os procedimentos de cobrança e execução dos tributos federais quando não recolhidas na data de vencimento.

Segundo o art. 184, o Plano de Seguridade Social visa a dar cobertura aos riscos a que estão sujeitos o servidor e sua família, e compreende um conjunto de benefícios e ações que atendam às **seguintes finalidades**:

I - garantir meios de subsistência nos eventos de doença, invalidez, velhice, acidente em serviço, inatividade, falecimento e reclusão;

II - proteção à maternidade, à adoção e à paternidade;

III - assistência à saúde.

Os benefícios serão concedidos nos termos e condições definidos em regulamento, observadas as disposições da Lei 8.112/1990.

Segundo o art. 185, **os benefícios** do Plano de Seguridade Social do servidor **compreendem**:

I - quanto ao servidor:

a) aposentadoria;

b) auxílio-natalidade;

c) salário-família;

d) licença para tratamento de saúde;

e) licença à gestante, à adotante e licença-paternidade;

f) licença por acidente em serviço;

g) assistência à saúde;

h) garantia de condições individuais e ambientais de trabalho satisfatórias;

II - quanto ao dependente:

a) pensão;

b) auxílio-funeral;

c) auxílio-reclusão;

d) assistência à saúde.

O recebimento indevido de benefícios havidos por fraude, dolo ou má-fé, implicará devolução ao erário do total auferido, sem prejuízo da ação penal cabível.

6.2. Benefícios

6.2.1. Aposentadoria

As regras previstas na Lei 8.112/1090 acerca desse benefício estão quase todas prejudicadas, face a entrada em vigor das ECs 20/1998, 41/2003 e 47/2005, que regulamentaram a aposentadoria do servidor público.

6.2.2. Auxílio-Natalidade

Segundo o art. 196, o auxílio-natalidade obedecerá às seguintes regras:

a) é devido à servidora **por motivo de nascimento de filho**, em quantia equivalente ao **menor vencimento do serviço público**, inclusive no caso de natimorto.

b) na hipótese de **parto múltiplo, o valor será acrescido de 50%**, por nascituro.

c) o auxílio será pago ao **cônjuge ou companheiro servidor público**, quando a parturiente não for servidora.

6.2.3. Salário-Família

Segundo o art. 197, o salário-família obedecerá às seguintes regras:

a) é devido ao **servidor ativo ou ao inativo, por dependente econômico**.

b) **consideram-se dependentes econômicos** para efeito de percepção do salário-família: i) o cônjuge ou companheiro e os filhos, inclusive os enteados até 21 anos de idade ou, se estudante, até 24 anos ou, se inválido, de qualquer idade; ii) o menor de 21 anos que, mediante autorização judicial, viver na companhia e às expensas do servidor, ou do inativo; iii) a mãe e o pai sem economia própria.

c) **não se configura a dependência econômica** quando o beneficiário do salário-família perceber rendimento do trabalho ou de qualquer outra fonte, inclusive pensão ou provento da aposentadoria, em valor igual ou superior ao salário mínimo (art. 198);

d) quando o pai e mãe forem servidores públicos e viverem em comum, **o salário-família será pago a apenas um deles**; quando separados, será pago a um e outro, de acordo com a distribuição dos dependentes (art. 199);

e) **ao pai e à mãe equiparam-se o padrasto, a madrasta** e, na falta destes, os **representantes legais** dos incapazes;

f) **o salário-família não está sujeito a qualquer tributo**, nem servirá de base para qualquer contribuição, inclusive para a Previdência Social (art. 200);

g) **o afastamento do cargo efetivo, sem remuneração, não acarreta a suspensão do pagamento do salário-família** (art. 201).

6.2.4. Licença para Tratamento de Saúde

Segundo o art. 202 e seguintes, a licença para tratamento de saúde obedecerá às seguintes regras:

a) será concedida ao servidor licença para tratamento de saúde, **a pedido ou de ofício, com base em perícia médica, sem prejuízo da remuneração a que fizer jus** (art. 202);

b) a licença será concedida com base em **perícia oficial** (art. 203);

c) sempre que necessário, a inspeção médica será **realizada na residência do servidor ou no estabelecimento hospitalar** onde se encontrar internado;

d) inexistindo médico no órgão ou entidade no local onde se encontra ou tenha exercício em caráter permanente o servidor, e não se configurando as hipóteses previstas nos parágrafos do art. 230, **será aceito atestado passado por médico particular**; nesse caso, o atestado somente produzirá efeitos depois de recepcionado pela unidade de recursos humanos do órgão ou entidade;

e) a licença que **exceder o prazo de 120 dias no período de 12 meses** a contar do primeiro dia de afastamento será concedida mediante avaliação por **junta médica oficial**;

f) a perícia oficial para concessão da licença de que trata o *caput* deste artigo, bem como nos demais casos de perícia oficial previstos na Lei 8.112/1990, será efetuada por cirurgiões-dentistas, nas hipóteses em que abranger o campo de atuação da odontologia;

g) **a licença para tratamento de saúde inferior a 15 dias, dentro de 1 ano, poderá ser dispensada de perícia oficial**, na forma definida em regulamento (art. 204);

h) **o atestado e o laudo da junta médica não se referirão ao nome ou natureza da doença**, salvo quando se tratar de lesões produzidas por acidente em serviço, doença profissional ou qualquer das doenças especificadas no art. 186, § 1º (art. 205);

i) o servidor que apresentar **indícios de lesões orgânicas ou funcionais** será submetido a inspeção médica (art. 206);

j) o servidor será submetido a **exames médicos periódicos**, nos termos e condições definidos em regulamento (art. 206-A)

k) para os fins do disposto no parágrafo anterior, a União e suas entidades autárquicas e fundacionais poderão: i) prestar os exames médicos periódicos diretamente pelo órgão ou entidade à qual se encontra vinculado o servidor; ii) celebrar convênio ou instrumento de cooperação ou parceria com os órgãos e entidades da administração direta, suas autarquias e fundações; iii) celebrar convênios com operadoras de plano de assistência à saúde, organizadas na modalidade de autogestão, que possuam autorização de funcionamento do órgão regulador, na forma do art. 230; ou iv) prestar os exames médicos periódicos mediante contrato administrativo, observado o disposto na Lei 8.666/1993, e demais normas pertinentes.

Problema muito grave e comum no País hoje (o alcoolismo) tem gerado o direito à licença para tratamento de saúde, vez que a dependência de álcool é uma doença, muito grave e complexa, por sinal. O servidor nessas condições não pode ser demitido (STJ, RMS 18.017-SP).

6.2.5. Licença à Gestante, à Adotante e da Licença-Paternidade

Segundo os arts. 207 e seguintes, o auxílio-natalidade obedecerá às seguintes regras:

a) será concedida **licença à servidora gestante por 120 (cento e vinte) dias consecutivos**, sem prejuízo da remuneração.

b) a licença **poderá ter início no primeiro dia do nono mês de gestação, salvo antecipação por prescrição médica.**

c) no caso de nascimento prematuro, a licença terá início a partir do parto.

d) no caso de **natimorto, decorridos 30 dias do evento, a servidora será submetida a exame médico, e se julgada apta, reassumirá o exercício.**

e) no caso de **aborto** atestado por médico oficial, a servidora terá direito a **30 dias de repouso remunerado.**

f) pelo **nascimento ou adoção de filhos, o servidor terá direito à licença-paternidade de 5 (cinco) dias consecutivos.**

g) **para amamentar** o próprio filho, até a idade de **seis meses**, a servidora lactante terá direito, durante a **jornada de trabalho, a uma hora de descanso**, que poderá ser parcelada em dois períodos de meia hora.

h) à servidora **que adotar ou obtiver guarda judicial de criança até 1 ano de idade**, serão concedidos **90 dias de licença remunerada**; no caso de adoção ou guarda judicial de criança com **mais de 1 ano de idade**, o prazo da licença será de **30 dias.**

6.2.6. Licença por Acidente em Serviço

Segundo os arts. 211 e seguintes, a licença por acidente em serviço obedecerá às seguintes regras:

a) **será licenciado, com remuneração integral, o servidor acidentado em serviço;**

b) configura **acidente em serviço o dano físico ou mental sofrido pelo servidor, que se relacione, mediata ou imediatamente, com as atribuições do cargo exercido**, equiparando-se ao acidente em serviço o dano: i) decorrente de agressão sofrida e não provocada pelo servidor no exercício do cargo; ii) sofrido no percurso da residência para o trabalho e vice-versa.

c) o servidor acidentado em serviço que necessite de tratamento especializado **poderá ser tratado em instituição privada, à conta de recursos públicos**; o tratamento recomendado por junta médica oficial constitui medida de exceção e somente será admissível quando inexistirem meios e recursos adequados em instituição pública.

d) **a prova do acidente será feita no prazo de 10 dias, prorrogável** quando as circunstâncias o exigirem.

6.2.7. Pensão

Segundo os arts. 215 e seguintes, a pensão obedecerá às seguintes regras:

a) por morte do servidor, os dependentes fazem jus a uma pensão a partir da data do óbito, observado o limite estabelecido no inciso XI do *caput* do art. 37 da Constituição Federal e no art. 2º da Lei 10.887, de 18 de junho de 2004 (art. 215);

b) são **beneficiários** das pensões (art. 217):

> i) o cônjuge; ii) o cônjuge divorciado ou separado judicialmente ou de fato, com percepção de pensão alimentícia estabelecida judicialmente; iii) o companheiro ou companheira que comprove união estável como entidade familiar; iv) o filho de qualquer condição que atenda a um dos seguintes requisitos: seja menor de 21 (vinte e um) anos, seja inválido; tenha deficiência intelectual ou mental, nos termos do regulamento; v) a mãe e o pai que comprovem dependência econômica do servidor; vi) o irmão de qualquer condição que comprove dependência econômica do servidor e atenda a um dos requisitos previstos no item "iv" acima; deve-se ressaltar que a concessão de pensão aos beneficiários de que tratam os itens "i" e "iv" acima exclui os beneficiários referidos nos itens "v" e "vi" acima, bem como que a concessão de pensão aos beneficiários de que trata o item "v" acima exclui o beneficiário referido no item "vi" acima. Outro ponto a ressaltar é que o enteado e o menor tutelado equiparam-se a filho mediante declaração do servidor e desde que comprovada dependência econômica, na forma estabelecida em regulamento.
>
> De acordo com o art. 218, "Ocorrendo habilitação de vários titulares à pensão, o seu valor será distribuído em partes iguais entre os beneficiários habilitados".

c) quanto ao **prazo para requer a pensão** há duas regras (art. 219): i) quanto ao direito de pedir a pensão em si (direito à pensão), não há prazo, podendo ser requerida a qualquer tempo; ii) quanto ao direito de cobrar parcelas de pensão atrasadas (direito às prestações de uma pensão), a pretensão respectiva prescreve em 5 anos, ou seja, pode-se cobrar tão somente as prestações exigíveis há mais de 5 (cinco) anos.

d) concedida a pensão, qualquer prova posterior ou habilitação tardia que implique exclusão de beneficiário ou redução de pensão **só produzirá efeitos a partir da data em que for oferecida**;

e) **não faz jus à pensão** o beneficiário condenado pela prática de crime doloso de que tenha resultado a morte do servidor, bem como o cônjuge, o companheiro ou a companheira se comprovada, a qualquer tempo, simulação ou fraude no casamento ou na união estável, ou a formalização desses com o fim exclusivo de constituir benefício previdenciário, apuradas em processo judicial no qual será assegurado o direito ao contraditório e à ampla defesa (art. 220);

f) será concedida **pensão provisória por morte presumida** do servidor, nos seguintes casos (art. 221): i) declaração de ausência, pela autoridade judiciária competente; ii) desaparecimento em desabamento, inundação, incêndio ou acidente não caracterizado como em serviço; iii) desaparecimento no desempenho das atribuições do cargo ou em missão de segurança.

Quanto ao termo inicial dos efeitos da pensão por morte em caso de habilitação posterior de dependente, o STJ entende, nas esteira das regras dos arts. 215, 218 e 219 da Lei 8.112/1990, que "no caso de concessão integral da pensão por morte de servidor público, a posterior habilitação, que inclua novo dependente, produz efeitos a partir da data de seu requerimento na via administrativa. Presume-se que nessa data tenha ocorrido a ciência da Administração sobre o fato gerador a ensejar a concessão do benefício" (REsp 1.348.823/RS, j. 07.02.2013).

g) acarreta **perda da qualidade de beneficiário** (art. 222): **i)** o seu falecimento; **ii)** a anulação do casamento, quando a decisão ocorrer após a concessão da pensão ao cônjuge; **iii)** a cessação de invalidez, em se tratando de beneficiário inválido, o afastamento da deficiência, em se tratando de beneficiário com deficiência, ou o levantamento da interdição, em se tratando de beneficiário com deficiência intelectual ou mental que o torne absoluta ou relativamente incapaz, respeitados os períodos mínimos decorrentes da aplicação das alíneas "a" e "b" do item "vii" abaixo; **iv)** o implemento da idade de 21 (vinte e um) anos, pelo filho ou irmão; **v)** a acumulação de pensão na forma do art. 225; **vi)** a renúncia expressa; **vii)** em relação aos beneficiários de que tratam os itens "i" e "iii" acima: a) o decurso de 4 (quatro) meses, se o óbito ocorrer sem que o servidor tenha vertido 18 (dezoito) contribuições mensais ou se o casamento ou a união estável tiverem sido iniciados em menos de 2 (dois) anos antes do óbito do servidor; b) o decurso dos seguintes períodos, estabelecidos de acordo com a idade do pensionista na data de óbito do servidor, depois de vertidas 18 (dezoito) contribuições mensais e pelo menos 2 (dois) anos após o início do casamento ou da união estável: 1) 3 (três) anos, com menos de 21 (vinte e um) anos de idade; 2) 6 (seis) anos, entre 21 (vinte e um) e 26 (vinte e seis) anos de idade; 3) 10 (dez) anos, entre 27 (vinte e sete) e 29 (vinte e nove) anos de idade; 4) 15 (quinze) anos, entre 30 (trinta) e 40 (quarenta) anos de idade; 5) 20 (vinte) anos, entre 41 (quarenta e um) e 43 (quarenta e três) anos de idade; 6) vitalícia, com 44 (quarenta e quatro) ou mais anos de idade.

h) a critério da Administração, o beneficiário de pensão temporária motivada por invalidez, por incapacidade ou por deficiência poderá ser **convocado a qualquer momento para avaliação das condições** que ensejaram a concessão do benefício.

i) por morte ou perda da qualidade de beneficiário, **a respectiva cota reverterá** para os cobeneficiários (art. 223);

j) ressalvado o direito de opção, **é vedada a percepção cumulativa de pensão deixada por mais de um cônjuge ou companheiro ou companheira e de mais de 2 (duas) pensões** (art. 225).

6.2.8. Auxílio-Funeral

Segundo o art. 226, o auxílio-funeral obedecerá às seguintes regras:

a) o auxílio-funeral é **devido à família do servidor falecido na atividade ou aposentado**, em **valor equivalente a um mês** da remuneração ou provento.

b) no caso de **acumulação legal de cargos**, o auxílio será pago somente em razão do **cargo de maior remuneração**.

c) **o auxílio será pago no prazo de 48 horas**, por meio de procedimento sumaríssimo, à pessoa da família que houver custeado o funeral.

d) **se o funeral for custeado por terceiro, este será indenizado**, observado o disposto no artigo anterior.

e) **em caso de falecimento de servidor em serviço fora do local de trabalho, inclusive no exterior, as despesas de transporte do corpo correrão à conta de recursos** da União, autarquia ou fundação pública.

6.2.9. Auxílio-Reclusão

Segundo o art. 229, o auxílio-reclusão obedecerá às seguintes regras:

a) **à família do servidor ativo é devido o auxílio-reclusão, nos seguintes valores**: i) dois terços da remuneração, quando afastado por motivo de prisão, em flagrante ou preventiva, determinada pela autoridade competente, enquanto perdurar a prisão; ii) metade da remuneração, durante o afastamento, em virtude de condenação, por sentença definitiva, a pena que não determine a perda de cargo;

b) nos casos previstos no primeiro caso mencionado no parágrafo anterior, o servidor terá direito à **integralização da remuneração, desde que absolvido**;

c) o pagamento do auxílio-reclusão **cessará a partir do dia imediato àquele em que o servidor for posto em liberdade, ainda que condicional**.

6.3. Assistência à Saúde

Segundo o art. 230, a assistência à saúde obedecerá às seguintes regras:

a) **a assistência à saúde do servidor, ativo ou inativo, e de sua família compreende assistência médica, hospitalar, odontológica, psicológica e farmacêutica**, terá como diretriz básica o implemento de ações preventivas voltadas para a promoção da saúde e será prestada pelo Sistema Único de Saúde – SUS, diretamente pelo órgão ou entidade ao qual estiver vinculado o servidor, ou mediante convênio ou contrato, ou ainda na forma de auxílio, mediante ressarcimento parcial do valor despendido pelo servidor, ativo ou inativo, e seus dependentes ou pensionistas com planos ou seguros privados de assistência à saúde, na forma estabelecida em regulamento.

b) nas hipóteses previstas na Lei 8.112/1990 em que seja exigida perícia, avaliação ou inspeção médica, na ausência de médico ou junta médica oficial, para a sua realização o órgão ou entidade celebrará, preferencialmente, convênio com unidades de atendimento do sistema público de saúde, entidades sem fins lucrativos declaradas de utilidade pública, ou com o Instituto Nacional do Seguro Social – INSS.

c) na impossibilidade, devidamente justificada, da aplicação do disposto no texto do parágrafo imediatamente acima, o órgão ou entidade promoverá a contratação da prestação de serviços por pessoa jurídica, que constituirá junta médica especificamente para esses fins, indicando os nomes e especialidades dos seus integrantes, com a comprovação de suas habilitações e de que não estejam respondendo a processo disciplinar junto à entidade fiscalizadora da profissão.

d) para os fins da assistência à saúde ora tratada, ficam a União e suas entidades autárquicas e fundacionais autorizadas a: i) **celebrar convênios exclusivamente para a prestação de serviços de assistência à saúde** para os seus servidores ou empregados ativos, aposentados, pensionistas, bem como para seus respectivos grupos familiares definidos, com entidades de autogestão por elas patrocinadas por meio de instrumentos jurídicos efetivamente celebrados e publicados até 12 de fevereiro de 2006 e que possuam autorização de funcionamento do órgão regulador, sendo certo que os convênios celebrados depois dessa data somente poderão sê-lo na forma da regulamentação específica sobre patrocínio de autogestões, a ser publicada pelo mesmo órgão regulador, no prazo de 180 dias da vigência da lei, normas essas também aplicáveis aos convênios existentes até 12.02.2006; ii) **contratar, mediante licitação**, na forma da Lei 8.666/1993, **operadoras de planos e seguros privados de assistência à saúde que possuam autorização de funcionamento do órgão regulador**;

e) **o valor do ressarcimento fica limitado ao total despendido pelo servidor ou pensionista civil com plano ou seguro privado de assistência à saúde.**

Acerca do art. 230 da Lei 8.112/1990, o STJ entende que "que, assegurado aos servidores em atividade e aos inativos o direito à assistência a sua saúde e de sua família por prestação do SUS, do órgão ou entidade a que estiver vinculado ou mediante convênio, eventual exclusão, por portaria ministerial, de participação de pensionistas em programa de assistência médica implica violação da Lei dos Servidores Públicos (art. 230 da Lei 8.112/1990), bem como ofensa ao princípio constitucional da isonomia" (MS 7.083-DF). Assim, deve-se assegurar ao servidor ativo e inativo o direito de participar do programa de assistência médica mediante desconto de participação.

7. DISPOSIÇÕES GERAIS

A título de disposições gerais, a Lei 8.112/1990 estabelece as seguintes regras:

a) o **Dia do Servidor Público** será comemorado a **28 de outubro** (art. 236).

b) **poderão ser instituídos**, no âmbito dos Poderes Executivo, Legislativo e Judiciário, os **seguintes incentivos funcionais**, além daqueles já previstos nos respectivos planos de carreira (art. 237): i) **prêmios** pela apresentação de ideias, inventos ou trabalhos que favoreçam o aumento de produtividade e a redução dos custos operacionais; ii) **concessão de medalhas, diplomas de honra ao mérito, condecoração e elogio;**

c) **os prazos** previstos na Lei 8.112/1990 **serão contados em dias corridos, excluindo-se o dia do começo e incluindo-se o do vencimento, ficando prorrogado, para o primeiro dia útil seguinte, o prazo vencido em dia em que não haja expediente** (art. 238);

d) **por motivo de crença religiosa ou de convicção filosófica ou política**, o servidor não poderá ser privado de quaisquer dos seus direitos, sofrer discriminação em sua vida funcional, nem eximir-se do cumprimento de seus deveres (art. 239);

e) ao servidor público civil é assegurado, nos termos da Constituição Federal, o **direito à livre associação sindical** e os seguintes direitos, entre outros, dela decorrentes (art. 240): i) de **ser representado pelo sindicato**, inclusive como substituto processual; ii) de **inamovibilidade do dirigente sindical**, até um ano após o final do mandato, exceto se a pedido; iii) de **descontar em folha**, sem ônus para a entidade sindical a que for filiado, o valor das mensalidades e contribuições definidas em assembleia geral da categoria;

f) consideram-se da **família do servidor**, além do cônjuge e filhos, quaisquer pessoas que vivam às suas expensas e constem do seu assentamento individual; equipara-se ao cônjuge a companheira ou companheiro, que comprove união estável como entidade familiar (art. 241);

g) para os fins na Lei 8.112/1990, **considera-se sede o município onde a repartição estiver instalada e onde o servidor tiver exercício, em caráter permanente** (art. 242).

8. DISPOSIÇÕES TRANSITÓRIAS E FINAIS

A título de disposições transitórias e finais, a Lei 8.112/1990 estabelece as seguintes regras:

a) **ficam submetidos ao regime jurídico instituído pela Lei 8.112/1990, na qualidade de servidores públicos, os servidores dos Poderes da União, dos ex-Territórios, das autarquias, inclusive as em regime especial, e das fundações públicas, regidos pela Lei 1.711, de 28 de outubro de 1952 – Estatuto dos Funcionários Públicos Civis da União, ou pela Consolidação das Leis do Trabalho, aprovada pelo Decreto-Lei 5.452, de 1º de maio de 1943, exceto os contratados por prazo determinado**, cujos contratos não poderão ser prorrogados após o vencimento do prazo de prorrogação (art. 243); os **empregos** ocupados pelos servidores incluídos no regime instituído pela Lei 8.112/1990 **ficam transformados em cargos**, na data de sua publicação; essa regra beneficiou inclusive celetistas contratados pela União para servir embaixadas ou representações brasileiras no exterior (STJ, MS 11.202-DF e MS 12.279-DF), tudo com fundamento, também, no art. 19 do ADCT; as **funções de confiança** exercidas por pessoas não integrantes de tabela permanente do órgão ou entidade onde têm exercício **ficam transformadas em cargos em comissão**, e mantidas enquanto não for implantado o plano de cargos dos órgãos ou entidades na forma da lei; as Funções de Assessoramento Superior – FAS, exercidas por servidor integrante de quadro ou tabela de pessoal, ficam extintas na data da vigência pela Lei 8.112/1990; o regime jurídico dessa lei é extensivo aos serventuários da Justiça, remunerados com recursos da União, no que couber; os empregos dos servidores estrangeiros com estabilidade no serviço público, enquanto não adquirirem a nacionalidade brasileira, passarão a integrar tabela em extinção, do respectivo órgão ou entidade, sem prejuízo dos direitos inerentes aos planos de carreira aos quais se encontrem vinculados os empregos (art. 243,§ 6º), sendo que o STF considerou que não fere o princípio da isonomia essa regra, questionada por um estrangeiro professor de uma universidade federal (RE 346180 AgR/RS); os servidores públicos de que trata o *caput* do artigo, não amparados pelo art. 19 do Ato das Disposições Constitucionais Transitórias, poderão, no interesse da Administração e conforme critérios estabelecidos em regulamento, ser exonerados mediante indenização de um mês de remuneração por ano de efetivo exercício no serviço público federal; para fins de incidência do imposto de renda na fonte e na declaração de rendimentos, serão considerados como indenizações isentas os pagamentos efetuados a título de indenização prevista no parágrafo anterior; os cargos vagos em decorrência da aplicação do disposto no § 7º poderão ser extintos pelo Poder Executivo quando considerados desnecessários;

b) os **adicionais por tempo de serviço**, já concedidos aos servidores abrangidos pela Lei 8.112/1990, ficam **transformados em anuênio** (art. 244);

c) a licença especial disciplinada pelo art. 116 da Lei 1.711, de 1952, ou por outro diploma legal, fica transformada em licença-prêmio por assiduidade, na forma prevista nos arts. 87 a 90 (art. 245);

d) para efeito do disposto no Título VI pela Lei 8.112/1990, **haverá ajuste de contas com a Previdência Social**, correspondente ao período de contribuição por parte dos servidores celetistas abrangidos pelo art. 243 (art. 247);

e) as pensões estatutárias, concedidas até a vigência pela Lei 8.112/1990, passam a ser mantidas pelo órgão ou entidade de origem do servidor (art. 248);

f) até a edição da lei prevista no § 1º do art. 231, os servidores abrangidos pela Lei 8.112/1990 contribuirão na forma e nos percentuais atualmente estabelecidos para o servidor civil da União conforme regulamento próprio (art. 249);

g) o servidor que já tiver satisfeito ou vier a satisfazer, dentro de 1 (um) ano, as condições necessárias para a aposentadoria nos termos do inciso II do art. 184 do antigo Estatuto dos Funcionários Públicos Civis da União, Lei 1.711, de 28 de outubro de 1952, aposentar-se-á com a vantagem prevista naquele dispositivo (ar. 250);

h) a Lei 8.112/1990 entra em vigor na data de sua publicação, com efeitos financeiros a partir do primeiro dia do mês subsequente (art. 252);

i) ficam revogadas a Lei 1.711, de 28 de outubro de 1952, e respectiva legislação complementar, bem como as demais disposições em contrário (art. 253).

4. Lei 8.666/1993

Licitações e Contratos Administrativos

Wander Garcia

1. LICITAÇÃO PÚBLICA

1.1. Finalidades ou objetivos

A Administração Pública, para cumprir suas tarefas, **precisa realizar muitos contratos**. A maior parte deles envolve **aquisição** de bens, serviços e obras. Mas há também situações em que a Administração **aliena** bens ou faz **permissões e concessões**.

No entanto, é fundamental que a Administração Pública, previamente à contratação, siga um procedimento destinado a preservar certos princípios. Esse procedimento tem o nome de **licitação.**

A Lei 8.666/1993, em sua redação original, dispunha que a licitação tinha por finalidade atender aos seguintes objetivos (art. 3º, *caput*): a) garantir a observância do princípio da **isonomia**; b) garantir a seleção da proposta **mais vantajosa** para a administração.

A simples existência de um processo de licitação já evita que interessados em contratar com a Administração Pública sejam excluídos dessa possibilidade, o que preserva o princípio da igualdade. Além disso, a existência de concorrência entre interessados, por si só, já é capaz de obrigá-los a formular a mais vantajosa proposta possível, o que atende ao princípio da indisponibilidade do interesse público.

Mas como tais finalidades da licitação devem ser buscadas da maneira mais efetiva possível, não basta que a licitação seja procedimento obrigatório para contratações da Administração Pública. É necessário, também, que todas as regras do procedimento sejam direcionadas ao máximo atendimento desses objetivos.

Um exemplo de regra que visa a garantir o princípio da isonomia é a que veda a criação de requisitos de habilitação que não estejam dispostos no art. 27 e seguintes da Lei 8.666/1993.

Um exemplo de regra que visa a garantir a proposta mais vantajosa para a Administração é a que estabelece, na modalidade pregão, que os licitantes, depois de apresentadas suas propostas, terão oportunidade de fazer lances verbais com vistas a se chegar a melhor proposta possível (art. 4º, VIII, da Lei 10.520/2002).

A Lei 12.349/2010 alterou o art. 3º, *caput*, da Lei 8.666/1993, criando uma terceira finalidade para a licitação, qual seja: promover o **desenvolvimento nacional sustentável**.

Exemplo de regra que visa a promover o desenvolvimento nacional sustentável é a que estabelece que, em caso de empate, terão preferência as propostas relativas a bens e serviços produzidos no País (art. 3º, § 2º, II, da Lei 8.666/1993).

Em resumo, a licitação tem três finalidades: a) garantir a isonomia; b) garantir a proposta mais vantajosa para a administração; c) promover o desenvolvimento nacional sustentável.

1.2. Legislação

A **regra-matriz** da licitação encontra-se no art. 37, XXI, da Constituição Federal, *in verbis*:

> "Ressalvados os casos especificados na legislação, as obras, serviços, compras e alienações serão contratados mediante processo de licitação pública que assegure igualdade de condições a todos os concorrentes, com cláusulas que estabeleçam obrigações de pagamento, mantidas as condições efetivas da proposta, nos termos da lei, o qual somente permitirá as exigências de qualificação técnica e econômica indispensáveis à garantia do cumprimento das obrigações".

Repare que a regra-matriz traz, pelo menos, os seguintes princípios licitatórios:

a) princípio da obrigatoriedade da licitação, pelo qual qualquer contrato deve ser por ela precedido, ressalvados os casos especificados na lei;

b) princípio da isonomia, pelo qual se deve assegurar "igualdade de condições a todos os concorrentes", bem como só se permitirá exigências de qualificação "indispensáveis à garantia do cumprimento das obrigações", de modo a garantir que interessados na licitação não sejam excluídos sem justa causa;

c) princípio da indisponibilidade, pelo qual só se permitirá exigências de qualificação "indispensáveis à garantia do cumprimento das obrigações", o que garante o maior número possível de licitantes, medida que tende a fazer com que haja maior concorrência e, consequentemente, melhores propostas;

d) princípio da proporcionalidade, também decorrente da ideia de que só se permitirá exigências de qualificação "indispensáveis à garantia do cumprimento das obrigações", o que faz com a Administração não faça exigências que não sejam estritamente necessárias para cumprir as finalidades do processo de licitação;

e) princípio do devido procedimento administrativo, pelo qual as contratações da Administração devem ser feitas mediante *processo* de licitação pública, o que faz com que fique reduzida a discricionariedade da Administração, que deve seguir ritos e regras previstos em lei.

Uma vez estabelecida a regra-matriz da licitação, a Constituição Federal tratou de dispor sobre quem tem **competência para legislar** nessa matéria. Nesse sentido, o art. 22, XXVII, da CF estabelece que compete privativamente à União legislar sobre "normas gerais de licitação e contratação, em todas as modalidades, para as administrações públicas diretas, autárquicas e fundacionais da União, Estados, Distrito Federal e Municípios, obedecido o disposto no art. 37, XXI, e para as empresas públicas e sociedades de economia mista, nos termos do art. 173, § 1º, III".

Assim, a CF elegeu a **União** como responsável, privativamente, pela edição de **normas gerais** sobre licitação.

Normas gerais sobre licitação *são aquelas que tratam de questões que reclamam tratamento homogêneo em todo o País.*

Já as **normas especiais** sobre licitação *são aquelas que tratam de questões que requerem tratamento peculiar no âmbito do ente local ou aquelas que envolvam a operacionalização da aplicação da lei geral no ente local.*

Argumentando ofensa à competência da União, o STF entendeu inconstitucional uma lei do Distrito Federal que criava, no âmbito da licitação, restrições a empresas que discriminarem na contratação de mão de obra (ADI 3.670, DJ 18.05.2007). O Pretório Excelso também entendeu inconstitucional lei do estado do Rio Grande do Sul que criava, também no âmbito da licitação, preferência a licitantes que usassem *softwares* livres ou sem restrições proprietárias (ADI 3.059, DJ 20.08.04).

Por outro lado, na ADI 927, o STF entendeu que as disposições da Lei 8.666/1993 que tratam da doação de bem imóvel e da permuta de bem móvel têm aplicação apenas à União, já que as questões relativas ao destino de bens públicos estão ligadas ao autogoverno dos demais entes políticos quanto ao seu patrimônio público, envolvendo questão de interesse local a justificar certas normas especiais por parte destes.

Outra decisão do STF a favor de lei local considerada constitucional em face da competência da União para editar normas gerais sobre licitação foi a que aprovou legislação municipal que proibia agentes políticos e seus parentes de contratar com o município. Asseverou-se que, diante das leis gerais da União, estados e municípios podem legislar para complementar tais normas e adaptá-las às suas realidades. O STF também assentou que a referida norma municipal foi editada com base no art. 30, II, da CF, e em homenagem aos princípios da impessoalidade e moralidade administrativa, bem como com prevenção a eventuais ao interesse público e ao patrimônio do município, sem restringir a competição entre os licitantes (RE 423560/M, j. 29.05.2012).

Outro ponto importante sobre o disposto no art. 22, XXVII, da CF é o fato de ter sido feita uma ressalva para as empresas públicas e sociedades de economia mista, que deveriam obedecer ao art. 173, § 1º, III, da CF, introduzida pela EC 19/1998.

Esse dispositivo tem o seguinte teor: "§ 1º – A lei estabelecerá o estatuto jurídico da empresa pública, da sociedade de economia mista e de suas subsidiárias que explorem atividade econômica de produção ou comercialização de bens ou de prestação de serviços, dispondo sobre: (...) III – licitação e contratação de obras, serviços, compras e alienações, observados os princípios da administração pública."

Repare que a Constituição admitiu que pudesse haver uma lei paralela tratando da licitação e contratação por parte de empresas públicas exploradoras de atividade econômica (produção, comércio e prestação de serviços). Essa lei, que deverá ser ordinária e federal, tem uma única condicionante: deve estabelecer as regras do certame observando os princípios da administração pública.

No entanto, enquanto essa lei não vem, entende-se que tais pessoas jurídicas têm que realizar licitação nos termos da Lei 8.666/1993, ressalvadas hipóteses em que ela não atender ao *pressuposto jurídico* – de ser conveniente ao interesse público – como no caso em que tais entidades, em sua atuação no mercado, desejem fazer contratos ligados à sua atividade-fim e a realização da licitação possa comprometer as atividades da estatal, impedindo que ela atue no mercado em condições paritárias com as demais empresas.

A própria Lei 8.666/1993, em seu art. 17, II, "e", estabelece que é dispensada a licitação na venda de bens móveis produzidos ou comercializados por órgãos ou entidades da Administração, em virtude de suas finalidades.

De qualquer forma, fica a notícia de que, enquanto não editada a lei referida, as empresas estatais exploradoras de atividade econômica em sentido estrito devem fazer licitação com base na Lei 8.666/1993, com a ressalva sobre os contratos relativos à sua atividade-fim e sobre o caso da Petrobras, que ainda não tem posição definitiva no STF.

O caso da Petrobras diz respeito ao art. 67 da Lei 9.478/1997, que estabelece que "os contratos celebrados pela PETROBRAS, para aquisição de bens e serviços, serão precedidos de procedimento licitatório simplificado, a ser definido em decreto do Presidente da República". Esse decreto foi editado (Decreto 2.745/1998). Entendemos que se trata de decreto inconstitucional, pois o art. 173, § 1º, III, da CF é claro ao dispor que somente uma lei poderá estabelecer regras sobre a licitação de empresas estatais exploradoras de atividade econômica.

Todavia, o STF, nas poucas decisões dadas a respeito, demonstra que tende a fixar entendimento no sentido da validade do referido decreto. *Vide* os seguintes casos: AC 1.193, RE 441.280, MS 25.888 e MS 27.837.

O art. 175 da CF também trata do instituto da licitação quando dispõe que a concessão e a permissão de serviços públicos devem se dar "sempre através de licitação".

Resta, agora, tecer umas palavras sobre a licitação na legislação infraconstitucional.

Nesse sentido, confira as principais leis que fazem referência ao instituto:

a) Lei 8.666/1993, a mais importante delas, traz normas gerais sobre licitações e contratos da Administração Pública;

b) Lei 10.520/2002, que trata da licitação na modalidade pregão; o Decreto 3.555/2000 regulamenta o procedimento do pregão na esfera federal; o Decreto 5.450/2005 define o procedimento a ser adotado no pregão eletrônico;

c) Lei Complementar 123/2006, que, em seus arts. 42 a 49-A, contém normas sobre licitação, favorecendo as microempresas e empresa de pequeno porte;

d) Lei 12.462/2011, que institui o Regime Diferenciado de Contratações Públicas – RDC;

e) Lei 11.488/2007, que, em seu art. 34, determina a aplicação da Lei Complementar 123/2006 às sociedades cooperativas;

f) Lei 8.987/1995, que trata da permissão e concessão de serviço público, inclusive quanto à licitação cabível à espécie;

g) Lei 11.079/2004, que trata das parcerias público-privadas, inclusive quanto à licitação cabível à espécie;

h) Lei 12.232/2010, que trata da licitação quanto aos contratos de serviços de publicidade;

i) Lei 9.472/1997, que estabelece novas modalidades licitatórias para a ANATEL, o pregão e a consulta (arts. 54 a 57);

j) Lei 9.648/1998, que dispensa a licitação para a celebração de contratos de prestação de serviços com as organizações sociais;

k) Lei 11.107/2005 que, regulamentando os consórcios públicos, dobra o limite de valor para a contratação direta por essas entidades;

l) Lei 13.019/2014, com as alterações promovidas pela Lei 13.204/2015, que, ao regulamentar a celebração de parcerias com organizações da sociedade civil, regulamenta o processo seletivo denominado "chamamento público", que tem por finalidade escolher a entidade que celebrará o respectivo termo de colaboração ou termo de fomento.

1.3. Princípios da licitação

O art. 3º da Lei 8.666/1993 estabelece os seguintes princípios da licitação: a) legalidade; b) impessoalidade; c) moralidade; d) igualdade; e) publicidade; f) probidade administrativa; g) vinculação ao instrumento convocatório; h) do julgamento objetivo; e i) os princípios correlatos.

Para guardar, lembre-se de que há quatro princípios da Administração (legalidade, impessoalidade, moralidade e publicidade) mais os seguintes: igualdade (que já está no conceito de impessoalidade), probidade (que já está no conceito de moralidade), vinculação ao instrumento convocatório e julgamento objetivo. O princípio da eficiência não está expresso no art. 3º da Lei 8.666/1993, mas, naturalmente, aplica-se à licitação, já que está expresso na Constituição Federal (art. 37, *caput*).

O princípio da **legalidade** impõe que a Administração só faça, numa licitação, o que a lei determina ou autoriza. Assim, não pode a Administração desconsiderar o disposto na Lei 8.666/1993, criando, por exemplo, novas regras sobre dispensa de licitação, modalidades de licitação novas, tipos de licitação novos, dentre outras.

O princípio da **impessoalidade** impõe que a Administração trate os licitantes de modo igualitário, não promovendo perseguições ou favorecimentos indevidos. Esse princípio também impõe que seja respeitado o princípio da finalidade, o que faz com que a licitação não possa ser utilizada para outras finalidades que não as três que o instituto tem, quais sejam, garantir a isonomia, garantir a proposta mais vantajosa para a Administração e promover o desenvolvimento nacional sustentável.

O princípio da **igualdade**, contido no princípio da impessoalidade, tem efeito relevante no que diz respeito às restrições que a Administração faz a que certas pessoas contratem com ela. Ademais, o princípio também incide quando a Administração quer ter direitos adicionais aos que já estão estipulados como cláusulas exorbitantes. Por conta disso, a Administração não pode inventar novas cláusulas exorbitantes que não estejam expressamente permitidas em lei, sob pena de ferir não só o princípio da legalidade como também o da igualdade. Há casos, todavia, em que é possível restringir a participação de certas pessoas em procedimentos licitatórios, das cooperativas na licitação para a contratação de prestação de serviços com locação de mão de obra, quando o trabalho, por sua natureza, demandar necessidade de subordinação, ante os prejuízos que podem advir para a Administração Pública caso o ente cooperativo se consagre vencedor no certame e não cumpra suas obrigações (REsp 1.204.186, DJ 29.10.2012).

Os princípios da **moralidade** e da **probidade** impõem que a Administração Pública aja sempre de forma honesta, proba, leal e de boa-fé. O princípio impede, por exemplo, que haja favorecimento indevido a algum licitante, o que também é vedado pela aplicação do princípio da impessoalidade. Impede, também, que a Administração se valha de sua condição privilegiada para fazer exigências indevidas do licitante ou contratante. Certa vez tomei conhecimento de uma situação em que um órgão público, que deixou em aberto vários pagamentos a uma empresa fornecedora, condicionou a emissão de um atestado de cumprimento da obrigação por parte desta para apresentar declaração dando por quitados todos os débitos dos órgãos públicos. No caso, a fornecedora acabou aceitando essa situação surreal, pois precisava desse atestado para participar de outro certame licitatório. A conduta da Administração Pública, no caso, foi lastimável e merece total reprovação, pois viola o princípio da boa-fé objetiva, corolário do princípio da moralidade.

O princípio da **publicidade** impõe uma série de providências em matéria de licitação. Uma delas é a exigência de que seja publicado em diário oficial e em jornal de grande circulação aviso contendo o resumo dos editais, inclusive com indicação de onde os interessados poderão ler seu texto integral (art. 21 da Lei 8.666/1993). Outra exigência é a de que todas as compras feitas pela Administração sejam objeto de publicidade em órgãos de divulgação ou em quadro de avisos de amplo acesso público (art. 16 da Lei 8.666/1993). As contratações sem licitação (licitação dispensada, dispensabilidade e inexigibilidade) também serão objeto de publicação na imprensa oficial, no prazo de 5 dias, como condição de eficácia dos atos (art. 26 da Lei 8.666/1993). Será obrigatória audiência pública nas licitações cujo valor estimado for superior a R$ 150 milhões (art. 39 da Lei 8.666/1993). Além disso, a publicação resumida do instrumento de contrato ou de seus aditamentos na imprensa oficial, que é condição indispensável para sua eficácia, será providenciada pela Administração até o quinto dia útil do mês seguinte ao de sua assinatura, para ocorrer no prazo de vinte dias daquela data, qualquer que seja seu valor, ainda que sem ônus (art. 61, parágrafo único, da Lei 8.666/1993). Atos que afetem direitos dos licitantes serão publicados na imprensa oficial, caso os prepostos destes não estiverem presentes nos atos respectivos (art. 109, § 1º, da Lei 8.666/1993). Os Tribunais de Contas e os órgãos integrantes do sistema de controle interno poderão solicitar para exame, até o dia imediatamente anterior à data do recebimento das propostas, cópia do edital de licitação já publicado (art. 113, § 2º, da Lei 8.666/1993). Os órgãos da Administração poderão expedir normas relativas aos procedimentos operacionais a serem observados na execução das licitações, no âmbito de sua competência, observadas as disposições da Lei 8.666/1993, sendo que tais normas, após aprovação da autoridade competente, deverão ser publicadas na imprensa oficial (art. 115 da Lei 8.666/1993). As sociedades de economia mista, empresas e fundações públicas e demais entidades controladas direta ou indiretamente pela União editarão regulamentos próprios devidamente publicados, ficando sujeitas às disposições da Lei 8.666/1993. Os regulamentos mencionados, no âmbito da Administração Pública, após aprovados pela autoridade de nível superior a que estiverem vinculados os respectivos órgãos, sociedades e entidades, deverão ser publicados na imprensa oficial (art. 119 da Lei 8.666/1993).

Em que pese todo esse dever de publicidade, na modalidade de licitação convite não será necessária a publicação de aviso do edital na imprensa e em jornal de grande circulação. Aliás, nessa modalidade de licitação sequer há edital. O que existe é a elaboração de uma carta-convite, que será enviada a pelo menos três fornecedores, convidando-os a participar de licitação e oferecer proposta para a Administração. A publicidade à qual se reduz esse convite é a publicação desse instrumento convocatório em local apropriado da Administração (art. 22, § 3º, da Lei 8.666/1993).

O princípio da **vinculação ao instrumento convocatório** determina que, além das disposições legais, a Administração deve seguir, rigorosamente, os termos do edital ou do convite. Assim, todas as disposições do instrumento convocatório têm de ser seguidas, sejam as que tratam dos requisitos de habilitação e dos critérios de julgamento da licitação, sejam as que tratam dos termos em que serão celebrados o futuro contrato administrativo. No mesmo sentido do princípio da vinculação ao instrumento convocatório estão também as regras da "vinculação ao termo que dispensou ou declarou inexigível a licitação" e da "vinculação à proposta do licitante vencedor", nos termos do art. 55, XI, da Lei 8.666/1993 ("a vinculação ao edital de licitação ou ao termo que a dispensou ou a inexigiu, ao convite e à proposta do licitante vencedor").

O princípio do **julgamento objetivo** se dirige a dois momentos da licitação. Primeiro quanto à estipulação dos critérios de julgamento. Nesse sentido, o art. 40, VII, da Lei 8.666/1993 impõe que o edital indique, obrigatoriamente, critério de julgamento, com disposições claras e parâmetros objetivos. Segundo, quanto ao julgamento em si, que será feito em momento posterior. Nesse sentido, "no julgamento das propostas, a Comissão levará em consideração os critérios objetivos definidos no edital ou convite", sendo "vedada a utilização de qualquer elemento, critério ou fator sigiloso, subjetivo ou reservado que possa, ainda que indiretamente, elidir o princípio da igualdade entre os licitantes" (art. 44, § 1º, da Lei 8.666/1993). Ademais, "o julgamento das propostas será objetivo, devendo a Comissão de licitação ou o responsável pelo convite realizá-lo em conformidade com os tipos de licitação, os critérios previamente estabelecidos no ato convocatório e de acordo com os fatores exclusivamente nele referidos, de maneira a possibilitar sua aferição pelos licitantes e pelos órgãos de controle" (art. 45 da Lei 8.666/1993). A lei está tão preocupada com o dever de julgamento objetivo que há vários outros dispositivos reforçando a sua necessidade: arts. 30, § 8º, 31, §§ 2º e 5º, 42, § 5º, 46, § 1º, I, § 2º, I, e § 3º, todos da Lei 8.666/1993.

1.4. Quem deve licitar?

O art. 1º, parágrafo único, da Lei 8.666/1993 responde à pergunta formulada neste item. Confira: "subordinam-se ao regime desta Lei, além dos órgãos da administração direta, os fundos especiais, as autarquias, as fundações públicas, as empresas públicas, as sociedades de economia mista e demais entidades controladas direta ou indiretamente pela União, Estados, Distrito Federal e Municípios".

Em resumo, pode-se dizer que estão sujeitos à Lei 8.666/1993 os seguintes entes:

a) os entes políticos (União, Estados, Distrito Federal e Municípios);

b) as pessoas jurídicas de direito público (autarquias, fundações públicas, agências reguladoras e associações públicas);

c) as pessoas jurídicas de direito privado estatais (empresas públicas, sociedades de economia mista, fundações privadas criadas pelo Estado e consórcios públicos de direito privado);

d) as entidades controladas direta ou indiretamente pelos entes políticos;

e) os fundos especiais.

Repare que as entidades paraestatais, ou seja, entidades não criadas pelos Estados, mas que atuam em atividades de utilidade pública, não têm o dever de licitar.

Assim, não são obrigadas a licitar as entidades do Sistema "S", as Organizações Sociais (OS) e as Organizações da Sociedade Civil de Interesse Público (OSCIPs). Nesse sentido, confira a seguinte decisão do Tribunal de Contas da União (TCU): "é assente que as entidades do Sistema 'S' não estão obrigadas a seguir rigorosamente os ditames da Lei 8.666/1993, todavia têm que observar os princípios constitucionais gerais da Administração Pública" (TCU, Acórdão 88/08, DOU 01.02.2008).

Assim, tais entidades não precisam fazer a licitação segundo a Lei 8.666/1993, mas devem fazer seus gastos observando, dentre outros, os princípios da impessoalidade, da moralidade e da eficiência.

A OAB também não tem o dever de licitar. Na ADI 3.026-4, o STF decidiu que a OAB não é uma autarquia especial e não integra a Administração Indireta como outro tipo de pessoa jurídica, de modo que não se sujeita ao controle estatal. Por outro lado, o STF reconhece que a OAB presta, sim, um serviço público. Na prática isso significa que a OAB, de um lado, não é obrigada a fazer concursos públicos, **licitações** e a se submeter à fiscalização do TCU e ao regime estatutário dos agentes públicos, podendo contratar pelo regime celetista. De outro, por ser um serviço público, a OAB pode fiscalizar os advogados e também tem direito a vantagens tributárias. Na ementa do acórdão, o STF deixa claro que a OAB não é integrante da Administração Indireta, tratando-se de uma figura ímpar no País, no caso, um Serviço Público Independente. O acórdão também conclui que a OAB não pode ser comparada às demais entidades de fiscalização profissional, pois não está voltada exclusivamente a finalidades corporativas, possuindo finalidade institucional.

1.5. Contratação direta

1.5.1. Pressupostos da licitação

A Constituição Federal estabelece que a Administração deve, como regra, contratar apenas mediante licitação (art. 37, XXI, da CF). Todavia, o próprio dispositivo citado admite que a lei preveja situações em que a contratação poderá ser direta, ou seja, sem licitação.

Nesse sentido, a doutrina aponta os pressupostos para que a licitação se dê. Confira:

a) **pressuposto lógico:** para que seja possível a realização da licitação, deve existir pluralidade de objetos e de ofertantes; caso o objeto seja singular ou o fornecedor seja exclusivo, estará inviabilizada a licitação;

b) **pressuposto jurídico:** também será necessário que a realização da licitação seja conveniente ao interesse público. Ex.: não é de interesse público que o Estado que tenha uma empresa de Imprensa Oficial faça licitação para que seja escolhida outra empresa para publicar seu Diário Oficial, devendo contratar diretamente com aquela;

c) **pressuposto fático:** não fará sentido fazer-se a licitação acaso não compareça nenhum interessado.

1.5.2. Grupos de contratação direta

Há três grupos de contratação direta. Confira:

a) **licitação dispensada (art. 17):** relativa à alienação de bens públicos; a lei traz um rol taxativo desses casos; não há discricionariedade para a Administração, que, nos casos indicados, não deve fazer licitação;

b) **dispensa de licitação (art. 24)**: o art. 24 traz os casos em que daria para fazer a licitação, mas a lei autoriza sua não realização; trata-se de rol taxativo de casos de dispensa; há discricionariedade para a Administração decidir se vai ou não realizar a licitação no caso concreto; a lei faculta a dispensa, sem obrigar que a Administração não realize a licitação;

c) **inexigibilidade de licitação (art. 25)**: o art. 25 estabelece que, quando a licitação é inviável ("não tem como ser feita"), é hipótese de sua inexigibilidade; tal dispositivo traz um rol de casos de inviabilidade, mas se trata de um rol exemplificativo; aqui não há discricionariedade para a Administração, que, nos casos de inviabilidade, não deve fazer licitação.

1.5.3. Licitação dispensada

O art. 17 da Lei 8.666/1993 prevê diversos casos de licitação dispensada, tema visto na matéria "bens públicos". De qualquer forma, vale fazer a lembrança de alguns casos.

Quanto aos **imóveis**, a alienação depende de interesse público, *autorização legislativa*, avaliação e licitação, dispensada esta na:

a) dação em pagamento;

b) doação para Administração ou para programas sociais;

c) investidura (alienação a proprietário lindeiro de área remanescente ou resultante de obra pública inaproveitável isoladamente).

Quanto aos **móveis**, a alienação depende de interesse público, avaliação e licitação, dispensada esta na doação social, na permuta entre órgãos da Administração e outros casos.

1.5.4. Dispensa de licitação

O art. 24 estabelece mais de 30 hipóteses de dispensa de licitação. Para facilitar a compreensão, classificaremos essas hipóteses em cinco grupos.

1.5.4.1. Em razão do valor (I e II)

a) contratos de até 10% do valor limite para o convite, ou seja:

✓ R$ 15 mil para obras e serviços de engenharia;

✓ R$ 8 mil para compras e serviços;

b) contratos de até 20% do valor limite para o convite, se feitos por consórcios públicos, empresas estatais e agências executivas (§ 1º do art. 24).

Obs.: não é possível o **fracionamento** de contratações que possam ser feitas de uma só vez, para que não haja violação reflexa da lei.

1.5.4.2. Em razão de situações excepcionais

a) em caso de **guerra** ou **grave perturbação da ordem** (III) – ex.: greve;

b) em caso de **calamidade pública** ou **emergência** (IV):

✓ ex.: desmoronamento de uma ponte;

✓ somente para os bens/serviços relacionados à urgência;

✓ por, no máximo, 180 dias, vedada prorrogação do contrato;

c) em caso de **licitação deserta** (V):

✓ caso não haja interessados à licitação e esta não possa ser repetida sem prejuízo, mantidas as condições do edital.

Obs.: não se deve confundir **licitação deserta** com **licitação fracassada**; na última, aparecem interessados, mas esses ou são inabilitados ou são desclassificados, não cabendo dispensa, mas concessão de prazo para os licitantes apresentarem nova documentação;

d) quando a União tiver que intervir no **domínio econômico** para regular preços ou normalizar o abastecimento (VI);

e) em caso de **rescisão contratual**, para conclusão do remanescente de obra; contrata-se o 2º melhor classificado nas condições oferecidas pelo vencedor do certame (XI).

1.5.4.3. Em razão do objeto

a) Para *compra* ou *locação* de **imóvel** pela Administração (X):

✓ ex.: aluguel de imóvel para instalar um creche municipal;

✓ imóvel destinado a finalidade precípua da Administração;

✓ imóvel com instalação/localização ideais para Administração;

✓ imóvel com valor compatível com o de mercado;

b) Para *aquisição* ou *restauração* de **obras de arte** e **objetos históricos** (XV):

✓ desde que de autenticidade certificada;

✓ desde que compatível com finalidade do órgão.

1.5.4.4. Em razão da pessoa

a) na contratação de **instituição brasileira** de pesquisa, ensino, desenvolvimento institucional ou recuperação de preso, **com** inquestionável reputação ético-profissional e **sem** fins lucrativos (XIII):

✓ ex: contratação da FGV para uma consultoria;

b) na contratação de serviços de **organizações sociais** para atividades contempladas no contrato de gestão (XXIV).

1.5.4.5. Outros casos

VII. quando as propostas apresentadas consignarem preços manifestamente superiores aos praticados no mercado nacional, ou forem incompatíveis com os fixados pelos órgãos oficiais competentes, casos em que, observado o art. 48 da Lei 8.666/1993 e, persistindo a situação, será admitida a adjudicação direta dos bens ou serviços por valor não superior ao constante do registro de preços, ou dos serviços;

VIII. para a aquisição, por pessoa jurídica de direito público interno, de bens produzidos ou serviços prestados por órgão ou entidade que integre a Administração Pública e que tenha sido criado para esse fim específico em data anterior à vigência da Lei 8.666/1993, desde que o preço contratado seja compatível com o praticado no mercado; importante ressaltar que o limite temporal de criação do órgão ou entidade que integre a administração pública estabelecido nesse caso de dispensa de licitação não se aplica aos órgãos ou entidades que produzem produtos estratégicos para o SUS, no âmbito da Lei 8.080, de 19 de setembro de 1990, conforme elencados em ato da direção nacional do SUS (art. 24, § 2º, da Lei 8.666/1993);

IX. quando houver possibilidade de comprometimento da segurança nacional, nos casos estabelecidos em decreto do Presidente da República, ouvido o Conselho de Defesa Nacional;

XII. nas compras de hortifrutigranjeiros, pão e outros gêneros perecíveis, no tempo necessário para a realização dos processos licitatórios correspondentes, realizadas diretamente com base no preço do dia;

XVI. para a impressão dos diários oficiais, de formulários padronizados de uso da administração, e de edições técnicas oficiais, bem como para prestação de serviços de informática a pessoa jurídica de direito público interno, por órgãos ou entidades que integrem a Administração Pública, criados para esse fim específico;

XVII. para a aquisição de componentes ou peças de origem nacional ou estrangeira, necessários à manutenção de equipamentos durante o período de garantia técnica, junto ao fornecedor original desses equipamentos, quando tal condição de exclusividade for indispensável para a vigência da garantia;

XVIII. nas compras ou contratações de serviços para o abastecimento de navios, embarcações, unidades aéreas ou tropas e seus meios de deslocamento quando em estada eventual de curta duração em portos, aeroportos ou localidades diferentes de suas sedes, por motivo de movimentação operacional ou de adestramento, quando a exiguidade dos prazos legais puder comprometer a normalidade e os propósitos das operações e desde que seu valor não exceda ao limite previsto na alínea "a" do inciso II do art. 23 da Lei 8.666/1993;

XIX. para as compras de material de uso pelas Forças Armadas, com exceção de materiais de uso pessoal e administrativo, quando houver necessidade de manter a padronização requerida pela estrutura de apoio logístico dos meios navais, aéreos e terrestres, mediante parecer de comissão instituída por decreto;

XX. na contratação de associação de portadores de deficiência física, sem fins lucrativos e de comprovada idoneidade, por órgãos ou entidades da Administração Pública, para a prestação de serviços ou fornecimento de mão de obra, desde que o preço contratado seja compatível com o praticado no mercado;

XXI. para a aquisição ou contratação de produto para pesquisa e desenvolvimento, limitada, no caso de obras e serviços de engenharia, a 20% (vinte por cento) do valor de que trata a alínea "b" do inciso I do *caput* do art. 23;

XXII. na contratação de fornecimento ou suprimento de energia elétrica e gás natural com concessionário, permissionário ou autorizado, segundo as normas da legislação específica;

XXIII. na contratação realizada por empresa pública ou sociedade de economia mista com suas subsidiárias e controladas, para a aquisição ou alienação de bens, prestação ou obtenção de serviços, desde que o preço contratado seja compatível com o praticado no mercado;

XXV. na contratação realizada por Instituição Científica e Tecnológica – ICT ou por agência de fomento para a transferência de tecnologia e para o licenciamento de direito de uso ou de exploração de criação protegida;

XXVI. na celebração de contrato de programa com ente da Federação ou com entidade de sua administração indireta para a prestação de serviços públicos de forma associada nos termos do autorizado em contrato de consórcio público ou em convênio de cooperação;

XXVII. na contratação da coleta, processamento e comercialização de resíduos sólidos urbanos recicláveis ou reutilizáveis, em áreas com sistema de coleta seletiva de lixo, efetuados por associações ou cooperativas formadas exclusivamente por pessoas físicas de baixa renda reconhecidas pelo poder público como catadores de materiais recicláveis, com o uso de equipamentos compatíveis com as normas técnicas, ambientais e de saúde pública;

XXVIII. para o fornecimento de bens e serviços, produzidos ou prestados no País, que envolvam, cumulativamente, alta complexidade tecnológica e defesa nacional, mediante parecer de comissão especialmente designada pela autoridade máxima do órgão;

XXIX. na aquisição de bens e contratação de serviços para atender aos contingentes militares das Forças Singulares brasileiras empregadas em operações de paz no exterior, necessariamente justificadas quanto ao preço e à escolha do fornecedor ou executante e ratificadas pelo Comandante da Força;

XXX. na contratação de instituição ou organização, pública ou privada, com ou sem fins lucrativos, para a prestação de serviços de assistência técnica e extensão rural no âmbito do Programa Nacional de Assistência Técnica e Extensão Rural na Agricultura Familiar e na Reforma Agrária, instituído por lei federal;

XXXI. nas contratações visando ao cumprimento do disposto nos arts. 3º, 4º, 5º e 20 da Lei 10.973, de 2 de dezembro de 2004, observados os princípios gerais de contratação dela constantes.

XXXII. na contratação em que houver transferência de tecnologia de produtos estratégicos para o Sistema Único de Saúde – SUS, no âmbito da Lei 8.080, de 19 de setembro de 1990, conforme elencados em ato da direção nacional do SUS, inclusive por ocasião da aquisição destes produtos durante as etapas de absorção tecnológica.

XXXIII. na contratação de entidades privadas sem fins lucrativos, para a implementação de cisternas ou outras tecnologias sociais de acesso à água para consumo humano e produção de alimentos, para beneficiar as famílias rurais de baixa renda atingidas pela seca ou falta regular de água.

XXXIV. para a aquisição por pessoa jurídica de direito público interno de insumos estratégicos para a saúde produzidos ou distribuídos por fundação que, regimental ou estatutariamente, tenha por finalidade apoiar órgão da administração pública direta, sua autarquia ou fundação em projetos de ensino, pesquisa, extensão, desenvolvimento institucional, científico e tecnológico e estímulo à inovação, inclusive na gestão administrativa e financeira necessária à execução desses projetos, ou em parcerias que envolvam transferência de tecnologia de produtos estratégicos para o Sistema Único de Saúde – SUS, nos termos do inciso XXXII deste artigo, e que tenha sido criada para esse fim específico em data anterior à vigência desta Lei, desde que o preço contratado seja compatível com o praticado no mercado" (acrescido pela Lei 13.204, de 14.12.2015).

1.5.5. Inexigibilidade de licitação

O art. 25 da Lei 8.666/1993 dispõe que a licitação é inexigível quando houver **inviabilidade de competição.** O mesmo dispositivo apresenta um rol exemplificativo (três hipóteses) de casos em que existe tal **situação.**

1.5.5.1. Em caso de fornecedor exclusivo (I)

Por exemplo, quando há um único fornecedor de um medicamento. Outro exemplo é a contratação de serviço postal, que só pode ser feito pelos Correios, que tem o monopólio desse serviço.

A lei traz a seguinte disposição sobre esse caso de inexigibilidade: "para aquisição de materiais, equipamentos ou gêneros que só possam ser fornecidos por produtor, empresa ou representante comercial exclusivo, vedada a preferência de marca, devendo a comprovação de exclusividade ser feita através de atestado fornecido pelo órgão de registro do comércio do local em que se realizaria a licitação ou a obra ou serviço, pelo Sindicato, Federação ou Confederação Patronal, ou, ainda, pelas entidades equivalentes".

Trata-se de situação em que seria inútil licitar, dada a impossibilidade de competição.

Não se deve, todavia, confundir a exclusividade de produtor-vendedor com a exclusividade comercial. A primeira sempre gera a inexigibilidade. Já a segunda depende de se aferir a exclusividade do vendedor na praça de comércio em que se esteja realizando a licitação.

Em caso positivo, estar-se-á em caso de inexigibilidade; se negativo, não.

No convite, considera-se como praça de comércio a localidade. Na tomada de preços, observando-se o registro cadastral. E na concorrência, o País.

Não se deve confundir, outrossim, fornecedor exclusivo com *preferência de marca.* Essa não é permitida pela Lei de Licitações, que só abre exceção quando se trata da dispensa de certame para aquisição de certos equipamentos pelas Forças Armadas, preenchidos os requisitos legais, a fim de manter a *padronização.*

1.5.5.2. Caso seja necessário contratar serviço singular (II)

Serviço singular é aquele serviço técnico *diferenciado*, não podendo se tratar de um serviço *comum.* Um exemplo é a necessidade de contratar uma consultoria para a modelagem de uma parceria público-privada, serviço que, efetivamente, é singular. Já a contratação de um escritório de advocacia para o ingresso com uma ação simples, como uma ação de revisão contratual, não envolve serviço singular, mas serviço comum, corrente.

Uma vez havendo necessidade de contratar um serviço singular, deve-se contratar *profissional com notória especialização.*

A lei traz a seguinte disposição sobre esse caso de inexigibilidade: "*para a contratação de serviços técnicos enumerados no art. 13 desta Lei, de natureza singular, com profissionais ou empresas de notória especialização, vedada a inexigibilidade para serviços de publicidade e divulgação*".

Repare que a lei dispõe que não há possibilidade de contratar por inexigibilidade serviços de publicidade ou divulgação.

1.5.5.3. Na contratação de artista (III)

A lei traz a seguinte disposição sobre esse caso de inexigibilidade: "para contratação de profissional de qualquer setor artístico, diretamente ou através de empresário exclusivo, desde que consagrado pela crítica especializada ou pela opinião pública".

1.5.6. Formalidades para a contratação direta

As dispensas, as inexigibilidades e o retardamento previsto no art. 8º, parágrafo único, da Lei 8.666/1993 deverão ser feitos mediante os seguintes requisitos, conforme o caso (art. 26 da Lei 8.666/1993):

a) existência de um processo administrativo;

b) justificativa da não realização da licitação;

c) justificativa de preço – pesquisa de preço;

d) razão da escolha do fornecedor;

e) comunicação, em 3 dias úteis, à autoridade superior, para ratificação;

f) publicação da contratação, em 5 dias, para eficácia do ato.

1.5.7. Responsabilidade em caso de superfaturamento

O art. 25, § 2º, da Lei 8.666/1993 estabelece nos casos de inexigibilidade e em qualquer dos casos de dispensa, se comprovado superfaturamento, que respondem *solidariamente* pelo dano causado à Fazenda Pública o *fornecedor ou o prestador de serviços* e o *agente público* responsável, sem prejuízo de outras sanções legais cabíveis.

1.6. Fases da licitação

1.6.1. Fase interna

O procedimento licitatório importa numa sucessão de atos com vistas à escolha do vencedor do certame.

Essa sucessão de atos pode ser dividida, num primeiro momento, em duas grandes etapas, quais sejam: a fase interna e a fase externa da licitação.

A fase interna consiste no conjunto de preparativos feitos no interior da Administração, prévios à publicação do edital ou ao envio da carta-convite.

Dentre os principais atos da fase interna, destacam-se os seguintes:

a) *abertura de processo administrativo, devidamente autuado, protocolado e numerado*;

b) *solicitação de contratação com indicação sucinta do objeto*, ou seja, o órgão interessado indicará a necessidade de se fazer a compra, da contratação de serviço, da contratação de obra etc.;

c) *verificação acerca da existência de dotação orçamentária para a despesa*, ou seja, verifica-se se há previsão orçamentária para a contratação solicitada pelo órgão interessado;

d) *verificação do impacto orçamentário-financeiro*, ou seja, verifica-se se, no momento, há recursos financeiros disponíveis;

e) *autorização para abertura de licitação e designação de comissão especial de licitação, de leiloeiro ou de responsável pelo convite, de acordo com o caso*;

f) *realização de audiência pública, quando for o caso*; essa audiência é necessária quando o valor estimado para uma licitação ou conjunto de licitações com objetos similares (simultâneas ou sucessivas) for superior a R$ 150 milhões (são simultâneas aquelas que têm objetos similares e com realização prevista em intervalo de até 30 dias; são sucessivas aquelas com objetos similares, cujo edital da mais recente tenha data anterior a 120 dias do término do contrato resultante da licitação antecedente);

g) *elaboração ou finalização do texto da minuta do edital*;

h) *exame e aprovação da minuta do edital pela assessoria jurídica da Administração*; vale lembrar que o STF entende que o parecer da assessoria jurídica tem natureza jurídica de decisão (*parecer vinculante*), o que faz com que o assessor jurídico responda por qualquer irregularidade no edital que tiver aprovado;

i) *aprovação do edital*; ou seja, autoridade competente deverá apreciar a minuta e aprovar o edital.

Antes de passarmos para a fase externa da licitação, vale tratar um pouco sobre as pessoas que dirigirão os trabalhos numa licitação.

Nesse sentido, o art. 51 da Lei 8.666/1993 estabelece que a licitação será processada e julgada por comissão permanente ou especial de, *no mínimo, 3 (três) membros*, sendo pelo menos *2 (dois) deles* servidores qualificados pertencentes aos quadros *permanentes* dos órgãos da Administração responsáveis pela licitação. Ou seja, só um membro pode ser daqueles que têm cargo em comissão.

No caso de convite, a Comissão de licitação, excepcionalmente, nas pequenas unidades administrativas e em face da exiguidade de pessoal disponível, poderá ser substituída por servidor formalmente designado pela autoridade competente.

A Comissão para julgamento dos pedidos de inscrição em registro cadastral, sua alteração ou cancelamento será integrada por profissionais legalmente habilitados no caso de obras, serviços ou aquisição de equipamentos.

Os membros das Comissões de licitação responderão *solidariamente* por todos os atos praticados pela Comissão, salvo se posição individual divergente estiver devidamente fundamentada e registrada em *ata lavrada* na reunião em que tiver sido tomada a decisão.

A investidura dos membros das Comissões permanentes *não excederá a 1 (um) ano*, vedada a recondução da totalidade de seus membros para a mesma comissão no período subsequente.

No caso da modalidade *concurso*, o julgamento será feito por uma comissão especial integrada por pessoas de reputação ilibada e reconhecido conhecimento da matéria em exame, servidores públicos ou não.

1.6.2. Fase externa

Uma vez que a minuta do edital estiver aprovada, passa-se à fase externa da licitação, fase essa que tem os seguintes momentos:

1.6.2.1. Publicação do instrumento convocatório

Nessa etapa, temos duas possibilidades.

Se se tratar de licitação na modalidade **convite**, não há edital. O instrumento convocatório é a **carta-convite**, que deverá ser remetida a pelo menos 3 interessados, cadastrados ou não na Administração.

Repare que devem ser feitos, no mínimo, 3 convites. O ideal é fazer o maior número possível. Ademais, há de se convidar tanto pessoas cadastradas como pessoas não cadastradas na Administração.

Por fim, faz-se necessário afixar cópia da carta-convite em quadro de aviso da Administração.

Nas demais modalidades de licitação, o instrumento convocatório tem o nome de **edital**.

O edital é o *ato pelo qual são convocados os interessados e estabelecidas as condições que regerão o certame*, devendo **tratar**, obrigatoriamente, do seguinte (art. 40 da Lei 8.666/1993):

a) **regras procedimentais:** *modalidade* de licitação (*caput*); *objeto* do certame (I); onde estão as *informações* relevantes (IV, V e VIII); quais são as *datas* para recebimento dos envelopes com a documentação e a proposta e para início da abertura dos envelopes (*caput*); *forma de apresentação* das propostas (VI);

b) **condições de participação:** qualificação para participação na licitação (VI), em conformidade com os artigos 27 a 31; disciplina sobre a participação de consórcios no certame;

c) **critérios de julgamento:** *tipo* de licitação, tais como menor preço, melhor técnica etc. (*caput*); *critérios de avaliação* das propostas (VII); *padrão mínimo de qualidade*;

d) **futuro contrato:** *direitos* e *obrigações* de cada parte (pagamento, entrega e prazos); *prerrogativas extraordinárias* da Administração Pública; modos de *recomposição* da equação econômico-financeira (reajustes e revisões); hipóteses de *rescisão contratual*; *sanções* cabíveis e sua quantificação;

e) **anexo:** o edital deve trazer em anexo as especificações complementares e a minuta do futuro contrato a ser celebrado.

Qualquer modificação no edital exige divulgação pela mesma forma que se deu no texto original, reabrindo-se o prazo inicialmente estabelecido, exceto quando, inquestionavelmente, a alteração não afetar a formulação das propostas (art. 21, § 4º, da Lei 8.666/1993).

Os prazos estabelecidos para a apresentação da proposta pelo licitante serão contados a partir da última publicação do edital resumido ou da expedição do convite, ou ainda da efetiva disponibilidade do edital ou do convite e respectivos anexos, prevalecendo a data que ocorrer mais tarde (art. 21, § 3º, da Lei 8.666/1993).

O edital poderá ser impugnado. Essa **impugnação** obedece às seguintes regras (art. 41):

a) pode ser feita por um *interessado* e também por qualquer *cidadão*;

b) o prazo para o *cidadão* impugnar é até de *5 dias úteis* da data da abertura dos envelopes de habilitação, devendo a Administração julgar e responder à impugnação em até *3 dias úteis*;

c) o prazo para o *licitante* impugnar é até o 2º dia útil da data da abertura dos envelopes de habilitação ou da data da sessão de leilão.

A impugnação feita tempestivamente pelo licitante não o impedirá de participar do processo licitatório até o trânsito em julgado da decisão a ela pertinente.

A inabilitação do licitante importa preclusão do seu direito de participar das fases subsequentes.

Independentemente dos prazos para impugnação, nada impede que qualquer licitante, contratado ou pessoa jurídica ou física, represente para o Ministério Público, para o órgão de controle interno da Administração ou para o Tribunal de Contas acerca de irregularidades que encontrar (art. 113, § 1º).

1.6.2.2. Habilitação

1.6.2.2.1. Conceito

A expressão "habilitação" ora é utilizada para designar um *procedimento* (uma série de atos, portanto), ora é utilizada para designar um *ato administrativo* só.

Na sua **acepção procedimental**, a habilitação *é o conjunto de atos destinados a apurar a idoneidade e a capacitação de um sujeito para contratar com a Administração Pública.*

Já na **acepção de ato administrativo**, a habilitação *é o ato pelo qual a Administração Pública decide se um sujeito é dotado da idoneidade necessária para a participação na licitação.*

Em termos práticos, essa fase licitatória tem por fim verificar se o interessado tem *idoneidade* e *capacitação* para vir a contratar com a Administração Pública. O foco aqui não é verificar qual interessado tem a melhor proposta comercial (isso é visto na fase de julgamento e classificação), mas se o interessado tem aptidão para vir a ser contratado pela Administração Pública.

A Constituição Federal, em seu art. 37, XXI, acaba por trazer duas disposições sobre a habilitação, que são as seguintes: a) "processo de licitação pública que assegure igualdade de condições a todos os concorrentes"; e b) processo de licitação em que só se permite "exigências de qualificação técnica e econômica indispensáveis à garantia do cumprimento das obrigações".

O princípio da igualdade admite certas restrições à participação de interessados na licitação. Um exemplo é uma licitação para fornecimento de combustível para uma Prefeitura, em que o edital estabelece que só poderão participar do certame postos de gasolina que estejam situados até 15 km do pátio de carros da Prefeitura. Trata-se de limitação lícita, pois, se um posto de gasolina muito distante ganhar o certame, a Prefeitura gastará muita gasolina para ir ao posto abastecer os carros.

No caso relatado, a restrição à participação tem pertinência. Porém, há várias situações em administrações públicas no País que criam restrições impertinentes e, portanto, violadoras do princípio da igualdade. Confira, a respeito, a seguinte decisão do STF:

> "Licitação pública. Concorrência. Aquisição de bens. Veículos para uso oficial. **Exigência de que sejam produzidos no Estado-membro**. Condição compulsória de acesso. Art. 1º da Lei 12.204/1998, do Estado do Paraná, com a redação da Lei 13.571/2002. Discriminação arbitrária. Violação ao princípio da isonomia ou da igualdade. Ofensa ao art. 19, II, da vigente Constituição da República. Inconstitucionalidade declarada. Ação direta julgada, em parte, procedente. Precedentes do Supremo. É inconstitucional a lei estadual que estabeleça como condição de acesso a licitação pública, para aquisição de bens ou serviços, que a empresa licitante tenha a fábrica ou sede no Estado-membro." (STF, ADI 3583, DJ 13.03.2008)

As exigências, além de atender à isonomia, devem estar previstas em lei (princípio da legalidade) e ser indispensáveis à garantia do cumprimento das obrigações pelo interessado. Confira decisão do Tribunal de Contas da União (TCU), que se deparou com exigência em edital não prevista em lei:

"Além disso, para a habilitação de interessado em participar de licitação só pode ser exigida a documentação exaustivamente enumerada nos arts. 27 a 31 da Lei de Licitações e Contratos, onde não há menção à necessidade de comprovação de que a empresa não tenha entre seus sócios participante de outra entidade que esteja em situação de inadimplência em contratação anterior com a Administração Pública." (TCU, Acórdão 991/2006, DOU 26.06.06).

1.6.2.2.2. Momento

Após a publicação do edital, segue-se um prazo para os interessados na licitação apresentarem dois envelopes para a Administração. O primeiro envelope é composto dos documentos que comprovam a *idoneidade* e a *capacitação* do licitante (documentos de habilitação) e o segundo traz documento com a proposta comercial do licitante (documentos de proposta).

A fase de habilitação consiste justamente em abrir o envelope contendo os documentos de habilitação e em verificar se o interessado atende às qualificações necessárias à participação no certame.

Resta saber em que momento isso deve ser feito, ou seja, quando é que ocorre a fase de habilitação.

Como **regra**, a habilitação ocorre logo após o recebimento dos dois envelopes mencionados e antes da abertura dos envelopes com a proposta (art. 43 da Lei 8.666/1993). Em outras palavras, a habilitação normalmente ocorre após a publicação do edital e antes da fase de julgamento e classificação.

O procedimento de habilitação envolve os seguintes atos:

a) os documentos poderão ser apresentados em *original*, por qualquer processo de *cópia autenticada* por cartório competente ou por *servidor da administração ou publicação em órgão da imprensa oficial* (art. 32);

b) os envelopes serão abertos e os documentos apreciados (art. 43, I);

c) os licitantes presentes e a comissão rubricarão todos os documentos (art. 43, § 2º);

d) os licitantes que demonstrarem os requisitos de qualificação serão habilitados;

e) os licitantes que não demonstrarem os requisitos de qualificação serão inabilitados;

f) caso não haja recurso por parte dos inabilitados, serão devolvidos a estes os envelopes fechados contendo as respectivas propostas; havendo recurso, os envelopes fechados só serão devolvidos quando e se o recurso for denegado (art. 43, II);

g) a inabilitação posterior de um licitante só poderá acontecer se houver fatos supervenientes ou se fatos que já ensejavam a inabilitação só forem conhecidos após o julgamento;

h) após a fase de habilitação, não cabe desistência de proposta, salvo por motivo justo decorrente de fato superveniente e aceito pela comissão (art. 43, § 6º);

i) se todos os licitantes forem inabilitados, a Administração poderá fixar aos licitantes o prazo de 8 dias úteis para a apresentação de nova documentação escoimada das causas referidas que levaram à inabilitação, facultada, no caso de convite, a redução deste prazo para três dias úteis (art. 48, § 3º).

Na **tomada de preços**, o momento da habilitação é um pouco diferente. Isso porque, nessa modalidade, só poderá participar da licitação aquele que já esteja previamente cadastrado ou que apresente os documentos para o devido cadastro até o 3º dia anterior à data do recebimento das propostas.

Assim, na tomada de preços temos a chamada *habilitação prévia* e não a *habilitação preliminar*, que é aquela que ocorre após o edital (e que é a regra, como vimos).

Num primeiro momento, só pode participar da tomada de preços quem já esteja previamente *cadastrado*, ou seja, que já tenha a documentação de habilitação já apresentada à Administração.

Os arts. 34 a 37 da Lei 8.666/1993 tratam dos registros cadastrais, que são muito comuns nos órgãos e entidades da Administração Pública que realizam frequentemente licitações. O registro cadastral deve estar permanente aberto aos interessados, devendo a unidade responsável proceder, no mínimo anualmente, ao chamamento público para a atualização dos registros existentes e ingresso de novos interessados, sendo autorizado que unidades administrativas utilizem registros cadastrais de outros órgãos ou entidades da Administração Pública.

O interessado que já tem registro cadastral receberá um documento cujo nome é "certificado de registro cadastral" (art. 32, § 2º, da Lei 8.666/1993), o qual será apresentado quando for participar de uma tomada de preços.

Já o interessado em participar de uma tomada de preços que não estiver previamente cadastrado tem a possibilidade de participar da licitação desde que atenda às condições exigidas para cadastramento até o 3º dia anterior à data do recebimento das propostas. Ou seja, publicado o edital de uma tomada de preços, o interessado deverá correr para conseguir seu cadastramento, nos termos dos arts. 34 a 37 da Lei 8.666/1993 e das demais regras locais, até o momento acima referido.

Caso a *comissão do certame* ou a *comissão de cadastramento*, no momento do recebimento dos envelopes com a proposta, não tenha tido tempo ainda de analisar se os documentos apresentados para cadastro são suficientes, deverá a comissão de licitação receber a proposta sob condição, vale dizer, condicionada à regularidade do cadastro solicitado, que será verificada em seguida. Nesse caso, procede-se de modo semelhante à concorrência, pois a comissão vai ter que parar e verificar a qualificação antes de abrir os envelopes das propostas, podendo marcar outra data para tanto, se for o caso.

Já quanto ao **convite**, ao **concurso**, ao **leilão** e ao **fornecimento de bens para pronta entrega**, pode-se dispensar, no todo ou em parte, a documentação dos arts. 28 a 31. Ou seja, na prática, seguem o critério de habilitação preliminar, mas, em alguns casos, pode a Administração dispensar todas ou algumas das exigências de qualificação. No entanto, a regularidade do interessado com a Seguridade Social é exigência de qualificação que não pode ser dispensada em hipótese alguma, nos termos do art. 195, § 3º, da CF.

Por fim, no **pregão** temos uma inversão de fases. Primeiro é aberto o envelope com as propostas comerciais, passando à existência de lances verbais e a uma negociação com o melhor classificado e depois é aberto o envelope com os documentos de habilitação do melhor classificado no certame (art. 4º, XII, da Lei 10.520/2002). Ou seja, primeiro vem a fase de julgamento e classificação e depois a de habilitação. Aqui, fala-se em **habilitação posterior**.

Em resumo, o momento da habilitação, em regra, é logo após a publicação do edital (*habilitação preliminar*), mas se dará antes do edital na tomada de preços (*habilitação prévia*) e após o julgamento e classificação no pregão (*habilitação posterior*).

1.6.2.2.3. Documentação a ser apresentada (qualificação)

O art. 27 da Lei 8.666/1993 dispõe que, nas licitações, exigir-se-á dos interessados, exclusivamente, documentação relativa a:

a) habilitação jurídica;

b) qualificação técnica;

c) qualificação econômico-financeira;

d) regularidades fiscal e trabalhista;

e) regularidade quanto ao trabalho de menores.

A **habilitação jurídica** consiste na *comprovação da existência de capacidade de fato e da titularidade de condições para contratar com a Administração Pública*. São exigidos, conforme o caso, os seguintes documentos (art. 28 da Lei 8.666/1993):

a) cédula de identidade;

b) registro comercial, no caso de empresa individual;

c) ato constitutivo, estatuto ou contrato social em vigor, devidamente registrado, em se tratando de sociedades comerciais, e, no caso de sociedades por ações, acompanhado de documentos de eleição de seus administradores;

d) inscrição do ato constitutivo, no caso de sociedades civis, acompanhada de prova de diretoria em exercício;

e) decreto de autorização, em se tratando de empresa ou sociedade estrangeira em funcionamento no País, e ato de registro ou autorização para funcionamento expedido pelo órgão competente, quando a atividade assim o exigir.

A **regularidade fiscal** *consiste na existência de inscrição nos cadastros públicos de contribuinte e na inexistência de débitos fiscais exigíveis*. São exigidos, conforme o caso, os seguintes documentos (art. 29 da Lei 8.666/1993):

a) prova de inscrição no Cadastro de Pessoas Físicas (CPF) ou no Cadastro Geral de Contribuintes (CGC);

b) prova de inscrição no cadastro de contribuintes estadual ou municipal, se houver, relativo ao domicílio ou sede do licitante, pertinente ao seu ramo de atividade e compatível com o objeto contratual;

c) prova de regularidade para com a Fazenda Federal, Estadual e Municipal do domicílio ou sede do licitante, ou outra equivalente, na forma da lei;

d) prova de regularidade relativa à Seguridade Social e ao Fundo de Garantia por Tempo de Serviço (FGTS), demonstrando situação regular no cumprimento dos encargos sociais instituídos por lei.

Há de se ressaltar que só se pode exigir do licitante a apresentação de inscrições e certidões pertinentes. Assim, uma empresa prestadora de serviço não é obrigada a apresentar demonstração de inscrição no Fisco estadual, nem certidão negativa de tributo estadual.

Da mesma forma, não se pode exigir certidões com requisitos formais que podem não ser uniformes nas mais variadas esferas administrativas brasileiras. Nesse sentido, confira a seguinte decisão do STJ:

> "A despeito da vinculação ao edital a que se sujeita a Administração Pública (art. 41 da Lei 8.666/1993), afigura-se ilegítima a exigência da apresentação de certidões comprobatórias de regularidade fiscal quando não são fornecidas, do modo como requerido pelo edital, pelo município de domicílio do licitante" (STJ, REsp 974854/MA, DJ 16.05.2008)

A **qualificação técnica** *consiste na idoneidade técnica para a execução do objeto licitado, mediante a demonstração de experiência anterior na execução de contrato similar e da disponibilidade de pessoal e de equipamentos indispensáveis.* Podem ser exigidos, conforme o caso, os seguintes documentos (art. 30 da Lei 8.666/1993):

a) registro ou inscrição na entidade profissional competente (capacidade genérica);

b) comprovação de aptidão para desempenho de atividade pertinente e compatível em características, quantidades e prazos com o objeto da licitação (capacidade específica);

c) indicação das instalações e do aparelhamento e do pessoal técnico adequados e disponíveis para a realização do objeto da licitação, bem como da qualificação de cada um dos membros da equipe técnica que se responsabilizará pelos trabalhos (capacidade operacional);

d) comprovação, fornecida pelo órgão licitante, de que recebeu os documentos e, quando exigido, de que tomou conhecimento de todas as informações e das condições locais para o cumprimento das obrigações objeto da licitação;

e) prova de atendimento de requisitos previstos em lei especial, quando for o caso.

As qualificações previstas nos itens "b" e "c" serão feitas por **atestados** fornecidos por pessoas jurídicas de direito público ou privado. Caso se trate de serviços ou obras, será necessário que os atestados sejam registrados nas entidades profissionais competentes.

A respeito da exigência de atestados, um exemplo é uma licitação para construir uma rodovia. Certamente, o edital exigirá, como qualificação técnica, dentre outros requisitos, que os licitantes apresentem atestado de que já fizeram obra semelhante, requisito indispensável para se aferir sua aptidão para executar a obra caso venha a ganhar a licitação. Por se tratar de obra, tal atestado deverá ser registrado na entidade profissional competente.

Quanto à capacitação técnico-profissional (pessoal técnico especializado), a exigência deve se limitar à comprovação do licitante de possuir em seu quadro permanente, na data prevista para entrega da proposta, profissional detentor de atestado de responsabilidade técnica por execução de obra ou serviço de características semelhantes, limitadas estas exclusivamente às parcelas de maior relevância e valor significativo do objeto da licitação, vedadas as exigências de quantidades mínimas ou prazos máximos. Tais profissionais deverão participar da obra ou serviço objeto da licitação, admitindo-se a substituição por profissionais de experiência equivalente ou superior, desde que aprovada pela administração.

Será sempre admitida a comprovação de aptidão através de certidões ou atestados de obras ou serviços similares de complexidade tecnológica e operacional equivalente ou superior.

É vedada a exigência de comprovação de atividade ou de aptidão com limitações de tempo ou de época ou ainda em locais específicos, ou quaisquer outras não previstas na Lei 8.666/1993 que inibam a participação na licitação.

As exigências mínimas relativas a instalações de canteiros, máquinas, equipamentos e pessoal técnico especializado, considerados essenciais para o cumprimento do objeto da licitação, serão atendidas mediante a apresentação de relação explícita e da declaração formal da sua disponibilidade, sob as penas cabíveis, vedadas as exigências de propriedade e de localização prévia.

Admite-se a exigência de experiência anterior: "é lícita cláusula em edital de licitação exigindo que o licitante, além de contar, em seu acervo técnico, com um profissional que tenha conduzido serviço de engenharia similar àquele em licitação, já tenha atuado em **serviço similar**. Esse entendimento está em consonância com a doutrina especializada que distingue a qualidade técnica profissional da qualidade técnica operacional e com a jurisprudência do STJ, cuja Segunda Turma firmou o entendimento de que 'não fere a igualdade entre os licitantes, tampouco a ampla competitividade entre eles, o condicionamento editalício referente à experiência prévia dos concorrentes no âmbito do objeto licitado, a pretexto de demonstração de qualificação técnica, nos termos do art. 30, inc. II, da Lei n. 8.666/1993' (REsp 1.257.886-PE, j. 03.11.2011). Além disso, outros dispositivos do mesmo art. 30 permitem essa inferência. Dessa forma, o § 3º do art. 30 da Lei 8.666/1993 estatui que existe a possibilidade de que a comprovação de qualificação técnica se dê por meio de serviços similares, com complexidade técnica e operacional idêntica ou superior. Ainda, o § 10 do art. 30 da mesma lei frisa ser a indicação dos profissionais técnicos responsáveis pelos serviços de engenharia uma garantia da administração". (STJ, RMS 39.883-MT, Rel. Min. Humberto Martins, j. 17.12/2013)

Segundo o art. 30, § 8º, da Lei 8.666/1993, no caso de obras, serviços e compras de grande vulto, de alta complexidade técnica, poderá a Administração exigir dos licitantes a metodologia de execução, cuja avaliação, para efeito de sua aceitação ou não, antecederá sempre à análise dos preços e será efetuada exclusivamente por critérios objetivos.

Entende-se por licitação de alta complexidade técnica aquela que envolva alta especialização como fator de extrema relevância para garantir a execução do objeto a ser contratado, ou que possa comprometer a continuidade da prestação de serviços públicos essenciais.

O Tribunal de Contas da União (TCU), chamado a interpretar várias das disposições acima em caso concreto, exarou interessante decisão, que determinou à Administração Pública que:

"9.3.4. Abstenha-se de exigir comprovação de vínculo empregatício do responsável técnico de nível superior com a empresa licitante, uma vez que extrapola as exigências de qualificação técnico-profissional, definidas no art. 30, inciso II e § 1º, da Lei 8.666/1993.

9.3.5. Abstenha-se de exigir, para a comprovação de qualificação técnico-operacional dos licitantes, os requisitos de propriedade e de localização prévia dos equipamentos a serem utilizados na obra, conforme o disposto no § 6º do art. 30 da Lei 8.666/1993.

9.3.6. Não exija, como requisito para habilitação dos licitantes, a apresentação de certificados de qualidade e outros documentos que não integrem o rol da documentação exigida por lei, para comprovação de capacidade técnica, nos termos do inciso II c/c o § 1º, ambos do art. 30 da Lei 8.666/1993, abstendo-se especialmente de exigir certificado do Programa Brasileiro de Qualidade e Produtividade de Habitat (PBQPH) – Nível A, aceitando-o, se for o caso, apenas como critério de pontuação técnica.

9.3.7. Abstenha-se de efetuar exigência de quantitativos mínimos de serviços nos atestados técnico-profissionais, para fins de qualificação técnico-profissional, ante a expressa vedação do art. 30, § 1º, I, da Lei 8.666/1993" (TCU Acórdão 608/2008, Plenário, DOU 14.05.2008).

A **qualificação econômico-financeira** *consiste em o licitante ter recursos financeiros e situação econômica adequados à satisfatória execução do objeto da contratação*. Podem ser exigidos, conforme o caso, os seguintes documentos (art. 31 da Lei 8.666/1993):

a) balanço patrimonial e demonstrações contábeis do último exercício social, já exigíveis e apresentados na forma da lei, que comprovem a boa situação financeira da empresa, vedada a sua substituição por balancetes ou balanços provisórios, podendo ser atualizados por índices oficiais quando encerrado há mais de 3 (três) meses da data de apresentação da proposta;

b) certidão negativa de falência, concordata ou recuperação judicial expedida pelo distribuidor da sede da pessoa jurídica, ou de execução patrimonial, expedida no domicílio da pessoa física;

c) garantia, nas mesmas modalidades e critérios previstos no "caput" e § 1º do art. 56 da Lei 8.666/1993, limitada a 1% (um por cento) do valor estimado do objeto da contratação.

A exigência de *índices* limitar-se-á à demonstração da capacidade financeira do licitante para assumir compromissos caso seja contratado, vedada a exigência de valores mínimos de faturamento anterior, índices de rentabilidade ou lucratividade.

A Administração, nas *compras para entrega futura* e na *execução de obras e serviços*, poderá exigir capital mínimo ou patrimônio líquido mínimo, ou ainda as garantias previstas no § 1º do art. 56 da Lei 8.666/1993, como dado objetivo de comprovação da qualificação econômico-financeira dos licitantes e para efeito de garantia ao adimplemento do contrato a ser ulteriormente celebrado.

O capital mínimo ou o valor do patrimônio líquido a que nos referimos não poderá exceder a 10% (dez por cento) do valor estimado da contratação, devendo a comprovação ser feita relativamente à data da apresentação da proposta, na forma da lei, admitida a atualização para esta data através de índices oficiais.

Poderá ser exigida, ainda, a relação dos compromissos assumidos pelo licitante que importem diminuição da capacidade operativa ou absorção de disponibilidade financeira (dívidas do licitante!), calculada esta em função do patrimônio líquido atualizado e sua capacidade de rotação.

A comprovação de boa situação financeira da empresa será feita de forma objetiva, através do cálculo de índices contábeis previstos no edital e devidamente justificados no processo administrativo da licitação que tenha dado início ao certame, vedada a exigência de índices e valores não usualmente adotados para correta avaliação de situação financeira suficiente ao cumprimento das obrigações decorrentes da licitação.

O Tribunal de Constas da União (TCU), chamado a interpretar questão atinente à qualificação econômico-financeira em caso concreto, exarou interessante decisão:

"Os índices e seus valores devem ser fixados de modo a avaliar a capacidade financeira da empresa em cumprir com suas obrigações contratuais. Não é fazendo comparações com a capacidade econômico-financeira das maiores empresas do ramo (índices de liquidez geral e de liquidez corrente iguais ou superiores a 3,00) que se aferirá a capacidade econômico-financeira para a execução de determinado contrato. A obra em questão, devido a seu porte, não necessita da capacidade técnica, operacional e econômico-financeira de grandes construtoras, de grandes empresas de capital aberto, mas, antes, se destina a empresas locais e regionais de médio porte (TCU, Acórdão 1.899/2006, Plenário, DOU 16.10.2006).

A **regularidade quanto ao trabalho de menores** *consiste em o licitante cumprir o disposto no inciso XXXIII do art. 7º da CF, que proíbe o trabalho noturno, perigoso e insalubre a menor de 18 anos, bem como qualquer trabalho a menores de 16 anos, salvo na condição de aprendiz, a partir de 14 anos.*

O licitante deve demonstrar essa qualificação por meio da apresentação de uma declaração de regularidade.

O descumprimento dessa regra, caso descoberto no futuro, ensejará a rescisão do contrato administrativo (art. 78, XVIII, da Lei 8.666/1993).

Resta saber como fica o atendimento aos requisitos de habilitação quando um **consórcio** de empresas participa como licitante.

Em primeiro lugar, é importante dizer que o edital deve prever se é possível ou não a participação de um consórcio de empresas.

Caso o edital preveja essa possibilidade, há de determinar o seguinte aos consorciados:

a) que comprovem o *compromisso* público ou particular, subscrito pelos consorciados, de constituir formalmente o consórcio, caso venham a ser contratados; a constituição e o registro do consórcio serão feitos antes da celebração do contrato;

b) que indiquem a *empresa líder* do consórcio, que será responsável por este e deverá atender às condições de liderança previstas no edital, valendo salientar que somente empresa brasileira pode ser líder de consórcio;

c) que fica *proibida a participação* de empresa consorciada, na mesma licitação, através de mais de um consórcio ou isoladamente;

d) que ficam responsáveis *solidariamente* pelos atos praticados em consórcio, tanto na fase de licitação, quanto na de execução do contrato.

Resta saber, agora, quais regras regerão o cumprimento dos requisitos para a habilitação quando se tem um consórcio de empresas disputando a licitação. Confira:

a) cada consorciado deve apresentar os documentos de habilitação (arts. 28 a 31 da Lei 8.666/1993);

b) para efeito de qualificação técnica, admite-se o somatório dos quantitativos de cada consorciado, na proporção de sua respectiva participação;

c) para efeito de qualificação econômico-financeira, admite-se o somatório dos valores de cada consorciado, na proporção de sua respectiva participação;

d) pode a administração estabelecer, para o consórcio, um acréscimo de até 30% dos valores exigidos para licitante individual, inexigível este acréscimo para os consórcios compostos, em sua totalidade, por micro e pequenas empresas assim definidas em lei.

A **regularidade trabalhista** consiste na inexistência de débitos inadimplidos perante a Justiça do Trabalho (Lei 12.440/2011).

A prova dessa regularidade se dá pela CNDT (Certidão Negativa de Débitos Trabalhistas), expedida eletrônica e gratuitamente.

O interessado não obterá CNDT se em seu nome constar inadimplemento de obrigações estabelecidas em sentença transitada em julgado, acordos judiciais e acordos firmados perante o Ministério Público do Trabalho ou Comissão de Conciliação Prévia

Todavia, verificada a existência de débitos garantidos por penhora suficiente ou com exigibilidade suspensa, será expedida Certidão Positiva de Débitos Trabalhistas em nome do interessado com os mesmos efeitos da CNDT.

A CNDT certificará a empresa em relação a todos os seus estabelecimentos, agências e filiais e o seu prazo de validade é de 180 dias contados de sua emissão.

1.6.2.3. *Julgamento e classificação*

Essa fase consiste na *verificação objetiva da conformidade das propostas com os critérios previamente estabelecidos, bem como na sua ordenação em ordem da melhor para a pior para a Administração.*

Nessa fase, deve a Administração abrir os envelopes que contêm as *propostas comerciais* dos licitantes.

Vale lembrar que, aqui, as propostas também devem ser rubricadas pelos licitantes presentes e pela comissão (art. 43, § 2º, da Lei 8.666/1993).

As propostas devem ser analisadas, em primeiro lugar, quanto à sua aptidão. Havendo vícios na proposta, o licitante será desclassificado.

Confira os vícios que ensejam desclassificação:

a) vício formal: *consiste no descompasso da proposta com as regras e padrões estipulados no edital ou na lei.* Dentre os vícios formais está a existência de proposta que faz referência à proposta de outro (ex.: "a proposta da empresa é R$ 0,01 centavo mais barata que a proposta mais barata dos demais licitantes");

b) vício material: *consiste no descompasso da proposta com o objeto licitado.* Um exemplo é uma licitação para adquirir papel A4, mas que recebe uma proposta para papel A3;

c) vício quanto à exequibilidade: *consiste na existência de proposta de valor insuficiente para cobrir os custos do fornecedor.* Imagine uma licitação para comprar combustível, em que o fornecedor vencedor oferece o preço de R$ 1,39 para fornecer gasolina, tendo a Administração feito pesquisa de preço e encontrado como valor de mercado a quantia de R$ 2,90; ora, com um preço desses, ou a gasolina é roubada ou é "batizada"; esse preço é manifestamente inexequível. A lei exige que a proposta seja *manifestamente inexequível* para que seja desclassificada, devendo-se levar em conta os parâmetros estabelecidos no § 1º do art. 41 da Lei 8.666/1993;

d) outros vícios: não se admitirá proposta que apresente preços global ou unitários simbólicos, irrisórios ou de valor zero, incompatíveis com os preços dos insumos e salários de mercado, acrescidos dos respectivos encargos, ainda que o ato convocatório da licitação não tenha estabelecido limites mínimos, exceto quando se referirem a materiais e instalações de propriedade do próprio licitante, para os quais ele renuncie a parcela ou à totalidade da remuneração (art. 44, § 3º, da Lei 8.666/1993).

Quando todos os licitantes são inabilitados, quando todas as propostas forem desclassificadas, a Administração poderá fixar aos licitantes o prazo de 8 dias úteis para a apresentação de outras propostas escoimadas de vícios, facultada, no caso de convite, a redução deste prazo para 3 dias úteis.

Em seguida à verificação de vícios nas propostas, deve a Administração julgar aquelas consideradas aptas, procedendo-se, depois, à classificação das que forem aceitas.

Não se considerará qualquer oferta de vantagem não prevista no edital ou no convite, inclusive financiamentos subsidiados ou a fundo perdido, nem preço ou vantagem baseada nas ofertas dos demais licitantes.

O julgamento e a classificação variarão de acordo com o tipo de licitação (menor preço, maior lance, melhor técnica etc.), tema que será visto em item adiante.

1.6.2.4. *Homologação*

A homologação *é o ato pelo qual se examina a regularidade do procedimento licitatório.*

A autoridade competente (por exemplo, o Secretário Municipal de Administração) deve verificar a regularidade do procedimento e, estando este em ordem, deve homologar o certame licitatório.

1.6.2.5. *Adjudicação*

A adjudicação *é o ato pelo qual se atribui o objeto do certame ao vencedor da licitação.*

Como regra, a adjudicação é feita após a homologação (art. 43, VI, da Lei 8.666/1993).

Porém, na modalidade de licitação pregão, primeiro é feita a adjudicação e, depois, a homologação (art. 4º, XXI e XXII, da Lei 10.520/2002).

São efeitos da adjudicação os seguintes:

a) o direito de o adjudicatório não ser preterido, caso a Administração faça a contratação;

b) a vinculação do adjudicatário à proposta por ele feita;

c) a liberação dos demais licitantes para retirar documentos e levantar garantias.

Apesar da vinculação do adjudicatário, decorridos 60 (sessenta) dias da data da entrega das propostas, sem a convocação para a contratação, esse ficará liberado dos compromissos assumidos (art. 64, § 3º, da Lei 8.666/1993).

A recusa injustificada do adjudicatário em assinar o contrato, aceitar ou retirar o instrumento equivalente, dentro do prazo estabelecido pela Administração, caracteriza o descumprimento total da obrigação assumida, sujeitando-o às penalidades legalmente estabelecidas (art. 81 da Lei 8.666/1993).

1.7. Modalidades de licitação

1.7.1. Concorrência

A expressão "modalidades" significa "procedimento", "rito". Não se deve confundir *modalidade* de licitação (concorrência, tomada de preços, convite etc.) com *tipo* de licitação (menor preço, melhor técnica etc.). A primeira, como se viu, diz respeito ao *procedimento* a ser seguido pela Administração. O segundo diz respeito ao *critério de julgamento* a ser seguido pela Administração.

A concorrência pode ser **conceituada** como *a modalidade destinada a transações de grande vulto e a casos especiais elencados na lei, que permite a participação de qualquer interessado que, na fase inicial de habilitação, comprove possuir os requisitos mínimos de qualificação exigidos no edital.*

Essa modalidade tem **destinação obrigatória** para os contratos de:

a) **grande vulto**, ou seja, para *obras e serviços de engenharia* de valor superior a R$ 1,5 milhão, e, quanto às *compras e demais serviços*, de valor superior a R$ 650 mil;

b) **compra de imóveis**, de qualquer valor;

c) **alienações de imóveis**, de qualquer valor; vale salientar que também se admite o leilão para alienação de imóveis adquiridos em processos judiciais e por dação em pagamento (art. 19 da Lei 8.666/1993);

d) **alienação de móveis**, quando estes forem avaliados em valor superior a R$ 650 mil; se o valor for inferior a essa quantia, pode-se usar a modalidade tomada de preços ou leilão (art. 17, § 6º, da Lei 8.666/1993);

e) **concessões de direito real de uso** (art. 23, § 3º, da Lei 8.666/1993);

f) **concessões de serviço público** (art. 2º, II, da Lei 8.987/1995);

g) **licitações internacionais**, de qualquer valor; vale salientar que, nas licitações internacionais, é cabível também a tomada de preços, quando o órgão ou entidade dispuser de cadastro internacional de fornecedores, bem como convite, se não houver fornecedor do bem ou serviço no País (art. 23, § 3º, da Lei 8.666/1993);

h) **aquisição de bens por sistema de registro de preços** (art. 15, § 3º, I, da Lei 8.666/1993): vale salientar que o registro de preços também pode ser feito por meio da modalidade pregão (art. 11 da Lei 10.520/2002); o Sistema de Registro de Preços é um procedimento que a Administração pode adotar perante compras rotineiras de bens padronizados (ex.: material de escritório, medicamentos): presumindo que adquirirá tais bens múltiplas vezes, a Administração abre licitação, e aquele que oferecer a cotação mais baixa terá seus preços registrados para quando a Administração precisar; não se trata de modalidade de licitação, já que inclusive é precedida de uma (concorrência ou pregão), mas de procedimento a ser feito para situações de fornecimento contínuo.[1]

Essa modalidade tem **destinação facultativa** para os casos em que couber modalidade licitatória de menor expressão, tais como tomada de preços e convite (art. 23, § 4º, da Lei 8.666/1993).

A concorrência tem como **principais características** as seguintes:

a) **prazos maiores:** o prazo mínimo entre a publicação do aviso do edital e o recebimento das propostas é de 30 dias, como regra, e de 45 dias se o contrato a ser celebrado contemplar o regime de empreitada integral ou quando a licitação for do tipo "melhor técnica" ou "técnica e preço" (art. 21, § 2º, I, "b", e II, "a", da Lei 8.666/1993); há de se lembrar que o prazo é contado da última publicação do aviso do edital; além disso, na contagem do prazo, deve-se excluir o dia do início e incluir o dia do vencimento (art. 110 da Lei 8.666/1993);

b) **universalidade:** a concorrência admite a participação de qualquer interessado que atenda, na fase inicial de habilitação preliminar, os requisitos de qualificação previstos no edital (art. 22, § 1º, da Lei 8.666/1993), ou seja, não é necessário que o interessado esteja previamente cadastrado para participar da concorrência, daí porque se fala em acesso universal ao certame; todavia, na fase de habilitação, aquele licitante que não cumprir os requisitos de qualificação será inabilitado;

c) **habilitação preliminar:** conforme já mencionado, a habilitação, na concorrência, é feita logo após a publicação do edital e antes do julgamento das propostas, daí porque se fala em *habilitação preliminar*, diferente da tomada de preços (*habilitação prévia*) e do pregão (*habilitação posterior*).

1.7.2. Tomada de preços

A tomada de preços pode ser **conceituada** como *a modalidade destinada a transações de médio vulto, que só permite a participação de interessados devidamente cadastrados ou que atendam às condições do cadastro até o 3º dia anterior à data do recebimento das propostas, observada a necessária qualificação* (art. 22, § 2º, da Lei 8.666/1993).

1. Cada registro valerá por um ano. O § 3º do art. 15 da Lei dispõe que o sistema de registro de preços será regulamentado por decreto, atendidas as peculiaridades regionais, observado o seguinte: I – seleção feita mediante concorrência; II – estipulação prévia do sistema de controle e atualização dos preços registrados; III – validade do registro não superior a 1 ano. O § 4º, por sua vez, assevera que a existência de preços registrados não obriga a Administração a firmar as contratações que deles poderão advir, ficando-lhe facultada a utilização de outros meios, respeitada a legislação relativa às licitações, sendo assegurado ao beneficiário do registro preferência em igualdade de condições.

Essa modalidade tem **destinação prevista** para os contratos de:

a) **médio vulto**, ou seja, para *obras e serviços de engenharia* de valor até R$ 1,5 milhões, e, quanto às *compras e demais serviços*, de valor até R$ 650 mil;

b) **licitações internacionais**, quando o órgão ou a entidade dispuser de cadastro internacional de fornecedores, bem como convite, se não houver fornecedor do bem ou serviço no País (art. 23, § 3º, da Lei 8.666/1993).

Essa modalidade tem **destinação facultativa** para os casos em que couber o convite, modalidade licitatória de menor expressão (art. 23, § 4º, da Lei 8.666/1993).

Existe uma **proibição** muito séria, que tem em mira evitar fraudes na utilização das modalidades licitatórias.

É vedada a utilização da modalidade "tomada de preços" para parcelas de uma mesma obra ou serviço, ou ainda para obras e serviços da mesma natureza e no mesmo local que possam ser realizadas conjunta e concomitantemente, sempre que o somatório de seus valores caracterizar o caso de concorrência, exceto para as parcelas de natureza específica que possam ser executadas por pessoas ou empresas de especialidade diversa daquela do executor da obra ou serviço (art. 23, § 5º, da Lei 8.666/1993).

A ideia da lei é evitar fracionamentos de contratos para que se utilize tomada de preços quando caberia concorrência.

A tomada de preços tem como **principais características** as seguintes:

a) **prazos intermediários:** o prazo mínimo entre a publicação do aviso edital e o recebimento das propostas é de 15 dias, como regra, e de 30 dias quando a licitação for do tipo "melhor técnica" ou "técnica e preço" (art. 21, § 2º, II, "b", e III, da Lei 8.666/1993); há de se lembrar que o prazo é contado da última publicação do aviso do edital; além disso, na contagem do prazo deve-se excluir o dia do início e incluir o dia do vencimento;

b) **prévio cadastro:** o interessado em participar da licitação deve já ter um registro cadastral, ou seja, deve ter um documento cujo nome é *certificado de registro cadastral* (art. 32, § 2º, da Lei 8.666/1993), documento esse que será apresentado por ele quando for participar da tomada de preços; caso o interessado não tenha cadastro prévio, poderá participar da licitação desde que atenda às condições exigidas para cadastramento até o 3º dia anterior à data do recebimento das propostas; ou seja, publicado o edital, o interessado deverá correr para conseguir seu cadastramento, nos termos dos arts. 34 a 37 da Lei 8.666/1993 e das demais regras locais, até o momento acima referido.

1.7.3. Convite

O convite pode ser **conceituado** como *a modalidade destinada a transações de menor vulto, na qual se deve convidar ao menos três interessados, cadastrados ou não, permitida a participação de outros interessados cadastrados que manifestarem interesse com antecedência de até 24 horas da data da apresentação das propostas* (art. 22, § 3º, da Lei 8.666/1993).

Essa modalidade tem **destinação** para os contratos de **menor vulto**, ou seja, para *obras e serviços de engenharia* de valor até R$ 150 mil, e, quanto às *compras e demais serviços*, de valor até R$ 80 mil.

Aqui também existe aquela séria **proibição**, que tem em mira evitar fraudes na utilização das modalidades licitatórias.

É vedada a utilização da modalidade "convite" para parcelas de uma mesma obra ou serviço, ou ainda para obras e serviços da mesma natureza e no mesmo local que possam ser realizadas conjunta e concomitantemente sempre que o somatório de seus valores caracterizar o caso de tomada de preços ou concorrência, exceto para as parcelas de natureza específica que possam ser executadas por pessoas ou empresas de especialidade diversa daquela do executor da obra ou serviço (art. 23, § 5º, da Lei 8.666/1993).

A ideia da lei é evitar fracionamentos de contratos para que se utilize convite, quando caberia tomada de preços ou concorrência.

O convite tem como **principais características** as seguintes:

a) **prazo menor:** o prazo mínimo entre a publicação do aviso edital e o recebimento das propostas é de 5 dias *úteis*, contados da expedição do convite (art. 21, § 2º, IV, e § 3º, da Lei 8.666/1993); há de se lembrar que o prazo é contado da última publicação do aviso do edital; além disso, na contagem do prazo, deve-se excluir o dia do início e incluir o dia do vencimento;

b) **publicidade reduzida:** no convite, a publicidade se reduz à expedição de carta-convite a pelo menos três interessados e à afixação de cópia do convite no quadro de avisos da Administração Pública;

c) **participação restrita a convidados ou cadastrados:** confira as regras (art. 22, §§ 3º, 6º e 7º, da Lei 8.666/1993):

c1) devem ser convidados pelo menos três interessados, cadastrados ou não;

c2) se existir na praça mais de três interessados, a cada novo convite, deve-se chamar, no mínimo, um cadastrado que não tenha sido ainda convidado, até que todos os cadastrados sejam convidados;

c3) quando, por limitações do mercado ou manifesto desinteresse dos convidados, for impossível a obtenção do número mínimo de licitantes, pode-se convidar número menor, desde que haja a devida motivação, sob pena de repetição do convite;

c4) interessados em participar da licitação podem fazê-lo mesmo que não tenham sido convidados, desde que sejam cadastrados na repartição e que manifestem interesse até 24 horas da data da apresentação das propostas; é necessário, então, que o interessado faça um requerimento nesse prazo; a doutrina entende que só se pode exigir prévio cadastro desse interessado não convidado se a Administração tiver exigido habilitação no convite feito no caso concreto;

d) **habilitação facultativa:** a fase de habilitação não é obrigatória no convite, podendo ser dispensada no todo ou em parte (art. 32, § 1º, da Lei 8.666/1993); porém, a regularidade com a Seguridade Social deve sempre ser exigida, por força de determinação prevista na Constituição Federal (art. 195, § 3º, da CF);

e) **direção dos trabalhos:** a regra é que a licitação pelo convite seja dirigida por uma comissão de licitação, como nas modalidades concorrência e tomada de preços; porém, em pequenas unidades, pode substituí-la por servidor formalmente designado (art. 51, § 1º, da Lei 8.666/1993).

1.7.4. *Concursos*

O concurso pode ser **conceituado** como *a modalidade destinada à escolha de trabalho técnico, científico ou artístico, mediante prêmios ou remuneração ao vencedor* (art. 22, § 4º, da Lei 8.666/1993).

Essa modalidade tem **destinação** para a *premiação de trabalhos* técnicos (ex.: concurso para a escolha do melhor projeto arquitetônico), científicos (ex.: concurso para a escolha da melhor monografia jurídica) e artísticos (exs.: concursos para escolha de melhores hino, brasão da cidade, fotografia, poema etc.).

O concurso tem como **principais características** as seguintes:

a) **prazo:** o prazo mínimo entre a publicação do aviso do edital e o recebimento do trabalho pronto é de 45 dias; há de se lembrar que o prazo é contado da última publicação do aviso do edital; além disso, na contagem do prazo, deve-se excluir o dia do início e incluir o dia do vencimento; o prazo é grande, pois o interessado não vai entregar uma mera proposta, mas já entregará o trabalho pronto;

b) **regulamento:** o edital deve, no mínimo, fazer referência ao local onde está o regulamento do concurso; deve também indicar a qualificação exigida dos participantes (ex.: dizer que o concurso é só para os estagiários de uma Prefeitura); deve, ainda, traçar as diretrizes e a forma de apresentação do trabalho, bem como as condições de realização e os prêmios a serem dados ao(s) vencedor(es); se o objeto do concurso for um projeto (ex.: projeto arquitetônico), o vencedor deverá autorizar sua execução a qualquer tempo, segundo a conveniência da Administração;

c) **habilitação facultativa:** a fase de habilitação não é obrigatória no concurso, podendo ser dispensada no todo ou em parte (art. 32, § 1º, da Lei 8.666/1993);

d) **julgamento:** o julgamento será feito por uma comissão especial integrada por pessoas de reputação ilibada e reconhecido conhecimento da matéria em exame, servidores públicos ou não (art. 51, § 5º, da Lei 8.666/1993).

1.7.5. *Leilão*

O leilão pode ser **conceituado** como *a modalidade destinada à venda de bens móveis inservíveis, de produtos apreendidos ou penhorados, de imóveis adquiridos em processo judicial ou por dação em pagamento e de ativos, ações e outros direitos relacionados ao Programa Nacional de Desestatização.*

Essa modalidade tem **destinação** indicada no conceito, valendo salientar, quanto à desestatização, que essa é regulamentada na Lei 9.491/1997.

O leilão tem como **principais características** as seguintes:

a) **prazo:** o prazo mínimo entre a publicação do aviso do edital e a sessão de leilão é de 45 dias; há de se lembrar que o prazo é contado da última publicação do aviso do edital; além disso, na contagem do prazo, deve-se excluir o dia do início e incluir o dia do vencimento;

b) **tipo de licitação:** como o leilão visa à alienação de bens, o tipo licitatório cabível (critério de julgamento) é o de maior lance; esse deve ser igual ou superior ao valor da avaliação; os lances são verbais ou mediante procedimentos tecnológicos;

c) **habilitação facultativa:** a fase de habilitação não é obrigatória no leilão, podendo ser dispensada no todo ou em parte (art. 32, § 1º, da Lei 8.666/1993);

d) **direção dos trabalhos:** pode ser cometida a leiloeiro oficial ou a servidor designado pela Administração (art. 53 da Lei 8.666/1993).

1.7.6. *Pregão*

Essa modalidade de licitação não está prevista na Lei 8.666/1993, mas na Lei 10.520/2002. Trata-se de modalidade aplicável à Administração Pública Direta e Indireta de todos os entes políticos (União, Estados, DF e Municípios).

O pregão pode ser **conceituado** como *a modalidade destinada à aquisição de bens e serviços comuns, caracterizada pela inversão de fases, aumento dos momentos de competição, celeridade, oralidade e redução de exigências para a participação* (art. 22, § 4º, da Lei 8.666/1993).

Essa modalidade é **destinada** à aquisição de *bens e serviços comuns.*

Bens e serviços comuns são "aqueles cujos padrões de desempenho e qualidade possam ser objetivamente definidos no edital, por meio de especificações usuais no mercado" (art. 1º, parágrafo único, da Lei 10.520/2002).

Enfim, bens e serviços comuns são aqueles que têm especificações usuais no mercado.

São exemplos de *bens comuns* os seguintes: água mineral, combustível, material hospitalar, medicamentos, material de limpeza, móveis, veículos, computadores, dentre outros.

São exemplos de *serviços comuns* os seguintes: de digitação, de manutenção, de assinatura (de TV, revista e telefonia móvel), de copa, de garçom, de ascensorista, de lavanderia, de limpeza, de reprografia, de vigilância, dentre outros.

O fato é que, nos dias de hoje, quase tudo tem especificação usual no mercado e, portanto, quase tudo pode ser adquirido pela Administração mediante a modalidade pregão.

Aliás, é bom ressaltar que não há limitação de valor para aquisição mediante o pregão. Assim, até mesmo uma compra de milhões de reais, que ensejaria concorrência, pode ser feita pelo pregão.

A única exigência é que se trate de bens e serviços comuns.

Nada obstante, há situações que não ensejam o uso de pregão. Um exemplo é a contratação de uma obra. A *obra* não está no conceito nem de *serviço*, nem de *compra de bens*, para fins de licitação (art. 6º, I, II e III, da Lei 8.666/1993). Como regra, também não é possível a utilização de pregão para alienação de bens e para as locações imobiliárias.

Serviços de engenharia, ao contrário, desde que sejam serviços com especificações usuais no mercado, como o serviço de terraplenagem, podem ser contratados mediante pregão.

O pregão tem como **principais características** as seguintes (Lei 10.520/2002):

a) **prazo:** o prazo mínimo entre a publicação do aviso do edital e a data para a apresentação das propostas (data da sessão de pregão) é de *8 dias úteis* (art. 4º, V);

b) **tipo de licitação:** menor preço (art. 4º, X);

c) **direção dos trabalhos:** haverá um pregoeiro e a respectiva equipe de apoio, sendo que esta será integrada em sua maioria por servidores ocupantes de cargo efetivo ou emprego na Administração Pública (art. 3º, IV);

d) **inversão de fases:** primeiro vem a fase de *julgamento* e depois a de *habilitação*; primeiro vem a *adjudicação* e depois a *homologação* (art. 4º, VII, XII, XXI e XXII);

e) **lances verbais:** faz-se uma classificação provisória e depois selecionam-se as melhores propostas (1ª classificada mais propostas até 10% superiores, garantidas três propostas diferentes) para uma fase de lances verbais, com vistas a alcançar a proposta mais vantajosa para a Administração (art. 4º, VIII);

f) **negociação do preço:** o licitante que chegar à melhor proposta estará sujeito, ainda, a uma negociação de preço que o pregoeiro fará caso o proposto não atinja um valor aceitável (art. 4º, XI, XVI e XVII);

g) **exigências vedadas:** é vedada a exigência de *garantia da proposta*, de *aquisição de edital* por interessado e de pagamento de *taxas* (salvo de reprografia) (art. 5º);

h) **redução das exigências de habilitação** (art. 4º, XIII);

i) **concentração dos atos do certame na sessão de pregão:** faz-se tudo na sessão, inclusive a adjudicação do objeto do certame, se não houver recurso;

j) **recurso único e oral** (art. 4º, XVIII).

Quanto ao **procedimento** da fase externa do pregão, confira o passo a passo:

a) publicação do edital;

b) antes de iniciar a sessão pública, faz-se o credenciamento do licitante ou de seus representantes, que devem identificar-se e, conforme o caso, comprovar a existência de poderes para a formulação de propostas e para a prática de todos os demais atos inerentes ao certame;

c) aberta a sessão, os interessados apresentarão uma *declaração de habilitação* (declaração dando ciência de que cumprem os requisitos de habilitação) e entregarão os *envelopes contendo a proposta comercial*;

d) *abertura dos envelopes com a proposta comercial*;

e) *desclassificação* de eventuais propostas com vícios;

f) elaboração de *classificação provisória*;

g) *seleção das propostas* que passarão aos lances verbais; deve-se selecionar o 1º classificado (autor da oferta de valor mais baixo) e os autores das ofertas com preços até 10% superiores àquela; há de se garantir, no mínimo, três propostas diferentes; repare que não são três licitantes diferentes, mas três propostas de valor diferente, o que faz com que, muitas vezes, haja bem mais do que três licitantes nessa fase, bastando que haja licitantes com propostas de valor igual;

h) *início de nova disputa*, com *lances verbais* e sucessivos, até se chegar ao melhor lance possível;

i) *classificação definitiva*, levando em conta também os que não foram selecionados para os lances verbais, mas excluindo os que já foram desclassificados;

j) *negociação* com o autor da oferta de menor valor;

k) *exame da aceitabilidade* da proposta de menor valor;

l) *declaração da aceitabilidade da proposta* ou nova negociação com outro classificado;

m) *abertura do envelope de habilitação* da oferta com preço aceitável;

n) *saneamento de eventuais falhas* nos documentos de habilitação;

o) *declaração de habilitação* do licitante que tem preço aceitável ou exame sucessivo das ofertas subsequentes até apuração de uma aceitável e que atenda aos requisitos de habilitação;

p) *declaração do licitante vencedor*;

q) consulta aos licitantes sobre o interesse em apresentar *recurso*;

r) *adjudicação do objeto do certame ao vencedor na própria sessão de pregão*, caso não haja recurso; o recurso deve ser interposto na própria sessão de pregão (por meio do pregoeiro), apresentando-se o motivo; em seguida, a sessão ficará suspensa e o recorrente terá 3 dias para apresentar suas razões, seguindo-se o prazo de 3 dias para os demais licitantes se manifestarem;

s) *elaboração e subscrição da ata da sessão*;

t) *homologação do certame pela autoridade competente* (não é o pregoeiro, mas a autoridade superior) e publicação da decisão homologatória;

u) *empenho de despesa*;

v) *convocação do vencedor* para celebração do contrato; vale salientar que o prazo de validade das propostas é de 60 dias, se outro não estiver fixado no edital;

x) havendo recusa do adjudicatário, negociação com os próximos classificados, até que haja preço aceitável com condições de habilitação;

z) *celebração do contrato*.

Vale salientar que a Lei 10.520/2002 admite o pregão por meio eletrônico, cuja regulamentação se encontra no Decreto 5.450/2005 para o âmbito da União.

Esse decreto dispõe que o pregão eletrônico deve ser utilizado preferencialmente em relação ao pregão presencial.

Uma diferença básica do pregão eletrônico para o pregão presencial é o fato de que, no primeiro, o interessado deve estar previamente credenciado no SICAF – Sistema de Cadastramento Unificado de Fornecedores.

1.7.7. Vedação

Por fim, vale citar que é **vedada** a criação de outras modalidades de licitação ou a combinação das previstas em lei (art. 22, § 8º, da Lei 8.666/1993).

Assim, não é possível que qualquer dos entes da Administração Pública venha a criar uma nova modalidade de licitação, ou mesmo combinar modalidades para o fim de criar uma inédita modalidade licitatória.

Somente por meio de lei – e deve se tratar de uma lei federal, pois somente a União poderá legislar sobre normas gerais em matéria de licitação – é que é possível criar uma nova modalidade licitatória.

Um exemplo é o **pregão**, que foi criado pela Lei 10.520/2002.

Outro exemplo é a modalidade de licitação denominada **consulta**, que é exclusiva da Agência Nacional de Telecomunicações – ANATEL. O art. 54 da Lei 9.472/1997 estabelece que essa agência pode utilizar o procedimento da consulta mediante procedimentos próprios determinados por atos normativos expedidos pela agência, desde que não seja para a contratação de obras e serviços de engenharia.

1.8. Tipos de licitação

Não se deve confundir as *modalidades* de licitação (ou procedimentos licitatórios - concorrência, convite etc.) com *tipos* de licitação (ou critérios de julgamento - menor preço, melhor técnica etc.).

Feita tal observação, vejamos os tipos de licitação.

1.8.1. Menor preço

Esse tipo é o mais comum em matéria de licitação. Isso porque a Administração adquire muitos bens, e esse tipo é o adequado para as compras e aquisições estatais.

Esse tipo de licitação é compatível com as modalidades concorrência, tomada de preços, convite e pregão.

Devem ser desclassificadas as propostas com preço simbólico, irrisório, de valor zero ou impraticável, tanto para mais como para menos.

A lei diz que serão desclassificadas as propostas com preços manifestamente inexequíveis ou que não venham a ter demonstrada sua viabilidade através de documentação da coerência com os custos dos insumos e a produtividade.

Em caso de empate, têm preferência, sucessivamente, os bens e serviços:

a) produzidos no País;

b) produzidos ou prestados por empresas brasileiras;

c) produzidos ou prestados por empresas que invistam em pesquisa e desenvolvimento de tecnologia no País.

Permanecendo o empate, far-se-á um sorteio, em ato público, para o qual todos os licitantes serão convocados, vedado qualquer outro processo.

1.8.2. Maior lance ou oferta

Esse tipo de licitação é próprio para a alienação de bens móveis e imóveis e concessão de direito real de uso de bens públicos.

Esse tipo de licitação é compatível com as modalidades concorrência e leilão.

1.8.3. Melhor técnica e técnica e preço

Esses tipos de licitação são utilizados exclusivamente para *serviços de natureza predominantemente intelectual*, em especial na elaboração de projetos, cálculos, fiscalização, supervisão e gerenciamento, de engenharia consultiva em geral e, em particular, para elaboração de estudos técnicos preliminares e projetos básicos e executivos, bem como para contratação de bens e serviços de informática.

Quanto aos bens e serviços de informática cabe também o pregão (e não a concorrência, própria dos casos em que se usa o tipo melhor técnica), ressalvadas as aquisições em que a técnica é realmente importante e que os produtos não possam ser definidos por especificações usuais de mercado. Nesse sentido, o TCU tem o seguinte entendimento: "alerta ao DNIT no sentido de que as contratações para aquisição de bens e serviços de informática não precisam ser realizadas, necessariamente, sob a forma de licitação do tipo 'técnica e preço', podendo também ocorrer sob a forma de pregão, conforme já tratado pelo TCU em diversos julgados precedentes, a exemplo dos Acórdãos de n. 237/2009-P, 144/2008-P, 2.658/2007-P, 1.782/2007-P, 1.114/2006-P, 2.138/2005-P, 2.094/2004-P, 1.182/2004-P, 740/2004-P (com redação alterada pelo Acórdão 1.299/2006- P) e 313/2004-P (item 1.6.2, TC-019.930/2008-9, Acórdão 819/2009-Plenário)".

Excepcionalmente, utilizar-se-á esse tipo de licitação para fornecimento de bens, execução de obras ou prestação de serviços de grande vulto, quando dependentes de tecnologia sofisticada, desde que haja autorização expressa da autoridade de maior nível hierárquico da Administração promotora da licitação.

No tipo "melhor técnica", o ato convocatório fixará preço máximo a ser pago. Há três tipos de documentos: com a qualificação, com a proposta técnica e com a proposta de preço. Deve-se seguir o seguinte procedimento:

a) abertura de *envelope com a documentação de habilitação*;

b) quanto aos habilitados, abertura do *envelope com a proposta técnica*; tal proposta seguirá os termos do edital e poderá tratar da capacitação e experiência; da metodologia e organização; da tecnologia e dos recursos materiais; da qualificação das equipes técnicas;

c) *avaliação e classificação das propostas técnicas*;

d) *valorização mínima* das propostas técnicas;

e) abertura dos envelopes com as *propostas de preço* daqueles que têm a valorização mínima;

f) negociação entre os licitantes, considerando a melhor proposta técnica e o menor preço com valorização mínima, até se chegar ao vencedor.

No tipo "melhor técnica e preço" far-se-á a classificação das propostas segundo critério de média nas notas respectivas. Deve-se seguir o seguinte procedimento:

a) abertura de *envelope com a documentação de habilitação*;

b) quanto aos habilitados, abertura do *envelope com a proposta técnica*; tal proposta seguirá os termos do edital e poderá tratar da capacitação e experiência; da metodologia e organização; da tecnologia e dos recursos materiais; da qualificação das equipes técnicas;

c) avaliação e classificação das *propostas técnicas*;

d) será feita a avaliação e a valorização das *propostas de preços*, de acordo com critérios objetivos preestabelecidos no instrumento convocatório;

e) a classificação dos proponentes far-se-á de acordo com a *média ponderada das valorizações das propostas técnicas e de preço*, de acordo com os pesos preestabelecidos no instrumento convocatório.

1.9. Licitação com participação de Microempresa (ME) e Empresa de Pequeno Porte (EPP)

Em primeiro lugar, vale trazer a definição dessas empresas (art. 3º da Lei Complementar 123/2006, alterado pela Lei Complementar 139/2011):

a) microempresa: empresário ou pessoa jurídica que aufira, em cada ano-calendário, receita bruta igual ou inferior a R$ 360 mil;

b) empresa de pequeno porte: empresário ou pessoa jurídica que aufira, em cada ano-calendário, receita bruta superior a R$ 360 mil e igual ou inferior a R$ 3,6 milhões.

Considera-se receita bruta o produto da venda de bens e serviços nas operações de conta própria, o preço dos serviços prestados e o resultado nas operações em conta alheia, não incluídas as vendas canceladas e os descontos incondicionais concedidos.

Não poderá se beneficiar do tratamento jurídico diferenciado previsto na Lei Complementar 123/2006 a pessoa jurídica:

a) de cujo capital participe outra pessoa jurídica;

b) que seja filial, sucursal, agência ou representação, no País, de pessoa jurídica com sede no exterior;

c) de cujo capital participe pessoa física que seja inscrita como empresário ou seja sócia de outra empresa que receba tratamento jurídico diferenciado nos termos da Lei Complementar, desde que a receita bruta global ultrapasse o limite de R$ 3,6 milhões;

d) cujo titular ou sócio participe com mais de 10% (dez por cento) do capital de outra empresa não beneficiada pela Lei Complementar, desde que a receita bruta global ultrapasse o limite de R$ 3,6 milhões;

e) cujo sócio ou titular seja administrador ou equiparado de outra pessoa jurídica com fins lucrativos, desde que a receita bruta global ultrapasse o limite de R$ 3,6 milhões;

f) constituída sob a forma de cooperativas, salvo as de consumo;

g) que participe do capital de outra pessoa jurídica;

h) que exerça atividade de banco comercial, de investimentos e de desenvolvimento, de caixa econômica, de sociedade de crédito, financiamento e investimento ou de crédito imobiliário, de corretora ou de distribuidora de títulos, valores mobiliários e câmbio, de empresa de arrendamento mercantil, de seguros privados e de capitalização ou de previdência complementar;

i) resultante ou remanescente de cisão ou qualquer outra forma de desmembramento de pessoa jurídica que tenha ocorrido em um dos 5 (cinco) anos-calendário anteriores;

j) constituída sob a forma de sociedade por ações.

Para fins dos benefícios tributários previstos na lei complementar há outras pessoas jurídicas excluídas (art. 17). Mas para fins das vantagens decorrentes do acesso aos mercados, basta verificar os requisitos de faturamento já citados, bem como as pessoas jurídicas que estão excluídas do benefício.

Confira agora os direitos conferidos a uma ME ou EPP na licitação:

a) **comprovação diferida da regularidade fiscal:** nas licitações públicas, a comprovação de regularidade fiscal das MEs e EPPs somente será exigida para efeito de assinatura do contrato (art. 42 da LC 123/2006); as MEs e EPPs, por ocasião da participação em certames licitatórios, deverão apresentar toda a documentação exigida para efeito de comprovação de regularidade fiscal, mesmo que esta apresente alguma restrição, hipótese em que será assegurado o prazo de 5 (cinco) dias úteis, cujo termo inicial corresponderá ao momento em que o proponente for declarado o vencedor do certame, prorrogáveis por igual período, a critério da Administração Pública, para a regularização da documentação, pagamento ou parcelamento do débito e emissão de eventuais certidões negativas ou positivas com efeito de certidão negativa; a não regularização da documentação nesse prazo implicará decadência do direito à contratação, sem prejuízo das sanções previstas no art. 81 da Lei 8.666/1993, sendo facultado à Administração convocar os licitantes remanescentes, na ordem de classificação, para a assinatura do contrato, ou revogar a licitação (art. 43 da LC 123/2006);

b) **empate ficto:** nas licitações será assegurada, como critério de desempate, preferência de contratação para as MEs e EPPs; entende-se por empate aquelas situações em que as propostas apresentadas pelas microempresas e empresas de pequeno porte sejam iguais ou até 10% (dez por cento) superiores à proposta melhor classificada (na modalidade de pregão, o intervalo percentual será de até 5% (cinco por cento) superior ao melhor preço). Ocorrendo o empate, a ME ou EPP melhor classificada poderá apresentar proposta de preço inferior àquela considerada vencedora do certame, situação em que será adjudicado em seu favor o objeto licitado; não ocorrendo a contratação da ME ou EPP, serão convocadas as remanescentes que porventura se enquadrem nessa condição, na ordem classificatória, para o exercício do mesmo direito; no caso de equivalência dos valores apresentados pelas MEs e EPPs que se encontrem nos intervalos estabelecidos, será realizado sorteio entre elas para que se identifique aquela que primeiro poderá apresentar melhor oferta. Na hipótese da não contratação de uma ME ou EPP, o objeto licitado será adjudicado em favor da proposta originalmente vencedora do certame; o empate ficto somente se aplicará quando a melhor oferta inicial não tiver sido apresentada por microempresa ou empresa de pequeno porte; no caso de pregão, a ME ou EPP melhor classificada será convocada para apresentar nova proposta no prazo máximo de 5 (cinco) minutos após o encerramento dos lances, sob pena de preclusão (arts. 44 e 45 da LC 123/2006);

c) **cédula de crédito microempresarial:** a ME e a EPP titulares de direitos creditórios decorrentes de empenhos liquidados por órgãos e entidades da União, Estados, Distrito Federal e Município não pagos em até 30 (trinta) dias contados da data de liquidação poderão emitir cédula de crédito microempresarial;

d) **tratamento diferenciado:** nas contratações públicas da administração direta e indireta, autárquica e fundacional, federal, estadual e municipal, deverá ser concedido tratamento diferenciado e simplificado para as microempresas e empresas de pequeno porte objetivando a promoção do desenvolvimento econômico e social no âmbito municipal e regional, a ampliação da eficiência das políticas públicas e o incentivo à inovação tecnológica, sendo que, no que diz respeito às compras públicas, enquanto não sobrevier legislação estadual, municipal ou regulamento específico de cada órgão mais favorável à microempresa e empresa de pequeno porte, aplica-se a legislação federal (art. 47 da LC 123/2006, com redação dada pela LC 147/2014);

e) **licitação exclusiva para ME e EPP:** a administração pública **deverá** realizar processo licitatório destinado exclusivamente à participação de microempresas e empresas de pequeno porte nos itens de contratações cujo valor seja de até R$ 80.000,00 (oitenta mil reais); repare que a lei se refere aos itens de contratações e não à somatória dos itens reunidos num mesmo procedimento licitatório;

f) **subcontratação obrigatória para ME e EPP:** a administração pública **poderá** realizar processo licitatório em que seja exigida dos licitantes a subcontratação de microempresa ou de empresa de pequeno porte especificamente no que tange às licitações voltadas à aquisição de obras e serviços; ressalta-se que essa regra só vale para obras e serviços (e não para compras) e é faculdade da Administração, e não obrigação, como na regra anterior;

g) **cota obrigatória para ME e EPP:** a administração pública deverá realizar processo licitatório em que se estabeleça cota de até 25% (vinte e cinco por cento) do objeto para a contratação de microempresas e empresas de pequeno porte, em certames para a aquisição de bens de natureza divisível; apesar de a lei não fixar esse cota em 25% sempre (ou seja, no caso concreto, pode variar de qualquer número acima do número zero até os 25%), a lei obriga que essa cota seja estabelecida nos certames licitatórios, desde que se trate de certame cujo objeto seja a aquisição de bens de natureza divisível.

Na hipótese da subcontratação obrigatória (item "f"), os empenhos e pagamentos do órgão ou entidade da administração pública poderão ser destinados diretamente às microempresas e empresas de pequeno porte subcontratadas.

Não se aplicam os três últimos itens nos seguintes casos:

a) não houver um mínimo de 3 (três) fornecedores competitivos enquadrados como microempresas ou empresas de pequeno porte sediados local ou regionalmente e capazes de cumprir as exigências estabelecidas no instrumento convocatório;

b) o tratamento diferenciado e simplificado para as microempresas e empresas de pequeno porte não for vantajoso para a administração pública ou representar prejuízo ao conjunto ou complexo do objeto a ser contratado;

c) a licitação for dispensável ou inexigível, nos termos dos arts. 24 e 25 da Lei nº 8.666, de 21 de junho de 1993, excetuando- se as dispensas tratadas pelos incisos I e II do art. 24 da mesma Lei, nas quais a compra deverá ser feita preferencialmente de microempresas e empresas de pequeno porte, aplicando-se o disposto no inciso I do art. 48.

1.10. Licitação e promoção do desenvolvimento nacional

A Lei 12.349/2010 alterou o art. 3º da Lei 8.666/1993 para o fim de estabelecer um novo objetivo para a licitação, qual seja, a *promoção do desenvolvimento nacional sustentável.*

Para tanto, essa lei trouxe as seguintes ferramentas, previstas nos §§ 5º (alterado pela Lei 13.146/2015) a 13 do art. 3º da Lei 8.666/1993:

a) **margem de preferência ordinária:** nos processos de licitação, poderá ser estabelecida margem de preferência para *produtos manufaturados e para serviços nacionais que atendam a normas técnicas brasileiras*; essa margem de preferência será estabelecida com base em estudos revistos periodicamente, em prazo não superior a 5 (cinco) anos, que levem em consideração: geração de emprego e renda; efeito na arrecadação de tributos federais, estaduais e municipais; desenvolvimento e inovação tecnológica realizados no País; custo adicional dos produtos e serviços; e em suas revisões, análise retrospectiva de resultados;

b) **margem de preferência adicional:** para *os produtos manufaturados e serviços nacionais resultantes de desenvolvimento e inovação tecnológica realizados no País*, poderá ser estabelecida margem de preferência adicional àquela prevista no item anterior.

As margens de preferência por produto, serviço, grupo de produtos ou grupo de serviços referidas acima serão definidas pelo Poder Executivo federal, não podendo a soma delas ultrapassar o montante de 25% (vinte e cinco por cento) sobre o preço dos produtos manufaturados e serviços estrangeiros.

As margens de preferências mencionadas não se aplicam aos bens e aos serviços cuja capacidade de produção ou prestação no País seja inferior:

a) à quantidade a ser adquirida ou contratada;

b) ao quantitativo fixado com fundamento no § 7º do art. 23 da Lei 8.666/1993, quando for o caso.

A margem de preferência ordinária poderá ser estendida, total ou parcialmente, aos bens e serviços originários dos Estados-Partes do Mercado Comum do Sul – Mercosul.

A título de exemplo do item ora estudado, o Decreto 7.709/2012 dá margem de preferência de 25% e 15%, respectivamente, para aquisições de motoniveladora e pás mecânicas, escavadores, carregadoras, pás carregadoras e retroescavadeira nacionais.

Os editais de licitação para a contratação de bens, serviços e obras poderão, mediante prévia justificativa da autoridade competente, exigir que o contratado promova, em favor de órgão ou entidade integrante da administração pública ou daqueles por ela indicados a partir de processo isonômico, medidas de compensação comercial, industrial, tecnológica ou acesso a condições vantajosas de financiamento, cumulativamente ou não, na forma estabelecida pelo Poder Executivo federal.

Nas contratações destinadas à implantação, manutenção e ao aperfeiçoamento dos sistemas de tecnologia de informação e comunicação, considerados estratégicos em ato do Poder Executivo federal, a licitação poderá ser restrita a bens e serviços com tecnologia desenvolvida no País e produzidos de acordo com o processo produtivo básico de que trata a Lei 10.176, de 11 de janeiro de 2001.

Será divulgada na internet, a cada exercício financeiro, a relação de empresas favorecidas em decorrência das margens de preferência, com indicação do volume de recursos destinados a cada uma delas.

É importante registrar que as preferências em questão e nas demais normas de licitação e contratos devem **privilegiar** o tratamento diferenciado e favorecido às microempresas e empresas de pequeno porte na forma da lei (art. 3º, § 14, e 5º-A da Lei 8.666/1993). Por outro lado, as preferências dispostas no art. 3º da Lei 8.666/1993 prevalecem sobre as demais preferências previstas na legislação quando estas forem aplicadas sobre produtos ou serviços estrangeiros (art. 3º, § 15, da Lei 8.666/1993).

1.11. RDC – Regime Diferenciado de Contratações Públicas

A Lei 12.462/2011 estabelece o RDC – Regime Diferenciado de Contratações Públicas, aplicável **exclusivamente** às contratações necessárias à realização (art. 1º):

a) das Olimpíadas/2016 e Paraolimpíadas/2016;

b) da Copa das Confederações/2013 e Copa do Mundo/2014;

c) das obras de infraestruturas e serviços para os aeroportos das capitais do Estados distantes até 350 km das cidades sedes dos mundiais referidos acima;

d) das ações do Programa de Aceleração do Crescimento – PAC;

e) das obras e serviços de engenharia no âmbito do Sistema Único de Saúde – SUS;

f) das obras e serviços de engenharia para construção, ampliação e reforma de estabelecimentos penais e unidades de atendimento socioeducativo.

g) das ações no âmbito da segurança pública;

h) das obras e serviços de engenharia, relacionadas a melhorias na mobilidade urbana ou ampliação de infraestrutura logística; e

i) dos contratos a que se refere o art. 47-A;

j) das ações em órgãos e entidades dedicados à ciência, à tecnologia e à inovação.

A opção pelo RDC **afasta** a aplicação da Lei 8.666/1993 (art. 1º, § 2º).

A Lei de RDC acrescenta os **princípios** da "economicidade" e da "eficiência", que não estavam expressos na Lei 8.666/1993 (art. 3º).

Essa lei também admite a chamada **contratação integrada**, ou seja, contratar uma empresa para fazer tudo, do projeto básico e executivo, à execução, testes e pré-operação (art. 9º).

Prevê ainda a chamada locação "built to suit", pela qual "A administração pública poderá firmar contratos de locação de bens móveis e imóveis, nos quais o locador realiza prévia aquisição, construção ou reforma substancial, com ou sem aparelhamento de bens, por si mesmo ou por terceiros, do bem especificado pela administração" (art. 47-A).

Também inovou ao admitir **remuneração variável** do contratado, vinculada ao desempenho, com base em metas, qualidade, sustentabilidade e prazos (art. 10).

A licitação se desenrola nas seguintes **fases**, nesta ordem: preparatória, publicação do instrumento convocatório (com prazos menores[2]), apresentação de propostas ou lances, julgamento, habilitação, recursal e encerramento (adjudicar e homologar - art. 12).

Quanto aos **tipos de licitação**, a lei prevê os seguintes: menor preço ou maior desconto, técnica e preço, melhor técnica e conteúdo artístico, maior oferta de preço ou maior retorno econômico (art. 18).

Outra inovação interessante é a vedação do **nepotismo** nas contratações diretas, ou seja, nas contratações sem licitação (art. 37).

1.12. Licitação e Sistemas de Defesa

A Lei 12.598/2012 estabelece normas especiais para compras, contratações e desenvolvimento de produtos e sistemas de defesa.

Exemplo de norma especial é a promoção de **licitação exclusiva** para as chamadas EED – Empresas Estratégicas de Defesa, pessoa jurídica credenciada pelo Ministério da Defesa, com sede, operação, pesquisa e desenvolvimento de tecnologia no Brasil.

1.13. Revogação da licitação

A revogação da licitação é possível, desde que fundada em situação ulterior aferida pela autoridade competente que a justifique, ou seja, que torne conveniente ou oportuna a extinção do certame, sempre respeitando a ampla defesa e o contraditório e mediante motivação.

A revogação da licitação tem efeitos *ex nunc*, já que, até a sua ocorrência, não havia nenhuma ilegalidade, daí porque, se já há vencedor e a licitação for revogada licitamente, deve-se indenizá-lo das eventuais despesas que já teve.

Caso a licitação seja revogada ilicitamente, indeniza-se o prejudicado completamente.

1.14. Anulação da licitação

A anulação da licitação deve ser de ofício ou provocada, assegurada a ampla defesa e o contraditório, e tem por motivo ilegalidade ocorrida no certame (art. 59 da Lei 8.666/1993).

Anulada a licitação, o contrato também fica anulado automaticamente, se já celebrado.

A anulação tem efeitos *ex tunc*, não gerando indenização, ressalvado o que o contratado já realizou e desde que ele não tenha sido o culpado pela anulação.

Ou seja, indenizar-se-á só o que está de boa-fé e apenas quanto ao que já foi executado, valendo lembrar que a boa-fé é presumida.

A revogação só poderá ser feita pela autoridade competente e não pelo órgão julgador do certame, diferente do que ocorre na anulação, que pode ser feita pela comissão ou pelas demais autoridades competentes, bem como pelo Poder Judiciário.

2. CONTRATOS ADMINISTRATIVOS

2.1. Conceito

O contrato administrativo pode ser conceituado *como o acordo de vontades entre a Administração e terceiros pertinente a obras, serviços, compras, alienações ou locações, em que existem cláusulas exorbitantes em favor da primeira, preservado o equilíbrio econômico-financeiro entre as partes.*

Repare que um contrato só será do tipo "contrato administrativo" se o acordo de vontades cumprir os seguintes requisitos: a) presença da *Administração Pública*; b) existência de cláusulas que coloquem a Administração em *posição de supremacia* em relação à outra parte contratante; c) *reciprocidade nas obrigações*, que devem ser pertinentes a obras, serviços, compras, alienações ou locações.

Quanto ao terceiro requisito, vale destacar que o contrato administrativo não se confunde com o convênio administrativo, pois, no primeiro, há obrigações recíprocas (um quer uma coisa ou serviço e o outro quer uma remuneração em dinheiro), ao passo que no segundo há interesses comuns (os convenentes

2. Art. 15. Será dada ampla publicidade aos procedimentos licitatórios e de pré-qualificação disciplinados por esta Lei, ressalvadas as hipóteses de informações cujo sigilo seja imprescindível à segurança da sociedade e do Estado, devendo ser adotados os seguintes prazos mínimos para apresentação de propostas, contados a partir da data de publicação do instrumento convocatório:
I - para aquisição de bens:
a) 5 (cinco) dias úteis, quando adotados os critérios de julgamento pelo menor preço ou pelo maior desconto; e
b) 10 (dez) dias úteis, nas hipóteses não abrangidas pela alínea *a* deste inciso;
II - para a contratação de serviços e obras:
a) 15 (quinze) dias úteis, quando adotados os critérios de julgamento pelo menor preço ou pelo maior desconto; e
b) 30 (trinta) dias úteis, nas hipóteses não abrangidas pela alínea a deste inciso;
III - para licitações em que se adote o critério de julgamento pela maior oferta: 10 (dez) dias úteis; e
IV - para licitações em que se adote o critério de julgamento pela melhor combinação de técnica e preço, pela melhor técnica ou em razão do conteúdo artístico: 30 (trinta) dias úteis.

querem desenvolver um projeto comum, dividindo tarefas), estabelecendo-se uma parceria para unir esforços no cumprimento desse interesse comum.

Preenchidos tais requisitos, estar-se-á diante de um contrato administrativo, cujo regime jurídico, naturalmente, é diferenciado em relação ao dos contratos privados.

2.2. Características principais

O contrato administrativo tem duas características marcantes. A primeira delas é a existência de **cláusulas exorbitantes** em favor do Poder Público, que tem mais direitos que o particular em relação às *cláusulas regulamentares* do contrato. A segunda é o direito ao **equilíbrio econômico-financeiro**, o que faz com que ambas as partes tenham direito a que as *cláusulas econômicas* do contrato mantenham o equilíbrio que detinham quando de sua celebração.

Vamos a um exemplo. A Administração, em virtude de ter cláusulas exorbitantes em seu favor, pode, unilateralmente, modificar uma cláusula contratual para o fim de determinar que o contratado forneça mais produtos do que o previsto no contrato. Esse direito da Administração existe justamente porque há **cláusulas exorbitantes** em seu favor, cláusulas essas que existem apenas quanto às *cláusulas regulamentares* do contrato (ex.: prazos, quantidade, especificações etc.). O contratado será obrigado a cumprir essa ordem da Administração, mas terá, de outra parte, direito a que seja mantido o **equilíbrio econômico-financeiro**, ou seja, a que seja mantido o equilíbrio das *cláusulas econômicas* do contrato. Isso se dará mediante o aumento da quantia a ser paga para o contratado, que, tendo de trazer mais produtos, deverá receber mais por isso.

As **cláusulas exorbitantes** se justificam pois a Administração, diferentemente do particular, age em nome de toda a coletividade, de forma que tais poderes são indispensáveis à preservação do interesse público buscado na contratação.

O art. 58 da Lei 8.666/1993 exemplifica esse tipo de cláusula ao dispor que a Administração tem a prerrogativa de interferir nos contratos para:

a) **modificá-los, unilateralmente**, para melhor adequação às finalidades de interesse público, respeitados os direitos do contratado;

b) **rescindi-los, unilateralmente**, nos casos especificados no inc. I do art. 79 da Lei 8666/1993;

c) **fiscalizar-lhes a execução;**

d) **aplicar-lhes sanções** motivadas pela inexecução total ou parcial do ajuste;

e) **nos casos de serviços essenciais**, ocupar, provisoriamente, bens móveis, imóveis, pessoal e serviços vinculados ao objeto do contrato, na hipótese de necessidade de acautelar apuração administrativa de faltas contratuais pelo contratado, bem como na hipótese de rescisão do contrato administrativo (essa cláusula era muito utilizada nas concessões de serviço público; porém, com a edição da Lei 8.987/1995, passou-se a aplicar as regras específicas desta lei).

Quanto à característica da **manutenção do equilíbrio econômico-financeiro**, vale salientar que essa ela tem raiz constitucional, estando prevista no art. 37, XXI, do Texto Maior, no ponto em que o dispositivo assevera que o processo de licitação pública deve assegurar "*igualdade de condições a todos os concorrentes, com cláusulas que estabeleçam obrigações de pagamento, mantidas as condições efetivas da proposta* (...)". Além disso, também está prevista na Lei 8.666/1993, que estabelece que as cláusulas econômicas de contrato administrativo não podem ser alteradas sem a concordância do contratado, devendo ser revistas se houver alteração contratual que desequilibre a equação econômico-financeira original (art. 58, § 1º, da Lei 8.666/1993).

2.3. Regime jurídico

Como se sabe, os contratos administrativos têm seu regime jurídico delineado na Lei 8.666/1993. Porém, além dessa lei, a Constituição e outros diplomas legislativos também participam da formação do precitado regime jurídico.

Sobre o tema, confira o art. 54 da Lei 8.666/1993: "os contratos administrativos de que trata esta Lei regulam-se pelas suas cláusulas e pelos preceitos de direito público, aplicando-se-lhes, supletivamente, os princípios da teoria geral dos contratos e as disposições de direito privado".

Assim, pode-se sistematizar a questão, concluindo-se que se aplicam aos contratos administrativos as seguintes normas jurídicas, sucessivamente:

1º) CF: ex.: princípio da eficiência;

2º) Lei 8.666/1993 e Preceitos de Direito Público: ex.: casos de rescisão;

3º) Cláusulas editalícias e contratuais;

4º) Princípios da Teoria Geral dos Contratos: ex.: princípio da função social dos contratos;

5º) Disposições de Direito Privado: ex.: regras sobre vícios redibitórios (Código Civil e CDC), desconsideração da personalidade jurídica (art. 50 do Código Civil), cláusula penal máxima (art. 412 do Código Civil), juiz pode reduzir valor de multa, se excessiva, como no caso de uma multa de 88% reduzida para 10% (*vide* REsp 330.677).

2.4. Formalização

Para um contrato administrativo ser celebrado são necessários os seguintes requisitos:

a) ato administrativo motivado especificando a necessidade de contratação;

b) solicitação com indicação do objeto a ser contratado e de sua quantidade;

c) constatação da existência de recurso próprio para a despesa;

d) verificação do impacto orçamentário-financeiro; não basta haver previsão orçamentária. No curso de cada exercício financeiro há de se verificar se existem recursos em caixa, respeitando-se as cotas trimestrais de despesas fixadas (art. 47 da Lei 4.320/1964) e há de se obedecer também a outros requisitos legais (ex.: art. 42 da Lei de Responsabilidade Fiscal – LC 101/2000);

e) autorização para abertura de licitação;

f) elaboração e aprovação de edital;

g) reserva de recursos;

h) *licitação*, salvo dispensa ou inexigibilidade desta;

i) *convocação do adjudicatário*: estipula-se prazo para o adjudicatário (vencedor da licitação) comparecer para assinar o contrato (art. 64, *caput*), o qual pode ser prorrogado uma vez, com justificativa do contratado (art. 64, § 1º). Decorridos 60 dias da data de entrega das propostas, sem convocação, o adjudicatário fica liberado do dever de assinar o contrato, ou seja, fica liberado dos compromissos assumidos (art. 64, § 3º). Se o convocado não assinar contrato, a Administração tem duas opções (art. 64, § 2º): i) convocar o licitante remanescente, nas mesmas condições do vencedor; ou ii) revogar o certame;

j) os contratos devem conter determinadas cláusulas *escritas* acerca do *regime de execução, reajustes, condições de pagamento e atualização, prazos de início, execução, conclusão, multas e rescisão; garantias (caução, seguro, fiança);*

k) *devem ser escritos*, sendo nulo o contrato verbal com a Administração, salvo o de pequenas compras de pronto pagamento, assim entendidas aquelas de valor não superior a 5% do limite para aquisições por convite. A lei admite em alguns casos o regime de adiantamento (art. 68 da Lei 4.320/1964), em que se entrega numerário ao servidor para gasto futuro. Isso deve acontecer apenas nos casos definitivos em lei, como, por exemplo, no pagamento de diárias;

l) o *instrumento* do contrato é obrigatório nos casos de concorrência e de tomada de preços, bem como nas dispensas e inexigibilidades compreendidas naquelas modalidades, e facultativo nas compras de entrega imediata e sem obrigações futuras, bem como nos demais casos escritos não compreendidos nas duas modalidades acima, nos quais pode ser substituído por carta-contrato, nota de empenho de despesa, autorização de compra ou ordem de execução de serviço. A minuta do futuro contrato integrará sempre o edital;

m) o *contrato* tem como condição de *eficácia* a publicação de seu resumo na Imprensa Oficial, a qual deve se dar até o 5º dia útil do mês seguinte à sua assinatura e até 20 dias após esta, seja de que valor for;

n) faculta-se à Administração a exigência de *garantias* a fim de assegurar a execução do contrato, devendo estar prevista no edital. O particular deve escolher entre caução, em dinheiro ou títulos da dívida pública, seguro-garantia ou fiança bancária. A garantia não pode exceder a 5% do valor do contrato, salvo quanto a obras, serviços e fornecimentos de grande vulto envolvendo alta complexidade técnica e riscos financeiros consideráveis, quando o limite poderá ser elevado até a 10% do valor do contrato. A garantia será liberada ou restituída após a execução, e, quando em dinheiro, será atualizada monetariamente.

2.5. Alterações dos contratos (art. 65)

2.5.1. Unilaterais

São as alterações feitas por imposição da Administração. As modificações aqui permitidas, que serão a seguir expostas, são feitas unilateralmente pela Administração, mas não podem implicar alteração do objeto contratual, sob pena de se caracterizar burla ou fraude à licitação feita. Permitem-se apenas alterações no projeto ou meramente quantitativas. Vejamos as alterações permitidas (art. 65, I):

a) **qualitativa:** *quando houver modificação do projeto ou das especificações para melhor adequação técnica aos seus objetivos;*

b) **quantitativa:** *quando necessária a modificação do valor contratual em decorrência de acréscimo ou diminuição quantitativa de seu objeto, nos limites permitidos na lei.*

No caso de alteração do projeto ou especificações (alteração qualitativa), temos duas situações típicas:

a) situações novas: por exemplo, decisão judicial impondo que dada obra atenda a preceitos técnicos em matéria de acústica;

b) situações existentes, mas desconhecidas: o solo se revela diferente do imaginado (ex.: tem muita pedra; tem falha geológica), impondo fundação diferenciada.

Um bom projeto básico evita isso, o que faz com que os tribunais de contas tenham cada vez mais recomendado a feitura de bons projetos antes que um edital de licitação seja elaborado.

A alteração qualitativa não admite que seja alterado o próprio objeto contratual. Assim, não é possível alterar o objeto contratual de cimento para tijolo, por exemplo.

Já quando é necessária a modificação do valor contratual em decorrência de acréscimo ou diminuição nas obras, serviços e compras, temos os seguintes limites:

a) acréscimo: até 25% do valor inicial; tratando-se de reforma, é possível acréscimo de até 50% do valor inicial;

b) diminuição: até 25% do valor inicial.

Não são computados nos limites os *reajustes* e *revisões*.

As alterações de valor devem levar em conta os ganhos e as perdas de escala.

2.5.2. Bilaterais

São as autorizadas pela lei, sendo feitas de comum acordo entre as partes, ou por processo judicial promovido pelo interessado, para restabelecer o equilíbrio inicial quando houver prejuízo significativo causado por um dos seguintes fatos:

a) **força maior ou caso fortuito:** alteração que requer i) desequilíbrio contratual, ii) evento lesivo consistente em força maior ou caso fortuito e iii) configuração de álea econômica extraordinária e extracontratual (prejuízo significativo). Ex.: uma grande chuva destrói uma obra pública em andamento, executada por uma construtora contratada pela Administração;

b) **sujeições ou interferências imprevistas:** *descoberta de um óbice natural ao cumprimento do contrato na forma prevista*. Ex.: descoberta de que o terreno em que o particular deverá construir a obra contratada é rochoso, aumentando em demasia os custos para a realização da fundação. Preenchidos os requisitos de desequilíbrio e configuração de álea extraordinária, também se enseja a alteração bilateral;

c) **fato da administração**: *toda ação ou omissão da Administração que se dirige e incide direta e especificamente sobre o contrato, retardando ou impedindo sua execução*. Ex.: atraso do Poder Público na entrega do imóvel para feitura de uma obra contratada com o particular. Esta alteração unilateral também gera, por óbvio, direito ao reequilíbrio econômico-financeiro.[3] Para alteração do contrato motivada pelo fato da administração é necessário: i) desequilíbrio contratual, ii) fato da administração

3. Art. 65: (...) "§ 6º Em havendo alteração unilateral do contrato que aumente os encargos do contratado, a Administração deverá restabelecer, por aditamento, o equilíbrio econômico-financeiro inicial".

e iii) configuração de álea econômica extraordinária e extracontratual (prejuízo significativo);

d) **fato do príncipe:** *fato geral do Poder Público que afeta substancialmente o contrato, apesar de não se dirigir especificamente a ele.* Ex.: mudança de política cambial por parte do Banco Central (STJ, ROMS 15.154);

e) **modificação tributária:** *criação, alteração ou extinção de tributo ou encargo legal que interfira diretamente nos preços (custos) para mais ou para menos* (art. 65, § 5º). Assim, aumentos significativos em tributos como ISS, ICMS, IPI, dentre outros, geram o direito à revisão contratual. Note que o aumento no imposto sobre a renda não interfere nos custos de uma empresa, mas apenas na renda desta, não ensejando a revisão contratual; da mesma forma, a criação da CPMF não enseja a revisão, por não gerar um prejuízo significativo, segundo o Tribunal de Contas da União (TCU);

f) **aplicação da Teoria da Imprevisão:** caso não se configure nenhuma das hipóteses acima, é possível invocar-se cláusula genérica para alteração contratual, que requer *desequilíbrio contratual causado pela sobrevinda de fatos imprevisíveis ou previsíveis, porém, de consequências incalculáveis, retardadores ou impeditivos da execução do contrato*. Vale dizer, são necessários: i) desequilíbrio contratual ulterior, ii) imprevisibilidade ou previsibilidade de consequência incalculável e iii) retardamento ou impedimento da execução do ajustado (prejuízo significativo). Ex.: advento de guerra causando aumento demasiado no preço do petróleo, atingindo contratos em curso; crise mundial aumentando muito o dólar.

Não caberá revisão contratual nos seguintes casos: a) de culpa do contratado; b) de evento existente antes das propostas; c) de ausência de prejuízo significativo.

A jurisprudência entende que não dá ensejo à revisão contratual dois fatos: a) dissídio coletivo, por se tratar de algo previsível; b) inflação, por também se tratar de fato previsível e que é compensado pelo instituto do *reajuste* e não da *revisão*.

O reajuste *é a atualização monetária em contratos de trato sucessivo, feita a cada 12 meses*. Ele difere da revisão, pois esta decorre de evento *extraordinário*, ao passo que o reajuste decorre de evento *ordinário*.

O reajuste tem como termo inicial a data prevista para a apresentação da proposta do licitante (art. 40, XI, da Lei 8.666/1993 e art. 3º, § 1º, da Lei 10.192/2001), nos termos do que decide o STJ (REsp 846.367/RS).

Em caso de atraso no pagamento, incide correção monetária mensal (Lei do Plano Real).

Por fim, e voltando à questão da *revisão* contratual, caso qualquer das situações ocorridas anteriormente leve a uma consequência tal que a revisão contratual não consiga trazer novamente o equilíbrio originário, o contrato deverá ser extinto.

2.6. Execução do contrato

Dispõe o artigo 66 da Lei 8.666/1993 que o contrato deverá ser executado fielmente:

> *Art. 66. O contrato deverá ser executado fielmente pelas partes, de acordo com as cláusulas avençadas e as normas desta lei, respondendo cada uma delas pelas consequências de sua inexecução total ou parcial.*

O contrato administrativo, portanto, faz lei entre as partes, que devem cumpri-lo integralmente.

Nada obstante, como se viu, tal regra sofre as seguintes exceções:

a) a Administração pode modificar unilateralmente condições contratuais;

b) nestes casos, e naqueles outros em que se configurarem hipóteses de desequilíbrio econômico-financeiro, deve-se promover sua modificação.

Outra questão importante nesta matéria é o fato de que a Administração deverá manter um representante para fiscalizar a execução dos contratos, enquanto o contratado deve indicar um preposto, aceito pela primeira, para acompanhar a execução do ajuste.

Deve-se destacar, ainda, que o contratado, na execução do ajuste, não pode deixar de cumprir suas obrigações por suspensão do contrato de até 120 dias, bem como por atraso no seu pagamento por até 90 dias. Vale dizer: a exceção de contrato não cumprido não pode ser alegada pelo particular em tais condições, em que pese poder ser alegada pelo Poder Público, se a culpa é do particular.

O contratado tem como prestação principal adimplir o objeto contratual, devendo também: observar as normas técnicas adequadas, empregar o material apropriado, sujeitar-se aos acréscimos e supressões legais, executar pessoalmente o objeto do contrato (a execução é pessoal, mas não personalíssima, daí a possibilidade de contratar terceiros para colaborar ou até para executar partes, desde que nos limites admitidos pela Administração na execução do contrato – *vide* art. 72, por exemplo, que trata da subcontratação), atender aos encargos trabalhistas, previdenciários, fiscais e comerciais decorrentes da execução, bem como manter o preposto acima indicado.

Vale ressaltar que, na execução do contrato, o particular é responsável pelas obrigações que contrair, as quais não poderão ser imputadas ao Poder Público:

> *Art. 71. O contratado é responsável pelos encargos trabalhistas, previdenciários, fiscais e comerciais resultantes da execução do contrato.*

Assim sendo, a Administração não poderá ser acionada por terceiros, em virtude de atos do contratado.

A Lei 9.032/1995, todavia, dispõe que a Administração Pública responde solidariamente com o contratado pelos *encargos previdenciários* resultantes da inexecução do contrato, nos termos do art. 31 da Lei 8.212/1991.

O TST também admite que a Administração responda por encargos trabalhistas no caso de terceirização de serviços, como nos contratos em que a Administração faz com empresas de vigilância, limpeza, dentre outros. Porém, a responsabilidade da Administração é subsidiária e depende de que esta tenha agido de forma culposa na aplicação da Lei 8.666/1993 (conforme Súmula 331 do TST).

Executado o contrato, esse será recebido provisoriamente pela Administração, em até 15 dias da comunicação escrita do contratado, pelo responsável pelo acompanhamento e definitivamente por servidor ou comissão designada pela autoridade, após decurso do prazo de observação ou vistoria que ateste a adequação do objeto ao contrato, tudo sem prejuízo da responsabilidade civil pela solidez e segurança da obra ou do serviço (art. 73).

A **inexecução total ou parcial** do contrato enseja sua rescisão, com as consequências contratuais e as previstas em lei ou regulamento (art. 77). O art. 78 da Lei 8.666/1993 enumera os motivos para rescisão do contrato, dentre eles os seguintes:

a) o não cumprimento ou o cumprimento irregular de cláusulas contratuais;

b) a lentidão no seu cumprimento, o atraso injustificado no início, a paralisação sem justa causa e sem prévia comunicação;

c) a subcontratação não admitida no contrato;

d) o desatendimento das determinações regulares da autoridade designada para acompanhamento de sua execução;

e) razões de interesse público (revogação do contrato);

f) *suspensão* da execução por mais de 120 dias ou *atraso* por mais de 90 dias; em ambos os casos a extinção será opção do contratado, não cabendo rescisão, todavia, se houver calamidade pública, grave perturbação da ordem interna ou guerra;

g) caso fortuito ou força maior impeditivos da execução.

Os casos de rescisão serão formalmente motivados nos autos do processo administrativo, assegurados o contraditório e a ampla defesa. Quando a rescisão não se der por culpa do contratado (incisos XII a XVII do art. 78), esse será ressarcido dos prejuízos que houver sofrido, tendo ainda direito à devolução da garantia, pagamento pela execução até a rescisão e pagamento do custo da desmobilização. A rescisão pelo não cumprimento das cláusulas contratuais acarretará, sem prejuízo das sanções legais, na assunção imediata do objeto pela Administração, com a ocupação e utilização do local, instalações, equipamentos, material e pessoal empregados na execução do contrato necessários à sua continuidade e retenção dos créditos decorrentes do contrato até o limite dos prejuízos causados à Administração.

Os artigos 86 e seguintes tratam das sanções administrativas cabíveis em caso de inexecução parcial ou total do contrato, garantida prévia defesa, servindo como exemplo: advertência, multa, suspensão temporária de participação em licitação e impedimento de contratar por prazo não superior a 2 anos, declaração de inidoneidade para licitar ou contratar com a Administração enquanto durarem os motivos da punição ou até que seja promovida a reabilitação perante a autoridade, que depende de cumprimento de sanções e ressarcimento ao erário, podendo-se aplicar as duas últimas sanções também aos profissionais que tiverem dado causa ao ilícito.

Quanto a sanção de inidoneidade para licitar ou contratar com a Administração, ela se irradia para todas as esferas de governo. Assim, na esteira de um exemplo tirado da jurisprudência do STJ, uma empresa que tenha recebido essa sanção de um município, por ter fornecido medicamento adulterado a este, ficará impedida de contratar com todos os outros municípios, Estados, DF e União (Resp 520.553). Porém, essa sanção tem efeitos futuros, ou seja, não alcança os contratos em curso quando de sua aplicação, sem prejuízo de que, dentro de cada contrato em curso possa haver sua rescisão por específicas inexecuções em cada contrato (STJ, MS 13.964/DF).

Quanto à possibilidade do TCU declarar a inidoneidade de empresa privada para participar de licitações, o STF entende que esse tribunal tem competência, na esteira do disposto no art. 46 da Lei 8.443/1992 - Lei Orgânica do TCU (MS 30.788/MG, j. 21.05.2015).

2.7. Extinção do contrato

O contrato administrativo se extingue pelas seguintes causas:

a) **conclusão do objeto ou decurso do tempo:** quanto à questão da duração do contrato, é importante que fique claro que todo contrato administrativo deve ter prazo determinado e respeitar os créditos orçamentários; quanto aos serviços contínuos (ex.: limpeza, vigilância merenda etc.), cabem sucessivas prorrogações, limitando-se a contratação total a até 60 meses, sendo que, em casos excepcionais, devidamente justificados e mediante autorização da autoridade superior, cabe outra prorrogação, por mais 12 meses, totalizando 72 meses; já quanto a serviços relativos à segurança nacional, o prazo máximo do contrato é de 120 meses;

b) **acordo entre as partes (rescisão amigável ou bilateral):** ocorre por acordo entre as partes, desde que haja interesse público. A extinção bilateral também é chamada de distrato;

c) **culpa da Administração (rescisão judicial):** a chamada *rescisão judicial* ocorre por ação judicial promovida pelo particular, que não pode promover a extinção do ajuste unilateralmente. O particular deverá trazer como fundamento o descumprimento, por parte do Poder Público, de obrigações contratuais. Conforme já escrito, o particular não pode alegar a exceção de contrato não cumprido até 120 dias de suspensão do contrato e 90 dias de atraso no pagamento; a suspensão do contrato consiste em a Administração dizer para o contratado que é para ele suspender o cumprimento de suas obrigações, período em que também não receberá quantia alguma; o atraso no pagamento é pior, pois o particular deve continuar cumprindo com suas obrigações, mas nada poderá fazer para rescindir o contrato se o atraso não superar 90 dias. Naturalmente, o contratado prejudicado pela suspensão ou atraso no contrato poderá, posteriormente, requerer compensação financeira pelos danos que suportar com essas condutas da Administração;

d) **por vontade da Administração (rescisão unilateral ou administrativa):** essa forma de extinção é promovida pela Administração, respeitando o contraditório e a ampla defesa, nos seguintes casos:

d1) anulação: por motivo de *ilegalidade* na licitação ou no contrato;

d2) revogação: por inconveniência ou inoportunidade; nesse caso, o STJ entende o seguinte: "esta Corte Superior já se pronunciou no sentido de que a rescisão do contrato administrativo por ato unilateral da Administração Pública, sob justificativa de interesse público, impõe ao contratante a obrigação de indenizar o contratado pelos prejuízos daí decorrentes, como tais considerados não apenas os danos emergentes, mas também os lucros cessantes. Precedentes. É que, sob a perspectiva do Direito Administrativo Consensual, os particulares que travam contratos com a Administração Pública devem ser vistos como parceiros, devendo o princípio da boa-fé objetiva (e seus corolários relativos à tutela da legítima expectativa) reger as relações entre os contratantes público e privado" (REsp 1240057/AC, *DJe* 21.09.2011);

d3) inexecução do contrato pelo contratado.

2.8. Outras questões

Uma questão que aparece com certa frequência é saber se é possível a aplicação do instituto da **arbitragem** para regular contratos administrativos.

A jurisprudência vem entendendo que essa possibilidade existe, caso se trate de empresas estatais, dada a natureza dos interesses de que cuidam tais empresas.

Não há norma na Lei 8.666/1993 estabelecendo a possibilidade de aplicação da mediação e da arbitragem quanto às pessoas jurídicas de direito público.

Porém, em matéria de concessão de serviço público e de parceria público-privada, a lei admite que o edital preveja a utilização de arbitragem para a resolução de disputas decorrentes ou relacionadas ao contrato (art. 23-A da Lei 8.987/1995 e art. 11, III, da Lei 11.079/2004).

Naturalmente, a arbitragem não poderá discutir cláusulas regulamentares desses contratos, podendo incidir apenas sobre questões de outra natureza.

Outra questão bastante polêmica é quanto à possibilidade de **retenção de pagamento da contratada pela não manutenção da regularidade fiscal**. O STJ entende que não é possível *retenção* por esse motivo, já que não há previsão legal nesse sentido, lembrando que o objetivo da retenção é cobrir prejuízos causados pelo contratado e multas aplicadas pela Administração (arts. 80, IV, e 87, § 2º). Porém, é possível *rescindir* o contrato no caso por descumprimento de cláusula essencial desse.

5. Direito Administrativo

Wander Garcia

1. REGIME JURÍDICO-ADMINISTRATIVO

1.1. Conceito

Regime jurídico pode ser conceituado como *o conjunto harmônico de princípios e normas que incidem sobre determinada categoria ou instituto de direito.*

Há dois grandes regimes jurídicos: o de *direito público* e o de *direito privado*. O primeiro, que mais nos interessa, é aquele destinado a reger as relações jurídicas em que o Poder Público está presente, atuando numa posição de supremacia.

O Poder Público tem deveres extremamente importantes para a sociedade. Tais deveres englobam tarefas de *segurança*, de *fiscalização e controle* de condutas antissociais, de oferecimento de *serviços essenciais*, como educação, saúde, energia elétrica, água, transporte, dentre outros. Para que tais deveres sejam devidamente cumpridos é necessário que haja um regime jurídico diferenciado, um **regime jurídico de direito público**, que tem duas grandes marcas: a) supremacia do interesse público sobre o interesse privado; b) indisponibilidade do interesse público.

Porém, não se pode esquecer que o Poder Público age em **três grandes atividades**, quais sejam: a) *atividade legislativa*, de elaborar leis; b) *atividade administrativa*, de executar direta e concretamente a lei; c) *atividade jurisdicional*, de aplicar a lei, mediante provocação, com o fito de compor conflitos de interesse caracterizados por pretensões resistidas.

A *atividade legislativa* é objeto do Direito Constitucional, destacando-se o tema do "processo legislativo".

A *atividade jurisdicional* é objeto do Direito Processual (penal, civil, do trabalho etc.).

Já a *atividade administrativa* é objeto do Direito Administrativo. Esse ramo do Direito regula o chamado **regime jurídico administrativo**, que pode ser definido como *o conjunto harmônico de princípios e normas que regem os bens, os órgãos, os agentes e a atividade administrativa, a qual visa realizar concreta, direta e imediatamente os fins desejados pelo Estado.*

É importante destacar que o Direito Administrativo rege toda e qualquer atividade da Administração, seja ela do Executivo, do Legislativo ou do Judiciário, já que os dois últimos poderes também exercem (atipicamente) atividades administrativas. Por exemplo, quando exercer o poder disciplinar sobre servidores ou fazer licitação para adquirir bens.

Assim, um membro do Poder Judiciário (magistrado) pratica tanto atos jurisdicionais (ex.: quando exara uma sentença) como atos administrativos (ex.: quando aplica uma advertência ao servidor do fórum).

1.2. Origem

Só é possível falar-se em regime jurídico administrativo com o aparecimento do Estado de Direito, em que a lei passa a valer tanto para os administrados como para o administrador.

Tal se deu com o declínio dos regimes absolutistas, marcados pela vontade incontrastável dos soberanos, e que foi perdendo espaço, até se extinguir, após a Declaração dos Direitos do Homem e do Cidadão na França (1789) e a Declaração de Independência dos Estados Unidos (1796).

Os Estados de Direito, por sua vez, valeram-se da ideia de separação dos Poderes desenvolvida por Montesquieu (*O Espírito das Leis*, 1748).

1.3. Fontes do Direito Administrativo

Quando se pergunta "quais são as fontes do Direito", fica sempre a dúvida sobre a qual fonte a indagação se refere. Existem *fontes criadoras* do Direito (legislador, por exemplo). Há *fontes formais* do Direito (a lei, por exemplo). Há *fontes históricas* do Direito (fatos históricos marcantes que deram origem à modificação de uma lei).

As **fontes formais** do Direito podem ser divididas em duas espécies: principais e acessórias.

As **fontes *formais principais*** são: a lei, a analogia, o costume e os princípios gerais do direito. Como adotamos o sistema romano-germânico, de início, só a lei é fonte formal principal. Apenas em caso de lacuna é que se admite que o aplicador se valha da analogia, do costume e dos princípios gerais, nessa ordem, como fonte formal jurídica (art. 4º da LINDB).

Quanto ao costume, que consiste na *prática reiterada de determinado ato, com a convicção de sua obrigatoriedade jurídica*, não se confunde com a praxe administrativa que é a prática burocrática rotineira adotada na Administração, sendo que o primeiro é considerado fonte formal secundária do Direito e o segundo não é considerado fonte do Direito Administrativo, apesar de se tratar de meio útil para resolver problemas administrativos, desde que atendido o princípio da legalidade.

Para completo entendimento do assunto, é importante destacar que, por lei, deve-se entender norma constitucional, lei ordinária, lei complementar, lei delegada, resolução legislativa, decreto legislativo e medida provisória.

Já as **fontes *formais secundárias ou acessórias*** são: os decretos, as resoluções administrativas, as instruções normativas, as portarias etc. São acessórias pois guardam obediência a uma fonte principal.

Doutrina e jurisprudência são consideradas, tradicionalmente, como *fontes não formais* ou *fontes indiretas* (mediatas). Isso porque trazem preceitos não vinculantes. São também consideradas *fontes meramente intelectuais* ou *informativas*.

Há de se fazer alguns temperamentos com relação à jurisprudência. Isso porque, apesar de um entendimento reiterado pelos tribunais não ter força de lei, a Emenda Constitucional 45/2004 estabeleceu que o Supremo Tribunal Federal poderá, após reiteradas decisões sobre matéria constitucional, aprovar súmula, que terá efeito vinculante e incidirá sobre a validade, a interpretação e a eficácia de normas determinadas acerca das quais haja controvérsia (art. 103-A da CF).

Tais súmulas, ainda que declarativas em relação ao que é Direito, poderão ser consideradas verdadeiras fontes formais, já que têm eficácia *erga omnes*.

1.4. Direito Administrativo moderno

O Direito Administrativo vem sofrendo transformações hodiernamente, com destaque para o seguinte:

a) constitucionalização do Direito Administrativo: basta observar o extenso artigo 37 da Constituição para verificar que o poder constituinte, a fim de dar maior rigidez às normas administrativas, fez questão de enunciar princípios (*caput*) e uma grande casuística e regras administrativas; da mesma forma, há normas administrativas no art. 5º, LIV, LV e LXXVII (processo administrativo), nos arts. 5º, XXIV, 182 e 184 (desapropriação), no art. 5º, XXV (requisição administrativa), nos arts. 39 e 40 (agentes públicos), no art. 175 (permissões e concessões de serviço público), entre outros; essa tendência não se limitou ao poder constituinte originário, já que, após a CF/1988, inúmeras emendas constitucionais trataram especificamente de direito administrativo, com destaque para as ECs 19, 20, 41 e 47;

b) petrificação do Direito Administrativo: considerando o fato de que diversas normas administrativas estão listadas como direitos e garantias fundamentais (vide, por exemplo, os dispositivos administrativos citados no art. 5º da CF) e considerando também que a forma federativa de estado e a separação de Poderes, temas muito caros ao Direito Administrativo, são considerados cláusulas pétreas pelo art. 60, § 4º, da CF, tem-se que, hoje, há um número importante de normas administrativas não passíveis de modificação sequer por emenda constitucional;

c) multiplicação de microssistemas administrativos: nunca tivemos tantas leis regulamentando à exaustão atividades administrativas pontuais; além das tradicionais leis de Tombamento (Dec.-lei 25/1937), de Prescrição (Dec. 20.910/1932) e de Desapropriação (Dec.-lei 3.365/1941), Administração Pública (Dec.-lei 200/1967), temos leis importantes pós-Constituição, como de Licitação e Contratos (Lei 8.666/1993), de Concessões de Serviço Público (Lei 8.987/1995) e do Regime Jurídicos dos Servidores Federais (Lei 8.112/1990), de Improbidade Administrativa (Lei 8.429/1992), de Trânsito (Lei 9.503/1997), de Processo Administrativo Federal (Lei 9.784/1999), de Ação Punitiva (Lei 9.873/1999) e do Estatuto da Cidade (Lei 10.257/2001), e, na última década, outra importante leva de leis como as de Parceria Público-Privadas (Lei 11.079/2004), Consórcios Públicos (Lei 11.107/2005), Lei de Responsabilidade Civil e Administrativa de Pessoas Jurídicas (Lei 12.846/2013), entre outras;

d) multiplicação das leis gerais nacionais de poder de polícia para a defesa de interesses difusos e coletivos; quase todas as leis que tratam de interesses difusos e coletivos trazem, além da proteção civil e muitas vezes penal dos interesses tutelados, a proteção administrativa também, que se exerce, na maior parte das vezes, por meio do poder de polícia, conforme se verifica, por exemplo, nos artigos do Estatuto da Criança e do Adolescente, do Código de Defesa do Consumidor, da Lei de Crimes Ambientais, do Estatuto do Idoso, do Estatuto da Juventude, da Lei de Proteção à pessoa com deficiência;

e) maior ingerência do Judiciário nas condutas omissivas e comissivas da Administração; no passado o Judiciário só apreciava atos vinculados da Administração; em seguida, passou a também apreciar atos discricionários, mas limitadamente a parte estritamente vinculada deste; atualmente, o Judiciário aprecia a legalidade estrita dos atos vinculados e também outros aspectos não tão objetivos, como o respeito à moralidade administrativa e à razoabilidade;

f) busca do atendimento ao princípio da eficiência;

g) responsabilidade fiscal e responsabilização pessoal dos agentes públicos;

h) desburocratização: um marco na diminuição da burocracia administrativa foi a Lei de Processo Administrativo Federal (Lei 9.784/1999), que, dentre outras medidas, estabeleceu o princípio da instrumentalidade das formas ("observância das formalidades essenciais à garantia dos direitos dos administrados" – art. 2º, parágrafo único, VIII), o princípio da informalidade ou formalidade moderada ("adoção de formas simples, suficientes para propiciar adequado grau de certeza, segurança e respeito aos direitos dos administrados" – art. 2º, parágrafo único, IX); no mesmo sentido, a Lei Complementar 123/2006, que determina que a Administração Pública, quanto às microempresas e empresas de pequeno porte, facilite o processo de abertura de empresas (arts. 4º a 11), bem como que promova um tipo de fiscalização menos preocupada com a forma e mais preocupada com a orientação do fiscalizado para que não cometa irregularidades ou que corrija eventual irregularidade cometida, criando-se, inclusive a figura da dupla visita para lavratura de autos de infração (art. 55, § 1º).

i) transparência absoluta: com destaque para o princípio da publicidade (art. 37, *caput,* da CF) e para a Lei do Acesso à Informação (ou Lei da Transparência – Lei 12.527/2011);

j) adoção de certas práticas próprias do direito privado: o Direito Administrativo, sem descuidar de seu fim maior que é regular a atividade estatal com vistas ao atingimento do interesse público, tem, premido pela necessidade de ser mais eficiente, adotado certas práticas próprias do direito privado, como os mecanismos privados de resolução de disputas, inclusive a arbitragem (ex: art. 23-A da Lei 8.987/1995), a repartição objetiva de riscos entre o Estado e a empresa contratada para uma parceria público-privada (art. 4º, VI, da Lei 11.079/2004) e a utilização de garantias contratuais próprias do direito privado mesmo em desfavor da entidade estatal numa parceria público-privado (vide os casos admitidos no art. 8º da Lei 11.079/2004), todos instrumentos que sempre foram um enorme tabu no Direito Administrativo e que agora, com vistas à adequar às normas administrativas à realidade econômica e de mercado, e ao princípio da eficiência, não só estão presentes na lei, como vem sendo utilizados pela Administração no seu dia a dia.

k) participação popular: cada vez mais se verifica a criação legal de conselhos de orientação e até de deliberação junto à Administração, dos quais fazem parte pessoas que não são agentes públicos profissionais, mas pessoas eleitas pela população ou escolhidas por outros critérios para compor, temporariamente, tais conselhos e, assim, exercer a participação popular direta na tomada de decisões administrativas; um exemplo clássico são os Conselhos Tutelar e o Municipal da Criança e do Adolescente, previstos no Estatuto da Criança e do Adolescente (Lei

8.069/1990); mas pode-se ver o mesmo na área da saúde, da previdência social, do idoso, do meio ambiente, entre outros; seria salutar se a participação popular redundasse também em mais iniciativas de orçamento participativo, que ainda são muito tímidas no País, mas que, quem sabe no futuro, serão a regra nas administrações, permitindo que cada um de nós possa participar da escolha de eleição de prioridades de gastos públicos, especialmente no âmbito municipal;

l) desestatização;

m) incremento da participação do terceiro setor na colaboração com a Administração: por meio de organizações da sociedade civil (Lei 13.019/2014), OSCIPs (Lei 9.790/1999), OSs (Lei 9.637/1998) e pelos serviços sociais autônomos, o chamado Sistema "S" (SESC, SENAI, SESI etc.);

n) dinamismo: enquanto o direito constitucional, na sua essência, traz princípios e diretrizes mais perenes (*vide*, por exemplo, a longevidade da Constituição Americana), o direito administrativo, por dizer respeito ao aspecto prático do Estado (ou seja, à execução das leis), é muito mais dinâmico, buscando sempre novas tecnologias e estando sempre em mutação; exemplos disso são a criação de organizações sociais e OSCIPs, bem como das parcerias público-privadas.

2. PRINCÍPIOS DO DIREITO ADMINISTRATIVO

2.1. Introdução

Vejamos primeiro o que são princípios.

Princípios *são normas jurídicas de especial relevância e alta carga valorativa que, além de vincular, servem de vetor interpretativo a todos os destinatários do Direito.*

São, então, (1) alicerces do ordenamento jurídico, (2) normas vinculantes, (3) vetores interpretativos, (4) normas relevantes, (5) além de deterem alta carga valorativa.

Pode-se dizer que os princípios gerais do Direito Administrativo decorrem de dois outros basilares, quais sejam, o da supremacia do interesse público sobre o privado e o da indisponibilidade do interesse público.

O princípio da ***supremacia do interesse público sobre o interesse privado***[1] parte da ideia de que o fim do Estado é o bem comum, e não o individual. Assim, deve prevalecer o interesse público, o interesse comum, e não o interesse particular que cada um tem.

Essa supremacia pode ser verificada nas seguintes *prerrogativas* da Administração: a) presunção de legitimidade dos atos administrativos; b) prazos maiores no processo civil; c) prazo prescricional menor contra o Estado; d) imperatividade, exigibilidade, coercibilidade e autoexecutoriedade de boa parte dos atos administrativos, atributos esses que permitem a autotutela da Administração, que não precisa buscar o Poder Judiciário para a imposição de grande parte de seus atos.

A doutrina diferencia a chamada *supremacia estatal geral*, que incide sobre todas as pessoas, da *supremacia estatal especial*, que incide sobre as pessoas com quem o Estado tem relação jurídica específica. A submissão de todos nós às leis de trânsito é um exemplo da supremacia estatal geral. Já a submissão das concessionárias de serviço público às imposições do Poder Concedente é exemplo da supremacia estatal especial.

O princípio da **indisponibilidade do interesse público**, por sua vez, decorre da ideia de República (coisa de todos). Ele indica que os interesses públicos não podem ser objeto de disposição, devendo o Poder Público velar por sua proteção e promoção. A ordem jurídica trará o perfil do que é interesse público, cabendo à Administração Pública buscar seu atendimento. Decorrem desse princípio os seguintes: a) princípio da legalidade; b) princípio da isonomia; c) princípio da motivação; d) princípio da publicidade, dentre outros.

Passemos, agora, ao estudo dos demais princípios do Direito Administrativo, que, repita-se, são expressões dos dois acima referidos.

2.2. Princípios do Direito Administrativo em espécie

2.2.1. Princípio da legalidade

Esse princípio pode ser **conceituado** como *aquele pelo qual a Administração Pública só pode fazer o que a lei determinar ou permitir*.

O princípio da legalidade está **previsto** expressamente no art. 37, *caput*, da CF.

Trata-se de princípio próprio do Estado de Direito. Aliás, o Direito Administrativo nasce justamente com o aparecimento desse tipo de Estado.

O princípio em questão afirma que a atividade administrativa é sublegal, devendo expedir comandos complementares à lei. É muito famosa a frase de Seabra Fagundes a respeito da legalidade: "administrar é aplicar a lei de ofício".

Na **prática**, isso significa que a Administração Pública não pode fazer coisa alguma sem que haja uma lei prévia dizendo que ela está autorizada ou tem a obrigação de fazê-la.

Recentemente, tomei conhecimento de um **exemplo** interessante: o Prefeito de uma determinada cidade resolveu baixar um ato administrativo determinando que todo o comércio local fechasse aos domingos, sem que houvesse lei alguma na cidade trazendo essa determinação. Tal conduta fere o princípio da legalidade, pois o Prefeito só poderia ter agido se houvesse uma lei municipal nesse sentido.

O Chefe do Poder Executivo tem o poder de regulamentar a lei, e não de fazer a própria lei. Nesse sentido, o art. 84, IV, da CF dispõe que o Presidente da República – e os demais Chefes do Executivo (Prefeito e Governador, por simetria) – têm competência para expedir decretos e regulamentos para a fiel execução da *lei*. Esses decretos têm por objetivo explicar a lei e dizer como ela deverá ser cumprida.

1. Celso Antônio Bandeira de Mello define interesse público como o "interesse resultante do conjunto dos interesses que os indivíduos pessoalmente têm quando considerados em sua qualidade de membros da Sociedade e pelo simples fato de o serem" (*Curso de Direito Administrativo*, p. 59). Aliás, o interesse público pode ser primário (verdadeiro interesse público) ou secundário, interesse que diz respeito apenas à pessoa jurídica estatal (que não é verdadeiro interesse público), como o interesse de arrecadar mais tributos.
Hely Lopes Meirelles, por sua vez, entende por interesse público as "aspirações ou vantagens licitamente almejadas por toda a comunidade administrada, ou por uma parte expressa de seus membros" (*Direito Administrativo Brasileiro*, p. 81).

Ou seja, no Brasil temos *regulamentos de execução de lei*, e não *regulamentos autônomos de lei*.

No exemplo dado, o Prefeito daquela cidade poderia baixar um regulamento para o fim de executar a lei que proíbe o comércio aos domingos, caso a lei existisse (regulamento de execução de lei). Mas não poderia criar a própria proibição do comércio por meio de um decreto (regulamento autônomo de lei).

O princípio da legalidade é tão forte que no Direito brasileiro há pouquíssimas **exceções**.

A primeira exceção diz respeito aos *regulamentos autônomos de lei*. O art. 84, VI, da CF criou duas exceções, em que o Chefe do Executivo poderá, por decreto, fazer algo que somente a lei poderia fazer: a) dispor sobre a organização e funcionamento da administração federal, quando não implicar aumento de despesa nem criação ou extinção de órgãos públicos; b) dispor sobre a extinção de funções ou cargos públicos, quando vagos.

Um exemplo da situação "a" é um Prefeito, por decreto, transformar uma secretaria municipal em outra secretaria municipal (ex.: transformar a secretaria de administração em secretaria de gestão pública). O que não é possível é extinguir ou criar um órgão público, mas transformar um órgão é plenamente possível.

Um exemplo da situação "b" é um Prefeito, por decreto, extinguir 30 cargos de telefonista da prefeitura, por estarem vagos esses cargos e não haver mais interesse em provê-los, em virtude da tecnologia dos sistemas de telefonia não mais requerer tantos cargos de telefonista numa repartição pública.

A segunda exceção ao princípio da legalidade é a *medida provisória* (art. 62, CF). Com efeito, a medida provisória, apesar de não ser *lei em sentido estrito*, tem *força de lei*.

Assim, é possível que uma medida provisória, mesmo que não haja lei sobre um dado assunto, inove na ordem jurídica e determine algo para a Administração Pública.

Um exemplo foi a medida provisória que regulamentou as obrigações que cada um de nós passamos a ter com o "Apagão Elétrico" que assolou o Brasil há alguns anos. A medida provisória em questão foi possível porque estávamos numa situação de relevância e urgência, que justificava a edição da medida em detrimento do processo normal de elaboração de diplomas legislativos.

Porém, de acordo com a Constituição, a medida provisória não pode ser expedida para qualquer matéria. A EC 32/2001 estabeleceu, no art. 62, § 1º, da CF, vedação à edição de medidas provisórias sobre as seguintes matérias: *nacionalidade, cidadania, direitos políticos, partidos políticos e direito eleitoral; direito penal, processual penal e processual civil; organização do Poder Judiciário e do Ministério Público, a carreira e a garantia de seus membros; planos plurianuais, diretrizes orçamentárias, orçamento e créditos adicionais e suplementares; matéria reservada à lei complementar; disposição que vise à detenção ou sequestro de bens, de poupança popular ou qualquer outro ativo financeiro.*

Parte da doutrina faz uma diferenciação entre a *legalidade* e a *reserva legal*. Há matérias que podem ser reguladas por lei e por medida provisória, hipótese em que se fala em obediência à legalidade. Há matérias que só podem ser reguladas por lei em sentido formal, hipótese em que se fala em obediência à reserva legal. As matérias mencionadas no parágrafo anterior obedecem ao princípio da reserva legal. Como exemplo, temos o direito penal, matéria que só pode ser regulada por lei, nunca por decreto ou medida provisória (art. 5º, XXXIX, CF).

Vale diferenciar o princípio da legalidade para a Administração, com o **princípio da legalidade para o particular**. O primeiro está previsto no art. 37, *caput*, da CF, ao passo que o segundo, no art. 5º, II, da CF ("ninguém será obrigado a fazer ou deixar de fazer alguma coisa senão em virtude de lei"). O primeiro dispõe que a Administração só pode fazer o que a lei determinar ou permitir, enquanto que o segundo dispõe que o particular pode fazer o que bem entender, a não ser o que a lei proibir. Portanto, a Administração está amarrada, presa. Ela só pode fazer algo se a lei desamarrar e permitir que esse algo seja feito. Já o particular está livre, podendo fazer o que quiser. Ele só ficará impedido de fazer algo quando vier uma lei proibindo que ele o faça.

Por fim, importante darmos uma palavra sobre o **princípio da juridicidade**. Esse princípio pode ser visto como estágio evolutivo atual do princípio da legalidade, pois exige do administrador público atuação em conformidade não só com a lei, em sentido formal, mas com todo o direito; muito mais do que respeitar a *legalidade estrita*, o que se espera hoje é que o administrador atenda ao *Direito* como um todo, ou seja, busque uma decisão de acordo com a *juridicidade* ou *legitimidade*, daí a ideia de que, mais do que o respeito ao princípio da legalidade, o administrador tem que respeitar o princípio da juridicidade.

2.2.2. *Princípio da impessoalidade*

Esse princípio pode ser **conceituado** como *aquele que impõe tratamento igualitário às pessoas, respeito à finalidade e também a ideia de que os atos dos agentes públicos devem ser imputados diretamente à Administração Pública e nunca à pessoa do agente.*

O princípio da impessoalidade está **previsto** expressamente no art. 37, *caput*, da CF.

Repare que o princípio tem três comandos: a) *impõe igualdade de tratamento*; b) *impõe respeito ao princípio da finalidade*; c) impõe *neutralidade do agente*, que não pode fazer autopromoção.

Um exemplo de violação ao primeiro comando ("a") é o agente público, responsável para julgar a concessão de alvarás para construção, dar prioridade aos pedidos de alvará formulados por amigos seus em detrimento das demais pessoas que tiverem pedido o alvará em data anterior.

Um exemplo de violação ao segundo comando ("b") é o agente público usar um ato que tem uma finalidade legal "X" com o objetivo de atender a uma finalidade "Y", como ocorre quando se utiliza o ato "remoção" – cuja finalidade é organizar melhor as funções de agentes públicos ou transferir um agente público para outro local, a pedido deste – com a finalidade de punição.

Um exemplo de violação ao terceiro comando ("c") é um Prefeito determinar a utilização de um símbolo usado na sua campanha eleitoral em todas as obras da prefeitura. Tal situação é expressamente vedada pelo art. 37, § 1º, da CF, que dispõe que a publicidade oficial deverá ter caráter educativo, informativo ou de orientação social, dela não podendo constar nomes, *símbolos* ou imagens que caracterizem *promoção pessoal*.

O terceiro comando do princípio da impessoalidade também tem outros tipos de reflexo. Um deles é a possibilidade de reconhecer a validade de atos praticados por funcionário público irregularmente investido no cargo ou função sob o fundamento de que tais atos configuram atuação do órgão e não do agente público. Isso ocorre, pois, se todos os atos praticados pela Administração são *imputados* diretamente a esta (o agente público é neutro, ou seja, é um mero órgão da Administração), mesmo os atos praticados por alguém irregularmente investido em função pública poderão ser considerados válidos já que, em última análise, são atos da Administração e podem ser preservados se estiverem de acordo com as demais normas jurídicas.

2.2.3. *Princípio da moralidade administrativa*

Esse princípio pode ser **conceituado** como *aquele que impõe obediência à ética da Administração, consistente no conjunto de preceitos da moral administrativa, como o dever de honestidade, lealdade, boa-fé e probidade.*

O princípio da moralidade está **previsto** expressamente no art. 37, *caput*, da CF.

Todavia, a Constituição não determina que a moralidade exigida por seu art. 37, *caput*, esteja juridicizada. Aliás, se assim o fosse, bastaria a exigência de respeito ao princípio da legalidade. A Constituição também não está se referindo à moralidade comum, pois o art. 5º, LXXIII, da CF, ao tratar das hipóteses de cabimento de ação popular, é mais específico no tema e usa a expressão completa, qual seja, "moralidade administrativa", que é a moralidade no interior da administração e não no bojo da sociedade como um todo.

Assim, quando a Constituição exige, também, respeito à moralidade está impondo o dever de atendimento a moralidade administrativa (e não à moralidade comum), mas não está se referindo a uma moralidade juridicizada, mas a uma moralidade extraída da prática diária da boa administração. Ou seja, está-se exigindo um comportamento com respeito aos padrões éticos de boa-fé, decoro, lealdade, honestidade e probidade. Aliás, nesse sentido é o disposto no art. 2º, parágrafo único, IV da Lei 9.784/1999, no Código de Ética Profissional do Servidor Público Federal (Decreto 1.171/1994) e na Lei 8.112/1990.

São exemplos de atos que ferem o princípio da moralidade administrativa os seguintes: a) Prefeito e Câmara aumentam a remuneração dos agentes públicos em demasia a fim de se fortalecerem e de inviabilizarem economicamente a gestão posterior; b) Prefeito e Câmara geram grande diminuição de impostos para a gestão seguinte, com a mesma finalidade espúria mencionada; c) desapropriação realizada com o fim de prejudicar um inimigo político; d) uso de cartões corporativos do governo para gastos de ordem pessoal.

Não é necessária lesão ao erário para o desrespeito a esse princípio. Um prefeito que desapropria um imóvel com a finalidade de prejudicar um inimigo político, estará sujeito à invalidação dessa desapropriação pela violação ao princípio da moralidade, mesmo que o imóvel fosse necessário mesmo e que não houvesse, então, prejuízo econômico com o ato.

Dentro do tema do princípio da moralidade, vale fazer referência a outros institutos jurídicos relacionados.

O primeiro deles é a **improbidade administrativa**, que consiste na *imoralidade administrativa qualificada pelo prejuízo ao patrimônio público, pelo enriquecimento ilícito do agente ou pela ofensa aos princípios da Administração Pública.* A prática de tal ato importará, nos termos da Constituição, a suspensão dos direitos políticos, a perda da função pública, a indisponibilidade de bens e o ressarcimento ao erário, sem prejuízo da ação penal cabível (art. 37, § 4º, CF). A Lei 8.429/1992 repete tais sanções e acrescenta outras (art. 12 da Lei 8.429/1992), que serão estudadas em capítulo próprio.

Outro importante instituto é o da **ação popular**. Essa ação, que visava apenas à anulação de ato lesivo ao patrimônio público, passou a ser cabível, com a CF/1988, também para anular ato lesivo ao meio ambiente, ao patrimônio histórico e cultural e à *moralidade administrativa*.

Também se relaciona com o princípio da moralidade uma das hipóteses que caracterizam crime de responsabilidade do Presidente da República, consistente no ato que atenta contra a *probidade* na administração (art. 85, V, da CF).

Ainda no tema "direitos políticos", a Constituição dispõe que lei complementar deve trazer hipóteses de **inelegibilidade**, a fim de proteger a *probidade administrativa*, a *moralidade* para o exercício do mandato e a normalidade e legitimidade das eleições contra a influência do poder econômico ou o abuso do exercício de função, cargo ou emprego na administração direta e indireta (art. 14, § 9º, CF).

Por fim, também pode ser instaurada CPI para investigar fato determinado relacionado à violação do princípio da moralidade administrativa (art. 58, § 3º, da CF), sem prejuízo da atuação do Tribunal de Contas no caso (por ausência de legitimidade do ato, que inclui a moralidade deste – art. 70, *caput*, da CF), do ajuizamento de ações civis públicas e da impugnação individual do ato em ações comuns ou especiais (como o mandado de segurança), quando se desejar anular ato que viola o princípio.

Enfim, essa relação de situações em que a moralidade é exigida revela o quão esse princípio é importante para o nosso Direito, mormente se pensarmos no número de escândalos que nosso País revela a cada dia, o que faz com que a aplicação do princípio aos casos concretos tenha função primordial para termos um País probo e que atenda cada vez mais aos justos anseios da população.

2.2.4. *Princípio da publicidade*

Esse princípio pode ser **conceituado** como *aquele que impõe ampla divulgação dos atos oficiais, para conhecimento público e início dos efeitos externos.*

O princípio da publicidade está **previsto** expressamente no art. 37, *caput*, da CF.

O conceito apresentado revela que o princípio tem dois grandes **sentidos**: a) garantir que todos tenham conhecimento das coisas que acontecem na Administração Pública; b) garantir que os atos oficiais só tenham efeitos externos após sua publicação.

Com isso, os cidadãos em geral poderão exercer sua cidadania, questionando atos governamentais, solicitando o controle destes e até ingressando com ações contra atos que estejam em desacordo com a ordem jurídica. Da mesma forma, o Ministério Público e as demais pessoas legitimadas também terão elementos para fazer esse tipo de controle.

As pessoas individualmente prejudicadas também recebem a proteção do princípio da publicidade. Um exemplo é aquele que recebe uma multa de trânsito. Tal pessoa só terá de pagar a multa se receber uma notificação oficial no prazo previsto em lei. A notificação é, portanto, requisito de eficácia da multa aplicada. O art. 281, parágrafo único, II, da Lei 9.503/1993, dispõe que o auto de infração será arquivado e seu registro julgado insubsistente se não houver, no prazo máximo de 30 dias, notificação da autuação.

Nesse sentido, é importante reforçar a ideia de que a *publicidade* dos atos oficiais é requisito de ***eficácia*** dos atos administrativos, e não requisito de *existência* ou de *validade* destes.

Por outro lado, o princípio da publicidade tem **exceções**. Ou seja, há casos em que o interesse público justificará que determinados atos oficiais sejam deixados em sigilo, ainda que temporariamente.

Confira os casos em que se admite o sigilo dos atos oficiais: a) para a defesa da segurança da sociedade e do Estado; b) em investigações policiais; c) para o resguardo da inviolabilidade da intimidade, da vida privada, da honra e da imagem das pessoas.

A Lei 12.527/2011 regula o acesso à informação previsto no inciso XXXIII do art. 5º da CF ("todos têm direito a receber dos órgãos públicos informações de seu interesse particular, ou de interesse coletivo ou geral, que serão prestadas no prazo da lei, sob pena de responsabilidade, ressalvadas aquelas cujo sigilo seja imprescindível à segurança da sociedade e do Estado").

Essa lei se aplica a todos os entes federativos. Por conta dela, houve um movimento muito amplo no sentido de os entes da Administração Pública passarem a divulgar pela internet a remuneração e o subsídio dos agentes públicos, por se tratar de obrigação que decorre dos termos da lei.

Essa lei trata também dos requisitos do pedido de acesso a informações aos órgãos e entidades estatais (arts. 10 a 14) e também das restrições de acesso à informação (arts. 21 a 31).

Uma regra fundamental da lei dispõe que "não poderá ser negado acesso à informação necessária à tutela judicial ou administrativa de direitos fundamentais" (art. 21).

A lei detalha melhor os casos em que cabe sigilo por motivo de segurança da sociedade e do Estado (art. 23), sigilo esse que varia entre 5, 15 e 25 anos (informações reservada, secreta e ultrassecreta, respectivamente), bem como os casos em que cabe sigilo por motivo de respeito à intimidade, vida privada, honra e imagem das pessoas, que poderão ter seu acesso restrito pelo prazo máximo de 100 anos (art. 31).

Há decisão do STJ que entendeu que fere a Lei de Transparência o não fornecimento pela União de extrato completo dos gastos de cartão corporativo utilizado por chefe de Escritório da Presidência (MS 20.895-DF, j. 12.11.2014). Também fere o princípio da publicidade a sonegação pelo Ministério das Relações Exteriores do nome das pessoas que receberam passaporte diplomático (STJ, MS 16.179-DF, j. 09.04.2014). O STF também entendeu que viola a transparência negativa do Senado Federal de apresentar comprovantes de despesas de verbas indenizatórias dos Senadores (MS 28.178, j. 04.03.2015).

Vale dizer que se sujeitam a essa lei todos os órgãos da Administração Direta, todas as suas entidades e também as aquelas controladas direta ou indiretamente pelos entes políticos (art. 1º), sendo que a Lei 9.784/1999 se aplica subsidiariamente (art. 20). Quanto ao respeito ao princípio da publicidade no âmbito dos **processos administrativos em geral**, a Lei 9.784/1999 estabelece, em seu art. 2º, parágrafo único, V, a obrigatoriedade da divulgação dos atos administrativos, devendo-se publicar no Diário Oficial as principais fases do processo. Os demais atos podem ser afixados na porta do ente ou conforme o disposto na lei local. O artigo 28 da Lei 9.784/1999 obriga, ainda, à intimação do interessado, por correspondência, por exemplo, para tomar ciência dos atos do processo administrativo.

Por fim, vale lembrar que a propaganda oficial não pode caracterizar promoção pessoal (*vide* novamente o art. 37, § 1º, CF), devendo ser objetiva e com caráter informativo, educativo ou de orientação social.

2.2.5. *Princípio da eficiência*

Esse princípio pode ser **conceituado** como *aquele que impõe o dever de a Administração Pública atender satisfatoriamente às necessidades dos administrados, bem como de o administrador público fazer o melhor, como profissional, diante dos meios de que dispõe.*

O princípio da eficiência está **previsto** no art. 37, *caput*, da CF, por força da EC 19/1998, que o introduziu expressamente na Constituição.

Porém, mesmo antes da EC 19/1998, já se falava na Constituição em controle interno dos Poderes para atender a eficiência (art. 74, II, CF), de modo que o princípio estava no mínimo implícito na redação original da Constituição.

Ademais, o Decreto-Lei 200/1967, que regula a Administração Pública federal, também tem regras voltadas para a eficiência, como as seguintes: a) fortalecimento do sistema de mérito (art. 25, VII); b) dirigentes capacitados (art. 25, V); c) supervisão ministerial das entidades da administração indireta (art. 26, III); d) demissão de servidor ineficiente ou desidioso (art. 100).

Ocorre que, com a **Reforma do Estado**, ocorrida em 1998, percebeu-se a necessidade de trazer um princípio geral de eficiência. Tal reforma estava preocupada em diminuir o controle de meios (administração burocrática) e focar no controle de fins (administração gerencial), controle este que se volta para os resultados, ou seja, para a eficácia.

Na verdade, *a administração pública gerencial* não abandona as conquistas da *administração pública burocrática*, em especial o combate aos vícios da *administração pública patrimonialista* (corrupção, personalismo, confusão entre o patrimônio do soberano e o público, nepotismo etc.).

Porém, não se pode buscar a eficiência a qualquer custo. Esse princípio deve ser obedecido sem desconsiderar os demais, como o da legalidade, da moralidade, da publicidade e da eficiência.

Vale anotar que a eficiência não significa racionalização econômica, com busca incessante de redução de custos e otimização de recursos. Essa busca está ligada ao princípio da economicidade, que também tem guarida nos princípios administrativos (art. 70 da CF). Ao contrário, por vezes, o princípio da eficiência mitiga um pouco o princípio da economicidade no ponto em que exige que haja um mínimo de qualidade e de efetividade na atuação estatal, o que, muitas vezes, impõe um maior investimento público.

Para concretizar o princípio da eficiência, a EC 19/1998 também trouxe para o servidor público mais um requisito para adquirir a estabilidade, qual seja, o de que passe por uma *avaliação especial de desempenho*, sendo que, mesmo depois de adquiri-la, deverá se submeter a *avaliações periódicas de desempenho*, podendo ser exonerado, caso não seja aprovado em qualquer delas (art. 41, § 1º, III, da CF). Para a Administração, a EC em questão trouxe a possibilidade de realização de *contrato de gestão*, aumentando a autonomia dos órgãos e entidades públicos em troca da fixação de metas de desempenho a cumprir (art. 37, § 8º, CF).

2.2.6. *Princípio da segurança jurídica*

Esse princípio pode ser **conceituado** como *aquele que impõe a exigência de maior estabilidade nas relações jurídicas de forma a se atender ao interesse público.*

O princípio da segurança jurídica não está **previsto** expressamente na CF. Porém, está implícito no art. 5º, XXXVI, pelo qual a lei não pode prejudicar o direito adquirido, o ato jurídico perfeito e a coisa julgada.

No plano infraconstitucional, o princípio está previsto expressamente no art. 2º, *caput*, da Lei 9.784/1999.

O princípio da segurança jurídica tem as seguintes **consequências**:

a) decorre dele o dever de respeitar o direito adquirido, o ato jurídico perfeito e a coisa julgada (art. 5º, XXXVI, CF); exemplo de aplicação dessa regra foi a decisão do STF que impediu que nova norma do Ministério da Educação aumentasse os requisitos para a concessão de financiamento estudante pelo FIES em relação a estudantes que já vinham se beneficiando do financiamento (ADPF 341, j. 27.05.2015);

b) permite a convalidação de atos anuláveis, ou seja, de atos que podem ser repetidos sem o vício que os inquinava;

c) permite a conversão de atos nulos em atos de outra categoria, na qual serão válidos;

d) permite a manutenção de atos nulos expedidos há muito tempo, desde que haja excepcionalíssimo interesse público (ex.: loteamento popular antigo feito sem autorização administrativa);

e) proíbe a aplicação retroativa de nova interpretação por parte da Administração (inciso XIII do parágrafo único do art. 2º da lei acima referida); tal proibição visa a preservar a boa-fé, a confiança do administrado na Administração;

f) protege expectativas legítimas de promessas firmes. Ex.: permissão de uso de bem público dada pelo Estado com prazo determinado, que acaba sendo revogada antes do final do prazo; com base no princípio da proteção da confiança, é possível que o permissionário requeira em juízo que continue com a permissão ou que receba indenização pela quebra da confiança;

g) não gera direito adquirido a regime funcional ou contratual;

h) "a garantia da irretroatividade da lei, prevista no art. 5º, XXXVI, da Constituição da República, não é invocável pela entidade estatal que a tenha editado" (Súmula 654 do STF);

i) "os valores recebidos de boa-fé pelo servidor público, quando pagos indevidamente pela Administração Pública em função de interpretação equivocada de lei, não devem ser devolvidos" (STJ, AgRg no Ag 1.423.790, *DJ* 30.11.2012).

O princípio da segurança jurídica também pode ser considerado em dois aspectos: a) no aspecto objetivo, está ligado à irretroatividade das leis e das novas interpretações, e a finalidade é proteger o próprio sistema (endossegurança); b) no aspecto subjetivo, está ligado ao princípio da proteção à confiança legítima.

O princípio da proteção à confiança legítima foi criado pela jurisprudência alemã após a 2ª Guerra Mundial, período em que se buscou uma reação a atos que afetaram repentina e bruscamente os administrados.

De acordo com esse princípio, quando (1) o Estado expede um ato conclusivo capaz de gerar confiança no administrado, (2) levando este a praticar determinada conduta no sentido da expectativa criada pelo Estado, (3) este fica adstrito a manter a sua palavra mesmo se o ato for ilegal, (4) salvo má-fé do administrado.

Um exemplo interessante é a situação em que a administração outorga ao particular uma permissão de serviço público pelo prazo de 4 anos, tratando-se de prazo ideal para a amortização de investimentos pelo permissionário e recebimento de retorno compatível pelo seu trabalho, sendo que, dois anos depois, a permissão vem a ser revogada. Nesse caso, mesmo havendo previsão legal de que a permissão de serviço público é precária, podendo, assim, ser revogada a qualquer tempo independentemente de licitação, o fato é que o particular recebeu um ato *conclusivo* (permissão) que gerou a *confiança legítima* de que seria mantido até o final do período de 4 anos (por conta do prazo específico no documento, da necessidade de 4 anos para amortizações e lucros e da inexistência de má-fé pelo particular), devendo o estado manter sua promessa, sua palavra, não revogando a permissão antes do tempo. A aplicação do princípio da confiança fará com que o Estado tenha de voltar atrás na revogação do ato ou tenha essa revogação do ato anulada. Em o Estado demonstrando interesse público na anulação do ato, a aplicação do princípio determinará a condenação do Estado a pagar indenização pela perda antecipada da permissão pelo particular.

Uma vez violado princípio da proteção à confiança legítima, a correção dessa medida, pode, assim, dar-se por variados instrumentos. Pode ser o caso de anulação do ato que viola o princípio. Pode ser o caso de condenação do Estado no pagamento de indenização. Pode ser o caso de uma medida específica, como é o caso da determinação de nomeação de uma pessoa aprovada num concurso dentro das vagas previstas no edital, pois o STF, nesse tipo de caso, vem dizendo que o princípio da confiança é violado quando o edital prevê certo número de vagas num concurso público, mas os servidores aprovados dentro desse limite não vêm a ser nomeados.

2.2.7. *Princípio da razoabilidade*

Esse princípio pode ser **conceituado** como *aquele que impõe o dever de agir dentro de um padrão normal, evitando-se negligência e excesso e atuando de forma compatível entre os meios e fins previstos na lei.*

O princípio da razoabilidade não está expresso na Constituição Federal.

Porém, o art. 5º, LXXVIII, da CF, introduzido pela EC 45/2004, introduziu o direito à *razoável* duração do processo judicial e administrativo. A expressão "razoável", apesar de ligada à questão do processo célere, acaba trazendo à tona o valor da razoabilidade.

Assim, o princípio da razoabilidade continua implícito de modo geral na CF, mas pelo menos está expresso para fins de duração do processo no nosso Texto Maior.

Apesar disso, ele pode ser encontrado exposto em alguns textos infralegais, como o da Constituição do Estado de São Paulo (art. 111) e no art. 2º, *caput*, da Lei de Processo Administrativo Federal (Lei 9.784/1999).

Além do mais, o art. 2°, parágrafo único, VI, da Lei 9.784/1999 também acaba por tratar do princípio da razoabilidade ao trazer a seguinte obrigação à Administração em seus atos: "adequação entre meios e fins, vedada a imposição de obrigações, restrições e sanções em medida superior àquelas estritamente necessárias ao atendimento do interesse público".

São **exemplos** de violação ao princípio da razoabilidade os seguintes: a) demissão de um agente público, quando era suficiente uma suspensão; b) cumulação indistinta de todas as sanções por ato de improbidade administrativa, mesmo em casos mais leves, como de violação a princípios da administração; c) requisição administrativa de bens ou serviços em quantidade maior do que a necessária; d) dissolução de passeata pacífica por meio de arma de fogo.

O princípio somente tem **incidência** em relação a atos *discricionários*, não incidindo em relação a atos *vinculados*. Isso porque, quando um ato é vinculado, a Administração só tem uma opção de ato a ser praticado, não havendo que se falar em mais de uma possibilidade e, portanto, que o ato fere a razoabilidade. Porém, quando se tem um ato discricionário, existe mais de uma opção para o administrador, ocasião em que se poderá discutir se a atitude tomada está ou não de acordo com a razoabilidade.

Uma dúvida muito frequente é se o princípio da razoabilidade é sinônimo do **princípio da proporcionalidade**. Essa dúvida ganha ainda mais relevância pelo fato de o art. 2º, *caput*, da Lei 9.784/1999 dispor que a Administração deve respeitar a *razoabilidade* e também a *proporcionalidade*.

Na prática, costuma-se usar a expressão "proporcionalidade" para situações que envolvem quantidade. São situações em que se tem um "meio" (por exemplo, a possibilidade de aplicação de mais de um valor de multa) e "fim" (punir e prevenir que alguém cometa a infração). Por exemplo, se uma multa poderia variar de R$ 100 a R$ 1.000,00 e acaba sendo fixada em R$ 1.000,00, diz-se que houve violação ao princípio da proporcionalidade se o caso não era grave.

A expressão "razoabilidade" acaba sendo utilizada para outras situações que não envolvem questão matemática, mas sim a busca de uma conduta igualitária da Administração. Por exemplo, se um Prefeito, mesmo diante do caos na área da saúde, resolver fazer uma obra para reformar a praça em frente ao hospital, em detrimento de maiores investimentos no próprio serviço de saúde, diz-se que houve violação ao princípio da razoabilidade. Nesse caso, o investimento na praça (que beneficia pessoas que nela brincam e passeiam) é discriminatório e desigual em relação à falta de investimento na saúde (considerando o caos em que se está e que a questão da saúde envolve o valor mais importante de todos, que é a vida)? Na análise dessa relação de congruência o princípio da razoabilidade orientará para a busca da medida mais igualitária e menos discriminatória.

Outras diferenças apontadas são as seguintes: a) quanto à origem, a razoabilidade se desenvolveu no direito anglo-saxônico (na Inglaterra, sob o prisma do devido processo legal em geral, trazido na Magna Carta; nos EUA, sob o prisma do devido processo legal substantivo), ao passo que a proporcionalidade, no direito germânico; b) quanto ao âmbito de incidência, o princípio da proporcionalidade é aplicado quando se está diante de uma relação em que há "meio" e "fim", ao passo que o da razoabilidade, quando se está diante de uma relação de "critério distintivo" e "medida tomada", em que se deve buscar a igualdade, ou seja, uma relação de congruência entre o "critério distintivo" e a "medida tomada"; b) quanto a conteúdo valorativo, a razoabilidade de fundamento nas noções de racionalidade e equilíbrio (mais subjetivas) e a proporcionalidade, nas noções de adequação, necessidade e ponderação (mais objetivas).

Quanto ao princípio da proporcionalidade, o STF, no julgamento do RE 466.343-1, especificou que esse princípio, quando aplicado na restrição a direitos fundamentais, deve levar em conta os seguintes critérios:

a) adequação: eficácia do meio escolhido;

b) necessidade: uso do meio menos restritivo ou gravoso para atingir a finalidade, face ao indivíduo paciente;

c) proporcionalidade em sentido estrito: ponderação entre os benefícios alcançados com o ato e os danos por ele causados.

Quanto à ordem correta de aplicação do princípio, é a seguinte: primeiro analisa-se, de fato, se há colisão de direitos fundamentais; depois descreve-se o conflito identificando os pontos relevantes do caso e, por fim, faz-se o exame, sucessivo, da adequação, da necessidade e da proporcionalidade em sentido estrito.

Outro ponto importante, agora quanto ao princípio da razoabilidade, é que este costuma ser **usado contra** a Administração, mas, muitas vezes, o contrário também acontece.

Isso porque, de um lado, o princípio pode ser visto como um *dever-poder*, ou seja, antes de tudo os poderes públicos só se justificam como instrumento dos deveres públicos, daí porque não se deve agir nunca com excesso (sem razoabilidade) para atingir os deveres existentes. De outro lado, o princípio pode ser visto como um *poder-dever*, de modo que se deve respeitar a decisão discricionária de um agente público desde que ela seja aceitável (razoável), ainda que algumas pessoas não concordem com seu conteúdo.

De qualquer forma, e agora tratando dos dois princípios em tela, o fato é que são instrumentos essenciais na limitação dos excessos e abusos do Estado e devem ser invocados, sob qualquer dos nomes citados, para evitar que isso aconteça ou para fazer cessar ou reparar condutas estatais que desrespeitem esses valores.

2.2.8. *Princípio da motivação*

Esse princípio pode ser **conceituado** como *aquele que impõe ao administrador público o dever de indicar, prévia ou contemporaneamente, os pressupostos de fato e de direito que determinam a decisão ou o ato, de forma explícita, clara e congruente.*

O princípio da motivação **não está previsto** expressamente no art. 37, *caput*, da CF.

Porém, o princípio pode ser encontrado para as decisões do Poder Judiciário e do Ministério Público (art. 93, IX, da CF c/c art. 129, § 4º, da CF), que devem ser devidamente fundamentadas, sob pena de nulidade.

Apesar de não haver previsão genérica do princípio da motivação na Constituição Federal, há na legislação infraconstitucional. O art. 2º, *caput*, da Lei 9.784/1999 faz referência expressa à motivação como princípio a ser obedecido por toda a Administração Direta e Indireta, de todos os poderes.

O princípio da motivação **decorre** do aparecimento do Estado de Direito, em que a única vontade que impera é a da lei e não a pessoal, de modo que a Administração tem de justificar seus atos. Ele é reforçado pelo princípio da moralidade e pela ampliação do acesso ao Judiciário, que também exigirão a motivação como forma de preservar a probidade administrativa e permitir que as pessoas possam impugnar atos da Administração em juízo.

Uma dúvida muito comum é se a obrigatoriedade de motivação é **regra** ou **exceção**. A pergunta tem pertinência, pois o art. 50 da Lei 9.784/1999 traz um rol de casos em que a motivação é necessária. Com isso, para alguns, ela só seria obrigatória quando a lei determinar.

Porém, não se deve esquecer que a motivação é um princípio e, como tal, é uma norma que tem hierarquia material em relação a algumas regras, como a prevista no art. 50 da Lei 9.784/1999. Não bastasse isso, o rol de casos em que a motivação é obrigatória é tão amplo que se pode afirmar: a regra é que os atos administrativos que afetem direitos devem ser motivados.

Assim, só não haverá o dever de motivar quando a lei expressamente o dispensar, como é o caso da nomeação e da exoneração para cargo em comissão, que são livres, ou seja, não dependem de motivação por aquele que comete tais atos.

Nos demais casos, a motivação é requisito de validade do ato administrativo atinente à *forma*.

Vale ressaltar, todavia, que, caso se esteja diante de *ato vinculado* e em situação cuja motivação seja óbvia, e ainda haja respeito aos demais requisitos de validade, este poderá ser mantido se demonstrada a ausência de prejuízo. Nessa hipótese, a motivação não deixa de ser obrigatória, podendo o servidor vir a ser responsabilizado por sua ausência, mas o ato pode ser mantido no mundo jurídico, desde que possa ser demonstrado que antecede à lei quanto aos demais aspectos.

Nos *atos discricionários*, por sua vez, a falta de motivação gera necessariamente sua invalidação, sob pena de se permitir a invenção de motivos em momento posterior.

A **motivação *aliunde***, consistente na declaração de concordância com os fundamentos apresentados em outra manifestação anteriormente expedida, é admitida e largamente utilizada na Administração Pública. Ter-se-á por motivação do ato aquela à qual faz referência. Ex.: a autoridade expede um ato adotando como fundamento parecer que o precede.

Vale lembrar que, quando se tratar de decisões de órgãos colegiados ou de decisões orais, a motivação deve constar da respectiva ata ou termo escrito.

2.2.9. *Princípio da autotutela*

Esse princípio pode ser **conceituado** como *aquele que impõe o dever de a Administração Pública anular seus próprios atos, quando eivados de vício de ilegalidade, e o poder de revogá-los por motivo de conveniência e oportunidade, respeitados os direitos adquiridos.*

O princípio da autotutela não está **previsto** expressamente no art. 37, *caput*, da CF.

Porém, o princípio é muito conhecido e está previsto na Súmula 473 do STF e no art. 53 da Lei 9.784/1999.

Perceba-se que, diante de *ilegalidade*, fala-se em dever (ato vinculado) de anular. E que diante de motivo de *conveniência e oportunidade*, fala-se em poder (ato discricionário) de revogar. O nome do princípio remete à ideia de que a Administração agirá sozinha, ou seja, sem ter de levar a questão ao Poder Judiciário.

Um exemplo de aplicação da autotutela consiste em a Administração, tomando ciência da ilegalidade na concessão de uma licença para construir, promover sua anulação de ofício.

Outro exemplo consiste em a Administração, após ter concedido uma autorização para uso de um bem público para que uma comunidade feche uma rua por um dia para realizar uma festa local, revogar a autorização dada por conta da ciência de um fato novo que torna inconveniente a manutenção da autorização outorgada ao particular.

Tanto a anulação como a revogação poderão se dar independentemente de apreciação judicial.

2.2.10. *Princípio do controle judicial dos atos administrativos*

Esse princípio pode ser **conceituado** como *aquele que impõe que todo ato administrativo seja passível de controle por parte do Poder Judiciário, ainda que se trate de ato discricionário, desde que esse controle se atenha aos aspectos de legalidade, razoabilidade e moralidade.*

Tal controle se justifica tanto pelo fato de estarmos num Estado de Direito como porque existe o **princípio da universalidade da jurisdição**, pelo qual *a lei não excluirá da apreciação do Poder Judiciário lesão ou ameaça de lesão a direito* (art. 5º, XXXV, CF).

Ao tratarmos do princípio em questão, importante se faz trazermos à baila noções sobre os Sistemas de Controle Jurisdicional da Administração.

Há dois **sistemas**: a) o sistema do contencioso administrativo (sistema francês); b) o sistema judiciário (sistema inglês).

Como vimos, o Brasil adotou o segundo, ou seja, o sistema da jurisdição única.

Na Europa continental, de outra parte, há órgãos independentes e autônomos da própria Administração destinados a efetuar o controle dos atos administrativos. Trata-se da chamada *dualidade de jurisdição* (ou *contencioso administrativo*), em que um órgão exerce a jurisdição sobre os atos administrativos e o Poder Judiciário a exerce sobre os demais atos e fatos jurídicos. Na França, por exemplo, o Conselho de Estado é que faz esse tipo de papel (há os chamados tribunais administrativos, que se sujeitam ao Conselho, que funciona como juízo de apelação, de cassação e até de juízo originário e único de determinados litígios administrativos).

O Brasil adotou outro sistema, o anglo-americano, em que não existe essa dualidade, cabendo apenas ao Poder Judiciário exercer a jurisdição, de modo que é este que faz o controle ora estudado.

2.2.11. *Outros princípios*

A doutrina também aponta como princípios do Direito Administrativo os seguintes: **finalidade** (impõe à Administração que só pratique atos voltados ao interesse público), **especialidade** (ligado à descentralização administrativa, impõe que as pessoas jurídicas criadas pelo Estado – autarquias, por exemplo – atuem de acordo com a finalidade definida em lei), **controle ou tutela** (ligado ao anterior, impõe que a Administração Direta fiscalize os entes que tiver criado, com o objetivo de garantir a observância de suas finalidades legais), **continuidade** (impõe que os serviços públicos não sejam interrompidos), **responsabilidade do Estado** (impõe responsabilidade objetiva a este) tratando também dos princípios da **hierarquia**, do **interesse público**, da **ampla defesa** e do **contraditório**, dentre outros.

3. PODERES DA ADMINISTRAÇÃO PÚBLICA

3.1. Considerações gerais

Os poderes têm *caráter instrumental*, uma vez que são os meios pelos quais a Administração busca atingir seu fim, qual seja, a proteção e promoção do interesse público.

Por conta disso, a doutrina costuma associar a ideia de poder à de dever, daí porque muitos autores dizem que a Administração tem, na verdade, um *poder-dever* ou um *dever-poder*, como prefere Celso Antônio Bandeira de Mello.

Enfim, os poderes conferidos à Administração só existem com o objetivo de atender seus **deveres** – dever de agir, dever de eficiência, dever de probidade e dever de prestar contas.

Considerando a importância dos poderes para atender os objetivos da Administração, esses são irrenunciáveis. Ademais, não se pode manejá-los sem que o agente tenha *competência* (ou teremos excesso de poder) ou, ainda que competente, quando se desvia da finalidade para a qual existe aquele ato (caso de desvio de poder).

Parte da doutrina faz a distinção *poderes administrativos* e *poderes políticos*. Os primeiros são os poderes que a administração detém para realizar atividades administrativas, ou seja, atividades de execução de lei, ao passo que os poderes políticos são os que guardam fundamento de validade na própria Constituição Federal, além de terem alto grau de discricionariedade. Como exemplo de poder político temos o poder de iniciativa de projeto de lei, de veto a projeto de lei, dentre outros. Como exemplo de poder administrativo temos a aplicação de uma multa de trânsito, que encerra o poder administrativo denominado "poder de polícia".

Normalmente, estudam-se os poderes tratando, em primeiro lugar, de sua classificação quanto à margem de liberdade do administrador público (poderes vinculado e discricionário) e depois tratando dos poderes em espécie (hierárquico, disciplinar, regulamentar e de polícia).

3.2. Definições de Hely Lopes Meirelles

Hely Lopes Meirelles traz as seguintes definições dos poderes administrativos (*Direito Administrativo Brasileiro*, 26. ed., São Paulo: Malheiros, p. 109-123):

a) **poder vinculado** – "é aquele que o Direito Positivo – a lei – confere à Administração Pública para a prática de ato de sua competência, determinando os elementos e requisitos necessários à sua formalização";

b) **poder discricionário** – "é o que o Direito concede à Administração, de modo explícito, para a prática de atos administrativos com liberdade na escolha de sua conveniência, oportunidade e conteúdo";

c) **poder hierárquico** – "é o de que dispõe o Executivo para distribuir e escalonar as funções de seus órgãos, ordenar e rever a atuação de seus agentes, estabelecendo a relação de subordinação entre os servidores do seu quadro de pessoal";

d) **poder disciplinar** – "é a faculdade de punir internamente as infrações funcionais dos servidores e demais pessoas sujeitas à disciplina dos órgãos e serviços da Administração";

e) **poder regulamentar** – "é a faculdade de que dispõem os Chefes de Executivo (Presidente da República, Governadores e Prefeitos) de explicar a lei para sua correta execução, ou de expedir decretos autônomos sobre matéria de sua competência ainda não disciplinada por lei";

f) **poder de polícia** – "é a faculdade de que dispõe a Administração Pública para condicionar e restringir o uso e gozo de bens, atividades e direitos individuais, em benefício da coletividade ou do próprio Estado".

3.3. Poderes vinculado e discricionário

Repare que a diferença entre o **poder vinculado** e o **poder discricionário** é que, no primeiro, a lei deixa bem *determinados* os elementos e requisitos necessários à prática de um ato, ao passo que, no segundo, a lei confere *margem de escolha* para a Administração quanto à conveniência, a oportunidade e o conteúdo do ato.

No exercício de um ato ou poder vinculado, não será possível ao administrador público fazer apreciações pessoais, subjetivas, uma vez que está muito claro na lei *quando* deve agir e a *forma* desse agir. São atos vinculados os seguintes: concessão de aposentadoria voluntária e multa de trânsito por excesso de velocidade.

No exercício de um ato ou poder discricionário, é dado ao administrador público utilizar critério de conveniência e oportunidade para discernir *quando* deve agir ou a *forma* desse agir. Observe que não existe arbitrariedade ou liberdade total para Administração, mas sim *margem de liberdade* para que essa, no caso concreto, verifique a melhor providência a ser tomada.

Nesse sentido, todo ato discricionário tem uma parte vinculada, em que o agente estará adstrito ao que dispuser a lei. A *competência*, por exemplo, sempre é vinculada, já que a lei sempre determina quem é competente.

No entanto, Hely Lopes Meirelles entende que três requisitos dos atos administrativos são sempre vinculados: *competência*, *forma* e *finalidade* (interesse público). Ou seja, a competência discricionária é sempre *parcialmente vinculada*, não conferindo, assim, *total liberdade* para o agente público, mas apenas *margem de liberdade* para este.

Dessa forma, o *mérito* de um ato discricionário, ou seja, a margem de liberdade que remanesce ao agente público se situará nos requisitos *motivo* e/ou *objeto*.

O Judiciário não pode se imiscuir no *mérito* administrativo, sob pena de violação ao princípio da independência dos Poderes. Todavia, o Judiciário pode apreciar os seguintes aspectos de um ato discricionário: de *legalidade*, de *razoabilidade* e de *moralidade*.

São exemplos de atos discricionários os seguintes: a autorização de uso de bem público para que o particular realize um evento e a autorização para compra de uma arma (Lei 10.826/2003).

3.4. Poderes hierárquico e disciplinar

Repare que a diferença entre o poder hierárquico e o poder disciplinar é que o primeiro diz respeito ao dia a dia das relações de subordinação (escalonamento de funções, ordens, revisão de atos), ao passo que o segundo só atua quando houver um ilícito disciplinar, possibilitando à Administração a aplicação de sanções disciplinares.

O **poder hierárquico** *é aquele conferido ao agente público para organizar a estrutura da Administração e fiscalizar a atuação de seus subordinados, expressando-se na distribuição e orientação das funções, na expedição de ordens e na revisão dos atos dos demais agentes, numa relação de ampla subordinação.*

Esse poder se dá de *órgão* para *órgão* ou de *cargo* para *cargo*. Dessa forma, a hierarquia não se confunde com o *controle* (*supervisão ministerial* ou *tutela*), pois este se dá de *pessoa jurídica* para *pessoa jurídica*. A hierarquia confere amplos poderes ao órgão superior, ao passo que o controle somente permite que a entidade controladora fiscalize a controlada no que a lei dispuser e quanto a possíveis desvios de finalidade da entidade.

A delegação e a avocação são institutos muito ligados ao poder hierárquico e serão vistos no item 4.3.2.2.1.

O **poder disciplinar** é *aquele conferido ao agente público para aplicação de sanções ou penalidades aos demais agentes, dada a prática de uma infração disciplinar.*

Perceba que, em relação ao poder hierárquico, o poder disciplinar é mais específico, direcionando-se tão somente à atividade de punir ou não um agente por infração funcional, enquanto aquele é mais amplo, dizendo respeito à organização, orientação e revisão de atos.

Por outro lado, é bom salientar que o poder disciplinar não se dirige apenas sobre os servidores públicos. O conceito doutrinário desse poder engloba não só a atividade disciplinar dos agentes públicos, como também a que se dirige a outras pessoas que mantêm relação jurídica com a Administração, já que esse poder é a faculdade de punir internamente as infrações funcionais dos servidores e demais pessoas sujeitas à disciplina dos órgãos e serviços da Administração.

O poder disciplinar pode ser tanto vinculado como discricionário e depende do que dispuser a lei a respeito.

O ato decorrente do poder disciplinar deve ser devidamente motivado. Aliás, dois aspectos são muito importantes nesse poder: a) a necessidade de apuração da falta com contraditório e ampla defesa; b) o dever de motivar.

Mais à frente veremos outros elementos referentes ao processo administrativo disciplinar.

3.5. Poder regulamentar

Conforme já visto, o poder regulamentar pode ser **conceituado** como a *faculdade de que dispõem os Chefes de Executivo de explicar a lei para sua correta execução ou de expedir decretos autônomos sobre matéria de sua competência ainda não disciplinada por lei.*

Na **prática**, o poder disciplinar se dá pela edição de decretos regulamentares, ou seja, de decretos que explicam a lei, propiciando sua fiel execução.

Vamos a um **exemplo**. Imagine uma lei municipal que estabelece a proibição de emissão de ruído acima de determinado limite após as 22 horas. Esse tipo de lei costuma trazer a proibição em si, o limite de decibéis para os diferentes locais de um município (zonas residenciais, zonas comerciais, em frente a hospitais etc.) e a sanção aplicável em caso de descumprimento. Porém, tais leis não entram em detalhes sobre como serão aplicadas no plano concreto. É nessa hora que entra o regulamento. O Prefeito, por meio de um decreto, detalhará como a fiscalização deverá ser feita, que tipo de aparelho poderá aferir o limite de decibéis, além de outras regras necessárias à fiel execução da lei.

O poder regulamentar consiste justamente em o Chefe do Executivo emitir regulamentos com vistas à operacionalização do cumprimento da lei.

É por isso que o exercício desse poder não pode inovar na ordem jurídica, ou seja, criar direitos ou obrigações novos. Esse poder tem por objetivo apenas regulamentar o que a lei estabeleceu, não podendo passar por cima dela.

Conforme já visto quando estudamos o princípio da legalidade, só excepcionalmente são cabíveis *decretos autônomos de lei*, valendo citar os dois casos previstos no art. 84, VI, da Constituição, em que um decreto poderá inovar na ordem jurídica, atentando, claro, aos limites estabelecidos no dispositivo.

No mais, a regra é que os decretos sejam *voltados à execução de lei*.

Passemos agora às **características** do poder regulamentar:

a) é exercido pelo *Chefe do Poder Executivo*;

b) é *indelegável*;

c) o meio utilizado para trazer ao mundo jurídico o regulamento é o *decreto* (ato-forma);

d) objetiva tão somente *propiciar a fiel execução da lei*, não podendo, como regra, ir além do que ela dispõe, ou seja, *não podendo inovar* na ordem jurídica;

e) o Congresso Nacional tem competência para sustar atos normativos do Executivo que exorbitem o poder regulamentar (art. 49, V, CF);

f) há leis que são de eficácia contida, por dizerem ser necessário regulamento para produzirem efeitos (condição suspensiva, portanto).

Não se deve confundir o **poder normativo** com o **poder regulamentar**. Aquele tem conceito mais amplo, que abrange tanto o poder regulamentar, como poder de editar outros atos normativos infralegais. O poder normativo pode ser exercido por outros agentes além do Chefe do Executivo (único que pode praticar o poder regulamentar). Por exemplo, exercem poder normativo um Ministro de Estado (art. 84, parágrafo único, da CF) e uma agência reguladora, tudo nos termos da lei e dos regulamentos.

3.6. Poder de polícia

3.6.1. Conceito de poder de polícia em sentido amplo

Conforme já vimos, o poder de polícia pode ser **conceituado** como *a faculdade de que dispõe a Administração Pública para condicionar e restringir o uso e gozo de bens, atividades e direitos individuais, em benefício da coletividade ou do próprio Estado.*

O conceito em tela **abrange** duas situações: a) as leis, que trazem as limitações administrativas aos direitos, à liberdade e à propriedade das pessoas; b) a polícia administrativa, consistente na atividade de fiscalizar a conformidade do comportamento das pessoas aos limites estabelecidos pela lei.

Portanto, o poder de polícia em sentido amplo abrange tanto a lei como a fiscalização com vistas a verificar se a aquela está sendo cumprida.

Vejamos um exemplo. Em matéria de trânsito, o Código de Trânsito Brasileiro é o instrumento que traz a *limitação administrativa*, ao passo que os agentes de trânsito exercem a fiscalização, a *polícia administrativa*.

3.6.2. Conceito de poder de polícia em sentido estrito (polícia administrativa)

A **polícia administrativa** pode ser **conceituada** como *a atividade da Administração Pública, expressa em atos normativos ou concretos, de condicionar a liberdade e a propriedade dos indivíduos aos ditames da lei, mediante ação fiscalizadora, ora preventiva, ora repressiva.*

A polícia administrativa é sempre sublegal, ou seja, atua no sentido de fazer com que a lei seja cumprida.

Para tanto, a polícia administrativa vale-se não só de atos concretos (ex.: multas) como também de atos normativos (ex.: regulamentos).

A tarefa primordial da polícia administrativa é impor um *não fazer* ("non facere"). Para tanto, os agentes administrativos atuarão *preventivamente* (ex.: fazendo vistorias) e *repressivamente* (ex.: aplicando sanções, apreendendo produtos, removendo veículos etc.).

Dessa forma, a polícia administrativa é essencialmente **negativa**, já que impõe um não fazer. Há casos, porém, em que será positiva, como quando o poder de polícia se dá para que o proprietário atue concretamente para atender à função social da propriedade.

3.6.3. Características da polícia administrativa

O poder de polícia em sentido estrito ou polícia administrativa tem as seguintes **características**:

a) **provém privativamente de autoridade pública**, ou seja, não é permitida sua delegação ao particular. A este somente é possível ser credenciado para **contribuir materialmente** com o poder de polícia, como no caso de empresa que controla radares fotográficos de trânsito, mas a declaração de vontade será, ao final, da autoridade pública, que, com base nesses elementos materiais, poderá aplicar ou não uma multa de trânsito; ou seja, o poder de polícia não pode ser delegado para entidade privada (STF, ADI 1.717/DF, *DJ* 29.03.2003), mas é possível que o particular receba (por contrato de prestação de serviço ou por credenciamento) a incumbência de colaborar, com atividades materiais, com a administração pública;

b) **é imposto coercitivamente pela administração,** independente da concordância do particular, sem necessidade de buscar o Poder Judiciário; Hely Lopes Meirelles denomina esse atributo de autoexecutoriedade;

c) **abrange de forma genérica as atividades e a propriedade,** diferentemente da servidão e da requisição administrativas, que abrangem atividades e pessoas *específicas*.

Por conta da generalidade do poder de polícia, seu exercício *não gera direito de indenização* em favor do particular. Ao contrário, seu exercício é fato que enseja a cobrança de uma *taxa* a ser paga pelo particular.

Parte da doutrina aponta que o poder de polícia é **discricionário**. Porém, isso nem sempre ocorre. Vai depender do texto da lei que cria a limitação administrativa. Se a lei é bem clara e objetiva sobre o que está proibido e sobre qual conduta o agente público deve tomar, como ocorre com boa parte das normas do Código de Trânsito, está-se diante de competência vinculada e não competência discricionária. Já se a lei traz conceito vago sobre a hipótese que enseja uma atuação, bem como possibilita que seja aplicada mais de uma sanção para o agente infrator, aí sim teremos uma competência discricionária.

Em outras palavras, a lei que estabelece o condicionamento à liberdade e à propriedade das pessoas (poder de polícia em sentido amplo) pode tanto trazer conceitos claros e objetivos, ensejando uma competência vinculada (ex.: "o recuo de frente dos imóveis residenciais deve ser de 4 metros"), como trazer conceitos fluidos e vagos e/ou mais de uma opção ao agente público, ensejando competência discricionária (ex.: "em caso de violação da presente lei, será aplicada multa de R$ 1.000,00 a R$ 5.000,00, de acordo com a gravidade da infração").

Por fim, resta saber se o poder de polícia possibilita que a Administração sempre **use a força** para fazer valer seus atos. Hely Lopes Meirelles chama esse atributo de "coercibilidade", ao passo que Celso Antônio Bandeira de Mello chama esse atributo de "autoexecutoriedade". Para Hely, a expressão "autoexecutoriedade" designa a simples possibilidade de a Administração fazer imposições ao particular, sem recorrer ao Judiciário, sendo a coercibilidade um *plus*, que permite o uso da força.

A possibilidade de a Administração impor comandos de não fazer sem buscar o Poder Judiciário é pacífica, decorrendo da imperatividade (na linguagem de Celso Antônio Bandeira de Mello) e da autoexecutoriedade (na linguagem de Hely Lopes Meirelles).

Já a possibilidade de a Administração, após ter imposto um comando, fazer o uso da força para fazer valer o comando (*autoexecutoriedade* para Celso Antônio e *coercibilidade* para Hely), não é a regra, mas a exceção em matéria de poder de polícia.

Com efeito, a Administração só pode usar a força para que faça valer suas determinações de polícia em caso de urgência ou quando a lei expressamente determinar. Do contrário, terá de buscar a prestação jurisdicional.

Assim, caso uma lei proíba ruídos acima de um dado limite e uma lanchonete, já autuada, continue gerando ruídos excessivos, a interdição do estabelecimento só será possível se a lei local expressamente previr tal possibilidade. Do contrário, o Município deverá ingressar com ação de interdição de estabelecimento.

Vale dizer que o STJ vem estabelecendo limites ao poder de polícia quando a Administração pretende utilizá-lo para cumprir finalidade arrecadatória. Confira-se a respeito as seguintes súmulas desse Tribunal:

– Súmula STJ 510: A liberação de veículo retido apenas por transporte irregular de passageiros não está condicionada ao pagamento de multas e despesas.

– Súmula STJ 127: É ilegal condicionar a renovação da licença de veículo ao pagamento de multa, da qual o infrator não foi notificado.

3.6.4. *Polícia administrativa x polícia judiciária*

Não se pode confundir a *polícia administrativa* (exs.: fiscalizações de vigilância sanitária, de trânsito e de construções), com a *polícia judiciária* (ex.: investigação feita pela polícia civil).

Tais polícias têm as seguintes **diferenças**:

a) a primeira age sobre *ilícitos administrativos*, ao passo que a segunda age sobre *ilícitos penais*;

b) a primeira age sobre *bens* e *pessoas*, ao passo que a segunda age sobre *pessoas*;

c) a primeira atua por *variados órgãos*, ao passo que a segunda atua pela *polícia civil* e pela *polícia federal*;

d) a primeira tem atuação *preventiva, repressiva e punitiva*, ao passo que a segunda costuma atuar *repressivamente*, voltada a investigar ilícitos penais;

e) a primeira é custeada por taxas, ao passo que a segunda, por impostos.

A polícia militar, por sua vez, faz o chamado *policiamento ostensivo*. Esse policiamento pode ser considerado uma espécie à parte de polícia. Porém, vários autores consideram a polícia militar como *polícia administrativa de segurança pública*.

A guarda municipal, de sua parte, tem por função a proteção municipal preventiva. É competência geral das guardas municipais a proteção dos bens, serviços e logradouros públicos municipais e instalações do Município (art. 4º, *caput*, da Lei 13.022/2014). São competências específicas das guardas municipais, dentre outras, respeitadas as competências dos órgãos federais e estaduais, prevenir e inibir, pela presença e vigilância, bem como coibir, infrações penais ou administrativas e atos infracionais que atentem contra os bens, serviços e instalações municipais; colaborar, de forma integrada com os órgãos de segurança pública, em ações conjuntas que contribuam com a paz social; exercer competências de trânsito que lhes forem conferidas; encaminhar ao delegado de polícia, diante de flagrante delito, o autor da infração, preservando o local do crime, quando possível e sempre que necessário (art. 5º da Lei 13.022/2014). Assim, verifica-se que as guardas municipais também exercem polícia administrativa, em geral relacionada à segurança pública.

3.6.5. *Princípio da intranscendência das sanções administrativas e das medidas restritivas de direito*

O art. 5º, XLV, da CF dispõe que "nenhuma pena passará da pessoa do condenado, podendo a obrigação de reparar o dano e a decretação do perdimento de bens ser, nos termos da lei, estendidas aos sucessores e contra eles executadas, até o limite do valor do patrimônio transferido".

Essa disposição constitucional alcança não só sanções penais, como também sanções administrativas.

Em matéria de poder de polícia, a lembrança desse princípio é importante, pois em nenhuma hipótese sanções e restrições decorrentes desse poder têm autorização para superar a dimensão pessoal do infrator.

Uma dúvida recorrente nesse tema é se há violação ao princípio em questão quando se desconsidera a personalidade jurídica de uma pessoa jurídica infratora, para o fim de atingir a figura de seus sócios, que tiverem cometido abuso da personalidade. Um exemplo pode aclarar: imagine uma empresa useira e vezeira na arte de cometer ilícitos administrativos (por exemplo, em matéria de licitações e contratos, em matéria de descumprimento de posturas municipais ou em matéria de trânsito), que abra uma nova empresa para servir de escudo à primeira, protegendo essas de sanções como multas, interdições, proibições de contratar com o Poder Público, dentro outras situações. Imagine agora que o Poder Público perceba essa fraude (abuso da personalidade) e queira sancionar a empresa original, sócio da nova empresa que lhe serve de fechada. Nesse caso, a Administração só pode apenar a primeira empresa se desconsiderar a personalidade jurídica da segunda.

Para alguns, haveria violação ao princípio da intranscendência, mas, para nós, isso não acontece. Primeiro porque o objetivo desse postulado é de impedir punições a pessoas inocentes e, no caso, quem promoveu o abuso de personalidade não é inocente, ao contrário, é uma pessoa que, além de culpada, é perigosa e merece ser punida com os rigores da lei, pois usa de fraude para encobrir seus atos ilícitos. Segundo porque a desconsideração da personalidade é instituto acolhido no Direito e visa justamente evitar esse tipo de postura. Não bastasse estar presente do art. 50 do Código Civil, que traz uma cláusula geral de sua aplicabilidade em todo o âmbito não penal, a desconsideração agora também está prevista de forma genérica no Direito Administrativo, para punir atos praticados por pessoas jurídicas que lesem a administração pública, nacional e estrangeira, quanto ao seu patrimônio, aos seus princípios e a compromissos assumidos pelo Brasil (art. 5º da Lei 12.846/2013), procedendo-se à desconsideração da pessoa jurídica "sempre que utilizada com abuso do direito para facilitar, encobrir ou dissimular a prática dos atos ilícitos previstos nesta Lei ou para provocar confusão patrimonial, sendo estendidos todos os efeitos das sanções aplicadas à pessoa jurídica aos seus administradores e sócios com poderes de administração, observados o contraditório e a ampla defesa" (art. 14).

Remanesce, todavia, dúvida sobre se, uma vez preenchidos os requisitos para a desconsideração, esta pode se dar por decisão da própria Administração ou se é necessário que o caso passe pelo crivo do Judiciário. Para nós, não há dúvida de que a Administração pode promover a desconsideração da personalidade por si só, pelos seguintes motivos: a) a previsão de desconsideração está justamente no capítulo da Lei 12.846/2013 que trata do "processo administrativo de responsabilização", não fazendo sentido que estivesse nesse capítulo se não fosse possível que a própria administração tomasse a medida; b) a Lei 12.846/2013 elenca sanções e procedimentos que só podem ser aplicada por meio de ação judicial (art. 19), rol esse que não inclui a desconsideração da personalidade, mas, sim, a sanção bem mais grave, que é "dissolução compulsória da pessoa jurídica"; c) não existe qualquer norma constitucional estabelecendo que a desconsideração jurídica da personalidade tenha reserva de jurisdição; d) a desconsideração da personalidade determinada pela Administração não tem efeitos tão drásticos que não possam ser desfeitos com o ingresso imediato com ação judicial com pedido de liminar para a sua suspensão; ao contrário, se for necessário esperar um pronunciamento judicial definitivo sobre a possibilidade de desconsideração num determinado caso administrativo, a lei, que busca um avanço na impunidade generalizada pela prática de ilícitos administrativos terá eficácia baixíssima.

Em matéria de punição a Administrações Públicas, o STF também consagra o princípio da intranscendência subjetiva das sanções, inibindo a aplicação de severas sanções às administrações por ato de gestão anterior à assunção dos deveres públicos (AC-2641).

3.6.6. *Prazo para a ação punitiva (Lei 9.873/1999)*

Praticado um ilícito administrativo, a Administração Pública passa a ter um prazo para exercer a **ação punitiva**.

De acordo com o art. 1º da Lei 9.873/1999, a ação punitiva da Administração Pública Federal, direta e indireta, prescreve em **5 (cinco) anos**. No entanto, quando o fato objeto da ação punitiva da Administração também constituir crime, a prescrição reger-se-á pelo prazo previsto na lei penal.

Esse prazo será contado dos seguintes **momentos**:

a) como regra: da prática do ato;

b) nas infrações permanentes ou continuadas: do dia em que tiver cessado.

É possível também que ocorra a **prescrição intercorrente**. Esta se dá quando o procedimento administrativo ficar parado por mais de 3 anos, pendente de julgamento ou despacho. Configurada a prescrição intercorrente, os autos serão arquivados de ofício ou mediante requerimento da parte interessada, sem prejuízo da apuração da responsabilidade funcional decorrente da paralisação, se for o caso.

Interrompe-se a prescrição da **ação punitiva**:

a) pela notificação ou citação do indiciado ou acusado, inclusive por meio de edital;

b) por qualquer ato inequívoco que importe apuração do fato;

c) pela decisão condenatória recorrível;

d) por qualquer ato inequívoco que importe em manifestação expressa de tentativa de solução conciliatória no âmbito interno da administração pública federal.

Suspende-se a prescrição durante a vigência de compromissos de cessação ou de desempenho.

Em matéria de trânsito há regra específica. Por conta de tal regra, o STJ é pacífico no sentido da indispensabilidade de uma primeira notificação quando da autuação da infração de trânsito, oportunizando-se, assim, o exercício do direito ao contraditório e à ampla defesa. A autoridade de trânsito terá o prazo de 30 dias para notificar o infrator para que se defenda. Não o fazendo no prazo legal, deverá o auto de infração ser arquivado e seu registro julgado insubsistente, a teor do art. 281, parágrafo único, inciso II, do CTB (STJ, REsp 951.915/RS).

Uma vez constituída uma sanção pecuniária decorrente da ação punitiva, começa a correr o prazo para a **ação de execução** da administração pública federal.

Esse prazo também é de 5 (cinco) anos, contados da constituição definitiva do crédito não tributário (art. 1º-A da Lei 9.873/1999).

Interrompe-se o prazo prescricional da **ação executória**:

a) pelo despacho do juiz que ordenar a citação em execução fiscal;

b) pelo protesto judicial;

c) por qualquer ato judicial que constitua em mora o devedor;

d) por qualquer ato inequívoco, ainda que extrajudicial, que importe em reconhecimento do débito pelo devedor;

e) por qualquer ato inequívoco que importe em manifestação expressa de tentativa de solução conciliatória no âmbito interno da administração pública federal.

3.6.7. *Setores da polícia administrativa e competência*

São **setores** comuns da polícia administrativa os seguintes: segurança pública; ordem pública; tranquilidade pública; higiene e saúde pública; defesa do consumidor; defesa do patrimônio estético, artístico, histórico e paisagístico; moralidade pública; economia popular; trânsito; meio ambiente etc.

Quanto à **competência** para o poder de polícia, Hely Lopes Meirelles traz a resposta: *"é competente para dada medida de polícia administrativa quem for competente para legislar sobre a matéria"*, ressalvada a competência dos Municípios para suplementar a legislação federal e a competência concorrente dos Estados.

4. ATOS ADMINISTRATIVOS

4.1. Conceito

O **ato administrativo** pode ser **conceituado** como *a declaração do Estado, ou de quem lhe faça as vezes, no exercício de prerrogativas públicas, destinada a cumprir direta e concretamente a lei.*

Repare que um ato jurídico só será ato administrativo se contiver os seguintes elementos:

a) presença do *Estado* ou de alguém lhe faça as vezes, como é o tabelião e o registrador;

b) ato praticado com *prerrogativas públicas*, ou seja, com supremacia estatal em relação à outra parte ou ao destinatário do ato;
c) ato destinado a executar a lei no caso concreto, fazendo-o de ofício.

Assim, nem todo ato da Administração é ato administrativo. Caso não haja prerrogativas ou não se busque a execução da lei no caso concreto, não se terá um ato administrativo.

Confira alguns atos que são "atos da Administração", mas não "atos administrativos":

✓ *atos regidos pelo Direito Privado*. Exs.: locação de prédio para uso do Poder Público; escritura de compra e venda; emissão de cheque; tais atos não têm os atributos (as qualidades e forças) do ato administrativo; vale ressaltar que os atos antecedentes dos citados devem obedecer ao Direito Público;

✓ *atos materiais*: fatos administrativos. Exs.: cirurgia, ministração de aula, serviço de café, pavimentação; não há declaração, prescrição do Estado;

✓ *atos políticos*: são os atos de governo, praticados com grande margem de discrição e diretamente em obediência à Constituição, no exercício de função pública. Exs.: indulto, iniciativa de lei, veto, sanção; são amplamente discricionários.

Por outro lado, há atos administrativos que não são praticados pelo Poder Executivo, como os da vida funcional do Poder Judiciário e do Poder Legislativo (contratação de servidores, licitação para obras e aquisições).

Os dirigentes de entidades da Administração Indireta e os executores de serviços delegados podem praticar atos que se equiparam a atos administrativos típicos, tornando-os passíveis de controle por meio de mandado de segurança e ação popular.

4.2. Perfeição, validade e eficácia

Os atos administrativos, que são espécies de atos jurídicos, também podem ser verificados segundos os planos da existência, da validade e da eficácia.

Para tanto, vale conhecer os seguintes conceitos:

a) perfeição: *situação do ato cujo processo formativo está concluído*; ato perfeito é o que completou o ciclo necessário à sua formação (plano da existência). Ex.: decisão administrativa que acaba de ser redigida e assinada pela autoridade;
b) validade: *adequação do ato às exigências normativas* (plano da validade). Ex.: a decisão administrativa mencionada (já existente, portanto), que esteja, também, de acordo com a lei;
c) eficácia: *situação em que o ato está disponível para produção de efeitos típicos* (plano da eficácia). Ex.: ato existente e válido, cuja condição suspensiva ou o termo que o acometia já se implementou, habilitando-o à produção de efeitos, situação que ocorre quando se autoriza o uso de bem público ao particular apenas 10 dias após a expedição do ato de autorização.

Questão interessante diz respeito ao **silêncio administrativo**. De acordo com o princípio da legalidade nem mesmo uma declaração expressa da Administração pode se dar sem que a lei permita ou determine tal declaração. Consequentemente, com o silêncio da Administração não poderia ser diferente. Assim, apenas quando a lei expressamente atribuir algum efeito jurídico ao silêncio administrativo é que este produzirá algum efeito. Nesse sentido, caso um particular faça um pedido para a Administração e a lei dispuser expressamente que a inexistência de resposta num certo prazo (silêncio) importa em aprovação do pedido, aí sim o silêncio terá efeito jurídico, no caso o de se considerar aprovada a solicitação feita. Já se um particular faz um pedido e a lei nada dispuser a respeito do que acontece em caso de silêncio administrativo, o particular não poderá considerar atendido o pedido, por conta do aludido princípio da legalidade.

Nesse caso o particular tem o direito de buscar o Judiciário, para que este se pronuncie a respeito. Se havia prazo para manifestação da Administração sem que esta o tenha cumprido, configura-se hipótese de abuso de poder e o particular pode buscar o Judiciário sem maiores justificativas. Já se não havia prazo para a Administração se manifestar, o particular deve buscar o Judiciário alegando inobservância do princípio da razoável duração do processo (art. 5º, LXXVIII, da CF).

Em qualquer dos casos relatados no parágrafo acima, o particular pode, em se tratando de ato vinculado o que ele busca da Administração, pedir para que o juiz substitua a voz da Administração e ele mesmo já acate o pedido do administrativo, tratando-se provimento constitutivo (de uma decisão administrativa) e que pode vir acompanhado de um provimento condenatório ou mandamental para cumprimento de obrigações de fazer por parte da Administração. Por outro lado, em se tratando de ato discricionário o que o particular busca junto à Administração, não poderá o juiz substituir a vontade da Administração, adentrando no mérito administrativo, devendo o juiz impor apenas que a Administração decida, o que se pode fazer mediante um provimento que estipule multa diária ou um provimento mandamental direcionado ao administrador público, que, caso descumpra a decisão, estará sujeito a responder por crime de desobediência a ordem legal de funcionário público (art. 330 do Código Penal)

4.3. Requisitos do ato administrativo

Hely Lopes Meirelles ensina que o ato administrativo tem os seguintes **requisitos**: *competência, forma, motivo, finalidade e objeto*.

Já Celso Antônio Bandeira de Mello prefere separar os **elementos de existência** (conteúdo, forma e pertinência à função administrativa) dos **pressupostos de validade** do ato administrativo (sujeito competente capaz e não impedido; motivo; requisitos procedimentais; finalidade; causa; formalização).

Nesse sentido, vale a pena trazer os dois entendimentos doutrinários.

4.3.1. Requisitos do ato administrativo segundo Hely Lopes Meirelles

Os cinco requisitos do ato administrativo para Hely Lopes Meirelles coincidem com os requisitos mencionados no art. 2º, parágrafo único, da Lei 4.717/1965 (Lei de Ação Popular).

O primeiro deles é a **competência**, que consiste na *medida da atribuição legal de cargos, órgãos ou entidades*.

São vícios de competência os seguintes: a) usurpação de função: alguém se faz passar por agente público sem o ser, ocasião em que o ato será inexistente; a) excesso de poder: alguém que é agente público acaba por exceder os limites de sua competência (ex.: fiscal do sossego que multa um bar que visita por falta de higiene); o excesso de poder torna nulo ato, salvo em caso de incompetência relativa, em que será considerado anulável; a) função de fato: exercida por agente que está irregularmente investido em cargo público, apesar de a situação ter aparência de legalidade; nesse caso, os atos praticados serão considerados válidos se houver boa-fé.

O segundo requisito é o **objeto**, que *é o conteúdo do ato, aquilo que o ato dispõe, decide, enuncia, opina ou modifica na ordem jurídica.*

O objeto deve ser lícito, possível e determinável, sob pena de nulidade. Ex.: o objeto de um alvará para construir é a licença.

O terceiro requisito é a **forma**, que consiste no conjunto de *formalidades necessárias para a seriedade do ato*. A seriedade do ato impõe: a) respeito à forma propriamente dita; b) motivação.

O quarto requisito é o **motivo**, que consiste no *fundamento de fato e de direito que autoriza a expedição do ato*. Ex.: o motivo da interdição de estabelecimento consiste no fato de este não ter licença (motivo de fato) e de a lei proibir o funcionamento sem licença (motivo de direito).

De acordo com a Teoria dos Motivos Determinantes, o motivo invocado para a prática do ato condiciona sua validade. Dessa forma, provando-se que o motivo é inexistente, falso ou mal qualificado, o ato será considerado nulo.

E o quinto requisito é a **finalidade**, que *é o bem jurídico objetivado pelo ato*. Ex.: proteger a paz pública, a salubridade, a ordem pública.

Cada ato administrativo tem uma finalidade.

O **desvio de poder (ou de finalidade)** *ocorre quando um agente exerce uma competência que possuía, mas para alcançar finalidade diversa daquela para a qual foi criada.*

Não se deve confundir o *excesso de poder* (vício de sujeito) com o *desvio de poder* (vício de finalidade), espécies do gênero abuso de autoridade.

4.3.2. Elementos e pressupostos do ato administrativo segundo Celso Antônio Bandeira de Mello

4.3.2.1. Elementos de existência do ato administrativo

4.3.2.1.1. Conteúdo

Consiste no que o ato estabelece, dispõe, decide, enuncia, opina ou modifica na ordem jurídica. Trata-se do *objeto* a que se refere Hely Lopes Meirelles[2]. Ex.: quando alguém recebe um alvará para construir uma casa, o conteúdo desse ato é uma *licença*. Para que estejamos diante de um ato administrativo, o conteúdo deve ter *pertinência em relação à função administrativa*. Do contrário, teremos apenas um *ato jurídico* que não é o do tipo *ato administrativo*.

4.3.2.1.2. Forma

Trata-se do revestimento exterior do ato, do modo pelo qual esse revela sua existência. Basta ter um objeto e uma forma qualquer para que o ato exista. Se o ato vai ser válido ou não quanto a esse último aspecto, isso será visto no pressuposto *formalização*. São exemplos de forma as seguintes: escrita, verbal e gestual.

4.3.2.2. Pressupostos de validade do ato administrativo

4.3.2.2.1. Sujeito

É quem produz o ato. O sujeito deve ser **capaz**, **não impedido** e **competente** para que o ato seja válido.

Quanto à **capacidade**, o ato expedido por agente público que se torna *incapaz*, desde que preencha os demais requisitos legais e seja do tipo vinculado, será considerado válido, já que no Direito Administrativo o que importa é o atendimento do fim previsto em lei. No entanto, se um incapaz pratica um ato discricionário, esse ato será necessariamente inválido, pois não há como dar margem de liberdade a quem não tem capacidade civil.

Quanto aos casos de **impedimento** para atuar em processo administrativo, estes estão previstos no art. 18 da Lei 9.784/1999, valendo citar como exemplo o impedimento de um servidor que tenha interesse direto ou indireto em dada matéria que a ele seria submetida.

Com relação à **competência**, esta *é a medida do poder atribuído a cargo público, órgão público ou entidade da Administração.*

A competência só pode ser instituída pela *lei*, daí a frase de Caio Tácito de que "não é competente quem quer, mas quem pode, segundo a norma de Direito".

A competência é *intransferível* e *improrrogável* pela simples vontade do agente.

Porém, o exercício da competência pode ser delegado e avocado nos limites das normas que regulam a Administração Pública.

Confira os requisitos para a **delegação de competência** (arts. 12 a 14, Lei 9.784/1999):

a) órgão ou titular de cargo podem delegar;
b) desde que não haja impedimento legal;
c) desde que seja apenas parte da competência;
d) deve ser a outro órgão ou titular de cargo, mesmo que não subordinado hierarquicamente;
e) deve ser conveniente em razão de índole técnica, social, econômica, jurídica ou territorial;
f) pode ser de órgão colegiado ao respectivo presidente;
g) não podem ser delegados:
g1) Edição de ato normativo;
g2) Decisão de recurso administrativo;
g3) Matérias de competência exclusiva de órgão ou autoridade;
h) depende de publicação do ato de delegação no D.O.;
i) ato deve especificar matérias e poderes transferidos, a duração e objetivos da delegação e o recurso cabível;
j) é revogável a qualquer tempo;
k) decisões adotadas por delegação devem mencionar expressamente essa qualidade.

---

2. O objeto é trazido por Hely como requisito de validade do ato administrativo, devendo ser lícito, possível e determinado.

Quanto à **avocação** de competência, confira as regras previstas no art. 15 da Lei 9.784/1999:

a) é a passagem da competência de órgão hierarquicamente inferior para superior;

b) é temporária;

c) é excepcional, dependendo de motivos relevantes devidamente justificados.

Os atos expedidos por agente incompetente serão quase sempre nulos. São **vícios de competência** os seguintes:

a) **usurpação de função:** *consiste na situação em que alguém se faz passar por agente público sem o ser*; o ato será no mínimo nulo, mas, para a maioria dos doutrinadores, trata-se de ato inexistente;

b) **excesso de poder:** *ocorre na hipótese em que alguém que é agente público acaba por exceder os limites de sua competência*. Ex.: fiscal do sossego público que multa um bar que visita por falta de higiene; o ato será nulo, pois a incompetência é material, já que o fiscal deveria atuar na matéria "sossego público" e não na matéria "vigilância sanitária"; entende-se que, em se tratando de vício de *incompetência relativa* (territorial, por exemplo), o ato será anulável e não nulo;

c) **função de fato:** *é aquela exercida por agente que está irregularmente investido no cargo público, apesar da situação ter aparência legal*. O ato não será anulado se estiver conforme a lei quanto aos demais pressupostos, prevalecendo o princípio da segurança jurídica, dada a boa-fé e a aparência de legalidade. O agente, todavia, terá anulada sua nomeação, desligando-se da função que exercia.[3]

4.3.2.2.2. Motivo

É o fato que autoriza ou exige a prática do ato. Se o motivo está previsto em lei, o ato é vinculado. Se não estiver previsto, o ato é discricionário. Voltando àqueles requisitos trazidos por Hely Lopes Meirelles, o *motivo*, para ele, consiste não só no fundamento de *fato*, mas também no de *direito*, que autorizam a expedição do ato. Na classificação que ora estudamos, *motivo* é tão somente o *fato* autorizador, enquanto que o fundamento de direito é o pressuposto de validade que veremos a seguir, que está dentro da *formalização*.

A chamada **teoria dos motivos determinantes** dispõe que *o motivo invocado para a prática do ato condiciona sua validade*. Se se provar que o motivo é inexistente, falso ou mal qualificado, o ato será nulo. Exs.: caso uma licitação seja revogada sob o único fundamento de que não há disponibilidade orçamentária, a prova da inexistência de tal situação torna o ato de revogação nulo; caso a exoneração de ocupante de um cargo em comissão tenha sido motivada em fato inexistente, ainda que a motivação não seja obrigatória no caso, o ato é considerado nulo.

Aliás, segundo o STJ, configura-se vício de legalidade a falta de coerência entre as razões expostas no ato e o resultado nele contido (MS 13948, *DJe* 07.11.2012).

Não se deve confundir o motivo do ato (algo concreto, do mundo dos fatos – o motivo da apreensão de uma lotação, por exemplo, é a inexistência de autorização para circulação) com o motivo legal (fundamento legal, algo abstrato). Em suma, tal teoria dispõe que os atos administrativos, quando forem motivados, ficam vinculados aos motivos expostos, para todos os fins de direito. Os motivos devem, portanto, coincidir com a realidade, sob pena de o ato ser nulo, mesmo se a motivação não era necessária.

Distinção importante é a que se faz entre **motivo** e **móvel.** Motivo é o fato que autoriza o ato, enquanto móvel é a intenção, a vontade do agente. Se o ato é vinculado, não interessa o móvel do agente. Já se o ato é discricionário, o móvel viciado (ex.: por buscar uma perseguição política, como a desapropriação de imóvel de um inimigo político), ainda que atenda ao "fim legal", torna o ato nulo.

Também se faz relevante diferenciarmos **motivo** e **motivação**. O primeiro é o fato, enquanto o segundo integra a *formalização*[4] (pressuposto de validade do ato que se verá em seguida), consistindo a *motivação* na exposição do motivo de fato e da sua relação de pertinência com a fundamentação jurídica e com o ato praticado. Como regra, a motivação é obrigatória, só deixando de existir tal dever se a lei expressamente autorizar.

4.3.2.2.3. Requisitos procedimentais

São os outros atos jurídicos indispensáveis à prática do atual. Ex.: é necessário o concurso para que haja a nomeação; para que se conceda a licença, deve haver solicitação.

4.3.2.2.4. Finalidade

É o bem jurídico objetivado pelo ato. Ex.: proteger a paz pública, a salubridade, a ordem pública. Cada espécie de ato administrativo tem uma finalidade. Para cada fim a ser alcançado há um ato que será o instrumento para sua realização. Se alguém utiliza um ato administrativo para alcançar finalidade diversa daquela para o qual fora criado, este alguém estará cometendo um desvio de poder ou de finalidade.

Assim, o **desvio de poder ou desvio de finalidade** consiste em *o agente se servir de um ato administrativo para satisfazer finalidade alheia à sua natureza*. Esse tipo de conduta gera a nulidade do ato, conforme a Lei de Ação Popular.

Esse desvio pode se manifestar das seguintes formas:

a) quando o agente busca finalidade alheia ao interesse público, ex.: prejudicar inimigo, favorecer amigo;

b) quando o agente busca finalidade pública, mas alheia à categoria do ato que utiliza, ex.: *remove-se* alguém com a finalidade de punição, quando o correto seria aplicar uma *pena disciplinar*, como demissão, suspensão, advertência etc.

Vale destacar que não se deve confundir o *excesso de poder* (vício de sujeito, de competência) com o *desvio de finalidade ou desvio de poder* (vício de finalidade), os quais são espécies do *gênero abuso de autoridade*, que, aliás, é fundamento para que se ingresse com mandado de segurança (art. 5º, LXIX, CF).

3. Outro exemplo é o previsto no art. 1.554 do Código Civil: "subsiste o casamento celebrado por aquele que, sem possuir a competência exigida em lei, exercer publicamente as funções de juiz de casamentos e, nessa qualidade, tiver registrado o ato no Registro Civil".

4. A falta de motivação, portanto, é problema na *forma*. Já a situação em que se tem motivação, mas se invoca um motivo falso ou inexistente, é problema no *motivo* (*vide* teoria dos motivos determinantes).

4.3.2.2.5. Causa

É o vínculo de pertinência entre o motivo e o conteúdo do ato. Para que um ato administrativo atenda o pressuposto de validade *causa*, é necessário que haja correlação lógica entre o motivo e o conteúdo do ato em função de sua finalidade.

No âmbito da causa se examinam a *razoabilidade* e a *proporcionalidade*, que são vistas olhando o conteúdo do ato, o seu motivo e a intensidade necessária para atingir a finalidade.

Um exemplo de situação que não atende ao pressuposto de validade *causa* é a utilização de arma de fogo para dissolver uma passeata pacífica.

Não se deve confundir o *motivo* com a *causa*. O *motivo* é fundamento de fato e de direito que autoriza a prática do ato, não se confundindo com a *causa*, que é relação de adequação, de proporcionalidade entre o motivo invocado e o ato praticado. Ambos (motivo e causa) são requisitos ou pressupostos de validade do ato administrativo. Há problema no motivo quando o fato ou o direito invocados são falsos ou inadequados, respectivamente. Há problema na causa quando o ato praticado é desproporcional aos motivos invocados, em função da finalidade do ato.

4.3.2.2.6. Formalização

É a específica maneira pela qual o ato deve ser externado, incluindo o dever de motivação.

Assim, além de todo ato administrativo dever ser exteriorizado (o que requer uma forma qualquer), cumpre que seja de dado modo (específica forma). Ex.: o contrato oriundo de uma concorrência pública deve ser *escrito*. Mas não é só, para que o ato atenda ao pressuposto de validade *formalização*, é necessário que ele seja *motivado*, ou seja, que contenha a exposição do motivo de fato, do motivo de direito e do vínculo entre eles e o ato praticado.

Excepcionalmente, alguns aspectos de formalização podem ser irrelevantes à validade do ato. Nesses casos, tornam o ato apenas irregular. Por exemplo, quando há omissão de elemento relativo à simples padronização, como é o caso de uma certidão de objeto e pé expedida em papel não timbrado.

No entanto, como regra, a falta de motivação gera a nulidade do ato.

Por fim, vale lembrar que, enquanto no Direito Privado vige o princípio da liberdade das formas, no Direito Público a solenidade é a regra, de modo que a forma é substancial.

4.4. Atributos do ato administrativo

4.4.1. Noções gerais

Em primeiro lugar nunca se deve confundir os *requisitos*, *pressupostos* ou *elementos* do ato com os *atributos* (qualidades, prerrogativas) deste, tema de que cuidaremos agora.

Os atributos dos *atos administrativos* não existem, como regra, nos *atos jurídicos em geral* (do Direito Privado). A ordem jurídica dispensa tratamento diferenciado aos atos administrativos, já que eles, sendo instrumentos de atuação da Administração Pública para realizar a proteção e a promoção do interesse público, devem ter prevalência sobre os outros, como condição de garantia desse interesse público almejado.

Assim, tais poderes não existem em benefício da Administração, mas se justificam como forma de prover o bem comum. Exprimem a supremacia do interesse público.

Vejamos tais *atributos* ou *notas peculiares* dos atos administrativos.

4.4.2. Atributos em espécie

4.4.2.1. Presunção de legitimidade

É a qualidade que reveste tais atos de se presumirem verdadeiros e conforme ao direito, até prova em contrário.

Perceba que o princípio traz duas presunções: a) de veracidade dos fatos; b) de legalidade do ato praticado.

Trata-se de presunção *juris tantum* (presunção relativa) de legitimidade e não de presunção *juris et de jure* (presunção absoluta). Um exemplo desse atributo é o ato que constata que o particular deixou de promover a limpeza de um terreno de sua propriedade e que determina sua feitura. Tal ato presume-se verdadeiro quanto à constatação da falta de limpeza e legal quanto à determinação dada. O particular fica com o ônus de provar o contrário.

A presunção de legitimidade decorre do princípio da legalidade, pois, como esse princípio informa toda a atuação administrativa, presume-se que a Administração tenha cumprido a lei, valendo lembrar que tal presunção admite prova em contrário.

A existência de tal presunção é interessante administrativamente falando, pois torna mais célere e eficiente a atividade administrativa. Isso porque a presunção de legitimidade dos atos administrativos autoriza a sua imediata execução, mesmo que tenham sido impugnados, salvo se se conseguir sua suspensão ou anulação administrativa ou judicial.

4.4.2.2. Imperatividade

É a qualidade pela qual os atos administrativos se impõem a terceiros, independentemente de sua concordância.

Esse atributo é também chamado de *poder extroverso*.

Essa qualidade do ato administrativo permite que a Administração mande no particular, independentemente de sua concordância.

Partindo do exemplo dado no item anterior, imperatividade significa que a Administração pode *determinar* que o particular faça a limpeza de seu terreno, sem que tenha de ter a concordância deste ou que tenha de buscar autorização do Poder Judiciário.

É importante deixar claro que nem todos os atos administrativos são dotados de imperatividade. Os atos enunciativos e negociais não têm esse atributo, já que esta qualidade é desnecessária à sua operatividade.

A lei é que vai dispor quais atos são dotados de imperatividade.

4.4.2.3. Exigibilidade

É a qualidade em virtude da qual a Administração pode compelir terceiros a cumprir o determinado, mediante coação indireta.

Aqui já se presume a constituição da obrigação (a imperatividade), com o *plus* de se poder impelir o terceiro à observância do dever, sem necessidade de se recorrer ao Poder Judiciário.

Continuando o exemplo dado nos itens anteriores, o atributo significa que, após o particular ter sido notificado para limpar seu terreno (imperatividade), pode a Administração, na inércia deste, aplicar uma *multa* (exigibilidade = coação indireta), a fim de compelir indiretamente o particular a cumprir o que fora determinado.

4.4.2.4. *Autoexecutoriedade*

É a qualidade pela qual o Poder Público pode compelir materialmente o administrado, sem busca da via judicial, ao cumprimento da obrigação que impôs e exigiu.

Veja-se que a autoexecutoriedade é ainda mais forte que a exigibilidade, uma vez que a primeira admite que a Administração use da coação direta (coação material), que significa fazer uso da força.

No Direito Francês é denominada *privilège d`action d`office*.

Partindo do exemplo que vínhamos dando, a autoexecutoriedade significa que, depois de notificar o particular para limpar o terreno (imperatividade) e aplicar a multa (exigibilidade), a Administração pode, por si própria, invadir o terreno do particular, fazer a limpeza e mandar a conta dos custos de seu ato (autoexecutoriedade).

Outros exemplos desse atributo são a requisição de bens e serviços particulares, no caso de iminente perigo público, dissolução de passeata com o uso da força, a fim de possibilitar a passagem de uma ambulância por uma via pública, a interdição de uma obra, a apreensão de mercadorias falsificadas, a apreensão do veículo por violação de certas normas de trânsito, entre outros.

Repare que aqui há sanção e também desconstituição do ato ilegal.

É bom deixar claro que a autoexecutoriedade não é atributo de todo ato administrativo. Trata-se de atributo excepcional, que existe nos seguintes casos:

a) quando a lei expressamente autorizar;

b) quando a medida for condição indispensável à eficaz garantia do interesse público;

c) quando a medida for urgente e não houver via judiciária de igual eficácia à disposição da Administração, ocasião em que se entende que a medida é permitida implicitamente pela lei.

Vale observar que Hely Lopes Meirelles chama de autoexecutoriedade a possibilidade de a Administração impor seus atos independentemente de pronunciamento do Poder Judiciário, chamando de **coercibilidade** a possibilidade de a Administração usar a força.

Parte da doutrina também denomina de executoriedade o que chamamos neste item de autoexecutoriedade.

Ademais, Hely Lopes Meirelles entende que a coercibilidade é a regra em matéria de atos da administração (e não exceção, como pensa a maior parte da doutrina), só não sendo possível ser utilizada quando a lei expressamente o proibir, como é o caso da cobrança de tributos e multas já impostos e não pagos, em que será necessário promover-se uma execução fiscal junto ao Poder Judiciário.

4.4.2.5. *Tipicidade*

Alguns doutrinadores, com destaque para Maria Sylvia Zanella Di Pietro, entendem que há, ainda, um quinto atributo do ato administrativo.

Trata-se do atributo da **tipicidade**, pela qual *o ato administrativo deve corresponder a figuras definidas previamente pela lei como aptas a produzir determinados resultados.*

Isso significa que os atos administrativos devem respeitar os tipos definidos na lei.

Para nós, todavia, o que se define por tipicidade nada mais é do que *pressuposto de validade* do ato administrativo e não *atributo* deste.

Com efeito, *atributos* são *prerrogativas* dos atos administrativos, e a tipicidade não nos parece uma prerrogativa do ato administrativo, mas o requisito de validade deste.

No entanto, em exames e concursos públicos, a tipicidade é tratada como atributo dos atos administrativos, de modo que fica a notícia de que, aparecendo o instituto, deve-se lembrar que a doutrina o trata como atributo do ato administrativo.

4.5. Formas de extinção dos atos administrativos

4.5.1. *Cumprimentos de seus efeitos*

Os atos administrativos *nascem*, *produzem seus efeitos* e se *extinguem* num determinado momento.

O ideal é que os atos administrativos se extingam pelas vias naturais. E a via natural de extinção do ato administrativo é o cumprimento de seus efeitos.

Uma vez que um ato administrativo cumpriu seu papel, produzindo os efeitos para os quais foi expedido, entende-se que o ato foi extinto.

Como exemplo, temos uma autorização da Prefeitura para que seja feita uma festa na praça da cidade, autorização esta que ficará extinta no momento em que a festa terminar, uma vez que seus efeitos foram cumpridos.

4.5.2. *Desaparecimento do sujeito ou do objeto sobre o qual recai o ato*

Todo ato administrativo recai ou sobre um *sujeito* ou sobre um *objeto*. Por exemplo, a nomeação de um servidor público recai sobre um sujeito, no caso sobre a pessoa nomeada. Já o tombamento de um imóvel recai sobre um objeto, no caso o bem tombado.

Perceba que a razão de existir do ato administrativo nos dois exemplos citados é justamente a presença de uma pessoa, no primeiro caso, e de um objeto, no segundo caso.

Caso a pessoa ou o objeto venha a desaparecer, o ato administrativo correspondente perderá sua razão de ser e, consequentemente, será extinto.

Assim, no primeiro exemplo, morrendo o servidor nomeado, o ato administrativo de nomeação restará extinto, ocorrendo automaticamente a vacância do cargo. Da mesma forma, vindo a desaparecer o bem tombado (por um incêndio de grandes proporções, por exemplo), o ato administrativo de tombamento também ficará extinto.

4.5.3. *Contraposição*

A contraposição pode ser **conceituada** como a *extinção de um ato administrativo pela prática de outro antagônico ao primeiro.*

Um exemplo é o ato de *exoneração* de um servidor público. Tal ato, uma vez praticado, faz com que a *nomeação* do mesmo servidor, feita no passado, fique automaticamente extinta, já que a primeira (exoneração) é totalmente antagônica à segunda (nomeação).

4.5.4. *Cassação*

A cassação pode ser **conceituada** como a *extinção de um ato que beneficia um particular por este não ter cumprido os deveres para dele continuar gozando.*

Portanto, o **motivo** da cassação de um ato administrativo é o fato de seu beneficiário ter descumprido obrigações que foram estipuladas como contrapartida para que o interessado conseguisse se beneficiar desse ato.

Por exemplo, a pessoa que tem a permissão de uso de um bem público e que não vem pagando o preço público correspondente poderá vir a ter cassado o ato de permissão.

Outro exemplo diz respeito à autorização de porte de arma de fogo. Um dos deveres de quem tem o porte é não ser pego em estado de embriaguez ou sob efeito de entorpecentes. Assim sendo, caso o detentor de porte de arma seja pego numa dessas duas situações, terá a autorização correspondente cassada, nos termos do art. 10, § 2º, do Estatuto do Desarmamento – Lei 10.826/2003.

A cassação não se confunde com a revogação. Enquanto a primeira tem por motivo o descumprimento de obrigações pelo beneficiário do ato, a segunda tem por motivo a ocorrência de um fato novo não relacionado ao beneficiário que torna inconveniente ao interesse público a manutenção do ato.

A cassação também não se confunde com a anulação, pois nessa a extinção do ato se dá pela ocorrência de uma ilegalidade por ocasião de sua formação, ao passo que a cassação consiste numa ilegalidade praticada pelo beneficiário ocorrida depois da prática do ato administrativo. Enfim, na cassação, o ato, embora legítimo na sua origem e formação, torna-se ilegal na sua execução.

4.5.5. *Caducidade*

A caducidade pode ser **conceituada** como a *extinção de um ato porque a lei não mais o permite.* Trata-se de extinção por invalidade superveniente.

Um exemplo é a permissão de serviço público dada a alguém para exercer o transporte coletivo urbano por meio de *vans* ou peruas. Imaginemos que, depois de conferida a permissão, advenha uma lei municipal criando nova modelagem no serviço de transporte coletivo para o fim de abolir o transporte por meio de *vans*, admitindo apenas o transporte por meio de ônibus e micro-ônibus. Nesse caso, todas as permissões conferidas aos chamados perueiros ficarão extintas, pela ocorrência do instituto da caducidade.

Outro exemplo interessante aconteceu no Município de São Paulo. A cidade sempre foi marcada por grave poluição visual, principalmente pelo excessivo número de *outdoors* e placas indicativas de estabelecimentos comerciais. Esses elementos visuais eram permitidos pela legislação, bastando o interessado requerer licenças na Prefeitura. Todavia, foi editada uma lei na cidade de São Paulo, a chamada Lei Cidade Limpa, que simplesmente proibiu a existência de *outdoors* na cidade e limitou bastante o tamanho das placas indicativas dos estabelecimentos comerciais. Com a entrada em vigor dessa lei, todas as licenças que os interessados possuíam restaram extintas, pela ocorrência do instituto da caducidade.

Outro exemplo interessante aconteceu com a edição do Estatuto do Desarmamento, que passou a praticamente proibir o porte de arma no Brasil por particulares. Com a entrada em vigor do Estatuto, todas as autorizações de porte de arma concedidas conforme a lei antiga caducaram no prazo de 90 dias (art. 29).

Enfim, a caducidade nada mais é do que a extinção de um ato administrativo pela ilegalidade superveniente, ou seja, pelo fato de uma lei editada posteriormente à prática do ato não mais permitir que esse tipo de ato exista.

4.5.6. *Revogação*

A revogação pode ser **conceituada** como a *extinção de um ato administrativo legal ou de seus efeitos por outro ato administrativo pela ocorrência de fato novo que torna o ato inconveniente ou inoportuno, respeitando-se os efeitos precedentes (ex nunc).*

Em suma, a revogação é extinção do ato administrativo por motivo de conveniência ou oportunidade.

Um exemplo disso é a revogação de um certame licitatório para a construção de uma praça temática pela ocorrência de fato novo consistente na abrupta diminuição da arrecadação de um município, fazendo com que não seja mais conveniente ao interesse público fazer gastos com a construção de praças, considerando as dificuldades econômicas que o município passou a ter.

Outro exemplo é a revogação da permissão de uso de bem público concedida a uma pessoa jurídica, pelo fato de um Município passar a ter interesse em utilizar o imóvel, para fins de atender, por exemplo, à demanda crescente por creches na cidade.

Repare, nos dois casos, que as situações narradas não contemplam ilegalidade alguma a propiciar a anulação, nem descumprimento de deveres pelo beneficiário do ato, a propiciar cassação, nem lei posterior incompatível com o ato, a propiciar a caducidade.

As situações narradas revelam que, após a expedição de um ato administrativo totalmente de acordo com a lei, aconteceram fatos novos que fizeram com que o interesse público se direcionasse para o fim de extinguir o ato, dando-se a esta extinção o nome de revogação.

O **sujeito ativo da revogação** é a *Administração Pública*, por meio de autoridade administrativa competente para o ato, podendo ser seu superior hierárquico. O Poder Judiciário nunca poderá revogar um ato administrativo, já que se limita a apreciar aspectos de legalidade deste e nunca aspectos de conveniência ou oportunidade. O Judiciário só poderá anular atos administrativos por ele mesmo praticados, como na hipótese em que um provimento do próprio Tribunal é revogado por este.

Quanto ao **objeto da revogação,** tem-se que essa recai sobre *o ato administrativo ou relação jurídica dele decorrente*, salientando-se que o ato administrativo deve ser *válido*, pois, caso seja inválido, estaremos diante de hipótese que enseja anulação. É importante ressaltar que não é possível *revogar* um ato administrativo já extinto, dada a falta de utilidade em tal proceder, diferente do que se dá com a *anulação* de um ato extinto, que, por envolver a retroação de seus efeitos (a invalidação tem efeitos *ex tunc*), é útil e, portanto, possível.

O **fundamento da revogação** é a *mesma regra de competência que habilitou o administrador à prática do ato que está sendo revogado*, devendo-se lembrar que só cabe falar-se em revogação nas hipóteses de ato discricionário.

Já o **motivo da revogação** é a *inconveniência ou inoportunidade* da manutenção do ato ou da relação jurídica gerada por ele. Isto é, o administrador público faz apreciação ulterior e conclui pela necessidade da revogação do ato para atender ao interesse público.

Quanto aos **efeitos da revogação**, essa suprime o ato ou seus efeitos, mas respeita aqueles que já transcorreram. Ou seja, opera-se da data da revogação em diante, não negando os efeitos operados ao tempo de sua vigência. Trata-se de eficácia *ex nunc*, portanto.

Quanto aos **limites ao poder de revogar**, a doutrina aponta que são atos irrevogáveis os seguintes: a) os que a lei assim declarar; b) os atos já exauridos, ou seja, que cumpriram seus efeitos; c) os atos vinculados, já que não se fala em conveniência ou oportunidade, dado que o agente só tem uma opção; d) os meros ou puros atos administrativos (exs.: certidão, voto dentro de uma comissão de servidores); e) os atos de controle; f) os atos complexos (praticados por mais de um órgão em conjunto); g) os atos que geram direitos adquiridos.[5]

Hely Lopes Meirelles lembra que a jurisprudência vem reconhecendo como irrevogáveis os atos que geram *direitos subjetivos* para o destinatário, noção que, a nosso ver, deve estar compreendida na ideia de *direito adquirido*.

Quanto aos *atos gerais* ou *regulamentares*, estes são, por sua natureza, revogáveis em qualquer tempo e em quaisquer circunstâncias, respeitando-se os efeitos produzidos.

Tema relevante é o atinente à relação entre **revogação** e **indenização.** Por respeitar os efeitos precedentes (a revogação não retroage – *ex nunc*) e por não poder atingir direitos adquiridos, a *revogação legítima* não gera direito à indenização, salvo se envolver uma relação contratual.

Nada obstante, caso o Poder Público tenha a intenção de atingir efeitos passados (*ex tunc*), só lhe resta desapropriar o direito, indenizando por completo o particular, como no caso em que, após expedida uma licença para construir, decida a Administração alterar o traçado de via pública, o que impede a obra na forma aprovada.

No que concerne à **revogação da revogação** (ou revogação de um ato revocatório), no Direito Administrativo, diferente do que ocorre com as leis, entendemos, assim como Celso Antônio Bandeira de Mello, que é admitido o efeito repristinatório. Ou seja, revogado o ATO X pelo ATO Y e, em seguida, o ATO Y pelo ATO Z, fica restaurado o ATO X. Assim, a revogação de um ato revocatório de outro tem natureza *constitutiva* do primeiro. Porém, essa tese não é admitida por inúmeros doutrinadores, como José dos Santos Carvalho Filho e o saudoso Diógenes Gasparini, de acordo com os quais, também no Direito Administrativo, só é possível a repristinação por expressa disposição normativa.

4.5.7. Anulação (invalidação)

A anulação pode ser **conceituada** como a *extinção do ato administrativo ou de seus efeitos por outro ato administrativo ou por decisão judicial, por motivo de ilegalidade, com efeito retroativo (ex tunc)*.

Em suma, a anulação é extinção do ato administrativo por motivo de ilegalidade.

Um exemplo é a anulação de uma permissão de uso de bem público para a instalação de uma banca de jornais por ter sido conferida sem licitação.

O **sujeito ativo da invalidação** pode ser tanto o *administrador público* como o *juiz*. A Administração Pública poderá invalidar de ofício ou a requerimento. Já o Poder Judiciário só poderá invalidar um ato por provocação ou no bojo da uma lide.

A possibilidade de o Poder Judiciário anular atos administrativos decorre do fato de estarmos num Estado de Direito (art. 1º, CF), em que a lei deve ser obedecida por todos. Decorre também do princípio da inafastabilidade da jurisdição ("a lei não poderá excluir da apreciação do Poder Judiciário lesão ou ameaça a direito" – artigo 5º, XXXV, da CF) e da previsão constitucional do mandado de segurança, do *habeas data* e da ação popular, que só fazem sentido se se permitir que o Judiciário possa anular atos administrativos.

O **objeto da invalidação** é o ato administrativo inválido ou os efeitos de tal ato (relação jurídica). Por exemplo, quando se anula uma licitação, há de se anular a licitação em si e a relação jurídica dela decorrente, no caso o contrato administrativo.

O **fundamento** da anulação é o dever de obediência ao princípio da legalidade. Não se pode conviver com a ilegalidade. Portanto, o ato nulo deve ser invalidado.

O **motivo da invalidação** é a *ilegalidade* do ato e da eventual relação jurídica por ele gerada. Hely Lopes Meirelles diz que o motivo da anulação é a *ilegalidade* ou a *ilegitimidade* do ato, diferente da revogação, que tem por motivo a *inconveniência ou inoportunidade*. Fala-se em *ilegalidade* ou *ilegitimidade* do ato para ressaltar que a anulação deve ser feita não só quando haja violação frontal ao que dispõe o texto legal (ilegalidade), mas também quando haja abuso, por excesso ou desvio de poder, ou mesmo quando se viole princípios do Direito (ilegitimidade).

Quanto ao **prazo para que se efetive a invalidação,** Hely Lopes Meirelles diz que, em que pese a inclinação da doutrina para a ideia de que não há prazo para anulação do ato administrativo, a jurisprudência vem atenuando tal afirmativa para dizer que se devem manter atos ilegítimos praticados e operantes há longo tempo e que já produziram efeitos perante terceiros de boa-fé, de modo a fazer valer o princípio da segurança jurídica.

5. A Lei de Introdução às Normas do Direito Brasileiro, em seu artigo 6º, § 2º, dispõe: *"consideram-se adquiridos assim os direitos que o seu titular, ou alguém por ele, possa exercer, como aqueles cujo começo do exercício tenha termo pré-fixo, ou condição preestabelecida inalterável, a arbítrio de outrem"*.

Na esfera federal, a Lei 9.784/1999 dispõe em seu art. 54: "o direito da Administração de anular os atos administrativos de que decorram efeitos favoráveis para os destinatários decai em cinco anos, contados da data em que foram praticados, salvo comprovada má-fé".

Nesse sentido, temos duas situações:

a) prazo para anular ato que beneficia alguém de boa-fé: 5 anos;

b) prazo para anular ato que beneficia alguém de má-fé: não há prazo, porém, em virtude do princípio da segurança jurídica há que entenda que se deva aplicar ao caso o maior prazo previsto no Código Civil, que é de 15 anos (art. 1.238 – usucapião extraordinária). Vale lembrar, ainda, que a boa-fé é presumida, de modo que compete à Administração Pública que pretender anular o ato ou outro autor de ação para o mesmo fim (por exemplo, o autor popular e o Ministério Público) o ônus da prova da má-fé.

Quanto ao termo *a quo* do prazo de 5 anos previsto para o primeiro caso, temos as seguintes situações:

a) regra: o prazo de 5 anos começa a correr da data em que o ato foi praticado;

b) no caso de atos com efeitos patrimoniais contínuos: o prazo de 5 anos começa a correr da percepção do primeiro pagamento.

O art. 54, § 2º, da Lei 9.784/1999 traz regra interessante, que tem o seguinte teor: "considera-se exercício do direito de anular qualquer medida de autoridade administrativa que importe impugnação à validade do ato".

Essa regra faz com que a decadência não se opere se, no curso dos cinco anos de prazo, a autoridade administrativa tome medida que importe impugnação à validade do ato.

É importante ressaltar que o prazo em questão é um prazo *decadencial* e não *prescricional*. Dessa forma, não incidem as regras de suspensão e interrupção da prescrição previstas no Código Civil.

Outro ponto importante é que a regra ora estudada está prevista na Lei de Processo Administrativo Federal, o que não impede que Municípios e Estados-membros estabeleçam regras sobre o prazo decadencial para anular atos administrativos, como é o caso do Estado de São Paulo, que, em sua Lei de Processo Administrativo, estabelece que o prazo decadencial para anular atos ilegais é de 10 (dez) anos, contados de sua produção (art. 10, I, da Lei Estadual 10.177/1998). Dessa forma, deve-se verificar, no âmbito de cada ente federativo, se existe lei estabelecendo prazo diferenciado para a anulação de atos administrativos ilegais. Caso não haja ato normativo local nesse sentido, aplicar-se-ão, por analogia, as regras previstas na Lei 9.784/1999.

Considerando o posicionamento do STF no MS 31736/DF (j. 10.09.2013), há de se tomar cuidado quanto ao início do prazo decadencial no caso de aposentadoria. Considerando que esta é considerado um ato complexo, que só se torna perfeito e acabado quando, após a aposentadoria ser deferida pela Administração, é confirmada pelo Tribunal de Contas respectivo, o prazo decadencial para anular uma ilegalidade numa aposentadoria concedida não se inicia do deferimento desta pela Administração, mas sim da data em que o Tribunal de Contas tiver aprovado ou não o ato. No caso julgado pelo STF a aposentadoria foi deferida pela Administração em 1992 e, apenas em 2012 o Tribunal de Contas analisou e decidiu por ilegalidades em seu cálculo. Porém, a aposentada, que já estava nessa qualidade desde 1992, não conseguiu anular a decisão do Tribunal de Contas, sob o argumento do transcurso do prazo de 5 anos para a anulação de atos que beneficiam terceiros de boa-fé. Isso porque, segundo o STF, esse prazo não chegou correr, já que o ato de aposentadoria só se aperfeiçoou em 2012 (e não em 1992), sendo que os 5 anos para anular alguma ilegalidade no ato como um todo só tem início em 2012. Por outro lado, o plenário do STF também assentou que, nesse tipo de caso, havendo boa-fé do servidor público que recebe valores indevidos a título de aposentadoria, só a partir da data em que for ela julgada ilegítima pelo órgão competente (no exemplo dado acima, em 2012) deverá ser devolvida a quantia recebida a maior após essa data (MS 26085, DJ 09.06.2011). Não se deve, todavia, confundir o reconhecimento de nulidades pelos Tribunais de Contas quanto a aposentadorias (que é um ato completo, ou seja, que só se forma quando o Tribunal de Contas a aprova), como o mesmo reconhecimento quando se tratar de outros tipos de atos não complexos, como uma promoção. Nesse último caso, após deferida a promoção, o Tribunal de Contas têm 5 anos para exercer o controle de legalidade dos atos administrativos (no caso, declarar a sua ilegalidade e determinar a sua anulação a tempo), contados da data em que a Administração deferiu a promoção (vide, a respeito: STF, MS 26404/DF, j. 29.10.2009).

De rigor lembrar que a anulação de atos que geram uma relação jurídica constituída a pessoas não pode se dar simplesmente porque se verificou uma ilegalidade e se está dentro do prazo de 5 anos para que se dê. É necessário que se verifique se não é o caso de convalidação, bem como que se instaure o adequado procedimento e que se respeite às garantias constitucionais do **devido processo legal, da ampla defesa e do contraditório** (STF, AI 587487 AgR/RJ).

Por fim, ainda em relação decadência quinquenal para anular atos, prevista na Lei 9.784/1999, o STJ entende que os atos administrativos praticados anteriormente ao advento da Lei 9.784/1999 estão sujeitos ao prazo decadencial de 5 anos, porém, contado da entrada em vigor da lei que estabeleceu esse prazo (9.784/1999), qual seja, 01.02.1999, e não da prática do ato (REsp 1.270.474-RN, j. 18.10.2012).

No que concerne aos **efeitos da invalidação,** como o ato nulo já nasce com a sanção de nulidade, a declaração se dá retroativamente, ou seja, com efeito *ex tunc*. Invalidam-se as consequências passadas, presentes e futuras do ato, já que, do ato ilegal, não nascem direitos. A anulação importa no desfazimento do vínculo e no retorno das partes ao estado anterior. Tal regra é atenuada em face dos terceiros de boa-fé. Assim, a anulação da nomeação de um agente público, por exemplo, surte efeitos em relação a este (que é parte da relação jurídica anulada), mas não em relação aos terceiros destinatários dos atos por este praticado, desde que tal ato respeite a lei quanto aos demais aspectos.

Tema relevante é o atinente aos **tipos de invalidade** ou **tipos de vícios dos atos administrativos** e os respectivos **meios de correção.**

A doutrina majoritária (corrente quaternária) entende que podem ocorrer os seguintes **vícios** nos atos administrativos:

a) atos administrativos **inexistentes**, que, de tão absurdos que são, sequer precisam ter declarada sua inexistência;

b) atos administrativos **nulos**, que devem ser anulados no prazo decadencial;

c) atos administrativos **anuláveis**, que podem ser convalidados, permanecendo na ordem jurídica;

d) atos administrativos **irregulares**, que são aqueles que contêm vício formal de pouca relevância, devendo permanecer na ordem jurídica.

Hely Lopes Meirelles defendia a ideia de que não havia, no Direito Administrativo, atos anuláveis, pois a anulabilidade é instituto do direito privado, em que se pode dispor de certos interesses. Para esse respeitado doutrinador, o ato administrativo ou era nulo ou era válido e só.

Confira, agora com mais detalhes, a definição dos tipos de vícios dos atos administrativos:

a) **atos inexistentes**: *são os que assistem ao campo do absurdo jurídico, do totalmente intolerável*; tais atos não produzem efeito algum. Exs.: instrução de um agente policial a outro para torturar um bandido; prática de usurpação de função, ou seja, conduta de alguém que se faz passar por agente público, praticando ato da alçada deste;

b) **atos irregulares**: *são aqueles que padecem de vícios formais irrelevantes, reconhecíveis de plano, em que há descumprimento de norma que tem por único objetivo impor padronização interna dos atos*; tais atos não devem ser invalidados. Ex.: certidão feita pela autoridade competente, mas em papel não timbrado;

c) **atos nulos (nulidade absoluta)**: *são os que a lei assim declare ou aqueles sobre os quais a convalidação seja racionalmente impossível, pois, se o conteúdo fosse repetido, seria repetida a ilegalidade*;[6] a nulidade absoluta é grave, devendo o ato ser anulado, salvo se já tiver operado o prazo decadencial para tanto. Exs.: nomeação para cargo efetivo feita sem concurso público; contrato feito sem licitação, quando não incidia nenhuma hipótese de dispensa ou inexigibilidade desta;

d) **atos anuláveis (nulidade relativa)**: *são os que podem ser repetidos sem o vício originário*; a nulidade relativa é vício de menor gravidade, sendo possível a convalidação do ato. Ex.: ato expedido por autoridade com incompetência territorial; ato praticado com particular relativamente incapaz; ato praticado mediante erro ou dolo.

Vistos os vícios concernentes à questão da validade, passemos ao estudo dos **meios integradores da invalidade**.

A **convalidação (ou saneamento)** *é a supressão da invalidade de um ato pela expedição de outro, com efeitos retroativos*. Incide sobre os atos *anuláveis*, tornando-os válidos com efeito retroativo.

A convalidação só poderá ser feita se o ato puder ser repetido sem o vício que o inquinava ou se, apesar de se estar diante de ato com vício insanável, haja excepcional e patente interesse público na sua preservação. No primeiro caso, geralmente incide sobre vícios de sujeito (competência) e de forma (descumprimento de forma que não seja substancial), os quais, sanados, importam em convalidação do ato anterior, cuja maior vantagem é ter efeito retroativo, efeito que não existiria com a simples expedição de um novo ato, sem aproveitamento do anterior viciado.

Vejamos, agora, os **requisitos** que a doutrina aponta como essenciais para que seja possível a convalidação: a) possibilidade de o ato ser expedido novamente, sem o vício originário; b) prejuízo maior se não se mantiver o ato viciado; c) inexistência de prejuízo ao erário e a terceiro; d) boa-fé; e) inexistência de impugnação prévia do ato.

O artigo 55 da Lei 9.784/1999 admite expressamente a convalidação, devendo a Administração, sempre que possível, optar por ela. Todavia, há uma hipótese em que a Administração poderá optar entre convalidar e não convalidar um ato anulável. Trata-se do caso em que se têm *atos discricionários praticados por autoridade incompetente*. Nesse caso, a autoridade que for a competente não fica obrigada a convalidar o ato viciado, dada a margem de liberdade que detém para praticá-lo.

A convalidação será chamada de *ratificação* nas hipóteses em que há vício de incompetência, não podendo incidir nos casos em que essa for outorgada com exclusividade ou em razão de matéria.[7]

Quanto ao vício de *forma*, a convalidação só será possível se essa não for essencial à validade do ato. Há de se lembrar que a forma abrange a forma propriamente dita (escritura pública, escritura particular, ato verbal etc.) e a motivação. Quanto à motivação, a sua ausência, caso se esteja diante de *ato vinculado* e em situação cuja motivação seja óbvia e passível de demonstração futura, verificando-se que houve respeito aos demais requisitos de validade do ato, este poderá ser mantido se demonstrada a ausência de prejuízo. Já quanto aos *atos discricionários*, a falta de motivação gera sua invalidação, sob pena de se permitir a invenção de motivos em momento posterior. Todavia, há entendimentos doutrinários e jurisprudenciais no sentido de que, excepcionalmente, é possível que um ato discricionário sem motivação pode ser convalidado, desde que a administração promova motivação posterior que demonstre de modo inquestionável o seguinte: a) que o motivo extemporaneamente alegado preexistia; b) que esse motivo era idôneo para justificar o ato; c) que o motivo foi a razão determinante da prática do ato (STJ, AgRg no RMS 40.427-DF).

Quanto ao *motivo* e à *finalidade*, fica difícil falar-se em convalidação. O mesmo se pode dizer quanto ao *objeto*. Neste caso, poderá caber a *conversão*, que é instituto jurídico que não se confunde com a *convalidação*.

Vejamos, agora, um *exemplo* de convalidação. Imagine a nomeação de um servidor feita por um Ministro de Estado, quando a competência era da alçada do Presidente da República, seguindo-se a delegação por parte deste para a referida nomeação. O ato originário contém vício (falta de competência), que pode ser sanado, pela convalidação, mediante *ratificação* do

6. Hely Lopes Meirelles diz que a nulidade pode ser *explícita* ou *virtual*. "É explícita quando a lei a comina expressamente, indicando os vícios que lhe dão origem; é virtual quando a invalidade decorre da infringência de princípios específicos do Direito Público, reconhecidos por interpretação das normas concernentes ao ato. Em qualquer destes casos, porém, o ato é ilegítimo ou ilegal e não produz qualquer efeito válido entre as partes, pela evidente razão de que não se pode adquirir direitos contra a lei." O art. 166, VII, do Código Civil traz as duas espécies de ato nulo referentes a essa classificação.

7. Outra expressão pertinente, mas que não se confunde com a convalidação e a *ratificação*, é a *confirmação*, que consiste na renúncia ao poder de anular o ato ilegal, o que é diferente de sanar o vício do ato, corrigindo-o (convalidação).

Presidente da República ou, após a delegação da competência, *confirmação* pelo Ministro de Estado.

A **conversão (ou sanatória)** *consiste no aproveitamento de um ato inválido, tornando-o ato de outra categoria, com efeito retroativo à data do ato original.*

A conversão incide sobre atos nulos, aproveitando-os em outra categoria de atos. A palavra-chave aqui é "aproveitar".

Diferentemente da convalidação, que mantém o ato na categoria de atos em que ele é praticado, na conversão aproveita-se o ato nulo para uma outra situação, para uma outra categoria de atos.

Um exemplo é a *permissão* de uso de bem público concedida sem licitação (permissão nula!), que acaba sendo convertida numa *autorização* de uso de bem público (outra categoria de ato!), que não requer licitação.

Outro exemplo é a nomeação de um agente público para um cargo de provimento *efetivo*, sem realização de concurso público, que acaba sendo convertida em nomeação para cargo em *comissão*, que não requer prévia aprovação em concurso público.

O instituto da conversão está previsto no Código Civil. Confira: "art. 170. Se, porém, o negócio nulo contiver os requisitos de outro, subsistirá este quando o fim a que visavam as partes permitir supor que o teriam querido, se houvesse previsto a nulidade".

Por fim, vale ressaltar que a conversão, assim como a convalidação, tem efeito retroativo, ou seja, ficam mantidos todos os atos praticados no período antecedente ao saneamento, salvo, naturalmente, se houver má-fé.

Não sendo possível a conversão ou a convalidação do ato, mas remanescendo clara a necessidade de mitigar consequências graves para o interesse público decorrentes da anulação do ato, a doutrina também discute a possibilidade de efetivar a **modulação dos efeitos anulatórios**, providência que, em matéria de controle de constitucionalidade, é bastante comum quando se declara a inconstitucionalidade de um ato normativo. Um exemplo é o caso de se anular o alvará de construção de um conjunto de quatro prédios construídos como habitação popular, quando as duas primeiras torres já tiverem sido erguidas. Pode ser que a melhor medida seja manter a integridade das duas primeiras torres já construídas, fazendo-se uma compensação em relação às demais torres a serem construídas, desde que o vício que gerou a anulação tenha relação com a medida mitigadora das novas torres, não sendo possível que tal modulação se dê, por exemplo, caso todas as torres (as já construídas e as por construir) estejam situada em área de manancial, hipótese em que somente a demolição de tudo deve ser admitida.

Encerrando a questão, vale citar que parte da doutrina classifica as hipóteses de sanatória do ato administrativo de forma diversa. A título de exemplo, Diogo de Figueiredo Moreira Neto, ao tratar da sanatória, como forma de resolver problemas de legalidade, divide-a em duas espécies: a) os atos sanatórios (ratificação, reforma e conversão); b) e os fatos sanatórios (prescrição); a prescrição introversa ocorre quando a Administração não pode mais rever seus atos (prescrição administrativa), ao passo que a extroversa ocorre quando o Judiciário não pode mais atacar o ato ilegal (*Curso de Direito Administrativo*, 14. ed., São Paulo: Forense, p. 215-219).

4.6. Classificação dos atos administrativos

4.6.1. *Quanto à liberdade de atuação do agente*

Ato vinculado *é aquele em que a lei tipifica objetiva e claramente a situação em que o agente deve agir e o único comportamento que poderá tomar.* Tanto a situação em que o agente deve agir como o comportamento que vai tomar são únicos e estão clara e objetivamente definidos na lei, de forma a inexistir qualquer margem de liberdade ou apreciação subjetiva por parte do agente público. Ex.: licença para construir, concessão de aposentadoria.

Ato discricionário *é aquele em que a lei confere margem de liberdade para avaliação da situação em que o agente deve agir ou para escolha do melhor comportamento a ser tomado.*

Seja na situação em que o agente deve agir, seja no comportamento que vai tomar, o agente público terá uma margem de liberdade na escolha do que mais atende ao interesse público. Neste ponto fala-se em *mérito administrativo*, ou seja, na valoração dos motivos e escolha do comportamento a ser tomado pelo agente.

Vale dizer, o agente público fará apreciação subjetiva, agindo segundo o que entender ser mais conveniente e oportuno ao interesse público.

Reconhece-se a discricionariedade nos seguintes casos, dentre outros:

a) quando a regra que traz a competência do agente traz *conceitos fluidos*, como *bem comum, moralidade, ordem pública* etc.;

b) quando a lei *não traz um motivo* que enseja a prática do ato, como, por exemplo, a que permite nomeação para cargo em comissão, de livre provimento e exoneração;

c) quando *há mais de uma opção* para o agente quanto ao momento de atuar, à forma do ato (ex.: verbal, gestual ou escrita), à sua finalidade ou ao conteúdo (ex.: possibilita-se que o agente público, diante de uma infração administrativa, escolha se deve fazer uma advertência, aplicar uma multa ou fazer uma apreensão).

A discricionariedade sofre alguns *temperamentos*, de modo a fazer com que a margem de liberdade seja a mais estreita possível e a preservar o princípio da legalidade. Confira:

a) todo ato discricionário é *parcialmente regrado ou vinculado*; a competência, por exemplo, é sempre vinculada; aliás, Hely Lopes Meirelles entende que a competência, a forma e a finalidade são sempre vinculadas, conforme vimos;

b) só há discricionariedade *nas situações marginais*, nas zonas cinzentas; assim, situações que envolvem certa subjetividade, mas encontram na sociedade quase que um consenso, não ensejam margem de liberdade para o agente público; por exemplo, caso o agente público encontre duas pessoas fazendo sexo no meio da rua, ainda que um ou outro possa achar que isso não é imoral, o fato é que é indubitável no pensamento médio que a conduta é imoral, fazendo com que o agente, em que pese estar diante de um conceito fluido ("moralidade pública"), deva agir reconhecendo a existência de uma situação de imoralidade; em suma, o temperamento em tela lembra a todos que a situação concreta (o colorido do caso concreto) diminui a margem de liberdade conferida ao agente público.

c) não há discricionariedade volitiva para a Administração na chamada "discricionariedade técnica"; esta se dá quando a solução de alguma controvérsia administrativa exija o conhecimento técnico especializado, como de um engenheiro ou de um médico; por exemplo, havendo dúvida sobre se algum imóvel está ou não em perigo de desabamento, na hipótese de um engenheiro chamado pela Administração para fazer a análise em questão concluir pelo risco de desabamento, não caberá à Administração invocar a discricionariedade para dizer que pensa diferente e que não vai determinar a interdição ou a demolição do bem, pois no caso tem-se discricionariedade técnica, em que a Administração fica vinculada à manifestação conclusiva do profissional que tiver exarado seu entendimento técnico sobre a questão.

Questão muito importante quanto aos atos discricionários é saber se o Judiciário poderá apreciá-los.

A resposta a essa pergunta é positiva, ou seja, o Judiciário pode sim apreciar atos discricionários. Porém, só poderá fazê-lo quanto aos seguintes aspectos:

a) legalidade: todo ato discricionário é parcialmente *regrado* ou *vinculado* e, especificamente quanto a esse ponto, o Poder Judiciário poderá apreciar o ato discricionário; imagine uma competência que diga que "o Governador, em caso de falta grave, poderá suspender ou demitir o servidor público, mediante contraditório e ampla defesa"; trata-se de um ato discricionário, pois a expressão "falta grave" é bastante fluida, sem contar o fato de que o governador tem duas opções, "demitir" ou "suspender" o agente; porém, mesmo se tratando de um ato discricionário, há elementos vinculados nesse ato; um deles é a competência, pois só o Governador pode praticar o ato; outro é fato de que o governador só tem duas opções, de modo que, se tomar uma terceira medida (por exemplo, "demissão a bem do serviço público"), estará saindo dos limites do ato discricionário; além disso, o Governador é obrigado a garantir o contraditório e a ampla defesa; pois bem, se qualquer desses pontos vinculados do ato discricionário for desrespeitado, poderá o Judiciário, fazendo o controle de legalidade, anular o referido ato;

b) moralidade: todo ato discricionário está sujeito a cumprir o princípio da moralidade, que está previsto no art. 37, *caput*, da CF; assim, caso um ato discricionário fira a moralidade (por exemplo, a desapropriação do imóvel de um inimigo político de um Prefeito), poderá ser anulado pelo Poder Judiciário;

c) razoabilidade: todo ato discricionário está sujeito a cumprir o princípio da razoabilidade, que está previsto no art. 2º, *caput*, da Lei 9.784/1999; assim, caso um ato discricionário fira a razoabilidade ou a proporcionalidade (por exemplo, desapropria-se área bem maior do que a necessária para a implantação de um projeto da Administração), poderá ser anulado pelo Poder Judiciário. Em matéria de controle de políticas públicas frequentemente o Judiciário analisa a razoabilidade na eleição de prioridades feita pela Administração, determinando, muitas vezes, a implementação de políticas públicas determinadas pela Constituição e que eventualmente tiverem sido relegadas a segundo plano sem justificativa razoável. Nesses casos, costuma-se exarar sentença determinando que a Administração Pública adote providências administrativas e respectiva previsão orçamentária para implantação ou ampliação da política pública faltosa.

Em suma, o Judiciário pode sim apreciar um ato discricionário, mas apenas quanto aos aspectos de legalidade, razoabilidade e moralidade, não sendo possível a revisão dos critérios adotados pelo administrador (o *mérito administrativo*), se tirados de dentro da margem de liberdade a ele conferida pelo sistema normativo.

4.6.2. *Quanto às prerrogativas da administração*

Atos de império são os *praticados no gozo de prerrogativas de autoridade*. Ex.: interdição de um estabelecimento.

Atos de gestão são os *praticados sem uso de prerrogativas públicas, em igualdade com o particular, na administração de bens e serviços*. Ex.: contrato de compra e venda ou de locação de um bem imóvel.

Atos de expediente *são os destinados a dar andamento aos processos e papéis que tramitam pelas repartições, preparando-os para decisão de mérito a ser proferida pela autoridade*. Ex.: remessa dos autos a uma autoridade, para que esta tome uma decisão, conduta que tem o nome de "levar os autos à conclusão".

A distinção entre ato de gestão e de império está em desuso, pois era feita para excluir a responsabilidade do Estado pela prática de atos de império, de soberania. Melhor é distingui-los em atos regidos pelo *direito público* e pelo *direito privado*.

4.6.3. *Quanto aos destinatários*

Atos individuais *são os dirigidos a destinatários certos, criando-lhes situação jurídica particular*. Ex.: decreto de desapropriação, nomeação de agente público, exoneração de agente público, licença para construir, autorização de uso de bem público, tombamento, dentre outros.

Atos gerais *são os dirigidos a todas as pessoas que se encontram na mesma situação, tendo finalidade normativa*.

São diferenças entre um e outro as seguintes:

a) os atos individuais podem ser impugnados individualmente, ao passo que os normativos só por ADI ou após uma providência concreta;

b) os atos normativos prevalecem sobre os atos individuais;

c) a revogação de atos individuais deve respeitar eventual direito adquirido de seu beneficiário, ao passo que os atos normativos podem ser livremente revogados.

4.6.4. *Quanto à formação da vontade*

Atos simples *decorrem de um órgão, seja ele singular ou colegiado*. Ex.: nomeação feita pelo Prefeito; deliberação de um conselho ou de uma comissão.

Atos complexos *decorrem de dois ou mais órgãos, em que as vontades se fundem para formar um único ato*. Ex.: decreto do Presidente, com referendo de Ministros.

Atos compostos *decorrem de dois ou mais órgãos, em que a vontade de um é instrumental em relação à vontade de outro, que edita o ato principal*. Aqui existem dois atos pelo menos: um principal e um acessório. Um exemplo é a nomeação do Procurador-Geral da República, que depende de prévia aprovação pelo Senado. Outro exemplo são os atos que dependem de aprovação ou homologação. Não se deve confundir atos compostos com atos de um procedimento, vez que, enquanto os segundos são o encadeamento de atos tendentes ao ato principal, os primeiros resultam de dois ou mais órgãos e não têm por elemento marcante a sucessão de atos preparatórios de um ato final, diferentemente do procedimento.

4.6.5. *Quanto aos efeitos*

Ato constitutivo *é aquele em que a Administração cria, modifica ou extingue direito ou situação jurídica do administrado.* Exs.: permissões de serviço público e de uso de bem público, penalidades, revogação de atos, autorizações, dentre outros.

Ato declaratório *é aquele em que a Administração reconhece um direito que já existia.* Exs.: admissão, licença, homologação, isenção, anulação.

Ato enunciativo *é aquele em que a Administração apenas atesta dada situação de fato ou de direito.* Não produz efeitos jurídicos diretos. São juízos de conhecimento ou de opinião. Exs.: certidões, atestados, informações e pareceres.

4.6.6. *Quanto à situação de terceiros*

Atos internos são *aqueles que produzem efeitos apenas no interior da Administração.* Exs.: pareceres, informações.

Atos externos *são aqueles que produzem efeitos sobre terceiros.* Nesse caso, dependerão de publicidade para terem eficácia. Exs.: admissão, licença.

4.6.7. *Quanto à estrutura*

Atos concretos *são aqueles que dispõem sobre uma única situação, sobre um caso concreto.* Ex.: exoneração de um agente público.

Atos abstratos *são aqueles que dispõem sobre reiteradas e infinitas situações.* Ex.: regulamento.

4.6.8. *Outra classificação*

Atos normativos *são aqueles que contêm comando geral da Administração Pública, com o objetivo de executar a lei.* Exs.: regulamentos (da alçada do Chefe do Executivo), instruções normativas (da alçada dos Ministros de Estado), regimentos, resoluções etc.

Atos ordinatórios *são aqueles que disciplinam o funcionamento da Administração e a conduta funcional de seus agentes.* Exs.: instruções (são escritas e gerais, destinadas a determinado *serviço público*), circulares (escritas e de caráter uniforme, direcionadas a determinados *servidores*), avisos, portarias (expedidas por chefes de órgãos – trazem determinações gerais ou especiais aos subordinados, designam alguns servidores, instauram sindicâncias e processos administrativos etc.), ordens de serviço (determinações especiais ao *responsável* pelo ato), ofícios (destinados às *comunicações* escritas entre autoridades) e despacho (contém *decisões* administrativas).

Atos negociais *são declarações de vontade coincidentes com pretensão do particular.* Exs.: licença, autorização e protocolo administrativo.

Atos enunciativos *são aqueles que apenas atestam, enunciam situações existentes.* Não há prescrição de conduta (determinações) por parte da Administração. Exs.: certidões, atestados, apostilas e pareceres.

Atos punitivos *são as sanções aplicadas pela Administração aos servidores públicos e aos particulares.* Exs.: advertência, suspensão e demissão; multa de trânsito.

4.7. Atos administrativos em espécie

4.7.1. *Quanto ao conteúdo*

Autorização *é o ato administrativo unilateral, discricionário e precário pelo qual a Administração faculta ao particular, em proveito deste, o uso privativo de bem público ou o desempenho de uma atividade, os quais, sem esse consentimento, seriam legalmente proibidos.* Exs.: autorização de uso de praça para realização de festa beneficente ou evento cultural; autorização para compra e registro ou para porte de arma. A autorização se baseia no poder de polícia, fazendo-se juízo de conveniência e oportunidade acerca da sua concessão ou não. Trata-se de ato *constitutivo.*

Licença *é o ato administrativo unilateral e vinculado pelo qual a Administração faculta àquele que preencha requisitos legais o exercício de uma atividade.* Exs.: licença para construir; licença para dirigir veículos automotores. A licença também se baseia no poder de polícia, havendo juízo de legalidade somente. Trata-se de ato *declaratório*, daí porque, enquanto na autorização se fala em interesses, na licença se fala em direitos subjetivos, pois cumpridos os requisitos para a licença o interessado tem direito de exigi-la, diferentemente do que acontece quanto à autorização.

Admissão é o *ato unilateral e vinculado pelo qual a Administração reconhece ao particular que preencha requisitos legais o direito à prestação de um serviço público.* Exs.: admissão de aluno em escola ou universidade pública; admissão de paciente em hospital; admissão de pessoa carente em programa de assistência social.

Permissão *é o ato administrativo unilateral, discricionário e precário, pelo qual a Administração faculta ao particular a execução de serviço público ou a utilização privativa de bem público, mediante licitação.* Exs.: permissão para taxista ou perueiro efetuar transporte remunerado de passageiros; permissão para que uma banca de jornal se instale numa calçada ou praça públicas. Vale lembrar que, por ser precária, pode ser revogada a qualquer momento sem que o particular tenha direito à indenização. Ademais, diferentemente da autorização, a permissão depende de licitação.

Concessão *é o ato bilateral (contrato) e não precário pelo qual a Administração faculta a uma pessoa jurídica a execução de serviço público ou a utilização privativa de bem público, mediante licitação na modalidade concorrência.* Exs.: concessão dada a uma empresa de ônibus para que efetue transporte remunerado de passageiros; concessão dada a um restaurante para que utilize espaço público num aeroporto. Por não ser precária, o particular tem direito de ver mantida a concessão. Todavia, caso haja interesse público na sua revogação, este prevalece sobre o do particular, o qual terá direito à indenização pela revogação da concessão, diferentemente do que ocorre na autorização e na permissão, que são atos precários, ou seja, passíveis de revogação sem direito à indenização em favor do interessado. Confira algumas diferenças entre a concessão e a permissão: a) a primeira só pode ser concedida a pessoa jurídica, ao passo que a segunda, a pessoa física ou jurídica; b) a primeira é contratual, ao passo que a segunda é precária, podendo ser revogada sem direito à indenização em favor do permissionário; c) a primeira deve ser concedida após licitação na modalidade concorrência, ao passo que a segunda pode ser concedida por meio de outras modalidades licitatórias; d) a primeira é formalizada mediante *contrato de concessão*, ao passo que a segunda, mediante *contrato de adesão*.

Credenciamento *é o ato ou contrato formal pelo qual a administração pública confere a um particular (pessoa física ou jurídica), normalmente sem prévia licitação, a prerrogativa de exercer certas atividades materiais ou técnicas, em caráter instrumental ou de colaboração com o Poder Público, a título oneroso, remuneradas, na maioria das vezes, diretamente pelos interessados*. Um exemplo de credenciamento é o ato que ocorre com as empresas de autoescola, que recebem credenciamento do Poder Público para a prática de certas atividades em colaboração com este (aulas, exames etc.), sem licitação e com cobrança dos interessados. Inexistindo viabilidade técnica de competição, está-se diante de hipótese de inexigibilidade (art. 25, *caput*, da Lei 8.666/1993). Assim, é inexigível a licitação nas hipóteses em que o credenciamento é aberto para outorga a todos os interessados habilitados, já que inexistente a possibilidade teórica de competição.

Aprovação *é o ato unilateral e discricionário pelo qual se exerce o controle prévio ou posterior do ato administrativo*. A aprovação é um tipo de *controle* que analisa a *conveniência* e *a oportunidade* do ato controlado. Ex.: aprovação dada pelo Senado à indicação do Presidente para nomeação de Ministro para o Supremo Tribunal Federal. Em tese, o Senado pode rejeitar a indicação, não a aprovando, por considerá-la não conveniente, em vista de não ter o indicado reputação ilibada, por exemplo.

Homologação *é o ato unilateral e vinculado pelo qual se reconhece a legalidade de um ato administrativo*. A homologação é um tipo de *controle* que analisa apenas o *cumprimento das formalidades legais*, não entrando no mérito dos atos praticados. Ex.: homologação de uma licitação ou de um concurso público pela autoridade superior à comissão de licitação, autoridade essa que controlará exclusivamente a legalidade dos procedimentos, sem entrar no mérito dos julgamentos feitos.

Parecer *é o ato pelo qual órgãos consultivos da Administração emitem opinião técnica sobre assunto de sua competência*. Podem ser de três tipos: ***facultativo*** (o parecer é pedido se a autoridade quiser); ***obrigatório*** (a autoridade é obrigada a solicitar o parecer, em que pese não ser obrigada a acatá-lo) e ***vinculante*** (a autoridade é obrigada a solicitar o parecer e a acatar o seu conteúdo – ex.: parecer médico). O STF vem decidindo que o parecer jurídico que deve ser dado sobre minuta de editais, de contratos e de convênios é um parecer vinculante (MS 24.584), pois o art. 38, parágrafo único, da Lei 8.666/1993 dispõe que o setor jurídico deve *aprovar* tais minutas, o que revela que o parecer é verdadeira *decisão administrativa* e não mera opinião técnica. Dessa forma, havendo alguma ilegalidade, o parecerista responde como se fosse autor da minuta por ele aprovada, ficando sujeito, por exemplo, a multas pelo Tribunal de Contas e a ações populares, ações civis públicas e ações por improbidade administrativa, valendo lembrar, todavia, que a responsabilidade do agente público não é objetiva: depende de culpa ou dolo, nos casos de ressarcimento do erário, e de dolo em algumas modalidades de improbidade administrativa.

Visto *é o ato administrativo unilateral pelo qual a autoridade atesta a regularidade formal de outro ato administrativo*. Ex.: pedido de férias de um agente, que recebe o visto de seu chefe (o qual observa sua regularidade formal) antes deste encaminhar para o chefe subsequente apreciá-lo.

Protocolo administrativo *é o ato negocial pelo qual o Poder Público acerta com o particular a realização de determinado empreendimento ou atividade ou a abstenção de certa conduta*.

4.7.2. Quanto à forma

Decreto *é a forma de que se revestem os atos individuais ou gerais, emanados do Chefe do Poder Executivo*. Exs.: nomeação e exoneração de agentes públicos (atos individuais); regulamentos (atos gerais que têm por objeto proporcionar a fiel execução da lei – artigo 84, IV, CF). Não existe, como regra, *regulamento autônomo* em nosso direito, uma vez que ele sempre deve estar adstrito ao que dispõe uma lei, nunca podendo existir por si só; ou seja, no Brasil a regra é termos *regulamentos de execução* de lei. Como vimos, a EC 32/2001 modificou o artigo 84, VI, da CF, permitindo que o Presidente, por meio de decreto, disponha de matérias que somente a lei poderia dispor. Trata-se de situação que excepciona a regra no sentido de que não há regulamentos autônomos em nosso direito.

Resolução e portaria *são as formas de que se revestem os atos, gerais ou individuais, emanados de autoridades que não sejam o Chefe do Executivo*. Ex.: no Estado de São Paulo, a resolução é própria dos Secretários de Estado, enquanto as portarias são a forma de que se revestem os atos das autoridades até o Diretor de Serviço. Assim, em cada ente político se instituirá a forma que deve revestir os atos de cada autoridade. Importa lembrar, ainda, que as resoluções e portarias trarão, além de atos *individuais* próprios de tais autoridades, atos *gerais* consistentes em instruções para cumprimento das leis e regulamentos.

Circular *é o instrumento de que se valem as autoridades para transmitir ordens internas a seus subordinados*.

Despacho *é o ato administrativo que contém decisões das autoridades sobre assunto de interesse individual ou coletivo submetido à sua apreciação*. ***Despacho normativo*** é aquele que aprova uma decisão sobre assunto de interesse geral, ficando esta obrigatória para toda a administração, além de valer para todos que estiverem na mesma situação.

Alvará é *a forma pela qual a Administração confere licença ou autorização para a prática de ato ou exercício de atividade sujeita ao poder de polícia do Estado*. Exs.: alvará de construção (instrumento que confere e prova a licença); alvará para porte de arma (instrumento da autorização conferida).

4.8. Procedimento administrativo

Não se deve confundir o ato administrativo com o procedimento administrativo. O segundo *consiste na sucessão encadeada de atos que propiciam a formação do ato final objetivado pela Administração*.

Assim, um procedimento é uma sucessão de atos, não se confundindo com cada ato em si.

Na verdade, ficaria melhor falar-se em *processo administrativo* para designar a definição dada, reservando-se a expressão procedimento administrativo para designar o *rito* a ser seguido.

Porém, em Direito Administrativo a expressão *procedimento administrativo* acaba sendo usada para designar *processo administrativo*.

De qualquer forma, é bom lembrar que há processos administrativos típicos, como o processo disciplinar e o processo de licitação, cuja característica marcante é ter uma regulamentação específica em lei própria. Os processos administrativos que não tiverem regulamentação própria devem seguir o disposto na Lei de Geral de Processo Administrativo (Lei 9.784/1999).

5. ORGANIZAÇÃO DA ADMINISTRAÇÃO PÚBLICA

5.1. Considerações gerais

O Estado tem três Poderes independentes e harmônicos entre si (Legislativo, Executivo e Judiciário). Porém, é por meio da Administração Pública que o Estado atua, tratando-se esta do aparelhamento necessário à realização de sua finalidade.

Em sentido *formal*, Administração Pública é o conjunto de órgãos instituídos para consecução dos fins do Governo (que é o comando, a iniciativa).

Em sentido *material*, é o conjunto das funções necessárias aos serviços públicos em geral.

E em sentido *operacional*, é o desempenho sistemático dos serviços estatais.

O fato é que a Administração é o instrumento de que se vale o Estado para pôr em prática as opções políticas do Governo.

Tal atuação se dará por intermédio de *entidades* (pessoas jurídicas), *órgãos* (centros de decisão) e de *agentes* (pessoas investidas em cargos, empregos e funções).

5.2. Conceitos básicos sobre a organização da Administração Pública

O objetivo deste tópico é efetuar uma série de distinções e conceitos de grande valia para o estudo sistematizado do tema proposto.

A primeira distinção trata da relação entre a pessoa jurídica e os órgãos estatais.

As **pessoas jurídicas estatais** *são entidades integrantes da estrutura do Estado e dotadas de personalidade jurídica*, ou seja, de aptidão genérica para contrair direitos e obrigações.

Já os **órgãos públicos** *são centros de competência integrantes das pessoas estatais instituídos para o desempenho das funções públicas por meio de agentes públicos*. São, portanto, parte do corpo (pessoa jurídica).

Cada órgão é investido de determinada competência, dividida entre seus cargos.

Apesar de não terem personalidade jurídica, têm prerrogativas funcionais, o que admite até que interponham mandado de segurança, quando violadas (tal capacidade processual, todavia, só têm os órgãos independentes e os autônomos).

Todo ato de um órgão é imputado diretamente à pessoa jurídica da qual é integrante, assim como todo ato de agente público é imputado diretamente ao órgão ao qual pertence (trata-se da chamada "teoria do órgão", que se contrapõe à teoria da representação ou do mandato, conforme se verá no capítulo seguinte). Deve-se ressaltar, todavia, que a representação legal da entidade é atribuição de determinados agentes, como o Chefe do Poder Executivo e os Procuradores.

Tema importante acerca dos órgãos públicos é a sua **classificação**. Passemos, então, ao estudo da classificação dos órgãos, levando em conta os ensinamentos de Hely Lopes Meirelles.

Quanto à **posição**, os órgãos públicos podem ser:

a) órgãos *independentes*: são os originários da Constituição e representativos dos Poderes do Estado (Legislativo, Executivo e Judiciário); aqui estão todas as corporações legislativas, chefias de executivo e tribunais e juízo singulares;

b) órgãos *autônomos*: são os que estão na cúpula da Administração, logo abaixo dos órgãos independentes, tendo autonomia administrativa, financeira e técnica, segundo as diretrizes dos órgãos a eles superiores; aqui estão os Ministérios, as Secretarias Estaduais e Municipais, a AGU, dentre outros;

c) órgãos *superiores*: são os que detêm poder de direção quanto aos assuntos de sua competência, mas sem autonomia administrativa e financeira, tais como os gabinetes, as procuradorias judiciais, os departamentos, as divisões, dentre outros;

d) órgãos *subalternos*: são os que se acham na base da hierarquia entre órgãos, tendo reduzido poder decisório, com atribuições de mera execução, tais como as portarias e as seções de expediente.

Quanto à **estrutura**, os órgãos podem ser:

a) *simples* ou *unitários*: constituídos por um só centro de competência;

b) *compostos*: constituídos pelo conjunto de outros órgãos menores, com atividades-fim idênticas ou auxiliares. Ex.: Ministério da Saúde.

Quanto à **atuação funcional**, os órgãos podem ser:

a) *singulares* ou *unipessoais*: são os que atuam por um único agente. Ex.: Presidência da República;

b) *colegiados* ou *pluripessoais*: são os que atuam por manifestação conjunta da vontade de seus membros. Exs.: corporações legislativas, tribunais e comissões.

Outra distinção relevante para o estudo da estrutura da Administração Pública é a que se faz entre **desconcentração e descentralização**.

A **desconcentração** *é a distribuição interna de atividades administrativas, de competências*. Ocorre de *órgão* para *órgão* da entidade Ex.: competência no âmbito da Prefeitura, que poderia estar totalmente concentrada no órgão Prefeito Municipal, mas que é distribuída internamente aos Secretários de Saúde, Educação etc.

Já a **descentralização** *é a distribuição externa de atividades administrativas, que passam a ser exercidas por pessoa ou pessoas distintas do Estado*. Dá-se de *pessoa jurídica* para *pessoa jurídica* como técnica de especialização. Ex.: criação de autarquia para titularizar e executar um dado serviço público, antes de titularidade do ente político que a criou. A descentralização pode ser de duas espécies:

a) na descentralização **por serviço**, a lei atribui ou autoriza que outra pessoa detenha a *titularidade* e a execução do serviço; repare que é necessária lei; aqui, fala-se em *outorga* do serviço;

b) na descentralização **por colaboração**, o contrato ou ato unilateral atribui à outra pessoa a *execução* do serviço; repare que a delegação aqui se dá por contrato, não sendo necessária lei;

o particular colabora, recebendo a execução do serviço e não a titularidade deste; aqui, fala-se também em *delegação* do serviço e o caráter é transitório.

Há também outra distinção importante, relacionada à Administração Direta e Indireta.

A **Administração Direta** *compreende os órgãos integrados no âmbito direto das pessoas políticas (União, Estados, Distrito Federal e Municípios).* Repare que todos os órgãos dos entes políticos fazem parte da Administração Direta, de modo que a prefeitura, a câmara de vereadores, os tribunais judiciais, os tribunais de contas, o ministério público, dentre outros, são parte integrante da administração, já que são órgãos, e não pessoas jurídicas criadas pelos entes políticos.

Já a **Administração Indireta** *compreende as pessoas jurídicas criadas pelo Estado para titularizar e exercer atividades públicas (autarquias, fundações públicas, agências reguladoras e associações públicas) e para agir na atividade econômica ou em atividades não típicas de Estado (empresas públicas, sociedades de economia mista, fundações privadas criadas pelo Estado e consórcios públicos de direito privado).* Repare que a Administração Indireta é composta de pessoas jurídicas (e não de órgãos!) criados pelos entes políticos.

Outra classificação relevante para o estudo do tema em questão é a que segue.

As **pessoas jurídicas de direito público** *são os entes políticos e mais as autarquias e fundações públicas, uma vez que todas essas pessoas são criadas para exercer típica atividade administrativa, o que impõe que tenham, de um lado, prerrogativas de direito público, e, de outro, restrições de direito público, próprias de quem gere coisa pública.*[8] São espécies de pessoas jurídicas de direito público as seguintes: autarquias, fundações públicas, agências reguladoras e associações públicas (consórcios públicos de direito público).

As **pessoas jurídicas de direito privado estatais** *são as empresas púbicas e as sociedades de economia mista, visto que são criadas para exercer atividade econômica, devendo ter os mesmos direitos e restrições das demais pessoas jurídicas privadas, em que pese tenham algumas restrições adicionais, pelo fato de terem sido criadas pelo Estado.* São espécies de pessoas jurídicas de direito privado estatais as seguintes: empresas públicas, sociedades de economia mista, fundações privadas criadas pelo Estado e consórcios públicos de direito privado.

Para fecharmos essa introdução, é necessário conhecermos também a distinção seguinte.

A **hierarquia** *consiste no poder que um órgão superior tem sobre outro inferior, que lhe confere, dentre outras prerrogativas, uma ampla possibilidade de fiscalização dos atos do órgão subordinado.*

O **controle (tutela** ou **supervisão ministerial)** *consiste no poder de fiscalização que a pessoa jurídica política tem sobre a pessoa jurídica que criou, que lhe confere tão somente a possibilidade de submeter à segunda ao cumprimento de seus objetivos globais, nos termos do que dispuser a lei.* Ex.: a União não pode anular um ato administrativo de concessão de aposentadoria por parte do INSS (autarquia por ela criada), por não haver hierarquia, mas pode impedir que o INSS passe a comercializar títulos de capitalização, por exemplo, por haver nítido desvio dos objetivos globais para os quais fora criada a autarquia. Aqui não se fala em *subordinação*, mas em *vinculação administrativa.*

O Dec.-lei 200/1967 estabelece que, no que se refere à Administração Indireta, a supervisão ministerial visará assegurar, essencialmente (art. 26): "I – A realização dos objetivos fixados nos atos de constituição da entidade; II – A harmonia com a política e a programação do Govêrno no setor de atuação da entidade; III – A eficiência administrativa; IV – A autonomia administrativa, operacional e financeira da entidade". Estabelece ainda que a supervisão exercer-se-á mediante a adoção das seguintes medidas, além de outras estabelecidas em regulamento (art. 26, parágrafo único): "a) indicação ou nomeação pelo Ministro ou, se for o caso, eleição dos dirigentes da entidade, conforme sua natureza jurídica; b) designação, pelo Ministro dos representantes do Governo Federal nas Assembleias Gerais e órgãos de administração ou contrôle da entidade; c) recebimento sistemático de relatórios, boletins, balancetes, balanços e informações que permitam ao Ministro acompanhar as atividades da entidade e a execução do orçamento-programa e da programação financeira aprovados pelo Governo; d) aprovação anual da proposta de orçamento-programa e da programação financeira da entidade, no caso de autarquia; e) aprovação de contas, relatórios e balanços, diretamente ou através dos representantes ministeriais nas Assembleias e órgãos de administração ou controle; f) fixação, em níveis compatíveis com os critérios de operação econômica, das despesas de pessoal e de administração; g) fixação de critérios para gastos de publicidade, divulgação e relações públicas; h) realização de auditoria e avaliação periódica de rendimento e produtividade; i) intervenção, por motivo de interêsse público".

Esses poderes todos se dão sobre as entidades da Administração Indireta em geral, ressalvada a condição das agências reguladoras, que têm maior autonomia, como se verá no item respectivo adiante.

Por fim, vale citar o disposto no art. 28 do Dec.-lei 200/1967, pelo qual a entidade da Administração Indireta deverá estar habilitada a: "I – Prestar contas da sua gestão, pela forma e nos prazos estipulados em cada caso; II – Prestar a qualquer momento, por intermédio do Ministro de Estado, as informações solicitadas pelo Congresso Nacional; III – Evidenciar os resultados positivos ou negativos de seus trabalhos, indicando suas causas e justificando as medidas postas em prática ou cuja adoção se impuser, no interêsse do Serviço Público".

5.3. Administração indireta

5.3.1. Autarquias

As autarquias podem ser **conceituadas** como as *pessoas jurídicas de direito público, criadas por lei específica, para titularizar atividade administrativa.* Realizam atividades próprias (típicas) da Administração Direta, as quais são passadas para as autarquias para agilizar, facilitar e principalmente especializar a prestação dos serviços públicos. O Dec.-lei 200/1967 define

8. *Vide* art. 41 do Código Civil. O parágrafo único deste artigo faz referência às *pessoas de direito público com estrutura de direito privado*, que serão regidas, no que couber, pelas normas do CC. A referência é quanto às fundações públicas, às quais aplicam-se as normas do CC apenas quando não contrariarem os preceitos de direito público.

autarquia como "o serviço autônomo, criado por lei, com personalidade jurídica, patrimônio e receita próprios, para executar atividades típicas da Administração Pública, que requeiram, para seu melhor funcionamento, gestão administrativa e financeira descentralizada" (art. 5º, I).

São um prolongamento, um *longa manus* do Estado. Qualquer ente político (União, Estados-membros, Distrito Federal e Municípios) pode criar uma autarquia, desde que por lei específica e para realizar atividades típicas da Administração.

A autarquia deve ser criada por lei específica, lei essa que tem o poder de conferir personalidade jurídica a ela, não sendo necessário levar atos constitutivos ao Registro Público. Porém, a organização da autarquia se estabelece por decreto, que aprovará o regulamento ou o estatuto da entidade. A lei criadora da entidade tratará também do patrimônio inicial, já transferindo ou autorizando sua transferência, da entidade criadora para a entidade criada.

A expressão autarquia vem dos termos *autós* (= próprio) e *arquia* (= governo), o que nos ajuda a lembrar que a autarquia tem autonomia administrativa e financeira.

São exemplos de autarquia os seguintes entes: INSS, CADE, Banco Central, INCRA e USP.

Quando a autarquia tiver algumas diferenças em relação às autarquias tradicionais, diz-se que se está diante de autarquia de regime especial.

Vejamos as **características** das autarquias.

São dotadas de **capacidade administrativa**, ou seja, podem ser *titulares* de serviço público, mas o mesmo não acontece com as sociedades de economia mista e empresas públicas, por exemplo, que, no máximo, podem *executar* um serviço público. Ou seja, as autarquias podem receber *outorga do serviço* mais do que a mera delegação deste.

Isso significa que as autarquias poderão *regulamentar*, *fiscalizar* e *executar* o serviço público de que são titulares, podendo repassar o último (execução do serviço) ao particular, mediante concessão de serviço público.

Em outras palavras, as autarquias desempenham **atribuições típicas de Estado**. O Decreto-Lei 200/1967, em seu artigo 5º, I, deixa claro que a autarquia só pode ser criada para exercer atividade típica da Administração, o que exclui sua criação para exercer atividade meramente econômica, por exemplo.

As autarquias possuem **autonomia (capacidade de autoadministração).** Por serem *pessoas jurídicas* (e não *órgãos* da Administração Direta), são sujeitos de direitos e obrigações, e têm gestão administrativa e financeira própria. Não se trata, portanto, de autonomia em sentido político, já que estão sujeitas a controle das entidades maiores a que se vinculam, mas autonomia administrativa.

Por serem pessoas de direito público, as autarquias têm **responsabilidade objetiva** (art. 37, § 6º, da CF). Justifica-se esse tipo de responsabilização pelo fato de agirem em atividades típicas da Administração Direta. Aliás, as autarquias respondem diretamente por seus atos, não podendo a entidade criadora ser chamada a responder solidariamente. A entidade matriz só responderá *subsidiariamente*, ou seja, na falta de patrimônio suficiente da autarquia.

As autarquias têm um regime jurídico muito próximo ao dos entes políticos, dada a natureza de suas atividades. Trata-se do chamado **regime jurídico de direito público**, cujas regras são apresentadas a seguir.

Na relação com a Administração Direta, as autarquias estão sujeitas a **controle** (*supervisão ministerial* ou *tutela*). A entidade criadora da autarquia tem o poder de influir sobre esta apenas para exigir o cumprimento dos objetivos públicos para os quais foi criada, e para que harmonize sua conduta à atuação administrativa global do Estado.

Perceba-se, portanto, que o controle não permite que a Administração Direta demita um servidor público de uma autarquia, por exemplo, ou invalide um contrato administrativo que esta tenha celebrado. O controle só poderá ser feito de forma global sobre os rumos que a autarquia tem tomado. A lei que cria a autarquia é que dará os contornos e a forma de exercício do controle.

Entre a entidade criadora e a autarquia há mera vinculação, ou seja, mero poder de correção finalística do serviço autárquico.

Esse controle pode se dar nas seguintes frentes: a) controle político (ex.: nomeação de seus dirigentes pelo Executivo); b) controle administrativo (ex.: supervisão ministerial quanto à correção finalística da autarquia); c) controle financeiro (pelo Tribunal de Contas e outros meios trazidos na lei).

No que concerne à relação com terceiros, as **prerrogativas administrativas** (não as políticas) do Estado se transmitem às autarquias. Assim, as autarquias têm as seguintes prerrogativas ou sujeições:

a) expedem verdadeiros **atos administrativos**, com todos os ***atributos*** do ato administrativo, quais sejam, presunção de legitimidade, imperatividade, exigibilidade e autoexecutoriedade;

b) celebram contratos administrativos, regidos pela Lei 8.666/1993;

c) devem **licitar** para celebrar contratos, concessões e permissões;

d) devem promover **concurso público** para admissão de pessoal;

e) devem contratar pessoal pelo **regime estatuário**, como regra; dada a natureza das atividades de uma autarquia (atividade administrativa, e não meramente econômica), o vínculo com seus agentes deve ser o de ***cargo público***, criado por *lei* e regido pelo *estatuto* dos funcionários públicos, e não pela CLT, salvo para atribuições subalternas;

f) possuem **bens públicos**, portanto, bens inalienáveis, imprescritíveis e impenhoráveis; dessa forma, a execução de valores em face de uma autarquia deverá ultimar-se mediante a expedição de precatório;

g) possuem **imunidade de impostos sobre o patrimônio, renda e serviços** (art. 150, VI, *a*, CF), quanto a atividades vinculadas às finalidades essenciais da pessoa e desde que não haja contraprestação ou pagamento de preços ou tarifas para o exercício;

h) possuem **prerrogativas processuais próprias** da Fazenda Pública, como recurso de ofício quando cabível (art. 10, Lei 9.469/1997), prazo em prazo em dobro para manifestações processuais (art. 183, *caput*, do NCPC), juízo privativo da entidade estatal a que pertencem, ampliação do prazo para desocupação em caso de despejo; prescrição quinquenal de suas dívidas passivas, execução fiscal de seus créditos inscritos, dentre outras.

Nas relações internas, por serem pessoas jurídicas de direito público (sujeitas ao regime jurídico de direito público), devem respeitar as normas de direito financeiro (normas orçamentárias) e o regime de pessoal é o mesmo da Administração Direta, em que a regra é o regime estatutário.

5.3.2. *Fundações públicas de direito público*

As fundações públicas de direito público podem ser conceituadas como *autarquias que tomam como substrato um patrimônio personalizado*.

Enfim, tais fundações são autarquias, cujo elemento patrimonial é o mais relevante. Trata-se da personalização de um patrimônio, cujo objetivo é a titularização de uma atividade administrativa.

São exemplos dessas fundações a FUNAI, o IPEA, a FUNDAP e a FAPESP.

Tais autarquias tomam o nome de fundação, pois, aqui, o elemento patrimônio prepondera em detrimento do elemento humano, ocorrendo o inverso com a autarquia típica.

Quanto ao **regime jurídico**, é idêntico ao das autarquias, para o qual se remete o leitor.

Existem, todavia, algumas diferenças entre as autarquias e as fundações públicas.

A primeira delas já foi apontada: as fundações têm como elemento preponderante o patrimonial.

A segunda diz respeito à criação de tais entes. Parte da doutrina entende que tais entidades são *criadas por lei específica*, por se tratarem de verdadeiras autarquias (ex.: Maria Sylvia Zanella Di Pietro). Por outro lado, outra parte da doutrina entende que a fundação deve ter sua criação *autorizada por lei específica*. Isso significa que, autorizada por lei a criação de uma fundação, deve esta ser efetivamente criada com o registro de seus atos constitutivos no Cartório do Registro Civil das Pessoas Jurídicas. A razão dessa discórdia diz respeito ao texto do art. 37, XIX, da CF, que não esclarece se está fazendo referência às fundações públicas, às fundações privadas ou a ambas.

A última diferença reside no fato de que, no que concerne às fundações, a Constituição dispõe que lei complementar definirá as áreas de sua atuação (art. 37, XIX, CF), também havendo dissenso doutrinário sobre se o dispositivo está fazendo referência às fundações públicas de direito público, às fundações privadas criadas ou a ambas.

Não se pode confundir as fundações públicas com as fundações privadas criadas pelo Estado. Isso porque nada impede que o Estado crie fundações com personalidade de direito privado, sendo apenas necessário que haja autorização legal. Muitas vezes deseja-se criar uma pessoa jurídica, cujo elemento patrimonial terá caráter preponderante, para um fim de interesse público, mas que não trate de típica atividade administrativa.

Em tal hipótese, cria-se uma fundação privada, com regime jurídico de direito privado. Nesse caso, haverá fiscalização por parte do Ministério Público, na forma da lei civil.

Portanto, o critério que diferencia uma *fundação pública de direito público* de uma *fundação privada criada pelo Estado* é a natureza da atividade da pessoa jurídica criada. Se se tratar de típica atividade administrativa, será uma fundação pública. Se não, uma fundação privada.

Uma fundação estatal criada para fiscalizar o meio ambiente certamente será uma fundação pública de direito público, recebendo o regime jurídico de uma autarquia, com as diferenças acima apontadas. Já uma fundação estatal criada para ser uma mera biblioteca pública, por não atuar em atividade típica de Estado, é uma fundação privada criada pelo Estado, recebendo o regime de direito privado, que será visto mais à frente.

5.3.3. *Agências reguladoras*

As agências reguladoras podem ser **conceituadas** como *autarquias sob regime especial, encarregadas do exercício do poder normativo e fiscalizador das concessões e permissões de serviço público, bem como do poder de polícia sobre certas atividades*.

A atual política de passar ao setor privado a execução dos serviços públicos, reservando ao Estado a regulamentação e fiscalização dos vários setores relativos a tais serviços, trouxe a necessidade de criar entes, com natureza de pessoa jurídica de direito público, para desempenhar tal papel de regulação e fiscalização, a fim de preservar o interesse dos usuários e da coletividade em geral.

Assim, foram criadas autarquias especiais, com o nome de agências reguladoras, servindo de exemplo as seguintes: ANEEL (regula e fiscaliza o setor de geração, transmissão e distribuição de energia elétrica), ANATEL (regula e fiscaliza o setor de telecomunicações), ANP (regula e fiscaliza as atividades econômicas exercidas pela Petrobras e outros concessionários do setor), ANVISA (regula e fiscaliza a produção e a comercialização, sob o aspecto da vigilância sanitária, de medicamentos, alimentos, cosméticos etc.), ANS (regula e fiscaliza o setor de saúde complementar), ANA (regula e fiscaliza as atividades decorrentes do aproveitamento dos recursos hídricos, bem como o direito de uso de água em rios da União – águas), ADENE (desenvolvimento do Nordeste), ANTT (transportes), ANCINE (cinema), dentre outras.

O **regime jurídico** das agências reguladoras é igual ao das autarquias, com algumas peculiaridades, daí porque se diz que tais agências são *autarquias sob regime especial*, uma vez que, diferente das autarquias tradicionais, as leis que criaram as agências reguladoras trouxeram algumas diferenças em seu regime jurídico. Vejamos:

a) os dirigentes das agências reguladoras são nomeados pelo Presidente da República, com prévia *aprovação pelo Senado*;

b) os dirigentes das agências reguladoras têm *mandato fixo*, só podendo ser destituídos pelo cometimento de crime, improbidade administrativa ou descumprimento injustificado das políticas estabelecidas para o setor ou pelo contrato de gestão, situação que, em tese, confere maior isenção a tais agentes;

c) os ex-dirigentes das agências estão sujeitos à chamada "quarentena", ou seja, no período de tempo em que continuam vinculados à autarquia após o exercício do cargo, ficam impedidos de prestar serviços às empresas que estavam sob sua regulamentação ou fiscalização;

d) têm *poder normativo* reconhecido pela Constituição Federal (art. 21, XI), já que são *órgãos reguladores*; tal poder deve, todavia, ficar adstrito ao que dispuser as leis de criação dessas agências.

Vale lembrar que a autonomia financeira de tais agências se dá não só com o aporte de verbas orçamentárias, como também em relação à cobrança de taxas pelo exercício do poder de polícia, além de multa por descumprimento de preceitos legais ou contratuais.

5.3.4. Agências executivas

A expressão "agências executivas" designa um *qualificativo atribuível a autarquias e fundações integrantes da Administração Federal, por iniciativa do Ministério Supervisor e com anuência do Ministério da Administração, à entidade que haja celebrado contrato de gestão com aquele e possua um plano estratégico de reestruturação e desenvolvimento institucional.*

Tal possibilidade de qualificação veio a partir da introdução do princípio da eficiência pela EC 19/1998.

De um lado, são dadas maiores autonomia e prerrogativas às autarquias e fundações que tiverem interesse em receber tal qualificativo e, de outro, são atribuídas metas de desempenho e eficiência a serem atingidas.

A existência do contrato de gestão e o cumprimento dos demais requisitos permitirão a qualificação em questão, habilitando a entidade a receber as vantagens previstas na lei.

Tal figura jurídica é trazida na Lei 9.649/1998 (*vide* o artigo 51 e também o Decreto 2.487/1998).

A lei dispõe que a qualificação de agência executiva é feita pelo Presidente da República, após a iniciativa e a anuência previstas acima. Para que seja implementada é necessário ainda a celebração do chamado contrato de gestão, que fixará o plano estratégico de reestruturação e melhoria do desempenho da pessoa, contrato esse que tem prazo mínimo de um ano.

Uma das maiores vantagens conferidas às autarquias e fundações que receberem essa qualificação consiste na ampliação dos limites de isenção ao dever de licitar para as agências executivas (artigo 24, XXIV, da Lei de Licitações): aumenta-se o valor para dispensa de licitação em seu âmbito para o montante de 20% do limite previsto para a utilização da modalidade convite.

5.3.5. Consórcios públicos

Com a edição da Lei 11.107/2005, duas novas pessoas jurídicas estatais foram criadas. Ambas têm o nome de *consórcio público*, mas uma é de direito público (associação pública) e outra é de direito privado (consórcio público de direito privado).

Tais consórcios consistem na *reunião de entes políticos* (União, Estados, DF e Municípios) para formação de *pessoas jurídicas* com vistas à *gestão associada de serviços públicos.*

Como antecedentes do assunto, podemos citar a Lei 8.080/1990, que assim dispunha: "art. 10. Os municípios poderão constituir consórcios para desenvolver em conjunto as ações e os serviços de saúde que lhes correspondam. § 1º Aplica-se aos consórcios administrativos intermunicipais o princípio da direção única, e os respectivos atos constitutivos disporão sobre sua observância".

Na prática, os municípios acabavam montando associações civis, regidas pelo Código Civil.

Até que veio o disposto na nova redação do art. 241 da Constituição e, depois, a Lei 11.107/2005, possibilitando o aparecimento de consórcios públicos com regimes mais claros e definidos.

Os consórcios públicos têm por **finalidade mediata** a realização de objetivos de *interesse comum* dos entes políticos. Nesse sentido, os consórcios públicos diferem dos contratos, já que estes têm em mira a satisfação de interesses contrapostos das partes e não de *interesses comuns.* Ademais, os consórcios públicos são pessoas jurídicas, ao passo que os contratos não são pessoas jurídicas.

As **finalidades imediatas** dos consórcios podem ser das seguintes naturezas:

a) regulação e fiscalização de serviços públicos (art. 2º, § 3º, da Lei 11.107/2005), como a criação de uma agência reguladora de saneamento básico por parte de Estado e alguns Municípios;
b) mera prestação de serviço público (art. 1º, § 3º, da lei citada), como a criação de um hospital público por parte de vários Municípios (consórcio intermunicipal de saúde).

É importante ressaltar que o consórcio público não pode ter fins econômicos (art. 4º, IV), ou seja, não pode visar ao lucro. Dessa forma, os consórcios públicos de direito privado não poderão ser criados se for necessário investimento privado.

Vejamos com mais detalhe, agora, as duas **espécies** de consórcios públicos.

As **associações públicas** são criadas para exercer atividade típica de Estado. Assim, são pessoas de direito público, de natureza autárquica (art. 41, IV, do CC). Tais entidades integram a Administração Indireta de todos os entes consorciados (art. 6º, § 1º, da Lei 11.107/2005). Um exemplo de consórcio público dessa natureza (consórcio público de direito público) é a criação de uma pessoa jurídica por entes políticos em associação para a *fiscalização* do meio ambiente numa dada região.

Já os **consórcios públicos de direito privado** são criados para o exercício de atividades que não são exclusivas do Estado. Nesse sentido, são pessoas de direito privado estatais. Um exemplo de consórcio público dessa natureza é um hospital público criado por entes políticos em associação.

O **regime jurídico** das associações públicas segue o regime geral das pessoas de direito público, aplicando-se o regime especial da lei 11.107/2005 e, subsidiariamente, a legislação das associações civis (art. 15). A aplicação do regime geral das pessoas de direito público fará com que tais consórcios pratiquem atos administrativos, tenham bens públicos, contratem agentes públicos, como regra, pelo regime estatutário, dentre outras características do regime autárquico, já vistas no presente texto.

Já o regime dos consórcios públicos de direito privado segue o regime geral das pessoas privadas estatais, aplicando o regime especial da lei 11.107/2005 e, subsidiariamente, a legislação das associações civis (art. 15). A aplicação do regime geral das pessoas de direito privado estatais fará com que tais consórcios pratiquem atos regidos pelo direito privado, tenham bens privados (portanto penhoráveis), contratem agentes públicos, como regra, pelo regime celetista, dentre outras características do regime de direito privado, a serem vistas no próximo item.

A **criação** dos consórcios públicos segue o seguinte trâmite:

1) Subscrição de Protocolo de Intenções entre os entes políticos, com os seguintes pontos:

a) denominação, finalidade, espécie, prazo e sede;

b) identificação dos consorciados e da área;

c) critérios de representação do consórcio;

d) regulamentação da assembleia geral; número de votos de cada consorciado (ao menos 1);

e) eleição e mandato do representante (Chefe do Executivo);

f) autorização e limites para a gestão associada de serviços públicos;

2) Publicação do Protocolo na imprensa oficial;

3) Ratificação do Protocolo por lei de cada ente;

4) Celebração do **Contrato de Consórcio Público** (art. 5º), que pode se dar por apenas parcela dos celebrantes do protocolo.

O início da personalidade dos consórcios públicos se dá da seguinte forma:

a) nas associações públicas, com a vigência das leis de ratificação do protocolo de intenções;

b) nos consórcios de direito privado, segundo a lei civil, ou seja, após o arquivamento do estatuto social no registro público competente.

Os entes consorciados devem fazer, ano a ano, um **Contrato de Rateio**, que terá por objetivo tratar dos recursos econômicos necessários para a manutenção do consórcio.

Por fim, vale ressaltar que a Lei 11.107/2005 introduziu a possibilidade de qualquer dos entes consorciados contratar entidade ou órgão pertencente a outro ente consorciado para a prestação de serviços públicos, tudo isso sem licitação, configurando uma nova espécie de dispensa (art. 24 da Lei 8.666/1993). Esse contrato, que se assemelha a um Contrato de Concessão de Serviço Público, tem o nome de **Contrato de Programa**.

5.3.6. *Empresas estatais ou governamentais*

As empresas estatais podem ser **conceituadas** como *pessoas jurídicas de direito privado especial, cuja criação se dá pelo Estado, autorizado por lei específica, com a finalidade de executar serviço público ou explorar atividade econômica não ligada a esse tipo de serviço, em caráter suplementar, desde que necessário aos imperativos da segurança nacional ou a relevante interesse coletivo.*

O § 1º do artigo 173 da Constituição dispõe que "a lei estabelecerá o estatuto jurídico da empresa pública, da sociedade de economia mista e de suas subsidiárias que explorem atividade econômica de produção ou comercialização de bens ou de prestação de serviços".[9]

Repare que tais entidades são criadas, então, para agir na atividade econômica, seja na área de produção ou comercialização de produtos (ex.: Petrobras), seja na prestação de serviços (ex.: Correios).

Deve ficar registrado, dessa forma, que tais empresas realizam típica atividade econômica e por isso têm regime jurídico de direito privado, de modo que não podem ser chamadas a titularizar serviço público, mas apenas para serem suas delegatárias, ou seja, apenas para a mera execução desse tipo de serviço.

Passemos à análise das características das empresas estatais:

a) possuem um **regime jurídico de direito privado**, ou seja, aquele próprio das empresas privadas, como determina a CF, inclusive no que tange aos direitos e obrigações do direito civil e comercial (**igualdade em contratos**, por exemplo), do direito do trabalho (regime de contratação será o da **CLT** e as controvérsias julgadas pela Justiça do Trabalho), do direito tributário (**não há imunidade tributária**) e do direito processual civil (**não têm prerrogativas** quanto aos prazos, custas e reexame necessário);

b) estão sujeitas à **responsabilidade civil subjetiva**, salvo quando prestarem serviço público, hipótese em que a responsabilidade será objetiva (art. 37, § 6º, da CF), ou quando incidir outro tipo de responsabilidade objetiva prevista em lei (ex.: matéria ambiental, relação de consumo, danos causados pela circulação de produtos e danos decorrentes do desenvolvimento de atividade de risco, conforme arts. 927, parágrafo único, e 931, ambos do Código Civil);

c) possuem **bens privados**, (art. 98, CC) bens esses que poderão ser utilizados, onerados, penhorados ou alienados na forma estatutária e independentemente de autorização legislativa especial, porque tal autorização está implícita na lei que autorizou a criação da empresa e lhe outorgou os poderes necessários para realizar suas atividades, como nos ensina Hely Lopes Meirelles; vale ressaltar que, no caso de a empresa estatal executar serviço público, os bens que estiverem afetados ao serviço não poderão ser penhorados, como decorrência do princípio da continuidade do serviço público.

Apesar das características apontadas acima, não se deve esquecer que as pessoas de direito privado estatais foram criadas pelo Estado, fazendo parte da Administração Indireta estatal. Dessa forma, o **regime jurídico de direito privado** delas é ***especial***, sofrendo tais entidades sujeições que as empresas puramente privadas não têm:

a) devem promover concurso público para admissão de pessoal;

b) devem promover licitação para a celebração de contratos;

c) são fiscalizadas pelo Tribunal de Contas;

d) obedecem aos princípios da Administração Pública e seus agentes são equiparados a funcionários públicos para efeitos penais e de improbidade administrativa;

e) os dirigentes de empresas estatais estão sujeitos ao mandado de segurança quando exerçam funções delegadas do Poder Público;

f) apesar de terem autonomia administrativa e financeira, sofrem o controle ou supervisão da entidade criadora, bem como condicionantes legais e constitucionais (*vide* artigo 169, § 1º, da CF);

g) seus agentes estão sujeitos ao teto salarial previsto no art. 37, XI, da CF, nos casos estabelecidos no § 9º do art. 37, não havendo tal submissão quando a empresa estatal não for dependente economicamente da entidade que a tiver criado;

h) seus agentes estão sujeitos à proibição de acumulação remunerada de cargos, empregos ou funções na Administração (art. 37, XVII, CF);

9. Tal estatuto trazido na lei deve dispor sobre: "I – sua função social e formas de fiscalização pelo Estado e pela sociedade; II – a sujeição ao regime jurídico próprio das empresas privadas, inclusive quanto aos direitos e obrigações civis, comerciais, trabalhistas e tributários; III – licitação e contratação de obras, serviços, compras e alienações, observados os princípios da administração pública; IV – a constituição e o funcionamento dos conselhos de administração e fiscal, com a participação de acionistas minoritários; V – os mandatos, a avaliação de desempenho e a responsabilidade dos administradores".

i) não estão sujeitas à falência (art. 2º, I, da Lei 11.101/2005).

Quanto à questão da imunidade tributária, a imunidade recíproca, que alcança as entidades autárquicas, não alcança, como se viu, as empresas estatais. Porém, há duas exceções, que uma empresa estatal tem o direito à imunidade recíproca. São elas:

a) quando a empresa estatal tem monopólio sobre certo serviço público, como os Correios e a Infraero;

b) quando a empresa estatal tem capital totalmente público ou praticamente todo público, tem função absolutamente pública e não concorre no mercado, por exemplo, porque não cobra por seus serviços; um exemplo foi um caso julgado pelo STF em que se reconheceu essa imunidade a um hospital federal, revestido da forma sociedade de economia mista, em que o capital era 99,9% federal e que atendia exclusivamente pelo Sistema Único de Saúde, ou seja, sem atuar no mercado (RE 580264, j. 16.12.2010); outro exemplo foi o reconhecimento dessa imunidade, também pelo STF, a uma sociedade de economia mista (Codesp) que presta o serviço de Administração Portuária, com controle acionário quase total da União (99,97%), sendo que a entidade, apesar de cobrar por seus serviços, não o faz com o intuito de lucro e não concorre com outras empresas privadas (RE 253472/SP).

Quanto à criação, as empresas estatais dependem de **autorização de lei específica.**

Observe-se que, diferente da autarquia, que é *criada* por lei específica, as empresas estatais têm sua criação *autorizada* por lei específica, de maneira que tal criação só se efetiva com o arquivamento dos atos constitutivos da sociedade na Junta Comercial.

Qualquer um dos entes políticos pode criar uma empresa estatal. Vale salientar que também depende de autorização legislativa, em cada caso, a criação de subsidiárias de empresas estatais, assim como a participação de qualquer delas em empresa privada (art. 37, XX, CF). Assim, a Constituição exige que a autorização legislativa seja específica e se dê a cada vez que uma nova subsidiária é criada, usando o inciso a expressão "em cada caso".

No que concerne ao **objeto** das empresas estatais, a Constituição atual deixa claro que a sua criação só se justifica quando, excepcionalmente, o Estado tenha de agir na *atividade econômica*. Tais empresas poderão, por exemplo, ser concessionárias de serviço público (executam o serviço público, mas não são titulares deste, sob pena de terem de obedecer ao regime jurídico próprio das autarquias e fundações públicas). E também podem simplesmente agir em atividades econômicas que não importem em prestação de serviço público.

Sua atuação se dá em **atividade econômica suplementar**, não sendo possível que o Estado crie à vontade empresas estatais. Isso ocorre porque, como se sabe, a ordem econômica é fundada na livre iniciativa, na propriedade privada e na livre concorrência, daí porque apenas excepcionalmente pode o Estado nela agir.

Nesse sentido, o art. 173 da CF determina que o Estado só poderá agir na atividade econômica em duas hipóteses:

a) quando houver *relevante interesse público*, como na fabricação de remédio caro para combater a AIDS;

b) quando houver *imperativo de segurança nacional*, como na fabricação de material bélico em caso de guerra.

Essas são as características das empresas estatais, valendo, portanto, tanto para as empresas públicas como para as sociedades de economia mista. Vejamos agora as diferenças entre esses dois tipos de ente.

As **empresas públicas** são empresas estatais com as seguintes peculiaridades:

a) constituídas por qualquer modalidade societária admitida (S/A, Ltda. etc.);

b) com capital social formado integralmente por recursos de pessoas jurídicas de direito público (caso tenha participação da União, esta deve ter a maioria do capital votante); caso a União faça parte de uma empresa pública, a maioria do capital votante deve ser de sua propriedade da União, admitindo-se, no capital da empresa a participação de outras pessoas jurídicas de direito público interno bem como de entidades da Administração Indireta da União, dos Estados, Distrito Federal e Municípios (art. 5º do Dec.-lei 900/1969);

c) caso sejam da União, têm foro na Justiça Federal (art. 109, I e IV, da CF) na área cível e criminal, salvo quanto às contravenções penais, cujo julgamento é da competência da Justiça Comum;

d) são exemplos desse tipo de empresa a Caixa Econômica Federal, os Correios e o SERPRO.

O Dec.-lei 200/1967 define empresa pública como "a entidade dotada de personalidade jurídica de direito privado, com patrimônio próprio e capital exclusivo da União, criado por lei para a exploração de atividade econômica que o Govêrno seja levado a exercer por fôrça de contingência ou de conveniência administrativa podendo revestir-se de qualquer das formas admitidas em direito" (art. 5º, II).

As **sociedades de economia mista** são empresas estatais com as seguintes peculiaridades:

a) constituídas somente pela forma de sociedade anônima (S/A);

b) possuem necessariamente capital privado e público, sendo que a maioria das ações com direito a voto é do Poder Público;

c) a Justiça Comum é o foro próprio de tais sociedades mesmo sendo federais;

d) são exemplos desse tipo de empresa o Banco do Brasil, a Petrobras e a Sabesp.

O Dec.-lei 200/1967 define sociedade de economia mista como "a entidade dotada de personalidade jurídica de direito privado, criada por lei para a exploração de atividade econômica, sob a forma de sociedade anônima, cujas ações com direito a voto pertençam em sua maioria à União ou a entidade da Administração Indireta" (art. 5º, III).

5.3.7. Entes de cooperação (paraestatais)

5.3.7.1. Noções gerais

Tradicionalmente, a expressão "entidade paraestatal" era utilizada para designar não só aquelas entidades criadas pelo particular para fins de interesse público, como também as empresas estatais (sociedades de economia e empresa pública).

Porém, como as empresas estatais fazem parte da Administração Indireta, ou seja, não seguem paralelas ao Estado, mas são parte integrante deste, hoje a expressão "paraestatal", no âmbito doutrinário, designa tão somente aquelas entidades do terceiro setor, ou seja, os entes de cooperação do Estado.

De qualquer forma, é necessário tomar certos cuidados, pois ainda há muitas leis, que, por serem antigas, utilizam a expressão entidade paraestatal para se referirem também às empresas estatais.

A partir de tal observação, podemos **conceituar** as entidades paraestatais como *aquelas pessoas jurídicas de direito privado dispostas paralelamente ao Estado, executando atividade de interesse público.*

Vejamos, agora, quatro tipos de ente de cooperação (serviços sociais autônomos, organizações sociais, OSCIPs e simples organizações da sociedade civil).

5.3.7.2. Serviços Sociais Autônomos

Os **serviços sociais autônomos** *são pessoas jurídicas de direito privado, sem fins lucrativos, vinculadas a categorias profissionais e destinadas ao fomento de assistência social, educacional ou de saúde, podendo receber recursos públicos e contribuições parafiscais.* São entidades desse tipo o SESC, o SENAI, o SENAC e o SESI.

São **características** dessas entidades, que prestam serviços de interesse público, as que seguem:

a) são pessoas jurídicas de direito privado não criadas pelo Estado (são tão somente oficializadas, qualificadas como tal pelo Estado);

b) o regime de seus empregados é celetista;

c) não têm prerrogativas públicas, ou seja, não gozam de privilégios administrativos, fiscais e processuais;

d) nem estão diretamente submetidas à obrigatoriedade de realização de concurso público e licitação (STF, RE 789.874/DF, j. 17.09.2014), o que não exclui o dever de agirem de forma proba, devendo criar processos seletivos e de contratações que estejam em acordo com os princípios da impessoalidade, da moralidade e da eficiência, já que tais entidades manejam recursos públicos;

e) seus funcionários são equiparados a agentes públicos, sujeitos à prática de crimes funcionais e de ato de improbidade administrativa, já que gerem recursos públicos;

f) as ações movidas contra essas entidades devem ser julgadas, salvo interesse direto da União, na Justiça Comum e não na Justiça Federal (STF, RE 414375/SC);

g) seus dirigentes estão sujeitos a mandado de segurança, bem como cabe ação popular em caso de lesão ao patrimônio da entidade;

h) são obrigados a prestar contas junto ao Tribunal de Contas (art. 5.º, V, da Lei 8.443/1992);

i) os dirigentes dessas entidades são obrigados a juntar, à documentação correspondente à prestação de contas junto ao Tribunal de Contas, cópia da declaração de rendimentos e de bens, relativa ao período-base da gestão, de conformidade com a legislação do Imposto sobre a Renda (art. 4º da Lei 8.730/1993 e STJ, REsp 1.356.484-DF, j. 05.02.2013);

j) possuem estrutura de sociedades civis, associações e fundações privadas;

k) atribuída a qualificação de serviço social autônomo, a entidade passa a recolher contribuições parafiscais de associados e a ser destinatária de dotações orçamentárias;

l) por receberem auxílio público ficam sujeitas a controle finalístico e à prestação de contas para o Poder Público.

5.3.7.3. Organizações Sociais – OS (Lei 9.637/1998)

Já as **organizações sociais** são *entidades privadas, sem fins lucrativos, cujas atividades se dirigem ao ensino, pesquisa científica, desenvolvimento tecnológico, proteção e conservação do meio ambiente, cultura, saúde, qualificadas como tal por decisão do Ministro respectivo da atividade e do Ministro da Administração Federal e Reforma do Estado.*

A qualificação de uma entidade como organização social é um instrumento que permite a transferência de certas atividades de interesse público ao setor privado, sem necessidade de concessão ou permissão, tratando-se de nova forma de parceria com valorização do terceiro setor, possibilitando, de outra parte, maior controle sobre as entidades que recebem recursos públicos para fins coletivos.

O instituto das organizações sociais está regulamentado, no âmbito federal, na Lei 9.637/1998.

São exemplos de organizações sociais algumas Santas Casas de Misericórdia (hospitais privados filantrópicos), que receberam tal qualificação, celebraram contrato de gestão com a Administração Pública e vêm recebendo equipamentos, pessoal e dinheiro estatais para a prestação do serviço público de saúde para a população.

São **requisitos** para que seja atribuída a qualificação de organização social a uma entidade os seguintes:

a) não ter fins lucrativos, devendo os excedentes ser aplicados em suas atividades;

b) ter fim social de interesse coletivo;

c) ter conselho de administração como órgão superior, com presença de mais de 50% de representantes do governo e de entidades civis;

d) decisão dos Ministros indicados no conceito, qualificando a entidade.

Uma vez recebida a qualificação de organização social, a entidade poderá firmar contrato de gestão com o Poder Público, contrato este que fixará os termos da parceria, como as atividades a serem desempenhadas pela entidade e a colaboração a ser oferecida pelo Estado, que poderá consistir em aporte de bens públicos em permissão de uso, recursos do orçamento e até servidores públicos.

Os serviços contratados pelo Poder Público junto à organização social, a partir do contrato de gestão, não dependem de licitação, tratando-se de caso de dispensa de licitação previsto no art. 24 da Lei 8.666/1993.

A partir desse momento, a organização social deverá promover a publicidade de seus atos, estará sujeita ao controle do Tribunal de Contas e à verificação periódica do atendimento das metas a que tiver se submetido.

Assim como os serviços sociais autônomos, as organizações sociais não são obrigadas a promover concurso público para a admissão de seu pessoal, nem a promover licitação para a realização de contratos com terceiros, devendo, todavia, efetuar tais despesas mediante obediência aos princípios da impessoalidade, da moralidade e da eficiência.

Caso ocorra descumprimento, pela entidade, do contrato de gestão, apurado em processo administrativo com ampla defesa, será feita sua desqualificação, que importará em reversão (devolução) dos bens públicos que estavam sendo utilizados pela entidade privada.

O STF, em Ação Direta de Inconstitucionalidade, decidiu algumas questões em relação às organizações sociais, acolhendo em parte o pedido, para conferir interpretação conforme a Constituição à Lei 9.637/1998 e ao inciso XXIV do art. 24 da Lei 8.666/1993, para explicitar que: " a) o procedimento de qualificação das organizações sociais deveria ser conduzido de forma pública, objetiva e impessoal, com observância dos princípios do "caput" do art. 37 da CF, e de acordo com parâmetros fixados em abstrato segundo o disposto no art. 20 da Lei 9.637/1998; b) a celebração do contrato de gestão fosse conduzida de forma pública, objetiva e impessoal, com observância dos princípios do "caput" do art. 37 da CF; c) as hipóteses de dispensa de licitação para contratações (Lei 8.666/1993, art. 24, XXIV) e outorga de permissão de uso de bem público (Lei 9.637/1998, art. 12, § 3º) deveriam ser conduzidas de forma pública, objetiva e impessoal, com observância dos princípios do "caput" do art. 37 da CF; d) a seleção de pessoal pelas organizações sociais seria conduzida de forma pública, objetiva e impessoal, com observância dos princípios do "caput" do art. 37 da CF, e nos termos do regulamento próprio a ser editado por cada entidade; e e) qualquer interpretação que restringisse o controle, pelo Ministério Público e pelo Tribunal de Contas da União, da aplicação de verbas públicas deveria ser afastada" (ADI 1923, j. 16.04.2015).

As Organizações Sociais (OSs) não se confundem com as **Organizações da Sociedade Civil de Interesse Público (OSCIPs)**, regulamentadas pela Lei 9.790/1999.

a) As primeiras atuam em atividades em que o Estado deveria atuar (ex.: saúde, educação etc.), apesar de não se tratarem de atividades exclusivas do Estado, ao passo que as segundas atuam em atividades de utilidade pública, em relação às quais o Estado tem interesse de fomento, tais como promoção da segurança alimentar, da ética e da paz;

b) As OSCIPs, na verdade, são entidades que recebem o **fomento** do Estado, por exemplo, para defender os consumidores, os idosos, os homossexuais etc.;

c) As OSs são qualificadas mediante aprovação do Ministro supervisor e do Ministro da Administração Federal e Reforma do Estado, ao passo que as OSCIPs são qualificadas pelo Ministro da Justiça;

d) As OSs celebram com a Administração *contrato de gestão*, ao passo que as OSCIPs celebram *termo de parceria*.

5.3.7.4. Organizações da Sociedade Civil de Interesse Público – OSCIPs (Lei 9.790/1999)

Podem receber a qualificação de OSCIP pessoas jurídicas de direito privado, sem fins lucrativos, que atuem observando o princípio da universalização dos serviços, e cujos objetivos sociais tenham ao menos uma das seguintes finalidades (art. 3º da lei): "I – promoção da assistência social; II – promoção da cultura, defesa e conservação do patrimônio histórico e artístico; III – promoção gratuita da educação, observando-se a forma complementar de participação das organizações de que trata esta Lei; IV – promoção gratuita da saúde, observando-se a forma complementar de participação das organizações de que trata esta Lei; V – promoção da segurança alimentar e nutricional; VI – defesa, preservação e conservação do meio ambiente e promoção do desenvolvimento sustentável; VII – promoção do voluntariado; VIII – promoção do desenvolvimento econômico e social e combate à pobreza; IX – experimentação, não lucrativa, de novos modelos socioprodutivos e de sistemas alternativos de produção, comércio, emprego e crédito; X – promoção de direitos estabelecidos, construção de novos direitos e assessoria jurídica gratuita de interesse suplementar; XI – promoção da ética, da paz, da cidadania, dos direitos humanos, da democracia e de outros valores universais; XII – estudos e pesquisas, desenvolvimento de tecnologias alternativas, produção e divulgação de informações e conhecimentos técnicos e científicos que digam respeito às atividades mencionadas neste artigo".

A Lei 9.790/1999 estabelece, ainda, que a dedicação dessas entidades nessas finalidades pode ser tanto na execução direta de programas, como na prestação de serviços intermediários de apoio a outras organizações sem fins lucrativos e a órgãos que atue em áreas afins (art. 3º, parágrafo único).

As pessoas jurídicas interessadas na qualificação como OSCIP, além de não ter fins lucrativos e de atuar nas finalidades estabelecidas no art. 3º da referida lei, devem ainda atender aos requisitos estabelecidos no art. 4º da lei, relacionados aos componentes de resguardo da legalidade, da impessoalidade, da moralidade, da publicidade, da economicidade e da eficiência na atuação da entidade, bem como não se tratar de entidade não passível de qualificação, que são as seguintes (art. 2º da lei): "I – as sociedades comerciais; II – os sindicatos, as associações de classe ou de representação de categoria profissional; III – as instituições religiosas ou voltadas para a disseminação de credos, cultos, práticas e visões devocionais e confessionais; IV – as organizações partidárias e assemelhadas, inclusive suas fundações; V – as entidades de benefício mútuo destinadas a proporcionar bens ou serviços a um círculo restrito de associados ou sócios; VI – as entidades e empresas que comercializam planos de saúde e assemelhados; VII – as instituições hospitalares privadas não gratuitas e suas mantenedoras; VIII – as escolas privadas dedicadas ao ensino formal não gratuito e suas mantenedoras; IX – as organizações sociais; X – as cooperativas; XI – as fundações públicas; XII – as fundações, sociedades civis ou associações de direito privado criadas por órgão público ou por fundações públicas; XIII – as organizações creditícias que tenham quaisquer tipo de vinculação com o sistema financeiro nacional a que se refere o art. 192 da Constituição Federal".

Preenchidos os requisitos e apresentados os documentos de que trata o art. 5º da lei federal, compete ao Ministro da Justiça decidir sobre a possibilidade ou não da qualificação.

Uma vez qualificada como OSCIP, a entidade fica habilitada para a celebração, com o Poder Público, de Termo de Parceria (art. 9º), destinado à formação do vínculo de cooperação entre as partes, para o fomento e a execução das atividades de interesse público previstas no já referido art. 3º da lei.

O Poder Público não é obrigado a fazer parceria com a entidade que for qualificada como OSCIP.

A celebração de Termo de Parceria será precedida de consulta aos Conselhos de Políticas Públicas das áreas correspondentes de atuação existentes, nos respectivos níveis de governo. Assim, no âmbito da Secretaria de Educação ou da Secretaria de Assistência Social de dado Estado ou Município, por exemplo, deverá ser constituído o conselho respectivo, para o fim acima indicado.

O Termo de Parceria tratará, entre outras questões essenciais, do objeto, das metas e resultados, e da avaliação de desempenho das entidades respectivas (art. 10, § 2º).

É importante lembrar que as OSCIPs têm o dever legal de atender ao princípio da universalização dos serviços (art. 3º), atendendo, assim, a todos que procurarem a entidade, ressalvados os casos em que houver limitação máxima de pessoas pelo tipo de atendimento, ocasião em que se deve atender a todos dentro do limite de vagas existentes e segundo as metas acertadas com o Poder Público e com critérios de admissão que respeitem a impessoalidade e a moralidade.

Em função do princípio da legalidade, é necessário que os Estados, Distrito Federal e Municípios tenham lei local operacionalizando a realização de termo de parceria com as OSCIPs. Além de autorização que o Poder Público local qualifique e celebre termo de parceria com OSCIPs, a lei local pode estabelecer requisitos como tempo de existência da OSCIP, experiência na área de atuação, qualificações especiais para celebrar termo de parceria em determinadas atividades, entre outros requisitos.

Apesar de a lei federal não exigir licitação para a celebração de Termo de Parceria com OSCIPs, em respeito aos princípios da isonomia e da indisponibilidade do interesse público, faz necessário que cada ente regulamente procedimento com vistas a assegurar tais valores. Isso implica na previsão de chamamentos públicos, que tragam critérios os mais objetivos possíveis, para a escolha, dentre as entidades interessadas, da que melhor atende ao interesse público.

Vale lembrar que a Constituição Federal, regra matriz sobre o dever de licitar, não impõe licitação pública para "o fomento e a execução das atividades de interesse público" previstas na Lei 9.790/1999, mas apenas para a contratação de obras, prestação de serviços, alienações e compras da Administração Pública (art. 37, XXI).

Dessa forma, para atender à isonomia e à indisponibilidade do interesse cabe fazer seleção nos termos do regulamento local, que poderá instituir, por exemplo, procedimento de Chamamento Público ou de Concurso de Projetos para a hipótese, procedimento que agora está regulamento em lei geral sobre parcerias.

Um exemplo de OSCIP já implementada no setor é a Escola de Pais do Brasil – Seccional de Florianópolis, entidade sem fins econômicos, declarada de utilidade pública e credenciada pelo Ministério da Justiça como Organização da Sociedade Civil de Interesse Público – OSCIP, que organiza seminários, ministra cursos e ciclos de debates nas redes particular e pública de ensino, em empresas e centros comunitários e onde quer que se solicite sua atividade. Atua na prevenção e na busca por soluções de problemas ligados à família e à cidadania.

5.3.7.5. Organizações da Sociedade Civil – OSC (Lei 13.019/2014)

A Lei 13.019/2014, o chamado Marco Regulatório das Organizações da Sociedade Civil (MROSC), institui normas gerais para as parcerias entre a administração pública e organizações da sociedade civil, em regime de mútua cooperação, para a consecução de finalidades de interesse público e recíproco, mediante a execução de atividades ou de projetos previamente estabelecidos em planos de trabalho inseridos em termos de colaboração, em termos de fomento ou em acordos de cooperação (art. 1º).

Essa lei veio em resposta à "CPI das ONGs", que constatou que havia um grande número de ONGs no país que trabalhavam de forma irregular, servindo, muitas vezes, de laranjas para o desvio de recursos públicos. A CPI constatou também que, mesmo em entidades que não eram de fachada, havia vários vícios na celebração e execução dos convênios (esse era o nome do instrumento utilizado para o acerto dessas parcerias com a Administração Pública, nome esse que agora não mais poderá ser utilizado para designar esse tipo de parceria), como a ausência de processo seletivo para a celebração do convênio, a ferir, muitas vezes, o princípio da impessoalidade, a ausência de instrumento adequado de prestação de contas e também a ausência de metas e de controle de resultados. Naturalmente que há muitas entidades seríssimas nesse setor, que, vale lembrar, é essencial para a consecução de atividades de interesse público em nosso País, mas já estava mais do que na hora de vir uma lei que pudesse sanear os vícios mencionados, além de tratar de outras questões de suma importância para esse tipo de parceria.

Antes de tratarmos com mais detalhe desse tipo de parceria, de rigor pontuar que essa lei se aplica às parcerias que envolvam ou não transferências de recursos financeiros, **mas não se aplica às hipóteses previstas no art. 3º da lei, como, por exemplo,** às transferências de recursos homologadas pelo Congresso Nacional ou autorizadas pelo Senado Federal naquilo em que as disposições dos tratados, acordos e convenções internacionais específicas conflitarem com a Lei.

Na prática, esse tipo de parceria acontece muito nas **seguintes áreas**: a) assistência social; b) educação; c) saúde; d) esporte; e) cultura; f) direitos humanos.

São **exemplos** as parcerias celebradas com entidades sem fins lucrativos (organizações da sociedade civil) para acolhimento de crianças sem família, para acolhimento de pessoas sem habitação, para realização de atividades com crianças e adolescentes em situação de risco no contraturno das aulas, atendimento a moradores de rua, acolhimento de idosos, apoio a famílias e indivíduos que vivenciam violação de direitos, dentre eles a violência física, psicológica, sexual, cumprimento de medidas socioeducativas em meio aberto, dentre outros.

Para que uma **entidade** possa realizar esse tipo de parceria há de atender aos seguintes **requisitos**:

a) enquadrar-se no conceito de organização da sociedade civil, que é a entidade privada sem fins lucrativos que não distribua entre os seus sócios ou associados, conselheiros, diretores, empregados, doadores ou terceiros eventuais resultados, sobras, excedentes operacionais, brutos ou líquidos, dividendos, isenções de qualquer natureza, participações ou parcelas do seu patrimônio, auferidos mediante o exercício de suas atividades, e que os aplique integralmente na consecução do respectivo objeto social, de forma imediata ou por meio da constituição de fundo patrimonial ou fundo de reserva, bem como as demais entidades mencionadas nas alíneas "b" e "c" do inciso I do art. 2º da Lei 13.019/2014;

b) ser regida por normas de organização interna que estabeleça o seguinte: i) objetivos voltados à promoção de atividades e finalidades de relevância pública e social; ii) que, em caso de dissolução da entidade, o respectivo patrimônio líquido seja transferido a outra pessoa jurídica de igual natureza que preencha os requisitos desta Lei e cujo objeto social seja, preferencialmente, o mesmo da entidade extinta; iii) escrituração de acordo com os princípios fundamentais de contabilidade e das Normas Brasileiras de Contabilidade; importante salientar que celebração de meros acordos de cooperação (aqueles acordos que não envolvam transferência de recursos), só será exigido o requisito "i" e que, quanto às entidades religiosas, estão dispensados os requisitos "i" e "ii".

c) possuir: no mínimo, um, dois ou três anos de existência, com cadastro ativo, comprovados por meio de documentação emitida pela Secretaria da Receita Federal do Brasil, com base no Cadastro Nacional da Pessoa Jurídica – CNPJ, conforme, respectivamente, a parceria seja celebrada no âmbito dos Municípios, do Distrito Federal ou dos Estados e da União, admitida a redução desses prazos por ato específico de cada ente na hipótese de nenhuma organização atingi-los; experiência prévia na realização, com efetividade, do objeto da parceria ou de natureza semelhante; instalações, condições materiais e capacidade técnica e operacional para o desenvolvimento das atividades ou projetos previstos na parceria e o cumprimento das metas estabelecidas.

A Administração Pública, por sua vez, deverá criar, caso não já tenha, **Conselho de Política Pública** ("para atuar como instância consultiva, na respectiva área de atuação, na formulação, implementação, acompanhamento, monitoramento e avaliação de políticas públicas"), **Comissão de Seleção** (órgão colegiado responsável pelo Chamamento Público, espécie de certame licitatório para a escolha da entidade) e a **Comissão de Monitoramento e Avaliação** (órgão colegiado que destinado a avaliar as parcerias), conforme incisos IX, X e XI do art. 2º da Lei 13.019/2014.

Dentre os **princípios e diretrizes** a serem respeitados nesse tipo de parceria, destacam-se os da **transparência**, do **controle social das ações públicas** e da **priorização do controle de resultados**, tendências cada vez mais fortes no direito administrativo.

Conforme já comentado, os instrumentos a serem firmados com as organizações da sociedade civil não mais poderão ser chamados de convênio, que passam a ser apenas os acordos de mútua cooperação entre entes políticos. Agora os instrumentos firmados por essas entidades com o Poder Público passam a se chamar **termo de colaboração** e **termo de fomento**, usando-se sempre o nome "termo de colaboração", ficando reservado a nomenclatura "termo de fomento" para as parcerias decorrentes de planos de trabalho que foram propostos pelas organizações da sociedade civil (arts. 16 e 17 da Lei 13.019/2014). Importante consignar que a lei prevê também um instrumento com o nome de "acordo de colaboração", que é aquele que não envolve transferência de recursos financeiros.

Mas a celebração desses termos de colaboração e de fomento dependem de um processo seletivo, que tem o nome de **chamamento público**. Mas antes desse procedimento, é necessário que a Administração crie um Plano de Trabalho (art. 22 da Lei 13.019/2014), que será executado pela entidade vencedora do certame. A partir desse plano, faz-se um edital de chamamento, que, sempre que possível, deve estabelecer critérios e indicadores a serem seguidos (especialmente objetos, metas, custos e indicadores, quantitativos ou qualitativos, de avaliação de resultados (art. 23, parágrafo único, da Lei 13.019/2014), sendo que o grau de adequação da proposta aos objetivos específicos do programa ou ação em que se insere o objeto da parceria e, quando for o caso, ao valor da referência constante do chamamento público é critério obrigatório de julgamento (art. 27, caput, da Lei 13.019/2014). A lei prevê, ainda, a inversão de fases nesse procedimento, de modo que primeiro se faz a etapa competitiva e se ordena as propostas.

Uma vez finalizado o chamamento público e celebrado o termo de colaboração ou o termo de fomento, passa-se à **execução** desses termos, cujo grande destaque é a **prestação de contas** a ser feita pelo parceiro junto ao Poder Público. Nesse ponto, vale lembrar que, num termo de colaboração ou de fomento, não há relação de crédito e débito (não há obrigações recíprocas, mas sim repasse de recursos pelo Poder Público, para que sejam alocadas pelas entidades nos objetivos comuns acertados. Por isso é que a entidade parceria tem o dever de prestar contas, que se dará mediante a apresentação de dois relatórios (art. 66 da Lei 13.019/2014): a) Relatório de Execução do Objeto, voltado para as atividades desenvolvidas com vistas à execução do objetivo (ex: como se deu o atendimento às crianças, idosos etc.); b) Relatório de Execução Financeira, voltado à descrição das despesas e receitas efetivamente realizadas.

Com relação à prestação de contas financeira, importante ressaltar que a entidade não obrigada a fazer licitação para a aquisição de produtos e serviços no mercado com o dinheiro recebido pelo Poder Público. Porém, é obrigado a **gastar esses recursos com respeito** aos princípios da legalidade, da moralidade, da boa-fé, da probidade, da impessoalidade, da economicidade, da eficiência, da isonomia, da publicidade, da razoabilidade e do julgamento objetivo e a busca permanente de qualidade e durabilidade.

Quanto ao **prazo da parceria**, a lei não traz limite, mas dispõe que deverá constar do termo de colaboração ou de fomento a vigência e as hipóteses de prorrogação (art. 42, VI). De qualquer forma, por analogia, entendemos que, em se tratando de serviços públicos contínuos, há de se admitir o limite máximo previsto na Lei 8.666/1993, que é total de 60 meses, já contidas as prorrogações ordinárias, sem prejuízo da prorrogação extraordinária prevista no art. 57, § 4º, da Lei 8.666/1993.

A lei prevê, ainda, **sanções graves** às seguintes pessoas: a) às entidades que executarem a parceria em desacordo com o plano de trabalho e com as normas da lei e legislação específica (art. 73); b) e aos agentes públicos e particulares beneficiários ou que concorrem pelo ato, pela prática de atos de improbidade administrativa, sendo que a lei cria diversos tipos novos de improbidade (art. 77).

Em termos de **disposições transitórias**, a lei só entrará em vigor para os Municípios em 1º de janeiro de 2017, salvo se ato administrativo local determinar a sua aplicação imediata.

Vale salientar que a Lei 13.019/2014 sofreu drásticas mudanças com a edição da Lei 13.204/2015 que alterou em diversos pontos, retirando, de um lado, boa parte das regras moralizadoras e importantes previstas na redação originária da lei, o que é lastimável, mas também tornando viável, de outro lado, a aplicação da lei em pontos que estavam confusos ou exagerados na redação originária, o que é salutar.

6. AGENTES PÚBLICOS

6.1. Conceito

Os agentes públicos podem ser **conceituados** como *os sujeitos que servem ao Poder Público como instrumentos de sua vontade, mesmo que o façam apenas ocasionalmente.*

Saber quem é agente público é importante para diversos fins, tais como verificação de cabimento de mandado de segurança em face de ato de dada autoridade, submissão a certas restrições de direito público, sujeição à aplicação especial da lei penal, sujeição à Lei de Improbidade Administrativa, sujeição à Lei de Abuso de Autoridade, dentre outras situações.

No entanto, as leis trazem diferentes conceitos de agente público para efeito de determinar quem está e quem não está a ela sujeito. Por exemplo, o conceito de agente público na Lei de Improbidade Administrativa é muito mais amplo que o conceito previsto no Código Penal.

Tal situação é plenamente possível, pois cada lei deverá definir quem está a ela sujeito.

De qualquer forma, o conceito trazido por nós é um conceito geral que pode ser aplicado independentemente das especificidades de cada lei.

6.2. Natureza da atuação dos agentes públicos

Neste item comumente são estudadas as teorias do *mandato*, da *representação* e da *presentação*.

A terceira teoria, qual seja, a de que a natureza da atuação do agente público perante o Poder Público é de *presentação*, é a mais adotada, dispensando a análise aprofundada das demais, pelos seguintes motivos:

a) a natureza transitória e revogável do mandato (teoria do mandato) não se coaduna com a estabilidade dos agentes públicos;

b) a representação (teoria da representação) é forma de integração da vontade dos incapazes, e o Estado não é incapaz;

c) na presentação, o Estado se faz presente por um de seus órgãos, um agente público, de modo que todos os atos são imputados diretamente a ele (Estado), teoria que se coaduna com a realidade.

A **teoria da presentação** fez com que se desenvolvesse a *teoria do órgão*, de acordo com a qual todo ato expedido por um agente público é imputado diretamente à Administração Pública.

De fato, quando um agente público pratica um ato, esse agente nada mais está fazendo do que se fazendo presente (presentando) como Estado. No fundo, quem pratica o ato é o próprio Estado, e não o agente público, que é um mero presentante deste.

Essa conclusão tem várias consequências, dentre as quais a de que, causado um dano a terceiro por conduta de agente estatal, o Estado responderá objetivamente, não sendo sequer possível que a vítima ingresse com ação diretamente em face do agente público, devendo acionar o Estado, que, regressivamente, poderá se voltar em face do agente público que tiver agido com culpa ou dolo (art. 37, § 6º, da CF).

6.3. Classificação dos agentes públicos

Segundo Celso Antônio Bandeira de Mello, os agentes públicos podem ser classificados da forma como vemos nos enunciados adiante.

Agentes políticos *são os titulares de cargos estruturais à organização política do país.* Seu vínculo com o Estado não é de natureza profissional, mas política. A relação jurídica com o Estado é estatutária (não contratual), descendendo da própria Constituição.

São exemplos de agentes políticos o Presidente da República, Governadores, Prefeitos, Senadores, Deputados, Vereadores, Secretários de Governo, Ministros de Estado.

Há controvérsia sobre a inclusão dos juízes e promotores na aludida espécie. Se se encarar como discrímen da classificação o fato de serem titulares de cargos estruturais no âmbito da organização política do País (e não no sentido de fazerem política, no sentido pejorativo da palavra), há de se chegar à conclusão de que tais agentes são, efetivamente, agentes políticos.

Servidores estatais *são todos aqueles que mantêm com as entidades da Administração Direta e Indireta, públicas ou privadas, relação de trabalho de natureza profissional em caráter não eventual, sob vínculo de dependência.* Subdividem-se em dois grupos:

a) servidores públicos: são aqueles servidores estatais que atuam junto ao ente político e respectivas pessoas de direito público (autarquias e fundações públicas); podem ser titulares de *cargo público* (regime estatutário), sendo esta a regra (exs.: escreventes, delegados e fiscais), ou de *emprego público* (regime celetista); no primeiro caso, terão o nome de *servidores titulares de cargo público;* no segundo, de *servidores empregados*, que são os admitidos para funções materiais subalternas, contratados por necessidades temporárias de excepcional interesse público ou remanescentes do regime anterior à CF/1988;

b) servidores de pessoas governamentais de direito privado: são os que atuam como empregados, sob regime trabalhista, nas empresas públicas e sociedades de economia mista.

Já os **particulares em colaboração com a Administração**, por sua vez, *são os que, sem perder a qualidade de particulares, exercem função pública, ainda que em caráter episódico.* Subdividem-se nos seguintes grupos:

a) requisitados para prestação de atividade pública. Exs.: jurados e mesários;

b) gestores de negócios públicos que atuam em situações de necessidade pública premente;

c) contratados por locação civil de serviços. Ex.: advogado contratado para sustentação oral;

d) concessionários e permissionários de serviços públicos, bem como delegados de função ou ofício público. Ex.: notários e tabeliães.

Outra classificação importante dos agentes públicos é a que os divide nas seguintes espécies:

Agentes políticos: *vide* correspondente acima.

Agentes administrativos: *vide* servidores estatais.

Agentes honoríficos: *cidadãos convocados para prestar, transitoriamente, serviço ao Estado, em razão de sua honorabilidade*. Não há remuneração. Ex.: mesários eleitorais, jurados do Tribunal do Júri.

Agentes delegados: *particulares que recebem delegação para executar atividade, obra ou serviço público, agindo em nome próprio e por sua conta e risco, mediante remuneração advinda do Estado ou dos usuários dos serviços*. Ex.: tabeliães, oficiais de registro, concessionários de serviço público.

Agentes credenciados: *particulares que recebem uma incumbência específica para representar a Administração*. São remunerados. Aqui a transitoriedade é maior que na espécie anterior. Ex.: advogado renomado contratado por Prefeitura para fazer sustentação oral num julgamento perante o Tribunal; advogado que tem convênio com o Estado para representar necessitados em juízo em nome destes.

Outra classificação possível, feita diante do texto constitucional, é a que divide os servidores públicos em: a) agentes políticos, b) servidores públicos em sentido estrito ou estatutários; c) empregados públicos; d) contratados por tempo determinado.

Por fim, vale dar uma palavra sobre os militares. Esses têm estatuto próprio, podendo ser considerados servidores estatutários também.

Porém, para alguns autores, como Maria Sylvia Zanella Di Pietro, os *militares* devem ser considerados uma espécie à parte de agentes públicos, dadas as peculiaridades de seu regime jurídico.

Assim, para quem tem esse entendimento, haveria quatro grandes grupos de agentes públicos: a) agentes políticos; b) servidores públicos; c) militares; d) particulares em colaboração com a Administração.

6.4. Espécies de vínculos: cargos, empregos e funções

6.4.1. Cargos públicos

Os cargos públicos podem ser **conceituados** como as *mais simples unidades de competência a serem exercidas por agente público, devendo ser criados por lei*. Além de ser criados por lei, qualquer alteração nas atribuições do cargo somente pode ocorrer por meio de lei formal (STF, MS 26.740-DF).

Os cargos públicos são próprios das pessoas jurídicas de direito público.

Os cargos públicos podem ser efetivos ou em comissão (esse será visto no próximo item). Os titulares de **cargos efetivos** (também chamados de servidores públicos) devem passar por concurso público, podem adquirir estabilidade e se submetem ao regime estatutário, daí porque tais cargos são reservados a agentes públicos em que o dever de isenção e a responsabilidade são grandes, o que não ocorre, por exemplo, na contratação de servidores temporários, que serão chamados para empregos públicos, como se verá.

É importante consignar, desde já, que a EC 19/1998 suprimiu a obrigatoriedade do regime jurídico único, supressão essa que está suspensa no momento por decisão do STF em ADI que questiona a ausência de votação no Congresso quanto a essa modificação.

De qualquer forma, a exigência de regime jurídico único, que consta da redação original do art. 39, *caput*, da CF, quer dizer apenas que não é possível haver mais de um estatuto de funcionário público para reger os servidores com **cargo público** na Administração Direta e Indireta. Há de existir um "único" estatuto de funcionário público no âmbito das pessoas jurídicas de direito público da administração direta e indireta de um dado ente federativo. Por exemplo, na esfera federal, não é possível que haja dois estatutos de servidores públicos (a Lei 8.112/19990 e uma outra lei), de modo a um estatuto servir para uma parte dos servidores e outro, para outra parte. A única exceção se dá quanto aos militares, que têm estatuto próprio. Outra possibilidade, diz respeito à concorrência de um regime jurídico geral (no caso federal, a Lei 8.112/1990), com leis específicas tratando de alguma particularidade de uma carreira. Ademais, nada impede que as pessoas contratadas para um mero núcleo de encargo de trabalho (emprego) sejam regidas pela CLT.

Outro ponto importante acerca do regime jurídico dos servidores estatutários é que não é possível que estes celebrem acordos ou convenções coletivas e trabalho, pois a Administração Pública está sujeita ao princípio da legalidade, não se autorizando que se conceda por convenção ou acordo coletivo vantagens a servidores públicos, já que essas concessões dependem de lei de iniciativa do Executivo (art. 61, § 1º, II, "a" e "c") e de prévia dotação orçamentária (art. 169, §. 1º, I e II). Vide a respeito a decisão proferida pelo STF na ADI 554/MT. A celebração de convenções e acordos coletivos de trabalho é direito exclusivo dos trabalhadores da iniciativa privada, sujeitos ao regime celetista (art. 7º, XXVI, da CF).

6.4.2. Funções públicas

Em sentido amplo, as funções públicas abrangem as funções em confiança, os estágios, as contratações temporárias (art. 37, IX, da CF) e a contratação de agentes de saúde e de combate a endemias (art. 198, § 4º, da CF).

De um lado, temos essas funções públicas em sentido amplo e, de outro, temos os *cargos públicos* e os *empregos públicos*.

Em sentido estrito, as funções públicas dizem respeito às *funções em confiança*, que podem ser conceituadas como *o conjunto de atribuições, criadas por lei, correspondente a encargos de direção, chefia e assessoramento, a serem exercidas exclusivamente por titular de cargo efetivo, da confiança da autoridade que as preenche*.

A função em confiança está prevista no artigo 37, V, CF (não confundir com cargo em comissão, também previsto neste inciso, que pode ser preenchido por pessoas que não fizeram concurso público, que não são da carreira).

Assim, só quem já tem um cargo efetivo na Administração pode ser chamado para uma função de confiança (para ser chefe de uma seção, por exemplo).

A qualquer momento o servidor pode perder uma função em confiança, ocasião em que voltará a ocupar o cargo efetivo que antes detinha.

Enfim, quando uma determinada lei criar uma função de direção, chefia ou assessoramento e dispuser que só quem tem cargo efetivo poderá assumir essa função, estaremos diante de uma *função em confiança* e não diante de um *cargo em comissão*.

6.4.3. Empregos públicos

Os empregos públicos podem ser **conceituados** como *núcleos de encargos de trabalho, a serem preenchidos por contratados pelo regime jurídico celetista, contratual*.

O regime celetista tem por característica **maior rigidez** do que o regime estatutário. Isso porque um contrato faz lei entre as partes (*pacta sunt servanda*), ao passo que o Estatuto de Funcionário Público, que rege os detentores de cargo, é uma lei que pode ser modificada a qualquer momento sem que o agente público tenha direito adquirido ao regime funcional que tinha antes.

Outra diferença entre o regime celetista e o regime estatutário é a de que o primeiro **não admite a aquisição de estabilidade** como regra, ao passo que esse instituto é próprio aos regidos pelo regime estatutário que detenham cargo efetivo, o mesmo não acontecendo em relação aos estatutários que detêm cargo em comissão.

Apesar de o empregado público ter regime funcional celetista e submeter-se obrigatoriamente ao Regime Geral da Previdência Social, a admissão de pessoas para um emprego público depende de **concurso público**.

Outro ponto importante diz respeito aos **casos em que é possível utilizar o regime celetista**, ou seja, em que se permite a contratação de agentes públicos para um emprego público. Os casos são os seguintes:

a) pessoas jurídicas de direito privado estatais: todos os agentes serão contratados para emprego público, ou seja, pelo regime celetista;

b) pessoas jurídicas de direito público: serão contratados para emprego público, pelo regime celetista, aqueles que tiverem atribuições subalternas (ex.: telefonista, jardineiro etc.).

No último caso, os empregados públicos, apesar de serem celetistas, têm direito à estabilidade própria dos que têm cargos públicos, conforme vem decidindo a jurisprudência (Súmula 390 do TST).

Assim, um empregado público da União tem direito à estabilidade, ao passo que um empregado público do Banco do Brasil não tem esse direito.

Ainda nesse tema, existe grande discussão se a dispensa de empregado público em pessoa jurídica de direito privado estatal (por exemplo, no Banco do Brasil) precisa ser motivada.

Respondendo a essa pergunta o Tribunal Superior do Trabalho entende que a motivação é dispensável (TST, OJ-I 247). Todavia, a motivação faz-se necessária nos Correios, que, apesar de ser uma pessoa jurídica de direito privado estatal, por ter o monopólio de sua atividade, está submetido a várias sujeições das pessoas jurídicas de direito público, dentre elas àquela de motivar seus atos.

Não bastasse, o STF, além do que já se decidia em relação aos Correios, passou a decidir que, em se tratando de empresa pública ou sociedade de economia mista ***prestadoras de serviço público***, a dispensa depende de motivação em qualquer caso, pois tais empresas estatais não são como as estatais meramente exploradoras de atividade econômica, tendo, assim, um regime jurídico privado, mas com mais condicionantes públicos, como é o caso do dever de motivação em caso de dispensa de agentes públicos; confira: "em atenção, no entanto, aos princípios da impessoalidade e isonomia, que regem a admissão por concurso público, a dispensa do empregado de empresas públicas e sociedades de economia mista que prestam serviços públicos deve ser motivada, assegurando-se, assim, que tais princípios, observados no momento daquela admissão, sejam também respeitados por ocasião da dispensa; a motivação do ato de dispensa, assim, visa a resguardar o empregado de uma possível quebra do postulado da impessoalidade por parte do agente estatal investido do poder de demitir" (STF, RE 589.998, *DJ* 12.09.2013). Repare que essa regra não se aplica as empresas estatais meramente ***exploradoras de atividade econômica***.

6.5. Cargo público

6.5.1. Classificação quanto à posição

Isolados são os cargos que não estão subdivididos em classes. Então, não há promoção.

De carreira são os cargos subdivididos em classes. Cada classe indica uma promoção.

Quadro é o conjunto de todos os cargos, isolados e de carreira. A **carreira** é composta de **classes** (crescentes), que é o conjunto de cargos da mesma natureza de trabalho. Por fim temos os **cargos,** que são as menores unidades de competência. **Lotação** é o número de servidores que devem ter exercício em cada repartição.

No âmbito federal, por exemplo, há um quadro para cada unidade básica de organização, ou seja, tem-se um quadro para cada Ministério.

6.5.2. Classificação quanto à vocação de retenção dos ocupantes

Podem ser de **provimento em comissão** (de ocupantes provisórios – demissíveis *ad nutum*), de **provimento efetivo** (de ocupantes permanentes) e de **provimento vitalício** (permanentes com maiores garantias)

Cargos em comissão *são unidades de competência a serem preenchidas por servidores de carreira nos casos, condições e percentuais mínimos previstos em lei.*

Repare que é possível que tais cargos sejam preenchidos sem que o ocupante faça concurso público.

Outras características do cargo em comissão são as seguintes:

a) seu caráter é provisório, sendo ocupado por pessoas de confiança, que podem ser nomeadas e exoneradas livremente (*ad nutum*);

b) o regime funcional dos cargos em comissão é estatutário e não celetista; dessa forma, é o Estatuto de Funcionários Públicos que rege os servidores com cargo em comissão, estatuto esse que não se aplicará na parte que trata do direito à estabilidade, pois esse direito não existe em favor daqueles que detêm cargo em comissão;

c) o regime previdenciário dos ocupantes de cargo em comissão é o Regime Geral da Previdência Social e não o Regime Próprio de Previdência dos funcionários públicos, regime aplicável apenas aos servidores que detêm cargo efetivo;

d) só podem ser criados cargos em comissão para atribuições em que o elemento confiança é indispensável (para chefia, direção e assessoramento); o STF declara com frequência a inconstitucionalidade de leis que criam cargos em comissão para atribuições eminentemente técnicas, como as de cargos para médico, auditor, jornalista, psicólogo, enfermeiro, motorista etc. (v., p. ex., ADI 3602), deixando claro que esses cargos devem ser efetivos, providos, assim, por concurso público.

Vale ressaltar que, em que pese o art. 37, V, CF dispor que a nomeação para cargo em comissão é livre, podendo ser chamado quem nunca fez concurso público algum, a lei que criar cargos em comissão deverá trazer percentuais mínimos deles que devem ser providos por servidores de carreira.

Cargos de provimento efetivo são a regra em matéria de cargos públicos, dependendo de concurso público de provas ou de provas e títulos seu provimento.

Enquanto os cargos em comissão têm como marca a transitoriedade, os cargos efetivos têm por nota a permanência, daí a possibilidade de o servidor, preenchidos certos requisitos, auferir a estabilidade, que é o direito de não ser demitido, salvo se incidir em falta grave, apurada em processo administrativo, ou em consequência da avaliação periódica, assegurada a ampla defesa, dentre outras situações que veremos a seguir.

Cargos de provimento vitalício são aqueles cujo elemento permanência é ainda mais intenso, uma vez que seus ocupantes só podem perdê-lo por meio de sentença transitada em julgado. É atributo dos magistrados (art. 95, I, CF), membros do Ministério Público (art. 128, § 5º, I, "a", CF) e membros dos Tribunais de Contas (art. 73, § 3º, CF). Seu provimento pode ou não depender de concurso público. E a vitaliciedade ocorre após dois anos de exercício, se o ingresso foi por concurso (juízes e promotores), ou logo após a posse, se por indicação (Ministros dos Tribunais Superiores, por exemplo).

6.5.3. *Provimento em cargo público*

Consiste no ato de designação de alguém para titularizar cargo público. É da alçada do chefe do Poder, ou do Presidente ou Procurador-Geral, quanto ao Tribunal de Contas e ao Ministério Público, respectivamente. Pode haver delegação dessa competência.

Os provimentos podem ser de vários tipos, de acordo com a natureza da designação.

Nomeação *é o provimento autônomo de servidor em cargo público*. Por ela, determinada pessoa é designada para titularizar cargo público independentemente de ter tido algum vínculo com o cargo. Caso não compareça, a nomeação será declarada sem efeito.

Não se deve confundir a **nomeação** (designação) com a **posse**, que é ato seguinte, consistente na aceitação do cargo, em que ocorre o fenômeno da **investidura**. Com esta (a investidura) forma-se a relação jurídica funcional, marcando o início dos direitos e deveres funcionais, bem como as restrições, impedimentos e incompatibilidades. Na Lei 8.112/1990, o prazo para tomar posse é de 30 dias. Por fim, ocorrerá outra situação que é a **entrada em exercício**, que no âmbito federal deve-se dar até 15 dias após a posse. Como a posse já estabelece a relação jurídica, caso o agente não entre em exercício, não se pode tão somente nomear outra pessoa, devendo, antes, exonerar-se o agente faltoso. Mas se houver nomeação sem que o nomeado tome posse, basta que seja chamada a pessoa seguinte na classificação, pois a primeira nomeação será declarada sem efeito.

A Lei 8.112/1990 admite posse por **procuração específica** (art. 13, § 3º, da Lei 8.112/1990).

O artigo 13 da Lei de Improbidade Administrativa (Lei 8.429/1992) dispõe que "a posse e o exercício de agente público ficam condicionados à apresentação de declaração dos bens e valores que compõem o seu patrimônio privado, a fim de ser arquivada no serviço de pessoal competente". Tal declaração deve abranger qualquer espécie de bem e valor patrimonial e, quando for o caso, abrangerá também os do cônjuge ou companheiro, dos filhos e de outros que sejam dependentes. Deve ser anualmente atualizada e também na data em que o agente deixar o serviço público. Prescreve a lei, ainda, que será punido com demissão a bem do serviço público, sem prejuízo de outras sanções cabíveis, o agente que se recusar a prestar declarações de bens, dentro do prazo determinado, ou que as prestar falsamente.

Promoção (ou acesso) *é o ato de designação para titularizar cargo superior da própria carreira*. Consiste em ato de provimento derivado vertical. É feita pelo Chefe do Poder. No caso do Poder Executivo, seu Chefe (que age por decreto) pode delegá-la para o Ministro ou Secretário, que agirão por resolução ou portaria. É importante consignar a respeito da promoção que: "a União, os Estados e o Distrito Federal manterão escolas de governo para a formação e o aperfeiçoamento dos servidores públicos, constituindo-se a participação nos cursos um dos requisitos para a promoção na carreira, facultada, para isso, a celebração de convênios ou contratos entre os entes federados" (art. 39, § 2º, CF).

Readaptação *é o ato de designação para titularizar cargo compatível com a limitação física ou mental que advier ao agente público*. É uma espécie de transferência para um cargo compatível e com funções, escolaridade e vencimentos equivalentes. Caso o agente revele incapacidade permanente para o trabalho, é caso de conceder-lhe aposentadoria por invalidez, não se falando em readaptação.

Reversão é o *ato de designação para que o aposentado volte a titularizar cargo, por não mais persistir o motivo da aposentadoria*. Pode ser de ofício ou a pedido. Não se deve confundir com a reversão ocorrida no campo das concessões de serviço público, pela qual os bens que o concessionário utilizava na prestação do serviço público passam ao Poder Público com a extinção da avença. A reversão a pedido depende de previsão legal.

No âmbito da Lei 8.112/1990 a reversão cabe em dois casos (art. 25): a) por invalidez, cessados os motivos da aposentadoria; b) no interesse da Administração, a pedido e em até 5 anos.

Aproveitamento *é o ato de designação do servidor que estava em disponibilidade para que volte a titularizar cargo público*. Trata-se do reingresso de servidor estável que se encontra em disponibilidade. Esta (a disponibilidade) é o ato pelo qual o Poder Público transfere para a inatividade remunerada servidor estável cujo cargo venha a ser extinto ou ocupado por outrem em decorrência de reintegração, com proventos proporcionais.

Reintegração *é ato de reinvestidura do servidor estável, quando invalidada sua demissão por decisão administrativa ou judicial.* Geralmente, a reintegração decorre de decisão judicial que declara nula a demissão do agente público. Reintegrado o servidor, terá direito ao ressarcimento de todas as vantagens perdidas no período em que esteve demitido.

Tema correlato com a reintegração é o que diz respeito à comunicabilidade da instância criminal e da esfera administrativa.

Como regra, as instâncias civil, administrativa e criminal são independentes. Porém a instância criminal produzirá efeitos nas demais quando importar em absolvição por inexistência do fato ou por negativa de autoria (art. 126 da Lei 8.112/1990). A mera absolvição criminal por falta de provas não é suficiente para que o agente público demitido na esfera administrativa leve essa sentença à Administração para pedir sua reintegração. Essa só vai acontecer se a absolvição do agente demitido for por inexistência material do fato ou negativa de autoria.

Recondução *é o retorno do servidor estável ao cargo que antes titularizava, por ter sido inabilitado no estágio probatório de outro cargo ou por ter sido desalojado pela reintegração daquele cuja vaga ocupou.* A recondução, na primeira hipótese, depende de previsão expressa no estatuto local.

6.5.4. Investidura

A investidura *consiste na posse do cargo.*

Com a investidura, a relação jurídica fica efetivamente formada.

A partir de tal evento já há titularidade de cargo, ficando o agente sujeito a ser exonerado. Além disso, inicia-se uma série de deveres, tais como de: honestidade, imparcialidade, legalidade, lealdade, obediência (não estando o servidor obrigado a cumprir as ordens manifestamente ilegais), conduta ética, dentre outros.

Impedimentos e incompatibilidades também passam a existir, como o impedimento de contratar com a Administração ou a incompatibilidade com o exercício de certas atividades particulares, dentre outros.

Direitos também se iniciam, como o de exercício do cargo, dentre outros que serão vistos quando se tratar do sistema remuneratório.

6.5.5. Entrada em exercício

Consiste no efetivo exercício da atividade ligada ao cargo. Trata-se do início do desempenho das atribuições, com os consequentes efeitos remuneratórios e previdenciários.

6.5.6. Desinvestidura (vacância)

Consiste no desligamento do agente público correspondente à sua destituição do cargo, do emprego ou da função. Passemos à análise das hipóteses que geram a vacância.

Falecimento: a morte do agente torna vago o cargo, o emprego ou a função.

Aposentadoria: *a transferência para a inatividade remunerada*, seja ela voluntária, compulsória ou por invalidez, gera o desligamento do agente, a vacância, não podendo o servidor permanecer trabalhando no cargo que detinha. O agente público somente poderá cumular a aposentadoria com outra remuneração se for nomeado para um cargo em comissão ou se detiver mandato eletivo, respeitando, na somatória do que receber, o teto remuneratório respectivo.

Perda do cargo, emprego ou função: *é o desligamento em virtude de sentença judicial em ação penal ou de improbidade administrativa.* O art. 92, I, do Código Penal diz ser efeito da condenação a perda do cargo, emprego ou função se aquela consistir em prisão de 1 (um) ano ou mais em crime contra administração, ou se consistir em prisão por tempo superior a 4 (quatro) anos nos demais crimes. Tal efeito da condenação penal deve estar motivadamente declarado na sentença para incidir. Quanto à ação civil por ato de improbidade administrativa, a perda do cargo é sanção típica do reconhecimento da prática de ato ímprobo. Quantos aos militares oficiais, há as seguintes particularidades previstas no art. 142, § 3º, da CF: "VI – o oficial só perderá o posto e a patente se for julgado indigno do oficialato ou com ele incompatível, por decisão de tribunal militar de caráter permanente, em tempo de paz, ou de tribunal especial, em tempo de guerra".

Dispensa: *é o desligamento daquele admitido pelo regime da CLT sem que haja justa causa.* Conforme já mencionado, tal ato só deve ser motivado se se tratar de empregado público de pessoa jurídica de direito público e de empregados de empresa pública e sociedade de economia mista *prestadoras de serviço público*. Todavia, tais dispensas devem respeitar critérios gerais e igualitários, a fim de que se respeite a legalidade, a moralidade, a razoabilidade e a eficiência.

Demissão: *é o desligamento por justa causa quando há infração disciplinar.* Tem natureza punitiva, sancionatória, o que a difere da exoneração, própria para os desligamentos que não têm tal natureza. A demissão por infração disciplinar depende de processo administrativo em que se assegure ampla defesa, seja para servidores estáveis, seja para servidores que ainda estão em estágio probatório.

Exoneração: *é o desligamento a pedido ou de ofício, sempre com caráter não punitivo.* De ofício, pode ser *imotivada* (no caso dos titulares de cargo em comissão) ou *motivada*, nas hipóteses de não satisfação do estágio probatório (Súmula 21 do STF: "funcionário em estágio probatório não pode ser exonerado nem demitido sem inquérito ou sem as formalidades legais de apuração de sua capacidade"[10]) ou quando o agente não entrar em exercício.

---

10. A respeito do direito de defesa do servido em estágio probatório, confira as seguintes decisões:
"O servidor público ocupante de cargo efetivo, ainda que em estágio probatório, não pode ser exonerado ad nutum, com base em decreto que declara a desnecessidade do cargo, sob pena de ofensa à garantia do devido processo legal, do contraditório e da ampla defesa. Incidência da Súmula 21 do STF." (STF, RE 378041/MG)
"Firmou-se neste Superior Tribunal de Justiça a tese segundo a qual é desnecessária a instauração de processo administrativo disciplinar para exoneração de servidor em estágio probatório, sendo suficiente a abertura de sindicância em que observados o contraditório e a ampla defesa. Precedentes. 2. Afasta-se a alegação de cerceamento de defesa se assegurado, no processo administrativo que resultou na exoneração do servidor, o direito à ampla defesa e ao contraditório." (STJ, RMS 21.012/MT, DJe 23.11.2009)

A EC 19/1998 prevê mais duas hipóteses de exoneração motivada.

A primeira se dá em caso de **avaliação insatisfatória de desempenho.** Isso porque, a partir de tal emenda, é requisito para adquirir a estabilidade a aprovação em **avaliação *especial* de desempenho** (feita por comissão instituída para essa finalidade após os 3 anos de estágio probatório – art. 41, § 4º, CF) e, mesmo após adquirir-se a estabilidade, o servidor estará sujeito a **avaliações *periódicas* de desempenho** (procedimento que será regulamentado na forma de lei complementar, assegurada ampla defesa – art. 41, § 1º, III, CF), sendo que, não aprovado em qualquer dos dois tipos de avaliação, será exonerado.

Trata-se de exoneração e não de demissão porque não se trata de punição por infração, mas de desligamento por simples falta de aptidão. Quanto à avaliação periódica de desempenho, há outro dispositivo constitucional incidente que dispõe que a lei complementar estabelecerá *critérios e garantias especiais para a perda do cargo pelo servidor público estável que, em decorrência das atribuições de seu cargo efetivo, desenvolva atividades exclusivas de Estado. Na hipótese de insuficiência de desempenho, a perda do cargo somente ocorrerá mediante processo administrativo em que lhe sejam assegurados o contraditório e a ampla defesa* (art. 247, CF). Perceba-se que, para tal situação, a previsão é de processo administrativo e não apenas ampla defesa.

A segunda nova espécie de exoneração se dá **para atender limite de despesas com pessoal ativo e inativo** (art. 169, § 4º). A Lei de Responsabilidade Fiscal traz limites máximos de despesas com pessoal ativo e inativo, consistentes nos seguintes percentuais da receita corrente líquida: 50% (União) e 60% (Estados e Municípios). Em caso de superação desse limite, deve-se exonerar pessoal, consoante os critérios trazidos na Lei 9.801/1999, que estabelece a necessidade de se começar a tentativa de readequação dos gastos reduzindo em pelo menos 20% os cargos em comissão e as funções de confiança, passando à exoneração dos não estáveis, para só após exonerar servidores estáveis e, mesmo assim, desde que ato normativo motivado de cada um dos Poderes especifique a atividade funcional, o órgão ou unidade objeto da redução e traga os seguintes critérios combinados: menor tempo de serviço, maior remuneração e menor idade.

O servidor que perde cargo por esse motivo fará jus a indenização correspondente a um mês de remuneração por um ano de serviço. O cargo será extinto, vedada a criação de outro semelhante por pelo menos 4 anos.

Sobre o tema vacância de cargo, havia grande discussão quanto à existência de direito ao FGTS quando esta se desse por contratação de servidor público sem concurso público. O STF acabou por dirimir a questão, sob o fundamento de que se trata, na espécie, de efeitos residuais de fato jurídico que existira, não obstante reconhecida sua nulidade, considerando-se, assim, constitucional a disposição nesse sentido contida no art. 19-A da Lei 8.036/1990. Porém, o STF entende que, afora o direito aos salários e ao FGTS depositado, a inconstitucionalidade do ato não permite o pagamento, no caso, das verbas rescisórias relativas ao aviso-prévio, à gratificação natalina, às férias e respectivo terço, à indenização referente ao seguro-desemprego e à multa prevista na CLT (RE 705.140/RS, j. 28.08.2014).

6.6. Vedação ao nepotismo (Súmula Vinculante 13)

A Súmula Vinculante nº 13 do STF proíbe a contratação de parentes no âmbito dos três Poderes. Confira o teor da súmula, divida em diversos pedaços, para que possa ser melhor compreendida:

a) "A nomeação de cônjuge, companheiro ou parente em linha reta, colateral ou por afinidade, até o 3º grau, inclusive, (...)

b) (...) da autoridade nomeante ou de servidor da mesma pessoa jurídica investido em cargo de direção, chefia ou assessoramento (...)

c) (...) para o exercício de cargo em comissão ou de confiança ou, ainda, de função gratificada (...)

d) (...) na administração pública direta e indireta em qualquer dos Poderes da União, dos Estados, do DF e dos Municípios, (...)

e) (...) compreendido o ajuste mediante designações recíprocas, (...)

f) (...) viola a Constituição Federal."

Repare que a proibição abrange tanto parentes consanguíneos como parentes por afinidade ("a"), até 3º grau, incluindo, ainda, o cônjuge e o companheiro.

Repare também que o parente que não pode ser nomeado ("b") é o parente de duas pessoas: da autoridade que faz a nomeação e de alguém que esteja investido em cargo em comissão naquele ente. Assim, parentes de quem assina as nomeações e parentes de alguém que já tenha um cargo em comissão num ente estatal estão impossibilitados de serem nomeados.

Outro ponto que merece ser ressaltado é que o impedimento de nomeação de terceiro é para o exercício de cargo em comissão ou de função de confiança no ente ("c"), nada impedindo que alguém preste um concurso público para cargo efetivo numa entidade em que um parente seu seja autoridade nomeante ou já tenha um cargo em comissão, sendo que, aprovado no concurso, o terceiro terá direito à nomeação para o cargo respectivo.

A proibição em tela não se dirige só à Administração Direta, atinge também toda a Administração Pública Indireta ("d").

A súmula também veda o nepotismo cruzado ("e"). Tal prática consiste em autoridades de entes diversos combinarem de um nomear o parente do outro. Esse tipo de ajuste recíproco tem claro objetivo de fraudar a proibição do nepotismo e é considerado prática vedada pela súmula vinculante.

Ao final, a súmula conclui dizendo que esse tipo de prática viola a Constituição, sendo certo que o STF fundou sua decisão no princípio da moralidade, previsto no art. 37, *caput*, da CF.

Apesar de o texto da súmula não indicar, o STF entende que a vedação ao nepotismo tem uma exceção, qual seja, a súmula não incide sobre a nomeação de servidores para cargo de natureza política. Confira decisão a respeito:

"Impossibilidade de submissão do reclamante, Secretário Estadual de Transporte, agente político, às hipóteses expressamente elencadas na Súmula Vinculante 13, por se tratar de cargo de natureza política. 2. Existência de precedente do Plenário do Tribunal: RE 579.951/RN, rel. Min. Ricardo Lewandowski, DJE 12.09.2008." (STF, Rcl 6650 MC-AgR, DJ 21.11.2008).

Por fim, a regra que veda o nepotismo não impede que parentes sirvam sob a direção imediata de outro parente quando se está diante de servidores admitidos mediante prévia aprovação em concurso público para cargo efetivo (STF, ADI 524/ES, j. 20.05.2015).

6.7. Acessibilidade a cargos e empregos na Constituição

6.7.1. *Oportunidade a brasileiros e estrangeiros*

Segundo o art. 37, I, da CF, *"os cargos, empregos e funções públicas são acessíveis aos brasileiros que preencham os requisitos estabelecidos em lei, assim como aos estrangeiros, na forma da lei"*.

Essa regra garante a possibilidade de que todos possam vir a ser agentes públicos (preenchidos certos requisitos, claro).

Repare que, enquanto a norma relativa aos brasileiros é de eficácia contida ou restringível (o que a faz produzir imediatamente efeitos, em que pese a lei poder restringi-los), a norma relativa aos estrangeiros é diferente, dando a ideia de ter eficácia limitada (o que a faz depender de uma lei para produzir efeitos).

Quanto aos brasileiros, a regra não faz distinção entre os natos e os naturalizados. Nada obstante, o § 3º do art. 12 da CF dispõe: "são privativos de brasileiro nato os cargos: I – de Presidente e Vice-Presidente da República; II – de Presidente da Câmara dos Deputados; III – de Presidente do Senado Federal; IV – de Ministro do Supremo Tribunal Federal; V – da carreira diplomática; VI – de oficial das Forças Armadas; VII – de Ministro de Estado da Defesa".

6.7.2. *Requisitos de ingresso no serviço público*

O texto constitucional, tal como configurado hoje, permite que sejam estabelecidos requisitos para o ingresso no serviço público.

Porém, para que tais requisitos estejam em acordo com a Lei Maior, é necessário que atendam ao seguinte:

a) estejam **previstos em lei** (art. 37, I, da CF); decretos, resoluções e outros instrumentos não são suficientes para inserir no edital a previsão de exame psicotécnico; deve ser lei em sentido formal (STF, AI 529.219 Agr, DJ 26.03.2010);

b) sejam **objetivos**, **científicos** e **pertinentes**, sob pena de violação ao princípio da isonomia (art. 5º, *caput*, da CF);

c) sejam passíveis de **recurso** e **impugnação**, sob pena de violação aos princípios do contraditório e da ampla defesa; *vide*, por exemplo, o REsp 1.046.586 (STJ).

Assim, requisitos ligados ao sexo, à idade, ao exame psicotécnico, dentre outros, são compatíveis com a Constituição, desde que atendam aos itens mencionados.

Nesse sentido, confira três súmulas do STF:

a) Súmula 683: "o limite de idade para a inscrição em concurso público só se legitima em face do art. 7º, XXX, da Constituição, quando possa ser justificado pela natureza das atribuições do cargo a ser preenchido"; segundo o STF, O limite de idade, quando regularmente fixado em lei e no edital de determinado concurso público, há de ser comprovado no momento da inscrição no certame, e não no momento da posse (ARE 840.592/CF, J. 23.06.15).

b) Súmula 684: é inconstitucional o veto não motivado à participação de candidato a concurso público";

c) Súmula 686: só por lei se pode sujeitar a exame psicotécnico a habilitação de candidato a cargo público". Nesse sentido é também a Súmula Vinculante STF 44: "Só por lei se pode sujeitar a exame psicotécnico a habilitação de candidato a cargo público".

O STF e o STJ consideram não pertinentes, entre outros, os seguintes requisitos para o ingresso no serviço público:

a) exigência de prova física desproporcional à cabível habilitação aos cargos de escrivão, papiloscopista, perito criminal e perito médico-legista de Polícia Civil (STF, Ag. Reg. no RE 505.654-DF);

b) exigência de sexo masculino para concurso de ingresso em curso de formação de oficiais de polícia militar estadual, requisito que fere a isonomia, traduzindo-se em indevido discrímen de gênero (STF, RE 528.684/MS, j. 03.09.2013);

c) exigência que não haja inquérito penal ou ação penal não transitada em julgado contra o candidato, requisito que fere o princípio da presunção de inocência (STF, Ag. Reg. no ARE 713.138-CE); ou seja, "na fase de investigação social em concurso público, o fato de haver instauração de inquérito policial ou propositura de ação penal contra candidato, por si só, não pode implicar a sua eliminação" (STJ, AgRg no RMS 39.580-PE, j. 11.02.2014).

O STF também entendeu não recepcionado pela Constituição de 1988 o disposto no art. 10 da Lei 6.880/1980 que permitia que regulamentos da Marinha, do Exército e da Aeronáutica estipulassem requisitos de ingresso nas forças armadas. Com isso, o STF, ciente de que inúmeros concursos até o reconhecimento da não recepção estipularam limites de idade para o ingresso nas carreiras das Forças Armadas, acabou por modular os efeitos da decisão proferida no recurso extraordinário com reconhecimento de repercussão geral, para o fim de manter a validade dos editais e regulamentos dos concursos publicados até 31.12.2012 (RE 600.885-RS).

Há decisões do STJ no sentido de que "o candidato a cargo público federal pode ser eliminado em exame médico admissional, ainda que a lei que discipline a carreira não confira caráter eliminatório ao referido exame. Isso porque a inspeção de saúde é exigência geral direcionada a todos os cargos públicos federais (arts. 5º, VI, e 14 da Lei 8.112/1990), daí a desnecessidade de constar expressamente na lei que disciplina a carreira da qual se pretende o ingresso. Ademais, a referida inspeção clínica não se confunde com o teste físico ou psicológico, os quais são exigências específicas para o desempenho de determinados cargos e, portanto, devem possuir previsão legal em lei específica. Precedente citado: REsp 944.160-DF, Quinta Turma, DJe 06.12.2010." (STJ, AgRg no REsp 1.414.990-DF, j. 03.04.2014)

No mais, há interessante súmula do STJ, que trata do momento em que se pode exigir comprovação de requisito relacionado ao exercício do cargo: *"o diploma ou habilitação legal para o exercício do cargo deve ser exigido na posse e não na inscrição para o concurso público"* (Súmula 266).

6.7.3. *A jurisprudência e o exame psicotécnico*

O STF e o STJ firmaram jurisprudência no sentido de que é possível exigir exame psicotécnico nos concursos públicos, com caráter eliminatório, desde que se atenda a três requisitos: a) previsão expressa do exame em lei formal; b) existência de critérios objetivos, científicos e pertinentes; c) recorribilidade. *Vide*, por exemplo, decisão do STJ no RMS 43.416-AC, j. 18.02.2014.

A **previsão expressa em lei formal** traz vários desdobramentos.

Em primeiro lugar, decretos, resoluções e outros instrumentos normativos não são suficientes para que se insira no edital a previsão de exame psicotécnico, devendo-se tratar de lei em sentido formal (STF, AI 529.219 Agr, *DJ* 26.03.2010). Isso porque o art. 37, I, da CF dispõe que somente a lei pode estabelecer requisitos para a acessibilidade a cargos, empregos e funções. Essa disposição deu ensejo à edição da Súmula 686 do STF ("só por lei se pode sujeitar a exame psicotécnico a habilitação de candidato a concurso público").

Em segundo lugar, a lei deve ser objetiva e específica quanto à exigência do citado exame, não sendo suficiente que faça referência a expressões como "submissão a exame de aptidão física e mental". Nesse sentido, o STF entende que a previsão contida na CLT (art. 168) não é suficiente para se exigir exame psicotécnico quanto a empregos públicos na Administração Pública (RE 559.069, DJ 12.06.2009). Da mesma forma, exames psicotécnicos em concursos da Magistratura vêm sendo corretamente impugnados, pelo fato de o art. 78 da Lei Orgânica da Magistratura não ser objetivo quanto à previsão de exame psicotécnico.

Os **critérios objetivos, científicos e pertinentes** também trazem vários desdobramentos.

Os tribunais superiores não entendem pertinente o chamado teste "profissiográfico", pelo qual se tenta verificar se o candidato tem perfil psicológico compatível com a profissão. De fato, esse tipo de teste tem caráter bastante subjetivo e ofende os princípios da igualdade e da impessoalidade. Uma coisa é verificar se alguém tem alguma patologia incompatível com a profissão desejada. Outra é verificar se alguém atende ao modelo ou perfil psicológico esperado para a profissão. Essa última tentativa é inconstitucional.

Outro desdobramento diz respeito à necessidade do edital trazer os critérios do exame de modo claro e objetivo. Nesse sentido, as seguintes condutas são vedadas: a) simples previsão genérica de exame psicotécnico; b) previsão de exame psicotécnico, mas com mera informação de que este será feito segundo critérios científicos; c) previsão de exame psicotécnico, mas com critérios vagos e subjetivos, ainda que com descrições longas.

E quanto à **recorribilidade**, o edital deve prever, e a Administração deve respeitar, o seguinte: a) a necessidade de o laudo trazer motivação adequada, especificando de modo claro, congruente, transparente e objetivo os fundamentos de sua conclusão; b) a necessidade do laudo ser entregue ao candidato logo em seguida à sua elaboração; c) a necessidade de prazo para a interposição de recurso, com oportunidade de apresentação de laudo divergente por outro profissional, contratado pelo candidato; d) a necessidade de julgamento do recurso, com apreciação específica e motivada sobre os pontos levantados pelo candidato. Sobre a recorribilidade, vale ler o AI 539.408 AgR, relatado pelo Min. Celso de Mello, do STF.

Vale ressaltar que os tribunais superiores vêm também entendendo que, quando houver violação ao primeiro requisito (previsão expressa em lei formal), o candidato estará dispensado de fazer o exame. Já quando houver violação ao requisito que determina a observância de critérios objetivos e de motivação, é necessário fazer novo exame (STJ, AgRg no Ag 1.291.819, DJ 21.06.2010), não ficando o candidato dispensado de fazê-lo, nem podendo este substituir o exame feito por outro exame realizado em concurso público diverso. Quanto aos demais requisitos, relacionados à previsão editalícia clara, científica e pertinente, entendemos que sua ausência macula a regra do edital correspondente, ficando o candidato dispensado do exame psicotécnico em atenção aos princípios da proteção da confiança e da segurança jurídica.

Por fim, caso o candidato prejudicado queira ingressar com o mandado de segurança, deverá promovê-lo no prazo de 120 dias contados da publicação do edital, se desejar impugnar as formalidades nele previstas (STJ, RMS 29.776, DJ 19.10.2009), ou no prazo de 120 dias do resultado do exame psicotécnico, se desejar impugnar aspectos relativos ao exame em si (STJ, AgRg no REsp 1.052.083, DJ 01.06.2009). De qualquer maneira, desejando ingressar com ação pelas vias comuns, o prazo para tanto é de 5 anos, contados do ato impugnado (STJ, REsp 984.946, DJ 29.11.2007).

6.7.4. *Obrigatoriedade do concurso*

O artigo 37, II, da CF tem o seguinte teor: *"a investidura em cargo ou emprego público depende de aprovação prévia em concurso público de provas ou de provas e títulos, de acordo com a natureza e a complexidade do cargo ou emprego, na forma prevista em lei, ressalvadas as nomeações para cargo em comissão declarado em lei de livre nomeação e exoneração"*.

Esse dispositivo cria uma regra que determina a realização de concurso para a admissão de pessoal na Administração.

Todavia, como toda regra, essa também tem exceção. Não será necessário concurso público nas nomeações para cargo em comissão.

Da mesma forma, não há necessidade de promover concurso público nas contratações temporárias de excepcional interesse público, sendo suficiente que se faça mero processo seletivo.

6.7.5. *Validade do concurso público*

Segundo o art. 37, III, da CF, *"o prazo de validade do concurso público será de até dois anos, prorrogável uma vez, por igual período"*.

Há um detalhe importante: a lei dispõe que a validade é de *até* 2 anos e não *de* dois anos. Ex.: se for fixado no edital como de um ano o prazo de validade do concurso, tal prazo poderá ser prorrogado, mas terá que ser *somente uma vez* e pelo *mesmo* período de um ano, de modo que, caso prorrogado, o prazo total do exemplo será de 2 anos de validade do concurso.

Os candidatos de um concurso não têm direito subjetivo à determinação de prorrogação do prazo de validade de um concurso. Trata-se de decisão discricionária da Administração. Porém, já se decidiu que, apesar de a Administração não estar obrigada a prorrogar o prazo de validade dos concursos, se novos cargos vierem a ser criados, durante esse prazo de validade, mostra-se de todo recomendável que se proceda a essa prorrogação (STF, RE 581.113-C).

6.7.6. *Direitos do aprovado em concurso público*

No passado, o aprovado em concurso público tinha apenas o direito de não ser *preterido* na ordem de classificação (art. 37, IV, da CF). Dessa forma, a aprovação no concurso gerava ao candidato mera *expectativa de direito*, cabendo à administração a análise *discricionária* da conveniência ou não em nomear os candidatos aprovados.

Diante de alguns abusos, os tribunais começaram a reconhecer o direito à nomeação em situações em que a Administração Pública, no prazo de validade do concurso, *externava* de alguma maneira que tinha interesse em nomear novos servidores. Um exemplo eram as situações em que se abria *novo concurso* no prazo de validade do anterior ou em que se nomeava outro servidor (inclusive agentes terceirizados temporários – STJ, AgRg no RMS 33.893, *DJ* 30.11.2012) para exercer as *mesmas funções* do cargo para o qual o candidato fora aprovado.

Recentemente, o STF e o STJ passaram a entender também que o candidato aprovado em concurso tem *direito* de ser nomeado *no limite das vagas previstas no respectivo edital*, uma vez que a Administração, ao estabelecer o número de vagas, *vincula-se* a essa escolha e cria expectativa nos candidatos, impondo-se as nomeações respectivas, em respeito aos princípios da *boa-fé, razoabilidade, isonomia* e *segurança jurídica*.

É bom consignar que o STF até admite que a Administração deixe de nomear os aprovados no limite das vagas do edital se houver ato *motivado* demonstrando a existência de fato novo que torne inviável a nomeação. Tal ato, todavia, poderá ser controlado pelo Judiciário (RE 227.480, DJ 21.08.2009). De qualquer forma, na prática, será muito difícil que a Administração consiga justificar a existência de motivo que inviabiliza as nomeações, pois somente razões *pertinentes, novas, imprevisíveis* e *justificadas antes da impugnação de candidatos* à ausência de sua nomeação atendem ao princípio da *adequada motivação*. O STF, em outra decisão, resumiu assim os requisitos que devem estar previstos em conjunto para caracterizar essa situação excepcional: "a) superveniência, ou seja, vinculadas a fatos posteriores à publicação do edital; b) imprevisibilidade, isto é, determinadas por circunstâncias extraordinárias; c) gravidade, de modo a implicar onerosidade excessiva, dificuldade ou mesmo impossibilidade de cumprimento efetivo das regras editalícias; d) necessidade, traduzida na ausência de outros meios, menos gravosos, de se lidar com as circunstâncias" (RE 598.099, j. 10.08.2011).

A Administração também não será obrigada a nomear o servidor nessas condições caso o concurso tenha sido feito por conta da instalação de um novo órgão e esse órgão não vem a ser criado no período de validade do concurso (STF, RE 748.105 AgR/DF, j. 17.09.2013).

Feita essa ressalva, vale anotar outras características desse direito.

A primeira delas diz respeito ao efeito das *desistências* de outros candidatos nomeados no concurso. Por exemplo, alguém aprovado na 919ª posição, num concurso com 770 vagas previstas no edital, 633 nomeados e 150 desistências têm direito de ser nomeado? Segundo o STJ, a resposta é positiva. Isso porque as desistências devem ser *somadas* ao total de vagas previsto no edital. No caso (aliás, esse é um caso real – STJ, RMS 21.323, DJ 21.06.2010), somando-se as 770 vagas do edital com as 150 desistências dos nomeados, a administração pública fica obrigada a nomear até o classificado na 920ª posição.

A segunda característica diz respeito ao efeito da *criação de novas vagas* durante o prazo de validade do concurso. Nesse ponto, o STJ *não* vem reconhecendo o direito à nomeação daqueles que, com as novas vagas, estariam classificados no limite da somatória destas com as vagas do edital (AgRg no RMS 26.947, DJ 02.02.2009).

A terceira observação diz respeito a *efeito econômico* da não nomeação de um aprovado no limite das vagas do edital. Nessa seara, o STJ também não vem reconhecendo o direito à indenização pelo período pretérito à efetiva nomeação, pois entende não ser correto receber-se retribuição sem o efetivo exercício do cargo (AgRg no REsp 615.459/SC, *DJe* 07.12.2009). Todavia, quando há preterição na ordem de classificação, ou seja, quando alguém deixa de ser nomeado em favor de outro que está em pior classificação, o STJ entende devida a indenização, com pagamento de vencimentos retroativos à data da impetração judicial (MS 10.764/DF, DJ 01.10.2009).

A quarta observação diz respeito ao *momento adequado* para o ingresso com ação judicial visando à nomeação no limite das vagas do edital. Nesse ponto, ainda não há posição específica de nossos tribunais superiores. Mas há algumas pistas. O STJ entende que há interesse processual em se promover a ação ainda durante o prazo de validade do concurso (RMS 21.323, DJ 21.06.2010), o que permitiria, em nossa opinião, o ingresso da ação logo após a homologação do certame. E o mesmo STJ entende que também há interesse processual em promover a ação após o prazo de validade do concurso. Tratando-se de mandado de segurança, o STJ entende que o prazo decadencial de 120 se inicia da data que expirar a validade do concurso (AgRg no RMS 21.165/MG, DJ 08.09.2008).

Em suma, o fato é que o candidato a concursos públicos vem cada vez mais recebendo o apoio da jurisprudência dos tribunais superiores. E essa informação é útil não só para resolver questões que pedem o conhecimento dessas novidades, como também para que o candidato corra atrás dos seus direitos caso esses sejam violados.

6.7.7. Acesso a novas carreiras sem concurso público

Infelizmente, é muito comum a tentativa de burlar o instituto do concurso público, "promovendo" um servidor de uma carreira, para outra carreira, sem concurso público. Colocamos "promovendo" entre parêntesis, pois uma promoção só pode se dar dentro de uma carreira. Quando um servidor vai de uma carreira para outra carreira sem concurso, tem-se o que muitos chamam de acesso. O servidor passou num concurso para uma carreira "X" (carreira essa onde se esperar que terá promoções, mas dentro da própria carreira) e acaba sendo designado para uma carreira "Y", carreira totalmente diferente da primeira, sem concurso público. Por exemplo, o servidor entra numa carreira de "Técnico" e, sem concurso, consegue mudar para uma carreira de "Analista". Esse tipo de acesso a uma nova carreira é uma fraude, uma burla ao princípio do concurso público, pois o servidor prestou concurso para uma carreira (com grau de dificuldade e conteúdos diversos) e passa a outra carreira sem concursos e preterindo muitas pessoas que gostariam de prestar o concurso para essa segunda carreira, mas não têm essa oportunidade, por conta de servidores de outra carreira passarem para essa carreira diversa e que certamente teria muitos interessados se um concurso pra ela fosse aberto.

A Constituição de 1988 é clara: a investidura em cargo público efetivo depende de concurso (art. 37, II). Portanto, quando a Administração, mesmo diante de uma lei autorizativa, nomeia um servidor que estava num cargo "X" para um cargo "Y" sem concurso, está cometendo uma grande inconstitucionalidade, ferindo o princípio da acessibilidade aos cargos públicos, conforme julgou o STF, por exemplo, na ADI 917/MG (j. 06.11.2013), na qual se "julgou procedente pedido formulado em ação direta para declarar a inconstitucionalidade do §§ 1º ao 5º do artigo 27 da Lei 10.961/1992, do Estado de Minas Gerais, que dispõem sobre o acesso como forma de provimento dos cargos públicos naquela unidade federativa. Apontou-se que a norma impugnada permitiria que o procedimento de acesso viabilizasse a investidura em cargo de carreira diversa por meio de provimento derivado. Asseverou-se não haver base constitucional para manter na norma estadual o instituto do acesso a novas carreiras por seleções internas. Ponderou-se que essa forma de provimento privilegiaria indevidamente uma categoria de pretendentes que já possuía vínculo com a Administração estadual, em detrimento do público externo. Destacou-se que a norma estaria em antagonismo com o postulado da universalidade que, por imposição constitucional, deveria reger os procedimentos seletivos destinados à investidura em cargos, funções ou empregos públicos".

Vale observar que o STF, em outro caso no qual reconheceu a inconstitucionalidade da ascensão funcional, decidiu que não é possível que um servidor que tenha se beneficiado com essa ascensão, mas ainda não tenha uma situação sedimentada no novo cargo, invoque os princípios da segurança jurídica e da boa-fé para ficar no cargo novo, pois entendeu que é inviável invocar esses princípios no caso em que se pretende o reconhecimento de uma nova posição jurídica incompatível com a Constituição e não a preservação de uma situação concreta sedimentada (Ag. Reg. no RE 602.264-DF).

Ainda nesse sentido, o STF editou a Súmula Vinculante 43, que assim dispõe: "É inconstitucional toda modalidade de provimento que propicie ao servidor investir-se, sem prévia aprovação em concurso público destinado ao seu provimento, em cargo que não integra a carreira na qual anteriormente investido".

6.7.8. Direito à segunda chamada em teste de aptidão física

Esse tema que sofreu modificação na jurisprudência do STF, que agora entende que "os candidatos em concurso público não têm direito à prova de segunda chamada nos testes de aptidão física em razão de circunstâncias pessoais, ainda que de caráter fisiológico ou de força maior, salvo contrária disposição editalícia". Entendeu-se que não há ofensa do princípio da isonomia e que o direito à segunda chamada poderia tornar o concurso infindável, além de gerar alto custo para a Administração. Por conta da mudança de posicionamento, e para que ficasse respeitado o princípio da segurança jurídica, atribuiu-se à decisão os efeitos da repercussão geral para o fim de assegurar a validade das provas de segunda chamada ocorridas até a data da conclusão do julgamento em questão (RE 630.733, j. 15.05.2013).

6.7.9. Direito à anulação de questões de concursos

Tema recorrente na jurisprudência é o direito do candidato de requerer a anulação de certas questões de concursos públicos. Geralmente, esse pedido é feito nas seguintes situações: a) quando a questão é formulada fora do conteúdo programático previsto no edital; b) quando a questão foi mal elaborada e apresenta problema no seu mérito.

A princípio, a jurisprudência do STF é no sentido de que o Judiciário é incompetente para substituir-se à banca examinadora de concurso público no reexame de critérios de correção das provas e de conteúdo das questões formuladas. Assim, quanto às alegações de que a questão está fora do conteúdo programático, por exemplo, basta que um tema esteja previsto de forma genérica no edital, para que, desde que haja um mínimo de conexão desse tema com o perguntado na questão que se deseja anular, para que Judiciário afaste a possibilidade de proceder à anulação da questão, mormente em mandado de segurança, que não permite dilação probatória (STF, MS 30.860/DF, j. 28.08.2012). E havendo dúvida sobre se uma questão foi corretamente elaborada ou não, o Judiciário deve evitar se substituir à banca examinadora.

Porém, o mesmo STF entende que, havendo erro grosseiro, o Judiciário pode ser reconhecer a ilegalidade. Um exemplo foi o caso em que questões de Direito Civil do concurso para Procurador da República foram anuladas pelo STF por restar patente sua ofensa ao que dispõe o Código Civil (MS 30.859/DF, 28.08.2012). Por outro lado, o STF também já decidiu que os critérios adotados por banca examinadora de concurso público não podem ser revistos pelo Judiciário (RE 632.853, j. 23.04.2015).

6.7.10. Cláusula de barreira

Outro tema recorrente é o da constitucionalidade ou não da chamada cláusula de barreira (ou afunilamento). Essa cláusula é aquela utilizada quando um concurso tem mais de uma fase e se estipula no edital que só serão corrigidas as provas da outra fase referente a um número determinado de candidatos aprovados. Por exemplo, o edital do concurso pode prever uma nota de corte e dizer que, dentre os que atingiram a nota de corte, apenas 200 candidatos passarão para a próxima fase do concurso.

O STF entende que esse tipo de condição de passagem para outra fase é norma de avaliação e de classificação a critério do organizador do exame, tratando-se, ainda, de cláusula que atinge a todos indistintamente, daí porque não se pode considerá-la discriminatória (MS 30195 AgR-DF, j. 26.06.2012). Vide, também, o RE 635.739/AL, j. 19.02.2014, pelo STF.

6.7.11. Legitimação do Ministério Público para questionar itens de editais de concursos

Sobre esse tema, o STF entende que o Ministério Público tem essa legitimidade, pois lhe é conferido atuar, mesmo quando se está diante de interesse individual homogêneo, quando presente o interesse social (RE 216.443/MG, j. 28.08.2012). No caso mencionado, o Ministério Público estadual ajuizara ação civil pública em torno de concurso para diversas categorias profissionais de uma prefeitura, tendo questionado que a pontuação adotada privilegiaria candidatos os quais já integrariam o quadro da Administração Pública Municipal, circunstância que revela que a matéria cuidada na ação tinha a relevância exigida a justificar a legitimidade do Ministério Público estadual.

6.7.12. *Direitos da pessoa com deficiência*

Segundo o art. 37, VIII, da CF, *"a lei reservará percentual dos cargos e empregos públicos para as pessoas portadoras de deficiência e definirá os critérios para a sua admissão"*.

A respeito dessa regra, confira as seguintes decisões do STF:

"Recurso ordinário em mandado de segurança interposto de acórdão do Superior Tribunal de Justiça que entendeu ser plausível o cálculo da quantidade de vagas destinadas à específica concorrência de acordo com o número de turmas do curso de formação. Os limites máximo e mínimo de reserva de vagas para específica concorrência tomam por base de cálculo a quantidade total de vagas oferecidas aos candidatos, para cada cargo público, definido em função da especialidade. Especificidades da estrutura do concurso, que não versem sobre o total de vagas oferecidas para cada área de atuação, especialidade ou cargo público, não influem no cálculo da reserva. Concurso público. Provimento de 54 vagas para o cargo de Fiscal Federal Agropecuário. Etapa do concurso dividida em duas turmas para frequência ao curso de formação. Convocação, respectivamente, de 11 e 43 candidatos em épocas distintas. Reserva de quatro vagas para candidatos portadores de deficiência. Erro de critério. Disponíveis 54 vagas e, destas, reservadas 5% para específica concorrência, três eram as vagas que deveriam ter sido destinadas à específica concorrência. A convocação de quarto candidato, ao invés do impetrante, violou direito líquido e certo à concorrência no certame" (RMS 25.666, Rel. Min. Joaquim Barbosa, julgamento em 29.09.2009, Segunda Turma, DJE de 04.12.2009).

"A exigência constitucional de reserva de vagas para portadores de deficiência em concurso público se impõe ainda que o percentual legalmente previsto seja inferior a um, hipótese em que a fração deve ser arredondada. Entendimento que garante a eficácia do art. 37, VIII, da CF, que, caso contrário, restaria violado" (RE 227.299, Rel. Min. Ilmar Galvão, julgamento em 14.06.2000, Plenário, DJ de 06.10.2000). No mesmo sentido: RE 606.728-AgR, Rel. Min. Cármen Lúcia, julgamento em 02.12.2010, Primeira Turma, DJE de 01.02.2011.

Repare que o STF firmou as seguintes posições:

a) na reserva de vagas para deficientes (concorrência específica), esses só concorrem entre si;

b) para o cálculo do número de vagas reservadas, deve-se fazer o arredondamento "para cima" da fração;

6.7.13. *Vagas reservadas aos negros ("Cotas")*

A Lei 12.990/2014 reservou aos negros 20% das vagas oferecidas nos concursos públicos para provimento de **cargos efetivos** e **empregos públicos** no âmbito da administração pública federal, das autarquias, das fundações públicas, das empresas públicas e das sociedades de economia mista controladas pela União (art. 1º).

Essa **reserva de vagas** obedece às seguintes regras (arts. 2º a 4º):

a) será aplicada sempre que o número de vagas oferecidas no concurso público for igual ou superior a 3 (três), sendo que, na hipótese de quantitativo fracionado para o número de vagas reservadas a candidatos negros, esse será aumentado para o primeiro número inteiro subsequente, em caso de fração igual ou maior que 0,5 (cinco décimos), ou diminuído para número inteiro imediatamente inferior, em caso de fração menor que 0,5 (cinco décimos);

b) constará expressamente dos editais dos concursos públicos, que deverão especificar o total de vagas correspondentes à reserva para cada cargo ou emprego público oferecido;

c) poderão concorrer a essas vagas candidatos negros, considerados como aqueles que se autodeclararem pretos ou pardos no ato da inscrição no concurso público, conforme o quesito cor ou raça utilizado pelo IBGE, sendo que, na hipótese de constatação de declaração falsa, o candidato será eliminado do concurso e, se houver sido nomeado, ficará sujeito à anulação da sua admissão ao serviço ou emprego público, após procedimento administrativo em que lhe sejam assegurados o contraditório e a ampla defesa, sem prejuízo de outras sanções cabíveis;

d) os candidatos negros concorrerão concomitantemente às vagas reservadas e às vagas destinadas à ampla concorrência, de acordo com a sua classificação no concurso, sendo que os candidatos negros aprovados dentro do número de vagas oferecido para ampla concorrência não serão computados para efeito do preenchimento das vagas reservadas; já no caso de desistência de candidato negro aprovado em vaga reservada, a vaga será preenchida pelo candidato negro posteriormente classificado;

e) na hipótese de não haver número de candidatos negros aprovados suficiente para ocupar as vagas reservadas, as vagas remanescentes serão revertidas para a ampla concorrência e serão preenchidas pelos demais candidatos aprovados, observada a ordem de classificação.

f) quanto à nomeação dos candidatos aprovados, esta respeitará os critérios de alternância e proporcionalidade, que consideram a relação entre o número de vagas total e o número de vagas reservadas a candidatos com deficiência e a candidatos negros;

A lei entrou em vigor na data de sua publicação e terá vigência pelo prazo de 10 (dez) anos (lei temporária), não se aplicando aos concursos cujos editais já tivessem sido publicados antes de sua entrada em vigor (art. 6º).

Vale, por fim, trazer a seguinte decisão do STJ sobre a não caracterização de pessoa com deficiência para fins de aplicação das regras de acessibilidade a essa pessoa, quando se tratar de alguém com surdez unilateral: "Candidato em concurso público com surdez unilateral não tem direito a participar do certame na qualidade de deficiente auditivo. Isso porque o Decreto 5.296/2004 alterou a redação do art. 4º, II, do Decreto 3.298/1999 – que dispõe sobre a Política Nacional para Integração de Pessoa Portadora de Deficiência e excluiu da qualificação "deficiência auditiva" os portadores de surdez unilateral. Vale ressaltar que a jurisprudência do STF confirmou a validade da referida alteração normativa. Precedente citado do STF: MS 29.910 AgR, Segunda Turma, DJe 01.08.2011." (MS 18.966-DF, j. 02.10.2013).

6.7.14. *Contratação temporária*

O art. 37, IX, da CF, traz a seguinte disposição: *"a lei estabelecerá os casos de contratação por tempo determinado para atender a necessidade temporária de excepcional interesse público"*.

Cada ente político poderá legislar para o fim de regulamentar o dispositivo acima transcrito.

A Lei 8.745/1993 traz, para a esfera federal, os casos em que cabe esse tipo de contratação, servindo de exemplo a contratação em situação de calamidade pública, combate a surtos endêmicos ou para recenseamento.

Geralmente o prazo máximo de contratação é de 12 meses, findo o qual o contrato se extingue.

Permite-se, em algumas situações, prorrogação do contrato.

É importante relatar que não é possível prever a contratação temporária para a admissão de servidores para funções burocráticas ordinárias e permanentes. Assim, o STF entendeu inconstitucional lei do Estado do Rio Grande do Norte que criou contratação temporária para Defensor Público (ADI 3.700). Confira outra decisão do STF a respeito do tema:

"Servidor público: contratação temporária excepcional (CF, art. 37, IX): inconstitucionalidade de sua aplicação para a admissão de servidores para funções burocráticas ordinárias e permanentes." (ADI 2.987)

A contratação temporária não exige concurso público, mas é necessário fazer um processo seletivo simplificado para garantir um mínimo de moralidade, podendo esse ser dispensado em situações justificadas, procedendo-se à análise de *curriculum*. Nesse sentido, confira a seguinte decisão do STF:

"A regra é a admissão de servidor público mediante concurso público: CF, art. 37, II. As duas exceções à regra são para os cargos em comissão referidos no inciso II do art. 37, e a contratação de pessoal por tempo determinado para atender a necessidade temporária de excepcional interesse público. CF, art. 37, IX. Nessa hipótese, deverão ser atendidas as seguintes condições: a) previsão em lei dos cargos; b) tempo determinado; c) necessidade temporária de interesse público; d) interesse público excepcional." (ADI 2.229)

Os contratados são regidos pelo regime *sui generis* estabelecido na lei citada, não sendo correto dizer que são contratados pelo regime celetista, já que eles têm um estatuto próprio.

Assim sendo, compete à Justiça Comum e não à Justiça do Trabalho julgar as controvérsias decorrentes dessa relação, conforme vem decidindo pacificamente o STF (ADI 3.395-MC-DF).

6.8. Direito de greve e de sindicalização

A Constituição de 1988, em sua redação original, contemplava o direito de greve no serviço público, mas o condicionava à edição de uma *lei complementar*.

Essa lei acabou não sendo editada e o STF, chamado a se pronunciar, decidiu, num mandado de injunção julgado nos anos 90, que o direito de greve do servidor era norma de eficácia limitada, não podendo ser exercido enquanto não fosse regulamentado.

Na ocasião, o STF se limitou a declarar a mora legislativa, adotando a teoria não concretista, pela qual o mandado de injunção não se presta a suprir lacunas legislativas, mas apenas a constatar a mora, quando esta existir.

Sobreveio a EC 19/1998, pela qual o direito de greve do servidor ficava mantido, devendo ser exercido nos termos e limites definidos em *lei específica* (art. 37, VII).

Outra década se passou sem a edição da tal lei específica. Até que, em 2007, o STF, rompendo com sua tradição em mandado de injunção, adotou a teoria concretista geral, julgando procedente novos mandados de injunção sobre o assunto (MIs 670/ES, 708/DF e 712/PA), para declarar *mora legislativa abusiva* e **conceder ao servidor o direito de exercer greve**, observados os preceitos da Lei 7.783/1989, que trata da greve na iniciativa privada.

A decisão resolveu preencher uma lacuna legislativa, com efeitos *erga omnes*, utilizando-se da analogia para determinar a utilização da lei referida até que adviesse a lei específica preconizada na Constituição.

A partir dessa decisão, começaram a surgir várias discussões sobre os contornos do direito de greve.

Sobre os **serviços que não podem ser objeto de greve**, além das proibições constitucionais relativas aos *militares das forças armadas* e aos *policiais militares* (art. 142, § 3º, IV, c/c art. 42, § 1º da CF), há entendimento do Min. Eros Grau no sentido de que *policiais civis* também não podem entrar em greve. Aliás, para esse Ministro, o direito de greve não é absoluto. Há serviços públicos em que a coesão social impõe que sejam prestados plenamente, em sua totalidade.

Nesse sentido, Eros Grau entende ser proibida a greve nos serviços de *segurança pública*, de *administração da Justiça*, de *arrecadação tributária* e de *saúde pública* (Recl 6.568, DJ 25.09.2009), posição que ainda não está pacificada no STF.

No STJ, por sua vez, vem se admitindo a greve nos mais variados setores, salvo os proibidos pela Constituição. No entanto, levando em conta os princípios da supremacia do interesse público e da continuidade do serviço público, esse tribunal vem, caso a caso, estipulando um **percentual mínimo** de pessoal a continuar trabalhando a fim de que não haja paralisação total dos serviços.

A título de exemplo, o STJ, considerando o período eleitoral, definiu em 80% o mínimo de servidores necessários na Justiça Eleitoral (Pet 7.933, DJ 08.06.2010). Para a Justiça Federal, fixou-se em 60% o mínimo de servidores em serviço (Pet 7.961, DJ 18.06.2010). E para os médicos peritos do INSS, determinou-se que 50% mantivessem o trabalho (Pet 7.985, DJ 25.06.2010).

Para fazer valer suas decisões o STJ vem fixando o pagamento de **multa** à entidade representante dos trabalhadores no caso de descumprimento de decisão relativa à greve. Trata-se de multa diária, que vem sendo fixada entre R$ 50 mil e R$ 100 mil para sindicatos de grande porte.

Outro ponto interessante diz respeito à possibilidade de **corte nos vencimentos** dos grevistas. No STJ, ainda há controvérsia a respeito. O posicionamento tradicional admite o corte. Mas há decisão recente no sentido de que, por se tratar de direito constitucional do servidor e envolver verba alimentar, o corte prévio é proibido, devendo-se buscar a compensação dos dias paralisados sob pena de reposição ao erário dos vencimentos pagos. É bom lembrar que a Lei 8.112/1990 dispõe que só por lei e por mandado judicial é possível o desconto de vencimentos (art. 45). Ademais, ainda não foi instituído um Fundo de Greve, com contribuições para o exercício desse direito constitucional. Nada impede, todavia, que se determine que o servidor grevista reponha, posteriormente, as horas não trabalhadas.

Por fim, vale lembrar que não é possível **exonerar ou demitir** servidor por ter participado de movimento grevista. Há várias leis no país dispondo que o servidor em estágio probatório que participar de greve deve ser exonerado. Tais leis ferem o direito constitucional de greve e o princípio da isonomia, segundo o STF (ADI 3.235, DJ 12.03.2010).

É importante ressaltar, ainda, que a Constituição veda a greve dos militares das Forças Armadas (art. 142, § 3º, IV, CF) e, por extensão, dos militares dos Estados-membros, do Distrito Federal e dos Territórios (art. 42, § 1º, CF).

Quanto ao direito de sindicalização, o art. 37, VI, da CF estabelece que *"é garantido ao servidor público civil o direito à livre associação sindical"*. Aqui também incide vedação aos militares (art. 142, § 3º, IV, CF).

6.9. Proibição de acumulação remunerada

A Constituição traz regra proibindo a acumulação remunerada de cargos públicos (art. 37, XVI).

Nada obstante, desde que haja compatibilidade de horários, admite-se a acumulação remunerada nos seguintes casos: a) de dois cargos de professor; b) um cargo de professor com outro, técnico ou científico; c) a de dois cargos ou empregos privativos de profissionais da saúde com profissões regulamentadas (alteração feita por força da EC 34/2001).

Quanto à **extensão da regra**, deve-se ressaltar que a proibição vale também para empregos e funções e abrange autarquias, fundações, empresas públicas, sociedades de economia mista, suas subsidiárias e sociedades controladas, direta ou indiretamente, pelo Poder Público.

Outros casos trazidos na Constituição de permissão de acumulação remunerada são os seguintes: a) magistrados e membros do Ministério Público: permite-se acumulação com um cargo ou função de professor (art. 95, parágrafo único, I, e art. 128, § 5º, II, "d", ambos da CF, respectivamente); b) vereador: pode acumular, mas desde que haja compatibilidade de horários (art. 38, III, CF); caso não haja tal compatibilidade, o eleito deve se afastar do cargo, emprego ou função que tinha, tendo a faculdade de escolher qual remuneração deseja receber como vereador, se a que detinha antes ou a prevista para o cargo eletivo; c) prefeito: não pode acumular, devendo afastar-se do cargo, emprego ou função que detinha, podendo optar pela remuneração (art. 38, II, CF); d) mandato eletivo federal, estadual e distrital: ficará afastado do cargo, emprego ou função anterior (art. 38, I, CF), sem poder optar pela remuneração.

Nos casos de afastamento, o tempo de serviço do mandato será contado para todos os fins do cargo, emprego ou função originais (previdenciários, para concessão de quinquênios etc.), exceto promoção por merecimento.

A **finalidade** de tal regra é evitar que o exercício de várias funções possa comprometer a boa qualidade do serviço, atendendo também a critérios de moralidade (quanto aos cargos em comissão), bem como à necessidade de se permitir que outras pessoas possam ter oportunidade de acesso a cargos, empregos ou funções públicas. As exceções, por sua vez, visam a melhor aproveitar pessoas que tenham capacidade técnica e científica para dadas atribuições.

Vale salientar que, mesmo nos casos em que há permissão de acumulação remunerada de cargos públicos (casos que tem rol taxativo na constituição), tem-se que cumprir ainda o requisito da **compatibilidade de horários**, dos dois cargos que se pretende acumular. Por conta disso o TCU decidiu no Acórdão 2.133/05 que o limite máximo de horas de trabalho nos dois cargos em que se pretende a acumulação é de 60 horas semanais, decisão fundamentada na presunção de que, mais do que isso, haveria comprometimento da qualidade do serviço. Todavia, o STJ tem decidido que esse limite não tem força normativa, nem há lei estabelecendo carga horária máxima, seja diária, seja semanal. Dessa forma, a compatibilidade de horários deve ser vista caso a caso, não se podendo fazer presunção de que 60 horas é o máximo permitido por semana (AgRg no AREsp 291.919-RJ, j. 18.04.2013).

Há de se ressaltar também que em qualquer dos casos de acumulação comentados neste item faz-se mister respeitar o disposto no inciso XI do art. 37 da Constituição quanto aos **tetos remuneratórios**. Assim sendo, a somatória dos valores recebidos em acumulação não pode ultrapassar o teto respectivo, sofrendo o agente um corte na folha de pagamento se tal ocorrer.

Diante das regras sobre proibição de acumulação remunerada de cargo, emprego ou função, confira-se a casuística do STF e do STJ a respeito do tema:

a) é vedada a acumulação dos cargos e remuneração de vereador e secretário municipal, tendo em conta interpretação sistemática dos artigos 36, 54 e 56 da CF, bem como o princípio da separação dos Poderes (STF, RE 497.554/PR);

b) é vedada a acumulação dos cargos de médico com cargo de perito criminal da polícia civil na modalidade médico veterinário (STF, RE, 248.248);

c) é vedada a acumulação dos cargos de inspetor escolar com o de supervisor pedagógico, pois não diz respeito à exceção, que deve ser interpretada estritamente, em que se permite a acumulação de dois cargos de professor ou um técnico com um de professor (STF, RE 382.389);

d) é vedada a acumulação de dois cargos de jornalista (STF, RE 463.028);

e) é permitida a acumulação de cargo de médico militar com o de professor de instituição pública de ensino; primeiro porque o médico militar não desempenha função típica de militar, circunstância, que, se existisse, impediria a acumulação; segundo porque a Constituição admite a acumulação de cargo de *professor* com cargo *técnico ou científico*, sendo que o cargo de médico é considerado técnico ou científico, pois sua ocupação pressupõe formação em área especializada do conhecimento, dotada de método próprio (STJ, RMS 39.157);

Questão bastante interessante é se é possível acumular dois cargos a princípio inacumuláveis, quando **não há** acumulação **remunerada**. A questão é pertinente, pois a Constituição veda a "acumulação remunerada de cargos", de modo que, caso haja acumulação não remunerada, ou seja, atua-se em dois cargos, mas recebe-se só por um, em tese caberia a acumulação. Porém, a questão é mais delicada do que isso e há muita controvérsia a respeito. Há três correntes sobre o tema:

a) não cabe acumulação de cargos inacumuláveis mesmo quando só há remuneração em um deles; essa posição é a que prevalece no STF e no TCU; este (o TCU) editou a Súmula 246, que inclusive proíbe a acumulação quando, além de não haver dupla remuneração, está-se de licença para tratar de interesses particulares num dos cargos, portanto, estar-se a trabalhar apenas em um dos cargos; confira: "o fato de o servidor licenciar-se sem vencimentos, do cargo público ou emprego que exerça em órgão ou entidade da administração direta ou indireta não o habilita a tomar posse em outro cargo ou emprego público, sem incidir no exercício cumulativo vedado pelo art. 37 da Constituição Federal, pois que o instituto da acumulação de cargos se dirige a cargos, empregos e funções públicas, e não apenas à percepção de vantagens pecuniárias"; o STF também vai no mesmo sentido, conforme se verifica dos RE 180.597/CE e 300220/CE;

b) cabe acumulação de cargos inacumuláveis desde que só haja remuneração em um deles e que no outro cargo o servidor não esteja trabalhando, mas em licença para tratar de assuntos particulares; essa interpretação tem em mira duas regras; a primeira, de que a proibição de acumulação é clara e expressa no sentido de que só está proibida a acumulação "remunerada" (art. 37, XVI, da CF); a segunda, de que "é proibida a prestação de serviços gratuitos, salvos os casos previstos em lei" (art. 4º da Lei 8.112/1990); e quando se tem alguém com dois cargos inacumuláveis, mas em que um deles está-se com licença para tratar de assuntos particulares, não há nem acumulação remunerada, nem prestação de serviços sem gratuitos; esse caso é típico de alguém que está num cargo "A" e passa num concurso para um cargo "B", ocasião em que pede uma licença para tratar de assuntos particulares do cargo "A" e, logo que a consegue, toma posse no cargo "B", avaliando, no tempo da licença, se valerá à pena continuar no cargo "B" ou sair dele, voltando a trabalhar no cargo "A", quando cessar a licença;

c) cabe acumulação de cargos inacumuláveis desde que simplesmente só haja remuneração em um deles; essa é a posição mais liberal é permite sem restrições (salvo a de compatibilidade de horários), que uma pessoa tenha dois cargos inacumuláveis, desde que escolha a remuneração de um deles e receba só de um deles; o fundamento da posição é que a Constituição só proíbe a acumulação "remunerada" (art. 37, XVI, da CF), não havendo vedação há acumulação de cargos, trabalhando-se nos dois, mas só se recebendo de um; ademais, as exceções devem ser interpretadas restritivamente, de modo que não se pode tirar da norma palavra nela contida de modo a alargar uma exceção nela prevista.

Nossa opinião é que, havendo compatibilidade de horários e inexistência de violação ao princípio da separação de poderes, é cabível a acumulação de cargos inacumuláveis desde que só há remuneração pela prestação de serviços de um deles. Trata-se de interpretação que leva em conta a primazia do texto constitucional, que, claramente, veda apenas a acumulação "remunerada" de cargos, não podendo a lei infraconstitucional passar por cima desse comando, nem mesmo uma interpretação criar restrição onde não haja. Porém, os requisitos da compatibilidade de horários, por ser um imperativo lógico, e do respeito à separação dos poderes (art. 2º da CF), devem ser cumpridos. Um exemplo é alguém querer cumular o cargo de secretário municipal (Poder Executivo) e de vereador (Poder Legislativo). Considerando que a ideia de separação de poderes parte da premissa dos freios e contrapesos e, consequentemente, do imperativo lógico de que, quem freia ou serve de contrapeso não pode frear a si mesmo, e que uma das funções do Poder Legislativo é justamente fiscalizar o Executivo, a acumulação trazida como exemplo é inconstitucional.

Tema correlato é o da **acumulação de remuneração com aposentadoria.** Também, como regra, é proibida. Como exceção pode existir tal acumulação se os cargos da ativa e da inatividade forem cumuláveis entre si. Outra exceção importante é a que permite a acumulação da aposentadoria com a remuneração de um cargo em comissão ou de um mandato eletivo (art. 37, § 10, CF). Perceba que a regra que veda a percepção simultânea de proventos de aposentadoria com remuneração de cargo, emprego ou função diz respeito tão somente às aposentadorias especiais, ou seja, a dos ocupantes de cargos efetivos (art. 40, CF), a dos militares estaduais (art. 42, CF) e a dos militares das Forças Armadas (art. 142, CF). Essa acumulação não é vedada quando se trata de acumulação de proventos de aposentadoria com remuneração proveniente de contratação temporária (STJ, REsp 1.298.503, DJ 13.04.2015).

Porém, não se admite acúmulo tríplice de provimentos e vencimentos de professor, mesmo que decorrentes de aprovações em concursos públicos anteriores à vigência da EC 20/1998 (STF: AI 545.424 Agrar, DJ de 25.03.2013; AI 529.499 AgR, DJ 17.11.2010).

6.10. Estabilidade e estágio probatório

O instituto da *estabilidade* está previsto no art. 41 da CF. A partir do texto constitucional, a doutrina aponta três requisitos para sua aquisição: a) nomeação para "cargo efetivo", em virtude de concurso público; b) "três anos de efetivo exercício" no cargo; c) aprovação em "avaliação especial de desempenho por comissão instituída para essa finalidade".

O primeiro requisito ("cargo efetivo") foi introduzido pela EC 19/1998. A redação anterior exigia apenas que o "servidor" fosse nomeado em virtude de concurso, não havendo referência ao cargo ser efetivo ou não, o que permitia que servidores celetistas em geral pudessem pleitear a estabilidade.

A atual redação, porém, parece ter deixado claro que somente servidores titulares de verdadeiros cargos efetivos teriam direito à estabilidade.

Porém, o TST, chamado a se manifestar sobre o tema, concluiu que os "servidores celetistas" das pessoas jurídicas de direito público (União, Estados, DF, Municípios, autarquias, fundações públicas, agências reguladoras e associações públicas) também têm direito à estabilidade, direito esse que só não existe para os celetistas das pessoas jurídicas de direito privado estatal, como a empresa pública e a sociedade de economia mista (Súmula 390 do TST).

Quanto ao segundo requisito ("três anos de efetivo exercício"), esse também foi alterado pela EC 19/1998. Na redação original exigiam-se dois anos de efetivo exercício. Essa redação fazia com que a Administração Pública estipulasse como estágio probatório o período de dois anos, porque esse estágio sempre foi considerado o tempo de efetivo exercício em que se verificaria se o servidor empossado tinha ou não aptidão para auferir a definitiva titularidade do cargo.

Ocorre que a Constituição foi alterada, aumentando o tempo de exercício para três anos, e os estatutos de funcionário público não acompanharam essa modificação. Exemplo disso é o próprio estatuto federal (Lei 8.112/1990). Isso fez com que os tribunais, num primeiro momento, decidissem que o prazo para estágio probatório é um e o prazo de efetivo exercício para adquirir a estabilidade é outro. Esse posicionamento tinha repercussão prática, pois há direitos que só existem após o fim do estágio probatório (ex.: direito de promoção) e, sendo esse mais curto, pessoas que ainda não tinham estabilidade poderiam gozar desses direitos após os dois anos de estágio.

Apenas em 2010 o STF (STA 269 AgR, DJ 26.02.2010) e o STJ (MS 12.523/DF, DJ 18.08.2009) se posicionaram no sentido de que o período de estágio probatório deve coincidir com o período de efetivo exercício para a aquisição da estabilidade, no caso, ambos os períodos são de 3 anos e correm conjuntamente, pouco importando a redação do estatuto local.

Vale ressaltar que esses tribunais vêm entendendo que os períodos de estágio probatório e efetivo exercício ficam suspensos quando o servidor é afastado ou cedido para outro órgão (STJ, RMS 23.689, DJ 07.06.2010).

Ademais, para o STF e para o STJ (RMS 23.689, DJ 07.06.2010), não pode o servidor em estágio probatório aposentar-se voluntariamente, uma vez que o estágio probatório constitui etapa final do processo seletivo para a aquisição da titularidade do cargo público.

Passando ao terceiro requisito para a estabilidade ("avaliação especial de desempenho por comissão instituída para essa finalidade"), o primeiro ponto exigido pelo STF (AI 623.854, DJ 23.10.2009) e pelo STJ (RMS 20.934, DJ 01.02.2010) é que haja um procedimento que não é de natureza disciplinar (não sendo necessário cumprir os requisitos do processo disciplinar), mas que assegure o devido processo legal, o que impõe observância do contraditório e da ampla defesa. Assim, exige-se que o servidor possa apresentar defesa, instruir o procedimento com provas e ter contra si exarada decisão devidamente motivada.

Outro direito do servidor é que a avaliação de desempenho ocorra no limite dos três anos de efetivo exercício. Isso significa que, após o transcurso desse prazo, sem a realização da avaliação, o servidor pode ser considerado estável, pois a desídia da Administração não pode ser a ele imputada, presumindo-se que o servidor teve reconhecida sua aptidão.

Após o transcurso dos três anos de efetivo exercício, o servidor pode até ser exonerado por inaptidão para o cargo, mas desde que a avaliação de desempenho tenha se dado durante o período de estágio probatório e a exoneração tenha sido motivada nas suas conclusões (STJ, RMS 23.504, DJ 02.08.2010).

Outro posicionamento diz respeito a quem deve proceder à avaliação de desempenho. Nesse sentido, o STJ entende que não há violação ao art. 41 da CF quando a chefia imediata promove a avaliação de desempenho do servidor, funcionando a Comissão de Avaliação como órgão revisor e como órgão emissor do parecer final do estágio probatório (RMS 23.504, DJ 02.08.2010).

Também já restou pacificado que o servidor que sai de um cargo numa dada administração (por exemplo, de policial militar) e vai para outro cargo na mesma administração (por exemplo, de policial civil) não pode aproveitar o estágio probatório anteriormente cumprido (STJ, RMS 20.934, DJ 01.02.2010).

Vale igualmente lembrar que os servidores em estágio probatório não podem sofrer restrições que não decorram explícita ou implicitamente da lei. Nesse sentido, o STF proíbe a discriminação dos não estáveis, caso lei ou ato normativo estabeleça que estes, se participarem de greve durante o estágio probatório, estão sujeitos à exoneração (ADI 3.235, DJ 12.03.2010). Servidor em estágio probatório tem, portanto, direito de greve.

Ficam, então, noticiadas as principais decisões sobre a estabilidade e o estágio probatório, devendo o candidato ficar atento a outras decisões, uma vez que o tema é corrente na jurisprudência.

6.11. Disponibilidade

É a colocação do servidor estável em inatividade remunerada, até seu adequado aproveitamento em outro cargo, com proventos proporcionais ao seu tempo de serviço.

Trata-se de direito do servidor, desde que estável, que ocorre nas seguintes situações: a) quando o cargo é extinto; b) quando o cargo é declarado desnecessário; c) quando um servidor é reintegrado e volta para o cargo para onde foi chamado um novo servidor, ficando este desalojado por não ter um cargo de origem, devendo, então, ser colocado em disponibilidade.

É importante ressaltar que só tem esse direito quem já é estável (*vide* § 3º do artigo 41 da CF há pouco transcrito). Nesse sentido, dispõe a Súmula 22 do STF que: "o estágio probatório não protege o funcionário contra a extinção do cargo".

Nunca se deve esquecer de que a CF é taxativa no sentido de que na disponibilidade a remuneração será proporcional ao tempo de serviço do agente. Antes da EC 19/1998, o STF entendia que era integral, portanto, é bom saber que agora é proporcional.

A disponibilidade a que estão sujeitos os juízes e promotores não implica remuneração proporcional, sob pena de ofensa à vitaliciedade a que têm direito, de maneira que será integral a remuneração para essas situações.

6.12. Sistema remuneratório

Para que se possa entender o sistema remuneratório dos servidores públicos, de rigor verificar os seguintes conceitos:

a) remuneração (estipêndio/vencimentos): devida à grande massa de servidores, corresponde ao padrão fixado em lei (vencimento), mais vantagens pessoais;

b) salário: devido aos empregados públicos da Administração Direta e Indireta, vale dizer, àqueles regidos pela CLT;

c) subsídio: modalidade de remuneração fixada em parcela única e devida aos agentes políticos (art. 39, § 4º, CF: fala-se em membro de Poder, detentor de mandato eletivo, Ministros de Estado e Secretários Estaduais e Municipais), membros do Ministério Público, aos Policiais (art. 144, § 9º, CF), Procuradores de Estado, Defensores Públicos, Procuradores da Fazenda Nacional e integrantes da Advocacia Geral da União (art. 135), bem como Ministros dos Tribunais de Contas. O § 8º do artigo 39 da CF abre possibilidade de a remuneração dos servidores organizados em carreira ser também por subsídio, nos termos de lei. Vale ressaltar que no subsídio não se fala em vantagens pessoais, já que se trata de parcela única, vedado o acréscimo de qualquer gratificação, adicional, abono, prêmio, verba de representação ou outra espécie remuneratória, obedecido ao teto remuneratório constitucional. Entretanto, os direitos gerais dos servidores previstos no § 3º do artigo 39 da CF permanecem.

d) adicionais: devidos por tempo de serviço ou função especial, que exige conhecimentos especializados ou um regime próprio de trabalho. O adicional se relaciona com o tempo (adicional de tempo) ou com a função (adicional de função – ex.: por dedicação integral, por nível universitário);

e) gratificações: devidas por condições personalíssimas ou por anormalidades no desempenho da função, com característica de precariedade. As gratificações se relacionam com o servidor (pessoal: por ter filho – salário família etc.) ou com o serviço (segurança, salubridade ou onerosidade;

f) indenizações: mero ressarcimento de despesas efetuadas pelo agente no desempenho de atividade pública, não se incorporando na remuneração. Ex.: ajuda de custo (mudança), diárias (despesas com viagem) e auxílio-transporte (condução para o trabalho).

A par dos conceitos acima, tem-se como fundamental também verificar os seguintes princípios o regras desses sistema:

a) proibição de efeito cascata: vantagens e gratificações não podem incidir umas sobre as outras. Nesse sentido, *vide* o inciso XIV do artigo 37 da CF: *"os acréscimos pecuniários percebidos por servidor público não serão computados nem acumulados para fins de concessão de acréscimos ulteriores"*.

b) fixação por lei e revisão geral anual: *a remuneração e o subsídio somente poderão ser fixados ou alterados por lei específica, observada a iniciativa privativa em cada caso. Fica assegurada revisão geral anual, sempre na mesma data e sem distinção de índices.* O STF é pacífico no sentido de que não é possível que iniciativa ou emenda parlamentar disponha sobre o aumento de remuneração dos servidores, de iniciativa privativa do Executivo (arts. 61, § 1º, II, *a*, e 63, I, ambos da CF), sendo que a fixação ou alteração de remuneração depende de lei específica (art. 37, X, da CF), ficando vedada a ainda que a lei estabeleça vinculação ou equiparação remuneratórias para efeito de remuneração de pessoal (art. 37, XIII, da CF), conforme se pode conferir na ADI 64/RO. No que diz respeito aos membros da polícia no Distrito Federal, o STF editou a Súmula Vinculante 39: "Compete privativamente à União legislar sobre vencimentos dos membros das polícias civil e militar e do corpo de bombeiros militar do Distrito Federal".

c) teto remuneratório: a EC 41/2003 modificou o inciso XI do art. 37 da CF, que antes trazia como teto único o subsídio dos Ministros do STF, estabelecendo um teto nacional consistente também no subsídio mensal, em espécie, dos Ministros do STF, bem como subtetos. Na esfera da União vale o teto nacional para todos os Poderes. Nos Estados e DF tem-se como subtetos no âmbito do Executivo o subsídio do Governador, no âmbito do Legislativo o subsídio dos Deputados estaduais/distritais e no âmbito do Judiciário o subsídio dos Desembargadores do TJ, limitado este a 90,25% do subsídio dos Ministros do STF. A EC 47/2005 permite aos Estados e ao DF, por meio de emenda às respectivas Constituições e Lei Orgânica, adotar como limite único o subsídio dos Desembargadores do TJ, não se aplicando a regra aos subsídios dos deputados estaduais e distritais e dos vereadores. Nos Municípios, o subteto é o subsídio do Prefeito. Estabeleceu-se, ainda, como subteto para os membros do MP, Procuradores e Defensores Públicos, o subsídio dos Desembargadores do TJ. Vale salientar que o valor do que deve estar contido no teto abrange a remuneração e o subsídio, os proventos, pensões ou outra espécie remuneratória, percebidos cumulativamente ou não, incluídas as vantagens pessoais ou de qualquer outra natureza. Além disso, a regra do teto atinge os ocupantes de cargos, funções e empregos públicos da administração, direta, autárquica e fundacional, membros dos Poderes da União, dos Estados, do DF e dos Municípios, detentores de mandato eletivo e demais agentes políticos. Aplica-se também às empresas públicas e sociedades de economia mista e suas subsidiárias que receberem recursos da União, dos Estados, do Distrito Federal ou dos Municípios para pagamento de despesas de pessoal ou custeio em geral (art. 37, § 9º, CF).

Vale ressaltar que o STF vinha entendendo que "as vantagens pessoais percebidas antes da entrada em vigor da EC 41/2003 não se computam para fins de cálculo do teto constitucional" (MS 27565, j. 18.10.2011). Nesse caso, reconheceu-se a procurador da república aposentado o direito de, a partir da data da impetração, continuar a receber, sem redução, o montante bruto que percebia anteriormente à EC 41/2003, até a sua total absorção pelas novas formas de composição de seus proventos. Porém, o mesmo STF reconheceu a eficácia imediata do abate-teto sobre salários e proventos de servidores públicos ativos e inativos e a inclusão de vantagens pessoais no teto remuneratório , em decisão que entendeu por bem "fixar a tese de que o teto de remuneração estabelecido pela Emenda Constitucional 41/2003 é de eficácia imediata, submetendo às referências de valor máximo nela fixadas todas as verbas remuneratórias percebidas pelos servidores de União, estados e municípios, ainda que adquiridas sob o regime legal anterior" (RE 609.381, j. 02.10.2014).

d) proibição de vinculação ou equiparação: *é vedada a vinculação ou equiparação de quaisquer espécies remuneratórias para efeito de remuneração dos servidores*; o STF entende violada essa regra quando se vincula o reajuste de vencimentos ao incremento da arrecadação de ICMS (RE 218.874/SC) ou que vincula o reajuste do subsídio do governador ao reajuste concedido aos servidores (ADI 3491); o STF editou a Súmula Vinculante n. 37, tratando, ainda, da proibição de aumento de vencimento dos servidores com fundamento na isonomia ("Não cabe ao Poder Judiciário, que não tem função legislativa, aumentar vencimentos de servidores públicos sob o fundamento de isonomia"); vide, a respeito, a decisão proferida pelo STF no RE 592.317/RJ, j. 28.08.2014;

e) irredutibilidade: *os subsídios e os vencimentos são irredutíveis* (art. 37, XV, CF); o STF entende que fere esse princípio o aumento na carga de trabalho do servidor sem o consequente aumento na remuneração (RE 255792/MG); entende também que o princípio é violado quando se desconta a remuneração de servidor afastado de suas funções por responder por processo penal em face da acusação de cometimento de crime funcional (RE 482.006); entende ainda que a aplicação do teto remuneratório previsto na EC 41/2003 não fere direito adquirido nem o princípio da irredutibilidade, eis que os excessos eventualmente percebidos fora dessas condições, ainda que com o beneplácito de disciplinas normativas anteriores, não estariam amparados pela regra da irredutibilidade, ressaltando, ademais, que o pagamento de remunerações superiores aos tetos de retribuição, além de se contrapor a noções primárias de moralidade, de transparência e de austeridade na administração dos gastos com custeio, representaria gravíssima quebra da coerência hierárquica essencial à organização do serviço público (RE 609.381, j. 02.10.2004);

f) proibição de indexação: o STF editou a Súmula Vinculante 42, com o seguinte teor: "É inconstitucional a vinculação do reajuste de vencimentos de servidores estaduais ou municipais a índices federais de correção monetária";

g) publicação obrigatória: "os Poderes Executivo, Legislativo e Judiciário publicarão anualmente os valores do subsídio e da remuneração dos cargos e empregos públicos" (art. 39, § 6º, CF);

h) direitos dos ocupantes de cargos públicos: o § 3º do artigo 39 da Constituição dispõe que se aplica aos servidores ocupantes de cargo público o disposto no art. 7º, IV, VII, VIII, IX, XII, XIII, XV, XVI, XVII, XVIII, XIX, XX, XXII e XXX.

Confira o disposto nos incisos citados do art. 7º da CF: IV e VII (salário mínimo), VIII (décimo terceiro salário), IX (remuneração de trabalho noturno superior à do diurno), XII (salário-família ao trabalhador de baixa renda), XIII (jornada diária não superior a 8 horas e semanal não superior a 44 horas, facultadas compensações), XV (repouso semanal remunerado), XVI (hora extra superior em pelo menos 50% da hora normal), XVII (férias anuais, com 1/3 a mais de remuneração), XVIII (licença à gestante de 120 dias), XIX (licença-paternidade), XX (proteção do mercado de trabalho da mulher), XXII (redução dos riscos do trabalho) e XXX (proibição de diferença de salário, função ou admissão por discriminação).

6.13. Aposentadoria

Consiste na transferência para a inatividade remunerada, cumpridos certos requisitos. Vejamos os tipos de aposentadoria:

Por invalidez: deve ser invalidez permanente, sendo os proventos proporcionais ao tempo de contribuição, exceto se decorrente de acidente em serviço, moléstia profissional ou doença grave contagiosa ou incurável, na forma da lei.

Compulsória: aos 70 anos de idade ou aos 75 anos de idade, na forma da lei complementar, com proventos proporcionais ao tempo de contribuição. Trata-se modificação introduzida pela EC 88/2015, vez que antes a aposentadoria compulsória ocorria sempre aos 70 anos de idade. A novel EC estabelece, ainda, uma norma de aplicação imediata, pela qual ministros do STF, dos Tribunais Superiores e do TCU desde já têm aposentadoria compulsória somente aos 75 anos (art. 100 do ADTC): "Até que entre em vigor a lei complementar de que trata o inciso II do § 1º do art. 40 da Constituição Federal, os Ministros do Supremo Tribunal Federal, dos Tribunais Superiores e do Tribunal de Contas da União aposentar-se-ão, compulsoriamente, aos 75 (setenta e cinco) anos de idade, nas condições do art. 52 da Constituição Federal". Sobre essa Emenda Constitucional, o STF tomou as seguintes decisões em Medida Cautelar na Ação Direta de Inconstitucionalidade 5316, julgada em 21.05.2015: "a) suspender a aplicação da expressão "nas condições do art. 52 da Constituição Federal" contida no art. 100 do ADCT, introduzido pela EC 88/2015, por vulnerar as condições materiais necessárias ao exercício imparcial e independente da função jurisdicional, ultrajando a separação dos Poderes, cláusula pétrea inscrita no art. 60, § 4º, III, da CF; b) fixar a interpretação, quanto à parte remanescente da EC 88/2015, de que o art. 100 do ADCT não pudesse ser estendido a outros agentes públicos até que fosse editada a lei complementar a que alude o art. 40, § 1º, II, da CF, a qual, quanto à magistratura, é a lei complementar de iniciativa do STF, nos termos do art. 93 da CF; c) suspender a tramitação de todos os processos que envolvessem a aplicação a magistrados do art. 40, § 1º, II, da CF e do art. 100 do ADCT, até o julgamento definitivo da ação direta em comento; e d) declarar sem efeito todo e qualquer pronunciamento judicial ou administrativo que afastasse, ampliasse ou reduzisse a literalidade do comando previsto no art. 100 do ADCT e, com base neste fundamento, assegurasse a qualquer outro agente público o exercício das funções relativas a cargo efetivo após ter completado 70 anos de idade".

Voluntária: a pedido do interessado.

a) com remuneração proporcional ao tempo de serviço: aos 65 anos/homem e 60 anos/mulher;

b) com remuneração integral: aos 60 anos/homem (mínimo de 35 anos de contribuição) e 55 anos/mulher (mínimo de 30 anos de contribuição).

As aposentadorias mencionadas ficam condicionadas a que o agente tenha tempo mínimo de 10 anos de efetivo exercício no serviço público e 5 anos no cargo efetivo em que se dará a aposentadoria.

No caso de professor que comprove exclusivo e efetivo magistério na educação infantil/ensino fundamental/ensino médio reduz-se em 5 anos a idade e o tempo de contribuição para a concessão de aposentadoria voluntária integral.

Vale consignar que a Constituição abre espaço para o fim da aposentadoria com limite na remuneração integral. Confira-se a redação trazida pela EC 20/1998 ao § 14 do art. 40: *"a União, os Estados, o Distrito Federal e os Municípios, desde que instituam regime de previdência complementar para os seus respectivos servidores titulares de cargo efetivo, poderão fixar, para o valor das aposentadorias e pensões a serem concedidas pelo regime de que trata este artigo, o limite máximo estabelecido para os benefícios do regime geral de previdência social de que trata o art. 201"*. O § 15 do mesmo artigo diz que a lei complementar disporá sobre as normas gerais para instituição do regime de previdência complementar em questão.

A possibilidade citada não saiu do papel, daí porque o constituinte derivado editou a EC 41/2003 limitando o valor dos benefícios previdenciários dos agentes públicos e determinando a instituição de previdência complementar fechada, de natureza pública e na modalidade de contribuição definida.

Assim, dispôs o texto constitucional que os proventos serão calculados considerando as remunerações utilizadas como base para as contribuições do servidor aos regimes de que tratam os arts. 40 e 201 da CF, na forma da lei (art. 40, § 3º), estabelecendo como limite máximo para o valor dos benefícios do regime geral do art. 201 a quantia de R$ 2.400,00, reajustada a partir da publicação da EC/1941 pelos índices aplicados aos benefícios do regime geral (art. 5º, EC/1941)

Quanto à previdência complementar dos servidores públicos, foi criada na esfera federal pela Lei 12.618/2012, sobre a qual vale fazer os seguintes apontamentos:

a) essa lei entrou totalmente em vigor, quanto ao Poder Executivo, com a edição do Decreto 7.808, publicado em 21 de setembro de 2012 (vide art. 33 da Lei 12.618/2012), decreto esse que criou a Fundação de Previdência Complementar do Servidor Público Federal do Poder Executivo (Funpresp-Exe); quanto ao Poder Judiciário, com a edição da Resolução STF n. 496/2012, publicada em 29.10.2012; e quanto à Câmara dos Deputados, ao Senado Federal e ao Tribunal de Contas da União, estes três órgãos celebraram, em 31.01.2013, convênio de adesão à Funpresp-Exe, como patrocinadores do plano sob administração desta; com isso agentes públicos federais que ingressaram no serviço público após as datas mencionadas passaram a ter como limite máximo de aposentadoria o previsto para o regime geral de previdência (art. 3º, I, da Lei 12.618/2012), mas com a possibilidade de complementar esse valor com o regime de previdência complementar; porém, servidores que tenham ingressado no serviço público até data anterior ao início da vigência de previdência complementar poderão, mediante prévia e expressa opção, aderir ao regime de previdência complementar (art. 1º, § 1º, da Lei 12.618/2012), mas aplicando-se a ele o limite máximo estabelecido para os benefícios do regime geral de previdência, o que, mesmo havendo um benefício especial em favor desses servidores mais antigos que aderirem (art. 3º, §§ 1º e 2º, da Lei 12.618/2012), fará com que dificilmente um servidor que tenha ingressado no serviço público antes da vigência do regime em questão tenha interesse em aderir a ele;

b) o regime de previdência complementar é aplicável não só aos servidores públicos do Executivo em geral, como também do Judiciário, do Legislativo, Ministério Público da União (MPU) e Tribunal de Contas da União (TCU), como também aos membros do Judiciário, do MPU e do TCU, ou seja, atingindo juízes federais e do trabalho, desembargadores, ministros dos tribunais superiores, procuradores da república e do trabalho e ministros dos tribunais de contas;

c) a lei define como **patrocinadores** a União, suas autarquias e fundações, como **participante**, o servidor titular de cargo e o membro de poder, que aderirem aos planos de benefícios administrados pelas entidades; e como **assistidos**, o participante ou o seu beneficiário em gozo de benefício de prestação continuada (art. 2º da Lei 12.618/2012);

d) os planos de benefício da Lei 12.618/2012 são estruturados na modalidade de **contribuição definida**, sendo que a alíquota que incidirá sobre o valor que superar o benefício do regime geral da previdência (art. 16 e ss.) e será definida pelo servidor anualmente, com o servidor e o patrocinador pagando a mesma alíquota, até o limite de 8,5% no caso da alíquota a ser paga pelo patrocinador; assim, imaginemos que o teto do regime geral de previdência fosse de R$ 2.400,00 (esse é o valor original quando da reforma da previdência, mas é reajustado constantemente desde lá); imagine agora que um servidor federal que adira ao regime de previdência complementar ganhe R$ 8.000,00 por mês; nesse caso, sobre R$ 2.400,00 serão devidas as contribuições correntes da União e do servidor; e sobre a diferença entre o que ganha o servidor e o teto da previdência geral (diferença que, no caso, é de R$ 5.600,00), incidirá alíquota para fazer frente à previdência complementar, sendo que o servidor é quem define, todo ano, quanto quer pagar de alíquota (por exemplo, 7% sobre esses R$ 5.600,00) e a União fica obrigada a contribuir com a mesma alíquota (no caso, 7% também), não podendo a União contribuir com mais de 8,5%; já servidores que não ganham mais do que R$ 2.400,00, também podem contribuir para a previdência complementar, mas não haverá contribuição pela União, de modo que o benefício complementar desse tipo de servidor tende a ser proporcionalmente menor do que o benefício de um servidor que ganha mais de R$ 2.400,00.

Além disso, a reforma constitucional estabeleceu a obrigatoriedade de os Estados, DF e Municípios instituírem contribuição previdenciária de seus servidores, para o custeio, em benefício destes, do regime previdenciário do art. 40, cuja alíquota não será inferior a da União (11%).

Estipulou ainda a contribuição dos inativos e pensionistas, que incidirá em percentual igual ao estabelecido para os servidores ativos, mas incidente apenas sobre os valores que superem o limite máximo para os benefícios do regime geral (art. 40, § 18, CF).

No que concerne à pensão por morte, estabeleceu-se que a lei disporá sobre o assunto e o benefício será igual, caso aposentado o falecido, aos proventos deste até o limite do art. 201 mais 70% da parcela excedente ao limite, e, caso na ativa o falecido, à remuneração deste até o limite do art. 201 mais 70% da parcela excedente a este limite (art. 40, § 7º, CF). Tal disposição, todavia, não se aplica aos militares das Forças Armadas (art. 10, EC/1941) e quanto aos pensionistas dos militares dos Estados, DF e Territórios aplica-se o que for fixado em lei específica do respectivo ente estatal.

Quanto à revisão dos benefícios previdenciários, determinou-se o fim da paridade com a remuneração dos servidores ativos, assegurando-se apenas o reajuste dos benefícios para preservar seu valor real, conforme critérios estabelecidos em lei (art. 40, § 8º, CF). Tal regra também não é aplicável aos militares das Forças Armadas (art. 10, EC/1941).

Ademais, é sempre bom lembrar que o STF é pacífico no sentido de que, não havendo redução dos proventos percebidos pelo inativo, não há inconstitucionalidade na lei que estabelece, para a carreira, o sistema de vencimento único, com absorção de outras vantagens remuneratórias (Ag. Reg. no RE 634.732/PR). Ou seja, alteração no regime da carreira não gera direitos aos servidores inativos, desde que não haja irredutibilidade. Por exemplo, "desde que mantida a irredutibilidade, o servidor inativo, embora aposentado no último patamar da carreira anterior, não tem direito adquirido de perceber proventos correspondentes aos da última classe da nova carreira reestruturada por lei superveniente" (RE 606.199, j. 09.10.2013). Porém, "as vantagens remuneratórias de caráter geral conferidas a servidores públicos, por serem genéricas, são extensíveis a inativos e pensionistas" (STF, RE 596.962/MT, j. 21.08.2014).

A lei não pode estabelecer contagem de tempo de contribuição fictício, como, por exemplo, dizer que férias não gozadas pelo servidor equivale a 3 meses de tempo de contribuição para efeito de aposentadoria.

O tempo de contribuição federal, estadual ou municipal será contado para efeito de aposentadoria e o tempo de serviço correspondente para efeito de disponibilidade. Também conta o tempo de contribuição para o regime geral, a chamada contagem recíproca (art. 201, § 9º, CF).

Aliás, vale ressaltar que, hoje, o requisito não é mais *tempo de serviço*, mas *tempo de contribuição*.

O artigo 8º da EC 20/1998 trazia a regra de transição para os servidores que já o eram quando de sua edição. Agora, tal regra foi modificada pelo artigo 2º da EC 41/2003, a qual também estabeleceu regra de transição para aqueles que ingressaram no serviço público até a data de sua publicação (art. 6º, EC 41/2003).

Quanto à aposentadoria especial de que trata o art. 40, §. 4º, da CF (p. ex., por trabalhar em atividades insalubres), o STF, diante da mora legislativa em regulamentar a questão, reconheceu que "enquanto não editada a lei reguladora do direito assegurado constitucionalmente, o critério a ser levado em conta é o da Lei 8.213/1991, mais precisamente o definido no artigo 57, adotando-se os parâmetros previstos para os trabalhadores em geral (Ag. Reg. no ARE 727.541-MS). Nesse sentido é a Súmula Vinculante STF 33.

Quanto ao ocupante exclusivamente de cargo em comissão (ou seja, aquele que não seja servidor já com cargo efetivo), aplica-se as regras previdenciárias do regime geral de previdência (art. 40, § 13, da CF), e não as regras acima sobre o regime próprio de previdência do servidor público. Nesse sentido, não se aplica, por exemplo, a regra da aposentadoria compulsória a quem tenha cargo em comissão, de modo que uma pessoa com 80 ou 90 anos (e há casos disso) pode trabalhar no poder público num cargo em comissão.

6.14. Processo administrativo disciplinar

É aquele destinado à apuração de faltas disciplinares, violação de deveres funcionais e imposição de sanções a servidores públicos.

6.14.1. Garantias e princípios

a) contraditório e ampla defesa: *"aos litigantes, em processo judicial ou administrativo, e aos acusados em geral são assegurados o contraditório e ampla defesa, com os meios e recursos a ela inerentes"* (art. 5º, LV, CF). *Vide* também a Lei 9.784/1999, aplicável subsidiariamente às leis federal e locais que tratam do processo disciplinar; vale salientar, que, apesar das inúmeras garantias contidas nesse princípio, o STF, na Súmula Vinculante 5, *não* entende que a falta de defesa técnica por advogado no processo disciplinar, por si só, *ofenda* o contraditório e a ampla defesa; ou seja, a falta de advogado *não gera* a presunção de desrespeito a esse princípio, se forem preservados os três elementos dessa garantia, que são os seguintes: "a) *o direito de manifestação* (que obriga o órgão julgador a informar à parte contrária dos atos praticados no processo e sobre os elementos dele constantes); b) *o direito de informação sobre o objeto do processo* (que assegura ao defendente a possibilidade de se manifestar oralmente ou por escrito sobre os elementos fáticos e jurídicos contidos no processo); e c) o direito de ver os seus argumentos contemplados pelo órgão incumbido de julgar (que exige do julgador capacidade de apreensão e isenção de ânimo para contemplar as razões apresentadas)" (STF, RE 434.059/DF);

b) juiz natural: *"ninguém será processado nem sentenciado senão pela autoridade competente"* (art. 5º, LIII, CF);

c) vedação da prova ilícita: *"são inadmissíveis, no processo, as provas obtidas por meios ilícitos"* (art. 5º, LVI, CF). Ex.: não é possível requerer a interceptação telefônica em processo administrativo disciplinar (Lei 9.296/1996); porém, o STJ admite a utilização dessa prova, em processo disciplinar, na qualidade de "prova emprestada", caso tenha sido produzida em ação penal, e desde que devidamente autorizada pelo juízo criminal e com a observância das diretrizes da Lei 9.296/1996 (MS 16.146, j. 22.5.13); não se considera ilícita a prova quando feita pela própria vítima (interlocutor) de fiscal que exigia propina, bem como não se considera flagrante preparado (mas flagrante esperado) no caso em que a solicitação de dinheiro pelo fiscal se dera dias antes de sua prisão (quando não mais se dependia do flagrante para a configuração do delito) e a equipe policial apenas permaneceu alerta, sem instigar a atuação do fiscal (STJ, RMS 19.785);

d) direito ao silêncio, *in dubio pro reo*, presunção de inocência e ônus da prova da Administração; por conta do princípio da presunção de inocência, não é possível cortar remuneração preventivamente, mas é cabível o afastamento cautelar do agente; por conta do ônus da prova da Administração não é possível que esta simplesmente coloque o ônus da prova sobre o servidor e atue de modo tendencioso e direcionado a culpabilizá-lo (STJ, MS 10.906);

e) gratuidade: não se pode cobrar custas do agente público;

f) oficialidade: instaurado e desenvolvido de ofício pela Administração;

g) formalismo moderado: deve-se ter em mente a instrumentalidade das formas, respeitando sempre a ampla defesa e o contraditório; por conta disso, o STJ entende, por exemplo, que a prorrogação *motivada* do prazo para a conclusão dos trabalhos da comissão em processo administrativo disciplinar não acarreta, por si só, a nulidade do procedimento (MS 16.031, j. 26.06.2013); por conta disso, "o excesso de prazo para a conclusão do processo administrativo disciplinar não gera, por si só, qualquer nulidade no feito, desde que não haja prejuízo para o acusado. Isso porque não se configura nulidade sem prejuízo (*pas de nulité sans grief*)" (RMS 33.628-PE, j. 02.04.2013).

h) motivação: a motivação já um imperativo decorrente do regime republicano, do princípio da inafastabilidade da jurisdição (sem a motivação, como se vai exercer esse direito, demonstrando ao Judiciário uma ilegalidade ou abuso de poder) e do princípio da moralidade administrativa, mas esse princípio (da motivação) é ainda mais importante quando se pratica atos que restringem ou interferem nos direitos de terceiro; em matéria disciplinar, então, é ainda mais importante que a Administração motive adequadamente seus atos, explicitando e explicando as razões de seu convencimento; porém, isso não quer dizer que a Administração tem o dever de fazer o exame detalhado de cada argumento trazido pelas partes (STF, Ag. Reg. no ARE 637.958-MG);

i) respeito aos demais princípios administrativos: o STJ determinou a anulação de demissão certa ocasião, por ofensa aos princípios da impessoalidade (art. 37, *caput*, da CF) e da imparcialidade (art. 18 da Lei 9.784/1999), pelo fato de o processo administrativo ter sido instaurado por um dos investigados e também pelo fato de uma das testemunhas também se tratar de investigado, tendo prestado depoimento sem o compromisso de dizer a verdade (MS 14.233, DF).

Já no plano substancial, além do respeito aos princípios e regras administrativos em geral, destaque-se a relevância de decidir consoante os princípios da legalidade, da moralidade e, mais do que nunca, da razoabilidade e da proporcionalidade. Quanto aos dois últimos princípios, o Judiciário tem, inclusive, anulado a aplicação de penas de demissão (determinando que a Administração aplique nova pena, mas agora proporcional), quando revela violação à razoabilidade ou proporcionalidade (STJ, RMS 29.290-MG). O Judiciário também tem anulado penas disciplinares quando se demonstra que a autoridade apenadora comete desvio de finalidade, apenando o servidor por perseguição ou interesse de natureza diversa, mas não prevista em lei, revelando violação aos princípios da impessoalidade (e imparcialidade), moralidade e razoabilidade (STJ, MS 14.959-DF).

6.14.2. *Incidência*

O processo administrativo é obrigatório para as hipóteses em que são cabíveis sanções mais graves, tais como:

a) demissão;

b) perda do cargo;

c) suspensão por mais de 30 dias;

d) cassação da aposentadoria;

e) destituição de cargo em comissão como punição (diferente da livre exoneração).

6.14.3. *Fases do processo administrativo:*

a) Instauração: por portaria, auto de infração, representação ou despacho da autoridade;

b) Instrução: produção de provas com participação do acusado;

c) Defesa: deve ser ampla e efetiva;

d) Relatório: elaborado pelo presidente da comissão (que deve ser formada por pessoas estáveis de cargo idêntico ou superior ao processado); trata-se de mera peça opinativa, não vinculando autoridade julgadora;

(As quatro fases anteriores também são chamadas de **inquérito**)

e) Julgamento: decisão final, que deve ser motivada e fundamentada pela autoridade competente, por exemplo, pelo Prefeito, Secretário dos Negócios Jurídicos. Vale salientar que o STJ entende que não é obrigatória a intimação do interessado para apresentar alegações finais após o relatório final do processo administrativo disciplinar, não havendo previsão legal nesse sentido (MS 18.090-DF, j. 08.05.2013).

Cabe recurso administrativo e ao Judiciário, que não adentra ao mérito do julgamento, mas ao respeito às formalidades, aos aspectos de legalidade. Em caso de anulação judicial da demissão, haverá reintegração do agente, com direito a indenização.

6.14.4. *Meios sumários*

Sindicância: meio sumário de investigação, destinado à apuração preliminar de fatos com dois objetivos, que devem ser vistos no prazo de 30 dias:

a) Aplicação de sanções menos severas: multa, repreensão e suspensão de até 30 dias;

b) Processo preparatório: meio de convencimento para instauração de processo administrativo ou arquivamento da peça de instauração.

Verdade Sabida: aquela testemunhada ou conhecida inequivocamente pelo superior hierárquico e que enseja sanção leve. Alguns estatutos admitem que a partir dela se imponha sanção, desde que se garanta ampla defesa ou contraditório. Porém, trata-se de instituto inconstitucional, pois há de sempre se garantir contraditório e ampla defesa.

Termo de Declarações: servidor, confessando a falta, aceita a sanção aplicável, desde que não se exija processo disciplinar. Também é inconstitucional, pois sempre há de se garantir contraditório e ampla defesa.

O STF entende inconstitucional esses dois meios, sob o argumento de que não é "admissível que o Estado, em tema de restrição à esfera jurídica de qualquer cidadão e de seus servidores, exerça a sua autoridade de maneira abusiva ou arbitrária, de modo a desprezar, no exercício de sua atividade, o postulado da plenitude de defesa, visto que o reconhecimento da legitimidade ético-jurídica de qualquer medida imposta pelo Poder Público de que resultem, como no caso, consequências gravosas no plano dos direitos e garantias individuais exige a observância da garantia do devido processo" (ADI 2120/AM).

6.14.5. *Sanções disciplinares*

Normalmente, os estatutos dos funcionários públicos estabelecem as seguintes sanções disciplinares:

a) demissão;

b) demissão a bem do serviço público;

c) suspensão;

d) advertência, repreensão;

e) multa.

Porém, o estatuto local tem liberdade para estabelecer outros tipos de sanções disciplinares.

6.14.6. *Comunicabilidade de instâncias*

A regra é a da independência das instâncias cível, administrativa e criminal. A absolvição ocorrida no juízo criminal somente se comunicará à instância administrativa se se tratar de "absolvição por negativa de autoria" ou de "absolvição por inexistência do fato", e nunca se for "absolvição por falta de provas".

De qualquer forma, o exercício do poder disciplinar pelo Estado não está sujeito ao encerramento da perseguição criminal, nem se deixar influenciar, como se viu, por eventual sentença absolutória nessa instância, salvo nos casos mencionados (STF, MS 23.190/RJ, j. 01.08.2013; STJ, MS 18.090-DF, j. 08.05.2013).

Deve-se acrescentar que, de acordo com a Súmula 18 do STF, *"pela falta residual, não compreendida na absolvição pelo juízo criminal, é admissível a punição administrativa do servidor público"*.

7. IMPROBIDADE ADMINISTRATIVA

7.1. Conceito

É o ato de imoralidade qualificada pela lei que importa em enriquecimento ilícito do agente, prejuízo ao erário ou violação dos princípios da administração pública e que enseja, em processo judicial promovido pela pessoa jurídica lesada ou pelo Ministério Público, a aplicação das seguintes sanções: suspensão dos direitos políticos, perda da função pública, indisponibilidade dos bens, ressarcimento ao erário, perda de bens e valores acrescidos ilicitamente, multa civil e proibição de contratar com a administração pública ou dela receber benefícios. Tudo sem prejuízo das sanções penais, civis e administrativas.

Atualmente, o regime jurídico da improbidade está previsto na CF (art. 37, § 4º) e na Lei 8.429/1992 (Lei de Improbidade Administrativa).

7.2. Modalidades

A Lei 8.429/1992 estabelece três modalidades de ato de improbidade administrativa.

A primeira modalidade é a de **enriquecimento ilícito (art. 9º)**. Essa modalidade consiste em o agente auferir vantagem patrimonial indevida em razão do exercício da atividade pública. São exemplos de improbidade nessa modalidade os seguintes: receber comissão, propina; utilizar bem ou funcionário públicos em proveito próprio; adquirir bens desproporcionais à renda, dentre outros.

O STJ é pacífico no sentido de que é necessário dolo para a configuração dessa modalidade.

A segunda modalidade é a de atos que causam **prejuízo ao erário (art. 10)**. Essa modalidade consiste em o agente, por ato doloso ou culposo, ensejar perda patrimonial, desvio, malbaratamento ou dilapidação dos bens das entidades. São exemplos de improbidade nessa modalidade os seguintes: permitir ou facilitar que bem público seja desviado para particular, ou que seja alienado por preço inferior ao de mercado; realizar operações financeiras sem observância das normas legais; conceder benefício fiscal sem observância da lei; frustrar licitação; ordenar ou permitir realização de despesas não autorizadas; dentre outros.

O STJ é pacífico no sentido de que essa modalidade pode se configurar tanto mediante conduta dolosa como mediante conduta culposa em sentido estrito (EREsp 875.163/RS, DJ 30.06.2010).

A terceira modalidade é que importa em **violação a princípios da Administração Pública (art. 11)**. Essa modalidade consiste em o agente violar dolosamente deveres de honestidade, imparcialidade, legalidade e lealdade às instituições. São exemplos de improbidade nessa modalidade os seguintes: praticar ato visando a fim proibido em lei ou diverso daquele previsto na regra de competência (desvio de finalidade), retardar ou deixar de praticar ato de ofício, revelar fato que deva permanecer em segredo, negar publicidade aos atos oficiais, deixar de prestar contas.

O STJ é pacífico no sentido de que é necessário dolo para a configuração dessa modalidade.

A jurisprudência do STJ afastou todas as teses de responsabilidade objetiva em qualquer das modalidades citadas.

E, nos casos em que se exige dolo, a jurisprudência desse tribunal esclareceu que se trata do *dolo genérico*, consistente na "vontade de realizar fato descrito na norma incriminadora" (REsp 765.212/AC, j. 02.03.2010).

Segue relação dos tipos de improbidade previstos na Lei 8.429/1992, com grifos e comentários nossos:

Dos Atos de Improbidade Administrativa que Importam **Enriquecimento Ilícito**

Art. 9º Constitui ato de improbidade administrativa importando enriquecimento ilícito **auferir qualquer tipo de vantagem patrimonial indevida em razão** do exercício de cargo, mandato, função, emprego ou atividade nas entidades mencionadas no art. 1º desta lei, **e notadamente**: *(a expressão "e notadamente revela que o rol abaixo é exemplificativo, de modo que o caput já traz um tipo genérico dessa modalidade; ademais, aqui se exige dolo e não é necessário que haja lesão ao erário)*

I – **receber**, para si ou para outrem, **dinheiro**, **bem móvel ou imóvel**, ou **qualquer outra vantagem econômica**, direta ou indireta, a título de comissão, percentagem, gratificação ou presente de quem tenha interesse, direto ou indireto, **que possa ser atingido ou amparado por ação ou omissão decorrente das atribuições do agente público**;

II – **perceber vantagem econômica**, direta ou indireta, **para facilitar** a aquisição, permuta ou locação de bem móvel ou imóvel, ou a contratação de serviços pelas entidades referidas no art. 1º por preço superior ao valor de mercado;

III – **perceber vantagem econômica**, direta ou indireta, **para facilitar** a alienação, permuta ou locação de bem público ou o fornecimento de serviço por ente estatal por preço inferior ao valor de mercado;

IV – **utilizar**, em obra ou serviço **particular**, veículos, máquinas, equipamentos ou material de qualquer natureza, de propriedade ou à disposição de qualquer das entidades mencionadas no art. 1º desta lei, bem como o trabalho de servidores públicos, empregados ou terceiros contratados por essas entidades; o STJ reconheceu que incide o dispositivo na utilização, por Prefeita, de procuradores municipais para defendê-la na Justiça Eleitoral em casos envolvendo uso indevido de dinheiro público e abuso de autoridade e do poder econômico quando candidata à reeleição (REsp 908.790-RN, j. 20.10.2009); também foi reconhecida a aplicação do dispositivo num caso em que um Prefeito usou vinte funcionários públicos em horário de expediente na construção de casa para a sua moradia (STJ, REsp 867.146-SC);

V – **receber vantagem econômica de qualquer natureza**, direta ou indireta, **para tolerar** a exploração ou a prática de jogos de azar, de lenocínio, de narcotráfico, de contrabando, de usura ou de qualquer outra atividade ilícita, ou **aceitar promessa** de tal vantagem;

VI – **receber vantagem econômica de qualquer natureza**, direta ou indireta, **para fazer declaração falsa** sobre medição ou avaliação em obras públicas ou qualquer outro serviço, ou sobre quantidade, peso, medida, qualidade ou característica de mercadorias ou bens fornecidos a qualquer das entidades mencionadas no art. 1º desta lei;

VII – **adquirir**, para **si** ou para **outrem**, no exercício de mandato, cargo, emprego ou função pública, **bens de qualquer natureza cujo valor seja desproporcional à evolução do patrimônio ou à renda do agente público**;

VIII – **aceitar emprego, comissão ou exercer atividade de consultoria ou assessoramento** para pessoa física ou jurídica **que tenha interesse suscetível** de ser atingido ou amparado por ação ou omissão decorrente das atribuições do agente público, durante a atividade;

IX – **perceber vantagem econômica** para **intermediar** a liberação ou aplicação de verba pública de qualquer natureza;

X – **receber vantagem econômica de qualquer natureza**, direta ou indiretamente, **para omitir** ato de ofício, providência ou declaração a que esteja obrigado;

XI – **incorporar**, por qualquer forma, **ao seu patrimônio** bens, rendas, verbas ou valores integrantes do acervo patrimonial das entidades mencionadas no art. 1º desta lei;

XII – **usar, em proveito próprio**, bens, rendas, verbas ou valores integrantes do acervo patrimonial das entidades mencionadas no art. 1° desta lei.

Dos Atos de Improbidade Administrativa que Causam **Prejuízo ao Erário**

Art. 10. Constitui ato de improbidade administrativa que causa lesão ao erário **qualquer ação ou omissão, dolosa ou culposa, que enseje** perda patrimonial, desvio, apropriação, malbaratamento ou dilapidação dos bens ou haveres das entidades referidas no art. 1º desta lei, e notadamente: *(repare que a modalidade se configura mediante conduta culposa ou dolosa)*

I – **facilitar ou concorrer** por qualquer forma **para a incorporação** ao patrimônio particular, de pessoa física ou jurídica, de bens, rendas, verbas ou valores integrantes do acervo patrimonial das entidades mencionadas no art. 1º desta lei;

II – **permitir ou concorrer** para que pessoa física ou jurídica privada **utilize** bens, rendas, verbas ou valores integrantes do acervo patrimonial das entidades mencionadas no art. 1º desta lei, **sem a observância das formalidades legais ou regulamentares aplicáveis à espécie**;

III – **doar** à pessoa física ou jurídica bem como ao ente despersonalizado, ainda que de fins educativos ou assistências, bens, rendas, verbas ou valores **do patrimônio de qualquer das entidades** mencionadas no art. 1º desta lei, **sem observância** das formalidades legais e regulamentares aplicáveis à espécie;

IV – **permitir ou facilitar** a alienação, permuta ou locação de bem integrante do patrimônio de qualquer das entidades referidas no art. 1º desta lei, ou ainda a prestação de serviço por parte delas, **por preço inferior ao de mercado**;

V – **permitir ou facilitar** a aquisição, permuta ou locação de bem ou serviço **por preço superior ao de mercado**;

VI – **realizar operação financeira** sem observância das normas legais e regulamentares ou aceitar garantia insuficiente ou inidônea;

VII – **conceder benefício administrativo ou fiscal** sem a observância das formalidades legais ou regulamentares aplicáveis à espécie;

VIII – **frustrar a licitude de processo licitatório ou de processo seletivo para celebração de parcerias com entidades sem fins lucrativos, ou dispensá-los indevidamente**; o STJ afastou decisão que condenara agentes por improbidade neste tipo, ao fundamento de que o elemento subjetivo (culpa ou dolo) não foram comprovados, e dano ao erário, essencial para a configuração da modalidade, não aconteceu, em virtude de do pagamento da quantia de R$ 50 mil pela Administração correspondeu efetivamente a uma prestação de serviço (REsp 1.038.777-SP, j. 03.02.2011);

IX – **ordenar ou permitir** a realização de despesas não autorizadas em lei ou regulamento;

X – **agir negligentemente na arrecadação de tributo ou renda**, bem como no que diz respeito à **conservação do patrimônio público**;

XI – **liberar verba pública** sem a estrita observância das normas pertinentes **ou influir** de qualquer forma para a sua aplicação irregular;

XII – **permitir, facilitar ou concorrer** para que **terceiro se enriqueça ilicitamente**; o STJ entende que a configuração do art. 10, XII, da Lei 8.429/1992 só é pertinente em caso de comprovada demonstração, nos autos, do nexo de causalidade entre o enriquecimento de terceiro e o prejuízo da Administração (REsp 842.428-ES);

XIII – **permitir que se utilize**, em obra ou serviço particular, veículos, máquinas, equipamentos ou material de qualquer natureza, de propriedade ou à disposição de qualquer das entidades mencionadas no art. 1º desta lei, bem como o trabalho de servidor público, empregados ou terceiros contratados por essas entidades.

XIV – **celebrar contrato ou outro instrumento** que tenha por objeto a prestação de serviços públicos por meio da gestão associada sem observar as formalidades previstas na lei;

XV – **celebrar contrato** de rateio de consórcio público sem suficiente e prévia dotação orçamentária, ou sem observar as formalidades previstas na lei.

XVI – **facilitar ou concorrer, por qualquer forma, para a incorporação, ao patrimônio particular de pessoa física ou jurídica, de bens, rendas, verbas ou valores públicos transferidos pela administração pública a entidades privadas** mediante celebração de parcerias, sem a observância das formalidades legais ou regulamentares aplicáveis à espécie;

XVII – **permitir ou concorrer para que pessoa física ou jurídica privada utilize bens, rendas, verbas ou valores públicos transferidos pela administração pública a entidade privada mediante celebração de parcerias**, sem a observância das formalidades legais ou regulamentares aplicáveis à espécie;

XVIII – **celebrar parcerias da administração pública com entidades privadas sem a observância das formalidades legais ou regulamentares aplicáveis à espécie;**

XIX – **agir negligentemente na celebração, fiscalização e análise das prestações de contas de parcerias firmadas pela administração pública com entidades privadas;**

XX – **liberar recursos de parcerias firmadas pela administração pública com entidades privadas sem a estrita observância das normas pertinentes ou influir de qualquer forma para a sua aplicação irregular.**

A Lei 13.019/2014, que trata do Marco Regulatório para Celebração de Parcerias com Organizações da Sociedade Civil, criou os incisos XVI a XXI e deu nova redação ao inciso VIII do art. 10 da Lei 8.429/1992, além criar o inciso VIII do art. 11 da mesma lei.

Posteriormente, a Lei 13.204/2015 alterou os incisos XIX e XX do art. 10 da Lei 8.429/1992, nada dispondo sobre o inciso XXI.

Dos Atos de Improbidade Administrativa que Atentam Contra os **Princípios da Administração Pública**

Art. 11. Constitui ato de improbidade administrativa que atenta contra os princípios da administração pública qualquer **ação ou omissão que viole os deveres** de honestidade, imparcialidade, legalidade, e lealdade às instituições, e notadamente: *(aqui se exige dolo e não se exige lesão ao erário)*

I – **praticar ato visando fim proibido em lei ou regulamento** ou diverso daquele previsto, na regra de competência; O STJ entendeu configurado o dispositivo em caso no qual um prefeito repassara a um hospital vultosa verba consignada no orçamento municipal em razão do incêndio sofrido pelo hospital; porém, omitiu o caráter público de tal quantia e divulgou na imprensa que tratava-se de sua doação particular, daí porque foi condenado pela prática de improbidade à suspensão de seus direitos políticos por três anos e ao pagamento das custas processuais (REsp 884.083-PR); o STJ entendeu configurado o dispositivo e também o *caput* do art. 11 (neste caso, por violação aos princípios da moralidade, finalidade, legalidade e interesse público), em caso no qual vereadores de um município exigiram de seus assessores comissionados a entrega de percentual dos seus vencimentos para o pagamento de outros servidores não oficiais (assessores informais), bem como para o custeio de campanhas eleitorais e despesas do próprio gabinete (REsp 1.135.767-SP);

II – **retardar ou deixar de praticar, indevidamente, ato de ofício**; o STJ afastou a aplicação desse dispositivo a um caso em que agente público agiu com desídia e negligência, mas sem demonstração de que teria agido com dolo, ainda que eventual (REsp 875.163-RS, j. 19.05.2009);

III – **revelar fato ou circunstância** de que tem ciência em razão das atribuições e que deva permanecer em segredo;

IV – **negar publicidade aos atos oficiais**;

V – **frustrar a licitude de concurso público**; o STJ entendeu não configurar o ilícito a contratação temporária de servidores e sua prorrogação sem concurso, quando amparadas em legislação local, a afastar o dolo genérico, essencial para a configuração dessa modalidade de improbidade (EDcl no AgRg no AgRg no AREsp 166.766-SE, j. 23.10.2012); por outro lado, o STJ reconheceu a aplicação do dispositivo em caso no qual a contratação sem concurso se deu e ainda o agente público contratante postergou por 8 anos a eficácia do ato ímprobo (REsp 915.322-MG); da mesma forma, o STJ aplicou o dispositivo a agente que determinou a contratação de servidores para trabalhar em banco estatal, sem concurso, mediante manutenção de vários contratos de fornecimento de mão de obra, via terceirização de serviços; não se aplicou os arts. 9º e 10º da Lei 8.429/1992, por ausência de prova quanto a enriquecimento ilícito e a prejuízo ao erário, respectivamente, mas se aplicou o art. 11, por violação do dispositivo e também dos princípios da moralidade e da impessoalidade (REsp 772.241-MG); o STJ também aplicou o dispositivo e o *caput* do art. 11 em caso no qual um Prefeito, acompanhado de várias pessoas, foi a um clube local para participar de baile de carnaval de natureza privada; todavia, o porteiro advertiu-lhe que apenas ele e seus familiares poderiam adentrar o recinto; indignado, o Prefeito desferiu a ele e a outros uma série de impropérios e deixou o local, mesmo após a autorização dada pelo diretor social para o ingresso de todos e, não satisfeito, no seguinte dia, entendeu cassar a licença conferida ao clube e impedir suas festividades no último dia do carnaval, até mediante o expediente de cavar valetas nas ruas de acesso ao local; ao final, foi condenado a ressarcir o gasto com a abertura da valeta (sanção essa – de ressarcimento - rara de se aplicar quando se tem a modalidade do art. 11 da Lei 8.429/1992), a pagar multa de 10 vezes a sua remuneração e a ficar proibido de contratar com o Poder Público (REsp 897.499-SP);

VI – **deixar de prestar contas** quando esteja obrigado a fazê-lo;

VII – **revelar ou permitir que chegue ao conhecimento de terceiro**, antes da respectiva divulgação oficial, teor de medida política ou econômica capaz de afetar o preço de mercadoria, bem ou serviço;

VIII – **descumprir as normas relativas à celebração, fiscalização e aprovação de contas de parcerias firmadas pela administração pública com entidades privadas.**

IX – deixar de cumprir a exigência de requisitos de acessibilidade previstos na legislação. (Redação dada pela Lei 13.146/2015)

O STJ reconheceu que configura a modalidade do art. 11 as seguintes condutas:

a) de professor da rede pública de ensino, que, aproveitando-se dessa situação assedia sexualmente seus alunos (REsp 1.255.120-SC, j. 21.05.2003);

b) de médico que emite laudo médico de sua competência em seu próprio benefício (AgRg no AREsp 73.968-SP, j. 02.10.2012).

O STJ também afasta o reconhecimento de improbidade quando o agente público, mesmo cometendo uma ilegalidade, não tenha atuado, num sentido amplo, com imoralidade, desídia, desvio ético ou desonestidade. Afinal, a expressão improbidade significa desonestidade e, não havendo ofensa a esse bem jurídico, não há falar-se em responsabilidade por ato de improbidade administrativa. Um exemplo foi o de um Prefeito que permitiu o uso de um imóvel público a título precário, sem que houvesse lei autorizando (contrariando assim a lei orgânica local), para abrigar, sob a orientação de servidores em trabalho voluntário, crianças sujeitas a abusos e maus-tratos, durante a noite e finais de semana, pois à época não havia nem conselho tutelar no local (REsp 1.129.277-RS, j. 04.05.2010). Reconheceu-se que o ato foi praticado com o intuito de assegurar direitos fundamentais a crianças e adolescentes e que a eventual ilegalidade na formalização não é suficiente para caracterizar ato de improbidade, sem prejuízo de que a questão seja corrigida.

Por outro lado, havendo o preenchimento dos requisitos todos para a configuração do ato de improbidade, inclusive o elemento subjetivo, o STJ já rejeitou a aplicação do princípio da insignificância em alguns casos. Um exemplo foi um em que o chefe de gabinete de uma prefeitura aproveitou-se da força de 3 servidores municipais, bem como de veículo pertencente à municipalidade, para transportar móveis de seu uso particular. Ele, ao admitir os fatos que lhe foram imputados, pediu exoneração do cargo e ressarciu aos cofres públicos a importância de quase nove reais referente ao combustível utilizado no deslocamento. Porém, reconhecida a prática de ato de improbidade, foi condenado ao pagamento de multa civil em primeiro grau e depois a ação foi julgada improcedente em segundo grau, pela aplicação do princípio da insignificância. O STJ, por sua vez, com fundamento no princípio da indisponibilidade do interesse público, asseverou que a moralidade administrativa deve ser considerada objetivamente, não comportando relativização a ponto de permitir "só um pouco" de ofensa, de modo que revigorou a condenação por improbidade (a multa civil), mas afastou o pleito inicial do MP de condenação em suspensão dos direitos políticos e proibição de contratar com o Poder Público (REsp 892.818-RS, j. 11.11.2008).

7.3. Sanções ou penas (art. 12)

A Lei 8.429/1992 estabelece as seguintes sanções para aquele que pratica o ato de improbidade:

a) suspensão dos direitos políticos: de 8 a 10, de 5 a 8 e de 3 a 5 anos, para os arts. 9º, 10 e 11, respectivamente;

b) perda da função pública;

c) indisponibilidade dos bens (§ 4º do art. 37 da CF);

d) ressarcimento ao erário;

e) perda de bens e valores acrescidos ilicitamente;

f) multa civil: no valor de até 3 (três) vezes o valor do *acréscimo patrimonial* do agente, no caso do art. 9º; no valor de até 2 (duas) vezes o valor do *dano*, no caso do art. 10; e no valor de até 100 vezes a *remuneração percebida* pelo agente, no caso do art. 11;

g) proibição de contratar com a Administração Pública ou dela receber benefícios ou incentivos fiscais ou creditícios, direta ou indiretamente, ainda que por intermédio de pessoa jurídica da qual seja sócio majoritário, por 10, 5 e 3 anos, para os artigos 9º a 11, respectivamente.

As quatro primeiras sanções foram criadas expressamente pela CF, enquanto as demais foram criadas pela Lei 8.429/1992.

Na fixação das penas previstas nesta Lei o juiz levará em conta a extensão do dano causado, assim como o proveito patrimonial obtido pelo agente.

A aplicação das sanções independe de dano ao erário (art. 21, I), salvo quanto à pena de ressarcimento, e da aprovação ou rejeição de contas pelo órgão de controle interno ou Tribunal de Contas (art. 21, II).

No tocante à **cumulação das sanções previstas no art. 12 da Lei 8.429/1992**, o STJ entendeu que estas não podem ser cumuladas de modo indistinto, em obediência ao princípio da proporcionalidade (REsp 626.204/RS, DJ 06.09.2007).

Na prática, somente em casos gravíssimos, como de enriquecimento ilícito do agente (art. 9º), justifica-se a cumulação de todas as sanções previstas no art. 12.

Casos que envolvam violação a princípios (art. 11) e prejuízo ao erário (art. 10), desde que não dolosos, dão ensejo, normalmente, apenas a multa civil e ressarcimento do dano (AgRg no AgRg no Ag 1.261.659/TO, DJ 07.06.2010).

Aliás, em matéria de aplicação das sanções, vale trazer à colação outro entendimento do STJ, esse no sentido de que a aplicação da sanção de demissão/perda do cargo, em caso de prática de ato de improbidade, não é de competência exclusiva da autoridade judiciária, podendo ser feita pela autoridade administrativa, dada a independência das instâncias (AgRg no MS 15.054/DF, DJ 18.05.2010).

7.4. Sujeitos do ato de improbidade

São **sujeitos passivos**, ou seja, podem ser vítimas do ato de improbidade as seguintes pessoas (art. 1º, *caput* e parágrafo único, da Lei 8.429/1992):

a) pessoas jurídicas de direito público e de direito privado integrantes da Administração Direta e Indireta;

b) empresa incorporada ao patrimônio público;

c) entidade para cuja criação ou custeio o Estado tenha contribuído ou contribua com mais de 50% do patrimônio ou da receita anual;

d) entidade para cuja criação ou custeio o erário haja concorrido ou concorra com menos de 50% do patrimônio ou da receita anual; nesse caso a *sanção patrimonial* fica limitada à repercussão do ilícito sobre a contribuição dos cofres públicos;

e) entidades que recebam subvenção, benefício ou incentivo, fiscal ou creditício, de órgãos ou empresas públicas (ressarcimento só da contribuição pública); nesse caso a *sanção patrimonial* também fica limitada à repercussão do ilícito sobre a contribuição dos cofres públicos.

São **sujeitos ativos**, ou seja, praticam atos de improbidade as seguintes pessoas (arts. 2º e 3º da Lei 8.429/1992):

a) *agentes públicos*, ou seja, todo aquele que exerce, ainda que transitoriamente ou sem remuneração, por eleição, nomeação, designação, contratação ou qualquer outra forma de investidura ou vínculo, mandato, cargo, emprego ou função nas entidades mencionadas acima como sujeitos passivos; aqui temos os chamados *agentes próprios* de improbidade; inclusive juízes e membros do Ministério Público podem ser sujeitos ativos desses atos (STJ, REsp 1.191.613-MG, DJ 17.04.2014);

b) aquele que *induziu* ou *concorreu* para a prática do ato (art. 3º);

c) particular *beneficiado*, direta ou indiretamente, pelo ato (art. 3º). Vale informar que o STJ tem entendimento de que "não é possível o ajuizamento de ação de improbidade administrativa exclusivamente em face de particular, sem a concomitante presença de agente público no polo passivo da demanda" (REsp 1.171.017-PA, j. 25.02.2014).

No tocante aos *sujeitos ativos* do ato de improbidade, o STF fixou entendimento de que os **agentes políticos** que respondam por crime de responsabilidade (exs.: Presidente, Ministros de Estado, desembargadores, entre outros) não estão sujeitos à incidência da Lei 8.429/1992 (RE 579.799, DJ 19.12.2008), dada a similitude das sanções nas duas esferas. No entanto, findo o mandato do agente político sujeito à aplicação da Lei de Crime de Responsabilidade (Lei 1.079/1950), é possível que este seja acionado com fundamento na Lei 8.429/92, seja porque não haverá mais dupla sujeição a regimes que ensejam responsabilidade política, seja para que o agente público não fique impune. Esse foi o entendimento exarado pelo STF na AC 3585 AgR/RS.

Todavia, o STF não incluiu os Prefeitos nesse rol, apesar destes responderem por crime de responsabilidade (Rcl 6034, DJ 29.08.2008), sob o argumento de que apenas as autoridades com foro de prerrogativa de função para o processo e o julgamento por crime de responsabilidade, elencadas na Constituição Federal (arts. 52, I e II; 96, III; 102, I, *c*; 105, I, *a*, e 108, I, *a*, todos da CF/1988), não estão sujeitas a julgamento também na Justiça cível comum pela prática da improbidade administrativa (vide também o REsp 1.034.511-CE, j. 01.09.2009, do STJ), o que não é o caso do Prefeito.

Porém, há quem não concorde com isso, por entender que não faz sentido que o Prefeito responda nas duas esferas (por crime de responsabilidade e por improbidade administrativa), com o mesmo tipo de consequência, já que essas duas esferas são bem semelhantes quanto às sanções cabíveis. E o caso foi considerado de repercussão geral, estando o STF para reapreciar em breve a questão.

Quanto aos sujeitos ativos impróprios de improbidade (art. 3º), o STJ já admitiu que uma ação de improbidade fosse mantida após a exclusão de agentes públicos do polo passivo da demanda, mesmo restando como réus, além da sociedade de economia mista na qual se deram os fatos, apenas particulares (REsp 1.138.523, j. 23.02.2010).

Quanto ao sucessor daquele que causar lesão ao patrimônio público ou se enriquecer ilicitamente, o art. 8º da Lei 8.429/1992, respeitando o princípio constitucional da intranscendência das sanções e restrições de direito (art. 5º, XLV, da CF), dispõe que aquele está sujeito às cominações desta lei, mas até o limite do valor da herança. No caso, o sucessor terá de suportar a perda de bens ou valores acrescidos ilicitamente ao patrimônio do falecido, o ressarcimento ao erário pelo ato cometido pelo falecido e a multa civil imposta ao falecido que tenha praticado o ato de improbidade, enfim, todas as sanções econômicas aplicadas a este, serão suportadas pelos sucessores do *de cujus*, nos limites das forças da herança, ou seja, os sucessores arcarão com esses valores até o valor da herança, não tendo obrigação de suportar com seu patrimônio pessoal anterior ao falecimento do sucedido, as dívidas deixadas por este.

7.5. Processo

São **legitimados ativos** o Ministério Público e a pessoa jurídica interessada (art. 17). Qualquer pessoa poderá representar à autoridade administrativa competente (ou ao MP) para instaurar investigação a fim de apurar a prática do ato (art. 14). Comissão processante dará ciência ao MP e ao Tribunal de Contas da existência de procedimento (art. 15). A Fazenda Pública, se for o caso, promoverá ações para complementação do ressarcimento do patrimônio público (art. 17, § 2º).

Caso a ação tenha sido promovida pelo MP, aplica-se o disposto no § 3º do art. 6º da Lei 4.717/1965, chamando-se a pessoa jurídica lesada para contestar, abster-se de contestar o pedido ou atuar ao lado do autor, de acordo com o interesse público (§ 3º do art. 17).

O Ministério Público, se não for parte, será obrigatoriamente fiscal da lei, sob pena de nulidade.

As **cautelares** previstas pela Lei 8.429/1992 são as seguintes:

a) **Sequestro (art. 16)**: havendo fundados indícios de responsabilidade. O pedido pode incluir investigação, exame e bloqueio de bens, contas bancárias e aplicações financeiras no exterior;

b) **Indisponibilidade de bens (art. 7º)**: recairá sobre bens que assegurem ressarcimento (arresto) e sobre o acréscimo patrimonial (pode ser sequestro);

c) **Afastamento do agente público (art. 20, parágrafo único):** quando a medida for necessária à instrução processual, sem prejuízo da remuneração, podendo ser determinada pela autoridade judicial ou administrativa competente.

Apesar de não prevista na Lei de Improbidade, é cabível também a cautelar de exibição de documentos para fins de quebra do sigilo bancário ou fiscal do agente.

Quanto à medida cautelar de **indisponibilidade de bens**, tutela de urgência que visa garantir eventual condenação pecuniária resultante de improbidade administrativa, o STJ entende que tal medida pode alcançar bens adquiridos anteriormente à prática do ato de improbidade (REsp 839936/PR, DJ 01.08.2007), mesmo que se tratem de bem de família (REsp 806.301/PR, DJ 03.03.2008). Porém, o mesmo STJ já decidiu que "os valores investidos em aplicações financeiras cuja origem remonte a verbas trabalhistas não podem ser objeto de medida de indisponibilidade em sede de ação de improbidade administrativa", ressalva a penhora dos rendimentos dessa aplicação (REsp. 1.164.037-RS, j. 20.02.2014).

O STJ também entende que a decretação da medida prescinde da individualização de bens na petição inicial e requer apenas o *fumus boni juris*, estando o *periculum in mora* implícito na lei (REsp 1.177.290/MT, DJ 01.07.2010).

Por fim, o STJ determina que a medida só incide sobre as bases patrimoniais da futura sentença condenatória, incluído o valor de eventual multa civil (AgRg nos EDcl no REsp 637413/RS, DJ 21.08.2009), não podendo atingir todo o patrimônio do acusado de ato ímprobo, se não for necessário.

O **procedimento** previsto pela lei é o ordinário (art. 17), com notificação do requerido, antes do recebimento da inicial, para oferecer resposta por escrito no prazo de 15 dias (defesa preliminar), podendo o juiz rejeitar a ação se convencido da inexistência do ato, da improcedência da demanda ou da inadequação da via eleita (§ 8º).

O STJ ainda não se pacificou sobre a ausência de oportunidade para os réus apresentarem **defesa preliminar** antes do recebimento da inicial (art. 17, § 7º, da Lei 8.429/1992) constituir cerceamento de defesa que gera nulidade absoluta do processo desde sua origem. Há acórdãos nesse sentido (REsp 883.795/SP, DJ 26.03.2008), mas também há decisões no sentido de que a nulidade só existirá se houver demonstração do efetivo prejuízo (REsp 1.174.721/SP, DJ 29.06.2010).

Por fim, é importante ressaltar que a lei **veda** expressamente qualquer tipo de transação, acordo ou conciliação na ação por improbidade administrativa (art. 17, § 1º, da Lei 8.429/1992). Essa disposição foi objeto da Medida Provisória 703, de 18 de dezembro de 2015, que, no ponto, revoga completamente essa vedação de transação, acordo ou conciliação. Há de se acompanhar a apreciação do Legislativo, para se verificar se a medida, nesse ponto, será convertida em lei.

Quanto à **competência** para o ajuizamento da ação de improbidade, não havendo disposição na lei a esse respeito, é de rigor valer-se do contido nas regras gerais sobre ações civis públicas, devendo prevalecer o disposto no artigo 2º da Lei 7.347/1985, que diz competente, de forma funcional (*rectius*: absoluta), o foro do local onde ocorrer o dano, com a peculiaridade de que nas causas em que a União, entidade autárquica ou empresa pública federal forem autoras, rés, assistentes ou oponentes, a competência será da Justiça Federal, junto ao juízo da seção judiciária que abranger a área em que se configurou o dano, dada a posição exarada pelo Supremo Tribunal Federal a respeito, a qual deu origem ao cancelamento da Súmula 183 do Superior Tribunal de Justiça.

No que pertine à existência de **foro por prerrogativa de função** na ação por improbidade, a questão acabou se esvaziando com a não submissão da maior parte dos agentes políticos à Lei 8.429/1992. No entanto, no caso do Prefeito, como a lei continua se aplicando a este, a questão é relevante. Nesse ponto, o STF declarou inconstitucional a alteração feita no art. 84, § 2º, do Código de Processo Penal, que estendia o foro privilegiado da esfera penal às ações de improbidade, que são consideradas ações cíveis (ADI 2.797, DJ 19.12.2006). Assim, as ações de improbidade contra os Prefeitos devem ser promovidas em primeira instância.

A **sentença** aplicará as sanções e determinará o pagamento ou a reversão dos bens, conforme o caso, em favor da pessoa jurídica (art. 18).

Vale ressaltar que a perda da função pública e a suspensão dos direitos políticos só produzirão efeitos com o trânsito em julgado da sentença condenatória (art. 20, *caput*).

7.6. Prescrição (art. 23)

No que diz respeito ao **prazo prescricional** para o exercício da pretensão de aplicar as sanções de improbidade administrativa, o STF entende que a pretensão é imprescritível quanto à sanção de ressarcimento do erário. Aliás, o STF foi além ao interpretar o art. 37, § 5º, da CF e consagrou entendimento de que são imprescritíveis as pretensões de ressarcimento ao erário toda vez que este é causado por ato ilícito do ofensor, seja um ato de improbidade ou não, seja um ato praticado por agente público ou não (MS 26.210, DJ 10.10.2008).

Quanto à aplicação das **demais sanções**, têm-se os seguintes prazos (art. 23): a) 5 anos: após o término do exercício do mandato, de cargo em comissão ou de função de confiança; b) no prazo da lei específica quanto à prescrição para faltas punidas com demissão a bem do serviço público, para os casos de cargo efetivo e emprego público (normalmente 5 anos contados da data do fato); c) até cinco anos da data da apresentação à administração pública da prestação de contas final pelas entidades referidas no parágrafo único do art. 1º da Lei 8.429/1992..

Resta saber qual regra deve ser aplicada quanto aos servidores detentores de cargo efetivo, mas que praticaram o ato em momento que estavam em cargos em comissão ou função de confiança. O STJ apreciou a questão e entendeu que se deveria aplicar a regra pertinente ao servidor efetivo (REsp 1.060.529/MG, DJe 18.09.2009), regra essa normalmente mais favorável ao agente público, uma vez que o termo *a quo* do prazo prescricional tem início logo após a prática do ato.

Nos casos de mais de um réu, entendeu-se que o prazo prescricional corre individualmente, de acordo com as condições de cada um (STJ, REsp 1.185.461/PR, DJ 17.06.2010).

E no caso de reeleição de Prefeito, entendeu-se que o prazo começa a fluir do término do segundo mandato (REsp 1.153.079/BA, DJ 29.04.2010).

Segundo o STJ, "Nas ações civis por ato de improbidade administrativa, interrompe-se a prescrição da pretensão condenatória com o mero ajuizamento da ação dentro do prazo de cinco anos contado a partir do término do exercício de mandato, de cargo em comissão ou de função de confiança, ainda que a citação do réu seja efetivada após esse prazo" (REsp 1.391.212-PE, j. 02.09.2014).

7.7. Disposições penais

A Lei 8.429/1992 tipifica, no âmbito penal, a seguinte conduta:

> "Art. 19. Constitui crime a representação por ato de improbidade contra agente público ou terceiro beneficiário, quando o autor da denúncia o sabe inocente.
>
> Pena: detenção de seis a dez meses e multa.
>
> Parágrafo único. Além da sanção penal, o denunciante está sujeito a indenizar o denunciado pelos danos materiais, morais ou à imagem que houver provocado.

Para configurar o tipo, que alguém represente um terceiro acusando-o de ter cometido ato de improbidade que, na verdade, não fora cometido. É necessário que aquele que faz a representação (o autor da denúncia) saiba que o terceiro é inocente. Sem elemento o crime não se configura. E é até bom que assim o seja, para que as pessoas não tenham medo de representar contra terceiros por ato de improbidade. Somente aquele que está de má-fé (por saber que o terceiro é inocente) é que deve temer fazer uma representação nessas condições.

Interessante disposição é a prevista no parágrafo único do art. 19, que assevera que o autor da denúncia indevida está sujeito, ainda, a indenizar o denunciado pelos danos materiais, morais ou à imagem que houver provocado. Apesar de o dever de indenizar já ser uma consequência legal em desfavor de quem é condenado por cometer um crime que causa danos à esfera civil de alguém (o art. 91, I, do CP estabelece que é efeito da condenação "tornar certa a obrigação de indenizar o dano causado pelo crime"), a menção à indenização por danos morais e à imagem acaba por evidenciar à necessidade de indenizar todos os danos causados à vítima da representação.

Vale lembrar que, para apurar qualquer ilícito previsto nesta lei, inclusive o penal, o Ministério Público, de ofício, a requerimento de autoridade administrativa ou mediante representação formulada de acordo com o disposto no art. 14 da Lei 8.429/1992, poderá requisitar a instauração de inquérito policial, ou, no caso de ilícito não penal, a instauração de procedimento administrativo.

8. BENS PÚBLICOS

8.1. Conceito

Bens públicos são aqueles pertencentes às pessoas jurídicas de direito público interno (art. 98 do CC), podendo ser móveis ou imóveis, corpóreos ou incorpóreos. Todos os outros bens são particulares, seja qual for a pessoa a que pertencerem (segunda parte do art. 98 em questão). Os bens adquiridos pelos concessionários de serviço público e afetados a esse serviço também são bens públicos, desde que reversíveis (art. 35, § 1º, da Lei 8.987/1995). Isso ocorre pois o Poder Concedente (sempre pessoa de direito público) é proprietário com termo suspensivo de tais bens (v. art. 131 do CC e 18 da Lei 8.987/1995).

Não se deve confundir tal conceito com a noção de domínio público em sentido amplo, que abrange tanto os bens pertencentes ao Estado (bens públicos) como aqueles em relação aos quais sua utilização subordina-se às normas estabelecidas por este (bens particulares de interesse público) e ainda as coisas inapropriáveis individualmente, mas de fruição geral da coletividade (*res nullius*). Assim, tal ideia abrange tanto o domínio patrimonial (sobre os bens públicos) como o domínio eminente (sobre todas as coisas de interesse público), entendido esse como o poder político pelo qual o Estado submete à sua vontade todas as coisas de seu território, no ensinamento de Hely Lopes Meirelles. Em nome do domínio eminente é que são estabelecidas as limitações administrativas, as servidões etc.

8.2. Classificação

Segundo sua destinação, os bens públicos podem ser classificados da seguinte forma (art. 99 do Código Civil):

a) **bens de uso comum do povo (ou do domínio público)**: *são os destinados a uso público, podendo ser utilizados indiscriminadamente por qualquer do povo.* Ex.: mares, rios, estradas, ruas e praças. Não há direito de uso exclusivo ou privilégios na utilização de tais bens. Apesar de destinados ao uso indistinto de todos, podem assumir caráter gratuito ou oneroso, na forma da lei (art. 103, CC: *"o uso comum dos bens públicos pode ser gratuito ou retribuído, conforme for estabelecido legalmente pela entidade a cuja administração pertencer")*. Ex.: zona azul, pedágio, ancoragem em portos;

b) **bens de uso especial (ou do patrimônio administrativo indisponível):** *são aqueles destinados à execução dos serviços públicos ou a servirem de estabelecimento para os entes públicos.* Ex.: edifícios onde estão as repartições públicas, equipamentos e veículos públicos; teatros, museus, universidades, bibliotecas, escolas públicas e hospitais; cemitérios e mercados públicos. Também são chamados de bens de uso especial aqueles que têm destinação específica, como museus, universidades, ou ainda aqueles utilizados pelos concessionários e permissionários do Poder Público;

c) **bens dominicais**[11] **(ou do patrimônio disponível)**: *são aqueles que não têm destinação específica, nem se encontram sujeitos ao uso comum do povo.* São bens que simplesmente integram o patrimônio do Estado e que, eventualmente, podem ser alienados. Ex.: terrenos de marinha, terras devolutas, prédios em renda etc. O CC não os trata como inalienáveis, dispondo que "podem ser alienados, observadas as exigências da lei" (art. 101), o que não quer dizer que podem ser objeto de penhora, visto que a execução contra as pessoas de direito público se faz, de acordo com o art. 100 da CF, mediante a expedição de precatório.

8.3. Afetação e desafetação

Em regra, todos os bens públicos ingressam no patrimônio público afetados por destinação específica.

Afetação *significa vinculação de um bem a uma destinação específica.* Decorre de um fato natural, da lei ou de ato administrativo. Uma avenida é afetada (destinada) à circulação de veículos e pessoas. O local onde fica uma repartição pública é afetado ao uso do Poder Público para consecução de seus fins.

Desafetação *consiste na retirada da destinação dada ao bem público, com o consequente ingresso do bem na categoria dos bens dominicais.* A desafetação só pode ocorrer em virtude de lei ou de ato administrativo decorrente de autorização legislativa.

8.4. Regime jurídico

Os bens públicos são gravados de uma série de condicionantes decorrentes do fato de pertencerem ao povo e de terem destinações voltadas à coletividade, direta ou indiretamente. Confira as regras decorrentes desse regime jurídico especial.

a) São **inalienáveis**, o que significa que não podem ser vendidos ou doados, salvo se passarem para a categoria de bens dominicais. São **requisitos para alienação**[12] **de bens imóveis:** (1) presença de interesse público devidamente justificado, (2) desafetação, (3) avaliação, (4) autorização legislativa e (5) licitação na modalidade concorrência. Em sendo bens móveis não serão necessárias a desafetação e a autorização legislativa. Há *dispensa de autorização legislativa* também na alienação de bens por pessoas de direito privado estatais. Há *dispensa de licitação*, se imóveis, em caso de dação em pagamento, doação ou venda para outro órgão ou ente público; permuta; investidura (aquisição de área pública isoladamente inaproveitável; a Lei 9.648/1998, que trouxe redação ao § 3º do art. 17 da Lei 8.666/1993, também considera investidura a "alienação aos legítimos possuidores diretos ou, na falta destes, ao Poder Público, de imóveis para fins residenciais construídos em núcleos urbanos anexos a usinas hidrelétricas, desde que considerados dispensáveis na fase de operação dessas unidades e não integrem a categoria de bens reversíveis ao final da concessão"); disposições em geral para programas habitacionais. No caso de bens móveis, a dispensa de licitação ocorre na doação social, na permuta, venda de ações, títulos e bens produzidos pelos entes e venda de materiais e equipamentos para órgãos e entes públicos.

Instituto próximo da questão ora tratada é a *legitimação de posse*, que consiste na transferência do domínio de terra devoluta ou área pública sem utilização para particular ocupante. O Estatuto da Terra traz a regulamentação da questão na esfera federal. Trata-se de transferência de domínio voluntária, ou seja, distinta da usucapião (não voluntária), que é vedada quanto aos bens públicos;

b) São **imprescritíveis**, o que significa que não são passíveis de usucapião (prescrição aquisitiva). O art. 183, § 3º, da CF dispõe que os imóveis públicos não serão adquiridos por usucapião. O art. 191, parágrafo único, da CF repete tal regra. O art. 102 do Código Civil também dispõe dessa forma, sem que traga a restrição de que se trate de bem imóvel, já que dispõe que "os *bens públicos* não estão sujeitos a usucapião" (g.n.)[13];

c) Também são **impenhoráveis**, o que inclui a vedação de serem objeto de garantia. Isso decorre do fato de que os bens públicos devem estar disponíveis para que o Estado desenvolva suas atividades, o que não se coaduna com a entrega em garantia ou para penhora. A regra em questão não vale para os bens das pessoas jurídicas de direito privado estatais (sociedade de economia mista e empresas públicas), salvo se forem concessionárias de serviço público, hipótese em que apenas os bens afetados ao serviço serão impenhoráveis. A impossibilidade de oneração dos bens públicos encontra exceção nas operações de crédito por antecipação de receita (art. 167, IV, CF) e nos débitos com a União (art. 167, § 4º, CF).

A **execução contra o Estado** é feita por meio de precatório (art. 100, CF). Os pagamentos das Fazendas serão feitos na **ordem cronológica de apresentação desses** (requisição do Presidente do Tribunal) e à conta do crédito respectivo, sem indicação dos casos ou pessoas. É **obrigatória a inclusão no orçamento** das entidades de direito público de verba para pagamento de débitos oriundos de sentença transitada em julgado, constante de precatório **apresentado até 1º de julho**, fazendo-se o **pagamento até o final do exercício seguinte**, em valor atualizado. **Exceções:** débitos alimentares e débitos de pequeno valor (valores distintos conforme capacidade do ente político), que seguem regra própria. Vale lembrar que o pagamento de precatório fora da ordem cronológica pode gerar sequestro (art. 100, § 6º, CF). O não pagamento, por sua vez, pode gerar pedido de intervenção no ente (art. 34, V, "a", e 35, I, CF).

11. José Cretella Júnior e José Cretella Neto diferenciam "bem dominical" de "bem dominial". Ensinam que "dominial é gênero, que abrange os três tipos de bens públicos, incluindo-se, entre estes tipos, o bem dominical, ou bem do patrimônio privado do Estado. Logo, dominial é gênero de que dominical é espécie".
12. *Vide* art. 17 da Lei 8.666/1993 (Lei de Licitações e Contratos).
13. *Vide* também a Súmula 340 do STF.

Vale ressaltar que todos os bens públicos são impenhoráveis, inclusive os bens dominicais.

No entanto, há situações excepcionais em que os bens públicos podem ser objeto de constrição judicial.

O STJ vem admitindo a penhora de dinheiro público quando a Fazenda Pública não cumpre decisões judiciais que determinam o fornecimento de medicamentos e tratamentos na área da saúde.

A jurisprudência é calcada no postulado da proporcionalidade, fazendo com que, na ponderação entre a regra constitucional do precatório com os princípios constitucionais da dignidade da pessoa humana e da proteção integral da saúde, preponderem os dois últimos valores.

8.5. Formas de aquisição e uso dos bens públicos

8.5.1. Aquisição

Pode se dar por desapropriação ou por compra, a qual dependerá de prévia licitação, salvo os casos de dispensa e inexigibilidade. Adquire-se também por dação em pagamento, permuta, penhora e sucessão.

8.5.2. Uso dos bens públicos

a) **uso livre**: ocorre quanto aos bens de uso comum do povo, respeitando-se as leis e sem que haja exclusividade, ainda que momentânea;

b) **autorização de uso:** ato unilateral, discricionário e precário, em que se faculta uso em caráter episódico, no interesse do particular. Ex.: fechar rua para festa; circo; carga pesada;

c) **permissão de uso:** ato unilateral, discricionário e precário, no interesse coletivo, que faculta uso com maior permanência do bem público, mediante licitação. Ex.: banca de jornal, barracas, feiras, box em mercado municipal;

d) **concessão de uso:** contrato que transfere o uso por prazo certo para finalidade específica, mediante licitação. Não há precariedade, vale dizer, a revogação antes do prazo contratual gera direito à indenização. Ex.: restaurante ou lanchonete em aeroporto ou rodoviária;

e) **concessão de direito real de uso:** contrato pelo qual se transfere, como direito real, o uso remunerado ou gratuito de imóvel não edificado, mediante licitação. Serve para urbanização, industrialização e cultivo de terra (Dec.-lei 271/1967). O direito real confere mais estabilidade à concessão feita, que fica oponível até ao Poder Público, ressalvada a possibilidade de desapropriação;

f) **concessão de uso especial** (MP 2.220/2001; art. 183, § 1º, CF): como não se admite usucapião de bem público, nas hipóteses em que forem preenchidos os requisitos legais para o usucapião especial urbano até 30.06.2001 há direito do ocupante à concessão de uso especial, que se constitui administrativa ou judicialmente;

g) **cessão de uso:** consiste na atribuição gratuita da posse de um bem público de entidade ou órgão para outro, possibilitando ao cessionário a utilização nas condições estabelecidas no termo, por prazo certo ou indeterminado. Trata-se de ato de colaboração entre os entes públicos. Caso se trate de cessão externa, é necessária autorização legal.

8.6. Espécies de bens na CF (da União)

8.6.1. Os que atualmente lhe pertencem e os que lhe vierem a ser atribuídos

8.6.2. Terras devolutas indispensáveis à defesa

a) das fronteiras, fortificações e construções militares;

b) das vias federais de comunicação;

c) da preservação ambiental, definidas em lei.

Terras devolutas são as terras vazias, sem proprietário ou não afetadas a nada, representando bem disponível estatal (art. 5º do Decreto-lei 9.760/1946). As da União são as voltadas à preservação ambiental e defesa de fronteiras, fortificações e vias federais de comunicação, definidas em lei (art. 20, II, CF). São do Estado as que não forem da União e dos Municípios as atribuídas por aqueles às edilidades. A Lei 6.383/1976 trata da discriminação das terras devolutas da União, sob responsabilidade do INCRA, podendo ser administrativa ou judicial, esta no rito sumário. O art. 29 da referida lei diz que o ocupante de terras públicas, quando as tenha tornado produtivas com o seu trabalho e o de sua família, fará jus à legitimação da posse de área contínua de até 100 hectares, preenchidos os requisitos legais.

Vale citar, ainda, a Lei 601/1850, que tem o seguinte teor: "Art. 3º São terras devolutas: § 1º As que não se acharem aplicadas a algum uso público nacional, provincial, ou municipal. § 2º As que não se acharem no domínio particular por qualquer título legitimo, nem forem havidas por sesmarias e outras concessões do Governo Geral ou Provincial, não incursas em comisso por falta do cumprimento das condições de medição, confirmação e cultura. § 3º As que não se acharem dadas por sesmarias, ou outras concessões do Governo, que, apesar de incursas em comisso, forem revalidadas por esta Lei. § 4º As que não se acharem ocupadas por posses, que, apesar de não se fundarem em título legal, forem legitimadas por esta Lei".

8.6.3. Terras tradicionalmente ocupadas pelos índios

Os índios têm posse permanente e usufruto exclusivo das riquezas do solo, dos rios e dos lagos nelas existentes.

O aproveitamento dos demais recursos só se dará com autorização do Congresso Nacional, garantida a participação nos resultados.

8.6.4. Lagos e rios:

a) de terrenos de seu domínio;

b) que banhem mais de um Estado;

c) que sirvam de limite com outros países;

d) que se estendam a território estrangeiro ou dele provenham, inclusive os terrenos marginais.

8.6.5. Terrenos de marinha

São aqueles formados pela porção de terras banhadas pelas águas dos rios navegáveis ou pelas águas do mar (art. 20, VII, CF). O art. 2º do Decreto-lei 9.760/1946 os define como a faixa de 33 metros da linha do preamar médio de 1831 para a parte da terra. O particular que ocupar parte de terreno de marinha, mediante a devida outorga (enfiteuse ou aforamento, ou mesmo mero regime de ocupação), pagará à União taxa de Administração (art. 127 do Dec.-lei 9.760/1946). E caso o ocupante venha a transferir a terceiros, mediante alienação a título oneroso, esse direito sobre o bem (chamado "domínio útil"), deverá pagar o chamado laudêmio (art. 5º do Dec.-lei 2.398/1987). Aliás, o pagamento de laudêmio à União é devido não só quando há transferência do domínio ou de ocupação, seja para terceiros, seja para integralizar cotas de empresa, como também quando há transferência do direito a benfeitorias no bem (AgRg no AREsp 429.801/PE, DJe 25.02.2014). Aliás, no caso de irregularidade da ocupação, a União, independentemente de fazer a cobrança devida pela ocupação do bem, pode buscar a anulação dos registros da ocupação, podendo fazê-lo administrativamente (sem necessidade de ação judicial), "em razão do atributo da presunção de legitimidade e executoriedade do ato administrativo, justificando-se, inclusive, a inversão do ônus da prova a cargo dos ocupantes (Resp 409.303-RS, DJ 14.10.2012).

8.6.6. *Mar territorial*

Faixa de 12 milhas, contadas do litoral continental, sobre a qual o Estado exerce poderes de soberania (art. 20, VI, da CF e Lei 8.617/1993).

8.6.7. *Recursos da zona econômica exclusiva*

A zona econômica exclusiva consiste na faixa de 12 a 200 milhas, sobre a qual o Estado exerce poderes de exploração dos recursos naturais do mar (art. 20, V, CF e Lei 8.617/1993).

8.6.8. *Recursos naturais da plataforma continental*

A plataforma continental consiste no prolongamento natural das terras da superfície sob a água do mar, porção de terras submersas que apresentam a mesma estrutura geológica das terras do continente (art. 20, V, CF e Lei 8.617/1993).

8.6.9. *Ilhas*

a) fluviais (de rios) e lacustres (de lagos) nas zonas limítrofes com outros países; as demais são dos Estados;

b) oceânicas (no oceano);

c) costeiras (próximas à costa), excluídas as de terceiros.

8.6.10. *Recursos minerais, inclusive dos subsolos*

É assegurada a participação (ou compensação financeira) no resultado da exploração de petróleo, gás natural, potencial hídrico e outros recursos minerais, no respectivo território, plataforma continental, mar territorial e zona econômica exclusiva, em favor dos Estados, DF, Municípios e União, nos termos da lei (art. 20, § 1º, da CF).

9. INTERVENÇÃO DO ESTADO NA ORDEM ECONÔMICA E NO DIREITO DE PROPRIEDADE

9.1. Intervenção do Estado na ordem econômica

Apesar de vivermos num sistema de livre-iniciativa e de livre concorrência (art. 170 da CF), o Estado, para preservar outros valores previstos na Constituição, acaba por ter de intervir na ordem econômica, de modo a evitar que abusos sejam cometidos.

É interessante iniciar o tratamento da presente matéria por sua raiz constitucional para que depois possamos trazer à baila as disposições contidas na Lei 12.529/2011 (Lei do CADE ou Lei Antitruste). Vejamos tais dispositivos constitucionais:

> "**Art. 170.** A ordem econômica, fundada na valorização do trabalho humano e na livre- iniciativa, tem por fim assegurar a todos existência digna, conforme os ditames da justiça social, observados os seguintes princípios:
>
> I – soberania nacional; II – propriedade privada; III – função social da propriedade; IV – livre concorrência; V – defesa do consumidor; VI – defesa do meio ambiente; VII – redução das desigualdades regionais e sociais; VIII – tratamento favorecido para as empresas de pequeno porte constituídas sob as leis brasileiras e que tenham sua sede e administração no País.
>
> **Parágrafo único.** É assegurado a todos o livre exercício de qualquer atividade econômica, independentemente de autorização de órgãos públicos, salvo nos casos previstos em lei."

> "**Art. 173.** § 4º. A lei reprimirá o abuso do poder econômico que vise à dominação dos mercados, à eliminação da concorrência e ao aumento arbitrário dos lucros.
>
> § 5º A lei, sem prejuízo da responsabilidade individual dos dirigentes da pessoa jurídica estabelecerá a responsabilidade desta, sujeitando-a às punições compatíveis com sua natureza, nos atos praticados contra a ordem econômica e financeira e contra a economia popular."

> "**Art. 174.** Como agente normativo e regulador da atividade econômica, o Estado exercerá, na forma da lei, as funções de fiscalização, incentivo e planejamento, sendo este determinante para o setor público e indicativo para o setor privado.
>
> § 1º A lei estabelecerá as diretrizes e bases do planejamento do desenvolvimento nacional equilibrado, o qual incorporará e compatibilizará os planos nacionais e regionais de desenvolvimento. (...)"

A Lei Federal 12.529/2011 estrutura o Sistema Brasileiro de Defesa da Concorrência – SBDC e dispõe sobre a prevenção e a repressão às infrações contra a ordem econômica, orientada pelos ditames constitucionais de liberdade de iniciativa, livre concorrência, função social da propriedade, defesa dos consumidores e repressão ao abuso do poder econômico (art. 1º).

O SBDC é formado pelo Conselho Administrativo de Defesa Econômica – CADE e pela Secretaria de Acompanhamento Econômico do Ministério da Fazenda (art. 3º).

O CADE é entidade judicante com jurisdição em todo o território nacional, que se constitui em autarquia federal, vinculada ao Ministério da Justiça (art. 4º). Ele é constituído pelos seguintes órgãos: a) Tribunal Administrativo de Defesa Econômica; b) Superintendência-Geral; e c) Departamento de Estudos Econômicos (art. 5º).

Constituem infrações da ordem econômica, independentemente de culpa, os atos sob qualquer forma manifestados, que tenham por objeto ou possam produzir os seguintes efeitos, ainda que não sejam alcançados (art. 36, *caput*): a) limitar, falsear ou de qualquer forma prejudicar a livre concorrência ou a livre-iniciativa; b) dominar mercado relevante de bens ou serviços; c) aumentar arbitrariamente os lucros; e d) exercer de forma abusiva posição dominante.

Só haverá configuração de infração da ordem econômica se, **ocorridas quaisquer das hipóteses previstas no artigo 36, § 3º, da Lei 12.529/2011** (exs: preços concertados, divisão ou limitação de acesso a mercado), **tal implicar na ocorrência de uma das quatro situações narradas no parágrafo anterior** (art. 36, *caput*).

A lei prevê sanções pecuniárias (art. 37) e não pecuniárias (art. 38).

No primeiro caso, há multa à pessoa jurídica e também ao administrador desta.

São exemplos de sanções não pecuniárias as seguintes: a imposição de publicação de notícia sobre a ocorrência da prática anticoncorrencial, a proibição de contratar com instituições financeiras oficiais e de participar de licitação, a cisão da sociedade, a transferência de controle societário, a venda de ativos, a cessação parcial da atividade ou qualquer providência necessária à eliminação dos efeitos nocivos à ordem econômica.

9.2. Intervenção do Estado na propriedade privada

9.2.1. Introdução

A propriedade há de atender duas funções: a função individual, mais ligada aos interesses do proprietário; e à função social, ligada ao interesse da sociedade.

Para garantir que a propriedade atenda à sua função social, o Estado nela intervém com vista a preservar os seguintes valores:
a) uso seguro da propriedade: por exemplo, criando leis (Código de Obras) e fiscalizando seu cumprimento;
b) uso organizado da propriedade: por exemplo, criando leis de zoneamento e fiscalizando seu cumprimento;
c) uso legítimo da propriedade: por exemplo, criando leis que impõem o silêncio após dado horário e fiscalizando seu cumprimento;
d) uso social da propriedade: por exemplo, valendo-se dos institutos da desapropriação, servidão, requisição, ocupação temporária;
e) preservação do meio ambiente; por exemplo: valendo-se do instituto do tombamento.

O foco do estudo da intervenção na propriedade recairá sobre as limitações administrativas, exemplificadas nos itens "a" a "c", e também sobre os demais institutos mencionados como exemplos nos itens "d" e "e".

9.2.2. Limitação administrativa

É a imposição unilateral, geral e gratuita, que traz os limites dos direitos e atividades particulares de forma a condicioná-los às exigências da coletividade. Ex.: proibição de construir sem respeitar recuos mínimos; proibição de instalar indústria ou comércio em determinadas zonas da cidade; leis de trânsito, de obras e de vigilância sanitária; lei do silêncio.

A limitação administrativa pode ser de três tipos: *positiva* (ex.: imposição de construção de muro ou de limpar o imóvel), *negativa* (ex.: limitação da altura de uma obra) ou *permissiva* (ex.: permitir vistoria de imóvel pelo Poder Público).

Perceba-se a identidade entre a limitação administrativa e o poder de polícia. Enquanto o poder de polícia é a atividade condicionadora dos direitos aos seus limites, a limitação é o próprio limite que o particular deve observar e que o Poder Público deve levar em conta na sua atividade de poder de polícia.

Nem a limitação administrativa, nem a atividade de condicionamento dos direitos feita pelo Poder Público (poder de polícia), ensejarão indenização ao particular, visto que são imposições que atingem a todos igualmente, não prejudicando ninguém especificamente, mas apenas traçando os limites do direito que cada um de nós temos.

São diferenças entre limitação administrativa e servidão: a primeira não é ônus real, ao passo que a segunda é ônus real; aquela é gratuita (atingindo a todos), enquanto esta é onerosa (pois atinge um bem em particular); a limitação importa e traça deveres de não fazer (*non facere*), já a segunda em deveres de suportar (*pati*) – *suportar* é mais amplo que *não fazer*).

9.2.3. Requisição de bens ou serviços

É o ato pelo qual o Estado determina e efetiva a utilização de bens ou serviços particulares, mediante indenização ulterior, para atender necessidades públicas urgentes e transitórias, ou seja, em caso de iminente perigo público.

O **requisito** para requisição de *bens* está previsto na CF, em seu artigo 5º, XXV: *no caso de iminente perigo público, a autoridade competente poderá usar de propriedade particular, assegurada ao proprietário indenização ulterior, se houver dano.*

São situações de iminente perigo público uma inundação, um incêndio, a falta de alimento etc. Em caso de inundação, por exemplo, pode o Poder Público, para dar guarida àqueles que poderão ter sua casa invadida pela água, requisitar o ginásio de um clube particular para abrigo de tais pessoas. Após isso, o particular será indenizado.

O fundamento do instituto consiste no estado de necessidade pública. O artigo 22, inciso III, da CF, diz caber privativamente à União legislar sobre "requisições civis ou militares, em caso de iminente perigo público e em tempo de guerra". A requisição administrativa de bens e serviços é tratada pela Lei Delegada 4/1962 e pelo Decreto-lei 2/1966, enquanto que as requisições civis e militares em tempo de guerra estão reguladas pelo Decreto-lei 4.812/1942.

São **diferenças entre desapropriação e requisição** as seguintes: a desapropriação só se refere a *bens*, enquanto a requisição pode ser de *bens* ou *serviços;* a primeira é direcionada a *aquisição* do bem, ao passo que a segunda busca apenas seu *uso*, de forma que a desapropriação visa atender a necessidades *permanentes* e a requisição, a necessidades *transitórias;* a primeira depende de *acordo ou processo* para se efetivar, a segunda é *autoexecutável;* a desapropriação depende de *indenização prévia*, a requisição dá ensejo à *indenização posterior* desde que haja dano.

9.2.4. Ocupação temporária (ou provisória)

Consiste no direito de uso do Poder Público sobre um bem particular não edificado, de forma transitória, remunerada ou gratuita, com o objetivo de executar obras, serviços ou atividades públicas.

O artigo 36 do Decreto-lei 3.365/1941 (Lei de Desapropriação) prevê tal ocupação: *é permitida a ocupação temporária, que será indenizada, a final, por ação própria, de terrenos não edificados, vizinhos às obras e necessários à sua realização. O expropriante prestará caução, quando exigida.*

Quanto às diferenças entre a ocupação e a requisição, a primeira incide sobre bens, enquanto a segunda sobre *bens* e *serviços*; a requisição é típica de situações de urgência, enquanto a ocupação não tem essa característica necessariamente; o exemplo de ocupação mais comum (o trazido acima) prevê que ela só se dá sobre terrenos não edificados e mediante caução (se exigida), enquanto a requisição incide sobre qualquer bem e sem caução.

Em leis esparsas existem outros tipos de ocupação, como aquela destinada a fazer pesquisas acerca da existência de minérios em bens particulares, medida que evita uma desapropriação do bem com posterior ciência de que a suspeita de que havia minério no local era infundada.

9.2.5. Servidões administrativas

É o ônus real de uso imposto pela Administração a um bem particular, com objetivo de assegurar a realização de obras e serviços públicos, assegurada indenização ao particular, salvo se não houver prejuízo.

São exemplos de servidão os seguintes: instalação de linhas e torres de transmissão de energia elétrica em bem particular; servidão de aqueduto; e servidão para instalação de placas indicativas de ruas em imóveis particulares (nesse caso geralmente não haverá dano ao particular, não se podendo falar em indenização).

Institui-se tal ônus real tal qual a desapropriação para aquisição da propriedade de um bem. Há necessidade de ato declaratório da utilidade pública da servidão (art. 40 do Dec. Lei. 3.365/1941: *o expropriante poderá constituir servidões, mediante indenização* ***na forma desta lei***), com consequente tentativa de acordo para indenização, que, infrutífera, ensejará processo judicial para sua instituição. Assim, os *títulos* para instituição da servidão podem ser tanto o **acordo administrativo** como a **sentença judicial**. Após isso, um dos dois será **registrado** no Cartório Imobiliário, *constituindo*, finalmente, o direito real em tela.

A indenização segue a sorte daquela prevista para a desapropriação. A Súmula 56 do STJ tem o seguinte teor: *na desapropriação para instituir servidão administrativa são devidos juros compensatórios pela limitação do uso da propriedade.* O único cuidado que se deve ter ao ler a presente súmula é não confundir servidão com limitação administrativa.

São diferenças gerais entre a servidão administrativa e a servidão civil: a primeira é ônus real do Poder Público sobre a propriedade, enquanto a segunda é ônus real de um prédio (dominante) em face de outro prédio (serviente); aquela tem serventia pública (utilidade pública) e esta tem serventia privada (utilidade privada e bem certo).

9.2.6. Tombamento

O tombamento pode ser **conceituado** como o *ato do Poder Público que declara de valor histórico, artístico, paisagístico, turístico, cultural ou científico, bens ou locais para fins de preservação.*

O instituto está regulamentado no Dec.-lei 25/1937.

Quanto ao **objeto**, o tombamento pode alcançar tanto bens imóveis individualmente considerados (um prédio histórico), um conjunto arquitetônico (o Pelourinho, em Salvador), um bairro (o Centro do Rio de Janeiro), uma cidade (Ouro Preto) e até um sítio natural. Pode também alcançar bens móveis, como a mobília da casa de um personagem histórico, como Santos Dumont.

Admite-se o chamado *tombamento cumulativo*, que é o tombamento de um mesmo bem por mais de um ente político.

A **instituição** do tombamento pode ser *voluntária* (por requerimento do próprio dono da coisa) ou *contenciosa*. A última impõe a notificação do proprietário para, no prazo de 15 dias, impugnar, se quiser, a intenção do Poder Público de tombar a coisa. Uma vez concluído pelo tombamento, este será feito mediante inscrição do ato num dos quatro Livros do Tombo (Paisagístico, Histórico, Belas Artes e Artes Aplicadas). Em se tratando de imóvel, o ato também deve ser registrado no Registro de Imóveis.

É importante ressaltar que, com a notificação do proprietário, ocorre o *tombamento provisório*, que já limita o uso da coisa por seu dono.

Além de poder ser instituído por *ato administrativo*, o tombamento também pode advir de *ato legislativo* (por exemplo, o art. 216, § 5º, da CF, pelo qual "ficam tombados os documentos e sítios detentores de reminiscências históricas dos antigos quilombos") ou *ato judicial*. No terceiro caso, o juiz, diante de uma ação coletiva (ex.: ação popular ou ação civil pública), determina a inscrição do tombamento no Livro do Tombo.

Quanto aos **efeitos** do tombamento, temos, entre outros, os seguintes: a) o proprietário deverá conservar a coisa (se não tiver recursos, deve levar ao conhecimento do Poder Público, que fica autorizado legalmente a executar a obra); b) o proprietário não pode reparar, pintar ou restaurar a coisa, sem prévia autorização especial do Poder Público; c) os vizinhos não podem reduzir a visibilidade da coisa tombada, nem colocar anúncios sem prévia autorização especial; d) os entes políticos têm direito de preferência na aquisição da coisa, caso o proprietário queira aliená-la; e) o bem tombado, se for um bem público, ou seja, pertencente a uma pessoa jurídica de direito público, é inalienável; f) o bem tombado não pode sair do País, salvo se por prazo curto, sem alienação, para fim de intercâmbio cultural e mediante autorização do Poder Público; g) o proprietário do bem tombado tem direito de ser indenizado, caso sofra restrição especial que o prejudique economicamente.

A Constituição traz uma norma especial sobre o tombamento do patrimônio cultural ao dispor que "ficam tombados todos os documentos e os sítios detentores de reminiscências históricas dos antigos quilombos" (art. 216, § 5º).

O Dec.-lei 25/1937 é de leitura obrigatória para se conhecer mais sobre o instituto do tombamento.

9.2.7. Expropriação (art. 243 da CF)

A expropriação pode ser **conceituada** como *a retirada da propriedade de alguém sem o pagamento de indenização alguma.*

O instituto é cabível nas seguintes **hipóteses (art. 243 da CF, com nova redação dada pela EC 81/2014):**

a) sobre propriedades rurais e urbanas de qualquer região do País onde forem localizadas culturas ilegais de plantas psicotrópicas ou a exploração de trabalho escravo na forma da lei;

b) sobre bem apreendido em decorrência de tráfico ilícito de entorpecentes e drogas afins e da exploração de trabalho escravo.

Os bens expropriados terão a seguinte **destinação:**

a) propriedades serão expropriadas e destinadas à reforma agrária e a programas de habitação popular, sem qualquer indenização ao proprietário e sem prejuízo de outras sanções previstas em lei;

b) o bem será confiscado e reverterá a fundo especial com destinação específica, na forma da lei.

Resta estudar agora a desapropriação, que consiste na retirada da propriedade de terceiro, mas mediante o devido pagamento.

9.2.8. Desapropriação

9.2.8.1. Fundamentação legal

O instituto da desapropriação está regulamentado nos seguintes diplomas: Constituição Federal – arts. 5º, XXIV, 182, § 3º, 184, 185 e 243; Decreto-lei 3.365/1941 (utilidade e necessidade pública), Lei 4.132/1962 (interesse social), Decreto-Lei 1.075/1970 (imissão provisória na posse em imóveis residenciais urbanos), Lei 8.257/1991 (glebas com culturas ilegais de plantas psicotrópicas), Lei 8.629/1993 (reforma agrária), Lei Complementar 76/1993 (rito sumário de contraditório especial para reforma agrária) e Lei 10.257/2001 (desapropriação por interesse social como instrumento de política urbana).

9.2.8.2. Direito material

Pode-se **conceituar** a desapropriação como o *procedimento pelo qual o Poder Público, fundado em necessidade pública, utilidade pública ou interesse social, compulsoriamente adquire para si um bem certo, em caráter originário, mediante indenização prévia, justa e pagável em dinheiro, salvo no caso de imóveis em desacordo com a função social da propriedade, hipóteses em que a indenização far-se-á em títulos da dívida pública.*

A desapropriação é expressão do princípio da supremacia do interesse público sobre o particular. É muito comum que entrem em choque dois interesses. De um lado, o Poder Público, interessado muitas vezes em utilizar um dado imóvel particular para, por exemplo, construir uma escola, um hospital ou uma repartição pública. De outro, o particular interessado em não alienar nem ceder um imóvel do qual é titular do direito de propriedade. Entre o interesse do Poder Público e o interesse do particular, prevalecerá o primeiro, ou seja, o Poder Público poderá exigir que o particular entregue o bem de sua propriedade, e, em troca, o particular terá direito de ser indenizado, indenização que será, em regra, prévia, justa e pagável em dinheiro.

A desapropriação é **forma originária de aquisição da propriedade**, não se vinculando, portanto, ao título anterior. Isso significa, por exemplo, que as dívidas do imóvel ficam sub-rogadas no preço pago pela desapropriação e não mais neste (art. 31 do Decreto-lei 3.365/1941). Ademais, mesmo que se tenha desapropriado imóvel de pessoa que não era seu dono, não haverá invalidade (ou seja, não há direito de reivindicação por terceiro – art. 35 do Decreto-lei 3.365/1941), ressalvado o direito de o verdadeiro dono se insurgir contra o que se supunha dono do imóvel.

A **competência para legislar** sobre desapropriação é privativa da União (art. 22, II, CF).

São **fases** da desapropriação a **declaratória,** em que o ente declara de utilidade pública determinada área a ser desapropriada, e a **executória**, em que são tomadas providências concretas para efetivar a manifestação de vontade anterior. Tenta-se, em primeiro lugar, fazer um acordo com o proprietário (desapropriação extrajudicial). Não sendo frutífera tal tentativa, ingressa-se com ação de desapropriação.

A **competência para a primeira fase** (competência para declarar bem de utilidade pública ou interesse social) é dos entes políticos (União, Estados, DF e Municípios), do DNIT (Lei 10.233/2001) e da ANEEL (art. 10 da Lei 9.074/1995).

A **competência para a segunda fase** (competência para executar a desapropriação) é dos entes políticos, autarquias e fundações públicas; concessionárias de serviço público ou entes delegados pelo Poder Público, desde que autorizados expressamente pela lei ou pelo contrato (art. 3º do Decreto-lei 3.365/1941).

O **objeto** da desapropriação é qualquer bem (móvel ou imóvel, material ou imaterial, inclusive o espaço aéreo e o subsolo), exceto moeda corrente nacional (salvo moedas raras), pessoas e direitos personalíssimos. O objeto deve também ser existente, preciso, certo e possível. É cabível a desapropriação do espaço aéreo e do subsolo quando de sua utilização pelo Poder Público resultar prejuízo patrimonial ao proprietário do solo.

Bem público pode ser desapropriado. A União pode desapropriar de todos os entes, além dos particulares. Estados desapropriam dos Municípios e dos particulares. Municípios, só dos particulares. Quando a desapropriação se dá sobre bem público, além de se respeitar os limites acima, deve ser precedida de autorização legislativa.

Por fim, vale destacar que não é possível a autodesapropriação, ou seja, a desapropriação de bem da própria pessoa.

A **declaração de utilidade pública** consiste no ato pelo qual o Poder Público manifesta intenção de adquirir compulsoriamente determinado bem submetendo-o à sua força expropriatória. Deve-se identificar o *bem*, seu *destino* e o *dispositivo legal* que autoriza o ato. Faz-se por decreto, normalmente. O Poder Legislativo pode tomar a iniciativa, cabendo ao Executivo efetivá-la. Ao Poder Judiciário é vedado decidir se se verificam ou não os casos de utilidade pública (art. 9º do Dec.-lei 3.365/1941).

São **efeitos da declaração:** a) submete o bem à força expropriatória do Estado; **b) fixa o estado** dos bens, o que não significa que não possa ser vendido ou alterado (importante, pois o Estado deverá indenizar as benfeitorias necessárias efetuadas posteriormente; as benfeitorias úteis, por sua vez, só serão indenizadas pelo Estado se este autorizar sua realização; as voluptuárias nunca serão indenizadas); **c) confere ao Poder Público o direito de penetrar** no bem, com auxílio de força policial se o caso (art. 7º do Dec.-lei 3.365/1941 – tal efeito demonstra a autoexecutoriedade do Decreto); **d) dá início ao prazo de caducidade** da declaração.

A **caducidade da declaração** consiste na perda de sua validade pelo decurso do tempo sem que o Poder Público promova os atos concretos de expropriação, ficando inviabilizada a desapropriação. Nas hipóteses de desapropriação por **utilidade**

pública, o prazo de caducidade é de 5 anos (art. 10 do Decreto-lei 3.365/1941). No caso de desapropriação por **interesse social, a caducidade se dá após 2 anos** (art. 3º, Lei 4.132/1961). A desapropriação por interesse social se dá quando não se cumpre a função social da propriedade, sendo as demais por utilidade ou necessidade pública. Caso haja a caducidade, somente **decorrido 1 ano** poderá haver nova declaração sobre aquele bem.

Imissão provisória de posse é a transferência da posse do bem objeto de desapropriação para o expropriante, já no início da lide, concedida pelo Juiz, se o Poder Público declarar urgência e depositar, em Juízo, a favor do proprietário, importância fixada segundo critério legal.

A **indenização** será sempre **justa**, **prévia** e, como regra, em **dinheiro**. Mas quando não se atender à função social, seja em área urbana, seja em área rural, a desapropriação decorrente de tal situação implicará pagamento por títulos públicos, resgatáveis anual e sucessivamente. Vale dizer, em que pese o pagamento seja prévio, não será em dinheiro, mas em títulos resgatáveis anualmente. Vejamos as hipóteses de pagamento com títulos públicos:

Imóvel rural: a União é competente para desapropriá-lo quando o fundamento é o não atendimento à função social; o pagamento é feito em títulos da dívida agrária, com cláusula de preservação do valor real, resgatáveis em até 20 anos, a partir do segundo ano de emissão do título. Cuidado, pois as benfeitorias úteis e necessárias são indenizadas em dinheiro (art. 184, § 1º, da CF).

Imóvel urbano: o Município é o competente para desapropriá-lo quando o fundamento é o não atendimento à função social da propriedade (imóvel não edificado, subutilizado ou não utilizado). Depende de lei específica, para a área incluída no Plano Diretor, a exigência, nos termos de lei federal, de que o proprietário promova o adequado aproveitamento do imóvel, sob pena de, sucessivamente, determinar-se o parcelamento ou edificação compulsórios, instituir-se IPTU progressivo no tempo, para só depois, mantida a situação, efetivar-se a desapropriação. Nesse caso o pagamento será feito em títulos da dívida pública (de emissão previamente aprovada pelo Senado), resgatáveis em até 10 anos, em parcelas anuais, iguais e sucessivas, assegurados o valor real da indenização e os juros legais. Não há previsão de pagamento em dinheiro das benfeitorias, talvez porque geralmente não haverá benfeitoria alguma (art. 182, CF).

Não há indenização (confisco): na expropriação de propriedades rurais e urbanas de qualquer região, onde forem localizadas culturas ilegais de plantas psicotrópicas ou a exploração de trabalho escravo, o mesmo ocorrendo com bens de valor econômico apreendidos em decorrência de tráfico ilícito de entorpecentes e drogas afins e da exploração de trabalho escravo. Há, portanto, o confisco de tais bens, que serão utilizados em projetos sociais (assentamentos, cultivos, instituições, recuperação, fiscalização etc.).

A **justa indenização** compreende o valor de mercado do imóvel, abrangendo os danos emergentes e os lucros cessantes do proprietário. Inclui juros moratórios, compensatórios, correção monetária e honorários advocatícios. Os juros moratórios, segundo a MP 2.183-56, correm a partir de 1º de janeiro do exercício seguinte ao que o pagamento deveria ser feito. Os juros compensatórios são contados desde o momento da imissão antecipada na posse, pois, a partir daí, o proprietário não mais terá a disponibilidade do bem, devendo ser compensado por isso. A correção monetária é contada desde a realização do laudo pericial que fixa o valor do bem expropriado. Os honorários são fixados tendo por base de cálculo a diferença entre o oferecido pelo Poder Público e o fixado pelo Poder Judiciário.

Consuma-se a desapropriação com o pagamento da indenização, pois a Constituição diz que a desapropriação requer prévia (e justa) indenização. É importante saber qual o momento em que se consuma a desapropriação, a fim de concluir-se até quando o Poder Público pode dela desistir Destarte, pode-se desistir da desapropriação até o último momento anterior ao do pagamento da indenização. Deve-se ressaltar que eventuais danos causados ao particular devem ser ressarcidos.

Desapropriação por zona *é aquela de área maior do que a necessária à realização de obra ou serviço, para abranger zona contígua a ela, tendo em vista* reservá-la *para o futuro ou* revendê-la, *se extraordinária valorização for decorrência da desapropriação a ser efetuada.* Ou seja, consiste em desapropriar área maior do que a necessária naquele momento, com a finalidade de garantir espaço para realização de obras no futuro ou com o objetivo de revender a área maior desapropriada, quando houver valorização muito grande do local, a fim de não causar enriquecimento sem causa ao antigo proprietário. A declaração de utilidade deve compreendê-las, mencionando qual é para revenda e qual será para o desenvolvimento da obra (art. 4º do Decreto-lei 3.365/1941). Parte da doutrina defende que o Poder Público deveria, no caso de valorização, cobrar o tributo contribuição de melhoria, já que se trata de alternativa menos gravosa ao proprietário, entendimento não compartilhado pela jurisprudência do STF.

Direito de extensão *consiste na faculdade do expropriado de exigir que na desapropriação se inclua a parte restante do bem que se tornou inútil ou de difícil utilização.* Deve ser exercido quando da realização do acordo administrativo ou no bojo da ação de desapropriação, sob pena de se considerar que houve renúncia.

Segundo o art. 20 do Dec.-lei 3.365/1941, a contestação somente poderá versar sobre dois pontos: a) vício do processo judicial; b) impugnação do preço. Qualquer outra questão deverá ser decidida por ação autônoma.

Quanto ao vício do processo judicial pode-se alegar, em preliminar, tanto defeitos processuais (ausência de pressupostos processuais) como aqueles relativos à ação (ausência de condição de ação).

Quanto à impugnação ao preço, o que se permite é discutir o *quantum* ofertado pelo Poder Público na sua petição inicial.

Por outro lado, pode o particular exercer o direito de extensão, ou seja, o direito *de exigir que na desapropriação se inclua a parte restante do bem que se tornou inútil ou de difícil utilização*, na própria contestação, apresentando outra avaliação do bem, abrangendo a integralidade do imóvel, e não apenas a parte incluída no plano de desapropriação, conforme entendimento do Superior Tribunal de Justiça.

O fundamento jurídico desse direito também é a norma constitucional que determina a fixação da justa indenização (art. 5º, XXIV). Isso porque, caso o expediente da desapropriação parcial com esvaziamento econômico da área remanescente não fosse impedido, a justa indenização, por vias transversas, estaria sendo prejudicada.

Não bastasse isso, há diversas outras normas repelindo esse tipo de conduta e conferindo ao prejudicado o direito de extensão. Por exemplo, a Lei Complementar 76/1993, que dispõe sobre o procedimento sumário de desapropriação para fins de reforma agrária, e que contempla expressamente, em seu art. 4º, o direito de extensão.

Retrocessão *importa no direito do ex-proprietário de reaver o bem expropriado que não foi utilizado em finalidade pública.* O requisito aqui é o desvio de finalidade, a chamada tredestinação, utilizando-se o bem expropriado em fim não público. Não configura o instituto a utilização do bem em destinação distinta da prevista no decreto expropriatório, quando a nova finalidade for de interesse público.

9.2.8.3. Direito processual na desapropriação direta

9.2.8.3.1. Competência

O foro competente para o julgamento de ação de desapropriação é o da situação da área desapropriada. No caso da Justiça Federal, a regra permanece, ou seja, é competente o juízo federal onde se situa o imóvel objeto da demanda.

9.2.8.3.2. Legitimidade

a) **Ativa:** podem propor a ação de desapropriação as pessoas competentes para a fase de execução da desapropriação (vistas acima), ou seja, os entes políticos, as autarquias e as fundações públicas, as concessionárias de serviço público e os entes delegados pelo Poder Público também poderão, desde que autorizados expressamente por lei ou por contrato (art. 3º do Dec.-lei 3.365/1941);

b) **Passiva:** sofre a ação de desapropriação o proprietário do bem.

9.2.8.3.3. Petição inicial

A petição inicial conterá:

a) preenchimento dos requisitos da inicial previstos na legislação processual civil;

b) oferta do preço;

c) exemplar do contrato, ou do jornal oficial, em que foi publicado o decreto (serve cópia autenticada);

d) planta ou descrição do bem e suas confrontações.

9.2.8.3.4. Imissão provisória na posse

Muitas vezes, o Poder Público não tem como esperar o final da ação de desapropriação para adentrar no bem. As demandas sociais costumam ser urgentes. Nesses casos, o Poder Público pode pedir para ingressar imediatamente no imóvel. São necessários dois requisitos para a imissão provisória na posse (art. 15, *caput*, do Dec.-lei 3.365/1941), analisados abaixo.

Alegação de urgência: aqui, há três observações a serem feitas. A primeira, no sentido de que basta a mera alegação de urgência para que o requisito seja preenchido, ou seja, não é necessária a demonstração da urgência em juízo, por se tratar de questão de conveniência e oportunidade da administração pública; a segunda, no sentido de que essa alegação pode acontecer tanto no decreto expropriatório, como em momento posterior; e a terceira, no sentido de que a alegação de urgência não poderá ser renovada e obrigará o expropriante a requerer a imissão provisória dentro do prazo improrrogável de 120 dias.

Depósito imediato de quantia arbitrada pelo juiz, na forma da lei: aqui, há duas observações importantes a serem feitas. A primeira, no sentido de que não se busca, nessa fase, a fixação do real valor de mercado do imóvel que está sendo desapropriado; o que temos aqui são critérios estabelecidos pela lei para que o magistrado, num juízo preliminar, chegue a um valor razoável para determinar a imissão provisória na posse; a segunda observação é a de que existem duas regulamentações sobre a imissão provisória na posse:

a) regra (art. 15, § 1º, do Dec.-lei 3.365/1941): a imissão será autorizada mediante depósito que observe um dos seguintes critérios: a1) valor equivalente a, pelo menos, vinte vezes o valor locativo do imóvel; a2) valor venal do imóvel, desde que atualizado no ano fiscal anterior; a3) no caso de inexistência de atualização do venal do imóvel, o juiz fixará o valor do depósito observando a data da fixação do valor venal e a valorização ou desvalorização ocorridas posteriormente. Na prática, acaba sendo utilizado o valor venal atualizado. O STF emitiu a Súmula 652, dispondo ser constitucional a utilização dos critérios citados. O expropriado poderá levantar até 80% do valor depositado, após as providência do art. 34 do Dec.-lei 3.365/1941;

b) regra para desapropriação de prédios residenciais urbanos (arts. 1º a 4º do Dec.-lei 1.075/1970): a imissão será autorizada com o simples depósito do preço oferecido na petição inicial de desapropriação, todavia, caso o expropriado, em 5 dias da intimação da oferta, impugne o preço oferecido, o juiz, servindo-se de perito avaliador (caso necessário), fixará, em 48 horas, o valor provisório do imóvel; se o valor arbitrado for maior do que o oferecido na inicial pelo Poder Público, o juiz só admitirá a imissão provisória se este complementar o depósito para que esta atinja a metade do valor arbitrado. O expropriado poderá levantar a totalidade do valor depositado (ou seja, 50% do *preço depositado e complementado*) ou, quando o valor arbitrado for igual ou menor ao dobro do preço oferecido, é lícito ao expropriado optar por levantar 80% do *preço oferecido*.

9.2.8.3.5. Contestação

Segundo o art. 20 do Dec.-lei 3.365/1941, a contestação somente poderá versar sobre dois pontos: a) vício do processo judicial; b) impugnação do preço. Qualquer outra questão deverá ser decidida por ação autônoma.

Quanto ao vício do processo judicial pode-se alegar, em preliminar, tanto defeitos processuais (ausência de pressupostos processuais) como aqueles relativos à ação (ausência de condição de ação).

Quanto à impugnação ao preço, o que se permite é discutir o *quantum* ofertado pelo Poder Público na sua petição inicial.

É importante ressaltar que, caso o particular queira exercer o direito de extensão, ou seja, o direito *de exigir que na desapropriação se inclua a parte restante do bem que se tornou inútil ou de difícil utilização*, poderá fazê-lo na contestação, apresentando outra avaliação do bem, abrangendo a integralidade do imóvel, e não apenas a parte incluída no plano de desapropriação. Segundo o STJ, "o pedido e extensão formulado na contestação em nada ofende o art. 20 do Decreto-lei 3.365/1941" (Resp. 882.135/SC, DJ 17.05.2007, e Resp. 816.535/SP, DJ 16.02.2007).

O fundamento jurídico desse direito também é a norma constitucional que determina a fixação da justa indenização (art. 5º,

XXIV). Isso porque, caso o expediente da desapropriação parcial com esvaziamento econômico da área remanescente não fosse impedido, a justa indenização, por vias transversas, estaria sendo prejudicada.

Além disso, há diversas outras normas repelindo esse tipo de conduta e conferindo ao prejudicado o direito de extensão. José Fernandes Carvalho Filho cita a Lei Complementar 76/1993, que dispõe sobre o procedimento sumário de desapropriação para fins de reforma agrária, e que contempla expressamente, em seu art. 4º, o direito de extensão. Para Carvalho Filho, "essas leis mais novas demonstram, à evidência, que o legislador nunca quis banir o direito de extensão do ordenamento jurídico. Ao contrário, restabeleceu-o expressamente em outras leis como que para indicar que em todos os casos de desapropriação, e presentes os mesmos pressupostos, é assegurado ao proprietário usar de seu direito de extensão". (*Manual de Direito Administrativo*, 18ª edição, Rio de Janeiro: Lumen Juris, p. 770, 2007).

Para Celso Antônio Bandeira de Mello pode-se discutir, ainda, no bojo da ação expropriatória, vícios na declaração de utilidade pública, inclusive desvio de finalidade: "se o proprietário puder objetivamente e indisputavelmente demonstrar que a declaração de utilidade pública não é um instrumento para a realização dos fins a que se preordena, mas um recurso ardiloso para atingir outro resultado, o juiz deverá reconhecer-lhe o vício e, pois, sua invalidade; cumpre que tal apreciação possa ser feita até mesmo na ação expropriatória, que, se assim não fora, de nada valeria ao particular demonstrar-lhe o vício posteriormente, pois, uma vez integrado o bem, ainda que indevidamente, ao patrimônio público – *ex vi* do art. 35 do Decreto-lei 3.365/1941 –, a questão resolver-se-ia por perdas e danos, donde ser ineficiente tal meio para garantir ao proprietário despojado a proteção estabelecida no art. 5º, XXIV, da Carta Magna" (*Curso de Direito Administrativo*, 24ª edição, São Paulo: Malheiros, pp. 866-7, 2007).

Cuidado, pois é excepcional a possibilidade de discutir a questão referida no parágrafo anterior, na ação de desapropriação. Como regra, esse tipo de questão deve ser objeto de ação própria.

9.2.8.3.6. Procedimento

Na fase judicial a desapropriação se desenvolve segundo o seguinte procedimento:

a) petição inicial, com os requisitos já mencionados, e eventual requerimento de imissão provisória na posse;

b) havendo requerimento de imissão provisória na posse, o juiz deve tomar as providências mencionadas (fixar valor para depósito e proceder à imissão na posse);

c) ao despachar a inicial o juiz deverá tomar duas providências: c1) determinar a citação do réu; c2) designar um perito de sua livre escolha para proceder à avaliação dos bens;

d) feita a citação, a ação seguirá o rito ordinário.

9.2.8.3.7. Sentença

A sentença deverá tratar dos seguintes assuntos:

a) das impugnações processuais alegadas em preliminares;

b) do *quantum* indenizatório, que deverá ser fixado levando em conta o valor de mercado do bem (a Constituição fala em "justa indenização"), os danos emergentes e os lucros cessantes, a partir do livre convencimento do juiz em face das avaliações do perito e das argumentações das partes e de seus assistentes técnicos;

c) dos consectários legais, tais como juros compensatórios, juros moratórios, correção monetária, custas e despesas processuais e honorários advocatícios.

Sobre os valores principais e os consectários legais, no caso de desapropriação se efetivar, temos o seguinte:

a) **valor de mercado do bem:** o juiz deverá arbitrar quantia que corresponda ao valor do mercado do bem, com todas as benfeitorias que já existiam no imóvel antes do ato expropriatório; quanto às benfeitorias feitas posteriormente, serão pagas as necessárias e as úteis, estas quando realizadas com autorização do expropriante. Se houver desapropriação de parte de um imóvel, tornando a parte remanescente economicamente inviável, pode-se pedir indenização pelo valor total do bem, exercendo o chamado direito de extensão;

b) **danos emergentes e lucros cessantes:** aqui entram os valores que o juiz pode arbitrar para desmonte e transporte de equipamentos instalados e em funcionamento (art. 25, parágrafo único, do Dec.-lei 3.365/1941), os valores devidos ao proprietário da coisa que tiver fundo de comércio próprio no local (ponto comercial), os valores relativos à valorização ou depreciação de eventual área remanescente, pertencente ao réu (art. 27, *caput*, do Dec.-lei 3.365/1941), dentre outros; quanto aos lucros cessantes, deve-se tomar cuidado para que não haja cumulação indevida deles com juros compensatórios (STJ, Resp. 509.854/RS, DJ 17.04.2007);

c) **juros compensatórios:** esses juros são devidos quando o Poder Público promove a imissão provisória na posse do imóvel. Nessa circunstância, o expropriado poderá levantar parte do valor depositado em juízo, mas só receberá o valor total (de mercado) do seu bem após a sentença definitiva; é sobre a diferença entre o valor total do bem e o valor ofertado por ocasião da imissão provisória na posse da coisa que incidirão os juros compensatórios. São juros justos, pois o proprietário da coisa, ao se ver desprovido dela, deixa de poder auferir renda com o bem, sendo correto que receba juros compensatórios quanto a essa diferença. Assim, os juros compensatórios são **contados** da imissão na posse (art. 15-A do Dec.-lei 3.365/1941, acrescentado pela MP 2.183/2001). A medida provisória referida estabeleceu, também, que os juros compensatórios seriam "de até 6% (seis por cento) ao ano"; todavia, o STF, na ADI 2.332-2, deferiu liminar para suspender a eficácia da expressão "de até 6% ao ano" e também para determinar "que a base de cálculo dos juros compensatórios será a diferença eventualmente apurada entre 80% do preço ofertado em juízo e o valor do bem fixado na sentença". A ideia de substituir a expressão "preço ofertado em juízo" pela expressão "80% do preço ofertado em juízo" tem razão no fato de que, normalmente, o expropriado só levanta 80% do preço depositado em juízo; com relação ao montante do juros, com a retirada da expressão, remanesce a regra estabelecida na Súmula 618 do STF, pela qual a taxa de juros compensatórios é de 12% ao ano, o que acabou referendado pelo texto da Medida Provisória 700/2015, que trouxe a seguinte redação para o referido art. 15-A: "No caso de imissão prévia na posse, na desapropriação por necessidade ou utilidade pública e interesse social prevista na Lei 4.132, de 10 de setembro de 1962, na hipótese de haver divergência entre o preço ofertado em juízo e o valor do bem fixado na sentença, expressos em termos reais, poderão incidir juros compensatórios de até doze por cento ao ano sobre o valor da diferença eventualmente apurada, contado da data de imissão na posse, vedada a aplicação de juros compostos". Por fim, vale a pena dizer que os juros compensatórios são devidos mesmo que o imóvel não produza renda, pois o STF suspendeu a eficácia dos §§ 1º e 2º do art. 15-A do Dec.-lei 3.365/1941;

d) **juros moratórios:** esses juros são devidos quando há atraso, pelo Poder Público, do pagamento que deverá efetuar pela desapropriação. Como o pagamento, de regra, é feito por precatório, esse atraso só passa a existir "a partir de 1º de janeiro do exercício seguinte àquele em que o pagamento deveria ser feito, nos termos do art. 100 da Constituição" (art. 15-B do Dec.-lei 3.365/1941); o mesmo dispositivo estabelece que esses juros serão de 6% ao ano. Esse dispositivo não foi alterado pelo STF;

e) **correção monetária:** é contada desde a realização do laudo pericial que fixa o valor do bem expropriado;

f) **custas e despesas processuais:** são de responsabilidade do Poder Público os honorários periciais, no caso de o valor por ele oferecido ser majorado pelo magistrado;

g) **honorários advocatícios:** os honorários serão fixados entre 0,5 e 5% da diferença entre o valor oferecido pelo Poder Público e o valor fixado pelo Poder Judiciário (art. 27, § 1º, do Dec.-lei 3.365/1941, com a redação dada pela MP 2.183-56/2001), diferença que deve ser atualizada. No mesmo parágrafo do art. 27, havia previsão de que os honorários não poderiam ultrapassar os R$ 151 mil; todavia, na ADI 2.332-2 o STF também suspendeu a eficácia da expressão. É importante ressaltar que na base de cálculo dos honorários advocatícios devem ser incluídas as parcelas devidas a título de juros moratórios e compensatórios, também devidamente atualizados, nos termos da Súmula 131 do STJ.

9.2.8.3.8. Recursos

Na desapropriação, cabem os recursos à moda do que ocorre nas ações de rito ordinário. Assim, a título de exemplo, da decisão interlocutória cabe agravo, ao passo que da sentença terminativa ou de mérito cabe apelação. Das decisões proferidas pelos Tribunais Estaduais ou Federais, cabem, por exemplo, recurso especial ou recurso extraordinário.

No que concerne aos efeitos do recurso de apelação, temos as seguintes regras (art. 28 do Dec.-lei 3.365/1941):

a) se interposta pelo expropriado: terá efeito apenas devolutivo;

b) se interposta pelo Poder Público: terá efeito devolutivo e suspensivo.

Por fim, é fundamental lembrar que, no caso de a sentença condenar a Fazenda Pública em quantia superior ao dobro da oferecida na petição inicial, ficará sujeita ao duplo grau de jurisdição.

9.2.8.3.9. Desistência da desapropriação

Conforme já escrito, pode-se desistir da desapropriação até o último momento anterior ao do pagamento da indenização. Deve-se ressaltar que os danos causados ao particular devem ser ressarcidos. Assim, a desistência só se efetivará se o Poder Público: a) fizer o pedido antes de ultimada a desapropriação; b) ressarcir o expropriado de todos os danos que tiver; c) pagar as despesas processuais; d) devolver o bem.

Todavia, o STJ vem entendendo que há um quinto requisito que deve ser atendido, qual seja, o de que não tenha havido substanciais alterações no imóvel por parte do Poder Público, tornando impossível a restituição no estado em que se encontrava antes da imissão provisória (STJ, REsp 132.398/SP – Min. Hélio Mosimann, DJ 19.10.1998).

9.2.8.3.10. Intercorrências no pagamento da indenização fixada na sentença

A quantia fixada na sentença será paga por meio da expedição de precatório, ressalvadas as quantias definidas pela lei como de pequeno valor. Do valor fixado na sentença somente será abatido o montante que já tiver sido depositado por eventual imissão provisória na posse que tiver sido executada.

O pagamento por meio de precatório segue a sorte do art. 100, § 5º, da Constituição Federal: "é obrigatória a inclusão, no orçamento das entidades de direito público, de verba necessária ao pagamento de seus débitos oriundos de sentenças transitadas em julgado, constantes de precatórios judiciários, apresentados até 1º de julho, fazendo o pagamento até o final do exercício seguinte, quando terão seus valores atualizados monetariamente". Cabe ao Presidente do Tribunal que proferir a decisão exequenda determinar o pagamento segundo as possibilidades de depósito (art. 100, § 6º, CF).

Nos trâmites relativos ao pagamento dos precatórios podem ocorrer as seguintes intercorrências:

a) preterição da ordem cronológica: é o caso de um credor ter depositada a quantia a que tem direito antes de outro com ordem cronológica mais antiga; nesse caso, o credor mais antigo poderá ingressar com "pedido de sequestro da quantia necessária à satisfação do seu débito", que deve ser feito para o Presidente do Tribunal que tiver determinado a expedição do precatório;

b) não efetivação do depósito no prazo previsto no § 1º do art. 100 da CF: nesse caso, incidem as hipóteses dos arts. 34, V, "a", e 35, I, da CF, que permitem a intervenção da União nos Estados e dos Estados nos Municípios, quando deixar de ser paga, sem motivo de força maior, por dois anos consecutivos, a dívida fundada.

9.2.8.3.11. Pagamento integral

Efetuado o pagamento integral do valor da indenização, será expedido mandado de imissão na posse, valendo a sentença como título para registro no Registro de Imóveis.

9.2.8.4. Retrocessão

Infelizmente, é muito comum o Poder Público desapropriar um imóvel e não utilizá-lo posteriormente numa atividade de interesse público. Em algumas vezes, o Poder Público simplesmente não utiliza o imóvel. Em outras, utiliza, mas em atividades que não são de interesse público.

O Superior Tribunal de Justiça vem, em matéria de desapropriação, fazendo a distinção entre tredestinação lícita e tredestinação ilícita.

A tredestinação consiste na mudança de destinação de um imóvel desapropriado.

Como se sabe, quando se expede o decreto expropriatório, é necessário indicar a finalidade daquela desapropriação que se deseja fazer. Assim, indica-se no decreto se a finalidade é construir uma escola, construir um hospital, construir casas populares, alargar uma via pública etc. A tredestinação ocorre quando a Administração Pública, de posse do imóvel desapropriado, acaba utilizando-o em finalidade distinta da prevista inicialmente.

Ocorre que essa mudança de finalidade pode se dar para atender outra demanda de interesse público. Um exemplo dessa situação é a desapropriação de uma área para construir uma escola e depois acabar construindo um hospital. Nesse caso, tem-se a tredestinação lícita, não sendo possível questionar a desapropriação realizada e os atos subsequentes.

Outra possibilidade é a de a Administração mudar a finalidade da desapropriação realizada para o fim de atender uma demanda que não é de interesse público. Um exemplo é desapropriar uma área para construir uma escola e depois ceder essa área para um comerciante local montar uma loja de venda de automóveis. Nesse caso, tem-se a tredestinação ilícita, que autoriza a nulidade do ato consequente e a retomada da coisa pelo anterior proprietário, que tem o direito de retrocessão.

Nesses casos, fica a dúvida: o antigo proprietário poderá reivindicar o imóvel de volta, devolvendo os valores que tiver recebido, terá direito a uma mera indenização ou não terá direito algum?

Para responder a essa pergunta, temos que tratar do instituto da retrocessão.

Pelo conceito tradicional, **retrocessão** *importa no direito do ex-proprietário de reaver o bem expropriado que não foi utilizado em finalidade pública*. O requisito, como se viu, é o desvio de finalidade, a chamada tredestinação, utilizando-se o bem expropriado em finalidade não pública. Não configura o instituto a utilização do bem em finalidade distinta da prevista no decreto expropriatório, quando a nova finalidade for de interesse público.

A primeira regra sobre o assunto foi o art. 1.150 do antigo CC, cujo texto era imperativo: o Poder Público oferecerá o imóvel ao ex-proprietário, caso não tenha o destino que deu origem à desapropriação, pelo preço que o foi. Apesar da imperatividade do texto, dando a entender tratar-se de direito real do antigo proprietário, por estar o dispositivo no capítulo do direito pessoal de preferência, foi muito forte a corrente no sentido de que o direito do ex-proprietário era meramente pessoal.

Sobreveio o art. 35 do Decreto-lei 3.365/1941, cuja redação não permite a reivindicação do bem, após desapropriado. Com a entrada em vigor desse decreto-lei, ganhou força a tese de que a retrocessão tratava-se de mero direito pessoal do antigo proprietário.

Todavia, alguns acórdãos do STF também reconheceram o caráter de direito real do ex-proprietário.

O STJ, por sua vez, já há alguns anos entende tratar-se de direito real o direito do ex-proprietário, conforme se vê do seguinte acórdão: Edcl. no REsp 623.511/RJ, DJ 26.09.2005.

Há três temas bastante polêmicos que devem, ainda, ser aclarados.

O primeiro é concernente ao seguinte ponto: quando o imóvel não é utilizado em finalidade alguma pelo Poder Público, qual é o prazo para se considerar o bem não utilizado para fins de exercício do direito de retrocessão?

A resposta a essa pergunta depende da modalidade de desapropriação envolvida:

a) na desapropriação por interesse social, prevalece a tese de que o prazo é de 2 anos, visto que, segundo o art. 3º da Lei 4.132/1962, é o prazo para que o Poder Público adote "as providências de aproveitamento do bem expropriado";

b) na desapropriação para reforma agrária, o art. 16 da Lei 8.629/1993 estabelece o prazo de três anos, contados da data de registro do título translativo de domínio, para que o órgão expropriante destine a respectiva área aos beneficiários da reforma agrária;

c) na desapropriação por descumprimento da função social em imóvel urbano, o art. 8º da Lei 10.257/2001 dispõe que o Município tem o prazo de cinco anos para proceder ao adequado aproveitamento do imóvel, contado de sua incorporação ao patrimônio público;

d) na desapropriação por utilidade ou necessidade pública, não há, na lei, prazo máximo para a ocupação do bem pelo Poder Público, prevalecendo a tese de que o prazo, então, será de 5 anos, mantendo-se a harmonia com o prazo de caducidade do decreto expropriatório, à moda do que acontece para esses dois prazos na desapropriação por interesse social.

O segundo ponto é relativo ao prazo para ingressar com a ação de retrocessão. Prevalece o entendimento de que se deve utilizar o prazo prescricional previsto para os direitos reais. Como o art. 205 do CC não faz distinção entre ações reais e pessoais, deve-se utilizar o prazo geral previsto no dispositivo, que é de 10 anos. Se o entendimento prevalecente fosse de que a retrocessão é direito pessoal, o prazo seria o previsto para ações indenizatórias contra o Poder Público.

O último ponto diz respeito à autonomia da ação que deverá ser aforada. Nesse sentido, é pacífico que se deve ingressar com ação própria, não sendo possível aproveitar a ação de desapropriação originária.

Por fim, é importante ressaltar que "ao imóvel desapropriado para implantação de parcelamento popular, destinado às classes de menor renda, não se dará outra utilização nem haverá retrocessão" (art. 5º, § 3º, do Dec.-lei 3.365/1941).

Confira acórdão do STJ reconhecendo o caráter real do direito de retrocessão, e, consequentemente, que o prazo prescricional respectivo é o das ações de natureza real:

> "1. A jurisprudência desta Corte e do STF adotou corrente no sentido de que a ação de retrocessão é de natureza real e, portanto, aplica-se o art. 177 do CC/1916 e não o prazo quinquenal de que trata o Decreto 20.910/1932. 2. Recurso especial provido." (STJ, REsp 2006.01546994, DJ14.03.2007).

9.2.8.5. *Situação jurídica de terceiros*

Há quatro tipos de terceiros que podem ter seus direitos afetados por uma desapropriação. Confira:

a) **verdadeiro proprietário da coisa, que não consta como réu na ação de desapropriação:** quanto a essa pessoa, incide o art. 35 do Dec.-lei 3.365/1941, que dispõe que "os bens expropriados, uma vez incorporados à Fazenda Pública, não podem ser objeto de reivindicação, ainda que fundada em nulidade do processo de desapropriação"; assim, o verdadeiro proprietário deve acionar aquele que recebeu a indenização e buscar a satisfação dos seus interesses por meio de perdas e danos, ou seja, o Poder Público, por adquirir de forma originária o bem objeto de expropriação, não sofre os efeitos da evicção;

b) **credor do expropriado:** quanto ao credor com garantia real, incide o art. 31 do Dec.-lei 3.365/1941, pelo qual "ficam sub-rogados no preço quaisquer ônus ou direitos que recaiam sobre o bem expropriado", ou seja, o credor com direito real sobre a coisa passará a ter direito real sobre a quantia depositada em juízo, operando-se, inclusive, o vencimento antecipado da dívida; já o credor sem garantia especial poderá pedir a penhora dos valores depositados em juízo;

c) **locatário do expropriado:** aquele que é locatário de um imóvel que está sendo desapropriado não tem direito de manter a locação. Esse contrato fica extinto e o locatório poderá pedir indenização do Poder Público pelos danos que tiver, por exemplo, pela perda do fundo de comércio (ponto comercial). O fundamento desse pedido é a responsabilidade objetiva do Estado pelos danos causados às pessoas e o deve ser deduzido em ação própria de indenização (art. 20 do Dec.-lei 3.365/1941);

d) **vizinho do expropriado:** segundo o art. 37 do Dec.-lei 3.365/1941, "aquele cujo bem for prejudicado extraordinariamente em sua destinação econômica pela desapropriação de área contígua terá direito a reclamar perdas e danos do expropriante".

9.2.8.6. Desapropriação indireta

Infelizmente, é comum que o Poder Público se aproprie de bem particular sem observância dos requisitos da declaração e da indenização prévia. O nome dessa situação é **desapropriação indireta**, que também pode ser conceituada como *a abusiva e irregular apropriação do imóvel particular pelo Poder Público, com sua consequente integração no patrimônio público, sem obediência às formalidades e cautelas do processo de expropriação e que abre ao lesado o recurso à via judicial para ser indenizado*.

Perceba que para configurar o instituto da desapropriação indireta não basta o mero apossamento administrativo, ou seja, não basta uma invasão do Poder Público, por seus agentes, em um imóvel particular. É necessário que haja uma invasão somada a uma utilização do bem numa situação de interesse público.

Um exemplo bem comum da desapropriação indireta é a utilização de uma área particular para construção de um trecho de uma estrada.

Apesar da abusividade do procedimento, o Poder Público tem direito de ser mantido no bem, preenchido o requisito de sua utilização em atividade de interesse público. O fundamento desse direito é o próprio art. 35 do Dec.-lei 3.365/1941, que assegura que "os bens expropriados, uma vez incorporados à Fazenda Pública, não podem ser objeto de reivindicação, ainda que fundada em nulidade do processo de desapropriação. Qualquer ação, julgada procedente, resolver-se-á em perdas e danos". Trata-se do princípio do fato consumado.

Também fundamentam o instituto o art. 5º, XXIV, da CF, e o art. 15, § 3º, do Decreto-lei 3.365/1941. O primeiro porque determina o pagamento de indenização justa quando ocorre desapropriação, o que deve ocorrer tanto para aquela que respeita as regras jurídicas e, principalmente, para aquelas feitas de modo abusivo e irregular. E o segundo dispositivo porque estabelece valer para a desapropriação indireta a disciplina dos juros compensatórios, em matéria de desapropriação, quando houver imissão provisória na posse.

O particular prejudicado tem direito de ingressar com ação de indenização por desapropriação indireta.

A legitimidade ativa para a demanda é do proprietário do imóvel. Por envolver a perda da propriedade, há decisões que entendem ter a ação natureza real, de modo que o cônjuge do proprietário deve participar da demanda (STJ, REsp 64.177, DJ 25.09.1995).

A legitimidade passiva da ação é da pessoa jurídica de direito público responsável pela incorporação do bem ao seu patrimônio.

Sob o argumento de que a ação se funda em direito real sobre o imóvel, há decisões do STF no sentido de que a competência é do foro do local onde ele se encontra. O STJ vem julgando nesse sentido (STJ, CC 46.771-RJ, DJ 19.09.2005).

O prazo prescricional para ingressar com a ação de indenização por desapropriação indireta, nos termos da Súmula 119 do STJ, é de 20 anos. O fundamento da súmula é que esse é o prazo para a usucapião extraordinária de bens imóveis, sob a égide do antigo Código Civil (arts. 550 e 551). Todavia, no atual CC, o prazo da usucapião extraordinária é de 15 anos, como regra, e de 10 anos, quando o possuidor houver estabelecido no imóvel sua moradia habitual, ou nele realizado obras ou serviços de caráter produtivo, conforme o art. 1.238 do CC.

A indenização deve abarcar os seguintes pontos:

a) **valor de mercado do bem:** observar o mesmo item da desapropriação direta; se houver desapropriação indireta de parte de um imóvel, tornando a parte remanescente economicamente inviável, pode-se pedir indenização pelo valor total do bem, exercendo o chamado direito de extensão;

b) **danos emergentes e lucros cessantes:** observar o mesmo item da desapropriação direta;

c) **juros compensatórios:** aqui, os juros compensatórios são devidos desde a ocupação do imóvel pelo Poder Público. Os juros incidirão sobre o total de indenização, uma vez que, diferente da desapropriação direta, não há diferença entre o valor fixado na sentença e o valor ofertado, pois aqui não se fala em valor ofertado; os juros, aqui, terão o mesmo percentual dos juros compensatórios na desapropriação direta, uma vez que foi suspensa pelo STF a disposição que estabelecia juros de até 6% ao ano (*vide* art. 15-A, § 3º, do Dec.-lei 3.365/1941). Assim, remanesce a regra estabelecida na Súmula 618 do STF, pela qual a taxa de juros compensatórios é de 12% ao ano , o que acabou referendado pelo texto da Medida Provisória 700/2015, que trouxe a seguinte redação para o referido art. 15-A: "No caso de imissão prévia na posse, na desapropriação por necessidade ou utilidade pública e interesse social prevista na Lei 4.132, de 10 de setembro de 1962, na hipótese de haver divergência entre o preço ofertado em juízo e o valor do bem fixado na sentença, expressos em termos reais, poderão incidir juros compensatórios de até doze por cento ao ano sobre o valor da diferença eventualmente apurada, contado da data de imissão na posse, vedada a aplicação de juros compostos"

d) **juros moratórios:** esses juros são devidos quando há atraso, pelo Poder Público, do pagamento que deverá efetuar pela desapropriação. Como o pagamento, de regra, é feito por precatório, esse atraso só passa a existir "a partir de 1º de janeiro do exercício seguinte àquele em que o pagamento deveria ser feito, nos termos do art. 100 da Constituição" (art. 15-B do Dec.-lei 3.365/1941); o mesmo dispositivo estabelece que esses juros serão de 6% ao ano, mas ele não foi alterado pelo STF;

e) **correção monetária:** é contada desde a realização do laudo pericial que fixa o valor do bem expropriado;

f) **custas e despesas processuais:** são de responsabilidade do Poder Público os honorários periciais, inclusive quanto ao adiantamento das quantias para fazer frente a essas despesas (STJ, REsp 788.817, j. 19.06.2007);

g) **honorários advocatícios:** o Dec.-lei 3.365/1941 dispõe que, à moda do que ocorre na desapropriação direta, os honorários serão fixados entre 0,5 e 5% da diferença entre o valor oferecido pelo Poder Público e o valor fixado pelo Poder Judiciário (art. 27, §§ 1º e 3º, do Dec.-lei 3.365/1941, com a redação dada pela MP 2.183-56/2001); todavia, como não há diferença entre valor fixado pelo juiz e valor ofertado pelo Poder Público, já que este se apoderou do bem sem seguir os trâmites legais, devem incidir os honorários sobre o valor total da condenação, prevalecendo os parâmetros previstos na legislação processual civil, conforme lição de José Fernandes Carvalho Filho (*Manual de Direito Administrativo*, 18ª edição, Rio de Janeiro: Lumen Juris, 2007, p. 767). É importante ressaltar que na base de cálculo dos honorários advocatícios devem ser incluídas as parcelas devidas a título de juros moratórios e compensatórios, também devidamente atualizados, nos termos da Súmula 131 do STJ.

9.2.8.7. Desapropriação por não atendimento à função social da propriedade

Em área rural, a desapropriação-sanção deve atender às seguintes regras (art. 184 da CF):

a) União é quem tem competência para a desapropriação para reforma agrária pelo não cumprimento da função social da propriedade;

b) o pagamento será feito com títulos da dívida agrária, resgatáveis em até 20 anos, a partir do 2º ano de sua emissão;

c) as benfeitorias úteis e necessárias serão indenizadas em dinheiro;

d) não cabe desapropriação para reforma agrária: i) em caso de pequena e média propriedade rural se o proprietário não tiver outra; ii) em caso de propriedade produtiva.

Em área urbana, a desapropriação-sanção deve atender às seguintes regras (art. 182 da CF):

a) o Município desapropria o imóvel urbano que não estiver cumprindo a função social da propriedade;

b) o pagamento será feito com títulos da dívida pública, de emissão aprovada pelo Senado, resgatáveis em até 10 anos, em parcelas anuais, iguais e sucessivas;

c) o Estatuto da Cidade estabelece que o valor a ser apurado é o *valor venal* e não haverá *lucros cessantes*;

d) são requisitos para a aplicação do instituto os seguintes: i) lei federal, plano diretor municipal, lei municipal específica indicando áreas que devem ser utilizadas; ii) notificação para parcelamento, edificação ou utilização compulsória (1 ano para projeto e 2 anos para iniciar as obras); iii) IPTU progressivo por 5 anos, com alíquota de até 15%, no máximo dobrando a cada ano.

Cumpridos os requisitos mencionados, e permanecendo a propriedade sem cumprir a sua função social, o Município pode ingressar com ação de desapropriação-sanção.

10. RESPONSABILIDADE CIVIL DO ESTADO

10.1. Evolução histórica e teorias sobre a responsabilidade estatal

A responsabilidade patrimonial do Estado passou pelas seguintes fases:

a) **fase da irresponsabilidade:** nessa fase, o Estado não respondia por danos causados aos particulares, sob o argumento de que o poder soberano dos reis era divino, de modo que não era correto dizer que o rei errava ("the king can do no wrong");

b) **fase civilista:** nessa fase, o Estado passou a responder, mas apenas se o dano tivesse sido causado por *culpa ou dolo de um funcionário estatal*; assim, caso o motorista de uma Prefeitura, por exemplo, atropelasse alguém por conta de uma manobra imprudente, o Estado responderia civilmente pela respectiva indenização;

c) **fase publicista:** nessa fase, o Estado passou a responder civilmente mediante a aplicação de institutos jurídicos mais adequados às características estatais, ou seja, segundo princípios próprios do direito público, daí o nome de fase *publicista*; pertencem a essa fase a responsabilização estatal segundo dois fundamentos:

c1) **culpa administrativa:** aqui, o Estado responde se o dano tiver origem num *serviço defeituoso*; por exemplo, caso alguém sofra um acidente automotivo pelo fato de haver uma enorme cratera numa rua já há alguns meses, caracteriza-se o serviço estatal defeituoso e, consequentemente, a culpa administrativa a ensejar a responsabilidade civil do Estado. Repare que, aqui, o foco não é a culpa do *funcionário*, mas a culpa do *serviço*, também chamada de culpa anônima do serviço, pois não se analisa a conduta de alguém em especial, mas o desempenho do serviço público;

c2) **risco administrativo:** aqui, o Estado responde objetivamente pelos danos que causar, ou seja, basta que uma conduta estatal cause um dano indenizável a alguém para que o Estado tenha de responder civilmente, pouco importando se há culpa do funcionário ou se há culpa administrativa. Um exemplo é um policial atirar para se defender e a bala acabar atingindo um terceiro (a chamada "bala perdida"); nesse caso, pouco importa se o policial agiu com culpa ou não, respondendo o Estado objetivamente. O princípio maior que rege a Teoria do Risco Administrativo é o da igualdade, não sendo justo que a vítima sofra sozinha por conduta estatal que, em tese, beneficia a todos; a teoria em questão objetiva que haja igualdade nos ônus e encargos sociais.

A responsabilidade fundada no **risco administrativo** é a regra hoje no direito brasileiro, que, assim, impõe que o Estado responda objetivamente pelos danos que seus agentes causarem a terceiros (art. 37, § 6º, da CF).

A responsabilidade objetiva estatal tem como marco histórico o famoso Caso Blanco, em que uma menina fora atropela por veículo público e ficou decidido que o Poder Judiciário (que analisava casos cíveis, com princípios próprios) não era o competente para conhecer da questão, mas sim o Conselho de Estado (que analisava casos afetos ao Poder Público), que deveria aplicar princípios próprios do direito público, como o da igualdade e da legalidade, que impõem a indenização ao particular que é lesado em detrimento de uma atividade de proveito à coletividade.

Por fim, é bom ressaltar que a responsabilidade objetiva no Brasil admite excludentes de responsabilidade do Estado, de modo que não adotamos a **Teoria do Risco Integral**, que não admite excludentes, mas a **Teoria do Risco Administrativo**, conforme mencionado, teoria essa que admite excludentes de responsabilidade.

A Teoria do Risco Integral vem sendo aplicada, sem controvérsia alguma, na responsabilidade por *dano nuclear*, seja o responsável pelo dano o Estado ou o particular. Além dos casos previstos na CF, o STF entende que lei infraconstitucional também pode estabelecer novos casos de responsabilidade estatal com risco integral (ADI-4976, j. 07.05.2014).

10.2. Modalidades de responsabilidade

Conforme vimos no item anterior, a responsabilidade do Estado, como regra, é objetiva, fundada no *risco administrativo*.

Porém, a jurisprudência vem reconhecendo que, em alguns casos, a responsabilidade estatal é subjetiva, fundada na *culpa administrativa*.

Assim sendo, pode-se dizer, hoje, que há duas modalidades de responsabilidade civil estatal.

A primeira modalidade é a **responsabilidade objetiva**. Trata-se da regra em matéria de responsabilidade do Estado, nos termos do art. 37, § 6º, da CF. A responsabilidade é objetiva em duas situações:

a) **por conduta comissiva do Estado:** nesse caso pode-se dizer que o Estado causou materialmente um dano, já que atuou positivamente (comissivamente), o que faz incidir o texto do art. 37, § 6º, da CF, que não reclama conduta culposa ou dolosa para que o Estado responda civilmente por danos causados a terceiros; são exemplos de *condutas comissivas* a bala perdida de um policial, a agressão feita por agente público com arma da corporação, a transfusão de sangue contaminado com HIV em hospital público, a interdição indevida de um estabelecimento comercial, um acidente com um carro oficial dirigido de modo imprudente, dentre outros. O art. 37, § 6º, da CF estabelece que essa responsabilidade objetiva alcança as pessoas jurídicas de direito público (entes políticos, mais entidades com natureza autárquica) e as pessoas jurídicas de direito privado prestadoras de serviços públicos;

b) **por atividade de risco estatal:** nesse caso, temos situações em que não se sabe muito bem se o Estado age numa conduta comissiva ou omissiva; por exemplo, imagine um depósito de explosivos das Forças Armadas, que acaba por pegar fogo, gerando inúmeros danos na vizinhança. Perceba que pouco importa se a conduta estatal é comissiva ou omissiva, pois como a atividade de armazenar explosivos é uma atividade de risco, aplica-se o disposto no art. 927, parágrafo único, do Código Civil, para efeito de responsabilizar o Estado objetivamente; vale ressaltar que qualquer pessoa, de direito público ou de direito privado, responde objetivamente por danos causados por atividades de risco que pratiquem.

A segunda modalidade é a **responsabilidade subjetiva**. Trata-se de exceção em matéria de responsabilidade do Estado. A responsabilidade será subjetiva em três situações:

a) **por conduta omissiva do Estado:** nesse caso não se pode dizer que o Estado causou materialmente um dano, pois uma omissão não é capaz de "causar" coisa alguma, situação que impede a aplicação da responsabilidade objetiva prevista no art. 37, § 6º, da CF, que se aplica quando o Estado, por seus agentes, "causa" um dano a terceiro; por outro lado, não é possível simplesmente aplicar o Código Civil nesse tipo de situação (omissiva), pois esse Código é fundado em princípios de Direito Privado, e a responsabilidade estatal deve ser fundada em princípios de Direito Público; assim sendo, em caso de conduta omissiva do Estado, esse responderá **subjetivamente**, mas com fundamento na **culpa administrativa** e não na culpa do funcionário público. A culpa administrativa ocorre quando se demonstra que o serviço é **defeituoso** (a chamada "falta do serviço"), ou seja, quando se demonstra que o serviço: i) não funcionou, ii) funcionou atrasado ou iii) funciona mal; tal apreciação é feita levando-se em conta o que legitimamente se espera do serviço estatal. São exemplos de condutas omissivas estatais que costumam gerar responsabilidade por envolver serviço defeituoso o não recapeamento de ruas pelo Poder Público, propiciando acidentes automobilísticos; a falta de limpeza de bueiros e córregos, propiciando alagamentos e deslizamentos de imóveis; a morte de detento ocasionada por outro detento; a ausência de fiscalização ambiental pelo Estado, propiciando danos ambientais; a existência de animal em estrada, causando acidente; a falha no semáforo, causando acidente; o acidente em sala de aula de escola pública, machucando aluno; dentre outros. Todavia, a jurisprudência não costuma responsabilizar o Estado por atos causados por um fugitivo da prisão, que, tempos depois da fuga, comete crimes, causando danos a terceiros; por enquanto, o STF e o STJ vêm entendendo que a responsabilidade do Estado por omissão é subjetiva; vale ressaltar que o STF tem decisão no sentido de que a responsabilidade estatal por atos omissivos ***específicos*** é objetiva; um exemplo de caso de omissão específica do Estado é a agressão física a aluno por colega, em escola estadual, hipótese em que a responsabilidade estatal será objetiva, com base na Teoria do Risco Administrativo (STF, ARE 697.326 AgR/RS, DJ 26.04.2013); não se pode confundir uma *conduta omissiva genérica* (ex: o Estado não conseguir evitar todos os furtos de carros), com uma *conduta omissiva específica* (ex: o Estado ter o dever de vigilância sobre alguém e não evitar o dano); no primeiro caso, o Estado responde *subjetivamente*, só cabendo indenização se ficar provado que o serviço foi defeituoso (ex: um policial presencia um furto e nada faz); no segundo caso, o Estado responde *objetivamente*, não sendo necessário perquirir sobre se o serviço estatal foi ou não defeituoso;

b) **por condutas omissivas ou comissivas de pessoas jurídicas de direito privado estatais exploradoras de atividade econômica:** essas pessoas não são alcançadas pela responsabilidade objetiva prevista no art. 37, § 6º, da CF; dessa forma, a regulamentação de sua responsabilidade cabe ao direito privado e este, como regra, estabelece a responsabilidade civil subjetiva, em que a pessoa jurídica só responderá se um agente seu agir mediante conduta culposa ou dolosa (art. 186 do Código Civil). Todavia, o caso concreto pode envolver situação que gere responsabilidade objetiva, não pela Constituição Federal, mas pela legislação infraconstitucional; por exemplo, se a pessoa jurídica em tela causar dano em virtude de atividade de risco, responderá objetivamente (art. 927, parágrafo único, do CC); o mesmo acontecerá se se tratar de uma relação de consumo (por exemplo, a relação entre o Banco do Brasil e seus clientes);

c) **quanto à responsabilidade civil do agente público:** nesse caso, o próprio art. 37, § 6º, da CF estabelece que o agente público só responderá por danos causados a terceiros se agir com culpa ou dolo e, mesmo assim, apenas em ação regressiva movida pelo Poder Público, não sendo possível que a vítima ingresse com ação indenizatória diretamente contra o agente público que lhe causar dano.

10.3. Fundamentos da responsabilidade objetiva e motivos que ensejam

São fundamentos da responsabilidade objetiva do Estado os princípios da **igualdade** e da **legalidade**.

De acordo com o princípio da *igualdade*, não é isonômico que uma pessoa sofra danos por obra do Estado, que age em favor de todas as outras pessoas, e não seja indenizada por isso.

O princípio da *legalidade*, por sua vez, não permite que o Estado haja de forma a causar danos às pessoas, pois isso é ilegal. Agindo assim, o Estado, fica, então, com a obrigação de reparar o dano.

Há quem complemente os fundamentos expostos neste estudo para dizer que a responsabilidade objetiva do Estado fundamenta-se, também, no princípio da **solidariedade social**, previsto no art. 3º da CF.

Quanto aos motivos que ensejam a responsabilidade objetiva estatal, a doutrina destaca que as funções estatais (ex.: atuação policial, realização de grandes obras etc.) ensejam danos mais intensos do que o normal, o que faz com que o Estado mereça um tratamento diferenciado, no sentido de responder efetivamente quando causá-los a terceiros.

O fato é que os deveres públicos colocam o Estado permanentemente obrigado a agir no mundo dos fatos. Não bastasse isso, o Estado possui o direito de usar a força, o que dá ensejo a maior causação de danos.

O administrado, por sua vez, não tem como se evadir dos perigos gerados pelo Estado, já que esse dita os termos de sua atividade.

Tudo isso faz com que somente a responsabilidade objetiva do Estado seja apta a garantir o efetivo ressarcimento a todas as pessoas sujeitas aos perigos causados pelo Poder Público.

10.4. Pressupostos ou requisitos da responsabilidade objetiva

Considerando os elementos vistos no item 10.2, é possível, agora, sistematizar os requisitos para que o Estado responda objetivamente.

Grosso modo, os requisitos são três: a) conduta comissiva (não é necessário que haja culpa ou dolo); b) dano indenizável; c) nexo de causalidade entre a conduta e o dano.

Adensando melhor essas ideias, temos como primeiro requisito da responsabilidade objetiva o seguinte: **fato ou ato de agente das pessoas jurídicas de direito público ou das pessoas privadas prestadoras de serviço público.**

Dois pontos devem ser ressaltados.

O primeiro, quanto ao fato de que as pessoas jurídicas de direito público, como também as pessoas jurídicas de direito privado prestadoras de serviço público (ex.: Correios), respondem objetivamente.

O segundo, quanto ao fato de que tais pessoas respondem pelos atos lesivos praticados por seus agentes contra terceiros, desde que esses agentes tenham agido "na qualidade de agentes públicos".

Assim, se um servidor público, no final de semana, vai a um bar e acaba se desentendendo com alguém, espancando esse alguém e gerando uma série de sequelas nele, o Estado não irá responder por esse ato, pois o agente público não atuou, no caso, na qualidade de agente público.

De qualquer forma, é bom ressaltar que, se um agente público usa a arma da corporação para causar um dano a alguém, mesmo que isso ocorra em período de folga, o Estado responderá objetivamente.

O segundo requisito – **dano indenizável** – requer que o dano causado a terceiro tenha os seguintes requisitos:

a) **lesão a *direito* da vítima**, vale dizer, à esfera juridicamente protegida do indivíduo;

b) **dano *certo*** (dano necessário, não apenas eventual), ***especial*** (dano que atinge pessoas em particular e não coletividade em geral) e ***anormal*** (dano que ultrapassa os problemas e dificuldades comuns da vida em sociedade; ex.: uma pequena fila numa repartição pública ou o pó de uma obra pública não configuram o dano anormal, não gerando indenização).

O terceiro requisito – **nexo de causalidade entre a conduta estatal e o dano** – impõe que haja um nexo entre o ato estatal e o dano causado a terceiro. O STF entende que não há nexo de causalidade quando um detento foge da prisão e, tempos depois, comete crimes ou com a ajuda de comparsas (STF, AR 1.376). Todavia, houve um caso em que um presidiário, que já havia fugido sete vezes da prisão, acabou por estuprar um menor de 12 anos, caso esse que levou o STF a entender que havia nexo de causalidade, uma vez que, se a lei de execução penal tivesse sido corretamente aplicada, o preso estaria em regime fechado e não teria conseguido fugir pela oitava vez e cometido o crime (STF, RE 409.203).

Por fim, vale dizer que o STF entende que também é objetiva a responsabilidade do Estado quando este causa danos aos seus próprios agentes públicos (RE 435.444-RS).

10.5. Excludentes da responsabilidade do Estado

Conforme visto no item 10.1, o Brasil adota a Teoria do Risco Administrativo em matéria de responsabilidade do Estado e não a Teoria do Risco Integral.

Assim sendo, a responsabilidade do Estado admite excludentes.

Confira os casos em que se reconhece que a responsabilidade estatal ficará excluída: a) força maior (ex.: um tornado causa estragos em diversos imóveis de uma cidade); b) culpa exclusiva de terceiro; c) culpa exclusiva da vítima.

A culpa concorrente da vítima e do Estado não exclui a responsabilidade estatal, gerando apenas atenuação do *quantum* indenizatório.

10.6. Responsabilidade do agente público. Denunciação da lide do agente público que causou o dano e direito de regresso

O agente público, segundo o art. 37, § 6º, da CF, responde pelos danos que causar a terceiros, perante a pessoa com quem trabalha, se agir com culpa ou dolo.

Ou seja, os agentes públicos têm dupla proteção: a) a primeira é de só responder se agirem com culpa ou dolo; b) a segunda, de não poderem ser acionados diretamente pelo terceiro lesado.

Quanto a esse segundo aspecto, fica, então, a notícia de que o terceiro lesado só poderá ingressar com ação diretamente contra o Poder Público. Em seguida, em ação de regresso, o agente público que tiver atuado com culpa ou dolo pode ser acionado pelo Poder Público para que este se ressarça dos prejuízos que teve de arcar por conta do agente público responsável pelo dano.

Assim, não cabe a responsabilidade "per saltum" da pessoa natural do agente público (STF, RE 327.904, rel. Min. Carlos Brito, j. 15.08.2006 – Informativo 436), devendo o juiz julgar extinta, por ilegitimidade de parte, eventual ação promovida pelo terceiro lesado em face do agente público.

Resta saber se o Estado poderá, logo que acionado pelo terceiro lesado, denunciar da lide o agente público, criando demanda paralela a ser julgada em sentença única.

O Superior Tribunal de Justiça vem aceitando a denunciação da lide nesses casos. Porém, vem crescendo o entendimento de que a denunciação da lide somente é possível quando a causa de pedir trazida na ação de responsabilidade seja a narração de uma conduta culposa ou dolosa do agente público. Nesse caso, como a ação já é fundada na culpa, não há problema em se denunciar da lide o agente público, eis que a sua culpa já estará sendo discutida na demanda principal.

Porém, quando a petição inicial se funda, fática e juridicamente, na responsabilidade objetiva do Estado, parece-nos temerário que o juiz admita eventual denunciação da lide do Poder Público. Isso porque ela não se coaduna com a ideia de responsabilidade objetiva, que visa a uma indenização pronta e rápida que não aconteceria se pudesse ser chamado o agente público para responder, instaurando-se uma lide paralela, em que se tivesse que discutir sua culpa ou seu dolo.

Aliás, o STJ é pacífico no sentido de que a ação de denunciação da lide não importa na perda do direito do Estado de ingressar com ação de regresso contra o servidor, já que o Estado tem garantido o direito de se ressarcir na própria Constituição Federal (art. 37, § 6º, da CF).

Vale lembrar que, uma vez que o Estado arque com indenização em favor de terceiro e o agente público responsável pelo ato danoso tenha agido com culpa ou dolo, o Estado nem sempre terá de ingressar com ação de regresso, sendo possível, desde que haja concordância do agente público, desconto da indenização em folha de pagamento, na forma da lei, e desde que seja parceladamente, de modo a não comprometer a subsistência do agente e de sua família.

10.7. Responsabilidade das pessoas jurídicas prestadoras de serviço público

Conforme já visto, a responsabilidade dessas pessoas, nos termos do art. 37, § 6º, da CF, também é objetiva. Assim, as concessionárias de serviço público, por exemplo, nas áreas de água e esgoto, energia elétrica, telefonia, transporte público, dentre outras, respondem pelos danos que seus agentes causarem, independentemente de culpa.

É importante ressaltar que o STF vinha entendendo que a responsabilidade objetiva dos concessionários (prevista no art. 37, § 6º, da CF) só existiria em relação ao usuário do serviço e não em relação a terceiro não usuário, que sofre dano no contexto da prestação de um serviço público. O terceiro deveria buscar responsabilização da concessionária com fundamento em outras regras jurídicas.

No entanto, houve **mudança** na orientação jurisprudencial, para admitir a responsabilidade objetiva também em favor do não usuário do serviço público. Confira:

> "A responsabilidade civil das pessoas jurídicas de direito privado prestadoras de serviço público é objetiva relativamente a terceiros usuários e não usuários do serviço, segundo decorre do art. 37, § 6º, da Constituição Federal. II – A inequívoca presença do nexo de causalidade entre o ato administrativo e o dano causado ao terceiro não usuário do serviço público, é condição suficiente para estabelecer a responsabilidade objetiva da pessoa jurídica de direito privado." (STF, RE 591874)

O STF passou a entender que a expressão "terceiros", contida no dispositivo constitucional citado, inclui os terceiros não usuários do serviço público. Primeiro porque não há restrição redacional nesse sentido, não se podendo fazer interpretação restritiva do dispositivo constitucional. Segundo porque a Constituição, interpretada à luz do princípio da isonomia, não permite que se faça qualquer distinção entre os chamados "terceiros", usuários e não usuários do serviço público, uma vez que todos podem sofrer dano em razão da ação administrativa estatal. Terceiro porque os serviços públicos devem ser prestados de forma adequada e em caráter geral, estendendo-se, indistintamente, a todos os cidadãos, beneficiários diretos ou indiretos da ação estatal.

10.8. Responsabilidade das pessoas de direito privado estatais exploradoras de atividade econômica

O § 6º do art. 37 da Constituição Federal estabelece ser objetiva a responsabilidade das pessoas jurídicas de *direito público* e das pessoas jurídicas de *direito privado prestadoras de serviço público.*

Nesse sentido, pessoa jurídica de direito privado *exploradora de atividade econômica* não se enquadra na regra matriz da responsabilidade objetiva do Estado.

Ao contrário, tais entidades estão submetidas, como regra, ao regime jurídico próprio das empresas privadas, inclusive quanto às obrigações civis, o que inclui a responsabilidade civil (art.173, § 1º, II, da CF), que, no Direito Privado, como regra, ainda é de natureza subjetiva.

Todavia, é bom ressaltar que o regime jurídico de direito privado, no que tange à responsabilidade civil, sofreu muitas transformações, deixando de ser calcado sempre na responsabilidade subjetiva e passando a trazer regras bastante abrangentes de responsabilidade objetiva.

Dessa forma, dependendo do tipo de relação jurídica existente entre as partes e dos contornos fáticos que envolveram a atuação da empresa estatal, pode-se caracterizar situação que enseja responsabilidade objetiva também. E isso não por conta do art. 37, § 6º, da Constituição, que não se aplica ao caso, mas por conta das próprias regras de Direito Privado.

Por exemplo, caso se configure, no caso concreto, relação de consumo ou hipótese de vítima equiparada a consumidor, a responsabilidade da empresa será objetiva. Outra possibilidade é de, apesar de a relação jurídica entre vítima e empresa ser regulada pelo Código Civil, configurar-se dano causado por atividade de risco (art. 927, parágrafo único, do CC) ou por circulação de produtos (art. 931 do CC), situações essas para as quais o atual Código Civil estabelece responsabilidade objetiva.

10.9. Responsabilidade por obra pública

Quando é o próprio Estado que executa uma obra por agentes públicos pertencentes aos quadros da própria Administração, não há dúvida alguma de que o Estado responde objetivamente por danos causados a terceiros.

A dúvida sobre se o Estado responde ou não existe quando a obra pública causadora de dano foi encomendada pelo Estado a uma empreiteira, ou seja, a um particular que tenha celebrado contrato administrativo com a Administração Pública.

A Lei 8.666/1993, que regula as licitações e os contratos administrativos, é clara ao dispor que o contratado é responsável pelos danos causados a terceiros, decorrentes de sua culpa ou dolo na execução do contrato (art. 70). O dispositivo também esclarece que tal responsabilidade não fica excluída ou reduzida pela fiscalização ou acompanhamento pelo órgão interessado.

Assim sendo, não há responsabilidade primária e solidária do Estado pelos danos causados por obras realizadas por empreiteira contratada deste.

Mas há duas situações em que o Estado poderá responder por conta de uma obra pública que tiver encomendado a um empreiteiro.

O primeiro caso diz respeito às situações em que os danos causados a terceiros são produzidos por motivo inerente à obra encomendada pelo Estado. São aquelas situações em que o contratado não age com culpa ou dolo, mas, em virtude de características próprias da obra, danos serão inevitáveis. Por exemplo, em caso de nivelamento de ruas, é praticamente inexorável a causação de danos, vez que casas à margem da via ficarão em nível mais baixo ou mais elevado que esta.

O segundo caso diz respeito à hipótese em que o contratado pela Administração, culpado pelos danos decorrentes da obra, não tem recursos para arcar com os ônus decorrentes da responsabilidade civil que carrega. Nesse caso, o Estado, por ser o patrocinador da obra e por agir em favor de toda a coletividade, deve indenizar os danos causados, socializando a sua reparação em favor daquele que sofreria sozinho caso não fosse indenizado. Tem-se, no caso, responsabilidade subsidiária do Estado.

Assim, havendo culpa exclusiva do empreiteiro, o Estado não responde primária e solidariamente pelos danos causados, podendo responder subsidiariamente, diante da impotência econômica ou financeira daquele.

10.10. Responsabilidade do tabelião e do registrador

Tanto o tabelião como o registrador respondem objetivamente perante terceiros, nos termos do que determina o art. 37, § 6º, da CF.

Além disso, o Estado, que confere uma delegação a essas pessoas, também responde objetivamente e diretamente pelos danos por eles causados. Confira a casuística:

"Responsabilidade objetiva – Estado – Reconhecimento de firma – Cartório oficializado. Responde o estado pelos danos causados em razão de reconhecimento de firma considerada assinatura falsa. Em se tratando de atividade cartorária exercida à luz do artigo 236 da Constituição Federal, a responsabilidade objetiva é do notário, no que assume posição semelhante à das pessoas jurídicas de direito privado prestadoras de serviços públicos – § 6º do artigo 37 também da Carta da República." (STF, 2ª T., RE 201.595/SP, relator Min. MARCO AURÉLIO, DJ 20.04.2001)

"Responsabilidade civil. Notário. Legitimidade passiva *ad causam*. Responsabilidade objetiva do estado de Pernambuco pelos danos causados pelo titular de serventia extrajudicial não oficializada. Precedentes. A responsabilidade civil por dano causado a particular por ato de oficial do Registro de Imóveis é pessoal, não podendo o seu sucessor, atual titular da serventia, responder pelo ato ilícito praticado pelo sucedido, antigo titular. Precedentes. Recurso especial provido." (STJ, 3ª T., REsp 696.989/PE, Rel. Ministro CASTRO FILHO, j. 23.05.2006, DJ 27.11.2006, p. 278)

O Ofício de Notas não é uma pessoa jurídica, mas sim uma estrutura organizada para a prestação de serviços notariais. Tal estrutura é organizada técnica e administrativamente pelo notário, que é uma pessoa física a quem é delegado o exercício da atividade notarial, mediante concurso público.

O notário exerce, então, função pública, sendo tratado pela doutrina como um particular em colaboração com o Poder Público. Trata-se, na verdade, de um agente público delegado, ou seja, de um agente público que recebe a delegação de um serviço público, que será prestado em nome próprio e por conta e risco do notário.

Assim sendo, a pessoa física titular da serventia extrajudicial é quem responde, com seu patrimônio pessoal, por eventuais danos causados a terceiros por atos praticados por si ou por seus prepostos. Nesse sentido é o disposto no art. 22 da Lei 8.935/1994. O notário, responsabilizado, poderá exercer o direito de regresso no caso de culpa ou dolo de seus prepostos.

Porém, não se pode olvidar de que a atividade prestada pelo notário é uma atividade administrativa e, portanto, de interesse estatal. Por isso, o Estado também responde pelos atos praticados pelos notários e seus prepostos.

Como tais serviços são organizados pelos Estados-membros, estes serão os responsáveis civilmente pelos prejuízos causados a terceiros, nos termos do art. 37, § 6º, da CF.

Segundo o STF, a responsabilidade civil do notário e a do Estado são objetivas, no caso.

Assim, o terceiro lesado poderá propor ação contra o notário, contra o Estado ou contra ambos, sendo que é objetiva tanto a responsabilidade da pessoa física do notário como a responsabilidade da pessoa jurídica do Estado-membro respectivo.

Vale ressaltar que há decisão do STJ com entendimento um pouco diferente. No caso, entende este Tribunal que se deve ingressar com ação em face do notário e, caso este não possa suportar a indenização, aí sim caberá acionar o Estado subsidiariamente (STJ, REsp 1.163.652/PE, DJ 01.07.2010).

10.11. Responsabilidade por atos legislativos e jurisdicionais

O Estado não responde, como regra, pela edição de leis que prejudiquem alguém.

Tal regra só cede nas seguintes situações: a) se uma lei declarada inconstitucional causa danos ao particular; b) em caso de lei de efeito concreto causar dano a uma pessoa em particular (ex: criação de Parque Florestal em área privada).

O Estado também não responde, como regra, pela expedição de decisões que prejudiquem alguém. Como exceção temos: a) o caso de erro judiciário, que é aquele reconhecido em revisão criminal ou o decorrente de prisão de alguém além do tempo permitido; b) os casos em que o juiz responde pessoalmente por dolo, fraude, recusa, omissão ou retardamento injustificado de providências de seu ofício, nos termos da legislação processual civil; c) os casos de erro grave (ex: prisão de alguém sem qualquer envolvimento com o fato criminoso – *vide* o caso do "Bar Bodega" no Informativo 570 do STF).

10.12. Responsabilidade por atos do Ministério Público

O Ministério Público não é pessoa jurídica, mas órgão da Administração Direta da União (Ministério Público da União – art. 128) e dos Estados-membros.

Assim, não tendo o Ministério Público personalidade jurídica, não há como responsabilizá-lo civilmente por seus atos.

Por outro lado, a responsabilidade do Estado é, como regra, objetiva, de modo que quando um órgão estatal causa um dano a terceiro, a pessoa jurídica estatal correspondente tem de responder, ressalvada a ação de regresso em face do agente público que tiver agido com culpa ou dolo, no caso, o membro do Ministério Público.

Esse é o posicionamento do STF (AI 552.366 AgR, DJ 28.10.2009).

10.13. Responsabilidade subsidiária

O Estado responde subsidiariamente pelos danos causados pelas seguintes pessoas que estiverem atuando em atividades que ele mesmo deveria prestar: a) pessoas jurídicas de direito público da Administração Indireta (autarquias, fundações públicas, agências reguladoras e associações públicas); b) pessoas jurídicas de direito privado prestadoras de serviço público; c) pessoas jurídicas de direito privado executoras de obra pública, por danos decorrentes dessa obra.

Há de se ressaltar que a responsabilidade subsidiária, para acontecer, depende da impotência econômica ou financeira da entidade estatal.

10.14. Prescrição

Até pouco tempo atrás não havia controvérsia alguma sobre qual era o prazo prescricional para o exercício da pretensão indenizatória em face do Estado.

Doutrina e jurisprudência eram uníssonas no sentido de que esse prazo era de 5 anos, nos termos do art. 1º do Decreto 20.910/1932, que regula a prescrição contra a Fazenda Pública.

Porém, com a entrada em vigor do atual Código Civil, que estabelece que o prazo prescricional para ações indenizatórias é de 3 anos (art. 206, § 3º, V), uma forte corrente passou a considerar que esse prazo também deveria ser aplicado às ações indenizatórias em face da Fazenda Pública. Isso porque o art. 10 do Decreto 20.910/1932 prevê que o prazo de 5 anos nele previsto "não altera as prescrições de menor prazo, constantes das leis e regulamentos, as quais ficam subordinadas às mesmas regras". Dessa forma, como o prazo previsto no Código Civil é, atualmente, um prazo "menor" do que o de 5 anos previsto no Decreto mencionado, dever-se-ia aplicar o prazo previsto no Código, fazendo com que a prescrição de ações de reparação civil em geral tivesse prazo de 3 anos contra a Fazenda Pública.

A questão hoje é bastante controversa.

Porém, o STJ, que estava bastante dividido, tem-se encaminhado no sentido de que o prazo continua de 5 anos (AgRg no Ag 1.364.269, DJ 24.09.2012). O argumento da primeira turma é no sentido de que o prazo de 5 anos é um prazo histórico, previsto em norma especial e igual a uma série de outros prazos de prescrição previstos para o exercício de pretensão indenizatória de outras naturezas em face do Estado (EResp 1.081.885/RR, rel. Hamilton Carvalhido, DJ 01.02.2011). Ao contrário, o prazo previsto no Código Civil é prazo destinado a regular as relações de Direito Privado.

Para resolver de vez a questão, em recurso repetitivo restou estabelecido pelo STJ que as ações patrimoniais passivas ou ativas de que seja parte a Fazenda Pública regem-se pelo prazo prescricional previsto no Decreto 20.910/1932. Vale a pena replicar ementa a respeito do tema: "Administrativo. Processual civil. Responsabilidade civil do estado. Ação de indenização contra a Fazenda Pública. Prazo prescricional.decreto 20.910/1932. Quinquenal. Tema objeto de recurso repetitivo. Súmula 168/STJ. INCIDÊNCIA. 1. A jurisprudência desta Corte firmou-se no sentido de que a prescrição contra a Fazenda Pública é quinquenal, mesmo em ações indenizatórias, uma vez que é regida pelo Decreto 20.910/1932." (AgRg nos EAREsp 53471/RS, relator Ministro Humberto Martins, 1ª Seção, j. 27.02.2013).

Há de se aguardar, agora, como se posicionará a jurisprudência em relação à responsabilização civil de *pessoas jurídicas* que causarem danos à Administração por condutas definidas na Lei 12.846, de 1º de agosto de 2013. Parece-nos que, de acordo com essa lei, a prescrição da pretensão do Poder Público de buscar a reparação civil no caso mencionado (de pessoa jurídica cuja conduta incida no art. 5º da lei), voltará a ser de 5 anos, nos termos de seu art. 25, *caput*. Apesar de a lei ter usado uma terminologia totalmente inadequada ("prescrição da infração"), parece-nos que dispositivo citado **não fez** distinção entre a aplicação de sanções civis (como a de reparação civil, que, inclusive, envolve verdadeiro prazo *prescricional*) e administrativas (que, em verdade, envolve prazo decadencial, apesar de ser comum a lei usar a palavra "prescrição" para abranger prazos decadenciais também), de modo que o prazo prescricional de 5 anos se aplicaria tanto às sanções civis, como às sanções administrativas para as pessoas jurídicas que praticarem condutas definidas no art. 5º da Lei 12.846/2013.

Ainda em relação à questão da prescrição, há dois casos específicos em que o prazo prescricional para a ação indenizatória estão definidos por existir regra especial estabelecendo tais prazos, sem que haja exceção quanto à sua aplicação. O primeiro é prazo para ingresso de ação indenizatória por desapropriação indireta (prazo prescricional de 10 anos) e o segundo é para ingresso de ação indenizatória por restrições decorrentes de atos do Poder Público (prazo prescricional de 5 anos – art. 10 do Dec.-lei 3.365/1941).

Por fim, de rigor lembrar que há três casos de imprescritibilidade da pretensão de reparação civil, quais sejam: a) ressarcimento do erário; b) ressarcimento de dano ambiental; c) ressarcimento de danos por perseguição política, prisão e tortura durante a ditadura militar. Quanto a esse último caso, *vide*, por exemplo, o AgRg no Ag 1.428.635, julgado pelo STJ em 02.08.2012.

Vale, também, uma palavra sobre o termo *a quo* da contagem do prazo prescricional.

No caso, esse prazo é contado da data do fato ou do ato lesivo. Todavia, caso o dano tenha sido causado por conduta considerada crime na esfera penal, o prazo prescricional começará a fluir a partir do trânsito em julgado da ação penal (STJ, AgRg no Ag 1383364/SC, DJ 25.05.2011).

10.15. Responsabilidade civil e administrativa de pessoas jurídicas (Lei 12.846/2013)

A Lei 12.846, de 1º de agosto de 2013, dispõe sobre a responsabilização **objetiva**, nas esferas administrativa e civil, de **pessoas jurídicas**, pela prática, por estas, de atos contrários à Administração Pública, **inclusive** atos contrários à Administração Pública estrangeira, ainda que cometidos no exterior (arts. 1º e 28).

Essa responsabilidade objetiva, todavia, somente se aplica quanto aos atos lesivos **definidos no art. 5º da Lei** (por exemplo: fraude à licitação), e desde que a pessoa que tenha cometido tais atos seja uma pessoa jurídica. As demais pessoas (pessoas físicas ou naturais) e os demais casos (ilícitos não previstos no art. 5º da Lei 12.846/2013), continuam regulamentados pelas leis existentes ao tempo da Lei 12.846/2013, podendo se tratar tanto de responsabilidade subjetiva (quando se aplicar o artigo 186 do Código Civil, por exemplo), como de responsabilidade objetiva (quando se aplicar os artigos 927, parágrafo único e 931 do Código Civil, também por exemplo).

Outro requisito para que haja a responsabilidade administrativa e civil da pessoa jurídica perante a Administração é que os atos lesivos respectivos tenham sido praticados em seu **interesse ou benefício**, ainda que não exclusivamente em seu interesse ou benefício (art. 2º).

As sanções administrativas podem ser aplicadas **sem intervenção do Judiciário** no caso de aplicação de *multa* e de *publicação extraordinária de decisão condenatória* (art. 6º). A multa variará de 0,1% a 20% do faturamento bruto da pessoa jurídica no último exercício anterior ao da instauração do processo administrativo, em valor nunca inferior à vantagem auferida. Quanto à publicação extraordinária de decisão condenatória, consiste em se determinar a publicação, às expensas da pessoa jurídica infratora, de extrato da decisão condenatória em meio de comunicação de grande circulação, em edital afixado pelo prazo mínimo de 30 dias no próprio estabelecimento ou no local da atividade, e no sítio eletrônico da pessoa jurídica.

Quanto às demais sanções administrativas previstas no art. 19 da Lei (que incluem o perdimento de bens, a suspensão ou interdição parcial de atividades, a dissolução compulsória da pessoa jurídica e a proibição de contratar com a Administração), bem como quanto à reparação civil, cabe ao Poder Público ingressar com **ação judicial**, para que o Judiciário promova a devida responsabilização. A ação em questão seguirá o rito da Lei de Ação Civil Pública (art. 21, *caput*), e pode ser ajuizada não só por meio das procuradorias dos entes públicos, como também pelo Ministério Público (art. 19, *caput*), sendo, que na omissão das autoridades administrativas, este poderá também pedir em juízo a aplicação das sanções previstas no art. 6º da Lei.

É importante ressaltar que a aplicação das sanções previstas na lei ora comentada **não afetava** os processos de responsabilização e aplicação de penalidades decorrentes dos atos de improbidade nos termos da Lei 8.429/1992 e de ilícitos alcançados pela Lei 8.666/1993 ou outras normas de licitação e contratos. Porém, a Medida Provisória 703, de 18/12/15, mudou a redação do art. 30 da lei em análise para o fim de dizer que a aplicação dessas sanções não será afetada pelo acordo de leniência, ressalvada a hipótese em que esse acordo inclua essas sanções, inclusive podendo incluir sanções relativas à infração contra a ordem econômica.

Quanto à **decadência** ou **prescrição** para aplicar as sanções previstas na Lei, o prazo é de 5 anos, contados da data da ciência da infração ou, no caso de infração permanente ou continuada, do dia em que tiver cessado (art. 25). Na esfera administrativa ou judicial, a prescrição será interrompida com a instauração de processo que tenha por objeto a apuração da infração.

Outro ponto importante da lei, que deverá provocar mais efetividade na apuração dessas infrações, é a regulamentação do chamado **acordo de leniência** (art. 16), que recebeu novo regramento pela MP 703, de 18.12.2015. De acordo com o texto legal em vigor com essa alteração, "a União, os Estados, o Distrito Federal e os Municípios poderão, no âmbito de suas competências, por meio de seus órgãos de controle interno, de forma isolada ou em conjunto com o Ministério Público ou com a Advocacia Pública, celebrar acordo de leniência com as pessoas jurídicas responsáveis pela prática dos atos e pelos fatos investigados e previstos nesta Lei que colaborem efetivamente com as investigações e com o processo administrativo, de forma que dessa colaboração resulte:

> "I – a identificação dos demais envolvidos na infração, quando couber;
>
> II – a obtenção de informações e documentos que comprovem a infração noticiada ou sob investigação;
>
> III – a cooperação da pessoa jurídica com as investigações, em face de sua responsabilidade objetiva; e
>
> IV – o comprometimento da pessoa jurídica na implementação ou na melhoria de mecanismos internos de integridade."

Vale ressaltar que o acordo de leniência somente poderá ser celebrado se preenchidos, cumulativamente, os seguintes requisitos (também com novas redações dadas pela MP 703/15):

> "I – a pessoa jurídica cesse completamente seu envolvimento na infração investigada a partir da data de propositura do acordo;
>
> II – a pessoa jurídica, em face de sua responsabilidade objetiva, coopere com as investigações e com o processo administrativo, comparecendo, sob suas expensas, sempre que solicitada, a todos os atos processuais, até seu encerramento;
>
> III – a pessoa jurídica se comprometa a implementar ou a melhorar os mecanismos internos de integridade, auditoria, incentivo às denúncias de irregularidades e à aplicação efetiva de código de ética e de conduta."

Outro ponto importante é que o acordo de leniência celebrado pela autoridade administrativa terá os seguintes efeitos (também com novas redações dadas pela MP 703/2015):

> "I – isentará a pessoa jurídica das sanções previstas no inciso II do **caput** do art. 6º e das sanções restritivas ao direito de licitar e contratar previstas na Lei 8.666, de 21 de junho de 1993, e em outras normas que tratam de licitações e contratos;
>
> II – poderá reduzir a multa prevista no inciso I do **caput** do art. 6º em até dois terços, não sendo aplicável à pessoa jurídica qualquer outra sanção de natureza pecuniária decorrente das infrações especificadas no acordo; e
>
> III – no caso de a pessoa jurídica ser a primeira a firmar o acordo de leniência sobre os atos e fatos investigados, a redução poderá chegar até a sua completa remissão, não sendo aplicável à pessoa jurídica qualquer outra sanção de natureza pecuniária decorrente das infrações especificadas no acordo."

É importante dizer que o acordo de leniência **não exime** a pessoa jurídica da obrigação de reparar integralmente o dano causado e **deve estipular** as condições necessárias para assegurar a efetividade da colaboração e o resultado útil do processo administrativo e quando estipular a obrigatoriedade de reparação do dano poderá conter cláusulas sobre a forma de amortização, que considerem a capacidade econômica da pessoa jurídica.

Por fim, seguem outras características desse acordo, previstas no art. 16 a 17-B, também com novas redações ou inclusões feitas pela MP 703/2015):

a) "Os efeitos do acordo de leniência serão estendidos às pessoas jurídicas que integram o mesmo grupo econômico, de fato e de direito, desde que firmem o acordo em conjunto, respeitadas as condições nele estabelecidas" (§ 5º);

b) "A proposta de acordo de leniência somente se tornará pública após a efetivação do respectivo acordo, salvo no interesse das investigações e do processo administrativo" (§ 6º);

c) "Não importará em reconhecimento da prática do ato ilícito investigado a proposta de acordo de leniência rejeitada" (§ 7º);

d) "Em caso de descumprimento do acordo de leniência, a pessoa jurídica ficará impedida de celebrar novo acordo pelo prazo de 3 (três) anos contados do conhecimento pela administração pública do referido descumprimento" (§ 8º);

e) "A formalização da proposta de acordo de leniência suspende o prazo prescricional em relação aos atos e fatos objetos de apuração previstos nesta Lei e sua celebração o interrompe" (§ 9º);

f) "A Controladoria-Geral da União - CGU é o órgão competente para celebrar os acordos de leniência no âmbito do Poder Executivo federal, bem como no caso de atos lesivos praticados contra a administração pública estrangeira" (§ 10);

g) "O acordo de leniência celebrado com a participação das respectivas Advocacias Públicas impede que os entes celebrantes ajuízem ou prossigam com as ações de que tratam o art. 19 desta Lei e o art. 17 da Lei 8.429, de 2 de junho de 1992, ou de ações de natureza civil" (§ 11);

h) "O acordo de leniência celebrado com a participação da Advocacia Pública e em conjunto com o Ministério Público impede o ajuizamento ou o prosseguimento da ação já ajuizada por qualquer dos legitimados às ações mencionadas no § 11" (§ 12);

i) Na ausência de órgão de controle interno no Estado, no Distrito Federal ou no Município, o acordo de leniência somente será celebrado pelo chefe do respectivo Poder em conjunto com o Ministério Público (§ 13);

j) O acordo de leniência depois de assinado será encaminhado ao respectivo Tribunal de Contas, que poderá, nos termos do inciso II do art. 71 da Constituição Federal, instaurar procedimento administrativo contra a pessoa jurídica celebrante, para apurar prejuízo ao erário, quando entender que o valor constante do acordo não atende o disposto na lei (§ 14);

k) "A administração pública poderá também celebrar acordo de leniência com a pessoa jurídica responsável por atos e fatos investigados previstos em normas de licitações e contratos administrativos com vistas à isenção ou à atenuação das sanções restritivas ou impeditivas ao direito de licitar e contratar" (art. 17).

l) "Os processos administrativos referentes a licitações e contratos em curso em outros órgãos ou entidades que versem sobre o mesmo objeto do acordo de leniência deverão, com a celebração deste, ser sobrestados e, posteriormente, arquivados, em caso de cumprimento integral do acordo pela pessoa jurídica" (art. 17-A);

m) "Os documentos porventura juntados durante o processo para elaboração do acordo de leniência deverão ser devolvidos à pessoa jurídica quando não ocorrer a celebração do acordo, não permanecendo cópias em poder dos órgãos celebrantes" (art. 17-B).

A Medida Provisória 703/2015 fez, assim, grandes modificações na Lei 12.846/2013. Percebe-se claramente que se trata de modificações com vistas a permitir que as grandes empresas envolvidas em escândalos como a Lava-Jato e o Metrô de São Paulo consigam fechar acordos para garantir a sua sobrevivência, mantendo-se, assim, projetos de grande relevância para a infraestrutura do País e garantindo a manutenção de centenas de milhares de empregos. O mote da alteração é que se deve focar na punição de "pessoas físicas" e de "pessoas jurídicas", e não na extinção de "pessoas jurídicas". Naturalmente que a lei continua forte quanto às sanções cabíveis às pessoas jurídicas, mas agora com maior facilidade para fechar os acordos de leniência, face à flexibilização de requisitos, tais como não haver mais necessidade de a pessoa jurídica infratora ser a primeira a manifestar o interesse em cooperar para a apuração do ilícito, não haver mais necessidade de a pessoa jurídica confessar o ilícito (substituída pela necessidade de a pessoa jurídica cooperar para cessar lesões e colaborar permanentemente nas investigações) e o acordo poder incluir sanções que seriam aplicadas nos processos administrativos de que tratam as Leis 8.666/1993 e 12.529/2011, ou mesmo em ações de improbidade administrativa.

De qualquer forma, por se tratar de Medida Provisória, faz-se necessário acompanhar a sua tramitação, a fim de verificar o que será efetivamente convertido em lei.

Por fim, importante destacar que "os órgãos ou entidades dos Poderes Executivo, Legislativo e Judiciário de todas as esferas de governo deverão informar e manter atualizados, para fins de publicidade, no **Cadastro Nacional de Empresas Inidôneas e Suspensas – CEIS**, de caráter público, instituído no âmbito do Poder Executivo federal, os dados relativos às sanções por eles aplicadas, nos termos do disposto nos arts. 87 e 88 da Lei n. 8.666, de 21 de junho de 1993" (art. 23 – g.n.).

11. SERVIÇO PÚBLICO

11.1. Conceito

O serviço público pode ser conceituado como *toda atividade oferecida aos administrados, prestada pelo Estado ou por concessionário, sob regime de Direito Público.*

São exemplos de serviço público os serviços de fornecimento de energia, água, telefone, transporte coletivo, coleta de lixo, dentre outros.

11.2. Instituição

A Constituição Federal e as leis federais, estaduais ou municipais são os instrumentos aptos a instituir os serviços públicos.

Assim, não é possível que o Chefe do Executivo, por exemplo, por meio de decreto determine que um dado serviço, antes privado, passe a ser público. Ou seja, caso determinado Município queira estabelecer que o serviço funerário é um serviço público, será necessário que uma lei local traga essa disposição.

São exemplos de serviços públicos criados pela Constituição Federal os seguintes: serviço postal, telecomunicações, radiodifusão sonora e de sons e imagens, energia elétrica, navegação aérea, aeroespacial, infraestrutura aeroportuária, transporte ferroviário, portos, transporte rodoviário, transporte coletivo urbano, seguridade social, saúde, educação, dentre outros.

11.3. Características

Quando a CF ou a lei elegem um dado serviço como público, o Poder Público passa a ser o ***titular*** de serviço, ou seja, passa a ter o direito e o dever de **regulamentar**, **fiscalizar** e **executar** o serviço.

Com relação à **execução**, ou seja, à sua mera prestação aos usuários, o Poder Público pode passar seu exercício ao particular, por meio de concessão ou permissão de serviço público, precedidas de licitação.

O Estado continuará a ser titular, dono do serviço, ditando as regras e fiscalizando sua prestação, e o particular ficará com seu exercício, em troca do qual receberá uma remuneração.

Há serviços, todavia, inerentes à própria ideia de Estado (como o de polícia judiciária, polícia administrativa, jurisdição, dentre outros), que não podem ser concedidos, eis que são ***serviços próprios do Estado***, ou seja, ***de execução privativa deste***.

Há, de outra parte, serviços, como educação e saúde, em que o particular não precisa receber concessão ou permissão do Poder Público para prestá-lo, ficando, todavia, sujeito à fiscalização estatal (arts. 199 e 209 da CF, respectivamente).

A Lei 8.987/1995 dispõe sobre o regime de concessão e permissão da prestação de serviços previsto no art. 175 da Constituição Federal.

11.4. Serviço adequado

O art. 6º da Lei 8.987/1995 impõe a que o serviço público seja adequado, estabelecendo que **serviço adequado** é o que satisfaz as seguintes condições:

11.4.1. Generalidade

Todos devem ter acesso ao serviço, garantido o tratamento equânime aos usuários que estiverem na mesma situação.

11.4.2. Eficiência

Os serviços públicos devem ser atuais e atender satisfatoriamente aos interesses dos usuários.

11.4.3. Segurança

Os serviços devem ser seguros, não causando danos ao particular.

11.4.4. Cortesia

Os usuários devem ser tratados com urbanidade, respeito, educação e atenção.

11.4.5. Atualidade

Compreende a modernidade das técnicas, do equipamento e das instalações e a sua conservação, bem como a melhoria e a expansão do serviço.

11.4.6. Modicidade das tarifas

Ou seja, as tarifas devem ter preços acessíveis.

11.4.7. Regularidade e continuidade

Impõe que o serviço esteja sempre à disposição para utilização coletiva.

O serviço público não pode ser interrompido, mesmo em caso de greve, quando será mantido para garantir o mínimo à população, salvo em situação de emergência ou após aviso prévio por: a) razões de ordem técnica ou segurança; b) inadimplemento do usuário, considerado o interesse da coletividade. O STJ admite o corte do serviço por inadimplemento. Não cabe o corte, porém, em quatro casos:

a) serviços essenciais (STJ, AgRg no Edcl na Susp. de Liminar 606/CE);

b) débitos antigos; apenas o débito presente enseja o corte; débitos antigos devem ser cobrados pelas vias ordinárias;

c) cobrança por aferição unilateral em caso de fraude no medidor (STJ, REsp 975.314); nesse caso, como é a concessionária que estipula o valor a ser pago, não seria correto que ela pudesse cortar o serviço;

d) cobrança feita junto ao atual usuário do serviço por débito pretérito de usuário anterior; aliás, o atual usuário sequer pode ser cobrado pela dívida do usuário anterior (STJ, AgRg no REsp 1.327.162, DJ 28.09.2012).

11.5. Classificação

11.5.1. Quanto à obrigatoriedade

a) **compulsórios:** *são os de utilização obrigatória;* por conta disso, são remunerados por taxa (regime tributário), como o serviço de coleta de lixo;

b) **facultativos:** *são os de utilização não obrigatória;* portanto, são remunerados por tarifa ou preço público (regime não tributário), como o de transporte coletivo.

11.5.2. Quanto à essencialidade

a) **serviços públicos:** *são os que a Administração presta diretamente à comunidade por serem essenciais à sobrevivência do grupo social* (exs.: defesa, polícia); tais serviços também são chamados de *pró-comunidade* ou *próprios do Estado;*

b) **serviços de utilidade pública:** *são os prestados pela Administração ou concessionários, por ser conveniente que haja regulamentação e controle* (exs.: luz, gás, telefone); tais serviços são chamados de *pró-cidadão* ou *impróprios do Estado.*

11.5.3. Quanto aos destinatários

a) ***uti singuli:*** *são os que têm usuários determinados* (ex.: água, luz);

b) ***uti universi:*** *são os que têm usuários indeterminados* (ex.: segurança).

11.5.4. Quanto à finalidade

a) **administrativos:** *são os executados para atender às necessidades da Administração ou preparar outros serviços que serão prestados ao público;*

b) **industriais/comerciais:** *são os que produzem renda para quem os presta, por meio de tarifa ou preço público* (ex.: correios);

c) **sociais:** *são os definidos pela Constituição como serviços sociais,* como o de educação, saúde etc.

12. CONCESSÕES DE SERVIÇO PÚBLICO

12.1. Conceito de concessão de serviço público

A concessão de serviço público pode ser conceituada como a *atribuição pelo Estado, mediante licitação, do exercício de um serviço público de que é titular, a alguém que aceita prestá-lo em nome próprio, por sua conta e risco, nas condições fixadas e alteráveis unilateralmente pelo Poder Público, ressalvada a manutenção do equilíbrio econômico-financeiro do contrato.*[14]

A matéria vem regulamentada na Lei 8.987/1995, nos termos das diretrizes apontadas no art. 175 da Constituição Federal.[15]

14. *Vide* a obra de Celso Antônio Bandeira de Mello.
15. "Art. 175. Incumbe ao Poder Público, na forma da lei, diretamente ou sob regime de concessão ou permissão, sempre através de licitação, a prestação de serviços públicos.
Parágrafo único. A lei disporá sobre:
I – o regime das empresas concessionárias e permissionárias de serviços públicos, o caráter especial de seu contrato e de sua prorrogação, bem como as condições de caducidade, fiscalização e rescisão da concessão ou permissão;
II – os direitos dos usuários;
III – a política tarifária;
IV – a obrigação de manter serviço adequado."

12.2. Noções gerais acerca da concessão de serviço público

O concessionário de serviço público recebe o **exercício (e não a titularidade)** dos serviços públicos. Assim, só se concede o exercício do serviço público e não sua titularidade, que continua com o Estado, o qual, por ser dele titular, ditará as regras e fiscalizará o exercício concedido ao particular. A saúde e a educação, apesar de serem serviços públicos, não dependem de concessão para que os particulares as prestem, bastando autorizações, em alguns casos. O objetivo da concessão é o de obter o melhor serviço possível.

Quanto à **remuneração** do concessionário, esta se dará por tarifa, subsídio e outros meios alternativos, como a publicidade, a qual é muito comum e pode ser verificada nos anúncios publicitários afixados nos ônibus de transporte coletivo.

A natureza da concessão não é simplesmente contratual, mas complexa. Trata-se de relação jurídica com três partes:

a) **ato regulamentar:** ato unilateral do Poder Público que fixa as condições de funcionamento, organização e modo da prestação dos serviços, podendo ser alterado unilateralmente também, de acordo com as necessidades públicas;

b) **ato condição:** concordância do concessionário, que aceita submissão ao ato regulamentar e às demais condições;

c) **contrato:** instrumento no qual estará prevista a questão financeira, garantindo-se, para o presente e para o futuro, o equilíbrio econômico-financeiro dos contratantes; caso haja alteração regulamentar ou outra alteração extracontratual que cause desequilíbrio, deve o Poder Público reequilibrar o contrato, mantendo a proporção, a igualdade inicial.

O Estado muda, unilateralmente, a regulamentação (as cláusulas regulamentares, que trazem as especificações de como e em que condições os serviços devem ser prestados), só respeitando a natureza do objeto do contrato e a equação econômico-financeira (cláusulas regulamentares que trazem as especificações sobre a parte econômica do contrato).

12.3. Formalidades para a realização da concessão

Uma vez que um serviço é considerado público e se trate de um daqueles que o Estado pode fazer concessão, esta dependerá dos seguintes requisitos para que aconteça:

a) **lei:** esta deverá autorizar a concessão ou permissão do serviço público;

b) **licitação na modalidade concorrência:** além de ser necessária a realização de licitação, ela deve se dar, em matéria de concessão de serviço público, naquela modalidade mais abrangente, qual seja, a concorrência.

Quanto à licitação para a outorga de concessão, o julgamento será feito segundo um dos seguintes critérios: a) menor valor da tarifa; b) maior oferta pela concessão; c) melhor proposta técnica com preço fixado no edital; d) combinação de proposta técnica com valor da tarifa; e) combinação de proposta técnica com o preço da concessão; f) melhor preço da concessão, após aprovação da proposta técnica; g) menor tarifa, após aprovação da proposta técnica.

A Lei 9.491/1997, que regula o Programa Nacional de Desestatização, traz a modalidade leilão como adequada à respectiva licitação.

12.4. Poderes do concedente

A Lei 8.987/1995 estabelece que o titular do serviço público (concedente) tem os seguintes poderes numa concessão de serviço públicos:

a) **de inspeção e fiscalização:** vê-se desempenho, cumprimento de deveres e de metas;

b) **de alteração unilateral das cláusulas regulamentares:** respeitados equilíbrio financeiro e os limites legais (p. ex, não pode alterar a natureza do objeto da concessão);

c) **de intervenção:** em casos de comprometimento do serviço público, a Administração pode intervir na concessionária para regularizar a situação; ex.: intervenção em empresa de ônibus que não está desempenhando corretamente seu papel, mesmo após notificações e aplicação de multa;

d) **extinção da concessão antes do prazo:** a extinção pode se dar, dentre outros motivos, por conveniência e oportunidade do concedente para melhorar o serviço público (encampação ou resgate), ou por falta cometida pelo concessionário (caducidade);

e) **aplicação de sanções ao concessionário inadimplente:** multas, por exemplo.

12.5. Prazo

A Lei 8.987/1995 não estabelece prazo máximo ou mínimo para a concessão de serviço público.

Portanto, faz-se necessário que o edital de concorrência pública para a outorga da concessão estabeleça qual será o prazo do contrato celebrado com o vencedor do certame.

Admite-se prorrogação da concessão, desde que haja previsão editalícia.

12.6. Transferência da concessão e do controle acionário da concessionária

A lei autoriza a transferência da concessão se a Administração previamente anuir, o que parece burlar a ideia de licitação, a nosso ver.

Por maior razão, a lei também autoriza a transferência do controle acionário da pessoa jurídica vencedora da licitação, também desde que haja anuência do Poder Concedente.

O art. 27 da Lei dispõe ser causa de caducidade da concessão (extinção por culpa do particular) a transferência da concessão ou do controle acionário sem tal anuência do Poder Concedente.

12.7. Direitos do concessionário

O concessionário tem dois direitos básicos:

a) **manutenção do equilíbrio econômico-financeiro** do contrato no decorrer de sua execução;

b) não sofrer exigência de prestação **estranha ao objeto da concessão.**

Uma vez garantidos esses direitos, o concessionário é obrigado a cumprir as determinações regulamentares do Poder Concedente, que, de acordo com as exigências do interesse público, modificará as cláusulas regulamentares do serviço, estabelecendo os detalhes de como este deverá ser prestado.

12.8. Formas de extinção

a) **Advento do termo contratual:** forma usual, em que termina o prazo da concessão e ela fica extinta. Os bens aplicados no exercício do serviço são revertidos para o Poder Concedente, nos termos previstos no edital. Hely Lopes Meirelles denomina tal forma de extinção como reversão, porque há retorno do serviço ao Poder Concedente. Preferimos não tratar da hipótese por este nome, uma vez que o instituto da reversão, que será visto a seguir, é a *consequência* da extinção da concessão e não uma *forma* de sua extinção.

b) **Rescisão judicial:** forma de extinção feita a pedido de qualquer um dos "contratantes". Como o Poder Público pode extinguir de ofício a concessão, geralmente a rescisão judicial será pedida pelo concessionário, por culpa do Poder Concedente. Na ação pode-se pleitear indenização por não ter havido, ainda, amortização do investimento feito pelo concessionário. Os serviços prestados pela concessionária não poderão ser interrompidos ou paralisados até a decisão judicial transitar em julgado. Extinta a concessão, os bens também são revertidos para o poder público, para garantia da continuidade do serviço público, na forma prevista no edital.

c) **Rescisão consensual:** mútuo acordo, com reversão dos bens da mesma forma.

d) **Rescisão por ato unilateral do Poder Concedente:**

- ✓ **encampação ou resgate:** é o encerramento da concessão por ato do Poder Concedente, durante o transcurso do prazo inicialmente fixado, *por motivo de conveniência e oportunidade administrativa* (espécie de revogação) sem que o concessionário haja dado causa ao ato extintivo. Depende de lei específica que o autorize, como forma de proteção ao concessionário e também porque geralmente enseja grandes custos. É necessária prévia indenização, que compense o investimento ainda não amortizado, bem como que faça frente aos lucros cessantes pela extinção prematura do contrato de concessão, já que não há culpa do concessionário. Bens revertem ao Poder Concedente. Ex.: fim dos bondes.
- ✓ **caducidade ou decadência:** encerramento da concessão antes do prazo, *por inadimplência do concessionário.*[16]

16. "Art. 38. A inexecução total ou parcial do contrato acarretará, a critério do poder concedente, a declaração de caducidade da concessão ou a aplicação das sanções contratuais, respeitadas as disposições deste artigo, do art. 27, e as normas convencionadas entre as partes.
§ 1° A **caducidade da concessão poderá ser declarada pelo poder concedente quando**:
I – o serviço estiver sendo prestado de forma inadequada ou deficiente, tendo por base normas, critérios, indicadores e parâmetros definidores de qualidade do serviço;
II – a concessionária descumprir cláusulas contratuais ou disposições legais ou regulamentares concernentes à concessão;
III – a concessionária paralisar o serviço ou concorrer para tanto, ressalvadas as hipóteses decorrentes de caso fortuito ou força maior;
IV – a concessionária perder as condições econômicas, técnicas ou operacionais para manter a adequada prestação do serviço concedido;
V – a concessionária não cumprir as penalidades impostas por infrações, nos devidos prazos;
VI – a concessionária não atender a intimação do poder concedente no sentido de regularizar a prestação do serviço;
VII – a concessionária for condenada por sentença transitada em julgado por sonegação de tributos, inclusive contribuições sociais."

Depende de prévio processo administrativo, com direito a ampla defesa, para apuração da falta grave do concessionário, processo que só poderá ser acionado após comunicação detalhada à concessionária dos descumprimentos contratuais referidos no § 1º do art. 38 da Lei, dando-lhe prazo para regularização. Além das hipóteses previstas em tal dispositivo, é também causa da caducidade a transferência da concessão ou do controle acionário sem prévia anuência do Poder Concedente (art. 27). A declaração de caducidade será feita por decreto do Poder Concedente. Só se indeniza a parcela não amortizada, uma vez que houve culpa daquele que exercia o serviço público. Da eventual indenização devida serão descontados os valores relativos a multas contratuais e danos causados pela concessionária.

✓ **anulação da concessão:** é o encerramento da concessão quando esta for outorgada com vício jurídico. Se não houve má-fé por parte do concessionário, este terá direito à indenização pelas despesas que teve e para a amortização do investimento.

✓ **falência da concessionária:** faz com que se extinga a concessão feita.

✓ **extinção da empresa ou morte do concessionário:** também faz extinguir a concessão.

12.9. Reversão dos bens

Consiste na *passagem ao Poder Concedente dos bens do concessionário aplicados no serviço público como consequência da extinção da concessão, cuja finalidade é manter a continuidade do serviço público.*

A reversão se dará nos limites definidos no edital de convocação para a licitação, assegurando-se ao concessionário a amortização do investimento que fez. Ex.: frota de ônibus de empresa que teve sua concessão extinta passa para o Poder Público.

12.10. Responsabilidade do concessionário

Cabe lembrar aqui que o § 6º do artigo 37 da CF, que prevê a responsabilidade objetiva do Estado, dispõe que *as pessoas jurídicas de direito privado prestadoras de serviço público* respondem pelos danos que seus agentes, nessa qualidade, causarem a terceiros.

Daí se conclui não somente que a responsabilidade dos concessionários é objetiva, como também que o Estado não responderá pelos danos causados por tais pessoas jurídicas a terceiros, mas sim o próprio concessionário.

O Poder Público responderá apenas subsidiariamente (ou seja, após o esgotamento do patrimônio da concessionária), desde que o dano tenha sido causado na prestação do serviço público.

12.11. Permissões de serviço público

O **conceito tradicional** de permissão de serviço público é o seguinte: *ato unilateral e precário, "intuito personae", por meio do qual o Poder Público transfere a alguém o exercício de um serviço público, mediante licitação.*

Apesar da confusão na doutrina e na jurisprudência, principalmente após a Constituição de 1988 (que parece dar natureza contratual à permissão) e a Lei 8.987/1995 (que também utiliza a palavra "contrato de adesão" para designá-la), deve-se encarar a permissão como *ato unilateral, precário e sem direito à indenização por extinção unilateral*, adotando-se seu conceito tradicional, já que o art. 2º, IV, da Lei 8.987/1995 é claro ao dispor que a permissão é precária, característica essa incompatível com a ideia de contrato, que é vínculo firme, que faz lei entre as partes, e não vínculo precário.

Assim, a Administração deve ser muito responsável quando analisa se um caso concreto é hipótese de concessão ou de permissão de serviço público. Se este requisitar grandes investimentos (ex.: serviço de transporte coletivo de massa), a Administração deverá outorgar concessão. Se não, poderá ser outorgada permissão (ex.: serviço de transporte individual por táxi).

Isso não foi respeitado no passado, principalmente na concessão do serviço de transporte coletivo, em que se outorgava permissão, quando deveria ser concessão.

Dessa forma, tendo em vista o princípio da boa-fé, da presunção de legitimidade dos atos da Administração e da relevância desses fatos, em casos em que caberia concessão e fora dada permissão, caso haja revogação dessa antes do tempo, deve-se usar o regime jurídico da concessão para reger as consequências decorrentes de tal intenção do Poder Público.

Nesse sentido, Maria Sylvia Zanella Di Pietro traz a diferenciação entre a permissão tradicional e a **permissão condicionada ou qualificada**, ensinando o seguinte: "A rigor, a autorização de uso e a permissão de uso são precárias, enquanto a concessão é estável. Na prática administrativa, tem-se admitido autorização e permissão com prazo (sendo chamadas de condicionadas ou qualificadas), o que confere ao beneficiário a mesma estabilidade que decorre da concessão e, portanto, o mesmo direito à indenização, em caso de revogação do ato antes do prazo estabelecido. Confundem-se, nessas hipóteses, os institutos da autorização e permissão, de um lado, e a concessão, de outro".

Com o fim de fecharmos o raciocínio, podemos conferir as disposições da Lei 8.987/1995 acerca da concessão e da permissão de serviço público:

a) **concessão de serviço público:** *a delegação de sua prestação, feita pelo Poder Concedente, mediante licitação, na modalidade concorrência, à pessoa jurídica ou consórcio de empresas que demonstre capacidade para o seu desempenho, por sua conta e risco e por prazo determinado* (art. 2º, II);

b) **permissão de serviço público:** *a delegação, a título precário, mediante licitação, da prestação de serviços públicos, feita pelo Poder Concedente à pessoa física ou jurídica que demonstre capacidade para o seu desempenho, por sua conta e risco* (art. 2º, IV).

Por outro lado, o art. 40 da Lei 8.987/1995 estabelece que "a permissão de serviço público será formalizada mediante **contrato de adesão** que observará os termos desta lei, das demais normas pertinentes e do edital de licitação, inclusive quanto à precariedade e à revogabilidade unilateral do contrato pelo poder concedente. Parágrafo único. Aplica-se às permissões o disposto nesta lei." (g.n.)

Diante de todo o exposto, confiram-se as principais diferenças entre os institutos da concessão e da permissão:

a) enquanto a concessão tem efetiva natureza contratual, a permissão é precária, não dando ensejo a indenização pela sua extinção (a lei diz que se formalizará a permissão mediante um *contrato* de adesão, mas deixa claro, mais de uma vez, sua precariedade), salvo em caso de permissão condicionada ou qualificada;

b) a concessão só pode ser atribuída a pessoa jurídica ou consórcios de empresas, enquanto que a permissão pode ser atribuída tanto a pessoa jurídica quanto física;

c) a concessão requer licitação na modalidade concorrência, ao passo que permissão apenas requer licitação, não havendo necessidade de que se utilize a modalidade em questão.

12.12. Concessão de serviço público precedida da execução de obra pública

O art. 2º, inciso III, da Lei 8.987/1995 define tal concessão como "a construção total ou parcial, conservação, reforma, ampliação ou melhoramento de quaisquer obras de interesse público, delegada pelo poder concedente, mediante licitação, na modalidade concorrência, à pessoa jurídica ou consórcio de empresas que demonstre capacidade para a sua realização, por sua conta e risco, de forma que o investimento da concessionária seja remunerado e amortizado mediante a exploração do serviço ou da obra por prazo determinado".

12.13. Parcerias Público-Privadas

12.13.1. Introdução

A tão esperada Lei da Parceria Público-Privada é mais uma etapa da chamada Reforma do Estado, que se iniciou em meados da década de 1990, e que tinha e tem por finalidade reduzir a participação do Estado na execução de tarefas econômicas, próprias do particular.

São **marcos** dessa reforma: a) o Programa de Privatização do Governo Federal, caracterizado pela venda de ações e de outros ativos de empresas estatais; b) a criação das agências reguladoras, com consequente incremento das concessões de serviços públicos aos particulares; c) e as parcerias público-privadas.

Tais parcerias foram criadas sob os seguintes **argumentos**: a) necessidade de investimentos na área da infraestrutura; b) carência de recursos públicos atuais para esses investimentos; c) desinteresse do setor privado na sua realização, principalmente em setores incapazes de gerar remuneração direta compatível com o custo do empreendimento.

A ideia central da parceria, portanto, é unir duas forças, a pública e a privada, com garantias especiais e reforçadas de que o parceiro privado será efetiva e adequadamente remunerado.

Mesmo antes da lei federal que hoje regula a matéria, diversos Estados-membros já haviam legislado sobre o tema, como Minas Gerais (Lei 14.868/2003), Goiás (Lei 14.910/2004), Santa Catarina (Lei 12.930/2004) e São Paulo (Lei 11.688/2004).

Diante desse quadro, qual lei deverá prevalecer, a local ou a federal? A lei federal é expressa ao dispor que se aplica à administração direta e indireta da União, dos Estados, do Distrito Federal e dos Municípios. Assim, e considerando que compete à lei federal traçar normas gerais de licitação e contratação (art. 22, XXVII, CF), as leis locais serão aplicadas no que não contrariar as normas gerais previstas na Lei 11.079/2004.

12.13.2. Conceito de PPP

A partir das disposições da lei, elaboramos um conceito de parceria público-privada: *é o contrato de prestação de serviços ou de concessão de serviços públicos e de obras públicas, de grande vulto e de período não inferior a 5 anos, caracterizado pela busca da eficiência na realização de seu escopo e pela existência de garantias especiais e reforçadas para o cumprimento da necessária contraprestação pecuniária do parceiro público ao parceiro privado, financiado pelo mercado financeiro.*

Confira o conceito, agora, esquematizado:

✓ contrato de prestação de serviços ou de concessão de serviços públicos ou de obras públicas:

✓ de grande vulto (igual ou superior a R$ 20 milhões);

✓ de período não inferior a 5 anos;

✓ caracterizado pela busca da eficiência na realização de seu escopo

✓ e pela existência de garantias especiais e reforçadas

✓ para o cumprimento da necessária contraprestação pecuniária do parceiro público ao parceiro privado;

✓ financiado pelo mercado financeiro.

12.13.3. Espécies

A lei usa a expressão "modalidades" de parceria para fazer referência ao tema. Por ser uma expressão que indica o "procedimento licitatório" (concorrência, tomada de preços etc.), preferimos reservar a palavra "modalidade" para tratar do *procedimento* do certame para a contratação da parceria, e a palavra "espécie" para tratar das duas *formas* de parceira.

A **concessão patrocinada** *é a concessão de serviços públicos ou de obras públicas em que, além das tarifas cobradas dos usuários, faz-se necessária uma contraprestação pecuniária do parceiro público ao parceiro privado* (art. 2º, § 1º).

São exemplos de concessão patrocinada as relativas a concessões para o saneamento básico, para construção e reforma de rodovias e para a consecução de outros serviços públicos delegáveis em que as tarifas a serem cobradas não sejam suficientes para cobrir os custos do concessionário.

A *concessão patrocinada* é muito parecida com a *concessão de serviço público* prevista na Lei 8.987/1995. A diferença é que, na primeira, as tarifas cobradas dos usuários do serviço (por exemplo, o pedágio de uma rodovia) não são suficientes para cobrir os custos do serviço e a remuneração da concessionária, o que faz com que seja necessário um "patrocínio" por parte do parceiro público (o Poder Público), que pagará uma contraprestação ao parceiro privado (ao concessionário do serviço).

Já a **concessão administrativa** *é contrato de prestação de serviços (qualificados) de que a Administração seja usuária direta ou indireta* (art. 2º, § 2º).

Quando a Administração contrata a prestação de um serviço do particular, essa contratação é regulada pela Lei 8.666/1993, tratando-se de um *contrato administrativo* simples.

Porém, quando a Administração contrata serviços de que seja usuária direta ou indireta, serviços esses que não têm como objetivo único o fornecimento de mão de obra, o fornecimento e instalação de equipamentos ou a execução de obra pública, aí sim teremos o instituto da concessão administrativa, uma das duas espécies de parceria público-privada.

São exemplos de concessão administrativa a construção de centros administrativos para as instalações do Poder Público, de hospitais, de escolas, de presídios etc. Perceba-se que, em qualquer dos casos, não há tarifa a ser paga pelos usuários, mas só contraprestação a ser paga pelo Poder Público.

Assim, na concessão administrativa temos as seguintes características:

a) não há cobrança de tarifa de usuários;

b) não cabe se tiver como objeto único o fornecimento de mão de obra, o fornecimento e instalação de equipamentos ou a execução de obra pública;

c) são exemplos a construção de escolas, hospitais e presídios, desde que o concessionário não se limite a fazer as construções, tendo também como tarefa a administração desses equipamentos públicos.

A criação das duas concessões especiais mencionadas fez com que a lei se referisse às demais concessões, regidas pela Lei 8.987/1995, como **concessões comuns** (art. 2º, § 3º). Estas continuarão a ser utilizadas para os casos em que as tarifas dos usuários forem suficientes para cobrir os custos do contratado, o prazo contratual for inferior a 5 anos ou o valor do contrato inferior a R$ 20 milhões.

12.13.4. Diretrizes

O art. 4º da lei elenca as diretrizes que deverão ser observadas na contratação de parceria público-privada. Vejamos:

a) **Busca da eficiência no cumprimento das missões estatais e no emprego dos recursos públicos.** Decorrem desta diretriz as regras que estabelecem:

a1) o dever de criação de critérios objetivos de avaliação de desempenho do parceiro privado (art. 5º, VII);

a2) a realização de vistoria dos bens reversíveis (art. 5º, X);

a3) a necessidade de compartilhamento com a Administração de ganhos efetivos do parceiro decorrentes da redução do risco de crédito dos financiamentos utilizados pelo parceiro privado (art. 5º, IX);

b) **Responsabilidade fiscal na celebração e na execução das parcerias.** Decorrem desta diretriz as regras que estabelecem:

b1) a elaboração de estimativa de impacto-financeiro nos exercícios em que deva vigorar a parceria (art. 10, II);

b2) a necessidade de compatibilidade entre o contrato e as leis de diretrizes orçamentárias e do plano plurianual (art. 10, III e V);

b3) a necessidade de autorização legislativa específica para as concessões patrocinadas em que mais de 70% da remuneração do parceiro for paga pela Administração (art. 10, § 3º);

c) **Respeito ao interesse dos destinatários dos serviços.** Decorrem desta diretriz as regras que estabelecem a necessidade de que haja previsão contratual de mecanismos para:

c1) a preservação da atualidade da prestação dos serviços;

c2) a avaliação do desempenho do parceiro privado, segundo critérios objetivos (art. 5º, V e VII);

d) **Transparência dos procedimentos e das decisões.** Decorrem desta diretriz as regras que estabelecem:

d1) a submissão da minuta de edital a consulta pública, com prazo mínimo de 30 dias para o oferecimento de sugestões (art. 10, VI);

d2) a necessidade de fixação no contrato das penalidades aplicáveis à Administração e aos parceiros privados (art. 5º II), providência rara nos contratos administrativos;

e) **Repartição objetiva dos riscos entre as partes.** Decorre desta diretriz a regra que estabelece a repartição de riscos, inclusive os referentes a caso fortuito, força maior, fato do príncipe e álea econômica extraordinária (art. 5º III);

f) **Respeito aos interesses do parceiro privado.** Decorrem desta diretriz as regras que estabelecem:

f1) a vigência do contrato compatível com a amortização dos investimentos, não inferior a 5, nem superior a 35 anos, incluindo eventual prorrogação (art. 5º, I);

f2) a aplicação automática das cláusulas de atualização monetária (art. 5º, § 1º);

f3) a possibilidade de as obrigações pecuniárias da Administração ter garantias especiais, tais como vinculação de receitas, instituição de fundos especiais, contratação de seguro-garantia, oferecimento de garantias prestadas por instituições financeiras, organismos internacionais, e fundo garantidor e empresa estatal criados para esta finalidade (art. 8º);

g) **Diferimento dos valores a serem pagos pelo Poder Público.** Decorre dessa diretriz a regra que estabelece que a contraprestação da Administração será obrigatoriamente *precedida* da entrega do serviço (art. 7º). Ou seja, primeiro o parceiro privado faz sua parte e apenas após a Administração faz o pagamento. Não mais se fará pagamentos mensais mediante medições dos serviços prestados. O pagamento se dará apenas após a conclusão da obra. A lei permite que a Administração, nos termos do contrato, efetue pagamento da contraprestação relativa à parcela fruível de serviço objeto do contrato de parceria.

12.13.5. Características marcantes

Das sete diretrizes apontadas, as três primeiras ("a", "b" e "c") já estavam adequadamente definidas em lei (*vide* as Leis 8.987/1995 e 8.666/1993, e a Lei de Responsabilidade Fiscal). A quarta e a quinta ("d" e "e") geravam uma série de dúvidas. E a sexta e a sétima ("f" e "g") são bem inovadoras.

A sétima diretriz é bem interessante, pois cria um modelo novo. Para fazer frente à escassez de recursos para o presente, a Administração se reserva o direito de **só pagar** sua contraprestação ao parceiro privado **quando** este disponibilizar o serviço objeto do contrato. Assim, somente após a construção da escola, do hospital, do presídio, da rodovia, é que a Administração pagará sua contraprestação. Além de não gastar agora, a Administração se livra de uma série de transtornos decorrentes das medições mensais para pagamento, das revisões contratuais e dos problemas na condução e na fiscalização do contratado. Este, por sua vez, ganha em eficiência, pois se compromete a entregar um projeto pronto.

E como o modelo resolve o problema do financiamento do particular? Afinal de contas, como o parceiro privado conseguirá fazer tão grandes investimentos sem o aporte de recursos pela Administração mês a mês? A solução encontrada pela lei é o financiamento no mercado financeiro.

A lei dispõe que, antes da celebração do contrato, deverá ser criada uma Sociedade de Propósito Específico (SPE), cuja incumbência é implantar e gerir o objeto da parceria. Tal sociedade poderá assumir a forma de companhia aberta, com valores mobiliários admitidos a negociação no mercado. Deve obedecer a padrões de governança corporativa e adotar contabilidade e demonstrações financeiras padronizadas. A Administração não poderá ser titular da maioria de seu capital votante (art. 9º).

Trata-se de uma sociedade criada pelo *próprio* parceiro privado, ou seja, pelo vencedor do certame licitatório para a consecução de suas atividades. Há pelo menos três vantagens na criação da SPE: a) evita a figura do consórcio na execução do contrato, focando a cobrança da execução do serviço numa pessoa apenas; b) permite que valores mobiliários dessas empresas sejam vendidos, atraindo investimento; c) possibilita que a empresa consiga empréstimos em bancos de fomento, também para atrair investimentos.

Eis o novo modelo. O parceiro privado tomará empréstimos no mercado financeiro para realizar investimentos para o parceiro público, que somente começará a pagar sua contraprestação após a disponibilização do serviço.

E como o modelo resolve o problema do risco em se emprestar dinheiro para parceiros da Administração? Afinal de contas, no Brasil o Poder Público é useiro e vezeiro em não pagar os particulares. A solução encontrada pela lei foi dar garantias especiais e reforçadas de que o parceiro irá receber sua contraprestação e, consequentemente, terá como pagar o mercado financeiro pelos investimentos feitos.

A questão está colocada na sexta diretriz do item anterior, que estabelece dois princípios: a) o da *garantia da amortização do investimento*; e b) o da *garantia da satisfação efetiva e imediata do crédito*. O primeiro se revela com a fixação de prazos mínimos de vigência da parceria. Já o segundo, com a criação de garantias especiais e reforçadas em favor do parceiro privado.

As garantias passam por fianças bancárias e seguros e preveem até a instituição de um "fundo garantidor ou uma empresa estatal criada para essa finalidade" (art. 8º, V).

Para o âmbito da União, a lei autorizou que as pessoas de direito público correspondentes (União, autarquias, fundações públicas), seus fundos especiais e suas empresas públicas dependentes (as duas últimas só apareceram com a Lei 12.409/2011) participem, no limite global de R$ 6 bilhões do que chamou de Fundo Garantidor de Parcerias Público-Privadas (FGP), de natureza privada e patrimônio próprio separado do patrimônio pessoal de seus participantes. Tal fundo está sendo formado por aporte de bens (dinheiro, imóveis dominicais, móveis) e direitos (ações excedentes ao necessário para o controle de sociedades de economia mista, e títulos da dívida pública) dos participantes, também chamados de cotistas. Empresa especializada será incumbida de avaliar os bens e direitos transferidos (art. 16).

O FGP será criado, administrado, gerido e representado, judicial e extrajudicialmente, por instituição financeira controlada, direta ou indiretamente, pela União, que zelará pela manutenção de sua rentabilidade e liquidez (art. 17).

O estatuto e o regulamento do FGP devem deliberar sobre a política de concessão de garantias, inclusive no que se refere à relação entre ativos e passivos do Fundo (art. 18, *caput*). A garantia será prestada nas seguintes modalidades: fiança, sem benefício de ordem para o fiador; penhor de bens móveis e hipoteca de bens imóveis, ambos do Fundo; alienação fiduciária; garantia, real ou pessoal, vinculada ao patrimônio de afetação do Fundo (art. 18, § 1º).

A garantia poderá ser acionada a partir do 15º dia do vencimento de título exigível aceito pelo parceiro público. No caso de emissão de fatura não aceita, mas também não rejeitada expressa e motivadamente, a garantia poderá ser acionada transcorridos 45 dias de seu vencimento (art. 18, §§ 4º e 5º). A quitação do débito pelo Fundo importará sua sub-rogação nos direitos do parceiro privado.

Se necessário, os bens e direitos do fundo poderão ser objeto de constrição judicial e alienação para satisfazer as obrigações garantidas (art. 18, § 7º).

O FGP poderá usar parcela da cota da União para prestar garantia aos seus fundos especiais, às suas autarquias, às suas fundações públicas e às suas empresas estatais dependentes (art. 18, § 8º, incluído pela Lei 12.409/2011).

Toda essa sistemática de garantias especiais tem uma razão: conforme visto, o Poder Público não costuma pagar em dia seus fornecedores, gerando grande insegurança por parte destes, principalmente quanto à realização de grandes investimentos. O não pagamento pela Administração ensejava a propositura de ação judicial, com recebimento do crédito, ao final, após a expedição de precatórios.

Se de um lado, resolve o problema, de outro, a solução sofre críticas de alguns, no sentido de que é inconstitucional, porque trata de modo diferente os credores do Poder Público. Não satisfeitos seus créditos, uma parte dos credores (aqueles que têm outros contratos com a Administração) deve recorrer ao Judiciário, e só receberá após a expedição de um precatório. A outra parte (a dos que têm uma parceria público-privada) receberá sem ter que esperar por um precatório judicial.

Críticas à parte, é bom destacar que os demais entes da federação também poderão criar, por meio de lei, fundo com características semelhantes ou mesmo uma empresa estatal (como foi o caso de São Paulo, que criou a Companhia Paulista de Parcerias), uma vez que essa garantia é prevista de modo genérico (para todos os entes políticos) no art. 8º, V, da Lei.

Por fim, vale destacar um ponto bastante polêmico, que é o da possibilidade de o edital (e o respectivo contrato) prever que se possa usar a arbitragem para a solução dos conflitos entre os parceiros. Dispõe o inciso III do art. 11 da Lei que tais instrumentos poderão prever "o emprego dos mecanismos privados de resolução de disputas, inclusive a arbitragem, a ser realizada no Brasil e em língua portuguesa, nos termos da Lei 9.037, de 23 de setembro de 1996, para dirimir conflitos decorrentes ou relacionados ao contrato". De nossa parte, entendemos que esse mecanismo de solução de conflitos só poderá incidir quanto a questões de ordem estritamente técnica não jurídica, tais como questões econômicas, contábeis e de engenharia. O princípio da indisponibilidade do interesse público impede que decisões de ordem administrativa sejam revistas por órgão que não seja a própria Administração ou o Poder Judiciário.

12.13.6. Procedimento e tipo licitatório

O *procedimento* ou *modalidade* de licitação para contratação da parceria é o da concorrência. O rito, todavia, sofre duas alterações marcantes. De um lado, traz a previsão de regras semelhantes às do pregão. De outro, permite o saneamento de falhas cometidas pelos licitantes. Quanto ao tipo licitatório, também temos novidade.

Vejamos as novidades:

a) **Inversão de fases.** O art. 13 dispõe que o edital *poderá* prever a inversão das fases de habilitação e julgamento. Quanto a este, há previsão de que possa ser precedido de uma etapa chamada de "qualificação de propostas técnicas", desclassificando-se os licitantes que não alcançarem a pontuação mínima (art. 12, I). Repare que não se trata de "qualificação habilitatória", mas de valoração de propostas técnicas;

b) **Lances verbais.** Com relação às propostas econômicas, o edital definirá se haverá apenas "propostas escritas em envelopes lacrados" ou se haverá "propostas escritas, seguidas de lance em viva voz" (art. 12, III);

c) **Tipo de "menor valor da contraprestação a ser paga pela Administração".** Na verdade, trata-se do famoso tipo "menor preço" adaptado às características das parcerias. A lei também admite o tipo "melhor proposta em razão da combinação do menor valor da contraprestação a ser paga pela Administração com o critério de melhor técnica, de acordo com os pesos estabelecidos no edital" (*vide* art. 12, II);

d) **Saneamento de falhas.** O edital poderá prever a possibilidade de saneamento de falhas, de complementação de insuficiências ou ainda de correções de caráter formal no curso do procedimento, desde que o licitante possa satisfazer as exigências dentro do prazo fixado no instrumento convocatório (art. 12, IV).

13. CONTROLE DA ADMINISTRAÇÃO

13.1. Controle interno

13.1.1. *Introdução*

O controle interno pode ser **conceituado** como o *controle exercido no interior da própria Administração, tendo fundamento no princípio da autotutela.*

Quanto à **iniciativa**, o controle interno deve se dar *de ofício*, podendo iniciar-se, também, por *provocação do interessado*.

Quanto à **extensão**, o controle abrange a fiscalização *contábil, financeira, orçamentária, operacional* e *patrimonial* (art. 70 da CF).

Quanto aos **meios**, o controle interno se dá pela *fiscalização hierárquica* (já vista no item Poder Hierárquico), pela *supervisão ministerial* (vista no capítulo da Organização da Administração) e também pelos *recursos administrativos*, que serão analisados no próximo item.

13.1.2. *Recursos administrativos em sentido amplo*

Os **recursos administrativos** são *todos os meios administrativos hábeis a provocar o controle da atividade administrativa.* Aqui a expressão "recursos administrativos" é utilizada em sentido amplo, abrangendo todo e qualquer tipo de provocação administrativa do interessado, com vistas ao controle da atividade da Administração.

São **modalidades** dos recursos administrativos:

a) **representação**, consistente na denúncia de irregularidade, feita na Administração;

b) **reclamação administrativa**, consistente na dedução das seguintes pretensões:

b1) pedido de reconsideração: feito para a mesma autoridade que decidiu;

b2) revisão: destinada ao reexame de matéria já definitivamente apreciada pela Administração quando surgirem fatos ou circunstâncias que possam modificar a decisão anterior, não podendo haver reforma em prejuízo de quem a pede (art. 65 da Lei 9.784/1999), ou seja, em matéria de revisão não cabe *reformatio in pejus*. Um exemplo é o pedido de revisão da demissão de um agente público, mas que acabou sendo absolvido na esfera criminal por negativa de autoria ou inexistência do fato;

b3) recurso hierárquico: feito para o superior hierárquico de quem decidiu. Será hierárquico *próprio* se dirigido à autoridade superior do mesmo órgão da inferior (ex.: para secretário da educação contra ato de um diretor da secretaria); será hierárquico *impróprio*, se dirigido para autoridade superior fora do órgão da inferior (ex.: para o Prefeito contra ato do secretário da saúde).

13.1.3. *Recurso hierárquico*

Como regra, o recurso hierárquico tem somente **efeito** devolutivo, tendo também efeito suspensivo nas hipóteses em que a lei assim dispuser ou quando o administrador aplicá-lo motivadamente, não se presumindo sua existência. Recebido no efeito suspensivo, sem exigência de caução do particular, este não terá interesse processual em ingressar com demanda no Poder Judiciário (salvo se o recurso pleitear que a administração deixe de se omitir diante de um caso concreto). Disso decorre o impedimento da fluência do prazo prescricional.

Tem **legitimidade** para interpor recurso as seguintes pessoas: a) os titulares dos direitos discutidos no processo; b) os terceiros afetados pela decisão; c) as organizações e associações representativas, em caso de interesses coletivos; d) os cidadãos ou associações, quanto aos interesses difusos.

Quanto ao recurso hierárquico, a Lei 9.784/1999 dispõe, em seu art. 56, que os recursos serão **dirigidos** à autoridade que proferiu a decisão, a qual, se não a reconsiderar no prazo de 5 dias, o encaminhará à autoridade superior.

O **prazo** para recurso é, como regra, de 10 dias, contado da ciência ou divulgação oficial da decisão (art. 59), sendo que, na contagem dos prazos, exclui-se o dia do início e inclui-se o do vencimento (art. 66).

O recurso administrativo **tramitará no máximo por três instâncias**, salvo disposição legal diversa (art. 57).

O **não conhecimento** do recurso não impede a Administração de rever de ofício o ato ilegal, desde que não ocorrida a preclusão administrativa (art. 63).

O órgão competente para decidir o recurso pode tomar as **seguintes decisões:** não conhecer do recurso, ou confirmar, modificar, anular ou revogar, total ou parcialmente, a decisão recorrida, se a matéria for de sua competência.

Cabe *reformatio in pejus*, mas o recorrente deve ser cientificado para a defesa, se, da aplicação de tal regra, puder decorrer gravame à situação do recorrente (art. 64).

13.1.4. *Coisa julgada e prescrição administrativas*

Toda decisão administrativa é passível de ser reapreciada pelo Poder Judiciário nos aspectos de legalidade, moralidade e razoabilidade.

Assim, uma decisão administrativa, mesmo confirmada por um recurso administrativo, não faz aquela coisa julgada prevista na lei processual civil ou penal, coisa julgada que faz com que a decisão fique, definitivamente, imutável no mundo jurídico.

Porém, na esfera administrativa existe a chamada **coisa julgada administrativa**, que consiste na *impossibilidade de retratação por parte da Administração Pública, quando decida favoravelmente ao administrado, desde que, é claro, não se trate de decisão ilegal.*

Em outras palavras, a coisa julgada administrativa consiste no não cabimento mais de recursos na esfera administrativa. De qualquer forma, nada impede que a decisão seja revista no âmbito do Poder Judiciário ou, caso seja ilegal, seja revista pela Administração no prazo de 5 anos (art. 54 da Lei 9.784/1999), sob pena de decadência, salvo comprovada má-fé, hipótese em que não há prazo para anulá-la.

O outro conceito importante é o de **prescrição administrativa,** que *consiste na perda do prazo para recorrer de decisão administrativa (prazo previsto na lei local) ou na perda do prazo para que a Administração reveja seus atos (5 anos) ou, ainda, na perda do prazo para punir (previsto também na lei local).*

Prescrição das pretensões contra o particular: o prazo prescricional para a Administração ingressar com demanda contra o particular é o da lei civil (10 anos, como regra; 3 anos para reparação civil; 5 anos para responsabilidade contratual).

Prescrição das pretensões contra a Fazenda Pública: o prazo é de 5 anos, permitida uma única interrupção, quando então o prazo recomeça a contar, agora, por mais 2 anos e meio, desde que, na somatória do prazo que já decorreu com esse novo prazo não fique reduzido a prazo inferior aos 5 anos originariamente previstos. A Súmula 383 do STF assim dispõe: *a prescrição em favor da Fazenda Pública recomeça a correr, por dois anos e meio, a partir do ato interruptivo, mas não fica reduzida aquém de cinco anos, embora o titular do direito a interrompa durante a primeira metade do prazo.* Vale salientar que o art. 10 do Decreto 20.910/1932, que trata da prescrição quinquenal contra a Fazenda, dispõe que o prazo de cinco anos *"não altera as prescrições de menor prazo, constantes das leis e regulamentos, as quais ficam subordinadas às mesmas regras".*

13.1.5. Processo administrativo

No contexto do controle interno da Administração, o processo administrativo é tema de bastante importância.

É por meio do processo administrativo que os requerimentos do particular serão analisados, que punições serão constituídas, que a Administração desenvolverá suas competências.

O controle interno se dará, então, por meio de processos administrativos.

O estudo dos recursos administrativos, visto há pouco, ocorre no âmbito de processos administrativos. Porém, há alguns temas de processo administrativo que não foram vistos quando estudamos o recurso administrativo, daí porque abrimos o presente item com o fito de estudá-los.

O processo administrativo pode ser **conceituado** como *o conjunto de atos coordenados para obtenção de uma decisão final no âmbito administrativo.* São exemplos de processo administrativo o processo disciplinar, o processo licitatório, o processo para aplicação de sanções decorrentes da polícia administrativa, dentre outros.

O *processo administrativo* não se confunde com o *procedimento administrativo.* Este consiste no rito, no procedimento aplicável a um processo administrativo. No processo judicial há diversos ritos, como o ordinário, o sumário, dentre outros.

No plano federal, há uma **Lei de Processo Administrativo Federal**, que é a **Lei 9.784/1999**. Essa lei traz as regras do processo administrativo na esfera federal, para as três esferas da administração (do Legislativo, do Executivo e do Judiciário), inclusive para o Ministério Público e para Tribunal de Contas.

Essa lei traz **princípios administrativos** (art. 2º), bem como regras sobre **direitos e deveres dos administrados** (arts. 3º e 4º), **formação do processo** (arts. 5º a 8º), **legitimação dos interessados** (arts. 9º e 10), **competência** (arts. 11 a 17), **impedimentos e suspeições** (arts. 18 a 21), **forma, comunicações, instrução, julgamento e motivação** (arts. 22 a 50), **desistência, casos de extinção, anulação, revogação, convalidação, recurso administrativo e revisão** (arts. 51 a 65), dentre outros aspectos, sendo diploma de importante leitura.

Como **princípios específicos** do processo administrativo, pode-se apontar:

a) **legalidade objetiva** (art. 2º, *caput*, da Lei 9.784/1999): o processo é para fazer valer a lei;

b) **oficialidade ou impulsão** (art. 29, Lei 9.784/1999): a Administração instaura e movimenta o processo de ofício;

c) **informalismo** (art. 2º, parágrafo único, IX, da Lei 9.784/1999): respeita-se a forma legal tendo em conta a instrumentalidade das formas;

d) **verdade material:** impõe a busca da verdade real;

e) **publicidade** (art. 2º, parágrafo único, V, da Lei 9.784/1999): impõe a divulgação dos atos do processo;

f) **contraditório e ampla defesa** (art. 5º, LV, da CF);

g) **devido processo legal** (art. 5º, LIV, da CF): impõe respeito às normas que regem o processo;

h) **razoável duração do processo** (art. 5º, LXXVIII, da CF): além dos meios que garantam a celeridade da tramitação.

As **fases** do processo administrativo são as seguintes: instauração, instrução, defesa, relatório (peça informativa e opinativa) e julgamento pela autoridade competente.

Como **modalidades** de processo administrativo tem-se:

a) processo de expediente: é aquele destinado a registrar situações administrativas, não incidindo sobre direitos, daí a impropriedade do nome;

b) processo de outorga: é aquele em que se pleiteia um direito ou situação individual perante a Administração;

c) processo de controle: é aquele em que se controla o mérito de atos praticados (aprovação) ou o respeito às formalidades legais (homologação);

d) processo punitivo: é aquele destinado à imposição de penalidades em geral;

e) processo administrativo disciplinar: é aquele destinado à apuração de faltas disciplinares de servidores;

f) processo administrativo tributário, dentre outros.

A Lei 9.784/1999 é a Lei Geral de Processo Administrativo Federal. Assim, havendo uma lei específica tratando de alguma espécie de processo administrativo (exs.: Lei 8.666/1993, que trata do processo licitatório; Lei 8.112/1990, que trata do processo disciplinar), a Lei 9.784/1999 só poderá ser aplicada subsidiariamente (art. 69).

No mais, a Lei 9.784/1999 poderá também ser aplicada em relação a processos administrativos de Estados-membros e Municípios. A Lei Federal se aplicará por inteiro quando não houver lei de processo administrativo num dado Estado-membro ou município e se aplicará de modo subsidiário quando já houver lei de processo em algum ente federativo.

A aplicação subsidiária consiste em a Lei Geral de Processo Administrativo incidir quanto a aspectos que não foram regulados pela lei específica ou pela lei local.

13.2. Controle externo

13.2.1. Introdução

O controle externo pode ser **conceituado** como *aquele exercido por órgão ou pessoa que está fora da Administração.*

Quanto ao órgão controlador, o controle externo pode ser de duas espécies, quais sejam, **parlamentar** e **judicial**.

13.2.2. Controle parlamentar

O art. 49, X, da CF, diz ser **competência exclusiva** do Congresso Nacional *fiscalizar e controlar, diretamente, ou por qualquer de suas Casas, os atos do Poder Executivo, incluídos os da administração indireta.*

Tal controle, no plano financeiro-econômico, é exercido com o **auxílio** dos tribunais de contas, que são órgãos independentes, mas que atuam como auxiliares do Poder Legislativo no controle parlamentar.

Os tribunais de contas fiscalizam toda a administração direta e indireta, bem como qualquer pessoa física ou jurídica, desde que tenha recebido recurso de origem estatal.

O controle externo da Câmara Municipal será exercido com o auxílio dos Tribunais de Contas dos Estados ou dos Conselhos ou Tribunais de Contas dos Municípios, onde houver, sendo vedada a criação de Tribunais, Conselhos ou órgãos de Contas Municipais (art. 31, CF), ressalvados os já existentes, no Município de São Paulo e no Município do Rio de Janeiro.

O parecer prévio, emitido pelo órgão competente sobre as contas que o Prefeito deve anualmente prestar, só deixará de prevalecer por decisão de dois terços dos membros da Câmara Municipal (art. 31, CF).

Quanto ao controle legislativo, vale lembrar que o artigo 49, V, diz que é competência exclusiva do Congresso *"sustar os atos normativos do Poder Executivo que exorbitem do poder de regulamentar ou dos limites de delegação legislativa"*.

O artigo 49, IX, por sua vez, confere a competência para *"julgar anualmente as contas prestadas pelo Presidente da República e apreciar os relatórios sobre a execução dos planos de governo"*.

Vale salientar que a Constituição Federal traz uma série de situações em que o Poder Legislativo controlará atos do Poder Executivo, como na aprovação de tratados e convenções internacionais, autorização para declarar guerra e fazer a paz, aprovação ou suspensão de intervenção federal ou estado de sítio, todas previstas no artigo 49. Há também controle, previsto no artigo 52, a ser feito pelo Senado Federal, quanto à aprovação da escolha de ocupantes de certos cargos, autorização de operações externas financeiras e endividamentos. Tudo sem contar o fato de que se pode constituir CPI por prazo certo e para apurar fato determinado (art. 58. § 3º).

O artigo 71 da Constituição traz, ainda, as seguintes disposições a respeito da competência do Tribunal de Contas:

a) *aplicar aos responsáveis, em caso de ilegalidade de despesa ou irregularidades de contas, as sanções previstas em lei, que estabelecerá, entre outras cominações, multa proporcional ao dano causado ao erário;*

b) *assinar prazo para que o órgão ou entidade adote as providências necessárias ao exato cumprimento da lei, se verificada ilegalidade;*

c) *sustar, se não atendida, a execução do ato impugnado, comunicando a decisão à Câmara dos Deputados e ao Senado Federal;*

d) *no caso de contrato, o ato de sustação será adotado diretamente pelo Congresso Nacional, que solicitará, de imediato, ao Poder Executivo as medidas cabíveis;*

e) *se o Congresso Nacional ou o Poder Executivo, no prazo de noventa dias, não efetivar as medidas previstas no item anterior, o Tribunal decidirá a respeito;*

f) *as decisões do Tribunal de que resulte imputação de débito ou multa terão eficácia de título executivo.*

13.2.3. Controle judicial

O controle judicial dos atos da administração pública pode se dar por qualquer tipo de demanda judicial.

Porém, há **ações especiais** contra atos do Poder Público, como o mandado de segurança, o *habeas data*, a ação popular e a ação civil pública, por exemplo.

Não há ato administrativo **imune** ao controle judicial. Até o ato discricionário está sujeito ao controle jurisdicional, desde que tal controle se atenha aos aspectos de legalidade, razoabilidade e moralidade, não sendo possível invadir-se o puro mérito administrativo, ou seja, a conveniência e a oportunidade que remanesce ao agente público diante dos chamados atos discricionários.

Neste ponto, vale destacar que determinados atos estão sujeitos a **controle especial**. São eles: os atos políticos (ex.: iniciativa e veto a projeto de lei, nomeação de Ministro, concessão de indulto etc.), os atos legislativos (leis) e os atos *interna corporis* (regimentos de tribunais e de corporações legislativas).

Os primeiros terão âmbito de controle muito pequeno. Os segundos serão controlados por meio de ações de constitucionalidade, salvo as leis de efeito concreto, que podem ser atacadas por meios comuns, como o mandado de segurança e a ação popular. Os últimos, por dizerem respeito aos interesses internos da corporação legislativa, não são passíveis de controle quanto ao seu conteúdo, sendo possível tão somente analisá-los quanto a aspectos formais.

Em virtude do princípio da inafastabilidade da jurisdição, o interessado **não é obrigado a esgotar as vias administrativas** para pleitear proteção judicial em decorrência de lesão a direito seu. Nesse sentido, confira a seguinte decisão do STJ: "o esgotamento prévio das instâncias administrativas não é condição para que a parte se socorra do Poder Judiciário e pleiteie o reconhecimento de seu direito líquido e certo" (STJ, RMS 13.893/MS, DJ 24.03.2008).

Questão importante diz respeito ao prazo de **prescrição** para o ingresso com ação contra a Fazenda Pública.

Como regra, esse prazo é de 5 anos, nos termos do art. 1º do Decreto 20.910/1932.

Todavia, em matéria de ação indenizatória há dúvidas sobre se o prazo é de 3 ou de 5 anos, conforme foi visto no item referente à responsabilidade civil do Estado.

Há tema bastante interessante no que diz respeito ao prazo prescricional para ingressar com ação contra a Fazenda Pública quanto a eventos que ensejam direitos de trato sucessivo.

A título de exemplo, imagine que os vencimentos de servidor público não tenham sido adequadamente reajustados há 10 anos. É possível, hoje, que esse servidor proponha ação judicial visando à condenação do ente federativo em relação ao pagamento retroativo do reajuste bem como à determinação de que esse reajuste seja aplicado aos vencimentos futuros?

O Decreto 20.910/1932, que regula a prescrição das dívidas da Fazenda Pública, dispõe que essas prescrevem em 5 anos, contados da data do ato ou fato do qual se originarem (art. 1º), conforme já vimos.

Todavia, há súmula do Superior Tribunal de Justiça que estabelece que, nas relações de trato sucessivo em que a Fazenda Pública figure como devedora, quando *não haja negativa* do direito reclamado pelo interessado, a prescrição atinge apenas as prestações vencidas antes do quinquênio anterior à propositura da ação, não ocorrendo prescrição do fundo de direito.

Assim, desde que não tenha havido negativa expressa da Administração em relação ao direito do servidor, este poderá aforar ação mesmo já tendo transcorrido o prazo de 5 anos da data em que os reajustes deveriam ter sido feitos. E isso se dá porque, nas relações de trato sucessivo, a lesão se renova mensalmente.

Apesar de a prescrição não atingir o fundo de direito, o servidor não poderá reclamar, na ação proposta, prestações vencidas antes do quinquênio anterior à propositura da ação, por ter ocorrido prescrição.

Quanto à ação adequada a ser proposta pelo servidor, em que pese não se operar a decadência para a propositura de mandado de segurança com relação a prestações de trato sucessivo, essa ação não é adequada, pois haveria problema em se formar título executivo para a cobrança dos últimos cinco anos de prestações devidas.

Como é cediço, o mandado de segurança não pode ser utilizado como ação de cobrança. O máximo que a Lei de Mandado de Segurança permite é que o pagamento de prestações pecuniárias asseguradas na sentença será efetuado relativamente às prestações que se vencerem a contar do ajuizamento da inicial.

Dessa forma, o servidor deve ingressar com ação de conhecimento pelo rito ordinário, objetivando a cobrança das prestações atrasadas e das prestações que se vencerem a contar do ajuizamento da inicial (obrigação de pagar), bem como a implantação do reajuste para as prestações futuras (obrigação de fazer), com pedido de tutela antecipada.

A respeito, confira os seguintes entendimentos jurisprudenciais:

> Súmula 85 do STJ. "Nas relações jurídicas de trato sucessivo em que a fazenda pública figure como devedora, quando não tiver sido negado o próprio direito reclamado, a prescrição atinge apenas as prestações vencidas antes do quinquênio anterior à propositura da ação."
>
> "A Administração Pública quedou-se omissa em repassar o reajuste de fevereiro de 1995 determinado pelas Leis Municipais 10.688/1988 e 10.722/1989 aos vencimentos dos servidores públicos municipais. Desse modo, verifica-se tratar de lesão que se renova mensalmente, caracterizando, por conseguinte, relação jurídica de trato sucessivo, nos termos da Súmula 85 do STJ." (STJ, AgRg no Ag 1118098/SP, DJ 29.06.2009)
>
> "Nas demandas em que se discute o reajuste de vencimentos de servidores, e não havendo negativa expressa da Administração, a prescrição não atinge o próprio fundo de direito, mas tão somente as parcelas anteriores ao quinquênio que antecedeu à propositura da ação." (STJ, AgRg no Ag 1056855/SP, DJ 13.10.2008)

13.3. Autocomposição de conflitos em que for parte pessoa jurídica de direito público (Lei 13.140/2015)

A solução alternativa de conflitos envolvendo pessoas de direito público estatal não é novidade no Direito Brasileiro, estando prevista em diplomas como a Lei de Concessão de Serviços Públicos e Lei de Parcerias Público-Privadas, que admitem até mesmo a arbitragem em alguns casos.

A novidade está na edição da Lei 13.129, de 26 de maio de 2015, que alterou o § 1º do art. 1º da Lei 9.307/1996, para o fim de admitir, genericamente, a utilização da arbitragem para dirimir conflitos relativos a direitos patrimoniais disponíveis da administração pública direta e indireta, lei essa já em vigor, e na edição da Lei 13.140, de 26 de junho de 2015, que regulamenta, de um lado, a mediação entre particulares, e, de outro, que mais nos interessa, a autocomposição de conflitos no âmbito da Administração Pública.

Em relação a esta autocomposição de conflitos em que se tem como parte pessoa jurídica de direito público, os entes políticos (União, Estados, DF e Municípios) poderão criar câmaras de prevenção e resolução administrativa de conflitos, no âmbito de seus respectivos órgãos da Advocacia Pública, onde houver, com competência para (art. 32):

> I – dirimir conflitos entre órgãos e entidades da administração pública;
>
> II – avaliar a admissibilidade dos pedidos de resolução de conflitos, por meio de composição, no caso de controvérsia entre particular e pessoa jurídica de direito público;
>
> III – promover, quando couber, a celebração de termo de ajustamento de conduta.

O modo de composição e funcionamento das câmaras mencionadas será estabelecido em regulamento de cada ente federado, sendo que a submissão do conflito a essas câmaras é facultativa e será cabível apenas nos casos previstos no regulamento respectivo de cada ente federado, ficando absolutamente vedada essa competência em caso de controvérsias que somente possam ser resolvidas por atos ou concessão de direitos sujeitos a autorização do Poder Legislativo, sendo que a lei já deixa expresso, para que não haja dúvidas, que estão compreendidas na competência dessas câmaras a prevenção e a resolução de conflitos que envolvam equilíbrio econômico-financeiro de contratos celebrados pela administração com particulares.

Havendo consenso entre as partes, o acordo será reduzido a termo e constituirá título executivo extrajudicial.

Segundo o art. 33 da lei, enquanto não forem criadas as câmaras de mediação, os conflitos poderão ser dirimidos nos termos do procedimento de mediação previsto na lei para a mediação entre particulares (arts. 14 a 20 da lei).

Outros pontos importantes dessa autocomposição estatal são:

a) a Advocacia Pública da União, dos Estados, do Distrito Federal e dos Municípios, onde houver, poderá instaurar, de ofício ou mediante provocação, procedimento de mediação coletiva de conflitos relacionados à prestação de serviços públicos (art. 33, parágrafo único); por exemplo, isso pode ser feito em matéria de problemas de falta de água ou de energia elétrica;

b) a instauração de procedimento administrativo para a resolução consensual de conflito no âmbito da administração pública suspende a prescrição (art. 34), sendo que se considera instaurado o procedimento quando o órgão ou entidade pública emitir juízo de admissibilidade, retroagindo a suspensão da prescrição à data de formalização do pedido de resolução consensual do conflito; e, em se tratando de matéria tributária, a suspensão da prescrição deverá observar o disposto na Lei 5.172, de 25 de outubro de 1966 – Código Tributário Nacional.

No âmbito específico dos conflitos envolvendo a Administração **Federal** Direta e suas Autarquias e Fundações, a lei federal já traz as seguintes regras (art. 35 a 40):

a) essas controvérsias poderão ser objeto de transação por adesão, com fundamento em: autorização do Advogado-Geral da União, com base na jurisprudência pacífica do STF ou de tribunais superiores; ou parecer do Advogado-Geral da União, aprovado pelo Presidente da República;

b) ao fazer o pedido de adesão, o interessado deverá juntar prova de atendimento aos requisitos e às condições estabelecidos na resolução administrativa;

c) a resolução administrativa terá efeitos gerais e será aplicada aos casos idênticos, tempestivamente habilitados mediante pedido de adesão, ainda que solucione apenas parte da controvérsia;

d) a adesão implicará renúncia do interessado ao direito sobre o qual se fundamenta a ação ou o recurso, eventualmente pendentes, de natureza administrativa ou judicial, no que tange aos pontos compreendidos pelo objeto da resolução administrativa;

e) se o interessado for parte em processo judicial inaugurado por ação coletiva, a renúncia ao direito sobre o qual se fundamenta a ação deverá ser expressa, mediante petição dirigida ao juiz da causa;

f) a formalização de resolução administrativa destinada à transação por adesão não implica a renúncia tácita à prescrição nem sua interrupção ou suspensão;

g) no caso de conflitos que envolvam controvérsia jurídica entre órgãos ou entidades de direito público que integram a administração pública federal, a Advocacia-Geral da União deverá realizar composição extrajudicial do conflito, observados os procedimentos previstos em ato do Advogado-Geral da União, sendo que, se não houver acordo quanto à controvérsia jurídica, caberá ao Advogado-Geral da União dirimi-la, com fundamento na legislação afeta;

h) nos casos em que a resolução da controvérsia implicar o reconhecimento da existência de créditos da União, de suas autarquias e fundações em face de pessoas jurídicas de direito público federais, a Advocacia-Geral da União poderá solicitar ao Ministério do Planejamento, Orçamento e Gestão a adequação orçamentária para quitação das dívidas reconhecidas como legítimas;

i) a composição extrajudicial do conflito não afasta a apuração de responsabilidade do agente público que deu causa à dívida, sempre que se verificar que sua ação ou omissão constitui, em tese, infração disciplinar;

j) nas hipóteses em que a matéria objeto do litígio esteja sendo discutida em ação de improbidade administrativa ou sobre ela haja decisão do Tribunal de Contas da União, a conciliação de que trata o *caput* dependerá da anuência expressa do juiz da causa ou do Ministro Relator.

k) é facultado aos Estados, ao Distrito Federal e aos Municípios, suas autarquias e fundações públicas, bem como às empresas públicas e sociedades de economia mista federais, submeter seus litígios com órgãos ou entidades da administração pública federal à Advocacia-Geral da União, para fins de composição extrajudicial do conflito;

l) nos casos em que a controvérsia jurídica seja relativa a tributos administrados pela Secretaria da Receita Federal do Brasil ou a créditos inscritos em dívida ativa da União: – não se aplicam as disposições dos incisos II e III do *caput* do art. 32; – as empresas públicas, sociedades de economia mista e suas subsidiárias que explorem atividade econômica de produção ou comercialização de bens ou de prestação de serviços em regime de concorrência não poderão exercer a faculdade prevista no art. 37; quando forem partes as pessoas de direito público federais, (a) a submissão do conflito à composição extrajudicial pela Advocacia-Geral da União implica renúncia do direito de recorrer ao Conselho Administrativo de Recursos Fiscais; (b) a redução ou o cancelamento do crédito dependerá de manifestação conjunta do Advogado-Geral da União e do Ministro de Estado da Fazenda.

De acordo com o art. 39 da lei, a propositura de ação judicial em que figurem concomitantemente nos polos ativo e passivo órgãos ou entidades de direito público que integrem a administração pública federal deverá ser previamente autorizada pelo Advogado-Geral da União.

E de acordo com o art. 40 da lei, os servidores e empregados públicos que participarem do processo de composição extrajudicial do conflito, somente poderão ser responsabilizados civil, administrativa ou criminalmente quando, mediante dolo ou fraude, receberem qualquer vantagem patrimonial indevida, permitirem ou facilitarem sua recepção por terceiro, ou para tal concorrerem.

Por fim, vale observar que a lei em questão foi publicada em 29.06.2015, com *vacatio legis* de 180 dias contados daquela data (art. 47).

6. DIREITO CONSTITUCIONAL

Bruna Vieira

1. INTRODUÇÃO

O estudo do Direito Constitucional é de fundamental importância para a vida do profissional do Direito, pois, além de ser o alicerce, a estrutura de todo o ordenamento jurídico, cada vez mais o sistema atua em prol da constitucionalização dos demais ramos do Direito. Isso significa que se não estudarmos a Constituição de forma minuciosa fatalmente encontraremos dificuldades de compreensão do Direito como um todo.

Sabemos que o Direito é uno e indivisível, mas que há, ainda que didaticamente, subdivisões em ramos para facilitar o estudo e a compreensão dos institutos jurídicos. Todos os ramos do Direito, como Direito Civil, Direito Penal, Direito Processual, Direito Tributário, dentre outros, submetem-se à Constituição Federal, fortalecendo a importância desse estudo.

Dentro dessas subdivisões acadêmicas, o Direito Constitucional pertence ao ramo do Direito Público (é o núcleo do Direito Público interno). Cientes de que a Constituição é *o fundamento de validade de todas as normas jurídicas*, inclusive das suas próprias normas, porque tem o dever de preservar a soberania do Estado que a promulgou, não seria adequado pensar de forma diversa. Incidiríamos em erro ao imaginar que o Direito Constitucional pudesse estar alocado no ramo do Direito Privado, geralmente destinado a cuidar dos interesses particulares, subjetivos.

Vale lembrar que "o Direito Constitucional não é apenas um sistema em si, mas uma forma – na verdade, a forma adequada – de ler e interpretar as normas dos demais ramos do Direito, isto é, todas as normas infraconstitucionais. Além disso, no caso brasileiro, em que vige uma Constituição especialmente analítica, nela se encontram os grandes princípios dos diferentes domínios jurídicos" (Barroso, Luís Roberto, **Curso de Direito Constitucional Contemporâneo**, 3ª edição, p. 74).

É importante ter em mente que o Direito Constitucional está totalmente relacionado com a ideia de poder. Dispõe o art. 1º, parágrafo único, da Constituição Federal que "todo poder emana do povo, que o exerce por meio de representantes eleitos ou diretamente". Desse modo, embora haja momentos em que o povo transfira o exercício desse poder a alguém, e isso só é possível porque a própria Constituição assim determina, o detentor do poder continua sendo ele, povo. A essa delegação dá-se o nome de democracia indireta.

O Brasil adotou um sistema misto, ou híbrido, de democracia, no qual existe a democracia direta, ou seja, o povo exercendo o poder que lhe é atribuído de forma direta, por exemplo, quando se inicia um projeto de lei a partir de manifestação popular; e a democracia indireta, aquela em que o exercício do poder do povo se dá por meio de representantes eleitos.

Em suma, podemos dizer que o exercício da democracia se externa de duas maneiras: por meio da democracia direta, ou participativa, e pela democracia indireta:

a) democracia direta ou participativa: aquela em que o povo exerce diretamente o poder que detém sem a necessidade de intermediários. Para tanto, vale-se de instrumentos previstos constitucionalmente, também chamados de mecanismos de democracia direta ou participativa, quais sejam: o plebiscito, o referendo, a iniciativa popular das leis e a ação popular;

b) democracia indireta: aquela em que o povo exerce seu poder por meio de representantes eleitos. Os governantes são eleitos para que exerçam o poder em nome daquele. É importante ressaltar um detalhe: o voto necessariamente deve ser direto, pois essa forma de votar está contida no inciso II, § 4º, do art. 60 da Constituição Federal, ou seja, é uma das cláusulas pétreas. Embora o voto seja direto, seu exercício é um exemplo de instrumento de democracia indireta. Indireta porque o povo, após eleger determinado governante de forma direta, indo efetivamente até à urna para votar, delega seu poder a quem elegeu. Nesse momento, quem concretamente passa a exercer o poder, em nome do povo, é o governante eleito.

2. HISTÓRICO DAS CONSTITUIÇÕES BRASILEIRAS

2.1. Primeira Constituição do Brasil – Imperial de 1824

A primeira Constituição do nosso país foi a Constituição do Império (ou Constituição Imperial), outorgada pelo imperador Dom Pedro I. O fato marcante que a antecedeu foi a Declaração de Independência do Brasil, ocorrida em 7 de setembro de 1822. Dom Pedro I, após ter dissolvido a Assembleia Constituinte, na qual havia representação de São Paulo, Santos e Taubaté, impôs, outorgou (de forma unilateral), essa Constituição. Tal fato ocorreu após um ano e meio da formalização da independência do Brasil, no dia 25 de março de 1824.

A Constituição de 1824, ou Constituição do Império, foi a que teve maior tempo de vigência. Perdurou até a Proclamação da República, que ocorreu em 1889, ou seja, vigorou por 65 anos.

A primeira Constituição foi a única monárquica e semirrígida. Todas as outras foram republicanas. A Constituição do Império foi a única que tivemos classificada como semirrígida porque o art. 178 dispunha: "é só constitucional o que diz respeito aos limites e atribuições respectivos dos poderes políticos, e os Direitos políticos e individuais do cidadão; tudo o que não é constitucional pode ser alterado, sem as formalidades referidas [nos artigos 173 a 177], pelas legislaturas ordinárias". O dispositivo citado deixava claro que a Constituição continha uma parte rígida (difícil de alterar) e outra flexível (processo de modificação mais simplificado).

Em relação à organização dos poderes, havia um quarto poder, chamado de moderador (sistema quadripartite). Portanto, além do executivo, legislativo e judiciário existia o moderador que, segundo Benjamin Constant, era um "fator de equilíbrio entre os demais poderes". Tinha por finalidade assegurar a independência e harmonia dos outros três. Ocorre que esse poder ficava totalmente nas mãos do chefe supremo da nação que, naquele momento, era o Imperador.

No tocante à organização do Estado, o que existiam eram apenas províncias desprovidas de autonomia. Os presidentes das províncias eram nomeados pelo Imperador, que podia exonerá-los no momento em que quisesse. Ele próprio fazia o juízo de conveniência e oportunidade. O Estado era unitário e o poder ficava centralizado nas mãos do Imperador.

Nessa época, havia no Brasil uma religião oficial, que era a Católica Apostólica Romana. O Brasil era um país que professava uma religião oficial (Estado Confessional). O art. 5º da Constituição do Império é que dava guarida a esse entendimento.

Outra peculiaridade da Constituição Imperial é que ela, em momento algum, instituiu um controle judicial de constitucionalidade, portanto, não era possível analisar se uma lei estava ou não de acordo com a Constituição.

É característica dessa época o sufrágio censitário. Nele exigia-se, para votar, a obtenção de renda mínima anual e, além disso, essa oportunidade só era dada aos homens. Mulheres eram proibidas de votar ou serem eleitas. Para um homem ser eleito, a renda por ele obtida era maior do que a exigida para ele simplesmente votar. Essa renda variava de acordo com o cargo: quanto mais alto, maior a renda a ser comprovada. É a denominada plutocracia (governo dos ricos).

2.2. Segunda Constituição do Brasil – Constituição de 1891

A força militar passou a ter relevância na política. Os militares rejeitavam a posição de subordinação ao antigo chefe supremo da nação, o Imperador. Foram eles que, no dia 15 de novembro de 1889, baniram a família imperial do nosso país e proclamaram a república.

Embora a Constituição de 1891 tenha sido a segunda do Brasil, foi a primeira republicana. Justamente por ter sido mudada a forma de governo, a manutenção de uma Constituição imposta por um Imperador passou a ser insustentável. Assim, foi preciso convocar uma Assembleia Nacional Constituinte para que fosse providenciada a feitura da nova Constituição.

Os representantes se reuniram no Rio de Janeiro e quem presidiu a Assembleia foi o paulista Prudente de Moraes. Votaram-na por meio de um processo de convenção e, sob a inspiração da Constituição norte-americana, foi promulgada a segunda Constituição do Brasil. A influência americana foi tanta que até o nome do Estado copiou-se: passamos a ser denominados "Estados Unidos do Brasil".

Com essa nova Constituição, o Estado, antes unitário, passou a ser um Estado Federal, caracterizado pela autonomia e pela verdadeira descentralização do poder.

Havia rígida separação de competências. Os estados ficavam com parcela da competência e a União com outra parcela. Os governadores dos estados passaram a ter poder. As antigas províncias foram suprimidas, em virtude da existência de Estados-membros que passaram a dispor de leis próprias e até de Constituições estaduais próprias.

O Estado não mais professava uma religião oficial. Ele, antes Estado Confessional, no qual a religião obrigatória e oficial era a Católica Apostólica Romana, transformou-se um estado leigo ou laico. A palavra que melhor se adequa ao estado leigo é a neutralidade. Havia considerável liberdade de culto. As pessoas podiam livremente escolher suas religiões e cultuá-las da maneira que desejassem.

Também deixou de existir, com a Constituição de 1891, o quarto poder, denominado moderador, consequência lógica e automática advinda do banimento da família imperial. Se não mais existia imperador, e ele era quem detinha, quem dominava esse quarto poder, não havia mais razão para sua existência. Foi neste momento que se instaurou a clássica tripartição de poderes políticos (poderes executivo, legislativo e judiciário), ou melhor, tripartições de funções, pois sabemos que o poder é uno e indivisível.

A Constituição de 1891 foi a que instituiu o Supremo Tribunal Federal e o primeiro sistema judicial de controle de constitucionalidade (controle difuso). Foi ainda a que ampliou os direitos individuais, trazendo, inclusive, pela primeira vez no ordenamento jurídico brasileiro, a previsão do remédio constitucional, hoje muito conhecido, denominado *habeas corpus*.

2.3. Terceira Constituição do Brasil – Constituição de 1934

Getúlio Vargas assume o poder em 1930. Começa a dizer em seus discursos que em breve convocará uma Assembleia Constituinte para feitura de uma nova Constituição; o tempo decorre, mas Vargas não concretiza sua promessa. Por conta disso é realizada, em São Paulo, uma revolução, em 1932, conhecida como Revolução Constitucionalista.

Tal revolução, segundo o Prof. Augusto Zimmermann, "ainda que tenha se revelado um completo fracasso do ponto de vista militar (os seus líderes foram presos pelas forças governistas), foi um sucesso absoluto do ponto de vista político, porque Getúlio Vargas se sentiu forçado a consentir na elaboração de uma nova Constituinte, em 1933, que marcaria o retorno à normalidade constitucional" (*Curso de Direito Constitucional*, 4ª edição, p. 205).

Nossa terceira Constituição, elaborada por um processo de convenção (votação), teve grande influência da Constituição Alemã de Weimar, de 1919. Foi a primeira Constituição Social do Brasil. Entre suas características, destacamos as principais: a forma federativa de governo, a não existência de religião oficial, a tripartição dos poderes e as mais marcantes – a admissão do voto pela mulher e a introdução, no texto constitucional, de direitos trabalhistas.

A Constituição que teve menor vigência no nosso país foi esta, de 1934, porque em 1937 ocorreu o golpe militar que rompeu toda a ordem jurídica.

2.4. Quarta Constituição do Brasil – Constituição de 1937

À época de sua criação, havia ditadura em vários países (Alemanha, Itália e outros).

Getúlio Vargas, ainda mantido no poder, solicita a elaboração de uma nova Constituição a Francisco Ramos. Por meio de um golpe de Estado, acaba outorgando a Constituição de 1937.

As principais regras trazidas pela nova Constituição tinham caráter ditatorial, impositivo. Como exemplo, podemos mencionar a concentração das funções legislativas e executivas, a supressão da autonomia dos estados-membros, a destituição dos governadores, com a consequente nomeação de interventores, e a criação de serviços de informações para que o Presidente controlasse o povo, o Poder Judiciário e, principalmente, a imprensa.

O argumento utilizado para a manutenção dessas normas preconizava que a expansão do fascismo e comunismo pelo mundo enfraquecia as instituições nacionais e que, portanto, impunha medidas duras para a manutenção do poder central, ainda que o pacto federativo não pudesse ser totalmente respeitado.

Em decorrência da doutrina e da enorme concentração dos poderes nas mãos do Presidente, da mesma forma que ocorria na Constituição da Polônia na época, a Constituição de 1937 passou a ser chamada, pejorativamente, de "Constituição polaca".

2.5. Quinta Constituição do Brasil – Constituição de 1946

Fruto da redemocratização do Brasil, em 18 de setembro de 1946, promulgou-se a quinta Constituição. Seu texto demonstrou claramente uma reação contra a ditadura e os regimes centralizadores. Por conta dos inúmeros acontecimentos mundiais, repudiando os sistemas totalitaristas, o presidente da época, Getúlio Vargas, não podia mais manter a ditadura.

Embora tentasse subterfúgios para se manter no poder, como a nomeação de seu irmão para a chefia da polícia de Guanabara, Vargas acabou sendo destituído por aqueles que temiam sua intenção de permanecer no cargo.

Em decorrência da destituição de Vargas, foi instalada nova Assembleia Constituinte. Nessa época, é eleito Eurico Gaspar Dutra como presidente e, em 1946, é promulgada a nova Constituição.

Em 1950, Vargas retorna como sucessor de Dutra e acaba suicidando-se em 1954. Nesse ano, Café Filho, Vice-Presidente, assume o poder.

2.6. Sexta Constituição do Brasil – Constituição de 1967

Em 31.03.1964, o Presidente da República, João Goulart (conhecido como "Jango"), foi derrubado por um golpe militar, pois fora acusado de estar envolvido com o "comunismo internacional"; era o começo da instalação da ditadura, que acabou em 1985.

A Constituição foi outorgada em 24.01.1967: em que pese alguns doutrinadores entenderem pela legitimidade do golpe e sustentarem a promulgação do texto, não é o posicionamento predominante.

A nova ordem constitucional preocupava-se especialmente com a Segurança Nacional, e diversos poderes foram concedidos à União e ao Poder Executivo. Foram emitidos Atos Institucionais que suprimiram paulatinamente os direitos e garantias individuais.

2.7. Sétima Constituição do Brasil ou Emenda Constitucional 1/1969

A Emenda Constitucional 1/1969 é considerada por parte da doutrina como uma nova Constituição. Foi outorgada pelos militares em 17.10.1969. O Congresso Nacional estava fechado. As eleições continuaram sendo indiretas. O mandato do presidente passou a ser de 5 anos e nova denominação foi dada ao texto. A Constituição do Brasil passou a ser chamada de Constituição da República Federativa do Brasil.

A EC 1/69 não foi assinada pelo Presidente da República Costa e Silva, que estava impossibilitado de governar por motivos de saúde, e nem por seu Vice, Pedro Aleixo, pois por meio do Ato Institucional 12 foi consagrado um governo de Juntas Militares que permitia que os Ministros da Marinha de Guerra, do Exército e da Aeronáutica Militar governassem enquanto o Presidente estivesse afastado.

2.8. Oitava Constituição do Brasil – Constituição de 1988

Em 05.10.1988, foi promulgada a Constituição da República Federativa do Brasil. Os membros da Câmara dos Deputados e do Senado Federal, convocados por meio da EC 26, formaram a Assembleia Nacional Constituinte e aprovaram o texto em dois turnos de votação, por maioria absoluta dos membros. É uma Constituição absolutamente voltada para a proteção dos direitos individuais dos cidadãos, sendo fruto de processo de transição do regime militar para o regime democrático.

3. CONSIDERAÇÕES PRELIMINARES

3.1. Elementos fundamentais

O Estado possui três elementos fundamentais, a saber: povo, território e soberania. *Povo* significa o conjunto de indivíduos ligados jurídica e politicamente ao Estado. Daí falar-se que povo é o elemento humano do Estado. *Território* traz um conceito jurídico contemplando a área na qual o Estado exerce efetivamente a supremacia e o poder que detém sobre bens e pessoas. Já a *soberania pode ser vista sob dois aspectos: interno e externo. Pelo primeiro, o Estado é quem elabora as suas próprias normas, é quem comanda o país, portanto, dotado de autoridade máxima em seu território. O segundo significado diz respeito à igualdade que deve existir entre os países, independentemente de condições, espaço territorial, poder econômico etc. Aos Estados soberanos são dadas garantias como a não intervenção em assuntos internos e a independência nacional.*

3.2. Conceito de Constituição

Uma Constituição pode ser conceituada de diferentes modos tendo por base seus diversos significados. De acordo com José Afonso da Silva, "A Constituição é algo que tem, como forma, um complexo de normas (escritas ou costumeiras), como conteúdo, a conduta humana motivada pelas relações sociais (econômicas, políticas, religiosas etc.), como fim, a realização dos valores que apontam para o existir da comunidade, e, finalmente, como causa criadora e recriadora, o poder que emana do povo" (Curso de Direito Constitucional Positivo, 35ª Ed., p. 39).

Desse modo, vejamos os conceitos dados por grandes doutrinadores:

3.2.1. *Concepção sociológica (Ferdinand Lassalle)*

Sustentava esse autor que "os problemas constitucionais não são problemas de Direito, mas do poder; a verdadeira Constituição de um país somente tem por base os fatores reais e efetivos do poder que naquele país vigem e as constituições escritas não têm valor nem são duráveis a não ser que exprimam fielmente os fatores do poder que imperam na realidade social" (*A essência da Constituição*, p. 40).

Portanto, somente terá valia a Constituição se efetivamente expressar a realidade social e o poder que a comanda. Os fatores reais de poder são identificados, no nosso país, por exemplo, nos movimentos dos sem-terra, nas corporações militares e outras forças que delimitam o conteúdo da Constituição.

O autor citado também mencionava que "de nada serve o que se escreve numa folha de papel se não se ajusta à realidade, aos fatores reais de poder".

3.2.2. *Concepção política (Carl Schmitt)*

Em oposição a Lassale, Carl Schmitt defendeu o conceito de que a Constituição é a decisão política fundamental de um povo, visando sempre dois focos estruturais básicos – organização do Estado e efetiva proteção dos direitos fundamentais.

Para esse autor há divisão clara entre Constituição e lei constitucional. Na primeira, encontraríamos as matérias constitucionais, ou seja, organização do Estado e garantia dos direitos fundamentais, sempre com o objetivo de limitar a atuação do poder. Já as leis constitucionais seriam aqueles assuntos tratados na Constituição, mas que materialmente não teriam natureza de norma constitucional. Na verdade, esses assuntos nem deveriam constar da Constituição. Na nossa atual Carta Magna, visualizamos um exemplo no art. 242, § 2º, que determina que o Colégio Pedro II, localizado na cidade do Rio de Janeiro, será mantido na órbita federal. Esse dispositivo é uma norma apenas formalmente constitucional, pois está dentro da Constituição, mas não trata de matéria tipicamente constitucional.

As leis constitucionais, para Schmitt, como a mencionada no exemplo dado acima, formam o que se denomina Constituição formal, ou seja, apenas são consideradas normas constitucionais pelo fato de estarem alocadas na Constituição, por terem forma de Constituição.

A Constituição Federal de 1988, em seu art. 1º, trata da organização do Estado, enquanto o art. 5º dispõe sobre os direitos fundamentais. Se terminasse aqui, já seria suficiente para Schmitt denominá-la como uma verdadeira Constituição.

3.2.3. *Concepção jurídica ou formal (Hans Kelsen e Konrad Hesse)*

Hans Kelsen pensava de modo diverso, mencionava que o fundamento de validade da Constituição era encontrado na dimensão jurídica e não sociológica ou política.

Esse autor representava o ordenamento jurídico por meio de uma pirâmide, na qual a Constituição se encontrava no ápice e abaixo estavam todos os demais atos normativos. As leis ordinárias, complementares, delegadas e também as medidas provisórias, por terem como fundamento imediato de validade a Constituição, ficavam no segundo degrau da pirâmide. Já os regulamentos, portarias, decretos, entre outros, por se fundamentarem primeiro na lei e depois na Constituição, localizavam-se no terceiro degrau da pirâmide.

Portanto, juridicamente, a Constituição localiza-se no mais elevado degrau da pirâmide e é exatamente em decorrência disso que é fundamentada sua normatividade.

As normas infraconstitucionais (que são todas aquelas que se encontram nos degraus abaixo da Constituição) são submissas às regras determinadas pela Lei Maior e devem ser com ela compatíveis. A isso se deu o nome de relação de compatibilidade vertical.

Tal autor obteve reconhecimento mundial com a elaboração da obra "Teoria Pura do Direito", doutrina que propugna o conteúdo puro do direito, sem interferências de cunhos sociológico, político, valorativo ou econômico. A Constituição, conforme Kelsen, apresenta o aspecto lógico-jurídico, segundo o qual é a 'norma fundamental hipotética', ou seja, traz um comando que impõe obediência obrigatória e é tida como o verdadeiro sentido de justiça, e o aspecto jurídico-positivo, em que a Constituição é a norma positiva superior em queas demais regras jurídicas encontram os seus fundamentos de validade. Sua modificação deve observar um procedimento específico e solene.

3.2.4. *Concepção culturalista*

Segundo a essa corrente, a Constituição engloba todas as regras fundamentais advindas da cultura histórica e também "as emanadas pela vontade existencial da unidade política e regulamentadora da existência, estrutura e fins do Estado e do modo de exercício e limites do poder político" (J. H. Meirelles Teixeira, *Curso de Direito Constitucional*, p. 77 e 78)

3.3. Constitucionalismo e neoconstitucionalismo.

Tradicionalmente, a doutrina faz uso da expressão constitucionalismo ou movimentos constitucionais em mais de um sentido. Vejamos os dois mais comuns.

A primeira concepção de **constitucionalismo** é utilizada para definir a ideologia que afirma que o poder político deve necessariamente ser limitado para que efetivamente sejam garantidos e prestigiados os direitos fundamentais. Nesse primeiro sentido, o movimento é considerado uma teoria normativa da política. A doutrina divide-o em constitucionalismo social e liberal, com base na maior ou menor intervenção do Estado nos interesses privados. Quando há grande intervenção do Estado no mundo privado, é conhecido como social e quando a intervenção é pequena, fala-se em constitucionalismo liberal.

A segunda concepção da expressão constitucionalismo teve origem numa reação contra o Estado Absolutista da Idade Moderna, por volta do século XVIII. A Revolução Francesa também é considerada um marco aqui. A ideia era frisar que a Constituição, além de estabelecer regras sobre organização do Estado, do poder, deveria fazer uma necessária modificação política e social, orientando as ações políticas e tendo atuação direta. Foi a partir deste momento que veio à tona o termo *supremacia constitucional*. A partir dessa concepção, passou a ser necessária a criação de constituições escritas, de origem popular, para efetivamente limitar o poder, organizar o Estado e garantir a proteção dos direitos individuais.

O **neoconstitucionalismo** ou novo/atual constitucionalismo toma por base a necessidade de se incorporar o denominado Estado Constitucional de Direito. A Constituição, portanto, deve efetivamente influenciar todo o ordenamento jurídico. Tudo deve ser analisado à luz da CF. Ela é o filtro que valida, ou não, as demais normas. Os valores constitucionais são priorizados, além das regras relacionadas à organização do Estado e do Poder. Princípios, como a dignidade da pessoa humana, passam a ter maior relevância. Há uma aproximação das ideias de direito e justiça. O Poder Judiciário, ao validar princípios e aos valores constitucionais, atribui a eles força normativa.

Sobre o Neoconstitucionalismo, é importante mencionar o conteúdo axiológico referente à promoção da dignidade humana e dos direitos fundamentais de Ana Paula de Barcellos:

"Do ponto de vista material, ao menos dois elementos caracterizam o neoconstitucionalismo e merecem nota: (i) a incorporação explícita de valores e opções políticas nos textos constitucionais, sobretudo no que diz respeito à promoção da dignidade humana e dos direitos fundamentais; e (ii) a expansão de conflitos específicos e gerais entre as opções normativas e filosóficas existentes dentro do próprio sistema constitucional."

3.4. Estrutura da Constituição Federal de 1988

A CF/1988 é composta das seguintes partes: preâmbulo, corpo das disposições permanentes, ato das disposições constitucionais transitórias e emendas constitucionais (de revisão e propriamente ditas).

3.4.1. Preâmbulo

A Constituição não começa pelo seu art. 1º, mas sim por um preâmbulo que dispõe: "Nós, representantes do povo brasileiro, reunidos em Assembleia Nacional Constituinte para instituir um Estado Democrático, destinado a assegurar o exercício dos direitos sociais e individuais, a liberdade, a segurança, o bem-estar, o desenvolvimento, a igualdade e a justiça como valores supremos de uma sociedade fraterna, pluralista e sem preconceitos, fundada na harmonia social e comprometida, na ordem interna e internacional, com a solução pacífica das controvérsias, promulgamos, sob a proteção de Deus, a seguinte CONSTITUIÇÃO DA REPÚBLICA FEDERATIVA DO BRASIL".

Há diversos princípios no preâmbulo constitucional, como a da igualdade, da liberdade, da solução pacífica das controvérsias etc. Tais comandos servem como diretrizes ideológicas, políticas e filosóficas que devem ser observadas pelo intérprete das normas constitucionais.

Todavia, embora o preâmbulo tenha de ser utilizado como alicerce, segundo o Supremo, ele não tem força normativa, não cria direitos e obrigações e não pode ser utilizado como parâmetro para eventual declaração de inconstitucionalidade. Por exemplo: uma lei que fira tão somente o preâmbulo constitucional não pode ser objeto de ação direta de inconstitucionalidade no STF e nem de outro mecanismo de controle de constitucionalidade.

Além disso, já definiu a Corte Maior (ADI 2076/AC, Rel. Min. Carlos Velloso) que o preâmbulo não é tido como norma de reprodução obrigatória pelas Constituições dos estados-membros.

3.4.2. Disposições permanentes

O corpo das disposições permanentes é composto pelas normas constitucionais que, em regra, possuem maior durabilidade. Essa parte inicia-se no art. 1º e termina no art. 250 e é formada pelos seguintes títulos: Princípios Fundamentais, Direitos e Garantias Fundamentais, Organização do Estado, Organização dos Poderes, Defesa do Estado e das Instituições Democráticas, Tributação e Orçamento, Ordem Econômica e Financeira, Ordem Social e Disposições Constitucionais Gerais.

Para serem alteradas, é necessária a observância do processo legislativo das emendas constitucionais, previsto no art. 60 da Constituição.

3.4.3. Disposições transitórias

Denominado Ato das Disposições Constitucionais Transitórias (ADCT), tem por finalidade tratar de assuntos de direito intertemporal. O ADCT é composto de normas criadas para executarem um determinado papel que, sendo cumprido, passam a não ter mais utilidade. É por esse motivo que tais normas são conhecidas como de eficácia esgotada ou exaurida. Cumprido o encargo para o qual foram criadas, não possuem mais utilidade alguma.

As disposições transitórias, embora integrem o texto constitucional e para serem modificadas também seja necessário o processo das emendas constitucionais, elas ficam ao final da Constituição e possuem numeração própria (artigos 1º ao 100). Isso é assimpois não seria técnico deixar no corpo das disposições permanentes algo que, mais dia menos dia, não terá mais utilidade alguma.

Um exemplo de regra prevista no ADCT e que já foi modificada por emenda é a prevista no art. 42, alterada pela **EC, 89 de 15 de setembro de 2015.** Tal emendaampliou o prazo em que a União deverá destinar às Regiões Centro-Oeste e Nordeste percentuais mínimos dos recursos destinados à irrigação. Outro exemplo de regra do ADCT que já foi alterada por emenda e neste caso, mais de uma vez, é a contida no seu art. 40. Segundo tal norma, a Zona Franca de Manaus é mantida, com suas características de área livre de comércio, de exportação e importação, e de incentivos fiscais, pelo prazo de vinte e cinco anos, a partir da promulgação da Constituição. O parágrafo único do mesmo dispositivo determina que, somente por lei federal, podem ser modificados os critérios que disciplinaram ou venham a disciplinar a aprovação dos projetos na Zona Franca de Manaus. A EC 42/2003 criou o art. 92 do ADCT acrescentando ao prazo citado mais dez anos e, recentemente, a **EC 83, de 05.08.2014** criou o art. 92-A para acrescer mais 50 anos ao prazo citado.

Vale lembrar que as normas constantes do ADCT possuem o mesmo grau de eficácia que as demais normas constitucionais.

3.4.4. Emendas constitucionais

As emendas integram a constituição e possuem duas naturezas distintas: emendas de revisão e emendas constitucionais propriamente ditas. As primeiras foram feitas quando da revisão constitucional, em 1994. Em tal ano, seis emendas foram elaboradas (ECR 1 a 6). O art. 3º do ADCT determinava que a revisão, que se daria uma única vez, ocorresse após cinco anos da promulgação da Constituição, pelo voto da maioria absoluta dos membros do Congresso Nacional, em sessão unicameral. Atualmente, para se modificar a Constituição, só por meio das emendas constitucionais propriamente ditas, que podem ser feitas desde que sejam obedecidas às regras previstas no art. 60 da CF.

3.5. Supremacia constitucional

A noção de supremacia da Constituição talvez seja a mais importante de todo o estudo do Direito Constitucional. Pautado nesse entendimento, é possível verificar os motivos pelos quais os demais ramos, os atos normativos em geral e a atuação dos poderes estão limitados ao texto constitucional.

A Constituição Federal é a lei máxima do ordenamento jurídico brasileiro. É fundamento de validade de todos os demais atos normativos. Está no ápice da pirâmide normativa e determina as regras que devem ser observadas. Todas as normas infraconstitucionais devem guardar relação de compatibilidade com a Constituição.

Ressalta-se que o princípio da supremacia constitucional somente existe nos países que adotam Constituição do tipo *rígida*, ou seja, aquelas que possuem um processo de alteração mais complexo, mais solene, mais dificultoso que o processo de mudança dos demais atos normativos.

3.6. Princípios fundamentais (artigos 1º a 4º da CF)

O art. 1º da CF, após definir o Pacto Federativo, traz os *fundamentos* da República Federativa do Brasil, que são os seguintes:

I. Soberania;

II. Cidadania;

III. Dignidade da pessoa humana;

IV. Valores sociais do trabalho e da livre-iniciativa; e

V. Pluralismo político.

Os fundamentos equivalem aos principais valores e diretrizes adotados pelo Estado brasileiro. Com base neles é que a Constituição Federal de 1988 foi produzida.

Sem sombra de dúvida, podemos dizer que um fundamento de grande relevo é o que diz respeito à *dignidade da pessoa humana*. Para que o ser humano possua dignidade, deve a ele ser dado acesso a requisitos mínimos de uma vida digna como, por exemplo, alimentação (EC 64/2010), moradia, saúde, higiene, educação, lazer etc.

Para que as normas constitucionais sejam devidamente interpretadas é necessária a observância do princípio central que é o da dignidade.

Além disso, tal princípio é um fundamento da República Federativa do Brasil, previsto no inciso III do art. 1º da Constituição Federal.

A Súmula Vinculante n. 11 relaciona-se diretamente com esse princípio. Essa súmula restringe o uso de algemas aos casos de resistência e de fundado receio de fuga ou de perigo à integridade física própria ou alheia, por parte do preso ou de terceiros. Além disso, o uso deve, necessariamente, ser justificado por escrito, sob pena de responsabilidade disciplinar, civil e penal do agente ou da autoridade e de nulidade da prisão ou do ato processual a que se refere, sem prejuízo da responsabilidade civil do Estado.

Desse modo, é possível afirmar que o uso de algemas requer um juízo de ponderação da necessidade e só deve ser utilizado de forma excepcional.

Vale lembrar que o STF, no julgamento do ARE 653.964-AgR, Rel. Min. Luiz Fux, julgamento em 28.02.2012, Primeira Turma, *DJE* de 13.03.2012, decidiu que o enunciado da Súmula Vinculante 11 da Suprema Corte **não** é aplicável, face ao uso de algemas durante a sessão, máxime quando o julgamento pelo Tribunal do Júri se deu em data anterior à sua publicação.

Também tem relação com a dignidade da pessoa humana o princípio da individualização da pena. Assim, a falta de indicação da conduta individualizada dos acusados pela prática de crimes societários fere não só o devido processo legal, a ampla defesa e o contraditório, mas também a dignidade da pessoa humana.

Por fim, o STF, em julgamento realizado pelo plenário, na ADI 3.510, declarou a constitucionalidade do art. 5º da Lei de Biossegurança (Lei 11.105/2005), por entender que as pesquisas com células-tronco embrionárias não violam o direito à vida ou o princípio da dignidade da pessoa humana.

A *soberania* é uma qualidade do Estado independente. Fala-se em soberania externa e interna. A primeira refere-se à representação dos Estados em âmbito internacional. A segunda é determinada pela demarcação da supremacia do Estado em relação aos seus cidadãos. É necessário mencionar que Estado Federal possui soberania e os entes federativos autonomia.

A *cidadania*, quando analisada como um dos fundamentos da República Federativa do Brasil, deve ser compreendida de forma abrangente, contemplando a possibilidade do exercício dos direitos fundamentais constitucionalmente assegurados, em especial, os relacionados ao trabalho, à educação e à saúde.

Para que o Estado cresça economicamente, identificou-se que os *valores sociais do trabalho e da livre-iniciativa* necessitavam ser compatibilizados. Assim, a Constituição de 1988 contemplou tais valores, focando sempre no desenvolvimento da ordem econômica do Estado.

O *pluralismo político* prestigia a variedade de opinião, ideologia, liberdades, fazendo com que tais valores, ainda que diferentes e até mesmo opostos, convivam de forma harmônica. Esse pluralismo também indica que o processo de inclusão deve ser resguardado.

O art. 2º da CF trata da tripartição dos poderes, dispondo que são Poderes da União, independentes e harmônicos entre si, o Legislativo, o Executivo e o Judiciário.

Já o art. 3º contempla os objetivos fundamentais da República Federativa do Brasil. Percebam que os objetivos fundamentais não se confundem com os fundamentos. Estes vêm previstos no art. 1º, enquanto que aqueles, no art. 3º.

Os *objetivos fundamentais* do nosso país são os seguintes: I – construir uma sociedade livre, justa e solidária; II – garantir o desenvolvimento nacional; III – erradicar a pobreza e a marginalização e reduzir as desigualdades sociais e regionais; IV – promover o bem de todos, sem preconceitos de origem, raça, sexo, cor, idade e quaisquer outras formas de discriminação.

Ainda tratando do capítulo que cuida dos princípios fundamentais, a Constituição, em seu art. 4º, contempla aqueles que regem o país nas suas relações internacionais, dentre os quais se destacam: a independência nacional, a prevalência dos direitos humanos, a igualdade entre os Estados, a defesa da paz e a cooperação entre os povos para o progresso da humanidade.

4. ELEMENTOS DA CONSTITUIÇÃO

Nossa Constituição Federal trata de diversos assuntos. Com a finalidade de sistematizar e de organizar esses assuntos, a Norma Suprema uniu matérias afins e, a partir dessa união, foram contemplados doutrinariamente os elementos constituintes. O Prof. José Afonso da Silva é quem melhor faz a divisão clássica (Curso de Direito Constitucional Positivo, 35ª edição, p. 44 e 45). Tendo por base a divisão feita por esse autor, podemos falar que os grupos de elementos são:

4.1. Elementos orgânicos

Contemplam as normas estruturais da Constituição. Englobam as normas de organização do Estado, organização do poder, o orçamento público e a tributação, as forças armadas e a segurança pública. Os temas mencionados se encontram nos capítulos II e III do título V e nos títulos III, IV e V da nossa Constituição Federal.

4.2. Elementos limitativos

Como o próprio nome menciona, são normas que existem para limitar o poder de atuação do Estado. As normas que definem os direitos e garantias fundamentais são as que melhor limitam o poder, pois, ao enunciar determinado direito a alguém, implícita e automaticamente, há o comando impondo ao Estado o dever de não invadir aquele direito constitucionalmente previsto. A exceção se dá em relação aos direitos sociais porque eles exigem condutas positivas do Estado, não possuem somente o mero caráter limitador do eventual exercício arbitrário do poder. Os elementos limitativos contemplam as normas que tratam dos direitos individuais e coletivos, direitos políticos e direito à nacionalidade, todas encontradas no título II da Constituição Federal.

4.3. Elementos socioideológicos

O nome desses elementos já nos encaminha para sua conceituação: podemos dizer que eles definem ou demonstram a ideologia adotada pelo texto constitucional. As normas que compõem os elementos socioideológicos são as que tratam dos direitos sociais, as que compõem a ordem econômica e financeira e a ordem social. Encontramos essas normas no capítulo II do título II e nos títulos VII e VIII da Constituição Federal.

4.4. Elementos de estabilização constitucional

As normas que se encontram nessa divisão são as que visam à superação dos conflitos constitucionais, ao resguardo da estabilidade constitucional, à preservação da supremacia da Constituição, à proteção do Estado e das instituições democráticas e à defesa da Carta Política. Citamos como exemplo as normas que tratam da intervenção federal e estadual (artigos 34 a 36 da CF), as normas que tratam dos estados de sítio e de defesa e as demais integrantes do título V da CF (com exceção dos capítulos II e III, porque eles integram os elementos orgânicos), as normas que tratam do controle de constitucionalidade e, ainda, as que cuidam do processo de emendas à Constituição.

4.5. Elementos formais de aplicabilidade

Formais, porque não possuem conteúdo material e de aplicabilidade, porque servem para auxiliar a efetiva aplicação das normas constitucionais. São normas orientadoras, como, por exemplo, o preâmbulo da Constituição, que não serve como paradigma para controle de constitucionalidade, mas estabelece princípios norteadores de todo ordenamento jurídico brasileiro.

Também se encontram nessa categoria as disposições transitórias, reguladoras do direito intertemporal. Essas normas estão contidas no ADCT (Ato das Disposições Constitucionais Transitórias), que é parte integrante da Constituição Federal, embora fique separado do corpo das normas permanentes e tenha numeração própria apenas por questão de técnica legislativa. Como as normas contidas no ADCT são normas transitórias, passageiras, assim que produzirem todos os efeitos que delas se esperam se esgotarão, não terão mais utilidade alguma. Desse modo, é razoável que fiquem fora do corpo de normas permanentes da Constituição. Para aclarar o exposto, é indicada a leitura dos arts. 3º e 4º do ADCT, que já produziram seus efeitos e que atualmente são normas de eficácia exaurida, esgotada, não mais têm utilidade alguma. Outro exemplo: a previsão constitucional da realização de um plebiscito para a escolha da forma de governo (República ou Monarquia) e o sistema de governo (Parlamentarismo ou Presidencialismo), cinco anos após a promulgação da Constituição de 1988 (art. 2º do ADCT).

Ainda sobre as normas do ADCT, é interessante pontuar que elas podem ser alteradas por emenda constitucional. Um exemplo é o trazido pela EC nº 68, de 21 de dezembro de 2011, que alterou o art. 76 do Ato das Disposições Constitucionais Transitórias (ADCT), prorrogando, por mais 4 (quatro) anos, a Desvinculação das Receitas da União (DRU), até 31.12.2015.

O § 1º do art. 5º da Constituição Federal também é um elemento formal de aplicabilidade. Dispõe que "as normas definidoras dos direitos e garantias fundamentais têm aplicação imediata".

5. CLASSIFICAÇÃO DAS CONSTITUIÇÕES

As constituições são classificadas pela doutrina de diversas maneiras. Essas classificações visam à melhor compreensão da Constituição como um todo. Por exemplo, sabendo nós que a Constituição de 1988, quanto à sua extensão, foi classificada como prolixa, é possível imaginar que essa Constituição é extensa, longa, numerosa; diferente seria tivesse sido classificada como concisa (básica, breve). Nesse caso, mesmo que nunca tivéssemos visto a Constituição mencionada, já teríamos uma ideia de como ela seria. É justamente para isso que servem as classificações.

No entanto, é preciso lembrar que há muitas classificações feitas pela doutrina e, a partir de agora, abordaremos as mais relevantes.

5.1. Quanto à forma, as constituições podem ser classificadas em:

a) escritas – aquelas sistematizadas num único texto, criadas por um órgão constituinte. Esse texto único é a única fonte formal do sistema constitucionalista. Exemplo: Constituição Federal de 1988;

b) não escritas – aquelas cujas normas não estão sistematizadas e codificadas num único texto. São baseadas em textos esparsos, jurisprudências, costumes, convenções, atos do parlamento etc. Há várias fontes formais do direito constitucional no país de Constituição não escrita. Exemplo: Constituição Inglesa.

5.2. Quanto ao modo de elaboração, as constituições podem ser classificadas em:

a) dogmáticas – partem da aceitação de dogmas, considerados o núcleo de uma doutrina. A constituição dogmática necessariamente é uma constituição escrita. As constituições escritas pressupõem a aceitação de dogmas ou de opiniões sobre a política do momento. Exemplo: Constituição Federal de 1988;

b) históricas ou costumeiras – diferentemente das constituições dogmáticas que sempre são escritas, as constituições históricas devem ser não escritas. Resultam da formação histórica, dos fatos sociais, da evolução das tradições. Exemplo: Constituição Inglesa.

5.3. Quanto à origem, as constituições podem ser classificadas em:

a) outorgadas – aquelas elaboradas e impostas por uma pessoa ou por um grupo sem a participação do povo. As constituições outorgadas, na verdade, devem ser denominadas Cartas Constitucionais e não Constituições, pois a primeira denominação é a que corretamente designa a origem outorgada. A segunda nomenclatura diz respeito àquelas Constituições que tiveram como origem a democracia, foram promulgadas. Vale lembrar que muitos doutrinadores tratam essas expressões, Carta e Constituição, como sinônimas, embora não o sejam.

As Constituições outorgadas que tivemos no Brasil foram as seguintes:

✓ Constituição do Império de 1824 (o correto é Carta de 1824);

✓ Carta de 1937 (Vargas);

✓ Carta de 1967 (ditadura militar).

Há ainda aqueles que sustentam que a Emenda Constitucional n. 1/1969 deve ser considerada uma verdadeira Constituição outorgada, imposta pelo Comando Militar;

b) promulgadas, populares ou democráticas – são aquelas advindas de uma Assembleia Constituinte composta por representantes do povo. Sua elaboração se dá de maneira consciente e livre, diferentemente das Constituições outorgadas, que são criadas de forma imposta;

c) cesaristas, plebiscitárias, referendárias ou bonapartistas – são aquelas constituições que, embora elaboradas de maneira unilateral, impostas, após sua criação são submetidas a um referendo popular. Essa participação do povo não pode ser considerada democrática, pois apenas tem a finalidade de confirmar a vontade daquele que a impôs. Os nomes dados a essa Constituição têm por fundamento o caminho utilizado por Napoleão Bonaparte nos chamados plebiscitos napoleônicos.

5.4. Quanto à estabilidade ou processo de mudança, as constituições podem ser classificadas em:

a) rígidas – aquelas alteráveis somente por um processo mais solene, mais dificultoso que o processo de alteração das demais normas jurídicas. O exemplo que podemos dar é a Constituição Federal de 1988, na qual, em seu art. 60 (processo legislativo das emendas), encontramos o fundamento da rigidez constitucional;

b) flexíveis – aquelas modificáveis livremente pelo legislador, observando-se o mesmo processo de elaboração e modificação das leis;

c) semirrígidas – aquela Constituição que possui uma parte rígida e outra flexível. A parte rígida será alterável por um processo mais dificultoso que o das demais normas jurídicas e a parte flexível, alterável pelo mesmo processo de elaboração e modificação das leis. No Brasil, a única Constituição que tivemos classificada como semirrígida foi a de 1824. O art. 5º desta Constituição fundamentava seu caráter semirrígido;

d) super-rígidas – alguns doutrinadores sustentam que a Constituição de 1988 é classificada como super-rígida pelo fato de conter núcleos essenciais intangíveis (cláusulas pétreas – art. 60, § 4º, da CF).

Obs.: prevalece o entendimento de que a Constituição de 1988 é classificada como rígida.

5.5. Quanto à extensão as constituições podem ser classificadas em:

a) concisas – são as constituições sucintas, pequenas. Cuidam apenas de regras gerais, estruturais, do ordenamento jurídico estatal. O melhor exemplo de constituição concisa é a norte-americana, que contém apenas os princípios fundamentais e estruturais do Estado. A característica de uma Constituição concisa é o fato de ela ser mais estável que uma Constituição prolixa. A norte-americana, por exemplo, já conta com mais de 200 anos e foi emendada apenas 27 vezes;

b) prolixas – são as constituições longas, numerosas. Essas constituições não se restringem a tratar somente de normas materialmente constitucionais, normas estruturais, de organização do poder, de funcionamento do Estado. Cuidam de assuntos diversos, que poderiam certamente estar dispostos em legislações infraconstitucionais. São assim por pretenderem proteger institutos considerados importantes. O maior problema de uma constituição prolixa é que, por ser expansiva, torna-se muito mais instável do que a Constituição concisa.

O exemplo de Constituição prolixa é a nossa, Constituição Federal de 1988. Ela possui em seu corpo permanente 250 artigos e em pouco mais de25 anos de vigência já foi alterada mais de 70 vezes.

5.6. Quanto ao conteúdo as constituições podem ser classificadas em:

a) materiais – relacionam-se ao conteúdo criado para ser tratado especificamente numa constituição. São normas que cuidam de matéria constitucional. A matéria constitucional geralmente gira em torno do poder. Exemplificando, as normas que organizam o poder, que organizam o Estado e as que tratam dos direitos individuais são normas materialmente constitucionais.

Um exemplo de norma que, embora prevista na CF de 1988, **não** tem conteúdo materialmente constitucional, é o art. 242, § 2º, da CF que trata do Colégio Pedro II. Tal dispositivo determina que o Colégio localiza-se na cidade do Rio de Janeiro e é mantido na órbita federal;

b) formais – indicam o conjunto de regras dispostas formalmente na Constituição escrita. As normas inseridas na constituição, ainda que não tratem de matéria constitucional, como o exemplo do Colégio Pedro II acima mencionado, são normas formalmente constitucionais. O fato de estarem alocadas na constituição escrita dá a elas a força de norma constitucional. São regidas pelo princípio da supremacia constitucional e só podem ser alteradas pelo processo legislativo das emendas (art. 60 da CF).

É relevante que se diga que a Constituição Federal determina que o grau máximo de eficácia das normas decorre da forma e não da matéria. Isso significa dizer que o que importa realmente é se a norma está ou não inserida no texto da Constituição. Se tiver conteúdo constitucional, mas não estiver contemplada no Texto Maior, certamente terá menos eficácia que as normas lá inseridas.

6. FENÔMENOS QUE OCORREM COM A ENTRADA EM VIGOR DE UMA NOVA CONSTITUIÇÃO

6.1. Recepção

É o fenômeno jurídico pelo qual se resguarda a continuidade do ordenamento jurídico anterior e inferior à nova constituição, desde que se mostre compatível materialmente com seu novo fundamento de validade (justamente a nova constituição).

Para melhor compreensão, acompanhem o exemplo: é sabido que o fundamento de validade de uma lei é a constituição vigente. Dessa forma, imaginemos que tenha sido editada uma lei na época em que vigia a Constituição de 1969. A essa lei fora atribuído o n. 5.869/1973. Para que a lei mencionada fosse considerada válida, ela, necessariamente, teria que estar em conformidade com a Constituição de 1969, pois este era seu fundamento de validade. Em 1988, foi promulgada uma nova constituição, a Constituição da República Federativa do Brasil de 5 de outubro de 1988. Pergunta-se: a Lei n. 5.869/1973 continuou vigente, mesmo após a promulgação de uma nova Constituição? A resposta é depende. Se essa lei for materialmente compatível com a nova constituição sim, ela será preservada e passará a ter um novo fundamento de validade (que é a nova constituição). Agora, se a lei editada à época da vigência da antiga constituição se mostrar materialmente incompatível com a nova, ela não será recepcionada.

A lei referida no exemplo acima é o nosso atual Código de Processo Civil. O CPC é de 1973, a nossa Constituição é de 1988. Na época em que foi promulgada a Constituição de 1988, ocorreu o fenômeno da recepção em relação a todos os dispositivos do CPC que se mostraram materialmente compatíveis com ela.

Outro fator importante a respeito do fenômeno da recepção é que não importa a roupagem originalmente assumida pela lei, o que se verifica é o conteúdo da norma e não a forma pela qual ela foi exteriorizada. O Código Tributário Nacional (CTN) é um exemplo disso. Na época de sua elaboração, foi editado como lei ordinária, mas, como a CF/1988, em seu art. 146, determinou que as normas gerais em matéria de legislação tributária fossem disciplinadas por lei complementar, ele foi por ela recepcionado como se lei complementar fosse. Hoje, para se alterar o CTN, é necessária uma lei complementar.

O Código Penal, quando de sua elaboração, foi criado como um Decreto-Lei (n. 2.848/1940). Entretanto, a Constituição de 1988 determinou que a matéria Direito Penal fosse regulamentada por lei ordinária. Desse modo, os dispositivos do Código que guardavam relação de compatibilidade material com a Constituição foram por ela recepcionados como lei ordinária. Atualmente, para alterar o CP, basta uma lei ordinária.

Outra lembrança relevante no tocante ao fenômeno da recepção é o fato de, após a promulgação da Constituição, serem editadas emendas constitucionais. As leis também devem guardar relação de compatibilidade material com o disposto nas emendas constitucionais? Sim, necessariamente as leis promulgadas antes ou mesmo depois da edição da Constituição devem ser materialmente compatíveis tanto com as normas advindas do poder constituinte ordinário quanto das decorrentes de emendas constitucionais. O fundamento para isto é que as emendas constitucionais, como o próprio nome indica, têm natureza de normas constitucionais. Estão, juntamente com as demais normas da Constituição, no ápice da pirâmide de Kelsen.

O princípio que fundamenta a utilização do fenômeno da recepção é o da continuidade das normas.

6.2. Desconstitucionalização

O fenômeno da desconstitucionalização tem origem francesa. É um instituto pouco usado na prática. No Brasil não utilizamos esse instituto porque a edição de uma nova Constituição produz o efeito de revogar por inteiro a antiga. A revogação total é denominada *ab-rogação*, já a parcial é conhecida como *derrogação*.

A antiga Constituição seria, valendo-nos do fenômeno da desconstitucionalização, recebida pelo novo ordenamento, ou seja, pela nova Constituição, com *status* de legislação infraconstitucional (seria recebida como se fosse lei). Esse fenômeno não é permitido no Brasil.

6.3. Repristinação

É o fenômeno jurídico pelo qual se restabelece a vigência de uma lei que foi revogada pelo fato de a lei revogadora ter sido posteriormente revogada. Tal instituto interessa não apenas ao Direito Constitucional, mas ao Direito como um todo. Terá ligação com o direito constitucional se estiver associado ao instituto da recepção.

Vamos ao exemplo: imaginemos três constituições. Constituição "A", Constituição "B" e Constituição "C". A primeira é a mais antiga. A Constituição "A" determinou que o assunto X, garantido por ela, fosse disciplinado por lei infraconstitucional. Na época, sobreveio a lei disciplinando o assunto X. Passado um tempo, foi editada nova constituição, a Constituição "B". Ela não mais tratou do assunto X. Portanto, a lei editada na vigência da Constituição "A", que serviria para regulamentar o assunto X, não foi recepcionada (foi revogada) pela Constituição "B". Passado mais um tempo, outra nova Constituição foi editada, a Constituição "C". Essa Constituição voltou a prever o assunto X. Nesse caso, a lei que regulamentava o assunto X, editada na vigência da Constituição "A", seria restabelecida pela nova Constituição simplesmente pelo fato dela prever novamente o assunto X? A resposta é não. No ordenamento jurídico brasileiro não há repristinação automática. Se o legislador, por ventura, quiser restabelecer a vigência de uma lei anteriormente revogada por outra, terá que fazê-lo expressamente, conforme dispõe o § 3º do art. 2º da Lei de Introdução às Normas do Direito Brasileiro (denominação dada pela Lei n. 12.376/2010 à antiga "LICC" – Lei de Introdução ao Código Civil).

6.3.1. *Repristinação e o efeito repristinatório*

A repristinação difere do denominado efeito repristinatório. A primeira, como mencionado, faz com que seja restabelecida a vigência de uma lei revogada, por conta da lei que a revogou também ter sido revogada por outra lei. Isso só pode ocorrer na hipótese de expressa previsão legal, conforme determina o art. 2º, § 3º, da Lei de Introdução às Normas do Direito Brasileiro – Lei 4.657/1942. O segundo, efeito repristinatório, decorre do controle abstrato de constitucionalidade das leis. Em regra, quando uma lei é declarada inconstitucional os efeitos dessa decisão retroagem à data da edição da lei (*ex tunc*). Desse modo, a lei que foi revogada por outra, que posteriormente foi declarada inconstitucional, pode voltar a produzir efeitos. Com a declaração de inconstitucionalidade da lei revogadora, todo o seu passado é apagado. É como se essa lei nunca tivesse existido e, portanto, não teria o poder de revogar outra norma. A antiga lei volta a produzir efeitos, pois a revogação advinda de uma norma inconstitucional não tem eficácia.

Vale lembrar que o art. 27 da Lei 9.868/1999 admite a modulação dos efeitos. Assim, ao declarar a inconstitucionalidade de lei ou ato normativo, e tendo em vista razões de segurança jurídica ou de excepcional interesse social, pode o Supremo Tribunal Federal, por maioria de dois terços de seus membros, restringir os efeitos daquela declaração ou decidir que ela só tenha eficácia a partir de seu trânsito em julgado ou de outro momento que venha a ser fixado. Nessa hipótese, como os efeitos retroativos da lei são modificados, não há mais a incidência do efeito repristinatório.

Outra situação em que o efeito repristinatório se manifesta decorre do art. 11, § 2º, da Lei 9.868/1999, o qual dispõe que a concessão da medida cautelar torna aplicável a legislação anterior acaso existente, salvo expressa manifestação em sentido contrário.

6.4. Mutação constitucional

A palavra mutação significa mudança. Também conhecida como interpretação constitucional evolutiva, a mutação constitucional tem relação não com o aspecto formal do texto constitucional, mas sim com a interpretação dada à Constituição. Não são necessárias técnicas de revisão ou reforma constitucional para que o fenômeno se opere. A mudança social, que se dá com o passar do tempo, já faz com que a interpretação seja modificada.

6.5. *Vacatio Constitucionis*

Pode ser conceituada como o período de transição entre uma Constituição e outra. Em regra, ao ser elaborada, promulgada e publicada, a nova Constituição entra em vigor imediatamente. Pelo fenômeno da *vacatio constitucionis*, que se assemelha ao instituto da *vacatio legis*, haveria um prazo, fixado pelo próprio poder constituinte, ou seja, por aqueles que estão elaborando a nova constituição, para que o texto constitucional entrasse em vigor. No Brasil as constituições, ao serem promulgadas e publicadas, já entram em vigor; não visualizamos aqui o fenômeno da*vacatio constitucionis.*

7. EFICÁCIA JURÍDICA DAS NORMAS CONSTITUCIONAIS E HERMENÊUTICA CONSTITUCIONAL

Eficácia jurídica é a aptidão que as normas têm para produzirem efeitos no mundo jurídico. Essa eficácia, por vezes, será graduada conforme a classificação das normas constitucionais.

Segundo a teoria clássica, as normas constitucionais podem ser classificadas em:

a) Normas constitucionais de eficácia plena;

b) Normas constitucionais de eficácia contida; e

c) Normas constitucionais de eficácia limitada.

7.1. Eficácia plena

As normas de eficácia *plena* são aquelas que, por si só, produzem todos os seus efeitos no mundo jurídico e de forma imediata. Não dependem da interposição do legislador para que possam efetivamente produzir efeitos. Além disso, a norma de eficácia plena não admite que uma norma infraconstitucional limite, reduza seu conteúdo.

São exemplos dessa espécie de norma os artigos: 1º – que trata dos fundamentos da República Federativa do Brasil; 2º – que trata da independência e harmonia que deve existir entre os poderes Legislativo, Executivo e Judiciário; 13 – que diz que a língua portuguesa é o idioma oficial do Brasil; 18, § 1º, que menciona que Brasília é a capital do Brasil, dentre outros.

7.2. Eficácia contida

Já as normas de eficácia *contida* são aquelas que produzem a integralidade de seus efeitos, mas que dão a possibilidade de outra norma restringi-los. Desse modo, até que outra norma sobrevenha e limite a produção de efeitos, a norma de eficácia contida é semelhante à norma de eficácia plena. O principal exemplo de norma de eficácia contida previsto na Constituição é o art. 5º, XIII, que diz que é livre o exercício de qualquer trabalho, ofício ou profissão, atendidas as qualificações profissionais que a lei estabelecer. Vejam que a Constituição, num primeiro momento, diz que há liberdade para o exercício da profissão, mas, num segundo, deixa aberta a possibilidade de o legislador infraconstitucional estabelecer qualificações. O Estatuto da OAB, Lei n. 8.906/1994, em seu art. 8º, incisos IV e VII, estabelece a obrigatoriedade do bacharel em Direito de prestar e ser aprovado no exame de ordem e de prestar compromisso perante a OAB para exercer a profissão de advogado. A lei infraconstitucional (Estatuto da OAB) conteve a abrangência da norma constitucional prevista no art. 5º, XIII, da CF, no que tange ao exercício da advocacia.

7.3. Eficácia limitada

As últimas, segundo a classificação de José Afonso da Silva, são as normas de eficácia *limitada*, ou seja, aquelas que, para produzirem seus efeitos, dependem da atuação do legislador infraconstitucional, necessitam de regulamentação. Tais normas possuem aplicabilidade postergada, diferida ou mediata. Somente após a edição da norma regulamentadora é que efetivamente produzirão efeitos no mundo jurídico. São exemplos de normas constitucionais de eficácia limitada os artigos: 88 – que trata da criação e extinção de Ministérios e órgãos da Administração pública, devendo ser feitas por lei; 7º, XXVII – que trata da proteção do trabalhador em face da automação, para a qual também é necessária lei regulamentando o assunto; 102, § 1º – que cuida da Arguição de Descumprimento de Preceito Fundamental, hoje regulamentada pela Lei n. 9.882/1999.

Maria Helena Diniz também faz a classificação das normas constitucionais, só que com algumas peculiaridades. Vejamos essa classificação, pois é também bastante conhecida pela doutrina.

Tomando por base a produção de efeitos concretos, a mencionada autora diz que as normas constitucionais podem ser classificadas em:

a) normas super-eficazes ou com eficácia absoluta;

b) normas com eficácia plena;

c) normas com eficácia relativa restringível; e

d) normas com eficácia complementável ou dependente de complementação legislativa.

As primeiras são aquelas em que não se pode tocar, nem mesmo por meio de emenda à Constituição. As normas com eficácia absoluta são encontradas no § 4º do art. 60 da CF, as denominadas cláusulas pétreas. Englobam a forma federativa de Estado, o voto secreto, direto, universal e periódico, a separação dos Poderes e os direitos e garantias individuais (que são espécies do gênero direitos fundamentais, como veremos adiante).

Já as normas com eficácia plena são as que contêm, em seu corpo, todos os recursos que as possibilitem produzir a integralidade de seus efeitos no mundo jurídico. Ainda que possam ser modificadas ou suprimidas por emendas constitucionais, estão aptas a produzirem todos os seus efeitos, sem a necessidade da interposição do legislador. Essa classificação é muito semelhante à que adota José Afonso da Silva, conforme analisado anteriormente. Alguns exemplos nós podemos visualizar nos artigos 14, § 2º, 17, § 4º, 22, 37, III, 155, todos da Constituição Federal.

Ainda analisando os critérios da Maria Helena Diniz, há as normas com eficácia relativa restringível. Elas equivalem às normas de eficácia contida na classificação de José Afonso da Silva. Desse modo, remeto à releitura do início do capítulo se a memória não lhes trouxer a lembrança desse conceito.

As últimas, segundo Maria Helena Diniz, são as normas com eficácia relativa complementável ou dependente de complementação legislativa. São as que, como o próprio nome indica, dependem necessariamente de lei para que possam efetivamente produzir efeitos positivos no ordenamento jurídico.

Para completar, trazemos a informação de que estas últimas normas que analisamos se subdividem em *programáticas e de princípio institutivo*. Estas são as que fazem a previsão da existência de um órgão ou instituição, mas que só passariam a existir no plano da realidade após a atuação do legislador infraconstitucional, quando da feitura da lei pertinente. Aquelas, programáticas, são as que trazem em seu corpo programas a serem, necessariamente, concretizados pelos governantes e órgãos estatais. Ainda que tais programas não tenham sido implementados, essas regras são dotadas de eficácia mínima, pois impedem, por exemplo, que sejam editadas leis contrárias aos comandos da Lei Maior. As Constituições marcadas pelas normas programáticas são conhecidas pela doutrina como Constituições dirigentes. Os exemplos que se seguem são: artigos 25, § 3º, 43, § 1º, 224, entre outros da CF – normas de princípio institutivo; artigos 211, 215, 226, § 2º da CF – normas programáticas.

Segundo Uadi Lammêgo Bulos, podemos falar também em normas de eficácia *exaurida* ou *esgotada*, que seriam as que, após produzir os efeitos que delas se esperam, não servirão mais para nada. Muitas das normas que constam do ADCT – Ato das Disposições Constitucionais Transitórias – possuem eficácia exaurida. Exemplo: o art. 2º, que determinava a realização, em 1993, de um plebiscito para definir a forma de Estado – república ou monarquia constitucional – e o sistema de governo, que poderia ser parlamentarismo ou presidencialismo. O eleitorado manteve, nesse plebiscito, a forma republicana e o sistema presidencialista.

7.4. Princípios de hermenêutica constitucional

As normas constitucionais devem ser interpretadas, ou seja, delas devem ser extraídas seus exatos sentidos. Interpretar significa aclarar o sentido de algo, fazendo com que o conteúdo seja devidamente explanado.

A hermenêutica é a técnica de interpretar, composta de mecanismos próprios como por exemplo, os métodos literal, sistemático, gramatical, histórico etc. Tais institutos são aplicáveis a todos os ramos do direito. Ocorre que a interpretação constitucional exige, pelo grau hierárquico que as normas constitucionais possuem no ordenamento jurídico brasileiro, mecanismos específicos, além dos tradicionalmente estudados.

Desse modo, para interpretar a Constituição é necessário valer-se dos seguintes **princípios**: unidade da Constituição, efeito integrador, máxima efetividade, harmonização ou concordância prática, força normativa da Constituição e correção funcional.

7.4.1. Unidade da Constituição

A Constituição deve ser analisada de forma integrada. Normas constitucionais formam um conjunto de regras que não devem ser vistas isoladamente. Sempre que possível, os comandos constitucionais não devem ser separados do todo.

É necessário que todos aqueles que interpretam a Constituição o façam de modo a impedir, ou pelo menos evitar, a existência de contradições com outras normas dispostas na própria Constituição.

Decorre também da ideia de unidade da Constituição o fato de não haver hierarquia formal entre as normas constitucionais.

7.4.2. *Efeito integrador ou eficácia integradora*

Tal princípio está relacionado com o primeiro e nos ensina que a análise dos conflitos jurídico-constitucionais deve se dar à luz dos critérios que beneficiam a integração política e social. A eficácia integradora reforça o princípio da unidade da Constituição.

7.4.3. *Máxima efetividade*

Técnica de interpretação constitucional também conhecida como eficiência ou interpretação efetiva, ela dispõe que as normas constitucionais devem ser interpretadas privilegiando sua maior eficiência. Por exemplo, quando se estiver diante de duas ou mais interpretações possíveis em relação a algum direito fundamental, deve-se optar por aquela que reflete a maior eficácia do dispositivo.

7.4.4. *Harmonização ou concordância prática*

Harmonizar significa colocar em harmonia, conciliar. É justamente esse o significado dessa técnica interpretativa. As normas constitucionais devem ser conciliadas para que possam coexistir sem que uma tenha de ser privilegiada em detrimento de outra.

Tal princípio também tem relação com o da unidade da constituição e com o princípio da igualdade, pois o todo é que deve ser analisado e de forma harmônica, evitando-se, ao máximo, a anulação de um direito por conta de outro. Vejam que a análise interpretativa deve ser feita *a priori* para que seja evitado esse sacrifício de um em detrimento de outro.

A concordância prática reforça a ideia de inexistência de hierarquia entre os princípios constitucionais.

7.4.5. *Força normativa da Constituição*

Pela força normativa, a interpretação constitucional deve priorizar a atualidade normativa do texto, fortalecendo tanto sua eficácia como sua permanência.

7.4.6. *Correção funcional*

Esse princípio interpretativo está relacionado com o sistema organizacional da Constituição. Por meio da correção funcional, conformidade funcional ou ainda princípio da justeza, aqueles que interpretam a Constituição devem se atentar fielmente às regras sobre separação dos poderes e repartição constitucional de competências.

7.4.7. *Interpretação conforme a Constituição*

A interpretação conforme a Constituição, como o próprio nome expressa, indica que as normas devem ser interpretadas de acordo com o que dispõe a Constituição Federal.

É, a um só tempo, mecanismo utilizado no controle de constitucionalidade, conforme veremos adiante, e técnica de interpretação da Constituição.

Tratando da "interpretação conforme" como técnica de interpretação, devemos lembrar que ela é utilizada quando estamos diante de normas que possuem mais de um significado. As conhecidas normas polissêmicas ou plurissignificativas.

Desse modo, se determinado dispositivo possui dois significados, o sentido que terá de ser atribuído à norma é o que encontra respaldo constitucional, devendo ser descartado aquele que vai de encontro ao Texto Maior, ou seja, aquele que vai contra a Constituição.

Cabe a observação de que o mecanismo da interpretação conforme a Constituição não dá ao intérprete a possibilidade de atuar como legislador, criando normas gerais e abstratas.

7.5. Métodos de interpretação da Constituição

Segundo Canotilho (J. J. Canotilho, Direito constitucional e teoria da Constituição, 6º Ed., p. 212 e 213), os métodos de interpretação são: *método jurídico ou hermenêutico-clássico, método tópico-problemático, método hermenêutico-concretizador, método científico-espiritual e o método normativo-estruturante.*

7.5.1. *Método jurídico*

De acordo com o método jurídico, a norma suprema é tida como uma lei e, portanto, a ela devem ser aplicados os mecanismos de interpretação convencional, quais sejam, literal, histórico, sistemático e teleológico. Ocorre que pelo grau de eficácia das normas constitucionais essa forma de interpretar seria insuficiente.

7.5.2. *Método tópico-problemático*

Segundo esse método, a interpretação, ao contrário do comumente aplicado, deve partir do caso concreto para a norma. Tem por fundamento os aspectos práticos e não o texto em si. É criticado pela doutrina, pois daria margem a diversas interpretações subjetivas. Tais condutas causariam insegurança jurídica e falta de limites.

7.5.3. *Método hermenêutico-concretizador*

Conforme ensinamentos de Canotilho, o método hermenêutico-concretizador enfatiza alguns aspectos da interpretação como os pressupostos subjetivos, pois cabe àquele que vai interpretar fazer uma análise primária de todo o texto constitucional, os pressupostos objetivos, por conta da atuação de mediador que o intérprete deve ter entre o texto constitucional e o caso prático. O objetivo desse método é, após a verificação do texto em seu conjunto e, portanto, de uma análise prévia, concretizar a aplicação da norma constitucional ao caso prático.

7.5.4. *Método científico-espiritual*

A análise interpretativa do texto constitucional não pode se ater às letras, deve levar em conta os verdadeiros valores que estão por trás das normas constitucionais.

7.5.5. *Método normativo-estruturante*

O texto literal deve ser analisado de acordo com a realidade social.

8. PODER CONSTITUINTE

Pode ser conceituado como o poder de estabelecer um novo ordenamento jurídico, por meio da criação de uma nova constituição ou pela modificação das regras existentes.

Toda e qualquer constituição é fruto de um poder maior que os poderes que ela própria instituiu. Por exemplo, citamos os poderes Executivo, Legislativo e Judiciário, todos *constituídos* pela Constituição. Esses, embora denominados desta forma, têm menos força que o poder que os instituiu, que é o *constituinte.* Este último, necessariamente, terá um titular e será composto por aqueles que exercitarão o poder, sempre em nome de seu titular.

Atualmente prevalece o entendimento de que o povo é o verdadeiro titular do poder. Esse posicionamento é respaldado pelo parágrafo único do art. 1º da CF, ao dispor que "todo o poder emana do *povo* que o exerce por meio de representantes eleitos ou direta ou indiretamente, nos termos desta Constituição".

Não podemos confundir titularidade com exercício do poder. O titular, como já mencionado, é sempre o povo. O exercente poderá ser uma Assembleia Constituinte (que é um órgão colegiado) ou um grupo de pessoas que se invistam desse poder. Essa distinção está diretamente relacionada com o processo de positivação da Constituição. No primeiro caso, ela advirá de uma convenção (votação); no segundo, de uma outorga (imposição).

8.1. Poder constituinte originário

O poder constituinte originário, genuíno, ou de primeiro grau, é aquele que cria a primeira constituição de um Estado ou a nova constituição de um Estado. No primeiro caso, é conhecido como poder constituinte *histórico*. Tem a função de instaurar e estruturar, pela primeira vez, o Estado. No segundo, é conhecido como poder constituinte *revolucionário*, porque ele rompe a antiga e existente ordem jurídica de forma integral, instaurando uma nova. Em ambos os casos, o poder constituinte impõe uma nova ordem jurídica para o Estado.

Podemos falar que esse poder é: inicial, autônomo, incondicionado e ilimitado.

É *inicial* porque não se fundamenta em outro poder que o anteceda. Nem mesmo a existência de um ato convocatório (Assembleia Constituinte para deliberar a respeito de uma nova constituição) retira essa característica do poder constituinte originário. Ele rompe integralmente a ordem jurídica precedente.

A *autonomia* do poder constituinte de primeiro grau é marcada pela opção do seu titular em escolher o conteúdo da nova constituição, aquele a quem o exercício do poder incumbe de determinar as regras autonomamente.

É também *incondicionado e ilimitado* porque esse poder não encontra condições, limitações, regras preestabelecidas pelo ordenamento jurídico anterior.

Por fim, é necessário lembrar que embora o poder constituinte originário seja considerado ilimitado essa concepção não é absoluta. Há, por exemplo, a determinação de que a atuação desse poder esteja vinculada a um território específico. É o que se denomina de limitação geográfica.

8.2. Poder constituinte derivado

O poder derivado, também denominado de instituído ou de 2º grau, como seu nome indica, decorre de algo. Fundamenta-se e decorre do poder que o criou, que é o constituinte originário.

Diferente do primeiro, o poder constituinte derivado é: secundário, não detém autonomia, é condicionado e limitado.

É secundário porque decorre do primeiro; limitado e condicionado, pois se sujeita às normas preestabelecidas por aquele que o criou.

É divido em:

✓ poder constituinte derivado reformador;

✓ poder constituinte derivado decorrente; e

✓ poder constituinte derivado revisor (atualmente não aplicável).

Vejamos cada um deles:

8.2.1. Poder constituinte derivado reformador

Depende necessariamente da existência do constituinte originário, porque dele deriva e é subordinado. Tem por finalidade a reforma, a alteração do texto constitucional. A CF/1988 é classificada como rígida e possui um processo de modificação específico.

O procedimento mencionado vem previsto no art. 60 da Constituição Federal. Por meio de emendas à Constituição é que o poder constituinte derivado *reformador* será exercido. Nos incisos I, II e III desse artigo, há o rol de legitimados para a propositura de emendas constitucionais, no qual encontramos: o Presidente da República; um terço, no mínimo, dos membros da Câmara dos Deputados ou do Senado Federal; e mais da metade das Assembleias Legislativas das unidades da Federação. Somente eles poderão efetuar proposta de emenda constitucional.

O § 2º do mesmo artigo trata do quórum para aprovação da emenda, que tem de ser de três quintos em cada casa, e ainda menciona que a emenda precisa, necessariamente, ser aprovada em dois turnos de votação.

Além disso, o poder constituinte originário traz, no § 4º do art. 60 da Constituição Federal, as chamadas cláusulas pétreas, ou núcleo material intangível, que são matérias que não podem ser suprimidas nem mesmo por meio do procedimento das emendas constitucionais.

Ademais, há previsão expressa na Constituição, trazida pelo poder constituinte originário, proibindo a edição de emendas constitucionais na vigência de intervenção federal ou dos estados de exceção (estado de sítio e estado de defesa).

O principal tema, no que tange ao poder constituinte derivado reformador, é o que cuida das limitações impostas pelo poder originário. Essa preocupação se dá pelo fato da possibilidade de existência de norma constitucional inconstitucional. Somente normas advindas do poder derivado é que poderão, eventualmente, ser declaradas inconstitucionais pelo Supremo Tribunal Federal. Tais limitações que foram citadas no parágrafo anterior serão analisadas detalhadamente no capítulo que trata das emendas constitucionais.

8.2.2. Poder constituinte derivado decorrente

É o poder que cada Estado tem de elaborar sua própria constituição, em virtude da sua capacidade de auto-organização. Tem previsão constitucional no art. 11 do ADCT e no art. 25 da Constituição Federal. O primeiro determinava que cada Assembleia Legislativa, com poderes constituintes, deveria elaborar a Constituição do seu Estado no prazo de um ano, contado da promulgação da Constituição Federal, sempre observados os princípios por ela estabelecidos. O segundo, art. 25 da CF, reforça a ideia de simetria constitucional, dispondo que os Estados-membros se organizam pelas leis e constituições que adotarem, sempre respeitando seus princípios.

Assim, os Estados, quando da elaboração de suas Constituições Estaduais, tiveram de ater-se aos preceitos estabelecidos na Constituição Federal, respeitando as limitações por ela impostas.

8.2.3. *Poder constituinte derivado revisor*

Hoje não há mais possibilidade de utilização desse poder. Segundo o art. 3º do ADCT, a revisão constitucional, portanto uma revisão apenas, teve de ser realizada após cinco anos da data da promulgação da Constituição, em sessão unicameral e pelo voto da maioria absoluta dos membros do Congresso Nacional.

Atualmente, para alterar a Constituição, somente pelo processo legislativo das emendas constitucionais previsto no art. 60.

Vejam que, no poder de revisão, não se exigiu o processo solene das emendas constitucionais (aprovação por 3/5 dos membros, nas duas casas e em 2 turnos), foi realizado uma única vez, em sessão unicameral e pelo voto da maioria absoluta dos membros. Seis emendas constitucionais de revisão foram fruto da manifestação desse poder (1 a 6/1994).

8.3. Poder Constituinte Supranacional

O poder constituinte supranacional pode ser definido como um poder que possui supremacia e que, por conta disso, seria dotado de capacidade para fazer com que as constituições dos diversos países se submetessem a ele.

Pedro Lenza, em Direito Constitucional Esquematizado, 17ª Ed., 2013, p. 212, dispõe que "o poder constituinte supranacional busca a sua fonte de validade na cidadania universal, no pluralismo de ordenamentos jurídicos, na vontade da integração e em um conceito remodelado de soberania".

Maurício Nadreiuolo Rodrigues, citado por Pedro Lenza na obra mencionada, afirma que o poder constituinte supranacional "faz as vezes do poder constituinte porque cria uma ordem jurídica de cunho constitucional, na medida em que reorganiza a estrutura de cada um dos Estados ou adere ao direito comunitário de viés supranacional por excelência, com capacidade, inclusive, para submeter as diversas constituições nacionais ao seu poder supremo. Da mesma forma, e em segundo lugar, é supranacional porque se distingue do ordenamento do ordenamento jurídico positivo interno assim como do direito internacional.

9. DIREITOS E GARANTIAS FUNDAMENTAIS – ASPECTOS GERAIS

Os direitos fundamentais são gênero do qual são espécies os direitos individuais, os direitos sociais e os direitos políticos.

O gênero *direitos fundamentais* é tratado pela doutrina com diversas nomenclaturas: direitos públicos subjetivos; liberdades públicas; direitos humanos; direitos do homem. Na doutrina internacionalista, há autores que fazem a seguinte diferença: a) direitos do homem – têm a ver com o direito natural, com a corrente jusnaturalista. São os direitos que estão além da regra positivada; b) direitos fundamentais - relacionam-se tipicamente com o direito constitucional. São os direitos positivados no ordenamento jurídico interno de determinado Estado. No Brasil, em especial, são aqueles direitos previstos no art. 5º da CF; e, por fim, c) direitos humanos – têm a ver com o direito internacional público. São, portanto, aqueles inseridos em normas consuetudinárias (no âmbito da comunidade internacional) e em tratados internacionais.

Vale observar o disposto no § 2º do art. 5º da CF: "os direitos e garantias expressos nesta Constituição não excluem outros decorrentes do regime e dos princípios por ela adotados, ou dos tratados internacionais em que a República Federativa do Brasil seja parte".

Por conta desse comando, o guardião da Constituição, Supremo Tribunal Federal, já afirmou reiteradas vezes que os direitos e garantias fundamentais não se esgotam no art. 5º da Lei Maior, podendo ser encontrados em diversos dispositivos inseridos na Constituição, como por exemplo, o sistema tributário constitucional, a partir do art. 145 da CF. Também podem ser encontrados em tratados internacionais, como a proibição da prisão do depositário infiel, prevista no pacto São José da Costa Rica. Atualmente, temos a Súmula Vinculante n. 25 do STF, que corroborou o texto do tratado mencionando que é ilícita a prisão civil de depositário infiel, qualquer que seja a modalidade do depósito. E a Súmula 419 do Superior Tribunal de Justiça – STJ, que trouxe disposição no mesmo sentido: "descabe a prisão civil do depositário judicial infiel".

Outra observação é a de que nenhum direito ou garantia individual pode ser retirado, suprimido do ordenamento jurídico brasileiro, por conta de serem considerados cláusulas pétreas, previstas no § 4º do art. 60 da CF. Mas tal vedação se refere apenas à supressão de direito; desse modo, a inclusão de novos direitos individuais é plenamente cabível. O exemplo, trazido pela EC 45/2004, foi a inserção de um novo inciso ao rol do art. 5º, tornando constitucional o princípio da razoável duração do processo (art. 5º, LXXVIII, CF).

Embora os direitos fundamentais não possam ser suprimidos do texto constitucional, há situações em que poderá ocorrer a suspensão ou restrição temporária de tais direitos e garantias. Isso ocorrerá quando o país estiver passando por um dos denominados "estados de exceção", ou seja, na vigência de estado de defesa, de sítio (artigos 136 e 137 da CF) e intervenção federal.

No que se refere aos direitos sociais, além dos direitos trabalhistas previstos nos arts. 7º ao 10da CF, é necessário mencionar que o Texto Maior trata de direitos relativos à educação, à saúde, à alimentação, à moradia,ao transporte, ao lazer, à segurança, à previdência social, à proteção à maternidade e à infância e à assistência aos desamparados. Tais direitos dependem de prestações positivas do Estado, geram custos, mas isso não significa que os governantes podem deixar de implementá-los. Ainda que seja alegada, por parte do Poder Público, a "reserva do possível", o Judiciário deve, diante do caso concreto, se valer do princípio da razoabilidade e verificar se esse argumento não está sendo utilizado pelos governantes apenas como de forma a se escusar da prestação efetiva desses direitos.

Além disso, as normas relativas aos direitos sociais, ainda que não completamente implementadas, têm o condão de servir de padrão interpretativo e de revogar aquilo que com ela colidir.

Vale ressaltar que o direito ao transporte foi acrescentado ao rol dos direitos sociais pela **EC nº 90, de 16 de setembro de 2015**.

Ainda sobre o tema direitos sociais, é importante mencionar que a **EC n. 72**, de 2 de abril de 2013, estendeu aos trabalhadores domésticos os seguintes direitos dados aos trabalhadores urbanos e rurais: a) proteção contra despedida arbitrária ou sem justa causa; b) seguro-desemprego; c) fundo de garantia do tempo de serviço; d) garantia de salário-mínimo, quando a remuneração for variável; e) remuneração do trabalho noturno superior ao diurno; f) proteção do salário, constituindo crime sua retenção dolosa; g) salário-família; h) jornada de trabalho de oito horas diárias e quarenta e quatro semanais; i) adicional de serviço extraordinário; j) redução dos riscos inerentes ao trabalho; k) creches e pré-escolas para filhos e dependentes até seis anos de idade; l) reconhecimento dos acordos e convenções coletivas; m) seguro contra acidentes de trabalho; n) proibição de discriminação de salário, de função e de critério de admissão; o) proibição de discriminação em relação à pessoa com deficiência e p) proibição de trabalho noturno, perigoso ou insalubre a menores de dezesseis anos.

Sendo assim, além dos direitos ao salário-mínimo, irredutibilidade de salários, 13º salário, repouso semanal remunerado, preferencialmente aos domingos, um terço a mais de salário nas férias; licenças maternidade e paternidade e aviso-prévio que já estavam assegurados no texto constitucional, a nova regra acrescenta outros.

9.1. Direitos fundamentais e suas gerações

Fala-se, na doutrina, em gerações ou dimensões dos direitos fundamentais. Isso se deve ao fato de o nascimento desses direitos ter se dado ao longo do tempo, de forma gradativa.

As gerações indicam normalmente o momento em que os direitos foram devidamente reconhecidos.

Cada dimensão comporta certos direitos, mas uma não exclui a outra. Esses direitos se somam e convivem de forma harmônica.

Os direitos previstos nas primeiras gerações já estão sedimentados, consolidados no ordenamento. Já os advindos das últimas gerações ainda são objeto de discussão e dúvida por parte da doutrina, justamente pelo fato de inovarem certos aspectos ainda não cristalizados na sociedade.

A classificação das gerações dos direitos fundamentais pode ser resumida da seguinte forma:

✓ **1ª Geração**: consubstancia-se fundamentalmente nas *liberdades públicas*. A finalidade dessa dimensão foi limitar o poder de atuação do Estado, impondo a ele o dever de não intervenção, de abstenção. Por conta disso, tais direitos também são conhecidos pela doutrina como *direitos negativos*. As revoluções francesa e norte-americana influenciaram, e muito, no surgimento dos direitos individuais. Os direitos políticos também se encontram nessa dimensão;

✓ **2ª Geração**: a revolução industrial europeia, ocorrida no século XVIII, pode ser tida aqui como um marco. Valores ligados à igualdade eram prestigiados. As lutas trabalhistas, visando a melhores condições, também. Diferentemente dos direitos de primeira geração, os de *segunda exigiram uma conduta positiva do Estado, uma ação propriamente dita e, por conta disso, também são chamados de direitos positivos*. Encontram-se assegurados, aqui, os chamados *direitos sociais*, ou seja, aqueles *relacionados ao trabalho, à educação e à saúde;*

✓ **3ª Geração**: a partir da concepção de que o indivíduo faz parte de uma coletividade e que necessita, para a própria subsistência, de um ambiente saudável, equilibrado, é exigida a participação dos indivíduos na busca efetiva dos *direitos da coletividade* e não apenas dos direitos individuais. Encontram-se aqui os denominados direitos transindividuais que abarcam, por exemplo, o direito ao *meio ambiente ecologicamente equilibrado, os direitos do consumidor e o direito à paz;*

✓ **4ª Geração**: para aqueles que sustentam a existência de uma quarta dimensão dos direitos fundamentais, são aqui mencionados os direitos relacionados à biogenética;

✓ **5ª Geração**: para aqueles que sustentam a existência de uma quinta dimensão dos direitos fundamentais, são aqui mencionados os direitos relacionados à *internet*.

9.2. Diferença entre direitos e garantias

Os *direitos são vantagens conferidas às pessoas e que limitam o Estado em caso de atuação desgovernada*. São fundamentais aqueles inerentes ao ser humano. Para que o Estado não adentre em algo inerente à dignidade de cada um é que são estabelecidos os direitos fundamentais.

Já as *garantias* podem ser definidas como *mecanismos assecuratórios dos direitos* citados. Têm por objetivo garantir seu exercício e, ainda, sanar a lesividade quando os direitos não estiverem sendo respeitados. A garantia facilita a defesa do direito fundamental assegurado constitucionalmente. Para cada direito previsto, há uma garantia. Exemplo: a Constituição garante a liberdade de locomoção, que, sendo violada, poderá ser restaurada com o mecanismo assecuratório correspondente, que é o *habeas corpus*. Tal instrumento é um remédio constitucional, considerado espécie do gênero garantia.

9.3. Características dos direitos fundamentais

9.3.1. *Universalidade*

Significa que os direitos fundamentais são destinados a todas as pessoas, indistintamente. Não podem ser estabelecidos ou dirigidos a determinada pessoa, grupo ou categoria. A forma universal é a única admitida quando da aplicação desses direitos. Vale lembrar que tanto as pessoas naturais como as jurídicas são titulares de direitos e garantias fundamentais;

9.3.2. *Historicidade*

Significa que a formação dos direitos fundamentais se dá no decorrer da história. A origem desses direitos tem por base movimentos como o constitucionalismo. Sua evolução concreta é demonstrada ao longo do tempo. As conhecidas gerações ou dimensões dos direitos fundamentais se fundamentam especificamente nessa característica;

9.3.3. *Limitabilidade ou caráter relativo*

Significa que ainda que sejam considerados fundamentais, não são direitos absolutos. Não há direito absoluto. Na crise advinda do confronto entre dois ou mais direitos fundamentais, ambos terão de ceder. Às vezes será necessário fazer prevalecer um em detrimento do outro naquela situação específica. Um exemplo é o choque entre a liberdade de informação e o direito à vida privada. Até que momento a imprensa, a informação jornalística, deve ser prestigiada em detrimento da vida privada? Esse é um dos grandes questionamentos doutrinários e jurisprudenciais. Somente após análise do caso concreto é possível fazer apontamentos mencionando o que deve prevalecer;

9.3.4. *Cumulatividade ou concorrência dos direitos fundamentais*

Significa que os direitos fundamentais não se excluem, na verdade se somam. Para o exercício de um, não é necessário que outro seja eliminado. Como o próprio nome da característica indica, esses direitos são cumuláveis, podem ser exercidos de forma simultânea;

9.3.5. *Irrenunciabilidade*

Significa que ninguém pode recusar, abrir mão de um direito fundamental. O exercício desses direitos pode não ser efetivado por aquele que não o deseja, mas, ainda que não colocados em prática, pertencem ao seu titular. O Estado é o garantidor;

9.3.6. *Irrevogabilidade*

Significa que nem mesmo pelo processo de alteração da Constituição (emendas constitucionais) é possível revogar um direito fundamental. Essa afirmação é pacífica, no tocante aos direitos inseridos no texto constitucional pelo poder constituinte *originário*. Em relação aos trazidos pelo poder constituinte derivado reformador, ou seja, advindos de emendas à Constituição, a doutrina diverge, há quem sustente que podem sim ser revogados, desde que por meio de uma nova emenda. É o caso do princípio da celeridade processual, art. 5º, LXXVIII, que foi introduzido no ordenamento jurídico pela Emenda Constitucional n. 45;

9.3.7. *Imprescritibilidade*

Os direitos fundamentais, por serem inerentes à pessoa humana, não prescrevem. Os titulares desses direitos, mesmo que não os exerçam, não os perdem;

9.3.8. *Indivisibilidade*

Significa que os direitos fundamentais não podem ser vistos de forma isolada, são interdependentes.

9.4. Direitos fundamentais em espécie

Encontram-se previstos no art. 5º da CF e ao longo de todo o texto constitucional, além daqueles derivados do regime e dos princípios adotados pela nossa Carta Maior e, ainda, dos tratados internacionais de que o Brasil seja parte, nos termos do § 2º do art. 5º da CF, conforme já mencionado.

Vale lembrar que não há que se falar em hierarquia entre as normas definidoras dos direitos e garantias fundamentais e os demais comandos previstos na Constituição.

Direito à vida e à integridade: previsto no contexto do art. 5º, "*caput*", estabelece que "todos são iguais perante a lei, sem distinção de qualquer natureza, garantindo-se aos brasileiros e aos estrangeiros residentes no país a inviolabilidade do direito à vida, à liberdade, à igualdade, à segurança e à propriedade". A jurisprudência da Corte Maior entende que aos estrangeiros não residentes no Brasil são também assegurados os direitos e as garantias fundamentais. Outro entendimento não seria coerente com uma das características desses direitos que é a universalidade.

Vale lembrar que, excepcionalmente, a CF admite a pena de morte em caso de guerra externa declarada, nos termos do art. 84, XIX (art. 5º, XLVII, "a").

O STF, ao julgar a ADI 3.4510, declarou que o art. 5º da Lei de Biossegurança (Lei 11.105/2005) é constitucional, autorizando, portanto, as pesquisas com células-tronco. A discussão era no sentido de que tais procedimentos violariam o direito à vida e princípio da dignidade da pessoa humana.

Outra decisão relevante da Corte Suprema (STF) é a relacionada ao feto anencéfalo. As mães que optam por interromper a gravidez de fetos anencefálicos e os médicos que executam tal ato não praticam crime. Os votos vencedores se pautaram no entendimento de que um feto que possui anencefalia é considerado natimorto e, por isso, a interrupção da gravidez nessa hipótese não é tida como aborto (ato considerado fato típico pelo Código Penal – arts. 124, 126 e 128, incisos I e II). Tal ensinamento é extraído do julgamento da ADPF n. 54-DF (Inform. STF 704).

Princípio da igualdade ou isonomia (art. 5º, I): todos são iguais perante a lei, sem distinção de qualquer natureza. A realização efetiva da justiça busca o tratamento igual para os iguais, mas para tanto é preciso dar tratamento desigual aos desiguais, na exata medida da desigualdade; isso tem como objetivo a superação da igualdade meramente formal (perante a lei) e o alcance da igualdade material (real).

É decorrência do princípio da igualdade o entendimento da Suprema Corte de que o limite de idade para a inscrição em concurso público só se legitima em face do art. 7º, XXX, da Constituição, o qual proíbe diferença de salários, de exercício de função e de critérios de admissão por motivo de sexo, idade, cor ou estado civil, a não ser que esta desigualdade possa ser justificada pela natureza das atribuições do cargo a ser preenchido (Súmula n. 683 do STF).

Algumas Súmulas Vinculantes dizem respeito a esse princípio. De acordo com a Súmula Vinculante 44 (STF), "só por lei se pode sujeitar a exame psicotécnico a habilitação de candidato a cargo público. A Súmula Vinculante 43 determina que É inconstitucional toda modalidade de provimento que propicie ao servidor investir-se, sem prévia aprovação em concurso público destinado ao seu provimento, em cargo que não integra a carreira na qual anteriormente investido. Há, ainda, um exemplo de tratamento desigual, admitido pela Constituição, que é o extraído da decisão do Supremo que menciona que a adoção de critérios diferenciados para o licenciamento dos militares temporários, em razão do sexo, não viola o princípio da isonomia (AI 511.131-AgR, de 15.04.2005).

Também não se pode esquecer, quando o assunto é igualdade, do enunciado da Súmula Vinculante n. 13. Tal mandamento prestigiou o princípio da isonomia, pondo fim ao nepotismo, que tem a ver com a possibilidade de contratação, sem concurso público, de parentes dos ocupantes dos Poderes Legislativo, Executivo e Judiciário.

Além disso, a Corte Maior já decidiu que a"Remarcação de teste de aptidão física em concurso público em razão de problema temporário de saúde. Vedação expressa em edital. Constitucionalidade. Violação ao princípio da isonomia. Não ocorrência. Postulado do qual não decorre, de plano, a possibilidade de realização de segunda chamada em etapa de concurso público em virtude de situações pessoais do candidato. Cláusula editalícia que confere eficácia ao princípio da isonomia à luz dos postulados da impessoalidade e da supremacia do interesse público. Inexistência de direito constitucional à remarcação de provas em razão de circunstâncias pessoais dos candidatos. Segurança jurídica. Validade das provas de segunda chamada realizadas até a data da conclusão do julgamento" (RE 630.733, rel. min. Gilmar Mendes, julgamento em 15-5-2013, Plenário, DJE de 20-11-2013, com repercussão geral.)

Ainda em relação ao princípio da isonomia, o Supremo definiu que há violação de tal regra quando, em um concurso público, o mero exercício de função pública é atribuído como título (prova de títulos) (ADI 3.443, Rel. Min. Carlos Velloso, julgamento em 08.09.2005, Plenário, *DJ* de 23.09.2005.) No mesmo sentido: ADI 4.178-MC-REF, Rel. Min. Cezar Peluso, julgamento em 04.02.2010, Plenário, *DJE* de 07.05.2010; ADI 3.522, Rel. Min. Marco Aurélio, julgamento em 24.11.2005, Plenário, *DJ* de 12.05.2006. Vide, ainda, AI 830.011-AgR, rel. Min. Luiz Fux, julgamento em 26.06.2012, Primeira Turma, *DJE* de 14.08.2012.

Outra decisão relevante diz respeito à violência doméstica. De acordo com o STF, "o art. 1º da Lei 11.340/2006 surge, sob o ângulo do tratamento diferenciado entre os gêneros – mulher e homem –, harmônica com a CF, no que necessária a proteção ante as peculiaridades física e moral da mulher e a cultura brasileira." (ADC 19, rel. min. Marco Aurélio, julgamento em 9-2-2012, Plenário, DJE de 29-4-2014.)Por fim, a decisão do STF sobre a possibilidade da união estável entre parceiros homoafetivos pode ser tida como um marco e quebra de paradigmas. Vale a leitura da ementa: "Proibição de discriminação das pessoas em razão do sexo, seja no plano da dicotomia homem/mulher (gênero), seja no plano da orientação sexual de cada qual deles. A proibição do preconceito como capítulo do constitucionalismo fraternal. Homenagem ao pluralismo como valor sócio-político-cultural. Liberdade para dispor da própria sexualidade, inserida na categoria dos direitos fundamentais do indivíduo, expressão que é da autonomia de vontade. Direito à intimidade e à vida privada. Cláusula pétrea. O sexo das pessoas, salvo disposição constitucional expressa ou implícita em sentido contrário, não se presta como fator de desigualação jurídica. Proibição de preconceito, à luz do inciso IV do art. 3º da CF, por colidir frontalmente com o objetivo constitucional de 'promover o bem de todos'. Silêncio normativo da Carta Magna a respeito do concreto uso do sexo dos indivíduos como saque da kelseniana 'norma geral negativa', segundo a qual 'o que não estiver juridicamente proibido, ou obrigado, está juridicamente permitido'. Reconhecimento do direito à preferência sexual como direta emanação do princípio da 'dignidade da pessoa humana': direito a autoestima no mais elevado ponto da consciência do indivíduo. Direito à busca da felicidade. Salto normativo da proibição do preconceito para a proclamação do direito à liberdade sexual. O concreto uso da sexualidade faz parte da autonomia da vontade das pessoas naturais. Empírico uso da sexualidade nos planos da intimidade e da privacidade constitucionalmente tuteladas. Autonomia da vontade. Cláusula pétrea. (...) Ante a possibilidade de interpretação em sentido preconceituoso ou discriminatório do art. 1.723 do CC, não resolúvel à luz dele próprio, faz-se necessária a utilização da técnica de 'interpretação conforme à Constituição'. Isso para excluir do dispositivo em causa qualquer significado que impeça o reconhecimento da união contínua, pública e duradoura entre pessoas do mesmo sexo como família. Reconhecimento que é de ser feito segundo as mesmas regras e com as mesmas consequências da união estável heteroafetiva." (ADI 4.277 e ADPF 132, Rel. Min. Ayres Britto, julgamento em 05.05.2011, Plenário, *DJE* de 14.10.2011.) No mesmo sentido: RE 477.554-AgR, Rel. Min. Celso de Mello, julgamento em 16.08.2011, Segunda Turma, *DJE* de 26.08.2011.

Princípio da legalidade (art. 5º, II): ninguém será obrigado a fazer ou deixar de fazer alguma coisa senão em virtude de lei; tal regra pressupõe que o Poder Público não pode impor qualquer exigência às pessoas sem previsão legal.

Decorre de tal princípio a edição de três súmulas por parte do Supremo Tribunal Federal. A primeira é a 711 que dispõe que "a lei penal mais grave aplica-se ao crime continuado e ao permanente se a sua vigência é anterior à cessação da continuidade ou da permanência". A segunda, 686, diz respeito à exigência de exame psicotécnico para a habilitação de candidato a cargo público, que só poderá existir se houver lei disciplinando o assunto. E a terceira, 636, menciona que não cabe recurso extraordinário por contrariedade a esse princípio quando sua verificação pressuponha a revisão de interpretação dada a normas infraconstitucionais.

É importante mencionar que o princípio da legalidade não se confunde com o da reserva legal. O primeiro está previsto no art. 5º, inciso II, da CF e tem sentido amplo, abrangendo todas as espécies normativas, previstas no art. 59 da CF. Já o da reserva legal pressupõe somente a lei em sentido estrito, ou seja, lei ordinária ou complementar.

Direito de resposta (art. 5º, V): é assegurado o direito de resposta, proporcional ao agravo, além da indenização por dano material, moral ou à imagem.

Esse direito está totalmente relacionado com o que dispõe o art. 220 da CF, que trata da manifestação de pensamento, de informação e da vedação à censura política, ideológica ou artística.

Ocorre que o mencionado dispositivo deve ser aplicado em consonância com o art. 5º. No julgamento da ADPF n. 130, o Supremo menciona que o direito de resposta atua *a posteriori*, para inibir excessos, mas que as altas indenizações por danos morais ou materiais restringem a liberdade de imprensa e ferem o princípio da proporcionalidade. (**ADPF 130**, Rel. Min. Ayres Britto, julgamento em 30.04.2009, Plenário, *DJE* de 06.11.2009. **No mesmo sentido:** AI 787.215-AgR, Rel. Min. Cármen Lúcia, julgamento em 24.08.2010, Primeira Turma, *DJE* de 24.09.2010).

Princípio da liberdade religiosa (art. 5º, VI): o nosso país é considerado laico ou leigo (sem religião oficial); a CF garante o respeito à liberdade religiosa, que abrange a liberdade de crença e a liberdade de culto.

A Corte Maior ensina que "O Brasil é uma república laica, surgindo absolutamente neutro quanto às religiões." (ADPF 54, rel. min. Marco Aurélio, julgamento em 12-4-2012, Plenário, DJE de 30-4-2013.)Fortificando essa liberdade, o art. 150, VI, "b", da CF traz imunidades tributárias aos templos de qualquer culto. O STF já decidiu que tais benefícios abrangem também os cemitérios, que são considerados extensões de entidades de cunho religioso (RE 578.562, Rel. Min. Eros Grau, julgamento em 21.05.2008, Plenário, *DJE* de 12.09.2008).

Liberdade de expressão(art. 5º, IX): é livre a expressão da atividade intelectual, artística, científica e de comunicação, independentemente de censura ou licença. Essa garantia abrange também o direito de opinião, de informação e de escusa de consciência.

Julgamentos importantes devem ser mencionados aqui. O primeiro é o dado na da ADI 4815/DF, de 10.06.2015, segundo o qual: "É inexigível o consentimento de pessoa biografada relativamente a obras biográficas literárias ou audiovisuais, sendo por igual desnecessária a autorização de pessoas retratadas como coadjuvantes ou de familiares, em caso de pessoas falecidas ou ausentes. Essa a conclusão do Plenário, que julgou procedente pedido formulado em ação direta para dar interpretação conforme à Constituição aos arts. 20 e 21 do CC ("Art. 20. Salvo se autorizadas, ou se necessárias à administração da justiça ou à manutenção da ordem pública, a divulgação de escritos, a transmissão da palavra, ou a publicação, a exposição ou a utilização da imagem de uma pessoa poderão ser proibidas, a seu requerimento e sem prejuízo da indenização que couber, se lhe atingirem a honra, a boa fama ou a respeitabilidade, ou se se destinarem a fins comerciais. Parágrafo único. Em se tratando de morto ou de ausente, são partes legítimas para requerer essa proteção o cônjuge, os ascendentes ou os descendentes. Art. 21. A vida privada da pessoa natural é inviolável, e o juiz, a requerimento do interessado, adotará as providências necessárias para impedir ou fazer cessar ato contrário a esta norma"), sem redução de texto, em consonância com os direitos fundamentais à liberdade de pensamento e de sua expressão, de criação artística, de produção científica, de liberdade de informação e de proibição de censura (CF, arts. 5º, IV, V, IX, X e XIV; e 220). O Colegiado asseverou que, desde as Ordenações Filipinas, haveria normas a proteger a guarda de segredos. A partir do advento do CC/1916, entretanto, o quadro sofrera mudanças. Ademais, atualmente, o nível de exposição pública das pessoas seria exacerbado, de modo a ser inviável reter informações, a não ser que não fossem produzidas. Nesse diapasão, haveria de se compatibilizar a inviolabilidade da vida privada e a liberdade de pensamento e de sua expressão. No caso, não se poderia admitir, nos termos da Constituição, que o direito de outrem de se expressar, de pensar, de criar obras biográficas — que dizem respeito não apenas ao biografado, mas a toda a coletividade, pelo seu valor histórico — fosse tolhido pelo desejo do biografado de não ter a obra publicada. Os preceitos constitucionais em aparente conflito conjugar-se-iam em perfeita harmonia, de modo que o direito de criação de obras biográficas seria compatível com a inviolabilidade da intimidade, privacidade, honra e imagem. Assim, em suma, o Plenário considerou: a) que a Constituição asseguraria como direitos fundamentais a liberdade de pensamento e de sua expressão, a liberdade de atividade intelectual, artística, literária, científica e cultural; b) que a Constituição garantiria o direito de acesso à informação e de pesquisa acadêmica, para o que a biografia seria fonte fecunda; c) que a Constituição proibiria a censura de qualquer natureza, não se podendo concebê-la de forma subliminar pelo Estado ou por particular sobre o direito de outrem; d) que a Constituição garantiria a inviolabilidade da intimidade, da privacidade, da honra e da imagem da pessoa; e e) que a legislação infraconstitucional não poderia amesquinhar ou restringir direitos fundamentais constitucionais, ainda que sob pretexto de estabelecer formas de proteção, impondo condições ao exercício de liberdades de forma diversa da constitucionalmente fixada."

O segundo julgamento importante é dado pelo RE 511.961, que declarou como não recepcionado pela Constituição o art. 4º, V, do Decreto-Lei 972/1969, que exigia diploma de curso superior para o exercício da profissão de jornalista.

O terceiro vem trazido na ADPF 130 ao considerar como não recepcionada toda a Lei de Imprensa (Lei 5.250/1967).

Por fim, a ADPF 187/DF (informativo 621 do STF), guarda relação com a denominada "marcha da maconha". O STF, em decisão unânime, autorizou a realização de manifestações favoráveis à descriminalização da droga. A livre expressão do pensamento e o direito de reunião protegem a realização dessas marchas. Algumas premissas, como a não incitação ao consumo de drogas, a não estimulação à prática de atos ilegais, a ausência de crianças e adolescentes e a proteção do Estado, por meio de cautelas que visam a evitar abusos, foram mencionadas pelos ministros quando decidiram favoravelmente à marcha.

Direito à privacidade e à preservação da imagem (art. 5º, X): são invioláveis a intimidade, a vida privada, a honra e a imagem das pessoas, assegurado o direito à indenização pelo dano material ou moral decorrente de sua violação.

A Súmula Vinculante n. 11 restringe o uso de algemas aos casos de resistência e de fundado receio de fuga ou de perigo à integridade física própria ou alheia por parte do preso ou de terceiros, desde que justificada por escrito, sob pena de responsabilidade. Isso decorre da preservação da imagem.

Princípio da inviolabilidade domiciliar (art. 5º, XI): casa é asilo inviolável do indivíduo, ninguém nela podendo penetrar sem consentimento do morador, salvo em caso de flagrante delito ou desastre, ou para prestar socorro, ou, durante o dia, por determinação judicial. Segundo a doutrina que adota a predeterminação do horário, entende-se como noite das 18 até às 6 horas; durante este horário somente é permitido ingressar em casa alheia em situações emergenciais e de urgência (desastre, flagrante delito, prestação de socorro).

O Supremo já decidiu que o mandado judicial de busca e apreensão em escritório de advocacia não pode ser expedido de modo genérico, mesmo sendo o advogado o investigado. Afirmou ainda que não se justifica e nem é jurídica a devassa indiscriminada em escritórios para recolher objetos que nada têm a ver com a causa. (HC 91.610, Rel. Min. Gilmar Mendes, julgamento em 08.06.2010, Segunda Turma, Informativo 590).

Além disso, de acordo com a jurisprudência do Supremo, os quartos de hotel fazem parte do conceito de casa e, portanto, são abrangidos pela garantia da inviolabilidade domiciliar (RHC 90.376, Rel. Min. Celso de Mello). Tal garantia se estende também, por exemplo, ao escritório de contabilidade que funcione no próprio domicílio.

Garantia do sigilo da correspondência (art. 5º, XII): é inviolável o sigilo de correspondência e das comunicações telegráficas, de dados e das comunicações telefônicas. A Lei 9.296/1996 permite, de forma excepcional, a interceptação telefônica para fins de investigação criminal ou instrução processual penal e desde que por ordem judicial (cláusula de reserva jurisdicional).

Antes da Lei 9.296/1996, o entendimento do STF era no sentido da não possibilidade de interceptação telefônica, mesmo que houvesse autorização judicial, em investigação criminal ou instrução processual penal, levando em conta a não recepção do art. 57, II, "e", da Lei 4.117/1962 (Código Brasileiro de Telecomunicações).

Depois, foram estabelecidos nortes e regras para a realização dessa interceptação, sendo, portanto, possível, observados os requisitos constitucionais e legais; tal procedimento não afeta o direito ao silêncio, segundo o STF. (HC 103.236, voto do Rel. Min. Gilmar Mendes, julgamento em 14.06.2010, Segunda Turma, *DJE* de 03.09.2010).

Vale lembrar que o Supremo admite que sejam utilizadas as gravações feitas na instrução processual penal como prova emprestada nos processos civil e administrativo.

Outra decisão em andamento no STF tem a ver com a possibilidade de o Banco Central do Brasil – Bacen fornecer ao Ministério Público, sem autorização judicial, dados bancários. No julgamento, o Min. Marco Aurélio, relator, "explicitou que se, de um lado a notícia da prática de crime seria dever de todo o cidadão e, com base maior, de entidade como o Bacen, de outro, o afastamento do sigilo de dados, consoante disposto no inciso XII do art. 5º da CF (é inviolável o sigilo da correspondência e das comunicações telegráficas, de dados e das comunicações telefônicas, salvo no último caso, por ordem judicial, nas hipóteses e na forma que a lei estabelecer para fins de investigação criminal ou instrução processual penal) somente se faria possível mediante ato de órgão judicial (HC 99223-Pr, rel. Min. Marco Aurélio, 06.11.2012 – Inform. STF 687).

Ainda sobre o sigilo bancário, se faz necessário mencionar que o Tribunal de Contas da União (TCU) não detém legitimidade para requisitar diretamente informações que importem quebra de sigilo bancário (HC 96986/MG, rel. Gilmar Mendes 15.0512 – Inform. STF 666).

Direito de exercer qualquer profissão (art. 5º, XIII): é livre o exercício de qualquer trabalho, ofício ou profissão, atendidas as qualificações profissionais que a lei estabelecer.

A Suprema Corte entende que "O art. 5º, XIII, da CR é norma de aplicação imediata e eficácia contida que pode ser restringida pela legislação infraconstitucional. Inexistindo lei regulamentando o exercício da atividade profissional dos substituídos, é livre o seu exercício." (MI 6.113-AgR, rel. min. Cármen Lúcia, julgamento em 22-5-2014, Plenário, DJE de 13-6-2014.)

Sendo assim, como existe lei regulamentadora (EOAB – Lei 8.906/94), a exigência de **aprovação prévia em exame da Ordem dos Advogados do Brasil (OAB)** para que bacharéis em direito possam exercer a advocacia foi **considerada constitucional pelo**Plenário do STF (RE n. 603.583). Os ministros, em decisão unânime, negaram provimento ao Recurso Extraordinário mencionado que impugnava a obrigatoriedade do exame. Vale lembrar que tal recurso teve repercussão geral reconhecida, de modo que a decisão será aplicada a todos os demais processos que possuam pedido idêntico.

Por outro lado, a Suprema Corte, ao julgar o RE n. 511.961/SP (Informativo 551), definiu que o exercício da atividade de jornalismo **não depende de prévia obtenção de diploma** universitário.

Também decidiu o STF (RE n. 414426/SC), que o **músico**, para exercer a sua atividade profissional, **não necessita de registro** em entidade de classe. O precedente adveio Santa Catarina. Um músico do respectivo estado ingressou com uma ação alegando na Justiça que só poderia atuar se estivesse vinculado à Ordem de Músicos do Brasil. O Supremo decidiu que não havia tal necessidade. A decisão, por se tratar de controle difuso, tem eficácia para o caso específico, mas os ministros decidiram que, ainda que de forma monocrática, essa será a solução adotada. Assim, se os estados continuarem exigindo, para o exercício da atividade de músico, o registro profissional, este será revertido quando chegar à Corte Suprema.

Direito de reunião (art. 5º, XVI): todos podem reunir-se pacificamente, sem armas, em locais abertos ao público, independentemente de autorização, desde que não frustrem outra reunião anteriormente convocada para o mesmo local, sendo apenas exigido prévio aviso à autoridade competente.

Segundo o Supremo, a liberdade de reunião e de associação para fins lícitos constitui uma das mais importantes conquistas da civilização. A restrição a esses direitos entraria em confronto com a vontade da Constituição (ADI 1.969, Rel. Min. Ricardo Lewandowski, julgamento em 28.06.2007, Plenário, *DJ* de 31.08.2007).

Além disso, se for violado o direito de reunião, a tutela adequada para resguardar tal direto se efetiva por meio do mandado de segurança.

Direito de associação (art. 5º, XVII a XXI): é plena a liberdade de associação para fins lícitos, vedada a de caráter paramilitar. A criação de associações e, na forma da lei, a de cooperativas independe de autorização, sendo inclusive vedada a interferência estatal em seu funcionamento. As associações só poderão ser compulsoriamente dissolvidas ou ter atividades suspensas por decisão judicial, exigindo-se, no primeiro caso, o trânsito em julgado. Ademais, ninguém poderá ser compelido a associar-se ou a permanecer associado.De acordo com o STF, "O direito à plena liberdade de associação (art. 5º, XVII, da CF) está intrinsecamente ligado aos preceitos constitucionais de proteção da dignidade da pessoa, de livre iniciativa, da autonomia da vontade e da liberdade de expressão. Uma associação que deva pedir licença para criticar situações de arbitrariedades terá sua atuação completamente esvaziada." (HC 106.808, rel. min. Gilmar Mendes, julgamento em 9-4-2013, Segunda Turma, DJE de 24-4-2013.)

Em decisão, o Supremo definiu que a obrigatoriedade do visto de advogado para o registro de atos e contratos constitutivos de pessoas jurídicas (art. 1º, § 2º, da Lei 8.906/1994) não ofende os princípios constitucionais da isonomia e da liberdade associativa (ADI 1.194, Rel. p/ o ac. Min. Cármen Lúcia, julgamento em 20.05.2009, Plenário, *DJE* de 11.09.2009).

Vale lembrar que a Súmula 629 do STF dispensa a autorização dos associados quando a entidade de classe impetrar mandado de segurança coletivo em favor deles próprios.

Direito de propriedade (art. 5º, XXII a XXV): é garantido o direito de propriedade, desde que ela atenda à sua função social (art. 5º, XXIII). Ressalta-se que há limites a esse direito, pois a lei estabelecerá o procedimento para *desapropriação* por necessidade ou utilidade pública, ou por interesse social, mediante justa e prévia indenização em dinheiro, ressalvados os casos previstos na própria CF. Além disso, no caso de iminente perigo público, a autoridade competente poderá *usar de propriedade particular*, assegurada ao proprietário indenização ulterior, se houver dano. É o caso da denominada requisição administrativa.

É decisão da Suprema Corte que o direito de propriedade não se revela absoluto. Está relativizado pela Carta da República – artigos 5º, incisos XXII, XXIII e XXIV, e 184 (MS 25.284, Rel. Min. Marco Aurélio, julgamento em 17.06.2010, Plenário, *DJE* de 13.08.2010).

Direito do autor (art. 5º, XXVII e XXIX): aos autores pertence o direito exclusivo de utilização, publicação ou reprodução de suas obras, transmissível aos herdeiros pelo tempo que a lei fixar. Escrito é qualquer texto expressado graficamente, seja em meio impresso, seja em meio eletrônico. Se o escrito for texto de obra literária, artística ou científica, haverá proteção especial na Lei 9.610/1998 (Lei de Direitos Autorais). Ademais, a lei assegurará aos autores de inventos industriais privilégio temporário para sua utilização, bem como proteção às criações industriais, à propriedade das marcas, aos nomes de empresas e a outros signos distintivos, tendo em vista o interesse social e o desenvolvimento tecnológico e econômico do País.

Dispositivo análogo ensejou a edição da Súmula 386 do Supremo que dispõe que "pela execução de obra musical por artistas remunerados é devido direito autoral, não exigível quando a orquestra for de amadores".

Direito de herança (art. 5º, XXX e XXXI): é garantido o direito de herança. A sucessão de bens de estrangeiros situados no País será regulada pela lei brasileira em benefício do cônjuge ou dos filhos brasileiros sempre que não lhes seja mais favorável a lei pessoal do *de cujus*.

A capacidade para suceder é verificada no momento da abertura da sucessão (RE 162.350, Rel. Min. Octavio Gallotti, julgamento em 22.08.1995, Primeira Turma, *DJ* de 22.09.1995).

Direito do consumidor (art. 5º, XXXII): dispõe a Constituição que o Estado promoverá, na forma da lei, a defesa do consumidor; o Código de Defesa do Consumidor (Lei 8.078/1990) regulamentou este dispositivo.

O Supremo já decidiu que o CDC se aplica nos casos de indenização por danos morais e materiais por má prestação de serviço em transporte aéreo (RE 575.803-AgR, Rel. Min. Cezar Peluso, julgamento em 01.12.2009, Segunda Turma, *DJE* de 18.12.2009). *Vide também*: RE 351.750, Rel. p/ o ac. Min. Ayres Britto, julgamento em 17.03.2009, Primeira Turma, *DJE* de 25.09.2009.

Direito à informação (art. 5º, XXXIII): a Constituição garante que todos obtenham dos órgãos públicos informações de seu interesse particular, ou de interesse coletivo ou geral, com exceção daquelas cujo sigilo seja indispensável à segurança da sociedade e do Estado.

Vale lembrar que a Lei n. 12.527/2011 regulamentou o **acesso a informações** impondo às entidades públicas e aos órgãos da Administração Pública em geral, além das entidades privadas sem fins lucrativos que recebam, para realização de ações de interesse público, recursos públicos diretamente do orçamento ou mediante subvenções sociais, contrato de gestão, termo de parceria, convênios, acordo, ajustes ou outros instrumentos congêneres (art. 2º), o dever de autorizar ou conceder o **acesso imediato** à informação disponível.

De acordo com o § 1º do art. 11 da Lei nº 12.527/2011, caso não haja possibilidade da concessão do acesso imediato, o órgão ou entidade que receber o pedido deverá, em prazo não superior a 20 (vinte) dias: I – comunicar a data, local e modo para se realizar a consulta, efetuar a reprodução ou obter a certidão; II – indicar as razões de fato ou de direito da recusa, total ou parcial, do acesso pretendido; ou III – comunicar que não possui a informação, indicar, se for do seu conhecimento, o órgão ou a entidade que a detém, ou, ainda, remeter o requerimento a esse órgão ou entidade, cientificando o interessado da remessa de seu pedido de informação.

Tal prazo, conforme o § 2º do mesmo dispositivo, poderá ser prorrogado por mais 10 (dez) dias, mediante justificativa expressa, da qual será cientificado o requerente.

Como demonstrado, a lei tem por objetivo assegurar o direito fundamental de acesso à informação. Desse modo, a execução dos atos deve ser feita em conformidade com os princípios básicos da administração pública e com as seguintes diretrizes (art. 3º): I – observância da publicidade como preceito geral e do sigilo como exceção; II – divulgação de informações de interesse público, independentemente de solicitações; III – utilização de meios de comunicação viabilizados pela tecnologia da informação; IV – fomento ao desenvolvimento da cultura de transparência na administração pública; V – desenvolvimento do controle social da administração pública.

A proteção do direito à informação também encontra respaldo nas decisões do STF, por exemplo, a trazida pela Súmula Vinculante n. 14 que assegura o direito do defensor, sempre visando ao interesse do representado, de ter acesso amplo aos elementos de prova que, já documentados em procedimento investigatório realizado por órgão com competência de polícia judiciária, digam respeito ao exercício do direito de defesa.

Outra decisão importante consta do informativo n. 610 do STF. A Corte Suprema decidiu que a quebra de sigilo bancário, pela Receita Federal, não é possível. Tal mandamento depende de ordem judicial.

Além disso, o Supremo entende (ADI 3741, Rel. Min. Ricardo Lewandowski) que ofende o direito à informação e à liberdade de expressão lei que determine a proibição da divulgação de pesquisas eleitorais quinze dias antes do pleito.

Princípio do livre acesso ao Judiciário (art. 5º, XXXV): a lei não excluirá da apreciação do Poder Judiciário lesão ou ameaça a direito. É o denominado princípio da inafastabilidade do controle jurisdicional.

Algumas súmulas editadas pelo Supremo decorrem desse princípio. Dispõe a de n. 667 que a taxa judiciária calculada sem limite sobre o valor da causa viola a garantia constitucional do acesso à justiça. A Súmula Vinculante n. 28 trata do depósito prévio como requisito de admissibilidade de ação judicial na qual se pretenda discutir a exigibilidade do crédito tributário, deixando claro que tal exigência é tida como inconstitucional.

Além disso, segundo o Supremo, "a garantia constitucional relativa ao acesso ao Judiciário – inciso XXXV do art. 5º da Carta de 1988 – é conducente a assentar-se, vencedora a parte, o direito aos honorários advocatícios. (...) A exclusão dos honorários advocatícios prevista no art. 29-C da Lei 8.036/1990 surge conflitante com a CF, com o princípio segundo o qual o cidadão compelido a ingressar em juízo, se vencedor, não deve sofrer diminuição patrimonial" (RE 384.866, rel. Min. Marco Aurélio, julgamento em 29.06.2012, Plenário, *DJE* de 23.08.2012).

Princípio da irretroatividade da lei (art. 5º, XXXVI): a lei não prejudicará o direito adquirido, o ato jurídico perfeito e a coisa julgada (segurança das relações jurídicas).

O inciso é curto, mas diversas ações judiciais decorrem da violação a esse princípio. Tanto é assim que posicionamentos diversos foram adotados e, por conta disso, muitas súmulas tiveram que ser editadas na intenção de sedimentar entendimentos jurisprudenciais. Vejamos:

> **Súmula Vinculante 9** – "O disposto no art. 127 da Lei 7.210/1984 (Lei de Execução Penal) foi recebido pela ordem constitucional vigente, e não se lhe aplica o limite temporal previsto no *caput* do art. 58."
>
> **Súmula Vinculante 1** – "Ofende a garantia constitucional do ato jurídico perfeito a decisão que, sem ponderar as circunstâncias do caso concreto, desconsidera a validez e a eficácia de acordo constante de termo de adesão instituído pela LC 110/2001."
>
> **Súmula 725 do STF** – "É constitucional o § 2º do art. 6º da Lei 8.024/1990, resultante da conversão da Medida Provisória 168/1990, que fixou o BTN fiscal como índice de correção monetária aplicável aos depósitos bloqueados pelo Plano Collor I."
>
> **Súmula 678 do STF** – "São inconstitucionais os incisos I e III do art. 7º da Lei 8.162/1991, que afastam, para efeito de anuênio e de licença-prêmio, a contagem do tempo de serviço regido pela Consolidação das Leis do Trabalho dos servidores que passaram a submeter-se ao regime jurídico único."
>
> **Súmula 654 do STF** – "A garantia da irretroatividade da lei, prevista no art. 5º, XXXVI, da Constituição da República, não é invocável pela entidade estatal que a tenha editado."
>
> **Súmula 524 do STF** – "Arquivado o inquérito policial, por despacho do juiz, a requerimento do promotor de justiça, não pode a ação penal ser iniciada, sem novas provas."
>
> **Súmula 343 do STF** – "Não cabe ação rescisória por ofensa a literal disposição de lei, quando a decisão rescindenda se tiver baseado em texto legal de interpretação controvertida nos tribunais."
>
> **Súmula 239 do STF** – "Decisão que declara indevida a cobrança do imposto em determinado exercício não faz coisa julgada em relação aos posteriores."
>
> **Importante lembrar que o STF decidiu que** "O direito à previdência social constitui direito fundamental e, uma vez implementados os pressupostos de sua aquisição, não deve ser afetado pelo decurso do tempo. Como consequência, inexiste prazo decadencial para a concessão inicial do benefício previdenciário. É legítima, todavia, a instituição de prazo decadencial de dez anos para a revisão de benefício já concedido, com fundamento no princípio da segurança jurídica, no interesse em evitar a eternização dos litígios e na busca de equilíbrio financeiro e atuarial para o sistema previdenciário. O prazo decadencial de dez anos, instituído pela MP 1.523, de 28-6-1997, tem como termo inicial o dia 1º-8-1997, por força de disposição nela expressamente prevista. Tal regra incide, inclusive, sobre benefícios concedidos anteriormente, sem que isso importe em retroatividade vedada pela Constituição. **Inexiste direito adquirido a regime jurídico não sujeito a decadência**." (RE 626.489, rel. min. Roberto Barroso, julgamento em 16-10-2013, Plenário, DJE de 23-9-2014, com repercussão geral.)

Princípio da reserva legal ou da legalidade penal (art. 5º, XXXIX): não há crime sem lei anterior que o defina, nem pena sem prévia cominação legal; tal princípio foi regulamentado pelo art. 1º do Código Penal.

O Supremo já decidiu, prestigiando o princípio da legalidade penal, que a incidência de duas circunstâncias qualificadoras não determina, necessariamente, a fixação de regime de pena mais gravoso do que o estabelecido na lei nem a vedação da substituição da pena privativa de liberdade por restritiva de direitos. Somente o legislador penal pode estabelecer proibições para a fixação do regime aberto de cumprimento da pena e para a substituição da pena. (RHC 100.810, Rel. Min. Joaquim Barbosa, julgamento em 02.02.2010, Segunda Turma, *DJE* de 12.03.2010).

Princípio da retroatividade benéfica (art. 5º, XL): a lei penal não retroagirá, salvo para beneficiar o réu. Nesse sentindo, preconiza o parágrafo único do art. 2º do Código Penal que, se a lei posterior de qualquer modo favorecer o agente, aplica-se aos fatos anteriores, ainda que decididos por sentença condenatória transitada em julgado.

Ocorre que há situações em que o Supremo entende de outra forma, por exemplo, a Súmula 711 determina que a lei penal mais grave seja aplicada ao crime continuado ou ao crime permanente se sua vigência é anterior à cessação da continuidade ou da permanência.

A aplicação da norma mais favorável, após o trânsito em julgado, é da competência do juízo das execuções penais, conforme nos ensina a Súmula 611 do STF.

Proibição de discriminação atentatória dos direitos e liberdades fundamentais (art. 5º, XLI): a lei punirá qualquer discriminação atentatória dos direitos e liberdades fundamentais.

Racismo – crime inafiançável e imprescritível (art. 5º, XLII): a prática do racismo constitui crime inafiançável e imprescritível, sujeito à pena de reclusão, nos termos da lei.

Tortura, tráfico e terrorismo (art. 5º, XLIII): a lei considerará crimes inafiançáveis e insuscetíveis de graça ou anistia a prática da tortura, o tráfico ilícito de entorpecentes e drogas afins, o terrorismo e os definidos como crimes hediondos, por eles respondendo os mandantes, os executores e os que, podendo evitá-los, se omitirem.

Vale lembrar que de acordo com a súmula vinculante nº 26 do STF: "para efeito de progressão de regime no cumprimento de pena por crime hediondo, ou equiparado, o juízo da execução observará a inconstitucionalidade do art. 2º da Lei 8.072, de 25 de julho de 1990, sem prejuízo de avaliar se o condenado preenche, ou não, os requisitos objetivos e subjetivos do benefício, podendo determinar, para tal fim, de modo fundamentado, a realização de exame criminológico."

Além disso, o plenário da Corte Maior, no julgamento do HC 104.339, declarou, incidentalmente, a inconstitucionalidade da vedação da liberdade provisória constante do art. 44, *caput*, da Lei 11.343/2006 (Lei de Drogas).

Ação de grupos armados (art. 5º, XLIV): constitui crime inafiançável e imprescritível a ação de grupos armados, civis ou militares, contra a ordem constitucional e o Estado Democrático.

Princípio da responsabilidade pessoal ou da personalidade ou (art. 5º, XLV): nenhuma pena passará da pessoa do condenado, podendo a obrigação de reparar o dano e a decretação do perdimento de bens ser, nos termos da lei, estendidas aos sucessores e contra eles executadas, até o limite do valor do patrimônio transferido.

Princípio da individualização das penas (art. 5º, XLVI): a lei regulará a individualização da pena e adotará, entre outras, as seguintes: a) privação ou restrição da liberdade; b) perda de bens; c) multa; d) prestação social alternativa; e) suspensão ou interdição de direitos

Algumas súmulas e decisões do Supremo sobre a individualização das penas merecem ser lembradas. A primeira é a descrita na Súmula Vinculante nº 26 a qual determina que "para efeito de progressão de regime no cumprimento de pena por crime hediondo, ou equiparado, o juízo da execução observará a inconstitucionalidade do art. 2º da Lei 8.072, de 25 de julho de 1990, sem prejuízo de avaliar se o condenado preenche, ou não, os requisitos objetivos e subjetivos do benefício, podendo determinar, para tal fim, de modo fundamentado, a realização de exame criminológico."

A segunda vem disposta na Súmula 719, segundo a qual "a imposição do regime de cumprimento mais severo do que a pena aplicada permitir exige motivação idônea."

Por outro lado, conforme a Súmula 716, "admite-se a progressão de regime de cumprimento da pena ou a aplicação imediata de regime menos severo nela determinada, antes do trânsito em julgado da sentença condenatória".

Por fim, "a pena unificada para atender ao limite de trinta anos de cumprimento, determinado pelo art. 75 do Código Penal, não é considerada para a concessão de outros benefícios, como o livramento condicional ou regime mais favorável de execução." É o que determina o teor da Súmula 715 do STF.

Vale lembrar que "o Plenário do STF, no julgamento do HC 97.256, declarou, incidentalmente, a inconstitucionalidade da proibição de substituição da pena privativa de liberdade pela pena restritiva de direitos prevista nos arts. 33, § 4º, e 44, *caput*, da Lei 11.343/2006 (Lei de Drogas). A execução da expressão "vedada a conversão em penas restritivas de direitos" do § 4º do art. 33 da Lei 11.343/2006 foi suspensa pela Resolução 5/2012 do Senado Federal, nos termos do art. 52, X, da Constituição".

Princípio da humanidade (art. 5º, XLVII): o Texto Maior proíbe alguns tipos de pena, por ferirem o princípio da humanidade. Sendo assim, não haverá penas: a) de morte, salvo em caso de guerra declarada, nos termos do art. 84, XIX; b) de caráter perpétuo; c) de trabalhos forçados; d) de banimento e e) cruéis.

Sobre a pena de morte, o STF entende que "o ordenamento positivo brasileiro, nas hipóteses em que se delineia a possibilidade de imposição do *supplicium extremum*, impede a entrega do extraditando ao Estado requerente, a menos que este, previamente, assuma o compromisso formal de comutar, em pena privativa de liberdade, a pena de morte, ressalvadas, quanto a esta, as situações em que a lei brasileira – fundada na CF (art. 5º, XLVII, a) – permitir a sua aplicação, caso em que se tornará dispensável a exigência de comutação." (Ext 633, Rel. Min. Celso de Mello, julgamento em 28.8.1996, Plenário, DJ de 6.4.2001.) No mesmo sentido: Ext 1.201, Rel. Min. Celso de Mello, julgamento em 17.2.2011, Plenário, DJE de 15.3.2011.

Já em relação à pena de prisão perpétua, a Corte Maior entende que " houve revisão duas vezes da jurisprudência da Corte quanto à obrigatoriedade de o Estado requerente assumir compromisso de comutar pena de prisão perpétua em pena não superior à duração máxima admitida na Lei Penal do Brasil (trinta anos). Inicialmente reputava-se necessário o compromisso, passou a ser desnecessário e voltou a ser exigido a partir do julgamento da Ext 855.

Pena e o seu cumprimento (art. 5º, XLVIII): a pena será cumprida em estabelecimentos distintos, de acordo com a natureza do delito, a idade e o sexo do apenado.

Integridade física e moral do preso (art. 5º, XLIX): é assegurado aos presos o respeito à integridade física e moral.

A Súmula Vinculante 11 (STF) deve ser mencionada quando se trata de integridade do preso. Desse modo: "Só é lícito o uso de algemas em casos de resistência e de fundado receio de fuga ou de perigo à integridade física própria ou alheia, por parte do preso ou de terceiros, justificada a excepcionalidade por escrito, sob pena de responsabilidade disciplinar, civil e penal do agente ou da autoridade e de nulidade da prisão ou do ato processual a que se refere, sem prejuízo da responsabilidade civil do Estado."

Ressalta-se que "o enunciado da Súmula Vinculante 11 da Suprema Corte não é aplicável, face ao uso de algemas durante a sessão, máxime quando o julgamento pelo Tribunal do Júri se deu em data anterior à sua publicação." (ARE 653.964-AgR, Rel. Min. Luiz Fux, julgamento em 28.2.2012, Primeira Turma, DJE de 13.3.2012.)

Presidiárias, filhos e amamentação (art. 5º, L): às presidiárias serão asseguradas condições para que possam permanecer com seus filhos durante o período de amamentação.

Princípio do juiz natural (art. 5º, XXXVII e LIII): ninguém será processado nem sentenciado senão pela autoridade competente (a lei deve trazer regras objetivas de competência). É **vedada**, também, a **criação de tribunal de exceção**, que seria aquele que não faz parte do Poder Judiciário, constituído após um fato e para julgá-lo; o maior exemplo foi o Tribunal de Nuremberg. Esses dois incisos completam o princípio do juiz natural, garantindo a imparcialidade do Estado-juiz.

Dispõe a Súmula 704 do STF que não viola as garantias do juiz natural, da ampla defesa e do devido processo legal a atração por continência ou conexão do processo do corréu ao foro por prerrogativa de função de um dos denunciados.

Princípio do contraditório e da ampla defesa (art. 5º, LV): aos litigantes, em processo judicial ou administrativo, e aos acusados em geral, são assegurados o contraditório e a ampla defesa, com os meios e recursos a ela inerentes.

Vale lembrar que a Súmula Vinculante n. 3 do STF dispõe que "nos processos perante o Tribunal de Contas da União asseguram-se o contraditório e a ampla defesa quando da decisão puder resultar anulação ou revogação de ato administrativo que beneficie o interessado, excetuada a apreciação da legalidade do ato de concessão inicial de aposentadoria, reforma e pensão".

Outra súmula vinculante importante é a de n. 5 que determina que a falta de defesa técnica por advogado no processo administrativo disciplinar não ofende a Constituição. Tal súmula, por conta de seu caráter vinculante, tornou inaplicável o mandamento da Súmula 343 do STJ que dispunha de forma diversa.

Princípio do devido processo legal (art. 5º, LIV): ninguém será privado da liberdade ou de seus bens sem o devido processo legal. Este princípio abrange as seguintes garantias: direito a um órgão julgador imparcial, direito à ampla defesa, direito de igualdade entre as partes, direito ao contraditório e vedação ao uso de provas ilícitas.

A garantia constitucional mencionada sempre é trazida à tona nos julgamentos realizados pelo guardião da Constituição. Diversas súmulas já foram editadas pela Corte visando a fixar diretrizes na aplicação do devido processo legal.

Dentre os diversos julgamentos, destacam-se os seguintes entendimentos:

Súmula Vinculante 24 – "Não se tipifica crime material contra a ordem tributária, previsto no art. 1º, I a IV, da Lei 8.137/1990, antes do lançamento definitivo do tributo."

Súmula Vinculante 14 – "É direito do defensor, no interesse do representado, ter acesso amplo aos elementos de prova que, já documentados em procedimento investigatório realizado por órgão com competência de polícia judiciária, digam respeito ao exercício do direito de defesa."

"Sindicância. Acesso. Verbete 14 da Súmula Vinculante do Supremo. Inadequação. O Verbete 14 da Súmula Vinculante do Supremo não alcança sindicância administrativa objetivando elucidar fatos sob o ângulo do cometimento de infração administrativa." (Rcl 10.771-AgR, rel. min. Marco Aurélio, julgamento em 4-2-2014, Primeira Turma, DJE de 18-2-2014.)

Súmula 704 do STF – "Não viola as garantias do juiz natural, da ampla defesa e do devido processo legal a atração por continência ou conexão do processo do corréu ao foro por prerrogativa de função de um dos denunciados."

Súmula 547 do STF – "Não é lícito à autoridade proibir que o contribuinte em débito adquira estampilhas, despache mercadorias nas alfândegas e exerça suas atividades profissionais."

Súmula 323 do STF – "É inadmissível a apreensão de mercadorias como meio coercitivo para pagamento de tributos."

Súmula 70 do STF – "É inadmissível a interdição de estabelecimento como meio coercitivo para cobrança de tributo."

Princípio da inadmissibilidade das provas ilícitas (art. 5º, LVI): são inadmissíveis, no processo, as provas obtidas por meios ilícitos. Prova ilícita, ou ilicitamente obtida, entende-se como a prova colhida com infração de normas ou princípios de direito material – sobretudo de ordem constitucional e as que delas derivarem (teoria dos frutos da árvore envenenada – adotada pelo STF).

O Supremo já decidiu, reiteradas vezes, que é lícita a gravação de conversa telefônica feita por um dos interlocutores, ou com sua autorização, sem ciência do outro, quando há investida criminosa deste último. (HC 75.338, Rel. Min. Nelson Jobim, julgamento em 11.03.1998, Plenário, *DJ* de 25.09.1998). No mesmo sentido: AI 578.858-AgR, Rel. Min. Ellen Gracie, julgamento em 04.08.2009, Segunda Turma, *DJE* de 28.08.2009; HC 74.678, Rel. Min. Moreira Alves, julgamento em 10.06.1997, Primeira Turma, *DJ* de 15.08.1997; RE 212.081, Rel. Min. Octavio Gallotti, julgamento em 05.12.1997, Primeira Turma, *DJ* de 27.03.1998.

Princípio da presunção de inocência (art. 5º, LVII): ninguém será considerado culpado até o trânsito em julgado de sentença penal condenatória.

As observações feitas em relação à Súmula Vinculante n. 11, que só admite o uso de algema em casos excepcionais, valem aqui, pois tais diretrizes também encontram abrigo no princípio da presunção de inocência.

Vale lembrar que o Plenário do STF, ao julgar o HC 84.078, sedimentou o entendimento de que a execução da pena privativa de liberdade, antes do trânsito em julgado da sentença condenatória, viola o art. 5º, LVII, da Constituição.

Hipóteses de prisão civil (art. 5º, LXVII): não haverá prisão civil por dívida, salvo a do responsável pelo inadimplemento voluntário e inescusável de obrigação alimentícia e a do depositário infiel. O STF decidiu que é ilegal a prisão do depositário infiel, ou seja, a partir de agora, a única prisão por dívida admitida pela Corte é a decorrente de inadimplência de pensão alimentícia (*vide* Súmula Vinculante n. 25 do STF – e Súmula 419 do STJ).

Direito à assistência jurídica (art. 5º, LXXIV): o Estado prestará assistência jurídica integral e gratuita aos que comprovarem insuficiência de recursos.

Nesse sentido já decidiu o Supremo que "a omissão do Poder Judiciário sobre pedido de concessão do benefício da assistência judiciária não pode prejudicar a parte, especialmente quando não houver qualquer impugnação à concessão desse benefício" (RE 231.705-ED, Rel. Min. Joaquim Barbosa, julgamento em 29.09.2009, Segunda Turma, *DJE* de 29.10.2009).

Direito à celeridade processual (art. 5º, LXXVIII): regra trazida pela EC 45/2004 (reforma do poder judiciário) assegura a todos, no âmbito judicial e administrativo, a razoável duração do processo. Além disso, o dispositivo também menciona que devem ser resguardados meios que facilitem e garantam a celeridade processual.

Observação: segundo o Supremo Tribunal Federal, o duplo grau de jurisdição não está previsto expressamente na Constituição; trata-se de uma garantia implícita, decorrente do próprio sistema.

9.5. Remédios constitucionais

Com a finalidade de promover a garantia dos direitos fundamentais previstos na Constituição, previu-se a existência dos chamados "remédios constitucionais", institutos que têm a função de impedir a violação desses direitos constitucionais. Assim, para cada direito desrespeitado, cabe a utilização de um "remédio".

Os "remédios constitucionais" podem ser classificados em administrativos e judiciais de acordo com a esfera em que forem impetrados.

9.5.1. Remédios constitucionais administrativos (direito de petição e direito de certidão)

De acordo com o art. 5°, inciso XXXIV, são a todos assegurados, independentemente do pagamento de taxas:

a) o direito de *petição* aos Poderes Públicos em defesa de direitos ou contra *ilegalidade ou abuso de poder.*

Nesse sentido, editou-se a Súmula Vinculante n. 21 a qual diz ser inconstitucional exigir depósito ou arrolamento prévios de dinheiro ou bens para admissibilidade de recurso administrativo;

b) a obtenção de *certidões s*em repartições públicas para *defesa de direitos e esclarecimento de situações de interesse pessoal.*

O direito à certidão, segundo o STF, "traduz prerrogativa jurídica, de extração constitucional, destinada a viabilizar, em favor do indivíduo ou de uma determinada coletividade (como a dos segurados do sistema de previdência social), a defesa (individual ou coletiva) de direitos ou o esclarecimento de situações. A injusta recusa estatal em fornecer certidões, não obstante presentes os pressupostos legitimadores dessa pretensão, autorizará a utilização de instrumentos processuais adequados, como o mandado de segurança ou a própria ação civil pública. O Ministério Público tem legitimidade ativa para a defesa, em juízo, dos direitos e interesses individuais homogêneos, quando impregnados de relevante natureza social, como sucede com o direito de petição e o direito de obtenção de certidão em repartições públicas." (RE 472.489-AgR, Rel. Min. Celso de Mello, julgamento em 29.04.2008, Segunda Turma, *DJE* de 29.08.2008). No mesmo sentido: RE 167.118-AgR, Rel. Min. Joaquim Barbosa, julgamento em 20.04.2010, Segunda Turma, *DJE* de 28.05.2010.

A Constituição assegurou que a Administração, na execução de suas funções precípuas, deve respeitar os direitos fundamentais do indivíduo, garantindo-lhe o direito a petição em caso de ilegalidade ou abuso de poder, de forma que a violação de um direito possa ser sanada pela própria Administração Pública. Garante também o direito de certidão, possibilitando à pessoa que faz uso desse direito tomar conhecimento de informações a seu respeito.

Segundo o Supremo, "é inconsistente a postulação que, apoiada no direito de petição, formula pedido que constitui, na realidade, verdadeiro sucedâneo, legalmente não autorizado, da ação rescisória, eis que já transitada em julgado a decisão impugnada. (...) A mera invocação do direito de petição, por si só, não tem o condão de permitir que a parte interessada, mediante utilização de meio impróprio, busque desconstituir o acórdão (*judicium rescindens*) e obter o rejulgamento da causa (*judicium rescissorium*), em situação na qual a decisão questionada – embora transitada em julgado – não se reveste da autoridade da coisa julgada em sentido material." (**AI 223.712-AgR-AgR**, Rel. Min. Celso de Mello, julgamento em 08.02-2000, Segunda Turma, *DJE* de 05.03.2010.)

Os direitos de petição e de obtenção de certidões *são gratuitos* e podem ser exercidos sem a assistência de um advogado, ou seja, *independem de capacidade postulatória*, uma vez que ocorrem em âmbito administrativo.

9.5.2. Remédios constitucionais judiciais

Essa classe de remédios é impetrada em via judicial.

São cinco os remédios constitucionais judiciais: *habeas corpus, habeas data*, mandado de injunção, ação popular e mandado de segurança. Cada um desses institutos tem como objetivo proteger um ou mais direitos fundamentais.

9.5.2.1. Habeas corpus *(art. 5º, LXVIII, da CF)*

É uma ação de natureza constitucional-penal que tem por finalidade a proteção da **liberdade de locomoção** contra abuso de poder ou ilegalidade. Tem por principal característica a informalidade.

Antigamente era utilizado não só para proteção da liberdade física, mas também contra qualquer ato que, de alguma forma, impedia ou restringia a locomoção em sentido amplo. Rui Barbosa e diversos constitucionalistas conferiam a esse remédio tanta amplitude que mencionavam que ele poderia ser utilizado mesmo quando não houvesse risco à liberdade de locomoção. Atualmente, só a liberdade de ir, vir e permanecer é resguardada pelo *habeas corpus*.

Foi a partir da Constituição de 1891 que esse remédio ganhou *status* constitucional. Hoje, vem previsto no capítulo que trata dos direitos fundamentais (art. 5º, inciso LXVIII) do texto constitucional, que dispõe: "conceder-se-á 'habeas-corpus' sempre que alguém sofrer ou se achar ameaçado de sofrer violência ou coação em sua liberdade de locomoção, por ilegalidade ou abuso de poder".

Dessa forma, o *habeas corpus* visa a proteger o disposto no inciso XV do mesmo artigo, ou seja, a liberdade de locomoção. A todo indivíduo é assegurado o direito de ir, vir e permanecer. Sempre que este direito sofrer *violação, ou ameaça de violação*, o *habeas corpus* pode ser usado a fim de que seja revista a ofensa à liberdade de locomoção.

Súmulas do STF sobre o *habeas corpus*:

Súmula 723: "Não se admite a suspensão condicional do processo por crime continuado, se a soma da pena mínima da infração mais grave com o aumento mínimo de um sexto for superior a um ano."

Súmula 695: "Não cabe *habeas corpus* quando já extinta a pena privativa de liberdade."

Súmula 694: "Não cabe *habeas corpus* contra a imposição da pena de exclusão de militar ou de perda de patente ou de função pública."

Súmula 693: "Não cabe *habeas corpus* contra decisão condenatória a pena de multa, ou relativo a processo em curso por infração penal a que a pena pecuniária seja a única cominada."

Súmula 692: "Não se conhece de *habeas corpus* contra omissão de relator de extradição, se fundado em fato ou direito estrangeiro cuja prova não constava dos autos, nem foi ele provocado a respeito."

Súmula 431: "É nulo julgamento de recurso criminal, na segunda instância, sem prévia intimação ou publicação da pauta, salvo em *habeas corpus*."

Súmula 395: "Não se conhece de recurso de *habeas corpus* cujo objeto seja resolver sobre o ônus das custas, por não estar mais em causa a liberdade de locomoção."

Quanto ao momento no qual o *habeas corpus* é impetrado, pode ser classificado da seguinte forma:

a) Preventivo ou salvo-conduto: não é necessário que um indivíduo sofra, de fato, a violação em sua liberdade de locomoção para impetrar o *habeas corpus*. Basta que se sinta ameaçado (justificadamente) em seu direito de ir, vir e permanecer para que possa fazer uso desse "remédio", impedindo que seja restringida sua liberdade. Desse modo, o HC preventivo visa a resguardar o indivíduo contra a ameaça a sua liberdade de locomoção;

b) Repressivo ou liberatório: é cabível quando o direito fundamental já foi violado. A partir desde momento, a medida pode ser utilizada para reprimir a ofensa à liberdade de locomoção.

c) Suspensivo: é cabível quando a ordem de prisão já tenha sido expedida, mas o seu cumprimento ainda não fora efetivado. Nesse caso, o pedido a ser formulado é o contramandado de prisão.

Em síntese, se o *habeas corpus* é concedido em momento anterior à violação, este é preventivo; se concedido em momento posterior, é repressivo. Por fim, é suspensivo se já há ordem de prisão, mas ainda foi não cumprida.

Vale mencionar que é possível a concessão de *habeas corpus* **de ofício (independe de provocação)** pelo juiz, quando verificadas as hipótese de restrição ilegal ou ameaça de violação à liberdade de locomoção.

A Constituição, em seu art. 142, § 2º, traz uma hipótese em que não é cabível a utilização do *habeas corpus*, que se dá no caso de **punições disciplinares militares**. Com isso, permite-se a existência de regras especiais de conduta, por vezes mais rígidas no âmbito militar, quando comparadas ao âmbito civil.

É necessário mencionar que o STF admite o *habeas corpus*, na hipótese acima mencionada, se a discussão for sobre a legalidade do procedimento aplicado e ou sobre a competência da autoridade responsável pela expedição da ordem.

Quanto à legitimação, o *habeas corpus* pode ser impetrado por qualquer interessado, independentemente de sua capacidade civil, sendo legítimo até mesmo ao menor de idade. A medida é gratuita e não necessita de assistência de um advogado, ou seja, independe de capacidade postulatória.

Embora o remédio heroico possa ser impetrado por qualquer pessoa, justamente pela relevância do bem jurídico protegido, a nomenclatura correta a ser utilizada é a seguinte:

✓ Legitimado ativo: impetrante

✓ Legitimado passivo: impetrado ou autoridade coatora

✓ Beneficiário: paciente

Ressalta-se que a figura do impetrante pode se confundir com a figura do paciente, pois o beneficiário do remédio pode ser ao mesmo tempo paciente e impetrante. Ex.: alguém ingressando com o HC em nome próprio.

Outra observação deve ser feita com base na decisão dada pela 1ª Turma do STF, no HC 88747 AgR/ES, no sentido de que não há possibilidade de impetração de *habeas corpus* em que o beneficiário seja pessoa jurídica, pois tal remédio protege a liberdade de locomoção.

Além disso, o STF já decidiu que o *habeas corpus* não é cabível para impugnar o pedido de retirada de informações veiculadas no sítio do Conselho Nacional de Justiça, pois não coloca em risco o direito à liberdade de locomoção física (HC n. 117.296-DF – Informativo 707, STF).

Cabe HC em varas cíveis?

Sim, se houver risco à liberdade de locomoção em decorrência de eventual decretação de prisão civil.

Competência para análise do *habeas corpus*

Em regra, a competência para o julgamento de *habeas corpus* é determinada em razão da pessoa que figura no polo passivo (a autoridade coatora) e daquele que figura como paciente.

O art. 102, inciso I, alínea "d", da CF, diz que o *habeas corpus* será da competência originária do Supremo Tribunal Federal quando o paciente for, por exemplo, Presidente da República, Ministro de Estado, comandantes do exército, marinha e aeronáutica, entre outros.

9.5.2.2. Habeas data *(art. 5º, LXXII, da CF)*

Reza o inciso LXXII do art. 5º: "conceder-se-á *habeas data:*

a) para assegurar o conhecimento de informações relativas à pessoa do impetrante, constantes de registros ou bancos de dados de entidades governamentais ou de caráter público;

b) para a retificação de dados, quando não se prefira fazê-lo por processo sigiloso, judicial ou administrativo".

A ação tem como objetivo permitir ao interessado acesso às *informações a seu respeito*, presentes em banco de dados de caráter público. O banco de dados pode pertencer a entidades públicas ou privadas, mas, desde que tenha caráter público, o acesso é garantido. Assim, se entidade privada que visa à proteção ao crédito contiver registros ao qual se deseja ter acesso, cabe *habeas data* a fim de se ver o direito preservado.

Vale lembrar que, atualmente, existe o Cadastro Nacional de Adimplentes. As informações contidas nesse banco de dados também têm caráter público, portanto aplicam-se a elas as mesmas regras relativas ao *habeas data*.

Outra observação importante é a de que a ação de *habeas data*, por ter por objeto informações relativas à pessoa do impetrante, **não** pode ser impetrada em favor de terceiros. Desse modo, embora haja decisão do STJ admitindo a impetração de *habeas data* em favor de terceiro, prevalece o entendimento de que a ação não é cabível nessa hipótese.

Além disso, é entendimento pacífico que a ação de *habeas data* visa à proteção da privacidade do indivíduo contra abuso no registro e/ou revelação de dados pessoais falsos ou equivocados. O *habeas data, por outro lado,* não se revela meio idôneo para se obter vista de processo administrativo (HD 90-AgR, Rel. Min. Ellen Gracie, julgamento em 18.02.2010, Plenário, *DJE* de 19.03.2010). No mesmo sentido: HD 92-AgR, Rel. Min. Gilmar Mendes, julgamento em 18.08.2010, Plenário, *DJE* de 03.09.2010.

A Constituição Federal assegura duas formas de acesso aos registros:

a) Conhecimento: deseja-se apenas estar ciente das informações contidas no banco de dados;

b) Retificação: sabe-se que a informação presente no banco de dados é incorreta e deseja-se que o registro seja corrigido.

Desde 1997, com a sanção da Lei n. 9507, passou a ser prevista uma nova forma de acesso;

c) Complementação ou anotação: a informação está correta, porém incompleta. Deseja-se adicionar novos fatos relevantes ao registro a fim de que seja apresentado ao público de forma completa. Exemplo: existência de pendência judicial ou administrativa sobre o fato informado que possa modificar a informação ali constante.

Diferentemente do acesso comum ao Poder Judiciário, que pode ser provocado a qualquer momento, independentemente da existência de processo administrativo, o *habeas data* possui uma particularidade: *a ação só pode ser impetrada quando esgotada a via administrativa*. Assim, a medida poderá ser usada somente quando houver recusa por parte da entidade detentora do banco de dados em fornecer acesso às informações ou indeferimento do pedido. É necessário prova de tal recusa ou indeferimento para que se impetre o *habeas data*, sob pena de falta de interesse de agir e consequente indeferimento da petição por carência de ação (STJ, Súmula n. 2).

Sobre esse assunto, o art. 8º, parágrafo único, da Lei n. 9.507/1997 (que estabelece o procedimento do *habeas data*) determina que a inicial deva ser instruída com a recusa ao acesso às informações ou do decurso de mais de dez dias sem decisão; a recusa em fazer-se a retificação ou do decurso de mais de quinze dias, sem decisão; ou a recusa em fazer-se a anotação ou do decurso de mais de quinze dias sem decisão.

Já decidiu o STJ, no *Habeas Data* n. 149, que a informação incompleta equivale à recusa.

São legitimados para impetrar *habeas data* pessoas físicas ou jurídicas. A ação é gratuita, ou seja, isenta de custas, mas é necessária assistência de advogado para impetração.

Segundo a Suprema Corte, há hipóteses de não cabimento do "remédio" como, por exemplo, para pedir informações sobre autores de agressões contra o interessado (seria informação de terceiro).

9.5.2.3. Mandado de injunção

Dispõe o inciso LXXI do art. 5º que: "conceder-se-á mandado de injunção sempre que a falta de norma regulamentadora **torne inviável o exercício dos direitos e liberdades constitucionais e das prerrogativas inerentes à nacionalidade, à soberania e à cidadania**".

O mandado de injunção tem como objetivo atuar na inércia do legislador. Alguns dos direitos previstos pela Constituição podem ser exercidos somente após regulamentação em lei. Tratam-se das normas de eficácia limitada. O legislador tem obrigação imposta pela CF/1988 de regulamentar; entretanto, por inércia, não o faz. Com isso, o interessado fica impedido de exercer um direito garantido constitucionalmente.

Um exemplo é o que acontece com a previsão do inciso VII do art. 37 que determina que o direito de greve do servidor público deva ser exercido nos termos e nos limites definidos em lei específica.

Embora este direito tenha sido garantido pela CF/1988, até o presente momento nenhuma lei foi editada com o objetivo de regulamentar o direito previsto neste dispositivo, fazendo com que não seja possível exercê-lo. Em casos como esse, é cabível a impetração de mandado de injunção.

Vale lembrar que o STF, após decisão dada em sede de mandado de injunção, reconheceu o direito de greve aos servidores públicos sem que haja a edição de lei específica, se valendo, por analogia, da lei de greve da iniciativa privada (Lei n. 7.783/1989).

Cabe ressaltar que a ação pode ser ajuizada somente com relação à falta de regulamentação de dispositivo presente na Constituição. Portanto, este remédio constitucional não pode ser usado em face da existência de dispositivo presente em norma infraconstitucional (lei ordinária, lei complementar, medida provisória) não regulamentado.

Devido ao princípio da separação dos poderes, o Poder Judiciário não pode legislar ativamente. Com isso, por muito tempo prevaleceu o entendimento de que caso um mandado de injunção fosse julgado procedente, o resultado seria meramente de informar o órgão responsável pela solução de sua mora em legislar.

Sempre se entendeu que o mandado de injunção era ação constitutiva e não condenatória, não se prestando, portanto, a condenar o Congresso ao cumprimento de obrigação de fazer. Não cabia, assim, a cominação de pena pecuniária pela continuidade da omissão legislativa (MI 689, Rel. Min. Eros Grau, julgamento em 07.06.2006, Plenário, *DJ* de 18.08.2006).

Ocorre que tal entendimento vem sendo modificado pela Suprema Corte. Sob o argumento do combate à "síndrome da inefetividade" das normas constitucionais que possuem eficácia limitada, ou seja, aquelas que dependem de regulamentação, o STF tem tornado o mandado de injunção um remédio que visa a concretizar direitos fundamentais. O fundamento de que se vale é o § 1º do art. 5º da CF que determina a aplicação imediata dos direitos e garantias fundamentais.

Vejam a ementa da decisão: "Mandado de injunção. Natureza. Conforme disposto no inciso LXXI do art. 5º da Constituição Federal, conceder-se-á mandado de injunção quando necessário ao exercício dos direitos e liberdades constitucionais e das prerrogativas inerentes à nacionalidade, à soberania e à cidadania. Há ação mandamental e não simplesmente declaratória de omissão. A carga de declaração não é objeto da impetração, mas premissa da ordem a ser formalizada. Mandado de injunção. Decisão. Balizas. Tratando-se de processo subjetivo, a decisão possui eficácia considerada a relação jurídica nele revelada. Aposentadoria. Trabalho em condições especiais. Prejuízo à saúde do servidor. Inexistência de lei complementar. Art. 40, § 4.º, da Constituição Federal. Inexistente a disciplina específica da aposentadoria especial do servidor, impõe-se a adoção, via pronunciamento judicial, daquela própria aos trabalhadores em geral –art. 57, § 1º, da Lei n. 8.213/1991" (MI 758, Rel. Min. Marco Aurélio, j. 1º.07.2008, Plenário, *DJE* de 26.09.2008).

A doutrina sistematiza algumas posições quanto à natureza jurídica das decisões dadas em sede de mandado de injunção. Vejamos:

1ª – Concretista geral: segundo esse entendimento, o Supremo, ao analisar o pedido em um mandado de injunção, pode atuar normatizando aquilo que está pendente de regulamentação. Os efeitos produzidos por sua decisão têm de ser para todas as pessoas (*erga omnes*), pois a função normativa é geral, abstrata e genérica.

Desse modo, enquanto o Legislativo não produzir a norma que falta para concretizar o direito constitucionalmente assegurado em uma disposição de eficácia limitada, a decisão valerá, e para todos;

2ª – Concretista individual direta: como o próprio nome identifica, com base nesse entendimento a decisão é válida apenas para aquele que ingressou com o mandado de injunção. A função normativa que o STF realiza se restringe ao autor da ação;

3ª – Concretista individual intermediária: na decisão, o Supremo determina um prazo para que o Legislativo, que está em mora, formule a regulamentação. Se o órgão competente não cumprir a decisão, não produzir a norma, gera ao autor a possibilidade de se valer do direito constitucionalmente assegurado em norma de eficácia limitada;

4ª – Não concretista: o Supremo, ao decidir, apenas atesta, formalmente, que o órgão omisso está em mora, mas não resolve concretamente a situação posta em juízo.

Por muito tempo foi esse último entendimento (não concretista) que prevaleceu no STF. Hoje há nítida mudança jurisprudencial, conforme se extrai do julgamento dos seguintes mandados de injunção: MI 828/DF, MI 841/DF, MI 850/DF, MI 857/DF, MI 879/DF, MI 905/DF, MI 927/DF, MI 938/DF, MI 962/DF, MI 998/DF.

Com base nos novos entendimentos, a natureza jurídica do mandado de injunção passou a ser mandamental. Desse modo, o remédio visa a integrar a norma constitucional de eficácia limitada, por conta da ausência de regra que lhe possibilite o pleno exercício.

Além disso, o STF tem entendido que: "O direito à legislação só pode ser invocado pelo interessado, quando também existir – simultaneamente imposta pelo próprio texto constitucional – a previsão do dever estatal de emanar normas legais. Isso significa que o direito individual à atividade legislativa do Estado apenas se evidenciará naquelas estritas hipóteses em que o desempenho da função de legislar refletir, por efeito de exclusiva determinação constitucional, uma obrigação jurídica indeclinável imposta ao poder público." (MI 5.926-AgR, rel. min. Celso de Mello, julgamento em 10-4-2014, Plenário, DJE de 2-6-2014.)

Outra decisão relevante sobre o mandado de injunção trata da "Impossibilidade de formação de litisconsórcio passivo, em sede de mandado de injunção, entre a autoridade competente para a elaboração da norma regulamentadora de dispositivo constitucional e particulares." (MI 1.007-AgR, rel. min. Dias Toffoli, julgamento em 18-12-2013, Plenário, DJE de 11-3-2014.)Por fim, a ação de mandado de injunção pode ser impetrada por pessoas físicas e jurídicas, não está isenta de custas judiciais e necessita da assistência de um advogado, ou seja, só pode ser proposta por aquele que detém capacidade postulatória.

9.5.2.4. *Ação popular*

O inciso LXXIII do art. 5º da CF assegura que qualquer cidadão é parte legítima para propor ação popular que vise a anular ato lesivo ao patrimônio público ou de entidade de que o Estado participe, à moralidade administrativa, ao meio ambiente e ao patrimônio histórico e cultural, *ficando o autor, salvo comprovada má-fé, isento de custas judiciais e do ônus da sucumbência.*

De forma esquemática, conclui-se que a ação popular tem como objetivo proteger 3 elementos fundamentais:

1) o patrimônio público ou de entidade de que o Estado participe;

2) a moralidade administrativa;

3) o meio ambiente e o patrimônio histórico e cultural.

Com isso, o legislador constituinte pretende promover a cidadania, fazendo cada cidadão responsável pela fiscalização dos elementos protegidos pela ação popular.

Vale lembrar que a lei que regulamenta tal ação – Lei n. 4.717/1965 – traz algumas regras, como por exemplo, a de que a lesão à moralidade não pressupõe lesividade material, ou seja, não é necessário dano patrimonial para que a ação com fundamento na proteção à moralidade administrativa seja proposta.

Outra observação é a de que a ação popular não tem por objetivo a defesa do interesse individual e, além disso, não tem o condão de substituir a ação direta de inconstitucionalidade. Esta visa a anular ato normativo, que é abstrato, genérico e que encontra fundamento de validade direto na CF/1988.

De acordo com a Súmula 101 do STF, o mandado de segurança não substitui a ação popular.

Além disso, a Suprema Corte já decidiu: "Ação popular. Demarcação da terra indígena Raposa Serra do Sol. (...) A decisão proferida em ação popular é desprovida de força vinculante, em sentido técnico. Nesses termos, os fundamentos adotados pela Corte não se estendem, de forma automática, a outros processos em que se discuta matéria similar. Sem prejuízo disso, o acórdão embargado ostenta a força moral e persuasiva de uma decisão da mais alta Corte do País, do que decorre um elevado ônus argumentativo nos casos em se cogite da superação de suas razões." (Pet 3.388-ED, rel. min. Roberto Barroso, julgamento em 23-10-2013, Plenário, DJE de 4-2-2014.)É parte legítima para propor ação popular o *cidadão*, restringindo a proposição apenas àqueles que têm capacidade eleitoral ativa, ou seja, àqueles que já se alistaram e podem votar.

Ademais, vale ressaltar que, conforme a Súmula 365 do Supremo Tribunal Federal, pessoa jurídica não tem legitimidade para propor ação popular.

É bom lembrar que em caso de desistência ou absolvição de instância (ocorre quando o autor é desidioso, não dá andamento à ação), qualquer cidadão ou o Ministério Público podem prosseguir no polo ativo.

A ação popular é gratuita, salvo comprovação de má-fé, mas a assistência de advogado é necessária; depende, portanto, de capacidade postulatória.

9.5.2.5. Mandado de segurança

A Constituição de 1934 foi a primeira a prever expressamente a possibilidade da impetração de mandado de segurança. Depois disso, as Constituições que se seguiram trataram do tema, com exceção da de 1937 (da época de Getúlio Vargas).

O mandado de segurançapode ser conceituado como uma ação de natureza constitucional que tem por finalidade resguardar direito líquido e certo contra abuso de poder ou ilegalidade, praticado por autoridade pública ou por quem lhe faça as vezes, desde que tal direito não esteja protegido por *habeas corpus* ou *habeas data*.

Importante definição que deve ser trazida nesse momento é a de direito líquido e certo. Conforme ensinamento de Hely Lopes Meireles (Mandado de Segurança, 27ª Edição, p. 36 e 37), "direito líquido e certo é o que se apresenta manifesto na sua existência, delimitado na sua extensão e apto a ser exercitado no momento da impetração".

Em suma, líquido e certo é aquele direito em que há prova documental pré-constituída, que, de plano, é possível comprovar, não havendo necessidade de dilação probatória.

Para a proteção de tal direito cabe a impetração do mandado de segurança. Ele possui caráter **residual** e vem previsto no inciso LXIX e LXX do art. 5º da Constituição.

Desse modo, o mandado de segurança atua complementando a proteção dos direitos e garantias constitucionais quando nenhum outro remédio é cabível. Diz o inciso LXIX: "conceder-se-á mandado de segurança para proteger direito líquido e certo, não amparado por 'habeas-corpus' ou 'habeas-data', quando o responsável pela ilegalidade ou abuso de poder for autoridade pública ou agente de pessoa jurídica no exercício de atribuições do Poder Público".

Assim, não será cabível mandado de segurança para proteger o direito à liberdade de locomoção, pois esta proteção é feita pelo *habeas corpus*. Do mesmo modo, não cabe mandado de segurança para anular ato lesivo ao patrimônio público, pois esta requisição deve ser feita em via de ação popular.

Um exemplo de possibilidade de impetração desse remédio ocorre quando alguém, que não pretende efetuar o pagamento determinado imposto, por considerar que a lei que criou o mencionado tributo é inconstitucional ajuíza mandado de segurança.

Importante saber que não cabe condenação em honorários de advogado na ação de mandado de segurança, conforme Súmula 512 do STF.

Ainda, não é possível a impetração de mandado de segurança contra ato judicial passível de recurso ou correição (Súmula 267 do STF).

Outra Súmula do STF é a de número 266: "Não cabe mandado de segurança contra lei em tese."

Além das mencionadas, outras súmulas, editadas pela Suprema Corte, têm relevância quando se trata de mandado de segurança, quais sejam:

Súmula 632: "É constitucional lei que fixa prazo de decadência para impetração de mandado de segurança."

Súmula 510: "Praticado o ato por autoridade, no exercício de competência delegada, contra ela cabe o mandado de segurança ou a medida judicial."

Súmula 271: "Concessão de mandado de segurança não produz efeitos patrimoniais em relação a período pretérito, os quais devem ser reclamados administrativamente ou pela via judicial própria."

Súmula 270 : "Não cabe mandado de segurança para impugnar enquadramento da Lei 3.780, de 12-7-1960, que envolva exame de prova ou de situação funcional complexa."

Súmula 269 : "O mandado de segurança não é substitutivo de ação de cobrança."

Súmula 268 "Não cabe mandado de segurança contra decisão judicial com trânsito em julgado."

Súmula 101:"O mandado de segurança não substitui a ação popular."

São legitimadas para impetrar mandado de segurança pessoas físicas ou jurídicas. A ação não está isenta de custas perante o Poder Judiciário, e a assistência de advogado é necessária.

Sobre a legitimidade passiva, vale lembrar que o STJ decidiu, por maioria, "o Presidente do Tribunal de Justiça estadual que executa decisão proferida pelo CNJ não pode ser considerado autoridade coatora para fins de impetração de mandado de segurança. No caso, o presidente do tribunal determinou o afastamento dos titulares de serventias que extrajudiciais efetivados sem concurso público após a CF com base no Pedido de Providências n. 861 do CNJ. Sabe-se que, no mandado de segurança, a autoridade coatora é aquela que ordena a execução do ato impugnado e quem cumpre a ordem é o mero executor. Portanto, como o ato coator emanou do CNJ, o presidente do tribunal não tem legitimidade para figurar no polo passivo da ação mandamental. Assim, não cabe ao Judiciário substituir a autoridade erroneamente indicada na petição inicial como coatora, além do que, sendo o STF competente para o julgamento do *mandamus*, haveria indevida alteração da competência absoluta (RMS 30.561-GO, Rel. Teori Albino Zavascki, julgado em 14.08.2012. Inform. STJ 502).

Vale lembrar que, corroborando algo que já existia, a nova lei do mandado de segurança, Lei n. 12.016/2009, em seu art. 23, traz o prazo decadencial de **120 dias** para que o sujeito ingresse com a ação de mandado de segurança, contados da ciência do ato impugnado. A constitucionalidade de tal prazo já foi questionada no Supremo, mas ele entendeu que o prazo é constitucional (Súmula 632).

Outro tema já sedimentado é no sentido de que o pedido de reconsideração feito na via administrativa não tem o condão de interromper o prazo para a impetração do mandado de segurança. É o que determina a Súmula 430 do STF.Com base na Súmula 625 do STF, controvérsia sobre matéria de direito não impede a concessão de mandado de segurança.

Vale lembrar que o art. 20 da Lei 12.016/09 determina que os processos de mandado de segurança e os respectivos recursos tenham a prioridade sobre todos os atos judiciais, salvo *habeas corpus*. Além disso, de acordo com a Súmula 624 do STF, não cabe ao Pretório Excelso conhecer originariamente mandado de segurança contra atos de outros tribunais. Também, a Súmula 266 do STF determina que não é possível a impetração de mandado de segurança contra lei em tese.

A Constituição admite também a impetração de **mandado segurança coletivo**, conforme se verifica no inciso LXX do art. 5º da CF: "o mandado de segurança coletivo pode ser impetrado por:

a) partido político com representação no Congresso Nacional;

b) organização sindical, entidade de classe ou associação legalmente constituída e em funcionamento há pelo menos um ano, em defesa dos interesses de seus membros ou associados."

Entende o STF que a entidade de classe tem legitimação para o mandado de segurança, ainda quando a pretensão veiculada interesse apenas a uma parte da respectiva categoria (art. 21 da Lei 12.016/2009 e Súmula 630). Também é jurisprudência da Suprema Corte (Súmula 629) que a impetração de mandado de segurança coletivo por entidade de classe em favor dos associados independe de autorização deles.

De acordo com o Supremo, o mandado de segurança coletivo, quando impetrado pela Ordem dos Advogados do Brasil, deve ser proposto perante a Justiça Federal. Vale a leitura do julgado: "Presente a Ordem dos Advogados do Brasil – autarquia federal de regime especial – no polo ativo de mandado de segurança coletivo impetrado em favor de seus membros, a competência para julgá-lo é da Justiça Federal, a despeito de a autora não postular direito próprio" (RE 266.689-AgR, Rel. Min. Ellen Gracie, julgamento em 17.08.2004, *DJ* de 03.09.2004).

De acordo com o art. 22 da lei do mandado de segurança, quando o remédio for impetrado na modalidade coletiva, a sentença fará coisa julgada limitadamente aos membros do grupo ou categoria substituídos pelo impetrante. Desse modo, não produz efeitos *erga omnes.*

O § 1º do mesmo dispositivo determina que o mandado de segurança coletivo não induz litispendência para as ações individuais, mas os efeitos da coisa julgada não beneficiarão o impetrante a título individual se não requerer a desistência de seu mandado de segurança no prazo de 30 (trinta) dias a contar da ciência comprovada da impetração da segurança coletiva.

Outro tópico importante sobre o MS coletivo diz respeito à liminar. De acordo com o § 2º do art. 22 da Lei 12.016/2009 ela só poderá ser concedida após a audiência do representante judicial da pessoa jurídica de direito público, que deverá se pronunciar no prazo de 72 (setenta e duas) horas.

Por fim, ressaltamos que, de acordo com o art. 25 da lei do MS, não cabem, no processo de mandado de segurança, a interposição de embargos infringentes e a condenação ao pagamento dos honorários advocatícios, sem prejuízo da aplicação de sanções no caso de litigância de má-fé.

9.6. Nacionalidade

Nacionalidade pode ser conceituada como o vínculo de natureza jurídica e política que integra o indivíduo a um determinado Estado. Após isso, o sujeito passa a fazer parte do elemento pessoal do Estado e é denominado de nacional.

Os países são responsáveis pela elaboração das normas jurídicas que cuidam das formas de aquisição, perda e das espécies de nacionalidade. É atribuição de cada Estado definir quem são os seus nacionais.

É importante verificar-se os conceitos de povo, população, nação e cidadania:

a) Povo – é o conjunto de pessoas que tem o vínculo da nacionalidade com o Estado. É o conjunto de nacionais;

b) População – o conceito é demográfico. Pode ser conceituada como o conjunto de habitantes de cada território. Aqui se enquadram os nacionais e os estrangeiros. A diferença de população e povo é que no último só se inclui no conceito os nacionais, ou seja, natos ou naturalizados;

c) Nação – é o conjunto de pessoas ligadas por semelhanças, afinidades de etnia, costumes, idioma. Os nacionais se enquadram na definição de nação. Os estrangeiros não, pois cada país tem seus hábitos, costumes, cultura, tradição etc.;

d) Cidadania – a definição é taxativa, dá-se por meio de alistamento eleitoral; só o nacional pode ser detentor de direitos políticos. Portanto, diz-se que a nacionalidade é um requisito importante, mas não suficiente para a cidadania, haja vista a necessidade da obtenção do título de eleitor.

O Pacto São José da Costa Rica, tratado internacional sobre direitos humanos, reconhece o direito à nacionalidade como direito fundamental do indivíduo em seu art. 20.

Os nacionais são divididos em natos ou naturalizados. O § 2º do art. 12 da Constituição proíbe que existam diferenças entre brasileiros natos e naturalizados, com exceção dos casos em que ela própria faz distinção. Desse modo, as diferenças só serão admitidas se decorrentes do texto constitucional.

9.6.1. Nato e naturalizado: distinções

9.6.1.1. Cargos privativos (art. 12, § 3º, CF)

O § 3º do art. 12 traz o rol taxativo dos *cargos privativos* de brasileiro nato. São eles:

✓ Presidente e Vice-Presidente da República;

✓ Presidente da Câmara de Deputados;

✓ Presidente do Senado Federal;

✓ Ministro do Supremo Tribunal Federal;

✓ Carreira diplomática;

✓ Oficial das Forças Armadas;

✓ Ministro de Estado da Defesa.

Os cargos de Presidente, Vice, Presidente da Câmara, do Senado e Ministro do Supremo Tribunal Federal devem ser preenchidos por natos por conta da Constituição não admitir que brasileiro naturalizado se torne Presidente da República. Dessa maneira, como esses indivíduos eventualmente ocuparão o cargo de Chefe do Poder Executivo, eles devem possuir nacionalidade brasileira originária, ou seja, devem ser natos.

Vale lembrar que o art. 89, VII, da CF determina que seis cadeiras do Conselho da República, órgão superior de consulta do Presidente da República, sejam preenchidas por cidadãos **brasileiros natos**, com mais de trinta e cinco anos de idade, sendo dois nomeados pelo Presidente da República, dois eleitos pelo Senado Federal e dois eleitos pela Câmara dos Deputados, todos com mandato de três anos, vedada a recondução. Desse modo,tais lugares também são destinados apenas a brasileiros natos .

Passemos então para as outras hipóteses de distinção entre brasileiros natos e naturalizados, admitidas pela constituição.

9.6.1.2. *Impossibilidade de extradição de brasileiro nato (art. 5º, LI, CF)*

O art. 5º, LI, da CF dispõe que "nenhum brasileiro será extraditado, salvo o naturalizado, em caso de crime comum, praticado antes da naturalização, ou de comprovado envolvimento em tráfico ilícito de entorpecentes e drogas afins, na forma da lei". Dessa maneira, somente o naturalizado poderá ser extraditado e desde que configure uma das hipóteses mencionadas.

Vale lembrar que de acordo com o art. 5º, LII, da CF, o Brasil não pode conceder a extradição de estrangeiro por crime político ou de opinião. Assim, se um sujeito é acusado da prática de crime político, não poderá ser extraditado, independentemente de sua nacionalidade.

9.6.1.3. *Situação que gera perda da nacionalidade apenas ao naturalizado (art. 12, § 4º, I, CF)*

O inciso I do § 4º do art. 12 da CF menciona que aquele que tiver sua naturalização cancelada por sentença judicial, em decorrência da prática de atividade nociva ao interesse nacional, perde sua nacionalidade.

9.6.1.4. *Conselho da República: membros*

Dentre as cadeiras destinadas às pessoas que fazem parte do Conselho da República, conforme o art. 89, inciso VII, da CF, seis são destinadas a brasileiros natos. Assim, esses lugares não poderão ser ocupadas por naturalizados. O Conselho da República é um órgão de consulta do Presidente da República.

9.6.1.5. *Empresa jornalística e de radiodifusão: propriedade*

Dispõe o art. 222 da Constituição Federal que brasileiros naturalizados podem ser proprietários dessas empresas, desde que tenham adquirido a nacionalidade brasileira há mais de dez anos.

9.6.2. *Formas de aquisição da nacionalidade brasileira: originária ou secundária*

9.6.2.1. *Nacionalidade originária, primária ou involuntária*

É a que o indivíduo detém por meio do nascimento. Existem critérios para a atribuição dessa nacionalidade: o territorial (*ius soli*) e sanguíneo (*ius sanguinis*). A Constituição de 1988 adotou ambos, conhecido como critério misto. Assim, em alguns momentos utiliza-se do local de nascimento para identificar o nato e em outros do critério sanguíneo.

Há quatro situações em que o sujeito é considerado brasileiro nato, vejamos:

9.6.2.1.1. Art. 12, inciso I, alínea "a", da Constituição Federal (critério territorial)

A primeira situação é aquela em que são considerados brasileiros natos *os nascidos* no território da República Federativa do Brasil, ainda que de pais estrangeiros, desde que estes não estejam a serviço de seu país.

Desse modo, nasceu no Brasil é considerado brasileiro nato, com exceção do indivíduo que possua pais estrangeiros que estejam no Brasil a serviço do país de origem. Basta que um dos pais esteja a serviço do país de origem para que o filho nascido no Brasil *não* seja considerado brasileiro nato.

9.6.2.1.2. Art. 12, inciso I, alínea "b", da Constituição Federal (critério sanguíneo)

O dispositivo considera nato aquele nascido no estrangeiro, de pai ou de mãe brasileira, desde que qualquer deles esteja a serviço da República Federativa do Brasil.

A expressão "a serviço de seu país" deve ser interpretada de forma a favorecer o indivíduo, o significado é amplo. Um dos pais ou os dois devem estar em território estrangeiro, a serviço do Brasil (critério funcional).

9.6.2.1.3. Art. 12, inciso I, alínea "c", da Constituição Federal (primeira parte)

O dispositivo mencionado teve sua redação alterada pela Emenda Constitucional n. 54 de 2007.

A primeira parte menciona que são considerados brasileiros natos os indivíduos nascidos no estrangeiro, de pai ou mãe brasileira, desde que registrados na repartição brasileira competente (consular ou diplomática).

Essa hipótese constava do texto original da Constituição Federal de 1988. Só que em 1994, após a revisão constitucional, foi suprimida. A revogação da norma se deu em virtude de problemas gerados pela regra, como a existência de muitos brasileiros natos espalhados pelo mundo que não tinham relação alguma com o Brasil. A tentativa de sanar tais problemas restou infrutífera, gerando outro problema pior que era a existência de apátridas.

Exemplo: um casal brasileiro faz uma viagem a passeio para a Itália. A mulher, grávida de 8 meses, passa mal e acaba tendo o filho na Itália. Esse indivíduo será considerado brasileiro, italiano, apátrida? Italiano não, pois na Itália o critério adotado para definir quem é considerado italiano é o *ius sanguinis*, somente filhos de pais italianos possuem a nacionalidade italiana. Será o sujeito, então, brasileiro? Não, porque os pais não estavam a serviço do Brasil, e sim numa viagem turística. Essa era uma hipótese em que a criança seria considerada um apátrida.

Por conta disso é que a Emenda Constitucional n. 54 de 2007 admite o registro desse indivíduo no consulado ou repartição diplomática competente, pondo fim à situação de apátrida; com o registro o sujeito será considerado brasileiro nato.

9.6.2.1.4. Art. 12, inciso I, alínea "c", da Constituição Federal (segunda parte)

Dispõe que são considerados brasileiros natos os indivíduos nascidos no estrangeiro, de pai brasileiro ou mãe brasileira, que venham a residir no Brasil e, uma vez atingida a maioridade, optem pela nacionalidade brasileira (três requisitos: residência no Brasil, maioridade e opção). Após o cumprimento dessas formalidades, o indivíduo detém a nacionalidade originária potestativa, isto é, o Brasil não possui competência para negar esse reconhecimento. Essa hipótese ocorrerá se os pais não tiverem registrado o filho em repartição brasileira competente.

Ressalta-se que a opção pela nacionalidade brasileira é ato personalíssimo, e, por conta disso, a Constituição exige a maioridade para a sua efetivação. Até esse momento é dada ao sujeito uma nacionalidade provisória.

9.6.2.2. Nacionalidade derivada, secundária, voluntária ou adquirida

É a que o indivíduo adquire, após o nascimento, por meio do processo de naturalização, por um ato voluntário. A pessoa manifesta sua intenção em se naturalizar, cumpre os requisitos previstos na Constituição e normas infraconstitucionais e faz o pedido de naturalização.

De forma discricionária, o Brasil concederá a nacionalidade o estrangeiro que formulou pedido de naturalização. Conforme dispõe o art. 111 da Lei 6.815/1980 (Estatuto do Estrangeiro), a atribuição é do Poder Executivo, por meio do Ministro da Justiça e, segundo a jurisprudência do Supremo, a efetivação será após a entrega de certificado de naturalização, que será feita pelo juiz federal.

A naturalização será feita de maneira ordinária ou extraordinária:

a) Ordinária (art. 12, II, "a", CF) É aquela obtida após o regular procedimento previsto nos arts. 111 a 121 do Estatuto do Estrangeiro. Vale ressaltar que aos estrangeiros que vierem de países que falam a língua portuguesa, a Constituição exige apenas o cumprimento de dois requisitos: um ano de residência ininterrupta no Brasil e demonstração de idoneidade moral. Para os demais estrangeiros, a Lei n. 6.815/1980 (Estatuto do Estrangeiro), em seu art. 112, determina o cumprimento de outros requisitos, quais sejam:

✓ capacidade civil, conforme as disposições previstas no Código Civil Brasileiro;

✓ demonstração da capacidade de ler e escrever a língua portuguesa, sempre levando em conta as condições do naturalizando;

✓ residência contínua no território nacional, pelo prazo mínimo de quatro anos, imediatamente anteriores ao pedido de naturalização;

✓ exercício de profissão ou posse de bens suficientes à manutenção própria e de sua família; e

✓ demonstração de bom procedimento;

b) Extraordinária (art. 12, II, "b", CF) É aquela decorrente de largo lapso temporal de residência no país, o qual autoriza a presunção de que o estrangeiro possui fortes vínculos com o Brasil. Os requisitos constitucionais são: residência no Brasil fixa e ininterrupta há mais de 15 anos e não possuir condenação criminal.

Além disso, de acordo com o Supremo, "não se revela possível, em nosso sistema jurídico-constitucional, a aquisição da nacionalidade brasileira *jure matrimoni*, vale dizer, como efeito direto e imediato resultante do casamento civil. Magistério da doutrina." (Ext 1.121, Rel. Min. Celso de Mello, julgamento em 18.12.2009, Plenário, *DJE* de 25.06.2010.)

9.6.3. Competência

A disciplina do tema nacionalidade é dada apenas pela Constituição quando se tratar de nacionalidade originária (natos) e da Constituição Federal e da lei infraconstitucional federal quando a nacionalidade for do tipo derivada (naturalizados). Tem de ser lei federal, pois a atribuição legislativa é da União (art. 22, XIII, da CF).

Vale lembrar que medida provisória não pode dispor sobre nacionalidade, por conta do comando constitucional, previsto no art. 62, § 1º, I, *a*.

9.6.4. Perda da nacionalidade brasileira

As situações taxativas de perda da nacionalidade estão previstas no § 4º do art. 12 da Constituição. Existem situações aplicáveis ao nato e ao naturalizado e outras relacionadas apenas ao segundo. São as abaixo tratadas:

9.6.4.1. Cancelamento judicial da naturalização

Pode ocorrer em virtude da prática de atividade nociva ao interesse nacional. Na prática quase não é utilizada. O procedimento vem previsto nos artigos 24 a 34 da Lei n. 818/1949. A reaquisição da nacionalidade pode se dar por meio de ação rescisória, desde que respeitadas as regras trazidas no Código de Processo Civil.

De acordo com o STF: "Conforme revela o inciso I do § 4º do art. 12 da CF, o ministro de Estado da Justiça não tem competência para rever ato de naturalização." (RMS 27.840, rel. p/ o ac. min. Marco Aurélio, julgamento em 7-2-2013, Plenário, DJE de 27-8-2013.)

9.6.4.2. Aquisição voluntária de outra nacionalidade

A perda nessa hipótese é aplicável tanto ao brasileiro nato como ao naturalizado. Deve ocorrer após procedimento administrativo, no qual tenham sido assegurados a ampla defesa e o contraditório, sendo necessário um decreto do Presidente da República declarando a perda.

É importante lembrar que o § 4º, inciso II, alíneas "a" e "b" da Constituição Federal traz duas hipóteses de aquisição de nova nacionalidade, mas que não geram perda da brasileira:

a) quando há reconhecimento da nacionalidade *originária* pela lei estrangeira. Exemplo: a Itália reconhece originariamente como italianos os filhos e netos de italianos. Nesse caso o sujeito pode cumular as nacionalidades;

b) imposição de naturalização pela lei estrangeira como condição de permanência ou para o exercício dos direitos civis. Exemplo: os jogadores de futebol que residem no exterior e, como condição de permanência, o país impõe que se naturalizem.

Nas hipóteses explicitadas, ou seja, nos casos de cumulação de mais de uma nacionalidade, o indivíduo é chamado de polipátrida – muitas pátrias ou mais de uma pátria. Diferente, portanto, do apátrida, que é aquele que não possui nacionalidade. Frise-se que esta última situação está, atualmente, banida pela Declaração Universal dos Direitos do Homem.

9.6.5. Portugueses residentes no Brasil

A Constituição Federal determina que, havendo reciprocidade em favor dos brasileiros que residam em Portugal, sejam atribuídos aos portugueses com residência permanente no Brasil os mesmos direitos inerentes aos brasileiros naturalizados.

Tal hipótese não configura naturalização; o português apenas possui os direitos atribuídos ao naturalizado. Para tanto, são necessários dois requisitos: que o português resida de forma permanente no Brasil; e que haja igual tratamento, ou seja, reciprocidade, aos brasileiros que estejam permanentemente residindo em Portugal.

O Estatuto da Igualdade, tratado internacional de amizade e cooperação entre Brasil e Portugal, regulamenta esse assunto, fixando, dentre outras, as regras sobre a inviolabilidade da nacionalidade originária, as facilidades em relação à expedição de documentos pessoais, a proibição da concessão de extradição de portugueses e brasileiros, exceto se o solicitante for o Governo da nacionalidade do indivíduo.

De acordo com o Supremo, "a norma inscrita no art. 12, § 1º, da Constituição da República – que contempla, em seu texto, hipótese excepcional de quase nacionalidade – não opera de modo imediato, seja quanto ao seu conteúdo eficacial, seja no que se refere a todas as consequências jurídicas que dela derivam, pois, para incidir, além de supor o pronunciamento aquiescente do Estado brasileiro, fundado em sua própria soberania, depende, ainda, de requerimento do súdito português interessado, a quem se impõe, para tal efeito, a obrigação de preencher os requisitos estipulados pela Convenção sobre Igualdade de Direitos e Deveres entre brasileiros e portugueses." (Ext 890, Rel. Min. Celso de Mello, julgamento em 05.08.2004, Primeira Turma, *DJ* de 28.10.2004.) No mesmo sentido: HC 100.793, Rel. Min. Marco Aurélio, julgamento em 02.12.2010, Plenário, *DJE* de 1º.02.2011.

9.7. Direitos políticos

Os direitos políticos podem ser conceituados como o grupo ou conjunto de normas que disciplinam a atuação da soberania popular. Estão previstos nos artigos 14, 15 e 16 da Constituição Federal. O fundamento dessas normas advém do art. 1º da citada Constituição. Seu *caput* define o pacto federativo, seus incisos trazem os fundamentos da República Federativa do Brasil e seu parágrafo único indica quem é o titular do poder, o povo. Consagra, portanto, a *soberania popular*.

A doutrina divide os direitos políticos em *positivos* e *negativos*. Os primeiros dizem respeito à possibilidade das pessoas de votarem e serem votadas, ou seja, de participar das eleições tanto como eleitoras quanto como candidatas. São também conhecidos como direito de sufrágio ou capacidade eleitoral ativa e passiva. Tal direito é exercido nas eleições e por meio das consultas populares (plebiscito e referendo). É considerado o núcleo dos direitos políticos. Os segundos, direitos políticos negativos, estão relacionados aos impedimentos, aos fatos que impossibilitam a participação no processo eleitoral. Englobam tanto as inelegibilidades como a privação dos direitos políticos que se dá com a perda ou suspensão desses direitos.

Analisaremos, em primeiro lugar, os direitos políticos positivos.

O exercício da soberania popular se dá de forma direta ou indireta. A forma indireta é aquela exercida por meio da democracia representativa, ou seja, por meio de representantes eleitos periodicamente; ao passo que a forma direta é a exercida mediante plebiscito, referendo e iniciativa popular das leis.

O plebiscito e o referendo são formas de consulta ao povo. As consultas visam à deliberação de matérias de grande relevância. A diferença entre os dois institutos diz respeito ao *momento* em que essa consulta é realizada.

No plebiscito, há a convocação do povo para se manifestar; a consulta à população sobre matéria de grande relevância se dá de forma *prévia*, ou seja, anteriormente à edição do ato normativo que tratará do assunto, podendo, ou não, autorizar o início do processo legislativo sobre o tema. O exemplo que temos é o que ocorreu em 1993, nos termos do art. 2º do ADCT, quando o povo foi convocado para decidir sobre a forma (república ou monarquia) e o sistema de governo (parlamentarismo ou presidencialismo). Naquele momento, o povo – titular do poder – decidiu que a forma de governo seria a república e o sistema continuaria sendo o presidencialismo. Vejam que a forma e o sistema de governo adotados no Brasil não são considerados cláusulas pétreas. Outro exemplo, aliás, um caso em que é imprescindível a realização da consulta popular prévia diz respeito à formação de novos Estados ou de novos Municípios. Sempre que se falar em incorporação, fusão ou desmembramento de Estados e Municípios, tais atos somente terão validade se esta for a vontade do povo, e isso será verificado após a realização prévia de um plebiscito (art. 18, §§ 3º e 4º, da CF).

Diferentemente ocorre no referendo. Aqui a consulta ao povo é *posterior* ao ato legislativo. O referendo é uma forma de o povo ratificar (confirmar), ou não, o ato legislativo produzido. No ano de 2000, tivemos um exemplo dessa forma de consulta popular quando houve a convocação do povo para decidir sobre a possibilidade, ou não, da comercialização de armas de fogo. Nesse momento, o povo optou por autorizar a comercialização, confirmando a validade do dispositivo legal previsto no Estatuto do Desarmamento.

Ressalta-se que é da competência exclusiva do Congresso Nacional, conforme art. 49, XV, da CF, autorizar referendo e convocar plebiscito.

Em síntese, o plebiscito é uma consulta popular que se dá de forma prévia, ao passo que o referendo se dá posteriormente à edição do ato normativo.

Os direitos políticos mantêm estrita relação com a cidadania. Aliás, ela é atributo para o exercício de tais direitos. Tecnicamente, *cidadão* é aquele que possui título de eleitor, que já efetuou seu alistamento eleitoral por meio de inscrição perante a Justiça Eleitoral e que está no gozo de seus direitos políticos, ou seja, não houve perda ou não está com esses direitos suspensos. Fala-se, portanto, que esse sujeito é dotado de capacidade eleitoral ativa.

O *alistamento eleitoral*, inscrição na Justiça Eleitoral, é *obrigatório* para os brasileiros maiores de 18 anos de idade. Para que não fique sujeito ao pagamento de multa, o brasileiro nato deve se alistar até um ano, contado da data em que completar 18 anos, ou seja, deve se inscrever perante a Justiça Eleitoral até os 19 anos de idade. Os naturalizados, para se livrarem da multa, também têm um ano, a contar da aquisição da nacionalidade brasileira, para efetivar o alistamento eleitoral.

Para os maiores de 16 e menores de 18, os maiores de 70 anos e os analfabetos, o alistamento eleitoral e o voto são *facultativos*, conforme dispõe o inciso II do § 1º do art. 14 da Constituição Federal.

O mesmo art. traz, em seu § 2º, algumas pessoas que são *inalistáveis* e que, portanto, não podem ser eleitores: os estrangeiros e os conscritos. Os últimos são aqueles convocados para prestar o serviço militar obrigatório; durante esse período, não podem se alistar. São incluídos aqui, de acordo com a Lei 5.292/1967, os dentistas, médicos, farmacêuticos e veterinários que prestarão o serviço após a conclusão da graduação. Tais pessoas, se já tiverem se alistado antes da prestação do serviço obrigatório, continuarão com a inscrição eleitoral, mas não poderão votar até que concluam o serviço militar obrigatório.

Por fim, se após o cumprimento do período obrigatório o indivíduo ocupar o serviço militar de natureza permanente, a Constituição determina que seja feito o alistamento eleitoral.

Além do alistamento, ou capacidade eleitoral ativa, existe a capacidade eleitoral passiva, ou *elegibilidade*, que compreende o direito de ser votado. Para que se adquira tal capacidade, é necessário o cumprimento de alguns requisitos. Conforme dispõe o § 3º do art. 14 da Constituição Federal, são condições de elegibilidade:

a) a nacionalidade brasileira;

b) o alistamento eleitoral;

c) o pleno exercício dos direitos políticos;

d) o domicílio eleitoral na circunscrição;

e) a filiação partidária (sobre esse tema, é importante ressaltar o STF, no julgamento das ADI 3.999 e 4.086, confirmou a constitucionalidade da Resolução 22.610/2007 do TSE, que trata do processo de perda de mandato eletivo por infidelidade partidária);

f) a idade mínima de: 18 anos para Vereador; 21 anos para Deputado Federal, Deputado Estadual ou Distrital, Prefeito, Vice-Prefeito e juiz de paz; 30 anos para Governador e Vice-Governador de Estado e do Distrito Federal; e 35 anos para Presidente e Vice-Presidente da República e Senador. Tais idades serão verificadas no momento da posse.

Quanto à *nacionalidade*, conclui-se que tanto o nato quanto o naturalizado são elegíveis, exceto em relação aos cargos de Presidente e Vice-Presidente, pois o § 3º do art. 12 da CF determina que tais cargos devem ser ocupados exclusivamente por brasileiros natos. Outra observação diz respeito àqueles que detêm a condição de portugueses equiparados: como a eles são atribuídos os direitos relativos aos brasileiros naturalizados, também não podem se candidatar aos cargos de Presidente e Vice-Presidente da República.

Fala-se que o sujeito está em *pleno exercício dos seus direitos políticos* quando ele pode não só votar, mas também ser votado. Tal plenitude é conhecida também como direito de sufrágio. Assim, fala-se que aquele que detém capacidade eleitoral ativa e passiva, ou seja, está em pleno exercício dos direitos políticos, possui o denominado direito de sufrágio.

Sabemos que, segundo a CF/1988, o sufrágio é universal, a capacidade eleitoral é dada a todos os nacionais, indiscriminadamente. Aliás, a universalidade é uma característica do voto que consta das cláusulas pétreas (art. 60, § 4º, II, da CF). Opõe-se ao sufrágio universal a forma restrita que seria aquela em que apenas sujeitos que possuíssem condição econômica favorável (voto censitário) ou que detivessem alguma capacidade especial é que poderiam votar. Tal forma é proibida pela Constituição. Nem por emenda constitucional poderá haver discriminações quanto ao exercício do direito de voto.

Partindo da premissa de que para ser elegível o indivíduo precisa deter capacidade eleitoral ativa e passiva, conclui-se que os inalistáveis (estrangeiros e conscritos, durante o serviço militar obrigatório) são também inelegíveis, pois lhes falta o primeiro requisito para a plenitude de seus direitos políticos, que é o direito de votar, isto é, a capacidade eleitoral ativa.

Outra condição de elegibilidade (capacidade eleitoral passiva), conforme já mencionado, é o domicílio eleitoral na circunscrição equivalente ao cargo que pretende. Ressalta-se que o Tribunal Superior Eleitoral considera domicílio eleitoral de forma ampla, mencionando que pode ser o local onde o candidato possui vínculos políticos, sociais, profissionais, econômicos e até comunitários. Desse modo, domicílio eleitoral difere do domicílio civil, previsto no art. 70 do Código Civil. Este último é considerado o lugar onde a pessoa estabelece sua residência com o ânimo definitivo.

Dispõe o art. 60, § 4º, inciso II, da CF que o voto tem de ser direto, secreto, universal e periódico. Tomando por base as disposições trazidas, podemos dizer que o voto possui as seguintes características:

1) é ato **direto**: o eleitor não vota em alguém para que esse alguém escolha quem o representará, não há intermediários, vota-se diretamente naquele que o representará. O voto direto é cláusula pétrea, ou seja, nem mesmo pelo poder constituinte derivado reformador (por emenda constitucional) isso poderá ser modificado. Vale lembrar que, conforme já mencionado, embora o voto seja direito, seu exercício é um exemplo de democracia indireta, pois o povo delega seu poder para o governante eleito para que ele o represente;

2) é ato **secreto**: o exercício do direito de voto é algo sigiloso, a opção do sujeito sobre qual candidato escolheu ou escolherá não precisa ser externada. O voto secreto é cláusula pétrea, não pode ser suprimido do texto constitucional. De acordo com o Supremo o sigilo do voto é direito fundamental do cidadão. Assim, decidiu a Suprema Corte que a exigência legal do voto impresso no processo de votação, contendo número de identificação associado à assinatura digital do eleitor, vulnera o segredo do voto, garantia constitucional expressa. A garantia da inviolabilidade do voto põe a necessidade de se garantir ser impessoal o voto para garantia da liberdade de manifestação, evitando-se qualquer forma de coação sobre o eleitor. A manutenção da urna em aberto põe em risco a segurança do sistema, possibilitando fraudes, impossíveis no atual sistema, o qual se harmoniza com as normas constitucionais de garantia do eleitor. Cautelar deferida para suspender a eficácia do art. 5º da Lei 12.034/2002." (ADI 4.543-MC, Rel. Min. Cármen Lúcia, julgamento em 03.11.2011, Plenário, *DJE* de 02,03.2012).

3) é ato **universal**: conforme já estudado, a capacidade eleitoral é dada a todos os nacionais, indiscriminadamente. A universalidade também consta das cláusulas pétreas;

4) é ato **periódico**: os governantes detêm mandatos por um período determinado. Assim, sempre que houver troca de governante, o povo deve ser chamado às urnas para exercer, de modo periódico, o direito de voto. A periodicidade do voto é uma das cláusulas pétreas;

5) é ato **personalíssimo**: significa que só pode ser exercido pela própria pessoa, não há possibilidade de se passar uma procuração para que outra pessoa vote em seu nome, o voto não pode ser efetivado por mandato;

6) é ato **obrigatório**: embora a obrigatoriedade do voto não seja considerada uma cláusula pétrea, ou seja, por emenda constitucional, tal determinação pode ser modificada, enquanto não houver mudança nessa regra, o eleitor tem obrigação de ir até o local determinado e efetivamente votar. É claro que há a possibilidade de votar em branco ou anular seu voto, mas isso não significa que o sujeito possa deixar de comparecer fisicamente ao local, dia e horário determinados;

7) é **ato livre**: o conteúdo do voto é livre, por conta disso que as pessoas, além de poderem escolher em qual candidato votar, podem anular seu voto.

Passemos à análise dos direitos políticos negativos.

Os direitos políticos negativos dizem respeito às circunstâncias que impedem a participação no processo eletivo, são as inelegibilidades e a perda e suspensão dos direitos políticos.

Inelegibilidades: significam impedimentos relativos ou absolutos que atingem o direito de sufrágio, especificamente em relação à elegibilidade, à capacidade eleitoral passiva, ou seja, ao direito de ser votado.

Segundo o art. 14, § 4º, da CF são *absolutamente* inelegíveis os inalistáveis e os analfabetos. Os inalistáveis não podem se alistar, portanto, não votam. Se não podem o menos, que é votar, não poderão o mais, que é serem votados. Desse modo, é possível concluir que a inalistabilidade impede a elegibilidade, já que a primeira é pressuposto para aquisição da segunda.

Ocorre que o dispositivo menciona que também são inelegíveis os analfabetos. Vejam, eles detêm capacidade eleitoral ativa, os analfabetos podem votar, o que a Constituição proíbe é a elegibilidade. Assim, poderão votar, mas não poderão ser eleitos, pois não possuem capacidade eleitoral passiva, não são elegíveis.

Em suma, a inelegibilidade absoluta atinge os inalistáveis (estrangeiros e os conscritos, durante o serviço militar obrigatório) e os analfabetos.

Vale observar a seguinte decisão do Supremo: "as condições de elegibilidade (CF, art. 14, § 3º) e as hipóteses de inelegibilidade (CF, art. 14, § 4º a § 8º), inclusive aquelas decorrentes de legislação complementar (CF, art. 14, § 9º), aplicam-se de pleno direito, independentemente de sua expressa previsão na lei local, à eleição indireta para Governador e Vice-Governador do Estado, realizada pela Assembleia Legislativa em caso de dupla vacância desses cargos executivos no último biênio do período de governo." (ADI 1.057-MC, Rel. Min. Celso de Mello, julgamento em 20.04.1994, Plenário, *DJ* de 06.04.2001.) **No mesmo sentido**: ADI 4.298-MC, Rel. Min. Cezar Peluso, julgamento em 07.10.2009, Plenário, *DJE* de 27.11.2009.

Passemos ao estudo da inelegibilidade relativa.

As inelegibilidades *relativas* não têm relação específica com a pessoa que quer se candidatar, mas sim com fatores externos, ou ainda, com pessoas ligadas àquela que pretende disputar o pleito eleitoral. Como o próprio nome esclarece, são obstáculos relativos ao direito de ser votado. Em princípio, o sujeito é elegível, mas para determinados cargos ou funções, haverá impedimento.

Os motivos que levam à inelegibilidade relativa podem ser:

✓ funcionais (art. 14, §§ 5º e 6º, da CF);
✓ casamento, parentesco ou afinidade (art. 14, § 7º, da CF);
✓ legais (art. 14, § 9º, da CF);
✓ militares (art. 14, § 8º, da CF); e
✓ domicílio eleitoral.

Motivo funcional: o § 5º do art. 14 da CF traz a regra da reeleição dispondo que o Presidente da República, os Governadores de Estado e do Distrito Federal, os Prefeitos e quem os houver sucedido, ou substituído no curso dos mandatos, poderão ser reeleitos para um único período subsequente. Se o sujeito for reeleito após o término do primeiro mandato, será considerado inelegível para a próxima eleição. Verifica-se que há a impossibilidade de um terceiro mandato subsequente ao segundo. Tal proibição não impede que o sujeito ocupe o cargo de Chefe do Executivo por mais de duas vezes, apenas veda que essa ocupação se dê de forma sucessiva. Trata-se de hipótese de inexigibilidade por motivo funcional.

Sobre o art. 14, § 5º, da CF, é interessante notar o seguinte julgado do STF: "O instituto da reeleição tem fundamento não somente no postulado da continuidade administrativa, mas também no princípio republicano, que impede a perpetuação de uma mesma pessoa ou grupo no poder. O princípio republicado condiciona a interpretação e a aplicação do próprio comando da norma constitucional, de modo que a reeleição é permitida por apenas uma única vez. Esse princípio impede a terceira eleição não apenas no mesmo município, mas em relação a qualquer outro município da federação. Entendimento contrário tornaria possível a figura do denominado "prefeito itinerante" ou do "prefeito profissional", o que claramente é incompatível com esse princípio, que também traduz um postulado de temporiedade/alternância do exercício do poder. Portanto, ambos os princípios – continuidade administrativa e republicanismo – condicionam a interpretação e aplicação teleológicas do art. 14, § 5º, da CF. O cidadão que exerce dois mandatos consecutivos como o prefeito de determinado município fica inelegível para o cargo da mesma natureza em qualquer outro município da federação" (RE n. 637.485-RJ, de 1º de agosto de 2012, rel. Min. Gilmar Mendes).

Outra decisão sobre o tema reeleição, agora quanto a sua possibilidade, tem a ver com o vice-governador eleito duas vezes para o cargo de vice-governador. No segundo mandato de vice, sucedeu o titular. Certo que, no seu primeiro mandato de vice, teria substituído o governador. Possibilidade de reeleger-se ao cargo de governador, porque o exercício da titularidade do cargo dá-se mediante eleição ou por sucessão. Somente quando sucedeu o titular é que passou a exercer o seu primeiro mandato como titular do cargo. Inteligência do disposto no § 5º do art. 14 da CF." (RE 366.488, Rel. Min. Carlos Velloso, julgamento em 04.10.2005, Segunda Turma, *DJ* de 28.10.2005.) **No mesmo sentido**: AI 782.434-AgR, Rel. Min. Cármen Lúcia, julgamento em 08.02.2011, Primeira Turma, *DJE* de 24.03.2011.

Outra situação em que se verifica a inelegibilidade por motivo funcional é a constante no § 6º do art. 14 da CF que dispõe que, para concorrerem a outros cargos, o Presidente da República, os Governadores de Estado e do Distrito Federal e os Prefeitos devem renunciar aos respectivos mandatos até seis meses antes do pleito. É a denominada regra da *desincompatibilização*.

Vale lembrar que apenas para outros cargos eletivos, e não para uma futura reeleição, é que é exigida, do Chefe do Executivo, a desincompatibilização, ou seja, o afastamento temporário ou a renúncia nos seis meses que antecedem o pleito eleitoral.

Casamento, parentesco ou afinidade: o § 7º do art. 14 da CF dispõe que são inelegíveis no território de jurisdição do titular o cônjuge e os parentes consanguíneos ou afins até o segundo grau, ou por adoção, do Presidente da República, de Governador de Estado ou Território, do Distrito Federal, de Prefeito ou de quem os haja substituído dentro dos seis meses anteriores ao pleito, salvo se já titular de mandato eletivo e candidato à reeleição. Trata-se da denominada *inelegibilidade reflexa*.

Em suma, pela inelegibilidade reflexa as pessoas relacionadas ao prefeito não poderão ser candidatas a vereador ou prefeito no mesmo município. Aquelas que têm relação com o governador não poderão concorrer aos cargos de vereador, deputado estadual, deputado federal, senador ou governador do respectivo estado. E, por último, os ligados ao Presidente não poderão ser candidatos a qualquer cargo eletivo no país.

Vale lembrar que o Supremo Tribunal Federal editou a Súmula Vinculante n. 18, que determina que a dissolução da sociedade ou do vínculo conjugal, no curso do mandato, não afasta a inexigibilidade prevista no § 7º do art. 14 da CF. Desse modo, não adianta os governantes, durante seus mandatos, romperem suas relações matrimoniais para que seus futuros "ex-cônjuges" escapem da inexigibilidade reflexa.

Motivos legais: o § 9º do art. 14 da CF deixa claro que outros casos de inelegibilidade relativa poderão ser criados por meio de lei complementar. Assim, o rol de motivos previstos na CF é meramente exemplificativo.

Motivos militares: embora o § 8º do art. 14 da CF mencione que o militar alistável é também elegível, o art. 142, § 3º, V, do Texto Maior proíbe sua filiação a partido político enquanto estiver na ativa. Por conta disso, o Tribunal Superior Eleitoral decidiu que nesse caso é dispensável a filiação partidária, que será sanada pelo registro da candidatura feita pelo partido político.

Além disso, o militar, para ser elegível, deverá obedecer às seguintes regras:

1) se contar com **menos de 10** anos de serviço, deverá **afastar-se** da atividade;

2) se contar com **mais de 10** anos de serviço, será **agregado** pela autoridade superior e, **se eleito**, passará automaticamente, no ato da diplomação, para a **inatividade.**

Vale lembrar que o Supremo já decidiu que "diversamente do que sucede ao militar com mais de dez anos de serviço, deve afastar-se definitivamente da atividade o servidor militar que, contando menos de dez anos de serviço, pretenda candidatar-se a cargo eletivo." (RE 279.469, Rel. p/ o ac. Min. Cezar Peluso, julgamento em 16.03.2011, Plenário, *DJE* de 20.06.2011).

"Ficha limpa" – Lei Complementar n. 135/2010

A Lei da "Ficha Limpa" teve origem por iniciativa popular, com mais de um milhão e meio de assinaturas; foi sancionada como Lei Complementar n. 135, no dia 4 de junho de 2010. Sua aprovação é fruto da mobilização de milhões de cidadãos e se tornou um marco fundamental para a democracia e a luta contra a corrupção e a impunidade no Brasil.

Em suma, a lei em comento altera a Lei Complementar n. 64, de 18 de maio de 1990, que estabelece, de acordo com o § 9º do art. 14 da Constituição Federal, casos de inelegibilidade, prazos de cessação e determina outras providências para incluir hipóteses de inelegibilidade que visam a proteger a probidade administrativa e a moralidade no exercício do mandato.

Entre outras restrições, a lei proíbe a candidatura de pessoas com condenação criminal por decisão colegiada da Justiça. Porém, a polêmica questão que girava acerca do tema, acalorando o debate, é se tal lei seria ou não constitucional. O Supremo entendeu que a referida lei é constitucional uma vez que o princípio da presunção de inocência só se aplica ao âmbito penal, enquanto que no direito eleitoral se aplica o princípio da prevenção, conforme entendimento de juristas como Fábio Konder Comparato e Celso Antônio Bandeira de Mello.

Ao analisar recurso de Jader Barbalho (PMDB-PA), segundo colocado na eleição para senador no Estado do Pará, o STF, mantendo a decisão do TSE, definiu que a lei já seria aplicada na eleição do ano de 2010, inclusive em todos os casos de políticos que renunciaram ao mandato para fugir de processo de perda da função.

Posteriormente, ao apreciar o recurso apresentado pelo ex-deputado estadual Leonídio Bouças (PMDB-MG), que havia sido impedido por conta de uma condenação advinda de uma ação de improbidade administrativa, o STF mudou o seu entendimento.

Com fundamento no art. 16 da Constituição Federal, que determina que a lei que alterar o processo eleitoral entra em vigor na data de sua publicação, **não se aplicando à eleição que ocorra até um ano da data de sua vigência** (princípio da anualidade) e em princípios basilares que resguardam o estado democrático de direito, como o da **segurança jurídica**, o STF decidiu que a lei **da ficha limpa vale a partir de 2012.**

Segundo a Corte Maior, "a elegibilidade é a adequação do indivíduo ao regime jurídico – constitucional e legal complementar – do processo eleitoral, razão pela qual a aplicação da Lei Complementar 135/2010 com a consideração de fatos anteriores não pode ser capitulada na retroatividade vedada pelo art. 5º, XXXV, da Constituição, mercê de incabível a invocação de direito adquirido ou de autoridade da coisa julgada (que opera sob o pálio da cláusula *rebus sic stantibus*) anteriormente ao pleito em oposição ao diploma legal retromencionado (...) **A razoabilidade da expectativa de um indivíduo de concorrer a cargo público eletivo, à luz da exigência constitucional de moralidade para o exercício do mandato (art. 14, § 9º), resta afastada em face da condenação prolatada em segunda instância ou por um colegiado no exercício da competência de foro por prerrogativa de função, da rejeição de contas públicas, da perda de cargo público ou do impedimento do exercício de profissão por violação de dever ético-profissional. A presunção de inocência consagrada no art. 5º, LVII, da Constituição Federal deve ser reconhecida como uma regra e interpretada com o recurso da metodologia análoga a uma redução teleológica, que reaproxime o enunciado normativo da sua própria literalidade, de modo a reconduzi-la aos efeitos próprios da condenação criminal (que podem incluir a perda ou a suspensão de direitos políticos, mas não a inelegibilidade),**

sob pena de frustrar o propósito moralizante do art. 14, § 9º, da Constituição Federal. Não é violado pela Lei Complementar 135/2010 o princípio constitucional da vedação de retrocesso, posto não vislumbrado o pressuposto de sua aplicabilidade concernente na existência de consenso básico, que tenha inserido na consciência jurídica geral a extensão da presunção de inocência para o âmbito eleitoral. O direito político passivo (*iushonorum*) é possível de ser restringido pela lei, nas hipóteses que, *in casu*, não podem ser consideradas arbitrárias, porquanto se adequam à exigência constitucional da razoabilidade, revelando elevadíssima carga de reprovabilidade social, sob os enfoques da violação à moralidade ou denotativos de improbidade, de abuso de poder econômico ou de poder político. **O princípio da proporcionalidade resta prestigiado pela Lei Complementar 135/2010, na medida em que: (i) atende aos fins moralizadores a que se destina; (ii) estabelece requisitos qualificados de inelegibilidade e (iii) impõe sacrifício à liberdade individual de candidatar-se a cargo público eletivo que não supera os benefícios socialmente desejados em termos de moralidade e probidade para o exercício de referido *munus* público.O exercício do *iushonorum* (direito de concorrer a cargos eletivos), em um juízo de ponderação no caso das inelegibilidades previstas na Lei Complementar 135/2010, opõe-se à própria democracia, que pressupõe a fidelidade política da atuação dos representantes populares.** A Lei Complementar 135/2010 também não fere o núcleo essencial dos direitos políticos, na medida em que estabelece restrições temporárias aos direitos políticos passivos, sem prejuízo das situações políticas ativas. O cognominado desacordo moral razoável impõe o prestígio da manifestação legítima do legislador democraticamente eleito acerca do conceito jurídico indeterminado de vida pregressa, constante do art. 14, § 9º, da Constituição Federal. O abuso de direito à renúncia é gerador de inelegibilidade dos detentores de mandato eletivo que renunciarem aos seus cargos, posto hipótese em perfeita compatibilidade com a repressão, constante do ordenamento jurídico brasileiro (v.g., o art. 53, § 6º, da Constituição Federal e o art. 187 do Código Civil), ao exercício de direito em manifesta transposição dos limites da boa-fé. A inelegibilidade tem as suas causas previstas nos §§ 4º a 9º do art. 14 da Carta Magna de 1988, que se traduzem em condições objetivas cuja verificação impede o indivíduo de concorrer a cargos eletivos ou, acaso eleito, de os exercer, e não se confunde com a suspensão ou perda dos direitos políticos, cujas hipóteses são previstas no art. 15 da Constituição da República, e que importa restrição não apenas ao direito de concorrer a cargos eletivos (*iushonorum*), mas também ao direito de voto (*iussufragii*). Por essa razão, não há inconstitucionalidade na cumulação entre a inelegibilidade e a suspensão de direitos políticos. A extensão da inelegibilidade por oito anos após o cumprimento da pena, admissível à luz da disciplina legal anterior, viola a proporcionalidade numa sistemática em que a interdição política se põe já antes do trânsito em julgado, cumprindo, mediante interpretação conforme a Constituição, deduzir do prazo posterior ao cumprimento da pena o período de inelegibilidade decorrido entre a condenação e o trânsito em julgado." (ADC 29; ADC 30 e ADI 4.578, Rel. Min.Luiz Fux, julgamento em 16.02.2012, Plenário, *DJE* de 29.06.2012).

O STF também já definiu que "(...) a perda da elegibilidade constitui situação impregnada de caráter excepcional, pois inibe o exercício da cidadania passiva, comprometendo a prática da liberdade em sua dimensão política, eis que impede o cidadão de ter efetiva participação na regência e na condução do aparelho governamental." (AC 2.763-MC, Rel. Min. Celso de Mello, decisão monocrática, julgamento em 16.12.2010, *DJE* de 1º.02.2011).

Privação ou restrição dos direitos políticos

Há duas formas de restringir os direitos políticos: temporária ou definitivamente. A primeira é denominada suspensão dos direitos políticos e a segunda é conhecida como perda de tais direitos.

Ressalta-se que a Constituição proíbe a cassação dos direitos políticos em seu art. 15 e admite, em algumas hipóteses, a perda e a suspensão, conforme analisaremos adiante.

É da competência do Poder Judiciário, conforme dispõe o inciso XXXV do art. 5º da CF, analisar e decidir as questões relacionadas à perda e suspensão dos direitos políticos.

As hipóteses de *suspensão* são as seguintes: a) incapacidade civil absoluta; b) condenação criminal transitada em julgado, enquanto durarem seus efeitos; e c) prática de atos de improbidade administrativa, conforme art. 37, § 4º, da CF.

De outra parte, haverá *perda* dos direitos políticos: a) quando houver cancelamento da naturalização por sentença transitada em julgado; e b) quando houver recusa em cumprir obrigação a todos imposta ou prestação alternativa, segundo art. 5º, VIII, da CF. Nesta última hipótese, há quem entenda que é suspensão e não de perda dos direitos políticos, por conta do art. 4º, § 2º, da Lei 8.239/1991.

Nesse tópico, há decisão do Supremo no sentido de que a inelegibilidade tem as suas causas previstas nos §§ 4º a 9º do art. 14 da Carta Magna de 1988, que se traduzem em condições objetivas cuja verificação impede o indivíduo de concorrer a cargos eletivos ou, acaso eleito, de os exercer, **e não se confunde com a suspensão ou perda dos direitos políticos, cujas hipóteses são previstas no art. 15 da Constituição da República, e que importa restrição não apenas ao direito de concorrer a cargos eletivos (*iushonorum*), mas também ao direito de voto (*iussufragii*).** Por essa razão, não há inconstitucionalidade na cumulação entre a inelegibilidade e a suspensão de direitos políticos." (ADC 29; ADC 30 e ADI 4.578, Rel. Min. Luiz Fux, julgamento em 16.02.2012, Plenário, *DJE* de 29.06.2012).

Outro tema relevante diz respeito ao mandato imperativo e ao *recall*. Pelo primeiro, os parlamentares só poderiam ser eleitos de acordo com a forma estabelecida pelo povo que, além de decidir a forma, deveria ser consultado sobre a manutenção ou a revogação de um mandato conferido a alguém. Já o *recall* seria um método de revogação popular do mandato, como por exemplo, se os governantes não honrassem seus projetos divulgados em campanha eleitoral. Ambos não existem no ordenamento jurídico brasileiro.

Princípio da anterioridade ou anualidade eleitoral: dispõe o art. 16 da CF que a lei que alterar o processo eleitoral entrará em vigor na data de sua publicação, não se aplicando à eleição que ocorra até um ano da data de sua vigência.

De acordo com o STF, informativo 707, "A importância fundamental do princípio da segurança jurídica para o regular transcurso dos processos eleitorais está plasmada no princípio da anterioridade eleitoral positivado no art. 16 da CF. O STF fixou a interpretação desse art. 16, entendo-o como uma garantia constitucional (1) do devido processo legal eleitoral, (2) da igualdade de chances e (3) das minorias (RE 633.703). Em razão do caráter especialmente peculiar dos atos judiciais emanados do Tribunal Superior Eleitoral (TSE), os quais regem normativamente todo o processo eleitoral, é razoável concluir que a CF também alberga uma norma, ainda que implícita, que traduz o postulado da segurança jurídica como princípio da anterioridade ou anualidade em relação à alteração da jurisprudência do TSE. Assim, as decisões do TSE que, no curso do pleito eleitoral (ou logo após o seu encerramento), impliquem mudança de jurisprudência (e dessa forma repercutam sobre a segurança jurídica) não têm aplicabilidade imediata ao caso concreto e somente terão eficácia sobre outros casos no pleito eleitoral posterior" (informativo 707 do STF).

Desincompatibilização: os Chefes do Executivo (Presidente da República, Governadores de Estado e do Distrito Federal ou Prefeitos) que pretendam concorrer à próxima eleição, segundo o § 6º do art. 14 da CF, deverão renunciar aos respectivos mandatos até seis meses antes do pleito. Nesses casos, os governantes terão de se afastar dos seus cargos de forma definitiva. Vale lembrar que há casos em que será necessário apenas o licenciamento; por exemplo, nas hipóteses de agentes administrativos e autoridades policiais que pretendam disputar o pleito eleitoral.

Reaquisição dos direitos políticos: no caso de suspensão dos direitos políticos, se os motivos que levaram à suspensão não mais persistirem, haverá reaquisição. Já nas hipóteses de perda, é necessário fazer uma divisão: se a perda se deu em razão de cancelamento da naturalização, em virtude de atividade nociva ao interesse nacional reconhecida em sentença transitada em julgado, a reaquisição somente ocorrerá mediante ação rescisória; se a perda decorreu da recusa em cumprir obrigação a todos imposta, o sujeito poderá readquirir os direitos políticos se cumprir tal obrigação ou, na hipótese de serviço militar obrigatório, o cumprimento da prestação de serviço alternativo.

Partidos políticos

Os partidos políticos têm por função assegurar a autenticidade do sistema representativo, além de defender o estado democrático, os direitos e garantias fundamentais. Podemos considerá-los como o agrupamento de pessoas que possuem os mesmos ideais e objetivos e que pretendem assumir o poder para fazer valer tais preceitos.

Segundo o art. 17 da CF, é livre a criação, fusão, incorporação e extinção de partidos políticos, resguardados a soberania nacional, o regime democrático, o pluripartidarismo e os direitos fundamentais da pessoa humana. O mesmo dispositivo constitucional menciona que devem ser observados os seguintes preceitos: I – caráter nacional; II – proibição de recebimento de recursos financeiros de entidade ou governo estrangeiros ou de subordinação a estes; III – prestação de contas à Justiça Eleitoral; IV – funcionamento parlamentar de acordo com a lei.

Desse modo, verifica-se que o princípio da liberdade partidária não é ilimitado e irrestrito: há condições para criação, fusão, incorporação e extinção dos partidos políticos.

O pluripartidarismo ou pluralismo partidário prestigia a democracia moderna, fazendo com que o eleitor tenha acesso à diversidade de candidatos e a vários partidos políticos. Os preceitos eleitorais devem ser definidos de forma clara e objetiva para que todos os partidos, independentemente de serem pequenos ou grandes, tenham os mesmos direitos.

É importante frisar que os partidos políticos possuem natureza jurídica de direito privado, pois adquirem personalidade jurídica na forma da lei civil. Após tal aquisição, devem registrar seus estatutos no Tribunal Superior Eleitoral. Cumpridas essas formalidades, os partidos serão sujeitos de direito, podendo atuar em juízo.

A Constituição assegura, ainda, a autonomia dos partidos, mencionando que eles definirão sua estrutura interna, organização e funcionamento e poderão adotar os critérios de escolha e o regime de suas coligações eleitorais.

É importante mencionar que a EC 52/2006 constitucionalizou a *quebra da verticalização*, dispondo que não há mais a obrigatoriedade de vinculação entre as candidaturas em âmbito nacional, estadual, distrital ou municipal, devendo os estatutos dos partidos, de forma autônoma, estabelecerem as normas de disciplina e fidelidade partidária.

O § 3º do art. 17 da CF estabelece que os partidos políticos têm direito a recursos do fundo partidário e acesso gratuito ao rádio e à televisão na forma da lei. Como o dispositivo não faz distinção entre partidos, não se pode concluir que apenas aqueles que tenham representação no Congresso Nacional detêm tais direitos.

Por fim, a Constituição menciona que é proibida a utilização, pelos partidos políticos, de organização paramilitar.

10. CONTROLE DE CONSTITUCIONALIDADE

10.1. Conceito

É o mecanismo de verificação da compatibilidade de um ato normativo em face da Constituição Federal. Todo o ordenamento jurídico brasileiro, ou seja, todas as regras existentes no Brasil devem guardar relação de compatibilidade vertical com o Texto Maior. Não sendo consonantes com o que preconiza a Constituição, devem ser banidas do ordenamento, por meio do instituto denominado controle de constitucionalidade.

10.2. Fundamento

O controle de constitucionalidade tem por fundamento o princípio da *Supremacia Constitucional*, o qual dispõe que as normas constitucionais estão no ápice da pirâmide hierárquica de Kelsen. Todas as normas infraconstitucionais encontram seu fundamento de validade na Constituição Federal. Desse modo, os atos normativos em geral, por estarem abaixo da Constituição, devem ser compatíveis com o ordenamento jurídico maior.

10.3. Objeto

Podem ser objeto de controle tanto os atos legislativos quanto os atos normativos. Os primeiros estão previstos no art. 59 da Constituição Federal. São eles: emendas constitucionais, leis complementares, leis ordinárias, medidas provisórias, decretos legislativos e resoluções. Os segundos, atos normativos ou administrativos, são os decretos, portarias etc.

É importante mencionar que o ato passível de controle, além de ser dotado de abstração e generalidade, tem de encontrar fundamento de validade diretamente na Constituição e não em norma infraconstitucional.

Além disso, segundo o STF, as normas advindas do poder de revisão (emendas constitucionais de revisão) também são passíveis de controle de constitucionalidade.

As súmulas vinculantes, ao contrário, não podem ser objeto de controle de constitucionalidade, pois não possuem caráter normativo (ADI 594/DF).

10.4. Formas de inconstitucionalidade

10.4.1. Por omissão

Verifica-se a inconstitucionalidade por omissão quando estamos diante de uma norma constitucional de eficácia limitada – aquela que depende de regulamentação por parte do legislador – e não há a edição dessa norma regulamentadora. Aquele que detém competência para elaborá-la não o faz, omite-se. Tal conduta é tida como inconstitucional, pois inviabiliza o exercício de um direito garantido constitucionalmente. Daí falar-se que estamos diante de uma omissão inconstitucional ou uma inconstitucionalidade por omissão.

Ressalta-se que, quando há um direito previsto na Constituição, em uma norma de eficácia limitada, implicitamente há um comando constitucional para que o legislador produza a devida regulamentação. Não é uma faculdade, mas uma ordem que, sendo descumprida, gera inconstitucionalidade. Exemplo: o art. 7º, XXVII, da Constituição prevê que a proteção dos trabalhadores em face da automação deve ser garantida, na forma da lei. É necessária a edição da referida lei para que o direito possa ser exercitado; enquanto não sobrevém a norma, fala-se que há inconstitucionalidade por omissão.

Outro exemplo é o direito de greve do servidor público, garantido constitucionalmente pelo inciso VII do art. 37. Dispõe tal comando que o direito de greve será exercido nos termos e nos limites definidos em lei específica. Há uma lei que regulamenta a greve para os empregados, ou seja, para as pessoas sujeitas ao regime celetista. Ocorre que para o servidor público ainda não há lei específica regulamentando a greve. Assim, pergunta-se: pode o servidor público fazer greve? Se sim, por quanto tempo? Quais os limites aplicáveis à greve no serviço público? O Supremo Tribunal Federal, ao analisar dois mandados de injunção impetrados por associações de servidores públicos, deu uma decisão inédita, determinando que enquanto não sobrevier a lei específica que tem por finalidade regulamentar a greve no serviço público, o servidor poderá fazer greve tomando por base as diretrizes estabelecidas pela lei geral de greve, ou seja, a lei que regulamenta a greve para os regidos pela CLT.

Analisaremos, mais adiante, as medidas judiciais cabíveis para sanar o problema gerado pela inconstitucionalidade por omissão que são: o mandado de injunção – meio em que se faz controle difuso de constitucionalidade (art. 5º, LXXI, da CF) - e a Ação Direta de Inconstitucionalidade por Omissão – mecanismo de controle abstrato de constitucionalidade (art. 103, § 2º, da CF).

A inconstitucionalidade por omissão pode se dar de duas formas: parcial ou total. Na primeira hipótese, a norma constitucional de eficácia limitada é regulamentada, mas apenas parcialmente, ou seja, o direito garantido constitucionalmente não foi regulamentado em sua plenitude. Na segunda, nenhuma norma foi produzida a fim de regulamentar o direito. Não existe sequer norma incompleta tratando do assunto, impossibilitando qualquer forma de efetivo exercício do direito.

10.4.2. Por ação

Verifica-se a inconstitucionalidade por ação quando a lei o ou ato normativo está em desacordo com a Constituição. A lei nasceu, mas emanada com vício de inconstitucionalidade. O ato do legislador de produzir uma norma em desacordo com a Carta Magna gera inconstitucionalidade por ação.

Aos três poderes pode ser atribuída tanto a inconstitucionalidade por ação quanto a por omissão.

A por ação pode ser: material ou formal.

10.4.2.1. Inconstitucionalidade material

Ocorre quando o conteúdo da norma fere as disposições e princípios trazidos pela Constituição. A matéria disciplinada pelo ato normativo está em desacordo com o ordenamento jurídico maior. Tal inconstitucionalidade pode se dar por violação às cláusulas pétreas – aquelas previstas no § 4º do art. 60 da Constituição: I – forma federativa de Estado; II – o voto direto, secreto, universal e periódico; III – a separação dos Poderes; e IV – os direitos e garantias individuais; ou quando viola um direito materialmente garantido pela Constituição. Exemplo: uma lei que estabeleça a pena de morte, pois a Constituição, em seu art. 5º, inciso XLVII, *a*, veda a imposição de tal penalidade.

10.4.2.2. Inconstitucionalidade formal

Ocorre quando é descumprido algum dos requisitos exigidos quando da elaboração de um ato normativo. As leis, ao serem produzidas, devem seguir um procedimento específico, denominado processo legislativo; se tal procedimento é violado, estamos diante de uma inconstitucionalidade formal. Aliás, o nome do instituto jurídico já nos ajuda a defini-lo, ou seja, a forma, o modo de elaboração é que é violado nessa modalidade de inconstitucionalidade.

Exemplo: um projeto de lei *complementar* aprovado pelo voto da maioria relativa é considerado formalmente inconstitucional, pois para que a lei complementar seja aprovada o quórum exigido, ao contrário do mencionado, é de maioria absoluta.

Outra hipótese de violação de regra de procedimento ocorre quando determinado projeto de lei, de iniciativa privativa, é instaurado, iniciado, por quem não detém competência para tanto; por exemplo, projeto de lei que disponha sobre a criação de cargos, funções ou empregos públicos na administração direta e autárquica ou aumento de sua remuneração iniciado por um Deputado. A competência para iniciar projeto de lei sobre esse tema é privativa do Presidente da República, conforme preconiza o art. 61, § 1º, II, *a*, da Constituição Federal.

Observação: parte da doutrina também fala em inconstitucionalidade formal "orgânica", que é a que ocorre quando há vício de iniciativa. O problema é de competência, o sujeito ou o órgão que iniciou um projeto de lei não era competente para tanto.

10.4.3. Inconstitucionalidade por arrastamento

De acordo com o STF (ADI 1923), é possível que seja declarada a inconstitucionalidade de dispositivos que, muito embora não tenham sido objeto de impugnação, estão relacionados com as normas declaradas inconstitucionais. Os preceitos não impugnados e que encontrem fundamento de validade na norma tida como inconstitucional serão, "por arrastamento", "por reverberação normativa", "por atração" ou "por inconstitucionalidade consequente de preceitos não impugnados", declarados inconstitucionais. É o que ocorre, por exemplo, com um regulamento de uma lei que teve sua aplicação afastada do ordenamento jurídico, após ser declarada inconstitucional pelo STF. A inconstitucionalidade por reverberação normativa é nomeada pela doutrina de diversas maneiras, conforme acima exemplificado.

Vale lembrar que no controle concentrado de constitucionalidade o Supremo, por não estar adstrito ao pedido, não deve submissão ao princípio da congruência ou da correlação.

10.4.4. "Inconstitucionalidade superveniente"

O Supremo não adota a teoria da inconstitucionalidade superveniente. As normas editadas antes da vigência da CF/1988 que não se mostrem de acordo com o texto não são recepcionadas ou meramente "revogadas". Nesse caso, utilizam-se as regras relativas ao direito intertemporal, em especial as atinentes ao fenômeno da recepção.

10.4.5. Bloco de constitucionalidade

É um instituto que tem por finalidade ampliar o padrão de controle de constitucionalidade. Tudo que é tido como conteúdo constitucional, até mesmo princípios e regras implícitas, integram o denominado bloco de constitucionalidade. Tal assunto possibilita a expansão dos preceitos constitucionais como liberdades públicas, direitos e garantias Em sentido amplo, o bloco abrange princípios, normas, além de direitos humanos reconhecidos em tratados e convenções internacionais incorporados no ordenamento jurídico. De acordo com o Supremo, "a definição do significado de bloco de constitucionalidade – independentemente da abrangência material que se lhe reconheça – reveste-se de fundamental importância no processo de fiscalização normativa abstrata, pois a exata qualificação conceitual dessa categoria jurídica projeta-se como fator determinante do caráter constitucional, ou não, dos atos estatais contestados em face da Carta Política. – A superveniente alteração/supressão das normas, valores e princípios que se subsumem à noção conceitual de bloco de constitucionalidade, por importar em descaracterização do parâmetro constitucional de confronto, faz instaurar, em sede de controle abstrato, situação configuradora de prejudicialidade da ação direta, legitimando, desse modo – ainda que mediante decisão monocrática do Relator da causa (RTJ 139/67) – a extinção anômala do processo de fiscalização concentrada de constitucionalidade" (Informativo 295).

10.5. Classificação do controle de constitucionalidade

10.5.1. Quanto ao momento (preventivo ou repressivo)

Segundo essa classificação, o controle de constitucionalidade pode ser exercido de forma *prévia* ou *preventiva* e *posterior* ou *repressiva* à edição do ato normativo.

Será *prévio ou preventivo* quando o ato normativo impugnado ainda não estiver em vigor. O projeto de lei, e não a lei, é objeto de questionamento, é ele que tem sua constitucionalidade questionada. Exemplo: no trâmite do processo legislativo, há uma fase na qual o projeto é encaminhado ao Presidente da República para que ele o sancione ou o vete, a denominada deliberação executiva. Caso o projeto de lei seja vetado por razões de inconstitucionalidade, estaremos diante do *veto jurídico*, previsto no art. 66, § 1º, da Constituição Federal. Nessa hipótese o Presidente da República realiza controle preventivo de constitucionalidade.

Outro exemplo se dá na fase de deliberação legislativa, quando a Comissão de Constituição e Justiça (CCJ) analisa a constitucionalidade de um projeto de lei, expedindo parecer. Tal ato, em regra, tem natureza terminativa e a proposta de lei tida como inconstitucional será rejeitada e arquivada.

Excepcionalmente, o Poder Judiciário pode fazer controle preventivo de constitucionalidade, por exemplo, ao julgar mandado de segurança impetrado por parlamentares contra a continuidade de um processo legislativo em que esteja sendo deliberado assunto tendente a abolir uma das cláusulas pétreas. Segundo o Supremo, os deputados e senadores possuem o direito líquido e certo ao chamado devido processo legislativo. Por conta disso, podem impetrar mandado de segurança quanto há violação das regras procedimentais, ainda que o processo legislativo não tenha sido concluído. Vale lembrar que a impetração do remédio com esta finalidade específica é dada apenas aos congressistas.

Será *posterior ou repressivo (controle superveniente)* quando o ato normativo eivado de vício de inconstitucionalidade já tenha sido editado. A lei, a ser ou não declarada inconstitucional, já produz efeitos no mundo jurídico.

Normalmente quem faz controle repressivo de constitucionalidade é o Poder Judiciário e o faz pelas vias difusa e concentrada, tema que será abordado adiante. Vale destacar que a Constituição admite, de forma excepcional, que o Poder Legislativo também faça esse controle, por exemplo, na hipótese do art. 62, § 5º, da CF, em que ele rejeita medida provisória por considerá-la inconstitucional. Outra situação ocorre quando o Congresso Nacional susta, por meio de decreto legislativo, atos normativos do Poder Executivo que exorbitaram seu poder regulamentar ou excederam os limites da delegação legislativa, conforme disposição prevista nos artigos 49, V, 84, IV, e 68, todos da CF.

10.5.2. *Quanto ao órgão competente (político ou judiciário)*

O *controle político* é aquele realizado por alguém que não integra o Poder Judiciário. Exemplos: controle prévio realizado pelo Presidente da República ao vetar um projeto de lei inconstitucional; controle realizado pelas Comissões de Constituição e Justiça, no âmbito do Poder Legislativo.

Já o *controle judiciário é* aquele realizado por algum órgão do Poder Judiciário. Pode ser feito de duas maneiras: pela via difusa (via de exceção ou defesa) ou concreta (via de ação).

10.6. Controle difuso (via de exceção ou defesa)

É aquele realizado por qualquer juiz ou tribunal num caso concreto. Os magistrados, quando do julgamento de processos, podem fazer esse controle. É também denominado de controle incidental, pois a declaração de inconstitucionalidade se dá não de forma principal, mas incidentalmente, no processo. O pedido principal não é a declaração de inconstitucionalidade, mas um provimento jurisdicional num caso concreto, que depende da apreciação da constitucionalidade do ato normativo.

Exemplo: alguém não quer pagar um determinado imposto, pois acredita que a lei na qual o Fisco se baseia para cobrar tal tributo é inconstitucional. Desse modo, ingressa com uma ação perante o Judiciário para obter uma declaração de que não deve pagar o tributo. Vejam: o pedido principal é a declaração do não pagamento do tributo. A causa de pedir, ou seja, o fundamento do pedido é a declaração de inconstitucionalidade.

Outro exemplo admitido ocorre quando há controle incidental exercido por meio de uma ação civil pública. Nesse caso, segundo o Supremo, a declaração de inconstitucionalidade não será o pedido principal, mas apenas a causa de pedir e também não poderá ser o único objetivo da ação. Os efeitos serão, em regra, ***inter partes.***

Embora a atribuição de fazer controle difuso seja dada a qualquer juiz ou tribunal, este último, ao fazê-lo, terá de observar o instituto previsto no art. 97 da Constituição Federal, denominado *cláusula de reserva de plenário.* Dispõe tal artigo que, se o controle de constitucionalidade for realizado por um tribunal, somente pela *maioria absoluta* dos seus membros ou dos membros do respectivo órgão especial é que poderá ser declarada a inconstitucionalidade de uma lei.

Vale lembrar o enunciado da Súmula Vinculante n. 10, que prevê a violação da cláusula de reserva de plenário pela decisão de órgão fracionário de tribunal que, embora não declare expressamente a inconstitucionalidade de lei ou ato normativo do poder público, afasta sua incidência, no todo ou em parte.

Isso significa que os órgãos fracionários de um determinado tribunal, por exemplo, as Turmas e as Câmaras, não poderão declarar, sozinhas, a inconstitucionalidade de uma norma. Para que o façam, é necessário o voto da maioria absoluta de seus membros ou de seu órgão especial, quando existir.

Desse modo, para que a questão seja analisada, a Turma ou a Câmara do Tribunal deverá afetar a matéria ao pleno, ou seja, remeter a questão para ser julgada pelo plenário ou órgão especial. Tal ato só não será dessa maneira quando a Turma ou Câmara já tiver se manifestado sobre a questão ou quando o Supremo Tribunal Federal já tiver decidido sobre a matéria. É o que dispõe o parágrafo único do art. 481 do CPC(art. 949, parágrafo único, do NCPC). Ou seja, nessas situações os órgãos fracionários não precisarão remeter ao pleno ou ao órgão especial a arguição de inconstitucionalidade.

Os *efeitos* produzidos, em sede de controle difuso, são, em regra, segundo o art. 468 do CPC(art. 503 do NCPC), *inter partes.* Atingem somente as partes que participaram do processo. Se existirem pessoas em situação idêntica, elas próprias deverão ingressar com suas ações para que obtenham provimento jurisdicional semelhante.

Tais efeitos também são, em regra, *extunc,* ou seja, retroagem à data da expedição do ato normativo viciado. Diz-se "em regra", pois há um procedimento hábil para modificar esses efeitos. Dispõe o art. 52, X, da CF que compete privativamente ao Senado Federal *suspendera* execução, no todo ou em parte, de lei declarada inconstitucional por decisão definitiva do Supremo Tribunal Federal. Assim, pode o Supremo, após o trânsito em julgado da decisão, comunicar ao Senado os termos de sua deliberação para que ele, se desejar, edite uma resolução determinando a suspensão da execução da norma declarada inconstitucional a partir desse momento. Fazendo isso, os efeitos, que antes eram *inter partes* e *extunc,* passarão a ser *erga omnes,* ou seja, a lei ficará suspensa para todas as pessoas; e *ex nunc ou pro futuro,* isto é, terá efeitos a partir do momento da expedição da resolução.

Por fim, é possível, em sede de controle difuso, a aplicação analógica do art. 27 da Lei 9.868/1999, que determina que ao declarar a inconstitucionalidade de lei ou ato normativo, e tendo em vista razões de segurança jurídica ou de excepcional interesse social, poderá o Supremo Tribunal Federal, por maioria de dois terços de seus membros, restringir os efeitos daquela declaração ou decidir que ela só tenha eficácia a partir de seu trânsito em julgado ou de outro momento que venha a ser fixado.

10.7. Controle concentrado (via de ação)

O controle por via de ação é aquele exercido por meio de uma ação própria, em que o pedido principal é a declaração da inconstitucionalidade ou da constitucionalidade de uma lei ou ato normativo. É o controle abstrato da lei por meio de um processo que será julgado pelo STF. Assim, a Corte somente irá apreciar a lei em tese e não esta diante de um caso concreto.

Diferentemente ocorre no controle por via de exceção, em que o pedido principal não é a declaração de inconstitucionalidade ou de constitucionalidade, onde tais argumentos são utilizados apenas com o intuito de defesa, ou seja, o sujeito para ver seu pedido acolhido se defende alegando a inconstitucionalidade da norma.

O controle concentrado pode ser realizado por meio das seguintes ações: Ação Direta de Inconstitucionalidade (ADI) – genérica, por omissão e interventiva, Ação Declaratória de Constitucionalidade (ADC) e Arguição de Descumprimento de Preceito Fundamental (ADPF).

Segundo o Supremo, se os requisitos dessas ações forem cumpridos, é possível a aplicação do princípio da fungibilidade, podendo uma ser recebida como outra.

10.7.1. Ação Direita de Inconstitucionalidade – ADI

10.7.1.1. Conceito e objeto

A ADI está prevista no art. 102, I, "a", da CF e também na Lei n. 9.868/1999. É uma ação constitucional que tem por objetivo verificar se uma lei ou ato normativo *federal* ou *estadual* está em conformidade com o que dispõe a Constituição Federal. Assim, o objeto da ADI pode ser uma lei estadual ou federal, entendida em sentido amplo, abarcando todas as espécies legislativas previstas no art. 59 da CF, quais sejam, emendas constitucionais, leis complementares, leis ordinárias, leis delegadas, medidas provisórias, decretos legislativos e resoluções.

Vale lembrar que a causa de pedir na ADI é aberta, ou seja, o STF não está vinculado à fundamentação jurídica trazida pelo autor. A norma impugnada é analisada em face de toda a Constituição.

Além disso, uma norma revogada, de eficácia exaurida, ou que seja revogada quando a ADI estiver em andamento, por não produzir mais efeitos, faz com que a ação perca o objeto. O prosseguimento da ADI nessa hipótese ou a sua propositura, no caso de norma já revogada, não seria útil.

10.7.1.2. Legitimados

O art. 103 da Constituição Federal dispõe que são legitimados para propor a ação direta de inconstitucionalidade e a ação declaratória de constitucionalidade as seguintes pessoas ou órgãos:

I. o Presidente da República;

II. a Mesa do Senado Federal;

III. a Mesa da Câmara dos Deputados;

IV. a Mesa de Assembleia Legislativa ou da Câmara Legislativa do Distrito Federal;

V. o Governador de Estado ou do Distrito Federal;

VI. o Procurador-Geral da República;

VII. o Conselho Federal da Ordem dos Advogados do Brasil;

VIII. partido político com representação no Congresso Nacional;

IX. confederação sindical ou entidade de classe de âmbito nacional.

Dentre as pessoas e órgãos mencionados há os que possuem legitimidade *universal* ou neutra e os legitimados especiais, *temáticos* ou interessados, que são aqueles que precisam demonstrar *pertinência temática* ao ingressar com essas ações, ou seja, o conteúdo do ato deve ser pertinente aos interesses do legitimado, sob pena de carência da ação (falta de interesse de agir).

Devem vir acompanhadas de tal requisito as ações propostas pelos seguintes legitimados : a Mesa de Assembleia Legislativa ou da Câmara Legislativa do Distrito Federal (inciso IV); o Governador de Estado ou do Distrito Federal (inciso V); e confederação sindical ou entidade de classe de âmbito nacional (inciso IX). O Supremo já definiu que pertinência temática significa que a ação proposta pelo ente tem de estar de acordo com sua finalidade institucional.

Ainda quanto aos legitimados, é necessário observar a decisão do Plenário do Supremo, no julgamento da ADI 3.153-AgR, que retomou o entendimento de que as "associações de associações" de âmbito nacional possuem legitimidade para propor ação direta de inconstitucionalidade.

Por fim, de acordo com o STF, "descabe confundir a legitimidade para a propositura da ação direta de inconstitucionalidade com a capacidade postulatória. Quanto ao governador do Estado, cuja assinatura é dispensável na inicial, tem-na o procurador-geral do Estado." (ADI 2.906, Rel. Min. Marco Aurélio, julgamento em 1º.06.2011, Plenário, *DJE* de 29.06.2011).

10.7.1.3. Regras trazidas pela Lei Federal 9.868/1999

10.7.1.3.1. Possibilidade de cautelar em ADI (art. 10)

A cautelar numa ADI é uma decisão de caráter provisório e que tem por finalidade antecipar os efeitos que serão dados quando do julgamento do mérito da ADI. Para que seja concedida, a votação no STF tem que se dar pelo quórum de maioria absoluta. Sendo deferida, a consequência prática é a suspensão da execução da lei, objeto de questionamento no Supremo. Nesse caso, havendo legislação anterior à lei questionada, ela passará a ter aplicação até que sobrevenha a decisão de mérito. Essa situação está prevista no § 2º do art. 11 da Lei 9.868/1999 e é denominada pela doutrina de *efeito repristinatório*.

A medida cautelar tem eficácia *erga omnes* e efeito *ex nunc*, ressalvada a hipótese da Corte entender que deve conceder eficácia *extunc* (retroativa).

Vale lembrar que se a cautelar for indeferida, isso não significa que a constitucionalidade da lei foi confirmada.

10.7.1.3.2. Possibilidade de participação do *amicuscuriae*

Tal expressão significa literalmente amigo da corte. O § 2º do art. 7º da Lei 9.868/1999 traz a possibilidade do relator do processo, considerando a relevância da matéria e a representatividade dos legitimados, admitir a manifestação de outros órgãos ou entidades. Esta participação permitirá que a Corte profira uma decisão fundamentada não só com base técnica jurídica, mas também com subsídios específicos relacionados a outras áreas, como, por exemplo, a medicina, engenharia etc. O Supremo entende que a figura do *amicuscuriae* tem por principal finalidade pluralizar o debate constitucional.

Um exemplo desta figura se deu quando do julgamento da possibilidade de utilização das células-tronco embrionárias para tratamento de doenças e pesquisas medicinais.

Por fim, de acordo com o Supremo (ADI 3615), o amigo da corte não pode interpor recursos, exceto se for discutir sobre a sua própria intervenção no processo.

10.7.1.3.3. Defesa promovida pelo Advogado-Geral da União

Em razão do princípio da presunção de constitucionalidade das leis, incumbe ao Advogado-Geral da União a defesa da lei ou ato normativo (curador especial). No entanto, caso haja decisão pela inconstitucionalidade proferida em controle na via de exceção pelo Pretório Excelso, este tem admitido que o AGU deixe de defender a lei em questão. A mesma regra, por conta do princípio da simetria, vale para o Procurador-Geral do Estado que também pode, nesse caso, deixar de defender a constitucionalidade da norma.

O Procurador-Geral da República será sempre ouvido na ADI, de acordo com o §1º do art. 103 da Constituição, após o AGU.

10.7.1.3.4. Possibilidade de realização de audiência pública

O art. 9º, § 1º, também da Lei n. 9.868/1999 autoriza que, em caso de necessidade de esclarecimento de matéria ou circunstância de fato ou de notória insuficiência das informações existentes nos autos, o relator requisite informações adicionais, designe perito ou comissão de peritos para que emita parecer sobre a questão, ou, ainda, realize *audiência pública* para ouvir depoimentos de pessoas com experiência e autoridade na matéria. As primeiras audiências públicas, algo inédito na Suprema Corte, ocorreram recentemente e tiveram origem quando da análise da possibilidade ou não do uso das células-tronco para pesquisas.

10.7.1.3.5. Votação

Os artigos 22 e 23 da Lei 9.868/1999 exigem que a decisão da ação direta de inconstitucionalidade seja efetivada por pelo menos seis ministros (maioria absoluta) e desde que presentes na sessão o mínimo de oito ministros.

10.7.1.3.6. Efeitos

Quando declarada a constitucionalidade, o efeito sempre será *extunc*, ou seja, retroage à data da edição do ato normativo. Já se houver declaração da inconstitucionalidade, em regra, também produzirá efeitos *extunc*. Todavia, por motivos de *segurança jurídica* ou de excepcional *interesse social*, o STF poderá conceder eficácia *ex nunc* (a partir do trânsito em julgado da decisão ou de outro momento que venha a ser fixado), ou, ainda, restringir os efeitos da decisão, mediante votação por maioria de 2/3 de seus membros. É denominada pela doutrina de *modulação dos efeitos da decisão*.

Ademais, a decisão sempre terá eficácia *erga omnes* e será vinculante aos órgãos do Poder Judiciário e à Administração direta e indireta, nas esferas federal, estadual e municipal.

Vale lembrar que pela **teoria da transcendência dos motivos determinantes** os fundamentos das decisões proferidas pelo Supremo em sede de controle de constitucionalidade também possuem efeito vinculante.

Frisa-se que a decisão é irrecorrível, não podendo nem ser objeto de ação rescisória; só é possível a utilização dos embargos de declaração.

Por fim, de acordo com o STF (Rcl 1880, Rel. Min. Maurício Correa), todos aqueles que demonstrarem ter sofrido prejuízo por conta de decisão judicial ou ato administrativo que colida com decisão definitiva dada em sede de controle concentrado poderão ingressar com **reclamação** no STF.

10.7.2. Ação Declaratória de Constitucionalidade – ADC

10.7.2.1. Conceito e objeto

A ADC também está prevista nos artigos 102, I, "a", e 103, I a IX, da CF e na Lei n. 9.868/1999. É uma ação constitucional que tem por objetivo verificar a constitucionalidade de uma lei ou ato normativo *federal*.

A dúvida que pode surgir é a seguinte: se as leis são presumidamente constitucionais, por que existe uma ação para declarar a constitucionalidade de uma norma? Exatamente por conta de tal presunção, a Lei 9.868/1999 traz em seu art. art. 14, III, a necessidade da observância de um requisito para a propositura dessa ação, qual seja, é imprescindível que haja *controvérsia judicial relevante* em relação à constitucionalidade da norma objeto de questionamento no Supremo. Sem a prova da existência de importante divergência jurisprudencial sobre a aplicação ou não de determinada norma a ADC não poderá ser conhecida.

Desse modo, ao ser editada uma norma, não há como, nos dias posteriores à edição, ingressar com tal ação, pois sequer houve tempo hábil para a existência de uma controvérsia judicial relevante – requisito indispensável para que a ação seja proposta.

Também se fala que a presunção de constitucionalidade de que todas as normas gozam é uma presunção relativa – *juris tantum*, ou seja, aquela que admite prova em contrário.

10.7.2.2. Legitimados

São os mesmos da ADI – art. 103 da CF. Todas as observações que foram feitas em relação aos legitimados universais e aos temáticos ou especiais servem aqui.

10.7.2.3. Possibilidade de cautelar em ADC

O art. 21 da Lei n. 9.868/1999 admite a cautelar em ADC, desde que concedida por decisão da maioria absoluta dos membros do Supremo Tribunal Federal. O efeito produzido pela decisão que acolhe a cautelar será o de suspender, por 180 dias, o julgamento de todos os processos que envolvam a aplicação da norma objeto de questionamento.

10.7.2.4. Defesa promovida pelo Advogado-Geral da União

Não há defesa pelo Advogado-Geral da União.

Observação: a doutrina menciona que a ADI e a ADC são ações de natureza dúplice, ambivalentes ou de sinais trocados porque a procedência em qualquer delas equivale à improcedência da outra.

O julgamento final de uma ADI, dando-a por procedente, faz com que a norma impugnada seja declarada inconstitucional. Agora, se uma ADI for julgada improcedente significa que a norma impugnada é declarada constitucional. Na ADC é o oposto; se ela for julgada procedente significa que a norma objeto de questionamento no Supremo é tida como constitucional. Já se for julgada improcedente a norma impugnada é declarada inconstitucional.

Por ser assim, a doutrina denomina tais ações de natureza dúplice, ambivalentes ou de sinais trocados. Quando uma for declarada procedente a outra, necessariamente, tem de ser declarada improcedente e vice-versa. Corroborando tal entendimento, o art. 24 da Lei Federal 9.868/1999 menciona que, proclamada a constitucionalidade, julgar-se-á improcedente a ação direta ou procedente eventual ação declaratória; e, proclamada a inconstitucionalidade, julgar-se-á procedente a ação direta ou improcedente eventual ação declaratória.

10.7.2.5. Efeitos

Valem aqui todos os comentários feitos sobre os efeitos da ADI, diante da natureza dúplice das ações.

10.7.3. Arguição de Descumprimento de Preceito Fundamental – ADPF

10.7.3.1. Conceito e objeto

A ADPF está prevista no art. 102, § 1º, da CF e na Lei n. 9.882/1999. É uma ação constitucional que tem por objetivo verificar se uma lei ou ato normativo viola um preceito fundamental previsto na Constituição. Tal ação surgiu com a finalidade de complementar o sistema de controle já existente.

O objeto da ADPF é o mais abrangente de todas as ações de controle concentrado. Desse modo, cabe tal ação quando uma lei ou ato normativo federal, estadual, municipal e ainda norma pré-constitucional, ou seja, normas editadas antes da vigência da constituição, violem preceitos fundamentais.

Vale lembrar que a impugnação de lei municipal em face da CF, em sede de controle concentrado, só pode ocorrer por meio de ADPF. Mas, em sede de controle difuso, a lei municipal eivada do vício de inconstitucionalidade pode ser levada ao Supremo por meio do recurso extraordinário.

Outra observação relevante é que esta ação admite o controle de normas de efeitos concretos (ADI 4048/MC).

10.7.3.2. Legitimados

São os mesmos da ADI e ADC, que estão no art. 103 da CF.

10.7.3.3. Peculiaridades da Lei 9.882/1999

10.7.3.3.1. Caráter subsidiário

Segundo o § 1º do art. 4º, a ADPF só será cabível quando não houver outro meio eficaz para sanar a lesividade. Havendo a possibilidade de solucionar o problema da violação da constituição por outro meio, inclusive com o ajuizamento de ADI ou ADC, será este outro meio que deverá ser utilizado.

10.7.3.3.2. Ausência de conceito de preceito fundamental

Não há uma definição legal de preceito fundamental. O Supremo Tribunal Federal que, ao conhecer das ADPFs propostas, determinará o que é e o que não é assim considerado.

10.7.3.3.3. Possibilidade de medida liminar

O art. 5º da Lei 9.882/1999 prevê a possibilidade de concessão de medida liminar, que será declarada pela maioria absoluta dos membros do STF.

O § 1º do mesmo dispositivo determina que em caso de extrema urgência ou perigo de lesão grave, ou ainda, em período de recesso, poderá o relator conceder a liminar, *ad referendum* do Tribunal Pleno.

10.7.3.3.4. Defesa do AGU

A Lei n. 9.882/1999 não exige a defesa do ato impugnado pelo Advogado-Geral da União.

O Procurador-Geral da República, quando não for o autor da ação, será ouvido.

10.7.3.3.5. Efeitos

Julgada a ação, far-se-á comunicação às autoridades ou órgãos responsáveis pela prática dos atos questionados, fixando-se as condições e o modo de interpretação e aplicação do preceito fundamental.

A decisão terá eficácia *erga omnes* e efeito vinculante relativamente aos demais órgãos do Poder Público.

10.7.4. ADI por omissão ou ADO

10.7.4.1. Conceito e objeto

A ADI por omissão está prevista no art. 103, § 2º, da CF e no Capítulo II-A da Lei n. 9.868/1999. Tal capítulo foi acrescentado pela Lei Federal 12.063 de 27 de outubro de 2009.

É uma ação constitucional que tem por objetivo sanar uma inconstitucionalidade por omissão ou, como também denominada, uma omissão inconstitucional.

Conforme já analisamos, as normas constitucionais podem ter eficácia plena, contida e limitada. A última, ou seja, aquela que depende de regulamentação para que o exercício do direito por ela garantido traz, implicitamente, um comando normativo para que o legislador infraconstitucional produza a norma regulamentadora. Quando ele não o faz, estamos diante de uma inconstitucionalidade por omissão. Fala-se que o legislador, nesta hipótese, encontra-se em mora, em atraso, pois não cumpre o comando constitucional de elaborar a norma para possibilitar o exercício de um direito constitucionalmente assegurado.

A omissão pode ser total ou parcial, conforme já estudado.

10.7.4.2. Legitimados

Segundo o art. 12-A da Lei 9.868/1999, podem propor ADI por omissão os mesmos legitimados à propositura da ação direita de inconstitucionalidade (genérica) e da ação declaratória de constitucionalidade. Desse modo, todas as observações feitas em relação aos legitimados no item da ADI genérica valem aqui.

10.7.4.3. Possibilidade de cautelar em ADI por comissão

Havendo excepcional urgência e relevância da matéria poderá ser concedida medida cautelar em sede de ADI por omissão. O Tribunal, pelo voto da maioria absoluta dos membros e após a audiência dos órgãos ou autoridades responsáveis pela omissão, é competente para conceder a cautelar. Sendo concedida será aberto o prazo de cinco dias para que os responsáveis pela omissão se manifestem. Vale lembrar que essa possibilidade foi trazida pela Lei 12.063 de 27 de outubro de 2009 que acrescentou, além de outros dispositivos, o art. 12-F à Lei 9.868/1999.

É importante ressaltar que a medida cautelar, quando estivermos diante de uma omissão parcial, fará com que seja suspensa a aplicação da lei ou do ato normativo impugnado. Tal medida também poderá resultar na suspensão de processos judiciais ou de procedimentos administrativos em andamento, ou ainda, numa outra providência fixada pelo próprio Tribunal.

10.7.4.4. *Defesa do AGU*

Não há defesa pelo Advogado-Geral da União, devido à ausência de norma.

O Procurador-Geral da República será ouvido apenas se o relator do processo considerar indispensável. Se isso ocorrer, deverá ser feito dentro do prazo de 3 dias, conforme § 2º do art. 12-F da Lei 9.868/1999.

10.7.4.5. *Efeitos*

Declarada a inconstitucionalidade por omissão, será dada ciência ao Poder competente para a adoção das providências necessárias e, em se tratando de órgão administrativo, para fazê-lo em 30 dias ou em prazo razoável a ser estipulado excepcionalmente pelo Tribunal, tendo em vista as circunstâncias específicas do caso e o interesse público envolvido (art. 12-H da Lei 9.868/1999).

10.8. Mecanismos de interpretação utilizados no controle de constitucionalidade

10.8.1. *Interpretação conforme a constituição ou apenas "interpretação conforme"*

É um mecanismo de interpretação utilizado pelo Supremo que tem por finalidade "salvar" a norma, não a declarando inconstitucional e consequentemente banindo-a do ordenamento jurídico brasileiro. Tem por fundamento o princípio da conservação ou da preservação das normas. Aqui, o Supremo fixa uma interpretação que deve ser seguida. Em vez de declarar a norma inconstitucional, determina que a lei é constitucional desde que interpretada de tal maneira. Há apenas uma interpretação possível para aquela norma, que é a fixada por ele quando da análise de sua constitucionalidade.

10.8.2. *Declaração de inconstitucionalidade parcial sem redução de texto*

Também é considerado um mecanismo de interpretação utilizado pelo Supremo que tem por finalidade "salvar" a norma.

Da mesma maneira que a interpretação conforme, na declaração parcial a Corte não declara a norma inconstitucional e retira-a do ordenamento jurídico, mas apenas declara que determinada interpretação (parte) dada à norma é inconstitucional.

Sabemos que uma lei pode ser interpretada de mais de uma maneira e que, às vezes, uma interpretação dada não está de acordo com o que diz a Constituição. É exatamente nessa hipótese que o STF se vale da declaração parcial sem redução de texto. Em vez de declarar a norma inconstitucional, determina que uma interpretação, dentre as diversas que possam existir, é inconstitucional. Assim, a declaração não é total e sim parcial, haja vista que há mais de uma interpretação para aquela lei.

É, ainda "sem redução de texto", pois a norma em si é preservada, o que é declarado parcialmente inconstitucional é a interpretação dada a ela. Também tem escopo no princípio da conservação ou preservação das normas.

10.8.3. *Parcelaridade*

Significa que o Supremo, ao analisar uma norma que esteja sendo impugnada por razões de inconstitucionalidade, pode declarar inconstitucional todo o seu conteúdo ou apenas parte dele. Exemplo: o Supremo, ao analisar a constitucionalidade do art. 7º, § 2º, do Estatuto da Ordem dos Advogados do Brasil, declarou inconstitucional apenas a expressão "desacato". Desse modo, pelo princípio da parcelaridade, o Supremo não fica adstrito ao texto de uma lei inteira ou um artigo, um inciso, um parágrafo ou uma alínea – pode entender que é inconstitucional apenas uma palavra, por exemplo. Diferentemente ocorre quando o Presidente da República veta uma lei. Nesse caso, somente poderá vetar juridicamente uma lei inteira ou um ou mais artigos, incisos, parágrafos ou alíneas. Não pode vetar apenas uma palavra, pois isso poderia fazer com que todo o sentido da lei fosse modificado.

10.8.4. *Modulação dos efeitos produzidos pelo controle de constitucionalidade ou apenas "modulação de efeitos"*

O nome do instituto já dá ideia do que venha a ser – modular significa mudar, alterar. Em regra, os efeitos produzidos no controle difuso são *inter partes* e *ex tunc*; no controle concentrado são *erga omnes*, vinculantes e *ex tunc*. A modulação serve justamente para que esses efeitos sejam modificados, conforme já estudado.

10.9. Controle de constitucionalidade estadual

O art. 125, § 2º, da CF traz a possibilidade dos Estados instituírem a representação de inconstitucionalidade de leis ou atos normativos estaduais ou municipais em face da Constituição Estadual. Trata-se do controle estadual de constitucionalidade das leis, que visa ao exame da compatibilidade formal e material das normas estaduais e municipais em face das Constituições Estaduais.

A ação de inconstitucionalidade deve ser proposta perante Tribunal de Justiça do Estado. Para tanto, deve haver previsão e regulamentação nas próprias Constituições Estaduais, que não poderão atribuir a legitimação para agir a um único órgão, de acordo com a parte final do art. 125, § 2º, da CF.

Caso a norma estadual ou municipal contrarie, simultaneamente, o disposto na Constituição Estadual e na Federal, o Tribunal não poderá se manifestar quanto à constitucionalidade ou não de tal norma em face da Constituição Federal, sob pena de usurpação de função, pois somente o STF pode fazer o controle em comento. Diferentemente ocorre se a norma tomada como padrão é dispositivo de reprodução obrigatória pelas Constituições Estaduais.

Desse modo, quando houver simultaneidade de ações (ação direta de inconstitucionalidade impugnando lei estadual perante o Supremo e o Tribunal de Justiça respectivo), a ação de âmbito estadual deve ter o seu curso suspenso até que a Corte Maior decida.

Destaca-se que não é possível a propositura de ADI e ADC de lei municipal em face da Constituição Federal, devendo o controle ser realizado por meio de ADPF ou via controle difuso.

Ademais, nos termos da Súmula 642 do STF, não cabe ADI perante o Pretório Excelso de lei do Distrito Federal decorrente de sua competência legislativa municipal.

11. ORGANIZAÇÃO DO ESTADO

11.1. Introdução

O Estado é formado por três elementos, quais sejam, o povo (indivíduos que habitam o mesmo local), o território (local que abriga os indivíduos) e a soberania.

Quanto à forma, fala-se que o Estado pode ser classificado em Unitário ou Federal. Unitário é aquele em que as capacidades legislativa, política e administrativa se concentram nas mãos de um único centro, de um único governo. A doutrina denomina os Estados Unitários, como Cuba e França, de Estados Simples. Já o Federal é aquele em que há repartição de competências e as capacidades mencionadas estão divididas em vários centros. É denominado pela doutrina de Estado Composto. O Brasil, a Alemanha e os Estados Unidos são alguns exemplos de Estado Federal ou Estado Composto.

A forma de governo é justamente a relação existente entre aqueles que governam e os que são governados. Por meio dela é que se verifica como é feita a instituição do poder. Fala-se em República ou Monarquia. Na primeira os governantes são eleitos, direta ou indiretamente, para que exerçam o poder por um período determinado. Já na segunda, monarquia, o poder advém da família, é vitalício e os governantes não precisam prestar contas para os governados.

Os sistemas de governo dizem respeito à maneira pela qual as funções legislativa, executiva e judiciária são relacionadas. No presidencialismo, além da independência entre os poderes, que são harmônicos entre si, o detentor do poder cumula as funções de chefe de Estado e chefe de governo. Normalmente nas repúblicas adota-se o presidencialismo. No parlamentarismo existe apoio e colaboração entre as funções e o poder é dividido. O presidente não cumula as funções de chefe de Estado e de governo, apenas chefia o Estado e delega a atribuição de cuidar do governo ao primeiro-ministro. Este, por sua vez, para comandar o país tem de ter o apoio do parlamento.

O art. 1º da Constituição dispõe que o Brasil constitui-se numa república federativa, ou seja, tal dispositivo constitucional afirma que a forma federativa de Estado é a que foi adotada por nós. Além disso, o mesmo dispositivo nos ensina que somos um Estado republicano e democrático.

As pessoas políticas que integram a federação, segundo o art. 18, *caput*, da Constituição Federal, são: a União, os Estados-membros, o Distrito Federal e os Municípios.

Fortificando o pacto federativo e a autonomia dos entes que o compõem, o Supremo editou a Súmula 681, que dispõe que é inconstitucional a vinculação do reajuste de vencimentos de servidores estaduais ou municipais a índices federais de correção monetária.

11.2. União

No âmbito interno, é considerada pessoa jurídica de direito público, dotada de autonomia, pois detém tripla capacidade: a) auto-organização, b) autogoverno; e c) autoadministração. No âmbito internacional, a União tem por finalidade representar a República Federativa do Brasil, ou seja, tem por missão assegurar a soberania do país.

O art. 20 da Constituição Federal traz uma enumeração dos bens pertencentes à União, dentre eles estão, por exemplo, o mar territorial, os terrenos de marinha e seus acrescidos, os potenciais de energia elétrica, os recursos minerais, inclusive os do subsolo e as terras tradicionalmente ocupadas pelos índios. Vale lembrar que, conforme a Súmula 650 do STF, os incisos I e XI do art. 20 da CF não alcançam terras de aldeamentos extintos, ainda que ocupadas por indígenas em passado remoto.

O art. 153 do mesmo diploma legal enumera os impostos de competência da União, ou seja, os impostos federais. São os seguintes: imposto de importação (II), imposto de exportação (IE), imposto de renda e proventos de qualquer natureza (IR), imposto sobre produtos industrializados (IPI), imposto sobre operações de crédito, câmbio e seguro, ou relativas a títulos ou valores mobiliários (IOF), imposto sobre a propriedade territorial rural (ITR) e o imposto sobre grandes fortunas (IGF).

O Poder Executivo da União é composto pelo Presidente da República, Vice-Presidente, Ministros, Conselho da República e Conselho de Defesa Nacional, conforme dispõem os artigos 76 a 91 da Constituição Federal.

Já o Poder Judiciário da União é tratado a partir do art. 101 até o 124 da Constituição. Dentre as matérias de competência dos juízes federais podemos destacar, conforme art. 109 da Constituição, as seguintes: as causas em que a União, entidade autárquica ou empresa pública federal forem interessadas na condição de autoras, rés, assistentes ou oponentes, exceto as de falência, as de acidentes de trabalho e as sujeitas à Justiça Eleitoral e à Justiça do Trabalho; os crimes políticos e as infrações penais praticadas em detrimento de bens, serviços ou interesses da União; as causas fundadas em tratados internacionais; os crimes cometidos a bordo de aeronaves, ressalvada a competência da justiça militar; e a disputa sobre direitos indígenas.

O Poder Legislativo da União é representado pelo Congresso Nacional (Câmara de Deputados e Senado Federal).

11.2.1. Competências da União

As competências da União podem ser de duas naturezas distintas:

11.2.1.1. Competências não legislativas

São também chamadas de competências administrativas ou materiais. Por meio delas é possível identificar o âmbito de atuação de cada ente federativo. Tais competências se dividem em exclusiva e comum.

A primeira, *exclusiva*, está prevista no art. 21 da Constituição Federal, o qual dispõe que compete à União, por exemplo, manter relações com Estados estrangeiros e participar de organizações internacionais; manter o serviço postal e o correio aéreo nacional; conceder anistia; permitir, nos casos previstos em lei complementar, que forças estrangeiras transitem pelo território nacional ou nele permaneçam temporariamente etc. Essas atribuições, dadas pela competência exclusiva, são *indelegáveis*, ou seja, somente a União poderá efetivá-las.

É importante ressaltar que o STF, em sessão plenária, no julgamento da ADPF 46, declarou como recepcionada pela Constituição de 1988 a Lei 6.538/1978, que dispõe sobre o monopólio da Empresa Brasileira de Correios e Telégrafos na exploração dos serviços postais, emprestando interpretação conforme à Constituição ao seu art. 42.

Desse modo, a Corte Suprema determina que "a CF confere à União, em caráter exclusivo, a exploração do serviço postal e o correio aéreo nacional (art. 21, X). O serviço postal é prestado pela Empresa Brasileira de Correios e Telégrafos (ECT), empresa pública, entidade da administração indireta da União, criada pelo Decreto-Lei 509, de 10.03.1969." (ADPF 46, Rel. p/ o ac. Min. Eros Grau, julgamento em 05.08.2009, Plenário, *DJE* de 26.02.2010).

A competência *comum*, também denominada de paralela, concorrente ou cumulativa, tem a ver com as atribuições dadas a todos os entes da federação (União, Estados, Distrito Federal e Municípios). O art. 23 da Constituição Federal traz o rol de assuntos que serão tratados pelas pessoas políticas mencionadas. O parágrafo único do mesmo artigo, com redação dada pela Emenda Constitucional n. 53 de 2006, dispõe que leis complementares fixarão normas para a cooperação entre a União, os Estados, o Distrito Federal e os Municípios, tendo em vista o equilíbrio do desenvolvimento e do bem-estar em âmbito nacional. Agora, se mesmo focadas no objetivo mencionado, houver conflito de competência entre elas, tal problema deverá ser sanado com base no princípio da preponderância ou prevalência do interesse.

11.2.1.2. Competências legislativas

A constituição atribui, a cada ente político, competência para elaborar leis. A União pode editar normas sobre diversos assuntos. Fala-se que tal competência pode ter três naturezas distintas: privativa, concorrente e residual.

O parágrafo único do art. 22 da Constituição Federal, ao tratar da competência legislativa *privativa*, diz que a União, por meio de lei complementar, poderá autorizar os Estados a legislar sobre questões específicas das matérias relacionadas neste artigo. Desse modo, a competência privativa é delegável.

Segundo a Súmula 722 do STF, são da competência legislativa da União a definição dos crimes de responsabilidade e o estabelecimento das respectivas normas de processo e julgamento.

Já foi decidido, também pela Suprema Corte, que a Lei 10.826/2003 (Estatuto do Desarmamento) não é formalmente inconstitucional, pois não ocorreu invasão da competência residual dos Estados. Cabe à União legislar sobre matérias de predominante interesse geral (ADI 3.112, Rel. Min. Ricardo Lewandowski, julgamento em 02.05.2007, Plenário, *DJ* de 26.10.2007).

Ainda tratando de competência legislativa da União, de acordo com o STF, a competência para legislar sobre a **gratuidade dos estacionamentos em estabelecimentos privados**, como em instituições de ensino, **shopping**, mercados etc. é da **União**. O assunto se enquadra no art. 22, I, da CF, pois diz respeito ao **direito civil**, especificamente sobre o direito de **propriedade e suas limitações** (ADI 3.710/GO).

Outro tema que também é extraído do art. 22 da CF, assuntos da competência privativa da União, é a legislação sobre **trânsito** (art. 22, XI, CF). Desse modo, se uma lei estadual regulamentar serviço de **mototáxi,** essa lei será tido como inconstitucional por ter o Estado usurpado da competência legislativa federal.

A competência *concorrente*, como o próprio nome menciona, é aquela em que mais de um ente político pode legislar. Está prevista no art. 24 da CF e são exemplos dessa competência a legislação sobre os seguintes temas: direito tributário, financeiro, penitenciário, econômico, urbanístico, educação, cultura, procedimentos em matéria processual, defesa dos recursos naturais etc. Nessas hipóteses a União edita normas gerais e os Estados e o Distrito Federal, normas específicas. Diz o § 3º do art. 24 da Constituição Federal que, inexistindo lei federal sobre normas gerais, os Estados terão competência legislativa plena, ou seja, editarão tanto normas gerais quanto normas específicas. É a denominada competência suplementar dos Estados. Já o § 4º do mesmo dispositivo nos ensina que a superveniência de lei federal sobre normas gerais **suspende** a eficácia da lei estadual no que com ela colidir. É importante ressaltar que a suspensão não se confunde com a revogação.

Desse modo, enquanto a lei geral não for editada, a lei estadual continua valendo, mas, após a edição, pela União, da lei que trata de normas gerais, a lei estadual fica com sua eficácia suspensa naquilo que lhe for contrário. Isso significa que, se a norma geral da União for revogada, a lei estadual volta a valer em sua plenitude, pois não terá mais sua eficácia suspensa. A norma da União, por ter sido revogada, não tem mais força de suspender a eficácia de outra lei.

De acordo com a ADI 2.875, Rel. Min. Ricardo Lewandowski, lei distrital que obriga os médicos públicos e particulares do Distrito Federal a notificarem a Secretaria de Saúde sobre os casos de câncer de pele não é inconstitucional, pois a matéria, defesa da saúde, é de competência concorrente entre a União, Estados-membros e Distrito Federal.

A competência *residual* tem natureza tributária e é dada pela Constituição à União, conforme dispõe seu art. 154, I. Esse dispositivo menciona que a União poderá instituir, por meio de lei complementar, impostos não previstos no art. 153 – que define quais são os impostos federais – desde que sejam não cumulativos e não tenham fato gerador ou base de cálculo próprios dos determinados na Constituição Federal.

No campo do direito tributário também encontramos as competências tributárias expressas, que são as que cada ente da federação possui para criar seus impostos, e a competência tributária extraordinária, que é dada à União para instituir, na hipótese de iminência ou no caso de guerra externa, impostos extraordinários (art. 154, II, da Constituição Federal).

Ainda em relação ao tema competência legislativa da União, o STF, ao analisar a ADI 4.369 (Informativo 592), mencionou que o Estado de São Paulo, ao editar a Lei n. 13.854/2009, que proibia a cobrança de assinatura mensal de telefonia fixa, teria usurpado a competência privativa da União para dispor sobre telecomunicações (art. 22, IV, CF).

Desse modo, se somente a União é competente para disciplinar tal assunto, a lei paulista é tida como inconstitucional.

A Suprema Corte, conforme já mencionado, também já definiu pela manutenção do monopólio da União em relação às atividades postais prestadas pela Empresa Brasileira de Correios e Telégrafos (Informativo 554). Assim, os cartões postais, as cartas comerciais, pessoais e os denominados malotes devem ser transportados somente pelos Correios.

Além disso, no julgamento da ADI 3.897/DF (Informativo 537), o STF, por verificar violação ao art. 22, XI, da CF (legislação sobre trânsito e transporte), declarou inconstitucional a Lei Distrital n. 3.918/2006, que tratava de instalação de radares nas vias do Distrito Federal.

Por fim, o STF já decidi que "o estado-membro não tem competência para legislar sobre o uso de armas de fogo apreendidas." Afirmou ainda que a norma estadual impugnada "incorporaria ao ordenamento jurídico estadual regras de competência privativa da União, a quem caberia legislar sobre comércio de material bélico e direito processual penal" (ADI 3193/SP, rel. Min. Marco Aurélio, 09.05.2013).

11.3. Estados

Os Estados são pessoas políticas dotadas de autonomia. Tal autonomia é marcada pelo fato de a Constituição Federal determinar que os Estados devam elaborar suas próprias Constituições Estaduais. É claro que os princípios e as normas trazidas pela Constituição Federal devem servir de diretrizes para os Estados quando da elaboração de suas Constituições, ou seja, só podem elaborar Constituições que estejam de acordo com a Federal e com base nas suas diretrizes. Deve haver, necessariamente, um paralelismo entre a Constituição Federal e as Constituições Estaduais. Daí falar-se em *princípio da simetria*.

O art. 26 da Constituição traz quais são os bens pertencentes aos Estados. Dentre eles podemos destacar as terras devolutas não compreendidas entre as da União e as ilhas fluviais e lacustres também não pertencentes à União.

O Poder Executivo dos Estados é composto pelo Governador e Vice-Governador. Cada Estado elegerá seu governador e vice. O art. 28 da Constituição Federal nos ensina que o mandato dessas pessoas é de 4 anos, que as eleições ocorrem no primeiro domingo de outubro (1º turno) e no último domingo de outubro (2º turno, se houver), e que a posse se dá em primeiro de janeiro do ano subsequente.

Os §§ 3º e 4º do art. 18 da Constituição trazem regras sobre a criação e a extinção dos Estados. Fala-se em incorporação (ou fusão), subdivisão (ou cisão) e desmembramento. Para todas as hipóteses há alguns requisitos comuns e cumulativos. São os seguintes:

a) realização de um **plebiscito**: significa que a população interessada deve, necessariamente, aprovar, por meio de um plebiscito, a formação de um novo Estado. Somente após essa aprovação é que será possível que o segundo requisito seja verificado. Desse modo, fala-se que a realização do plebiscito é condição essencial à fase posterior.

b) existência de um projeto de **lei complementar**: a Lei n. 9.709/1998, que regulamentou as formas de execução da democracia direta (plebiscito, referendo e iniciativa popular das leis), determina que, após a aprovação pelo plebiscito, deve ser proposto um projeto de lei complementar que terá início ou na Câmara de Deputados ou no Senado Federal, ou seja, em qualquer das Casas do Congresso Nacional;

c) **audiência nas Assembleias Legislativas**: dispõe o § 2º do art. 4º da Lei n. 9.709/1998 que a Casa em que o projeto tenha iniciado deverá realizar a audiência para futura expedição de um parecer. É interessante lembrar que tal parecer é meramente opinativo, portanto não tem caráter vinculativo (art. 48, VI, da Constituição Federal). Assim, o processo pode continuar ainda que o parecer dado pelas Assembleias Legislativas tenha sido desfavorável à formação de um novo Estado. Vejam que isso não ocorre em relação ao resultado do plebiscito. Tal consulta tem sim caráter vinculativo, portanto é condição prévia para as demais fases;

d) **aprovação por parte do Congresso Nacional**: passadas as fases anteriores, o Congresso Nacional tem de aprovar o projeto de lei complementar. Para tanto, necessita do quórum de maioria absoluta, conforme determina o art. 69 da Constituição Federal. Essa aprovação e a eventual sanção do projeto, pelo Presidente da República, são atos discricionários. Nessa fase, nem a manifestação favorável dada durante a realização do plebiscito obriga o Legislativo a aprovar o projeto e o Executivo a sancioná-lo. O Presidente, ao decidir se sanciona ou veta o projeto, é quem avalia a conveniência e a oportunidade do ato, sempre pautado pelo interesse público.

Passemos à análise de cada uma das modalidades de criação e extinção de Estados:

11.3.1. Fusão

Ocorre quando dois ou mais Estados se incorporam geograficamente, formando um novo, diferente dos demais. Aqueles que se uniram, consequentemente, perderão suas personalidades originárias, desaparecerão. Exemplo: suponham que existam os Estados "x", "y" e "z" e que os três sejam incorporados. Após a união, nasce o Estado "w", fruto da junção dos três.

11.3.2. Cisão

Ocorre quando um Estado existente subdivide-se para formar dois ou mais Estados novos, que terão personalidades distintas. Desse modo, o Estado que foi subdividido não mais deterá personalidade, desaparecerá. Exemplo: suponha que exista o Estado "x" e que ele seja subdividido formando os Estados "w", "y" e "z". Vejam que o estado originário "x" desaparece para que outros três sejam criados.

11.3.3. Desmembramento

Ocorre quando um ou mais Estados destinam parte de seu território com a finalidade de formar um novo Estado ou Território ou ainda para se anexarem a outro.

Na hipótese de desmembramento, em regra, o Estado que destina parte de seu território não deixa de existir. Aliás, como o próprio conceito nos ensina, destina "parte", apenas parte de seu território. Foi exatamente o que ocorreu com o Mato Grosso em relação ao Estado do Mato Grosso do Sul e o Estado de Goiás em relação a Tocantins, conforme o art. 13 do Ato das Disposições Constitucionais Transitórias.

De acordo com o STF (ADI 2650 – Informativo 637), quando tiver de ser realizado o desmembramento de um Estado, é necessário que os dois territórios sejam ouvidos, tanto o da área desmembrada, como o da área remanescente.

11.3.4. *Competência dos Estados*

As competências dos Estados também podem ser legislativas ou não legislativas.

11.3.4.1. *Competências não legislativas*

Também chamadas de administrativas ou materiais, dividem-se em comuns e residuais.

A **comum** vem prevista no art. 23 da Constituição Federal e é dada indistintamente a todos as pessoas políticas, União, Estados, Distrito Federal e Municípios, e já fora objeto de estudo quando da análise da competência da União.

A **residual** é dada aos Estados para tratar de assuntos que não sejam da competência da União (art. 21 da CF), do Distrito Federal (art. 23 da CF) e dos Municípios (art. 30 da CF). É também chamada de competência remanescente ou reservada aos Estados e vem prevista no § 1º do art. 25 da Constituição Federal que menciona que "são reservadas aos Estados as competências que não lhe sejam vedadas por esta Constituição". Em suma: o resíduo, aquilo que sobra, que não é de atribuição de outro ente político, pode ser disciplinado pelos Estados.

11.3.4.2. *Competências legislativas*

Tema já abordado quando analisamos as competências da União, momento em que também fizemos menção às dos Estados.

11.4. Distrito Federal

Constitui ente político autônomo, dotado de capacidade de auto-organização, autogoverno, autoadministração e autolegislação. Diferente do que ocorre com os Estados, que são regidos por Constituições Estaduais, o Distrito Federal é regido por Lei Orgânica. Tal lei deve ser aprovada em dois turnos, com um intervalo mínimo de 10 (dez) dias, pelo voto de 2/3 da Câmara Legislativa do DF, conforme dispõe o art. 32 da Constituição Federal.

A característica do autogoverno é marcada pela eleição de Governador, Vice-Governador e Deputados Distritais, conforme dispõem os §§ 2º e 3º do art. 32 da Constituição.

11.4.1. *Competência do Distrito Federal*

O Distrito Federal cumula duas competências: pode legislar tanto sobre matérias reservadas aos Estados, como as atribuídas aos Municípios. É o que se depreende do § 1º do art. 32 da Constituição Federal.

11.5. Municípios

Os Municípios são entes políticos dotados de capacidade administrativa, política e de auto-organização. A primeira tem a ver com as competências legislativas e administrativas dadas aos Municípios. A capacidade política é determinada pela eleição direta do Prefeito, Vice-Prefeito e Vereadores. E a capacidade de auto-organização é marcada pelo fato dos Municípios serem regidos por suas próprias Leis Orgânicas Municipais, conforme dispõe o *caput* do art. 29 da Constituição Federal. Tais leis devem ser votadas em dois turnos, com um interstício (intervalo) mínimo de dez dias, e aprovadas pelo voto de 2/3 dos membros da Câmara Municipal.

A autonomia municipal deve ser respeitada sob pena de intervenção federal. Desse modo, se um Estado desrespeitar a autonomia municipal, conforme o art. 34, inciso VII, alínea "c", da Constituição Federal, caberá intervenção naquele Estado.

As regras sobre criação, incorporação, fusão e desmembramento de Municípios são trazidas pelo § 4º do art. 18 da Constituição Federal. É necessário:

a) uma lei complementar federal determinando o período e o procedimento para a criação, incorporação, fusão ou desmembramento do município;

b) divulgação de estudos de viabilidade municipal;

c) realização de consulta prévia às populações diretamente interessadas, por meio de plebiscito (art. 7º da Lei n. 9.709/1998) – tal consulta somente ocorrerá se os estudos de viabilidade demonstrarem a possibilidade de criação, incorporação, fusão ou desmembramento do município; e

d) existência de lei estadual, dentro do período determinado pela lei complementar federal, desde que os requisitos anteriores tenham sido devidamente cumpridos.

Um ponto importante a ser lembrado é o trazido pela Emenda Constitucional n. 57 de 2008. Com essa emenda foi acrescentado o art. 96 ao Ato das Disposições Constitucionais Transitórias, que assim dispõe: "ficam convalidados os atos de criação, fusão, incorporação e desmembramento de Municípios, cuja lei tenha sido publicada até 31 de dezembro de 2006, atendidos os requisitos estabelecidos na legislação do respectivo Estado à época de sua criação". Esse dispositivo é na verdade um pedido ao Poder Legislativo para que elabore a tal lei complementar, exigida constitucionalmente, pois sem ela não há possibilidade de criação, fusão, incorporação e desmembramento de municípios. Desse modo, como muitos já haviam sido criados, sem a existência da lei complementar, eles foram convalidados para que a própria ordem constitucional não fosse posta em risco.

Vale lembrar que a EC 15/1996 deu nova redação ao § 4º do art. 18 da CF, modificando os requisitos constitucionais para criação, fusão, incorporação e desmembramento de municípios. Houve controle da constitucionalidade da atuação do poder constituinte de reforma, entretanto decidiu-se pela inexistência de afronta à cláusula pétrea da forma federativa do Estado, decorrente da atribuição, à lei complementar federal, para fixação do período dentro do qual poderão ser efetivadas a criação, a incorporação, a fusão e o desmembramento de Municípios. (ADI 2.395, Rel. Min. Gilmar Mendes, julgamento em 09.05.2007, Plenário, *DJE* de 23.05.2008). No mesmo sentido: ADI 2.381-MC, Rel. Min. Sepúlveda Pertence, julgamento em 20.06.2001, Plenário, *DJ* de 14.12.2001.

Além disso, é importante que a Súmula 646 do STF determina que "ofende o princípio da livre concorrência lei municipal que impede a instalação de estabelecimentos comerciais do mesmo ramo em determinada área".

Por fim, a EC 84 de 2 de dezembro de 2014 alterou o art. 159 da Constituição Federal para aumentar a entrega de recursos pela União para o Fundo de Participação dos Municípios, de modo que 1% (um por cento) do produto da arrecadação dos impostos sobre renda e proventos de qualquer natureza e sobre produtos industrializados, será destinado ao Fundo de Participação dos Municípios, devendo ser entregue no primeiro decêndio do mês de julho de cada ano.

11.5.1. Competência dos municípios

Podem ser comuns ou enumeradas. As primeiras são as que todos os entes políticos possuem, de acordo com o art. 23 da Constituição, conforme já analisado. Já as segundas, as enumeradas, encontram abrigo no art. 30 da Constituição e têm por finalidade, principalmente, tratar de assuntos de interesse local e suplementar à legislação federal e estadual, no que for cabível.

Vale lembrar que os municípios têm competência para fixar o horário de funcionamento de estabelecimento comercial conforme inteligência da Súmula Vinculante 38 (STF)

11.6. Territórios federais

Os territórios federais, conforme dispõe o § 2º do art. 18 da CF, pertencem à União. Somente por meio de lei complementar é que poderão ser criados, transformados em Estado ou reintegrados ao Estado de origem. É dessa maneira, porque os territórios não possuem autonomia política, apenas administrativa.

Frisa-se que atualmente *não* existem territórios federais no Brasil; os últimos que existiram foram extintos pelos artigos 14 e 15 do Ato das Disposições Constitucionais Transitórias. Os territórios de Roraima e Amapá foram transformados em Estados (art.14 do ADCT) e o de Fernando de Noronha teve sua área incorporada ao Estado de Pernambuco (art. 15 do ADCT).

Os territórios, embora pertencentes à União, podem ser divididos em municípios. Se forem criados (os territórios), possuirão governador, nomeado pelo Presidente da República, após aprovação do Senado Federal, conforme dispõe o art. 84, XIV, da CF, e também poderão eleger quatro deputados federais, conforme determinação do § 2º do art. 45 da CF.

11.7. Intervenção federal e intervenção estadual

É possível extrair do texto constitucional que a regra é a autonomia das pessoas políticas. Desse modo, a União, os Estados, o Distrito Federal e os Municípios são independentes e autônomos, não podendo, como regra, um intervir no outro.

Já a intervenção é uma medida de exceção, consistente na supressão temporária das prerrogativas dos Estados e dos Municípios. Quando há intervenção, prevalece a vontade daquele que a concretizou, que poderá ser a União ou os Estados. Por ser medida de caráter excepcional (a regra é a não intervenção), somente poderá ser decretada nos casos taxativamente previstos na Constituição. Tem por principal finalidade assegurar o pacto federativo.

A intervenção federal somente pode se dar nos Estados e no Distrito Federal. Assim, não é correto afirmar que a União interveio num determinado município pertencente a um Estado. Em regra, somente um Estado pode intervir no município – intervenção estadual. O que poderá ocorrer é a União intervir num município que está localizado em um Território, mas isso só acontecerá se forem criados territórios federais, neles houver municípios e ainda se alguma hipótese de intervenção, taxativamente prevista na CF, estiver devidamente configurada.

Há duas formas de intervenção: a espontânea e a provocada. Será *espontânea* nas seguintes hipóteses:

I. para manter a integridade nacional;

II. para repelir invasão estrangeira ou de uma unidade da Federação em outra;

III. para pôr termo a grave comprometimento da ordem pública;

IV. para reorganizar as finanças da unidade da Federação que: a) suspender o pagamento da dívida fundada por mais de dois anos consecutivos, salvo motivo de força maior; b) deixar de entregar aos Municípios receitas tributárias fixadas na Constituição dentro dos prazos estabelecidos em lei.

Nesses casos, o Presidente da República age de ofício, sem a necessidade de provocação.

Há também os casos em que a intervenção federal será decretada após provocação. São hipóteses de *intervenção provocada* as seguintes:

I. para garantir o livre exercício de qualquer dos Poderes nas unidades da Federação. Nesse caso, se a coação for exercida contra os Poderes Executivos ou Legislativos dos Estados, a intervenção dependerá de solicitação do poder coagido ou impedido. Agora, se for exercida contra o Poder Judiciário, dependerá de requisição do STF;

II. para prover a execução de lei federal, ordem ou decisão judicial. Podemos desmembrar essa hipótese para melhor análise. Se houver desobediência à ordem ou decisão judiciária, a intervenção dependerá de requisição do STF, do STJ ou do TSE. Já para prover a execução de lei federal, a intervenção dependerá de requisição do STF, em caso de provimento de representação do Procurador-Geral da República;

III. para assegurar a observância dos *princípios constitucionais sensíveis*, que são os seguintes:

a) forma republicana, sistema representativo e regime democrático;

b) direitos da pessoa humana;

c) autonomia municipal;

d) prestação de contas da administração pública;

e) aplicação do mínimo exigido da receita resultante de impostos estaduais, compreendida a proveniente de transferências, na manutenção e desenvolvimento do ensino e nas ações e serviços públicos de saúde.

Nas hipóteses de violação a princípios constitucionais sensíveis, a intervenção deve ser antecedida por uma ação – **ADI Interventiva ou representação interventiva perante o STF**. É necessária a requisição do STF, após ter dado provimento à representação do Procurador-Geral da República, que se materializa por meio da ADI Interventiva.

A Lei 12.562/2011, ao regulamentar o inciso III do art. 36 da Constituição Federal, tratou do processo e julgamento da **representação interventiva** perante o Supremo Tribunal Federal. Assim, a ADI interventiva deve seguir o procedimento trazido por essa norma.

De acordo com o art. 2º, a representação deve ser proposta pelo Procurador-Geral da República, em caso de violação aos princípios referidos no inciso VII do art. 34 da Constituição Federal, ou de recusa, por parte de Estado-Membro, à execução de lei federal.

A inicial, apresentada em duas vias, deve conter: I – a indicação do princípio constitucional que se considera violado ou, se for o caso de recusa à aplicação de lei federal, das disposições questionadas; II – a indicação do ato normativo, do ato administrativo, do ato concreto ou da omissão questionados; III – a prova da violação do princípio constitucional ou da recusa de execução de lei federal; e IV – o pedido, com suas especificações (art. 3º da mencionada lei).

Conforme o art. 5º da Lei 12.562/2011, é possível pedido de liminar solicitando a determinação de que se suspenda o andamento de processo ou os efeitos de decisões judiciais ou administrativas ou de qualquer outra medida que apresente relação com a matéria objeto da representação interventiva. O STF poderá deferir tal pedido por decisão da maioria absoluta de seus membros.

Julgada a liminar ou após o recebimento da inicial, quando não houver pedido de liminar, o relator, de acordo com o art. 6º da Lei 12.562/2011, solicitará as informações às autoridades responsáveis pela prática do ato questionado, que as prestarão em até 10 (dez) dias.

Serão ouvidos também, sucessivamente, o Advogado-Geral da União e o Procurador-Geral da República, que deverão manifestar-se, cada qual, no prazo de 10 (dez) dias.

De acordo com os arts. 9º e 10 da Lei 12.562/2011, a decisão sobre a representação interventiva somente será tomada se presentes na sessão pelo menos 8 (oito) Ministros e a procedência ou improcedência do pedido pela manifestação de pelo menos 6 (seis) Ministros.

Caso o pedido seja julgado procedente, o Presidente do Supremo Tribunal Federal, publicado o acórdão, levá-lo-á ao conhecimento do Presidente da República para, no prazo improrrogável de até 15 (quinze) dias, dar cumprimento aos §§ 1º e 3º do art. 36 da Constituição Federal (art. 11 da Lei 12.562/2011).

Por fim, ressalta-se que a decisão é irrecorrível, sendo insuscetível de impugnação por ação rescisória (art. 11).

Voltando para a Constituição, os casos de intervenção provocada vêm previstos nos incisos IV, VI e VII do art. 34 da CF. Em tais situações, o Chefe do Executivo poderá agir de forma discricionária ou vinculada, conforme as peculiaridades de cada caso.

O decreto do Presidente da República, que concretizará a intervenção, deverá especificar a amplitude, o prazo e as condições de execução. Também deve constar a nomeação de um interventor, quando couber. O Congresso Nacional fará um controle político da intervenção, apreciando o ato em até 24 horas após sua edição. Se estiver em recesso, será feita convocação extraordinária, exceto nas hipóteses dos incisos VI e VII do art. 34 da CF.

Os casos de *intervenção estadual* também estão taxativamente previstos e são os seguintes:

I. quando deixar de ser paga, sem motivo de força maior, por dois anos consecutivos, a dívida fundada;

II. quando não forem prestadas as contas devidas, na forma da lei;

III. quando não tiver sido aplicado o mínimo exigido da receita municipal na manutenção e desenvolvimento do ensino e nas ações e serviços de saúde.

Nessas três situações mencionadas a intervenção estadual será espontânea;

IV. para assegurar a observância de princípios indicados na Constituição Estadual (depende de provimento de representação pelo Tribunal de Justiça);

V. para prover a execução de lei, de ordem ou de decisão judicial (depende de provimento de representação pelo TJ).

12. ORGANIZAÇÃO DOS PODERES

O art. 2º da Carta Magna consagra a regra da separação dos poderes: "são poderes da União, independentes e harmônicos entre si, o Legislativo, o Executivo e o Judiciário".

Para evitar os abusos cometidos pelos detentores do poder, ou seja, a concentração do poder nas mãos de uma única pessoa ou órgão, foi necessário dividir as funções estatais. Isso se consagrou por meio do sistema dos freios e contrapesos (*checksand balances*), que menciona que os três Poderes são autônomos e independentes, porém subordinados ao princípio da harmonia. Tal regra resulta na técnica em que o poder é contido pelo próprio poder, sendo, portanto, uma garantia do povo contra o arbítrio e o despotismo.

12.1. Poder Legislativo

Suas funções típicas são a legislativa, ou seja, *legislar*, fazer as leis, e *fiscalizar* a Administração Pública. Esta última é efetivada pelo Poder Legislativo, com o auxílio dos Tribunais de Contas que, vale lembrar, embora levem o nome de "Tribunal", são órgãos do Poder Legislativo. Há quem entenda que a função fiscalizatória seria atípica.

Na União, o Poder Legislativo é um órgão bicameral, pois é formado por duas casas legislativas – a Câmara de Deputados, que representa o povo, e o Senado Federal, que representa os Estados. A junção dessas duas casas formam o denominado Congresso Nacional, conforme dispõe o art. 44 da Constituição Federal.

Nos Estados, diferente do que ocorre na União, o Poder Legislativo é unicameral, pois é formado por apenas uma casa, que é a Assembleia Legislativa, conforme previsão do art. 27 da Constituição Federal.

No Distrito Federal, como nos Estados, o Poder Legislativo também é unicameral. O órgão legislativo do DF é denominado Câmara Legislativa. Nos Municípios o Poder Legislativo também é unicameral e é chamado de Câmara Municipal ou Câmara de Vereadores.

O funcionamento do Poder Legislativo é regido pelos artigos 57 e 44 da Constituição Federal. O art. 57 trata da *sessão legislativa*, que deve ser compreendida como o período de um ano de funcionamento do órgão. Diz o referido art. 57 que a sessão legislativa se inicia no dia 02 de fevereiro e vai até 17 de julho e depois reinicia-se no dia 1º de agosto e vai até o dia 22 de dezembro do mesmo ano.

O conceito de sessão legislativa difere do de *legislatura*, esta corresponde ao período de 4 (quatro) anos de funcionamento do Poder Legislativo, conforme disposto no parágrafo único do art. 44 da Constituição Federal.

Os períodos em que o Legislativo não funciona são denominados *recesso parlamentar*. Ocorrem do dia 18 de julho ao dia 31 do mesmo mês e do dia 23 de dezembro a 1º de fevereiro de cada ano (art. 57 da Constituição Federal, conforme redação dada pela EC n. 50 de 2006).

Sessão ordinária: dentro da sessão legislativa ocorrem diversas sessões ordinárias. Cada uma corresponde a um dia de funcionamento do Poder Legislativo. Para que os parlamentares participem da sessão ordinária, existe a *convocação* ordinária, que é o ato formal pelo qual eles são chamados a participar das sessões.

Sessão extraordinária: como o próprio nome menciona, extraordinariamente os parlamentares podem ser convocados; tais sessões ocorrem fora do período comum, ordinário, ocorrem fora do período destinado à sessão legislativa. Têm por finalidade a deliberação de uma matéria específica, conforme determina o § 7º do art. 57 da Constituição Federal.

O § 6º do mesmo art. traz as hipóteses de cabimento de convocação da sessão extraordinária, quais sejam:

a) pelo Presidente do Senado Federal, em caso de decretação de estado de defesa ou de intervenção federal, de pedido de autorização para a decretação de estado de sítio e para o compromisso e a posse do Presidente e do Vice-Presidente da República;

b) pelo Presidente da República, pelos Presidentes da Câmara dos Deputados e do Senado Federal ou a requerimento da maioria dos membros de ambas as Casas, em caso de urgência ou interesse público relevante, em todas as hipóteses com a aprovação da maioria absoluta de cada uma das Casas do Congresso Nacional.

12.1.1. Composição dos Poderes Legislativos

No âmbito federal, a Câmara de Deputados, representante do povo, conforme já mencionado, é composta por Deputados Federais em número proporcional à população de cada Estado e do Distrito Federal (art. 45, § 1º, CF). Cada Estado ou o DF terá no *mínimo 8 (oito)* e no *máximo 70* (setenta) deputados federais, com mandato de 4 (quatro) anos.

O deputado federal deve ser brasileiro (nato ou naturalizado), maior de 21 anos e estar no exercício dos direitos políticos.

O art. 51 do Texto Maior estabelece as competências privativas da Câmara dos Deputados; essas competências são exercidas, sem a sanção do Presidente da República, através de Resolução.

Sabemos que atualmente não existem territórios federais, mas como é possível sua criação, se existirem, poderão eleger quatro deputados.

O Senado Federal representa os Estados e o Distrito Federal, segundo o art. 46 da Constituição Federal. Cada Estado e o Distrito Federal elegerão3 Senadores, que terão mandato de oito anos, e a representação será renovada de quatro em quatro anos, alternadamente, por um e dois terços, conforme nos ensina os parágrafos do art. 46. Outra informação extraída do § 3º é a de que cada Senador será eleito com dois suplentes.

O senador deve ser brasileiro (nato ou naturalizado), maior de 35 anos e estar no exercício dos direitos políticos.

O art. 52 da Carta Magna traz as competências privativas do Senado Federal, que são exercidas sem a sanção do Presidente da República, por meio de Resolução.

Por fim, verificamos que o sistema de eleição dos Deputados Federais e dos Senados são diferentes. Os primeiros seguem o *sistema proporcional,* que pretende consagrar o pluripartidarismo e a constante dialética entre ideais políticos diversos. Os segundos são eleitos pelo *sistema majoritário*, no qual se consideram eleitos os candidatos com maior número de votos.

12.1.2. Comissões

São subconjuntos de parlamentares organizados com o fim de tratar de um assunto específico. Podem ser:

12.1.2.1. Permanentes

Quando seu início se dá ao começo de cada legislatura. Analisa projeto de lei quanto a determinadas especificidades. Exemplo: Comissão de Constituição e Justiça (CCJ), que tem por função verificar a constitucionalidade do projeto de lei.

12.1.2.2. Provisórias ou temporárias

Quando um grupo de parlamentares se reúne provisoriamente para tratar de um assunto específico. Exemplo: comissão reunida para tratar do novo Código de Processo Civil e a Comissão Parlamentar de Inquérito (CPI).

12.1.2.3. Representativas

São aquelas reunidas durante o período de recesso parlamentar para que não sejam interrompidas as atividades do Congresso Nacional. Estão previstas no § 4º do art. 58 da Constituição.

12.1.2.4. Comissão Parlamentar de Inquérito – CPI

As CPIs encontram respaldo no § 3º do art. 58 da CF e têm por função apurar um *fato determinado*, por um *prazo certo*. São criadas no âmbito do Poder Legislativo, portanto são órgãos desse Poder e possuem natureza de comissão provisória ou temporária, pois, após ter sido apurado o fato, a comissão é desfeita.

A doutrina menciona que fato determinado é aquele em que é possível verificar seus requisitos essenciais. Por exemplo: não há como investigar de forma abstrata a corrupção no Brasil, tem de ser especificado o fato determinado para que o procedimento se inicie. O prazo certo, ou seja, aquele que tem início e fim, terá de ser fixado pelos regimentos internos das Casas, já que a CPI é uma comissão temporária e não permanente.

De acordo com o Supremo (HC 71.193/SP), a expressão "prazo certo" não impede prorrogações, desde que tais atos ocorram na mesma legislatura.

Essas comissões são formadas ou instaladas pelo requerimento de 1/3 dos membros. Podem ser criadas separadamente tanto pela Câmara de Deputados, quanto pelo Senado Federal ou, ainda, conjuntamente pelas duas casas. Nesse caso, teremos uma CPI mista, que será instalada após assinatura de 1/3 dos Deputados Federais e Senadores conjuntamente.

As CPIs têm poderes próprios das autoridades judiciais e não de autoridades policiais. Tomando por base a jurisprudência do STF, é possível concluir que elas podem:

1) convocar testemunhas, investigados e autoridades para prestarem esclarecimentos, mesmo que de forma coercitiva. Aliás, o art. 50 da CF determina que os Ministros de Estado ou quaisquer titulares de órgãos diretamente subordinados à Presidência da República devem comparecer para prestarem informações, quando convocados, sob pena de responderem por crime de responsabilidade, na hipótese de ausência injustificada;

2) determinar a realização de certas perícias, necessárias à instrução da investigação;

3) determinar as buscas que sejam imprescindíveis à instrução da investigação;

4) quebrar sigilo fiscal, bancário, financeiro e telefônico (nessa última hipótese ocorrerá apenas a quebra em relação aos dados telefônicos, ou seja, as contas telefônicas). É imprescindível, segundo o Supremo, que o ato seja devidamente fundamentado e que haja efetiva necessidade para a da adoção da medida.

De outra parte, é possível verificar que a CPI possui limites, há assuntos que estão resguardados pela denominada cláusula de reserva jurisdicional, ou seja, somente por ordem judicial tais atos podem ser determinados, em especial as medidas restritivas de direito. Desse modo, as CPIs não podem:

1) determinar a quebra do sigilo das comunicações telefônicas, ou seja, a CPI não pode determinar a interceptação telefônica, pois, segundo o art. 5º, XII, da CF, somente para fins de investigação criminal ou instrução processual penal é que poderá haver tal diligência. Ressalta-se que o acesso às contas telefônicas (dados telefônicos) não se confunde com quebra de comunicação telefônica (que é a interceptação ou escuta). A primeira se inclui nos poderes da CPI, já a segunda é acobertada pela cláusula de reserva de jurisdição e, portanto, não cabe à CPI determiná-la.

Outro detalhe: o STF já afirmou que, embora haja a vedação mencionada, se a interceptação foi realizada num processo criminal e a CPI quer emprestar a prova lá produzida, para ajudar nas suas investigações, isso poderá ser feito;

2) determinar e efetivar a busca domiciliar, que também depende de ordem judicial, conforme dispõe o inciso XI do art. 5º da CF;

3) decretar a prisão, ressalvadas as hipóteses de flagrante delito, conforme inciso LXI da art. 5º da CF, pois nesses casos não só a CPI, mas qualquer um do povo pode prender. Dispõe o art. 301 do Código de Processo Penal que qualquer pessoa do povo poderá e as autoridades policiais e seus agentes deverão prender quem quer que seja encontrado em flagrante delito.

De acordo com o STF, em decisão monocrática, "a estratégia inquisitiva relativa às testemunhas que invocarem o direito constitucional ao silêncio – dispensa do depoimento – foi objeto de específica deliberação e subsequente encaminhamento de votação no âmbito daquele órgão investigativo colegiado. Não obstante seja imperativo o respeito, tanto na organização quanto na dinâmica das comissões parlamentares de inquérito, das prerrogativas e direitos inerentes ao mandato parlamentar, titularizados pelos seus membros e individualmente exercíveis e exigíveis, estes **não se confundem com aquelas prerrogativas e poderes que a Carta Política assegura às próprias comissões, na qualidade de órgãos colegiados.** A prerrogativa de solicitar depoimentos de qualquer autoridade ou cidadão (art. 58, § 2º, V) e os poderes de investigação próprios das autoridades judiciais (art. 58, § 3º) são outorgados pelo texto da Lei Maior às comissões parlamentares de inquérito, colegiados, e não aos seus membros individualmente considerados. Nessa medida, desde que preservada a integridade da premissa maior contida no Texto Constitucional, as questões vinculadas aos específicos arranjos normativos conformadores de tais institutos extravasam da dimensão estritamente constitucional e judicialmente tutelável da matéria. (...) a verificação de eventual afronta aos preceitos constitucionais invocados está ligada à prévia aferição da inobservância de normas regimentais do Congresso Nacional, a caracterizar, portanto, assunto *interna corporis*do Poder Legislativo." (MS 31.475, rel. min. Rosa Weber, decisão monocrática, julgamento em 07.08.2012, *DJE* de 10.08.2012).

Conforme a Suprema Corte (HC n. 100.341-AM), a existência de procedimento penal investigatório, em tramitação no órgão jurisdicional competente, não impede a realização de atividade apuratória por uma Comissão Parlamentar de Inquérito, ainda que seus objetos sejam correlatos, pois cada qual possui amplitude distinta, delimitada constitucional e legalmente, além de finalidades diversas.

No mesmo julgado, o STF definiu que a CPI pode estender o âmbito de sua apuração a fatos ilícitos ou irregulares que, no curso do procedimento investigatório, revelarem-se conexos à causa determinante da comissão.

Além disso, reiteradas vezes, a Suprema Corte tem garantido ao convocado a depor numa CPI o privilégio contra a autoincriminação, o direito ao silêncio e que possa comunicar-se com o seu advogado.

Outra decisão relevante do Supremo sobre as CPIs é a de que elas, "no desempenho de seus poderes de investigação, estão sujeitas às mesmas normas e limitações que incidem sobre os magistrados, quando no exercício de igual prerrogativa. Vale dizer: as CPIs somente podem exercer as atribuições investigatórias que lhes são inerentes, desde que o façam nos mesmos termos e segundo as mesmas exigências que a Constituição e as leis da República impõem aos juízes, especialmente no que concerne ao necessário respeito às prerrogativas que o ordenamento positivo do Estado confere aos advogados. (...) a presença do advogado em qualquer procedimento estatal, independentemente do domínio institucional em que esse mesmo procedimento tenha sido instaurado, constitui fator inequívoco de certeza de que os órgãos do Poder Público (Legislativo, Judiciário e Executivo) não transgredirão os limites delineados pelo ordenamento positivo da República, respeitando-se, em consequência, como se impõe aos membros e aos agentes do aparelho estatal, o regime das liberdades públicas e os direitos subjetivos constitucionalmente assegurados às pessoas em geral, inclusive àquelas eventualmente sujeitas, qualquer que seja o motivo, a investigação parlamentar, ou a inquérito policial, ou, ainda, a processo judicial. (...) não se revela legítimo opor, ao advogado, restrições, que, ao impedirem, injusta e arbitrariamente, o regular exercício de sua atividade profissional, culminem por esvaziar e nulificar a própria razão de ser de sua intervenção perante os órgãos do Estado, inclusive perante as próprias CPIs." (MS 30.906-MC, Rel. Min. Celso de Mello, decisão monocrática, julgamento em 05.10.2011, *DJE* de 10.10.2011).

Sobre a utilização de documentos oriundos de inquérito sigiloso numa CPI, o Supremo também já decidiu pela possibilidade (HC 100.341, Rel. Min. Joaquim Barbosa, julgamento em 04.11.2010, Plenário, *DJE* de 02;12;2010).

Vale lembrar que a CPI não promove responsabilidades. Ao final das apurações, ela encaminha seus relatórios conclusivos ao Ministério Público para que este órgão, se entender pertinente, promova a responsabilização civil ou criminal dos investigados.

Por último, cumpre mencionar que são cabíveis os remédios constitucionais, em especial mandado de segurança e *habeas corpus*, sempre que houver abusos no decorrer dos trabalhos realizados pelas comissões. A competência para o julgamento dessas ações dependerá da autoridade que pratica o ato abusivo. Se forem representantes do Congresso Nacional, o foro competente é o STF; se forem membros das Assembleias Legislativas ou da Câmara Legislativa do DF, o órgão destinado ao julgamento é o Tribunal de Justiça do respectivo Estado ou o Distrito Federal; e, se forem representantes de Câmara Municipal, o juiz de direito da Comarca respectiva é quem deverá julgar o remédio.

12.1.3. Imunidades

Os parlamentares possuem garantias em razão da função que exercem. Tais prerrogativas têm por finalidade resguardar a liberdade e a independência durante o exercício do mandato eletivo. Bem, se o objetivo é garantir a independência e a liberdade dos parlamentares no período em que exercem seus mandatos, é correto afirmar que elas só se iniciam com a diplomação do sujeito. Esse ato, realizado pelo Tribunal Eleitoral, tem por fim validar o processo eletivo e, após, autorizar a posse do parlamentar. Da mesma maneira, o término do mandato, que pode se dar de diversas maneiras, por exemplo, pelo transcurso do prazo, pela renúncia etc., faz com que as imunidades não sejam mais cabíveis.

De acordo com a Súmula 245 do STF a imunidade parlamentar não se estende ao corréu sem essa prerrogativa.

Também é importante ressaltar que o Supremo determina que a cláusula de inviolabilidade constitucional, que impede a responsabilização penal e/ou civil do membro do Congresso Nacional, por suas palavras, opiniões e votos, também abrange, sob seu manto protetor, as entrevistas jornalísticas, a transmissão, para a imprensa, do conteúdo de pronunciamentos ou de relatórios produzidos nas Casas Legislativas e as declarações feitas aos meios de comunicação social, eis que tais manifestações – desde que vinculadas ao desempenho do mandato – qualificam-se como natural projeção do exercício das atividades parlamentares." (Inq 2.332-AgR, Rel. Min. Celso de Mello, julgamento em 10.02.2011, Plenário, *DJE* de 1º.03.2011).

As imunidades podem ser de duas naturezas: material ou processual.

12.1.3.1. Imunidade material

Segundo o art. 53 da Constituição Federal, a imunidade material é aquela pela qual o parlamentar se torna inviolável civil e penalmente, por quaisquer palavras, opiniões e votos que proferir no curso de seu mandato. Todos os parlamentarem gozam de imunidade material.

No entanto, em relação aos Vereadores há uma particularidade, qual seja, a imunidade material é limitada, restringe-se à circunscrição do Município, conforme dispõe o inciso VIII do art. 29 da Constituição Federal. Esse entendimento é, também, o adotado pela Suprema Corte: "a proteção constitucional inscrita no art. 29, VIII, da Carta Política estende-se – observados os limites da circunscrição territorial do Município – aos atos dos Vereadores praticados *ratione officii*, qualquer que tenha sido o local de sua manifestação (dentro ou fora do recinto da Câmara Municipal)" (HC 74.201/MG, Rel. Celso de Melo, RTJ, 169/969).

12.1.3.2. Imunidade processual

Está relacionada a garantias relativas à prisão do parlamentar e ao processo criminal que corra contra ele. Ressalta-se que esta imunidade contempla apenas os crimes praticados *após a diplomação* do parlamentar, conforme § 3º do art. 53.

Outra peculiaridade de extrema importância é a de que os Vereadores não são beneficiados por essa garantia, ou seja, não gozam da imunidade processual, mas somente da material.

Para melhor compreensão é necessário separar a garantia relativa à impossibilidade de *prisão* da relacionada ao *processo criminal*.

Em relação à *prisão*, a Constituição diz que os membros do parlamento não poderão ser presos, desde a diplomação, exceto nos casos de prisão em flagrante por crime inafiançável. Aliás, nesta hipótese, conforme dispõe o § 2º do art. 53 da CF, os autos deverão ser remetidos dentro de 24 horas à Casa respectiva para que, pelo voto da maioria de seus membros, ela resolva sobre a prisão. Assim, o órgão legislativo que o parlamentar integra é quem vai decidir se o manterá preso ou solto.

No tocante ao *processo criminal*, o § 3º do art. 53 da CF determina que, recebida a denúncia contra o Senador ou Deputado, por crime ocorrido **após a diplomação**, o Supremo Tribunal Federal dará ciência à Casa respectiva, que, por iniciativa de partido político nela representado e pelo voto da maioria de seus membros, poderá, até a decisão final, suspender o andamento da ação. Assim, se o crime for praticado por um Deputado, a Câmara de Deputados é que poderá suspender o curso da ação; se o crime for praticado por um Senador, será o Senado Federal o órgão competente para tanto. Vale ressaltar que a Casa terá de apreciar o pedido dentro do prazo improrrogável de 45 dias, contados do seu recebimento pela Mesa Diretora, conforme § 4º do mesmo dispositivo.

Desse modo, se os parlamentares decidirem pela suspensão dos processos, a prescrição das infrações penais que estavam sendo apuradas também ficarão suspensas. É o que determina o § 5º do art. 53 da CF. Tal suspensão valerá enquanto durar o mandato eletivo.

12.1.4. Limitação ao dever de testemunhar

O art. 53, § 6º, da CF estabelece que os parlamentares não serão obrigados a testemunhar sobre informações recebidas ou prestadas em razão do exercício do mandato nem sobre as pessoas que lhes confiaram ou deles receberam informações.

12.1.5. Prerrogativa de foro

Além das imunidades, os Deputados e Senadores gozam de prerrogativa de foro para julgamento dos processos criminais em que estejam litigando. Isso quer dizer que, desde a expedição do diploma, os membros do Congresso Nacional serão submetidos a julgamento perante o Supremo Tribunal Federal (artigos 53, § 1º, e 102, I, "b", ambos da Constituição).

Ao contrário do que ocorre com as imunidades parlamentares, a prerrogativa de foro vigora durante o mandato, ainda que o **processo criminal** tenha sido iniciado **antes da expedição do diploma.** Então, os processos instaurados em desfavor de Deputados ou Senadores iniciados antes ou depois da diplomação, serão remetidos ao STF e encaminhados, após o término do mandato, à instância comum, caso ainda não tenham sido encerrados.

No âmbito estadual, em razão da isonomia, as Constituições Estaduais e a Lei Orgânica do Distrito Federal poderão atribuir aos Tribunais de Justiça respectivos a competência por prerrogativa de função para julgamento dos processos criminais contra Deputados estaduais e distritais, consoante os artigos 27, § 1º, e 32, § 3º, ambos da CF.

Em contrapartida, em nível municipal, os Vereadores não têm a prerrogativa de foro em razão da função, sendo processados e julgados perante a justiça comum, de primeiro grau, mesmo durante o curso dos seus mandatos.

12.1.6. Vedações

O art. 54 da CF enumera vedações impostas aos Deputados e Senadores, vejamos:

a) desde a *diplomação* não poderão os parlamentares:

- ✓ firmar ou manter contrato com pessoa jurídica de direito público, autarquia, empresa pública, sociedade de economia mista ou empresa concessionária de serviço público, salvo quando o contrato obedecer a cláusulas uniformes;
- ✓ aceitar ou exercer cargo, função ou emprego remunerado, inclusive os de que sejam demissíveis *ad nutum*, nas entidades constantes da alínea anterior;

b) desde a *posse* também não poderão os parlamentares:

- ✓ ser proprietários, controladores ou diretores de empresa que goze de favor decorrente de contrato com pessoa jurídica de direito público, ou nela exercer função remunerada;
- ✓ ocupar cargo ou função de que sejam demissíveis *ad nutum*, nas entidades referidas no primeiro item da letra "a";
- ✓ patrocinar causa em que seja interessada qualquer das entidades a que se refere o primeiro item da letra "a";
- ✓ ser titulares de mais de um cargo ou mandato público eletivo.

12.1.7. Perda do mandato

O art. 55 da CF enumera seis hipóteses de perda do mandato do parlamentar. Dentre essas situações, a doutrina distingue os casos de cassação e extinção do mandato. A cassação diz respeito à perda do mandato em virtude do parlamentar ter cometido falta funcional; já a extinção relaciona-se com a ocorrência de ato ou fato que torne automaticamente inexistente o mandato, como, por exemplo, renúncia, morte, ausência injustificada etc.

Nos casos de cassação (*violação das proibições estabelecidas no art. 54 da CF, falta de decoro parlamentar e condenação criminal transitada em julgado* – **art. 55, I, II e VI), a perda do mandato será decidida pela Câmara dos Deputados ou pelo Senado Federal, por maioria absoluta, mediante provocação da respectiva Mesa ou de partido político representado no Congresso Nacional (art. 55, § 2º, da CF).**

Vale lembrar que a EC 76, de 28.11.2013, alterou o § 2º do art. 55 e o § 4º do art. 66 da Constituição Federal, para abolir a votação secreta nos casos de perda de mandato de Deputado ou Senador e de apreciação de veto.

Nas outras três situações de extinção (*deixar de comparecer injustificadamente a 1/3 das sessões ordinárias em cada sessão legislativa, perder ou tiver suspensos os direitos políticos e por decisão da Justiça Eleitoral* – **art. 55, III, IV e V), a perda do mandato independe de votação da Casa, sendo declarada pela Mesa respectiva de ofício ou por provocação de qualquer de seus membros, ou de partido político representado no Congresso Nacional (art. 55, § 3º, CF).**

Frisa-se que em ambas as hipóteses é assegurada a ampla defesa.

12.1.7.1. Decoro parlamentar

Como visto acima, a quebra do decoro parlamentar, prevista no inciso II do art. 55 da CF, é uma das hipóteses de perda do mandato do parlamentar que depende de votação da Casa Legislativa e é caracterizada pelo abuso das prerrogativas parlamentares ou pela percepção de vantagens indevidas, além dos casos definidos nos respectivos Regimentos Internos de cada Casa Legislativa (art. 55, § 1º, CF).

12.1.8. Processo legislativo

Para a criação de atos normativos, o art. 59 da CF determina um processo formal que deverá ser seguido pelos órgãos e pessoas que têm a função de elaborar as normas jurídicas, sob pena de, sendo violado, tornar a lei formalmente inconstitucional. As regras que integram o denominado processo legislativo vêm previstas nos artigos 59 a 69 da CF.

Vale lembrar que o Supremo já definiu que são de reprodução obrigatória pelas Constituições Estaduais e leis orgânicas as normas básicas relativas ao processo legislativo (ADI 805/RS, Rel. Min. Sepúlveda Pertence).

O procedimento de elaboração das normas normalmente obedecerá a três fases distintas: instrutória, constitutiva e complementar.

12.1.8.1. Fase instrutória

É composta da denominada *iniciativa* do projeto – o início do processo de construção de uma lei está condicionado a sua apresentação por alguém competente, possuidor de iniciativa legislativa. O rol dos órgãos e pessoas que podem deflagrar projetos de lei está estabelecido no art. 61 da CF e contempla: quaisquer membros ou Comissões do Congresso Nacional, do Senado Federal ou da Câmara dos Deputados; o Presidente da República; o Supremo Tribunal Federal; os Tribunais Superiores; o Procurador-Geral da República e até os cidadãos comuns.

Nessa última hipótese, quando os cidadãos deflagram o processo legislativo, estamos diante da *iniciativa popular das leis*, prevista no art. 61, § 2º, da CF, que exige que o projeto seja subscrito por, no mínimo, um por cento do eleitorado nacional, distribuído pelo menos por cinco Estados, com não menos de três décimos por cento dos eleitores de cada um deles.

Conforme os artigos 61, § 2º, e 64, da CF, os projetos de lei apresentados pelo Presidente da República, pelo Supremo Tribunal Federal, pelos Tribunais Superiores e pelos cidadãos terão obrigatoriamente início na Câmara dos Deputados (casa iniciadora) e concluído no Senado Federal (casa revisora). Seguirá tramitação idêntica, iniciando-se na Câmara, se o projeto for apresentado pelo Procurador-Geral da República, de acordo com o art. 109, § 1º, VII, do Regimento Interno da Câmara dos Deputados. Essas são os projetos de iniciativa *extraparlamentar* ou iniciativa "fora das casas".

Em relação aos projetos de lei de iniciativa *parlamentar*, a regra é clara: iniciam-se nas casas que abrigam seus propositores. Se proposto por membro ou Comissão da Câmara, iniciam-se na Câmara; se por membro ou Comissão do Senado, no Senado Federal.

Vale observar que, segundo o STF, o **retorno** do projeto de lei à casa iniciadora deve se dar **apenas quando houver alteração no sentido jurídico da norma**. Uma emenda que visa apenas corrigir uma impropriedade técnica ou aprimorar a redação do projeto de lei não precisa voltar à casa iniciadora.

Além disso, o **vício de iniciativa não é convalidado por posterior sanção presidencial**, ainda que o projeto seja de iniciativa do próprio Presidente da República.

12.1.8.2. Fase constitutiva

É composta por deliberações que ocorrerão tanto no âmbito do Poder Legislativo (deliberação parlamentar) quanto no do Poder Executivo (deliberação executiva).

12.1.8.2.1. Deliberação parlamentar ou legislativa

Nessa fase os projetos passam por algumas comissões, em especial pela comissão temática, de acordo com o conteúdo do projeto, e pela comissão de constituição e justiça, que dará parecer terminativo quanto a sua constitucionalidade. Além disso, os projetos são deliberados e votados nesse momento.

Em relação às leis federais, essa deliberação ocorrerá de forma bicameral, ou seja, uma das casas será a iniciadora e a outra revisora. O projeto será debatido e votado em ambas. Primeiro na iniciadora e, se aprovado, terá o mesmo procedimento na casa revisora.

As discussões iniciam-se nas Comissões que abrangem a matéria tratada no projeto de lei, de acordo com o art. 58, § 2º, I, da CF.

Em seguida o projeto é votado em plenário para aprovação da casa iniciadora. Após esse processo, conforme art. 65 da CF, o texto aprovado deve ser remetido à casa revisora, também para discussão e votação. Nessa fase, o projeto poderá ser rejeitado, aprovado ou emendado. Na primeira hipótese será arquivado; na segunda, deverá ser encaminhado ao Executivo para sanção ou veto; na terceira, havendo emendas apostas pela casa revisora, elas deverão ser enviadas à apreciação da casa iniciadora, que poderá concordar ou discordar, mas não criar subemendas nem modificar o novo texto. Vale lembrar que o art. 67 da CF determina que o projeto de lei rejeitado só possa ser reapresentado, na mesma sessão legislativa, por iniciativa da maioria absoluta dos membros de quaisquer das casas, Câmara ou Senado.

Aprovado o projeto, a Casa na qual a votação foi concluída deve encaminhá-lo ao Presidente da República para que ele o sancione ou vete.

12.1.8.2.2. Deliberação executiva

O veto poderá ter por fundamento dois motivos: inconstitucionalidade (é o denominado veto jurídico) ou contrariedade ao interesse público (o chamado veto político), conforme art. 66, § 1º, da CF.

Após o veto, o Presidente da República tem 48 horas para comunicar seus motivos ao Presidente do Senado Federal (art. 66, § 1º, *in fine*), que colocará a matéria para ser apreciada e votada em sessão conjunta, podendo ser mantido ou rejeitado pelo Congresso Nacional, dentro de 30 dias contados de seu recebimento, conforme redação do § 4º do art. 66 da CF.

Ressalta-se que a **EC 76, de 28.11.2013, retirou a expressão "escrutínio secreto" (voto secreto) do art. 66, § 4º, da CF. Desse modo, com a nova redação,** para que o veto do Presidente seja derrubado é obrigatória a apreciação em sessão conjunta e o voto da maioria absoluta dos Deputados e Senadores.

Derrubado o veto, o projeto volta ao Presidente da República para sua promulgação, segundo o § 5º do art. 66 da CF. A situação é peculiar, pois, embora a opinião do Presidente tenha sido no sentido de vetar o projeto, ele terá de promulgá-lo.

Se o veto for mantido, arquiva-se o projeto ou, se houver decisão da maioria absoluta dos membros de quaisquer das Casas (Câmara ou Senado), ele poderá ser submetido à nova votação, na mesma sessão (art. 67).

Sancionado o projeto de lei adentra-se à fase complementar. Tal dispositivo também prevê a sanção tácita do projeto caso o Presidente não se manifeste dentro do prazo de 15 dias (art. 66, § 3º, da CF).

12.1.8.3. Fase complementar

Essa fase compreende a *promulgação* e a *publicação* oficial do projeto de lei, ambas de competência do Presidente da República (art. 84, IV, CF). Promulgar significa ratificar o processo legislativo, validando a lei no ordenamento jurídico. É com a promulgação que a lei "cria vida jurídica".

Então a lei é publicada no Diário Oficial, ato que torna obrigatório seu cumprimento e vigora a presunção de conhecimento geral pelas pessoas. Contudo, sua eficácia está condicionada a *vacatio legis*, que é o período entre a publicação e a entrada em vigor da norma. Conforme o art. 1º da Lei de Introdução às Normas do Direito Brasileiro – LINDB, via de regra, em 45 dias a lei passa a vigorar em todo o território nacional e em três meses estabelece-se sua vigência no estrangeiro (art. 1º, § 1º, da LINDB). Esses prazos podem ser alterados (com supressão, redução ou ampliação) se dispostos na norma, conforme determina o art. 8º da Lei Complementar n. 95/1998.

12.1.8.4. Espécies normativas

As espécies legislativas ou normativas estão enumeradas no art. 59 da Constituição Federal. São elas: *emendas constitucionais, leis complementares, leis ordinárias, leis delegadas, medidas provisórias, decretos legislativos e resoluções.*

12.1.8.4.1. Emendas constitucionais

Conforme já exposto, nossa Constituição é classificada, quanto ao seu processo de alteração, como rígida, ou seja, para ser modificada depende de um procedimento mais solene, mais dificultoso que o processo de alteração das demais normas, ditas infraconstitucionais. Sendo assim, o mecanismo hábil para que se altere uma norma constitucional não é uma lei, mas sim a emenda constitucional.

Existem limitações para o exercício do poder de reforma que são determinadas pelo poder constituinte originário. São elas:

a) Limitações procedimentais ou formais

Como o próprio nome indica, essas limitações têm a ver com a forma, com as regras previstas na Constituição para sua alteração. Esse processo é complexo e compreende quatro partes: iniciativa, quórum, promulgação e rejeição (art. 60 da CF).

Passemos à análise de cada uma delas. Para que se altere a Constituição é necessária que seja proposta uma PEC – proposta de emenda constitucional. Somente algumas pessoas detêm competência para *iniciar* esse projeto. São elas: um terço da Câmara dos Deputados ou do Senado Federal, Presidente da República e mais da metade das Assembleias Legislativas – manifestando-se, cada qual, pelo voto da maioria relativa de seus membros.

Iniciado o projeto, há outra limitação que é relativa ao quórum de votação. É imprescindível que o projeto seja aprovado nas duas Casas do Congresso Nacional (Câmara de Deputados e Senado Federal), em dois turnos, e pelo voto de 3/5 dos membros.

Sendo aprovada a PEC, para que efetivamente se transforme em emenda constitucional, ela precisa ser *promulgada* pelas Mesas da Câmara dos Deputados e do Senado Federal.

Há ainda outra limitação formal ou procedimental que se refere à *rejeição* da PEC. A proposta de emenda rejeitada ou havida por prejudicada não poderá ser objeto de nova proposta na mesma sessão legislativa. Assim, somente na próxima sessão legislativa é que os membros do Legislativo poderão colocar em pauta novamente uma PEC que tenha sido rejeitada.

Por fim, frise-se que essa limitação tem a ver apenas com a proposta de emenda e não com projeto de lei. Desse modo, não há impedimento para a deliberação, por emenda, de tema discutido em projeto de lei anteriormente rejeitado.

b) Limitações circunstanciais

Em determinadas circunstâncias, em situações de anormalidade, é proibida a edição de emendas constitucionais. Diz a Constituição que ela não poderá ser emendada na vigência de intervenção federal, de estado de defesa ou de estado de sítio (são os denominados "estados de exceção"). Nesses momentos, diz-se que a Constituição fica imutável.

c) Limitações materiais

Há algumas matérias que não poderão ser abolidas do texto constitucional, aliás, sequer poderão ser objeto de deliberação. O § 4º do art. 60 da Constituição traz as denominadas cláusulas pétreas ou núcleos essenciais intangíveis. O nome sempre nos ajuda a compreender o instituto jurídico. "Pétreas" vêm de pedra, algo tão consistente e rígido que é comparado a uma pedra. A outra nomenclatura utilizada pela doutrina também tem fundamento: núcleos, ou seja, apenas uma parte da constituição, um núcleo, é que é dotado dessa impossibilidade de supressão. Além disso, um núcleo essencial, ou seja, aquele relacionado com matérias tipicamente, essencialmente constitucionais, ou seja, as que giram em torno do poder. E mais, algo intangível é algo não modificável.

As denominadas cláusulas pétreas são as seguintes: forma federativa de Estado; o voto secreto, direto, universal e periódico; a separação dos Poderes; e os direitos e garantias individuais.

12.1.8.4.2. Leis complementares

As leis complementares se diferenciam das ordinárias por possuírem duas características. A primeira está relacionada ao quórum de aprovação. Para ser aprovada é necessário o voto da maioria absoluta (art. 69 da CF). A segunda diferença se dá quanto ao conteúdo disciplinado. Somente será exigida a aprovação por meio de lei complementar em relação às matérias que a Constituição expressamente exige.

Assim, quando a constituição trata de um assunto e menciona que tal assunto deve ser regulamentado por lei, sem qualificar essa lei como "complementar", diz-se que não é necessário o voto da maioria absoluta, ou seja, presume-se que é lei ordinária.

Por ser a lei complementar dotada das características mencionadas, alguns doutrinadores mencionam que há hierarquia entre ela e a lei ordinária, prevalecendo a complementar em relação à ordinária. Prevalece a segunda corrente que sustenta apenas a existência de âmbito de atuação diferente e quórum diferenciado, não havendo hierarquia entre ambas.

12.1.8.4.3. Leis ordinárias

Espécie normativa responsável pela edição de normas gerais e abstratas. A denominação ordinária vem de algo que é comum. Em âmbito federal será elaborada pelo Congresso Nacional, na esfera estadual pelas Assembleias Legislativas dos Estados e na municipal pelas Câmaras de Vereadores. Tudo que não for disciplinado por lei complementar deve ser tratado por lei ordinária. O quórum para sua aprovação é de maioria simples, ou seja, basta aprovação por maioria dos votos, desde que presente a maioria absoluta dos membros da Casa. O que se leva em conta para apurar a maioria simples é o número de parlamentares presentes na sessão.

12.1.8.4.4. Leis delegadas

São leis elaboradas pelo Presidente da República, quando ele exerce, atipicamente, a função legislativa. Segundo o art. 68 da CF, para que o Presidente elabore essa lei deve solicitar a delegação ao Congresso Nacional. O ato que formaliza a autorização dada pelo Legislativo é uma resolução que deve especificar o conteúdo e os termos de seu exercício.

A lei delegada é tida como uma delegação *externa corporis*, pois o Legislativo transmite a sua função a outro Poder. Configura exceção ao princípio da indelegabilidade.

Ressalta-se que, segundo o § 1º do art. 68 da CF, não podem ser objetos de delegação os atos de competência exclusiva do Congresso Nacional, os de competência privativa da Câmara dos Deputados ou do Senado Federal, a matéria reservada à lei complementar, nem a legislação sobre: I – organização do Poder Judiciário e do Ministério Público, a carreira e a garantia de seus membros; II – nacionalidade, cidadania, direitos individuais, políticos e eleitorais; III – planos plurianuais, diretrizes orçamentárias e orçamentos.

A resolução do Congresso também pode mencionar que o projeto de lei, elaborado pelo Presidente, passe por sua apreciação; nessa hipótese, conforme o § 3º do art. 68 da CF, a verificação se dará em votação única e o Congresso não poderá fazer emendas ao texto.

12.1.8.4.5. Medida provisória

A possibilidade de edição de medidas provisórias pelo Chefe do Executivo vem prevista no art. 62 da CF. Desse modo, havendo *relevância* e *urgência*, o Presidente da República poderá adotar medidas provisórias, com *força de lei*, devendo submetê-las imediatamente ao Congresso Nacional.

De acordo com o Supremo, os pressupostos da relevância e da urgência, embora conceitos jurídicos relativamente indeterminados e fluidos, mesmo expondo-se inicialmente à avaliação discricionária do Presidente da República, estão sujeitos, ainda que excepcionalmente, ao controle do Poder Judiciário, porque compõem a própria estrutura constitucional que disciplina as medidas provisórias, qualificando-se como requisitos legitimadores e juridicamente condicionantes do exercício, pelo Chefe do Executivo, da competência normativa primária. A Suprema Corte prossegue afirmando que a possibilidade de controle jurisdicional, mesmo sendo excepcional, apoia-se na necessidade de impedir que o Presidente da República, ao editar medidas provisórias, incida em excesso de poder ou em situação de manifesto abuso institucional, pois o sistema de limitação de poderes não permite que práticas governamentais abusivas venham a prevalecer sobre os postulados constitucionais que informam a concepção democrática de poder e de Estado, especialmente naquelas hipóteses em que se registrar o exercício anômalo e arbitrário das funções estatais (ADI 2213 MC, Min. Celso de Mello).

A votação da medida provisória, segundo § 8º do art. 62 da CF, terá início na Câmara dos Deputados que deverá, antes de deliberar sobre seu mérito, verificar se os pressupostos constitucionais da medida (relevância e urgência) foram atendidos. O mesmo vale para a votação no Senado Federal. É o que dispõe o § 5º do art. 62.

Além disso, a comissão mista de Deputados e Senadores deverá examinar e emitir parecer acerca das medidas provisórias, antes de serem apreciadas, em sessão separada, pelo plenário de cada uma das Casas do Congresso Nacional, conforme § 9º do art. 62.

Ressalta-se que há matérias, segundo o § 1º, inciso I, do art. 62 da CF, que *não* podem ser objeto de medida provisória. São as seguintes: a) nacionalidade, cidadania, direitos políticos, partidos políticos e direito eleitoral; b) direito penal, processual penal e processual civil; c) organização do Poder Judiciário e do Ministério Público, a carreira e a garantia de seus membros; d) planos plurianuais, diretrizes orçamentárias, orçamento e créditos adicionais e suplementares, ressalvado o previsto no art. 167, § 3º, da CF.

O inciso II do mesmo dispositivo constitucional menciona que também é vedada a edição de medida provisória que vise a detenção ou sequestro de bens, de poupança popular ou qualquer outro ativo financeiro, além das matérias reservadas à lei complementar e as já disciplinadas em projeto de lei aprovado pelo Congresso Nacional e pendente de sanção ou veto do Presidente da República.

De acordo com o § 3º do art. 167 da CF, a abertura de crédito extraordinário somente será admitida para atender a despesas imprevisíveis e urgentes, como as decorrentes de guerra, comoção interna ou calamidade pública, observado o disposto no art. 62. Ou seja, **há possibilidade, ainda que excepcional, de abertura de créditos extraordinários por meio de medida provisória.**

O prazo das medidas provisórias, contado a partir da publicação, é de 60 (sessenta) dias, prorrogável, uma única vez, por igual período (60 + 60). Esse prazo ficará suspenso durante o período de recesso do Congresso. Ressalta-se que a prorrogação ocorrerá se a medida não tiver sua votação encerrada nas duas Casas do Congresso dentro do prazo inicial de 60 dias, conforme § 7º do art. 62.

Não sendo convertidas em lei dentro desse período, conforme dispõe o § 3º do art. 62 da CF, as medidas *perderão sua eficácia*, desde a edição. Nessa hipótese, deve o Congresso Nacional, por meio de decreto legislativo, regulamentar as relações jurídicas formadas durante o período em que a medida vigorou.

Exceções à regra de perda de eficácia da medida provisória:

1ª Se o decreto legislativo, que disciplinaria as relações formadas durante a vigência da medida, não tiver sido editado até (60) sessenta dias após sua rejeição ou perda de eficácia, as relações jurídicas constituídas e decorrentes de atos praticados naquele período continuarão sendo regidas pela medida provisória, conforme dispõe o § 11 do art. 62;

2ª Se o projeto de lei de conversão da medida provisória for aprovado, mas alterando o texto original, ela também permanecerá em vigor até que ele seja sancionado ou vetado, conforme § 12 do art. 62.

Vale lembrar que, segundo o STF, se houver previsão na Constituição do Estado e as limitações e princípios trazidos pela CF forem observados, poderá o Governador do respectivo Estado editar medidas provisórias.

12.1.8.4.5.1. Regime de urgência ou trancamento de pauta

A medida provisória, conforme já mencionado, tem prazo de validade de 60 dias. Ocorre que há outro prazo, que é de 45 dias, para que ela seja apreciada sem que cause prejuízos. Assim, se não for apreciada em até quarenta e cinco dias contados de sua publicação, entrará em regime de urgência, subsequentemente, em cada uma das Casas do Congresso Nacional, ficando sobrestadas todas as demais deliberações legislativas da Casa em que estiver tramitando até que seja concluída sua votação. É o que determina o § 6º do art. 62 da CF.

Frisa-se que é expressamente proibida a reedição de medidas provisórias na mesma sessão legislativa em que ela tenha sido rejeitada ou que tenha perdido sua eficácia por decurso de prazo, conforme § 10 do art. 62 da CF.

Por fim, o § 2º do mesmo dispositivo constitucional determina que a medida provisória que implique instituição ou majoração de impostos, exceto os previstos nos arts. 153, I, II, IV, V, e 154, II, só produzirá efeitos no exercício financeiro seguinte se houver sido convertida em lei até o último dia daquele em que foi editada.

12.1.8.4.6. Decreto legislativo

As matérias de *competência exclusiva* do Congresso Nacional, previstas no art. 49 da CF, devem ser normatizadas por meio de decreto legislativo. Exemplo: quando o Congresso Nacional quiser sustar os atos normativos do Poder Executivo que exorbitem o poder regulamentar, poderá fazê-lo por meio de decreto legislativo. Outro exemplo seria o Congresso autorizando a realização de um referendo ou convocando um plebiscito. Tais atos serão formalizados por decreto legislativo.

Exceção: o Congresso Nacional, ao delegar a competência legislativa ao Presidente da República para que ele elabore uma lei delegada, o faz por meio de *resolução* e não por decreto legislativo, pois a Constituição assim determina.

Vale lembrar que o Presidente do Senado Federal é quem promulga um decreto legislativo, não passando por deliberação executiva (sanção ou veto presidencial).

12.1.8.4.7. Resolução

Tem por finalidade normatizar as matérias *de competência privativa da Câmara de Deputados* (art. 51 da CF), do *Senado Federal* (art. 52 da CF) e, ainda, algumas atribuições do *Congresso* Nacional, por exemplo, a delegação ao Presidente da República para que ele edite lei delegada (art. 68, § 2º, da CF).

Quem promulga uma resolução é a Mesa da Casa Legislativa responsável por sua edição. Do mesmo modo que ocorre com o decreto legislativo, as resoluções não estão sujeitas a deliberação executiva (sanção ou veto presidencial).

Fiscalização contábil, financeira e orçamentária

Conforme dispõe o art. 70 da CF, a fiscalização contábil, financeira, orçamentária, operacional e patrimonial da União e das entidades da administração direta e indireta, quanto à legalidade, legitimidade, economicidade, aplicação das subvenções e renúncia de receitas, será exercida pelo Congresso Nacional, mediante controle externo, e pelo sistema de controle interno de cada Poder.

Todos os órgãos, pessoas, públicos ou privados, que utilizem, arrecadem, guardem, cuidem ou administrem o patrimônio público, têm o dever de prestar contas.

Para tanto, é necessária a realização de controle, que pode ser interno ou externo. O primeiro, como já mencionado, é aquele realizado pelo próprio poder. Já o controle externo é feito pelo Congresso Nacional com o auxílio do Tribunal de Contas da União, ao qual compete, dentre outras atribuições:

– apreciar as contas prestadas anualmente pelo Presidente da República.

✓ Nesse tópico, o Supremo já decidiu, por não estar em conformidade com os parâmetros trazidos pela CF, que é inconstitucional norma de natureza estadual determinando que o Governador preste contas trimestralmente à Assembleia Legislativa (ADI 2.472/MC, Rel. Min. Maurício Corrêa);

✓ julgar as contas dos administradores e demais responsáveis por dinheiros, bens e valores públicos da administração direta e indireta, incluídas as fundações e sociedades instituídas e mantidas pelo Poder Público federal, e as contas daqueles que derem causa a perda, extravio ou outra irregularidade de que resulte prejuízo ao erário;

✓ realizar inspeções e auditorias de natureza contábil, financeira, orçamentária, operacional e patrimonial, nas unidades administrativas dos Poderes Legislativo, Executivo e Judiciário;

✓ fiscalizar a aplicação de quaisquer recursos repassados pela União mediante convênio, acordo, ajuste ou outros instrumentos congêneres, a Estado, ao Distrito Federal ou a Município;

✓ prestar as informações solicitadas pelo Congresso Nacional, por qualquer de suas Casas, ou por qualquer das respectivas Comissões, sobre a fiscalização contábil, financeira, orçamentária, operacional e patrimonial e sobre resultados de auditorias e inspeções realizadas;

✓ aplicar aos responsáveis, em caso de ilegalidade de despesa ou irregularidade de contas, as sanções previstas em lei;

✓ assinar prazo para que o órgão ou entidade adote as providências necessárias ao exato cumprimento da lei, se verificada ilegalidade;

✓ sustar, se não atendida, a execução do ato impugnado, comunicando a decisão à Câmara dos Deputados e ao Senado Federal;

✓ representar ao Poder competente sobre irregularidades ou abusos apurados.

É necessário ressaltar, conforme dispõe a Súmula Vinculante n. 3 do STF, que nos processos perante o Tribunal de Contas da União asseguram-se o contraditório e a ampla defesa quando da decisão puder resultar anulação ou revogação de ato administrativo que beneficie o interessado, excetuada a apreciação da legalidade do ato de concessão inicial de aposentadoria, reforma e pensão.

Além disso, de acordo com a jurisprudência do Supremo, os Tribunais de Contas gozam de autogoverno, autonomia e iniciativa reservada quanto à instauração de processo legislativo que pretenda alterar a sua organização e funcionamento. Sendo assim, é tida como inconstitucional lei estadual de iniciativa parlamentar que vise a alterar ou revogar dispositivos que cuidem de preceitos como competências, formas de atuação e organização do órgão, constantes de leis orgânicas das Cortes de Contas Estaduais (ADI 4.418-MC, Rel. Min. Dias Toffoli).

Outra decisão relevante diz respeito à execução de multa aplicada por Tribunal de Contas Estadual segundo a qual "o estado-membro não tem legitimidade para promover execução judicial para cobrança de multa imposta por Tribunal de Contas Estadual à autoridade municipal, uma vez que a titularidade do crédito é do próprio ente público prejudicado, a quem compete a cobrança, por meio de seus representantes judiciais" (RE 580.943, rel. Min Ricardo Lewandowski, de 18.06.2013).

Conforme dispõe o § 3º do art. 71 da CF, que as decisões do Tribunal de Contas que decorram de imputação de débito ou multa valem como título executivo.

Além do exposto, deve o Tribunal de Contas enviar relatórios de suas atividades, trimestral e anualmente, ao Congresso Nacional.

Ressalta-se que, de acordo com o art. 130 da CF, o Tribunal de Contas possui Ministério Público próprio, que detém carreira diversa das que integram o MP da União e dos Estados.

É da competência originária do STF o processo e julgamento dos membros dos Tribunais de Contas da União e, do STJ, os processos relativos aos membros dos Tribunais de Contas Estaduais e do Distrito Federal (artigos 102, I, "c", e 105, I, "a", ambos da CF).

Vale lembrar que a Súmula 653 do STF determina que o Tribunal de Contas Estadual é composto por sete conselheiros dentre os quais quatro são escolhidos pela Assembleia Legislativa e três pelo Chefe do Executivo Estadual, cabendo a este indicar um dentre auditores, outro dentre membros do Ministério Público e um terceiro a sua livre escolha. Assim, verifica-se que a composição dos Tribunais de Contas Estaduais devem tomar por base a do Tribunal de Contas da União.

12.2. Poder Executivo

A função típica do Poder Executivo é a de administrar. No Brasil, como adotamos o sistema presidencialista de governo, o Chefe do Executivo cumula as atribuições de chefe de estado (representa a República Federativa do Brasil perante a comunidade internacional) e chefe de governo (comanda e administra o país no âmbito interno).

De forma atípica, o Chefe do Executivo realiza funções legislativas ao vetar ou sancionar uma lei, ao iniciar um projeto de lei, nas hipóteses de sua competência, e, ainda, ao editar medidas provisórias e leis delegadas.

Em todas as unidades federativas há o exercício do Poder Executivo. No âmbito federal, conforme art. 76 da CF, o Executivo é chefiado pelo Presidente da República, que se vale do auxílio dos Ministros de Estado. Para concorrer ao cargo de Presidente o sujeito precisa ser brasileiro nato e contar com mais de 35 anos (art. 14, § 3º, VI, "a", da CF). Já os Ministros que auxiliam o Chefe do Executivo são escolhidos e nomeados por ele, desde que contenham os seguintes requisitos: sejam brasileiros, maiores de vinte e um anos e estejam no exercício dos direitos políticos (art. 87 da CF).

Dentre os diversos ministros que auxiliam o Presidente da República, apenas um deles a Constituição exige que seja brasileiro *nato*, que é o Ministro de Estado da Defesa (art. 12, § 3º, VII). Os demais cargos de Ministros podem ser ocupados tanto por brasileiros natos quanto por naturalizados, conforme nos ensina os artigos 87 e 12, § 2º, ambos da CF.

No âmbito estadual, o Executivo é chefiado pelo Governador do Estado (art. 28 da CF). Tal cargo deve ser ocupado por um brasileiro que possua mais de 30 anos, segundo o art. 14, § 3º, VI, "b", da CF. Auxiliam o Chefe do Executivo estadual o Vice-Governador e os Secretários Estaduais. No Distrito Federal também é o Governador quem chefia o Executivo, valendo-se, para tanto, do auxílio dos seus Secretários Distritais (art. 32, § 2º, da CF).

No âmbito municipal, o Executivo é comandado pelo Prefeito, conforme art. 29, I, da CF. Para que alguém concorra ao cargo de Prefeito é necessário que seja brasileiro e que possua, pelo menos, 21 anos (art. 14, § 3º, VI, "c", da CF). O Vice-Prefeito e os Secretários Municipais auxiliam diretamente os Prefeitos.

12.2.1. Mandato e sistemas eleitorais

Os Chefes do Executivo possuem um **mandato** de quatro anos, admitida uma reeleição para um único período subsequente (art. 14, § 5º, CF). Segundo o art. 77 da CF, a eleição do Presidente e do Vice-Presidente ocorre no primeiro domingo de outubro, em primeiro turno, e, havendo a necessidade de um segundo turno, ou seja, quando nenhum dos candidatos que participou do primeiro turno obtiver a maioria absoluta dos votos válidos, tal votação se dará no último domingo de outubro do ano anterior ao término do mandato presidencial vigente.

Conforme o § 3º do art. 77 da Constituição, os dois candidatos mais votados no primeiro turno concorrem à vaga.

Além disso, no âmbito dos municípios só haverá segundo turno se o número de eleitores for superior a duzentos mil (art. 29, II, da CF).

Quanto aos **sistemas eleitorais**, utiliza-se o *majoritário absoluto* no caso do Presidente da República (Chefe do Executivo Federal), dos Governadores de Estado (Chefes dos Executivos Estaduais), do Governador do DF (Chefe do Executivo Distrital) e dos Prefeitos de municípios com mais de 200 mil eleitores. Nessas hipóteses, após a votação, considerar-se-á eleito o candidato que obtiver a maioria absoluta dos votos válidos, em primeiro ou segundo turno, não sendo computados os votos em branco e os nulos (art. 77, § 2º, da CF).

Nos municípios que possuem até 200 mil eleitores, o sistema eleitoral é o *majoritário simples*. Há apenas um turno de votação, portanto, será eleito aquele que obtiver mais votos.

A posse do novo governante ocorrerá no dia primeiro de janeiro do ano seguinte à sua eleição. O parágrafo único do art. 78 dispõe que passados dez dias da data fixada para a posse e o governante, salvo motivo de força maior, não tiver assumido o cargo, este será declarado *vago*.

As regras sobre sucessão e substituição do Presidente da República estão previstas nos artigos 79, 80 e 81 da CF e serão analisadas abaixo.

12.2.2. Sucessão

Nas hipóteses de sucessão presidencial, a ausência do Presidente se dá de forma definitiva, ou seja, ele sai do cargo e não volta mais. Os exemplos mais comuns são: morte do Presidente, afastamento em virtude de um processo de *impeachment*, invalidez permanente etc.

12.2.3. Substituição

Nas hipóteses de substituição presidencial, a ausência do Presidente se dá não de forma definitiva, mas de forma transitória, passageira, ou seja, ele sai e posteriormente retorna ao cargo. Isso ocorre, por exemplo, em virtude de um afastamento médico para eventual tratamento de doença ou se houverem sido suspensas suas funções em decorrência de um processo judicial etc. São as hipóteses em que o Presidente fica impedido de atuar.

Segundo o art. 80 da CF, o Presidente será substituído, em primeiro lugar, pelo Vice-Presidente, se ele também ficar impedido de assumir o cargo, será chamado ao exercício da Presidência da República o Presidente da Câmara, depois o Presidente do Senado e por último o Presidente do Supremo, sucessivamente. Vejam que na ordem de sucessão o Presidente da Câmara antecede o do Senado, pois este representa os Estados e aquele é quem representa o povo.

Apenas o Vice-Presidente poderá ocupar o cargo da Presidência de forma definitiva. Os demais somente substituirão o Presidente de forma temporária, provisória. Determina o art. 81 da CF que, vagando os cargos de Presidente e de Vice, deverá ser realizada nova eleição, depois de aberta a última vaga. Tal pleito se dará de duas formas:

1º ocorrendo a vacância dos cargos de Presidente e Vice-Presidente da República nos dois primeiros anos do mandato presidencial, novas eleições diretas deverão ser feitas dentro do prazo de 90 dias, depois de aberta a última vaga (art. 81, *caput, CF*);

2º ocorrendo a vacância dos dois cargos (Presidente e Vice) nos últimos dois anos do mandato presidencial, o Congresso Nacional é que escolherá o novo Presidente e Vice-Presidente da República, por meio de uma eleição que se dará dentro do prazo de 30 dias depois de aberta a última vaga (art. 81, § 1º, CF). É importante destacar que é o único caso de *eleição indireta* previsto na Constituição Federal. É indireta e não direta, pois não será o povo quem escolherá o novo governante, mas sim seus representantes (Deputados Federais e Senadores). Haverá intermediários na escolha do novo Presidente e Vice.

Nas duas hipóteses os eleitos, segundo o § 2º do art. 81, cumprirão tão somente o período que falta para terminar o mandato de seus antecessores. É a hipótese do chamado mandato-tampão.

Lembramos que os casos de novas eleições, diretas ou indiretas, ocorrerão somente nos casos de vacância, ou seja, nos casos em que o Presidente e o Vice se afastam do cargo de forma definitiva.

De acordo com a ADI 2.709, Rel. Min. Gilmar Mendes, norma estadual que suprima a eleição indireta no caso de dupla vacância dos cargos de Governador e Vice-Governador do Estado, nos dois últimos anos do mandato é inconstitucional, pois viola os parâmetros estabelecidos no âmbito federal.

Além disso, dispõe o art. 83 da CF que o Presidente e o Vice-Presidente não poderão ausentar-se do país por período superior a 15 dias, salvo se tiverem autorização do Congresso Nacional, sob pena de perderem o cargo.

12.2.4. Atribuições do Presidente da República

O art. 84 da CF traz as competências do Chefe do Executivo, cuja enumeração é meramente exemplificativa. Tais atribuições são, em regra, indelegáveis. Apenas as previstas nos incisos VI, XII e XXV, primeira parte, podem ser delegadas. Dentre as competências previstas no dispositivo mencionado, destacam-se as seguintes:

12.2.4.1. Regulamentar normas

É de competência do Presidente, mediante decreto, sempre focado na fiel execução da lei, a regulamentação de normas.

Vale lembrar que o STF já definiu que "a exigência constitucional de lei formal para fixação do valor do salário mínimo está atendida pela Lei 12.382/2011. A utilização de decreto presidencial, definida pela Lei 12.382/2011 como instrumento de anunciação e divulgação do valor nominal do salário mínimo de 2012 a 2015, não desobedece ao comando constitucional posto no inciso IV do art. 7º. A Lei 12.382/2011 definiu o valor do salário mínimo e sua política de afirmação de novos valores nominais para o período indicado (arts. 1º e 2º). Cabe ao presidente da República, exclusivamente, aplicar os índices definidos legalmente para reajuste e aumento e divulgá-los por meio de decreto, pelo que não há inovação da ordem jurídica nem nova fixação de valor." (ADI 4.568, Rel. Min. Cármen Lúcia, julgamento em 03.11.2011, Plenário, *DJE* de 30.03.2012).

12.2.4.2. Relacionar-se com Estados estrangeiros, atuando no âmbito internacional

Cabe ao Presidente manter relações com os Estados estrangeiros; acreditar seus representantes diplomáticos; celebrar tratados, convenções e atos internacionais, sujeitos a referendo do Congresso Nacional; e permitir, nos casos previstos em lei complementar, que forças estrangeiras transitem pelo território nacional ou nele permaneçam temporariamente.

12.2.4.3. Nomear autoridades para ocuparem cargos

Ao Presidente é dada a atribuição de nomear e exonerar os Ministros de Estado (art. 84, I, CF); nomear, após aprovação pelo Senado Federal, os Ministros do Supremo Tribunal Federal e dos Tribunais Superiores, os Governadores de Territórios, o Procurador-Geral da República, o presidente e os diretores do banco central e outros servidores, quando determinado em lei (art. 84, XIV, CF); nomear os Comandantes da Marinha, do Exército e da Aeronáutica, promover seus oficiais-generais e nomeá-los para os cargos que lhes são privativos (art. 84, XIII, CF); nomear, observado o disposto no art. 73, os Ministros do Tribunal de Contas da União (art. 84, XV, CF); nomear os magistrados, nos casos previstos na Constituição, e o Advogado-Geral da União (art. 84, XVI, CF); e nomear membros do Conselho da República, nos termos do art. 89, VII.

De acordo com a Súmula 627 do STF, "no mandado de segurança contra a nomeação de magistrado da competência do presidente da República, este é considerado autoridade coatora, ainda que o fundamento da impetração seja nulidade ocorrida em fase anterior ao procedimento".

Além disso, segundo o Supremo, "estando o presidente da República de posse de lista tríplice destinada ao preenchimento de vaga de magistrado de TRT, podendo nomear, a qualquer momento, aquele que vai ocupar o cargo vago, configura-se a competência desta Corte para o julgamento do mandado de segurança que impugna o processo de escolha dos integrantes da lista, nos termos da jurisprudência do STF, consolidada na Súmula 627 desta Corte." (MS 27.244-QO, Rel. Min. Joaquim Barbosa, julgamento em 13.05.2009, Plenário, *DJE* de 19.03.2010).

12.2.4.4. Atuações no processo de formação das leis (processo legislativo)

O Presidente da República inicia projetos de lei e de emendas constitucionais, nos casos determinados pela Constituição. Também participa, quando da edição de leis, da fase deliberativa, vetando ou sancionando os respectivos projetos. O veto pode ser motivado por razões de interesse público (veto político) ou por inconstitucionalidade (veto jurídico). Além dessas atuações, ao promulgar e mandar publicar as leis, o Presidente atua no processo legislativo na fase complementar. E, por último, ao *editar medidas provisórias* (art. 84, XXVI, CF) e leis delegadas (art. 68 da CF), o Presidente está exercendo uma função atípica, nesse caso, a legislativa.

12.2.4.5. Atuações nos "estados de exceção"

Ao Chefe do Executivo é dada a atribuição de decretar o estado de defesa e o estado de sítio (art. 84, IX, da CF); decretar e executar a intervenção federal (art. 84, X, da CF); declarar guerra, no caso de agressão estrangeira, autorizado pelo Congresso Nacional ou referendado por ele, quando ocorrida no intervalo das sessões legislativas; e, nas mesmas condições, decretar, total ou parcialmente, a mobilização nacional (art. 84, XXI, da CF).

12.2.4.6. Direção superior da administração federal

Cabe ao Presidente da República exercer tal função, auxiliado pelos Ministros de Estado.

12.2.4.7. Disciplinar por meio de decreto

a) a organização e funcionamento da administração federal quando não implicar aumento de despesa nem criação ou extinção de órgãos públicos; e b) extinção de funções ou cargos públicos, quando vagos.

Nessas hipóteses, os decretos encontrarão fundamento de validade direto na CF. Por conta disso, tais normas são conhecidas como decretos autônomos.

12.2.4.8. Conceder indulto e comutar penas

É da competência do Chefe do Executivo conceder tais benefícios por meio da expedição de decreto.

O indulto é normalmente concedido nos finais de ano, quando da comemoração do natal. Segundo o Supremo, "a concessão do benefício do indulto é uma faculdade atribuída ao Presidente da República. Desse modo, é possível a imposição de condições para tê-lo como aperfeiçoado, desde que em conformidade com a CF." (AI 701.673-AgR, Rel. Min. Ricardo Lewandowski, julgamento em 05.05.2009, Primeira Turma, *DJE* de 05.06.2009).

Também, segundo a Corte Suprema, "o art. 5º, XLIII, da Constituição, que proíbe a graça, gênero do qual o indulto é espécie, nos crimes hediondos definidos em lei, não conflita com o art. 84, XII, da Lei Maior. O decreto presidencial que concede o indulto configura ato de governo, caracterizado pela ampla discricionariedade." (HC 90.364, Rel. Min. Ricardo Lewandowski, julgamento em 31.10.2007, Plenário, *DJ* de 30.11.2007). No mesmo sentido: HC 81.810, Rel. Min. Cezar Peluso, julgamento em 16.04.2009, Plenário, *DJE* de 07.08.2009.

A anistia, em regra, é aplicada aos crimes políticos e depende de lei. De acordo com o STF, "tal instituto configura ato político, com natureza política e, excepcionalmente, estende-se a crimes comuns, certo que, para estes, há o indulto e a graça, institutos distintos da anistia (CF, art. 84, XII)." (ADI 1.231, Rel. Min. Carlos Velloso, julgamento em 15.12.2005, Plenário, *DJ* de 28.04.2006).

12.2.4.9. Comandar as forças armadas

O Presidente da República comanda as forças armadas. Elas têm por finalidade a proteção militar do país e a defesa da ordem interna, além de protegerem a lei e atuarem de acordo com o que ela determina.

12.2.4.10. Convocar e presidir Conselhos

O Chefe do Executivo é quem convoca e preside o Conselho da República e o Conselho de Defesa Nacional.

12.2.4.11. Celebrar a paz

O Congresso Nacional pode autorizar o Presidente a celebrar a paz ou referendar uma determinação já formulada por ele.

12.2.4.12. Demais atribuições

Cabe ainda ao Chefe do Executivo enviar ao Congresso Nacional o plano plurianual, o projeto de lei de diretrizes orçamentárias e as propostas de orçamento previstas na Constituição; prestar, anualmente, ao Congresso Nacional, dentro de 60 (sessenta) dias após a abertura da sessão legislativa, as contas referentes ao exercício anterior; prover e extinguir os cargos públicos federais, na forma da lei; além de outras atribuições dispostas na Constituição.

Vale lembrar que o parágrafo único do art. 84 da CF dispõe que o Presidente poderá delegar aos Ministros de Estado, ao Procurador-Geral da República ou ao Advogado-Geral da União, desde que observados os limites traçados nas respectivas delegações, as seguintes atribuições:

a) disposição, por meio de decreto, sobre a organização e funcionamento da administração federal, quando **não** implicar aumento de despesa nem criação ou extinção de órgãos públicos (art. 84, VI, "a", CF) e sobre a extinção de funções ou cargos públicos, quando vagos (art. 84, VI, "b", CF).

b) concessão de indulto e comutação de penas (art. 84, XII, CF); e

c) provimento dos cargos públicos federais, na forma da lei (art. 84, XXV, primeira parte, CF).

Em suma, o Presidente pode delegar a atribuição de prover e a de desprover funções ou cargos públicos. Quanto à possibilidade de extinguir tais cargos, só poderá haver delegação quando as funções ou cargos públicos estiverem **vagos**.

De acordo com a Súmula 510 do STF, se o ato for praticado por autoridade no exercício de competência delegada, contra ela cabe o mandado de segurança ou a medida judicial.

Por fim, o STF firmou orientação no sentido da "legitimidade de delegação a ministro de Estado da competência do chefe do Executivo Federal para, nos termos do art. 84, XXV, e parágrafo único, da CF, aplicar pena de demissão a servidores públicos federais. (...) Legitimidade da delegação a secretários estaduais da competência do governador do Estado de Goiás para (...) aplicar penalidade de demissão aos servidores do Executivo, tendo em vista o princípio da simetria." (RE 633.009-AgR, Rel. Min. Ricardo Lewandowski, julgamento em 13.09.2011, Segunda Turma, *DJE* de 27.09.2011).

12.2.5. Responsabilidade do Presidente da República

Conforme dispõe o art. 86 da CF, o Chefe do Executivo federal pode ser responsabilizado pela prática de crime comum e por crime de responsabilidade. Pelo primeiro terá de responder perante o Supremo Tribunal Federal, já, pelo segundo, crime de responsabilidade, estará sujeito a julgamento perante o Senado Federal.

De acordo com o enunciado da **Súmula vinculante46**a **definição dos crimes de responsabilidade** e o estabelecimento das respectivas normas de processo e julgamento são da competência legislativa da **União**. Vale lembrar que esse comando já vinha descrito na Súmula 722 do STF. Ocorre que, em 9 de abril de 2015, por unanimidade, a Suprema Corte, mediante a conversão da Súmula nº 722, aprovou a proposta da edição da **Súmula vinculante 46**. Sendo assim, o entendimento já consolidado na jurisprudência do STF, passou a ter efeito vinculante.Os atos que atentem contra a Constituição Federal, em especial contra a existência da União, contra o livre exercício dos poderes, contra o exercício dos direitos políticos, individuais e sociais, contra a segurança interna do País, contra a probidade na administração, contra a lei orçamentária e contra o cumprimento das leis e das decisões judiciais são considerados *crimes de responsabilidade*. A definição de tais crimes é dada pelo art. 4º da Lei n. 1.079/1950.

O procedimento para apuração e julgamento dos crimes praticados pelo Presidente, tanto dos crimes comuns quanto dos crimes de responsabilidade, obedece a um sistema bifásico no qual, em um primeiro momento, é necessária a autorização da Câmara dos Deputados (juízo de admissibilidade do processo), pelo voto de dois terços dos membros, conforme o *caput* do art. 86 da CF. Somente se a Câmara autorizar o julgamento é que haverá a segunda fase do procedimento bifásico, o julgamento propriamente dito. Fala-se que o Presidente possui imunidade formal no tocante à formação do processo, por conta da necessidade dessa autorização da Câmara. É necessário salientar que a imunidade mencionada não se aplica aos membros do Poder Legislativo.

Ao adentrarmos na segunda fase do procedimento bifásico, é necessário diferenciarmos crime comum de crime de responsabilidade, pois cada um obedece a um trâmite processual diferente.

Se o Presidente praticar um crime de natureza *comum*, ou seja, aqueles crimes previstos na legislação penal, conforme dispõem os artigos 86 e 102, I, "b", da CF, será processado e julgado, conforme já mencionado, perante o Supremo Tribunal Federal. Se a denúncia ou queixa for recebida pelo Supremo, o Presidente ficará suspenso de suas funções pelo prazo de 180 dias. Após esse período, se o processo ainda não tiver chegado ao fim, o Presidente deverá retomar suas funções (art. 86, § 1º, I, e § 2º, da CF).

Se o Presidente for condenado, além das sanções previstas na lei penal, poderá perder o cargo se a pena aplicada for privativa de liberdade por tempo igual ou superior a um ano e o crime for praticado com abuso de poder ou violação de dever para com a Administração Pública (art. 92, I, "a", do CP). Nessa hipótese a perda do cargo é um efeito da condenação criminal.

O § 3º do art. 86 nos ensina que, durante a vigência do mandato, se o Presidente praticar um crime comum, enquanto não houver sentença condenatória ele não poderá ser levado à prisão (imunidade formal no tocante às prisões de natureza cautelar). Desse modo, o Presidente não poderá ter restrita sua liberdade por nenhuma das modalidades de prisão cautelar, ou seja, não poderá ser preso em flagrante, preventiva ou provisoriamente, mesmo que presentes os requisitos para a decretação de tais custódias. Essas modalidades de prisão são decretadas de forma cautelar, isto é, sem que haja uma decisão condenatória transitada em julgado.

Vale lembrar que o STF já definiu, "no que concerne ao art. 86, § 3º e § 4º, da Constituição, na ADI 1.028, de referência à imunidade à prisão cautelar e à persecução penal como prerrogativa exclusiva do presidente da República, insuscetível de estender-se aos governadores dos Estados, que institucionalmente, não a possuem." (ADI 1.634-MC, Rel. Min. Néri da Silveira, julgamento em 17.09.1997, Plenário, *DJ* de 08.09.2000).

Em 2010, o Governador do Distrito Federal foi preso, o que corrobora a regra de que a imunidade relativa à prisão cautelar não se aplica aos demais Chefes do Executivo.

Também segundo o § 4º do art. 86 da CF, durante a vigência do mandato, o Presidente não poderá ser responsabilizado por atos estranhos ao exercício de suas funções. Dessa maneira, só responderá por crime comum perante o Supremo se o crime tiver ligação com o exercício das atividades presidenciais.

Assim, crimes comuns praticados pelo Presidente que não tenham relação com o exercício de suas funções só serão julgados após o fim do mandato, perante a justiça comum e não perante o Supremo Tribunal Federal.

Salienta-se, ainda, que o Chefe do Executivo federal, diferentemente dos parlamentares, não possui a denominada imunidade material, ou seja, não é inviolável por suas palavras, opiniões e votos durante o curso do mandato.

O Presidente pode ser responsabilizado não apenas pela prática de crime comum, mas também em virtude da prática de crime de responsabilidade. A natureza jurídica de tal delito é controvertida na doutrina, mas a maioria entende que é de infração político-administrativa. Se o *Presidente* praticar *crime de responsabilidade*, ou seja, aqueles descritos no art. 85 da CF e regulamentados pela Lei n. 1.079/1950, terá de se sujeitar ao chamado processo de *impeachment*.

Da mesma maneira que ocorre quando ele pratica um crime comum, é necessário o juízo de admissibilidade da Câmara. Somente após ter sido autorizado o julgamento do Presidente é que passaremos para a segunda fase do procedimento.

Nesse momento, o processo é instaurado no Senado Federal, que terá na presidência da sessão de julgamento o Presidente do Supremo Tribunal Federal (art. 52, parágrafo único, da CF). Ressalta-se que ao Senado não é dado juízo de discricionariedade; sendo o julgamento autorizado pela Câmara, o Senado tem de instaurar o processo.

São assegurados ao Presidente os princípios constitucionais da ampla defesa, contraditório e devido processo legal durante todo o trâmite do processo de *impeachment*.

Segundo o inciso II do § 1º do art. 86, a instauração do processo por crime de responsabilidade pelo Senado Federal faz com que o Presidente fique suspenso de suas funções. Se optarem por absolver o Presidente, o processo de *impeachment* será arquivado. Agora, para que o Chefe do Executivo federal seja condenado, é necessário o voto de dois terços dos membros da casa.

Vejam: o art. 86, § 1º, I e II, da CF determina dois momentos para o início da suspensão das funções do Presidente. Se o crime for comum, após o recebimento da denúncia ou queixa-crime pelo STF; se o crime for de responsabilidade, após a instauração do processo pelo Senado Federal.

As penas impostas, no caso de condenação do Presidente por crime de responsabilidade, são autônomas e aplicadas de forma cumulativa. São as seguintes: 1 – perda do cargo; 2 – inabilitação para o exercício de função pública por oito anos (art. 52, parágrafo único, da CF).

O julgamento dos Chefes do Executivo dos Estados, do Distrito Federal e dos Municípios é semelhante ao do âmbito federal. Vejamos.

Nos Estados e no Distrito Federal, os *Governadores* também podem ser responsabilizados por crimes comuns ou de responsabilidade. Pelos primeiros são julgados pelo Superior Tribunal de Justiça (art. 105, I, "a"). Pelos segundos são julgados pelo Tribunal de Justiça do Estado do qual são governantes. A composição desse Tribunal, especificamente para o julgamento do Governador, é dada pelo § 3º do art. 78 da Lei n. 1.079/1950, que determina que o órgão será presidido pelo Presidente do próprio Tribunal e composto por cinco Deputados Estaduais e cinco Desembargadores.

Nos Municípios, os *Prefeitos* estão também sujeitos à responsabilização por crimes comuns e de responsabilidade. Pela prática de crime comum, conforme inciso X do art. 29 da CF, os Chefes do Executivo municipal são processados e julgados pelo Tribunal de Justiça do Estado de que o Município faz parte. Por crimes de responsabilidade, os prefeitos poderão ser responsabilizados de duas maneiras: se o crime de responsabilidade for próprio, isto é, tipificado no art. 4º do Decreto-Lei 201/1967, a Câmara de Vereadores é quem fará o julgamento; já se for um crime de responsabilidade impróprio, ou seja, aqueles não de natureza política, mas penal tão somente, é o Tribunal de Justiça do Estado respectivo o órgão competente para julgamento (art. 1º do Decreto-Lei 201/1967). Por fim, se o crime praticado for eleitoral, a competência será do Tribunal Regional Eleitoral (arts. 29, X e 96, III, ambos da CF).

12.3. Poder Judiciário

Um dos importantes princípios que regem esse poder é o da **imparcialidade.** Significa que o juiz, ao analisar os processos que foram a ele submetidos, deve agir com neutralidade.

Além disso, a jurisdição, em regra, pressupõe a existência de uma lide. Ela é inerte, depende de provocação da parte interessada, e é dotada da característica da definitividade, ou seja, transitada em julgado e passado o prazo para a propositura de ação rescisória, a decisão não poderá mais ser modificada.

De acordo com o art. 93, I, da CF, o ingresso na carreira da magistratura, cujo cargo inicial será o de juiz substituto, se dá mediante aprovação em concurso público de provas e títulos, com a participação da OAB em todas as fases. Além disso, o bacharel em Direito tem de comprovar três anos de atividade jurídica para ingressar na magistratura. É a chamada "**quarentena de entrada**", instituto inserido na CF pela EC 45/2004 (reforma do Poder Judiciário).

Segundo o STF (ADI 3.460/DF), os três anos de atividade jurídica são contados da data de conclusão do curso, pois as atividades que terão de ser demonstradas são aquelas privativas do bacharel em Direito. Desse modo, os tempos de estágio, realizados durante o curso de direito, não são computados para esse fim.

O assunto mencionado foi objeto de regulamentação pela Resolução n. 75/2009 do Conselho Nacional de Justiça. O seu art. 59 menciona que pode ser computada como tempo de "atividade jurídica", dentre outras atividades, o efetivo exercício da advocacia, magistério superior, desde que predominantemente requeira a utilização de conhecimento jurídico, função de conciliador, mediador ou árbitro na composição de litígios etc.

12.3.1. Funções, órgãos e principais institutos

A Constituição Federal traz em seus artigos 92 ao 126 a organização do Poder Judiciário.

O Poder Judiciário tem como função típica a jurisdicional (solução de interesses por meio do devido processo legal). Realiza, de forma atípica, outras funções, como a de natureza *legislativa* (por exemplo, a elaboração do seu regimento interno) e de natureza *executivo-administrativa*, como a organização de suas secretarias.

Nos termos do art. 92 do Texto Maior, são órgãos do Poder Judiciário:

✓ o Supremo Tribunal Federal;

✓ o Conselho Nacional de Justiça;

✓ o Superior Tribunal de Justiça;

✓ os Tribunais Regionais Federais e os Juízes Federais. Com a aprovação da **EC n. 73** de 6 de abril de 2013 foram criados os Tribunais Regionais Federais da 6ª, 7ª, 8ª e 9ª Regiões. Ocorre que a Associação Nacional dos Procuradores Federais – ANPAF ajuizou ação direta de inconstitucionalidade, com pedido de medida liminar, contra a Emenda Constitucional 73/2013. Em decisão monocrática, a ação teve a medida cautelar deferida, o que acarretou a suspensão dos efeitos da EC 73/2013.

✓ os Tribunais e Juízes do Trabalho;

✓ os Tribunais e Juízes Eleitorais;

✓ os Tribunais e Juízes Militares;

✓ os Tribunais e Juízes dos Estados e do Distrito Federal e Territórios.

O Supremo Tribunal Federal, os Tribunais Superiores e o Conselho Nacional de Justiça têm sede na Capital Federal (Brasília) e os dois primeiros têm jurisdição em todo território nacional.

De acordo com o Supremo, "a Constituição não arrola as turmas recursais dentre os órgãos do Poder Judiciário, os quais são por ela discriminados, em *numerusclausus*, no art. 92. Apenas lhes outorga, no art. 98, I, a incumbência de julgar os recursos provenientes dos juizados especiais. Vê-se, assim, que a Carta Magna não conferiu às turmas recursais, sabidamente integradas por juízes de primeiro grau, a natureza de órgãos autárquicos do Poder Judiciário, e nem tampouco a qualidade de tribunais, como também não lhes outorgou qualquer autonomia com relação aos TRFs. É por essa razão que, contra suas decisões, não cabe recurso especial ao STJ, a teor da Súmula 203 daquela Corte, mas tão somente recurso extraordinário ao STF, nos termos de sua Súmula 640. Isso ocorre, insisto, porque elas constituem órgãos recursais ordinários de última instância relativamente às decisões dos juizados especiais, mas não tribunais, requisito essencial para que se instaure a competência especial do STJ." (RE 590.409, voto do Rel. Min. Ricardo Lewandowski, julgamento em 26.08.2009, Plenário, *DJE* de 29.10.2009, com repercussão geral).

De acordo com a súmula 376 do STJ, compete à turma recursal processar e julgar o mandado de segurança contra ato de juizado especial.

Também, determina a Súmula Vinculante nº37 (STF) que não cabe ao Poder Judiciário, que não tem função legislativa, aumentar os vencimentos de servidores públicos sob o fundamento de isonomia.

Vale lembrar que, em relação ao Poder Judiciário, os temas recorrentes em provas e exames são os atinentes à EC 45/2004 (reforma de Poder Judiciário) dentre os quais se destacam os seguintes:

a) inserção do inciso LXXVIII no art. 5º da CF – princípio da **razoável duração do processo ou celeridade processual** no âmbito judicial e administrativo. Configura uma ampliação do rol de direitos e garantias fundamentais;

b) criação de um novo órgão no poder judiciário: CNJ – **Conselho Nacional de Justiça** (art.103-B da CF);

c) fortificação do princípio da **imparcialidade**, pela criação de vedações ao membros da magistratura, como a proibição do exercício da advocacia no juízo ou tribunal ao qual se afastou pelo prazo de 3 anos;

d) criação de mais um requisito de admissibilidade ao recurso extraordinário: instituto da **repercussão geral;**

e) alterações nas **regras de competência,** em especial em relação à Justiça do Trabalho;

f) criação do instituto denominado **súmula vinculante** (art. 103-A da CF, regulamentado pela Lei n. 11.417/2006).

Súmula Vinculante

Dispõe a CF, em seu art. 103-A, que o Supremo Tribunal Federal, e só ele, poderá, de ofício ou por provocação, por exemplo, dos legitimados à propositura de ação direta de inconstitucionalidade (art. 103 da CF), aprovar súmula vinculante, mediante decisão de **dois terços** dos seus membros, após **reiteradas decisões** sobre **matéria constitucional.**

De acordo com o art. 3º da Lei 11.417/2006 (norma que regulamentou a súmula vinculante), são legitimados a propor a edição, a revisão ou o cancelamento de enunciado de súmula vinculante:

I. o Presidente da República;

II. a Mesa do Senado Federal;

III. a Mesa da Câmara dos Deputados;

IV. o Procurador-Geral da República;

V. Conselho Federal da Ordem dos Advogados do Brasil;

VI. o Defensor Público-Geral da União;

VII. partido político com representação no Congresso Nacional;

VIII. confederação sindical ou entidade de classe de âmbito nacional;

IX. a Mesa de Assembleia Legislativa ou da Câmara Legislativa do Distrito Federal;

X. Governador de Estado ou do Distrito Federal;

XI. os Tribunais Superiores, os Tribunais de Justiça de Estados ou do Distrito Federal e Territórios, os Tribunais Regionais Federais, os Tribunais Regionais do Trabalho, os Tribunais Regionais Eleitorais e os Tribunais Militares.

O § 1º do mesmo dispositivo indica que o Município poderá propor a edição, a revisão ou o cancelamento de enunciado de súmula vinculante, mas incidentalmente ao curso de processo em que seja parte, o que não autorizará a suspensão do processo.

Tal súmula, a partir da publicação na imprensa oficial, terá **efeito vinculante** em relação aos demais órgãos do Poder Judiciário e à administração pública direta e indireta, nas esferas federal, estadual e municipal. A súmula não vincula a função legislativa, ainda que exercida de forma atípica.

Desse modo, havendo descumprimento do mandamento trazido pela súmula vinculante, ou aplicação indevida, caberá **reclamação ao STF** que, julgando-a procedente, anulará o ato administrativo ou cassará a decisão judicial reclamada, e determinará que outra seja proferida com ou sem a aplicação da súmula, conforme o caso (art. 103-A, § 3º, da CF).

De acordo com os ensinamentos do Supremo: "**Não se admite reclamação** contra omissão da administração pública, sob fundamento de ofensa a súmula vinculante, **quando não demonstrado o esgotamento das vias administrativas**, conforme disposto no art. 7º, § 1º, da Lei 11.417/2006" (Rcl 14.343-AgR, rel. min. Teori Zavascki, julgamento em 27-2-2014, Plenário, DJE de 28-3-2014).

Além disso, cabe ao STF não só editar, como proceder a **revisão ou cancelamento da súmula**, na forma estabelecida em lei. Como mencionado anteriormente, a lei que regulamentou a súmula vinculante foi a de n. 11.417/2006.

É importante ressaltar ainda que o objetivo da súmula vinculante será a validade, a interpretação e a eficácia de normas determinadas, acerca das quais haja **controvérsia atual** entre órgãos judiciários ou entre esses e a administração pública que acarrete grave insegurança jurídica e relevante multiplicação de processos sobre questão idêntica (art. 103-A, § 1º, da CF).

Por fim, no procedimento de edição, revisão ou cancelamento de enunciado da súmula vinculante, o relator poderá admitir, por decisão irrecorrível, a **manifestação de terceiros** na questão, nos termos do Regimento Interno do Supremo Tribunal Federal (art. 3º, § 2º, da Lei n. 11.417/2006).

12.3.2. Estatuto da Magistratura

O art. 93 da Constituição Federal dispõe que cabe à *lei complementar*, de iniciativa do Supremo Tribunal Federal, dispor sobre o Estatuto da Magistratura (regulamentado pela Lei Complementar 35/1979), devendo observar os princípios constitucionais elencados nos respectivos incisos.

a) Ingresso na carreira (inc. I): o cargo de juiz substituto se dá mediante concurso público de provas e títulos, com a participação da OAB em todas as fases, sendo exigido do bacharel em direito no mínimo *três anos de atividade jurídica*;

b) Residência do juiz titular (inc. VII): o juiz titular deve *residir* na respectiva *comarca*, salvo se houver autorização do tribunal;

c) Remoção, disponibilidade e aposentadoria por interesse público (inc. VIII): o quórum para determinar a remoção, a disponibilidade ou a aposentadoria do magistrado por interesse público é de *maioria absoluta* do respectivo tribunal ou do Conselho Nacional de Justiça, assegurando-se ao juiz a ampla defesa;

d) Publicidade (inc. IX): todos os julgamentos dos órgãos do Poder Judiciário serão públicos, e fundamentadas todas as decisões, sob pena de nulidade, podendo a lei limitar a presença, em determinados atos, às próprias partes e a seus advogados, ou somente a estes, em casos nos quais a preservação do direito à intimidade do interessado no sigilo não prejudique o interesse público à informação;

e) Decisões administrativas dos Tribunais (inc. X): devem ser motivadas e tomadas em sessão pública, devendo as de natureza disciplinar ser tomadas pelo voto da maioria dos seus membros. Nesse item, vale anotar que o STF, no julgamento da ADI 4638, ressaltou que o respeito ao Poder Judiciário não poderia ser obtido por meio de blindagem destinada a proteger do voto público os juízes e o órgão sancionador, o que seria incompatível com a liberdade de informação e com a ideia de democracia. Determinou, portanto, que a Resolução 135/2011 do CNJ, ao prever a publicidade das sanções disciplinares e da sessão de julgamento, não extrapolara os limites normativos nem ofendera garantia da magistratura, visto que, a rigor, essas normas decorreriam diretamente da Constituição, sobretudo, posteriormente à edição da EC 45/2004." (ADI 4.638-REF-MC, Rel. Min. Marco Aurélio, julgamento em 02.02.2012, Plenário, Informativo 653);

f) Composição do órgão especial (inc. XI): os Tribunais com número superior a 25 julgadores poderão constituir órgão especial com no mínimo 11 e no máximo 25 membros para exercício das atribuições administrativas e jurisdicionais, sendo a metade deles provida por antiguidade e a outra metade por eleição pelo tribunal pleno;

g) **Férias forenses (inc. XII):** a atividade jurisdicional será ininterrupta, sendo vedadas férias coletivas nos juízos e tribunais de segundo grau, nos quais deverão funcionar juízes em plantão permanente nos dias em que não houver expediente forense normal;

h) **Número de juízes (inc. XIII):** deve ser proporcional à demanda e à população da unidade jurisdicional;

i) **Delegação de atos (inc. XIV):** os servidores devem receber delegação para a prática de atos de administração e atos de mero expediente sem caráter decisório;

j) **Distribuição de processos (inc. XV):** deve ser imediata, em todos os graus de jurisdição

De acordo com o art. 93, III, da CF, o acesso aos tribunais de segundo grau far-se-á por antiguidade e merecimento, alternadamente, apurados na última ou única entrância. O STF, analisando tal dispositivo, em decisão plenária, concedeu mandado de segurança a fim de anular decreto de Presidente da República que, ao nomear magistrado para o cargo de juiz federal do TRF 2ª Região, preterira indicado pela terceira vez consecutiva em lista tríplice para promoção por merecimento. Na espécie, discutia-se se, na promoção de magistrado federal, por merecimento, que figurasse na lista por três vezes consecutivas ou cinco alternadamente, a Presidência da República disporia de discricionariedade ou estaria vinculada ao nome que constasse, de forma reiterada, na mencionada listagem – v. Informativo 672. Asseverou-se, em suma, que o Chefe do Poder Executivo teria que, obrigatoriamente, sufragar o nome do magistrado que figurasse no mencionado rol. Reputou-se que a inserção, nos moldes referidos, na lista de merecimento, aferível pelo próprio Tribunal, segundo os critérios constitucionais, seria direito subjetivo público encartado por garantia impostergável da magistratura, que diria respeito à própria independência do Poder Judiciário. Destarte, determinou-se fosse respeitada a regra contida no art. 93, II, a, da CF." (MS 30.585, rel. min. Ricardo Lewandowski, julgamento em 12.09.2012, Plenário, Informativo 679).

12.3.3. Quinto Constitucional

O quinto constitucional (art. 94 da CF) consiste na composição de um quinto (20%) dos Tribunais Regionais Federais e dos Tribunais de Justiça dos Estados por promotores de justiça e advogados de notório saber jurídico e de reputação ilibada, com mais de dez anos de efetiva atividade profissional.

Os órgãos de representação das respectivas classes indicarão uma lista sêxtupla. O Tribunal reduzirá esta para uma lista tríplice, encaminhando-a para o Chefe do Poder Executivo respectivo (Presidente da República, no caso dos Tribunais Regionais Federais, e Governador, na hipótese dos Tribunais de Justiça dos Estados), que terá 20 dias para a escolha e nomeação de um.

Ressalta-se que o magistrado nomeado pelo quinto constitucional faz jus, desde logo, à sua vitaliciedade.

12.3.4. Garantias dadas aos membros do poder judiciário

O art. 95 da Constituição Federal assegura três garantias aos juízes, desembargadores e ministros, quais sejam:

a) Vitaliciedade: garante aos magistrados a manutenção no cargo, cuja perda somente se dá por sentença judicial transitada em julgado. Essa garantia é adquirida após dois anos do estágio probatório, em relação aos que foram aprovados em concurso público, ou no momento da posse, na hipótese daqueles que ingressaram pela regra do quinto constitucional ou foram nomeados para atuar nos Tribunais Superiores;

b) Inamovibilidade: atribui a garantia aos juízes de não serem removidos de um lugar para outro, sem prévio consentimento, exceto por motivo de interesse público, desde que pelo voto da maioria absoluta do tribunal ou Conselho Nacional de Justiça, assegurando-se a ampla defesa, conforme dispõe o art. 93, VIII, da CF;

c) Irredutibilidade de subsídio: esta garantia impede a redução dos subsídios, que é a forma de remuneração dos magistrados (ressalvado o disposto nos arts. 37, X e XI, 39, § 4º, 150, II, 153, III e 153, § 2º, I).

12.3.5. Vedações impostas aos membros do Poder Judiciário

O parágrafo único do art. 95 do Texto Maior traz cinco vedações. Vejamos:

a) vedação de exercício de outro cargo ou função, salvo uma de magistério;

b) proibição quanto ao recebimento, a qualquer título ou pretexto, de custas ou participação em processo;

c) vedação de dedicação à atividade político-partidária;

d) proibição do recebimento, a qualquer título ou pretexto, de auxílios ou contribuições de pessoas físicas, entidades públicas ou privadas, ressalvadas as previstas em lei;

e) proibição de exercício da advocacia antes de decorridos três anos do afastamento por aposentadoria ou exoneração no juízo ou tribunal do qual se afastou – denominada "quarentena de saída", não impede que o magistrado afastado possa advogar, mas tão somente que este não poderá exercê-lo no juízo ou tribunal do qual se afastou ou exonerou antes de decorridos três anos do encerramento de sua função.

12.3.6. *Supremo Tribunal Federal*

O Supremo Tribunal Federal tem como função principal a guarda da Constituição.

O art. 101 da Carta Maior regula a composição do STF dispondo que a Corte Maior é integrada por 11 Ministros, escolhidos pelo Presidente da República dentre brasileiros natos, que tenham entre 35 e 65 anos de idade, notório saber jurídico e reputação ilibada. Segundo o parágrafo único do referido dispositivo, compete ao Senado Federal aprovar a indicação do Presidente da República por maioria absoluta de votos.

Vale lembrar que como os cargos são de livre nomeação não se aplica a regra do quinto constitucional.

As competências do STF estão traçadas no art. 102 da CF. Cabe a tal Corte, por exemplo, processar e julgar, originariamente, a ação direta de inconstitucionalidade de lei ou ato normativo federal ou estadual e a ação declaratória de constitucionalidade de lei ou ato normativo federal.

Por fim, observa-se que, nos casos de impedimento do Presidente da República, integra o Presidente do STF a linha sucessória, conforme o art. 80 da CF.

12.3.7. *Superior Tribunal de Justiça*

O Superior Tribunal de Justiça compõe-se de, no mínimo, 33 Ministros, devendo sua composição obedecer aos seguintes percentuais:

a) um terço será composto por membros dos Tribunais Regionais Federais, indicados em lista tríplice pelo próprio Tribunal;

b) um terço será formado por membros dos Tribunais de Justiça dos Estados, indicados em lista tríplice pelo próprio Tribunal;

c) um terço será composto por advogados e promotores, indicados pela regra do quinto constitucional, estabelecida no art. 94 da CF (cabe aos respectivos órgãos de classe elaborar uma lista sêxtupla de representantes, cabendo ao STJ a indicação de uma lista tríplice dentre os apontados, enviando-a ao Presidente da República, que nomeará um dentre os três indicados). Por conta de ser destinado um terço das vagas aos advogados e promotores, em vez de "quinto constitucional", fala-se em "terço constitucional" ou "regra do terço".

Em qualquer das hipóteses descritas, incumbe ao Senado Federal aprovar por maioria absoluta a indicação do Presidente da República.

Em suma, os requisitos para o cargo de Ministro do STJ são os seguintes: (i) ser brasileiro nato ou naturalizado; (ii) ter entre 35 e 65 anos de idade; (iii) ter notório saber jurídico; (iv) ter reputação ilibada.

12.3.8. *Conselho Nacional de Justiça*

O art. 103-B, com redação dada pela EC 45/2004 e alterada pela EC 61/09, instituiu o Conselho Nacional de Justiça (CNJ), que tem por função a fiscalização do Poder Judiciário quanto ao cumprimento dos deveres funcionais dos juízes e à administração financeira desse poder. Ressalta-se que **o CNJ**, contudo, **não tem funções jurisdicionais.** É um órgão nacional que exerce uma espécie de controle interno e que possui competências em relação à justiça federal e à estadual.

O CNJ compõe-se de 15 membros, com mandato de dois anos (admissível somente uma recondução), sendo:

a) o Presidente do STF;

b) um Ministro do STJ, indicado pelo próprio Tribunal;

c) um Ministro do TST, indicado pelo próprio Tribunal;

d) um desembargador de Tribunal de Justiça, indicado pelo STF;

e) um juiz estadual, indicado pelo STF;

f) um juiz do TRF, indicado pelo STJ;

g) um juiz federal, indicado pelo STJ;

h) um juiz de Tribunal Regional do Trabalho, indicado pelo TST;

i) um juiz do trabalho, indicado pelo TST;

j) um membro do Ministério Público da União, indicado pelo PGR;

k) um membro do Ministério Público estadual, escolhido pelo PGR dentre os nomes indicados pelo órgão competente de cada instituição estadual;

l) dois advogados, indicados pelo Conselho Federal da OAB;

m) dois cidadãos, de notável saber jurídico e reputação ilibada, indicados um pela Câmara dos Deputados e um pelo Senado Federal.

Os membros do CNJ serão nomeados pelo Presidente da República, após a aprovação da escolha pelo Senado Federal, por votação de maioria absoluta (§ 2º do art. 103-B da CF).

Vale lembrar que a EC 61/2009 alterou o § 1º do art. em comento estabelecendo que a presidência do CNJ incumbe ao Presidente do STF e, nas suas ausências e impedimentos, ao Vice-Presidente da citada Corte.

É importante salientar que o CNJ – embora incluído na estrutura constitucional do Poder Judiciário – qualifica-se como órgão de caráter eminentemente administrativo, não dispondo de atribuições institucionais que lhe permitam exercer fiscalização da atividade jurisdicional dos magistrados e Tribunais (MS 27.148, Rel. Min. Celso de Mello, decisão monocrática, julgamento em 20.05.2010, *DJE* de 26.05.2010). No mesmo sentido: MS 28.611-MC, Rel. Min. Celso de Mello, decisão monocrática, julgamento em 08.06.2010, *DJE* de 14.06.2010.

Além disso, sabe-se que o CNJ é absolutamente incompetente, não obstante seja órgão de controle interno do Poder Judiciário, para intervir em processos de natureza jurisdicional.

Já decidiu o Supremo sobre a "impossibilidade constitucional de o CNJ (órgão de caráter eminentemente administrativo) fiscalizar, reexaminar e suspender os efeitos decorrentes de ato de conteúdo jurisdicional, como aquele que concede mandado de segurança. Precedentes do STF. Magistério da doutrina." (MS 28.611-MC, Rel. Min. Celso de Mello, decisão monocrática, julgamento em 08.06.2010, *DJE* de 14.06.2010).

Outra decisão relevante foi dada pelo Supremo no julgamento da (ADI 4.638-REF-MC, Rel. Min. Marco Aurélio, julgamento em 08.02.2012, Plenário). Nessa oportunidade, "o plenário concluiu julgamento de referendo em medida cautelar em ação direta de inconstitucionalidade ajuizada (...) contra a Resolução 135/2011 do Conselho Nacional de Justiça – CNJ." "Quanto ao art. 2º (...), o STF, por maioria, referendou o indeferimento da liminar. Consignou-se que o CNJ integraria a estrutura do Poder Judiciário, mas não seria órgão jurisdicional e não interviria na atividade judicante. Este

Conselho possuiria, à primeira vista, caráter eminentemente administrativo e não disporia de competência para, mediante atuação colegiada ou monocrática, reexaminar atos de conteúdo jurisdicional, formalizados por magistrados ou tribunais do país. Ressaltou-se que a escolha pelo constituinte derivado do termo 'Conselho' para a instituição interna de controle do Poder Judiciário mostrar-se-ia eloquente para evidenciar a natureza administrativa do órgão e para definir, de maneira precisa, os limites de sua atuação. Sublinhou-se que o vocábulo 'Tribunal' contido no art. 2º em tela revelaria tão somente que as normas seriam aplicáveis também ao CNJ e ao CJF." (ADI 4.638-REF-MC, Rel. Min. Marco Aurélio, julgamento em 02.02.2012, Plenário, Informativos 653 e 654).

Vale lembrar que as atribuições do CNJ estão previstas no § 4º do art. 103-B da CF, além das conferidas pelo Estatuto da Magistratura e, dentre elas, destacam-se as seguintes:

I. **zelar pela autonomia do Poder Judiciário** e pelo cumprimento do Estatuto da Magistratura, podendo expedir atos regulamentares, no âmbito de sua competência, ou recomendar providências;

II. zelar **pela observância do art. 37 da CF** e apreciar, de ofício ou mediante provocação, a legalidade dos atos administrativos praticados por membros ou órgãos do Poder Judiciário, podendo desconstituí-los, revê-los ou fixar prazo para que se adotem as providências necessárias ao exato cumprimento da lei, sem prejuízo da competência do Tribunal de Contas da União. Um exemplo de atuação do CNJ com base nesse dispositivo se deu com a edição da Resolução 7/2005, que vedou a prática de nepotismo em relação a todos os órgãos do Poder Judiciário;

III. **receber e conhecer das reclamações contra membros ou órgãos do Poder Judiciário**, inclusive contra seus serviços auxiliares, serventias e órgãos prestadores de serviços notariais e de registro que atuem por delegação do poder público ou oficializados, sem prejuízo da competência disciplinar e correicional dos tribunais, podendo avocar processos disciplinares em curso e determinar a remoção, a disponibilidade ou a aposentadoria com subsídios ou proventos proporcionais ao tempo de serviço e aplicar outras sanções administrativas, assegurada ampla defesa;

IV. **representar ao Ministério Público**, no caso de crime contra a administração pública ou de abuso de autoridade;

V. **rever**, de ofício ou mediante provocação, os *processos disciplinares* de juízes e membros de tribunais julgados há menos de um ano;

VI. **elaborar** semestralmente *relatório estatístico* sobre processos e sentenças prolatadas, por unidade da Federação, nos diferentes órgãos do Poder Judiciário;

VII. **elaborar relatório anual**, propondo as providências que julgar necessárias, sobre a situação do Poder Judiciário no País e as atividades do Conselho, o qual deve integrar mensagem do Presidente do Supremo Tribunal Federal a ser remetida ao Congresso Nacional, por ocasião da abertura da sessão legislativa.

Ressalta-se que não é da competência do CNJ julgar magistrados por crime de responsabilidade, até porque tal órgão não tem função jurisdicional.

O STF tem analisado várias questões relacionadas ao CNJ, dentre as quais se destacam as seguintes:

- ✓ o CNJ tem legitimidade para apuração administrativa de responsabilidades disciplinares dos membros da magistratura, nos casos de inércia, simulação investigatória, procrastinação indevida e/ ou incapacidade de atuação;
- ✓ o CNJ não pode, por conta do conteúdo nitidamente jurisdicional, suspender, fiscalizar e reexaminar decisão concessiva de mandado de segurança;
- ✓ o CNJ integra o Poder Judiciário, mas encontra-se hierarquicamente abaixo do Supremo Tribunal Federal.

Outro tema relevante que foi regulamentado pelo CNJ diz respeito à realização de concursos para a outorga de Delegações de Notas e de Registros. De acordo com o art. 236, § 3º, da CF o ingresso na atividade notarial e de registro depende de concurso público de provas e títulos, não se permitindo que qualquer serventia fique vaga, sem abertura de concurso de provimento ou de remoção, por mais de seis meses. A Resolução de n. 81 do CNJ, em seu art. 2º, determinou que os concursos sejam realizados semestralmente ou, por conveniência da Administração, em prazo inferior, caso estiverem vagas ao menos três deles delegações de qualquer natureza.

12.3.9. Tribunais Regionais Federais e Juízes Federais

São órgãos da Justiça Federal: os Tribunais Regionais Federais e os Juízes Federais, que estão regulamentados nos artigos 106 a 110 da Constituição Federal. A competência dos Tribunais Regionais Federais está no art. 108 e no art. 109 a dos juízes federais.

Embora já mencionado, vale lembrar que com a aprovação da EC n. 73, de 6 de abril de 2013, foram criados os Tribunais Regionais Federais da 6ª, 7ª, 8ª e 9ª Regiões. O TRF da 6.ª Região, com sede em Curitiba, tem jurisdição sobre os Estados de Santa Catarina e Mato Grosso do Sul. Além dele, também foram incluídos pela emenda os Tribunais Regionais Federais do Amazonas, Minas Gerais e Bahia.

Ocorre que, por conta do deferimento da cautelar na ADI 5710 - DF, os efeitos da EC 73/2013 estão suspensos. Os principais argumentos utilizados para a declaração de inconstitucionalidade da emenda mencionada foram: 1) "a criação dos novos tribunais regionais federais irá afetar profundamente a carreira dos procuradores federais. Devido à competência da Justiça Federal (arts. 108 e 109 da Constituição), a União será obrigada a alocar seus procuradores para atuação nos quatro novos tribunais. Para a requerente, essa necessidade de alocação abrupta irá desorganizar a estruturação da carreira e a expectativa de seus integrantes quanto às remoções; 2) Há vício de iniciativa, na medida em que qualquer modificação da estrutura da Justiça depende de projeto de iniciativa do Supremo Tribunal Federal ou dos Tribunais Superiores (art. 96, II, a e d da Constituição), requisito que não poderia ser burlado nem sequer com o uso de emenda constitucional; 3) Inexiste prévia dotação orçamentária para criação dos novos tribunais, com custo estimado de R$ 922 milhões ao ano pelo Instituto de Pesquisas Econômicas Aplicadas – IPEA, além dos custos iniciais necessários para estruturação física e funcional desses órgãos jurisdicionais; 4) A obrigatoriedade de aplicação de recursos numa finalidade fixada sem a iniciativa própria viola a autonomia administrativa e orçamentária do Judiciário; 5) A criação de novos tribunais é medida ineficiente e irracional para resolver o problema da celeridade da prestação jurisdicional (os quatro tribunais serão responsáveis apenas por 5,3% do total da carga enfrentada pela Justiça Federal); 6) O descaso com os Juizados Especiais Federais será potencializado com a canalização inadequada de recursos para a segunda instância, de forma a prejudicar ainda mais o jurisdicionado que depende da Justiça para obter a prestação mais básica da União; 7) Há o risco de que a tolerância para com a criação de tribunais pela iniciativa do Legislativo crie precedente para algo mais gravoso à independência da Magistratura, a extinção de órgãos do Judiciário. h) A falta de previsão orçamentária impediria as mudanças necessárias para que os advogados públicos, essenciais à Justiça, pudessem defender os interesses da União perante esses tribunais".

Os Tribunais Regionais Federais compõem-se de, no mínimo, 7 juízes, recrutados, quando possível, na respectiva região e nomeados pelo Presidente da República dentre brasileiros com mais de 30 e menos de 65 anos, sendo:

a) um quinto dentre advogados com mais de 10 anos de efetiva atividade profissional e membros do Ministério Público Federal com mais de 10 anos de carreira;

b) os demais, mediante promoção de juízes federais com mais de cinco anos de exercício, por antiguidade e merecimento, alternadamente.

Importante alteração trazida pela EC 45/2004 foi a denominada "federalização", que estabelece a possibilidade do deslocamento de competência por violação de direitos humanos. De acordo com o § 5º do art. 109 da CF, nas hipóteses de *grave violação de direitos humanos*, o Procurador-Geral da República, com a finalidade de assegurar o cumprimento de obrigações decorrentes de tratados internacionais de direitos humanos dos quais o Brasil seja parte, poderá suscitar, perante o STJ, em qualquer fase do inquérito ou processo, incidente de deslocamento de competência para a Justiça Federal.

De acordo com o art. 107, § 2º, da CF os Tribunais Regionais Federais instalarão a justiça itinerante, com a realização de audiências e demais funções da atividade jurisdicional, nos limites territoriais da respectiva jurisdição, servindo-se de equipamentos públicos e comunitários.

O § 3º do mesmo dispositivo indica que os TRFs poderão funcionar de forma descentralizada constituindo Câmaras regionais, a fim de assegurar o pleno acesso do jurisdicionado à justiça em todas as fases do processo.

Por fim, de acordo com a Súmula 428 do STJ, compete ao Tribunal Regional Federal decidir os conflitos de competência entre juizado especial federal e juízo federal da mesma seção judiciária.

12.3.10. Tribunais e Juízes do Trabalho

São órgãos da Justiça do Trabalho: o Tribunal Superior do Trabalho, os Tribunais Regionais do Trabalho e os Juízes do Trabalho, que estão regulados nos artigos 111 a 116 da Constituição Federal. O art. 114 estabelece a competência da Justiça do Trabalho.

Sobre o art. 114, é importante o leitor conhecer o teor da Súmula Vinculante 53: "A competência da Justiça do Trabalho prevista no art. 114, VIII, da Constituição Federal alcança a execução de ofício das contribuições previdenciárias relativas ao objeto da condenação constante das sentenças que proferir e acordos por ela homologados."

O Tribunal Superior do Trabalho compõe-se de 27 Ministros, escolhidos dentre brasileiros com mais de 35 e menos de 65 anos, nomeados pelo Presidente da República após aprovação pela maioria absoluta do Senado Federal, sendo:

a) um quinto dentre advogados com mais de 10 anos de efetiva atividade profissional e membros do Ministério Público do Trabalho com 10 (dez) anos de efetivo exercício, observado o disposto no art. 94;

b) os demais dentre juízes dos Tribunais Regionais do Trabalho, oriundos da magistratura da carreira, indicados pelo próprio Tribunal Superior.

Os Tribunais Regionais do Trabalho compõem-se de no mínimo 7 juízes, recrutados, quando possível, na respectiva região, e nomeados pelo Presidente da República dentre brasileiros com mais de 30 e menos de 65 anos, sendo:

a) um quinto dentre advogados com mais de 10 anos de efetiva atividade profissional e membros do Ministério Público do Trabalho com mais de 10 anos de efetivo exercício, observado o disposto no art. 94;

b) os demais, mediante promoção de juízes do trabalho por antiguidade e merecimento, alternadamente.

De acordo com o Supremo (Súmula Vinculante n. 22), a Justiça do Trabalho é competente para processar e julgar as ações de indenização por danos morais e patrimoniais decorrentes de acidente de trabalho propostas por empregado contra empregador, inclusive aquelas que ainda não possuíam sentença de mérito em primeiro grau quando da promulgação da EC 45/2004.

12.3.11. Tribunais Regionais Eleitorais e Juízes Eleitorais

São órgãos da Justiça Eleitoral: o Tribunal Superior Eleitoral, os Tribunais Regionais Eleitorais, os Juízes Eleitorais e as Juntas Eleitorais, que são regulamentados nos artigos 118 a 121 da Constituição Federal.

Segundo o art. 121 do Texto Maior, lei complementar disporá sobre a organização e competência dos tribunais, dos juízes de direito e das juntas eleitorais.

O Tribunal Superior Eleitoral compor-se-á, no mínimo, de sete membros, escolhidos:

a) mediante eleição, pelo voto secreto:

✓ três juízes dentre os Ministros do STF;

✓ dois juízes dentre os Ministros do STJ;

b) por nomeação do Presidente da República, dois juízes dentre seis advogados de notável saber jurídico e idoneidade moral, indicados pelo STF.

As decisões do Tribunal Superior Eleitoral são irrecorríveis, salvo as que contrariarem esta Constituição e as denegatórias de *habeas corpus* ou mandado de segurança, das quais caberá recurso para o STF.

Os Tribunais Regionais Eleitorais são previstos em todos os Estados e no Distrito Federal e funcionarão nas Capitais. Esses tribunais compor-se-ão:

a) mediante eleição, pelo voto secreto:

✓ de dois juízes dentre os desembargadores do Tribunal de Justiça;

✓ de dois juízes, dentre juízes de direito, escolhidos pelo Tribunal de Justiça.

b) de um juiz do Tribunal Regional Federal com sede na Capital do Estado ou no Distrito Federal, ou, não havendo, de juiz federal, escolhido, em qualquer caso, pelo Tribunal Regional Federal respectivo;

c) por nomeação, pelo Presidente da República, de dois juízes dentre seis advogados de notável saber jurídico e idoneidade moral, indicados pelo Tribunal de Justiça.

Os juízes dos tribunais eleitorais, salvo motivo justificado, servirão por dois anos, no mínimo, e nunca por mais de dois biênios consecutivos, sendo os substitutos escolhidos na mesma ocasião e pelo mesmo processo, em número igual para cada categoria.

12.3.12. Tribunais e Juízes Militares

São órgãos da Justiça Militar: o Superior Tribunal Militar e os Tribunais e Juízes Militares instituídos por lei, trazidos nos artigos 122 a 124 da Constituição Federal.

De acordo com o art. 124, compete à Justiça Militar processar e julgar os crimes militares definidos em lei. A lei disporá sobre a organização, o funcionamento e a competência da Justiça Militar.

O Superior Tribunal Militar compor-se-á de 15 Ministros vitalícios, nomeados pelo Presidente da República, depois de aprovada a indicação pelo Senado Federal, sendo:

a) três dentre oficiais-generais da Marinha (da ativa e do posto mais elevado da carreira);

b) quatro dentre oficiais-generais do Exército (da ativa e do posto mais elevado da carreira);

c) três dentre oficiais-generais da Aeronáutica (da ativa e do posto mais elevado da carreira);

d) cinco civis, que serão escolhidos pelo Presidente da República dentre brasileiros maiores de 35 anos, sendo:

✓ três advogados de notório saber jurídico e conduta ilibada, com mais de 10 (dez) anos de efetiva atividade profissional;

✓ dois, por escolha paritária, dentre juízes auditores e membros do Ministério Público da Justiça Militar.

12.3.13. Tribunais e Juízes dos Estados

Os Estados organizarão sua Justiça, observados os princípios estabelecidos nesta Constituição, e a competência dos tribunais será definida na Constituição do Estado, sendo a lei de organização judiciária de iniciativa do Tribunal de Justiça.

Mediante proposta do Tribunal de Justiça do Estado, a lei estadual pode criar a Justiça Militar estadual, constituída, em primeiro grau, pelos juízes de direito e pelos Conselhos de Justiça e, em segundo grau, pelo próprio Tribunal de Justiça, ou por Tribunal de Justiça Militar nos Estados em que o efetivo militar seja superior a vinte mil integrantes.

Compete à Justiça Militar estadual processar e julgar os militares dos Estados, nos crimes militares definidos em lei e as ações judiciais contra atos disciplinares militares, ressalvada a competência do júri quando a vítima for civil, cabendo ao tribunal competente decidir sobre a perda do posto e da patente dos oficiais e da graduação das praças.

Frisa-se que é *residual* a competência da Justiça Estadual, portanto, não sendo matéria de competência das justiças especializadas (Eleitoral, Trabalhista e Militar) nem da Justiça Federal, será da Estadual.

12.3.14. Regime de precatórios (EC 62/2009)

Os valores devidos pelas Fazendas Públicas, em razão do regime de impenhorabilidade dos bens públicos, são pagos por meio da expedição de precatórios judiciais.

O procedimento para o pagamento desses valores vem previsto no art. 100 e seguintes da CF, normas alteradas pela EC 62/2009. Tal emenda também acrescentou o art. 97 ao Ato das Disposições Constitucionais Transitórias, criando um regime especial para o pagamento de precatórios pelos Estados, o Distrito Federal e os Municípios.

As principais regras, conforme os parágrafos do art. 100 da CF, são:

a) os titulares de precatórios de natureza alimentar que possuam **60 anos ou mais** na data em que foi expedido o precatório ou que sejam portadores de doença grave, conforme definido em lei, terão preferência sobre outros débitos, até o total equivalente ao triplo do fixado em lei como precatórios de pequeno valor, admitido o fracionamento para essa finalidade, sendo que o restante será pago na ordem cronológica de apresentação do precatório;

b) independentemente de regulamentação, quando forem expedidos os precatórios deles deverá ser **abatido**, a título de compensação, valor correspondente aos débitos líquidos e certos, inscritos ou não em dívida ativa e constituídos contra o credor original pela Fazenda devedora, incluídas parcelas vincendas de parcelamentos, ressalvados aqueles cuja execução esteja suspensa em virtude de contestação administrativa ou judicial. Para isso, antes da expedição, o Tribunal solicitará à Fazenda Pública devedora, para resposta em até 30 (trinta) dias, sob pena de perda do direito de abatimento, informação sobre os débitos que preencham as condições estabelecidas;

c) de acordo com o estabelecido em lei do ente federativo devedor, fica facultado ao credor a entrega de créditos em precatórios para **compra de imóveis públicos** do respectivo ente federado;

d) a partir da promulgação da EC 62/2009, a **atualização de valores de requisitórios**, após sua expedição, até o efetivo pagamento, independentemente de sua natureza, será feita pelo índice oficial de remuneração básica da caderneta de poupança, e, para fins de compensação da mora, incidirão juros simples no mesmo percentual de juros incidentes sobre a caderneta de poupança, ficando excluída a incidência de juros compensatórios;

e) o credor **poderá ceder seus créditos** em precatórios a terceiros, total ou parcialmente, independentemente da concordância do devedor, não se aplicando ao cessionário a preferência no pagamento e eventual dispensa de precatório;

f) A **União**, a seu critério exclusivo e na forma de lei, poderá **assumir débitos**, oriundos de precatórios, de Estados, Distrito Federal e Municípios, refinanciando-os diretamente.

13. FUNÇÕES ESSENCIAIS À JUSTIÇA

As funções essenciais à justiça vêm previstas a partir do art. 127 da Constituição Federal. Os órgãos que têm por atribuição exercer tais funções não são chamados de poderes, não fazem parte dos três poderes, atuam ao lado do Executivo, Legislativo e Judiciário, mas não os compõem. Integram tais funções o Ministério Público, as Advocacias Públicas e Privadas e as Defensorias Públicas.

13.1. Ministério Público

O Ministério Público, segundo o art. 127 da Constituição Federal, constitui uma instituição de caráter permanente, que tem por função a defesa da ordem jurídica, do regime democrático e dos interesses sociais e individuais indisponíveis.

13.1.1. Princípios

Os princípios que regem a instituição do Ministério Público são: a unidade, a indivisibilidade e a independência funcional. Vejamos:

a) Unidade: os membros do Ministério Público integram um só órgão, sob uma mesma chefia do Procurador-Geral da República (área federal) e do Procurador-Geral de Justiça (área estadual);

b) Indivisibilidade: os membros do Ministério Público atuam somente e sempre em nome da toda a instituição;

c) Independência funcional: os membros do Ministério Público devem atuar em consonância com a lei e sua convicção, não estando sujeitos às imposições dos órgãos da administração superior da instituição.

Além de ser regido pelos princípios institucionais mencionados, o Ministério Público detém autonomia funcional e administrativa. Havendo dotação orçamentária e autorização legislativa, cabe a ele propor ao Poder Legislativo a criação e extinção de seus cargos e serviços auxiliares, os quais serão providos por concurso público.

É de atribuição da instituição a elaboração de proposta orçamentária, sempre respeitados os limites estabelecidos na lei de diretrizes orçamentárias.

De acordo com o STF, "o Poder Judiciário tem por característica central a estática ou o não agir por impulso próprio (*ne procedatiudexexofficio*). Age por provocação das partes, do que decorre ser próprio do Direito Positivo este ponto de fragilidade: quem diz o que seja 'de Direito' não o diz senão a partir de impulso externo. Não é isso o que se dá com o Ministério Público. Este age de ofício e assim confere ao Direito um elemento de dinamismo compensador daquele primeiro ponto jurisdicional de fragilidade. Daí os antiquíssimos nomes de 'promotor de justiça' para designar o agente que pugna pela realização da justiça, ao lado da 'procuradoria de justiça', órgão congregador de promotores e procuradores de justiça. Promotoria de justiça, promotor de justiça, ambos a pôr em evidência o caráter comissivo ou a atuação de ofício dos órgãos ministeriais públicos. Duas das competências constitucionais do Ministério Público são particularmente expressivas dessa índole ativa que se está a realçar. A primeira reside no inciso II do art. 129 (...). É dizer: o Ministério Público está autorizado pela Constituição a promover todas as medidas necessárias à efetivação de todos os direitos assegurados pela Constituição. A segunda competência está no inciso VII do mesmo art. 129 e traduz-se no 'controle externo da atividade policial'. Noutros termos: ambas as funções ditas 'institucionais' são as que melhor tipificam o Ministério Público enquanto instituição que bem pode tomar a dianteira das coisas, se assim preferir." (HC 97.969, Rel. Min. Ayres Britto, julgamento em 1º.02.2011, Segunda Turma, *DJE* de 23.05.2011).

Outra decisão importante se deu no julgamento do ACO-AgR 1.233, em que o STF determinou que é da competência do Ministério Público Estadual agir nas hipóteses em que são averiguados atos de improbidade administrativa praticados por agentes públicos no âmbito de sociedade de economia mista federal.

13.1.2. Composição

O art. 128 da CF traz os órgãos que compõem o Ministério Público. Fala-se em Ministério Público da União, o qual engloba o MP Federal, o MP do Trabalho, o MP Militar e o MP do Distrito Federal e Territórios; e em MP Estaduais.

O Chefe do Ministério Público da União é o Procurador-Geral da República. O Presidente da República é quem o nomeia, após aprovação pela maioria absoluta dos membros do Senado Federal. Para tanto, deve o Procurador-Geral da República possuir mais de 35 anos e ser integrante da carreira do Ministério Público.

Após ser nomeado, cumprirá um mandato de dois anos, admitida uma recondução. Durante o mandato, poderá ser destituído por iniciativa do Presidente da República, desde que haja autorização da maioria absoluta do Senado Federal.

O Chefe dos Ministérios Públicos dos Estados e do Distrito Federal e Territórios é o Procurador-Geral de Justiça. É atribuição dos membros dos citados Ministérios Públicos elaborarem lista tríplice, indicando os nomes, dentre integrantes da carreira, que possivelmente ocuparão o cargo de Procurador-Geral de Justiça. Feita tal lista, deve ser encaminhada ao Chefe do Executivo do respectivo Estado ou do Distrito Federal, pois a ele caberá a escolha e nomeação do novo Procurador. Do mesmo modo que ocorre no âmbito da União, o mandato do Procurador é de dois anos, admitida uma recondução.

De acordo com o art. 9º, § 4º, da Lei 8.625/1993 (Lei Orgânica Nacional do Ministério Público -LONMP), caso o Chefe do Poder Executivo não efetive a nomeação do Procurador-Geral de Justiça nos quinze dias que se seguirem ao recebimento da lista tríplice, será investido automaticamente no cargo o membro do Ministério Público mais votado para exercício do mandato.

A destituição do Procurador-Geral de Justiça dos Estados e do DF e Territórios será realizada na forma da lei complementar regulamentadora após a deliberação da maioria absoluta dos membros do Poder Legislativo respectivo.

13.1.3. Funções institucionais

O art. 129 da CF traz as atribuições do Ministério Público, das quais se destacam as seguintes:

- ✓ promover, privativamente, a ação penal pública (art. 129, I);
- ✓ promover o inquérito civil e a ação civil pública para a tutela dos interesses difusos e coletivos (art. 129, III);

✓ promover a ação de inconstitucionalidade ou representação para fins de intervenção da União e dos Estados, nos casos previstos nesta Constituição (art. 129, IV);

✓ defender judicialmente os direitos e interesses das populações indígenas (art. 129, V).

13.1.4. Forma de ingresso na carreira

Em virtude de regra trazida pela Emenda Constitucional 45/2004, além da aprovação em concurso público de provas e títulos, é exigida do bacharel em Direito a comprovação de três anos de atividade jurídica. É a denominada "quarentena de entrada".

13.1.5. Garantias

Os membros do Ministério Público gozam das mesmas garantias atribuídas aos membros do Poder Judiciário. São as seguintes:

a) Vitaliciedade: garante aos membros do Ministério Público a sujeição à perda do cargo somente por sentença judicial transitada em julgado. Esta garantia só é adquirida após dois anos do estágio probatório (art. 128, § 5º, I, "a");

b) Inamovibilidade: atribui a garantia aos membros do Ministério Público de não serem removidos, a não ser por motivo de interesse público, por voto da maioria absoluta do órgão colegiado competente, assegurando-se a ampla defesa (art. 128, § 5º, I, "b");

c) Irredutibilidade de subsídios: esta garantia impede a redução dos subsídios, que é a forma de remuneração dos membros do MP (ressalvado o disposto nos arts. 37, X e XI, 39, § 4º, 150, II, 153, III, e 153, § 2º, I), conforme o disposto na alínea "c" do § 5º do art. 128 da CF.

Sobre a garantia da vitaliciedade é importante mencionar o disposto no art. 12, X, da Lei 8.625/1993,que determina a competência do Colégio de Procuradores para deliberar, por iniciativa de um quarto de seus integrantes ou do Procurador-Geral de Justiça, que este ajuíze ação cível de decretação de perda do cargo de membro vitalício do Ministério Público, nos casos previstos nesta lei. Já o pedido de não vitaliciamento de membro do Ministério Público que não cumprir as exigências do estágio probatório, conforme o art. 17, III, da mesma lei, é feito pelo Corregedor-Geral ao Conselho Superior do Ministério Público.

13.1.6. Vedações

O inciso II do art. 128 da Constituição Federal traz as vedações aplicáveis aos membros do Ministério Público, quais sejam:

a) receber, a qualquer título e sob qualquer pretexto, honorários, percentagens ou custas processuais;

b) exercer a advocacia;

c) participar de sociedade comercial, na forma da lei;

d) exercer, ainda que em disponibilidade, qualquer outra função pública, salvo uma de magistério;

e) exercer atividade político-partidária;

f) receber, a qualquer título ou pretexto, auxílios ou contribuições de pessoas físicas, entidades públicas ou privadas, ressalvadas as exceções previstas em lei.

13.1.7. Conselho Nacional do Ministério Público (CNMP)

É órgão de fiscalização do Ministério Público que atua no controle da atuação administrativa e financeira da instituição e do cumprimento dos deveres funcionais de seus membros, com as atribuições definidas no § 2º do art. 130-A do Texto Maior.

Já foi decidida pelo STF a impossibilidade do exercício de cargo de diretor de planejamento, administração e logística do IBAMA ser ocupado por promotor de justiça. Essa impossibilidade se dá por ser membro do MP, que ingressou após a promulgação da CF/1988, já que não poderia ele exercer cargo ou função pública em órgão diverso da organização do MP. Essa vedação foi trazida pelo art. 128, § 5º, inciso II, alínea "d", da Constituição Federal vigente (MS 26595, Rel. Min. Cármen Lúcia, Pleno, julgamento em 07.04.2010, *DJe* 10.06.2010).

Vale lembrar que o CNMP atua na esfera administrativa e só pode rever atos desta natureza, avaliando as questões de legalidade. Não cabe ao órgão adentrar o mérito.

Composição: o CNMP é integrado por 14 membros, nomeados pelo Presidente da República, após votação pela maioria absoluta do Senado Federal, para um mandato de dois anos, admitida uma recondução, oriundos do próprio Ministério Público, da Magistratura, da Advocacia e da sociedade (2 cidadãos de notável saber jurídico e reputação ilibada, indicados um pela Câmara dos Deputados e outro pelo Senado Federal).

13.2. Advocacia pública

As instituições representadas por advogados públicos integram o que chamamos de advocacia pública. Tais órgãos visam a defender os interesses do Estado em juízo e extrajudicialmente, bem como prestar consultoria e assessoramento jurídico.

13.2.1. Advocacia-Geral da União

Segundo o art. 131 da Constituição Federal, a União é representada judicial e extrajudicialmente pela Advocacia-Geral da União, cabendo-lhe também as atividades de consultoria e assessoramento jurídico do Poder Executivo. A atuação da AGU se dá de forma direta.

O ingresso na carreira depende da aprovação em concurso público de provas e títulos, conforme o § 2º do art. 131 do Texto Maior, salvo o cargo de chefia. Diferente do que ocorre com os concursos da Magistratura e do Ministério Público, em que é necessária a participação de membros da OAB, a Constituição não exige a participação da OAB nos concursos para as carreiras da AGU.

A instituição tem por chefe o Advogado-Geral da União, de livre nomeação pelo Presidente da República, dentre cidadãos maiores de 35 anos de notável saber jurídico e reputação ilibada. Salienta-se que o cargo em comento não precisa ser ocupado por integrantes da carreira, já que a nomeação se dá livremente pelo Chefe do Executivo.

13.2.2. Procuradoria-Geral do Estado

Os Procuradores do Estado e do Distrito Federal, além de representarem judicialmente as respectivas unidades federadas, prestam consultoria jurídica e assessoramento.

Igualmente como ocorre no modelo federal, o cargo de chefia é ocupado por pessoa de livre nomeação pelo Governador do Estado. No julgamento da ADI 2682/AP, de relatoria do Min. Gilmar Mendes, o Supremo definiu que "a forma de provimento do cargo de Procurador-Geral do Estado, não prevista pela Constituição Federal (art. 132), pode ser definida pela Constituição Estadual, competência esta que se insere no âmbito de autonomia de cada Estado-membro".

O ingresso na carreira, exceto o do cargo de chefia, conforme mencionado, depende de aprovação em concurso público de provas e títulos, com a participação da Ordem dos Advogados do Brasil em todas as suas fases.

É assegurada a estabilidade aos procuradores, depois de três anos de efetivo exercício, mediante aprovação em avaliação de desempenho perante os órgãos próprios. Isso após relatório circunstanciado das corregedorias (art. 132, parágrafo único, da CF).

Conforme a jurisprudência da Suprema Corte, no julgamento definitivo da ADI 175/PR, Rel. Min. Octavio Gallotti, "foi declarada a constitucionalidade do art. 56 e parágrafos do ADCT do Estado do Paraná, de 05.10.1989, que autorizou a permanência, em carreiras especiais criadas por lei, dos que já ocupavam com estabilidade, naquele momento, cargos e empregos públicos de advogados, assessores e assistentes jurídicos, para o exercício do assessoramento jurídico nos Poderes Executivo, Legislativo e Judiciário e da representação judicial das autarquias e fundações públicas. Os diplomas legais ora impugnados, ao reunirem numa única carreira os então ocupantes de empregos e cargos públicos preexistentes que já exerciam as mesmas funções de assessoramento jurídico ao Poder Executivo e de representação judicial das autarquias, nada mais fizeram do que atender ao comando expresso no mencionado art. 56 do ADCT paranaense, tratando-se, por certo, de hipótese de subsistência excepcional e transitória autorizada pelo art. 69 do ADCT da CF. A previsão de concurso público de provas e títulos para ingresso na nova carreira, contida no art. 5º da Lei estadual 9.422/1990, destinou-se, exclusivamente, àqueles que já eram, no momento de edição da norma constitucional transitória, ocupantes estáveis de cargos e empregos públicos de advogados, assessores e assistentes jurídicos e que viriam a preencher, mediante aproveitamento, os 295 cargos criados pelo art. 2º do mesmo diploma. Impossibilidade, na vacância, de provimento dos cargos da carreira especial de advogado do Estado do Paraná por outros servidores e, por conseguinte, de realização de novos concursos públicos para esse fim. Necessidade de obediência ao art. 132 da CF." (ADI 484, Rel. p/ o ac. Min. Ricardo Lewandowski, julgamento em 10.11.2011, Plenário, *DJE* de 1º.02.2012).

13.2.3. Defensoria Pública

Os defensores públicos têm por função institucional a orientação jurídica e a defesa, em todos os graus, dos necessitados, na forma do art. 5º, LXXIV, da Constituição.

De acordo com o art. 134 da CF, já com a redação dada pela **EC 80, de 4 de junho de 2014,** a Defensoria Pública é instituição permanente, essencial à função jurisdicional do Estado, incumbindo-lhe, como expressão e instrumento do regime democrático, fundamentalmente, a orientação jurídica, a promoção dos direitos humanos e a defesa, em todos os graus, judicial e extrajudicial, dos direitos individuais e coletivos, de forma integral e gratuita, aos necessitados, na forma do inciso LXXIV do art. 5º desta Constituição Federal.

A **EC 80, de 4 de junho de 2014**, além de dar nova redação ao art. 134 da CF e alterar outros dispositivos, acrescentou o § 4º ao art. 134, o qual indicou os **princípios institucionais** da Defensoria Pública, quais sejam: **a unidade, a indivisibilidade e a independência funcional**, aplicando-se também, no que couber, o disposto no art. 93 e no inciso II do art. 96 desta Constituição Federal.

Vale lembrar que a organização da Defensoria Pública da União e do Distrito Federal e dos Territórios se dá por lei complementar a qual prescreverá normas gerais para sua organização nos Estados, conforme dispõe o § 1º do art. 134 da CF.

Além disso, às Defensorias Públicas Estaduais são asseguradas autonomia funcional e administrativa e a iniciativa de sua proposta orçamentária dentro dos limites estabelecidos na lei de diretrizes orçamentárias e subordinação ao disposto no art. 99, § 2º, CF (art. 134, § 2º).

O ingresso na carreira depende de aprovação em concurso público de provas e títulos. É assegurada a seus integrantes a garantia da inamovibilidade e vedado o exercício da advocacia fora das atribuições institucionais.

De acordo com o Supremo, "a representação processual pela Defensoria Pública, *in casu*, Defensoria Pública da União, faz-se por defensor público integrante de seu quadro funcional, independentemente de mandato, ressalvados os casos nos quais a lei exija poderes especiais, consoante dispõe o art. 128, inciso XI, da LC 80/1994." (AI 616.896-AgR, voto do Rel. Min. Gilmar Mendes, julgamento em 14.06.2011, Segunda Turma, *DJE* de 29.06.2011).

Voltando às alterações das normas constitucionais que tratam do tema defensoria pública, é necessário acrescentar que a **EC 69, de 29 de março de 2012** alterou a redação dos artigos 21, 22 e 48 da Constituição Federal, para transferir da União para o Distrito Federal as atribuições de organizar e manter a Defensoria Pública do Distrito Federal.

Tal emenda, oriunda da proposta n. 445/2009, concede competência ao Distrito Federal para organizar e manter a sua Defensoria Pública. Com base na regra antiga, competia à União a organização e manutenção a Defensoria Pública do Distrito Federal. Além disso, também era atribuição da União a competência para legislar sobre essa instituição. Desse modo, o Distrito Federal não possuía autonomia quanto à Defensoria Pública, embora pudesse, com fulcro no art. 24, XIII, primeira parte, da CF, legislar sobre assistência jurídica, o que o fez, por exemplo, instituindo o CEAJUR – Centro de Assistência Jurídica gratuita. Com a aprovação da EC n. 69/2012, a organização, manutenção da Defensoria Pública do Distrito Federal passou a ser de competência deste ente federativo e não mais da União. Foi excluída da competência da União a atribuição para organizar, manter e legislar sobre a Defensoria do Distrito Federal.

Além disso, a **EC 74, de 6 de agosto de 2013**, acrescentou o § 3º ao art. 134, o qual estendeu as mesmas prerrogativas das Defensorias Públicas Estaduais à Defensoria Pública da União (DPU) e à do Distrito Federal. O § 2º do art. 134 da CF, assegura às Defensorias Públicas Estaduais (DPEs) autonomia funcional e administrativa e a iniciativa de sua proposta orçamentária dentro dos limites estabelecidos na Lei de Diretrizes Orçamentárias. O mesmo dispositivo não concedia tal autonomia e nem tal iniciativa à Defensoria Pública da União e do Distrito Federal. Com a alteração, portanto, ficam asseguradas às Defensorias Públicas da União, dos Estados e do Distrito Federal a autonomia funcional e administrativa e a iniciativa de sua proposta orçamentária dentro dos limites estabelecidos na lei de diretrizes orçamentárias.

Por fim, a **EC 80, de 4 de junho de 2014** acrescentou o art. 98 ao ADTC determinando que o número de defensores públicos na unidade jurisdicional seja proporcional à efetiva demanda pelo serviço da Defensoria Pública e à respectiva população.

O § 1º do mencionado dispositivo determina que no prazo de 8 (oito) anos, a União, os Estados e o Distrito Federal contem com defensores públicos em todas as unidades jurisdicionais, observado o disposto no *caput* deste artigo.

E acrescenta, em seu § 2º, que durante o decurso do prazo previsto no § 1º deste artigo, a lotação dos defensores públicos ocorrerá, prioritariamente, atendendo as regiões com maiores índices de exclusão social e adensamento populacional.

13.3. Advocacia privada

Prescreve a Constituição da República em seu art. 133 que "o advogado é indispensável à administração da justiça, sendo inviolável por seus atos e manifestações no exercício da profissão, nos limites da lei".

O advogado é o bacharel em Direito e inscrito na Ordem dos Advogados do Brasil (art. 8º da Lei 8.906/1994 – EOAB).

De acordo com o art. 6º do diploma legal citado, não há hierarquia entre os advogados, magistrados e membros do Ministério Público, devendo haver consideração e respeito entre eles.

Ao advogado é assegurada a inviolabilidade material, tendo em vista que no exercício da atividade profissional não pode ser punido por seus atos ou manifestações, ainda que constituam injúria ou difamação, sem prejuízo das sanções disciplinares perante a OAB pelos eventuais excessos que cometer (art. 7º, § 2º, EOAB).

Em consagração à essencialidade da função do advogado, foi editada a Súmula Vinculante 14, a qual prolata que é direito do defensor, no interesse do representado, ter acesso amplo aos elementos de prova que, já documentados em procedimento investigatório realizado por órgão com competência de polícia judiciária, digam respeito ao exercício do direito de defesa.

Muito importante ainda esclarecer que a OAB, mesmo prestando serviço público federal, não consubstancia uma entidade da administração indireta. Não está, assim, sujeita ao controle da Administração, nem a qualquer das suas partes está vinculada. Essa não vinculação é formal e materialmente necessária. A OAB ocupa-se de atividades atinentes aos advogados, que exercem função constitucionalmente privilegiada, na medida em que são indispensáveis à administração da Justiça, conforme inteligência do art. 133 da Constituição Federal. É entidade cuja finalidade é afeita a atribuições, interesses e seleção de advogados. Não há ordem de relação ou dependência entre a OAB e qualquer órgão público (ADI 3.026, Rel. Min. Eros Grau, julgamento em 08.06.2006, Plenário, *DJ* de 29.09.2006).

14. ESTADOS DE EXCEÇÃO

Os estados de exceção (estado de sítio e de defesa) configuram situações de anormalidade institucional, momentos de crise em que o próprio texto constitucional autoriza que o Estado adote medidas de repressão, limitando algumas garantias fundamentais.

Tanto no estado da defesa como no estado de sítio é necessária a existência de uma comissão que tem por função o acompanhamento e a fiscalização das medidas tomadas durante este período de anormalidade. Tal comissão, designada pela Mesa do Congresso, após a oitiva dos líderes partidários, será composta por 5 (cinco) membros.

14.1. Estado de defesa

O estado de defesa é decretado para preservar ou prontamente restabelecer, em locais restritos e determinados, a ordem pública ou a paz social ameaçadas por grave e iminente instabilidade institucional ou atingidas por calamidades de grandes proporções na natureza.

O Presidente da República, após ouvir o Conselho da República e o Conselho de Defesa, é quem decreta o estado de defesa. Vale lembrar que esse decreto, obrigatoriamente, deve conter o tempo de duração da medida, que não será superior a 30 dias, prorrogável uma vez por igual período, também deve constar as áreas abrangidas e ainda as medidas coercitivas que vigorarão neste período, dentre as seguintes:

a) restrições aos direitos de reunião (ainda que em associações);

b) sigilo de correspondência, de comunicação telegráfica e telefônica;

c) ocupação e uso temporário de bens e serviços públicos (caso de calamidade).

O decreto deve ser encaminhado em 24 horas para o Congresso Nacional, com as respectivas justificativas, que, no prazo de 10 (dez) dias, deverá aprová-lo ou rejeitá-lo por maioria absoluta. Rejeitado o decreto, cessa de imediato o estado de defesa.

Caso o congresso esteja em recesso, será convocado, extraordinariamente, no prazo de 5 (cinco) dias.

Durante a vigência do estado de defesa, qualquer crime cometido contra o Estado deverá ser comunicado imediatamente ao juiz competente pelo executor da medida; o juiz poderá relaxar a prisão caso esta seja ilegal, sendo facultado ao preso requerer exame de corpo de delito.

A comunicação da prisão será acompanhada de declaração, pela autoridade competente, do estado físico e mental do detido no momento de sua prisão, que não poderá ser superior a 10 (dez) dias, salvo quando autorizada pelo juízo competente.

É importante ressaltar que é vedada a incomunicabilidade do preso.

14.2. Estado de sítio

O estado de sítio é decretado nas hipóteses de comoção grave de repercussão nacional, ineficácia do estado de defesa, declaração de estado de guerra ou resposta a agressão estrangeira armada.

Do mesmo modo que o estado de defesa, o de sítio é decretado pelo Presidente da República, desde que sejam ouvidos os Conselhos da República e de Defesa Nacional. Além disso, nesse caso, é necessária a prévia autorização do Congresso Nacional pelo voto da maioria absoluta.

Assim, diferentemente do que ocorre no estado de defesa, no estado de sítio o Presidente deve primeiro solicitar a autorização do Congresso Nacional e, sendo esta deferida, então decretar a medida.

Se o Congresso estiver em recesso e for solicitada essa autorização para decretar o estado de sítio, o Presidente do Senado Federal, de imediato, deve fazer a convocação extraordinária para que se reúnam dentro de 5 (cinco) dias e apreciem o ato, permanecendo em funcionamento até o término das medidas coercitivas.

O prazo de duração é de no máximo 30 (trinta) dias, prorrogáveis, por igual período, indefinidamente, mas sempre com a prévia autorização do Congresso Nacional.

Além do prazo, o decreto presidencial deve conter as normas necessárias a sua execução e as garantias constitucionais que ficarão suspensas tais como:

a) obrigação de permanência em localidade determinada;

b) detenção em edifício não destinado a acusados ou condenados por crimes comuns;

c) restrições relativas à inviolabilidade da correspondência, ao sigilo das comunicações, à prestação de informações e à liberdade de imprensa, radiodifusão e televisão, na forma da lei (obs.: dispõe a Constituição que a difusão de pronunciamentos de parlamentares efetuados em suas Casas Legislativas, desde que liberada pela respectiva Mesa, não se inclui dentre essas restrições);

d) suspensão da liberdade de reunião;

e) busca e apreensão em domicílio;

f) intervenção nas empresas de serviços públicos;

g) requisição de bens.

14.3. Disposições gerais

Ao término dos estados de defesa e sítio, os efeitos por eles produzidos cessarão, mas os ilícitos praticados pelos agentes e executores da medida poderão ser apurados para que sejam determinadas eventuais responsabilizações.

O Presidente da República, assim que cessarem os estados de exceção, deve relatar ao Congresso Nacional as medidas que foram tomadas durante o período de anormalidade especificando e justificando as providências tomadas, indicando as restrições aplicadas.

15. ORDEM ECONÔMICA

Determina a Constituição que a ordem econômica tem por fundamento a valorização do trabalho humano e a livre-iniciativa, visando a assegurar a todos existência digna, conforme os ditames da justiça social.

Tais determinações estão previstas no final da Constituição, no capítulo da ordem econômica, que vai do art. 170 ao 192, mas decorre do início da Constituição, precisamente do art. 1º, inciso III, que trata da dignidade da pessoa humana.

A República Federativa do Brasil, Estado Democrático de Direito, é composta por diversos fundamentos, mas certamente o mais importante é a dignidade da pessoa humana.

15.1. Princípios

O art. 170 do texto constitucional enumera os princípios que regem a ordem econômica. São os seguintes:

I. soberania nacional;

II. propriedade privada;

III. função social da propriedade;

IV. livre concorrência;

V. defesa do consumidor;

VI. defesa do meio ambiente;

VII. redução das desigualdades regionais e sociais;

VIII. busca do pleno emprego;

IX. tratamento favorecido para as empresas de pequeno porte constituídas sob as leis brasileiras e que tenham sua sede e administração no País.

Analisemos cada um deles.

15.1.1. Soberania nacional

Quando estudamos tal tema, temos de ter como pressuposto a ideia de não imposição, não subordinação entre os países. Cada um dos Estados detém capacidade para tomar decisões sobre seu próprio governo, não se submetendo a qualquer tipo de imposição determinada por outrem.

15.1.2. Propriedade privada

Tem como fundamento o fato de o Brasil ser um país capitalista. Antigamente, essa propriedade tinha caráter absoluto; atualmente não se pode mais pensar assim, pois há muitas limitações. A função social da propriedade é a principal delas. Não basta ser dono, tem de dar utilidade sob pena de uma série de sanções como, por exemplo, IPTU progressivo no tempo, desapropriação etc.

15.1.3. Função social da propriedade

Está prevista nos incisos XXII e XXIII do art. 5º e nos artigos 182, § 2º, e 186, todos da Constituição. Consubstancia uma limitação imposta ao direito de propriedade, garantido constitucionalmente. Quando não for cumprida a chamada função social poderão ser impostas penalidades, como por exemplo, o parcelamento ou edificação compulsórios e a desapropriação do imóvel. Desse modo, o direito à propriedade não é absoluto, para que o sujeito exerça plenamente esse direito, ele deve dar função social ao seu bem.

15.1.4. Livre concorrência

O Estado tem o dever constitucional de participar preventiva e repressivamente no mercado econômico, atuando de forma a banir qualquer tipo de abuso, dominação de empresas etc. A concentração de poder numa mesma empresa ou grupo de empresas não está de acordo com o texto constitucional, pois diminui a livre concorrência, gera menos renda e fere a existência digna e o princípio da igualdade.

Dispõe o art. 173, § 4º, da Constituição que o abuso do poder econômico que vise à dominação de mercados, à eliminação da concorrência e ao aumento arbitrário dos lucros será reprimido, na forma da lei.

O § 5º do mesmo dispositivo determina que a lei estabeleça a responsabilidade das empresas nos atos praticados contra a ordem econômica e financeira e contra a economia popular, sujeitando-a às punições compatíveis com sua natureza e tudo isso sem prejuízo da responsabilidade individual dos dirigentes da pessoa jurídica.

É importante trazer aqui o enunciado da Súmula 646 do STF que trata do tema livre concorrência e dispõe que ofende tal princípio lei municipal que impede a instalação de estabelecimentos comerciais do mesmo ramo em determinada área.

15.1.5. Defesa do consumidor

Não só o lucro deve ser protegido, mas também a parte vulnerável que é, segundo o CDC, presumidamente, o consumidor. É princípio da ordem econômica também a promoção da sua defesa.

15.1.6. Defesa do meio ambiente

Vejam, assim como a defesa do consumidor, a proteção ao meio ambiente configura princípio básico da ordem econômica. Tamanha é a importância disso que a Constituição destinou um capítulo para tratar do meio ambiente.

É direito de todos e dever do Estado a existência de um meio ambiente ecologicamente equilibrado, bem como a sadia qualidade de vida. Desse modo, tanto o Poder Público como toda a população e as empresas têm o dever constitucional de preservá-lo para as presentes e futuras gerações.

O mercado não pode apenas fortalecer economicamente o país, tem também o dever de promover um desenvolvimento sustentável. É exemplo disso a regra trazida no inciso VI do art. 170 que dá tratamento diferenciado às empresas, conforme o impacto ambiental dos produtos e serviços que criam.

15.1.7. Redução das desigualdades regionais e sociais

Essa ordem decorre do art. 3º, inciso III, da Constituição que, ao tratar dos objetivos fundamentais do Brasil, dispõe que um deles é erradicar a pobreza e a marginalização, além de reduzir as desigualdades sociais e regionais existentes.

15.1.8. Busca do pleno emprego

As empresas devem atuar e incentivar a busca pelo pleno emprego, satisfazendo as exigências da coletividade.

15.1.9. Tratamento favorecido para as empresas de pequeno porte

Um exemplo de concretização desse princípio é a lei que cuida das micro e pequenas empresas, Lei Complementar n. 123/2006.

15.2. Atuação estatal no domínio econômico

A atividade econômica é exercida, em regra, independentemente de autorização, conforme dispõe o parágrafo único do art. 170 da Constituição.

Vale mencionar que, embora a iniciativa privada é quem efetivamente deve atuar no mercado, o Estado também atua na atividade econômica. Isso ocorre de forma residual, subsidiária. Assim, determina o ordenamento que o Estado participa quando há relevante interesse coletivo ou quando o exista imperativo de segurança nacional, como por exemplo, fabricação de material bélico.

O art. 177 do texto constitucional enumera atividades consideradas monopólio da União. Genericamente, são temas relacionados ao gás natural, petróleo e minérios. Segue a lista de atividades que constituem monopólio da União:

I. a pesquisa e a lavra das jazidas de petróleo e gás natural e outros hidrocarbonetos fluidos;

II. a refinação do petróleo nacional ou estrangeiro;

III. a importação e exportação dos produtos e derivados básicos resultantes das atividades previstas nos incisos anteriores;

IV. o transporte marítimo do petróleo bruto de origem nacional ou de derivados básicos de petróleo produzidos no País, bem assim o transporte, por meio de conduto, de petróleo bruto, seus derivados e gás natural de qualquer origem;

V. a pesquisa, a lavra, o enriquecimento, o reprocessamento, a industrialização e o comércio de minérios e minerais nucleares e seus derivados, com exceção dos radioisótopos cuja produção, comercialização e utilização poderão ser autorizadas sob regime de permissão, conforme as alíneas "b" e "c" do inciso XXIII do *caput* do art. 21 da Constituição Federal.

As disposições trazidas nos incisos I a IV podem ser repassadas, pela União, a empresas estatais ou privadas, desde que sejam respeitadas certas condições, conforme dispõe o § 1º do art. 177 da Constituição Federal.

16. ORDEM SOCIAL

A ordem social é disciplinada a partir do art. 193 da Constituição e aborda diversos assuntos como por exemplo, a seguridade social, a educação, a cultura, o desporto, o meio ambiente e a proteção à família, à criança, ao adolescente e ao idoso.

Conforme o art. 193 da CF, tal ordem tem como base o primado do trabalho e como objetivo o bem-estar e a justiça sociais.

Analisemos, então, os principais assuntos resguardados nesse capítulo da Constituição. São os seguintes: seguridade social, educação, cultura, desporto, ciência, tecnologia e inovação, meio ambiente e família.

16.1. Seguridade Social

A primeira observação a ser feita aqui é a de que a denominada seguridade social é composta por três assuntos importantes, quais sejam, a previdência social, a saúde e a assistência social. Hoje o sistema de previdência social é contributivo e não mais retributivo.

São princípios e objetivos que norteiam a seguridade social:

I. universalidade da cobertura e do atendimento;

II. uniformidade e equivalência dos benefícios e serviços às populações urbanas e rurais;

III. seletividade e distributividade na prestação dos benefícios e serviços;

IV. irredutibilidade do valor dos benefícios;

V. equidade na forma de participação no custeio;

VI. diversidade da base de financiamento;

VII. caráter democrático e descentralizado da administração, mediante gestão quadripartite, com participação dos trabalhadores, dos empregadores, dos aposentados e do Governo nos órgãos colegiados.

É possível observar que os recursos destinados à seguridade advirão de diversas fontes, como por exemplo, da folha de salário dos empregados, da receita ou do faturamento das empresas etc.

16.1.1. Saúde

A Constituição garante a todos o direito à saúde, atribuindo ao Estado o dever de prestá-la, valendo-se, para tanto, de políticas públicas sociais e econômicas. É missão do Estado buscar reduzir o risco de doenças, promovendo campanhas públicas de prevenção, vacinação, dentre outras.

Além disso, o acesso ao sistema único de saúde deve ser universal e igualitário, ou seja, não podem ser feitas imposições e distinções para que se promova o atendimento à saúde.

A regulamentação, a fiscalização, o controle e a execução das ações e serviços de saúde cabem ao Poder Público. A última pode ser prestada de forma direta pelo próprio Estado ou indiretamente pelo particular.

A LC 141, de 13.1.2012, ao regulamentar o § 3º do art. 198 da CF, determinou valores mínimos a serem aplicados anualmente pela União, Estados, Distrito Federal e Municípios em ações e serviços públicos de saúde. Além disso, estabeleceu os critérios de rateio dos recursos de transferências para a saúde e as normas de fiscalização, avaliação e controle das despesas com saúde nas 3 (três) esferas de governo.

Por fim, o sistema único de saúde, financiado com recursos advindos do orçamento da seguridade social, da União, dos Estados, do Distrito Federal e dos Municípios e de outras fontes, é balizado pelas seguintes regras:

I. descentralização, com direção única em cada esfera de governo;
II. atendimento integral, com prioridade para as atividades preventivas, sem prejuízo dos serviços assistenciais; e
III. participação da comunidade.

16.1.2. Previdência social

Conforme mencionado, a previdência é estruturada pelo regime contributivo e a filiação a ela é obrigatória. É essa instituição que possui o denominado regime geral de previdência. Dispõe o art. 201 da Constituição que, respeitados os critérios que preservem o equilíbrio financeiro e atuarial, a previdência dará cobertura aos eventos de doença, invalidez, morte, idade avançada, desemprego involuntário, maternidade e prisão.

A concessão de aposentadorias por parte da previdência não pode adotar requisitos e critérios diferenciados, exceto em relação às atividades exercidas sob condições especiais; é o que se pode extrair do § 1º do art. 201 da CF.

Vale lembrar a regra de que os valores dos benefícios concedidos pelo Instituto Nacional de Seguridade Social (INSS), desde que substituam o rendimento do trabalho do segurado, não poderão ser inferiores ao salário mínimo vigente.

16.1.2.1. Aposentadoria – Regras constitucionais

a) **Aposentadoria por tempo de contribuição:** homens – 35 (trinta e cinco) anos de contribuição; mulheres – 30 (trinta) anos de contribuição;
b) **Aposentadoria por idade:** regra – homens 65 (sessenta e cinco) anos; mulheres – 60 (sessenta) anos;
c) **Trabalhadores rurais e trabalhadores em regime de economia familiar:** homens – 60 (sessenta) anos de idade; mulheres – 55 (cinquenta e cinco) anos de idade;
d) **Professores:** homens – 30 (trinta) anos de contribuição; mulheres – 25 (vinte e cinco) anos de contribuição, desde que exclusivamente no exercício do magistério na educação infantil, ensino fundamental e médio.

Vale ressaltar que a Constituição assegura também o regime de previdência privada para complementar o regime geral, devendo seguir, dentre outras, as seguintes diretrizes: facultatividade, autonomia, disciplina por meio de lei complementar e independência financeira.

Em relação ao regime de previdência aplicado aos servidores públicos é interessante mencionar que a **EC 70, de 29 de março de 2012**, alterou a Lei n. 10.887/2004 e, com isso, determinou que a União, Estados e Municípios, no prazo de cento e oitenta dias, façam uma revisão das aposentadorias por invalidez, concedidas a servidores públicos a partir de 1º de janeiro de 2004. Os reajustes não serão retroativos, os efeitos financeiros da revisão vão valer a partir da data de promulgação da emenda ("ex nunc").

Desse modo, o servidor aposentado por invalidez terá assegurado o salário que recebia quando em atividade. Pela regra anterior a aposentadoria por invalidez permanente significava proventos proporcionais ao tempo de contribuição.

Tal emenda concede paridade para as modalidades de aposentadorias, quais sejam, proporcional e integral e altera a forma de cálculo que passa a ser com base na remuneração do cargo efetivo que se der a aposentadoria, na forma da lei. A emenda só vale para quem ingressou no serviço público até o fim de 2003.

É importante mencionar a LC 142, de 08.05.2013, que regulamentou o § 1º do art. 201 da CF, no tocante à aposentadoria da pessoa com deficiência segurada do Regime Geral de Previdência Social – RGPS.

O § 1º do art. 201 da CRFB/ 88 determina que é proibida a adoção de requisitos e critérios diferenciados para a concessão de aposentadoria aos beneficiários do regime geral de previdência social, ressalvados os casos de atividades exercidas sob condições especiais que prejudiquem a saúde ou a integridade física e quando se tratar de segurados portadores de deficiência, nos termos definidos em lei complementar".

O trabalhador que tem deficiência física foi enquadrado em três níveis diferentes de comprometimento, quais sejam: deficiência grave, moderada e leve. Para a determinação do tempo reduzido de contribuição foi necessário o cruzamento dos critérios da condição física (graduação da deficiência) com o já determinado critério de gênero.

Por fim, de acordo com o art. 40, § 1º, II, da CF, **alterado pela EC nº 88 de 8 de maio de 2015**, o limite de idade para a aposentadoria compulsória do servidor público em geral,com proventos proporcionais ao tempo de contribuição,é de 70 (setenta) anos de idade, ou 75 (setenta e cinco) anos de idade, na forma de lei complementar.

Vale lembrar que a mesma emenda acrescentou o art. 100 ao ADCT, mencionando que até que entre em vigor a lei complementar de que trata o inciso II do § 1º do art. 40 da Constituição Federal, os Ministros do Supremo Tribunal Federal, dos Tribunais Superiores e do Tribunal de Contas da União aposentar-se-ão, compulsoriamente, **aos 75 (setenta e cinco)** anos de idade, nas condições do art. 52 da Constituição Federal."

16.1.3. *Assistência social*

Completando o que chamamos de "seguridade social" (saúde, previdência e assistência), cabe a análise da assistência social.

A primeira observação importante é que ela deve ser prestada a todos aqueles que dela necessitarem, de forma gratuita, independentemente de contribuição. As próprias verbas destinadas ao gênero seguridade social é que mantêm a assistência social.

Conforme o art. 203 da Constituição, são objetivos da assistência social:

I. a proteção à família, à maternidade, à infância, à adolescência e à velhice;
II. o amparo às crianças e adolescentes carentes;
III. a promoção da integração ao mercado de trabalho;
IV. a habilitação e reabilitação das pessoas portadoras de deficiência e a promoção de sua integração à vida comunitária;
V. a garantia de um salário mínimo de benefício mensal à pessoa portadora de deficiência e ao idoso que comprovem não possuir meios de prover a própria manutenção ou de tê-la provida por sua família. A Lei n. 8.742/1993, conhecida como LOAS – Lei Orgânica da Assistência Social, é quem disciplina esse benefício.

Conforme mencionado, os recursos advindos da seguridade social são destinados também à assistência. Mas, além disso, ela será mantida por outras fontes, organizadas com base na descentralização político-administrativa e na participação popular. A formulação de políticas públicas e fiscalização de tais ações cabem ao Estado e à população.

O parágrafo único do art. 204 da Constituição faculta aos Estados e ao Distrito Federal a vinculação de programa de apoio à inclusão e promoção social até cinco décimos por cento de sua receita tributária líquida, vedada a aplicação desses recursos no pagamento de despesas com pessoal e encargos sociais, serviço da dívida ou qualquer outra despesa corrente não vinculada diretamente aos investimentos ou ações apoiados.

16.2. Educação

Direito de todos e dever do Estado, conforme o art. 206 da Constituição, devem ser promovidos com base nos seguintes princípios:

I. igualdade de condições para o acesso e permanência na escola;
II. liberdade de aprender, ensinar, pesquisar e divulgar o pensamento, a arte e o saber;
III. pluralismo de ideias e de concepções pedagógicas, e coexistência de instituições públicas e privadas de ensino;
IV. gratuidade do ensino público em estabelecimentos oficiais;
V. valorização dos profissionais da educação escolar, garantidos, aos das redes públicas, na forma da lei, planos de carreira, com ingresso exclusivamente por concurso público de provas e títulos;
VI. gestão democrática do ensino público, na forma da lei;
VII. garantia de padrão de qualidade;
VIII. piso salarial profissional nacional para os profissionais da educação escolar pública, nos termos de lei federal. Tal regra é fruto da EC 59/2009.

O inciso IV determina a gratuidade do ensino público em estabelecimentos oficiais. Por conta dessa disposição, foi editada pelo STF a Súmula Vinculante n. 12, que determina que a cobrança de taxa de matrícula nas universidades públicas viola o disposto no art. 206, IV, da CF.

Por fim, dispõe o § 1º do art. 208 que o acesso ao ensino obrigatório e gratuito é direito público subjetivo.

16.3. Cultura

É dever do Estado garantir o pleno exercício dos direitos culturais e o acesso às fontes da cultura nacional. Cabe a ele dar suporte e incentivar a valorização e difusão das manifestações culturais (art. 215 da CF).

São considerados patrimônio cultural brasileiro, além dos bens de natureza material e imaterial, tomados, as formas de expressão, os modos de criar, fazer e viver, as criações científicas, artísticas e tecnológicas, as obras, objetos, documentos, edificações e demais espaços destinados às manifestações artístico-culturais e os conjuntos urbanos e sítios de valor histórico, paisagístico, artístico, arqueológico, paleontológico, ecológico e científico (art. 216 da CF).

A promoção e a proteção do patrimônio cultural brasileiro é dever não apenas do Poder Público, mas também de toda a comunidade, conforme os ditames do § 1º do art. 216 da Constituição. São formas de proteção, dentre outras, o tombamento, a vigilância e os registros.

Vale lembrar que a **EC n. 71** de 29 de novembro de 2012, ao acrescentar o art. 216-A ao texto Constitucional, criou o **Sistema Nacional de Cultura** que tem por finalidade instituir um processo de gestão e promoção conjunta de políticas públicas de cultura, democráticas e permanentes, pactuadas entre os entes da Federação e a sociedade. Essas políticas objetivam promover o desenvolvimento humano, social e econômico com pleno exercício dos direitos culturais, além de prestigiar a transparência na aplicação de recursos para a cultura. Os entes terão maior autonomia, em regime de colaboração, e poderão integrar, articular e organizar a gestão neste setor.

Os princípios que regem o Sistema Nacional de Cultura, de acordo com o art. 216-A, § 1º, são: I – diversidade das expressões culturais; II – universalização do acesso aos bens e serviços culturais; III – fomento à produção, difusão e circulação de conhecimento e bens culturais; IV – cooperação entre os entes federados, os agentes públicos e privados atuantes na área cultural; V – integração e interação na execução das políticas, programas, projetos e ações desenvolvidas; VI – complementaridade nos papéis dos agentes culturais; VII – transversalidade das políticas culturais; VIII – autonomia dos entes federados e das instituições da sociedade civil; IX – transparência e compartilhamento das informações; X – democratização dos processos decisórios com participação e controle social; XI – descentralização articulada e pactuada da gestão, dos recursos e das ações; XII – ampliação progressiva dos recursos contidos nos orçamentos públicos para a cultura.

16.4. Desporto

De acordo com o art. 217 da CF, é dever do Estado apoiar práticas desportivas formais e não formais, como direito de cada um, observadas as seguintes regras: I – a autonomia das entidades desportivas dirigentes e associações, quanto a sua organização e funcionamento; II –a destinação de recursos públicos para a promoção prioritária do desporto educacional e, em casos específicos, para a do desporto de alto rendimento; III –o tratamento diferenciado para o desporto profissional e o não profissional; IV –a proteção e o incentivo às manifestações desportivas de criação nacional.

O § 1º do dispositivo citado determina que o Poder Judiciário apenas admita ações relativas à disciplina e às competições desportivas **após esgotarem-se as instâncias da justiça desportiva**, regulada em lei.

Desse modo, o Constituinte reconheceu a existência da justiça desportiva. Por outro lado, os processos por ela analisados possuem natureza administrativa, não transitam em julgado e podem, desde que tenham sido esgotadas as suas instâncias, ser apreciados pelo Poder Judiciário.

Por fim, a decisão final a ser dada pelajustiça desportiva deve ocorrer em até o prazo máximo de sessenta dias, contados da instauração do processo, conforme determina o § 2º do art. 217 da CF.

16.5. Ciência, tecnologia e inovação (EC 85/2015)

A EC n º 85 de 26 de fevereiro de 2015 alterou e adicionou dispositivos na Constituição Federal com a finalidade de atualizar o tratamento das atividades de ciência, tecnologia e inovação.

Sendo assim, o caput do art. 218 da CF determina que o Estado promova e incentive o desenvolvimento científico, a pesquisa, a capacitação científica e tecnológica **e a inovação**.

Para concretizar tais objetivos, o Estado deve estimular a articulação entre entes, públicos ou privados, nas diversas esferas de governo. Além disso, deve promover e incentivar a atuação no exterior das instituições públicas de ciência, tecnologia e inovação. É o que determina §§ 6º e 7º do art. 218 da CF.

Por fim, de acordo com o art. 219-B da CF, o Sistema Nacional de Ciência, Tecnologia e Inovação (SNCTI) será organizado em regime de colaboração entre entes, tanto públicos quanto privados, com vistas a promover o desenvolvimento científico e tecnológico e a inovação.

16.6. Meio ambiente

Todas as pessoas têm direito ao meio ambiente ecologicamente equilibrado, sendo obrigação de todos defendê-lo e preservá-lo para as presentes e futuras gerações.

A Constituição trata do tema no art. 225. Há diversas normas infraconstitucionais cuidando do assunto, em especial a Lei n. 9.605/1998, que dispõe sobre os crimes ambientais, possibilitando a responsabilização penal da pessoa jurídica, tema polêmico doutrinária e jurisprudencialmente.

16.7. Família

Dentre as principais regras constitucionais sobre o tema, é necessário observar as trazidas pelas Emendas Constitucionais n. 65 e 66, que são as seguintes: extensão ao jovem das proteções existentes às crianças e aos adolescentes e a possibilidade de divórcio direito, sem a necessidade da observância do prazo de dois anos contados da separação.

Sendo assim, a EC n. 65/2010 alterou a denominação do Capítulo VII do Título VIII da Constituição Federal e modificou o art. 227 da CF, para cuidar dos interesses da juventude e a EC n. 66/2010, emenda unicelular por conter apenas um artigo, promoveu a alteração do § 6º do art. 226 da CRFB/1988, suprimindo o requisito de separação judicial prévia, por mais de um ano ou a exigência de separação de fato por mais de dois anos, para a concessão do divórcio. Nos termos da legislação atual, portanto, nada impede que um casal contraia matrimônio em um dia e se divorcie logo após.

17. SISTEMA TRIBUTÁRIO NACIONAL

17.1. Definição de tributo

Conforme o art. 3º do Código Tributário Nacional: "Tributo é toda prestação pecuniária compulsória, em moeda ou cujo valor nela se possa exprimir, que não constitua sanção de ato ilícito, instituída em lei e cobrada mediante atividade administrativa plenamente vinculada."

Sendo assim, tributo é prestação pecuniária, é compulsório, é instituído por lei, é cobrado por lançamento e não é multa.

17.2. Espécies de tributos

Vigora em nosso ordenamento a teoria pentapartida (pentapartite ou quinquipartida), a qual diferencia 5 (cinco) espécies de exações: impostos, taxas, contribuição de melhoria, empréstimos compulsórios e contribuições.

O respectivo entendimento nos foi trazido por meio do voto do Ministro do STF Carlos Velloso, em 1º.07.1992, no RE n. 138. 284/CE (Pleno).

Passemos então ao breve estudo das espécies tributárias.

17.2.1. Impostos

São conhecidos como tributos não vinculados a uma prestação estatal. Possuem como fato gerador uma situação independente de qualquer atividade estatal específica, relativa somente à vida, patrimônio e atividades do contribuinte.

Todos os entes políticos, União, Estados, Distrito Federal e Municípios podem ser sujeitos ativos dessa espécie tributária.

17.2.2. Taxas

São tributos vinculados à ação estatal, relacionado à atividade pública e não a qualquer ação do particular. Podem ser cobradas em função do exercício do poder de polícia ou pela utilização, efetiva ou potencial, de serviços públicos específicos e divisíveis prestados ao contribuinte ou postos à sua disposição.

Vale lembrar que a Súmula Vinculante n. 19 determina que a taxa cobrada exclusivamente em razão de serviços públicos de coleta, remoção e tratamento ou destinação de lixo ou resíduos provenientes de imóveis, não viola o art. 145, II, da CF.

17.2.3. Contribuição de melhoria

Essa contribuição pressupõe uma obra pública (e não um serviço público) e depende da valorização do bem imóvel. Subordina-se ao princípio do custo-benefício, da capacidade contributiva do contribuinte e da equidade.

A cobrança de tal tributo se deve ao fato de que o Estado tem de ser indenizado por ter realizado uma vantagem econômica especial aos imóveis de certas pessoas, ainda que não a tenha querido.

Desse modo, se da obra pública decorre valorização mobiliária, é devida a cobrança da contribuição de melhoria que será cobrada, justamente, daqueles que se beneficiaram dessa valorização.

O fato gerador desse tributo é a valorização imobiliária decorrente de uma obra pública.

17.2.4. Empréstimos compulsórios

O empréstimo compulsório é um tributo federal em que a Constituição apresenta critérios materiais e formais para sua instituição. São pressupostos para sua cobrança: despesas extraordinárias decorrentes de calamidade pública, guerra externa ou sua iminência ou investimento público de caráter urgente e relevante interesse social (art. 148, I e II, CF).

17.2.5. Contribuições

O que caracteriza tal espécie tributária é que as contribuições financiam atividades de interesse público, beneficiando determinado grupo e, direta ou indiretamente, o contribuinte.

É possível visualizar aqui a ideia de parafiscalidade – o que quer dizer "aquele que fica ao lado do Estado", um "quase Estado", já que a contribuição parafiscal é devida a entidades que desempenham atividades especiais, paralelas às da Administração.

Conforme dispõe o art. 149 da CF, as contribuições federais são as seguintes: contribuições de interesse das categorias profissionais ou econômicas; contribuições de intervenção no domínio econômico e contribuições sociais.

17.3. Competência tributária

Nas palavras de Luciano Amaro, "competência tributária é a aptidão para criar tributos. (...) O poder de criar tributo é repartido entre os vários entes políticos, de modo que cada um tem competência para impor prestações tributárias, dentro da esfera que lhe é assinalada pela Constituição" (Amaro, Luciano. Direito Tributário Brasileiro, 14ª Edição, p. 93).

A competência tributária é política, irrenunciável, indelegável, intransferível e facultativa, uma vez que o ente político pode ou não exercê-la. Tal competência é classificada em: privativa, comum, cumulativa, especial e residual.

Vale lembrar que de acordo com o art. 151, III, da CF é vedada a denominada isenção heterônoma que é aquela em que um ente, que não detém a titularidade da competência tributária, concede isenção a outro.

17.3.1. Privativa

É o poder que todos os entes políticos têm para instituir os tributos enumerados pela própria Constituição Federal.

17.3.2. Comum

Refere-se aos tributos vinculados, quais sejam as taxas e contribuições de melhoria. A competência é comum uma vez que União, Estados, Municípios e Distrito Federal podem ser sujeitos ativos dos referidos tributos.

17.3.3. Cumulativa

Indica que a União tem competência para instituir impostos estaduais e municipais nos Territórios (art. 147 da CF), assim como compete ao Distrito Federal os impostos municipais e estaduais (art. 155 da CF).

17.3.4. Especial

Refere-se ao poder de instituir empréstimos compulsórios (art. 148 da CF) e contribuições especiais (art. 149 da CF).

17.3.5. Residual

É o poder de criar tributos diversos dos existentes, aqueles que podem ser instituídos sobre situações não previstas (artigos 154, I e 195, § 4º da CF).

17.4. Capacidade tributária ativa

As atribuições das funções de arrecadar ou fiscalizar tributos, ou de executar leis, serviços, atos ou decisões administrativas, em matéria tributária, podem ser delegadas de uma pessoa jurídica de direito público a outra.

Exemplo disso são as autarquias como CREA, CRC, CRECI etc., que recebem a atribuição de exigir um tributo (contribuição profissional) dos profissionais vinculados a estas entidades corporativas.

É, portanto, delegável, diferentemente da competência tributária.

17.5. Dos Princípios Gerais

A Constituição Federal traz em si os princípios norteadores do ramo tributário.

Os entes políticos poderão instituir impostos, taxas (em razão do exercício do poder de polícia ou pela utilização de serviços públicos específicos e divisíveis) e contribuição de melhoria decorrente de obras públicas.

Somente por meio de lei complementar:

– que se pode dispor sobre conflitos de competência em matéria tributária entre a União, os Estados, os Municípios e o Distrito Federal;

✓ regulam-se as limitações constitucionais ao poder de tributar;

✓ estabelecem-se normas gerais de Direito Tributário.

Ademais, para prevenir desequilíbrios da concorrência, lei complementar poderá estabelecer critérios especiais de tributação, sem prejuízo da competência de a União, por lei, estabelecer normas de igual objetivo.

É muito importante lembrar que a União por lei complementar poderá instituir empréstimos compulsórios:

✓ para atender a despesas extraordinárias, decorrentes de calamidade pública, de guerra externa ou sua iminência;

✓ no caso de investimento público urgente e de relevante interesse nacional (desde que não seja no mesmo exercício financeiro em que haja sido publicada a lei que os instituiu).

Compete exclusivamente à União instituir contribuições sociais, de intervenção no domínio econômico e de interesse das categorias profissionais ou econômicas, como instrumento de sua atuação nas respectivas áreas.

Vale ressaltar que os Municípios e o Distrito Federal poderão instituir contribuição para custeio do serviço de iluminação pública, observados princípios da legalidade e anterioridade.

17.6. Das Limitações do Poder de Tributar

O poder do Estado-Administração de tributar é disciplinado pelas normas de direito público, que, em sua atividade financeira, capta recursos materiais para manter sua estrutura e permitir ao cidadão-contribuinte os serviços que lhe compete.

Porém, há certos limites para que em sua função de arrecadar o Estado não se exceda. Nesse passo, determinados princípios devem ser respeitados. Vejamos:

I. Princípio da Legalidade Tributária

No plano do Direito Tributário, em defesa da ideia de segurança jurídica, ressalta-se o art. 150, I, CF/1988, o qual indica o princípio da legalidade tributária. Observe-o: "Art. 150 Sem prejuízo de outras garantias asseguradas ao contribuinte, é vedado à União, aos Estados, aos Municípios e ao Distrito Federal:

I – exigir ou aumentar tributo sem lei que o estabeleça. (...)"

Dessa forma, para ser instituído ou majorado (ou até reduzido) o tributo depende de lei. Este e tão somente este é o veículo normativo possível.

II. Princípio da Anterioridade Tributária

Este princípio tem duas facetas: a anterioridade anual ou comum (art. 150, III, "b", CF) e a anterioridade nonagesimal ou privilegiada (art. 150, III, "c", CF).

Tem como fundamento o sobreprincípio da segurança das relações jurídicas entre a Administração Pública e seus administrados, evitando que inesperadamente apareçam cobranças tributárias. É garantia individual do contribuinte.

III. Princípio da Isonomia Tributária

Expresso no art. 150, II, da Constituição Federal, este postulado veda o tratamento tributário desigual a contribuintes que se encontrem em situação de equivalência.

Assim como o *caput* do art. 5º da Constituição trata da igualdade de forma genérica, o supracitado artigo explora-o de forma específica ao ramo tributário.

IV. Princípio da Irretroatividade Tributária

O art. 150, III, "a", da Constituição Federal prevê expressamente tal princípio. Para Luciano Amaro, o que a Constituição pretende, obviamente, é vedar a aplicação da lei nova, que criou ou aumentou o tributo, a fato pretérito, que, portanto, continua sendo não gerador de tributo, ou permanece como gerador de menor tributo, segundo a lei da época de sua ocorrência (Amaro, Luciano. Direito Tributário Brasileiro, 14 Edição, p.118).

É isso que dá confiança e certeza na relação Fisco-contribuinte, uma vez que, se retroagissem leis cobrando tributos, insegura seria tal relação.

V. Princípio da Vedação ao Confisco

Tem se entendido que terá efeito confiscatório o tributo que exceder a capacidade contributiva do contribuinte. Entretanto, o art. 150, IV, da Constituição não traz critérios objetivos.

Sendo assim, cabe ao intérprete a tarefa de delimitar o "efeito de confisco", com base no conteúdo e alcance dos elementos descritos em cada caso concreto. Nesse passo, deve-se lembrar que proporcionalidade e razoabilidade são caracteres que devem ser levados em conta.

VI. Princípio da Não Limitação ao Tráfego de Pessoas e Bens

Segundo esse princípio (art. 150, V, da CF), as divisas municipais e estaduais não podem ser fatos geradores de quaisquer tributos (federais, estaduais ou municipais).

O tráfego de pessoas e bens tem proteção constitucional decorrente da unidade política do território brasileiro.

Ademais, já no art. 5º, XV, da Constituição Federal é prescrito que "é livre a locomoção no território nacional em tempo de paz, podendo qualquer pessoa, nos termos da lei, nele entrar, permanecer ou dele sair com seus bens;".

17.7. Da Emenda Constitucional n. 75 de 15 de outubro de 2013.

A EC 75/2013 acrescentou a alínea "e" ao inciso VI do art. 150 da Constituição Federal, instituindo imunidade tributária sobre os fonogramas e videofonogramas musicais produzidos no Brasil contendo obras musicais ou lítero musicais de autores brasileiros e/ou obras em geral interpretadas por artistas brasileiros bem como os suportes materiais ou arquivos digitais que os contenham.

Em suma, a regra, que passou a vigorar a partir do dia 16 de outubro de 2013 e que teve por finalidade diminuir o valor dos CDs e DVDs, possibilitando ao consumidor final acesso à cultura com um menor custo, faz com que não incida ICMS e ISS sobre os citados produtos.

17.8. Da Emenda Constitucional n. 87 de 16 de abril de 2015

A EC 87/2015 alterou o § 2º do art. 155 da Constituição Federal e incluiu o art. 99 no Ato das Disposições Constitucionais Transitórias, para tratar da sistemática de cobrança do imposto sobre operações relativas à circulação de mercadorias e sobre prestações de serviços de transporte interestadual e intermunicipal e de comunicação incidente sobre as operações e prestações que destinem bens e serviços a consumidor final, contribuinte ou não do imposto, localizado em outro Estado.

17.9. Da Emenda Constitucional n. 86 de 17 de março de 2015

A EC 86/2015 alterou os artigos 165, 166 e 198 da Constituição Federal, tornando obrigatória a execução da programação orçamentária que especifica.

18. DISPOSIÇÕES CONSTITUCIONAIS GERAIS

Informação relevante encontrada nas disposições constitucionais transitórias diz respeito à EC 81, de 5 de junho de 2014, pois tal norma deu nova redação ao art. 243 da CF o qual autorizou a desapropriação de propriedades rurais e urbanas de qualquer região do País onde forem localizadas culturas ilegais de plantas psicotrópicas ou a exploração de trabalho escravo, sem qualquer indenização ao proprietário.

O mencionado dispositivo passa a vigorar com a seguinte redação: "Art. 243. As **propriedades rurais e urbanas** de qualquer região do País **onde forem localizadas culturas ilegais de plantas psicotrópicas ou a exploração de trabalho escravo** na forma da lei **serão expropriadas** e destinadas à reforma agrária e a programas de habitação popular, **sem qualquer indenização** ao proprietário e sem prejuízo de outras sanções previstas em lei, observado, no que couber, o disposto no art. 5º.

O parágrafo único da mesma norma determina que todo e qualquer bem de valor econômico apreendido em decorrência do tráfico ilícito de entorpecentes e drogas afins e da exploração de trabalho escravo será confiscado e reverterá a fundo especial com destinação específica, na forma da lei.

19. REFLEXOS DO NOVO CÓDIGO DE PROCESSO CIVIL

As normas constitucionais são consideradas alicerces do ordenamento jurídico brasileiro. Fundamentam e validam os comandos infraconstitucionais. Por conta disso, tais normas só permanecem válidas quando se apresentam de forma compatível com o texto constitucional.

Partindo dessa premissa, o novo CPC, antes de irradiar reflexos nos preceitos constitucionais, deve se mostrar harmônico com aCF/1988.

Logo no início, na exposição de motivos do novo CPC, fica clara a intenção do legislador de aproximar o código do texto constitucional. Vejamos: "Um sistema processual civil que não proporcione à sociedade o reconhecimento e a realização dos direitos, ameaçados ou violados, que têm cada um dos jurisdicionados, não se harmoniza com as garantias constitucionais de um Estado Democrático de Direito. Sendo ineficiente o sistema processual, todo o ordenamento jurídico passa a carecer de real efetividade. De fato, as normas de direito material transformam em pura ilusão, sem a garantia de sua correlata realização, no mundo empírico, por meio do processo".

Outra importante passagem mencionada na exposição de motivos do novo CPC faz menção ao saudoso Ministro SÁLVIO DE FIGUEIREDO TEIXEIRA que, em texto emblemático sobre a nova ordem trazida pela Constituição Federal de 1988, disse, acertadamente, que, apesar de suas vicissitudes, "nenhum texto constitucional valorizou tanto a 'Justiça', tomada aqui a palavra não no seu conceito clássico de 'vontade constante e perpétua de dar a cada um o que é seu', mas como conjunto de instituições voltadas para a realização da paz social" (O aprimoramento do processo civil como garantia da cidadania. In: FIGUEIREDO TEIXEIRA, Sálvio. As garantias do cidadão na Justiça. São Paulo: Saraiva, 1993. p. 79-92, p. 80).

Ainda na exposição de motivos no novo CPC preceitos constitucionais são fortificados, vejamos: "a coerência substancial há de ser vista como objetivo fundamental, todavia, e mantida em termos absolutos, no que tange à Constituição Federal da República. Afinal, é na lei ordinária e em outras normas de escalão inferior que se explicita a promessa de realização dos valores encampados pelos princípios constitucionais".

Ao adentrarmos especificamente aos artigos do novo CPC, verificamos que os doze primeiros tratam das normas fundamentais do processo civil, consideradas como um centro principiológico, o que ratifica e prioriza a constitucionalização do processo.Tendo em vista o atual Estado Constitucional de Direito, essa constitucionalização do processo passa a ser uma necessidade.

Sendo assim, o código reproduziu regras processuais previstas na CF/88. Princípios como o devido processo legal, contraditório e ampla defesa, acesso à justiça (inafastabilidade do controle jurisdicional), razoável duração do processo, proibição de prova ilícita, foram positivados no novo código. Isso fortalece o entendimento de que tais mandamentos possuem força normativa e vínculo direto com o novo CPC.

Como mencionado, a constitucionalização do processo foi priorizada no novo código. Alguns dispositivos devem ser mencionados, pois fazem menção direta ao texto constitucional. O novo CPC já começa, em seu art. 1º, determinando que o **processo civil seja ordenado, disciplinado e interpretado conforme os valores e as normas fundamentais estabelecidos na Constituição da República Federativa do Brasil.**

O art. 3º do novo CPC, reforçando mandamento constitucional, determina que não seja excluída da apreciação jurisdicional ameaça ou lesão a direito. Tal princípio, inafastabilidade do controle jurisdicional,como mencionado, já vinha disciplinado no CF/88, em seu art. 5º, XXXV, o qual impõe que a lei não exclua da apreciação do Poder Judiciário lesão ou ameaça a direito. Não há norma correspondente no antigo código.

Seguindo, o art. 4º do novo CPC, aproximando da linguagem constitucional, determina que as partes tenham o direito de obter em prazo razoável a solução integral do mérito, incluída a atividade satisfativa. A velha norma determinava que os juízes, ao dirigirem os processos, deveriam velar pela rápida solução do litígio. Prazo razoável é o que consta do art. 5º, LXXVIII, da CF. Tal inciso garante não apenas no âmbito judicial, mas também no administrativo, a razoável duração do processo e os meios que garantam a celeridade de sua tramitação. Outro dispositivo que reforça esse princípio é o art. 6º do novo CPC, o qual menciona que todos os sujeitos do processo devem cooperar entre si para que se obtenha, em tempo razoável, decisão de mérito justa e efetiva. Além disso, o sistema recursal simplificado previsto no novo ordenamento processual civil contribui para a existência de um processo mais rápido.

Ainda sobre os princípios processuais previstos na CF/88 e que foram disciplinados também no novo CPC devemos lembrar do contraditórioe da ampla defesa. Determina o art. 5º, LV, da CF que aos litigantes, em processo judicial ou administrativo, e aos acusados em geral são assegurados o contraditório e ampla defesa, com os meios e recursos a ela inerentes. Três artigos do novo CPC são importantes aqui. O primeiro é o art. 7º que assegurada às partes paridade de tratamento em relação ao exercício de direitos e faculdades processuais, aos meios de defesa, aos ônus, aos deveres e à aplicação de sanções processuais, competindo ao juiz zelar pelo efetivo contraditório. O ordenamento jurídico anterior mencionava apenas igualdade de tratamento entre as partes. O segundo é o art. 9º que dispõe que não seja proferida decisão contra uma das partes sem que ela seja previamente ouvida. Não há artigo correspondente no antigo código. Por fim, o art. 10 do novo código determina que o juiz não pode decidir, em grau algum de jurisdição, com base em fundamento a respeito do qual não se tenha dado às partes oportunidade de se manifestar, ainda que se trate de matéria sobre a qual deva decidir de ofício. As partes devem ser ouvidas sempre. Novamente não há norma correspondente no velho código.

Outras normas relevantes dizem respeito ao controle de constitucionalidade. Os artigos 948 e 949, caput e parágrafo único, do novo CPC praticamente reproduziram o disposto nos artigos 480 e 481 do antigo regramento. Dispõe o art. 948 que arguida, em controle difuso, a inconstitucionalidade de lei ou de ato normativo do poder público, o relator, após ouvir o Ministério Público e as partes, submeterá a questão à turma ou à câmara à qual competir o conhecimento do processo. As partes sublinhadas foram acrescentadas, deixando clara a intenção do legislador de especificar o tipo de controle em que aplica-se a norma (controle difuso) e a necessidade de oitiva das partes antes da arguição de inconstitucionalidade ser submetida à turma ou câmara a qual competir o conhecimento do processo.

Avançando, o art. 949, I e II, do novo CPC determina o que ocorre após a análise prévia dessa arguição. Caso venha a ser rejeitada, à turma ou câmara a qual competir o conhecimento do processo prosseguirá o julgamento. Por outro lado, se a arguição de inconstitucionalidade for acolhida, a questão será submetida ao plenário do tribunal ou ao seu órgão especial, onde houver.

O parágrafo único do mencionado artigo apenas reproduz o descrito do art. 481, parágrafo único, do antigo código informando que os órgãos fracionários dos tribunais não submeterão ao plenário ou ao órgão especial a arguição de inconstitucionalidade quando já houver pronunciamento destes ou do plenário do Supremo Tribunal Federal sobre a questão.

Ainda sobre dispositivos relacionados ao controle de constitucionalidade, o art. 535, §5º, do novo CPC determina que quando a Fazenda Pública impugnar a execução, arguindo inexequibilidade do título ou inexigibilidade da obrigação, pode ser considerado também inexigível a obrigação reconhecida em título executivo judicial fundado em lei ou ato normativo considerado inconstitucional pelo Supremo Tribunal Federal, ou fundado em aplicação ou interpretação da lei ou do ato normativo tido pelo Supremo Tribunal Federal como incompatível com a Constituição Federal, **em controle de constitucionalidade concentrado ou difuso.**

Os § 6º, 7º e 8º do mesmo artigo trouxeram regras aplicáveis na hipótese da incidência do § 5º. Vejamos: a) nos efeitos da decisão do Supremo Tribunal Federal poderão ser modulados no tempo, de modo a favorecer a segurança jurídica (§ 6º do art. 535 do novo CPC), b) a decisão do Supremo Tribunal Federal referida no § 5o deve ter sido proferida antes do trânsito em julgado da decisão exequenda (§ 7º do art. 535 do novo CPC) e c) se a decisão referida no § 5o for proferida após o trânsito em julgado da decisão exequenda, caberá ação rescisória, cujo prazo será contado do trânsito em julgado da decisão proferida pelo Supremo Tribunal Federal (§ 8º do art. 535 do novo CPC). Não há normas correspondentes no antigo código.

Por fim, sobre as regras relativas à petição inicial e à contestação no novo CPC, os artigos que devem ser ressaltados são o 319, 321 e 335. O primeiro, ao tratar da inicial, acrescenta requisitos, como a necessidade de indicação da existência de união estável, a profissão, o número de inscrição no Cadastro de Pessoas Físicas ou no Cadastro Nacional da Pessoa Jurídica e o endereço eletrônico, além das tradicionais informações. O segundo, 321, aumento o prazo (de 10 para 15 dias)para que o autor emende ou complete a inicial e informa que o juiz deve indicar, com precisão, o que deve ser corrigido ou completado. O terceiro, art. 335, ao tratar da contestação, fixa e especifica momentos para a contagem do prazo.

7. Direito Penal

Parte Especial

Arthur Trigueiros

1. CLASSIFICAÇÃO DOUTRINÁRIA DOS CRIMES. INTRODUÇÃO À PARTE ESPECIAL DO CP

1.1. Introdução aos crimes em espécie

Antes de ingressarmos no estudo propriamente dito dos crimes (Parte Especial do CP), entendemos ser necessário trazer à baila algumas classificações doutrinárias, bem como fazermos o resgate de alguns conceitos analisados no início do presente trabalho.

1.2. Classificação geral dos crimes

1.2.1. Com relação ao sujeito ativo

a) crime comum: é aquele que pode ser praticado por qualquer pessoa, não se exigindo nenhuma qualidade especial do agente delitivo (sujeito ativo). Ex.: homicídio (art. 121, CP);

b) crime próprio: é aquele que não pode ser praticado por qualquer pessoa, mas somente por aquelas que apresentem algumas qualidades específicas determinadas pela lei. O crime próprio admite coautoria e participação, desde que o terceiro tenha conhecimento da condição especial do agente (ex.: funcionário público). Ex.: peculato (art. 312, CP);

c) crime de mão própria: é aquele que, além de exigir qualidades especiais do sujeito ativo, demandam uma atuação pessoal, sendo incabível a coautoria. Trata-se de crime de atuação personalíssima, não podendo o agente ser substituído por terceiro. No entanto, é admissível a participação. Ex.: autoaborto (art. 124, CP).

1.2.2. Com relação aos vestígios do crime

a) crime transeunte: é aquele que, uma vez praticado, não deixa vestígios materiais. Ex.: injúria praticada verbalmente (art. 140, CP);

b) crime não transeunte: é aquele cuja prática deixa vestígios materiais. Ex.: homicídio praticado mediante disparo de arma de fogo (art. 121, CP).

1.2.3. Com relação ao momento consumativo

a) crime instantâneo: é aquele em que a consumação ocorre em um determinado momento, sem continuidade no tempo. Ex.: injúria verbal (art. 140, CP);

b) crime permanente: é aquele cuja consumação se prolonga no tempo por vontade do agente delitivo. Ex.: extorsão mediante sequestro (art. 159, CP);

c) crime instantâneo de efeitos permanentes: é aquele que se consuma num dado instante, mas seus resultados são irreversíveis. Ex.: homicídio (art. 121, CP).

1.2.4. Com relação à quantidade de atos

a) crime unissubsistente: é aquele cuja conduta dá-se por um só ato. Ex.: injúria verbal (art. 140, CP);

b) crime plurissubsistente: é aquele cuja conduta dá-se por dois ou mais atos executórios. Ex.: homicídio em que a vítima é diversas vezes esfaqueada (art. 121, CP).

1.2.5. Com relação à exposição de lesão ao bem jurídico

a) crime de dano: é aquele que, para atingir a consumação, exige um dano efetivo ao bem jurídico. Ex.: homicídio (art. 121, CP);

b) crime de perigo: é aquele que, para ser consumado, exige a mera probabilidade da ocorrência de dano. Pode ser crime de **perigo concreto** (presunção relativa), que exige a **demonstração efetiva** do perigo de lesão, ou **crime de perigo abstrato** (presunção absoluta), que não exige a demonstração da situação de perigo, que é presumida. Ex.: periclitação da vida ou saúde (art. 132, CP).

1.2.6. Com relação ao tipo de conduta

a) crime comissivo: é aquele praticado mediante um comportamento positivo, vale dizer, por ação. Ex.: roubo (art. 157, CP);

b) crime omissivo: é aquele praticado mediante um comportamento negativo, vale dizer, por omissão. Pode ser **omissivo próprio**, quando a própria lei previr o comportamento negativo (ex.: omissão de socorro – art. 135, CP), ou **omissivo impróprio**, quando o crime for cometido por alguém que tenha o dever jurídico de agir para impedir o resultado (art. 13, § 2º, CP). Ex.: a mãe que deixa de amamentar o filho recém-nascido responderá por homicídio – art. 121, c.c. art. 13, § 2º, "a", CP.

1.2.7. Outras classificações

a) crime vago: é aquele cujo sujeito passivo é um ente desprovido de personalidade jurídica. Ex.: tráfico de drogas (art. 33, Lei 11.343/2006);

b) crime habitual: é aquele que exige uma reiteração de atos que, reunidos, traduzem um modo de vida do sujeito ativo. Ex.: manter casa de prostituição (art. 229, CP).

1.3. Introdução à Parte Especial do Código Penal

O CP é dividido em dois Livros. O Livro I trata da Parte Geral, enquanto o Livro II traz a Parte Especial.

Na Parte Especial, a maior parte das normas tem natureza *incriminadora*, vale dizer, encerram descrições de **condutas típicas e as respectivas penas**. Todavia existem também, na mesma Parte Especial, *normas penais permissivas*, que são aquelas que autorizam alguém a realizar uma conduta típica, mas sem incriminá-lo posteriormente. É o caso do art. 128 do CP (aborto legal).

Por fim, a Parte Especial traz, ainda, *normas penais explicativas*, que são aquelas que **esclarecem outras normas ou limitam o âmbito de sua aplicação**. É o caso do art. 327 do CP, que encerra o conceito de funcionário público para fins de tipificação dos delitos previstos nos arts. 312 a 326.

Por essas considerações, verificamos que a Parte Especial não traz apenas crimes, mas também contém outras espécies de normas penais.

1.3.1. Normas penais incriminadoras

As normas penais incriminadoras são dotadas de duas partes, denominadas **preceitos**. O **preceito primário** da norma penal incriminadora diz respeito à *conduta descrita pelo legislador como criminosa* (ex.: art. 121: *matar alguém*). Já o **preceito secundário** traz a respectiva *pena cominada abstratamente ao delito* (ex.: Pena – *reclusão, de 6 a 20 anos*).

O preceito primário, quando for incompleto e depender de outra norma para ser completado, trará à cena a *norma penal em branco*. Já o preceito secundário jamais poderá ser incompleto. Afinal, não há crime sem pena!

1.3.2. Conceitos básicos para o estudo dos crimes

É importante para o estudo da Parte Especial o conhecimento de alguns conceitos básicos, a saber:

a) Objetos do crime

Dois podem ser os objetos de um crime:

✓ **objeto material** = *é a pessoa ou coisa sobre a qual recai a conduta típica*. Ex.: no furto (art. 155 do CP), é o bem subtraído; no homicídio (art. 121 do CP), é a vítima, a pessoa;

✓ **objeto jurídico** = *é o bem jurídico tutelado pela lei penal*. Ex.: no furto (art. 155 do CP), é o patrimônio móvel alheio; no homicídio (art. 121 do CP), é a vida humana extrauterina;

b) Sujeitos do crime

✓ **sujeito ativo** = *é aquele que direta ou indiretamente pratica a conduta típica ou concorre para sua prática*. Ex.: "A" desfere um tiro em "B", praticando, pois, a conduta típica prevista no art. 121 do CP (matar alguém). Logo, "A" foi sujeito ativo do crime de homicídio, já que ele realizou a conduta descrita no tipo penal;

✓ **sujeito passivo** = *é aquele titular do bem jurídico lesado ou exposto a perigo de lesão*. Ex.: no exemplo acima, enquanto "A" foi sujeito ativo, "B" é o sujeito passivo do homicídio, já que é o titular do bem jurídico lesado, qual seja, a própria vida.

Quando o tipo penal incriminador não exigir nenhuma qualidade especial do sujeito ativo do crime, estaremos diante de um **crime comum**, ou seja, *aquele que pode ser praticado por qualquer pessoa*. Já se o tipo penal trouxer alguma qualidade específica do sujeito ativo do crime, sem a qual a conduta será atípica, estaremos diante de um **crime próprio** ou de **mão própria**. Essas duas classificações não se confundem. Enquanto o crime próprio pode ser praticado por duas ou mais pessoas ao mesmo tempo, em coautoria ou participação (ex.: peculato doloso – art. 312 do CP), o crime de mão própria admite apenas a participação, jamais a coautoria, já que se trata de crime de atuação pessoal (ex.: falso testemunho – art. 342 do CP);

c) Tipo objetivo

O tipo objetivo corresponde à descrição dos **elementos objetivos do tipo;**

d) Tipo subjetivo

Corresponde à descrição do **elemento subjetivo do crime**, qual seja, o dolo (crimes dolosos) ou a culpa (crimes culposos). O tipo subjetivo não se confunde com o **elemento subjetivo do tipo**, ou, como dizem alguns, "dolo específico". Nem todo tipo penal tem elemento subjetivo, visto ser este um "especial fim de agir do agente", tal como ocorre com o crime de furto (não basta o dolo na subtração da coisa alheia móvel, sendo necessário, ainda, um "especial fim de agir do agente", qual seja, o de subtrair a coisa "para si ou para outrem");

e) Consumação e tentativa

A consumação de um crime nem sempre é igual em todos os casos. Se o **crime for material**, *a consumação somente restará configurada com a ocorrência do resultado naturalístico*. Já se o **crime for formal** ou de **mera conduta**, *bastará a conduta do agente delitivo* (prática da ação ou omissão prevista em lei) para que se atinja o momento consumativo.

De outra borda, veremos mais à frente que nem todo crime admite tentativa, especialmente os culposos e os preterdolosos, ou, ainda, aqueles que somente se consumarem após a verificação de determinado resultado.

2. CRIMES CONTRA A VIDA

2.1. Homicídio (art. 121, do CP)

2.1.1. Considerações iniciais

Trata-se do mais grave crime previsto no Código Penal, não necessariamente na pena que lhe é cominada, mas no bem jurídico atacado pelo agente: **a vida humana**.

Corresponde, portanto, à conduta do agente de exterminar a vida humana extrauterina, agindo com vontade livre e consciente (no caso do homicídio doloso) de eliminá-la, embora seja possível a prática de tal delito por negligência, imprudência ou imperícia, situações configuradoras do homicídio culposo.

Vem o homicídio previsto no art. 121 do Código Penal, embora, especificamente em matéria de trânsito, o homicídio também venha previsto no Código de Trânsito Brasileiro (Lei 9.503/1997), desde que praticado culposamente. Isso porque a morte de alguém causada pelo agente, na condução de veículo automotor, querendo tal resultado, não configura delito de trânsito, aplicando-se, pois, o Código Penal.

2.1.2. Espécies de homicídio

O CP prevê seis **hipóteses/espécies de homicídio**, a saber:

a) homicídio doloso simples (previsto no *caput* do art. 121 do CP);

b) homicídio doloso privilegiado (previsto no § 1º);

c) homicídio doloso qualificado (previsto no § 2º);

d) homicídio culposo (previsto no § 3º);

e) homicídio culposo majorado (previsto no § 4º, 1ª parte);

f) homicídio doloso majorado (previsto no § 4º, 2ª parte e § 6º).

2.1.2.1. Homicídio doloso simples (art. 121, caput, CP)

Corresponde à forma básica do crime, vale dizer, ao tipo fundamental. É punido o agente que o praticar com a pena de 6 a 20 anos de reclusão.

O **sujeito ativo** do crime pode ser qualquer pessoa. Trata-se, portanto, de **crime comum** (pode, frise-se, ser praticado por qualquer pessoa).

Já o **sujeito passivo** do homicídio é o ser humano vivo, com **vida extrauterina**. Inicia-se a vida extrauterina quando tem início o parto, ou seja, com a ruptura do saco amniótico em que se encontrava o feto.

O **tipo objetivo**, ou seja, a **conduta típica**, consiste no verbo "matar", que significa eliminar, exterminar a vida humana da vítima cujo parto já teve início. Pouco importa se teria horas ou minutos de sobrevida. Caracteriza-se como homicídio a simples aceleração ou antecipação de uma morte futura, ainda que iminente.

Se a tentativa de eliminação recair sobre um cadáver, ocorrerá exemplo típico de **crime impossível**, dada a absoluta impropriedade do objeto, nos termos do art. 17 do CP.

A morte da vítima pode ser realizada por qualquer maneira, seja mediante uma ação (ex.: disparos de arma de fogo) ou omissão (ex.: mãe que deixa de alimentar o filho recém-nascido). Trata-se, portanto, de **crime de ação livre**. Dependendo da forma utilizada pelo agente para a prática do delito em tela, poderemos verificar hipóteses da modalidade qualificada (ex.: homicídio por meio de veneno, fogo, explosivo...). É possível matar até por meio de violência psíquica, como palavras de terror, susto etc.

O **tipo subjetivo** é o dolo, ou seja, o agente age, de forma livre e consciente, querendo a morte do agente (é o denominado *animus necandi*).

Consuma-se o crime com a morte do agente, pelo que o homicídio é doutrinariamente reconhecido como **material** (exige-se o resultado, portanto).

A **tentativa** é plenamente possível, já que o *iter criminis* é fracionável, tratando-se, pois, de delito plurissubsistente.

Frise-se que será considerado **hediondo** o homicídio doloso simples, desde que **praticado em atividade típica de grupo de extermínio**, ainda que por uma só pessoa (art. 1º, I, da Lei 8.072/1990 – Lei dos Crimes Hediondos).

2.1.2.2. Homicídio doloso privilegiado (art. 121, § 1º do CP)

Previsto no § 1º, do art. 121, do CP, trata-se de crime cuja pena será reduzida de 1/6 a 1/3, por situações ligadas à motivação do crime.

Assim, considera-se privilegiado o homicídio praticado por:

a) relevante valor social – é o motivo relacionado com os interesses de uma coletividade (daí ser mencionado o "valor social");
b) relevante valor moral – é o motivo relacionado com os interesses individuais do criminoso, tais como o ódio, misericórdia, compaixão. É o caso da eutanásia, que é punida no Brasil;
c) domínio de violenta emoção, logo em seguida a injusta provocação da vítima – trata-se de homicídio praticado pelo agente que se encontra com estado anímico bastante abalado (a emoção deve ser violenta, e não simplesmente passageira). No caso de violenta emoção, o agente atua em verdadeiro "choque emocional". O CP exige que a reação seja imediata à provocação da vítima, vale dizer, sem um interstício longo. Assim não fosse, o Direito Penal estaria privilegiando a vingança (a reação efetivada muito tempo após a provocação da vítima configura vingança, pensada e planejada).

No caso de concurso de agentes, as "privilegiadoras" previstas no dispositivo legal analisado são incomunicáveis aos coautores e partícipes por se tratarem de circunstâncias de caráter pessoal não elementares do crime de homicídio.

Por fim, a natureza jurídica do privilégio é de causa especial/específica de diminuição de pena, incidente na terceira fase do esquema trifásico de sua aplicação.

2.1.2.3. Homicídio qualificado (art. 121, § 2º, do CP)

Vem previsto no art. 121, § 2º, do CP, sendo punido o agente com pena que varia entre 12 e 30 anos de reclusão. Cumpre ressaltar, desde logo, que todas as qualificadoras do homicídio tornam-no crime hediondo (art. 1º, I, da Lei 8.072/1990).

São 7 as hipóteses de homicídio qualificado, a saber:

I. ***mediante paga ou promessa de recompensa, ou por outro motivo torpe*** – trata-se de qualificadora considerada de **caráter subjetivo**, já que ligada à motivação do agente para a prática do crime. Enquanto a "paga" pressupõe o prévio acertamento do agente com o executor da morte (ex.: entrega de dinheiro, bens suscetíveis de apreciação econômica ou mesmo vantagens econômicas, como promoções no emprego), a promessa de recompensa traduz a ideia de pagamento futuro, ainda que não se verifique de fato. Em matéria de concurso de agentes, fica evidente que a qualificadora em comento exige a intervenção de duas pessoas, pelo que configurada a situação de concurso necessário (delito plurissubjetivo, portanto): um mandante e um executor. Pela doutrina majoritária, ambos responderão com a mesma pena (inclusive o mandante, que não executa a morte), por força do art. 30 do CP. Por fim, o motivo torpe significa um motivo vil, abjeto, repugnante, revelador da personalidade distorcida do agente. Tem-se, como exemplo, o caso de um homicídio praticado para recebimento de herança;

II. ***por motivo fútil*** – trata-se, também, de qualificadora de **caráter subjetivo**, já que vinculada à motivação do delito. É a morte provocada por um motivo de somenos importância, ínfimo, desproporcional, desarrazoado. É necessário que se demonstre a existência de um motivo "pequeno" para a morte, sob pena de, não sendo encontrado qualquer motivo para o crime, não restar configurada a qualificadora em comento. É exemplo de motivo fútil aquele causado por uma brincadeira da vítima, por um "tapinha nas costas", por uma refeição ruim servida ao agente;

III. ***com emprego de veneno, fogo, explosivo, asfixia, tortura ou outro meio insidioso ou cruel, ou de que possa resultar perigo comum*** – trata-se de qualificadora considerada de **caráter objetivo**, uma vez que não está vinculada à motivação do crime, mas sim ao modo/meio de execução de que se vale o agente para a sua prática. Considera-se "meio insidioso" aquele disfarçado, utilizado pelo criminoso "às escondidas", camuflando o futuro fato (ex.: remoção das pastilhas dos freios de um veículo);

IV. ***à traição, de emboscada, ou mediante dissimulação ou outro recurso que dificulte ou torne impossível a defesa do ofendido*** – trata-se de qualificadora de caráter objetivo, já que, igualmente ao inciso anterior, não está ligada aos motivos do crime, mas à forma como será praticado. Nas circunstâncias previstas nessa qualificadora, o agente se prevalece de situações que dificultam a defesa da vítima, como no caso da traição (o agente e a vítima já guardam alguma relação de confiança, o que possibilita a ação daquele – ex.: matar a namorada enquanto dorme). Já na emboscada, o agente age sem que a vítima o perceba, eis que se encontra escondido (tocaia). Por fim, a dissimulação consiste em ser utilizado algum recurso pelo agente que engane a vítima (ex.: uso de uma fantasia/disfarce; agenciador de modelos – foi o caso do "maníaco do parque");

V. ***para assegurar a execução, a ocultação, a impunidade ou vantagem de outro crime*** – trata-se de qualificadora de **caráter subjetivo**, uma vez que também está relacionada com a motivação do crime. *In casu*, o agente pratica o homicídio como forma de assegurar a **execução** de outro crime (conexão teleológica – ex.: para estuprar uma mulher famosa, o agente mata, antes de ingressar em seu quarto, o segurança da residência), ou ainda para a garantia da **ocultação, impunidade ou vantagem** de outro crime. Nesses três casos (ocultação, impunidade e vantagem), existe a denominada conexão consequencial, já que o agente primeiramente pratica outro crime para, somente então, cometer o homicídio. É hipótese de ocultação de crime antecedente a situação do funcionário público corrupto que, após receber vantagem indevida em razão da função pública que ocupa, mata o cinegrafista que filmou o momento do "suborno". Terá o agente matado alguém para ocultar delito antecedente. Verifica-se a situação da impunidade quando o agente não quer ocultar o crime, mas garantir que fique impune, como no caso de matar uma mulher após estuprá-la. Por fim, configura homicídio qualificado quando o agente pratica um homicídio como forma de assegurar a vantagem (os proveitos) de outro crime, como no caso de um roubador matar o comparsa para ficar com todo o produto do dinheiro subtraído de um banco;

VI ***contra a mulher por razões da condição de sexo feminino*** – trata-se da nova modalidade qualificada de homicídio, denominada de ***feminicídio***, incluída no CP pela Lei 13.104/2015. Estamos diante, importante registrar, de qualificadora de **caráter subjetivo.** Nos termos do novel § 2º-A do art. 121, considera-se que *há razões de condição de sexo feminino* quando o crime envolve *violência doméstica e familiar* ou *menosprezo ou discriminação à condição de mulher*. Trata-se de qualificadora que, para sua configuração, exige uma violência baseada no gênero, ou seja, a violência perpetrada contra a vítima deverá ter por motivação a *opressão à mulher*. Importante registrar que o feminicídio também integra o rol dos crimes hediondos, ao lado das demais modalidades qualificadas de homicídio e modalidade simples (desde que praticada em atividade típica de grupo de extermínio, ainda que por uma só pessoa);

VII ***contra autoridade ou agente descrito nos arts. 142 e 144 da Constituição Federal, integrantes do sistema prisional e da Força Nacional de Segurança Pública, no exercício da função ou em decorrência dela, ou contra seu cônjuge, companheiro ou parente consanguíneo até terceiro grau, em razão dessa condição*** – trata-se de mais uma qualificadora do homicídio, inserida no CP pela Lei 13.142/2015. Podemos denominar a novel situação de "**homicídio funcional**", visto que a circunstância em comento, para sua incidência, exigirá que o agente delitivo esteja ciente da condição especial da vítima ou de seus parentes, cônjuges ou companheiros. Estamos, aqui, diante de um crime próprio quanto ao sujeito passivo. Trata-se de qualificadora de natureza subjetiva, vinculada, portanto, à motivação delitiva. Tencionou o legislador punir mais gravemente o agente que elimina a vida de pessoas que, de forma geral, se dedicam ao combate à criminalidade.

Cabe consignar, ainda, que é possível a prática de **homicídio qualificado privilegiado (ou *homicídio híbrido*)**, situação compatível apenas com as **qualificadoras de caráter objetivo** (ex.: eutanásia praticada com emprego de veneno). Não se admitiria, até pela absoluta incompatibilidade, a coexistência de uma das "privilegiadoras", todas de caráter subjetivo, com as qualificadoras de igual roupagem (ex.: homicídio praticado por relevante valor moral qualificado pelo motivo fútil). Registre-se que o homicídio híbrido não será considerado hediondo.

Interessante, por fim, anotar a posição do Min. Joaquim Barbosa (STF) acerca da incompatibilidade do dolo eventual com as qualificadoras relativas ao modo de execução do homicídio. Segue a notícia:

HC N. 95.136-PR – RELATOR: MIN. JOAQUIM BARBOSA

"*Habeas Corpus*. Homicídio qualificado pelo modo de execução e dolo eventual. Incompatibilidade. Ordem concedida.

O dolo eventual não se compatibiliza com a qualificadora do art. 121, § 2º, IV, do CP ("traição, emboscada, ou mediante dissimulação ou outro recurso que dificulte ou torne impossível a defesa do ofendido"). Precedentes. Ordem concedida". (Inform. STF 621) – noticiado no Informativo 618.

Dolo eventual e qualificadora: incompatibilidade

"São incompatíveis o dolo eventual e a qualificadora prevista no inc. IV do § 2º do art. 121 do CP ("§ 2º Se o homicídio é cometido: ... IV – à traição, de emboscada ou mediante dissimulação ou outro recurso que dificulte ou torne impossível a defesa do ofendido"). Com base nesse entendimento, a 2ª Turma deferiu *habeas corpus* impetrado em favor de condenado à pena de reclusão em regime integralmente fechado pela prática de homicídio qualificado descrito no artigo referido. Na espécie, o paciente fora pronunciado por dirigir veículo, em alta velocidade, e, ao avançar sobre a calçada, atropelara casal de transeuntes, evadindo-se sem prestar socorro às vítimas. Concluiu-se pela ausência do dolo específico, imprescindível à configuração da citada qualificadora e, em consequência, determinou-se sua exclusão da sentença condenatória". Precedente citado: HC 86163/SP (*DJU* de 03.02.2006). HC 95136/PR, rel. Min. Joaquim Barbosa, 01.03.2011. (HC-95136) (Inform. STF 618)

2.1.2.4. Homicídio culposo (art. 121, § 3º, do CP)

Previsto no art. 121, § 3º, do CP, é punido com detenção de 1 a 3 anos. Será verificado quando o agente não querendo ou não assumindo o risco, produzir a morte de alguém **por imprudência, negligência ou imperícia.**

2.1.2.5. Homicídio majorado (se culposo – art. 121, § 4º, do CP)

Vem prevista no art. 121, § 4º, do CP, em sua 1ª parte, a situação de, no **homicídio culposo**, o *agente não observar regra técnica de profissão, arte ou ofício*, ou se o agente *deixa de prestar imediato socorro à vítima, não procura diminuir as consequências do seu ato, ou foge para evitar prisão em flagrante*.

Nesses casos, sua **pena será aumentada** em **1/3**. Verifique que a situação acima transcrita somente incidirá se o homicídio for *culposo*.

Ex.: "A", limpando um revólver, não verificou se estava municiado, ocasião em que, acionando o gatilho por engano, efetuou um disparo e acertou pessoa que passava próximo ao local. Em vez de socorrê-la imediatamente, foge do local temendo sua prisão.

2.1.2.6. Homicídio majorado (se doloso – art. 121, §§ 4º, 6º e 7º, do CP)

No mesmo § 4º do art. 121 do CP, vem prevista a situação de o **homicídio doloso** ser praticado contra *pessoa menor de 14 ou maior de 60 anos*.

Nesses casos, a pena será aumentada também em 1/3, seja o homicídio simples, privilegiado ou qualificado.

Porém, **deverá o agente saber que a vítima conta com menos de 14 ou mais de 60 anos**, sob pena de ser punido objetivamente, vale dizer, sem a exata consciência da condição do sujeito passivo.

Ainda, o § 6º do art. 121 do CP, inserido pela Lei 12.720/2012, passou a prever aumento de pena de 1/3 até a 1/2 se o homicídio for praticado por milícia privada, sob o pretexto de prestação de serviço de segurança, ou por grupo de extermínio. Entende-se por "**milícia privada**" o grupo de pessoas que se instala, geralmente, em comunidades carentes, com o suposto objetivo de restaurar a "paz" e a "tranquilidade" no local, criando, com isso, verdadeiro "grupo paralelo de segurança pública". Já por "**grupo de extermínio**" entende-se a reunião de pessoas popularmente chamadas de "justiceiros", cujo objetivo é a eliminação de pessoas identificadas supostamente como "perigosas" ao corpo social.

Finalmente, no tocante ao **feminicídio** (art. 121, § 2º, VI, CP), a pena será aumentada de um 1/3 até a 1/2, conforme determina o art. 121, § 7º, do CP, nos seguintes casos: i) se praticado durante a gestação ou nos três meses posteriores ao parto; ii) contra pessoa menor de 14 ou maior de 60 anos ou com deficiência; e iii) na presença de descendente ou ascendente da vítima.

2.1.3. Perdão judicial

Trata-se de **causa extintiva da punibilidade**, conforme art. 107, IX, do CP.

Irá incidir quando as **consequências da infração atingirem o próprio agente de forma tão grave que a sanção penal se torne desnecessária**.

Assim verificando, o **juiz poderá (deverá) deixar de aplicar a pena**.

É o caso de um pai atingir o próprio filho por um disparo acidental de arma de fogo. As consequências para ele são tão gravosas que a maior pena é a perda do ente querido. O mesmo se diga se um pai, por imprudência, atropela o próprio filho, ao sair de sua garagem.

A **Súmula 18 do STJ**, tratando do perdão judicial, prescreve que "a sentença concessiva do perdão judicial tem natureza declaratória da extinção da punibilidade, não subsistindo qualquer efeito condenatório". Assim, a sentença do juiz, em caso de perdão judicial, **não tem natureza condenatória**, mas **declaratória**, pelo que não pode remanescer qualquer dos efeitos da condenação (ex.: obrigação de reparar o dano, reincidência, lançamento do nome do réu no rol dos culpados etc.).

2.2. Induzimento, instigação ou auxílio a suicídio (art. 122 do CP)

2.2.1. Considerações iniciais

O Direito Penal não pune aquela pessoa que quer dar cabo de sua própria vida, mas sim o agente que induz, instiga ou auxilia alguém a praticar suicídio (também denominado de autocídio ou autoquíria). Em outras palavras, a atividade do suicida é atípica, já que, em regra, não se pode punir a destruição de um bem próprio, somente alheio (princípio da alteridade). Daí explicar-se que a autolesão é impunível, já que o agente pode fazer o que bem quiser de seu corpo (desde que não o faça para recebimento de seguro contra acidentes pessoais, o que configuraria fraude).

Embora o *nomen juris* do crime ora analisado seja de "induzimento, instigação ou auxílio" a suicídio (art. 122 do CP), não se trata de situação semelhante à participação, espécie de concurso de pessoas. Isso porque o partícipe é aquele que tem conduta acessória para a prática de um crime realizado por um executor do verbo do tipo (autor).

No caso em tela, **a participação do agente consiste na atuação principal**, e não acessória, como no caso do concurso de pessoas. Quem induzir, instigar ou auxiliar alguém a tirar sua própria vida será **autor** do crime e **não partícipe**.

Trata-se de crime contra a vida.

2.2.2. Tipo objetivo

O CP prevê, em seu art. 122, o delito de "induzimento, instigação ou auxílio a suicídio", com a seguinte redação: "induzir ou instigar alguém a suicidar-se ou prestar-lhe auxílio para que o faça. Pena: reclusão, de 2 a 6 anos, se o suicídio se consuma; ou reclusão de 1 a 3 anos, se da tentativa de suicídio resulta lesão corporal de natureza grave".

Verifica-se, portanto, que o crime em tela pode ser cometido por três maneiras, que correspondem às condutas típicas (verbos do tipo):

a) induzir – nesse caso, o agente faz nascer na mente da vítima a ideia de praticar suicídio;
b) instigar – aqui, o agente apenas reforça a ideia, que já existia no espírito da vítima, de realizar o suicídio;
c) auxiliar – trata-se da ajuda material para a concretização do suicídio pela vítima. É o caso de fornecimento dos instrumentos para que a vítima ceife sua própria vida (ex.: faca, revólver). Esse "auxílio" deve ter uma **relação acessória** com o suicídio e não positiva nos atos de execução, sob pena de o agente responder por homicídio (ex.: "A" empresta a "B" um revólver, e a seu pedido o "auxilia", apertando o gatilho. Terá, então, matado "B", situação configuradora do crime de homicídio).

O crime poderá ser praticado por ação ou mesmo por omissão (neste último caso, desde que o sujeito ativo tenha o dever jurídico de agir, o que configura a omissão imprópria).

2.2.3. Tipo subjetivo

É o dolo, ou seja, a vontade livre e consciente do agente em induzir, instigar ou auxiliar alguém a suicidar-se.

Admite-se, inclusive, a forma eventual (dolo eventual), ou seja, o agente pode praticar o crime em tela, embora não querendo que a vítima se suicide, assumindo o risco de que o faça. É o caso do pai que, sabendo das tendências suicidas da filha, a expulsa de casa, fazendo com que ela, desamparada, dê cabo de sua própria vida.

2.2.4. Sujeito passivo

É considerada vítima do crime a pessoa com um mínimo de discernimento e poder de resistência. Assim não sendo, estaremos diante de homicídio (ex.: o pai induz o filho de 4 anos de idade a pular da janela, eis que, com a capa do Super-Homem, conseguirá voar).

2.2.5. Consumação e tentativa

Parte da doutrina diz que não se admite a tentativa do crime previsto no art. 122 do CP, o que se extrai do preceito secundário do tipo: se o suicídio efetivamente ocorre, a pena do sujeito ativo será de 2 a 6 anos de reclusão; já se resultar lesão corporal grave, será de 1 a 3 anos de reclusão.

Em outras palavras, o crime estaria consumado com a efetiva morte da vítima ou no caso de sofrer lesão corporal de natureza grave.

Já outros doutrinadores, como Cezar Bittencourt, admitem a punição do crime a título de tentativa, mas que já foi prevista no próprio tipo penal (pena de 1 a 3 anos de reclusão). Trata-se, segundo ele, de uma "tentativa qualificada", já que o agente do crime deve ser punido com menor rigor quando a vítima não conseguir tirar sua própria vida, mas sofrer, em decorrência da tentativa, lesões corporais de natureza grave.

De qualquer forma, se a vítima tentar se matar, mas sofrer apenas lesões leves, o fato será atípico (ou a vítima consegue suicidar-se, configurando a modalidade consumada, ou sofre lesões corporais graves, com o que o delito será tentado).

2.2.6. Causas de aumento de pena

Se o crime for cometido por motivo egoístico, a pena será duplicada.

O mesmo será verificado se a vítima for menor (maior de 14 e menor de 18 anos, segundo Guilherme Nucci, pois, nesse caso, se sequer pode consentir para um ato sexual, com muito mais razão não poderá decidir sobre sua vida, sendo o caso de homicídio).

Por fim, a pena será igualmente duplicada quando a vítima tiver reduzida, por qualquer motivo, a capacidade de resistência. É o caso de alguém embriagado, ou com algum déficit mental (não completo, pois, nesse caso, haverá homicídio), ou no caso de senilidade (idade avançada).

2.3. Infanticídio (art. 123 do CP)

2.3.1. Considerações iniciais

Trata-se de crime doloso contra a vida.

Corresponde à eliminação, pela própria mãe, durante ou logo após o parto, do próprio filho, estando ela sob influência do estado puerperal.

Intrinsecamente, não há diferença entre o infanticídio e o homicídio. Afinal, ocorre a morte de alguém. Porém, esse "alguém" não é qualquer pessoa, mas o próprio filho da genitora, que é quem realiza os elementos do tipo penal.

2.3.2. Tipo objetivo

A conduta nuclear (verbo do tipo) é a mesma do homicídio, qual seja, **matar.** Ocorre, portanto, a eliminação da vida humana extrauterina. Indispensável é, portanto, que o nascente esteja vivo no momento da ação ou omissão da genitora.

Difere o infanticídio do homicídio por uma situação anímica em que se encontra o agente, vale dizer, a mãe: o estado puerperal.

Segundo Guilherme de Souza Nucci, "estado puerperal é aquele que envolve a parturiente durante a expulsão da criança do ventre materno. Há profundas alterações psíquicas e físicas, que chegam a transformar a mãe, deixando-a sem plenas condições de entender o que está fazendo. (...) O puerpério é o período que se estende do início do parto até a volta da mulher às condições de pré-gravidez" (*Manual de Direito Penal* – 3ª edição – editora RT – p. 621).

O tipo penal exige que a mãe esteja sob "influência" do estado puerperal. Que toda mãe passa pelo puerpério, isto é fato incontroverso. Porém, deve-se demonstrar que tal estado anímico tirou-lhe a plena capacidade de entendimento, levando-a a cometer o homicídio do próprio filho.

Ademais, o elemento cronológico do tipo ("durante o parto ou logo após") é algo a ser analisado, revelando que o legislador impõe reprimenda mais branda à mãe que matar o próprio filho quase que numa "imediatidade" ao parto (simultaneamente a este, ou logo após). Todavia, é possível que a acusação comprove que, mesmo transcorrido um lapso considerável de tempo, a mãe estivesse, ainda, sob influência do estado puerperal, o que não descaracterizaria o delito.

Porém, quanto mais tempo passar do parto, menor é a chance de que a mãe sofra com as alterações que o puerpério lhe acomete. Daí haver uma "inversão" do ônus da prova, no sentido de que caberá à defesa demonstrar, transcorrido tempo razoável do parto, que a mãe ainda se encontrava influenciada pela alteração anímica.

2.3.3. Tipo subjetivo

É o dolo, não sendo punida a modalidade culposa do infanticídio. Se tal situação ocorrer, poderá ser verificado o homicídio culposo, ainda que a mãe esteja sob influência do estado puerperal (é o posicionamento de Cezar Roberto Bittencourt).

Já Damásio de Jesus entende que a mulher, influenciada pelo estado puerperal, não tem a diligência normal que a todos se impõe, razão pela qual sequer por homicídio culposo poderia responder, caso viesse a matar o próprio filho por imprudência ou negligência. É que, explica o doutrinador, nesse caso, seria inviável a demonstração da ausência de prudência normal na mulher que, pelo momento peculiar de sua vida, padece de certo desequilíbrio psíquico.

2.3.4. *Sujeitos do crime*

O **sujeito ativo** do crime é a mãe (parturiente), que, influenciada pelo estado puerperal, mata o próprio filho. Trata-se, pois, de **crime próprio**.

Já o **sujeito passivo** é o recém-nascido (neonato) ou aquele que ainda está nascendo (nascente). Isso é extraído do próprio tipo penal: "durante o parto (nascente) ou logo após (neonato)".

Embora o estado puerperal seja algo típico da mulher que está em trabalho de parto ou que há pouco tempo a ele se submeteu, tal situação configura uma **circunstância pessoal**, que, por ser elementar, comunica-se aos coautores ou partícipes, nos termos do art. 30 do CP.

Se a mãe, por engano, influenciada pelo estado puerperal, dirige-se até o berçário do hospital e mata um bebê que não o seu filho, ainda assim responderá por infanticídio, já que presente um erro de tipo acidental (erro quanto à pessoa – art. 20, § 3º, do CP).

2.3.5. *Consumação e tentativa*

O crime de infanticídio exige, para sua consumação, a morte do neonato ou do nascente (crime material). Caso isso não ocorra, estaremos diante da tentativa.

2.4. Aborto (arts. 124 a 128 do CP)

2.4.1. *Considerações iniciais*

Por primeiro, cabe ressaltar que o termo "aborto" não corresponde à ação de se eliminar a vida de um feto, mas sim o resultado da ação criminosa. A lei trocou, conforme explica Rogério Sanches Cunha, *a ação pelo seu produto* (*Direito Penal* – Parte Especial – Ed. RT, p. 52). Melhor seria falar-se em "abortamento".

Assim, o "aborto" corresponde à eliminação do produto da concepção, tutelando a lei a **vida humana intrauterina**.

A lei trata de **5 (cinco) espécies** de aborto:

a) autoaborto (art. 124, 1ª parte, do CP);
b) aborto consentido (art. 124, 2ª parte, do CP);
c) aborto provocado por terceiro com o consentimento da gestante (art. 126 do CP);
d) aborto provocado por terceiro sem o consentimento da gestante (art. 125 do CP);
e) aborto qualificado (art. 127 do CP).

2.4.2. *Autoaborto*

Vem definido no art. 124, 1ª parte, do CP: "provocar aborto em si mesma...".

Trata-se de **crime de mão própria** (segundo Cezar Roberto Bittencourt, por exemplo), já que é a própria mãe quem irá realizar o abortamento, efetivando ela própria as manobras abortivas (ex.: ingestão de medicamentos abortivos; inserção, no útero, de agulhas ou curetas etc.). Admite-se, portanto, apenas a **participação** (conduta acessória), jamais a coautoria.

Se terceiro realiza manobras abortivas junto com a gestante, ela responderá por autoaborto e ele pelo crime do art. 126 do CP (aborto provocado por terceiro com o consentimento da gestante).

O **sujeito passivo** do crime é o feto (produto da concepção), ainda que, para a lei civil, não tenha personalidade jurídica (que se adquire com o nascimento com vida). Por esse motivo, alguns doutrinadores chegam a declarar que a vítima é a sociedade, já que o feto não é considerado "pessoa".

Consuma-se o crime com a morte do feto ou a destruição do produto da concepção, ainda que não seja expelido pelo corpo da mulher. Mesmo que o feto nasça com vida após as manobras abortivas, mas venha a morrer em decorrência de uma "aceleração do parto", a mãe responderá por autoaborto.

Admite-se a **tentativa**, já que se trata de crime material e plurissubsistente (vários atos).

2.4.3. *Aborto consentido*

Corresponde à 2ª parte do art. 124, do CP: "... ou consentir que outrem lho provoque".

Trata-se de conduta omissiva (a gestante permite que terceira pessoa pratique manobras abortivas, provocando a morte do feto ou do produto da concepção).

Também, aqui, o crime é de mão própria, cujo sujeito ativo é apenas a gestante. O terceiro responderá pelo crime do art. 126 do CP.

2.4.4. *Aborto provocado por terceiro sem o consentimento da gestante (art. 125 do CP)*

O crime, descrito no art. 125 do CP, consiste na ação de "provocar aborto" (tipo objetivo), havendo **dissenso real** (violência física) ou **presumido** (quando a gestante não é maior de 14 anos, ou é alienada ou débil mental, ou se o consentimento é obtido mediante fraude, grave ameaça ou violência – art. 126, parágrafo único, do CP).

Trata-se da forma mais grave de aborto, punida com 3 a 10 anos de reclusão.

O **sujeito ativo** pode ser qualquer pessoa (crime comum). Já o **sujeito passivo** é o feto ou produto da concepção e a gestante (dupla subjetividade passiva).

O crime é **material**, consumando-se com a morte do feto ou produto da concepção.

2.4.5. *Aborto provocado por terceiro com o consentimento da gestante (art. 126 do CP)*

O crime em tela vem descrito no art. 126 do CP, configurando nítida **exceção pluralística à teoria unitária**, eis que o agente responderá por crime diverso da gestante que consentiu com o aborto (art. 124, 2ª parte, do CP).

Em outras palavras, o provocador do aborto responderá pelo crime do art. 126, ao passo que a gestante que consentiu com tal ação responderá por aborto consentido (art. 124, 2ª parte, do CP).

Trata-se de **crime comum**, ou seja, pode ser praticado por qualquer pessoa.

O crime em tela somente estará configurado se houver **consentimento válido** da gestante, ou seja, se ausente qualquer das hipóteses do **parágrafo único do art. 126 do CP**. Se assim não ocorrer, responderá o agente pelo crime do art. 125 do CP (aborto sem consentimento da gestante), enquanto que a gestante ficará isenta de pena (se alienada ou débil mental, ou não maior de 14 anos, presumindo-se a invalidade de seu consentimento nesses casos).

Consuma-se o crime com a morte do feto/produto da concepção (crime material), admitindo-se a **tentativa**.

2.4.6. *Aborto qualificado (art. 127 do CP)*

A pena será aumentada em 1/3 caso a gestante sofra lesão corporal de natureza grave, resultando dos meios empregados para o aborto ou como sua consequência.

No caso de morte da gestante, as penas serão duplicadas.

O art. 127 do CP somente pode ser aplicado aos crimes previstos nos arts. 125 e 126, já que o art. 124 é próprio da gestante, não podendo ela ser mais gravemente punida se sofrer lesão corporal grave (a lei não pune a autolesão) ou morte (hipótese em que haverá extinção da punibilidade – art. 107, I, do CP).

A ocorrência de lesão corporal leve não acarreta a exacerbação da pena, eis que implicitamente vem prevista no tipo penal. Afinal, abortamento sem um mínimo de lesão é quase impossível.

Em qualquer hipótese (lesão corporal grave ou morte da gestante), o delito será preterdoloso, ou seja, o resultado agravador terá sido praticado pelo agente a título de culpa. Por se tratar de delito preterdoloso, não se admite tentativa, respondendo o agente, segundo Fernando Capez, pela forma consumada do crime, ainda que não ocorra o aborto, mas a gestante morra ou sofra lesão corporal grave.

Se quiser a morte ou lesão corporal grave na gestante, além do aborto, responderá o agente em concurso de crimes.

2.4.7. *Aborto legal (art. 128 do CP)*

O CP admite, em duas situações, a prática do aborto:

a) se a gravidez gerar risco de vida à gestante;

b) se a gravidez resultou de estupro, desde que a gestante consinta com o abortamento, ou, se incapaz, haja autorização do representante legal.

A primeira hipótese é denominada **aborto terapêutico ou necessário**, já que praticado para que não se sacrifique a vida da gestante, em risco por conta da gravidez.

Já a segunda hipótese é chamada de **aborto humanitário, sentimental ou ético**, eis que a lei admite que a mulher estuprada não leve a cabo uma gravidez cujo produto resulta de ato violento contra sua liberdade sexual.

Em qualquer caso, somente poderá realizar o abortamento o *médico*, conforme reza o art. 128, *caput*, do CP ("não se pune o aborto praticado por médico").

Se terceira pessoa, que não médico, realizar o aborto na primeira hipótese, poderá ser excluído o crime se a gestante correr perigo de vida atual, caracterizador do **estado de necessidade**.

No caso do **aborto humanitário**, é imprescindível que haja **autorização da gestante para sua prática, ou de seu representante legal**, caso incapaz. A lei não exige que o estuprador tenha sido irrecorrivelmente condenado, nem mesmo autorização judicial para que seja efetivado.

Todavia, na prática, é bom que o médico se cerque de alguns cuidados, como a exigência de boletim de ocorrência, declarações de testemunhas etc.

2.4.8. *O aborto eugênico (feto anencefálico)*

Não vem definida no CP a possibilidade de realizar o aborto se o feto possuir má formação ou mesmo anencefalia (ausência de tronco cerebral).

O STF, na ADPF 54 (Arguição de Descumprimento de Preceito Fundamental), decidiu pela possibilidade de realização do aborto do anencéfalo, desde que haja laudo médico dando conta da situação do feto.

Entendeu-se que a vedação ao aborto, nesse caso, atenta contra a dignidade humana, impondo à gestante um sofrimento desnecessário e cruel, visto que a anencefalia culminará, necessariamente, com a morte do feto. Pode-se, aqui, argumentar, que a vida se encerra com a cessação da atividade encefálica, nos termos do art. 3º da Lei 9.434/1997, razão pela qual o fato (aborto de feto anencefálico) é atípico.

3. LESÃO CORPORAL

3.1. Lesão corporal (art. 129 do CP)

3.1.1. *Considerações iniciais*

Embora o crime de lesões corporais atente contra a pessoa, não se trata de infração que ofenda a vida, mas a integridade física ou a saúde corporal.

Para que se verifique o crime em tela, é imprescindível que a vítima sofra uma efetiva alteração de seu corpo ou saúde, de modo a causar-lhe um dano. É importante mencionar que a causação de dor, por si só, é insuficiente à configuração de lesões corporais. É possível, inclusive, praticar este crime sem que se cause dor no ofendido (ex.: corte, contra a vontade da vítima, de seus cabelos).

3.1.2. *Espécies de lesão corporal*

A lesão corporal, vale frisar de início, pode ser praticada nas formas dolosa ou culposa, podendo ser classificada da seguinte forma:

a) leve (*caput*)

b) grave (§ 1º);

c) gravíssima (§ 2º);

d) seguida de morte (§ 3º);

e) privilegiada (§ 4º)

f) culposa (§ 6º)

g) majorada (§§ 7º, 10, 11 e 12)

h) qualificada pela violência doméstica (§ 9º)

3.1.3. *Tipo objetivo*

O CP prevê, em seu art. 129, o delito de "lesão corporal", com a seguinte redação: "ofender a integridade corporal ou a saúde de outrem".

Verifica-se, portanto, que o verbo do tipo (conduta típica) é *ofender*, que pressupõe causação de dano ao corpo (integridade corporal) ou à saúde (segundo Bento de Faria, "dano à saúde é a desordem causada às atividades psíquicas ou ao funcionamento regular do organismo" – *Código Penal Brasileiro Comentado* – Parte Especial – vol. 4, p. 67-68).

Embora um dano à integridade física ou à saúde alheia venha, de regra, acompanhado de dor, tal circunstância não consta como elementar do tipo penal em estudo, pelo que se torna dispensável no caso concreto.

Como já dissemos, a depender da intenção do agente, é possível que o corte de cabelo da vítima configure lesão corporal, o que, por certo, não causa dor.

A pluralidade de ofensas à integridade física ou à saúde de terceiro caracteriza *crime único* e não vários crimes (ex.: 1 ou 10 facadas na vítima, com a intenção de lesionar, caracteriza o mesmo delito – lesões corporais – e não dez crimes idênticos). Todavia, o magistrado, ao fixar a pena do agente, irá levar em conta a pluralidade de lesões provocadas na vítima (o art. 59 do CP, que trata da fixação da pena-base, determina ao magistrado, dentre outras circunstâncias, que analise a personalidade do agente, bem como as consequências do crime).

A ofensa à integridade corporal é de fácil entendimento: provocação de hematomas, equimoses, perfurações, quebradura de ossos etc.

Um pouco mais difícil de se avaliar é a ofensa à saúde, que, conforme já mencionamos, consiste no conjunto de atividades psíquicas ou o funcionamento regular dos órgãos. Assim, configurada estará uma lesão corporal se o agente provocar falta de ar na vítima (ex.: deitar-se em seu tórax; atirar um gás que cause irritação nasal) ou mesmo se redundar em vômitos (regular funcionamento do sistema digestivo – ex.: dar comida estragada ao ofendido).

Questão que se coloca na doutrina é a respeito do grau de disponibilidade do bem jurídico protegido pelo crime de lesão corporal: a integridade física ou a saúde. Seria ele disponível ou indisponível?

Para um entendimento mais ultrapassado, a integridade física e a saúde são indisponíveis, não cabendo qualquer consentimento da vítima como forma de exclusão do crime. Já para o entendimento mais moderno, encampado, inclusive, por Cezar Roberto Bittencourt (*Tratado de Direito Penal* – vol. 2, Ed. Saraiva), trata-se de bem relativamente disponível, vale dizer, o consentimento da vítima na produção de lesões é válida, desde que não contrarie os bons costumes e não se caracterize como algo extremamente grave.

Em outras palavras, a provocação de pequenas lesões, desde que contem com o consentimento do ofendido, não caracteriza crime de lesão corporal. É o caso de colocação de brincos e *piercings*. Quem o faz não comete crime!

E o médico que pratica cirurgia plástica, quebrando cartilagens (nariz, por exemplo), ou retirando ossos e tecidos, comete lesão corporal? Entende-se que não, visto que não tem o dolo de causar um *dano* à vítima, mas, ao contrário, de melhorar seu corpo ou saúde.

3.1.4. *Tipo subjetivo*

A lesão corporal pode ser punida por três formas: dolo, culpa e preterdolo.

A lesão corporal culposa vem prevista no art. 129, § 6º, do CP, ao passo que a preterdolosa típica é a lesão corporal seguida de morte (art. 129, § 3º, do CP), mas também admitida tal modalidade nas formas grave e gravíssima, conforme veremos a seguir.

De qualquer forma, na lesão dolosa, o agente tem a intenção (dolo direito) ou assume o risco de produzir um dano à integridade física ou à saúde de outrem. Age, portanto, com o chamado *animus laedendi.*

Se "A" atinge "B" com uma pedra, com a intenção de matá-lo (*animus necandi*), mas a morte não se verifica, responderá por tentativa de homicídio e não por lesão corporal dolosa consumada. Afinal, deve-se verificar a intenção do agente.

3.1.5. *Sujeitos do crime*

O sujeito ativo da lesão corporal pode ser qualquer pessoa (salvo no caso de violência doméstica, o que veremos mais à frente). Trata-se, em regra, de crime comum.

Adverte Rogério Sanches Cunha (*Direito Penal* – Parte Especial – Ed. RT) que, se o agressor for policial militar, caberá à Justiça Militar processá-lo pelas lesões corporais, sem prejuízo do delito de abuso de autoridade, que será de competência da Justiça Comum.

O Direito Penal não pune a autolesão, ou seja, se o agente ofender sua própria integridade física ou saúde, não poderá referido ramo do Direito intervir para puni-lo.

Porém, se alguém se vale de um inimputável (menor de idade), ou de alguém que tenha a capacidade de discernimento reduzida ou suprimida (doente mental, ébrio), determinando-lhe a causar em si próprio uma lesão, haverá situação de autoria mediata. Assim, quem induzir ou instigar a pessoa a praticar autolesão responderá pelas ofensas que se verificarem na vítima (ex.: "A" induz "B", embriagado, a cravar uma faca na própria mão, o que é feito. "A" é autor mediato da lesão corporal provocada por "B" em si mesmo).

Por fim, em algumas situações, o sujeito passivo do crime em estudo será especial, como é o caso da lesão corporal que causa aceleração do parto (lesão grave) ou aborto (lesão gravíssima), tendo por vítima a mulher grávida. O mesmo se pode dizer com relação ao § 7º do art. 129 do CP, que prevê causa de aumento de pena quando a vítima for menor de 14 ou maior de 60 anos.

3.1.6. *Consumação e tentativa*

A lesão corporal é crime material, vale dizer, somente se consuma com a efetiva ofensa à integridade corporal ou à saúde de outrem. Logo, é perfeitamente possível a tentativa quando se tratar de lesões dolosas, embora seja de difícil comprovação na prática (como condenar alguém por tentativa de lesões corporais graves ou gravíssimas?).

3.1.7. *Lesão corporal dolosa leve*

Vem prevista no art. 129, *caput*, do CP.

Estará caracterizada quando não se verificar qualquer das outras espécies de lesão corporal (grave, gravíssima, seguida de morte).

A pena é de detenção de 3 meses a 1 ano.

O art. 88 da Lei 9.099/1995, determina que a vítima represente (condição de procedibilidade da ação penal) quando se tratar de lesão corporal leve, sob pena de decadência, o que implicará a impossibilidade de o Ministério Público oferecer denúncia e a consequente extinção da punibilidade em favor do agente (art. 107, IV, do CP). Frise-se que se se tratar de lesão corporal praticada contra mulher, em **violência doméstica e familiar**, a teor do art. 41 da Lei 11.340/2006, a jurisprudência pacificou o entendimento de que não será aplicado o referido art. 88 da Lei do JECRIM, tratando-se, pois, de crime de **ação penal pública incondicionada**. Nessa esteira, o STJ, em junho de 2015, editou a Súmula 536, segundo a qual "a suspensão condicional do processo e a transação penal não se aplicam na hipótese de delitos sujeitos ao rito da Lei Maria da Penha".

O caráter residual da lesão corporal leve (tudo o que não configurar lesão grave, gravíssima ou seguida de morte) não comporta reconhecimento de adequação típica quando a ofensa à integridade corporal for levíssima (ex.: um microfuro provocado por "A" em "B", por meio de uma agulha; um arranhão de unha produzido por "A" em "B"). Aqui, é de ser aplicado o princípio da insignificância penal.

3.1.8. Lesão corporal grave

A pena para as situações previstas no § 1º do art. 129, do CP, varia de 1 a 5 anos de reclusão.

Será verificada tal espécie de lesão corporal quando:

a) resultar incapacidade para as ocupações habituais, por mais de 30 (trinta) dias: aqui, tal incapacidade pode ser física ou mental. Pressupõe que a vítima, em razão da ofensa à sua integridade corporal ou à sua saúde, não consiga, por lapso superior a 30 dias, realizar as tarefas do dia a dia, não necessariamente relacionadas com o trabalho (ex.: tomar banho, vestir-se sozinha, erguer peso, andar normalmente).

Deve-se ressaltar que a vergonha da vítima em realizar as suas ocupações habituais, em razão das lesões, não configura a qualificadora em análise. É o que ensina Damásio E. de Jesus. Exemplifica a situação da vítima que, ferida no rosto, tem vergonha de realizar suas ocupações habituais (trabalho) por mais de 30 dias.

Por fim, a comprovação da qualificadora em comento depende de um exame pericial complementar, a ser realizado no trigésimo dia subsequente ao dia do crime (art. 168, § 2º, do CPP):

b) resultar perigo de vida: tal qualificadora exige que, em razão da lesão causada à vítima, experimente ela um efetivo perigo de morte, com probabilidade concreta de ocorrência. Tal situação deve ser constatada em exame de corpo de delito, devendo o médico legista apontar qual foi o perigo causado ao ofendido, não bastando mencionar que as lesões causaram perigo de morte. Trata-se de qualificadora atribuída ao agente a título de preterdolo, eis que, quisesse ele o risco de morte da vítima, deveria responder por tentativa de homicídio;

c) resultar debilidade permanente de membro, sentido ou função: entende-se por membro todos os apêndices ligados ao corpo humano (braços, pernas, mãos, pés), responsável pelos movimentos. Já o sentido pode ser definido como tudo o quanto permita ao homem ter sensações (visão, audição, paladar, tato e olfato). Por fim, função é todo o complexo de órgãos responsáveis por atividades específicas em nosso organismo (sistema respiratório, circulatório, digestivo, reprodutivo).

A qualificadora estará presente se das lesões sofridas pela vida resultar a diminuição ou o enfraquecimento de membros, sentidos ou funções. Entende-se por debilidade não uma situação que se perdura para sempre, mas que seja de difícil ou incerta recuperação.

Pergunta-se: um soco na boca da vítima, do qual resulte a perda de 3 dentes, pode ser considerada lesão corporal grave? Resposta: depende do laudo pericial. A função mastigatória pode ser seriamente abalada pela perda de determinados dentes, mas de outros, não (ex.: queda do último dente molar);

d) se resultar aceleração de parto: se em decorrência das lesões, o agente provoca, em mulher grávida, a aceleração do parto (nascimento adiantado do feto), sem que disso haja a morte da criança, configurada estará a qualificadora em tela.

Indispensável que o agente, no momento de praticar as lesões na mulher, saiba do seu estado gravídico, sob pena de ser verificada responsabilidade objetiva, vedada no Direito Penal. Caso desconheça a gravidez da vítima, responderá por lesões corporais leves (desde que não se configure qualquer outra qualificadora).

3.1.9. Lesão corporal gravíssima

Vem prevista no § 2º, do art. 129, do CP, cuja pena varia de 2 a 8 anos de reclusão.

Temos as seguintes qualificadoras caracterizadoras dessa espécie de lesão corporal:

a) incapacidade permanente para o trabalho: diferentemente da lesão corporal grave da qual resulta incapacidade para as ocupações habituais por mais de trinta dias, aqui a vítima, em razão das lesões, ficará incapacitada (recuperação impossível ou sem previsão de cessação) para o trabalho.

A doutrina majoritária defende que a incapacidade deve ser para qualquer tipo de trabalho e não necessariamente para o desempenhado pela vítima antes de sofrer as lesões. Já para a doutrina minoritária, basta a incapacidade para o trabalho até então desempenhado para que se configure a qualificadora em comento;

b) enfermidade incurável: verifica-se essa qualificadora quando a vítima, em razão das lesões à sua saúde, adquire doença para a qual não exista cura. A transmissão da patologia, nesse caso, deve ser intencional (o agente deve querer que a vítima adquira enfermidade incurável).

Não importa se, anos após a transmissão da doença, a medicina tenha a cura. O que importa é que, no momento do crime, não havia tratamento para a enfermidade.

A doutrina entende, ainda, que a enfermidade que somente possa ser extirpada por intervenção cirúrgica configura a qualificadora, já que não se pode obrigar a vítima a se submeter a tais procedimentos difíceis ou a tratamentos incertos, ainda não implantados e testados exaustivamente pela medicina;

c) perda ou inutilização de membro, sentido ou função: perda de membro, sentido ou função pressupõe a amputação ou mutilação de um deles, ao passo que a inutilização corresponde à perda da sua capacidade, ainda que ligado ao corpo.

Assim, furar os 2 olhos da vítima configura a inutilização de um sentido (visão). Arrancar uma perna do ofendido, amputando-a, também configura a perda de um membro. Também configura a qualificadora em análise a amputação total ou parcial do pênis do homem (perda da função reprodutora).

No tocante aos órgãos duplos (olhos, rins, orelhas, pulmões), a supressão ou inutilização de apenas um deles acarreta debilidade permanente de membro, sentido ou função, que configura lesão corporal grave e não gravíssima (perda ou inutilização de membro, sentido, ou função);

d) deformidade permanente: trata-se de qualificadora ligada ao dano estético permanente, provocado pelas lesões corporais causadas pelo agente à vítima. Não é qualquer dano, ainda que perene, que se enquadrará na circunstância em análise. Deve ser um dano sério, capaz de gerar constrangimento à vítima e a quem a cerca.

Há quem sustente que a deformidade permanente deva ser analisada no caso concreto, diferenciando-se vítima a vítima (ex.: uma marca permanente no rosto de uma jovem Miss Universo ou no rosto de um indigente idoso desprovido de beleza);

e) aborto: se as lesões corporais provocarem a morte do feto, a título de preterdolo, configurada estará a qualificadora. Exige-se, por evidente, que o agente tenha conhecimento do estado gravídico da vítima e que não queria ou assumiu o risco de provocar-lhe o abortamento. Assim não sendo, responderá por aborto (art. 125 do CP).

Nos termos da Lei 13.142/2015, se qualquer das hipóteses de lesão corporal gravíssima forem cometidas contra autoridade ou agente descrito nos arts. 142 e 144 da Constituição Federal, integrantes do sistema prisional e da Força Nacional de Segurança Pública, no exercício da função ou em decorrência dela, ou contra seu cônjuge, companheiro ou parente consanguíneo até terceiro grau, em razão dessa condição, estaremos diante de crime hediondo (art. 1º, I-A, da Lei 8.072/1990).

3.1.10. *Lesão corporal seguida de morte*

Prevista no § 3º do art. 129, do CP, pressupõe que o agente atue com dolo na causação das lesões corporais e com culpa na produção do resultado agravador (morte).

O próprio tipo penal já exclui tal crime se o agente atuar querendo a morte da vítima ou assumindo o risco de produzi-la. Trata-se, portanto, de típico exemplo de crime preterdoloso.

Se o evento antecedente à morte não for lesão corporal, mas qualquer outra conduta (ex.: ameaça, vias de fato), não se verificará a lesão corporal seguida de morte, mas sim o homicídio culposo.

Impossível a modalidade tentada do crime em tela, eis que o resultado agravador, produzido a título de culpa, impede tal figura (afinal, a culpa é incompatível com a tentativa).

Nos termos da Lei 13.142/2015, se a lesão corporal seguida de morte for praticada contra autoridade ou agente descrito nos arts. 142 e 144 da Constituição Federal, integrantes do sistema prisional e da Força Nacional de Segurança Pública, no exercício da função ou em decorrência dela, ou contra seu cônjuge, companheiro ou parente consanguíneo até terceiro grau, em razão dessa condição, estaremos diante de crime hediondo (art. 1º, I-A, da Lei 8.072/1990).

3.1.11. *Lesão corporal privilegiada*

Nos mesmos termos já estudados no tocante ao homicídio, se o agente age por motivo de relevante valor moral ou social, ou sob o domínio de violenta emoção, logo em seguida a injusta provocação da vítima, o magistrado poderá reduzir a pena de um sexto a um terço.

3.1.12. *Substituição da pena*

Nos casos de lesão corporal privilegiada, poderá o juiz, não sendo grave, substituir a pena de detenção pela de multa. Também poderá fazê-lo quando houver lesões recíprocas.

3.1.13. *Lesão corporal culposa*

O art. 129, § 6º, do CP trata da lesão corporal culposa, punida com 2 meses a 1 ano de detenção.

Qualquer situação em que o agente atue com imprudência, negligência ou imperícia, causando ofensa à integridade corporal ou à saúde de outrem, será caracterizadora do crime em tela.

Por se tratar de crime culposo, inadmissível a tentativa.

Se a lesão corporal culposa for praticada na direção de veículo automotor, não será aplicado o CP, mas sim o CTB (Lei 9.503/1997, art. 303).

3.1.14. *Lesão corporal majorada e perdão judicial*

O art. 129, § 7º, do CP, bem assim o § 8º, recebem a mesma disciplina do homicídio culposo e doloso majorados e perdão judicial.

No tocante à majoração da pena em 1/3 (um terço) do crime em estudo, remetemos o leitor aos itens 2.1.2.5 e 2.1.2.6, *supra*.

3.1.15. *Lesão corporal e violência doméstica*

A Lei 10.886/2004 introduziu ao art. 129 o §§ 9º e 10, que receberam o nome de "violência doméstica".

Ocorre que a Lei 11.340/2006 (Lei Maria da Penha) alterou a pena da lesão corporal quando praticada com violência doméstica, que passou a ser de 3 meses a 3 anos de detenção (e não mais 6 meses a 1 ano de detenção!).

Assim, quando a lesão corporal for praticada contra ascendente (pais, avós), descendente (filhos, netos, bisnetos), irmão (colateral em segundo grau), cônjuge (pressupõe casamento), companheiro (união estável), ou com quem o agente conviva ou tenha convivido, ou prevalecendo-se ele das relações domésticas, de coabitação ou de hospitalidade, responderá pelo crime denominado "violência doméstica".

Saliente-se, por oportuno, que a figura típica ora analisada incidirá não apenas se a vítima for mulher, mas também para os homens. Afinal, os §§ 9º e 10 do art. 129 não fizeram distinção de gênero, tal como se tem na Lei Maria da Penha.

3.1.16. *Causa de aumento de pena*

A Lei Maria da Penha inseriu mais um parágrafo ao art. 129, o de número 11, prevendo aumento da pena em um terço se, no caso de violência doméstica (§ 9º), for a vítima deficiente (física ou mental). Também, aqui, pouco importa se a vítima for homem ou mulher!

4. CRIMES DE PERIGO INDIVIDUAL

4.1. Crimes de perigo. Considerações iniciais

O Código Penal, a partir do art. 130, passa a tratar dos denominados "crimes de perigo", nos quais o agente atua não com a intenção de causar um efetivo dano ao bem jurídico protegido pela norma penal incriminadora, mas apenas com **"dolo de perigo"**, vale dizer, pratica a conduta querendo causar um risco ao objeto jurídico do crime.

Dentre os chamados "crimes de perigo", a doutrina distingue os de:

a) perigo abstrato: a lei presume, de maneira absoluta, o perigo provocado pela conduta do agente, não se exigindo demonstração efetiva do risco causado pela conduta típica;

b) perigo concreto: a lei exige que se comprove, concretamente, o perigo provocado pela conduta do agente, sem o que o fato será atípico.

A doutrina penal mais comprometida com os postulados constitucionais chega a defender a inadmissibilidade dos crimes de perigo abstrato, na medida em que todo crime deve provocar uma lesão ou probabilidade efetiva de lesão ao bem jurídico protegido pelo tipo incriminador. Sustenta-se o adágio *nullum crimen sine injuria*, ou seja, não há crime sem lesão.

Infelizmente, trata-se de corrente minoritária na doutrina e jurisprudência, embora o STF já tenha decidido que o crime de porte ilegal de arma (crime de perigo) não se configura se não estiver municiado referido artefato ou se o agente não dispuser de projéteis ao seu alcance para rápido municiamento. Entendeu o Pretório Excelso que a ausência de potencialidade lesiva faz tornar atípica a conduta de portar arma sem a respectiva munição.

4.2. Perigo para a vida ou saúde de outrem (art. 132 do CP)

4.2.1. Considerações iniciais

O art. 132 do CP pune a conduta do agente que simplesmente expõe a perigo direto e iminente a vida ou a saúde de outrem, tratando-se, pois de **crime de perigo concreto**.

Tenciona o legislador, portanto, proteger a vida ou saúde alheia não contra um risco efetivo, mas meramente potencial.

4.2.2. Tipo objetivo

A conduta típica corresponde ao verbo "expor", vale dizer, deve o agente, para praticar o crime em comento, colocar em risco/perigo efetivo, direto, a vida ou a saúde de outrem. Entende a doutrina que se deve colocar em perigo a vida ou saúde de pessoa ou pessoas **certas e determinadas**, não de uma coletividade.

Admite-se, inclusive, a prática do crime por conduta omissiva (ex.: o patrão que, explorando uma atividade de risco, não fornece aos empregados equipamentos para o trabalho, ficando os obreiros expostos a perigo de vida ou saúde direto e iminente).

Pelo fato de o tipo penal constar expressamente em seu preceito secundário que a pena é de 3 meses a 1 ano de detenção, se o fato não constitui crime mais grave, a doutrina denomina o crime em análise de **subsidiário**. Ou seja, somente restará configurado o crime de perigo para a vida ou saúde de outrem se não constituir meio de execução de infração mais gravosa (ex.: tentativa de homicídio; tentativa de lesão corporal).

Por esse motivo, ensina a doutrina que é **inadmissível o concurso de crimes** (ao menos entre o crime principal e o subsidiário – ex.: art. 132 e art. 121 c.c. art. 14, II, todos do CP), salvo se várias forem as vítimas do crime de perigo em tela (mediante mais de uma ação, o agente expõe a vida de várias pessoas determinadas a risco direto e iminente – *vide* art. 70 do CP).

4.2.3. Tipo subjetivo

O crime do art. 132 do CP é doloso. Lembre-se que, *in casu*, o dolo é de perigo, já que o agente não quer causar uma lesão efetiva à vida ou saúde de outrem, mas apenas colocá-las em risco direto e iminente (dolo de perigo e não dolo de dano!).

Não se admite a modalidade culposa do crime em estudo.

4.2.4. Sujeitos do crime

Qualquer pessoa pode ser autora do crime de perigo para a vida ou saúde de outrem, o mesmo valendo para a vítima.

Porém, ensina a doutrina que o sujeito passivo do delito deve ser pessoa certa e determinada e não uma coletividade (sob pena de restar configurado crime de perigo comum, previsto entre os arts. 250 a 259 do CP).

4.2.5. Consumação e tentativa

O crime atinge a consumação quando, com a conduta do agente, a vida ou a saúde da vítima é efetivamente posta em perigo direto e iminente.

Somente se admite a tentativa na forma comissiva do crime (ex.: "A", quando esticava o braço para atirar uma pedra na direção de "B", querendo apenas provocar um perigo à integridade corporal deste, é impedido por um transeunte).

Na modalidade omissiva, é inadmissível a tentativa.

4.2.6. Crime majorado

Nos termos do parágrafo único do art. 132 do CP, a pena é aumentada de 1/6 a 1/3 se a exposição da vida ou da saúde de outrem a perigo decorre do transporte de pessoas para a prestação de serviços em estabelecimentos de qualquer natureza, em desacordo com as normas legais.

Segundo Julio F. Mirabete, o espírito da lei foi o de proteger os boias-frias, que transitam em transportes sem o mínimo de segurança, em direta violação ao Código de Trânsito Brasileiro (arts. 26 a 67 e 96 a 113 – Lei 9.503/1997).

Todavia, não basta a mera violação de regras de segurança no transporte, sendo imprescindível que, em razão disso, os passageiros corram um risco efetivo de vida ou à saúde.

4.3. Abandono de incapaz (art. 133 do CP)

4.3.1. Considerações iniciais

Pretendeu o legislador, na edição do art. 133 do CP, proteger a integridade física e psíquica de determinadas pessoas, que, conforme o próprio *nomen juris* demonstra, são incapazes de, sozinhas, manterem íntegras a própria vida ou saúde.

4.3.2. *Tipo objetivo*

O verbo do tipo é "abandonar", ou seja, deixar ao desamparo, sem assistência. Assim, pratica o crime em tela o agente que abandona determinadas pessoas, incapazes de defender-se dos riscos resultantes de tal ato.

O crime pode ser praticado de maneira comissiva (mediante ação, portanto) ou omissiva (obviamente por omissão).

A questão que se coloca é o "tempo" do abandono. Por qual espaço de tempo o agente deve abandonar a vítima para que o crime esteja caracterizado? Responde a doutrina que deve ser por período "juridicamente relevante", ou seja, pelo tempo suficiente para que o sujeito passivo da conduta corra um risco efetivo de sua integridade física ou psíquica.

Por se tratar de crime de perigo concreto, deve-se comprovar o risco efetivo à vítima abandonada. Daí porque não configura o crime de abandono de incapaz a conduta daquela pessoa que abandona, por exemplo, a vítima, sendo que o local é rodeado de pessoas que podem prestar-lhe assistência (ex.: o filho abandona o pai, idoso e doente, ao lado de um hospital movimentado). Também não configura o crime se o agente abandona a vítima e aguarda que seja socorrida por terceiros.

4.3.3. *Tipo subjetivo*

O crime em tela é doloso, agindo o agente com a intenção de colocar a vítima em perigo, abandonando-a (dolo de perigo).

Se tiver o autor do delito a intenção de, mediante o abandono, provocar efetivo dano à integridade física ou à saúde da vítima, poderá responder por tentativa de homicídio, de lesão corporal, de infanticídio etc.

4.3.4. *Sujeitos do crime*

O *caput* do art. 133 do CP revela que o sujeito ativo do crime não pode ser qualquer pessoa, mas sim aquela que guardar alguma relação com a vítima: a) cuidado; b) guarda; c) vigilância; e d) autoridade.

Verifica-se que essas "qualidades" do sujeito ativo denotam uma obrigação que ele tem para com a vítima (deve dela cuidar, ser guardião, vigiar ou estar em posição de autoridade). Trata-se de verdadeiro "garantidor" do sujeito passivo, sendo o crime denominado **próprio.**

Já a vítima deve ser a pessoa que está sob os cuidados, a guarda, a vigilância ou a autoridade do sujeito ativo, de tal modo que dependa dela. Se do abandono sofrer riscos para a saúde ou integridade física, caracterizado estará o crime em comento.

4.3.5. *Consumação e tentativa*

O delito se consuma com o abandono da pessoa que deve estar sob o resguardo do sujeito ativo, independentemente de resultado naturalístico. Adverte-se que, se do abandono não advier um perigo concreto à vida ou saúde do sujeito passivo, não se configura o crime.

Admissível a tentativa se o crime for praticado por ação.

4.3.6. *Formas qualificadas*

O § 1º do art. 133 do CP traduz a forma qualificada do crime, punido com reclusão de 1 a 5 anos se, em razão do abandono, a vítima sofrer lesão corporal de natureza grave. O resultado agravador, nesse caso, é atribuído ao agente a título de culpa (trata-se de crime preterdoloso). Impossível que iniciasse o agente um crime com dolo de perigo e o encerrasse com dolo de dano (querendo as lesões corporais).

Se, em razão do abandono, a vítima morrer, a pena do agente será de 4 a 12 anos. Aqui, igualmente, o resultado agravador não pode ser imputado ao autor do crime a título de dolo, mas sim de culpa (crime preterdoloso).

4.3.7. *Formas majoradas*

As penas serão aumentadas em 1/3 se:

a) o abandono ocorre em lugar ermo: se o lugar em que o agente abandonar a vítima for pouco frequentado ou desabitado no momento do abandono, aumenta-se a pena, eis que a chance de o perigo se concretizar é mais elevado. Todavia, se o lugar for absolutamente inóspito (ex.: lugar com forte nevasca ou deserto), muito provavelmente a intenção do agente será de causar risco efetivo (e não meramente potencial) à vida ou saúde de pessoa sob seu resguardo;

b) se o agente é ascendente ou descendente, cônjuge, irmão, tutor ou curador da vítima: trata-se de pessoas que têm um maior dever de vigilância para com as vítimas (pai em relação ao filho, filho em relação ao pai, marido e mulher, irmãos, tutor para com o tutelado e o curador para com o curatelado). Não se admite analogia (ex.: agente que abandona mulher doente, vivendo com ela em união estável);

c) se a vítima é maior de 60 anos (majorante acrescentada pelo *Estatuto do Idoso – Lei 10.741/2003*): tal majorante tem plena razão para existir, eis que as pessoas com idade mais avançada têm maior dificuldade na sua própria defesa se abandonadas.

4.4. Omissão de socorro (art. 135 do CP)

4.4.1. *Considerações iniciais*

No delito que será objeto de comentário a partir de agora, tencionou o legislador punir a conduta daquela pessoa que demonstra insensibilidade perante terceiros que se vejam em situação de perigo, desde que possam agir sem risco à própria vida ou integridade corporal.

A todos existe um dever geral de solidariedade humana, conforme as palavras de Magalhães Noronha. Não se trata de conduta que a lei proíbe (em regra, os crimes se traduzem em condutas proibidas – ex.: matar, furtar, estuprar, roubar), mas que impõe um "fazer" (imperativo de comando).

Não se incrimina apenas a conduta daquela pessoa que, podendo agir, deixa de prestar assistência a determinadas pessoas, mas também aquela que, não podendo fazê-lo sem risco pessoal, deixa de pedir o necessário socorro à autoridade pública.

4.4.2. *Sujeitos do crime*

No tocante ao sujeito ativo, o crime é considerado **comum**, eis que qualquer pessoa pode praticar a conduta descrita no *caput* do art. 135 do CP.

Já as pessoas que deveriam ser assistidas pelo sujeito ativo, mas que não o foram, são:

a) criança abandonada ou extraviada;

b) pessoa inválida ou o ferido desamparado;

c) pessoa que se encontre em grave e iminente perigo.

Considera-se *criança abandonada*, segundo Rogério Sanches Cunha (*Direito Penal – Crimes contra a pessoa* – Ed. RT, p. 115), a que foi deixada sem os cuidados de que necessitava para a sua subsistência. Já *criança extraviada* é a que se perdeu, sem saber retornar à sua residência.

Pessoa inválida, ao desamparo, é aquela, segundo o mesmo autor, sem vigor físico, ou adoentada. Por fim, *pessoa que se encontre em grave e iminente perigo* é aquela que se vê diante de algum mal sério, de grandes proporções, prestes a se verificar.

4.4.3. Tipo objetivo

O crime em tela se verifica quando o agente "deixar de prestar assistência". Trata-se de *crime omissivo puro*, ou seja, o sujeito ativo responde por "nada fazer", sendo que a lei, como já dissemos anteriormente, impõe a todos um dever de solidariedade diante daquelas pessoas descritas no tipo penal (criança abandonada ou extraviada; pessoa inválida ou ferida ao desamparo; pessoa que se encontre em grave e iminente perigo).

A omissão caracterizadora do crime em comento pode ser praticada de duas formas:

1ª – o agente, podendo auxiliar as pessoas descritas no *caput* do art. 135 do CP, não o faz;

2ª – o agente, não podendo ajudá-las sem que sofra um risco pessoal, não solicita socorro à autoridade pública.

4.4.4. Tipo subjetivo

Trata-se de crime doloso, ou seja, o agente, agindo de forma livre e consciente, deixa de prestar socorro a determinadas pessoas em situações periclitantes, ou, não podendo fazê-lo, deixa de solicitar socorro à autoridade pública competente.

Segundo a doutrina, o dolo pode ser **direto** ou **eventual**.

Inexiste a modalidade culposa da omissão de socorro, situação que, se verificada no caso concreto, tornaria a conduta atípica (princípio da excepcionalidade do crime culposo).

4.4.5. Consumação e tentativa

Consuma-se o delito, esgotando-se o *iter criminis*, quando o agente efetivamente deixa de prestar assistência a quem a precisa ou não comunicar a autoridade pública competente. Enfim, *consuma-se o crime com a omissão do sujeito ativo*.

Por se tratar de crime omissivo próprio (ou puro), *inadmissível a tentativa*, por se tratar de *crime unissubsistente* (o *iter criminis* não é fracionável).

4.4.6. Forma majorada de omissão de socorro

O parágrafo único do art. 135 do CP pune mais gravosamente o agente que, em razão da omissão, provocar **lesão corporal de natureza grave** na vítima (aumenta-se de **metade** a reprimenda).

Já se resultar a **morte** do ofendido, a pena é **triplicada**.

Em ambas as hipóteses, o crime será **preterdoloso** (dolo na omissão e culpa no tocante ao resultado agravador – lesão corporal grave ou morte).

4.5. Condicionamento de atendimento médico hospitalar emergencial (art. 135-A do CP)

4.5.1. Considerações iniciais

Trata-se de nova figura típica inserida no CP pela Lei 12.653/2012, muito semelhante, em verdade, ao crime estudado anteriormente. Estamos, na prática, diante de uma nova modalidade de omissão de socorro, mas com elementares e características próprias. Vamos aos estudos!

4.5.2. Sujeitos do crime

O crime em tela, embora não haja expressa previsão na redação típica, será cometido por administradores ou funcionários do hospital, visto que a conduta será a de "*exigir* cheque-caução, nota promissória ou qualquer garantia, bem como o preenchimento prévio de formulários administrativos, como condição para o atendimento médico hospitalar emergencial".

Ora, emerge nítido que a exigência de "burocracias" e/ou de garantia antecipada de pagamento dos serviços hospitalares somente poderá ser feita por funcionários ou administradores do hospital, motivo pelo qual entendemos que se trata de um crime próprio, visto ser necessária uma qualidade especial do agente (ser funcionário ou administrador da entidade hospitalar).

4.5.3. Tipo objetivo

O crime em comento restará caracterizado quando o agente delitivo *condicionar* o atendimento médico hospitalar emergencial ao próprio paciente ou seus familiares, em caso de impossibilidade daquele, exigindo:

✓ *cheque-caução* – trata-se de um título de crédito (ordem de pagamento à vista) emitido como garantia do pagamento dos serviços médicos e hospitalares prestados;

✓ *nota promissória* – trata-se, também, de um título de crédito (promessa futura de pagamento), dado como garantia do pagamento dos serviços médicos e hospitalares prestados;

✓ *qualquer garantia* – aqui, o legislador, em exercício de interpretação analógica, após enumeração casuística (cheque-caução e nota promissória), inseriu uma "cláusula genérica", a fim de garantir que haverá tipicidade penal se, por exemplo, o agente delitivo exigir, como condição do atendimento ao paciente, qualquer outra garantia, tais como endosso de uma duplicata ou letra de câmbio (Rogério Sanches Cunha – *Curso de Direito Penal*, vol. 2 – p. 156 – Ed. JusPodivm).

Repare que a "omissão de socorro" por parte do agente delitivo fica nítida: caso a exigência não seja atendida (cheque-caução, nota promissória ou qualquer outra garantia), não haverá a prestação do serviço médico hospitalar de emergência!

Frise-se que a simples exigência de garantia do pagamento dos serviços hospitalares e médicos de emergência será fato atípico quando não houver o condicionamento prévio ao atendimento do paciente.

4.5.4. Tipo subjetivo

O crime em comento é doloso, vale dizer, impõe que o agente delitivo, de forma livre e consciente, condicione ao paciente ou aos familiares deste o atendimento médico hospitalar emergencial à emissão de um cheque-caução, ou a assinatura de uma nota promissória ou qualquer outra garantia.

4.5.5. Consumação e tentativa

Haverá consumação do crime ora estudado no exato momento em que o agente fizer ao paciente, ou aos seus familiares, a exigência, condicionando o atendimento emergencial à entrega de um cheque-caução, ou à assinatura de uma nota promissória ou qualquer outra forma de garantia do pagamento dos serviços médicos hospitalares de emergência.

4.5.6. Formas majoradas

A pena, que é de 3 meses a 1 ano, e multa, será aumentada até o dobro se, em razão da omissão (negativa de atendimento médico hospitalar de emergência), resultar **lesão corporal grave** à vítima-paciente. Porém, se da negativa advier a **morte** do ofendido, a pena será aumentada até o triplo. Estamos, aqui, diante de figuras preterdolosas (dolo na negativa de atendimento e culpa na lesão corporal grave ou morte).

4.6. Maus-tratos (art. 136 do CP)

4.6.1. Considerações iniciais

Trata-se de crime que atenta contra a incolumidade física de determinadas pessoas descritas no tipo penal. Apenas a título de curiosidade, foi o Código de Menores, de 1927, que pela primeira vez tratou do delito de maus-tratos contra menores de 18 anos.

4.6.2. Sujeitos do crime

Conforme enuncia o tipo penal, o crime de maus-tratos não pode ser praticado por qualquer pessoa, mas apenas por aquelas que tenham alguma relação (de subordinação, diga-se de passagem) com a vítima.

Logo, pode-se afirmar que se trata de **crime próprio**, já que será praticado:

a) por quem exercer autoridade sobre alguém;
b) pelo guardião de alguém;
c) por quem exercer vigilância sobre alguém.

Ressalte-se que a relação existente entre sujeito ativo e passivo pode ser de direito público ou privado (ex.: o diretor do presídio e o detento; a mãe em relação ao filho).

Salienta-se que o crime é bipróprio, já que tanto do autor quanto da vítima são exigidas qualidades especiais (a vítima deve estar sob a autoridade, guarda ou vigilância de alguém).

4.6.3. Tipo objetivo

A conduta típica é a de "expor a perigo a vida ou a saúde" de determinadas pessoas (pessoa que esteja sob a guarda, autoridade ou vigilância do sujeito ativo do crime).

Portanto, exige-se que o agente inflija maus-tratos à vítima, mediante os seguintes meios executórios (o que transforma a figura ora estudada em crime de ação vinculada):

a) privação de alimentação (conduta omissiva);
b) privação de cuidados indispensáveis (conduta omissiva);
c) sujeição a trabalho excessivo (conduta comissiva);
d) sujeição a trabalho inadequado (conduta comissiva);
e) abuso dos meios de correção (conduta comissiva);
f) abuso dos meios de disciplina (conduta comissiva).

Enfim, o agente exporá a risco a vida ou a saúde da vítima, realizando umas das ações acima mencionadas, seja por omissão (letras "a" e "b"), seja por ação (letras "c" a "f").

Especialmente quanto ao abuso dos meios de correção e disciplina, adverte-se que o "guardião" (pai, mãe e família substituta) tem o direito de corrigir e impor disciplina ao que está sob sua guarda. O que pune a lei é o excesso nos meios de correção e disciplina, expondo, em razão disso, a vida ou a saúde da vítima a perigo de dano.

Importante registrar que o ECA (Lei 8.069/1990), alterado pela denominada "Lei da Palmada", recebeu, dentre outros, novo dispositivo (art. 18-A), assim redigido:

"**Art. 18-A.** A criança e o adolescente têm o direito de ser educados e cuidados sem o uso de castigo físico ou de tratamento cruel ou degradante, como formas de correção, disciplina, educação ou qualquer outro pretexto, pelos pais, pelos integrantes da família ampliada, pelos responsáveis, pelos agentes públicos executores de medidas socioeducativas ou por qualquer pessoa encarregada de cuidar deles, tratá-los, educá-los ou protegê-los. (Incluído pela Lei 13.010/2014)

Parágrafo único. Para os fins desta Lei, considera-se:

I – castigo físico: ação de natureza disciplinar ou punitiva aplicada com o uso da força física sobre a criança ou o adolescente que resulte em:

a) sofrimento físico; ou

b) lesão;

II – tratamento cruel ou degradante: conduta ou forma cruel de tratamento em relação à criança ou ao adolescente que:

a) humilhe; ou

b) ameace gravemente; ou

c) ridicularize."

O dispositivo acima transcrito, cremos, ainda causará muita discussão acerca dos limites do poder familiar e da condução da educação das crianças e adolescentes. Nada obstante, trata-se de uma boa "fonte" para que os operadores do Direito busquem aquilo que poderá ser considerado excessivo na disciplina e correção de menores de dezoito anos.

Atua o agente, no crime em comento (art. 136 do CP), não com dolo de dano, mas com dolo de perigo ao abusar desses meios.

Frise-se que, quando os maus-tratos se devem à correção, por exemplo, do próprio filho, excedendo-se os pais em tal situação, não responderão por lesões corporais se tiverem agido com *animus corrigendi*. Todavia, se a intenção for a de lesionar, responderão pelo referido delito.

Por fim, o abuso nos meios de correção deve ser apto a causar um perigo de dano à vida ou saúde da vítima, não restando configurado se causar apenas simples "vergonha" (ex.: a mãe, querendo "emendar" a filha, raspa-lhe os cabelos, em razão de ser "menina fácil").

4.6.4. *Tipo subjetivo*

O crime é doloso, exigindo-se do agente que atue com a consciência de que sua conduta expõe a risco a vida ou saúde da vítima, excedendo-se da normalidade.

Não se pune a forma culposa do crime.

4.6.5. *Consumação e tentativa*

Consuma-se o crime quando a vítima efetivamente sofrer um risco à sua integridade física (vida ou saúde).

As modalidades comissivas admitem tentativa, ao passo que as omissivas, não.

4.6.6. *Formas qualificadas e majorada*

Os §§ 1º e 2º do art. 136 do CP punem mais gravosamente o agente que, em razão dos maus-tratos, causa na vítima lesão corporal de natureza grave (1 a 4 anos de reclusão) ou morte (4 a 12 anos de reclusão).

Evidentemente que qualquer das qualificadoras aponta para a ocorrência de crime preterdoloso, atribuindo-se o resultado agravador (lesão corporal grave ou morte) ao agente a título de culpa. Assim não fosse, responderia por lesão corporal consumada ou homicídio.

Por fim, o § 3º do precitado artigo determina o aumento da pena em 1/3 se o crime for praticado contra menor de 14 anos (dispositivo acrescentado pelo ECA).

Se o crime for praticado contra idoso (mais de 60 anos), o crime não é o de maus-tratos do CP, mas o do Estatuto do Idoso (art. 99 da Lei 10.741/2003).

4.7. Rixa (art. 137 do CP)

4.7.1. *Considerações iniciais*

Considera-se rixa a briga ou a contenda travada entre mais de duas pessoas (no mínimo, portanto, três!), **sem que se possa identificar, de maneira individualizada, agressor e agredido**.

Embora possa parecer contraditório, na rixa o **sujeito ativo e o sujeito passivo se confundem** (agressor pode ser agredido e vice-versa).

Trata-se de crime que protege, a um só tempo, a **incolumidade física** dos próprios contendores, bem assim a **incolumidade pública**, que pode ser posta em xeque em uma briga generalizada.

4.7.2. *Sujeitos do crime*

Qualquer pessoa pode ser sujeito ativo do delito em questão.

Pela particularidade de exigir, no mínimo, três pessoas para que a conduta seja típica, temos um crime de **concurso necessário** (ou **plurissubjetivo**).

O sujeito passivo do crime pode ser o próprio participante da rixa, bem como terceiras pessoas que venham a se ferir com o tumulto.

4.7.3. *Tipo objetivo*

O crime de rixa, previsto no art. 137 do CP, prevê como conduta típica "participar da rixa", ou seja, **tomar parte** na contenda travada entre, pelo menos, três pessoas.

Pune-se o delito, em sua forma simples, com detenção de 2 meses a 1 ano, ou multa (trata-se de **infração penal de menor potencial ofensivo – Lei 9.099/1995**).

O delito que ora se comenta somente restará caracterizado se houver um tumulto generalizado, sem que se possa identificar/individualizar agressores e agredidos. Se houver tal possibilidade (constatação individual de cada contendor e agredido), tratar-se-á de lesões corporais recíprocas, não rixa.

Pode-se tomar parte na rixa diretamente (ou seja, sendo um dos rixosos), ou mediante participação moral (partícipe da rixa – art. 29 do CP), induzindo ou instigando os contendores a tomarem parte na briga generalizada.

A doutrina faz menção a dois tipos de rixa:

a) *ex proposito* – é a rixa preordenada, na qual dois ou mais grupos de contendores, de maneira prévia, ajustam a "briga" generalizada. Nesse caso, sendo possível a identificação de cada um, não se poderia falar em crime de rixa, mas de lesões corporais qualificadas;

b) *ex improviso* – é a rixa que ocorre sem um prévio ajuste, de inopino, subitamente. Para alguns doutrinadores, essa é a típica rixa.

4.7.4. *Tipo subjetivo*

O delito de rixa é doloso, mas não agem os rixosos com dolo de lesionar (dolo de dano), mas sim de causar perigo à integridade física de terceiros (**dolo de perigo**).

Trata-se, portanto, de mais um **crime de perigo**, segundo a doutrina, abstrato (presume-se o perigo, não se exigindo sua comprovação em concreto).

O terceiro que apenas ingressa na contenda para "separar" os rixosos, por falta de dolo, não responderá pelo crime, exceto se, durante sua intervenção, passar a agredir os partícipes do tumulto.

4.7.5. *Consumação e tentativa*

Consuma-se o crime com a efetiva participação do agente na contenda generalizada, trocando agressões com os demais partícipes do evento.

Segundo a doutrina majoritária, inadmissível a tentativa, já que o delito se consuma com o ingresso do contendor no tumulto, exaurindo-se a infração simultaneamente com o início da execução (delito unissubsistente e instantâneo).

Para outros, admite-se a tentativa apenas na rixa *ex proposito* (preordenada).

Ademais, se o tumulto sequer tivesse início, não ocorreria a forma tentada do delito, mas sim meros atos preparatórios.

4.7.6. *Rixa qualificada*

Conforme o parágrafo único do art. 137 do CP, se ocorrer morte ou lesão corporal de natureza grave, a pena será de 6 meses a 2 anos de detenção.

Trata-se de dispositivo que pune objetivamente (independentemente de comprovação de dolo ou culpa) o participante da rixa se do tumulto decorrer resultado mais grave do que simples vias de fato ou lesões corporais leves.

Em suma, ainda que o rixoso não tenha diretamente provocado a lesão corporal grave ou a morte de outro contendor, o só fato de participar do tumulto já será suficiente para receber reprimenda mais gravosa. Aqui, identifica-se um resquício da responsabilização penal objetiva.

Se um dos contendores for o que sofrer a lesão corporal grave, ele próprio responderá por rixa qualificada.

5. CRIMES CONTRA A HONRA

5.1. Crimes contra a honra (arts. 138 a 145, do CP). Considerações iniciais

A honra é bem jurídico constitucionalmente protegido, conforme se infere do art. 5º, X, da CF: "são invioláveis a intimidade, a vida privada, a honra e a imagem das pessoas, assegurado o direito a indenização pelo dano material e moral decorrente de sua violação".

A doutrina costuma dividir a honra sob dois aspectos: um objetivo e outro subjetivo.

Sob o enfoque objetivo, que dá ensejo à denominada **honra objetiva**, diz-se que se trata daquilo que terceiros pensam do sujeito. Em outras palavras, a honra objetiva condiz com o conceito que a pessoa goza de seu meio social (reputação).

Já no tocante ao aspecto subjetivo, do qual se origina a **honra subjetiva**, diz-se que se trata daquilo que a pessoa pensa de si própria, um sentimento sobre a própria dignidade.

Embora a doutrina costume diferenciar honra objetiva de subjetiva, é certo que não se pode tratá-las de forma estanque, eis que, por vezes, segundo adverte Rogério Greco, "uma palavra que pode ofender a honra subjetiva do agente também pode atingi-lo perante a sociedade da qual faz parte. Chamar alguém de mau-caráter, por exemplo, além de atingir a dignidade do agente, macula sua imagem no meio social" (*Curso de Direito Penal* – vol. 2 – Parte Especial – Ed. Impetus).

A distinção a que ora fazemos referência guarda importância apenas para a distinção dos três tipos penais incriminadores que serão doravante estudados (bem como os momentos consumativos): a **injúria** (que ofende a *honra subjetiva* da vítima), a **calúnia** e a **difamação** (ambas ofendendo a *honra objetiva* do sujeito passivo das condutas ilícitas).

5.2. Calúnia (art. 138 do CP)

5.2.1. *Considerações iniciais*

O art. 138 do CP prevê o crime de calúnia, que, como já dito anteriormente, ofende a **honra objetiva** da vítima, vale dizer, sua reputação e fama perante terceiros.

5.2.2. *Tipo objetivo*

A conduta típica é *caluniar*, ou seja, fazer uma falsa acusação, tendo o agente, com tal conduta, a intenção de afetar a reputação da vítima perante a sociedade.

O tipo penal em comento enuncia: "caluniar alguém, imputando-lhe falsamente fato definido como crime".

Guilherme de Souza Nucci (*Manual de Direito Penal* – Parte Geral e Parte Especial – 3ª ed., Ed. RT, p. 657), criticando a redação do art. 138 do CP, faz a seguinte ressalva: "portanto, a redação feita no art. 138 foi propositadamente repetitiva (fala duas vezes em *'atribuir'*: caluniar significa *atribuir* e imputar também significa *atribuir*). Melhor seria ter nomeado o crime como sendo 'calúnia', descrevendo o modelo legal de conduta da seguinte forma: *'Atribuir a alguém, falsamente, fato definido como crime'*. Isto é caluniar".

Em suma, o crime de calúnia fica caracterizado quando o agente atribui, imputa a alguém, *falsamente*, fato definido como crime.

Deve o agente delitivo, portanto, imputar um **fato determinado**, e não genérico, sob pena de restar descaracterizada a calúnia, tipificando, eventualmente, a conduta prevista no art. 140 do CP (injúria). Exemplo de fato determinado: "João foi quem ingressou no Banco Real, na semana passada, e comandou o roubo à agência". Nesse caso, verifica-se a atribuição de um fato determinado (no espaço e no tempo), que somente configura o crime em comento se for falso.

Considera-se falso o fato atribuído à vítima se ele sequer ocorreu ou, tendo ocorrido, não teve como autor, coautor ou partícipe, o ofendido.

Se o agente atribuir à vítima fato definido como contravenção penal (ex.: "João é o dono da banca do jogo do bicho do bairro "X", tendo recebido, somente na semana passada, mais de 300 apostas em sua banca"), não se configura o crime de calúnia, que pressupõe a falsa imputação de fato *criminoso*. No exemplo dado, poderíamos estar diante de uma difamação (art. 139 do CP).

5.2.3. *Tipo subjetivo*

O elemento subjetivo da conduta é o dolo, ou seja, a vontade livre e consciente do agente de atribuir a alguém, sabendo ser falso, um fato definido como crime.

Exige-se, ainda, o elemento subjetivo do tipo específico (dolo específico), qual seja, o *animus diffamandi*, a intenção de ofender a honra da vítima.

5.2.4. *Sujeitos do crime*

O **sujeito ativo** do crime pode ser qualquer pessoa, razão pela qual a calúnia é doutrinariamente qualificada como **crime comum**.

O **sujeito passivo** também pode ser **qualquer pessoa**.

Diverge a doutrina acerca da possibilidade de **pessoa jurídica** ser vítima de calúnia. Entende-se que sim, apenas em se tratando de **crimes ambientais**, nos quais a pessoa jurídica pode ser autora da conduta típica (*vide* Lei 9.605/1998).

Se a vítima for o Presidente da República e o crime tiver conotação política o fato será regulado pela Lei de Segurança Nacional (Lei 7.170/1983).

Antes do julgamento, pelo STF, da ADPF 130, no mês de abril de 2009, se o meio de dispersão da calúnia à sociedade fosse a imprensa (escrita ou falada), o delito seria aquele previsto na Lei de Imprensa (Lei 5.250/1967). Frise-se que referido diploma legal foi declarado não recepcionado pela nova ordem constitucional. Nesse sentido, confira-se parte da ementa do julgado:

Arguição de descumprimento de preceito fundamental (ADPF). Lei de imprensa. Adequação da ação. Regime constitucional da "liberdade de informação jornalística", expressão sinônima de liberdade de imprensa. A "plena" liberdade de imprensa como categoria jurídica proibitiva de qualquer tipo de censura prévia. (...)

10. Não recepção em bloco da Lei 5.250 pela nova ordem constitucional.
(...)

12. Procedência da ação. Total procedência da ADPF, para o efeito de declarar como não recepcionado pela Constituição de 1988 todo o conjunto de dispositivos da Lei Federal 5.250, de 09.02.1967.

Atualmente (leia-se: desde o julgamento da já citada ADPF 130), se o crime de calúnia for perpetrado por meio da imprensa, aplicar-se-ão as regras "comuns" do Código Penal.

5.2.5. *Consumação e tentativa*

Consuma-se o crime de calúnia no momento em que a falsa atribuição de fato criminoso **chegar ao conhecimento de terceiros** (ainda que a só uma pessoa), independentemente de a circunstância macular a honra da vítima.

Assim, ainda que, de fato, a reputação do ofendido não seja abalada, entende-se consumado o delito (trata-se, pois, de **crime formal**).

É **possível a tentativa** se, por exemplo, os atos executórios ocorrerem por escrito e os papéis caluniadores não chegarem ao conhecimento de terceiros.

5.2.6. *Propalar ou divulgar a calúnia*

O § 1º do art. 138 do CP também pune a conduta daquele que simplesmente propala ou divulga a falsa imputação de fato definido como crime, desde que saiba ser falsa.

Nesse caso, aquele que simplesmente repassar a calúnia estará, por óbvio, caluniando a vítima, eis que a ele estará atribuindo fato definido como crime, sabendo-o falso.

5.2.7. *Calúnia contra os mortos*

O § 2º do art. 138 do CP também pune a **calúnia contra os mortos**. Nesse caso, como as pessoas já morreram, as vítimas não serão propriamente elas, que já sequer contam com personalidade jurídica (que se encerra, para as pessoas naturais, com a morte), mas seus **familiares**.

5.2.8. *Calúnia contra inimputáveis. É possível?*

Aos adeptos da teoria tripartida de crime (**fato típico, antijurídico e culpável**), o inimputável por doença mental, desenvolvimento mental incompleto ou desenvolvimento mental retardado (art. 26 do CP), embora pratique os dois primeiros elementos do crime, é isento de pena, pelo que a culpabilidade estaria afastada. Em outras palavras, o "louco" não praticaria *crime*.

O mesmo se pode dizer com relação aos inimputáveis por idade (menores de dezoito anos), que não se submetem ao Código Penal, mas apenas à legislação específica (ECA).

Entende a maioria, entretanto, que contra os inimputáveis é possível a prática de calúnia, embora não possam *praticar crime*.

É que o legislador utilizou os termos "fato definido como crime", e não "prática de crime". Dessa forma, é possível que se atribua a um "louco", ou a um menor de idade, um *fato* definido em lei como crime (ex.: homicídio, aborto, roubo, furto etc.).

Concluindo, percebe-se que é possível, portanto, que inimputáveis, embora não pratiquem crime (em seu sentido técnico-jurídico), possam ser vítima de calúnia.

5.2.9. *Exceção da verdade*

O § 3º do art. 138 do CP prevê o instituto da "exceção da verdade". Trata-se de um incidente processual, que deve ser obrigatoriamente enfrentado pelo magistrado antes da sentença final, visto que pode conduzir à absolvição do suposto agente delitivo.

A lei penal admite que a pessoa que atribui a terceiro fato definido como crime comprove a *veracidade* da imputação. Logo, se o crime de calúnia pressupõe a atribuição falsa de um fato definido como crime, a exceção (defesa) da verdade pode tornar a conduta atípica.

Assim, pode o autor da suposta calúnia provar que a pretensa vítima realmente praticou o fato definido como crime, razão pela qual a imputação seria verdadeira e não falsa.

Todavia, a lei previu algumas situações em que **a exceção da verdade é vedada**:

a) inciso I – se, constituindo o fato imputado crime de ação privada, o ofendido não foi condenado por sentença irrecorrível: aqui, se o crime for de ação privada e a vítima sequer intentou a competente queixa-crime, torna-se impossível que um terceiro, que não a própria vítima, queira provar a ocorrência de um crime que o diretamente interessado não teve interesse de demonstrar. Outra situação ocorre se o autor da calúnia atribui a alguém um fato definido como crime de ação privada e ainda não houve a condenação definitiva (irrecorrível);

b) inciso II – se o fato é imputado a qualquer das pessoas indicadas no n. I do art. 141: referido dispositivo faz alusão ao Presidente da República e a chefe de governo estrangeiro. Nesse caso, ainda que referidas pessoas houvessem praticado crime, o CP não admite sua comprovação. Há quem sustente que essa vedação à exceção da verdade viola o princípio constitucional da ampla defesa, entendimento que também comungamos;

c) inciso III – se do crime imputado, embora de ação pública, o ofendido foi absolvido por sentença irrecorrível: no caso em tela, se a Justiça já absolveu, de maneira irrecorrível, a vítima do crime de calúnia, não poderá o agente querer provar algo sobre o qual não mais cabe discussão (coisa julgada).

5.3. Difamação (art. 139 do CP)

5.3.1. *Considerações iniciais*

Trata-se de crime que atenta contra a **honra objetiva** da vítima, vale dizer, sua reputação e fama no meio social. É esse, portanto, o **objeto jurídico** do crime em comento.

5.3.2. *Tipo objetivo*

A conduta típica corresponde ao verbo do tipo **difamar**, que significa desacreditar uma pessoa, maculando sua reputação no meio social. Parecida com a calúnia, a difamação pressupõe que haja imputação de um **fato** (não definido como crime, mas que tenha a possibilidade de ofender a reputação da vítima).

O tipo penal, segundo Guilherme de Souza Nucci (op. cit., p. 659), também foi repetitivo, já que difamar significa exatamente imputar um fato "desairoso", silenciando a respeito da veracidade ou falsidade dele.

Em suma, difamar a vítima significa imputar-lhe fatos maculadores de sua fama (honra objetiva), ainda que verídicos (ex.: "João, todas as sextas-feiras, é visto defronte a um bordel, consumindo drogas e bebida alcoólica, na esquina da Rua 'X'").

5.3.3. *Tipo subjetivo*

É o dolo, ou seja, a vontade livre e consciente do agente em atribuir a alguém (ainda que verdadeiramente) fato ofensivo à reputação. Além disso, exige-se o elemento subjetivo do tipo (dolo específico), qual seja, o *animus diffamandi*.

5.3.4. *Sujeitos do crime*

A difamação pode ser praticada por qualquer pessoa, tratando-se, pois, de crime comum. A vítima também pode ser qualquer pessoa.

Antes do julgamento, pelo STF, da ADPF 130, no mês de abril de 2009, se o meio de dispersão da difamação à sociedade fosse a imprensa (escrita ou falada), o delito seria aquele previsto na Lei de Imprensa (Lei 5.250/1967). Frise-se que referido diploma legal foi declarado não recepcionado pela nova ordem constitucional. Nesse sentido, confira-se parte da ementa do julgado:

> Arguição de Descumprimento de Preceito Fundamental (ADPF). Lei de Imprensa. Adequação da ação. Regime constitucional da "liberdade de informação jornalística", expressão sinônima de liberdade de imprensa. A "plena" liberdade de imprensa como categoria jurídica proibitiva de qualquer tipo de censura prévia.
> (...)
>
> 10. Não recepção em bloco da Lei 5.250 pela nova ordem constitucional.
> (...)
>
> 12. Procedência da ação. Total procedência da ADPF, para o efeito de declarar como não recepcionado pela Constituição de 1988 todo o conjunto de dispositivos da Lei federal 5.250, de 09.02.1967.

Atualmente (leia-se: desde o julgamento da já citada ADPF 130), se o crime de difamação for perpetrado por meio da imprensa, aplicar-se-ão as regras "comuns" do Código Penal.

Questiona-se se a **pessoa jurídica pode ser vítima de difamação**. Entende-se, majoritariamente, que **sim**, eis que as empresas gozam de reputação no mercado. Em suma, as pessoas jurídicas têm uma imagem a ser preservada, pelo que sua "honra objetiva" pode ser maculada (ex.: "a empresa 'Y' trata muito grosseiramente seus empregados, especialmente o Joaquim, que foi escorraçado de seu posto de trabalho na semana passada").

Interessante para os concursos públicos que se conheça a posição do STF acerca de difamação perpetrada por advogado, que, de acordo com o art. 7º, § 2º, do Estatuto da OAB (Lei 8.906/1994) é imune por suas manifestações em juízo ou fora dele, desde que no exercício da profissão, a referido crime.

Confira-se:

> ***Difamação e imunidade profissional de advogado***
>
> "A 1ª Turma, por maioria, denegou *habeas corpus* em que se pleiteava o trancamento da ação penal. Na espécie, a paciente – condenada pelo crime de difamação – teria ofendido a reputação de magistrada, desmerecendo a sua capacitação funcional, diante dos serventuários e demais pessoas presentes no cartório da vara judicial. De início, aduziu-se que as alegações de atipicidade da conduta e de inexistência de dolo não poderiam ser apreciadas nesta via, uma vez que, para chegar a conclusão contrária à adotada pelas instâncias ordinárias, seria necessário o reexame do conjunto fático-probatório, não admissível nesta sede. Em seguida, ponderou-se estar diante de fato, em tese, típico, ilícito e culpável, revestido de considerável grau de reprovabilidade. Ressaltou-se que o comportamento da paciente amoldar-se-ia, em princípio, perfeitamente à descrição legal da conduta que a norma visaria coibir (CP, art. 139). Desse modo, afirmou-se que não haveria falar em atipicidade da conduta. Ante as circunstâncias dos autos, reputou-se, também, que não se poderia reconhecer, de plano, a ausência do *animus difamandi*, identificado na sentença condenatória e no acórdão que a confirmara. No tocante à alegação de que teria agido acobertada pela imunidade conferida aos advogados, asseverou-se que seria inaplicável à espécie a excludente de crime (CP, art. 142), haja vista que a ofensa não teria sido irrogada em juízo, na discussão da causa. Acrescentou-se que a mencionada excludente não abrangeria o magistrado, que não poderia ser considerado parte na relação processual, para os fins da norma. Frisou-se, também, que a jurisprudência e a doutrina seriam pacíficas nesse sentido, na hipótese de ofensa a magistrado. O Min. Luiz Fux enfatizou que a frase proferida pela advogada encerraria uma lesão penal bifronte. Vencidos os Ministros Marco Aurélio, relator, e Dias Toffoli, que concediam a ordem. Aquele, para assentar a atipicidade da conduta da paciente sob o ângulo penal; este, porquanto afirmava que a difamação estaria expressamente imunizada pelo § 2º do art. 7º do Estatuto da Advocacia". HC 104385/SP, rel. orig. Min. Marco Aurélio, red. p/ o acórdão Min. Ricardo Lewandowski, 28.06.2011. (HC-104385) (Inform. STF 633).

5.3.5. *Consumação e tentativa*

Consuma-se o crime de difamação quando a ofensa à reputação da vítima chega ao conhecimento de terceiros (ainda que a uma só pessoa), independentemente de haver um resultado lesivo à sua fama. Trata-se, portanto, de crime formal, que independe de resultado naturalístico.

Admissível a tentativa, por exemplo, se a difamação for feita por escrito e não chegar ao conhecimento de terceiros por extravio dos papéis.

5.3.6. *Exceção da verdade (parágrafo único)*

Somente é admitida a exceção (defesa) da verdade se o agente tentar comprovar que o fato ofensivo à reputação de funcionário público foi efetivamente praticado se tiver relação direta com o exercício de suas funções.

Diz-se que a Administração Pública admite a exceção da verdade nesses casos pelo fato de que tem entre seus princípios informadores o da moralidade e o da eficiência.

Imagine que "A" imputa a "B", juiz de direito, o seguinte fato: "o Dr. 'B', juiz da vara criminal da cidade 'X', ao invés de presidir a audiência do dia 20.03.2015, na qual eu era advogado do autor, ficou bebendo no bar da esquina".

Se o juiz ingressasse com queixa-crime contra o advogado, dizendo-se vítima de difamação, poderia ele demonstrar a verdade do fato atribuído ao magistrado. Como dissemos, a lei tem o interesse de provar um fato desonroso atribuído a um funcionário público que o tenha praticado no exercício de suas funções. Quer-se, com isso, proteger a própria imagem da Administração Pública, que pode ser maculada por um funcionário que aja de maneira vexatória, já que sua imagem, querendo ou não, acaba sendo vinculada ao Poder Público.

5.4. Injúria (art. 140 do CP)

5.4.1. Considerações iniciais

Trata-se de crime que ofende a **honra subjetiva** da vítima, vale dizer, sua dignidade ou seu decoro ("autoimagem da pessoa, isto é, a avaliação que cada um tem de si mesmo" – Guilherme de Souza Nucci – op. cit., p. 661).

Portanto, o objeto jurídico do crime em estudo é a honra subjetiva, e não a objetiva, protegida pelos delitos de calúnia e difamação.

5.4.2. Tipo objetivo

Enquanto nos delitos de calúnia e difamação o agente imputa um fato (definido como crime, na primeira, ou ofensivo à reputação, na segunda), na injúria este não se verifica.

No crime previsto no art. 140 do CP, o agente ofende a vítima atribuindo-lhe uma **qualidade negativa**, infamante àquilo que ela pensa de si mesma, ofendendo sua autoestima.

5.4.3. Tipo subjetivo

Além do dolo (vontade livre e consciente de ofender a honra subjetiva da vítima), exige-se o elemento subjetivo do tipo, ou seja, o *animus injuriandi*, a intenção de, com sua fala, gesto ou escrito, lesar a autoestima do ofendido.

5.4.4. Sujeitos do crime

O sujeito ativo da injúria pode ser qualquer pessoa, tratando-se, pois, de crime comum.

Em tese, o sujeito passivo também pode ser qualquer pessoa. Dizemos "em tese" pelo fato de o crime em análise depender da ofensa à dignidade ou decoro da vítima. Em algumas circunstâncias, torna-se impossível que o ofendido entenda que sua autoestima foi ferida (ex.: crianças de tenra idade; doentes mentais sem capacidade de discernimento).

Lembremos que o crime pressupõe que a vítima se veja (e entenda) lesada em sua autoimagem, o que nem sempre é possível.

Não se admite crime de injúria contra pessoa jurídica, já que a honra subjetiva é própria de pessoas naturais e não de uma ficção legal.

Até mesmo aos "desonrados" é possível a configuração de injúria. Diz-se que sempre há uma gota de dignidade ou decoro a se resguardar, por mais "desonrada" que seja a pessoa (ex.: pode-se injuriar uma prostituta, ainda que se tente ofender sua autoimagem no que tange à atividade sexual).

5.4.5. Consumação e tentativa

Consuma-se o crime no momento em que a imputação de qualidades negativas **chega ao conhecimento da própria vítima**, e não de terceiros, como na calúnia e difamação.

Não se exige que a pessoa se sinta, de fato, ofendida, bastando a potencialidade lesiva da conduta, chamando-se o delito em estudo de **formal** (ex.: chamar alguém de verme fétido e imundo tem potencialidade de causar um dano à autoestima, ainda que, no caso concreto, não se verifique).

Admite-se a forma **tentada**, por exemplo, se a injúria for **por escrito** e o papel não chegar às mãos da vítima por extravio.

5.4.6. Exceção da verdade

Obviamente não é admitida. Seria absurdo, por exemplo, imaginar-se a prova de que a vítima é, de fato, um verme fétido e imundo.

Como no crime de injúria não se atribuem fatos, mas qualidades, torna-se impossível querer prová-las verdadeiras, diferentemente da calúnia e difamação (nelas se atribuem fatos, os quais podem não ter ocorrido).

5.4.7. Perdão judicial

Poderá o juiz deixar de aplicar a pena (perdão judicial – causa extintiva da punibilidade – v. art. 107, IX, do CP) nas seguintes hipóteses, previstas no § 1º do art. 140:

a) quando o ofendido, de forma reprovável, provocou diretamente a injúria (inc. I);

b) quando houver retorsão imediata, que consista em outra injúria (inc. II).

No primeiro caso, a vítima, dadas as provocações, cria no espírito do agente a raiva, combustível para que o injurie.

Na segunda hipótese, embora o agente injurie a vítima, esta revida imediatamente (logo após a injúria), de tal forma que também atribua ao seu "agressor inicial" um fato ofensivo à dignidade ou decoro. Com a devida vênia, aqui se aplica perfeitamente a famosa frase: "chumbo trocado não dói". Nesse caso, ninguém responderá por injúria, dada a incidência do perdão judicial, causa extintiva da punibilidade.

5.4.8. Injúria qualificada

5.4.8.1. Injúria real

Vem prevista no § 2º do art. 140 do CP. Ocorre quando o agente, valendo-se de lesões corporais ou vias de fato, tenciona não diretamente atingir a integridade corporal ou a saúde da vítima, mas atingir-lhe a dignidade ou o decoro.

Opta o agente, em vez de injuriar a vítima com palavras ou escritos, produzir-lhe um insulto de maneira mais agressiva (ex.: tapa no rosto; cusparada na face; empurrão diante de várias pessoas). Contudo, de tal situação, deve-se vislumbrar que a intenção do agente foi a de ofender a autoestima da vítima. Daí a palavra "aviltante" prevista na qualificadora ora analisada.

De qualquer modo, o legislador irá punir o agente pela violência de maneira autônoma (ex.: se do tapa, a boca da vítima fica machucada e sangra, além da injúria qualificada, irá responder o agente por lesão corporal leve). No tocante às vias de fato, a doutrina defende que serão absorvidas pelo crime contra a honra.

5.4.8.2. *Injúria qualificada pelo preconceito de raça ou cor (ou injúria racial)*

Prevista na primeira parte do § 3º do art. 140 do CP, restará configurada quando o agente, para injuriar a vítima, utilizar-se de elementos referentes à **raça**, **cor**, **etnia**, **religião** ou **origem.**

Assim, estaremos diante da qualificadora em comento se o agente, por exemplo, injuriar um judeu dizendo que "todo judeu é corrupto e mão de vaca", ou um negro dizendo que "todo negro é ladrão e desonesto".

5.4.8.3. *Injúria qualificada contra idoso ou deficiente*

Quando, para cometer a injúria, o agente ofender a vítima em razão de ser **pessoa idosa ou portadora de deficiência,** a pena será de 1 a 3 anos de reclusão, a mesma prevista para a injúria racial.

Tal proteção no CP foi inserida pelo Estatuto do Idoso.

Guilherme Nucci cita, como exemplo de injúria qualificada contra idoso ou deficiente, as seguintes situações: "não atendemos múmias neste estabelecimento" ou "aleijado só dá trabalho" (op. cit., p. 663).

5.5. Disposições gerais dos crimes contra a honra (arts. 141 a 145 do CP)

5.5.1. *Formas majoradas*

As penas são aumentadas de 1/3 se os crimes já estudados (calúnia, difamação ou injúria) forem praticados:

a) contra Presidente da República ou chefe de governo estrangeiro (inc. I, art. 141);

b) contra funcionário público, em razão de suas funções (inc. II, art. 141);

c) na presença de várias pessoas, ou por meio que facilite a divulgação da calúnia, da difamação ou da injúria (inc. III, art. 141);

d) contra pessoa maior de 60 (sessenta) anos ou portadora de deficiência, exceto no caso de injúria (inc. IV, art. 141).

Na última hipótese *supra*, excetuou-se a injúria pelo fato de o art. 140, § 3º, do CP, punir mais gravosamente a injúria contra pessoa idosa ou deficiente. Assim não fosse, estaríamos diante de inegável *bis in idem*. Prevalece, contudo, para os crimes de calúnia e difamação.

Por fim, o parágrafo único do art. 141 do CP menciona a aplicação de pena em dobro se o crime é cometido mediante paga ou promessa de recompensa. Trata-se de situação mais duramente punida pela lei, tendo em vista a torpeza do crime, demonstrada no fato de que o agente, por dinheiro ou sua mera expectativa, ofende a honra de terceiros.

5.5.2. *Exclusão do crime*

O art. 142 do CP traz algumas causas específicas de exclusão do crime (excludentes de ilicitude), apenas no tocante à **difamação e à injúria**, a saber:

a) a ofensa irrogada (atribuída, praticada) em juízo, na discussão da causa (limite material da excludente), pela parte ou por seu procurador (advogado);

b) a opinião desfavorável da crítica literária, artística ou científica, salvo quando inequívoca a intenção de injuriar ou difamar;

c) o conceito desfavorável emitido por funcionário público, em apreciação ou informação que preste no cumprimento do dever de ofício (ex.: certidão assinada por um escrivão, dando conta da existência dos maus antecedentes do réu).

Nos casos das letras "a" e "c", pune-se o terceiro que dá publicidade aos fatos ocorridos (parágrafo único do art. 142 do CP).

5.5.3. *Retratação (art. 143 do CP)*

Extingue-se a punibilidade daquela pessoa que atribuiu a alguém um falso fato definido como crime (calúnia) ou desonroso (difamação) se, até a sentença de 1º grau, retratar-se do que fez, vale dizer, "voltar atrás", desmentir-se.

Se o faz até a prestação jurisdicional ser efetivada em 1ª instância, o querelado (réu na ação penal privada) ficará isento de pena. Tal instituto tem por objetivo restabelecer a **honra objetiva** da vítima, que se vê, com a atitude do réu, "livre" da má reputação conferida pelo agente.

Antes do julgamento, pelo STF, da ADPF 130, no mês de abril de 2009, se o meio de dispersão da injúria à sociedade fosse a imprensa (escrita ou falada), o delito seria aquele previsto na Lei de Imprensa (Lei 5.250/1967). Frise-se que referido diploma legal foi declarado não recepcionado pela nova ordem constitucional. Nesse sentido, confira-se parte da ementa do julgado:

> Arguição de Descumprimento de Preceito Fundamental (ADPF). Lei de imprensa. Adequação da ação. Regime constitucional da "liberdade de informação jornalística", expressão sinônima de liberdade de imprensa. A "plena" liberdade de imprensa como categoria jurídica proibitiva de qualquer tipo de censura prévia.
>
> (...)
>
> 10. Não recepção em bloco da Lei 5.250 pela nova ordem constitucional
>
> (...)
>
> 12. Procedência da ação. Total procedência da ADPF, para o efeito de declarar como não recepcionado pela Constituição de 1988 todo o conjunto de dispositivos da Lei federal 5.250, de 09.02.1967.

Atualmente (leia-se: desde o julgamento da já citada ADPF 130), se o crime de injúria for perpetrado por meio da imprensa, aplicar-se-ão as regras "comuns" do Código Penal. Logo, não mais se pode admitir que a injúria praticada pela imprensa admita a retratação, o que era possível pelo art. 26 da Lei 5.250/1967, a qual, como se sabe, foi declarada não recepcionada pelo STF.

5.5.4. *Pedido de explicações (art. 144 do CP)*

Não havendo certeza da intenção do agente ao proferir impropérios contra alguém, poderá o suposto ofendido pedir explicações em juízo ao suposto ofensor, a fim de que se tenha certeza ou probabilidade de que tenha havido injúria, calúnia ou difamação.

Se o suposto ofensor não comparecer em juízo para prestar esclarecimentos, ou, a critério do juiz, não der as explicações de maneira satisfatória, poderá vir a ser criminalmente processado.

Exemplo seria dizer a uma mulher "extravagante", em uma roda de pessoas: "Fulana, você é uma mulher cara". Ora, essa frase poderia tanto significar que a mulher "cobra caro" em seus serviços, ou é uma pessoa dileta, querida. Havendo dúvidas, poderá a mulher formular pedido de explicações ao suposto agressor de sua honra.

5.5.5. *Ação penal*

Em regra, os crimes contra a honra (calúnia, difamação e injúria) exigem atuação da vítima, que deverá, no prazo legal, oferecer a competente queixa-crime. Trata-se, portanto, de crimes de **ação penal privada.**

Todavia, poderá a **ação ser pública** no caso de injúria real (praticada com violência ou vias de fato).

Já se o crime for praticado contra o Presidente da República ou chefe de governo estrangeiro, a ação será **pública condicionada à requisição do Ministro da Justiça.**

Em se tratando de crime contra a honra de funcionário público em razão de suas funções, a ação será **pública condicionada à representação.** Todavia, o STF, ao editar a Súmula 714, permite a legitimidade concorrente do ofendido, mediante queixa, e do Ministério Público, mediante denúncia, desde que haja representação, quando o crime for contra a honra de servidor público em razão do exercício de suas funções. Trata-se de entendimento jurisprudencial consolidado na mais alta corte de nosso país, embora seja nitidamente *contra legem.*

Por fim, a **injúria racial** (art. 140, § 3º, CP), igualmente, é crime de **ação penal pública condicionada à representação.**

6. CRIMES CONTRA A LIBERDADE PESSOAL

6.1. Constrangimento ilegal (art. 146 do CP)

6.1.1. *Considerações iniciais*

O art. 146 do Código Penal vem inserido no capítulo dos **crimes contra a liberdade pessoal.**

Segundo Rogério Sanches Cunha, "liberdade significa, em síntese, **ausência de coação**. Com esse conceito amplo, protege-se, neste capítulo, **a faculdade do homem de agir ou não agir, querer ou não querer, fazer ou não fazer aquilo que decidir, sem constrangimento**, prevalecendo a sua autodeterminação" (*Direito Penal* – Parte Especial – Ed. RT, p. 167).

No tocante ao crime de constrangimento ilegal, tencionou o legislador proteger o **livre arbítrio** do ser humano, que não pode ser compelido a fazer ou deixar de fazer alguma coisa senão em virtude de lei (v. art. 5º, II, da Constituição Federal).

6.1.2. *Objeto jurídico*

O art. 146 do Código Penal protege a liberdade individual da pessoa, que, como já dissemos, não pode ser obrigada a fazer ou deixar de fazer algo senão de acordo com sua própria vontade ou quando a lei dispuser em tal ou qual sentido.

6.1.3. *Sujeitos do crime*

O constrangimento ilegal é crime que pode ser praticado por qualquer pessoa. Logo, trata-se de **crime comum.**

Com relação ao **sujeito passivo**, diz-se que deve ser pessoa que possua capacidade de autodeterminação, ou seja, com capacidade de "decidir sobre os seus atos" (Rogério Sanches Cunha, op. cit., pág. 169).

Assim, não podem ser vítimas as pessoas de pouca idade, os loucos, os embriagados, já que não têm capacidade de "vontade natural".

6.1.4. *Tipo objetivo*

Estará configurado o crime de constrangimento ilegal quando o sujeito ativo "constranger" a vítima a fazer algo ou a não fazer algo, mediante violência, grave ameaça ou qualquer outro meio que reduza a capacidade de resistência.

Portanto, a conduta típica é "constranger", vale dizer, *obrigar, forçar, coagir.*

O legislador trouxe três hipóteses (meios executórios) de o crime em estudo ser praticado:

a) mediante violência: lesões corporais, vias de fato (é a denominada *vis corporalis* ou *vis absoluta*);

b) mediante grave ameaça: corresponde à violência moral (*vis compulsiva*), ou seja, à promessa de um mal injusto e grave;

c) mediante qualquer outro meio que reduza a capacidade de resistência da vítima: é o que se denomina de *violência imprópria*. Trata-se de meio executório subsidiário, que importe em uma redução da capacidade de autodeterminação ou resistência do ofendido. Exemplo disso é o uso da hipnose, de álcool ou substância de efeitos análogos, situações estas que excluiriam a maior chance de a vítima resistir à vontade do agente.

Salienta a doutrina que, se o constrangimento tiver por objetivo uma **pretensão legítima** do sujeito ativo, não se poderá falar em constrangimento ilegal, mas sim em **exercício arbitrário das próprias razões**, nos termos do art. 345 do Código Penal (ex.: "A", empregado de "B", demitido sem justa causa, ao ver que seu patrão não iria pagar seus direitos trabalhistas, mediante emprego de socos e pontapés, obriga-o a assinar um cheque com o exato valor das verbas rescisórias).

O sujeito ativo irá constranger, portanto, a vítima, mediante violência, grave ameaça ou qualquer outro meio que reduza sua resistência a:

a) fazer algo: pressupõe uma atuação não querida pelo ofendido, que é levado a realizar alguma coisa contra sua vontade. Ex.: viagem, dirigir veículo, escrever uma carta;

b) não fazer algo: pressupõe que o agente constranja a vítima a não fazer alguma coisa, ou a tolerar que o próprio sujeito ativo faça algo.

6.1.5. *Tipo subjetivo*

O elemento subjetivo da conduta é o dolo. Em outras palavras, o crime de constrangimento ilegal é doloso, não admitindo a modalidade culposa.

Age o agente sabendo que aquilo que constrange a vítima a fazer ou deixar de fazer é ilegítimo.

6.1.6. *Consumação e tentativa*

Consuma-se o crime em análise no instante em que a vítima faz ou deixa de fazer algo, atuando, portanto, contra a sua vontade, em observância ao imposto pelo agente.

Admissível a tentativa se a vítima, coagida a fazer ou deixar de fazer algo, desatende à determinação do sujeito ativo.

6.1.7. *Constrangimento ilegal e concurso com outros crimes*

Se o sujeito ativo coage a vítima, mediante violência ou grave ameaça, a fazer algo considerado pela lei como crime, responderá pelo crime de constrangimento ilegal (art. 146 do Código Penal) em concurso com o outro delito praticado por aquela.

A depender da violência ou ameaça impingidas à vítima, poderá ficar caracterizada a **tortura**, prevista no art. 1º, I, "b", da Lei 9.455/1997.

Já se a coação à vítima for para que ela pratique contravenção penal, estaremos diante de concurso material entre o delito de constrangimento ilegal e a infração penal por ela praticada.

6.1.8. *Aumento de pena*

O **§ 1º** do art. 146 do Código Penal prevê duas situações em que a pena será aplicada cumulativamente e em dobro:

a) se para a execução do crime se reúnem mais de três pessoas: nesse caso, se pelo menos quatro pessoas se reúnem para o cometimento do crime de constrangimento ilegal, dificultando ainda mais a possibilidade de resistência da vítima, o legislador entendeu por bem exacerbar a resposta penal, o que fez com acerto;

b) se para a execução do crime há emprego de armas: parte da doutrina exige que haja o efetivo emprego (uso) da arma para o cometimento do crime, não bastando o mero porte da arma. Deve-se entender por "arma" todo artefato, bélico ou não, com potencialidade lesiva (ex.: armas de fogo, facas, foices, machado, canivete etc.). Não se pode considerar como "arma" o simulacro de arma de fogo, ou seja, a réplica de brinquedo do artefato bélico, mormente com o cancelamento da Súmula 174 do STJ.

No caso do **§ 2º** do art. 146 do Código Penal, diz-se que, além da pena do constrangimento ilegal, **serão aplicadas as correspondentes à violência** (leia-se: lesões corporais). Assim, será o caso de concurso material entre o art. 146 e o art. 129, ambos do Código Penal, somando-se, pois, as penas.

6.1.9. *Causas de exclusão do crime*

O § 3º do art. 146 do Código Penal traz duas situações em que não ficará configurado o crime de constrangimento ilegal. Entende-se majoritariamente que são duas as causas excludentes da antijuridicidade, a saber:

a) intervenção médica ou cirúrgica, sem o consentimento do paciente ou de seu representante legal, se justificada por iminente perigo de vida;

b) se a coação é exercida para impedir suicídio.

6.2. Ameaça (art. 147 do Código Penal)

6.2.1. *Considerações iniciais*

O crime de ameaça ofende, assim como o constrangimento ilegal, a liberdade pessoal da vítima, que, *in casu*, vê-se abalada com o prenúncio de um mal injusto e grave que lhe foi atribuído pelo sujeito ativo.

Pretendeu o legislador, portanto, punir a conduta que perturba a tranquilidade e a sensação de segurança da vítima, que deixa de ter sua autodeterminação (ir e vir, fazer ou não fazer) intocada.

6.2.2. *Sujeitos do crime*

Pode ser autor do delito em tela qualquer pessoa, tratando-se, pois, de **crime comum**.

Já a vítima deve ser pessoa certa e determinada com a capacidade de atinar para o mal injusto e grave que lhe tenha sido prometido. Quer-se dizer que somente pode ser sujeito passivo de ameaça a pessoa que possa reconhecer o caráter intimidatório do mal injusto e grave prenunciado pelo agente.

Não se admite, portanto, que se considere vítima de ameaça uma criança de tenra idade, sem a menor possibilidade de compreender a violência moral, bem como os doentes mentais, os ébrios ou pessoas indeterminadas. Ressalte-se que a lei prescreve "ameaçar *alguém*", do que se infere que somente pode ser pessoa certa e determinada.

6.2.3. *Tipo objetivo*

O verbo do tipo é "ameaçar", que significa intimidar, prometer um malefício.

O art. 147 do Código Penal descreve, como meios executórios do mal prometido, os seguintes:

a) palavra: pode-se ameaçar alguém por meio de palavras, faladas ou escritas;

b) escrito: são palavras graficamente materializadas;

c) gesto: são sinais feitos com movimentos corporais ou com o emprego de objetos;

d) qualquer outro meio simbólico: trata-se de hipótese residual, não abarcada pelas três situações anteriores.

Vê-se, portanto, que o crime em análise pode ser praticado por diversas formas, desde que aptas a amedrontar a vítima. Trata-se, pois, de crime de **ação livre**.

O mal prometido à vítima, segundo exige a lei, deve ser *injusto e grave*.

Não basta, portanto, a injustiça do malefício prometido, devendo ser grave. Também, não basta a gravidade do mal prometido, devendo ser injusto (ex.: prometer ao furtador de sua carteira que irá requerer instauração de inquérito policial).

A doutrina ensina, ainda, que o mal prometido deve ser iminente (prestes a ocorrer) e verossímil (crível). Não configuraria o crime de ameaça, por exemplo, prometer que irá pedir ao *diabo* que mate a vítima, ou que irá despejar toda a água dos oceanos em sua casa, para que morra afogada.

Deve a promessa de mal injusto e grave ser, repita-se, crível e apta a intimidar, ainda que a vítima, de fato, não se sinta intimidada. Nesse particular, estamos diante de **crime formal**.

6.2.4. *Tipo subjetivo*

É o dolo, ou seja, a vontade livre e consciente do agente em ameaçar a vítima, prometendo-lhe, mediante palavra, escrito, gesto ou qualquer outro meio, mal injusto e grave.

Ainda que o sujeito profira a ameaça, sabendo que não irá cumpri-la, caracterizado estará o crime em análise.

Inadmissível a modalidade culposa de ameaça.

Alerta a doutrina que o crime de ameaça exige seriedade de quem a profere, não se coadunando em momentos de cólera, raiva, ódio, enfim, desequilíbrio emocional.

Há quem sustente que a embriaguez do sujeito ativo retira a plena seriedade do mal injusto e grave prometido. Todavia, o art. 28, II, do Código Penal, prescreve que não exclui a imputabilidade a embriaguez. Portanto, o crime remanesceria, mesmo que o agente esteja embriagado.

6.2.5. *Consumação e tentativa*

A ameaça é crime que se consuma quando a vítima toma conhecimento do mal injusto e grave prometido pelo agente, ainda que com ele não se intimide. Trata-se, pois, de **crime formal**.

É possível a forma **tentada** do crime se praticado por **meio escrito**. Por palavras ou gestos, o delito é unissubsistente, não admitindo fracionamento no *iter criminis*.

6.2.6. *Ação penal*

O parágrafo único do art. 147 do Código Penal exige a representação da vítima para a instauração da *persecutio criminis in judicio*. Assim, sem a manifestação de vontade da vítima, no sentido de ver o agente processado, não poderá o Ministério Público dar início à ação penal.

Trata-se, portanto, de crime de **ação penal pública condicionada**.

6.3. Sequestro e cárcere privado (art. 148 do CP)

6.3.1. *Considerações iniciais*

Tutela o art. 148 do Código Penal a **liberdade de locomoção** do ser humano, vale dizer, seu livre-arbítrio, sua vontade de ir, vir ou permanecer onde bem entender, sem intromissão de quem quer que seja. Daí o crime em análise estar inserido no capítulo dos crimes contra a liberdade pessoal.

6.3.2. *Sujeitos do crime*

Pode ser **sujeito ativo** do crime **qualquer pessoa** (crime comum).

Já o sujeito passivo, segundo parte da doutrina, somente pode ser aquela pessoa que tenha a capacidade de ir e vir livremente, não se incluindo, em tese, os paralíticos, os portadores de doenças graves, ou aqueles que não tenham a compreensão do que vem a ser a privação de sua liberdade.

Todavia, Magalhães Noronha já advertiu que "a liberdade de movimento não deixa de existir quando se exerce à custa de aparelhos ou com o auxílio de outrem. Por outro lado, não é menos certo que o incapaz, na vida em sociedade, goza dessa liberdade corpórea, tutelada pela lei incondicional e objetivamente" (citação feita por Rogério Sanches Cunha, op. cit., p. 178).

Se o sujeito ativo do crime for **funcionário público**, no exercício de suas funções, poderá praticar **abuso de autoridade**, não sequestro (v. Lei 4.898/1965).

6.3.3. *Tipo objetivo*

A conduta típica corresponde ao verbo "**privar**", ou seja, reduzir à total ou parcial impossibilidade a liberdade de locomoção da vítima, que se vê, em maior ou menor grau, impedida de seu direito de ir e vir, não conseguindo se "desvencilhar do sequestrador sem que corra perigo pessoal" (Fernando Capez. *Curso de Direito Penal*, vol. 3, p. 305, ed. Saraiva).

A privação da liberdade da vítima, segundo o art. 148 do Código Penal, far-se-á mediante **sequestro** ou **cárcere privado**.

Na prática, sequestro e cárcere privado não ostentam diferenças relevantes, já que o agente responderá pelo crime em análise. Todavia, a doutrina cuidou de diferenciar ambas as formas de privação da liberdade da vítima.

Entende-se por **sequestro** a privação de liberdade que **não implica confinamento** da vítima (ex.: manter a pessoa em um apartamento, em uma casa, em uma chácara, sem que consiga se desvencilhar normalmente do sequestrador).

Já **cárcere privado** traduz a ideia de privação da liberdade da vítima em local fechado, havendo, portanto, **confinamento** (ex.: manter a vítima em um quarto, em uma solitária, em uma cela, em um buraco).

Podemos dizer, seja no tocante ao sequestro ou ao cárcere privado, que ambas as formas de privação da liberdade de locomoção da vítima implicam a existência de violência. A só privação da liberdade já configura forma de **violência**.

O **tempo de privação da liberdade** da vítima não vem previsto em lei como elementar do tipo. Porém, doutrina e jurisprudência divergem a respeito, entendendo-se que a curta privação já é suficiente à caracterização do crime, ou que, nesse caso, não se pode falar no tipo penal em comento.

6.3.4. *Tipo subjetivo*

Trata-se de crime doloso. Se a finalidade do agente na privação da vítima for o recebimento de alguma vantagem (dinheiro, por exemplo), estaremos diante do crime de extorsão mediante sequestro (art. 159 do Código Penal).

6.3.5. *Consumação e tentativa*

Consuma-se o crime no momento em que a vítima é privada de sua liberdade de locomoção, total ou parcialmente.

Trata-se de **crime permanente**, ou seja, somente tem fim quando cessar a privação da liberdade. Logo, admite-se a prisão em flagrante do sequestrador enquanto mantiver a vítima sequestrada ou em cárcere privado.

Admite-se a **tentativa**, já que o *iter criminis* é fracionável.

No caso de sobrevir **legislação mais rígida** a respeito do sequestro ou cárcere privado, impondo, por exemplo, pena mais gravosa ao agente que o cometer, será aplicada mesmo em prejuízo do réu. Isso porque estamos diante, como já dissemos, de **crime permanente**, que se protrai no tempo pela vontade do próprio agente.

Tal é o entendimento da Súmula 711 do STF: "a lei penal mais grave aplica-se ao crime continuado ou ao crime permanente, se a sua vigência é anterior à cessação da continuidade ou da permanência".

Pelo fato de o sequestro ou cárcere privado ser considerado **crime permanente** (repita-se: aquele cuja consumação se protrai no tempo por vontade do agente), nada mais justo do que o agente ser mais gravosamente punido por legislação superveniente ao momento em que a vítima foi arrebatada, se, ainda assim, a mantiver com sua liberdade restringida.

6.3.6. *Formas qualificadas*

O § 1º do art. 148 do Código Penal traz formas qualificadas do crime de sequestro ou cárcere privado, nas seguintes hipóteses:

a) se a vítima é ascendente, descendente, cônjuge do agente ou maior de 60 anos;

b) se o crime é praticado mediante internação da vítima em casa de saúde ou hospital;

c) se a privação da liberdade dura mais de 15 dias;

d) se o crime é praticado contra menor de 18 anos;

e) se o crime é praticado com fins libidinosos (inovação da Lei 11.106/2005).

Nos cinco casos acima, a pena será de 2 a 5 anos de reclusão.

Já na situação prevista no § 2º do mesmo artigo, a pena variará de 2 a 8 anos de reclusão se, em razão dos maus-tratos ou da natureza da detenção, a vítima experimentar **grave sofrimento físico ou moral**. A depender da intenção do agente, poderá ficar configurado o crime de tortura (Lei 9.455/1997).

6.4. Violação de domicílio (art. 150 do CP)

6.4.1. *Considerações iniciais*

Tencionou o legislador proteger a **inviolabilidade do domicílio**, constitucionalmente garantido no art. 5º, XI, da Carta Magna. A objetividade jurídica do crime em tela não é a proteção da posse ou da propriedade, mas da tranquilidade e da liberdade doméstica, punindo-se aquele que a perturbar.

6.4.2. *Sujeitos do crime*

O **sujeito ativo** do crime pode ser qualquer pessoa. Alerta a doutrina que o proprietário do bem imóvel também pode ser autor do crime de violação de domicílio se ingressar na casa habitada pelo inquilino sem o seu consentimento (protege-se, portanto, a tranquilidade doméstica e não a propriedade).

Sujeito passivo é o **morador**, a pessoa que ocupa o bem imóvel, não necessariamente o proprietário.

No caso de habitações coletivas, prevalece a vontade de quem proibiu o ingresso ou permanência de determinada pessoa no local (ex.: república de estudantes).

No caso de residências familiares, prevalece a vontade do dono (*dominus*) do imóvel. Em relação aos demais moradores, suas vontades valem nos limites de seus aposentos.

6.4.3. *Tipo objetivo*

Duas são as condutas típicas (verbos) caracterizadoras do crime de violação de domicílio:

a) entrar; ou

b) permanecer.

No **primeiro caso** (letra "a"), o agente **invade**, ingressa em casa alheia, seja em sua totalidade, seja em determinadas dependências. Já no **segundo caso** (letra "b"), o agente já se encontrava em casa alheia, mas, cessada a autorização para lá estar, **permanece contra a vontade da vítima**, deixando de se deslocar para fora do imóvel.

A entrada ou permanência do agente em casa alheia deve dar-se:

a) clandestinamente: o agente ingressa na casa da vítima sem que ela saiba ou perceba sua presença;

b) astuciosamente: o agente emprega alguma fraude (ex.: o agente ingressa ou permanece em casa alheia disfarçado de funcionário dos correios ou de companhia telefônica);

c) contra a vontade expressa de quem de direito: manifestação induvidosa, clara, do morador, que dissente com a entrada ou permanência do agente em sua casa;

d) contra a vontade tácita de quem de direito: manifestação implícita do morador de dissentir o ingresso ou permanência do agente em sua casa, o que se pode deduzir das circunstâncias.

Proíbe a lei, portanto, a perturbação doméstica, que pode se dar pelo ingresso ou permanência de alguém em casa alheia ou em suas dependências.

6.4.4. *Tipo subjetivo*

O crime que ora se estuda é doloso, não admitindo, portanto, a modalidade culposa.

6.4.5. *Consumação e tentativa*

A violação de domicílio é considerada pela doutrina como **crime de mera conduta**, do qual não se pode extrair um resultado naturalístico (modificação do mundo exterior provocada pelo ato). **Consuma-se**, portanto, no momento em que o agente entra completamente (e não apenas com parte do corpo) em casa alheia ou nela permanece contra a vontade de quem de direito. Nesse último caso, estaremos diante de um **crime permanente**.

Por se tratar de crime de mera conduta, inadmissível a tentativa, até mesmo pelo fato de o delito não permitir a ocorrência de resultado: ou se entra ou permanece em casa alheia ou, assim não sendo, não se pode falar em crime, sequer tentado.

6.4.6. *Caráter subsidiário do crime de violação de domicílio*

Se a violação de domicílio for meio de execução para a prática de crime mais grave, por este ficará absorvida (ex.: violação de domicílio para o furto de bens que guarnecem o imóvel).

6.4.7. *Formas qualificadas*

A violação de domicílio será punida de 6 meses a 2 anos de detenção, sem prejuízo da pena correspondente à violência, quando:

I. **for praticada durante a noite**: a palavra "noite" designa a inexistência de luz solar. Assim, pune-se com maior rigor o agente nessa hipótese, eis que a probabilidade de se consumar seu intento criminoso será maior, dada a menor vigilância sobre a casa nesse período;

II. **for praticada em lugar ermo**: se a violação de domicílio ocorre em local despovoado, a pena será maior, eis que a probabilidade de lesão ao bem jurídico é incrementada pelo fato de o local contar com poucos habitantes;

III. **se houver emprego de violência**: aqui, tanto física (empregada contra pessoa) quanto contra a própria coisa;

IV. **se houver o emprego de arma**: entende-se por "arma" tanto aquela previamente construída para o ataque (revólver, por exemplo) quanto o artefato que ostente potencialidade lesiva (faca, machado, facão, por exemplo);

V. **se o crime for praticado por duas ou mais pessoas.**

6.4.8. Causa de aumento de pena

O § 2º do art. 150 do Código Penal traz que a pena será aumentada em um terço se o crime for praticado por funcionário público, fora dos casos previstos em lei, ou com abuso de poder.

Fernando Capez entende que tal circunstância foi revogada pela Lei de Abuso de Autoridade (Lei 4.898/1965), por força do princípio da especialidade.

6.4.9. Exclusão do crime

Não se configura a violação de domicílio nas hipóteses previstas no § 3º do art. 150 do Código Penal, excluindo-se, portanto, a ilicitude da conduta praticada pelo agente.

São as hipóteses:

I. durante o dia, com observância das formalidades legais, para efetuar prisão ou outra diligência;

II. a qualquer hora do dia ou da noite, quando algum crime está sendo ali praticado, ou na iminência de o ser.

Além dessas hipóteses, **outras podem ser invocadas como forma de exclusão do crime em tela**: a legítima defesa, o estado de necessidade, o estrito cumprimento do dever legal, o exercício regular de direito (todas previstas no **art. 23 do Código Penal**), em caso de desastre ou para prestar socorro (estas duas últimas hipóteses vêm consagradas na Constituição Federal – **art. 5º, XI**).

6.4.10. Conceito de casa

Os §§ 4º e 5º do art. 150 do Código Penal, em típico exemplo de normas penais não incriminadoras explicativas, definem o conceito (positivo e negativo) de "casa" para fins de caracterização do crime de violação de domicílio.

7. CRIMES CONTRA O PATRIMÔNIO

7.1. Crime de furto (art. 155, do CP). Considerações iniciais

O crime de **furto**, previsto no art. 155 do CP, é a primeira figura inserida no Capítulo dos **crimes contra o patrimônio**, que se encerra com o art. 184 do mesmo diploma legal.

Trata-se de infração penal cuja **objetividade jurídica** é a **proteção do patrimônio alheio**, mais especificamente dos bens móveis alheios.

7.1.1. Tipo objetivo

O verbo do tipo (conduta típica) é **"subtrair"**, que corresponde à ação do agente de tirar alguma coisa da vítima, desapossá-la, apoderando-se dos bens a ela pertencentes.

A subtração exige, portanto, a **inexistência de consentimento da vítima**, já que o patrimônio é **bem jurídico disponível**, podendo ser suprimido por sua própria vontade.

Ainda, ressalta a doutrina que a subtração tem implícita em si a intenção do agente em se apoderar dos bens, seja para si, seja para outrem, de modo **definitivo.**

Atentam os doutrinadores, também, que a **subtração** abarca não só a retirada do bem da vítima sem o seu consentimento, mas a situação em que é entregue ao agente pelo ofendido, espontaneamente, e ele, sem permissão, retira-o da **esfera de vigilância** da vítima (ex.: "A", em uma loja, solicita um produto para manuseio, o que é feito por "B", vendedora. No entanto, sem o consentimento dela, "A" foge do local em poder do produto).

Ademais, não se exige, para a caracterização do furto, que a vítima esteja presente no momento da subtração. Em outras palavras, presenciando ou não a subtração, haverá o crime de furto.

Também configura elementar do tipo que a **coisa** subtraída seja **alheia** e **móvel.** Entende-se por "coisa" todos os bens suscetíveis de **apreciação econômica** (afinal, o furto protege o **patrimônio** alheio).

Outrossim, não basta que o agente subtraia um bem, devendo este pertencer, obviamente, a **terceira pessoa** (não se poderia cogitar de furto de coisa própria!).

Por fim, somente **bens móveis** podem ser objeto do crime em estudo, conforme determina a lei penal. Ainda que assim não estivesse previsto, se o furto pressupõe a retirada do bem da esfera de vigilância da vítima, somente os passíveis de mobilização é que podem ser literalmente "removidos", "retirados" de um local para outro. **Impossível, portanto, furto de bem imóvel.**

Se eventualmente a lei civil considera, por ficção, um bem móvel como imóvel (ex.: navios e aeronaves), ainda assim poderão ser objeto material do crime em comento. Basta que possam ser transportados de um lugar a outro.

Até mesmo os animais (semoventes) podem ser objeto de furto, desde que tenham um proprietário (ex.: gados, cachorros etc.). Especificamente quanto ao furto de gado, a doutrina o denomina de **abigeato.**

Coisas de uso comum não podem ser objeto de furto (ex.: água de rios, mares, ar), salvo se destacados de seu meio natural e exploradas por alguém (ex.: água encanada; gás).

Também não podem ser furtadas as **coisas que não têm ou nunca tiveram dono** (é a chamada *res nullius*). Igualmente ocorre com as **coisas abandonadas** (*res derelicta*), que nos termos da lei civil serão de propriedade de quem as encontrar (ex.: embora com alto valor econômico, se um cachorro *pit bull* for abandonado, não poderá ser objeto de furto se alguém o encontrar e o levar para sua casa).

O § 3º do art. 155 do CP **equipara** a **"coisa alheia"** a energia elétrica, bem assim outras formas de energia, o que veremos mais a frente.

E o cadáver, pode ser objeto de furto? Segundo aponta a doutrina, se ele pertencer a uma universidade, ou a um laboratório, por exemplo, terá apreciação econômica, podendo ser considerado objeto material do crime em análise. Em qualquer outra hipótese, a subtração de cadáver configurará o crime previsto no art. 211 do CP.

A **subtração de órgão humanos**, para fins de transplante, configura crime específico definido na **Lei 9.434/1997** (Lei de remoção de órgãos e tecidos).

7.1.2. *Tipo subjetivo*

Além do **dolo** (vontade livre e consciente do agente em subtrair coisa alheia móvel), exige-se o **elemento subjetivo do tipo** (**dolo específico**), vale dizer, o sujeito ativo deve ter a intenção de apoderar-se definitivamente do bem subtraído, ou de fazê-lo para que terceira pessoa dele se apodere em caráter definitivo.

O elemento subjetivo do tipo, no crime de furto, é denominado *de animus rem sibi habendi*. Em outras palavras, o agente deve subtrair o bem com o fim de **assenhoreamento definitivo**.

A exigência do "dolo específico" pode vir a desnaturar o crime de furto se o agente **subtrai o bem temporariamente, sem a intenção de ficar com ele indefinidamente**.

Assim, se o furtador subtrai um carro, por exemplo, com a simples intenção de utilizá-lo e posteriormente restituí-lo ao seu legítimo proprietário, estaremos diante de fato atípico, dada a inexistência do *animus rem sibi habendi*. Tal figura é denominada pela doutrina de **furto de uso**.

Para a configuração do furto de uso, há a necessidade de existirem dois requisitos:

a) subjetivo: intenção, *ab initio*, de utilizar temporariamente o bem subtraído, sem a intenção, portanto, de permanecer indefinidamente com ele;

b) objetivo: deve-se restituir a coisa subtraída com um interstício de tempo não muito longo (cláusula aberta), bem como em sua integralidade e sem danos.

Se a subtração de uma coisa alheia ocorrer para a superação de uma **situação de perigo**, nem mesmo podemos aventar furto de uso, mas sim de estado de necessidade, que afasta a criminalidade da conduta (**causa excludente da antijuridicidade**).

7.1.3. *Sujeitos do crime*

O **sujeito ativo** do crime de furto pode ser qualquer pessoa, desde que não seja o proprietário ou possuidor da coisa subtraída (o tipo penal exige que a coisa subtraída seja **alheia**).

Se se tratar o furtador de **funcionário público**, no exercício das funções ou em razão delas, poderá praticar o crime de peculato (art. 312 do CP).

Já o **sujeito passivo** do crime de furto é o proprietário, possuidor ou detentor do bem subtraído. Poderá ser pessoa natural ou pessoa jurídica.

7.1.4. *Consumação e tentativa*

Predomina na jurisprudência, quanto ao momento consumativo do furto, a denominada **teoria da *amotio (apprehensio)*.** Assim, para referida teoria, a consumação exige, além do contato, a apreensão da coisa alheia, independentemente do seu deslocamento, desde que a vítima não possa mais exercer o poder de livre disposição da coisa.

Segundo parte da doutrina, consuma-se o furto com a **inversão da posse do bem subtraído.** Não basta, portanto, a mera subtração da coisa alheia móvel, exigindo-se que o objeto seja, de fato, retirado da esfera de vigilância (ou de disponibilidade) da vítima, ainda que por breve espaço de tempo. Não se exige a posse mansa e pacífica da coisa furtada. É a posição, inclusive, do STJ e STF.

Logo, ocorrerá **tentativa** se o bem for subtraído da vítima e esta iniciar perseguição ao furtador, conseguindo reaver seu bem. A **inexistência de retirada do bem da esfera de disponibilidade da vítima** enseja o reconhecimento, pois, da tentativa de furto.

Doutrinariamente, o furto é denominado crime material já que para sua consumação é exigido o resultado naturalístico (retirada do bem da vítima e consequente redução patrimonial).

7.1.5. *Crime impossível*

Se a vítima não carregar nenhum objeto de valor consigo e o agente der início à execução do crime, abrindo, por exemplo, sua bolsa, sem nada encontrar, estaremos diante de **crime impossível (art. 17 do CP)**. Essa é a concepção de Celso Delmanto e Damásio de Jesus.

Já para Nelson Hungria e Heleno Fragoso, a inexistência de objeto material no momento do furto é questão *acidental* (circunstâncias alheias à vontade do agente), configurando-se a **tentativa.**

7.1.6. *Forma majorada (repouso noturno)*

O § 1º do art. 155 do CP pune mais gravosamente o furto praticado durante o **repouso noturno**.

Segundo a doutrina majoritária, somente se aplica a causa de aumento de pena em comento ao furto simples (*caput*), não incidindo nas demais modalidades.

Entende-se por repouso noturno o período de descanso das pessoas, o que deve ser interpretado de região a região. Há quem entenda que o período noturno vai das 18hs às 6hs, o que não deve ser o melhor conceito, eis que o conceito de "noite" melhor coaduna com ausência de luz solar.

Todavia, tencionou o legislador punir mais gravosamente o furto cometido durante o período de descanso/repouso das pessoas. Tal situação deve ser interpretada no caso concreto, levando em conta as peculiaridades de cada região do Brasil (ex.: no meio rural, certamente o repouso noturno é bem mais cedo do que no meio urbano).

Não se deve confundir **repouso noturno** com **noite**, eis que, como já se disse, o crime deve ser cometido durante o *repouso* noturno, ou seja, nos momentos de menor vigília por parte das pessoas.

Na jurisprudência, bem assim para boa parte da doutrina, prevalece o entendimento de que a causa de aumento de pena em análise incide não somente se o furto for praticado em **casa ou suas dependências, mas, também, estabelecimentos comerciais ou mesmo em locais desabitados.** O que importa para a incidência da majorante é o **período** em que o delito é praticado e não as condições do local (se habitado, desabitado, se residencial ou comercial).

7.1.7. *Forma privilegiada (furto privilegiado)*

O § 2º do art. 155 do CP, cuja natureza jurídica é de **causa especial de diminuição de pena**, é denominado pela doutrina de **furto privilegiado.**

Incidirá quando o agente for **primário** (ausência de reincidência – art. 64, I, CP – **aspecto subjetivo**) e a coisa furtada for de pequeno valor (**aspecto objetivo**). Entende a doutrina e jurisprudência majoritárias como de **pequeno valor** o bem que não ultrapasse **um salário mínimo** no momento do crime.

Verificados os dois requisitos (primariedade e pequeno valor da coisa), o juiz poderá (em realidade, *deverá* – trata-se de direito subjetivo do acusado) **substituir a pena de reclusão pela de detenção, diminuí-la de um a dois terços ou aplicar somente a pena de multa.**

Dentre as opções grifadas, sem dúvida **a mais benéfica é a aplicação da *pena de multa***, eis que o seu descumprimento não poderá ensejar a restrição da liberdade do agente, mas ser cobrada como dívida de valor (*vide* art. 51 do CP).

Se o bem subtraído for de *ínfimo valor* (e não apenas de pequeno valor), pode-se sustentar a **insignificância penal**, por ausência de lesividade ao bem jurídico protegido pelo crime (ex.: furto de um botão de camisa ou de uma agulha em uma loja).

Frise-se que há diversas decisões dos Tribunais Superiores admitindo a incidência do privilégio mesmo para o furto qualificado, conforme será melhor visto no item a seguir.

7.1.8. Formas qualificadas

O § 4º do art. 155 do CP pune o crime de furto de 2 a 8 anos de reclusão nas seguintes hipóteses:

a) inciso I – se o furto for cometido com **destruição ou rompimento de obstáculo** à subtração da coisa: deve haver, nessa hipótese, efetiva destruição daquilo que pode ser considerado como obstáculo à subtração do bem efetivamente visado (ex.: a janela de um carro; as portas de uma residência). Não configura a qualificadora em comento se a destruição ou o rompimento ocorre na própria coisa para a sua subtração (ex.: quebrar o vidro do carro para, posteriormente, subtraí-lo). Acerca da imprescindibilidade de perícia para a configuração da qualificadora em comento, confira o entendimento do STJ:

FURTO. ROMPIMENTO. OBSTÁCULO. PERÍCIA.

"A Turma reiterou que, tratando-se de furto qualificado pelo rompimento de obstáculo, de delito que deixa vestígio, torna-se indispensável a realização de perícia para a sua comprovação, a qual somente pode ser suprida por prova testemunhal quando desaparecerem os vestígios de seu cometimento ou esses não puderem ser constatados pelos peritos (arts. 158 e 167 do CPP). No caso, cuidou-se de furto qualificado pelo arrombamento de porta e janela da residência, porém, como o rompimento de obstáculo não foi comprovado por perícia técnica, consignou-se pela exclusão do acréscimo da referida majorante". Precedentes citados: HC 136.455-MS, *DJe* 22.02.2010; HC 104.672-MG, *DJe* 06.04.2009; HC 85.901-MS, *DJ* 29.10.2007, e HC 126.107-MG, *DJe* 03.11.2009. HC 207.588-DF, Rel. Min. Og Fernandes, julgado em 23.08.2011. (Inform. STJ 481);

b) inciso II – se o furto for cometido com **abuso de confiança,** ou mediante **fraude, escalada ou destreza**: no primeiro caso (abuso de confiança), a vítima deve ter uma ligação com o agente delitivo (amizade, parentesco, relações profissionais), sob pena de não ficar caracterizada a qualificadora. O mero vínculo empregatício não a configura, exigindo-se do empregado *confiança* para o desempenho de determinada função, diminuindo, consequentemente, a vigilância do bem por parte do patrão.

O furto mediante fraude (segunda hipótese) exige que o agente se valha de um meio enganoso, de um artifício, capaz de reduzir a vigilância da vítima sobre o bem, o que permitirá sua subtração com menores dificuldades (o bem é subtraído da vítima sem que ela perceba). É o caso do falso funcionário de concessionárias de energia elétrica ou de empresa telefônica, que, sob o argumento de serem funcionários das citadas empresas, ingressam em casa alheia e subtraem bens que as guarneçam.

Por fim, a terceira hipótese é a do furto mediante escalada (utilização de via anormal para o ingresso em determinado lugar, exigindo um esforço incomum do agente – ex.: escalar muro de 5m e ingressar em casa alheia, subtraindo bens de seu interior) ou mediante destreza (é a habilidade que permite ao agente subtrair bens sem que a vítima perceba – ex.: punguista);

c) inciso III – se o furto for cometido com **emprego de chave falsa.** Entende-se como "chave falsa" a imitação da verdadeira (cópia executada sem autorização de seu dono) ou qualquer instrumento que faça as vezes da chave, mas que não seja ela, capaz de abrir fechaduras sem arrombamento (ex.: chave "mixa"). Se for utilizada a chave verdadeira, anteriormente subtraída do dono, não estaremos diante dessa qualificadora, mas, eventualmente, daquela em que se emprega fraude;

d) inciso IV – se o furto for cometido em **concurso de duas ou mais pessoas**. Nessa situação, basta que duas ou mais pessoas (ainda que uma ou mais sejam inimputáveis – ex.: doença mental ou menoridade) concorram para a subtração. O STJ já chegou a entender que, se um maior de dezoito anos e um menor de idade, juntos, cometerem um furto, não se configura a qualificadora, em razão da inimputabilidade deste último. Não concordamos, pois a lei exige a concorrência de *pessoas* e não de *imputáveis*.

Questão interessante diz respeito à possibilidade – ou não – da conjugação do furto qualificado (art. 155, § 4º, CP) com a figura do privilégio (art. 155, § 2º, CP). A despeito da disposição topográfica (para parte da doutrina, seria inviável o furto ser, concomitantemente, qualificado e privilegiado, visto que referido privilégio vem previsto no § 2º do art. 155, ao passo que as qualificadoras vêm dispostas mais "abaixo", vale dizer, no § 4º), a jurisprudência dos Tribunais Superiores admite a conjugação dos dispositivos em comento. Confira-se:

FURTO QUALIFICADO. PRIVILÉGIO. PRIMARIEDADE. PEQUENO VALOR. RES FURTIVA.

"A Seção, pacificando o tema, julgou procedente os embargos de divergência, adotando orientação de que o privilégio estatuído no § 2º do art. 155 do CP mostra-se compatível com as qualificadoras do delito de furto, desde que as qualificadoras sejam de ordem objetiva e que o fato delituoso não seja de maior gravidade. Sendo o recorrido primário e de pequeno valor a *res furtiva*, verificando-se que a qualificadora do delito é de natureza objetiva – concurso de agentes – e que o fato criminoso não se revestiu de maior gravidade, torna-se devida a incidência do benefício legal do furto privilegiado, pois presente a excepcionalidade devida para o seu reconhecimento na espécie". Precedentes citados do STF: HC 96.843-MS, *DJe* 23.04.2009; HC 100.307-MG, *DJe* 03.06.2011; do STJ: AgRg no HC 170.722-MG, *DJe* 17.12.2010; HC 171.035-MG, *DJe* 01.08.2011, e HC 157.684-SP, *DJe* 04.04.2011. EREsp 842.425-RS, Rel. Min. Og Fernandes, julgados em 24.08.2011. (Inform. STJ 481)

Importa anotar o teor da Súmula 511 do STJ, aprovada pela Corte em junho de 2014: "É possível o reconhecimento do privilégio previsto no § 2º do art. 155 do CP nos casos de crime de furto qualificado, se estiverem presentes a primariedade do agente, o pequeno valor da coisa e a qualificadora for de ordem objetiva".

Por fim, o **§ 5º** do art. 155 do CP comina pena de 3 a 8 anos se a subtração for de **veículo automotor que venha a ser transportado para outro Estado ou para o exterior**. Trata-se de qualificadora que leva em conta não o meio de execução do crime (como as definidas no § 4º), mas sim o resultado obtido com o furto.

7.1.9. *Equiparação de coisa alheia móvel*

O § 3º do art. 155 do CP equipara a coisa alheia móvel, para fins de caracterização do crime de furto, a energia elétrica ou qualquer outra que tenha valor econômico.

Assim, a energia elétrica, ainda que impalpável, imaterial, é considerada "coisa alheia móvel", podendo, pois, ser objeto material do crime de furto. O mesmo se pode dizer com relação à energia solar, radioativa, genética (de animais reprodutores) etc., desde que tenham valor econômico.

Interessante o entendimento do STF acerca do "furto" de sinal de TV a cabo. Veja-se:

Furto e ligação clandestina de TV a cabo

"A 2ª Turma concedeu *habeas corpus* para declarar a atipicidade da conduta de condenado pela prática do crime descrito no art. 155, § 3º, do CP (*"Art. 155 – Subtrair, para si ou para outrem, coisa alheia móvel: ... § 3º – Equipara-se à coisa móvel a energia elétrica ou qualquer outra que tenha valor econômico."*), por efetuar ligação clandestina de sinal de TV a cabo. Reputou-se que o objeto do aludido crime não seria "energia" e ressaltou-se a inadmissibilidade da analogia *in malam partem* em Direito Penal, razão pela qual a conduta não poderia ser considerada penalmente típica". HC 97261/RS, rel. Min. Joaquim Barbosa, 12.04.2011. (HC-97261) (**Inform. STF** 623)

7.2. Roubo (art. 157, do CP). Considerações iniciais

O crime de **roubo**, previsto no art. 157 do CP, é um dos mais violentos ilícitos contra o patrimônio, já que, conforme veremos mais à frente, tem como elementares a violência ou a grave ameaça contra a vítima, que se vê acuada diante do roubador.

Trata-se de infração penal cuja **objetividade jurídica imediata** é a **proteção do patrimônio alheio**, mais especificamente dos bens móveis alheios. Todavia, também tutela, a um só tempo, a **liberdade individual** e a **integridade corporal**.

Por proteger, portanto, dois bens jurídicos (patrimônio e liberdade individual/integridade pessoal), a doutrina denomina o roubo de **crime pluriofensivo** (ofende mais de um bem).

A doutrina também aponta o roubo como um **crime complexo**, já que sua conformação típica pressupõe a existência de duas figuras que, isoladas, configuram crimes autônomos: **furto + violência** (vias de fato – contravenção penal; lesões corporais – crime) ou **furto + grave ameaça**.

7.2.1. *Tipo objetivo*

O verbo do tipo (conduta típica) é o mesmo do furto, qual seja, "subtrair", que corresponde à ação do agente de tirar alguma coisa da vítima, desapossá-la, apoderando-se dos bens a ela pertencentes.

A subtração exige, portanto, a **inexistência de consentimento da vítima**, já que o patrimônio é **bem jurídico disponível**, podendo ser suprimido pela sua própria vontade.

Ainda ressalta a doutrina que a subtração tem implícita em si a intenção do agente em se apoderar dos bens, seja para si, seja para outrem, de modo **definitivo**.

Três podem ser os meios de execução do roubo, tendentes à **subtração** de coisa alheia móvel:

a) grave ameaça – corresponde à **violência moral**, ou seja, a promessa, à vítima, de um mal injusto e grave;

b) violência – corresponde ao emprego de **força física** contra a vítima, seja por meio de vias de fato, seja mediante lesões corporais (leves, graves ou gravíssimas). A jurisprudência admite que mesmo fortes empurrões, efetuados com a finalidade de subtrair bens da vítima, são aptos a caracterizar o roubo. Porém, as "trombadas" leves, que somente objetivam um desvio de atenção da vítima, caracterizariam, se tanto, o delito de furto;

c) qualquer meio que reduza ou impossibilite a resistência da vítima – trata-se do emprego da **interpretação analógica** no tipo incriminador, cuja intenção é a de conferir maior proteção à vítima, **ampliando o espectro de incidência da norma penal**. São exemplos típicos o emprego de **narcóticos** ou **anestésicos** contra a vítima, tornando-a "presa fácil", já que, sob o efeito de referidas substâncias, sua capacidade de resistência à ação alheia fica bastante diminuída (ou até mesmo eliminada). Aqui, tem-se a denominada **violência imprópria**.

Também configura elementar do tipo que a **coisa** subtraída seja **alheia** e **móvel**. Entende-se por "coisa" todos os bens suscetíveis de **apreciação econômica** (afinal, o roubo, assim como o furto, protege o **patrimônio** alheio).

Outrossim, não basta que o agente subtraia um bem, devendo este pertencer, obviamente, a **terceira pessoa** (não se poderia cogitar de roubo de coisa própria!).

Por fim, somente **bens móveis** podem ser objeto do crime em estudo, conforme determina a lei penal. Ainda que assim não estivesse previsto, se o roubo pressupõe a retirada do bem da esfera de disponibilidade da vítima, somente os passíveis de mobilização é que podem ser literalmente "removidos", "retirados" de um local para outro. **Impossível, portanto, roubo de bem imóvel.**

Se eventualmente a lei civil considera, por ficção, um bem móvel como imóvel (ex.: navios e aeronaves), ainda assim poderão ser objeto material do crime em comento. Basta que possam ser transportados de um lugar a outro.

Até mesmo os animais (semoventes) podem ser objeto de roubo, desde que tenham um proprietário (ex.: gados, cachorros etc.).

7.2.2. *Tipo subjetivo*

Além do **dolo** (vontade livre e consciente do agente em subtrair coisa alheia móvel), exige-se o **elemento subjetivo do tipo (dolo específico)**, vale dizer, o sujeito ativo deve ter a intenção de apoderar-se definitivamente do bem subtraído, ou de fazê-lo para que terceira pessoa dele se apodere em caráter definitivo.

O elemento subjetivo do tipo, no crime de roubo, é denominado de *animus rem sibi habendi*. Em outras palavras, o agente deve subtrair o bem com o fim de **assenhoreamento definitivo**.

A exigência do "dolo específico" pode vir a desnaturar o crime de roubo se o agente **subtrai o bem temporariamente, sem a intenção de ficar com ele indefinidamente.**

Assim, se o roubador subtrai um carro, por exemplo, com a simples intenção de utilizá-lo e posteriormente restituí-lo ao seu legítimo proprietário, estaremos diante de fato atípico, dada a inexistência do *animus rem sibi habendi*. Tal figura é denominada pela doutrina de **roubo de uso,** à semelhança do furto de uso. Contudo, trata-se de entendimento minoritário, seja na doutrina, seja na jurisprudência, pelo fato de se tratar de crime complexo, que ofende a integridade física ou a liberdade individual da vítima.

Se a subtração de uma coisa alheia ocorrer para a superação de uma **situação de perigo**, podemos invocar o estado de necessidade, que afasta a criminalidade da conduta (**causa excludente da antijuridicidade**), ainda que contra a vítima seja empregada violência ou grave ameaça. Nessa situação, embora típica, a conduta não será antijurídica.

7.2.3. Sujeitos do crime

O **sujeito ativo** do crime de roubo pode ser qualquer pessoa, desde que não seja o proprietário ou possuidor da coisa subtraída (o tipo penal exige que a coisa subtraída seja **alheia**).

Já o **sujeito passivo** do crime em tela é o proprietário, possuidor ou detentor do bem subtraído. Poderá ser pessoa natural ou pessoa jurídica. Admite-se, ainda, que **existam duas ou mais vítimas e a ocorrência de um só roubo**, na hipótese em que terceiros sejam atingidos pela violência ou grave ameaça, ainda que não sejam os donos do bem subtraído. Ex.: João aluga seu veículo a José, que, em determinado semáforo da cidade, é abordado e, mediante grave ameaça e violência física, vê o veículo ser subtraído pelos roubadores. No caso, João foi vítima do crime em razão do desfalque patrimonial sofrido e José por ter suportado a ação delituosa (meios executórios).

7.2.4. Consumação e tentativa

Apontam a doutrina e jurisprudência, basicamente, **duas** situações caracterizadoras da **consumação do roubo (próprio)**:

a) retirada do bem da esfera de vigilância da vítima, existindo a inversão da posse da *res*, à semelhança do que ocorre com o furto;

b) com o apoderamento do bem subtraído, logo após empregar a violência ou a grave ameaça para consegui-lo. Nesse caso, não se exige a posse tranquila, havendo a consumação ainda que a polícia chegue ao local em seguida ao apoderamento da *res*. Trata-se da posição adotada pelo STF.

Admissível, evidentemente, a **tentativa** do crime de roubo, seja pelo fato de o agente não ter obtido a posse tranquila do bem (primeira corrente), seja porque não conseguiu apoderar-se do bem da vítima, ainda que haja empregado violência ou grave ameaça.

Para concursos de Defensorias Públicas, muito interessante a posição do STF que segue abaixo (diz respeito ao acompanhamento da ação delituosa por policiais, caracterizando-se a tentativa):

Roubo e momento consumativo

"A 1ª Turma, por maioria, deferiu *habeas corpus* para desclassificar o crime de roubo na modalidade consumada para a tentada. Na espécie, os pacientes, mediante violência física, subtraíram da vítima quantia de R$ 20,00. Ato contínuo, foram perseguidos e presos em flagrante por policiais que estavam no local do ato delituoso. Inicialmente, aludiu-se à pacífica jurisprudência da Corte no sentido da desnecessidade de inversão de posse mansa e pacífica do bem para haver a consumação do crime em comento. Entretanto, consignou-se que essa tese seria inaplicável às hipóteses em que a conduta fosse, o tempo todo, monitorada por policiais que se encontrassem no cenário do crime. Isso porque, no caso, ao obstar a possibilidade de fuga dos imputados, a ação da polícia teria frustrado a consumação do delito por circunstâncias alheias à vontade dos agentes ("*Art. 14. Diz-se o crime:... II – tentado, quando, iniciada a execução, não se consuma por circunstâncias alheias à vontade do agente*"). Vencida a Min. Cármen Lúcia, por reputar que, de toda sorte, os réus teriam obtido a posse do bem, o que seria suficiente para consumação do crime". Precedente citado: HC 88259/SP (*DJU* de 26.05.2006). HC 104593/MG, rel. Min. Luiz Fux, 08.11.2011. (HC-104593) (Inform. STF 647).

Doutrinariamente, é bom que se diga, o roubo é denominado crime material, já que para sua consumação é exigido o resultado naturalístico (retirada do bem da vítima e consequente redução patrimonial).

Quanto ao momento consumativo do roubo impróprio, veremos no item próprio dessa modalidade.

7.2.5. Espécies de roubo

A doutrina aponta duas espécies ou tipos de roubo:

a) roubo próprio – é o previsto no art. 157, *caput*, do Código Penal;

b) roubo impróprio – é o estabelecido no § 1º do mesmo dispositivo legal. Trata-se de crime que, inicialmente, assemelha-se ao furto (subtração de coisa alheia móvel). Todavia, para a consumação, visando o agente a **assegurar a impunidade ou a garantia da subtração** da coisa, **emprega violência ou grave ameaça contra a vítima**.

No caso de roubo impróprio, há o entendimento de que se **consuma** com o efetivo **emprego da violência ou grave ameaça, não se admitindo a tentativa (Damásio de Jesus, por exemplo)**. Porém, há quem sustente ser admissível, sim, a tentativa de roubo impróprio, desde que o agente, após o apoderamento da coisa, não consiga, por circunstâncias alheias à sua vontade, empregar a grave ameaça ou a violência física. No mais, todas as características do roubo próprio são aplicáveis ao impróprio (sujeitos do crime, objeto jurídico, tipo objetivo, tipo subjetivo). Frise-se, porém, que, para o cometimento do roubo impróprio, é inadmissível o emprego de violência imprópria, admitida apenas no *caput* do art. 157 do CP, mas não em seu § 1º.

7.2.6. Formas majoradas (causas de aumento de pena – art. 157, § 2º, do CP)

O § 2º do art. 157 do CP pune mais gravosamente (exacerbação de **um terço à metade da pena)** o roubo nas hipóteses previstas em seus cinco incisos, a saber:

a) inciso I – se a violência ou ameaça é exercida com emprego de arma: neste caso, pune mais severamente o legislador o agente que se vale do emprego de um artefato que garanta maior facilidade para a subtração, reduzindo-se ainda mais as chances de a vítima resistir à agressão ao seu patrimônio. Deve-se entender por arma tanto os artefatos previamente confeccionados para o ataque ou defesa (**arma própria** – ex.: revólver, espingarda, pistola, metralhadora etc.) quanto qualquer objeto que tenha potencialidade lesiva (**arma imprópria** – ex.: faca, machado, cutelo, foice, punhal etc.). No caso do emprego de arma de brinquedo, embora tenha esta chance de causar maior temor à vítima, não resultará em reconhecimento da circunstância ora estudada. Tanto é verdade que o STJ cancelou a antiga Súmula 174, pacificando-se o entendimento de que quis o legislador agravar a reprimenda do agente que se vale de uma *arma*, com **maior potencialidade ofensiva à vítima (aspecto objetivo)**, pouco importando o aspecto intimidativo (**aspecto subjetivo**). A exibição de arma de brinquedo em um roubo caracterizará, tão somente, a modalidade simples (art. 157, *caput*, do CP), já que sua exibição perfaz a elementar "grave ameaça". Acerca da (des)necessidade de apreensão da arma para a configuração da majorante em comento, confira-se a posição do STF e, na sequência, a do STJ:

HC N. 105.263-MG – RELATOR: MIN. DIAS TOFFOLI

***Habeas corpus*. Penal. Sentença penal condenatória. Crime do art. 157, § 2º, inciso I, do CP. Incidência da majorante em razão do emprego da arma. Precedentes.**

1. Firmado nesta Corte Suprema o entendimento de que a incidência da majorante do inciso I do § 2º do art. 157 do Código Penal prescinde da apreensão da arma, se comprovado, por outros meios, o seu emprego. 2. *Habeas corpus* denegado. (**Inform. STF** 619);

ARMA. FOGO. INIDONEIDADE. PERÍCIA. OUTROS MEIOS. PROVA.

"A Turma, entre outras questões, reiterou o entendimento adotado pela Terceira Seção, com ressalva da Min. Relatora, de que é prescindível a apreensão e perícia de arma de fogo para a aplicação da causa de aumento de pena prevista no art. 157, § 2º, I, do CP, impondo-se a verificação, caso a caso, da existência de outras provas que atestem a utilização do mencionado instrumento. No caso, o magistrado de primeiro grau e a corte estadual assentaram a existência de prova pericial suficiente a demonstrar a inidoneidade da arma de fogo utilizada pelo réu, dada sua ineficácia para a realização dos disparos. Assim, a Turma concedeu a ordem a fim de afastar a causa de aumento prevista no art. 157, § 2º, I, do CP e reduziu a pena para cinco anos e quatros meses de reclusão a ser cumprida inicialmente no regime semiaberto, mais 13 dias-multa". HC 199.570-SP, Rel. Min. Maria Thereza de Assis Moura, julgado em 21.06.2011. (**Inform. STJ** 478);

b) inciso II – se há o concurso de duas ou mais pessoas: andou bem o legislador ao punir com maior rigor o roubo praticado por duas ou mais pessoas em concurso. Isto porque a vítima, diante de uma pluralidade de pessoas, terá menores chances de resistir à ação criminosa, ficando mais desprotegida. Pouco importa se, no "grupo", existirem pessoas maiores (imputáveis) ou menores de idade (inimputáveis). Tratou a lei de prever o concurso de duas ou mais **pessoas e não dois ou mais imputáveis.** Todavia, o STJ já proferiu entendimento no sentido de que o concurso de um maior de idade e um adolescente desnatura a causa de aumento de pena em estudo, eis que o Código Penal é um diploma normativo aplicado apenas aos imputáveis. Trata-se de posição isolada;

c) inciso III – se a vítima está em serviço de transporte de valores e o agente conhece tal circunstância: trata-se de causa de aumento de pena que nitidamente visa a proteger as pessoas que se dedicam ao transporte de valores (bancos e joalherias, p. ex.). Exige-se, *in casu*, que o agente saiba que a vítima labora na área de transporte de valores (dolo direto), não se admitindo o dolo eventual (assunção do risco);

d) inciso IV – se a subtração for de veículo automotor que venha a ser transportado para outro Estado ou para o exterior: neste caso, é imprescindível que o veículo, de fato, saia dos limites de um Estado e ingresse em outro, ou saia do país e ingresse no exterior, transpondo as fronteiras;

e) inciso V – se o agente mantém a vítima em seu poder, restringindo sua liberdade: inserido pela Lei 9.426/1996, colocou-se um fim à celeuma que envolvia o roubo e a restrição de liberdade da vítima. Prevalece, hoje, o entendimento de que incide a causa de aumento de pena ora analisada se o agente, para a subtração dos bens, mantém a vítima privada de sua liberdade pelo espaço de tempo suficiente à consumação do roubo ou para evitar a ação policial. Todavia, se desnecessária a privação de liberdade do sujeito passivo, já tendo se consumado o roubo, é possível o concurso entre o roubo e o sequestro ou cárcere privado (art. 148 do Código Penal).

7.2.7. Formas qualificadas (roubo qualificado)

O § 3º do art. 157 do CP elenca situações cuja natureza jurídica não são de **causas especiais de aumento de pena**, mas sim de **qualificadoras.**

Verificamos, pois, as seguintes hipóteses:

a) Se da violência resulta lesão corporal de natureza grave – pena de reclusão de 7 a 15 anos, além da multa: neste caso, pune o legislador com maior rigor a intensificação, por parte do agente, de sofrimento físico à vítima da subtração, que suporta lesões corporais graves para ser despojada de seus bens. As **lesões corporais leves** serão absorvidas pelo roubo simples (art. 157, *caput*, do Código Penal), não configurando a qualificadora em comento. As lesões corporais graves poderão ser causadas a vítima a título de dolo ou culpa (neste último caso, a figura será preterdolosa);

b) Se resulta morte – reclusão de 20 a 30 anos, sem prejuízo da multa: trata-se do denominado **latrocínio,** considerado **crime hediondo** pela Lei 8.072/1990, daí advindo efeitos penais mais severos ao agente (insusceptibilidade de anistia, graça, indulto, progressão de regime mais demorada, livramento condicional mais demorado). A **morte da vítima** poderá ser **dolosa** ou **culposa** (neste caso, o resultado agravador configurará hipótese preterdolosa de latrocínio). No tocante à **tentativa de latrocínio,** podemos verificar **quatro situações**: 1ª) roubo e morte consumados – evidentemente haverá latrocínio consumado; 2ª) roubo e morte tentados – latrocínio tentado; 3ª) roubo tentado e morte consumada – latrocínio consumado (Súmula 610 do STF); 4ª) roubo consumado e morte tentada – latrocínio tentado (entendimento do STF). Se o agente, por erro na execução (*aberratio ictus*), mata o comparsa no roubo, tendo mirado a vítima, responderá por latrocínio. Por fim, ainda que a morte causada à vítima seja dolosa, o crime de latrocínio **não será julgado pelo Tribunal do Júri**, mas sim por juízo criminal comum, exatamente por se tratar de crime contra o patrimônio e **não contra a vida**. Por fim, confira-se a posição do STJ acerca da imputação a coautor de roubo seguido de morte da vítima, ainda que não tenha efetuado os disparos:

> **ROUBO ARMADO. DISPAROS. COAUTORIA.**
> "A Turma entendeu, entre outras questões, que o paciente condenado por roubo armado seguido de morte responde como coautor, ainda que não tenha sido o responsável pelos disparos que resultaram no óbito da vítima. Na espécie, ficou demonstrado que houve prévio ajuste entre o paciente e os outros agentes, assumindo aquele o risco do evento morte". Precedentes citados: REsp 622.741-RO, *DJ* 18.10.2004; REsp 418.183-DF, *DJ* 04.08.2003, e REsp 2.395-SP, *DJ* 21.05.1990. HC 185.167-SP, Rel. Min. Og Fernandes, julgado em 15.03.2011. (**Inform. STJ** 466)

7.3. Extorsão (art. 158, do CP)

7.3.1. Considerações iniciais

O crime de **extorsão**, previsto no art. 158 do CP, consiste em **constranger alguém**, mediante **violência** ou **grave ameaça**, e com o **intuito de obter** para si ou para outrem **indevida vantagem econômica**, a fazer, deixar de fazer ou tolerar que se faça algo.

Trata-se de infração penal cuja **objetividade jurídica imediata** é a **proteção do patrimônio alheio**, mais especificamente dos bens móveis alheios. Todavia, também tutela, a um só tempo, a **liberdade individual** e a **integridade corporal**.

Por proteger, portanto, dois bens jurídicos (patrimônio e liberdade individual/integridade pessoal), a doutrina denomina a extorsão de **crime pluriofensivo** (ofende mais de um bem jurídico), assim como ocorre com o roubo.

A doutrina também aponta a extorsão como um **crime complexo,** já que sua conformação típica pressupõe a existência de duas figuras que, isoladas, configuram crimes autônomos: **constrangimento ilegal + violência** (vias de fato – contravenção penal; ou lesões corporais – crime) ou **constrangimento ilegal + grave ameaça.**

7.3.2. Tipo objetivo

O verbo do tipo (conduta típica) é o mesmo do constrangimento ilegal, qual seja, "constranger"**, coagir, obrigar** a vítima a fazer, deixar de fazer ou tolerar que se faça algo mediante violência ou grave ameaça. Todavia, enquanto no constrangimento ilegal busca-se a restrição da liberdade, na extorsão a finalidade é o locupletamento ilícito.

O constrangimento exige, portanto, a **inexistência de consentimento da vítima,** a qual é obrigada a fazer alguma coisa (ex.: entregar dinheiro, efetuar depósito bancário etc.), deixar de fazer algo (ex.: devedor que ameaça o credor para que ele não promova a execução) ou tolerar que se faça algo (ex.: tolerar o uso de um imóvel que lhe pertence sem cobrar aluguel).

Assim, a vítima pode ter uma conduta **comissiva** (fazer) ou **omissiva** (deixar de fazer ou tolerar), enquanto que o autor do crime de extorsão sempre realiza uma **ação** (constranger, mediante violência ou grave ameaça).

Dois podem ser os meios de execução da extorsão, para obtenção da indevida vantagem econômica, após o constrangimento da vítima:

a) **grave ameaça** – corresponde à **violência moral**, ou seja, a promessa, à vítima, de um mal injusto e grave;

b) **violência** – corresponde ao emprego de **força física** contra a vítima, seja por meio de vias de fato, seja mediante lesões corporais (leves, graves ou gravíssimas).

É oportuno frisar que, se a indevida vantagem econômica for obtida mediante **fraude, artifício ou ardil,** poderá restar configurado o crime de estelionato.

Também configura elementar do tipo que a obtenção da **indevida vantagem econômica** seja para **si** ou para **outrem**. Entende-se por "indevida vantagem econômica" toda vantagem suscetível de **apreciação econômica** (afinal, a extorsão, assim como o furto e o roubo, protege o **patrimônio** alheio).

7.3.3. Tipo subjetivo

Além do **dolo** (vontade livre e consciente do agente em constranger a vítima), exige-se o **elemento subjetivo do tipo** (**dolo específico**), vale dizer, o sujeito ativo deve ter a intenção de obter para si ou para outrem **indevida vantagem econômica.**

A exigência do "dolo específico" (**especial fim de agir**) pode vir a desnaturar o crime de extorsão. Se a intenção for a de obter vantagem econômica devida, o crime será o exercício arbitrário das próprias razões. Por outro lado, se a vantagem não for econômica, mas moral, o crime será o constrangimento ilegal; se sexual, poderá caracterizar crime contra a liberdade sexual (estupro, por exemplo).

7.3.4. Sujeitos do crime

O **sujeito ativo** do crime de extorsão pode ser qualquer pessoa, não se exigindo nenhuma qualidade especial (crime comum). Já o **sujeito passivo** do crime em tela é aquele que suporta diretamente a violência ou a grave ameaça, bem como o titular do patrimônio visado.

7.3.5. Consumação e tentativa

O crime de extorsão **consuma-se** no momento em que a **vítima faz, deixa de fazer ou tolera** que se faça algo. Ou seja, não basta o mero constrangimento da vítima, sendo imprescindível que haja uma ação ou omissão.

Entretanto, para a consumação do delito se dispensa a obtenção da indevida vantagem econômica (**Súmula 96, STJ**). A obtenção do enriquecimento ilícito constitui **exaurimento do crime**. Portanto, doutrinariamente, a extorsão é denominada **crime formal (ou de consumação antecipada)**, já que para sua consumação não é exigido o resultado naturalístico (obtenção da indevida vantagem econômica).

Há **tentativa** do crime de extorsão quando, apesar da exigência realizada pelo autor do delito, mediante o emprego de violência ou grave ameaça, a vítima não realiza a conduta que lhe fora exigida, por circunstâncias alheias à sua vontade.

Em suma, quando houver mera exigência, o crime será tentado. Mas se a vítima realizar o que lhe fora exigido, haverá crime consumado. E, por fim, se o agente obtiver a indevida vantagem econômica, haverá exaurimento do crime.

7.3.6. *Espécies de extorsão*

A extorsão pode ser:

a) simples: art. 158, *caput*, CP;

b) majorada: quando presente uma das causas de aumento de pena – art. 158, § 1º, do CP;

c) qualificada: art. 158, §§ 2º e 3º, do CP.

7.3.7. *Formas majoradas (causas de aumento de pena – art. 158, § 1º, do CP)*

O § 1º do art. 158 do CP pune mais gravosamente (exacerbação de **um terço à metade da pena**) a extorsão:

a) se cometida por duas ou mais pessoas: aplica-se aqui o que já fora explicitado no crime de roubo;

b) se cometida mediante o emprego de arma: de igual modo aplica-se o que já fora explicitado no crime de roubo, quanto ao conceito de arma.

7.3.8. *Extorsão qualificada (art. 158, § 2º, do CP)*

Há duas espécies de extorsão qualificada previstas no artigo 158, § 2º do Código Penal:

a) extorsão qualificada pela lesão corporal de natureza grave;

b) extorsão qualificada pelo resultado morte. Neste caso, estaremos diante de **crime hediondo**.

Tudo o que foi dito a respeito do roubo qualificado pela lesão grave ou morte (art. 157, § 3º, CP) aplica-se ao crime de extorsão qualificada. Frisa-se que as formas qualificadas de extorsão configuram **crimes preterdolosos**.

Como se verá mais adiante, há, ainda, outras formas qualificadas de extorsão, previstas no § 3º também do art. 158 do CP, que prevê que a pena será de reclusão de 6 a 12 anos, além da multa, se o crime é cometido com restrição da liberdade da vítima e essa condição é necessária para a obtenção da vantagem econômica (sequestro-relâmpago). Se resultar, porém, lesão corporal grave ou morte, as penas serão aquelas cominadas aos §§ 2º e 3º, respectivamente, do art. 159 do CP.

7.3.9. *Diferença entre extorsão e roubo*

Para a doutrina amplamente majoritária, a diferença havida entre os crimes acima referidos é que no roubo **o bem é retirado da vítima** enquanto que na extorsão ela própria é quem o **entrega ao agente**.

Assim, a principal distinção entre o crime de extorsão e o de roubo se faz pela colaboração da vítima. Se for **imprescindível a colaboração** para o agente obter a vantagem econômica, tem-se o **crime de extorsão**. No entanto, se for **dispensável a colaboração** da vítima, ou seja, mesmo que a vítima não entregue o bem o agente iria subtraí-lo, aí há o **crime de roubo**.

Há crime de roubo, portanto, quando o próprio agente subtraiu o bem ou quando o agente poderia ter subtraído, mas determinou que a vítima lhe entregasse o bem após empregar violência ou grave ameaça.

7.3.10. *"Sequestro relâmpago" (art. 158, § 3º, do CP)*

Essa distinção entre extorsão e roubo tinha relevância na doutrina quando se discutia sobre o denominado "sequestro relâmpago". Mas, com a Lei 11.923/2009, o legislador colocou fim à discussão, com a tipificação do art. 158, § 3º, CP.

Em verdade, o "sequestro relâmpago" é uma modalidade de crime de extorsão cometido mediante a **restrição da liberdade** da vítima (e não a privação total), necessária para a obtenção da vantagem econômica.

A **colaboração** da vítima se torna **imprescindível** para que ocorra a vantagem, como, por exemplo, no caso típico em que o agente aborda a vítima, restringindo-lhe a liberdade e a conduzindo até um caixa eletrônico para que efetue o saque de dinheiro, que somente será realizado com a utilização da senha do cartão bancário. A colaboração da vítima é indispensável, pois o agente não poderia adivinhar a senha do cartão, sem a qual não seria possível a realização do saque.

Outrossim, cumpre ressaltar a discussão a respeito de ser ou não crime hediondo o "sequestro relâmpago" qualificado pela lesão corporal grave ou morte. Para uma corrente, não há que se falar em hediondez, na medida em que o critério adotado pelo legislador foi o legal e, no caso, não se incluiu a extorsão qualificada (art. 158, § 3º, CP) no rol taxativo do art. 1º da Lei 8.072/1990. Todavia, para outra corrente seria possível sustentar o tratamento mais rigoroso dos crimes hediondos, na medida em que o § 3º do art. 158, CP faz alusão ao art. 159, §§ 2º e 3º, do CP, o qual foi expressamente previsto na Lei dos Crimes Hediondos.

7.4. Extorsão mediante sequestro (art. 159, do CP)

7.4.1. *Considerações iniciais*

Trata-se de crime previsto no art. 159, CP, modalidade de extorsão, qualificada, porém, pelo sequestro, consistente na **privação da liberdade** da vítima para o **fim de obter, para si ou para outrem, qualquer vantagem, como condição ou preço do resgate**.

Trata-se de **crime pluriofensivo**, em que são tutelados vários bens jurídicos: liberdade de locomoção, integridade física e patrimônio.

7.4.2. *Tipo objetivo*

O núcleo do tipo é **sequestrar,** o que significa privar a liberdade de **alguém** por tempo juridicamente relevante.

Muito embora o tipo penal faça alusão a "qualquer vantagem", prevalece o entendimento doutrinário no sentido de que a vantagem deve ser **econômica,** haja vista se tratar de crime contra o patrimônio. Caso a natureza da vantagem seja outra, poderá restar caracterizado o crime de sequestro (art. 148, CP).

Ainda, a jurisprudência exige que a vantagem, além de econômica, deve ser **indevida**, apesar da omissão do legislador. Isso porque, se a vantagem visada pelo sequestrador for devida, poderá configurar o exercício arbitrário das próprias razões (art. 345, CP), em concurso formal com o crime de sequestro (art. 148, CP).

7.4.3. *Tipo subjetivo*

Além do **dolo** (vontade livre e consciente de sequestrar a vítima), exige-se o **elemento subjetivo do tipo (dolo específico)**, vale dizer, o sujeito ativo deve ter a intenção de obter para si ou para outrem **indevida vantagem econômica,** como condição ou preço do resgate.

7.4.4. *Sujeitos do crime*

O **sujeito ativo** pode ser qualquer pessoa (**crime comum**). De igual modo, o sujeito passivo pode ser qualquer pessoa, mas necessariamente deve ser **pessoa**. Ou seja, se houver o sequestro de um animal para o fim de se exigir resgate, não se caracterizará o crime de extorsão mediante sequestro, mas simplesmente o crime de extorsão (art. 158, CP). Será **sujeito passivo** tanto a pessoa que teve a sua liberdade de locomoção tolhida como aquela que sofreu a lesão patrimonial.

7.4.5. *Consumação e tentativa*

O crime se **consuma** com a **privação da liberdade**, ou seja, no momento em que há a captura da vítima, sendo que o **pagamento do resgate** (obtenção da indevida vantagem econômica) é mero **exaurimento** do crime. Daí dizer-se que se trata de **crime formal** (ou de consumação antecipada).

Ainda, trata-se de **crime permanente**, visto que, enquanto a vítima é privada de sua liberdade, a infração se consuma a cada instante, motivo pelo qual é admitida a **prisão em flagrante** a qualquer tempo.

A **tentativa é admissível**, desde que o agente já tenha iniciado os atos executórios do crime (privação da liberdade da vítima), o qual somente não se consumou por circunstâncias alheias à sua vontade.

7.4.6. *Espécies de extorsão mediante sequestro*

São **espécies** de extorsão mediante sequestro:

a) simples: art. 159, *caput*, CP;

b) qualificada:

b.1) art. 159, § 1º, CP:

b.1.1) se o sequestro dura mais de 24 horas;

b.1.2) se o sequestrado é menor de 18 anos ou maior de 60 anos;

b.1.3) se o crime é cometido por associação criminosa;

b.2) art. 159, § 2º, CP: se do fato resulta **lesão corporal de natureza grave**, dolosa ou culposa;

b.3) art. 159, § 3º, CP: se resulta **morte**, dolosa ou culposa.

Quanto às qualificadoras relativas à lesão corporal grave e à morte, cumpre salientar que somente serão aplicadas quando tais resultados ocorrerem na própria pessoa sequestrada. Se outra pessoa for atingida, haverá crime autônomo.

Como o legislador não restringiu, tais qualificadoras ocorrem tanto no caso de lesão corporal/morte dolosa como culposa, assim como ocorre com o latrocínio.

Ainda, se no caso concreto a conduta dos sequestradores se enquadrar em todos os parágrafos das qualificadoras mencionadas acima, a subsunção será feita no § 3º, cuja pena é maior e mais grave, sendo que as demais qualificadoras serão consideradas como circunstâncias judiciais, quando da fixação da pena-base pelo juiz.

Todas as espécies de extorsão mediante sequestro são consideradas **hediondas** (simples ou qualificadas).

7.4.7. *Delação premiada na extorsão mediante sequestro*

Se o crime é cometido em **concurso**, o concorrente que o **denunciar** à autoridade, **facilitando a liberação da vítima**, terá sua pena diminuída de **1/3 a 2/3** – art. 159, § 4º, CP. Portanto, trata-se de **causa especial de diminuição da pena**, sendo que o critério para a redução é a colaboração para a soltura da vítima, ou seja, a pena será diminuída proporcionalmente ao auxílio prestado pelo delator.

7.4.8. *Diferença entre sequestro relâmpago e extorsão mediante sequestro*

O "sequestro relâmpago", como já mencionado, é uma modalidade de crime de extorsão cometido mediante a **restrição da liberdade** da vítima (e não a privação total), necessária para a obtenção da indevida vantagem econômica.

Isso não se confunde com a também restrição da liberdade, que pode ser causa de aumento de pena do crime de **roubo** (art. 157, § 2º, V, CP), mas desde que realizada pelo tempo necessário para a abordagem da vítima e para que esta não delate o agente (e não como condição necessária para a obtenção da vantagem almejada pelo roubador).

Por sua vez, há que se distinguir da **extorsão mediante sequestro**, a qual se caracteriza pela **privação total da liberdade de locomoção** da vítima, a qual é capturada pelo agente, com o fim de obter, para si ou para outrem, qualquer vantagem (econômica e indevida) como condição ou preço do resgate.

7.5. Apropriação indébita (art. 168 do CP). Considerações iniciais

O crime de **apropriação indébita**, previsto no art. 168 do Código Penal, evidentemente é crime contra o patrimônio, já que inserido exatamente neste título do referido diploma legal.

Portanto, o **bem jurídico** tutelado pelo crime em comento é o direito de propriedade (patrimônio).

7.5.1. *Tipo objetivo*

O verbo do tipo (conduta típica) é "apropriar", indicando que o agente irá apoderar-se, assenhorear-se, fazer sua a coisa de outrem. Enfim, o sujeito ativo passa a portar-se como se fosse dono da coisa.

Diz-se que a **apropriação indébita** é crime que se aperfeiçoa por conta da quebra ou violação de uma **confiança**, já que a vítima entrega a coisa ao agente por livre e espontânea vontade. Ocorre que, em momento posterior ao recebimento da coisa, o agente **inverte seu ânimo sobre o bem**, passando a comportar-se com *animus domini*.

Assim, são requisitos para a configuração da apropriação indébita:

1º) entrega livre do bem pela vítima ao agente;

2º) a posse ou detenção do bem deve ser desvigiada;

3º) ao entrar na posse ou detenção do bem, o agente não deve, desde logo, querer dele apoderar-se ou deixar de restituí-lo ao dono.

Vê-se, pois, que na apropriação indébita a primeira atitude do agente não é banhada de má-fé, eis que recebe o bem sem a intenção inicial de tê-lo para si. Porém, ato seguinte à posse ou detenção, modifica seu ânimo sobre a coisa, passando a comportar-se como se dono fosse.

A doutrina aponta duas formas de execução da apropriação indébita:

a) comportamento do agente como se dono fosse: ato seguinte ao recebimento da coisa, o agente passa a ter atitude típica de dono, dispondo da coisa ou dela se utilizando como se lhe pertencesse. Trata-se da denominada **apropriação indébita propriamente dita**;

b) negativa ou recusa na restituição da coisa: quando o legítimo proprietário da coisa a pede de volta, o agente nega-se a restituí-la, caracterizando a chamada **negativa de restituição**.

7.5.2. Tipo subjetivo

Trata-se do dolo, ou seja, a vontade livre e consciente do sujeito de apoderar-se de bem (coisa) alheio, passando a comportar-se como se fosse dono.

Diz-se que o **dolo** somente deve ser **posterior** ao recebimento da coisa. Assim não sendo, estaremos diante de possível estelionato (ex.: "A" recebe dinheiro de "B" querendo, desde logo, obter o montante para si). A doutrina, neste caso, denomina *dolo subsequens*, ou seja, a intenção de apropriar-se da coisa deve ser subsequente/posterior ao seu recebimento.

Exige-se, ainda, o *animus rem sibi habendi*, configurador do elemento subjetivo do tipo (especial fim de agir do agente).

7.5.3. Sujeitos do crime

Quanto ao **sujeito ativo**, poderá sê-lo **qualquer pessoa** que tenha a posse ou a detenção do bem, recebido de maneira **lícita** (entregue voluntariamente pela vítima).

Já o **sujeito passivo** é quem sofre a **perda patrimonial** (proprietário, possuidor etc.).

7.5.4. Consumação e tentativa

Consuma-se a apropriação indébita com a **efetiva inversão do ânimo do agente sobre a coisa** entregue pela vítima. Trata-se de aspecto de difícil aferição por se tratar de intenção. Porém, estará consumada a infração, no caso de apropriação propriamente dita, quando o agente começar a portar-se como se dono da coisa fosse (ex.: venda do bem, locação, utilização etc.). Já na negativa de restituição, estará caracterizado o momento consumativo exatamente quando o agente negar-se a devolver o bem da vítima.

Admissível a **tentativa** na apropriação indébita **propriamente dita**, não sendo possível na **negativa de restituição**.

7.5.5. Causas majoradas

A pena será aumentada em 1/3 (um terço) quando:

a) o agente receber a coisa em depósito;

b) o agente receber a coisa na qualidade de tutor, curador, síndico, liquidatário, inventariante, testamenteiro ou depositário judicial;

c) o agente receber a coisa em razão de ofício, emprego ou profissão.

7.6. Estelionato (art. 171 do Código Penal). Considerações iniciais

Trata-se de crime contra o **patrimônio**, cuja objetividade jurídica é a proteção do patrimônio alheio.

Caracteriza-se o estelionato pela existência de uma **fraude**, pela qual o agente, valendo-se de artimanhas, ludibria o ofendido a entregar-lhe uma coisa, daí obtendo vantagem ilícita.

7.6.1. Tipo objetivo

No estelionato, o agente **obtém uma vantagem.** Assim, com o emprego de **fraude**, o sujeito ativo consegue alcançar uma vantagem ilícita.

O *caput* do art. 171 do Código Penal descreve em que pode consistir referida fraude. Poderá, portanto, o agente, para obter vantagem ilícita para si ou para outrem empregar:

a) artifício: é o uso, pelo agente, de objetos aptos a enganar a vítima (ex.: documentos falsos, roupas ou disfarces);

b) ardil: corresponde ao "bom de papo". É a conversa enganosa;

c) qualquer outro meio fraudulento: tudo o quanto puder ludibriar a vítima. Utilizou-se o legislador da interpretação analógica a fim de que outras condutas não escapem da tipicidade penal.

O agente, valendo-se do artifício, ardil ou qualquer outro meio fraudulento, induzirá a vítima ou irá mantê-la em erro, obtendo, com isso, vantagem ilícita.

Não haverá, aqui, **subtração** da coisa. Ao contrário, será ela entregue pela vítima ao agente mediante algum expediente fraudulento (artifício, ardil ou outra fraude), tendo ele, desde logo, a intenção de locupletar-se à custa alheia. Esta é a diferença maior entre o estelionato e a apropriação indébita.

Diz a doutrina que o estelionato é **crime material**, exigindo, portanto, que o agente obtenha vantagem ilícita, provocando um prejuízo material à vítima.

Apontam os juristas, ainda, que não se exige que o engodo seja crível pelo **homem médio**. Assim não fosse, as pessoas mais simples estariam desassistidas pela lei penal. Basta, portanto, que o artifício ou o ardil tenham sido suficientes a enganar a vítima.

7.6.2. Tipo subjetivo

É o **dolo.** Atua o agente, portanto, com a intenção, desde logo, de locupletar-se à custa da vítima, induzindo-a ou mantendo-a em erro.

7.6.3. Sujeitos do crime

O **sujeito ativo** é tanto o que emprega a fraude quanto o que aufere a vantagem ilícita.

Sujeito passivo será a pessoa que sofrer o prejuízo, ou ainda aquela que for enganada.

A vítima deve ser pessoa determinada. No caso de a conduta visar a vítimas indeterminadas, poderemos estar diante de crime contra a economia popular, definido na Lei 1.521/1951 (ex.: correntes, pirâmides, adulteração de combustíveis, de balanças etc.).

7.6.4. *Consumação e tentativa*

Como já afirmado, o crime de estelionato é **material**, exigindo-se a verificação do resultado (obtenção da vantagem ilícita e prejuízo patrimonial à vítima).

Admissível a **tentativa** se a vítima não é enganada, de fato, pelo agente, ou, ainda que enganada, não sofre prejuízo patrimonial.

Diz-se que se o meio utilizado pelo agente for absolutamente inidôneo, não se pode cogitar de tentativa, mas sim **crime impossível** pela **ineficácia absoluta do meio**.

7.6.5. *Concurso de crimes*

Se o sujeito ativo, para empregar a fraude, falsifica títulos de crédito ou documentos, visando à obtenção de vantagem ilícita, poderá ser responsabilizado da seguinte maneira:

a) estelionato e falsificação, por violarem bens jurídicos distintos (patrimônio e fé pública), terão suas penas somadas (concurso material);

b) estelionato e falsificação serão atribuídos ao agente a título de concurso formal (mediante uma só ação, o sujeito praticou dois crimes);

c) a falsificação de documento, por ser crime mais grave, absorve o estelionato, de menor pena;

d) o estelionato, por ser crime-fim, absorve a falsificação (crime-meio), por conta do princípio da consunção. Este é o posicionamento do STJ, ao editar a Súmula 17: "quando o falso se exaure no estelionato, sem mais potencialidade lesiva, é por este absorvido".

7.6.6. *Estelionato privilegiado*

Previsto no § 1º do art. 171, terá o mesmo tratamento do furto privilegiado (pequeno valor e primariedade).

7.6.7. *Formas assemelhadas*

O § 2º do mesmo dispositivo legal traz outras seis hipóteses de estelionato, porém, com algumas especificidades:

a) quem vende, permuta, dá em pagamento, em locação ou em garantia coisa alheia como própria;

b) quem vende, permuta, dá em pagamento ou em garantia coisa própria inalienável, gravada de ônus ou litigiosa, ou imóvel que prometeu vender a terceiro, mediante pagamento em prestações, silenciando sobre qualquer dessas circunstâncias;

c) quem defrauda, mediante alienação não consentida pelo credor ou por outro modo, a garantia pignoratícia, quando tem a posse do objeto empenhado;

d) quem defrauda substância, qualidade ou quantidade de coisa que deve entregar a alguém;

e) quem destrói, total ou parcialmente, ou oculta coisa própria, ou lesa o próprio corpo ou saúde, ou agrava as consequências da lesão ou doença, com o intuito de haver indenização ou valor de seguro;

f) quem emite cheque sem suficiente provisão de fundos em poder do sacado ou lhe frustra o pagamento (ver Súm. 554 do STF).

7.6.8. *Forma majorada*

Prevista no § 3º do art. 171 do Código Penal, a pena será aumentada de 1/3 (um terço) se o crime é cometido em detrimento de entidade de direito público ou de instituto de economia popular, assistência social ou beneficência.

7.7. Receptação (art. 180, do CP)

7.7.1. *Tipo objetivo*

O tipo previsto no art. 180 do CP é dividido em receptação própria (1ª parte) e imprópria (2ª parte).

Na receptação própria, o verbo do tipo (conduta típica) é "**adquirir, receber, transportar, conduzir ou ocultar**" em proveito próprio ou alheio, coisa que **sabe ser produto de crime**.

Já na receptação imprópria, o verbo do tipo (conduta típica) é "**influir**" para que terceiro, de boa-fé adquira, receba ou oculte coisa que sabe ser produto de crime. Assim, é possível dizer que o agente não é o receptador, mas o intermediário da atividade criminosa.

Caso o agente influa para que terceiro de boa-fé transporte ou conduza coisa que seja produto de crime, o fato será atípico, diante da omissão legislativa.

Tanto na receptação própria como na imprópria deve existir um crime antecedente, cujo objeto material coincidirá com o produto receptado.

Oportuno ressaltar que a receptação é punível, ainda que desconhecido ou isento de pena o autor do crime de que proveio a coisa, nos termos do art. 180, § 4º, do CP.

Interessante trazer à baila a posição do STJ acerca da receptação de folhas de cheque. Confira-se:

FOLHAS DE CHEQUE E OBJETO MATERIAL DO CRIME.

"A Turma, ao reconhecer a atipicidade da conduta praticada pelo paciente, concedeu a ordem para absolvê-lo do crime de receptação qualificada de folhas de cheque. Reafirmou-se a jurisprudência do Superior Tribunal de Justiça no sentido de que o talonário de cheque não possui valor econômico intrínseco, logo, não pode ser objeto material do crime de receptação". HC 154.336-DF, Rel. Min. Laurita Vaz, julgado em 20.10.2011. (Inform. STJ 485)

7.7.2. *Tipo subjetivo*

Trata-se do dolo direto, ou seja, a vontade livre e consciente do sujeito de "adquirir, receber, transportar, conduzir ou ocultar", em proveito próprio ou alheio (elemento subjetivo do tipo), coisa que sabe ser produto de crime, ou "influir" para que terceiro, de boa-fé, adquira, receba ou oculte.

Caso o agente não soubesse ser a coisa produto de crime, muito embora pudesse saber ou tivesse dúvida a respeito, poderá configurar o crime previsto no art. 180, § 3º, do CP (receptação culposa).

7.7.3. *Sujeitos do crime*

Quanto ao **sujeito ativo**, poderá sê-lo qualquer pessoa, exceto o coautor ou partícipe do crime antecedente. Trata-se, portanto, de **crime comum**.

Já o **sujeito passivo** é o mesmo do delito antecedente.

7.7.4. Consumação e tentativa

O delito se consuma no momento em que a coisa sai da esfera de disponibilidade da vítima (crime material) ou quando o agente influi para que terceiro de boa-fé adquira, receba ou oculte coisa produto de crime (crime formal).

É admissível a **tentativa**.

7.7.5. Receptação qualificada

§ 1º – Adquirir, receber, transportar, conduzir, ocultar, ter em depósito, desmontar, montar, remontar, vender, expor à venda, ou de qualquer forma utilizar, em proveito próprio ou alheio, no exercício de atividade comercial ou industrial, coisa que deve saber ser produto de crime: (Redação dada pela Lei 9.426/1996)

Pena – reclusão, de três a oito anos, e multa. (Redação dada pela Lei 9.426/1996)

§ 2º – Equipara-se à atividade comercial, para efeito do parágrafo anterior, qualquer forma de comércio irregular ou clandestino, inclusive o exercício em residência. (Redação dada pela Lei 9.426/1996)

Tal modalidade de receptação configura espécie de crime próprio, já que somente poderá ser praticado por aquele que exerce atividade comercial, inclusive clandestina.

Importante ressaltar que a forma qualificada traz outras condutas típicas distintas do *caput*, tais como ter em depósito, desmontar, montar, remontar, vender, expor à venda, ou de qualquer forma utilizar, em proveito próprio ou alheio.

Ainda, o § 1º do art. 180 do CP utiliza a expressão "deve saber", ao invés de "sabe", o que gerou grande discussão doutrinária e jurisprudencial.

Para alguns, somente abarcaria o dolo eventual, razão pela qual o agente que atua com dolo direto deve responder por crime menos grave (art. 180, *caput*, CP).

Em contrapartida, para outros, tal solução seria incongruente, motivo pelo qual o § 1º englobaria tanto o dolo direito como o eventual.

7.7.6. Receptação culposa

§ 3º – Adquirir ou receber coisa que, por sua natureza ou pela desproporção entre o valor e o preço, ou pela condição de quem a oferece, deve presumir-se obtida por meio criminoso: (Redação dada pela Lei 9.426/1996).

Pena – detenção, de um mês a um ano, ou multa, ou ambas as penas. (Redação dada pela Lei 9.426/1996).

São requisitos configuradores da receptação culposa: a) adquirir ou receber coisa; b) que por sua natureza ou pela manifesta desproporção entre o valor e o preço ou pela condição de quem a oferece; c) deva presumir ser obtida por meio criminoso.

7.7.7. Perdão judicial e privilégio

§ 5º – Na hipótese do § 3º, se o criminoso é primário, pode o juiz, tendo em consideração as circunstâncias, deixar de aplicar a pena. Na receptação dolosa aplica-se o disposto no § 2º do art. 155. (Incluído pela Lei 9.426/1996).

O perdão judicial é aplicável somente no caso de receptação culposa. Já no caso do privilégio, aplica-se o mesmo instituto previsto para o delito de furto, mas somente à receptação dolosa.

O § 2º do art. 155 do CP, cuja natureza jurídica é de **causa especial de diminuição de pena**, é denominado pela doutrina de **furto privilegiado**.

Incidirá quando o agente for **primário** (ausência de reincidência – art. 64, I, CP – **aspecto subjetivo**) e a coisa for de pequeno valor (**aspecto objetivo**). Entende a doutrina e jurisprudência majoritárias como de **pequeno valor** o bem que não ultrapasse **um salário mínimo** no momento do crime.

Verificados os dois requisitos (primariedade e pequeno valor da coisa), o juiz poderá (em realidade, DEVERÁ – trata-se de direito subjetivo do acusado) **substituir a pena de reclusão pela de detenção, diminuí-la de um a dois terços ou aplicar somente a pena de multa**.

Dentre as opções grifadas, sem dúvida **a mais benéfica é a aplicação da PENA DE MULTA**, eis que o seu descumprimento não poderá ensejar a restrição da liberdade do agente, mas ser cobrada como dívida de valor (*vide* art. 51 do CP).

Se o bem receptado for de **ÍNFIMO VALOR** (e não apenas de pequeno valor), pode-se sustentar a **insignificância penal**, por ausência de lesividade ao bem jurídico protegido pelo crime.

7.7.8. Causas de aumento de pena

§ 6º – Tratando-se de bens e instalações do patrimônio da União, Estado, Município, empresa concessionária de serviços públicos ou sociedade de economia mista, a pena prevista no *caput* deste artigo aplica-se em dobro. (Incluído pela Lei 9.426/1996).

Importante frisar que a causa de aumento de pena especial prevista no art. 180, § 6º, do CP faz alusão tão somente ao crime de receptação em sua forma fundamental, excluindo-se a sua aplicação quando se tratar de receptação qualificada ou culposa.

7.7.9. Ação penal

A ação penal é pública incondicionada, em regra.

7.8. Escusas absolutórias (arts. 181 a 183, do CP)

7.8.1. Conceito

As escusas absolutórias previstas nos arts. 181 e 182, CP são **imunidades penais** instituídas por razões **de política criminal**. A fim de que o Estado não interfira sobremaneira nas relações familiares, prevê o CP, em alguns casos, a **isenção de pena** àqueles que cometerem certos crimes contra o patrimônio (arts. 155 a 180, CP) em face de determinadas pessoas próximas.

Vejamos.

7.8.2. Imunidades penais absolutas (art. 181, do CP)

Haverá a **isenção** de pena do agente nos seguintes casos:

a) Crime cometido em prejuízo de **cônjuge**, na **constância da sociedade conjugal** (estende-se ao companheiro, por isonomia);

b) Crime cometido contra **ascendente** ou **descendente**, qualquer que seja o grau.

7.8.3. *Imunidades penais relativas (art. 182, do CP)*

As imunidades penais relativas, ou processuais, **não isentam de pena** o agente. Contudo, será de rigor a necessidade de **representação do ofendido** nos seguintes casos:

a) Crime cometido em prejuízo de **ex-cônjuge** (estende-se ao ex-companheiro);

b) Crime praticado entre irmãos; e

c) Crime cometido contra tio ou sobrinho, desde que exista coabitação.

7.8.4. *Exceção às imunidades penais (art. 183, CP)*

Não haverá incidência dos arts. 181 e 182, CP (imunidades penais absoluta e relativas) nos seguintes casos:

a) Se o crime for cometido com violência ou grave ameaça à pessoa;

b) Com relação ao terceiro que participa/concorre para o crime;

c) Se a vítima for idosa (idade igual ou superior a sessenta anos).

8. CRIMES CONTRA A DIGNIDADE SEXUAL

8.1. Nova nomenclatura (Lei 12.015/2009)

Com o advento da Lei 12.015/2009, o crime contra os costumes passou a se denominar **crime contra a dignidade sexual**.

Antes se falava em crime **contra os costumes**, pois era o comportamento sexual da sociedade que preocupava, ou seja, dizia respeito a uma ética sexual (comportamento mediano esperado pela sociedade quanto à atividade sexual). Com a alteração, passou-se a tutelar a **dignidade sexual** como um reflexo da pessoa humana e não somente da mulher. Isso porque a **dignidade humana** também gera um reflexo sexual.

8.2. Estupro (art. 213 do CP)

8.2.1. *Considerações iniciais*

Trata-se de crime que atenta contra a **liberdade sexual**. Desse modo, o bem jurídico tutelado é o direito fundamental de todo ser humano (e não apenas a mulher) de **escolher** o seu parceiro sexual e o **momento** em que com ele vai praticar a relação sexual.

8.2.2. *Tipo objetivo*

O verbo do tipo (conduta típica) é "constranger", que transmite a ideia de forçar ou compelir (fazer algo contra a sua vontade). É, em verdade, um constrangimento ilegal com uma finalidade específica, qual seja, a prática de um ato sexual.

Após a Lei 12.015/2009, o agente constrange alguém, mediante violência ou grave ameaça, a ter conjunção carnal ou a praticar ou a permitir que com ele se pratique outro ato libidinoso.

Assim, o agente constrange a vítima (homem ou mulher) à prática de **conjunção carnal**. Entende-se esta como a relação sexual "natural" entre homem e mulher. Diz-se, portanto, que o estupro exige, para sua configuração, que o homem introduza seu pênis na cavidade vaginal da mulher, total ou parcialmente.

Também será crime de estupro o **constrangimento** de alguém à prática de **ato libidinoso diverso da conjunção carnal**, ou ainda, que haja o constrangimento da vítima a **consentir que com ela seja praticada referida espécie de ato (antigo crime de atentado violento ao pudor)**.

Diz-se que o **ato libidinoso** é todo aquele que decorre da **concupiscência humana**. O ato diverso **da conjunção carnal** é, por exemplo, o coito anal, sexo oral, masturbação etc..

Todo estupro pressupõe o **dissenso da vítima**, ou seja, sua não concordância com o ato sexual.

A discordância decorre da prática de **violência (emprego de força física contra vítima) ou grave ameaça (promessa de um mal injusto e grave, passível de realização)** pelo agente. São estes os dois **meios executórios** do estupro.

Após a alteração, não há mais a violência presumida, antes prevista no art. 224, CP, o qual foi revogado expressamente pela Lei 12.015/2009. De igual modo foi revogado tacitamente o art. 9º da Lei dos Crimes Hediondos, o qual fazia alusão ao art. 224, CP.

Segundo parte da doutrina, o **uso de instrumentos mecânicos ou artificiais**, desde que acoplados ao pênis do estuprador, não desnaturam o delito em comento.

8.2.3. *Tipo subjetivo*

Trata-se do **dolo**, ou seja, a vontade livre e consciente do sujeito de constranger alguém a manter relacionamento sexual contra sua vontade.

A lei não exige o elemento subjetivo específico de satisfação da própria lascívia. Assim, também restaria configurado o crime de estupro por qualquer outro motivo (ex.: por vingança, para humilhar etc.).

8.2.4. *Sujeitos do crime*

Quanto ao **sujeito ativo**, antes da alteração somente era o homem, visto que exigia a conjunção carnal, que pressupõe a introdução total ou parcial do pênis (órgão sexual masculino) na vagina (órgão sexual feminino).

Já o **sujeito passivo, por consequência,** somente poderia ser a **mulher**. Era absolutamente errada a afirmação de que homem poderia ser estuprado.

Agora, o sujeito ativo e passivo pode ser qualquer pessoa, tanto o homem quanto a mulher (crime bicomum e não mais bipróprio).

8.2.5. *Consumação e tentativa*

Consuma-se o estupro com a introdução ou penetração (ainda que parcial) do pênis na cavidade vaginal da vítima. Ainda, em relação a outros atos diversos da conjunção carnal, consumam-se quando da sua realização.

Desse modo, classifica-se o estupro como sendo um crime material, cujo tipo penal prevê uma conduta (constranger alguém, mediante violência ou grave ameaça) e um resultado naturalístico (prática de conjunção carnal ou outro ato libidinoso diverso).

Admissível a **tentativa** se o agente não conseguir introduzir o membro viril na genitália feminina ou não consegue realizar qualquer outro ato sexual, por circunstâncias alheias à sua vontade.

8.2.6. Espécies de estupro

Há três espécies de estupro:

a) simples: art. 213, *caput*, CP;

b) qualificado:

b.1) art. 213, § 1º, CP:

b.1.1) se da conduta resulta lesão corporal de natureza grave (culposa);

b.1.2) se a vítima é menor de 18 anos ou maior de 14 anos;

b.2) art. 213, § 2º, CP: se da conduta resulta morte (culposa).

No caso das qualificadoras relativas à lesão corporal grave e morte, ambas são figuras **preterdolosas,** de acordo com entendimento majoritário na doutrina e jurisprudência. O estupro é doloso, mas o resultado agravador é culposo. Corrente minoritária entende que pode haver dolo ou culpa no resultado agravador;

c) majorado: art. 226 e art. 234-A, CP, tratam das causas de aumento de pena para o estupro:

c.1) aumenta-se de 1/4, quando o crime é cometido com concurso de duas ou mais pessoas;

c.2) aumenta-se de 1/2, se o agente é ascendente, padrasto ou madrasta, tio, irmão, cônjuge, companheiro, tutor, curador, preceptor ou empregador da vítima ou por qualquer outro título tem autoridade sobre ela;

c.3) aumenta-se de 1/2, se do crime resulta gravidez;

c.4) aumenta-se de 1/6 até 1/2, se o agente transmite à vítima doença sexualmente transmissível de que sabe ou deveria saber ser portador.

Outrossim, cumpre ressaltar que o estupro, em todas as suas modalidades, é **hediondo** (simples, qualificado e de vulnerável).

8.2.7. Do antigo atentado violento ao pudor (art. 214 do CP)

O artigo 214, CP, foi formalmente revogado, tendo a sua conduta sido absorvida pelo art. 213, CP.

Como já ressaltado acima, o novo art. 213 é uma soma do antigo estupro mais o revogado crime de atentado violento ao pudor.

Assim, não há que falar em *abolitio criminis* da conduta prevista no revogado crime de atentado violento ao pudor, na medida em que somente houve a revogação formal do tipo penal, mas não material, continuando o fato a ser típico, porém em outro tipo penal, qual seja, o de estupro, previsto no art. 213, CP (princípio da continuidade típico-normativa).

8.3. Estupro de vulnerável (art. 217-A do CP)

8.3.1. Tipo objetivo

Aplica-se aqui tudo o que já fora explicitado ao delito de estupro.

8.3.2. Tipo subjetivo

De igual modo, aplica-se o que já fora explicitado ao delito de estupro.

8.3.3. Sujeitos do crime

Há importante ressalva a ser feita quanto ao sujeito passivo, qual seja, a de que somente as pessoas vulneráveis podem ser vítimas do crime de estupro de vulnerável. Entende-se por pessoa vulnerável: a pessoa menor de 14 anos (art. 217-A, *caput*, CP), enferma ou doente mental que não tenha o necessário discernimento para o ato sexual ou que, por qualquer outra causa, não possa oferecer resistência (art. 217-A, § 1º, CP).

8.3.4. Consumação e tentativa

Aplica-se o que já foi dito ao estupro.

8.3.5. Espécies de estupro de vulnerável

Há três espécies de estupro de vulnerável:

a) simples: art. 217-A, *caput*, CP;

b) qualificado:

b.1) art. 217-A, § 3º, CP: se da conduta resulta lesão corporal de natureza grave (culposa);

b.2) art. 217-A, § 4º, CP: se da conduta resulta morte (culposa).

No caso das qualificadoras relativas à lesão corporal grave e morte, ambas são figuras **preterdolosas,** de acordo com entendimento majoritário na doutrina e jurisprudência. O estupro é doloso, mas o resultado agravador é culposo. Corrente minoritária entende que pode haver dolo ou culpa no resultado agravador;

c) majorado: art. 226 e art. 234-A, CP, tratam das causas de aumento de pena para o estupro de vulnerável:

c.1) aumenta-se de 1/4, quando o crime é cometido com concurso de duas ou mais pessoas;

c.2) aumenta-se de 1/2, se o agente é ascendente, padrasto ou madrasta, tio, irmão, cônjuge, companheiro, tutor, curador, preceptor ou empregador da vítima ou por qualquer outro título tem autoridade sobre ela;

c.3) aumenta-se de 1/2, se do crime resulta gravidez;

c.4) aumenta-se de 1/6 até 1/2, se o agente transmite à vítima doença sexualmente transmissível de que sabe ou deveria saber ser portador.

Outrossim, cumpre ressaltar que o estupro, em todas as suas modalidades, é **hediondo** (simples, qualificado e de vulnerável).

8.3.6. Questões polêmicas

8.3.6.1. Concurso de crimes

Um dos grandes reflexos da alteração pela Lei 12.015/2009 nos crimes sexuais foi a caracterização do concurso de crimes.

Era pacífico na doutrina que, em havendo um ato de conjunção carnal e outro ato libidinoso diverso de conjunção carnal, no mesmo contexto fático, haveria concurso material entre as infrações.

Segundo o STF, pelo fato de o estupro e de o atentado violento ao pudor não pertencerem ao mesmo tipo penal, não eram considerados crimes da mesma espécie e, por conseguinte, não restaria caracterizada a continuidade delitiva entre eles, mas o concurso material de crimes. No mesmo sentido era o entendimento da 5ª Turma do STJ.

Outro era o entendimento da 6ª Turma do STJ, no sentido de que estupro e atentado violento ao pudor eram crimes da mesma espécie, pois ofendiam ao mesmo bem jurídico (liberdade sexual), o que ensejava a caracterização do crime continuado.

Todavia, com a junção das condutas em um tipo penal não seria mais cabível, em tese, sustentar a aplicação do concurso material, quando houvesse vários atos libidinosos em um mesmo contexto fático. Afastou também a discussão de ser impossível a continuidade delitiva.

Daí ter surgido outra discussão: se o art. 213, CP, é um tipo misto alternativo ou cumulativo.

Vem-se defendendo, tanto na doutrina quanto na jurisprudência, que se trata de um tipo misto alternativo. Consequentemente, aquele que constranger alguém a conjunção carnal e também a outro ato diverso da conjunção carnal, no mesmo contexto fático, responderá por um crime apenas. Somente haverá concurso material no caso de haver vítimas diversas ou contextos fáticos diversos, desde que não preenchidos os requisitos da continuidade delitiva.

Por outro lado, há quem sustente que se trata se um tipo misto cumulativo, ou seja, se houve atos libidinosos diversos, será aplicável o concurso material. Esse entendimento é corroborado pela 5ª Turma do STJ.

Tal discussão ainda não está pacificada na jurisprudência.

8.3.6.2. *Aniversário de 14 anos*

Outra questão polêmica que surgiu com o advento da Lei 12.015/2009 foi o enquadramento típico quando a vítima for estuprada no dia do seu aniversário de 14 anos.

Isso porque, segundo o art. 213, § 1º, CP, o crime de estupro será qualificado se a vítima for menor de 18 anos ou *maior* de 14 anos.

Já o art. 217-A, CP, preleciona que será estupro de vulnerável o fato de ter conjunção carnal ou praticar outro ato libidinoso com *menor* de 14 anos.

Pela mera interpretação literal, se a vítima for estuprada no dia do seu 14º aniversário, seria estupro simples.

Assim, a melhor interpretação, para se evitar injustiças por falha do legislador, é afastar a hipótese de estupro simples, pois no dia seguinte ao 14º aniversário já seria estupro qualificado, crime mais grave, gerando um contrassenso.

Portanto, deve-se considerar como sendo estupro qualificado ou estupro de vulnerável. Como se trata de analogia, a melhor opção é a primeira, cuja pena é menor e mais benéfica ao réu.

8.3.6.3. *Ação penal*

Consoante se depreende do art. 225, CP, a ação será, em regra, **pública condicionada à representação** da vítima.

Excepcionalmente, a ação penal será **pública incondicionada**, quando a *vítima for menor de 18 anos ou quando a pessoa for vulnerável*.

Com a alteração trazida pela Lei 12.015/2009, não há mais ação penal privada nos crimes sexuais. O legislador quis retirar o ônus da vítima de ter que contratar um advogado, conquanto ainda seja necessária sua autorização para o início da persecução penal. Andou bem o legislador em não prever como regra a ação penal pública incondicionada, a fim de se evitar a ingerência do Estado na vida privada da vítima.

Uma discussão trazida pela alteração foi a respeito da ação penal no estupro qualificado pela lesão corporal grave e pela morte. Pelo art. 101, CP, que trata da ação penal em crime complexo, a ação seria pública incondicionada.

Há quem sustente que ainda continua em vigor a Súmula 608 do STF, devendo ser aplicada tão somente nos casos em que do estupro resultar lesão corporal grave ou morte, a qual estabelece que a ação será pública incondicionada quando houver violência real.

Em razão da omissão legislativa, o PGR ajuizou uma ADI contra o art. 225, CP, para reconhecer a ofensa ao princípio da proporcionalidade, pela proteção insuficiente ao bem jurídico. Ou seja, a ação penal pública condicionada no crime sexual de estupro qualificado protege o bem jurídico de forma insuficiente e, em muitos casos, gerando até a impunidade.

Ainda não há decisão do STF a respeito da mencionada ADI.

8.3.7. *Sigilo processual*

O art. 234-B, CP prevê expressamente que deverá haver segredo de justiça em todos os processos relativos aos crimes sexuais.

9. CRIMES CONTRA A ORGANIZAÇÃO DO TRABALHO

9.1. Crimes contra a organização do trabalho (arts. 197 a 207, do CP). Objeto jurídico

O CP, implementando e materializando a proteção aos direitos sociais (especialmente os previstos nos arts. 6º a 8º da CF/1988), criminalizou condutas atentatórias à organização e normal desenvolvimento das atividades laborativas do trabalhador. Aqui reside o bem jurídico (ou objetividade jurídica) dos crimes que passaremos a analisar.

9.2. Competência para julgamento dos crimes contra a organização do trabalho

De acordo com a jurisprudência do STJ e STF, caberá à Justiça Estadual o conhecimento e julgamento das ações penais que identifiquem a lesão a interesse individual do trabalhador, ao passo que será da Justiça Federal a competência para analisar processos criminais que envolvam lesões a interesses coletivos dos obreiros.

9.3. Análise dos principais crimes contra a organização do trabalho

9.3.1. *Atentado contra a liberdade de contrato de trabalho e boicotagem violenta (art. 198, do CP)*

9.3.1.1. *Considerações iniciais*

Trata-se de crime que objetiva proteger a liberdade do trabalhador na escolha do trabalho que pretender executar, bem como a de manter a normalidade nas relações laborais. Temos, em verdade, duas situações (fatos típicos) distintas:

a) atentado contra a liberdade de contrato de trabalho; e

b) boicotagem violenta.

9.3.1.2. Conduta típica

Consiste em *constranger* alguém, mediante *violência* ou *grave ameaça, a celebrar contrato de trabalho.* Aqui estamos diante do *atentado contra a liberdade de contrato de trabalho.*

Ainda, estaremos diante da *boicotagem violenta* quando o agente constranger alguém, mediante violência ou grave ameaça, a não fornecer a outrem ou não adquirir de outrem matéria-prima ou produto industrial ou agrícola.

9.3.1.3. Elemento subjetivo do crime

É o dolo.

9.3.1.4. Consumação e tentativa

No caso da primeira figura (*atentado contra a liberdade de contrato*), estará consumada a infração quando ocorrer a **celebração do contrato** (seja de forma escrita ou oral).

Em se tratando de *boicotagem violenta*, haverá consumação no momento em que a **vítima deixar de fornecer ou adquirir o produto ou matéria-prima** da pessoa boicotada.

Cabível a tentativa nas duas figuras típicas.

9.3.2. Atentado contra a liberdade de associação (art. 199, do CP)

9.3.2.1. Considerações iniciais

Trata-se de crime que objetiva proteger a liberdade do trabalhador em *associar-se ou sindicalizar-se* (arts. 5º, XVII, e 8º, V, ambos da CF/1988).

9.3.2.2. Conduta típica

Consiste em *constranger alguém, mediante violência ou grave ameaça, a participar ou deixar de participar de determinado sindicato ou associação profissional.*

Assim, a vítima será compelida, mediante desforço físico ou grave ameaça, a associar-se ou deixar de associar-se a determinada associação profissional, ou, ainda, a participar, ou não, de determinado sindicato.

9.3.2.3. Elemento subjetivo do crime

É o dolo.

9.3.2.4. Consumação e tentativa

O crime em tela estará consumado no momento em que a vítima for impedida de participar de associação profissional ou de sindicato, ou, ainda, quando ela aderir a uma das duas entidades, filiando-se.

Cabível a tentativa.

9.3.3. Paralisação de trabalho, seguida de violência ou perturbação da ordem (art. 200, do CP)

9.3.3.1. Considerações iniciais

O crime que ora se analisa protege a liberdade de trabalho, que se vê violada em caso de suspensão do trabalho (*lockout*) ou abandono coletivo (greve ou parede).

Importante frisar que o art. 9º da CF dispõe ser "assegurado o direito de greve, competindo aos trabalhadores decidir sobre a oportunidade de exercê-lo e sobre os interesses que devam por meio dele defender".

Assim, a greve configura um exercício regular de direito. Contudo, a lei penal não permite que o exercício desse direito se faça de forma violenta contra pessoas ou coisas. Aqui haverá crime.

9.3.3.2. Conduta típica

Consiste em *participar de suspensão ou abandono coletivo de trabalho, praticando violência contra a pessoa ou contra coisa.*

Aqui, temos duas situações distintas:

- ✓ **participar de suspensão**, praticando violência contra a pessoa ou contra coisa: o sujeito ativo é o empregador, que é quem determina o *lockout;*
- ✓ **participar de abandono coletivo de trabalho**, praticando violência contra a pessoa ou contra coisa: o sujeito ativo é o trabalhador, que participa de movimento grevista e, para tanto, pratica violência. Nesse caso, exige-se que pelo menos 3 empregados estejam reunidos. Estamos diante de um crime *plurissubjetivo* (parágrafo único, art. 200).

Seja a greve legítima ou não, haverá crime (o legislador não diferenciou).

O legislador previu como único meio executório para o crime a prática de violência contra pessoa ou coisa. Se o agente delitivo valer-se da *grave ameaça, não estaremos diante do crime em tela, mas sim do art. 147 do CP.*

9.3.3.3. Elemento subjetivo do crime

É o dolo.

9.3.3.4. Consumação e tentativa

O crime em tela estará consumado no momento em que houver o emprego de violência durante o *lockout* ou a greve. Cabível a tentativa.

9.3.4. Paralisação de trabalho de interesse coletivo (art. 201, do CP)

9.3.4.1. Considerações iniciais

Trata-se de crime que não protege propriamente a organização do trabalho, mas sim o interesse coletivo voltado às obras públicas ou serviços públicos.

Há quem considere ter sido o crime do art. 201 do CP revogado pela Lei 7.783/1989, conhecida como "Lei de Greve", já que esta permite a greve mesmo de trabalhadores que atuem na prestação de serviços essenciais. Além disso, a CF, em seu art. 9º, não excepcionou o exercício do direito de greve nessas situações.

Todavia, para outra parte da doutrina, o crime permanece íntegro. Contudo, somente restará configurado quando a obra ou serviço de interesse público sejam essenciais para a preservação do interesse público.

9.3.4.2. Conduta típica

Consiste em *participar de suspensão ou abandono coletivo de trabalho, provocando a interrupção de obra pública ou serviço de interesse coletivo.*

Aqui, temos duas situações distintas:

✓ **participar de suspensão (*lockout*)**, provocando, com isso, a interrupção de obra pública ou serviço de interesse coletivo;

✓ **participar de abandono coletivo de trabalho (greve)**, provocando, igualmente, a interrupção de obra pública ou serviço de interesse coletivo.

9.3.4.3. Elemento subjetivo do crime

É o dolo.

9.3.4.4. Consumação e tentativa

O crime em tela estará consumado quando houver a efetiva interrupção da obra ou serviço de interesse público. Cabível a tentativa.

9.3.5. Frustração de lei sobre nacionalização do trabalho (art. 204, do CP)

9.3.5.1. Breves considerações

A doutrina mais abalizada entende que o art. 204 do CP *não foi recepcionado pela CF/1988*, na medida em que esta não faz diferenciação/discriminação entre brasileiros e estrangeiros para fim de preenchimento de postos de trabalho.

Todavia, à época em que o CP foi editado (1940), vigorava a CF/1937, que previa regra que *vedava a contratação de mais estrangeiros do que brasileiros nas empresas nacionais, o que foi repetido pela EC 1/1969*.

Porém, com a CF/1988, consagrou-se a *liberdade do exercício profissional* (art. 5º, XIII, CF). Assim, é inviável qualquer forma de discriminação, salvo quando a Lei Maior admitir.

Muito embora a CLT, em seus arts. 352 a 370, traga regras no sentido de ser garantido percentual de vagas para brasileiros, entende-se que não foram recepcionados pela Ordem Constitucional vigente.

9.3.6. Aliciamento para o fim de emigração (art. 206, do CP)

9.3.6.1. Considerações iniciais

Trata-se de crime cujo bem jurídico tutelado é o interesse do Estado em que permaneça no Brasil mão de obra, que, se levada para fora, poderá trazer danos à economia nacional.

9.3.6.2. Conduta típica

Consiste em *recrutar trabalhadores, mediante fraude, com o fim de levá-los para território estrangeiro*. Trata-se, pois, de conduta do agente que visa a atrair trabalhadores, com emprego de *fraude* (engodo/meios ardilosos), objetivando levá-los para fora do país.

Questões interessantes que se colocam são as seguintes:

1ª) **quantos trabalhadores devem ser aliciados para que o crime reste configurado?** R.: para Mirabete são exigidos pelo menos 3 trabalhadores. Já para Celso Delmanto, bastam 2 trabalhadores, tendo em vista que o tipo penal fala em "trabalhadores", no plural.

2ª) **qual o sentido da expressão "trabalhadores"?** R.: entende José Henrique Pierangelli que a expressão abrange não só os empregados, mas todos aqueles que desenvolvem *trabalhos lícitos*. Assim, se houver aliciamento de trabalhadores avulsos ou autônomos, estará configurado o crime.

9.3.6.3. Elemento subjetivo do crime

É o dolo. No entanto, exige-se um especial fim de agir, decorrente da expressão "com o fim de levá-los para território estrangeiro". Portanto, o crime estará configurado quando o agente agir com essa específica intenção. Caso contrário, o fato será atípico, por falta do elemento subjetivo do injusto ("dolo específico").

9.3.6.4. Consumação e tentativa

O crime em tela estará consumado quando houver o recrutamento fraudulento dos trabalhadores, ainda que, de fato, não saiam do território nacional. Estamos diante de um crime formal (não se exige o resultado).

Cabível a tentativa.

10. CRIMES CONTRA A FÉ PÚBLICA

10.1. Considerações gerais

O Capítulo III do Título X da Parte Especial do CP prevê os delitos de falsidade documental como espécies dos crimes contra a fé pública.

São chamados de *crimes de falso*, divididos em 2 categorias:

a) Falso material;

b) Falso moral (ou falsidade ideológica).

Em qualquer caso, o que se tutela é a fé pública, ou seja, a crença das pessoas na legitimidade dos documentos (públicos ou particulares).

10.2. Principais crimes contra a fé pública

10.2.1. Falsificação de documento público (art. 297, do CP)

10.2.1.1. Conduta típica

Consiste em *falsificar, no todo ou em parte, documento público, ou alterar documento público verdadeiro*.

Aqui, o legislador tutela a crença das pessoas quanto à legitimidade dos documentos públicos.

Duas são as condutas típicas possíveis:

a) falsificar, no todo ou em parte, documento público (contrafação);

b) alterar documento público verdadeiro (no todo ou em parte).

A primeira conduta típica pressupõe a formação total ou parcial de um documento público (contrafação). Assim, ou o agente cria um documento por inteiro, ou acresce dizeres, letras, símbolos ou números ao documento verdadeiro.

A segunda conduta típica pressupõe a existência prévia de um documento público verdadeiro, emanado de funcionário público competente. Contudo, o agente altera, modifica o conteúdo desse documento verdadeiro.

A título de exemplo:

i) (falsificar = contrafação): Gaio adquire uma máquina de xerox colorido de alta definição e passa a falsificar (criar, reproduzir enganosamente) carteiras de identidade (RG). Nesse caso, o RG é um documento público e a confecção deste configura o crime de falsificação de documento público, na modalidade "falsificar";

ii) (alterar = modificar): Gaio retira a fotografia de Tício de uma cédula de identidade (RG) e insere a sua. Nesse caso, ele modificou um documento público verdadeiro preexistente à sua conduta.

10.2.1.2. Conceito de documento público

Segundo a doutrina, *documento é toda peça escrita que condensa graficamente o pensamento de alguém, podendo provar um fato ou a realização de algum ato dotado de significação ou relevância jurídica.*

Para ser considerado "público", este documento deverá ser elaborado por um *funcionário público.*

Para configurar o crime de falsificação de documento público, a contrafação ou alteração deverá ser apta a iludir o homem médio. Se for grosseira, não há crime.

Se documento é uma "peça escrita", não configuram documento: escritos a lápis, pichação em muro, escritos em porta de ônibus, quadros ou pinturas, fotocópia não autenticada. É possível que uma tela seja documento, desde que haja algo escrito em vernáculo.

Os escritos apócrifos (anônimos) não são considerados documentos, por inexistir autoria certa.

10.2.1.3. Consumação e tentativa

Para que se atinja a consumação do crime em estudo, basta a mera falsificação ou alteração do documento público. Pouco importa se o documento falsificado ou alterado vem a ser utilizado.

Trata-se, pois, de *crime de perigo abstrato e formal.*

É possível a tentativa, tal como se vê, por exemplo, no caso de o agente ser surpreendido no momento em que começava a impressão de cédulas de identidade.

10.2.1.4. Materialidade delitiva

A comprovação do crime de falsificação de documento público, por deixar vestígios, exige a realização de exame de corpo de delito (art. 158 do CPP). Chama-se **exame documentoscópico.**

10.2.1.5. Tipo subjetivo

É o dolo.

10.2.2. Falsificação de documento particular (art. 298, do CP)

10.2.2.1. Conduta típica

Consiste em *falsificar, no todo ou em parte, documento particular ou alterar documento particular verdadeiro.*

Em que difere documento público do particular? R.: o documento particular é aquele que não é público ou equiparado a público. Em síntese, diferem um do outro pelo fato de o público emanar de funcionário público, enquanto que o particular, não.

São exemplos de documentos particulares: contrato de compra e venda por instrumento particular, nota fiscal, recibo de prestação de serviços etc.

Por desnecessidade de repetição, ficam reiteradas as demais considerações feitas no tocante ao crime anterior, com a diferença de o objeto material do presente delito ser, como dito, documento particular.

Lembre-se de que a falsificação, se grosseira, desnatura o crime, que pressupõe aptidão ilusória. Afinal, trata-se de crime contra a fé pública, que somente será posta em xeque se o documento falsificado for apto a enganar terceiros.

10.2.2.2. Consumação e tentativa

Idem quanto à falsificação de documento público.

10.2.2.3. Materialidade delitiva

Idem quanto à falsificação de documento público.

10.2.2.4. Tipo subjetivo

É o dolo.

10.2.3. Falsidade ideológica (art. 299, do CP)

10.2.3.1. Conduta típica

Consiste em *omitir, em documento público ou particular, declaração que dele devia constar, ou nele inserir ou fazer inserir declaração falsa ou diversa da que devia ser escrita, com o fim de prejudicar direito, criar obrigação ou alterar a verdade sobre fato juridicamente relevante.*

Na falsidade ideológica, como se vê acima, o documento (público ou particular) é materialmente verdadeiro, mas seu conteúdo é falso. Daí ser chamado de falsidade intelectual, falsidade moral ou ideal.

Quais são as condutas típicas?

a) *Omitir declaração que devia constar*: aqui, a conduta é omissiva. O agente deixa de inserir informação que devia constar no documento;

b) *Inserir declaração falsa ou diversa da que devia constar*: aqui, a conduta é comissiva;

c) *Fazer inserir declaração falsa ou diversa da que devia constar*: aqui, o agente vale-se de 3ª pessoa para incluir no documento informação falsa ou diversa da que devia constar.

Em qualquer caso, a falsidade deve ser idônea, capaz de enganar.

10.2.3.2. Tipo subjetivo

O crime é doloso. Contudo, o legislador disse: "... com o fim de prejudicar direito, criar obrigação ou alterar a verdade sobre fato juridicamente relevante". Trata-se de elemento subjetivo do tipo (dolo específico). Assim, não bastará o dolo, sendo indispensável a verificação do especial fim de agir do agente.

10.2.3.3. Consumação e tentativa

Consuma-se o crime com a simples omissão ou inserção direta (inserir) ou indireta (fazer inserir) da declaração falsa ou diversa da que devia constar, seja em documento público, seja em particular.

É possível tentativa nas modalidades inserir ou fazer inserir, visto que, na modalidade omitir, estaremos diante de crime omissivo próprio.

10.2.4. Uso de documento falso (art. 304, do CP)

10.2.4.1. Conduta típica

Consiste em *fazer uso de qualquer dos papéis falsificados ou alterados, a que se referem os arts. 297 a 302*. Aqui, o verbo-núcleo do tipo é "*fazer uso*", que significa usar, empregar, utilizar, aplicar.

Será objeto material do crime em análise qualquer dos papéis falsificados ou alterados previstos nos arts. 297 a 302 do CP.

São exemplos de prática do crime em comento:

a) uso de CNH falsa (documento público – art. 297);

b) uso de um instrumento particular de compra e venda falso (documento particular – art. 298);

c) uso de uma escritura pública que contenha uma declaração falsa (documento público com falsidade ideológica – art. 299);

d) uso de um atestado médico falso (falsidade de atestado médico – art. 302).

O tipo penal previsto no art. 304 do CP é chamado de *tipo remetido*. Isso porque o preceito primário da norma penal incriminadora será compreendido pela análise de outros tipos penais (... fazer uso de qualquer dos papéis dos *arts. 297 a 302*...).

O crime de uso de documento falso é comum, ou seja, qualquer pessoa pode praticá-lo.

10.2.4.2. Tipo subjetivo

É o dolo.

10.2.4.3. Consumação e tentativa

Estará consumado no momento do efetivo uso. Há quem admita que o *iter criminis* possa ser fracionado, pelo que seria possível a tentativa.

Ressalte-se que o crime é formal, ou seja, basta a realização da conduta típica, independentemente da produção de um resultado naturalístico (prejuízo para o Estado ou para terceiros).

10.2.4.4. Uso de documento falso e autodefesa

Questão muito discutida diz respeito à possibilidade – ou não – de o agente valer-se de um documento falso para ocultar seu passado criminoso, ou, então, para tentar "despistar" autoridades policiais acerca de mandados de prisão. Parcela da doutrina e jurisprudência argumenta que referido expediente usado por agentes delitivos é fato atípico, visto que tal conduta estaria circunscrita à autodefesa (não se poderia compelir o agente a exibir o documento verdadeiro e ser preso).

Porém, essa não é a posição mais atual da jurisprudência. Confira:

> **USO. DOCUMENTO FALSO. AUTODEFESA. IMPOSSIBILIDADE.** "A Turma, após recente modificação de seu entendimento, reiterou que a apresentação de documento de identidade falso no momento da prisão em flagrante caracteriza a conduta descrita no art. 304 do CP (uso de documento falso) e não constitui um mero exercício do direito de autodefesa". Precedentes citados STF: HC 103.314-MS, *DJe* 08.06.2011; HC 92.763-MS, *DJe* 25.04.2008; do STJ: HC 205.666-SP, *DJe* 08.09.2011. REsp 1.091.510-RS, Rel. Min. Maria Thereza de Assis Moura, julgado em 08.11.2011. (Inform. STJ 487)

Mutatis mutandis, aplicável a Súmula 522 do STJ: "A conduta de atribuir-se falsa identidade perante autoridade policial é típica, ainda que em situação de alegada autodefesa".

11. CRIMES CONTRA A ADMINISTRAÇÃO PÚBLICA (ARTS. 312 A 327, DO CP)

11.1. Considerações iniciais

O Capítulo I do Título XI da Parte Especial do CP regula os crimes praticados por funcionário público contra a administração em geral. Assim, será sujeito ativo de qualquer dos crimes previstos nos arts. 312 a 326 do CP o *funcionário público*.

Importante anotar que a doutrina cuidou de classificá-los em dois grupos:

a) crimes funcionais próprios (ou puros, ou propriamente ditos) – são aqueles em que, eliminada a condição de funcionário público do agente delitivo, inexistirá crime (atipicidade penal absoluta). É o que se verifica, por exemplo, com o crime de prevaricação (art. 319 do CP);

b) crimes funcionais impróprios (ou impuros, ou impropriamente ditos) – são aqueles que, eliminada a condição de funcionário público do agente delitivo, este responderá por outro crime (atipicidade penal relativa). É o que ocorre, por exemplo, com o crime de peculato (art. 312 do CP). Se o agente não for funcionário público e se apropriar de coisa alheia móvel particular que estiver em sua posse, responderá por apropriação indébita (art. 168 do CP) e, não, peculato (art. 312 do CP).

11.2. Conceito de funcionário público (art. 327, do CP)

De acordo com o art. 327 do CP, "considera-se funcionário público, para efeitos penais, quem, embora transitoriamente ou sem remuneração, exerce cargo, emprego ou função pública".

Assim, de acordo com o *caput* do precitado dispositivo legal, é funcionário público aquele que exerce, embora transitoriamente ou sem remuneração:

a) Cargo público: é aquele criado por lei, em número determinado, com especificação certa, pago pelos cofres públicos (ex.: juiz, promotor, oficial de justiça, delegado de polícia ...);

b) Emprego público: pressupõe vínculo celetista (CLT) com a Administração Pública (ex.: guarda patrimonial de repartições públicas);

c) Função pública: conjunto de atribuições que a Administração Pública confere a cada categoria profissional (ex.: jurados, mesários eleitorais ...).

11.2.1. Conceito de funcionário público por equiparação

Preconiza o art. 327, § 1º, do CP: "equipara-se a funcionário público quem exerce cargo, emprego ou função em entidade paraestatal, e quem trabalha para empresa prestadora de serviço contratada ou conveniada para a execução de atividade típica da Administração Pública".

Equipara-se, pois, a funcionário público:

a) Quem exerce cargo, emprego ou função em **entidade paraestatal** (empresas públicas, sociedades de economia mista, fundações e os serviços autônomos – pessoas jurídicas de direito privado);

b) Quem trabalha para empresa **prestadora de serviço contratada ou conveniada** para a execução de **atividade típica da Administração Pública** (ex.: empresas de telefonia, transporte público, saúde, iluminação pública ...).

Será que médico conveniado pelo SUS, ainda que em hospital particular, é considerado funcionário público? Confira-se:

Médico conveniado pelo SUS e equiparação a funcionário público

"Considera-se funcionário público, para fins penais, o médico particular em atendimento pelo Sistema Único de Saúde – SUS, antes mesmo da alteração normativa que explicitamente fizera tal equiparação por exercer atividade típica da Administração Pública (CP, art. 327, § 1º, introduzido pela Lei 9.983/2000). Essa a orientação da 2ª Turma ao, por maioria, negar provimento a recurso ordinário em *habeas corpus* interposto por profissional de saúde condenado pela prática do delito de concussão (CP, art. 316). Na espécie, o recorrente, em período anterior à vigência da Lei 9.983/2000, exigira, para si, vantagem pessoal a fim de que a vítima não aguardasse procedimento de urgência na fila do SUS. A defesa postulava a atipicidade da conduta. Prevaleceu o voto do Min. Ayres Britto, relator, que propusera novo equacionamento para solução do caso, não só a partir do conceito de funcionário público constante do art. 327, *caput*, do CP, como também do entendimento de que os serviços de saúde, conquanto prestados pela iniciativa privada, consubstanciar-se-iam em atividade de relevância pública (CF, artigos 6º, 197 e 198). Asseverou que o hospital ou profissional particular que, mediante convênio, realizasse atendimento pelo SUS, equiparar-se-ia a funcionário público, cujo conceito, para fins penais, seria alargado. Reputou, dessa forma, não importar a época do crime em comento. Vencido o Min. Celso de Mello, que provia o recurso, ao fundamento da irretroatividade da *lex gravior*, porquanto a tipificação do mencionado crime, para aqueles em exercício de função delegada da Administração, somente teria ocorrido a partir da Lei 9.983/2000." RHC 90523/ES, rel. Min. Ayres Britto, 19.04.2011. (RHC-90523) (Inform. STF 624)

11.3. Dos crimes em espécie contra a Administração Pública

11.3.1. Peculato (art. 312, do CP)

11.3.1.1. Conduta típica

Consiste em *apropriar-se o funcionário público de dinheiro, valor ou qualquer outro bem móvel, público ou particular, de que tem a posse em razão do cargo, ou desviá-lo, em proveito próprio ou alheio.*

11.3.1.2. Espécies de peculato (art. 312, caput e §§ 1º e 2º, do CP)

✓ **Peculato-apropriação**: "*apropriar-se* o funcionário público...";

✓ **Peculato-desvio**: "... ou *desviá-lo*, em proveito próprio ou alheio ...";

✓ **Peculato-furto**: "subtrair ou concorrer para que terceiro subtraia ...";

✓ **Peculato culposo**: "se o funcionário concorre culposamente para o crime de outrem".

As duas primeiras espécies são denominadas de **peculato próprio**. Já o peculato-furto é chamado de **peculato impróprio**.

Apropriar-se significa "fazer sua a coisa de outra pessoa", invertendo o ânimo sobre o objeto. Nessa espécie de peculato próprio, o funcionário público tem a **posse** (ou mera detenção) do bem. Porém, passa a agir como se a coisa fosse sua (*animus domini*). Trata-se de verdadeira apropriação indébita, porém cometida por um funcionário público.

A referida posse deve ser em **razão do cargo**, obtida de forma lícita. Ex.: *apreensão de produtos objeto de contrabando. O policial condutor das mercadorias tem a detenção lícita destas, já que as apreendeu legalmente. Se, em dado momento, apropriar-se de um rádio, por exemplo, invertendo o ânimo sobre a coisa, pratica o crime de peculato-apropriação.*

Desviar significa empregar a coisa de forma diversa à sua destinação original. Assim, o funcionário, embora sem o ânimo de ter a coisa como sua (*animus domini*), emprega-a em destino diverso àquele que se propõe.

O art. 312, § 1º, CP, que trata do denominado **peculato-furto**, também denominado de **peculato impróprio,** assim prevê: "aplica-se a mesma pena, se o funcionário público, embora não tendo a posse do dinheiro, valor ou bem, o subtrai, ou concorre para que seja subtraído, em proveito próprio ou alheio, valendo-se de facilidade que lhe proporciona a qualidade de funcionário".

Aqui, o funcionário não tem sequer a posse ou detenção do dinheiro, valor ou bem móvel público ou particular. Deverá, porém, valer-se de alguma facilidade em virtude do cargo.

Duas são as condutas típicas com relação ao peculato-furto:

a) subtrair; ou

b) concorrer para que terceiro subtraia. Nesse caso, exige-se um *concurso necessário de pessoas.*

Por fim, no tocante ao peculato culposo, previsto no art. 312, § 2º, do CP, temos o seguinte: "se o funcionário concorre culposamente para o crime de outrem".

Assim, pressupõe o crime em questão:

a) Conduta culposa do funcionário público (imprudência, negligência ou imperícia);

b) Que terceiro pratique um crime doloso aproveitando-se da facilidade culposamente provocada pelo funcionário público.

11.3.1.3. Objeto material das espécies de peculato doloso (art. 312, caput e § 1º, do CP)

a) dinheiro: é o papel-moeda ou a moeda metálica de curso legal no país;

b) valor: é o título representativo de dinheiro ou mercadoria (ações, letras ...);

c) ou qualquer outro bem móvel, público ou particular: nesse caso, a lei tutela não só os bens móveis públicos, mas também aqueles pertencentes aos particulares, mas que estejam sob a custódia da Administração (ex.: veículo furtado apreendido em uma Delegacia de Polícia).

11.3.1.4. *Reparação do dano no peculato culposo (art. 312, § 3º, do CP)*

No caso do peculato culposo, a reparação do dano, se **precede à sentença irrecorrível, extingue a punibilidade**; se lhe é **posterior, reduz de metade a pena** imposta.

Haverá, portanto, reparação do dano quando o agente que praticou peculato culposo devolver o bem ou ressarcir integralmente o prejuízo suportado pela Administração Pública.

Inaplicável essa benesse a qualquer das espécies de peculato doloso (apropriação, desvio ou furto). No entanto, cabível será o arrependimento posterior, desde que preenchidos os requisitos do art. 16 do CP.

11.4. Peculato mediante erro de outrem (art. 313 do CP)

11.4.1. Conduta típica

Também chamado de **peculato-estelionato**, o crime em questão resta configurado quando o agente, no exercício de suas atividades, recebe dinheiro ou qualquer outra utilidade que lhe é entregue por **erro da vítima**, apropriando-se, ato seguinte, do numerário ou bem.

Trata-se de crime bastante semelhante ao estelionato, na medida em que o funcionário público, percebendo o erro espontâneo em que incidiu a vítima, aproveita-se de tal circunstância para, após receber dinheiro ou outra utilidade, deste apropriar-se.

Importa registrar que referido erro não pode ter sido provocado pelo agente, devendo, como dito, ser espontâneo, sob pena de restar caracterizado o crime de estelionato (art. 171 do CP).

11.4.2. Tipo subjetivo

É o **dolo**, ou seja, a vontade livre e consciente do agente de apropriar-se de dinheiro ou qualquer outra utilidade recebida da vítima, por erro desta.

11.4.3. Objeto jurídico

O bem jurídico tutelado pelo crime em comento é a moralidade da Administração Pública e, indiretamente, o patrimônio público ou particular.

11.4.4. Sujeitos do crime

Por evidente, o sujeito ativo do crime é o **funcionário público**, tratando-se, pois, de **crime próprio**.

Já o sujeito passivo pode ser o próprio **Estado** ou a **pessoa diretamente lesada** pela conduta praticada pelo agente.

11.4.5. Consumação e tentativa

Considerando a conduta nuclear (apropriar-se), o momento consumativo corresponde àquele em que o agente passar a comportar-se como se **dono** fosse do dinheiro ou utilidade recebida da vítima (*animus rem sibi habendi*), à semelhança da apropriação indébita.

É admissível a tentativa, visto tratar-se de crime plurissubsistente.

11.5. Inserção de dados falsos em sistema de informações (art. 313-A do CP)

11.5.1. Conduta típica

O crime em comento restará caracterizado quando o agente:

a) Inserir ou facilitar a inserção de dados falsos nos sistemas informatizados ou bancos de dados da Administração Pública;
b) Alterar ou excluir indevidamente dados corretos nos sistemas informatizados ou bancos de dados da Administração Pública.

No primeiro caso, o próprio agente fará a **inserção** dos dados falsos no sistema informatizado ou banco de dados da Administração, ou facilitará que terceira pessoa o faça. Portanto, a inserção poderá ser direta (pelo próprio agente) ou indireta (mediante a facilitação para que terceiro proceda à inserção).

No segundo caso, diferentemente do primeiro, inexistirá inclusão de dados falsos, mas, sim, a **alteração** ou **exclusão indevida** de dados corretos constantes dos sistemas informatizados ou bancos de dados da Administração.

Considerando que as condutas típicas recaem sobre dados em sistemas informatizados ou bancos de dados, convencionou-se denominar o crime em tela de **peculato eletrônico**.

11.5.2. Sujeitos do crime

O sujeito ativo deve ser o funcionário público autorizado a manejar os sistemas informatizados ou bancos de dados da Administração Pública. Estamos, aqui, diante de **crime próprio**.

Por evidente, o sujeito passivo do crime é o Estado, bem assim as pessoas diretamente lesadas com a inserção de dados falsos ou a indevida alteração ou exclusão de dados verdadeiros.

11.5.3. Tipo subjetivo

É o **dolo**, ou seja, a vontade livre e consciente do agente em realizar uma das ações nucleares (verbos do tipo). Porém, além do dolo, exige-se uma **finalidade específica** por parte do sujeito ativo, qual seja, a de obter, para si ou para outrem, vantagem indevida, ou causar dano.

Considerando-se a necessidade de um especial fim de agir do agente, deverá restar demonstrado o elemento subjetivo do tipo (ou elemento subjetivo do injusto), sob pena de atipicidade da conduta.

11.5.4. Consumação e tentativa

Tratando-se de crime **formal**, bastará que o agente pratique a conduta típica, a despeito de não se verificar a obtenção de vantagem indevida ou causação de dano a terceiro.

Entende-se ser admissível a tentativa.

11.6. Modificação ou alteração não autorizada de sistema de informações (art. 313-B do CP)

11.6.1. Conduta típica

Diferentemente do crime anteriormente estudado, cuja tutela recai sobre os **dados** em sistemas informatizados ou bancos de dados da Administração, o crime do art. 313-B do CP, procura resguardar o próprio **sistema informatizado** ou o **programa de informática**.

Restará caracterizado o delito em questão quando o agente:

a) Modificar; ou

b) Alterar o sistema de informações ou programa de informática.

Destarte, o agente modificará, como dito anteriormente, o próprio *software* e não os dados nele inseridos.

11.6.2. *Objeto jurídico*

O crime em análise tem por objetividade jurídica a proteção e a segurança dos sistemas de informações e programas de informática da Administração Pública.

11.6.3. *Sujeitos do crime*

O sujeito ativo é o funcionário público, assim considerada a definição prevista no art. 327, *caput* e § 1º, do CP. Diferentemente do crime anterior (art. 313-A), não se exige que o agente seja o funcionário autorizado a operar o sistema informatizado e o banco de dados. Logo, poderá cometer o crime em testilha **qualquer funcionário público**, autorizado ou não a ter acesso aos *softwares* da Administração. Trata-se, é bom que se diga, de **crime próprio**.

O sujeito passivo direto ou imediato é a Administração Pública, podendo, mediatamente, o particular ser vítima, desde que a modificação ou alteração do sistema ou programa de informática lhe acarrete algum prejuízo.

11.6.4. *Tipo subjetivo*

É o **dolo**, ou seja, a vontade livre e consciente do agente em modificar ou alterar o sistema de informações ou o programa de informática, desde que não tenha autorização para tanto.

Diferentemente do crime anterior (art. 313-A), que exige um especial fim de agir (finalidade de obtenção de vantagem indevida ou causação de dano), aqui bastará o dolo, **inexistindo**, pois, elemento subjetivo do tipo.

11.6.5. *Consumação e tentativa*

Atinge-se a **consumação** do crime em comento quando o agente logra êxito em modificar ou alterar o sistema de informações ou programa de informática. Cabível a **tentativa** se, iniciada a alteração ou modificação, o agente não atingir seu intento por circunstâncias alheias à sua vontade.

11.7. Extravio, sonegação ou inutilização de livro ou documento (art. 314 do CP)

11.7.1. *Conduta típica*

O tipo objetivo se traduz pela prática de um ou mais dos seguintes verbos:

a) Extraviar;

b) Sonegar; ou

c) Inutilizar.

Destarte, restará caracterizado o crime quando o agente **extraviar** (fazer desaparecer), **sonegar** (deixar de apresentar) ou **inutilizar** (tornar inútil, imprestável) um livro oficial ou qualquer documento que esteja sob a guarda da Administração Pública.

11.7.2. *Tipo subjetivo*

É o **dolo**, ou seja, a vontade livre e consciente do agente em extraviar, sonegar ou inutilizar livro ou documento que esteja sob sua guarda em razão do cargo.

A falta de zelo do agente com livros oficiais ou documentos sob a guarda da Administração Pública poderá caracterizar infração funcional, mas, não, crime. Afinal, **inadmissível** a **forma culposa**.

11.7.3. *Sujeitos do crime*

O sujeito ativo é o funcionário público responsável pela **guarda** do livro oficial ou documento.

O sujeito passivo direto ou imediato é o Estado e, indiretamente, o particular cujo documento estivesse sob a guarda da Administração Pública.

11.7.4. *Consumação e tentativa*

Nas modalidades "extraviar" e "inutilizar", o crime, considerado permanente, consuma-se com o efetivo extravio ou inutilização do livro oficial ou documento. Tratam-se de formas **comissivas**.

Já na modalidade "sonegar", considerada **omissiva**, visto que o agente deixa de apresentar o livro oficial ou documento quando lhe for requisitado ou solicitado, o crime se consuma quando o agente, intencionalmente, deixa de fazer a entrega ou exibição do objeto material.

Admissível a **tentativa** apenas nas **formas comissivas** (lembre-se que os crimes omissivos próprios ou puros não admitem tentativa!).

11.8. Emprego irregular de verbas ou rendas públicas (art. 315, do CP)

11.8.1. *Conduta típica*

Consiste em *dar às verbas ou rendas públicas aplicação diversa da estabelecida em lei*. Trata-se, portanto, de norma penal em branco (em sentido homogêneo), visto que, para a tipificação do delito, é indispensável que se verifique o conteúdo da lei (orçamentária ou especial). Assim, basta o emprego irregular das verbas ou rendas públicas, o que implica a alteração do destino preestabelecido na lei orçamentária ou qualquer outra lei especial.

O **objeto material** do crime em comento poderá ser:

a) Verba pública: fundos com destinação específica detalhada em lei orçamentária para atendimento de obras e/ou serviços públicos ou de utilidade pública;

b) Renda pública: receitas obtidas pela Fazenda Pública, independentemente da sua origem.

11.8.2. *Tipo subjetivo*

Aqui, é suficiente o *dolo*, ou seja, a vontade livre e consciente do agente (funcionário público) de dar destino diverso do prescrito em lei às verbas ou rendas públicas.

11.8.3. Consumação e tentativa

Consuma-se o crime no momento em que as verbas ou rendas públicas receberem destinação diversa daquela estabelecida em lei. Admissível, em tese, a tentativa, caso o agente não consiga empregá-las de forma diversa da determinada em lei.

11.9. Concussão (art. 316, do CP)

11.9.1. Conduta típica

Consiste em *exigir, para si ou para outrem, direta ou indiretamente, ainda que fora da função ou antes de assumi-la, mas em razão dela, vantagem indevida.*

Assim, a conduta nuclear é *exigir*, que significa ordenar, impor como obrigação. O funcionário público *ordena, para si ou para outrem*, de maneira *direta* (sem rodeios, face a face) ou *indireta* (disfarçadamente ou por interposta pessoa), que lhe seja entregue *vantagem indevida* (qualquer lucro, ganho, privilégio contrário ao direito).

Ao que se vê da descrição típica, essa vantagem pode ser exigida **fora da função**, ou mesmo **antes de assumi-la**, mas, sempre, **em razão dela** (o funcionário se prevalece da função).

A exigência não precisa, necessariamente, ser feita mediante ameaça. Basta que o sujeito passivo sinta-se atemorizado em virtude da própria função pública exercida pela autoridade (sujeito ativo), temendo represálias. É o que a doutrina chama de *metus publicae potestatis* (medo do poder exercido pelo funcionário público).

A mera insinuação do funcionário público em obter a vantagem indevida pode descaracterizar o crime, desde que a exigência não se faça de forma implícita.

Ainda, de acordo com a redação do *caput* do art. 316, a exigência pelo sujeito ativo poderá ocorrer mesmo que não esteja no exercício da função (ex.: férias, licença-prêmio, afastamento ...). Porém, é imprescindível que a exigência seja feita em razão da função exercida pela autoridade.

11.9.2. Tipo subjetivo

É o dolo.

11.9.3. Consumação e tentativa

O crime de concussão estará consumado no momento em que a **exigência é feita.** É certo que a vítima deverá tomar conhecimento da exigência, seja por escrito, oralmente ou qualquer meio de comunicação. Se por escrito, caberá tentativa, caso ela não chegue ao destinatário por circunstâncias alheias à vontade do agente (se unissubsistente, será impossível o *conatus*).

Com isso, não é necessário que a vantagem exigida seja efetivamente recebida pelo funcionário público. Porém, se ocorrer, ter-se-á exaurido a concussão.

Trata-se, portanto, de **crime formal** ou de consumação antecipada

11.10. Excesso de exação (art. 316, § 1º, do CP)

11.10.1. Conduta típica

Verificar-se-á quando *o funcionário público exigir tributo ou contribuição social que sabe ou deveria saber indevido, ou, quando devido, empregar na cobrança meio vexatório ou gravoso, que a lei não autoriza.*

A conduta nuclear é a mesma da concussão: *exigir*. Todavia, aqui, a lei pune o funcionário que se **exceder na cobrança de uma exação** (dívida ou imposto). A norma penal fala em "tributo", abarcando os impostos, taxas e contribuição de melhoria, bem como a contribuição social e os empréstimos compulsórios (arts. 148 e 149 da CF).

Duas são as formas de cometimento do crime em questão:

a) Exigir tributo ou contribuição indevida – nesse caso, o sujeito passivo não está obrigado a recolhê-los, seja porque já pagou, ou porque a lei não exige, ou o valor cobrado é superior ao devido;

b) Emprego de meio vexatório ou gravoso na cobrança de tributo ou contribuição – nesse caso, o tributo ou contribuição são devidos. Contudo, o funcionário se vale de meios humilhantes ou muito onerosos para a cobrança da exação. É o que se chama de **exação fiscal vexatória.**

Importante anotar que se o agente for funcionário público da administração fazendária (ligada ao Fisco), restará caracterizado crime da lei especial (art. 3º da Lei 8.137/1990).

11.10.2. Tipo subjetivo

Em qualquer caso, exige-se o **dolo** (direto ou eventual), decorrente da expressão "que sabe ou deveria saber indevido ...".

11.10.3. Consumação e tentativa

Idem à concussão.

11.11 Corrupção passiva (art. 317, do CP)

11.11.1. Conduta típica

Consiste em *solicitar ou receber, para si ou para outrem, direta ou indiretamente, ainda que fora da função ou antes de assumi-la, mas em razão dela, vantagem indevida, ou aceitar promessa de tal vantagem.*

Três são, portanto, as ações nucleares:

a) *solicitar* = pedir, explícita ou implicitamente, requerer;

b) *receber* = obter, aceitar em pagamento;

c) *aceitar* = anuir, consentir em receber dádiva futura.

O **objeto material** da corrupção passiva é a **vantagem indevida** ou a **promessa** de *vantagem indevida*, que corresponde ao elemento normativo do tipo. Assim, o agente (funcionário público) *solicita, recebe* ou *aceita a promessa* de uma *vantagem indevida*, que pode ter *natureza econômica, patrimonial* ou até *moral*, desde que seja, repita-se, indevida, vale dizer, contrária ao direito ou mesmo aos bons costumes.

O funcionário público corrupto irá solicitar, receber ou aceitar a promessa de vantagem indevida para **praticar, deixar de praticar ou retardar um ato de ofício** contrariamente à lei. Literalmente, irá "vender" sua atuação, seja esta devida ou indevida.

Quando do julgamento da AP 470 pelo STF, conhecida como **"ação penal do mensalão"**, referida Corte decidiu que o Ministério Público não precisará demonstrar ou identificar exatamente qual o "**ato de ofício**" (*assim considerado aquele que é de competência ou atribuição do funcionário público*) que seria omitido, retardado ou praticado irregularmente pelo acusado, bastando a demonstração de que, valendo-se da condição de funcionário, solicitou, recebeu ou aceitou promessa de vantagem indevida.

Só se fala em corrupção passiva se o funcionário público supostamente corrupto puder realizar determinado ato que seja de sua **competência**. Assim, a título de exemplo, se o diretor de presídio solicita dinheiro a um detento para conceder-lhe graça (indulto individual), ou anistia, e efetivamente recebe o montante, pratica corrupção? R.: não, visto que a concessão da graça é de competência do Presidente da República e a anistia depende da edição de lei federal. O diretor, no caso, não responderia por corrupção passiva, mas, certamente, por improbidade administrativa (Lei 8.429/1992).

Dependendo do momento em que a vantagem for entregue ao funcionário público, será considerada **antecedente** ou **subsequente**. Assim, se o funcionário público *receber a vantagem antes da ação ou omissão funcional*, teremos a *corrupção antecedente*. Já se o *recebimento da vantagem for após o ato funcional*, haverá a *corrupção subsequente*.

11.11.2. Tipo subjetivo

É o dolo.

11.11.3. Consumação e tentativa

O crime em estudo é **formal**, consumando-se quando a solicitação chega ao conhecimento de terceira pessoa ou quando há o recebimento ou a aceitação de promessa de uma vantagem indevida.

Destarte, não se exige que o agente, de fato, pratique, deixe de praticar ou retarde a prática de ato de ofício, sendo bastante, por exemplo, a mera solicitação da vantagem, já restando consumado o ilícito.

11.11.4. Corrupção passiva agravada (art. 317, § 1º, do CP)

A pena é aumentada de **um terço** se, em consequência da vantagem ou promessa, o funcionário retarda ou deixa de praticar qualquer ato de ofício ou o pratica infringindo dever funcional.

Em se tratando de crime formal, pouco importa, a princípio, que o agente, após receber a vantagem indevida ou a promessa de seu recebimento, pratique ou deixe de praticar ato funcional concernente a suas funções. Contudo, o legislador, aqui, pune mais severamente o *exaurimento da corrupção*.

11.11.5. Corrupção passiva privilegiada (art. 317, § 2º, do CP)

Restará configurada se o funcionário praticar, deixar de praticar ou retardar ato de ofício, com infração de dever funcional, **cedendo a pedido ou influência de outrem.**

Aqui, o agente não "vende" um ato funcional, não recebendo vantagem indevida. Na verdade, simplesmente atende a pedido de terceira pessoa.

11.12. Facilitação de contrabando ou descaminho (art. 318 do CP)

11.12.1. Conduta típica

O crime em comento restará caracterizado quando o agente **facilitar**, com a infração de dever funcional, a prática do contrabando ou descaminho.

A **facilitação** poderá decorrer de **ato comissivo** (ex.: o funcionário indica ao contrabandista uma rota sem fiscalização por autoridades alfandegárias) ou **omissivo** do funcionário (ex.: sabedor da existência de produtos contrabandeados na mala de um passageiro, o funcionário da Receita Federal o libera).

Importante registrar que com o advento da Lei 13.008, de 26.06.2014, alterou-se a redação original do art. 334 do CP, que tratava, simultaneamente, dos crimes de contrabando e descaminho, tipificando-os, adequadamente, em dois tipos penais autônomos.

Destarte, o delito de descaminho vem tratado no art. 334 do referido diploma legal, caracterizado pelo fato de o agente iludir, no todo ou em parte, o pagamento de direito ou imposto devido pela entrada, pela saída ou pelo consumo de mercadoria (trata-se de inegável crime contra a ordem tributária). Já o art. 334-A, também do Código Penal, tratando do crime de contrabando, enuncia que será responsabilizado aquele que importar ou exportar mercadoria proibida.

Perceba o candidato que não se confunde a facilitação de contrabando ou descaminho (art. 318 do CP), ora estudada, com os crimes de contrabando (art. 334-A do CP) e descaminho (art. 334 do CP). Naquele, o funcionário público incumbido de reprimir a prática do contrabando ou descaminho, facilita o seu cometimento, tratando-se de crime funcional (ou seja, praticado por funcionário público contra a Administração Pública); já nestes últimos, os agentes praticarão as condutas previstas nos já citados arts. 334 e 334-A, tratando-se de crimes cometidos por particulares contra a Administração Pública.

11.12.2. Objeto jurídico

Tutela-se a Administração Pública, seja para reprimir o contrabando ou o descaminho.

11.12.3. Tipo subjetivo

É o dolo, ou seja, a vontade livre e consciente do agente em facilitar, de forma positiva ou negativa, o contrabando ou descaminho.

11.12.4. Diferença entre contrabando e descaminho

Primeiramente, importa registrar que não são palavras sinônimas, como muitos poderiam pensar. Considera-se **contrabando** a importação ou exportação de produtos ou mercadorias proibidas, ao passo que o **descaminho** diz respeito a qualquer fraude capaz de iludir, total ou parcialmente, o Fisco, que deve arrecadar impostos de importação, exportação e consumo.

11.12.5. Sujeitos do crime

O sujeito ativo é o funcionário público incumbido de reprimir a prática do contrabando ou descaminho. É o caso, por exemplo, de funcionários da alfândega e da Polícia Federal em zonas de fronteira e aeroportos.

O sujeito passivo é o Estado.

11.12.6. Consumação e tentativa

O crime restará consumado quando o agente, efetivamente, facilitar, com infração a seu dever funcional, o contrabando ou descaminho.

Trata-se de **crime formal**, vale dizer, pouco importa para a consumação se o contrabando ou descaminho se efetivaram de fato.

Admissível a **tentativa** apenas se a facilitação se der por forma **comissiva.**

11.13. Prevaricação (art. 319, do CP)

11.13.1. Conduta típica

Consiste em *retardar ou deixar de praticar, indevidamente, ato de ofício, ou praticá-lo contra disposição expressa de lei, para satisfazer interesse ou sentimento pessoal.*

Assim, as condutas típicas possíveis são:

a) retardar: o funcionário não realiza o ato inerente a sua função no prazo legalmente estabelecido, ou deixa fluir prazo relevante para fazê-lo;

b) deixar de praticar: é a inércia do funcionário em praticar ato de ofício;

c) praticar ato de ofício contra disposição expressa de lei: aqui o agente pratica ato de ofício, porém, em sentido contrário àquilo que a lei prescreve.

O retardamento ou a não prática do ato funcional deverão ser **indevidos**, ou seja, não permitidos por lei. O crime em tela também poderá ocorrer quando o agente, embora não retarde e não deixe de praticar ato de ofício, faça-o *contra disposição expressa de lei.* Ou seja, o funcionário praticará um ato contrário aos seus deveres funcionais, em discordância com a lei.

11.13.2. Tipo subjetivo

O tipo exige, além do dolo, o elemento subjetivo do tipo (ou do injusto), qual seja, "para satisfazer interesse ou sentimento pessoal". Em qualquer das ações nucleares, o agente atua não para auferir uma vantagem indevida, mas por razões íntimas. É a chamada *autocorrupção.*

11.13.3. Consumação e tentativa

O crime se consuma no momento em que o funcionário público retardar, deixar de praticar ou praticar o ato de ofício contra disposição expressa da lei. Pouco importa se o agente alcança o que pretende, vale dizer, a satisfação de seu interesse ou sentimento pessoal.

Admissível a tentativa na forma comissiva (ação) do crime, correspondente à conduta de praticar ato de ofício contra disposição expressa da lei. Nas demais modalidades (retardar e deixar de praticar), que se traduzem em omissão, impossível o *conatus.*

11.13.4. Distinção com a corrupção passiva privilegiada

Embora a prevaricação (art. 319, CP) seja bastante semelhante à corrupção passiva privilegiada (art. 317, § 2º, CP), ambas não se confundem. Naquela, o agente pretende alcançar um interesse ou um sentimento pessoal (ex.: por amizade, o funcionário público deixa de praticar um ato de ofício); nesta, o agente simplesmente cede a influência ou pedido de outrem (ex: um Delegado de Polícia deixa de lavrar auto de prisão em flagrante contra o filho de um Promotor de Justiça após receber telefonema deste, que lhe pede que não prenda o rapaz, que ainda tem "futuro" pela frente. De fato, são situações (tipos penais) semelhantes, mas, frise-se, na prevaricação, o agente pratica, deixa de praticar ou retarda a prática de um ato de ofício em razão de amizade, raiva ou pena, por exemplo, ao passo que na corrupção passiva privilegiada, independentemente de qualquer interesse ou sentimento pessoal, simplesmente cede a influência ou pedido de outrem, demonstrando ser um "fraco" (além de corrupto, claro!).

11.13.5. Causa de aumento de pena

Para os crimes contra a Administração Pública praticados por funcionários públicos, a pena será aumentada da **terça parte** quando os autores forem ocupantes de **cargos em comissão** ou de função de **direção ou assessoramento** de órgão da administração direta, sociedade de economia mista, empresa pública ou fundação instituída pelo poder público (art. 327, § 2º, CP).

11.14. Prevaricação imprópria (art. 319-A do CP)

11.14.1. Conduta típica

Inserida no CP pela Lei 11.466/2007, a figura típica constante no art. 319-A do CP, vem sendo denominada pela doutrina de *prevaricação imprópria*, muito embora não tenha recebido *nomen juris.*

Restará caracterizada quando o agente (Diretor de Penitenciária e/ou agente público) **deixar** de cumprir seu dever de **vedar** ao preso o acesso:

a) a aparelho telefônico;

b) rádio; ou

c) similar.

Referidos equipamentos devem ser capazes de permitir a comunicação do preso com outros presos ou com o ambiente externo.

A título de observação, estamos diante de crime de **menor potencial ofensivo**, considerando que a pena varia de 3 (três) meses a 1 (um) ano de detenção.

11.14.2. Tipo subjetivo

É o **dolo,** inexistindo qualquer especial fim de agir por parte do agente. Porém, caso o agente deixe de vedar ao preso o acesso a aparelho de comunicação, recebendo, para tanto, vantagem indevida, responderá, por especialidade, pelo crime de corrupção passiva.

11.14.3. Sujeitos do crime

O sujeito ativo é o Diretor do estabelecimento penal ou qualquer outro agente que tenha o **dever de impedir** o acesso dos detentos a aparelhos de comunicação.

O sujeito passivo é o Estado.

11.14.4. Consumação e tentativa

Trata-se de **crime omissivo próprio ou puro**, consumando-se quando o agente, tendo o dever de impedir o acesso, pelo preso, a aparelhos de comunicação, rádio ou similar, não o faz.

Por se tratar de crime omisso próprio, **inadmissível a tentativa**.

Caso o agente (sujeito ativo) introduza o aparelho no sistema carcerário, responderá pelo crime do art. 349-A do CP.

11.15. Condescendência criminosa (art. 320 do CP)

11.15.1. Conduta típica

O crime em questão restará caracterizado de duas formas:

a) se o funcionário, por indulgência, **deixar de responsabilizar** subordinado que tenha cometido infração no exercício do cargo; ou

b) se o superior hierárquico, não tendo competência para punir o subordinado faltoso, **deixar de levar o fato ao conhecimento da autoridade competente**.

Perceba que o sujeito ativo deverá deixar de responsabilizar o subordinado, ou de levar o fato ao conhecimento da autoridade competente, por **indulgência**, vale dizer, por clemência ou tolerância indevida. Em suma, o superior hierárquico será condescendente com a infração cometida pelo subordinado. Daí o *nomem juris* do crime em estudo.

11.15.2. Tipo subjetivo

É o **dolo**, ou seja, a vontade livre e consciente do agente em deixar de responsabilizar o subordinado pela infração cometida no exercício do cargo, ou, faltando-lhe competência para tanto, deixar de comunicar o fato à autoridade competente.

Inadmissível a forma culposa.

Se a indulgência do superior hierárquico tiver algum **motivo específico**, como, por exemplo, a intensa amizade com o subordinado, poderá caracterizar-se o crime de prevaricação (art. 319 do CP), ou se o fizer em razão do recebimento de vantagem indevida, caracterizar-se-á corrupção passiva.

11.15.3. Sujeitos do crime

O sujeito ativo é o **funcionário público hierarquicamente superior** àquele que haja praticado a infração no exercício do cargo.

O sujeito passivo, por evidente, é o Estado.

11.15.4. Qual o tipo de infração penal deve ter sido cometida pelo subordinado?

Considerando que o tipo penal não fez qualquer distinção, limitando-se a falar em "infração", restam abrangidas as infrações administrativas ou penais cometidas pelo subordinado.

11.15.5. Consumação e tentativa

Tratando-se de **crime omissivo próprio ou puro**, o crime atingirá seu momento consumativo quando o superior hierárquico, depois de tomar conhecimento da infração cometida pelo subordinado, deixar de responsabilizá-lo ou de comunicar a autoridade competente para fazê-lo. Sustenta-se que a comunicação deve ser feita imediatamente.

Por estarmos diante de crime omissivo, **inadmissível a tentativa.**

11.16. Advocacia administrativa (art. 321 do CP)

11.16.1. Conduta típica

Caracteriza-se o crime em comento quando o agente **patrocinar**, direta ou indiretamente, **interesse privado** perante a Administração Pública, **valendo-se da qualidade de funcionário**.

Deve-se entender por "patrocinar" a conduta do agente de defender, postular ou advogar (aqui, não no sentido de "advocacia") interesses particulares (leia-se: interesses alheios) perante a Administração, valendo-se, para tanto, de sua qualidade de funcionário.

Assim, o agente, em razão de sua qualidade, utilizará da amizade ou de seu prestígio perante companheiros de trabalho ou outros funcionários para defender interesses alheios privados, sejam estes **legítimos ou ilegítimos**.

Perceba que o tipo penal é claro ao falar em "interesse privado", que não se confunde com *interesse particular*, vale dizer, do próprio funcionário público. Neste caso, não se configurará o crime em tela.

O patrocínio pelo funcionário público será de forma **direta** ou **indireta**, ou seja, pessoalmente ou por meio de terceira pessoa (interposta pessoa).

Importante anotar que se o agente for funcionário público da administração fazendária (ligada ao Fisco), restará caracterizado crime da lei especial (art. 3º da Lei 8.137/1990).

11.16.2. Tipo subjetivo

É o **dolo**, ou seja, a vontade livre e consciente do agente de patrocinar, direta ou indiretamente, interesse privado perante a Administração Pública, desde que se valha da condição de funcionário.

Não se exige qualquer finalidade específica (elemento subjetivo do tipo). Em outras palavras, a defesa de interesses privados pelo sujeito ativo não objetiva qualquer vantagem pessoal ou econômica.

11.16.3. Sujeitos do crime

O sujeito ativo é o funcionário público, tratando-se de **crime próprio**. Admissível, diga-se de passagem, o concurso de particular, nos termos do art. 30 do CP, desde que tenha ciência da qualidade de funcionário do agente.

Poder-se-ia imaginar que o sujeito ativo deva ser um "advogado", tendo em vista o *nomem juris* do crime (advocacia administrativa). Porém, como já se viu, o verbo "patrocinar" traduz o sentido de auxiliar, advogar ou defender algo.

O sujeito passivo é o Estado.

11.16.4. Consumação e tentativa

Consuma-se o crime em questão quando o agente praticar, efetivamente, qualquer ato que configure o patrocínio de interesse privado perante a Administração, independentemente da obtenção daquilo que for postulado. Trata-se, portanto, de **crime formal**.

Admite-se a **tentativa**.

11.16.5. *Forma qualificada (art. 321, parágrafo único, do CP)*

Se o interesse patrocinado pelo funcionário público for ilegítimo, a pena, ao invés de ser de 1 (um) a 3 (três) meses de detenção, passará a ser de 3 (três) meses a 1 (um) ano.

Em qualquer caso, estamos diante de **crime de menor potencial ofensivo**.

11.17. Violência arbitrária (art. 322 do CP)

11.17.1. *Considerações iniciais*

O crime de violência arbitrária, tipificado no art. 322 do CP, segundo sustenta a doutrina majoritária, foi tacitamente revogado pela Lei 4.898/1965 (Lei de Abuso de Autoridade), que tratou integralmente dos delitos praticados por autoridades públicas com abuso de poder.

No entanto, este não é o posicionamento, por exemplo, do STJ, que reconhece a perfeita vigência do dispositivo no CP. Nesse sentido: HC 48.083/MG, 5ª Turma, rel. Min. Laurita Vaz, j. 20.11.2007, *DJe* 07.04.2008.

Por essa razão, seguem, abaixo, os comentários acerca do crime em testilha.

11.17.2. *Conduta típica*

O delito em comento restará caracterizado se um funcionário público, no exercício da função ou a pretexto de exercê-la, **praticar violência**.

Destarte, como o próprio *nomen juris* sugere, o crime pressupõe uma violência arbitrária, vale dizer, desarrazoada, demonstradora de truculência do agente público.

11.17.3. *Tipo subjetivo*

É o **dolo**, ou seja, a vontade livre e consciente do agente em praticar violência arbitrariamente, seja no exercício da função, seja a pretexto de exercê-la.

11.17.4. *Sujeitos do crime*

O sujeito ativo, por evidente, é o **funcionário público**, seja o típico (art. 327, *caput*, do CP), seja o atípico ou por equiparação (art. 327, § 1º, do CP).

O sujeito passivo é o Estado e, mediatamente, o particular prejudicado com a conduta do agente.

11.17.5. *Consumação e tentativa*

A consumação ocorrerá quando o agente, efetivamente, empregar a violência. No preceito secundário do tipo penal há expressa menção de que a pena, de 6 (seis) meses a 3 (três) anos de detenção, será aplicada sem prejuízo daquela correspondente à violência.

Destarte, se da conduta do agente a vítima suportar lesões corporais ou mesmo morrer, haverá a soma das penas, até pelo fato de os bens jurídicos tutelados serem absolutamente distintos.

A tentativa é admissível.

11.18. Abandono de função (art. 323 do CP)

11.18.1. *Conduta típica*

O crime restará configurado se o agente **abandonar cargo público**, fora dos casos permitidos em lei.

O abandono pressupõe que se deixe o cargo por **prazo juridicamente relevante**, vale dizer, capaz de causar algum prejuízo à Administração Pública. Afinal, tutela-se o regular andamento da máquina administrativa.

Ainda, cabe ressaltar que o abandono deve ser de **cargo público**, muito embora o *nomem juris* do delito revele o abandono de **função**. Não se pode fazer interpretação ampliativa do tipo penal para alcançar o abandono de empregos públicos ou funções públicas. Afinal, o tipo penal é expresso ao prescrever o abandono de cargo!

11.18.2. *Tipo subjetivo*

É o **dolo**, ou seja, a vontade livre e consciente do agente em abandonar o cargo que ocupa na Administração, gerando, com isso, possibilidade de prejuízo à própria Administração e aos administrados.

Inadmissível a forma culposa por ausência de previsão legal.

11.18.3. *Sujeitos do crime*

O sujeito ativo é o funcionário público detentor de **cargo público**, não se podendo aplicar o art. 327 do CP, em sua inteireza.

O sujeito passivo é a Administração Pública.

11.18.4. *Consumação e tentativa*

O crime atingirá seu momento consumativo após o agente deixar seu cargo "ao léu", vale dizer, quando for verificada a **ausência injustificada** de seu posto na Administração Pública, desde que por **tempo juridicamente relevante** (assim considerado aquele suficiente a causar uma probabilidade concreta de dano).

Importante mencionar que **não se exige a causação de dano** à Administração, bastando que o abandono seja apto a provocá-lo. No entanto, caso ocorra **efetivo prejuízo**, estaremos diante do **tipo penal qualificado** (art. 323, § 1º, do CP). Ainda, se o abandono ocorrer em **faixa de fronteira** (até 150 quilômetros de largura ao longo das fronteiras terrestres), igualmente restará caracterizada a **forma qualificada** (art. 323, § 2º, do CP).

Inadmissível a tentativa, uma vez que o abandono é conduta omissiva. Ou seja, o agente deixa de fazer algo (*in casu*, de se manter no cargo e prestar o serviço que lhe é incumbido).

11.19. Exercício funcional ilegalmente antecipado ou prolongado (art. 324 do CP)

11.19.1. *Conduta típica*

O crime em questão configura-se nas seguintes hipóteses: **a) entrar** o agente público **em exercício** de função pública **antes de satisfeitas as exigências legais**; ou

b) continuar o agente público a **exercê-la, sem autorização,** depois de saber oficialmente que foi **exonerado, removido, substituído ou suspenso.**

No primeiro caso, pune-se o *exercício funcional ilegalmente antecipado*, caracterizado quando o agente começa a praticar atos típicos de um funcionário público antes mesmo de satisfazer as exigências legais (ex.: posse, realização de exame médico de aptidão etc.).

Já no segundo caso estamos diante do *exercício funcional ilegalmente prolongado*, que se verifica quando o agente, mesmo após ter sido oficialmente comunicado de sua exoneração, remoção, substituição ou suspensão, prossegue no exercício de suas funções.

De acordo com a doutrina majoritária, o exercício ilegalmente prolongado pressupõe que o agente público tenha sido **pessoalmente comunicado** da cessação de suas atividades por um dos motivos previstos no tipo penal (exoneração, remoção, substituição ou suspensão), sob pena de não se caracterizar o crime.

11.19.2. Tipo subjetivo

É o **dolo**, vale dizer, a vontade livre e consciente do agente de ingressar no exercício funcional antes de satisfeitas as exigências legais, ou, após ter sido comunicado de sua exoneração, remoção, substituição ou suspensão, continuar a exercer suas anteriores funções, sem autorização para tanto.

Inadmissível a forma culposa por ausência de previsão legal.

11.19.3. Sujeitos do crime

É o funcionário público o sujeito ativo do crime em testilha, desde que se antecipe no exercício das funções ou a prolongue indevidamente. Se se tratar de particular que pratique atos típicos de funcionários públicos, o crime será o de usurpação de função pública (art. 328 do CP).

O sujeito passivo é o Estado.

11.19.4. Consumação e tentativa

Consuma-se o crime quando o agente pratica qualquer ato inerente à função que não poderia desempenhar, seja por falta dos requisitos legais para iniciá-la (exercício funcional ilegalmente antecipado), seja por prosseguir no exercício dela sem autorização (exercício funcional ilegalmente prolongado).

A tentativa é, em tese, admissível.

11.20. Violação de sigilo funcional (art. 325 do CP)

11.20.1. Conduta típica

O crime poderá ser praticado de duas maneiras:

a) se o agente **revelar fato** de que tem ciência **em razão do cargo**, e que deva permanecer em segredo;

b) se o agente **facilitar a revelação de fato** de que tem ciência **em razão do cargo**, e que deva permanecer em segredo.

No primeiro caso, o agente fará chegar ao conhecimento de terceiros, seja de forma escrita ou verbal, o fato de que tem ciência em razão do cargo, mas que deveria permanecer em segredo. Ainda, poderá caracterizar-se o crime quando o agente, de forma indireta, facilita a revelação do fato, adotando postura apta a gerar a disseminação do fato a terceiros.

Imprescindível para o reconhecimento do crime em comento que o agente público **tenha conhecimento do fato em razão do exercício do cargo**, sob pena de atipicidade, ainda que relativa (art. 154 do CP).

A violação de sigilo funcional é típico **crime subsidiário**, visto que somente restará caracterizado se a conduta não constituir crime mais grave. É o que emerge da parte final do preceito secundário do tipo penal. Assim, a título de exemplo, se o fato revelado puder ofender a segurança nacional, estaremos diante do crime previsto no arts. 13, 14 e 21 da Lei de Segurança Nacional (Lei 7.170/1983).

11.20.2. Tipo subjetivo

O crime é **doloso**, ou seja, deverá o agente agir de forma livre e consciente no sentido de revelar ou facilitar a revelação de fato que tenha ciência em razão do cargo, mas que esteja abarcado pelo segredo.

11.20.3. Sujeitos do crime

O sujeito ativo é o funcionário público que tenha conhecimento do fato que deve ser mantido em segredo, desde que a ciência se dê em razão do cargo.

O sujeito passivo é o Estado e, mediatamente, o particular prejudicado com a eventual revelação do fato.

11.20.4. Consumação e tentativa

O crime atingirá a consumação quando o fato chegar ao conhecimento de terceiro não autorizado a dele ter ciência. Não se faz necessária a ocorrência de prejuízo à Administração Pública ou a particular diretamente relacionado com o fato, tratando-se, aqui, de **crime formal**.

Entende-se ser admissível a **tentativa** apenas se a revelação do fato ou a facilitação de sua revelação ocorrer pela **via escrita.**

11.20.5. Formas equiparadas e qualificada

Também responderá pela violação de sigilo funcional o agente que (formas equiparadas):

a) permitir ou facilitar, mediante atribuição, fornecimento e empréstimo de senha ou qualquer outra forma, o **acesso** de **pessoas não autorizadas** a **sistemas de informações** ou **banco de dados da Administração Pública**;

b) se **utilizar**, indevidamente, de **acesso restrito**.

Ainda, em caso de a violação de sigilo funcional **acarretar dano** à Administração Pública ou a terceiro, restará caracterizada a **forma qualificada** do crime (art. 325, § 2º, do CP).

11.21. Violação do sigilo de proposta de concorrência (art. 326 do CP)

O crime definido no art. 326 do CP foi tacitamente revogado pela Lei Geral das Licitações (Lei 8.666/1993), que, em seu art. 94, cuida da conduta de devassar o sigilo de proposta apresentada em procedimento licitatório, ou proporcionar a terceiro o ensejo de devassá-la.

8. Direito Civil

Wander Garcia

1. LEI DE INTRODUÇÃO ÀS NORMAS DO DIREITO BRASILEIRO – LINDB

1.1. Princípios do Direito Civil

Miguel Reale, coordenador da comissão que redigiu o anteprojeto que deu origem ao novo Código, salienta que esse é norteado por três **princípios**: o da socialidade, o da eticidade e o da operabilidade. Tais princípios fazem refletir os elementos acima apontados.

O **princípio da socialidade** é aquele que *impõe prevalência dos valores coletivos sobre os individuais.*

Já o **princípio da eticidade** é aquele que *impõe a justiça e a boa-fé nas relações civis.*

O **princípio da operabilidade**, por sua vez, é *aquele que impõe soluções viáveis, operáveis e sem grandes dificuldades na aplicação do direito.* Está contido nesse princípio o da **concreção**, pelo qual *o legislador deve criar leis pensando em situações as mais concretas possíveis, evitando ser muito abstrato, ou quando não possível, dando poderes ao juiz para resolver o conflito de modo a melhor atender às diretrizes legais.* O princípio da operabilidade é identificado no Código Civil, por exemplo, quando este confere ao juiz papéis mais abrangentes, tais como papel de *juiz moderador* (ex.: juiz que pode reduzir o valor de multas, caso abusivas) e de *juiz com maior discricionariedade* (ex.: juiz que está diante de cláusulas gerais e conceitos jurídicos indeterminados, que permitem que esse agente busque a melhor solução para o caso concreto, diante das diretrizes traçadas pela lei).

Apesar de não mencionado expressamente por Miguel Reale, entendemos que também norteia o Código Civil o princípio da **dignidade da pessoa humana**, que é *aquele que impõe respeito aos múltiplos aspectos da personalidade humana, como a moral, a intelectual e a física.* A existência de um capítulo no Código Civil destinado exclusivamente aos direitos da personalidade, somada à previsão constitucional da proteção da dignidade da pessoa humana demonstram que o princípio em tela informa o atual Código Civil.

E também não há como negar que o Código Civil ainda dá primazia à **propriedade individual**, à **autonomia da vontade** e à **igualdade**. A primeira é garantida pela Constituição e pelo Código Civil. A segunda ainda é a fonte inicial da formação das relações jurídicas civis. E a igualdade, entendida em seu sentido amplo (tratar igualmente os iguais e desigualmente os desiguais), é o princípio que fundamenta as relações privadas, na qual se busca o equilíbrio entre as partes, diferentemente do que ocorre nas relações públicas, em que há supremacia do interesse público sobre o interesse privado, em nítida situação de desequilíbrio.

A partir dessas observações, é possível criar uma Teoria dos Princípios Basilares, ou seja, uma teoria que visa a identificar quais são os princípios do Direito Civil que inspiram e norteiam todos os outros princípios e regras desse macrossistema.

Nesse sentido, pode-se dizer que são **princípios basilares** do Direito Civil os seguintes: a) **autonomia da vontade**; b) **igualdade**; c) **propriedade individual**; d) **solidariedade social** (contendo as ideias de socialidade, eticidade e dignidade da pessoa humana); e e) **operabilidade**.

Além dos princípios basilares, e abaixo deles, temos os **princípios-norma**, que são as *normas jurídicas aplicáveis a determinada categoria de relações, dotadas de especial relevância e alta carga valorativa.* São exemplos desses princípios os da função social dos contratos (aplicável aos contratos), da boa-fé objetiva (aplicável aos contratos), da função social da propriedade (aplicável ao direito de propriedade), da igualdade entre os filhos (aplicável ao direito de família e sucessões), entre outros.

Tais princípios têm as seguintes características: a) têm aplicação *direta e imediata* aos casos concretos; b) têm *hierarquia* em relação às meras regras-norma, hierarquia essa que é chamada de *hierarquia material* caso estejam previstos em leis da mesma categoria das regras (ex.: há hierarquia material, e não formal, entre um princípio previsto no Código Civil e uma mera regra prevista no mesmo Código); c) servem de *elemento integrativo* e de *vetor interpretativo* aos aplicadores do Direito.

Por fim, temos os **princípios gerais do direito**, que são as *diretrizes políticas, sociais e jurídicas extraídas do sistema jurídico como um todo.* Um exemplo desse princípio é o da *presunção de boa-fé.* Tais princípios somente são aplicados em caso de lacunas, ou seja, em casos de vazio no sistema jurídico. E, mesmo assim, tais princípios são só chamados caso a lacuna não possa ser resolvida com a *analogia* e os *costumes*. Dessa forma, tais princípios não têm aplicação direta e imediata aos casos concretos, dependendo, para sua aplicação, da existência de lacuna que não possa ser suprida pelos elementos mencionados.

1.2. Introdução ao estudo do Direito Civil

1.2.1. Finalidade da Lei de Introdução às Normas do Direito Brasileiro

A primeira Lei de Introdução às Normas do Direito Brasileiro foi a Lei n. 3.071/1916. Essa lei foi revogada pelo Decreto-Lei 4.657/1942, atualmente em vigor.

A Lei de Introdução às Normas do Direito Brasileiro é norma introdutória do Direito como um todo, e não apenas do Direito Civil, como parecia ser, diante do nome que detinha antes (Lei de Introdução ao Código Civil). Tal lei, na verdade, tem **três finalidades**.

A primeira delas, e a que mais se sobressai, é a de **regular a forma de aplicação das leis em geral**: a) o início e a duração de sua obrigatoriedade (arts. 1º e 2º); b) os mecanismos de integração em caso de lacuna (art. 4º); c) os critérios de interpretação (art. 5º); e d) os meios de preservação da segurança jurídica em face da edição de novas normas (art. 6º).

A segunda finalidade é a de **regular o direito internacional privado brasileiro** (arts. 7º a 17).

A última é a de **regular os atos civis praticados no estrangeiro pelas autoridades consulares brasileiras** (arts. 18 e 19).

A primeira finalidade incide não só sobre a aplicação das normas de Direito Civil, mas sobre o Direito como um todo, ressalvada a existência de uma lei especial dispondo de modo contrário. Por exemplo, em Direito Penal, sob o argumento de que existe uma lacuna, não será possível valer-se da analogia para considerar crime um tipo de conduta ainda não regulada pelo Direito, por haver vedação dessa forma de integração na lei penal.

1.2.2. Fontes do Direito

Quando se pergunta "quais são as fontes do Direito", fica sempre a dúvida sobre a qual fonte a indagação se refere. Existem *fontes criadoras* do Direito (legislador, por exemplo). Há *fontes formais* do Direito (a lei, por exemplo). Há *fontes históricas* do Direito (fatos históricos marcantes que deram origem à modificação de uma lei).

As **fontes formais** do Direito podem ser divididas em duas espécies: principais e acessórias.

As **fontes *formais principais*** são: a lei, a analogia, o costume e os princípios gerais do direito. Como adotamos o sistema romano-germânico, de início, só a lei é fonte formal principal. Apenas em caso de lacuna é que se admite que o aplicador se valha da analogia, do costume e dos princípios gerais, nessa ordem, como fonte formal jurídica (art. 4º da LINDB).

Para completo entendimento do assunto, é importante destacar que, por lei, deve-se entender norma constitucional, lei ordinária, lei complementar, lei delegada, resolução legislativa, decreto legislativo e medida provisória.

Já as **fontes *formais secundárias ou acessórias*** são: os decretos, as resoluções administrativas, as instruções normativas, as portarias etc. São acessórias pois guardam obediência a uma fonte principal.

Doutrina e jurisprudência são consideradas, tradicionalmente, como *fontes não formais* ou *fontes indiretas* (mediatas). Isso porque trazem preceitos não vinculantes. São também consideradas *fontes meramente intelectuais* ou *informativas*.

Há de se fazer alguns temperamentos com relação à jurisprudência. Isso porque, apesar de um entendimento reiterado pelos tribunais não ter força de lei, a Emenda Constitucional 45/04 estabeleceu que o Supremo Tribunal Federal poderá, após reiteradas decisões sobre matéria constitucional, aprovar súmula, que terá efeito vinculante e incidirá sobre a validade, a interpretação e a eficácia de normas determinadas acerca das quais haja controvérsia (art. 103-A da CF).

Tais súmulas, ainda que declarativas em relação ao que é Direito, poderão ser consideradas verdadeiras fontes formais, já que têm eficácia *erga omnes*.

1.2.3. Lei

1.2.3.1. Conceito

Em sentido estrito, pode-se **conceituar** a **lei** como o *ato do Poder Legislativo imperativo, geral, originário e autorizador de se exigir do Estado a garantia de seu cumprimento mediante o uso de coação física, se necessário.*

1.2.3.2. Classificação

As leis podem ser **classificadas** a partir de diversos **critérios**. Vejamos:

a) Quanto à sua **natureza**: podem ser *substantivas* ou *adjetivas.*

Substantivas *são as que estabelecem os direitos e deveres das pessoas em suas atividades e relações pessoais e profissionais.* São também chamadas de *materiais*.

Adjetivas *são as que regulamentam os atos de um processo, o qual tem por objetivo fazer valer as normas materiais.* São também chamadas de normas *processuais* ou *formais*;

b) Quanto à **hierarquia**: são escalonadas em *constitucionais, complementares* e *ordinárias*. As normas complementares estão em posição superior às ordinárias, não só porque exigem quórum especial (art. 69 da CF), como porque, segundo a Constituição, têm o condão de dispor sobre a elaboração das leis (art. 59, parágrafo único), o que se deu com a edição da Lei Complementar 95/1998;

c) Quanto à **competência** ou **extensão territorial**: são *federais, estaduais/distritais* e *municipais*;

d) Quanto ao **alcance**: podem ser *gerais* ou *especiais*.

Gerais *são as que regulam uma dada relação jurídica, a par de outra lei que regula um determinado aspecto daquela relação.* Assim, o Código Civil, ao tratar do contrato de locação é uma lei geral (arts. 565 e ss.), ao passo que a Lei 8.245/91 é uma lei especial, pois trata apenas de um determinado aspecto da locação, no caso a locação de imóvel urbano.

Especiais *são as que regulam sozinhas uma relação jurídica por inteiro ou um determinado aspecto de uma relação jurídica regulada de modo genérico por outra lei.* Além da Lei de Locações, podem ser citados o Código de Defesa do Consumidor e o Estatuto da Criança e do Adolescente.

A classificação é importante para efeito de se descobrir qual é a lei aplicável ao caso concreto. Entre uma lei especial e uma lei geral, ainda que a lei geral seja posterior, deve-se aplicar a lei especial. Isso porque se presume que esta tratou com mais detalhe do assunto.

É importante ressaltar que **uma lei pode ser especial em relação a uma e geral em relação a outra**. Por exemplo, em relação à compra e venda prevista no Código Civil, as normas sobre o assunto previstas no CDC são especiais. Mas em relação à Lei de Alienação Fiduciária (Decreto-Lei 911/69), as normas do CDC são consideradas gerais.

1.2.3.3. Nascimento da lei.

O processo de elaboração das leis tem as seguintes etapas: iniciativa, discussão, votação, sanção (ou veto, com posterior recusa ao veto), promulgação e publicação.

A **sanção**, que pode ser expressa ou tácita (CF, art. 66, § 3º) é a *aquiescência dada pelo Chefe do Poder Executivo ao projeto de lei aprovado.* Permite-se também o veto, motivado pela inconstitucionalidade ou contrariedade do projeto ao interesse público, hipótese em que o Poder Legislativo poderá rejeitá-lo ("derrubá-lo"), por voto da maioria absoluta dos deputados e senadores, em sessão conjunta.

Após a sanção ou a recusa ao veto, passa-se à **promulgação,** que é o *ato pelo qual o Poder Executivo autentica a lei,* *atestando sua existência e determinando sua obediência.* O Executivo tem quarenta e oito horas contadas da sanção ou da comunicação da recusa ao veto para proceder à promulgação. Caso não o faça, o Presidente do Senado o fará e, se este não o fizer em igual prazo, caberá ao Vice-Presidente do Senado fazê-lo (CF, art. 66, § 7º).

Feita a promulgação, vem a **publicação**, que é *a divulgação oficial da nova lei, possibilitando seu conhecimento público.*

Em seguida à publicação, temos uma situação eventual pela qual pode passar uma lei, o chamado **período de vacância**, que é o *lapso temporal entre a data da publicação da lei e um termo prefixado na própria lei ou em outro diploma legislativo, durante o qual aquela não pode ainda produzir efeitos.* Esse intervalo entre a data da publicação da lei e sua entrada em vigor chama-se *vacatio legis*.

Segundo a LINDB, não havendo disposição em contrário, a lei começa a vigorar em todo o país quarenta e cinco dia após sua publicação. Nos estados estrangeiros, a obrigatoriedade da lei brasileira, quando for admitida, inicia-se três meses após oficialmente publicada (art. 1º, *caput* e § 1º). Adotou-se o princípio da *vigência sincrônica*, já que haverá vigência simultânea em todo o território nacional, ou seja, *prazo único* para entrada em vigor no país. Tal princípio se contrapõe ao da *vigência progressiva*, pelo qual a lei vai entrando em vigor no país segundo prazos que variam de acordo com a região[1]. Já nos estados estrangeiros, o prazo é outro, de modo que os agentes de nossas representações diplomáticas e os que têm fora do Brasil interesses regulados pela lei brasileira, por exemplo, só ficam obrigados após o período de três meses acima aludido.

Repare que, no silêncio, temos o período de vacância de quarenta e cinco dias, que poderá ser modificado mediante expressa indicação na lei de que entrará em vigor em outro termo. Segundo a Lei Complementar 95/98, deve-se reservar a cláusula "entra em vigor na data da sua publicação" apenas para as leis de pequena repercussão. Quanto às demais, deve-se fixar um período de vacância que contemple prazo razoável para que dela se tenha amplo conhecimento (art. 8º, *caput*, da LC 95/98). O Código Civil, por exemplo, entrou em vigor um ano após sua publicação (art. 2.044 do CC). A contagem do prazo dar-se-á com a inclusão da data da publicação e do último dia do prazo, entrando em vigor no dia subsequente à sua consumação integral (art. 8º, § 1º, da LC 95/98).

Há períodos de vacância fixados na própria Constituição, como os previstos nos art. 150, III, "b" e "c", e 195, § 6º (no que concerne à cobrança de tributos).

Pode ocorrer de, no curso do período de vacância, ser necessária nova publicação da lei destinada a alguma correção. Nesse caso, o prazo de vacância começará a correr mais uma vez a partir da data da nova publicação (art. 1º, § 3º, da LINDB).

Pode ocorrer também de, após o período de vacância, ser necessária nova publicação da lei para o mesmo fim. Nesse caso, como a lei já estava em vigor, os efeitos que ela produziu até aquele momento serão respeitados. A LINDB é expressa no sentido de que as correções serão consideradas lei nova (art. 1º, § 4º), de modo que novo período de vacância deverá ser computado.

1.2.3.4. Vigência da lei

1.2.3.4.1. Vigência da lei no tempo

Neste tópico estuda-se o princípio da continuidade e a revogação das leis e também o conflito das leis no tempo.

Princípio da continuidade é *aquele pelo qual a lei terá vigência enquanto outra não a modificar ou a revogar.* Ou seja, a regra é a de que as leis têm caráter permanente. Mas há exceções à regra.

Há casos em que a lei tem **vigência temporária** (leis temporárias), que cessará nas seguintes hipóteses: a) advento de termo (prazo) fixado para sua duração; b) implemento de condição resolutiva (leis circunstanciais); c) consecução de seus fins.

A lei **também poderá perder vigência:** a) pela não recepção em função de nova ordem constitucional; b) por suspensão de sua execução pelo Senado, em razão de declaração incidental de inconstitucionalidade pelo STF; ou c) pelo trânsito em julgado de ação destinada ao controle concentrado de constitucionalidade, em caso de reconhecimento da inconstitucionalidade.

A revogação é a *supressão de uma lei por outra.* Existem variadas espécies de revogação, daí a pertinência de proceder a sua classificação:

a) Quanto à **extensão**: pode ser *total* ou *parcial*.

Revogação total (ou ab-rogação) *é a supressão integral da lei anterior.* O art. 2.045 do atual Código Civil revogou por inteiro o Código anterior.

Revogação parcial (ou derrogação) *é a supressão de parte da lei anterior*;

b) Quanto *à* **forma de sua execução**: pode ser *expressa* ou *tácita*.

Revogação expressa é *aquela em que a lei nova declara inequivocamente a supressão de dada lei.* O atual Código Civil, como se viu, revogou expressamente a Lei 3.071/16 (CC anterior) em seu art. 2.045.

Revogação tácita é *aquela em que a lei nova, apesar de não declarar inequivocamente que a lei antiga está sendo suprimida, mostra-se incompatível com ela ou regule inteiramente a matéria de que essa tratava.*

A *incompatibilidade* se dá, por exemplo, quando uma lei nova permite algo que a antiga proibia. Ou quando a primeira proíbe algo que a segunda permite. Chama-se também revogação indireta.

A *regulamentação por inteiro de uma matéria* se dá quando a nova lei esgota a matéria da qual a lei anterior tratava. Assim, ainda que a nova Lei de Falências não fizesse referência expressa à revogação da lei anterior, o fato é que esta ficaria revogada, uma vez que aquela regula por inteiro a matéria dessa. Chama-se também revogação global.

Anote-se que é possível que uma lei revogada continue a produzir efeitos. Exemplo disso é a disposição do art. 2.038 do atual CC, que determina a continuidade da aplicação do CC/16 para as enfiteuses já existentes quando da entrada em vigor do primeiro. Trata-se da *ultratividade* ou *pós-atividade da lei.*

1. Segundo a anterior LINDB, a obrigatoriedade das leis, quando não se fixasse outro prazo, "começaria no Distrito Federal, três dias depois de oficialmente publicada, quinze dias no Estado do Rio de Janeiro, trinta dias nos Estados Marítimos e no de Minas Gerais, cem dias nos outros, compreendidas as circunscrições não constituídas em Estado".

É importante anotar que, "salvo disposição em contrário, a lei revogada não se restaura por ter a lei revogadora perdido a vigência" (art. 2º, § 3º, da LINDB). Ou seja, se uma lei "A" é revogada por uma lei "B", e a tal lei "B" é revogada pela lei "C", a lei "A" não fica restaurada. Isso quer dizer que não existe o efeito repristinatório (restaurador) da primeira lei revogada. O que pode acontecer é a lei "C" expressamente dizer que novamente entrará em vigor a lei "A". Neste caso teremos uma lei nova e não exatamente uma repristinação.

De qualquer forma, ainda que não adotado como regra pela nossa LINDB, vamos conceituar o instituto da **repristinação**, *que consiste na restauração da lei revogada, em virtude da lei revogadora ter pedido a vigência*. O instituto em tela só é admitido quando a lei expressamente restaurar a lei anterior ou, no âmbito do Direito Administrativo, no que concerne aos *atos administrativos* (e não às *leis*).

No tema aplicação da lei no tempo é, ainda, importante anotar que a lei nova, apesar de ter efeito imediato e geral, deve respeitar o ato jurídico perfeito, o direito adquirido e a coisa julgada (art. 6º da LINDB). A Constituição, em seu art. 5º, XXXVI, reforça o princípio ao dispor que "a lei não prejudicará o direito adquirido, o ato jurídico perfeito e a coisa julgada".

Trata-se do **princípio da irretroatividade da lei**.

A **coisa julgada** pode ser conceituada como a *qualidade da sentença de mérito de o seu comando ser imutável. Isso se dá com o trânsito em julgado da decisão.*

O **direito adquirido** é *aquele que já se incorporou ao patrimônio de seu titular, uma vez que preenchidos, sob a vigência da lei anterior, os requisitos para a aquisição do direito*. Para a LINDB, "consideram-se adquiridos assim os direitos que seu titular, ou alguém por ele, possa exercer, como aqueles cujo começo do exercício tenha termo prefixo, ou condição preestabelecida inalterável, a arbítrio de outrem" (art. 6º, § 2º).

O **ato jurídico perfeito** é *aquele já consumado segundo a lei vigente ao tempo em que se efetuou* (art. 6º § 1º, da LINDB).

A lei não pode *prejudicar* tais valores, mas pode *beneficiar*. É por isso que a lei penal que beneficia o acusado retroage (art. 5º, XL, da CF) e que a lei tributária também retroage em alguns casos (art. 106 do CTN).

Não se deve confundir *retroatividade* com *aplicabilidade imediata*. A lei não pode atingir, para prejudicar, fatos passados, mas pode ser aplicada de modo imediato para fatos que ocorrerem depois de sua vigência, ainda que relacionados com fatos anteriores.

1.2.3.4.2. Vigência da lei no espaço

Nesse tema vige o princípio da **territorialidade**, para o qual *a lei tem aplicação dentro do território do Estado que a expediu*. Esse princípio decorre da soberania estatal. A ideia de território estende-se também a outros espaços, como os navios e aeronaves de guerra, onde se encontrarem.

Admite-se, todavia, que a lei estrangeira, em determinadas hipóteses, tenha eficácia em nosso território, ou seja, admite-se a **extraterritorialidade**. Isso se dá com fundamento na solidariedade internacional. A aplicação da lei estrangeira em outro território tem por finalidade proteger a pessoa em território estrangeiro e regular os efeitos de atos estrangeiros que venham a se cumprir no país. Em virtude da existência de exceções é que se diz que adotamos o princípio da **territorialidade moderada**.

Todavia, em nenhuma hipótese poderá ser aplicada uma lei estrangeira (bem como atos, sentenças e declarações de vontade) que ofenda a soberania nacional, a ordem pública e os bons costumes do país (art. 17 da LINDB).

Chama-se **estatuto pessoal** o conjunto de normas que rege o estrangeiro pela lei de seu país de origem. Um estrangeiro que estiver em nosso país poderá carregar consigo um conjunto de normas estrangeiras que regulará seus direitos no Brasil. Esses temas são estudados com profundidade no Direito Internacional.

1.2.3.5. Aplicação da lei

1.2.3.5.1. Interpretação da lei

Interpretar é *extrair o sentido e o alcance da lei, com vistas a sua posterior aplicação.*

A interpretação que nos interessa não é um fim em si mesmo. Ela objetiva extrair da lei normas jurídicas para aplicação aos casos concretos, possibilitando que o Direito cumpra seu papel de garantir uma convivência justa entre as pessoas.

As **técnicas interpretativas** são tão importantes que, para seu estudo, foi se formando uma verdadeira ciência, que é chamada de **hermenêutica**. Pode-se defini-la, portanto, como *a ciência da interpretação.*

A **técnica gramatical** *consiste em verificar o significado das palavras, isolada e sintaticamente, atendendo à pontuação e à colocação dos vocábulos.* Usa-se também a expressão *interpretação literal* para fazer referência a essa técnica.

A **técnica lógica** *consiste na análise dos períodos da lei, combinando-os entre si mediante um raciocínio lógico, de modo a se atingir uma perfeita compatibilidade.*

A **técnica sistemática** *consiste em relacionar os vários dispositivos legais que guardam pertinência com o tema no sistema jurídico, de modo a buscar uma resposta única e trabalhada.*

A **técnica histórica** *consiste em averiguar os antecedentes da norma, desde as circunstâncias fáticas e valorativas que a precederam* (occasio legis) *até as discussões e deliberações legislativas, de modo a verificar a razão de sua existência* (ratio legis).

A **técnica teleológica** *consiste em averiguar o sentido e o alcance da lei partindo dos fins sociais a que ela se dirige, bem como adaptando-a às exigências do bem comum* (art. 5º da LINDB).

A utilização das técnicas de interpretação pode levar a **resultados** *declarativos (ou especificadores), restritivos* e *extensivos*. Em determinadas matérias existem óbices, decorrentes de sua própria natureza, a alguns dos resultados possíveis. Por exemplo, em Direito Penal, não se pode interpretar um tipo penal de modo a que se chegue a um resultado extensivo em relação ao texto da lei. Quando se tem uma exceção, também não se pode interpretar de modo a que se chegue a um resultado extensivo. A própria ordem jurídica se encarrega de colocar óbices a determinados resultados. O art. 114 do Código Civil, por exemplo, dispõe que os negócios jurídicos benéficos (como uma doação) e a renúncia "interpretam-se estritamente".

1.2.3.5.2. Integração das lacunas

O Direito tem por objetivo regular o comportamento humano, de modo a garantir uma convivência justa entre as pessoas. Para tanto, são editadas inúmeras leis. Como se viu, é a partir dessas que se vão extrair as normas jurídicas destinadas a regular as variadas questões que se apresentarem no mundo fenomênico. O aplicador partirá da lei, adaptada à realidade fático-valorativa daquele momento histórico. O problema é quando não há lei regulando aquele fato. Estar-se-á diante de uma lacuna.

As **causas** das lacunas são as seguintes: a) impossibilidade de o legislador lograr êxito em regular todas as questões de interesse da sociedade; b) superveniência de modificações fáticas e sociais sem que a lei acompanhe a nova realidade.

É importante anotar que o juiz somente pode colmatar (preencher a lacuna) para o caso concreto que decide. Exceção a essa regra somente pode se dar por meio do mandado de injunção, importante na colmatagem da lacuna enquanto não sobrevier lei preenchendo o vazio. Tal possibilidade não vinha sendo admitida pelo Supremo Tribunal Federal. Todavia, no mandado de injunção que pedia o reconhecimento de mora abusiva do Congresso em legislar sobre o direito de greve do servidor público, o STF resolveu permitir que esse direito fosse exercido, aplicando-se a Lei de Greve para o setor privado por analogia.

Seja qual for o tipo de lacuna, deve-se recorrer ao art. 4º da LINDB, que dispõe: "quando a lei for omissa, o juiz decidirá o caso de acordo com a analogia, os costumes e os princípios gerais do direito".

A lei não permite que o juiz se exima de decidir. Deve o magistrado aplicar a norma legal, e, na sua falta, as três fontes referidas, sucessivamente (art. 126 do CPC). Vale dizer que o Novo CPC, em seu art. 140, *caput*, é mais abrangente que o mencionado art. 126, pois estabelece que o juiz não se exime de decidir sob a alegação de lacuna ou obscuridade do **ordenamento jurídico** e não apenas da lei, conforme o ainda vigente Código.

O juiz só decidirá por equidade nos casos previstos em lei (art. 127 do CPC; art. 140, parágrafo único, do novo CPC), como o previsto no art. 11, II, da Lei 9.307/96. Isso não impede que o juiz, ao aplicar a lei, busque a forma mais equânime de fazê-lo. Ou seja, deve o juiz agir com "equidade dentro da lei". O que não pode é ignorar a lei e simplesmente decidir do modo que entender ser mais equânime. Reconhece a doutrina que também é possível valer-se da equidade quando haja lacuna e nenhum dos critérios previstos na lei consiga integrá-la. De qualquer forma, entendemos ser difícil que isso se configure, pois um dos princípios gerais de direito, último recurso a ser utilizado em caso de lacuna, é o da igualdade, que remete justamente à ideia de equidade.

A **integração** pode ser definida como *o processo de preenchimento de lacunas, mediante a aplicação da analogia, dos costumes e dos princípios gerais do direito, nessa ordem, criando-se norma individual para o caso*. Repare que há uma ordem de preferência na utilização das fontes. Comecemos com a primeira.

Decidir de acordo com a analogia *consiste em aplicar, a um acontecimento não regulado por uma norma jurídica, outra norma prevista para hipótese semelhante*. São necessários os seguintes procedimentos: a) comparar as semelhanças entre as hipóteses; b) avaliar se a semelhança justifica um tratamento jurídico idêntico. O fundamento da utilização da analogia é o princípio da igualdade. Utiliza-se muito aqui os argumentos vistos, especialmente o argumento *a fortiori*, que compreende o "a maiori ad minus" e o "a minori ad maius". Não sendo possível a utilização da analogia, deve-se recorrer aos costumes.

Decidir de acordo com o costume *consiste em aplicar as normas decorrentes da prática reiterada de determinado ato, com a convicção de sua obrigatoriedade jurídica*. O costume, que é fonte formal secundária do direito, tem dois elementos: a) o objetivo (o uso); e b) o subjetivo (a crença na sua obrigatoriedade). Em relação à lei, são divididos em: a) *contra legem* (contrários à lei); b) *praeter legem* (quando não estiver regulado em lei); c) *secundum legem* (quando a lei já o reconhece). As normas costumeiras a serem aplicadas na forma do art. 4º da LINDB são aquelas *praeter legem*. O costume contra a lei só poderá ser aplicado nos casos de lacuna superveniente, ou seja, naqueles casos em que a lei não acompanhou as mudanças na sociedade, continuando a prescrever comandos patentemente em descompasso com a nova realidade. Só em situações muito excepcionais é que se pode admitir tal possibilidade. Não sendo possível valer-se dos costumes, socorre-se dos princípios gerais de direito.

Decidir de acordo com os princípios gerais de direito *consiste em aplicar as ideias políticas, sociais e jurídicas subjacentes ao sistema jurídico*. Se a questão fática posta à aplicação da lei pode ser resolvida pela utilização de um princípio de direito pertinente aos fatos apresentados, não estaremos diante de lacuna. Deve-se a ela aplicar o princípio, que é lei voltada para o caso. Quando não houver lei ou princípio jurídico pertinente ao caso é que estaremos diante de lacuna. Não sendo possível recorrer à analogia e ao costume, recorre-se aos princípios gerais do direito, que, como o próprio nome diz, não são especiais em relação àquela questão. São princípios que norteiam o direito como um todo, como: o da igualdade, o da legalidade, o da presunção de boa-fé, o da proibição do locupletamento ilícito, o da dignidade da pessoa humana etc.

2. PARTE GERAL

2.1. Pessoas naturais

2.1.1. Generalidades

Antes de iniciarmos o estudo das pessoas naturais, devemos mostrar a importância da noção de "pessoas" para o Direito Civil, em particular, e para o Direito, como um todo.

O Direito regula as relações jurídicas entre as pessoas. Mas quais são os elementos de uma relação jurídica? São três: a) **sujeitos de direito**, que são os entes que podem fazer parte de uma relação jurídica, normalmente pessoas (um animal, por exemplo, não pode fazer parte de uma relação jurídica, mas apenas ser um objeto dela); b) um **objeto**, que é, de modo imediato, uma obrigação (de dar, de fazer de não fazer), e, de modo mediato, o bem da vida buscado (um móvel, um imóvel, um semovente, a honra, a vida etc.); e c) um **acontecimento** que faz nascer a tal relação, uma vez que não é qualquer fato do mundo fenomênico que gera uma "relação jurídica", sendo necessário que essa situação esteja previsto numa norma jurídica como apto a fazer criar, a modificar ou a extinguir um direito.

A partir da noção do que regula o Direito (relação jurídica) e de que somente pessoas (naturais ou jurídicas) podem fazer parte de uma relação jurídica, mostra-se, assim, a importância de estudar as pessoas. Excepcionalmente, um ente não personalizado, ou seja, alguém que não seja uma pessoa também poderá fazer parte de uma relação jurídica, como o espólio e o nascituro. De qualquer forma, vamos ao estudo das pessoas naturais, que, como se viu, são, por excelência, elementos essenciais das relações jurídicas.

2.1.2. Conceito de pessoa natural

Pessoa natural *é o ser humano*. O Código Civil, em seu art. 1º, dota de personalidade o ser humano.

2.1.3. Personalidade

Personalidade *é a qualificação conferida pela lei a certos entes, que entrega a esses aptidão ou capacidade genérica para adquirir direitos e contrair obrigações*. Ou seja, é uma qualificação legal que confere capacidade jurídica a certos entes. O direito confere tal qualificação jurídica a toda pessoa, inclusive à pessoa jurídica.

Assim, a personalidade pode ser vista como o atributo que a ordem jurídica confere a entes de adquirir/contrair genericamente direitos e obrigações. Quem tem personalidade é, então, sujeito de direito, qualificação que não se pode dar a um animal, por exemplo, já que tais entes não podem adquirir direitos ou contrair obrigações.

Para *atuar* na vida jurídica é necessário, como regra, ter personalidade jurídica. A origem da palavra traz esse sentido. Em latim, *persona* significa a máscara que os atores usavam para a amplificação de sua voz. Para *atuar* no teatro, portanto, tais máscaras também eram necessárias (*per sonare*).

Deve-se tomar cuidado com a expressão **"sujeito de direito"**, visto que há entes que não têm personalidade, mas que são sujeitos de direitos, tais como o nascituro, o espólio, a massa falida, o condomínio edilício, a herança jacente e a herança vacante. Neste caso, não existe aptidão genérica para contrair direitos e obrigações, mas aptidão específica para contrair certos direitos e certas obrigações ligadas às finalidades do ente.

Enquanto uma pessoa, *sujeito de direito personificado*, por ter personalidade, pode fazer tudo o que a lei não proíbe (art. 5º, II, da CF), um *sujeito de direito não personificado* só pode fazer o que a lei permite.

O **nascituro**, por exemplo, não tem personalidade jurídica, mas a lei põe a salvo, desde a concepção, direitos que possa ter (art. 2º do CC). Isso significa que o nascituro é um sujeito de direito, mas não quer dizer que tenha personalidade, ou seja, que tenha aptidão genérica para realizar atos e negócios jurídicos.

O **condomínio edilício** também. Não tem personalidade, ou seja, não tem qualificação que o habilita a praticar qualquer ato jurídico que não seja proibido em lei, mas, por ser um *sujeito de direito despersonificado*, só está habilitado a praticar atos permitidos expressa ou implicitamente em lei, como contratar funcionários e serviços de manutenção. A **massa falida** também é um *sujeito de direito despersonificado*, tendo autorização especial para praticar atos úteis à administração dos bens arrecadados do empresário falido, podendo cobrar créditos desse, por exemplo.

Resta saber quando um ente passa a ser qualificado como dotado de personalidade. Ou seja, quando se tem o **início da personalidade**. No que concerne à pessoa jurídica, veremos em capítulo próprio. Quanto à pessoa natural, dispõe o art. 2º do CC que "a personalidade civil da pessoa começa do nascimento com vida".

O entendimento predominante sobre o que seja **nascimento com vida** é no sentido de que este se dá no exato instante em que a pessoa dada à luz respira. São dois requisitos, portanto: a) separação do ventre materno; e b) respiração. Das múltiplas funções vitais, o primeiro movimento de inspiração do ar atmosférico para os pulmões caracteriza o nascimento com vida. Caso respire, ainda que uma só vez, pode-se dizer que nasceu com vida, e que, portanto, chegou a adquirir personalidade, pouco importando se tem ou não forma humana e se tem ou não aptidão, perspectiva para viver.

Adotamos, portanto, a **teoria *natalista***, segundo a qual o nascimento com vida faz nascer a personalidade, em detrimento de outras teorias, como a *concepcionista*, para qual a personalidade já se inicia com a fecundação do óvulo e as que consideram que o início da personalidade depende de outros fatores, como a *viabilidade de vida*.

De qualquer forma, ainda que em perfeito estado quanto às demais faculdades de saúde, caso o ente que venha a nascer (separe-se do ventre materno) não respire, não terá adquirido personalidade. A entrada de ar nos pulmões da criança é que determina a aquisição da personalidade, ainda que por pouco instantes. Há vários exames periciais para que se faça tal constatação e o mais conhecido é a *docimasia hidrostática de Galeno*, pela qual se coloca fragmentos dos pulmões em meio líquido, a fim de se verificar se houve ou não inspiração.

O **nascituro**, ou seja, *aquele que já foi concebido, mas ainda não nasceu com vida*, não tem personalidade, como se viu. Todavia, dispõe o art. 2º do CC que "a lei põe a salvo, desde a concepção", seus direitos. Em outras palavras, o nascituro é um *sujeito de direito despersonificado*. Grande parte dos direitos atribuídos a esse sujeito de direito tem sua aquisição subordinada à implementação de uma condição suspensiva, qual seja, a de que *nasça com vida*. Caso nasça com vida, o direito do nascituro se consolida como existente desde a data da concepção, retroagindo, portanto, seus efeitos.

De qualquer forma, permite a lei que determinados interesses possam ser protegidos desde a concepção, por meio de provimentos cautelares. Dentre seus direitos, vale lembrar os direitos à vida (art. 5º da CF e CP), à filiação (art. 1.596 do CC), à integridade física, a alimentos, a uma adequada assistência pré-natal (art. 8º do ECA), a um curador que represente e zele por seus interesses, a ser contemplado por doação (art. 542 do CC), dentre outros.

2.1.4. Capacidade jurídica

Capacidade jurídica pode ser **conceituada** como *a aptidão conferida pela ordem jurídica para adquirir direitos e contrair obrigações*[2].

2. O termo capacidade tem origem no latim *capere*, que significa apoderar-se, adquirir, apanhar.

Só tem capacidade jurídica, ou seja, capacidade para praticar atos jurídicos, os entes eleitos pelo Direito. É a ordem jurídica que dirá quem tem capacidade.

Ao distribuir capacidade a certos entes o Direito faz algumas distinções. É por isso que há três **espécies de capacidade**: a) a capacidade de direito (de gozo ou de fruição); b) a capacidade de fato (ou de exercício); e c) a capacidade excepcional (ou especial).

Capacidade de direito consiste na *aptidão genérica conferida pela ordem jurídica para adquirir direitos e contrair deveres.*

Capacidade de fato consiste na *aptidão genérica conferida pela ordem jurídica para, sozinho, adquirir direitos e contrair deveres.*

Capacidade excepcional consiste na *aptidão especial conferida pelo Direito para adquirir direitos e contrair deveres.*

No primeiro caso, repare que a aptidão é genérica, ou seja, é possível adquirir todos os direitos e contrair todos os deveres que não forem vedados. Essa *aptidão genérica* para a prática de atos da vida civil é consequência de se ter personalidade, pois, segundo o CC, "toda *pessoa* é capaz de direitos e deveres na ordem civil" (art. 1º). Assim, uma criança de três anos, um adulto, uma pessoa jurídica, todos, só por serem pessoas, terão capacidade de direito. Isso possibilita que uma criança receba uma herança (aquisição de direitos) e tenha um imóvel em seu nome locado (o que importa em contrair deveres).

No segundo caso, repare que a pessoa pode praticar sozinha os atos da vida jurídica. Trata-se de um *plus*. Confere-se aqui a possibilidade de se adquirir um direito e de se contrair uma obrigação por si só, ou seja, sem que seja necessário que o interessado seja representado ou assistido por outrem. Aqui é diferente. Nem toda pessoa tem a capacidade de fato. Não seria conveniente, por exemplo, que uma criança de três anos, que tem capacidade para adquirir direitos e contrair deveres, exercesse-os sozinha. Como regra, só tem capacidade de fato ou de exercício os maiores de dezoito anos. Assim, uma criança pode receber uma doação (uma vez que, por ter personalidade, tem *capacidade de direito*, pode adquirir direitos) e também pode vender bens (já que, repita-se, tem aptidão genérica não só para adquirir direitos, como para contrair obrigações), mas não poderá praticar tais atos pessoalmente (diretamente), mas apenas por meio de seu representante legal (seus pais, por exemplo). Vale dizer, os pais dessa criança é que assinarão o contrato de compra e venda do bem que essa pessoa adquirir. Caso uma pessoa não tenha capacidade de fato, terá de ser representada ou assistida por outra pessoa, na forma da lei. Ou seja, quem não tiver capacidade de fato dependerá da *mediação* de outro para a prática de atos jurídicos válidos.

No terceiro caso, repare que o ente não tem aptidão genérica, mas aptidão especial. Não pode fazer tudo o que a lei não proíbe (aptidão genérica). Só pode fazer o que a lei autoriza (aptidões excepcionais). Essa terceira capacidade é própria daqueles entes que não são pessoas, mas em favor dos quais a lei faculta a prática de certos atos da vida jurídica. É o caso do nascituro, do espólio, da massa falida etc. O espólio não pode praticar qualquer ato, mas somente aqueles que a lei autoriza, e, mesmo assim, mediante autorização judicial como regra.

Diante das duas primeiras situações, surgem mais dois conceitos: a) o de capacidade de plena; e b) o de incapacidade.

Capacidade plena é a que *decorre da titularização das capacidades de direito e de fato.*

Incapacidade é a *inexistência de parte ou de toda capacidade de fato.* A incapacidade pode ser relativa ou absoluta. Será relativa quando não se tenha parte da capacidade de fato, como ocorre com o pródigo, por exemplo, que pode praticar alguns atos jurídicos sozinhos e outros, não. Será absoluta quando não haja qualquer capacidade de fato, como ocorre com uma criança de três anos, por exemplo.

Em outras palavras: na *incapacidade* ou se estará diante de um *absolutamente incapaz* (aquele que não pode praticar sozinho nenhum ato, devendo ser representado) ou de um *relativamente incapaz* (aquele que não pode praticar sozinho alguns atos, devendo ser assistido por alguém com capacidade plena para a sua prática).

É importante notar que a expressão "incapacidade" no Código Civil (arts. 3º e 4º) só se refere às *pessoas*, ficando de fora a análise da terceira situação (capacidade especial ou excepcional).

2.1.5. Legitimação

Não se deve confundir o instituto da capacidade, que abrange a capacidade de direito e de fato, como vimos, com o da legitimação.

A **legitimação** consiste na *aptidão específica do sujeito de direito para a prática de certos atos jurídicos*. A capacidade consiste na aptidão *genérica* para a prática de atos.

Assim, uma pessoa adulta, mesmo tendo capacidade (de direito e de fato) para praticar atos da vida civil, não tem legitimação para vender um imóvel a um dos filhos, sem autorização de seu cônjuge e dos demais descendentes (art. 496 do CC). Tem capacidade plena para vender seus bens, podendo fazê-lo em relação à pessoa que quiser num primeiro momento, mas não tem legitimação para fazê-lo em relação a um de seus filhos, sem que haja autorização dos demais. Se o fizer, o ato será inválido não por falta de capacidade, mas por falta de legitimação, ou seja, por falta de aptidão específica para a prática do ato "compra e venda".

A **ilegitimação**, portanto, pode ser conceituada como a *restrição específica ao sujeito de direito para a prática de determinados atos da vida civil com certas pessoas ou em relação a certos negócios ou bens*. São impedimentos circunstanciais. Outros exemplos de ilegitimidade são os seguintes: o tutor não pode adquirir bem do tutelado (art. 1.749, I, do CC); o casado, exceto no regime de separação absoluta de bens, não pode alienar imóveis sem a autorização do outro cônjuge (art. 1.647, I, do CC); o que comete ato de indignidade não pode herdar (art. 1.814, II, do CC); os casos de impedimento matrimonial (art. 1.521 do CC).

2.1.6. Incapacidade

Incapacidade também pode ser **conceituada** como a *restrição legal genérica ao exercício dos atos jurídicos*. Outro conceito é o seguinte: *inexistência de parte ou de toda capacidade de fato*.

Toda pessoa tem capacidade de *direito* (ou de *gozo*). Portanto, a incapacidade a que faz referência a lei (arts. 3º e 4º) é tão somente a incapacidade de *fato* (ou de *exercício*).

Como já dito, não seria conveniente, por exemplo, que uma criança de três anos, que tem capacidade para adquirir direitos e contrair deveres, exercesse-os sozinha.

Passemos, então, ao estudo dos absolutamente e dos relativamente incapazes.

2.1.7. Absolutamente incapazes

Absolutamente incapazes são *os que não podem exercer sozinhos qualquer ato jurídico* (art. 3º do CC).

Ou seja, são os completamente privados de praticar, por si sós, atos da vida civil. A prática de atos em seu nome só poderá ser feita por *representantes*, que assinam sozinhos os atos, sob pena de nulidade absoluta daqueles por ventura realizados pessoalmente pelo incapaz (art. 166, I, do CC).

O absolutamente incapaz, apesar de *ter* (de gozar) o direito, não pode *exercer* direta e pessoalmente nenhum aspecto dos atos da vida jurídica a ele relativos, que são praticados diretamente por seu representante legal, sob pena de serem declarados atos nulos.

A *representação* supre a incapacidade absoluta e é feita pelos pais, na hipótese de se tratar de menor sob o poder familiar (art. 1.690 do CC); pelo tutor, na hipótese de menor sob tutela (art. 1.747, I, do CC); e, quando a lei trazia outras hipóteses pessoas, além da do menor de 16 anos, como absolutamente incapaz, pelo curador, nos demais casos (arts. 1.781 e 1.747, I, do CC).

A representação legal, ora comentada, não se confunde com a representação convencional (mandato). De qualquer forma, aplica-se às duas hipóteses o art. 119 do CC, pelo qual é "**anulável** o negócio concluído pelo **representante em conflito de interesses** com o representado, se tal fato era ou devia ser de conhecimento de quem com aquele tratou" (g.n.).

A **incapacidade absoluta**, portanto, pode ser conceituada como a *proibição total do exercício do direito pelo incapaz.* O direito é tão radical nesse ponto que, ainda que os atos beneficiem os absolutamente incapazes, serão nulos se não praticados por seus representantes.

Confiram-se as **espécies** de absolutamente incapazes antes da modificação no art. 3º do Código Civil, promovida pelo art. 114 da Lei 13.146/2015 (Estatuto da Pessoa com Deficiência), que passou a considerar absolutamente incapazes apenas os menores de 16 anos:

a) Os menores de 16 anos.

Os menores de 16 anos não teriam, segundo a lei, atingido o discernimento para distinguir o que podem ou não fazer e mesmo para discernir o que lhes é ou não conveniente.

Tais menores eram chamados de *impúberes*, reservando-se a expressão menores *púberes* aos que tinham entre 16 e 18 anos. Essas denominações são impróprias em relação ao que dispõe hoje a lei, visto que a puberdade não se inicia aos 16 anos, mas bem antes.

b) Os que, por enfermidade ou deficiência mental, não tiverem o necessário discernimento para a prática dos atos da vida civil.

Fábio Ulhoa Coelho distingue *enfermidade* de *deficiência* mental. Diz que deficiência mental é um *estado* e, como tal, em poucos casos, poderá ser evitada ou curada. Já a enfermidade mental é uma lesão à saúde, de efeitos mais ou menos prolongados, com maior possibilidade de cura.

Assim, aquele que é são e passa a desenvolver uma doença mental deve ser considerado um *enfermo* mental; aquele que já nascer com o problema mental, um *deficiente* mental.

Podemos **conceituar enfermidade** ou **deficiência mental** como *o comprometimento das faculdades mentais que possibilitam à pessoa discernir o que melhor atende ao seu bem-estar.*

Mas não basta que haja uma enfermidade ou uma deficiência mental para que se configure essa espécie de absolutamente incapaz. É necessário que, de tal problema, resulte a **ausência do necessário discernimento** para a prática de atos da vida civil.

Ou seja, é necessário que a pessoa não tenha um *mínimo* de discernimento para a prática dos atos da vida civil. Quando a lei faz referência à *ausência do necessário discernimento*, só pode ter em mente, dada a gravidade da restrição, aqueles que não têm discernimento nenhum para a prática de atos. Assim, deve-se ler a expressão "não tiverem o necessário discernimento" como "não tiverem o mínimo discernimento" ou "não tiverem discernimento algum". Aquele que tem algum discernimento, mas que seja um discernimento reduzido, será um relativamente incapaz, como se verá.

A **senilidade**, por si só, não é causa bastante para que a pessoa seja interditada, o que somente se dará se a velhice por ventura originar um estado patológico, como a arteriosclerose, devendo-se verificar se de fato o discernimento sofreu abalo. Se a doença apenas o reduziu, o idoso será considerado relativamente incapaz; se o extirpou por completo, absolutamente incapaz.

Também não gera a incapacidade jurídica a **deficiência física**. Um cego ou surdo, por exemplo, são pessoas capazes, podendo exercer diretamente seus direitos e deveres. Tornam-se incapazes ou plenamente capazes nas mesmas situações que o não deficiente físico.

Novidade trazida pelo atual Código Civil era a possibilidade de o enfermo (não necessariamente mental) e o deficiente físico, voluntariamente, requererem que o juiz nomeie curador para cuidar de todos ou alguns de seus negócios ou bens (art. 1.780), tudo a facilitar a prática de atos de seu interesse. Tal situação se assemelha a um mandato, com a diferença de que o curador tem o dever de prestar contas com muito mais rigor. Difere da curatela normal pelo fato de o curatelado poder, a qualquer tempo, pedir seu levantamento.

Essa disposição do art. 1.780 do Código Civil foi revogada pela Lei 13.146/2015, que, no seu lugar criou o instituto da "Tomada de Decisão Apoiada", previsto no art. 1.783-A, o qual tem o seguinte teor:

"Art. 1.783-A. A tomada de decisão apoiada é o processo pelo qual a pessoa com deficiência elege pelo menos 2 (duas) pessoas idôneas, com as quais mantenha vínculos e que gozem de sua confiança, para prestar-lhe apoio na tomada de decisão sobre atos da vida civil, fornecendo-lhes os elementos e informações necessários para que possa exercer sua capacidade.

§ 1º Para formular pedido de tomada de decisão apoiada, a pessoa com deficiência e os apoiadores devem apresentar termo em que constem os limites do apoio a ser oferecido e os compromissos dos apoiadores, inclusive o prazo de vigência do acordo e o respeito à vontade, aos direitos e aos interesses da pessoa que devem apoiar.

§ 2º O pedido de tomada de decisão apoiada será requerido pela pessoa a ser apoiada, com indicação expressa das pessoas aptas a prestarem o apoio previsto no *caput* deste artigo.

§ 3º Antes de se pronunciar sobre o pedido de tomada de decisão apoiada, o juiz, assistido por equipe multidisciplinar, após oitiva do Ministério Público, ouvirá pessoalmente o requerente e as pessoas que lhe prestarão apoio.

§ 4º A decisão tomada por pessoa apoiada terá validade e efeitos sobre terceiros, sem restrições, desde que esteja inserida nos limites do apoio acordado.

§ 5º Terceiro com quem a pessoa apoiada mantenha relação negocial pode solicitar que os apoiadores contra-assinem o contrato ou acordo, especificando, por escrito, sua função em relação ao apoiado.

§ 6º Em caso de negócio jurídico que possa trazer risco ou prejuízo relevante, havendo divergência de opiniões entre a pessoa apoiada e um dos apoiadores, deverá o juiz, ouvido o Ministério Público, decidir sobre a questão.

§ 7º Se o apoiador agir com negligência, exercer pressão indevida ou não adimplir as obrigações assumidas, poderá a pessoa apoiada ou qualquer pessoa apresentar denúncia ao Ministério Público ou ao juiz.

§ 8º Se procedente a denúncia, o juiz destituirá o apoiador e nomeará, ouvida a pessoa apoiada e se for de seu interesse, outra pessoa para prestação de apoio.

§ 9º A pessoa apoiada pode, a qualquer tempo, solicitar o término de acordo firmado em processo de tomada de decisão apoiada.

§ 10. O apoiador pode solicitar ao juiz a exclusão de sua participação do processo de tomada de decisão apoiada, sendo seu desligamento condicionado à manifestação do juiz sobre a matéria.

§ 11. Aplicam-se à tomada de decisão apoiada, no que couber, as disposições referentes à prestação de contas na curatela."

c) Os que, mesmo por causa transitória, não puderem exprimir sua vontade.

Não poder exprimir a vontade é o mesmo que *ter obstruída, por motivo físico ou psíquico, a possibilidade de manifestação da vontade*. Quem estiver nessa condição, ainda que por uma causa transitória, será considerado absolutamente incapaz.

Pode até se tratar de alguém que tenha discernimento. Basta que não consiga manifestar sua vontade para que possa ser interditada a fim de que outro se expresse por ela.

É importante, ainda, notar que a impossibilidade de exprimir a vontade gerará a incapacidade absoluta, ainda que temporária. Vale trazer como exemplo a situação daquele que se encontra em coma profundo.

Os surdos-mudos que não consigam exprimir sua vontade, por não terem recebido educação adequada, também podem se enquadrar na espécie.

Essa hipótese de incapacidade absoluta (Os que, mesmo por causa transitória, não puderem exprimir sua vontade) agora é hipótese de incapacidade relativa (art. 4º, III, do Código Civil).

A modificação no art. 3º do Código Civil promovida Estatuto da Pessoa com Deficiência tem *vacatio legis* de 180 dias, contados de 07 de julho de 2015.

Finda a *vacatio legis*, esses dois casos que não dizem respeito ao menor de 16 anos (os que, por enfermidade ou deficiência mental, não tiverem o necessário discernimento para a prática dos atos da vida civil; e os que, mesmo por causa transitória, não puderem exprimir sua vontade), caso acometam uma pessoa maior farão com que esta pessoa ou seja considerada plenamente capaz ou, caso se enquadre em qualquer dos casos do art. 4º do Código Civil (os ébrios habituais e os viciados em tóxico, aqueles que, por causa transitória ou permanente, não puderem exprimir sua vontade; e os pródigos), seja considerada relativamente incapaz.

O objetivo dessa lei é proteger a dignidade da pessoa com deficiência, eliminando os casos que davam ensejo à interdição absoluta de uma pessoa e diminuindo também os casos que davam ensejo à incapacidade relativa, já que ficou excluída essa incapacidade quanto àqueles que têm Síndrome de Down, por exemplo, dada a abolição da hipótese dessa incapacidade para aquele que não tivesse desenvolvimento mental completo.

2.1.8. Relativamente incapazes

Relativamente incapazes são *os que não podem exercer sozinhos a grande maioria dos atos civis, necessitando de assistência de alguém com capacidade plena, que praticará junto com o incapaz os atos jurídicos de seu interesse* (art. 4º do CC).

Será anulável a prática de ato jurídico sem a presença de assistente (art. 171, I, do CC). Este supre a incapacidade. Uma diferença que se tem aqui é que, caso o incapaz não queira praticar o ato, esse não se realizará, pois ele é quem o pratica, ainda que assistido.

Além disso, a lei permite que o relativamente incapaz exerça sozinho alguns atos civis. Aquele que tem entre 16 e 18 anos, por exemplo, pode sozinho (sem assistência): aceitar mandato (art. 666 do CC), fazer testamento (art. 1.860, parágrafo único, do CC), ser testemunha em atos jurídicos (art. 228, I, do CC), dentre outros.

Os pródigos, por sua vez, podem praticar sozinhos todos os atos de mera administração de seu patrimônio (art. 1.782 do CC). Por fim, vale lembrar que o Código Civil em vigor inovou ao dispor que o juiz, quantos aos relativamente incapazes, assinará, segundo as potencialidades da pessoa, os limites da curatela, podendo dispor quais atos o incapaz poderá praticar sozinho (art. 1.772 do CC).

Confiram-se as **espécies** de relativamente incapazes antes da modificação feita pelo Estatuto da Pessoa com Deficiência:

a) Os maiores de 16 e menores de 18 anos.

A experiência de vida dos que têm entre 16 e 18 anos não é, presume a lei, suficiente para que sejam considerados plenamente capazes. De outra parte, essas pessoas têm maior grau de amadurecimento que os menores de 16 anos, portanto merecem tratamento diferenciado.

Praticado um ato civil que não esteja autorizado a fazer sozinho, sem a assistência de um responsável legal, o ato será anulável. Entretanto, o menor não poderá invocar sua pouca idade para eximir-se da obrigação que tenha contraído, quando dolosamente a tiver ocultado, ao ser inquirido pela outra parte, ou se espontaneamente se disser maior (art. 180 do CC).

Ademais, "a incapacidade relativa de uma das partes não pode ser invocada pela outra em benefício próprio, nem aproveita aos cointeressados capazes, salvo se, neste caso, for indivisível o objeto do direito ou da obrigação comum" (art. 105 do CC).

Apesar de não ser questão específica dos relativamente incapazes, deve-se destacar que "ninguém poderá reclamar o que, por uma obrigação anulada, pagou a um incapaz, se não provar que reverteu em proveito dele a importância paga" (art. 181 do CC).

O menor relativamente incapaz, além de poder aceitar mandato (art. 666 do CC), fazer testamento (art. 1.860, parágrafo único, do CC) e ser testemunha em atos jurídicos (art. 228, I, do CC), como vimos, pode também celebrar contrato de trabalho e ser eleitor (art. 14, § 1º, II, "c", da CF).

Essa hipótese de relativamente incapaz (os maiores de 16 e menores de 18 anos) foi mantida pela alteração promovida pela Lei 13.146/15.

b) Os ébrios habituais, os viciados em tóxicos e os que, por deficiência mental, tenham discernimento reduzido.

Deve-se entender por **ébrio habitual** o *dependente de álcool, ou seja, o alcoólatra ou dipsômano*. Hoje vem sendo muito usada a expressão "alcoólico" para designar o dependente de álcool, uma vez que a expressão "alcoólatra" tem caráter muito pejorativo na sociedade.

Quanto aos **toxicômanos,** não há dúvida quanto à necessidade de haver dependência, já que a lei usa a expressão "viciados", que a identifica.

Quer-se evitar nos dois casos, principalmente, a ruína econômica do indivíduo. Vale salientar que, caso a dependência leve a situações como: a) impossibilidade de a pessoa se expressar; ou b) enfermidade mental que propicie a ausência do necessário discernimento, estaremos diante de hipótese de incapacidade absoluta.

A terceira hipótese do dispositivo é a do **portador de deficiência mental que tiver um discernimento reduzido**, questão já tratada no tópico precedente. Vale lembrar que, aqui, existe ainda alguma capacidade de entendimento, mas menor que a daquele que está com a plena faculdade mental.

As hipóteses dos "ébrios habituais" e dos "viciados em tóxicos", como relativamente incapazes, foram mantidas pela alteração promovida pela Lei 13.146/15, mas a hipótese daqueles que "por deficiência mental, tenham discernimento reduzido" foi excluída por essa lei.

c) Os excepcionais, sem desenvolvimento mental completo.

Maria Helena Diniz ensina que tal situação abrange os fracos de mente, os surdos-mudos e os portadores de anomalia psíquica, que apresentem sinais de desenvolvimento mental incompleto, comprovados e declarados em sentença de interdição, tornando-os incapazes de praticar atos na vida civil, sem a assistência de um curador.

Serve como exemplo, também, a situação de alguns portadores da síndrome de Down.

Excepcionais *com desenvolvimento mental completo* são totalmente capazes. Excepcionais *sem o desenvolvimento mental completo* são relativamente capazes. E excepcionais *sem o necessário discernimento* eram considerados absolutamente incapazes antes da edição da Lei 13.146/2015.

De qualquer forma, essa hipótese de relativamente incapaz (os excepcionais, sem desenvolvimento mental completo) foi excluída pela alteração promovida pela Lei 13.146/15.

d) Os pródigos.

Podemos definir **pródigo** como *aquele que dissipa seu patrimônio sem controle.*

A prodigalidade pode se dar das seguintes formas: a) *oniomania*, perturbação mental que provoca o portador a adquirir descontroladamente tudo o que tiver vontade; b) *cibomania*, perturbação que leva à dilapidação patrimonial em jogos de azar; c) *imoralidade*, que leva ao descontrole de gastos para satisfação de impulsos sexuais

O pródigo, em verdade, só fica privado da prática de atos que possam comprometer o seu patrimônio, não podendo, sem assistência de seu curador, alienar, emprestar, dar quitação, transigir, hipotecar, agir em juízo e praticar atos que não sejam de mera administração (*vide* arts. 1.767, V, e 1.782 do CC). Pode casar (mas não dispor sobre o regime de bens sozinho), mudar de domicílio, exercer o poder familiar, contratar empregados domésticos etc..

Essa hipótese de relativamente incapaz (os pródigos) foi mantida pela alteração promovida pela Lei 13.146/15.

A Lei 13.146/15 estabeleceu como hipótese de relativamente incapaz a daqueles "que, por causa transitória ou permanente, não puderem exprimir a sua vontade". Tirando a hipótese dos dependentes químicos e dos pródigos é nessa hipótese que se tentará enquadrar casos mais graves de problemas mentais (por exemplo, os psicopatas), para que estes sejam considerados relativamente incapazes também e, assim, poderem ser interditados.

2.1.9. Interdição

No que se refere aos incapazes por motivo de idade, o simples fato de a terem inferior a 16 anos (absolutamente incapazes) e entre 16 e 18 anos (relativamente incapazes) já faz com que sejam reconhecidos como tais.

Já no que se refere aos demais casos de incapacidade, somente um pronunciamento judicial e o preenchimento de certas formalidades fará com que não se questione a condição de incapaz de uma dada pessoa.

O art. 1.767 do CC prevê os casos em que caberá a interdição ou a curatela, que, agora com a modificação feita pelo Estatuto da Pessoa com Deficiência, limitam-se aos casos de incapacidade relativa previstos nos incisos II, III e IV do art. 4º do Código Civil, quais sejam, os ébrios habituais e os viciados em tóxico; aqueles que, por causa transitória ou permanente, não puderem exprimir sua vontade; e os pródigos. Vale lembrar que, apesar da eliminação da interdição para pessoas com desenvolvimento mental incompleto ou sem o necessário discernimento, agora cabe interdição daqueles que não podem exprimir sua vontade por motivo transitório, os quais, em que pese serem considerados incapazes naquela situação, não podiam ser interditados antes dessa modificação.

O processo de interdição é o meio adequado ao pronunciamento judicial da incapacidade. Seu objetivo é aferir a existência e, se for o caso, o grau de incapacidade de uma pessoa.

Segundo o art. 1.768 do CC, são legitimados ativos para a demanda: os pais ou tutores; o cônjuge (ou o companheiro, segundo entendimento doutrinário); qualquer parente; e o Ministério Público, este só em caso de deficiência mental ou intelectual ou subsidiariamente aos demais (por não existirem, por não promoverem a interdição ou por serem incapazes). Segundo o art. 1.770 do CC, no caso de interdição promovida pelo Ministério Público, o juiz nomeará defensor (curador especial) ao suposto incapaz; nos demais casos, o Ministério Público será o defensor.

A Lei 13.146/2015 passou a legitimar também a própria pessoa incapaz para promover a ação interdição (art. 1.768, IV).

Estranhamente, o novo Código de Processo Civil, com vigor a partir de final de março de 2016, revogou os arts. 1.768 a 1.773 Código Civil, dispositivos esses que, à exceção dos arts. 1.770 e 1.773, tiveram novas redações trazidas pelo Estatuto da Pessoa com Deficiência, norma posterior e que, portanto, restaura, em nossa opinião, os dispositivos revogados e que por esta nova norma foram tratados.

Antes de pronunciar a interdição, deve o juiz, que deverá ser assistido por equipe multidisciplinar, entrevistará pessoalmente o interditando (art. 1.771 do CC).

Pronunciada a interdição, o juiz determinará, segundo as potencialidades da pessoa, os limites da curatela (art. 1.772 do CC). Segundo o parágrafo único do art. 1.772, acrescido pela Lei 13.146/2015, "para a escolha do curador, o juiz levará em conta a vontade e as preferências do interditando, a ausência de conflito de interesses e de influência indevida, a proporcionalidade e a adequação às circunstâncias da pessoa".

Segundo o art. 1.775, *caput* e parágrafos, do CC, a nomeação do curador segue a seguinte ordem preferencial: cônjuge ou companheiro; na falta, os pais; na falta desses, os descendentes mais próximos. São os casos de curatela legítima. Não havendo pessoas nessa condição, compete ao juiz a escolha do curador (curatela dativa).

Segundo o art. 1.775-A, acrescido pela Lei 13.146/15, "Na nomeação de curador para a pessoa com deficiência, o juiz poderá estabelecer curatela compartilhada a mais de uma pessoa".

Quanto às pessoas que, por causa transitória ou permanente, não puderem exprimir a sua vontade, "receberão todo o apoio necessário para ter preservado o direito à convivência familiar e comunitária, sendo evitado o seu recolhimento em estabelecimento que os afaste desse convívio", nos termos da nova redação dada pela Lei 13.146/15.

A autoridade do curador estende-se à pessoa e aos bens dos filhos do curatelado (art. 1.778 do CC).

A lei prevê o levantamento da interdição cessada a causa que a determinou. A incapacidade termina, normalmente, por desaparecerem as causas que a determinaram, como na hipótese de cura de enfermidade mental. Deve ser feita a averbação no Registro Público competente da sentença que põe fim à interdição.

O novo Código de Processo Civil traz as normas processuais sobre a interdição em seus arts. 747 a 758, valendo salientar que, ao nosso ver, eventual dúvida entre norma do novo CPC e norma trazida pelo Estatuto da Pessoa com Deficiência sobre a mesma questão, prevalecerá este último diploma, por ser norma elaborada posteriormente, ainda que os diplomas entrem em vigor em momentos diferentes.

2.1.10. Emancipação

Emancipação pode ser **conceituada** como o *fim da menoridade antes da idade prevista em lei* ou como a antecipação da capacidade plena.

A **consequência** imediata da emancipação é *habilitar a pessoa à prática de todos os atos da vida civil* (art. 5º, *caput, do CC*). Outras consequências são a possibilidade de o emancipado ser responsabilizado civilmente sem benefício algum e a cessação do direito automático de pedir pensão alimentícia.

As espécies de emancipação são as seguintes:

a) Voluntária (ou direta): é a concedida pelos pais, ou por um deles na falta do outro, mediante instrumento público inscrito no Registro Civil competente (Lei 6.015/73, art. 29, IV, 89 e 90), independentemente de homologação judicial, ao menor que tenha 16 anos completos.

Há de se ponderar que doutrina e jurisprudência consideram que a emancipação voluntária não exonera os pais da responsabilidade pelos atos ilícitos praticados pelo filho que ainda não tiver completado 18 anos. Confira-se: "a única hipótese em que poderá haver responsabilidade solidária do menor de 18 anos com seus pais é ter sido emancipado nos termos do art. 5º, parágrafo único, inciso I, do no Código Civil" (Enunciado nº 41 das JDC/CJF);

b) Judicial: é a concedida pelo juiz, ouvido o tutor, desde que o menor tenha 16 anos completos;

c) Legal: é a que decorre da ocorrência de certos eventos previstos em lei. Tal emancipação não depende de registro para produzir efeitos. Eventual demanda promovida para ver reconhecida a emancipação nos casos abaixo tem mera função de gerar maior segurança jurídica ao interessado.

O **casamento** é a primeira causa, seja qual for a idade do nubente. Pode acontecer de ocorrer emancipação até de alguém que se casou antes da idade núbil, por suprimento judicial. Não faz sentido que uma pessoa que constituiu família continue sob a autoridade de outrem. A emancipação não é afetada pelo fim do casamento, salvo em caso de invalidação deste quanto ao que estiver de má-fé, segundo corrente majoritária.

Outra causa é o **exercício *de emprego público efetivo***. Vale ressaltar que, aqui, também não há idade mínima prevista na lei. Estão excluídas situações temporárias, tais como estágios, contratações temporárias e investidura em cargo em comissão. De qualquer forma, será hipótese pouco provável de acontecer, visto que, normalmente, os estatutos do funcionalismo preveem a idade mínima de 18 anos para o ingresso em função pública.

Outro motivo é a **colação de grau em curso superior**, também independe da idade. Trata-se de mais uma hipótese bastante rara, mormente agora em que a maioridade é atingida aos 18 anos.

E, ainda, pelo ***estabelecimento civil ou comercial, ou pela existência de relação de emprego, desde que, em função deles, o menor com 16 anos completos tenha economia própria***. O fato de o menor ter economia própria, ou seja, conseguir prover seu próprio sustento, é demonstração de que é dotado de experiência e amadurecimento suficientes para a prática de atos da vida civil. Entendemos que eventual demissão superveniente do emancipado não o torna novamente incapaz, já que os requisitos para a emancipação são de difícil configuração e demonstram efetivamente o amadurecimento necessário para o exercício pleno dos atos da vida civil.

2.1.11. *Fim da personalidade*

Deve-se tratar, agora, do **fim da personalidade**. Dispõe o art. 6º do CC que "a existência da pessoa natural termina com a morte". Com a morte, extingue-se a personalidade, passando-se os direitos e as obrigações do morto (essas no limite das possibilidades da herança) aos seus sucessores. Tais direitos e obrigações, denominados espólio, não têm personalidade, ou seja, não tem a qualificação que lhes conferiria a autorização genérica para praticar atos jurídicos; mas são sujeitos de direitos, visto que estão autorizados, por meio das pessoas indicadas na lei, a praticar certos atos, como ingressar com ação para cobrar determinada quantia devida ao monte.

São **consequências** da morte as seguintes: extinção do poder familiar, dissolução do casamento, abertura da sucessão, extinção dos contratos personalíssimos; mas fica mantida a vontade expressada pelo falecido em testamento e preservam-se alguns direitos da personalidade (relativos ao cadáver, à imagem, ao nome e aos direitos de autor).

A **morte** pode ser de três tipos: real, civil e presumida.

Morte real é *aquela certa, que pode ser atestada por exame médico*. Constatada a morte de uma pessoa, um médico fará um atestado de óbito. Na falta desse profissional, duas pessoas qualificadas que tiverem presenciado ou verificado a morte o farão. Com base no atestado de óbito será feita a lavratura do assento de óbito no Registro Público competente. A partir desse assento é que será extraída a certidão de óbito. O enterro depende dessa certidão. A cremação será feita em virtude de vontade do falecido ou por motivo de saúde pública, dependendo de atestado de 2 (dois) médicos ou de médico legista e, caso se trate de morte violenta, de autorização judicial.

Comoriência é a *presunção de morte simultânea, que se aplica quando duas ou mais pessoas falecerem na mesma ocasião, sem que se possa determinar quem morreu primeiro*.

A importância do tema está no direito das sucessões. Se um dos mortos na mesma ocasião tiver falecido primeiro, isso poderá fazer com que o outro seja seu herdeiro. Se considerarmos que a morte se deu simultaneamente, nenhum dos dois herdará do outro.

Na França, a solução é diferente. Cria-se uma escala de possibilidades. Entre homem e mulher, presume-se que a mulher morreu primeiro. Entre o mais novo e o mais velho, presume-se que esse faleceu primeiro.

Morte civil *é aquela em que a lei considera morta para a prática de atos da vida jurídica pessoa ainda viva*. Trata-se de instituto abolido nas legislações modernas. No passado, era sanção que recaía sobre os escravos e sobre outras pessoas, por motivos políticos ou religiosos. Há resquícios do instituto em nossa lei na regulamentação da indignidade e da deserdação, nas quais o herdeiro excluído da sucessão é considerado "como se morto fosse". (arts. 1.814, 1.816 e 1.961 a 1.963 do CC).

Morte presumida é *a que decorre de declaração judicial da morte, sem decretação de ausência, em caso de perigo de vida ou guerra, ou de declaração de ausência quando se autoriza a abertura de sucessão definitiva*.

Com efeito, o art. 6º do CC diz que se tem a **morte presumida** "quanto aos ausentes, nos casos em que a lei autoriza a abertura da sucessão definitiva".

O art. 7º do CC assevera que "pode ser declarada a morte presumida, **sem a decretação de ausência**: I – se for extremamente provável a morte de quem estava em perigo de vida; II – se alguém, desaparecido em campanha ou feito prisioneiro, não for encontrado até 2 (dois) anos após o término da guerra", dispondo o dispositivo em seu parágrafo único que "a declaração da morte presumida, nesses casos, somente poderá ser requerida depois de esgotadas as buscas e averiguações, devendo a sentença fixar a data provável do falecimento".

2.1.12. *Ausência*

Em caso de ***ausência***, ou seja, de uma pessoa **desaparecer** de seu domicílio sem deixar notícias ou procurador a quem caiba administrar seus bens e tenha interesse em fazê-lo, e de não ter se configurada nenhuma das hipóteses acima, pode o interessado ou o Ministério Público requerer ao juiz a **declaração de ausência** da pessoa, nomeando em favor dela um **curador** (o cônjuge, os pais ou os descendentes do desaparecido, nessa ordem, ou, na falta, alguém nomeado pelo juiz), que procederá à **arrecadação** dos bens do ausente, tudo na forma dos arts. 22 a 26 do CC (**fase da curadoria do ausente**).

Passado **1 (um) ano da arrecadação** dos bens do ausente, ou, se há procurador, passados 3 (três) anos, poderão os interessados requerer que se: a) declare a ausência; e que se b) **abra provisoriamente a sucessão**, que produzirá efeitos após 180 dias da publicação da respectiva sentença pela imprensa, efetuando-se o inventário e partilha dos bens (**fase da sucessão provisória**). *Vide* arts. 26 a 36 do CC.

Passados **10 (dez) anos do trânsito em julgado da sentença que abriu a sucessão provisória** ou 5 (cinco) anos das últimas notícias do ausente que já contar com 80 (oitenta) anos, poderão os interessados requerer a **sucessão definitiva**, procedendo-se ao **levantamento das cauções** que tiverem sido exigidas daqueles herdeiros que não eram ascendentes, descendentes ou cônjuges do ausente (**fase da sucessão definitiva**).

Caso o ausente não apareça nos 10 (dez) anos seguintes à abertura da sucessão definitiva, não terá mais direito algum às coisas deixadas. Se comparecer nesse período, terá direito aos bens existentes no estado em que se acharem, os sub-rogados em seu lugar, ou o preço que os herdeiros e demais interessados tiverem recebido pelos bens alienados depois daquele tempo.

Se, nos 10 (dez) anos a que se refere o parágrafo anterior, o ausente não regressar e **não houver interessado algum**, os bens arrecadados passarão ao Município ou ao Distrito Federal, se localizados nas respectivas circunscrições, incorporando-se à União se situados em território federal.

As disposições sobre a sucessão definitiva, no caso, estão nos arts. 37 a 39 do CC.

Por fim, vale anotar que, hoje, o ausente não é mais considerado um *incapaz*, mas alguém ***presumido morto*** pela lei a partir do momento em que é aberta a sucessão definitiva.

2.2. Direitos da Personalidade

2.2.1. *Conceito de Direitos da Personalidade*

Direitos da Personalidade *são aqueles que protegem características inerentes à pessoa*. São direitos que recaem sobre nossos atributos naturais e suas projeções sociais.

Os objetos de tais direitos são, portanto, os seguintes aspectos próprios da pessoa: a) sua integridade física (vida, corpo, partes do corpo); b) sua integridade intelectual (liberdades de pensamento e de expressão, autorias científica e artística); e c) sua integridade moral (intimidade, vida privada, honra, imagem e nome).

O CC preferiu não conceituar direitos da personalidade, mas dispôs que são intransmissíveis, irrenunciáveis e que seu exercício não é passível de sofrer limitações (art. 11 do CC).

De início, são protegidas as características próprias da pessoa natural. Todavia, o nascituro e a pessoa jurídica, no que couber, também estarão resguardados. O primeiro, em virtude do disposto no art. 2º, segunda parte, do CC. E o segundo, em razão do art. 52 do mesmo Código.

Já a pessoa jurídica terá protegidos interesses como o nome, a imagem e o segredo. Reconhecendo a existência de uma honra objetiva em favor desse tipo de pessoa, o STJ sumulou que "a pessoa jurídica pode sofrer dano moral" (Súmula 227).

2.2.2. Regime Jurídico Geral

Os direitos da personalidade são:

a) Absolutos: *oponíveis contra todos* ("erga omnes"). Esses direitos geram deveres de abstenção por parte de cada um de nós, inclusive do Estado. Enquanto num contrato há relatividade (só há efeitos relativamente a cada contratante), o direito à imagem, por exemplo, gera efeitos em face de todos, tratando-se, assim, de um direito oponível de modo absoluto;

b) Intransmissíveis: *não passíveis de cessão à esfera jurídica de outrem*. É importante destacar que a *titularidade* do direito é que não pode ser transmitida. O *exercício* do direito, todavia, pode ser transferido. Um exemplo: não se pode transmitir a um terceiro direito moral de que conste o nome do autor (ou um pseudônimo por ele criado) na obra de sua autoria. Mas é possível que se transfira a uma editora o direito de explorar economicamente a obra, reproduzindo-a e vendendo vários de seus exemplares. No segundo caso não se transferiu o direito como um todo, mas *parcela dos poderes* que tem o seu titular;

c) Irrenunciáveis: *não são passíveis de rejeição por parte de seu titular*. Não se pode renegar direitos da personalidade. Difere da intransmissibilidade, pois aquela diz respeito à cessão a um terceiro, ao passo que a renúncia abrange situações de desistência, de renegação. Assim, não se pode vender um órgão em virtude da intransmissibilidade. Não se pode pôr fim à vida em virtude da irrenunciabilidade;

d) Indisponíveis: *não são passíveis de se abrir mão, de disposição*. Essa regra, na verdade, engloba as duas anteriores. Quer dizer que os direitos da personalidade não podem ser transmitidos, objetos de renúncia ou objetos de abandono. É bom anotar que alguns poderes inerentes aos direitos de personalidade podem ser objetos de disposição, tais como os poderes de doar em vida órgãos, preenchidos determinados requisitos, de consentir na exposição da imagem e de permitir o acesso a informações da vida privada (sigilo bancário, por exemplo). Aliás, quanto aos dois últimos interesses, é possível que razões de interesse público justifiquem sua exposição, mesmo sem o consentimento do titular do direito;

e) Ilimitados: *abrangem interesses imanentes ao ser humano, ainda que não mencionados expressamente pela lei ou que não identificados pela ciência*. Assim, mesmo que não identificados expressamente como direitos da personalidade, têm essa natureza os direitos a alimentos, ao planejamento familiar, à dignidade, ao culto religioso etc.

f) Imprescritíveis: *não são passíveis de perda pelo decurso do tempo*. Não é porque o autor de um texto o fez há 30 anos, por exemplo, que perderá os direitos de personalidade correspondentes. Por outro lado, violado o direito, e nascida a pretensão de reparação civil, começa a correr prazo prescricional. Normalmente, o prazo para se pedir uma indenização pela violação do direito é de 3 anos. Exemplo da imprescritibilidade dos direitos da personalidade é o que diz respeito à pretensão para a compensação por danos morais em razão de acontecimentos que maculam tão vastamente os direitos da personalidade, como a tortura e a morte. Nesse sentido, o Superior Tribunal de Justiça reconhece ser imprescritível tal pretensão quando se tratar de perseguição política na época da ditadura (AgRg no RE 1.163.157);

g) Impenhoráveis: *não são passíveis de constrição judicial*. Dessa forma, não posso penhorar um órgão de uma pessoa, nem o seu nome, muito menos os direitos morais que têm em relação à obra que tiver criado. Mas é possível a penhora de frutos econômicos dos interesses protegidos pelos direitos da personalidade, ressalvada a quantia correspondente ao necessário para a sobrevivência do autor (CPC, art. 649, IV; art. 833, IV, do novo CPC);

h) Inexpropriáveis: *não são passíveis de desapropriação*. O Estado pode, mediante indenização, despojar compulsoriamente uma pessoa de sua propriedade, em caso de interesse público. Nada obstante, não poderá fazê-lo em relação a direitos da personalidade, ideia que decorre de se tratar de direito indisponível;

i) Vitalícios: *acompanham a pessoa até a sua morte*. Alguns direitos, inclusive, são resguardados mesmo depois da morte, como o respeito ao corpo do morto, à sua honra e à sua memória, bem como os direitos morais do autor. Prova disso é que o parágrafo único do art. 12 do CC diz que tem legitimação para fazer cessar a ameaça ou a lesão a direito da personalidade do morto, o cônjuge sobrevivente, ou qualquer parente em linha reta, ou colateral até o quarto grau.

2.2.3. Garantias do Regime Jurídico Geral

Violado ou ameaçado de ser violado um direito da personalidade, pode-se reclamar em juízo as seguintes sanções (CC, art. 12):

a) cessação da ameaça ou da lesão ao direito;

b) perdas e danos;

c) demais sanções previstas em lei.

Assim, se alguém verificar a existência de uma foto sua num *outdoor* com fins publicitários, sem a necessária autorização, poderá pedir a retirada do cartaz (a) e uma indenização por danos materiais e morais porventura existentes (b). Um autor que verificar a reprodução indevida de sua obra também poderá pedir sua retirada de circulação (a), uma indenização por danos materiais e morais (b), além de poder ficar com os exemplares da obra reproduzida e de poder representar o ofensor na esfera criminal (c).

Repare que a lei permite um atuar repressivo (para cessar a lesão) e uma atitude preventiva (em caso de ameaça de lesão). Para fins destas possibilidades, será de grande valia a ação cominatória.

São partes legítimas para requerer a aplicação de tais sanções a própria pessoa lesada, por si ou por seu representante, e, caso já falecida, o cônjuge sobrevivente, ou qualquer parente em linha reta, ou colateral até o quarto grau (art. 12, parágrafo único, do CC). Repare que há uma lacuna nesse dispositivo. Não se incluiu o companheiro no rol dos legitimados. Se a finalidade da lei é possibilitar que pessoas presumidamente próximas ao morto e que também são sucessoras dele estejam legitimadas, não há justificativa para a exclusão do companheiro, que também tem presumida afetividade em relação ao falecido, além de ser sucessor deste. Nesse sentido, o Enunciado 275 das Jornadas de Direito Civil entende que o rol dos legitimados presentes nos arts. 12 e 20 do CC compreende o companheiro. E o Enunciado 398, das mesmas Jornadas, entende que as medidas previstas no art. 12, parágrafo único, do CC podem ser invocadas por qualquer uma das pessoas ali mencionadas de forma concorrente e autônoma.

2.2.4. *Regimes Jurídicos Especiais*

O CC disciplina de modo especial a proteção do próprio corpo (arts. 13 a 15 do CC), o direito ao nome (arts. 16 a 19), a proteção aos escritos, à palavra e à imagem (art. 20) e a proteção à vida privada (art. 21).

2.2.4.1. *Proteção do corpo*

2.2.4.1.1. Disposição do corpo em vida

O art. 13 do CC traz a seguinte **regra**: *é defeso o ato de disposição do próprio corpo, quando importar diminuição permanente da integridade física, ou contrariar os bons costumes.*

O parágrafo único e o *caput* do art. 13 trazem as seguintes **exceções**: a) em caso de *exigência médica;* e b) *para fins de transplante*, na forma estabelecida em lei especial.

Isso significa que não se pode dispor do corpo em duas situações: a) se isso importar em diminuição permanente da integridade física; b) se houver contrariedade aos bons costumes. Mas se estará autorizado: a) em caso de exigência médica; e b) para fins de transplante.

A expressão *diminuição permanente* proíbe, portanto, que alguém corte o próprio braço ou a própria perna, uma vez que tais condutas são irreversíveis. E a frase *contrariar bons costumes* proíbe, por exemplo, que alguém se machuque intencionalmente, mesmo que sem diminuição permanente da integridade física.

Os bens jurídicos tutelados pelo dispositivo são a saúde humana e os bons costumes. Assim, não fere a lei a colocação de adereços (brincos, *piercings*), uma vez que, se é que importam em diminuição permanente, não afetam a saúde da pessoa. O mesmo se pode dizer de cirurgias plásticas, que, se feitas segundo as regras técnicas, não afetam a saúde da pessoa, além de não contrariarem os bons costumes.

Nos casos em que houver exigência médica, como quando se amputa uma perna por motivo de doença ou se retira parte do intestino em virtude de câncer, ou até quando se faz cirurgia para a redução do estômago, a diminuição permanente estará autorizada. Entende-se abarcado no requisito da "exigência médica" a cirurgia de mudança de sexo, já que a doutrina entende que essa expressão *refere-se tanto ao bem-estar físico quanto ao bem-estar psíquico do disponente* (v. Enunciados 6 e 276 das JDC/CJF). Nesse sentido, a Resolução nº 1.955/2010 do Conselho Federal de Medicina traz os requisitos para a cirurgia de mudança de sexo.

A outra exceção (para fins de transplante) está regulada na Lei 9.434/97. Essa lei permite a disposição de tecidos (não se regula a disposição de sangue, de esperma e de óvulo), órgãos ou partes do corpo vivo, atendidos os seguintes requisitos (art. 9º da Lei):

a) deverá ser gratuita a disposição;

b) deverá o doador ser capaz; o incapaz só poderá doar medula óssea, desde que ambos os pais e o juiz autorizem e não haja risco para sua saúde; a gestante só poderá doar tecido para transplante de medula óssea, desde que não haja risco à sua saúde ou ao feto;

c) dever-se-á tratar de órgãos duplos, de partes de órgãos, tecidos ou partes do corpo cuja retirada não impeça o organismo doador de continuar vivendo sem risco para a sua integridade e não represente grave comprometimento de suas aptidões vitais e saúde mental e não cause mutilação ou deformação inaceitável;

d) deverá estar presente uma necessidade terapêutica comprovadamente indispensável ao receptor;

e) deverá o doador autorizar, preferencialmente por escrito e diante de testemunhas, especificamente o tecido, o órgão ou a parte do corpo objeto da retirada;

f) deverá o juiz autorizar a doação, salvo em relação à medula óssea e em relação à doação para cônjuge ou parentes consanguíneos até quarto grau inclusive;

g) poderá o doador revogar a doação a qualquer momento antes de sua concretização;

h) a realização de transplantes ou enxertos só poderá ser realizada por estabelecimento de saúde autorizado pelo SUS.

2.2.4.1.2. Disposição do corpo para depois da morte

O art. 14 do CC traz a seguinte **regra**: *é válida, com objetivo científico ou altruístico, a disposição gratuita do próprio corpo, no todo ou em parte, para depois da morte.*

A expressão *objetivo científico* diz respeito aos casos em que se deixa o corpo ou partes do corpo para fins de estudos (ex.: para uma faculdade de medicina). Já a expressão *objetivo altruístico* se refere aos casos em que está a se preocupar com o bem-estar alheio, como quando se deixa elemento do corpo para fins de transplante em favor de quem precisa de um tecido (ex.: córnea), de um órgão (ex.: coração) ou de parte do corpo (ex.: fígado).

A Lei 9.434/97 permite a retirada *post mortem* de tecidos (não se regula a disposição de sangue, de esperma e de óvulo), órgãos ou partes do corpo humano, destinados a transplante ou tratamento, atendidos os seguintes requisitos (arts. 3º a 8º da Lei):

a) deverá ser gratuita a disposição;

b) deverá ser precedida de diagnóstico de morte encefálica, constatada e registrada por dois médicos não participantes das equipes de remoção e transplante; os prontuários médicos serão mantidos na instituição por um período mínimo de 5 anos;

c) deverá ser admitida a presença de médico de confiança da família do falecido no ato de comprovação e atestação da morte encefálica;

d) deverá ser feita mediante o *consenso afirmativo* do doador, não se presumindo sua vontade em doar; não existindo indicação da vontade do falecido (por meio de um documento, por exemplo), a retirada dependerá da autorização do cônjuge ou parente, maior de idade, obedecida a linha sucessória, reta ou colateral, até o segundo grau inclusive, firmada em documento subscrito por duas testemunhas presentes à verificação da morte (parece-nos haver lacuna na ausência do companheiro na regra); o Enunciado 277 das JDC/CJF é no sentido de que a manifestação expressa do doador de órgão em vida prevalece sobre a vontade dos familiares; assim, a aplicação do art. 4º da Lei 9.434/97 (que trata da autorização ou não pelos familiares) ficou restrita à hipótese de silêncio do potencial doador;

e) poderá o doador revogar a doação a qualquer momento;

f) é vedada a remoção quanto a pessoas não identificadas;

g) após a retirada, o corpo será condignamente recomposto para ser entregue, em seguida, aos parentes do morto ou aos seus responsáveis legais para sepultamento;

h) a realização de transplantes ou enxertos só poderá ser realizada por estabelecimento de saúde autorizado pelo SUS.

2.2.4.1.3. Tratamento e intervenção cirúrgica

O art. 15 do CC traz a seguinte **regra**: *ninguém pode ser constrangido a submeter-se, com risco de vida, a tratamento médico ou intervenção cirúrgica.*

Três princípios permeiam a regra em questão.

Pelo **princípio da informação**, *o paciente tem o direito de receber todas as informações relativas à sua situação, à possibilidade de tratamento e aos respectivos riscos* (*vide* arts. 6º, III, e 31 do CDC).

De acordo com o **princípio da autonomia**, *o profissional deve respeitar a vontade do paciente ou de seu representante, se aquele for incapaz.*

Já pelo **princípio da beneficência**, *a atuação médica deve buscar o bem-estar do paciente, evitando, sempre que possível, danos e riscos.*

A partir de tais princípios e da regra enunciada, percebe-se que o paciente tem o *direito de recusa a tratamento arriscado*. Assim, informado de que uma cirurgia para retirada de um tumor da cabeça gera um risco de morte, este é quem escolherá se deseja ou não fazê-la.

Quando não for possível consultar o paciente, e havendo situação de iminentes riscos para sua vida, o tratamento ou a intervenção cirúrgica deverão ser realizados, não respondendo o médico por constrangimento ilegal (art. 146, § 3º, I, do CP). Em situações como essas, o médico age em verdadeiro estado de necessidade, que é uma excludente da ilicitude.

2.2.4.2. Escritos, palavra e imagem

O art. 20 do CC traz a seguinte **regra**: *a divulgação de escritos, a transmissão da palavra, ou a publicação, a exposição ou a utilização da imagem de uma pessoa poderão ser proibidas, a seu requerimento e sem prejuízo da indenização que couber, se lhe atingirem a honra, a boa fama ou a respeitabilidade, ou se se destinarem a fins comerciais.*

O próprio art. 20 traz as seguintes **exceções** à impossibilidade de exposição daqueles interesses: a) se houver *autorização* da pessoa; b) se *necessário à administração da justiça*.

Ou seja, não se pode expor os escritos, a palavra e a imagem das pessoas em duas situações: a) se lhe atingir a honra; b) se tiver fins comerciais. Mas é possível expor tais interesses: a) se houver autorização; b) se necessário à administração da justiça.

A expressão *se lhe atingirem a honra, a boa fama ou a respeitabilidade* proíbe que alguém tenha, por exemplo, veiculada sua imagem de uma maneira difamatória. A frase *se se destinarem a fins comerciais* proíbe, por exemplo, que alguém tenha publicada sua foto em um informe publicitário ou em uma revista de "fofocas" sem sua autorização.

É importante lembrar que as **garantias** que a lei traz ao lesado são as seguintes: a) proibir a exposição; b) reclamar indenização. Apesar da não referência à aplicação das demais sanções previstas em lei, tal como está previsto no art. 12 (regime jurídico geral), tal providência é possível, como no caso em que a conduta do ofensor também configura crime (injúria, difamação ou calúnia, por exemplo). Ou quando se prevê o direito de resposta, proporcional ao agravo (art. 5º, V, da CF).

Em se tratando de morto ou de ausente, são partes **legítimas**: a) o cônjuge; b) os ascendentes ou descendentes. Em relação ao regime jurídico geral, repare que aqui não se elegeu os parentes colaterais até o quarto grau como legitimados. Repare, ainda, que mais uma vez parece haver uma lacuna, ao não se legitimar o companheiro.

São três os interesses protegidos pelas regras: a) os escritos (expressados em documento); b) a palavra (expressada pela voz); c) a imagem (retrato e atributo).

Os **escritos** encontram regramento especial na Lei 9.610/98 (Lei sobre Direitos Autorais), que protege "os textos de obras literárias, artísticas ou científicas", dentre outros (art. 7º da Lei).

As **palavras** também encontram regramento especial nessa Lei, que protege "as conferências, alocuções, sermões e outras obras da mesma natureza", dentre outras (art. 7º da Lei).

Quanto à **imagem**, essa deve ser dividida em duas espécies.

a) imagem-retrato: *consiste na reprodução gráfica da figura humana, podendo se referir a partes do corpo também, como a voz e as pernas.* São exemplos: o retrato, o desenho, a fotografia e a filmagem de uma pessoa. A imagem-retrato está protegida pelo art. 5º, X, da CF, pelo qual "são invioláveis a intimidade, a vida privada, a honra e a *imagem* das pessoas, assegurado o direito a indenização pelo dano material ou moral decorrente de sua violação";

b) imagem-atributo: *consiste no conjunto de características sociais do indivíduo, ou de dada pessoa jurídica, que o identifica socialmente.* Enquanto a imagem-retrato condiz com o retrato físico da pessoa, a imagem-atributo se refere a seu retrato social. A proteção a essa imagem está prevista no art. 5º, X, da CF, pelo qual fica assegurado "o direito de resposta, proporcional ao agravo, além da indenização por dano material, moral ou à *imagem*". Nessa, os agentes danosos são os meios de comunicação, ideia tirada do texto do dispositivo, que fala também em direito de resposta, extensível às pessoas jurídicas. Havendo violação da imagem-atributo, deve haver indenização, independente de demonstração de prejuízo econômico ou mesmo existência de dor profunda, mas simplesmente pelo *dano à imagem*, devendo a indenização seguir critério facilitado, distinto do dano material e moral. Repare que fala em "indenização por dano material, moral ou à imagem".

É importante trazer à tona alguns **temperamentos** à proteção em tela. Nenhum direito é absoluto. O direito à preservação da imagem encontra pontos de atrito com a *liberdade de expressão e de comunicação* e com o *direito de acesso à informação*.

O Supremo Tribunal Federal, no julgamento da ADPF 130 (p. em 06/11/09), ao julgar não recepcionada pela Constituição a Lei de Imprensa (Lei 5.250/67), **exarou entendimento no sentido de que, na ponderação de interesses entre os dois blocos de direitos da personalidade citados (liberdade de imprensa e de expressão x imagem, honra, intimidade e vida privada) prepondera o primeiro bloco, impedindo-se a censura prévia**. O segundo bloco incide posteriormente para fins de direito de resposta e responsabilidade civil, penal e administrativa.

É claro que não é qualquer fato que poderá ser livremente veiculado pela imprensa. Deve-se tratar de fato relevante para o indivíduo em sociedade. Caso contrário, pode haver abuso e, portanto, ensejo à reparação do dano causado ao ofendido. Tal se dá, por exemplo, com a divulgação por um jornal ou uma revista de elementos da intimidade ou da vida privada de artistas sem seu consentimento. Nesse caso, não há fato relevante para a vida social, conceito nobre, mas "fuxico", "fofoca", o que não está protegido no relevante direito de informação jornalística.

A manifestação abusiva da expressão, apesar de não poder ser censurada, pode sofrer coerções posteriores, principalmente as que envolvem o direito de resposta e a indenização por danos materiais e morais.

2.2.4.3. Vida privada

O art. 21 do CC traz a seguinte **regra**: *a vida privada da pessoa natural é inviolável, e o juiz, a requerimento do interessado, adotará as providências necessárias para impedir ou fazer cessar ato contrário a esta norma.*

É importante destacar que a **garantia** que a lei traz ao lesado é a seguinte: pode-se pedir ao juiz que impeça ou faça cessar a violação da vida privada. Apesar de não prevista no dispositivo, eventual violação também dá ensejo a que se reclame indenização (art. 5º, X, da CF). E, em que pese também a não referência à aplicação das demais sanções previstas em lei, tal como está previsto no art. 12 (regime jurídico geral), tal providência é possível, como no caso em que a conduta do ofensor também configura crime (interceptação indevida de conversa telefônica, por exemplo), em que se faculta a persecução criminal.

Apesar de o dispositivo se referir apenas à vida privada, são dois os interesses protegidos pela regra: a) a própria vida privada; e b) a intimidade.

Os direitos de inviolabilidade da vida privada e da intimidade são espécies do gênero **direito à privacidade**, *que é aquele de a pessoa manter informações privadas a seu respeito sob seu controle exclusivo*. Tal direito se traduz no direito de ser deixado tranquilo ou em paz.

A **intimidade**, por sua vez, é *o espaço que a pessoa tem consigo*. Diz respeito aos seus pensamentos, segredos, dúvidas existenciais e sonhos. O diário particular de uma pessoa contém informações sobre sua intimidade.

A **vida privada** consiste nos *espaços exteriores privados, ligados às relações familiares, de amizade e profissionais das pessoas*. Aqui temos suas correspondências e conversas telefônicas, os sigilos bancário e fiscal, as relações amorosas etc.

2.2.4.4. Direitos autorais

Quanto aos direitos autorais, a matéria é exaustivamente tratada na Lei 9.610/98, que regula os direitos de autor e os que lhe são conexos, reputados bens móveis para fins legais (art. 3º).

Tal lei **protege**, por exemplo, os textos de obras literárias, artísticas ou científicas, as obras musicais, coreográficas, fotográficas e cinematográficas, o desenho, a pintura, a escultura, dentre outras (art. 7º).

Não são objeto da proteção dos direitos autorais ideias, sistemas, métodos, projetos ou conceitos matemáticos como tais, formulários em branco, texto de atos oficiais, informações de uso comum como calendários, nomes, títulos isolados etc. (art. 8º).

A proteção à obra intelectual abrange o seu título, se original. A lei considera **autor** a pessoa física criadora de obra literária, artística ou científica, sem prejuízo da proteção às pessoas jurídicas nos casos previstos em lei (art. 11).

Não depende de registro a proteção aos direitos autorais (art. 18), podendo o autor registrar sua obra no órgão público de que trata o art. 17 da Lei 5.988/73 (art. 19).

Pertencem ao autor os direitos **patrimoniais** e **morais** sobre a obra que criou (art. 22). Os **direitos morais** do autor, inalienáveis e irrenunciáveis (art. 27), são, dentre outros, os seguintes: a) o de reivindicar, a qualquer tempo, a autoria da obra; b) o de ter seu nome ou sinal indicado como sendo o do autor na utilização de sua obra; c) o de conservar a obra inédita; d) o de assegurar sua integridade, opondo-se a quaisquer modificações; e e) o de modificá-la (art. 24).

Os primeiros quatro direitos são transmitidos aos sucessores por morte do autor. No que concerne aos direitos patrimoniais, depende de autorização prévia e expressa do autor a utilização da obra por outrem. Os herdeiros podem explorar economicamente a obra por 70 anos contados de 1º de janeiro do ano subsequente ao do falecimento do autor (como regra), ou da publicação da obra (no caso de obras anônimas ou pseudônimas), ou da sua divulgação (quanto às obras audiovisuais e fotográficas), conforme os arts. 41 a 44. Findo o período, a obra passará ao **domínio público**, o mesmo ocorrendo se não houver sucessores do autor falecido ou se for obra de autor desconhecido, ressalvada a proteção legal aos conhecimentos étnicos e tradicionais (art. 45).

Não constituem ofensa aos direitos autorais: a) a reprodução, em um só exemplar, de pequenos trechos, para uso privado do copista, desde que feita por este, sem intuito de lucro; b) a citação de passagens de qualquer obra, para fins de estudo ou crítica, indicando-se nome do autor e a origem da obra; c) o apanhado de lições em escola, vedada a publicação sem autorização expressa; d) a utilização de obras para demonstração à clientela; e) a representação teatral ou musical no recesso familiar ou para fins didáticos, na escola e sem fim lucrativo; f) as paráfrases e paródias que não forem reproduções da obra nem lhe impliquem descrédito; e g) a representação de obras situadas permanentemente em logradouros públicos (arts. 46 a 48).

A **transferência** dos direitos patrimoniais poderá ser dos seguintes tipos: a) transmissão total (salvo os direitos morais e os excluídos pela lei; se for definitiva, dependerá de contrato escrito); b) cessão total ou parcial (faz-se por escrito e se presume onerosa).

O titular do direito violado poderá requerer: i) a apreensão dos exemplares reproduzidos ou a suspensão da divulgação, ii) sem prejuízo da indenização cabível, iii) bem como a perda em seu favor dos exemplares apreendidos e iv) o pagamento do preço dos que tiverem sido vendidos (art. 102). Responde solidariamente com o contrafator aquele que vender, expuser, distribuir ou tiver a obra reproduzida com fraude.

2.2.4.5. Nome

Os arts. 16 a 18 do CC trazem a seguinte **regra**: *toda pessoa tem direito ao nome, que não pode ser empregado de modo que exponha a pessoa ao desprezo público, ainda que sem intenção difamatória, ou para fins de propaganda comercial sem autorização do seu titular.* O art. 19 dispõe que *o pseudônimo adotado para atividades lícitas goza da proteção que se dá ao nome.*

Por ser objeto de direito da personalidade, o nome é intransferível, irrenunciável e indisponível. O **princípio da imutabilidade**, todavia, sofre **exceções,** quando houver:

a) modificação no estado de filiação ou de paternidade: em virtude da procedência de ação negatória de filiação; reconhecimento, judicial ou voluntário, de paternidade; ou realização ou desfazimento de adoção. Muda-se o sobrenome apenas, salvo no caso de adoção de menores, em que é possível que se altere inclusive o prenome, a pedido do adotante ou do adotado (art. 47, § 5º, do ECA);

b) alteração do nome de um dos pais: modificando-se o nome familiar de um dos pais, será necessário fazer o mesmo em relação aos filhos;

c) casamento: qualquer um dos nubentes pode adotar o nome do outro (art. 1.565, § 1º, do CC);

d) dissolução da sociedade conjugal e do casamento: não é obrigatória a perda do nome do outro na separação e no divórcio (arts. 1.578 e 1.571, § 2º, do CC). Todavia, a requerimento do inocente e desde que não se revele prejuízo à outra parte, pode-se perder compulsoriamente o direito de continuar usando o nome de casado. Pode também o cônjuge inocente renunciar, a qualquer momento, ao direito de usar o sobrenome do outro;

e) pela união estável: o companheiro pode pedir ao juiz a averbação do patronímico do companheiro no seu registro de nascimento;

f) vontade daquele que tem entre 18 e 19 anos: o art. 56 da LRP faculta ao interessado, no primeiro ano após ter atingido a maioridade civil, requerer a alteração de seu nome, desde que não prejudique os apelidos de família, averbando-se a alteração que será publicada pela imprensa; o pedido pode ser feito administrativamente;

g) erro gráfico evidente: o art. 110 da LRP dispõe que a correção de erros de grafia poderá ser processada a partir do próprio cartório onde se encontrar o assentamento, mediante petição assinada pelo interessado, que será remetida ao Ministério Público e ao juiz, que despachará no prazo de 48 horas. Exemplo dessa situação é o daquele que recebeu o nome de "Osvardo", quando deveria ser "Osvaldo". Também ocorre quando se troca o "i" pelo "e" ou o "s" pelo "x" quando da grafia do patronímico. Prova-se o erro, neste caso, pela comparação com os documentos dos demais membros da família;

h) exposição do portador do nome ao ridículo: o art. 55, parágrafo único, da LRP impede que os oficiais do registro civil registrem prenome suscetíveis de expor ao ridículo seus portadores. Para que essa regra seja eficaz, há de se reconhecer que, caso o oficial atenda ao pedido dos pais numa situação dessas, nada impede que no futuro busque-se a modificação do nome em razão dessa circunstância. Nomes como Bin Laden e Adolph Hitler poderão dar ensejo ao pedido de modificação. Mas já houve casos em que se admitiu a modificação de nomes bastante comuns, como Raimunda;

i) apelido público notório: o art. 58 da LRP dispõe que o prenome é definitivo, admitindo-se sua substituição por apelidos públicos notórios. São exemplos: Lula, Xuxa e Pelé. A redação dada pela Lei 9.708/98 ao dispositivo em questão permite a "substituição" do prenome e não a mera "inserção" apelido público notório. Houve casos de modificação de "Amarildo" para "Amauri" e de "Maria" para "Marina". Basta provar em juízo que a pessoa é conhecida publicamente (no trabalho, na família, entre amigos etc.) por nome diverso do que consta em seus documentos; a prova se faz por testemunhas, por correspondências, por cadastros etc.;

j) necessidade para a proteção de vítimas e testemunhas de crimes: o § 7º do art. 57 da LRP admite a alteração de nome completo para proteção de vítimas e testemunhas de crimes, bem como de seu cônjuge, convivente, ascendentes, descendentes, inclusive filhos menores e dependentes, mediante requerimento ao juiz competente dos registros públicos, ouvido o MP;

k) homonímia: a redação do art. 57, *caput*, da LRP, traz uma norma um tanto quanto aberta, que possibilita modificações em outras situações excepcionais, como na homonímia;

l) cirurgia de mudança de sexo: o Superior Tribunal de Justiça vem admitindo tal possibilidade, inclusive no autorizando, além da mudança de **nome**, que o transexual operado solicite modificação civil de seu **gênero** (de masculino para feminino ou de feminino para masculino), para que conste de toda sua documentação referência exclusiva ao novo sexo civil, facilitando a inserção social e profissional.

2.3. Pessoas Jurídicas

2.3.1. Conceito

Pode-se **conceituar** pessoa jurídica como o *grupo humano criado na forma da lei e dotado de personalidade jurídica própria para a realização de fins comuns.*

As pessoas jurídicas são, então, *sujeitos de direito personalizados*, de modo que têm aptidão genérica para adquirir direitos e obrigações compatíveis com sua natureza.

No que concerne aos direitos da personalidade, o Código Civil assegura que "aplica-se às pessoas jurídicas, no que couber, a proteção dos direitos da personalidade" (art. 52).

A título de exemplo, é compatível com a pessoa jurídica a proteção de sua integridade moral, daí porque o Superior Tribunal de Justiça assegura indenização por danos morais a tais entes.

2.3.2. Requisitos para a sua regular constituição

As pessoas jurídicas de direito público são criadas pela Constituição ou por meio de leis específicas. Já as pessoas jurídicas de direito privado têm sua criação regulada pelo Código Civil.

A doutrina aponta diversos requisitos para a constituição de uma pessoa jurídica. São os seguintes:

a) vontade humana criadora, ou seja, intenção de criar pessoa jurídica distinta de seus membros;

b) observância das condições legais para a sua instituição;

c) objetivo lícito;

d) ato constitutivo, ou seja, documento escrito, denominado estatuto (nas associações e sociedades institucionais), escritura pública/testamento (nas fundações), contrato social (nas sociedades contratuais) e lei (nas autarquias);

e) autorização ou aprovação do Poder Executivo, quando necessário, ou seja, nos poucos casos em que a lei condiciona a criação da pessoa jurídica à autorização mencionada (exs.: empresas estrangeiras, montepio, caixas econômicas, bolsas de valores etc.);

f) autorização de lei específica, no caso de pessoas jurídicas de direito privado estatais;

e) registro, ou seja, arquivamento dos atos constitutivos no Registro Público competente, em se tratando de pessoa jurídica de direito privado.

O art. 45 do Código Civil dispõe que o **surgimento**, ou seja, a **existência legal** da pessoa jurídica de direito privado começa com sua **inscrição** no Registro Público competente. Dessa forma, o **início da personalidade** da pessoa jurídica de direito privado se dá com o **registro competente**.

O registro declarará o seguinte (art. 46 do CC):

I. a denominação, os fins, a sede, o tempo de duração e o fundo social, quando houver;

II. o nome e a individualização dos fundadores ou instituidores, e dos diretores;

III. o modo por que se administra e representa, ativa e passivamente, judicial e extrajudicialmente;

IV. se o ato constitutivo é reformável no tocante à administração, e de que modo;

V. se os membros respondem, ou não, subsidiariamente, pelas obrigações sociais;

VI. as condições de extinção da pessoa jurídica e o destino do seu patrimônio, nesse caso.

Havendo ilegalidade no ato de constituição da pessoa jurídica de direito privado, o interessado terá três anos para exercer o direito de anulá-lo, contado o prazo da publicação de sua inscrição no registro público (art. 45, parágrafo único, do CC). O prazo é decadencial e, após o seu decurso, todos os vícios ficarão convalidados.

O **ato constitutivo deve ser arquivado** nos seguintes registros públicos: a) na OAB (se se tratar de sociedade de advogados); b) na Junta Comercial (se se tratar de sociedade empresária); c) no Cartório de Pessoas Jurídicas (se se tratar de sociedades simples, fundações e associações).

Os partidos políticos, depois de arquivarem seus atos constitutivos no Cartório de Pessoas Jurídicas, adquirindo personalidade jurídica, devem registrar seus estatutos no Tribunal Superior Eleitoral (art. 17, § 2º, da CF). Os sindicatos, após o registro no Cartório, também devem comunicar sua criação ao Ministério do Trabalho.

As **sociedades empresárias** são pessoas jurídicas de direito privado, com fins lucrativos, cujo objeto é o exercício de atividade econômica organizada para a produção ou a circulação de bens ou de serviços (art. 982 c/c art. 966, ambos do CC). Por exemplo, uma indústria.

Já as **sociedades simples** são pessoas jurídicas de direito privado que admitem como objeto o exercício de profissão intelectual, de natureza científica, literária ou artística, ainda que com o concurso de auxiliares ou colaboradores, salvo se o exercício da profissão constituir elemento de empresa. Por exemplo, uma sociedade que reúne quatro médicos, que agem como profissionais liberais independentes um do outro.

As sociedades que não forem objeto de inscrição no Registro Público são consideradas **sociedades despersonificadas** (em comum, irregulares ou de fato).

O art. 986 do CC dispõe que, enquanto não inscritos os atos constitutivos, as **sociedades despersonificadas ficarão sujeitas às seguintes disposições**: a) os sócios, nas relações entre si ou com terceiros, somente por escrito podem provar a existência da sociedade, mas os terceiros podem prová-la de qualquer modo (art. 987); b) os bens e dívidas sociais constituem patrimônio especial, do qual os sócios são titulares em comum (art. 988); c) os bens sociais respondem pelos atos de gestão praticados por qualquer dos sócios, salvo pacto expresso limitativo de poderes, que somente terá eficácia contra o terceiro que o conheça ou deva conhecer (art. 989); d) todos os sócios respondem solidária e ilimitadamente pelas obrigações sociais, excluído do benefício de ordem, previsto no art. 1.024 do CC, aquele que contratou pela sociedade (art. 990); e) reger-se-á a sociedade pelas regras mencionadas, observadas, subsidiariamente e, no que com ela forem compatíveis, as normas da sociedade simples (art. 986).

2.3.3. Funcionamento das pessoas jurídicas

Cada espécie de pessoa jurídica tem sua peculiaridade no que concerne ao seu funcionamento.

Todavia, o Código Civil traz algumas regras a esse respeito, que são as seguintes:

a) obrigam a pessoa jurídica os atos dos administradores, exercidos nos limites de seus poderes definidos no ato constitutivo (art. 47); nesse sentido, aquele que tem contato com um administrador de uma pessoa jurídica deve verificar os poderes que o ato constitutivo outorga a essa pessoa; se os atos praticados pelo administrador da pessoa jurídica estiverem dentro dos limites definidos no ato constitutivo, a pessoa jurídica ficará obrigada, sejam quais forem os termos contratuais estabelecidos por seus administrador;

b) se a pessoa jurídica tiver administração coletiva, as decisões se tomarão pela maioria de votos dos presentes, salvo se o ato constitutivo dispuser de modo diverso (art. 48);

c) decai em três anos o direito de anular as decisões a que se refere a alínea anterior, quando violarem a lei ou estatuto, ou forem eivadas de erro, dolo, simulação ou fraude (art. 48, parágrafo único);

d) se a administração da pessoa jurídica vier a faltar, o juiz, a requerimento de qualquer interessado, nomear-lhe-á administrador provisório (art. 49).

Verificadas as regras de funcionamento da pessoa jurídica, é o caso, agora, de verificarmos sua dissolução.

2.3.4. Extinção das pessoas jurídicas

A pessoa jurídica dissolve-se pelas seguintes causas:

a) convencional, por deliberação de seus membros, conforme o quórum estabelecido nos estatutos ou na lei;

b) administrativa, em razão de decisão administrativa que, nos termos da lei, determine o fim da pessoa jurídica, quando esta dependa de aprovação ou autorização do Poder Público para funcionar e pratique atos nocivos ou contrários aos seus fins;

c) judicial, quando se configura algum dos casos de dissolução previstos em lei ou no estatuto e a sociedade continua a existir, obrigando um dos sócios a ingressar em juízo.

Sobre a **dissolução** de uma pessoa jurídica do tipo **sociedade**, confira as **hipóteses legais** não abarcadas pelas causas *convencionais* e *administrativas* (arts. 1.033 e 1.034 do CC):

a) vencimento do prazo de duração;

b) falta de pluralidade de sócios, não reconstituída no prazo de cento e oitenta dias (não se aplica essa extinção caso o sócio remanescente requeira a transformação da sociedade para empresário individual ou empresa individual de responsabilidade limitada);

c) anulação da constituição, por ilegalidade;

d) exaurimento do seu fim social;

e) verificação da inexequibilidade dos fins sociais ou da existência de atividade nociva que justifique a extinção da sociedade (essa última hipótese é de ordem doutrinária e jurisprudencial, servindo de exemplo a extinção de algumas torcidas organizadas por ordem da Justiça).

Não se deve confundir as expressões **dissolução, liquidação** e **cancelamento** da inscrição da pessoa jurídica, a qual importará na sua extinção definitiva.

Num primeiro momento, verificam-se causas que levam à **dissolução** da pessoa jurídica (convenção, decisão administrativa ou decisão judicial). A pessoa jurídica, neste momento, ainda não está extinta, mas está em processo de extinção.

Num segundo momento, inicia-se a **liquidação**, devendo os administradores providenciar imediatamente a investidura do liquidante e restringir a gestão própria aos negócios inadiáveis, vedadas novas operações, pelas quais responderão solidária e ilimitadamente. **Encerrada a liquidação**, promover-se-á o **cancelamento da inscrição** da pessoa jurídica.

Segundo o art. 51 do CC, nos casos de dissolução da pessoa jurídica ou cassada a autorização para seu funcionamento, ela **subsistirá** para os **fins de liquidação**, até que essa se conclua.

Far-se-á, no registro onde a pessoa jurídica estiver inscrita, **a averbação de sua dissolução.**

As disposições para a liquidação das **sociedades** aplicam-se, no que couber, **às demais pessoas jurídicas de direito privado.** Nesse sentido, vale ler as disposições acerca da liquidação das sociedades, presentes nos arts. 1.102 a 1.112 do Código Civil. É também objetivo da liquidação a partilha dos bens entre os sócios. Tal partilha se fará de modo proporcional à participação de cada um no capital social. No caso das associações e fundações, há regras próprias que serão analisadas em seguida.

Quanto à transformação, incorporação, fusão e cisão das sociedades, matéria afeta ao Direito Empresarial, confira o disposto nos arts. 1.113 a 1.122 do Código Civil.

2.3.5. Desconsideração da personalidade jurídica

2.3.5.1. Conceito

Nesse caso tem-se o instituto da desconsideração da personalidade jurídica, que pode ser conceituado como *a declaração de ineficácia da personalidade jurídica para determinados fins, atingindo diretamente o patrimônio dos sócios ou administradores de pessoa jurídica, a fim de evitar fraude ou abuso de direito.*

O instituto está previsto no art. 50 do Código Civil e, quando aplicado, a pessoa jurídica não é desconstituída, mas declarada ineficaz em relação a certas e determinadas obrigações.

Assim, se uma pessoa natural utiliza uma pessoa jurídica para cometer fraudes, as obrigações contraídas por essa poderão repercutir na esfera dos bens pessoais da pessoa natural, com a desconsideração da sua personalidade.

A desconsideração prevista no Código Civil é chamada de *desconsideração direta.*

Resta saber se o Código Civil brasileiro também admite a **desconsideração inversa**. Nessa desconsideração, como o próprio nome diz, desconsidera-se a pessoa natural do sócio ou administrador de uma pessoa jurídica para o fim de atingir o patrimônio da própria pessoa jurídica da qual faz parte o primeiro. Um exemplo pode aclarar o instituto. Imagine que alguém que deseja se separar de seu cônjuge sem ter de repartir bens que está em seu nome, passe tais bens para uma pessoa jurídica da qual é sócio, ficando esvaziado patrimonialmente como pessoa natural. Nesse caso, a desconsideração inversa atua para o fim de, na separação judicial, o juiz desconsiderar a autonomia da natural em relação à pessoa jurídica, determinando que os bens que pertencem à última sejam partilhados com o cônjuge prejudicado, como se fossem bens pertencentes à pessoa natural do cônjuge que perpetrou a fraude. Exemplo disso pode ser conferido na seguinte decisão do STJ: "Se o sócio controlador de sociedade empresária transferir parte de seus bens à pessoa jurídica controlada com o intuito de fraudar partilha em dissolução de união estável, a companheira prejudicada, ainda que integre a sociedade empresária na condição de sócia minoritária, terá legitimidade para requerer a desconsideração inversa da personalidade jurídica de modo a resguardar sua meação" (REsp 1.236.916-RS, j. 22.10.2013).

Apesar da desconsideração inversa não estar expressa no Código Civil, a doutrina e a jurisprudência a admitem, tendo em vista que essa desconsideração visa a evitar e reprimir justamente a mesma conduta, qual seja, o abuso da personalidade. Vale dizer que o novo Código de Processo Civil faz menção expressa à desconsideração inversa da personalidade jurídica (art. 133, p. 2º).

2.3.5.2. Hipóteses que ensejam a desconsideração

O Código Civil adotou a *teoria maior* da desconsideração. De acordo com essa teoria, para que a desconsideração se dê, é necessário, além da dificuldade em responsabilizar a pessoa jurídica (normalmente, essa dificuldade ocorre quando a pessoa jurídica acionada está insolvente, mas a doutrina entende que não é necessária a demonstração da insolvência para que se proceda à desconsideração – Enunciado 281 das JDC/CJF), a presença de outros requisitos.

No caso, exige-se que tenha havido *abuso de personalidade*. Esse abuso, nos termos do art. 50 do Código Civil, pode ser de duas espécies:

a) desvio de finalidade: ou seja, a utilização da pessoa jurídica para fim diverso daquele para a qual foi criada. Por exemplo, utilização de pessoa jurídica para emissão de notas fiscais frias;
b) confusão patrimonial: ou seja, situação em que os bens dos sócios das pessoas jurídicas se confundem com os bens dela.

A confusão patrimonial é típica das situações em que o sócio recebe, para si, créditos da pessoa jurídica, ou em que esta recebe para si créditos do sócio.

Existem empresas que não têm bens em nome próprio, mas somente no nome dos sócios. Isso pode prejudicar credores, que poderão pedir a desconsideração da personalidade.

A *teoria menor* da desconsideração, não adotada pelo Código Civil, propugna que a desconsideração da personalidade jurídica pode se dar toda vez que ela for obstáculo ao ressarcimento do dano, não sendo necessária demonstração de fraude ou abuso. Essa teoria tem esse nome porque exige *menos* requisitos para que se dê a aplicação do instituto.

Há diversas situações que caracterizam o abuso de personalidade. Porém, a doutrina aponta que o encerramento irregular das atividades da pessoa jurídica não basta, por si só, para caracterizar o abuso da personalidade jurídica (Enunciado 282 das JDC/CJF), sendo necessário que tal encerramento tenha se dado com o objetivo de dificultar o cumprimento de suas obrigações, caracterizando o desvio de finalidade. Nesse sentido decidiu o STJ no REsp 1.306.553-SC, DJ 12.12.14.

Aliás, é bom remarcar que a doutrina entende que os casos que ensejam desconsideração da personalidade nas relações civis (*desvio de finalidade* e *confusão patrimonial*) devem ser interpretados restritivamente (Enunciado 146 das JDC/CJF), por serem exceções à regra que estabelece a autonomia entre a pessoa jurídica e a pessoa de seus sócios ou administradores.

Há de se lembrar de que o Código Civil adotou a teoria maior da desconsideração, diferente da Lei de Crimes Ambientais e do CDC, que adotaram a teoria menor da desconsideração, que traz menos requisitos para que esta se dê.

2.3.5.3. Legitimado ativo

De acordo com o art. 50 do Código Civil, podem requerer a desconsideração qualquer *interessado* ou o *Ministério Público*, esse quando couber sua intervenção.

O **Ministério Público** pode intervir em ações em que se estiver diante de interesses indisponíveis, bem como em ações coletivas e de falência, entre outras. Nesses casos, o *Parquet* é legitimado para requerer a desconsideração da personalidade.

O **interessado** é, normalmente, o credor da obrigação que está sendo satisfeita pela pessoa jurídica. Aqui se está diante de alguém que tem interesse jurídico na desconsideração.

A doutrina vem reconhecendo que a teoria de desconsideração, prevista no art. 50 do Código Civil, pode ser invocada pela pessoa jurídica, em seu favor. Exemplo dessa situação se dá quando bens da pessoa jurídica são passados para o nome de um dos sócios com o fito de prejudicar credores. A pessoa jurídica, interessada em solver suas obrigações, pode, em tese, requerer a desconsideração para que se atinja o patrimônio que está em nome do sócio que cometeu a fraude. Naturalmente, tal situação só acontecerá na prática se esse sócio não mais estiver no comando administrativo da empresa.

2.3.5.4. Legitimado passivo

De acordo com o art. 50 do Código Civil, a desconsideração da personalidade pode atingir o patrimônio tanto de *sócios* como de *administradores da sociedade*.

Assim, deve-se ressaltar, de início, que não só sócios, como também mero administrador não sócio, estão sujeitos à incidência do instituto.

Outra observação importante é que, apesar da lei fazer referência à palavra "sócio", a desconsideração da pessoa jurídica pode atingir também associados e outros membros de pessoas jurídicas. Ou seja, o instituto não se aplica apenas à *sociedade*, mas também às associações, fundações e outras pessoas jurídicas que não têm fins lucrativos ou econômicos.

Nesse sentido, confira o Enunciado 284 das JDC/CJF: "as pessoas jurídicas de direito privado sem fins lucrativos ou de fins não econômicos estão abrangidas no conceito de abuso da personalidade jurídica".

Vale, ainda, indagar se, uma vez ocorrido abuso da personalidade (por desvio de finalidade ou confusão patrimonial), pode-se atingir o patrimônio de qualquer sócio e administrador, independente de dolo específico de sua parte quanto ao abuso perpetrado.

Na análise literal do art. 50 do Código Civil, chega-se à conclusão de que se adotou a teoria objetiva no caso. No entanto, em face do princípio da proporcionalidade, a doutrina vem entendendo que o sócio ou administrador que desconhece o abuso não responde com seu patrimônio pessoal.

Nesse sentido, confira o Enunciado 7 das JDC/CJF: "só se aplica a desconsideração quando houver prática de ato irregular, e, limitadamente, aos administradores ou sócios que nela hajam incorrido".

2.3.5.5. Questões processuais

O Superior Tribunal de Justiça vem entendendo que aquele que sofre a desconsideração da personalidade num processo judicial, respondendo com seu próprio patrimônio por obrigações alheias, passa a ser **parte** do processo (REsp 258.812, DJ 18/12/06).

O STJ também entende que a desconsideração da personalidade **é possível na fase da execução de sentença**, mesmo que quem sofra os efeitos da desconsideração não tenha sido chamado a participar do processo de conhecimento que levou à formação do título que se estiver executando (REsp 920.602, DJ 23/06/08). Naturalmente, o afetado pela desconsideração terá direito de se defender, exercendo plenamente o contraditório e a ampla defesa, garantindo-se o devido processo legal.

O novo Código de Processo Civil regulamentou as questões processuais sobre a desconsideração da personalidade jurídica, trazendo as seguintes regras:

"Art. 133. O incidente de desconsideração da personalidade jurídica será instaurado a pedido da parte ou do Ministério Público, quando lhe couber intervir no processo.

§ 1º O pedido de desconsideração da personalidade jurídica observará os pressupostos previstos em lei.

§ 2º Aplica-se o disposto neste Capítulo à hipótese de desconsideração inversa da personalidade jurídica.

Art. 134. O incidente de desconsideração é cabível em todas as fases do processo de conhecimento, no cumprimento de sentença e na execução fundada em título executivo extrajudicial.

§ 1º A instauração do incidente será imediatamente comunicada ao distribuidor para as anotações devidas.

§ 2º Dispensa-se a instauração do incidente se a desconsideração da personalidade jurídica for requerida na petição inicial, hipótese em que será citado o sócio ou a pessoa jurídica.

§ 3º A instauração do incidente suspenderá o processo, salvo na hipótese do § 2º.

§ 4º O requerimento deve demonstrar o preenchimento dos pressupostos legais específicos para desconsideração da personalidade jurídica.

Art. 135. Instaurado o incidente, o sócio ou a pessoa jurídica será citado para manifestar-se e requerer as provas cabíveis no prazo de 15 (quinze) dias.

Art. 136. Concluída a instrução, se necessária, o incidente será resolvido por decisão interlocutória.

Parágrafo único. Se a decisão for proferida pelo relator, cabe agravo interno.

Art. 137. Acolhido o pedido de desconsideração, a alienação ou a oneração de bens, havida em fraude de execução, será ineficaz em relação ao requerente."

2.3.6. Classificação das pessoas jurídicas

2.3.6.1. Quanto à nacionalidade

Quanto à **nacionalidade**, as pessoas jurídicas podem ser divididas em **nacionais** e **estrangeiras**.

Pessoas jurídicas nacionais são aquelas organizadas e constituídas conforme a lei brasileira, tendo no País sua sede e administração (art. 1.126 do CC). **Pessoas jurídicas estrangeiras** são aquelas de fora do País, que não possuem as características citadas.

A sociedade estrangeira não poderá funcionar no País sem autorização do Poder Executivo. Se autorizada, sujeitar-se-á lei brasileira quanto aos atos aqui praticados, devendo ter representante no Brasil. Nesse caso, poderá nacionalizar-se, transferindo sua sede para o território nacional (arts. 1.134 a 1.141 do CC).

2.3.6.2. Quanto à estrutura interna

Quanto à **estrutura interna**, as pessoas jurídicas podem ser divididas em **corporações** e **fundações**.

As **corporações** (*universitas personarum*) são um conjunto ou reunião de pessoas que formam uma pessoa jurídica. O elemento marcante aqui são as *pessoas*. São exemplos de corporações as sociedades e as associações.

As **fundações** (*universitas bonorum*) são um conjunto ou reunião de bens que formam uma pessoa jurídica. O elemento marcante aqui são os bens. Diferentemente das corporações, que normalmente costumam ter fins voltados à satisfação de seus membros, as fundações têm objetivos externos, estabelecidos pelo instituidor da pessoa jurídica.

2.3.6.3. Quanto à atuação

Quanto à atuação, as pessoas jurídicas podem ser de direito público e de direito privado.

As **pessoas jurídicas de direito público** são de duas espécies:

a) externo: países e organizações internacionais;

b) interno: União, Estados, Distrito Federal, Municípios, autarquias, agências reguladoras, associações Públicas (consórcios públicos de direito público) e fundações públicas.

As **pessoas jurídicas de direito privado** podem ser subdivididas nas seguintes espécies (art. 44):

a) sociedades: *são pessoas jurídicas com objetivo de lucro*; as cooperativas são consideradas sociedades simples;

b) associações: *são pessoas jurídicas constituídas de pessoas que se reúnem para realização de fins não econômicos*; têm objetivos científicos, artísticos, educativos, culturais, políticos, corporativos, esportivos etc.;

c) fundações: *são acervos de bens, que recebem personalidade jurídica para realização de fins determinados de interesse público, de modo permanente e estável*; o elemento marcante é o patrimonial;

d) entidades religiosas: têm o regime jurídico das associações; são livres a criação, a organização, a estruturação interna e o funcionamento das organizações religiosas, sendo vedado ao poder público negar-lhes reconhecimento ou registro dos atos constitutivos e necessários ao seu funcionamento;

e) partidos políticos: têm o regime jurídico das associações; os partidos políticos serão organizados e funcionarão conforme o disposto em lei específica;

f) consórcios públicos de direito privado: são pessoas jurídicas formadas pela reunião de entes federativos para a gestão conjunta de serviços que podem ser exercidos por pessoas de direito privado;

g) empresas individuais de responsabilidade limitada: trata-se de nova espécie, introduzida pela Lei 12.441/11; verificar explicações no capítulo de Direito Empresarial deste livro.

De acordo o Enunciado 142 das JDC/CJF, "os partidos políticos, os sindicatos e as associações religiosas possuem natureza associativa, aplicando-se-lhes o Código Civil".

Acerca das organizações religiosas o Enunciado 143 das JDC/CJF defende que "a liberdade de funcionamento das organizações religiosas não afasta o controle de legalidade e legitimidade constitucional de seu registro, nem a possibilidade de reexame, pelo Judiciário, da compatibilidade de seus atos com a lei e com seus estatutos".

2.3.7. Associações

Como se viu, **associações** *são pessoas jurídicas constituídas de pessoas que se reúnem para realização de fins não econômicos.* O instituto está regulamentado nos arts. 53 a 61 do Código Civil.

Não há, entre os associados, direitos e obrigações recíprocos. Nas associações todos têm um interesse comum, que no caso é o de realizar fins não econômicos relacionados à ciência, à arte, à educação, à cultura, ao esporte, à política, à defesa de classe, à defesa de minorias e de valores importantes para a sociedade, para a religião etc.

A CF assegura a liberdade de associação para fins lícitos. Qualquer pessoa pode se associar. Mas o associado pode se retirar a qualquer tempo, não podendo ser obrigado a permanecer associado.

Sob pena de **nulidade**, o **estatuto das associações conterá (art. 54)**:

I. a denominação, os fins e a sede da associação;

II. os requisitos para a admissão, demissão e exclusão dos associados;

III. os direitos e deveres dos associados;

IV. as fontes de recursos para sua manutenção;

V. o modo de constituição e de funcionamento dos órgãos deliberativos;

VI. as condições para a alteração das disposições estatutárias e para a dissolução;

VII. a forma de gestão administrativa e de aprovação das respectivas contas.

Os associados devem ter **direitos iguais, mas** o estatuto poderá instituir categorias com vantagens especiais **(art. 55)**.

Ainda quanto aos direitos, **nenhum associado poderá ser impedido de exercer direito ou função que lhe tenha sido legitimamente conferido**, a não ser nos casos e pela forma previstos na lei ou no estatuto. Assim, num clube, por exemplo, não é possível impedir a entrada de um associado que não esteja pagando sua colaboração mensal, salvo se o estatuto dispuser expressamente que o direito de frequentar o clube ficará cerceado em caso de inadimplemento **(art. 58)**.

A **qualidade de associado é intransmissível se** o estatuto não dispuser o contrário. Assim, ninguém pode ceder sua qualidade de associado numa associação de classe por exemplo. Todavia, em se tratando de clubes esportivos, é comum que o estatuto permita a transmissão da qualidade de associado **(art. 56)**.

Mesmo se o associado for titular de quota ou fração ideal do patrimônio da associação, a transferência daquela não importará, de per si, na atribuição da qualidade de associado ao adquirente ou ao herdeiro, salvo disposição diversa do estatuto. Essa regra decorre do fato de que a qualidade de associado é intransmissível.

A **exclusão** do associado é admitida, preenchidos os seguintes requisitos **(art. 57)**:

a) reconhecimento de **justa causa**;

b) prévio **procedimento que assegure direito de defesa**, nos termos do estatuto;

c) direito a **recurso**, nos termos do estatuto.

Compete privativamente à **assembleia geral:** a) destituir os administradores; e b) alterar o estatuto. Para as deliberações mencionadas é exigido decisão da assembleia especialmente convocada para esse fim, cujo quórum será o estabelecido no estatuto, bem como os critérios de eleição dos administradores **(art. 59, parágrafo único)**.

A **convocação dos órgãos deliberativos** far-se-á na forma do estatuto, garantido a 1/5 (um quinto) dos associados o direito de promovê-la **(art. 60)**.

Dissolvida a associação, **o remanescente** do seu patrimônio líquido, depois de deduzidas, se for o caso, as quotas ou frações ideais pertencentes a algum associado, **será destinado a entidade de fins não econômicos designada no estatuto**, ou, omisso este, por deliberação dos associados, **a instituição municipal, estadual ou federal, de fins idênticos ou semelhantes (art. 61)**.

Por cláusula do estatuto ou, em seu silêncio, por deliberação dos associados, podem esses, antes da destinação do remanescente referida, receber em restituição, atualizado o respectivo valor, as contribuições que tiverem prestado ao patrimônio da associação **(art. 61, § 1º)**.

Não existindo no Município, no Estado, no Distrito Federal ou no Território, em que a associação tiver sede, instituição nas condições indicadas, o que remanescer do seu patrimônio deve ser se entregue à Fazenda do Estado, do Distrito Federal ou da União **(art. 61, § 2º)**.

2.3.8. Fundações

Como se viu, **fundações** *são acervos de bens, que recebem personalidade jurídica para realização de fins determinados de interesse público, de modo permanente e estável.*

O elemento marcante nas fundações é o patrimonial. Aqui não se tem propriamente uma reunião de pessoas com vistas a dada finalidade. Aqui se tem reunião de bens com vistas à consecução de objetivos não econômicos.

O Código Civil estabelece que a fundação somente poderá constituir-se para fins religiosos, morais, culturais ou de assistência. O Enunciado 8 das JDC/CJF é no sentido de que "a constituição da fundação para fins científicos, educacionais ou de promoção do meio ambiente está compreendida no Código Civil, art. 62, parágrafo único". O Enunciado 9 vai além e defende que o art. 62, parágrafo único, do CC "deve ser interpretado de modo a excluir apenas as fundações com fins lucrativos".

No entanto, a Lei 13.151/2015 alterou o Código Civil para dispor, no parágrafo único de seu art. 62, que a fundação **somente** poderá constituir-se para fins de: "assistência social; cultura, defesa e conservação do patrimônio histórico e artístico; educação; saúde; segurança alimentar e nutricional; defesa, preservação e conservação do meio ambiente e promoção do desenvolvimento sustentável; pesquisa científica, desenvolvimento de tecnologias alternativas, modernização de sistemas de gestão, produção e divulgação de informações e conhecimentos técnicos e científicos; promoção da ética, da cidadania, da democracia e dos direitos humanos; atividades religiosas;"

O instituto está regulamentado nos arts. 62 a 69 do Código Civil.

A criação de uma fundação depende, *grosso modo*, de um ato de dotação de bens (por testamento ou escritura pública), da elaboração do estatuto (com apreciação do Ministério Público) e do registro no Cartório das Pessoas Jurídicas.

Para criar uma fundação, seu **instituidor** fará, por **escritura pública ou testamento**, **dotação especial de bens livres**, especificando o fim a que se destina e declarando, se quiser, a maneira de administrá-la. Quando insuficientes para constituir a fundação, os bens a ela destinados serão, se de outro modo não dispuser o instituidor, incorporados em outra fundação que se proponha a fim igual ou semelhante.

Constituída a fundação por negócio jurídico entre vivos, o instituidor é obrigado a transferir-lhe a propriedade, ou outro direito real, sobre os bens dotados, e, se não o fizer, serão registrados, em nome dela, por mandado judicial.

As pessoas responsabilizadas pelo instituidor pela aplicação do patrimônio, tendo ciência do encargo, formularão logo o estatuto da fundação projetada, submetendo-o, em seguida, à aprovação da autoridade competente (o Ministério Público), com recurso ao juiz. Se o estatuto não for elaborado no prazo assinado pelo instituidor ou, não havendo prazo, em cento e oitenta dias, a incumbência caberá ao Ministério Público.

Velará pelas fundações o **Ministério Público do Estado** onde situadas. O Código Civil dispõe que, se a fundação funcionar no Distrito Federal ou em Território, caberá o encargo ao Ministério Público Federal. No entanto, na ADI nº 2.794-8, o STF entendeu que o dispositivo é inconstitucional, por violar as atribuições do Ministério Público do Distrito Federal. E a Lei 13.151/2015 veio a corrigir o problema introduzindo a regra de que "Se funcionarem no Distrito Federal ou em Território, caberá o encargo ao Ministério Público do Distrito Federal e Territórios" (art. 66, § 1º).

Se a fundação estender sua atividade por mais de um Estado, caberá o encargo, em cada um deles, ao respectivo Ministério Público.

Para que se possa **alterar o estatuto** da fundação, é mister que a reforma:

I. seja deliberada por **dois terços** dos indivíduos competentes para gerir e representar a fundação;

II. não contrarie ou desvirtue o fim desta;

III. seja **aprovada pelo órgão do Ministério Público** no prazo máximo de 45 (quarenta e cinco) dias, findo o qual ou no caso de o Ministério Público a denegar, poderá o juiz supri-la, a requerimento do interessado.

Quando a alteração não houver sido aprovada por **votação unânime**, os administradores da fundação, ao submeterem o estatuto ao órgão do Ministério Público, requererão que se dê ciência à minoria vencida para impugná-la, se quiser, em dez dias.

Tornando-se **ilícita**, **impossível** ou **inútil** a finalidade a que visa a fundação, **ou vencido o prazo de sua existência**, o órgão do Ministério Público, ou qualquer interessado, promover-lhe-á a **extinção, incorporando-se o seu patrimônio**, salvo disposição em contrário no ato constitutivo ou no estatuto, **em outra fundação**, designada pelo juiz, que se proponha a fim igual ou semelhante.

2.4. Domicílio

2.4.1. Conceito

Domicílio *é a sede jurídica da pessoa.*

O instituto do domicílio é de grande importância para o Direito. As pessoas fazem parte de diversas relações, de natureza civil, empresarial, processual, administrativa, tributária, eleitoral etc.; e, em todas essas, precisam ser encontradas para responder por suas obrigações. Esse ponto de referência é o domicílio, que vem do latim *domus*, que quer dizer "casa" ou "morada". O instituto está regulamentado nos arts. 70 a 78 do Código Civil.

2.4.2. Domicílio da pessoa natural

O **domicílio da pessoa natural** *é local onde ela estabelece sua residência com ânimo definitivo.*

Repare que o domicílio da pessoa natural tem dois elementos, o **objetivo** (ato de fixação em determinado local) e o **subjetivo** (ânimo definitivo de permanência).

Não se deve confundir *morada* (local onde a pessoa natural se estabelece provisoriamente), *residência* (que, pressupondo maior estabilidade, é o lugar onde a pessoa natural se estabelece habitualmente) e *domicílio*, que requer *residência* com *ânimo definitivo*.

O **domicílio básico**, que é o local onde se estabelece a residência com ânimo definitivo, pode ser **modificado**, desde que a pessoa natural **transfira sua residência** com a **intenção manifesta de mudá-lo**. A prova da intenção resultará do que declarar a pessoa às municipalidades dos lugares, que deixa, e para onde vai, ou, se tais declarações não fizer, da própria mudança, com as circunstâncias que a acompanharem.

Caso a pessoa natural **tenha mais de uma residência**, considera-se domicílio *qualquer uma delas.* Trata-se do caso, por exemplo, daquele que reside numa cidade durante a semana e, em outra, nos finais de semana.

Caso a pessoa natural **não tenha residência habitual**, é domicílio *o lugar onde for encontrada* (*domicílio aparente ou ocasional*).

Quanto às **relações profissionais**, é **também** domicílio da pessoa natural *o local onde estas são exercidas.* Se a pessoa exercer profissão em lugares diversos, cada um deles constituirá domicílio para as relações que lhe corresponderem.

Tem **domicílio necessário**, ou seja, domicílio que não pode ser fixado por sua própria vontade, mas por vontade da lei, as seguintes pessoas: a) o **incapaz**, sendo seu domicílio o de seu representante ou assistente; b) o **servidor público**, sendo seu domicílio o local onde exerce permanentemente suas atribuições; c) o **militar**, sendo seu domicílio o local onde servir, e, sendo da Marinha ou da Aeronáutica, a sede do comando a que se encontrar imediatamente subordinado; d) o **marítimo**, sendo seu domicílio o do local onde o navio estiver matriculado; e) o **preso**, sendo seu domicílio o lugar em que cumprir a sentença.

Vale citar a Súmula 383 do Superior Tribunal de Justiça, pela qual "a competência para processar e julgar as ações conexas de interesse do menor é, em princípio, do foro do domicílio do detentor de sua guarda".

O **agente diplomático do Brasil**, que, citado no estrangeiro, alegar extraterritorialidade sem designar onde tem, no país, seu domicílio, poderá ser demandado no Distrito Federal ou no último ponto do território brasileiro onde o teve.

2.4.3. Domicílio das pessoas jurídicas

O domicílio da pessoa jurídica *é o local onde funcionarem as respectivas diretorias ou administrações, ou aquele eleito no estatuto.*

Caso tenha mais de um estabelecimento em lugares diferentes, cada um deles será considerado domicílio para os atos nele praticados.

Se a administração, ou diretoria, tiver a sede no estrangeiro, haver-se-á por domicílio da pessoa jurídica, no tocante às obrigações contraídas por cada uma das suas agências, o lugar do estabelecimento, sito no Brasil, a que ela corresponder.

Quanto às pessoas jurídicas de direito público, o domicílio é, da União, o Distrito Federal, dos Estados e Territórios, as respectivas capitais, e do Município, o lugar onde funcione a administração municipal.

2.4.4. Domicílio nos contratos

Admite-se nos contratos escritos que os contratantes especifiquem o domicílio onde se exercitem e cumpram os direitos e obrigações deles resultantes.

É possível, portanto, estabelecer o foro de eleição para a hipótese de se ingressar com ação judicial.

Em matéria de relação de consumo, caso o foro de eleição tenha sido fixado de modo a dificultar a defesa do aderente em juízo, pode o juiz declinar de ofício de sua competência, reconhecendo a nulidade da cláusula de eleição de foro (art. 112, parágrafo único, do CPC). Há importante alteração da cláusula de eleição de foro no novo Código de Processo Civil que, segundo o art. 63, § 3º, poderá ser reputada ineficaz e não mais nula, como previa o CPC/1973.

2.5. Bens

2.5.1. Conceito

Na acepção do Código Civil *bens são toda utilidade física ou ideal que sejam objeto de um direito subjetivo.*

Nesse sentido, não há como confundir *bens* com *coisas*. O primeiro abrange utilidades materiais e imateriais, ao passo que as coisas dizem respeito às utilidades materiais, corpóreas. Dessa forma, há bens que não são coisas, tais como a honra e a imagem.

Os *bens* são vocacionados a ser *objetos* de uma *relação jurídica*, a qual também tem a *pessoa* como um de seus elementos.

2.5.2. Classificação dos bens

2.5.2.1. Bens considerados em si mesmos

2.5.2.1.1. Imóveis/móveis

Considerados em si mesmos, ou seja, analisados em seu aspecto intrínseco, os bens têm uma primeira classificação que leva em conta sua mobilidade ou não.

Saber se um bem é imóvel ou não é importante por diversos motivos. Por exemplo, bens imóveis só se adquirem pelo registro, ao passo que móveis, pela tradição. Ademais, os primeiros dependem de outorga uxória para alienação e os segundos, não. Os prazos para usucapião são distintos, sendo maiores em se tratando de bens imóveis. A hipoteca e o direito real de garantia incidem sobre imóvel, ao passo que o penhor, sobre móvel.

Bens imóveis *são aqueles que não podem ser transportados de um lugar para outro sem alteração de sua substância.* Por exemplo, um terreno. São bens **imóveis** os seguintes:

a) ***imóveis por natureza***: o solo;

b) **imóveis por acessão**: tudo quanto se incorporar ao solo, natural ou artificialmente; aqui temos como exemplos de *bem imóvel por **acessão natural*** as árvores, frutos pendentes, pedras, fontes e cursos de água; já de *bens imóveis por **acessão artificial*** temos como exemplo as construções e as plantações, já que as últimas importam num atuar humano e não em nascimento espontâneo. Construções provisórias (que se destinam a remoção ou retirada), como os circos, parques de diversão, barracões de obra, entre outras, não são consideradas acessões.

c) **imóveis por determinação legal**:

i) os **direitos reais sobre imóveis**, tais como a propriedade e a hipoteca;

ii) as **ações que asseguram direitos reais sobre imóveis**, tal como a ação reivindicatória;

iii) o **direito à sucessão aberta**, ou seja, o direito de herança, enquanto não tiver sido feita a partilha de bens, pouco importando a natureza dos bens deixados na herança; a renúncia de uma herança é, portanto, uma renúncia de bem imóvel, devendo ser feita mediante escritura pública ou termo nos autos (art. 1806, CC) e autorização do cônjuge.

O Código Civil dispõe, ainda, que **não perdem o caráter de bens imóveis**:

a) as **edificações que, separadas do solo, mas conservando a sua unidade, forem removidas para outro local**; aqui se pode usar como exemplo casas pré-fabricadas, transportadas de um local para outro;

b) os **materiais provisoriamente separados de um prédio, para nele se reempregarem;** aqui se pode utilizar como exemplo parte de um telhado retirada para manutenção que depois será recolocada em seu lugar.

O atual Código Civil não faz referência aos imóveis por *acessão intelectual*, ou seja, àqueles bens que, mesmo não sendo imóveis, passavam a ser considerados como tal por vontade do proprietário da coisa. O instituto, previsto no Código anterior, era útil naquelas situações em que se queria unir um bem imóvel (uma fazenda, por exemplo) com bens nele empregados (tratores, máquinas, ferramentas etc.) para que tudo fosse considerado uma coisa só, o que repercutiria em caso de garantias, alienações e outros negócios. O atual Código não mais permite essa imobilização por vontade do dono e, em substituição, criou o instituto da *pertença*, que será visto logo adiante.

Bens móveis *são os passíveis de deslocamento sem alteração de sua substância*. Por exemplo, um livro. São bens móveis os seguintes:

a) móveis por natureza: os bens suscetíveis de remoção por força alheia, sem alteração da substância ou destinação econômico-social, ex.: um livro, um computador, alimentos, uma casa pré-fabricada, que, enquanto exposta à venda ou transportada, é um móvel também, porém, uma vez incorporada ao solo, passa a ser imóvel, permanecendo com essa natureza se for retirada do solo para ser incorporada em outro lugar, como se viu quando tratamos dos imóveis;

b) semoventes: também são móveis por natureza; a diferença é que esses bens são suscetíveis de movimento próprio, também sem que haja alteração da substância ou destinação econômico-social. Ex.: um cachorro.

c) móveis por determinação legal:

i) as **energias que tenham valor econômico**, como a energia elétrica;

ii) os **direitos reais sobre objetos móveis**, como o penhor;

iii) as **ações correspondentes a direitos reais sobre objetos móveis**, como a reintegração de posse em relação a bens móveis;

iv) os **direitos pessoais de caráter patrimonial**, como os créditos em geral, o fundo de comércio, as quotas e ações de sociedades e os direitos de autor;

v) as **ações sobre direitos pessoais de caráter patrimonial**, como a ação indenizatória;

d) móveis por antecipação: são os bens incorporados ao solo, mas com a intenção de separá-los e convertê-los em móveis, como as árvores destinadas ao corte e os frutos ainda não colhidos.

Não perdem o caráter de bens móveis os **materiais destinados a alguma construção enquanto não forem empregados**, como os materiais que acabam de ser comprados em uma loja de materiais de construção.

Readquirem a qualidade de bens móveis os provenientes da **demolição** de algum prédio. No caso da demolição, que é diferente daquela situação em os bens serão reempregados no imóvel, os objetos de demolição (portas, batentes, azulejos etc.) voltam a ser móveis.

Os **navios** e as **aeronaves** são bens móveis. Porém, podem ser imobilizados para fins de hipoteca, que é direito real de garantia sobre imóveis (v. art. 1.473, VI e VII, do CC, bem como o art. 138 da Lei 7.565/86 – Código Brasileiro de Aeronáutica).

2.5.2.1.2. Fungíveis/infungíveis

Bens fungíveis *são os móveis que podem ser substituídos por outros da mesma espécie, qualidade e quantidade*. Ex.: dinheiro.

Repare que, para ser fungível, o bem precisa, em primeiro lugar, ser *móvel*. Ademais, deve ser daquele tipo de móvel que pode ser substituído por outro da mesma espécie, qualidade e quantidade. Um quadro pintado por um renomado pintor, por exemplo, não pode ser considerado fungível, dada a impossibilidade de sua substituição por outro equivalente. O mesmo se pode dizer de uma casa, que, por se tratar de bem imóvel, é, nos termos da lei, infungível, **ressalvada** disposição convencional entre as partes em sentido contrário.

Bens infungíveis *são os imóveis ou os móveis que não podem ser substituídos por outros da mesma espécie, qualidade e quantidade*. Exs.: uma casa e uma obra de arte.

Essa classificação é útil, pois há contratos que só recaem sobre bens fungíveis (ex.: mútuo). E outros que só recaem sobre bens infungíveis (ex.: comodato). Ademais, para a compensação de dívidas, é necessário que estas sejam líquidas, vencidas e fungíveis. A expressão fungibilidade também aparece para classificar as obrigações e em matéria de ações possessórias e recursos, quando se admite o conhecimento de uma ação ou um recurso por outro.

2.5.2.1.3. Consumíveis/inconsumíveis

Bens consumíveis *são os móveis cujo uso importa sua destruição ou os destinados à alienação*. Ex.: alimentos em geral.

Repare que, para ser consumível, o bem precisa, em primeiro lugar, ser móvel. Ademais, deve ser daquele tipo de móvel que, uma vez usado, destrói-se imediatamente, como é o caso dos alimentos. Também são considerados consumíveis, para fins legais, os bens que forem destinados à alienação. Isso porque, uma vez alienados, também não têm mais utilidade para o vendedor.

Bens inconsumíveis *são os imóveis ou os móveis cujo uso não importa sua destruição e que não esteja destinado à alienação*. Ex.: uma obra de arte que ornamenta a casa de alguém, um carro, uma casa.

Essa classificação é útil, pois os bens consumíveis não podem ser objeto de usufruto. Se o forem, configurando-se o *usufruto impróprio*, o usufrutuário, ao final, deve devolver o equivalente.

Ademais, o CDC adotou classificação semelhante, que divide os bens em **duráveis** e **não duráveis**. Os primeiros ensejam reclamação por vícios em até 90 dias, ao passo que os segundos, em até 30 dias (art. 26 do CDC).

2.5.2.1.4. Divisíveis/indivisíveis

Bens divisíveis *são os que se podem fracionar sem alteração da substância, boa diminuição de valor ou prejuízo do uso a que se destinam*. Ex.: quantia em dinheiro.

Tais bens, mesmo sendo fisicamente divisíveis, podem tornar-se indivisíveis por disposição de *lei* ou por *vontade das partes*.

Bens indivisíveis *são os que, caso fracionados, sofrem alteração da substância, boa diminuição de valor ou prejuízo ao uso a que se destinam, bem como os que, em virtude da lei ou da vontade das partes, receberam essa qualificação*.

Os bens podem ser indivisíveis pelas seguintes causas: a) **por natureza**, como o animal, um carro, uma obra de arte; b) **por determinação legal**, como as servidões prediais (art. 1.386 do CC), a hipoteca (art. 1.421 do CC), o direito dos coerdeiros até a partilha (art. 1.791, CC) e a impossibilidade de desmembramento de lote cuja área seja inferior a 125 m² (art. 4º, III, da Lei 6.766/79); c) **por vontade das partes**, por convenção que torna coisa comum indivisa por prazo não superior a 5 anos, suscetível de prorrogação (art. 1.320, § 1º, do CC).

Essa classificação é útil em matéria de cumprimento das obrigações em que houver mais de um devedor ou credor. Caso a prestação seja indivisível, mesmo que não haja solidariedade entre os devedores, cada um deles responderá pela dívida por inteiro (art. 259, CC). A classificação também tem relevância quando há um condomínio sobre um dado bem e se deseja extinguir esse condomínio. Se a coisa for divisível, a extinção será mais simples. Já, se for indivisível, diferente será o procedimento para a divisão (arts. 1.320 e 1.322 do CC).

2.5.2.1.5. Singulares/Coletivos

Bens singulares *são os bens que, embora reunidos, se consideram de per si, independentemente dos demais*. Ex.: são singulares, quando considerados em sua individualidade, um boi, uma árvore, um livro etc. Já se cada um deles for considerado agregado a outros, formando um todo, ter-se-á bens coletivos ou uma universalidade de fato. Assim, temos bens coletivos num rebanho de gado, numa floresta e numa biblioteca, respectivamente.

Os bens singulares podem ser de duas **espécies**:

a) *singulares simples*, quando suas partes, da mesma espécie, estão ligadas pela própria natureza (um boi, p. ex.);

b) *singulares compostos*, quando suas partes se acham ligadas pela indústria humana (uma casa, p. ex.).

O Código Civil anterior conceituava os **bens coletivos** ou **universais** como *aqueles que se encaram agregados em um todo*. Tais bens consistem na reunião de vários bens singulares, que acabam formando um todo com individualidade própria. Os bens coletivos são chamados também de universais ou de universalidades. Há duas espécies de universalidades:

a) *universalidades de fato*, que consistem na pluralidade de bens singulares que, pertinentes à mesma pessoa, tenham destinação unitária (exs.: rebanho e biblioteca); os bens que formam essa universalidade podem ser objeto de relações jurídicas próprias; assim, pode-se destacar um boi do rebanho e vendê-lo isoladamente;

b) *universalidade de direito*, que consiste no complexo de relações jurídicas de uma pessoa, dotadas de valor econômico (exs.: herança, patrimônio, fundo de comércio, massa falida etc.); a diferença entre a universalidade de fato e a de direito é que a primeira se forma a partir da vontade do titular, ao passo que a segunda decorre da lei, que pode, em determinados casos, criar alguns obstáculos à alienação em separado de partes desse todo.

2.5.2.2. Bens reciprocamente considerados

2.5.2.2.1. Principais/acessórios

Considerados em si mesmos, ou seja, analisados um em comparação com outro, os bens podem ser principais e acessórios.

Saber se um bem é principal ou acessório é importante, pois o acessório segue o principal. O contrário, não. E isso pode ter várias repercussões, como em matéria de formação, validade e extinção dos negócios jurídicos.

A doutrina aponta as seguintes relações entre o bem principal e o bem acessório: a) a natureza do acessório tende a ser a mesma do principal, tendo em vista o princípio da gravitação; assim, sendo o solo bem imóvel (por natureza), a árvore também o é (por acessão); b) o acessório acompanha o principal em seu destino, salvo disposição legal ou convencional em contrário; c) o proprietário do principal é proprietário do acessório.

Bens principais *são os bens que existem por si, ou seja, independentemente da existência de outros bens*. São exemplos o solo e um contrato de locação etc. Os bens principais têm existência própria, autônoma.

Bens acessórios *são aqueles cuja existência depende da existência de outro, do principal*. São exemplos uma árvore (que depende da existência do solo) e um contrato de fiança locatícia (que depende de um contrato de locação).

São **espécies de bens acessórios**:

a) **os produtos:** *utilidades da coisa que não se reproduzem*, por exemplo, os recursos minerais; são utilidades que se retiram da coisa, diminuindo-lhe a quantidade, porque não se reproduzem periodicamente, como pedras, metais etc.; o Código Civil dispõe que, apesar de ainda não separados do bem principal, os produtos podem ser objeto de negócio jurídico; assim, o dono de um sítio pode vender um caminhão de areia (produto) desse imóvel, mesmo antes de separar a areia do local;

b) **os frutos:** *utilidades que se reproduzem, podendo ser civis, naturais ou industriais*. Exs.: juros e alugueres (frutos civis), frutos de uma árvore (frutos naturais) e produção de uma fábrica (frutos industriais); quanto ao seu estado, os frutos podem ser *pendentes* (enquanto unidos à coisa que os produziu), *percebidos ou colhidos* (depois de separados da coisa que os produziu), *estantes* (os separados e armazenados ou acondicionados para venda), *percipiendos* (os que deviam ser, mas não foram colhidos e percebidos) e os *consumidos* (os que não existem mais porque foram utilizados); o Código Civil também dispõe que, apesar de ainda não separados do bem principal, os produtos podem ser objeto de negócio jurídico;

Obs.: saber o que é e o que não é produto e fruto, e a situação em que cada fruto se encontra, é relevante principalmente em matéria possessória; o possuidor de boa-fé que venha a perder a coisa possuída tem direitos diferentes em relação a esses bens, comparado com o possuidor de má-fé, matéria vista no tópico de Direito das Coisas;

c) **as pertenças:** *são bens móveis que, não constituindo partes integrantes de outros bens, estão destinados a estes de modo duradouro*. São exemplos os móveis de uma casa e os tratores e equipamentos de uma fazenda. Repare que os bens citados a) são **móveis**, b) **não estão integrados na coisa** de modo que sua retirada comprometesse sua substância, e c) **são bens destinados de modo duradouro** à casa e à fazenda. As pertenças, como se percebe, são bens acessórios. E os bens acessórios, como regra, seguem o bem principal. Assim, em tese, a venda de uma fazenda importaria também na venda dos tratores e equipamentos da fazenda. No entanto, o atual Código Civil resolveu regulamentar o instituto das pertenças justamente para excepcionar essa regra. O artigo 94 diz que os negócios jurídicos que digam respeito ao principal **não abrangem as pertenças**. No entanto, o próprio Código Civil dispõe que as pertenças seguirão o principal **caso** haja *disposição de lei*, *de vontade* ou *circunstancial* em contrário. Assim, vendida uma fazenda, os tratores não fazem parte desse negócio. Vendida uma casa, os móveis dela também não acompanham a venda. No entanto, se a lei dispuser o contrário, se as partes convencionarem o contrário (ex.: vende-se uma fazenda com "porteira fechada") ou se as circunstâncias em que o negócio estiver sendo feito der a entender que as pertenças acompanharão o bem principal, a regra de que a pertença não segue o principal fica excepcionada;

d) as benfeitorias: *são melhoramentos feitos em coisa já existente*. Por exemplo, um novo quarto construído numa casa já pronta. Diferem das acessões, que consistem na criação de coisa nova, como é o caso de uma casa construída num terreno vazio. As benfeitorias têm as seguintes espécies: i) **voluptuárias** (*são as de mero deleite* – não aumentam o uso habitual do bem, ainda que o tornem mais agradável ou sejam de elevado valor), ii) **úteis** (*são as que aumentam ou facilitam o uso do bem*) e iii) **necessárias** (*são as indispensáveis à conservação do bem ou a evitar que este se deteriore*). Não se consideram benfeitorias os melhoramentos ou acréscimos sobrevindos ao bem sem a intervenção do proprietário, possuidor ou detentor. O instituto da benfeitoria se diferencia do instituto da pertença, pois a primeira passa a ser parte integrante da coisa. Assim, vendido o bem principal, a benfeitoria nele realizada, apesar de ser bem acessório, acompanhará o bem principal, ao contrário do que acontece ordinariamente com a pertença. Saber a natureza da benfeitoria (se voluptuária, útil ou necessária) também é relevante em matéria de Direito das Coisas, pois também há tratamento diferenciado acerca dos direitos que têm os possuidores de boa e de má-fé em relação à coisa que perderam. Em matéria de desapropriação o tema também é pertinente, pois, uma vez feito o decreto expropriatório, o expropriado não terá mais direito a indenizações decorrentes de benfeitorias que fizer posteriormente na coisa, salvo se se tratar de benfeitoria necessária, em qualquer caso, e se se tratar de benfeitoria útil autorizada pelo Poder Público.

2.5.2.3. Bens públicos

Essa temática é desenvolvida em Direito Administrativo, para onde remetemos o leitor.

2.6. Fatos Jurídicos

2.6.1. Fato jurídico em sentido amplo

Em sentido amplo, **fato jurídico** *é todo acontecimento natural ou humano que produz efeito jurídico*, ou seja, qualquer acontecimento que se dê no mundo fenomênico que gere uma consequência jurídica é considerado fato jurídico. Assim, se alguém jogar uma pedra em outra pessoa causando dano a esta, certamente se está diante de um fato jurídico, pois o acontecimento (jogar uma pedra causando dano) gera como consequência jurídica o dever de indenizar. Por outro lado, caso alguém pegue nas mãos uma pedra e a devolva ao chão, jogando-a, não haverá consequência jurídica alguma, caracterizando-se o que se convencionou chamar de **fato simples**.

O fato jurídico pode ser de variadas espécies. Confira:

1. Fato jurídico em sentido estrito: *é o acontecimento natural que produz efeitos jurídicos*. Exs.: nascimento, morte, decurso do tempo, raio, temporal etc. O fato jurídico em sentido estrito pode ser tanto um fato ordinário (como a morte natural e o decurso do tempo) como um fato extraordinário (como um tufão numa dada localidade);

2. Ato jurídico: *é o acontecimento humano que produz efeitos jurídicos*. O ato jurídico em sentido estrito pode ser dividido em duas espécies, quais sejam, os atos ilícitos e os atos lícitos:

2.1. Atos ilícitos: *são os atos humanos contrários ao Direito, que produzem efeitos jurídicos não queridos pelo agente*. Exemplo de ato ilícito é o atropelamento de A por B, tendo A agido com imprudência. Esse acontecimento terá como efeito o surgimento de um dever por parte de A de indenizar B, efeito certamente não querido por A;

2.2. Atos lícitos: *são os atos humanos conformes ao Direito, que geram efeitos jurídicos normalmente queridos pelo agente*. Os atos lícitos podem ser divididos em três espécies, quais sejam, os atos jurídicos em sentido estrito, os negócios jurídicos e os atos-fatos jurídicos:

a) Atos jurídicos em sentido estrito (não negocial): *são simples comportamentos humanos, voluntários, conscientes e conformes ao Direito, cujos efeitos jurídicos são predeterminados pela lei*. Aqui, não há liberdade de escolha por parte do agente dos efeitos jurídicos que resultarão de seu comportamento. São exemplos de ato jurídico em sentido estrito a tradição (entrega da coisa), o reconhecimento de um filho, o perdão, a confissão, a mudança de domicílio, a ocupação, o achado de um tesouro, a notificação etc. Para ilustrar as características do instituto, tomemos o exemplo do reconhecimento de um filho. Esse ato humano é voluntário, consciente e conforme ao Direito. Porém, os efeitos que dele decorrem (por exemplo, quanto ao estado familiar e o dever de prestar alimentos) não podem ser negociados pelo agente. Não é possível, por exemplo, reconhecer um filho desde que os alimentos sejam fixados até determinado valor. Aqui há mera atuação da vontade, mera intenção. Costumam, por fim, ser potestativos;

b) Negócio jurídico: *são declarações de vontade qualificadas, cujos efeitos são regulados pelo próprio interessado*. Aqui, há liberdade de escolha por parte daquele ou daqueles que praticam o ato. Os agentes declaram sua vontade e têm poder de negociar os efeitos jurídicos que nasceram de sua declaração. São exemplos o testamento (negócio jurídico unilateral) e o contrato de compra e venda (negócio jurídico bilateral). Nos dois casos, os agentes têm como estipular as condições dos atos praticados. Vigora nos negócios jurídicos o princípio da liberdade negocial. Os efeitos jurídicos dos atos praticados não estão predeterminados na lei, como ocorre no ato jurídico em sentido estrito. Os efeitos jurídicos são negociados e estipulados pelos próprios interessados, respeitando a lei, é claro;

c) Atos-fatos jurídicos: *são simples comportamentos humanos conformes ao Direito, mas desprovidos de intencionalidade ou consciência (voluntariedade) quanto aos efeitos jurídicos que dele resultarão.* Ex.: quando uma criança ou algum outro absolutamente incapaz *acha um tesouro*, independente do elemento volitivo, ou seja, da intenção de procurar e de ficar dono do bem, o Direito atribuirá metade dos bens achados a essas pessoas (art. 1.264 do CC). Aqui, o direito leva em conta apenas o *ato material* de achar, pouco importando o elemento volitivo. É por isso que se fala em ato-fato, uma vez que o comportamento fica entre o *ato* (por ser humano) e o *fato* (da natureza, por não serem relevantes a consciência e a vontade).

Passaremos, agora, ao estudo dos **negócios jurídicos**, começando por sua classificação.

2.6.2. Classificação dos negócios jurídicos

2.6.2.1. Quanto ao número de vontades para a formação

Unilaterais *são negócios que se aperfeiçoam com uma única manifestação de vontade.* Ex.: testamento e renúncia de herança. Podem ser receptícios (a vontade deve se tornar conhecida do destinatário para produzir efeitos – ex.: revogação de mandato) ou não receptícios (conhecimento por parte de outras pessoas é irrelevante – ex.: testamento, confissão de dívida).

Bilaterais *são os negócios que se aperfeiçoam com duas manifestações, coincidentes sobre o objeto.* Ex.: contratos em geral. O fato de existir mais de uma pessoa em cada um dos dois polos contratuais não faz com que o ato deixe de ser bilateral.

Plurilaterais *são os negócios que envolvem mais de duas partes ou polos.* Ex.: contrato de sociedade com três ou mais sócios.

2.6.2.2. Quanto às vantagens

Gratuitos *são os negócios em que apenas uma das partes aufere benefícios.* Ex.: doação sem encargo.

Onerosos *são negócios em que todos os contratantes auferem vantagens e também encargos.* Ex.: compra e venda.

Bifrontes: *são tipos de negócios que podem ser gratuitos ou não, de acordo com a vontade das partes.* Ex.: mútuo, depósito e mandato. Os contratos citados podem ou não ser objetos de remuneração em favor do mutuante, do depositante e do mandante. Caso haja remuneração o contrato será um negócio jurídico oneroso. Caso não haja, o contrato será um negócio jurídico gratuito. Deve-se tomar cuidado para não confundir classificação dos negócios jurídicos com a classificação dos contratos. Na Parte Geral, estudam-se as classificações dos negócios jurídicos apenas.

2.6.2.3. Quanto à autonomia

Principais *são os negócios que existem independentemente da existência de outros.* Ex.: contrato de locação de imóvel.

Acessórios *são os negócios cuja existência depende da de outro, o negócio principal.* Ex.: o contrato de fiança locatícia.

Os negócios acessórios seguem a sorte dos negócios principais. Assim, se um contrato principal é considerado nulo e se extingue, o contrato de fiança também ficará extinto. O contrário não acontece, ou seja, o negócio acessório não determina a sorte do negócio principal.

2.6.2.4. Quanto à forma

Solenes (formais) *são os negócios que devem obedecer à forma prescrita em lei.* Ex.: escritura, se envolver compra e venda de imóvel; aliás, se essa compra e venda for de valor superior a 30 salários mínimos, será necessária escritura pública. Se a forma for exigida como condição de *validade* do negócio jurídico (ex.: escritura para a venda de imóveis) a sua falta torna o negócio jurídico nulo, por se tratar de formalidade *ad solemnitatem*. Mas, se determinada forma tiver por objetivo apenas a *prova* do ato (ex.: registro do compromisso de compra e venda no Registro de Imóveis), estar-se-á diante de formalidade *ad probationem tantum* e sua falta não gera a nulidade do ato, mas apenas sua ineficácia perante terceiros.

Não solenes *são os negócios de forma livre.* Aliás, no Direito Privado, a regra é a liberdade das formas. Ou seja, quando a lei não impuser determinada forma para a prática de um negócio, os interessados poderão escolher a forma que mais lhe aprouverem, tais como a forma verbal, escrita etc.

2.6.3. Reserva mental

O atual Código Civil inovou em relação ao Código anterior ao regulamentar o instituto da reserva mental.

De acordo com este instituto, "a manifestação de vontade subsiste ainda que o seu autor haja feito a reserva mental de não querer o que manifestou, salvo se dela o destinatário tinha conhecimento" (art. 110).

A reserva mental é, na verdade, a emissão de uma declaração de vontade não querida em seu íntimo, tendo por objetivo enganar o destinatário dessa declaração de vontade.

Um exemplo pode aclarar a regra. Imagine que "A" manifeste perante "B" que emprestará a este determinada quantia em dinheiro, sendo que "A", no seu íntimo, faz uma reserva no sentido de que não fará o tal empréstimo. Essa situação pode se dar, por exemplo, numa situação de crise financeira de "B", que diz que irá se suicidar, caso não consiga um empréstimo.

Pois bem, o Código Civil dispõe que essa reserva mental feita por "A" não afeta a declaração de vontade que fez. Ou seja, a reserva mental feita é **irrelevante para o direito.**

Todavia, na hipótese de o destinatário da manifestação da vontade (no caso, "B") ter ciência dessa reserva mental (no caso, saiba que "A", no seu íntimo, não tem intenção declarada), o Código Civil dispõe que a manifestação de vontade de "A" **é como se não existisse e não precisa ser cumprida**. Tal solução se dá, pois, nesse caso, como "B" está ciente da reserva, não está sendo enganado e, portanto, não precisa da proteção legal.

2.6.4. Representação

Quando alguém tiver de praticar um negócio jurídico, pode praticar sozinho ou por meio de um representante. O representante é, então, aquele que atua em nome do representado.

Os **requisitos** e os **efeitos** da **representação legal** (que decorre da lei) são os estabelecidos nas normas respectivas; os da **representação voluntária** (que decorre de acordo entre as partes) são os da Parte Especial deste Código.

Assim, o estudo específico dos vários tipos de representação, que vai da representação legal que os pais fazem de seus filhos à representação que ocorre em relação às pessoas jurídicas e à representação em virtude de mandato, deve ser feito nas disposições pertinentes previstas no Código Civil e em outras leis.

Porém, a Parte Geral do Código, nos arts. 115 a 120, traz regras acerca da representação, regras essas que ora serão estudadas.

Os poderes de representação, como se sabe, podem ser conferidos por lei (representação legal) ou pelo interessado (representação voluntária).

No entanto, o representante, quando atua, é obrigado a demonstrar que é legítimo representante sob pena de, não o fazendo, responder pelos atos cometidos com excesso. Confira: "O representante é obrigado a provar às pessoas, com quem tratar em nome do representado, a sua qualidade e a extensão de seus poderes, sob pena de, não o fazendo, responder pelos atos que a estes excederem" (art. 118).

Essa regra faz com que o representante tenha todo interesse em ser bem transparente com as pessoas com quem contratar, para que estas, posteriormente, não possam alegar algo em seu desfavor. Além disso, compete ao representante apenas atuar nos limites de seus poderes.

Nesse sentido, o Código Civil assegura que "a manifestação de vontade pelo representante, nos limites de seus poderes, produz efeitos em relação ao representado" (art. 116 do CC). Ou seja, desde que o representante aja segundo os limites em que pode atuar, o representado, seja qual for o negócio praticado, fica vinculado à manifestação de vontade proferida pelo representante junto a terceiros.

Todavia, há negócios que o representante, mesmo tendo praticado nos limites dos poderes que tinha, não pode praticar, pelo fato de a lei trazer uma presunção de que esse tipo de negócio pode ser prejudicial ao representado.

O primeiro caso é dos negócios feitos pelo representante em **conflito de interesses** com o representado. Há casos em que o representante pratica atos em nome do representado, no qual há um interesse do representante que, se atendido, acabará prejudicando o representado. Tal se dá, por exemplo, quando um vizinho dá procuração a outro vizinho para que este vote em nome do primeiro numa assembleia condominial, e, numa das deliberações da assembleia, o procurador é chamado a votar sobre se o responsável pelo ressarcimento com gastos decorrentes de infiltração no prédio é ele, o representante, ou seu vizinho, o representado. Caso os outros vizinhos que participaram da votação tenham ciência de que o que está sendo votado está em conflito de interesses, o voto deste contra o vizinho representado deverá ser anulado. Confira, a respeito, o teor do art. 119 do Código Civil: "É anulável o negócio concluído pelo representante em conflito de interesses com o representado, se tal fato era ou devia ser do conhecimento de quem com aquele tratou. Parágrafo único. É de cento e oitenta dias, a contar da conclusão do negócio ou da cessação da incapacidade, o prazo de decadência para pleitear-se a anulação prevista neste artigo."

Outro caso polêmico é o do chamado **contrato consigo** mesmo, em que o representante, em nome do representado, faz um contrato deste consigo mesmo. Por exemplo, "A" é representante de "B" e resolve comprar um imóvel de "B", usando a procuração que ele deu para si. O contrato terá como partes "A" e "B", mas "A" estará atuando, ao mesmo tempo, em nome próprio e como representante de "B". O Código Civil repudia esse tipo de situação e só permite o contrato consigo mesmo nos casos em que a **lei** o admite expressamente (p. ex., para alienar determinado bem, por determinado preço – art. 685 do CC) e também nos casos em que o **representante autorizar** previamente esse tipo de contratação. Confira, a respeito, o art. 117 do Código Civil: "Salvo se o permitir a lei ou o representado, é anulável o negócio jurídico que o representante, no seu interesse ou por conta de outrem, celebrar consigo mesmo. Parágrafo único. Para esse efeito, tem-se como celebrado pelo representante o negócio realizado por aquele em quem os poderes houverem sido subestabelecidos".

O parágrafo único do art. 117 trata da hipótese em que "A" recebe procuração de "B" e substabeleceu poderes de representação a "C". Nesse caso, se "A" celebrar contrato, em nome próprio, com "B", representado por "C", a lei considera que "A" está celebrando contrato consigo mesmo, afinal de contas "C" foi escolhido por "A" para esse intento, que se presume fraudulento.

Em suma, o contrato consigo mesmo (autocontrato) é vedado como regra, só se admitindo quando a lei permitir ou quando o representado expressamente o autorizar. A proibição, aliás, também existe no Código de Defesa do Consumidor (art. 51, VIII).

2.6.5. *Planos da existência, da validade e da eficácia do negócio jurídico*

O negócio jurídico pode ser analisado nos planos da existência, da validade e da eficácia.

O **plano da existência** tem em mira verificar os **elementos** necessários para que um negócio jurídico se repute **existente** no mundo jurídico.

Uma vez existente um negócio jurídico, é caso de perquirir acerca do **plano da validade**, no qual se verifica se o negócio está ou não **conforme à ordem jurídica**.

Mas não basta. Muitas vezes um negócio jurídico *existe* e é *válido*, porém ainda não produz *efeitos*. Por isso, há de se investigar acerca do **plano da eficácia**, no qual se analisa se o negócio jurídico está ou não **produzindo efeitos**.

Nossa tarefa, agora, é analisar os três planos, começando pelo plano da existência.

2.6.6. *Elementos de existência do negócio jurídico*

São elementos de existência do negócio jurídicos os seguintes: *manifestação de vontade*, *finalidade negocial* e *idoneidade do objeto*.

2.6.6.1. *Manifestação de vontade*

A vontade manifestada é pressuposto básico para que um negócio exista. Naturalmente, para que haja manifestação de vontade, faz-se necessária a presença de um *agente emissor* dessa vontade, daí porque é desnecessária a indicação desse elemento, assim como também entendemos desnecessária a indicação do elemento *forma*, uma vez que o elemento manifestação de vontade pressupõe a existência de uma dada forma.

A **manifestação de vontade** pode ser **expressa**, **tácita** e **presumida**.

A **manifestação expressa** é aquela que se realiza pela palavra *falada* ou *escrita*, ou por *gestos*, explicitando a intenção do agente.

A **manifestação tácita** é aquela que se revela pelo *comportamento* do agente. Exemplo de manifestação tácita é o fato de alguém, diante de uma doação com encargo ofertada por outrem, nada dizer a respeito, mas logo em seguida recolher imposto de transmissão por doação, comportamento esse que demonstra ter concordado com a oferta, operando a manifestação tácita de vontade.

A **manifestação presumida** é aquela que decorre de presunções legais. A diferença entre a manifestação tácita e a presumida é que esta decorre de situações regulamentadas expressamente pela lei, como as previstas nos arts. 322, 323, 324, 539 e 1.807 do Código Civil. Um exemplo é a situação em que o doador fixa prazo para o donatário declarar se aceita ou não a liberalidade. Desde que o donatário, ciente do prazo, não faça dentro dele a declaração, entender-se-á que aceitou, se a doação não for sujeita a encargo (art. 539 do CC).

Resta a dúvida se o **silêncio**, por si só, pode importar anuência, que é um tipo de manifestação de vontade. O Código Civil, em seu art. 111, dispõe que o silêncio importa anuência, quando as circunstâncias ou os usos o autorizarem, e não for necessária a declaração de vontade expressa. Dessa forma, não basta mero silêncio para que se entenda ter havido manifestação de vontade tácita. É necessário que haja outras circunstâncias ou comportamentos (ou mesmo alguma disposição legal, como o art. 539 do CC) que levem à conclusão de anuência. Ademais, é necessário que o negócio não seja daqueles que reclamam declaração de vontade expressa.

2.6.6.2. Finalidade negocial

A simples existência de uma manifestação de vontade não garante que estamos diante de um negócio jurídico.

Como se viu, não há como confundir o ato jurídico em sentido estrito com o negócio jurídico. Este se diferencia daquele exatamente pela existência de uma finalidade negocial.

Isso porque negócios jurídicos *são aquelas declarações de vontade qualificadas, cujos efeitos são regulados pelo próprio interessado*. Os agentes declaram sua vontade e têm poder de negociar os efeitos jurídicos que nasceram de sua declaração.

Assim, o reconhecimento de um filho, por exemplo, não é um negócio jurídico, pois não tem fim negocial. Ao contrário, um testamento e um contrato são negócios jurídicos, pois têm fim negocial. Nos dois casos, os agentes têm como estipular as condições dos atos praticados. Vigora nos negócios jurídicos o princípio da liberdade negocial, como se viu.

2.6.6.3. Objeto idôneo

De nada valerá haver uma declaração de vontade se esta não recair sobre algum objeto. Ademais, também não é suficiente que a declaração recaia sobre um objeto que não tenha pertinência ao negócio que se deseja fazer.

2.6.7. Pressupostos de validade do negócio jurídico

São pressupostos de validade do negócio jurídico os seguintes: *manifestação de vontade livre, agente emissor da vontade capaz, legitimação, objeto lícito, possível e determinável, obediência à forma, quando prescrita em lei, inexistência de outras hipóteses de nulidade e anulabilidade.*

2.6.7.1. Manifestação de vontade livre

A existência de uma manifestação de vontade é requisito de existência do negócio jurídico. Mas a existência de uma manifestação de vontade *livre* é requisito de validade do negócio jurídico.

Assim, negócios praticados por alguém mediante erro, dolo ou coação são negócios inválidos, por não se configurar, em tais casos, vontade livre.

A coação moral irresistível (ex.: ameaça de matar alguém que não praticar um negócio jurídico) gera a invalidade do negócio jurídico. Já a coação física irresistível (ex.: pegar à força o dedo polegar de alguém com o fito de fazer a pessoa "assinar" um contrato com sua digital) não chega sequer a configurar uma manifestação de vontade, de modo que se está diante de um negócio inexistente, e não diante de um negócio inválido.

2.6.7.2. Agente capaz

Não basta que o agente tenha expressado vontade livre. Para que o negócio jurídico seja válido, é necessário que o agente tenha capacidade de fato, ou seja, capacidade de exercício.

Caso um absolutamente incapaz pratique um negócio jurídico por si só, ou seja, sem que o faça por meio de seu representante, ter-se-á uma nulidade absoluta. Já caso um relativamente incapaz pratique um negócio jurídico sozinho, ou seja, sem a presença de seu assistente, ter-se-á uma nulidade relativa.

2.6.7.3. Legitimação

Não basta a capacidade geral para que o ato seja válido. O agente também deve ter aptidão específica para a prática do ato que deseja. Nesse sentido, alguém casado pelo regime de comunhão parcial e com filhos não poderá alienar um imóvel a um dos filhos sem a autorização dos outros e do cônjuge, por carecer de legitimação.

2.6.7.4. Objeto lícito, possível e determinável

Objeto lícito é aquele que não contraria o direito como um todo. Aqui, analisa-se se não há alguma norma no sistema jurídico que considera ilícito dado objeto.

Objeto possível é aquele possível jurídica e fisicamente. A possibilidade jurídica diz respeito à inexistência de alguma proibição direta do Código Civil. A possibilidade física diz respeito à possibilidade, ainda que difícil, de o objeto ser reproduzido no mundo fenomênico.

2.6.8. Pressupostos de eficácia do negócio jurídico

2.6.8.1. Inexistência de termo suspensivo pendente

Termo suspensivo *é o evento futuro e certo que condiciona o início dos efeitos do contrato*. Por exemplo, um contrato de locação que traz uma cláusula estabelecendo que o locatário só poderá adentrar o imóvel após dez dias de sua celebração.

2.6.8.2. Inexistência de condição suspensiva pendente

Condição suspensiva *é o evento futuro e incerto que condiciona o início dos efeitos do contrato*. Por exemplo, um contrato de doação que prevê que o donatário só será proprietário da coisa se vier a se casar com determinada pessoa.

2.6.9. Elementos acidentais do negócio jurídico

2.6.9.1. Condição

Cláusula acertada pelas partes que subordina o efeito do negócio jurídico a evento futuro e incerto. Espécies:

a) condição suspensiva: *a que subordina a eficácia inicial do ato a sua implementação.* Ex.: "se você se casar, começarei a te pagar uma pensão";

b) condição resolutiva: *a que faz com que o ato deixe de produzir efeitos.* Ex.: "se você se casar, deixarei de te pagar a pensão".

Condições proibidas: as contrárias à lei, à ordem pública e aos bons costumes; as que privam o ato de todos os efeitos (perplexas); as que sujeitam o negócio ao puro arbítrio de uma das partes (as puramente potestativas é que são proibidas – ex.: pagarei se quiser; as simplesmente potestativas podem ser válidas – ex.: doarei se fores bem em sua apresentação); as físicas (nenhum ser humano seria capaz) ou juridicamente (proibida na lei) impossíveis. Todas elas tornam o negócio nulo. As condições impossíveis, quando resolutivas, têm-se por inexistentes.

Regras finais: reputa-se verificada a condição se maliciosamente retardada pela parte a quem prejudica. Por outro lado, reputa-se não verificada a condição se maliciosamente levada a efeito por quem dela aproveita.

2.6.9.2. Termo

É a data acertada à qual fica subordinado o efeito do negócio jurídico. Ou seja, é o dia em que começa ou em que se extingue a eficácia do negócio jurídico. O termo convencional consiste em evento futuro e certo. Mas a data exata pode ser certa (se definida) ou incerta (ex.: dia da morte).

2.6.9.3. Encargo (ou modo)

Cláusula acessória às liberalidades pela qual se impõe uma obrigação ao beneficiário. Considera-se não escrito o encargo ilícito ou impossível, salvo se constituir o motivo determinante da liberalidade, quando invalida o negócio jurídico.

2.6.10. Defeitos do negócio jurídico (geram sua anulabilidade – ato anulável)

2.6.10.1. Erro ou ignorância

O erro ou ignorância pode ser **conceituado** como *o engano cometido pelo próprio agente*. O instituto está previsto nos arts. 138 a 144 do Código Civil.

Para tornar o ato anulável, o erro deve ser:

a) substancial (essencial): quanto à sua natureza, seu objeto, suas qualidades;

b) escusável;

c) real: o prejuízo deve ser a causa determinante do negócio.

Exemplo de erro é a situação em que alguém pensa estar fazendo um contrato de doação, mas está fazendo uma compra e venda.

O erro acidental (relativo a questões secundárias) não gera a anulabilidade do ato.

A respeito do erro, o Código Civil traz, ainda, as seguintes regras:

a) o falso motivo só vicia a declaração de vontade quando expresso como razão determinante;

b) a transmissão errônea da vontade por meios interpostos é anulável nos mesmos casos em que o é a declaração direta;

c) O erro de indicação da pessoa ou da coisa, a que se referir a declaração de vontade, não viciará o negócio quando, por seu contexto e pelas circunstâncias, se puder identificar a coisa ou pessoa cogitada;

d) o erro de cálculo apenas autoriza a retificação da declaração de vontade;

e) o erro não prejudica a validade do negócio jurídico quando a pessoa, a quem a manifestação de vontade se dirige, oferecer-se para executá-la na conformidade da vontade real do manifestante.

2.6.10.2. Dolo

O dolo pode ser **conceituado** como *o erro provocado pela parte contrária ou por terceiro, por meio de expediente malicioso.* O instituto está previsto nos arts. 145 a 150 do Código Civil.

Exemplo de dolo é a adulteração de quilometragem de veículo, feita pelo vendedor, em prejuízo do comprador.

Para tornar o ato anulável o dolo deve ser:

a) essencial;

b) com malícia;

c) determinante;

d) não recíproco.

O dolo acidental também não enseja a anulação do ato, mas enseja a reparação por perdas e danos, circunstância que não acontece no caso de erro acidental.

A respeito do dolo, o Código Civil traz, ainda, as seguintes regras:

a) nos negócios jurídicos bilaterais, o silêncio intencional de uma das partes a respeito de fato ou qualidade que a outra parte haja ignorado constitui omissão dolosa, provando-se que sem ela o negócio não se teria celebrado;

b) pode também ser anulado o negócio jurídico por dolo de terceiro se a parte a quem aproveite dele tivesse ou devesse ter conhecimento; em caso contrário, ainda que subsista o negócio jurídico, o terceiro responderá por todas as perdas e danos da parte a quem ludibriou;

c) o dolo do representante legal de uma das partes só obriga o representado a responder civilmente até a importância do proveito que teve; se, porém, o dolo for do representante convencional, o representado responderá solidariamente com ele por perdas e danos;

d) se ambas as partes procederem com dolo, nenhuma pode alegá-lo para anular o negócio ou reclamar indenização.

2.6.10.3. Coação

A coação pode ser **conceituada** como *a ameaça que constrange alguém à prática de um negócio.* O instituto está previsto nos arts. 151 a 155 do Código Civil.

Exemplo de coação é o contrato assinado por alguém mediante ameaça de morte.

Para tornar o negócio anulável, a ameaça deve ser:

a) da parte que aproveita ou de terceiro, com conhecimento daquela;

b) determinante;

c) grave: veem-se aspectos subjetivos das partes;

d) injusta: mal prometido não é exercício regular de direito; se for, a ameaça não é injusta;

e) iminente;

f) relativa ao paciente, sua família ou seus bens.

Se a coação disser respeito à pessoa não pertencente à família do paciente, o juiz, com base nas circunstâncias, decidirá se houve coação.

A respeito da coação, o Código Civil traz, ainda, as seguintes regras:

a) ao apreciar a coação, ter-se-ão em conta o sexo, a idade, a condição, a saúde, o temperamento do paciente e todas as demais circunstâncias que possam influir na gravidade dela;

b) não se considera coação a ameaça do exercício normal de um direito, nem o simples temor reverencial;

c) vicia o negócio jurídico a coação exercida por terceiro se dela tivesse ou devesse ter conhecimento a parte a que aproveite e esta responderá solidariamente com aquele por perdas e danos;

d) subsistirá o negócio jurídico se a coação decorrer de terceiro sem que a parte a que aproveite dela tivesse ou devesse ter conhecimento; mas o autor da coação responderá por todas as perdas e danos que houver causado ao coacto.

2.6.10.4. Estado de perigo

O estado de perigo pode ser **conceituado** como *a assunção de obrigação excessivamente onerosa com o intuito de salvar a si ou a alguém de sua família de grave dano conhecido da outra parte.* O instituto está previsto no art. 156 do Código Civil.

Exemplo de estado de perigo é a exigência de cheque-caução em hospital.

O ato cometido em situação de estado de perigo é anulável. Mas há corrente doutrinária que entende que o ato deveria ser válido, determinando-se apenas o ajuste das prestações.

2.6.10.5. Lesão

A lesão pode ser **conceituada** como *a assunção de prestação manifestamente desproporcional ao valor da prestação oposta por premente necessidade ou inexperiência.* O instituto está previsto no art. 157 do Código Civil.

Exemplo de lesão é a compra de imóvel que vale R$ 500 mil por R$ 100 mil, por inexperiência de quem vende. Outro exemplo é a venda de um apartamento por 40% do seu preço de mercado para pagar resgate de sequestro não conhecido da outra parte.

O STJ reconhece a configuração do instituto em contrato no qual o advogado, aproveitando-se de desespero do cliente, firmou contrato pelo qual sua remuneração seria de 50% do benefício econômico gerado pela causa (REsp 1.155.200, DJ 02/03/11).

O instituto requer a configuração de dois **elementos** para se caracterizar:

a) elemento objetivo: prestação manifestamente desproporcional;

b) elemento subjetivo: premente necessidade ou inexperiência.

Quanto ao requisito subjetivo "inexperiência", o Enunciado 410 das Jornadas de Direito Civil traz o seguinte entendimento: "art. 157: A inexperiência a que se refere o art. 157 não deve necessariamente significar imaturidade ou desconhecimento em relação à prática de negócios jurídicos em geral, podendo ocorrer também quando o lesado, ainda que estipule contratos costumeiramente, não tenha conhecimento específico sobre o negócio em causa."

O instituto não incide quanto a atos unilaterais, pois há de se comparar a existência de duas prestações.

Na lesão, não há necessidade de existir: a) situação de perigo; b) conhecimento da situação pela outra parte.

O ato praticado mediante lesão é anulável. Porém, o negócio pode ser mantido se a parte prejudicada receber uma compensação.

2.6.10.6. Fraude contra credores

A fraude contra credores **dá-se com** *a transmissão de bens ou remissão de dívidas feitas pelo devedor já insolvente ou por elas reduzido à insolvência.* O instituto está previsto nos arts. 158 a 165 do Código Civil.

São **requisitos** da fraude contra credores os seguintes:

a) *consilium fraudis*: conluio fraudulento (elemento subjetivo); nos negócios gratuitos, o conluio é presumido; nos negócios onerosos, a existência de ações contra o alienante configuram-no;

b) evento danoso: prejuízo (elemento objetivo);

c) ação própria: pauliana ou revocatória.

Confira as diferenças entre a **fraude contra credores** e a **fraude à execução:** a) vício social X ato atentatório da Justiça; b) depende de ação própria X reconhecimento na própria execução; c) gera anulação do negócio X gera ineficácia do negócio perante o credor.

A respeito da fraude contra credores, o Código Civil traz, ainda, as seguintes regras:

a) se o adquirente dos bens do devedor insolvente ainda não tiver pagado o preço e este for, aproximadamente, o corrente, desobrigar-se-á depositando-o em juízo, com a citação de todos os interessados; se inferior, o adquirente, para conservar os bens, poderá depositar o preço que lhes corresponda ao valor real;

b) a ação poderá ser intentada contra o devedor insolvente, a pessoa que com ele celebrou a estipulação considerada fraudulenta, ou terceiros adquirentes que hajam procedido de má-fé;

c) o credor quirografário que receber do devedor insolvente o pagamento da dívida ainda não vencida ficará obrigado a repor, em proveito do acervo sobre que se tenha de efetuar o concurso de credores, aquilo que recebeu;

d) presumem-se fraudatórias dos direitos dos outros credores as garantias de dívidas que o devedor insolvente tiver dado a algum credor;

e) presumem-se, porém, de boa-fé e valem os negócios ordinários indispensáveis à manutenção de estabelecimento mercantil, rural, ou industrial, ou à subsistência do devedor e de sua família:

f) anulados os negócios fraudulentos, a vantagem resultante reverterá em proveito do acervo sobre que se tenha de efetuar o concurso de credores; se esses negócios tinham por único objeto atribuir direitos preferenciais, mediante hipoteca, penhor ou anticrese, sua invalidade importará somente na anulação da preferência ajustada.

2.6.11. Atos nulos

São atos **nulos** os seguintes (art. 166 do CC):

a) os celebrados por pessoa absolutamente incapaz;

b) os de objeto ilícito, impossível ou indeterminável;

c) os que tiverem motivo determinante, comum a ambas as partes, ilícito;

d) os que não revestirem a forma prescrita em lei;

e) os que preterirem alguma solenidade que a lei considere essencial para sua validade;

f) os que tiverem por objeto fraudar lei imperativa;

g) os que a lei taxativamente declarar nulo, ou proibir-lhe a prática, sem cominar sanção;

h) o negócio jurídico simulado, mas subsistirá o que se dissimulou, se válido for na substância e na forma.

Qualquer interessado ou o MP, quando cabível, pode alegar a nulidade e o juiz pode pronunciá-la de ofício (art. 168 do CC).

O negócio nulo não pode ser convalidado (art. 168, parágrafo único do CC).

A sanção de nulidade opera de pleno direito. Assim, a ação judicial respectiva resulta em sentença de natureza declaratória, com eficácia *ex tunc*.

Quanto à **simulação**, essa pode ser de duas espécies:

a) absoluta: *quando não se quer negócio algum* (ex.: divórcio simulado para fugir de responsabilidade civil);

b) relativa: *quando se encobre um negócio querido.*

Na simulação relativa, temos as seguintes situações:

i) negócio simulado: *o que se declara, mas não se quer. O negócio simulado é nulo.* Ex.: doação de um imóvel;

ii) negócio dissimulado: *o que se pretende de verdade.* O negócio dissimulado pode ser mantido, desde que válido na forma e na substância. Ex.: compra e venda do mesmo imóvel.

2.6.12. Atos anuláveis

São atos **anuláveis** os seguintes (art. 171 do CC):

a) os praticados por relativamente incapaz;

b) os com defeito (erro, dolo, coação, estado de perigo, lesão ou fraude contra credores);

c) outros previstos em lei, como no caso de falta de legitimação.

O negócio anulável pode ser confirmado pelas partes, inclusive tacitamente (caso já tenha sido cumprido com ciência do vício), salvo direito de terceiro.

Só os interessados podem alegar a anulabilidade.

O prazo decadencial para pleitear a anulação é de 2 anos, como regra. Todavia, para anulação nos casos "a" e "b", o prazo é de 4 anos.

A sanção de anulabilidade não opera de pleno direito, dependendo de provocação da parte interessada. Assim, a sentença respectiva tem natureza constitutiva e eficácia *ex nunc.*

2.6.13. Anulabilidade x Nulidade

Para fechar o tema das invalidades no Código Civil, faz-se necessário fazer uma análise comparativa entre os institutos da anulabilidade e da nulidade. Confira a comparação, que traz, primeiro, informação sobre a anulabilidade e, depois, sobre a nulidade:

a) interesse envolvido: privado x público;

b) legitimidade para alegar: só interessados x interessados, MP e juiz de ofício;

c) possibilidade confirmação: admite x não admite;

d) consequência do decurso do tempo: convalesce (em regra: 2 anos) x não convalesce;

e) ação cabível: anulatória x declaratória de nulidade;

f) efeitos da sentença: não retroage (*ex nunc*) x retroage (*ex tunc*);

g) possibilidade de aproveitamento: pela *convalidação* x pela *conversão* em outro ato.

2.7. Prescrição e decadência

2.7.1. Prescrição

2.7.1.1. Conceito

É a causa extintiva da pretensão por seu não exercício no prazo estipulado pela lei;

✓ Diz respeito às ações condenatórias.

2.7.1.2. Características:

a) parte que se beneficia só pode renunciar ao direito após o decurso do prazo (art. 191 do CC);

b) prazos não podem ser alterados por convenção (art. 192 do CC);

c) juiz pode reconhecer de ofício (art. 219, § 5º, CPC);

d) pode-se reconhecê-la a qualquer tempo (art. 193 do CC);

e) relativamente incapaz e PJ têm ação contra responsáveis por ela (art. 195 do CC);

f) prescrição iniciada contra uma pessoa continua a correr contra o seu sucessor (art. 196 do CC).

2.7.1.3. Não corre prescrição

a) entre os cônjuges, na constância da sociedade conjugal;

b) entre ascendentes e descendentes, durante o poder familiar;

c) entre tutelados ou curatelados e seus tutores ou curadores, durante a tutela ou curatela;

d) contra os incapazes de que trata o art. 3º;

e) contra os ausentes do País em serviço público da União, dos Estados ou dos Municípios;

f) contra os que se acharem servindo nas Forças Armadas, em tempo de guerra;

g) pendendo condição suspensiva;

h) não estando vencido o prazo;

i) pendendo ação de evicção.

2.7.1.4. Interrompem a prescrição (uma única vez)

a) o despacho do juiz, mesmo incompetente, que ordenar a citação, se o interessado a promover no prazo e na forma da lei processual;

b) o protesto, nas condições do item antecedente;

c) o protesto cambial;

d) a apresentação do título de crédito em juízo de inventário ou em concurso de credores;

e) qualquer ato judicial que constitua em mora o devedor;

f) qualquer ato inequívoco, ainda que extrajudicial, que importe reconhecimento do direito pelo devedor.

Observações:

a) a prescrição interrompida recomeça a correr da data do ato interruptivo ou do último ato do processo que a interrompeu;

b) a prescrição pode ser interrompida por qualquer interessado;

c) a interrupção da prescrição por um credor não aproveita aos outros; semelhantemente, a interrupção operada contra o codevedor, ou seu herdeiro, não prejudica aos demais coobrigados (art. 204);

d) exceção: interrupção por um credor solidário aproveita aos outros, assim como a interrupção efetuada contra o devedor solidário envolve os demais e seus herdeiros;

e) a interrupção operada contra um dos herdeiros do devedor solidário não prejudica os outros herdeiros ou devedores senão quando se trate de obrigações e direitos indivisíveis (acessório não segue o acessório);

f) a interrupção produzida contra o principal devedor prejudica o fiador (acessório segue o principal).

2.7.1.5. Prazos

2.7.1.5.1. Geral

A prescrição ocorre em 10 anos quando a lei não lhe haja fixado prazo menor (art. 205 do CC).

2.7.1.5.2. Especiais (art. 206 do CC)

a) 1 ano: pretensão de hotéis, segurado contra segurador (pedido de pagamento suspende prazo), tabeliães, peritos etc.;

b) 2 anos: prestação de alimentos, a partir dos vencimentos;

c) 3 anos: alugueres, ressarcimento por enriquecimento sem causa, reparação civil, seguro obrigatório (ex. DPVAT) etc.;

d) 4 anos: pretensão relativa à tutela, da prestação de contas;

e) 5 anos: cobrança de dívidas líquidas constantes de instrumentos; pretensão de profissionais liberais, contado da conclusão dos serviços; pretensão do vencedor para haver do vencido o que despendeu em juízo.

2.7.2. Decadência

2.7.2.1. Conceito

É a causa extintiva do direito potestativo pelo seu não exercício no prazo estipulado pela lei.

✓ Diz respeito às ações constitutivas.

2.7.2.2. Características

a) salvo disposição legal, não se aplicam os casos de impedimento, suspensão e interrupção (art. 207 do CC);

b) não corre prazo decadencial contra absolutamente incapaz (art. 208 do CC);

c) é nula a renúncia à decadência legal (art. 209 do CC), mas a decadência convencional pode ser alterada;

d) o juiz deve conhecer de ofício decadência legal (art. 210 do CC);

e) pode-se reconhecê-la a qualquer tempo (art. 211 do CC);

f) "o prazo decadencial para o ajuizamento da ação rescisória prorroga-se para o primeiro dia útil seguinte, caso venha a findar no recesso forense, sendo irrelevante a controvérsia acerca da natureza do prazo para ajuizamento da ação, se prescricional ou decadencial, pois, em ambos os casos, o termo ad quem seria prorrogado (EREsp 667.672-SP, DJe 26/6/2008). Desse modo, na linha do precedente da Corte Especial e outros precedentes do STJ, deve-se entender cabível a prorrogação do termo ad quem do prazo prescricional no caso". (STJ, REsp 1.446.608-RS, J. 21/10/2014).

3. DIREITO DAS OBRIGAÇÕES

3.1. Introdução

3.1.1. Conceito

Obrigação *é o vínculo jurídico que confere ao credor (sujeito ativo) o direito de exigir do devedor (sujeito passivo) o cumprimento de determinada prestação.*

3.1.2. Elementos

3.1.2.1. Sujeitos

Trata-se do elemento subjetivo. De acordo com esse elemento, toda obrigação tem duas classes de sujeitos, o ativo (credor) e o passivo (devedor) **(devedor)**.

3.1.2.2. Objeto

Aqui temos o elemento objetivo. Toda obrigação requer um objeto, ou seja, uma *conduta humana* a ser cumprida. O objeto pode ser dividido em dois. O objeto imediato, que será dar, fazer ou não fazer. Já o objeto mediato será "o que" se vai dar, fazer ou não fazer. Por exemplo, quem tem uma dívida de R$ 500 está diante de uma obrigação cujo objeto imediato é "dar" e o objeto mediato é o "dinheiro". Para que o negócio seja válido, seu objeto (tanto o imediato como o mediato) deve ser lícito, possível jurídica e fisicamente, e determinável (art. 166, II, do CC). Assim, se um contrato estipular a obrigação de entregar a herança de pessoa viva, esse negócio será nulo, pois seu objeto é impossível juridicamente.

3.1.2.3. *Vínculo jurídico*

Não basta a existência de sujeitos e de um objeto para que se constitua uma obrigação. Se duas pessoas estiverem simplesmente conversando e uma delas estiver com um livro nas mãos, não terá se formado obrigação alguma. Agora, se essas pessoas combinarem a venda do livro, aí sim ter-se-á criado um vínculo jurídico, com obrigações para as duas partes, inclusive. Um fica obrigado a entregar o livro; o outro, a pagar um preço.

3.1.3. *Fontes das obrigações*

Como seu viu, para se criar uma obrigação não bastam sujeitos e objeto. Há de se ter um fato jurídico apto, ou seja, um acontecimento do mundo fenomênico que faça nascer a obrigação. Quais seriam, então, essas fontes das obrigações? Em última análise, a lei é sempre a fonte, pois é ela que estabelecerá os fatos que fazem nascer uma obrigação. Mas que tipos de fatos a lei considera aptos para nascer uma obrigação?

São fontes de obrigações os *atos ilícitos* (geram obrigações de indenizar, normalmente), os *contratos* (geram obrigações variadas, como entregar uma coisa, pagar um preço), as *declarações unilaterais de vontade* (*vide* a respeito a promessa de recompensa, a gestão de negócios, o pagamento indevido e o enriquecimento sem causa) e *outros fatos ou situações rotuladas especificamente pela lei* (como a obrigação de pagar tributo, a obrigação de pagamento de alimentos a parentes e a obrigação de indenizar por fato de terceiro).

3.2. Classificação das Obrigações

3.2.1. *Quanto à possibilidade de exigência*

3.2.1.1. *Obrigação civil*

É aquela que pode ser exigida por meio de ação judicial. São exemplos a obrigação de entregar uma coisa, na compra venda, e a obrigação de pagar alugueres, na locação.

3.2.1.2. *Obrigação natural*

É aquela que não pode ser exigida por meio de ação judicial, mas, caso cumprida voluntariamente, não pode ser repetida. Ou seja, o devedor não é obrigado a cumpri-la, mas, se o fizer, o credor não é obrigado a devolver o que recebeu. A retenção (*soluti retentio*) é único efeito da obrigação natural. São exemplos as obrigações relativas a dívidas prescritas (art. 882 do CC) e dívidas de jogo (art. 814 do CC). *Vide* também art. 564, III, do CC. A obrigação natural diz respeito a uma dívida inexigível, portanto, não passível de compensação.

3.2.2. *Quanto à extensão*

3.2.2.1. *Obrigação de resultado*

É aquela em que o devedor se compromete a atingir determinado fim, sob pena de responder pelo insucesso. São exemplos a obrigação do vendedor de entregar a coisa vendida, a obrigação do transportador de levar o passageiro são e salvo ao destino e a obrigação do cirurgião plástico em cirurgias de natureza estética.

3.2.2.2. *Obrigação de meio*

É aquela em que o devedor se compromete a empregar seus conhecimentos e técnicas com vistas a alcançar determinando fim, pelo qual não se responsabiliza. São exemplos as obrigações dos médicos e dos advogados. Tais profissionais se obrigam a fazer o melhor, mas não se obrigam, por exemplo, a curar, no primeiro caso, e a ganhar uma ação, no segundo.

Essa classificação é importante em matéria de responsabilidade civil contratual.

3.2.3. *Quanto aos elementos acidentais*

3.2.3.1. *Obrigação pura e simples*

É aquela que produz efeitos normalmente, por não estar sujeita a condição, termo ou encargo.

3.2.3.2. *Obrigação condicional*

É aquela cujos efeitos estão subordinados a evento futuro e incerto.

3.2.3.3. *Obrigação a termo*

É aquela cujos efeitos estão subordinados a evento futuro e certo.

3.2.3.4. *Obrigação com encargo ou modal*

É aquela que estabelece um gravame a ser cumprido pelo credor.

3.2.4. *Quanto ao momento do cumprimento*

3.2.4.1. *Obrigação de execução instantânea ou momentânea*

É aquela que se cumpre imediatamente após a sua constituição. Um exemplo é a obrigação de pagamento à vista.

3.2.4.2. *Obrigação de execução diferida*

É aquela que se cumpre em um só ato, mas em momento futuro. Por exemplo, quando se combina que a entrega será feita 60 dias após a constituição da obrigação.

3.2.4.3. *Obrigação de execução continuada, periódica ou de trato de sucessivo*

É aquela que se cumpre por meio de atos reiterados e protraídos no tempo. Um exemplo é a obrigação de pagar parcelas de um financiamento.

Essa classificação é importante para efeito de aplicação da regra da imprevisão (arts. 317 e 478 do CC).

3.2.5. *Quanto à liquidez*

3.2.5.1. *Obrigação líquida*

É aquela cujo objeto está determinado. Por exemplo, quando alguém se obriga a pagar R$ 500. Está-se diante de uma obrigação líquida.

3.2.5.2. *Obrigação ilíquida*

É aquela cujo objeto não está determinado. Por exemplo, quando alguém atropela uma pessoa, que sofre danos materiais diversos e morais. De início, a obrigação de indenizar não é líquida.

Essa classificação é importante em matéria de configuração da mora (o art. 397 do CC considera em mora, de pleno direito, o devedor que descumpre obrigações positivas e líquidas); de compensação (o art. 369 dispõe que esta só é possível entre dívidas vencidas e líquidas); e de imputação do pagamento (o art. 352 exige, para que o devedor indique a dívida que está pagando, que esta seja vencida e líquida).

3.2.6. Quanto à existência por si só

3.2.6.1. Obrigação principal

É aquela que existe por si só. São exemplos as decorrentes do contrato de compra e venda (de entregar uma coisa e de pagar um preço).

3.2.6.2. Obrigação acessória

É aquela cuja existência depende da existência da principal. São exemplos a multa (cláusula penal) e juros de mora.

Essa classificação é importante para efeito de aplicação da seguinte regra: "o acessório segue o principal". Por exemplo, a nulidade do principal leva à nulidade do acessório. O contrário não ocorre, claro. Nosso Código acolhe tal regra em vários dispositivos, como nos arts. 92, 184, 233 e 364.

3.2.7. Quanto à natureza do direito

3.2.7.1. Obrigação correspondente a direito pessoal

É aquela travada diretamente entre pessoas, em que o patrimônio do devedor fica sujeito ao seu cumprimento.

3.2.7.2. Obrigação correspondente a direito real

É aquela em que todas as pessoas ficam sujeitas a respeitar a relação entre uma pessoa e uma coisa. Também é chamada de *ônus real*.

3.2.7.3. Obrigação propter rem

É aquela à qual o titular de direito sobre uma coisa, exatamente por estar nessa situação jurídica, fica sujeito. Trata-se de uma obrigação híbrida. Recai sobre uma pessoa (direito pessoal), mas por força de um direito real. São exemplos a obrigação do possuidor de uma coisa de não prejudicar a segurança, o sossego e a saúde de um prédio vizinho (art. 1.277 do CC), a obrigação dos donos de imóveis confinantes de concorrerem para as despesas de tapumes divisórios (art. 1.297, § 1º, do CC), a obrigação de um condômino de contribuir para as despesas de conservação da coisa (art. 1.315 do CC), a obrigação do titular da coisa de arcar com os débitos tributários a ela pertinentes (art. 130 do CTN). Repare, no caso das despesas condominiais e tributárias, que o novo proprietário da coisa, tenha ou não dado causa à dívida contraída para o seu uso, fica sujeito ao seu pagamento, com possível penhora da coisa com vistas à satisfação do crédito. É por isso que a obrigação também é denominada *ambulatorial*.

3.2.8. Quanto aos seus elementos

3.2.8.1. Obrigação simples

É aquela que só tem um sujeito ativo, um sujeito passivo e um objeto. Por exemplo, a obrigação de "A" entregar um carro a "B".

3.2.8.2. Obrigação composta ou complexa

É aquela que tem mais de um sujeito ativo, de um sujeito passivo ou de um objeto. Por exemplo, obrigações com vários credores ou com vários devedores (pluralidade subjetiva). Nesses casos podem-se ter obrigações divisíveis, indivisíveis ou solidárias, o que será visto a seguir. Outro exemplo é a obrigação de "A" entregar a "B" uma casa **e** um carro, ou uma casa **ou** um carro (pluralidade objetiva). No primeiro caso temos obrigação cumulativa (ou conjuntiva). No segundo, obrigação alternativa (ou disjuntiva).

3.3. Modalidades das obrigações

3.3.1. Obrigação de dar

3.3.1.1. Conceito

É aquela de entregar ou restituir uma coisa. Na compra e venda, temos a *entrega* da coisa. No comodato, a *restituição*. Essas duas formas de dar são espécies do gênero *tradição*.

No nosso direito, só se adquire a propriedade de uma coisa móvel com a tradição, de modo que, enquanto essa não se der, o devedor da coisa (vendedor) permanece proprietário dela. Isso gera as seguintes consequências (art. 237 do CC): a) a coisa perece para o dono (*res perit domino*); b) os melhoramentos e acrescidos na coisa até a tradição beneficiam o dono, que poderá exigir aumento no preço.

3.3.1.2. Regras para o caso de perecimento da coisa (perda total)

a) *se ocorrer antes da tradição ou pendente condição suspensiva, sem culpa do devedor*, resolve-se a obrigação retornando as partes ao estado anterior. Por exemplo, se, por força maior, um carro a ser entregue pelo vendedor tem perda total em virtude de uma inundação. Eventual valor pago pelo comprador será devolvido pelo vendedor. No caso de pender condição suspensiva a situação é a mesma. Um exemplo é a disposição "se passar no vestibular, te dou este carro". Se antes da aprovação no vestibular o carro perecer sem culpa do devedor, a obrigação ficará resolvida. *Vide* art. 234 do CC;

b) *se ocorrer antes da tradição ou pendente condição suspensiva, com culpa do devedor*, o credor tem direito a receber o equivalente em dinheiro, mais perdas e danos. Por se exemplo, se, por imprudência do vendedor, esse, após ter vendido ou prometido carro, envolve-se em batida com perda total do veículo. Terá de devolver ao comprador o dinheiro que eventualmente receber, além de indenizá-lo por perdas e danos. No caso daquele que recebeu a promessa, terá de dar a ele o equivalente em dinheiro, mais perdas e danos. *Vide* arts. 234 e 236 do CC;

c) *se ocorrer antes da tradição e a obrigação for de restituir*, a obrigação ficará resolvida. São casos como o dever de restituir que cabe ao comodatário e ao depositário. Como se viu, a coisa perece para o dono, ou seja, o comodante e o depositando suportarão a perda. Todavia, se aquele que recebeu a coisa para restituir agir com culpa, responderá pelo equivalente em dinheiro, mais perdas e danos. Muitas vezes, inclusive, a culpa é presumida. *Vide* arts. 235 e 236 do CC;

d) *se ocorrer após a tradição*, o problema é do credor, pois a coisa perece para o dono. Mas há exceções. Por exemplo, se a coisa vier a perecer por já estar com problema quando da sua entrega (ex.: cavalo com moléstia respiratória). O devedor responderá por esse vício redibitório.

3.3.1.3. *Regras para o caso de deterioração da coisa (perda parcial)*

Um exemplo de deterioração da coisa é a perda do estepe do carro. As regras são semelhantes. Se não houver culpa do devedor, a obrigação fica resolvida, ressalvada a possibilidade de o credor ficar com a coisa, com abatimento no preço (art. 238 do CC). Já se houver culpa do devedor, poderá o credor exigir o equivalente em dinheiro mais perdas e danos, ou aceitar a coisa no estado, mais perdas e danos (art. 239). Quanto à deterioração da coisa nas obrigações de restituição, o credor a receberá no estado em que se encontre. Já se houver culpa do devedor, este responderá pelo equivalente, mais perdas e danos (art. 240).

3.3.1.4. *Coisa certa ou incerta*

A coisa incerta há de ser pelo menos determinável, de modo que a lei exige a indicação, pelo menos, do *gênero* e da *quantidade* da coisa. Se faltar um ou outro, o objeto será indeterminável. Então, se for indicado que a coisa é "laranja" e que a quantidade é "50 quilos" não haverá problema. A qualidade será determinada quando houver a escolha das laranjas pelo devedor. Esse, todavia, não pode escolher a de pior qualidade. Deve escolher pelo menos a de meio-termo. A escolha da coisa também tem o nome de *concentração* e, salvo estipulação em contrário, compete ao devedor. Feita a escolha e cientificado o credor, acaba a incerteza, a coisa torna-se certa, determinada. Antes da escolha, não pode o devedor alegar perda ou deterioração da coisa (art. 246 do CC), pois o gênero nunca perece (*genuns nunquam perit*). Ficaria estranho mesmo dizer que não há laranjas e que a obrigação não pode ser cumprida. Se o devedor não as possui mais, que as consiga com terceiro. Só se pode fazer esse tipo de alegação se se tratar de gênero limitado, ou seja, restrito a certo lugar. Por exemplo, quando se combina de entregar laranjas de certo sítio e elas não existirem mais.

3.3.2. *Obrigação de fazer*

3.3.2.1. *Conceito*

É aquela em que o devedor presta atos ou serviços.

3.3.2.2. *Espécies*

a) personalíssima (*intuitu personae*, infungível ou imaterial), em que só o devedor pode cumprir a obrigação, seja porque assim se estabeleceu (o contrato diz que o devedor cumprirá pessoalmente a obrigação), seja porque sua própria natureza impede a substituição do devedor (por exemplo, na contratação de um cantor para um show ou de um artista plástico para fazer uma escultura);

b) impessoal (fungível ou material), em que não é necessário que o devedor cumpra pessoalmente a obrigação, ou seja, para o credor o importante é que o objeto seja prestado, ainda que por terceiro.

Há também obrigação de fazer no contrato preliminar (*pacto de contrahendo*), que é aquele em que se faz uma promessa de fazer contrato futuro. É o caso do compromisso de compra e venda, por exemplo.

3.3.2.3. *Regras em caso de não cumprimento da obrigação de fazer*

a) *Se a obrigação for personalíssima e se tornar impossível sem culpa do devedor*, ficará resolvida (art. 248 do CC). Por exemplo, se o cantor não conseguir chegar a tempo ao show por ter ficado preso na estrada em virtude de deslizamento de terra na pista (*impossibilidade*);

b) *se a obrigação for personalíssima e se tornar impossível por culpa do devedor*, ficará transformada em obrigação de indenizar por perdas e danos (art. 248). Por exemplo, se o cantor sair com muito atraso para fazer o show e não chegar a tempo (*impossibilidade*);

c) *se a obrigação for personalíssima e houver recusa do devedor*, ficará transformada em obrigação de indenizar por perdas e danos (art. 247). Por exemplo, se o cantor, por vontade própria, avisar, a uma semana do show, que não irá comparecer para a apresentação (*recusa*). Repare que, nesse caso, a obrigação ainda não se tornou impossível. A solução dada pelo CC para o caso (perdas e danos) não é a única. O CC parte do pressuposto de que não se pode constranger fisicamente o devedor a cumprir a obrigação. Por outro lado, o CPC, no § 1º do art. 461, dispõe que a obrigação somente se converterá em perdas e danos se o autor o requerer ou se impossível a tutela específica ou a obtenção do resultado prático correspondente. No caso, sem forçar fisicamente o devedor, é possível valer-se de instrumento de coação indireta, a cominação de multa diária (*astreinte*) para fazê-lo cumprir a obrigação. Nesse sentido é também o art. 84 do CDC. Também são dispositivos aplicáveis os arts. 287 e 644 do CPC, esse último quando se tiver título executivo. Ou seja, há duas saídas para o caso: c1) pleitear a transformação da obrigação de fazer em obrigação de indenizar perdas e danos; c2) exigir judicialmente o cumprimento da obrigação, por meio de demanda cominatória, sem prejuízo de indenização por demais perdas e danos;

d) *se a obrigação for impessoal e se tornar impossível sem culpa do devedor*, ficará resolvida (art. 248 do CC). Por exemplo, se o eletricista não puder comparecer para fazer um reparo nas instalações elétricas de uma casa de show por ter ficado preso na estrada que dá acesso ao local em virtude de deslizamento de terra na pista;

e) *se a obrigação for impessoal e se tornar impossível por culpa do devedor*, ficará transformada em obrigação de indenizar por perdas e danos (art. 248). Por exemplo, se o eletricista não puder comparecer para fazer um reparo nas instalações elétricas de uma casa de show por ter saído com muito atraso e não chegar a tempo;

f) *se a obrigação for impessoal e houver recusa ou mora do devedor*, o credor tem três opções: f1) pleitear a transformação da obrigação de fazer em obrigação de indenizar perdas e danos; f2) exigir judicialmente o cumprimento da obrigação, por meio de demanda cominatória, sem prejuízo de indenização por demais perdas e danos; f3) fazer executar a obrigação por terceiro à custa do devedor (art. 249 do CC). A novidade está na terceira possibilidade, pois o atual Código faculta ao credor, em caso de urgência, executar ou mandar executar o fato independentemente de autorização judicial, sendo depois ressarcido (art. 249, parágrafo único). Por exemplo, se um encanador é contratado para comparecer num determinado dia para consertar um vazamento numa casa e, passado tal dia, e mesmo já tendo recebido, ele não comparecer e a casa ficar inundada ou na iminência de sê-lo, pode o credor contratar outro encanador, ressarcindo-se depois com o primitivo contratado;

g) *se a obrigação for de emitir declaração de vontade*, o credor poderá se aproveitar do disposto no art. 466-A do CPC. Se se tratar de imóvel, cabe a ação de adjudicação compulsória (Dec.-lei nº 58/37; Lei 649/49; Lei 6.766/79).

3.3.3. Obrigação de não fazer

3.3.3.1. Conceito

É aquela em que o devedor deve se abster de praticar um ato ou uma atividade. Também é chamada de *obrigação negativa* ou *obrigação de abstenção*. São exemplos a obrigação de não construir acima de certa altura ou de não divulgar determinado segredo.

3.3.3.2. Regras para o caso de não cumprimento da obrigação de não fazer, ou seja, caso se faça o que se combinara não fazer

a) *Se a obrigação se tornar impossível sem culpa do devedor*, ficará resolvida (art. 250 do CC). Tal ocorre quando se tornar impossível a abstenção do ato. Por exemplo, se alguém que se obrigou a não construir um muro for obrigado pelo Município a fazê-lo;

b) *se a obrigação se tornar impossível por culpa do devedor*, ficará transformada em obrigação de indenizar por perdas e danos (art. 248, por analogia);

c) *se o devedor praticar o ato a cuja abstenção se obrigara*, o credor terá duas opções: c1) pleitear a transformação da obrigação de não fazer em obrigação de indenizar por perdas e danos; c2) exigir judicialmente o cumprimento da obrigação, por meio de demanda cominatória, sem prejuízo de indenização por demais perdas e danos;

d) *se o devedor praticar o ato por culpa sua*, ficará transformada em obrigação de indenizar por perdas e danos (art. 248, por analogia).

3.3.4. Obrigação alternativa

3.3.4.1. Conceito

É a aquela que tem dois ou mais objetos e que se extingue com a prestação de um deles. Há previsão de mais de um objeto, mas o devedor se exonera cumprindo apenas um deles. Por exemplo, uma pessoa se obriga a entregar seu carro ou sua moto. Entregando um ou outro, está exonerado da obrigação.

3.3.4.2. Escolha

Compete ao devedor como regra (*favor debitoris*). Mas as partes podem estipular que a escolha compete ao credor ou a terceiro. A escolha só se considera feita após comunicação à parte contrária. O não exercício do direito de escolha no prazo acarreta decadência para o seu titular.

3.3.4.3. Impossibilidade de uma das prestações

Subsiste o débito em relação à(s) outra(s). Se houver culpa do devedor e a escolha couber ao credor, caso esse tenha interesse na obrigação que se impossibilitou, terá direito ao valor dela com perdas e danos.

3.3.4.4. Impossibilidade de ambas as prestações

Se não houver culpa do devedor, a obrigação será extinta. Se houver culpa e competir a ele a escolha, pagará o valor da que se impossibilitou por último, mais perdas e danos; e se competir ao credor a escolha, esse poderá reclamar o valor de qualquer das obrigações, mais perdas e danos.

3.3.4.5. Obrigação alternativa x obrigação facultativa

Na segunda, existe faculdade para o devedor de substituir o objeto da prestação. Por exemplo, uma pessoa se obriga a entregar seu carro, podendo substituí-lo pela entrega de sua moto. A diferença é que se trata de obrigação simples (só tem um objeto). Se o carro perecer, a obrigação fica extinta. O credor só pode exigir o cumprimento da obrigação principal.

3.3.5. Obrigações divisíveis e indivisíveis

3.3.5.1. Conceito de obrigação divisível

É aquela em que cada um dos devedores só está obrigado a cumprir sua cota-parte da dívida e cada um dos credores só pode exigir sua parte do crédito. Por exemplo, se "A" e "B" (devedores) devem R$ 1.000,00 a "C" (credor), "A" está obrigado a pagar R$ 500 para "C".

3.3.5.2. Conceito de obrigação indivisível

É aquela em que, por conta da impossibilidade de divisão do objeto, cada devedor está obrigado pela totalidade da prestação e cada credor pode exigi-la por inteiro. Por exemplo, se "A" e "B" (devedores) devem um carro a "C", esse pode exigir de "A" ou de "B" a coisa, independentemente de cada um ser responsável por parte do débito. Aquele que cumprir a obrigação sub-roga-se no direito do credor em relação aos outros coobrigados. Se houver mais de um credor, o devedor deverá a todos conjuntamente. A indivisibilidade pode ser das seguintes espécies: a) física ou natural (ex.: animal vivo); b) legal (ex.: menor fração de imóvel rural); c) por motivo econômico (ex.: pedra preciosa); e d) por motivo determinante do negócio (ex.: terreno adquirido para construção de um shopping). A obrigação indivisível difere da solidária, pois, caso a primeira se converta em perdas e danos, cada devedor ficará obrigado apenas pela sua cota-parte.

3.3.6. Obrigação solidária

3.3.6.1. Conceito

É aquela em que há mais de um credor ou mais de um devedor, cada um com direito, ou obrigado, à dívida toda. Por exemplo, se "A" e "B" (devedores) devem R$ 1.000,00 a "C" e "D", os últimos podem exigir, juntos ou isoladamente, os R$ 1.000,00 integrais só de "A" ou só de "B". A solidariedade pode recair só sobre os devedores (solidariedade passiva), só sobre os credores (solidariedade ativa) ou sobre ambos os polos (solidariedade mista).

3.3.6.2. Formação da obrigação solidária

A solidariedade não se presume. Ela decorre da lei (solidariedade legal) ou da vontade das partes (solidariedade convencional).

3.3.6.3. Solidariedade ativa

É aquela em que qualquer um dos credores pode exigir sozinho a totalidade da obrigação junto ao devedor. Por exemplo, os titulares de uma conta corrente. Eles são credores solidários dos valores depositados, podendo exigir do banco a entrega de todo o numerário. O devedor pode se exonerar da dívida pagando-a a qualquer dos credores. No entanto, se já tiver sido demandado por algum deles (é necessário citação), só poderá a esse pagar em razão do princípio da prevenção. O credor que tiver recebido a prestação responderá perante os outros. Com a morte do credor solidário, desaparece a solidariedade em relação aos herdeiros isoladamente considerados. Se a prestação for convertida em perdas e danos, subsiste a solidariedade.

3.3.6.4. Solidariedade passiva

É aquela em que cada um dos devedores pode ser demandado a cumprir a totalidade da obrigação junto ao credor. Com a morte de um dos devedores solidários, só se pode cobrar de um herdeiro, isoladamente, a quota correspondente ao seu quinhão hereditário. Se houver impossibilidade da obrigação por culpa de um dos devedores, todos continuam solidários pelo valor da coisa em dinheiro, mas pelas perdas e danos só responde o culpado. Se houver inexecução da obrigação, todos respondem pelos juros solidariamente, mas o culpado deverá ressarcir os demais. As defesas comuns (ex.: prescrição) podem ser alegadas por qualquer devedor solidário. Já as defesas pessoais (ex.: erro, coação) só podem ser alegadas pelo devedor a que disserem respeito. O credor pode renunciar à solidariedade total (em relação a todos os devedores) ou parcialmente (em relação a um deles, por exemplo). O devedor que tiver pagado a obrigação terá direito de regresso contra os demais. A presunção é a de que as cotas de cada devedor são iguais. Se um dos codevedores for insolvente, sua quota será dividida igualmente por todos.

3.3.6.5. Aspectos processuais

No *processo de conhecimento*, cabe ao devedor solidário valer-se do *chamamento ao processo*. Já no *processo de execução*, quando couber, é possível alegar o *benefício de ordem*, que é a faculdade de o executado indicar à penhora bens livres de outro devedor solidário.

3.4. Transmissão das obrigações

3.4.1. Introdução

O tema diz respeito à alteração no aspecto subjetivo da obrigação, no caso a substituição dos sujeitos que ocupam um dos polos da relação obrigacional. Aqui, não se fala em alteração nos demais elementos da obrigação (objeto e vínculo).

3.4.2. Cessão de crédito

3.4.2.1. Conceito

É o negócio jurídico bilateral pelo qual o credor transfere a outrem, a título oneroso ou gratuito, os seus direitos na relação obrigacional. Há três figuras: o cedente (credor que transmite o crédito), o cessionário (terceiro que recebe o crédito) e o cedido (o que continua devedor).

3.4.2.2. Limites materiais

Como regra, qualquer crédito pode ser objeto de cessão, salvo por impossibilidade decorrente: a) da natureza da obrigação (ex.: alimentos de direito de família); b) da lei (ex.: crédito penhorado); e c) da convenção com o devedor (*pacto de non cedendo*).

3.4.2.3. Forma

Como regra, cabe qualquer forma admitida em lei. Todavia, se a cessão tiver por objeto direito que só pode ser transmitido por escritura pública, há de se obedecer esta forma (ex.: cessão de direitos hereditários).

3.4.2.4. Eficácia perante terceiros

Para tanto, a cessão deverá ser feita por instrumento público ou por instrumento particular com as formalidades da procuração e com registro no Cartório de Títulos e Documentos.

3.4.2.5. Eficácia perante o devedor cedido

Para tanto, a cessão depende de notificação do devedor ou de sua ciência manifestada por escrito. Antes da notificação, o devedor pode pagar ao cedente, exonerando-se da dívida. Depois, só se exonera se pagar ao cessionário. É no momento da ciência da cessão que o devedor deve alegar as exceções pessoais de que disponha em relação ao cedente, como a compensação, sob pena de se presumir que delas tenha aberto mão.

3.4.2.6. Responsabilidade do cedente

Se a cessão for a título oneroso, o cedente fica responsável pelo seguinte: a) pela existência do crédito quando da cessão; b) pela sua qualidade de credor; e c) pela validade da obrigação. Já se for a título gratuito, o cedente só responde pela existência do crédito se tiver procedido de má-fé. Em qualquer caso, só haverá responsabilidade pelo débito se o cedente tiver assumido expressamente a responsabilidade pela solvência do cedido. Nesse caso teremos a cessão *pro solvendo*, e a responsabilidade é apenas pelo que o cedente tiver recebido do cessionário, acrescido de juros e despesas com a cessão.

3.4.3. Assunção de dívida (cessão de débito)

3.4.3.1. Conceito

É o negócio jurídico bilateral pelo qual um terceiro (assuntor) assume a posição de devedor. O que ocorre é tão somente a substituição no plano passivo, sem que haja extinção da dívida, de modo que não se confunde com a novação subjetiva passiva, em que nasce uma obrigação nova.

3.4.3.2. Espécies

a) Expromissão: *é o contrato entre o credor e o terceiro, pelo qual esse assume a posição de novo devedor, sem a participação do devedor originário;*

b) delegação: *é o contrato entre o devedor originário (delegante) e o terceiro (delegatário), com a concordância do credor.*

3.4.3.3. Efeitos

a) Liberatórios: o devedor originário fica desvinculado do pagamento da dívida. Essa é a regra;

b) cumulativos: o devedor originário continua vinculado, servindo a assunção de reforço da dívida, com solidariedade entre os devedores. A doutrina também chama a hipótese de adesão, coassunção ou adjunção à dívida. Trata-se de caso que depende de convenção expressa. Essa hipótese não se confunde com a fiança, pois o novo devedor responde por dívida própria.

3.5. Adimplemento e extinção das obrigações

3.5.1. Introdução

As obrigações podem ser extintas de dois modos. O modo satisfatório ocorre quando o credor recebe a prestação ou tira algum proveito. A satisfação pode ser direta (ex.: pagamento) ou indireta (ex.: compensação). O modo não satisfatório ocorre quando a obrigação fica extinta sem qualquer proveito para o credor (ex.: remissão, prescrição, novação etc.).

3.5.2. Pagamento

3.5.2.1. Conceito

É o efetivo cumprimento da prestação. O termo "pagamento" vale para designar o cumprimento de qualquer modalidade obrigação (de dar, fazer ou não fazer).

3.5.2.2. Elementos essenciais

a) Existência de obrigação que justifique o pagamento, sob pena de se tratar de pagamento indevido, possibilitando repetição de indébito;

b) intenção de pagar (*animus solvendi*), sob pena de se tratar de pagamento por engano, também possibilitando repetição;

c) cumprimento da prestação;

d) presença de sujeito que paga (*solvens*);

e) presença daquele a quem se paga (*accipens*).

3.5.2.3. Quem deve pagar

Qualquer interessado na extinção da obrigação pode pagar. Assim, além do devedor, pode pagar o terceiro interessado, ou seja, aquele que poderia ter seu patrimônio atingido caso a dívida não fosse paga (ex.: fiador, avalista, sócio, adquirente de imóvel hipotecado etc.). Nesse caso, o *solvens* (terceiro interessado) fica sub-rogado nos direitos do credor originário. Já o pagamento feito por terceiro não interessado (por interesse moral ou afetivo, por exemplo), em nome próprio, apenas autoriza esse a reembolsar-se do que pagar, sem sub-rogação nos direitos do credor. A obrigação original fica extinta, nascendo obrigação nova. Se o terceiro não interessado agir em nome do devedor, terá feito uma liberalidade, ficando a obrigação resolvida, sem direito de regresso em face daquele. Por fim, é importante destacar que, se o devedor tinha meios de impedir a cobrança do credor, o terceiro que pagar sem sua autorização não terá direito a qualquer reembolso.

3.5.2.4. A quem se deve pagar

O pagamento deve ser feito ao credor, ao seu representante ou aos seus sucessores. O pagamento feito a qualquer outra pessoa não tem efeito liberatório. O devedor, apesar de poder acionar quem receber indevidamente, continuará obrigado ao pagamento. Porém há situações em que o pagamento feito a terceiro desqualificado tem valor: a) se houver ratificação pelo credor; b) se reverter em proveito do credor; c) se for feito de boa-fé ao credor putativo, ou seja, àquele que parecia, objetivamente, ser o credor (ex.: herdeiro aparente). De outra parte, há situações em que o pagamento feito ao credor não terá valor: a) se for feito ao credor incapaz de dar quitação, salvo se reverteu em seu proveito; b) se o devedor tiver sido intimado da penhora e mesmo assim pagar ao credor.

3.5.2.5. Objeto do pagamento

O pagamento deve coincidir com a coisa devida. Assim, o credor não é obrigado a receber prestação diversa da pactuada, ainda que mais valiosa. Da mesma forma, só se pode constranger o credor a receber o todo, não em partes. As dívidas em dinheiro deverão ser pagas no vencimento, em moeda corrente (real) e pelo valor nominal. Quanto ao valor nominal, a própria lei admite a convenção de aumento progressivo de prestações sucessivas, dando força à ideia de dívida de valor (e não de dívida de dinheiro). O reajuste automático de prestação tem o nome de cláusula de escala móvel. A Lei nº 10.192/01 considera nula de pleno direito a estipulação de reajuste em periodicidade inferior a um ano. Também admite-se a revisão da obrigação "quando, por motivos imprevisíveis, sobrevier desproporção manifesta entre o valor da prestação devida e o do momento de sua execução" (art. 317 do CC). Adotou-se a teoria da imprevisão. Outrossim, são nulas as convenções de pagamento em ouro ou em moeda estrangeira. A ideia é preservar o curso forçado da moeda nacional. Há exceções no Dec.-Lei nº 857/69 e na Lei nº 6.423/77 (ex.: importação e exportação). Presumem-se a cargo do devedor as despesas com o pagamento e a quitação.

3.5.2.6. Lugar do pagamento

É aquele onde o devedor deve cumprir a obrigação e o credor exigir seu cumprimento. A regra é o domicílio do devedor (dívida quesível ou *quérable*). Mas por motivo legal, convencional ou circunstancial é possível que a obrigação tenha de ser cumprida no domicílio do credor (dívida portável ou *portable*). Se o pagamento consistir na tradição de um imóvel ou em prestações relativas à imóvel, far-se-á no lugar onde estiver situado o bem. Será válido o pagamento feito em lugar diverso se houver motivo grave que justifique isso e não haja prejuízo para o credor.

3.5.2.7. Tempo do pagamento

Salvo disposição legal ou contratual em contrário, pode o credor exigir imediatamente o pagamento. O credor poderá cobrar a dívida antes do vencimento se: a) o devedor cair em falência ou concurso de credores; b) os bens do devedor, hipotecados ou empenhados, forem penhorados em execução por outro credor; c) cessarem, ou se tornarem insuficientes, as garantias do débito, fidejussórias ou reais, e o devedor, intimado, negar-se a reforçá-las.

3.5.3. *Pagamento em consignação*

3.5.3.1. *Conceito*

Forma especial de pagamento, por meio de depósito judicial ou em estabelecimento bancário, cabível quando houver mora do credor ou risco para o devedor na realização do pagamento direto. Serve para a entrega de qualquer objeto, só não se admite para a obrigação de fazer ou não fazer. Se for feito por processo de conhecimento, a sentença tem natureza declaratória. Para que o devedor fique exonerado da obrigação, a consignação deve cumprir os mesmos requisitos exigidos para a validade do pagamento quanto às pessoas, ao objeto, modo, tempo e lugar. O depósito em estabelecimento bancário só é admitido quando a prestação for em dinheiro.

3.5.3.2. *Cabimento*

a) Se o credor não puder, ou, sem justa causa, recusar receber o pagamento, ou dar quitação na devida forma;

b) se o credor não for, nem mandar receber a coisa no lugar, tempo e condição devidos;

c) se o credor for incapaz de receber, for desconhecido, declarado ausente, ou residir em lugar incerto ou de acesso perigoso ou difícil;

d) se ocorrer dúvidas sobre quem deva legitimamente receber o objeto do pagamento;

e) se pender litígio sobre o objeto do pagamento.

3.5.4. *Pagamento com sub-rogação*

3.5.4.1. *Conceito*

É a operação pela qual a dívida se transfere a terceiro que a pagou, com todos os seus acessórios. Tem-se aqui uma sub-rogação subjetiva, uma vez que há troca de devedor. Extingue-se a obrigação com relação ao credor original. Por outro lado, transferem-se ao novo credor todos os direitos, ações, privilégios e garantias do primitivo em relação à dívida.

3.5.4.2. *Espécies*

a) Legal ou automática: *é a que opera de pleno direito*, em favor:

a1) do credor que paga a dívida do devedor comum; aqui temos um devedor com dois credores, sendo que um desses paga o outro para evitar o fim do patrimônio do devedor, por exemplo;

a2) do adquirente do imóvel hipotecado, que paga o credor hipotecário, bem como do terceiro que efetiva o pagamento para não ser privado de direito sobre o imóvel;

a3) do terceiro interessado, que paga a dívida pela qual era ou podia ser obrigado, no todo ou em parte;

b) convencional: *é a que decorre da vontade das partes* e que se verifica nos seguintes casos:

b1) quando o credor recebe o pagamento de terceiro e expressamente lhe transfere todos os seus direitos;

b2) quando terceira pessoa empresta ao devedor a quantia precisa para solver a dívida, sob a condição de ficar o mutuante sub-rogado nos direitos do credor satisfeito. Ex.: contratos de mútuo pelo Sistema Financeiro da Habitação.

3.5.5. *Imputação do pagamento*

3.5.5.1. *Conceito*

É a indicação ou determinação da dívida a ser quitada quando uma pessoa obrigada por dois ou mais débitos da mesma natureza e com o mesmo credor só pode pagar parte deles.

3.5.5.2. *Regra geral*

Cabe ao devedor indicar, no ato do pagamento, qual dívida deseja saldar.

3.5.5.3. *Ausência de indicação pelo devedor*

Nesse caso, o credor fará a indicação por meio da quitação. Se a indicação não for feita, dar-se-á a imputação legal:

a) o pagamento será imputado primeiro nos juros vencidos e depois no capital;

b) o pagamento será imputado primeiro nas dívidas vencidas há mais tempo;

c) se todas forem vencidas no mesmo tempo, imputa-se na mais onerosa;

d) se todas forem iguais, imputa-se proporcionalmente.

Por fim, é importante trazer à colação a orientação fixada pela Súmula nº 464 do STJ: "a regra de imputação de pagamentos estabelecida no art. 354 do Código Civil não se aplica às hipóteses de compensação tributária".

3.5.6. *Dação em pagamento*

3.5.6.1. *Conceito*

É o acordo de vontades por meio do qual o credor aceita receber prestação diversa da que lhe é devida. Por exemplo, uma pessoa devia R$ 1.000,00 e combina com o credor que pagará com a entrega de uma bicicleta. Trata-se de contrato real, pois só se aperfeiçoa com a tradição. Se for determinado o preço da coisa dada em pagamento, as relações entre as partes regular-se-ão pelas normas do contrato de compra e venda.

3.5.6.2. *Efeitos*

Extingue a obrigação original. Todavia, se houver evicção, ficará restabelecida a prestação primitiva, ficando sem efeito a quitação dada.

3.5.7. *Novação*

3.5.7.1. *Conceito*

É a criação de obrigação nova para extinguir a anterior. Trata-se, ao mesmo tempo, de causa extintiva e geradora de obrigações. Decorre da vontade dos interessados, não da lei.

3.5.7.2. *Requisitos de validade*

a) Existência de obrigação anterior: assim, não podem ser objeto de novação obrigações nulas ou extintas;

b) constituição de nova dívida: há de ser algo efetivamente novo e válido;

c) intenção de novar ou *animus novandi*: a novação não se presume; assim, é indispensável a aceitação expressa do credor em relação à nova dívida.

3.5.7.3. Espécies

a) objetiva ou real: quando houver modificação no próprio objeto da obrigação. Por exemplo, substitui-se obrigação em dinheiro para obrigação de não fazer;

b) subjetiva ou pessoal: quando houver substituição de um dos sujeitos da obrigação anterior; não se confunde com a cessão de crédito e a assunção de dívida, pois na novação o vínculo é extinto. Pode ser:

b1) ativa: quando houver substituição do credor, formando-se nova dívida entre devedor e terceiro;

b2) passiva: quando houver substituição do devedor. Será chamada novação por expromissão quando o devedor é substituído sem o seu consentimento; se for por ordem do devedor, chama-se delegação, sendo necessária a anuência do credor;

c) mista ou subjetiva-objetiva: quando, ao mesmo tempo, houver substituição do objeto e de algum dos sujeitos da obrigação anterior.

3.5.8. Compensação

3.5.8.1. Conceito

É a extinção das obrigações entre duas pessoas que são, ao mesmo tempo, credora e devedora uma da outra. As obrigações ficam extintas até onde se compensarem. Por exemplo, se "A" deve R$ 1.000,00 a "B" e este, R$ 800 a "A", pela compensação, a segunda obrigação fica extinta, remanescendo uma dívida de R$ 200 de "A" para "B".

3.5.8.2. Espécies

a) Legal: é a que decorre da lei, automaticamente. Nesse caso, o devedor poderá alegar a compensação na contestação (exceção de compensação) ou em embargos do devedor. Por se tratar de questão dispositiva, o juiz não pode pronunciá-la de ofício, salvo em relação a honorários advocatícios fixados na própria sentença;

b) convencional: é a que decorre da vontade das partes.

3.5.8.3. Requisitos da compensação legal

a) Reciprocidade das obrigações; a exceção é a situação do fiador, que poderá opor compensação de crédito do devedor para com o credor;

b) prestações líquidas e vencidas; dívida prescrita não pode ser oposta, pois, de acordo com o art. 190 do CC, a exceção prescreve no mesmo prazo que a pretensão;

c) coisas fungíveis; ou seja, as coisas a serem compensadas devem ser do mesmo gênero e qualidade.

3.5.8.4. Impedimentos à compensação

Tanto a vontade (impedimento convencional) como a lei (impedimento legal) podem estabelecer restrições à compensação. São casos de impedimento legal:

a) se uma das dívidas provier de furto, roubo ou esbulho;

b) se uma das dívidas se originar de comodato, depósito ou alimentos;

c) se uma das dívidas for de coisa não suscetível de penhora;

d) se a compensação se der em prejuízo de terceiros.

Em relação a débitos fiscais, a legislação especial é que trata do tema.

3.5.9. Confusão

Confusão é a extinção da obrigação pela reunião, em uma única pessoa, das qualidades de credora e devedora na relação jurídica. A confusão pode ser total ou parcial. O processo será extinto, sem julgamento de mérito. Um exemplo é um herdeiro que recebe de herança um crédito contra si mesmo.

3.5.10. Remissão das dívidas

Consiste na exoneração da dívida do devedor, por liberalidade do credor. A lei exige concordância do devedor. Assim, trata-se de negócio jurídico bilateral. A remissão não pode prejudicar terceiros. Se isso ocorrer, pode ser configurada a fraude contra credores. A remissão pode ser expressa, tácita (ex.: quitação total após pagamento parcial) ou presumida (ex.: devolução voluntária do título).

3.6. Inadimplemento das obrigações

3.6.1. Introdução

Nem sempre a obrigação é cumprida como estipulado entre o credor e o devedor. Nesses casos, fala-se em inadimplemento, que pode ser absoluto (ou definitivo) ou relativo (ou mora). Aliás, o descumprimento de deveres acessórios, anexos e instrumentais (decorrentes do princípio da boa-fé objetiva) também podem configurar o inadimplemento.

O **inadimplemento absoluto** *ocorre na hipótese do credor estar impossibilitado de receber a prestação devida, seja porque é impossível o cumprimento, seja porque a prestação já não lhe é útil.* Será total quando a prestação por inteiro não puder ser cumprida e parcial se apenas uma parte da prestação não puder ser cumprida. O critério para distinguir o inadimplemento absoluto da mora não é só a impossibilidade da prestação. Também ocorre o primeiro quando a prestação já não for útil ao credor. Assim, se o vestido de uma noiva chega após o casamento, não se tem simples mora, mas inadimplemento absoluto. O descumprimento de obrigação de não fazer acarreta, sempre, inadimplemento absoluto, uma vez que não há mais como cumprir o que foi combinado.

O **inadimplemento relativo** *ocorre na hipótese em que ainda for possível e útil a realização da prestação, apesar da inobservância do tempo, do lugar e da forma devidos.* No exemplo anterior, caso o vestido de noiva devesse ser entregue vinte dias antes do casamento, mas isso só ocorrer dez dias antes do evento, estar-se-á diante de mora, não de inadimplemento absoluto. A distinção entre a primeira e o segundo é importante, pois esse enseja cobrança de perdas e danos, sem direito à prestação, ao passo que aquela enseja cobrança de perdas e danos, bem como da própria prestação.

O **inadimplemento culposo** (absoluto ou relativo) faz com que o devedor tenha de responder por perdas e danos, juros, atualização monetária e honorários de advogado (caso tenha sido contratado um). É importante consignar que, na responsabilidade civil contratual ou negocial, a culpa é presumida. Assim, se alguém deixar de cumprir uma obrigação contratual, presume-se que agiu com culpa. Basta o credor fazer a prova do inadimplemento, não sendo necessário que prove algum fato imputável ao devedor. Esse só fica exonerado da responsabilidade se demonstrar alguma excludente, como o caso fortuito ou de força maior ou a culpa exclusiva de terceiro. Já na responsabilidade civil extracontratual subjetiva (culposa), o credor é que tem o ônus da prova da culpa do causador do dano. Nos contratos benéficos ou gratuitos, aquele que pratica a liberalidade só responde se agir com dolo. Assim, na doação pura e simples, o doador só responde pela impossibilidade de entrega da coisa doada caso tenha agido com dolo (ex.: se tiver destruído a coisa).

O **inadimplemento fortuito** não gera, em princípio, obrigação de indenizar. Segundo o art. 393 do CC, o devedor não responde pelos prejuízos resultantes do caso fortuito ou força maior, salvo se expressamente houver por eles se responsabilizado. Assim, só haverá responsabilidade no fortuito se o devedor assumir essa obrigação.

Dívida x responsabilidade: não se deve confundir as duas. A primeira é o elemento pessoal (*Schuld*), ao passo que a segunda, o patrimonial (*Haftung*). Um devedor, enquanto estiver em dia, tem uma dívida. Quando incorrer em inadimplência, passa a ter uma responsabilidade, ou seja, todos os seus bens passam a ser a garantia do pagamento da dívida, salvo bens impenhoráveis. O Direito coloca à disposição do credor meios para que este consiga satisfazer de modo específico seu crédito. Não sendo possível isso, a obrigação converte-se em perdas e danos, ficando o patrimônio do devedor sujeito a esse pagamento.

3.6.2. Mora

3.6.2.1. Conceito

Quanto ao devedor, consiste no não pagamento, e quanto ao credor, na não aceitação do pagamento no tempo, lugar e forma devidos. É importante ressaltar que a diferença entre mora e inadimplemento absoluto é que, na primeira, a obrigação ainda pode ser cumprida.

3.6.2.2. Mora do devedor (mora solvendi ou debitoris)

3.6.2.2.1. Espécies

a) Mora *ex re* (ou de pleno direito): *é aquela em que o fato que a ocasiona está previsto objetivamente na lei.* Assim, a mora é automática. Basta que ocorra o fato para que se configure a mora. Ex.: quando a obrigação tem data de vencimento. O CC estabelece que "o inadimplemento da obrigação, positiva e líquida, no seu termo, constitui de pleno direito em mora o devedor" (art. 397 do CC). Trata-se das chamadas obrigações impuras, em que se aplica a regra do *dies interpellat pro homine*. Outra regra de mora automática é a seguinte: "nas obrigações provenientes de ato ilícito, considera-se o devedor em mora, desde que o praticou" (art. 398 do CC);

b) mora *ex persona* (ou por ato da parte): *é aquela que depende de providência por parte do credor para que se caracterize.* Por exemplo, a que depende de interpelação judicial ou extrajudicial, protesto ou mesmo citação do devedor. Aliás, caso ainda não esteja configurada a mora num dado caso, a citação válida terá sempre esse efeito segundo o art. 219 do CPC. O CC estabelece que "não havendo termo, a mora se constitui mediante interpelação judicial ou extrajudicial" (art. 397, parágrafo único). Trata-se das chamadas obrigações perfeitas, em que, por não haver vencimento, a mora depende de notificação. Mas há casos em que, mesmo havendo termo (vencimento) estabelecido, a lei determina que a mora só se configurará após notificação extrajudicial ou judicial. É o caso dos compromissos de compra de venda e da alienação fiduciária em garantia.

3.6.2.2.2. Pressupostos

a) Exigibilidade da prestação; ou seja, termo vencido ou condição suspensiva implementada;

b) inexecução culposa; assim, se o devedor conseguir provar que a inexecução ocorreu por caso fortuito ou força maior, fica excluída a mora;

c) viabilidade do cumprimento tardio; ou seja, não se estará diante de mora se a inexecução da obrigação tornar inútil ao credor seu cumprimento posterior; nesse caso tem-se inadimplemento absoluto.

Vale observar que a "simples propositura da ação de revisão de contrato não inibe a caracterização da mora do autor" (Súmula nº 380 do STJ).

3.6.2.2.3. Efeitos

Caracterizada a mora, o credor tem duas opções:

a) exigir o cumprimento da obrigação, mais o pagamento de todos os prejuízos que a mora causar, incluindo perdas e danos, juros, atualização monetária e honorários de advogado;

b) enjeitar a prestação, exigindo a satisfação de todas as perdas e danos, caso a prestação, devido à mora, tornar-se inútil aos seus interesses.

Obs.: estando o devedor em mora, esse responderá, inclusive, pela impossibilidade da prestação. Trata-se do efeito que a doutrina chama de perpetuação da obrigação (*perpetuatio obligationis*). O devedor responde mesmo que a impossibilidade decorra de caso fortuito ou de força maior. Só não responderá se provar que o dano teria ocorrido mesmo que tivesse cumprido a prestação a termo (*exceção de dano inevitável*).

3.6.2.3. Mora do credor (mora accipiendi ou credendi)

3.6.2.3.1. Pressupostos

a) Vencimento da obrigação; o credor não é obrigado a receber antes do tempo; todavia, se o vencimento já tiver ocorrido e o credor não quiser receber, estará configurada sua mora, independentemente de culpa do credor; se não houver vencimento, o devedor deverá notificar para constituição em mora;

b) efetiva oferta da prestação pelo devedor ao credor;

c) recusa injustificada em receber; assim, não se configura a mora se o credor tem justo motivo para não aceitar o pagamento, como no caso de haver diferença entre o que deveria ser cumprido e o que é oferecido.

Obs.: o ônus da prova da mora do credor é do devedor. É por isso que o devedor deve propor ação de consignação em pagamento, exonerando-se da obrigação e evitando a incidência de penalidades e indenizações.

3.6.2.4. Purgação da mora

É a atitude voluntária da parte que tem por finalidade sanar o cumprimento defeituoso da obrigação pelo seu efetivo adimplemento. O devedor em mora deve oferecer a prestação mais a importância dos prejuízos decorrentes do dia da oferta. O credor em mora deve oferecer o recebimento, sujeitando-se aos efeitos da mora até a mesma data.

3.6.3. Perdas e danos. Características

a) Incidem quando há inadimplemento obrigacional;

b) dependem da existência de dano;

c) incluem os *danos emergentes* (o que efetivamente se perdeu) e os *lucros cessantes* (o que razoavelmente se deixou de lucrar);

d) incluem os danos materiais (ou patrimoniais) e os danos morais (ou de natureza extrapatrimonial);

e) só incluem os prejuízos efetivos e os lucros cessantes por efeito direto e imediato (nexo de causalidade entre os danos sofridos pelo credor e o inadimplemento do devedor);

f) quando se trata de dívida em dinheiro, as perdas e danos incluem os *danos emergentes* (a própria prestação + atualização monetária + custas e honorários de advogado) e os *lucros cessantes* (juros de mora); o juiz pode conceder *indenização suplementar*, quando for provado que os juros de mora não cobrem o prejuízo e não houver pena convencional;

g) os juros de mora são contados desde a citação; isso não ocorre nas indenizações por ato ilícito e nos casos de mora *ex re*.

3.6.4. Juros legais

A lei usa a expressão juros legais no capítulo que trata dos juros moratórios. Como se sabe, juros moratórios são aqueles que têm caráter indenizatório pelo retardamento no cumprimento da obrigação. Esses juros também têm caráter punitivo. Não se deve confundir os juros moratórios com os juros remuneratórios (ou compensatórios). Esses são devidos como forma de remunerar o capital emprestado (ex.: taxa de juros do cheque especial). A lei estabelece as seguintes regras para os juros moratórios:

a) as partes podem convencionar os juros moratórios no percentual de até 12% ao ano;

b) se as partes não convencionarem os juros moratórios, estes serão fixados "segundo a taxa que estiver em vigor para a mora do pagamento de impostos devidos à Fazenda Nacional", ou seja, segundo a taxa Selic; o STJ vem entendendo que se aplica a taxa Selic, não incidindo, cumulativamente, correção monetária, uma vez que ela já embute essa correção (EResp 727.842/SP, DJ 20/11/08);

c) ainda que não se alegue prejuízo, o devedor é obrigado ao pagamento de juros moratórios, inclusive quando não se deve dinheiro, fixando-se, nesse caso, valor pecuniário para o cálculo dos juros devidos.

3.6.5. Cláusula penal

3.6.5.1. Conceito

É a obrigação acessória que incide caso uma das partes deixe de cumprir a obrigação principal. Por exemplo, fixa-se o pagamento de uma multa de 10% caso o aluguel não seja pago em dia. Decorre de convenção entre as partes. Essa cláusula pode ser estipulada tanto para a mora como para o inadimplemento absoluto.

3.6.5.2. Finalidades

a) meio de coerção: trata-se incentivo ao fiel cumprimento da obrigação;

b) prefixação de perdas e danos: ou seja, independentemente de provar a existência de danos, o credor pode exigi-la do devedor em caso de não cumprimento da obrigação.

3.6.5.3. Indenização suplementar

Como regra, a cláusula penal é *substitutiva* (ou *disjuntiva)*, ou seja, o credor não poderá pedir indenização suplementar. Todavia, caso haja previsão de que a cláusula penal é apenas uma indenização mínima, o credor poderá pedir a complementação, hipótese em que teremos a *clausula penal cumulativa*.

Amenizando um pouco a regra, o Enunciado nº 430 das Jornadas de Direito Civil entende que, em se tratando de contrato de adesão, não há necessidade de convenção prevendo a possibilidade de indenização suplementar caso o valor do dano supere o valor da cláusula penal. Nesse sentido, confira: "art. 416, parágrafo único: no contrato de adesão, o prejuízo comprovado do aderente que exceder ao previsto na cláusula penal compensatória poderá ser exigido pelo credor independentemente de convenção".

3.6.5.4. Espécies

a) compensatória: *é a estipulada para a hipótese de total inadimplemento da obrigação*; nesse caso, o credor só poderá exigir a multa, uma vez que a prestação já não pode mais ser cumprida;

b) moratória ou compulsória: *é a estipulada para evitar o retardamento culposo no cumprimento da obrigação ou para dar segurança especial a uma cláusula determinada*; nesse caso, o credor poderá exigir a prestação e a multa.

3.6.5.5. Limites da cláusula penal

a) valor: a multa não pode exceder o valor da obrigação principal, ou seja, seu valor máximo é de 100%. Já no CDC, a multa é de até 2% sobre o valor da prestação no fornecimento de crédito; a Lei de Usura limita a multa em 10% para os contratos de mútuo; a legislação que regula compromissos de compra e venda de imóveis também a limita em 10%; em relação às despesas de condomínio, a taxa máxima é de 2%;

b) redução equitativa: se a obrigação principal tiver sido cumprida em parte, ou se o montante da penalidade for manifestamente excessivo, a penalidade deve ser reduzida equitativamente pelo juiz.

3.6.6. Arras ou sinal

3.6.6.1. Conceito

É o bem entregue por um dos contratantes a outro como confirmação do contrato e princípio de pagamento. Trata-se de pacto acessório e contrato real (só se aperfeiçoa com a entrega do dinheiro ou da coisa).

3.6.6.2. Espécies

a) confirmatórias: *são as utilizadas para confirmar o negócio.* Se quem pagar as arras desistir do contrato, ficará sem elas em favor da outra parte. Já se quem recebeu as arras desistir do contrato, deverá devolvê-las em dobro, com atualização monetária, juros e honorários de advogado. As arras confirmatórias servem de prefixação das perdas e danos. Se os prejuízos superarem seu valor, pode-se pedir indenização suplementar;

b) penitenciais: *são as utilizadas para a prefixação das perdas e danos, no caso de qualquer das partes desistir do contrato.* A regra é igual à das arras confirmatórias. A diferença é que aqui não cabe pedido de indenização suplementar.

4. DIREITO DOS CONTRATOS

4.1. Conceito, existência, validade, eficácia, formação, estipulação em favor de terceiro e promessa por fato de terceiro e contrato com pessoa a declarar

4.1.1. Conceito de contrato

Contrato *é o acordo de vontades para o fim de adquirir, resguardar, modificar ou extinguir direitos*, conforme lição de Clóvis Bevilaqua. Trata-se de uma das fontes humanas geradoras de obrigações. As outras são: a) as declarações unilaterais da vontade; b) os atos ilícitos. Esse conceito abrange tanto os contratos principais como os acessórios. O Direito Romano distinguia *contrato* de *convenção*. Essa era o gênero, que tinha como espécies o *contrato* e o *pacto* (hoje chamado contrato acessório).

4.1.2. Existência, validade e eficácia

O negócio jurídico pode ser avaliado em três planos: da existência, da validade e da eficácia.

O **plano da existência** analisa os requisitos necessários para a *formação* do contrato. Não preenchidos quaisquer dos elementos de existência do contrato, o acontecimento sequer tem repercussão na esfera jurídica. Por exemplo, se uma pessoa não autoriza outra a prestar um serviço de manutenção de seu carro, o contrato respectivo não se formou, não existe na esfera jurídica.

O **plano da validade** analisa os requisitos necessários para que o contrato *não sofra as sanções* de nulidade ou de anulabilidade, sanções essas que podem impedir que o contrato produza efeitos.

O **plano da eficácia** analisa os momentos em que o contrato regular *inicia e termina a produção de seus efeitos*.

4.1.2.1. Elementos de existência do contrato

4.1.2.1.1. Exteriorização de vontade

Consiste na manifestação de vontade expressa ou tácita. A manifestação expressa *é aquela exteriorizada de modo inequívoco*. Pode ser verbal, escrita ou gestual. A manifestação tácita *é aquela que decorre de um comportamento*. Por exemplo, uma pessoa recebe uma proposta para ganhar um bem em doação e, sem nada dizer, recolhe o imposto de transmissão de bens, aceitando tacitamente a doação.

4.1.2.1.2. Acordo de vontades (consentimento)

Consiste na coincidência de vontades no sentido da formação do contrato. Assim, para existir um contrato, não basta a exteriorização de uma vontade. São necessárias duas vontades coincidentes. Não se admite, portanto, a existência do autocontrato ou contrato consigo mesmo. O que pode haver é que um mandatário celebre contrato figurando, de um lado, em nome do mandante e, de outro, em nome próprio. Por exemplo, "A" celebra um contrato com "B", sendo que "A" recebeu uma procuração de "B" para atuar em nome desse. Não é sempre que o Direito autoriza uma situação dessas. O art. 117 do CC, inclusive, dispõe que, "salvo se o permitir a lei ou o representado, é anulável o negócio jurídico que o representante, no seu interesse ou por conta de outrem, celebrar consigo mesmo".

4.1.2.1.3. Finalidade negocial

Consiste na vontade de regulamentar uma dada relação jurídica, o que difere da simples intenção manifestada por uma determinada vontade. Assim, quem celebra um contrato de compra e venda busca regulamentar uma dada relação jurídica, celebrando um *negócio jurídico*. Já aquele que muda de domicílio manifesta apenas uma intenção, sem buscar a regulamentação de uma relação jurídica em especial.

4.1.2.1.4. Apreciação pecuniária

Consiste na existência de um elemento econômico no acordo de vontades. A patrimonialidade é considerada, pela doutrina, como insita a todo e qualquer tipo de contrato, ainda que existente apenas no caso de descumprimento do dever principal.

4.1.2.1.5. Elementos especiais

Há determinados contratos que exigem, para sua formação, a presença de outros elementos. É o caso dos contratos reais, que exigem, para a sua existência, a entrega da coisa. Por exemplo, o mútuo (empréstimo de coisa fungível) só passa a existir quando há tradição.

4.1.2.2. Pressupostos de validade do contrato

4.1.2.2.1. Vontade livre

Consiste na vontade externada sem vícios. O pressuposto não é preenchido, por exemplo, se a vontade resulta de erro, dolo ou coação, situações em que o contrato será considerado anulável (art. 171, II, CC).

4.1.2.2.2. Capacidade das partes

Consiste na aptidão genérica para, pessoalmente, praticar os atos da vida civil. O incapaz, para que seja parte de um contrato válido, deve ser assistido (se relativamente incapaz) ou representado (se absolutamente incapaz), sob pena de o ato ser anulável (art. 171, I, do CC) ou nulo (art. 166, I, do CC), respectivamente.

4.1.2.2.3. Legitimação das partes

Consiste na aptidão específica para a prática de certos atos da vida civil. O cônjuge que aliena bem imóvel sem a anuência de seu consorte, salvo no regime de separação absoluta, não tem legitimação. O ato por ele praticado é considerado anulável (art. 1.647, I, c/c art. 1.649, do CC).

4.1.2.2.4. Obediência à forma, quando prescrita em lei

Trata-se de requisito que só incidirá se houver forma imposta por lei. Se a lei civil nada dispuser sobre a forma, essa será de livre escolha das partes. Normalmente, um contrato de compra e venda de móvel não requer forma especial; já um contrato de compra e venda de imóvel sempre requer forma especial, no caso a forma escrita. Aliás, se o imóvel for de valor superior a 30 salários mínimos, a forma é ainda mais especial, uma vez que é exigida escritura pública. A desobediência à forma torna o contrato nulo (art. 166, IV, do CC), salvo se se tratar de forma estabelecida em lei apenas para efeito probatório.

4.1.2.2.5. Objeto lícito, possível e determinável

Tanto o objeto *imediato*, ou seja, a obrigação de dar, fazer ou não fazer, como o objeto *mediato* da obrigação, isto é, o bem econômico sobre o qual ele recai (coisa ou serviço), devem respeitar tais imposições. **Objeto lícito** *é aquele que não atenta contra a ordem jurídica como um todo.* Um exemplo de contrato com objeto ilícito é o contrato de sociedade para a exploração de prostituição. **Objeto possível juridicamente** *é aquele que não está proibido expressamente pela lei.* Um exemplo de contrato impossível juridicamente é o que trata de herança de pessoa viva (art. 426 do CC). **Objeto determinável** *é aquele indicado ao menos pelo gênero e pela quantidade.* O contrato com objeto ilícito, impossível ou indeterminável é considerado nulo (art. 166, II, do CC).

4.1.2.2.6. Inexistência de configuração de outras hipóteses legais de ato anulável ou nulo

Além dos casos mencionados, a lei estabelece outras hipóteses que geram invalidade. São exemplos de ato anulável os casos de **fraude contra credores** (arts. 158 e ss. do CC) e de ato nulo os **contratos que tiverem como objetivo fraudar lei imperativa** (ex.: contratos que violarem o princípio da função social) e os que **a lei taxativamente declarar nulo, ou proibir a sua prática, sem cominar sanção** (art. 166, VI e VII, do CC).

4.1.2.3. Pressupostos de eficácia do contrato

4.1.2.3.1. Inexistência de termo suspensivo pendente

Termo suspensivo *é o evento futuro e certo que condiciona o início dos efeitos do contrato.* Por exemplo, um contrato de locação que traz uma cláusula estabelecendo que o locatário só poderá adentrar ao imóvel após dez dias de sua celebração.

4.1.2.3.2. Inexistência de condição suspensiva pendente

Condição suspensiva *é o evento futuro e incerto que condiciona o início dos efeitos do contrato.* Por exemplo, um contrato de doação que prevê que o donatário só será proprietário da coisa se vier a se casar com determinada pessoa.

4.1.3. Formação dos contratos

4.1.3.1. Introdução

Antes de se formar, o contrato passa por uma fase, a fase pré-contratual, que também é chamada de fase de puntuação, de tratativas ou de negociações preliminares. Em seguida, as partes podem fazer um contrato preliminar (que é aquele que acerta a celebração de um contrato futuro), podem fazer um contrato definitivo ou podem não fazer contrato algum.

Portanto, há de se separar bem três situações: a) fase de negociações preliminares à formação do contrato; b) contrato preliminar; c) contrato definitivo.

A fase de negociações preliminares não gera, como regra, obrigações entre aqueles que negociam. Todavia, a doutrina e a jurisprudência evoluíram no sentido de dar mais responsabilidade aos envolvidos nessa fase. Com base no princípio da boa-fé, vem se entendendo que, se na fase das negociações preliminares forem criadas fortes expectativas em um dos negociantes, gerando inclusive despesas de sua parte, o outro negociante deverá responder segundo a chamada responsabilidade pré-contratual, instituto jurídico que se aplica apenas à fase de negociações preliminares, daí o nome "pré-contratual". Nesse sentido, vale transcrever trecho da obra de Maria Helena Diniz sobre o assunto: "todavia, é preciso deixar bem claro que, apesar de faltar obrigatoriedade aos entendimentos preliminares, pode surgir, excepcionalmente, a responsabilidade civil para os que deles participam, não no campo da culpa contratual, mas no da aquiliana. Portanto, apenas na hipótese de um dos participantes criar no outro a expectativa de que o negócio será celebrado, levando-o a despesas, a não contratar com terceiro ou a alterar planos de sua atividade imediata, e depois desistir, injustificada e arbitrariamente, causando-lhe sérios prejuízos, terá, por isso, a obrigação de ressarcir todos os danos. Na verdade, há uma responsabilidade pré-contratual, que dá certa relevância jurídica aos acordos preparatórios, fundada não só no princípio de que os interessados deverão comportar-se de boa-fé, prestando informações claras e adequadas sobre as condições do negócio (...), mas também nos arts. 186 e 927 do Código Civil, que dispõem que todo aquele que, por ação ou omissão, dolosa ou culposa, causar prejuízo a outrem fica obrigado a reparar o dano" (**Curso de Direito Civil Brasileiro**, vol. 3. 26. ed., São Paulo: Saraiva. p. 42, 2010).

Nada obstante, entre a fase de tratativas e a celebração do contrato em si, há atos com consequência jurídica relevante. Tais atos são a "oferta" e a "aceitação", essenciais à formação do contrato.

4.1.3.2. Oferta, proposta ou policitação

A oferta pode ser **conceituada** como *a declaração de vontade pela qual o proponente (policitante) leva ao conhecimento do oblato os termos para a conclusão de um contrato.*

Para que vincule, a oferta deve ter os seguintes **requisitos**:

a) seriedade: não pode ser brincadeira;

b) clareza: não pode ser ambígua;

c) completude: deve indicar todos os aspectos essenciais do contrato (preço e coisa);

d) com destinatário: deve ser dirigida a alguém ou ao público.

O **efeito** da oferta é *obrigar* o proponente aos seus termos, **salvo se:**

a) o contrário dela resultar;

b) a natureza ou as circunstâncias levarem a outra conclusão;

c) seus termos evidenciarem a falta de obrigatoriedade.

Ademais, a oferta **deixa de ser obrigatória** nos seguintes casos (art. 428 do CC):

a) *se feita sem prazo à pessoa presente, não for imediatamente aceita*; considera-se presente a pessoa que contrata por telefone ou outro meio semelhante; cuidado, pois, no CDC, o orçamento, caso não estipule prazo de validade, terá prazo de 10 dias;

b) *se feita sem prazo a pessoa ausente, tiver decorrido tempo suficiente para chegar a resposta ao conhecimento da outra parte (prazo moral)*; é exemplo de ausência a oferta feita por e-mail ou correspondência;

c) *se feita com prazo à pessoa ausente, não tiver sido expedida a resposta no tempo estipulado*;

d) *se houver retratação anterior ou simultânea à chegada da proposta ao conhecimento da outra parte.*

4.1.3.3. Aceitação

A aceitação pode ser **conceituada** como *a adesão integral do oblato à proposta formulada.*

Para que a aceitação leve à formação do contrato são necessários os seguintes **requisitos** (arts. 431 e 432 do CC):

a) deve ser expedida no prazo;

b) não deve conter adições, restrições ou modificações;

c) deve ser expressa.

A aceitação **tácita** só se admite se há costume entre as partes (art. 111 do CC) ou nos casos legais (ex.: silêncio do donatário em face de doação oferecida por alguém – art. 539 do CC).

Uma vez que a aceitação foi feita cumprindo os requisitos legais, seu **efeito** jurídico será a criação do vínculo contratual.

No entanto, o vínculo não será criado nos seguintes casos:

a) se houver retratação (art. 433 do CC); nesse caso, a retratação deve chegar ao conhecimento do proponente junto ou antes da aceitação;

b) se, embora expedida a tempo, por motivo imprevisto, a aceitação chegar tarde ao conhecimento do proponente (ex.: por problema nos correios), conforme art. 430 do CC; nesse caso, o proponente ficará liberado, mas deverá comunicar imediatamente o fato ao aceitante, sob pena de responder por perdas e danos.

4.1.3.4. Teorias sobre o momento da conclusão dos contratos entre ausentes

De acordo com o **sistema da informação (ou cognição)**, o contrato se forma no momento em que o policitante toma conhecimento da aceitação pelo oblato. O problema é que nunca se sabe exatamente quando isso ocorre.

Já o sistema da **agnição (declaração)** contempla as seguintes **espécies**:

a) declaração propriamente dita: o contrato se forma assim que se faz a declaração de aceitação, ou seja, assim que o oblato escreve a resposta com a aceitação; o problema é que essa resposta pode ser rasgada logo em seguida;

b) recepção: o contrato se forma no momento em que o proponente recebe a declaração de aceitação; também é complicada essa espécie, pois não há como o aceitante ter certeza do momento em que o proponente recebe a declaração de aceitação;

c) expedição: o contrato se forma no momento em que a declaração de aceitação é expedida; essa espécie é mais aceita, pois traz um dado mais objetivo; ademais, está prevista expressamente no *caput* do art. 434 do CC.

Porém, os contratos não se formarão nos seguintes casos (art. 434 do CC):

a) se houver retratação da aceitação;

b) se for estipulado prazo para chegar à aceitação e essa não chegar;

c) se for estipulado que o proponente deseja esperar a resposta (recepção).

Quanto ao contrato eletrônico, não há previsão expressa a respeito no Código Civil. Porém, a doutrina aponta que ele se forma com a recepção (Enunciado JDC/CJF nº 173).

4.2. Princípios dos contratos

4.2.1. Princípio da autonomia da vontade

É aquele que assegura a liberdade de contratar, consistente na escolha entre celebrar ou não um contrato e na faculdade de escolher com quem, o que e como contratar.

4.2.2. Princípio da força obrigatória (obrigatoriedade, intangibilidade)

É aquele pelo qual o contrato faz lei entre as partes. Esse princípio decorre do anterior e estabelece a ideia de *pacta sunt servanda.* Em virtude dele, as partes são obrigadas a cumprir o combinado e não podem modificar unilateralmente o contrato.

4.2.3. Princípio da relatividade

É aquele pelo qual os efeitos dos contratos só são produzidos entre as partes. Decorre do princípio da autonomia da vontade.

4.2.4. Princípio da função social dos contratos

Aquele que só legitima e protege contratos que objetivam trocas úteis, justas e não prejudiciais ao interesse coletivo. Tal princípio é inspirado na diretriz de sociabilidade do atual Código Civil, que, traduzida para o plano contratual, impõe que o ele seja instrumento de adequado convívio social.

Consequências do princípio:

a) Os contratos devem ser **úteis**, ou seja, devem ser de interesse das partes. Assim, não é útil o contrato que estabelece a venda casada, em que um comerciante, por exemplo, é obrigado a adquirir cervejas e refrigerantes, quando seu interesse é apenas adquirir refrigerantes;

b) os contratos devem ser **justos**, ou seja, devem ser equilibrados. O contrato deve ser meio de negociação sadia de interesses e não meio de opressão. As cláusulas não podem ser abusivas, leoninas. Esse princípio impõe respeito à solidariedade, à justiça social e à dignidade da pessoa humana. Assim, não é justo o contrato que estabelece prestações exageradas ou desproporcionais, como, por exemplo, o contrato que estabelece que um contratante fica exonerado de qualquer responsabilidade pelo serviço prestado ou que estabelece que o comprador deve renunciar à indenização por benfeitorias necessárias que fizer no imóvel que tiver de ser devolvido;

c) os contratos devem **respeitar o interesse coletivo**, ou seja, não podem prejudicar os interesses difusos e coletivos, tais como o direito ao meio ambiente ecologicamente equilibrado. O próprio art. 170 da CF dispõe que um dos princípios da ordem econômica é a defesa do meio ambiente. A ideia central aqui é a promoção de um *desenvolvimento sustentável*.

O juiz, diante dessa cláusula geral, deverá se valer das *regras de experiência* e das *conexões sistemáticas*, ou seja, da utilização de regras previstas em outros diplomas legislativos que estabeleçam valores concernentes ao equilíbrio contratual. O juiz usará o princípio para interpretar o contrato, corrigir ou contrato e até declarar nulas uma cláusula contratual ou todo o contrato se, depois de todo esforço interpretativo, não puder mantê-lo.

4.2.5. *Princípio da boa-fé objetiva*

Aquele que impõe aos contratantes guardar em todas as fases que envolvem o contrato o respeito à lealdade.

Consequências:

a) Os contratantes devem ser **leais**, ou seja, devem agir com honestidade, retidão, respeito, cuidado e probidade;

b) deve-se analisar a conduta dos contratantes segundo os parâmetros da **boa-fé objetiva**, ou seja, o que se entende como atitude de boa-fé na sociedade. Trata-se da concepção ética de boa-fé e não da concepção individual, subjetiva, de boa-fé. Assim, não se verifica o que pensa um dos contratantes sobre o que é agir de boa-fé. Verifica-se o que pensa a sociedade sobre isso. O juiz, diante dessa cláusula geral, também deverá se valer das *regras de experiência* e das *conexões sistemáticas*, ou seja, da utilização de regras previstas em outros diplomas legislativos que estabeleçam valores concernentes à boa-fé.

Exemplo de aplicação prática do princípio é o trazido no Enunciado 432 das Jornadas de Direito Civil, *in verbis*: "art. 422: Em contratos de financiamento bancário, são abusivas cláusulas contratuais de repasse de custos administrativos (como análise do crédito, abertura de cadastro, emissão de fichas de compensação bancária etc.), seja por estarem intrinsecamente vinculadas ao exercício da atividade econômica, seja por violarem o princípio da boa-fé objetiva".

O princípio se aplica desde a fase das tratativas contratuais, passando pela fase de celebração, execução, extinção e até após o contrato. E o juiz também usará o princípio para interpretar o contrato, corrigir ou contrato e até declarar nulas uma cláusula contratual ou todo o contrato se, depois de todo esforço interpretativo, não puder mantê-lo.

O princípio da boa-fé objetiva também é fundamento, hoje, na imposição de reparação de danos originados na fase pré-contratual. Com efeito, quando pessoas estão em tratativas para celebrar um contrato, mas tal tratativa é de tal monta que gera expectativa legítima de que o contrato vá ser concluído, havendo rompimento das tratativas e prejuízo material a alguma das partes, de rigor, em homenagem ao princípio da boa-fé objetiva, o reconhecimento da responsabilidade civil em desfavor da parte infratora.

4.3. Classificação dos contratos

4.3.1. *Quanto aos efeitos (ou quanto às obrigações)*

4.3.1.1. *Contratos unilaterais*

São aqueles em que há obrigações para apenas uma das partes. São exemplos a doação pura e simples, o mandato, o depósito, o mútuo (empréstimo de bem fungível – dinheiro, p. ex.) e o comodato (empréstimo de bem infungível). Os três últimos são unilaterais, pois somente se formam no instante em que há entrega da coisa (são contratos reais). Entregue o dinheiro, por exemplo, no caso do mútuo, esse contrato estará formado e a única parte que terá obrigação será o mutuário, a de devolver a quantia emprestada (e pagar os juros, se for mútuo feneratício).

4.3.1.2. *Contratos bilaterais*

São aqueles em que há obrigações para ambos os contratantes. Também são chamados de sinalagmáticos. A expressão "sinalagma" confere a ideia de reciprocidade às obrigações. São exemplos a prestação de serviços e a compra e venda.

4.3.1.3. *Contratos bilaterais imperfeitos*

São aqueles originariamente unilaterais, que se tornam bilaterais por uma circunstância acidental. São exemplos o mandato e o depósito não remunerados. Assim, num primeiro momento, o mandato não remunerado é unilateral (só há obrigações para o mandatário), mas, caso esse incorra em despesas para exercê-lo, o mandante passará também a ter obrigações, no caso a de ressarcir o mandatário.

4.3.1.4. *Contratos bifrontes*

São aqueles que originariamente podem ser unilaterais ou bilaterais. São exemplos o mandato e o depósito. Se for estipulada remuneração em favor do mandatário ou do depositário, estar-se-á diante de contrato bilateral, pois haverá obrigações para ambas as partes. Do contrário, será unilateral, pois haverá obrigações apenas para o mandatário ou para o depositário.

Importância da classificação: a classificação é utilizada, por exemplo, para distinguir contratos em que cabe a exceção de contrato não cumprido. Apenas nos contratos bilaterais é que uma parte pode alegar a exceção, dizendo que só cumpre a sua obrigação após a outra cumprir a sua. Nos contratos unilaterais, como só uma das partes tem obrigações, o instituto não se aplica. Isso vale tanto para a inexecução total (hipótese em que se alega a *exceptio non adimplecti contractus*) como para a inexecução parcial (hipótese em que se alega a *exceptio non rite adimplecti contractus*), previstas no art. 476 do CC, e ainda para a exceção de insegurança, prevista no art. 477 do CC. Para aplicação do instituto, é importante verificar qual das duas partes tem de cumprir sua obrigação em primeiro lugar.

4.3.2. *Quanto às vantagens*

4.3.2.1. *Contratos gratuitos*

São aqueles em que há vantagens apenas para uma das partes. Também são chamados de benéficos. São exemplos a doação pura e simples, o depósito não remunerado, o mútuo não remunerado e o comodato.

4.3.2.2. Contratos onerosos

São aqueles em que há vantagens para ambas as partes. São exemplos a compra e venda, a prestação de serviços, o mútuo remunerado (feneratício) e a doação com encargo.

Não se deve confundir a presente classificação com a trazida anteriormente e achar que todo contrato unilateral é gratuito e que todo contrato bilateral é oneroso. Como exemplo de contrato unilateral e oneroso pode-se trazer o mútuo feneratício.

Importância da classificação: a) os institutos da evicção e dos vícios redibitórios somente são aplicados aos contratos onerosos; b) na fraude contra credores, em se tratando de contratos gratuitos celebrados por devedor insolvente ou reduzido à insolvência, o *consilium fraudis* é presumido. Nos contratos onerosos, por sua vez, tal *consilium* deve ser provado; c) na responsabilidade civil, essa se configura por mera culpa de qualquer das partes em contratos onerosos, ao passo que, nos contratos gratuitos, quem detém o benefício só responde se agir com dolo; d) na interpretação dos contratos, essa será estrita (não ampliativa) nos contratos gratuitos ou benéficos.

4.3.3. Quanto ao momento de formação

4.3.3.1. Contrato consensual

É aquele que se forma no momento do acordo de vontades. São exemplos a compra e venda e o mandato. Nesse tipo de contrato, a entrega da coisa (tradição) é mera execução.

4.3.3.2. Contrato real

É aquele que somente se forma com a entrega da coisa. São exemplos o comodato, o depósito e o mútuo. Nesses contratos a entrega da coisa é requisito para a formação, a existência do contrato.

4.3.4. Quanto à forma

4.3.4.1. Contratos não solenes

São aqueles de forma livre. São exemplos a compra e venda de bens móveis, a prestação de serviços e a locação. A regra é ter o contrato forma livre (art. 107 do CC), podendo ser verbal, gestual ou escrito, devendo obedecer a uma forma especial apenas quando a lei determinar.

4.3.4.2. Contratos solenes

São aqueles que devem obedecer a uma forma prescrita em lei. São exemplos a compra e venda de imóveis (deve ser escrita, e, se de valor superior a 30 salários mínimos, deve ser por escritura pública), o seguro e a fiança.

A forma, quando trazida na lei, costuma ser essencial para a validade do negócio (forma *ad solemnitatem*). Porém, em algumas situações, a forma é mero meio de prova de um dado negócio jurídico (forma *ad probationem tantum*).

4.3.5. Quanto às qualidades pessoais dos contratantes

4.3.5.1. Contratos impessoais

São aqueles em que a prestação pode ser cumprida, indiferentemente, pelo devedor ou por terceiro. Em obrigações de dar, por exemplo, não importa se é o próprio devedor ou terceiro quem cumpre a obrigação, mas sim que essa seja cumprida.

4.3.5.2. Contratos personalíssimos

São aqueles celebrados em razão de qualidades pessoais de pelo menos um dos contratantes, não podendo a respectiva prestação ser cumprida por terceiro. Também são chamados de contratos *intuitu personae*. Geralmente, nesse tipo de contrato, há obrigações de fazer. Os elementos confiança, qualidade técnica e qualidade artística são primordiais. São exemplos a contratação de um pintor renomado para realizar uma obra de arte e a contratação de um cantor para se apresentar numa casa de espetáculos. Nesses dois exemplos, a *pessoalidade* é da natureza do contrato. Entretanto, é possível que, por vontade dos contratantes, fique estipulado o caráter personalíssimo desse.

Importância da classificação: a) em caso de não cumprimento da obrigação, em se tratando de contrato impessoal, o credor tem, pelo menos, duas opções, quais sejam, mandar executar a obrigação por terceiro à custa do devedor ou simplesmente requerer indenização por perdas e danos; no caso de contrato personalíssimo, todavia, a obrigação não cumprida se converte em obrigação de pagar perdas e danos, já que só interessa seu cumprimento pelo devedor e não por terceiro; b) em caso de falecimento do devedor, em se tratando de contrato impessoal, a obrigação fica transmitida aos herdeiros, que deverão cumpri-la nos limites das forças da herança; no caso de contrato personalíssimo, por sua vez, o falecimento do devedor antes de incorrer em mora importa a extinção do contrato, não transferindo as obrigações respectivas aos herdeiros daquele.

4.3.6. Quanto à existência de regramento legal

4.3.6.1. Contratos típicos (ou nominados)

São os que têm regramento legal específico. O CC traz pelo menos vinte contratos típicos, como a compra e venda, a doação e o mandato. Leis especiais trazem diversos outros contratos dessa natureza, como o de locação de imóveis urbanos (Lei 8.245/1991), de incorporação imobiliária (Lei 4.561/1964) e de alienação fiduciária (Decreto-Lei 911/1969 com as alterações da Lei 10.931/2004).

4.3.6.2. Contratos atípicos (ou inominados)

São os que não têm regramento legal específico, nascendo da determinação das partes. Surgem da vida cotidiana, da necessidade do comércio. São exemplos o contrato de cessão de clientela, de agenciamento matrimonial, de excursão turística e de feiras e exposições. Apesar de não haver regulamentação legal desses contratos, o princípio da autonomia da vontade possibilita sua celebração, observados alguns limites impostos pela lei. O art. 425 do CC dispõe que "é lícito às partes estipular contratos atípicos, observadas as normas gerais fixadas neste Código". Assim, as pessoas podem criar novas figuras contratuais, desde que respeitem os seguintes preceitos do CC: os da parte geral (ex.: o objeto deve ser lícito, possível e determinável) e os da teoria geral das obrigações e dos contratos (ex.: deve atender ao princípio da função social dos contratos). De qualquer modo, nesse tipo de contrato as partes devem trazer maiores detalhes acerca de seu regramento, dada a inexistência de regulação legal da avença.

4.3.6.3. *Contratos mistos*

São os que resultam da fusão de contratos nominados com elementos particulares, não previstos pelo legislador, criando novos negócios contratuais. Exemplo é o contrato de exploração de lavoura de café, em que se misturam elementos atípicos com contratos típicos, como a locação de serviços, a empreitada, o arrendamento rural e a parceria agrícola.

4.3.7. *Quanto às condições de formação*

4.3.7.1. *Contratos paritários*

São aqueles em que as partes estão em situação de igualdade, podendo discutir efetivamente as condições contratuais.

4.3.7.2. *Contratos de adesão*

São aqueles cujas cláusulas são aprovadas pela autoridade competente ou estabelecidas unilateralmente sem que o aderente possa modificar ou discutir substancialmente seu conteúdo. Exemplos: contratos de financiamento bancário, seguro e telefonia. A lei estabelece que a inserção de uma cláusula no formulário não desnatura o contrato, que continua de adesão.

Importância da classificação: Os contratos de adesão têm o mesmo regime jurídico dos contratos paritários, mas há algumas diferenças pontuais. Se o contrato de adesão for regido pelo Direito Civil, há duas regras aplicáveis: a) as cláusulas ambíguas devem ser interpretadas favoravelmente ao aderente (art. 423 do CC); b) a cláusula que estipula a renúncia antecipada do aderente a direito resultante da natureza do contrato é nula (art. 424 do CC). Já se o contrato de adesão for regido pelo CDC, há duas regras peculiares a esse contrato (art. 54 do CDC): a) os contratos de adesão admitem cláusula resolutória, mas essas são alternativas, cabendo a escolha ao consumidor, ou seja, é ele quem escolhe se deseja purgar a mora e permanecer com o contrato ou se prefere a sua resolução; b) as cláusulas limitativas de direito devem ser redigidas com destaque, permitindo sua imediata e fácil identificação, sendo que o desrespeito a essa regra gera a nulidade da cláusula (art. 54, § 4º, c/c o art. 51, XV, do CDC).

4.3.8. *Quanto à definitividade*

4.3.8.1. *Contratos definitivos*

São aqueles que criam obrigações finais aos contratantes. Os contratos são, em sua maioria, *definitivos*.

4.3.8.2. *Contratos preliminares*

São aqueles que têm como objeto a realização futura de um contrato definitivo. Um exemplo é o compromisso de compra e venda. Os contratos preliminares devem conter os requisitos essenciais do contrato a ser celebrado, salvo quanto à forma. Assim, enquanto a compra e venda definitiva de um imóvel deve ser por escritura pública, o compromisso de compra e venda pode ser por escritura particular. Além disso, o contrato preliminar deve ser levado a registro para ter eficácia perante terceiros. Assim, um compromisso de compra e venda não precisa ser registrado para ser válido, mas sem a formalidade não há como impedir que um terceiro o faça antes, pois, não registrando, carregará esse ônus. De qualquer forma, o compromissário comprador, uma vez pagas todas as parcelas do compromisso, tem direito à adjudicação compulsória, independentemente da apresentação do instrumento no Registro de Imóveis. O compromissário deve apenas torcer para que alguém não tenha feito isso antes. As regras sobre o contrato preliminar estão nos artigos 462 e 463 do CC:

a) consequência imediata do contrato preliminar: desde que não conste cláusula de arrependimento, qualquer das partes pode exigir a celebração do contrato definitivo, assinalando prazo à outra. É importante ressaltar que, em matéria de imóveis, há diversas leis impedindo a cláusula de arrependimento;

b) consequência mediata do contrato preliminar: esgotado o prazo mencionado sem a assinatura do contrato definitivo, a parte prejudicada pode requerer ao Judiciário que supra a vontade do inadimplente, conferindo caráter definitivo ao contrato preliminar, salvo se a isso se opuser a natureza da obrigação.

4.3.9. *Quanto ao conhecimento prévio das prestações*

4.3.9.1. *Contrato comutativo*

É aquele em que as partes, de antemão, conhecem as prestações que deverão cumprir. Exs.: compra e venda, prestação de serviços, mútuo, locação, empreitada etc. A maior parte dos contratos tem essa natureza.

4.3.9.2. *Contrato aleatório*

É aquele em que pelo menos a prestação de uma das partes não é conhecida de antemão. Ex.: contrato de seguro.

4.3.10. *Quanto ao momento de execução*

4.3.10.1. *Contratos instantâneos*

São aqueles em que a execução se dá no momento da celebração. Um exemplo é a compra e venda de pronta entrega e pagamento.

4.3.10.2. *Contratos de execução diferida*

São aqueles em que a execução se dá em ato único, em momento posterior à celebração. Constitui exemplo a compra e venda para pagamento em 120 dias.

4.3.10.3. *Contratos de trato sucessivo ou de execução continuada*

São aqueles em que a execução é distribuída no tempo em atos reiterados. São exemplos a compra e venda em prestações, a locação e o financiamento pago em parcelas.

Importância da classificação: para efeito de discernir que tipo de contrato está sujeito à regra da imprevisão. Tal instituto, previsto nos arts. 478 a 480 do CC, só é aplicável aos contratos de execução diferida e de execução continuada, visto que não se pode conceber que uma prestação possa se tornar excessivamente onerosa por um fato novo em contratos em que a execução se dá no mesmo instante de sua celebração.

4.4. Onerosidade excessiva

4.4.1. *Introdução*

A Primeira Guerra Mundial trouxe sérias consequências à execução dos contratos, principalmente os de longo prazo. Isso fez com que ganhasse força a ideia de que está implícita em todo pacto uma cláusula pela qual a obrigatoriedade de seu cumprimento pressupõe a inalterabilidade da situação de fato que deu origem à sua formação. Tratava-se da chamada cláusula *rebus sic stantibus* ("enquanto as coisas estão assim"). Enquanto as condições fáticas existentes quando da celebração do contrato estiverem inalteradas, as disposições desse serão obrigatórias. Modificadas tais condições, causando desequilíbrio entre os contratantes, há de se alterar suas disposições. No Brasil, houve certa resistência a essa ideia, uma vez que o país acabara de ganhar um novo Código Civil (o de 1916), que não fazia referência ao assunto. Isso fez com que a ideia do *rebus sic stantibus* acabasse sendo aceita desde que os novos fatos fossem extraordinários e imprevisíveis, daí porque entre nós ganhou o nome de Teoria da Imprevisão. Mesmo assim, era só uma teoria. Algumas leis até trataram da questão, mas sempre de modo pontual. São exemplos a Lei de Alimentos, a Lei de Locações e a Lei de Licitações e Contratos Administrativos. Sobreveio o Código de Defesa do Consumidor, que inovou ao permitir a revisão contratual por onerosidade excessiva, independentemente de fato imprevisível. E em 2003, com a entrada em vigor do atual CC, previu-se para qualquer contrato regido pelo Direito Civil o instituto da "resolução por onerosidade excessiva", contudo novamente vinculada à ocorrência de fatos imprevisíveis. Como se verá, o CC adotou um nome infeliz ("resolução"), pois, em caso de onerosidade excessiva por fato imprevisível, deve-se, em primeiro lugar, buscar a revisão contratual e não a extinção do contrato.

4.4.2. *Requisitos para aplicação da regra da imprevisão*

O CC exige o seguinte para que se tenha direito à revisão ou à resolução do contrato:

a) o contrato deve ser de execução continuada ou diferida;

b) a prestação de uma das partes deve se tornar excessivamente onerosa;

c) a outra parte deve ficar com extrema vantagem;

d) o desequilíbrio deve ser decorrência de acontecimentos extraordinários e imprevisíveis.

O primeiro requisito é óbvio, pois num contrato de execução instantânea não há tempo para que a prestação fique excessivamente onerosa.

O segundo requisito impõe que a perda seja razoável. Pequenas perdas não possibilitam a revisão contratual.

O requisito de extrema vantagem para a outra parte vem sendo atenuado pela doutrina. Em virtude do princípio da função social dos contratos, basta que uma das partes fique com a prestação excessivamente onerosa para que possa pleitear a revisão contratual.

Por fim, exige-se acontecimento extraordinário e imprevisível. O requisito afasta acontecimentos ordinários, como é o caso da inflação. O problema é que, no mundo moderno e na realidade brasileira, quase tudo é previsível e quase tudo acontece com uma certa frequência. A inflação é previsível. O aumento do dólar também. Assim, num primeiro momento, somente situações extremas, como a guerra ou a ocorrência de uma catástrofe causada pela natureza, preencheriam o requisito. Isso fez com que a doutrina flexibilizasse a regra, apontando que os "motivos imprevisíveis" que autorizam a revisão contratual podem estar relacionados tanto com uma causa imprevisível (guerra, ciclone etc.) como um resultado imprevisível (o tamanho do aumento do dólar, por exemplo).

4.4.3. *Consequência da configuração do instituto*

O devedor poderá pedir em juízo a resolução do contrato, retroagindo os efeitos da sentença para a data da citação (art. 478 do CPC). Trata-se de consequência extremamente radical e que fere os princípios da conservação dos contratos, da função social, da boa-fé objetiva e da proibição de exercício abusivo dos direitos, bem como das disposições dos arts. 317 e 480 do CC. Assim, deve-se buscar, em primeiro lugar, a revisão contratual, que só não será efetivada se for inviável, para só então partir-se para a resolução do contrato. Se a parte prejudicada ingressar diretamente com pedido de resolução do contrato, o art. 479 do CC dispõe que a medida poderá ser evitada se o réu se oferecer a modificar equitativamente as condições do pacto. O juiz analisará se a proposta é ou não equitativa, verificando se há ou não boa-fé dos contratantes.

4.5. Evicção

4.5.1. *Conceito*

É a perda da coisa adquirida onerosamente, em virtude de decisão judicial ou administrativa que a atribui a outrem por motivo anterior à aquisição. O exemplo comum é daquele que adquire onerosamente um bem de quem não é dono, vindo a perdê-lo por uma ação movida pelo verdadeiro proprietário da coisa. Quem aliena direito sobre o bem tem, assim, o dever de garantir que era seu titular e que a transferência o atribuirá realmente ao adquirente. O instituto da evicção tem três personagens, quais sejam, o **alienante** (aquele que transferiu o direito sobre a coisa, e que não era seu verdadeiro titular), o **evicto** (aquele que adquiriu o direito sobre a coisa, mas foi vencido numa demanda promovida por terceiro, verdadeiro titular de tal direito) e o **evictor** ou **evencente** (terceiro reivindicante da coisa, que vence a demanda que promoveu contra o adquirente).

4.5.2. *Incidência*

O instituto incide tanto na perda da posse como na perda do domínio sobre a coisa; a perda pode ser parcial ou total; deve se tratar de contrato oneroso; a garantia subsiste mesmo na compra feita em hasta pública; a privação da coisa, configuradora da evicção, pode se dar tanto por decisão judicial, como por decisão administrativa.

4.5.3. *Garantia*

Ocorrendo a evicção, o evicto se voltará contra o alienante para fazer valer os seguintes direitos:

a) de *restituição integral do preço ou das quantias pagas*; o preço será o do valor da coisa na época em que se evenceu;

b) de *indenização dos frutos que tiver sido obrigado a restituir*;

c) de *indenização pelas despesas dos contratos e pelos prejuízos que diretamente resultarem da evicção;* assim, as despesas contratuais com escritura pública, registro e imposto de transmissão, bem como qualquer outra que decorra diretamente da perda da coisa, como a correção monetária e os juros, deverão ser indenizadas;

d) de *ressarcimento das custas judiciais e dos honorários do advogado por ele constituído;*

e) de *pagamento das benfeitorias necessárias ou úteis que fizer, não abonadas pelo reivindicante.*

4.5.4. Possibilidades de alteração da garantia

4.5.4.1. Possibilidades

Segundo o art. 448 do CC, é facultado às partes, desde que por cláusula expressa, reforçar, diminuir ou excluir a responsabilidade pela evicção.

Assim, pode-se estipular expressamente que, em caso de evicção, o adquirente terá direito à devolução do preço com um acréscimo de cinquenta por cento, por exemplo, punição que reforça a garantia.

Pode-se também diminuir e até excluir a responsabilidade pela evicção, estipulando-se expressamente que, em caso de perda da coisa, o adquirente não terá direito à devolução do preço por inteiro (diminuição) ou do valor total pago (exclusão).

Entretanto, o art. 449 do CC dispõe que, mesmo havendo cláusula excluindo a garantia contra evicção (a chamada cláusula genérica de exclusão ou cláusula de irresponsabilidade), se esta vier a ocorrer, o evicto ainda assim terá direito ao pagamento do preço pago pela coisa, salvo se tiver ciência do risco da evicção e assumido expressamente esse risco. Há, portanto, dois tipos de exclusão estabelecidos em lei: a exclusão parcial e a exclusão total.

4.5.4.2. Exclusão parcial

Dá-se quando há mera cláusula que exclui a garantia (ex.: fica excluída a garantia que decorre da evicção). Neste caso, o evicto continuará tendo direito à devolução do preço pago pela coisa, ficando excluídos somente os demais direitos que decorrem da evicção (indenização dos frutos, despesas, prejuízos, sucumbência e benfeitorias). Tal limitação da autonomia da vontade decorre da necessidade de dar guarida ao princípio do não enriquecimento sem causa. Aqui temos uma *cláusula genérica de exclusão da garantia.*

4.5.4.3. Exclusão total

Dá-se quando presentes três requisitos. O primeiro deles consiste na a) existência de uma cláusula de exclusão da garantia, como aquela dada anteriormente como exemplo. Além disso, é necessário que b) o evicto tenha ciência do risco da evicção, como na hipótese em que é informado que corre uma demanda reivindicatória promovida por terceiro em face do alienante. Por fim, é imprescindível que, ciente do risco de perda da coisa, c) o evicto o tenha assumido, vale dizer, é necessário assunção do risco por parte do adquirente. Trata-se da chamada *cláusula específica de exclusão da garantia.* O art. 449 do CC não impõe textualmente que os dois últimos requisitos (ciência e assunção do risco da evicção) estejam expressos numa cláusula contratual, de modo que se pode admitir sua comprovação de outra forma.

4.5.5. Requisitos para exercer a garantia que decorre da evicção

a) *perda total ou parcial* do domínio, da posse ou do uso da coisa alienada;

b) *onerosidade da aquisição*, salvo a doação para casamento com certa e determinada pessoa;

c) *inexistência de cláusula de irresponsabilidade.* Caso exista, só se terá direito ao preço pago.

d) *anterioridade do direito do evictor.* O alienante não responderá se o direito do evictor sobre a coisa só se der após sua transferência ao adquirente.

e) *denunciação da lide ao alienante.* O STJ entende que a obrigatoriedade da denunciação é tão somente para exercer o direito de regresso no mesmo processo, não impedindo que se ingresse com ação autônoma em seguida, para o fim de fazer valer diante do alienante os direitos que decorrem da evicção, entendimento que encontra arrimo no princípio que veda o enriquecimento sem causa.

4.6. Vícios redibitórios

4.6.1. Conceito

São problemas ocultos presentes em coisas recebidas em virtude de contrato comutativo, que as tornem impróprias ao uso a que são destinadas ou lhes diminuam o valor. O instituto está previsto nos arts. 441 a 446 do CC. São exemplos um carro com motor ruim e um apartamento com infiltração, vícios que o comprador nem sempre pode perceber. O fundamento do instituto é o princípio da garantia quanto à coisa. Não se deve confundir o instituto dos vícios redibitórios com o do erro e do dolo. O vício é um problema na coisa, ao passo que o erro e o dolo são problemas na vontade. Além disso, o vício possibilita a redibição do contrato ou o abatimento no preço, ao passo que o erro e o dolo ensejam a anulação do contrato.

4.6.2. Requisitos para a configuração do instituto

a) prejuízo sensível ao uso ou ao valor da coisa;

b) problema imperceptível à diligência ordinária do adquirente (vício oculto);

c) problema já existente ao tempo da entrega da coisa;

d) contrato oneroso e comutativo.

4.6.3. Efeitos

Configurado o vício, o adquirente poderá ingressar com uma das seguintes ações (denominadas ações edilícias):

4.6.3.1. Ação redibitória

É aquela que objetiva a rescisão do contrato. Nesta ação pede-se a extinção do contrato, com a devolução do valor recebido e o pagamento das despesas do contrato. Se o alienante sabia do vício, o adquirente pode também pedir indenização por perdas e danos.

4.6.3.2. *Ação estimatória (quanti minoris)*

É aquela que tem por finalidade a obtenção do abatimento do preço.

Observação: o prazo para ingressar com as ações acima é decadencial, uma vez que nos dois casos estamos diante de prazo previsto na Parte Especial do CC, bem como de pretensões de natureza constitutiva (rescisão e modificação do contrato, respectivamente).

4.6.4. *Prazo para ingressar com a ação*

a) se a coisa for móvel: 30 dias.
b) se a coisa for imóvel: 1 ano.

4.6.5. *Termo a quo*

Conta-se o prazo da (do):

4.6.5.1. *Data da entrega efetiva*

Quando o adquirente não estava na posse da coisa.

4.6.5.2. *Data da alienação*

Quando o adquirente estava na posse da coisa. Nesse caso, o prazo fica reduzido à metade.

4.6.5.3. *No momento em que o adquirente tiver ciência do vício*

Quando este, além de oculto, só poderá ser conhecido mais tarde, dada a sua natureza. Neste caso, a lei estipula um prazo máximo para *ciência* do vício. Esse prazo é de 180 dias para móvel e de 1 ano para imóvel. Assim, se uma pessoa comprar um carro com esse tipo de vício e vier a descobri-lo 170 dias depois, cumpriu o primeiro prazo, qual seja, o prazo de 180 dias para a tomada de ciência do problema na coisa. Em seguida, começará o segundo prazo, o de *garantia* para ingressar com uma das ações mencionadas. No caso, o prazo será de 30 dias, por se tratar de móvel. Mas, se a pessoa só tem ciência do vício 190 dias após a aquisição, o *prazo para ciência* do vício terá terminado, ficando prejudicado o direito. Nessa hipótese, nem se começa a contar o *prazo de garantia*.

Confira a respeito o seguinte acórdão do STJ: "Quando o vício oculto, por sua natureza, só puder ser conhecido mais tarde (art. 445, § 1°, CC), o adquirente de bem móvel terá o prazo de trinta dias (art. 445, caput, do CC), a partir da ciência desse defeito, para exercer o direito de obter a redibição ou abatimento no preço, desde que o conhecimento do vício ocorra dentro do prazo de cento e oitenta dias da aquisição do bem." (REsp 1.095.882-SP, DJ 19.12.14).

4.6.6. *Garantia contratual*

O CC estabelece que "não correrão os prazos da garantia legal na constância da garantia contratual" (art. 446). Isso significa que, havendo garantia voluntária (ex.: até a próxima Copa do Mundo), primeiro se conta o prazo dela, para só depois se contar o prazo da garantia legal. Todavia, a lei dispõe que, havendo garantia voluntária (= a garantia contratual), o adquirente deve denunciar eventual defeito que a coisa tiver ao alienante no prazo de 30 dias após seu descobrimento, sob pena de decadência. Ou seja, a lei dá com uma mão (diz que os prazos de garantia voluntária e legal devem ser somados), mas tira com a outra (estabelece um procedimento diferente, que obriga o adquirente a avisar a ocorrência do defeito ao alienante 30 dias após essa descoberta), prazo independente do de garantia. Aqui temos o chamado "prazo de aviso". De qualquer forma, nunca haverá decadência em prazo menor que o próprio prazo de garantia legal (30 dias para móvel e 1 ano para imóvel).

4.7. Extinção dos contratos

4.7.1. *Execução*

Esta é a forma normal de extinção dos contratos. Na compra e venda a execução se dá com a entrega da coisa (pelo vendedor) e com o pagamento do preço (pelo comprador).

4.7.2. *Invalidação*

O contrato anulável produz seus efeitos enquanto não for anulado pelo Poder Judiciário. Uma vez anulado (decisão constitutiva), o contrato fica extinto com efeitos "ex nunc". Já o contrato nulo recebe do Direito uma sanção muito forte, sanção que o priva da produção de efeitos desde o seu início. A parte interessada ingressa com ação pedindo uma decisão declaratória, decisão que deixa claro que o contrato nunca pode produzir efeitos, daí porque essa decisão tem efeitos "ex tunc". Se as partes acabaram cumprindo "obrigações", o juiz as retornará ao estado anterior.

4.7.3. *Resolução*

Há três hipóteses de extinção do contrato pela resolução, a saber:

4.7.3.1. *Por inexecução culposa*

É aquela que decorre de culpa do contratante. Há dois casos a considerar:

a) se houver cláusula resolutiva expressa (pacto comissório), ou seja, previsão no próprio contrato de que a inexecução deste gerará sua extinção, a resolução opera de pleno direito, ficando o contrato extinto; o credor que ingressar com ação judicial entrará apenas com uma ação declaratória, fazendo com que a sentença tenha efeitos *ex tunc*. A lei protege o devedor em alguns contratos, estabelecendo que, mesmo existindo essa cláusula, ele tem o direito de ser notificado para purgar a mora (fazer o pagamento atrasado) no prazo estabelecido na lei.

b) se não houver cláusula resolutiva expressa, a lei estabelece a chamada **"cláusula resolutiva tácita"**, disposição que está implícita em todo contrato, e que estabelece que o seu descumprimento permite que a outra parte possa pedir a resolução do contrato. Neste caso, a resolução dependerá de interpelação judicial para produzir efeitos, ou seja, ela não ocorre de pleno direito. Repare que não basta mera interpelação extrajudicial. Os efeitos da sentença judicial serão "ex nunc".

É importante ressaltar que a parte lesada pelo inadimplemento (item *a* ou *b*) tem duas opções (art. 474 do CC): a) pedir a resolução do contrato; ou b) exigir o cumprimento do contrato. Em qualquer dos casos, por se tratar de inexecução culposa, caberá pedido de indenização por perdas e danos. Se houver cláusula penal, esta incidirá independentemente de prova de prejuízo (art. 416 do CC). Todavia, uma indenização suplementar dependerá de convenção no sentido de que as perdas e os danos não compreendidos na cláusula penal também serão devidos.

4.7.3.2. *Por inexecução involuntária*

É aquela que decorre da impossibilidade da prestação. Pode decorrer de caso fortuito ou força maior, que são aqueles fatos necessários, cujos efeitos não se consegue evitar ou impedir. Esta forma de inexecução exonera o devedor de responsabilidade (art. 393 do CC), salvo se este expressamente assumiu o risco (art. 393 do CC) ou se estiver em mora (art. 399 do CC).

4.7.3.3. *Por onerosidade excessiva*

Conforme vimos, no caso de onerosidade excessiva causada por fato extraordinário e imprevisível, cabe revisão contratual. Não sendo esta possível, a solução deve ser pela resolução do contrato, sem ônus para as partes. A resolução por onerosidade excessiva está prevista no art. 478 do CC.

4.7.4. *Resilição*

4.7.4.1. *Conceito*

É a extinção dos contratos pela vontade de um ou de ambos contratantes. A palavra-chave é *vontade*. Enquanto a resolução é a extinção por inexecução contratual ou onerosidade excessiva, a resilição é a extinção pela vontade de uma ou de ambas as partes.

4.7.4.2. *Espécies*

a) bilateral, *que é o acordo de vontades para pôr fim ao contrato* (**distrato**). A forma para o distrato é a mesma que a lei exige para o contrato. Por exemplo, o distrato de uma compra e venda de imóvel deve ser por escritura, pois esta é a forma que a lei exige para o contrato. Já o distrato de um contrato de locação escrito pode ser verbal, pois a lei não exige documento escrito para a celebração de um contrato de locação. É claro que não é recomendável fazer um distrato verbal no caso, mas a lei permite esse procedimento.

b) unilateral, *que é a extinção pela vontade de uma das partes* (**denúncia**). Essa espécie de resilição só existe por exceção, pois o contrato faz lei entre as partes. Só é possível a denúncia unilateral do contrato quando: i) houver previsão contratual ou ii) a lei expressa ou implicitamente autorizar. Exemplos: em contratos de execução continuada com prazo indeterminado, no mandato, no comodato e no depósito (os três últimos são contratos feitos na base da confiança), no arrependimento de compra feita fora do estabelecimento comercial (art. 49 do CDC) e nas denúncias previstas na Lei de Locações (arts. 46 e 47 da Lei 8.245/1991). A lei exige uma formalidade ao denunciante. Este deverá notificar a outra parte, o que poderá ser feito extrajudicialmente. O efeito da denúncia é "ex tunc". Há uma novidade no atual CC, que é o "aviso prévio legal". Esse instituto incide se alguém denuncia um contrato prejudicando uma parte que fizera investimentos consideráveis. Nesse caso, a lei dispõe que a denúncia unilateral só produzirá efeitos após um prazo compatível com a amortização dos investimentos (art. 473, parágrafo único).

4.7.5. *Morte*

Nos contratos impessoais, a morte de uma das partes não extingue o contrato. Os herdeiros deverão cumpri-lo segundo as forças da herança. Já num contrato personalíssimo (contratação de um advogado, contratação de um cantor), a morte da pessoa contratada extingue o contrato.

4.7.6. *Rescisão*

A maior parte da doutrina encara a rescisão como gênero, que tem como espécies a resolução, a resilição, a redibição etc.

4.8. Compra e venda

4.8.1. *Introdução*

Na fase primitiva da civilização havia apenas troca ou permuta de objetos. Isso porque não havia denominador comum de valores. Em seguida, algumas mercadorias passaram a ser utilizadas como padrão monetário (ouro, prata, cabeça de gado). Aliás, cabeça de gado chamava *pecus*, o que deu origem à palavra pecúnia. Até que surgiu o papel-moeda, que é um elemento representativo de um padrão monetário. Isso possibilitou grande circulação de riqueza, tornando o contrato de compra e venda o mais comum dos contratos.

4.8.2. *Conceito*

É o contrato pelo qual um dos contratantes (vendedor) se obriga a transferir o domínio de coisa corpórea ou incorpórea, e outro (comprador), a pagar-lhe certo preço em dinheiro ou valor fiduciário equivalente. Ou seja, um dá uma coisa (um alimento, um móvel, um eletrodoméstico) e o outro dá dinheiro ou outro valor fiduciário (cheque, por exemplo). Perceba que compra e venda não transfere a propriedade da coisa, mas apenas obriga uma das partes a transferir a coisa a outro.

4.8.3. *Sistemas*

Quanto aos efeitos dos contratos de compra e venda, existem três: a) francês, em que o contrato tem o poder de transferir o domínio da coisa. Ou seja, celebrado o contrato de compra e venda, independentemente da tradição (na coisa móvel) ou do registro (na coisa imóvel), a propriedade dela já é do comprador; b) romano, em que o contrato apenas cria obrigações. O descumprimento do contrato gera perdas e danos; c) brasileiro, que adotou o romano, com poucas exceções; assim, o contrato de compra e venda gera obrigações e não transferência direta da propriedade.

4.8.4. *Classificação*

O contrato de compra e venda é bilateral, consensual, oneroso, comutativo e não solene (salvo os direitos reais sobre imóveis).

4.8.5. Elementos

4.8.5.1. Consentimento

a) deve recair sobre uma coisa e um preço (elemento de existência);

b) deve recair sobre a natureza do contrato e sobre o objeto (elemento de validade); não recaindo, pode-se estar diante de erro ou dolo;

c) deve ser livre e espontâneo (elemento de validade); não o será se houver coação;

d) deve surgir de agente capaz (elemento de validade).

4.8.5.2. Preço

a) deve ter peculiaridade (ser ou representar dinheiro), seriedade (ser verdadeiro, real, sob pena de ser simulação) e certeza (certo ou determinável);

b) a lei admite o preço segundo: i) acordo entre os contratantes; ii) arbítrio de terceiro escolhido pelas partes; iii) tabelamento oficial; iv) taxa de mercado ou bolsa em certo dia e lugar; v) índices ou parâmetros (p. ex.: valor do petróleo);

c) a lei admite, excepcionalmente, convenção de venda sem fixação de preço, desde que essa seja a intenção das partes, hipótese em que se considera o tabelamento oficial ou o preço corrente das vendas habituais do vendedor;

d) o preço é livre, mas existem alguns temperamentos, que podem tornar o contrato anulável, como, por exemplo, em "Negócios da China" (aplicação do instituto da lesão – art. 157 do CC) e no estado de perigo (art. 156 do CC).

4.8.5.3. Coisa

a) pode ser corpórea (móveis e imóveis) ou incorpórea (ações, direito de autor, créditos);

b) deve ser existente, ainda que de modo potencial; se for inexistente por ter perecido (ex.: casa destruída), a venda é nula; se for sobre coisa futura sem assunção de risco, a venda é sob condição; se for coisa futura com assunção de risco, a venda é aleatória;

c) deve ser individuada, ou seja, determinada ou determinável; se for coisa incerta, deve ser indicada ao menos quanto ao gênero e à quantidade; o devedor escolherá, pelo menos, a de termo médio;

d) deve ser disponível, ou seja, alienável natural, legal e voluntariamente (não pode conter cláusula de inalienabilidade) e pertencente ao vendedor. Neste caso, não sendo o vendedor dono da coisa, a venda poderá ser convalidada se ele vier a adquiri-la posteriormente e estiver de boa-fé (art. 1.268 do CC).

4.8.6. Efeitos da compra e venda

4.8.6.1. Principais

a) gera obrigações recíprocas de entregar a coisa e pagar o preço;

b) gera responsabilidades por vícios redibitórios e pela evicção.

4.8.6.2. Secundários

a) responsabilidade pelos riscos da coisa: até a tradição, é do vendedor; se houver mora no recebimento, é do comprador; se for entregue ao transportador indicado ao vendedor, é do comprador;

b) responsabilidade pelos riscos do preço: até o pagamento, é do comprador; após o pagamento e em caso de mora em receber, é do vendedor;

c) responsabilidade pelas despesas de escritura e registro: é do comprador, salvo convenção diversa;

d) responsabilidade pela tradição: é do vendedor, salvo convenção diversa;

e) responsabilidade pelas dívidas pretéritas que gravam a coisa até a tradição: é do vendedor, salvo convenção diversa; se a obrigação for *propter rem*, o comprador terá direito de regresso contra o vendedor;

f) direito de retenção da coisa: até o pagamento, o vendedor não é obrigado a entregar a coisa, salvo nas vendas a crédito e convenção em contrário.

4.8.7. Limitações à compra e venda

4.8.7.1. Venda de ascendente a descendente

É anulável, salvo se houver consentimento dos outros descendentes e do cônjuge. A ideia é impedir vendas por preços mais baixos, prejudicando herdeiros. Repare que isso só ocorre na venda. A doação não precisa do consentimento. Porém, o donatário deverá colacionar os bens recebidos em vida, no inventário do doador, quando este falecer, salvo se houver dispensa disso.

4.8.7.2. Aquisição por pessoa encarregada de zelar pelos interesses do vendedor

É nula. Exemplos: aquisição pelo tutor, curador, administrador, juiz, servidor público etc.

4.8.7.3. Venda de fração ideal de coisa indivisível em condomínio

Os consortes terão direito de preferência. Um exemplo é de três pessoas donas de um mesmo imóvel. Caso uma delas queira vender sua parte, deverá oferecer às outras, que terão preferência na aquisição. Não respeitada tal preferência, o prejudicado poderá depositar o preço dentro de 180 dias da transmissão. Se os dois consortes prejudicados tiverem interesse na coisa, tem primazia o que tiver benfeitorias de maior valor na coisa, o que tiver maior quinhão e o que fizer o primeiro depósito, nessa ordem.

4.8.7.4. Venda entre cônjuges

Só é possível em relação a bens excluídos da comunhão.

4.8.8. Venda ad mensuram

4.8.8.1. Conceito

Aquela em que o preço estipulado é feito com base nas dimensões do imóvel. Ex.: alguém compra um terreno em que se deixou claro que os 360 m² têm o valor de R$ 50 mil.

4.8.8.2. Consequência

A área do imóvel deverá efetivamente corresponder às dimensões dadas.

4.8.8.3. Tolerância

A lei admite uma diferença de até 1/20 da área total enunciada.

4.8.8.4. Exclusão da tolerância

a) se houver exclusão expressa no contrato;

b) se o comprador provar que não teria realizado o negócio se soubesse da diferença.

4.8.8.5. Direitos do comprador

Poderá pedir o complemento da área (ação *ex empto* ou *ex vendito*). Não sendo possível, terá a opção entre pedir a resolução do contrato ou o abatimento proporcional do preço.

4.8.9. Venda ad corpus

4.8.9.1. Conceito

Aquela em que o imóvel é vendido como coisa certa e discriminada, sendo meramente enunciativa eventual referência às suas dimensões. Ex.: consta do contrato que a área tem mais ou menos 20.000 m².

4.8.9.2. Consequência

Pouco importa a área efetiva do imóvel. Não haverá complemento ou devolução do preço.

4.8.10. Retrovenda

4.8.10.1. Conceito

Cláusula pela qual o vendedor reserva-se o direito de reaver o imóvel que está sendo alienado, em certo prazo, restituindo o preço mais despesas feitas pelo comprador (art. 505 do CC). Ou seja, é aquela situação em que alguém vende um imóvel, mas assegura o direito de recomprá-lo em certo prazo, pelo mesmo preço da venda anterior. Infelizmente esse instituto é muito utilizado na agiotagem. O Judiciário vem reconhecendo a simulação quando o intuito da retrovenda é servir de garantia para uma dívida.

4.8.10.2. Direito de retrato

O prazo máximo para esse direito é de 3 anos. Trata-se de prazo decadencial.

4.8.11. Preferência

4.8.11.1. Conceito

Convenção em que o comprador se obriga a oferecer ao vendedor a coisa que aquele vai vender, para que este use seu direito de prelação na compra, tanto por tanto (art. 513). Por exemplo, é aquela situação em que alguém compra um andar de um prédio comercial para instalar sua empresa e, já pensando no futuro crescimento, estabelece com o vendedor, que é dono da sala vizinha, que quer preferência na aquisição da segunda sala, caso o vendedor queira vendê-la no futuro.

4.8.11.2. Exercício do direito

Havendo interesse em vender a coisa, o vendedor deverá notificar o titular do direito de preferência para que este diga se tem interesse em adquiri-la, no mínimo, pelo mesmo valor da proposta recebida pelo vendedor. Não havendo prazo estipulado, o titular do direito de preferência terá 3 dias, se a coisa for móvel, e 60 dias, se a coisa for imóvel, para manifestar-se, sob pena de decadência. O prazo máximo que pode ser convencionado para esse tipo de manifestação é de 180 dias, se a coisa for móvel, e de 2 anos, se imóvel.

4.8.11.3. Descumprimento do direito

A preferência contratual, se preterida, enseja apenas direito de o prejudicado pedir perdas e danos ao ofensor. Não há direito de perseguir a coisa. Por isso, não se deve confundir esse direito de preferência com outros direitos de preferência que decorrem da lei, que admitem a persecução da coisa, como no caso da preferência que existe entre coproprietários de um bem indivisível, quando um deles deseja vender sua fração ideal.

4.9. Contrato estimatório (venda em consignação)

O contrato estimatório pode ser **conceituado** como *aquele em que o consignante entrega bens móveis ao consignatário, para que este os venda, pagando àquele o preço ajustado, ou restitua a coisa ao consignante no prazo ajustado.*

Trata-se da famosa **venda em consignação**, muito comum nas vendas de carros, livros, joias, obra de arte, artesanato, bebidas. Atualmente, há muitas lojas de veículo consignado. O dono do veículo leva o automóvel à loja, deixando-o lá, em consignação, para que a loja tente vender o veículo. Uma vez vendido o veículo, o valor mínimo combinado será entregue ao dono do veículo, ficando o valor pago a mais com a loja de veículos.

A vantagem desse contrato é que o vendedor final (ex.: a loja de veículos) não precisar ter um grande capital de giro, pois não tem que comprar bens para revender.

Quanto à **coisa consignada**, há de se observar as seguintes regras:

a) não pode ser objeto de constrição em favor dos credores do consignatário, enquanto não pago integralmente o preço (art. 536 do CC); isso ocorre, pois o consignatário (ex.: loja de veículos consignados) não é dono da coisa, mas apenas a mantém para tentar vendê-la a terceiro;

b) não pode ser alienada pelo consignante antes de lhe ser restituída ou de ser comunicada restituição (art. 537 do CC); ou seja, o consignante (dono da coisa) deve respeitar a posição do consignatório; porém, o consignante pode pedir a coisa de volta, sendo que, uma vez restituída a coisa, o consignante poderá vendê-la a quem bem entender;

c) se não puder ser restituída, ainda que por fato não imputável ao consignatário, este deverá pagar o preço (art. 535 do CC); por exemplo, se o carro, que estava na loja de carros, vier a se perder, o consignatário (loja de veículos) deverá pagar o preço da coisa ao consignante (dono do carro).

Quanto à **classificação**, o contrato *é típico*, *bilateral*, *oneroso e real*.

O contrato estimatório tem, ainda, as seguintes **características**:

a) transfere-se a posse e o poder de disposição (e não a propriedade);

b) a propriedade continua com o consignante, até que seja vendida a terceiro ou adquirida pelo consignatário, mas o consignante não pode alienar a coisa antes de ser devolvida ou comunicada a sua restituição (art. 537 do CC);

c) o consignante fixa **preço de estima**, ou seja, o preço mínimo que ele deseja receber pela coisa consignada; esse preço deve ser abaixo do de mercado e o consignatário deve pagar esse preço, ficando com a diferença do valor pago a maior;

d) o consignatário, findo o contrato, pode devolver o bem, ficar com ele (pagando o preço estimado) ou vendê-lo a terceiro (pagando o preço estimado);

e) decorrido o prazo sem entrega da coisa pelo consignatário, cabe reintegração de posse;

f) o consignante, caso não receba o valor pela coisa vendida pelo consignatário, não deve acionar o terceiro, mas o consignatário.

Quanto ao **consignatário**, temos as seguintes regras:

a) tem poderes de posse e de disposição (ou seja, tem um *mandato* para vender a coisa);

b) tem por obrigação principal uma obrigação alternativa, qual seja, de vender a coisa, de ficar com a coisa ou de devolver a coisa no prazo combinado, sendo que, nos dois últimos casos, deve pagar o preço estimado;

c) tem por obrigação acessória arcar com as despesas de custódia e venda da coisa, salvo acordo entre as partes.

Quanto ao **consignante**, temos as seguintes regras:

a) tem poderes de fixar o preço de estima;

b) tem poder de propriedade compatível com o poder do consignatário; tem a posse indireta apenas, podendo retomar após o decurso do prazo; notificado o consignatário sem que este devolva a coisa, caberá reintegração de posse;

c) tem por obrigação não poder dispor da coisa no curso do contrato.

4.10. Doação

O contrato de doação pode ser **conceituado** como *o contrato em que uma pessoa, por liberalidade, transfere de seu patrimônio bens ou vantagens para o de outra, mediante aceitação desta* (art. 538 do CC).

Quanto à **classificação**, a doação é contrato:

a) gratuito: há vantagem apenas para uma das partes;

b) unilateral: há obrigação apenas para uma das partes, salvo na doação com encargo (contrato bilateral);

c) consensual: constitui-se com o mero acordo de vontades, não sendo necessária a entrega da coisa, ou seja, não é contrato *real*;

d) solene/formal: ou seja, há forma prescrita em lei, que deve ser obedecida; no caso, o art. 541, *caput,* e parágrafo único, do CC impõe forma escrita (pública ou privada), salvo bens móveis e de pequeno valor, se lhes seguir incontinenti a tradição.

São **características** do contrato de doação as seguintes:

a) a contratualidade: trata-se de contrato "inter vivos", não se confunde com o testamento, que é ato "causa mortis"; ademais, a doação gera direitos pessoais, direitos típicos de um contrato;

b) o "animus donandi": a doação depende da existência de intenção de praticar uma liberalidade;

c) a transferência de bens ou direitos do patrimônio do doador ao patrimônio do donatário; ou seja, é necessário que haja enriquecimento de um lado e empobrecimento de outro;

d) a necessidade de aceitação do donatário: ou seja, a doação não se aperfeiçoa enquanto beneficiário não a aceitar (art. 539 do CC); a aceitação pode ser das seguintes espécies:

d1) expressa: por exemplo, a feita no próprio instrumento de doação; na doação com encargo só cabe aceitação expressa;

d2) tácita: é aquela que decorre de comportamento do donatário; por exemplo, se o donatário recolhe imposto de transmissão, é sinal que aceitou tacitamente a doação;

d3) presumida: é aquela em que o doador fixa prazo para aceitação ou não da doação, sendo que o donatário é notificado das condições e do prazo para aceitação, deixando transcorrer o prazo "in albis".

No contrato de doação, há **casos particulares**, em que se têm regras específicas:

a) absolutamente incapaz: dispensa-se aceitação, se a doação for pura e simples (art. 543 do CC), já que, nesse tipo de doação, presume-se o benefício para o incapaz; porém, na doação com encargo, o representante legal deve aceitar ou não a doação;

b) nascituro: nesse caso a aceitação será feita pelo representante legal deste (art. 542 do CC);

c) doação em contemplação de casamento futuro: não pode ser impugnada por falta de aceitação; ficará sem efeito se o casamento não se realizar (art. 546 do CC).

Vejamos, agora, aos **requisitos especiais** da doação:

a) subjetivos:

✓ Os **absoluta ou relativamente incapazes** não podem, em regra, doar, nem por seu representante.

✓ Os **cônjuges** não podem doar sem autorização (salvo no regime de separação absoluta), salvo doações remuneratórias de móveis (serviço prestado), doações módicas, doações *propter nuptias* (art. 1.647, parágrafo único, do CC) e doação de bens próprios (salvo imóveis – art. 1.642, II, do CC).

✓ O **cônjuge adúltero** não pode fazer doação a seu cúmplice, sob pena de anulabilidade.

Art. 550 do CC; aliás, "a doação do cônjuge adúltero ao seu cúmplice pode ser anulada pelo outro cônjuge, ou por seus herdeiros necessários, até dois anos depois de dissolvida a sociedade conjugal".

✓ A doação entre **consortes** não é possível, se casados pelo regime de comunhão universal, mas é possível nos demais casos, sendo que essa doação importará em adiantamento do que cabe ao cônjuge donatário, na herança.

✓ **O falido** não pode doar porque não está na administração da coisa, além do que a doação seria lesiva; é cabível, em alguns casos, a ação pauliana (fraude contra credores – art. 158 do CC).

✓ O ascendente pode doar a **descendente**, mas tal doação importará em adiantamento da legítima (art. 544 do CC), devendo o valor da doação ser colacionado no inventário (arts. 2002 do CC e 1.014 do CPC), salvo se o doador, no instrumento de doação ou por testamento, dispensar a colação, dispondo que a doação está saindo da metade disponível (arts. 1.847, 2.005 e 2.006 do CC).

✓ Cabe doação a **sociedade não constituída** (entidade futura), mas tal doação caducará se a entidade não for criada em dois anos da liberalidade (art. 554 do CC).

b) objetivos:

✓ Só podem ser doadas as coisas ***in commercio***; partes do corpo não podem ser doadas, portanto; salvo excepcionalmente, nos casos previstos em lei;

✓ É nula a **doação universal**, ou seja, a doação de todos os bens, sem reserva de parte do patrimônio ou renda suficiente para subsistência do doador (art. 548 do CC). A finalidade da regra é evitar a penúria do doador, garantindo-lhe a dignidade (art. 1º, III, da CF). É possível evitar a sanção de nulidade, fazendo-se reserva de usufruto em favor do doador.

✓ É nula a doação inoficiosa, ou seja, de parte excedente à de que o doador poderia dispor em testamento no momento em que doa (art. 549 do CC).

c) requisito formal:

A doação deve ser escrita, podendo ser verbal nos casos já mencionados.

Confira, agora, as **espécies** de doação:

a) pura e simples: é a doação feita por mera liberalidade, sem condição, termo, encargo ou outra restrição. Não perdem esse caráter as doações meritórias (p. ex., para um grande cientista) e a doação remuneratória ou gravada, no que exceder o valor dos serviços ou gravame.

b) modal ou com encargo (ou onerosa): é a doação em que o doador impõe ao donatário uma incumbência específica em benefício próprio (ex.: cuidar do doador), de terceiro (ex.: cuidar do tio doente do doador) ou do interesse geral (ex.: construir uma escola). Se o encargo for ilícito ou impossível, deve ser ignorado. Havendo encargo, é interessante que haja um prazo para o seu cumprimento. Não havendo, deve-se notificar o donatário, assinando prazo razoável para cumprir (art. 562 do CC). Podem exigir o cumprimento o doador, seus herdeiros, os beneficiários do encargo e o Ministério Público, neste caso, se o encargo for do interesse geral, desde que depois da morte do doador, sem que este tenha agido. Em caso de mora no cumprimento da obrigação, o doador pode, ainda, revogar a doação.

c) doação remuneratória: é a doação em que, sob aparência de liberalidade, há firme propósito do doador de pagar serviços prestados pelo donatário ou alguma vantagem que haja recebido deste. Não perde caráter de liberalidade no valor excedente ao valor dos serviços remunerados.

d) doação condicional: é a doação que produz ou deixa de produzir efeitos segundo evento futuro e incerto.

e) doação em forma de subvenção periódica: essa doação parece com a prestação de alimentos (art. 545 do CC), ficando extinta com a morte do doador, salvo se este dispôs de modo diverso, ou seja, que a subvenção periódica continuará.

f) doação com cláusula de reversão: é aquela doação em que o doador estipula a volta dos bens ao seu patrimônio se sobreviver ao donatário (art. 547 do CC). A venda da coisa, estando ainda vivo o doador, é anulável.

g) doação a termo: é aquela doação que tem termo final ou inicial. Ex.: pelo prazo de 10 anos.

h) doação conjuntiva: é a doação feita em comum a mais de uma pessoa. A lei presume que a doação é distribuída por igual. Haverá direito de acrescer, caso venha a faltar um dos donatários, apenas no caso de doação para marido e mulher, subsistindo na totalidade a doação para o cônjuge sobrevivo (art. 551 do CC).

Quanto à **revogação da doação**, pode ser por ingratidão ou por inexecução da obrigação.

Vejamos primeiro a revogação por **ingratidão.**

O art. 556 do CC dispõe que não se pode renunciar antecipadamente ao direito de revogar uma doação, por ingratidão.

Confira as **hipóteses** de **revogação da doação por ingratidão** (art. 557 do CC):

a) se o donatário atentou contra a vida do doador ou cometeu crime de homicídio doloso contra ele;

b) se cometeu contra ele ofensa física;

c) se o injuriou gravemente ou o caluniou;

d) se, podendo ministrá-los, recusou ao doador os alimentos de que este necessitava.

A revogação também é possível se as ofensas mencionadas se derem contra o cônjuge, ascendente, descendente, ainda que adotivo, ou irmão do doador (art. 558 do CC).

O prazo decadencial para ingressar com ação com vistas à revogação da doação é de 1 ano, contado da chegada ao conhecimento do doador o fato que autorizar a sua autoria (art. 559 do CC).

A **legitimidade ativa** para ingressar com essa ação é apenas do doador (trata-se de ação personalíssima), não se transmitindo aos herdeiros, que podem, no máximo, prosseguir na ação intentada pelo doador, caso este venha a falecer.

No caso de homicídio doloso a ação caberá aos herdeiros do doador, salvo perdão por parte deste (art. 561 do CC).

Já a **legitimidade passiva** para a ação visando à revogação da doação é do donatário.

A revogação por ingratidão não prejudica os direitos adquiridos por **terceiros**, nem obriga o donatário a restituir os frutos percebidos antes da citação válida; mas o sujeita a pagar os posteriores, e, quando não possa restituir em espécie as coisas doadas, a indenizá-la pelo meio-termo do seu valor (art. 563 do CC).

Não se revogam por ingratidão (art. 564 do CC):

a) as doações puramente remuneratórias;

b) as oneradas com encargo já cumprido;

c) as que se fizerem em cumprimento de obrigação natural;

d) as feitas para determinado casamento.

Passemos agora ao estudo da revogação da doação por **inexecução do encargo** se o donatário incorrer em mora (art. 562 do CC).

Não havendo prazo para o cumprimento, o doador poderá notificar judicialmente o donatário, assinando-lhe prazo razoável para que cumpra a obrigação assumida.

Podem exigir o cumprimento do encargo o doador, os herdeiros, os beneficiários do encargo e o Ministério Público (se o encargo for de interesse geral, depois da morte do doador, se este nada tiver feito – art. 553 do CC).

4.11. Empréstimo

O empréstimo é o gênero, que tem como espécies o *comodato* e o *mútuo*.

O empréstimo permite que alguém utilize coisa alheia, com o dever de restituir a coisa ao final.

4.11.1. Comodato

O comodato pode ser **conceituado** como *o empréstimo gratuito de coisas não fungíveis* (art. 579 do CC).

Outro conceito de comodato é o seguinte: *é o contrato pelo qual uma pessoa entrega a outra, gratuitamente, coisa não fungível para que a utilize e depois restitua.*

O comodato é um *empréstimo de uso*, já que a coisa é devolvida depois, ao passo que o mútuo é um *empréstimo de consumo*, já que a coisa (fungível) acaba sendo consumida, devolvendo-se o equivalente.

O comodato tem as seguintes **características**:

a) é unilateral: ou seja, gera obrigações apenas para o comodatário, já que é um contrato que se forma apenas com a entrega da coisa; acidentalmente, o comodato pode gerar obrigações para o comodante, hipótese em que se terá um contrato bilateral imperfeito;

b) é gratuito: ou seja, somente o comodatário aufere vantagens; se for estipulada remuneração, desfigura-se para aluguel; não desfigura o contrato a existência de pequeno encargo, como cuidar das plantas, dos pássaros, ou seja, não pode ser uma contraprestação;

c) é real: ou seja, perfaz-se com a tradição do objeto (art. 579, 2ª parte, do CC); na falta de entrega não se tem comodato, mas no máximo contrato preliminar (promessa de comodato);

d) é não solene: ou seja, não há forma especial para sua validade.

O comodato tem os seguintes **requisitos**:

a) subjetivos:

✓ administradores de bens alheios, especialmente de incapazes (tutores, curadores), não podem dá-los em comodato, pois não seria administração normal a cessão gratuita do uso; nesses casos, o comodato só seria possível mediante autorização judicial;

✓ não há necessidade de que o comodante seja proprietário da coisa dada em comodato; por exemplo, o usufrutuário pode dar a coisa em comodato; porém, o locatário não pode assim agir, sob pena de despejo.

b) objetivos:

✓ Deve se tratar de coisa não fungível, podendo ser móvel ou imóvel.

Quanto à **duração**, o contrato de comodato tem as seguintes características:

a) é temporário; se fosse perpétuo, seria uma doação;

b) possibilidades:

b1) se não tiver prazo convencional (duração indeterminada), tem-se o comodato "ad usum" ou com "tempo presumido"; nesse caso presumir-se-lhe-á pelo tempo necessário para o uso concedido (art. 581 do CC); exs.: empréstimo para fazer um curso em São Paulo por 6 meses ou empréstimo de um trator para uma colheita; a retomada antes do prazo, nesse caso, só será possível em caso de necessidade imprevista e urgente reconhecida pelo juiz, como quando o comodante fique doente e precise fazer um tratamento na cidade onde se encontra o imóvel dado em comodato;

b2) se tiver prazo convencional certo, deve-se respeitá-lo; a retomada antes do termo final só será possível em caso de necessidade imprevista e urgente (art. 581 do CC).

Quanto às **obrigações do comodatário**, temos as seguintes:

a) como obrigação principal, deve *conservar* a coisa como se sua fosse (art. 582 do CC); não basta o cuidado elementar; correndo risco o objeto, o comodatário deve dar preferência à coisa comodada no salvamento (art. 583 do CC), mas não é necessário que arrisque a própria vida;

b) *não usar* a coisa, senão de acordo com o contrato ou a natureza dela (art. 582 do CC; não é possível cedê-la a terceiro, mudar a sua destinação (ex.: de residencial para comercial), sob pena de responsabilidade por perdas e danos;

c) arcar com as *despesas* normais com uso e gozo da coisa emprestada (ex.: limpeza, condomínio, tributos), não podendo recobrá-las do comodante (art. 584 do CC); porém, o comodatário não responde por despesas extraordinárias (ex.: infiltração, problemas na fundação), mas, se urgentes, deve reparar e depois cobrar do comodante;

d) restituir a coisa "in natura", o que deverá ser feito no prazo ajustado ou, na falta, quando lhe for reclamado, ressalvado o tempo necessário ao uso concedido (finalidade), ou, ainda, em caso de necessidade imprevista e urgente (art. 581 do CC); não restituída a coisa, deve-se constituir em mora o comodatário (por meio de notificação), com posterior ingresso com ação de reintegração de posse; constituído o comodatário em mora, este responderá, até restituir a coisa, pelo aluguel desta que for arbitrado pelo comodante (art. 582 do CC);

e) responder pelo dano à coisa, por culpa ou dolo; responderá também por caso fortuito ou de força maior se, correndo risco o objeto dado em comodato, salvar seus bens primeiro (art. 583 do CC) ou se estiver em mora (arts. 582 e 399 do CC);

f) responder solidariamente se houver mais de um comodatário simultaneamente sobre uma coisa (arts. 585 e 275 a 285, do CC).

São **obrigações do comodante**:

a) reembolsar o comodatário pelas despesas extraordinárias e urgentes que este fizer, ressalvado o direito de retenção em favor deste; porém, o comodante não tem obrigação de restituir as despesas normais e o valor das benfeitorias úteis e voluptuárias não autorizadas por ele;

b) indenizar o comodatário pelos vícios ocultos que escondeu dolosamente e não preveniu.

O comodato fica **extinto** nas seguintes hipóteses:

a) com o advento do termo convencionado;

b) pela resolução, por iniciativa do comodante, em caso de descumprimento de suas obrigações;

c) por sentença, a pedido do comodante, provada a necessidade imprevista e urgente;

d) pela morte do comodatário, se o contrato for "intuito personae"; ex.: morte de paralítico que recebeu cadeira de rodas;

e) pelo distrato;

f) pela alienação da coisa emprestada.

4.11.2. Mútuo

O mútuo pode ser **conceituado** como o *empréstimo de coisas fungíveis* (art. 586 do CC).

Trata-se de contrato pelo qual uma das partes transfere uma coisa fungível a outra, obrigando-se esta a restituir-lhe coisa do mesmo gênero, da mesma qualidade e na mesma quantidade.

Diferentemente do comodato, que é um empréstimo de uso, o mútuo é um empréstimo de consumo.

Um exemplo é o empréstimo de dinheiro, já que este é coisa fungível. O dinheiro emprestado será consumido pelo mutuário, que, mais tarde, devolverá a mesma quantia, mas não necessariamente o mesmo dinheiro que recebeu.

Outro exemplo é empréstimo de café que um vizinho faz para o outro. Quem recebe o café irá consumi-lo. Em seguida, deverá restituir o café, procurando comprar outro da mesma marca e na mesma quantidade emprestada.

Por conta dessa característica do mútuo (empréstimo de consumo), a doutrina aponta que esse contrato transfere a propriedade da coisa emprestada, o que pode ser visualizado com tranquilidade no exemplo do empréstimo de café. O café a ser devolvido em seguida será outro.

O mútuo tem as seguintes **características**:

a) é unilateral: ou seja, gera obrigações apenas para o mutuário; isso ocorre, pois o mútuo só se forma com a entrega da coisa, e, uma vez formado, somente o mutuário tem deveres;

b) é gratuito, se não houver remuneração para o mutuante; e é oneroso, se houver remuneração para o mutuante; o mútuo oneroso é denominado mútuo feneratício; em caso de mútuo destinado a fins econômicos (empréstimo de dinheiro feito em favor de uma empresa) presumem-se devidos juros (art. 591 do CC), vale dizer, presume-se que se trata de mútuo oneroso; mútuo destinado a fins econômicos é aquele não feito por amizade, cortesia ou espírito de solidariedade;

c) é real, pois somente passa a existir com a tradição da coisa; assim, o empréstimo de dinheiro somente se perfaz quando há a entrega do dinheiro; mesmo que já haja um contrato de mútuo assinado, enquanto não houver a entrega de dinheiro, o contrato não é considerado existente, tratando-se, nessa fase, de mera promessa de mutuar;

d) é não solene: ou seja, não se exige forma especial; de qualquer forma, é recomendável que o mútuo se dê por escrito, tendo em vista as limitações para provar por testemunhas contratos com valor superior a dez salários mínimos (art. 227 do CC).

O mútuo tem os seguintes **requisitos**:

a) **subjetivos:**

✓ o mutuante deve estar habilitado a obrigar-se;

✓ o mutuário também deve estar habilitado; por exemplo, no caso de mútuo feito a pessoa menor, sem prévia autorização do representante legal, o valor emprestado não pode ser reavido nem do mutuário nem de seus fiadores (art. 588 do CC); trata-se de proteção contra a exploração gananciosa da sua inexperiência; porém, deixa-se de aplicar a pena nos seguintes casos (art. 589 do CC): i) se o representante ratificar posteriormente; ii) se o menor, ausente o representante, contrair empréstimo para seus alimentos habituais; iii) se o menor tiver bens ganhos com seu trabalho, de modo a que eventual execução futura não ultrapasse as forças do patrimônio do menor; iv) se o empréstimo reverter em benefício do menor; v) se o menor entre 16 e 18 anos tiver obtido o empréstimo maliciosamente (art. 180 do CC).

b) objetivos:

✓ É necessário que a coisa seja fungível e de propriedade do mutuante.

Quanto à **duração**, o contrato de mútuo tem as seguintes características (arts. 590 e 592 do CC):

a) a restituição da coisa emprestada deve ser feita no prazo convencionado, que, inexistindo, dá ensejo às seguintes regras:

a1) se for produtos agrícolas: devolve-se até a próxima colheita;

a2) se for dinheiro: o prazo do mútuo será de 30 dias, pelo menos;

a3) se for outra coisa fungível: o mútuo se dará pelo período de tempo que declarar mutuante; ou seja, este, a todo tempo, poderá intimar o devedor para restituir no prazo razoável que estipular;

a4) se o mutuário sofrer notória mudança em sua situação econômica: pode-se exigir a restituição antes do vencimento (art. 590 do CC).

São **obrigações do mutuário:**

a) restituir o que recebeu, em coisas do mesmo gênero, qualidade e quantidade, no prazo estipulado (art. 586 do CC); é válida a cláusula de devolver a coisa equivalente ou seu valor no momento da restituição; em relações de consumo, a restituição total ou parcial do valor emprestado antes do prazo definido no contrato acarreta a redução proporcional dos juros e demais acréscimos (art. 52, § 2º, do CDC); não sendo possível a devolução do gênero, por causa não imputável ao devedor, substitui-se pelo equivalente pecuniário; indenização por perdas e danos só se houver culpa do mutuário;

b) pagar juros, se convencionados, ou se se trata de mútuo com fins econômicos; não se deve confundir os juros compensatórios (remuneração do capital) com os juros moratórios ou legais (pela mora); os juros legais são devidos desde a citação; quanto aos limites legais aos juros compensatórios, o art. 591 do CC estabelece que estes não podem exceder a taxa estipulada no art. 406 do CC (taxa dos juros legais), que é a Taxa Selic, a qual já contém correção monetária e juros; a capitalização de juros é vedada, salvo se feita anualmente; a cumulação de juros compensatórios com juros moratórios é possível, pois cada um tem sua origem, mas não é possível cumulá-los com comissão de permanência; todavia, a regra de limitação de juros e de proibição de capitalização de juros não se aplica às instituições financeiras, inclusive às administradoras de cartão de crédito (Medida Provisória 2.170-36/01); o conceito de instituição financeira pode ser encontrado no art. 17 da Lei 4.595/64 e na LC 105/01);

c) pagar correção monetária, também chamada de cláusula de escala móvel; essa correção não se confunde com os juros; porém, quando aplicada a Taxa Selic, é importante observar que essa taxa já embute juros e correção monetária; porém, se os juros e a correção monetária forem estipulados especificamente, há de se tomar cuidado para que os juros estejam dentro dos limites (salvo instituição financeira), bem como se a correção monetária também está dentro dos limites, valendo salientar que a Lei do Plano Real (Lei 10.192/01) considera nula a estipulação de correção monetária em periodicidade inferior a um ano;

d) responder pelos riscos da coisa desde a tradição (art. 587 do CC).

4.12. Prestação de Serviço

A prestação de serviço pode ser **conceituada** como *o contrato pelo qual uma parte se obriga para com a outra a fornecer-lhe a prestação de uma atividade, mediante remuneração* (art. 594 do CC).

São **exemplos** desse contrato a manutenção de equipamentos, a limpeza, a vigilância, a lavandeira, o gerenciamento, dentre outros.

O *regime jurídico* desse contrato se dá pelos arts. 593 e seguintes do Código Civil. No entanto, determinados serviços são regulados em outros contratos típicos do Código Civil (ex.: empreitada, transporte e corretagem) ou em lei especial, como é o caso do serviço voluntário (Lei 9.608/98), serviço trabalhista (CLT), serviço decorrente de contrato administrativo (Lei 8.666/93), serviço público (Lei 8.987/95), dentre outros.

A prestação de serviços tem a seguintes **características**:

a) é bilateral, pois há obrigações para as duas partes; o prestador de serviço tem uma obrigação de fazer, ao passo que o tomador do serviço, uma obrigação de pagar;

b) é onerosa, pois há vantagens para ambas as partes; aliás, presume-se que o serviço é retribuído, sendo que, se não houver valor fixado, deve-se proceder ao arbitramento da retribuição (art. 596 do CC);

c) é consensual, pois se forma com o acordo de vontades;

d) é comutativa, pois, de antemão, conhecem-se as prestações de cada uma das partes;

e) é não solene, pois não há forma prescrita em lei para esse contrato.

Há um requisito subjetivo bastante importante no contrato de prestação de serviço. Trata-se da necessidade de o serviço ser prestado por alguém que possua habilitação, caso a lei assim determine. Assim, serviços advocatícios e médicos, por exemplo, devem ser prestados por aquele que possua habilitação para tanto. Caso alguém preste um serviço sem o título de habilitação ou sem a satisfação dos requisitos legais, a consequência é que esses serviços não poderão ser cobrados (art. 606 do CC). Excepcionalmente, o juiz poderá fixar em favor de quem prestou o serviço nessas condições uma compensação razoável, desde que o prestador do serviço esteja de boa-fé e que não se trate de um serviço vedado a inabilitados por lei de ordem pública.

Confira, agora, os **efeitos** do contrato de prestação de serviço:

a) o prestador do serviço deve adimplir primeiro (art. 597 do CC); ou seja, primeiro presta-se o serviço para depois receber por este, salvo convenção ou costume entre as partes;

b) quanto à duração, a prestação de serviço não se poderá convencionar por mais de 4 anos; não havendo prazo estipulado, nem se podendo inferir da natureza do contrato, ou do costume do lugar, qualquer das partes, a seu arbítrio, mediante prévio aviso, pode resolver o contrato; dar-se-á esse aviso: i) com antecedência de 8 dias, se o salário se houver fixado por tempo de um mês, ou mais; ii) com antecipação de 4 dias, se o salário se tiver ajustado por semana, ou quinzena; iii) de véspera, quando se tenha contratado por menos de sete dias; obs.: não se conta no prazo do contrato o tempo em que o prestador de serviço, por culpa sua, deixou de servir (art. 600 do CC);

c) aquele que aliciar pessoas obrigadas em contrato escrito a prestar serviço a outrem pagará a este a importância que ao prestador de serviço, pelo ajuste desfeito, houvesse de caber durante dois anos (art. 608 do CC).

Em caso de descumprimento do contrato pelo prestador de serviço, sua responsabilidade é subjetiva, no âmbito do Código Civil (art. 248 do CC), e objetiva, no âmbito do Código de Defesa do Consumidor (art. 14 do CDC), salvo o profissional liberal, que, mesmo no CDC, responde subjetivamente.

Caso o prestador de serviço seja despedido sem justa causa (art. 603 do CC), paga-se a retribuição vencida mais metade do que lhe tocaria até o fim do contrato. Se despedido com justa causa (art. 602 do CC), paga-se só a retribuição vencida, e o *prestador* responde por perdas e danos. O mesmo acontecerá se o próprio prestador de serviço se despedir sem justa causa.

O contrato é **extinto** nos seguintes casos (art. 607 do CC):

a) morte de qualquer das partes, salvo se for convencionada a impessoalidade do contrato;

b) escoamento do prazo ou conclusão dos serviços;

c) resilição por aviso prévio;

d) resolução por inadimplemento;

e) resolução pela impossibilidade de continuação, motivada por força maior.

A alienação do prédio agrícola, onde a prestação dos serviços se opera, não importa em rescisão do contrato, salvo ao prestador de serviço escolher entre novo tomador do serviço e o primitivo contratante (art. 609 do CC).

4.13. Depósito

O depósito pode ser **conceituado** como *o contrato em que o depositário recebe um objeto móvel, para guardar, até que o depositante o reclame* (art. 627 do CC).

A finalidade do contrato é a guarda de coisa alheia. Dessa forma, a princípio, o bem não deve ser usado pelo depositário, mas apenas guardado por este.

São exemplos de depósito o contrato de estacionamento, a alienação fiduciária, a guarda de joias em cofre, os guarda-móveis de aeroporto e os hotéis de cachorro.

O depósito tem as seguintes características:

a) é real, pois se forma com a entrega da coisa, não bastando o consentimento (art. 627 do CC);

b) é gratuito, pois, como regra, não envolve retribuição (art. 628 do CC); todavia, o depósito será oneroso nos seguintes casos: i) quando houver convenção nesse sentido; ii) quando resultar de atividade negocial (ex.: estacionamento); iii) quando o depositário o praticar por profissão; iv) quando for um depósito necessário, pois este não se presume gratuito (art. 651 do CC); por exemplo, o depósito da bagagem do hóspede por hotel é remunerado, ainda que esse preço esteja embutido no preço da hospedagem; na falta de convenção sobre o valor da retribuição recorre-se à lei, aos usos e até ao arbitramento (art. 628, parágrafo único, do CC);

c) é unilateral: se for gratuito, ocasião em que só o depositário terá obrigações (de entregar a coisa); se o depositante tiver de pagar remuneração, ter-se-á um contrato bilateral;

d) é não solene, não exigindo forma prescrita em lei; a forma escrita é apenas para *prova* do depósito voluntário (art. 646 do CC), e não para a *validade* deste; assim, recibos, tíquetes e outros documentos são meios de prova do depósito, e não requisitos de validade deste.

O depósito tem as seguintes **espécies**:

a) voluntário: decorre do consenso espontâneo; o depositante não precisa ser dono da coisa, mas deve ter o poder para administrá-la;

b) necessário: decorre de obrigação legal; é o que se efetua por ocasião de calamidade, como incêndio (depósito miserável), inundação, naufrágio e saque (art. 647 do CC); também é depósito necessário o que os hospedeiros têm em relação às bagagens dos hóspedes (art. 649 do CC).

São **obrigações do depositante**:

a) reembolsar as despesas feitas pelo depositário (art. 643 do CC);

b) indenizar o depositário pelos prejuízos que advierem do depósito (art. 643 do CC);

c) sujeitar-se ao direito de retenção em favor do depositário até o pagamento da retribuição, despesas e prejuízos líquidos provados de pronto (art. 644 do CC); valores ilíquidos exigem caução e remoção para depósito público.

São **obrigações do depositário**:

a) guardar a coisa alheia como se fosse sua; pode confiar a terceiro (ex.: banco, cofre etc.), já que não é contrato personalíssimo;

b) só usar a coisa ou dá-la em depósito a alguém mediante licença expressa do depositante (art. 640 do CC), sob pena de responder por perdas e danos; depositário também responderá por perdas e danos, se confiada a coisa a terceiro autorizado, este causar prejuízo; depositário será responsável se agir com culpa na escolha do terceiro;

c) conservar a coisa, respondendo subjetivamente por danos causados a esta, mas com culpa presumida; depositário se livra da responsabilização em caso de força maior e caso fortuito (art. 393 do CC), mas terá que prová-los (art. 642 do CC); inclusive: tem ônus de provar força maior.

d) restituir a coisa com seus frutos e acrescidos, quando o exija o depositante (art. 629 do CC), ainda que o depósito tenha prazo (art. 633 do CC), salvo: i) exercício de direito de retenção; ii) se o objeto estiver embargado; iii) se sobre ele pender execução; iv) se houver motivo razoável para suspeitar que a coisa foi dolosamente obtida, ocasião em que será recolhido ao depósito público (art. 634 do CC).

Nos depósitos voluntário e necessário, aquele que não restituir a coisa quando exigido, será compelido a fazê-lo mediante:

a) prisão não excedente a um ano;

b) pagamento de indenização dos prejuízos.

No entanto, o STF entende que não é mais cabível a prisão civil do depositário infiel. Nesse sentido, confira o teor da Súmula Vinculante nº 25: "é ilícita a prisão civil de depositário infiel, qualquer que seja a modalidade de depósito". Nesse sentido também é a Súmula 419 do STJ, ambas fundamentadas na Convenção Americana de Direitos Humanos (Pacto de San José da Costa Rica).

4.14. Fiança

4.14.1. *Conceito*

É contrato pelo qual uma pessoa (fiador) garante satisfazer ao credor uma obrigação assumida pelo devedor (afiançado), caso este não a cumpra (art. 818 do CC).

4.14.2. *Exemplos*

Em contratos de locação e de mútuo.

4.14.3. *Obrigações*

A fiança pode se dar em relação a *dívidas presentes* e *futuras*, mas, quanto a estas, o fiador não será demandado enquanto não se fizer certa e líquida a obrigação do devedor. A fiança normalmente serve de garantia a obrigações de dar dinheiro, mas nada impede uma fiança em outras obrigações de dar e nas obrigações de fazer e de não fazer. Nestes casos, a garantia tende a ser de satisfazer perdas e danos.

4.14.4. *Natureza jurídica*

É de *contrato acessório*; é também considerada uma *garantia* ou uma *caução* (garantia e caução são gêneros que abrangem a fiança, o aval, a hipoteca etc.), mas do tipo *fidejussória*, pois é uma garantia de natureza pessoal (o patrimônio de uma certa *pessoa* responde); já numa garantia *real* (hipoteca e penhor, p. ex.), um *bem certo* faz esse papel. Neste caso, o credor perseguirá um bem e não uma pessoa.

4.14.5. *Classificação*

4.14.5.1. *Quanto à existência por si só*

É *contrato acessório*; a consequência prática disso é que a fiança segue a sorte do contrato principal (há uma exceção no art. 824 do CC). Por exemplo, se este se extinguir, a fiança também restará extinta. A doutrina lembra que a fiança também é um *contrato subsidiário*, ou seja, tem sua execução subordinada ao não cumprimento, pelo devedor, do contrato principal. Dessa forma, se o contrato principal for integralmente cumprido, a fiança não produzirá efeitos práticos.

4.14.5.2. *Quanto às obrigações*

É *contrato unilateral*; isso porque a fiança é um contrato entre o credor e o fiador (o afiançado ou devedor não faz parte do contrato; aliás, pode-se estipular fiança até sem o consentimento do devedor – art. 820 do CC); repare que nesse contrato o credor não tem obrigações; só o fiador as tem, o que o torna um contrato unilateral.

4.14.5.3. *Quanto às vantagens*

a) regra geral: é *contrato gratuito*, pois só há vantagens para o credor; o fiador não tem vantagens.

b) exceção: será *contrato oneroso* se o fiador receber uma retribuição. Ex.: na fiança bancária, o Banco (fiador) receberá uma remuneração do afiançado.

A fiança *não admite interpretação extensiva* (art. 819 do CC). Exemplo disso decorre da Súmula 214 do STJ: "o fiador na locação não responde por obrigações resultantes de aditamento ao qual não anuiu".

Por outro lado, a lei dispõe que a fiança abrange, salvo limitação, os acessórios da dívida principal, tais como juros, multas e despesas judiciais, desde a citação do fiador (art. 822 do CC).

4.14.5.4. Quanto à relevância pessoal

É *contrato personalíssimo*; isso porque é feito com base na confiança; o credor pode até rejeitar o fiador se este for inidôneo; a consequência prática de ser um contrato *intuitu personae* é que, com o falecimento do fiador, a fiança ficará extinta; as dívidas existentes até o falecimento serão suportadas pelos herdeiros do fiador, no limite das forças da herança; já as dívidas que se vencerem após a morte do fiador não mais estão cobertas pela fiança (art. 836 do CC);

4.14.6. Requisitos subjetivos especiais

1. O **pródigo** não pode prestar fiança, sem a assistência de seu curador, pois tal ato não é mera administração do seu patrimônio (art. 1.782 do CC); trata-se de requisito de validade – o ato será anulável se descumprido;

2. O **cônjuge**, exceto no regime de separação absoluta, depende do consentimento do outro para prestar fiança (art. 1.647, III, do CC); trata-se de requisito de validade – o ato também será anulável se descumprido; *vide*, ainda, os arts. 1.642, IV, e 1.649; o STJ vem entendendo que a fiança dada sem autorização do cônjuge é totalmente ineficaz (Súmula nº 332: "a fiança prestada sem autorização de um dos cônjuges implica a ineficácia total da garantia").

3. Se houver obrigação de dar fiador (legal, convencional ou judicial), o **credor não é obrigado a aceitar pessoa:**

a) *inidônea* (fiador falido, insolvente, estelionatário etc.);

b) *não domiciliada no município onde tenha de prestar a fiança* (repare que a lei não fala em "com imóvel no município", mas em "não domiciliada no município");

c) *que não possua bens suficientes para cumprir a obrigação*. (art. 825 do CC)

Obs.: o credor pode exigir substituição do fiador se este se tornar insolvente ou incapaz (art. 826 do CC).

4.14.7. Efeitos da fiança

4.14.7.1. Principal

Cria a obrigação do fiador pagar a dívida do devedor se este não o fizer no tempo e forma devidos (art. 818, CC).

4.14.7.2. Fiança de fiança

Consiste em alguém assumir a obrigação de satisfazer a dívida caso o fiador não possa fazê-lo. O fiador do fiador também leva o nome de *subfiador* ou *abonador*.

4.14.7.3. Cofiança (fiança conjunta)

a) conceito: *consiste na existência de mais de um fiador para a mesma obrigação*; neste caso, os fiadores têm obrigação concomitante, podendo ser chamados conjuntamente para satisfação do crédito perante o credor.

b) solidariedade dos cofiadores: a fiança conjuntamente prestada a um só débito por mais de uma pessoa importa *solidariedade* entre elas (art. 829).

c) benefício de divisão: *estipulação entre os fiadores, pela qual se reservam a responder unicamente pela parte, que, em proporção, lhe couber no pagamento*. Tal benefício, se estipulado, desfaz a presunção de solidariedade entre os cofiadores (art. 829).

4.14.7.4. Fiança parcial

Consiste em o fiador fixar no contrato a parte da dívida que toma sob sua responsabilidade, caso em que não será por mais obrigado (art. 830 do CC).

4.14.7.5. Benefício de ordem (ou de excussão)

a) conceito: *direito de o fiador, demandado pelo pagamento da dívida, exigir que sejam primeiro executados os bens do devedor* (art. 827 do CC).

b) exercício do direito: segundo a lei, o fiador, no prazo da contestação da lide, deve indicar bens do devedor, livres e desembargados, suficientes para solver o débito. A lei foi imprecisa, pois deveria dispor "no prazo para oferecer bens à penhora", uma vez que não há contestação na ação de execução (art. 827 do CC).

c) impossibilidade de alegação do benefício de ordem: o benefício não pode ser invocado se

c1) o fiador *renunciar* expressamente a esse direito;

c2) o fiador tiver se obrigado como *principal pagador* ou *devedor solidário*;

c3) o devedor for *insolvente* ou *falido* (art. 828 do CC).

4.14.7.6. Sub-rogação legal em favor do garante

a) conceito: *é a transferência dos direitos do credor ao fiador se este pagar integralmente a dívida* (art. 831 do CC). Apesar de a lei usar a expressão "integralmente", também haverá sub-rogação, mas proporcional, se houver pagamento parcial da dívida.

b) extensão pessoal: o fiador que pagar a dívida pode acionar tanto o *devedor*, como cada um dos *outros fiadores* pela respectiva quota. A parte de outro fiador que se tornar insolvente distribuir-se-á pelos demais (art. 831 do CC).

c) extensão objetiva:

c1) o devedor responde também perante o fiador por todas as *perdas e danos* que este pagar, e pelos que sofrer em razão da fiança (art. 832 do CC).

c2) o fiador tem direito aos *juros do desembolso* pela taxa estipulada na obrigação principal (juros compensatórios – ex.: na fiança num contrato de mútuo), e, não havendo taxa convencionada, aos *juros legais* (juros de mora – ex.: na fiança num contrato locação) (art. 833 do CC).

c3) é bom lembrar que a sub-rogação transfere ao novo credor todos os *direitos, ações, privilégios* e *garantias* do primitivo, em relação à dívida, contra o devedor principal e os fiadores (art. 349 do CC).

4.14.7.7. Desídia do credor

Quando o credor, sem justa causa, não der o devido andamento à execução iniciada contra o devedor, poderá o fiador promover tal andamento (art. 834). A regra, que traz uma legitimidade de processo civil, visa a proteger o fiador contra eventual dissipação do patrimônio pelo devedor no curso da ação de execução. *Vide* também a regra do art. 839 do CC.

4.14.7.8. Penhora de bem de família do fiador de locação

Como se sabe, a Lei 8.009/1990 admite a penhora do bem de família se o devedor for fiador de uma locação de imóvel urbano. Porém, com fundamento na EC 26/2000, que instituiu como direito social fundamental o direito à moradia, alguns acórdãos foram proferidos no sentido da impenhorabilidade de bem de família de fiador de locação. Ocorre que, por enquanto, os tribunais superiores vêm reafirmando a penhorabilidade do bem de família nesse caso (STF: RE 407.688-SP, *DJ* 06.10.2006; STJ: REsp 1.363.368-MS, J. 12/11/2014).

4.14.8. Extinção da fiança

4.14.8.1. Pela extinção da obrigação principal

Isso pode se dar com o *cumprimento* da obrigação pelo devedor, com a *confusão*, com a *compensação*, com o *perdão* da dívida (remissão) etc.

4.14.8.2. Pela novação, sem intervenção do fiador (art. 366 do CC)

Repare que nem sempre a novação importa em extinção da fiança, mas apenas no caso em que o fiador nela não intervir. Cuidado para não confundir essa situação com o *aditamento* contratual sem anuência do fiador, em que a solução é diversa, como se viu na Súmula 214 do STJ. Se o aditamento ocorrer no curso do prazo certo previsto no contrato, o fiador não responde pela parte que exceder o valor da obrigação que originariamente afiançou. Se o aditamento ocorrer quando o contrato já estiver vigorando por prazo indeterminado, o fiador por nada responderá, se não houver sua anuência.

4.14.8.3. Pela concessão de moratória ao devedor, sem o consentimento do fiador (art. 838, I, do CC)

Trata-se de causa de extinção que ocorre com certa frequência e que nem sempre é aproveitada pelo fiador.

4.14.8.4. Pela impossibilidade de sub-rogação em favor do fiador, por fato do credor (art. 838, II, do CC)

Dá-se, por exemplo, quando o credor tem duas garantias em seu favor, como fiança e hipoteca, e abre mão deste direito real. Nesse caso, estará prejudicando o fiador, que sub-rogado nos direitos e garantias do credor teria um direito real em seu favor, o que lhe garantiria a satisfação do seu crédito.

4.14.8.5. Pela aceitação, por parte do credor, de pagamento da dívida pelo devedor por meio de objeto diverso do que estava obrigado

Nesse caso, o fiador não mais responde, ainda que o credor perca a coisa pela evicção (art. 838, III, CC).

4.14.8.6. Pela exoneração da fiança:

a) conceito: *é a extinção da garantia, a pedido do fiador, quando esta não tiver limitação no tempo* (art. 835 do CC).

b) modo: o fiador deverá *notificar* o credor. Diferente do antigo CC, o atual não exige sentença judicial para que a exoneração ocorra. A forma atual é a notificação, que pode ser *extrajudicial.*

c) efeitos: durante 60 dias após a notificação do credor, o fiador fica obrigado por todos os efeitos da fiança. Trata-se de um prazo que a lei presume como suficiente para que o credor busque junto ao devedor um novo fiador.

d) locação de imóvel urbano: a Lei nº 8.245/1991, em seu art. 39, dispõe que "salvo disposição contratual em contrário, qualquer das garantias da locação se estende até a efetiva devolução do imóvel". Ou seja, o fiador fica obrigado até a entrega das chaves do imóvel ao credor (locador). Assim, salvo se houver disposição contratual de que a fiança ficará extinta num dado termo ou ocorrido dado evento, o fiador não tem como se exonerar da fiança, ainda que o contrato esteja vigorando por tempo indeterminado. Trata-se de solução que nos parece bastante desproporcional, pois a fiança, como regra, é um contrato que não traz benefício algum para o fiador, que não pode, assim, ficar indefinidamente adstrito ao seu cumprimento. Sensível a isso, o atual Código Civil não só permite a exoneração do fiador (desde que o contrato esteja vigorando por tempo indeterminado, claro), como também admite que esta se dê por simples notificação extrajudicial. O STJ, de um lado, admite essa exoneração do fiador (mediante notificação resilitória), mas, de outro, é claro no sentido de que "a prorrogação da locação por prazo indeterminado implica também prorrogação automática da fiança (*ope legis*)" (REsp 1.326.557, j. 13.11.12), respondendo o fiador, assim, até a devolução do imóvel.

4.14.8.7. Pela morte do fiador

A responsabilidade dos herdeiros pelo cumprimento da fiança se limita ao tempo decorrido até a morte do fiador e não pode ultrapassar as forças da herança (art. 836 do CC). Eventos ocorridos após a morte do fiador não serão de responsabilidade de seus herdeiros, dada a extinção da fiança.

4.14.9. Oposição de exceções: o fiador pode opor ao credor as seguintes exceções

4.14.9.1. Pessoais (suas, do fiador)

Incapacidade de ser fiador, nulidade da fiança, exoneração pelo decurso do prazo etc.

4.14.9.2. Extintivas da obrigação que competem ao devedor principal

O fiador pode alegar que já houve pagamento, compensação, remissão, dentre outros, em favor do devedor principal. Mas a lei não permite que o fiador alegue exceções que digam respeito simplesmente à incapacidade pessoal do devedor principal (ex.: o fiador dizer que o devedor era pródigo), salvo o caso de mútuo feito a pessoa menor (ex.: o fiador pode alegar que não responderá, pois a fiança foi feita num empréstimo a alguém de 15 anos, sem a presença de seu representante). *Vide* art. 837 do CC.

4.15. Mandato

4.15.1. Conceito

É contrato pelo qual uma pessoa (mandatário ou representante) recebe de outrem (mandante ou representado) poderes para, em nome deste, praticar atos ou administrar interesses (art. 653 do CC).

A expressão vem de "manu" + "datum", que significa dar as mãos. São exemplos os mandatos para que uma pessoa inscreva outra num concurso público, administre o patrimônio do representado, vote em nome do representado numa assembleia de condôminos, dentre outros. Cuidado, pois o contrato em tela não tem o nome de "procuração". Esta é apenas o *instrumento* do mandato. Ou seja, a *forma* como o mandato se exterioriza. O papel é a "procuração". O seu conteúdo é o "mandato".

O maior de 16 e o menor de 18 anos não emancipado pode ser *mandatário*, mas o mandante não tem ação contra ele senão de conformidade com as regras gerais aplicáveis às obrigações contraídas por menores (art. 666).

4.15.2. Diferenças

O instituto não se confunde com o da comissão mercantil, em que o comissário atua em seu próprio nome, e com a representação legal ou judicial, pois a primeira não decorre do acordo de vontades (não é contrato), mas da lei (ex.: pais e curadores representam filhos e curatelados), e a segunda decorre de ordem judicial (ex.: inventariante, administrador etc.). Há regimes jurídicos próprios para regular essas situações.

4.15.3. Classificação

4.15.3.1. Quanto às vantagens

a) regra geral: é *contrato gratuito*, pois só há vantagens para o mandante; o mandatário não tem vantagens, não recebe remuneração (art. 658 do CC);

b) exceções: será *contrato oneroso* em dois casos:

b1) se houver estipulação de retribuição;

b2) se decorrer de ofício ou profissão lucrativa do mandatário;

O mandato conferido a um advogado ou a um despachante, por exemplo, será oneroso.

Não havendo retribuição prevista em lei ou no contrato, ela será determinada pelos usos, e, na falta, por arbitramento (art. 658, parágrafo único, do CC).

4.15.3.2. Quanto às obrigações

a) se o mandato for gratuito: será *contrato unilateral*, pois só o mandatário terá obrigações; se o mandante vier a ter obrigações no curso do contrato, decorrente de despesas que surgirem, parte da doutrina fala em contrato bilateral imperfeito.

b) se o mandato for oneroso: será *contrato bilateral*, pois o mandatário terá suas usuais obrigações, e o mandante também, pois arcará com uma remuneração em favor do primeiro.

4.15.3.3. Quanto à relevância pessoal

É *contrato personalíssimo*; isso porque é feito com base na confiança; a consequência prática disso é que, como regra, cabe revogação (unilateral) do contrato a qualquer tempo. Outra consequência é que a morte de qualquer das partes gera a extinção do contrato.

4.15.3.4. Quanto ao momento da formação

É *contrato consensual*, pois passa a existir desde o acordo de vontades. Inclusive, é um contrato cuja aceitação pode ser tácita, revelando-se pelo começo de execução da representação (art. 659 do CC).

4.15.3.5. Quanto à forma

a) regra geral: é *contrato não solene;* apesar de o art. 653 dizer que "a procuração é o instrumento do mandato", o art. 656 dispõe que o mandato pode ser "verbal ou escrito". O fato de se admitir a forma verbal demonstra que não há solenidade a ser atendida.

b) exceção: será *contrato solene* se a lei exigir forma especial para o ato a ser praticado pelo mandatário (art. 657 do CC). Por exemplo, se for constituído um mandato dando poderes para o mandatário alienar um imóvel do mandante de valor superior a 30 salários mínimos, a procuração deve ser uma escritura pública.

c) prova do mandato: para fins de *validade* do mandato, vimos os itens "a" e "b". Resta saber se a lei exige forma especial para a *prova* do mandato. Perante terceiro, o mandatário está sujeito a ter que provar o mandato. Nesse caso, a procuração, documento escrito do qual constará o lugar onde foi passada, as qualificações das partes, o objeto e a extensão dos poderes conferidos, será o meio adequado. Segundo a lei, o terceiro *poderá* exigir que a procuração traga firma reconhecida (art. 654, §§ 1º e 2º). O art. 38 do CPC não exige firma reconhecida para a prova da procuração judicial.

4.15.4. Espécies de mandato

4.15.4.1. Especial

É aquele específico para um ou mais negócios determinados do mandante (art. 660 do CC). Exs.: procuração para vender um imóvel (especial para um negócio determinado do mandante) e procuração para emprestar um imóvel e alugar um outro imóvel (especial para dois negócios determinados do mandante).

4.15.4.2. Geral

É aquele para administrar todos os negócios do mandante (art. 660 do CC). Repare que, em que pese se referir a todos os negócios, o mandato geral só admite a *administração ordinária* dos bens (ex.: gerenciar, fazer pagamentos, contratar, proceder a reparos etc.). Será necessário um mandato com **poderes especiais e expressos** para: alienar, hipotecar, transigir e praticar outros atos que exorbitem a administração ordinária (art. 661, § 1º).

4.15.5. Direitos do mandatário

4.15.5.1. De remuneração

Se o mandato for oneroso, mesmo que o negócio não surta o efeito esperado, o mandatário terá direito à retribuição, salvo se agir com culpa (arts. 658 e 676, CC).

4.15.5.2. De adiantamento da importância das despesas necessárias à execução do mandato

O mandatário pode fazer tal pedido, nos termos do art. 675 do CC. Ingressam aí despesas para pagamento de taxas, transporte e hospedagem, por exemplo.

4.15.5.3. De recebimento dos valores desembolsados para fazer frente ao mandato, mas não adiantados

O mandante é obrigado a pagar todas as despesas da execução do mandato, também na hipótese de o negócio não surtir o efeito esperado, salvo culpa do mandatário (art. 676 do CC).

4.15.5.4. De retenção

O mandatário tem sobre a coisa de que tenha a posse em virtude do mandato direito de retenção até se reembolsar do que no desempenho do encargo despendeu (art. 681 do CC).

4.15.5.5. De substabelecer seus poderes, se houver autorização

O mandatário, autorizado, pode se fazer substituir na execução do mandato. Neste caso, o mandatário só responderá por eventuais danos causados pelo substabelecido se tiver agido com culpa na escolha deste ou nas instruções dadas a ele (art. 667, § 2º, CC). Não existindo autorização, a situação fica assim:

a) se havia proibição: os atos praticados em nome do mandante não obrigam este (se a proibição constava do mandato), salvo ratificação posterior; a responsabilidade do mandatário por eventuais danos é objetiva (art. 667, § 1º, do CC); não se vai verificar a conduta nem do mandatário, nem do substabelecido;

b) se não havia proibição: a responsabilidade do mandatário por eventuais danos só existirá se o substabelecido tiver agido culposamente (art. 667, § 4º, do CC).

4.15.6. Deveres do mandatário

1. Dar execução ao mandato, aplicando toda a diligência habitual: regra prevista no art. 667 do CC.

2. Responder pelos danos ocorridos sob a gerência do substabelecido: art. 667 do CC.

3. Apresentar o instrumento de mandato, quando terceiro exigir: *vide* art. 654, § 2º.

4. Enviar ao mandante as somas recebidas: pelas somas que devia entregar ao mandante ou recebeu para despesa, mas empregou em proveito seu, pagará o mandatário juros, desde o momento em que abusou (art. 670 do CC).

5. Não compensar os prejuízos a que deu causa com os proveitos que gerou ao mandante: *vide* art. 669 do CC.

6. Prestar contas de sua gerência: *vide* arts. 668 do CC e 914 do CPC.

7. Concluir negócio já começado se houver perigo na demora, apesar de ciente do fim do mandato: *vide* arts. 674 e 682 do CC.

8. Responsabilizar-se pessoalmente por negócios feitos em seu próprio nome: mesmo que o negócio seja de conta do mandante (*vide* art. 663 do CC).

4.15.7. Direitos do mandante

1. Revogar o mandato a qualquer tempo: salvo cláusula de irrevogabilidade (arts. 683 a 686 do CC). Em matéria de compromisso de compra e venda de imóvel há situações em que o compromitente vendedor constitui o compromissário comprador seu procurador para fins de celebração da escritura definitiva de compra e venda. É o chamado mandato "em causa própria" (mandato *in rem suam*). Nesse caso, tem-se cláusula de irrevogabilidade (*vide* art. 685).

2. Autorizar ou não o substabelecimento, com ou sem reserva de poderes.

3. Ratificar ou não negócio realizado pelo mandatário que exceder poderes com ciência do terceiro: art. 673 do CC. Cuidado para não confundir *atuação fora do mandato* (exceder poderes ou exorbitar dos poderes) com *descumprimento das instruções*, que será visto adiante.

4. Exigir do mandatário entrega de somas, informações, prestação de contas e pagamento de indenização por prejuízos.

5. Acionar o mandatário que comprar, em nome próprio, algo que deveria ser comprado para o mandante, exigindo para si a coisa comprada: *vide* art. 671 do CC.

4.15.8. Obrigações do mandante

1. Honrar os compromissos assumidos em seu nome: a regra vale mesmo que o mandatário tenha descumprido suas instruções, mas não vale quando o mandatário exorbitar seus poderes ou não tiver poder algum (arts. 663, 665 e 675, do CC).

2. Pagar despesas e retribuições ao mandatário, quando devidos.

3. Pagar perdas e danos se revogar contrato irrevogável: *vide* art. 683 do CC.

4. Outras obrigações: *vide* art. 686 (terceiros de boa-fé).

4.15.9. Extinção do mandato

1. Pela revogação (feita pelo mandante) ou pela renúncia (feita pelo mandatário): a primeira está prevista no art. 687, ao passo que a segunda, no art. 688. Nos dois casos temos resilição unilateral com denúncia vazia (há restrições no art. 45 do CPC e no art. 688 do CC.

2. Pela morte ou interdição de uma das partes: atenuam as regras as disposições dos arts. 689 e 690 do CC.

3. Pelo término do prazo ou pela conclusão do negócio.

5. RESPONSABILIDADE CIVIL

5.1. Responsabilidade subjetiva

5.1.1. Hipótese de incidência (art. 186)

Aquele que, por ação ou omissão voluntária, negligência ou imprudência, violar direito e causar dano a outrem, ainda que exclusivamente moral, comete ato ilícito.

conduta culposa/dolosa + dano + nexo causal

5.1.2. Consequência (art. 927)

Aquele que cometer ato ilícito *fica obrigado a reparar dano*

5.1.3. Excludentes da ilicitude

a) legítima defesa;

b) exercício regular de direito e estrito cumprimento de dever legal;

c) estado de necessidade – neste caso, o 3º não culpado será indenizado pelo agressor.

5.2. Responsabilidade objetiva

Na responsabilidade objetiva não é necessário comprovar conduta dolosa ou culposa do causador do dano. Para responsabilização deste basta comprovar CONDUTA + DANO + NEXO DE CAUSALIDADE.

5.2.1. *Ato ilícito por abuso de direito (art. 187)*

Também comete ato ilícito o titular de um direito que, ao exercê-lo, excede manifestamente os limites impostos pelo seu fim econômico ou social, pela boa-fé ou pelos bons costumes.

Trata-se do chamado **ato emulativo.**

O Enunciado 37/CJF considera **objetiva** a responsabilidade no caso, ou seja, não é necessário culpa ou dolo. Exemplos:

a) excesso na liberdade de informação;

b) excesso no exercício da propriedade (direito de vizinhança);

c) excesso na legítima defesa.

✓ Acerca da temática do abuso de direito, confira, ainda, os seguintes enunciados das Jornadas de Direito Civil:

a) 413 – Art. 187: Os bons costumes previstos no art. 187 do CC possuem natureza subjetiva, destinada ao controle da moralidade social de determinada época, e objetiva, para permitir a sindicância da violação dos negócios jurídicos em questões não abrangidas pela função social e pela boa-fé objetiva.

b) 414 – Art. 187: A cláusula geral do art. 187 do Código Civil tem fundamento constitucional nos princípios da solidariedade, devido processo legal e proteção da confiança, e aplica-se a todos os ramos do direito.

5.2.2. *Atividade de risco (art. 927, parágrafo único)*

Quando a atividade normalmente desenvolvida pelo autor do dano implicar, por sua natureza, risco para os direitos de outrem.

Exs.: acidente em loja de fogos; acidente com helicóptero, matando terceiros.

Configura-se quando a atividade causar a pessoa determinada um ônus maior do que aos demais membros da coletividade (Enunciado 38/CJF).

Confira, ainda, outros dois enunciados das Jornadas de Direito Civil:

a) "446 – Art. 927: A responsabilidade civil prevista na segunda parte do parágrafo único do art. 927 do Código Civil deve levar em consideração não apenas a proteção da vítima e a atividade do ofensor, mas também a prevenção e o interesse da sociedade."

b) "448 – Art. 927: A regra do art. 927, parágrafo único, segunda parte, do CC aplica-se sempre que a atividade normalmente desenvolvida, mesmo sem defeito e não essencialmente perigosa, induza, por sua natureza, risco especial e diferenciado aos direitos de outrem. São critérios de avaliação desse risco, entre outros, a estatística, a prova técnica e as máximas de experiência."

5.2.3. *Produtos postos em circulação (art. 931)*

Os empresários individuais e as empresas respondem independentemente de culpa pelos danos causados pelos ***produtos*** *postos em circulação.*

Ex.: danos causados por insumo vendido a uma indústria.

5.2.4. *Responsabilidade pelo fato de 3º (arts. 932 e 933)*

Responsabilidade **indireta.**

Não afasta a responsabilidade do causador do dano.

Se o agente praticante do ato responder (o que requer culpa ou dolo, como regra), o responsável também responderá, mas sem necessidade de dolo ou culpa *in vigilando* ou *in eligendo* ou mesmo de se invocar o modelo da culpa presumida para o caso.

Hipóteses:

a) Pais por filhos menores sob sua autoridade e companhia; para o STJ, a emancipação voluntária não exclui responsabilidade do pai;

b) Tutor e curador nos mesmos casos;

c) Empregador por empregados, no exercício do trabalho; para o STF, é presumida a culpa do patrão (Súmula nº 341); para o STJ, o tomador de serviço não responde por empresa terceirizada;

d) Dono de hotel por hóspedes;

e) Partícipe de crime, sem ganho, até o limite de sua participação.

5.3. Outros casos de obrigação de indenizar

5.3.1. *Dono ou detentor de animal (art. 936)*

Responsabilidade presumida: *o dono ou detentor* do animal ressarcirá o dano por este causado, se não provar culpa da vítima ou força maior.

O Enunciado nº 452 das Jornadas de Direito Civil entende que o caso é de responsabilidade objetiva, com excludente do fato exclusivo de terceiro.

5.3.2. *Prédio em ruína (art. 937)*

Responsabilidade presumida: *o dono de edifício ou construção responde pelos danos que resultarem de sua ruína se esta provier de falta de reparos, cuja necessidade fosse manifesta.*

5.3.3. *Coisas caídas ou lançadas (art. 938)*

Responsabilidade objetiva: *aquele que habitar prédio, ou parte dele, responde pelo dano proveniente das coisas que dele caírem ou forem lançadas em lugar indevido.*

5.4. Excludentes de responsabilidade em geral

5.4.1. *Legítima defesa*

Situação atual/iminente de **injusta agressão** a si ou a 3º.

Ex.: atira-se em pessoa que está para matar outra.

5.4.2. *Exercício regular de direito*

Ex.: ingresso com ação judicial; protesto.

5.4.3. *Estrito cumprimento de dever legal*

Ex.: prestação de informações às autoridades fiscais.

5.4.4. *Estado de necessidade*

Dano a coisa ou pessoa para remover perigo iminente.

Se 3º atingido não causar o perigo, o agente **responde**, com ação regressiva contra verdadeiro culpado.

Ex.: "A", fechado por "B", desvia carro, batendo em 3º ("C") para não atropelar alguém; "A", apesar do estado de necessidade, responderá perante 3º ("C"), podendo ingressar com ação de regresso contra "B", culpado por tudo.

5.4.5. *Caso fortuito ou de força maior*

É o fato necessário, cujos efeitos não são possíveis de evitar ou impedir (art. 393, parágrafo único, do CC).

Exs.: um tornado de grande expressão, um terremoto.

De acordo com o Enunciado nº 443 das Jornadas de Direito Civil, "o caso fortuito e a força maior somente serão considerados como excludentes da responsabilidade civil quando o fato gerador do dano não for conexo à atividade desenvolvida".

Para o STJ, roubo em posto de gasolina é considerado força maior, excluindo a responsabilidade do estabelecimento.

Já roubo em agência bancária é evento previsível, não caracterizando força maior.

Outro entendimento importante é o fixado na Súmula nº 479 do STJ: "As instituições financeiras respondem objetivamente pelos danos gerados por fortuito interno relativo a fraudes e delitos praticados por terceiros no âmbito de operações bancárias".

5.4.6. *Culpa exclusiva da vítima*

Ex.: alguém se joga na frente de um carro e é atropelado.

Obs.: culpa concorrente da vítima só altera valor indenizatório.

5.4.7. *Fato de terceiro*

Ex.: arremesso de pedra em ônibus, ferindo passageiro (STJ).

Já se houver acidente de ônibus causado por 3º, transportador responde perante passageiros, com regresso contra 3º.

Obs.: a extinção da punibilidade criminal não acarreta exoneração da responsabilidade, salvo negativa de autoria/fato.

5.5. Sujeitos passivos do direito à indenização

5.5.1. *Autores e coautores da ofensa*

5.5.2. *Responsáveis indiretos*

a) Responsáveis por atos de terceiros (arts. 932 e 933);

b) Súmula STJ 130: a em**presa responde, perante o cliente, pela reparação de dano/furto em seu estacionamento;**

c) Súmula STF 492: empresa **locadora** de veículos responde civil e solidariamente com o locatário pelos danos por este causados a terceiro, no uso do carro locado;

d) Súmula STJ 132: a ausência de registro da transferência não implica responsabilidade do antigo dono resultante de acidente que envolva o **veículo alienado.**

5.5.3 *Solidariedade*

Se a ofensa tiver mais de um autor, todos responderão solidariamente pela reparação (art. 942).

Um exemplo de solidariedade está na Súmula STJ n. 221: são civilmente responsáveis pelo ressarcimento de dano, decorrente de publicação pela imprensa, tanto o autor do escrito quanto o proprietário do veículo de divulgação.

Porém, essa súmula não se aplica em relação aos provedores de internet e redes sociais. Nesse sentido, se um usuário de rede social posta conteúdo ofensivo a terceiro, este não poderá pedir indenização por danos materiais e morais junto à empresa provedora daquele portal. Tal empresa só poderá ser acionada se, mesmo após ter sido comunicada a respeito da mensagem ofensiva, não a tiver excluído.

Outro exemplo de solidariedade é o trazido pelo STJ, no REsp 343.649, quando se decidiu que, quem permite que terceiro conduza seu veículo, é responsável solidário pelos danos culposamente causados por este.

5.6. Sujeitos ativos do direito à indenização

5.6.1. *Vítima direta*

Ex.: aquele que sofreu o acidente.

5.6.2. *Vítima indireta*

Ex.: os familiares próximos da vítima do acidente.

Tem-se no caso danos morais **reflexos** ou por **ricochete**.

Trata-se do *préjudice d'affection*, pois o instituto é fundado no princípio da afeição.

O STJ admite o dano indireto, sendo comum fixar-se indenização por danos morais em favor de pessoas muito próximas da vítima de um homicídio, tais como pais, filhos, irmãos, cônjuge e companheiro.

5.7. Reparação dos danos

5.7.1. *Regra*

A indenização mede-se pela extensão do dano.

Trata-se do princípio da reparação integral dos danos.

Exemplo de aplicação prática do princípio é a Súmula 281 do STJ, que impede a tarifação do dano moral.

5.7.2. *Exceções ao princípio da reparação integral*

a) Se houver **excessiva desproporção** entre a *gravidade da culpa* e o *dano* o juiz pode reduzir equitativamente a indenização (art. 944, parágrafo único);

b) Se houver **culpa recíproca**, a indenização será *proporcional*, levando em conta os graus de culpa (art. 945);

c) O **incapaz** responde *subsidiária* e *equitativamente.*

Subsidiariamente: pois só responde se responsável não responder ou não dispuser de meios; ex.: curador de um incapaz rico, que não tiver meios.

Equitativamente: pois, caso o incapaz responda, o valor não poderá privá-lo do necessário para a sua subsistência; há entendimento de que pais, tutores e curadores também se beneficiam dessa limitação quando o pagamento da indenização puder prejudicar a subsistência do incapaz (Enunciado CJF nº 39).

Adotou-se a **Teoria do Patrimônio Mínimo**, de modo a garantir sempre um patrimônio para o incapaz, criando a **Responsabilidade Mitigada e Subsidiária.**

5.7.3. *Espécies de danos*

5.7.3.1. *Dano material*

a) danos emergentes: *o que efetivamente se perdeu;* ex.: conserto do veículo, medicamentos, tratamentos;

b) lucros cessantes: *o que razoavelmente se deixou de lucrar;* ex.: renda que profissional liberal deixa de auferir por ficar 30 dias sem trabalhar;

c) decorrentes da "Perda de uma Chance": dano decorrente da possibilidade de buscar posição jurídica mais vantajosa que **muito**

provavelmente ocorreria; ex.: voo atrasado a impedir posse de aprovado em concurso. De acordo com o Enunciado nº 444 das Jornadas de Direito Civil, "a responsabilidade civil pela perda de chance não se limita à categoria de danos extrapatrimoniais, pois, conforme as circunstâncias do caso concreto, a chance perdida pode apresentar também a natureza jurídica de dano patrimonial. A chance deve ser séria e real, não ficando adstrita a percentuais apriorísticos". O STJ reconheceu a aplicabilidade dessa teoria no seguinte caso: "Tem direito a ser indenizada, com base na teoria da perda de uma chance, a criança que, em razão da ausência do preposto da empresa contratada por seus pais para coletar o material no momento do parto, não teve recolhidas as células-tronco embrionárias. No caso, a criança teve frustrada a chance de ter suas células embrionárias colhidas e armazenadas para, se eventualmente fosse preciso, fazer uso delas em tratamento de saúde. (...) Essa chance perdida é, portanto, o objeto da indenização" (REsp 1.291.247-RJ, J. em 19/8/2014).

5.7.3.2. Dano estético

Cicatrizes, marcas, aleijão.

STJ: dano estético é cumulável com dano moral (Súmula 387).

5.7.3.3. Dano moral

STJ: Cumulável com dano material (Súmula 37).

5.7.4. Na demanda antes de vencida a dívida (art. 939)

Credor ficará obrigado a i) esperar o tempo que faltava para o vencimento; ii) descontar os juros correspondentes, embora estipulados; iii) pagar as custas em dobro.

5.7.5. Na demanda por dívida já paga (art. 940)

Credor ficará obrigado a pagar ao devedor o dobro do que houver cobrado.

5.7.6. Na demanda com pedido maior que o devido (art. 940)

Credor ficará obrigado a: pagar ao devedor o equivalente do que dele exigir.

Obs. 1: excludente – as penas previstas nos arts. 939 e 940 não se aplicarão quando o autor **desistir** da ação antes de contestada a lide, salvo ao réu o direito de haver indenização por algum prejuízo que prove ter sofrido.

Obs. 2: STJ admite cobrança da indenização na contestação.

5.7.7. Homicídio (art. 948)

a) despesas c/ tratamento da vítima, seu funeral e o luto da família (ex.: médico + enterro + dano moral);

b) alimentos às pessoas a quem o morto os devia, levando-se em conta a duração provável da vida da *vítima*; trata-se da famosa "pensão".

5.7.8. Lesão à saúde (art. 949)

a) despesas do tratamento e dos lucros cessantes até ao fim da convalescença, além de prejuízos provados (art. 949);

b) se resultar defeito impedindo o ofendido de exercer profissão ou diminuindo sua capacidade de trabalho, a indenização incluirá pensão correspondente à importância do trabalho para quem se inabilitou ou da depreciação sofrida (art. 950);

c) o prejudicado, se preferir, poderá exigir que a indenização seja arbitrada e paga de uma só vez, em vez de pensão.

Obs.: o disposto nos arts. 948 a 950 aplica-se ao caso de danos causados no exercício de atividade profissional.

5.7.9. Esbulho (art. 952)

a) havendo usurpação ou esbulho do alheio, indenização abrange: i) valor das deteriorações; ii) lucros cessantes;

b) faltando a coisa, reembolsa-se o equivalente pelo preço ordinário e de afeição, desde que este não supere àquele.

5.7.10. Injúria, difamação e calúnia (art. 953)

a) a indenização consistirá na reparação do dano que delas resulte ao ofendido – não cabe tarifação de danos!

b) se o ofendido não puder provar prejuízo material, o juiz fixará, equitativamente, o valor da indenização.

5.7.11. Ofensa à liberdade pessoal (art. 954)

Cárcere privado e prisão ilegal (por denúncia falsa ou má-fé).

A indenização consistirá no pagamento das perdas e danos que sobrevierem ao ofendido, e, se este não provar prejuízo, juiz fixará equitativamente o valor da indenização.

5.8. Dano moral

5.8.1. Conceito

Consiste na ***ofensa ao patrimônio moral*** *de pessoa, tais como o nome, a honra, a fama, a imagem, a intimidade, a credibilidade, a respeitabilidade, a liberdade de ação, a autoestima, o respeito próprio e a afetividade.*

5.8.2. Sujeitos passivos do dano moral

a) Pessoas naturais; ex.: atropelamento da esposa de alguém, causando morte;

b) Pessoas jurídicas (Súmula 227 do STJ), sendo que, nesse caso, o dano moral exsurge da ofensa à honra **objetiva** da pessoa jurídica; ex.: difamação do nome de um restaurante da cidade;

c) Coletividade: o STJ está dividido sobre essa possibilidade, apesar de haver disposição legal expressa acerca do cabimento de indenização por dano moral em caso de danos coletivos ou difusos (art. 6º, VII, do CDC).

5.8.3. Prova do dano moral

a) Pessoa natural: a simples lesão ao patrimônio moral da pessoa natural caracteriza o dano moral, não sendo necessário prova da ocorrência desse dano; ex.: mãe não precisa demonstrar que sentiu morte do filho; na inexecução de um **contrato** não existe tal presunção;

b) Pessoa jurídica: o fato lesivo deve ser devidamente demonstrado para caracterizá-lo (Enunciado 189/CJF);

c) Dano moral "in re ipsa": para o STJ, determinadas condutas geram dano moral, sem necessidade de demonstração ou prova da ocorrência deste, mesmo quando a vítima for pessoa jurídica; por exemplo, a inscrição indevida em cadastro de inadimplentes e a publicação não autorizada da imagem de pessoa, com fins econômicos ou comerciais (Súmula STJ 403).

5.8.4. *Exemplos de casos em que cabe dano moral*

Súmula STJ 388: a simples devolução indevida de cheque caracteriza dano moral;

Súmula STJ 370: caracteriza dano moral a apresentação antecipada de cheque pré-datado;

Súmula STJ 227: a pessoa jurídica pode sofrer dano moral.

Casos de abandono afetivo: vide, por exemplo, STJ, REsp 1.159.242, j. 24.04.12.

Casos de ocultação da verdade, por cônjuge, quanto à paternidade biológica: vide, por exemplo, STJ, REsp 922.462, j. 04.04.2013. Na mesma decisão em que se reconheceu a responsabilidade do cônjuge infiel, afastou-se a responsabilidade do cúmplice ("amante").

5.8.5. *Exemplos de casos em que não cabe dano moral*

Súmula STJ 385: anotação irregular em cadastro de crédito não gera dano moral se já existe legítima inscrição;

Informativo 350 STJ: descumprimento de contrato, por si só, não gera dano moral;

Mero dissabor decorrente de produto com vício não gera dano moral se a coisa vem a ser consertada.

5.8.6. *Encargos de condenação*

a) correção monetária: é devida desde a data da fixação da indenização por dano moral (sentença ou acórdão); segundo a Súmula nº 362 do STJ, "A correção monetária do valor da indenização do dano moral incide desde a data do arbitramento";

b) juros moratórios: são devidos desde a data do evento danoso (Súmula STJ 54);

c) honorários: incidem também sobre o valor fixado a título de danos morais.

Súmula STJ 326: na ação de indenização por dano moral, a condenação em montante inferior ao postulado na petição inicial não implica sucumbência recíproca.

5.9. Pensão segundo o STJ

5.9.1. *Falecimento de pai/mãe, com filhos menores*

Devida até 25 anos do filho, quando presumidamente este terá concluído sua formação.

5.9.2. *Falecimento de cônjuge ou companheiro*

Devida até quando a vítima fizesse 70 anos.

5.9.3. *Falecimento de filho menor em família de baixa renda*

Devida desde quando a vítima tivesse 14 anos, até quando fizesse 65 anos; valor cairá à metade quando vítima fizesse 25, pois se presume que teria contraído família e não mais poderia ajudar tanto os pais.

5.9.4. *Falecimento de filho maior que ajudava família*

Devida vitaliciamente à família, diminuindo o valor quando a vítima fizesse 25 anos.

5.9.5. *Encargos de condenação*

a) correção monetária: é devida desde o evento danoso;

b) juros moratórios: são devidos desde a data do evento danoso (Súmula STJ 54);

c) honorários: incidem sobre as parcelas vencidas e 12 parcelas vincendas.

5.9.6. *Cumulação com pensão previdenciária*

A jurisprudência do STJ é pacífica no sentido de que "o benefício previdenciário é diverso e independente da indenização por danos materiais ou morais, porquanto, ambos têm origens distintas. Este, pelo direito comum; aquele, assegurado pela Previdência. A indenização por ato ilícito é autônoma em relação a qualquer benefício previdenciário que a vítima receba" (AgRg no AgRg no REsp 1.292.983-AL, DJe 7/3/2012) (REsp 776.338-SC, J. 6/5/2014).

5.10. DPVAT

A Lei 6.194/1974 dispõe sobre o seguro obrigatório (DPVAT) de danos pessoais causados por veículos automotores de via terrestre, ou por sua carga, a pessoas transportadas ou não.

Os danos pessoais cobertos pelo DPVAT são os seguintes: a) morte (R$ 13.500,00 por pessoa vitimada); b) invalidez permanente, total ou parcial (até R$ 13.500,00 por pessoa vitimada); c) despesas de assistência médica e suplementares (até R$ 2.700,00, como reembolso à vítima, no caso de despesas de assistência médica e suplementares devidamente comprovadas).

No caso de invalidez permanente, esta pode ser total e parcial. Quanto à parcial, pode ser parcial completa e parcial incompleta, conforme a extensão das perdas anatômicas ou funcionais. A indenização variará de acordo com o enquadramento da perda, nos termos das regras previstas na Lei 6.194/1974. Aliás, mesmo sendo a lei clara nesse sentido, o STJ teve de elaborar uma súmula a respeito (Súmula n. 474): "A indenização do seguro DPVAT, em caso de invalidez parcial do beneficiário, será paga de forma proporcional ao grau da invalidez".

Em qualquer caso, o pagamento da indenização se dará mediante simples prova do acidente e do dano decorrente, independentemente da existência de culpa, havendo ou não resseguro, abolida qualquer franquia de responsabilidade do segurado.

Vale observar que, segundo a Súmula 257 do STJ, "a falta de pagamento do prêmio do seguro obrigatório de Danos Pessoais Causados por Veículos Automotores de Vias Terrestres (DPVAT) não é motivo para a recusa do pagamento da indenização".

No mais, o STJ também é pacífico no sentido de que "as seguradoras integrantes do consórcio do seguro DPVAT são solidariamente responsáveis pelo pagamento de indenizações securitárias, podendo o beneficiário reclamar de qualquer delas o que lhe é devido" (REsp 1.108.715, j. 15.05.2012).

Quanto aos encargos devidos, "os juros de mora na indenização do seguro DPVAT fluem a partir da citação" (Súmula STJ n. 426).

Quanto à ação de cobrança do seguro obrigatório, a pretensão respectiva prescreve em 3 anos (Súmula STJ n. 405), sendo que, no caso, de incapacidade ou invalidez, o termo inicial é a data em que o segurado teve ciência inequívoca da incapacidade laboral ou invalidez (Súmula STJ n. 278).

Por fim, vale citar a Súmula/STJ n. 470, pela qual o "O Ministério Público não tem legitimidade para pleitear, em ação civil pública, a indenização decorrente do DPVAT em benefício do segurado."

9. Direito Processual Civil

NOVO CPC – LEI 13.105/2015

Luiz Dellore

INTRODUÇÃO: SISTEMA PROCESSUAL À LUZ DO NOVO CÓDIGO DE PROCESSO CIVIL (LEI 13.105/2015, COM ALTERAÇÕES DA LEI 13.256/2016)

Em março de 2015 foi publicada a **Lei 13.105/2015**, o **Novo Código de Processo** Civil (NCPC). Ainda que existam muitas repetições em relação ao Código de Processo Civil anterior, de 1973 (CPC/1973), existem diversas novidades, importantes modificações e, sem dúvidas, um bom número de polêmicas.

Este texto de Processo Civil é escrito à luz do NCPC; porém, antes de qualquer decisão judicial a respeito do novo sistema. Cabe destacar que, como em relação a qualquer diploma importante, apenas após a pacificação de alguns temas por parte dos tribunais superiores é que haverá o mínimo de certeza em relação a alguns assuntos. Além disso, vale destacar que, *antes mesmo do fim da vacatio legis*, já houve alteração legislativa alterando o NCPC. Trata-se da **Lei 13.256/2016**, que alterou mais de uma dezena de artigos, especialmente modificando a ordem cronológica e os recursos para tribunais superiores. Este capítulo já é escrito *levando em consideração tais alterações*.

O NCPC muda a estrutura do sistema processual. No CPC/1973 (também comentado neste livro, neste momento de transição) era dividido em 5 livros (conhecimento, execução, cautelar, procedimentos especiais e disposições finais e transitórias). O NCPC é dividido em *Parte Geral e Parte Especial*, além de contar com um *Livro Complementar* (para as disposições transitórias).

A **Parte Geral do NCPC** se aplica a *todos os processos e procedimentos* e regula questões como princípios (Livro I), regras de competência (Livro II), juiz e partes (Livro III), forma do ato processual (Livro IV), tutela provisória (Livro V) e formação, suspensão e extinção do processo (Livro VI). Ela vai dos arts. 1º ao 317. No CPC/1973, tudo isso era basicamente enfrentado no Livro I (Processo de Conhecimento). Assim, se algum **tema estiver regulado na Parte Geral**, pode-se concluir que isso *se aplica não só ao processo de conhecimento, mas também ao processo de execução e aos recursos*. Assim, é possível se afirmar que a **teoria geral do processo** está *regulada na Parte Geral do NCPC*.

A **Parte Especial** é dividida em **três livros**: I – processo de conhecimento e cumprimento de sentença; II – processo de execução e III – processo nos tribunais e meios de impugnação das decisões; ela vai dos arts. 318 ao 1.044. Como se percebe, o **NCPC acaba com o processo cautelar** da forma que ele era previsto no CPC/1973 (Livro III do antigo Código, com as cautelares nominadas e inominadas). *Toda situação de urgência é regulada no Livro V da Parte Geral* (tutela provisória), sendo esse um dos temas mais modificados – e com polêmicas – do NCPC.

No **Livro I da Parte Especial**, o *Título I* regula o **Processo de Conhecimento**, especificamente o *procedimento comum* (não mais se fala em rito ordinário, pois *deixa de existir o rito sumário*). Trata da petição inicial e da defesa do réu, passando pelas provas e audiências chegando até a sentença e a coisa julgada. Vai do art. 319 ao 512. O *Título II* regula o **Cumprimento da Sentença** (ou seja, o adimplemento do título executivo judicial) e a defesa do devedor. Vai do art. 513 ao 538. Por fim, *Título III* regula os **procedimentos especiais** (alguns procedimentos especiais do CPC/1973 são mantidos, outros são excluídos e há inovações). Vai do art. 539 e 770.

O **Livro II da Parte Especial** regula o **Processo de Execução**. É o tema que menos alteração sofreu no NCPC, em relação ao Código anterior – mas, ainda assim, há algumas importantes inovações, como a possibilidade de *penhora de salário*. As regras, que servem tanto para o exequente como para o executado, vão do art. 771 ao 925.

Já o **Livro III da Parte Especial**, o *Título I* regula a tramitação dos **processos nos tribunais**, abordando as atribuições do relator (*deixa de existir a figura do revisor*) e como se dará o julgamento colegiado. O regramento vai do art. 926 ao 993. Por sua vez, o *Título II* trata dos *recursos*, do art. 994 ao 1.044.

Após essas duas partes, há ainda o **Livro Complementar** (fora da Parte Geral ou Especial) trata das *regras de transição*, ou seja, as *disposições finais e transitórias* (revogações e direito intertemporal). O assunto é tratado do art. 1.045 ao 1.072.

Por fim, uma última palavra a respeito da **data da vigência do NCPC**. Existe *divergência na doutrina* que se manifesta a respeito do tema. Existem 3 possíveis datas: 16, 17 ou 18 de março de 2016. O art. 1.045 do NCPC aponta que o Código entra em vigor "após decorrido 1 (um) ano da data de sua publicação oficial". A sanção ocorreu em 16.03.2015, ao passo que a publicação no *D.O.U.* se deu em 17.03.2015. As duas principais correntes consideram de forma diversa a contagem do "ano", apontando como dia da vigência:

(i) **dia 17**.03.2016: publicação em 17.03.2015, 1 ano em 16.03.2016, entrando em vigor "no dia subsequente à sua consumação integral" (LC 95/1998, art. 8º, § 1º), ou seja, 17.03.2016;

(ii) **dia 18**.03.2016: publicação em 17.03.2015, 1 ano em 17.03.2016 (CC, art. 132, § 3º), entrando em vigor "no dia subsequente à sua consumação integral" (LC 95/1998, art. 8º, § 1º), ou seja, 18.03.2016. Esta me parece a contagem mais correta – mas vejamos o que o STJ entende a respeito do assunto.

Feita essa introdução a respeito do NCPC, passa-se à análise do processo civil brasileiro à luz do novo diploma legal.

1. TEORIA GERAL DO PROCESSO CIVIL (PARTE GERAL DO NCPC)

1.1. Lide e Formas de solução da lide

1.1.1. Introdução

O homem vive em sociedade e necessita dos mais diversos bens, que não existem em número suficiente para todos – ou seja, são escassos. Diante disso, há conflitos entre as pessoas que compõem a sociedade para a obtenção de determinados bens. Para tentar regular a vida em sociedade, surgem regras de comportamento (direito positivo).

Porém, a existência de regras não é suficiente para evitar ou eliminar todos os conflitos que podem surgir. Nessas situações, caracteriza-se a *insatisfação* – que é um fator de instabilidade. Ou seja, para se manter a paz social, os *conflitos, litígios ou lides devem ser eliminados.*

1.1.2. Lide

A **lide** é a *pretensão qualificada pela resistência*, conforme clássica definição do autor italiano Carnelutti.

Já que a lide é um fator antissocial, deve ser pacificada. Se os litigantes não observam espontaneamente as regras de comportamento (*normas primárias*), então deverá haver a aplicação de sanções (*normas secundárias*).

1.1.3. Formas de solução da lide

A evolução da solução da lide, ao longo da história, pode ser assim sintetizada:

(i) Autotutela: *imposição da decisão por uma das partes, especialmente pela força.*
(ii) Autocomposição: *um ou ambos os litigantes abrem mão da sua pretensão.*
(iii) Arbitragem facultativa: *os litigantes, espontaneamente, buscam um terceiro de sua confiança para decidir a lide (normalmente o ancião ou líder religioso).*
(iv) Arbitragem obrigatória: *o Estado impõe a obrigação de se solucionar a lide via um árbitro, vedando a autotutela.*
(v) Jurisdição: *poder estatal de aplicar o direito em relação a uma lide.*
(vi) ADRs: da sigla em inglês, *formas alternativas de decisão da lide.*

1.1.4. ADR (alternative dispute resolution – formas alternativas de solução da lide)

Nos últimos anos – e especialmente com o NCPC – há um estímulo no Brasil aos métodos alternativos de solução da lide, dentre os quais se destacam:

a) conciliação: *o conciliador busca o consenso entre os litigantes e tem uma postura propositiva, sugerindo soluções para as partes.* Tem previsão no NCPC.
b) mediação: *o mediador busca o consenso entre os litigantes e tem uma postura de induzir que as próprias partes encontrem a solução.* Após longo período sem regulamentação legal, passou a ser *previsto no NCPC* e, também, *na Lei 13.140/2015* (diploma aprovado após o NCPC, mas com vigência anterior– e que tem *alguns conflitos com o Código*).
c) arbitragem: *as partes estabelecem que a decisão da lide será proferida por um árbitro privado, que conheça a matéria em debate e não por um juiz do Poder Judiciário.* Uma vez que haja a opção pela arbitragem, não é possível a utilização da jurisdição. É prevista pela *Lei 9.307/1996*, que sofreu *importantes reformas com a Lei 13.129/2015*. Não se deve confundir a moderna arbitragem (ADR) com a arbitragem facultativa mencionada no tópico anterior.

Um ponto comum às ADRs é que não há decisão judicial. Uma forma de distinguir as três figuras é a seguinte:

✓ o **mediador** é *terceiro* que busca o acordo entre as partes, *mas sem sugerir a solução* (NCPC, art. 165, § 3º);
✓ o **conciliador** é *terceiro* que busca o acordo entre as partes, *sugerindo a solução* (NCPC, art. 165, § 2º);
✓ o **árbitro** é *terceiro* que irá *decidir a lide.*

Os métodos alternativos de solução da lide têm sido muito estimulados. Nesse sentido, o CNJ editou a Resolução 125, cuja ementa é a seguinte "Dispõe sobre a Política Judiciária Nacional de tratamento adequado dos conflitos de interesses no âmbito do Poder Judiciário e dá outras providências". E, com o NCPC (que prevê uma *audiência de conciliação e mediação praticamente obrigatória*) e a Lei 13.140/2015 e Lei 13.129/2015, o panorama é que haverá ainda mais estímulo a esses métodos de solução, inclusive para desafogar a jurisdição que está absolutamente abarrotada.

1.2. Jurisdição e competência

1.2.1. Conceito de jurisdição: poder estatal de aplicar o direito (decidir) em relação a um caso concreto (lide).

A jurisdição é exercida pelos juízes, que são escolhidos pelo próprio Estado. Apesar de a jurisdição ser una e indivisível, como função estatal, existem algumas classificações.

1.2.2. Divisão da jurisdição conforme a lide debatida (matéria objeto do conflito)

Por questões de conveniência e melhor divisão do trabalho, não é todo juiz do Brasil que irá julgar toda e qualquer causa. Entende-se que é conveniente uma divisão conforme a lide em discussão.

Desta forma, há uma especialização conforme a matéria debatida em juízo. Assim, há diversos ramos da jurisdição. No atual sistema constitucional brasileiro, a divisão existente é a seguinte:

Ordinária (comum)	Federal (CF, art. 109, I)
	Estadual (CF, art. 125)

Extraordinária (especializada)	Eleitoral (CF, art. 118)
	Trabalhista (CF, art. 111)
	Penal Militar (CF, art. 122)

Conforme a lide discutida em juízo, um dos ramos do Poder Judiciário será o competente para apreciar a causa em detrimento dos demais.

A partir da natureza da lide debatida, deve-se analisar se a questão é da competência de uma das três Justiças Especializadas (Eleitoral, Trabalhista ou Penal Militar). Se não for, conclui-se se tratar de causa de competência da Justiça Comum (Federal ou Estadual).

Na Justiça Comum, deve-se analisar se algum ente federal é parte do processo (CF, art. 109, I: União, autarquias ou empresas públicas federais): se for, a competência será da Justiça Federal; se não for, a competência será da Justiça Estadual – que, portanto, é a residual. Mas, ainda assim, é a que tem a maior quantidade de causas e juízes.

1.2.3. Conceito de competência

É a medida, parcela, parte da jurisdição. Ou seja, apesar de todo juiz ser investido na jurisdição, *cada magistrado tem uma parcela, um pedaço da jurisdição*, para julgar determinadas causas. Isto é a competência.

1.2.4. Divisão da competência

Existem diversos critérios para a classificação da competência. Aqui destacamos os mais relevantes.

1.2.4.1. Em relação ao juiz brasileiro ou juiz estrangeiro

Há **competência concorrente** quando o *juiz brasileiro e o juiz de outro país podem tratar da matéria* (NCPC, arts. 21 e 22). Isso ocorre nas seguintes situações:

(i) réu, qualquer que seja a sua nacionalidade, domiciliado no Brasil;

(ii) obrigação tiver de ser cumprida no Brasil;

(iii) o fundamento da demanda seja fato ocorrido ou de ato praticado no Brasil.

(iv) ação de alimentos, se o autor for domiciliado ou residente no Brasil ou se o réu tiver algum vínculo no Brasil (bens, renda ou benefícios econômicos);

(v) ação envolvendo relação de consumo, e o consumidor for domiciliado ou residente no Brasil (compras pela internet se inserem aqui).

(vi) ação em que as partes se submetem à jurisdição nacional (ou seja, quando há o processo no Brasil e não há impugnação pelo réu, *ainda que não se esteja diante de uma das hipóteses anteriores*).

Nestes casos, a decisão estrangeira, para ser executada no Brasil, deve inicialmente passar pelo procedimento de **homologação de decisão estrangeira (NCPC, arts. 960 e ss.)**, procedimento de competência *exclusiva do STJ* (NCPC, art. 960, § 2º e CF, art. 105, I, "i"). Excepcionalmente, a **decisão estrangeira de tutela de urgência**, poderá ser executada no Brasil, via carta rogatória, *pelo próprio juiz competente para cumprir tal medida de urgência, sem a homologação do STJ*, (NCPC, art. 960, § 4º).

Além disso, fala-se em **competência exclusiva** quando *somente o juiz brasileiro pode tratar da matéria* (NCPC, art. 23). Verifica-se nas seguintes hipóteses:

(i) ações relativas a imóveis situados no Brasil;

(ii) ações relativas à sucessão hereditária, para proceder à confirmação de testamento particular e ao inventário e à partilha de bens situados no Brasil, ainda que o autor da herança seja de nacionalidade estrangeira ou tenha domicílio fora do território nacional. Nesses casos, *sempre terá de existir um processo perante um juiz brasileiro*;

(iii) em *divórcio, separação judicial ou dissolução de união estável, para* proceder à *partilha de bens situados no Brasil*, ainda que o titular seja de nacionalidade estrangeira ou tenha domicílio fora do território nacional. Nesses casos, tal qual no anterior, sempre terá de existir um processo perante um juiz brasileiro.

O art. 25 do NCPC inova ao afirmar *não competir à Justiça brasileira* o julgamento da demanda quando houver **cláusula de eleição de foro exclusivo estrangeiro em contrato internacional**, arguida pelo réu na contestação. Tal regra, por certo, *não se aplica nos casos de competência internacional exclusiva.*

Além disso, os arts. 26 e ss. do NCPC tratam da **Cooperação Internacional**. Há diversos novos dispositivos sobre o tema, no sentido do *cumprimento de uma decisão estrangeira do Brasil ou o contrário*. O tema será regido por tratado do qual o Brasil é signatário. Devem ser observadas algumas *premissas, para que uma decisão proferida no exterior possa ser cumprida no Brasil ou vice-versa*:

(i) devido processo legal no Estado requerente;

(ii) igualdade de tratamento entre nacionais e estrangeiros, residentes ou não no Brasil, assegurada a assistência judiciária aos necessitados;

(iii) publicidade, salvo nos casos de segredo de justiça;

(iv) autoridade central, para recepção e transmissão de pedidos de cooperação;

(v) espontaneidade na transmissão de informações a autoridades estrangeiras.

A **autoridade central** é o *órgão administrativo responsável por dar andamento às atribuições referentes à cooperação internacional.* Na ausência de previsão específica, *no Brasil será realizada pelo Ministério da Justiça* (NCPC, art. 26, § 4º).

São três os **instrumentos de cooperação jurídica internacional**: *auxílio direto, carta rogatória e homologação de decisão estrangeira* (esta última já mencionada acima).

O **auxílio direto** é *modalidade simplificada de cooperação internacional*, na qual é desnecessária qualquer análise pelo STJ (NCPC, art. 28). Como exemplo, requerimento de informações a respeito do andamento de processos judiciais no Brasil (NCPC, art. 30, I).

A **carta rogatória** (*exequatur* – possibilidade de cumprimento da ordem estrangeira no Brasil) tramitará perante o STJ e terá natureza de jurisdição contenciosa, de modo que deve observar o princípio do devido processo legal. Contudo, é vedada a revisão do mérito da decisão estrangeira no Brasil (NCPC, art. 36).

1.2.4.2. Tipos e espécies de competência:

A questão é regulada pelo NCPC, arts. 62 e 63.

Os dois *tipos* são a **competência absoluta**, *fundada em interesse público, que não pode ser alterada por vontade das partes*, e a **competência relativa**, *fundada no interesse das partes, e que pode ser alterada se estas assim quiserem.*

Como *espécies da competência absoluta* há:

✓ **(i) competência em razão da matéria:** *Justiça Federal, Estadual ou Trabalhista? Vara Cível, Criminal ou Família?*

✓ **(ii) competência em razão da pessoa: o fato de a** *União* **participar do litígio influencia na fixação da competência? (A menção específica à competência em razão da pessoa é inovação do NCPC).**

✓ **(iii) competência em razão da função** ou **competência hierárquica:** *competência originária em 1º grau (regra) ou em grau superior? (Exceção, como em casos de foro por prerrogativa de função).*

Em relação ao item ii, se houver participação de *ente federal no processo* (União, empresa pública federal, autarquia federal, fundação federal e ainda conselhos de fiscalização profissional, como a OAB), a causa deverá ser julgada pela Justiça Federal – salvo nas exceções constitucionais (CF, art. 109, I, parte final).

Em relação à *discussão entre Justiça Federal e Estadual*, duas súmulas do STJ foram reproduzidas no art. 45 do NCPC: (i) cabe ao juiz federal apreciar se há necessidade de participação do órgão federal (Súmula 150/STJ) e (ii) se o ente federal for excluído, deve o juiz federal devolver o processo ao juiz estadual, e não suscitar conflito de competência (Súmula 224/STJ).

No caso das três espécies de competência absoluta, ainda que haja contrato entre as partes escolhendo que a lide será solucionada por outro órgão judiciário, isso não será aceito pelo juiz (exatamente porque se trata da competência absoluta, em que não há liberdade das partes para alterá-la).

Como espécies da competência relativa há:

✓ **(i) competência territorial**: *São Paulo ou Rio de Janeiro? Belo Horizonte ou Curitiba?*

✓ **(ii) competência em razão do valor**: *Juizado Especial ou Vara tradicional da Justiça Estadual?*

Nestes casos, diferentemente do que se expôs em relação à competência absoluta, é possível se falar em **foro de eleição**: *podem as partes optar, em contrato, por um órgão judiciário situado em comarca distinta daquela prevista em lei como a territorialmente competente*. Exatamente porque esta competência se funda no interesse das partes.

No tocante à **competência em razão do valor** apesar de se tratar de incompetência relativa, no sistema brasileiro atual não há espaço para contrato entre as partes a seu respeito. *A única possibilidade que se tem é a escolha, pelo autor, do JEC ou da vara tradicional da Justiça Estadual. Curioso é apontar que o NCPC, tendo a oportunidade de ter alterado a regulamentação quanto à competência em razão do valor, não o fez.*

Das espécies acima indicadas, as mais debatidas em Concursos Jurídicos são a competência em razão da matéria (que antes do NCPC englobava, também, os debates quanto a competência em razão da pessoa) e a competência territorial.

Conforme o tipo de competência (absoluta ou relativa), há distinções em relação às consequências para o processo. E isso é importante especialmente em relação às **situações de incompetência**. Além disso, importante modificação do NCPC é que, a partir de agora, a **forma de arguir a incompetência** é *sempre a mesma*, seja incompetência absoluta ou relativa.

No quadro a seguir, verificam-se as distinções entre os tipos de competência (absoluta e relativa) em relação a três situações:

Tipo de competência/ Distinções	**Conhecimento de ofício pelo juiz (ou a parte precisa provocar?)**	**Forma de arguição pelo réu**	**Consequências da não arguição**
Absoluta	Sim, de ofício (NCPC, art. 64, § 1º)	Preliminar de contestação (NCPC, art. 64)	Pode ser alegada / conhecida a qualquer tempo e grau de jurisdição (NCPC, art. 64, § 1º) Após coisa julgada, cabe rescisória (NCPC, art. 966, II)
Relativa	Não, a parte precisa provocar* (NCPC, art. 65)	Preliminar de contestação (NCPC, art. 64) – novidade do NCPC	Prorrogação da competência (NCPC, art. 65)

Em regra, o juiz deve *conhecer de ofício a incompetência absoluta* e *não pode conhecer de ofício a incompetência relativa* (STJ, Súmula 33: "A incompetência relativa não pode ser declarada de ofício").

Contudo, em relação ao **conhecimento de ofício da incompetência relativa pelo juiz**, há uma **exceção** (NCPC, art. 63, § 3º– por isso o asterisco no quadro acima). Tratando-se de situação em que há *eleição de foro, com cláusula abusiva, poderá o juiz de ofício declarar que a cláusula é ineficaz,* remetendo os autos ao juízo do foro do domicílio do réu. Como exemplo (mas não a única situação*), em relação de consumo, cláusula de eleição de foro em prejuízo do consumidor.*

Como já mencionado, o NCPC unificou a forma de se arguir a incompetência: a parte ré sempre deverá se valer da contestação, alegando essa defesa em preliminar.

Alegada a incompetência, deverá a parte autora se manifestar. Acolhida a incompetência, os autos serão remetidos ao juiz competente; rejeitada a incompetência, os autos permaneceram perante o mesmo juízo. Dessa decisão, pelo NCPC (art. 1.015), *não cabe agravo de instrumento.* Em relação à *incompetência absoluta*, possivelmente (i) a jurisprudência *aceitará o agravo de instrumento* (interpretando o rol do art. 1.015 como exemplificativo) ou (ii) *aceitará o mandado de segurança*. Isso porque é incongruente admitir-se rescisória de decisão referente à incompetência absoluta, mas não agravo.

Ainda em relação à incompetência absoluta, o § 3º do art. 64 do NCPC regula o que ocorre com decisões proferidas por magistrado que posteriormente se dá por incompetente de forma absoluta: (i) em regra, serão *conservados os efeitos da decisão já proferida* pelo juiz, até nova decisão do juiz competente; (ii) excepcionalmente, poderá ser revogada a decisão, *pelo próprio juiz que a prolatou*, ao reconhecer sua incompetência.

No tocante a não arguir a incompetência, é conveniente debater o **conceito de preclusão**: trata-se da *perda de uma faculdade processual pela parte*. Ou seja, a parte poderia ter realizado algum ato processual, mas não o fez – e, assim, perdeu a possibilidade de fazê-lo.

Como a incompetência absoluta pode ser alegada a qualquer tempo e grau de jurisdição, percebe-se que não há a preclusão. E, inclusive, após a formação da coisa julgada, ainda é possível se utilizar a ação rescisória pelo prazo de dois anos contados do trânsito em julgado (NCPC, arts. 966, II e 975, *caput*).

Por outro lado, se a parte não impugnar a incompetência relativa no prazo da contestação (como preliminar), não será possível realizar essa alegação posteriormente. Portanto, percebe-se que a incompetência relativa preclui. Denomina-se **prorrogação da competência** o fenômeno pelo qual *o juiz antes relativamente incompetente passa a ser relativamente competente, diante da ausência de alegação de incompetência territorial*. Somente ocorre a prorrogação no tocante à incompetência relativa.

1.2.5. Critérios para fixação da competência territorial

O CPC e leis extravagantes bem regulam a fixação da competência territorial.

No tocante à competência para o ajuizamento, existem *duas regras gerais e diversas exceções* (NCPC, arts. 48 e 53).

As **regras gerais** são as seguintes:

(i) na hipótese de **direito pessoal** ou **direito real sobre móveis**, a competência para o julgamento da causa será o *foro do domicílio do réu* (NCPC, art. 46).

(ii) tratando-se de **direito real sobre imóveis**, competente para julgar a lide será o *foro do local da coisa* (NCPC, art. 47).

Em relação ao art. 46 do NCPC, existem algumas situações adicionais previstas no dispositivo legal. Se o *réu tiver mais de um domicílio*, "será demandado no foro de qualquer deles"; se tiver *domicílio incerto ou desconhecido*, "será demandado onde for encontrado ou no foro do domicílio do autor"; caso *não tenha domicílio ou residência no Brasil*, a ação "será proposta no foro do domicílio do autor", sendo que *se também o autor residir fora do Brasil*, a ação "será proposta em qualquer foro"; se houver litisconsórcio passivo com *réus com domicílios distintos*, o autor poderá optar por qualquer dos foros; a *execução fiscal* será proposta no foro do domicílio / residência do réu ou no lugar onde for encontrado (NCPC, art. 46, §§ 1º a 5º).

Já em relação ao art. 47 do CPC, apesar de se tratar de competência territorial (e, portanto, em regra passível de modificação pela vontade das partes), o § 1º traz casos em que **não cabe foro de eleição**: "O autor pode optar pelo foro do domicílio do réu ou de eleição, **se o litígio não recair** sobre *direito de propriedade, vizinhança, servidão, divisão e demarcação de terras e nunciação de obra nova*". Por sua vez, o § 2º destaca que a ação possessória imobiliária será proposta no foro da situação da coisa.

Assim, nesses casos, obrigatoriamente a competência será do local do imóvel, *não se admitindo a modificação por vontade das partes*. Trata-se, nesses casos, por opção legislativa, de *competência absoluta*, mesmo que envolva território.

Ademais, como já exposto, *além destas duas regras gerais* (arts. 46 e 47 do NCPC), existem diversas **exceções** tanto no próprio NCPC como em leis extravagantes.

No NCPC, o tema é tratado nos arts. 48 e 53:

- ✓ no **inventário, partilha, arrecadação, cumprimento de disposições de última vontade ou impugnação de partilha extrajudicial**: foro do *último domicílio do falecido* – mesmo foro competente para todas as ações em que o espólio for réu (NCPC, art. 48);
- ✓ porém, se o falecido **não possuía domicílio certo**, competente será o *foro da situação dos bens imóveis* (NCPC, art. 48, parágrafo único, I); se existiam bens imóveis em lugares diferentes, o *foro de qualquer desses bens* (NCPC, art. 48, parágrafo único, II); ou, se não houver bens imóveis, *foro de qualquer dos bens do espólio* (NCPC, art. 48, parágrafo único, III);
- ✓ nas demandas em que o **ausente for réu**: *foro de seu último domicílio* (NCPC, art. 49);
- ✓ quando o **réu for incapaz**: *foro do domicílio de seu representante ou assistente* (CPC, art. 50);
- ✓ no momento em que a **União for autora**: seção judiciária (termo para foro na Justiça Federal) do *domicílio do réu* (CF, art. 109, § 1º e NCPC, art. 51);
- ✓ quando a **União for ré**, há 3 possíveis foros, cuja escolha é do autor (*foros concorrentes*): (a) domicílio do autor, (b) local do ato ou fato que deu origem à demanda ou onde está a coisa objeto do litígio, (c) Distrito Federal (CF, art. 109, § 2º e NCPC, art. 51, parágrafo único).
- ✓ quanto ao Estado ou DF, aplicam-se as mesmas regras relativas à União – sendo possível o ajuizamento, quando o Estado for réu, não no DF, mas na capital do respectivo Estado (NCPC, art. 52);
- ✓ no **divórcio (e ações correlatas quanto à vida em comum)**: a) foro do *domicílio do guardião do filho incapaz; b)* se não houver filho incapaz, do último domicílio do incapaz; c) se nenhum morar no último domicílio, no do réu (NCPC, art. 53, I). Assim, **não** existe mais a previsão legal de *foro da mulher*;
- ✓ na **ação de alimentos**: foro do domicílio de *quem pleiteia alimentos* (NCPC, art. 53, II);
- ✓ na ação envolvendo **estatuto do idoso** (Lei 10.741/2003), na residência do idoso (NCPC, art. 53, III, *e*);
- ✓ na ação **indenizatória relativa à serventia notarial ou de registro**, na *sede do próprio cartório extrajudicial* (NCPC, art. 53, III, *f*);
- ✓ nas ações de **reparação de danos**, no *lugar do ato ou fato* (NCPC, art. 53, IV, *a*);

✓ nas indenizações decorrentes de **acidente de veículo (inclusive aeronave) ou dano decorrente de delito**: foro do *local do fato* ou do *domicílio do autor* (NCPC, art. 53, V);

✓ nas lides envolvendo **relações de consumo**: foro do *domicílio do consumidor* (CDC, art. 101, I);

✓ nas **ações de despejo**, se não houver foro de eleição: foro do *local do imóvel* (Lei 8.245/1991, art. 58, II).

Como se pode perceber, em muitas dessas situações de exceção, o legislador buscou facilitar o acesso à justiça para a parte mais fraca, ou seja, para a parte **hipossuficiente** (salvo em relação ao tabelião ou registro). Assim, inverteu a regra de que é competente o foro do domicílio do réu.

Contudo, vale destacar que, como se está diante de competência territorial (relativa) e como essas exceções servem para facilitar a postulação em juízo para os autores, nada impede que o autor ajuíze a causa no domicílio do réu.

Se a **União ou ente federal intervier**, haverá a *remessa do processo ao juízo federal* – salvo se for recuperação judicial, falência, insolvência, acidente do trabalho, causa de competência da justiça eleitoral ou do trabalho (NCPC, art. 45, I e II).

1.2.6. Exemplos de fixação de Justiça e foro competentes

Para concluir este tópico, vale analisar alguns exemplos de fixação de competência, tanto em relação à competência em razão da matéria e pessoa, como em relação à competência territorial.

a) batida de carro entre particulares, ocorrida em São Paulo, autor domiciliado em Santos e réu domiciliado em Campinas:

Justiça Estadual, foro competente: São Paulo ou Santos (NCPC, art. 53, V);

b) batida de carro entre uma ambulância da Secretaria de Saúde do Estado do Rio de Janeiro e um particular, ocorrida no Rio de Janeiro, autor domiciliado em Niterói:

Justiça Estadual, foro competente: Rio de Janeiro ou Niterói (NCPC, art. 53, V);

c) batida de carro entre uma ambulância do Ministério da Saúde e um particular, ocorrida em Belo Horizonte, autor domiciliado em Betim:

Justiça Federal (CF, art. 109, I), foro competente: Belo Horizonte ou Betim (NCPC, art. 53, V);

d) usucapião de imóvel situado em São José dos Pinhais, possuidor e proprietários particulares, domiciliados em Curitiba:

Justiça Estadual, foro competente: São José dos Pinhais (CPC, art. 47);

e) despejo por falta de pagamento de imóvel situado em Recife, locador domiciliado em Olinda, locatário domiciliado em Recife:

Justiça Estadual, foro competente: Recife (Lei 8.245/1991, art. 58, II – local do imóvel, salvo se houver foro de eleição);

f) reclamação trabalhista de empregado da Caixa Econômica Federal (empresa pública federal), que reside e trabalha em Manaus:

✓ Justiça do Trabalho, foro competente: Manaus. Apesar de a reclamada ser ente federal, a justiça especializada atrai a competência em relação à Justiça Comum (CF, art. 109, I, parte final e NCPC, art. 45, II);

g) ação indenizatória de danos morais de empregado contra sua empregadora. Empregado domiciliado em Vila Velha, empresa sediada em Vitória:

Justiça do Trabalho, foro competente: Vila Velha. Apesar de o dano moral ser um instituto típico do direito civil e não da área trabalhista, a competência é da Justiça do Trabalho (CF, art. 114, VI e NCPC, art. 45, II);

h) acidente do trabalho em que o acidentado pleiteia uma diferença em relação ao que é pago pelo INSS a título de auxílio-acidente. Acidente ocorrido na Comarca de Imbituba/SC, que não tem Justiça Federal (subseção judiciária mais próxima: Florianópolis):

✓ Justiça Estadual, foro competente: Imbituba. Apesar do INSS ser Federal, no acidente do trabalho, por previsão constitucional, considerando o objetivo de facilitar o acesso à justiça do acidentado, a competência é da Justiça Estadual – com recurso julgado pelo TJ (CF, art. 109, I, parte final e NCPC, art. 45, I);

i) acidente do trabalho em que o acidentado pleiteia danos morais afirmando que o acidente somente ocorreu por culpa do seu empregador. Acidente ocorrido em Porto Alegre:

Justiça do Trabalho, foro competente: Porto Alegre. A jurisprudência do STF fixou a competência da Justiça do Trabalho para se pleitear danos decorrentes de acidente do trabalho em face do empregador (CF, art. 114, VI – STF, CC 7204, j. 29.06.2005 e NCPC, art. 45, I).

1.2.7. Alterações da competência após o ajuizamento da demanda

A respeito da modificação da competência o NCPC em grande parte reproduz o que constava do CPC/1973 e da jurisprudência do STJ.

A regra prevista na legislação processual é a ***perpetuatio jurisdictionis***, ou seja, *a competência é fixada no momento do registro ou distribuição da inicial, sendo irrelevantes as posteriores alterações que porventura ocorram* (CPC, art. 43). Contudo, por questões de celeridade e conveniência, algumas vezes é possível que haja a modificação da competência.

Assim, em regra, se o réu mudar de endereço durante o trâmite do processo, não haverá redistribuição da causa.

Porém, o próprio art. 43 do CPC, que prevê a *perpetuatio*, traz *exceções*: haverá a redistribuição se (i) houver supressão do órgão judiciário perante o qual tramitava a causa ou (ii) houver alteração da competência absoluta (matéria, pessoa ou hierarquia/função).

Assim, se uma vara for extinta ou se mudar a competência da vara (de vara cível para vara de família), aí será possível a redistribuição da causa.

Por sua vez, a competência pode ser alterada se houver **conexão** (*duas ou mais demandas que têm a mesma causa de pedir ou o pedido* – NCPC, art. 55) ou **continência** (*duas ou mais demandas em que há identidade de partes e de causa de pedir, mas o pedido de uma é mais amplo que o das demais – NCPC, art. 56*).

A **consequência da conexão** é a *reunião dos processos*, para que haja julgamento conjunto. A finalidade é (i) evitar decisões contraditórias e (ii) prestigiar a economia processual. Porém, **só haverá a reunião** de processos *se ambos estiverem no mesmo grau de jurisdição* (NCPC, art. 55, § 1º – exatamente como previsto na Súmula 235 do STJ).

Inova o NCPC ao trazer *situações concretas e afirmar que nelas há conexão* (**conexão legal** – NCPC, art. 55, § 2º). Somente há 2 hipóteses de conexão legal no Código: (i) execução de título executivo extrajudicial e processo de conhecimento relativo à mesma dívida e (ii) execuções fundadas no mesmo título executivo.

Outra inovação do NCPC é a possibilidade de **reunião de processos semelhantes**, *mesmo que não haja conexão* (NCPC, art. 55, § 3º). Contudo, a regulamentação dessa situação foi muito sucinta, sem maiores explicações de quais os requisitos ou vedações para que isso ocorra. Porém, *não parece ser possível aplicar esse dispositivo às "ações de massa"* (situações que se repetem às centenas ou milhares no país), pois o sistema prevê o incidente de resolução de demandas repetitivas para solucionar esses casos (NCPC, art. 976 e ss.).

Como **consequência da continência** (NCPC, art. 57), pode haver (i) a *reunião dos processos* (pelos motivos já expostos em relação à conexão) ou (ii) a *extinção de um deles* (inovação na legislação). O critério para verificar se deve haver reunião ou extinção consta da legislação: a) se a **ação que tiver o pedido mais amplo** *for ajuizada antes* (ou seja, o pedido continente), a demanda posterior é uma repetição, em grau menor. Sendo assim, haverá a *extinção do segundo processo*; b) se a **ação menos abrangente for anterior**, a ação continente, que trará mais argumentos e pedido mais amplo, não poderá ser extinta, caso em que *haverá a reunião*.

Se a situação de conexão ou continência determinar a *reunião das demandas*, a **prevenção** é que *determinará qual o juízo responsável pelo julgamento de ambas as demandas*, ou seja, o juiz que primeiro tiver tido contato com a lide é que julgará as causas conexas ou continentes. O **critério de prevenção** eleito pelo NCPC é distinto e mais simples que o existente no CPC/1973 (que trazia regras distintas). No novo Código, a *prevenção sempre será apurada pela distribuição ou registro* (NCPC, art. 59)

Utiliza-se o **conflito de competência** se *um ou mais juízes entenderem que são competentes ou incompetentes para julgar a mesma causa* (NCPC, art. 66). O conflito será usado se houver dúvida entre dois ou mais juízes a respeito de quem deverá julgar a causa (por força de conexão, continência, prevenção, acessoriedade).

O conflito pode ser suscitado pelo juiz, MP ou partes (NCPC, art. 951). O conflito pode ser **negativo** (os dois juízes entendem que são *incompetentes* para julgar a causa) ou **positivo** (os dois juízes entendem que são *competentes* para julgar a causa).

O conflito é decidido pelo Tribunal que seja hierarquicamente superior aos dois juízes envolvidos no conflito. Ou seja:

- ✓ se o conflito for entre o juiz de direito da 1ª Vara Cível do Rio de Janeiro e o juiz de direito da 2ª Vara Cível de Niterói, competente para julgar o conflito será o TJRJ;
- ✓ se o conflito for entre o juiz da 1ª Vara Federal do Rio de Janeiro e o juiz de direito da 2ª Vara Cível de Niterói, competente para julgar o conflito será o STJ.

1.3. Princípios processuais

Os **princípios** são a *base na qual se assenta qualquer ramo do Direito, permeando toda sua aplicação. Dão ao sistema um aspecto de coerência e ordem*. Assim, os princípios processuais dão coerência e lógica ao sistema processual.

Existem princípios na Constituição e na legislação infraconstitucional. O NCPC, além de trazer novos princípios processuais, optou por *positivar, no âmbito infraconstitucional, diversos princípios que antes eram somente constitucionais*. A repetição de princípios processuais constitucionais no âmbito do NCPC acaba por *impedir que se discuta*, no âmbito do STF, via recurso extraordinário, os princípios processuais civis. Isso porque a jurisprudência do STF é firme ao apontar que não cabe RE para discutir "violação reflexa" à Constituição: se há algum dispositivo violado do ponto de vista infraconstitucional, só existe eventual violação à CF de forma reflexa, e isso não pode ser discutido pela via do RE.

Os artigos iniciais do NCPC tratam dos princípios processuais – sob a nomenclatura de **"normas fundamentais do processo civil"**. A seguir, serão analisados os princípios do processo civil brasileiro – tanto os previstos na CF, quanto os previstos no NCPC (bem como os que estão previstos em ambos os diplomas). Além disso, ao final deste tópico serão analisados dispositivos legais que também estão inseridos no tópico inicial do NCPC, ainda que não sejam tecnicamente princípios.

1.3.1. Princípio do acesso à justiça (inafastabilidade do controle jurisdicional)

O **princípio do acesso à justiça** garante que *o jurisdicionado, diante de uma lide, poderá buscar a solução via jurisdição, sendo indevidas quaisquer limitações à possibilidade de se acionar o Judiciário*. É previsto na CF, art. 5º, XXXV: "a lei não excluirá da apreciação do Poder Judiciário lesão ou ameaça a direito". E também no NCPC, art. 3º: "não se excluirá da apreciação jurisdicional ameaça ou lesão a direito".

Como subprincípio decorrente do acesso à justiça, o NCPC aponta que o "Estado promoverá, sempre que possível, a solução consensual dos conflitos" (art. 3º, § 2º), destacando o forte incentivo à conciliação e à mediação no novo sistema processual (a mediação prevista tanto no NCPC como na Lei 13.140/2015 – sendo que existem algumas incompatibilidades entre os novos diplomas).

Um exemplo de limitação do acesso à justiça seria a dificuldade de a parte pobre arcar com as custas do processo. Para tanto, de modo a garantir o acesso à justiça, há a previsão da assistência jurídica (CF, art. 5º, LXXIV, e art. 98 e ss. do NCPC).

Por fim, destaque-se que houve discussão se a arbitragem (forma de ADR, como já visto) violaria o acesso à justiça, já que veda a possibilidade de discussão da lide perante o Judiciário. Prevalece a posição de que, diante da opção das partes pela arbitragem, não há violação ao princípio (STF, SE 5206 AgR, Tribunal Pleno, j. 12.12.2001, *DJ* 30.04.2004). Para reforçar esse entendimento, o art. 3º, § 1º, do NCPC expressamente aponta que é "permitida a arbitragem, na forma da lei" (Lei 9.307/1996, alterada pela Lei 13.129/2015).

1.3.2. Princípio do devido processo legal

Este é um princípio pelo qual muito dos demais princípios são extraídos. É previsto na CF, art. 5º, LIV: "ninguém será privado da liberdade ou de seus bens sem o devido processo legal". Para o processo civil, é certo que o princípio se refere à perda de bens.

O princípio se aplica a diversas situações (há alta abstração) e indica as condições mínimas para o trâmite do processo.

Pode-se definir o **princípio do devido processo legal** como o *princípio que determina que o Estado-juiz não deve agir de qualquer forma, mas sim de uma forma específica, prevista em lei (regras previamente estabelecidas)*. E, sem essa forma, não é possível à parte perder seus bens em virtude de um processo judicial. Tanto o autor como o réu são beneficiários do princípio.

Mais recentemente, doutrina e jurisprudência têm falado em **devido processo legal formal** (conceito acima exposto) e, também, em **devido processo legal substancial** (ou **material**), o qual *assegura que uma sociedade só será submetida a leis razoáveis* (também denominado princípio da razoabilidade das leis).

1.3.3. Princípio da ampla defesa

O **princípio da ampla defesa** é a *garantia de qualquer réu de ter plenas condições de apresentar seus argumentos de defesa*. Pode ser entendido como o princípio do acesso à justiça sob a perspectiva do réu. É positivado no art. 5º, LV, da CF: "aos litigantes (...) são assegurados o contraditório e ampla defesa, com os meios e recursos a ela inerentes".

O dispositivo constitucional faz menção a "recursos" inerentes à ampla defesa. Não se deve entender o termo em seu sentido técnico processual (ato que busca revisão de uma decisão judicial), mas sim como meios para que a defesa seja plenamente exercitada.

Porém, a ampla defesa não significa que tudo aquilo que o réu pretende alegar ou provar deve ser levado em consideração. O juiz deve analisar a pertinência e a conveniência das provas e das alegações.

1.3.4. Princípio do contraditório

O **princípio do contraditório** pode ser assim definido: *quando uma parte se manifesta, a outra também deve ter a oportunidade de fazê-lo*. É positivado no art. 5º, LV, da CF, reproduzido no tópico acima.

Trata-se de um binômio: "informação e possibilidade de manifestação". O primeiro é indispensável; o segundo é opcional, ou seja, não haverá violação ao princípio se a parte, ciente (informada), não se manifestar.

Além da previsão constitucional, o contraditório é encontrado no NCPC, em dois dispositivos.

O art. 9.º traz a visão clássica de o juiz não decidir sem ouvir a parte contrária, salvo exceções previstas no parágrafo único, como no caso de tutela de urgência.

Assim, em casos de urgência, a concessão de alguma medida pelo juiz antes da manifestação da parte contrária *não importa em violação ao princípio* – desde que, posteriormente, a outra parte seja ouvida. Este seria o pedido de liminar *inaudita altera parte* (sem que se ouça a outra parte). Não é que o contraditório não existe, ele é apenas diferido (adiado) para um momento seguinte, considerando a urgência do caso concreto.

O art. 7º do NCPC preceitua que a igualdade (vide item 1.3.6) é uma das formas pelas quais se atinge o efetivo contraditório.

1.3.4.1. Princípio da vedação de decisões surpresa

Inova o NCPC ao trazer, no art. 10, o contraditório sob outro ângulo: da *impossibilidade de o juiz decidir sem que tenha dado às partes oportunidade de se manifestar*. Mesmo que se trate de matéria que possa ser apreciada de ofício. Trata-se da **vedação de "decisões surpresa"**.

Como exemplo, se o juiz for reconhecer a prescrição, ainda que possa fazer isso de ofício, *terá antes de ouvir a parte a respeito desse tema*. Se assim não proceder, haverá uma decisão surpresa, o que é vedado por este dispositivo.

A ideia da vedação de prolação de decisão surpresa é permitir que a parte apresente argumentos para afastar a tese que possivelmente seria acolhida – ou seja, para efetivamente ter a *oportunidade de convencer o magistrado*, antes da prolação da decisão (*visão mais moderna do princípio do contraditório*).

Para alguns autores, isso nada mais é que o princípio do contraditório. Porém, como o próprio NCPC o aponta em dispositivo que não o do contraditório, é importante conhecer as duas facetas do tema.

Por fim, vale destacar que, inegavelmente, a aplicação do princípio faz com que o *processo demore mais* – o que poderia trazer algum conflito com o princípio da razoável duração do processo – vide item 1.3.10.

1.3.5. Princípio do juiz natural (princípio da vedação do tribunal de exceção)

O **princípio do juiz natural** preceitua que o *órgão julgador competente para determinada causa deve existir e ser conhecido antes de ocorrido o fato a ser julgado*. É previsto no art. 5º da CF, em dois incisos: "XXXVII – não haverá juízo ou tribunal de exceção" e "LIII – ninguém será processado nem sentenciado senão pela autoridade competente".

Assim, o juiz natural é o juiz competente previsto em lei (Constituição e Códigos) para julgar a lide em abstrato, antes mesmo de sua ocorrência.

O objetivo do princípio é garantir a *imparcialidade* do julgador, a qual é usualmente deixada de lado quando se cria um tribunal *ad hoc* (para determinado ato, após a sua ocorrência).

Não se deve confundir o juiz natural com a identidade física do juiz (princípio processual que existia no CPC/1973 e não mais existe no NCPC).

1.3.6. Princípio da isonomia (princípio da igualdade)

Pelo **princípio da isonomia** *o juiz deve tratar, no âmbito do processo, as partes da mesma forma*. Há previsão na CF, art. 5º, *caput* ("Todos são iguais perante a lei") e no NCPC, art. 7º (o qual prevê que o juiz deve assegurar "às partes paridade de tratamento em relação ao exercício de direitos e faculdades processuais"). A igualdade deve ser observada em todos os aspectos do processo.

Assim, prevê o princípio que o Judiciário deve tratar os litigantes da mesma forma, sem que haja benefícios em prol de um e em detrimento do outro. Como exemplo, os prazos processuais devem ser os mesmos tanto para o autor como para o réu.

Contudo, por vezes a própria legislação cria situações processuais distintas entre os litigantes. E isso se justifica pela necessidade de se equilibrar a posição entre as partes, em virtude de uma prévia desigualdade, ou seja, o princípio da igualdade também significa tratar desigualmente os desiguais – na medida de suas desigualdades (ex.: isenção de custas somente para a parte hipossuficiente).

1.3.7. Princípio da proibição de provas ilícitas

O princípio da **proibição da prova ilícita** deixa claro que "são inadmissíveis, no processo, as provas obtidas por meios ilícitos" (CF, art. 5º, LVI). O valor que se busca proteger é a intimidade das pessoas (também protegida na CF, art. 5º, X).

Se uma prova ilícita for levada ao processo, esta não deverá ser levada em conta pelo magistrado no momento do julgamento.

Derivada uma prova lícita de uma inicialmente ilícita, o entendimento majoritário é de que persiste a nulidade (esta é a denominada **teoria do fruto da árvore envenenada**).

1.3.8. Princípio da publicidade

O **princípio da publicidade** prevê que *os atos processuais e a tramitação do processo devem ser, em regra, públicos*. É previsto no art. 93, IX, da CF: "todos os julgamentos dos órgãos do Poder Judiciário serão públicos (...)". No NCPC, há repetição desse comando no art. 11 e também menção à publicidade no art. 8º.

Porém, não se trata de um princípio absoluto, já que há situações em que o processo pode ser sigiloso. E isso é previsto na própria CF, no art. 5º, LX: "a lei só poderá restringir a publicidade dos atos processuais quando a defesa da intimidade ou o interesse social o exigirem".

Assim, em certos casos – como nas discussões envolvendo direito de família –, tendo em vista a defesa da intimidade, o processo não será público para terceiros, em virtude do **segredo de justiça** (NCPC, arts. 11 e 189).

1.3.9. Princípio da motivação (princípio da fundamentação)

Pelo **princípio da motivação** *toda decisão proferida pelo Poder Judiciário deverá ser fundamentada, explicada, motivada pelo magistrado que a profere.* É positivado na CF, art. 93, IX: "todos os julgamentos dos órgãos do Poder Judiciário serão públicos, e fundamentadas todas as decisões (...)". Tal qual na CF, o NCPC prevê no art. 11 a publicidade e a fundamentação das decisões.

A finalidade é que as partes saibam a razão pela qual seus argumentos foram aceitos ou, principalmente, negados. Inclusive de modo a se ter condições de impugnar a decisão, via recurso. Caso não haja motivação, a decisão será nula.

Merece destaque, no NCPC, a forma pela qual a motivação das decisões judiciais é tratada. O art. 489, § 1º, aponta situações em que **não há** *adequada motivação*. Por esse dispositivo, não são fundamentadas decisões (sentença, acórdão ou interlocutória) que (i) se limitem à *indicação, à reprodução ou à paráfrase de ato normativo*, sem explicar sua relação com a causa ou a questão decidida; (ii) empreguem *conceitos jurídicos indeterminados*, sem explicar o motivo concreto de sua incidência no caso; (iii) invoquem motivos que se *prestariam a justificar qualquer outra decisão*; (iv) *não enfrentem todos os argumentos deduzidos no processo* capazes de, em tese, *infirmar (afastar) a conclusão adotada pelo julgador*; (v) se limitem a *invocar precedente ou enunciado de súmula*, sem demonstrar que o *caso sob julgamento se ajusta àqueles fundamentos*; (vi) *deixarem de seguir súmula ou jurisprudência* invocadas pela parte, *sem demonstrar a existência de distinção no caso em julgamento ou a superação do entendimento*. A respeito do tema, vide item 2.3.7.1.

1.3.10. Princípio da duração razoável do processo (princípios da economia e da celeridade)

O **princípio da duração razoável do processo** foi inserido na Constituição pela EC 45/2004 (Reforma do Judiciário). Nos termos do art. 5º, LXXVIII, "a todos, no âmbito judicial e administrativo, são assegurados a razoável duração do processo e os meios que garantam a celeridade de sua tramitação".

E, no NCPC, está previsto no art. 4º. A inovação no Código é que *há menção específica à satisfação*, o que sinaliza que o princípio não se restringe apenas à fase de conhecimento, mas também ao cumprimento de sentença e execução.

É a expressão positivada dos princípios implícitos da economia processual e da celeridade (parte da doutrina trata estes dois princípios como sinônimos).

Para os que entendem existir diferença, o **princípio da economia processual** busca *um processo econômico não só em relação ao tempo, como também recursos humanos, recursos materiais, custos etc.* Já quando se fala em **princípio da celeridade**, *a ideia é um processo que não tenha uma duração prolongada.*

1.3.11. Princípio do duplo grau de jurisdição

Como não se tem previsão explícita (pois não previsto na CF ou na legislação infraconstitucional), há quem entenda não se tratar de um princípio. Contudo, a posição majoritária é que se trata de um *princípio implícito*, que decorre do devido processo legal e, também, da previsão de recursos e tribunais no sistema processual-constitucional brasileiro.

O **princípio do duplo grau de jurisdição** pode ser definido como a *possibilidade de reexame de uma decisão judicial, por um outro órgão jurisdicional, usualmente superior.*

Contudo, reconhece-se que em algumas hipóteses o princípio pode ser excepcionado. Como exemplos, podem ser apontados os acórdãos proferidos em causas de competência originária do STF (ex.: ADI – Ação Direta de Inconstitucionalidade). A questão é mais complexa no âmbito processual penal, pois há previsão do duplo grau no Pacto de San José da Costa Rica (Convenção Americana sobre Direitos Humanos); porém, não há essa previsão para o processo civil.

1.3.12. Princípio da inércia (princípio dispositivo)

O **princípio da inércia** determina que, *para a atuação do Judiciário visando a solucionar uma lide, há necessidade de manifestação da parte interessada*. Ou seja, o Judiciário fica inerte até que seja provocado pelo autor. O princípio está previsto nos arts. 2º do NCPC e tem por objetivo garantir a imparcialidade do juiz. Mas o mesmo artigo preceitua que, uma vez retirado o Judiciário da inércia, aí o processo tramita por impulso oficial.

Apesar de a *regra* ser o Judiciário inerte, existem algumas *exceções* no sistema, em que a própria legislação afirma que o juiz poderá agir *de ofício* (ou seja, sem provocação da parte). Por exemplo, ao apreciar matérias de ordem pública, como vícios processuais (NCPC, art. 485, § 3º) – porém, reitere-se que, mesmo nesses casos, deverá ser dada à parte a oportunidade de se manifestar, para evitar a prolação de decisão-surpresa (vide item 1.3.4.1 acima).

1.3.13. Princípio da congruência (princípio da adstrição do juiz ao pedido ou da correlação)

Como decorrência do princípio dispositivo, há o **princípio da congruência**, o qual aponta que *o juiz apenas pode conceder o que foi pedido pela parte*. É previsto nos arts. 141 e 492 do NCPC.

Se o Judiciário somente pode se movimentar se provocado pela parte (princípio dispositivo), é certo que tal Poder não deve conceder algo além do que foi pleiteado pela parte.

Se o juiz conceder algo fora do que foi pedido, fala-se em decisão *extra petita* (a parte pede dano material e o juiz concede dano moral). Se o juiz conceder algo além do que foi pedido, fala-se em decisão *ultra petita* (a parte pede R$ 10 mil de dano moral e o juiz concede R$ 20 mil de dano moral). Nesses dois casos, há nulidade da decisão.

1.3.14. Princípio do convencimento motivado do juiz (livre convencimento?)

O **princípio do convencimento motivado** regula a avaliação das provas existentes nos autos e está previsto no art. 371 do NCPC. Assim, *o juiz não está vinculado a qualquer prova em específico, mas ao conjunto probatório como um todo – contudo, ao decidir, terá de indicar os motivos que deram base a seu convencimento.*

Ou seja, uma prova não vale mais que a outra. E um exemplo claro disto é que o juiz não está vinculado à conclusão do perito no laudo pericial (NCPC, art. 479). Porém, reitere-se, deverá fundamentar o porquê de não acolher ou acolher determinada prova. Relembre-se que o princípio da motivação (item 1.3.9 acima) já aponta esta necessidade.

No CPC/1973, este princípio era denominado de **livre convencimento motivado**. No NCPC, como se percebe, houve a supressão da palavra "livre". Alguns autores sustentam que essa alteração legislativa *muda a forma de apreciação da prova pelo juiz*; outros afirmam que *não houve qualquer alteração*, pois o juiz sempre terá de apreciar a prova e, com base nas especificidades do caso concreto e sua percepção, julgar (pois o julgador não é uma máquina, mas um ser humano). Independentemente desse debate, o importante é conhecer que houve a alteração legislativa quanto ao princípio.

1.3.15. Princípio da oralidade

O **princípio da oralidade** é aquele que *estimula a realização dos atos processuais por meio verbal; ou seja, mediante a realização de audiências*. Para que se compreenda este princípio, é de se entender que a **finalidade da oralidade** é *aproximar o juiz das partes e das provas*, o que se verificar a partir de alguns *subprincípios*.

No NCPC, houve uma sensível redução da oralidade em relação ao que era previsto no CPC/1973 (exatamente porque, no sistema anterior, a jurisprudência acabou por afastar do cotidiano forense alguns aspectos da oralidade).

Houve, por exemplo, a *supressão do princípio da identidade física do juiz*, que determinava que o juiz que produziu a prova era o juiz que deveria julgar a causa.

Em relação à *audiência*, que no CPC/1973 sempre seria conduzida pelo juiz, será *conduzida por mediador ou conciliador*, quando se tratar do *ato inaugural* (NCPC, art. 334, § 1º). Porém, prevê o NCPC que o juiz poderá determinar o comparecimento das partes em juízo, para "inquiri-las sobre os fatos da causa" (art. 139, VIII), o que demonstra que o NCPC ainda prevê o contato entre juízes e partes e prova (**princípio da imediatidade**).

Assim, não houve a total abolição da oralidade, mas sua mitigação. Além da imediatidade, podemos apontar que permanece no NCPC:

a) princípio da concentração: a *instrução deve ser reduzida a um número mínimo de audiências* **(audiência una – NCPC, art. 365), e a um rápido julgamento após o término da instrução (30 dias, segundo o NCPC, art. 366);**

b) princípio da irrecorribilidade das interlocutórias: na linha do acima exposto, deve-se *evitar que, a cada interlocutória, o processo seja suspenso*. Assim, apenas algumas situações de interlocutórias, devidamente previstas em lei, é que poderão ser impugnadas por agravo de instrumento (NCPC, art. 1.015);

1.3.16. Princípio da boa-fé (lealdade processual)

O processo acarreta sempre a manifestação de ambas as partes (vide princípio do contraditório). É certo que a ida ao Judiciário decorre da existência da lide, o que muitas vezes significa um grau acentuado de animosidade entre os litigantes. Contudo, o processo em si não pode ser um local de conflito.

Daí o **princípio da boa-fé**, que *busca evitar uma atuação desleal ou fraudulenta das partes e de seus advogados, no âmbito do processo, prevendo sanções processuais para quem assim atue*. Apesar do foco do princípio ser as partes, aplica-se, também, a todos que atuam no processo (NCPC, art. 5º).

No CPC/1973, não havia menção expressa à boa-fé dentre os princípios. Mas havia indicativo de qual deveria ser a conduta ética das partes no processo, o que se denominava de **princípio da lealdade processual**. Assim, é possível se falar que boa-fé e lealdade, neste contexto, são *sinônimas*.

Como expressão do princípio pode-se destacar a existência da **litigância de má-fé**, *figura processual que prevê multa à parte que agir contra a boa-fé ou deslealmente no processo* (NCPC, arts. 80 e 81).

A parte (autor, réu, terceiro) é considerada litigante de má-fé *quando* (NCPC, art. 80):

✓ I – deduzir pretensão ou defesa contra texto expresso de lei ou fato incontroverso;

✓ II – alterar a verdade dos fatos;

✓ III – usar do processo para conseguir objetivo ilegal;

✓ IV – opuser resistência injustificada ao andamento do processo;

✓ V – proceder de modo temerário em qualquer incidente ou ato do processo;

✓ VI – provocar incidentes manifestamente infundados;

✓ VII – interpuser recurso com intuito manifestamente protelatório.

A condenação em litigância de má-fé importa, conforme art. 81 do NCPC, em:

(i) *multa* entre *1% e 10% do valor corrigido da causa*; se o valor da causa for irrisório ou inestimável, a multa poderá ser de até 10 salários mínimos (NCPC, art. 81, § 2º);

(ii) *indenização* à parte contrária pelos danos sofridos, honorários advocatícios e despesas. Essa indenização será desde logo fixada pelo juiz ou, se não for possível, liquidada por arbitramento, nos próprios autos – *inexistindo limite legal para o seu valor*.

A imposição da pena por litigância de má-fé poderá ser imposta **de ofício ou a requerimento da parte** (NCPC, art. 81), sendo revertida para a parte contrária (NCPC, art. 96).

Se houver litisconsórcio entre os litigantes de má-fé, haverá condenação de forma proporcional ou mesmo de forma solidária, se os litigantes se coligaram para lesar a parte contrária (NCPC, art. 81, § 1º).

Figura *análoga* à litigância de má-fé é o **"ato atentatório à dignidade da Justiça"**.

É previsto na parte geral do NCPC, para duas das condutas esperadas das partes (previstas no art. 77, deveres das partes):

✓ cumprir com exatidão as decisões jurisdicionais, de natureza provisória ou final, e não criar embaraços à sua efetivação (inc. IV);

✓ não praticar inovação ilegal no estado de fato de bem ou direito litigioso (inc. VI).

Assim, entendeu o NCPC que essas duas *condutas são mais graves que as demais*. Assim, são qualificadas de ato atentatório à dignidade da justiça (não litigância de má-fé), sendo aplicável *multa de até 20% do valor da causa*, que será *revertida ao Estado* e não à parte contrária (art. 77, §§ 2º e 3º). Não se cumula a multa por ato atentatório com a multa por litigância de má-fé, mas é possível que haja a cumulação com outras multas processuais (art. 77, § 4º).

Além disso, prevê o NCPC o **ato atentatório à dignidade da justiça no processo de execução** (aplicado analogicamente para o cumprimento de sentença), para quando o executado (NCPC, art. 774):

✓ I – frauda a execução;

✓ II – se opõe maliciosamente à execução, empregando ardis e meios artificiosos;

✓ III – dificulta ou embaraça a realização da penhora;

✓ IV – resiste injustificadamente às ordens judiciais;

✓ V – intimado, não indica quais são e onde se encontram os bens sujeitos à penhora e os respectivos valores, nem exibe prova da propriedade.

Se o executado assim proceder, o juiz poderá aplicar **multa** *de até 20% do valor atualizado do débito* objeto da execução, sem prejuízo de outras sanções, sendo que a *multa reverterá em proveito do* **exequente** e será exigível na própria execução (NCPC, art. 774, parágrafo único).

Ou seja, (i) na parte geral há multa por litigância de má-fé e ato atentatório, com valores distintos (até 10% e até 20%, respectivamente), (ii) nada impede que na execução haja multa por má-fé e ato atentatório e (iii) o destinatário da multa por ato atentatório à dignidade da justiça é distinto em relação à parte geral (Estado) ou na execução e cumprimento de sentença (parte contrária).

1.3.17. Princípio da cooperação

O art. 6º do NCPC inova ao prever o **princípio da cooperação**, destacando que *todos os sujeitos do processo devem "cooperar entre si para que se obtenha, em tempo razoável, decisão de mérito justa e efetiva"*. Qual seria efetivamente o significado desse novo princípio?

Não há dúvida de que apresenta alguma correlação com o princípio da boa-fé, acima exposto. Assim, a tendência é que, ao menos no início da vigência do NCPC, é que o princípio da cooperação se aproxime da boa-fé e lealdade processual.

Assim, do ponto de vista das partes, a cooperação poderia ser vista como um limite ao contraditório, no sentido de não se ter um contraditório nocivo, que viole a boa-fé. É certo que cooperar *não pode significar que um advogado tenha de abrir mão da estratégia de atuar em prol de seu cliente.*

Como exemplos, (i) saneamento compartilhado, em que as partes apontam quais são os pontos controvertidos (NCPC, art. 357, § 3º), (ii) dever de exibição de documentos (NCPC, art. 396 e ss.) e (iii) dever de manter endereço (inclusive *e-mail*) atualizado perante o Judiciário (NCPC, art. 246, § 1º).

Do ponto de vista do juiz, o princípio seria o dever de cooperar com a parte, informando e esclarecendo-a antes de proferir alguma decisão.

Como exemplos, (i) a vedação de decisão-surpresa, prevista no art. 10 do NCPC (e já analisada no item 1.3.4.1 acima), (ii) a necessidade de decisão quanto à distribuição do ônus da prova antes da instrução (NCPC, art. 357, III) e (iii) o dever de o magistrado indicar qual ponto da inicial deve ser emendado, não cabendo apenas se falar "emende a inicial" (NCPC, art. 321).

1.3.18. Princípios relacionados às nulidades

É importante que, no processo, haja a observância de formas, de maneira que se garanta segurança aos litigantes (princípio do devido processo legal). Contudo, dúvida não há de que a observância irrestrita das formas engessa o andamento do processo (em violação ao princípio da razoável duração do processo).

Neste contexto é que se inserem os princípios relacionados às nulidades (isso porque a inobservância de forma, a rigor, acarreta a nulidade do ato processual, ou seja, sua repetição).

Merecem destaque os seguintes princípios:

a) princípio da instrumentalidade das formas, pelo qual *ainda que a forma prevista em lei não for observada, o juiz considerará válido o ato se, realizado de outro modo, alcançar-lhe a finalidade* (NCPC, art. 277). Logo, *só haverá nulidade se houver prejuízo* (regra do *pas de nullitè sans grief* – CPC, art. 282, § 1º).

b) princípio da causalidade: *decretada a nulidade de um ato, os que dele decorrerem também devem ser reconhecidos como nulos* (NCPC, art. 281).

c) princípio da conservação: *não há nulidade dos atos posteriores que sejam independentes daquele que foi anteriormente anulado* (NCPC, art. 283).

1.3.19. Princípio da eventualidade

O processo tem por finalidade a solução da lide e deve seguir sempre com essa finalidade. Nesta linha, para evitar demora na tramitação do processo (princípio da razoável duração do processo), fala-se em **preclusão**. Ou seja, em regra, o processo não pode voltar para uma fase anterior.

Assim, o **princípio da eventualidade** aponta que *a parte, no momento em que se manifestar, deverá trazer todos os argumentos e pedidos possíveis, visto que, em regra, não é possível fazê-lo em momento posterior*.

Para ilustrar, vale trazer o exemplo da contestação em que réu deverá apresentar *todos* seus argumentos de defesa, ainda que contraditórios (NCPC, art. 336).

1.3.20. Outros princípios mencionados no início do NCPC

Em um contexto de trazer para o NCPC cláusulas gerais – que permitem ao juiz uma margem de discricionariedade (e, assim, maior liberdade no julgar) – o art. 8º do Código destaca que o juiz, ao decidir deverá observar o ordenamento jurídico (leis), mas observando os *fins sociais* e as *exigências do bem comum*, promovendo a *dignidade da pessoa humana* e observando a *proporcionalidade* e a *razoabilidade*.

Esse mesmo art. 8º do NCPC destaca que o juiz deverá observar os princípios da *legalidade* (CF, art. 5º, II), da *publicidade* (CF, art. 93, IX – já tratado no item 1.3.8 acima) e da *eficiência* (CF, art. 37, *caput*). Ou seja, mais três princípios constitucionais reproduzidos no NCPC – sendo que a publicidade é reforçada no art. 11, em conjunto com o *princípio da motivação* (também presente na CF, art. 93, IX e igualmente já visto no item 1.3.9 supra).

1.3.21. Regra do julgamento cronológico

Finalizando a parte inicial do NCPC (que trata das normas fundamentais, ou seja, a parte principiológica), mas não se tratando tecnicamente de um princípio, há a previsão de **julgamento das demandas em ordem cronológica** (art. 12).

Este é um dos dispositivos alterados durante a *vacatio legis* (Lei 13.256/2016), sendo importante conhecer a modificação.

A redação original era a seguinte: "Os juízes e os tribunais *deverão obedecer* à ordem cronológica de conclusão para proferir sentença ou acórdão.".

Considerando essa previsão, uma vez que a causa fosse à *conclusão para julgamento*, deveria ser *observada essa ordem cronológica de conclusão para prolação das* ***sentenças***: primeiro teria de ser sentenciada a causa mais antiga, para somente depois ser sentenciada a causa mais recente.

Também *nos tribunais* deveria ser observada essa regra, considerando a conclusão para prolação de **acórdão**

Contudo, com a alteração legislativa, a redação do artigo ficou a seguinte: Art. 12. Os juízes e os tribunais *atenderão, preferencialmente*, à ordem cronológica de conclusão para proferir sentença ou acórdão.

Ou seja: de um **comando para o julgador** (*deverão obedecer*) passou-se para uma mera **sugestão ao magistrado** (*atenderão, preferencialmente*). Portanto, não haverá qualquer consequência se a ordem cronológica não for observada.

De qualquer forma, o dispositivo não foi revogado, de modo que que haverá essa **preferência** para o julgamento em ordem cronológica, no tocante às *sentenças e acórdãos*. Mas isso **não se verifica**, por falta de previsão legal, às *decisões interlocutórias* (de 1º grau) e às *decisões monocráticas* de relator (no âmbito dos tribunais).

Pela redação mantida, em cada uma das varas de juízes ou gabinetes de desembargadores ou de ministros, deverá ser elaborada uma **lista com a ordem dos processos** que estão conclusos para decisão final (NCPC, art. 12, § 1º). Essa lista deverá estar *disponível não só na vara ou gabinete, mas também na internet* (e, por certo, demandará considerável tempo dos servidores do cartório para sua elaboração – resta verificar, considerando ser uma preferência e não mais dever, se essa lista realmente será elaborada no cotidiano forense).

Não há *previsão, no NCPC de consequência ou qualquer penalidade caso a ordem cronológica não seja observada* (há previsão de processo disciplinar contra o escrevente se esse servidor não *publicar* as decisões em ordem cronológica – NCPC, art. 153, § 5º). Em tese, seria possível representação perante a Corregedoria local ou CNJ. Em virtude da ausência de sanção processual, é possível vislumbrar que esse dispositivo não será efetivamente aplicado em muitos órgãos do Judiciário. Mas, para fins de exames, o texto legal deve ser conhecido.

O próprio NCPC traz diversas **exceções à ordem cronológica**: são pelo menos *29 hipóteses, divididas em 9 incisos*. Ou seja, nesses diversos casos, a ordem cronológica não precisará ser observada. Destacamos aqui as principais situações em que isso ocorre (NCPC, art. 12, § 2º):

✓ homologação de acordo,

✓ julgamento de causas massificadas (seja em julgamento de recursos repetitivos ou incidente de resolução de demandas repetitivas),

✓ sentença sem resolução do mérito (art. 485),

✓ decisão monocrática do relator, no âmbito dos tribunais (art. 932),

✓ julgamento de embargos de declaração e agravo interno;

✓ preferências legais, como no caso de idoso;

✓ metas do CNJ;

✓ situações de urgência.

1.4. Partes, procuradores, sucumbência e justiça gratuita, Juiz, Conciliador e Mediador, Ministério Público, Defensoria Pública e Fazenda Pública em juízo

1.4.1. Partes e capacidades

Para que se saiba quem pode figurar como parte no âmbito do Poder Judiciário, é necessário que se conheça as diversas capacidades existentes:

a) capacidade de ser parte: *pode ser parte em um processo judicial quem tem a possibilidade de ser titular de direitos – assim, trata-se de conceito ligado à personalidade jurídica* (CC, art. 1º).

Apesar disso, para resolver questões de ordem prática, a legislação processual por vezes concede capacidade de ser parte a entes despersonalizados. É, por exemplo, o caso do espólio, que é representado pelo inventariante (cf. NCPC, art. 75, V, VI, VII e XI). Uma situação concreta que gerou muita polêmica foi pacificada com a edição da Súmula 525 do STJ: "A Câmara de Vereadores não possui personalidade jurídica, apenas personalidade judiciária, somente podendo demandar em juízo para defender os seus direitos institucionais".

Como se percebe, ou há ou não há capacidade de ser parte, não sendo possível falar em correção dos polos da relação processual no caso de incapacidade de ser parte – o processo será extinto.

b) capacidade processual *(legitimatio ad processum): é a capacidade de figurar no processo judicial por si mesmo, sem o auxílio de outrem.*

Não se deve confundir esta figura com a condição da ação *legitimidade de parte* (*legitimatio ad causam*), adiante enfrentada.

A regra do NCPC (art. 71) é que os absolutamente incapazes (CC, art. 3º) devem ser representados, ao passo que os relativamente incapazes (CC, art. 4º) devem ser assistidos.

Uma criança tem capacidade de ser parte (pode pleitear alimentos, por exemplo), mas não pode figurar, sozinha, no processo. Assim, não tem capacidade processual, devendo estar acompanhada para que haja a supressão de sua incapacidade processual. Diferentemente da incapacidade de ser parte, a incapacidade processual pode ser suprida (NCPC, art. 76).

Por sua vez, há algumas pessoas que, apesar de não serem incapazes à luz da legislação civil, têm restrições em sua capacidade processual. É a hipótese dos *litigantes casados*.

Em regra, não há qualquer distinção entre solteiros e casados. A *exceção* envolve as **ações reais imobiliárias**, *salvo no caso do regime* de separação total de bens (NCPC, art. 73). Neste caso, ou há litisconsórcio ou há autorização do cônjuge para se ingressar em juízo – via outorga uxória (prestada pela esposa ao marido) ou outorga marital (prestada pelo marido à esposa). A inovação do NCPC se refere à expressa *menção à união estável* (art. 73, § 3º) – o que já era admitido pela jurisprudência. A lei prevê a necessidade de participação do companheiro *apenas quando constar dos autos a informação de que existe união estável* – isso de modo a evitar atitudes de má-fé, no sentido de trazer essa informação para os autos após anos de tramitação do processo, de modo a acarretar a nulidade do processo.

O legislador assim previu considerando que a discussão envolvendo direitos reais imobiliários em tese pode influenciar toda a família. É uma visão que dá maior valor ao bem imóvel que se justificava na década de 1970, mas não na segunda década do século XXI (mas não houve alteração no NCPC).

c) capacidade postulatória: *é a capacidade plena de representar as partes em juízo; a capacidade de falar, de postular perante os órgãos do Poder Judiciário*. Em regra, o advogado é o titular da capacidade postulatória (NCPC, art. 103).

Porém, há casos em que a lei concede capacidade postulatória à própria parte – mas isso não impede a postulação por meio de um advogado. As situações são as seguintes:

- ✓ Juizados Especiais Cíveis, nas causas de até 20 salários mínimos (Lei 9.099/1995, art. 9º) – e, também, Juizado Especial Federal e Juizado da Fazenda Pública Estadual (nesses casos, diante da omissão legislativa, o entendimento majoritário é que não há a limitação de 20 salários, sendo cabível a atuação da parte sem advogado até o teto desses juizados, regulados pela Lei 10.259/2001 e Lei 12.153/2009, respectivamente);
- ✓ ação de alimentos (Lei 5.478/1968, art. 2º);
- ✓ *habeas corpus*;
- ✓ reclamações trabalhistas (CLT, art. 791), cabendo lembrar que essa capacidade, para o TST, não é irrestrita (Súmula 425 do TST: "O *jus postulandi* das partes, estabelecido no art. 791 da CLT, limita-se às Varas do Trabalho e aos Tribunais Regionais do Trabalho, não alcançando a ação rescisória, a ação cautelar, o mandado de segurança e os recursos de competência do Tribunal Superior do Trabalho").
- ✓ A prova de que houve a outorga de poderes ao advogado se dá pelo contrato de mandato, cujo instrumento é a procuração (vide item 1.4.4 abaixo).
- ✓ Existindo **vício de capacidade que possa ser sanado**, inicialmente o juiz deverá determinar a *correção* da falha (NCPC, art. 76, *caput*). Se não houver a correção da falha, existem *consequências distintas*, conforme o grau de jurisdição e o polo da parte.
- ✓ Caso o vício não seja sanado e o **processo estiver em 1º grau**, existem *3 possibilidades* (NCPC, art. 76, § 1º): (i) *extinção* do processo *sem resolução de mérito* (art. 485, IV), se o vício tivesse de ser *sanado pelo autor*; (ii) *revelia* (art. 344), se o vício tivesse de ser *sanado pelo réu*; (iii) *exclusão do processo ou revelia*, se o vício tivesse de ser *sanado por terceiro* (terceiro no polo ativo: exclusão do processo; terceiro no polo passivo: revelia).
- ✓ Caso o vício não seja sanado e o **processo estiver no tribunal** (intermediário ou superior), existem 2 possibilidades (NCPC, art. 76, § 2º): (i) *não conhecimento* do recurso, se o vício tivesse de ser *sanado pelo recorrente*; (ii) *desentranhamento das contrarrazões*, se o vício tivesse de ser *sanado pelo recorrido*. Assim, não mais poderá ser aplicado o entendimento de tribunal superior de impossibilidade de correção de procuração (vício de capacidade postulatória) no âmbito do STJ ou STF.

1.4.2. Alteração das partes após o ajuizamento da demanda (sucessão processual)

Em regra, *realizada a citação, descabe a alteração do pedido ou da causa de pedir; consequentemente, impede-se a modificação das partes* (NCPC, art. 329).

Contudo, existem algumas *exceções*. Dá-se o nome **sucessão processual** à *alteração das partes em um processo judicial* (NCPC, art. 108). Não deve ser confundida com a **substituição processual**, que *importa em pleitear direito alheio em nome próprio* (NCPC, art. 18).

Um exemplo de sucessão processual é a hipótese de *falecimento* de uma das partes (NCPC, art. 110) quando – após a suspensão do processo (NCPC, art. 313, I) – o sucessor ingressará nos autos para assumir a posição processual do falecido. Isso ocorrerá mediante um procedimento especialmente denominado *habilitação* (NCPC, art. 687).

Outro exemplo em que pode ocorrer a sucessão é a *alienação de objeto litigioso*. Neste caso, quem adquire o bem poderá ingressar no processo no lugar da parte que alienou o bem – desde que haja consentimento da parte contrária (NCPC, art. 109, § 1º). Se não houver o consentimento, o adquirente poderá intervir no processo como assistente litisconsorcial do alienante (NCPC, art. 109, § 2º).

1.4.3. Curador especial

O CPC prevê, para determinados casos, a figura de um **curador especial**. Trata-se de um *advogado nomeado pelo juiz para postular em nome de determinada parte que apresenta uma situação de hipossuficiência*.

Deverá existir a curatela especial nas seguintes situações (NCPC art. 72):

(i) *incapaz sem representante legal* (inova o NCPC ao esclarecer que a curatela durará *enquanto subsistir a incapacidade*);

(ii) ao *réu preso*, que for revel (ou que venha a ser preso durante a fluência do prazo de contestação – STJ, REsp 1.032.722/PR, 4.ª T., j. 28.08.2012, *DJe* 15.10.2012, **Informativo/STJ** 503) e

(iii) ao réu revel citado por edital ou por hora certa (ou seja, *citação ficta*).

Em regra, compete à própria parte buscar o seu advogado. Mas, nesses casos, diante de alguma dificuldade (*situação de hipossuficiência*), o magistrado é quem providencia o patrono (que recebe o nome de curador especial), em observância aos princípios da ampla defesa e do contraditório.

1.4.4. Mandato

Como visto acima, a parte usualmente será representada em juízo por um advogado. O *contrato que regula a relação cliente – advogado* é o **mandato**. A **procuração** é o *instrumento do mandato e prova que a parte é representada pelo advogado*.

Em regra, ao apresentar qualquer manifestação, o advogado já junta ao processo a procuração. Contudo, em *situações de urgência*, é possível que o advogado pleiteie alguma providência jurisdicional sem a apresentação da procuração, requerendo prazo para tanto – de 15 dias, prorrogáveis por mais 15 dias (CPC, art. 104).

✓ A **procuração geral para o foro** (procuração com a cláusula *ad judicia*) permite que o advogado realize os principais atos do processo.

✓ Para *situações específicas*, há necessidade de constar da procuração os *poderes especiais*, que são os seguintes – existindo novidades em relação ao CPC/1973 (NCPC, art. 105):

✓ **(i)** receber citação,

✓ **(ii)** confessar,

✓ **(iii)** reconhecer a procedência do pedido,

✓ **(iv)** transigir,

✓ **(v)** desistir,

✓ **(vi)** renunciar ao direito sobre o qual se funda a ação,

✓ **(vii)** receber,

✓ **(viii)** dar quitação,

✓ **(ix)** firmar compromisso e

✓ **(x)** assinar declaração de hipossuficiência econômica.

Inova o NCPC ao determinar que da procuração conste o *nome, número de inscrição e endereço da sociedade de advogados* – se o advogado fizer parte de alguma, por certo (NCPC, art. 105, § 3º). Além disso, a procuração, salvo previsão em sentido contrário constante do próprio instrumento, é eficaz por toda a tramitação do processo, inclusive o cumprimento de sentença (NCPC, art. 105, § 4º).

1.4.4.1. Formas de extinção do mandato

A legislação civil prevê o **término do mandato** nas seguintes hipóteses (CC, art. 682):

(i) renúncia ou revogação;

(ii) morte ou interdição das partes (seja cliente ou advogado);

(iii) mudança de estado que inabilite o mandante a conferir poderes (como uma alteração societária que altere quem, na empresa, possa outorgar mandato) ou o mandatário para exercê-los (perda da capacidade postulatória pelo advogado, que pode ocorrer por força de uma suspensão perante a OAB, dentre outras razões);

(iv) pelo término do prazo ou pela conclusão do negócio.

A **renúncia** é o *ato pelo qual o advogado deixa de representar o cliente*. Pode o advogado "renunciar ao mandato a qualquer tempo, *provando (...) que comunicou a renúncia ao mandante*, a fim de que este nomeie substituto" (NCPC, art. 112). Ou seja, se não houver a comprovação no processo de que houve a ciência ao cliente, a renúncia não será válida. Mas, mesmo que comprovada a ciência da renúncia, *o advogado continuará a representar o mandante nos autos por 10 dias*, de modo a não lhe causar prejuízo (NCPC, art. 112, § 1º). Porém, se houver *mais de um advogado com poderes* e só houver a *renúncia de um* dos advogados, não há necessidade processual de comunicar a renúncia.

Por outro lado, a **revogação** é o *ato pelo qual o cliente desconstitui o advogado da sua função de mandatário*. Do ponto de vista processual, o CPC não traz a necessidade de o cliente (mandante) comprovar que deu ciência ao advogado (mandatário) da revogação. Pela lei processual, a parte que revoga o mandato deve, no mesmo ato, constituir novo advogado (NCPC, art. 111). Contudo, à luz da ética profissional, o novo mandatário deve dar ciência ao anterior de que está assumindo a causa.

Havendo **morte do advogado**, sua **interdição** ou a **perda de sua capacidade postulatória**, é fácil concluir que haverá um defeito de representação, já que o cliente não terá quem o represente dotado de capacidade postulatória. Nesse caso, *o processo será suspenso* (CPC, art. 313, I) e o juiz concederá *prazo de 15 dias para que seja nomeado novo advogado* pelo cliente, sob pena de extinção (se a morte envolver o patrono do autor) ou revelia (se em relação ao advogado do réu). É o que prevê o NCPC, art. 313, § 3º.

Por fim, caso não se verifique qualquer uma das hipóteses acima indicadas, com término do processo (trânsito em julgado e arquivamento), também há a extinção do mandato.

1.4.5. Sucumbência e honorários sucumbenciais

O **ônus da sucumbência** é *a condenação ao pagamento das despesas (custas processuais, honorários periciais e outras) e honorários advocatícios, pela parte vencida*. Tem previsão no NCPC, art. 85, ou seja, os honorários estão incluídos no ônus da sucumbência.

Ainda que o advogado atue em causa própria e seja o vencedor, há a condenação na sucumbência.

O NCPC traz diversas inovações quanto aos honorários (o art. 85 é o que mais tem parágrafo no NCPC, são 19).

✓ São devidos honorários *não só na ação principal*, mas também (NCPC, art. 85, § 1º):

✓ na reconvenção;

✓ no cumprimento de sentença, provisório ou definitivo;

✓ na execução, resistida ou não, e

✓ nos recursos, cumulativamente ao fixado em 1º grau.

✓ Os honorários serão *fixados*, em 1º grau, entre *10% e 20%*. A **base de cálculo** será (i) o valor da *condenação* ou – inovação – (ii) do *proveito econômico* ou (iii) do *valor atualizado da causa* (art. 85, § 2º). Esse critério se aplica mesmo ao caso de improcedência de pedido. Se o *valor da causa for muito baixo* ou o *proveito econômico irrisório*, o juiz fixará os honorários de *forma equitativa* (NCPC, art. 85, § 8º) – ou seja, fixará os honorários em quantia superior, considerando as especificidades do caso concreto.

✓ Nas causas em que a **Fazenda Pública for parte**, a fixação dos honorários observará critérios legais e percentuais de modo escalonado, entre 10%/20% até 1%/3%. Quanto maior a base de cálculo, menor o percentual. Por exemplo:

✓ **(i)** mínimo de 10% e máximo de 20% sobre o valor da condenação/proveito econômico obtido até 200 salários mínimos;

✓ **(ii)** mínimo de 8% e máximo de 10% sobre o valor da condenação/proveito econômico obtido entre 200 e 2.000 salários (art. 85, § 3º) – e assim sucessivamente.

✓ Importante novidade é a **fixação de honorários em grau recursal**. O tribunal, ao julgar o recurso, *majorará os honorários fixados anteriormente*, levando em conta o trabalho adicional realizado em grau recursal. Assim, se em primeiro grau foi fixado o montante de 10% da condenação a título de honorários, o tribunal poderá fixar mais 5% quando do julgamento do recurso. Contudo, será *vedado*, no cômputo geral da fixação de honorários devidos ao advogado do vencedor, *ultrapassar os limites estabelecidos para a fase de conhecimento*, ou seja, o teto de 20%, quando esse for o critério a ser aplicado (art. 85, § 11).

✓ Os honorários fixados em grau recursal são *cumuláveis* com multas e outras sanções processuais (§ 12).

✓ O NCPC reafirma que os *honorários constituem direito do advogado* e têm *natureza alimentar*, sendo titulares dos mesmos privilégios de créditos oriundos da legislação trabalhista (art. 85, § 14).

✓ O § 14 do art. 85 do NCPC, inovando, *veda a compensação dos honorários* advocatícios em caso de *sucumbência parcial*, promovendo a superação da Súmula 306 do STJ ("Os honorários advocatícios devem ser compensados quando houver sucumbência recíproca, assegurado o direito autônomo do advogado à execução do saldo sem excluir a legitimidade da própria parte").

✓ Se a decisão transitada em julgado for *omissa quanto ao direito aos honorários* ou seu valor, será cabível *ação autônoma* para sua definição e cobrança (art. 85, § 18); a previsão gera a *superação da parte final da Súmula 453 do STJ* ("Os honorários sucumbenciais, quando omitidos em decisão transitada em julgado, não podem ser cobrados em execução ou em ação própria").

✓ **Advogados públicos** *perceberão honorários sucumbenciais nos termos da lei* (art. 85, § 19). Assim, salvo regras específicas de determinadas carreiras da advocacia pública (que já recebem honorários de sucumbência), *enquanto não houver edição de lei específica, não haverá o pagamento dos honorários*.

✓ No caso de **sucumbência mínima**, a responsabilidade pela sucumbência será na íntegra do outro litigante (art. 86, parágrafo único).

✓ Se houver **litisconsórcio**, haverá o *pagamento dos honorários pelos vencidos*, devendo a sentença distribuir expressamente quanto cada parte arcará. Contudo, se a *sentença for omissa* – e não houver embargos de declaração quanto ao ponto – então haverá *solidariedade entre todos os vencidos*. Trata-se de interessante inovação prevista no § 2º do art. 87.

✓ No caso de **transação**, se não houver previsão de *quem arca* com as despesas, estas serão *divididas igualmente* (art. 90, § 2º). Se a transação ocorrer antes da sentença, haverá dispensa do pagamento de eventuais custas remanescentes (art. 90, § 3º).

✓ Se o réu **reconhecer a procedência do pedido** e, ao mesmo tempo, **cumprir a obrigação** que reconheceu, haverá redução dos honorários pela metade. Trata-se de mais uma situação envolvendo desconto nos honorários sucumbenciais para estimular o cumprimento da obrigação (e esta novidade do NCPC – art. 90, § 4º).

1.4.6. *Justiça Gratuita*

✓ No sistema anterior, a questão relativa à justiça gratuita era tratada fora do CPC, na Lei 1.060/1950. No NCPC, o assunto passa a ser regulado no próprio Código.

✓ O assunto e regulado dos arts. 98 ao 102 do NCPC. Apesar disso, não houve a total revogação da Lei 1.060/1950 (vide art. 1.072, III, do NCPC).

✓ O NCPC regula a **concessão e revogação da gratuidade de justiça**, que é a *isenção de custas e despesas, para os que têm insuficiência de recursos.*

✓ Distingue-se a justiça gratuita da **assistência judiciária gratuita** (que é a *prestação de serviços jurídicos no Judiciário* – ou seja, a indicação do advogado, principalmente a cargo da Defensoria Pública – vide item 1.4.10 abaixo) da **assistência jurídica** (que é a *prestação completa de serviços jurídicos ao necessitado* – não só a prestação jurisdicional, mas também esclarecimento de eventuais dúvidas; vide CF, art. 5º, LXXIV).

✓ Nada impede que uma parte que contrata *advogado particular* pleiteie e receba a gratuidade de justiça (NCPC, art. 99, § 3º).

✓ O NCPC afirma que a gratuidade de justiça *engloba não só as taxas e custas*, mas também (i) honorários do *perito*, (ii) exame de DNA e *outros exames* necessários no caso concreto, (iii) depósito para *interposição de recurso ou propositura de ação rescisória* e (iv) valores devidos a *cartórios extrajudiciais* em decorrência de registros ou averbações necessários à efetivação da decisão judicial (art. 98, § 1º).

✓ Contudo, *não estão incluídas* na gratuidade eventuais multas processuais impostas ao beneficiário da justiça gratuita (art. 98, § 4º).

✓ Se o beneficiário da justiça gratuita **não tiver êxito na causa** (seja figurando do lado ativo ou passivo da demanda), *deverá ser condenado a arcar com os honorários advocatícios da parte contrária* (art. 98, § 2º). Mas somente será possível executar os honorários se, no *prazo de 5 anos*, o credor demonstrar que o beneficiário está com *condições financeiras* aptas a responder pelo débito (art. 98, § 3º).

✓ A gratuidade de justiça é **direito da parte**, seja *pessoa física ou jurídica* (art. 98). Porém, *só a pessoa física tem presunção* na afirmação da hipossuficiência econômica (art. 99, § 3º), devendo a pessoa jurídica provar sua situação econômica (exatamente como previsto na Súmula 481 do STJ, editada à luz do CPC/1973: "Faz jus ao benefício da justiça gratuita a pessoa jurídica com ou sem fins lucrativos que demonstrar sua impossibilidade de arcar com os encargos processuais)".

✓ A justiça gratuita pode ser **requerida a qualquer momento** (NCPC, art. 99): (i) na petição inicial; (ii) na contestação; (iii) na petição de ingresso de terceiro e (iv) no recurso. Ou seja, cabe pleitear a gratuidade em qualquer momento do processo – mesmo durante a tramitação da causa em primeiro grau, após a inicial e antes do recurso.

✓ Se o requerimento de gratuidade for formulado *quando da interposição do recurso*, o recorrente *não terá de recolher o preparo* – não sendo possível se falar em deserção até eventual decisão do relator que indeferir e determinar o recolhimento das custas (NCPC, art. 99, § 7º).

✓ Quanto ao **critério para a concessão da gratuidade**, a lei não traz critérios objetivos, tratando-se de decisão que ficará a cargo do magistrado, conforme o caso concreto. O NCPC apenas traz o *direito à gratuidade no caso de "insuficiência de recursos para pagar as custas, despesas processuais e honorários advocatícios"* (NCPC, art. 98).

✓ *Não é possível ao juiz indeferir de plano a gratuidade* (NCPC, art. 99, § 2º). Se o magistrado não estiver convencido da presença dos requisitos, deverá determinar que a parte *comprove sua situação* de hipossuficiência econômica.

✓ Inova o NCPC ao prever a concessão de **justiça gratuita parcial**, que pode se configurar de duas formas distintas: (i) reconhecimento da *gratuidade para alguns dos atos do processo* ou apenas a *redução de parte das despesas* (NCPC, art. 98, § 5º) e (ii) *parcelamento de despesas*, "se for o caso" (NCPC art. 98, § 6º). O Código, porém, não traz qualquer *critério* para a aplicação dessas duas novas figuras.

✓ Concedida a gratuidade, pode a parte contrária **impugnar a concessão da justiça gratuita**. Inicialmente, haverá a discussão do tema *perante o próprio juiz que concedeu o benefício* (e não por recurso), *nos próprios autos* (e não mais em apartado, como no CPC/1973). Assim, deferido o pedido, a parte contrária *poderá oferecer impugnação na contestação, na réplica, nas contrarrazões* de recurso ou, nos casos de pedido superveniente ou formulado por terceiro, por meio de *petição simples*, a ser apresentada no prazo de 15 dias (NCPC, art. 100).

✓ Da decisão que *aprecia a impugnação*, cabe **recurso** (NCPC, art. 101). Assim: (i) se o juiz *indeferir a gratuidade* pleiteada por qualquer das partes, o recurso cabível será o *agravo de instrumento*; (ii) se a *impugnação* à justiça gratuita *for acolhida*, o recurso cabível será o *agravo de instrumento*; (iii) se o magistrado decidir quanto à gratuidade (para deferi-la ou não, seja relacionada à impugnação ou não) *na própria sentença*, o recurso cabível será a *apelação*.

✓ *Transitada em julgado a decisão que revogou a gratuidade*, a parte que teve o benefício cassado deverá *recolher todas as despesas do processo*, em prazo fixado pelo juiz (NCPC, art. 102). *Caso não haja o recolhimento*, se o ex-beneficiário for o *autor*, o processo será *extinto*; se for o *réu*, não haverá o deferimento de qualquer ato requerido por essa parte até que haja o pagamento (NCPC, art. 102, parágrafo único) – dispositivo de duvidosa constitucionalidade.

1.4.7. Juiz (poderes, impedimento e suspeição)

O NCPC, em relação aos **poderes do juiz**, em parte repete o CPC/1973 (ao destacar que o juiz deve assegurar *igualdade de tratamento às partes*, velar pela *duração razoável do processo*, reprimir *ato contrário à dignidade da justiça* e tentar a *autocomposição entre as partes*). Mas existem algumas novidades, com destaque para as seguintes (NCPC, art. 139):

(i) possibilidade de (a) *dilação dos prazos processuais* e (b) *alteração da ordem de produção das provas*, considerando o caso concreto (a dilação de prazos só pode ser determinada antes de encerrado o prazo regular);

(ii) possibilidade de determinar *medidas coercitivas* para assegurar o cumprimento de *ordem judicial*, inclusive nas ações que tenham por objeto *prestação pecuniária* (ou seja: é possível se cogitar de multa-diária para uma obrigação de pagar);

(iii) possibilidade de o juiz determinar o *suprimento de pressupostos processuais* e o *saneamento de outros vícios processuais*;

(iv) quando *diante de diversas demandas individuais repetitivas*, pode o juiz oficiar o MP, a Defensoria Pública e outros legitimados *para que se promova a ação coletiva*.

Como não poderia deixar de ser, busca o NCPC que o magistrado seja imparcial – bem como seus auxiliares, pois não só o magistrado pode ser parcial, mas outros partícipes do processo (NCPC, art. 148). Assim, seguem existindo as figuras do **impedimento e suspeição.**

São hipóteses de *impedimento* do juiz (NCPC, art. 144):

I – atuar em processo que antes *interveio como mandatário da parte, perito, MP* ou prestou depoimento como testemunha;

II – atuar em processo em *outro grau de jurisdição, se antes proferiu decisão*;

III – atuar em processo no qual *estiver postulando* (como defensor, advogado ou MP) *cônjuge, companheiro ou parente até o terceiro grau*;

IV – atuar em processo quando *ele próprio, cônjuge ou companheiro, ou parente (consanguíneo ou afim) até o terceiro grau for parte*;

V – atuar em processo quando for *sócio ou membro da direção de pessoa jurídica que for parte no processo*;

VI – atuar em processo quando for herdeiro presuntivo, donatário ou empregador de qualquer das partes;

VII – atuar em processo que for *parte instituição de ensino com a qual tenha relação de emprego ou decorrente de contrato de prestação de serviços;*

VIII – polêmica inovação, quando for parte *cliente do escritório de advocacia de seu cônjuge, companheiro ou parente, consanguíneo ou afim, em linha reta ou colateral, até o terceiro grau inclusive*, mesmo que patrocinado por advogado de outro escritório;

IX – quando o magistrado for autor de demanda contra a parte ou seu advogado.

São hipóteses de *suspeição* do juiz (NCPC, art. 145):

I – o magistrado que for *amigo íntimo ou inimigo* das *partes ou de seus advogados;*

II – o magistrado que *receber presentes* de pessoas que tiverem interesse na causa, que *aconselhar alguma das partes* acerca do objeto da causa ou que *subministrar meios para atender às despesas do litígio*;

III – quando *qualquer das partes for sua credora ou devedora*, de seu cônjuge ou companheiro ou de parentes destes, em linha reta até o terceiro grau, inclusive;

IV – se for *interessado no julgamento* do processo em favor de qualquer das partes.

Cabe, ainda, a suspeição por *motivo de foro íntimo* (NCPC, art. 145, § 1º).

Quanto à **forma** de se apontar a parcialidade do juiz e de seus auxiliares, **não existe mais exceção de impedimento e suspeição** (prevista no CPC/1973). No NCPC, no prazo de 15 dias a partir do conhecimento do fato, *a parte deve alegar o impedimento ou a suspeição, em petição específica dirigida ao juiz do processo*. Nessa peça, será indicado o fundamento da recusa quanto ao magistrado e poderá haver juntada de documentos e indicação de testemunhas (NCPC, art. 146).

Se o juiz não se declarar impedido ou suspeito, o incidente será encaminhado ao tribunal, e haverá o sorteio de um relator, que poderá conceder efeito suspensivo ou não (NCPC, art. 146, § 2º).

1.4.8. Conciliador e Mediador

Considerando o grande estímulo que o NCPC dá às formas alternativas de solução dos conflitos (ADR, especialmente conciliação e mediação), é certo que a figura do conciliador e mediador ganha força no Código. Assim, inova o NCPC ao trazer uma seção específica para esses profissionais (arts. 165 a 175).

✓ **Conciliadores e mediadores** são *profissionais alheios ao conflito, cuja intervenção imparcial busca permitir que as partes cheguem ao consenso*. Como já exposto no item 1.1.4, o **mediador** é *terceiro* que busca o acordo entre as partes, *mas sem sugerir a solução, atuando preferencialmente nos casos em que houver vínculo anterior entre as partes, como no direito de família* (NCPC, art. 165, § 3º), ao passo que o **conciliador** é *terceiro* que busca o acordo entre as partes, *sugerindo a solução*, atuando preferencialmente nos caos em que *não houver vínculo anterior entre as partes*, como em acidentes de veículos (NCPC, art. 165, § 2º).

Considerando as especificidades de cada situação, a mediação pode ser desenvolvida *em mais de uma sessão*, ao passo que a conciliação, em regra, se realiza com *uma reunião*. Contudo, não há vedação para que haja mais de uma audiência para a conciliação.

A mediação não era regulada no CPC/1973 (que só tratava da conciliação), mas é prevista no NCPC e, também, na Lei 13.140/2015 (que é posterior ao NCPC, mas cuja *vacatio* é menor). Apesar de existirem *pontos comuns*, há *distinções entre as duas leis*, o que já é objeto de polêmica.

Prevê a legislação a criação dos **centros judiciários de solução consensual de conflitos**, ou "Cejuscs" (NCPC, art. 165, Lei 13.140/2015, art. 24 e Resolução CNJ 125/2010, art. 8º). Esses centros serão "responsáveis pela *realização de sessões e audiências de conciliação e mediação e pelo desenvolvimento de programas* destinados a auxiliar, orientar e *estimular a autocomposição*" (NCPC, art. 165).

A composição e a organização dos centros serão definidas em cada tribunal, observando-se as normas do CNJ (NCPC, art. 165, § 1º; Lei 11.340/2015, art. 24, parágrafo único). Assim, há espaço para se reconhecer as especificidades de cada local.

São **princípios da mediação e da conciliação** a *independência*, a *imparcialidade*, a *autonomia da vontade*, a *confidencialidade*, a *oralidade*, a *informalidade* e a *decisão informada* (NCPC, art. 166). Por sua vez, a Lei 13.140/2015, a mediação será orientada pelos seguintes princípios (art. 2º): I - *imparcialidade* do mediador; II - *isonomia* entre as partes; III - *oralidade*; IV - *informalidade*; V - *autonomia da vontade* das partes; VI - *busca do consenso*; VII - *confidencialidade*; VIII - *boa-fé*. A seguir, são analisados os princípios mais relevantes.

Pelo **princípio da independência**, os *conciliadores e mediadores devem atuar de forma autônoma*, sem subordinação, vinculação ou influência de pessoas ou órgãos. Pode o mediador ou conciliador recusar, suspender ou interromper a sessão se ausentes as condições necessárias para seu bom desenvolvimento (Resolução CNJ 125/2010, anexo III, art. 1º, V).

A **imparcialidade**, tal qual em relação ao juiz, representa a *ausência de comprometimento de qualquer ordem em relação aos envolvidos no conflito* Na Resolução CNJ 125/2010, imparcialidade é o dever de agir com ausência de favoritismo, preferência ou preconceito, assegurando que valores e conceitos pessoais não interfiram no resultado do trabalho - jamais sendo possível aceitar qualquer espécie de favor ou presente (Resolução CNJ 125/2010, anexo III, art. 1º, IV).

A **autonomia da vontade** é a *intenção manifestada por pessoa capaz, com liberdade*. A Resolução 125/2010 do CNJ reconhece ser a autonomia da vontade o dever de respeitar os diferentes pontos de vista dos envolvidos, assegurando-lhes que cheguem a uma decisão voluntária e não coercitiva com liberdade para tomar as próprias decisões (Anexo III, art. 2º, II).

Pelo **princípio da decisão informada**, a parte deve ser *plenamente informada quanto aos seus direitos em relação à sessão consensual* (Resolução 125/2010 do CNJ, anexo III, art. 1º, II). Porém, que mediadores e conciliadores *não devem atuar como advogados de qualquer das partes*, por força da imparcialidade acima exposta.

A **confidencialidade** é fundamental para que as *partes possam negociar com tranquilidade e transparência*, contando com a *garantia de que o que disserem não será usado contra eles posteriormente*. Assim, se infrutífera a conciliação ou mediação, a *proposta formulada na audiência não deverá constar no termo* - salvo se houver acordo entre as partes (NCPC, art. 166, § 1º). Caso haja violação da confidencialidade, *essa prova deverá ser considerada ilícita*.

Ainda que a doutrina aponte qual seria o caminho para as sessões consensuais, há *flexibilidade no procedimento*, inclusive considerando a **informalidade** dos métodos alternativos (NCPC, art. 166, § 4º). Como exemplo, a possibilidade de o mediador se reunir com as partes, *em conjunto ou separadamente* (Lei 13.140/2015, art. 19).

O NCPC prevê a necessidade de **duplo cadastramento**, ou seja, o *profissional* (pessoa física) ou *câmaras privadas de conciliação e mediação* (pessoa jurídica) deverão se inscrever em *cadastro nacional* e, também em *cadastro perante o TJ ou TRF* que atuarão (NCPC, art. 167).

Quanto à **capacitação mínima**, o conciliador ou mediador deverá realizar um "*curso realizado por entidade credenciada*, conforme parâmetro curricular definido pelo CNJ em conjunto com o Ministério da Justiça" (NCPC, art. 167, § 1º). Em relação ao mediador, a lei própria exige que o profissional seja *pessoa capaz graduada há pelo menos dois anos em curso de ensino superior* de instituição reconhecida pelo Ministério da Educação (Lei 11.340/2015, art. 11).

Além disso, a lei permite que haja **concurso público para mediadores e conciliadores judiciais**. Escolhido o profissional, o tribunal remeterá ao diretor do foro os dados necessários para que seu nome passe a *constar da respectiva lista a ser observada na distribuição alternada e aleatória*, respeitado o princípio da igualdade dentro da mesma área de atuação profissional (NCPC, art. 167, § 2º). A Lei de Mediação **não se refere a concurso**, mas o cadastramento de mediadores pelos tribunais e o custeio das despesas pelas partes (Lei 13.140/2015, arts. 12 e 13)

No cadastro deverão ser informados todos os *dados relevantes para a atuação do profissional*, como o número de processos de que participou, o sucesso ou insucesso da atividade, a matéria sobre a qual versou a controvérsia e outros dados que o tribunal julgar relevantes (NCPC, art. 167, § 3º). O objetivo é que, a partir desses dados, que serão classificados sistematicamente e publicados ao menos anualmente pelos tribunais, possa haver *conhecimento da população, realização de estatísticas e avaliação dos meios consensuais e dos profissionais* (NCPC, art. 167, § 4º).

O conciliador e o mediador *podem ser advogados*. Porém, onde estiverem cadastrados, estarão **impedidos** *para a advocacia nos juízos em que desempenham suas funções* (NCPC, art. 167, § 5º). Vale destacar que essa restrição *não consta* na Lei 13.140/2015.

Pode o tribunal optar por estruturar **quadro próprio de conciliadores e mediadores** (ou seja, não de terceiros cadastrados), a ser **preenchido por concurso público de provas e títulos** (NCPC, art. 167, § 6º).

Em linha com a liberdade das partes quanto ao procedimento (vide, adiante, o negócio jurídico processual), o Código permite que as **partes escolham o facilitador** (seja o conciliador, mediador ou câmara privada de meios consensuais - NCPC, art. 168), sendo que o *escolhido poderá ou não estar cadastrado no tribunal* (NCPC, art. 168, § 1º). Se não houver esse acordo, então haverá *distribuição aleatória entre os profissionais cadastrados no tribunal* (NCPC, art. 168, § 2º). Vale esclarecer que a legislação permite, se recomendável à luz das especificidades do caso concreto, a designação de *mais de um mediador ou conciliador* (NCPC, art. 168, § 3º).

Quanto à **remuneração**, o facilitador será remunerado pelo *trabalho realizado, conforme tabela fixada pelo tribunal, a partir de parâmetros do CNJ* (NCPC, art. 169). Apesar disso, o próprio Código prevê a possibilidade de **trabalho voluntário** (NCPC, art. 169, § 1º). Além disso, será exigida **atuação gratuita de pessoas jurídicas**; se uma câmara privada se cadastrar para atuar mediante remuneração, deverá suportar percentual de atuações gratuitas como contrapartida de seu credenciamento (NCPC, art. 169, § 2º).

Considerando a necessária imparcialidade, o **mediador ou conciliador pode ser impedido** (NCPC, art. 148, II, sendo que as hipóteses de impedimento, tratadas no tópico acima, estão no art. 144). Nesse caso, o próprio facilitador deverá informar isso ao coordenador do Cejusc, que procederá a nova distribuição (NCPC, art. 170). Se o impedimento se verificar *depois de já iniciado o procedimento*, este será interrompido, para nova distribuição (NCPC, art. 170, parágrafo único). Não há menção, neste art. 170, à *suspeição* do mediador ou conciliador. Contudo, há menção no art. 173, II (ao tratar da atuação indevida do conciliador) e na Lei 13.140/2015, que aponta serem *aplicáveis ao mediador as hipóteses legais de impedimento e suspeição* do juiz (art. 5º). Portanto, dúvida não há quanto à aplicação do impedimento e suspeição aos conciliares e mediadores.

Também para garantir a imparcialidade, a legislação cria **impedimento para o conciliador ou mediador exercer a advocacia**, para as *partes litigantes*, no prazo de *1 ano contado do término da última audiência em que atuaram* (NCPC, art. 172). De se destacar que o tema não foi tratado no Estatuto da OAB dentre os impedimentos, o que pode gerar debates quanto à sua legalidade (Lei 8.906/1994, art. 28).

A legislação ainda prevê uma **impossibilidade temporária para o exercício da função** (por questões de saúde, férias ou quaisquer outras razões). Nesse caso, o conciliador ou mediador informará o fato ao centro, para evitar *novas distribuições* e morosidade (NCPC, art. 171).

A **exclusão de conciliadores e mediadores** é prevista para aquele *facilitador que atuar indevidamente*. O Código tipifica as seguintes situações (NCPC, art. 173):

I – agir com *dolo ou culpa* na condução da conciliação ou da mediação ou violar os deveres decorrentes do art. 166, §§ 1º e 2º (princípios acima analisados);

II – atuar em procedimento de mediação ou conciliação, apesar de *impedido ou suspeito*.

A apuração dessas faltas será realizada por meio de procedimento administrativo, sendo cabível o afastamento cautelar do facilitador pelo juiz, pelo prazo de 180 dias (NCPC, art. 173, §§ 1º e 2º).

A União, Estados, DF e Municípios poderão criar câmaras de mediação e conciliação com atribuições relacionadas à solução consensual de **conflitos no âmbito administrativo**, para (i) dirimir conflitos entre órgãos e entes da própria administração, (ii) conciliação em conflitos envolvendo o ente estatal e (iii) celebração de TAC – termo de ajustamento de conduta (NCPC, art. 174 e Lei 13.140/2015, art. 32).

1.4.9. Ministério Público

O **Ministério Público, MP** ou ***Parquet*** é *instituição permanente, essencial à função jurisdicional e destinada à preservação dos valores fundamentais do Estado* (defesa da ordem jurídica, regime democrático e interesses sociais – CF, art. 127).

A Constituição Federal (art. 128) divide o MP em MPE (Ministério Público Estadual – atua perante a Justiça Estadual) e MPU (Ministério Público da União). O MPU compreende o MP Federal (atua perante o STF, o STJ e a Justiça Federal) e, também, MP do Trabalho (Justiça do Trabalho), MP Militar (Justiça Militar da União) e MPDFT (Distrito Federal e Territórios).

No que interessa para o processo civil, pertinente à atuação do MPE e do MPF, as carreiras são assim divididas:

Órgão	**1º grau**	**2º grau**	**Chefia**
MPE	Promotor de Justiça	Procurador de Justiça	Procurador-Geral de Justiça
MPF	Procurador da República	Procurador Regional da República	Procurador-Geral da República

A atuação do MP em um processo judicial pode se dar de duas formas:

- ✓ parte em que o MP postula como qualquer autor, principalmente no âmbito coletivo, mediante a ação civil pública (defesa do consumidor, meio ambiente, educação, criança, idoso, patrimônio público etc.);
- ✓ fiscal da ordem jurídica (*custos legis*), em que o MP se manifesta opinando e verificando se o interesse da coletividade em debate está sendo adequadamente analisado pelo Judiciário. Esta atuação se dá em processos individuais e coletivos; mas, se o MP não for autor de uma demanda coletiva, obrigatoriamente atuará como fiscal da ordem jurídica (no CPC/1973 o termo utilizado era "fiscal da lei").

O MP atuará "na defesa da ordem jurídica, do regime democrático e dos interesses e direitos sociais e individuais indisponíveis" (NCPC, art. 176) e, especificamente como fiscal da ordem jurídica, se manifestará nas seguintes hipóteses (NCPC, art. 178):

I – em demandas que envolvam interesse público ou social (ou seja, basicamente as que envolvam a participação de um ente estatal ou em que a lide interesse à coletividade);

II – em demandas que envolvam interesses de incapazes;

III – em litígios coletivos pela posse de terra rural ou urbana;

Vale destacar que o NCPC *não prevê* a atuação do MP em discussões envolvendo *estado da pessoa e direito de família* (poder familiar, tutela, curatela, interdição, casamento, declaração de ausência e disposições de última vontade) – salvo se se tratar de interesse de menor, pois aí será incapaz (inc. II).

A não manifestação do MP quando ele deveria ter sido ouvido acarreta a nulidade do processo (NCPC, art. 279).

Em relação às **prerrogativas processuais** do MP, há o direito de ser intimado pessoalmente e a existência de prazos em dobro (NCPC, art. 180) – salvo se a legislação trouxer prazo específico para o MP (NCPC, art. 180, § 2º).

Apesar da existência de prazo diferenciado, se após o decurso do prazo fixado pelo juiz não houver a manifestação do MP quando estiver atuando como fiscal da ordem jurídica (e, portanto, não apresentar seu parecer), o juiz determinará o prosseguimento dos autos mesmo sem a manifestação ministerial (NCPC, art. 180, § 1º).

1.4.10. Defensoria Pública

A **Defensoria Pública** é instituição destinada à "*orientação jurídica*, a promoção dos direitos humanos e a defesa dos direitos individuais e coletivos *dos necessitados, em todos os graus, de forma integral e gratuita*" (NCPC, art. 185 – vide, também, CF, art. 134).

Trata-se, assim, da instituição encarregada de prestar *assistência jurídica integral e gratuita aos cidadãos financeiramente hipossuficientes.*

A Defensoria, para realizar sua função institucional de maneira adequada, goza de *vantagens (prerrogativas) processuais*, as quais devem ser observadas em qualquer processo e grau de jurisdição.

Dentre as principais **prerrogativas processuais**, destacam-se as seguintes:

(i) *intimação pessoal do defensor* (NCPC, art. 186, § 1º). Pela lei específica da Defensoria, a **intimação** será necessariamente para o próprio defensor, *por entrega dos autos com vista* (LC 80/1994, art. 44, I).

(ii) *prazo em dobro* para manifestação nos processos judiciais (NCPC, art. 186 e LC 80/1994: art. 44, I). Essa regra diz respeito a *todos os prazos processuais* (cuja inobservância poderia ensejar na preclusão) – inclusive para *escritórios de prática de faculdades ou outras entidades* que prestem assistência jurídica mediante convênio com a Defensoria (NCPC, art. 186, § 2º).

Porém, *não se aplica o prazo em dobro* às situações *de direito material* (prescrição e decadência). Também não se aplica a hipóteses em que houver previsão legal expressa de prazo para a Defensoria (NCPC, art. 186, § 4º).

A pedido da Defensoria, pode o juiz determinar a intimação da parte assistida, quando o ato processual depender de providência específica da parte (NCPC, art. 186, § 2º) – regra que se justifica pelo fato de, muitas vezes, o defensor ter dificuldade de contato com o assistido.

Além disso, a Defensoria é responsável pelo exercício da **curadoria especial** (NCPC, art. 72, parágrafo único e LC 80/1994, art. 4º, XVI).

No âmbito do processo civil, como já visto (item 1.4.3 acima), o juiz dará curador especial **(i)** ao incapaz, se não tiver representante legal, ou se os interesses deste colidirem com os daquele, enquanto durar a incapacidade; **(ii)** ao réu preso, bem como ao revel citado por edital ou com hora certa, enquanto não for constituído advogado (NCPC, art. 72). Ressalte-se que, nesses casos, *não é necessária a comprovação da incapacidade econômica* para que haja a atuação da Defensoria Pública.

1.4.11. *Fazenda Pública em juízo e Advocacia Pública*

Por **Fazenda Pública** entenda-se o *Estado em juízo.* No conceito incluem-se a *União, os Estados, os Municípios, o Distrito Federal e as respectivas autarquias e fundações*, excluindo-se as empresas públicas e as sociedades de economia mista (cuja natureza é de pessoa jurídica de direito privado e, portanto, sujeitam-se à disciplina processual destinada às *entidades privadas*).

Na qualidade de instituição que está em juízo postulando em nome do Estado (zelando pelo interesse público), ostenta situação processual diferenciada, seja no polo ativo ou passivo. O NCPC prevê regras processuais específicas para a Fazenda e, também, tem capítulo para a Advocacia Pública.

1.4.11.1. *Prazos processuais diferenciados*

A Fazenda Pública dispõe de **prazo** em *dobro para todas as suas manifestações processuais (NCPC, art. 183). Portanto, atenção para o fato de não mais se falar em prazo em quádruplo para contestar, que era a previsão do CPC/1973.*

Isto se aplica em qualquer procedimento (comum ou especial) e qualquer processo (conhecimento ou execução). A prerrogativa só não aplicará quando houver regra específica fixando prazo próprio *(NCPC, art. 183, § 2º)*, como no caso dos Juizados Especiais, em que os prazos para a Fazenda Pública são todos especificamente previstos em lei (Lei 10.259/2001, art. 9º e Lei 12.153/2009, art. 7º).

1.4.11.2. *Citação*

A citação, de uma forma geral, será analisada mais adiante nesta obra. Apenas se diga, no momento, que quando a **Fazenda Pública for ré**, *a citação ocorrerá por oficial de justiça, não sendo possível sua realização por correio (NCPC, art. 247, III).*

A citação da União, Estados, DF, dos Municípios e de suas respectivas autarquias e fundações de direito público: o ato citatório deverá ser realizado *perante o órgão de Advocacia Pública* responsável pela representação judicial de tais entes (NCPC, art. 242, § 3º).

Ainda, a Lei 11.419/2006, que dispõe sobre a informatização do processo judicial, prevê a possibilidade de a citação da Fazenda ocorrer por **meio eletrônico**, *desde que o ente público tenha se cadastrado previamente no Poder Judiciário*, devendo os autos ser disponibilizados na íntegra para o citando (arts. 2º, 5º e 6º da lei em questão). Avançando no assunto, o NCPC destaca que União, Estados, DF, Municípios e entidades da administração indireta deverão manter cadastro nos sistemas de processo eletrônico, para que recebam citação por correio eletrônico (NCPC, art. 246, § 2º).

Portanto, em **autos físicos**, a citação da Fazenda será por *oficial de justiça, perante a Procuradoria*; em **autos eletrônicos**, onde houver citação por *correio eletrônico*, esse será o meio de citação da Fazenda.

1.4.11.3. *Custas e honorários*

A Fazenda Pública está *dispensada do pagamento* das **custas** e dos **emolumentos** (que ostentam natureza tributária e cuja dispensa encontra fundamento na confusão como causa excludente da obrigação), mas *não do pagamento* das **despesas em sentido estrito** (que se destinam a remunerar terceiros cuja responsabilidade é auxiliar a atividade do Estado-juiz, como por exemplo, os *honorários do perito judicial* – Súmula 232 do STJ: "A Fazenda Pública, quando parte no processo, fica sujeita à exigência do depósito prévio dos honorários do perito").

Quanto aos **honorários advocatícios**, o NCPC traz diversas inovações em relação à Fazenda, especialmente trazendo uma situação de escalonamento dos honorários (percentual menor quanto maior for o valor da causa ou conteúdo econômico da demanda – NCPC, art. 85, § 3º). O assunto já foi enfrentado no item 1.4.5 acima.

1.4.11.4. *Dispensa de pagamento de preparo e do depósito da ação rescisória*

São *dispensados de preparo os recursos interpostos pela Fazenda Pública* (NCPC, art. 1.007, § 1º), a qual também se encontra liberada de depósito prévio recursal, quando exigido (art. 1º-A da Lei 9.494/1997).

A Fazenda também não tem de recolher o *depósito de 5% para ajuizamento da ação rescisória* (NCPC, art. 968, § 1º – dispositivo que menciona "União, aos Estados, ao Distrito Federal, aos Municípios, às suas respectivas autarquias e fundações de direito público, ao Ministério Público, à Defensoria Pública e aos que tenham obtido o benefício de gratuidade da justiça").

1.4.11.5. Remessa necessária

Em regra, para que haja a apreciação da causa por parte do Tribunal, necessária a interposição de recurso (vide capítulo 5). Porém, para resguardar o interesse público, *mesmo que não haja recurso, a decisão desfavorável à Fazenda será examinada pelo 2º grau.* É esta a figura da **remessa necessária** (NCPC, art. 496), que não tem natureza recursal.

Importante consignar que isso não impede que haja o recurso por parte da Fazenda. Assim, (i) se houver recurso, o Tribunal o analisará – e, também, caso algo não tenha sido impugnado, o reexame necessário; (ii) se não houver o recurso, haverá exclusivamente a análise do reexame necessário.

Assim, em síntese, a eficácia da sentença de mérito está condicionada à confirmação da decisão pelo Tribunal de segundo grau, nas seguintes hipóteses:

✓ sentença proferida contra a União, os Estados, o Distrito Federal, os Municípios, e as respectivas autarquias e fundações de direito público (NCPC, art. 496, I);

✓ sentença que julgar procedentes, no todo ou em parte, os embargos à execução fiscal (NCPC, art. 496, II).

Porém, **não haverá remessa necessária** quando:

(i) a *condenação, ou o proveito econômico obtido, for de valor certo e líquido* inferior a (NCPC, art. 496, § 3º): (a) 1000 salários mínimos, para a União e entes federais, (b) 500 salários mínimos, para Estados, DF e respectivos entes, bem como capitais dos Estados e (c) 100 salários mínimos, para os demais municípios e respectivos entes;

(ii) a *sentença estiver fundada em forte precedente jurisprudencial*, a saber (NCPC, art. 496, § 4º): (a) súmula de tribunal superior, (b) acórdão proferido em recurso repetitivo, (c) entendimento firmado em incidente de resolução de demandas repetitivas ou assunção de competência; (d) entendimento constante em orientação vinculante firmada no âmbito do respectivo ente público ("súmula administrativa" da AGU, por exemplo).

1.4.11.6. Tutela provisória contra a Fazenda Pública

Existem **restrições legais quanto ao uso dos provimentos de urgência em face da Fazenda Pública.**

O NCPC, como se verá adiante, trata da tutela de urgência e tutela da evidência sob o título de "tutela provisória". Considerando a visão restritiva da concessão de medidas sumárias contra a Fazenda, muito possivelmente a jurisprudência irá firmar-se no sentido de que as *restrições existentes aplicam-se a todas as espécies de tutelas provisórias.*

Os óbices à concessão de medidas de urgência contra a Fazenda estão especificados no art. 1º da Lei 8.437/1992 e art. 1º da Lei 9.494/1997, e se refere *tanto à tutela antecipada* (NCPC, art. 303) quanto à *tutela específica das obrigações de fazer* (NCPC, art. 497).

Em síntese, não se afigura cabível a tutela antecipada contra a Fazenda Pública nos seguintes casos:

(a) quando providência semelhante não puder ser concedida em ações de mandado de segurança, em virtude de vedação legal (art. 1º da Lei 8.437/1992); ou seja, que tenha por objeto a compensação de créditos tributários, a entrega de mercadorias e bens provenientes do exterior, a reclassificação ou equiparação de servidores públicos e a concessão de aumento ou a extensão de vantagens ou pagamento de qualquer natureza (art. 7º, § 2º, da Lei 12.016/2009);

(b) quando impugnado ato de autoridade sujeita, na via de mandado de segurança, à competência originária de Tribunal (art. 1º, § 1º, da Lei 8.437/1992), o que, todavia, não se aplica aos processos de ação popular e de ação civil pública (art. 1º, § 2º, da Lei 8.437/1992);

(c) quando esgotar, no todo ou em qualquer parte, o objeto da ação (art. 1º, § 3º, da Lei 8.437/1992);

(d) quando o objeto for a compensação de créditos tributários ou previdenciários (art. 1º, § 5º, da Lei 8.437/1992 e Súmula 212 do STJ: "A compensação de créditos tributários não pode ser deferida em ação cautelar ou por medida liminar cautelar ou antecipatória").

Apesar dessas limitações legais, a *jurisprudência admite a concessão de tutela antecipada contra a Fazenda em situações de extrema urgência* para a parte, como no caso de pedidos de remédios não concedidos no sistema de saúde e necessários à sobrevivência do autor.

1.5. Litisconsórcio e intervenção de terceiros

1.5.1. Litisconsórcio

Entende-se por **litisconsórcio** a *situação em que há pluralidade de partes na relação jurídica processual em qualquer dos polos.*

Justifica-se o litisconsórcio considerando que a lide pode envolver não apenas a parte "A" de um lado e a parte "X" do outro, mas sim as partes "A" e "B" contra as partes "X" e "Y".

Não se deve confundir o litisconsórcio com o processo coletivo. No litisconsórcio, há pluralidade de partes, todas devidamente indicadas; no processo coletivo um autor coletivo formula algum pedido em prol de uma coletividade de pessoas (determinadas, determináveis ou indetermináveis, conforme o caso).

No que se refere ao litisconsórcio, o NCPC não trouxe mudanças.

Existem diversas *classificações* envolvendo o litisconsórcio, sendo que as provas de concursos jurídicos usualmente indagam exatamente a respeito de tais divisões.

1.5.1.1. Classificação quanto ao polo da relação processual

Em relação ao polo em que os litisconsortes se encontram, é possível se falar em:

(i) litisconsórcio passivo: aquele em que *existem, no mesmo processo, dois ou mais réus;*

(ii) litisconsórcio ativo: verifica-se quando *há, no mesmo processo, dois ou mais autores;*

(iii) litisconsórcio misto ou **recíproco**: situação na qual, *ao mesmo tempo, há mais de um autor e mais de um réu*.

Como se percebe, não há maiores dificuldades em relação a esta classificação. A base legal para estas situações encontra-se no NCPC, art. 113, *caput*.

1.5.1.2. Classificação quanto ao momento de formação do litisconsórcio

Existem dois momentos em que o litisconsórcio pode ter início:

(iv) litisconsórcio originário ou **inicial**: aquele *formado desde o início da demanda, já indicado na petição inicial*;

(v) litisconsórcio superveniente, **incidental** ou **ulterior**: o qual é *formado em momento posterior ao início da demanda*.

O litisconsórcio superveniente usualmente se verifica por força de uma determinação de emenda da inicial por parte do juiz.

1.5.1.3. Classificação quanto à necessidade de existência do litisconsórcio

A classificação que ora se apresenta responde à seguinte indagação: em determinado caso, é *obrigatória* a existência do litisconsórcio para que o processo tenha sua tramitação válida? Conforme a resposta, haverá:

(vi) litisconsórcio facultativo: situação na qual *há pluralidade de litigantes por opção das partes* (ou seja, apesar de existir, o litisconsórcio *não é obrigatório* para a validade do processo);

(vii) litisconsórcio necessário: situação na qual *há pluralidade de litigantes porque a lei ou a relação jurídica objeto do litígio assim determinam* (ou seja, o litisconsórcio *é obrigatório* sob pena de extinção do processo sem resolução do mérito).

Para facilitar a compreensão, vale apresentar exemplos.

Dois vizinhos de um mesmo condomínio assinam a mesma operadora de TV a cabo. Por força de problemas da empresa, há cobrança indevida, inscrição em cadastros restritivos de crédito e cancelamento do sinal. É *possível* que ambos ingressem em juízo com uma única ação indenizatória? Sim. Mas é *obrigatório* que assim procedam? Não.

O exemplo trata de uma situação de *litisconsórcio facultativo*. Nos termos do NCPC, art. 113, essa modalidade de litisconsórcio é possível nas seguintes situações (uma situação a menos que o CPC/1973):

I – comunhão de direitos ou obrigações em relação à lide;

II – conexão pelo pedido ou pela causa de pedir;

III – afinidade de questões por ponto comum de fato ou de direito.

Contudo, a experiência mostrou que um *litisconsórcio ativo facultativo com muitos autores não é conveniente* para a tramitação de um processo. Isso porque há dificuldades tanto para o juiz organizar o processo como para o réu se defender. Imagine que o problema com a TV a cabo envolve todos os 300 apartamentos de um condomínio com vários edifícios. Seria complicada a tramitação de uma demanda com inúmeros autores.

Denomina-se **(viii) litisconsórcio multitudinário, plúrimo** ou **múltiplo** *o grande número de litisconsortes ativos facultativos em um processo judicial*. Neste caso, o Código permite que o *juiz desmembre o processo*, criando *vários outros com um número menor de autores*. Aponta o NCPC que o juiz pode assim proceder, no processo de conhecimento (inclusive liquidação e cumprimento de sentença) ou execução, quando o elevado número de litisconsortes "comprometer a rápida solução do litígio ou dificultar a defesa" (NCPC, art. 113, § 1º). Se o réu requerer o desmembramento ao juiz, será *interrompido o prazo para contestar*, que reiniciará quando da intimação da decisão judicial a respeito da limitação do litisconsórcio multitudinário (NCPC, art. 113, § 2º).

Outro exemplo: autor ingressa em juízo pleiteando a usucapião de um terreno cuja proprietária, no registro de imóveis, é uma mulher casada. Nesse caso, o polo passivo *deverá trazer*, obrigatoriamente, o cônjuge. Isso porque em demandas envolvendo direitos reais imobiliários, a lei assim determina (NCPC, art. 73, § 1º, I). Se o marido não estiver no polo passivo, o juiz determinará a emenda da inicial. Se não for cumprida a determinação do juiz, *o processo será extinto, sem resolução do mérito* (NCPC, art. 115, parágrafo único). Ou seja, a participação do litisconsorte *é obrigatória* para a normal tramitação do processo. Este segundo exemplo, portanto, é de uma situação de *litisconsórcio necessário* (NCPC, art. 114).

Quando **não observado o litisconsórcio necessário**, as consequências estão no art. 115 do NCPC: (i) se o litisconsórcio for *necessário unitário* (vide item abaixo), haverá total nulidade da sentença, com a devolução dos autos para a origem para que haja a integração (mediante citação) dos litisconsortes necessários; (ii) se o litisconsórcio for *necessário simples*, a decisão proferida será válida, mas apenas ineficaz em relação a quem não integrou a relação processual.

1.5.1.4. Classificação quanto à necessidade de mesma decisão para os litisconsortes

Uma vez existente o litisconsórcio, a pergunta que se faz a seguir é: a decisão a ser proferida no processo tem de ser a mesma para os litisconsortes? Conforme a resposta, teremos:

(ix) litisconsórcio comum ou **simples**: situação na qual *a decisão de mérito não necessariamente será a mesma para os litisconsortes*;

(x) litisconsórcio unitário: situação na qual *a decisão de mérito deverá ser a mesma para os litisconsortes, invariavelmente* (NCPC, art. 116)

Vale destacar que, no litisconsórcio simples, a decisão judicial *poderá* ou não ser a mesma – o juiz terá liberdade para julgar o pedido procedente para um e improcedente para o outro, ou mesmo procedente ou improcedente para ambos. Como exemplo, vale imaginar uma demanda indenizatória em virtude de um "engavetamento" em que dois motoristas que sofreram o dano acionam, em um único processo (litisconsórcio ativo) o réu, causador do acidente. Conforme a prova dos autos, poderá o juiz julgar o pedido procedente para ambos ou procedente para um e improcedente para o outro.

Já no litisconsórcio unitário, ao contrário, uma vez que determinada decisão for proferida para um, *obrigatoriamente também o será no mesmo sentido para o outro* – seja pela procedência ou improcedência. Basta visualizar, a título de exemplo, uma demanda em que o MP ingressa em juízo pleiteando a anulação de um casamento. Ora, é certo que a decisão para a esposa e para o marido terá de ser a mesma (NCPC, art. 116). Não há como o casamento ser nulo para um e não o ser para o outro cônjuge. Outro exemplo de litisconsórcio unitário envolve uma situação em que se busca a anulação de um contrato de compra e venda, sendo que os vendedores são 2 (cônjuges). Ou se anula a compra e venda para ambos, ou não se anula; não há como se ter decisões distintas quanto à anulação da contração celebrada.

Os litisconsortes serão considerados como **litigantes distintos.** Porém, inova o NCPC ao afirmar que isso *não se aplica no litisconsórcio unitário*, momento em que os "atos e as omissões de um não prejudicarão os outros, mas os poderão beneficiar" (NCPC, art. 117).

1.5.1.5. Litisconsórcio facultativo é sempre simples? E litisconsórcio necessário é sempre unitário?

Em regra, o litisconsórcio facultativo é simples. Da mesma forma, *em regra,* o litisconsórcio necessário é unitário. Para ilustrar, basta analisar os exemplos mencionados nos tópicos anteriores, que fazem parte da regra.

Contudo, não estamos diante de sinônimos. Assim, nem todo litisconsórcio facultativo é simples. E nem todo litisconsórcio unitário é necessário. Há exceções.

Há situações nas quais o **litisconsórcio é necessário e simples**: ou seja, *precisa existir o litisconsórcio, mas a decisão pode ser distinta para os litisconsortes* (ex.: usucapião de área que compreende mais de um imóvel no cartório de imóveis, sendo que são distintos os proprietários de cada uma delas).

E há casos em que o **litisconsórcio é facultativo e unitário**: ou seja, *não precisa existir o litisconsórcio, mas, já que existe, a decisão tem de ser a mesma para os litigantes* (ex.: dois condôminos ingressam em juízo pleiteando a anulação de determinada reunião de condomínio).

1.5.2. Intervenção de terceiros

A **intervenção de terceiro**, como se depreende do próprio nome, *permite que terceiro (ou seja, alguém que não é o autor ou o réu) passe a participar da relação processual.* A finalidade da intervenção é a economia processual: considerando que já existe uma lide em debate, aproveita-se para discuti-la em todos os aspectos, inclusive naquele envolvendo terceiro.

1.5.2.1. Mudanças no NCPC

O NCPC trouxe **importantes inovações** para as intervenções de terceiro.

No CPC/1973 existiam 5 intervenções de terceiro (assistência, oposição, nomeação, denunciação e chamamento).

No NCPC:

(i) *oposição deixou de ser intervenção de terceiro* e passou a ser procedimento especial (NCPC, art. 682 e ss. – vide item 3.10.),

(ii) houve *inserção do incidente de desconsideração da personalidade jurídica* (NCPC, arts. 133 a 137) e do *amicus curiae* (NCPC, art. 138), e

(iii) *nomeação à autoria deixou de existir*, cabendo agora ao réu, ao alegar ilegitimidade, apontar quem é o efetivo réu (NCPC, art. 339).

Assim, **o réu, na contestação, ao alegar ilegitimidade passiva**, *deverá indicar quem deveria figurar como réu, desde que tenha conhecimento dessa informação.* Se assim não fizer, terá de arcar com as *despesas processuais* e *indenizar o autor* pelos prejuízos decorrentes da falta de indicação. Trata-se de algo totalmente novo no sistema.

Voltando às intervenções de terceiro, existem duas *modalidades* de intervenção no sistema processual:

✓ **intervenção espontânea**: aquela em que *o terceiro, que está fora do processo, espontaneamente busca seu ingresso em uma determinada demanda;*

✓ **intervenção provocada**: aquela na qual *uma das partes litigantes (autor ou réu) busca trazer o terceiro para o processo.*

No NCPC:

a) são intervenções espontâneas: (i) assistência; e (ii) *amicus curiae.*

b) são intervenções provocadas: (i) denunciação; (ii) chamamento; (iii) incidente de desconsideração da personalidade jurídica e (iv) *amicus curiae.*

Como se percebe, a intervenção do *amicus curiae* pode ser espontânea ou provocada.

1.5.2.2. Assistência

Na **assistência,** *terceiro busca seu ingresso no processo para auxiliar o assistido* (seja o autor, seja réu).

Contudo, para que a assistência seja possível, é necessário existir **interesse jurídico**, e não meramente interesse econômico ou moral (NCPC, art. 119).

Para entender o que significa interesse jurídico, basta verificar se *a decisão judicial proferida na demanda proposta entre "A" e "B" irá influenciar a esfera jurídica de "C"*. Se a resposta for positiva, haverá interesse jurídico e, portanto, será admitida a assistência. Se o interesse não for jurídico, *talvez* possa ser hipótese (dependendo de quem for o terceiro e das especificidades da causa) de ingresso como *amicus curiae.*

Para visualizar o exposto, basta imaginar um despejo entre locador e locatário – sendo que existe sublocação. Se houver a decretação do despejo, a esfera jurídica do sublocatário estará sendo violada – daí a existência do interesse jurídico para justificar a figura da assistência.

Por outro lado, analisando a discussão judicial envolvendo o título de um campeonato, dois clubes de futebol litigam para saber quem deve ficar com tal troféu. Um torcedor, por mais fanático que seja, não terá a sua *esfera jurídica* alterada se a taça permanecer ou não com seu time. Assim, nesse caso não existiria interesse jurídico capaz de permitir o uso da assistência.

Logo, reitere-se, cabe a assistência quando houver interesse jurídico do terceiro. Contudo, há uma *exceção.* Tratando-se de causa que interesse à União, há lei permitindo a assistência mesmo que exista apenas interesse econômico (Lei 9.469/1997, art. 5º, parágrafo único). É a chamada **assistência anômala ou anódina.**

Quanto ao **cabimento**, a assistência cabe em *qualquer procedimento e em todos os graus de jurisdição*, mas o assistente receberá o processo no estado em que ele se encontra. Ou seja, não se voltará a uma fase anterior para que o assistente possa realizar algum ato (NCPC, art. 119, parágrafo único). Como a assistência está inserida na parte geral do Código, é de concluir que, a partir do NCPC, também será admitida no processo de execução.

Quanto ao **procedimento**, o terceiro atravessará uma petição pleiteando seu ingresso no feito. Se a parte contrária do assistido ou mesmo o assistido não concordarem com o pedido de ingresso do assistente, caberá *impugnação*, sem suspender o processo– a ser ofertada em 15 dias (prazo agora é maior – NCPC, art. 120). Além disso, pode *o juiz, de plano, rejeitar o ingresso do assistente*, especialmente se clara a ausência de interesse jurídico (NCPC, art. 120, parte final).

Da decisão quanto ao ingresso do assistente é cabível o **recurso** de *agravo de instrumento* (NCPC, art. 1.015, IX).

Existem duas modalidades de assistência:

✓ **1) assistência simples** ou **adesiva** (NCPC, arts. 121 a 123): *o assistente não dispõe da lide, ou seja, o assistente não pode ir além do que fizer o assistido*. Assim, se o assistido não recorrer, não pode o assistente fazê-lo; não pode o assistente se opor à desistência ou reconhecimento do pedido assistido.

✓ A decisão a ser proferida irá influenciar a relação jurídica existente entre assistente e assistido. É o exemplo do sublocatário.

✓ O assistente simples não é parte, por isso não é coberto pela coisa julgada, mas por uma estabilização distinta denominada *justiça da decisão*, que eventualmente poderá ser afastada (NCPC, art. 123).

✓ **2) assistência litisconsorcial** (NCPC, art. 124): *o assistente dispõe da lide, ou seja, o assistente pode ir além do que fizer o assistido*. Logo, se não houver recurso do assistido, poderá o assistente recorrer; se assistido desistir do processo, pode prosseguir o assistente.

✓ A decisão a ser proferida irá *influenciar a relação jurídica entre o assistente e a parte contrária do assistido*. Como exemplo, uma ação possessória envolvendo um imóvel que é um condomínio; se houver o ajuizamento por parte de apenas um dos condôminos, o outro poderá ingressar no feito como assistente litisconsorcial.

✓ O art. 124 afirma expressamente que o assistente litisconsorcial é "litisconsorte da parte principal". Assim, diferentemente do assistente simples, o *assistente litisconsorcial é parte* (litisconsórcio superveniente). Poderia ter sido desde o início, mas não o foi.

1.5.2.3. Denunciação da lide

A **denunciação da lide** tem por finalidade *fazer com que terceiro venha a litigar em conjunto com o denunciante e, se houver a condenação deste, o denunciado irá ressarcir o prejuízo do denunciante*.

Ou seja, como se pode perceber é, na realidade, uma *ação de regresso* – a qual tramita em conjunto com a ação principal.

No NCPC, diferentemente do Código anterior, a denunciação **é admissível** (art. 125, *caput*). Assim, se a denunciação for indeferida, não for proposta ou não for permitida, não há qualquer problema: *sempre será possível utilizar ação autônoma* (NCPC, art. 125, § 1º).

Pela legislação (NCPC, art. 125), duas são as hipóteses em que é cabível a denunciação:

(i) o *comprador pode denunciar o vendedor* na hipótese de *evicção* (CC, art. 447 – ou seja, se "A" vende para "B" um imóvel e, posteriormente, "C" ingressa em juízo contra "B" afirmando que o imóvel é seu, "B" pode denunciar "A" – que terá de indenizar "B" se o pedido de "C" for procedente e a denunciação for acolhida).

(ii) o réu pode denunciar *aquele que tem obrigação de indenizar, por força de lei ou contrato* (o exemplo típico é o réu em uma ação indenizatória acionar sua seguradora).

Em relação à denunciação na evicção, há novidade: o sistema passa a **vedar sucessivas denunciações da lide**, dentro do mesmo processo. No NCPC, só é possível a denunciação do alienante imediato (ou seja, quem vendeu) e de mais uma. Logo, somente são possíveis duas denunciações nos mesmos autos.

No exemplo acima, "B" pode denunciar "A" (que foi quem lhe vendeu o imóvel) e "A" poderá (em *única denunciação sucessiva*) denunciar "Z", que foi quem lhe vendeu. Mas, "Z" não poderá denunciar "X", que foi de quem ele adquiriu o bem. Mas poderá se valer, como visto, de *ação autônoma*.

Cabe a **denunciação pelo autor**, realizada na *petição inicial*, hipótese em que o denunciado *pode passar a ser litisconsorte ativo do denunciante e aditar a inicial* (NCPC, art. 127).

A **denunciação pelo réu** (a mais comum) é realizada na *contestação*. E o NCPC prevê três possibilidades (art. 128):

(i) *denunciado contesta o pedido do autor* (nesse caso, a demanda principal terá de um lado o autor e, do outro, em litisconsórcio, o denunciante [réu original] e o denunciado);

(ii) *denunciado revel em relação à denunciação*, ou seja, o denunciado se abstém de contestar a denunciação (nessa hipótese, para o denunciado, há revelia em relação à denunciação e o denunciante, réu na ação principal, poderá (a) prosseguir normalmente com a sua defesa apresentada na ação principal ou (b) abrir mão dessa defesa na ação principal e prosseguir apenas com a busca da procedência da denunciação, de modo a transferir para o denunciado a provável condenação da ação principal);

(iii) *denunciado confessa o alegado na ação principal*, ou seja, o denunciado admite como verdadeiros, os fatos narrados pelo autor na petição inicial da ação principal (nesse caso, surge a possibilidade de o denunciante (a) prosseguir normalmente com a sua defesa apresentada na ação principal ou (b) abrir mão dessa defesa na ação principal, para prosseguir apenas com a busca da procedência na ação de regresso).

O CPC/1973 *previa a suspensão* do processo quando determinada a citação do denunciado. Não há essa previsão no NCPC. Portanto, o processamento da denunciação **não suspende o processo**.

A **sentença**, ao final, julgará o pedido e a denunciação ao mesmo tempo. Se o *denunciante for vencido na ação principal*, passa o juiz à análise da denunciação (NCPC, art. 129). Se o *denunciante for vencedor* na ação principal, então a denunciação não será analisada, por falta de interesse de agir – mas haverá custas e honorários *em favor do denunciado* (NCPC, art. 129, parágrafo único – inovação do NCPC).

Assim, no caso de procedência da ação e denunciação do réu, tem-se que *a sentença condena o réu a ressarcir o autor e também condena o denunciado a ressarcir o denunciante*. Nessa situação, pode o autor requerer o **cumprimento da sentença contra o denunciado**, nos limites da condenação na ação de regresso. Trata-se de inovação do NCPC (art. 128, parágrafo único), em linha com o que vinha decidindo a jurisprudência à luz do CPC/1973 (nesse sentido, no tocante à denunciação e contrato de seguro, a questão consta da Súmula 537 do STJ: "Em ação de reparação de danos, a seguradora denunciada, se aceitar a denunciação ou contestar o pedido do autor, pode ser condenada, direta e solidariamente junto com o segurado, ao pagamento da indenização devida à vítima, nos limites contratados na apólice").

1.5.2.4. Chamamento ao processo

O **chamamento ao processo** tem por finalidade *fazer com que terceiros (outros devedores solidários) venham a litigar em conjunto com o chamante*. A *principal distinção* entre o chamamento e a denunciação é que *neste não há a necessidade de se provar que o terceiro também é responsável pelo débito* (diferentemente da denunciação, em que há uma verdadeira ação de regresso). Ou seja, aceito o chamamento, já é certo que haverá responsabilização do chamado.

As hipóteses de cabimento do chamamento são as seguintes (NCPC, art. 130):

(i) do devedor principal (afiançado), quando apenas o fiador tiver sido colocado no polo passivo (situação frequente, na qual o fiador chama o locatário que não pagou o aluguel);

(ii) dos demais fiadores, quando apenas um fiador tiver sido colocado no polo passivo (basta pensar, também, dois fiadores no contrato de locação, mas apenas um é acionado);

(iii) dos demais devedores solidários, quando apenas um tiver sido colocado no polo passivo.

Como se pode perceber das três hipóteses, *o chamante é responsável pelo débito, mas também existem outros responsáveis* (devedores solidários, fiadores, devedor principal).

Só cabe o **chamamento pelo réu**, e a intervenção deverá é apresentada pelo réu na contestação (NCPC, art. 131).

Se o chamamento for deferido pelo juiz, o chamado terá de ser citado. E deve o *réu-chamante providenciar as diligências necessárias* para esse ato processual (como, por exemplo, pagamento de custas ou retirada de carta precatória para distribuição). A inércia do réu-chamante acarretará a revogação da decisão que determinou o chamamento. Concede o NCPC o prazo de *30 dias* para o réu providenciar a citação (*mesma comarca*) e *2 meses para comarcas distintas* (art. 131, parágrafo único). Eventual falha ou morosidade no serviço forense, por óbvio, não poderá prejudicar a parte interessada.

A sentença que julgar *procedente o pedido* em face do réu-chamante também será título executivo para que aquele que pagar o débito possa exigi-lo do devedor principal ou dos demais codevedores, na proporção que couber a quem pagou (NCPC, art. 132).

Exemplo: determinada obrigação tem dois devedores solidários. Apenas "A" é colocado no polo passivo. "A" – mesmo sendo responsável pela dívida na sua totalidade – chama "B" para que venha também a figurar no polo passivo. Se "A" for condenado e pagar todo o débito, poderá executar "B" para receber metade do valor pago (se for essa a proporção da garantia de cada um prevista no contrato).

1.5.2.5. Incidente de desconsideração da personalidade jurídica

Como já mencionado, o **incidente de desconsideração da personalidade jurídica** é novidade no NCPC. Trata-se do *procedimento necessário para que permita a desconsideração da personalidade jurídica*. É cabível em todas as fases do processo de conhecimento, no cumprimento de sentença e na execução de título executivo extrajudicial (NCPC, art. 134). O incidente é usado tanto na desconsideração da personalidade da pessoa jurídica, para se chegar aos bens do sócio, como também na desconsideração da personalidade do sócio, para se chegar nos bens da pessoa jurídica (a chamada **desconsideração inversa** – NCPC, art. 133, § 2º).

O requerimento do incidente de desconsideração deverá demonstrar o *preenchimento dos requisitos legais para a desconsideração* (a saber: CDC, 28 ou CC, 50). Considerando que o NCPC se aplica subsidiariamente ao processo do trabalho, a rigor técnico o incidente deveria ser *também aplicado na Justiça do Trabalho* (resta saber como será a jurisprudência trabalhista, mas a tendência é que não se aplique).

A instauração do incidente *suspenderá o processo* (NCPC, art. 134, § 2º).

O NCPC prevê que, instaurado o incidente, o sócio ou a pessoa jurídica serão *citados para se manifestar* e requerer as provas cabíveis em até 15 dias (NCPC, art. 135).

Concluída a instrução, se necessária, o incidente de desconsideração da personalidade jurídica será resolvido por *decisão interlocutória*, de modo que cabível *agravo de instrumento* (NCPC, art. 1.015, IV); se a decisão for proferida pelo *relator*, caberá *agravo interno* (NCPC, art. 136).

É possível que, desde a *petição inicial do processo de conhecimento já se pleiteie a desconsideração* da personalidade jurídica. Nesse caso, não haverá necessidade de incidente, pois o tema será debatido no próprio processo principal. Assim, portanto, não será o caso de suspensão do processo (NCPC, art. 134, § 3º).

Acolhido o pedido de desconsideração, eventual alienação ou oneração de bens será considerada **fraude de execução**, será *ineficaz em relação ao requerente* (NCPC, art. 137).

1.5.2.6. Amicus curiae

O NCPC passa a regular a figura do ***amicus curiae* ou "amigo da Corte"**. A proposta é que este *terceiro, defendendo uma posição institucional* (que não necessariamente coincida com a das partes) *intervenha para apresentar argumentos e informações proveitosas à apreciação da demanda.*

O magistrado, considerando a *relevância da matéria, a especificidade do tema objeto da demanda ou a repercussão social da controvérsia*, poderá, *por decisão irrecorrível*, de ofício ou a requerimento das partes – ou de quem pretenda ser o *amicus curiae* – solicitar ou admitir a participação de pessoa natural ou jurídica, órgão ou entidade especializada, com representatividade adequada, no prazo de *15 dias de sua intimação* (NCPC, art. 138).

Seria possível, então, se falar em *amicus curiae* em todos os graus de jurisdição e processos? E mesmo em demandas individuais ou somente coletivas?

Considerando a redação do art. 138 (que não faz restrição) e a localização do tema no NCPC (parte geral), é de se concluir pelo amplo cabimento do *amicus* – desde que uma causa relevante, tema que tenha especificidade ou repercussão social da controvérsia (ou seja, situações um tanto quanto subjetivas). E, pelo Código, essa decisão quanto ao ingresso do amigo da corte seria *irrecorrível*.

Vale destacar que o interesse do amigo da Corte *não é jurídico*, mas institucional, moral, político, acadêmico, intelectual ou outro.

✓ O *amicus* não era previsto no CPC/1973, mas já era previsto em leis específicas, e utilizado no controle concentrado de constitucionalidade no STF e no *julgamento de recursos repetitivos* (hipótese expressamente mencionada no NCPC – art. 138, § 3º).

✓ O grande objetivo do *amicus curiae* é **qualificar o contraditório**.

✓ Admitido o amigo da Corte, o juiz definirá quais são seus **poderes** (NCPC, art. 138, § 2º). A lei apenas prevê que o *amicus curiae* não poderá recorrer, salvo para *embargar de declaração* e no caso de julgamento do incidente de *resolução de demandas repetitivas*, quando, portanto, admissíveis outros recursos (NCPC, art. 138, §§ 1º e 3º).

1.6. Pressupostos processuais, elementos da ação e condições da ação

1.6.1. *Introdução*

Como já visto, pelo princípio da inércia, o Poder Judiciário só atua se provocado. E a forma de provocar o Estado é mediante o **processo**, que é o *instrumento que o Estado coloca à disposição dos litigantes para solucionar a lide (administrar justiça)*.

Por sua vez, já que a autotutela em regra é vedada, é direito da parte poder acionar o Judiciário. Assim, **ação** é o *direito que as partes têm ao processo*.

Esses conceitos usualmente não são pedidos em provas de concursos jurídicos, mas sua compreensão é importante para que se tenha a base para entender os três temas objeto deste tópico – os quais são usualmente perguntados em conjunto, apesar de serem institutos distintos.

1.6.2. *Pressupostos processuais*

A análise dos processos e dos procedimentos existentes no NCPC será realizada mais adiante, no próximo capítulo, por questões didáticas.

No momento, analisa-se a figura dos **pressupostos processuais**, que *são requisitos que devem estar presentes para que o processo tenha seu início (pressupostos de existência) e desenvolvimento (pressupostos de validade) de forma regular*.

Conforme o autor consultado, há variação entre a classificação dos pressupostos processuais. Optamos por seguir a nomenclatura existente no CPC/1973 e mantida no NCPC, que fala em *pressupostos de constituição e de desenvolvimento válido e regular do processo* (NCPC, art. 485, IV).

Assim:

✓ **pressupostos de existência**: são *aqueles sem os quais não é possível sequer se falar em processo* (jurisdição, citação, capacidade postulatória e petição inicial);

✓ **pressupostos de validade**: *são aqueles necessários para que o processo seja válido e regular* (petição inicial apta, citação válida, capacidade processual do autor, competência do juízo e imparcialidade do juiz).

Nestas situações, ausentes os pressupostos de existência ou validade, o processo será extinto, sem resolução do mérito (novamente, NCPC, art. 485, IV).

Contudo, há também os **pressupostos negativos**, que *são aqueles requisitos que, uma vez presentes, acarretam a extinção do processo sem resolução de mérito* (NCPC, art. 485, V). Seriam a litispendência (NCPC, art. 337, §§ 1º a 3º), coisa julgada (NCPC, art. 337, § 4º) e perempção (CPC, art. 486, § 3º). E, para alguns autores, também a convenção de arbitragem (NCPC, art. 337, X).

1.6.3. *Elementos identificadores da ação*

Os **elementos identificadores da ação** ou **elementos identificadores da demanda** são *elementos que permitem concluir que uma ação é idêntica ou semelhante à outra. São as partes, causa de pedir e pedido* (NCPC, art. 319, II, III e IV).

Para que se compreenda melhor tais elementos, cabe uma breve explicação:

✓ **partes**: *autor e réu na relação jurídica processual*;

✓ **causa de pedir**: *fatos e fundamentos jurídicos pelos quais o autor ingressa em juízo*;

✓ **pedido**: *objetivo da parte quando busca o Judiciário*.

A importância concreta dos elementos identificadores é (i) verificar se uma ação é idêntica à outra e (ii) saber o que ocorrerá diante de ações idênticas ou semelhantes.

Se houver a **tríplice identidade** – ou seja, *mesmas partes, causa de pedir ou pedido* –, haverá *litispendência ou coisa julgada* (NCPC, art. 337, §§ 1º a 4º).

A **litispendência** se verifica quando *estão em trâmite, ao mesmo tempo, duas ações idênticas*; a **coisa julgada** ocorre *quando a primeira ação idêntica já transitou em julgado*. Nestes casos, haverá a extinção do segundo processo, sem resolução do mérito (NCPC, art. 485, V).

Em outras palavras, *a partir da análise dos elementos da ação é que se poderá verificar se há pressupostos processuais negativos* – e por isso é que há alguma dificuldade na compreensão do tema.

De seu turno, se houver semelhança entre duas demandas, fala-se em *conexão* ou *continência* – o que acarreta a reunião dos dois processos para julgamento conjunto. O tema já foi antes debatido (item 1.2.7 supra).

1.6.4. *Condições da ação*

Para que haja a apreciação do mérito (solução da lide), é necessário que estejam presentes tanto os pressupostos processuais como as condições da ação.

As **condições da ação** podem ser definidas como os *requisitos para que uma ação possa existir e ser processada perante o Judiciário*. Ou seja, o direito de ação não é irrestrito, mas sim *condicionado* pelas condições de ação – trata-se de uma disciplina do direito de agir, para que o Judiciário não se manifeste a respeito de demandas que seriam absolutamente inviáveis.

No CPC/1973, três eram as condições da ação. No NCPC, são duas – seguindo a evolução do pensamento do autor italiano LIEBMAN, que inicialmente defendia três, mas posteriormente passou a defender duas condições da ação (houve supressão da possibilidade jurídica do pedido).

Assim, pelo NCPC, art. 485, VI, são condições da ação:

✓ **legitimidade de partes**: *coincidência/identidade entre as partes na relação jurídica processual e na relação jurídica material* (para o processo judicial do divórcio [relação material], são partes legítimas no processo o marido e a mulher);

✓ **interesse de agir**: *necessidade e adequação do provimento jurisdicional pleiteado* (se ainda não houve o vencimento de uma dívida, não há falta de pagamento e, então, não há *necessidade* de se buscar o Judiciário; se o autor utiliza um processo ou procedimento indevido em relação ao pedido formulado, fala-se em *inadequação*);

A **carência da ação** (NCPC, art. 337, XI) é a *ausência de uma das condições da ação*. Nesta situação, *o autor será carecedor da ação*. Diante disso, o processo será extinto sem resolução do mérito (NCPC, art. 485, VI).

Em relação às mudanças existentes no NCPC, vale destacar:

✓ a situação que antes era configurada como *possibilidade jurídica do pedido* (como um pedido de usucapião de área pública, vedado pelo sistema), poderia ser hoje qualificada como de falta de interesse de agir – ou seja, o fim dessa condição da ação *não significa que o sistema passe a permitir pedidos impossíveis*;

✓ o novo Código deixa de trazer as expressões "condição da ação" ou "carência da ação", de modo que alguns autores sustentam que isso não mais existe no processo brasileiro (e que seriam pressupostos processuais); porém, considerando a força da tradição, o mais provável é que siga se utilizando (e pedindo em provas) as expressões consagradas no direito processual brasileiro.

1.7. Dos atos processuais

1.7.1. Da forma dos atos processuais

Tal qual no Código anterior, o NCPC prevê o **princípio da liberdade das formas** (art. 188: os *atos processuais independem de forma determinada*, salvo quando a lei a exigir) e **instrumentalidade das formas** (art. 188, parte final: são válidos os atos que, realizados de outro modo, *preencham a finalidade essencial*).

Reafirmando o princípio da publicidade (NCPC, art. 8º), o art. 189 destaca que os atos processuais são públicos, mas há processos que tramitam em **segredo de justiça**:

(i) quando o "*interesse público ou social*" assim exigirem;

(ii) nas causas de *direito de família* (casamento, separação de corpos, divórcio, separação, união estável, filiação, alimentos e guarda de crianças e adolescentes);

(iii) em processos nos quais constem dados protegidos pelo *direito constitucional à intimidade*;

(iv) relativos à *arbitragem* e cumprimento de carta arbitral – desde que haja confidencialidade comprovada em juízo.

Inova o Código ao prever que, mesmo nos processos que tramitam em segredo de justiça, o *terceiro que demonstra interesse jurídico* na causa pode requerer ao juiz "certidão do dispositivo da sentença", e da partilha de bens decorrentes de divórcio ou separação (art. 189, § 2º).

1.7.2. Negócio Jurídico Processual (NJP) e calendarização

Prevê o NCPC a ampla realização do **negócio jurídico processual**, que permite a *alteração procedimental*. Se o processo debater *direitos que admitam autocomposição*, é lícito às *partes plenamente capazes estipular mudanças no procedimento* para ajustá-lo às especificidades da causa e *convencionar sobre seus ônus, poderes, faculdades e deveres processuais* (NCPC, art. 190). Isso pode ser definido antes (em cláusula contratual que tratar da solução de eventuais conflitos) ou durante o processo (por contrato ou petição conjunta nos autos).

Em síntese: *as partes poderão, de comum acordo, alterar o procedimento para o julgamento de sua causa.*

O juiz, de ofício ou a requerimento, *controlará a validade das convenções sobre procedimento*, recusando-lhes aplicação em casos de nulidade, inserção abusiva em contrato de adesão (o que, portanto, tende a afastar o NJP de relações de consumo) ou situações em que uma parte se encontre em manifesta situação de vulnerabilidade (NCPC, art. 190, parágrafo único). A dúvida, aqui, é saber *quais os limites do NJP* celebrado entre as partes. Isso somente será efetivamente definido pela jurisprudência do STJ, após diversos debates.

Além disso, NCPC inova ao prever, na sequência, o **"calendário processual"** (art. 191). Isso significa que *as partes e o juiz podem, de comum acordo, fixar calendário para a prática de atos processuais*. Quando isso ocorrer, tal calendário *vincula as partes e o juiz*, e os prazos nele previstos somente serão modificados em casos excepcionais e devidamente justificados (NCPC, art. 191, § 1º). No mais, considera-se *dispensada a intimação das partes* para a prática de ato processual ou a realização de audiência cujas datas tiverem sido designadas no calendário (NCPC, art. 191, § 2º). Ou seja, se as partes estipularem no calendário que o prazo para apresentação de quesitos é a data "x" e a audiência será realizada na data "y", não haverá necessidade de intimação.

1.7.3. Dos pronunciamentos do juiz (atos do juiz)

A **sentença** é definida como o pronunciamento pelo qual o juiz, com ou sem resolução de mérito, finda a fase cognitiva do procedimento comum ou extingue a execução (NCPC, art. 203, § 1º).

A **decisão interlocutória** é considerada todo pronunciamento judicial de *natureza decisória* que não se enquadra na definição de sentença (NCPC, art. 203, § 2º). Ou seja, um critério por exclusão, em relação à sentença.

Os **despachos** são os demais pronunciamentos do juiz praticados no processo, de ofício ou a requerimento (NCPC, art. 203, § 3º). Ou seja, um critério por exclusão, em relação à sentença e interlocutória.

O **acórdão** é o julgamento colegiado o tribunal (NCPC, art. 204).

O NCPC também prevê **a decisão monocrática do relator** (NCPC, art. 932, III, IV e V), mas deixou de defini-la neste momento, o que seria conveniente.

Os despachos, as decisões interlocutórias, o dispositivo das sentenças e a ementa dos acórdãos serão **publicados no Diário de Justiça Eletrônico** (NCPC, art. 205, § 3º). E, novamente, por certo que também se inclui a monocrática, mas o legislador foi omisso – quanto a ela, se houver ementa poderá ser apenas a ementa publicada; caso contrário, deverá ser publicada a decisão na íntegra.

1.7.4. Do tempo dos atos processuais

Os atos processuais devem ser realizados nos **dias úteis, das 6h às 20h** (NCPC, art. 212). Diferentemente do CPC/1973, não há mais necessidade de *autorização do juiz* para realizar as citações, intimações e penhoras "no período de férias forenses, onde as houver, e nos feriados ou dias úteis *fora do horário estabelecido neste artigo*" (NCPC, art. 212, § 2º). Porém, deve ser respeitada a inviolabilidade do domicílio à noite (CF, art. 5º, XI).

São **feriados**, além dos declarados em lei, "os sábados, os domingos e os dias em que não haja expediente forense" (NCPC, art. 216).

Se o processo não for eletrônico, a petição deverá "ser protocolada no horário de funcionamento do fórum ou tribunal" (NCPC, art. 212, § 3º). Sendo processo eletrônico, o ato pode ser realizado a qualquer hora do dia (NCPC, art. 213).

1.7.5. Dos prazos

Existem importantes novidades no NCPC quanto aos prazos.

Se o **prazo não estiver previsto em lei**, *o juiz determinará em quanto tempo* deverá ser realizado determinado ato processual, levando em conta a "complexidade do ato" (NCPC, art. 218, § 1º). Se o juiz não determinar prazo, este será de *5 dias* (NCPC, art. 218, § 3º).

Em relevante inovação para afastar um dos aspectos mais nocivos da "jurisprudência defensiva", o NCPC prevê que o **ato praticado antes do início do prazo será tempestivo** (art. 218, § 4º). Ou seja, o advogado pode recorrer antes da publicação da decisão, sem risco de que se fale em intempestividade.

A **contagem de prazos** teve mudanças significativas:

(i) na contagem de *prazo em dias*, estabelecido por lei ou pelo juiz, *apenas os dias úteis serão computados* (NCPC, art. 219) – sendo que essa previsão somente se aplica a prazos processuais e não prazos de direito material, como os prescricionais (NCPC, art. 219, parágrafo único). A dúvida é saber se o processo penal, processo do trabalho e processo eleitoral também terão a contagem de prazos dessa forma (resta aguardar a jurisprudência, mas havendo regra específica de contagem de prazo em outro diploma, não deve ser aplicado o NCPC; na omissão, deve ser aplicado);

(ii) haverá *suspensão de curso do prazo entre 20 de dezembro e 20 de janeiro*, período no qual não poderão ocorrer audiências – exatamente para que o advogado possa usufruir alguns dias de descanso e férias (NCPC, art. 220). Apesar de prazos suspensos nesse período, pela lei o Poder Judiciário deverá seguir em funcionamento (NCPC, art. 220, § 1º).

A **forma de contagem de prazo** (inicialmente disponibilização no diário oficial, depois publicação no próximo dia útil, com a exclusão do dia do início e inclusão do dia do término) segue a mesma prevista no CPC/1973 (NCPC, art. 224) – salvo pela não contagem nos dias úteis (art. 219).

Também há previsão de **prazos para magistrados e auxiliares**. O juiz proferirá: despachos em até 5 dias; decisões interlocutórias em 10 dias e sentenças em 30 dias (NCPC, art. 226). Em qualquer grau de jurisdição, havendo motivo justificado, o juiz pode exceder, por igual tempo, os prazos a que está submetido (NCPC, art. 227).

É mantida a previsão de **prazo em dobro para litisconsortes com advogados distintos** (art. 229). A novidade é a menção do NCPC quanto ao prazo em dobro para todas as manifestações e "em qualquer juízo ou tribunal, independentemente de requerimento". Contudo, *não se aplica* a regra do prazo em dobro *nos processos eletrônicos* (NCPC, art. 229, § 2º).

1.7.6. Da comunicação dos atos processuais

O NCPC prevê a existência de 4 cartas (art. 237). Três já existentes no sistema anterior: **carta precatória** (*realização de atos entre comarcas distintas*), **carta rogatória** (*realização de atos entre países distintos*), **carta de ordem** (*realização de atos entre graus de jurisdição distintos* – do tribunal para o 1º grau, por exemplo). E uma novidade: **carta arbitral** (*realização de atos entre órgão do Poder Judiciário e juízo arbitral*).

Caso exista *sentença de mérito favorável ao réu que transitar em julgado antes da citação*, deverá o escrivão comunicar o resultado do julgamento ao réu (NCPC, art. 241).

Citação é o ato pelo qual o *réu, executado ou interessado é convocado para integrar a relação processual* (NCPC, art. 238).

A citação poderá ser feita por **5 formas**: correio, oficial de justiça, escrivão, edital ou meio eletrônico (NCPC, art. 246).

A *citação por correio será a regra*, salvo nas ações de estado, quando o citando for incapaz, pessoa de direito público ou residir em local não atingido pelo serviço postal (NCPC, art. 247, I, II, III e IV). Também *não se realizará a citação por correio* se o autor, desde a petição inicial, requerer, *de forma justificada*, que ela seja feita de outra forma (NCPC, art. 247, V).

A *citação por escrivão ou chefe de secretaria* ocorrerá se o citando comparecer em cartório (NCPC, art. 246, III).

Há inovação em relação à **forma de citação das empresas**: com *exceção de microempresas e empresas de pequeno porte*, as empresas públicas e privadas deverão manter *cadastro nos sistemas de processo em autos eletrônicos*, para efeito de recebimento de citações e intimações, que serão efetuadas preferencialmente por esse meio (NCPC, art. 246, § 1º).

Se a **citação for para pessoa jurídica**, e não for por meio eletrônico, será *válido o ato* se a carta for entregue (i) a pessoa com *poderes de gerência* ou (ii) a funcionário *responsável pelo recebimento de correspondências*. Ou seja, a entrega para o porteiro, aceita pela jurisprudência, passa a ser prevista também no NCPC (art. 248, § 2º).

Com regras distintas do decidido pela jurisprudência do STJ, o NCPC prevê especificamente a **citação de pessoas físicas em condomínios** edilícios ou loteamentos com controle de acesso. Nesses casos, será válida a citação entregue a *funcionário* *da portaria* responsável pelo recebimento de correspondência; porém, o porteiro poderá *negar-se a recebê-la* se declarar, por escrito e sob as penas da lei, que o destinatário da correspondência está ausente (NCPC, art. 248, § 4º).

A **citação por oficial de justiça** (ou mandado) será realizada quando não possível a citação por correio ou quando esta for infrutífera (NCPC, art. 249).

Muda o número de diligências necessárias à **citação por hora certa**: quando, por *duas vezes*, o oficial de justiça tiver procurado o citando em seu domicílio ou residência sem o encontrar, deverá, havendo suspeita de ocultação, intimar qualquer pessoa da família ou, em sua falta, qualquer vizinho de que, no dia útil imediato, voltará a fim de efetuar a citação na hora que designar (NCPC, art. 252).

Por sua vez, na *citação por hora certa referente a moradores de condomínios* edilícios ou loteamentos com controle de acesso, será válida a intimação feita a funcionário da portaria responsável pelo recebimento de correspondência (NCPC, art. 252, parágrafo único).

A **citação por edital** será feita (NCPC, art. 256): (i) quando *desconhecido ou incerto o citando*; (ii) quando *ignorado*, incerto ou inacessível *o lugar em que se encontrar o citando* e (iii) nos demais casos expressos em lei (por exemplo, se o país que recusar o cumprimento de carta rogatória – NCPC, art. 256, § 1º).

Para fins de citação por edital, o citando será considerado em local ignorado ou incerto quando *infrutíferas as tentativas de localização do réu*. E isso ocorre inclusive mediante requisição pelo juízo de informações sobre seu *endereço nos cadastros* de órgãos públicos ou de concessionárias de serviços públicos (NCPC, art. 256, § 3º).

Importante inovação é a **publicação do edital na internet e não mais em jornal**. Tanto na *página do próprio tribunal*, quanto na *plataforma de editais do CNJ* (NCPC, art. 257, II).

Apesar dessa previsão de publicação do edital na internet, *poderá o juiz*, conforme as peculiaridades da comarca, determinar a publicação do edital *também em "jornal local de ampla circulação"* ou "outros meios" (NCPC, art. 257, parágrafo único).

A parte que requerer citação por edital, alegando *dolosamente* a ocorrência das circunstâncias autorizadoras para sua realização, incorrerá em *multa de 5 salários mínimos* (NCPC, art. 258).

Afirma o Código ser necessária a publicação de editais em três hipóteses (art. 259): I – na ação de usucapião de imóvel; II – nas ações de recuperação ou substituição de título ao portador; III – em qualquer ação em que seja necessária, por determinação legal, a provocação, para participação no processo, de interessados incertos ou desconhecidos.

Intimação é o ato pelo qual se dá ciência a alguém dos atos do processo (NCPC, art. 269).

Pode o **próprio advogado promover a intimação do advogado da parte contrária**, *por meio do correio*, juntando aos autos *cópia do ofício de intimação e do aviso de recebimento*; o ofício de intimação deverá ser instruído com *cópia do despacho, da decisão ou da sentença* (NCPC, art. 269, §§ 1º e 2º). Cabe também a *intimação da Fazenda Pública* dessa forma – devendo a intimação ser enviada para o órgão de Advocacia Pública responsável pela representação judicial do respectivo ente (NCPC, art. 269, § 3º).

Sempre que possível (ou seja, se já houver tecnologia nesse sentido), as intimações serão realizadas por meio eletrônico (NCPC, art. 270).

Além de seguir existindo a intimação em nome do advogado, será possível requerer a **intimação em nome da sociedade de advogados** inscrita na OAB – seja em conjunto com o nome do advogado, seja apenas em nome da sociedade (NCPC, art. 272, §§ 1º e 2º).

Conforme jurisprudência sedimentada do STJ no sistema anterior, se houver **requerimento expresso para publicação em nome de determinado profissional**, as intimações deverão trazer o nome desse patrono, *sob pena de nulidade* (NCPC, art. 272, § 5º).

1.8. Da tutela provisória

1.8.1. Visão geral do tema no NCPC

Em uma das mais incisivas mudanças do novo sistema processual, o NCPC muda consideravelmente o panorama em relação às **situações de urgência**. Vale destacar, desde logo, que diversas são as dúvidas e polêmicas, sendo que muitas questões somente serão pacificadas pelo STJ, em alguns anos.

Antes, **tutela antecipada e processo cautelar** eram tratados em *livros separadas* e eram *requeridos de maneiras distintas* (nos mesmos autos e em autos apartados, respectivamente). Agora, ainda que haja distinção entre as duas, ambas as formas de se tutelar a urgência estão *no mesmo livro* e com *mecanismo de se requerer bem semelhante*.

Sob a denominação **tutela provisória** o NCPC reuniu o *regramento referente à tutela de urgência e à tutela de evidência* (esta última, inovação).

Nas disposições gerais relativas ao assunto, consta que a "**tutela provisória** pode ter por fundamento *urgência ou evidência*" (NCPC, art. 294).

Assim, **tutela provisória é gênero**, dentro do qual existem *duas espécies*: **tutela de urgência e tutela de evidência.** De seu turno, a espécie *tutela de urgência* se divide em duas subespécies: tutela de urgência **cautelar** e tutela de urgência **antecipada** (art. 294, parágrafo único). Vejamos no quadro:

Gênero	Espécies	Subespécies
Tutela provisória	Tutela de urgência	Tutela cautelar
		Tutela antecipada
	Tutela de evidência	--

A **tutela de urgência** (qualquer delas) poderá ser *requerida em caráter antecedente ou incidental* (NCPC, art. 294, parágrafo único). No caso da **concessão em caráter antecedente**, teremos algo *semelhante com a antiga cautelar preparatória*, com recolhimento de custas, mas *sem se falar em processo em apartado*.

Em relação à **tutela de urgência incidental**, o *procedimento passa a ser bem simples*: em processo que já tramita, basta apresentar uma *petição apontando os requisitos e requerendo uma medida de urgência*. Sem custas (NCPC, art. 295), cópias de autos ou qualquer outra formalidade.

O juiz poderá determinar as medidas que considerar adequadas para **efetivar a tutela provisória**, que observará, no que couber, as *normas referentes ao cumprimento provisório da sentença* (NCPC, art. 297, *caput*, e parágrafo único).

Na **decisão** que conceder, negar, modificar ou revogar a tutela provisória *o juiz motivará seu convencimento de modo claro e preciso* (NCPC art. 298).

1.8.2. Da tutela de urgência

São **requisitos da tutela de urgência**: a) elementos que evidenciem a *probabilidade do direito*; b) *perigo de dano* ou risco ao resultado útil do processo (NCPC, art. 300). Assim, tem-se uma *coincidência de requisitos entre a cautelar e a antecipação de tutela* (subespécies da espécie tutela de urgência, como já visto).

Para deferir a tutela de urgência o juiz poderá, conforme o caso, exigir **caução** real ou fidejussória idônea para ressarcir danos que a outra parte possa vir a sofrer, podendo a *caução ser dispensada se a parte economicamente hipossuficiente não puder oferecê-la* (NCPC, art. 300, § 1º).

A **concessão** da tutela de urgência poderá se verificar *liminarmente* ou após *audiência de justificação prévia*, quando se poderá fazer prova dos requisitos para sua concessão (NCPC, art. 300, § 2º).

Tal qual no sistema anterior, há dispositivo **vedando a concessão de tutela antecipada** ("tutela de urgência de natureza antecipada") se **houver perigo de irreversibilidade** (NCPC, art. 300, § 3º). O*u seja, não se concede a tutela de urgência antecipada se a situação não puder voltar ao que era antes (ao status quo ante)*.

Porém, no sistema anterior, a jurisprudência temperava essa regra. Isso porque há muitas situações em que, *ainda que haja o risco de irreversibilidade, se não concedida a antecipação de tutela, haverá o risco de perecimento de um direito de grande relevância* (como, por exemplo, o direito à vida). É o que alguns denominam de **irreversibilidade recíproca** (não é um termo usual na jurisprudência, mas já foi utilizado por bancas examinadoras em provas anteriores).

Nesses casos, o juiz deve avaliar qual o direito que deve prevalecer e, se o caso, *conceder a antecipação de tutela, ainda que irreversível*, com base nos princípios da proporcionalidade e razoabilidade. É a posição dominante, no Código anterior, por exemplo, em questões envolvendo saúde, como se percebe do seguinte trecho de julgado do STJ:

> "*É possível a antecipação da tutela, ainda que haja perigo de irreversibilidade do provimento, quando o mal irreversível for maior,* como ocorre no caso de não pagamento de pensão mensal destinada a custear tratamento médico da vítima de infecção hospitalar, visto que a falta de imediato atendimento médico causar-lhe-ia *danos irreparáveis de maior monta do que o patrimonial*" (STJ, REsp 801.600/CE, *DJe* 18.12.2009).

Como já apontado em tópico anterior (item 1.4.11.6 acima), existem diversas **restrições quanto à concessão de tutela antecipada contra o Estado** (Lei 9.494/1997, art. 1º) – o que deve ser lido, à luz do NCPC, como **vedação à tutela provisória.** Contudo, exatamente como em relação à irreversibilidade, *a situação vem sendo mitigada pela jurisprudência.*

Assim, quando envolver direito à vida e à saúde, admite-se a concessão de tutela antecipada mesmo em face da Fazenda Pública, como se percebe do seguinte julgado, ao se manifestar a respeito do art. 1º da Lei 9.494/1997: "(...) o referido artigo deve ser interpretado de forma restritiva, *de modo a não existir vedação legal à concessão de antecipação dos efeitos da tutela contra a Fazenda Pública nas hipóteses em que envolvam o pagamento de verba de natureza alimentar*, como ocorre no presente caso" (STJ, AgRg no REsp 726.697/PE, *DJe* 18.12.2008).

A **tutela de urgência cautelar** pode ser efetivada mediante *arresto, sequestro, arrolamento de bens, registro de protesto contra alienação de bem* e qualquer outra medida idônea para asseguração do direito (NCPC, art. 301).

Temos, aqui, uma grande dificuldade: qual o **requisito e procedimento para essas medidas cautelares**? A lei é absolutamente omissa. Frise-se que essa é a **única menção** às antigas cautelares nominadas do CPC/1973. Assim, há total *ausência de regulamentação dessas medidas* – que, mencionadas expressamente, poderão seguir sendo utilizadas (especialmente arresto e sequestro, as mais frequentes no cotidiano forense).

Diante da ausência de regulamentação legal, o *procedimento será bem aberto*, cabendo ao juiz decidir não só o mérito (requisitos para sua concessão), mas também a forma de tramitação (efetivamente, o procedimento).

A **tendência**, especialmente no início da vigência do NCPC, é que *seguirão sendo aplicados os requisitos e procedimentos previstos no CPC/1973*. Ou seja, mesmo revogado o CPC/1973, é possível que suas regras inspirem a utilização dessas tutelas de urgência cautelares.

Sendo assim, no ponto, remete-se o leitor para o que foi escrito à luz do CPC/1973, nesta mesma obra. Apenas destaca-se, aqui, a principal distinção entre o arresto, sequestro e arrolamento (repita-se, à luz do Código anterior):

a) arresto:

- ✓ utilizado por um *credor qualificado* (com título executivo ou outro documento representativo da dívida) em face de um *devedor desqualificado* (que busca se ausentar ou alienar bens para ficar sem patrimônio);
- ✓ tem por finalidade *evitar a dilapidação do patrimônio*, de modo que o requerente tenha êxito numa futura execução de quantia certa (isto é, que ainda existam bens penhoráveis);
- ✓ tem por objeto *qualquer bem* do requerido;
- ✓ o arresto tende a se converter, na sequência da demanda, em *penhora*;

b) sequestro:

- ✓ utilizado quando houver *disputa a respeito da posse ou propriedade de um bem*;
- ✓ tem por finalidade *evitar o perecimento de determinado bem*, de modo que o requerente tenha êxito numa futura execução de entrega de coisa certa;
- ✓ tem por objeto um *bem específico* do requerido;
- ✓ o sequestro tende a se converter, na sequência da demanda, em *depósito*;

c) **arrolamento:**

✓ utilizado quando houver *disputa a respeito da posse ou propriedade de bens indeterminados;*

✓ tem por finalidade *evitar o perecimento de tais bens*, além de se saber *quais são* e quantos são os bens em disputa;

✓ ou seja, é instrumento próximo ao sequestro. A distinção entre as duas cautelares é que, no sequestro, sabe-se exatamente qual bem se quer proteger; no arrolamento, *quer-se saber quais são os bens, além de protegê-los;*

✓ tem por objetivo *arrolar* (obter um rol, uma relação) *e proteger* um conjunto de bens na posse do requerido (como em casos de direito de família e entre sócios).

✓ **Efetivada a tutela de urgência** (cautelar ou antecipatória) e **posteriormente reformada**, deverá o *autor reparar o dano processual causado ao réu* (NCPC, art. 302), com a indenização fixada preferencialmente nos mesmos autos (NCPC, art. 302, parágrafo único).

1.8.2.1. Do procedimento da tutela antecipada antecedente

A **tutela antecipada antecedente** vem prevista para os casos em que a urgência for *anterior ou contemporânea (conjunta) à propositura da ação*. Nessas hipóteses, a petição inicial *pode limitar-se ao requerimento da tutela antecipada* e à indicação do pedido de tutela final com a exposição da lide, do direito que se busca realizar e do perigo de dano ou risco ao resultado útil do processo (NCPC, art. 303). Sendo essa a escolha do autor, haverá *recolhimento de custas* e o *valor da causa* deverá levar em consideração o *pedido de tutela final*, e não apenas o valor relativo à antecipação de tutela (NCPC, art. 303, § 4º).

Ou seja, **pode se pedir somente a tutela antecipada** indicando a petição *qual será o pedido principal* – que não mais será uma "ação principal", pois o pedido será elaborado posteriormente, nos mesmos autos.

Concedida a tutela antecipada antecedente, o autor deverá **aditar a petição inicial** para complementar sua argumentação, juntar novos documentos e confirmar o pedido de tutela final, em 15 dias ou outro prazo maior que o juiz fixar (NCPC, art. 303, § 1º, I). No aditamento, *não haverá* a necessidade de recolhimento de *novas custas* (NCPC, art. 303, § 3º). Feito o aditamento, o réu será *citado para comparecer à audiência de conciliação ou de mediação* (NCPC, art. 303, § 1º, II); não havendo acordo, somente aí haverá o início do prazo para contestação (NCPC, art. 303, § 1º, III).

Se o autor não aditar a petição inicial para elaborar o pedido principal, haverá a *extinção do processo sem resolução do mérito* (NCPC, art. 303, § 2º).

Se a **tutela antecipada for indeferida**, o juiz determinará a *emenda da inicial*, em *5 dias, sob pena de extinção do processo sem resolução do mérito* (art. 303, § 6º). Atenção para esse *prazo de 5 dias*, que é um dos poucos prazos do NCPC de poucos dias – e, inclusive, bem inferior ao prazo de aditamento no caso de concessão da liminar (15 dias ou mais, como exposto acima).

Importante – e polêmica – inovação do NCPC é a previsão de **estabilização da tutela antecipada**: a *tutela antecipada concedida se tornará estável se da decisão que a conceder não for interposto recurso* (NCPC, art. 304). Já debate a doutrina se a menção a "recurso" deve ser entendida como o *uso do agravo ou se é possível se interpretar que seria qualquer impugnação à decisão judicial concessiva da antecipação de tutela* – inclusive a própria contestação. Por cautela, até que haja a definição do tema pelo STJ, o mais seguro é interpretar "recursos" exatamente da forma técnica que consta no NCPC (ou seja, *embargos de declaração e/ou agravo de instrumento*).

Uma vez estabilizada a antecipação de tutela, o *processo será extinto* e qualquer das partes poderá **ingressar com novo processo judicial** para *rever, reformar ou invalidar a tutela antecipada estabilizada* em até 2 anos contados da ciência da decisão extintiva (NCPC, art. 304, §§ 1º, 2º e 5º). Assim, se não houver essa ação para afastar a estabilidade da tutela antecipada, estaríamos diante de **coisa julgada**? Pelo Código, não, pois se afirma que a decisão que concede a tutela *não fará coisa julgada* (NCPC, art. 304, § 6º), mas sim que há **estabilidade dos efeitos da tutela antecipada**, que só será *afastada por decisão na demanda que buscar alterar a tutela estabilizada.*

Do cotejo dos arts. 303 e 304 percebe-se uma **incongruência quanto à estabilização da antecipação de tutela**. De um lado, o NCPC afirma que, *não realizado o aditamento*, o processo será *extinto* (art. 303, § 2º). Do outro, afirma o Código que *só há estabilização* se não houver recurso do réu e *aditamento do autor* (art. 304, § 1º). O tema já é polêmico.

Uma *possível interpretação* é entender que, **não havendo recurso do réu** contra a decisão que concede a tutela antecipada, há **2 opções ao autor**: (i) *aditar a inicial* – e, assim, não haverá a estabilização da tutela antecipada, mas o prosseguimento do processo ou (ii) *não aditar a inicial* – hipótese em que não haverá a extinção, mas sim a estabilização da tutela antecipada (e, eventualmente, poderá o autor ingressar com nova medida judicial para pleitear o pedido principal).

Para melhor compreensão, vale exemplificar. Pensemos uma inscrição indevida em cadastro restritivo de crédito. Tutela provisória de urgência antecipada requerida de forma antecedente (apenas a exclusão de cadastro restritiva), apontando como futuro pedido principal indenização por danos morais. **Tutela antecipada deferida para excluir o nome do cadastro restritivo de crédito.** Possibilidades:

(i) *réu agrava* e *autor não adita* a inicial: *não há estabilização* da tutela antecipada e o processo será *extinto sem resolução do mérito;*

(ii) *réu agrava* e *autor adita* a inicial, pleiteando danos morais: não há estabilização da tutela antecipada e o processo prosseguirá;

(iii) *réu não agrava* e *autor não adita* a inicial: *estabilização da tutela antecipada* (no sentido de a inscrição ser indevida) e *extinção do processo*, com mérito (procedência do pedido de tutela antecipada). Se o autor quiser pleitear danos morais, poderá, mas por meio de nova demanda.

A tutela antecipada **conservará seus efeitos** enquanto não revista, reformada ou invalidada por decisão de mérito (art. 304, § 3º);

1.8.2.2. Do procedimento da tutela cautelar antecedente

No tópico anterior, houve a análise da tutela antecipada antecedente. Neste tópico, analisa-se a outra tutela de urgência que pode ser requerida de forma antecedente: a **tutela cautelar antecedente.**

Neste caso, a *petição inicial* da ação que buscar tal tutela *indicará a lide e seu fundamento*, a *exposição sumária do direito* que visa assegurar e o *perigo de dano* ou risco ao resultado útil do processo (NCPC, art. 305). São requisitos semelhantes ao do antigo processo cautelar, existente no CPC/1973. Também deverá existir valor da causa e recolhimento de custas (interpretação que decorre do NCPC, art. 308, *caput*, parte final).

Se o autor assim quiser, o *pedido principal pode ser formulado juntamente com o pedido de tutela cautelar* (NCPC, art. 308, § 1º)

Se o juiz entender que o **pedido tem natureza antecipada**, deverá observar o *regramento relativo à tutela antecipada* (NCPC, art. 305, parágrafo único). Ou seja, é a **fungibilidade entre as tutelas de urgência**. Contudo, *não há artigo específico no sentido inverso*, quanto à antecipação de tutela. Ou seja, não há previsão de possibilidade de o juiz receber a antecipação de tutela como cautelar – especialmente porque **não há previsão de estabilização da tutela cautelar**, mas somente da tutela antecipada. Resta verificar como será a jurisprudência em relação a este tema (no sistema anterior, falava-se em fungibilidade de mão dupla).

O réu será **citado para contestar** em *5 dias* (NCPC, art. 306). Trata-se de um *prazo curto*, que não é a regra no NCPC. Se não houver contestação, haverá **revelia**, com a presunção de veracidade dos fatos narrados, afirmando o Código que o juiz deverá *decidir em 5 dias* (NCPC, art. 307). Se houver contestação, o trâmite da demanda será pelo **procedimento comum** do processo de conhecimento (NCPC, art. 307, parágrafo único).

Efetivada a tutela cautelar, o *pedido principal terá de ser formulado pelo autor no prazo de 30 dias*, caso em que será apresentado nos *mesmos autos* em que já deduzido o pedido cautelar (NCPC, art. 308). O complemento da demanda, em relação ao pedido principal, *não demandará novas custas processuais* (NCPC, art. 308) e será possível *aditar a causa de pedir* (NCPC, art. 308, *caput* e § 2º).

Apresentado o pedido principal, as *partes serão intimadas para comparecer à audiência de conciliação ou mediação*; não havendo autocomposição, o prazo para contestação terá fluência a partir desse momento (NCPC, art. 308, §§ 3º e 4º).

Cessa a eficácia da tutela cautelar antecedente se (NCPC, art. 309):

I – não houver a *apresentação do pedido principal* em 30 dias;

II – a tutela cautelar não for *efetivada* em 30 dias;

III – o *pedido principal for improcedente* ou o *processo for extinto sem mérito*.

Se isso ocorrer, somente será possível formular novo pedido se houver novo fundamento (nova causa de pedir).

Em regra, o **indeferimento do pedido cautelar não obsta a formulação do pedido principal**. A exceção se refere à hipótese em que *reconhecida a prescrição e decadência na análise do pedido cautelar* (NCPC, art. 310). Ou seja, nesse caso a coisa julgada do processo cautelar terá de ser observada no processo principal.

1.8.3. Da tutela da evidência

Com esse nome específico, trata-se de uma **novidade na legislação**. Mas é possível vislumbrar uma semente desse novo instituto no CPC/1973, especialmente no antigo art. 273, § 6º (tutela antecipada com base em pedidos incontroversos).

A **tutela da evidência** busca resguardar um *direito evidente*; ou seja, é uma *tutela provisória que não depende de urgência* (exatamente por isso não é denominada de tutela de urgência, o outro gênero da tutela provisória).

A **tutela da evidência será concedida**, *independentemente* da demonstração de *perigo de dano ou de risco ao resultado útil do processo*. O Código a prevê em **4 situações** (art. 311):

I – ficar caracterizado *abuso do direito de defesa* ou manifesto propósito protelatório da parte (tutela de evidência **penalizadora da má-fé**;

II – *as alegações de fato puderem ser comprovadas apenas documentalmente* e houver *tese firmada em julgamento de casos repetitivos ou súmula vinculante* (tutela de evidência fundada em **tese firmada em tribunal superior**)

III – se tratar de *pedido reipersecutório fundado em prova documental* adequada do *contrato de depósito*, caso em que será decretada a ordem de entrega do objeto custodiado sob cominação de multa (tutela de evidência em **contrato de depósito**);

IV – a petição inicial for instruída com *prova documental suficiente dos fatos constitutivos do direito do* autor, a que o *réu não oponha prova* capaz de gerar dúvida razoável (tutela de evidência **fundada em prova incontroversa**).

Afirma o Código que nos casos dos incs. II e III será possível a **concessão liminar** da tutela de evidência (art. 311, parágrafo único).

Exemplo, ainda que não haja uma situação de perigo grave, a tese debatida é tão firme que já consta de súmula vinculante; nesse caso, o autor não deve aguardar o término do processo para usufruir o seu pedido (tutela de evidência fundada em tese firmada em tribunal superior – que poderá ser concedida em caráter liminar).

1.8.4. Síntese da tutela provisória no NCPC

Como se sabe, a resposta do Poder Judiciário a um pedido formulado pelo autor não é imediata. Contudo, há situações nas quais não é necessário aguardar o término do processo para que o Judiciário conceda o pleiteado pela parte. É para isso que se pleiteia uma "**liminar**", ou seja, *uma decisão no início do processo*.

No NCPC, o tema é tratado sob o título **tutela provisória**.

A tutela provisória pode ser concedida com base na **urgência**: *antecipação de tutela* e *cautelar*. Do ponto de vista formal, ambas são pleiteadas da mesma forma: ou *durante o processo* de conhecimento que já tramita (**incidentalmente**) ou mesmo *antes de se debater o pedido principal* (tutela de urgência **antecedente**). É possível, também, pedi-las *junto com o pedido principal*, na mesma petição inicial. *Não* se pede em **processo apartado**. Se a tutela de urgência for pleiteada de forma antecedente, há necessidade de se **aditar a petição inicial**, para se *formular o pedido principal*, sob pena de extinção.

Mas qual a **distinção entre antecipação de tutela e cautelar?**

A **finalidade da cautelar** *é resguardar o pedido principal* (caráter *conservativo* – visa a evitar o perecimento do direito).

A **finalidade da antecipação de tutela** *é, desde logo, antecipar os efeitos de uma futura decisão de mérito* (caráter *satisfativo* – já se quer a fruição do direito).

Apesar de na teoria ser simples diferenciar o cabimento de cada uma (*distinção entre assegurar e satisfazer*), na prática há dificuldades. Tanto porque cada juiz pode ter um entendimento, como porque há situações que podem ser enquadradas nas duas hipóteses.

Diante disso, haveria **fungibilidade entre as tutelas de urgência**, ou seja, entre cautelar e antecipação de tutela? O NCPC apenas prevê que o pedido cautelar possa ser apreciado, pelo juiz, como de tutela antecipada (NCPC, art. 305, parágrafo único). Diante disso, pode existir também o contrário, ou seja, o juiz receber um *pedido cautelar como se fosse tutela antecipada*? No CPC/1973, a jurisprudência entendia que a fungibilidade era de mão dupla (ou seja, fungibilidade nos dois sentidos). Porém, no NCPC, **apenas a tutela antecipada pode ser estabilizada**, e não o pedido cautelar (art. 304). Por essa razão, há maior dificuldade em se admitir a fungibilidade de mão dupla no NCPC – mas resta verificar como será a jurisprudência quanto ao tema.

Por fim, além da tutela provisória fundada na urgência, o NCPC inova ao trazer a tutela provisória (antes da sentença, em cognição sumária) *fundada no direito evidente*: **tutela de evidência**. Há 4 hipóteses em que isso é cabível, sendo que em duas delas é possível a *concessão liminar*. A **finalidade da tutela de evidência** é *inverter o ônus do tempo do processo*: se já existe direito razoavelmente plausível em favor do autor, por que haveria necessidade de se aguardar a sentença para sua fruição? Essa é a ideia da tutela da evidência.

1.9. Formação, suspensão e extinção do processo (parte geral)

O presente tópico trata da formação, suspensão e extinção do processo em relação a todos os processos e procedimentos. Cada um dos processos (conhecimento e execução) terá especificidades, especialmente em relação à extinção.

1.9.1. Formação

Como já visto, a *jurisdição é inerte (princípio dispositivo)*, razão pela qual a parte deve provocar o Judiciário para que tenha início o processo (NCPC, art. 2º).

A regra constante da parte inicial do art. 312 é a seguinte: "considera-se proposta a ação quando a petição inicial for protocolada (...)". Porém, para o réu, somente surtem os efeitos da formação após a sua citação.

De qualquer forma, há a **formação do processo** *no momento em que a petição inicial é protocolada em juízo.*

Assim, são **requisitos de constituição da relação processual**:

✓ *petição inicial escrita em português* (NCPC, art. 192);

✓ *subscrita por advogado ou defensor público*; e *endereçada a juiz.*

Repetindo o CPC/1973, afirma o NCPC que se considera proposta a ação quando a petição inicial for protocolada (art. 312). (Vide art. 240 quanto aos efeitos da citação para o réu).

1.9.2. Suspensão do processo

Apesar de o princípio da celeridade permear todo o sistema processual, por vezes se faz necessária a **suspensão do processo**, ou seja, *a paralisação do trâmite processual.*

Não obstante, qualquer que seja a hipótese de suspensão, *atos urgentes podem ser praticados durante o período em que o processo está suspenso* – salvo se houver alegação de *impedimento ou suspeição* (NCPC, art. 314).

É importante consignar que suspensão do processo é algo distinto da suspensão ou interrupção do prazo processual.

É necessária previsão legal para que haja a suspensão do processo, sendo que o Código prevê diversas situações para tanto.

O principal dispositivo que trata do tema é o art. 313 do NCPC, que traz as seguintes **hipóteses de suspensão**:

(i) Pela *morte ou perda da capacidade processual* de qualquer das *partes*, de seu representante legal ou de seu procurador.

O autor, quando falece, deixa de deter capacidade de ser parte. Um idoso que é interditado perde sua capacidade processual. Um advogado que é desligado dos quadros da OAB não é mais dotado de capacidade postulatória. Nestes três exemplos, o processo não pode prosseguir. Mas preferível à extinção de plano é a *suspensão, até que a incapacidade seja solucionada.*

Contudo, se a falha não for suprida, sendo em relação ao autor, o processo será extinto sem mérito; sendo em relação ao réu, será decretada a revelia (NCPC, art. 313, § 3º). Inova o NCPC ao apontar que, no caso de óbito da parte, se não houver habilitação, o juiz determinará a suspensão de ofício e buscará que haja o ingresso dos herdeiros (NCPC, art. 313, § 2º).

(ii) Por *convenção das partes.*

Se as partes estão em vias de celebrar um acordo para pôr fim ao processo, o prosseguimento do feito pode dificultar as negociações. Daí a conveniência de suspender o processo.

Contudo, o *prazo máximo para que o processo fique suspenso é de seis meses* (NCPC, art. 313, § 4º). Após tal período, o processo deverá retomar seu curso;

(iii) Quando houver *arguição de impedimento ou suspeição.*

Lembrando que não há mais a figura da exceção, se a parte impugnar a imparcialidade do juiz, é conveniente que se aguarde a decisão dessa questão com a suspensão do processo.

(iv) Quando for admitido o *incidente de resolução de demandas repetitivas.*

O IRDR (art. 976) é uma das grandes novidades do NCPC. Quando ele for admitido, para que se decida a questão repetitiva, impõe-se a suspensão de todos os outros processos que discutam a mesma tese jurídica. A rigor, o prazo máximo de suspensão é de 1 ano, mas eventualmente poderá esse prazo ser majorado (NCPC, art. 980, parágrafo único).

(v) Quando a *sentença de mérito depender do julgamento de outra causa ou de prova requisitada a outro juízo*, ou seja, quando houver *prejudicialidade externa.*

Ao se falar em prejudicialidade, significa dizer que *antes da solução da questão principal* (o pedido, aquilo que deverá ser apreciado pelo juiz), *deve ser solucionada a questão prejudicial em debate em outro processo.* O objetivo da suspensão pela prejudicialidade externa é evitar que haja a prolação de decisões conflitantes.

No que diz respeito à suspensão decorrente de prova a ser produzida em outro juízo, o exemplo é a *expedição de carta precatória para oitiva de testemunha*. Ou seja, o processo "principal" fica sobrestado até que a prova em questão seja produzida.

Considerando a morosidade que isso acarreta, houve alteração legislativa: apenas quando se tratar de prova "imprescindível" é que a carta terá o condão de suspender o processo (NCPC, art. 377).

Por fim, o processo só poderá ficar suspenso pela alínea V pelo prazo máximo de 1 ano (NCPC, art. 313, § 4º);

(vi) Por motivo de *força maior*.

Para fins deste inciso, deve-se entender por força maior a situação imprevisível, alheia à vontade das partes e do juiz que torne impossível a realização de determinado ato processual. Se isso ocorrer, o processo estará suspenso e, consequentemente, prorrogados os prazos para realização daquele ato processual. Como exemplo da segunda década do século XXI, as fortes chuvas que destruíram diversos fóruns em cidades do Sudeste do Brasil.

(vii) Quando se discutir em juízo *questão decorrente de acidentes e fatos da navegação de competência do Tribunal Marítimo*.

O Tribunal Marítimo é órgão administrativo que aprecia questões relativas ao Direito Marítimo (tema que ganha prestígio no NCPC). Assim, se houver o debate de acidente marítimo em apreciação perante o Tribunal Marítimo, eventual processo judicial sobre esse tema deverá ser suspenso. Trata-se, portanto, de mais uma situação de prejudicialidade externa (como no inc. V). Não há previsão legal de prazo máximo de suspensão, mas por uma interpretação teleológica, também deve ser aplicado o prazo máximo de 1 ano (NCPC, art. 313, § 4º).

1.9.3. Extinção do processo

O processo em determinado momento terá de chegar a seu final. *O término do processo se dará pelas mais diversas razões*. É o que se denomina de **extinção do processo**.

Termina o NCPC sua parte geral falando de extinção do processo, e que ela **se dará por sentença** (art. 316). Porém, as hipóteses de sentença com e sem resolução de mérito (*conhecimento*) ou quando cabe a extinção na *execução* estão previstas apenas na parte especial (arts. 485, 487 e 924).

Em linha com o princípio da cooperação e contraditório, destaca o NCPC que, **antes de proferir decisão sem resolução de mérito**, o juiz deverá *conceder prazo* à parte para que, se possível, corrija o vício que acarretaria a extinção (NCPC, art. 317).

2. PROCESSO DE CONHECIMENTO

2.1. Processos e procedimentos

O processo mais regulamentado no Código é o processo de conhecimento, que será analisado neste capítulo.

Mas, para que se entenda bem o tema, é necessário, inicialmente, realizar uma breve análise dos conceitos de processo, procedimento e rito.

- ✓ **Processo** é o *instrumento que o Estado coloca à disposição dos litigantes para solucionar a lide (administrar justiça)*.
- ✓ **Procedimento** é a *forma, modo, maneira pela qual o processo se exerce*.
- ✓ **Rito** é a *forma, modo, maneira pela qual o procedimento se desenvolve*. No NCPC, deixa de ter relevância esta subclassificação de rito.

Ou seja, são três conceitos correlacionados, porém distintos.

2.1.1. Processos no NCPC

O NCPC conhece 2 tipos de processos (cf. Livro I e II da Parte Especial do Código):

a) Processo de conhecimento (tutela cognitiva): *há crise de certeza, ou seja, não se sabe quem tem razão até que o juiz decida. Visa a uma sentença de mérito, que decidirá a lide.*

Por sua vez, o processo de conhecimento pode ser classificado conforme o pedido formulado, o provimento pretendido ou a sentença obtida, da seguinte forma:

(i) pedido condenatório: impõe ao réu uma obrigação de pagar, dar, fazer, não fazer etc.;

(ii) pedido constitutivo (positivo ou negativo): constitui, modifica ou extingue uma relação jurídica (na constitutiva positiva, há a constituição de uma relação jurídica; na constitutiva negativa, há a extinção de uma relação jurídica);

(iii) pedido declaratório (positivo ou negativo): declara a (in) existência de uma relação jurídica.

Ainda, para alguns, há ainda o pedido **mandamental** e **executivo *lato sensu***, que podem ser vistos como uma variação do pedido condenatório;

b) Processo de execução (tutela satisfativa): *há crise de adimplemento, ou seja, já se sabe quem tem razão, mas não há a satisfação do direito do credor por parte do devedor. Para ser utilizado, é necessário título executivo e inadimplemento.*

Como se vê, no NCPC **o processo cautelar foi extinto** (e existia no CPC/1973). No novo Código, a cautelar (não mais processo autônomo) pode ser requerida de forma antecedente ou junto com a petição inicial (vide capítulo 1.8, a respeito da tutela provisória).

2.1.2. Procedimentos no CPC

Como já exposto, procedimento é a forma pela qual o processo se desenvolve. Cada processo terá seus próprios procedimentos.

No NCPC, o panorama é o seguinte:

a) No *processo de conhecimento*, há os seguintes procedimentos:

(i) comum, *que é o procedimento-padrão, a ser utilizado na maior parte das causas* (NCPC, art. 318);

(ii) especial, *que apresenta distinções em relação ao procedimento comum*, de modo a decidir a lide de forma mais adequada (NCPC, Título III do Livro I da Parte Especial, art. 539 e ss., além de leis extravagantes);

O procedimento comum (que é o procedimento padrão, o mais amplo e usual), é aplicado de forma subsidiária aos procedimentos especiais e também ao processo de execução (art. 318, parágrafo único).

b) No *processo de execução*, não há um procedimento comum e outros especiais. O que existem são **diversos tipos de procedimentos**, *cada um correspondente a cada uma das diversas espécies de execução* (alimentos, entrega de coisa, contra a Fazenda etc.).

No tocante ao procedimento comum do processo de conhecimento, há importante mudança em relação ao que

existia no CPC/1973. No Código anterior, o procedimento comum se dividia no rito ordinário e sumário. No NCPC, houve a extinção do rito sumário; sendo assim, não mais se justifica a existência de um rito ordinário. Logo, no NCPC somente existe, *no processo de conhecimento, procedimento comum* **(art. 318 e ss.)** *e especial* **(art. 539 e ss.).**

Diante do exposto, é possível apresentar o seguinte quadro síntese em relação ao NCPC.

Processo	Procedimento
1) Conhecimento	1.1) Comum; 1.2) Especial.
2) Execução	2.1) pagar quantia; 2.2) fazer ou não fazer; 2.3) alimentos etc. (Diversos, conforme a espécie de obrigação).

A título de comparação, no sistema anterior (CPC/1973) o quadro era o seguinte:

Processo	Procedimento	Rito
1) Conhecimento	1.1) Comum; 1.2) Especial.	1.1.1) Ordinário; 1.1.2) Sumário.
2) Execução	2.1) pagar quantia; 2.2) fazer ou não fazer; 2.3) alimentos etc. (Diversos, conforme a espécie de obrigação).	
3) Cautelar	3.1) inominadas; 3.2) nominadas.	–

2.1.3. Procedimentos no processo de conhecimento

Considerando o panorama geral exposto, é possível analisar os procedimentos no processo de conhecimento:

(i) procedimento comum: *é a base, a norma que se aplica de forma subsidiária aos demais.*

É o procedimento regulado com mais vagar pelo NCPC, é o mais completo, com maior número de atos (inicial, contestação, réplica etc.) e fases mais facilmente distinguíveis (postulatória, saneadora, instrutória, decisória e cumprimento de sentença);

(ii) procedimentos especiais: *surgem diante da impossibilidade de solução a determinados problemas pelo procedimento comum. A finalidade é adequar o procedimento ao direito material debatido.*

As diferenças, em relação ao procedimento paradigma (comum), são previstas em lei e podem estar nos prazos, na previsão de liminar, na modificação/concentração das fases processuais etc.

2.1.4. Distinção concreta entre os procedimentos

Para visualizar a distinção entre os diversos procedimentos, cabe apresentar exemplos.

Basta visualizar um **pedido condenatório**, que pode tramitar:

✓ pelo procedimento *comum*;

✓ pelo procedimento *especial* (condenação a pagar alimentos).

Procedimento comum (trâmite em 1º grau) – possível algumas variações
1) inicial;
2) audiência de conciliação ou mediação (NCPC, art. 334);
3) contestação, em 15 dias (NCPC, art. 335).
4) réplica; em 15 dias (NCPC, art. 351)
5) saneamento (NCPC, art. 357);
6) audiência de instrução (NCPC, art. 358);
7) alegações finais/memoriais (NCPC, art. 364);
7) sentença (passível de recurso).

Procedimento especial – alimentos (Lei 5.478/1968, trâmite em 1º grau)
1) inicial
2) audiência de conciliação, instrução e julgamento: – tentativa de conciliação; – apresentação de contestação; – produção de provas; – alegações finais.
3) sentença – que inclusive poderá ser proferida na própria audiência (passível de recurso, que será recebido só no efeito devolutivo).

Como se percebe da análise dos dois trâmites, as diferenças de procedimento são eminentemente práticas e perceptíveis de verificação a partir da análise do passo a passo procedimental das demandas.

2.2. Formação, suspensão e extinção do processo de conhecimento

Uma vez verificada a distinção entre processo e procedimento, é possível verificar como todos os processos de conhecimento (independentemente do procedimento) se formam e chegam a seu término. Aqui se retoma o que inicialmente foi exposto em relação a todos os processos (parte geral, item 1.9).

2.2.1. Formação do processo de conhecimento

✓ *Não há significativas distinções entre a formação de qualquer processo e o processo de conhecimento. Assim, vide item 1.9.1.*

2.2.2. Suspensão do processo de conhecimento

Idem acima. Vide Item 1.9.2.

2.2.3. Extinção do processo de conhecimento

✓ *No tocante à formação, suspensão e extinção do processo, o ponto em que há distinção entre a parte geral (muito genérica) e a parte especial (específica) é este, relativo à* ***extinção do processo***.

✓ *Tal qual no sistema anterior, o NCPC separa a* **extinção sem resolução do mérito** *(por questões formais) e a* **extinção com resolução do mérito** *(em que há a composição da lide, com o pedido efetivamente apreciado). Curioso é destacar que a parte geral para expressamente em* **extinção** *do processo, por sentença (art. 316), mas os artigos específicos que tratam do tema no processo de conhecimento não se referem nem à extinção, nem à sentença.*

2.2.3.1. Decisão sem resolução do mérito

A decisão sem resolução do mérito (NCPC, art. 485) em regra, extinguirá o processo. Porém, se houver mais de um pedido ou litisconsorte, e houver decisão sem mérito em relação a tal pedido ou parte, então não haverá extinção do processo, pois prosseguirá a relação processual em relação ao outro pedido ou parte. Por isso é que o NCPC não se refere à extinção no *caput* do artigo que trata da hipótese em que o juiz não resolve o mérito.

São hipótese de **decisão sem resolução do mérito**:

(i) *indeferimento da inicial* (NCPC, art. 330; o § 1º traz casos de *inépcia da inicial*).

Nas hipóteses em que o *vício da petição inicial for sanável*, deverá o juiz determinar *sua emenda* (NCPC, arts. 317 e 321). Contudo, (i) se, mesmo após a determinação, *não houver a emenda* ou (ii) *se o vício for grave e não admitir correção*, então haverá o indeferimento da inicial e *o magistrado extinguirá o processo, sem resolução do mérito.*

(ii) *o processo ficar parado* por mais de um ano por *negligência das partes.*

Este inciso retrata o *abandono do processo por ambos* os litigantes;

(iii) *autor abandona* a causa por mais de 30 dias.

Já este inciso retrata o *abandono do autor.*

Nos 2 casos de abandono (incs. II e III), *as partes devem ser intimadas pessoalmente, antes da decisão sem mérito* (NCPC, art. 485, § 1º). A providência se justifica por força de hipóteses como, por exemplo, a morte do advogado sem ciência do cliente. Se houver a decisão sem mérito por abandono de ambas as partes, as *custas do processo* serão pagas proporcionalmente pelas partes; se for abandono do autor, o autor arcará integralmente com custas e honorários (NCPC, art. 485, § 2º).

Se o *réu já tiver apresentado a contestação*, a extinção pelo abandono do autor depende de requerimento do réu (NCPC, art. 485, § 6º).

(iv) *falta de requisitos de constituição* ou *validade* do processo.

Haverá extinção do processo *se não estiverem presentes os pressupostos processuais de existência e validade* (tema já antes tratado – cf. item 1.6.2 supra);

(v) *perempção, litispendência* e *coisa julgada.*

A litispendência e a coisa julgada (NCPC, art. 337, §§ 1º a 4º) já foram analisadas no item 1.6.3. A **perempção** é a *situação na qual, se o autor provocar a extinção do processo por 3 vezes por força do abandono, o juiz, no 4º ajuizamento extinguirá o processo sem resolução do mérito* – nesse caso, porém, será possível à parte alegar em defesa seu direito (NCPC, art. 486, § 3º).

(vi) falta de legitimidade ou interesse processual (*carência de ação).*

A *falta de uma das condições da ação* já foi antes analisada (item 1.6.4);

(vii) *convenção de arbitragem ou* reconhecimento de *competência pelo juízo arbitral.*

Se as partes celebraram contrato no qual estipulam que, *diante da lide, a solução será pela via da arbitragem, a causa não pode ser decidida pelo Poder Judiciário*, mas sim por um árbitro (Lei 9.307/1996). Daí a extinção sem resolução de mérito. Inova o NCPC ao mencionar reconhecimento da competência pelo juiz arbitral; ou seja, o árbitro, ao reconhecer sua competência para apreciar determinada lide, acaba por esvaziar a competência do Poder Judiciário.

(viii) *autor desiste* da ação.

A desistência é distinta da renúncia (NCPC, art. 487, III, "c"). *A primeira, por ser sem mérito, admite a repropositura da mesma ação. A segunda, por ser com mérito, forma coisa julgada* e impede a repropositura. Assim, o autor *desiste do processo*, ao passo que *renuncia ao direito.*

A partir do momento em que é *oferecida a contestação pelo réu, a desistência do autor depende da concordância do réu* (NCPC, art. 485, § 4º). Além disso, define o NCPC que a desistência *só é admitida até a sentença* – afinal, com a sentença, ou a parte recorre ou se submete à decisão, não mais sendo possível a desistência do processo (NCPC, art. 485, § 5º).

(ix) ação for *intransmissível.*

Se o direito discutido em juízo for **intransmissível** (basicamente as hipóteses de direito personalíssimo), *o falecimento da parte* (o suposto titular do direito) *não permite que haja a sucessão da posição jurídica processual.* O grande exemplo é o divórcio; assim, com a morte de uma das partes, extingue-se o processo de divórcio e passa a parte sobrevivente a ser viúva.

Em todos os incisos do art. 485 do NCPC ora apresentados, *a sentença é terminativa*, ou seja, processual, não decide a lide. Assim, **em regra, admite-se a repropositura da ação**. Porém, se a extinção se deu por litispendência, indeferimento, falta de pressupostos ou condição da ação ou convenção de arbitragem, a propositura da nova ação depende da correção do vício que causou a extinção anteriormente (NCPC, art. 486, § 1º). Contudo, para a repropositura ou nova propositura, é necessário o recolhimento das custas e honorários do processo anterior (NCPC, art. 486, § 2º).

A relação do art. 486, § 1º leva à confirmação de que *não cabe a repropositura no caso de coisa julgada e perempção.*

Se for **possível ao juiz apreciar o mérito a favor do réu** (item abaixo), mas também houver um *argumento capaz de levar o processo à extinção sem mérito*, deverá o juiz apreciar o mérito (NCPC, art. 488). Trata-se de uma opção do Código que prestigia a decisão do mérito – pois essa resolve a lide e é coberta pela coisa julgada.

Por fim, vale destacar que houve supressão de inciso em relação ao CPC/1973: no Código anterior, havia também a previsão de extinção do processo sem mérito no caso de *confusão* entre autor e réu (**confusão** se verifica *quando as duas partes da relação processual se encontram em uma única parte na relação jurídica de direito material.* Como não é lícito alguém litigar contra si mesmo, o processo deve ser extinto. Como exemplo, a fusão de duas empresas que estavam litigando). A supressão não significa que seja possível a parte litigar contra si mesmo – mas sim que a extinção se dará por outro motivo – como a falta de interesse de agir superveniente (art. 485, VI).

2.2.3.2. Decisão com resolução do mérito

O art. 487 do NCPC contém 3 incisos e **5 situações de decisão de mérito**. Apesar disso, apenas na hipótese prevista no *inc. I é que há efetivamente decisão do juiz*, aceitando ou não o pedido apresentado pelas partes. Nas demais hipóteses, o magistrado simplesmente se manifesta a respeito de uma situação que, pelo Código, também tem o condão de resolver o mérito.

Não se trata de extinção do processo, pois, a rigor, após a sentença haverá o prosseguimento do feito, com a fase de cumprimento de sentença. Além disso, na nova sistemática do Código, cabe também a decisão parcial de mérito (NCPC, art. 356, vide item 2.3.5.3).

São **hipóteses em que há resolução do mérito** (NCPC, art. 487):

(i) juiz julga *procedente ou improcedente* o pedido do autor na inicial ou pelo réu, na reconvenção.

É a conclusão esperada – e mais frequente – de um processo judicial.

Além disso, o sistema prevê a improcedência liminar do pedido, ou seja, a hipótese em que, sem a citação do réu, o pedido já é julgado improcedente. Isso já existia no Código anterior, mas passou por modificações no NCPC. Cabe a **improcedência liminar** nos seguintes casos (NCPC, art. 332):

a) quando o pedido contrariar *súmula* do STJ, STF – e também do Tribunal de Justiça, quanto a direito local;

b) decisão proferida em *recurso repetitivo* (STF ou STJ), incidente de resolução de demandas repetitivas ou incidente de assunção de competência;

c) quando o juiz verificar, desde logo, prescrição ou decadência (NCPC, art. 332, § 1º).

Apelando o autor contra a sentença de improcedência liminar, o juiz poderá se retratar em 5 dias; caso o faça, o processo seguirá; se não, determinará a citação do réu para apresentar contrarrazões em 15 dias (NCPC, art. 332, §§ 3º e 4º). Não interposta apelação contra a sentença de improcedência liminar, o réu será intimado do trânsito em julgado da sentença (NCPC, art. 332, § 2º).

(ii) juiz reconhece a *decadência* ou a *prescrição*.

Transcorrido determinado lapso temporal, não será mais lícito à parte buscar o Judiciário para satisfazer sua pretensão – com isso ocorre a consumação da **prescrição e decadência**. Vale destacar que o juiz pode conhecer de ofício da prescrição, antes mesmo da contestação do réu (como visto no item "c" logo acima); mas, fora esse caso, por força do princípio da vedação de decisões surpresa, deverá o juiz ouvir as partes antes de reconhecer a prescrição ou decadência (NCPC, art. 487, parágrafo único).

Este tema é usualmente objeto de questões de concursos, com respostas erradas: *prescrição e decadência importam em extinção com resolução do mérito.* Foi uma opção legislativa para que a sentença fosse coberta pela *coisa julgada*;

(iii) *réu* reconhece a *procedência do pedido (seja na ação ou reconvenção).*

Reconhecimento do pedido é a *concordância do réu com o pedido formulado pelo autor.* É importante destacar que *não se trata de revelia* (ausência de contestação), mas sim de submissão à pretensão do autor;

(iv) as partes *transigem.*

É a hipótese de *acordo entre as partes.* Como se sabe, a **transação** *envolve concessões recíprocas para encerrar o litígio*, ou seja, cada parte cede um pouco de sua pretensão e resistência;

(v) autor *renuncia ao direito* sobre que se funda a ação.

Como já exposto em relação ao art. 485, *é fundamental que se diferencie a desistência* (NCPC, art. 485, VIII) *da renúncia* (NCPC, art. 487, III, "c"). A desistência atinge o direito processual, acarreta a extinção sem mérito e assim permite uma nova propositura da mesma ação. Já na **renúncia** *o autor abre mão de sua pretensão, o ato atinge o direito material.* E isso acarreta a extinção com mérito, a sentença é coberta pela coisa julgada e assim não cabe a repropositura.

As três últimas hipóteses estão inseridas no art. 487, III, dispositivo que se refere à **homologação** por parte do juiz. Assim, não há propriamente decisão (como no inc. I), mas sim homologação de uma solução decorrente da atuação das partes.

As hipóteses ora enfrentadas, em que há *análise do mérito*, importam em **decisão definitiva** (NCPC, art. 487). Com o *trânsito em julgado de uma decisão definitiva*, tem-se a *coisa julgada material* (NCPC, art. 502).

2.3. Procedimento comum

Como já acima exposto, este é o procedimento-padrão, a base dos demais processos e procedimentos e que, portanto, encontra a maior regulação por parte do CPC.

2.3.1. Hipóteses de utilização do procedimento comum

Será utilizado o procedimento comum por *exclusão*: se não for hipótese de algum procedimento especial (previsto no NCPC ou em lei extravagante), então este será o utilizado.

Trata-se, portanto, do procedimento residual.

2.3.2. Petição inicial e seus requisitos

Os **requisitos da petição inicial** estão previstos no NCPC, art. 319. Em grande parte, é reprodução do art. 282 do CPC/1973, mas há algumas alterações.

Diante da clareza, vale reproduzir o artigo:

> **Art. 319.** A petição inicial *indicará*:
>
> I – o juízo a que é dirigida (*endereçamento*);
>
> II – os nomes, os prenomes, o estado civil, a existência de união estável, a profissão, o número de inscrição no Cadastro de Pessoas Físicas ou no Cadastro Nacional da Pessoa Jurídica, o endereço eletrônico, o domicílio e a residência do autor e do réu (*qualificação*);
>
> III – o fato e os fundamentos jurídicos do pedido (*causa de pedir*);
>
> IV – o pedido com as suas especificações (*pedido*);
>
> V – o *valor da causa*;

VI – as provas com que o autor pretende demonstrar a verdade dos fatos alegados (*provas*);

VII – a opção do autor pela realização ou não de audiência de conciliação ou de mediação (*interesse na audiência inaugural*).

Em relação ao sistema anterior, destaca-se o seguinte:

✓ *deixa* de ser requisito da inicial o **requerimento de citação do réu**. Mas, claro, se o advogado quiser colocar esse requisito (especialmente para indicar a forma de citação) não haverá qualquer problema;

✓ quanto à **qualificação** das partes, o autor *deverá indicar na petição inicial mais dados*: a existência de união estável e o endereço eletrônico e autor e réu;

✓ caso não disponha dos **dados necessários para qualificar de modo completo o réu**, o autor poderá, na petição inicial, *requerer ao juiz diligências para que isso seja obtido* (NCPC, art. 319, § 1º).

✓ o autor deverá indicar **se quer ou não a audiência inaugural de conciliação ou mediação;**

✓ segue existindo a previsão do art. 285-B do CPC/1973 (hipótese de **revisão de contratos bancários**), agora no art. 330, § 2º: "Nas ações que tenham por objeto a *revisão de obrigação* decorrente de empréstimo, de financiamento ou de alienação de bens, o autor terá de, *sob pena de inépcia*, discriminar na petição inicial, dentre as obrigações contratuais, *aquelas que pretende controverter, além de quantificar o valor incontroverso do débito*". E, nesse caso, o *incontroverso terá de continuar a ser pago* (§ 3º).

O projeto aprovado pelo Congresso previa a possibilidade de **conversão de ação individual em coletiva**, quando se estivesse diante de uma demanda que pudesse ter um potencial de repetição. Porém, o dispositivo foi *vetado* (art. 333). Ainda que vetado, pode ser objeto de alguma pergunta em provas de concursos jurídicos, por isso é feita menção do tema. Apesar do veto à conversão da ação individual em coletiva, permaneceu no sistema a previsão de o **juiz poder oficiar algum ente legitimado para ajuizar ação coletiva**, quando vislumbrar *multiplicidade de causas*. A previsão está no art. 139, X, destacando ser **poder do juiz**, quando se deparar com diversas *demandas individuais repetitivas*, oficiar o *Ministério Público, a Defensoria Pública e outros legitimados* para, se for o caso, promover a propositura da ação coletiva respectiva.

Os requisitos ora analisados são previstos para a *inicial do procedimento comum*. Mas, como já dito, também se aplicam aos *demais processos e procedimentos*, com algumas diferenças.

Se a **petição inicial não trouxer algum dos requisitos**, o juiz determinará a *emenda da inicial* (NCPC, arts. 317 e 321). Contudo, se o autor não proceder à emenda, haverá o *indeferimento da inicial*, com a extinção do processo sem resolução do mérito (NCPC, art. 485, I). Por sua vez, **se o vício da inicial for grave** e sequer permitir a emenda, poderá o magistrado *desde logo extinguir o processo* (NCPC, art. 330). Nessas situações, fala-se em **indeferimento liminar da inicial**, hipóteses em que o processo é extinto sem resolução do mérito e *sem haver a citação do réu*.

Também é possível se falar em **improcedência liminar da inicial**, situação na qual *o pedido é julgado improcedente (portanto, decisão de mérito), sem a citação do réu* (o assunto já foi tratado no item 2.2.3.2 acima).

Descabe a procedência liminar do pedido, pois é necessário o contraditório e ampla defesa do réu (porém, o sistema prevê a figura da tutela de evidência, como já enfrentado).

Considerando os diversos **requisitos da petição inicial**, na sequência será feita a análise de alguns dos requisitos com mais vagar (daqueles que não foram analisados em outros momentos).

2.3.2.1. *Causa de pedir*

Causa de pedir: na terminologia do CPC, *são os fatos e fundamentos jurídicos do pedido* (Por que o autor pede em juízo determinada providência?).

Observemos que não se deve confundir **fundamentos jurídicos** (consequência jurídica pretendida pelo autor, decorrente dos fatos narrados) com **fundamentos legais** (base legal, artigos de lei).

A causa de pedir é integrada *apenas pelos fundamentos jurídicos*. Assim, ainda que a parte mencione determinados artigos na inicial, poderá o juiz julgar com base em outros dispositivos – desde que não altere os fatos ou fundamentos jurídicos levados aos autos pelo autor.

Para que haja a **alteração da causa de pedir** após o ajuizamento da inicial, deve ser observado o seguinte (NCPC, art. 329):

(i) até a citação: *permitido, sem qualquer restrição*, bastando uma petição do autor;

(ii) após a citação: permitido, *desde que o réu concorde* (hipótese em que haverá possibilidade de manifestação do réu, no prazo mínimo de 15 dias, sendo possível requerimento de prova suplementar);

(iii) após o saneamento do processo: *inadmissível*.

Essa é exatamente a **mesma regra em relação à alteração do pedido** após o ajuizamento.

2.3.2.2. *Pedido*

Pedido: *é aquilo que o autor pede quando aciona o Judiciário.*

O CPC/1973 apontava que o pedido deveria ser certo *ou* determinado – e a doutrina apontava que esse era um erro, pois deveria ser "e" e não "ou". O NCPC deixa isso claro que o **pedido deve ser certo** (art. 322) **e determinado** (art. 324).

A **certeza do pedido** diz respeito ao verbo, à *providência jurisdicional*. Ou seja, fazer menção, no pedido, a condenar, declarar ou constituir.

Ainda que a parte não peça, compreende-se no pedido (NCPC, art. 322, § 1º – o que por alguns é chamado de *pedido implícito*):

(i) *juros legais*;

(ii) *correção monetária* (não constava do CPC/1973, mas era admitido pela jurisprudência do STJ);

(iii) verbas de *sucumbência*, ou seja, custas e honorários;

(iv) *prestações sucessivas* que se vencerem durante o processo, enquanto durar a obrigação (NCPC, art. 323);

(v) *multa diária* (astreintes), na tutela específica das obrigações de fazer, não fazer ou entregar coisa (NCPC, art. 536, *caput* e § 1º).

Interpretação do pedido: inovando em relação ao Código anterior (que apontava que o pedido deveria ser interpretado de forma *restritiva*), o NCPC prevê que o pedido vai ser *interpretado conforme "o conjunto da postulação e observará o princípio da boa-fé"* (art. 322, § 2º). Ou seja, o juiz terá mais margem para interpretar o pedido: não só com base naquilo que estiver ao final da petição inicial, no tópico "do pedido", mas também a peça como um todo.

A **determinação do pedido** diz respeito ao complemento, ao *bem da vida*. Ou seja, ao se pedir a condenação (certeza do pedido), indicar de *quanto* se quer a condenação.

Apesar de a regra ser a determinação do pedido, o NCPC admite a formulação de **pedido genérico**, em hipóteses específicas (art. 324, § 1º):

I – nas *ações universais*, se o autor não puder individuar os bens demandados (ações que envolvem *um conjunto de bens, uma universalidade*, tais como o espólio, uma biblioteca, a massa falida. Basta imaginar um filho buscando o patrimônio de um pai falecido. O autor ingressará com uma petição de herança [réus *condenados* a entregar ao autor seu quinhão – pedido certo], mas não conseguirá delimitar *o valor exato dos bens correspondentes ao seu quinhão*, pois não se sabe o *quantum debeatur*);

II – quando *não for possível determinar*, desde logo, as *consequências do ato ou do fato* (como exemplo, um acidente envolvendo a explosão de um botijão de gás em um restaurante. O cliente poderá ter de ficar meses em tratamento médico. Mesmo antes de ficar totalmente recuperado, o cliente já poderá ingressar em juízo contra o restaurante. E os danos, porém, ainda não podem ser determinados de modo definitivo);

III – quando a determinação do objeto ou do valor da condenação *depender de ato que deva ser praticado pelo réu* (O exemplo típico para esta situação é a *prestação de contas*: *conforme as contas prestadas, será possível verificar se há e quanto é o valor a ser pago*).

Tomando posição em relação a uma polêmica doutrinária, o NCPC deixa clara a **impossibilidade de indenização por dano moral como pedido genérico**, o que era admitido pela jurisprudência do STJ no Código anterior (considerando ser uma situação em que "não era possível determinar, desde logo, as consequências" do ato ou fato, inc. II). O NCPC aponta que, na demanda indenizatória, *inclusive a fundada em dano moral*, o valor da causa será a *quantia pretendida* (art. 292, V); com isso, não se mostra mais possível pleitear o dano moral sem indicar, na inicial, o valor pretendido.

O sistema admite a **cumulação de pedidos**, ou seja, a elaboração de *mais de um pedido, mesmo que não conexos, em face do mesmo réu*. Será possível a **cumulação** quando (NCPC, art. 327, § 1º):

1) os pedidos forem *compatíveis*;

2) competente o *mesmo juízo;*

3) adequado o *mesmo procedimento* (ou utilização do procedimento comum, sem prejuízo do uso de "técnicas processuais diferenciadas previstas nos procedimentos especiais" para um dos pedidos cumulados, desde que não haja incompatibilidade com o procedimento comum).

A legislação permite o **pedido alternativo**, *que é aquele em que o autor formula dois pedidos para ver acolhido um, indistintamente*. Pede-se a entrega do bem comprado ou o dinheiro de volta (NCPC, art. 325 – o devedor pode cumprir a prestação de mais de um modo), sem preferência por parte do autor. Se qualquer dos pedidos for acolhido, estará satisfeito o autor.

O **pedido subsidiário** se verifica quando *o autor formula um pedido principal e, somente se este não puder ser acolhido, formula um pedido subsidiário/eventual*. Pede-se o cumprimento do contrato como pedido principal e, somente se isso não for possível, pleiteia-se indenização por perdas e danos (NCPC, art. 326). Aqui há, portanto, preferência por parte do autor – que somente estará totalmente satisfeito se for acolhido o pedido principal.

A doutrina também fala em **pedido sucessivo** (não previsto na legislação), quando há cumulação de pedidos, mas *o segundo pedido depende, do ponto de vista lógico, do acolhimento do primeiro*. Assim, numa investigação de paternidade cumulada com alimentos, somente após o acolhimento do pedido de reconhecimento da paternidade é que se pode cogitar de concessão do pedido de alimentos.

Em relação à **modificação do pedido**, repete-se o acima exposto quanto à causa de pedir (NCPC, art. 329):

(i) até a citação: *permitido, sem qualquer restrição*, bastando uma petição do autor;

(ii) após a citação: permitido, *desde que o réu concorde* (hipótese em que haverá possibilidade de manifestação do réu, no prazo mínimo de 15 dias, sendo possível requerimento de prova suplementar);

(iii) após o saneamento do processo: *inadmissível*.

2.3.2.3. *Provas*

Prova: o objetivo da prova *é influir no convencimento do juiz quanto aos fatos trazidos pelas partes (NCPC, art. 369)*.

Cabe relembrar que, pela Constituição, *provas ilícitas são inadmissíveis* (CF, art. 5º, LVI).

O **momento principal de produção de prova oral** é a *audiência de instrução* (NCPC, art. 361). Tratando-se de *documentos, já na inicial e contestação* devem ser juntados.

A regra é que *somente os fatos devem ser provados*, mas não o direito (há *exceção* prevista no NCPC, art. 376: o juiz poderá determinar que a parte prove "direito municipal, estadual, estrangeiro ou consuetudinário").

Fato incontroverso (aquele que *não é objeto de impugnação pela parte contrária*) e **fato notório** (aquele que é de *conhecimento comum dos litigantes*) *independem de prova* (NCPC, art. 374).

Da mesma forma, *aquilo que ordinariamente ocorre* – as chamadas **máximas de experiência** – também não precisa ser provado (NCPC, art. 375). Como exemplo, a culpa num acidente de veículo, com base no que ordinariamente ocorre, é do veículo que está atrás.

O **momento de requerer a produção das provas** é na *inicial e na contestação*. O **juiz irá decidir a respeito de qual prova será produzida** *no saneamento* (NCPC, art. 357, II: fixação dos pontos controvertidos a respeito dos quais haverá prova). Além disso, *cabe ao juiz deferir provas de ofício* (NCPC, art. 370).

O NCPC contempla previsão sobre a **prova emprestada**: o juiz *poderá admitir o uso* de prova produzida em outro processo, atribuindo-lhe o *valor que considerar adequado, observado o contraditório* (art. 372).

No CPC/1973, havia o princípio do *livre convencimento motivado* do juiz. No NCPC, há o **princípio do convencimento motivado**, pois fala-se em "razões da formação" do convencimento, mas sem a menção a "livre" (art. 371): "O juiz apreciará a *prova constante dos autos*, independentemente do sujeito que a tiver promovido, e *indicará na decisão as razões da formação de seu convencimento*".

Quanto ao **ônus da prova**, *em regra, é de quem alega*.

Assim, compete:

✓ **ao autor**, provar *o fato constitutivo do seu direito* (NCPC, art. 373, I);

✓ **ao réu**, provar *o fato impeditivo, modificativo ou extintivo do direito do autor* (NCPC, art. 373, II).

Inovação do Código é a previsão da **distribuição dinâmica do ônus da prova** (ou carga dinâmica do ônus da prova), mecanismo que já vinha sendo aplicado pela jurisprudência e debatido pela doutrina mesmo antes do NCPC.

Em casos previstos em lei ou diante de peculiaridades da causa relacionadas: (i) à impossibilidade ou excessiva *dificuldade de cumprir o encargo de provar* ou (ii) à *maior facilidade de obtenção* da prova do fato contrário, *poderá o juiz atribuir o ônus da prova de modo diverso por meio de decisão fundamentada*, caso em que deverá dar à parte a oportunidade de se desincumbir do ônus que lhe foi atribuído (NCPC, art. 373, § 1º).

Em linha com a carga dinâmica, vale destacar, como exemplos, nas **relações de consumo**, em que é possível a *inversão do ônus da prova*, desde que presente a hipossuficiência do consumidor ou verossimilhança da alegação (CDC, art. 6º, VIII).

Se o autor não se desvencilhar de seu ônus: *improcedência do pedido*, sendo vedada a repropositura, diante da coisa julgada que se forma (NCPC, art. 487, I).

2.3.2.3.1. Meios de provas

No tocante aos **meios de prova**, o Código traz os seguintes:

(i) *ata notarial* **(NCPC, art. 384)**

(ii) *depoimento pessoal* (NCPC, art. 385);

(iii) *confissão* (NCPC, art. 389)

(iv) *exibição de documento ou coisa* (NCPC, art. 396)

(v) *documental* (NCPC, art. 405);

(vi) *testemunhal* (NCPC, art. 442);

(vii) *pericial* (NCPC, art. 464); e

(viii) *inspeção judicial* (NCPC, art. 481).

A seguir, segue análise dos principais aspectos de cada um dos meios de prova.

(i) ata notarial

A ata notarial é meio de prova que não era previsto no CPC/1973, apesar de já ser utilizado no cotidiano forense. Sua previsão é conveniente para não haver dúvidas quanto à sua utilização.

Realizada em cartório extrajudicial (e, por isso, dotada de fé pública), a ata notarial serve para a produção de prova em uma situação *em que a prova possa desaparecer* (como para provar o conteúdo de páginas da internet, que podem ser alteradas ou excluídas posteriormente; a ata certifica o que foi visualizado naquele momento em que se acessou determinada página).

A ata notarial poderá atestar ou documentar a *existência e o modo de existir de algum fato*. É possível que *imagem ou som gravados* em arquivos eletrônicos conste da ata notarial (NCPC, art. 384, parágrafo único).

(ii) Depoimento pessoal

É o *interrogatório das partes*, seja o *autor ou o réu* (NCPC, art. 385).

Existem *limitações ao dever de depor em juízo*, como em situações de sigilo ou autoincriminação (NCPC, art. 388) – que **não se aplicam** em causas de estado e de direito de família (NCPC, art. 388, parágrafo único).

O depoimento pessoal é *requerido pelo juiz ou pela parte contrária* (NCPC, art. 385, *caput*). Assim, não é requerido *pelo próprio depoente*.

Pode ocorrer, no depoimento pessoal, a **pena de confesso**: se a *parte não comparecer* ou, comparecendo, *recusar-se a responder* o que lhe for perguntado, *presumir-se-ão confessados os fatos contra ela* alegados (NCPC, art. 385, § 1º).

No momento da colheita da prova, *quem ainda não depôs não pode ficar na sala de audiência* ouvindo o outro depoimento pessoal (NCPC, art. 385, § 2º).

A parte depoente *não pode ler suas respostas*, mas é permitido levar *breves anotações* (NCPC, art. 387). A parte não presta compromisso de dizer a verdade.

O depoimento pessoal da parte que residir em comarca, seção ou subseção judiciária diversa daquela onde tramita o processo poderá ser **colhido por meio de videoconferência** ou outro recurso tecnológico de transmissão de sons e imagens em tempo real, o que poderá ocorrer, inclusive, *durante a realização da audiência de instrução e julgamento* (NCPC, art. 385, § 3º).

Dúvida que surgirá é se o depoimento pessoal das partes será feito **mediante reperguntas** (como no Código anterior) **ou mediante perguntas dos próprios advogados** – como é a novidade em relação à prova testemunhal (NCPC, art. 459). Como não há previsão do tema na seção própria do depoimento pessoal, é de se concluir que a forma de inquirição será a mesma da prova testemunhal – ou seja, perguntas formuladas pelos advogados e não pelo juiz.

(iii) Confissão

Entende-se por **confissão** a *situação na qual a parte admite a verdade de um fato contrário ao seu interesse* (NCPC, art. 389).

A confissão pode ser *judicial ou extrajudicial*.

A **confissão judicial** pode ser:

✓ *real*, ou seja, efetivamente aconteceu; ou

✓ *ficta*, quando resulta de sanção por alguma recusa da parte.

A **confissão judicial real** pode ser:

✓ *espontânea*, quando realizada *pelo próprio confitente*, sem provocação; ou

✓ *provocada*, quando obtida mediante *interrogatório*.

Assim, percebe-se que a confissão pode ocorrer por meio *documental* ou no *depoimento pessoal*.

(iv) Exibição de documento ou coisa

Pode o *juiz determinar que seja exibido determinado documento ou coisa* (NCPC, arts. 396 e 401).

O destinatário da ordem pode ser:

✓ *o réu* (NCPC, art. 396). Se o réu estiver com o documento/coisa e não o exibir, *admitem-se como verdadeiros os fatos que o requerente queria provar* com o que seria exibido (NCPC, art. 400).

✓ *terceiro* (NCPC, art. 401). Se terceiro estiver com o documento/coisa e não o exibir, o *juiz poderá determinar apreensão*, inclusive com força policial, sendo que o terceiro incorrerá no crime de desobediência (NCPC, art. 403, parágrafo único).

✓ Inova o Código ao permitir que o juiz adote medidas coercitivas (tais como multa diária) para que se obtenha o documento ou coisa (NCPC, art. 400, parágrafo único) – diferentemente da jurisprudência quanto ao tema à luz do CPC/1973 (Súmula 372 do STJ).

(v) Prova documental

O **momento de produção** da prova documental é *na inicial e na contestação* (NCPC, art. 434).

Fora estes momentos, só podem ser juntados (NCPC, art. 435):

a) *documentos novos* (prova de fatos posteriores aos narrados à inicial);

b) documentos para *rebater documentos produzidos pela parte contrária.*

Toda vez que um *documento for juntado, a parte contrária deverá ter a oportunidade de se manifestar, em 15 dias* (NCPC, art. 437, § 1º).

Se uma das partes entender que o documento é falso, deverá **arguir a falsidade** – na contestação, réplica ou em petição simples, 15 dias após a juntada do documento (NCPC, art. 430).

Apresentado o documento por uma das partes, se a outra não o *impugnar no momento seguinte* (arguição de falsidade na contestação, réplica ou simples petição, como visto acima), há *preclusão* e considera-se autêntico o documento (NCPC, art. 411, III).

Em relação à reprodução realizada por **foto, vídeo ou áudio**, o NCPC afirma que isso é válido (art. 422). Mas trata-se de presunção relativa, pois é certo que a parte contrária pode impugnar esse documento.

Tratando-se de **foto digital ou obtida na internet**, *deverá ser apresentada a "autenticação mecânica", que deve ser interpretado como (i) o arquivo digital que traz a foto ou (ii) o arquivo e as informações da página na internet de onde essa foto foi retirada. Tratando-se de foto obtida na internet, ainda é possível se realizar a ata notarial (art. 384).*

Se a foto estiver em **jornal ou revista impressa**, *deverá ser juntado aos autos o original onde apareceu essa foto. Contudo, muitas vezes isso pode ser insuficiente para eventual perícia – e talvez seja necessária a apresentação do próprio arquivo eletrônico (existente junto à imprensa), conforme o caso concreto. E o juiz, por certo, terá poderes para isso.*

O § 3º do art. 422 destaca que o **e-mail**, *para fins de prova, equipara-se a fotografia. Assim, deverá ser juntada a "autenticação eletrônica" (arquivo eletrônico e não só a mensagem impressa, para fins de eventual perícia). Mas o dispositivo não trata da força probante do e-mail (como o NCPC fez com o telegrama), mas sim dos aspectos formais para aceitação da prova. E cabe sempre lembrar que o juiz tem o convencimento motivado (art. 371).*

(iii) Prova testemunhal

É o *interrogatório de terceiros, que não são parte no processo* (NCPC, art. 442).

A parte deve apresentar *rol de testemunhas* no saneamento (NCPC, art. 357, §§ 4º e 5º).

Há a apresentação do rol de testemunhas para (i) permitir que haja a *intimação das testemunhas* se as partes assim requererem e (ii) para que a *parte contrária saiba*, antes da audiência, *quem são as testemunhas.*

Cada parte poderá apresentar *até 10 testemunhas*, mas o juiz pode dispensar *mais do que 3 sobre o mesmo fato* (NCPC, art. 357, § 6º), sendo possível, conforme a complexidade da causa, limitar o número de testemunhas (NCPC, art. 357, § 7º).

Após a apresentação do rol, só cabe a **substituição da testemunha** que (NCPC, art. 451):

✓ *falecer*;

✓ por *enfermidade* não tiver condições de depor; ou

✓ que mudou de endereço e *não foi encontrada pelo oficial* de justiça.

Em regra, a **testemunha será ouvida em juízo**, perante o juiz da causa, na audiência de instrução. Porém, pode haver (i) *produção antecipada de prova* (art. 381), (ii) oitiva por *carta* (precatória, rogatória ou de ordem – art. 453, II) ou ainda, inovação do NCPC, (iii) oitiva por *videoconferência* – que pode até mesmo ocorrer durante a própria audiência de instrução (art. 453, § 1º).

Inovação do NCPC está no art. 455: compete ao **próprio advogado intimar a testemunha** para que compareça em juízo, e isso será feito via carta com aviso de recebimento, pelos *correios*. Se não houver o envio do AR pelo advogado e a testemunha não comparecer, presume-se sua *desistência*. Se o advogado preferir, pode apenas comunicar a testemunha por outros meios – mas, se a testemunha se ausentar, também se presume a desistência.

Contudo, ainda permanece a possibilidade de **intimação da testemunha pelo Judiciário** (NCPC, § 4º do art. 455): (i) se frustrada a intimação via AR (ou se, desde logo, o juiz assim determinar), (ii) quando a testemunha for servidor público, (iii) quando a testemunha for arrolada pelo MP ou Defensoria ou (iv) quando a testemunha for autoridade.

A testemunha, *no início do depoimento*, presta o **compromisso de dizer a verdade** (NCPC, art. 458).

Quanto ao **procedimento da oitiva**, serão ouvidas primeiro as testemunhas que foram arroladas pelo *autor*, depois pelo *réu*. E uma testemunha não ouve o depoimento da outra. Porém, há inovação: é possível que o juiz, em comum acordo com as partes, *altere a ordem de oitiva das testemunhas*, qualquer que seja a ordem (NCPC, art. 456, parágrafo único).

Quanto à **indagação das testemunhas**, deixa de existir o modelo das *reperguntas* (em que o advogado pergunta ao juiz, que então formula a repergunta para a testemunha) e passa o *advogado a formular as perguntas diretamente para o depoente* (NCPC, art. 459). Isso já consta do art. 212 do CPP, por força de reforma de 2008.

As perguntas são inicialmente formuladas pelo advogado que arrolou a testemunha e, posteriormente, pelo outro advogado. Pode o juiz (i) formular perguntas, antes ou depois das partes e (ii) indeferir as perguntas que forem impertinentes, repetição de outra ou quiserem induzir a resposta.

Pode o juiz determinar a oitiva da **testemunha referida** (mencionada por uma das testemunhas ouvidas) ou realização de acareação entre testemunhas ou entre testemunha e parte. Inova o NCPC ao esclarecer que a *acareação poderá ser feita por videoconferência* e por regular como a acareação será realizada – por reperguntas do juiz e não por perguntas diretas dos advogados (art. 461).

Não podem ser testemunhas as pessoas (NCPC, art. 447):

a) **incapazes**, ou seja:

✓ o *interdito* por enfermidade mental;

✓ o que, acometido por retardamento mental, ao tempo em que *ocorreram os fatos, não podia discerni-los*; ou não está *habilitado a transmitir as percepções*;

✓ o *menor de 16 anos*;

✓ o *cego e o surdo*, quando a *ciência do fato depender dos sentidos* que lhes faltam;

b) **impedidas**, a saber:

✓ o *cônjuge, o companheiro, o ascendente e o descendente* em qualquer grau, ou colateral, até o terceiro grau;

✓ o que é *parte* na causa;

✓ o que *intervém em nome de uma parte* (tutor, representante legal da pessoa jurídica ou o advogado que assista ou tenha assistido as partes);

c) **suspeitas**, que são:

✓ o *inimigo* da parte, ou o seu *amigo* íntimo;

✓ o que tiver *interesse no litígio*.

Se necessário, *pode o juiz ouvir essas pessoas,* mas não como testemunhas e sim como *informantes*, que não prestam compromisso (NCPC, art. 447, §§ 4º e 5º).

Se o juiz aceitar ouvir uma testemunha que não deveria ser ouvida, o advogado da parte contrária poderá apresentar a **contradita**, *que é exatamente a alegação de que a testemunha é incapaz, suspeita ou impedida* (NCPC, art. 457, § 1º).

(iv) Prova pericial

A **prova pericial** consiste em *exame, vistoria ou avaliação* (NCPC, art. 464) e é utilizada *quando há a necessidade de conhecimentos técnicos a respeito de qualquer disciplina – salvo direito* (NCPC, art. 464, § 1º, I).

De início, já se esclareça que há **três possibilidades de perícia** no NCPC: (i) *prova técnica simplificada* (art. 464, § 2º), (ii) perícia *comum* (arts. 465 e ss.) e (iii) perícia *consensual* (art. 471).

Como já visto, houve importante **alteração quanto à escolha do perito**. Deverá o juiz escolher os peritos a partir de um *cadastro mantido pelo tribunal* (NCPC, art. 156, § 1º). *Somente* se não houver profissional cadastrado para o local onde está a vara é que haverá livre escolha pelo juiz (§ 5º) – sempre devendo ser escolhido profissional que tenha conhecimento técnico para a perícia.

Permite o NCPC a possibilidade de substituição da perícia por **prova técnica simplificada**, quando o "ponto controvertido for de menor complexidade" (art. 464, § 2º). Contudo, o Código não especifica o que seja esse ponto de menor complexidade, de modo que isso terá de ser verificado no caso concreto. Como exemplo, podemos cogitar o de um tablet com um problema e a verificação do que causou esse problema (defeito ou mau uso); isso, em tese, seria algo mais simples que permitiria a substituição.

A prova técnica simplificada é uma *perícia mais informal* que conta apenas com o *depoimento verbal do especialista* (esse é o termo utilizado pelo NCPC, e não perito) sem a necessidade de formalizar quesitos, assistente técnico ou apresentação de laudo escrito (art. 464, § 3º). O especialista poderá realizar apresentação ao prestar os esclarecimentos ao juiz (art. 464, § 4º), sendo que sua oitiva ocorrerá na audiência de instrução ou em outra audiência designada pelo juiz especificamente para ouvi-lo.

Em situação complexa que demande conhecimentos técnicos de mais de uma área do conhecimento, pode o juiz nomear **mais de um perito** e podem as partes indicar mais de um assistente técnico (art. 475 do NCPC).

Existem inovações no **procedimento da perícia**.

De início, diante da *necessidade de prova pericial*, deverá o juiz nomear um *perito especialista no objeto da perícia*, fixando prazo para apresentação do laudo (NCPC, art. 465).

Após a **nomeação do perito**, as partes terão o prazo de 15 para se manifestarem, quanto (i) impedimento ou suspeição do perito, (ii) indicação de assistente técnico e (iii) apresentação de quesitos.

Após essa manifestação, será a vez do perito falar nos autos, em 5 dias, momento em que (i) formulará *proposta de honorários*, (ii) *apresentará seu currículo*, principalmente demonstrando sua especialização na área objeto da perícia e (iii) indicará seus *contatos profissionais*, inclusive correio eletrônico, para ser intimado.

A seguir, nova manifestação das partes, no prazo de 5 dias, para que digam a respeito dos honorários sugeridos pelo perito.

Com essas informações, o **juiz fixará os honorários periciais** e determinará o pagamento da quantia. A responsabilidade pelo pagamento é de *quem requereu a perícia* ou de ambas as partes (metade para cada), se (a) a prova for determinada de ofício ou (b) a perícia foi requerida pelo autor e pelo réu. Em regra, apenas após o pagamento integral dos honorários é que terá início a confecção do laudo. Inova o NCPC ao permitir o **pagamento de metade antes da perícia** e a outra metade somente após a apresentação do laudo e prestados os esclarecimentos (art. 465, § 4º). Isso será requerido pelas partes e decidido pelo juiz.

Inovação quanto aos honorários periciais é a previsão de sua *redução*, pelo juiz, caso a perícia seja inconclusiva ou deficiente (art. 465, § 5º).

Se a perícia for realizada por *carta precatória*, é possível que o perito e assistentes técnicos sejam definidos apenas no juízo de destino (art. 465, § 6º). Como exemplo, a situação em que será realizada a perícia para avaliar um imóvel em Comarca distante 500 km do juízo de origem. Muito melhor, por certo, a nomeação de perito no juízo deprecado.

O **perito deve ser imparcial**, mas não os assistentes técnicos, que são de confiança das partes (NCPC, art. 466). Assim, *há impedimento e suspeição para o perito*, mas não para os assistentes. Porém, isso não significa que os assistentes podem agir de má-fé, podendo ser penalizados se isso ocorrer.

Caso requerido pelas partes, admite-se que o *perito ou assistente técnico preste esclarecimentos em audiência*. Para isso, as perguntas a serem respondidas pelo perito devem ser formuladas na *forma de quesitos* (NCPC, art. 477, § 3º).

Considerando o princípio do convencimento motivado, *o juiz não está vinculado ao laudo pericial* (NCPC, art. 479) e pode, quando entender que a questão não está bem esclarecida, determinar a realização de *nova perícia* (NCPC, art. 480).

Fundada na maior liberdade que o Código dá às partes de definirem o procedimento, existe a **perícia consensual** (NCPC, art. 471).

Somente é possível o uso da perícia consensual se: (i) as partes forem *capazes* e (ii) o litígio puder ser revolvido por *acordo* entre as partes. Ao requererem essa modalidade de perícia, as partes já deverão indicar: (a) o *perito* (escolhido de comum acordo pelas partes, sem interferência do juiz), (b) os *assistentes técnicos*, (c) *data e local* da realização da perícia e (d) *quesitos* que deverão ser respondidos pelo perito. Uma vez apresentado o requerimento de perícia consensual, o juiz poderá deferir ou indeferir o pleito.

O Código é expresso ao destacar que a perícia consensual é efetiva prova pericial (art. 471, § 3º), *não sendo caso de uma perícia consensual e perícia usual* ao mesmo tempo.

Inova o NCPC ao prever os **requisitos do laudo pericial** (art. 473):

(i) relatório, que é a exposição do objeto da perícia,

(ii) fundamentação, que é composta da análise técnica do perito somada à indicação do método utilizado e justificativa de sua escolha (inclusive em relação a ser um método usualmente utilizado nessa área do conhecimento),

(iii) conclusão, com a resposta a todos os quesitos deferidos pelo juiz.

Concluído o laudo, o perito deverá protocolá-lo em juízo. A seguir, as *partes e assistentes técnicos poderão se manifestar no prazo comum de 15 dias*. Existindo alguma dúvida, terá o perito mais 15 dias para esclarecer os pontos levantados nas manifestações. Após os esclarecimentos periciais, se ainda existir alguma dúvida, as partes poderão requerer novos esclarecimentos (formulando novos quesitos), que serão prestados na audiência de instrução (art. 477).

(v) Inspeção judicial

A **inspeção** é meio de prova no qual *o juiz vai ao local dos fatos inspecionar pessoas ou coisas, a fim de se esclarecer sobre determinada questão que interesse à decisão da causa* (NCPC, art. 481).

A lei parte da premissa que, em determinadas hipóteses, *somente a observação pessoal é que poderá subsidiar a tomada de decisão* (NCPC, art. 483). Assim, o juiz irá até onde se encontra a pessoa ou coisa.

É possível que o *juiz seja acompanhado por peritos* (NCPC, art. 482) e *pelas partes* (CPC, art. 483, parágrafo único).

2.3.2.4. Citação

Citação é o *ato pelo qual o réu (ou quem está no polo passivo) é convocado para integrar a relação processual* (NCPC, art. 238). Assim, uma vez realizada a citação válida do réu no processo, não haverá nova citação dessa parte, no mesmo processo.

Não se deve confundir a citação com outras figuras.

A **intimação** é o *ato pelo qual se dá ciência a alguém dos atos e termos do processo* (NCPC, art. 269). Assim, tanto o réu como o autor (como terceiros) podem ser intimados diversas vezes em um processo.

Inova o NCPC ao permitir que o *advogado promova a intimação do advogado da parte contrária*, enviando pelo correio, com aviso de recebimento, carta (**ofício de intimação**) *com cópia da decisão judicial a que se quer dar ciência* à parte contrária (NCPC, art. 269, §§ 1º e 2º).

No mais, a **notificação** *é procedimento especial de jurisdição voluntária utilizado para manifestar qualquer intenção de modo formal* (NCPC, art. 726).

Portanto, no processo civil, apenas a citação e a intimação são *formas de comunicação de ato processual*.

O NCPC conhece 5 **modalidades de citação**:

(i) citação por *correio*, que é a *regra* e poderá ocorrer para qualquer comarca do país (CPC, art. 247).

O carteiro entregará ao citando carta registrada e colherá a assinatura do réu no recibo (aviso de recebimento – AR). A respeito do tema, a Súmula 429 do STJ, editada com base no sistema anterior: "A citação postal, quando autorizada por lei, exige o aviso de recebimento";

Tratando-se de **pessoa jurídica**, será válida a entrega da carta (i) a *pessoa com poderes de gerência geral* ou (ii) a *funcionário responsável pelo recebimento de correspondências* – que é o mais comum (NCPC, art. 248, § 2º).

Em relação a **pessoas físicas**, inova o Código, que *não* acolhe entendimento do STJ quanto ao tema: em *condomínios edifícios* ou *loteamentos com controle de acesso*, será válida a entrega da carta a *funcionário da portaria responsável pelo recebimento de correspondência*, que poderá recusar o recebimento, se declarar, por escrito, sob as penas da lei, que o *destinatário da correspondência está ausente* (NCPC, art. 248, § 4º).

(ii) citação por *oficial de justiça* ou *por mandado*, que é a forma de citação mais segura, pois realizada por servidor público que tem fé pública. Será realizada *quando a lei assim determinar* (maior segurança), por *opção do autor* ou quando *infrutífera a citação por correio* (NCPC, art. 249).

São hipóteses em que a lei determina a **citação obrigatoriamente por oficial de justiça** (NCPC, art. 247):

- ✓ ações de *estado* (principalmente estado familiar – direito de família, por ser hipótese de direito indisponível);
- ✓ citando pessoa *incapaz*;
- ✓ citando *pessoa de direito público* (Fazenda Pública);
- ✓ local *não atendido pela entrega domiciliar de correspondência*;
- ✓ quando o *autor, justificadamente, requerer de outra forma.*
- ✓ Há alteração em relação ao Código anterior, com a supressão da menção ao *processo de execução*; ou seja, o NCPC *permite a citação no processo de execução por correio.*

A **citação por hora certa** é *citação realizada por oficial de justiça*, mas com algumas características específicas. Quando o *oficial tiver "suspeita de ocultação" do réu* e, por **2 (duas)** *vezes*, não encontrá-lo em seu endereço, *informará que voltará no dia útil imediato, em hora designada, e fará a citação a qualquer pessoa da família ou, se não houver, qualquer vizinho* (NCPC, art. 252) e, se o réu residir em condomínio edilício ou loteamento com controle de acesso, na pessoa do porteiro (NCPC, art. 252, parágrafo único).

No dia marcado, o *oficial de justiça retornará e, caso não encontre o réu, fará a citação por hora certa*, ainda que o réu esteja se ocultando em outra cidade. A citação será considerada realizada mesmo que o terceiro se ausente ou recuse a receber a citação (NCPC, art. 253, §§ 1º e 2º).

Realizada a citação por hora certa, será enviada ao réu carta, telegrama ou *e-mail* informando a realização do ato citatório (NCPC, art. 254).

(iii) citação por *edital* ocorre quando (i) *desconhecido ou incerto o citando*, (ii) *ignorado*, incerto ou inacessível *o lugar onde está o citando* (NCPC, art. 256).

No caso de *réu no exterior*, se o *país de destino recusar o cumprimento da rogatória*, considera-se lugar inacessível e, assim, permitida a citação por edital (NCPC, art. 256, § 1º).

No caso de ser *inacessível o lugar em que se encontrar o réu*, a notícia de sua citação será divulgada também pelo *rádio*, se na comarca houver emissora (NCPC, art. 256, § 2º).

O *réu será considerado em local ignorado ou incerto* se infrutíferas as tentativas de sua localização, inclusive mediante requisição pelo juízo de informações sobre seu endereço nos *cadastros de órgãos públicos ou de concessionárias de serviços públicos*, como empresas de telefonia, bancos, receita federal, justiça eleitoral (NCPC, art. 256, § 3º).

A citação por edital tem os seguintes **requisitos** (NCPC, art. 257):

I – a *afirmação do autor* ou a *certidão do oficial* informando a presença de uma das hipóteses que autorize essa modalidade de citação;

II – a *publicação do edital na internet*, na página do tribunal local e do CNJ, devendo isso ser certificado nos autos (*poderá* o juiz determinar a publicação do edital em *jornal local* ou *outros meios*, considerando as peculiaridades da comarca);

III – a determinação do *prazo* (entre 20 e 60 dias), fluindo da data da publicação única ou, havendo mais de uma, da primeira;

IV – a advertência de que será *nomeado curador especial em caso de revelia*.

Tanto a *citação por hora certa como a citação por edital* são, na verdade, *situações de ficção jurídica de que a citação se realizou, com a ciência do réu*. Por isso são hipóteses de **citação ficta**. Nesses casos, se o réu for revel, para garantir o contraditório, deverá ser *nomeado curador especial* (NCPC, art. 72, II), isto é, ainda que sem contato como réu, um advogado apresentará contestação, buscando defender a pessoa que foi citada de forma ficta. Nesta hipótese, cabe a *contestação por negativa geral* (NCPC, art. 341, parágrafo único).

Se o autor **requerer dolosamente a citação do réu por edital** (ou seja, sem que presentes suas hipóteses autorizadoras), lhe será aplicada multa de 5 vezes o salário mínimo, que reverterá para o citando (NCPC, art. 258).

No mais, prevê o NCPC a publicação de editais de citação nas seguintes hipóteses (art. 259):

I – na ação de *usucapião* de imóvel;

II – na ação de *recuperação ou substituição de título ao portador*;

III – em qualquer ação em que seja necessária, por determinação legal, a provocação, para participação no processo, de *interessados incertos ou desconhecidos*.

(iv) citação por *meio eletrônico*, realizada por correio eletrônico ou outra forma de comunicação eletrônica. É regulada pela Lei 11.419/2006.

Não muito utilizado no sistema anterior, o NCPC busca dar grande estímulo a este meio citatório. Tanto é que determina que **todas as empresas** (salvo ME e EPP), privadas e públicas, bem como a **Fazenda Pública** (União, Estados e Municípios, além de entes da administração direta) deverão manter "*cadastro nos sistemas de processo em autos eletrônicos*, para efeito de recebimento de *citações e intimações*, as quais serão *efetuadas preferencialmente por esse meio*".

(iv) citação pelo *escrivão ou chefe de secretaria*. Pouco comum, utilizada para a hipótese em que o citando comparecer em cartório.

Os **efeitos da citação** encontram-se no NCPC, art. 240:

(i) induz *litispendência;*

(ii) torna a *coisa litigiosa;*

(iii) constitui *em mora o devedor;* e

(iv) *interrompe a prescrição.*

2.3.2.5. *Valor da causa*

Valor da causa: *toda* demanda cível, seja de jurisdição contenciosa ou voluntária, ação ou reconvenção, terá *valor certo da causa* (NCPC, art. 291).

A *fixação* do valor da causa é realizada por dois critérios:

✓ **fixação legal ou obrigatória**: a atribuição do valor *já foi previamente definida pelo legislador*.

✓ **fixação voluntária**: como não há previsão legal para fixar o valor da causa, este será *livremente fixado a partir de uma estimativa do autor*.

As hipóteses de fixação legal estão no NCPC, art. 292:

(i) na *ação de cobrança de dívida*, a soma monetariamente corrigida do principal, dos juros e de eventuais outras penalidades, até a propositura da ação;

(ii) na ação que tiver por objeto a existência, validade, cumprimento, modificação, resolução, resilição ou rescisão de *ato jurídico*, o *valor do ato ou de sua parte controvertida* (hipótese de discussão relativa a contrato);

(iii) na *ação de alimentos*, a soma de *12 prestações mensais* pedidas pelo autor;

(iv) na ação de *divisão, de demarcação e de reivindicação*, o valor de avaliação da área ou do bem objeto do pedido;

(v) na ação *indenizatória*, inclusive a de *dano moral*, o valor pretendido (portanto, não mais cabe dano moral como pedido genérico, sem se especificar, na inicial, o valor que se quer receber);

(vi) havendo *cumulação de pedidos*, a quantia correspondente à *soma dos valores* de todos eles;

(vii) sendo *alternativos os pedidos*, o de *maior valor;*

(viii) se houver também *pedido subsidiário*, o valor do *pedido principal.*

Quando se tratar de *relação continuativa* com *prestações vencidas e vincendas*, o valor da causa deverá *levar em conta ambas*, da seguinte forma (NCPC, art. 292, §§ 1º e 2º):

✓ *soma das prestações vencidas e vincendas se a obrigação tem tempo inferior a um ano* (ex.: o contrato é de 10 meses. Há débito de 2 parcelas e ainda faltam 5. O valor da causa será a soma das 2 já vencidas mais as 5 restantes = 7 parcelas);

✓ *soma das parcelas vencidas mais 1 ano* das prestações vincendas se a *obrigação for por tempo indeterminado ou durar mais de um ano* (ex.: não foram pagas 2 prestações e ainda faltam 20; nesse caso, o valor da causa considerará as 2 vencidas mais 12 vincendas = 14 parcelas).

Também há hipótese de fixação legal em legislação extravagante. O principal exemplo é a Lei do Inquilinato (Lei 8.245/1991), que prevê, na *ação de despejo*, o valor da causa em *12 vezes o valor mensal do aluguel* (art. 58, III).

Se o **valor da causa estiver errado**, o *juiz poderá corrigi-lo de ofício* (não mais determinando que o autor emende a inicial), inclusive intimando o autor para que recolha as custas faltantes (NCPC, art. 292, § 3º).

Para **impugnar o valor da causa**, há simplificação: deixa de existir a peça específica para isso e passa a ser cabível a discussão do tema em *preliminar de contestação* (NCPC, art. 293).

A **importância do valor da causa** é *processual e fiscal*:

(i) no *Juizado Especial Cível* é determinante para a fixação da competência (até 40 salários mínimos) e também para a obrigatoriedade ou não de advogado (até 20 salários a própria parte é dotada de capacidade postulatória);

(ii) é base de cálculo para *multas e outras penas* impostas pelo juiz (como litigância de má-fé);

(iii) *pode ser o parâmetro para a fixação dos honorários do advogado* (NCPC, art. 85, §§ 2º e 6º);

(iv) do ponto de vista fiscal, o valor da causa *é a base de cálculo para o pagamento das custas*.

2.3.3. Audiência de conciliação ou de mediação

Na mais relevante **alteração procedimental do procedimento comum**, o NCPC prevê a designação de uma **audiência inaugural de conciliação ou mediação**, a ser *conduzida, onde houver, por conciliador ou mediador* (NCPC, art. 334, § 1º). A respeito de quem é o conciliador ou mediador (e informações adicionais quanto à mediação e conciliação), vide item 1.4.8.

As previsões do NCPC quanto ao tema, **no tocante à mediação**, terão de ser *compatibilizadas com a Lei da Mediação* (Lei 13.140/2015, lei posterior ao NCPC, mas que entrará antes em vigor).

Estando *em termos a petição inicial* (observância dos requisitos acima expostos) e *não sendo caso de improcedência liminar*, o **juiz designará audiência de conciliação ou mediação** com *antecedência mínima de 30 dias*, devendo ser *citado o réu pelo menos 20 dias antes* (NCPC, art. 334).

É possível, se o caso concreto assim demandar, **mais de uma audiência consensual** que terá de ser realizada, no máximo, até *2 meses da data de realização da primeira* (NCPC, art. 334, § 2º).

Pelo NCPC, **somente não haverá a audiência de conciliação ou mediação** nas seguintes hipóteses (art. 334, § 4º):

I – se *ambas as partes manifestarem*, expressamente, *desinteresse* na composição consensual;

O *autor* deixará clara essa vontade na *petição inicial* (NCPC, art. 319, VII) e o *réu*, em *petição própria* para isso, *10 dias antes da audiência* (NCPC, art. 334, § 5º).

II – quando *não se admitir a autocomposição*.

A Lei de Mediação **não prevê** *hipótese em que a audiência de mediação não ocorra*. Porém, na Lei 13.140/2015, há previsão do princípio da autonomia (art. 2º, V) – de modo que, eventualmente, será possível sustentar a não realização da audiência com base nesse princípio.

Em polêmica previsão, o **não comparecimento injustificado da parte à audiência conciliatória** é considerado *ato atentatório à dignidade da justiça* e sancionado com *multa de até 2% da vantagem econômica pretendida ou do valor da causa*, revertida em favor da União ou do Estado (NCPC, art. 334, § 8º).

Vale destacar que essa previsão somente faz menção à *conciliação*. Além disso, na Lei de Mediação não há previsão de multa para a ausência. Resta verificar se a jurisprudência fará a distinção entre as duas figuras (audiência de conciliação e de mediação).

As partes deverão comparecer à audiência de conciliação ou mediação **acompanhadas por advogado** (NCPC, art. 334, § 9º), sendo possível a **constituição de representante**, desde que *com poderes para negociar* (NCPC, art. 334, § 10).

Pelo Código, a **pauta das audiências de conciliação e mediação** será organizada de modo a respeitar o *intervalo mínimo de 20 minutos* entre o início de cada audiência (NCPC, art. 334, § 12).

Será possível a realização da **audiência de conciliação ou mediação por meio eletrônico** (NCPC, art. 334, § 7º).

Se houver acordo nessa audiência, será reduzido a termo e homologado por sentença (NCPC, art. 334, § 11). A Lei de Mediação prevê que, se o **conflito for solucionado pela mediação antes da citação do réu**, *não serão devidas custas judiciais finais* (art. 29).

Não realizado o acordo, terá início o prazo para contestação.

2.3.4. Defesa do réu

O tema foi objeto de profundas modificações no NCPC.

Antes, o réu, citado, poderia apresentar uma série de peças para se defender (exceções e impugnações). Há importante **simplificação**, sendo basicamente cabível a contestação.

2.3.4.1. Contestação

A **contestação** é a *resistência do réu ao pedido do autor*.

O réu poderá oferecer **contestação**, no **prazo de 15 dias**, *contado* a partir (NCPC, art. 335):

I – da *audiência de conciliação/ mediação*, ou da última sessão de conciliação, quando qualquer parte não comparecer ou, comparecendo, não houver autocomposição;

II – do *protocolo do pedido de cancelamento da audiência* de conciliação/mediação apresentado pelo réu, quando ambas as partes tiverem manifestado desinteresse na via consensual;

III – da *juntada* aos autos do mandado ou carta de citação, nos demais casos.

Pelo **princípio da eventualidade**, *toda matéria de defesa*, ainda que contraditória, *deve ser alegada* na contestação, sob pena de *preclusão* (NCPC, art. 336).

Contudo, há *exceções*. Tratando-se de *matéria de ordem pública* (como condições da ação e pressupostos processuais), cabe a alegação em momento posterior (portanto, não há preclusão – NCPC, art. 485, § 3º).

Decorrente do princípio da eventualidade, há o **ônus da impugnação específica** (NCPC, art. 341). Ou seja, *se determinado fato não for especificamente impugnado, presume-se que seja verdadeiro*.

Portanto, em regra, não cabe a **contestação por negativa geral** (situação em que o réu simplesmente afirma que "tudo que está na inicial não é verdadeiro", sem trazer sua versão aos fatos). A *exceção* é a contestação apresentada pelo *defensor público, advogado dativo e curador especial* (NCPC, art. 341, parágrafo único).

A **defesa do réu**, na contestação, pode ser de *mérito* ou *processual*.

A **defesa de mérito** (NCPC, art. 336 e 341) *impugna os fatos e é baseada na relação jurídica de direito material*.

Pode tanto ser a *resistência às alegações da inicial* (negam-se os fatos) ou a apresentação de *fato impeditivo, modificativo ou extintivo do direito do autor* (apresenta-se um fato que afasta a pretensão do autor – NCPC, art. 350).

Como exemplo de **fato impeditivo**, a *incapacidade do contratante*; como exemplo de **fato modificativo**, a *compensação*, e como exemplo de **fato extintivo**, o *pagamento*.

A apresentação de *defesa de mérito busca a improcedência do pedido* (prolação de sentença em que há resolução do mérito – NCPC, art. 487, I).

Já a **defesa processual** (NCPC, arts. 337, 485 e 330) *impugna a relação de direito processual, ou seja, aspectos formais-burocráticos da causa* (pressupostos processuais e condições de ação). Como é *anterior ao mérito*, costuma também ser denominada **preliminar**.

A alegação de uma *defesa processual* pode acarretar:

✓ a *extinção do processo sem resolução de mérito*, desde que haja a respectiva previsão no NCPC, art. 485 (ex.: litispendência: art. 337, V, c/c art. 485, V);

✓ a *possibilidade de correção da falha* (emenda) sob pena de extinção (ausência de recolhimento de custas: art. 337, XII, c/c art. 330, I);

✓ a *alteração do juízo que julgará a causa* (incompetência absoluta: art. 337, II).

Defesas processuais trazidas pelo Código, que o réu irá alegar antes de discutir o mérito (preliminarmente – NCPC, art. 337):

I – *vício de citação*;

II – *incompetência absoluta e relativa (***novidade** *no NCPC, quanto à relativa)*;

III – *incorreção do valor da causa (***novidade** *no NCPC)*;

IV – *inépcia da inicial* (NCPC, art. 330, § 1º);

V – *perempção*;

VI – *litispendência*;

VII – *coisa julgada*;

VIII – *conexão (apesar da ausência de menção na lei, também a continência – curioso que o NCPC não corrigiu essa omissão)*;

IX – *incapacidade de parte, defeito de representação, falta de autorização (incapacidade: criança sem representação; defeito de representação: falta de procuração do advogado nos autos; falta de autorização: há casos em que o cônjuge precisa de autorização para litigar – NCPC, art. 73)*;

IX – *convenção de arbitragem*;

XI – *ausência de legitimidade de parte ou interesse processual (no sistema anterior, falava-se em* **carência de ação**, possivelmente o termo carência seguirá sendo utilizado e pedido em provas de concursos jurídicos);

XII – falta de *caução* ou *prestação prevista em lei (como principal exemplo de prestação prevista em lei, a ausência de recolhimento de custas)*;

XIII – *indevida concessão de gratuidade de justiça (***novidade** *no NCPC)*.

Como se percebe, *diversos argumentos de defesa já foram analisados em momentos anteriores*. Seja ao se discutir condições da ação e pressupostos processuais, seja ao se tratar das hipóteses de extinção do processo sem mérito. Isso demonstra que o processo civil é um sistema, em que *inicial, contestação e decisão estão conectadas*.

O NCPC inova ao apontar preliminares que antes existiam.

Mas, o Código também muda o sistema anterior em relação à **reconvenção**. Antes, em peça apartada; agora, na própria contestação. A reconvenção é o *pedido formulado pelo réu, contra o autor, nos próprios autos do processo*.

Assim, no NCPC, o réu deverá formular, *na própria contestação, pedido contra o autor* (NCPC, art. 343) – bastando abrir um tópico específico para isso na peça de defesa (preliminar, mérito e reconvenção).

Oferecida a reconvenção pelo réu, o *autor será intimado*, na pessoa do seu advogado, para apresentar resposta (contestar) em 15 dias (NCPC, art. 343, § 1º).

Uma vez apresentada, a reconvenção passa a ser **autônoma** *em relação à ação*; assim, a desistência ou extinção da ação não obsta o prosseguimento da reconvenção (NCPC, art. 343, § 2º).

A reconvenção pode ser proposta com *litisconsórcio passivo* – contra o autor e terceiro; ou em *litisconsórcio ativo* – pelo réu e terceiro (NCPC, art. 343, §§ 3º e 4º).

Apresentada a reconvenção, haverá a **anotação no distribuidor**, de modo que se saiba que o *autor é réu na reconvenção*, para fins de expedição de *certidão negativa de feitos judiciais* (NCPC, art. 286, parágrafo único).

2.3.4.2. Alterações em relação ao CPC/1973

Como se percebe do tópico anterior, inúmeras são as mudanças na defesa do réu em relação ao sistema do Código anterior. Considerando o histórico de provas, é possível vislumbrar que as bancas examinadoras trarão uma série de questões em relação a esse tema. Por isso, para facilitar, este tópico é uma síntese daquilo que mudou.

Deixa de existir no NCPC:

(i) a exceção de incompetência relativa: o tema passa a ser alegado em *preliminar de contestação* (NCPC, art. 337, II).

(ii) a exceção de impedimento e suspeição: o tema passa a ser alegado em *petição específica para isso*, sem maiores formalidades ou necessidade de autuação em apartado (NCPC, art. 146) – mas há a suspensão do processo (NCPC, art. 313, III).

(iii) a ação declaratória incidental, pois a *questão prejudicial será coberta pela coisa julgada* (NCPC, art. 503, § 1º).

(iv) a impugnação ao valor da causa: a matéria será *alegada na própria contestação*, em preliminar (NCPC, arts. 293 e 337, III).

(v) a impugnação à justiça gratuita: a gratuidade será impugnada *nos próprios autos*, na próxima peça que a parte impugnante apresentar, após a concessão da gratuidade (NCPC, art. 100).

(vi) a reconvenção como peça autônoma, que agora será apresentada como um tópico da própria contestação (NCPC, art. 343);

(vii) a nomeação à autoria: Se o réu alegar, na contestação, que é *parte ilegítima* e tiver conhecimento de quem é a parte legítima, *deverá indicar isso na defesa*, sob pena de arcar com as despesas processuais e indenizar o autor pelos prejuízos (NCPC, art. 339).

Por sua vez, quando houver essa **indicação do réu correto**, poderá o autor, em 15 dias, *alterar a petição inicial para promover a troca de réus* (NCPC, art. 338). Nesse caso, haverá pagamento de *honorários* entre 3% e 5% do valor da causa, *em favor do advogado do réu excluído* (NCPC, art. 338, parágrafo único).

2.3.4.3. Revelia

Como já visto, o princípio do contraditório pode ser traduzido em um binômio: informação e possibilidade de manifestação. Assim, é obrigatório que o réu seja citado para, querendo, contestar.

Mas, o que é obrigatório é a *oportunidade de contestar*. Portanto, para a validade do processo, *não é obrigatória a existência de contestação*.

Nesse contexto, há a **revelia**, que é a *ausência de contestação* (NCPC, art. 344).

As **consequências** ou **efeitos** da revelia são:

(i) a *presunção de veracidade* dos fatos alegados pelo autor (NCPC, art. 344) e

(ii) os *prazos contra o revel* sem advogado nos autos fluirão da *data de publicação da decisão no diário oficial* (NCPC, art. 346 – trata-se de **inovação** do NCPC o comando para se publicar).

Assim, numa investigação de paternidade, se o réu for revel, por se tratar de direito indisponível, *ainda assim haverá necessidade de dilação probatória* (DNA). E, diante de dois réus, se um contestar, *em relação à matéria que for comum à defesa dos dois*, o fato será controvertido e, portanto, haverá *necessidade de prova*.

Contudo, há *exceções* em relação aos dois efeitos da revelia:

Assim, **não haverá presunção de veracidade**, mesmo que haja ausência de contestação, se (NCPC, art. 345):

I – houver *litisconsórcio passivo* e algum dos réus *contestar*;

II – o litígio versar sobre *direitos indisponíveis*;

III – a petição inicial não trouxer *instrumento que a lei considere indispensável à prova do ato*;

IV – as *alegações* de fato do autor forem *inverossímeis ou* forem *contraditórias* com a prova dos autos (**novidade** do NCPC).

A partir do momento em que o revel constituir advogado, então seu *patrono será normalmente* **intimado das decisões pelo diário oficial**. Pode, a qualquer tempo, o revel nomear advogado – mas isso não importará em qualquer repetição de ato, pois o processo é recebido "no estado em que se encontrar" (NCPC, art. 346, parágrafo único).

Além disso, inova o Código ao apontar que será **lícita a produção de provas pelo revel**, desde que o réu nomeie advogado a tempo de praticar os "atos processuais indispensáveis" à produção da prova (NCPC, art. 349).

Assim, o réu revel tem, no NCPC, muito mais direitos processuais que no Código anterior.

2.3.4.4. Síntese da defesa do réu

Em importante simplificação quanto ao que existia no CPC/1973, o réu pode, no prazo da contestação:

1) arguir o impedimento ou suspeição do juiz

2) contestar, momento em que poderá:

a) utilizar de intervenções de terceiro provocadas (denunciar da lide, chamar ao processo, requerer a desconsideração da personalidade jurídica ou o ingresso de *amicus curiae*);

b) apresentar diversas preliminares, dentre as quais a ilegitimidade, com possibilidade de *indicação do réu correto*;

c) discutir o mérito, via defesa direta ou indireta.

Dessas manifestações, apenas o impedimento ou suspeição **suspendem o processo**.

2.3.5. Providências preliminares e julgamento conforme o estado do processo

2.3.5.1. Visão geral

No procedimento comum, após a inicial e contestação, os autos voltam para o juiz verificar qual deve ser o desenrolar do processo. Conforme as alegações realizadas no processo, é possível que algumas **providências preliminares** sejam tomadas.

É o que se verifica no caso de *necessidade de produção de prova* (NCPC, arts. 348 e 349) ou *contestação* que traga matéria de *mérito* (NCPC, art. 350) ou *processual* (NCPC, art. 351)

Assim, após a manifestação do réu em defesa, é possível que as partes sejam instadas a se manifestar a respeito da produção de provas e/ou a apresentar réplica.

Depois de cumpridas as providências preliminares, ou caso estas não sejam necessárias, então procederá o juiz ao **julgamento conforme o estado do processo** (NCPC, art. 353).

Assim, antes do início da fase instrutória, o juiz deve verificar se estão presentes os requisitos para que se verifique uma dessas três situações: (i) *extinção do processo*, (ii) *julgamento antecipado do mérito*, (iii) *julgamento antecipado parcial do mérito* e (iv) *saneamento e organização do processo*.

2.3.5.2. Providências preliminares

Como acima exposto, são duas (no CPC/1973, havia também a previsão de ação declaratória incidental, extinta no NCPC – vide item 2.3.4.2 supra):

a) especificação de provas (NCPC, arts. 348 e 349). É cabível em 2 hipóteses:

(i) o juiz deve determinar a produção de provas pelo *autor* quando, apenas da *ausência de contestação, não houver a presunção de veracidade* e o autor ainda não tiver requerido as provas; **(ii)** o juiz aceitará a produção de provas *pelo réu* que, mesmo *revel, ingresse nos autos com advogado a tempo de realizar os atos relativos à produção de provas* (como, por exemplo, apresentar rol de testemunhas tempestivamente).

Como já visto, há casos em que a ausência de contestação não acarreta a presunção de veracidade – como nos casos de *direito indisponível* (NCPC, art. 345).

b) réplica (NCPC, arts. 350 e 351): de modo a *garantir o contraditório*, o autor apresentará sua manifestação em relação aos argumentos e documentos apresentados pelo réu na contestação.

O prazo para réplica foi *ampliado*. Se o réu alegar *fato impeditivo, modificativo ou extintivo* do direito do autor, este será ouvido no prazo de 15 dias, permitindo-lhe o juiz a produção de prova.

Do mesmo modo, caso o *réu alegue qualquer das matérias preliminares* (previstas no art. 337), o juiz determinará a oitiva do autor no prazo de 15 dias, permitindo-lhe a produção de prova.

Vale destacar que o termo "réplica" não consta nos artigos ora analisados, apesar de aparecer em 3 dispositivos do NCPC (arts. 100, 430 e 437).

Verificando a existência de **irregularidades ou de vícios sanáveis**, o juiz determinará sua correção em *prazo não superior a 30 dias* (NCPC, art. 352).

2.3.5.3. Julgamento conforme o estado do processo

Findas as providências preliminares, o juiz deverá apreciar se o processo tem condições de prosseguir ou se já é possível a prolação de sentença. É o julgamento de que ora se trata.

No CPC/1973, eram 3 formas; agora, são **4**: (i) extinção do processo, (ii) julgamento antecipado do mérito, (iii) julgamento antecipado parcial do mérito (**novidade**) e (iv) saneamento e organização do processo.

a) extinção do processo (NCPC, art. 354)

Se presente uma das hipóteses do art. 485 do CPC (ou seja, *defesa processual*), o magistrado proferirá *sentença terminativa* (extinção sem resolução do mérito).

Se não ocorrer nenhuma das hipóteses de sentença terminativa (NCPC, art. 485), deverá o juiz analisar se está presente alguma das *hipóteses previstas no art. 487, II e III*. Se isso ocorrer, também o feito já será sentenciado – mas sentença *com resolução de mérito*.

Relembrando, as hipóteses do art. 487 em questão são as seguintes:

✓ prescrição e decadência;

✓ transação;

✓ renúncia à pretensão formulada na ação;

✓ reconhecimento da procedência do pedido.

b) julgamento antecipado do mérito ou do pedido (NCPC, art. 355 – no CPC/1973, julgamento antecipado da *lide*)

Se não for o caso de extinção (art. 354), passa o magistrado a analisar a possibilidade de **julgamento antecipado do mérito** (art. 355), que *é a decisão de mérito em que o juiz acolhe ou rejeita o pedido (NCPC, art. 487, I), sem dilação probatória* (daí o "*antecipado*" do julgamento).

O **julgamento antecipado é permitido** nas seguintes hipóteses (NCPC, art. 355):

(i) quando *não houver a necessidade de produção de outras provas* além das já constantes nos autos – ou seja, (a) a questão de *mérito for unicamente de direito*, ou, (b) sendo de *direito e de fato, não houver necessidade de outra prova além da documental*; **(ii)** quando ocorrer à *revelia e houver presunção de veracidade*.

Assim, nessas hipóteses, sinaliza a lei que *a causa já reúne elementos suficientes para o seu julgamento*, sendo desnecessária a produção de provas;

c) julgamento antecipado parcial do mérito (NCPC, art. 356 – novidade do NCPC)

O NCPC contempla a possibilidade de serem proferidas *decisões parciais quanto aos pedidos formulados pelo autor*, ao prever o **julgamento antecipado parcial do mérito.**

O juiz decidirá parcialmente o mérito quando um ou mais dos pedidos formulados ou parcela deles (art. 355):

I – mostrar-se *incontroverso*;

II – estiver em condições de imediato julgamento (*julgamento antecipado do mérito*, como acima analisado).

Ou seja, se houver um *pedido de dano moral cumulado com dano material*, e o juiz entender que o dano moral já tem os seus requisitos previstos sem a necessidade de prova oral, mas que o dano material demanda perícia, o juiz deverá: (i) proferir **decisão parcial quanto ao dano moral**, já julgando procedente o pedido e (ii) determinar a **instrução quanto ao dano material**. Trata-se de inovadora previsão legislativa.

Para evitar dúvidas, afirma o NCPC que o **recurso** cabível da decisão que *julga parcialmente o mérito é o agravo de instrumento* (NCPC, art. 356, § 5º).

A parte poderá **liquidar ou executar**, desde logo, a *obrigação reconhecida na decisão que julgar parcialmente o mérito*, independentemente de caução, *ainda que haja recurso interposto* contra ela (art. 356, § 2º). *Com o trânsito em julgado* da decisão, a execução será *definitiva* (art. 356, § 3º).

d) saneamento e organização do processo (NCPC, art. 357)

O NCPC busca reforçar o **saneamento do processo**, ou seja, o momento em que *o juiz "limpa" o processo das questões formais burocráticas, de modo a partir para a instrução do feito.*

Assim, *não sendo o caso* de extinção do processo ou julgamento antecipado da lide (total ou parcial), o juiz proferirá *decisão de saneamento e de organização do processo* para (NCPC, art. 357):

I – resolver as *questões processuais pendentes*, se houver;

II – delimitar as *questões de fato* sobre as quais recairá a *atividade probatória*, especificando os meios de prova admitidos;

III – definir a distribuição do *ônus da prova;*

IV – delimitar as *questões de direito relevantes* para a decisão do mérito;

V – designar, se necessário, *audiência de instrução e julgamento.*

Realizado o saneamento do processo, as partes terão o direito de pedir **esclarecimentos** ou solicitar ajustes no prazo comum de *5 dias*, findo o qual a decisão se torna estável (NCPC, art. 357, § 1º).

Inova o NCPC ao prever que as partes poderão apresentar ao juiz, para homologação, a **delimitação consensual** sobre as *questões de fato* sobre as quais recairá a prova e as *questões de direito* relevantes para a decisão de mérito. Esse acordo, uma vez *homologado, vinculará as partes e o juiz* (NCPC, art. 357, § 2º).

Outra novidade é o **saneamento compartilhado**: se a causa apresentar *complexidade* em matéria de fato ou de direito, o juiz deverá designar *audiência para que o saneamento seja feito em cooperação com as partes*. Nesse caso, o juiz convidará as partes a *esclarecer suas alegações* (NCPC, art. 357, § 3º). Se essa audiência for designada, esse será o momento para se apresentar o **rol de testemunhas** (NCPC, art. 357, § 5º).

Se não houver a audiência de saneamento compartilhado, mas tiver sido determinada a produção de **prova testemunhal**, o juiz fixará *prazo comum não superior a 15 dias* para que as partes apresentem **rol de testemunhas** (NCPC art. 357, § 4º). O número máximo de testemunhas será 10, sendo 3, no máximo, para a prova de cada fato (NCPC, art. 357, § 6º). Apesar disso, será possível a **limitação do número de testemunhas pelo juiz** levando em conta a *complexidade da causa* e dos *fatos individualmente considerados* (NCPC, art. 357, § 7º).

Caso determine a produção de **prova pericial**, o juiz deverá *nomear perito* especializado no objeto da perícia, e, se possível, estabelecer, desde logo, *calendário* para sua realização (NCPC, art. 357, § 8º).

Pelo NCPC, as **pautas de audiência** deverão ser preparadas com *intervalo mínimo de 1 hora* entre as audiências (NCPC, art. 357, § 9º).

2.3.6. Audiência de instrução

Não sendo hipótese de *julgamento antecipado da lide* e se houver *prova a ser produzida em audiência*, será designada **audiência de instrução e julgamento** (NCPC, art. 358 e ss.).

No início da audiência (antes da instrução), o juiz tentará a *conciliação, mesmo que antes tenha se utilizado algum método de solução consensual* (NCPC, art. 359).

Quanto ao **poder de polícia** do juiz para organizar a audiência, cabe ao magistrado (NCPC, art. 360):

I – manter a *ordem* e o decoro na audiência;

II – ordenar que se *retirem da sala de audiência* os que se comportarem inconvenientemente;

III – requisitar, quando necessário, *força policial*;

IV – tratar com *urbanidade* as partes, os advogados, os membros do Ministério Público e da Defensoria Pública e qualquer pessoa que participe do processo;

V – *registrar em ata*, com exatidão, *todos os requerimentos* apresentados em audiência.

A **ordem das provas**, na audiência de instrução, é, *preferencialmente*, a seguinte (NCPC, art. 361):

(i) oitiva do *perito e dos assistentes técnicos* para esclarecimentos, a partir de quesitos antes formulados (destaque-se que o laudo já terá sido elaborado previamente);

(ii) *depoimento pessoal das partes*; primeiro do autor, depois do réu (é proibido, a quem ainda não depôs, assistir ao interrogatório da outra parte – NCPC, art. 385, § 2º);

(iii) oitiva de *testemunhas*; primeiro do autor, depois do réu.

Enquanto **estiver ocorrendo depoimentos** (do perito, assistentes técnicos, partes ou testemunhas), *não poderão* os advogados e o Ministério Público intervir ou apartear, *sem licença do juiz* (NCPC, art. 361 parágrafo único).

Pode ocorrer o **adiamento da audiência** nas seguintes situações (NCPC, art. 362):

(i) *convenção* das partes;

(ii) *impossibilidade de comparecer*, por *motivo justificado*, relativa a *qualquer pessoa* que dela deva necessariamente participar;

(iii) *atraso injustificado* do início da audiência, em tempo *superior a 30 minutos* do horário marcado.

Havendo **antecipação ou adiamento da audiência**, o juiz, de ofício ou a requerimento da parte, determinará a *intimação dos advogados* ou da sociedade de advogados para ciência da nova designação (NCPC, art. 363).

Ao **final da audiência**, as partes apresentam *alegações finais orais*, ou por escrito (*memoriais*), em *prazo sucessivo de* 15 dias, sendo garantido o acesso aos autos *(NCPC, art. 364, caput e § 2º)*.

O **prazo para a prolação de decisão** é ao *final da audiência ou 30 dias* (NCPC, art. 366).

A **audiência poderá ser integralmente gravada** em imagem e em áudio, em meio digital ou analógico, desde que assegure o rápido acesso das partes e dos órgãos julgadores, observada a legislação específica. A gravação também *poderá ser realizada diretamente por qualquer das partes*, independentemente de autorização judicial (NCPC, art. 367, §§ 5º e 6º).

Por fim, prevê o Código que a **audiência será pública**, ressalvadas as exceções legais de segredo de justiça (NCPC, art. 368).

2.3.7. Sentença, coisa julgada e ação rescisória

2.3.7.1. Sentença

Sentença, de maneira didática, pode ser entendida *como o ato em que juiz aprecia o pedido em 1º grau de jurisdição*. A sentença pode ser com ou sem resolução de mérito (NCPC, arts. 485 e 487).

Pela redação do Código (art. 203, § 1º), sentença é "o pronunciamento por meio do qual o juiz, com fundamento nos arts. 485 e 487, põe fim à *fase cognitiva do procedimento comum*, bem como *extingue a execução*".

Porém, nos arts. 485 e 487 o NCPC *não faz menção à sentença*, pois o novo sistema permite que uma *decisão interlocutória também aprecie o mérito*.

Quanto às situações de decisão com e sem mérito, o tema já foi enfrentado nos itens 2.2.3.1 e 2.2.3.2 supra.

São **elementos para a sentença**: *relatório, fundamentação e dispositivo* (NCPC, art. 489).

Uma das grandes inovações – e polêmicas – do NCPC é a **exigência de melhor motivação das decisões**. Diverge a doutrina quanto à conveniência do dispositivo. E, de modo geral, a magistratura critica a inovação. Trata-se de tema ligado ao princípio da fundamentação das decisões (vide item 1.3.9 acima).

Não será considerada fundamentada a *decisão* (seja interlocutória, sentença ou acórdão – e, ainda que não haja menção expressa na lei, deve-se incluir nessa relação também a decisão monocrática) que (NCPC, art. 489, § 1º):

I – se *limitar a indicar*, reproduzir ou parafrasear *ato normativo*, sem explicar sua relação com a causa ou a questão decidida;

II – empregar *conceitos jurídicos indeterminados* sem explicar a causa concreta de sua incidência;

III – invocar motivos que se prestariam a *justificar qualquer outra decisão*;

IV – não enfrentar *todos os argumentos deduzidos no processo* capazes de, em tese, infirmar a conclusão adotada;

V – se limitar a *invocar precedente* ou enunciado de súmula, sem identificar seus fundamentos determinantes nem demonstrar que o caso se ajusta àqueles fundamentos;

VI – *deixar de seguir enunciado de súmula*, jurisprudência ou precedente invocado pela parte, sem demonstrar a existência de distinção no caso ou a superação do entendimento.

Além disso, no caso de **colisão entre normas**, "o juiz deve *justificar o objeto e os critérios gerais da ponderação efetuada*, enunciando as razões que autorizam a interferência na norma afastada e as premissas fáticas que fundamentam a conclusão" (NCPC, art. 489, § 2º).

Se essa nova fundamentação da decisão **não for observada**, cabíveis *embargos de declaração* (NCPC, art. 1.022, parágrafo único, II). Contudo, ainda que a sentença esteja com vício de fundamentação, se o processo estiver em **condições de imediato julgamento**, deverá o tribunal *desde logo decidir o mérito* – ao invés de anular a decisão e determinar a prolação de nova por parte do juiz de origem (NCPC, art. 1.013, § 3º, IV).

A sentença deve *refletir o pedido* formulado pela parte na inicial sob pena de ser *viciada* (NCPC, art. 141 e 492):

✓ se o juiz conceder *além do que foi pedido* (foi pleiteado R$ 10 mil de danos e o juiz concedeu R$ 15mil), haverá julgamento *ultra petita*;

✓ se o juiz conceder algo *diferente do que foi pedido* (a parte pediu dano moral, o juiz concedeu dano material), haverá julgamento *extra petita*;

✓ se o juiz conceder *aquém do que foi pedido* (a parte formulou pedidos cumulados: danos materiais e danos morais, mas o juiz somente aprecia o dano material pleiteado), haverá julgamento *infra petita* (ou *citra petita*).

A decisão condenatória produz **hipoteca judiciária** (NCPC, art. 495, § 1º), ou seja, a *possibilidade de averbar a sentença na matrícula do imóvel* – para que terceiros tenham ciência dessa situação ao eventualmente cogitar de adquirir o bem. Porém, se houver *reforma ou invalidação dessa decisão*, o autor responderá, independentemente de culpa, pelos *danos* decorrentes da constituição da garantia (NCPC, art. 495, § 5º).

Em relação à **tutela específica**, o NCPC (art. 497 e ss.) em grande parte repete o Código anterior (art. 461 e ss.).

Assim, na ação que tenha por objeto a **prestação de fazer ou de não fazer**, o juiz concederá a *tutela específica ou determinará providências que assegurem a obtenção de tutela* pelo resultado prático equivalente (NCPC, art. 497).

Na concessão da *tutela específica* destinada a inibir a prática, a reiteração ou a continuação de um *ilícito*, ou a sua remoção, é *irrelevante a demonstração da ocorrência de dano* ou da existência de culpa ou dolo (NCPC, art. 497, parágrafo único). Ou seja, o réu não pode apontar a inexistência de culpa para não ser compelido a cumprir uma determinada prática.

Somente haverá **conversão da obrigação em perdas e danos** (NCPC, art. 499) se:

(i) o *autor* assim requerer;

(ii) for *impossível a tutela específica* ou a obtenção de tutela pelo resultado prático equivalente.

Caberá **indenização por perdas e danos** independentemente da multa fixada para *compelir o réu ao cumprimento específico da obrigação* (NCPC, art. 500). Logo, não há *bis in idem* na *astreinte e na indenização*, pois as naturezas são distintas.

A multa periódica (**astreinte**) *independe de requerimento da parte* e poderá ser aplicada em *qualquer momento* (na tutela provisória ou na sentença no processo de conhecimento, ou na fase de execução). A multa deve ser *suficiente e compatível* com a obrigação e que se determine prazo razoável para cumprimento do preceito (NCPC, art. 537).

A *multa* poderá, de ofício ou a requerimento da parte, ser *alterada pelo juiz*, seja quanto ao valor ou periodicidade – e inclusive ser *excluída* (NCPC, art. 537, § 1º). Ou seja, **não há preclusão quanto à multa**, conforme já definido pela jurisprudência do STJ.

E essa **modificação da multa** poderá ocorrer quando (NCPC, art. 537, § 1º):

I – se tornar *insuficiente ou excessiva*;

II – o obrigado demonstrou *cumprimento parcial superveniente da obrigação* ou justa causa para o descumprimento.

De modo a evitar debates jurisprudenciais, o NCPC expressamente define que o **beneficiário da multa** é o *credor / exequente* (NCPC, art. 537, § 2º), e não o Estado.

2.3.7.2. Coisa julgada

Coisa julgada é definida, no NCPC, como a *imutabilidade e indiscutibilidade da decisão de mérito não mais sujeita a recurso* (NCPC, art. 502).

Imutabilidade e indiscutibilidade não são sinônimos, mas tampouco são definidos pela lei. **Imutabilidade** é a *impossibilidade de nova análise de uma lide já antes julgada e com trânsito em julgado*, o que se atinge com a *extinção do segundo processo, sem mérito*. Já a **indiscutibilidade** é a *impossibilidade de se rediscutir, em 2ª demanda* semelhante à primeira (não idêntica, pois aí seria imutabilidade) aquilo que foi decidido com força de coisa julgada na 1ª demanda (algo que se verifica com mais frequência em relações jurídicas continuativas ou sucessivas).

Muda o NCPC os **limites objetivos da coisa julgada** (*qual parte* da decisão é coberta pela coisa julgada), Antes, apenas a questão principal. Agora, *há coisa julgada também quanto à resolução de questão prejudicial*, decidida *expressa e incidentemente* no processo, se:

I – dessa resolução *depender o julgamento do mérito*;

II – a seu respeito tiver havido *contraditório prévio e efetivo*, não se aplicando no caso de revelia;

III – o juízo tiver *competência em razão da matéria* e da pessoa para resolvê-la como questão principal (art. 503, § 1º).

Por isso, não há, no NCPC, a previsão da *ação declaratória incidental* (CPC/1973, art. 325).

Divide-se a coisa julgada em duas espécies:

✓ **coisa julgada formal**: *é a imutabilidade da sentença, no próprio processo em que foi prolatada*, não admitindo mais reforma (atinge qualquer sentença – inclusive as sentenças terminativas, processuais). Uma vez transitada em julgado a decisão, *cabe a repropositura* (NCPC, art. 486_ Contudo, se a extinção for por litispendência, inépcia da inicial, arbitragem, falta de pressupostos processuais ou condições da ação, *somente será admitida a repropositura se houver a correção do vício* (NCPC, art. 486, § 1º);

✓ **coisa julgada material**: é a verdadeira coisa julgada, *a imutabilidade e indiscutibilidade da sentença não só no processo em que foi proferida – mas também para qualquer outro processo* (atinge somente as *sentenças com julgamento de mérito*).

Não haverá a extensão da coisa julgada se no processo houver *restrições probatórias* ou *limitações à cognição* que impeçam o aprofundamento da análise da questão prejudicial (art. 503, § 2º).

Essa inovação já traz *polêmicas*.

Muda o NCPC também os **limites subjetivos da coisa julgada** (*quem* é atingido pela coisa julgada). Quanto ao tema, o CPC/1973 destacou que a *coisa julgada não beneficiaria nem prejudicaria* terceiros. No NCPC, afirma o art. 506 que a sentença **não prejudica** terceiros. Contudo, a parte inicial deste dispositivo destaca que a sentença "faz coisa julgada às partes entre as quais é dada". Também já debate a doutrina o real alcance dessa modificação – mesmo se algum. Resta aguardar a jurisprudência.

O art. 508 do NCPC traz a previsão da **eficácia preclusiva da coisa julgada** (princípio do *deduzido e dedutível*): com o trânsito em julgado "considerar-se-ão deduzidas e repelidas todas as alegações e as defesas que a parte poderia opor assim ao acolhimento como à rejeição do pedido".

Uma vez transitada em julgado a decisão e tendo esta sido coberta pela coisa julgada, há ainda possibilidade de impugnação. Trata-se da ação rescisória (NCPC, art. 966).

2.3.7.3. Ação Rescisória (AR)

2.3.7.3.1. Finalidade e cabimento

A **finalidade da AR** é *rescindir decisão de mérito transitada em julgado*. Assim, trata-se de uma *revisão da coisa julgada* em hipóteses expressamente previstas na legislação.

É possível, conforme o caso, não só *a rescisão do julgado* (**juízo rescindente**), mas também que *seja proferida uma nova decisão* (**juízo rescisório**).

Decisões que podem ser impugnadas por AR:

✓ *sentença*;

✓ *decisão interlocutória*, que tenha apreciado o mérito da causa;

✓ *acórdão*, proferido por Tribunal de 2º grau ou Tribunal Superior;

✓ *decisão monocrática*, proferida por relator no Tribunal e que tenha julgado o mérito.

Percebe-se, então, que *qualquer decisão que apreciar o mérito de maneira final* poderá ser impugnada por AR. Trata-se de *inovação* em relação ao sistema anterior, o que pode ser percebido a partir do *caput* do art. 966, o qual destaca que a **decisão de mérito**, *transitada em julgado*, pode ser rescindida (no sistema anterior, falava-se em sentença e acórdão).

Cabimento da AR. As decisões que admitem **o uso da rescisória** estão especificamente previstas em lei (NCPC, art. 966):

I – proferidas por *juiz corrupto (prevaricação, concussão ou corrupção)*;

II –proferidas por *juiz impedido* ou *juízo absolutamente incompetente*;

III – resultarem de *dolo ou coação da parte vencedora* ou de *colusão* entre as partes;

IV – que *ofenderem coisa julgada* anteriormente formada;

V – que *violem manifestação norma jurídica (literal disposição de lei, no CPC/1973)*;

VI – fundadas em *prova falsa – seja apurada em processo crime, seja demonstrada na própria rescisória*;

VII – quando o autor, após o trânsito em julgado, obtiver *prova nova*;

VIII – fundadas em *erro de fato verificável* do exame dos autos;

Quanto às hipóteses de cabimento, merece destaque o seguinte:

(i) deixa de ser cabível AR fundada na *invalidação de confissão, desistência ou transação* (art. 485, VIII, do CPC/1973). Para tentar diminuir os *debates quanto ao cabimento da AR ou da ação anulatória*, o NCPC estipula que os "atos de disposição de direitos, praticados pelas partes ou por outros participantes do processo e homologados pelo juízo, bem como os atos homologatórios praticados no curso da execução, estão *sujeitos à anulação*, nos termos da lei" (art. 966, § 4º). Ou seja, utiliza-se, nesse caso, a anulatória (ajuizada em 1º grau) e não a rescisória.

(ii) admite-se **AR para impugnar decisão processual** (não de mérito) que *impeça nova propositura da demanda ou a admissibilidade de recurso* (NCPC, art. 966, § 2º);

(iii) é possível a **AR fundada em um capítulo da decisão** (NCPC, art. 966, § 3º).

2.3.7.3.2. Prazo

Prazo decadencial para ajuizamento da AR: *2 anos, contados do trânsito em julgado* da última decisão proferida no processo (NCPC, art. 975).

A menção a "última decisão" parece adotar a jurisprudência do STJ quanto ao tema, definida antes do NCPC.

Imaginemos o trânsito em julgado de um *capítulo da sentença* em 1º grau e de outro capítulo da decisão no Tribunal. Nesses casos, haveria *mais de um prazo para ajuizamento da AR*? O STJ pacificou a questão, afirmando que era *somente um prazo* e contado do *trânsito da última decisão*. A questão foi definida na Súmula 401: "O prazo decadencial da ação rescisória *só se inicia quando não for cabível qualquer recurso do último pronunciamento judicial*".

Se o dia final do prazo expirar em dia não útil (férias, recesso, feriados ou dia sem expediente forense), o prazo será prorrogado até o 1º dia útil subsequente (NCPC, art. 975, § 1º), como já pacificado pelo STJ no sistema anterior.

O **termo inicial de AR fundada em prova nova** (NCPC, art. 966, VII), *não será o trânsito em julgado*, mas sim a *data de* *"descoberta da prova nova"*. Porém, nesse caso, será observado o *prazo máximo de 5 anos*, contado do trânsito em julgado da última decisão proferida no processo (NCPC, art. 975, § 2º). Portanto, o próprio Código traz uma situação de prova nova com prazo superior a 2 anos do trânsito.

Os defensores da tese da **relativização da coisa julgada** (ou coisa julgada inconstitucional) buscam desconstituir a coisa julgada mesmo após o prazo de 2 anos. Para esses, em *casos graves, situações repugnantes*, quando em jogo a *dignidade da pessoa humana*, deveria ser aceita a AR mesmo após o prazo previsto em lei.

Como exemplos:

(i) a situação em que se decidiu a investigação de paternidade quando ainda não existia o DNA. E, hoje, com esse exame, percebe-se que a decisão judicial não refletiu a realidade (a tese já foi acolhida pelo STJ e STF – neste último, com julgado com repercussão geral, RE 363.889);

(ii) os casos em que há decisão condenando a Fazenda Pública a indenizar alguém em valores elevados e, posteriormente, descobre-se que a condenação era indevida (como numa desapropriação milionária em que, depois do prazo da AR, descobre-se que a área já era do ente expropriante). Neste aspecto, segue a divergência jurisprudencial, mas há precedentes favoráveis à relativização.

Com a inovação do art. art. 975, § 2º acima analisada, resta verificar se o prazo máximo da relativização passará a ser de 5 anos – o que será definido pela jurisprudência.

2.3.7.3.3. Competência

Trata-se de ação **competência originária** *dos Tribunais*.

Se ajuizada para atacar *sentença ou decisão interlocutória*, sempre será *competente o Tribunal de 2º grau*.

Se for atacar *acórdão de Tribunal, o próprio Tribunal* (de 2º grau ou Superior) julgará a AR.

Porém, se *o Tribunal Superior* se limitou a *não conhecer do recurso*, daí a competência *é do Tribunal de 2º grau*.

Ou seja, tratando-se de acórdão a ser rescindido, a *competência é do último Tribunal que apreciou o mérito da causa*.

Inova o NCPC ao prever que, se for **reconhecida a incompetência de determinado tribunal** para o julgamento da AR, o *autor será intimado para emendar a inicial*, adequando ao outro tribunal que se entender competente (art. 968, § 5º). A inovação é relevante para evitar que haja extinção e, assim, decadência na repropositura (o que muito ocorria no sistema anterior).

2.3.7.3.4. Petição inicial e procedimento

A **petição inicial da AR** deve observar o art. 968 c/c art. 319 do NCPC e deve trazer:

✓ endereçamento (*tribunal*);

✓ partes (*partes, terceiro prejudicado ou MP* – NCPC, art. 967);

✓ causa de pedir (fundada no *art. 966 do NCPC*);

✓ pedido (*rescisão* [juízo rescindente] e, eventualmente, *nova decisão* [juízo rescisório] – NCPC, art. 968, I);

✓ valor da causa;

✓ além de custas, deve haver recolhimento de **5% sobre o valor da causa**, que reverterá à parte ré em caso de improcedência (NCPC, art. 968, II), existindo teto de *1000 salários mínimos* (NCPC, art. 968, § 2º). Contudo, *não necessita ser recolhido* pela União, Estados, Municípios, autarquias e fundações ligadas a esses entes, MP, Defensoria e beneficiários da gratuidade de justiça (NCPC, art. 968, § 1º).

A AR tem **procedimento especial** (NCPC, art. 966 e ss.) e tem o seguinte trâmite:

Procedimento especial da AR (ressalvadas as distinções, o NCPC determina a observância do procedimento comum –art. 970, parte final)
1) inicial diretamente no Tribunal;
2) citação; – cabe tutela provisória para obstar o cumprimento de sentença (NCPC, art. 969).
3) contestação (prazo: 15 a 30 dias – NCPC, art. 970);
4) instrução (pode ser realizada por carta de ordem para o órgão que proferiu a decisão rescindenda– NCPC, art. 972);
5) após a instrução, memoriais no prazo de 10 dias, sucessivamente às partes (NCPC, art. 973);
6) decisão (acórdão); – cabe, conforme o resultado da ação, embargos de declaração, REsp e RE do acórdão que julga a AR.

2.3.7.4. *Liquidação de sentença*

A **liquidação** se insere no *processo de conhecimento* e é a última atividade *antes que tenha início a fase de cumprimento de sentença*. É principalmente utilizada para *título executivo judicial*, mas também é possível sua utilização para o título executivo extrajudicial.

Pelo NCPC, somente há **2 modalidades de liquidação**: *por arbitramento* e *pelo procedimento comum* (denominada, no sistema anterior, de liquidação por artigos).

A **liquidação por cálculo** *deixou de ser tratada como modalidade de liquidação* no NCPC. Contudo, é necessária a *indicação do valor exato a ser executado* (apresentação da **memória de cálculo atualizada**) para o início do cumprimento de sentença (NCPC, art. 509, § 2º). Portanto, no NCPC a liquidação por cálculo não demanda um incidente prévio de liquidação, o que é necessário nas demais formas de liquidação.

A **liquidação por arbitramento** será utilizada quando "determinado pela sentença, convencionado pelas partes ou exigido pela natureza do objeto da liquidação" (NCPC, art. 509, I). Será realizada por *documentos juntados pelas partes* (produzidos fora dos autos e submetidos posteriormente ao contraditório) ou, se o juiz entender insuficiente para chegar ao valor do dano, por *perícia* (NCPC, art. 510). No sistema anterior, somente era admitida a perícia.

A **liquidação pelo procedimento comum** ocorrerá quando "houver *necessidade de alegar e provar fato novo*" (NCPC, art. 509, II), ou seja, será possível ampla produção probatória (por documentos, testemunhas ou perícia). Nessa hipótese, discute-se um *fato novo nunca debatido no processo.*

Para diferenciar as duas liquidações: na liquidação pelo procedimento comum, como visto, o fato novo não foi debatido no processo, ao passo que na liquidação por arbitramento discute-se fato já antes debatido no processo de conhecimento – porém, à época, não houve necessidade ou conveniência de se apurar o prejuízo decorrente de tal fato.

Para exemplificar:

(i) queda de material de uma construção, atingindo pessoa que passava na rua. Pedido genérico de condenação (para pagamento de *todos* os danos decorrentes dessa situação) e sentença ilíquida. Na liquidação, pede-se o pagamento da fisioterapia. Isso não foi debatido no processo, de modo que se trata de fato novo, cabível a **liquidação pelo procedimento comum**.

(ii) queda de um poste em fazenda, matando um animal. Pedido genérico de condenação para lucros cessantes (tudo que aquele animal poderia ter produzido em vida) e sentença ilíquida. Na liquidação, aponta-se qual seria, em média, o tempo útil de vida do animal e quais seriam os valores daí decorrentes. Algo que já foi mencionado desde o início do processo, mas que antes da verificação da responsabilidade do réu, talvez não fosse conveniente fazer. No caso, **liquidação por arbitramento** – seja por documentos (laudos realizados fora dos autos) ou por perito designado pelo juiz.

3. PROCEDIMENTOS ESPECIAIS (TÍTULO III DO LIVRO I DA PARTE GERAL DO NCPC)

3.1. Visão geral

Como já exposto, o NCPC conhece 2 processos (conhecimento e execução).

No **processo de conhecimento**, existem *dois procedimentos*: comum e especial (não mais existe a subdivisão, no procedimento comum, em rito ordinário e sumário).

O **procedimento é especial** quando apresentar *algo de distinto do procedimento comum.*

Em síntese, a divisão procedimental no processo de conhecimento é a seguinte:

(i) procedimento comum: *é a base, a tramitação que se aplica de forma subsidiária a todos os processos e procedimentos*;

(ii) procedimentos especiais: *surgem diante da impossibilidade de solução de determinados problemas pelo procedimento comum. A finalidade é adequar o procedimento ao direito material debatido.*

As diferenças dos procedimentos especiais, em relação ao procedimento paradigma (comum), são previstas em lei e podem estar nos prazos, na previsão de liminar, na modificação/concentração das fases processuais etc.

Mas é importante destacar que *não há apenas um procedimento especial.* São diversos procedimentos especiais, cada qual com alguma distinção em relação ao procedimento padrão.

Assim, diante de uma lide que deve ser solucionada via processo de conhecimento, **deve-se inicialmente verificar se existe algum procedimento especial.**

Se existir, deverá ser utilizado referido procedimento. Se não existir, parte-se para o procedimento comum.

Assim, **a escolha do procedimento é feita por exclusão:**

1º) verificar se há *procedimento especial*; se não houver, parte-se para;

2º) *procedimento comum.*

Portanto, é importante que bem se conheça quais são os procedimentos especiais – e são diversos. Há procedimentos especiais no NCPC e também em leis extravagantes.

No NCPC, há procedimentos especiais de jurisdição contenciosa **e procedimentos especiais de** jurisdição voluntária. **Fora do NCPC, diversas** leis extravagantes **preveem procedimentos especiais.**

3.1.1. Jurisdição contenciosa e voluntária

Consoante visto desde o início, a base para que exista o processo é a lide.

Contudo, há situações nas quais, mesmo sem a lide, há necessidade de se acionar o Judiciário. Nestes casos, fala-se em *jurisdição voluntária* por oposição à *jurisdição contenciosa.*

Assim:

✓ **jurisdição contenciosa**: *existe conflito entre as partes, o Judiciário atuará para compor a lide* (refere-se a tudo o quanto já foi exposto ao longo dos capítulos);

✓ **jurisdição voluntária** ou **graciosa**: não há lide, trata-se de verdadeira *administração pública, via Judiciário, de interesses privados.*

A respeito das distinções entre jurisdição voluntária e contenciosa, cabe apresentar o seguinte quadro:

Jurisdição contenciosa	Jurisdição voluntária (NCPC, art. 719)
Existe lide	Inexiste lide
Existem partes (NCPC, art. 77)	Existem interessados (NCPC, art. 720)
Juízo de legalidade estrita (NCPC, art. 140, parágrafo único)	Juízo de equidade (NCPC, art. 723, parágrafo único)

No sistema anterior, havia previsão legal no sentido de a *sentença da jurisdição voluntária não fazer coisa julgada* (CPC/1973, art. 1.111). Esse dispositivo *não foi repetido no NCPC*, de modo que, como já apontado por parte da doutrina no sistema anterior, é de se concluir que a **decisão da jurisdição voluntária é coberta pela coisa julgada**, tal qual ocorre com a decisão da jurisdição contenciosa. Apenas, se houver alteração do quadro fático (modificação da causa de pedir), será possível a propositura de nova demanda – exatamente porque **não haverá a tríplice identidade** que configura a existência de demandas idênticas.

3.1.2. Procedimentos especiais no NCPC

Há novidades nos procedimentos especiais, em relação ao sistema anterior.

De início, apresenta-se um panorama geral de como o tema é tratado no NCPC:

Título III – Dos Procedimentos Especiais

Capítulo I – Da Ação de Consignação em Pagamento

Capítulo II – Da Ação de Exigir Contas

Capítulo III – Das Ações Possessórias

Capítulo IV – Da Ação de Divisão e da Demarcação de Terras Particulares

Capítulo V – Da Ação de Dissolução Parcial de Sociedade

Capítulo VI – Do Inventário e da Partilha

Capítulo VII – Dos Embargos de Terceiro

Capítulo VIII – Da Oposição

Capítulo IX – Da Habilitação

Capítulo X – Das Ações de Família

Capítulo XI – Da Ação Monitória

Capítulo XII – Da Homologação do Penhor Legal

Capítulo XIII – Da Regulação de Avaria Grossa

Capítulo XIV – Da Restauração de Autos

Capítulo XV – Dos Procedimentos de Jurisdição Voluntária

Seção I – Disposições Gerais

Seção II – Da Notificação e da Interpelação

Seção III – Da Alienação Judicial

Seção IV – Do Divórcio e da Separação Consensuais, da Extinção Consensual de União Estável e da Alteração do Regime de Bens do Matrimônio

Seção V – Dos Testamentos e dos Codicilos

Seção VI – Da Herança Jacente

Seção VII – Dos Bens dos Ausentes

Seção VIII – Das Coisas Vagas

Seção IX – Da Interdição

Seção X – Disposições Comuns à Tutela e à Curatela

Seção XI – Da Organização e da Fiscalização das Fundações

Seção XII – Da Ratificação dos Protestos Marítimos e dos Processos Testemunháveis Formados a Bordo

Em síntese, em relação ao sistema anterior há procedimentos especiais que foram mantidos (como possessórias e monitórias), outros que foram excluídos (como depósito e ação de nunciação de obra nova) e outros incluídos (como dissolução parcial de sociedade, ações de família e procedimentos relativos ao direito marítimo). Outra exclusão como procedimento especial que merece destaque é da **ação de usucapião** (que, portanto, passa a seguir o procedimento comum), mas que passa a ser prevista a possibilidade de **usucapião extrajudicial** (NCPC, art. 1.071 – vide item 3.6 abaixo).

No mais, além dos procedimentos especiais previstos no Código, há outros previstos em legislação extravagante (como ação de alimentos, mandado de segurança e os processos coletivos de uma forma geral).

É certo que é inviável a análise, nesta obra, de **todos os procedimentos especiais** existentes no sistema processual brasileiro. **Assim, opta-se por apresentar aqui aqueles procedimentos que têm a maior probabilidade de estarem nas provas de concursos jurídicos – considerando as provas anteriores e o momento de transição entre Códigos que vivemos.**

Mas a **sugestão ao candidato** é que ao menos faça a *leitura do texto seco do NCPC*, entre os arts. 539 a 770 (artigos que tratam dos procedimentos especiais no Código).

Assim, a seguir, passa-se à análise de *alguns* procedimentos especiais em espécie. Iniciando por procedimentos previstos no NCPC para, a seguir, tratar de procedimentos especiais previstos em legislação extravagante.

3.2. Ações possessórias

Na legislação civil, o **possuidor** é definido como *quem "tem de fato o exercício (...) de algum dos poderes inerentes à propriedade"* (CC, art. 1.196).

Quando a *causa de pedir* de uma demanda **tiver por base a posse**, estaremos diante de uma *ação possessória.*

Quando a *causa de pedir* de uma demanda **tiver por base a propriedade**, estaremos diante de uma *ação petitória.* Dentre as petitórias, há a ação de imissão na posse e a reivindicatória (que buscam a obtenção da *posse a partir de sua propriedade*), que seguem o procedimento comum, pois não há previsão específica dessas demandas no NCPC.

Assim, somente as possessórias é que têm um procedimento especial. Vale destacar que, em grande parte, há repetição do Código anterior no NCPC, em relação às possessórias.

O NCPC prevê **3 ações possessórias:**

(i) reintegração de posse, no caso de *esbulho* (*perda* da posse);
(ii) manutenção de posse, no caso de *turbação* (*perturbação* da posse, sem perdê-la);
(iii) interdito proibitório (*ameaça* de ser molestado na posse).

O **procedimento das possessórias é** *distinto* por que:

a) possibilidade de liminar:

Cabe *liminar na possessória* (NCPC, arts. 558 e 562) na hipótese de posse nova (ou seja, de *menos de ano e um dia*). Não se trata de uma tutela provisória (NCPC, art. 294), mas sim de uma liminar com requisitos distintos: *prova da posse e tempo da moléstia*;

b) fungibilidade das ações possessórias:

Em virtude do *dinamismo dos fatos* em relação à posse, mesmo se o autor ajuizar uma determinada ação e a situação for (ou se transformar) em outra, *desde que provados os fatos, deverá o juiz conceder a proteção possessória* (NCPC, art. 554).

c) audiência de justificação:

Se o juiz não se convencer, pelos documentos, a respeito da *concessão ou não da liminar*, deverá ser **designada audiência de justificação** para formar a convicção (NCPC, art. 562).

A **petição inicial** da possessória deve trazer a (i) posse do autor, (ii) moléstia ocorrida em relação à posse e (iii) data da turbação ou esbulho (NCPC, art. 561). A inicial pode **cumular pedidos**, além da proteção da posse, (i) condenação em perdas e danos, (ii) indenização dos frutos, (iii), imposição de medida de apoio (tal como multa) para evitar nova violação à posse e (ii) para que haja cumprimento da tutela provisória ou final (NCPC, art. 555).

Na **contestação**, pode o réu *formular pedido em face do autor*, em relação a: (i) perdas e danos e (ii) própria proteção possessória (NCPC, art. 556 – o que será feito pela reconvenção, na própria contestação).

Traz o NCPC novidades quanto às possessórias envolvendo **litígio coletivo pela posse** ou propriedade de imóvel.

Na possessória em que figure no **polo passivo grande número de pessoas**, serão feitas a *citação pessoal dos ocupantes* encontrados no local e a *citação por edital dos demais*, determinando-se a intimação do MP e, se envolver pessoas em situação de hipossuficiência econômica, da Defensoria Pública. Para tal citação pessoal, o oficial de justiça *procurará os ocupantes no local por uma vez*, citando-se por edital os que não forem encontrados (NCPC, art. 554, § 2º). O juiz deverá determinar que se dê **ampla publicidade** da existência dessa ação e dos prazos processuais, podendo, para tanto, valer-se de *anúncios em jornal ou rádio locais*, da publicação de cartazes na região do conflito e de outros meios (NCPC, art. 554, § 3º).

Além disso, quando o *esbulho ou a turbação afirmado tiver ocorrido há mais de ano e dia*, o juiz, antes de apreciar o pedido de liminar, deverá designar *audiência de mediação* a realizar-se em até 30 dias (NCPC, art. 565).

Se **concedida mas não executada a liminar** possessória no prazo de 1 ano a contar da data de distribuição, caberá ao juiz designar *audiência de mediação* com a presença do Ministério Público (NCPC, art. 565, §§ 1º e 2º).

O juiz poderá comparecer à área objeto do litígio (**inspeção judicial**) quando sua *presença se fizer necessária à efetivação da tutela jurisdicional* (NCPC, art. 565, § 3º). Essa prova pode ser realizada de ofício, mas também, por certo, requerida pelas (NCPC, art. 481).

Os **órgãos responsáveis pela política agrária e pela política urbana** da União, Estado e Município onde se situe a área objeto do litígio, *poderão ser intimados para a audiência*, a fim de se manifestarem sobre seu interesse no processo e sobre a existência de possibilidade de solução para o conflito possessório (NCPC, art. 565, § 4º).

3.3. Ação monitória

A **ação monitória** é *procedimento mais célere para os casos em que autor dispõe de prova escrita sem eficácia de título executivo, que traduza obrigação de (i) pagar quantia, (ii) entregar coisa móvel ou imóvel ou (iii) adimplir obrigação de fazer ou não fazer* (NCPC, art. 700).

Assim, no NCPC há ampliação do cabimento da monitória, para incluir a entrega de coisa imóvel e obrigação de fazer e não fazer.

Não é possível a utilização do processo de execução, por *falta de título executivo*, mas *já há prova escrita* de onde decorre o dever de pagar, de entregar coisa ou de obrigação de fazer.

Por **prova escrita sem eficácia de título** deve-se entender:

(i) aquele *produzido pelo réu ou que tenha sua participação*; mas "o que interessa, na monitória, é a possibilidade de formação da convicção do julgador a respeito de um crédito, e não a adequação formal da prova apresentada a um modelo predefinido" (STJ, REsp 925.584/SE, 4.ª T., j. 09.10.2012, *DJe* 07.11.2002, **Informativo** 506);

(ii) também a *prova oral documentada*, produzida de forma antecipada (NCPC, art. 700, § 1º).

Havendo **dúvida quanto à idoneidade de prova** documental apresentada na inicial, o juiz *intimará o autor para, querendo, emendar a petição inicial*, adaptando-a ao procedimento comum (NCPC, art. 700, § 5º). A inovação do NCPC busca evitar que se discuta o cabimento da monitória, para se focar na análise do mérito.

Na **petição inicial** da monitória, incumbe ao autor indicar, conforme o caso (NCPC, art. 700, § 2º), sob pena de indeferimento (NCPC, art. 700, § 4º):

I – a *importância devida* (com *memória de cálculo*);

II – o *valor atual da coisa* reclamada;

III – o *conteúdo patrimonial em discussão* ou o proveito econômico perseguido.

Cabe **monitória contra a Fazenda Pública** (NCPC, art. 700, § 6º e Súmula 339 do STJ). Sendo ré a Fazenda Pública, não apresentada defesa, serão aplicadas as *regras do reexame necessário*, observando-se a seguir, no que couber, o cumprimento de sentença (NCPC, art. 701, § 4º).

Na monitória, admite-se a **citação por qualquer meio** permitido para o procedimento comum (NCPC, art. 700, § 7º e Súmula 282 do STJ, especificamente quanto à permissão de citação por edital).

Na monitória **cabe a reconvenção**, mas é vedado o oferecimento de *reconvenção à reconvenção* (NCPC, art. 702, § 6º e Súmula 292 do STJ).

Além disso, com base na jurisprudência do STJ (formada no sistema anterior), não é necessário, na **monitória fundada em cheque prescrito**, tratar do negócio que deu origem ao débito. Nesse sentido, *Súmula 531 do STJ*: "Em ação monitória fundada em cheque prescrito ajuizada contra o emitente, é dispensável a menção ao negócio jurídico subjacente à emissão da cártula".

Sendo evidente o direito do autor, o juiz deferirá a **expedição de mandado** de pagamento, de entrega de coisa ou para execução de obrigação de fazer ou de não fazer, concedendo ao réu *prazo de 15 dias* para o *cumprimento e o pagamento de honorários* advocatícios de *5% do valor atribuído à causa* (NCPC, art. 701).

Haverá a **constituição do título executivo judicial**, independentemente de qualquer formalidade, *se não realizado o pagamento e não apresentados embargos*, observando-se, no que couber, o procedimento do cumprimento de sentença (NCPC, art. 701, § 2º); verificada tal hipótese, **cabe ação rescisória** da decisão de *deferimento da expedição do mandado de pagamento* (NCPC, art. 701, § 3º).

Admite-se, na ação monitória, o pedido de **parcelamento da dívida** previsto no art. 916 do NCPC (art. 701, § 5º).

Os **embargos à ação monitória** (contestação da monitória) podem se fundar em *matéria passível de alegação como defesa no procedimento comum* (NCPC, art. 702, § 1º).

Quando o réu alegar que o autor pleiteia quantia superior à devida, deverá declarar de imediato o valor que entende correto, apresentando demonstrativo discriminado e atualizado da dívida. Se não o fizer, os embargos serão liminarmente rejeitados, se esse for o seu único fundamento, e, se houver outro fundamento, os embargos serão processados, mas o juiz deixará de examinar a alegação de excesso (NCPC, art. 702, §§ 2º e 3º).

O autor será **intimado para responder aos embargos** no prazo de *15 dias* (NCPC art. 702, § 5º);

A *critério do juiz*, os **embargos serão autuados** em *apartado*, se parciais, constituindo-se de pleno direito o título executivo judicial em relação à parcela incontroversa (NCPC, art. 702, § 7º).

Cabe **apelação** contra a sentença que *acolhe ou rejeita os embargos* (NCPC, art. 702, § 9º).

Os embargos monitórios **somente suspendem a ação monitória até o julgamento de primeiro grau**. Daí porque pode se concluir que, de forma distinta da regra geral de duplo efeito no NCPC, o *recurso de apelação da sentença da monitória será recebido sem efeito suspensivo* (NCPC, art. 702, § 4º). Resta verificar se esse será mesmo o entendimento jurisprudencial.

O juiz condenará ao pagamento de **multa de até 10% sobre o valor da causa** nos seguintes casos (NCPC, art. 702, § 10):

a) se o *autor propuser, indevidamente e de má-fé*, a monitória; multa em favor do réu;

b) se o réu opuser *embargos de má-fé*; multa em favor do autor.

3.4. Ações de família

O NCPC cria um capítulo próprio para regular o procedimento das **ações familiares**, para as demandas contenciosas de *divórcio, separação, reconhecimento e extinção de união estável, guarda visitação e filiação*.

Em linha com o novo sistema processual, o NCPC afirma que nessas ações "todos os esforços serão empregados para a solução consensual da controvérsia, devendo o juiz dispor do auxílio de profissionais de outras áreas de conhecimento para a mediação e a conciliação" (NCPC, art. 694).

Cabe a **suspensão do processo** enquanto os litigantes se submetem a *mediação extrajudicial* ou *atendimento multidisciplinar* (NCPC, art. 694, parágrafo único). A Lei de Mediação vai além, afirmando que a *suspensão se impõe* (Lei 13.140/2015, art. 16) e que é *irrecorrível a decisão que suspende o processo*, apesar de ser possível o deferimento de *medidas urgentes* mesmo durante a suspensão (Lei 13.140/2015, art. 16 §§ 1º e 2º).

Mas a *grande novidade procedimental quanto às ações de família* é a previsão de que a **citação do réu**, para a audiência de conciliação ou mediação, será realizada **sem cópia da petição inicial** (contrafé). O *mandado conterá apenas os dados necessários à audiência*, sendo assegurado ao réu o direito de examinar o conteúdo da inicial a qualquer tempo, em cartório (NCPC, art. 695, § 1º). A Lei de Mediação **não traz previsão nesse sentido**. Há dúvidas quanto à constitucionalidade desse dispositivo. Resta verificar como será a jurisprudência.

A **citação** para a ação familiar será feita na *pessoa do réu* e deve ocorrer com *antecedência mínima de 15 dias da data da audiência* de mediação ou conciliação (NCPC, art. 695, §§ 2º e 3º).

Na **audiência**, as partes devem estar acompanhadas de *advogado* (NCPC, art. 695, § 4º). Na **mediação extrajudicial**, não há essa obrigatoriedade, mas é *mera opção* (Lei 13.140/2015, art. 10).

O **MP** somente intervirá quando houver *interesse de incapaz*, e deverá ser *ouvido previamente à homologação de eventual acordo* (NCPC, art. 698).

Quando houver, no processo, discussão sobre fato relacionado a **abuso ou a alienação parental**, o juiz, ao tomar o depoimento do incapaz, deverá estar *acompanhado por especialista* (NCPC, art. 699).

3.5. Divórcio, separação e extinção de união estável consensuais (jurisdição voluntária)

Como exemplo de jurisdição voluntária, há o **divórcio consensual**. De início, cabe recordar que, desde a EC 66/2010, a rigor, não haveria mais a necessidade de se falar em separação, visto que é possível *desde logo partir-se para o divórcio*. Contudo, o NCPC optou por seguir utilizando o termo **separação consensual**.

Assim, se marido e mulher não mais querem continuar casados, se estão de acordo a respeito de bens e alimentos, ou seja, se não há nenhuma pendência, *inexiste lide*. Contudo, ainda assim há necessidade de participação estatal no divórcio.

Se não houver filhos menores (ou nascituro), será inclusive possível que se vá a um cartório extrajudicial para se proceder ao *divórcio via escritura pública*, devendo os cônjuges estar assistidos por advogado (NCPC, art. 733). A escritura *independe de homologação* judicial e é título hábil para qualquer *ato de registro*, bem como para *levantamento de importância depositada em instituições financeiras* (NCPC, art. 733, § 1º).

Não obstante, se assim preferirem ou **se houver filhos menores**, será realizado um divórcio consensual *perante o Judiciário* (CPC, art. 731).

A legislação prevê requisitos mínimos para a petição do divórcio e separação consensuais, que será instruída com certidão de casamento e eventual pacto antenupcial, bem como assinada por ambos os cônjuges (NCPC, art. 731):

(i) a *descrição e partilha dos bens* comuns;

(ii) a *pensão alimentícia* entre os *cônjuges*;

(iii) o acordo relativo à *guarda dos filhos incapazes e visita*;

(iv) a *contribuição para criar e educar os filhos (alimentos)*.

Diante da inexistência de lide, é possível que um único advogado postule em favor de ambos os cônjuges.

Assim, mediante a *verificação dos requisitos* previstos em lei, o *juiz homologará o divórcio* e a sentença será levada aos registros civis (NCPC, art. 733).

A lei processual **deixa de prever a audiência de ratificação** que constava no sistema anterior (CPC/1973, art. 1.122).

O **mesmo procedimento** se aplica para a *extinção de união estável consensual* (NCPC, art. 732) e para *mudança de regime de bens de casamento* (NCPC, art. 734).

Quanto à **alteração do regime de bens do casamento** o juiz, ao receber a petição inicial, determinará a *intimação do Ministério Público* e a *publicação de edital* que divulgue a pretendida alteração de bens, somente podendo *decidir depois de 30 dias* da publicação do edital (NCPC, art. 734, § 1º). Os cônjuges podem propor ao juiz *meio alternativo de divulgação da alteração do regime de bens*, a fim de resguardar direitos de terceiros (NCPC, art. 734, § 2º).

3.6. Ação de usucapião

*A **usucapião** é uma das formas de aquisição originária da propriedade, quando há o exercício da posse por determinado tempo* (CC, arts. 1.238 a 1.244).

Para que seja reconhecida a usucapião, é necessária a conjugação de 4 elementos:

(i) *posse ininterrupta*, isto é, a posse vem sendo exercida ao longo dos anos sem que tenha ocorrido sua perda em algum momento (admite-se a soma das posses dos antecessores com a finalidade de obter o tempo exigido pela lei);

(ii) *posse incontestada*, que implica o exercício pacífico da posse, sem oposição;

(iii) o possuidor esteja com *ânimo de dono*, exteriorizando atos condizentes à figura do proprietário;

(iv) o *decurso do tempo* exigido em lei.

a) Espécies de usucapião:

(i) **extraordinária** (CC, art. 1.238): independe de título ou de boa-fé, basta o exercício manso, pacífico e ininterrupto da posse por 15 (quinze) anos (CC, art. 1.238, parágrafo único. O prazo será de dez anos se o possuidor houver estabelecido no imóvel a sua moradia habitual, ou nele realizado obras ou serviços de caráter produtivo);

(ii) **ordinária** (CC, art. 1.242): depende de justo título e boa-fé, quando o possuidor estabeleceu sua moradia habitual ou realize serviços de caráter produtivo, pelo prazo de 10 (dez) anos (CC, art. 1.242, parágrafo único. O prazo para a aquisição será de cinco anos quando o imóvel for adquirido onerosamente, com base no registro em cartório, cancelado posteriormente, desde que o possuidor tenha estabelecido moradia);

(iii) **especial rural** (CC, art. 1.239): o prazo é de 5 (cinco) anos quando o possuidor morar no imóvel rural ou o utilizar para a produção de seu trabalho, não possuir outro imóvel em seu nome e a área não exceda a 50 hectares;

(iv) **especial urbana** (CC, art. 1.240): o prazo é 5 (cinco) anos, para área de até 250 metros quadrados, desde que o possuidor não seja proprietário de outro imóvel e utilize para moradia;

(v) **coletivo** (Lei 10.257/2001, art. 10 – Estatuto da Cidade): o prazo para aquisição da propriedade coletiva é de 5 (cinco) nos casos em que a área, com mais de 250 metros quadrados, esteja ocupada por população de baixa renda com destinação para moradia, não sendo possível identificar os terrenos ocupados por cada família e não havendo proprietários de outros imóveis;

(vi) **familiar** (CC, art. 1.240-A): o prazo para o ex-cônjuge ou companheiro adquirir a propriedade do imóvel urbano, de até 250 metros quadrados, que dividia com o parceiro até o abandono, é de 2 (dois) anos, desde que permaneça utilizando o imóvel para moradia, ininterruptamente e sem oposição.

Havia previsão de procedimento especial no CPC/1973 para a ação de usucapião. Porém, isso não foi repetido no NCPC. Logo, o procedimento passa a ser o comum.

Contudo, há importante inovação, não no âmbito judicial, mas no extrajudicial.

O art. 1.071 do NCPC **altera a Lei de Registros Públicos** (Lei 6.015/1973), para inserir o art. 216-A, que trata da **usucapião extrajudicial** (a Lei 11.977/2009 já trazia a possibilidade de usucapião reconhecida em cartório, no caso do art. 183 da CF).

Assim, agora há **opção** entre o pedido extrajudicial de usucapião e via jurisdicional. Pode a parte optar por formular o pedido **diretamente no cartório do registro de imóveis da comarca em que se situa o imóvel** usucapiendo. Não há menção a tamanho ou utilização do imóvel.

O interessado deverá apresentar **requerimento** ao cartório competente, instruindo-o com *diversos documentos*: (i) *ata notarial* atestando o tempo de posse, (ii) *planta e memorial descritivo* assinado por profissional legalmente habilitado, (iii) *certidões negativas* dos distribuidores da comarca da situação do imóvel e do domicílio do requerente, (iii) justo título ou outros documentos que demonstrem *origem da posse*, continuidade, natureza e tempo, tais como o pagamento dos impostos e taxas incidentes sobre o imóvel.

O oficial de registro de imóveis dará **ciência** à União, ao Estado, ao Município, para que se manifestem, em quinze dias, sobre o pedido; tal comunicação será feita pessoalmente, pelo oficial de registro de títulos e documentos, ou por correio, com aviso de recebimento (art. 216-A, § 3º).

Para que **terceiros interessados tenham ciência** e possam se manifestar em até 15 dias, o oficial de registro de imóveis promoverá a *publicação de edital em jornal de grande circulação*, onde houver (art. 216-A, § 4º).

Se não houver impugnações, estando a documentação em ordem, não havendo pendência de diligências e constando a concordância expressa dos titulares de direitos reais e de outros direitos registrados ou averbados na matrícula do imóvel e na matrícula dos imóveis confinantes, o *oficial de registro de imóveis registrará a aquisição do imóvel com as descrições apresentadas*, sendo permitida a abertura de matrícula, se for o caso (art. 216-A, § 6º).

Se o **pedido extrajudicial for rejeitado**, isso *não impedirá o ajuizamento de ação de usucapião* (art. 216-A, § 9º).

3.7. Ação de exigir contas

No Código anterior havia a "ação de prestação de contas", que poderia ser proposta tanto por quem poderia exigir como por quem deveria prestar as contas. No NCPC, **deixa de existir** procedimento especial *para quem pretende prestar as contas*. Por isso a nova legislação altera o nome para "**ação de exigir contas**".

Quem afirmar ser titular do direito de exigir contas requererá a citação do réu para que as *preste ou ofereça contestação no prazo de 15 dias* (NCPC, art. 550).

Se as *contas forem prestadas*, o autor terá também 15 dias para se manifestar (NCPC, art. 550, § 2º).

Na **petição inicial**, o autor especificará as *razões pelas quais exige as contas*, instruindo a peça com *documentos comprobatórios dessa necessidade*, se existirem.

A **impugnação das contas** apresentadas pelo réu deverá ser fundamentada e *especificar o lançamento questionado* (NCPC, art. 550, *caput* e § 3º).

A decisão que julgar **procedente o pedido** condenará o réu a *prestar as contas no prazo de 15 dias*, sob pena de não lhe ser lícito impugnar as que o autor apresentar (art. 550, § 5º).

Apresentando o réu as contas, o feito terá prosseguimento. **Se o réu não fizer isso**, o *autor as apresentará* no prazo de 15 dias, podendo o juiz determinar a realização de exame pericial, se necessário (NCPC, art. 550, § 6º).

As contas do réu serão **apresentadas na forma adequada**, especificando-se as *receitas*, a aplicação das *despesas* e os investimentos, se houver (NCPC, art. 551).

Se o autor apresentar impugnação específica e fundamentada, o juiz estabelecerá prazo razoável para que o réu apresente os documentos justificativos dos lançamentos individualmente impugnados (art. 550, § 1º).

3.8. Ação de divisão e demarcação de terras particulares

Em grande parte, houve repetição do procedimento da ação divisória e demarcatória.

Merecem destaque as seguintes **modificações**:

✓ retiradas as regras relativas ao *trabalho de campo dos técnicos*.

✓ possibilidade de realização da *divisão e demarcação por escritura pública*, desde que todos os interessados sejam maiores, capazes e estejam de acordo (NCPC, art. 571).

✓ tratando-se de imóvel georreferenciado, com averbação no registro de imóveis, pode o juiz *dispensar a realização de prova pericial* (NCPC, art. 573).

A **ação demarcatória pode ser cumulada com reintegração de posse**, porque, além de julgar procedente o pedido determinando o traçado da linha demarcanda, a sentença proferida na ação demarcatória *determinará a restituição da área invadida*, se houver, declarando o domínio ou a posse do prejudicado, ou ambos (NCPC, art. 581, parágrafo único).

A **citação** dos réus será feita por *correio*, mas também há previsão de *publicação por edital* (NCPC, art. 576).

Quanto à **prova**, antes de proferir a sentença, o *juiz nomeará um ou mais peritos* para levantar o traçado da linha demarcanda (NCPC, art. 579).

Na **ação de divisão**, o juiz nomeará *um ou mais peritos para promover a medição do imóvel* e as operações de divisão deverão observar a legislação especial que dispõe sobre a identificação do imóvel rural (NCPC, art. 590). O **perito** deverá indicar *diversas informações* (as vias de comunicação existentes, as construções e as benfeitorias, com a indicação dos seus valores e dos respectivos proprietários e ocupantes, as águas principais que banham o imóvel e quaisquer outras informações que possam concorrer para facilitar a partilha. – NCPC, art. 590, parágrafo único).

As partes serão ouvidas sobre o cálculo e o plano da divisão no **prazo comum** de *15 dias*. Após, o juiz deliberará a partilha (NCPC, art. 596).

3.9. Da ação de dissolução parcial de sociedade

Inova o NCPC ao regular procedimento para **dissolução parcial de sociedade**.

A ação de dissolução parcial de sociedade pode ter por **pedido** (NCPC, art. 599):

I – a *resolução da sociedade* empresária contratual ou simples em relação ao sócio falecido, excluído ou que exerceu direito de retirada ou recesso; **e**

II – a *apuração de haveres do sócio falecido*, excluído ou que exerceu direito de retirada ou recesso; **ou**

III – *somente a resolução ou a apuração de haveres.*

A ação pode ter por objeto também a *sociedade anônima de capital fechado* quando demonstrado, por acionista(s) que representem 5% ou mais do capital social, que não pode preencher o seu fim (NCPC, art. 599, § 2º).

Em relação à **legitimidade**, a ação de dissolução parcial de sociedade pode ser proposta (CPC, art. 600):

I – pelo *espólio do sócio falecido*, quando a totalidade dos sucessores não ingressar na sociedade;

II – pelos *sucessores*, após concluída a partilha do sócio falecido;

III – pela *sociedade*, se os sócios sobreviventes não admitirem o ingresso do espólio ou dos sucessores do falecido na sociedade, quando esse direito decorrer do contrato social;

IV – pelo *sócio que exerceu o direito de retirada ou recesso*, se não tiver sido providenciada, pelos demais sócios, a alteração contratual consensual formalizando o desligamento, depois de transcorridos 10 dias do exercício do direito;

V – pela *sociedade*, nos casos em que a lei não autoriza a exclusão extrajudicial;

VI – pelo *sócio excluído*.

Também o *cônjuge ou companheiro do sócio* cujo casamento, união estável ou convivência terminou poderá requerer a apuração de seus haveres na sociedade, que serão pagos à conta da quota social titulada por este sócio (NCPC, art. 600, parágrafo único).

Quanto ao **procedimento**, os sócios e a sociedade serão citados para, *no prazo de 15 dias, concordar com o pedido ou apresentar contestação* (NCPC, art. 601). Em interessante inovação, afirma o NCPC que a **sociedade não precisa ser citada** se *todos os seus sócios forem citados*; mas, ainda assim, ficará *sujeita aos efeitos da decisão e à coisa julgada* (NCPC, art. 601, parágrafo único).

Em síntese, o pedido da ação poderá compreender (i) *dissolução parcial* da sociedade, (ii) *apuração de haveres* e (iii) pedido de *indenização compensável com o valor dos haveres* a apurar (NCPC, art. 602).

Se houver manifestação expressa e unânime pela **concordância da dissolução**, o juiz a *decretará*, passando-se imediatamente à fase de *liquidação* (NCPC, art. 603). Nesse caso, *não haverá condenação em honorários advocatícios* de nenhuma das partes, e as custas serão rateadas segundo a participação das partes no capital social (NCPC, art. 603, § 1º).

Se houver **contestação**, observar-se-á o *procedimento comum*, mas a liquidação da sentença seguirá o procedimento especial ora em análise (NCPC, art. 603, § 2º).

Em relação à **apuração dos haveres**, o juiz (NCPC, art. 604):

I – fixará a *data da resolução* da sociedade;

II – definirá o *critério de apuração dos haveres*, a partir do disposto no contrato social;

III – nomeará o *perito*.

O juiz determinará à sociedade ou aos sócios que nela permanecerem que *deposite em juízo a parte incontroversa dos haveres devidos*, sendo que o depósito poderá ser *desde logo levantando* pelo ex-sócio, espólio ou sucessores (NCPC, art. 604, §§ 1º e 2º).

Quanto à **data da resolução da sociedade**, esta será (NCPC, art. 605):

I – no caso de *falecimento* do sócio, a do *óbito*;

II – na *retirada imotivada*, o *sexagésimo dia seguinte ao do recebimento*, pela sociedade, da *notificação do sócio retirante*;

III – no *recesso*, o dia do recebimento, pela sociedade, da *notificação do sócio dissidente*;

IV – na *retirada por justa causa* de sociedade por prazo determinado e na exclusão judicial de sócio, a do *trânsito em julgado da decisão que dissolver a sociedade*; e

V – na *exclusão extrajudicial*, a data da assembleia ou da reunião de sócios que *a tiver deliberado*.

Se o contrato social for omisso, o juiz definirá, como critério de apuração de haveres, o *valor patrimonial apurado em balanço* de determinação, tomando-se por referência a *data da resolução* e avaliando-se bens e direitos do ativo, tangíveis e intangíveis, a preço de saída, além do passivo também a ser apurado de igual forma (NCPC, art. 606). Em todos os casos em que seja necessária a realização de perícia, a nomeação do perito recairá preferencialmente sobre especialista em avaliação de sociedades (NCPC, art. 606, parágrafo único).

A *data da resolução e o critério de apuração* de haveres podem ser *revistos pelo juiz*, a pedido da parte, a qualquer tempo antes do início da perícia (NCPC, art. 607).

Até a data da resolução, integram o *valor devido* ao ex-sócio, ao espólio ou aos sucessores a *participação nos lucros ou os juros sobre o capital próprio* declarados pela sociedade e, se for o caso, a remuneração como administrador (NCPC, art. 608) porém, *após a data da resolução*, o ex-sócio, o espólio ou os sucessores terão direito apenas à *correção monetária* dos valores apurados e aos *juros contratuais ou legais* (NCPC, art. 608, parágrafo único).

Uma vez apurados, os haveres do sócio retirante serão *pagos conforme disciplinar o contrato social* e, no caso de omissão do contrato social, conforme § 2º do art. 1.031 do CC (NCPC, art. 609).

3.10. Da Oposição

Como já exposto, no CPC/1973 a oposição era intervenção de terceiros (vide 1.5.2.1.). Inova o NCPC ao classificá-la como procedimento especial.

Apesar dessa modificação topológica, seu **cabimento** segue o mesmo previsto no sistema anterior: *quem pretender*, no todo ou em parte, *a coisa ou o direito sobre que controvertem autor e réu* poderá, até ser proferida a sentença, *oferecer oposição* contra ambos (NCPC, art. 682).

Como grande exemplo, uma situação em que A e B litigam afirmando que são titulares de determino bem imóvel; se *C entende que ele é o efetivo titular, ingressa com a oposição contra A e B*, em litisconsórcio passivo necessário. Assim, o **oponente litiga contra todos.**

O **procedimento** também não sofreu alterações em relação ao sistema anterior:

✓ a oposição deve seguir os requisitos de uma petição inicial – que é, pois se trata de ação (NCPC, art. 683);

✓ a oposição será *distribuída por dependência*;

✓ os opostos serão *citados pessoa de seus advogados*, para contestar em 15 dias (NCPC, art. 683, parágrafo único).

✓ a oposição será *apensada aos autos* e tramitará *simultaneamente* à ação originária, sendo ambas julgadas pela mesma sentença (NCPC, art. 685);

✓ se a oposição for proposta *após o início da audiência de instrução*, o juiz suspenderá o curso do processo ao fim da produção das provas, salvo se concluir que a unidade da instrução atende melhor ao princípio da duração razoável do processo (NCPC, art. 685, parágrafo único).

O juiz, ao sentenciar, se for o caso de julgar ambas ações ao mesmo tempo, apreciará *inicialmente a oposição* – que é prejudicial em relação ao pedido original, constante da ação (NCPC, art. 686). Afinal, retomando o exemplo anterior, se o juiz reconhecer que o opoente C é o titular do bem imóvel, por óbvio que prejudicado o pedido de A contra B quanto à titularidade do mesmo bem.

No âmbito do CPC/1973, a oposição era objeto de diversas questões de bancas de concursos, no contexto das intervenções de terceiros. A tendência é que isso se repita em relação ao NCPC.

3.11. Dos procedimentos de Direito Marítimo

O CPC/1973 não tratava do Direito Marítimo. O NCPC tem uma série de dispositivos a respeito do tema (inclusive um objeto de veto). O tribunal marítimo não é órgão jurisdicional, mas sua atuação passa a ser chancelada pelo NCPC, nos 2 procedimentos ora analisados – um deles de jurisdição contenciosa (há lide); outro de jurisdição voluntária (sem lide). Considerando a sua atuação limitada, resta verificar o quanto as bancas de concursos indagarão a respeito do tema; por óbvio que é muito mais plausível uma questão a respeito do tema em Estado que seja banhado pelo mar (especialmente o RJ, onde é a sede do Tribunal Marítimo) do que em Estado que não tem mar, como MG.

3.11.1. Regulação de Avaria Grossa (jurisdição contenciosa)

O procedimento se refere a situações envolvendo *acidente de navios*.

A maior parte dos problemas relativos a acidentes de navios é resolvida consensualmente. Porém, se houver uma situação *sem acordo*, cabível a *regulação da avaria grossa*.

Assim, quando *inexistir consenso* acerca da nomeação de um regulador de avarias, o juiz de direito da **comarca do primeiro porto onde o navio houver chegado**, provocado por *qualquer parte interessada*, nomeará um *regular de notório conhecimento* (NCPC, art. 707).

O regulador declarará justificadamente se os *danos são passíveis de rateio* na forma de avaria grossa e exigirá das partes envolvidas a apresentação de garantias idôneas para que possam ser *liberadas as cargas* aos consignatários (NCPC, art. 708).

As partes deverão apresentar nos autos os *documentos necessários à regulação da avaria grossa* em prazo razoável a ser fixado pelo regulador (NCPC, art. 709).

Oferecido o regulamento da avaria grossa, dele terão *vista as partes pelo prazo comum de 15 dias*, e, não havendo impugnação, o regulamento será *homologado por sentença* (NCPC, art. 710, § 1º). Se houver impugnação ao regulamento, o juiz *decidirá no prazo de 10 dias*, após a oitiva do regulador (NCPC, art. 710, § 2º).

3.11.2. *Da ratificação dos protestos marítimos e dos processos testemunháveis formados a bordo (jurisdição voluntária)*

Outra inovação relativa ao Direito Marítimo é a ratificação dos protestos marítimos e dos processos testemunháveis formados a bordo (*lançamentos de informações realizadas no livro marítimo denominado "Diário da Navegação"*).

Todos os protestos e os processos testemunháveis formados a bordo e lançados no livro Diário da Navegação *deverão ser apresentados pelo comandante ao juiz de direito do primeiro porto, nas primeiras 24 horas de chegada da embarcação, para sua ratificação* judicial (NCPC, art. 766).

A petição inicial conterá a *transcrição dos termos lançados no livro Diário da Navegação* e deverá ser instruída com cópias das páginas que contenham os termos que serão ratificados, dos documentos de identificação do comandante e das testemunhas arroladas, do rol de tripulantes, do documento de registro da embarcação e, quando for o caso, do manifesto das cargas sinistradas e a qualificação de seus consignatários, traduzidos, quando for o caso, de forma livre para o português (NCPC, art. 767).

A petição inicial deverá ser *distribuída com urgência* e encaminhada ao juiz, que ouvirá, sob compromisso a ser prestado no mesmo dia, *o comandante e as testemunhas* em número mínimo de 2 e máximo de 4, que deverão comparecer ao ato independentemente de intimação (NCPC, art. 768).

Aberta a audiência, o juiz mandará apregoar os consignatários das cargas indicados na petição inicial e outros eventuais interessados, nomeando para os ausentes curador para o ato (NCPC, art. 769).

Inquiridos o comandante e as testemunhas, o juiz, convencido da veracidade dos termos lançados no Diário da Navegação, em audiência, *ratificará por sentença o protesto ou o processo testemunhável* lavrado a bordo, dispensado o relatório (NCPC, art. 770). Independentemente do trânsito em julgado, o juiz determinará a *entrega dos autos ao autor* ou ao seu advogado, mediante a apresentação de traslado (NCPC, art. 770, parágrafo único).

3.12. Mandado de segurança individual

A partir deste tópico, passa-se à análise de procedimentos especiais previstos fora do NCPC.

O **mandado de segurança** *é o instrumento adequado para proteger direito líquido e certo não amparado por* habeas corpus *ou* habeas data, *quando o responsável pela ilegalidade ou abuso de poder for autoridade pública ou agente de pessoa jurídica no exercício de atribuições do Poder Público* (Lei 12.016/2009, art. 1º).

O direito líquido é certo é aquele que independe de outra prova que não a documental.

O prazo para impetração do mandado de segurança é decadencial de 120 (cento e vinte) dias contados da ciência do ato impugnado (Lei 12.016/2009, art. 23). A decadência se refere ao uso do instrumento, sendo possível o ajuizamento da demanda pelas vias ordinárias até a prescrição da pretensão.

Procedimento:

Procedimento
1) Petição inicial: deverá demonstrar a ofensa ao direito líquido e certo, indicando a autoridade coatora do ato;
2) Liminar: é possível a concessão de liminar (Lei 12.016/2009, art. 7º, III) – sendo que existem restrições à concessão de liminares contra a Fazenda Pública (Lei 9.494/1997);
3) Após prestadas as informações pela autoridade coatora, o MP será ouvido (Lei 12.016/2009, art. 12);
4) Se a sentença for concessiva da ordem, há reexame necessário (Lei 12.016/2009, art. 14, § 1º).

3.13. Ação de despejo por falta de pagamento

O inadimplemento do inquilino quanto à obrigação de pagar os aluguéis autoriza o ajuizamento da ***ação de despejo***. Essa ação pode ainda ser cumulada com a cobrança dos aluguéis e acessórios da locação (Lei 8.245/1991, art. 62, I).

Portanto, a **legitimidade ativa** é do locador, enquanto que a **legitimidade passiva** recai sobre o inquilino e seus fiadores (quanto a esses, em relação à cobrança, não quanto ao despejo em si).

O foro competente para o ajuizamento da ação é da situação do imóvel, salvo se houver cláusula de foro de eleição no contrato (Lei 8.245/1991, art. 58, II).

Procedimento:

Procedimento
1) Petição inicial: deverá fazer prova do contrato de locação e das parcelas vencidas e não pagas pelo locatário, através de demonstrativo de débito;
2) Citação do réu: o réu pode contestar (negando o direito constitutivo do autor) ou purgar a mora (com o objetivo de evitar a rescisão do contrato) no prazo de 15 dias contados da citação;
2.a) o depósito efetuado como purgação da mora admite complementação, em caso de insuficiência (Lei 8.245/1991, art. 62, III);
3) Sentença: com o julgamento de procedência da ação será expedido mandado de despejo, que conterá o prazo de 30 (trinta) dias para a desocupação voluntária. Se após a notificação do decurso do prazo o inquilino permanecer no imóvel, na realização do despejo poderá ser utilizada a força (Lei 8.245/1991, art. 65).

A dúvida é se, com o NCPC, haverá a audiência de conciliação e mediação (art. 334) na ação de despejo. A resposta tende a ser negativa, considerando o procedimento próprio da ação de despejo. Contudo, resta verificar como será a jurisprudência a respeito do tema.

3.14. Juizados Especiais

Atualmente existem três Juizados, que compõem um *sistema*.

No âmbito da Justiça Estadual existe o **Juizado Especial Cível** (Lei 9.099/1995), uma *opção* (em relação à Justiça Comum Estadual) para os litigantes com causas de *até 40 salários mínimos*.

De seu turno, na área federal, há o **Juizado Especial Federal** (Lei 10.259/2001), que tem *caráter obrigatório* para o julgamento das demandas com valor *até 60 salários mínimos*, bem como a aplicação subsidiária da Lei 9.099/1995.

E, também na esfera estadual, há o **Juizado da Fazenda Pública Estadual** (Lei 12.153/2009), para o julgamento de causas com valor de *até 60 salários mínimos* – sendo que, *onde estiver instalado, terá caráter obrigatório*. A lei teve sua vigência a partir de junho de 2010 e prevê que os juizados *devem ser instalados em até 2 anos*.

Mas, afinal, **o que são os Juizados?**

Trata-se tanto de (i) um *procedimento distinto* do comum previsto no NCPC, como também (ii) a criação de uma *estrutura paralela* em relação à usual formatação da Justiça (em 2º grau, Colégio Recursal e não Tribunal).

Assim, é certo que haverá distinção em relação ao procedimento de causas perante os Juizados e causas perante a Justiça tradicional. Tanto é assim que no capítulo de recursos foi aberto um tópico específico para recursos nos Juizados.

3.14.1. JEC (Lei 9.099/1995)

Os Juizados buscam **a simplificação e a desburocratização do processo** (art. 2º).

Nesta linha, a inicial será mais simples que o NCPC, art. 319. São **requisitos da inicial** (art. 14, § 1º):

(i) *qualificação* das partes;

(ii) fatos e fundamentos de forma *sucinta*;

(iii) *pedido e valor*.

Podem ser **autores no JEC** (art. 8º, § 1º):

✓ pessoas físicas *capazes*;

✓ *ME, EPP e microempreendedores individuais*;

✓ Organização da Sociedade Civil de Interesse Público (*OSCIP*);

✓ *sociedades de crédito ao microempreendedor*.

No tocante à capacidade postulatória, a própria parte é dotada nas *causas até 20 salários mínimos*, não havendo necessidade de advogado (art. 9º).

Não podem ser réus (art. 8º, *caput*):

✓ *incapaz*;

✓ *preso*;

✓ pessoas jurídicas de *direito público*;

✓ *massa falida*.

✓ *Insolvente civil*

Causas que **não são admitidas no JEC** (art. 3º, § 2º):

✓ *família* (alimentos e estado);

✓ *fiscal;*

✓ *falência;*

✓ interesse do *Estado*.

Visando à simplificação, há **institutos do CPC vedados no JEC**:

✓ intervenção de *terceiros* (art. 10);

✓ citação por *edital* (art. 18, § 2º);

✓ *reconvenção* (art. 31 – admite-se pedido contraposto);

✓ *ação rescisória* (art. 59).

O **procedimento do JEC** é:

1) inicial;
2) audiência de conciliação;
3) audiência de instrução (apresentação de contestação/oitiva de testemunhas e depoimento pessoal, se for o caso/alegações finais);
4) sentença (passível de recurso para o Colégio Recursal) que não poderá ser ilíquida (art. 38, parágrafo único);
5) após trânsito em julgado: formação do título – cumprimento de sentença perante o próprio JEC (art. 52).

3.14.2. JEF (Lei 10.259/2001) e JEFP (Lei 12.153/2009)

Aplica-se de forma subsidiária aos demais Juizados a Lei 9.099/1995.

Além do procedimento, o destaque para o JEF e o JEFP é que no polo passivo encontram-se entes estatais. No **JEF**, *entes públicos federais*; no **JEFP**, *entes públicos estaduais e municipais*.

Outro destaque é que o pagamento não é feito por precatório, mas sim por requisição de pequeno valor, *muito mais ágil*.

Quanto ao **procedimento**:

JEF
1) inicial;
2) audiência de conciliação e instrução OU; 2a) contestação em 30 dias e, se necessário, audiência de instrução;
3) sentença (passível de recurso para o Colégio Recursal);
4) após trânsito em julgado: formação do título – pagamento será efetuado em 60 dias, independentemente de precatório (requisição de pequeno valor – "RPV" – art. 17).

JEFP
1) inicial;
2) audiência de conciliação (com supervisão do juiz – art. 16);
3) audiência de instrução;
4) sentença;
5) após trânsito em julgado, formação do título – execução perante o próprio juizado. – quanto à execução, poderá ser por "obrigação de pequeno valor", em até 60 dias, ou precatório (art. 13): lei específica de cada ente estipulará até qual quantia será via OPV e a partir de qual valor será por precatório. – o art. 13, § 3º, estipula que, na ausência de lei, serão os seguintes valores para pagamento via OPV: (i) 40 salários mínimos, quanto aos Estados e ao Distrito Federal; (ii) 30 salários mínimos, quanto aos Municípios. – se não houver o pagamento da OPV no prazo, será possível o sequestro de renda pública, dispensada a oitiva da Fazenda (art. 13, § 1º).

3.14.3. *Recursos nos Juizados*

O sistema recursal dos Juizados é distinto em relação ao previsto no NCPC. O assunto será tratado no item 5.3. abaixo.

3.15. Ação de alimentos (processo de conhecimento)

Considerando a **urgência na prestação de alimentos**, para a sobrevivência de quem deles necessita, é certo que *o procedimento-padrão seria insuficiente.*

Daí o procedimento previsto na *Lei 5.478/1968 para o processo de conhecimento,* bem como o *NCPC, art. 538 para o cumprimento de sentença e art. 911 para o processo de execução.*

Trata-se, portanto, de um **procedimento mais concentrado** que o comum:

1) inicial;
2) alimentos provisórios (art. 4º);
3) audiência de conciliação, instrução e julgamento (art. 9º): – tentativa de conciliação; – apresentação de contestação; – produção de provas; – alegações finais.
3) sentença – que inclusive poderá ser proferida na própria audiência (art. 11, parágrafo único).

O art. 4º da Lei 5.478/1968 prevê a figura dos **alimentos provisórios**, que serão concedidos pelo juiz até mesmo de ofício no momento em que determina a citação do réu.

Cabe esclarecer que a lei em questão somente pode ser utilizada quando se estiver diante de **dever alimentar pré-constituído** (ou seja, paternidade, cônjuge, companheiro).

Se não se tratar dessa hipótese, não cabe o uso do célere procedimento previsto na Lei 5.478/1968. Então terá de ser utilizado o *procedimento comum*. É, por exemplo, o que ocorre com a *investigação de paternidade.*

Portanto, **não cabe**, na *investigação de paternidade, a figura dos alimentos provisórios.* Mas, para resguardar a parte, cabe **tutela de urgência para os alimentos,** *desde que presentes os requisitos* (NCPC, art. 300 – elementos que evidenciem *a probabilidade do direito* e o *perigo de dano* ou ao resultado útil do processo).

É certo que é mais fácil obter os alimentos provisórios (pois decorrem de prova pré-constituída) do que alimentos via tutela de urgência (pois dependem de prova).

Em relação à execução e cumprimento de sentença, o assunto é regulado no próprio NCPC (vide item 4.5 abaixo).

4. PROCESSO DE EXECUÇÃO E CUMPRIMENTO DE SENTENÇA

4.1. Visão geral e pontos em comum entre execução e cumprimento

Como já exposto, o NCPC tem dois processos: conhecimento e execução.

Porém, a parte final do processo de conhecimento envolve o cumprimento de sentença (que é o adimplemento do título judicial). Assim, o cumprimento de sentença é tratado no Livro I da Parte Especial, ao passo que o processo de execução é tratado no Livro II da Parte Especial.

Contudo, existem **inúmeras semelhanças** entre cumprimento de sentença e execução. Por isso, por questões didáticas e para facilitar o estudo, opta-se por tratar dos dois assuntos em sequência, e não separadamente, como consta do NCPC.

A fase de **cumprimento de sentença**, inserida no final do processo de conhecimento (Título II do Livro I da Parte Especial do NCPC), regula o *inadimplemento de uma obrigação decorrente de uma decisão judicial* (ou, de forma mais ampla, de um *título executivo judicial*).

Por sua vez, o **processo de execução** (Livro II da Parte Especial do NCPC) regula o *inadimplemento de uma obrigação decorrente de um título executivo extrajudicial.*

Portanto, o panorama é o seguinte:

Forma de execução	Requisitos
Processo de execução (Livro II da Parte Especial do NCPC – processo autônomo)	Inadimplemento + Título executivo extrajudicial
Cumprimento de sentença (Livro II da Parte Especial do NCPC – parte final do processo de conhecimento)	Inadimplemento + Título executivo judicial

Essas são as premissas para que se entenda o quadro executivo do processo civil brasileiro. Apesar de serem sistemas distintos, por vezes *o procedimento* a ser observado no processo de execução e na fase de cumprimento de sentença é o mesmo. Daí a necessidade de muita atenção para não confundir um sistema com o outro.

No mais, **aplica-se o procedimento de um ao outro**, de forma *subsidiária*. Nesse sentido:

(i) Art. 513. O cumprimento da sentença será feito segundo as regras deste Título, *observando-se, no que couber e conforme a natureza da obrigação, o disposto no Livro II da Parte Especial* deste Código (ou seja, aplica-se ao cumprimento de sentença as regras da execução);

(ii) Art. 771. Este Livro regula o procedimento da *execução fundada em título extrajudicial*, e suas disposições aplicam-se, também, no que couber, aos procedimentos especiais de execução, *aos atos executivos realizados no procedimento de cumprimento de sentença*, bem como aos efeitos de atos ou fatos processuais a que a lei atribuir força executiva. Parágrafo único. *Aplicam-se subsidiariamente à execução as disposições do Livro I da Parte Especial* (ou seja, este artigo afirma que se aplica ao cumprimento de sentença as regras da execução e vice-versa).

Portanto, são **requisitos necessários para a execução e para o cumprimento de sentença** o *inadimplemento* e o *título executivo*. Vale destacar que, na nomenclatura do NCPC, o termo utilizado é **exigibilidade da obrigação** e não inadimplemento (NCPC, art. 786).

De seu turno, se houver *inadimplemento,* mas *não houver título executivo,* não cabe a execução. No caso, terá de ser utilizado o **processo de conhecimento** (com diversas opções de procedimento, conforme o caso).

Por sua vez, se *não houver inadimplemento,* mas houver *título executivo,* tampouco cabe a execução. No caso, a rigor, *terá de se esperar* até que haja o *vencimento do título* e eventual inadimplemento (basta imaginar uma nota promissória com data futura). Contudo, caso o devedor, antes do vencimento do título, passe a alienar seu patrimônio, então se estará diante de uma *situação de urgência,* sendo cabível a tutela de urgência cautelar (no caso, o *arresto* – NCPC, art. 301).

Vale destacar uma importante inovação do NCPC: **se existir título executivo extrajudicial,** mas a parte tiver alguma *dúvida* quanto à sua liquidez, certeza ou exigibilidade, **é possível optar pelo processo de conhecimento.** É a previsão do art. 785: A existência de título executivo extrajudicial *não impede a parte de optar pelo processo de conhecimento,* a fim de obter título executivo judicial.

Conforme o **tipo de obrigação,** haverá um *procedimento distinto* para tramitar a execução ou cumprimento de sentença. E aqui mais um ponto em comum entre as duas modalidades.

São **procedimentos do processo de execução:**

(i) para a *entrega de coisa*

(ii) das obrigações de *fazer ou de não fazer*

(iii) por *quantia certa*

(iv) *contra a Fazenda Pública*

(v) de *alimentos*

São **procedimentos da fase de cumprimento de sentença:**

(i) de obrigação de *pagar quantia,*

(ii) de obrigação de prestar *alimentos,*

(iii) de obrigação de pagar quantia certa pela *Fazenda Pública,*

(iv) que reconheça a exigibilidade de *obrigação de fazer, de não fazer ou de entregar coisa.*

Assim, ainda que, em número, haja distinção, a divisão é exatamente a mesma.

4.2. Processo de execução

4.2.1. Princípios da execução

É certo que, em regra, *os princípios processuais do processo* (vistos na parte geral) **também se aplicam à execução.**

Como exemplo: devido processo legal, contraditório, ampla defesa, lealdade e boa-fé, publicidade, motivação etc.

Contudo, existem **princípios específicos** do processo executivo.

4.2.1.1. Princípio do título executivo

O **princípio do título executivo** significa que a *atividade executiva demanda existência de prévio título,* no qual se reconhece a existência de uma obrigação.

E o título pode decorrer de *atos jurisdicionais anteriores* (título executivo judicial) ou de documento reconhecido pela lei como capaz de dar início à execução (título executivo extrajudicial).

Ou seja: sem título, não há execução.

Dessa afirmação tem-se que *nulla executio sine titulo* (nula a execução se não houver título).

A base legal para o princípio está no art. 798, I, "a" do NCPC: Ao propor a execução, incumbe ao exequente: I – instruir a petição inicial com: *a)* o título executivo extrajudicial.

Cabe destacar que, considerando a previsão de tutela provisória no sistema processual, há quem afirme ser possível uma "**execução sem título permitida**" – ou seja, a existência de *atos executivos mesmo sem a efetiva formação do título.* Contudo, a posição majoritária é no sentido de que os atos executivos decorrentes da tutela de urgência têm previsão legal. Assim, *o título seria a decisão antecipatória* (em regra, por meio de decisão interlocutória)

4.2.1.2. Princípio da taxatividade dos títulos executivos

Só é *título executivo o documento expressamente previsto em lei.* Esse é o **princípio da taxatividade dos títulos executivos.**

Não é possível às partes – ainda que credor e devedor assim entendam – *criar um título executivo que não esteja previsto em lei.*

Contudo, vale destacar que a legislação prevê uma considerável *liberdade em relação à criação de título* – como, por exemplo, quanto à confissão de dívida a partir de um documento assinado pelo devedor e duas testemunhas (NCPC, art. 784, III).

Alguns ainda apontam a existência do princípio da **tipicidade dos títulos executivos.** A distinção seria no sentido de, além estar previsto em lei, o *título deve preencher os requisitos exigidos pela lei.*

A justificativa para a existência do princípio da taxatividade (e / ou da tipicidade) é que o executado deve ter a segurança de saber se está participando – ou não – da formação de um título executivo.

4.2.1.3. Princípio do resultado / da efetividade da execução forçada

O processo executivo é voltado para a satisfação do direito do exequente. E o *objetivo do processo é entregar ao exequente,* na medida do possível, *tutela idêntica a que obteria mesmo sem o processo.*

Assim, interessa ao exequente a obtenção do bem da vida pretendido – e não a substituição por dinheiro. Este é o **princípio do resultado** ou da **efetividade da execução forçada.**

Contudo, vale destacar que, por vezes – especialmente pensando em uma obrigação de fazer – *talvez não seja possível a opção pretendida (a tutela específica),* de modo que, então, a possibilidade que resta é a conversão dessa obrigação em perdas e danos (dinheiro). Nesse sentido, o NCPC, art. 499: A obrigação *somente será convertida em perdas e danos se o autor o requerer ou se impossível a tutela específica* ou a obtenção de tutela pelo resultado prático equivalente.

4.2.1.4. Princípio da atipicidade dos meios executivos

O **princípio da atipicidade** (ou da **concentração dos poderes de execução**) destaca que o juiz tem um *rol exemplificativo de poderes para se atingir o resultado da execução* (vide princípio do resultado, tratado acima).

Como exemplo, próprio para a **tutela específica**: NCPC, art. 536, § 1º: (...) o juiz poderá determinar, *entre outras medidas*, a imposição de multa, a busca e apreensão, a remoção de pessoas e coisas, o desfazimento de obras e o impedimento de atividade nociva, podendo, caso necessário, requisitar o auxílio de força policial.

A menção a "entre outras medidas" é que se refere à aticipidade. No CPC/1973, isso somente era permitido para a tutela específica das obrigações de fazer, não fazer e entrega de coisa.

Porém, inova o NCPC ao afirmar que **também para a obrigação de pagar** existe a possibilidade de aticipidade dos meios executivos. É a previsão do art. 139, IV, ao apontar que o juiz poderá "*determinar todas as medidas indutivas, coercitivas, mandamentais ou sub-rogatórias* necessárias para assegurar o *cumprimento de ordem judicial*, inclusive nas ações que *tenham por objeto prestação pecuniária*". Resta verificar como será a jurisprudência a respeito desse princípio, na obrigação de pagar.

4.2.1.5. Princípio da menor onerosidade

O **princípio da menor onerosidade** é um dos mais importantes da execução, e busca *proteger o executado.*

Sem dúvidas deve a execução permitir que se atinja o adimplemento do título executivo (princípio do resultado).

Contudo, *isso não pode ser feito a qualquer custo. Assim,* o princípio visa a proteger o executado contra *atos que sejam excessivos para a satisfação do direito do exequente, de modo que o executado fique em situação muito desfavorável.* Como exemplo, a previsão de *impenhorabilidade do bem de família.*

O princípio está positivado no NCPC, art. 805: Quando por vários meios o exequente puder promover a execução, o *juiz mandará que se faça pelo modo menos gravoso para o executado.*

Porém, inova o NCPC ao apontar, também, uma postura ativa do executado para que haja a aplicação do princípio da menor onerosidade: não basta ao executado buscar a aplicação do princípio, mas ele deve também indicar alternativas para que a execução prossiga. É a previsão do parágrafo único do art. 805: Ao executado que alegar ser a medida executiva mais gravosa *incumbe indicar outros meios mais eficazes e menos onerosos*, sob pena de manutenção dos atos executivos já determinados. Importante inovação que traz o equilíbrio entre a defesa do executado e a efetividade da execução.

4.2.1.6. Princípio da disponibilidade

Na execução busca-se a *satisfação do direito do exequente*, o que se atinge por uma série de atos (penhora, avaliação, expropriação etc.). Portanto, não se discute se o executado deve ou não. Logo, *o resultado do processo* **somente beneficia ao exequente**, *mas não ao executado.*

Nessa perspectiva, a *disponibilidade de quem está no polo ativo* (**princípio dispositivo** – parte dispõe da lide) *no processo executivo é ainda maior* do que no processo de conhecimento.

No processo de conhecimento, como visto, para o autor desistir do processo após a apresentação da contestação, o réu deve concordar (NCPC, art. 485, § 4º).

Na execução, *o exequente pode desistir do processo independentemente da apresentação de defesa do executado.*

Assim, pelo **princípio da disponibilidade**, *pode o exequente, sem qualquer interferência do executado* (NCPC, art. 775):

(i) prosseguir com a execução por completo;

(ii) desistir dela por completo;

(iii) desistir de alguns atos executivos.

Porém, em relação à **defesa do executado** (seja via embargos à execução ou impugnação ao cumprimento de sentença), a regra é um pouco distinta, assemelhando-se ao que se verifica no processo de conhecimento. (NCPC, art. 775, parágrafo único). Assim, na desistência da execução, observar-se-á o seguinte:

a) serão extintos os embargos e impugnação que versarem apenas sobre questões processuais, pagando o exequente as custas e os honorários advocatícios;

b) nos demais casos, a extinção dependerá da concordância do impugnante ou embargante.

4.2.1.7. Princípio da patrimonialidade

Pelo **princípio da patrimonialidade** tem-se que *a execução atinge o patrimônio da pessoa, e não a própria pessoa.*

Os bens do executado é que são os responsáveis pela satisfação do direito do exequente – e não seu corpo. Afinal, a execução é voltada para a satisfação do direito do exequente (*princípio do resultado / efetividade*), mas é preciso que se respeite os direitos fundamentais do executado (*princípio da menor onerosidade*).

Nesse sentido, a **vedação da prisão civil por dívida**, salvo em relação ao devedor de alimentos (Súmula Vinculante 25: É ilícita a prisão civil de depositário infiel, qualquer que seja a modalidade de depósito).

4.2.2. Legitimidade de parte

Tal qual se fala em legitimidade no processo de conhecimento, isso se verifica *também no processo de execução.*

A **regra** e no sentido de a *parte legítima ativa ser o credor da obrigação*, ao passo que a *parte legítima passiva ser o devedor.*

4.2.2.1. Legitimidade ativa

A **legitimidade ativa para a execução** é tratada no art. 778 do NCPC.

A *classificação* é a seguinte:

a) Legitimidade ativa ordinária, que pode ser:

- **a.1) primária ou originária;**
- **a.2) derivada ou superveniente.**

b) Legitimidade ativa extraordinária

Na legitimidade **ordinária**, o *exequente vai a juízo em nome próprio, postular direito próprio.*

Na legitimidade **extraordinária** (admissível apenas nos casos previstos em lei), o *exequente vai a juízo em nome próprio postular direito de outro.*

Na legitimidade ativa ordinária **primária**, *a obrigação foi constituída em favor do credor que consta no título, ou a quem a lei atribui o título.*

De seu turno, na legitimidade ativa ordinária **derivada**, a obrigação *foi constituída em favor de um credor, mas houve ato de transmissão para um novo credor* (seja de título extrajudicial ou judicial).

O art. 778, *caput*, do NCPC trata da legitimidade *ativa ordinária primária*:

Art. 778. Pode promover a execução forçada *o credor a quem a lei confere título executivo.*

Ocorre em qualquer título de crédito, como um cheque.

Mas, também, verifica-se em relação ao advogado e seus honorários sucumbenciais. Isso porque a legislação aponta que o advogado é titular dos honorários de sucumbência. Lei 8.906/1994, art. 23:

Os honorários incluídos na condenação, por arbitramento ou sucumbência, pertencem ao advogado, tendo este direito autônomo para executar a sentença nesta parte (...).

Porém, é possível à própria parte exequente, em nome próprio, executar os honorários do advogado (o que é frequente no cotidiano forense).

Nesse caso: *legitimidade ativa extraordinária* (parte pleiteando, em seu próprio nome, o direito de seu advogado).

O art. 778, § 1º, do NCPC trata da legitimidade *ativa ordinária derivada*:

§ 1º Podem *promover a execução forçada ou nela prosseguir, em sucessão* ao exequente originário: (...) II – o *espólio*, os herdeiros ou os sucessores do credor, sempre que, por morte deste, lhes for transmitido o direito resultante do título executivo;

Ou seja, situação típica de falecimento do pai e sequência da execução pelo filho; contudo, não se aplica a direitos personalíssimos.

Além disso, há outros incisos:

III – o cessionário, quando o direito resultante do título executivo lhe foi transferido por *ato entre vivos;*

A distinção deste inciso em relação ao II é que, no anterior, o ato de transferência do crédito é *mortis causa.*

IV – o sub-rogado, nos casos de sub-rogação legal ou convencional.

A situação típica deste inciso é a do fiador que paga a dívida, para então assumir a mesma posição jurídica do credor originário, em relação ao devedor principal.

Em relação à legitimidade ativa *extraordinária*, uma das principais situações diz respeito à atuação do MP. Tanto que é a previsão legislativa constante do NCPC.

§ 1º Podem promover a execução forçada ou nela prosseguir, em sucessão ao exequente originário:

I – o Ministério Público, nos casos previstos em lei.

4.2.2.2. *Legitimidade passiva*

A **legitimidade passiva** para a execução, de forma análoga ao exposto quanto à ativa, pode ser dividida em ordinária **primária** e ordinária **derivada ou superveniente**. Considerando o princípio do título, *não se fala em legitimidade extraordinária passiva.*

A legitimidade passiva *primária* trata da situação mais usual. Nesse sentido:

Art. 779. A execução pode ser promovida contra:

I – o *devedor*, reconhecido como tal no título executivo."

Já a legitimidade passiva derivada se verifica quando há a transmissão da obrigação do devedor originário para outrem, em hipóteses previstas em lei.

"**Art. 779** (...):

II – o *espólio, os herdeiros ou os sucessores do devedor.*"

Contudo, vale destacar que, tratando-se de obrigação personalíssima, isso não se transmite aos herdeiros do falecido.

"**Art. 779** (...) III – o *novo devedor*, que assumiu, *com o consentimento do credor, a obrigação* resultante do título executivo;"

Como se percebe, a "cessão do débito" (*assunção da dívida por terceiro) depende do consentimento do credor* (e a cessão do crédito, porém, *independe do consentimento do devedor*).

"**Art. 779** (...) IV – o *fiador do debito constante em título extrajudicial;*"

O inciso trata do garantidor do direito do exequente em juízo.

"**Art. 779** (...) V – o responsável *titular do bem vinculado por garantia real* ao pagamento do débito";

Existindo bem que tenha garantia real, ainda que haja a transferência, o ônus segue a coisa (característica do direito real)

"**Art. 779** (...) VI – o responsável tributário, assim definido em lei".

Hipótese em que a legislação tributária cria a obrigação para terceiro que não necessariamente o devedor original.

4.2.2.3. *Intervenção de terceiros na execução*

Em relação às **intervenções de terceiros**, o entendimento majoritário, no sistema anterior, era de não ter cabimento na execução (salvo a assistência).

Considerando que o NCPC coloca as intervenções de terceiro na parte geral, agora seriam **cabíveis quaisquer intervenções no processo de execução** – especialmente o incidente de desconsideração da personalidade jurídica. Mas resta verificar como será a jurisprudência a respeito disso.

4.2.3. *Responsabilidade patrimonial*

Não se deve confundir *legitimidade com responsabilidade.*

A **responsabilidade patrimonial** ou **executiva** se refere ao *patrimônio que será invadido em virtude do processo de execução.*

É *possível* que haja coincidência entre as figuras, mas *não necessariamente o devedor é o responsável patrimonial.*

O **executado**:

✓ é legitimado passivo para a execução,

✓ pode ter seu patrimônio invadido,

✓ tem responsabilidade executiva

É a situação de **responsabilidade patrimonial primária**.

É o mais usual, em que o *próprio executado tenha responsabilidade patrimonial.* E isso se refere aos seus bens "presentes e futuros" (NCPC, art. 789) – enquanto não verificada a prescrição.

Mas também existe a **responsabilidade patrimonial secundária**. Nesse caso, desde que previsto em lei, *admite-se a sujeição de bens de terceiro à execução judicial* (principal artigo: NCPC, 790).

Cabe destacar que a responsabilidade executiva é uma situação de *sujeição que independe da vontade da parte*, mas sim *da lei*.

O texto legal tem a seguinte redação:

"**Art. 790.** São sujeitos à execução os bens:

I – do **sucessor a título singular**, tratando-se de execução fundada em *direito real ou obrigação reipersecutória*.

II – do **sócio**, nos termos da lei;

III – do **devedor**, ainda que *em poder de terceiros*;

IV – do **cônjuge ou companheiro**, nos casos em que *seus bens próprios* ou de sua meação *respondem pela dívida*.

V – *alienados ou gravados* com ônus real em **fraude à execução**;

VI – cuja *alienação ou gravação* com ônus real tenha sido *anulada em razão* do reconhecimento, em ação autônoma, de **fraude contra credores**;

VII – do responsável, nos casos de **desconsideração da personalidade jurídica**.

Por fim, cabe analisar a responsabilidade dos **herdeiros**. O tema é regulado no NCPC, art. 796:

"**Art. 796.** O espólio responde pelas dívidas do falecido; mas, feita a partilha, *cada herdeiro responde por elas na proporção da parte que na herança lhe coube*."

Assim, se o devedor contrai a dívida e falecer, a *responsabilidade executiva poderá recair sobre patrimônio do espólio*, se ainda houver inventário pendente. Mas **não se herda dívida** e não se fala em responsabilidade secundária dos herdeiros. Os herdeiros só pagam com base naquilo que eventualmente perceberam a título de sucessão.

4.2.4. Dos requisitos necessários para qualquer execução

Retomando o exposto anteriormente, são requisitos necessários para se realizar qualquer execução autônoma:

(i) inadimplemento / exigibilidade: *devedor não satisfaz a obrigação certa, líquida e exigível prevista no título executivo* (NCPC, art. 786);

(ii) título executivo extrajudicial: *documento que traduz uma obrigação e permite a propositura do processo de execução* (NCPC, art. 784).

Somente cabe o processo de execução autônomo quando *existirem ambos os requisitos*.

Além disso, a execução deve estar fundada em **título de obrigação líquida, certa e exigível** (NCPC, art. 783).

O processo de execução *busca a satisfação do crédito do exequente*. Mas essa satisfação deve respeitar o executado. Daí a legislação prever expressamente o **princípio da menor onerosidade** (vide NCPC, art. 805 e item 4.2.1.5 acima).

4.2.5. Do título executivo extrajudicial

Os títulos executivos extrajudiciais estão previstos no NCPC, art. 784:

(i) *títulos de crédito* (letra de câmbio, nota promissória, duplicata, debênture e cheque);

Contudo, não há total identidade entre títulos de crédito e executivo: existem títulos de crédito que não são títulos executivos e existem títulos executivos que não são títulos de crédito.

(ii) *escritura pública ou outro documento público assinado pelo devedor*;

(iii) *documento particular assinado pelo devedor e por 2 testemunhas* (um dos mais usuais no cotidiano forense);

(iv) *instrumento de transação* referendado pelo MP, Defensoria Pública, advocacia pública, advogado das partes ou conciliador / mediador credenciado por tribunal;

(v) os *contratos com garantia real* (hipoteca, penhor, anticrese) e *contratos garantidos com caução*

(vi) *contrato de seguro de vida em caso de morte*;

(vii) o *crédito decorrente da enfiteuse*, ou seja, *foro* (pensão anual paga ao senhorio – CC/1916, art. 678) e *laudêmio* (compensação dada ao senhorio quando da alienação do domínio útil do imóvel – CC/1916, art. 683);

(viii) o *crédito, documentalmente comprovado, decorrente de aluguel de imóvel*, e *acessórios* (taxas e despesas de condomínio);

Este inciso (que não prevê a necessidade de duas testemunhas, como no inc. II) permite a *execução de crédito de aluguel de imóvel não pago*, bem como de *encargos*, tais como IPTU, luz, condomínio – desde que comprovados documentalmente e com os acessórios previstos em contrato.

(ix) a *CDA* (certidão de dívida ativa), ou seja, os créditos tributários devidos à União, aos Estados, ao Distrito Federal e Territórios, e aos Municípios;

(x) o *crédito referente ao condomínio (contribuições ordinárias ou extraordinárias de condomínio edilício), previstas na respectiva convenção ou aprovada em assembleia, desde que documentalmente comprovada;*

Cabe destacar que, em relação ao *condomínio*, trata-se de inovação como título executivo, pois no sistema anterior isso demandava *processo de conhecimento do condomínio contra o condômino inadimplente* (e era uma das hipóteses de utilização do sumário).

(xi) a *certidão expedida por cartório extrajudicial (serventia notarial ou de registro), relativa a emolumentos e despesas devidas pelos atos cartoriais, conforme tabelas estabelecidas em lei.*

São também executivos outros títulos mencionados em leis esparsas (NCPC, art. 784, XII). Como exemplos:

- ✓ TAC – termo de ajustamento de conduta (Lei 7.347/1985, art. 5º, § 6º);
- ✓ decisão do TCU que determine pagamento de quantia (CF. art. 71, § 3º);
- ✓ cédula de crédito bancário (CCB – Lei 10.931/2004, art. 28: "seja pela soma nela indicada, seja pelo saldo devedor demonstrado em planilha de cálculo, ou nos extratos da conta-corrente").

Como se percebe da leitura do rol acima, *os títulos executivos extrajudiciais são criados sem a participação do Poder Judiciário*.

A origem é a vontade das partes, desde que observados os requisitos previstos na legislação. Assim, uma confissão de dívida assinada somente pelo devedor, apesar de ser prova documental, não é título executivo. Já uma confissão de dívida assinada pelo devedor e por duas testemunhas é título executivo (NCPC, art. 784, III).

A legislação admite a **cumulação de execuções**. Ou seja, *é lícito ao exequente, sendo o mesmo executado, cumular várias execuções, mesmo que em títulos diferentes, desde que o juiz seja competente e o procedimento seja o mesmo* (NCPC, art. 780).

É conveniente destacar que a *sentença arbitral não é título executivo extrajudicial*, visto que não se encontra nos incisos do mencionado art. 784 (vide item 4.3.2 infra).

4.2.6. Das diversas espécies de execução

Conforme o **tipo de obrigação inadimplida**, a execução terá um *trâmite diferenciado*. Assim, não há uma única, mas sim *diversas espécies de execução*, sendo que cada uma dessas espécies terá um *procedimento próprio*.

Abaixo, indicamos as **espécies de execução previstas no CPC**, destacando como se *dá seu início*, visto que é exatamente neste momento da tramitação que se percebe a distinção entre elas. Além disso, há execuções previstas em leis extravagantes, como a execução fiscal (Lei 6.830/1980).

É certo que a espécie mais relevante é a execução de quantia certa (obrigação de pagar), em que o executado é citado para pagar, sob pena de penhora; por isso, esta modalidade de execução será tratada com maior atenção.

Mas, antes de analisar as diversas execuções, vejamos os pontos comuns a todas as execuções.

4.2.6.1. Dos requisitos de todas as execuções

Porém, o NCPC aponta alguns **requisitos que se referem a qualquer execução.**

A petição inicial deve ser **instruída** com (NCPC, art. 798, I):

(i) o *título executivo* extrajudicial;

(ii) o *demonstrativo do débito atualizado* até a data de propositura da ação (no caso de *execução por quantia certa*);

O **demonstrativo de débito** tem novos requisitos (NCPC, art. 798, parágrafo único): o *índice de correção monetária* adotado; a *taxa de juros* aplicada; os *termos inicial e final* de incidência do índice de correção monetária e da taxa de juros utilizados; a *periodicidade da capitalização* dos juros, se for o caso; a especificação de *desconto obrigatório* realizado.

(iii) a *prova* de que se verificou a *condição ou ocorreu o termo*, se for o caso;

(iv) a *prova*, se for o caso, de que *adimpliu a contraprestação* que lhe corresponde ou que lhe assegura o cumprimento.

No mais, a petição inicial deve **indicar** (NCPC, art. 798, II):

a) a *espécie de execução* de sua preferência, quando por mais de um modo puder ser realizada;

b) os *nomes completos do exequente e do executado* e seus *números de inscrição* no Cadastro de Pessoas Físicas ou no Cadastro Nacional da Pessoa Jurídica;

c) os *bens suscetíveis de penhora*, sempre que possível.

Deve ainda o exequente requerer a **intimação de terceiros** que possam ter *alguma relação com o bem penhorado* (NCPC, art. 799, que menciona o *credor hipotecário*, titular do usufruto, promitente comprador ou vendedor, superficiário, sociedade em caso de penhora de quota etc.). Ainda, se o exequente assim requerer, deverá a petição inicial trazer o pedido de **tutela de urgência** (NCPC, art. 799, VIII).

Existindo **falha na inicial** (incompleta ou sem documentos indispensáveis, como o demonstrativo de débito), o juiz determinará a *emenda*, no prazo de 15 dias, sob pena de indeferimento (NCPC, art. 801).

Se a inicial estiver em termos, o juiz determinará a **citação** (NCPC, art. 802), o que interrompe a prescrição (que retroage à data da propositura da ação – NCPC, art. 802, parágrafo único). Vale relembrar que a citação na execução poderá ser realizada pelo *correio*.

4.2.6.1.1. Da prescrição intercorrente

Inova o NCPC ao expressamente prever a **prescrição intercorrente** (o que antes era admitido pela jurisprudência, mas sem previsão legal).

Prevê o NCPC que a execução será *suspensa se o executivo não possuir bens penhoráveis* (NCPC, art. 921, III). Nesse caso, o processo ficará suspenso pelo prazo de 1, durante o qual se suspenderá a prescrição (art. 921, § 1º).

Após esse prazo, se ainda não existirem bens penhoráveis, o processo será arquivado (art. 921, § 2º). Se forem encontrados bens, haverá o desarquivamento (art. 921, § 3º). *Passado o prazo de 1 ano* sem manifestação do exequente, então **começa a correr o prazo da prescrição intercorrente** (art. 921, § 4º).

Ocorrido o prazo da prescrição, após oitiva das partes, o juiz poderá, mesmo de ofício, reconhecer a prescrição intercorrente e extinguir o processo (art. 921, § 5º e 924, V).

4.2.6.2. Da execução para entrega de coisa

Prevista no NCPC, art. 806 e ss., é utilizada diante do *inadimplemento de uma obrigação de entregar*, conforme previsto no título executivo extrajudicial. É também denominada de **tutela específica das obrigações**, exatamente porque se busca que o executado *cumpra especificamente a obrigação de entregar a que se comprometeu.*

O executado é citado para, dentro de 15 dias, *entregar a coisa. Cabe a fixação de multa diária* (*astreinte*) para o caso de não haver a entrega (NCPC, art. 806, § 1º). Ou seja, a forma de se compelir o executado a entregar a coisa é a *astreinte*.

Se a coisa já tiver sido alienada, será expedido mandado contra o terceiro adquirente, que somente será ouvido após o depósito da coisa (NCPC, art. 808).

4.2.6.3. Da execução de obrigação de fazer e de não fazer

Prevista no NCPC, art. 814 e ss., é utilizada diante do *inadimplemento de uma obrigação de fazer ou não fazer*, prevista em título executivo extrajudicial. É também denominada de **tutela específica das obrigações**, exatamente porque se busca que o executado *cumpra especificamente a obrigação de fazer a que se comprometeu.*

O executado é citado para *fazer ou não fazer algo*, no prazo que o juiz fixar, se não houver previsão no título (NCPC, art. 815).

O juiz, ao despachar a inicial, fixará **multa** por período de atraso e data a partir do qual será devida (NCPC, art. 814). Ou seja, a forma de se compelir o executado a fazer ou deixar de fazer algo é a *astreinte*. Se o título já tiver previsão do valor da multa, o juiz poderá reduzi-lo, se for excessivo (NCPC, art. 814, parágrafo único).

Se no prazo fixado o executado não satisfizer a obrigação, *poderá o exequente requerer* que (i) *seja a obrigação realizada por terceiro à custa do executado* ou (ii) converter a obrigação de fazer em *indenização* (NCPC, arts. 816 e 817). E isso nos próprios autos da execução, sem a necessidade de um novo processo.

Já ao executado cabe *cumprir a obrigação* ou apresentar *embargos à execução*, que não dependem de penhora (NCPC, art. 914).

4.2.6.4. Da execução contra a Fazenda Pública

Prevista no NCPC, art. 910, é utilizada diante do *inadimplemento de uma obrigação de pagar, em que o devedor é a Fazenda Pública* (União, Estados, Municípios e suas autarquias e fundações – ou seja, pessoas jurídicas de direito público).

Assim, entes estatais com personalidade jurídica de direito privado não se inserem no conceito. Portanto, *empresas públicas e sociedades de economia mista são executadas pelo regime geral*, possuindo patrimônio próprio e penhorável.

A execução poderá ser fundada em título executivo judicial ou extrajudicial. No sistema anterior, havia alguma dúvida quanto à possibilidade de execução de título extrajudicial contra a Fazenda, afastada pela Súmula 279 do STJ: "*É cabível execução por título extrajudicial contra a Fazenda Pública*".

Quanto ao título extrajudicial, há *apenas o art. 910*, cujo § 3º remete aos arts. 534 e 535 do NCPC (vide item *4.3.3.1* abaixo). Além disso, aplica-se o art. 100 da CF.

O ente estatal é citado para *apresentar embargos, no prazo de 30 dias* (art. 910, *caput*). Nos embargos, poderá a Fazenda apresentar **qualquer matéria de defesa**, que poderia ser alegada no processo de conhecimento (art. 910, § 2º). Assim, os embargos da Fazenda não apresentam distinção procedimental quanto aos embargos em geral (NCPC, art. 914 e ss.).

Não há penhora, já que *bens públicos são impenhoráveis* (NCPC, art. 833, I e CC, art. 100).

Não opostos embargos ou transitada em julgado a decisão que os rejeitar, o pagamento se dará mediante **precatório** (CF, art. 100), que *é a requisição de pagamento de dívida judicial que o Tribunal encaminha ao órgão estatal devedor*.

A depender da natureza do débito (se dívida alimentícia ou não – CF, art. 100, § 1º), este será ou não pago com preferência sobre os demais, destacando-se que as **obrigações ou requisições de pequeno valor** (OPV ou RPV) não se submetem ao regime dos precatórios.

Assim, os precatórios se classificam em:

1) Comuns: são expedidos por ordem própria e decorrem de verbas que não são diferenciadas.

2) De natureza alimentícia (CF, art. 100, § 1º): compreendem aqueles *decorrentes de salários, vencimentos, proventos, pensões e suas complementações, benefícios previdenciários e indenizações por morte ou por invalidez*, fundadas em responsabilidade civil, em virtude de sentença judicial transitada em julgado.

3) Alimentícios de pessoas idosas (60 anos ou mais) **ou que possuem doença grave** (CF, art. 100, § 2º): além de alimentícios tais quais os anteriores, há a característica específica do credor.

4) RPV ou OPV: nesse caso, o pagamento deve ser prontamente realizado pela Fazenda, *sem necessidade de precatório*.

4.2.6.5. Da execução de alimentos

Ainda que se trate de uma obrigação de pagar, há um procedimento próprio para a execução dos alimentos, considerando que o direito em questão é necessário à sobrevivência do credor.

Há distinção entre a execução de título extrajudicial (arts. 911 a 913) e o cumprimento de sentença de alimentos (art. 528 a 533).

Contudo, como há pontos em comuns, o assunto será tratado em conjunto, em tópico próprio (item *4.5.* abaixo).

4.2.7. Da execução de quantia certa

Esta é a espécie de execução mais utilizada no cotidiano forense, é a mais regulada pelo NCPC, suas regras aplicam-se de forma subsidiária às demais espécies de execução (especialmente no tocante à expropriação de bens) e, também, esta é a *mais pedida em provas de concursos jurídicos*. Assim, será a execução analisada com mais vagar.

No CPC/1973 havia a *execução de quantia certa contra devedor solvente* (a que agora é analisada) e a *execução de quantia contra devedor insolvente* (a "falência civil"), que **não é regulada pelo NCPC**. O art. 1.052 do NCPC destaca que, até edição de lei específica, as execuções contra devedor insolvente *serão reguladas pelas regras do CPC/1973* (ou seja, não é todo o CPC/1973 que deixará de ser aplicado).

4.2.7.1. Petição inicial

Diante do *inadimplemento* e de um *título executivo extrajudicial que traga obrigação de pagar*, será utilizada a **execução por quantia certa** (NCPC, art. 829).

A petição inicial do processo de execução segue a lógica da inicial do processo de conhecimento, com os seguintes requisitos:

(i) endereçamento (NCPC, art. 319, I)

A **competência para ajuizar a execução** (NCPC, art. 781) é ampla, sendo possível a propositura no *foro do domicílio do executado, foro de eleição constante do título ou foro da situação dos bens* que serão penhorados.

(ii) qualificação das partes (NCPC, art. 319, II)

A **legitimidade para a execução** é apurada a partir da análise do título executivo extrajudicial;

(iii) demonstração do *inadimplemento / exigibilidade da obrigação* e da *existência de título* (NCPC, art. 319, III)

São **documentos essenciais** à propositura da execução o *título executivo* e o *demonstrativo de débito*;

(iv) valor da causa (NCPC, art. 319, V)

Nos termos do NCPC, art. 292, I, o valor da causa será a *quantia pleiteada na execução*.

Quando admitida a execução, é permitido ao credor **dar publicidade a respeito da existência da execução**. Para tanto, o exequente poderá obter *certidão*, com identificação das partes e valor da causa, "*para fins de averbação* no registro de imóveis, de veículos ou de outros bens sujeitos a penhora, arresto ou disponibilidade" (NCPC, art. 828). *Essa averbação não impede a alienação do bem, mas dá ciência a terceiros, os quais não poderão alegar desconhecimento a respeito da execução.*

Estando em termos a petição inicial, o juiz determinará a *citação do executado*, que poderá ser feita por correio.

Se o executado não for encontrado, será realizada nova diligência pelo oficial de justiça e, se o caso, haverá citação por hora certa ou por edital.

Há uma situação específica: se o *oficial de justiça não encontrar o executado*, mas *encontrar bens passíveis de penhora*, será possível a constrição de bens. Contudo, *não se trata de penhora*, que somente pode ser realizada após a citação (vide tópico abaixo).

Essa constrição é o **arresto executivo ou pré-penhora** (não confundir com a cautelar de arresto), previsto no art. 830 do NCPC: A jurisprudência admite que esse arresto seja feito por *meio eletrônico* (*on-line* - STJ, REsp 1.370.687-MG, Informativo 519 do STJ).

4.2.7.2. Penhora

No caso de execução de quantia, se não houver o pagamento do débito, haverá a **penhora**, que *é a constrição judicial de bem do executado, capaz de garantir o pagamento do débito exequendo*. Uma vez efetivada a penhora, a avaliação do bem será realizada pelo oficial de justiça (NCPC, art. 870).

O devedor responde pela execução com seus *bens presentes e futuros* (NCPC, art. 789). Ou seja, se durante a tramitação do processo o devedor adquirir algum bem, será possível a penhora.

Pode o exequente, já na inicial do processo de execução, *indicar os bens do executado que devem ser penhorados* (NCPC, art. 829, § 1º), que serão penhorados - salvo se outros forem *indicados pelo executado* e aceitos pelo juiz, diante da *demonstração de que a constrição será menos onerosa e não trará prejuízo ao exequente*.

Poderá o juiz determinar que o *executado indique quais são, onde estão e quanto valem os bens passíveis de penhora*, sob pena de ato atentatório à dignidade da justiça, que acarreta a imposição de multa (NCPC, art. 774, V).

Efetivada a penhora, será nomeado um **depositário** (e, como já exposto, não há mais a prisão do depositário infiel). E o *depositário só será o executado se o exequente concordar ou nos casos de difícil remoção do bem* (NCPC, art. 840, § 2º).

Se o oficial, *ao tentar citar o devedor, não encontrá-lo, mas encontrar bens penhoráveis* poderá **arrestar tais bens** (NCPC, art. 830). Não se trata de penhora, visto que esta somente pode ocorrer após a citação e se não houver o pagamento do débito. Uma vez efetivado o arresto e não encontrado o devedor, o credor deverá providenciar sua citação por edital. Após tal ato, *o arresto será convertido em penhora* (NCPC, art. 830, § 3º). Não se deve confundir esse arresto do processo executivo com o arresto cautelar, pois são figuras distintas.

Pode o exequente requerer a **penhora *on-line* de bens do executado** (NCPC, art. 854 e ss.). Porém, há inovações no procedimento.

Inicialmente, após requerimento do exequente, o juiz, *sem dar ciência ao executado*, determinará às instituições financeiras que *tornem indisponíveis ativos financeiros* do executado (NCPC, art. 854). O juiz deverá cancelar, em 24 horas, eventual *indisponibilidade excessiva* (NCPC, art. 854, § 1º).

Efetivada a indisponibilidade, o executado será intimado e terá prazo de 5 dias para comprovar que (§ 2º e 3º):

I - as quantias tornadas indisponíveis são impenhoráveis;

II - ainda remanesce indisponibilidade excessiva de ativos financeiros.

Somente *após essa manifestação* é que haverá **efetivamente a penhora**, e então a instituição financeira deverá transferir o montante penhorado para conta à disposição do juízo (§ 5º).

Assim, a penhora *on-line* somente ocorrerá **após a citação**; já o arresto executivo do art. 830 (inclusive *on-line*), ocorrerá **antes da citação** (REsp 1.370.687-MG, informativo 519 do STJ).

No mais, o NCPC ainda prevê expressamente a **penhora** de:

✓ *créditos* (art. 855);

✓ *quotas ou ações de sociedades* (art. 861 - inovação);

✓ *empresa*, outros *estabelecimentos e semoventes* (art. 862; inovação quanto aos semoventes);

✓ *percentual de faturamento* de empresa (art. 866);

✓ *frutos e rendimentos* de coisa móvel ou imóvel (art. 867 - o que era *usufruto* de bem móvel ou imóvel no sistema anterior).

4.2.7.2.1. Impenhorabilidades

O sistema brasileiro tem diversas **impenhorabilidades**, *situações nas quais, por força de lei, a penhora não é permitida, com o fim de proteger o executado e a sociedade*.

A Lei 8.009/1990 trata da *impenhorabilidade do bem de família*, apontando ser impenhorável o imóvel destinado à residência, bem como os móveis que o guarnecem (art. 1º e parágrafo único).

Mas há exceções à impenhorabilidade, previstas na própria lei. Dentre outras, merecem destaque as seguintes situações nas quais se admite a penhora (Lei 8.009/1990, art. 3º):

> "III - pelo credor de pensão alimentícia, resguardados os direitos, sobre o bem, do coproprietário que, com o devedor, integre união estável ou conjugal (inclusão da ressalva quanto ao cônjuge pela Lei 13.144/2015);
>
> IV - para cobrança de impostos, predial ou territorial, taxas e contribuições devidas em função do imóvel familiar;
>
> VII - por obrigação decorrente de fiança concedida em contrato de locação."

Vale destacar que o inc. I do art. 3º da Lei 8.009/1990, que previa a possibilidade de penhora do bem de família em virtude de créditos de trabalhadores da própria residência, foi *revogado* pela LC 150/2015 (Lei do Trabalho Doméstico).

De seu turno, o NCPC trata do tema no art. 833, trazendo diversas impenhorabilidades:

(i) os *bens inalienáveis* e os declarados, por ato voluntário, não sujeitos à execução (exemplo dos *bens públicos*);

(ii) os *móveis*, pertences e utilidades domésticas que guarnecem a *residência do executado* - salvo os de *elevado valor* e os *supérfluos* (os não utilizados para as necessidades de um médio padrão de vida);

(iii) os *vestuários* e os *bens de uso pessoal* do executado - salvo se de *elevado valor*;

(iv) os *salários*, remunerações, aposentadorias e pensões de uma forma geral – *salvo* para pagamento de *pensão alimentícia* e quando o valor mensal percebido for **superior a 50 salários mínimos** (NCPC, art. 883, § 2º – inovação relevante que afasta o paradigma da total impenhorabilidade do salário);

(v) os *instrumentos* necessários ao *exercício da profissão* (livros, ferramentas etc. – salvo se tais bens tenham sido *objeto de financiamento e estejam vinculados em garantia* a negócio jurídico ou quando *respondam por dívida de natureza alimentar, trabalhista ou previdenciária* – § 3º);

(vi) o *seguro de vida;*

(vii) os *materiais necessários para obras em andamento*, salvo se essas forem penhoradas;

(viii) a *pequena propriedade rural*, desde que trabalhada pela família;

(ix) os *recursos públicos* recebidos por instituições privadas para aplicação compulsória em *educação, saúde ou assistência social;*

(x) *até o limite de 40 salários mínimos*, a quantia depositada em *caderneta de poupança* (para o STJ, qualquer aplicação e não só a poupança – REsp 1.230.060-PR, informativo 547 do STJ; incidindo as mesmas acima mencionadas em relação ao salário, visto acima);

(xi) os *recursos do fundo partidário*, recebidos por partido político;

(xii) os *créditos* oriundos de *alienação de unidades imobiliárias sob regime de incorporação*, vinculados à execução da obra.

4.2.7.3. Procedimento da execução por quantia certa contra devedor solvente

A finalidade desta espécie de execução é expropriar bens do executado para satisfazer o crédito do exequente.

Na sequência, é apresentado o procedimento desta modalidade de execução:

1) Inicial é instruída com:
– título executivo extrajudicial (NCPC, art. 798, I, *a*); e
– demonstrativo do débito atualizado (NCPC, art. 798, I, *b*).

---

2) Estando em termos a inicial, o juiz:
– fixa, no despacho inicial, honorários de 10% sobre o valor da causa. Se houver o pagamento em 3 dias, os *honorários serão reduzidos à metade* (art. 827, § 1º). Se houver embargos protelatórios, honorários majorados para 20% (§ 2º);
– determina a *citação do executado*, para *pagar o débito em 3 dias*, contados da citação. (NCPC, art. 829);
– se não houver pagamento, haverá a *penhora e avaliação*, por oficial de justiça (NCPC, art. 870) – dos bens indicados pelo exequente; salvo se o executado indicar bens que configurem situação menos onerosa a ele e que não traga prejuízo ao exequente (NCPC, art. 829, § 1º e 2º).

2.1) Recebida a petição inicial executiva, poderá o exequente obter *certidão da execução* (identificadas as partes e valor da causa), para "averbação no registro de imóveis, de veículos ou de outros bens sujeitos a penhora, arresto ou indisponibilidade" (NCPC, art. 828).
Quando isso for efetivado, deverá ser *comunicado ao juízo* (§ 1º).
Se for realizada penhora no valor total da dívida, o exequente deverá providenciar, em 10 dias, o *cancelamento das averbações* dos bens não penhorados (§ 2º).
Se o exequente assim não fizer, o *juiz fará de ofício* (§ 3º).
No caso de averbação indevida ou não cancelada, caberá indenização por *perdas e danos* (§ 5º).

2.2) Além disso, cabe a inscrição do devedor em cadastro restritivo de crédito.
A previsão está no art. 782 do NCPC.
– § 3º. A requerimento da parte, o juiz pode determinar a inclusão do nome do executado em cadastros de inadimplentes.
– § 4º *A inscrição será cancelada imediatamente se for efetuado o pagamento*, se for *garantida a execução* ou se a *execução for extinta* por qualquer outro motivo.
Além disso, prevê o NCPC que o mesmo se aplica ao cumprimento de sentença definitivo de título judicial (NCPC, art. 782, § 5º).

---

3) Se o oficial de justiça não encontrar o executado: arresto executivo dos bens (art. 830) que, segundo jurisprudência do STJ, poderá ser *on-line*.
A citação pode ser feita por *correio* (NCPC, art. 247). E há menção específica à *citação por hora certa e edital* (NCPC, art. 830, § 1º e 2º).
O executado, *reconhecendo o crédito do exequente* e comprovando o *depósito de 30%* do valor devido, pode requerer o *parcelamento do restante em 6 vezes* (com juros e correção). Com isso, renuncia ao direito de embargar (NCPC, art. 916).

---

4) Após a citação, cabem embargos.

---

5) Não suspensa a execução ou rejeitados os embargos: tentativa de alienação do bem penhorado (NCPC, art. 875).

---

6) **Prosseguindo a execução, haverá a tentativa de expropriação do bem penhorado**, que poderá ocorrer de três maneiras, na seguinte ordem:
(i) adjudicação ao exequente, *em que o próprio exequente receberá o bem como forma de pagamento*, pelo valor da avaliação (NCPC, art. 876);
(ii) alienação por iniciativa particular, *em que o exequente tentará alienar o bem para quem não é parte no processo* (NCPC, art. 880); ou
(iii) leilão judicial eletrônico ou presencial, *alienação realizada no bojo do processo judicial* (NCPC, art. 881).

7) A primeira opção é a *adjudicação* por parte do exequente, *pelo preço da avaliação*. Se não houver êxito nessa, passa-se às demais. Se, ao final, não houver êxito, há nova oportunidade para adjudicar, podendo ser requerida nova avaliação (NCPC, art. 878).
8) A segunda opção é a *alienação por iniciativa particular*, mediante *requerimento do exequente*, também pelo valor da avaliação, por conta própria ou corretor ou leiloeiro credenciados perante o Judiciário (NCPC, art.880).
9) **Se não houver êxito nas hipóteses anteriores, haverá** *leilão, preferencialmente presencial (NCPC, art. 882).* A definição do *preço mínimo do bem no leilão, condições de pagamento e garantia* serão definidas pelo *juiz* (NCPC, 885). Será **preço vil** (e, portanto, não poderá ser aceito) o preço inferior ao mínimo estipulado pelo juiz ou, não tendo sido fixado preço mínimo, o preço inferir a 50% do valor da avaliação (NCPC, art. 891, parágrafo único). Será publicado edital com todas as informações do bem, inclusive data do 1º e 2º leilões – o 2º para o caso de não haver interessados no 1º (NCPC, art. 886, V). Não podem oferecer lance algumas pessoas, dentre as quais o juiz e demais servidores na localidade onde servirem, leiloeiros e advogados (NCPC, art. 890). Portanto, o próprio *exequente pode oferecer lance.*
10) Expropriado o bem (seja pela adjudicação, alienação ou arrematação), é possível ao executado impugnar a expropriação, via ação autônoma (NCPC, art. 903, § 4º). Portanto, **deixam de existir os embargos de 2ª fase (embargos à arrematação/adjudicação)** e passa a ser cabível uma ação autônoma par desconstituir a expropriação, em que o arrematante será litisconsorte necessário.
11) Ao final, **extinção** da execução. *NCPC, art. 924. Extingue-se a execução quando:* *I – a petição inicial for indeferida;* *II – a obrigação for satisfeita;* *III – o executado obtiver, por qualquer outro meio, a extinção total da dívida;* *IV – o exequente renunciar ao crédito;* *V – ocorrer a prescrição intercorrente.*

4.2.8. *Da defesa do executado: embargos*

A defesa do executado, na execução de título executivo extrajudicial, dá-se via **embargos do devedor** ou **embargos à execução**.

Os embargos correspondem a um *processo de conhecimento*, com trâmite por um *procedimento especial* (NCPC, art. 914 e ss.). Na execução, em regra, não se discute defesa. Assim, a defesa é por petição inicial, em processo autônomo – distribuído por dependência.

Não há necessidade de **garantir o juízo** para embargar (NCPC, art. 914).

Matérias que podem ser alegadas nos embargos (NCPC, art. 917):

(i) *inexequibilidade do título* ou *inexigibilidade da obrigação*;

(ii) *penhora incorreta* ou *avaliação errônea*;

(iii) *excesso de execução* ou *cumulação indevida* de execuções;

(iv) *retenção por benfeitorias* necessárias ou úteis, nos casos de *entrega de coisa certa*;

(v) *incompetência absoluta ou relativa do juízo da execução;*

(vi) *qualquer matéria de defesa*, visto que **ainda não houve prévia manifestação do Poder Judiciário.**

Há **excesso de execução** quando (NCPC, art. 917, § 2º):

✓ **(i)** o exequente pleiteia *quantia superior à do título*;

✓ ***(ii)*** *recai sobre coisa diversa* daquela declarada no título;

✓ ***(iii)*** *processa-se de modo diferente* do que foi determinado na sentença;

✓ **(iv)** o exequente, *sem cumprir a prestação* que lhe corresponde, *exige o adimplemento da prestação do devedor*;

✓ **(v)** o *exequente não prova que a condição se realizou.*

Caso se alegue **excesso de execução com base em quantia superior à devida**, o *embargante deverá indicar o valor que entende correto*, com demonstrativo de cálculo, *sob pena de rejeição liminar dos embargos ou não consideração desse argumento* (NCPC, art. 917, § 4º).

4.2.8.1. *Prazo para embargar*

O prazo para embargar é de *15 dias*, contado da *juntada aos autos do mandado de citação* da execução ou da juntada do AR (NCPC, arts. 915 e 231, I e II).

Diferentemente do que ocorre no processo de conhecimento:

✓ se houver *mais de um executado*, o prazo será contado *individualmente, salvo na hipótese de cônjuges* ou companheiros, quando o prazo será contado a partir da juntada do comprovante de citação do último (NCPC, art. 915, § 1º);

✓ ainda que existam litisconsortes com advogados distintos, *não haverá aplicação do prazo em dobro* do art. 229 do NCPC (NCPC, art. 915, § 3º).

Como já mencionado, no prazo para embargar pode o executado reconhecer que deve depositar 30% do valor devido e requerer o parcelamento do restante em 6 parcelas mensais (NCPC, art. 916).

4.2.8.2. *Efeito suspensivo nos embargos*

Em regra, os embargos não terão efeito suspensivo; ou seja, mesmo quando apresentados os embargos, prossegue normalmente a execução (NCPC, art. 919).

Contudo, poderá o juiz, a requerimento do embargante, conceder **efeito suspensivo aos embargos** quando (NCPC, art. 919, § 1º):

✓ presentes os requisitos para a *tutela provisória*;

✓ garantida a execução por penhora, depósito ou caução.

Ou seja: os embargos não dependem de penhoras, mas o efeito suspensivo depende.

No mais, ainda que concedido o efeito suspensivo, isso *não impedirá a penhora ou avaliação* dos bens (NCPC, art. 919, § 5º).

4.2.8.3. *Procedimento dos embargos à execução*

Trata-se de processo de conhecimento que tramita por procedimento especial (NCPC, art. 914 e ss.):

1) Citado, o executado pode (a) parcelar a dívida, (b) permanecer silente ou (c) embargar, em 15 dias. **2) Inicial:** – **é distribuída** *por dependência* à execução e será *autuada em apartado* (NCPC, art. 914, § 1º); – será instruída com *cópias* das peças relevantes presentes na execução (NCPC, art. 914, § 1º); – *independe de penhora* (NCPC, art. 914). 2.1) O juiz **rejeitará liminarmente** os embargos quando (NCPC, art. 918): – intempestivos – no indeferimento ou improcedência liminar – se protelatórios (* ato atentatório à dignidade justiça)
3) *Em regra,* os embargos *não são recebidos no efeito suspensivo* (NCPC, art. 919). *3.1) Somente* será atribuído efeito suspensivo (com a suspensão de quaisquer atos executivos) se estiverem *presentes, ao mesmo tempo, os seguintes requisitos* (NCPC, art. 919, § 1º): **(i)** *garantia do juízo* (penhora, depósito ou caução); **(ii)** requisitos da tutela de urgência (*relevantes alegações* e perigo de dano). A concessão do efeito suspensivo *não impede a penhora* nem avaliação dos bens (NCPC, art. 919, § 5º).
3) Recebidos os embargos, réu nos embargos (embargado) poderá se *manifestar em 15 dias* (CPC, art. 920).
4) *Se necessário, haverá* **dilação probatória**. Caso contrário, julgamento antecipado do mérito (NCPC, art. 920, II)
5) *Decisão mediante* **sentença** da qual caberá apelação Embargos protelatórios são penalizados com *multa por ato atentatório à dignidade da justiça* (NCPC, art. 918, parágrafo único).

4.2.9. *Da defesa de terceiro no processo de execução: embargos de terceiro*

Se há execução entre "A" e "B" e o executado entende que a penhora ou o valor são indevidos, a defesa se dá via embargos à execução, como visto acima.

Contudo, é possível que na execução entre "A" e "B" ocorra a penhora de bem de "C". Neste caso, a defesa se dá via **embargos de terceiro**.

4.2.9.1. *Cabimento*

Os **embargos de terceiro** são utilizados *quando há turbação ou esbulho por ato judicial* (penhora, depósito, arresto etc.) *de bem daquele que não é parte no processo,* seja processo de execução, de conhecimento ou cautelar.

Os embargos podem ser utilizados por quem tem *propriedade e posse* (senhor e possuidor) ou apenas por quem tem *posse* (possuidor).

Cabe também a *utilização pelo cônjuge* para defesa de sua *meação* (NCPC, art. 674, § 2º, I).

4.2.9.2. *Procedimento*

Trata-se de *processo de conhecimento* que tramita por *procedimento especial* (NCPC, art. 674 e ss.). Distribuídos por dependência, são autuados em apartado (NCPC, art. 676).

Quanto ao **prazo, não há um termo específico** (NCPC, art. 675):

✓ sendo constrição ocorrida **em** *processo de conhecimento,* **não há prazo** específico, sendo possível a oposição dos embargos *até o trânsito em julgado da sentença;*

✓ sendo constrição ocorrida em *processo de execução ou cumprimento de sentença,* até *5 dias* após a adjudicação, alienação ou arrematação, mas *antes da assinatura da respectiva carta.*

Será **réu nos embargos de terceiro** a *parte que pleiteou e/ ou que teve proveito com a constrição judicial (NCPC, art. 677, § 4º).* No tocante à **sucumbência**, assim preceitua a Súmula 303 do STJ: "Em embargos de terceiro, *quem deu causa à constrição indevida deve arcar com os honorários advocatícios*".

Deverá o embargante *provar a posse ou propriedade e a qualidade de terceiro,* juntando documentos e indicando testemunhas (NCPC, art. 677).

Se o juiz entender que está *provada a posse ou propriedade,* poderá *suspender as medidas constritivas sobre o bem litigioso* (NCPC, art. 678), podendo determinar a prestação de caução, salvo se a parte for economicamente hipossuficiente (NCPC, art. 678, parágrafo único).

O embargado poderá apresentar *contestação* no prazo de *15 dias*, a partir daí se seguirá o procedimento comum (NCPC, art. 679).

Ao final, o juiz proferirá sua sentença.

4.3. Cumprimento de sentença

4.3.1. *Dos requisitos necessários para o cumprimento de sentença*

Retomando o já explanado acima, são requisitos necessários para o cumprimento de sentença:

(i) inadimplemento / exigibilidade: *o não cumprimento espontâneo da obrigação fixada na sentença* (NCPC, art. 786);

(ii) título executivo judicial: *documento que traduz uma obrigação e permite o início da fase de cumprimento de sentença* (NCPC, art. 515).

Somente cabe o cumprimento de sentença quando *existirem ambos os requisitos.*

4.3.2. *Do título executivo judicial*

Os títulos executivos judiciais estão previstos no NCPC, art. 515:

(i) as *decisões proferidas no processo civil* (obrigação de pagar quantia, obrigação de fazer, não fazer, entregar coisa – destaque para a menção à **decisão** e não mais *sentença*, considerando a nova sistemática do NCPC, com a possibilidade de diversas decisões de mérito ao longo do procedimento);

(ii) a *decisão homologatória de autocomposição judicial;*

(iii) a *decisão homologatória de autocomposição extrajudicial de qualquer natureza;*

O inc. II e o inc. III são iguais? Não. No inc. II, há demanda na qual se formula pedido e, depois, há o acordo. No inc. III, não há demanda prévia, e as partes apenas celebram o acordo e o submetem à homologação do juiz (e o acordo pode, eventualmente, não passar pelo Judiciário e poderá ser título executivo extrajudicial).

(iv) o *formal e a certidão de partilha*, quanto aos participantes do processo de inventário (inventariante, herdeiros e sucessores);

(v) o *crédito do auxiliar da justiça (custas, emolumentos ou honorários aprovados por decisão judicial – isso era, no CPC/1973, título executivo extrajudicial);*

(vi) a *sentença penal condenatória transitada em julgado*;

(vii) a *sentença arbitral*;

(viii) a *sentença estrangeira homologada pelo STJ*;

(ix) a *decisão interlocutória estrangeira, após exequatur do STJ*;

Na redação aprovada pelo Legislativo, havia um inciso X: seria título judicial o "acórdão proferido pelo Tribunal Marítimo quando do julgamento de acidentes e fatos da navegação" (trata-se de um órgão administrativo e não jurisdicional). Contudo, o dispositivo foi vetado.

Dos títulos executivos judiciais, vale destacar que:

✓ como se percebe do inc. VII, a **sentença arbitral**, que é a *decisão proferida por um árbitro no bojo da arbitragem*, apesar de *não ter a intervenção do Judiciário* (se há arbitragem, não se manifesta o Judiciário) é considerada título judicial;

✓ a atividade do árbitro se restringe apenas à fase de conhecimento. Para a execução forçada (no caso, cumprimento de sentença), apenas o Estado pode ingressar no patrimônio do executado;

✓ nas hipóteses de decisões proferidas fora do Judiciário (sentença arbitral, penal ou estrangeira), *não houve prévia manifestação do juízo cível*, razão pela qual haverá necessidade de **citação do devedor** para o cumprimento de sentença – isso porque o processo de conhecimento foi realizado (i) perante árbitro, (ii) Judiciário estrangeiro ou (iii) Judiciário brasileiro no âmbito penal (NCPC, art. 515, § 1º);

✓ já em relação aos *demais casos*, como já houve um *processo perante o juízo cível*, haverá necessidade apenas de **intimação do devedor** para o cumprimento de sentença.

4.3.3. *Das diversas espécies de cumprimento de sentença*

Tal qual exposto em relação ao processo de execução, conforme o *tipo de obrigação prevista no título executivo judicial*, será *variável a forma do cumprimento de sentença.*

Conforme o NCPC:

✓ tratando-se de *obrigação de fazer, não fazer e entregar coisa*, deve ser observado o art. 536 e ss. (análogo à execução de título extrajudicial – vide itens 4.2.6.2 e 4.2.6.3);

✓ tratando-se de *obrigação de pagar alimentos,* deve ser observado o art. 538 e ss. (vide item 4.5 infra);

✓ tratando-se de *obrigação de pagar quantia pela Fazenda*, deve ser observado o art. 534 e s., que será analisado abaixo.

✓ tratando-se de *obrigação de pagar*, deve ser observado o art. 523 e ss., que será analisado abaixo.

4.3.3.1. *Do cumprimento de sentença de obrigação de pagar quantia pela Fazenda Pública*

Inova o NCPC ao prever e regular o procedimento do **cumprimento de sentença contra a Fazenda** (inclusive sendo *aplicável de forma subsidiária ao procedimento de execução* contra a Fazenda – item 4.2.6.4 supra). No sistema anterior, apenas havia a execução contra a Fazenda, mesmo em relação a título judicial.

Contudo, apesar de se aplicar o cumprimento de sentença, **não se aplica à Fazenda a multa** para o *não pagamento em 15 dias* (art. 534, § 2º).

O art. 534 do NCPC regula a petição que dá início ao cumprimento, que deverá trazer um **completo demonstrativo de débito**, que conterá: (i) o *nome completo* e o número de inscrição no Cadastro de Pessoas Físicas ou no Cadastro Nacional da Pessoa Jurídica do exequente; (ii) o índice de *correção monetária* adotado; (iii) os *juros* aplicados e as respectivas taxas; (iv) o *termo inicial e o termo final dos juros e da correção* monetária utilizados; (v) a *periodicidade da capitalização* dos juros, se for o caso; (vi) a especificação dos *eventuais descontos obrigatórios* realizados. Trata-se de demonstrativo igual ao que deve ser apresentado na execução e no cumprimento de sentença.

Se houver mais de um exequente, cada um deverá apresentar seu próprio demonstrativo (art. 534, § 1º).

Em relação à defesa pela Fazenda, o ente estatal será *intimado*, na pessoa do seu representante judicial, por carga, remessa ou meio eletrônico, para, querendo, **impugnar o cumprimento de sentença**, no prazo de *30 dias* (NCPC, art. 535).

Podem ser alegadas as seguintes matérias (NCPC, art. 535):

I – *falta ou nulidade da citação* se, na fase de conhecimento, o processo correu à *revelia*;

II – *ilegitimidade* de parte;

III – *inexequibilidade* do título ou *inexigibilidade* da obrigação;

IV – *excesso de execução* ou *cumulação indevida* de execuções;

V – *incompetência absoluta ou relativa* do juízo da execução;

VI – *qualquer causa modificativa ou extintiva da obrigação*, como pagamento, novação, compensação, transação ou prescrição, desde que *supervenientes ao trânsito em julgado da sentença.*

Existe **restrição para a matéria de defesa** a ser alegada considerando a *coisa julgada* que se formou no processo de conhecimento. Por isso, somente matéria posterior ao trânsito.

Se não houver impugnação ou for rejeitada a impugnação (NCPC, art. 535, § 3º):

I – expedir-se-á, por intermédio do presidente do tribunal, *precatório* em favor do exequente;

II – por ordem do juiz, dirigida à autoridade na pessoa de quem o ente público foi citado para o processo, o pagamento de *obrigação de pequeno valor* será realizado no *prazo de 2 meses* contado da entrega da requisição, mediante depósito na agência de banco oficial mais próxima da residência do exequente.

Se houver impugnação parcial, caberá execução da parte não impugnada (NCPC, art. 535, § 4º).

4.3.4. Do cumprimento de sentença para obrigação de pagar

4.3.4.1. Competência e natureza da execução

Como já exposto, a fase de cumprimento de sentença é a fase final do processo de conhecimento com pedido condenatório.

A **competência para a fase de cumprimento de sentença** é prevista no NCPC, art. 516:

(i) *tribunais*, nas causas de sua *competência originária*;

(ii) *juízo que processou a causa no primeiro grau.*

(iii) *juízo cível competente*, no caso de *sentença penal condenatória, arbitral ou estrangeira* (a rigor, o domicílio do executado)

Poderá o *exequente, em II e III, optar* pelo juízo do *local onde se encontram bens* sujeitos à expropriação OU pelo do *atual domicílio do executado* – casos em que o credor requererá a remessa dos autos ao novo juízo competente (NCPC, art. 516, parágrafo único).

Em relação à **natureza do cumprimento**, conforme a *estabilidade do título executivo*, é possível que o cumprimento de sentença seja provisório ou definitivo.

Utiliza-se o **cumprimento definitivo** quando se tratar de *decisão transitada em julgado ou não mais passível de impugnação, como a sentença arbitral.*

Já a **execução provisória** é utilizada quando (i) *a decisão ainda não transitou em julgado, e o recurso interposto não foi recebido no efeito suspensivo*; ou seja, somente é dotado de efeito devolutivo e (ii) na *tutela provisória.*

Nesse sentido, art. 520: *O cumprimento provisório da sentença impugnada por recurso desprovido de efeito suspensivo* será realizado da mesma forma que o cumprimento definitivo, sujeitando-se ao seguinte regime: (...)

E não se refere apenas à sentença, nos termos do art. 519: Aplicam-se as disposições relativas ao *cumprimento da sentença, provisório* ou definitivo, e à liquidação, no que couber, *às decisões que concederem tutela provisória.*

Como no cumprimento provisório há possibilidade de alteração da decisão exequenda, há *regras especiais* para seu prosseguimento (NCPC, art. 520):

(i) corre por *iniciativa e responsabilidade do exequente*, que se obriga, se a sentença for reformada, a *reparar os danos* que o executado haja sofrido;

(ii) exigência de *caução* para: a) levantamento de dinheiro, e b) atos que importem transferência de posse ou alienação de propriedade.

É possível que a **caução seja dispensada** (CPC, art. 521) desde que:

(i) o *crédito for alimentar, qualquer que seja sua origem*;

(ii) o exequente demonstrar *estado de necessidade*;

(iii) pender o agravo contra decisão de inadmissão do REsp ou RE com base em repetitivo (art. 1.042, II e III);

(iv) a decisão a ser provisoriamente cumprida estiver em consonância com firme decisão de tribunal (*súmula ou repetitivo*).

Como são situações distintas (não complementares), é de se concluir que os **requisitos não são cumulativos.**

Ainda que presente alguma das situações que dispensem a caução, ela poderá ser mantida, se sua dispensa puder resultar "manifesto risco de grave dano de difícil ou incerta reparação" (NCPC, art. 521, parágrafo único).

4.3.4.2. Penhora e expropriação de bens

No tocante à penhora (e impenhorabilidades) e à expropriação dos bens (adjudicação, alienação por iniciativa particular e hasta pública), *aplica-se integralmente ao cumprimento de sentença as regras previstas para o processo de execução* (cf. item 4.2.7.2 supra).

4.3.4.3. Procedimento da fase de cumprimento de sentença de pagar quantia

Da mesma forma que a execução de quantia é a mais frequente, também o *cumprimento de sentença para pagar quantia* é o mais usual no cotidiano forense, o mais regulado pelo NCPC e o mais pedido nas provas de concursos jurídicos.

O procedimento está previsto no art. 523 e ss. do NCPC.

1) Proferida decisão condenatória e não havendo pagamento espontâneo pelo réu, o autor requererá o início do cumprimento de sentença (art. 523). 1.1) Esse requerimento deverá ser *instruído com completa memória do débito*, bem como já indicar bens (art. 524) – sendo possível requerer a penhora *on-line.*
2) Intimado o réu, se não houver pagamento no prazo de 15 dias, incidirá multa e honorários, no valor de 10% cada (art. 523, § 1º). 2.1) Na falta de pagamento, haverá *penhora e avaliação* de bens necessários à satisfação do débito (art. 523).
3) Poderá o executado apresentar *impugnação* (art. 525).
4) Se a impugnação não suspender o cumprimento de sentença ou, ao final, for rejeitada, ocorrerá a alienação do bem penhorado.
5) **Expropriação de bens segue as regras da execução de título extrajudicial**: – adjudicação pelo credor; – alienação por iniciativa particular; – leilão.
6) A seguir, a extinção da fase de cumprimento de sentença. *Aplicação subsidiária:* *– destas regras para o cumprimento provisório (Art. 527. Aplicam-se as disposições deste Capítulo ao cumprimento provisório da sentença, no que couber)*; – das regras do processo de execução para o cumprimento de sentença (art. 513).

Uma questão que foi objeto de grande polêmica é **termo inicial do prazo de 15 dias para pagamento, sob pena de multa de 10%**: a partir da intimação do executado ou do trânsito em julgado da decisão? A lei anterior era omissa.

O *caput* do art. 523 do NCPC é claro: o início do prazo depende da intimação do executado (essa foi a posição a que chegou o STJ, no REsp 940.274/MS, *DJe* 31.05.2010).

Outra questão polêmica: cabe a regra do parcelamento da dívida na execução (NCPC, art. 916 ao cumprimento de sentença? No sistema anterior, a jurisprudência do STJ admitia (REsp 1.264.272-RJ, Informativo 497 do STJ). Contudo, o art. 916, § 7º foi expresso ao **vedar o parcelamento para o cumprimento de sentença**. Resta verificar se a legislação realmente será cumprida pela jurisprudência.

4.3.5. Da defesa do devedor no cumprimento de sentença

4.3.5.1. Da impugnação

A **impugnação** é a *defesa do executado prevista no NCPC para a fase de cumprimento de sentença.*

O **prazo** para impugnar é de 15 dias, contados a partir do término do prazo de 15 dias para pagamento voluntário (item acima).

A regra está prevista no art. 525 do NCPC:

Transcorrido *o prazo previsto no art. 523* sem o pagamento voluntário, *inicia-se o prazo de 15 (quinze) dias para que o executado* (...) apresente, nos próprios autos, sua *impugnação*.

Há **prazo em dobro** no caso de litisconsortes com advogados distintos (NCPC, art. 525, § 3º).

Inova o NCPC em relação ao prazo e, também, em relação à peça ser sempre nos **mesmos autos**, bem como quanto à **desnecessidade de penhora para impugnar** (NCPC, art. 525, *caput*).

Considerando que o cumprimento de sentença tem por *base um título executivo judicial* e, assim, *já houve prévia manifestação do Poder Judiciário*, há **restrição quanto à matéria** a ser alegada na impugnação. Não se pode discutir novamente o mérito (se a quantia a ser paga é ou não devida), pois aí haveria *violação à coisa julgada*.

Assim, **somente as seguintes matérias podem ser alegadas na impugnação** (NCPC, art. 525, § 1º):

(i) *falta ou nulidade da citação*, se na fase de conhecimento o processo correu à *revelia*;

(ii) *ilegitimidade* **de parte;**

(iii) *inexigibilidade do título* ou *inexigibilidade da obrigação*

(iv) *penhora incorreta* ou *avaliação errônea;*

(v) *excesso de execução* ou *cumulação indevida* de execuções (aqui se aplica tudo quanto foi *antes exposto* a respeito do tema nos embargos à execução; inclusive deverá o impugnante *declarar de imediato o valor que entende correto*, sob pena de rejeição liminar da impugnação – NCPC, art. 525, §§ 4 e 5º).

(vi) *incompetência absoluta ou relativa do juízo da execução;*

(vii) qualquer *causa impeditiva, modificativa ou extintiva da obrigação* (pagamento, compensação, transação etc.), desde que *superveniente à sentença* (porque se anterior à sentença, isso já está protegido pela coisa julgada).

Considera-se também **inexigível** o *título judicial fundado em lei declarada inconstitucional pelo STF, seja* em controle difuso ou concentrado (NCPC, art. 525, § 12), sendo que a decisão do STF deve ser anterior ao trânsito em julgado da decisão exequenda (§ 14) – se a decisão for posterior, deverá ser utilizada a rescisória, cujo prazo será contado a partir do trânsito em julgado da decisão do STF (§ 15).

4.3.5.1.1. Do procedimento da impugnação

O procedimento da impugnação é o seguinte:

1) Findo o prazo de 15 dias para pagar, o executado pode impugnar (NCPC, art. 525).
2) Somente algumas matérias podem ser *alegadas na impugnação* (NCPC, art. 525, § 1º). 2.1) Cabe rejeição liminar se impugnação (i) intempestiva ou (ii) no excesso de execução, não houver indicação do valor.
3) Em *regra*, a impugnação **não suspende** *o cumprimento de sentença* (NCPC, art. 525, § 6º). Contudo, poderá ser **concedido o efeito suspensivo**, desde que presentes, *ao mesmo tempo*: (i) *fundamentos* **da impugnação forem** *relevantes*; e (ii) prosseguimento do cumprimento possa causar ao executado *grave dano de difícil ou incerta reparação*.
4) A impugnação será autuada nos mesmos autos (NCPC, art. 525, *caput*).
5) Recebida a impugnação, deve ser aberta vista ao impugnado, para exercer o contraditório, no prazo de 15 dias (não há previsão legal nesse sentido)
6) *Se necessário*, **dilação probatória.**
7) Após instrução ou se esta desnecessária: *decisão do juiz*, **que poderá colocar fim ao cumprimento (se acolher integralmente a impugnação que entender nada ser devido) ou não (se rejeitada, total ou parcialmente, ou se for impugnação parcial – pois aí prossegue a fase de cumprimento).** 7.1) Sendo assim, variável o recurso cabível, conforme a extinção do cumprimento ou não (apelação ou agravo de instrumento).

4.4. Da exceção de pré-executividade

Não há previsão no Código a respeito desta defesa – seja no anterior, seja no NCPC. Trata-se de criação jurisprudencial e doutrinária.

Em síntese, a **exceção de pré-executividade** (ou **objeção de executividade**) busca *permitir a defesa do devedor sem que haja a penhora*. No sistema anterior, sem penhora, não cabia a defesa do executado.

Cabe a exceção em situações nas quais *há grave vício no cumprimento de sentença, em relação à matéria a respeito da qual o juiz poderia se manifestar de ofício*, tais como:

✓ ausência de uma das *condições da ação;*

✓ ausência de *pressupostos processuais;*

✓ *prescrição.*

Só cabe a exceção se o *vício for flagrante* e for *desnecessária a dilação probatória*.

Porém, em 2006 para os embargos à execução e no NCPC para a impugnação, **a defesa do executado independe de penhora**. Assim, a rigor, não mais haveria interesse no uso da exceção de pré-executividade.

Contudo, se a defesa não foi utilizada (intempestiva) ou foi usada sem que determinado argumento tenha sido apresentado? Se o argumento for de ordem pública, cabe a sua alegação extemporânea?

Vejamos o que diz o NCPC (itálicos nossos). "Art. 803. É nula a execução se:

I – o título executivo extrajudicial não corresponder a obrigação certa, líquida e exigível;

II – o executado não for regularmente citado;

III – for instaurada antes de se verificar a condição ou de ocorrer o termo.

Parágrafo único. *A nulidade de que cuida este artigo* será pronunciada pelo juiz, de ofício ou a requerimento da parte, *independentemente de embargos à execução*."

Ora, esse parágrafo aponta o uso de defesa sem embargos, por simples petição – ou seja, exatamente a ideia da exceção de pré-executividade. Assim, ainda que o NCPC não mencione seu nome, essa defesa segue sendo possível no novo sistema, para as situações graves da execução.

Além das 3 situações mencionadas no art. 803, cabe ainda a exceção para prescrição, desde que seja reconhecível de plano (STJ, REsp 915.503/PR, 4.ª T., j. 23.10.2007, *DJ* 26.11.2007).

4.5. Da execução e cumprimento de sentença de alimentos

Como antes exposto, existem diversos pontos em comum quanto à execução e cumprimento de alimentos. Por isso, o tema será tratado em conjunto, neste momento.

Inicialmente, haverá a análise dos institutos que se aplicam a ambos os tipos de títulos; após, haverá a análise procedimento separada.

4.5.1. Disposições comuns à execução e ao cumprimento

O **crédito alimentar** é diferenciado, pois dele decorre a *sobrevivência do alimentando* (dever de prover do alimentante).

Por isso, há a consequência de **prisão civil** do devedor de alimentos, no caso de "inadimplemento voluntário e inescusável de obrigação alimentar" (CF, art. 5º, LXVII).

A respeito da **prisão**, indaga-se:

1) Em qual **regime** ocorre a prisão?

Art. 528 (...) § 4º A prisão será cumprida em *regime fechado*, devendo o preso ficar *separado dos presos comuns*.

2) A prisão **afasta o débito**?

Art. 528 (...) § 5º O *cumprimento da pena não exime o executado do pagamento* das prestações vencidas e vincendas.

3) Qual **período de débito** permite a prisão?

Foi inserido no NCPC o que já constava da Súmula 309 do STJ (prisão civil somente em relação às últimas três parcelas).

Art. 528 (...) § 7º O débito alimentar que *autoriza a prisão civil* do alimentante é o que compreende *até as 3 (três) prestações anteriores* ao ajuizamento da execução e *as que se vencerem no curso do processo*.

Portanto, somente é possível executar os **alimentos sob pena de prisão** em relação às *últimas 3 prestações mensais*. Quanto às *demais parcelas vencidas*, executa-se os **alimentos sob pena de penhora.**

E vale lembrar que, apesar da previsão constitucional de *prisão civil em duas hipóteses* (dívida alimentar e depositário infiel – CF, art. 5º, LXVII), o STF pacificou que **não cabe a prisão do depositário infiel** (Súmula Vinculante 25: É ilícita a prisão civil de depositário infiel, *qualquer que seja a modalidade do depósito*).

Inova o NCPC ao prever o **protesto** da decisão que fixa de alimentos:

Art. 528, § 1º. Caso o executado, no prazo referido no *caput*, não efetue o pagamento, não prove que o efetuou ou não apresente justificativa da impossibilidade de efetuá-lo, *o juiz mandará protestar* o pronunciamento judicial, aplicando-se, no que couber, o disposto no art. 517.

Assim, antes mesmo da prisão civil, o juiz *determinará o protesto da decisão* que fixou os alimentos.

O NCPC já prevê o protesto de qualquer decisão (art. 517).

Porém, há distinções entre o protesto da decisão de alimentos e das demais:

(i) nas outras decisões condenatórias, há *necessidade de trânsito em julgado*;

(ii) nas demais decisões condenatórias, o protesto é feito *a requerimento da parte*; no caso dos alimentos, *é determinado de ofício pelo juiz*.

Outra novidade é a possibilidade de **desconto de até 50% dos vencimentos** do executado:

Art. 529, § 3º Sem prejuízo do *pagamento dos alimentos vincendos*, o débito objeto de execução pode ser *descontado dos rendimentos ou rendas* do executado, *de forma parcelada*, nos termos do *caput* deste artigo, contanto que, *somado à parcela devida, não ultrapasse cinquenta por cento de seus ganhos líquidos*.

Assim, se um devedor de alimentos passa a receber salário, poderá haver, além do desconto em folha das parcelas mensais, um desconto adicional em relação às parcelas devidas.

Quanto ao **procedimento,** no NCPC há 4 possibilidades. A distinção se dá em relação ao **tipo de título** (*judicial ou extrajudicial*) e **tempo de débito** (*pretérito ou recente*):

4.5.2. Cumprimento de sentença de alimentos

Tratando-se de título executivo judicial (sentença de alimentos), é possível que existam dois procedimentos:

(i) cumprimento de sentença, sob pena de prisão (arts. 528 a 533): para débitos recentes, *executado intimado pessoalmente para pagar, em 3 dias*;

(ii) cumprimento de sentença, sob pena de penhora (art. 528, § 8º): para débitos pretéritos, *executado intimado para pagar, em 15 dias, sob pena de multa de 10% (art. 523)*;

Em relação à **defesa no cumprimento de sentença**:

(i) sendo procedimento **sob pena de prisão**, o executado deverá pagar, provar que pagou ou apresentar *justificativa de alimentos*, apontando motivos que justifiquem o inadimplemento (NCPC, art. 528, § 1º). Porém, somente será aceita a justificativa de fato "que gere a impossibilidade absoluta de pagar justificará o inadimplemento" (§ 2º).

(ii) sendo procedimento **sob pena de penhora**, cabível será a *impugnação*, sem qualquer especificidade.

4.5.3 Execução de alimentos

Tratando-se de título executivo extrajudicial (escritura pública ou outro título extrajudicial de alimentos), também é possível que existam dois procedimentos:

(iii) execução de alimentos, fundada em título executivo extrajudicial, **sob pena de prisão**, para débitos recentes (arts. 911 e 912): *executado será citado para pagar, em 3 dias (art. 528)*;

(iv) execução de alimentos, fundada em título executivo extrajudicial, **sob pena de penhora**, para débitos pretéritos (art. 913): *executado será citado para pagar, em 3 dias (art. 829)*.

Em relação à **defesa na execução** de alimentos:

✓ quanto ao exposto em (iii) acima (sendo o procedimento **sob pena de prisão)**, cabível também a *justificativa de alimentos*, tal qual no cumprimento de sentença (art. 911, parágrafo único. Aplicam-se, no que couber, os §§ 2º a 7º do art. 528).

✓ quanto ao exposto em (iv) acima (sendo o procedimento **sob pena de penhora)**: cabíveis os *embargos*, sem qualquer especificidade.

4.6. Outros conceitos relacionados ao processo de execução

Estes temas são usualmente pedidos em provas de concursos jurídicos.

4.6.1. Fraudes

Diante da *alienação de bens que poderiam ser objeto de penhora*, fala-se em fraudes:

a) fraude à execução: é a *ineficácia de alienação feita pelo devedor após a citação em processo – de conhecimento ou execução –, que possa levá-lo à insolvência* (NCPC, art. 792).

A Súmula 375 do STJ pacificou que: "O reconhecimento da fraude à execução depende do registro da penhora do bem alienado ou da prova de má-fé do terceiro adquirente".

Para ser reconhecida a fraude à execução, *não há necessidade de uma nova ação judicial;* o reconhecimento será requerido no bojo do processo que já tramita e no qual já houve a citação. Assim, se o réu, citado no processo judicial, alienar seus bens a ponto de ficar sem patrimônio, poderá ser reconhecida a fraude;

A hipótese mais frequente é a seguinte:

"Art. 792. A alienação ou a oneração de bem é considerada fraude à execução:

(...)

IV – quando, *ao tempo da alienação* ou da oneração, *tramitava contra o devedor ação capaz de reduzi-lo à insolvência;*"

Mas não é a única hipótese

"Art. 792. A alienação ou a oneração de bem é considerada fraude à execução:

I – quando sobre o bem pender *ação fundada em direito real* ou com pretensão reipersecutória, desde que a pendência do processo tenha sido *averbada* no respectivo registro público, se houver;

II – quando tiver sido *averbada, no registro do bem, a pendência do processo de execução*, na forma do art. 828;

III – quando tiver sido averbado, no registro do bem, *hipoteca judiciária* ou outro ato de constrição judicial originário do processo onde foi arguida a fraude;"

Como exemplo, uma demanda reivindicatória em que se pleiteia determinado imóvel. O réu aliena o imóvel durante a tramitação desse processo.

Se o resultado da demanda for:

1) extinção sem resolução de mérito – não há problema;

2) improcedência – não há problema

3) procedência – problema: autor tem direito à propriedade, mas o bem foi alienado. Nesse caso, pode-se falar em fraude, nos termos do inc. I do art. 792.

Além disso, o inc. V do art. 792 fala "nos demais casos expressos em lei". Um dos exemplos é a alienação após o incidente de desconsideração da personalidade jurídica (arts. 133 e 792, § 3º).

Traz o NCPC algumas **inovações** quanto à fraude à execução:

– afirma o Código, tal qual já reconhecia a doutrina, que a alienação em fraude é **ineficaz** quanto ao exequente (art. 792, § 1º);

– no caso de aquisição de bem *não sujeito a registro*, o **terceiro adquirente tem o ônus** de provar que adotou as cautelas necessárias para a aquisição do bem, mediante a *exibição das certidões pertinentes*, obtidas no domicílio do vendedor e no local onde se encontra o bem (§ 2º).

– **antes de declarar a fraude** à execução, o juiz deverá *intimar o terceiro adquirente*, que poderá se defender via *embargos de terceiro, no prazo de 15 dias* (§ 4º).

b) fraude contra credores: é a *alienação realizada pelo devedor, que o levará à insolvência, com finalidade de prejudicar o credor em eventual processo judicial* (CC, arts. 158 e ss.).

Ocorre *antes da citação em qualquer processo judicial*. Tem como **requisitos** o *eventum damni* (dano – reduzir o devedor à insolvência) e o *consilium fraudis* (fraude – prejudicar o credor).

Há necessidade de um processo judicial (*ação pauliana*), em que serão litisconsortes passivos quem alienou e quem adquiriu o bem.

Trata-se de demanda que tramita pelo procedimento comum ordinário, que necessita de prova dos dois requisitos para que seja reconhecida a fraude e o juiz determine que a situação volte ao *status quo ante* (ou seja, que o bem deixe a esfera do terceiro e volte à do alienante – para que seja possível, no processo oportuno, ser objeto de penhora).

Vale destacar que somente há legitimidade do credor quirografário (CC, art. 158) e somente é possível o ajuizamento por quem já era credor quando da alienação (CC, art. 158, § 2º).

4.6.2. *Remição e remissão*

Estas figuras podem acarretar a extinção da execução. Mas são distintas, o que, usualmente, acarreta dúvidas:

(i) **remissão da dívida**: *perdão da dívida pelo credor* (CC, art. 385), hipótese que acarreta a extinção da execução (NCPC, art. 924, IV);

(ii) **remição da execução**: *liberação total da execução em virtude do pagamento, antes da adjudicação, alienação ou arrematação* (NCPC, art. 826), hipótese que também acarreta a extinção da execução (NCPC, art. 924, II).

Perceba-se que a *remição depende do pagamento total da execução*. Assim, **não há remição envolvendo um bem específico**.

Se estiver para ser adjudicado ao credor *um determinado bem*, poderão pessoas ligadas ao devedor obter a liberação daquele bem específico.

Ou seja, *poderão adjudicar, nas mesmas condições do credor, o cônjuge, ascendente e descendente do executado*, bem como o credor com garantia real ou outros credores que tenham penhorado o bem (NCPC, art. 876, § 5º).

Havendo mais de um interessado, haverá licitação; para a mesma oferta, *a preferência será do cônjuge / companheiro, ascendente e descendente, nessa ordem* (NCPC, art. 876, § 6º).

5. RECURSOS E PROCESSOS NOS TRIBUNAIS

5.1. Teoria Geral dos Recursos

O tema recursos é muito frequente em diversas bancas de concursos. Com o NCPC, como há diversas alterações no assunto, acredita-se que o tema seguirá sendo muito frequente nas provas.

Inicialmente será apresentada uma visão geral dos recursos (ou seja, a teoria geral dos recursos) para, depois, tratar-se especificamente de cada um deles.

É importante ter a visão do todo, bem como dos recursos excluídos no NCPC, visto que as perguntas da banca podem tratar de vários recursos ao mesmo tempo (e mesmo de recursos do sistema anterior) – e não apenas de um aspecto específico de determinado recurso.

5.1.1. *Conceito*

Recurso, na linha da definição de Barbosa Moreira, é o "remédio voluntário e idôneo a ensejar, dentro do mesmo processo, a reforma, a invalidação, o esclarecimento ou a integração da decisão judicial impugnada".

A existência dos recursos decorre dos princípios processuais da ampla defesa, do contraditório e do duplo grau de jurisdição.

Pelo **princípio da taxatividade**, *somente a lei pode prever quais são os recursos* – que são os previstos no NCPC, art. 994.

Da soma do conceito de recurso e do princípio da taxatividade, é possível concluir que:

a) a remessa necessária não é recurso.

A **remessa necessária (reexame necessário no CPC/1973)** é a *situação na qual a sentença é contrária à Fazenda Pública (União, Estados, Municípios e suas autarquias e fundações) e, mesmo sem recurso, a decisão de 1º grau tem de ser confirmada pelo Tribunal* (NCPC, art. 496).

Só não haverá a remessa necessária se (NCPC, art. 496, §§ 3º e 4º):

(i) quando a *condenação ou proveito econômico for de valor certo e líquido inferior* a (a) 1.000 salários mínimos para a União, autarquias e fundações federais; (b) 500 salários mínimos para os Estados, o Distrito Federal, autarquias e fundações de direito público estaduais e os Municípios que forem capitais dos Estados; (c) 100 salários mínimos para todos os demais Municípios e autarquias e fundações de direito público municipais;

(ii) quando a *sentença estiver fundada* em (a) súmula de tribunal superior; (b) acórdão proferido pelo STF ou pelo STJ em julgamento de recursos repetitivos; (c) entendimento firmado em incidente de resolução de demandas repetitivas ou de assunção de competência; (d) entendimento coincidente com orientação vinculante firmada no âmbito administrativo do próprio ente público, consolidada em manifestação, parecer ou súmula administrativa.

b) ações de impugnação autônomas não são recursos.

As **ações de impugnação autônomas**, *apesar de impugnarem decisões judiciais, assim o fazem mediante a instauração de uma nova relação processual*, ou seja, *não se trata da mesma relação processual na qual a decisão foi proferida*.

Como exemplos, a *ação rescisória* (que busca desconstituir a coisa julgada – NCPC, art. 966), o mandado de segurança e o *habeas corpus* contra decisão judicial. Nessas três situações, há a instauração de uma nova relação processual;

c) pedido de reconsideração não é recurso.

O **pedido de reconsideração** é a *petição na qual a parte, uma vez que um pleito seu não foi atendido, busca a reconsideração por parte do juiz*. No cotidiano forense é utilizado com frequência pelos advogados, mas, como não está previsto no art. 994, não é recurso.

Assim, não modifica em nada o prazo para interposição do recurso cabível. Ou seja: se o juiz indeferir a tutela de urgência e a parte apresentar pedido de reconsideração, esta peça *não alterará* o prazo para interposição do agravo de instrumento.

5.1.1.1. *Incidentes e ações previstas nos tribunais (NCPC)*

Além disso, os seguintes *incidentes* e *ações* que tramitam nos tribunais e estão previstos no Livro III da Parte Geral do NCPC também não são recursos:

(i) incidente de **arguição de inconstitucionalidade** (NCPC, art. 948): considerando o sistema difuso-concreto brasileiro, qualquer juiz pode declarar a inconstitucionalidade de um diploma legal, incidentalmente no processo (como questão prejudicial).

Mas quando isso ocorrer no âmbito dos tribunais há necessidade de decisão da maioria dos membros do tribunal, em obediência à "cláusula de reserva de plenário" (CF, art. 97 e Súmula Vinculante 10).

(ii) conflito de competência (NCPC, art. 951): quando *dois ou mais juízes se considerarem competentes ou incompetentes para julgar uma mesma causa*, cabe o conflito de competência (vide item 1.2.7 acima).

O conflito será suscitado no Tribunal, e o relator determinará a manifestação dos juízos envolvidos. Se um juiz for o suscitante, poderá somente ser ouvido o suscitado (art. 954).

Pode o relator designar um dos juízes para decidir, em caráter provisório, as questões urgentes.

Se já houver jurisprudência dominante, cabe o julgamento do conflito de forma monocrática (art. 955, parágrafo único).

(iii) homologação de decisão estrangeira (NCPC, art. 960): a decisão estrangeira, para ingressar no sistema processual brasileiro, depende de *prévia homologação perante o STJ*. Isso porque é necessário verificar se a decisão estrangeira pode ser aqui aplicada, considerando as regras de competência internacional concorrente e exclusiva (vide item 1.2.4.1 acima), não se admitindo a homologação de decisão em caso de competência exclusiva do juiz brasileiro (NCPC, art. 964). Por isso, eventualmente cabe *decisão homologatória parcial* (NCPC, art. 961, § 2º).

Inova o NCPC ao prever que também a **decisão interlocutória estrangeira** pode ser homologada, via carga rogatória (NCPC, art. 960, § 1º) – inclusive a que concede medida de urgência (NCPC, art. 962). Também há previsão de homologação de **decisão arbitral estrangeira** (NCPC, art. 960, § 3º).

A decisão estrangeira de **divórcio consensual não precisa ser homologada no STJ**, cabendo a *qualquer juiz apreciar a validade da decisão estrangeira*, quando o tema por submetido perante o Judiciário brasileiro (NCPC, art. 961, §§ 5º e 6º).

São **requisitos** para a homologação da decisão estrangeira (NCPC, art. 963):

I – ser proferida por *autoridade competente*;

II – ser *precedida de citação regular*, ainda que verificada a revelia;

III – ser *eficaz no país em que foi proferida*;

IV – *não ofender a coisa julgada brasileira*;

V – estar acompanhada de *tradução oficial*, salvo disposição que a dispense prevista em tratado;

VI – não conter manifesta *ofensa à ordem pública*.

(iv) incidente de resolução de demandas repetitivas (IRDR – NCPC, art. 976): trata-se de uma das principais inovações do NCPC, busca a *racionalidade e igualdade na apreciação de processos de massa, em que se debata o mesmo tema repetitivo*. Assim, busca maior agilidade e rapidez em causas repetitivas.

O **IRDR será instaurado** quando houver, simultaneamente (NCPC, art. 976): I – efetiva *repetição de processos* que contenham *controvérsia sobre a mesma questão unicamente de direito*; II – *risco* de ofensa à *isonomia e à segurança jurídica*.

Não será cabível o IRDR quando um dos tribunais superiores (STF ou STJ), no âmbito de sua respectiva competência, *já tiver afetado recurso repetitivo* para definição de tese sobre questão de direito material ou processual repetitiva (NCPC, art. 976, § 4º).

Admitido o incidente, o relator (NCPC, art. 982):

I – *suspenderá os processos pendentes, individuais ou coletivos*, que tramitam no Estado ou na região, conforme o caso;

II – poderá *requisitar informações* a órgãos em cujo juízo tramita processo no qual se discute o objeto do incidente, que as prestarão em 15 dias;

III – intimará o *MP* para, querendo, manifestar-se em até 15 dias.

O relator *ouvirá partes e interessados*, que no prazo comum de 15 dias, poderão requerer juntada de documentos e diligências necessárias para a elucidação da questão de direito controvertida (NCPC, art. 983).

O julgamento, realizado perante o órgão previsto no regimento interno como responsável pela uniformização de jurisprudência do tribunal, deverá **ocorrer em até um ano** (NCPC, arts. 978 a 980). **Se não for julgado em até 1 ano,** *cessa a suspensão dos demais processos* – salvo se o relator decidir em sentido contrário (NCPC, art. 980, parágrafo único).

Julgado o incidente, a tese jurídica será aplicada (NCPC, art. 985):

I – a *todos os processos* individuais ou coletivos que versem sobre *idêntica questão de direito* e que tramitem *na área de jurisdição do tribunal*, inclusive àqueles que tramitem nos *juizados especiais* do respectivo Estado ou região;

II – aos *casos futuros que versem idêntica questão de direito* e que venham a tramitar no território de competência do tribunal, salvo hipótese de revisão.

Não observada a tese adotada no IRDR, além do recurso cabível, será possível o uso de *reclamação* (NCPC, art. 985, § 1º).

Do julgamento do mérito do incidente *caberá recurso extraordinário ou especial* (NCPC, art. 987), que será recebido no efeito suspensivo, sendo presumida a repercussão geral para o RE (NCPC, art. 987, § 1º). Da decisão do IRDR será admitido *recurso do amicus curiae* (NCPC, art. 138, § 3º).

Apreciado o **mérito do recurso por tribunal superior**, a tese jurídica adotada será *aplicada em todo o território nacional a todos os processos* individuais ou coletivos que versem sobre idêntica questão de direito (NCPC, art. 987, § 2º).

(v) incidente de assunção de competência (IAC – NCPC, art. 947): novidade no sistema, este incidente é cabível quando o julgamento de recurso, de remessa necessária ou de processo de competência originária envolver *relevante questão de direito, com grande repercussão social, sem repetição em múltiplos processos* (art. 947).

Ou seja, o órgão para fixação de jurisprudência do tribunal avocará o julgamento de determinado recurso, tal qual ocorre com o IRDR, mas sem se tratar de questão de massa. Vale pensar em uma situação que cause grande repercussão e que seria originariamente julgada por uma câmara ou turma, mas que se entenda conveniente já ser julgada por um órgão do tribunal composto por mais magistrados. Como exemplo, uma ação civil pública ambiental que envolva uma obra necessária para mitigar a falta de água; pela relevância, poderia ser submetido ao incidente de assunção.

O relator proporá, de ofício ou a requerimento, que seja o recurso, a remessa necessária ou o processo de competência originária julgado pelo órgão colegiado que o regimento indicar. Reconhecido o interesse público, o órgão colegiado apreciará o incidente e o acórdão proferido vinculará todos os juízes e órgãos fracionários (§ 3º). Aplica-se o IAC quando ocorrer *relevante questão de direito* a respeito da qual seja *conveniente a prevenção ou a composição de divergência* entre câmaras ou turmas do tribunal (§ 4º).

O debate que poderá surgir é se o IAC importaria na violação do juiz natural, pois poderia haver, desde logo, o julgamento por parte de um determinado órgão que já se sabe, de antemão, a composição (especialmente se for o órgão especial ou corte especial o responsável regimental pelo julgamento).

(vi) reclamação (NCPC, art. 988): trata-se de *ação*, não de recurso, que ganha relevo no âmbito do NCPC. Já é prevista em diversos outros diplomas, como a Lei 8.038/1990, art. 13 e ss. com a finalidade de preservar a autoridade de tribunal.

O NCPC, a reclamação é o meio cabível para (art. 988):

I – *preservar a competência* do tribunal;

II – garantir a *autoridade das decisões* do tribunal;

III – garantir a *observância de decisão do STF* em controle concentrado de constitucionalidade e súmula vinculante;

IV – garantir a *observância de acórdão proferido em julgamento de IRDR* ou em incidente de *assunção de competência*.

Ou seja, será **possível utilizar a reclamação**, para qualquer tribunal (intermediário ou superior):

a) se a *competência ou decisão* de tribunal não for observada;

b) se a decisão de *ADIN, ADC, ADPF, súmula vinculante, IRDR e IAC* não forem observadas;

c) se a decisão proferida em *RE ou REsp repetitivo não for observada (não há expressa menção aos repetitivos nos incisos do art. 988 do NCPC, mas pela interpretação sistemática assim se conclui).*

Por sua vez, **não será admitida a reclamação** (NCPC, art. 988, § 5º):

a) proposta *após o trânsito em julgado* da decisão reclamada (de modo que, além da reclamação, *deverá ser utilizado o recurso cabível*);

b) proposta para garantir a *observância de acórdão de recurso extraordinário com repercussão geral* reconhecida ou de acórdão proferido em *RE ou REsp repetitivos*, quando **não esgotadas as instâncias ordinárias.**

A restrição mencionada em b) foi incluída pela Lei 13.256/2016. Assim, na redação original do NCPC, se um juiz de 1º grau não observasse o precedente fixado em repetitivo, já caberia apelação (para o Tribunal intermediário) e reclamação (para o STJ). Com a redação final, somente após a prolação do acórdão pelo tribunal é que será possível o uso da reclamação – em conjunto, portanto, com o RE ou REsp.

Ao **despachar a reclamação**, o relator (NCPC, art. 989):

I – *requisitará informações* da autoridade a quem for imputada a prática do ato impugnado, que as prestará em 10 dias;

II – se necessário, *ordenará a suspensão do processo* ou do ato impugnado para evitar dano irreparável;

III – determinará a *citação do beneficiário da decisão impugnada*, que terá prazo de 15 dias para apresentar sua *contestação*.

Ao final, julgando **procedente a reclamação**, o tribunal *cassará a decisão exorbitante* de seu julgado ou *determinará medida adequada à solução da controvérsia* (NCPC, art. 992).

5.1.2. *Finalidade dos recursos*

Como já visto, o recurso impugna a decisão judicial e três são as possíveis finalidades de um recurso: invalidação, reforma e integração.

a) **invalidação** ou **anulação da decisão**: *caso a decisão impugnada não tenha observado a forma processual prevista para determinado ato, deverá ser anulada.* Portanto, a decisão será retirada do mundo jurídico e haverá a repetição do ato anulado pelo juiz de origem.

Assim, a decisão será viciada em virtude de um erro procedimental (*error in procedendo*), defeito de forma que macula a sua validade. O vício de forma ocorre porque uma norma de natureza processual não foi observada (como, por exemplo, a manifestação do MP quando uma das partes for menor).

b) reforma da decisão: *caso a decisão impugnada não tenha aplicado a correta solução para lide, deverá ser reformada.* Isto é, o Tribunal já proferirá uma decisão que substituirá a anterior.

Assim, a decisão será viciada não em relação à forma, mas sim quanto ao conteúdo, ao mérito, à lide, ou seja, houve um erro de julgamento (*error in judicando*). Em tal situação, o Tribunal reformará a decisão;

c) integração da decisão: *caso a decisão impugnada seja obscura, contraditória ou omissa cabem esclarecimentos ou complementos – ou seja, a integração da decisão.*

Neste caso, o próprio órgão prolator da decisão (e não um órgão superior) é que irá complementá-la. Os embargos de declaração são o recurso típico para a integração de uma decisão.

Além disso, o NCPC destaca também outra função dos recursos: a de **uniformização da jurisprudência**. Nesse sentido, os arts. 926 e 927 são relevantes para buscar uma *valorização e vinculação da jurisprudência aos precedentes.*

Nesse sentido, os tribunais deverão dar *publicidade aos seus precedentes*, organizando-os por questão jurídica decidida e divulgando-os, preferencialmente, na rede mundial de computadores (NCPC, art. 927, § 5º).

Os tribunais devem **uniformizar sua jurisprudência** e mantê-la *estável, íntegra e coerente* (NCPC, art. 926).

Para tanto, juízes e tribunais *observarão* (NCPC, art. 927):

I – as decisões do STF em *controle concentrado* de constitucionalidade;

II – os enunciados de *súmula vinculante*;

III – os acórdãos em *incidente de assunção de competência* ou de *resolução de demandas repetitivas* e em julgamento de *recursos extraordinário e especial repetitivos*;

IV – os enunciados das *súmulas do STF* em matéria constitucional e do *STJ* em matéria infraconstitucional; (ou seja, todas as súmulas, agora, deverão ser observadas)

V – a orientação do *plenário ou do órgão especial* aos quais estiverem vinculados.

Considera-se **julgamento de casos repetitivos**, que poderão enfrentar questões de direito *material ou processual*, a decisão proferida em (NCPC, art. 928:

I – incidente de resolução de demandas repetitivas (*IRDR*);

II – recursos *especial e extraordinário repetitivos*.

A **alteração de tese jurídica** adotada em enunciado de súmula ou em julgamento de casos repetitivos poderá ser *precedida de audiências públicas* e da participação de pessoas, órgãos ou entidades que possam contribuir para a rediscussão da tese (art. 927, § 2º). E, caso haja mudança da orientação jurisprudencial, os tribunais superiores poderão *modular os efeitos da alteração*, considerando razões de interesse social ou segurança jurídica (NCPC, art. 927, § 3º) – ou seja, mudar a jurisprudência, mas apenas a partir determinado momento. A mudança de jurisprudência observará a *necessidade de fundamentação adequada e específica*, considerando os princípios da segurança jurídica, da proteção da confiança e da isonomia (art. 927, § 4º).

5.1.3. Enumeração dos recursos existentes no processo civil brasileiro

São recursos no processo civil (NCPC, art. 994):

I – apelação (NCPC, art. 1.009);

II – agravo de instrumento (NCPC, art. 1.015);

III – agravo interno (NCPC, art. 1.021);

IV – embargos de declaração (NCPC, art. 1.022);

V – recurso ordinário constitucional (ROC – NCPC, art. 1.027, e CF, art. 102, II, e 105, II);

VI – recurso especial (REsp – NCPC, art. 1.029, e CF, art. 105, III);

VII – recurso extraordinário (RE – NCPC, art. 1.029, e CF, art. 102, III);

VIII – agravo em recurso especial ou extraordinário (NCPC, art. 1.042);

IX – embargos de divergência (NCPC, art. 1.043).

Além destes, há ainda a modalidade de **recurso adesivo** para alguns dos acima arrolados (NCPC, art. 997, § 1º):

✓ apelação adesiva;

✓ RE adesivo;

✓ REsp adesivo.

Por fim, é de se destacar que existem algumas distinções em relação ao JEC (vide último item deste capítulo 5).

5.1.4. Cabimento de cada recurso

Para cada espécie de decisão judicial a lei processual prevê um determinado recurso. E apenas um recurso. Este é **princípio da unirrecorribilidade ou unicidade**: *para cada decisão só cabe um tipo de recurso.*

Assim, não é possível, ao mesmo tempo, para uma mesma decisão e com a mesma finalidade, utilizar-se de apelação e agravo.

Para saber o cabimento de cada recurso, a regra mais fácil é analisar a natureza da decisão: *conforme a natureza da decisão impugnada, determina-se o recurso cabível.*

Para tanto, é necessário que se saiba quais são as possíveis decisões que o Poder Judiciário pode proferir. E isso é variável conforme o grau de jurisdição.

O sistema processual diferencia as decisões proferidas por um juiz de 1º grau das decisões proferidas no âmbito dos Tribunais intermediários – seja Tribunal de Justiça (TJ – Justiça Estadual), Tribunal Regional Federal (TRF – Justiça Federal) ou Tribunais Superiores (STJ e STF).

Em 1º grau de jurisdição, ***três são as possíveis decisões de um juiz*** (NCPC, art. 203):

a) sentença (§ 1º): *decisão que põe fim à fase de conhecimento em 1º grau de jurisdição, resolvendo o mérito* (NCPC, art. 487) *ou não* (NCPC, art. 485);

b) decisão interlocutória (§ 2º): *decisão que soluciona questão incidente, mas não põe fim ao processo – ou seja, que não é sentença*; e

c) despacho (§ 3º): *decisão que simplesmente dá andamento ao processo, sem ser dotada de efetivo caráter decisório por não resolver qualquer ponto controvertido – ou seja, o que não é sentença nem interlocutória.*

A partir da identificação das decisões, fica mais simples compreender o cabimento dos recursos:

✓ da *sentença* cabe *apelação* (NCPC, art. 1.009);

✓ da *decisão interlocutória*, cabe *agravo de instrumento* (NCPC, art. 1.015 – agravo retido deixa de existir);

✓ do *despacho* não cabe recurso, trata-se, portanto, de *decisão irrecorrível* (NCPC, art. 1.001).

Destaca se que esta apresentação é apenas uma visão geral, já que o estudo de cada recurso, individualmente, será feito adiante.

No âmbito dos Tribunais, ***duas são as possíveis decisões de um desembargador (TJ ou TRF) ou Ministro (STJ ou STF):***

d) acórdão: *decisão colegiada, proferida por três ou mais julgadores* (NCPC, art. 204);

e) decisão monocrática: *decisão proferida por apenas um julgador (relator), possível em hipóteses específicas* (NCPC, art. 932, III, IV e V).

É certo que o relator poderá proferir decisões monocráticas sem efetiva carga decisória ("despacho"). Porém, a lei não traz essa previsão legal em relação aos atos proferidos nos Tribunais. Assim, a rigor técnico, temos apenas em decisão monocrática e acórdão no âmbito dos Tribunais.

Quando um recurso é distribuído ao Tribunal, é sorteado um **relator**, *julgador que será o responsável pela elaboração do relatório e, na sessão de julgamento, lerá aos demais julgadores o seu relatório e voto.* Assim, é a figura central no julgamento colegiado.

Deixa de existir o revisor, magistrado que, no sistema anterior, após o estudo do caso pelo relator, também analisava o processo. Assim, além do relator, em um tribunal intermediário, *outros dois magistrados também votarão*, mas sem acesso prévio aos autos (salvo pedido de vista): o **segundo** e o **terceiro** magistrados.

Na redação original do NCPC, seria possível o julgamento de recursos (e processos de competência originária) que não admitem sustentação oral por meio eletrônico, ou seja, de forma colegiada mas sem passar por sessão pública de julgamento. Porém, o dispositivo (art. 945) foi **revogado** pela Lei 13.256/2016.

Quando o recurso tiver *clara falha processual* ou quando a *matéria já estiver pacificada, poderá o relator julgar sem a participação dos pares*: esta é a **decisão monocrática**. 3 são os possíveis resultados do julgamento monocrático:

✓ **não conhecer** do recurso inadmissível, prejudicado ou que não tenha impugnado os fundamentos da decisão recorrida (NCPC, art. 932, III);

✓ **conhecer e negar provimento** ao recurso que for contrário à jurisprudência dominante (NCPC, art. 932, IV);

✓ **conhecer e dar provimento** ao recurso, após a possibilidade de contrarrazões, se a decisão recorrida for contrária a jurisprudência dominante (NCPC, art. 932, V).

Pela redação do art. 932, IV e V, *somente será possível o julgamento monocrático de mérito* se houver (i) *súmula* do STF, STF ou tribunal local (portanto, seja súmula vinculante do STF ou não); (ii) acórdão dos tribunais superiores em *RE ou REsp repetitivos* e (iii) decisão em incidente de resolução de demandas repetitivas ou incidente de assunção de competência (*IRDR ou IAC*). No sistema anterior, para o julgamento monocrático bastava *jurisprudência dominante*, a critério do relator. Assim, pelo texto legal, houve **diminuição da possibilidade de julgamento monocrático** – resta verificar como isso ocorrerá na prática (se será observada a redução ou se os tribunais irão alargar a interpretação do dispositivo).

Diferenciado um acórdão de uma decisão monocrática, novamente fica mais simples a compreensão dos recursos cabíveis:

(i) de *decisões monocráticas* cabe:

✓ *agravo interno* – no sistema anterior também conhecido por "legal" ou "regimental" (NCPC, art. 1.021);

✓ *agravo em recurso especial e em recurso extraordinário* (NCPC, art. 1.042, com cabimento restrito).

Lembrando que, no caso de decisão monocrática sem carga decisória ("despacho"), não haverá interesse recursal para impugnar essa decisão;

(ii) de *acórdãos* cabem *os demais recursos* (ou seja, que *não são cabíveis de decisão de 1º grau ou de monocrática)*:

✓ Recurso ordinário (ROC – NCPC, art. 1.027);

✓ Recurso especial (REsp – NCPC, art. 1.029);

✓ Recurso extraordinário (RE – NCPC, art. 1.029); e

✓ Embargos de divergência (NCPC, art. 1.043).

Reitera-se que aqui apenas se traz uma visão geral, já que o estudo de cada recurso, individualmente, será feito adiante.

Além disso, há recurso **cabível de qualquer ato judicial com carga decisória**: *embargos de declaração* (NCPC, art. 1.022 – obscuridade, omissão, contradição e erro material).

5.1.4.1. Síntese do cabimento dos recursos no processo civil

De modo a sintetizar o cabimento de cada um dos recursos, tal qual acima indicado, cabe apresentar um quadro:

Grau de jurisdição	**Decisão**	**Recurso cabível**
1º grau	Sentença	– Apelação
1º grau	Decisão interlocutória	– Agravo de instrumento
1º grau	Despacho	– Irrecorrível
2º grau ou grau Superior	Decisão monocrática	– Agravo interno – Agravo em REsp e em RE
2º grau ou grau Superior	Acórdão	– REsp – RE – ROC – Embargos de divergência
* Todos	* Qualquer uma com carga decisória (menos despacho)	* Embargos de declaração

Como é possível perceber, os *embargos de declaração* assumem uma *função distinta* no sistema recursal: como servem para *esclarecer* uma decisão, podem ser utilizados para *qualquer tipo delas*.

Mas não cabe de uma sentença, ao mesmo tempo, apelação e embargos de declaração. Inicialmente a parte deverá ingressar com embargos de declaração e, depois, se ainda houver necessidade, ingressará com a apelação. Trata-se do princípio da unirrecorribilidade, como já visto.

E o cabimento de cada recurso é bem especificado na legislação processual. Assim, salvo algumas poucas situações, não há dúvida a respeito de qual o recurso cabível. Daí não ser positivado, em nosso país, o **princípio da fungibilidade recursal** – que *é a possibilidade do recebimento de um recurso por outro, quando houver dúvida objetiva a respeito de qual é o recurso cabível para determinada situação*.

Reitere-se: tal princípio *não está previsto na lei* e somente é admitido pela jurisprudência em pouquíssimas situações, nas quais haja divergência a respeito do recurso cabível, na doutrina e na jurisprudência. Apesar de não positivar a fungibilidade como princípio, o NCPC prevê ao menos 3 situações de *recebimento de um recurso pelo outro* (sem, contudo, mencionar o termo fungibilidade): (i) embargos de declaração recebidos como agravo interno (art. 1.024, § 3º), (ii) recurso especial recebido como extraordinário (art. 1.032) e (iii) recurso extraordinário recebido como especial (art. 1.033).

Uma situação que ainda provoca erros no cotidiano forense e em provas de concursos jurídicos – mas que *não* permite o uso da fungibilidade, já que pacificada na jurisprudência e na doutrina – é a *exclusão de um litisconsorte do processo*: se "A" ingressa em juízo em face de "B" e "C" e o juiz exclui "C" da relação processual, alegando ser ele parte ilegítima, qual a natureza da decisão? Sentença ou interlocutória? E qual o recurso cabível? Apelação ou agravo?

Conforme firme jurisprudência, como o processo prossegue entre "A" e "B", não houve extinção. Assim, é cabível o *agravo* (STJ, AgRg no REsp 1.204.587/MG, *DJe* 04.02.2011). Corroborando esse entendimento, o art. 1.015, VII, do NCPC destaca caber *agravo de instrumento* da decisão que *exclui litisconsorte*.

5.1.4.2. Cabimento do recurso adesivo

O recurso pode ser interposto na sua modalidade principal ou, quando cabível, na sua modalidade adesiva. Nos termos do art. 997, § 2º, II, do NCPC, cabe o recurso adesivo para a apelação, REsp e RE.

O **recurso principal** *é aquele interposto pela parte no prazo previsto, sem se preocupar com a conduta da parte contrária.* Não havendo o total acolhimento do que foi pleiteado (ou seja, sucumbência), *cada parte pode interpor seu recurso de forma independente.*

Já o **recurso adesivo** *é aquele interposto fora do prazo originalmente previsto; se "A" recorreu de forma principal, mas "B" não, este terá uma segunda chance: no prazo das contrarrazões poderá interpor recurso adesivo.* Só cabe em caso de *sucumbência recíproca* (ou seja, cada parte perdeu um pouco).

Para bem entender o recurso adesivo, é necessária a compreensão do **princípio da vedação da *reformatio in pejus***, ou seja, *vedação da reforma para pior em desfavor do recorrente, no âmbito de apenas um recurso por ele interposto*. Assim, em regra, o Tribunal não pode, ao apreciar o recurso interposto por "A" (sendo que "B" não recorreu), piorar sua situação. Assim, *se apenas uma das partes recorreu, sua situação ou é melhorada ou é mantida*. A vedação da *reformatio in pejus* decorre do princípio da inércia. Contudo, a jurisprudência afirma que, caso se trate de *matéria de ordem pública, será possível ao Tribunal analisar a questão*, sem que isso importe em *reformatio in pejus* (STJ, EDcl nos EDcl no REsp 998.935/DF, 3.ª T., *DJe* 04.03.2011).

Para ilustrar o exposto, vale um exemplo: "A" ingressa em juízo pleiteando indenização por danos materiais de R$ 10 mil. O juiz concede R$ 5 mil a título de danos. Podem autor e réu apelar de forma autônoma (porque ambos sucumbiram, ainda que parcialmente – NCPC, art. 997). Mas, se somente "A" apelar pleiteando a majoração da indenização, o Tribunal somente poderá manter em R$ 5 mil ou aumentar a condenação – nunca diminuir (*reformatio in pejus*). *Contudo*, se no prazo de resposta da apelação "B" apresentar *apelação adesiva* (em peça apartada à das contrarrazões – NCPC, art. 997, § 1º), *poderá o Tribunal também diminuir a indenização*.

É importante destacar que a admissibilidade do recurso adesivo vincula-se à do recurso principal. Ou seja: se o principal não for conhecido por intempestividade ou houver a desistência do recurso, também não será conhecido o recurso adesivo (NCPC, art. 997, § 2º, III).

5.1.5. Juízo de admissibilidade e juízo de mérito

O recurso pode ser objeto de duas análises: inicialmente, uma análise da *admissibilidade recursal* e, se esta for positiva, passa-se à análise do *mérito recursal*.

No **juízo de admissibilidade** *será verificado se estão presentes os requisitos formais para que o recurso seja analisado* (requisitos de admissibilidade, semelhante à verificação das condições da ação e pressupostos processuais em 1º grau).

Se tais requisitos estiverem *ausentes*, o recurso **não será conhecido** ou *não será admitido*.

Por outro lado, uma vez *presentes os requisitos*, então o recurso **será conhecido** ou *admitido*.

Somente se conhecido o recurso passa-se à próxima fase, que é o **juízo de mérito**, ou seja, *a efetiva análise da impugnação realizada pelo recorrente em seu recurso*.

No mérito recursal é que haverá a análise dos erros da decisão impugnada, isto é, do *error in procedendo* (erro no processamento) e/ou do *error in judicando* (erro no julgamento).

O resultado do juízo de mérito pode ser pelo **provimento** ou **não provimento** do recurso.

Em *síntese*: inicialmente há o *conhecimento* (admissão) do recurso para que depois seja analisado o mérito (objeto) recursal, com o *provimento* ou *não provimento*. Assim, a ausência dos pressupostos ou requisitos de admissibilidade leva ao *não conhecimento* ou à *não admissão* do recurso – e, se isso ocorrer, *não* se fala em provimento ou desprovimento.

5.1.5.1. Requisitos de admissibilidade recursal

Há grande divergência na doutrina a respeito da classificação dos requisitos de admissibilidade recursal – mas, pelo foco desta obra, não é viável a análise das diversas classificações. Uma das mais aceitas (e já perguntada em *provas de concursos jurídicos*) é a divisão dos requisitos de admissibilidade em *intrínsecos e extrínsecos*. Assim, será esta a classificação aqui apresentada.

Os **requisitos intrínsecos** (ou **pressupostos intrínsecos**) *se referem à própria decisão impugnada*. Ou seja, são *verificados considerando-se conteúdo e forma de uma decisão judicial*. Há de se analisar a decisão judicial para apurar esses requisitos. Três são os requisitos intrínsecos: *cabimento, legitimidade recursal* e *interesse recursal*.

Por outro lado, os **requisitos extrínsecos** (ou **pressupostos extrínsecos**) *se referem a fatores externos à decisão judicial impugnada*. Assim, *para sua verificação, não se leva em conta a decisão em si*. Os requisitos extrínsecos são os seguintes: *tempestividade, preparo, regularidade formal* e *inexistência de fato impeditivo ao direito de recorrer*.

Do acima exposto, percebe-se que são sete os requisitos de admissibilidade. Na sequência, haverá a análise de cada um deles.

(i) cabimento: *o recurso interposto deverá ser aquele previsto na lei para a impugnação do tipo de decisão atacada*. É o que já foi exposto no item 5.1.4.1 acima.

Se for interposto agravo de uma sentença, o recurso não será conhecido por não ser o cabível.

Traçando um paralelo com as condições da ação, este requisito pode ser entendido como a *possibilidade jurídica* de interposição do recurso conforme a decisão.

(ii) legitimidade para recorrer: *o recurso somente poderá ser interposto por quem tem legitimidade recursal, ou seja, partes, MP e terceiro prejudicado* (NCPC, art. 996).

O MP pode recorrer seja na condição de parte, seja como fiscal da lei. O terceiro prejudicado, quando afetado por uma decisão, pode recorrer: trata-se de intervenção de terceiros na fase recursal.

Se o filho do autor ingressar com recurso para impugnar uma decisão, o recurso não será conhecido por ausência de legitimidade para recorrer.

Traçando um paralelo com as condições da ação, este requisito pode ser entendido como a *legitimidade de parte na esfera recursal*.

(iii) interesse em recorrer: *o recorrente só tem necessidade na interposição do recurso quando houver perdido (ou seja, quando houver sucumbência)*.

Há sucumbência ainda que a parte tenha decaído de mínima parte do pedido. Assim, se o autor pediu 100 e recebeu 99,99, há sucumbência e, portanto, interesse recursal.

Logo, se o pedido foi julgado totalmente improcedente e o réu recorrer, o recurso não será conhecido por falta de interesse recursal – já que não houve qualquer sucumbência de sua parte, salvo se não tiver ocorrido condenação dos honorários e custas em favor do réu (mas aí haverá sucumbência).

Traçando um paralelo com as condições da ação, este requisito pode ser entendido como o *interesse de agir na esfera recursal*.

(iv) tempestividade: *interposição do recurso no prazo fixado em lei.* Será considerado intempestivo o recurso interposto fora do prazo previsto na legislação processual.

Há situações em que o prazo recursal é em dobro:

✓ para o MP, Fazenda Pública e Defensoria (NCPC, arts. 180, 183 e 186);

✓ para os litisconsortes com advogados distintos (NCPC, art. 229).

Se houver interposição de agravo no prazo de 20 dias, o recurso não será conhecido pela intempestividade – salvo se estivermos diante de alguma das hipóteses acima indicadas.

Em regra, os recursos no NCPC terão **prazo de 15 dias**; como *exceção, os embargos de declaração*, cujo prazo é de 5 dias (NCPC, art. 1.003, § 5º).

Quanto ao recurso remetido pelo correio, será considerada como data de interposição a *data da postagem* (NCPC, art. 1.003, § 4º).

Compete ao *recorrente* demonstrar, no *ato da interposição do recurso*, a ocorrência de feriado local (NCPC, art. 1.003, § 6º).

É tempestivo o *recurso interposto antes da publicação da decisão* judicial impugnada (NCPC, art. 218, § 4º).

(v) preparo: *a interposição de alguns recursos depende do pagamento de custas e porte de remessa e retorno (custo do correio), sob pena de deserção.*

Em processo eletrônico, não há porte de remessa e retorno (NCPC, art. 1007, § 3º).

Se houver recolhimento *a menor*, cabe a complementação do preparo, no prazo de 5 dias; se mesmo após a concessão de prazo não houver o complemento, então o recurso será deserto (NCPC, art. 1.007, § 2º).

Se não houver *nenhum recolhimento*, haverá a possibilidade de pagamento do preparo e porte, *em dobro*, sob pena de não será conhecido pela deserção (inovação do NCPC, art. 1.007, § 4º). Contudo, nesse caso do pagamento em dobro, não será possível a complementação do preparo (NCPC, art. 1.007, § 5º).

Caso haja erro no preenchimento da guia de custas, não poderá se falar em deserção, devendo o relator intimar o recorrente para sanar o vício, em 5 dias (NCPC, art. 1.007, § 7º).

(vi) inexistência de fato impeditivo ao direito de recorrer: este requisito, diferentemente dos demais, é negativo – assim, *se houver algum fato impeditivo, o recurso não será conhecido.*

Existem três fatos impeditivos:

a) desistência: *uma vez interposto, pode a parte, a qualquer momento e sem a concordância da parte contrária, desistir do recurso* (NCPC, art. 998). Havendo a desistência, prevalecerá a decisão que foi impugnada pelo recurso que posteriormente foi objeto da desistência.

Contudo, a desistência não impede a análise da *questão que já tenha sido reconhecida para julgamento via REsp ou RE repetitivos* **(NCPC, art. 998, parágrafo único).**

b) renúncia: *antes da interposição do recurso, podem as partes (ou uma das partes) renunciar ao direto de recorrer, também sem a necessidade de concordância da parte contrária* (NCPC, art. 999).

A diferença entre a renúncia e a desistência é que, na primeira, ainda não houve a interposição do recurso; na segunda, isso já ocorreu.

c) aquiescência (concordância): *a concordância decorre de um ato incompatível com a vontade de recorrer* (NCPC, art. 1.000). Pode ser expressa ou tácita.

Se, ao ser prolatada uma sentença condenatória, o réu prontamente realizar o pagamento, isso significa concordância com a decisão. Assim, se posteriormente vier a ser interposto recurso, *não será conhecido pela aquiescência.*

Se, após a prolação de uma sentença, o autor apresentar petição afirmando que abre mão do direito de recorrer e, posteriormente, interpuser apelação, *o recurso não será conhecido pela renúncia.*

Se, após a prolação de uma sentença e interposição da apelação, a parte recorrente peticionar afirmando que não mais quer a análise do recurso, *este não será conhecido pela desistência.*

(vii) regularidade formal: *este é um requisito de admissibilidade que não se insere em nenhum dos outros antes expostos e que se refere a aspectos formais envolvendo os recursos.* Existem requisitos gerais, iguais para todos os recursos, bem como requisitos específicos, variando conforme os recursos.

Como exemplos de requisitos gerais, a apresentação do recurso em petição escrita, em português, assinada pelo advogado, além da existência de impugnação que tenha relação com a decisão recorrida. Como exemplo de requisitos específicos, a juntada das cópias necessárias para instruir o agravo de instrumento.

Assim, se um agravo de instrumento for interposto sem as peças necessárias, o recurso não será conhecido por falta de regularidade formal.

A regularidade formal diz respeito aos requisitos formais que não se inserem em nenhum dos outros requisitos de admissibilidade acima expostos.

No CPC/1973, *em regra, havia preclusão consumativa* quanto aos requisitos de admissibilidade: ou seja, se a parte interpusesse o recurso sem determinado requisito, em regra, não seria possível a correção da falha e o recurso não seria conhecido.

Há importante alteração nesse ponto no NCPC. Pelo art. 938, § 1º, **constatada a ocorrência de vício sanável**, inclusive que possa ser conhecido de ofício, o relator determinará a *correção da falha*, no próprio tribunal ou em 1º grau. O NCPC não explicita o que seria o *vício sanável*, mas uma interpretação sistemática e pautada no acesso à justiça leva à conclusão de que, considerando os 7 requisitos de admissibilidade acima expostos, somente a intempestividade e existência de fato impeditivo ao direito de recorrer não poderiam ser sanados.

5.1.6. *Efeitos da interposição dos recursos*

Uma vez interposto o recurso e recebido pelo magistrado, este indicará em quais *efeitos o recurso será recebido.*

Os *dois principais efeitos* são o devolutivo e o suspensivo. Mas parte da doutrina aponta a existência de outros requisitos – e aqui apresentaremos o que já foi objeto de pergunta em provas anteriores de concursos jurídicos.

a) efeito suspensivo: *impede que a decisão judicial surta seus efeitos imediatamente.* Portanto, apesar da prolação de uma decisão judicial a favor de uma das partes, o efeito suspensivo impede que os efeitos de tal decisão sejam desde logo observados. Assim, se uma sentença condena o réu a pagar R$ 10 mil e há interposição da apelação, o efeito suspensivo impede a efetiva execução da quantia.

Como *regra*, os recursos **não possuem efeito suspensivo**, não impedindo a eficácia da decisão (NCPC, art. 995). Contudo, sempre será possível pleitear ao relator a atribuição de efeito suspensivo, se (i) houver risco de dano grave e (ii) ficar demonstrada a probabilidade de provimento do recurso (NCPC, art. 995, parágrafo único).

b) efeito devolutivo: *é a possibilidade de nova discussão da matéria impugnada por parte do Poder Judiciário* (a "devolução" não é ao mesmo juiz que prolatou a decisão recorrida, mas sim ao Judiciário).

Como se pode concluir, todos os recursos são dotados de efeito devolutivo.

A regra do efeito devolutivo é que o Tribunal somente irá apreciar o que foi objeto de apelação. Assim, se houve sentença condenando a pagar danos morais e materiais e o réu somente apela dos danos morais, usualmente o Tribunal somente apreciará a questão dos danos morais – até por força do princípio da vedação da *reformatio in pejus*, como já visto.

Contudo, tratando-se de matérias que o juiz pode conhecer *de ofício*, será possível a *atuação do Tribunal mesmo sem provocação da parte*. Como exemplo, as condições da ação. Portanto, na hipótese acima, mesmo que a apelação apenas trate dos danos morais, se o desembargador entender que alguma parte é legítima, poderá assim concluir, extinguindo o processo;

c) efeito translativo: como visto acima, a base do efeito devolutivo é o princípio dispositivo. O Tribunal só aprecia o que a parte impugnar no recurso. Porém, por vezes o Tribunal pode ir além (como no exemplo acima, exatamente por força de matérias que podem ser conhecidas de ofício pelo Tribunal).

Para alguns autores, como Nelson Nery Jr., esse seria o **efeito translativo** do recurso, ou seja, *a possibilidade de que o Tribunal aprecie algumas questões não apresentadas na impugnação da parte*;

d) efeito expansivo: o mesmo autor indicado no trecho anterior reconhece também a existência do **efeito expansivo** do recurso, o que significa dizer que, por vezes, *a apreciação do recurso pode acarretar uma decisão mais abrangente que seu próprio objeto*. Como exemplo, o fato de o recurso de um dos litisconsortes unitários, uma vez provido, aproveitar ao outro litisconsorte (NCPC, art. 1.005).

Tanto o *efeito translativo* como o *efeito expansivo* podem ser interpretados como *variações do efeito devolutivo*. Porém, como já exposto, por vezes as provas de concursos jurídicos mencionam textualmente esses dois efeitos. Mas, no texto legal, não há menção a esses termos.

5.2. Recursos em espécie

5.2.1. Apelação

5.2.1.1. Cabimento

Cabe apelação de *sentença*, qualquer que seja o *procedimento*, seja *sentença definitiva* (mérito – NCPC, art. 487) ou *sentença terminativa* (sem resolução de mérito – NCPC, art. 485).

Portanto, só cabe de *decisão proferida por juiz de 1º grau*.

Da sentença proferida no JEC cabe recurso inominado (Lei 9.099/1995, art. 41).

5.2.1.2. Prazo/custas

O prazo para apelar é de *15 dias* (NCPC, art. 1.003, § 5º). Da mesma forma, é de 15 dias o prazo para responder ao recurso (contrarrazões de apelação – NCPC, art. 1.010, § 1º).

Há custas.

5.2.1.3. Efeitos

Há, como em todos os recursos, efeito devolutivo.

Em regra, há o *efeito suspensivo* (NCPC, art. 1.012).

As *exceções*, nas quais não há o efeito suspensivo, estão previstas em lei – tanto no NCPC (art. 1.012, § 1º, incisos) como em legislação extravagante:

(i) sentença que homologa divisão ou demarcação;

(ii) sentença que condena a pagar alimentos;

(iii) sentença que extingue sem resolução de mérito ou julga improcedente os embargos à execução;

(iv) sentença que julga procedente o pedido de instituição de arbitragem;

(v) sentença que confirma, concede ou revoga a tutela provisória;

(vi) sentença que decreta a interdição;

(vii) sentenças previstas na Lei de Locação, como a que decreta o despejo (Lei 8.245/1991, art. 58, V).

Nesses casos, publicada a sentença, poderá a parte interesse pleitear o cumprimento provisório depois da publicação da sentença (NCPC, art. 1.012, § 2º), sendo que o apelante poderá formular eventual pedido de concessão de efeito suspensivo, diretamente no tribunal (§ 3º).

5.2.1.4. Processamento (interposição/julgamento)

A seguir será apresentada a tramitação de uma apelação, desde sua interposição em 1º grau até a conclusão do julgamento, no Tribunal. Vale esclarecer que o processamento da apelação é a base do processamento dos demais recursos.

5.2.1.4.1. Em 1º grau

A apelação é *interposta em 1º grau* (juízo *a quo*), em petição que deverá trazer (NCPC, art. 1.010) o nome e a qualificação das partes, exposição do fato e do direito, razões do pedido de reforma ou de decretação de nulidade (*error in judicando* e *error in procedendo*) e pedido de nova decisão.

O juiz intimará o apelado para apresentar contrarrazões e, se houver apelação adesiva, também intimará o apelante para as contrarrazões (NCPC, art. 1.010, §§ 1º e 2º).

Não haverá juízo de admissibilidade e o juiz remeterá o processo ao tribunal. Portanto, *não cabe o não conhecimento pelo juiz* de origem nem a indicação de *quais são os efeitos do recurso de apelação*.

Em regra, ao receber a apelação, *o juiz não pode reconsiderar a sentença*. Contudo, há *exceções:*

(i) tratando-se de *indeferimento da inicial* (NCPC, art. 331), ou seja, quando *houver grave vício processual na inicial, que sequer permita a emenda*; e

(ii) tratando-se de qualquer extinção sem resolução de mérito (NCPC, art. 485, § 7º), portanto, a hipótese mencionada no item anterior (art. 485, I), também está inserida nesta previsão; e

(iii) tratando-se de *improcedência liminar* (NCPC, art. 332, § 3º), ou seja, quando *já houver jurisprudência pacífica contrária ao pedido do autor.*

Somente nestes casos, *poderá o juiz reconsiderar a sentença, determinando a citação do réu e o* normal prosseguimento da causa. *Caso não haja a reconsideração* por parte do juiz, os autos serão encaminhados ao Tribunal. Se ainda não tiver havido a citação do réu (sempre nos casos i e iii e às vezes no caso ii), apenas *após a citação do réu*, para apresentar contrarrazões do recurso, é que os autos irão ao Tribunal (NCPC, arts. 331, § 1º e 332, § 4º).

5.2.1.4.2. No Tribunal

Uma vez remetida a apelação ao Tribunal, será *distribuída a um relator* (desembargador que ficará responsável pela principal análise do recurso). Essa distribuição será realizada imediatamente (NCPC, art. 1.011) – ou seja, ainda que não venha a ser julgada desde logo, já se saberá quem é o relator responsável pela causa (CF, art. 93, XV).

Como já exposto, sendo a hipótese de vício processual ou de jurisprudência dominante (NCPC, art. 932), *poderá o relator decidir a apelação monocraticamente*, seja para não conhecer, seja para conhecer e dar ou negar provimento. Não sendo a hipótese de julgamento monocrático, *o relator elaborará relatório e voto*, para julgamento pelo órgão colegiado (NCPC, art. 1.011). Reitere-se que não mais há a necessidade de envio prévio para outro desembargador (o revisor, no sistema anterior).

Quando o recurso estiver em condições de julgamento (afirma o NCPC que será em 30 dias – art. 931), o relator enviará os autos, já com relatório, para a secretaria do tribunal. O presidente do órgão julgador designará *dia para julgamento*, devendo ser a pauta publicada no diário oficial, para ciência das partes e interessados (NCPC, art. 934). Deve haver prazo mínimo de 5 dias entre a publicação da pauta e a sessão de julgamento (NCPC, art. 935).

No dia da sessão de julgamento, a ordem será a seguinte (NCPC, art. 937):

✓ leitura do relatório pelo relator;

✓ se assim quiserem, sustentação oral dos advogados das partes, cabível na apelação, ROC, REsp, RE, embargos de divergência, ação rescisória, MS, reclamação e agravo de instrumento interposto contra interlocutórias que versem sobre tutela provisória – sustentação essa que poderá ser feita via videoconferência (§ 4º); portanto, **não cabe sustentação oral** no agravo interno, embargos de declaração e parte dos agravos de instrumento (vale destacar que, na versão aprovada no congresso, era **admissível** a *sustentação em agravo interno* interposto de decisão monocrática que julgou apelação, recurso ordinário, REsp ou RE – porém, o dispositivo foi **vetado**);

✓ leitura do voto do relator;

✓ voto do segundo e terceiro magistrados.

Se algum dos magistrados não estiver em condições de proferir o voto (dúvida quanto ao julgamento), poderá **pedir vista** – ou seja, *retirar de julgamento o recurso para estudo, retomando-o futuramente.*

Pelo Código, o prazo de vista é de 10 dias, após o qual o recurso será reincluído em pauta na sessão seguinte à data da inclusão (NCPC, art. 940). Poderá o relator pedir prorrogação de prazo por mais 10 dias (§ 1º). Passado esse prazo, *o presidente do órgão julgador requisitará o processo* para julgamento na próxima sessão. Se o magistrado que pediu vista ainda não se sentir habilitado a votar, o presidente convocará *substituto para proferir voto* (§ 2º). Resta verificar se, na prática forense, esse procedimento será observado ou se será ignorado nos tribunais (como ocorreu com qualquer outra tentativa de limitar prazo de vista).

Se houver voto vencido, deverá necessariamente ser declarado e considerado parte do acórdão, inclusive para fins de prequestionamento (NCPC, art. 941, § 3º). E, nesse caso, ainda que não mais existam embargos infringentes, deverá haver o prosseguimento do julgamento (NCPC, art. 942, vide item 5.2.10.2 infra).

Se o acórdão não for publicado no prazo de 30 dias contados da data da sessão do julgamento (e isso pode ocorrer com a demora na revisão e liberação do voto pelo relator), as notas taquigráficas do julgamento serão publicadas, independentemente de revisão, e substituirão o acórdão (NCPC, art. 944). Competira ao presidente do órgão julgador (turma, câmara, seção ou pleno / órgão especial) lavrar as "conclusões e a ementa" e mandar publicar o acórdão (NCPC, art. 944, parágrafo único).

O tribunal apreciará a matéria impugnada pela parte, na apelação (efeito devolutivo – NCPC, art. 1.013). Porém, poderá o tribunal julgar todas as questões suscitadas e discutidas no processo, ainda que não tenham sido solucionadas, *desde que relativas ao capítulo impugnado* (NCPC, art. 1.013, § 1º).

A **teoria da causa madura** é ampliada no Código. Ou seja, se o processo estiver em condições de imediato julgamento, o tribunal *deve decidir desde logo o mérito* quando (NCPC, art. 1.013, §§ 3º e 4º):

I – reformar *sentença sem resolução de mérito;*

II – decretar a *nulidade da sentença por não ser ela congruente* com os limites do pedido ou da causa de pedir (ou seja, decisão *extra ou ultra petita*);

III – constatar a *omissão no exame de um dos pedidos*, hipótese em que poderá julgá-lo (ou seja, decisão *infra petita*);

IV – decretar a *nulidade de sentença por falta de fundamentação* (portanto, se a sentença não observar a exaustiva fundamentação, a rigor, não haverá a volta ao 1º grau para nova fundamentação, mas sim o julgamento de mérito perito pelo tribunal).

V – se reformada *sentença que reconheça a decadência ou a prescrição*, o tribunal, se possível, *julgará desde logo o mérito*, sem determinar o retorno do processo ao juízo de primeiro grau.

Em relação à teoria da causa madura, a dúvida que se coloca é se essa previsão viola o princípio do duplo grau. A jurisprudência responde de forma negativa, sempre lembrando que (i) cabe recurso dessa decisão e (ii) que o princípio do duplo grau, em algumas situações, pode ser afastado.

5.2.1.5. Apelação adesiva

Conforme já exposto, cabe o recurso adesivo quando houver *sucumbência recíproca*. Assim, se a sentença for de parcial procedência, autor e réu poderão *apelar de forma autônoma.*

Mas, *se apenas uma das partes apelar de forma autônoma*, a outra pode, no prazo das contrarrazões, apresentar **apelação adesiva**. O objetivo da apelação adesiva é *tentar melhorar a situação do apelante adesivo* quando do julgamento pelo Tribunal (a qual somente poderia piorar no julgamento da apelação da outra parte, em virtude da vedação da *reformatio in pejus*).

A apelação adesiva apresenta *todos os requisitos de admissibilidade*, tal qual a apelação principal. A única distinção envolve o prazo de interposição: em vez de 15 dias contados da intimação da sentença, são 15 dias contados a partir da intimação para apresentação de contrarrazões à apelação da parte contrária – ou seja, no prazo para responder à apelação, poderá a parte interpor sua apelação adesiva.

Outra distinção entre a apelação adesiva e a autônoma diz respeito à admissibilidade. No caso de duas apelações autônomas, cada qual terá sua admissibilidade apreciada separadamente. Em outras palavras, se a apelação do autor for deserta, não será conhecida, se a apelação do réu tiver as custas recolhidas, será conhecida.

Já no caso da apelação adesiva, sua *admissibilidade dependerá da admissibilidade da apelação principal*. Ou seja, inicialmente há o juízo de admissibilidade da apelação principal e, somente se esta for conhecida, haverá o juízo de admissibilidade da apelação adesiva. É certo que, conforme a observância ou não dos requisitos de admissibilidade, *pode ser conhecida a principal e não conhecida a adesiva*.

Contudo, *o inverso não pode ocorrer*. Se por qualquer razão a *apelação principal não for conhecida, não será conhecida a apelação adesiva* (NCPC, art. 997, § 2º, III). Assim, se a apelação principal for deserta, a apelação adesiva não será conhecida – ainda que traga corretamente as custas. Outro exemplo: interpostas as apelações principal e adesiva, se o apelante principal desistir da sua apelação, nenhuma das duas apelações será processada.

5.2.2. Agravo de instrumento

No sistema anterior, além do instrumento, havia o retido, que ora deixa de existir (vide item 5.2.10.1 infra).

A respeito do cabimento de agravo no JEC (Lei 9.099/1995), consultar o último tópico deste capítulo.

5.2.2.1. Cabimento

Cabe agravo de instrumento de *decisão interlocutória* (NCPC, art. 203, § 2º), proferida por magistrado de 1º grau.

Contudo, inova o NCPC ao apresentar um **rol taxativo de hipóteses de cabimento** do agravo. Assim, somente caberá agravo de instrumento das decisões interlocutórias que versem sobre (NCPC, art. 1.015):

I – *tutelas provisórias*;

II – *mérito* do processo;

III – rejeição da alegação de *convenção de arbitragem*;

IV – *incidente de desconsideração da personalidade jurídica*;

V – rejeição do *pedido de gratuidade* da justiça ou acolhimento do pedido de sua revogação;

VI – *exibição ou posse de documento ou coisa*;

VII – *exclusão de litisconsorte*;

VIII – rejeição do pedido de *limitação do litisconsórcio*;

IX – admissão ou inadmissão de *intervenção de terceiros*;

X – concessão, modificação ou revogação do *efeito suspensivo aos embargos à execução*;

XI – *redistribuição do ônus da prova* nos termos do art. 373, § 1º;

XII – inciso vetado;

XIII – *outros casos* expressamente referidos em lei (como exemplos, a decisão que extingue apenas parte do processo e a decisão de julgamento antecipado parcial o mérito – respectivamente, NCPC, arts. 354, parágrafo único e 356, § 5º).

Também cabe AI contra decisões interlocutórias proferidas na *liquidação de sentença*, no *cumprimento de sentença*, na *execução* e no procedimento especial do *inventário* (NCPC, art. 1.015, parágrafo único).

Pelo NCPC, somente nessas hipóteses caberia o agravo de instrumento. Porém, existem **outras situações relevantes** (como a incompetência, especialmente a absoluta) que ficaram de fora do rol de cabimento do AI. Para esses casos, debate a doutrina *se cabível agravo de instrumento de forma ampliativa* (portanto, o rol não seria taxativo) ou se seria o uso de *mandado de segurança*. A jurisprudência definirá a questão.

5.2.2.2. Prazo/custas

O prazo para interposição do agravo de instrumento é de *15 dias* (NCPC, art. 1.003, § 5º). Da mesma forma, é de 15 dias o prazo para responder ao recurso (contraminuta ou contrarrazões de agravo de instrumento – NCPC, art. 1.019, II).

Há possibilidade de cobrança de custas e porte de retorno (NCPC, art. 1.017, § 1º), sendo que isso é regulamentado no âmbito de cada Tribunal (no âmbito da Justiça Federal, é cobrado em todas as regiões; na Justiça Estadual, a maioria dos Estados cobra). Para fins de concursos jurídicos, a posição mais segura é entender pela *existência de custas de preparo*.

5.2.2.3. Efeitos

Há, como em todos os recursos, efeito devolutivo.

Em regra, não há o *efeito suspensivo*. Mas, poderá o relator, se presentes os requisitos, atribuir *efeito suspensivo ou antecipação de tutela recursal*. Apesar da omissão da lei (NCPC, art. 1.019, I) é de se entender que são os requisitos usuais da tutela provisória (boa fundamentação e perigo da demora).

Cabe o **efeito suspensivo** *se a decisão de 1º grau for positiva*, ou seja, se o juiz conceder a liminar pleiteada pelo autor, *o réu agrava de instrumento pleiteando a suspensão dos efeitos daquela decisão*.

Por sua vez, cabe a **antecipação de tutela recursal** *se a decisão de 1º grau for negativa*. Ou seja, se o juiz negar a liminar pleiteada pelo autor, *o autor agrava de instrumento pleiteando a concessão da antecipação de tutela recursal*. Seria o denominado "efeito suspensivo ativo", *terminologia não técnica*, que por vezes é utilizada no cotidiano forense e em provas de concursos jurídicos.

5.2.2.4. Processamento (interposição/julgamento)

O agravo de instrumento é interposto *diretamente no Tribunal*. Trata-se do *único* recurso interposto diretamente no juízo *ad quem* (NCPC, art. 1.016).

A petição do agravo deve trazer (NCPC, art. 1.016):

I – os nomes das *partes*;

II – a exposição do *fato e do direito*;

III – as *razões do pedido de reforma ou de invalidação* da decisão e o próprio *pedido*;

IV – o *nome e o endereço completo dos advogados* constantes do processo.

O agravante desde logo se dirige ao Tribunal. Assim, para que se saiba qual a discussão, o recurso deverá trazer *cópias do processo*. Exatamente essas cópias é que *formam o instrumento*, que dá nome ao recurso (ainda que os autos sejam eletrônicos).

Existem **cópias necessárias ou obrigatórias** e **cópias facultativas**. São as seguintes (CPC, art. 1.017):

I – *obrigatoriamente*, com cópias da *petição inicial*, da *contestação*, da *petição que ensejou a decisão agravada*, da própria *decisão agravada* (para que se saiba qual a decisão recorrida), da *certidão da respectiva intimação* ou outro documento oficial que comprove a *tempestividade* e das *procurações* outorgadas aos advogados do agravante e do agravado (para que se saiba se o advogado do agravante tem poderes e quem é o advogado do agravado que deverá ser intimado para responder ao agravo);

II – com *declaração de inexistência de qualquer dos documentos referidos no inciso I*, feita pelo advogado do agravante, sob pena de sua responsabilidade pessoal;

III – *facultativamente*, com *outras peças* que o agravante reputar úteis.

No sistema anterior, caso não fossem juntadas cópias necessárias, não era possível a correção do instrumento e o recurso não seria conhecido. No NCPC, **se faltar alguma cópia obrigatória** – ou existir outro vício sanável – o relator deverá intimar o agravante para que corrija o recurso (NCPC, arts. 932, parágrafo único e 1.017, § 3º).

O agravo é interposto diretamente no Tribunal, de modo que o juiz de origem não tem ciência da interposição do recurso. Por isso, **poderá** o agravante requerer a juntada, no juízo de origem, da petição do agravo interposto e da relação de documentos que o instruíram (NCPC, art. 1.018). Quando o juiz de 1º grau receber essa petição, poderá reconsiderar a decisão agravada (juízo de retratação), caso em que o agravo de instrumento será considerado prejudicado (NCPC, art. 1,018, § 1º).

Frise-se que a juntada do agravo na origem é uma **opção** do agravante, tratando-se de *processo eletrônico*.

Se os autos forem físicos, a juntada do agravo na origem é um **dever**, cabendo ao agravante providenciar a juntada do recurso na origem, *no prazo de 3 dias* (NCPC, art. 1.018, § 2º). Caso o agravante não cumpra essa providência, desde que *alegado e provado pelo agravado*, o recurso não será conhecido (NCPC, art. 1.018, § 3º). Assim, não poderá o agravo não ser conhecido pela falta da observância pelo relator, de ofício – isso *depende da provocação do agravado*. A lógica dessa previsão é que o agravado tem de ter ciência do agravo de instrumento perante o juízo de origem, não sendo obrigado a se locomover ao tribunal para ter ciência de qual o teor do recurso (ou seja, se o processo for eletrônico, não há essa necessidade – daí a distinção proposta pelo legislador entre autos físicos e eletrônicos).

O agravo de instrumento será distribuído a um relator, que poderá proceder da seguinte forma (NCPC, art. 1.019):

– **julgar de forma monocrática,** *não conhecendo ou conhecendo e negando provimento ao recurso* (NCPC, art. 932, III e IV) – se houver grave vício processual ou jurisprudência pacífica contra o agravante;

– conceder, liminarmente, **efeito suspensivo ou antecipação de tutela recursal**;

– intimar o agravado para apresentar resposta, em 15 dias;

– determinar a intimação do MP, para se manifestar em 15 dias.

Não há mais a previsão de pedir *informações ao juiz de origem* ou *conversão do agravo de instrumento em retido* (exatamente porque não mais existe o agravo retido).

Após a manifestação do agravado, poderá o relator: (i) julgar monocraticamente, para dar provimento ao recurso (NCPC, art. 932, V) ou (ii) elaborar voto para julgamento colegiado, pautando o recurso. Pelo Código, o agravo deve julgado em até 1 mês contado da intimação do agravado (NCPC, art. 1.020).

5.2.3. *Embargos de declaração*

5.2.3.1. *Cabimento*

Cabem **embargos de declaração** (NCPC, art. 1.022) de *qualquer pronunciamento judicial com caráter decisório* (sentença, decisão interlocutória, decisão monocrática e acórdão).

O recurso se presta a complementar uma decisão judicial que contenha *obscuridade, omissão, contradição ou erro material*.

Decisão **obscura** *é aquela que não é clara, que não permite a correta compreensão de seus termos*.

Decisão **omissa** *é aquela na qual o juiz não se manifesta a respeito de questão ou pedido que ele deveria se manifestar*.

Decisão **contraditória** *é aquela que apresenta em seu bojo duas afirmações inconciliáveis*.

Erro material é a *situação na qual haja alguma informação impertinente à lide em análise* (como o nome errado na parte)

Nestes casos, há vício na decisão, a qual precisa ser aclarada, complementada e esclarecida. E isso deve ser realizado *pelo próprio órgão que prolatou a decisão*.

O NCPC traz algumas situações que, por força de lei, já são consideradas como de **omissão** (NCPC, art. 1.022, parágrafo único):

I – deixe de se manifestar sobre *tese firmada em julgamento de casos repetitivos ou em incidente de assunção de competência* aplicável ao caso sob julgamento;

II – incorra em qualquer das *condutas descritas no art. 489, § 1º (fundamentação exaustiva da sentença)*.

5.2.3.2. *Prazo/custas*

Os embargos de declaração serão opostos em *5 dias* (NCPC, art. 1.023). Trata-se do único recurso cujo prazo não é de 15 dias. Caso existam litisconsortes com advogados distintos, há prazo em dobro (NCPC, art. 229 e 1.023, § 1º).

Se houver necessidade de contraditório nos embargos (vide item 5.2.3.4 abaixo), o prazo também será de 5 dias (NCPC, art. 1.023, § 2º).

Não há preparo (CPC, art. 1.023, parte final).

5.2.3.3. Efeitos

Há, como em todos os recursos, efeito devolutivo. E, neste caso, haverá a devolução não só ao Judiciário como *ao próprio órgão prolator* da decisão embargada.

Quanto ao *efeito suspensivo*, o NCPC afastou polêmica antes existente: não há efeito suspensivo (NCPC, art. 1.026).

Além disso, opostos os declaratórios, haverá a *interrupção do prazo para interposição do outro recurso cabível* para impugnar a decisão, *para ambas as partes* (NCPC, art. 1.026). A interrupção do prazo significa que há novo prazo para recorrer, na íntegra.

Logo, diante da prolação de uma sentença de parcial procedência, se o autor embarga de declaração no 5º dia do prazo, há a interrupção do prazo para apelar tanto do autor quanto do réu. Ou seja, quando da decisão dos embargos, haverá novo prazo de 15 dias para ambas as partes apelarem.

5.2.3.4. Processamento (interposição/julgamento)

Os embargos de declaração são *opostos perante o órgão prolator da decisão embargada* (juiz ou relator no âmbito dos Tribunais). O recurso será julgado exatamente por tal órgão (NCPC, art. 1.024, *caput* e § 1º), ou seja, tratando-se de embargos de declaração, *os juízos* a quo *e* ad quem *são o mesmo*.

Pelo NCPC, os embargos devem ser julgados pelo juiz em 5 dias (art. 1024) e devem ser apresentados em mesa pelo relator, na sessão subsequente (art. 1.024, § 1º).

Tratando-se de *declaratórios opostos de decisão monocrática*, os embargos deverão ser julgados *apenas pelo relator*, novamente de forma unipessoal. Contudo, caso se entenda que os embargos buscam reformar a decisão embargada, será possível ao relator *converter os declaratórios em agravo interno*, mas intimando previamente o recorrente para complementar as razões recursais (NCPC, art. 1.024, §§ 2º e 3º), para julgamento colegiado.

Não cabe a utilização, ao mesmo tempo, de embargos de declaração e de outro recurso. Portanto, diante de uma sentença, inicialmente a parte deve opor declaratórios para, somente após a decisão dos embargos, interpor a apelação. Assim é, pois (i) não se sabe se haverá ou não a modificação da sentença (o que pode alterar o interesse recursal); e (ii) por força do princípio da unirrecorribilidade recursal.

Portanto, em síntese, o processamento dos embargos de declaração será o seguinte:

✓ oposição pela parte recorrente;

✓ apreciação dos embargos pelo próprio órgão prolator da decisão embargada;

✓ com a publicação da decisão dos embargos, recomeça a correr o prazo recursal para ambas as partes.

A rigor, o objetivo dos embargos é esclarecer a decisão. Contudo, excepcionalmente, haverá efetivamente uma *mudança da decisão*. Nestes casos, fala-se em *efeitos infringentes* ou *modificativos* dos embargos de declaração. Nesse caso, deverá o embargado ser intimado para exercer o contraditório, no prazo de 5 dias (NCPC, art. 1.023, § 2º). Trata-se de inovação legislativa que acolhe a jurisprudência pacífica do STJ. Ou seja, havendo a *possibilidade de efeitos infringentes*, deverá ser exercido o contraditório, com a apresentação de *contrarrazões de embargos de declaração*, para garantir a igualdade entre as partes e evitar a prolação de decisão surpresa.

É possível que, diante de uma sentença, uma das partes apele e a outra embargue de declaração. Nesse caso, *se houver modificação da sentença pelos embargos*, a parte que apelou poderá *complementar ou alterar suas razões recursais*, nos limites da modificação da decisão, no prazo de 15 dias (NCPC, art. 1.024, § 4º). Contudo, se os embargos não forem providos e a sentença permanecer a mesma, *não haverá necessidade de ratificação da apelação, que será conhecida independentemente de qualquer motivo* (NCPC, art. 1.024, § 5º – dispositivo que afasta a Súmula 418 do STJ).

Outra possibilidade de utilização dos embargos é para fins de *prequestionamento* em relação aos recursos especial e extraordinário. Logo, se o acórdão é omisso no tocante aos dispositivos de lei apontados como violados, cabem declaratórios para que haja a manifestação do Tribunal nesse sentido. Inova o NCPC ao afirmar que a *simples oposição dos declaratórios já supre o requisito do prequestionamento*, ainda que os declaratórios sejam inadmitidos ou rejeitados (NCPC, art. 1.025).

Por fim, se o recurso for utilizado de forma protelatória, há previsão de multa de 2% sobre o valor da causa. No caso de reiteração de declaratórios protelatórios, a multa é majorada para 10% – e para a interposição de qualquer outro recurso há a necessidade de recolhimento da multa, salvo se o recorrente for a Fazenda ou beneficiário da justiça gratuita, que recolherão o valor ao final do processo (NCPC, art. 1.026, §§ 2º e 3º). Se já tiverem sido rejeitados e considerados protelatórios 2 declaratórios, não se admitirá novo recursos de embargos (NCPC, art. 1.026, § 4º).

5.2.4. Recurso ordinário (recurso ordinário constitucional)

5.2.4.1. Cabimento

O **recurso ordinário** tem um cabimento bem específico (NCPC, art. 1.027): é apenas cabível de acórdão denegatório de ação constitucional (mandado de segurança, *habeas corpus*, *habeas data*, mandado de injunção) originária de Tribunal.

Cabe, portanto, de *decisão não concessiva da ordem* de ações propostas diretamente nos Tribunais, e será julgado pelo STJ ou STF. Como tem previsão constitucional (CF, art. 102, II e 105, II), é também denominado de recurso ordinário constitucional. Caso a *decisão seja concessiva, não caberá ROC*, mas sim outro recurso para Tribunal Superior (REsp ou RE).

A hipótese mais comum de cabimento de ROC para o STJ é a de decisão denegatória de HC ou MS de competência originária do TJ ou TRF (CF, art. 105, II, *a* e *b*). Já a hipótese mais frequente de ROC para o STF ocorre no momento em que é denegado HC ou MS de competência originária dos Tribunais Superiores (CF, art. 102, II, *a*).

Há, ainda, *outra hipótese, pouco frequente, de cabimento de ROC* (NCPC, art. 1.027, II, *b*): causas em que forem partes, de um lado, Estado estrangeiro ou organismo internacional e, do outro, Município ou pessoa residente ou domiciliada no País. *Tais causas tramitam, em 1º grau, perante a Justiça Federal* (CF, art. 109, II) e o *ROC será julgado pelo STJ*. Assim, da sentença proferida nesse processo, caberá ROC, a ser julgado pelo STJ. E da interlocutória, caberá agravo de instrumento, igualmente julgado pelo STJ (NCPC, art. 1.027, § 1º). Ou seja, excepcionalmente, não haverá julgamento por Tribunal de 2º grau, mas somente pelo 1º grau da Justiça Federal e o recurso ordinário ou agravo, pelo STJ.

5.2.4.2. Prazo/custas

No âmbito cível, o prazo para interposição do recurso ordinário é de *15 dias* (NCPC, art. 1.003, § 5º). Da mesma forma, é de 15 dias o prazo para responder ao recurso (contrarrazões de recurso ordinário – NCPC, art. 1.028, § 2º).

Há necessidade de *custas* (STJ, RMS 29.228/SE, 2.ª T., j. 26.05.2009, *DJe* 04.06.2009).

Tratando de *recurso ordinário de decisão denegatória de HC* (ainda que interposto de hipótese de prisão civil, como no caso de alimentos não pagos), o prazo de interposição é de *5 dias* (Lei 8.038/1990, art. 30), não havendo custas de preparo.

5.2.4.3. Efeitos

Há, como em todos os recursos, efeito devolutivo.

Não há efeito suspensivo.

5.2.4.4. Processamento (interposição/julgamento)

A tramitação do ROC tem por modelo a *tramitação da apelação*, inclusive em relação à *teoria da causa madura* (NCPC, art. 1.027, § 2º).

O recurso ordinário será interposto na origem (NCPC, art. 1.028, § 2º) e, após as contrarrazões, será remetido para o Tribunal de destino (juízo *ad quem* – STJ ou STF), independentemente de juízo de admissibilidade (NCPC, art. 1.028, § 3º).

A competência para julgamento será:

✓ do *STJ*, no caso de acórdão denegatório *proferido nos TJs ou TRFs;*

✓ do *STF*, no caso de acórdão denegatório *proferido por Tribunais Superiores.*

O ROC garante o duplo grau de jurisdição de decisão denegatória de ações constitucionais.

Por fim, para afastar eventuais dúvidas, cabe esclarecer que, se um *mandado de segurança for impetrado em 1º grau* e for negado por sentença, *cabe apelação* a ser julgada pelo Tribunal de 2º grau. Mas, se a *competência originária desse mandado de segurança for de Tribunal de 2º grau, caberá recurso ordinário para o STJ.*

5.2.5. Agravos de 2º grau

De decisões monocráticas proferidas no âmbito dos Tribunais (por desembargadores ou Ministros), é cabível agravo, em duas modalidades: **agravo interno** e **agravo em recurso especial e em recurso extraordinário**. Cada um dos recursos será analisado de forma separada.

5.2.5.1. Agravo interno (regimental ou legal)

5.2.5.1.1. Cabimento

Cabe **agravo interno** *de decisão monocrática proferida por relator de recurso* (NCPC, art. 1.021). No sistema anterior, por ausência de nomenclatura específica, era também chamado de *agravo regimental ou agravo legal.* Com a opção legislativa de nominá-lo, a tendência é a *prevalência do nome agravo interno.*

Já se apontou que é possível ao relator, diante de erro processual ou jurisprudência pacífica, decidir monocraticamente o recurso (NCPC, art. 932, III a V – vide item 5.1.4 acima). Também é possível ao relator apreciar, de forma unipessoal, uma tutela de urgência. *Contra essas decisões monocráticas é que cabe o agravo interno.*

Com a interposição do agravo, provido ou não o recurso, *a decisão monocrática irá se transformar em decisão colegiada (acórdão).*

5.2.5.1.2. Prazo/custas

O prazo para interposição do agravo interno de *15 dias* (NCPC, art. 1.003, § 5º). Há contrarrazões (inovação do NCPC), a ser apresentada também em 15 dias (NCPC, art. 1.021, § 2º).

Não há custas na maioria dos Estados e no âmbito da Justiça Federal (mas, em alguns tribunais estaduais, há previsão de custas).

5.2.5.1.3. Efeitos

Há, como em todos os recursos, efeito devolutivo.

Não há o efeito suspensivo.

5.2.5.1.4. Processamento (interposição/julgamento)

A interposição do recurso é bem simples e segue o procedimento previsto no regimento interno dos Tribunais (NCPC, art. 1.021). *Não há necessidade de cópias* (instrumento) *ou qualquer outra formalidade.*

O recurso é interposto nos próprios autos (por isso *agravo interno*), *dirigido ao relator* que proferiu a decisão monocraticamente. Deverá o argumento *impugnar especificadamente os fundamentos da decisão agravada*, sob pena de não conhecimento do recurso (NCPC, art. 1.021, § 1º).

Deverá ser aberta vista ao agravo, para apresentar contrarrazões, no prazo de 15 dias (NCPC, art. 1.021, § 2º), sendo que no sistema anterior, não havia previsão (no Código ou nos regimentos internos dos tribunais) nesse sentido.

Se o *relator reconsiderar* (revogando a decisão monocrática), o recurso antes interposto volta a ter sua tramitação normal (NCPC, art. 1.021, § 2º). Assim, se uma apelação foi julgada monocraticamente e o relator reconsiderar, haverá o processamento normal da apelação para um julgamento colegiado.

Caso o relator não reconsidere, o recurso será *pautado, para julgamento colegiado e prolação de acórdão.*

Inova o NCPC, quanto ao agravo interno, para:

✓ *vedar que o relator, ao julgar o agravo interno, apenas se limite a reproduzir os fundamentos da decisão agravada* (NCPC, art. 1.021, § 3º)

✓ se o agravo interno for declarado *inadmissível ou improcedente em votação unânime*, **deverá** ser imposta multa, em decisão fundamentada, entre 1% e 5% do valor atualizado da causa; a interposição de qualquer outro recurso fica condicionado ao depósito prévio da multa – salvo para a Fazenda e beneficiário da justiça gratuita, que recolherão a multa ao final do processo (NCPC, art. 1.021, §§ 4º e 5º).

Logo, pelo NCPC, se for proferida decisão monocrática e a parte interpuser o agravo interno, para esgotar as vias ordinárias e poder, depois, valer-se do especial, já haverá multa e necessidade de seu recolhimento para ser possível o especial.

5.2.5.2. *Agravo em recurso especial e em recurso extraordinário*

5.2.5.2.1. Cabimento

O estudo do cabimento deste recurso demanda maior atenção. O sistema era um no âmbito do CPC/1973, houve profunda alteração no NCPC mas, ainda durante a vacatio legis, houve nova alteração legislativa (Lei 13.256/2016) para que se voltasse ao que existia no CPC/1973.

A modificação quanto a este recurso está ligada à admissibilidade do recurso especial e extraordinário. No âmbito do CPC/1973, a admissibilidade do REsp e RE era feita na origem (vide idem 5.2.6 a seguir). E, da decisão que não admitia esse recurso, cabia *agravo nos próprios autos, na tentativa de "destrancar" (ou "fazer subir") o recurso para tribunal superior.* **Na versão original do NCPC, a admissibilidade não mais era feita na origem (mas diretamente no Tribunal Superior), de modo que o agravo em recuso especial e em recurso extraordinário** tinha um cabimento bem mais restrito que antes, basicamente restrito às situações envolvendo recursos repetitivos (acerca do tema, vide item 5.2.8 abaixo). Mas, com a Lei 13.256/2016, a admissibilidade voltou para o Tribunal de origem, de modo que o agravo em **recurso especial e em recurso extraordinário se prestam a "destrancar" ou "fazer subir" para o tribunal superior o recuso não admitido.**

Ou seja, o cabimento do agravo em recurso especial e extraordinário (NCPC) **é o mesmo** do antigo agravo nos próprios autos (CPC/1973), com algumas modificações quanto ao seu trâmite.

Assim, caberá o agravo quando o tribunal de origem, por seu presidente ou vice-presidente, **inadmitir recurso extraordinário ou recurso especial,** *salvo* quando fundada na aplicação de entendimento firmado em regime de *repercussão geral ou em julgamento de recursos repetitivos* (NCPC, art. 1.042): Em relação à situação decidida com base em repetitivo, vide item 5.2.8 infra.

Também é utilizado no âmbito processual penal e no processo do trabalho (em relação ao recurso de revista).

No sistema processual anterior, no cotidiano forense, o nome mais comum para esse recurso era "agravo de decisão denegatória" – que não constava da lei. Assim, é possível que esse nome siga sendo usado no dia a dia.

5.2.5.2.2. Prazo/custas

O prazo para interposição do agravo em REsp ou RE é de *15 dias* (NCPC, art. 1.003, § 5º). Da mesma forma, é de 15 dias o prazo para responder ao recurso (contraminuta ou contrarrazões de agravo – NCPC, art. 1.042, § 3º).

Não há custas (NCPC, art. 1.042, § 2º).

5.2.5.2.3. Efeitos

Há, como em todos os recursos, efeito devolutivo.

Não há o *efeito suspensivo*. Eventualmente, em casos de urgência, é possível a concessão de efeito suspensivo ao REsp e RE, mas não ao agravo.

5.2.5.2.4. Processamento (interposição/julgamento)

O agravo será *interposto no Tribunal de origem*, endereçado ao órgão responsável pelo processamento do recurso especial e extraordinário (presidência ou vice-presidência, conforme o regimento interno de cada tribunal) e que prolatou a decisão agravada (NCPC, art. 1.042, § 2º).

Não há necessidade de qualquer documento, porque se está recorrendo nos próprios autos, que já traz todas as peças do processo.

O agravado será intimado para apresentar resposta e – caso não haja retratação (ou seja, a admissibilidade que antes foi negativa passe a ser positiva) – *os autos serão remetidos ao Tribunal Superior*, para apreciação do agravo (NCPC, art. 1.042, § 4º). Se houver retratação, os autos serão remetidos para o Tribunal Superior, para apreciação do REsp ou RE (e não do agravo).

Se forem dois recursos concomitantes (REsp e RE) e ambos não forem admitidos, deverá o recorrente interpor **dois agravos** (NCPC, art. 1.042, § 6º). Nesse caso, os autos primeiro irão para o STJ (§ 7º) e, depois, se ainda for o caso de julgamento do agravo em RE, para o STF (§ 8º).

No Tribunal Superior, será possível o julgamento do agravo em conjunto com o próprio REsp e RE – hipótese em que será possível sustentação oral (NCPC, art. 1.042, § 5º).

Quanto ao julgamento do agravo, será observado tanto o CPC (que permite até mesmo o julgamento monocrático – art. 932, III, IV e V), bem como o regimento interno do STJ e do STF.

5.2.6. *Recurso especial (REsp)*

5.2.6.1. *Cabimento*

Cabe **recurso especial** *de acórdão que violar legislação infraconstitucional ou quando Tribunais diversos derem interpretação distinta a um mesmo dispositivo legal infraconstitucional* (CF, art. 105, III e NCPC, art. 1.029).

Destaca-se que é cabível o REsp pela **divergência externa** e não pela divergência interna, ou seja, deve-se apontar o *dissenso jurisprudencial em relação a outro Tribunal* e não no próprio Tribunal. Nesse sentido, caso se ingresse com o REsp de um julgado do TJSP, *não cabe apontar que o próprio TJSP tem posição divergente* ao do acórdão recorrido (Súmula 13 do STJ: A divergência entre julgados do mesmo tribunal não enseja recurso especial) – mas sim que a decisão do TJSP diverge da de qualquer outro Tribunal do país, inclusive o próprio STJ ou mesmo o TRF da 3ª Região (Tribunal Regional Federal situado em São Paulo).

Para o cabimento do REsp, o acórdão *não* deve admitir outros recursos, ou seja, *não cabe REsp de decisão monocrática* (será cabível o REsp após o agravo regimental). Portanto, só cabe REsp quando **esgotados os demais recursos.**

Na hipótese de o acórdão violar, ao mesmo tempo, dispositivo do NCPC e da CF, serão **cabíveis, simultaneamente, recurso especial e recurso extraordinário.** Porém, cada recurso irá atacar matérias distintas: *REsp, a violação à legislação infraconstitucional; RE, a violação à Constituição.*

Nesse caso de interposição conjunta, os autos serão *remetidos ao STJ*; se o relator do recurso especial considerar prejudicial o recurso extraordinário, em decisão irrecorrível sobrestará o julgamento e remeterá os autos ao STF. Se o *relator do recurso extraordinário*, em decisão irrecorrível, rejeitar a prejudicialidade, devolverá os autos ao STJ para o julgamento do recurso especial (NCPC, art. 1.031, §§ 2º e 3º).

5.2.6.2. *Prazo/custas*

O prazo para interposição do REsp é de *15 dias* (NCPC, art. 1.003, § 5º). Da mesma forma, é de 15 dias o prazo para responder ao recurso (contrarrazões de REsp – NCPC, art. 1.030).

Há *custas* (Lei 11.636/2007).

5.2.6.3. *Outros requisitos de admissibilidade*

Além dos requisitos de admissibilidade usualmente existentes, o REsp tem também outros requisitos. E isso se justifica porque se trata de um recurso cuja finalidade não é simplesmente rediscutir a causa (como ocorre na apelação), mas discutir a *unidade da interpretação da legislação infraconstitucional*.

Assim, com o REsp o STJ busca *evitar a regionalização do direito*. Exatamente por isso **não se discute matéria fática** em tal recurso, mas apenas *matéria de direito* (Súmula 5 do STJ: A simples interpretação de cláusula contratual não enseja recurso especial; Súmula 7 do STJ: A pretensão de simples reexame de prova não enseja recurso especial).

Ou seja, não será conhecido REsp que discuta se determinado fato ocorreu ou não. Debate-se no REsp, *à luz de determinados fatos já fixados* no Tribunal de origem, *qual o direito aplicável*.

Apesar de não ser possível discutir fato, o REsp permite a **discussão de matéria de mérito ou processual**. Cabe, portanto, o recurso tanto por *violação ao CC* (ou CDC ou Lei de Locação etc.) como por *violação ao NCPC*.

Para que bem se delimite a discussão da matéria de direito, é também requisito do REsp o **prequestionamento**, que *é a apreciação do artigo de lei pelo Tribunal* a quo *durante o julgamento do acórdão recorrido*. Ou seja, é o debate, pelos julgadores de origem, dos dispositivos apontados como violados no REsp (Súmula 282 do STF: É inadmissível o recurso extraordinário, quando não ventilada, na decisão recorrida, a questão federal suscitada).

Assim, *se o Tribunal de origem não tiver se manifestado sobre determinado dispositivo legal apontado como violado no REsp, não terá ocorrido o prequestionamento*.

Para bem se entender a questão, vale mencionar um exemplo. Diante de uma sentença de improcedência, o autor recorre e, em sua apelação, destaca que houve a violação de determinado artigo do CC. *Na própria apelação, requer a expressa manifestação do Tribunal a respeito daquele dispositivo legal para fins de prequestionamento*. Se o Tribunal não se manifestar a respeito do dispositivo, não haverá prequestionamento. Nesse caso, *pode a parte se valer dos embargos de declaração*, apontando *omissão* no acórdão quanto à análise do dispositivo legal apontado como violado. E, como já antes visto, pelo NCPC, acolhido ou não os embargos de declaração, o **prequestionamento ficto** *estará realizado* (NCPC, art. 1.025). Fica, portanto, superada a posição do STJ pacificada no sistema anterior (Súmula 211 do STJ: Inadmissível recurso especial quanto à questão que, a despeito da oposição de embargos declaratórios, não foi apreciada pelo Tribunal *a quo*).

Em importante inovação, afirma o art. 1.029, § 3º que o STJ poderá "*desconsiderar vício formal de recurso tempestivo* ou determinar sua correção, desde que *não o repute grave*". Ou seja, é uma oportunidade que se dá para que o mérito recursal seja apreciado – resta verificar qual a amplitude que a jurisprudência dará à expressão **vício formal grave**.

5.2.6.4. *Efeitos*

Há, como em todos os recursos, efeito devolutivo.

Não há, em regra, o *efeito suspensivo*.

Contudo, é possível que se tente atribuir *efeito suspensivo ao REsp. A previsão está no* NCPC, art. 1.029, § 5º – dispositivo cuja redação original foi alterada pela Lei 13.256/2016). A petição requerendo o efeito suspensivo será dirigida:

I– ao *STJ*, no período compreendido entre a *publicação da decisão de admissão do recurso e sua distribuição*, ficando o relator designado para seu exame prevento para julgá-lo;

II – ao *relator no STJ*, se já distribuído o recurso;

III – ao presidente ou ao vice-presidente do *tribunal recorrido*, no período compreendido entre a *interposição do recurso e a publicação da decisão de admissão* do recurso, assim como no caso de o *recurso ter sido sobrestado*, por força de recurso repetitivo.

Tem-se, portanto, no que se refere à competência, basicamente a reprodução, no NCPC, daquilo que foi sedimentado na jurisprudência do STF, à luz do CPC/1973 (Súmula 634/STF: Não compete ao Supremo Tribunal Federal conceder medida cautelar para dar efeito suspensivo a recurso extraordinário que ainda não foi objeto de juízo de admissibilidade na origem. Súmula 635/STF: Cabe ao Presidente do Tribunal de origem decidir o pedido de medida cautelar em recurso extraordinário ainda pendente do seu juízo de admissibilidade).

5.2.6.5. *Processamento (interposição/julgamento)*

O REsp é interposto no *Tribunal de origem*, endereçado à presidência ou vice-presidência, conforme o regimento interno próprio de cada tribunal (NCPC, art. 1.029). Deve a petição recursal indicar (i) exposição do *fato e do direito*, (ii) demonstração do *cabimento* e (iii) *razões do pedido* de reforma ou invalidação da decisão recorrida.

Tratando-se de REsp fundado em *dissídio jurisprudencial* (divergência em relação a julgado de outro Tribunal – CF, art. 105, III, *c*), obrigatoriamente terá de ser instruído com o *acórdão paradigma* (a decisão do outro Tribunal). A *divergência é comprovada* mediante certidão, cópia ou citação do repositório de jurisprudência oficial (inclusive em mídia eletrônica), ou ainda via *reprodução do julgado disponível na internet*, com indicação da fonte (art. 1.029, § 1º). Deverá o recorrente mencionar as *circunstâncias que identifiquem ou assemelhem os casos confrontados* (o chamado "**cotejo analítico**" entre o acórdão recorrido e paradigma).

Nesse REsp fundado em dissídio jurisprudencial, é muito comum o recurso não ser admitido ao argumento de "situações fáticas distintas" entre os acórdãos. Por causa disso, inicialmente foi incluído o § 2º ao art. 1.029 do NCPC ("Quando o recurso estiver fundado em dissídio jurisprudencial, é vedado ao tribunal inadmiti-lo com base em fundamento genérico de que as circunstâncias fáticas são diferentes, sem demonstrar a existência da distinção"). Contudo, com a Lei 13.256/2016, **esse parágrafo foi revogado.**

Interposto o REsp, a *parte contrária é intimada* para apresentar as contrarrazões, em 15 dias (NCPC, art. 1.030). Em tal peça é possível impugnar não só o mérito, mas também a admissibilidade do recurso. Com as razões e contrarrazões do REsp, o recurso estará pronto para sua admissibilidade.

Em relação à **admissibilidade do REsp**, há de se ter bastante atenção, pois a questão passou por *diversas alterações*:

(i) **no âmbito do CPC/1973, a admissibilidade do REsp e RE era feita na origem, ou seja, pela presidência do Tribunal intermediário;**

(ii) na versão original do NCPC (Lei 13.105/2015), a admissibilidade não mais seria feita na origem, mas apenas e diretamente no STJ;

(iii) com a **Lei 13.256/2016**, a admissibilidade *voltou para o Tribunal de origem*, sendo que, no caso de inadmissão do REsp, **cabível o agravo em recurso especial** para *tentar que o REsp seja admitido* (como exposto no item 5.2.5.2 acima).

Ao proceder à admissibilidade, existem **diversas possibilidades** ao desembargador que a realiza (inovações da Lei 13.256/2016), a saber (art. 1.030).

I – **negar seguimento** a recurso especial interposto contra acórdão que esteja em conformidade com entendimento do STJ, proferido com base em julgamento de *recursos repetitivos*;

II – **encaminhar o processo ao órgão julgador** (a turma ou câmara que proferiu o acórdão), para realização do *juízo de retratação*, se o acórdão recorrido divergir do entendimento do STJ proferido com base em julgamento de *recursos repetitivos* (ou seja, depois da prolação do acórdão, houve a decisão do repetitivo no STJ);

III – **sobrestar o recurso** que versar sobre *controvérsia de caráter repetitivo* ainda *não decidida* pelo STJ;

IV – **selecionar o recurso como representativo de controvérsia**, para que venha a ser *julgado como repetitivo* pelo STJ;

V – proceder à **admissibilidade do REsp**, e, no caso de **admissão,** *remeter o recurso ao STJ*, desde que: a) o recurso ainda *não tenha sido submetido* ao regime de *julgamento de recursos repetitivos*; b) o *recurso tenha sido selecionado como representativo da controvérsia*; ou c) o tribunal recorrido tenha *refutado o juízo de retratação.*

Dessas **decisões monocráticas** acima arroladas, é possível **recorrer** (art. 1.030, §§ 1º e 2º):

(i) tratando-se de **inadmissão** por ausência de requisito de admissibilidade (inciso V), cabe *agravo em recurso especial* (art. 1.042, já exposto no item 5.2.5.2);

(ii) tratando-se de decisão *relativa a recurso repetitivo* (**negar seguimento**, inciso I ou **sobrestar**, inciso III), cabe *agravo interno* (art. 1.021), a ser julgado perante o próprio tribunal de origem, sem que haja possibilidade – pela legislação – de se chegar ao tribunal superior.

Como se percebe, é um sistema complexo, com diversas possibilidades de julgamento e variação quanto aos recursos (e, pelo Código, somente recorríveis as decisões acima indicadas).

No mais, uma vez o REsp no STJ, se o ministro relator entender que o *recurso especial versa sobre questão constitucional*, concederá *prazo de 15 dias* para que o recorrente *demonstre a repercussão geral e se manifeste sobre a questão constitucional*; cumprida a diligência, o relator remeterá o recurso ao STF que, em juízo de admissibilidade, poderá devolvê-lo ao STJ (NCPC, art. 1.032). Ou seja, tem-se uma situação de conversão do recurso especial em recurso extraordinário (e existe também a previsão no sentido inverso – vide item 5.2.7.5 abaixo).

Não mais existe a figura do *REsp retido, que* existia no sistema anterior.

5.2.7. *Recurso extraordinário (RE)*

O RE apresenta uma série de similitudes em relação ao REsp. Assim, grande parte do que foi acima exposto também aqui se aplica.

5.2.7.1. *Cabimento*

Cabe **recurso extraordinário** de *acórdão que violar a Constituição* (CF, art. 102, III e NCPC, art. 1.029).

Há uma situação posterior à EC 45/2004 à qual se deve atentar: nos termos do art. 102, III, *d*, da CF, *cabe RE de acórdão que julgar válida* **lei local contestada em face de lei federal.** A tendência, diante dessa situação, seria afirmar que caberia o REsp (e era assim antes da EC 45/2004). Mas houve a alteração porque a *competência legislativa* (que disciplina a solução do problema) *é prevista na Constituição.*

Para o cabimento do RE, o acórdão não deve admitir outros recursos, ou seja, não cabe RE de acórdão que admita infringentes ou de decisão monocrática. Portanto, tal qual ocorre quanto ao REsp, só cabe RE quando **esgotados os demais recursos**.

Na hipótese de o acórdão violar, ao mesmo tempo, dispositivo do NCPC e da CF, serão **cabíveis, simultaneamente, recurso especial e recurso extraordinário**. Porém, cada recurso irá atacar matérias distintas: *REsp, a violação à legislação infraconstitucional; RE, a violação à Constituição.*

Nesse caso de interposição conjunta, os autos serão *remetidos ao STJ*; se o relator do recurso especial considerar prejudicial o recurso extraordinário, em decisão irrecorrível sobrestará o julgamento e remeterá os autos ao STF. Se o *relator do recurso extraordinário*, em decisão irrecorrível, rejeitar a prejudicialidade, devolverá os autos ao STJ para o julgamento do recurso especial (NCPC, art. 1.031, §§ 2º e 3º).

5.2.7.2. *Prazo/custas*

O prazo para interposição do RE é de *15 dias* (NCPC, art. 1.003, § 5º). Da mesma forma, é de 15 dias o prazo para responder ao recurso (contrarrazões de RE – NCPC, art. 1.030).

Há custas (tabela divulgada pelo STF).

5.2.7.3. *Outros requisitos de admissibilidade*

Tal qual o REsp, também o RE tem distinções quanto à admissibilidade. Assim, além dos requisitos de admissibilidade usualmente existentes, o RE tem também outros requisitos. E isso se justifica porque se trata de um recurso cuja finalidade não é simplesmente rediscutir a causa (como ocorre, por exemplo, na apelação), mas sim buscar o *respeito e a unidade na interpretação da Constituição*.

Ou seja, com o RE, busca o STF *zelar pela supremacia da Constituição*, por isso **não se discute matéria fática** em tal recurso, mas apenas *matéria de direito*. Mas o RE permite a **discussão de matéria de mérito ou processual**, isto é, cabe o recurso tanto por *violação a norma processual ou norma material contida na Constituição*.

Também há a necessidade de **prequestionamento**, nos moldes do já debatido quando se tratou do tema no REsp.

Igualmente ao já exposto para o REsp, o art. 1.029, § 3º prevê que o STF poderá "*desconsiderar vício formal de recurso tempestivo* ou determinar sua correção, desde que *não o repute grave*". Ou seja, é uma oportunidade que se dá para que o mérito recursal seja apreciado – resta verificar qual a amplitude que a jurisprudência dará à expressão **vício formal grave**.

Por fim, a partir da EC 45/2004 (CF, art. 102, § 3º), há um novo requisito de admissibilidade específico para o RE: a **repercussão geral da questão constitucional**. Por esse requisito, *o STF somente conhecerá um RE que seja relevante não só para as partes, mas para a sociedade como um todo (ou seja, a existência de questões relevantes do ponto de vista econômico, político, social ou jurídico, que ultrapassem os interesses subjetivos da causa)*.

Isso significa que o STF não irá se manifestar a respeito de uma "briga de vizinhos". O tema está regulado, do ponto de vista infraconstitucional, no NCPC pelos arts. 1.035.

A **competência** para apreciar a existência da repercussão geral é *exclusiva do STF*. O recurso *não será conhecido se 2/3 (dois terços) dos Ministros do STF* (8 dos 11) entenderem pela *ausência da repercussão geral*. A decisão sobre a presença da repercussão é irrecorrível (NCPC, art. 1.035, *caput*).

O recorrente deverá demonstrar, em preliminar do RE, a existência da repercussão geral (NCPC, art. 1.035, § 2º).

A repercussão geral decorre de lei (ou seja, há *repercussão geral presumida*) se o acórdão recorrido (NCPC, art. 1.035, § 3º):

I – *contrariar súmula ou jurisprudência dominante* do *STF*;

II – tenha reconhecido a *inconstitucionalidade de tratado ou de lei federal*, nos termos do art. 97 da Constituição Federal.

Além dessas duas situações, na versão original do NCPC, havia ainda menção a repercussão geral presumida quando a decisão tivesse sido proferida "em *julgamento de casos repetitivos*" – mas esse inciso foi **revogado** por força da Lei 13.256/2016.

Reconhecida a repercussão geral, o relator determinará a *suspensão de todos os processos*, individuais ou coletivos, que tratem daquele tema, em todo o país (NCPC, art. 1.035, § 5º). Prevê o Código que o recurso que tiver a repercussão geral reconhecida deverá ser "julgado no **prazo de 1 ano**" (§ 9º). Contudo, se não ocorrer o julgamento do RE com repercussão geral em 1 ano, *não há qualquer consequência prevista na lei* (na versão original do NCPC, o § 10º previa que cessaria a suspensão dos processos passado esse prazo de 1 ano – porém, o dispositivo foi **revogado** pela Lei 13.256/2016).

Negada a repercussão geral, a presidência do tribunal intermediário *negará seguimento aos recursos extraordinários sobrestados na origem que versem sobre matéria idêntica* (art. 1.035, § 8º).

5.2.7.4. Efeitos

Há, como em todos os recursos, efeito devolutivo.

Não há, em regra, o *efeito suspensivo*.

Quanto à concessão de efeito suspensivo, a regra é a mesma do REsp: é possível que haja a atribuição de efeito suspensivo ao RE, sendo a competência variável (vide item 5.2.6.4 acima).

5.2.7.5. Processamento (interposição/julgamento)

O processamento do RE é igual ao do REsp (vide item 5.2.6.5 acima):

✓ interposto no *Tribunal de origem*, endereçado à Presidência (NCPC, art. 1.029);

✓ a parte contrária terá prazo de 15 dias para apresentar contrarrazões, podendo impugnar o mérito e a admissibilidade do RE (NCPC, art. 1.030);

✓ o NCPC inicialmente previa a admissibilidade apenas no destino, mas a Lei 13.256/2016 devolveu a admissibilidade à origem (vide, novamente, item 5.2.6.5).

Ao proceder à admissibilidade, existem **diversas possibilidades** ao desembargador que a realiza (inovações da Lei 13.256/2016), a saber (art. 1.030).

I – **negar seguimento** a RE que discuta questão à qual o *STF não tenha reconhecido a existência de repercussão geral* ou a RE interposto contra acórdão que esteja em *conformidade com entendimento do STF proferido no regime de repercussão geral* ou a RE interposto contra acórdão que esteja em conformidade com *entendimento do STF* proferido no julgamento de *recursos repetitivos*;

II – **encaminhar o processo ao órgão julgador** (a turma ou câmara que proferiu o acórdão), para realização do *juízo de retratação*, se o acórdão recorrido divergir do entendimento do STF proferido nos regimes de *repercussão geral ou de recursos repetitivos* (ou seja, depois da prolação do acórdão, houve a decisão do repetitivo no STJ);

III – **sobrestar o recurso** que versar sobre controvérsia de *caráter repetitivo* ainda não decidida pelo STF;

IV – **selecionar o recurso como representativo de controvérsia** constitucional, para *julgamento como repetitivo*;

V – proceder à **admissibilidade do RE**, e, no caso de **admissão**, *remeter o recurso ao STF*, desde que: a) o recurso ainda *não tenha sido submetido* ao regime de *repercussão geral* ou *de recursos repetitivos*; b) o *recurso tenha sido selecionado como representativo da controvérsia*; ou c) o tribunal recorrido tenha *refutado o juízo de retratação*.

Dessas **decisões monocráticas** acima arroladas, é possível **recorrer** (art. 1.030, §§ 1º e 2º):

(i) tratando-se de **inadmissão** por ausência de requisito de admissibilidade (inciso V), cabe *agravo em recurso especial* (art. 1.042, já exposto no item 5.2.5.2);

(ii) tratando-se de decisão *relativa a recurso repetitivo* (**negar seguimento**, inciso I ou **sobrestar**, inciso III), cabe *agravo interno* (art. 1.021), a ser julgado perante o próprio tribunal de origem, sem que haja possibilidade – pela legislação – de se chegar ao tribunal superior.

Como se percebe, é um sistema complexo, com diversas possibilidades de julgamento e variação quanto aos recursos (e, pelo Código, somente recorríveis as decisões acima indicadas).

No mais, uma vez o RE no STF, se o relator considerar como **reflexa a ofensa à Constituição** afirmada no recurso extraordinário, por pressupor a revisão da interpretação de lei federal ou de tratado, *o tribunal remeterá o recurso ao STJ para julgamento como recurso especial* (NCPC, art. 1.033). Trata-se da conversão do RE em REsp. Nesse caso, não há necessidade de se intimar o recorrente para emendar seu recurso (o que existe no caso de conversão do REsp para o RE – vide item 5.2.6.5 acima).

✓ Deixou de existir o *RE retido*.

5.2.8. REsp e RE repetitivos

Considerando a *massificação das causas* e a necessidade de *segurança jurídica e isonomia*, foram buscadas alternativas para a racionalidade do sistema processual. Assim, em reforma do CPC/1973, surgiu o REsp repetitivo.

No NCPC, REsp e RE repetitivos são regulados da mesma forma.

Assim, **REsp repetitivo** e **RE repetitivo** (NCPC, arts. 1.036 a 1.041) se prestam a tutelar situações em que *houver multiplicidade de recursos com fundamento em idêntica questão de direito. Sendo este o caso, os recursos mais representativos serão afetados para julgamento como repetitivo, ficando os demais suspensos. A decisão a ser proferida pelo tribunal superior nesse recurso repetitivo servirá como base para os demais recursos que estavam suspensos.*

E, como já visto, essa decisão deverá ser **observada pelos demais magistrados** (NCPC art. 927, III); caso não seja, será possível a *utilização da reclamação* (NCPC, art. 988, II e § 5º, II).

De forma simplificada, a tramitação de um repetitivo observa a seguinte ordem:

(i) escolha dos recursos representativos (somente recursos com a presença de todos os requisitos de admissibilidade)

(ii) decisão de afetação, com suspensão de outros processos análogos (que discutam a mesma tese jurídica)

(iii) julgamento do repetitivo

(iv) aplicação e observância do procedente em relação aos demais processos que envolvam a mesma tese jurídica.

Se, dentre os **recursos sobrestados**, houver *algum que seja intempestivo*, o interessado pode requerer que esse recurso seja inadmitido. Diante disso, o recorrente será ouvido, em 5 dias e, a seguir, haverá decisão do presidente. Se a decisão não afastar a afetação, cabe o agravo interno, para o próprio tribunal (NCPC, art. 1.036, § 3º, com a redação da Lei 13.256/2016).

Feita a escolha dos recursos, o *relator, no tribunal superior*, (i) identificará qual a questão a ser submetida, (ii) sobrestará todos os processos que versem sobre a questão, em todo país (não só recursos, mas qualquer demanda, individual ou coletiva), (iii) poderá requisitar o envio, pelos tribunais, de um recurso representativo da controvérsia (ou, ele mesmo, escolher outros recursos, já existentes no Tribunal Superior, independentemente da escolha pelo tribunal de origem).

Prevê o Código que o recurso repetitivo deverá ser "julgado no **prazo de 1 ano**" (NCPC, art. 1.037, § 4º). Contudo, se não ocorrer o julgamento do repetitivo em 1 ano, *não há qualquer consequência prevista na lei* (na versão original do NCPC, o § 5º previa que cessaria a suspensão dos processos passado esse prazo de 1 ano – porém, o dispositivo foi **revogado** pela Lei 13.256/2016).

Após a **decisão de afetação**, o relator poderá (NCPC, art. 1.038):

I – *solicitar ou admitir amicus curiae*

II – designar *audiência pública*

III – requisitar *informações aos tribunais*

Em relação aos **processos sobrestados** (NCPC, art. 1.037, §§ 8º a 13):

a) haverá a *intimação das partes;*

b) as partes podem pedir *prosseguimento de seu recurso* com fundamento em *distinção*

c) se *indeferido esse pedido de afastar o sobrestamento*, caberá agravo de instrumento (se processo estiver em 1º grau) ou agravo interno (se o processo estiver no Tribunal).

Julgado o recurso repetitivo, ocorrerá o seguinte em relação aos recursos sobrestados (NCPC, arts. 1.039 a 1.041):

I – se o recurso sobrestado for REsp ou RE e estiver na origem: (a) inadmissão dos recursos (se a tese for contrária à fixada no repetitivo) ou reexame pela Câmara ou Turma (se a tese fixada for no sentido do pleiteado pelo recorrente);

II – se a causa for sobrestada antes desse momento processual, o juiz ou relator deverão *aplicar a tese definida*, sob pena de *reclamação;*

III – haverá, ainda, a *comunicação a órgãos, entes ou agências* com atribuição para *fiscalizar o cumprimento* da decisão proferida no repetitivo. Assim, por exemplo, se houver um repetitivo contra banco, o BACEN será oficiado para fiscalizar a obrigação imposta pela decisão judicial.

Por fim, o **julgamento do repetitivo ainda permite**:

(i) a *desistência nos sobrestados em 1º grau, sem concordância do réu* (só haverá isenção de custas e honorários se a desistência ocorrer antes da citação); e

(ii) autoriza *julgamento liminar de improcedência, dispensa remessa necessária* e permite o *julgamento monocrático pelo relator.*

5.2.9. Embargos de divergência

5.2.9.1. Cabimento

Os **embargos de divergência** são utilizados somente no âmbito do STJ e STF, após o julgamento do REsp ou do RE. Assim, *são cabíveis quando o acórdão proferido no julgamento do REsp/RE divergir do julgamento proferido por outro órgão colegiado do próprio Tribunal* (NCPC, art. 1.043).

Portanto, a finalidade é *pacificar internamente as divergências de entendimento.*

Assim, quando do julgamento de algum REsp, se o STJ já tiver julgado de alguma outra maneira a questão, por algum outro órgão interno do Tribunal, serão cabíveis os embargos de divergência. O mesmo se diga quando do julgamento de um RE pelo STF.

Na redação original do NCPC havia um aumento nas hipóteses de cabimento dos embargos de divergência, admitindo o recurso também no tocante à *admissibilidade do recurso* (e não só mérito) e também, nos processos de competência originária, de quaisquer julgados que divergissem do tribunal (ou seja, poderia haver divergência entre reclamação e REsp). Contudo, a **Lei 13.256/2016 revogou** essas duas inovações, que constavam dos incisos II e IV do art. 1.043.

Em síntese, o cabimento ficou da seguinte forma (NCPC, art. 1.043, I e III):

a) – em recurso extraordinário ou em recurso especial, *divergir do julgamento de qualquer outro órgão do mesmo tribunal*, sendo os acórdãos, embargado e paradigma, *de mérito*;

b) em recurso extraordinário ou em recurso especial, *divergir do julgamento de qualquer outro órgão do mesmo tribunal*, sendo um *acórdão de mérito* e *outro que não tenha conhecido do recurso*, embora tenha apreciado a controvérsia;

Cabe o recurso para discutir teses firmadas entre dois recursos, de órgão internos distintos – seja de matéria processual ou material (NCPC, art. 1.043, § 2º). Cabe ainda o recurso de julgado da *mesma turma*, se tiver havido *mudança na composição* (NCPC, art. 1.043, § 3º).

O recurso é previsto em um único artigo no NCPC, comparado com os demais recursos, não é muito frequente, seja no cotidiano forense ou em provas de concursos jurídicos – na maior parte das vezes, as bancas colocam este recurso como uma resposta errada, para *confundir o candidato* em relação a outros recursos.

5.2.9.2. *Prazo/custas*

O prazo para interposição dos embargos de divergência é de *15 dias* (NCPC, art. 1.003, § 5º). Da mesma forma, é de 15 dias o prazo para responder ao recurso (contrarrazões de embargos de divergência) – o NCPC não prevê tal prazo, mas essa é a praxe nos regimentos internos e, ainda, é o prazo por força do princípio da isonomia entre os litigantes.

Há necessidade de *custas* (STJ, Lei 11.636/2007 e STF, RISTF, art. 57 e Tabela B de custas).

5.2.9.3. *Efeitos*

Há, como em todos os recursos, efeito devolutivo.

Não há efeito suspensivo, tal qual ocorre com o REsp e o RE.

Além disso, a interposição do recurso no STJ interrompe o prazo para interposição do RE, por qualquer das partes (NCPC, art. 1.044, § 1º).

5.2.9.4. *Processamento (interposição/julgamento)*

Os embargos de divergência são endereçados ao próprio relator do recurso. Após a vista à parte contrária para contrarrazões, haverá o julgamento.

O art. 1.044 do NCPC dispõe que o procedimento dos embargos de divergência seguirá o previsto nos regimentos internos dos Tribunais (RISTJ, arts. 266 e 267; RISTF, arts. 330 a 336).

5.2.10. *Recursos que deixaram de existir no NCPC*

Buscando simplificar o sistema, o NCPC extinguiu dois recursos que existiam no sistema anterior. Contudo, na verdade não se trata de uma extinção plena, mas sim uma transformação envolvendo os recursos.

Por essa razão, especialmente no início da vigência, vale visualizar o que foi extinto e qual a modificação realizada, pois isso pode ser objeto de questões em provas de concursos jurídicos.

5.2.10.1. *Agravo retido*

No sistema do CPC/1973, ao lado do agravo de instrumento, havia também o agravo retido para impugnar decisões interlocutórias. No Código anterior, tratando-se de decisão interlocutória, *a regra era o cabimento do agravo retido*, pois somente cabia o agravo de instrumento em hipóteses de urgência.

E, se a parte não interpusesse o agravo retido, haveria preclusão quanto àquela decisão interlocutória. Por isso, o agravo retido era utilizado para *evitar a preclusão*.

No NCPC, **deixa de existir o agravo retido**. Assim, proferida uma decisão interlocutória não agravável de instrumento, se a parte não fizer nada, *não haverá preclusão*. Mas, após a prolação da sentença, *em preliminar de apelação ou de contrarrazões de apelação, a questão deverá ser impugnada – sob pena de preclusão* (ou seja, a preclusão dessa interlocutória não ocorrerá em 15 dias após sua publicação, mas somente após o prazo de apelação da sentença – por isso parte da doutrina fala em *preclusão elástica*).

A questão vem assim regulada no NCPC.

Art. 1.009, § 1º As *questões resolvidas na fase de conhecimento*, se a *decisão a seu respeito não comportar agravo de instrumento*, não são cobertas pela preclusão e devem ser *suscitadas em preliminar de apelação*, eventualmente interposta contra a decisão final, *ou nas contrarrazões*.

5.2.10.2. *Embargos infringentes*

No sistema do CPC/1973, cabiam *embargos infringentes de acórdão não unânime que reformasse decisão de mérito, no bojo de apelação ou rescisória*. Ou seja, quando houvesse uma decisão "m.v." (maioria de votos, "2x1") seria possível a utilização dos infringentes.

Existiam muitas *divergências quanto ao cabimento dos embargos infringentes*, de modo que, em um primeiro momento de tramitação do Código, o recurso simplesmente deixou de existir. Mas, ao final da tramitação, a ideia de *voto vencido justificar novo julgamento voltou*. Não como recurso, mas como técnica de julgamento.

Assim, deixa de existir o recurso de embargos infringentes. Porém, se houver **voto vencido no momento do julgamento de apelação** (não de agravo), o *julgamento não termina*. Diante de um 2x1, serão convocados novos desembargadores, para que haja nova sessão de julgamento, com 5 desembargadores (os 3 que inicialmente votaram, mais 2 magistrados). Inclusive, se no órgão julgador houver número suficiente de magistrados, poderá o julgamento prosseguir a mesma sessão.

Portanto, mesmo sem vontade da parte, de ofício, haverá novo julgamento do recurso, inclusive com possibilidade de novas sustentações orais.

A inovação dessa técnica de julgamento vem assim prevista no NCPC:

"Art. 942. Quando o *resultado da apelação for não unânime*, o julgamento terá *prosseguimento em sessão a ser designada com a presença de outros julgadores*, que serão convocados nos termos previamente definidos no regimento interno, em *número suficiente para garantir a possibilidade de inversão do resultado* inicial, assegurado às partes e a eventuais terceiros o *direito de sustentar oralmente suas razões* perante os novos julgadores.

§ 1º *Sendo possível, o prosseguimento do julgamento dar-se-á na mesma sessão*, colhendo-se os votos de outros julgadores que porventura componham o órgão colegiado."

5.3. Recursos nos Juizados Especiais

5.3.1. *Visão geral*

Até o tópico anterior houve a apresentação dos recursos previstos no NCPC. No âmbito dos Juizados Especiais, porém, existe sensível distinção no que diz respeito aos recursos – o que justifica, portanto, um tópico específico para enfrentar o tema.

Contudo, neste momento não se apresenta exatamente o que são os Juizados Especais (para tanto, conferir o item 3.14 supra, quando se tratou de procedimentos especiais).

De qualquer forma, apenas é necessário esclarecer que hoje existem três Juizados Especiais Cíveis, a saber:

✓ Juizado Especial Cível (causas cíveis entre particulares, até 40 salários mínimos – Lei 9.099/1995);

✓ Juizado Especial Federal (causas cíveis com ente federal como réu até 60 salários mínimos – Lei 10.259/2001); e

✓ Juizado Especial da Fazenda Pública (causas cíveis com entes estatais estaduais e municipais como réus, até 60 salários mínimos – Lei 12.153/2009).

Considerando o objetivo de *celeridade*, o sistema recursal dos Juizados é bem mais *simples* do que o previsto no NCPC. E há alguma distinção entre o JEC e os demais Juizados, como se verá a seguir.

5.3.2. *JEC (Lei 9.099/1995)*

Considerando a Lei 9.099/1995 e a Constituição, no JEC existem três recursos:

✓ recurso inominado;

✓ embargos de declaração; e

✓ recurso extraordinário.

A Lei 9.099/1995 prevê *recurso para impugnar a sentença*. Diante da ausência de nome, a doutrina e a jurisprudência passaram a denominá-lo de **recurso inominado** (art. 41), a ser interposto no *prazo de 10 dias* (art. 42), dependendo de *preparo* (art. 42, § 2º), em regra, *somente com efeito devolutivo* (art. 43).

Quanto ao *processamento* do recurso inominado, é *semelhante ao da apelação*. Após o recebimento, será aberta vista à parte contrária para *contrarrazões* e então o recurso será encaminhado ao **Colégio Recursal**, *órgão que é composto de juízes de 1º grau e que, de forma colegiada, decidirão o recurso.*

No mais, segundo entendimento majoritário, não cabe o recurso na modalidade adesiva, por falta de previsão legal.

Das decisões de 1º e 2º grau do Juizado cabem **embargos de declaração** (art. 48), no prazo de *5 dias* (art. 49).

O art. 1.064 do NCPC alterou o art. 48 da Lei 9.099/1995 para *deixar as hipóteses de cabimento dos declaratórios, no JEC, iguais às do Código de Processo* (antes dessa alteração, era possível também embargar no caso de *dúvida*).

Outra alteração promovida pelo NCPC (art. 1.065) foi apontar que, também no JEC, os embargos de declaração *interrompem o prazo para os outros recursos* (antes, a Lei 9.099/1995 previa a suspensão).

Portanto, as alterações que o NCPC fez na Lei 9.099/1995 foram para **igualar o regime dos embargos de declaração** no JEC e NCPC – o que é excelente, pois não se justificam as decisões antes existentes.

No JEC é admissível, também, o **recurso extraordinário**, *se o acórdão do Colégio Recursal violar a Constituição* (CF, art. 102, III) – com todos os requisitos e formas como já acima exposto.

Por outro lado, **não cabe no JEC**, por falta de previsão legal:

✓ *agravo ou qualquer recurso contra decisões interlocutórias*. Em alguns Estados, em casos de urgência, admite-se o agravo (como em São Paulo). Mas o entendimento que prevalece (e, portanto, o *mais seguro para provas de concursos jurídicos* – também constante do FONAJE, Enunciado 15: "Nos Juizados Especiais não é cabível o recurso de agravo, exceto nas hipóteses dos artigos 544 e 557 do CPC") é pelo *não cabimento do agravo*, com a admissão, em situações excepcionais, do *mandado de segurança*; esse enunciado faz referência ao CPC/1973;

✓ *recurso especial*. Mesmo que uma decisão do Colégio Recursal viole legislação federal ou jurisprudência do STJ, não será cabível o REsp (neste sentido, Súmula 203 do STJ: "Não cabe recurso especial contra decisão proferida por órgão de segundo grau dos Juizados Especiais").

Contudo, diante de dificuldades que essa situação vem causando no cotidiano forense, *tem-se admitido a reclamação para o STJ*, de modo a impugnar decisões do Colégio Recursal em claro confronto com a jurisprudência do Tribunal (STF, EDcl no RE 571.572/BA, Tribunal Pleno, j. 26.08.2009, *DJe* 27.11.2009 e Resolução STJ 12/2009). Isso *até que se crie, no JEC, um incidente de uniformização de jurisprudência* (vide item abaixo). Não houve nenhuma alteração, nesse ponto, no NCPC.

5.3.3. *JEF (Lei 10.259/2001) e JEFP (Lei 12.153/2009)*

As leis que criaram o JEF e o JEFP, no tocante aos recursos, são muito semelhantes.

A base recursal é a mesma já prevista no JEC (*a Lei 9.099/1995 é aplicada de forma subsidiária*). Assim, tal qual acima exposto, *são cabíveis*:

✓ recurso inominado;

✓ embargos de declaração; e

✓ recurso extraordinário.

Mas, além disso, há a previsão de:

✓ **recurso de decisão interlocutória** (ou seja, **agravo** – apesar de a Lei não fazer menção a este nome), *desde que se trate de tutela de urgência* (Lei 10.259/2001, arts. 4º e 5º; e Lei 12.153/2009, arts. 3º e 4º);

✓ **incidente ou pedido de uniformização**, *a ser utilizado caso haja divergência entre os diversos Colégios Recursais ou entre estes e o STJ* (Lei 10.259/2001, art. 14; e Lei 12.153/2009, art. 18). Mas vale destacar que o incidente, apesar de impugnar acórdão de Colégio Recursal, *não tem natureza recursal*.

5.3.4. Interação entre NCPC e Juizados

Do exposto em relação aos Juizados, percebe-se que estamos diante de sistemas distintos (inclusive considerando a necessidade de uso da reclamação, conforme exposto no item 5.3.2 acima).

Porém, o NCPC, em alguns pontos, busca aproximar os 2 sistemas:

✓ **a tese firmada no IRDR** *também deverá ser observada perante os Juizados*, qualquer deles (NCPC, art. 985, I, parte final);

✓ aplica-se o **incidente de desconsideração da personalidade jurídica** *aos Juizados Especiais* (NCPC, art. 1.062).

Porém, não há previsão quanto à aplicação de diversos dispositivos do NCPC aos Juizados, o que será decidido paulatinamente pela jurisprudência. Como exemplo de dúvida, a *contagem de prazos em dias úteis*. Como não há previsão de como se conta prazo nos Juizados, a rigor, deveria ser aplicada a contagem de prazos somente em dias úteis, também nos Juizados (posição mais técnica, inclusive considerando a aplicação subsidiária do CPC ao sistema do Juizado – art. 27 da Lei 12.153/2009). Pelo outro lado, considerando a celeridade e informalidade que permeiam o Juizado, é possível que se sustente que não há a contagem de prazos em dias úteis. A respeito do tema, em encontro de magistrados para debater o NCPC, promovido pela ENFAM (Escola Nacional de Formação e Aperfeiçoamento de Magistrados), foi elaborado enunciado no seguinte sentido: "A contagem dos prazos em dias úteis (art. 219 do CPC/2015) aplica-se ao sistema de juizados especiais". (vale frisar que não se trata de jurisprudência, mas sim de debate entre juízes).

6. REVOGAÇÕES E VIGÊNCIA

Para concluir, vale tecer alguns comentários a respeito de algumas previsões constantes das disposições finais e transitórias.

Ao entrar em vigor, as disposições do NCPC **se aplicarão desde logo aos processos pendentes**, observado o ato jurídico processual perfeito – ou seja, o que já foi realizado não terá de ser refeito (direito intertemporal).

Fica, portanto, **revogado o CPC/1973** (NCPC, art. 1.046).

Apesar da aplicação imediata do NCPC, as disposições relativas ao **rito sumário e procedimentos especiais revogados** *serão aplicadas* às ações propostas até o início da vigência do Novo Código, *desde que ainda não tenham sido sentenciadas* (NCPC, art. 1.046, § 1º).

Enquanto não editada lei específica, **as execuções contra devedor insolvente** (procedimento não previsto no NCPC) seguirão o *previsto no CPC/1973*, arts. 748 e ss. (que, portanto, apesar do Código revogado, seguirão eficaz).

O art. 1.072 traz a **revogação de inúmeros artigos de diversos diplomas legislativos**, com destaque para revogações no *Código Civil* (8 artigos, dentre os quais o art. 456), Lei 1.060/1950 – *Lei da Justiça Gratuita* (8 artigos), Lei 8.038/1990 – *Lei dos Recursos* (11 artigos) e Lei 5.478/1968 – *Lei de Alimentos* (3 artigos).

Em relação ao término da *vacatio legis* e efetivo **início da vigência do NCPC**, o art. 1.045 destaca que o Código entra em vigor "após decorrido *1 (um) ano da data de sua publicação oficial*". A sanção ocorreu em 16.03.2015, ao passo que a publicação no D.O.U. se deu em 17.03.2015. A partir daí, há *duas principais correntes* quanto à efetiva vigência, cada uma considerando forma diversa a contagem do "ano":

(i) dia 17.03.2016: publicação em 17.03.2015, 1 ano em 16.03.2016, entrando em vigor "no dia subsequente à sua consumação integral", ou seja, 17.03.2016;

(ii) dia 18.03.2016: publicação em 17.03.2015, 1 ano em 17.03.2016 (CC, art. 132, § 3º), entrando em vigor "no dia subsequente à sua consumação integral", ou seja, 18.03.2016. Esta segunda corrente me parece a contagem mais correta – mas vejamos o que o STJ entende a respeito do assunto.

10. Direito do Trabalho Individual e Coletivo

Hermes Cramacon

Parte I Direito Individual do Trabalho

1. INTRODUÇÃO

1.1. Evolução histórica

Para compreendermos corretamente o direito do trabalho, é importante saber a origem da palavra "trabalho".

A expressão se origina do termo latim tripalium, instrumento de tortura utilizado na antiga Roma, sendo formado por três estacas (paus) cravadas no chão na forma de uma pirâmide, no qual eram torturados os escravos.

Traduzindo para nosso vernáculo, "trabalhar", do latim *tripaliare*, possuía naquela época conotação de tortura e, consequentemente, de escravidão, sentido diverso do que a expressão sugere nos dias de hoje.

Na maioria das sociedades da Idade Antiga predominava a escravidão, quando o trabalhador (escravo) não era considerado sujeito de direito. Nessa fase histórica, o escravo era tido como uma coisa, um objeto, e nessa condição ele era negociado. Seu trabalho era exaustivo e não remunerado e todo o lucro desse labor pertencia ao seu proprietário.

Após a decadência do Império Romano, predominou na Europa, durante a Idade Média, o feudalismo. Esse modo de organização era caracterizado pelo poder centralizado nas mãos dos senhores feudais, cuja economia era baseada na agricultura e pecuária, com utilização do trabalho dos servos, camponeses que cuidavam da agropecuária dos feudos e, em troca, recebiam o direito a um pedaço de terra para morar e estariam protegidos dos bárbaros.

A servidão consistia em um labor em que o trabalhador (servo) não detinha a condição de escravo, mas na realidade não dispunha de sua liberdade.

Ainda na Idade Média, a partir do século XII, surgiram as corporações de ofício, constituídas por mestres, jornaleiros e aprendizes, como eram chamados.

Com o surgimento e desenvolvimento das primeiras cidades, aumentou a demanda por produtos agrícolas, o que elevou os preços das mercadorias e permitiu aos servos a compra de suas próprias terras e o consequente desligamento das ordens dos senhores feudais.

Já no século XVIII, com a descoberta da máquina a vapor como fonte de energia, substituindo a força do homem, deu-se início à Revolução Industrial.

A máquina a vapor, multiplicando a força de trabalho, substituía a força humana, em média, em 20 homens, o que implicou redução de mão de obra.

Nesse período, os trabalhadores viviam em condições terríveis. Muitos deles tinham um cortiço como moradia e eram submetidos a jornadas de trabalho que chegavam até a 80 horas por semana. As crianças e as mulheres também eram submetidas a esse trabalho exaustivo e, absurdamente, recebiam valores inferiores àqueles pagos aos homens.

Nessa linha, os trabalhadores se uniram, surgindo, assim, os primeiros sindicatos, que reivindicavam melhorias nas condições de trabalho e salariais.

1.1.1. Evolução histórica no Brasil

Com a Revolução de 1930, que culminou no golpe de Estado chamado de "golpe de 1930", pondo fim à República Velha, iniciou-se a Era Vargas. Getúlio Vargas instituiu políticas de modernização do País, criando, inclusive, o Ministério do Trabalho. Foi Vargas, também, quem instituiu a Lei da Sindicalização.

Vargas pretendia, com isso, ganhar o apoio popular, por isso houve durante seu primeiro governo (1930-1945) grandes avanços na legislação trabalhista dos quais o maior foi o estabelecimento da CLT – Consolidação das Leis do Trabalho e, ainda, a criação do salário mínimo.

1.2. Natureza jurídica

A divisão tradicional do direito supõe: um ramo voltado à organização do Estado, chamado de Direito Público, e o Direito Privado, que se refere à regulação dos interesses dos particulares.

Embora possamos observar no Direito do Trabalho diversas normas de caráter cogente, não podemos afirmar que esse ramo do direito seja considerado parte do Direito Público, na medida em que não regula os interesses do Estado. O que existe é uma intervenção do Estado.

Pensamos que o Direito do Trabalho é um ramo do Direito Privado, pois regula a relação dos particulares envolvidos, tendo como foco central o contrato de trabalho.

1.3. Autonomia

Para saber se uma área de estudo é uma ciência, é necessária a presença de alguns requisitos como: extensão de matéria, doutrinas, princípios específicos e método próprio.

É nítida a autonomia do Direito do Trabalho, na medida em que é bastante amplo, originando institutos e princípios próprios.

Diversos são os princípios específicos do Direito do Trabalho. Ademais, há institutos capazes de demonstrar a autonomia dessa área em relação a outros ramos do direito, os quais representam fontes especiais do Direito do Trabalho. Destacam-se entre eles a convenção coletiva de trabalho e a sentença normativa, institutos que não poderiam ser incluídos em qualquer outro ramo do Direito, tampouco explicados por outra doutrina que não a trabalhista.

1.4. Fontes do Direito do Trabalho

As fontes do direito podem ser classificadas como: fontes materiais e fontes formais.

1.4.1. Fontes materiais

É o momento pré-jurídico da norma, ou seja, a norma ainda não positivada. Representa a pressão exercida pelos trabalhadores contra o Estado buscando melhores condições de trabalho. As fontes materiais referem-se aos fatores sociais, econômicos, históricos, políticos e, ainda, filosóficos, que originam o direito, influenciando na criação da norma jurídica.

1.4.2. Fontes formais

Correspondem à norma jurídica já constituída, já positivada. Em outras palavras, representam a exteriorização dessas normas, ou seja, é a norma materializada.

As fontes formais, por sua vez, subdividem-se em:

1.4.2.1. Fontes formais heterônomas

Decorrem da atividade normativa do Estado. Caracterizam-se pela participação de um agente externo (Estado) na elaboração da norma jurídica. São exemplos: a Constituição Federal, a CLT, leis, sentença normativa, tratados internacionais ratificados pelo Brasil.

1.4.2.1.1. Sentença normativa

Não sendo os conflitos coletivos solucionados por meio da negociação coletiva e recusada a arbitragem, serão eles submetidos à Justiça do Trabalho por meio dos dissídios coletivos.

A sentença normativa consiste na decisão proferida nos dissídios coletivos, estabelecendo normas e condições de trabalho aplicáveis aos envolvidos na lide por meio do poder normativo da Justiça do Trabalho.

Com relação à vigência da sentença normativa, imperiosa a leitura do Precedente Normativo 120 da SDC do TST:

> PRECEDENTE NORMATIVO 120 DA SDC DO TST – SENTENÇA NORMATIVA. DURAÇÃO. POSSIBILIDADE E LIMITES
>
> A sentença normativa vigora desde seu termo inicial até que sentença normativa, convenção coletiva de trabalho ou acordo coletivo de trabalho superveniente produza sua revogação, expressa ou tácita, respeitado, porém, o prazo máximo legal de quatro anos de vigência.

1.4.2.1.2. Sentença arbitral

Os conflitos coletivos poderão ser resolvidos por meio da arbitragem, nos termos do art. 114, §§ 1º e 2º, da CF/1988.

Nas lições de Gustavo Felipe Barbosa Garcia (em *Curso de Direito do Trabalho*, 6ª ed., Rio de Janeiro, Forense, 2012, p. 64): "a arbitragem é forma de solução de conflitos, no caso, heterônoma, pois um terceiro (árbitro) é quem decidirá o litígio, por meio da sentença arbitral. É estabelecida por meio da convenção de arbitragem que engloba a cláusula compromissória e o compromisso arbitral (art. 3º da Lei 9.307/1996)."

Como se sabe, o Direito Individual do Trabalho é pautado pelo princípio da irrenunciabilidade. Assim, vigora na doutrina e jurisprudência entendimento de que a arbitragem está restrita ao Direito Coletivo do Trabalho, sendo incompatível com o Direito Individual, tendo em vista que, nos termos do art. 1º da Lei 9.307/1996, o instituto está restrito a direitos patrimoniais disponíveis.

1.4.2.1.3. Leis

Deverão ser consideradas fontes formais heterônomas do Direito do Trabalho as leis em sentido amplo.

Assim, são consideradas fontes: a Consolidação das Leis do Trabalho – CLT (Decreto-lei 5.452/1943); leis esparsas, como a Lei 605/1949, que cuida do Repouso Semanal Remunerado; a Lei 5.889/1973, que cuida do trabalho rural, entre outras.

1.4.2.1.4. Atos do Poder Executivo

A legislação trabalhista possui disposições provenientes de atos do Poder Executivo. Nesse sentido, importante fazer referência aos decretos que regulamentam leis relacionadas ao Direito do Trabalho. Como exemplo, podemos citar o Decreto 27.048/1949, que regulamenta a Lei 605/1949.

Além disso, o Ministério do Trabalho e Emprego também poderá regulamentar questões trabalhistas, como faz, por exemplo, na Instrução Normativa 15, de 14 de julho de 2010, que estabelece procedimentos para assistência do empregado na rescisão do contrato, no âmbito do Ministério do Trabalho e Emprego.

1.4.2.2. Fontes formais autônomas

Ao contrário das fontes heterônomas, essas se caracterizam por serem formadas com a participação imediata dos próprios destinatários da norma jurídica. Aqui, eles participam diretamente no processo de sua elaboração sem a interferência do agente externo (Estado). São exemplos: a convenção coletiva e o acordo coletivo de trabalho.

1.4.2.2.1. Convenção coletiva

É o acordo de caráter normativo entre um ou mais sindicatos de empregados e de empregadores, de modo a definir as condições de trabalho que serão observadas em relação a todos os trabalhadores dessas categorias.

1.4.2.2.2. Acordo coletivo

É o pacto entre uma ou mais empresas com o sindicato da categoria profissional, em que são estabelecidas condições de trabalho aplicáveis às empresas envolvidas.

A convenção e o acordo coletivo serão estudados na Parte II, item 3.4.2, ao qual remetemos o leitor.

1.4.3. Fontes supletivas

É certo que a legislação não consegue observar todas as situações sociais, o que leva à existência de lacunas na ordem jurídica.

De outro lado, nos termos do art. 126 do CPC[1], não pode o juiz se eximir de sentenciar ou despachar alegando lacuna ou obscuridade da lei. Nessa linha, continua o citado dispositivo ensinando que não havendo normais legais deverá o juiz recorrer à analogia, aos costumes e aos princípios gerais do direito. A Lei de Introdução às Normas do Direito Brasileiro, no art. 4º, traz

1. Art. 140 do CPC/2015.

ensinamento no mesmo sentido, devendo o juiz atender aos fins sociais a que a lei se dirige e às exigências do bem comum, em conformidade com o art. 5º do mesmo diploma legal.

A legislação trabalhista traz a integração das normas no art. 8º da CLT que dispõe que, na falta de disposição legal ou contratual, o operador do direito deverá se socorrer da da jurisprudência, da analogia, da equidade, dos princípios, dos usos e costumes e do direito comparado.

1.4.3.1. Analogia

É a aplicação de uma lei existente para exata hipótese a um caso semelhante. Consiste, em outras palavras, em aplicar a um caso não previsto de modo direto por uma norma jurídica uma norma prevista para uma hipótese semelhante àquela.

Assim, não havendo lei específica para um caso concreto, a primeira medida a ser tomada é verificar a existência de outra lei prevista para um caso semelhante.

1.4.3.2. Jurisprudência

Muito se discute acerca da classificação da jurisprudência como fonte de direito.

A expressão "jurisprudência" se origina do termo latim *iurisprudentia,* direito dos escritos dos *iuris* prudentes, conhecedores do direito. Na época clássica romana, as respostas dadas por estes conhecedores do direito eram consideradas como leis.

Jurisprudência consiste no conjunto de reiteradas decisões dos tribunais sobre certa matéria.

Não pode ser considerada como fonte do direito, pois, em regra, não é tida como de observância obrigatória, pois apenas demonstra o caminho predominante em que os tribunais entendem aplicar a lei, suprindo, inclusive, eventuais lacunas.

Podemos lembrar algumas exceções: a primeira delas vem disposta no § 2º do art. 102 da CF quando menciona que "as decisões definitivas de mérito, proferidas pelo Supremo Tribunal Federal, nas ações diretas de inconstitucionalidade e nas ações declaratórias de constitucionalidade produzirão eficácia contra todos e efeito vinculante, relativamente aos demais órgãos do Poder Judiciário e à administração pública direta e indireta, nas esferas federal, estadual e municipal".

Outra exceção traz o art. 103-A da CF que ensina que "o Supremo Tribunal Federal poderá, de ofício ou por provocação, mediante decisão de dois terços de seus membros, após reiteradas decisões sobre matéria constitucional, aprovar Súmula que, a partir de sua publicação na imprensa oficial, terá efeito vinculante em relação aos demais órgãos do Poder Judiciário e à administração pública direta e indireta, nas esferas federal, estadual e municipal, bem como proceder à sua revisão ou cancelamento, na forma estabelecida em lei".

Já a Lei 9.868/1999, que dispõe sobre o processo e julgamento da ADI e ADC, estabelece no parágrafo único do art. 28 que "a declaração de constitucionalidade ou de inconstitucionalidade, inclusive interpretação conforme a Constituição e a declaração parcial de inconstitucionalidade sem redução de texto, têm eficácia contra todos e efeito vinculante em relação aos órgãos do Poder Judiciário e à Administração Pública federal, estadual e municipal".

O Tribunal Superior do Trabalho manifesta seu entendimento por meio das Súmulas e orientações jurisprudenciais (OJs), que orientam os operadores do Direito do Trabalho, embora não possuam força vinculante.

1.4.3.3. Princípios gerais de direito

Nas lições de Miguel Reale (em *Lições preliminares de Direito*, 27ª ed. São Paulo, Saraiva, 1996, p. 300): "são enunciações normativas de valor genérico, que condicionam e orientam a compreensão do ordenamento jurídico em sua aplicação e integração ou mesmo para a elaboração de novas normas."

São, portanto, verdadeiros alicerces de um ordenamento jurídico.

1.4.3.4. Equidade

Forma de integração da norma jurídica a um caso específico em que são observados os critérios de justiça e igualdade.

Pela equidade, a regra é interpretada para um caso específico, deixando a norma mais justa àquele determinado caso.

1.4.3.5. Costumes

Os costumes são regras sociais que resultam da prática reiterada, generalizada e prolongada de um certo comportamento, que resulta em uma convicção de obrigatoriedade, de acordo com a cultura específica de cada sociedade.

São comportamentos reiterados por um longo espaço de tempo, por toda uma sociedade, transformando esse comportamento em norma jurídica.

1.4.3.6. Direito comparado

Objetiva o conhecimento dos ordenamentos jurídicos de outros países com base em estudos comparados de seus sistemas.

Como o próprio nome diz, é feito um estudo comparado entre os diversos sistemas jurídicos para a interpretação de determinada norma.

1.5. Princípios trabalhistas

Na definição de Maurício Godinho Delgado (em *Curso de Direito do Trabalho*, 8ª ed., São Paulo, LTr, 2009, p. 171): "*são proposições fundamentais que se formam na consciência das pessoas e grupos sociais, a partir de certa realidade, e que, após formadas, direcionam-se à compreensão, reprodução ou recriação dessa realidade*".

São 5 os princípios norteadores do Direito do Trabalho:

1.5.1. Princípio protetor

Tem por escopo atribuir uma proteção maior ao empregado, parte hipossuficiente da relação jurídica laboral. Em outras palavras, visa a atenuar a desigualdade existente entre as partes do contrato de trabalho.

O princípio protetor incorpora outros 3 subprincípios:

1.5.1.1. In dubio pro operario

Por meio desse princípio, uma norma jurídica que admita diversas interpretações deverá ser interpretada da maneira que mais favorecer o empregado, ou seja, havendo dúvida quanto à interpretação da norma, deverá ser interpretada de maneira mais vantajosa para o trabalhador.

Impende destacar que não é admitida a aplicação de tal princípio no campo processual. Tal princípio não possui incidência no campo probatório, devendo ser aplicadas nesse caso as regras atinentes ao ônus da prova, em conformidade com o art. 333 do Código de Processo Civil[2] e art. 818 da CLT.

1.5.1.2. Aplicação da norma mais favorável

Havendo diversas normas válidas incidentes sobre a mesma relação jurídica de emprego, deve ser aplicada aquela mais benéfica ao trabalhador, independentemente da sua posição na hierarquia das leis.

Existem critérios para, de fato, verificar-se qual é a norma mais favorável.

A primeira delas é a teoria da *acumulação*, em que as diversas disposições contidas em diferentes instrumentos normativos devem ser comparadas individualmente, escolhendo, sempre, as mais favoráveis, aplicando, assim, diferentes disposições de diversas normas, como se fosse formada uma terceira norma, apenas com as disposições benéficas.

A segunda é a teoria do *conglobamento*, que estabelece que os instrumentos normativos devem ser comparados em seu todo, aplicando-se aquele que, no conjunto, for mais benéfico ao empregado.

A última delas é a teoria do *conglobamento mitigado*, que busca a norma mais benéfica através da comparação das diversas regras sobre cada instituto ou matéria, aplicando aquela em que o instituto for mais benéfico ao empregado.

Assim, nosso ordenamento jurídico acolheu a teoria do conglobamento mitigado, como se vê no art. 3º, II, da Lei 7.064/1982, que dispõe sobre a situação de trabalhadores brasileiros contratados ou transferidos para prestar serviços no exterior:

> **Art. 3º.** A empresa responsável pelo contrato de trabalho do empregado transferido assegurar-lhe-á, independentemente da observância da legislação do local da execução dos serviços:
>
> I – (...)
>
> II – a aplicação da legislação brasileira de proteção ao trabalho, naquilo que não for incompatível com o disposto nesta lei, quando mais favorável do que a legislação territorial, no conjunto de normas em relação a cada matéria.

1.5.1.3. Condição mais benéfica

Consagra a aplicação da teoria do direito adquirido. Tal princípio informa ao operador do direito que as vantagens adquiridas não podem ser retiradas, tampouco modificadas para pior.

A CLT traz o princípio da condição mais benéfica em seu art. 468, que assim dispõe: "Nos contratos individuais de trabalho só é lícita a alteração das respectivas condições por mútuo consentimento, e ainda assim desde que não resultem, direta ou indiretamente, prejuízos ao empregado, sob pena de nulidade da cláusula infringente desta garantia."

Assim, as condições mais vantajosas estabelecidas no contrato de trabalho irão prevalecer na hipótese de edição de norma superveniente menos favorável ao empregado.

O TST por meio da Súmula 51, item I, trouxe em seu bojo a aplicação do citado princípio, no qual entendeu que "as cláusulas regulamentares que revoguem ou alterem vantagens deferidas anteriormente, só atingirão os trabalhadores admitidos após a revogação ou alteração do regulamento".

1.5.2. Princípio da irrenunciabilidade

Os direitos trabalhistas são irrenunciáveis. As normas trabalhistas, em geral, possuem caráter imperioso ou cogente, na medida em que são normas de ordem pública e, por sua vez, não podem ser modificadas pelo empregador.

Esse princípio informa ao operador do direito que não se admite, em tese, que o empregado renuncie, abrindo mão dos direitos assegurados por lei.

Porém, como todo princípio, esse também não é absoluto, na medida em que pode haver renúncia desses direitos em determinados casos.

O primeiro critério utilizado é quanto à origem do direito. Por meio desse critério, se o direito estiver previsto na lei, ele será indisponível. No entanto, se estiver previsto em trato consensual, ele será renunciável, desde que não haja proibição legal, prejuízo para o trabalhador, em conformidade com o art. 468 da CLT, e vício de consentimento (arts. 138 a 165 do Código Civil).

O segundo critério é o temporal, ou seja, o momento em que será realizada a renúncia. Desta forma, durante a celebração do contrato de trabalho, não se admite qualquer tipo de renúncia; na vigência do contrato de trabalho será admitida renúncia se houver previsão legal para tanto; já após a cessação do contrato de trabalho é admitida com menor restrição.

1.5.3. Princípio da continuidade da relação de emprego

Tem por objetivo preservar o contrato de trabalho, presumindo a contratação por prazo indeterminado, sendo a exceção o contrato com prazo determinado.

Nessa linha, nos termos do art. 448 da CLT, qualquer mudança na propriedade ou na estrutura jurídica da empresa não afetará os contratos de trabalho dos respectivos empregados. Da mesma forma, qualquer alteração na estrutura jurídica da empresa não afetará os direitos adquiridos por seus empregados (art. 10 da CLT).

O TST faz menção ao princípio em comento na Súmula 212 que ensina: "O ônus de provar o término do contrato de trabalho, quando negados a prestação de serviço e o despedimento, é do empregador, pois o princípio da continuidade da relação de emprego constitui presunção favorável ao empregado."

1.5.4. Princípio da primazia da realidade sobre a forma

Por meio desse princípio, deve prevalecer a efetiva realidade dos fatos e não eventual forma construída em desacordo com a verdade. Havendo desacordo entre o que na verdade acontece com o que consta dos documentos, deverá prevalecer a realidade dos fatos. Isso porque vigora no Direito do Trabalho o chamado "contrato-realidade", no qual se ignora a disposição contratual para se examinar o que ocorre efetivamente.

2. Art. 373 do CPC/2015.

1.5.5. *Princípio da intangibilidade salarial*

O princípio da intangibilidade salarial vem estampado no art. 462 da CLT, que determina a proibição ao empregador de efetuar descontos no salário do empregado, o qual deve receber seu salário de forma integral. Apenas será permitido o desconto se resultar de adiantamento, de dispositivos de lei (Lei 10.820/2003) ou de contrato coletivo.

Para mais considerações sobre esse princípio, remetemos o leitor ao item 7.8.4. em que é estudado o tema salário e remuneração.

1.6. Programa de Proteção ao Emprego – PPE

Introduzido em nosso sistema jurídico por meio da Medida Provisória 680/2015, convertida posteriormente na Lei 13.189/2015, o Programa de Proteção ao Emprego (PPE) foi criado com o fim de desestimular demissões em empresas que se encontram, temporariamente, em dificuldades financeiras. Objetiva, também, favorecer a recuperação econômico-financeira das empresas, sustentar a demanda durante momentos de crise, facilitando a recuperação da economia e, ainda, estimular a produtividade do trabalho.

Nos termos do parágrafo único, do art. 1º da Lei 13.189/2015 o PPE consiste em ação para auxiliar os trabalhadores na preservação de seu emprego e ter por objetivo:

I – possibilitar a preservação dos empregos em momentos de retração da atividade econômica;

II – favorecer a recuperação econômico - financeira das empresas;

III – sustentar a demanda agregada durante momentos de adversidade, para facilitar a recuperação da economia;

IV – estimular a produtividade do trabalho por meio do aumento da duração do vínculo empregatício; e

V – fomentar a negociação coletiva e aperfeiçoar as relações de emprego

Poderão aderir ao PPE as empresas de todos os setores em situação de dificuldade econômico-financeira que celebrarem acordo coletivo de trabalho específico de redução de jornada e de salário.

De acordo com o § 1º do art. 2º da citada lei, a adesão ao PPE pode ser feita até 31 de dezembro de 2016, e o prazo máximo de permanência no programa é de 24 (vinte e quatro) meses, respeitada a data de extinção do programa, o que deverá ocorrer em 31 de dezembro de 2017, art. 11 da Lei 13.189/2015 As empresas que demonstrarem a observância a cota de pessoas portadoras de necessidades especiais terão prioridade na adesão do programa.

Em conformidade com o art. 3º da Lei 13.189/2015 para aderir ao programa a empresa deverá observar os seguintes requisitos:

a) celebrar e apresentar acordo coletivo de trabalho específico;

b) apresentar solicitação de adesão ao PPE junto ao Ministério do Trabalho e Emprego;

c) apresentar a relação dos empregados abrangidos, especificando o salário individual;

d) ter registro no Cadastro Nacional da Pessoa Jurídica - CNPJ há, no mínimo, 2 (dois) anos;

e) comprovar a regularidade fiscal, previdenciária e relativa ao Fundo de Garantia do Tempo de Serviço - FGTS; e

f) comprovar a situação de dificuldade econômico-financeira, fundamentada no Indicador Líquido de Empregos – ILE, considerando-se nesta situação a empresa cujo ILE for igual ou inferior a 1% (um por cento), apurado com base nas informações disponíveis no Cadastro Geral de Empregados e Desempregados – CAGED, sendo que o ILE consiste no percentual representado pela diferença entre admissões e demissões acumulada nos doze meses anteriores ao da solicitação de adesão ao PPE dividida pelo número de empregados no mês anterior ao início desse período.

Uma vez aderindo ao programa a empresa poderá reduzir, temporariamente, em até trinta por cento, a jornada de trabalho de seus empregados, com redução proporcional do salário. De outro lado, o Governo Federal, usando recursos do FAT, garantirá aos empregados que tiverem seu salário reduzido compensação pecuniária equivalente a 50% do valor da redução salarial, limitado a 65% do valor da parcela máxima do seguro-desemprego.

Durante o período de adesão, é proibida a realização de horas extraordinárias pelos empregados abrangidos pelo PPE.

A empresa que aderir ao PPE fica proibida de dispensar arbitrariamente ou sem justa causa os empregados que tiverem sua jornada de trabalho temporariamente reduzida enquanto vigorar a adesão ao PPE.

Após o seu término, durante o prazo equivalente a 1/3 (um terço) do período de adesão, o empregado terá garantia no emprego, ou seja, não poderá ser demitido, salvo por justa causa. Em outras palavras, o empregado que aderiu ao PPE por um período de 6 meses, após o término de vigência da PPE terá garantia do emprego (estabilidade provisória) por 2 meses.

A empresa ainda ficará proibida de contratar empregado para executar, total ou parcialmente, as mesmas atividades exercidas por empregado abrangido pelo programa, salvo em se tratando de:

a) reposição;

b) aproveitamento de concluinte de curso de aprendizagem na empresa, nos termos do art. 429 da CLT.

Nessas hipóteses em que se admite a contratação o empregado contratado deverá ser abrangido pelo acordo coletivo de trabalho específico de adesão ao PPE.

2. DIREITO INTERNACIONAL DO TRABALHO

O Direito Internacional do Trabalho é um ramo do Direito Internacional Público.

No que se refere à relação entre o Direito Internacional e o Direito interno de cada Estado, duas teorias se destacam: a teoria monista e a teoria dualista.

No Brasil prevalece a teoria monista, onde "o Direito Internacional e Direito Interno integram uma mesma unidade de ordem jurídica" (Gustavo Felipe Barbosa Garcia, em *Curso de Direito do Trabalho*, 6ª ed., Rio de Janeiro, Forense, 2012, p. 122).

Para que as normas jurídicas internacionais integrem nosso sistema jurídico, é necessário que passem por um processo de aprovação.

Nessa linha dispõe o art. 84, VIII, da CF:

Art. 84. Compete privativamente ao Presidente da República:

(...)

VIII – celebrar tratados, convenções e atos internacionais, sujeitos a referendo do Congresso Nacional;

A celebração é composta de 3 fases:

a) fase de negociação: nessa fase são discutidas as disposições da norma a ser firmada;

b) fase deliberatória: nessa fase discute-se o conteúdo que irá integrar a norma internacional;

c) fase de assinatura: é nessa fase que se materializa a celebração da norma na esfera internacional.

Porém, é necessário, ainda, a aprovação pelo Congresso Nacional.

Assim, o Congresso Nacional poderá, por meio de Decreto Legislativo, aprovar ou rejeitar a norma internacional celebrada. Uma vez aprovada, deverá ser realizada a ratificação do ato, por meio de seu depósito no órgão internacional.

Após sua celebração, aprovação e ratificação a norma será promulgada pelo Presidente da República, por meio de Decreto presidencial.

3. CONTRATO DE TRABALHO

3.1. Relação de emprego e relação de trabalho

É comum a utilização das expressões "relação de emprego" e "contrato de trabalho" para se referir ao vínculo empregatício existente entre empregado e empregador. Trata-se, pois, do contrato individual de trabalho.

Relação de trabalho possui caráter genérico, referindo-se a toda modalidade de contratação de trabalho humano. Todas as relações jurídicas caracterizadas por terem sua prestação essencial centrada em uma obrigação de fazer consubstanciada em labor humano, em troca de um valor pecuniário ou não pecuniário, consistem em uma relação de trabalho.

Abarca, portanto, a relação de emprego e as demais relações de trabalho como a relação do autônomo, do eventual, do avulso, do temporário, do estagiário etc.

Já a relação de emprego é uma espécie de relação de trabalho, firmada por meio de contrato de trabalho que, por sua vez, é composto pela reunião dos elementos fático-jurídicos dispostos nos arts. 2º e 3º da CLT. O correto seria, então, ser chamado de contrato de emprego e não de contrato de trabalho.

Para diferenciarmos as relações de trabalho das relações de emprego, devemos levar em conta o elemento **subordinação**, ou seja, o vínculo de dependência existente entre os contratantes. Assim, é correto afirmar que a relação de emprego seria uma espécie de relação de trabalho, diferenciada das demais em vista da presença do elemento **subordinação**.

3.2. Conceito

O art. 442 da CLT ensina que contrato de trabalho *é o acordo tácito ou expresso correspondente à relação de emprego*. Em outras palavras, é o negócio jurídico em que o empregado compromete-se a prestar serviços de forma pessoal, subordinada e não eventual ao empregador, mediante o pagamento de uma contraprestação.

3.3. Características

Podemos citar como características do contrato de trabalho:

3.3.1. Contrato de direito privado

Como dissemos, embora possamos observar no Direito do Trabalho diversas normas de caráter cogente, não podemos afirmar que esse ramo do direito possa classificar-se como de Direito Público, na medida em que não regula os interesses do Estado.

O que existe é uma intervenção do Estado, estando as partes livres para estipular as cláusulas, desde que respeitem as normas de proteção existentes na Constituição Federal e na CLT.

3.3.2. Intuitu personae em relação ao empregado

A prestação de serviço deve ser pessoal, sendo vedada a substituição do empregado, salvo concordância do empregador.

3.3.3. Consensual

Surge da vontade das próprias partes, resultante de um acordo de vontades.

3.3.4. Sinalagmático

Gera deveres e obrigações entre cada uma das partes. O empregado tem a obrigação de prestar o serviço para o qual foi contratado; dever de obediência ao poder de direção do empregador e o direito de receber sua remuneração. O empregador tem a obrigação de pagar o salário ajustado e o direito de exigir o serviço prestado.

3.3.5. Sucessivo ou continuado

A relação apresenta continuidade no tempo. O contrato pressupõe a continuidade da prestação de serviço, não se tratando de obrigação instantânea; a obrigação de fazer não se esgota em uma única prestação.

3.3.6. Oneroso

Não se trata de trabalho gratuito. O contrato implica o pagamento de uma remuneração como contraprestação do serviço realizado.

3.4. Requisitos

A partir do conceito explicitado, podemos extrair os requisitos do contrato de trabalho, ou melhor, os requisitos caracterizadores da relação de emprego, quais sejam:

3.4.1. Pessoa física

O empregado é sempre uma pessoa física ou natural.

3.4.2. Pessoalidade

O empregado deve prestar pessoalmente os serviços, não podendo fazer-se substituir por outra pessoa. O trabalho deve ser exercido pelo próprio trabalhador, em razão de suas qualificações profissionais e pessoais, por isso diz-se que o contrato de trabalho é "*intuitu personae*" ou personalíssimo.

3.4.3. *Não eventualidade ou habitualidade*

O empregado presta serviços de maneira contínua, não eventual. O trabalho deve ser contínuo.

Ao falarmos de habitualidade, devemos ter em mente a expectativa de que ambas as partes possuem na prestação laboral, ou seja, o trabalhador sabe que deve ir todos os dias ao trabalho e, de outro lado, o empregador aguarda todos os dias seu empregado para o desempenho das atividades laborais.

3.4.4. *Subordinação*

O empregado é um trabalhador cuja atividade é exercida sob dependência de outrem, para quem sua atividade é dirigida: o empregador.

O empregado presta serviço subordinado, pois deve acolher o poder de direção do empregador no modo de realização do labor.

A dependência ou subordinação é decorrente do contrato de trabalho, por isso é chamada de "subordinação jurídica".

O trabalho é, desta forma, dirigido pelo empregador, que exerce o poder diretivo.

3.4.5. *Onerosidade*

O trabalho é exercido almejando o recebimento de salário. Em outras palavras, podemos dizer que, ao firmar o contrato de trabalho, o empregado objetiva o recebimento dessa contraprestação pelo serviço que presta.

Caso os serviços sejam executados gratuitamente, não restará configurada a relação de emprego. É o que ocorre, por exemplo, com os serviços religiosos, voluntários, comunitários, filantrópicos etc.

3.4.6. *Período de experiência na atividade contratada*

O art. 442-A, inserido na CLT com o advento da Lei 11.644/2008, impôs ao empregador um limite temporal para contratação de empregados.

Pelo novel dispositivo legal, o empregador não poderá exigir, no ato da contratação, mais de 6 (seis) meses de prática do candidato para a atividade, ou seja, não poderá o empregador exigir dos pretensos empregados período de experiência superior a 6 (seis) meses para aquela determinada função.

Dispõe o art. 442-A da CLT:

> "Para fins de contratação, o empregador não exigirá do candidato a emprego comprovação de experiência prévia por tempo superior a 6 (seis) meses no mesmo tipo de atividade".

É importante ressaltar que a limitação vale para todos os cargos e categorias profissionais, inclusive para cargos de chefia, gerentes, e, ainda, para contratação com a Administração Pública, quando regidos pela CLT.

Por não fazer qualquer tipo de limitação em relação à atividade a ser contratada, a norma não comporta interpretação restritiva. Deve, contudo, ser interpretada ampliativamente, pois representa uma norma de caráter genérico que deve ser aplicada a toda espécie de contratação.

Como dito, essa imposição afetará, também, a contratação com a Administração Pública quando adotar o regime jurídico celetista para contratação (arts. 37, II, e 173, § 1º, II, da CF). Desta forma, ao abrir um concurso público e adotar o regime jurídico celetista para contratação, a Administração Pública deverá obedecer à nova imposição legal, não podendo lançar no edital do concurso exigência superior a 6 meses para a função.

Por último, vale lembrar que essa limitação em nada se confunde com o prazo de 90 dias estabelecido para o contrato de experiência contido no art. 445, parágrafo único, da CLT. A limitação em estudo representa um elemento pré-contratual, ao passo que o contrato de experiência é um contrato de trabalho formalizado e com prazo determinado.

3.4.7. *Exclusividade*

Apenas para melhor elucidar os requisitos do contrato de trabalho, é importante lembrar que a exclusividade na prestação não é uma exigência legal.

Desta forma, legitimamente, nada impede que alguém possua mais de um emprego, desde que haja compatibilidade de horários.

3.5. Elementos do contrato de trabalho

O contrato de trabalho é o "acordo, tácito ou expresso, correspondente à relação de emprego".

Para ser válido deverá observar os elementos de validade do negócio jurídico, previstos no art. 104 do Código Civil, quais sejam: agente capaz, objeto lícito, vontade sem vícios, forma prescrita ou não proibida por lei.

3.5.1. *Forma*

A lei trabalhista não prescreve, em regra, forma especial, podendo ser pactuado de forma verbal, inclusive tácita. É correto afirmar, portanto, que, em regra, o contrato de trabalho não é contrato do tipo solene, tendo em vista que a lei trabalhista não exige nenhuma forma especial para sua validade. Apenas em alguns contratos especiais exige-se forma prescrita, como, por exemplo, o contrato de aprendiz, entre outros.

3.5.2. *Agente capaz*

É importante frisar que a Constituição Federal, em seu art. 7º, XXXIII, proíbe o trabalho noturno, perigoso e insalubre aos menores de 18 anos e de qualquer trabalho aos menores de 16 anos, salvo na condição de aprendiz, a partir dos 14 anos.

Na esfera trabalhista, a capacidade poderia ser dividida da seguinte maneira:

3.5.2.1. *Absolutamente incapazes*

Seriam os menores de 14 anos, na medida em que é vedado a eles qualquer tipo de atividade.

3.5.2.2. *Relativamente incapazes*

Aqueles com idades entre 14 e 18 anos. Em conformidade com o art. 7º, XXXIII, da CF, o trabalho é proibido para idades entre 16 e 18 anos no horário noturno e em condições perigosas ou insalubres e, em qualquer atividade, aos menores de 16 anos, salvo como aprendiz a partir dos 14 anos de idade.

3.5.2.3. Capazes

As pessoas com idade igual ou superior a superior a 18 anos de idade.

3.5.2.4 Trabalho do índio

Nos termos do art. 4º, parágrafo único, do Código Civil: "a capacidade dos índios será regulada por legislação própria."

A legislação que regula a situação jurídica dos índios é a Lei 6.001/1973 (Estatuto do Índio). O seu art. 8º dispõe:

> **Art. 8º** São nulos os atos praticados entre o índio não integrado e qualquer pessoa estranha à comunidade indígena quando não tenha havido assistência do órgão tutelar competente.

Todavia, dispõe o parágrafo único do mesmo dispositivo que essa regra não se aplica ao índio que revele consciência e conhecimento do ato praticado, desde que não lhe seja prejudicial, e da extensão dos seus efeitos.

Com relação à capacidade, é importante destacar o art. 4º da Lei 6.001/1973:

> **Art. 4º.** Os índios são considerados:
>
> I – Isolados – Quando vivem em grupos desconhecidos ou de que se possuem poucos e vagos informes através de contatos eventuais com elementos da comunhão nacional;
>
> II – Em vias de integração – Quando, em contato intermitente ou permanente com grupos estranhos, conservam menor ou maior parte das condições de sua vida nativa, mas aceitam algumas práticas e modos de existência comuns aos demais setores da comunhão nacional, da qual vão necessitando cada vez mais para o próprio sustento;
>
> III – Integrados – Quando incorporados à comunhão nacional e reconhecidos no pleno exercício dos direitos civis, ainda que conservem usos, costumes e tradições característicos da sua cultura.

Nessa linha, ensina o art. 15 da mesma lei que o contrato de trabalho firmado com o índio considerado isolado é nulo de pleno direito.

Já com o indígena em processo de integração, o trabalho dependerá de prévia aprovação do órgão de proteção do ao índio, a FUNAI (Fundação Nacional do Índio), instituída pela Lei 5.371/1967.

Desta forma, podemos entender a capacidade para o trabalho do índio da seguinte forma:

a) capacidade plena: aos índios integrados à sociedade;

b) capacidade relativa: índios em processo de integração, cujo trabalho dependerá da aprovação da FUNAI;

c) incapacidade: são incapazes os índios isolados.

Importante ressaltar que nos casos de contrato de trabalho celebrado com indígena isolado ou em processo de integração, sem a aprovação do órgão competente, todos os direitos trabalhistas lhe serão assegurados.

3.5.3. Objeto

Com relação ao objeto, cumpre distinguir o trabalho ilícito do trabalho proibido.

Trabalho proibido é aquele que, por motivos vários, a lei impede que seja exercido por determinadas pessoas ou em determinadas circunstâncias, como, por exemplo, o trabalho do menor em condições insalubres (art. 405, I, da CLT). Nessa hipótese, o trabalhador poderá reclamar o que lhe é devido pelos serviços prestados, ainda que o contrato seja nulo. Desta forma, caso um menor seja admitido como empregado, desfeito o contrato sem culpa sua, terá todos os direitos que a lei assegura a quem presta trabalho subordinado e em função do tempo de serviço.

Por outro lado, trabalho ilícito é aquele não permitido porque seu objeto consiste na prestação de atividades criminosas e/ou contravencionais. Nele não se cogita vínculo de emprego, pois o respectivo negócio jurídico é destituído de validade, conforme dispõe o art. 104, II, do Código Civil. Se a nulidade decorre da ilicitude do objeto do contratado, o trabalhador já não poderá reclamar o pagamento dos serviços prestados.

Assim, se uma pessoa presta serviços a outrem, mas o objeto da prestação é ilícito, como, por exemplo, o jogo do bicho, não haverá relação de emprego.

A respeito do trabalho ilícito, a SDI 1 do TST editou a Orientação Jurisprudencial 199, que assim dispõe:

> OJ-SDI1-199 – JOGO DO BICHO. CONTRATO DE TRABALHO. NULIDADE. OBJETO ILÍCITO
>
> É nulo o contrato de trabalho celebrado para o desempenho de atividade inerente à prática do jogo do bicho, ante a ilicitude de seu objeto, o que subtrai o requisito de validade para a formação do ato jurídico.

Será considerado nulo o contrato de trabalho nos mesmos casos de nulidade do ato jurídico em geral, ou quando concluído com o objetivo de desvirtuar, impedir ou fraudar as normas de proteção ao trabalho, em conformidade com o art. 9.º da CLT.

3.6. Contratação pela administração pública

Nos termos do art. 37, II, da CF a investidura em cargo ou emprego público depende, em regra, de aprovação prévia em concurso público de provas ou de provas e títulos, de acordo com a natureza e a complexidade do cargo ou emprego.

Desta forma, para que o contrato seja considerado lícito, deverá seguir a obrigatoriedade de concurso público, inclusive as sociedades de economia mista e as empresas públicas.

Nessa linha, entende o TST, através da Súmula 363, que após a Constituição Federal de 1988 a contratação de servidor público, sem prévia aprovação em concurso público, encontra óbice no art. 37, II e § 2º, sendo o contrato considerado nulo. Nesse caso, somente será garantido ao obreiro o direito ao pagamento da contraprestação pactuada, em relação ao número de horas trabalhadas, respeitado o valor da hora do salário mínimo, e dos valores referentes aos depósitos do FGTS.

Importante lembrar o entendimento consubstanciado na Súmula 430 do TST:

> SÚMULA 430 – ADMINISTRAÇÃO PÚBLICA INDIRETA. CONTRATAÇÃO. AUSÊNCIA DE CONCURSO PÚBLICO. NULIDADE. ULTERIOR PRIVATIZAÇÃO. CONVALIDAÇÃO. INSUBSISTÊNCIA DO VÍCIO.
>
> Convalidam-se os efeitos do contrato de trabalho que, considerado nulo por ausência de concurso público, quando celebrado originalmente com ente da Administração Pública Indireta, continua a existir após a sua privatização.

3.7. Contrato de trabalho por equipe

O contrato de equipe não pode ser confundido com o contrato coletivo de trabalho, que é regulado pelo Direito Coletivo do Trabalho.

O contrato de equipe é constatado pela reunião de diversos contratos individuais de trabalho, mantidos em conjunto, mas cada um deles considerados autonomamente.

Esses diversos contratos de trabalho estão ligados entre si em decorrência da própria forma de prestação de serviços, existência de objeto comum e identidade de empregador.

Como exemplo, podemos imaginar a contratação de uma banda musical ou orquestras.

3.8. Duração dos contratos de trabalho

Em função do princípio da continuidade da relação de emprego, os contratos de trabalho são, em regra, por prazo indeterminado. Assim, presume-se (presunção relativa – *juris tantum*) que o contrato de trabalho tenha sido pactuado por prazo indeterminado, regra do sistema trabalhista brasileiro.

Excepcionalmente são admitidos, pela legislação, os contratos a termo ou por prazo determinado. Nesses contratos as partes já sabem previamente qual será a data de seu início e término, ou seja, o contrato é celebrado por certo lapso temporal. Este tipo de contrato somente poderá ser pactuado nos casos permitidos pela legislação em vigor.

Três modalidades de contratos a termo estão dispostos na própria CLT, em seu art. 443 e parágrafos, enquanto os demais estão previstos em legislações esparsas.

3.8.1. *Contratos por prazo determinado da CLT*

Para hipóteses de serviços cuja natureza ou transitoriedade justifique a predeterminação do prazo, para atividades empresarias de caráter transitório e por contrato de experiência, a CLT admite que o contrato de trabalho seja pactuado por prazo certo.

3.8.1.1. *Serviços cuja natureza ou transitoriedade justifiquem a predeterminação do prazo*

A CLT admite em seu art. 443, § 2º, "*a*", a contratação com prazo determinado em se tratando de serviço cuja natureza ou transitoriedade justifiquem a predeterminação do prazo.

Essa hipótese ocorrerá quando o serviço possuir caráter transitório, ou seja, é levada em consideração a natureza ou a periodicidade do serviço prestado, como, por exemplo, a contratação de um empregado para atender a um aumento transitório na produção de ovos de chocolate, no período de Páscoa.

3.8.1.2. *Atividades empresariais de caráter transitório*

Nas atividades empresariais de caráter transitório, diferentemente da hipótese estudada anteriormente, a própria atividade da empresa possui caráter transitório. Podemos citar como exemplo um restaurante que funciona apenas em certas épocas do ano, como no Natal ou Ano Novo.

Em ambas as hipóteses, o contrato não poderá exceder o período de 2 (dois) anos, admitindo-se apenas uma única prorrogação, desde que obedecido esse prazo máximo, ou seja, mesmo prorrogado o contrato não poderá exceder 2 (dois) anos.

3.8.1.3. *Contrato de experiência*

Disciplinado no art. 443, § 2º, "c", da CLT, é uma modalidade do contrato por prazo determinado, no qual as partes irão se testar mutuamente, ou seja, o empregador verificará se o empregado tem aptidão para exercer a função para a qual foi contratado e o empregado irá verificar se o empregador cumpre com suas obrigações em dia, se é tratado com civilidade etc.

O contrato de experiência não poderá exceder 90 dias e, também, só poderá ser prorrogado uma única vez, sempre observado o prazo máximo de sua duração.

É importante ressaltar a regra disposta no art. 452 da CLT que ensina ser necessário, entre uma contratação e outra, a observância de um período mínimo de 6 meses, sob pena de ser considerado contrato por prazo indeterminado.

O próprio art. 452, em sua parte final, traz exceção a essa regra. Assim, o empregador poderá contratar novamente com prazo determinado, mesmo antes do prazo de 6 meses:

a) caso a expiração do primeiro contrato tenha dependido da execução de serviços especializados: são hipóteses em que o profissional contratado exerce um serviço especializado, por exemplo, o profissional que montará um equipamento na empresa; permite-se a celebração de um novo contrato a prazo para a montagem de um novo maquinário;

b) caso a expiração do primeiro contrato ocorra pela realização de certos acontecimentos: ocorre com o trabalhador contratado para trabalhar em períodos de aumento de serviços, como no Natal, carnaval, férias, entre outros. Cessando esses acontecimentos, poderá haver nova contratação mesmo antes do período de 6 meses.

3.8.2. *Rescisão nos contratos por prazo determinado*

Os contratos com prazo determinado poderão se extinguir pelo seu termo ou, antecipadamente, por vontade de qualquer das partes.

Na primeira hipótese, o contrato se encerrará com o advento do seu termo. Porém, extinto antecipadamente o contrato de trabalho por vontade do empregador, nos termos do art. 479 da CLT, será este obrigado a pagar indenização correspondente à metade da remuneração a que teria direito até o termo do contrato. Caso seja o empregado que, sem justa causa, queira rescindir o contrato antes do prazo ajustado, será obrigado a indenizar o empregador dos prejuízos que desse fato lhe resultarem – art. 480 da CLT. Nesse caso, a indenização paga pelo empregado não poderá ser mais alta do que ele teria direito em iguais condições.

No entanto, é permitido às partes instituírem uma cláusula que cuide da hipótese de rescisão antecipada do contrato por prazo determinado pactuado. Nesses termos, convencionada a *cláusula assecuratória do direito recíproco de rescisão* e exercido tal direito por qualquer das partes, serão aplicados os princípios que regem a rescisão dos contratos por prazo indeterminado, em conformidade com o art. 481 da CLT, inclusive com a incidência de aviso-prévio.

É importante ressaltar que a regra contida no art. 479 da CLT não é aplicável aos contratos com prazo determinado disciplinados pela Lei 9.601/1998 por expressa vedação da art. 1º, § 1º, I, da Lei 9.601/1998.

3.8.3 Contrato de trabalho temporário

Regulado pela Lei 6.019/1974, é aquele prestado por pessoa física para atender à necessidade transitória de substituição de pessoal regular e permanente ou ao acréscimo extraordinário de serviços da empresa. Consiste em uma das principais hipóteses de terceirização permitidas em nosso sistema jurídico, nos termos da súmula 331, I, do TST.

A contratação de um temporário ocorre por meio da chamada **empresa de trabalho temporário**. Nesse caso, configura-se uma relação triangular, na qual o trabalhador mantém relação jurídica com a empresa de trabalho temporário, que o coloca à disposição da empresa tomadora de serviços.

Havendo contratação fora das hipóteses em que é admitida, formar-se-á o vínculo diretamente com a empresa tomadora de serviços. Nessa hipótese, há responsabilidade solidária entre a empresa de trabalho temporário e a tomadora de serviços com relação aos créditos trabalhistas.

Vale lembrar que não é admitida a contratação de temporários no âmbito rural, devendo a empresa de trabalho temporário ser, necessariamente, urbana, em conformidade com o art. 4º da Lei 6.019/1974.

De acordo com a redação do art. 10 da Lei 6.019/1974 o contrato de trabalho do temporário não poderá exceder 3 (três) meses, salvo autorização conferida pelo órgão local do Ministério do Trabalho e Previdência Social, segundo instruções a serem baixadas pelo Departamento Nacional de Mão de Obra.

Assim, temos que, em regra, o contrato de trabalho do temporário deverá ser de 3 meses. Porém, poderá o Ministério do Trabalho e Emprego editar normas que autorize contratos de trabalho temporário com prazos superiores.

Atualmente a situação é tratada através da Portaria 789/2014 do Ministério do Trabalho e Emprego, que em seu art. 2º determina que na hipótese de substituição transitória de pessoal regular e permanente, o contrato poderá ser pactuado por mais de três meses com relação a um mesmo empregado, nas seguintes hipóteses: *a)* quando ocorrerem circunstâncias, já conhecidas na data da sua celebração, que justifiquem a contratação de trabalhador temporário por período superior a três meses; *b)* quando houver motivo que justifique a prorrogação de contrato de trabalho temporário, que exceda o prazo total de três meses de duração. Parágrafo único. Observadas as condições estabelecidas neste artigo, a duração do contrato de trabalho temporário, incluídas as prorrogações, não pode ultrapassar um período total de nove meses.

No entanto, determina o parágrafo único do mesmo dispositivo que observadas as condições estabelecidas neste artigo, a duração do contrato de trabalho temporário, incluídas as prorrogações, não poderá ultrapassar um período total de nove meses.

Já para a hipótese de contratos temporários celebrados para atender acréscimo extraordinário de serviços, o contrato será de 3 meses, podendo além desse prazo previsto no art. 10 da Lei 6.019/1974, haver prorrogação do contrato de trabalho temporário por até três meses, desde que perdure o motivo justificador da contratação, nos termos do art. 3º da Portaria 789/2014.

Ensina ainda a referida Portaria que a solicitação de autorização para prorrogação de contrato de trabalho temporário deverá ser feita até cinco dias antes do termo final inicialmente previsto.

Vale ressaltar que não depende de autorização do órgão regional do MTE a prorrogação de contrato de trabalho temporário, quando, somada à duração inicial do contrato, este não exceder a três meses.

3.8.4. Contrato por prazo determinado da Lei 9.601/1998

Diferentemente da modalidade prevista na CLT, em que a contratação deve ocorrer para serviços cuja natureza ou transitoriedade justifique a predeterminação do prazo ou para atividades empresariais de caráter transitório, a lei em comento admite a contratação do obreiro para quaisquer atividades na empresa.

A lei, no entanto, condiciona a contratação à prévia negociação coletiva, com a respectiva assinatura de acordo ou convenção coletiva.

No respectivo instrumento – acordo coletivo ou convenção coletiva, as partes estabelecerão indenização para as hipóteses de rescisão antecipada do contrato, seja por iniciativa do empregador seja por iniciativa do empregado, tendo em vista que, nos termos do art. 1º, I, da lei, a indenização estipulada nos arts. 479 e 480 da CLT não é aplicável aos obreiros contratados pela Lei 9.601/1998. Desta forma, o acordo coletivo ou a convenção coletiva estabelecerá a indenização por rescisão antecipada do contrato, não se aplicando, portanto, a multa de 40% sobre os depósitos do FGTS, bem como o aviso-prévio.

No instrumento coletivo ficarão estabelecidas, também, as multas pelo descumprimento das cláusulas nele estabelecidas.

Nos termos do art. 1º, § 4º, da Lei 9.601/1998, à gestante, ao dirigente sindical, ainda que suplente, ao empregado eleito para cargo de direção de comissões internas de prevenção de acidentes, ao empregado acidentado, nos termos do art. 118 da Lei 8.213/1991, são garantidas as estabilidades provisórias, durante a vigência do contrato por prazo determinado, que não poderá ser rescindido antes do prazo estipulado pelas partes.

A contratação deverá, ainda, representar um acréscimo no número de empregados da empresa, tudo em conformidade com o art. 1º, *caput*, da Lei 9.601/1998 que dispõe: "As convenções e os acordos coletivos de trabalho poderão instituir contrato de trabalho por prazo determinado, de que trata o art. 443 da Consolidação das Leis do Trabalho – CLT, independentemente das condições estabelecidas em seu § 2º, em qualquer atividade desenvolvida pela empresa ou estabelecimento, para admissões que representem acréscimo no número de empregados."

O prazo máximo de sua duração é de 2 (dois) anos, sendo permitidas inúmeras prorrogações, desde que obedecido o prazo máximo de duração.

É importante saber que a regra contida no art. 451 consolidado, que ensina que o contrato de trabalho por prazo determinado que, tácita ou expressamente, for prorrogado mais de uma vez passará a vigorar sem determinação de prazo, não é aplicável a essa espécie de contratação com base no § 2º do art. 1º da Lei 9.601/1998.

3.8.5. *Contrato do trabalhador rural por pequeno prazo*

Trata-se de um contrato por prazo determinado que somente poderá ser firmado por pessoa física, não sendo admitida a contratação por pessoa jurídica, em razão da própria redação do art. 14-A da Lei 5.889/1973.

O prazo da contratação é regulado pelo § 1º do art. 14-A, o qual prescreve que a contratação não poderá exceder, dentro do período de 1 (um) ano, 2 (dois) meses e, caso não seja respeitado esse prazo, será automaticamente convertido em contrato por prazo indeterminado.

O dispositivo em estudo nos mostra, também, que é permitida a prorrogação do contrato de trabalho rural por pequeno prazo, por quantas vezes se mostrar necessário, desde que obedeça ao prazo máximo de 2 meses, dentro do período de 1 ano, sob pena de se tornar contrato por prazo indeterminado.

Em razão do princípio da isonomia, são assegurados ao trabalhador contratado por pequeno prazo todos os direitos assegurados ao emprego rural comum.

A inclusão do trabalhador rural contratado nessa modalidade na Guia de Recolhimento do Fundo de Garantia do Tempo de Serviço e Informações à Previdência Social – GFIP é obrigatória por parte do empregador.

3.9. Contrato de empreitada

Disciplinada nos arts. 610 a 626 do CC, a empreitada pode ser definida, conforme as lições de Maria Helena Diniz (em *Código Civil Anotado*, 8ª ed., São Paulo, Saraiva, 2002, p. 397) como o "contrato pelo qual um dos contraentes (empreiteiro) se obriga, sem subordinação ou dependência, a realizar, pessoalmente ou por meio de terceiro, certa obra para o outro (dono da obra ou comitente), com material próprio ou por este fornecido, mediante remuneração determinada ou proporcional ao trabalho executado".

Portanto, a empreitada objetiva a entrega de uma obra mediante o pagamento de um preço.

Nota-se que nos contratos de empreitada não está presente o elemento subordinação, mas sim a autonomia.

O empreiteiro é um profissional que vende seus serviços para outras pessoas, fornecendo a mão de obra e os materiais ou tão somente a mão de obra. Assim, verifica-se que o empreiteiro, para o desenvolvimento de suas atividades, possui uma equipe de trabalhadores, que são seus empregados.

Portanto, entre o empreiteiro e seus empregados, temos diversos contratos de trabalho, ao passo que, no contrato entre o empreiteiro e o dono da obra, temos um contrato de empreitada, nos moldes da lei civil.

3.9.1. *Subempreitada*

Ocorrerá a subempreitada sempre que o empreiteiro principal efetuar a contratação de outros empreiteiros (subempreiteiros) para o cumprimento de suas obrigações contratuais.

Ao contratar um subempreiteiro, o empreiteiro principal, além dos riscos quanto à realização da obra, assume as obrigações trabalhistas, em conformidade com o art. 455 da CLT:

Art. 455. Nos contratos de subempreitada responderá o subempreiteiro pelas obrigações derivadas do contrato de trabalho que celebrar, cabendo, todavia, aos empregados, o direito de reclamação contra o empreiteiro principal pelo inadimplemento daquelas obrigações por parte do primeiro.

Desta forma, caso não adimplidas as obrigações trabalhistas pelo subempreiteiro, os empregados poderão reclamar do empreiteiro principal o cumprimento delas.

3.9.1.1. *Responsabilidade do dono da obra*

A responsabilidade pelo pagamento das obrigações trabalhistas não pode recair sobre o dono da obra. Não pode o dono da obra ser responsabilizado pelas obrigações trabalhistas do empreiteiro e subempreiteiro.

Nesse sentido o TST se pronunciou por meio da Orientação Jurisprudencial 191 da SDI 1 do TST:

ORIENTAÇÃO JURISPRUDENCIAL 191 DA SDI 1 DO TST – CONTRATO DE EMPREITADA. DONO DA OBRA DE CONSTRUÇÃO CIVIL. RESPONSABILIDADE

Diante da inexistência de previsão legal específica, o contrato de empreitada de construção civil entre o dono da obra e o empreiteiro não enseja responsabilidade solidária ou subsidiária nas obrigações trabalhistas contraídas pelo empreiteiro, salvo sendo o dono da obra uma empresa construtora ou incorporadora.

4. EFEITOS RELACIONADOS AO CONTRATO DE TRABALHO

Como vimos o contrato de trabalho é do tipo sinalagmático, ou seja, gera direitos e obrigações para ambas as partes. O contrato de trabalho é, portanto, um negócio jurídico cujos efeitos podem ser classificados como próprios e subsidiários.

4.1. Efeitos próprios do contrato de trabalho

Os efeitos próprios do contrato de trabalho decorrem de sua natureza e objeto. Assim, podemos dizer que o contrato de trabalho deve ser executado de acordo com a **boa-fé**, tanto por parte do empregado como por parte do empregador. Daí decorre o dever de colaboração das partes, em que têm a obrigação de dar à outra todo o suporte necessário para permitir a execução de boa-fé do contrato.

4.1.1. *Obrigações do empregado e empregador*

A principal obrigação do empregado é a prestação de seus serviços ao empregador com fidelidade, diligência e assiduidade.

Já para o empregador a principal obrigação consiste no pagamento do salário como contraprestação pelos serviços prestados pelo obreiro. Existe, ainda, a obrigação de dar trabalho ao empregado e possibilitar a execução normal dos serviços, proporcionando os meios necessários, inclusive com observância das normas de segurança e medicina do trabalho, por meio de fornecimento de EPIs (Equipamentos de Proteção Individual).

O empregador também possui o dever de anotação do contrato de trabalho na CTPS do obreiro, concessão de férias e intervalos para repouso e alimentação.

Outrossim, traduz como efeito próprio do contrato de trabalho o dever de respeito a dignidade e personalidade moral do empregado, devendo abster-se de praticar atos que causem dano moral que firam a dignidade do obreiro.

4.2. Efeitos subsidiários do contrato de trabalho

Esses efeitos não possuem relação direta com o contrato de trabalho, não decorrem do objeto central de obrigações estipuladas em contrato, mas por serem decorrentes dele, ou seja, por terem surgido em função do contrato de trabalho, se submetem à sua estrutura jurídica.

Nesse contexto, se destacam como efeitos subsidiários do contrato de trabalho os direitos intelectuais devidos ao empregado em razão de invenção ou de realização de obra intelectuais, bem como indenizações por danos morais ou patrimoniais, praticados pelo empregador ou seus prepostos, em decorrência do pacto laboral.

4.2.1. *Direitos intelectuais*

São proveitos jurídicos que decorrem da criação intelectual do empregado, através de produção literária, artística ou até mesmo científica, ou ainda, por invenção.

Os direitos da propriedade industrial são regulados pelo art. 5º, XXIX, da CF, Lei 9.279/1996 e Decreto 2.553/1998.

Os direitos da propriedade industrial são assegurados em função de uma invenção ou de um modelo de utilidade. A invenção consiste em uma criação originária, a criação de algo que antes não existia. Já o modelo de utilidade, consiste no aperfeiçoamento de algo já existente.

Nessa linha, sempre que a invenção ou modelo de utilidade forem decorrentes do objeto central do contrato de trabalho, ou seja, se resultarem dos serviços para os quais o empregado foi contratado, pertencerão ao empregador, nos termos do art. 88 da Lei 9.279/1996, podendo o empregador conceder ao empregado participação nos ganhos resultantes, mediante negociação, nos termos do art. 89 da citada lei.

No entanto, em conformidade com o art. 90 da Lei 9.279/1996 se a invenção ou o modelo de utilidade forem desenvolvidos pelo empregado, fora do objeto central do pacto laboral, ou seja, desde que desvinculado do contrato de trabalho sem a utilização de recursos, meios, dados, materiais, instalações ou equipamentos do empregador, pertencerão exclusivamente à ele, empregado.

Já a propriedade de invenção ou de modelo de utilidade será comum, em partes iguais, quando resultar da contribuição pessoal do empregado e de recursos, dados, meios, materiais, instalações ou equipamentos do empregador, ressalvada expressa disposição contratual em contrário, é o que dispõe o art. 91 da Lei 9.279/1996.

4.2.2. *Dano moral e dano material*

Nas lições de Maria Helena Diniz (em *Curso de Direito Civil brasileiro: responsabilidade civil*, 9ª ed., São Paulo, Saraiva, 1995, p. 48), "dano é o prejuízo causado à pessoa, ou seja, lesão a bem ou interesse jurídico, podendo ser de ordem material ou moral".

O dano material implica lesão aos bens materiais da pessoa. Compreende os danos emergentes e os lucros cessantes

Já o dano moral afeta os direitos da pessoa humana, ou seja, os direitos da personalidade, violando a honra, a fama, a intimidade etc. O dano material, por outro lado, relaciona-se com a lesão aos direitos de ordem patrimonial.

Nos domínios do Direito do Trabalho, o dano moral trabalhista é aquele oriundo da relação de trabalho, ou seja, ocorrido no âmbito laboral.

O direito à indenização por danos morais e materiais decorrentes da relação de trabalho que o ofendido possui encontra amparo constitucional na proteção aos valores sociais do trabalho, art. 1º, IV, da CF, dignidade da pessoa humana, disposta no art. 5º, *caput*, da CF; proibição de qualquer forma de discriminação, art. 3º, IV e art. 7º, XXX, XXXI e XXXII, da CF; direito de resposta proporcional ao agravo, além de indenização por dano material, moral e à imagem, art. 5º, V, da CF, inviolabilidade da intimidade, da vida privada, da honra e da imagem das pessoas, assegurado o direito a indenização pelo dano material e moral decorrente de sua violação, art. 5º, X, da CF; proteção da saúde e da integridade física do trabalhador, assegurado o direito a indenização quando o empregador incorrer em dolo ou culpa, art. 7º XXII e XXVIII, da CF.

No plano infraconstitucional o Código Civil pátrio cuida do cumprimento do texto constitucional nos arts. 186 e 927, que assim dispõem:

> **Art. 186.** Aquele que, por ação ou omissão voluntária, negligência ou imprudência, violar direito e causar dano a outrem, ainda que exclusivamente moral, comete ato ilícito.
>
> **Art. 927.** Aquele que, por ato ilícito (arts. 186 e 187), causar dano a outrem, fica obrigado a repará-lo.
>
> **Parágrafo único.** Haverá obrigação de reparar o dano, independentemente de culpa, nos casos especificados em lei, ou quando a atividade normalmente desenvolvida pelo autor do dano implicar, por sua natureza, risco para os direitos de outrem.

4.2.2.1. *Prática de ato discriminatório*

A prática de ato discriminatório, qualquer que seja sua natureza, impõe ao empregador o dever de indenizar o empregado.

Como vimos, a discriminação por motivo de sexo, idade cor, estado civil e deficiência física ou mental é expressamente proibida pela Constituição Federal em seu art. 7º, incisos XXX e, XXXI.

Contudo, nos termos do art. 1º da Lei 9.029/1995 fica proibida a adoção de qualquer prática discriminatória e limitativa para efeito de acesso a relação de emprego, ou sua manutenção, por motivo de sexo, origem, raça, cor, estado civil, situação familiar ou idade, ressalvadas, neste caso, as hipóteses de proteção ao menor previstas no inciso XXXIII do art. 7º da Constituição Federal.

Havendo a prática de ato discriminatório por parte do empregador ou seus prepostos, além da indenização por dano moral assegurado ao empregado e sanções penais cabíveis, nos termos do art. 2º da lei em debate, o empregador poderá sofrer multa administrativa de dez vezes o valor do maior salário pago pelo empregador, elevado em 50% em caso de reincidência e a proibição de obter empréstimo ou financiamento junto a instituições financeiras oficiais, é o que determina o art. 3º da Lei 9.029/1995.

Havendo o rompimento da relação de trabalho por ato discriminatório, além do direito à reparação pelo dano moral, é facultado ao empregado optar entre:

I – a readmissão com ressarcimento integral de todo o período de afastamento, mediante pagamento das remunerações devidas, corrigidas monetariamente, acrescidas dos juros legais ou;

II – a percepção, em dobro, da remuneração do período de afastamento, corrigida monetariamente e acrescida dos juros legais.

Importante lembrar que a dispensa do empregado portador do vírus HIV ou de outra doença grave que capaz de gerar estigma ou preconceito é presumida discriminatória, assegurando ao empregado o direito à reintegração no emprego. É o que dispõe a súmula 443 do TST:

SÚMULA 443 TST – DISPENSA DISCRIMINATÓRIA. PRESUNÇÃO. EMPREGADO PORTADOR DE DOENÇA GRAVE. ESTIGMA OU PRECONCEITO. DIREITO À REINTEGRAÇÃO

Presume-se discriminatória a despedida de empregado portador do vírus HIV ou de outra doença grave que suscite estigma ou preconceito. Inválido o ato, o empregado tem direito à reintegração no emprego.

4.2.2.2. *Ofensa à intimidade*

A ofensa à dignidade está inserida no âmbito de proteção da dignidade da pessoa humana, art. 5º, *caput*, da CF, devendo ser assegurado, também, no seu ambiente de trabalho. Sua preservação deve ser respeitada antes mesmo da celebração do contrato de trabalho, ou seja, na fase pré-contratual, fase de seleção do empregado, como por exemplo, a exigência de exames médicos, psicotécnicos etc. A exigência fora do razoável, poderá ferir o direito à intimidade do obreiro.

O uso de câmeras de vigilância e escutas está cada vez mais comum no âmbito das relações de trabalho. Todavia, o uso excessivo do poder de fiscalização por parte do empregador pode representar ofensa à intimidade do empregado.

A utilização desses equipamentos é proibida em banheiros e refeitórios, sendo permitido seu uso nas demais áreas da empresa, desde que o empregado tenha conhecimento e não seja realizada de maneira ostensiva.

O monitoramento de correspondências, ainda que eletrônicas (email), encontra proteção no art. 5º, XII, da CF, que assim dispõe:

Art. 5º. (...)

XII – é inviolável o sigilo da correspondência e das comunicações telegráficas, de dados e das comunicações telefônicas, salvo, no último caso, por ordem judicial, nas hipóteses e na forma que a lei estabelecer para fins de investigação criminal ou instrução processual penal;

Esse monitoramento poderá ser realizado desde que o empregado seja avisado que o empregador passará a adotar tal conduta e, ainda, seja realizada no email fornecido pela empresa a ser utilizado para questões de trabalho. Os emails pessoas do empregado não poderão ser monitorados pelo empregador, sob pena de ser violado seu direito à intimidade e sigilo das correspondências.

A revista em pertences do empregado somente será admitida se for realizada na presença dele e desde que não seja realizada de maneira invasiva e violenta. A revista corporal, bem como a revista íntima, não são aceitas, tendo em vista agredirem a dignidade do trabalhador.

4.2.3. *Responsabilidade indenizatória*

Para que se possa atribuir responsabilidade ao empregador, mister se faz a presença de 3 requisitos;

a) Dano: o dano deve ser moral ou material

b) Nexo causal: ligação entre a conduta praticada pelo empregador ou seus prepostos e o dano sofrido e apontado pelo empregado;

c) Culpa: a conduta deve ter sido cometida por ação ou omissão do empregador ou seus prepostos mediante culpa, ou seja, por negligência, imprudência ou imperícia do empregador ou seus prepostos.

Trata-se, portanto, de responsabilidade subjetiva do empregador causada aos seus empregados.

No entanto, no que diz respeito à responsabilidade do empregador por acidente do trabalho, devemos nos utilizar da teoria da objetivação da responsabilidade civil, defendida por Maurício Godinho Delgado em *Curso de Direito do Trabalho, 9ª edição*, "tratando-se de atividade empresarial, ou de dinâmica laborativa (independentemente da atividade da empresa), fixadoras de riscos para os trabalhadores envolvidos, desponta a exceção ressaltada pelo parágrafo único do art. 927 do CCB/2002, tornando objetiva a responsabilidade empresarial por danos acidentários (responsabilidade em face do risco).

Portanto, a responsabilidade objetiva do empregador se mostra exceção à regra, devendo ser aplicada especificamente nos casos de acidente do trabalho, somente se a empresa desenvolver atividade que implique, por sua natureza, riscos para os trabalhadores envolvidos. Nos demais casos, será aplicado a regra geral, ou seja, a responsabilidade subjetiva, que dependerá da comprovação de culpa do empregador ou seus prepostos.

4.3. Danos morais para pessoas jurídicas

Embora a tradicional definição de dano moral como a lesão aos direitos da pessoa humana, nossa jurisprudência entende que as pessoas jurídicas também poderão sofrer danos morais. Isso porque o art. 52 do Código Civil determina ser aplicável às pessoas jurídicas, no que couber, a proteção dos direitos da personalidade. Nesse sentido é a Súmula 227 do STJ:

SÚMULA 227 STJ – A pessoa jurídica pode sofrer dano moral.

Por fim, com relação à atualização monetária e juros de mora referente aos danos morais, importante lembrar o entendimento disposto na Súmula 439 do TST:

SÚMULA 439 TST – DANOS MORAIS. JUROS DE MORA E ATUALIZAÇÃO MONETÁRIA. TERMO INICIAL.

Nas condenações por dano moral, a atualização monetária é devida a partir da data da decisão de arbitramento ou de alteração do valor. Os juros incidem desde o ajuizamento da ação, nos termos do art. 883 da CLT.

5. ASSÉDIO MORAL

O assédio moral se caracteriza por condutas reiteradas de violência psicológica capazes de causar desequilíbrio emocional e doenças de ordem psíquicas ou até mesmo físicas.

No assédio moral, o trabalhador é exposto a situações constrangedoras, repetitivas e prolongadas durante seu labor no exercício de suas funções.

A intolerância contínua, o exagero de ordens e cobranças desproporcionais em relação a um empregado podem configurar o assédio moral.

Maurício Godinho Delgado (em *Curso de Direito do Trabalho*, 8ª ed., São Paulo, LTr, 2009, p. 1122) ensina: "registre-se que, entre os dispositivos que podem incidir sobre o denominado assédio moral do empregador sobre o empregado (alíneas *a*, *b*, *d*, *e* e *f* do art. 483 da CLT), este é, certamente, de maneira geral, o mais apropriado".

Contudo, além da hipótese mais comum, que é o assédio moral por parte do empregador, também chamado de assédio moral vertical descendente, poderá ocorrer também o assédio por parte do "colega" de trabalho que ocupa a mesma posição hierárquica, conhecido como assédio moral horizontal ou, ainda, por grupo de empregados em posição hierarquicamente inferior, chamado de assédio moral vertical ascendente.

O assédio moral praticado pelo empregador é capaz de gerar indenização por danos morais.

6. SUJEITOS DA RELAÇÃO DE EMPREGO

6.1. Empregado

O conceito de empregado vem disciplinado no art. 3º da CLT, que ensina: "considera-se empregado toda pessoa física que prestar serviços de natureza não eventual a empregador, sob a dependência deste e mediante salário".

Desta forma, é considerado empregado todo trabalhador que prestar serviços a um empregador.

Os requisitos já foram devidamente estudados quando tratamos do contrato de trabalho e de toda forma serão aqui aplicáveis.

6.1.1. Espécies de empregados

Podemos destacar algumas espécies de empregados, ou modalidades especiais de empregados:

6.1.1.1. Empregados domésticos

A Lei 5.859/1972 que cuidava do empregado doméstico foi revogada expressamente pela Lei Complementar 150/2015, nos termos do seu art. 46.

A Constituição Federal prevê os direitos assegurados ao empregado doméstico no parágrafo único do art. 7º, alterado pela Emenda Constitucional 72, de 02.04.2013.

A redação dada ao parágrafo único do art. 7º da CF pela Emenda Constitucional 72/2013 assim dispõe:

> **"Art. 7º** ...
>
> **Parágrafo único.** São assegurados à categoria dos trabalhadores domésticos os direitos previstos nos incisos IV, VI, VII, VIII, X, XIII, XV, XVI, XVII, XVIII, XIX, XXI, XXII, XXIV, XXVI, XXX, XXXI e XXXIII e, atendidas as condições estabelecidas em lei e observada a simplificação do cumprimento das obrigações tributárias, principais e acessórias, decorrentes da relação de trabalho e suas peculiaridades, os previstos nos incisos I, II, III, IX, XII, XXV e XXVIII, bem como a sua integração à previdência social."

Criada com o intuito de equiparar os direitos dos empregados domésticos, a citada Emenda acrescentou direitos antes garantidos somente aos empregados urbanos e rurais, tais como: indenização em caso de dispensa imotivada; seguro desemprego; FGTS obrigatório; garantia de salário, nunca inferior ao mínimo, para os que percebem remuneração variável; adicional noturno; proteção do salário, sendo crime a retenção dolosa de pagamento; salário-família; jornada de trabalho de 8 horas por dia e 44 por semana; direito a hora extra; observância de norma de higiene, saúde e segurança no trabalho; auxílio creche e pré-escola para os filhos e dependentes até os 5 anos de idade; seguro contra acidente de trabalho; proibição de discriminação em relação à pessoa com deficiência; proibição do trabalho noturno, perigoso ou insalubre aos menores de 16 anos.

No entanto, por expressa determinação do texto constitucional, alguns direitos dependiam de regulamentação e outros seriam de aplicação imediata.

Assim, em 02.06.2015 após mais de dois anos de debates no Congresso Nacional, foi publicada a Lei Complementar 150/2015 que além de regulamentar os direitos assegurados ao empregado doméstico, trouxe uma série de novos direitos, revogando, como dito, a Lei 5.859/1972.

A LC 150/2015 conceitua em seu art. 1º o empregado doméstico como sendo aquele que presta serviços de forma contínua, subordinada, onerosa e pessoal e de finalidade não lucrativa à pessoa ou à família, no âmbito residencial destas, por mais de 2 (dois) dias por semana.

A grande novidade trazida no conceito acaba com uma grande discussão jurisprudencial e doutrinária, considerando o que seria o requisito da "não eventualidade" ou "habitualidade" aquele prestado por mais de dois dias na semana. Portanto, para ser considerado empregado doméstico, deverá o empregado trabalhar, no mínimo, 3 dias por semana. Ficam excluídos os trabalhadores eventuais, que vão à residência da pessoa ou família uma ou duas vezes por semana.

A LC 150/2015 determina, também, a proibição da contratação do empregado doméstico menor de 18 anos, seguindo a orientação prevista na Convenção 182 da OIT.

6.1.1.1.1. Contrato de empregado doméstico com prazo determinado

A LC 150/2015 prevê em seu art. 4º a figura do contrato com prazo determinado para o empregado doméstico.

Por meio do citado dispositivo admite-se o contrato por prazo certo do empregado doméstico em 3 hipóteses, a saber:

a) contrato de experiência: será utilizado para que as partes se testem mutuamente antes de firmarem um contrato com prazo indeterminado.

O contrato de experiência não poderá exceder 90 (noventa) dias. Permite-se que seja prorrogado uma única vez, desde que a soma dos dois períodos não ultrapasse 90 (noventa) dias.

Caso o contrato de experiência não seja prorrogado após o decurso de seu prazo previamente estabelecido ou caso ultrapasse o período de 90 (noventa) dias, havendo a continuidade do serviço, o contratato passará a vigorar por prazo indeterminado.

b) para atender necessidades familiares de natureza transitória: será utilizado sempre que por necessidade transitória a pessoa ou família necessitar de um empregado doméstico. Imaginemos a hipótese de que pessoa uma família sofre procedimento cirúrgico e, por consequência, necessitará de repouso por período de 1 ano. Nesse caso, a família poderá fazer uso do contrato com prazo certo.

c) para substituição temporária de empregado doméstico com contrato de trabalho interrompido ou suspenso: caso o contrato do empregado doméstico com a pessoa ou família esteja interrompido, como por exemplo: licença-maternidade, férias etc. ou suspenso, como suspensão disciplinar, licença remunerada etc., o empregador poderá contratar outro empregado doméstico por prazo determinado.

Nessas duas últimas hipóteses, a duração do contrato de trabalho é limitada ao término do evento que motivou a contratação, obedecido o limite máximo de 2 (dois) anos. Embora a lei não seja expressa quanto à possibilidade de prorrogação nessas modalidades de contrato com prazo certo, deve ser aplicada, por força do art. 19 da LC 150/2015, a regra disposta no texto consolidado que permite a esse tipo de contrato uma única prorrogação dentro do limite máximo de 2 anos determinado em lei, arts. 445 e 451 da CLT.

6.1.1.1.2. Rescisão antecipada nos contratos com prazo determinado

Disciplinada no art. 6º da LC 150/2015, a norma ensina que durante a vigência dos contratos com prazo determinado, o empregador que, sem justo motivo, despedir o empregado ficará obrigado a pagar-lhe, a título de indenização, metade da remuneração a que teria direito até o termo do contrato.

No entanto, caso seja o empregado quem queira se desligar antes do término do prazo determinado estipulado, ficará ele obrigado a indenizar seu empregador dos prejuízos que desse fato lhe resultarem. Nessa hipótese a indenização não poderá exceder aquela a que teria direito o empregado em idênticas condições, art. 7º LC 150/2015.

Nos contratos com prazo determinado não poderá ser exigido o aviso-prévio, nos termos do art. 8º da lei.

No entanto, por força do art. 19 da L 150/2015 sustentamos a aplicabilidade da cláusula assecuratória do direito recíproco de rescisão ou cláusula de rescisão antecipada, disposta no art. 481 da CLT. Nesse caso, havendo interesse em qualquer das partes em extinguir o contrato de trabalho antecipadamente, aplicam-se as regras que regem a rescisão dos contratos por prazo indeterminado.

6.1.1.1.3. Jornada de trabalho

A jornada de trabalho do empregado doméstico está regulada no art. 2º e não poderá exceder 8 (oito) horas diárias e 44 (quarenta e quatro) semanais, devendo a hora extraordinária ser remunerada em, no mínimo, 50% (cinquenta por cento) superior ao valor da hora normal, devendo o empregador proceder o registro do horário de trabalho do empregado doméstico por qualquer meio manual, mecânico ou eletrônico, desde que idôneo, independente do número de empregados.

Permite-se o regime de compensação por acordo individual de trabalho escrito entre o empregado e empregador, hipótese em que será dispensado o pagamento de horas extraordinárias, desde que o excesso de horas trabalhadas em um dia for compensado em outro.

Havendo estipulação do acordo será devido o pagamento das 40 horas mensais excedentes ao horário normal de trabalho, como horas extraordinárias, ou seja, com acréscimo de 50%. O saldo das horas que excederem as 40 primeiras horas mensais será compensado em no máximo 1 ano. Como exemplo, imaginemos que um empregado doméstico laborou 60 horas extras no mês; as primeiras 40 horas deverão ser remuneradas como horas extraordinárias e as demais, compensadas no período máximo de 1 ano.

O art. 2º, § 5º, II, da lei permite que das primeiras 40 horas extras mensais sejam deduzidas, sem o pagamento, as horas não trabalhadas em razão da redução da duração normal de trabalho ou de dia útil não trabalhado, durante o mês.

Assim, se um empregado laborou 60 horas extras no mês, das 40 primeiras horas, serão deduzidas, sem o pagamento, as horas que ele deixou de trabalhar, no mês, em razão de redução de sua jornada normal de trabalho ou de dia que deveria trabalhar e não trabalhou, optando por descanso naquele dia.

A lei possibilita, ainda, em seu art. 10 estabelecer jornada de trabalho de 12 (doze) horas seguidas por 36 (trinta e seis) horas ininterruptas de descanso.

É prevista a figura do regime de trabalho de tempo parcial, entendida como aquela cuja duração não exceda 25 (vinte e cinco) horas semanais. Porém, diferente do que estabelece a CLT em seu art. 59, § 4º em que é vedada a prestação de horas extras para o empregado que labore nesse regime, a duração normal do trabalho do empregado doméstico nesse mesmo regime poderá ser acrescida de horas suplementares, em número não excedente a 1 (uma) hora diária, mediante acordo escrito entre empregador e empregado, com limite máximo de 6 horas por dia.

A nova lei deixa claro em seu art. 16 que é devido ao empregado doméstico descanso nos dias de feriados, estabelecendo também que o repouso semanal remunerado dos empregados domésticos deve ser, preferencialmente, aos domingos. Se, excepcionalmente, o empregado doméstico trabalhou nos domingos ou feriados, o trabalho deverá ser compensado. Caso não haja compensação, a remuneração do domingo e/ou feriado deverá ser paga em dobro, sem prejuízo da remuneração do repouso semanal, em conformidade com o art. 2º, § 8º, da LC 150/2015.

6.1.1.1.4. Trabalho noturno

Acompanhando a previsão celetista, a LC 150/2015 nos termos do art. 14 considera noturno, o trabalho executado entre as 22 horas de um dia e as 5 horas do dia seguinte, devendo ser aplicada a regra da hora fictamente reduzida de 52 (cinquenta e dois) minutos e 30 (trinta) segundos.

A remuneração do trabalho noturno terá acréscimo de, no mínimo, 20% (vinte por cento) sobre o valor da hora diurna. No entanto, em se tratando de empregado contratado para trabalhar exclusivamente no período noturno, o acréscimo será calculado sobre o salário anotado na Carteira de Trabalho e Previdência Social.

Para o labor executado em horários mistos, entendidos como aqueles que abrangem períodos diurnos e noturnos, as regras do trabalho noturno aplicam-se somente às horas de trabalho noturno.

6.1.1.1.5. Empregado doméstico em viagem

Em seu art. 11 a LC 150/2015 trata da figura do empregado doméstico em viagem. Para esse tipo de atividade a lei impõe a obrigatoriedade de acordo escrito entre as partes prevendo o acompanhamento do empregador pelo empregado em viagens.

Nessa modalidade de labor serão consideradas efetivas, ou seja, tempo à disposição do empregador, somente as horas efetivamente trabalhadas no período de viagens. Horas extraordinárias poderão ser compensadas em outro dia, respeitando as regras do acordo de compensação dispostas nos §§ 4º, 5º e 6º do art. 2º acima estudado.

De acordo com a lei, as horas de trabalho prestado em viagens deverão ser remuneradas em no mínimo, 25% superior ao valor do salário-hora normal. Existindo acordo escrito entre as partes, essa remuneração extraordinária poderá ser convertida em acréscimo no banco de horas, a ser utilizado a critério do empregado.

No caso de acompanhamento de viagem, as despesas com alimentação, além do transporte e hospedagem, ficarão por conta do patrão. Isso porque o art. 18, parte final, determina que o empregador doméstico não poderá efetuar descontos no salário do empregado por despesas com transporte, hospedagem e alimentação.

6.1.1.1.6. Intervalos para descanso

Os intervalos, o tempo de repouso, as horas não trabalhadas, os feriados e os domingos livres em que o empregado que mora no local de trabalho nele permaneça não serão computados como horário de trabalho.

Nos termos do art. 13 da LC 150/2015 é obrigatória a concessão de intervalo para repouso ou alimentação pelo período de, no mínimo, 1 (uma) hora e, no máximo, 2 (duas) horas, admitindo-se, mediante prévio acordo escrito entre empregador e empregado, sua redução a 30 (trinta) minutos.

Note que para que seja considerada lícita a redução do intervalo, basta o acordo escrito entre o empregado e empregador.

Aqui se nota tratamento diferenciado do empregado doméstico em relação aos empregados urbanos em geral, isso porque essa matéria constitui medida de higiene, saúde e segurança do trabalho, como o próprio TST sustenta, reconhecendo, inclusive, ser inválida a redução do intervalo intrajornada firmada por acordo ou convenção coletiva, nos termos de sua Súmula 437, item II.

Assim, uma vez reconhecido no texto constitucional disposto no art. 7º, parágrafo único, o direito do empregado doméstico à redução dos riscos inerentes ao trabalho, por meio de normas de saúde, higiene e segurança, previsto no inciso XXII do mesmo dispositivo constitucional, não poderia o legislador permitir tal redução.

Caso o empregado resida na casa o intervalo intrajornada poderá ser desmembrado em 2 períodos, desde que cada um tenha o mínimo de 1 hora, até o limite de 4 horas por dia.

A lei prevê também o período de intervalo interjornada, ou seja, o intervalo para descanso entre um dia e outro de trabalho. Nessa linha estabelece o art. 15 da LC 150/2015 que entre 2 (duas) jornadas de trabalho deve haver período mínimo de 11 (onze) horas consecutivas para descanso.

6.1.1.1.7. Férias

Nos termos do art. 17 da LC 150/2015 após cada período de 12 (doze) meses de trabalho prestado à mesma pessoa ou família, o empregado doméstico terá direito a férias anuais remuneradas de 30 (trinta) dias, com acréscimo de, pelo menos, um terço do salário normal.

A critério do empregador, esse período poderá ser fracionado em dois períodos, sendo que 1 deles deverá ser de, no mínimo, 14 dias corridos.

Desde que requerido até 30 (trinta) dias antes do término do período aquisitivo, é facultado ao empregado doméstico converter um terço do período de férias a que tiver direito em abono pecuniário, no valor da remuneração que lhe seria devida. Trata-se de um direito potestativo do empregado doméstico que se requerido no prazo legal, o empregador não poderá recusar.

Em se tratando de empregado em regime de tempo parcial, nos termos do § 3º do art. 3º da LC 150/2015 o período de férias será da seguinte proporção:

I – 18 (dezoito) dias, para a duração do trabalho semanal superior a 22 (vinte e duas) horas, até 25 (vinte e cinco) horas;

II – 16 (dezesseis) dias, para a duração do trabalho semanal superior a 20 (vinte) horas, até 22 (vinte e duas) horas;

III – 14 (quatorze) dias, para a duração do trabalho semanal superior a 15 (quinze) horas, até 20 (vinte) horas;

IV – 12 (doze) dias, para a duração do trabalho semanal superior a 10 (dez) horas, até 15 (quinze) horas;

V – 10 (dez) dias, para a duração do trabalho semanal superior a 5 (cinco) horas, até 10 (dez) horas;

VI – 8 (oito) dias, para a duração do trabalho semanal igual ou inferior a 5 (cinco) horas.

Embora a LC 150/2015 não disponha sobre a possibilidade de conversão de um terço de suas férias em abono pecuniário, entendemos que nessa modalidade de trabalho não será possível o fracionamento das férias, aplicando-se o art. 143, § 3º, da CLT, por força do art. 19 da LC 150/2015.

6.1.1.1.8. Aplicação subsidiária da CLT aos empregados domésticos

Nos termos do art. 7º, *a*, da CLT os preceitos dispostos no texto consolidado não são aplicáveis aos empregados domésticos, que eram regulados pela Lei 5.859/1972, com as alterações trazidas pela Lei 11.324/2006, revogadas pela LC 150/2015.

No entanto, a própria LC 150/2015 determina em seu art. 19 que: "*Observadas as peculiaridades do trabalho doméstico, a ele também se aplicam as Leis 605, de 05.01.1949, 4.090, de 13.07.1962, 4.749, de 12.08.1965, e 7.418, de 16.12.1985, e, subsidiariamente, a Consolidação das Leis do Trabalho (CLT), aprovada pelo Decreto-Lei 5.452, de 01.05.1943.*" (grifou-se).

Portanto, diante da regra disposta no novel dispositivo legal, ao empregado doméstico aplicam-se as regras dispostas na LC 150/2015 e, ainda, nas Leis 605/1949 _(lei que regula o repouso semanal remunerado e o pagamento de salário nos dias feriados civis e religiosos) e na Lei 7.418/1985 (Lei do Vale-Transporte). No entanto, havendo omissão nesses diplomas legais a CLT funcionará como fonte subsidiária, mas sempre observando as particularidades do trabalho doméstico.

6.1.1.1.9. Descontos no salário do empregado doméstico

O princípio da intangibilidade salarial ensina que o empregado deve receber seu salário de forma integral, ou seja, não poderá o empregador efetuar descontos no salário desse trabalhador.

Pois bem, esse princípio foi consagrado na atual redação do art. 18 da LC 150/2015, de modo que não é permitido ao empregador doméstico efetuar descontos no salário do empregado por fornecimento de alimentação, vestuário, higiene ou moradia. O dispositivo legal continua vedando, também, o desconto por despesas com transporte, hospedagem e alimentação em caso de acompanhamento em viagem, como acima estudado. Oportuno lembrar que referidas parcelas não possuem natureza salarial, art. 18, § 3º, LC 150/2015.

Desta forma, o empregador não poderá descontar de seu caseiro, por exemplo, valores referentes a sua alimentação ou descontar valores cobrados a título de estadia pelo fato de dormirem na residência, na medida em que os gastos com o negócio são sempre do empregador, e não do empregado.

Porém, se a despesa com moradia se referir à residência diversa àquela em que ele empregado presta serviços e se houver consentimento expresso das partes, o empregador poderá descontar do empregado esses valores, é o que dispõe o § 2º do art. 18 da lei.

Vale dizer que caso o empregador forneça moradia ao empregado doméstico na própria residência ou em morada anexa, de qualquer natureza, não irá gerar para empregado qualquer direito de posse ou de propriedade sobre aquela moradia.

Além da hipótese acima tratada, o § 1º do art. 18 prevê situações em que são permitidos descontos no salário do doméstico.

Ensina a lei que mediante acordo escrito entre às partes é permitido o desconto no salário do empregado doméstico para sua inclusão em planos de assistência médico-hospitalar e odontológica; de seguro e de previdência privada e, ainda, em se tratando de adiantamento de salário, sendo que o total dos descontos não poderá ultrapassar 20% (vinte por cento) do salário.

6.1.1.1.10. Vale-transporte

Como se sabe o vale-transporte é um direito dos empregados, inclusive do empregado doméstico, nos termos do art. 1º, II, do Decreto 95.247/1987.

Assim, a Lei 7.418/1985 que institui o Vale-Transporte, em seu art. 4º impõe ao empregador a obrigação de adquirir os vales-transporte necessários ao deslocamento do empregado. Nesse mesmo sentido, o art. 5º do Decreto 95.247/1987 veda ao empregador substituir o Vale-Transporte por antecipação em dinheiro ou qualquer outra forma de pagamento.

Todavia, tendo em vista a peculiar relação entre o empregado e o empregador doméstico, o parágrafo único do art. 19 da LC 150/2015 é expresso ao permitir que o empregador substitua a seu critério, a obrigação que possui de adquirir os vales-transporte necessários aos deslocamentos do empregado, pelo concessão desses valores diretamente ao empregado.

Dispõe o parágrafo único do art. 19:

> "A obrigação prevista no art. 4º da Lei 7.418, de 16.12.1985, poderá ser substituída, a critério do empregador, pela concessão, mediante recibo, dos valores para a aquisição das passagens necessárias ao custeio das despesas decorrentes do deslocamento residência-trabalho e vice-versa."

Em outras palavras, o empregador doméstico poderá pagar o vale-transporte em dinheiro para o empregado. Assim, ao invés de comprar o vale-transporte e entregar para o empregado doméstico, poderá lhe repassar, mediante recibo, esse valores, se desincumbindo da obrigação imposta pelo art. 4º da Lei 7.418/1985.

Assim, ao empregador doméstico não se aplica a regra imposta aos demais tipos de empregadores, esculpida no o art. 5º do Decreto 95.247/1987.

6.1.1.1.11. FGTS para o empregado doméstico

Dispõe o art. 21 da LC 150/2015:

> É devida a inclusão do empregado doméstico no Fundo de Garantia do Tempo de Serviço (FGTS), na forma do regulamento a ser editado pelo Conselho Curador e pelo agente operador do FGTS, no âmbito de suas competências, conforme disposto nos arts. 5º e 7º da Lei 8.036, de 11.05.1990, inclusive no que tange aos aspectos técnicos de depósitos, saques, devolução de valores e emissão de extratos, entre outros determinados na forma da lei.

Referido dispositivo legal determina que o Conselho Curador do FGTS edite resolução regulamentando a inclusão do empregado doméstico no FGTS.

Desta forma, considerando a necessidade de garantir o direito ao FGTS dos empregados domésticos no âmbito de seus contratos de trabalho, em 25.09.2015 foi publicada a Resolução 780 do Conselho Curador do Fundo de Garantia do Tempo de Serviço.

Por meio da Resolução 780/2015 do Conselho Curador do FGTS o empregado doméstico terá direito ao FGTS, obrigatoriamente, somente a partir de 01.10.2015. Portanto, ainda que o contrato de trabalho do empregado doméstico esteja em vigor na data de publicação da LC 150/2015, a inclusão do empregado doméstico no sistema do FGTS apenas se tornou obrigatória a partir dessa data.

A inclusão do empregado doméstico no FGTS deverá ser solicitado pelo empregador, mediante requerimento com informações dos eventos que envolvem a atividade profissional.

De acordo com a Resolução 780/2015 do Conselho Curador do FGTS, cabe ao Agente Operador do FGTS, que é a Caixa Econômica Federal, regulamentar as disposições complementares, de modo a viabilizar o depósito, os saques, a devolução de valores e a emissão de extratos, inclusive no que tange às relações de trabalho existentes a partir de março de 2000, data que o FGTS passou a ser facultativo, mediante requerimento do empregador, de acordo com o art. 1º do Decreto 3.361/2000. Atualmente, a definição dos procedimentos operacionais é feita pela Caixa Econômica Federal (CEF), agente operador do Fundo, por meio das Circulares 694 de 25 de setembro de 2015 e 696 de 27 de outubro de2015.

Para o FGTS, a alíquota será de 8%, com o recolhimento de um percentual mensal de 3,2% (três inteiros e dois décimos por cento) sobre a remuneração devida, no mês anterior, a cada empregado, destinada ao pagamento da indenização compensatória da perda do emprego, sem justa causa ou por culpa do empregador.

Assim, caso o empregado doméstico seja demitido imotivadamente ou se a rescisão se der por culpa do empregador, os valores serão levantados pelo empregado doméstico como indenização por despedida arbitrária ou sem justa causa.

Contudo, ocorrendo a dispensa por justa causa do empregado doméstico ou se ele pedir demissão no emprego, bem como por término do contrato de trabalho por prazo determinado, aposentadoria e falecimento do empregado doméstico, esses valores depositados serão movimentados pelo empregador.

No entanto, havendo culpa recíproca metade desses valores será movimentada pelo empregado, enquanto a outra metade será movimentada pelo empregador.

Os valores de 3,2% destinados a indenização compensatória da perda do emprego serão depositados na conta vinculada do empregado, em variação distinta daquela em que se encontrarem os valores oriundos dos depósitos mensais de 8% e somente poderão ser movimentados por ocasião da rescisão contratual.

6.1.1.1.12. Aviso-prévio

À relação entre o empregador e empregado doméstico serão aplicadas as regras como para todos os demais empregados em geral, inclusive a regra do aviso-prévio proporcional previsto na Lei 12.506/2011, de acordo com os arts. 23 e 24 da LC 150/2015.

6.1.1.1.13. Estabilidade provisória/garantia de emprego

O art. 25, parágrafo único, da LC 150/2015 assegura garantia no emprego para a empregada doméstica gestante desde a confirmação do estado de gravidez até 5 meses após o parto, direito previsto na alínea "b" do inciso II do art. 10 do Ato das Disposições Constitucionais Transitórias.

A lei é expressa ao assegurar à empregada doméstica gestante a garantia de emprego durante o curso do contrato de trabalho, ainda que durante o prazo do aviso-prévio trabalhado ou indenizado.

Há de se ressaltar que pela própria redação do parágrafo único do art. 25, a garantia de emprego aqui debatida deverá ser assegurada tanto para os contratos com prazo indeterminado como para os contratos com prazo determinado, dispostos no art. 4º da própria lei.

Nesse mesmo sentido sustenta o TST em sua Súmula 244, item III:

III – A empregada gestante tem direito à estabilidade provisória prevista no art. 10, inciso II, alínea "b", do Ato das Disposições Constitucionais Transitórias, mesmo na hipótese de admissão mediante contrato por tempo determinado.

6.1.1.1.14. Rescisão do contrato de trabalho

Regulamentando o direito assegurado ao empregado doméstico esculpido no art. 7º, I, da CF, que disciplina a multa por despedida arbitrária ou sem justa causa, a LC 150/2015 determina que o empregador doméstico deposite a importância de 3,2% sobre a remuneração devida, no mês anterior, ao empregado, que se destinará ao pagamento da indenização compensatória em caso de perda do emprego, sem justa causa ou por culpa do empregador.

Assim, caso o empregado venha a ser demitido sem justa causa ou se o término do contrato se deu por justa causa do empregador (art. 27, parágrafo único, LC 150/2015) o empregado irá levantar essa importância a título de indenização compensatória.

No entanto, se o empregado doméstico for demitido por justa causa, se pedir demissão, término do contrato de trabalho por prazo determinado, de aposentadoria e de falecimento do empregado doméstico, os valores previstos no *caput* serão movimentados pelo empregador.

Havendo término do contrato por culpa recíproca, cada um ficará com uma metade, ou seja, metade de todo valor depositado ficará com o empregado e a outra metade com o empregador.

Por essa razão não se aplica ao empregado doméstico a multa de 40% sobre os depósitos de FGTS, disposta nos §§ 1º a 3º do art. 18 da Lei 8.036/1990.

6.1.1.1.15. Justa causa do empregado doméstico

As hipóteses de justa causa do empregado domésticos estão dispostas no art. 27 da LC 150/2015, que assim dispõe:

Art. 27. Considera-se justa causa para os efeitos desta Lei:

I – submissão a maus tratos de idoso, de enfermo, de pessoa com deficiência ou de criança sob cuidado direto ou indireto do empregado;

II – prática de ato de improbidade;

III – incontinência de conduta ou mau procedimento;

IV – condenação criminal do empregado transitada em julgado, caso não tenha havido suspensão da execução da pena;

V – desídia no desempenho das respectivas funções;

VI – embriaguez habitual ou em serviço;

VII – (Vetado);

VIII – ato de indisciplina ou de insubordinação;

IX – abandono de emprego, assim considerada a ausência injustificada ao serviço por, pelo menos, 30 (trinta) dias corridos;

X – ato lesivo à honra ou à boa fama ou ofensas físicas praticadas em serviço contra qualquer pessoa, salvo em caso de legítima defesa, própria ou de outrem;

XI – ato lesivo à honra ou à boa fama ou ofensas físicas praticadas contra o empregador doméstico ou sua família, salvo em caso de legítima defesa, própria ou de outrem;

XII – prática constante de jogos de azar.

A lei traz um novo rol de situações que ensejam a dispensa por justa causa do empregado doméstico. Trata-se de um rol taxativo, dispensando, portanto, a aplicação do art. 482 da CLT.

6.1.1.1.16. Justa causa do empregador doméstico – Rescisão indireta

O empregado doméstico poderá dar por rescindido o contrato por culpa de seu empregador, nos termos do art. 27, parágrafo único da LC 150/2015, nas seguintes hipóteses:

I – o empregador exigir serviços superiores às forças do empregado doméstico, defesos por lei, contrários aos bons costumes ou alheios ao contrato;

II – o empregado doméstico for tratado pelo empregador ou por sua família com rigor excessivo ou de forma degradante;

III – o empregado doméstico correr perigo manifesto de mal considerável;

IV – o empregador não cumprir as obrigações do contrato;

V – o empregador ou sua família praticar, contra o empregado doméstico ou pessoas de sua família, ato lesivo à honra e à boa fama;

VI – o empregador ou sua família ofender o empregado doméstico ou sua família fisicamente, salvo em caso de legítima defesa, própria ou de outrem;

VII – o empregador praticar qualquer das formas de violência doméstica ou familiar contra mulheres de que trata o art. 5º da Lei 11.340, de 07.08.2006.

Assim como nas hipóteses de justa causa do empregado acima estudadas, a lei traz um novo rol de situações que ensejam o reconhecimento da justa causa do empregador doméstico. Trata-se de um rol taxativo, dispensando, portanto, a aplicação do art. 483 da CLT.

6.1.1.1.17. Seguro desemprego

Nos termos do art. 26 da LC 150/2015 o empregado doméstico que for dispensado sem justa causa fará jus ao benefício do seguro-desemprego no valor de 1 (um) salário mínimo, por período máximo de 3 (três) meses, de forma contínua ou alternada.

Por outro lado, o benefício será cancelado, nos termos do § 2º do art. 26:

I – pela recusa, por parte do trabalhador desempregado, de outro emprego condizente com sua qualificação registrada ou declarada e com sua remuneração anterior;

II – por comprovação de falsidade na prestação das informações necessárias à habilitação;

III – por comprovação de fraude visando à percepção indevida do benefício do seguro-desemprego; ou

IV – por morte do segurado.

6.1.1.1.18. Fiscalização do Trabalho

O cumprimento de todas as normas dispostas na LC 150/2015 serão fiscalizadas pelo Auditor-Fiscal do Trabalho.

Na prática, o empregador doméstico receberá o Auditor-Fiscal do Trabalho em sua residência e o acompanhará para que seja feita a fiscalização.

Assim dispõe o art. 44 da LC 150/2015 que deu nova redação ao art. 11-A da Lei 10.593/2002,

Art. 11-A. A verificação, pelo Auditor-Fiscal do Trabalho, do cumprimento das normas que regem o trabalho do empregado doméstico, no âmbito do domicílio do empregador, dependerá de agendamento e de entendimento prévios entre a fiscalização e o empregador.

§ 1º A fiscalização deverá ter natureza prioritariamente orientadora.

§ 2º Será observado o critério de dupla visita para lavratura de auto de infração, salvo quando for constatada infração por falta de anotação na Carteira de Trabalho e Previdência Social ou, ainda, na ocorrência de reincidência, fraude, resistência ou embaraço à fiscalização.

§ 3º Durante a inspeção do trabalho referida no *caput*, o Auditor-Fiscal do Trabalho far-se-á acompanhar pelo empregador ou por alguém de sua família por este designado.

6.1.1.2. Empregado rural

As relações de emprego rural são reguladas pela Lei 5.889/1973 e Decreto 73.626/1974.

Dispõe o art. 2º da Lei 5.889/1973 que empregado rural é toda pessoa física que, em propriedade rural ou prédio rústico, presta serviços de natureza não eventual a empregador rural, sob a dependência deste e mediante salário. É, portanto, aquele que presta serviços nas atividades da agricultura ou da pecuária a um empregador rural, em propriedade rural ou prédio rústico, entendido como sendo aquele prédio situado em zona urbana, mas dedicado à atividade rural.

Nos termos do art. 3º da Lei 5.889/1973 considera-se empregador, rural a pessoa física ou jurídica, proprietário ou não, que explore atividade agroeconômica, em caráter permanente ou temporário, diretamente ou através de prepostos e com auxílio de empregados.

Por sua vez, atividade agroeconômica é a atividade agrícola, pastoril ou pecuária que não se destina, exclusivamente, ao consumo de seus proprietários.

Dispõe o § 1º do mesmo dispositivo legal que inclui-se na atividade econômica, além da exploração industrial em estabelecimento agrário não compreendido na CLT, a exploração do turismo rural suplementar à exploração agroeconômica.

Equipara-se ao empregador rural, a pessoa física ou jurídica que, habitualmente, em caráter profissional, e por conta de terceiros, execute serviços de natureza agrária, mediante utilização do trabalho de outrem.

Desta forma, podemos dizer que é a natureza da atividade econômica desenvolvida no estabelecimento agrário que determinará se a empresa é rural ou urbana. Não é a natureza do trabalho prestado pelo empregado que definirá a sua categoria como rural ou urbano, mas sim a atividade do empregador.

Assim, se um estabelecimento é destinado à exploração agrícola ou pecuária, o trabalhador é considerado rural, mas se as atividades são comerciais ou industriais e não agroeconômica, o trabalhador será considerado urbano. Como exemplo, podemos citar o caso de uma fazenda de cultivo de cana de açúcar que possui uma usina de açúcar. Nesse caso, os trabalhadores que prestam serviços na usina não são rurais, pois a atividade é tipicamente industrial.

Embora como critério geral para a caracterização do empregado como rural seja estabelecido de acordo com a categoria do empregador, como se vê na súmula 196 do STF: *"Ainda que exerça atividade rural, o empregado de empresa industrial ou comercial é classificado de acordo com a categoria do empregador"*, entende o TST que em relação aos empregados que trabalham em empresas de reflorestamento que, tecnicamente sejam consideradas empresas urbanas, os seus empregados serão considerados rurícolas, em conformidade com o entendimento consubstanciado na OJ 38 da SDI 1, que assim dispõe:

OJ 38 SDI 1 do TST – Trabalhador rural. Rurícola. Empresa de reflorestamento. Prescrição do rurícola. Lei 5.889/1973, art. 10. Dec. 73.626/74, art. 2º, § 4º.

O empregado que trabalha em empresa de reflorestamento, cuja atividade está diretamente ligada ao manuseio da terra e de matéria -prima, é rurícola e não industriário, nos termos do Dec. 73.626, de 12/02/74, art. 2º, § 4º, pouco importando que o fruto de seu trabalho seja destinado à indústria. Assim, aplica-se a prescrição própria dos rurícolas aos direitos desses empregados.

Assim, para que se possa caracterizar a relação de emprego rural é necessário:Que o trabalho seja desenvolvido para empregador rural;

Que o trabalho seja desenvolvido em propriedade rural ou prédio rústico.

Por força do art. 7º, *caput*, da CF, seus direitos foram totalmente equiparados aos direitos dos trabalhadores urbanos. Além disso, o Decreto 73.626/74 indica expressamente em seu art. 4º quais os dispositivos legais da CLT e de outras leis extravagante que são aplicáveis ao empregado rural.

Podemos apontar algumas especificidades em relação ao empregado rural:

I-) Trabalho noturno

Devemos diferenciar o trabalho exercido nas atividades de agricultura e o desenvolvido na pecuária.

Na lavoura, o período noturno é aquele desenvolvido entre 21 horas de um dia até às 5 horas do dia seguinte, ao passo que na pecuária será o período compreendido entre as 20 horas de um dia até 4 horas do dia seguinte, nos termos do art. 7º da Lei 5.889/1973.

É importante mencionar que no âmbito rural, seja na agricultura, seja na pecuária, não se aplica a regra da "hora fictamente reduzida".

Outra peculiaridade consiste no adicional devido aos trabalhadores que exercem suas atividades no período noturno. Esse adicional difere, também, para os empregados dos âmbitos urbano e rural.

O trabalho noturno exercido no âmbito urbano é de 20%, ao passo que no âmbito rural, por não terem os obreiros a jornada reduzida, seu adicional será de 25%.

II-) Trabalho extraordinário

Determina o art. 7º do Decreto 73.626/1974 que a duração normal do trabalho poderá ser acrescida de horas suplementares, em número não excedente de 2 (duas), mediante acordo escrito entre o empregador e o empregado ou mediante contrato coletivo de trabalho.

III-) Intervalos para descanso

O art. 5º, *1ª parte*, da Lei 5.889/1973 e o art. 5º do Decreto 73.626/1974 regulam o intervalo intrajornada do empregado rural e determina que em qualquer trabalho contínuo com duração superior a 6 (seis) horas, deverá ser concedido um intervalo para repouso ou alimentação observados os usos e costumes da região. Assim, como para os empregados urbanos o período destinado ao repouso e alimentação não será computando na duração do trabalho

O meso art. 5º, *parte final*, bem como o art. 6º do Decreto 73.626/1974 regulam o intervalo interjornada ao dispor que entre duas jornadas de trabalho haverá um período mínimo de onze horas consecutivas para descanso.

O trabalho intermitente é aquele que, por sua natureza, seja normalmente executado em duas ou mais etapas diárias distintas, desde que haja interrupção do trabalho de, no mínimo, 5 (cinco) horas, entre uma e outra parte da execução da tarefa.

Os intervalos entre uma e outra parte da execução da tarefa diária não serão computados, como de efetivo exercício, devendo essa característica ser expressamente ressalvada na CTPS do empregado.

IV-) Descontos no salário

As hipóteses que permitem descontos no salário do obreiro estão previstas no art. 9º da Lei 5.889/1973 e art. 16 do Decreto 73.626/1974, são elas:

a) até o limite de 20% (vinte por cento) pela ocupação da morada.

Sempre que mais de um empregado residir na mesma morada, o desconto será dividido proporcionalmente ao número de empregados. É vedada, em qualquer hipótese, a moradia coletiva de famílias;

b) até o limite de 25% (vinte por cento) pelo fornecimento de alimentação sadia e farta, atendidos os preços vigentes na região;

c) adiantamentos em dinheiro.

Importante notar que, nos termos da parte final do art. 9º estudado, os percentuais dos descontos efetuados no salário do obreiro deverão ser calculados sobre o salário mínimo. Essas deduções deverão ser previamente autorizadas, sem o que serão nulas de pleno direito, art. 9º, § 1º, da Lei 5.889/73.

V-) Redução da jornada de trabalho no aviso-prévio

Caso o empregador promova a rescisão do pacto laboral, durante o período de aviso prévio o empregado rural terá direito a um dia por semana, sem prejuízo do salário integral, para que possa buscar um novo lugar no mercado de trabalho, é o que determina o art. 15 da Lei 5.889/1973.

VI-) Fornecimento de escola

Nos termos do art. 16 da Lei 5.889/1973 toda propriedade rural, que mantenha a seu serviço ou trabalhando em seus limites mais de 50 famílias de trabalhadores, é obrigada a possuir e conservar em funcionamento escola primária, inteiramente gratuita, para os filhos destes, com tantas classes quantos sejam os filhos destes, com tantas classes quantos sejam os grupos de 40 crianças em idade escolar.

A matrícula da população em idade escolar será obrigatória, sem qualquer outra exigência, além da certidão de nascimento, para cuja obtenção o empregador proporcionará todas as facilidades aos responsáveis pelas crianças.

VII-) Contrato de safra. O contrato de safra é um tipo de contrato por prazo determinado e pode ser entendido como aquele cuja duração dependa de variações estacionais das atividades agrárias, assim entendidas as tarefas normalmente executadas no período compreendido entre o preparo do solo para o cultivo e a colheita.

Caso o contrato de trabalho seja rescindido normalmente, poderá o safrista levantar os depósitos efetuados na conta do FGTS do empregado. Isso porque, a CF/1988 assegurou igualdade de direitos entre os empregados urbanos e rurais, inclusive os safristas. Desta forma, a multa disciplinada no art. 14 da Lei 5.889/1973 e art. 20 do Decreto 73.626/1974 não foi recepcionada pela atual Constituição Federal.

Todavia, ocorrendo dispensa sem justa causa do safrista, antes do término do prazo contratual, o empregador ficará obrigado a pagar ao empregado, à título de indenização compensatória, multa de 40% sobre o saldo existente na conta de FGTS do empregado, sem prejuízo da multa do art. 479 da CLT. No entanto, caso o empregado, sem justo motivo, queira se desligar antes do término do contrato deverá indenizar o empregador dos prejuízos que desse fato lhe resultarem, nos termos do art. 480 da CLT, caso em que a indenização não poderá exceder àquela a que teria direito o empregado em idênticas condições.

VIII-) Contrato de trabalho rural por pequeno prazo

Remetemos o leitor ao item 3.8.5.

6.1.1.3. Empregado em domicílio

Empregado em domicílio é aquele que trabalha na sua própria residência. Nessa linha, o art. 83 da CLT define o trabalho em domicílio como aquele executado na habitação do empregado ou em oficina de família, por conta de empregador que o remunere, sendo garantido o salário mínimo.

Importante frisar que o art. 6º da CLT, com a nova redação dada pela Lei 12.551/2011, leciona que não se distingue entre o trabalho realizado no estabelecimento do empregador, o executado no domicílio do empregado e o realizado a distância, desde que estejam caracterizados os pressupostos da relação de emprego. Os requisitos da relação de emprego já foram estudados, mas apenas para recordar, vale dizer que são eles: subordinação jurídica, onerosidade, pessoa física, pessoalidade, habitualidade e alteridade.

Visando a atender, portanto, o trabalho em domicílio, o parágrafo único do art. 6º consolidado equipara os meios telemáticos e informatizados de comando, controle e supervisão, para fins de subordinação jurídica, aos meios pessoais e diretos de comando, controle e supervisão do trabalho alheio.

Desta forma, o período em que o empregado permanecer em sua residência recebendo ordens emanadas de seus superiores hierárquicos representará, nos termos do art. 4º da CLT, tempo à disposição do empregador, devendo ser computado na jornada de trabalho do empregado.

6.1.1.4. Empregado aprendiz

O art. 428 da CLT define o contrato de aprendizagem como sendo um contrato de trabalho especial, ajustado por escrito e por prazo determinado, em que o empregador se compromete a assegurar ao maior de 14 (quatorze) e menor de 24 (vinte e quatro) anos, inscrito em programa de aprendizagem, formação técnico-profissional metódica, compatível com o seu desenvolvimento físico, moral e psicológico, e o aprendiz, a executar com zelo e diligência as tarefas necessárias a essa formação.

Aprendiz é, portanto, o empregado maior de 14 anos e o menor de 24 anos que celebra contrato de aprendizagem.

É importante mencionar que o limite de idade máxima estabelecido de 24 anos não se aplica a aprendizes portadores de deficiência, nos termos do § 5º do art. 428 consolidado.

O contrato de aprendizagem não poderá ser estipulado por prazo superior a 2 (dois) anos, exceto quando se tratar de aprendiz portador de deficiência.

A contratação do aprendiz poderá ser efetivada pela empresa na qual se realizará a aprendizagem ou por entidades sem fins lucrativos que tenham por objetivo a assistência ao adolescente e à educação profissional, registradas no Conselho Municipal dos Direitos da Criança e do Adolescente.

O aprendiz é, portanto, um empregado, pois possui vínculo de emprego com a empresa contratante. No entanto, é importante ressaltar que a contratação efetivada através de entidades sem fins lucrativos que objetivam a assistência ao adolescente e à educação profissional não gera vínculo de emprego entre o aprendiz e a empresa tomadora dos serviços.

A validade do contrato de aprendizagem está condicionada à anotação na carteira de trabalho, matrícula e frequência do aprendiz na escola, caso o aprendiz não tenha concluído o ensino médio, e inscrição em programa de aprendizagem desenvolvido sob orientação de entidade qualificada em formação técnico-profissional metódica.

Para os aprendizes que não tenham concluído o ensino médio, a matrícula e a frequência em escola serão obrigatórias. No entanto, caso não haja na localidade oferta de ensino médio, a contratação do aprendiz poderá ocorrer sem a frequência à escola, mas desde que ele já tenha concluído o ensino fundamental.

A duração do trabalho do aprendiz não poderá exceder 6 (seis) horas diárias, sendo vedadas a prorrogação e a compensação de jornada.

O contrato de aprendizagem será extinto no seu termo ou quando o aprendiz completar 24 anos, ressalvada a proposição quanto ao portador de necessidades especiais.

Porém, poderá cessar de forma antecipada havendo desempenho insuficiente ou inadaptação do aprendiz, falta disciplinar grave, ausência injustificada à escola que provoque perda do ano letivo ou, ainda, a pedido do aprendiz.

Vale dizer que nas hipóteses de cessação antecipada do contrato, não serão aplicadas as indenizações previstas nos arts. 479 e 480 da CLT.

Por último, nos termos do art. 429 da CLT os estabelecimentos de qualquer natureza são obrigados a empregar e matricular nos cursos dos Serviços Nacionais de Aprendizagem número de aprendizes equivalente a 5% (cinco por cento), no mínimo, e 15% (quinze por cento), no máximo, dos trabalhadores existentes em cada estabelecimento, cujas funções demandem formação profissional.

A Lei 12.594/2012 incluiu o § 2º no citado dispositivo, determinando que os estabelecimentos deverão ofertar vagas de aprendizes a adolescentes usuários do Sistema Nacional de Atendimento Socioeducativo (Sinase) nas condições a serem dispostas em instrumentos de cooperação celebrados entre os estabelecimentos e os gestores dos Sistemas de Atendimento Socioeducativo locais.

6.1.1.5. Diretor de sociedade

Considera-se diretor empregado aquele que, participando ou não do risco do empreendimento, seja contratado ou promovido para cargo de direção, mantendo as características inerentes à relação de emprego.

6.1.1.6. Empregado público

Os empregados públicos ocupam empregos públicos, subordinados às normas da CLT, e são contratados por prazo indeterminado para exercício de funções na administração direta, autárquica e fundacional. Trata-se do servidor público regido pela CLT.

É aquele que ocupa emprego público criado por lei, em decorrência de aprovação em concurso público. Possui vínculo de emprego, sendo regido pela CLT, podendo atuar na Administração Direta, autarquias, fundações e associações públicas, empresas públicas e sociedade de economia mista.

Os empregados públicos, assim como os servidores estatutários, em regra, somente poderão ser admitidos ao serviço público por meio de concurso público, de acordo com redação do art. 37, II, da CF. Em algumas situações, como a prevista no art. 198, §§ 4º e 5º, da CF, é permitida a contratação sem concurso, por meio de um processo seletivo público.

6.1.1.7. Mãe social

As instituições sem finalidade lucrativa, ou de utilidade pública de assistência ao menor abandonado, e que funcionem pelo sistema de casas-lares, poderão contratar mães sociais visando a propiciar ao menor as condições familiares ideais ao seu desenvolvimento e reintegração social.

Desta forma, em conformidade com o art. 2º da Lei 7.644/1987, é considerada mãe social aquela que, dedicando-se à assistência ao menor abandonado, exerça o encargo em nível social, dentro do sistema de casas-lares. Casa-lar é a unidade residencial sob responsabilidade de mãe social, que poderá abrigar até 10 (dez) menores.

A mãe social é, portanto, empregada da instituição de assistência ao menor abandonado e tem como atribuições: propiciar o surgimento de condições próprias de uma família, orientando e assistindo os menores colocados sob seus cuidados, devendo, igualmente, administrar o lar, realizando e organizando as tarefas a ele pertinentes e dedicar-se, com exclusividade, aos menores e à casa-lar que lhes forem confiados.

A mãe social deverá, ainda, residir, juntamente com os menores que lhe forem confiados, na casa-lar que lhe for destinada.

À mãe social são assegurados os seguintes direitos: anotação na carteira de trabalho, remuneração não inferior ao salário mínimo, repouso semanal remunerado de 24 horas consecutivas, apoio técnico, administrativo e financeiro no desempenho de suas funções, férias remuneradas de 30 dias, benefícios e serviços previdenciários, inclusive em caso de acidente do trabalho, na qualidade de segurada obrigatória, 13º salário e FGTS ou indenização, nos termos da legislação pertinente.

Uma vez extinto o contrato de trabalho, deverá a mãe social retirar-se da casa-lar que ocupava, cabendo à entidade empregadora providenciar a imediata substituição.

6.1.1.8. Motorista profissional empregado

O motorista profissional empregado está regulado nos arts. 235-A a 235-G da CLT com a redação dada pela Lei 13.103/2015.

Nos termos do art. 235-A da CLT, as disposições trazidas pela Lei 13.103/2015 serão aplicadas somente ao motorista profissional, considerado como o motorista profissional empregado de transporte rodoviário coletivo de passageiros e de transporte rodoviário de cargas, não se estendendo a demais motoristas.

A lei traz algumas particularidades à profissão de motorista profissional ao proporcionar jornada de trabalho especial e regular os tempos de repouso a eles destinados.

Traço marcante da legislação é a jornada de trabalho do motorista empregado que não tem horário fixo de início, de final ou de intervalos, salvo previsão contratual nesse sentido.

No entanto, a jornada de trabalho não poderá ultrapassar 8 (oito) horas por dia, admitindo-se a sua prorrogação por até 2 (duas) horas extraordinárias ou, mediante previsão em convenção ou acordo coletivo, por até 4 (quatro) horas extraordinárias. As horas extras, caso não sejam compensadas, serão pagas com remuneração superior em, no mínimo, 50% ao valor da hora normal.

Mediante convenção ou acordo coletivo poderá ser estabelecida jornada especial de 12 (doze) horas de trabalho por 36 (trinta e seis) horas de descanso para o trabalho do motorista profissional empregado em regime de compensação.

Ao motorista profissional empregado será assegurado um intervalo mínimo de 1 (uma) hora para refeição, podendo esse período coincidir com o tempo de parada obrigatória na condução do veículo estabelecido pelo art. 67-C e seus parágrafos do Código de Trânsito Brasileiro, exceto quando se tratar do motorista profissional enquadrado no § 5º do art. 71 da CLT.

A lei determina ainda que dentro do período de 24 (vinte e quatro) horas, deverão ser asseguradas 11 (onze) horas de descanso, sendo facultados o seu fracionamento e a coincidência com os períodos de parada obrigatória na condução do veículo estabelecido pelo Código de Trânsito Brasileiro, como vimos acima, garantidos o mínimo de 8 (oito) horas ininterruptas no primeiro período e o gozo do remanescente dentro das 16 (dezesseis) horas seguintes ao fim do primeiro período de descando.

Nas viagens de longa distância, assim consideradas aquelas em que o motorista profissional empregado permanece fora da base da empresa, matriz ou filial e de sua residência por mais de 24 (vinte e quatro) horas, o repouso diário pode ser feito no veículo ou em alojamento do empregador, do contratante do transporte, do embarcador ou do destinatário ou em outro local que ofereça condições adequadas.

Com relação às viagens de longa distância com duração superior a 7 (sete) dias, nos termos do art. 235-D da CLT o repouso semanal será de 24 (vinte e quatro) horas por semana ou fração trabalhada, sem prejuízo do intervalo de repouso diário de 11 (onze) horas, totalizando 35 (trinta e cinco) horas, usufruído no retorno do motorista à base (matriz ou filial) ou ao seu domicílio, salvo se a empresa oferecer condições adequadas para o efetivo gozo do referido repouso. É permitido o fracionamento do repouso semanal em 2 (dois) períodos, sendo um destes de, no mínimo, 30 (trinta) horas ininterruptas, a serem cumpridos na mesma semana e em continuidade a um período de repouso diário, que deverão ser usufruídos no retorno da viagem.

As horas em que o motorista profissional empregado ficar aguardando carga ou descarga do veículo nas dependências do embarcador ou do destinatário bem como o período gasto com a fiscalização da mercadoria transportada em barreiras fiscais ou alfandegárias, são consideradas tempo de espera e não serão computados como jornada de trabalho e nem como horas extraordinárias. No entanto, essas horas serão indenizadas em 30% (trinta por cento) do salário-hora normal e em hipótese alguma poderá prejudicar o direito ao recebimento do salário diário do motorista.

Se esse período de espera for superior a 2 (duas) horas ininterruptas para a hipótese em que o motorista empregado deva permanecer junto ao veículo, caso o local ofereça condições adequadas para o repouso, o tempo será considerado como de repouso para os fins do intervalo de descanso acima estudado.

O motorista empregado, em viagem de longa distância, que ficar com o veículo parado após o cumprimento da jornada normal ou das horas extraordinárias fica dispensado do serviço, exceto se for expressamente autorizada a sua permanência junto ao veículo pelo empregador. Nesse caso, o tempo será considerado como de espera.

Nos casos em que o empregador adotar 2 (dois) motoristas trabalhando no mesmo veículo, o tempo de repouso poderá ser feito com o veículo em movimento, assegurado o repouso mínimo de 6 (seis) horas consecutivas fora do veículo em alojamento externo ou, se na cabine leito, com o veículo estacionado, a cada 72 (setenta e duas) horas.

Em situações excepcionais, devidamente justificadas e anotadas, a jornada de trabalho de 8 horas por dia, acrescida das horas 2 (duas) horas suplementares, poderá ser elevada pelo tempo necessário até o veículo chegar a um local seguro ou ao seu destino, desde que não se comprometa a segurança rodoviária.

Para o transporte de cargas vivas, perecíveis e especiais em longa distância ou em território estrangeiro poderão ser aplicadas regras conforme a especificidade da operação de transporte realizada, cujas condições de trabalho serão fixadas em convenção ou acordo coletivo.

Em se tratando de transporte de passageiros, determina o art. 235-E da CLT:

Art. 235-E. Para o transporte de passageiros, serão observados os seguintes dispositivos:

I – é facultado o fracionamento do intervalo de condução do veículo previsto na Lei 9.503, de 23.09.1997 – Código de Trânsito Brasileiro, em períodos de no mínimo 5 (cinco) minutos;

II – será assegurado ao motorista intervalo mínimo de 1 (uma) hora para refeição, podendo ser fracionado em 2 (dois) períodos e coincidir com o tempo de parada obrigatória na condução do veículo estabelecido pela Lei 9.503, de 23.09.1997 – Código de Trânsito Brasileiro, exceto quando se tratar do motorista profissional enquadrado no § 5º do art. 71 desta Consolidação;

III – nos casos em que o empregador adotar 2 (dois) motoristas no curso da mesma viagem, o descanso poderá ser feito com o veículo em movimento, respeitando-se os horários de jornada de trabalho, assegurado, após 72 (setenta e duas) horas, o repouso em alojamento externo ou, se em poltrona correspondente ao serviço de leito, com o veículo estacionado.

6.1.2. Modalidades especiais de trabalhadores

Relação de trabalho corresponde a qualquer modalidade de contratação do trabalho humano, ou, em outras palavras, como ensina Renato Saraiva (em *Curso de Direito Processual do Trabalho*, 4ª ed., São Paulo, Método, 2007, p. 68): "relação de trabalho corresponde a qualquer vínculo jurídico por meio da qual uma pessoa natural executa obra ou serviços para outrem, mediante pagamento".

Podemos afirmar, portanto, que toda relação de emprego é uma relação de trabalho, mas nem toda relação de trabalho é uma relação de emprego, pois, como vimos, esta é uma espécie do gênero relação de trabalho.

Vejamos as espécies mais comuns de relação de trabalho:

6.1.2.1. Trabalhador autônomo

Nas lições de Sergio Pinto Martins (em *Direito do Trabalho*, 5ª ed., São Paulo, Malheiros, 1998, p. 127) trabalhador autônomo é aquele que "irá trabalhar por contra própria".

Difere-se do empregado, pois não há subordinação. O trabalhador autônomo desenvolve suas atividades com autonomia, atuando por conta própria, assumindo ele próprio o risco das atividades.

Dispõe o art. 12, V, *h*, da Lei 8.212/1991, que trabalhador autônomo é a pessoa física que exerce por conta própria atividade econômica de natureza urbana, com fins lucrativos ou não.

Essa definição é imprecisa ao mencionar que o autônomo é apenas quem exerce atividade de natureza urbana, pois profissões como a de engenheiro agrônomo, ou veterinário, podem ser exercidas no âmbito rural.

6.1.2.2. Trabalhador eventual

É o trabalhador admitido numa empresa para determinado evento. Em outras palavras, é o trabalho realizado de maneira eventual, de curta duração, cujos serviços não coincidem com os fins normais da empresa.

O trabalhador eventual carece de um dos elementos necessários para a caracterização da relação de empregado, qual seja, a "não eventualidade", ou seja, o elemento "continuidade" não se encontra presente nesse tipo de contrato.

O trabalhador eventual é vulgarmente chamado de "bico" ou "*freelancer*", laborando de maneira precária, na medida em que não se encontra presente o elemento habitualidade.

O trabalhador eventual realiza apenas serviços esporádicos, distintos dos fins da empresa, não demonstrando qualquer habitualidade. Como exemplo podemos citar o pintor que faz reparos no muro de uma empresa.

6.1.2.3. *Trabalhador avulso – Portuário*

Pela redação do art. 12, VI, da Lei 8.212/1991, trabalhador avulso é entendido como quem presta, a diversas empresas, sem vínculo empregatício, serviços de natureza urbana ou rural definidos no regulamento.

O trabalho avulso encontra-se disciplinado na Lei 12.815/2013, mais especificamente nos arts. 32 a 44, sendo 3 os sujeitos envolvidos nessa relação: a) Órgão Gestor de Mão de Obra (OGMO): órgão gestor que concentra a administração do trabalho portuário; b) operador portuário: empresa que explora as atividades portuárias; e, por último, c) trabalhador portuário: são os próprios trabalhadores, aqueles que exercem as atividades de carga e descarga de navios.

Cumpre destacar que não há poder de direção do OGMO sobre o avulso, nem subordinação deste com aquele. No trabalho avulso não há subordinação, razão pela qual o avulso presta serviços sem vínculo de emprego, nem com o OGMO, muito menos com as empresas para as quais presta serviços.

O OGMO apenas reúne a mão de obra e paga os prestadores de serviço, de acordo com o valor recebido das empresas, que será dividido proporcionalmente entre os trabalhadores.

O OGMO não responde por prejuízos causados pelos trabalhadores portuários avulsos aos tomadores dos seus serviços ou a terceiros.

Porém, responde, solidariamente com os operadores portuários, pela remuneração devida ao trabalhador portuário avulso e pelas indenizações decorrentes de acidente de trabalho.

Não é preciso que o trabalhador avulso seja sindicalizado. O que importa é que haja a intermediação obrigatória do sindicato na colocação do trabalhador na prestação de serviços às empresas, que procuram a agremiação buscando trabalhadores.

Podem ser destacadas as seguintes características do avulso: a) a liberdade na prestação de serviços, pois não tem vínculo com o OGMO, tampouco com as empresas tomadoras de serviço; b) podem prestar serviços a mais de uma empresa; c) o OGMO é quem faz a intermediação da mão de obra, manejando os trabalhadores de acordo com a necessidade dos serviços, cobrando um determinado valor pelos préstimos, incluindo direitos trabalhistas e encargos previdenciários e fiscais, e dividindo proporcionalmente entre as pessoas que participam do labor.

Nos termos do art. 7.º, XXXIV, a Constituição Federal assegurou igualdade de direitos entre o trabalhador avulso e aquele que mantém vínculo de emprego permanente.

6.1.2.4. *Trabalhador avulso – Não portuário*

O trabalho avulso não portuário é regulado pela Lei 12.023/2009 como sendo aquele executado na movimentação de mercadorias em geral, em áreas urbanas ou rurais sem vínculo empregatício, mediante intermediação obrigatória do sindicato da categoria, por meio de Acordo ou Convenção Coletiva de Trabalho.

Nos termos do art. 2º da Lei 12.023/2009 consideram-se atividades da movimentação de mercadorias em geral:

> I – cargas e descargas de mercadorias a granel e ensacados, costura, pesagem, embalagem, enlonamento, ensaque, arrasto, posicionamento, acomodação, reordenamento, reparação da carga, amostragem, arrumação, remoção, classificação, empilhamento, transporte com empilhadeiras, paletização, ova e desova de vagões, carga e descarga em feiras livres e abastecimento de lenha em secadores e caldeiras;
>
> II – operações de equipamentos de carga e descarga;
>
> III – pré-limpeza e limpeza em locais necessários à viabilidade das operações ou à sua continuidade.

Como vimos, a intermediação do sindicato de classe será obrigatória, por meio de Acordo ou Convenção Coletiva de Trabalho, nos termos do art. 1º da Lei 12.023/2009. Assim, como ocorre no trabalho avulso portuário, em que existe uma relação triangular, qual seja: Empresa – OGMO – Trabalhador Avulso Portuário, para o avulso não portuário a relação triangular se estabelece: Empresa – Sindicato – Trabalhador Avulso.

Nessa linha, o art. 4º da Lei 12.023/2009 impõe ao sindicato a obrigação de elaborar a escala de trabalho, bem como as folhas de pagamento dos trabalhadores avulsos, que deverá indicar tomador do serviço e os trabalhadores que participaram da operação.

A lei ensina ainda que são deveres do sindicato intermediador.

> **Art. 5º** São deveres do sindicato intermediador:
>
> I – divulgar amplamente as escalas de trabalho dos avulsos, com a observância do rodízio entre os trabalhadores;
>
> II – proporcionar equilíbrio na distribuição das equipes e funções, visando à remuneração em igualdade de condições de trabalho para todos e a efetiva participação dos trabalhadores não sindicalizados;
>
> III – repassar aos respectivos beneficiários, no prazo máximo de 72 (setenta e duas) horas úteis, contadas a partir do seu arrecadamento, os valores devidos e pagos pelos tomadores do serviço, relativos à remuneração do trabalhador avulso;
>
> IV – exibir para os tomadores da mão de obra avulsa e para as fiscalizações competentes os documentos que comprovem o efetivo pagamento das remunerações devidas aos trabalhadores avulsos;
>
> V – zelar pela observância das normas de segurança, higiene e saúde no trabalho;
>
> VI – firmar Acordo ou Convenção Coletiva de Trabalho para normatização das condições de trabalho.

Vale dizer que o não repasse dos valores devidos e pagos a título de remuneração do trabalhador avulso, no prazo de 72 horas, acarretará na responsabilidade pessoal e solidária dos dirigentes da entidade sindical.

Nessa linha dispõe o art. 8º da Lei 12.023/2009:

> **Art. 8º** As empresas tomadoras do trabalho avulso respondem solidariamente pela efetiva remuneração do trabalho contratado e são responsáveis pelo recolhimento dos encargos fiscais e sociais, bem como das contribuições ou de outras importâncias devidas à Seguridade Social, no limite do uso que fizerem do trabalho avulso intermediado pelo sindicato.

A lei impõe ao tomador dos serviços, no prazo de 72 horas úteis, contadas a partir do encerramento do trabalho requisitado, o dever de pagar ao sindicato os valores devidos pelos serviços prestados ou dias trabalhados, acrescidos dos percentuais relativos a repouso remunerado, 13º salário e férias acrescidas de 1/3 (um terço), para viabilizar o pagamento do trabalhador avulso, bem como os percentuais referentes aos adicionais extraordinários e noturnos. Compete, ainda, ao tomador de serviços recolher os valores devidos ao FGTS, acrescido dos percentuais relativos ao 13º salário, férias, encargos fiscais, sociais e previdenciários.

6.1.2.5. Estagiário

Regulado pela Lei 11.788/2008, o estágio é considerado um ato educativo escolar supervisionado, desenvolvido no ambiente de trabalho, que visa à preparação para o trabalho produtivo de educandos que estejam frequentando o ensino regular em instituições de educação superior, de educação profissional, de ensino médio, da educação especial e dos anos finais do ensino fundamental, na modalidade profissional da educação de jovens e adultos.

Uma vez observados certos requisitos impostos pela lei, o estágio não criará vínculo empregatício de qualquer natureza.

A Lei 11.788/2008 exige, em seu art. 3º, que o estagiário seja matriculado e frequente regularmente um curso de educação superior, de educação profissional, de ensino médio, da educação especial e nos anos finais do ensino fundamental, na modalidade profissional da educação de jovens e adultos, atestado pela instituição de ensino; seja celebrado termo de compromisso entre o estagiário, a parte concedente do estágio e a instituição de ensino; e compatibilidade entre as atividades desenvolvidas no estágio e aquelas previstas no termo de compromisso.

O descumprimento de qualquer dos requisitos ou de qualquer outra obrigação contida no termo de compromisso caracteriza vínculo de emprego do educando com a parte concedente do estágio para todos os fins da legislação trabalhista e previdenciária.

O recebimento de bolsa ou de outra forma de contraprestação, bem como do auxílio-transporte, será obrigatório na hipótese de estágio não compulsório. Já para o estágio obrigatório, será uma faculdade das partes, podendo ser acordado o recebimento de bolsa ou outra forma de contraprestação.

A jornada de atividade do estágio deverá ser compatível com as atividades escolares e será definida de comum acordo entre a instituição de ensino, a parte concedente e o estagiário ou seu representante legal e não poderá ultrapassar:

a) 4 (quatro) horas diárias e 20 (vinte) horas semanais, para estudantes de educação especial e dos anos finais do ensino fundamental, na modalidade profissional de educação de jovens e adultos;

b) 6 (seis) horas diárias e 30 (trinta) horas semanais, no caso de estudantes do ensino superior, da educação profissional de nível médio e do ensino médio regular.

No que concerne aos cursos que alternam teoria e prática, nos períodos em que não estão programadas aulas presenciais, a jornada poderá ser de até 40 (quarenta) horas semanais, desde que isso esteja previsto no projeto pedagógico do curso e da instituição de ensino.

O prazo de duração do contrato de estágio vem esculpido no art. 11 da citada lei, que registra que o contrato não poderá exceder 2 (dois) anos, exceto quando se tratar de estagiário portador de deficiência.

Novidade inserida pela Lei 11.788/2008 foi o direito relativo às férias, tratada pela lei como *recesso*. Assim, hoje é assegurado ao estagiário período de recesso de 30 (trinta) dias, a ser gozado preferencialmente durante suas férias escolares, sempre que o estágio tenha duração igual ou superior a 1 (um) ano. Aos contratos de estágio com duração inferior a um ano, os dias de recesso deverão ser concedidos proporcionalmente. Vale dizer que por tal período não ser considerado como férias propriamente ditas, mas sim um período de recesso, o estagiário não fará jus ao recebimento do terço constitucional.

Vale frisar que referido período de recesso deverá ser remunerado quando o estagiário receber bolsa ou outra forma de contraprestação.

Por último, ainda com relação ao estagiário, a Seção de Dissídios Individuais 1 do TST editou a orientação jurisprudencial 366 que entendeu ser impossível o reconhecimento do vínculo empregatício com a Administração Pública direta ou indireta pela ausência de concurso público, ainda que desvirtuada a finalidade do estágio: "Ainda que desvirtuada a finalidade do contrato de estágio celebrado na vigência da Constituição Federal de 1988, é inviável o reconhecimento do vínculo empregatício com ente da Administração Pública direta ou indireta, por força do art. 37, II, da CF/1988, bem como o deferimento de indenização pecuniária, exceto em relação às parcelas previstas na Súmula 363 do TST, se requeridas."

6.2. Empregador

O conceito pode ser extraído da redação do art. 2º da CLT: empregador é a pessoa física ou jurídica "que, assumindo os riscos da atividade econômica, admite, assalaria e dirige a prestação pessoal de serviços". É, portanto, aquele que admite trabalhadores como empregados.

Cabe destacar que, nos termos do § 1º do art. 2º da CLT, são equiparados a empregador os profissionais liberais, as instituições de beneficência, as associações recreativas ou outras instituições sem fins lucrativos que admitirem trabalhadores como empregados.

6.2.1. Grupo de empresas

Considera-se um grupo de empresas sempre que uma ou mais empresas estiverem sob a direção, controle ou administração de outra, constituindo grupo comercial, industrial ou de qualquer outra atividade econômica. É a teoria do empregador único, na qual a empresa principal e cada uma das subordinadas serão solidariamente responsáveis, para os efeitos da relação de emprego, nos exatos termos do art. 2º, § 2º, da CLT.

Para que o grupo se caracterize, deverá haver uma relação de coordenação entre as diversas empresas sem que necessariamente exista uma em posição predominante.

Vale lembrar que a prestação de serviços a mais de uma empresa do mesmo grupo econômico, durante a mesma jornada de trabalho, não caracteriza a coexistência de mais de um contrato de trabalho, salvo ajuste em contrário, em conformidade com a Súmula 129 do TST.

Havendo aquisição de uma empresa pertencente ao mesmo grupo econômico, nos termos da Orientação Jurisprudencial 411 da SDI 1 do TST, o sucessor não responde solidariamente por débitos trabalhistas de empresa não adquirida, integrante do mesmo grupo econômico da empresa sucedida, quando, à época, a empresa devedora direta era solvente ou idônea economicamente, ressalvada a hipótese de má-fé ou fraude na sucessão.

6.2.2. *Consórcio de empregadores*

Consórcio de empregadores é o conjunto de pessoas físicas ou jurídicas que desejam repartir mão de obra comum por meio de um ajuste contratual entre elas, não configurando sociedade. Nada mais é que um "concurso de empregadores".

José Augusto Rodrigues Pinto (em *Curso de Direito Individual do Trabalho*, 5ª ed., São Paulo, LTr, 2003, p. 603) define o consórcio de empregadores como sendo "um ajuste de vontades de empregadores pessoas físicas ou jurídicas, objetivando a admissão e utilização em comum de empregados para execução de serviços no interesse e sob subordinação individualizados das respectivas empresas individuais ou coletivas".

Entre os exemplos mais comuns podemos mencionar: vigia de rua contratado por vários moradores; vigia de carros de uma determinada rua comercial em que há várias lojas; a doméstica que a cada dia da semana atende a um morador diferente de um condomínio residencial.

6.2.3. *Sucessão de empregadores*

Sucessão de empregadores ocorre com a transferência da titularidade do negócio pelo titular primário, chamado de sucedido, a um novo titular, chamado sucessor, que se tornará responsável por todos os direitos e dívidas do negócio existentes até então.

A mudança pode ocorrer na propriedade da empresa, como vimos, podendo ocorrer também na alteração de sua estrutura jurídica, que é a modificação em sua forma ou modo de constituir-se.

Assim, na aquisição ocorre uma alteração na propriedade por meio da alienação da empresa para outro empresário. Já a alteração na estrutura jurídica ocorre quando há mudanças na forma de a empresa constituir-se. Como exemplo de alteração na estrutura jurídica da empresa, podemos citar a transformação, que é a operação pela qual uma sociedade passa de uma espécie para outra, como por exemplo: de sociedade limitada para sociedade anônima.

Cabe ressaltar que, de acordo com os arts. 10 e 448 da CLT, qualquer alteração na estrutura jurídica da empresa não afetará os direitos adquiridos por seus empregados e não afetará os contratos de trabalho dos respectivos empregados.

A legislação trabalhista, na defesa dos contratos de trabalho e visando à garantia do empregado, estabelece o princípio da continuidade do vínculo jurídico trabalhista, declarando que a alteração na estrutura jurídica e a sucessão de empresas em nada o afetarão. O atual proprietário responderá pelos créditos dos empregados e ex-empregados, pois estes se vinculam à empresa, não aos seus titulares.

Importante lembrar, ainda, que havendo sucessão de empregadores que estejam em liquidação extrajudicial, o sucessor responde pela obrigação do sucedido, não podendo se beneficiar de qualquer privilégio a este destinado, sendo devida, também, a incidência de juros de mora em relação aos débitos trabalhistas da empresa que está em liquidação extrajudicial. Nessa linha, cabe transcrever a Orientação Jurisprudencial 408 da SDI 1 do TST.

> OJ-SDI1-408 JUROS DE MORA. EMPRESA EM LIQUIDAÇÃO EXTRAJUDICIAL. SUCESSÃO TRABALHISTA.
>
> É devida a incidência de juros de mora em relação aos débitos trabalhistas de empresa em liquidação extrajudicial sucedida nos moldes dos arts. 10 e 448 da CLT. O sucessor responde pela obrigação do sucedido, não se beneficiando de qualquer privilégio a este destinado.

Por último, tema de grande relevância é a hipótese de sucessão na aquisição de empresas pertencentes ao mesmo grupo econômico. Nessa linha, cabe transcrever a Orientação Jurisprudencial 411 da SDI 1 do TST, publicada em 26.10.2010.

> ORIENTAÇÃO JURISPRUDENCIAL 411 DA SDI 1 DO TST – SUCESSÃO TRABALHISTA. AQUISIÇÃO DE EMPRESA PERTENCENTE A GRUPO ECONÔMICO. RESPONSABILIDADE SOLIDÁRIA DO SUCESSOR POR DÉBITOS TRABALHISTAS DE EMPRESA NÃO ADQUIRIDA. INEXISTÊNCIA.
>
> O sucessor não responde solidariamente por débitos trabalhistas de empresa não adquirida, integrante do mesmo grupo econômico da empresa sucedida, quando, à época, a empresa devedora direta era solvente ou idônea economicamente, ressalvada a hipótese de má-fé ou fraude na sucessão.

6.2.4. *Serviços notariais e de registro*

A delegação do serviço notarial e de registro depende de prévia aprovação em concurso público, nos termos do art. 236, § 3º, da CF/1988:

> **Art. 236.** Os serviços notariais e de registro são exercidos em caráter privado, por delegação do Poder Público.
>
> (...)
>
> § 3º O ingresso na atividade notarial e de registro depende de concurso público de provas e títulos, não se permitindo que qualquer serventia fique vaga, sem abertura de concurso de provimento ou de remoção, por mais de seis meses.

Com a aprovação em concurso público, a respectiva serventia é transferida ao novo titular que, nos termos do art. 21 da Lei 8.935/1994 (Lei dos Cartórios), será responsável por montar a estrutura necessária à prestação dos serviços.

Nessa linha, ensinam os arts. 20 e 21 da citada lei que, para o desempenho de suas funções, cabe ao tabelião ou oficial de registro contratar escreventes e auxiliares como empregados, com remuneração livremente ajustada e sob o regime da legislação trabalhista.

Importante notar que a relação de trabalho se estabelece diretamente entre o notário ou o registrador e seus respectivos prepostos.

A regra insculpida no art. 236 da CF/1988 ensina que os serviços notariais e de registro são exercidos em caráter privado, por delegação do Poder Público. De acordo com o texto constitucional, o Estado não é o empregador. O empregador é o titular da serventia, que é quem detém a responsabilidade de contratar, assalariar e dirigir a prestação laboral, sendo, portanto, equiparado a empregador (art. 2º, § 2º, da CLT).

Em outras palavras, podemos concluir que a imputação de responsabilidade pelos créditos trabalhistas à serventia e não ao tabelião encontra vedação no próprio art. 236 da CF/1988, na medida em que o tabelião aprovado em concurso é quem possui legitimidade para contratar sob o regime trabalhista.

6.2.4.1. *Sucessão trabalhista nos serviços notariais e de registro*

Como ensina a doutrina e a jurisprudência, para a caracterização da sucessão trabalhista (arts. 10 e 448 da CLT) são exigidos dois requisitos, quais sejam: a) transferência da unidade econômico-jurídica; e b) a continuidade na prestação laboral.

Nesse contexto, devemos lembrar que a extinção da delegação implicará a interrupção da concessão do serviço notarial e de registro, dissolvendo-se, assim, o vínculo do ex-titular com a administração. Em um segundo momento, há a criação de novo vínculo com a posse do novo delegado aprovado em concurso público.

Nesse ponto, importante a disposição do art. 39, § 2º, da Lei 8.935/1994:

> § 2º. Extinta a delegação a notário ou a oficial de registro, a autoridade competente declarará vago o respectivo serviço, designará o substituto mais antigo para responder pelo expediente e abrirá concurso.

Essa regra nos ajuda a lembrar que o delegado aprovado em concurso público não recebe a delegação por transmissão do anterior titular, de forma derivada, mas sim diretamente do Estado, de forma originária, afastando a responsabilidade por obrigações pretéritas.

Também não poderia ser diferente. Imputar as obrigações pretéritas ao novo delegado implicaria a inviabilidade dos concursos para delegação de serviços notariais e de registro.

Portanto, podemos concluir que a exigência de concurso público feita pelo art. 236 da CF/1988 aponta que o titular que ingressa na atividade recebe a delegação de forma originária pelo Estado; outrossim, o titular não recebe o patrimônio do antigo empregador, não ocorrendo, destarte, o fenômeno da sucessão trabalhista e, por consequência, nenhum crédito ou débito lhe é transferido.

6.2.5. *Poder diretivo do empregador*

Poder diretivo ou poder de direção consiste na capacidade que o empregador possui de organizar, controlar e disciplinar a prestação dos serviços por parte do empregado, que assim o faz, de forma subordinada.

O poder diretivo é limitado, devendo ser exercido dentro das balizas previstas em lei, resguardando, sempre, os direitos e garantias dos empregados.

O poder diretivo pode ser estudado sob 3 aspectos:

a) Poder de organização: é o empregador quem deve organizar seu empreendimento, distribuindo os empregados em suas respectivas funções, local de trabalho, horários de entrada e saída etc.;

b) Poder de controle: é o empregador quem deve gerenciar, fiscalizar a atividade laboral de seus empregados, para que sejam cumpridas as regras impostas pelo próprio empregador e pelo sistema jurídico, como, por exemplo, a obediência ao horário de trabalho (art. 74 da CLT) e o uso dos Equipamentos de Proteção Individual – EPIs;

c) Poder disciplinar: tendo em vista que o empregador tem o poder de organizar e controlar o trabalho desenvolvido por seus empregados, caberá a ele a aplicação das penalidades ao empregado que não observar as regras de organização impostas.

Embora a CLT preveja expressamente somente 2 (duas) espécies de punições a serem impostas ao empregado, na verdade 3 (três) são as espécies:

a) advertência: não prevista expressamente na CLT, é um aviso, que poderá ser verbal ou escrito, ao empregado para que ele tome conhecimento de seu comportamento inadequado e das implicações que poderão lhe causar;

b) suspensão: limitada a 30 (trinta) dias consecutivos, nos termos do art. 474 da CLT, tem como objetivo resgatar o comportamento do empregado que cometeu uma falta;

c) dispensa por justa causa: é considerada a punição mais severa, pois acarreta na extinção do contrato de trabalho e ocorrerá nas hipóteses previstas no art. 482 da CLT.

Não se exige que as punições sejam aplicadas de forma gradual, ou seja, em primeiro lugar a advertência; em segundo a suspensão e por último a justa causa. A punição imposta deverá ser proporcional à falta cometida pelo empregado, podendo inclusive ser aplicada, de plano, a dispensa por justa causa.

Importante lembrar que, em regra, não se admite a multa como punição do empregado, na medida em que contraria o princípio da intangibilidade salarial disposto no art. 462 da CLT.

No entanto, a Lei 9.615/1998 autoriza em seu art. 48, inciso III, a punição do atleta profissional com aplicação de multa.

6.2.5.1. *Verificação de e-mail do empregado*

Com estudamos, muito se discute se a verificação de *e-mail* do empregado estaria contida no poder de controle do empregador.

O *e-mail* particular do empregado está plenamente acobertado pela garantia constitucional de proibição de violação do sigilo das comunicações e de dados (art. 5º, XII, da CF).

Porém, a grande discussão gira em torno do *e-mail* corporativo, aquele disponibilizado pelo empregador ao empregado como ferramenta de trabalho, ou seja, para o desempenho das atividades laborais.

Prevalece na jurisprudência que não excede o poder de controle o empregador que obtém acesso do *e-mail* corporativo de seu empregado, pois possui a prerrogativa de zelar pelo correto uso de todos os meios proporcionados a todos os funcionários. Poderá o empregador monitorar e rastrear a atividade do empregado em seu ambiente de trabalho, ainda que virtual, como ocorre com os *e-mails*, tanto do ponto de vista formal como material, relacionado ao conteúdo da mensagem eletrônica enviada.

Podemos concluir, portanto, que não há violação à intimidade do obreiro prevista no art. 5º, XII, da CF a fiscalização de *e-mail* corporativo, que poderá, inclusive, ser objeto de prova pelo empregador para comprovar a justa causa do obreiro.

Sobre o tema, o TST se pronunciou no julgamento do processo TST-AIRR-1640/2003-051-01-40.0 de 15/10/2008:

AGRAVO DE INSTRUMENTO EM RECURSO DE REVISTA – *E-MAIL* CORPORATIVO – ACESSO PELO EMPREGADOR SEM A ANUÊNCIA DO EMPREGADO – PROVA ILÍCITA – NÃO CARACTERIZADA. Consoante entendimento consolidado neste Tribunal, o *e-mail* corporativo ostenta a natureza jurídica de ferramenta de trabalho, fornecida pelo empregador ao seu empregado, motivo pelo qual deve o obreiro utilizá-lo de maneira adequada, visando à obtenção da maior eficiência nos serviços que desempenha. Dessa forma, não viola os arts. 5º, X e XII, da Carta Magna a utilização, pelo empregador, do conteúdo do mencionado instrumento de trabalho, uma vez que cabe àquele que suporta os riscos da atividade produtiva zelar pelo correto uso dos meios que proporciona aos seus subordinados para o desempenho de suas funções. Não se há de cogitar, pois, em ofensa ao direito de intimidade do reclamante.

6.2.5.2. Revistas íntimas

O art. 373-A, VI, da CLT veda a revista íntima nas empregadas e funcionárias. O texto consolidado traz regra de proteção do trabalho da mulher, que, por força do art. 5º, I, da CF, pode ser aplicado perfeitamente aos empregados do sexo masculino.

A revista íntima que se refere o dispositivo celetista em comento é aquela que viole a intimidade, a vida privada, a honra e a imagem do empregado, em conformidade com o art. 5º, X, da CF.

Desta forma, embora existam posições contrárias em atenção aos direitos da dignidade da pessoa humana, previsto no art. 1º da CF, é vedada toda e qualquer revista pessoal em qualquer circunstância, na medida em que o empregador pode se valer de outros meios para a proteção de seus bens, como, por exemplo, o uso de câmeras em locais comuns.

Sobre o tema, imperioso destacar a seguinte decisão do TST no julgamento do processo RR – 324500-05.2008.5.09.0195:

"...

DANO MORAL. REVISTA ÍNTIMA.

Esta Corte Superior tem se posicionado no sentido de que a revista visual de pertences dos empregados, feita de forma impessoal e indiscriminada, é inerente aos poderes de direção e de fiscalização do empregador e, por isso, não constitui ato ilícito. No presente caso, contudo, o quadro fático delineado no acórdão regional evidencia a existência de abuso de direito no procedimento de revista adotado pela ré. Consequentemente, ficou demonstrado o dano moral que teria atingido a autora, e o consequente sofrimento psíquico advinda do contato físico. Assim, ficou comprovado o ato ilícito praticado pelo reclamado. Por outro lado, o Tribunal Regional, ao fixar o valor da indenização em R$ 15.000,00 a título de danos morais, levou em consideração o dano sofrido, a condição da autora, o fim pedagógico e a capacidade econômica do reclamado. Tem-se, portanto, que foram observados os princípios da proporcionalidade e da razoabilidade insertos no art. 944 do Código Civil, o qual vincula a indenização à extensão do dano. Recurso de revista de que não se conhece." (RR – 324500-05.2008.5.09.0195, Relator Ministro: Pedro Paulo Manus, Data de Julgamento: 14/11/2012, 7ª Turma, Data de Publicação: 19/11/2012)

6.2.5.3. Terceirização

Terceirização pode ser entendida como a transferência de determinadas atividades da empresa, que serão exercidas por empresas distintas e especializadas.

Assim, uma determinada empresa (empresa tomadora de serviços) delega parte de suas atividades, que serão exercidas por outra empresa (empresa prestadora de serviços) que deverá colocar um trabalhador à disposição da empresa tomadora de serviços para o exercício da atividade contratada.

Nota-se, desta forma, que na terceirização existe uma relação trilateral ou triangular, ou seja, empregado, empregador e "cliente". Vejamos: entre a empresa prestadora de serviços (EPS) e o trabalhador existe uma relação de emprego propriamente dita. Entre a EPS e a empresa tomadora de serviços existe uma relação de natureza civil, que tem como objeto a prestação de serviços. Por último, entre a tomadora de serviços e o trabalhador não há uma típica relação de trabalho, na medida em que é empregado vinculado à EPS, mas sim uma mera relação jurídica, pois seu labor é executado na empresa tomadora de serviços.

6.2.5.3.1. Terceirização lícita

A terceirização é permitida em alguns casos. Vejamos:

6.2.5.3.1.1. Trabalho temporário

A Súmula 331, item I, do TST entende ser lícita a contratação por empresa de trabalho temporário disciplinada pela Lei 6.019/1974.

Contudo, a lei em questão admite a contratação por empresa de trabalho temporário em restritas hipóteses, quais sejam: para atender à necessidade transitória de substituição de pessoal regular e permanente ou ao acréscimo extraordinário de serviços da empresa.

Nessas restritas hipóteses e dentro dos limites temporais desse tipo de contrato, admite-se a terceirização não apenas na atividade-meio, mas também nas atividades-fim da empresa.

6.2.5.3.1.2. Serviços de vigilância e limpeza

A Súmula 331, item III, do TST entende ser lícita a contratação de serviços de vigilância, disciplinada pela Lei 7.102/1983, assim como e de conservação e limpeza, não formando vínculo de emprego com o tomador de serviços.

6.2.5.3.1.3. Atividade-meio

A terceirização poderá ocorrer nas atividades da empresa definidas como atividade-meio, entendida como aquela que não constitui o objeto principal da empresa, desde que inexistente a subordinação e a pessoalidade. Não poderá, portanto, haver terceirização de atividade-fim da empresa, definida como o objeto principal da empresa, em regra descrito no respectivo contrato social, sob pena de ser declarada ilícita ou fraudulenta, salvo, como vimos, em se tratando de trabalho temporário, previsto na Lei 6.019/1974.

Ainda que seja contratada para o exercício de atividade-meio da empresa, não podem estar presentes os requisitos da pessoalidade e subordinação.

Como sabemos, a pessoalidade indica que os trabalhos devem ser prestados pelo trabalhador, sem que haja substituições.

Na terceirização lícita, ao tomador de serviços pouco importa a pessoa que estará prestando o serviço, tendo em vista que a empresa tomadora contrata o serviço e não o trabalhador.

Desta forma, para que a terceirização seja considerada lícita, não poderá o tomador de serviços exigir a presença de um determinado trabalhador. Caso haja essa exigência restará ilícita a terceirização, reconhecendo-se o vínculo trabalhista entre o empregado e a tomadora de serviços.

Com relação à subordinação sabemos que a prestação dos serviços é dirigida pelo empregador, que exerce o poder de direção.

Na terceirização lícita não pode haver subordinação pela tomadora de serviços, sob pena de se reconhecer sua ilicitude. O poder disciplinar deverá ser exercido por seu empregador, ou seja, a empresa prestadora de serviços. É ela, também, quem deverá fiscalizar, controlar e organizar as atividades do empregado e não a tomadora de serviços.

Importante lembrar que esses poderes não podem ser exercidos pela empresa tomadora de serviços, sob pena de se reconhecer o vínculo de emprego entre o trabalhador e a tomadora de serviços, com fundamento no art. 9º da CLT.

6.2.5.3.2. Terceirização ilícita

Celebrada fora das hipóteses permitidas, será declarada a nulidade da terceirização, nos moldes do art. 9º da CLT.

Declarada a nulidade da terceirização, será reconhecido o vínculo de emprego diretamente com o tomador de serviços. Nesse sentido, ensina a Súmula 331, I, do TST: "A contratação de trabalhadores por empresa interposta é ilegal, formando-se o vínculo diretamente com o tomador dos serviços, salvo no caso de trabalho temporário (Lei 6.019, de 03.01.1974)".

Desta forma, celebrada a terceirização e considerada ilícita ou fraudulenta, deverá o magistrado reconhecer o vínculo de emprego com a tomadora de serviços, sendo-lhe aplicada, nesse caso, a responsabilidade solidária quanto às verbas decorrentes do contrato de trabalho inadimplidas pela empresa prestadora de serviços.

6.2.5.3.3. Responsabilidade

Na terceirização a responsabilidade pelas obrigações trabalhistas pode ser solidária ou subsidiária.

A responsabilidade será **subsidiária** nos casos de terceirização **lícita**, ou seja, nos casos em que a terceirização é permitida – item 6.2.5.3.1. Naqueles casos, a responsabilidade surge tão somente com o inadimplemento do devedor principal.

Por outro lado, em se tratando de terceirização **ilícita** a responsabilidade será **solidária**, tendo em vista que a contratação por meio de empresa interposta é ilegal e não produz qualquer efeito, nos moldes do art. 9º da CLT.

6.2.5.3.4. Terceirização na Administração Pública

É admitida a terceirização de atividade ou serviço pela Administração Pública. Nesse caso, tem-se a figura do contrato administrativo, firmado com a empresa prestadora de serviços que, em regra, é precedido de licitação.

A CF exige do empregado público prévia aprovação em concurso público nos termos do art. 37, II e § 2º, da CF. Por essa razão não é possível o reconhecimento do vínculo empregatício entre as partes.

No entanto, a Súmula 331, item V, do TST impõe à Administração Pública obrigação de indenizar ao atribuí-la a responsabilidade subsidiária. Assim, havendo o inadimplemento das obrigações trabalhistas por parte do empregador, a responsabilidade será da Administração Pública.

No entanto, diferente do que ocorre para a iniciativa privada onde basta o mero inadimplemento das obrigações por parte da empresa prestadora de serviços – devedor principal – em se tratando de Administração Pública, é necessário que se comprove culpa na observância das normas dispostas na Lei 8.666/1993.

Como se sabe, cabe ao ente da Administração o poder de fiscalização. Trata-se de uma prerrogativa do Poder Público de fazer acompanhar a fiel execução do contrato celebrado. Assim, não cumprida essa obrigação surge a obrigação de indenizar.

Desta forma, havendo o inadimplemento por parte da empresa prestadora de serviços e comprovada conduta culposa no cumprimento das obrigações da Lei 8.666/1993, surge a responsabilidade subsidiária da Administração Pública no pagamento das obrigações trabalhistas do empregado.

> SÚMULA 331 TST – CONTRATO DE PRESTAÇÃO DE SERVIÇOS. LEGALIDADE.
>
> (...)
>
> V – Os entes integrantes da Administração Pública direta e indireta respondem subsidiariamente, nas mesmas condições do item IV, caso evidenciada a sua conduta culposa no cumprimento das obrigações da Lei 8.666, de 21.06.1993, especialmente na fiscalização do cumprimento das obrigações contratuais e legais da prestadora de serviço como empregadora. A aludida responsabilidade não decorre de mero inadimplemento das obrigações trabalhistas assumidas pela empresa regularmente contratada.
>
> VI – A responsabilidade subsidiária do tomador de serviços abrange todas as verbas decorrentes da condenação referentes ao período da prestação laboral.

7. REMUNERAÇÃO E SALÁRIO

7.1. Remuneração

Segundo a redação do art. 457 da CLT, remuneração consiste na somatória da contraprestação paga diretamente pelo empregador, seja em pecúnia, seja em utilidades, com a quantia recebida pelo obreiro de terceiros a título de gorjeta.

Assim, compreende-se na remuneração do empregado, para todos os efeitos legais, além do salário devido e pago diretamente pelo empregador, como contraprestação do serviço, as gorjetas que receber. Em outras palavras, remuneração é salário + gorjeta.

Remuneração é, portanto, gênero que engloba as espécies: salário e gorjetas.

7.2. Salário

É contraprestação paga diretamente pelo empregador ao empregado pelos serviços prestados, seja em dinheiro, seja em utilidades, por exemplo: habitação, alimentação e vestuário, nos termos do art. 458, *caput,* e seu § 2º, da CLT.

O salário é formado pela somatória do salário básico (soma do salário em dinheiro com o salário *in natura*) acrescido do sobressalário (complementos do salário básico que irão integrar o salário do trabalhador, como adicional noturno, adicional de insalubridade etc.), de acordo com o art. 457, § 1º, da CLT.

Qualquer que seja a modalidade do trabalho, o pagamento do salário não deve ser estipulado por período superior a 1 (um) mês, salvo no que concerne a comissões, percentagens e gratificações. Quando o pagamento houver sido estipulado por mês, deverá ser efetuado, o mais tardar, até o quinto dia útil do mês subsequente ao vencido.

O atraso no pagamento do salário, chamado mora salarial, implica a rescisão indireta do contrato de trabalho, por descumprimento contratual, nos termos do art. 483, *d*, da CLT.

Sobre mora salarial é importante trazer o posicionamento contido na Súmula 13 do TST: "O só pagamento dos salários atrasados em audiência não ilide a mora capaz de determinar a rescisão do contrato de trabalho."

7.3. Salário in natura

O salário *in natura*, também conhecido como salário-utilidade, é conceituado como sendo toda parcela, bem ou vantagem fornecida pelo empregador como gratificação pelo trabalho desenvolvido ou pelo cargo ocupado.

Para ser reconhecido como tal, dois requisitos devem ser levados em consideração. O primeiro deles ensina que a utilidade deve ser habitual; e o outro informa que essa utilidade seja fornecida de forma gratuita.

Assim, não sendo habitual e gratuito o fornecimento da utilidade ao empregado, restará prejudicada sua caracterização como parte integrante do salário, ou seja, sendo a utilidade fornecida de forma eventual e/ou onerosa ao empregado, não poderá ser considerada como salário-utilidade.

Para determinar se uma prestação será ou não considerada como salário *in natura,* devemos avaliar se a prestação é cedida como um benefício "**pelo**" trabalho ou se cedida "**para**" a prestação do labor. Assim, se a prestação for concedida ao obreiro pelo trabalho exercido, essa parcela deverá ser considerada como salário *in natura*. No entanto, sendo a prestação concedida para a realização do trabalho, ela não integrará o salário do obreiro.

Nesse sentido é a Súmula 367 do TST, que no item I leciona: "a habitação, a energia elétrica e veículo fornecidos pelo empregador ao empregado, quando indispensáveis para a realização do trabalho, não têm natureza salarial, ainda que, no caso de veículo, seja ele utilizado pelo empregado também em atividades particulares."

Desta forma, em conformidade com o § 2º do art. 458 da CLT, não se consideram como salário, desde que compreendidas a todos os empregados, as seguintes utilidades:

a) vestuários, equipamentos e outros acessórios fornecidos aos empregados e utilizados no local de trabalho para a prestação do serviço;

b) educação, em estabelecimento de ensino próprio ou de terceiros, compreendendo os valores relativos a matrícula, mensalidade, anuidade, livros e material didático;

c) transporte destinado ao deslocamento para o trabalho e retorno, em percurso servido ou não por transporte público;

d) assistência médica, hospitalar e odontológica, prestada diretamente ou mediante seguro-saúde;

e) seguros de vida e de acidentes pessoais;

f) previdência privada;

g) o valor correspondente ao vale-cultura.

Em nenhum caso será permitido o pagamento com bebidas alcoólicas ou drogas nocivas. O cigarro não se considera salário-utilidade em face de sua nocividade à saúde (Súmula 367, II, do TST).

Também não se incorporam ao salário a alimentação fornecida de acordo com o programa alimentação do trabalhador e o vale-alimentação.

Convém ressaltar que o pagamento de cesta básica, se estiver em norma coletiva, não poderá ser considerado como salário. No entanto, caso seu fornecimento seja espontâneo por parte do empregador, passará a ter natureza salarial.

Não obstante, é importante destacar que, nos termos da Súmula 241 do TST, o vale para refeição, fornecido por força do contrato de trabalho, tem caráter salarial, integrando a remuneração do empregado para todos os efeitos legais.

7.4. Gorjeta

As gorjetas, previstas no art. 457, § 3º, da CLT, correspondem à importância paga por terceiros ao empregado, que pode ser de forma espontânea ou cobrada pela empresa. Em outras palavras, é a importância dada ou cobrada do cliente pela empresa, a qualquer título e destinada à distribuição aos empregados, por exemplo: os 10% sobre a conta de um restaurante, bem como importância dada espontaneamente pelo cliente ao empregado (as "caixinhas").

As gorjetas, cobradas pelo empregador na nota de serviço ou oferecidas espontaneamente pelos clientes, nos termos da Súmula 354 do TST, integram a remuneração do empregado, mas não servem de base de cálculo para as parcelas de aviso-prévio, adicional noturno, horas extras e repouso semanal remunerado.

7.5. Parcelas salariais

O art. 457, § 1º, da CLT ensina que integram o salário não só a importância fixa estipulada, como também as comissões, percentagens, gratificações ajustadas, diárias para viagens e abonos pagos pelo empregador.

Essas parcelas salariais correspondem ao que chamamos de "sobressalário", que são complementos do salário básico que integrarão a remuneração do trabalhador.

7.5.1. Comissões e percentagens

As comissões não podem ser confundidas com as percentagens. A comissão é um valor determinado e fixo, ao passo que percentagem é uma parte da venda repassada ao empregado, não possuindo um valor certo.

Àquele empregado que recebe salário variável será assegurado o salário mínimo.

Vale lembrar que em conformidade com a Súmula 27 do TST é devida a remuneração do repouso semanal e dos dias feriados ao empregado comissionista, ainda que pracista.

Com relação aos bancários, é necessário lembrar o posicionamento do TST consubstanciado na Súmula 93 que diz integrar a remuneração do bancário a vantagem pecuniária por ele auferida na colocação ou na venda de papéis ou valores mobiliários de empresas pertencentes ao mesmo grupo econômico, se exercida essa atividade no horário e no local de trabalho e com o consentimento, tácito ou expresso, do banco empregador.

No caso de cessar o contrato de trabalho, as comissões devem ser pagas ao empregado, ou seja, a cessação do contrato não retira do empregado o direito ao recebimento das comissões.

O pagamento de comissões e percentagens só é exigível depois de ultimada a transação a que se referem.

7.5.2. Gratificações

É o pagamento de um valor realizado pelo empregador ao empregado, como forma de prêmio ou incentivo.

As gratificações ajustadas no contrato de trabalho integrarão o salário, em conformidade com o art. 457, § 1º, da CLT. Podem ainda ser previstas em convenções e acordos coletivos ou por livre arbítrio do empregador.

Nos termos da Súmula 372, item I, do TST, percebida a gratificação de função por dez ou mais anos pelo empregado, se o empregador, sem justo motivo, revertê-lo a seu cargo efetivo, não poderá retirar-lhe a gratificação, tendo em vista o princípio da estabilidade financeira e, uma vez mantido o empregado no exercício da função comissionada, não pode o empregador reduzir o valor da gratificação (Súmula 372, II, do TST).

Com relação ao empregado bancário, o adicional por tempo de serviço integra o cálculo da gratificação paga aos gerentes, prevista no art. 224, § 2º, da CLT, de acordo com a Súmula 240 do TST. Ainda com relação ao bancário, a gratificação por tempo de serviço integra o cálculo das horas extras (Súmula 226 do TST).

É importante ressaltar o posicionamento do STF consubstanciado na Súmula Vinculante 15, de 25.06.2009, que ensina: "o cálculo de gratificações e outras vantagens do servidor público não incide sobre o abono utilizado para se atingir o salário mínimo".

Por último, deve-se frisar que a parcela de participação nos lucros ou resultados, habitualmente paga, nos termos do art. 3º da Lei 10.101/2000, não possui natureza salarial, não integrando a remuneração do empregado.

7.5.3. Gratificação natalina

Com previsão no art. 7º, VIII, da CF e instituída pela Lei 4.090/1962, a gratificação natalina, mais conhecida como 13º salário, é compulsória e equivale a um mês da remuneração do empregado quando este tenha completado 12 (doze) meses de serviços ou proporcional aos meses de trabalho quando incompletos 12 (doze) meses, com base na remuneração do empregado, no mês de dezembro de cada ano.

O pagamento da primeira parcela ou, em outras palavras, o adiantamento do 13º salário, deverá ser feito entre fevereiro e novembro de cada ano e o valor corresponderá à metade do salário percebido no mês anterior, devendo o empregador efetuá-lo de uma só vez.

Contudo, o empregador não estará obrigado a pagar o adiantamento, no mesmo mês, a todos os seus empregados.

7.5.4. Quebra de caixa

Quebra de caixa é a verba destinada a cobrir os riscos assumidos pelo empregado que lida com manuseio constante de numerário.

É um adicional pago ao trabalhador que exerce controle sobre ativos do empregador, na medida em que, caso haja alguma diferença a menos no caixa, o empregado deverá prestar conta da quantia. Exemplo de trabalhador que recebe este adicional são os caixas de banco.

O TST, através da Súmula 247, entendeu que a parcela paga aos bancários sob a denominação quebra de caixa possui natureza salarial, integrando o salário do prestador dos serviços para todos os efeitos legais.

7.6. Salário complessivo

Salário complessivo é a forma de ajustar um só salário, globalizando todas as outras parcelas variáveis, ou seja, nada mais é do que o salário pago globalmente, sem especificação, no recibo, do que está sendo pago. Esta prática é ilegal, sendo o ato tido como nulo, nos termos do art. 9º da CLT, visto que o obreiro tem direito de saber a quantia que está recebendo e a que título ela está sendo remunerada.

É juridicamente impraticável, conforme entendimento cristalizado na Súmula 91 do TST, que entende ser nula cláusula contratual que fixa determinada importância ou porcentagem para atender englobadamente vários direitos legais ou contratuais do trabalhador.

7.7. Gueltas

As gueltas podem ser conceituadas como gratificações ou prêmios oferecidos por terceiros aos empregados pela promoção do produto ou marca.

As gueltas são incentivos pagos pelo fornecedor, produtor ou distribuidor ao empregado de um terceiro, com o intuito de promover as vendas de seus produtos.

O oferecimento das gueltas ocorre muito em farmácias na venda de medicamentos quando o farmacêutico sugere determinado medicamento em vez de outro, ou ainda em algumas lojas quando ofertam vantagens a um determinado cartão de crédito.

O TST pacificou o entendimento no sentido de que as gueltas assemelham-se às gorjetas, pois englobam valores pagos por terceiros durante o exercício da relação de emprego, na medida em que, enquanto as gorjetas compreendem a retribuição pela prestação de um serviço de boa qualidade, as gueltas são retribuições pagas pela indicação de determinado produto e, portanto, integram a remuneração do empregado, não servindo de base de cálculo para as parcelas de aviso-prévio, adicional noturno, horas extras e repouso semanal remunerado, incidindo reflexos na gratificação natalina, férias, depósitos de FGTS e contribuição previdenciária.

Desta forma, por possuírem a mesma natureza jurídica, é aplicável por analogia o entendimento consubstanciado na Súmula 354 do TST.

7.8. Normas de proteção do salário

O art. 7º, X, da CF informa que são direitos dos trabalhadores urbanos e rurais, além de outros que visem à melhoria de sua condição social, a proteção do salário na forma da lei, constituindo crime sua retenção dolosa.

Na legislação infraconstitucional, em diversos dispositivos encontramos regras que visam à proteção do salário do obreiro, seja em face do próprio empregador, seja em face dos credores do empregado ou, ainda, em um plano mais profundo, proteção em face dos credores do empregador.

7.8.1. Proteção contra o empregador

A proteção do salário em face do empregador encontra-se prevista no art. 464 da CLT, que dispõe que o pagamento do salário deverá ser efetuado contrarrecibo, assinado pelo empregado. Em se tratando de empregado analfabeto, a assinatura se dará mediante sua impressão digital, ou, não sendo esta possível, a seu rogo, ou seja, a seu mando, por alguém que faça por ele, desde que devidamente habilitado.

7.8.2. Proteção contra credores do empregado

O art. 649, IV, do CPC[3], prevê como proteção do salário em face dos credores do empregado a regra da impenhorabilidade.

Dispõe o inciso IV do art. 649 do CPC[4] que são absolutamente impenhoráveis "os vencimentos, subsídios, soldos, salários, remunerações, proventos de aposentadoria, pensões, pecúlios e montepios; as quantias recebidas por liberalidade de terceiro e destinadas ao sustento do devedor e sua família, os ganhos de trabalhador autônomo e os honorários de profissional liberal".

Nessa linha, é matéria pacífica na doutrina e na jurisprudência a impenhorabilidade dos rendimentos decorrentes do trabalho assalariado, exceto em se tratando de não pagamento de prestação alimentícia.

7.8.3. Proteção contra credores do empregador

Como proteção em face dos credores do empregador, podemos destacar as regras contidas na Lei 11.101/2005 e, dentre elas, a regra de que os créditos trabalhistas devidos aos trabalhadores que, mesmo após a decretação da falência da empresa, continuarem a trabalhar nela, serão considerados extraconcursais e deverão ser pagos com precedência de qualquer outro crédito.

7.8.4. Princípio da irredutibilidade salarial

Em regra, o salário é irredutível, não sendo permitida sua redução. No entanto, o legislador constituinte permitiu que em determinadas situações o salário possa ser reduzido, mediante negociação coletiva. É o que dispõe o art. 7º, VI, da CF.

Essa ideia é reforçada pelo art. 468 CLT, que proíbe, sob pena de nulidade, qualquer alteração que cause prejuízo ao trabalhador.

3. Art. 833, IV, do CPC/2015.
4. Art. 833, IV, do CPC/2015.

7.8.5. Intangibilidade salarial

Disposta no art. 462 da CLT, ensina que não poderá haver desconto no salário do obreiro. O obreiro deve receber seu salário de forma integral, sendo proibido ao empregador efetuar descontos no salário de seu empregado, salvo se resultar de adiantamento, de dispositivos de lei (Lei 10.820/2003) ou de contrato coletivo.

Não obstante, o TST, através da Súmula 342, entendeu ser lícito o desconto no salário do obreiro desde que haja autorização expressa por escrito e espontânea por parte do empregado.

Sendo assim, podemos dizer que, como regra, o salário é intangível, intocável, não podendo haver quaisquer descontos, sendo permitidos apenas aqueles decorrentes de: contribuições previdenciárias; contribuições sindicais; imposto de renda; desconto para prestação alimentícia; desconto para pagamento de pena criminal pecuniária; pagamento de custas judiciais; pagamento de prestações do Sistema Financeiro de Habitação; retenção de saldo salarial por falta de aviso-prévio do empregado; faltas injustificadas; empréstimos, até 30%; desconto de antecipações salariais.

A Lei 10.820/2003, de acordo com a redação dada pela Lei 13.172/2015 os empregados regidos pela CLT, poderão autorizar, de forma irrevogável e irretratável, o desconto em folha de pagamento ou na sua remuneração disponível dos valores referentes ao pagamento de empréstimos, financiamentos, cartões de crédito e operações de arrendamento mercantil concedidos por instituições financeiras e sociedades de arrendamento mercantil, quando previsto nos respectivos contratos.

O § 1º do citado dispositivo legal determina que esse desconto também poderá incidir sobre verbas rescisórias devidas pelo empregador, se assim previsto no respectivo contrato de empréstimo, financiamento, cartão de crédito ou arrendamento mercantil, até o limite de 35% (trinta e cinco por cento), sendo 5% (cinco por cento) destinados exclusivamente para:

I – a amortização de despesas contraídas por meio de cartão de crédito; ou

II – a utilização com a finalidade de saque por meio do cartão de crédito.

Por último, vale dizer que os danos causados pelo empregado, de forma dolosa, poderão ser descontados do salário. No entanto, em caso de culpa, o desconto será permitido desde que haja o consentimento do empregado.

7.8.6. Pagamento em moeda corrente

O salário deverá ser pago em moeda corrente do País, em conformidade com o art. 463, *caput*, da CLT. Uma vez realizado de maneira diversa, será considerado como não feito.

No entanto, admite-se que o empregador realize o pagamento por meio de cheque ou por depósito em conta-corrente aberta para esse fim. Porém, o empregador deverá assegurar ao empregado tempo hábil para desconto imediato do cheque; transporte, caso seja necessário sua utilização para o deslocamento até o estabelecimento bancário, de modo que possa se utilizar da quantia em conformidade com os arts. 145, 459, § 1º, e 465, todos da CLT.

O pagamento do salário deverá ser efetuado contrarrecibo, assinado pelo empregado e, em se tratando de analfabeto, mediante sua impressão digital, ou, não sendo esta possível, a seu rogo.

Para o pagamento realizado por depósito bancário, terá força de recibo o comprovante de depósito em conta bancária, aberta para esse fim em nome do empregado.

7.9. Equiparação salarial

Sendo idêntica a função, a todo trabalho de igual valor, prestado ao mesmo empregador, na mesma localidade, corresponderá igual salário. Esta é a expressão do art. 461 da CLT, que tem como fundamento o inciso XXX do art. 7º da CF, o qual proíbe a diferença de salários, de exercício de funções e de critério de admissão, por motivo de sexo, idade, cor ou estado civil.

Para se pleitear a equiparação salarial, mister se faz o preenchimento de alguns requisitos, a saber:

7.9.1. Trabalho de igual valor

É aquele desenvolvido com a mesma produtividade e perfeição técnica entre trabalhadores cuja diferença no tempo de serviço na mesma "função" não seja superior a 2 anos. Para efeitos de equiparação conta-se o tempo de serviço na função e não no emprego, entendimento cristalizado na Súmula 6, item II, do TST.

7.9.2. Mesmo empregador

O pedido de equiparação é possível desde que os empregados, paradigma e paragonado, laborem para o mesmo empregador.

Apesar de vozes contrárias, prevalece na jurisprudência ser possível o pedido de equiparação salarial para empregados de empresas pertencentes ao mesmo grupo econômico. Esse entendimento é baseado na tese de empregador único e na Súmula 129 do TST.

Convém ressaltar que a teor da Súmula 6, item IV, do TST é desnecessário que, ao tempo da reclamação trabalhista, ambos trabalhadores, paradigma e paragonado, estejam trabalhando na mesma empresa, desde que o pedido se relacione com a situação pretérita.

7.9.3. Identidade de funções

A equiparação salarial só é possível se o empregado e o paradigma exercerem a mesma função, desempenhando as mesmas tarefas, não importando se os cargos possuem, ou não, a mesma denominação.

Ignora-se a disposição contratual para examinar-se a realidade dos fatos, pouco importando o cargo existente no contrato pactuado, levando-se em consideração as tarefas exercidas pelos obreiros.

7.9.4. Mesma localidade

De acordo com a orientação do TST consubstanciada no item X da Súmula 6, devemos compreender o termo "mesma localidade" contido no art. 461 da CLT como sendo o mesmo município, ou municípios distintos que, comprovadamente, pertençam à mesma região metropolitana.

7.9.5. Inexistência de quadro de carreira

Outro requisito para a equiparação salarial é a inexistência de quadro de carreira em uma empresa. Isso porque determina o art. 461, § 2º, da CLT que, quando o empregador tiver pessoal organizado em quadro de carreira, não será possível a equiparação salarial. Isso porque nesses casos as promoções deverão obedecer aos critérios de antiguidade e merecimento de forma alternada.

O TST firmou entendimento na OJ 418 da SDI 1 ao consignar que não há impedimento à equiparação salarial pela existência de plano de carreira e salários que preveja critério de promoção apenas por merecimento ou antiguidade, pois não atende o requisito de alternância previsto no art. 461, § 2º, da CLT.

No entanto, o TST firmou entendimento consubstanciado na Súmula 6, item I, no sentido de que esse quadro de carreira apenas terá validade se homologado pelo Ministério do Trabalho, salvo em se tratando das entidades de direito público da administração direta, autárquica e fundacional, hipótese em que não haverá a exigência da homologação, visto que aprovado por ato administrativo da autoridade competente.

7.9.6. Ônus da prova

Estabelece o art. 818 da CLT que a prova incumbe a quem fizer a alegação. Assim, ao empregado cabe provar o exercício da mesma função que o paradigma.

Já ao empregador, com fulcro no art. 333, II, do CPC[5] e na Súmula 6, item VIII, do TST, cabe o ônus da prova do fato impeditivo, modificativo ou extintivo da equiparação salarial. Assim, caso queira o empregador impedir o direito à equiparação salarial do empregado, deverá juntar, por exemplo, quadro de carreira nos termos acima expostos.

7.9.7. Equiparação para o trabalho intelectual

É possível a equiparação salarial do trabalho intelectual desde que atendidos os requisitos elencados no art. 461 consolidado.

O TST, porém, firmou entendimento que a avaliação para efeitos da equiparação poderá ser feita com base na perfeição técnica, adotando critérios objetivos.

7.9.8 Equiparação salarial no serviço público

A equiparação salarial no serviço público é vedada, tendo em vista a proibição disposta no art. 37, XIII, da CF.

O STF se pronunciou por meio da Súmula 339 no sentido de que não cabe ao poder judiciário, que não tem função legislativa, aumentar vencimentos de servidores públicos sob fundamento de isonomia.

No entanto, tendo em vista a regra disposta no art. 173, § 1º, II, da CF que obriga as sociedades de economia mista a sujeição ao regime jurídico próprio das empresas privadas, portanto celetistas, vale destacar Súmula 455 do TST, que assim dispõe:

5. Art. 373, I, do CPC/2015.

SÚMULA 455 TST. EQUIPARAÇÃO SALARIAL. SOCIEDADE DE ECONOMIA MISTA. ART. 37, XIII, DA CF/1988. POSSIBILIDADE. À sociedade de economia mista não se aplica a vedação à equiparação prevista no art. 37, XIII, da CF/1988, pois, ao admitir empregados sob o regime da CLT, equipara-se a empregador privado, conforme disposto no art. 173, § 1º, II, da CF/1988.

7.9.9 *Majoração salarial por decisão judicial*

O empregado que teve seu salário majorado por decisão judicial pode ser indicado como paradigma para fins de equiparação, observadas as disposições do TST na Súmula 6 item VI, com a redação dada de acordo com a Resolução 198/2015, que assim ensina:

SÚMULA 6 TST

VI – Presentes os pressupostos do art. 461 da CLT, é irrelevante a circunstância de que o desnível salarial tenha origem em decisão judicial que beneficiou o paradigma, exceto: a) se decorrente de vantagem pessoal ou de tese jurídica superada pela jurisprudência de Corte Superior; b) na hipótese de equiparação salarial em cadeia, suscitada em defesa, se o empregador produzir prova do alegado fato modificativo, impeditivo ou extintivo do direito à equiparação salarial em relação ao paradigma remoto, considerada irrelevante, para esse efeito, a existência de diferença de tempo de serviço na função superior a dois anos entre o reclamante e os empregados paradigmas componentes da cadeia equiparatória, à exceção do paradigma imediato.

7.10. Salário-família

Previsto no art. 7º, XII, da CF, o salário-família é pago em razão do dependente do trabalhador de baixa renda. O salário família está previsto na Lei 8.213/1991, arts. 65 a 70 e no Decreto 3.048/1999, nos arts. 81 a 92.

Embora possua denominação de salário, não possui natureza salarial e/ou remuneratória, na medida em que constitui um benefício previdenciário, devido mensalmente ao empregado segurado, ao trabalhador avulso e, de acordo com a atual redação dada ao parágrafo único do art. 7º, da CF, pela EC 72/2013, ao empregado doméstico (arts. 65 e 68 da Lei 8.213/1991, com redação dada pela LC 150/2015) conforme a proporção do número de filhos ou equiparados.

Para a concessão do salário-família, a Previdência Social não exige tempo mínimo de contribuição.

Nos termos do art. 88 do Decreto 3.048/1999 o direito ao salário-família cessa automaticamente:

I – por morte do filho ou equiparado, a contar do mês seguinte ao do óbito;

II – quando o filho ou equiparado completar quatorze anos de idade, salvo se inválido, a contar do mês seguinte ao da data do aniversário;

III – pela recuperação da capacidade do filho ou equiparado inválido, a contar do mês seguinte ao da cessação da incapacidade; ou

IV – pelo desemprego do segurado.

Para a concessão do salário-família, a Previdência Social não exige tempo mínimo de contribuição e será devido, nos termos do art. 82 do Decreto 3.048/1999:

I – ao empregado, pela empresa, com o respectivo salário, e ao trabalhador avulso, pelo sindicato ou órgão gestor de mão de obra, mediante convênio;

II – ao empregado e trabalhador avulso aposentados por invalidez ou em gozo de auxílio-doença, pelo Instituto Nacional do Seguro Social, juntamente com o benefício;

III – ao trabalhador rural aposentado por idade aos sessenta anos, se do sexo masculino, ou cinquenta e cinco anos, se do sexo feminino, pelo Instituto Nacional do Seguro Social, juntamente com a aposentadoria; e

IV – aos demais empregados e trabalhadores avulsos aposentados aos sessenta e cinco anos de idade, se do sexo masculino, ou sessenta anos, se do sexo feminino, pelo Instituto Nacional do Seguro Social, juntamente com a aposentadoria.

Importante lembrar que os desempregados não têm direito ao benefício em debate.

7.11. Salário-educação

A contribuição social do salário-educação está prevista no art. 212, § 5º, da CF e regulamentada pelas Leis 9.424/1996, 9.766/1998 (regulamentada pelo Decreto 6.003/2006) e 11.457/2007.

Nos termos do art. 15 da Lei 9.424/1996: "*O salário-educação previsto no art. 212, § 5º, da CF e devido pelas empresas, na forma em que vier a ser disposto em regulamento, é calculado com base na alíquota de 2,5% (dois e meio por cento) sobre o total de remunerações pagas ou creditadas, a qualquer título, aos segurados empregados, assim definidos no art. 12, inciso I, da Lei 8.212, de 24.07.1991.*"

Vale dizer que o salário-educação não possui caráter remuneratório na relação de emprego e não se vincula, para nenhum efeito, ao salário ou à remuneração percebida pelos empregados das empresas contribuintes.

Estão isentas do recolhimento da contribuição social do Salário-Educação, nos termos do § 1º do art. 1º da Lei 9.766/1998:

I – a União, os Estados, o Distrito Federal e os Municípios, bem como suas respectivas autarquias e fundações;

II – as instituições públicas de ensino de qualquer grau;

III – as escolas comunitárias, confessionais ou filantrópicas, devidamente registradas e reconhecidas pelo competente órgão de educação, e que atendam ao disposto no inc. II do art. 55 da Lei 8.212, de 24.07.1991;

IV – as organizações de fins culturais que, para este fim, vierem a ser definidas em regulamento;

V – as organizações hospitalares e de assistência social, desde que atendam, cumulativamente, aos requisitos estabelecidos nos incs. I a V do art. 55 da Lei 8.212/1991.

7.12. Salário do menor e do aprendiz

Nos termos do art. 7º, XXX, da CF, é proibida a diferença de salários, de exercício de funções e de critério de admissão por motivo de sexo, idade, cor ou estado civil.

Assim, ao trabalho do menor corresponde igual salário ao dos demais trabalhadores.

Ademais, o salário mínimo é garantia constitucional assegurada para todos trabalhadores, nos termos do inc. IV do art. 7º da CF.

Com relação ao menor aprendiz o art. 428, § 2º, da CLT ao menor aprendiz, salvo condição mais favorável, será garantido o salário mínimo hora.

Ao menor, nos termos do art. 439 da CLT é lícito firmar recibo pelo pagamento dos salários. Porém, em se tratando de rescisão do contrato de trabalho, é vedado ao menor de 18 (dezoito) anos dar, sem assistência dos seus responsáveis legais, quitação ao empregador pelo recebimento da indenização que lhe for devida.

8. DURAÇÃO DO TRABALHO

8.1. Jornada de Trabalho

A palavra "jornada" provém do termo italiano *giorno*, que traduzido para nosso vernáculo significa "dia", trazendo a ideia de "dia de trabalho".

A jornada de trabalho vem disciplinada no art. 7º, incisos XIII e XIV, da CF, e nos arts. 57 a 75 do diploma consolidado, sendo entendida, nos termos do art. 4.º, *caput*, da CLT, como o lapso temporal em que o empregado está à disposição do empregador, executando ou não o seu labor.

Para o ilustre Ministro Mauricio Godinho Delgado (em *Curso de Direito do Trabalho*, 8ª ed., São Paulo, LTr, 2009, p. 774) jornada de trabalho seria "o lapso temporal diário em que o empregado se coloca à disposição do empregador em virtude do respectivo contrato. É, desse modo, a medida principal do tempo diário de disponibilidade do obreiro em face de seu empregador como resultado do cumprimento do contrato de trabalho que os vincula".

Assim, tempo de serviço efetivo deve ser entendido como o lapso de tempo em que o empregado está à disposição do empregador, aguardando ou cumprindo ordens.

Nessa linha, importante ressaltar o período de sobreaviso, que consiste no período computado como tempo à disposição do empregador, em que o empregado, mesmo fora do local de trabalho, fica aguardando ordens.

A respeito do período de sobreaviso o TST editou a Súmula 428 que assim dispõe:

Súmula 428 TST.

I – O uso de instrumentos telemáticos ou informatizados fornecidos pela empresa ao empregado, por si só, não caracteriza o regime de sobreaviso.

II – Considera-se em sobreaviso o empregado que, à distância e submetido a controle patronal por instrumentos telemáticos ou informatizados, permanecer em regime de plantão ou equivalente, aguardando a qualquer momento o chamado para o serviço durante o período de descanso.

Nesse período o empregado fica previamente avisado que a qualquer momento pode ser chamado para algum trabalho, como ocorre, por exemplo, com os eletricistas.

Vale dizer que a Lei 12.551/2011, que deu nova redação ao art. 6º da CLT, não distingue o trabalho realizado no estabelecimento do empregador, o executado no domicílio do empregado e o realizado à distância, desde que estejam caracterizados os pressupostos da relação de emprego.

A referida lei acrescentou o parágrafo único ao art. 6º consolidado, equiparando os meios telemáticos e informatizados de comando, controle e supervisão, para fins de subordinação jurídica, aos meios pessoais e diretos de comando, controle e supervisão do trabalho alheio.

Por esse motivo o TST modificou o entendimento cristalizado na Súmula 428 para instruir que o uso de instrumentos telemáticos ou informatizados fornecidos pela empresa ao empregado, por si só, não caracteriza regime de sobreaviso.

Sobre o tema, importante citar a Súmula 429 editada pelo TST que considera tempo à disposição do empregador o período de deslocamento entre a portaria e o local de trabalho, desde que supere o limite de 10 (dez) minutos diários, disposto no art. 58, § 1º, CLT.

E, ainda, a Súmula 449 do TST:

SÚMULA 449 TST – MINUTOS QUE ANTECEDEM E SUCEDEM A JORNADA DE TRABALHO. LEI 10.243, DE 19.06.2001. NORMA COLETIVA. FLEXIBILIZAÇÃO. IMPOSSIBILIDADE.

A partir da vigência da Lei 10.243, de 19.06.2001, que acrescentou o § 1º ao art. 58 da CLT, não mais prevalece cláusula prevista em convenção ou acordo coletivo que elastece o limite de 5 minutos que antecedem e sucedem a jornada de trabalho para fins de apuração das horas extras.

A duração do trabalho não será superior a 8 horas diárias, observado o limite de 44 horas semanais, facultando a compensação de horários e a redução da jornada, mediante acordo ou convenção coletiva, em conformidade com o art. 7º, XIII, da CF.

A CLT traz regra nesse mesmo sentido, em que aponta que a duração normal do trabalho não poderá exceder 8 (oito) horas diárias, desde que não seja fixado expressamente outro limite.

O objetivo dessa limitação é a proteção da saúde do trabalhador, evitando acidentes do trabalho e doenças ocupacionais pelo longo exercício do labor. São normas de ordem pública e, portanto, irrenunciáveis pelas partes.

Vale lembrar que nos termos do art. 58, § 1º, da CLT, não serão descontadas nem computadas na jornada de trabalho as variações de horário no registro de ponto não excedentes de cinco minutos, observado o limite máximo de dez minutos diários.

Nesse sentido, ensina a Súmula 366 do TST:

SÚMULA 366 TST – CARTÃO DE PONTO. REGISTRO. HORAS EXTRAS. MINUTOS QUE ANTECEDEM E SUCEDEM A JORNADA DE TRABALHO

Não serão descontadas nem computadas como jornada extraordinária as variações de horário do registro de ponto não excedentes de cinco minutos, observado o limite máximo de dez minutos diários. Se ultrapassado esse limite, será considerada como extra a totalidade do tempo que exceder a jornada normal, pois configurado tempo à disposição do empregador, não importando as atividades desenvolvidas pelo empregado ao longo do tempo residual (troca de uniforme, lanche, higiene pessoal etc.).

8.2. Classificações da Jornada de Trabalho

A jornada de trabalho pode ser classificada em:

8.2.1. *Ordinária*

É o limite máximo imposto pela norma constitucional. Em outras palavras, é a jornada comum de trabalho para os obreiros. A Constituição Federal em seu art. 7º, XIII, c/c o art. 58 da CLT, fixou como limite a jornada de oito horas diárias e 44 horas semanais.

É possível ainda fixação mais benéfica ao trabalhador, seja por lei, seja por convenções coletivas, que podemos chamar de limites especiais, como por exemplo: advogados e turnos ininterruptos de revezamento (art. 7º, XIV, da CF).

8.2.2. *Extraordinária*

São as horas laboradas acima do limite legal convencional, ou seja, as horas que extrapolam a jornada ordinária de trabalho.

8.2.3. *Diurna*

Nas atividades urbanas, é considerada jornada diurna aquela desempenhada das 5 horas até às 22 horas.

8.2.4. *Noturna*

No âmbito urbano, compreende-se aquele labor desempenhado entre as 22 horas de um dia e 5 horas do dia seguinte. Para o trabalhador urbano há a chamada "hora fictamente reduzida" em que a hora possui, fictamente, 52 minutos e 30 segundos e não 60 minutos.

É oportuno enfatizar que o direito à hora reduzida de 52 minutos e 30 segundos aplica-se ao vigia noturno, em conformidade com a Súmula 65 do TST.

Nos termos da LC 150/2015 a hora fictamente reduzida também será aplicada ao empregado doméstico, nos termos do art. 14, § 1º.

Vale destacar, ainda, que o trabalho noturno dos empregados nas atividades de exploração, perfuração, produção e refinação do petróleo, industrialização do xisto, indústria petroquímica e transporte de petróleo e seus derivados, por meio de dutos, é regulado pela Lei 5.811/1972, não se aplicando, ainda, a hora reduzida de 52 minutos e 30 segundos prevista no art. 73, § 1º, da CLT, nos termos da Súmula 112 do TST.

Já no âmbito rural, como estudado no item 6.1.1.2devemos diferenciar o trabalho exercido nas atividades de agricultura e o desenvolvido na pecuária.

Na lavoura, o período noturno é aquele desenvolvido entre 21 horas de um dia até às 5 horas do dia seguinte, ao passo que na pecuária será o período compreendido entre as 20 horas de um dia até 4 horas do dia seguinte, nos termos do art. 7º da Lei 5.889/1973.

É importante mencionar que no âmbito rural, seja na agricultura, seja na pecuária, não se aplica a regra da "hora fictamente reduzida".

Outra peculiaridade consiste no adicional devido aos trabalhadores que exercem suas atividades no período noturno. Esse adicional difere, também, para os empregados dos âmbitos urbano e rural.

O trabalho noturno exercido no âmbito urbano é de 20%, ao passo que no âmbito rural, por não terem os obreiros a jornada reduzida, seu adicional será de 25%.

8.3. Jornadas de trabalhos especiais

Ao lado da duração normal de trabalho estabelecida no art. 7º, XIII, da CF de 8 horas ao dia, 44 horas na semana e 220 horas no mês, existem jornadas de trabalho com caráter especial, regidos por parâmetros distintos.

8.3.1. *Jornadas superiores*

Existem poucas jornadas especiais criadas por lei que extrapolam o modelo padrão de 8 horas diárias criado para as atividades laborais no País.

Certas categorias profissionais, em face das peculiaridades do setor, tendem a se submeter à fixação de lapsos temporais diários, sem detrimento do limite semanal, mais amplos.

Como exemplos de categorias que possuem jornadas eventualmente superiores ao limite constitucional diário de 8 horas por dia temos: os aeronautas, os ferroviários, entre outros.

8.3.2. *Jornadas inferiores*

Entretanto, para determinadas categorias existem jornadas de trabalho inferiores ao limite constitucional estabelecido no citado art. 7º, XIII, da CF.

Representam, portanto, jornadas mais favoráveis em relação ao padrão estabelecido pelo constituinte originário.

Como exemplos de jornadas inferiores ao modelo constitucional temos: os empregados em minas no subsolo (art. 293 da CLT); telegrafistas e telefonistas, nos termos do art. 227 da CLT; a jornada variável para os operadores cinematográficos, nos termos do art. 234 e suas alíneas; entre outros.

8.3.3. *Bancários*

Ensina o art. 224 da CLT que a duração normal do trabalho dos empregados em bancos será de seis horas contínuas, com exceção dos sábados, perfazendo um total de 30 horas semanais.

Poderá haver prorrogação da jornada do bancário até oito horas diárias, não podendo exceder 40 horas semanais.

Vale destacar que, nos termos da Súmula 113 do TST, o sábado é considerado dia útil não trabalhado e não dia de repouso remunerado.

Os empregados de estabelecimento de crédito pertencentes a categorias profissionais diferenciadas não são considerados bancários, não podendo se beneficiar do regime legal relativo aos bancários. Nesse sentido importante mencionar a decisão proferida no RR 104/2006-006-05-00, em que o TST firmou orientação no sentido de que os profissionais liberais (engenheiros, arquitetos etc.) equiparam-se aos membros de categoria diferenciada, uma vez que exercem atividades reguladas em estatuto profissional próprio. Assim, não se lhes aplicam as disposições dos arts 224 e seguintes da CLT.

Também, os empregados de empresas distribuidoras e corretoras de títulos e valores mobiliários não têm direito à jornada especial dos bancários, nos termos da Súmula 119 do TST.

O vigilante, contratado diretamente por banco ou por intermédio de empresas especializadas, não é bancário, é o que ensina a súmula 257 do TST.

No entanto, é considerado bancário o empregado de empresa de processamento de dados que presta serviço a banco integrante do mesmo grupo econômico, exceto quando a empresa de processamento de dados presta serviços a banco e a empresas não bancárias do mesmo grupo econômico ou a terceiros, em conformidade com a Súmula 239 do TST. Conforme art. 224, § 2º, da CLT, os bancários que exercem funções de direção, gerência, fiscalização, chefia e equivalentes, ou que desempenhem outros cargos de confiança, desde que recebam gratificação não inferior a 1/3 (um terço) do salário do cargo efetivo, não estão abrangidos pela jornada especial de trabalho de 6 horas, fixada no *caput* do citado dispositivo legal.

Nos termos da Súmula 287 do TST a jornada de trabalho do empregado de banco gerente de agência é regida pelo art. 224, § 2º, da CLT, ou seja, possuem jornada de trabalho de 8 horas por dia. Quanto ao gerente-geral de agência bancária, presume-se o exercício de encargo de gestão, aplicando-se-lhe o art. 62, II, da CLT, ou seja, não há controle de jornada de trabalho, podendo laborar mais que 8 horas por dia, desde que receba remuneração pelo menos 40% superior ao do cargo efetivo.

O bancário que exerce a função de confiança a que se refere o § 2º do art. 224 da CLT e que recebe gratificação já tem remuneradas as duas horas extraordinárias excedentes de seis.

No entanto, serão devidas as 7ª e 8ª horas, como extras, no período em que se verificar o pagamento a menor da gratificação de 1/3, no teor da Súmula 102, III, do TST.

O bancário sujeito à regra do art. 224, § 2º, da CLT cumpre jornada de trabalho de 8 (oito) horas, sendo extraordinárias as trabalhadas além da oitava.

Os cargos a que alude o § 2º do art. 224 da CLT são considerados "cargos de confiança especial" e decorrem da natureza da atividade do trabalhador.

O caixa bancário, ainda que caixa executivo, não exerce cargo de confiança. Se perceber gratificação igual ou superior a um terço do salário do posto efetivo, essa remunera apenas a maior responsabilidade do cargo e não as duas horas extraordinárias além da sexta.

Vale lembrar que o advogado empregado de banco, pelo simples exercício da advocacia, não exerce cargo de confiança, não se enquadrando, portanto, na hipótese do § 2º do art. 224 da CLT.

Os bancários não enquadrados na hipótese mencionada, mesmo que recebam gratificação de função, não poderão ter as horas extras compensadas com o valor daquela vantagem, nos termos da Súmula 109 do TST.

Desta forma, a exceção que traz o art. 224, § 2º, da CLT, que sujeita o bancário a oito horas diárias de trabalho, abrange todos os cargos que pressupõem atividades de coordenação, supervisão ou fiscalização, não exigindo a lei poderes de mando e direção, como aqueles dispostos no art. 62 consolidado.

8.3.4. *Digitadores*

A CLT é omissa a respeito da atividade de digitador. Entretanto, a jurisprudência tem considerado aplicável, extensivamente, a regra do art. 72 consolidado que determina a observância de intervalos remunerados de 10 minutos a cada 90 minutos laborados em serviços permanentes de mecanografia, o qual não é deduzido da duração normal do trabalho. Nessa linha, o TST concretizou esse entendimento através da Súmula 346.

Com isso, temos que a enumeração do art. 72 da CLT é meramente exemplificativa e não taxativa, permitindo, portanto, o descanso de 10 minutos a cada 90 trabalhados, desde que trabalhe como digitador de forma permanente e não intercalada.

8.3.5. *Empresas de telefonia e operadores de telemarketing*

Nos termos do art. 227 da CLT, "nas empresas que explorem o serviço de telefonia, telegrafia submarina ou subfluvial, de radiotelegrafia ou de radiotelefonia, fica estabelecida para os respectivos operadores a duração máxima de seis horas contínuas de trabalho por dia ou 36 (trinta e seis) horas semanais."

Portanto, de acordo com o dispositivo legal em debate, a jornada de trabalho especial estabelecida seria aplicada apenas a telefonistas que *operassem mesa de transmissão com ramais, não fazendo uso do telefone comum para atender e fazer as ligações exigidas no exercício de sua função.*

No entanto, operadores de telemarketing, profissionais que laboram com sistema direto de vendas por telefone, ingressavam com reclamações trabalhistas reivindicando a aplicação analógica da jornada de trabalho especial prevista no art. 227 consolidado.

Em setembro de 2002 foi editada a OJ 273 da SDI 1 do TST nos seguintes termos:

> OJ-273 da SDI1 do TST – "TELEMARKETING". OPERADORES. ART. 227 DA CLT. INAPLICÁVEL
>
> A jornada reduzida de que trata o art. 227 da CLT não é aplicável, por analogia, ao operador de televendas, que não exerce suas atividades exclusivamente como telefonista, pois, naquela função, não opera mesa de transmissão, fazendo uso apenas dos telefones comuns para atender e fazer as ligações exigidas no exercício da função.

O entendimento disposto na orientação jurisprudencial em questão vigorou por quase 10 (dez) anos, até que em maio de 2011, por meio da Resolução 175/2011, a OJ 273 SDI 1 TST foi ***cancelada****, sendo certo que atualmente é possível a aplicação analógica do art. 227 da CLT aos operadores de telemarketing.*

8.3.6. *Advogado empregado*

Advogado empregado é aquele profissional que atua com a devida anotação em CTPS e com os demais requisitos caracterizadores da relação de emprego, nos termos dos arts. 2º e 3º da CLT.

*Nos termos do art. 20 da Lei 8.906/1994 (*Estatuto da Advocacia e a Ordem dos Advogados do Brasil), *a* jornada de trabalho do advogado empregado, no exercício da profissão, não poderá exceder a duração diária de 4 (quatro) horas contínuas e a de 20 (vinte) horas semanais, salvo acordo ou convenção coletiva ou em caso de dedicação exclusiva.

Nota-se, portanto, que o legislador abre 3 exceções com relação à jornada de trabalho do advogado empregado, quais sejam: acordo coletivo, convenção coletiva de trabalho e o caso de dedicação exclusiva.

De acordo com o art. 12 do Regulamento Geral do Estatuto da Advocacia e da OAB, considera-se de dedicação exclusiva o regime de trabalho que for expressamente previsto em contrato individual de trabalho.

Nessa linha, em caso de dedicação exclusiva, em que o advogado não pode atuar em nome de outra pessoa, a jornada de trabalho será de 8 (oito) horas por dia e não de 4 (quatro) horas como previsto no art. 20 do EAOAB.

Dispõe o art. 12 do Regulamento Geral do Estatuto da Advocacia e da OAB:

> **Art. 12.** Para os fins do art. 20 da Lei 8.906/1994, considera-se de dedicação exclusiva o regime de trabalho que for expressamente previsto em contrato individual de trabalho.
>
> **Parágrafo único.** Em caso de dedicação exclusiva, serão remuneradas como extraordinárias as horas trabalhadas que excederem a jornada normal de oito horas diárias.

Por isso se afirma que a dedicação exclusiva deve ser expressamente prevista no contrato de trabalho do advogado, sob pena de ser considerada a jornada de trabalho especial prevista no EAOAB.

Havendo prestação de serviço extraordinário, as horas trabalhadas excedidas serão remuneradas por um adicional não inferior a 100% sobre o valor da hora normal, mesmo havendo contrato escrito.

Por fim, o trabalho noturno do advogado empregado é aquele realizado no período das 20 horas de um dia até as 5 horas do dia seguinte, devendo ser acrescidas do adicional de 25% (vinte e cinco por cento).

Sobre o tema, importante se faz a leitura da OJ 403 da SDI 1 do TST:

> OJ 403 da SDI 1 do TST – ADVOGADO EMPREGADO. CONTRATAÇÃO ANTERIOR A LEI 8.906, DE 04.07.1994. JORNADA DE TRABALHO MANTIDA COM O ADVENTO DA LEI. DEDICAÇÃO EXCLUSIVA. CARACTERIZAÇÃO.
>
> O advogado empregado contratado para jornada de 40 horas semanais, antes da edição da Lei 8.906, de 04.07.1994, está sujeito ao regime de dedicação exclusiva disposto no art. 20 da referida lei, pelo que não tem direito à jornada de 20 horas semanais ou 4 diárias.

8.4. Turnos ininterruptos de revezamento

Previsto no inciso XIV do artigo 7º da Constituição Federal, o regime de revezamento é aquele em que os trabalhadores se sucedem na empresa, pressupõe trabalho e horários com sucessivas modificações, de modo que o empregado labore ora no período noturno, ora no diurno, ora no vespertino. Nesse sentido o TST cristalizou seu entendimento na Orientação Jurisprudencial 360 da SDI 1: "*faz jus à jornada especial prevista no art. 7º, XIV, da CF/1988 o trabalhador que exerce suas atividades em sistema de alternância de turnos, ainda que em dois turnos de trabalho, que compreendam, no todo ou em parte, o horário diurno e o noturno, pois submetido à alternância de horário prejudicial à saúde, sendo irrelevante que a atividade da empresa se desenvolva de forma ininterrupta*".

O turno ininterrupto de revezamento se caracterizará quando os empregados prestarem serviços em horários de trabalho alternados em turnos de revezamento, ou seja, alternando seu horário nos períodos da manhã, tarde e/ou noite, de forma contínua para o empregador.

Para os empregados que laborem em turnos de revezamento, em decorrência da prejudicialidade à saúde do trabalhador, a Constituição Federal fixou no citado art. 7º, XIV, limite diário de 6 horas, salvo negociação coletiva.

No entanto, a jurisprudência tem se posicionado no sentido de, havendo negociação coletiva, poder existir jornada superior a 6 horas, limitada a 8 horas diárias. Nesse caso, os empregados submetidos aos turnos ininterruptos de revezamento não terão direito ao pagamento da 7ª e 8ª horas como extras, em conformidade com a Súmula 423 do TST.

É importante lembrar que o Ministério do Trabalho e Emprego (MTE) expediu a Portaria 412, de setembro de 2007, que em seu art. 1º considera ilícita a alteração da jornada e do horário de trabalho dos empregados que trabalhem em regime de turnos ininterruptos de revezamento, salvo mediante convenção ou acordo coletivo de trabalho.

No entanto, há que se ressaltar o entendimento cristalizado na OJ 420 da SDI 1, segundo o qual se mostra inválido o instrumento normativo que, regularizando situações pretéritas, estabelece jornada de oito horas para o trabalho em turnos ininterruptos de revezamento.

No que tange à jornada de trabalho noturna do trabalho em turno ininterruptos de revezamento, convém destacar a orientação jurisprudencial 395 da SDI 1 do TST.

> ORIENTAÇÃO JURISPRUDENCIAL 395 DA SDI 1 DO TST – TURNO ININTERRUPTO DE REVEZAMENTO. HORA NOTURNA REDUZIDA. INCIDÊNCIA.
>
> O trabalho em regime de turnos ininterruptos de revezamento não retira o direito à hora noturna reduzida, não havendo incompatibilidade entre as disposições contidas nos arts. 73, § 1º, da CLT e 7º, XIV, da Constituição Federal.

8.5. Trabalho em regime de tempo parcial

Previsto no art. 58-A da CLT, o regime de tempo parcial é aquele cuja duração não exceda 25 horas semanais.

Para os trabalhadores contratados nesse regime de trabalho, o salário pago será proporcional àquele pago aos empregados que cumpram, na mesma função, tempo integral, em conformidade com o art. 58-A, § 1º, da CLT.

Nessa linha é a jurisprudência do TST, consubstanciada na Orientação Jurisprudencial 358 da SDI 1, na qual havendo contratação para cumprimento de jornada reduzida, inferior à revisão constitucional de oito horas diárias ou quarenta e quatro semanais, é lícito o pagamento do piso salarial ou do salário mínimo proporcional ao tempo trabalhado.

Nos moldes do art. 59, § 4º, consolidado, para os empregados contratados sob o regime de tempo parcial é vedada a prestação de horas extraordinárias, pois atentam contra a própria natureza do instituto.

O período de férias do empregado contratado em regime de tempo parcial também é diferenciado e dependerá da jornada de trabalho exercida, nos moldes do art. 130-A da CLT.

Os empregados contratados por esse regime também não poderão converter um terço de suas férias em abono pecuniário, em conformidade com o art. 143, § 3º, da CLT.

Sobre regime de tempo parcial para o empregado doméstico, remetemos o leitor ao capítulo que trata desse tipo de empregado.

8.6. Horas in itinere

É o período de deslocamento gasto pelo empregado de sua residência até o local de trabalho e vice-versa em transporte fornecido pelo empregador.

Assim dispõe o art. 58, § 2º, da CLT: "O tempo despendido pelo empregado até o local de trabalho e para o seu retorno, por qualquer meio de transporte, não será computado na jornada de trabalho, salvo quando, tratando-se de local de difícil acesso ou não servido por transporte público, o empregador fornecer a condução."

Em regra esse período não é computado na jornada de trabalho. Porém, caso o empregador forneça o transporte e o local de trabalho for de difícil acesso ou não servido por transporte público, esse período será computado na jornada de trabalho do obreiro. Somente com a reunião desses dois elementos é que se poderá falar em horas *in itinere*.

No que diz respeito ao local não servido por transporte público, vale dizer que a incompatibilidade entre os horários de início e término da jornada do empregado e os do transporte público regular é circunstância que também gera o direito às horas *in itinere*.

Entretanto, a mera insuficiência de transporte público não enseja o pagamento de horas *in itinere*. Isso porque, se o transporte é insuficiente significa dizer que ele existe, não havendo, deste modo, direito às horas *in itinere*.

Diferente não poderia ser, pois impor o pagamento das horas *in itinere* àquele empregador que fornece transporte para seus empregados, em trajeto coberto por transporte público insuficiente, seguramente faria com que ele retirasse o transporte oferecido, na medida em que o art. 58, § 2º, da CLT aponta apenas para o local não servido por transporte público.

Por fim, vale lembrar que havendo transporte público regular em parte do trajeto percorrido em condução da empresa, as horas *in itinere* remuneradas irão se limitar ao trecho não alcançado pelo transporte público.

Sobre o tema, remetemos o leitor ao estudo da Súmula 90 do TST:

SÚMULA 90 TST – HORAS "IN ITINERE". TEMPO DE SERVIÇO

I – O tempo despendido pelo empregado, em condução fornecida pelo empregador, até o local de trabalho de difícil acesso, ou não servido por transporte público regular, e para o seu retorno é computável na jornada de trabalho.

II – A incompatibilidade entre os horários de início e término da jornada do empregado e os do transporte público regular é circunstância que também gera o direito às horas "in itinere".

III – A mera insuficiência de transporte público não enseja o pagamento de horas "in itinere".

IV – Se houver transporte público regular em parte do trajeto percorrido em condução da empresa, as horas "in itinere" remuneradas limitam-se ao trecho não alcançado pelo transporte público.

V – Considerando que as horas "in itinere" são computáveis na jornada de trabalho, o tempo que extrapola a jornada legal é considerado como extraordinário e sobre ele deve incidir o adicional respectivo.

8.7. Prorrogação da jornada do trabalho

A Constituição Federal estabelece o limite da jornada de trabalho. Assim, qualquer trabalho realizado acima desse limite implicará a prorrogação da jornada de trabalho.

Em 4 casos a CLT admite a prorrogação da jornada de trabalho:

8.7.1. Acordo de prorrogação de horas

Nos termos do art. 59 da CLT, a duração normal do trabalho poderá ser acrescida de horas suplementares, em número não excedente de 2 (duas). Contudo, esse ajuste deverá ser formalizado por acordo escrito, compreendendo o acordo coletivo, a convenção coletiva e o acordo individual. Nesse caso, o limite de horas extraordinárias a serem prestadas é de até 2 horas por dia, ou seja, a jornada de trabalho não poderá ser superior a 10 horas diárias.

Sempre que houver a prestação de serviços extraordinários, será devido um adicional por hora extraordinária de no mínimo 50% sobre a hora normal.

Vale dizer que nos termos do art. 20, § 2º, da Lei 8.906/1994, o adicional de horas extras do advogado é de 100%.

É importante ressaltar que, nos termos do art. 60 da CLT, para as atividades insalubres quaisquer prorrogações só poderão ser acordadas mediante licença prévia do Ministério do Trabalho.

Uma vez fixada em contrato de trabalho uma jornada inferior ao limite máximo legal, essa será lei entre as partes e qualquer trabalho que exceder esse limite será computado como horas extraordinárias.

O TST solidificou entendimento na Súmula 291, com a nova redação dada pela Resolução 174/2011, certificando que as horas extraordinárias prestadas habitualmente durante 1 ano, no mínimo, assegura ao empregado o direito à indenização correspondente ao valor de 1 (um) mês das horas suprimidas, total ou parcialmente, para cada ano ou fração igual ou superior a seis meses de prestação de serviço acima da jornada normal. O cálculo deverá observar a média das horas suplementares nos últimos 12 (doze) meses anteriores à mudança, multiplicada pelo valor da hora extra do dia da supressão.

Para os trabalhadores menores de 18 anos a prorrogação poderá ocorrer, independente de acréscimo salarial, ou seja, sem o pagamento de horas extras, somente por acordo ou convenção coletiva, devendo compensar em outro dia, não podendo ultrapassar as 44 horas semanais impostas pela Constituição Federal.

Além disso, permitir-se-á a prorrogação do dia de trabalho do menor, com acréscimo de 50% da hora normal, em até 12 horas, por motivo de força maior, desde que o trabalho do menor seja imprescindível ao funcionamento do estabelecimento, conforme art. 413, II, da CLT.

8.7.2. Acordo de compensação de jornadas

Previsto no art. 59, § 2º, da CLT, nada mais é que a compensação do excesso de *horas* trabalhadas em um dia, com a correspondente diminuição em outro dia. Em outras palavras, o trabalhador labora mais em alguns dias para descansar em outro.

Dispõe o art. 59, § 2 º, da CLT:

> **Art. 59.** (...)
>
> § 2º. Poderá ser dispensado o acréscimo de salário se, por força de acordo ou convenção coletiva de trabalho, o excesso de horas em um dia for compensado pela correspondente diminuição em outro dia, de maneira que não exceda, no período máximo de um ano, à soma das jornadas semanais de trabalho previstas, nem seja ultrapassado o limite máximo de dez horas diárias.

O acordo de compensação deve ser ajustado por acordo individual escrito, acordo coletivo ou convenção coletiva, a teor da Súmula 85, I, do TST.

O acordo individual para compensação de horas somente será válido caso não haja norma coletiva em sentido contrário proibindo tal compensação.

Em maio de 2011, o Tribunal Superior do Trabalho conferiu nova redação à Súmula 85, passando a diferenciar o sistema de "compensação de horas" do sistema chamado de "banco de horas", que eram utilizados de forma análoga.

Como vimos, a compensação de jornada consiste no sistema onde as horas extras trabalhadas em um dia poderão ser compensadas com a correspondente diminuição em outro dia. Desta mesma forma ocorre com o banco de horas.

Porém, no item V da Súmula 85 o TST faz distinção entre o sistema de compensação e o sistema de banco de horas.

A jornada de trabalho que utiliza o regime de "compensação de horas" não se confunde com a jornada de trabalho utilizada no instituto "banco de horas". A instauração do regime de compensação de horas é mais flexível que a do banco de horas, motivo pelo qual não se faz necessário a formalização de acordo ou convenção coletiva, bastando o mero ajuste entre empregado e empregador.

Por outro lado, o regime de compensação anual previsto pelo art. 59 da CLT – banco de horas, somente pode ser pactuado pelos instrumentos de negociação coletiva, na medida em que a CF não permite que acordo individual pactue medida desfavorável à saúde e segurança do trabalhador.

Desta forma, podemos entender como "sistema de compensação" aquele voltado para horas extras que serão compensadas em curtos períodos: semana ou mês. Em outras palavras, pequenos lapsos que não são capazes de prejudicar a saúde do trabalhador. Nesse caso, o pacto poderá ser celebrado por acordo individual escrito.

Já o regime de "banco de horas" será utilizado para horas extras que serão compensadas em longos períodos, ou seja, em um ano.

A grande diferença reside, portanto, na forma de pactuação. O sistema de compensação, por ser mais flexível, poderá ser pactuado por acordo individual escrito, acordo coletivo ou convenção coletiva, nos termos da Súmula 85, I, TST. Já o sistema "banco de horas" poderá ser pactuado apenas por negociação coletiva, em conformidade com o item V da Súmula 85 do TST.

Vale lembrar que nas atividades consideradas como insalubres, em conformidade com a Súmula 349 do TST, a validade de acordo coletivo ou convenção coletiva de compensação de jornada de trabalho em atividade insalubre prescindia, ou seja, dispensava a inspeção prévia da autoridade competente em matéria de higiene do trabalho, o Ministério do Trabalho.

Ocorre que a Súmula 349 foi cancelada em maio de 2011, em decorrência da Resolução 174/2011 do TST, não podendo mais tratar como dispensável a inspeção prévia do Ministério do Trabalho para que seja pactuado o regime de compensação de horas em atividades insalubres.

Desta forma, há de ser obedecida a regra disposta no art. 60 da CLT, sendo necessária a licença prévia das autoridades competentes em matéria de higiene do trabalho para que seja pactuado o sistema de compensação em atividades insalubres.

Celebrado o acordo de compensação de jornada e havendo a respectiva prorrogação, não haverá pagamento de horas extraordinárias, pois essas horas serão abatidas em outro dia como descanso para o obreiro.

Cabe destacar que, havendo prestação de horas extras habituais, o acordo de compensação de jornada restará descaracterizado, em conformidade com o entendimento consubstanciado na Súmula 85, item IV, do TST. Nesta hipótese, as horas que ultrapassarem a jornada semanal normal deverão ser pagas como horas extraordinárias e, quanto àquelas destinadas à compensação, deverá ser pago a mais apenas o adicional por trabalho extraordinário.

Importante destacar, ainda, que, por meio da Orientação Jurisprudencial 323 da SDI 1, o TST admite o sistema de compensação de jornada conhecida como "jornada de trabalho espanhola", na qual o trabalhador alterna sua jornada de trabalho laborando uma semana com 40 horas semanais e outra com 48 horas.

Entende-se que essa forma, a jornada espanhola, não viola os arts. 59, § 2º, da CLT e 7º, XIII, da CF/1988, desde que seu ajuste se dê mediante acordo ou convenção coletiva de trabalho.

A compensação deverá ser feita num período de até 1 (um) ano respeitando a soma das jornadas semanais do trabalho nesse período.

Caso não sejam observados os requisitos formais, como, por exemplo, a necessidade do acordo ser escrito, o empregado não terá direito ao pagamento das horas extraordinárias trabalhadas, mas apenas fará jus ao adicional de horas extras, nos termos da Súmula 85, III, do TST. Isso porque, na hipótese, o empregado compensou as horas que ultrapassaram a jornada normal de trabalho, observando o limite semanal. Por essa razão, essas horas já se encontram devidamente remuneradas, sendo devido somente o respectivo adicional.

No entanto, sobrevindo a rescisão contratual e ainda existindo horas a serem compensadas, deverá o empregador pagá-las como horas extraordinárias.

8.7.3. *Prorrogação por necessidade imperiosa*

A prorrogação da jornada de trabalho poderá decorrer de necessidade imperiosa. Prevista no art. 61 da CLT, a necessidade imperiosa é gênero do qual são espécies: serviços inadiáveis e motivo de força maior. Nesses casos, como não é possível prever a necessidade de prorrogação da jornada de trabalho, não será necessário a pactuação de acordo individual, acordo coletivo ou convenção coletiva.

8.7.3.1. *Serviços inadiáveis*

São aqueles que devem ser terminados na mesma jornada de trabalho, pois, se assim não for, o empregador sofrerá grandes prejuízos. Como exemplo podemos citar o trabalho em jornada suplementar na construção civil onde se constrói uma laje, atividade que não pode ser paralisada sob pena de se perder o concreto já feito.

Nesses casos o trabalho não poderá extrapolar 12 horas, ou seja, 8 horas da jornada comum e mais 4 horas de prorrogação, devendo, necessariamente, haver comunicação do fato ao Ministério do Trabalho e Emprego no prazo de 10 dias, em consonância com o art. 61, § 1º, da CLT.

Para os serviços inadiáveis, não é necessário que seja feito acordo individual escrito, acordo coletivo ou convenção coletiva, justamente por sua natureza, ou seja, não há como prever tal situação.

8.7.3.2. *Força maior*

Nos termos do art. 501, *caput*, da CLT, entende-se por força maior todo acontecimento inevitável, em relação à vontade do empregador, e para a realização do qual este não concorreu, direta ou indiretamente.

Como exemplo, podemos citar o trabalho em um resgate de acidente aéreo ou desmoronamento de prédios.

Para esses casos, a norma não fixou limite para prestação de horas extraordinárias, portanto, a prorrogação ocorrerá sem limites de horas, ou seja, a jornada será prorrogada pelo número de horas que se mostrar necessário, sempre remunerada com adicional de no mínimo 50%.

8.7.4. *Recuperação de tempo por não realização do trabalho*

Nesse caso o trabalho é impossibilitado por causas acidentais ou de força maior, permanecendo a empresa paralisada em razão desses incidentes.

Ocorrendo tais acontecimentos, a empresa pode exigir a reposição desse tempo perdido, mediante prévia concordância da Delegacia Regional do Trabalho. Como exemplo, podemos lembrar as catástrofes ocorridas no Estado de Santa Catarina.

Justamente por ser um fato imprevisto, não se exige que seja feita por acordo individual, acordo coletivo e convenção coletiva.

Porém, a prorrogação poderá ocorrer apenas pelo número de dias indispensáveis para a recuperação do trabalho perdido, não podendo exceder em 45 dias por ano e no máximo 2 horas por dia.

8.8. Empregados excluídos do controle de jornada do trabalho

No art. 62, a CLT traz um rol em que determinados empregados são excluídos do capítulo referente à duração do trabalho. Podemos dizer, portanto, que esses empregados não farão jus à proteção existente no capítulo de duração do trabalho constante na CLT e, por consequência, não terão direito ao recebimento de horas extraordinárias.

Desse modo, os empregados que exercem atividade externa incompatível com a fixação de horário de trabalho, assim como os gerentes, diretores ou chefes de departamento, desde que essa condição seja anotada na CTPS e no Livro de Registro de Empregados, não estão abrangidos pelas regras da duração do trabalho.

É importante enfatizar que esses empregados estão excluídos não apenas das horas extraordinárias, mas sim de todo o capítulo da duração do trabalho, inclusive adicional noturno, intervalos para descanso, entre outros.

Contudo, para que se configure o cargo de confiança, o empregado deve possuir subordinados e receber, além de seu salário efetivo, uma gratificação pela função de no mínimo 40%. Deve, ainda, possuir poderes de mando, ou seja, para tomar decisões importantes, poderes de direção da empresa. São os chamados poderes de direção interno, como admitir e demitir empregados, impor penalidades etc.; e os poderes de direção externa, como compras ou vendas em nome do empregador.

8.9. Intervalos para descanso

É o período destinado ao repouso e à alimentação do empregado, não sendo computado na duração do trabalho.

A todo trabalho corresponde um descanso, que visa a garantir a reposição das energias psicofísicas do trabalhador.

Existem intervalos para descanso dentro de um dia de trabalho, os chamados *intervalos intrajornada*; há aquele entre uma jornada e outra, o chamado *intervalo interjornada*; há também o descanso após uma semana, ou seja, o descanso semanal remunerado (DSR); e, por último, o repouso anual, que são as férias.

8.9.1. *Intervalo intrajornada*

São intervalos intrajornada aqueles que ocorrem dentro da mesma jornada de trabalho e tem como objetivos a alimentação e o descanso do empregado. Importante lembrar que os intervalos de descanso não serão computados na duração do trabalho, consoante disposição do art. 71, § 2º, da CLT.

Nas atividades cuja jornada de trabalho não ultrapassar 4 (quatro) horas, não há previsão legal para o intervalo para refeição e descanso. Já para os trabalhadores cuja duração do trabalho é superior a 4 (quatro) horas e inferior a 6 (seis) horas, o obreiro terá um intervalo para repouso e alimentação de 15 minutos, em conformidade com o art. 71, § 1º, da CLT.

Por último, para os trabalhadores que cumprem jornada de trabalho superior a 6 horas, o descanso será de no mínimo 1 (uma) e no máximo 2 (duas) horas, de acordo com o art. 71 da CLT.

Em conformidade com o art. 71 da CLT, admite-se a fixação do intervalo superior a 2 (duas) horas, desde que precedido de negociação coletiva.

Por outro lado, a duração do intervalo somente poderá ser reduzida por ato do Ministro do Trabalho, após consulta à Secretaria de Segurança e Saúde do Trabalhador, uma vez verificado que o estabelecimento atende às exigências legais concernentes à organização de refeitórios e que seus empregados não estão cumprindo jornada prorrogada.

Vale lembrar que os intervalos concedidos pelo empregador na jornada de trabalho que não estão previstos em lei representam tempo à disposição da empresa. Logo, devem ser remunerados como serviço extraordinário, se acrescidos ao final da jornada, conforme entendimento cristalizado na Súmula 118 do TST.

Com relação ao trabalhador rural, determina o art. 5º da Lei 5.889/1973:

> **Art. 5º** Em qualquer trabalho contínuo de duração superior a seis horas, será obrigatória a concessão de um intervalo para repouso ou alimentação observados os usos e costumes da região, não se computando este intervalo na duração do trabalho. Entre duas jornadas de trabalho haverá um período mínimo de onze horas consecutivas para descanso.

De acordo com o dispositivo em questão, caso existam usos e costumes na região quanto à concessão do intervalo, esses deverão ser observados. No entanto, caso não haja na região usos e costumes, por força do 5º, §§ 1º e 2º, do Decreto 73.626/1974 e do art. 1º da Lei 5.889/1973, deverá ser aplicada a regra disposta no art. 71 do texto consolidado.

A não concessão ou a concessão parcial desse intervalo acarretará o pagamento integral do período. Nessa linha, importante a leitura da Súmula 437, item I, do TST:

> SÚMULA 437 TST – INTERVALO INTRAJORNADA PARA REPOUSO E ALIMENTAÇÃO. APLICAÇÃO DO ART. 71 DA CLT
>
> I – Após a edição da Lei 8.923/1994, a não concessão ou a concessão parcial do intervalo intrajornada mínimo, para repouso e alimentação, a empregados urbanos e **rurais**, implica o pagamento total do período correspondente, e não apenas daquele suprimido, com acréscimo de, no mínimo, 50% sobre o valor da remuneração da hora normal de trabalho (art. 71 da CLT), sem prejuízo do cômputo da efetiva jornada de labor para efeito de remuneração. (grifou-se)

8.9.1.1. Ausência do gozo de intervalo

Caso o empregador não conceda o período destinado a descanso e alimentação ao empregado, fazendo com que esse não desfrute do intervalo intrajornada, ou seja, caso o trabalhador não pare para descansar, o empregador ficará obrigado a remunerar o período correspondente com um acréscimo de 50% do valor da remuneração, em conformidade com o que dispõe o § 4º do art. 71 da CLT:

> § 4º – Quando o intervalo para repouso e alimentação, previsto neste artigo, não for concedido pelo empregador, este ficará obrigado a remunerar o período correspondente com um acréscimo de no mínimo 50% (cinquenta por cento) sobre o valor da remuneração da hora normal de trabalho.

Nesse sentido, a Súmula 437, item I, do TST já estudada, ensina que a não concessão total ou parcial do intervalo intrajornada mínimo, para repouso e alimentação, implica o pagamento total do período correspondente, com acréscimo de, no mínimo, 50% sobre o valor da remuneração da hora normal de trabalho.

Com relação ao intervalo intrajornada previsto em norma coletiva, é imperioso consignar que, de acordo com o item II da Súmula 437 do TST, é inválida cláusula de acordo ou convenção coletiva de trabalho que contemple a supressão ou redução do intervalo intrajornada, visto que este intervalo constitui medida de higiene, saúde e segurança do trabalho.

Assim, o trabalhador que não gozou do intervalo para descanso e alimentação ou teve suprimida parte de seu intervalo, será remunerado com o pagamento integral do intervalo e não apenas com o valor correspondente ao período suprimido.

Por fim, de acordo com o entendimento solidificado na Súmula 437, item III, do TST, essa parcela possui natureza salarial, repercutindo, assim, no cálculo de outras parcelas salariais.

8.9.2. Intervalos especiais

Em regra, os descansos não são computados na jornada de trabalho do obreiro, nos termos do art. 71, § 2º, da CLT. Existem, porém, descansos computáveis na jornada de trabalho e devidos aos empregados que trabalhem em condições especiais, visando a compensar o trabalho mais penoso e prevenir doenças profissionais. São alguns exemplos:

8.9.2.1. Mecanografia

Disposto no art. 72 da CLT, trata dos serviços de mecanografia, ou seja, realizados com a ajuda de máquinas de escrever, podendo, ainda, referir-se aos trabalhos de cálculo industrial ou comercial com a ajuda de máquinas contábeis.

Essa orientação foi estendida, também, aos digitadores, a teor da Súmula 346 do TST. Para todos eles, a cada 90 minutos de trabalho o obreiro deve receber um intervalo de 10 minutos de descanso.

8.9.2.2. Câmeras frigoríficas

A regra prevista no art. 253 da CLT ensina que o trabalhador submetido a atividades que envolvam o deslocamento em ambientes com variação de temperatura significativa faz jus a um intervalo de vinte minutos a cada uma hora e quarenta minutos de atividade contínua, computado como tempo de trabalho efetivo.

Nesse sentido, dispõe a Súmula 438 do TST:

> SÚMULA 438 TST – INTERVALO PARA RECUPERAÇÃO TÉRMICA DO EMPREGADO. AMBIENTE ARTIFICIALMENTE FRIO. HORAS EXTRAS. ART. 253 DA CLT. APLICAÇÃO ANALÓGICA.
>
> O empregado submetido a trabalho contínuo em ambiente artificialmente frio, nos termos do parágrafo único do art. 253 da CLT, ainda que não labore em câmara frigorífica, tem direito ao intervalo intrajornada previsto no *caput* do art. 253 da CLT.

8.9.2.3. Minas de subsolo

O disposto no art. 298 da CLT assinala ser devido ao trabalho exercido em minas de subsolo, a cada 3 horas de trabalho, um intervalo de 15 minutos para descanso, que será computado como de trabalho efetivo.

8.9.2.4. Amamentação do próprio filho

A regra prevista no art. 396 da CLT ensina que a mulher terá direito a 2 (dois) descansos especiais de 30 minutos cada um até que o filho complete 6 meses de idade, não podendo esse período de descanso ser deduzido de sua jornada de trabalho.

8.9.3. Intervalo interjornadas

É o intervalo que ocorre entre uma e outra jornada de trabalho. Desta forma, em conformidade com o art. 66 da CLT, entre o final de um dia de trabalho e o início de outro, o empregado deverá ter um descanso mínimo de 11 (onze) horas.

Vale lembrar que, nos termos do art. 229 da CLT, para os empregados que estão sujeitos a horários variáveis, fica estabelecida a duração máxima de 7 (sete) horas diárias de trabalho e 17 (dezessete) horas de folga, deduzindo-se deste tempo 20 (vinte) minutos para descanso, de cada um dos empregados, sempre que se verificar um esforço contínuo de mais de 3 (três) horas.

No que diz respeito aos operadores cinematográficos e seus ajudantes, naqueles estabelecimentos que funcionam normalmente no horário noturno, será facultado, mediante acordo ou contrato coletivo de trabalho e com um acréscimo de 25% sobre o salário da hora normal, executar o trabalho em sessões diurnas extraordinárias e, cumulativamente, nas noturnas, desde que isso se verifique até 3 (três) vezes por semana e entre as sessões diurnas e as noturnas haja o intervalo de 1 (uma) hora, no mínimo, de descanso. Em seguida a cada período de trabalho haverá um intervalo de repouso no mínimo de 12 (doze) horas.

Existem outros intervalos interjornadas especiais previstos para algumas profissões, como, por exemplo, telefonia e telegrafia, cujo intervalo é de 17 horas para horários variáveis; cabineiro e ferroviário (art. 245 da CLT), cujo intervalo é de 14 horas; jornalistas, que, nos termos do art. 308 da CLT, possuem intervalo de 10 horas.

O desrespeito ao intervalo mínimo interjornadas acarreta, por analogia, os mesmos efeitos previstos no § 4º do art. 71 da CLT e na Súmula 110 do TST, devendo-se pagar a integralidade das horas que foram subtraídas do intervalo, acrescidas do respectivo adicional.

Assim, a não concessão do intervalo interjornadas de 11 horas na sua integralidade, acarretará ao empregador o pagamento de horas extraordinárias com acréscimo de 50%.

8.10. Descanso semanal remunerado

O repouso semanal remunerado é regulado pela Lei 605/1949 e regulamentado pelo Decreto 27.048/1949 e pode ser entendido como uma hipótese de interrupção do contrato de trabalho.

Nesses termos, será assegurado a todo empregado um descanso semanal de 24 (vinte e quatro) horas consecutivas, o qual, salvo motivo de conveniência pública ou necessidade imperiosa do serviço, deverá coincidir com o domingo, no todo ou em parte.

Em regra, o descanso semanal é obrigatório, porém sua remuneração dependerá do cumprimento da jornada semanal integral realizada pelo obreiro.

Desta forma, caso o empregado não cumpra jornada semanal integral, perderá tão somente a respectiva remuneração, mas nunca o direito ao repouso.

Nessa linha, nos termos da Súmula 15 do TST, a justificação da ausência do empregado motivada por doença, para a remuneração do repouso semanal, deverá observar a seguinte ordem preferencial dos atestados médicos: o médico da empresa ou seu convênio e, em seguida, os médicos do sindicato ou de entidades públicas.

Vale destacar que, nos termos do parágrafo único do art. 6º da Lei 10.101/2000, o repouso semanal remunerado nas atividades de comércio em geral deverá coincidir, pelo menos uma vez no período máximo de três semanas, com o domingo, respeitadas as demais normas de proteção ao trabalho e outras a serem estipuladas em negociação coletiva.

O repouso semanal deverá ser concedido ao obreiro dentro da semana de trabalho. A concessão após esse período, ou seja, a concessão no oitavo dia, constitui violação ao repouso semanal, devendo ser pago em dobro. Nesse sentido a SDI 1 do Tribunal Superior do Trabalho editou a Orientação Jurisprudencial 410, *in verbis*:

> ORIENTAÇÃO JURISPRUDENCIAL 410 DA SDI 1 DO TST – REPOUSO SEMANAL REMUNERADO. CONCESSÃO APÓS O SÉTIMO DIA CONSECUTIVO DE TRABALHO. ART. 7º, XV, DA CF. VIOLAÇÃO.
>
> Viola o art. 7º, XV, da CF a concessão de repouso semanal remunerado após o sétimo dia consecutivo de trabalho, importando no seu pagamento em dobro.

8.11. Férias

As férias correspondem a um direito irrenunciável assegurado a todos os trabalhadores urbanos e rurais previsto no art. 7º, XVII, da CF. A legislação infraconstitucional cuida da matéria nos arts. 129 e seguintes da CLT.

Assim, todos os trabalhadores, urbanos e rurais; servidores públicos (art. 39, § 3º, da CF); membros das forças armadas (art. 142, § 3º, VIII, da CF); e empregados domésticos (art. 7º, parágrafo único, da CF e art. 17 da LC 150/2015), têm direito ao gozo de um período de férias anualmente, sem prejuízo de sua remuneração.

Para todos os efeitos, nos termos do art. 130, § 2º, da CLT, o período das férias será computado como tempo de serviço.

Podemos dizer que são características das férias: a *anualidade*, pois as férias são devidas após 1 (um) ano contado da data de contratação; a *remunerabilidade*, pois as férias são remuneradas com acréscimo de um terço (art. 7º, XVII, da CF); a *continuidade*, pois, em regra, devem ser contínuas, sem interrupção; a *irrenunciabilidade*, pois não podem ser renunciadas pelo trabalhador; e, por último, a *proporcionalidade*, pois depende da assiduidade do obreiro, nos termos do art. 130 e incisos da CLT.

As férias correspondem ao descanso anual, porém, para o obreiro fazer jus a elas deve cumprir o que a doutrina chama de "período aquisitivo", ou seja, período de 12 meses de trabalho contado da data de sua contratação.

Em outras palavras, após cada período de 12 meses de vigência do contrato de trabalho, o empregado terá direito a férias.

Vale lembrar a posição consolidada na Súmula 261 do TST, que entende que o empregado que pede demissão antes de completado o primeiro período aquisitivo faz jus a férias proporcionais.

O período de duração das férias está definido no art. 130 consolidado e irá depender do número de faltas injustificadas que cada empregado teve no período aquisitivo.

É importante notar que, em se tratando de trabalhador que labore em regime de tempo parcial, regime de trabalho cuja duração não ultrapasse 25 horas por semana, o período de aquisição não irá depender da frequência do empregado, mas sim de sua jornada de trabalho, em conformidade com o art. 130-A da CLT.

Cumprido o período aquisitivo por parte do empregado, inicia-se para o empregador o período concessivo, ou seja, a obrigação de conceder as férias, que corresponderá aos 12 meses subsequentes à data em que o empregado tiver adquirido o direito.

As férias serão concedidas por ato do empregador, devendo, em regra, ser cedidas em um só período, admitindo-se seu fracionamento somente em casos excepcionais, hipóteses que serão concedidas em 2 (dois) períodos, um dos quais não poderá ser inferior a 10 (dez) dias corridos.

Aos menores de 18 (dezoito) anos e aos maiores de 50 (cinquenta) anos de idade, as férias serão sempre concedidas de uma só vez, não podendo haver o fracionamento.

O período de concessão das férias será escolhido, exclusivamente, pelo empregador, nos moldes do art. 136 da CLT. A concessão deverá ser feita por escrito e noticiada ao empregado (que dessa notificação dará recibo), com antecedência de, no mínimo, 30 dias (art. 135 da CLT), para que possa esquematizar e preparar suas férias.

Porém, os membros de uma família que trabalharem no mesmo estabelecimento ou empresa terão direito a gozar férias no mesmo período, se assim o desejarem e se disto não resultar prejuízo para o serviço.

Da mesma forma, o empregado estudante, menor de 18 (dezoito) anos, terá direito a fazer coincidir suas férias com as férias escolares.

As férias deverão ser anotadas na Carteira de Trabalho do empregado, conforme art. 133, § 1º, da CLT combinado com o art. 135, §§ 1º e 2º, da CLT.

Reza o art. 133 da CLT que perderá o direito a férias o trabalhador que: deixar o emprego e não for readmitido dentro de 60 dias subsequentes à sua saída; permanecer em gozo de licença, com percepção de salários, por mais de 30 (trinta) dias; deixar de trabalhar, com percepção do salário, por mais de 30 (trinta) dias, em virtude de paralisação parcial ou total dos serviços da empresa; ficar afastado do serviço, durante o período aquisitivo, decorrente da concessão pelo INSS de auxílio-doença, previdenciário ou acidentário, ultrapassando 6 meses, sejam eles contínuos ou descontínuos. Nesses casos, ao retornar ao serviço, inicia-se nova contagem do período aquisitivo.

Por fim, vale dizer que, durante as férias, o empregado não poderá prestar serviços a outro empregador, salvo se estiver obrigado a fazê-lo em virtude de contrato de trabalho regularmente mantido com aquele, nos termos do art. 138 da CLT.

8.11.1. *Férias coletivas*

O art. 139 da CLT prevê as férias coletivas ao dispor que: "Poderão ser concedidas férias coletivas a todos os empregados de uma empresa ou de determinados estabelecimentos ou setores da empresa".

Desta forma, as férias coletivas podem ser concedidas para toda a empresa ou apenas para uma parte dela.

Os empregados contratados há menos de 12 (doze) meses gozarão, na oportunidade, de férias proporcionais, iniciando-se, então, novo período aquisitivo.

As férias poderão ser gozadas em 2 períodos anuais, desde que nenhum deles seja inferior a 10 dias corridos. Para tanto, o empregador deverá comunicar ao órgão local do Ministério do Trabalho e Emprego, com a antecedência mínima de 15 dias, as datas de início e fim das férias, informando quais os estabelecimentos ou setores participarão das férias coletivas. Nesse mesmo prazo, o empregador deverá encaminhar cópia da comunicação aos Sindicatos representativos da respectiva categoria profissional, providenciando a afixação de aviso nos locais de trabalho.

Em se tratando de férias coletivas, o abono de férias deverá ser objeto de acordo coletivo entre o empregador e o sindicato representativo da respectiva categoria profissional, independentemente do requerimento individual do empregado.

8.11.2. *Remuneração e abono de férias*

8.11.2.1. *Remuneração das férias*

O empregado receberá, durante as férias, a remuneração que lhe for devida na data da sua concessão, acrescida do terço constitucional (art. 7º, XVII, da CF).

Para os trabalhadores cujo salário seja pago por hora com jornadas variáveis, apurar-se-á a média do período aquisitivo, aplicando-se o valor do salário na data da concessão das férias. Em se tratando de salário pago por tarefa, tomar-se-á por base a média da produção no período aquisitivo do direito a férias, aplicando-se o valor da remuneração da tarefa na data da concessão das férias.

Por último, para o salário pago por percentagem, comissão ou viagem, apurar-se-á a média percebida pelo empregado nos 12 (doze) meses que precederem à concessão das férias.

8.11.2.2. *Abono de férias*

O art. 143 da CLT permite que o empregado converta 1/3 (um terço) do período de férias a que tiver direito em abono pecuniário, no valor da remuneração que lhe seria devida nos dias correspondentes. Contudo, a conversão total de férias em pagamento em dinheiro é proibida.

Para poder exercer esse direito, o trabalhador deverá requerer tal prerrogativa, nos 15 dias anteriores ao término do período aquisitivo, nos termos do § 1º do art. 143 da CLT.

Vale esclarecer que a percepção do abono é uma opção do empregado, que uma vez requerido independe da concordância do empregador, pois representa um direito potestativo do empregado.

O pagamento da remuneração das férias e, se for o caso, o do abono serão efetuados até 2 (dois) dias antes do início do período de férias.

Sempre que as férias forem concedidas após o período concessivo, o empregador deverá pagar em dobro a respectiva remuneração.

Todo tempo de férias deve ser gozado dentro do período concessivo. Caso o empregado goze parte dás férias após esse período, esses dias deverão ser remunerados em dobro, nos termos da Súmula 81 do TST. Mesmo que o empregador tenha concedido as férias dentro do período concessivo, mas caso não efetue o pagamento da remuneração das férias e seu abono dentro do prazo legal de 2 (dois) dias, deverá pagar em dobro a respectiva remuneração das férias.

Nesse sentido, o Tribunal Superior do Trabalho editou entendimento consubstanciado na Súmula 450 do TST:

> **SÚMULA 450 TST – FÉRIAS. GOZO NA ÉPOCA PRÓPRIA. PAGAMENTO FORA DO PRAZO. DOBRA DEVIDA. ARTS. 137 E 145 DA CLT.**
>
> É devido o pagamento em dobro da remuneração de férias, incluído o terço constitucional, com base no art. 137 da CLT, quando, ainda que gozadas na época própria, o empregador tenha descumprido o prazo previsto no art. 145 do mesmo diploma legal.

Por último, é importante lembrar que os empregados que trabalhem sob o regime de tempo parcial não poderão converter as férias em abono pecuniário por expressa vedação contida no art. 143, § 3º, da CLT.

8.11.2.3. Concessão das férias após período concessivo

Nos termos do art. 134 da CLT, o empregador deverá conceder as férias nos 12 meses subsequentes à aquisição do direito pelo empregado.

Caso o empregador não obedeça ao prazo estipulado pelo legislador, nos termos do art. 137 da CLT, deverá pagar em dobro a respectiva remuneração das férias, inclusive acrescido do 1/3 constitucional (art. 7º, XVII, da CF).

Importante lembrar que ainda que o trabalhador receba a respectiva remuneração, mas não usufrua do período de descanso, as férias deverão ser concedidas e pagas com a dobra em debate, que possui natureza jurídica de verba indenizatória (art. 28, § 9º, alínea "d", da Lei 8.212/1991).

Poderá ocorrer, também, a concessão de parte do período das férias fora do período concessivo. Imagine o seguinte exemplo: período concessivo que se encerra no dia 30 de maio. Sendo o período de 30 dias de férias concedido no dia 20 de maio e encerrado no dia 18 de junho, temos que entre os dias 20 e 30 de maio, ou seja, os 11 primeiros dias, estão dentro do período concessivo. Os demais dias, portanto, deverão ser pagos em dobro, em conformidade com a Súmula 81 do TST, que assim dispõe:

> SÚMULA 81 TST – FÉRIAS
>
> Os dias de férias gozados após o período legal de concessão deverão ser remunerados em dobro.

9. ALTERAÇÃO DO CONTRATO DE TRABALHO

9.1. Alteração do contrato de trabalho

O princípio da inalterabilidade contratual prejudicial ao obreiro está consagrado no art. 468 da CLT, que assim dispõe: "só é lícita a alteração das respectivas condições por mútuo consentimento e, ainda assim, desde que não resultem, direta ou indiretamente, prejuízos ao empregado, sob pena de nulidade da cláusula infringente dessa garantia".

É o empregador que dirige a prestação do labor de seus empregados, ou seja, o empregado é subordinado juridicamente ao empregador, podendo ser punido caso cometa falta, ficando sujeito às penas de advertência, de suspensão ou, ainda, de dispensa por justa causa.

No Direito do Trabalho, há a necessidade específica de que a alteração seja benéfica, em razão da hipossuficiência do empregado, pois, como se sabe, as partes no contrato de trabalho não estão em igualdade.

Nessa linha, não pode o empregado hipossuficiente suportar os riscos do negócio, na medida em que é uma característica do contrato de trabalho a alteridade, segundo a qual o empregador adquire a força de trabalho e a utiliza como um dos fatores de produção, não podendo repassar os riscos de sua atividade para o obreiro.

Pois bem. A Constituição Federal determina em seu art. 7º, VI a irredutibilidade de salários, salvo negociação coletiva. Consiste, portanto, na possibilidade de obter a redução dos salários, via tutela sindical (negociação coletiva).

Nesse sentido, dispõe o art. 503 da CLT: "É lícita, em caso de força maior ou prejuízos devidamente comprovados, a redução geral dos salários dos empregados da empresa, proporcionalmente aos salários de cada um, não podendo, entretanto, ser superior a 25%, respeitado, em qualquer caso, o salário mínimo da região".

E continua no parágrafo único: "Cessados os efeitos decorrentes do motivo de força maior, é garantido o restabelecimento dos salários reduzidos".

Convém esclarecer que o mandamento do art. 503 da CLT deve ser interpretado em conjunto com o art. 7º, VI, da CF, autorizando, assim, a redução do salário por motivo de força maior, por negociação coletiva.

9.1.1. Jus resistente – direito de resistência do empregado

O direito de resistência do empregado consiste no direito que este possui de não acatar algum tipo de alteração que seja ilícita.

Desta forma, poderá o empregado se opor a modificações que lhe causem prejuízos ou sejam ilegais, pleiteando inclusive a rescisão indireta do contrato de trabalho, nos moldes do art. 483 da CLT.

9.1.2. Jus variandi do empregador

Consiste no direito do empregador variar a prestação de serviços, ou seja, o poder de realizar modificações no contrato de trabalho.

Dessa forma, o empregador tem o poder de manejar a forma como quer a prestação dos serviços.

Esse poder de modificação não é ilimitado, já que encontra limite na própria lei. Assim, as alterações podem ser realizadas livremente em aspectos nos quais a lei não preveja proibição.

Em alguns casos, a lei permite que o empregador realize pequenas modificações no contrato de trabalho que não venham a alterar significativamente o pacto laboral e desde que não importem em prejuízo ao trabalhador. Como exemplo citamos o empregado de confiança que pode retornar, por determinação do empregador, ao exercício do cargo que ocupara anteriormente ao exercício do cargo de confiança. A própria CLT não considera tal alteração unilateral, conforme disposição literal do parágrafo único do art. 468 consolidado.

Sempre que o empregador exorbitar, surge para o empregado o direito de resistência.

9.1.3. Transferência de empregados

A transferência do empregado decorre do *jus variandi* do empregador.

O art. 469 da CLT ensina:

Art. 469. Ao empregador é vedado transferir o empregado, sem a sua anuência, para localidade diversa da que resultar do contrato, não se considerando transferência a que não acarretar necessariamente a mudança do seu domicílio.

§ 1º Não estão compreendidos na proibição deste artigo: os empregados que exerçam cargo de confiança e aqueles cujos contratos tenham como condição, implícita ou explícita, a transferência, quando esta decorra de real necessidade de serviço.

§ 2º É lícita a transferência quando ocorrer extinção do estabelecimento em que trabalhar o empregado.

§ 3º Em caso de necessidade de serviço o empregador poderá transferir o empregado para localidade diversa da que resultar do contrato, não obstante as restrições do artigo anterior, mas, nesse caso, ficará obrigado a um pagamento suplementar, nunca inferior a 25% (vinte e cinco por cento) dos salários que o empregado percebia naquela localidade, enquanto durar essa situação.

A mudança proibida pelo citado dispositivo legal é aquela que determina a mudança do domicílio do trabalhador, ou seja, a mudança do local de trabalho deve modificar o local físico da residência do obreiro. Assim, a transferência do empregado de um estabelecimento para outro pode ser feita, desde que não seja necessária a mudança de seu domicílio.

Por outro lado, seja na transferência provisória, seja na definitiva, o empregador deverá pagar as despesas dessa transferência, na medida em que representam gastos por parte do obreiro.

Desta maneira, o trabalhador transferido para local mais distante da empresa, ainda que essa transferência não acarrete mudança de seu domicílio, fará jus ao recebimento das despesas incursas com a transferência.

O Colendo TST, por meio do enunciado da Súmula 29, ensina: "Empregado transferido, por ato unilateral do empregador, para local mais distante de sua residência, tem direito a suplemento salarial correspondente ao acréscimo da despesa de transporte".

Embora o TST tenha se utilizado da expressão "suplemento salarial", essa complementação não possui natureza salarial, mas sim de reembolso de despesas.

Verifica-se, destarte, que nas transferências que importem a mudança de residência do obreiro deverá haver sua anuência, pois naquelas que não importarem na mudança de seu domicílio o empregador fará uso de seu *jus variandi*, não havendo necessidade da anuência do empregado; mas sempre deve pagar as despesas decorrentes da transferência.

A CLT elenca hipóteses em que a transferência pode ocorrer de forma unilateral pelo empregador, ou seja, sem o consentimento do obreiro. São elas:

a) empregados que exerçam cargos de confiança, isto é, aqueles que exerçam amplos poderes de mando, de modo a representarem a empresa nos atos de sua administração;

b) empregados cujos contratos contenham cláusulas expressas prevendo essa possibilidade;

c) nos casos em que a transferência decorra da própria natureza do serviço para o qual o empregado foi contratado, por exemplo: o viajante, inspetor etc.

Nesses casos deverá haver a real necessidade dos serviços prestados por esses trabalhadores, sob pena de ser taxada de abusiva.

Nesse sentido é a Súmula 43 do TST: "Presume-se abusiva a transferência de que trata o § 1º do art. 469 da CLT, sem comprovação da necessidade do serviço".

A transferência é permitida ainda:

d) ocorrendo a extinção do estabelecimento;

e) por necessidade de serviço, desde que a transferência seja provisória, devendo a empresa, nesse caso, pagar ao empregado um adicional, nunca inferior a 25% do salário percebido na localidade da qual foi transferido, enquanto durar essa situação.

No entanto, caso a alteração não seja feita nos ditames dos parágrafos do art. 469 consolidado, caberá ao empregado prejudicado requerer medida liminar, nos termos do art. 659, IX, da CLT, para tornar sem efeito a transferência por ventura realizada.

9.1.4. Transferência definitiva e provisória

A princípio, para mensurar se a transferência é definitiva ou provisória, utilizamos o critério temporal, ou seja, o tempo de duração da transferência.

Porém, esse não pode ser o único parâmetro. Devemos utilizar o critério circunstancial, ou seja, analisar as circunstâncias que envolvem a atitude do empregado com intenção de se enraizar naquela determinada localidade, como, por exemplo, a matrícula dos filhos na escola, sua associação em um clube na cidade, entre outras.

São as lições de ilustre professor Mauricio Godinho Delgado (em *Curso de Direito do Trabalho*, 8ª ed., São Paulo, LTr, 2009, p. 963).

"O melhor critério – por transparente e objetivo – parece-nos aquele que contrapõe a noção de provisoriedade à de definitividade: *definitiva* é aquela alteração que se estabilizou plenamente no contrato, de modo que sua causa, conteúdo e validade não podem mais ser sequer questionados e aferidos; em contraponto, provisória é aquela mudança ainda precária na história do contrato, uma vez que sua causa, conteúdo e validade podem ser questionados e aferidos. Assim, definitiva será a modificação circunstancial que se tenha produzido já no período prescrito do contrato, ao passo que *provisória* será aquela transferência que tenha ocorrido no período contratual não prescrito. Efetivando-se a remoção no período imprescrito, será, desse modo, considerada provisória para fins do art. 469, § 3º, da CLT."

Cabe ressaltar que o adicional de transferência de 25% descrito no § 3º do art. 469 da CLT somente será devido na transferência provisória, visto que o empregado está fora do seu local de trabalho, necessitando, portanto, de uma compensação.

Esse adicional não se incorpora ao salário do empregado e pode ser suprimido com o término da transferência, ou seja, com o retorno ao local da contratação.

Convém ainda destacar que a transferência provisória depende da real necessidade do trabalho daquele determinado obreiro, de modo que o trabalho deste não possa ser realizado por outro trabalhador naquela localidade.

A transferência realizada fora das hipóteses previstas nos parágrafos do art. 469 consolidado será tida como abusiva, possibilitando ao empregado o provimento liminar para não ser transferido, de acordo com o art. 659, IX, da CLT.

9.2. Suspensão e interrupção do contrato de trabalho

A suspensão, também chamada por alguns doutrinadores de suspensão total, e a interrupção, conhecida também como suspensão parcial, representam fatos que determinam que temporariamente o contrato de trabalho pare de produzir seus efeitos.

Na suspensão, o contrato de trabalho para de produzir efeitos de forma bilateral, ou seja, não produz efeitos para o empregado tampouco para o empregador. Desta forma, ambos contratantes têm contraprestações suspensas, ou seja, o trabalhador não necessita trabalhar e o empregador não tem o dever de efetuar o pagamento de salários.

Já na interrupção ocorre a não produção dos efeitos de forma unilateral. Assim, na interrupção somente o trabalhador para de trabalhar, devendo o empregador continuar a pagar os salários do obreiro.

9.2.1. Suspensão do contrato de trabalho

Na suspensão do contrato de trabalho, as obrigações contratuais são suspensas por ambos os contratantes, ou seja, empregado e empregador. Assim, o trabalhador não presta serviços ao empregador que, em contrapartida, não pagará a esse obreiro seu salário.

O ilustre professor Mauricio Godinho Delgado (em *Curso de Direito do Trabalho*, 8ª ed., São Paulo, LTr, 2009, p. 971) ensina a suspensão contratual como sendo "a sustação temporária dos principais efeitos do contrato de trabalho no tocante às partes, em virtude de um fato juridicamente relevante, sem ruptura, contudo, do vínculo contratual formado. É a sustação ampliada e recíproca dos efeitos contratuais, preservado, porém, o vínculo entre as partes".

Deixando de existir o motivo que determinou a suspensão do contrato, é assegurado ao empregado o retorno ao cargo que exercia na empresa anteriormente, sendo que lhe serão garantidas todas as vantagens que, durante sua ausência, tenham sido atribuídas à categoria à qual pertence.

Desta forma, nos termos do art. 471 da CLT, se durante a suspensão do contrato surgirem novas vantagens à categoria do empregado, decorrentes de lei, acordo coletivo ou convenção coletiva, sentença normativa ou até mesmo por espontaneidade do empregador, o empregado será beneficiado, da mesma forma, a partir do dia em que, cessada a causa do afastamento, retornar ao serviço.

Podemos destacar as seguintes hipóteses de suspensão do contrato de trabalho:

a) acidente de trabalho ou doença, a partir do 16º dia, tendo em vista que o trabalhador percebe o benefício do auxílio-doença, que é pago pela Previdência Social (art. 59 da Lei 8.213/1991);

b) período de suspensão disciplinar, que não poderá ser superior a 30 (trinta) dias, sob pena de ficar reconhecida dispensa sem justa causa (art. 474 da CLT);

c) aposentadoria por invalidez, nos termos do art. 475 da CLT;

Sobre a aposentadoria por invalidez o TST entende que, estando o contrato de trabalho suspenso em razão do citado benefício, a empresa não poderá retirar do empregado o plano de saúde ou assistência médica. É o que ensina a Súmula 440 do TST.

> SÚMULA 440 TST – AUXÍLIO-DOENÇA ACIDENTÁRIO. APOSENTADORIA POR INVALIDEZ. SUSPENSÃO DO CONTRATO DE TRABALHO. RECONHECIMENTO DO DIREITO À MANUTENÇÃO DE PLANO DE SAÚDE OU DE ASSISTÊNCIA MÉDICA.
> Assegura-se o direito à manutenção de plano de saúde ou de assistência médica oferecido pela empresa ao empregado, não obstante suspenso o contrato de trabalho em virtude de auxílio-doença acidentário ou de aposentadoria por invalidez.

d) greve, enquanto direito assegurado a todos os trabalhadores que se encontra previsto no art. 9º da CF, sendo regulado pela Lei 7.783/1989. Dispõe o art. 7º da referida Lei que a greve é hipótese de suspensão de contrato de trabalho.

Poderá, no entanto, ser considerada como interrupção do contrato de trabalho, caso haja negociação coletiva, ou até mesmo sentença normativa, na qual se pactue que os dias de paralisação serão remunerados;

e) ausência para exercício de cargo público (exemplo: para cargo político eletivo), nos termos do art. 472 consolidado;

f) faltas injustificadas, entre outras.

9.2.2. Interrupção do contrato de trabalho

Na interrupção do contrato de trabalho, o empregado suspende a prestação de serviços, mas continua recebendo a remuneração pelo empregador.

Há uma simples interrupção na prestação de serviços pelo empregado, prevalecendo, para o empregador, a obrigatoriedade de pagar os salários, no todo ou em parte.

Assim, embora não trabalhe, ou seja, não preste serviços, o empregado continuará recebendo sua remuneração, contando-se esse período como tempo de serviço.

Podemos destacar as seguintes hipóteses de interrupção do contrato de trabalho:

a) acidente de trabalho ou doença até o 15º dia, tendo em vista que o pagamento dos primeiros 15 (quinze) dias de ausência é de responsabilidade do empregador, em conformidade com o art. 60, § 3º, da Lei 8.213/1991;

b) licença-maternidade, que se encontra prevista no art. 7º, XVIII, da CF, c/c o art. 71 da Lei 8.213/1991, pelo período de 120 dias.

Nos termos da Lei 11.770/2008, esse período poderá ser prorrogado por mais 60 (sessenta dias) caso o empregador, pessoa jurídica, resolva aderir ao programa Empresa Cidadã, desde que a empregada a requeira até o final do primeiro mês após o parto, e a prorrogação seja concedida imediatamente após a fruição da licença-maternidade.

Vale dizer que a prorrogação será garantida, na mesma proporção, também à empregada que adotar ou obtiver guarda judicial para fins de adoção de criança, de acordo com a redação do art. 392-A da CLT.

É importante notar que a mãe que adotasse ou obtivesse a guarda judicial possuía licença-maternidade proporcional à idade da criança, em conformidade com os §§ 1º a 3º do art. 392-A da CLT.

Porém, com a edição da Lei 12.010 de 03.08.2009, foram revogados expressamente os referidos parágrafos.

c) ausências legais, nas hipóteses do art. 473 da CLT, com a redação dada pela Lei 13.257/2016, que assim dispõe:

> *Art. 473 – O empregado poderá deixar de comparecer ao serviço sem prejuízo do salário:*
>
> *I – até 2 (dois) dias consecutivos, em caso de falecimento do cônjuge, ascendente, descendente, irmão ou pessoa que, declarada em sua carteira de trabalho e previdência social, viva sob sua dependência econômica;*
>
> *II – até 3 (três) dias consecutivos, em virtude de casamento;*
>
> *III – por um dia, em caso de nascimento de filho no decorrer da primeira semana;*
>
> *IV – por um dia, em cada 12 (doze) meses de trabalho, em caso de doação voluntária de sangue devidamente comprovada;*
>
> *V – até 2 (dois) dias consecutivos ou não, para o fim de se alistar eleitor, nos termos da lei respectiva.*
>
> *VI – no período de tempo em que tiver de cumprir as exigências do Serviço Militar referidas na letra "c" do art. 65 da Lei 4.375, de 17 de agosto de 1964 (Lei do Serviço Militar).*
>
> *VII – nos dias em que estiver comprovadamente realizando provas de exame vestibular para ingresso em estabelecimento de ensino superior.*
>
> *VIII – pelo tempo que se fizer necessário, quando tiver que comparecer a juízo.*
>
> *IX – pelo tempo que se fizer necessário, quando, na qualidade de representante de entidade sindical, estiver participando de reunião oficial de organismo internacional do qual o Brasil seja membro.*
>
> *X – até 2 (dois) dias para acompanhar consultas médicas e exames complementares durante o período de gravidez de sua esposa ou companheira;*
>
> *XI – por 1 (um) dia por ano para acompanhar filho de até 6 (seis) anos em consulta médica.*

d) férias, que estão previstas no art. 7º, XVII, da CF e arts. 129 a 153 da CLT;

e) qualquer espécie de licença remunerada;

f) licença-paternidade, prevista no art. 7º, XIX, da CF, c/c o art. 10, II, § 1º, do ADCT, pelo período de 5 dias.

Cumpre salientar que de acordo com a redação dada pela Lei 13.257/2016, a Lei 11.770/2008 em seu art. 1º, II, prorroga em 15 dias a duração da licença-paternidade para os empregados das empresas que aderirem ao programa "Empresa Cidadã".

Essa prorrogação será garantida ao empregado, desde que ele a requeira no prazo de 2 (dois) dias úteis após o parto e comprove participação em programa ou atividade de orientação sobre paternidade responsável.

A prorrogação será garantida, na mesma proporção, ao empregado que adotar ou obtiver guarda judicial para fins de adoção de criança.

g) licença remunerada em caso de aborto não criminoso, hipótese em que a empregada terá direito a duas semanas de descanso, em conformidade com o art. 395 da CLT;

h) descanso semanal remunerado, previsto no art. 7º, XV, da CF;

i) feriados, disciplinados no art. 1º da Lei 605/1949;

j) encargos públicos específicos, como por exemplo: testemunha e atuação como mesário em eleições são ausências consideradas como de serviço efetivo, devendo ser pagos os salários correspondentes;

k) *lockout*, que consiste na paralisação das atividades, por iniciativa do empregador, com o objetivo de frustrar negociação ou dificultar o atendimento das reivindicações dos empregados.

Caso isso ocorra, os trabalhadores terão direito à percepção dos salários durante o período da paralisação (art. 17, parágrafo único, da Lei 7.783/1989), caracterizando-se, portanto, como forma de interrupção do contrato de trabalho.

Vale lembrar que em todas as hipóteses de interrupção do contrato de trabalho, como as supramencionadas, serão devidos os respectivos salários, sendo computadas, também, como tempo de serviço efetivo.

9.3. Suspensão e interrupção nos contratos por prazo determinado

É importante lembrar que tanto a suspensão quanto a interrupção não afetam a fluência do contrato com prazo determinado, tendo em vista que as partes já conhecem de antemão a data de término do contrato.

Os contratos a termo não se prorrogam caso ocorra suspensão ou interrupção. Por esse motivo, apenas se as partes acordarem é que esses períodos não serão computados como tempo de afastamento do empregado para a contagem do prazo para o término do ajuste, em conformidade com o § 2º do art. 472 da CLT.

Desta forma, caso não seja acordado entre as partes, os períodos irão ser computados como de efetivo serviço.

9.4. Prazo para o retorno

Em regra, o empregado deve retornar ao emprego imediatamente, ou seja, assim que terminar o motivo deve voltar ao trabalho.

Caso o empregado não retorne ao trabalho, terá faltas injustificadas ao serviço. Desta forma, caso as faltas ultrapassem 30 dias haverá presunção de abandono de emprego, nos termos da Súmula 32 do TST, que dispõe: "Presume-se o abandono de emprego se o trabalhador não retornar ao serviço no prazo de 30 (trinta) dias após a cessação do benefício previdenciário nem justificar o motivo de não o fazer".

Em se tratando de afastamento por serviço militar, nos termos do art. 472, § 1º, da CLT, o empregado é obrigado a notificar que tem intenção de retornar ao trabalho no cargo que exercia, no prazo de 30 dias contados da baixa do serviço militar. Caso o empregado assim não proceda, o contrato restará extinto.

Quanto ao serviço militar temos, ainda, o art. 132 da CLT: "o tempo de trabalho anterior à apresentação do empregado para serviço militar obrigatório será computado no período aquisitivo, desde que ele compareça ao estabelecimento dentro de 90 (noventa) dias da data em que se verificar a respectiva baixa".

Assim, se o empregado retornar ao serviço no prazo de 90 dias, o período anterior é computável para a aquisição do período de férias.

9.5. Dispensa do empregado durante a suspensão e interrupção do contrato de trabalho

Muito se discute acerca da possibilidade ou não da dispensa do empregado durante a suspensão ou mesmo durante a interrupção do contrato de trabalho.

Nota-se que na suspensão do contrato de trabalho os principais efeitos do contrato, contagem do período como tempo de serviço e remuneração são suspensos, não sendo devidos. Na interrupção do contrato há a suspensão da prestação de serviços, porém o empregado continua recebendo a remuneração pelo empregador.

Nessas duas hipóteses, ou seja, estando o contrato de trabalho suspenso ou interrompido, o trabalhador está na condição de "afastado" e, consequentemente, não poderá ser demitido sem justa causa. Ressalta-se que, tendo o empregado cometido justa causa (art. 482 da CLT), será permitida sua demissão.

Tanto a figura da suspensão como a figura da interrupção contratual, ao produzirem efeitos no contrato de trabalho, inviabilizam a extinção do contrato por vontade do empregador. Nota-se que o pedido de demissão do empregado durante a suspensão e interrupção do contrato de trabalho é admitido em razão da liberdade de trabalho insculpida no art. 5º, XIII, da CF.

Fundamentando seu posicionamento no art. 471 da CLT, ensina Gustavo Felipe Barbosa Garcia (em *Curso de Direito do Trabalho*, 2ª ed., São Paulo, Método, 2008, p. 514): "como a lei assegura todas as vantagens que, na ausência do empregado, tenham sido atribuídas à categoria, 'por ocasião de sua volta', é porque esse retorno, após a alta médica, não pode ser obstado pelo empregador, vedando a prática de ato que impeça a aplicação desta norma de ordem pública trabalhista (art. 9º da CLT)".

Assim, caso o empregador efetue a dispensa do empregado durante o período de suspensão ou interrupção contratual, tal dispensa será considerada nula de pleno direito. A decisão que declarar a nulidade do ato de dispensa terá efeitos retroativos, considerando o contrato de trabalho vigente, o que resultará na reintegração do empregado.

10. EXTINÇÃO DO CONTRATO DE TRABALHO

Uma vez estudada a formação e o desenvolvimento do contrato de trabalho, é imprescindível estudar sua extinção.

10.1. Extinção do contrato de trabalho por prazo indeterminado

O diploma consolidado utiliza o termo rescisão do contrato de trabalho para abarcar todas as modalidades de terminação do contrato de trabalho.

10.1.1. Resilição

Ocorrerá resilição do contrato de trabalho sempre que uma ou ambas as partes resolvam, sem justo motivo, romper o pacto laboral.

10.1.1.1. Dispensa sem justa causa

A primeira forma de resilição do contrato é a dispensa sem justa causa do empregado, que ocorre quando o vínculo empregatício é rompido imotivadamente pelo empregador.

Nesse caso, o empregado fará jus aos seguintes direitos: aviso-prévio; saldo de salário; férias proporcionais, simples ou em dobro, mais 1/3 (um terço); 13º salário; multa de 40% e levantamento do FGTS; e seguro-desemprego.

10.1.1.2. Pedido de demissão do empregado

Consiste no pedido de rompimento do contrato de trabalho pelo próprio empregado.

Ao fazer o pedido de demissão, surge para o obreiro o dever de prestar o aviso-prévio para seu empregador; a falta de aviso--prévio por parte do empregado dá ao empregador o direito de descontar os salários correspondentes ao prazo respectivo, em conformidade com o art. 487, § 2º, da CLT.

Ao fazer o pedido de demissão o empregado fará jus aos seguintes direitos: saldo de salário; férias proporcionais, simples ou em dobro, acrescido do terço constitucional; e 13º salário. Os demais direitos, quais sejam, aviso-prévio; multa de 40% e levantamento do FGTS; e seguro-desemprego não serão devidos, tendo em vista que o próprio obreiro é quem rompeu o pacto laboral.

10.1.1.3. Programa de Incentivo à Demissão Voluntária

A última forma de resilição do contrato de trabalho é o distrato que consiste na terminação do contrato empregatício por vontade de ambas as partes, ou seja, por mútuo acordo entre os contratantes.

Ocorre que, em razão dos princípios trabalhistas que visam a proteger o trabalhador, parte hipossuficiente na relação de trabalho, devem ser assegurados aos trabalhadores todos os direitos, como se a terminação do contrato tivesse ocorrido, imotivadamente, por vontade do empregador.

Nesse contexto surge o Programa de Incentivo à Demissão Voluntária – PIDV, modalidade de término do contrato de trabalho convencionado entre as partes, classificada como um tipo de transação extrajudicial, pois não é feito com a presença do Estado-Juiz.

Sobre o instituto em comento, tema de maior relevância reside na eficácia liberatória dos citados programas de incentivo. Isso porque as normas do Direito do Trabalho são normas indisponíveis, que não podem ser modificadas pelo empregador. Ademais, o Direito do Trabalho se norteia pelos princípios da proteção e da irrenunciabilidade dos direitos.

Os programas de incentivo à demissão voluntária não são aptos a extinguirem todos os direitos havidos no contrato de trabalho extinto, mas somente em relação às parcelas constantes no recibo. Esse entendimento encontra-se cristalizado na Orientação Jurisprudencial 270 da SDI 1 do TST.

ORIENTAÇÃO JURISPRUDENCIAL 270 DA SDI 1 DO TST – PROGRAMA DE INCENTIVO À DEMISSÃO VOLUNTÁRIA. TRANSAÇÃO EXTRAJUDICIAL. PARCELAS ORIUNDAS DO EXTINTO CONTRATO DE TRABALHO. EFEITOS.

A transação extrajudicial que importa rescisão do contrato de trabalho ante a adesão do empregado a plano de demissão voluntária implica quitação exclusivamente das parcelas e valores constantes do recibo.

O valor pago como incentivo à demissão possui natureza jurídica de *indenização,* na medida em que é pago como forma de consolar a perda do emprego, nos termos da Orientação Jurisprudencial 207 da SDI 1 do TST.

Por último, é importante lembrar que não é possível compensar a indenização paga pela adesão ao PIDV com créditos trabalhistas reconhecidos em juízo, na medida em que possuem naturezas distintas. Nesse sentido é a Orientação Jurisprudencial 356 da SDI 1 do TST.

10.1.2. Resolução

Ocorrerá a resolução do contrato de trabalho sempre que uma ou ambas as partes praticarem uma falta.

Assim, a resolução do contrato está relacionada com a inexecução do contrato, ou seja, a um ato faltoso.

Desta forma, podemos ter a resolução do pacto laboral por dispensa por justa causa do empregado, por rescisão indireta ou, ainda, por culpa recíproca.

10.1.2.1. Dispensa por justa causa

A dispensa por justa causa ocorrerá sempre que o empregado cometer falta considerada como grave. Ocorrendo falta considerada grave, poderá o empregador dispensar seu empregado por justa causa, nas hipóteses previstas no art. 482 da CLT.

A falta grave deve ser provada pelo empregador, devendo constar de forma expressa na carta de despedida o motivo pelo qual o contrato de trabalho está sendo extinto.

Configurada a justa causa, o empregado fará jus apenas ao saldo de salário e férias não gozadas com o terço constitucional.

São causas de justa causa do empregado:

a) *Ato de improbidade:* a improbidade revela mau caráter, maldade, desonestidade, má-fé, que cause prejuízo ou até risco à integridade do patrimônio do empregador, como, por exemplo, furto ou roubo de bens da empresa;

b) *Incontinência de conduta:* comportamento desregrado ligado à vida sexual do obreiro, comportamento este que traz perturbações ao ambiente de trabalho, como, por exemplo, visitas a *sites* pornográficos na *internet*;

c) *Mau procedimento:* comportamento incorreto ligado aos demais atos que não podem ser enquadrados em nenhuma das demais alíneas do art. 482 da CLT, configurando-se, portanto, uma atitude irregular do empregado;

d) *Negociação habitual:* tem como pressupostos a ausência de autorização do empregador, a concorrência à empresa ou prejuízo ao serviço e à habitualidade.

e) *Condenação criminal:* somente se caracteriza quando a sentença já tiver transitado em julgado, ou, ainda, quando esta não tenha concedido a suspensão da execução da pena (*sursis*). Se o empregado tem possibilidade de dar continuidade ao emprego, não pode haver a dispensa por falta grave;

f) *Desídia no desempenho das respectivas funções:* hipótese em que o empregado deixa de prestar o serviço com zelo, interesse, empenho, passando a laborar com negligência;

g) *Embriaguez habitual ou em serviço:* decorrente de álcool ou drogas. Desmembra-se em duas situações: o empregado embriaga-se de maneira contumaz fora do serviço, transportando consequências para o local de trabalho; ou mesmo que a embriaguez não seja habitual, quando ela é realizada em serviço, nesses casos restarão configuradas faltas graves;

h) *Violação de segredo da empresa:* trata-se da violação do dever de fidelidade do empregado para com o empregador;

i) *Ato de indisciplina ou de insubordinação:* a indisciplina consiste no descumprimento de ordens gerais de serviço. A insubordinação, por sua vez, consiste no descumprimento de ordens pessoais de serviço;

j) *Abandono de emprego:* configura-se por faltas reiteradas ao serviço sem justo motivo e sem a autorização do empregador. Cabe ressaltar que de acordo com a Súmula 32 do TST: "presume-se o abandono de emprego se o trabalhador não retornar ao serviço no prazo de 30 (trinta) dias após a cessação do benefício previdenciário nem justificar o motivo de não o fazer".

k) *Ato lesivo da honra ou da boa fama, ou ofensas físicas, contra qualquer pessoa:* é o ato em que o empregado atinge ou fere a honra de outros empregados ou de terceiros, salvo quando o fizer em legítima defesa;

l) *Ato lesivo da honra ou da boa fama, ou ofensas físicas, contra empregador e superior hierárquico:* é a mesma hipótese da situação acima, porém, aqui a ofensa é dirigida ao empregador ou seu superior hierárquico;

m) *Prática constante de jogos de azar:* é necessária a prática habitual, não importando se o jogo é a dinheiro ou não. Deve-se destacar que, para se configurar justa causa, a prática de jogos de azar deve interferir no ambiente de trabalho, não a configurando se a prática de jogos for realizada fora do ambiente de trabalho.

Havendo a demissão por justa causa do empregado, ele fará jus aos seguintes direitos: saldo de salário; férias simples e vencidas + 1/3 constitucional, 13º salário integral e depósitos de FGTS de 8% sobre o salário.

Não há pagamento de férias proporcionais, nos termos da Súmula 171 do TST, tampouco o pagamento de 13º salário proporcional, em conformidade com o art. 3º da Lei 4.090/1962.

10.1.2.2. Rescisão indireta

Encontra-se disciplinada no art. 483 da CLT. É a justa causa do empregador.

São casos de rescisão indireta do contrato de trabalho:

a) Quando forem exigidos esforços superiores às forças do empregado;

b) Quando forem exigidos serviços proibidos pela lei, ou seja, não pode o empregador exigir que o empregado opere de forma ilícita;

c) Atitudes contrárias aos bons costumes, como, por exemplo, exigir que uma recepcionista use roupas com decotes;

d) Serviços alheios ao contrato (em regra, o empregado só faz aquilo para o que foi contratado);

e) Tratamento com rigor excessivo, é o que chamamos de assédio moral, ou seja, uma perseguição ao empregado;

f) Correr perigo de mal considerável, ou seja, o empregador pode colocar o empregado em situações de riscos;

g) Não cumprir o empregador as obrigações do contrato de trabalho. Vale lembrar que, de acordo com a corrente majoritária, a rescisão indireta por atraso no pagamento de salário ou o não pagamento só ocorrerá após 03 meses de atraso;

h) Praticar o empregador ou seus prepostos atos lesivos da honra e boa fama. São atos lesivos do empregador que podem ser não só contra o empregado, mas contra sua família;

i) O empregador ou seus prepostos ofenderem fisicamente o empregado;

j) Empregador que reduzir o trabalho que é remunerado por peça ou tarefa.

Nesses casos serão devidas ao obreiro as verbas que teria direito caso fosse dispensado imotivadamente, ou seja, saldo de salário; férias proporcionais, simples ou em dobro, mais 1/3 (um terço); 13º salário; multa de 40% e levantamento do FGTS; e seguro-desemprego. E, ainda, o aviso-prévio, nos termos do art. 487, § 4º, da CLT.

10.1.2.3. Rescisão específica para o menor

Nos termos do art. 407 da CLT, verificado pela autoridade competente que o trabalho executado pelo menor é prejudicial à sua saúde, ao seu desenvolvimento físico ou à sua moralidade, poderá ela obrigá-lo a abandonar o serviço, devendo a respectiva empresa, quando for o caso, proporcionar ao menor todas as facilidades para mudar de funções.

É importante lembrar, ainda, que se a empresa não tomar as medidas possíveis e recomendadas pela autoridade competente para que o menor mude de função, configurar-se-á a rescisão do contrato de trabalho, na forma do art. 483 da CLT.

Ao menor é lícito firmar recibo pelo pagamento dos salários. Porém, em se tratando de rescisão do contrato de trabalho, é vedado ao menor de 18 (dezoito) anos dar, sem assistência dos seus responsáveis legais, quitação ao empregador pelo recebimento da indenização que lhe for devida.

10.1.2.4. Culpa recíproca

Dispõe o art. 484 consolidado que, havendo culpa recíproca no ato que determinou a rescisão do contrato de trabalho, o Tribunal do Trabalho reduzirá a indenização, que seria devida ao trabalhador em caso de culpa exclusiva do empregador, pela metade.

Por essa modalidade, todas as verbas serão pagas como se fosse uma hipótese de rescisão por culpa do empregador, porém pela metade, com exceção do saldo de salário, que será integral. Nesse sentido é o entendimento consubstanciado na Súmula 14 do TST.

> SÚMULA 14 TST – CULPA RECÍPROCA
>
> Reconhecida a culpa recíproca na rescisão do contrato de trabalho (art. 484 da CLT), o empregado tem direito a 50% (cinquenta por cento) do valor do aviso-prévio, do décimo terceiro salário e das férias proporcionais.

Nesse tipo de extinção, algumas parcelas são pagas na integralidade e outras pela metade, ou seja, 50%. Assim, as verbas rescisórias ficariam da seguinte maneira: saldo de salário (integral), aviso-prévio (50%), 13º salário integral, 13º salário proporcional (50%), férias simples ou vencidas + adicional de 1/3(integral), férias proporcionais + adicional de 1/3 (50%), depósitos de FGTS de 8% sobre o salário (integral), multa de 40% sobre os depósitos do FGTS será pela metade, ou seja, 20%, liberação das guias para levantamento do FGTS.

10.1.3. Factum principis

Consiste em uma modalidade de extinção do contrato de trabalho por ato da autoridade pública, federal, estadual ou municipal, inclusive de autarquias, que, por via administrativa ou legislativa, impossibilita a continuação da atividade da empresa temporária ou definitivamente. Em outras palavras, é um ato do governo que torna impossível a execução do contrato de trabalho.

O *factum principis* é extraído do art. 486 da CLT.

> **Art. 486.** No caso de paralisação temporária ou definitiva do trabalho, motivada por ato de autoridade municipal, estadual ou federal, ou pela promulgação de lei ou resolução que impossibilite a continuação da atividade, prevalecerá o pagamento da indenização, que ficará a cargo do governo responsável.

10.2. Extinção dos contratos a termo

Os contratos a termo ou com prazo determinado podem se encerrar no seu tempo ajustado ou de forma antecipada.

10.2.1. Extinção do contrato a termo no prazo estipulado

Encerra-se com o advento do termo.

As verbas rescisórias devidas na extinção de um contrato por prazo determinado são: saldo de salários, 13º salário vencido e proporcional, férias vencidas e proporcionais, acrescidas do terço constitucional, saque do FGTS referente ao período contratual, guia do seguro-desemprego.

10.2.2. Extinção antecipada do contrato a termo

Ocorre por um motivo que não o advento do termo. Pode ocorrer por vontade do empregador ou por vontade do próprio empregado.

Sendo antecipada a dispensa do obreiro por vontade do *empregador*, serão devidas as mesmas verbas especificadas acima, ou seja: saldo de salários, 13º salário vencido e proporcional, férias vencidas e proporcionais, acrescidas do terço constitucional, saque do FGTS referente ao período contratual e guia do seguro-desemprego. Nessa hipótese, porém, o empregador deverá pagar a título de indenização o valor correspondente à metade da remuneração que o trabalhador teria direito até o final do contrato, nos termos do art. 479 da CLT, acrescida, ainda, da indenização de 40% do FGTS.

Caso a terminação antecipada seja solicitada pelo *empregado*, ou seja, pedido de demissão do empregado antes do término do contrato, ele fará jus ao recebimento de: saldo de salários, 13º vencido e proporcional, férias vencidas e proporcionais, acrescidas do terço constitucional, conforme entendimento contido da Súmula 171 do TST. Nesse caso, por ter sido o próprio empregado quem colocou fim ao contrato de trabalho, não será possível o levantamento do FGTS.

Porém, como deu causa ao término do contrato, o empregado será obrigado a indenizar seu empregador pelos prejuízos que sofreu, em conformidade com o art. 480 da CLT, que dispõe: "Havendo termo estipulado, o empregado não se poderá desligar do contrato, sem justa causa, sob pena de ser obrigado a indenizar o empregador dos prejuízos que desse fato lhe resultarem".

Nesse caso, a indenização paga pelo empregado não poderá ser superior à que ele teria direito em iguais condições.

Admite-se que as partes instituam uma cláusula que trate da hipótese de rescisão antecipada do contrato por prazo determinado. Nessa linha, convencionada a chamada *cláusula assecuratória do direito recíproco de rescisão* e exercido tal direito por qualquer das partes, serão aplicados os princípios que regem a rescisão dos contratos por prazo indeterminado, em conformidade com o art. 481 da CLT, sendo devido, inclusive, o aviso-prévio.

É importante ressaltar que a regra contida no art. 479 da CLT não é aplicável aos contratos com prazo determinado disciplinados pela Lei 9.601/1998 por expressa vedação de seu art. 1º, § 1º, I.

10.3. Formalidades para a extinção do contrato de trabalho

As formalidades para a extinção do contrato de trabalho estão dispostas nos arts. 477 e seguintes da CLT, de importante leitura, que assim dispõe:

"**Art. 477.** É assegurado a todo empregado, não existindo prazo estipulado para a terminação do respectivo contrato, e quando não haja ele dado motivo para cessação das relações de trabalho, o direto de haver do empregador uma indenização, paga na base da maior remuneração que tenha percebido na mesma empresa.

§ 1º O pedido de demissão ou recibo de quitação de rescisão, do contrato de trabalho, firmado por empregado com mais de 1 (um) ano de serviço, só será válido quando feito com a assistência do respectivo Sindicato ou perante a autoridade do Ministério do Trabalho e Previdência Social.

§ 2º O instrumento de rescisão ou recibo de quitação, qualquer que seja a causa ou forma de dissolução do contrato, deve ter especificada a natureza de cada parcela paga ao empregado e discriminado o seu valor, sendo válida a quitação, apenas, relativamente às mesmas parcelas.

§ 3º Quando não existir na localidade nenhum dos órgãos previstos neste artigo, a assistência será prestada pelo Representante do Ministério Público ou, onde houver, pelo Defensor Público e, na falta ou impedimento deste, pelo Juiz de Paz.

§ 4º O pagamento a que fizer jus o empregado será efetuado no ato da homologação da rescisão do contrato de trabalho, em dinheiro ou em cheque visado, conforme acordem as partes, salvo se o empregado for analfabeto, quando o pagamento somente poderá ser feito em dinheiro.

§ 5º Qualquer compensação no pagamento de que trata o parágrafo anterior não poderá exceder o equivalente a um mês de remuneração do empregado.

§ 6º O pagamento das parcelas constantes do instrumento de rescisão ou recibo de quitação deverá ser efetuado nos seguintes prazos:

a) até o primeiro dia útil imediato ao término do contrato; ou

b) até o décimo dia, contado da data da notificação da demissão, quando da ausência do aviso-prévio, indenização do mesmo ou dispensa de seu cumprimento.

§ 7º O ato da assistência na rescisão contratual (§§ 1º e 2º) será sem ônus para o trabalhador e empregador.

§ 8º A inobservância do disposto no § 6º deste artigo sujeitará o infrator à multa de 160 BTN, por trabalhador, bem assim ao pagamento da multa a favor do empregado, em valor equivalente ao seu salário, devidamente corrigido pelo índice de variação do BTN, salvo quando, comprovadamente, o trabalhador der causa à *mora*.

O *caput* do art. 477 trata de uma antiga indenização. Hoje, a relação empregatícia é protegida apenas pela indenização compensatória, disciplinada no art. 7º, I, da CF.

O § 1º do art. 477 traz em seu bojo um grande divisor de período. Assim, caso o contrato tenha durado menos de um ano não será necessária a homologação com assistência do sindicato, mas, se o contrato tiver mais de 1 (um) ano, deve haver a assistência.

É importante notar que o dispositivo em apreço não traz a regra para extinção do contrato de trabalho, pois não é necessária a homologação para vê-lo extinto. É o ajuste final, ou seja, o pagamento das verbas rescisórias que apenas ocorrerá, nos casos de empregados com mais de 1 (um) ano de serviços prestados, se tiver assistência do sindicato. Logo, a assistência existe apenas para quitação, não constitui requisito para validar o fim do contrato de trabalho.

No entanto, em conformidade com o art. 500 da CLT, o pedido de demissão do empregado estável só será válido quando feito com a assistência do respectivo Sindicato e, se não houver um, perante autoridade local competente do Ministério do Trabalho e Previdência Social ou da Justiça do Trabalho.

Nesse caso, o pedido de demissão do estável decenal somente será válido com a assistência do sindicato, constituindo, nesse caso, requisito de validade do ato, requisito solene para a extinção do contrato.

Qualquer que seja o tipo de extinção do contrato deve estar especificada a natureza de cada parcela paga e discriminado seu respectivo valor.

O TST, por meio da Súmula 330, entende que a quitação passada pelo empregado, com assistência da entidade sindical de sua categoria, ao empregador, com observância dos requisitos exigidos nos parágrafos do art. 477 da CLT, tem eficácia liberatória apenas em relação às parcelas expressamente consignadas no recibo, salvo se oposta ressalva expressa e especificada ao valor dado à parcela ou parcelas impugnadas.

A quitação não abrange, ainda, parcelas não consignadas no recibo de quitação e, consequentemente, seus reflexos em outras parcelas, ainda que estas constem desse recibo.

Quanto a direitos que deveriam ter sido satisfeitos durante a vigência do contrato de trabalho, a quitação é válida em relação ao período expressamente consignado no recibo de quitação.

Não se aceita, desta forma, o pagamento complessivo. Deve haver discriminação quanto às parcelas e aos valores. A quitação se dá pela parcela e não pelo valor. Assim, por exemplo: aviso-prévio pago, não se discute mais.

A homologação deve ser feita preferencialmente nos sindicatos, mas a lei não coloca ordem, Sindicato ou Ministério do Trabalho. A assistência será prestada pelo Ministério Público ou Defensor Público ou juiz de paz.

O pagamento das verbas deverá ser realizado no ato da homologação. O pagamento poderá ser feito em dinheiro, cheque visado ou depósito em conta-corrente.

Caso o empregado seja analfabeto, o pagamento deve ser feito em dinheiro ou por meio de depósito em conta-corrente.

Poderá ocorrer pedido de compensação desde que as dívidas sejam da mesma natureza, ou seja, natureza trabalhista, até o limite de uma remuneração do empregado.

O prazo para pagamento das verbas rescisórias é até o primeiro dia útil imediato ao término do contrato sempre que o aviso-prévio for trabalhado ou término de contrato a termo.

Poderá ocorrer até o 10º dia contado da data da notificação da demissão, como, por exemplo, nas dispensas por justa causa.

O § 8º do art. 477 da CLT impõe o pagamento de duas multas: a primeira delas é a multa administrativa, imposta pelo auditor fiscal do trabalho que reverte ao governo; a segunda que é revertida ao empregado, salvo quando este der causa à mora, paga no valor do salário base apenas.

Caso seja o empregado que cause a mora, o empregador não poderá ser responsabilizado.

Nesse caso, para que o empregador não incorra em mora, poderá ele se utilizar da ação de consignação em pagamento.

É importante lembrar que, de acordo com a cancelada Orientação Jurisprudencial 351 da SDI 1 do TST, caso esteja *sub judice* a questão do vínculo de emprego, entendia-se que a multa do art. 477, § 8º, da CLT não era devida. No entanto, com o cancelamento dessa orientação pelo TST, a multa em questão não incidirá, de plano, o que permite ao juiz do trabalho decidir a questão de acordo com o conjunto probatório dos autos.

Outrossim, vale lembrar que, conforme entendimento consubstanciado na Súmula 388, o TST ensina que a massa falida não se sujeita à penalidade do art. 467 e nem à multa do § 8º do art. 477, ambos da CLT.

Por último, é importante trazer o ensinamento consubstanciado na Orientação Jurisprudencial 238 da SDI 1 do TST: "Submete-se à multa do artigo 477 da CLT a pessoa jurídica de direito público que não observa o prazo para pagamento das verbas rescisórias, pois nivela-se a qualquer particular, em direitos e obrigações, despojando-se do *jus imperii* ao celebrar um contrato de emprego".

10.4. Indenização por frutos recebidos por posse de má-fé do empregador – art. 1.216 do Código Civil

Nos termos do art. 1.216 do Código Civil aquele que se apossar indevidamente de um bem deverá responder pelos "frutos" colhidos no período. Em poucas palavras essa é a teoria dos frutos recebidos por posse de má-fé.

Dispõe o art. 1.216 do Código Civil:

> **Art. 1.216.** O possuidor de má-fé responde por todos os frutos colhidos e percebidos, bem como pelos que, por culpa sua, deixou de perceber, desde o momento em que se constituiu de má-fé; tem direito às despesas da produção e custeio.

Na Justiça do Trabalho esse pedido é muito comum, principalmente em ações contra instituições bancárias, em que o reclamante pleiteia além das verbas rescisórias, o recebimento de indenização por ter o banco se apossado das verbas trabalhistas não pagas nos prazos estabelecidos em lei e ter auferido lucros ao utilizar o valor do inadimplemento para lucrar com empréstimos e outros produtos disponibilizados aos seus clientes. Em outras palavras, os advogados dos empregados argumentavam que, ao não pagar as verbas trabalhistas, o empregador estaria se beneficiando desse dinheiro, buscando rendimentos.

No entanto, o TST editou a Súmula 445 entendendo que em caso de inadimplemento das verbas trabalhistas é indevida a indenização por frutos recebidos prevista no art. 1.216 do Código Civil, por ser matéria própria aos direitos das coisas (direitos reais) que não se mostra compatível com o Direito do Trabalho, nos termos do art. 8º da CLT, cujo contrato de trabalho possui cunho obrigacional.

> SÚMULA 445 TST – INADIMPLEMENTO DE VERBAS TRABALHISTAS. FRUTOS. POSSE DE MÁ-FÉ. ART. 1.216 DO CÓDIGO CIVIL. INAPLICABILIDADE AO DIREITO DO TRABALHO. A indenização por frutos percebidos pela posse de má-fé, prevista no art. 1.216 do Código Civil, por tratar-se de regra afeta a direitos reais, mostra-se incompatível com o Direito do Trabalho, não sendo devida no caso de inadimplemento de verbas trabalhistas.

10.5. Força maior no Direito do Trabalho

Nos termos do art. 501 da CLT "entende-se como força maior todo acontecimento inevitável, em relação à vontade do empregador, e para a realização do qual este não concorreu, direta ou indiretamente".

Força maior é, portanto, o acontecimento inevitável, evento que decorre na própria natureza, como por exemplo, catástrofes naturais tais como: tornados, enchentes, terremotos etc. Devemos entender como fato inevitável todo aquele cujo acontecimento não ocorreu por vontade do empregador, que nos termos do dispositivo legal em debate, não tem participação direta ou indireta.

A participação do empregador não pode ser direta nem indireta, tanto é que nos termos do § 1º do art. 501 da CLT a imprevidência do empregador, ou seja, o descuido, a falta de precaução por parte do empregador, exclui a razão de força maior. Entende-se que deveria o empregador tomar as devidas precauções a fim de evitar o acontecimento.

Nessa linha, importante lembrar que acontecimentos como problemas financeiros da empresa provenientes de políticas econômicas, não são conhecidos como força maior. Tais atos decorrem do risco da atividade do empregador (princípio da alteridade).

Vale lembrar, ainda, a redação do § 2º do art. 501 da CLT:

> "§ 2º À ocorrência do motivo de força maior que não afetar substancialmente, nem for suscetível de afetar, em tais condições, a situação econômica e financeira da empresa não se aplicam as restrições desta Lei referentes ao disposto neste Capítulo."

Dispõe o art. 502 da CLT:

> *"Ocorrendo motivo de força maior que determine a extinção da empresa, ou de um dos estabelecimentos em que trabalhe o empregado, é assegurada a este, quando despedido, uma indenização na forma seguinte:*
>
> *I – sendo estável, nos termos dos arts. 477 e 478;*

II – não tendo direito à estabilidade, metade da que seria devida em caso de rescisão sem justa causa;

III – havendo contrato por prazo determinado, aquela a que se refere o art. 479 desta Lei, reduzida igualmente à metade."

A estabilidade a que se referem os incisos I e II do dispositivo legal em questão é a estabilidade decenal. Assim, esses incisos tratam da indenização por tempo de serviço devida aos empregados não optantes pelo sistema do FGTS antes da promulgação da atual Constituição Federal que tornou obrigatório o sistema de FGTS. Nesse sentido ensina o art. 14 da Lei 8.036/1990:

Art. 14. Fica ressalvado o direito adquirido dos trabalhadores que, à data da promulgação da Constituição Federal de 1988, já tinham o direito à estabilidade no emprego nos termos do Capítulo V do Título IV da CLT.

Assim, nos termos do art. 504 da CLT se comprovada a falsa alegação do motivo de força maior, aos empregados estáveis é garantida a reintegração ao emprego, e aos não estáveis, não optantes pelo sistema do FGTS, o complemento da indenização já percebida, assegurado a ambos o pagamento da remuneração atrasada.

No entanto, para os empregados disciplinados pelo atual sistema do FGTS, na hipótese de cessação do contrato de trabalho por motivo de força maior, o § 2º do art. 18 da Lei 8.036/1990 determina:

Art. 18. Ocorrendo rescisão do contrato de trabalho, por parte do empregador, ficará este obrigado a depositar na conta vinculada do trabalhador no FGTS os valores relativos aos depósitos referentes ao mês da rescisão e ao imediatamente anterior, que ainda não houver sido recolhido, sem prejuízo das cominações legais.

§ 1º Na hipótese de despedida pelo empregador sem justa causa, depositará este, na conta vinculada do trabalhador no FGTS, importância igual a quarenta por cento do montante de todos os depósitos realizados na conta vinculada durante a vigência do contrato de trabalho, atualizados monetariamente e acrescidos dos respectivos juros.

§ 2º Quando ocorrer despedida por culpa recíproca ou força maior, reconhecida pela Justiça do Trabalho, o percentual de que trata o § 1º será de 20 (vinte) por cento.

§ 3º As importâncias de que trata este artigo deverão constar da documentação comprobatória do recolhimento dos valores devidos a título de rescisão do contrato de trabalho, observado o disposto no art. 477 da CLT, eximindo o empregador, exclusivamente, quanto aos valores discriminados.

Por último, vale dizer que o art. 503 da CLT ensina ser lícita, em caso de força maior ou prejuízos devidamente comprovados, a redução geral dos salários dos empregados, respeitado, em qualquer caso, o salário mínimo, não podendo, entretanto, ser superior a 25% (vinte e cinco por cento).

No entanto, a referida norma deverá ser interpretada de acordo com a regra constitucional disposta no art. 7º, VI, da CF que permite a redução dos salários por meio de acordo coletivo ou convenção coletiva. Assim, ocorrendo motivo de força maior, por meio de convenção coletiva ou acordo coletivo, será possível a redução salarial, não superior a 25% (vinte e cinco por cento).

Vale dizer, ainda, que cessados os efeitos decorrentes do motivo de força maior, é garantido o restabelecimento dos salários reduzidos.

10.6. Aviso-prévio

Consiste em uma comunicação que uma parte faz à outra, de que pretende extinguir o pacto laboral. Em outras palavras, é a comunicação de uma parte a outra da intenção de estabelecer um termo final ao contrato de trabalho.

O aviso-prévio é devido por ambas as partes. A simples comunicação não extingue o contrato de trabalho, que não ocorre de imediato, somente após o término do aviso-prévio.

Em regra, é utilizado para os contratos com prazo indeterminado, podendo, porém, ser utilizado nos contratos com prazo determinado, caso tenham as partes ajustado a "cláusula assecuratória do direito recíproco da rescisão", prevista no art. 481 da CLT, hipótese em que serão aplicadas as regras dos contratos com prazo indeterminado, sendo devido, portanto, o aviso-prévio.

O aviso-prévio visa a evitar a surpresa na ruptura do contrato de trabalho, possibilitando ao empregador a reposição de um empregado para o cargo vago e ao empregado sua nova inserção no mercado, ou seja, para que as partes possam se adequar ao término do contrato de trabalho.

A CF estabelece no art. 7º, XXI, como direito dos trabalhadores urbanos e rurais, aviso-prévio proporcional ao tempo de serviço, sendo no mínimo de trinta dias, nos termos da lei.

Sempre que o empregador manifestar o desejo de romper o contrato de trabalho, o empregado terá direito e poderá optar entre a redução de sua jornada de trabalho em duas horas diárias ou pela não prestação de serviços por sete dias corridos, a teor do art. 488 da CLT.

Vale lembrar que são 7 (sete) dias corridos, podendo ser no começo, no meio ou ao final do mês de aviso-prévio.

Em se tratando de empregado rural, caso o empregador conceda o aviso-prévio, nos moldes do art. 15 da Lei 5.889/1973, o empregado terá direito a faltar um dia por semana, sem prejuízo de seu salário.

Importante lembrar o entendimento consubstanciado na Súmula 230 do TST, que considera ilegal substituir o período que se reduz da jornada de trabalho, no aviso-prévio, pelo pagamento das horas correspondentes, tendo em vista que esse lapso tem como objetivo assegurar ao obreiro tempo suficiente para buscar um novo emprego. Havendo a substituição do período por horas extras, considera-se não dado o aviso-prévio, devendo o empregador pagar o período correspondente.

Outro ponto que merece destaque é o fato de que o registro da candidatura do empregado a cargo de dirigente sindical durante o período de aviso-prévio não lhe assegura a estabilidade no emprego, em razão de ser inaplicável a regra contida no § 3º do art. 543 da CLT, a teor da Súmula 369, item V, do TST.

Como visto, a parte que quiser por fim ao contrato de trabalho deverá conceder à outra parte o aviso-prévio. Portanto, o aviso-prévio deverá ser concedido por ambas as partes.

A falta do aviso-prévio por parte do empregado dá ao empregador o direito de descontar os salários correspondentes ao respectivo período nos termos do art. 487, § 2º, da CLT. A compensação é automática, descontada diretamente na fonte.

No entanto, se a falta do aviso-prévio for do empregador, terá o empregado o direito aos salários referentes ao prazo do aviso-prévio, também chamado de "aviso-prévio indenizado". Nesse caso, há a projeção do período de aviso-prévio no contrato de trabalho, sendo esse período computado como tempo de serviço para todos os fins.

Convém ressaltar que havendo a projeção do período de aviso-prévio no contrato de trabalho, a data de saída a ser anotada na CTPS deve corresponder à do término do prazo do aviso-prévio, ainda que indenizado e/ou proporcional, em conformidade com a Orientação Jurisprudencial 82 da SDI do TST.

Ademais, importante lembrar que o valor das horas extraordinárias habituais integra o aviso-prévio indenizado, nos termos do art. 487, § 5º, da CLT.

O direito ao aviso-prévio é irrenunciável por parte do empregado. Nessa linha, cabe trazer à baila o entendimento contido na Súmula 276 do TST, que dispõe: "o direito ao aviso-prévio é irrenunciável pelo empregado. O pedido de dispensa de cumprimento não exime o empregador de pagar o respectivo valor, salvo comprovação de haver o prestador dos serviços obtido novo emprego".

A Súmula em questão ensina ser possível a renúncia do aviso-prévio pelo empregado, e do pagamento do seu respectivo valor, caso o empregador comprove que o empregado obteve novo emprego. Isso se dá pela própria razão de ser do aviso-prévio que, quando concedido ao empregado, consiste exatamente em proporcionar a este, no curso do aviso, a possibilidade de encontrar um novo emprego. Desta forma, caso o empregador comprove a obtenção de novo emprego, o empregado não fará jus ao recebimento do respectivo período.

Em se tratando de aviso-prévio concedido pelo empregado, o empregador poderá renunciar o respectivo período, persistindo, porém, o dever de indenizar.

Caso o empregador opte pela dispensa no cumprimento do aviso-prévio, ou quando da ausência do respectivo período, ou ainda da indenização do mesmo, o pagamento das parcelas constantes no instrumento de rescisão ou recibo de quitação deverá ser efetuado até o décimo dia, contado da data da notificação da demissão ou dispensa de seu cumprimento. No entanto, se o aviso-prévio for cumprido, ou seja, caso o empregador não dispense o empregado do cumprimento do respectivo período, as verbas rescisórias deverão ser quitadas até o 1º dia útil imediato, em conformidade com o art. 477, § 6º, alíneas "a" e "b", da CLT.

Importante lembrar que o pagamento relativo ao período de aviso-prévio, trabalhado ou indenizado, está sujeito à contribuição para o FGTS, nos termos da Súmula 305 do TST.

No entanto, para fins de cálculo da multa de 40% sobre os depósitos do FGTS, o valor do aviso-prévio indenizado não poderá ser considerado, em conformidade com o item II da Orientação Jurisprudencial 42 da SDI 1 do TST.

Por fim, como se sabe, o art. 9º da Lei 6.708/1979 criou uma indenização adicional visando a impedir a dispensa do empregado nos 30 (trinta) dias que antecedem a data-base dos trabalhadores.

Nesse caso, o aviso-prévio poderá ser utilizado no cômputo do trintídio. Assim, concedido o aviso-prévio e findando-se nos 30 (trinta) dias que antecedem sua data-base, o empregado fará jus à indenização prevista na lei 6.708/1979.

10.6.1. Reconsideração do aviso-prévio

É possível a reconsideração do aviso-prévio. Isso porque, dado o aviso-prévio, a rescisão torna-se efetiva depois de expirado o respectivo prazo. Isso possibilita à parte notificante reconsiderar o ato, antes de seu termo. Porém, é facultado à outra parte aceitar ou não o pedido de reconsideração, ou seja, deve haver o consentimento da parte notificada do aviso-prévio.

Sendo aceita a reconsideração ou continuando a prestação de serviços depois de expirado o prazo, ou seja, reconsideração tácita, o contrato continuará a vigorar, como se o aviso-prévio não tivesse sido dado.

Importante ressaltar que no curso do aviso pode ocorrer falta grave, seja pelo empregado, seja pelo empregador, passando a ser uma rescisão por justa causa do empregado ou por rescisão indireta, justa causa do empregador.

Por fim, vale lembrar o disposto na Súmula 73 do TST: "A ocorrência de justa causa, salvo a de abandono de emprego, no decurso do prazo do aviso-prévio dado pelo empregador, retira do empregado qualquer direito às verbas rescisórias de natureza indenizatória".

10.6.2. Aviso-prévio proporcional – Lei 12.506/2011

Com o advento da Constituição da República de 1988 foi inserido no rol dos direitos de todos os trabalhadores urbanos e rurais o aviso-prévio proporcional ao tempo de serviço, sendo de no mínimo 30 (trinta) dias.

Temos, portanto, que o inciso I do art. 487 da CLT que institui aviso-prévio de 8 (oito) dias não foi recepcionado pela atual Constituição Federal.

O dispositivo constitucional em apreço traz uma norma de eficácia limitada, na medida em que o constituinte originário estabeleceu o período mínimo de 30 (trinta dias) de aviso-prévio, norma de aplicabilidade imediata e deixou para o constituinte derivado a regulamentação de sua proporcionalidade, ao usar a expressão "nos termos da lei".

Com a publicação da Lei 12.506, de 11.11.2011, que entrou em vigor no dia 13.10.2011, o aviso-prévio proporcional foi devidamente regulado.

A Lei 12.506/2011 ensina que o aviso-prévio será concedido na proporção de 30 dias aos empregados que contem até 1 (um) ano de serviço na mesma empresa.

De acordo com a Nota Técnica 184/2012 do MTE, do dia 07.05.2012, configurada relação de emprego superior a um ano na mesma empresa, sobre esse período serão acrescidos 3 (três) dias por ano de serviço prestado na mesma empresa, até o máximo de 60 dias, perfazendo um total de até 90 dias.

Após diversas conversações, a Secretaria de Relações do Trabalho MTE, modificando entendimento anterior disposto na Circular 10 de 2011, apresentou a seguinte tabela:

TEMPO DE SERVIÇO ANOS COMPLETOS	PERÍODO DE AVISO-PRÉVIO
ATÉ 1 ANO **(1 ano incompleto)**	30 DIAS
1 ANO	33 DIAS
2 ANOS	36 DIAS
3 ANOS	39 DIAS
4 ANOS	42 DIAS
5 ANOS	45 DIAS
6 ANOS	48 DIAS
7 ANOS	51 DIAS
8 ANOS	54 DIAS
9 ANOS	57 DIAS
10 ANOS	60 DIAS
11 ANOS	63 DIAS
12 ANOS	66 DIAS
13 ANOS	69 DIAS
14 ANOS	72 DIAS
15 ANOS	75 DIAS
16 ANOS	78 DIAS
17 ANOS	81 DIAS
18 ANOS	84 DIAS
19 ANOS	87 DIAS
20 ANOS	90 DIAS

10.6.2.1. Direito intertemporal

Após a publicação da Lei 12.506/2011, muitas dúvidas começaram a surgir acerca da aplicação da nova regra aos contratos de trabalho.

Diante da situação e com o intuito de dirimir algumas dessas dúvidas, o Ministério do Trabalho e Emprego (MET) expediu em 07.05.2012 a Nota Técnica 184.

Nessa linha, o MTE entende que a nova regulamentação do aviso-prévio servirá somente para os avisos-prévios concedidos após o dia 13.10.2011, data em que a lei entrou em vigor.

Nesse sentido, em setembro de 2012 o TST editou a Súmula 441, que assim dispõe:

SÚMULA 441 TST – AVISO-PRÉVIO. PROPORCIONALIDADE.

O direito ao aviso-prévio proporcional ao tempo de serviço somente é assegurado nas rescisões de contrato de trabalho ocorridas a partir da publicação da Lei 12.506, em 13.10.2011.

Assim, a Lei 12.506/2011 não retroagirá em favor dos contratos extintos antes de sua publicação, na medida em que aqueles contratos foram resolvidos sob a regra do aviso-prévio de 30 dias, estando estas rescisões acobertadas pelo ato jurídico perfeito, nos termos do art. 5º, XXXVI, da CF.

Desta forma, a Lei 12.506/2011 alcança somente as novas relações de emprego e os contratos de trabalho em curso quando da sua entrada em vigor em 13.10.2011. Todavia, aos contratos extintos antes dessa data não serão aplicadas as regras do aviso-prévio proporcional.

10.6.2.2. Abrangência da aplicação do aviso-prévio proporcional

Outro tema que vem despertando diversos debates é a abrangência da aplicação das novas regras do aviso-prévio, ou seja, se a norma em questão deve ser aplicada para os empregadores e todos os empregados.

Note que ainda não existem posições jurisprudenciais acerca dessa abrangência. No entanto, o Ministério do Trabalho e Emprego – MTE, por meio da Nota Técnica 184/2012, sustenta que a nova norma é de aplicação restrita aos empregados.

Nessa linha, não poderá o empregador exigir do seu empregado o cumprimento de aviso-prévio proporcional. Esse entendimento se baseia no art. 7º da CF que assegura o direito de aviso-prévio ali previsto a todos os trabalhadores urbanos, rurais e domésticos.

11. ESTABILIDADE ABSOLUTA E ESTABILIDADE PROVISÓRIA/GARANTIA DE EMPREGO

11.1. Estabilidade absoluta e estabilidade provisória

A estabilidade é uma das garantias fundamentais conferidas ao trabalhador, origina-se do princípio trabalhista da "continuidade da relação de emprego" e do "princípio da proteção". A estabilidade impossibilita a dispensa arbitrária ou abusiva.

O termo "estabilidade" é comumente utilizado pela doutrina e jurisprudência para abarcar o que poderíamos chamar de estabilidade absoluta e estabilidade provisória, esta última também denominada de "garantia de emprego".

No Direito do Trabalho, temos como estabilidade absoluta apenas a hipótese da estabilidade decenal. Os demais tipos constituem verdadeiras estabilidades provisórias, ou, em outras palavras, garantias de emprego, que serão estudadas adiante.

Esses tipos de "estabilidades" não podem ser confundidos com aquela estabilidade insculpida no art. 41 da CF/1988, garantida aos servidores públicos nomeados para cargo de provimento efetivo em virtude de concurso público, nos termos do art. 37, II, da CF.

De acordo com o texto constitucional, é requisito para a aquisição da estabilidade no serviço público, além do cumprimento do estágio probatório de 3 (três) anos, ser o funcionário investido em cargo público de provimento efetivo.

Assim, pela nova redação conferida ao art. 41 da CF pela EC 19/1998, os empregados públicos estariam excluídos da regra, ou seja, não seriam detentores da estabilidade ali garantida, na medida em que são investidos em emprego e não em cargo.

Todavia, o TST firmou entendimento cristalizado na Súmula 390 item I garantindo ao servidor público celetista da *administração direta, autárquica ou fundacional* a estabilidade prevista no art. 41 da CF/1988.

Já as *empresas públicas* e *sociedades de economia mista*, embora seus empregados (empregados públicos) necessitem da realização de concurso público para a investidura no emprego, não são detentores da estabilidade prevista no art. 41 da CF/1988. Isso porque, por força do art. 173, § 1º, II, da CF/1988, as empresas públicas e as sociedades de economia mista se submetem ao regime jurídico próprio das empresas privadas, sujeitando-se, portanto, às regras celetistas.

Dessa forma, os empregados de empresas públicas e sociedades de economia mista não são detentores da estabilidade disposta no art. 41 da Carta Magna, podendo, se for o caso, ser detentores das hipóteses de estabilidades provisórias garantidas aos trabalhadores em geral.

Superada essa problemática, surge a questão sobre a necessidade de motivação do ato de demissão dos empregados públicos. A jurisprudência do Tribunal Superior do Trabalho pacificou-se no sentido de que não se estende aos empregados de empresa pública e de sociedade de economia mista a garantia de dispensa necessariamente motivada ou mediante procedimento administrativo, por força da aplicação do art. 173, § 1º, II, da CF/1988.

Contudo, à Empresa Brasileira de Correios e Telégrafos ECT são assegurados os privilégios inerentes à Fazenda Pública, pois, em virtude de seu serviço postal prestado em caráter de exclusividade, entendeu a mais alta Corte Trabalhista que os atos administrativos da ECT deveriam se vincular aos princípios que regem a Administração Pública Direta, inclusive quanto à motivação da despedida de seus empregados. Assim, a Subseção de Dissídios Individuais 1 do TST editou a Orientação Jurisprudencial 247, que dispõe:

ORIENTAÇÃO JURISPRUDENCIAL 247 DA SDI 1 TST – SERVIDOR PÚBLICO. CELETISTA CONCURSADO. DESPEDIDA IMOTIVADA. EMPRESA PÚBLICA OU SOCIEDADE DE ECONOMIA MISTA. POSSIBILIDADE.

I – A despedida de empregados de empresa pública e de sociedade de economia mista, mesmo admitidos por concurso público, independe de ato motivado para sua validade;

II – A validade do ato de despedida do empregado da Empresa Brasileira de Correios e Telégrafos (ECT) está condicionada à motivação, por gozar a empresa do mesmo tratamento destinado à Fazenda Pública em relação à imunidade tributária e à execução por precatório, além das prerrogativas de foro, prazos e custas processuais

11.1.1. *Estabilidade decenal*

O art. 492 da CLT dispõe que, após 10 anos na mesma empresa, o empregado não poderá ser despedido senão por motivo de falta grave, devidamente apurada por meio de reclamação trabalhista que se denomina "inquérito judicial para apuração de falta grave", nos termos do art. 853 da CLT, que deverá ser proposta pelo empregador no prazo decadencial de 30 dias contados da suspensão do empregado.

Com o advento da Lei 5.107/1966, foi instituído o regime do Fundo de Garantia do Tempo de Serviço (FGTS), que estabeleceu a opção do empregado entre esse regime jurídico e o da estabilidade prevista no art. 492 consolidado.

Contudo, promulgada a Constituição da República, em 05.10.1988, modificou-se o sistema, eliminando a possibilidade de opção entre a estabilidade e fundo de garantia, consoante ao seu art. 7º, I e II.

Nessa linha, ensina o ilustre professor Arnaldo Süssekind (em *Curso de Direito do Trabalho*, Rio de Janeiro, Renovar, 2002, p. 386): "Revogado está, portanto o art. 492 da CLT, que previa a aquisição do direito de estabilidade no emprego após 10 anos de serviço na mesma empresa. É evidente, porém, que os empregados que adquiriram a estabilidade preservam esse direito. Neste sentido definiu-se o legislador (art. 12 da Lei 7.839 de 12.10.1989)".

Assim, pode-se afirmar que a estabilidade prevista no art. 492 da CLT foi abolida, ressalvando-se o direito adquirido.

11.2. Estabilidade provisória

Nas lições de Gustavo Felipe Barbosa Garcia (em *Curso de Direito do Trabalho*, 2ª ed., São Paulo, Método, 2008, p. 613), estabilidade pode ser conceituada como "o direito do empregado de permanecer no emprego, restringindo o direito do empregador de dispensá-lo sem justa causa ou de forma arbitrária, só autorizando a cessação contratual em caso de falta grave, força maior, força maior que determine a extinção da empresa, ou cessação das atividades da empresa". Em outras palavras podemos dizer que a estabilidade é o direito do obreiro continuar em seu trabalho, mesmo que contra a vontade de seu empregador.

Passamos a analisar as principais estabilidades:

11.2.1. *Dirigente sindical*

Nos termos do art. 8º, VIII, da CF/1988 e do § 3º do art. 543 da CLT, é vedada a dispensa do empregado sindicalizado, a partir do registro de sua candidatura a cargo de direção ou representação sindical até um ano após o final de seu mandato, caso seja eleito, salvo se cometer falta grave.

Desta forma, possui garantia de emprego a partir do registro de sua candidatura a cargo de dirigente sindical e, se eleito, ainda como suplente, até 1 (um) ano após o fim do mandato, salvo se cometer falta grave, devidamente apurada por inquérito judicial para apuração de falta grave.

No que se refere ao registro da candidatura, o § 5º do art. 543 da CLT determina que, no prazo de 24 (vinte e quatro) horas, a entidade sindical comunique por escrito a empresa sobre o dia e a hora do registro da candidatura do seu empregado.

Ocorre que, em setembro de 2012, o TST conferiu nova redação ao item I da Súmula 369, assegurando a estabilidade provisória ao empregado dirigente sindical, ainda que a comunicação do registro da candidatura ou da eleição e da posse seja realizada fora do prazo previsto no art. 543, § 5º, da CLT, desde que a ciência ao empregador, por qualquer meio, ocorra na vigência do contrato de trabalho.

Insta ressaltar que o empregado dirigente sindical não poderá ser impedido de prestar suas funções, nem poderá ser transferido para local ou cargo que lhe dificulte ou torne impossível o desempenho de suas atribuições sindicais.

Apenas para melhor elucidação sobre o tema, é importante lembrar que a estabilidade prevista no art. 8º, VIII, da CF/1988 é garantida, exclusivamente, aos dirigentes sindicais que exerçam ou ocupem cargos de direção nos sindicatos, submetidos a processo eletivo, não se estendendo, por via de consequência, ao delegado sindical.

Isso porque o § 4º do art. 543 consolidado prescreve que se considera cargo de direção ou de representação sindical aquele cujo exercício ou indicação decorre de eleição prevista em lei. Por outro lado, o **art. 523** do mesmo diploma legal prevê a figura do delegado sindical, estabelecendo que os delegados sindicais serão designados pela diretoria dentre os associados enraizados no território da correspondente delegacia. Assim, como os delegados sindicais não são eleitos, mas sim indicados pela diretoria da entidade, não fará jus à garantia de emprego estabelecida no art. 8º, VIII, da CF/1988 e do § 3º do art. 543 da CLT. Nesse sentido é a jurisprudência consolidada na Orientação Jurisprudencial 369 da SDI 1 do TST.

Por último, vale lembrar que o membro de conselho fiscal de sindicato não tem direito à estabilidade prevista nos arts. 543, § 3º, da CLT e 8º, VIII, da CF/1988, pois não atua na defesa de direitos da categoria profissional, tendo sua competência limitada à fiscalização da gestão financeira do sindicato, em conformidade com o art. 522, § 2º, da CLT e Orientação Jurisprudencial 365 da SDI 1 do TST.

11.2.2. Representantes dos empregados na CIPA

Estabelece a CF/1988 no art. 10, inciso II, "a", do Ato das Disposições Constitucionais Transitórias que até que seja promulgada Lei Complementar a que se refere o art. 7º, I, da Constituição Federal, fica vedada a dispensa arbitrária ou sem justa causa do empregado eleito para cargo de direção de Comissões Internas de Prevenção de Acidentes, desde o registro da sua candidatura até um ano após o final de seu mandato.

A legislação infraconstitucional, art. 165 da CLT, dispõe que: "os titulares da representação dos empregados nas CIPA(s) não poderão sofrer despedida arbitrária, entendendo-se como tal a que não se fundar em motivo técnico, econômico ou financeiro".

É importante ressaltar que o TST, por meio da Súmula 339, item I, entende que essa estabilidade é estendida ao suplente ao ensinar que: "O suplente da CIPA goza da garantia de emprego prevista no art. 10, II, "a", do ADCT a partir da promulgação da Constituição Federal de 1988".

11.2.3. Empregada gestante

A garantia de emprego da empregada gestante vem disciplinada no art. 10, inciso II, "b", do Ato das Disposições Constitucionais Transitórias. Esse direito é assegurado a toda empregada gestante, inclusive a empregada doméstica, desde a confirmação da gravidez até 5 meses após o parto.

É imperioso observar que o desconhecimento do estado gravídico por parte do empregador não afasta o direito a estabilidade, teoria acolhida pelo TST na Súmula 244, item I.

Tema que sempre envolveu grande discussão na doutrina foi a garantia de emprego em se tratando de contrato de experiência, tendo em vista que nessa modalidade de contrato as partes já sabem de antemão a data de início e término do referido contrato. Assim, o TST havia consolidado entendimento através do item III da Súmula 244 entendendo que não teria direito à estabilidade provisória na hipótese de admissão mediante contrato de experiência, tendo em vista que, nessa situação, a extinção da relação de emprego, em face do término do prazo, não constitui dispensa arbitrária ou sem justa causa.

Todavia, em setembro de 2012, o TST reviu seu entendimento e deu nova redação ao item III da Súmula 244, para assegurar o direito à estabilidade provisória prevista no art. 10, II, "b", do ADCT, mesmo na hipótese de admissão mediante contrato por tempo determinado.

Note que de acordo com o novo entendimento do TST é assegurada a estabilidade em contratação por prazo determinado e não apenas na hipótese de contrato de experiência.

Desta forma, objetivando uma maior segurança para a mãe e para o nascituro, é assegurada a estabilidade provisória para a empregada gestante, desde a confirmação da gravidez até 5 meses após o parto, ainda que contratada mediante qualquer modalidade de contrato por prazo determinado.

Por último, importante a transcrição da OJ 30 da SDC do TST:

> ORIENTAÇÃO JURISPRUDENCIAL – 30 SDC ESTABILIDADE DA GESTANTE. RENÚNCIA OU TRANSAÇÃO DE DIREITOS CONSTITUCIONAIS. IMPOSSIBILIDADE
>
> Nos termos do art. 10, II, "b", do ADCT, a proteção à maternidade foi erigida à hierarquia constitucional, pois retirou do âmbito do direito potestativo do empregador a possibilidade de despedir arbitrariamente a empregada em estado gravídico. Portanto, a teor do artigo 9º da CLT, torna-se nula de pleno direito a cláusula que estabelece a possibilidade de renúncia ou transação, pela gestante, das garantias referentes à manutenção do emprego e salário.

Majorando a garantia de emprego disposta no art. 10, II, *a*, do ADCT, a Lei 12.812/2013, de 16.05.2013 acrescentou o art. 391-A no texto consolidado, assegurando à gestante a manutenção no emprego ainda que a confirmação da gravidez se dê no curso do aviso-prévio, seja ele trabalhado ou indenizado, como se observa pela redação no referido dispositivo legal.

> "**Art. 391-A.** A confirmação do estado de gravidez advindo no curso do contrato de trabalho, ainda que durante o prazo do aviso prévio trabalhado ou indenizado, garante à empregada gestante a estabilidade provisória prevista na alínea *b* do inciso II do art. 10 do Ato das Disposições Constitucionais Transitórias."

No dia 26.06.2014, foi publicada a Lei Complementar 146, que estende a estabilidade provisória prevista na alínea *b* do inciso II do art. 10 do ADCT à trabalhadora gestante, nos casos de morte desta, a quem detiver a guarda de seu filho. Assim dispõe o art. 1º da citada lei complementar:

> **Art. 1º** O direito prescrito na alínea *b* do inciso II do art. 10 do Ato das Disposições Constitucionais Transitórias, nos casos em que ocorrer o falecimento da genitora, será assegurado a quem detiver a guarda do seu filho.

A lei determina que a estabilidade da gestante falecida alcançará quem detiver a guarda de seu filho. Observa-se, portanto, que a principal finalidade da lei é dar maior efetividade ao direito constitucionalmente previsto, garantindo uma maior proteção ao nascituro, principal sujeito a quem a garantia de emprego realmente visa proteger.

11.2.4. Empregado acidentado – acidente de trabalho

A Lei 8.213/1991, em seu art. 118, assegura estabilidade no emprego ao trabalhador que sofrer acidente de trabalho pelo prazo mínimo de doze meses após o afastamento pela Previdência Social. A estabilidade se estende aos casos de acidente ocorrido no trajeto entre a residência e o trabalho e do trabalho à residência do obreiro e, ainda, de doença profissional ou do trabalho.

Desta forma, o segurado que sofreu acidente do trabalho tem garantido, pelo prazo mínimo de 12 meses, a manutenção de seu contrato de trabalho após a cessação do auxílio-doença acidentário, independentemente da percepção de auxílio-acidente.

Para a aquisição da estabilidade decorrente de acidente de trabalho ou doença profissional, a Lei prevê dois requisitos básicos: a ocorrência de acidente de trabalho ou doença laboral e a percepção do auxílio-doença acidentário, entendimento consubstanciado no item II da Súmula 378 do TST.

Em setembro de 2012, o TST inseriu o item III à Súmula 378 do TST firmando posicionamento no sentido de que, ainda que se trate de contrato com prazo determinado, qualquer que seja sua modalidade, será assegurada a garantia de emprego ao empregado acidentado que preencha os requisitos do item II da Súmula em debate. Dispõe o item III da Súmula 378 do TST:

> SÚMULA 378 TST
>
> (...)
>
> III – O empregado submetido a contrato de trabalho por tempo determinado goza da garantia provisória de emprego, decorrente de acidente de trabalho, prevista no art. 118 da Lei 8.213/1991.

11.2.5. Comissão de Conciliação Prévia

O art. 625-B, § 1º, da CLT dispõe ser vedada a dispensa dos representantes dos empregados na Comissão de Conciliação Prévia, titulares e suplentes, desde o registro da candidatura e, se eleitos, até um ano após o fim do mandato, salvo se cometerem falta grave.

11.2.6. Empregados membros do conselho curador do FGTS

Aos membros efetivos do Conselho Curador do FGTS e aos seus suplentes, enquanto representantes dos trabalhadores, é assegurada a estabilidade no emprego, desde a nomeação até um ano após o término do mandato, somente podendo ser demitidos por motivos de falta grave, regularmente comprovada, nos termos do art. 3º, § 9º, da Lei 8.036/1990.

11.2.7. Empregados membros do Conselho Nacional de Previdência Social

Preceitua a Lei 8.213/1991, art. 3º, § 7º, que "aos membros do CNPS, enquanto representantes dos trabalhadores em atividade, titulares e suplentes, é assegurada a estabilidade no emprego, da nomeação até um ano após o término do mandato de representação, somente podendo ser demitidos por motivo de falta grave, regularmente comprovada através de processo judicial".

11.2.8. Empregados eleitos diretores de sociedades cooperativas

A Lei 5.764/1971, que trata da política nacional de cooperativismo, estabeleceu no seu art. 55 que os empregados de empresas que sejam eleitos diretores de sociedades cooperativas por eles mesmos criadas gozarão das garantias asseguradas aos dirigentes sindicais.

É importante lembrar que a lei trata apenas dos "diretores de sociedades cooperativas" e não de seus suplentes.

A legislação prevê a estabilidade provisória/garantia de emprego nas situações abaixo listadas através das seguintes normas jurídicas:

Situações	Norma Jurídica
Dirigente Sindical	Art. 8º, VIII, da CF/1988 e art. 543, § 3º, da CLT.
CIPA e suplente	Art. 10, II, alínea "a" do Ato das Disposições Constitucionais Transitórias (ADCT) da CF/1988 e art. 165 da CLT. e Súmula 339, I, TST.
Gestante	Art. 10, II, alínea "b" do Ato das Disposições Constitucionais Transitórias (ADCT) da CF/1988.
Acidente de trabalho	Art. 118 da Lei 8.213/1991
Comissão de Conciliação Prévia	Art. 625-B, § 1º, da CLT.
Membro do conselho curador do FGTS	Art. 3º, § 9º, da Lei 8.036/1990.
Empregados membros do Conselho Nacional de Previdência Social	Art. 3º, § 7º, da Lei 8.213/1991.
Diretores de sociedade cooperativa	Art. 55 da Lei 5.764/1971.

11.3. Garantia de emprego para o empregado portador do vírus HIV ou de outra doença grave

Há muito tempo se discute na jurisprudência a respeito da garantia de emprego no emprego do portador do vírus HIV.

AIDS é a sigla em inglês para definir *Acquired Immunodeficiency Syndrome* (ou Síndrome da Imunodeficiência Adquirida). No Brasil, não há legislação instituindo a estabilidade no emprego para o portador do vírus HIV.

Essa lacuna levou diversos Tribunais a decidirem de diferentes maneiras sobre o tema. Nessa linha, algumas decisões negavam a estabilidade no emprego sob o argumento de que nosso ordenamento jurídico é omisso com relação à estabilidade do portador do HIV.

No entanto, outras decisões assinalavam que, mesmo não havendo preceito legal garantindo a estabilidade ao empregado portador do vírus HIV, ao Estado-Juiz, nos termos do art. 8º da CLT, compete valer-se dos princípios gerais do direito, da analogia e dos costumes para solucionar os conflitos.

Esse segundo posicionamento culminou na edição da Súmula 443 do TST, que reconhece a presunção de dispensa discriminatória do portador do vírus HIV ou de outra doença grave. Dispõe a referida Súmula:

> SÚMULA 443 DO TST – DISPENSA DISCRIMINATÓRIA. PRESUNÇÃO. EMPREGADO PORTADOR DE DOENÇA GRAVE. ESTIGMA OU PRECONCEITO. DIREITO À REINTEGRAÇÃO.
>
> Presume-se discriminatória a despedida de empregado portador do vírus HIV ou de outra doença grave que suscite estigma ou preconceito. Inválido o ato, o empregado tem direito à reintegração no emprego.

O entendimento sumulado, portanto, é no sentido de ser discriminatória a demissão imotivada do portador de HIV. Isso porque se presume que a despedida ocorreu pelo fato de o empregado ser portador do vírus ou outra doença grave.

Vale dizer que, de acordo com a corrente majoritária, é irrelevante o conhecimento da doença por parte da empresa. Essa teoria aplica, analogicamente, a regra para a estabilidade da gestante disposta na Súmula 244, item I, do TST.

Desta forma, o empregado portador do vírus HIV ou de outra doença grave somente poderá ser demitido por justa causa, nas hipóteses do art. 482 da CLT.

A CF/1988 tem como base a dignidade da pessoa humana consagrada em seu art. 1º, III. Já no capítulo referente aos direitos sociais, em seu art. 6º, assegura o direito ao trabalho, proibindo em paralelo qualquer tipo de discriminação, nos termos do art. 5º, *caput*, da CF/1988 que assim dispõe:

> "**Art. 5º** Todos são iguais perante a lei, sem distinção de qualquer natureza, garantindo-se aos brasileiros e aos estrangeiros residentes no país, a inviolabilidade do direito à vida, à liberdade, à igualdade, à segurança e à propriedade."

Ademais, a Lei 9.029/1995, que coíbe toda forma de discriminação, reza em seu art. 4º ser direito do empregado:

> **Art. 4º** O rompimento da relação de trabalho por ato discriminatório, nos moldes desta Lei, além do direito à reparação pelo dano moral, faculta ao empregado optar entre:
>
> I – a reintegração com ressarcimento integral de todo o período de afastamento, mediante pagamento das remunerações devidas, corrigidas monetariamente, acrescidas dos juros legais;
>
> II – a percepção, em dobro, da remuneração do período de afastamento, corrigida monetariamente e acrescida dos juros legais.

Assim, podemos concluir que é assegurada a garantia no emprego ao portador do vírus HIV ou de outra doença grave, na medida em que se presume discriminatória sua demissão imotivada, podendo ser demitido somente na ocorrência de justa causa, nas hipóteses do art. 482 da CLT.

Ocorrendo a dispensa imotivada além da indenização por danos morais, é assegurada sua reintegração ao emprego com o ressarcimento integral de todo o período que esteve afastado ou a percepção em dobro do respectivo período.

Por fim, vale dizer que a Lei 12.984, de 03.06.2014 define o crime de discriminação dos portadores do vírus da imunodeficiência humana (HIV) e doentes de AIDS.

De acordo com o art. 1º, III, da citada lei, constitui crime punível com reclusão, de 1 (um) a 4 (quatro) anos, e multa, exonerar ou demitir de seu cargo ou emprego o portador do HIV ou o doente de AIDS. Na mesma pena incorre aquele que negar emprego ou trabalho ao portador do HIV e o doente de AIDS, em razão da sua condição de portador ou de doente, art. 1º, II, da Lei 12.984/2014.

11.4. Reintegração ou indenização substitutiva

Como se sabe, os empregados que possuem a garantia de emprego não podem ser demitidos, salvo por falta grave e em algumas situações sua demissão deve ser precedida por inquérito judicial para apuração de falta grave.

Porém, caso o empregador venha a demitir esse empregado sem justo motivo, poderá o empregado pleitear, liminarmente, sua reintegração ao emprego, desde que o período estabilitário não tenha se exaurido.

Ocorre que, muitas vezes o pedido liminar é indeferido e o mérito do pedido de reintegração acaba sendo apreciado depois de exaurido o período de estabilidade do empregado.

Nesse caso, a reintegração se mostra inviável, sendo possível a remuneração desse período como forma de indenização. Nessa hipótese, o empregador arcará, portanto, com o pagamento dos salários e demais verbas rescisórias além da remuneração do período de estabilidade não gozado, ou seja, o período compreendido entre a data de despedida e o final do período de estabilidade.

Essa conversão vem determinada no art. 496 da CLT, que assim dispõe:

> **Art. 496.** Quando a reintegração do empregado estável for desaconselhável, dado o grau de incompatibilidade resultante do dissídio, especialmente quando for o empregador pessoa física, o tribunal do trabalho poderá converter aquela obrigação em indenização devida nos termos do artigo seguinte.

Nesse sentido, o TST editou a Súmula 396:

> SÚMULA 396 TST – ESTABILIDADE PROVISÓRIA. PEDIDO DE REINTEGRAÇÃO. CONCESSÃO DO SALÁRIO RELATIVO AO PERÍODO DE ESTABILIDADE JÁ EXAURIDO. INEXISTÊNCIA DE JULGAMENTO "EXTRA PETITA".
>
> I – Exaurido o período de estabilidade, são devidos ao empregado apenas os salários do período compreendido entre a data da despedida e o final do período de estabilidade, não lhe sendo assegurada a reintegração no emprego.
>
> II – Não há nulidade por julgamento "extra petita" da decisão que deferir salário quando o pedido for de reintegração, dados os termos do art. 496 da CLT.

12. NORMAS DE PROTEÇÃO AO TRABALHO

12.1. Proteção ao trabalho da mulher

A Constituição Federal, em seu art. 7º, XX, confere a proteção ao mercado de trabalho da mulher ao ordená-la, mediante incentivos específicos, nos termos da lei.

A legislação consolidada, no art. 373-A, impõe limitações ao empregador que visam a corrigir o acesso da mulher ao mercado de trabalho. São elas:

a) publicar ou fazer publicar anúncio de emprego no qual haja referência ao sexo, à idade, à cor ou situação familiar, salvo quando a natureza da atividade a ser exercida, pública e notoriamente, assim o exigir;

b) recusar emprego, promoção ou motivar a dispensa do trabalho em razão de sexo, idade, cor, situação familiar ou estado de gravidez, salvo quando a natureza da atividade seja notória e publicamente incompatível;

c) considerar o sexo, a idade, a cor ou situação familiar como variável determinante para fins de remuneração, formação profissional e oportunidades de ascensão profissional;

d) exigir atestado ou exame, de qualquer natureza, para comprovação de esterilidade ou gravidez, na admissão ou permanência no emprego;

e) impedir o acesso ou adotar critérios subjetivos para deferimento de inscrição ou aprovação em concursos, em empresas privadas, em razão de sexo, idade, cor, situação familiar ou estado de gravidez;

f) proceder o empregador ou preposto a revistas íntimas nas empregadas ou funcionárias.

As disposições atinentes ao trabalho noturno seguirão as normas aplicáveis a todo trabalhador, inclusive o adicional de 20% e a hora fictamente reduzida.

Já com relação aos períodos de descanso, temos identidade dos intervalos para todos os tipos de trabalhadores, com exceção de um intervalo especial para hipóteses de prorrogação da jornada de trabalho da mulher, previsto no art. 384 da CLT: "em caso de prorrogação do horário normal, será obrigatório um descanso de 15 (quinze) minutos no mínimo, antes do início do período extraordinário do trabalho".

A CLT traz ainda regras atinentes ao local de trabalho da mulher, determinando que toda empresa é obrigada a:

a) prover os estabelecimentos de medidas concernentes à higienização dos métodos e locais de trabalho, tais como ventilação e iluminação e outros que se fizerem necessários à segurança e ao conforto das mulheres,

b) a instalar bebedouros, lavatórios, aparelhos sanitários; dispor de cadeiras ou bancos, em número suficiente, que permitam às mulheres trabalhar sem grande esgotamento físico;

c) instalar vestiários com armários individuais privativos das mulheres, exceto os estabelecimentos comerciais, escritórios, bancos e atividades afins, em que não seja exigida a troca de roupa e outros, admitindo-se como suficientes as gavetas ou escaninhos, onde possam as empregadas guardar seus pertences.

Os estabelecimentos em que trabalharem pelo menos 30 (trinta) mulheres com mais de 16 (dezesseis) anos de idade deverão possuir local apropriado onde seja permitido às empregadas guardar sob vigilância e assistência os seus filhos no período da amamentação.

Essa exigência poderá ser suprida por meio de creches distritais mantidas, diretamente ou mediante convênios, com outras entidades públicas ou privadas, pelas próprias empresas, em regime comunitário, ou a cargo do SESI, do SESC, da LBA ou de entidades sindicais.

O art. 390 consolidado veda ao empregador utilizar a mulher em serviço que demande o emprego de força muscular superior a 20 (vinte) quilos para o trabalho contínuo, ou 25 (vinte e cinco) quilos para o trabalho ocasional.

O legislador garante à mulher, para amamentar o próprio filho até que este complete 6 (seis) meses de idade, durante a jornada de trabalho, 2 (dois) descansos especiais de meia hora cada um.

Entretanto, caso a saúde do filho exija, o período de 6 (seis) meses poderá ser dilatado, a critério da autoridade competente.

12.1.1. Licença-maternidade

Prevista no art. 7º, XVIII, da CF, art. 392 da CLT e art. 71 da Lei 8.213/1991, também chamada de licença gestante a licença maternidade é um benefício de caráter previdenciário que consiste em conceder, à mulher que deu à luz uma licença remunerada de 120 dias, que pode ser prorrogada por mais 60 dias, nos termos do art. 1º da Lei 11.770/2008.

A licença maternidade não se confunde com a estabilidade provisória prevista no art. 10, II, *a*, do ADCT, benefício que impede a dispensa imotivada por parte do empregador. A prorrogação será garantida à empregada da pessoa jurídica que aderir ao programa Empresa Cidadã, desde que a empregada a requeira até o final do primeiro mês após o parto, e concedida imediatamente após a fruição da licença-maternidade.

Em conformidade com o § 2º do art. 1º da Lei 11.770/2008, a prorrogação será garantida na mesma proporção também à empregada que adotar ou obtiver guarda judicial para fins de adoção de criança.

Pois bem: à empregada que adotar ou obtiver guarda judicial para fins de adoção de criança será concedida licença-maternidade nos termos do art. 392-A da CLT, nova redação dada pela Lei 12.873 de 24.10.2013.

A Lei 12.873/2013 acrescentou o § 5º ao art. 392-A da CLT ensinando que a adoção ou guarda judicial conjunta ensejará a concessão de licença-maternidade a apenas um dos adotantes ou guardiães empregado ou empregada.

A lei inseriu ao diploma consolidado o art. 392-B, assegurando ao cônjuge ou companheiro empregado, em caso de morte da genitora, o gozo de licença por todo o período da licença-maternidade ou pelo tempo restante a que teria direito a mãe, exceto no caso de falecimento do filho ou de seu abandono.

Por último, nos termos do art. 392-C da CLT, de acordo com a redação dada pela Lei 12.873/2013, as regras dispostas nos arts. 392-A e 392-B serão aplicadas ao empregado que adotar ou obtiver guarda judicial para fins de adoção.

Ocorre que a Lei 12.010, de 03.08.2009, que entrou em vigor em 01.11.2009, revogou expressamente, em seu art. 8º, períodos de licença-maternidade que levavam em conta a idade da criança adotada. Portanto, após a vigência da lei em comento, a mãe que adotar ou que obtiver a guarda judicial, independente da idade da criança, terá a licença-maternidade de 120 (cento e vinte) dias, prorrogáveis por mais 60 (sessenta dias).

A empregada deverá notificar o seu empregador da data do início do afastamento do emprego, que poderá ocorrer entre o 28º dia antes do parto e ocorrência deste, nos termos do art. 392, § 1º, da CLT.

12.2. Proteção ao trabalho do menor

O art. 402 da CLT considera menor o trabalhador de quatorze até dezoito anos.

O art. 7º, XXXIII, da CF proíbe o trabalho noturno, perigoso ou insalubre a menores de dezoito e de qualquer trabalho a menores de dezesseis anos, salvo na condição de aprendiz, a partir de quatorze anos.

A capacidade, nos domínios do Direito do Trabalho, poderia ser classificada da seguinte maneira:

a) absolutamente incapazes: até 14 anos de idade, pois não podem trabalhar;

b) relativamente incapazes: dos 14 aos 18 incompletos, pois podem laborar nas hipóteses descritas em lei;

c) plenamente capazes: trabalhadores com idade igual ou superior a 18 anos.

O art. 405 da CLT ensina que ao menor não será permitido o trabalho em locais e serviços perigosos ou insalubres e, também, em locais ou serviços prejudiciais à sua moralidade.

Será considerado prejudicial à moralidade do menor o trabalho:

a) prestado de qualquer modo em teatros de revista, cinemas, boates, cassinos, cabarés, *dancings* e estabelecimentos análogos;

b) em empresas circenses, em funções de acrobata, saltimbanco, ginasta e outras semelhantes;

c) de produção, composição, entrega ou venda de escritos, impressos, cartazes, desenhos, gravuras, pinturas, emblemas, imagens e quaisquer outros objetos que possam, a juízo da autoridade competente, prejudicar sua formação moral;

d) consistente na venda, a varejo, de bebidas alcoólicas.

O trabalho em empresas circenses ou aqueles prestados em teatro, cinemas e similares, poderá ser autorizado pelo Juiz da Vara da Infância e Juventude.

Por outro lado, verificado que o trabalho executado pelo menor é prejudicial à sua saúde, ao seu desenvolvimento físico ou a sua moralidade, o Juiz poderá obrigá-lo a abandonar o serviço, devendo a respectiva empresa, quando for o caso, proporcionar ao menor todas as facilidades para mudar de funções. Caso a empresa assim não proceda, o contrato de trabalho estará extinto na forma do art. 483 da CLT.

Ao menor é lícito firmar recibo pelo pagamento dos salários. Tratando-se, porém, de rescisão do contrato de trabalho, é vedado ao menor de 18 (dezoito) anos dar, sem assistência dos seus responsáveis legais, quitação ao empregador pelo recebimento da indenização que lhe for devida.

Embora ao menor de 18 (dezoito) anos seja vedado o trabalho noturno, a duração do trabalho do menor é como a dos trabalhadores em geral, podendo, porém, prorrogar sua jornada de trabalho, nos termos do art. 413 da CLT, apenas em dois casos:

a) por até mais 2 (duas) horas, independentemente de acréscimo salarial, mediante convenção ou acordo coletivo, desde que o excesso de horas em um dia seja compensado pela diminuição em outro, de modo a ser observado o limite máximo de 44 (quarenta e quatro) horas semanais ou outro inferior legalmente fixado;

b) por motivo de força maior, até o máximo de 12 (doze) horas, com acréscimo salarial de, pelo menos, 50% sobre a hora normal e desde que o trabalho do menor seja imprescindível ao funcionamento do estabelecimento.

Aos menores, assim como às mulheres, em caso de prorrogação do horário normal, será obrigatório um descanso de 15 (quinze) minutos no mínimo, antes do início do período extraordinário do trabalho.

Por fim, vale dizer que, nos termos do art. 440 da CLT, contra os menores de 18 (dezoito) anos não corre nenhum prazo de prescrição.

12.2.1. Aprendizes

Contrato de aprendizagem é o contrato de trabalho especial, ajustado por escrito e por prazo determinado, em que o empregador se compromete a assegurar ao maior de 14 (quatorze) e menor de 24 (vinte e quatro) anos inscrito em programa de aprendizagem formação técnico-profissional metódica compatível com o seu desenvolvimento físico, moral e psicológico, e o aprendiz, a executar com zelo e diligência as tarefas necessárias a essa formação.

Importa frisar que a idade máxima prevista não se aplica a aprendizes portadores de deficiência, em conformidade com o art. 428, § 5º, da CLT.

A validade do contrato de aprendizagem pressupõe anotação na Carteira de Trabalho e Previdência Social, matrícula e frequência do aprendiz na escola, caso não haja concluído o ensino médio, e inscrição em programa de aprendizagem desenvolvido sob orientação de entidade qualificada em formação técnico-profissional metódica.

O contrato de aprendizagem não poderá ser estipulado por mais de 2 (dois) anos, exceto quando se tratar de aprendiz portador de necessidades especiais, hipótese em que não se aplica esse limite.

A duração do trabalho do aprendiz não excederá de seis horas diárias, sendo vedadas a prorrogação e a compensação de jornada.

O limite previsto poderá ser de até oito horas diárias para os aprendizes que já tiverem completado o ensino fundamental se nelas forem computadas as horas destinadas à aprendizagem teórica.

Nos termos do art. 433 da CLT, o contrato de aprendizagem extinguir-se-á no seu termo ou quando o aprendiz completar 24 (vinte e quatro) anos, salvo em se tratando de aprendiz portador de necessidades especiais, ou ainda antecipadamente nas seguintes hipóteses:

a) desempenho insuficiente ou inadaptação do aprendiz;

b) falta disciplinar grave;

c) ausência injustificada à escola que implique perda do ano letivo; ou

d) a pedido do aprendiz.

12.3. Segurança e medicina do trabalho

Leciona o art. 7º, XXII, da CF que é um direito dos trabalhadores urbanos e rurais a redução dos riscos inerentes ao trabalho, por meio de normas de saúde, higiene e segurança.

A legislação infraconstitucional determina que nenhum estabelecimento poderá iniciar suas atividades sem prévia inspeção e aprovação das respectivas instalações pela autoridade regional competente em matéria de segurança e medicina do trabalho.

Uma vez constatado por laudo técnico do serviço competente algum tipo de grave e iminente risco para o trabalhador, o delegado regional do trabalho poderá interditar estabelecimento, setor de serviço, máquina ou equipamento, ou, ainda, embargar uma obra que esteja em andamento.

Considera-se grave e iminente risco toda condição ambiental de trabalho que possa causar acidente do trabalho ou doença profissional com lesão grave à integridade física do trabalhador.

A interdição importará na paralisação total ou parcial do estabelecimento, setor de serviço, máquina ou equipamento, ao passo que o embargo importará na paralisação total ou parcial da obra.

O delegado regional deverá, nesse caso, indicar as providências que deverão ser adotadas para prevenção de infortúnios de trabalho. Uma vez cumpridas as exigências, será realizado novo laudo técnico, podendo o delegado regional do trabalho retirar o embargo ou a interdição.

Vale lembrar que durante a paralisação dos serviços, em decorrência da interdição ou embargo, os empregados deverão receber seus salários como se estivessem em efetivo exercício do labor.

12.3.1. Comissão Interna de Prevenção de Acidentes – CIPA

Ao teor do disposto no art. 162 da CLT, as empresas estão obrigadas a manter serviços especializados em segurança e em medicina do trabalho.

Por essa razão será obrigatória a constituição de Comissão Interna de Prevenção de Acidentes (CIPA) nos estabelecimentos ou locais de obra nelas especificadas.

A CIPA é composta de representantes da empresa e dos empregados e tem como fim prevenir acidentes de trabalho dentro da empresa.

O mandato dos membros eleitos da CIPA terá a duração de 1 (um) ano, sendo permitida uma reeleição.

Os titulares da representação dos empregados nas CIPAs não poderão sofrer despedida arbitrária, entendendo-se como tal a que não se fundar em motivo disciplinar, técnico, econômico ou financeiro.

O art. 10, II, "a", do ADCT veda a dispensa arbitrária ou sem justa causa do empregado eleito para cargo de direção de comissões internas de prevenção de acidentes, desde o registro de sua candidatura até um ano após o final de seu mandato.

Entretanto, o TST através da Súmula 339 garante também aos suplentes o direito à estabilidade.

Dispõe a Súmula 339 do TST:

> SÚMULA 339 TST – CIPA. SUPLENTE. GARANTIA DE EMPREGO. CF/1988
>
> I – O suplente da CIPA goza da garantia de emprego prevista no art. 10, II, "a", do ADCT a partir da promulgação da Constituição Federal de 1988.
>
> II – A estabilidade provisória do cipeiro não constitui vantagem pessoal, mas garantia para as atividades dos membros da CIPA, que somente tem razão de ser quando em atividade a empresa. Extinto o estabelecimento, não se verifica a despedida arbitrária, sendo impossível a reintegração e indevida a indenização do período estabilitário.

12.3.2. Equipamentos de proteção individual

A empresa é obrigada a fornecer aos empregados, gratuitamente, equipamento de proteção individual adequado ao risco e em perfeito estado de conservação e funcionamento sempre que as medidas de ordem geral não ofereçam completa proteção contra os riscos de acidentes e danos à saúde dos empregados.

Pois bem: considera-se Equipamento de Proteção Individual – EPI todo dispositivo de uso individual destinado a proteger a integridade física do trabalhador.

Desta forma, a empresa é obrigada a fornecer aos empregados, gratuitamente, EPI adequado ao risco e em perfeito estado de conservação e funcionamento nas seguintes circunstâncias:

a) sempre que as medidas de proteção coletiva forem tecnicamente inviáveis ou não oferecerem completa proteção contra os riscos de acidentes do trabalho e/ou de doenças profissionais e do trabalho;

b) enquanto as medidas de proteção coletiva estiverem sendo implantadas;

c) para atender a situações de emergência.

Cumpre destacar que ao empregador são impostas algumas obrigações em relação ao cumprimento das normas de segurança e medicina do trabalho.

Assim, compete ao empregador:

a) cumprir e fazer cumprir as disposições legais e regulamentares sobre segurança e medicina do trabalho;

b) elaborar ordens de serviço sobre segurança e medicina do trabalho, dando ciência aos empregados, com os seguintes objetivos:

I. prevenir atos inseguros no desempenho do trabalho;

II. divulgar as obrigações e proibições que os empregados devam conhecer e cumprir;

III. dar conhecimento aos empregados de que serão passíveis de punição pelo descumprimento das ordens de serviço expedidas;

IV. determinar os procedimentos que deverão ser adotados em caso de acidente do trabalho e doenças profissionais ou do trabalho;

V. adotar medidas determinadas pelo Ministério do Trabalho;

VI. adotar medidas para eliminar ou neutralizar a insalubridade e as condições inseguras de trabalho.

De outro lado, estão as obrigações impostas ao empregado, quais sejam:

a) cumprir as disposições legais e regulamentares sobre segurança e medicina do trabalho, inclusive as ordens de serviço expedidas pelo empregador;

b) usar o EPI fornecido pelo empregador;

c) submeter-se aos exames médicos previstos;

d) colaborar com a empresa na aplicação das Normas Regulamentadoras.

Por último, constitui ato faltoso do empregado a recusa injustificada à observância das instruções expedidas pelo empregador ou ao uso dos equipamentos de proteção individual fornecidos pela empresa.

12.3.3. Atividades insalubres

Pela redação do art. 189 da CLT, são consideradas atividades ou operações insalubres aquelas que, por sua natureza, condições ou métodos de trabalho, exponham os empregados a agentes nocivos à saúde acima dos limites de tolerância fixados em razão da natureza e da intensidade do agente e do tempo de exposição aos seus efeitos.

Importa ressaltar que para fazer jus ao adicional de insalubridade não é necessário que o labor exponha os empregados de forma contínua a agentes nocivos. Isso porque a Súmula 47 do TST estabelece que o caráter intermitente do trabalho executado em condições insalubres não afasta o direito de recebimento do respectivo adicional.

Nas atividades insalubres, quaisquer prorrogações só poderão ser acordadas mediante licença prévia do Ministério do Trabalho, que procederá aos exames do local de trabalho, métodos e dos processos de trabalho.

O quadro das atividades e operações insalubres será aprovado pelo Ministério do Trabalho, que deverá adotar normas sobre os critérios de caracterização da insalubridade, os limites de tolerância aos agentes agressivos, meios de proteção e o tempo máximo de exposição do empregado a esses agentes.

Nesse sentido o TST editou, em maio de 2014, a Súmula 448 que assim dispõe:

> SÚMULA 448 TST – ATIVIDADE INSALUBRE. CARACTERIZAÇÃO. PREVISÃO NA NORMA REGULAMENTADORA N. 15 DA PORTARIA DO MINISTÉRIO DO TRABALHO N. 3.214/1978. INSTALAÇÕES SANITÁRIAS.
>
> I – Não basta a constatação da insalubridade por meio de laudo pericial para que o empregado tenha direito ao respectivo adicional, sendo necessária a classificação da atividade insalubre na relação oficial elaborada pelo Ministério do Trabalho.
>
> II – A higienização de instalações sanitárias de uso público ou coletivo de grande circulação, e a respectiva coleta de lixo, por não se equiparar à limpeza em residências e escritórios, enseja o pagamento de adicional de insalubridade em grau máximo, incidindo o disposto no Anexo 14 da NR-15 da Portaria do MTE n. 3.214/1978 quanto à coleta e industrialização de lixo urbano.

Vale dizer que de acordo com o item I da Orientação Jurisprudencial 173 da SDI 1 do TST, nas atividades a céu aberto por sujeição à radiação solar é indevido o adicional de insalubridade ao trabalhador, tendo em vista a ausência de previsão legal.

Todavia, em setembro de 2012, o TST acrescentou o item II à Orientação Jurisprudencial 173 da SDI 1, assegurando direito à percepção ao adicional de insalubridade ao empregado que exercer atividade exposto ao calor acima dos limites de tolerância, inclusive em ambiente externo com carga solar, nas condições previstas no Anexo 3 da NR 15 da Portaria 3.214/1978 do MTE.

Pois bem: determina o art. 192 da CLT que o exercício de trabalho em condições de insalubridade assegura ao trabalhador a percepção de um adicional, incidente sobre o salário mínimo, equivalente a: 40% para insalubridade de grau máximo, 20% para insalubridade de grau médio e 10% para insalubridade de grau mínimo.

No caso de incidência de mais de um fator de insalubridade, será apenas considerado o de grau mais elevado, para efeito de acréscimo salarial, sendo vedada a percepção cumulativa.

A eliminação ou neutralização da insalubridade determinará a cessação do pagamento do adicional respectivo.

A eliminação ou neutralização da insalubridade deverá ocorrer:

a) com a adoção de medidas de ordem geral que conservem o ambiente de trabalho dentro dos limites de tolerância;

b) com a utilização de equipamento de proteção individual que diminuam a intensidade do agente agressivo a limites de tolerância.

Nessa linha, porém, o TST editou a Súmula 289 entendendo que o simples fornecimento do aparelho de proteção pelo empregador não o exime do pagamento do adicional de insalubridade. Cabe-lhe tomar as medidas que conduzam à diminuição ou eliminação da nocividade, entre as quais as relativas ao uso efetivo do equipamento pelo empregado.

Para que referido adicional deixe de ser devido, é necessário que a insalubridade seja eliminada ou reduzida aos níveis de tolerância indicados na Norma Regulamentadora 15 da Portaria 3.214/1978 do Ministério do Trabalho e Emprego.

Desta forma, eliminada a insalubridade do ambiente de trabalho, o pagamento do referido adicional desaparece. Nesse sentido é a Súmula 80 do TST: "A eliminação da insalubridade mediante fornecimento de aparelhos protetores aprovados pelo órgão competente do Poder Executivo exclui a percepção do respectivo adicional".

O referido art. 192 da CLT dispõe que o adicional de insalubridade será calculado com base no salário mínimo.

Porém, a CF/1988, em seu art. 7º, IV, veda a vinculação do salário mínimo para qualquer fim. Assim, não poderia servir de base para o cálculo do adicional de insalubridade.

Desta forma, o STF editou a Súmula vinculante 4, que dispõe: "salvo nos casos previstos na Constituição, o salário mínimo não pode ser usado como indexador de base de cálculo de vantagem de servidor público ou de empregado, nem ser substituído por decisão judicial".

Por esse motivo, o TST modificou a redação da Súmula 228, que passou a dispor: "A partir de 09.05.2008, data da publicação da Súmula Vinculante 4 do Supremo Tribunal Federal, o adicional de insalubridade será calculado sobre o salário básico, salvo critério mais vantajoso fixado em instrumento coletivo".

O adicional passou a ser calculado tendo como base o salário básico sem os acréscimos de outros adicionais, ou seja, aplicação analógica do adicional de periculosidade.

Como não existe lei mandando aplicar o adicional de insalubridade com base no salário básico, a Confederação Nacional das Indústrias propôs Reclamação ao STF contra a nova redação conferida à Súmula 228 do TST.

O então Presidente do STF, Ministro Gilmar Mendes, em decisão liminar, determinou a suspensão da Súmula 228 do TST na parte em que permite a utilização do salário básico para calcular o adicional de insalubridade, o que motivou em setembro de 2012 que o TST fizesse uma ressalva na Súmula 228, registrando a suspensão provisória de sua eficácia por decisão liminar do Supremo Tribunal Federal.

Nessa linha, o STF entendeu que, enquanto não exista nova lei determinando uma base de cálculo para o adicional de insalubridade, deve ser utilizado como base o salário mínimo, ainda que contrarie a Súmula vinculante 4 na medida em que o empregado não deve ficar sem receber o aludido adicional.

12.3.4. Atividades perigosas

Leciona o art. 193 da CLT, com a nova redação dada pela Lei 12.740/2012, que são consideradas atividades ou operações perigosas, na forma da regulamentação aprovada pelo Ministério do Trabalho e Emprego, aquelas que, por sua natureza ou métodos de trabalho, impliquem risco acentuado em virtude de exposição permanente do trabalhador a:

a) inflamáveis, explosivos ou energia elétrica e

b) roubos ou outras espécies de violência física nas atividades profissionais de segurança pessoal ou patrimonial.

A citada lei ao redefinir os critérios para caracterização das atividades ou operações perigosas e inserir como atividades perigosas aquelas que expõem os trabalhadores a roubos ou outras espécies de violência física, conferiu direito ao adicional de periculosidade para esses profissionais.

A fim de especificar as funções que teriam exposição permanente do trabalhador na atividade de segurança pessoal ou patrimonial o MTE publicou a NR 16 que em seu anexo 3 ensina que são considerados profissionais de segurança pessoal ou patrimonial os trabalhadores que atendam a uma das seguintes condições:

a) empregados das empresas prestadoras de serviço nas atividades de segurança privada ou que integrem serviço orgânico de segurança privada, devidamente registradas e autorizadas pelo Ministério da Justiça, conforme Lei 7.102/1983 e suas alterações posteriores.

b) empregados que exercem a atividade de segurança patrimonial ou pessoal em instalações metroviárias, ferroviárias, portuárias, rodoviárias, aeroportuárias e de bens públicos, contratados diretamente pela administração pública direta ou indireta.

De acordo com a citada NR 16 são consideradas perigosas as seguintes atividades:

ATIVIDADES OU OPERAÇÕES	DESCRIÇÃO
Vigilância patrimonial	Segurança patrimonial e/ou pessoal na preservação do patrimônio em estabelecimentos públicos ou privados e da incolumidade física de pessoas.
Segurança de eventos	Segurança patrimonial e/ou pessoal em espaços públicos ou privados, de uso comum do povo.
Segurança nos transportes coletivos	Segurança patrimonial e/ou pessoal nos transportes coletivos e em suas respectivas instalações.
Segurança ambiental e florestal	Segurança patrimonial e/ou pessoal em áreas de conservação de fauna, flora natural e de reflorestamento.
Transporte de valores	Segurança na execução do serviço de transporte de valores.
Escolta armada	Segurança no acompanhamento de qualquer tipo de carga ou de valores.
Segurança pessoal	Acompanhamento e proteção da integridade física de pessoa ou de grupos.
Supervisão/fiscalização operacional	Supervisão e/ou fiscalização direta dos locais de trabalho para acompanhamento e orientação dos vigilantes.
Telemonitoramento/ telecontrole	Execução de controle e/ ou monitoramento de locais, através de sistemas eletrônicos de segurança.

Ademais, importante salientar que o art. 195 exige que a classificação e a caracterização da periculosidade sejam feitas através de perícia a cargo de Médico do Trabalho ou Engenheiro do Trabalho, registrados no Ministério do Trabalho. E, ainda, determina o art. 196 da CLT que os efeitos pecuniários decorrentes do trabalho nessa condição somente serão devidos a contar da data da inclusão da respectiva atividade nos quadros aprovados pelo Ministério do Trabalho.

Por último, vale dizer que de acordo com a Portaria MTE 595, de 07.05.2015, não são consideradas perigosas, para efeito deste anexo, as atividades desenvolvidas em áreas que utilizam equipamentos móveis de Raios X para diagnóstico médico.

12.3.4.1. Trabalho com motocicletas

Em 20.06.2014 foi publicada a Lei 12.997/2014, chamada "lei dos motoboys" que reconhece como atividades perigosas as atividades de trabalhador em motocicleta.

A lei inseriu o § 4º ao art. 193 da CLT para garantir a esses profissionais que utilizam a moto para trabalhar com o transporte de passageiros e mercadorias, como os motoboys, mototaxistas, motofretistas e de serviço comunitário de rua, o direito ao adicional de periculosidade de 30% sobre seus salários, descontados os acréscimos resultantes de gratificações, prêmios ou participações nos lucros da empresa. A lei se mostra necessária na medida em que se trata de uma categoria que enfrenta o trânsito e todos os perigos que daí advêm, ficando constantemente expostos a acidentes de trânsito.

A partir da publicação da lei, assim como para os trabalhos que impliquem contato permanente com inflamáveis ou explosivos em condições de risco acentuado ou roubos ou outras espécies de violência física nas atividades profissionais de segurança pessoal ou patrimonial, os motoboys, mototaxistas, motofrentistas e de serviço comunitário de rua possuem o direito ao adicional de periculosidade.

Portanto, as atividades laborais com utilização de motocicleta ou motoneta no deslocamento de trabalhador em vias públicas são consideradas perigosas.

No entanto, de acordo com o Anexo 5 da NR 16 do MTE algumas atividades NÃO são consideradas perigosas para efeitos da lei. São elas:

a) a utilização de motocicleta ou motoneta exclusivamente no percurso da residência para o local de trabalho ou deste para aquela;

b) as atividades em veículos que não necessitem de emplacamento ou que não exijam carteira nacional de habilitação para conduzi-los;

c) as atividades em motocicleta ou motoneta em locais privados.

d) as atividades com uso de motocicleta ou motoneta de forma eventual, assim considerado o fortuito, ou o que, sendo habitual, dá-se por tempo extremamente reduzido.

12.3.4.2. Adicional de periculosidade

O trabalho em condições de periculosidade garante ao empregado um adicional de 30% sobre o salário sem os acréscimos resultantes de gratificações, prêmios ou participações nos lucros da empresa.

Nesse sentido é a Súmula 191 do TST: "O adicional de periculosidade incide apenas sobre o salário básico e não sobre este acrescido de outros adicionais (...)".

A Súmula em destaque traz em sua parte final uma exceção à regra do cálculo do referido adicional. Por meio dessa Súmula, os empregados dos setores de energia elétrica terão seu adicional de periculosidade calculado sobre a soma de todas as parcelas salariais.

Assim, continua a Súmula 191 do TST: "(...) Em relação aos eletricitários, o cálculo do adicional de periculosidade deverá ser efetuado sobre a totalidade das parcelas de natureza salarial".

No mesmo sentido a Orientação Jurisprudencial 279 da SDI 1 do TST ensina que o adicional de periculosidade dos eletricitários deverá ser calculado sobre o conjunto de parcelas de natureza salarial.

Embora até a presente data o TST não tenha cancelado a Súmula 191 e OJ 279 da SDI 1, entendemos que em decorrência da Lei 12.740/2012 que em seu art. 3º revoga expressamente a Lei 7.369/1985 o entendimento sumulado em relação aos eletricitários deverá deixar de ser aplicado.

Vale lembrar que os empregados que operam em bomba de gasolina têm direito ao adicional de periculosidade, nos termos da Súmula 39 do TST.

Para o recebimento do adicional de periculosidade não é necessária a exposição do trabalhador de maneira contínua ou permanente, na medida em que aludido adicional é devido pelo risco à vida do trabalhador.

Nesse sentido, consolidando esse entendimento, são as Súmulas 361 e 364, ambas do TST:

SÚMULA 361 TST – ADICIONAL DE PERICULOSIDADE. ELETRICITÁRIOS. EXPOSIÇÃO INTERMITENTE

O trabalho exercido em condições perigosas, embora de forma intermitente, dá direito ao empregado a receber o adicional de periculosidade de forma integral, porque a Lei 7.369, de 20.09.1985, não estabeleceu nenhuma proporcionalidade em relação ao seu pagamento.

SÚMULA 364 TST – ADICIONAL DE PERICULOSIDADE. EXPOSIÇÃO EVENTUAL, PERMANENTE E INTERMITENTE

Tem direito ao adicional de periculosidade o empregado exposto permanentemente ou que, de forma intermitente, sujeita-se a condições de risco. Indevido, apenas, quando o contato dá-se de forma eventual, assim considerado o fortuito, ou o que, sendo habitual, dá-se por tempo extremamente reduzido.

Importante ressaltar que o item II da Súmula 364 em debate, antes de 31.05.2011, permitia a fixação do adicional de periculosidade em patamar inferior ao mínimo legal de 30% proporcionalmente ao tempo de exposição ao risco, desde que compactuado por acordo ou convenção coletiva.

O item II da Súmula 364 do TST foi revisto e cancelado, não sendo possível, portanto, a fixação de adicional abaixo do mínimo legal estipulado no art. 193 da CLT.

Por fim, impende destacar que o direito do empregado ao adicional de insalubridade ou de periculosidade cessará com a eliminação do risco à sua saúde ou integridade física (art. 194 da CLT).

Ainda sobre o tema, é importante destacar o posicionamento consubstanciado na Súmula 453 do TST no sentido de que o pagamento de adicional de periculosidade efetuado por mera liberalidade da empresa, ainda que de forma proporcional ao tempo de exposição ao risco ou em percentual inferior ao máximo legalmente previsto, dispensa a realização da prova técnica exigida pelo art. 195 da CLT, pois torna incontroversa a existência do trabalho em condições perigosas.

12.3.5. Cumulação dos adicionais de insalubridade e periculosidade

O art. 193, § 2º, da CLT determina que o empregado poderá optar pelo adicional de insalubridade que porventura lhe seja devido.

De acordo com a citada regra o trabalhador que laborar em condições perigosas e insalubres deverá optar pelo adicional mais benéfico.

Contudo, o art. 7º, XXIII, CF determina ser devido adicional de remuneração para as atividades penosas, insalubres ou perigosas, na forma da lei.

Note que o dispositivo constitucional confere de forma ampla os adicionais, não fazendo qualquer restrição quanto à sua percepção ou quanto à cumulação ou não.

Nessa linha, a jurisprudência do TST entende que a norma consolidada disposta no art. 193, § 2º, da CLT não foi recepcionada pela atual Constituição Federal.

De acordo com a decisão proferida no julgamento do Recurso de Revista 1072-72.2011.5.02.0384 a cumulação dos adicionais não significa seu pagamento em dobro, mas sim a indenização pelo trabalho desenvolvido em atividade perigosa e insalubre simultaneamente. Isso porque a insalubridade diz respeito à proteção da saúde do empregado no ambiente de trabalho, é insidiosa e lenta nos seus resultados. Já a periculosidade traduz a satisfação de perigo iminente capaz de tirar a vida do trabalhador, sendo este o bem que se visa proteger. O risco provocado pela periculosidade é de impacto e instantâneo, quando se consuma. Por esse motivo, a insalubridade é dirigida à saúde do empregado e a periculosidade à sua integridade física ou à própria vida do empregado.

Desta forma, os adicionais são cumuláveis, sob a condição de que o trabalho seja prestado de acordo com os pressupostos de cada um deles.

Ademais, a regra disposta na CLT não pode prevalecer frente às Convenções 148 e 155 da OIT (Organização Internacional do Trabalho), que assim determinam:

Convenção 148 OIT - art. 8º, tópico 3. "Os critérios e limites de exposição deverão ser fixados, completados e revisados a intervalos regulares, de conformidade com os novos conhecimentos e dados nacionais e internacionais, e tendo em conta, na medida do possível, qualquer aumento dos riscos profissionais resultante da exposição simultânea a vários fatores nocivos no local de trabalho".

Convenção 155 OIT - art. 11, b. "...deverão ser levados em consideração os riscos para a saúde decorrentes da exploração simultâneas a diversas substâncias ou agentes.

Essas convenções, uma vez ratificadas pelo Brasil, devem integrar a legislação interna, passando a ter poder vinculante. A orientação devidamente ratificada pelo País, ingressa em nosso ordenamento jurídico com *status* de norma supralegal, ou seja, está abaixo da Constituição Federal e acima das leis ordinárias.

As normas internacionais incorporadas ao nosso sistema passaram a permitir a hipótese de cumulação dos adicionais em face da exposição simultânea a vários fatores nocivos.

Sendo diferentes os fatores de risco à saúde e à vida, cada um dos adicionais de periculosidade e insalubridade objetiva compensar o trabalhador pela exposição individualizada a cada um deles e, caso ocorra simultaneamente, a regra internacional permite que sejam considerados, também de modo cumulativo.

Por esses motivos podemos concluir pela não recepção do art. 193, § 2º, da CLT, sendo possível a cumulação dos adicionais de insalubridade e periculosidade, desde que o trabalho seja prestado em ambiente insalubres e perigoso, simultaneamente.

13. FUNDO DE GARANTIA DO TEMPO DE SERVIÇO – FGTS

13.1. Conceito

O Fundo de Garantia do Tempo de Serviço – FGTS – é um direito dos empregados urbanos e rurais e, de acordo com a EC 72/2013, também dos empregados domésticos, que tem como finalidade constituir um fundo de depósitos em pecúnia, com valores designados a garantir indenização pelo tempo de serviço prestado ao empregador.

Nas lições de Mauricio Godinho Delgado (*Curso de Direito do Trabalho*, 8ª edição, Ed. LTr, São Paulo, p. 1165) *consiste em recolhimentos pecuniários mensais, em conta bancária vinculada em nome do trabalhador, conforme parâmetro de cálculo estipulado legalmente, podendo ser sacado pelo obreiro em situações tipificadas pela ordem jurídica, sem prejuízo de acréscimo percentual condicionado ao tipo de rescisão de seu contrato laborativo, formando, porém, o conjunto global e indiferenciado de depósitos um fundo social de destinação legalmente especificada.*

De acordo com o art. 2º da Lei 8.036/1990 o FGTS é constituído pelos saldos das contas vinculadas a que se refere à lei e outros recursos a ele incorporados, devendo ser aplicados com atualização monetária e juros, de modo a assegurar a cobertura de suas obrigações.

O FGTS foi criado pela Lei 5.107 de 13.09.1966. Inicialmente era um sistema opcional ao empregado. Com a promulgação da lei, o empregado regido pela CLT poderia optar pelo regime do FGTS ou pela indenização por tempo de serviço prevista nos arts. 477, 478, 496 e 498 da CLT.

Assim, caso o empregado optasse pelo sistema de FGTS faria jus aos depósitos, como garantia por tempo de serviço, não podendo mais adquirir os direitos à indenização e à estabilidade decenal prevista no art. 492 consolidado.

Com a CF/1988, o FGTS passou a ser previsto como direito de todos os trabalhadores urbanos, rurais, conforme art. 7º, III, inclusive aos empregados domésticos, nos termos do parágrafo único do mesmo dispositivo. Atualmente o FGTS é regulado pela Lei 8.036/1990.

13.2. Natureza jurídica

A natureza jurídica do FGTS é tema de grande controvérsia na doutrina. Prevalece, porém, na doutrina e na jurisprudência que a contribuição do FGTS não possui natureza jurídica tributária, mas sim de contribuição social, especial, de natureza trabalhista.

Nesse sentido ensina a Súmula 353 do STJ: "As disposições do Código Tributário Nacional não se aplicam às contribuições para o FGTS".

Inclusive os prazos prescricionais aplicáveis ao FGTS não são aqueles dispostos no Código Tributário Nacional, como se observa pela redação das Súmulas 362 do TST, redação dada pela Resolução 198/2015.

13.3. Obrigação dos depósitos

Nos termos do art. 15 da Lei 8.036/1990 todos os *empregadores* estão obrigados a depositar, até o dia 07 de cada mês, em conta bancária vinculada, a importância correspondente a 8% da remuneração paga ou devida, no mês anterior, a cada *traba-*

lhador, incluídas na remuneração as gorjetas que receber como também as comissões, percentagens, gratificações ajustadas, diárias para viagens, abonos pagos pelo empregador, além do salário *in natura* e gratificação de natalina (13º salário) e o valor da compensação pecuniária a ser paga no âmbito do Programa de Proteção ao Emprego – PPE.

Para o contrato de aprendiz as alíquotas serão reduzidas para 2% nos termos do art. 15, § 7º, da Lei 8.036/1990.

Caso o empregador não efetue o depósito no prazo estipulado por lei, nos termos do art. 22 da Lei 8.036/1990, responderá pela incidência da TR (taxa referencial) sobre a importância devida, acrescida de juros de mora de 0,5% ao mês.

Nos termos do art. 15, § 1º da citada lei "*entende-se por empregador a pessoa física ou a pessoa jurídica de direito privado ou de direito público, da administração pública direta, indireta ou fundacional de qualquer dos Poderes, da União, dos Estados, do Distrito Federal e dos Municípios, que admitir trabalhadores a seu serviço, bem assim aquele que, regido por legislação especial, encontrar-se nessa condição ou figurar como fornecedor ou tomador de mão de obra, independente da responsabilidade solidária e/ou subsidiária a que eventualmente venha obrigar-se*".

De outro lado, "*considera-se trabalhador toda pessoa física que prestar serviços a empregador, a locador ou tomador de mão de obra, excluídos os eventuais, os autônomos e os servidores públicos civis e militares sujeitos a regime jurídico próprio*", nos termos do § 2º do art. 15 da Lei 8.036/1990.

Com relação aos empregados domésticos, a EC 72/2013 tornou obrigatórios os depósitos fundiários, em conformidade com a nova redação dada ao parágrafo único do art. 7º da CF.

Atualmente, A Resolução 780 do Conselho Curador do Fundo de Garantia do Tempo de Serviço e as circulares 694 e 696 da Caixa Econômica Federal, regulam o recolhimento do FGTS para o empregado doméstico. Para melhor elucidação sobre o tema, remetemos o leitor ao item 6.1.1.1.12.

Pois bem, o empregador deverá efetuar depósito referente a 8% da remuneração devida no mês anterior, nos termos do art. 15 da Lei 8.036/1990. A Instrução Normativa 99/2012 do MTE em seu art. 8º explica a incidência do FGTS sobre as seguintes verbas de natureza remuneratória:

I – o salário-base, inclusive as prestações in natura;

II – as horas extras;

III – os adicionais de insalubridade, periculosidade e do trabalho noturno;

IV – o adicional por tempo de serviço;

V – o adicional por transferência de localidade de trabalho;

VI – o salário-família, no que exceder o valor legal obrigatório;

VII – o abono ou gratificação de férias, desde que excedente a vinte dias do salário, concedido em virtude de cláusula contratual, de regulamento da empresa, ou de convenção ou acordo coletivo;

VIII – o valor de um terço do abono constitucional das férias;

IX – as comissões;

X – as diárias para viagem, pelo seu valor global, quando excederem a cinquenta por cento da remuneração do empregado, desde que não haja prestação de contas do montante gasto;

XI – as etapas, no caso dos marítimos;

XII – as gorjetas;

XIII – a gratificação de natal, seu valor proporcional e sua parcela incidente sobre o aviso-prévio indenizado, inclusive na extinção de contrato a prazo certo e de safra, e a gratificação periódica contratual, pelo seu duodécimo;

XIV – as gratificações ajustadas, expressa ou tacitamente, tais como de produtividade, de balanço, de função ou por exercício de cargo de confiança;

XV – as retiradas de diretores não empregados, quando haja deliberação da empresa, garantindo-lhes os direitos decorrentes do contrato de trabalho;

XVI – o valor a título de licença-prêmio;

XVII – o valor pelo repouso semanal remunerado;

XVIII – o valor pelos domingos e feriados civis e religiosos trabalhados, bem como o valor relativo à dobra em razão de feriados trabalhados, não compensados;

XIX – o valor a título de aviso-prévio, trabalhado ou indenizado;

XX – o valor a título de quebra de caixa.

XXI – o valor do tempo de reserva, nos termos do § 6º do art. 235-E da CLT.

Parágrafo único. As contribuições mencionadas no art. 5º também incidirão sobre:

I – o valor contratual mensal da remuneração do empregado afastado na forma do art. 6º desta IN, inclusive sobre a parte variável, calculada segundo os critérios previstos na CLT e na legislação esparsa, atualizada sempre que ocorrer aumento geral na empresa ou para a categoria;

II – o valor da remuneração paga pela entidade de classe ao empregado licenciado para desempenho de mandato sindical, idêntico ao que perceberia caso não licenciado, inclusive com as variações salariais ocorridas durante o licenciamento, obrigatoriamente informadas pelo empregador à respectiva entidade.

III – o salário contratual e o adicional de transferência devido ao empregado contratado no Brasil transferido para prestar serviço no exterior;

IV – a remuneração percebida pelo empregado ao passar a exercer cargo de diretoria, gerência ou outro cargo de confiança imediata do empregador, salvo se a do cargo efetivo for maior;

V – remuneração paga a empregado estrangeiro, em atividade no Brasil, independentemente do local em que for realizado o pagamento.

Analisadas as hipóteses de incidência para o cálculo do FGTS, cabe destacar as parcelas que não possuem natureza remuneratória.

Nos termos do art. 15, § 6º, da Lei 8.036/1990, não se incluem na remuneração, para os fins desta Lei, as parcelas elencadas no § 9º do art. 28 da Lei 8.212/1991.

A Instrução Normativa 99/2012 do MTE ensina em seu art. 9º que não integram a remuneração as seguintes parcelas:

I – participação do empregado nos lucros ou resultados da empresa, quando paga ou creditada de acordo com a Lei n. 10.101, de 19 de dezembro de 2000;

II – abono correspondente à conversão de um terço das férias em pecúnia e seu respectivo adicional constitucional;

III – abono ou gratificação de férias, concedido em virtude de contrato de trabalho, de regulamento da empresa, de convenção ou acordo coletivo de trabalho, cujo valor não exceda a vinte dias do salário;

IV – o valor correspondente ao pagamento da dobra da remuneração de férias concedidas após o prazo legal;

V – importâncias recebidas a título de férias indenizadas e o respectivo adicional constitucional;

VI – indenização por tempo de serviço anterior a 05.10.1988, de empregado não optante pelo FGTS;

VII – indenização relativa à dispensa de empregado no período de trinta dias que antecede sua data-base, de acordo com o disposto no art. 9º da Lei 7.238, de 29.10.1984;

VIII – indenização por despedida sem justa causa do empregado nos contratos com termo estipulado de que trata o art. 479 da CLT, bem como na indenização prevista na alínea *f* do art. 12 da Lei 6.019, de 03.01.1974;

IX – indenização do tempo de serviço do safrista, quando do término normal do contrato de que trata o art. 14 da Lei 5.889, de 08.06.1973;

X – indenização recebida a título de incentivo à demissão;

XI – indenização de quarenta por cento sobre o montante de todos os depósitos de FGTS realizados na conta vinculada do trabalhador.

XII – indenização relativa à licença-prêmio;

XIII – ajuda de custo, em parcela única, recebida exclusivamente em decorrência de mudança de localidade de trabalho do empregado, na forma do art. 470 da CLT;

XIV – ajuda de custo, em caso de transferência permanente, e o adicional mensal, em caso de transferência provisória, recebidos pelo aeronauta nos termos da Lei 5.929, de 30.10.1973;

XV – diárias para viagem, desde que não excedam a cinquenta por cento da remuneração mensal percebida pelo empregado;

XVI – valor da bolsa de aprendizagem, garantida ao adolescente até quatorze anos de idade, de acordo com o disposto no art. 64 da Lei 8.069, de 13.07.1990, vigente até 15.12.1998, em face da promulgação da Emenda Constitucional 20;

XVII – valor da bolsa ou outra forma de contraprestação, quando paga ao estagiário nos termos da Lei 11.788, de 25.09.2008;

XVIII – cotas do salário-família e demais benefícios pagos pela Previdência Social, nos termos e limites legais, salvo o salário-maternidade e o auxílio doença decorrente de acidente do trabalho;

XIX – parcela *in natura* recebida de acordo com o Programa de Alimentação do Trabalhador – PAT, instituído pela Lei 6.321, de 14.04.1976;

XX – vale-transporte, nos termos e limites legais, bem como transporte fornecido pelo empregador para deslocamento ao trabalho e retorno, em percurso servido ou não por transporte público;

XXI – valor da multa paga ao trabalhador em decorrência do atraso na quitação das parcelas rescisórias;

XXII – importâncias recebidas a título de ganhos eventuais e abonos expressamente desvinculados do salário por força de lei;

XXIII – abono do Programa de Integração Social – PIS e do Programa de Assistência ao Servidor Público – PASEP;

XXIV – valores correspondentes a transporte, alimentação e habitação fornecidos pelo empregador ao empregado contratado para trabalhar em localidade distante de sua residência, em canteiro de obras ou local que, por força da atividade, exija deslocamento e estada, observadas as normas de proteção estabelecidas pelo MTE;

XXV – importância paga ao empregado a título de complementação ao valor do auxílio-doença, desde que este direito seja extensivo à totalidade dos empregados da empresa;

XXVI – parcelas destinadas à assistência ao empregado da agroindústria canavieira, de que trata o art. 36 da Lei 4.870, de 01.12.1965;

XXVII – valor das contribuições efetivamente pagas pelo empregador a título de previdência privada;

XXVIII – valor relativo à assistência médica, hospitalar e odontológica, prestada diretamente pelo empregador ou mediante seguro-saúde;

XXIX – valor correspondente a vestuários, equipamentos e outros acessórios fornecidos ao empregado e utilizados no local de trabalho para prestação dos serviços;

XXX – ressarcimento de despesas pelo uso de veículo do empregado, quando devidamente comprovadas;

XXXI – valor relativo à concessão de educação, em estabelecimento de ensino do empregador ou de terceiros, compreendendo valores relativos a matrícula, mensalidade, anuidade, livros e material didático;

XXXII – valores recebidos em decorrência da cessão de direitos autorais;

XXXIII – auxílio-creche pago em conformidade com a legislação trabalhista, para ressarcimento de despesas devidamente comprovadas com crianças de até 6 (seis) anos de idade;

XXXIV – auxílio-babá, limitado ao salário mínimo, pago em conformidade com a legislação trabalhista e condicionado a comprovação do registro na Carteira de Trabalho e Previdência Social – CTPS, para ressarcimento de despesas de remuneração e contribuição previdenciária de empregado que cuide de crianças de até 6 (seis) anos de idade;

XXXV – valor das contribuições efetivamente pagas pelo empregador a título de prêmio de seguro de vida e de acidentes pessoais; e

XXXVI – o valor do tempo de espera, nos termos do § 9º do art. 235-C da CLT.

13.4. Saque do FGTS

Nos termos do art. 20 da Lei 8.036/1990, permite-se a movimentação da conta do FGTS, nas seguintes hipóteses:

> I – despedida sem justa causa, inclusive a indireta, de culpa recíproca e de força maior;
>
> II – extinção total da empresa, fechamento de quaisquer de seus estabelecimentos, filiais ou agências, supressão de parte de suas atividades, declaração de nulidade do contrato de trabalho nas condições do art. 19-A, ou ainda falecimento do empregador individual sempre que qualquer dessas ocorrências implique rescisão de contrato de trabalho, comprovada por declaração escrita da empresa, suprida, quando for o caso, por decisão judicial transitada em julgado;

Nessas situações entende a doutrina que a retirada a que o obreiro pode efetuar corresponde aos depósitos efetuados no último contrato de trabalho.

> III – aposentadoria concedida pela Previdência Social;
>
> IV – falecimento do trabalhador, sendo o saldo pago a seus dependentes, para esse fim habilitados perante a Previdência

Social, segundo o critério adotado para a concessão de pensões por morte. Na falta de dependentes, farão jus ao recebimento do saldo da conta vinculada os seus sucessores previstos na lei civil, indicados em alvará judicial, expedido a requerimento do interessado, independente de inventário ou arrolamento;

V – pagamento de parte das prestações decorrentes de financiamento habitacional concedido no âmbito do Sistema Financeiro da Habitação (SFH), desde que:

a) o mutuário conte com o mínimo de 3 (três) anos de trabalho sob o regime do FGTS, na mesma empresa ou em empresas diferentes;

b) o valor bloqueado seja utilizado, no mínimo, durante o prazo de 12 (doze) meses;

c) o valor do abatimento atinja, no máximo, 80 (oitenta) por cento do montante da prestação;

VI – liquidação ou amortização extraordinária do saldo devedor de financiamento imobiliário, observadas as condições estabelecidas pelo Conselho Curador, dentre elas a de que o financiamento seja concedido no âmbito do SFH e haja interstício mínimo de 2 (dois) anos para cada movimentação;

VII – pagamento total ou parcial do preço de aquisição de moradia própria, ou lote urbanizado de interesse social não construído, observadas as seguintes condições:

a) o mutuário deverá contar com o mínimo de 3 (três) anos de trabalho sob o regime do FGTS, na mesma empresa ou empresas diferentes;

b) seja a operação financiável nas condições vigentes para o SFH;

Vale dizer que, nos termos do § 3º do art. 20 da Lei, o direito de adquirir moradia com recursos do FGTS, pelo trabalhador, só poderá ser exercido para um único imóvel.

VIII – quando o trabalhador permanecer três anos ininterruptos, a partir de 01.06.1990, fora do regime do FGTS, podendo o saque, neste caso, ser efetuado a partir do mês de aniversário do titular da conta.

IX – extinção normal do contrato a termo, inclusive o dos trabalhadores temporários regidos pela Lei 6.019, de 03.01.1974;

X – suspensão total do trabalho avulso por período igual ou superior a 90 (noventa) dias, comprovada por declaração do sindicato representativo da categoria profissional.

XI – quando o trabalhador ou qualquer de seus dependentes for acometido de neoplasia maligna.

XII – aplicação em quotas de Fundos Mútuos de Privatização, regidos pela Lei 6.385, de 07.12.1976, permitida a utilização máxima de 50 % (cinquenta por cento) do saldo existente e disponível em sua conta vinculada do Fundo de Garantia do Tempo de Serviço, na data em que exercer a opção.

XIII – quando o trabalhador ou qualquer de seus dependentes for portador do vírus HIV;

IV – quando o trabalhador ou qualquer de seus dependentes estiver em estágio terminal, em razão de doença grave, nos termos do regulamento;

XV – quando o trabalhador tiver idade igual ou superior a setenta anos.

XVI – necessidade pessoal, cuja urgência e gravidade decorra de desastre natural, conforme disposto em regulamento, observadas as seguintes condições:

a) o trabalhador deverá ser residente em áreas comprovadamente atingidas de Município ou do Distrito Federal em situação de emergência ou em estado de calamidade pública, formalmente reconhecidos pelo Governo Federal;

b) a solicitação de movimentação da conta vinculada será admitida até 90 (noventa) dias após a publicação do ato de reconhecimento, pelo Governo Federal, da situação de emergência ou de estado de calamidade pública;

c) o valor máximo do saque da conta vinculada será definido na forma do regulamento.

XVII – integralização de cotas do FI-FGTS, respeitado o disposto na alínea *i* do inciso XIII do art. 5º desta Lei, permitida a utilização máxima de 30% (trinta por cento) do saldo existente e disponível na data em que exercer a opção; *e*

XVIII – quando o trabalhador com deficiência, por prescrição, necessite adquirir órtese ou prótese para promoção de acessibilidade e de inclusão social.

Importante ressaltar que a mudança do regime celetista para o estatutário não possibilita o levantamento do FGTS, pois não há rescisão do vínculo, tampouco determinação da lei nesse sentido.

SÚMULA 382 TST – MUDANÇA DE REGIME CELETISTA PARA ESTATUTÁRIO. EXTINÇÃO DO CONTRATO. PRESCRIÇÃO BIENAL

A transferência do regime jurídico de celetista para estatutário implica extinção do contrato de trabalho, fluindo o prazo da prescrição bienal a partir da mudança de regime.

Assim, ainda que a mudança do regime celetista para o estatutário implique na extinção do contrato de trabalho, não significa dizer que é permitida a movimentação da conta do FGTS, pois a lei não autoriza a movimentação nessa hipótese.

13.5. Prescrição do FGTS

Muito se discutiu acerca do prazo prescricional do FGTS, tendo em vista sua própria natureza jurídica.

Por muito tempo o STJ, de acordo com sua Súmula 210 e o próprio TST aplicaram a regra de prescrição trintenária.

O fundamento para o prazo diferenciado de prescrição estaria na própria Lei 8.036/1990 que em seu art. 23, § 5º, dispõe:

§ 5º O processo de fiscalização, de autuação e de imposição de multas reger-se-á pelo disposto no Título VII da CLT, respeitado o privilégio do FGTS à prescrição trintenária.

Adotava-se, portanto, a prescrição trintenária. Para se efetivar a cobrança de direitos relacionados ao FGTS, deverá ser observado o prazo de prescrição bienal, contados da extinção do contrato de trabalho. Assim, após a extinção do contrato de trabalho, o obreiro interessado terá o prazo prescricional de 2 (dois) anos para ingressar com a competente reclamação, podendo pleitear os 30 anos anteriores à propositura da ação.

Todavia, o Plenário do Supremo Tribunal Federal atualizou sua jurisprudência para modificar de 30 anos para 5 anos o prazo de prescrição aplicável à cobrança de valores não depositados no FGTS. A decisão majoritária foi tomada no julgamento do Recurso Extraordinário com Agravo (ARE) 709212, com repercussão geral reconhecida. Ao analisar o caso, o Supremo declarou a inconstitucionalidade das normas que previam a prescrição trintenária.

O Ministro Gilmar Mendes, relator do RE, explicou que o artigo 7º, inciso III, da Constituição Federal prevê expressamente o FGTS como um direito dos trabalhadores urbanos e rurais e destacou que o prazo de cinco anos aplicável aos créditos resultantes das relações de trabalho está previsto no inciso XXIX do mesmo dispositivo. Assim, se a Constituição regula a matéria, não poderia a lei ordinária tratar o tema de outra forma.

O relator propôs a modulação dos efeitos da decisão. Assim, para aqueles casos cujo termo inicial da prescrição – ou seja, a ausência de depósito no FGTS – ocorra após a data do julgamento, aplica-se, desde logo, o prazo de cinco anos. Por outro lado, para os casos em que o prazo prescricional já esteja em curso, aplica-se o que ocorrer primeiro: 30 anos, contados do termo inicial, ou cinco anos, a partir deste julgamento.

Seguindo essa orientação, em junho de 2015 o TST conferiu nova redação a Súmula 362, assim determinando:

SÚMULA 362 TST – FGTS. PRESCRIÇÃO.

I – Para os casos em que a ciência da lesão ocorreu a partir de 13.11.2014, é quinquenal a prescrição do direito de reclamar contra o não recolhimento de contribuição para o FGTS, observado o prazo de dois anos após o término do contrato;

II – Para os casos em que o prazo prescricional já estava em curso em 13.11.2014, aplica-se o prazo prescricional que se consumar primeiro: trinta anos, contados do termo inicial, ou cinco anos, a partir de 13.11.2014 (STF-ARE-709212/DF).

Assim, caso a ciência da lesão, ou seja, o não recolhimento do FGTS ocorreu após 13.11.2014, data do julgamento do Recurso Extraordinário com agravo pelo STF, a prescrição é quinquenal. Nesse caso, o empregado deverá obedecer ao prazo de prescrição bienal para ingressar com a ação em até 2 anos após a extinção do contrato de trabalho, podendo pleitear os 5 anos pretéritos ao ajuizamento da ação.

Todavia, se em 13.11.2014 a lesão já havia ocorrido, ou seja, se já tiver se iniciada a contagem do prazo prescricional, deverá ser aplicado o prazo prescricional que se consumar primeiro: trinta anos, contados do termo inicial, ou cinco anos, a partir de 13.11.2014.

Parte II Direito Coletivo do Trabalho

1. ASPECTOS GERAIS E PRINCÍPIOS

1.1. Conceito

É o ramo do direito do trabalho capaz de regular a organização sindical, a negociação coletiva bem como os instrumentos normativos decorrentes dessa negociação, a representação dos trabalhadores na empresa e, ainda, o direito de greve. Nas lições de Mauricio Godinho Delgado (em *Curso de Direito do Trabalho*, 8ª ed., São Paulo, LTr, 2009, p. 1179-1180) o direito coletivo do trabalho pode ser conceituado como o "complexo de institutos, princípios e regras jurídicas que regulam as relações laborais de empregados e empregadores e outros grupos jurídicos normativamente especificados, considerada sua ação coletiva, realizado autonomamente ou através das respectivas entidades sindicais".

1.2. Natureza jurídica

A autonomia do direito coletivo do trabalho é tema polêmico.

Pequena parte da doutrina sustenta que esse ramo do direito possui autonomia científica. Para essa corrente de pensamento esse ramo do direito possui sujeito, objeto e relação jurídica diversos do direito individual do trabalho.

Para essa doutrina, o sujeito do direito coletivo do trabalho é a categoria, enquanto no direito individual o sujeito é o trabalhador; o objeto do direito coletivo consiste na satisfação do direito do trabalhador, não como pessoa, mas sim como integrante da categoria, ao passo que no direito individual o objeto é a satisfação do trabalhador como pessoa individual; e, por último, a relação jurídica do direito individual cria relação de cunho contratual, no direito coletivo a relação jurídica estabelece condições com mais vantagens do que aquelas incorporadas ao contrato de trabalho.

Contudo, o entendimento que prevalece afirma que o direito coletivo do trabalho não possui autonomia, haja vista a identidade legislativa, na medida em que o corpo normativo do direito coletivo é o mesmo do restante do direito do trabalho; existência de identidade doutrinária; presença de identidade jurisdicional, na medida em que é o judiciário trabalhista que cuida das relações coletivas, não existindo um ramo próprio, entre outros aspectos.

1.3. Evolução histórica

Como visto, no capítulo 1 de direito individual do trabalho, no século XVIII, com a Revolução Industrial na Inglaterra, as máquinas foram ganhando mais espaço nas fábricas, tomando, assim, o lugar de muitos operários.

Nesse momento, surgiram duas classes sociais: o capitalista, que é o proprietário dos meios de produção; e o proletário, proprietário apenas de sua força de trabalho, que recebia salários cada vez mais baixos, trabalhando em uma jornada que chegava até a 16 horas.

A par dessa situação, os proletariados perceberam a necessidade de se associarem para, juntos, buscarem melhores condições de trabalho, surgindo com isso os primeiros sindicatos.

A organização dos operários inicialmente era definida como crime, resultando em penas severas, inclusive a morte. Posteriormente, as reuniões e associações passaram a ser toleradas, sendo, finalmente, um direito garantido por lei.

O sindicalismo nasceu na Inglaterra em 1720, onde os trabalhadores se organizaram em associações para reivindicar melhores salários e condições de trabalho.

Na França, apenas em 1884 foi reconhecida a liberdade de associação. Já na Alemanha somente a partir de 1919 a Constituição daquele país passou a reconhecer a liberdade de organização sindical. Foi a primeira constituição de um país a garantir este direito.

Já em 1948, a Declaração Universal dos Direitos Humanos trouxe em seu conteúdo a garantia da livre participação sindical. No mesmo ano, a Organização Internacional do Trabalho (OIT) estabeleceu, através da Convenção 87, linhas gerais sobre o direito de livre sindicalização. No entanto, é importante destacar que esta Convenção Internacional ainda não foi ratificada pelo Brasil, apesar da participação brasileira em sua elaboração.

Desta forma, o direito coletivo do trabalho está enraizado no próprio direito do trabalho.

1.4. Princípios

1.4.1. Princípio da liberdade associativa e sindical

Por meio desse princípio se postula a prerrogativa do obreiro em associar-se e, consequentemente, sindicalizar-se.

A liberdade associativa visa a proteger qualquer reunião estável e pacífica, seja qual for seu segmento social ou temas causadores dessa reunião.

A liberdade sindical, por sua vez, abrange a liberdade de criação dos sindicatos e sua extinção. Abrange, também, a livre vinculação a um sindicato bem como a livre desfiliação de seus quadros.

A Constituição Federal trata sobre o assunto no art. 5º, XX, que ensina: "ninguém poderá ser compelido a associar-se ou a permanecer associado".

A liberdade sindical encontra-se regulada na Convenção 87 da Organização Internacional do Trabalho – OIT de 1948, norma internacional não ratificada pelo Brasil.

1.4.2. Princípio da autonomia sindical

Para Mauricio Godinho Delgado (em *Curso de Direito do Trabalho*, 8ª ed., São Paulo, LTr, 2009, p. 1204), o "princípio sustenta a garantia de autogestão às organizações associativas e sindicato dos trabalhadores, sem interferências empresariais ou do Estado. Trata-se ele, portanto, da livre estruturação interna do sindicato, sua livre atuação externa, sua sustentação econômico-financeira e sua desvinculação de controles administrativos estatais ou em face do empregador".

O sindicato possui, então, livre estruturação interna, detém autonomia funcional e não há controles administrativos estatais, tampouco por parte dos empresários.

A CF/1988 eliminou o controle político-administrativo do Estado sobre a estrutura dos sindicatos, seja com relação à sua criação, seja quanto à sua gestão, nos termos do seu art. 8º, I.

A Constituição Federal foi além, aumentando as prerrogativas da atuação dos sindicatos em questões judiciais e administrativas, em conformidade com o art. 8º, III, em que "ao sindicato cabe a defesa dos direitos e interesses coletivos ou individuais da categoria, inclusive em questões judiciais ou administrativas"; nas negociações coletivas (art. 8º, VI) onde "é obrigatória a participação dos sindicatos nas negociações coletivas de trabalho" e art. 7º, XXVI, que estabelece o "reconhecimento das convenções e acordos coletivos de trabalho"; e com relação ao direito de greve, previsto no art. 9º da CF, segundo o qual "é assegurado o direito de greve, competindo aos trabalhadores decidir sobre a oportunidade de exercê-lo e sobre os interesses que devam por meio dele defender".

1.4.3. Princípio da adequação setorial negociada

Refere-se aos limites que as normas decorrentes de negociação coletiva devem observar.

Por esse princípio, as normas autônomas construídas para incidirem sobre certo "grupo profissional" podem prevalecer sobre as normas imperativas estatais existentes. Em outras palavras, os instrumentos coletivos podem estabelecer condições mais benéficas aos trabalhadores em conformidade com o princípio da norma mais favorável contido no art. 7º, *caput*, da CF.

1.4.4. Princípio da criatividade jurídica da negociação coletiva

Traz a ideia de que a negociação coletiva e seus instrumentos (contrato coletivo, acordo coletivo, convenção coletiva) podem criar normas jurídicas, desde que não contrariem a norma estatal.

1.4.5. Princípio da lealdade e transparência na negociação coletiva

Objetiva a lealdade e o livre acesso a informações, ou seja, lisura e transparência na conduta negocial. Em outras palavras, deve ser inferida na simples ideia de lealdade e boa-fé.

2. ORGANIZAÇÃO SINDICAL

2.1. Evolução do sindicalismo no Brasil

Após a abolição da escravatura e a proclamação da República, imigrantes da Europa que possuíam uma experiência de trabalho assalariado, já com direitos trabalhistas, chegaram ao Brasil e encontraram uma sociedade atrasada com relação aos direitos e, ainda, com práticas escravocratas. Esses trabalhadores, então, começaram a se organizar, formando o que viriam a ser os sindicatos.

O movimento sindical mais forte ocorreu em São Paulo, onde os imigrantes que integravam a massa de trabalhadores das fábricas e indústrias desencadearam uma onda de revolta, que foi contida por uma violenta repressão policial. No Rio de Janeiro, porém, o movimento estava calcado em causas mais imediatas como a melhoria de salários e a diminuição do horário de trabalho.

A expressão "sindicato" passou a ser utilizada a partir de 1903, com o Decreto Legislativo 979 e, posteriormente, com o Decreto Legislativo 1637 de 1907, nasceu, no Brasil, a primeira fase do Sindicalismo.

Em 1930, o Governo Federal cria o Ministério do Trabalho e em 1931, por meio de decreto, que regulamentou a sindicalização das classes patronais e operárias, criaram-se, então, as Juntas de Conciliação e Julgamento. Com a promulgação da Constituição de 1988, nascem a liberdade e unicidade sindical.

As organizações sindicais passaram a ter caráter paraestatal, sendo instituído o imposto sindical, e nesse momento histórico a greve ficou proibida. Somente em 1955 o movimento sindical brasileiro voltou a se expandir.

A Constituição Federal de 1988 disciplinou a organização sindical da forma mais democrática nos artigos 8º a 11, desvinculando-a do Estado. Nasceram, assim, a autonomia coletiva privada e a liberdade sindical.

2.2. Sistema sindical

A Constituição Federal brasileira, em seu art. 8º, *caput*, consagra o princípio da liberdade sindical, alicerce da organização sindical no Brasil.

O sistema sindical brasileiro adota o princípio da "unicidade sindical", consagrada no art. 8º, II, da CF, que ensina ser livre a associação profissional ou sindical, sendo, porém, vedada a criação de mais de uma organização sindical, em qualquer grau, representativa de categoria profissional ou econômica, na mesma base territorial, que será definida pelos trabalhadores ou empregadores interessados, não podendo ser inferior à área de um município.

Institui que cabe ao sindicato a defesa dos direitos e interesses coletivos ou individuais da categoria, inclusive em questões judiciais ou administrativas.

A Assembleia Geral fixará a contribuição que, em se tratando de categoria profissional, será descontada em folha para custeio do sistema confederativo da representação sindical respectiva, independentemente da contribuição prevista em lei.

Na legislação infraconstitucional, a organização é disciplinada nos arts. 511 a 610 da CLT.

O art. 511 consolidado ensina ser lícita a associação para fins de estudo, defesa e coordenação dos seus interesses econômicos ou profissionais de todos os que, como empregadores, empregados, agentes ou trabalhadores autônomos ou profissionais liberais exerçam, respectivamente, a mesma atividade ou profissão ou atividades ou profissões similares ou conexas. Essa associação mencionada no referido dispositivo legal é o que chamamos de sindicato, como se vê pela redação do art. 512 da CLT.

2.2.1. Classificação das categorias

O sistema sindical é organizado em categorias e deve ser entendido, nas lições de Gustavo Felipe Barbosa Garcia (em *Curso de Direito do Trabalho*, 2ª ed., São Paulo, Método, 2008, p. 1068), como "o conjunto de pessoas com interesses profissionais ou econômicos em comum, decorrentes de identidade de condições ligadas ao trabalho ou atividade econômica desempenhada".

Categoria econômica consiste na solidariedade de interesses econômicos daqueles que explorem atividades idênticas, similares ou conexas. É, portanto, a categoria dos empregadores. Já categoria profissional é aquela que possui semelhança de condições de vida oriunda da profissão ou trabalho em comum, em situação de emprego na mesma atividade econômica ou em atividades econômicas similares ou conexas; em outras palavras, é a categoria dos empregados.

Existe, também, a chamada categoria profissional diferenciada, que deve ser entendida como aquela formada pelos empregados que exerçam profissões ou funções diferenciadas por força de estatuto profissional especial ou em consequência de condições de vida singulares.

Sobre as categorias profissionais diferenciadas é importante lembrar os ensinamentos contidos na Orientação Jurisprudencial 36 da SDC do TST:

> ORIENTAÇÃO JURISPRUDENCIAL 36 DA SDC DO TST – EMPREGADOS DE EMPRESA DE PROCESSAMENTO DE DADOS. RECONHECIMENTO COMO CATEGORIA DIFERENCIADA. IMPOSSIBILIDADE.
>
> É por lei e não por decisão judicial, que as categorias diferenciadas são reconhecidas como tais. De outra parte, no que tange aos profissionais da informática, o trabalho que desempenham sofre alterações, de acordo com a atividade econômica exercida pelo empregador.

2.3. Entidades Sindicais

São três as entidades sindicais, a saber: sindicatos, federações e confederações.

2.3.1. Sindicatos

São entidades associativas que representam os grupos coletivos, tanto laborais, quanto patronais. Nas lições de Alice Monteiro de Barros (em *Curso de Direito do Trabalho*, 3ª ed., São Paulo, LTr, 2007, p. 1207), sindicato é definido como uma "forma de associação profissional devidamente reconhecida pelo Estado como representante legal da categoria".

Cabe ao sindicato defender os direitos e interesses coletivos ou individuais da categoria, inclusive em questões judiciais ou administrativas. Também são prerrogativas dos sindicatos: celebrar contratos coletivos de trabalho; colaborar com o Estado, como órgãos técnicos e consultivos, no estudo e solução dos problemas que se relacionam com a respectiva categoria ou profissão liberal; e, ainda, impor contribuições a todos aqueles que participam das categorias econômicas ou profissionais ou das profissões liberais representadas.

2.3.1.1. Natureza jurídica

O sindicato é uma pessoa jurídica de direito privado e possui formato de associação.

Este entendimento, inclusive confirmado na III Jornada de Direito Civil realizado pelo Conselho da Justiça Federal, levou à edição do Enunciado 142 ("Os partidos políticos, os sindicatos e as associações religiosas possuem natureza associativa, aplicando-se lhes o Código Civil") e do Enunciado 144 ("A relação das pessoas jurídicas de direito privado, constante do art. 44, incs. I a V, do Código Civil, não é exaustiva").

Vale ressaltar que no atual sistema sindical não é permitida a interferência do Estado, em função do princípio da liberdade sindical.

2.3.1.2. Personalidade jurídica

O sindicato adquire sua personalidade jurídica com o registro no Ministério do Trabalho e Emprego, em conformidade com a Súmula 677 do STF, que assim dispõe: "Até que lei venha a dispor a respeito, incumbe ao Ministério do Trabalho proceder ao registro das entidades sindicais e zelar pela observância do princípio da unicidade".

Porém, é necessário, também, que o sindicato proceda ao registro no cartório de registro civil das pessoas jurídicas, em conformidade com o Código Civil pátrio.

Desta forma, a partir da vigência da CF/1988, as entidades sindicais tornam-se pessoas jurídicas, desde sua inscrição e registro no Cartório de Registro Civil das Pessoas Jurídicas, não conferindo personalidade jurídica, ou qualquer consequência jurídica, o simples arquivamento de seus atos constitutivos no Ministério do Trabalho e Emprego.

Porém, a comprovação da legitimidade *ad processum* da entidade sindical se faz por seu registro no órgão competente do Ministério do Trabalho, mesmo após a promulgação da Constituição Federal de 1988. É o que dispõe a Orientação Jurisprudencial 15 da SDC do TST.

2.3.1.3. *Estrutura dos sindicatos*

Os sindicatos são compostos por três órgãos, a saber:

2.3.1.3.1. Assembleia geral

É o órgão competente para eleger, dentre os associados, o representante da categoria.

É a assembleia geral que toma e aprova as contas e julga os atos da diretoria quanto a penalidades impostas aos associados.

À assembleia geral compete, também, deliberar sobre os dissídios do trabalho e eleger os diretores e membros do conselho fiscal.

2.3.1.3.2. Diretoria

Órgão composto de, no mínimo, três e, no máximo, sete membros, dentre os quais será eleito o presidente do sindicato pela assembleia geral.

2.3.1.3.3. Conselho fiscal

O conselho fiscal é o órgão competente para supervisionar a gestão financeira do sindicato, composto por três membros, eleitos pela assembleia geral.

2.3.2. *Federações*

São entidades de grau superior organizadas nos Estados, formadas por número não inferior a cinco sindicatos, representando a maioria absoluta de um grupo de atividades ou profissões idênticas, similares ou conexas, em conformidade com o art. 534 da CLT.

São como órgãos internos das federações:

2.3.2.1. *Diretoria*

A diretoria é formada por, no mínimo, três diretores, não havendo limite máximo de membros.

2.3.2.2. *Conselho de representantes*

Órgão composto pelas delegações dos sindicatos ou federações filiadas, constituída cada uma por dois membros, com mandato de três anos.

2.3.2.3. *Conselho fiscal*

Órgão composto por três membros com competência para fiscalizar a gestão financeira das federações.

2.3.3. *Confederações*

As confederações são entidades sindicais de grau superior de âmbito nacional, formadas, nos termos do art. 535 da CLT, por no mínimo três federações, tendo sua sede em Brasília.

Nos termos do art. 538 da CLT a administração das federações e confederações é realizada pela: a) Diretoria composta por, no mínimo, três membros; b) Conselho de Representantes e c) Conselho Fiscal.

2.3.4. *Estabilidade sindical*

A CF/1988, em seu art. 8º, VIII, bem como o art. 543, § 3º, da CLT, ensinam que é vedada a dispensa sem justa causa do empregado sindicalizado a partir do registro de sua candidatura a cargo de direção ou representação sindical e, se eleito, ainda que suplente, até um ano após o mandato, salvo se cometer falta grave.

A falta grave necessitará ser apurada mediante a instauração de inquérito judicial para apuração de falta grave, nos termos do art. 853 e seguintes da CLT.

Nesse sentido é a Súmula 379 do TST: "O dirigente sindical somente poderá ser dispensado por falta grave mediante a apuração em inquérito judicial, inteligência dos arts. 494 e 543, § 3º, da CLT".

Para que o empregado adquira a estabilidade é indispensável que a entidade sindical comunique o empregador, na forma do § 5º do art. 543 da CLT, por escrito, no prazo de 24 (vinte e quatro) horas, o dia e a hora do registro da candidatura do seu empregado e, em igual prazo, sua eleição e posse.

Vale dizer que o registro da candidatura a cargo de dirigente sindical durante o período de aviso-prévio, ainda que indenizado, não lhe assegura a estabilidade, em conformidade com a Súmula 369, V, do TST.

O art. 522 da CLT estabelece que a administração do sindicato será exercida por uma diretoria constituída no máximo de sete e no mínimo de três membros e de um conselho fiscal composto de três membros, eleitos esses órgãos pela assembleia geral.

Desta forma, os 7 (sete) dirigentes sindicais, bem como seus suplentes, farão jus à estabilidade prevista no citado dispositivo. Nesse sentido o TST firmou entendimento cristalizado na Súmula 369, item II, de acordo com a redação dada pela Resolução 174/2011 do mesmo tribunal.

No entanto, a estabilidade em questão não será assegurada aos membros do conselho fiscal, na medida em que exercem fiscalização financeira do sindicato, não exercendo função de representação da categoria.

Com relação ao empregado de categoria diferenciada, apenas desfrutará da estabilidade caso exerça na empresa atividade pertinente à categoria profissional do sindicato para o qual foi eleito dirigente.

Por último, importa ressaltar que, havendo extinção da atividade empresarial no âmbito da base territorial do sindicato, não há razão para subsistir a estabilidade.

2.3.5. *Centrais sindicais*

Devem ser entendidas como entidades associativas de direito privado compostas por organizações sindicais de trabalhadores. São entidades de representação geral dos trabalhadores, constituídas em âmbito nacional e possuem natureza jurídica de direito privado, sendo associações civis.

Nas lições de Gustavo Felipe Barbosa Garcia (em *Curso de Direito do Trabalho*, 2ª ed., São Paulo, Método, 2008, p. 1104), "são órgãos de cúpula, intercategoriais, de âmbito nacional, coordenando os demais órgãos, sem integrar o sistema sindical confederativo regulado na Constituição Federal".

As centrais sindicais têm como atribuições coordenar a representação dos trabalhadores por meio das organizações sindicais a elas filiadas e também participar de negociações em fóruns, colegiados de órgãos públicos e demais espaços de diálogo social que possuam composição tripartite, nos quais estejam em discussão assuntos de interesse geral dos trabalhadores.

Detalhe importante no que diz respeito às centrais sindicais é que mesmo com a edição da Lei 11.648/2008, que reconheceu formalmente as centrais sindicais, elas não fazem parte do sistema sindical brasileiro.

As centrais sindicais não integram o sistema confederativo previsto na Constituição Federal, tampouco na CLT, que se baseia na unicidade de representação em todos os níveis.

São consideradas associações civis, legalmente constituídas, nos termos do que estabelece o art. 5º, incisos XVII e XXI, da CF.

Na condição de associações civis que são, as centrais sindicais não têm legitimidade jurídica para "decretar greves, celebrar convenções ou acordos coletivos de trabalho, instituir juízo arbitral ou representar categoria de trabalhadores em dissídio coletivo da competência da Justiça do Trabalho", nas lições de Arnaldo Süssekind (em *Direito Constitucional do Trabalho*, 2ª ed. ampliada e atualizada, Rio de Janeiro/São Paulo, Renovar, 2001, p.389).

É importante ressaltar, desta forma, que, não sendo as Centrais Sindicais uma associação de natureza sindical, mas sim de natureza civil, não faz jus seu dirigente à estabilidade sindical prevista no art. 8º, VIII, da CF.

2.4. Modelos sindicais

2.4.1. Unicidade sindical

Modelo baseado em reconhecer um único sindicato como representante de cada grupo profissional.

Consagrado na CF/1988 em seu art. 8º, II, significa dizer que não pode haver criação de mais de uma organização sindical, em qualquer grau, de uma mesma categoria profissional ou econômica na mesma base territorial, que deve ser, no mínimo, igual ao território de um Município.

2.4.2. Unidade sindical

Não se confunde unidade sindical com a já estudada unicidade sindical.

De acordo com essa modalidade, um único sindicato representa a categoria. Essa determinação não decorre de lei, mas sim de decisão tomada pelos próprios interessados.

Por não ser imposta por lei, é plenamente compatível com o princípio da liberdade sindical, sendo compatível, também, com a Convenção 87 da Organização Internacional do Trabalho – OIT.

2.4.3. Pluralismo sindical

Modelo de organização por meio do qual os próprios trabalhadores escolhem a forma de representação de modo flexível e através de uma escolha política.

Nesse modelo, não adotado pelo Brasil, existe mais de um ente sindical representando a mesma categoria, na mesma base territorial.

Está em perfeita harmonia com o princípio da liberdade sindical, na medida em que autoriza os interessados a se unirem e organizarem entes sindicais, independentemente da existência de outro sindicato.

2.5. Sistema de custeio

O custeio dos sindicatos é formado por quatro sistemas, denominados: contribuição legal, contribuição assistencial, contribuição confederativa e contribuição voluntária.

2.5.1. Contribuição sindical

De natureza compulsória, a contribuição sindical possui natureza jurídica de imposto, ou seja, seu pagamento é obrigatório por todo trabalhador.

Disciplinada nos arts. 578 a 610 da CLT, é devida por todos os membros de uma categoria econômica ou profissional, independentemente de filiação.

De acordo com o art. 580 consolidado, a contribuição sindical corresponde, para os empregados, à remuneração de um dia de trabalho; para os agentes ou trabalhadores autônomos e para os profissionais liberais, numa importância correspondente a 30% do maior valor de referência fixado pelo Poder Executivo vigente à época em que é devida a contribuição sindical. Já a patronal corresponde a uma importância proporcional ao capital social da empresa, mediante a aplicação de alíquotas baseada em uma tabela progressiva.

2.5.2. Contribuição confederativa

Objetiva custear o sistema confederativo como um todo, ou seja, tanto a categoria profissional como a categoria econômica e encontra-se prevista no inciso IV do art. 8º da Constituição Federal: "a assembleia geral fixará a contribuição que, em se tratando de categoria profissional, será descontada em folha, para custeio do sistema confederativo da representação sindical respectiva, independentemente da contribuição prevista em lei".

Essa contribuição é devida somente aos associados, posição firmada pelo STF por meio da Súmula 666 que ensina: "a contribuição confederativa de que trata o art. 8º, IV, da Constituição, só é exigível dos filiados ao sindicato respectivo".

Nessa mesma linha, a Seção de Dissídios Coletivos do TST editou a Orientação Jurisprudencial 17, que dispõe:

> ORIENTAÇÃO JURISPRUDENCIAL 17 DA SDC – CONTRIBUIÇÕES PARA ENTIDADES SINDICAIS. INCONSTITUCIONALIDADE DE SUA EXTENSÃO A NÃO ASSOCIADOS.
>
> As cláusulas coletivas que estabeleçam contribuição em favor de entidade sindical, a qualquer título, obrigando trabalhadores não sindicalizados, são ofensivas ao direito de livre associação e sindicalização, constitucionalmente assegurado, e, portanto, nulas, sendo passíveis de devolução, por via própria, os respectivos valores eventualmente descontados.

2.5.3. Contribuição assistencial

Prevista no art. 513, alínea *e*, da CLT, consiste em uma contribuição dada em favor do sindicato, em razão dos custos decorrentes da negociação coletiva. Na maioria das vezes essa contribuição é fixada em negociação coletiva.

Como a contribuição é confederativa, ela somente pode ser cobrada dos associados, posição adotada pelo TST no Precedente Normativo 119.

Precedente Normativo 119

"Contribuições Sindicais – Inobservância de preceitos Constitucionais. A Constituição da República, em seus arts. 5º, XX e 8º, V, assegura o direito de livre associação e sindicalização. É ofensiva a essa modalidade de liberdade cláusula constante de acordo, convenção coletiva ou sentença normativa estabelecendo contribuição em favor de entidade sindical a título de taxa para custeio do sistema confederativo, assistencial, revigoramento ou fortalecimento sindical e outras da mesma espécie, obrigando trabalhadores não sindicalizados. Sendo nulas as estipulações que inobservem tal restrição, tornam-se passíveis de devolução os valores irregularmente descontados."

2.5.4. *Contribuição voluntária*

A contribuição voluntária também é chamada de "mensalidade sindical". Ela está prevista no estatuto da entidade sindical, sendo devida somente pelos filiados do sindicato.

2.6. Substituição Processual dos Sindicatos

A norma contida no inciso III do art. 8º da CF confere aos sindicatos legitimidade ativa e passiva para representar os trabalhadores integrantes da categoria profissional em processos judiciais e administrativos.

O citado dispositivo constitucional assegura a substituição processual geral e irrestrita aos sindicatos e não mera representação processual.

Tratada no art. 12 do CPC[6], podemos dizer que na representação o representante age em nome do representado, ou seja, atua em nome alheio, na defesa de um interesse alheio.

Vale dizer que o representante não é parte do processo, a parte no processo é o representado.

Na substituição processual, a lei autoriza que alguém vá a juízo defender em nome próprio interesses alheios. Nesta, o substituto processual age em nome próprio, ou seja, é a parte no processo, porém atua na defesa de interesses dos substituídos.

A substituição pelo sindicato abrange todos os membros da categoria, indistintamente, sejam eles filiados ou não ao respectivo sindicato.

A substituição não é ilimitada, sendo aplicável apenas nas hipóteses em que a lei expressamente autorizar.

Desse modo, e nos termos da legislação em vigor, os sindicatos têm legitimidade para representar seus integrantes, como substituto processual, nas seguintes questões:

a) ação de cumprimento de sentença normativa ou de acordo homologado em processo de dissídio coletivo, nos termos do art. 872, parágrafo único, da CLT;

b) procedimento administrativo para aferição de insalubridade ou periculosidade em estabelecimento ou local de trabalho, conforme art. 195, § 1º, da CLT;

c) ação de cobrança dos adicionais de insalubridade ou periculosidade, nos moldes do art. 195, § 2º, da CLT. Nesse sentido é a Orientação Jurisprudencial 121 da SDI 1 do TST, que dispõe: "O sindicato tem legitimidade para atuar na qualidade de substituto processual para pleitear diferença de adicional de insalubridade".

6. Art. 75 do CPC/2015.

Ademais, poderá ser substituto processual em:

d) ação objetivando a efetivação dos depósitos relativos ao FGTS (art. 25 da Lei 8.036/1990).

Além dessas prerrogativas processuais, há de se frisar que somente o sindicato possui legitimidade para participar das negociações que objetivam a celebração de acordo ou convenção coletiva de trabalho, afastando, assim, a possibilidade de participação de qualquer outro ente em tais negociações.

No entanto, nos termos da Orientação Jurisprudencial 19 da SDC do TST, para a instauração de instância contra empresas sua legitimidade está condicionada à prévia autorização dos trabalhadores da suscitada diretamente envolvidos no conflito.

Vale lembrar que, para ser reconhecida como tal, a entidade sindical deve proceder ao registro no cartório de registro civil das pessoas jurídicas e, ainda, no Ministério do Trabalho. Nessa linha a Seção de Dissídios Coletivos do TST decidiu:

ORIENTAÇÃO JURISPRUDENCIAL 15 DA SDC DO TST – SINDICATO. LEGITIMIDADE "AD PROCESSUM". IMPRESCINDIBILIDADE DO REGISTRO NO MINISTÉRIO DO TRABALHO.

A comprovação da legitimidade "ad processum" da entidade sindical se faz por seu registro no órgão competente do Ministério do Trabalho, mesmo após a promulgação da Constituição Federal de 1988.

Por último, importante ressaltar que, ocorrendo substituição processual pelo sindicato, serão devidos honorários do advogado, nos termos da Súmula 219, item III, do TST. O raciocínio utilizado pelo Tribunal Superior segue a linha das causas em que o sindicato presta assistência judiciária gratuita ao empregado, nos termos do art. 14 da Lei 5.584/1970.

Dispõe a Súmula 219, item III, do TST:

SÚMULA 219 TST – HONORÁRIOS ADVOCATÍCIOS. HIPÓTESE DE CABIMENTO

(...)

III – São devidos os honorários advocatícios nas causas em que o ente sindical figure como substituto processual e nas lides que não derivem da relação de emprego.

3. CONFLITOS COLETIVOS DE TRABALHO

3.1. Conceito

São conflitos nos quais estão em disputa interesses abstratos de uma categoria ou grupo. Em outras palavras, quando o interesse de determinada categoria profissional se opõe à resistência da categoria econômica, surgem os conflitos coletivos de trabalho.

Os dissídios coletivos objetivam atender interesses abstratos de sujeitos indetermináveis que pertençam ou venham a pertencer a alguma categoria.

O traço marcante do dissídio coletivo é a indeterminação de sujeitos que pertencem ou pertencerão a alguma categoria, cujos interesses abstratos estão em conflito.

Os conflitos coletivos de trabalho não podem ser confundidos com os dissídios individuais plúrimos.

Isso porque, nos dissídios plúrimos, os trabalhadores figuram no polo ativo da demanda em litisconsórcio, defendendo interesses concretos de cada um deles.

3.1.1. Competência

Nos dissídios coletivos, a competência é originária dos Tribunais, ou seja, esses conflitos se iniciam em um Tribunal Regional do Trabalho – TRT ou no Tribunal Superior do Trabalho – TST e nunca nas varas do trabalho, como ocorre nos dissídios individuais, inclusive nos plúrimos.

A competência será dos Tribunais Regionais do Trabalho, nos termos do art. 678 da CLT: ao Pleno, quando divididos em Turmas, ou, onde houver, à Seção Especializada em dissídios coletivos, quando a base territorial do sindicato limitar-se a um Estado; ou a competência será do Tribunal Superior do Trabalho, caso a base territorial do sindicato exceda a jurisdição dos Tribunais Regionais do Trabalho, ou seja, caso abranja mais de um Estado, em conformidade com o art. 702, I, alínea "b", da CLT.

3.1.2. Processamento

Havendo convenção, acordo ou sentença normativa em vigor, o dissídio coletivo deverá ser instaurado dentro dos 60 dias anteriores ao respectivo termo final para que o novo instrumento possa ter vigência no dia imediato a esse termo.

Em dissídios coletivos não há contestação nem, tampouco, há que se falar em revelia, tendo em vista não haver pedido, mas sim propostas de criação de novas normas.

Recebida e protocolada a petição do dissídio, o Presidente do Tribunal designará a audiência de conciliação, dentro do prazo de 10 dias, determinando a notificação dos dissidentes.

Na audiência marcada, comparecendo ambas as partes, o Presidente do Tribunal as convidará para se pronunciarem sobre as bases da conciliação. Caso não sejam aceitas as bases propostas, o Presidente submeterá aos interessados a solução que lhe pareça capaz de resolver o dissídio.

Havendo acordo, o Presidente o submeterá à homologação do Tribunal na primeira sessão.

Não havendo acordo, ou não comparecendo ambas as partes ou uma delas, o Presidente submeterá o processo a julgamento, depois de realizadas as diligências que entender necessárias.

3.2. Classificação

Os conflitos coletivos de trabalho podem ser classificados em: conflitos coletivos de natureza econômica e conflitos coletivos de natureza jurídica.

3.2.1. Conflitos coletivos de natureza econômica

Para a instituição de normas e condições de trabalho, como, por exemplo, reajustes salariais, jornadas de trabalho, dentre outras, voltadas à observância nos contratos individuais de trabalho.

3.2.2. Conflitos coletivos de natureza jurídica

Objetivam interpretar disposição normativa específica da categoria. Têm por finalidade tornar possível a aplicação de norma já existente através da interpretação. Portanto, possui natureza declaratória e não constitutiva.

A interpretação não pode se operar sobre fato genérico, mas sim sobre fato concreto, a teor da Orientação Jurisprudencial 7 da SDC do TST que assim dispõe: "Dissídio Coletivo. Natureza jurídica. Interpretação de norma de caráter genérico. Inviabilidade. Não se presta o dissídio coletivo de natureza jurídica à interpretação de normas de caráter genérico, a teor do disposto no art. 313, II, do RITST".

Assim, vale dizer que, nos termos da Orientação Jurisprudencial 9 da SDC do TST, "o dissídio coletivo não é meio próprio para o sindicato vir a obter o reconhecimento de que a categoria que representa é diferenciada, pois esta matéria – enquadramento sindical – envolve a interpretação de norma genérica, notadamente do art. 577 da CLT".

O atual art. 114 da CF, com a redação dada pela Emenda Constitucional 45/2004, estabelece que no dissídio de natureza jurídica a tentativa de negociação coletiva não é condição da ação ou pressuposto processual para a instauração do dissídio.

Podem os dissídios coletivos ainda ser classificados como:

3.2.3. Originário

Será aplicado quando inexistentes ou em vigor normas e condições especiais de trabalho, decretadas em sentença normativa.

3.2.4. De revisão

São dissídios destinados a reavaliar normas e condições coletivas de trabalho preexistentes que se tornaram injustas ou ineficazes pela modificação das circunstâncias que as ditaram.

3.2.5. De declaração

Os dissídios de declaração são realizados em razão da paralisação do trabalho decorrente de greve.

Importa ressaltar que o acordo judicial homologado no processo de dissídio coletivo, abrangendo a totalidade ou parte das pretensões, tem força de decisão irrecorrível para as partes.

3.3. Formas de Solução

Os conflitos coletivos podem se resolver de diversos modos.

3.3.1. Autodefesa

Nessa modalidade, as próprias partes procedem à defesa de seus interesses, como, por exemplo, a greve e o *lockout*.

A greve, que será estudada no item 4, adiante, é um direito de todo trabalhador consagrado no art. 9º da CF e regulado pela Lei 7.783/1989.

Já o *lockout* é proibido no Brasil, nos termos do art. 17 da Lei 7.783/1989, que dispõe: "Fica vedada a paralisação das atividades, por iniciativa do empregador, com o objetivo de frustrar negociação ou dificultar o atendimento de reivindicações dos respectivos empregados (*lockout*)".

3.3.2. Autocomposição

Por essa modalidade a solução do conflito é realizada pelas próprias partes, sem a interferência de qualquer agente externo.

Em outras palavras, é um procedimento em que os próprios interessados resolvem suas controvérsias, como, por exemplo, a convenção coletiva e os acordos coletivos de trabalho.

A autocomposição se subdivide em:

3.3.2.1. *Unilateral*

Ocorre na hipótese de renúncia de parte da pretensão ou pelo reconhecimento da pretensão da parte adversa.

3.3.2.2. *Bilateral*

Nesse caso ocorrem concessões recíprocas, com natureza de transação.

3.3.3. *Heterocomposição*

A solução do conflito se dá pela interferência de um terceiro estranho à lide, geralmente um órgão do Estado, independente de aceitação das partes integrantes da controvérsia.

A heterocomposição pode ocorrer de dois modos, a saber:

3.3.3.1. *Arbitragem*

Prevista na Constituição Federal no art. 114, §§ 1º e 2º, na Lei 7.783/1989 em seu art. 3º, *caput*, na Lei 10.101/2000 no art. 4º, inciso II, e regulada pela Lei 9.307/1996, consiste em uma forma alternativa de resolver conflitos por meio da qual as partes estabelecem no contrato que, em vez de procurar o Poder Judiciário, irão utilizar o juízo arbitral para a solução da controvérsia.

Nessa linha, o art. 114, § 1º, da CF estabelece que, frustrada a negociação coletiva, poderão as partes eleger árbitro.

A convenção de arbitragem pode ser pactuada por compromisso arbitral ou por cláusula compromissória, sendo que o árbitro é um terceiro escolhido pelas próprias partes, que poderão determinar o procedimento a ser adotado, bem como o prazo para a conclusão da arbitragem.

Uma vez submetido à arbitragem, o processo torna-se sigiloso, característica que apenas pode ser quebrada pelas partes.

A convenção de arbitragem não viola o livre acesso ao Poder Judiciário (art. 5º, XXXV, da CF), na medida em que a escolha fica a cargo das próprias partes.

O procedimento arbitral apenas poderá ser realizado para causas que tratarem sobre direitos patrimoniais disponíveis, razão pela qual não é admitida em dissídios individuais trabalhistas, sendo admitida, somente, em se tratando de dissídio coletivo de trabalho.

3.3.3.2. *Jurisdição*

Etimologicamente, a palavra "jurisdição" provém do termo latim *iurisdictio*, o qual significa "dizer o direito".

Nessa modalidade, para a solução do conflito, constata-se a interferência de um agente externo, o Estado. O órgão do Estado que faz a intermediação para o conflito de interesses é o Juiz do Trabalho, sendo possível, em se tratando de dissídios coletivos de natureza econômica, a incidência do poder normativo da Justiça do Trabalho, que será estudado em seguida

Nessa linha, estabelece o art. 114, § 2º, da CF:

> **Art. 114.** (...)
>
> § 2º Recusando-se qualquer das partes à negociação coletiva ou à arbitragem, é facultado às mesmas, de comum acordo, ajuizar dissídio coletivo de natureza econômica, podendo a Justiça do Trabalho decidir o conflito, respeitadas as disposições mínimas legais de proteção ao trabalho, bem como as convencionadas anteriormente.

Em primeiro lugar, é importante ressaltar que a exigência do dispositivo em comento se dá apenas para o dissídio coletivo de natureza econômica, não sendo requisito para o ajuizamento do dissídio coletivo de natureza jurídica.

Pois bem. Conforme a redação do art. 114, § 2º, da CF, o dissídio coletivo de natureza econômica somente poderá ser ajuizado uma vez que não for obtida a solução do conflito pela negociação coletiva ou se as partes se recusarem a realizar a arbitragem.

Desse modo, é uma condição da ação específica do dissídio coletivo a recusa à negociação prévia ou à arbitragem, sem as quais não existirá interesse processual para o ajuizamento do dissídio.

O dispositivo em questão traz, ainda, como exigência o "comum acordo". Exige-se, portanto, o consenso entre as partes envolvidas no conflito para a instauração do dissídio.

Por último, importante destacar que nos termos da OJ 22 da SDC do TST, "é necessária a correspondência entre as atividades exercidas pelos setores profissional e econômico, a fim de legitimar os envolvidos no conflito a ser solucionado pela via do dissídio coletivo".

3.3.3.2.1. Poder normativo da Justiça do Trabalho

O poder normativo consiste na competência legal dos Tribunais trabalhistas de criarem novas normas jurídicas nas decisões que proferem em dissídios coletivos. Nas lições de Renato Saraiva (em *Curso de Direito Processual do Trabalho*, 4ª ed., São Paulo, Método, 2007, p. 823), o poder normativo da Justiça do Trabalho

> consiste na competência constitucionalmente assegurada aos Tribunais laborais de solucionar os conflitos coletivos de trabalho, estabelecendo, por meio da denominada sentença normativa, normas gerais e abstratas de conduta, de observância obrigatória para as categorias profissionais e econômicas abrangidas pela decisão, repercutindo nas relações individuais de trabalho.

No julgamento dos dissídios coletivos, os tribunais resolvem o conflito com regras aplicáveis às relações de trabalho em geral das entidades envolvidas mediante o uso de normas legais já existentes, como ocorre nos dissídios coletivos de revisão, ou da criação de novas normas, como no dissídio coletivo de natureza econômica. Portanto, quando os Tribunais decidem sobre as disputas coletivas de trabalho estão autorizados, por lei, a exercer função tipicamente legislativa. Contudo, esse poder não é ilimitado.

Tem como limite as normas mínimas de proteção do trabalho já existentes, ou seja, o poder normativo encontra limites na própria lei, somente podendo atuar no vazio deixado pela norma, não sendo lícito, entretanto, sobrepor-se ou contrariar a legislação em vigor.

Desta maneira, as normas contidas na legislação trabalhista e aquelas normas já convencionadas e em vigor deverão ser observadas, não podendo o poder normativo afrontar tais disposições de forma a prejudicar os trabalhadores.

3.3.4. *Sentença normativa*

A decisão proferida pelos Tribunais Regionais do Trabalho ou pelo Tribunal Superior do Trabalho no julgamento dos dissídios coletivos leva o nome de sentença normativa.

Tem esse nome porque possui cláusulas normativas que estabelecem benefícios individuais para os trabalhadores, como, por exemplo, reajuste de salário, entre outros.

As sentenças normativas, além de possuírem cláusulas normativas, podem também estabelecer cláusulas obrigacionais estipulando direitos e deveres recíprocos, como, por exemplo, um adicional maior do que aquele estabelecido por lei.

Insta ressaltar que, em se tratando de dissídio coletivo de natureza econômica, a sentença normativa terá natureza constitutiva, ao passo que se o dissídio for de natureza jurídica a sentença possuirá natureza declaratória.

3.3.4.1. Vigência

O início da vigência da sentença normativa pode ocorrer em 3 momentos:

a) a partir da data de sua publicação na imprensa oficial, quando ajuizado após o prazo de 60 dias estabelecido no art. 616, § 3º, da CLT;

b) a partir do dia do termo final da vigência do acordo coletivo, convenção coletiva ou sentença normativa, quando ajuizado dentro desse mesmo prazo de 60 dias;

c) a partir da data do ajuizamento, caso não haja acordo coletivo, convenção coletiva ou sentença normativa em vigor.

O prazo máximo para a vigência da sentença normativa é de 4 anos, a teor do art. 868, parágrafo único, da CLT e não pode ser confundido com o prazo máximo de 2 anos para a vigência do acordo ou convenção coletiva.

3.3.5. Ação de cumprimento

A sentença normativa, quando não cumprida, não deve ser executada como acontece com as decisões proferidas em dissídio individual, isso porque não possui natureza condenatória, como vimos.

Esta decisão submete-se ao que chamamos de ação de cumprimento, como ensina o art. 872 da CLT:

> **Art. 872.** Celebrado o acordo, ou transitada em julgado a decisão, seguir-se-á o seu cumprimento, sob as penas estabelecidas neste Título.
>
> Parágrafo único. Quando os empregadores deixarem de satisfazer o pagamento de salários, na conformidade da decisão proferida, poderão os empregados ou seus sindicatos, independentes de outorga de poderes de seus associados, juntando certidão de tal decisão, apresentar reclamação à Junta ou Juízo competente, observado o processo previsto no Capítulo II deste Título, sendo vedado, porém, questionar sobre a matéria de fato e de direito já apreciada na decisão.

A ação de cumprimento é uma ação de conhecimento de cunho condenatório, proposta pelo sindicato, como substituto processual, ou pelos próprios trabalhadores perante a vara do trabalho, em conformidade com o art. 651 da CLT, sendo vedado, porém, questionar sobre a matéria de fato e de direito já apreciada na decisão.

É importante lembrar que o prazo prescricional para seu ajuizamento é de 2 anos (art. 7º, XXIX, da CF/1988) e, embora seja dispensável o trânsito em julgado da sentença normativa para a propositura da ação de cumprimento, o prazo prescricional será contado a partir de seu trânsito em julgado, em conformidade com a Súmula 350 do TST: "Prescrição. Termo inicial. Ação de Cumprimento. Sentença Normativa – O prazo de prescrição com relação à ação de cumprimento de decisão normativa flui apenas da data de seu trânsito em julgado".

3.4. Negociação coletiva

Nas lições de Alice Monteiro de Barros (em *Curso de Direito do Trabalho*, 3ª ed., São Paulo, LTr, 2007, p. 1224), a negociação coletiva consiste em "uma modalidade de autocomposição de conflitos advinda do entendimento entre os interlocutores sociais". Em outras palavras, é uma modalidade de autocomposição de conflitos assim como a conciliação.

Nessa linha, para a instituição de convenções e acordos coletivos é exercida a autonomia coletiva dos particulares, através do poder normativo, o que possibilita a solução dos conflitos coletivos pelas próprias partes envolvidas.

A prática de negociação coletiva gera a contratação coletiva de trabalho e os interessados fixam normas que regulam as suas relações jurídicas.

A contratação coletiva de trabalho ou o contrato coletivo de trabalho são formados pelas convenções coletivas de trabalho e acordos coletivos de trabalho, em conformidade com o art. 7º, XXVI, da CF/1988.

3.4.1. Convenção coletiva

Disciplinada no art. 611, *caput*, da CLT, "é o acordo de caráter normativo, pelo qual dois ou mais Sindicatos representativos de categorias econômicas e profissionais estipulam condições de trabalho, aplicáveis no âmbito das respectivas representações, às relações individuais de trabalho". Em outras palavras, é o acordo de caráter normativo, entre um ou mais sindicatos de empregados e de empregadores, de modo a definir as condições de trabalho que serão observadas em relação a todos os trabalhadores dessas empresas.

3.4.2. Acordo coletivo

Encontra-se previsto no art. 611, § 1º, da CLT, que leciona:

> É facultado aos Sindicatos representativos de categorias profissionais celebrar Acordos Coletivos com uma ou mais empresas da correspondente categoria econômica, que estipulem condições de trabalho, aplicáveis no âmbito da empresa ou das acordantes respectivas relações de trabalho.

É, portanto, o pacto entre uma ou mais empresas com o sindicato da categoria profissional, em que são estabelecidas condições de trabalho aplicáveis às empresas envolvidas.

Desta forma, a principal diferença entre convenção coletiva de trabalho e acordo coletivo de trabalho reside no fato de que na primeira temos a presença de ambos os sindicatos, ou seja, sindicatos dos empregados (categoria profissional) e dos sindicatos dos empregadores (categoria econômica), ao passo que no segundo temos de um lado o sindicato dos trabalhadores e de outro lado a empresa, sem estar representada pelo sindicato.

Assim sendo, é obrigatória a presença dos sindicatos dos trabalhadores nas negociações coletivas para se pactuar acordo coletivo.

Cabe lembrar a regra contida no art. 617, § 1º, da CLT que cuida da hipótese do sindicato da categoria profissional que, no prazo de 8 dias, não avoca a direção dos entendimentos entre os interessados para a concretização do acordo coletivo de trabalho.

Nessa hipótese, poderão os interessados dar conhecimento do fato à Federação a que estiver vinculado o sindicato e, na sua ausência, deverão comunicar à Confederação, para que no mesmo prazo assuma a direção dos entendimentos.

Se, ainda assim, nenhuma entidade assumir o encargo ou se ultrapassado esse prazo, poderão os interessados prosseguir diretamente na negociação coletiva até o final.

3.4.3. Cláusulas

As cláusulas contidas nos acordos e convenções coletivas de trabalho podem ser classificadas como:

3.4.3.1. Cláusulas obrigacionais

São aquelas que estabelecem direitos e obrigações a serem cumpridas pelas partes pactuantes, como, por exemplo, uma cláusula que prevê o pagamento de uma multa pelo descumprimento do acordo ou da convenção coletiva.

3.4.3.2. Cláusulas normativas

São aquelas que estabelecem condições de trabalho capazes de refletir nos contratos individuais da categoria envolvida, como, por exemplo, uma cláusula que confira um aumento salarial para aquela determinada categoria profissional.

3.4.4. Condições de validade e vigência

O art. 613 da CLT traz um rol com as matérias que devem constar obrigatoriamente nas convenções e acordos coletivos, vejamos:

> **Art. 613.** As Convenções e os Acordos deverão conter obrigatoriamente:
>
> I – Designação dos Sindicatos convenentes ou dos Sindicatos e empresas acordantes;
>
> II – Prazo de vigência;
>
> III – Categorias ou classes de trabalhadores abrangidas pelos respectivos dispositivos;
>
> IV – Condições ajustadas para reger as relações individuais de trabalho durante sua vigência;
>
> V – Normas para a conciliação das divergências sugeridas entre os convenentes por motivos da aplicação de seus dispositivos;
>
> VI – Disposições sobre o processo de sua prorrogação e de revisão total ou parcial de seus dispositivos;
>
> VII – Direitos e deveres dos empregados e empresas;
>
> VIII – Penalidades para os Sindicatos convenentes, os empregados e as empresas em caso de violação de seus dispositivos.

É importante destacar que o parágrafo único do mencionado dispositivo legal estabelece que as convenções e os acordos coletivos de trabalho serão celebrados por escrito, sem emendas nem rasuras, em tantas vias quantos forem os Sindicatos convenentes ou as empresas acordantes, além de outra destinada a registro.

Nos termos do art. 614, § 3º, da CLT, a convenção coletiva e o acordo coletivo terão prazo máximo de validade de dois anos e, nos termos do art. 614, § 1º, da CLT, as convenções e os acordos entrarão em vigor 3 (três) dias após a data da entrega destes no órgão referido neste artigo.

É importante ressaltar, ainda, o recente entendimento do Colendo Tribunal Superior do Trabalho consubstanciado na Súmula 277, que assim dispõe:

> SÚMULA 277 TST – CONVENÇÃO COLETIVA DE TRABALHO OU ACORDO COLETIVO DE TRABALHO. EFICÁCIA. ULTRATIVIDADE.
>
> As cláusulas normativas dos acordos coletivos ou convenções coletivas integram os contratos individuais de trabalho e somente poderão ser modificadas ou suprimidas mediante negociação coletiva de trabalho.

Para que seja válida, a norma coletiva terá que ser precedida de Assembleia Geral convocada para esse fim, de acordo com as determinações de seus respectivos Estatutos. Em primeira convocação, deverão comparecer e votar 2/3 (dois terços) dos associados da entidade, em se tratando de convenção. Em se tratando de acordo, 2/3 (dois terços) dos interessados. Na segunda convocação, deverá comparecer 1/3 (um terço) dos membros.

O *quorum* de comparecimento e votação será de 1/8 (um oitavo) dos associados em segunda convocação nas entidades sindicais que tenham mais de 5.000 associados.

3.4.5. Negociação coletiva na administração pública

Em regra, o servidor público tem direito a sindicalização, mas não pode negociar por acordo ou convenção coletiva de trabalho, em razão do princípio da legalidade que norteia a Administração Pública direta e indireta de qualquer dos Poderes da União, dos Estados, do Distrito Federal e dos Municípios, em conformidade com o art. 37 da CF.

Contudo, para as empresas públicas e sociedades de economia mista, há a possibilidade da utilização de acordos e convenções coletivas, na medida em que estas entidades seguem o regime das empresas privadas.

No entanto, em se tratando de pessoa jurídica de Direito Público que mantenha em seus quadros empregados, será admitido o ajuizamento de dissídio coletivo unicamente para apreciação de cláusulas de natureza social, cuja repercussão econômica independa de prévia dotação orçamentária. Portanto, não será possível dissídio para análise das cláusulas que contenham reivindicações referentes ao rol de vedações constantes no art. 169 da CF.

Dessa forma, o TST conferiu nova redação à Orientação Jurisprudencial 5 da SDC:

> DISSÍDIO COLETIVO. PESSOA JURÍDICA DE DIREITO PÚBLICO. POSSIBILIDADE JURÍDICA. CLÁUSULA DE NATUREZA SOCIAL.
>
> Em face de pessoa jurídica de direito público que mantenha empregados, cabe dissídio coletivo exclusivamente para apreciação de cláusulas de natureza social. Inteligência da Convenção 151 da Organização Internacional do Trabalho, ratificada pelo Decreto Legislativo 206/2010.

4. GREVE

4.1. Conceito

Greve consiste na suspensão coletiva temporária, total ou parcial, da prestação pessoal de serviços a empregador.

A palavra tem origem no termo francês *grève*, utilizado com o mesmo sentido, oriundo da *Place de Grève*, em Paris, na margem do Rio Sena, local utilizado antigamente como palco de reuniões de desempregados e operários insatisfeitos com as condições de trabalho da época.

A greve é um direito fundamental assegurado a todo trabalhador, disciplinado pelo artigo 9º da Constituição Federal, que assim dispõe:

> **Art. 9º.** É assegurado o direito de greve, competindo aos trabalhadores decidir sobre a oportunidade de exercê-lo e sobre os interesses que devam por meio dele defender.
>
> § 1º A lei definirá os serviços ou atividades essenciais e disporá sobre o atendimento das necessidades inadiáveis da comunidade.
>
> § 2º Os abusos cometidos sujeitam os responsáveis às penas da lei.

O direito de greve dos trabalhadores do setor privado é regulamentado pela Lei 7.783/1989.

Para ser considerada greve, a suspensão do trabalho deve ser realizada pelo grupo de empregados de forma coletiva e nunca de forma individual. A suspensão deve, ainda, ser temporária e não de forma definitiva, caso em que poderia ser configurado abandono de emprego.

É importante ressaltar, outrossim, que essa paralisação não poderá ser violenta, ou seja, é vedada a violência a pessoas e bens.

4.1.1. Natureza jurídica

Funda-se no princípio da liberdade de trabalho. Possui natureza jurídica de um direito ou uma liberdade; quanto aos seus efeitos sobre o contrato de trabalho, a greve é considerada, como regra, suspensão do contrato de trabalho. Porém, nada obsta que no instrumento de negociação seja considerada como forma de interrupção do contrato de trabalho, mas jamais será uma forma de extinção do contrato.

4.2. As greves no Brasil

Quanto à evolução legislativa do direito de greve, destaca-se o Código Penal de 1890 que proibia a greve.

As Constituições de 1891 e 1934 não dispunham sobre o direito de greve. Já a Constituição de 1937 considerava a greve como recurso antissocial e nocivo ao trabalho.

Em 1946, a Constituição muda a orientação da norma anterior e reconhece o direito de greve; entre 1967 e 1969 é concedido o direito de greve aos trabalhadores, com exceção dos serviços públicos e atividades essenciais.

Por fim, a Constituição Federal de 1988 assegura o direito de greve, devendo os trabalhadores decidir sobre os interesses que irão defender e a oportunidade de fazê-lo.

As greves foram proibidas no Brasil no período militar (1964-1985), chamados Anos de Chumbo. Ainda assim, nesse período, houve paralisações famosas como a ocorrida em Contagem, Estado de Minas Gerais, e em Osasco, região de São Paulo, em 1968, bem como as greves ocorridas na região do ABC de São Paulo, no final da década de 1970.

4.3. Classificação

Pode ser classificada como:

4.3.1. Quanto à licitude

a) lícita: quando atendidas as determinações legais;

b) ilícitas: quando não são atendidas as determinações impostas pela lei.

4.3.2. Quanto aos limites

a) abusiva: quando são cometidos abusos, excedendo as determinações legais. Nos termos do art. 14 da Lei 7.783/1989 (Lei de Greve), "constitui abuso do direito de greve a inobservância das normas contidas na presente Lei, bem como a manutenção da paralisação após a celebração de acordo, convenção ou decisão da Justiça do Trabalho";

b) não abusivas: aquela exercida dentro das previsões legais, sem excessos.

4.3.3. Quanto à extensão

a) global: aquela que alcança todos os empregados da categoria profissional;

b) parcial: envolve apenas algumas empresas da categoria ou setores da empresa.

É importante lembrar que a chamada "greve de zelo", popularmente conhecida como "operação tartaruga", não pode ser considerada greve na acepção jurídica do termo, na medida em que não há paralisação dos serviços.

4.4. Legitimidade

Por se tratar de um direito de natureza coletiva, a legitimação para iniciação da greve é do sindicato dos trabalhadores.

Na ausência do sindicato, a legitimidade será da federação e na ausência desta última a legitimidade será da confederação. Persistindo a ausência, é admitida comissão de negociação pelos próprios trabalhadores. Essa comissão representará os interesses dos trabalhadores nas negociações ou na própria Justiça do Trabalho.

O titular desse direito, porém, é o trabalhador. Recai nele o ônus de decidir sobre a oportunidade de exercer tal direito. Aliás, são os trabalhadores que decidem sobre a conveniência e sobre os interesses a serem defendidos no processo de greve.

4.5. Limitações

O direito à greve não constitui um direito absoluto, podendo sofrer limitações. Essas limitações ao seu exercício devem ser observadas e consistem em disposições constitucionais que visam a garantir a segurança e a ordem pública, bem como a defender interesses da coletividade.

Nessa linha, o direito de greve, como direito constitucional que é, necessita conviver com outros direitos e garantias constitucionais, como o direito à vida, liberdade, segurança e propriedade, assegurados no art. 5º, *caput*, da CF.

É importante lembrar que pela determinação contida no art. 142, § 3º, IV, da CF aos militares são proibidas a sindicalização e a greve.

4.6. Processamento

A primeira fase pode ser tida como preparatória. Para a deflagração da greve é obrigatória prévia tentativa de negociação, tendo em vista que a lei somente autoriza o início da paralisação quando frustrada a autocomposição. Nesse sentido, o TST entendeu na Orientação Jurisprudencial 11 da SDC que "é abusiva a greve levada a efeito sem que as partes hajam tentado, direta e pacificamente, solucionar o conflito que lhe constitui o objeto".

Não havendo êxito na negociação coletiva é facultado às partes solucionar o conflito por meio da arbitragem.

Ultrapassadas essas fases, a Assembleia Geral será convocada a fim de se definir as reivindicações a serem feitas pela categoria.

A última etapa consiste no aviso prévio de greve, não sendo lícita a greve surpresa, na medida em que o empregador tem o direito de saber, de forma antecipada, sobre a futura paralisação.

Nesse sentido, o art. 3º, parágrafo único, da Lei 7.783/1989 estabelece que para a deflagração da greve em serviços ou atividades em geral, ou não essenciais, as entidades sindicais ou os trabalhadores são obrigados a comunicar a decisão à população com antecedência mínima de 48 (quarenta e oito) horas.

Já para a greve em serviços ou atividades essenciais, as entidades sindicais de empregadores ou os empregadores ficam obrigados, conforme o caso, a comunicar à população com antecedência mínima de 72 (setenta e duas) horas a operacionalização dos serviços mínimos.

4.6.1. Definição de serviços e atividades essenciais

São considerados serviços e atividades essenciais:

a) tratamento e abastecimento de água, produção e distribuição de energia elétrica, gás e combustíveis;

b) assistência médica e hospitalar;

c) distribuição e comercialização de medicamentos e alimentos;

d) funerários;

e) transporte coletivo;

f) captação e tratamento de esgoto e lixo;

g) telecomunicações;

h) guarda, uso e controle de substâncias radioativas, equipamentos e materiais nucleares;

i) processamento de dados ligados a serviços essenciais;

j) controle de tráfego aéreo;

k) compensação bancária.

É importante ressaltar que, nos serviços ou atividades essenciais, os sindicatos, os empregadores e os trabalhadores ficarão obrigados, de comum acordo, a garantir, durante a greve, a prestação dos serviços indispensáveis ao atendimento das necessidades inadiáveis da comunidade.

Necessidades inadiáveis da comunidade são aquelas que, uma vez não atendidas, colocarão em perigo iminente a sobrevivência, a saúde ou a segurança da população.

Caso não seja observada a citada regra, caberá ao Poder Público assegurar a prestação dos serviços indispensáveis.

Nesse sentido decidiu o Colendo Tribunal Superior do Trabalho através da Orientação Jurisprudencial 38 da SDC: "É abusiva a greve que se realiza em setores que a lei define como sendo essenciais à comunidade, se não é assegurado o atendimento básico das necessidades inadiáveis dos usuários do serviço, na forma prevista na Lei 7.783/1989".

4.7. Efeitos no contrato de trabalho

De acordo com o art. 7º da Lei 7.783/1989, temos que, observadas as condições previstas na lei, a participação em greve suspende o contrato de trabalho, devendo as relações obrigacionais, durante o período, ser regidas pelo acordo, convenção, laudo arbitral ou decisão da Justiça do Trabalho.

Durante a greve é vedada a rescisão de contrato de trabalho, bem como a contratação de trabalhadores para substituição daqueles que aderiram à greve.

No entanto, o empregador poderá, quando não houver acordo e enquanto perdurar a greve, contratar diretamente os serviços necessários para assegurar a realização daqueles cuja paralisação resulte em prejuízo irreparável, pela deterioração irreversível de bens, máquinas e equipamentos, bem como a manutenção daqueles essenciais à retomada das atividades da empresa quando da cessação do movimento grevista, ou ainda, em caso de abuso do direito de greve.

Sobre o tema é importante trazer a disposição da Orientação Jurisprudencial 10 da SDC do TST:

> ORIENTAÇÃO JURISPRUDENCIAL 10 DA SDC DO TST – GREVE ABUSIVA NÃO GERA EFEITOS.
>
> É incompatível com a declaração de abusividade de movimento grevista o estabelecimento de quaisquer vantagens ou garantias a seus partícipes, que assumiram os riscos inerentes à utilização do instrumento de pressão máximo.

4.8. Direitos e deveres dos grevistas

Frustrada a negociação ou verificada a impossibilidade de recursos na via arbitral, é facultada a cessação coletiva do trabalho.

A entidade patronal correspondente ou os empregadores diretamente interessados serão notificados, com antecedência mínima de 48 horas ou 72 horas, a depender do caso, acerca da paralisação.

É direito dos grevistas a utilização de meios pacíficos visando a aliciar os demais trabalhadores a aderirem ao movimento grevista. É permitida, também, a arrecadação de fundos e a livre divulgação do movimento. De outro lado, é dever dos grevistas não proibir o acesso ao trabalho daqueles que assim quiserem, por se tratar de um direito facultativo de cada trabalhador. Também não podem causar ameaça ou dano a propriedade ou pessoa.

4.9. Vedações

É vedado às empresas adotar meios para constranger o empregado ao comparecimento ao trabalho durante o período de greve, bem como aqueles capazes de frustrar a divulgação do movimento.

Em nenhuma hipótese os meios adotados por empregados e empregadores poderão violar ou constranger os direitos e garantias fundamentais de outrem.

4.10. Greve no serviço público

Nos serviços públicos, o direito à greve foi regulado no art. 37, VII, da CF.

Quanto à interpretação deste dispositivo, surgem dois posicionamentos: o primeiro sustenta que o dispositivo mencionado é norma de eficácia limitada, tendo em vista que o exercício do direito de greve pelos servidores públicos depende de lei específica e, enquanto essa lei não for editada, a greve não será permitida no serviço público.

Já o segundo entendimento sustenta que a Constituição Federal autoriza a greve dos servidores públicos na medida em que eliminou a proibição contida na Constituição anterior, sendo este dispositivo de eficácia contida.

A questão foi levada ao Supremo Tribunal Federal (STF) e foi julgada por meio de dois Mandados de Injunção (MIs 670 e 712) impetrados pelo Sindicato dos Servidores Policiais Civis do Espírito Santo (Sindipol) e pelo Sindicato dos Trabalhadores do Poder Judiciário do Estado do Pará (Sinjep), que alegavam omissão do Congresso Nacional por não elaborar, no tempo hábil, lei para regulamentar o direito de greve dos servidores públicos.

Os Ministros decidiram que dispositivos da Lei de Greve (Lei 7.783/1989), que regem o exercício de greve dos trabalhadores da iniciativa privada, também valem para as greves do serviço público.

Em outras palavras, enquanto o Congresso Nacional não regulamentar o dispositivo constitucional que garante o direito de greve do funcionalismo público (art. 37, VII, da CF), será aplicada a Lei 7.783/1989, que regulamenta a greve para o setor privado, guardadas as diferenças entre o serviço público e o privado.

Segundo o voto do Ministro Relator, a Lei 7.783/1989 "não se presta, sem determinados acréscimos, bem assim algumas reduções do seu texto, a regular o exercício do direito de greve pelos servidores públicos". Veja bem, os artigos 10 e 11 da Lei, que definem os serviços e atividades essenciais, não se aplicariam porque todo o serviço público é atividade essencial. Assim, no serviço público, a greve somente será possível se assegurada a prestação dos serviços indispensáveis.

Desta forma, será considerada lícita greve de servidor público desde que não prejudique os serviços prestados ao público em geral.

4.11. Instauração do dissídio de greve

A Justiça do Trabalho, por iniciativa de qualquer das partes ou do Ministério Público do Trabalho, decidirá sobre a procedência, total ou parcial, ou improcedência das reivindicações, cumprindo ao Tribunal publicar, de imediato, o competente acórdão.

A iniciativa é, portanto, de qualquer das partes envolvidas na negociação.

Por outro lado, o art. 114, § 2º, da CF exige o consenso entre as partes para o ajuizamento do dissídio coletivo.

O dissídio de greve contém algumas peculiaridades em relação ao dissídio coletivo de natureza econômica e por isso não pode com ele ser confundido.

No dissídio de greve notam-se aspectos tanto de cunho declaratório, quando decide sobre abusividade ou não de um movimento grevista, como econômico, ao decidir sobre novas condições de trabalho, com incidência do poder normativo.

Além disso, é no dissídio de greve que são reguladas, nos termos do art. 7º da Lei 7.783/1989, as relações obrigacionais do período. O dissídio de greve, portanto, não pode ser confundido com o dissídio de natureza econômica.

Por essa razão, embora não seja pacífico, entende-se que para a instauração do dissídio de greve não se exige o "comum acordo", ou seja, não há necessidade do consenso entre as partes, vigorando a possibilidade de instauração do dissídio coletivo em caso de greve por iniciativa de qualquer das partes ou do Ministério Público do Trabalho.

Outra interpretação não poderia vingar, até porque comumente quando se tem greve os ânimos se encontram à flor da pele o que dificulta, ou torna quase impossível, o consenso entre as partes.

Assim, em se tratando de dissídio de greve, a instauração é feita pelo Ministério Público do Trabalho, não se exigindo o comum acordo das partes, em conformidade com o art. 114, § 3º, da CF.

A legitimidade do Ministério Público do Trabalho, nesse caso, restringe-se aos casos de greve em atividade essencial e com possibilidade de lesão ao interesse público.

Os dissídios coletivos de greve são de competência originária do Tribunal Regional do Trabalho ou do Tribunal Superior do Trabalho, em conformidade com o art. 2º, I, alínea "a", da Lei 7.701/1988.

Cabe ressaltar que a greve pode originar ações não apenas no campo trabalhista, mas também na esfera cível, como, por exemplo, uma ação de responsabilidade civil aforada por um terceiro que sofreu prejuízos por um ato culposo praticado por um grevista. Essa ação será de competência da Justiça do Trabalho, em conformidade com o art. 114, inciso II, da CF. Porém, deverá ser aforada na vara do trabalho e não nos Tribunais Regionais do Trabalho, que possuem competência originária apenas para dissídios coletivos.

4.12. *Lockout*

É a recusa por parte da entidade patronal em ceder aos trabalhadores os instrumentos de trabalho necessários para a sua atividade.

Nas lições de Gustavo Felipe Barbosa Garcia (em *Curso de Direito do Trabalho*, 2ª ed., São Paulo, Método, 2008, p. 1068), *lockout* "significa a paralisação das atividades por iniciativa do empregador, com o objetivo de frustrar a negociação ou dificultar o atendimento de reivindicações dos respectivos empregados".

O *lockout* é pratica expressamente proibida na ordem jurídica brasileira no art. 17 da Lei de Greve (Lei 7.783/1989), que assim dispõe: "Fica vedada a paralisação das atividades, por iniciativa do empregador, com o objetivo de frustrar negociação ou dificultar o atendimento de reivindicações dos respectivos empregados (*lockout*)".

A CLT regulamenta a realização do *lockout* em seu artigo 722, estabelecendo penalidades para os empregadores que, individual ou coletivamente, suspenderem os trabalhos dos seus estabelecimentos, sem prévia autorização do Tribunal competente, ou que violarem, ou se recusarem a cumprir decisão proferida em dissídio coletivo.

4.12.1. *Lockin*

É o contrário do *lockout*. Em outras palavras, é o impedimento para que os trabalhadores deixem o espaço físico do trabalho, ou seja, impedimento para que os obreiros saiam do seu local de trabalho. Constitui a uma prática criminosa de privação de liberdade, passível de impetração de *habeas corpus* perante a Justiça do Trabalho.

11. Direito Processual do Trabalho

Hermes Cramacon

1. CARACTERÍSTICAS DO PROCESSO DO TRABALHO

1.1. Conflito trabalhista

A vida em sociedade causa inúmeros conflitos, que podem ser tidos como a falta de entendimento entre duas ou mais partes, choque ou enfrentamento. Esses conflitos são de diversas ordens e, para nosso estudo, interessam os conflitos trabalhistas.

Os conflitos trabalhistas podem surgir tanto na esfera individual como na coletiva. Na esfera individual há o conflito entre empregado e empregador ou prestador e tomador de serviços, chamado de dissídio individual. Já na esfera coletiva há o dissídio coletivo, ação em que os sindicatos defendem os interesses dos grupos ou categorias econômicas visando à criação e interpretação de normas que irão incidir no âmbito destas categorias.

Os dissídios coletivos podem ser:

a) jurídico ou de interpretação

Objetivam declarar o alcance de determinado dispositivo legal, convencional ou regulamentar.

b) econômico

Objetivam a criação de novos direitos, exercendo a Justiça do Trabalho o chamado "poder normativo".

Vale lembrar que apenas nos dissídios coletivos de natureza econômica é que a Justiça do Trabalho exerce o poder normativo, não existindo tal espaço nos conflitos coletivos jurídicos ou de interpretação.

Os dissídios coletivos de natureza econômica podem ser:

a) originários: quando não há norma coletiva anterior, seja ela acordo, convenção ou sentença normativa;

b) de revisão: objetivam alterar cláusulas já fixadas pelo Poder Judiciário em sentenças normativas;

c) de declaração sobre paralisação do trabalho: decorrente de greve dos trabalhadores.

1.2. Poder normativo

Pode ser entendido como a competência assegurada pela Constituição aos Tribunais do Trabalho para solução dos conflitos coletivos, estabelecendo, através da denominada sentença normativa, normas gerais e abstratas de observância obrigatória para as categorias envolvidas no dissídio, repercutindo nas relações individuais de trabalho.

É importante lembrar que esse poder não é ilimitado, encontrando limite na própria lei.

1.3. Formas de solução dos conflitos

1.3.1. Autotutela

É o meio de solução em que uma das partes, com utilização de força, impõe sua vontade sobre a vontade da outra parte.

No Direito Civil é admitida no caso de legítima defesa da posse (art. 1.210, § 1º, do Código Civil). No Código Penal temos o estado de necessidade e a legítima defesa, institutos previstos nos arts. 24 e 25, respectivamente.

Na esfera trabalhista, como exemplo de autotutela, temos a greve, regulada pela Lei 7.783/1989 e, ainda, o poder de resistência do empregado em relação às alterações lesivas, em conformidade com os arts. 468 e 483 da CLT.

1.3.2. Autocomposição

Modalidade de solução dos conflitos pelas próprias partes interessadas sem a intervenção de um terceiro. São exemplos: a negociação coletiva ou o acordo coletivo.

1.3.3. Heterocomposição

A solução dos conflitos é realizada pelo ingresso de um agente externo, ou seja, um terceiro, que não possui interesse no litígio. Essa decisão será imposta às partes de forma coercitiva, como, por exemplo, toda decisão judicial.

1.3.4. Mediação e conciliação

A mediação é forma de solução do conflito em que o *mediador* se coloca entre as partes, procurando aproximá-las para que cheguem a uma solução consensual do litígio, sem interferir na decisão das partes envolvidas.

Já a conciliação consiste na forma de solução do conflito, com ingresso do *conciliador* que irá aproximar as partes buscando a solução da lide mediante concessões recíprocas, inclusive sugerindo-lhes possibilidades de acordo.

1.4. Princípios

Nas lições de Celso Antonio Bandeira de Mello (em *Curso de Direito Administrativo*. 8. ed. São Paulo: Malheiros, 1996. p. 545), "princípio é o mandamento nuclear de um sistema, verdadeiro alicerce dele, disposição fundamental que se irradia sobre diferentes normas, compondo-lhes o espírito e servindo de critério para sua exata compreensão e inteligência, exatamente por definir a lógica e a racionalidade do sistema normativo no que lhe confere a tônica e lhe dá sentido harmônico."

Os princípios possuem o que a doutrina costuma chamar de "tríplice função", ou seja, função inspiradora para o legislador; função interpretativa; e por último a função integradora da norma, suprindo as omissões e lacunas do ordenamento jurídico.

1.4.1. Princípios específicos do processo do trabalho

O direito processual do trabalho se sujeita aos princípios constitucionais do processo, como, por exemplo: o princípio do devido processo legal, previsto no art. 5º, LIV, e o princípio do contraditório e ampla defesa, previstos no art. 5º, LV, ambos da CF e, ainda, os princípios do direito processual civil.

Alguns princípios, porém, são específicos do direito processual do trabalho, dentre os quais podemos destacar:

1.4.1.1. Princípio protecionista

Não se trata do princípio da proteção estudado no direito material do trabalho, mas sim a prestação analisada sob o ponto de vista processual, evidenciando normas que objetivam proteger o trabalhador assegurando prerrogativas processuais devido à hipossuficiência que possui.

Como exemplos do princípio da proteção, podemos destacar a gratuidade de justiça e a assistência judiciária, que são destinadas apenas aos trabalhadores, e o impulso oficial nas execuções trabalhistas, em conformidade com o art. 878 da CLT, quando o juiz do trabalho *ex officio* impulsionará o processo de execução.

1.4.1.2. Princípio conciliatório

Previsto no art. 764 da CLT de forma explícita, ensina que tanto os dissídios individuais como os dissídios coletivos estão sujeitos à conciliação.

A CLT determina que, obrigatoriamente, sob pena de nulidade, a conciliação seja tentada pelo juiz do trabalho em dois momentos: na audiência, antes da apresentação da resposta pela reclamada (art. 846 consolidado) e após a eventual apresentação de razões finais, conforme art. 850 da CLT.

É importante lembrar que, ao homologar o acordo, o magistrado deve estar atento à observância das normas de proteção ao trabalhador, sendo permitida sua recusa à homologação quando não observadas tais normas protetivas, em conformidade com a súmula 418 do TST.

Uma vez celebrado o acordo, será lavrado o termo de conciliação, que é considerado título executivo judicial, nos termos do art. 831, parágrafo único, da CLT.

Essa decisão transita em julgado imediatamente para as partes, não ensejando, portanto, a interposição de recurso por estas. Porém, a lei admite a interposição de recurso ordinário pelo INSS apenas com relação às contribuições devidas.

A referida homologação apenas poderá ser impugnada pelas partes mediante o ajuizamento de uma ação rescisória, em conformidade com a súmula 259 do TST.

1.4.1.3. Princípio dispositivo

Previsto no art. 2º do CPC/2015 é conhecido, também, como princípio da inércia da jurisdição, e ensina que o juiz somente prestará a tutela jurisdicional quando a parte ou o interessado a requerer.

O processo se inicia com a iniciativa da parte e se desenvolve por impulso oficial, conforme vedação do art. 2º do CPC/2015, que assim dispõe:

> *Art. 2º O processo começa por iniciativa da parte e se desenvolve por impulso oficial, salvo as exceções previstas em lei.*

1.4.1.4. Princípio da oralidade

Consiste na realização dos atos processuais pelas partes e pelo juiz na audiência, de forma verbal. Como exemplo, podemos citar o art. 847 da CLT, o qual ensina que após a leitura da petição inicial a parte terá prazo de 20 minutos para contestar.

1.4.1.5. Princípio da identidade física do juiz

Este princípio leciona que o juiz que colhe a prova é o juiz que deverá proferir a sentença. Tal princípio não era aplicado na Justiça do Trabalho, pois a jurisdição em primeiro grau era exercida pelas Juntas de Conciliação e Julgamento, as quais eram formadas por um juiz togado e por dois juízes classistas temporários, ficando, portanto, impossibilitada a aplicação desse princípio.

Com o advento da Emenda Constitucional 24/1999, extinguiram-se os juízes classistas e foram criadas as Varas do Trabalho, passando a jurisdição de primeiro grau a ser exercida por juiz do trabalho, monocraticamente, não existindo razão, portanto, para que o princípio não fosse aplicado.

Desse modo, durante anos vigorou o entendimento cristalizado na Súmula 136 do TST que entendia não ser aplicável tal princípio na seara trabalhista, até que em setembro de 2012 o TST cancelou a mencionada súmula, passando a admitir a aplicação do princípio da identidade física do juiz aos processos trabalhistas.

Vale lembrar, no entanto, a disposição da Súmula 222 do STF:

> SÚMULA 222 – STF – O PRINCÍPIO DA IDENTIDADE FÍSICA DO JUIZ NÃO É APLICÁVEL ÀS JUNTAS DE CONCILIAÇÃO E JULGAMENTO DA JUSTIÇA DO TRABALHO.

Entendemos que não há razão para a manutenção da súmula da Suprema Corte. Isso porque, em decorrência da EC 24/1999 foi extinta a representação da classe por juízes classistas, ou seja, um juiz representando os empregados e o outro, os empregadores. Portanto, não há razão para a não aplicação do princípio da identidade física do juiz aos processos trabalhistas, tendo em vista que atualmente a Vara do Trabalho é composta apenas por um juiz togado, o juiz do trabalho.

1.4.1.6. Princípio da irrecorribilidade imediata das decisões interlocutórias

O conceito de decisão interlocutória encontra disposto no art. 203, § 2º, do CPC/2015 como todo pronunciamento judicial de natureza decisória que não seja sentença, cujo conceito se encontra descrito no § 1º do art. 203 do CPC/2015 como sendo o pronunciamento por meio do qual o juiz, com fundamento nos arts. 485 e 487, põe fim à fase cognitiva do procedimento comum, bem como extingue a execução.

Nos domínios do processo do trabalho, este princípio ensina que, em regra, as decisões interlocutórias não ensejam, de imediato, a interposição de qualquer recurso, permitindo a apreciação do seu merecimento em recurso de decisão definitiva, nos termos do art. 893, § 1º, da CLT.

No entanto, a regra da irrecorribilidade imediata das decisões interlocutórias possui exceções previstas no art. 799, § 2º, da CLT e, também, na Súmula 214 do TST:

SÚMULA 214 – DECISÃO INTERLOCUTÓRIA. IRRECORRIBILIDADE

Na Justiça do Trabalho, nos termos do art. 893, § 1º, da CLT, as decisões interlocutórias não ensejam recurso imediato, salvo nas hipóteses de decisão:

a) de Tribunal Regional do Trabalho contrária à Súmula ou Orientação Jurisprudencial do Tribunal Superior do Trabalho;

b) suscetível de impugnação mediante recurso para o mesmo Tribunal;

c) que acolhe exceção de incompetência territorial, com a remessa dos autos para Tribunal Regional distinta daquela a que se vincula o juízo excepcionado, consoante ao disposto no art. 799, § 2º, da CLT.

1.4.1.7. Princípio do jus postulandi da parte

Previsto no art. 791 da CLT, estabelece que as partes, empregado e empregador, poderão reclamar e acompanhar pessoalmente, perante a Justiça do Trabalho, sem a presença de advogado, suas reclamações trabalhistas do início ao final do processo.

Como o dispositivo em comento não estabelece qualquer limite ao *jus postulandi,* na medida em que o texto é expresso ("perante a Justiça do Trabalho"), parte significativa da doutrina entende que o limite seria a própria Justiça do Trabalho, ou seja, reclamante e reclamado poderiam fazer uso do *jus postulandi* até o Tribunal Superior do Trabalho, inclusive em grau de recurso de revista.

No entanto, uma segunda corrente, que podemos chamar do *jus postulandi* mitigado, ensina que esse princípio possui como limite a segunda instância trabalhista, ou seja, as partes podem fazer uso somente até os Tribunais Regionais do Trabalho, não se admitindo a interposição de recurso de natureza extraordinária.

Por muito tempo prevaleceu a aplicação da primeira corrente até que, em abril de 2010, o Tribunal Superior do Trabalho editou a súmula 425, pondo fim à problemática e estabelecendo que o *jus postulandi* das partes é limitado às Varas do Trabalho e aos Tribunais Regionais do Trabalho, não alcançando a ação cautelar, ainda que proposta em primeira instância, a ação rescisória, o mandado de segurança, bem como os recursos de competência do Tribunal Superior do Trabalho.

SÚMULA 425 TST – *JUS POSTULANDI* NA JUSTIÇA DO TRABALHO. ALCANCE.

O *jus postulandi* das partes, estabelecido no art. 791 da CLT, limita-se às Varas do Trabalho e aos Tribunais Regionais do Trabalho, não alcançando a ação rescisória, a ação cautelar, o mandado de segurança e os recursos de competência do Tribunal Superior do Trabalho.

2. ORGANIZAÇÃO DA JUSTIÇA DO TRABALHO

2.1. Estrutura do Judiciário trabalhista

O Judiciário trabalhista possui 3 graus de jurisdição. De acordo com o art. 111 da CF, são órgãos da Justiça do Trabalho:

a) Tribunal Superior do Trabalho;

b) Tribunais Regionais do Trabalho;

c) Juízes do Trabalho.

2.1.1. Tribunal Superior do Trabalho

O Tribunal Superior do Trabalho – TST – é o órgão máximo da Justiça do Trabalho, possui sede em Brasília e tem jurisdição em todo o território nacional.

O TST é composto por 27 (vinte e sete) ministros escolhidos dentre brasileiros com mais de 35 anos de idade e menos de 65 anos, nomeados pelo Presidente da República, após aprovação por maioria absoluta pelo Senado Federal.

Deverá, ainda, ser observado o quinto constitucional em relação aos membros do Ministério Público do Trabalho e da Ordem dos Advogados do Brasil. Assim, um quinto dos membros do TST deverá ser composto por advogados com mais de 10 anos de efetiva atividade profissional, com notório saber jurídico e reputação ilibada e membros do MPT, com mais de 10 anos de efetivo exercício.

Serão indicados em lista sêxtupla pelos órgãos de representação de suas classes. Recebidas as indicações o Tribunal formará uma lista tríplice, que será enviada ao Poder Executivo.

Os demais membros serão juízes de Tribunais Regionais do Trabalho, oriundos da carreira da magistratura, indicada pelo próprio Tribunal Superior do Trabalho.

O TST pode funcionar em sua plenitude ou dividido em Órgão Especial, Seções e Subseções Especializadas e Turmas.

Assim, de acordo com o art. 59 de seu Regimento Interno (Resolução Administrativa 1.295/2008), são órgãos do Tribunal Superior do Trabalho: o Tribunal Pleno, o Órgão Especial, a Seção Especializada em Dissídios Coletivos, a Seção Especializada em Dissídios Individuais, que é dividida em duas subseções, e as Turmas.

É importante lembrar também que são órgãos que funcionam junto ao Tribunal Superior do Trabalho a Escola Nacional de Formação e Aperfeiçoamento de Magistrados do Trabalho – ENAMAT, que dentre outras funções irá regulamentar os concursos oficiais para ingresso e promoção na carreira, e o Conselho Superior da Justiça do Trabalho – CSJT, que irá exercer a supervisão administrativa, orçamentária, financeira e patrimonial da Justiça do Trabalho de 1º e 2º graus.

2.1.2. Tribunais Regionais do Trabalho

Compostos de no mínimo 7 (sete) juízes, que serão recrutados, preferencialmente, na região a que forem vinculados, com idade superior a 30 anos e inferior a 65 anos, sendo nomeados pelo Presidente da República, nos termos do art. 115 CF.

Nos TRTs também deverá ser obedecida a regra do quinto constitucional, ou seja, um quinto dos membros do Tribunal deverá ser formado entre advogados e membros do Ministério Público do Trabalho. Os demais serão juízes do trabalho que serão, de forma alternada, promovidos por antiguidade e merecimento.

Vale lembrar que os Tribunais Regionais do Trabalho instalarão a justiça itinerante, com a realização de audiências e demais funções de atividade jurisdicional, nos limites territoriais da respectiva jurisdição. Além disso, poderão funcionar descentralizadamente, constituindo câmaras regionais a fim de assegurar o pleno acesso do jurisdicionado à justiça em todas as fases do processo.

A competência territorial atribuída aos TRTs é regulada pelo art. 677 da CLT e determinada pela regra indicada no art. 651 e seus parágrafos. No entanto, em se tratando de dissídio coletivo, a competência é determinada pelo local onde o dissídio ocorrer.

Aos Tribunais Regionais, quando divididos em Turmas, compete, como determina o art. 678 consolidado:

"I – ao Tribunal Pleno, especialmente:

a) processar, conciliar e julgar originariamente os dissídios coletivos;

b) processar e julgar originariamente:

1) as revisões de sentenças normativas;

2) a extensão das decisões proferidas em dissídios coletivos;

3) os mandados de segurança;

4) as impugnações à investidura de vogais e seus suplentes nas Juntas de Conciliação e Julgamento;

c) processar e julgar em última instância:

1) os recursos das multas impostas pelas Turmas;

2) as ações rescisórias das decisões das Juntas de Conciliação e Julgamento, dos juízes de direito investidos na jurisdição trabalhista, das Turmas e de seus próprios acórdãos;

3) os conflitos de jurisdição entre as suas Turmas, os juízes de direito investidos na jurisdição trabalhista, as Juntas de Conciliação e Julgamento, ou entre aqueles e estas;

d) julgar em única ou última instâncias:

1) os processos e os recursos de natureza administrativa atinentes aos seus serviços auxiliares e respectivos servidores;

2) as reclamações contra atos administrativos de seu presidente ou de qualquer de seus membros, assim como dos juízes de primeira instância e de seus funcionários.

II – às Turmas:

a) julgar os recursos ordinários previstos no art. 895, alínea I;

b) julgar os agravos de petição e de instrumento, estes de decisões denegatórias de recursos de sua alçada;

c) impor multas e demais penalidades relativas e atos de sua competência jurisdicional, e julgar os recursos interpostos das decisões das Juntas dos juízes de direito que as impuserem.

Parágrafo único. Das decisões das Turmas não caberá recurso para o Tribunal Pleno, exceto no caso do item I, alínea "c", inciso 1, deste artigo."

No entanto, quando não forem divididos em Turmas, incumbirá aos Tribunais Regionais, por seu órgão pleno, o julgamento das matérias retromencionadas, com exceção dos recursos das multas impostas pelas Turmas, nos termos do art. 679 da CLT.

2.1.3. Juízes do Trabalho

Em função de extinção das Juntas de Conciliação e Julgamento pela Emenda Constitucional 24/1999, a primeira instância da jurisdição trabalhista passou a ser exercida por um juiz singular, o Juiz do Trabalho, que exerce suas funções nas varas do trabalho.

Nas localidades onde não haja vara do trabalho, a matéria trabalhista será de competência do Juiz de Direito, com o respectivo recurso dirigido ao Tribunal Regional do Trabalho daquela determinada região (art. 112 da CF). Instalada Vara do Trabalho na localidade, a competência do Juiz de Direito cessa, inclusive para as execuções de sentença que proferir, nos termos da súmula 10 do STJ.

2.2. Jurisdição e competência

Para de fato compreendermos o que vem a ser "competência" é necessário que se façam algumas considerações sobre o termo "jurisdição".

O termo "jurisdição" emana do latim *iuris dictio* que traduzido para nosso vernáculo significa: "dizer o direito".

Na sociedade moderna, esse poder de dizer o direito foi atribuído ao Estado, em substituição aos particulares. Desta forma, havendo um conflito, não poderá o particular resolvê-lo por vontade própria, deverá se socorrer ao Estado para que este, através de um órgão oficial, o resolva. O órgão do Estado incumbido dessa tarefa é o Juiz. A jurisdição é, portanto, una e indivisível.

A jurisdição é, antes de tudo, expressão de poder do Estado. É, portanto, a função/poder do Estado de, quando provocado, dar uma solução impositiva e definitiva aos conflitos aplicando a lei ao caso concreto. Assim, uma vez provocado, as partes se submetem à solução imposta pelo Estado-Juiz.

Para que o Estado possa cumprir essa função de "dizer o direito" (função jurisdicional), de maneira plena, satisfatória e razoável aos jurisdicionados, são estabelecidas regras, ou seja, o Estado viabiliza instrumentos para que se alcance a atividade jurisdicional. O instrumento que viabiliza esse direito é o *processo*, instrumento capaz de conferir a garantia de que o Poder Estatal será exercido democraticamente.

Desta forma, a jurisdição objetiva a aplicação do direito material ao caso concreto, que será aplicado por meio do instrumento denominado *processo*.

O processo possui duas facetas. A primeira é de ordem subjetiva, na medida em que o processo estabelece uma relação jurídica entre as partes e o Estado. Estabelece, em outras palavras, uma relação jurídica trilateral, ou seja, uma relação entre as partes e o Estado e outra existente apenas entre as partes.

A segunda é de ordem objetiva, que consiste nos atos a serem praticados no processo. É, portanto, a maneira pela qual os atos processuais irão se desenvolver; é o que chamamos de *procedimento*. O procedimento indicará quais atos serão praticados e de que forma serão praticados, visando a atingir seu objetivo final.

Ao Estado cabe, assim, a função de "dizer o direito". Para que possa cumprir essa função de forma plena, satisfatória e razoável, ele se utiliza de alguns critérios. Dentre eles, estão as regras de competência absoluta e relativa.

Nesse prisma, tendo em mente a relação jurídica existente entre as partes e o Estado, sempre que algum critério utilizado for dirigido ou de interesse do Estado, como as regras de competência material, em razão da pessoa e a competência funcional, iremos dizer que são regras de competência absoluta, ao passo que sempre que esse critério for dirigido ou de interesse das partes, como, por exemplo, a competência territorial, iremos dizer que são critérios de competência relativa.

Por este motivo, as regras de competência absoluta poderão ser reconhecidas *ex officio* pelo Juiz. Já as regras de competência relativa necessitam sempre de manifestação da parte para que o Juiz possa se pronunciar a respeito.

2.3. Competência material da Justiça do Trabalho

Para que a atividade judicial seja prestada de uma maneira mais eficaz e justa, a competência foi dividida por matérias.

A competência material da Justiça do Trabalho vem disciplinada no art. 114 da CF/1988, de acordo com a redação dada pela Emenda Constitucional 45/04, que aumentou de forma considerável a competência material da Justiça do Trabalho.

2.3.1. *Controvérsias oriundas e decorrentes da relação de trabalho*

Sem dúvida, a maior inovação trazida pela Emenda Constitucional 45/2004 foi a ampliação da competência da Justiça do Trabalho, que passou a apreciar todas as lides oriundas da relação de trabalho e não apenas aquelas decorrentes de relações de emprego. Relação de emprego, como se sabe, configura-se apenas quando presentes os requisitos dos arts. 2º e 3º da CLT.

Já relação de trabalho pressupõe trabalho exercido por conta alheia, na qual o trabalhador coloca sua força de trabalho em proveito de outra pessoa, seja esta física ou jurídica. Em outras palavras, podemos dizer que relação de trabalho é qualquer vínculo jurídico no qual uma pessoa física presta serviços para outra pessoa, física ou jurídica, mediante uma contraprestação.

Assim, é possível asseverar que relação de trabalho é gênero do qual é uma espécie a relação de emprego. Por isso, toda relação de emprego corresponde a uma relação de trabalho, mas nem toda relação de trabalho corresponde a uma relação de emprego.

É importante destacar que, no que diz respeito às ações acidentárias, aquelas decorrentes de acidente do trabalho, que possuem natureza previdenciária, são de competência da justiça comum estadual, que detém competência para processar e julgar ações acidentárias propostas pelo empregado em face do INSS, em conformidade com o art. 109, I, da CF e art. 643, § 2º, da CLT.

Nesse contexto, é importante destacar que se inscreve na competência material da Justiça do Trabalho a lide entre empregado e empregador tendo por objeto indenização pelo não fornecimento das guias do seguro-desemprego, nos termos da súmula 389, I, do TST.

Por último, vale ressaltar que, nos termos da súmula 300 do TST, pertence à competência material da Justiça do Trabalho as ações ajuizadas por empregados em face de empregadores relativas ao cadastramento no Programa de Integração Social (PIS).

2.3.2. *Servidores da administração pública*

Ao ampliar a competência material da Justiça do Trabalho, foi atribuída, também, a competência para os dissídios envolvendo a administração pública direta e indireta da União, Estados, DF e Municípios.

No entanto, o art. 114, I, da CF foi objeto de uma ADI – Ação Direta de Inconstitucionalidade, processo nº 3395-6, ajuizada pela Associação dos Juízes Federais do Brasil, em que foi concedida liminar, suspendendo "*ad referendum*, toda e qualquer interpretação dada ao inciso I do art. 114 da CF, na redação dada pela EC 45/2004, que inclua, na competência da Justiça do Trabalho, a (...) apreciação (...) de causas que (...) sejam instauradas entre o Poder Público e seus servidores, a ele vinculados por típica relação de ordem estatutária ou de caráter jurídico-administrativo". A medida liminar foi referendada pelo Plenário do STF em 05 de abril de 2006.

Desta forma, a Justiça do Trabalho não é competente para processar e julgar as ações envolvendo servidores da administração pública, sendo competente a justiça comum estadual ou federal, a depender do tipo de servidor. Nessa linha são as súmulas 137 e 218 do STJ.

Convém lembrar que naqueles casos em que a relação não for tipicamente estatutária, ou seja, quando a relação for regida pela CLT, como é o caso dos empregados públicos, a competência será da Justiça do Trabalho.

Vale lembrar ainda que a Orientação Jurisprudencial 205 da SDI 1 do TST, que admitia a competência material da Justiça do Trabalho para dirimir dissídio individual entre trabalhador e ente público se houvesse controvérsia acerca do vínculo empregatício, foi cancelada pela resolução 156/2009 do TST, sendo essa questão atualmente de competência da justiça comum estadual ou federal, conforme o caso, na medida em que esses trabalhadores não estão sob o regime da CLT.

As sociedades de economia mista e as empresas públicas, por serem pessoas jurídicas de direito privado, submetem-se ao regime próprio das empresas privadas, sendo regidas, portanto, pela CLT.

2.3.3. *Ações que envolvem o exercício do direito de greve*

A greve é um direito constitucional assegurado aos trabalhadores e encontra-se previsto no art. 9º, da CF, e regulado pela Lei 7.783/1989. O exercício abusivo desse direito sujeita os responsáveis às penas impostas pela lei que o regula.

Ao inserir na competência da Justiça do Trabalho as ações que envolvam o direito de greve, o legislador atribuiu à Justiça do Trabalho a competência para todas aquelas ações que se relacionam direta ou indiretamente com o direito de greve.

Assim, as ações inibitórias que visam a assegurar o exercício do direito de greve, as ações possessórias para proteger o patrimônio do empregador, as ações de reparação de danos, quer pelo empregado, quer pelo empregador ou, ainda, contra terceiros são de competência da Justiça do Trabalho.

Dispõe a Súmula 189 do TST:

> SÚMULA 189 TST – GREVE. COMPETÊNCIA DA JUSTIÇA DO TRABALHO. ABUSIVIDADE. A Justiça do Trabalho é competente para declarar a abusividade, ou não, da greve.

Com relação às ações possessórias em decorrência do direito de greve, é importante trazer o entendimento da Suprema Corte ao editar a Súmula Vinculante 23, garantindo à Justiça do Trabalho a competência para processar e julgar as ações possessórias ajuizadas em decorrência do exercício do direito de greve pelos trabalhadores da iniciativa privada.

2.3.4. *Ações sobre representação sindical*

O inciso III do art. 114 da CF/1988 confere competência para a Justiça do Trabalho processar e julgar as ações sobre representação sindical, entre sindicatos, entre sindicatos e trabalhadores, e entre sindicatos e empregadores.

O termo "sindicato" contido no dispositivo constitucional citado deve ser interpretado de forma ampla a abranger todas as entidades sindicais de grau superior, como as federações (art. 534 da CLT) e confederações (art. 535 da CLT).

Pelo dispositivo em apreço, as lides entre sindicatos que disputam base territorial serão de competência da Justiça do Trabalho.

Em outras palavras, temos que o inciso III do art. 114 da CF abrange todas as ações que envolvam matéria sindical no âmbito trabalhista.

Desta forma, ensina Mauro Schiavi (em **Curso de Direito Processual do Trabalho**. 2. ed. São Paulo: LTr, 2009. p. 196) que os dissídios que envolvem sindicatos podem ser classificados em:

a) coletivos: que envolvem os dissídios coletivos;

b) intersindicais não coletivos: que envolvem conflitos entre sindicatos;

c) intrassindicais: que envolvem questões internas do sindicato;

d) dissídios sobre contribuições sindicais.

Nesse sentido é o Enunciado 24 da ANAMATRA:

> ENUNCIADO 24. Competência da Justiça do Trabalho. Conflitos inter e intrassindicais. Os conflitos inter e intrassindicais, inclusive os que envolvam sindicatos de servidores públicos (estatutários e empregados públicos), são da competência da Justiça do Trabalho.

2.3.5. Mandado de segurança, habeas corpus e habeas data

2.3.5.1. Mandado de segurança

O mandado de segurança está disposto no art. 5º, LXIX, da CF/1988 e regulado pela Lei 12.016/2009 e pode ser classificado como uma ação constitucional de natureza mandamental destinada a proteger direito líquido e certo contra ato de autoridade, praticado com ilegalidade ou abuso de poder.

Será admitido sob a óptica do art. 114, IV, da CF/1988 sempre que o ato impugnado estiver relacionado com a jurisdição trabalhista.

A competência para o mandado de segurança é fixada em razão da matéria, ou seja, o ato taxado de ilegal ou abusivo deve estar submetido à jurisdição trabalhista.

A competência funcional para o mandado de segurança irá depender da autoridade tida como coatora. Assim, será de competência da vara do trabalho o mandado de segurança impetrado contra ato de auditor fiscal; do TRT quando o ato taxado de ilegal ou abusivo for do juiz do trabalho, diretor e demais funcionários, juízes de direito investidos na jurisdição trabalhista (art. 112 da CF/1988), juízes e funcionários do TRT; e, por último, do TST quando o ato for praticado pelo Presidente do TST ou outro Ministro.

2.3.5.2. Habeas corpus

Remédio constitucional de natureza mandamental de rito especial, que objetiva evitar ou cessar violência ou ameaça ao direito de ir e vir, em razão de ilegalidade ou abuso de poder.

Dispõe o art. 5º, LXVIII, da CF: "conceder-se-á *habeas-corpus* sempre que alguém sofrer ou se achar ameaçado de sofrer violência ou coação em sua liberdade de locomoção, por ilegalidade ou abuso de poder."

Com o advento da Emenda Constitucional 45/2004, a Justiça do Trabalho possui competência para apreciar *habeas corpus* com relação àquelas matérias sujeitas a sua apreciação.

Desta forma, sempre que o ato taxado de abusivo e ilegal envolver matéria sujeita à jurisdição trabalhista, a Justiça do Trabalho será competente para apreciar o pedido de *habeas corpus*.

A competência para apreciação do pedido de *habeas corpus* será das varas do trabalho quando for impetrado contra ato de particular, como, por exemplo, no caso em que o empregador impede que seus funcionários saiam da empresa para participar do movimento paredista.

A competência será dos TRTs quando o HC for impetrado contra ato de juiz da vara do trabalho. Será competência do TST quando o *habeas corpus* for impetrado em face dos TRTs.

Por último, quando o *habeas corpus* for impetrado em face de atos dos Ministros do TST, a competência para apreciação será do STF, em conformidade com o art. 102, I, "i", da CF.

Como exemplo de hipótese de cabimento de *habeas corpus* na justiça do trabalho podemos citar, na fase de execução da sentença, a prisão de um depositário infiel determinada por um juiz do trabalho.

No entanto, tendo em vista a edição da súmula vinculante 25, que ensina ser ilícita a prisão do depositário infiel, será difícil sua aplicação do *habeas corpus* na esfera laboral.

Vale trazer à baila o entendimento cristalizado na nova redação dada a Orientação Jurisprudencial 143 da SDI 2 do TST.

> ORIENTAÇÃO JURISPRUDENCIAL 143 SDI 2 TST – *HABEAS CORPUS*. PENHORA SOBRE COISA FUTURA E INCERTA. PRISÃO. DEPOSITÁRIO INFIEL.
>
> Não se caracteriza a condição de depositário infiel quando a penhora recair sobre coisa futura e incerta, circunstância que, por si só, inviabiliza a materialização do depósito no momento da constituição do paciente em depositário, autorizando-se a concessão de "habeas corpus" diante da prisão ou ameaça de prisão que sofra.

Ainda sobre *habeas corpus* e depositário infiel, a SDI 2 se pronunciou:

> ORIENTAÇÃO JURISPRUDENCIAL 89 SDI 2 TST – *HABEAS CORPUS*. DEPOSITÁRIO. TERMO DE DEPÓSITO NÃO ASSINADO PELO PACIENTE. NECESSIDADE DE ACEITAÇÃO DO ENCARGO. IMPOSSIBILIDADE DE PRISÃO CIVIL.
>
> A investidura no encargo de depositário depende da aceitação do nomeado que deve assinar termo de compromisso no auto de penhora, sem o que, é inadmissível a restrição de seu direito de liberdade.

Deve-se ressaltar que por não ter o inciso LXVIII do art. 5º da CF/1988 exigido que o constrangimento seja exercido por agente do poder público, admite-se o uso de *habeas corpus* contra ato particular, como o caso do empregador que não permite que seus empregados saiam da empresa para aderirem ao movimento paredista.

2.3.5.3. Habeas data

Dispõe o art. 5°, LXXII, da CF:

LXXII – conceder-se-á *habeas-data*:

a) para assegurar o conhecimento de informações relativas à pessoa do impetrante, constantes de registros ou bancos de dados de entidades governamentais ou de caráter público;

b) para a retificação de dados, quando não se prefira fazê-lo por processo sigiloso, judicial ou administrativo.

Trata-se de uma ação mandamental que tem como objetivo garantir ao interessado, pessoa física ou jurídica ou ente despersonalizado, o exercício do direito fundamental de livre acesso a dados pessoais constantes em registro ou em banco de dados. Além do livre acesso aos registros ou banco de dados, esse remédio pode objetivar, também, a retificação desses registros ou, ainda, sua complementação.

O procedimento do *habeas data* encontra-se previsto na Lei 9.507/1997 que, em seu art. 2°, traz uma condição especial para seu cabimento, qual seja, a prévia postulação administrativa.

Art. 2º. O requerimento será apresentado ao órgão ou entidade depositária do registro ou banco de dados e será deferido ou indeferido no prazo de quarenta e oito horas.

Desta forma, o pedido de *habeas data* só se justifica depois de feito e rejeitado o requerimento na forma do art. 2º supracitado.

A petição inicial deverá preencher os requisitos dos arts. 319 a 334 do CPC/2015e será apresentada em duas vias, devendo os documentos que a instruírem ser reproduzidos por cópia na segunda via.

Importante lembrar que, nos termos do parágrafo único do art. 8º da Lei 9.507/1997, a petição inicial deverá ser instruída com prova:

Parágrafo único. (...)

I – da recusa ao acesso às informações ou do decurso de mais de dez dias sem decisão;

II – da recusa em fazer-se a retificação ou do decurso de mais de quinze dias, sem decisão; ou

III – da recusa em fazer-se a anotação a que se refere o § 2º do art. 4º ou do decurso de mais de quinze dias sem decisão.

Poderá figurar no polo ativo qualquer pessoa física ou jurídica e, ainda, os entes despersonalizados que possuam capacidade processual como, por exemplo, a massa falida, condomínio, entre outros. Por outro lado, no polo passivo da ação poderão figurar os órgãos da administração pública direta e indireta, bem como as instituições, entidades ou pessoas jurídicas de direito privado que prestem serviços para o público ou de interesse público, desde que sejam depositárias de dados.

Como exemplo de impetração de *habeas data* na Justiça do Trabalho, o ilustre Professor Carlos Henrique Bezerra Leite ensina (em **Curso de Direito Processual do Trabalho**. 7. ed. São Paulo: LTr, 2009. p. 1070) "Outra hipótese reside na possibilidade de impetração de *habeas data* pelo empregador em face do órgão de fiscalização da relação de trabalho que esteja se negando a fornecer informações sobre o processo administrativo em que ele esteja sofrendo penalidade administrativa."

2.3.6. Conflitos de competência entre órgãos de jurisdição trabalhista

Ensina o art. 114, V, da CF/1988 que compete à Justiça do Trabalho processar e julgar os conflitos de competência entre órgãos com jurisdição trabalhista, ressalvado o disposto no art. 102, I, "o", que confere ao STF o julgamento dos conflitos de competência entre o Superior Tribunal de Justiça e quaisquer tribunais, entre Tribunais Superiores, ou entre estes e qualquer outro tribunal.

Ocorre o conflito de competência quando dois órgãos judiciais se dizem competentes, denominado conflito positivo de competência; ou quando dois órgãos judiciais se dizem incompetentes, denominado conflito negativo de competência; ou, ainda, quando entre dois juízes surge controvérsia sobre a reunião ou separação de processos, nos termos do art. 804 da CLT e 66 do CPC/2015.

Desta forma, em conformidade com o art. 803 da CLT, os conflitos de jurisdição podem ocorrer entre:

a) Varas do trabalho e juízes de direito investidos na jurisdição trabalhista;

b) Tribunais Regionais do Trabalho;

c) Juízos e tribunais do trabalho e órgãos da justiça ordinária;

d) Câmaras do Tribunal Superior do Trabalho

Serão resolvidos pelo TRT quando for suscitado conflito de competência entre varas do trabalho da mesma região, ou entre varas do trabalho e juiz de direito investido na jurisdição trabalhista na mesma região, os termos do art. 808 da CLT.

Sobre o tema, o STJ editou a súmula 180 que ensina: "na lide trabalhista, compete ao Tribunal Regional do Trabalho dirimir conflito de competência verificado, na respectiva região, entre juiz estadual e junta de conciliação e julgamento."

Serão resolvidos pelo TST sempre que for suscitado o conflito entre TRTs ou entre Varas do Trabalho e Juízes de Direito investidos na jurisdição trabalhista sujeitos à jurisdição de TRTs diferentes.

Sobre o tema, o STJ editou a súmula 236 em que ensina não ser de competência daquele Tribunal os conflitos de competência envolvendo juízes do trabalho vinculados a TRTs diversos.

Os conflitos serão resolvidos pelo STJ quando suscitado entre Vara de Trabalho e Juiz de Direito não investido na jurisdição trabalhista, em conformidade com o art. 105, I, "d", da CF.

Por último serão resolvidos pelo STF os conflitos suscitados entre o TST e órgãos de outro ramo do judiciário, nos termos do art. 102, I, "o", da CF.

É importante lembrar as lições trazidas na súmula 420 do TST, que assim dispõe:

SÚMULA 420 DO TST – COMPETÊNCIA FUNCIONAL. CONFLITO NEGATIVO. TRT E VARA DO TRABALHO DE IDÊNTICA REGIÃO. NÃO CONFIGURAÇÃO.

Não se configura conflito de competência entre Tribunal Regional do Trabalho e Vara do Trabalho a ele vinculada.

2.3.7. Ações de indenização por dano moral ou patrimonial

A Carta Maior confere competência à Justiça do Trabalho para processar e julgar ações de indenização por dano moral ou patrimonial decorrentes da relação de trabalho.

Assim, toda e qualquer ação de dano moral ou patrimonial, quando decorrentes da relação de trabalho, proposta pelo empregado em face do empregador, será de competência da Justiça do Trabalho.

Muito se discutiu acerca da competência para aquelas ações que estavam em andamento quando da promulgação da EC 45/04, até que o Supremo Tribunal Federal editou a súmula vinculante 22, que assim dispõe:

SÚMULA VINCULANTE 22 STF – A Justiça do Trabalho é competente para processar e julgar as ações de indenização por danos morais e patrimoniais decorrentes de acidente de trabalho propostas por empregado contra empregador, inclusive aquelas que ainda não possuíam sentença de mérito em primeiro grau quando da promulgação da emenda constitucional nº 45/04.

Contudo, as ações acidentárias, ou seja, lides previdenciárias derivadas de acidente do trabalho propostas pelo trabalhador em face do INSS, serão de competência da justiça comum estadual e nunca da Justiça do Trabalho, conforme exceção prevista no art. 109, I, da CF.

Vale esclarecer que caso seja o acidente de trabalho causado por negligência do empregador responsável pelo cumprimento das normas de segurança e saúde do trabalho, poderá o INSS ajuizar ação regressiva em face desse empregador, devendo esta ação de regresso ser proposta na justiça federal.

Apenas as ações propostas pelo trabalhador em face do empregador serão de competência da Justiça do Trabalho.

Ainda será de competência da Justiça do Trabalho a ação de reparação de danos morais, ainda que proposta pelos dependentes ou sucessores do obreiro falecido.

É o que a chamamos de danos morais por ricochete ou reflexo, entendido como aquele que além de atingir a própria vítima, atinge também outras pessoas por conta de laços afetivos que possui com o ofendido, como por exemplo o caso do dano moral sofrido pelo filho diante da morte de seus genitores e vice-versa.

Nas lições de Sebastião Geraldo de Oliveira, Desembargador do TRT da 3ª Região, em julgado daquela Corte Trabalhista ((TRT 3ºR. 2ª T., RO 1019-2007-042-03-00-3, Rel. Des. Sebastião Geraldo de Oliveira. DJEMG 29.07.2009), *in verbis*:

"Dano moral indireto, reflexo ou, em ricochete, é aquele que, sem decorrer direta e imediatamente de certo fato danoso, com este guarda um vínculo de necessariedade, de modo manter o nexo de causalidade entre a conduta ilícita e o prejuízo. Ainda que sejam distintos os direitos da vítima imediata e da vítima mediata, a causa indireta do prejuízo está intensamente associada à causa direta, tornando perfeitamente viável a pretensão indenizatória."

Desta forma, não apenas a vítima direta ou imediata fará jus à reparação de danos morais, mas também a vítima indireta ou mediata, pessoas que, por via reflexa, sofreram os efeitos do dano.

Nesse sentido, ensina a Súmula 392 do TST:

SÚMULA 392 TST – DANO MORAL E MATERIAL. RELAÇÃO DE TRABALHO. COMPETÊNCIA DA JUSTIÇA DO TRABALHO

Nos termos do art. 114, inc. VI, da Constituição da República, a Justiça do Trabalho é competente para processar e julgar ações de indenização por dano moral e material, decorrentes da relação de trabalho, inclusive as oriundas de acidente de trabalho e doenças a ele equiparadas, ainda que propostas pelos dependentes ou sucessores do trabalhador falecido.

Por último, é importante asseverar que os danos morais dispostos no texto constitucional dizem respeito aos danos pré e pós-contratuais, sendo todas as ações de competência da Justiça do Trabalho.

2.3.8. *Ações relativas às penalidades administrativas impostas aos empregadores pelos órgãos de fiscalização das relações de trabalho*

Trata-se de ações propostas por empregadores que objetivam anular sanções administrativas impostas pelo Ministério do Trabalho e Emprego.

Trata-se, portanto, de uma inovação trazida pela Emenda Constitucional 45/2004, haja vista que essas ações eram de competência da justiça federal.

2.3.9. *Execução das contribuições sociais de ofício*

Trata-se das contribuições do empregador, incidentes sobre a folha de salários e demais rendimentos do trabalho pagos ou creditados, a qualquer título, à pessoa física que lhe preste serviço, mesmo sem vínculo empregatício, bem como da contribuição devida pelo trabalhador e pelos demais segurados da previdência social.

Serão executadas tais contribuições em decorrência das sentenças que o juiz proferir.

Sobre o tema, o Supremo Tribunal Federal editou a Súmula Vinculante 53, que assim dispõe:

Súmula Vinculante 53. A competência da Justiça do Trabalho prevista no art. 114, VIII, da Constituição Federal alcança a execução de ofício das contribuições previdenciárias relativas ao objeto da condenação constante das sentenças que proferir e acordos por ela homologados.

Vale destacar a Súmula 454 do TST, que assim dispõe:

SÚMULA 454 TST – COMPETÊNCIA DA JUSTIÇA DO TRABALHO. EXECUÇÃO DE OFÍCIO. CONTRIBUIÇÃO SOCIAL REFERENTE AO SEGURO DE ACIDENTE DE TRABALHO (SAT). ARTS. 114, VIII, E 195, I, "A", DA CONSTITUIÇÃO DA REPÚBLICA.

Compete à Justiça do Trabalho a execução, de ofício, da contribuição referente ao Seguro de Acidente de Trabalho (SAT), que tem natureza de contribuição para a seguridade social (arts. 114, VIII, e 195, I, "a", da CF), pois se destina ao financiamento de benefícios relativos à incapacidade do empregado decorrente de infortúnio no trabalho (arts. 11 e 22 da Lei 8.212/1991).

2.4. Competência em razão da função

Diz respeito à distribuição das atribuições aos diferentes órgãos do Poder Judiciário. A competência funcional ou hierárquica trabalhista, como também é chamada, regula a competência dos órgãos de 1º, 2º e 3º graus dentro da Justiça do Trabalho.

Desta forma, em conformidade com o art. 111 da CF, é correto dizer que a competência funcional será dividida entre os órgãos que compõem a Justiça do Trabalho, quais sejam: as Varas do Trabalho, Tribunais Regionais do Trabalho – TRTs e o Tribunal Superior do Trabalho – TST.

A competência funcional diz respeito, portanto, às atribuições confiadas a cada órgão do Poder Judiciário, especificamente, para nosso estudo, dentro da Justiça do Trabalho.

A análise da competência em razão da função será realizada após avaliação da competência material. Assim, em primeiro plano, deve ser realizado um exame acerca da competência material e somente após este exame é que teremos de analisar a competência funcional dos órgãos do Poder Judiciário.

Importante ressaltar que a competência em razão da função é absoluta, podendo ser conhecida *ex officio* pelo juiz, ou seja, sem necessidade de provocação da parte.

A competência funcional se divide em:

2.4.1. Competência funcional originária

É aquela que conhece da causa em primeiro plano. Via de regra a competência originária pertence à Vara do Trabalho (1º grau de jurisdição) nos termos do art. 652 da CLT, salvo regra expressa em sentido contrário, como, por exemplo, a ação rescisória, que se inicia no TRT, nos termos do art. 678, I, "c", item 2, da CLT; ou no TST, em conformidade com os arts. 70, I, "d" e 71, III, "a", ambos do regimento interno do TST.

A competência funcional originária dos TRTs, quando divididos em turmas, vem disposta nos arts. 678 e 680 da CLT. Quando os TRTs não forem divididos em turmas, dispõe o art. 679 da CLT que os Tribunais Regionais apreciarão as matérias contidas no art. 678 da CLT, com exceção dos recursos das multas impostas pelas Turmas bem como os conflitos de jurisdição entre Turmas, na medida em que não as possuem.

Por último, a competência funcional do TST vem disposta na Lei 7.701/1998. O art. 4º estabelece a competência funcional do Tribunal Pleno; a seção especializada em dissídios individuais – SDI tem sua competência estabelecida no art. 3º da Lei 7.701/1998; a seção especializada em dissídios coletivos, nos termos do art. 2º da citada lei; e, por último, a competência funcional das Turmas do TST vem disposta no art. 5º da Lei 7.701/1998.

2.4.2. Competência funcional recursal

É a competência para prática de determinados atos em grau de recurso.

2.4.3. Competência funcional executória

Diz respeito à competência para realização da execução, seja judicial, seja extrajudicial (arts. 877 e 877-A da CLT).

2.5. Competência territorial da Justiça do Trabalho

Competência territorial ou competência do foro (*ratione loci*), como também é chamada, diz respeito ao limite territorial de cada órgão da Justiça do Trabalho.

Na Justiça do Trabalho a competência territorial vem disciplinada no art. 651 da CLT, que dispõe:

> Art. 651. A competência das Juntas de Conciliação e Julgamento é determinada pela localidade onde o empregado, reclamante ou reclamado, prestar serviços ao empregador, ainda que tenha sido contratado noutro local ou no estrangeiro.

Pela determinação do dispositivo supracitado, a competência é determinada pela localidade da última prestação de serviço pelo obreiro, ainda que tenha sido contratado em outro lugar.

Vale ressaltar que a regra do domicílio do réu disposta no processo civil não é aplicável ao processo do trabalho.

Portanto, o *caput* do art. 651 traz a regra geral para fixação de competência. Todavia, os parágrafos trazem as exceções à regra.

Estabelece o § 3º do citado dispositivo que é assegurado ao empregado apresentar reclamação trabalhista no foro da celebração do contrato ou no foro da prestação dos serviços, em se tratando de empregador que promova suas atividades fora do local da celebração do contrato de trabalho, como, por exemplo, empresas de atividades teatrais. Assim, se um empregado é contratado em determinado lugar para prestar serviço em outra localidade, eventual reclamação trabalhista poderá ser ajuizada no local da contratação ou da prestação dos serviços.

Outra exceção à regra de competência é a hipótese do viajante comercial. Nos termos do § 1º do dispositivo, o empregado deverá propor a reclamação na vara da localidade onde a empresa possuir agência ou filial e a esta esteja ele subordinado. Não existindo filial ou agência, poderá o empregado optar por onde possuir domicílio ou na localidade mais próxima.

A última exceção contida no art. 651 consolidado vem estabelecida em seu § 2º, que trata das lides de empregados brasileiros em agência ou filial situada no estrangeiro, desde que possuam sede, filial ou representante no Brasil. Nesse caso, a competência será da Justiça do Trabalho brasileira, caso não haja convenção internacional em sentido contrário.

Importante notar que para esses conflitos ocorridos no exterior será aplicada a regra do direito processual brasileiro, na medida em que a demanda tramitará perante a Justiça do Trabalho brasileira. No entanto, com relação ao direito material, por meio da súmula 207, o TST havia firmado posicionamento no sentido da aplicação da lei do local da execução do contrato de trabalho, ou seja, seria aplicada a legislação do país onde o trabalho foi prestado.

No entanto, a súmula 207 do TST foi cancelada, prevalecendo o entendimento que, de acordo com o art. 3º, inciso II, da Lei 7.064/1982, deverá ser aplicada a legislação mais favorável ao trabalhador. O posicionamento atual adotou a teoria do *conglobamento mitigado*.

2.6. Foro de eleição

Previsto no art. 63 do CPC/2015, é aquele em que os contratantes escolhem livremente, de antemão, o foro onde serão dirimidos eventuais conflitos decorrentes do negócio jurídico avençado.

No processo de trabalho, as regras de competência são de ordem pública e, dessa forma, não podem ser derrogadas pelas partes.

Referida incompatibilidade decorre da hipossuficiência econômica do trabalhador, haja vista que a regra do art. 651 e seus parágrafos tem por objetivo facilitar o acesso do trabalhador ao judiciário.

2.7. Modificação da competência

A competência absoluta (em razão da matéria, em razão da pessoa e em razão da função) não pode ser modificada, nem por circunstâncias processuais, tampouco por vontade das partes.

Já a competência relativa (competência territorial) poderá sofrer modificações, seja por circunstâncias processuais e nas hipóteses em que a lei autoriza, nos termos do art. 54 do CPC/2015.

A modificação de competência poderá ocorrer por:

2.7.1. Prorrogação

Dispõe o art. 65 do CPC/2015:

Art. 65. Prorrogar-se-á a competência relativa se o réu não alegar a incompetência em preliminar de contestação.

A incompetência em razão do território deve ser alegada pela parte no prazo de resposta (defesa), sob pena de prorrogar-se a competência. Em outras palavras, a incompetência territorial se convalidará caso a parte interessada não oponha exceção de incompetência no prazo legal.

Desta forma, ocorrendo a prorrogação da competência de um juiz do trabalho territorialmente incompetente, se tornará ele competente para apreciação daquela demanda.

2.7.2. Conexão

Disciplinada no art. 55 do CPC/2015, a conexão ocorre quando forem comuns a causa de pedir ou o pedido de duas ou mais ações.

São elementos da ação: as partes, a causa de pedir (fundamentos) e o objeto (pedido). Pois bem. Haverá conexão entre as ações quando tiverem o mesmo pedido ou os mesmos fundamentos. Basta um destes elementos e não a cumulação deles. Ressalta-se que não haverá conexão se forem comuns as partes.

Caso as ações conexas estejam transitando perante juízos com mesma competência, será considerada prevento nos domínios do processo de trabalho aquele em que a reclamação tenha sido protocolada em primeiro lugar, não se aplicando a parte final da regra disposta no art. 59 do CPC/2015.

2.7.3. Continência

Ensina o art. 56 do CPC que haverá continência sempre que houver identidade entre as partes e a causa de pedir (fundamento), mas o objeto (pedido) de uma for mais amplo do que o da outra.

Diferentemente da conexão, na qual há necessidade de identidade de um dos elementos da ação (causa de pedir ou pedido), na continência se faz necessário a cumulação de dois elementos: as partes e causa de pedir, devendo, contudo, o pedido de um ser mais abrangente do que o outro.

Como exemplo, podemos citar o pedido de uma ação que vise à anulação de uma cláusula contratual e de outra, com as mesmas partes e causa de pedir, que busque a anulação de todo o contrato.

3. ATOS, TERMOS, PRAZOS E NULIDADES PROCESSUAIS

3.1. Considerações

O processo pode ser conceituado, em poucas palavras, como sendo um conjunto de atos coordenados que objetivam a busca da tutela jurisdicional.

Nos termos do art. 203 do CPC/2015, que os pronunciamentos do Juiz consistirão em: despachos, decisões interlocutórias e sentenças. Nessa linha é importante lembrar que a assinatura dos juízes em todos os graus de jurisdição poderá ser feita eletronicamente.

3.1.1. Despacho

Utilizava-se o termo "despacho de mero expediente", termo muito criticado pela doutrina. Em 2006, com a publicação da Lei 11.276, a expressão "mero expediente" foi retirada do art. 1.001 do CPC/2015, utilizando-se atualmente a expressão "despacho". Os despachos são atos desprovidos de conteúdo decisório, como, por exemplo, a remessa dos autos ao contador.

3.1.2. Decisões interlocutórias

A decisão interlocutória é conceituada como todo pronunciamento judicial de natureza decisória que não seja sentença, que é o pronunciamento por meio do qual o juiz, com fundamento nos arts. 485 e 487 CPC, põe fim à fase cognitiva do procedimento comum, bem como extingue a execução. As decisões interlocutórias são dotadas de conteúdo decisório. Vale lembrar que, nos termos do art. 893, § 1º, da CLT, na Justiça do Trabalho as decisões interlocutórias são irrecorríveis de imediato. As exceções à regra da irrecorribilidade imediata das decisões interlocutórias encontram-se na súmula 214 do TST:

Na Justiça do Trabalho, nos termos do art. 893, § 1º, da CLT, as decisões interlocutórias não ensejam recurso imediato, salvo nas hipóteses de decisão:

a) de Tribunal Regional do Trabalho contrária à Súmula ou Orientação Jurisprudencial do Tribunal Superior do Trabalho;

b) suscetível de impugnação mediante recurso para o mesmo Tribunal;

c) que acolhe exceção de incompetência territorial, com a remessa dos autos para Tribunal Regional distinto daquele a que se vincula o juízo excepcionado, consoante o disposto no art. 799, § 2º, da CLT.

3.1.3. Sentença

Nos termos do art. 203, § 1º, do CPC/2015, sentença é o pronunciamento por meio do qual o juiz, com fundamento nos arts. 485 e 487 do CPC, põe fim à fase cognitiva do procedimento comum, bem como extingue a execução.

As decisões proferidas pelo Juiz do Trabalho, nos termos do art. 832 da CLT, deverão conter o nome das partes, o resumo do pedido e da defesa, a apreciação das provas, os fundamentos da decisão e a conclusão. A sentença que concluir pela procedência do pedido determinará o prazo e as condições para o seu cumprimento.

Os elementos essenciais da sentença estão dispostos no art. 489 CPC/2015.

Com relação à aplicabilidade da norma disposta no art. 489 CPC/2015 ao processo do trabalho, o TST editou a IN 39 que em seu art. 15 assim dispõe:

Art. 15. O atendimento à exigência legal de fundamentação das decisões judiciais (CPC, art. 489, § 1º) no Processo do Trabalho observará o seguinte:

I – por força dos arts. 332 e 927 do CPC, adaptados ao Processo do Trabalho, para efeito dos incisos V e VI do § 1º do art. 489 considera-se "precedente" apenas:

a) acórdão proferido pelo Supremo Tribunal Federal ou pelo Tribunal Superior do Trabalho em julgamento de recursos repetitivos (CLT, art. 896-B; CPC, art. 1.046, § 4º);

b) entendimento firmado em incidente de resolução de demandas repetitivas ou de assunção de competência;

c) decisão do Supremo Tribunal Federal em controle concentrado de constitucionalidade;

d) tese jurídica prevalecente em Tribunal Regional do Trabalho e não conflitante com súmula ou orientação jurisprudencial do Tribunal Superior do Trabalho (CLT, art. 896, § 6º);

e) decisão do plenário, do órgão especial ou de seção especializada competente para uniformizar a jurisprudência do tribunal a que o juiz estiver vinculado ou do Tribunal Superior do Trabalho.

II – para os fins do art. 489, § 1º, incisos V e VI do CPC, considerar-se-ão unicamente os precedentes referidos no item anterior, súmulas do Supremo Tribunal Federal, orientação jurisprudencial e súmula do Tribunal Superior do Trabalho, súmula de Tribunal Regional do Trabalho não conflitante com súmula ou orientação jurisprudencial do TST, que contenham explícita referência aos fundamentos determinantes da decisão (ratio decidendi).

III – não ofende o art. 489, § 1º, inciso IV do CPC a decisão que deixar de apreciar questões cujo exame haja ficado prejudicado em razão da análise anterior de questão subordinante.

IV – o art. 489, § 1º, IV, do CPC não obriga o juiz ou o Tribunal a enfrentar os fundamentos jurídicos invocados pela parte, quando já tenham sido examinados na formação dos precedentes obrigatórios ou nos fundamentos determinantes de enunciado de súmula.

V – decisão que aplica a tese jurídica firmada em precedente, nos termos do item I, não precisa enfrentar os fundamentos já analisados na decisão paradigma, sendo suficiente, para fins de atendimento das exigências constantes no art. 489, § 1º, do CPC, a correlação fática e jurídica entre o caso concreto e aquele apreciado no incidente de solução concentrada.

VI – é ônus da parte, para os fins do disposto no art. 489, § 1º, V e VI, do CPC, identificar os fundamentos determinantes ou demonstrar a existência de distinção no caso em julgamento ou a superação do entendimento, sempre que invocar precedente ou enunciado de súmula.

3.2. Realização dos atos processuais

De acordo com o art. 770 da CLT, em regra, os atos processuais serão públicos, salvo quando o contrário determinar o interesse social, e deverão ser realizados nos dias úteis das 6 (seis) às 20 (vinte) horas. Vale ressaltar que a penhora poderá ser realizada aos domingos ou feriados mediante autorização expressa do Juiz do Trabalho.

3.2.1. Ato processual via fac-símile

Instituído pela Lei 9.800/1999, os atos processuais que necessitam ser feitos por petição escrita poderão ser realizados via fac-símile.

Reza o art. 2º da citada lei que a utilização de sistema não prejudica o cumprimento dos prazos, devendo os originais ser entregues em juízo, necessariamente, até 5 (cinco) dias da data do término do prazo estipulado para o ato. Já os atos praticados via fac-símile que não possuem prazo deverão ser entregues a via original dentro do prazo de 5 (cinco) dias contados da data recepção do material enviado.

A lei ensina, ainda, que aquele que fizer uso de sistema de transmissão torna-se responsável pela qualidade e fidelidade do material transmitido e por sua entrega ao órgão judiciário.

Sobre o tema, é importante destacar a súmula 387 do TST:

SÚMULA 387 TST. RECURSO. FAC-SÍMILE. LEI Nº 9.800/1999)

I – A Lei 9.800, de 26.05.1999, é aplicável somente a recursos interpostos após o início de sua vigência.

II – A contagem do quinquídio para apresentação dos originais de recurso interposto por intermédio de fac-símile começa a fluir do dia subsequente ao término do prazo recursal, nos termos do art. 2º da Lei 9.800, de 26.05.1999, e não do dia seguinte à interposição do recurso, se esta se deu antes do termo final do prazo.

III – Não se tratando a juntada dos originais de ato que dependa de notificação, pois a parte, ao interpor o recurso, já tem ciência de seu ônus processual, não se aplica a regra do art. 184 do CPC[1] quanto ao "dies a quo", podendo coincidir com sábado, domingo ou feriado.

IV – A autorização para utilização do fac-símile, constante do art. 1º da Lei 9.800, de 26.05.1999, somente alcança as hipóteses em que o documento é dirigido diretamente ao órgão jurisdicional, não se aplicando à transmissão ocorrida entre particulares.

3.3. Prazos processuais

Os prazos processuais contam-se a partir da data em que for feita pessoalmente, ou recebida, a notificação. Nos termos da súmula 16 do TST, presume-se recebida a notificação 48 (quarenta e oito) horas depois de sua postagem. O seu não recebimento ou a entrega após o decurso desse prazo constitui ônus de prova do destinatário. Em se tratando de edital, inicia-se na respectiva data.

Porém, é importante ter em mente que os prazos serão contabilizados excluindo o dia do começo e incluindo o dia do vencimento.

Nos termos do art. 775 da CLT os prazos processuais são contínuos e irreleváveis, podendo, entretanto, ser prorrogados pelo tempo estritamente necessário pelo Juiz ou Tribunal, ou em virtude de força maior, devidamente comprovada nos autos.

Vale lembrar, ainda, que os prazos que se vencerem em sábado, domingo ou dia feriado terminarão no primeiro dia útil seguinte, nos termos do art. 775, parágrafo único, da CLT.

Quando a intimação tiver lugar na sexta-feira, ou a publicação com efeito de intimação for feita nesse dia, o prazo judicial será contado da segunda-feira imediata, inclusive, salvo se não houver expediente, caso em que fluirá no dia útil que se seguir.

Intimada ou notificada a parte no sábado, o início do prazo se dará no primeiro dia útil imediato e a contagem, no subsequente, é o que determina a Súmula 262, I, do TST.

A mesma súmula adverte, ainda, em seu item II que:

SÚMULA 262 TST.

[...]

II. O recesso forense e as férias coletivas dos Ministros do Tribunal Superior do Trabalho suspendem os prazos recursais.

1 Art. 224 CPC/2015.

3.4. Nulidades processuais

Dispõe o art. 188 do CPC/2015 que os atos e termos processuais não dependem de forma determinada, salvo quando a lei expressamente a exigir, tendo como válidos os atos que, realizados de outro modo, alcancem sua finalidade essencial.

Nos domínios do processo do trabalho, a nulidade somente será declarada quando resultar dos atos que causem manifesto prejuízo às partes litigantes.

A nulidade do ato se dá quando lhe falta algum requisito que a lei ordena como necessário e pode ser classificado como: nulidade absoluta e nulidade relativa.

3.4.1. Nulidade absoluta

A nulidade absoluta ocorre sempre que o ato violar normas de ordem pública, ou seja, normas de interesse público, como, por exemplo, as regras de competência material e funcional. A nulidade absoluta poderá ser decretada *ex officio* pelo magistrado ou a requerimento da parte.

Importante lembrar a regra estabelecida no art. 795, § 1º, da CLT que determina que o magistrado declare *ex officio* a nulidade fundada em incompetência de foro. A incompetência de foro a que o dispositivo legal se refere é a competência material, que é absoluta, e não a competência territorial disposta no art. 651 da CLT, que é relativa.

Nesse caso, havendo a declaração da nulidade absoluta, serão considerados nulos os atos decisórios.

3.4.2. Nulidade relativa

Haverá nulidade relativa sempre que o ato violar normas de interesse privado e somente serão declaradas mediante provocação das partes, as quais deverão argui-las à primeira vez em que tiverem de falar em audiência ou nos autos, nos termos do art. 795 da CLT.

Importante ressaltar que não será pronunciada a nulidade do ato quando for possível repeti-lo ou mesmo suprir sua falta. Da mesma forma, não será declarada a nulidade do ato quando arguida por quem lhe tiver dado causa.

3.5. Audiência trabalhista

Na Justiça do Trabalho, as audiências serão públicas e deverão ser realizadas em dias úteis previamente fixados, entre 8 (oito) e 18 (dezoito) horas, e não poderão ultrapassar 5 (cinco) horas seguidas, salvo quando houver matéria urgente. Caso seja necessário, o magistrado poderá, ainda, realizar audiências extraordinárias.

O reclamante e o reclamado comparecerão à audiência acompanhados das suas testemunhas, apresentando, também, as demais provas.

No horário designado, o Juiz abrirá a audiência, convocando as partes, testemunhas e demais pessoas que devam comparecer. Caso o Juiz não compareça até 15 (quinze) minutos após o horário marcado, os presentes poderão retirar-se, devendo o ocorrido constar do livro de registro das audiências.

Importante ressaltar que a regra esculpida no art. 362, III, do CPC/2015 que prevê o adiamento da audiência por atraso injustificado de seu início em tempo superior a 30 (trinta) minutos do horário marcado, não será aplicado ao processo do trabalho em razão de inexistência de omissão e por incompatibilidade do instituto, em conformidade com o art. 2º, VI, da IN 39 do TST.

Na audiência deverão estar presentes o reclamante e o reclamado, independentemente do comparecimento de seus representantes, salvo nos casos de reclamações plúrimas ou ações de cumprimento, quando os empregados poderão fazer-se representar pelo Sindicato de sua categoria.

O empregador poderá fazer-se substituir pelo gerente ou qualquer outro preposto que tenha conhecimento do fato, cujas declarações obrigarão o proponente.

Nos termos da súmula 377 do TST, exceto quanto à reclamação de empregado doméstico, ou contra micro ou pequeno empresário, o preposto deve ser necessariamente empregado do reclamado.

Como dito, na audiência deverão estar presentes ambas as partes. Nessa linha, é importante lembrar que o não comparecimento do reclamante à audiência importa o arquivamento da reclamação, art. 844 da CLT. Porém, se por doença ou qualquer outro motivo poderoso, devidamente comprovado, o reclamante não puder comparecer pessoalmente, poderá fazer-se representar por outro empregado que pertença à mesma profissão ou pelo seu sindicato. A presença de outro empregado ou do sindicato objetiva, exclusivamente, o não arquivamento da reclamação.

Já o não comparecimento do reclamado, em conformidade com a parte final do art. 844 da CLT, importa revelia, além de confissão quanto à matéria de fato.

Pela redação do citado dispositivo legal poderíamos acreditar que a presença da parte reclamada (o próprio empresário, gerente ou preposto) é necessária/obrigatória, sendo que sua ausência implicaria em revelia e confissão fática. Isso ocorreria independente da presença do advogado, até mesmo porque sua figura é dispensável em razão do *jus postulandi* da parte.

A imprecisão do dispositivo legal em questão levou o TRT da 2ª região, São Paulo a publicar em em 22 de maio de 2015 a sua primeira tese jurídica prevalecente, que assim dispõe:

> **TESE JURÍDICA PREVALECENTE Nº 01**
>
> **Ausência da parte reclamada em audiência. Consequência processual.** Confissão.
>
> A presença de advogado munido de procuração revela *animus* de defesa que afasta a revelia. A ausência da parte reclamada à audiência na qual deveria apresentar defesa resulta apenas na sua confissão.

Todavia, o TST adota posição contrária, como se observa em sua súmula 122, que assim dispõe:

> SÚMULA 122 TST – a reclamada, ausente à audiência em que deveria apresentar defesa, é revel, ainda que presente seu advogado munido de procuração, podendo ser ilidida a revelia mediante a apresentação de atestado médico, que deverá declarar, expressamente, a impossibilidade de locomoção do empregador ou do seu preposto no dia da audiência".

3.6. Despesas processuais

Nos dissídios individuais, ainda que propostos perante a Justiça Estadual no exercício da jurisdição trabalhista (art. 112 da CF), as custas relativas ao processo de conhecimento sempre serão no importe de 2% (dois por cento) e serão calculadas da seguinte maneira:

a) Em caso de acordo ou condenação, as custas serão calculadas sobre o respectivo valor. Vale lembrar que, sempre que houver acordo, o pagamento das custas caberá em partes iguais aos litigantes se outra forma não for convencionada;

b) caso o processo seja extinto sem julgamento do mérito ou julgado totalmente improcedente, as custas serão calculadas sobre o valor da causa;

c) Nas ações declaratórias e constitutivas, também serão calculadas sobre o valor da causa;

d) Para as ações que o valor da condenação for indeterminado, deverá o magistrado fixar um valor.

As custas serão pagas pelo vencido após o trânsito em julgado da decisão. No caso de recurso, serão pagas e comprovado o recolhimento dentro do prazo recursal, em conformidade com a súmula 245 do TST.

Nesse ponto cumpre destacar a Súmula 25 do TST, de acordo com a resolução 198/2015:

> SÚMULA 25 TST – CUSTAS PROCESSUAIS. INVERSÃO DO ÔNUS DA SUCUMBÊNCIA.
>
> I – A parte vencedora na primeira instância, se vencida na segunda, está obrigada, independentemente de intimação, a pagar as custas fixadas na sentença originária, das quais ficara isenta a parte então vencida;
>
> II – No caso de inversão do ônus da sucumbência em segundo grau, sem acréscimo ou atualização do valor das custas e se estas já foram devidamente recolhidas, descabe um novo pagamento pela parte vencida, ao recorrer. Deverá ao final, se sucumbente, reembolsar a quantia;
>
> III – Não caracteriza deserção a hipótese em que, acrescido o valor da condenação, não houve fixação ou cálculo do valor devido a título de custas e tampouco intimação da parte para o preparo do recurso, devendo ser as custas pagas ao final;
>
> IV – O reembolso das custas à parte vencedora faz-se necessário mesmo na hipótese em que a parte vencida for pessoa isenta do seu pagamento, nos termos do art. 790-A, parágrafo único, da CLT.

No que diz respeito aos dissídios coletivos, o pagamento das custas será no importe de 2% calculados sobre o valor arbitrado pelo Juiz na decisão. Porém, reza o § 4º do art. 789 da CLT que nos dissídios coletivos as partes vencidas responderão solidariamente pelo pagamento das custas.

Por último, cabe ressaltar que no processo de execução as custas serão sempre de responsabilidade do executado e pagas ao final do processo.

3.6.1. Isenção

Nos termos do art. 790-A da CLT, além dos beneficiários da justiça gratuita – Lei 1.060/1950 – são isentos do pagamento de custas a União, os Estados, o Distrito Federal, os Municípios e respectivas autarquias e fundações públicas federais, estaduais ou municipais que não explorem atividade econômica e o Ministério Público do Trabalho.

É importante destacar que as isenções acima citadas não alcançam as entidades fiscalizadoras do exercício profissional, como, por exemplo, a OAB, CREA, entre outras.

A responsabilidade pelo pagamento dos honorários periciais é da parte sucumbente na pretensão objeto da perícia, salvo se beneficiária de justiça gratuita.

4. PARTES E PROCURADORES

4.1. Aspectos gerais

São 3 os elementos capazes de identificar uma ação. Assim, podemos dizer que duas ações são idênticas quando possuírem os mesmos elementos. São eles:

a) partes: sujeito ativo e sujeito passivo;

b) causa de pedir: corresponde aos fundamentos de fato – causa de pedir próxima – e aos fundamentos de direito – causa de pedir remota;

c) pedido: que consiste no provimento jurisdicional pretendido.

Podemos dizer que é parte no processo aquele que requer a tutela jurisdicional e, também, aquele contra quem a tutela é impetrada. São, portanto, exequente e executado, no processo de execução; embargante e embargado, em processos de embargos à execução e embargos de terceiro; impetrante e impetrado, em mandados de segurança; reconvinte e reconvindo, em reconvenção; e, nos domínios do processo do trabalho, reclamante e reclamado, nas reclamações trabalhistas.

4.2. Capacidade

Cumpre, primeiramente, salientar que capacidade processual não se confunde com capacidade de ser parte, tampouco com capacidade postulatória.

Capacidade de ser parte nada mais é do que a capacidade de direito, ou seja, é a aptidão para figurar como parte em um dos polos da relação processual e está disciplinada nos arts. 1º e 2º do CC. Desta forma, todas as pessoas físicas e jurídicas e alguns entes despersonalizados possuem capacidade de ser parte.

Já a capacidade processual é a aptidão para agir em juízo. Assim, toda pessoa que se acha no exercício dos seus direitos tem capacidade para estar em juízo, conforme reza o art. 70 do CPC/2015.

Destarte, uma vez verificada a capacidade de ser parte, deve-se analisar se aquele sujeito é capaz de praticar os atos processuais sozinho, sem o acompanhamento de outras pessoas, ou se necessitarão de assistência ou representação, conforme o caso.

Nos domínios do processo do trabalho, a capacidade de estar em juízo sem assistência ou representação acontece, em conformidade com o art. 792 da CLT, aos 18 anos de idade.

Já a capacidade postulatória ou *jus postulandi* consiste na capacidade para prática de atos processuais em juízo que, em regra, pertence ao advogado devidamente inscrito na OAB e aos membros do Ministério Público.

Há, no entanto, casos em que não é exigida a capacidade postulatória para agir em juízo, como, por exemplo, nos juizados especiais cíveis, em que se dispensa a capacidade postulatória para o ajuizamento das ações cujo valor não exceda a 20 salários mínimos (art. 9º da Lei 9.099/1995). Outrossim, também dispensa-se a capacidade postulatória para a impetração de *habeas corpus* e, ainda, para propositura de reclamação trabalhista.

4.2.1. *Jus postulandi*

O *jus postulandi* encontra-se disciplinado no art. 791 da CLT, que ensina que empregados e os empregadores poderão reclamar pessoalmente perante a Justiça do Trabalho e acompanhar as suas reclamações até o final.

Dessa forma, temos que, no âmbito da Justiça do Trabalho, empregados e empregadores poderão, sem a presença de advogado, reclamar e acompanhar suas ações até o final, ou seja, poderão reclamar em juízo e interpor recurso pessoalmente. Em outras palavras, poderão atuar sem a presença de advogado em todas as instâncias trabalhistas.

Porém, para a interposição de recurso extraordinário para o STF deverá a parte fazê-lo por intermédio de um advogado, sob pena de não conhecimento do recurso.

A aplicação do *jus postulandi* já foi polêmica. Isso porque parte da doutrina entendia que a presença do advogado é dispensável somente na primeira e segunda instância trabalhista, excluindo a possibilidade de a própria parte apresentar recurso de revista, em face de sua natureza extraordinária.

Entretanto, como já exposto, em abril de 2010, o Tribunal Superior do Trabalho editou a súmula 425, estabelecendo que o *jus postulandi* das partes é limitado às Varas do Trabalho e aos Tribunais Regionais do Trabalho, não alcançando a ação cautelar, ainda que proposta em primeira instância, a ação rescisória e o mandado de segurança, bem como os recursos de competência do Tribunal Superior do Trabalho.

4.3. Sucessão das partes

Sucessão das partes (ou sucessão processual) nada mais é que a substituição da parte do processo em decorrência da alteração de titularidade do direito material discutido em juízo. Como exemplo, podemos citar o caso de morte de uma das partes, hipótese em que haverá sua substituição pelo espólio ou pelos sucessores, nos termos do art. 110 do CPC, devendo ser observada, igualmente, a regra disposta no art. 313, §§ 1º e 2º, do CPC/2015.

A sucessão processual não pode ser confundida com a substituição processual, também chamada de legitimidade extraordinária, que será estudada no item 4.8, a qual é conceituada como o fenômeno processual pelo qual alguém, autorizado por lei, atua em juízo como parte, em nome próprio, na defesa de interesse alheio.

Nos domínios do processo do trabalho, ocorrendo a morte do empregado, os dependentes poderão assumir o polo ativo.

Nesse sentido, dispõe o art. 1º da Lei 6.858/1980:

> **Art. 1º.** Os valores devidos pelos empregadores aos empregados e os montantes das contas individuais do Fundo de Garantia do Tempo de Serviço e do Fundo de Participação PIS-PASEP, não recebidos em vida pelos respectivos titulares, serão pagos, em quotas iguais, aos dependentes habilitados perante a Previdência Social ou na forma da legislação específica dos servidores civis e militares, e, na sua falta, aos sucessores previstos na lei civil, indicados em alvará judicial, independentemente de inventário ou arrolamento.
>
> § 1º. As quotas atribuídas a menores ficarão depositadas em caderneta de poupança, rendendo juros e correção monetária, e só serão disponíveis após o menor completar 18 (dezoito) anos, salvo autorização do juiz para aquisição de imóvel destinado à residência do menor e de sua família ou para dispêndio necessário à subsistência e educação do menor.
>
> § 2º. Inexistindo dependentes ou sucessores, os valores de que trata este artigo reverterão em favor, respectivamente, do Fundo de Previdência e Assistência Social, do Fundo de Garantia do Tempo de Serviço ou do Fundo de Participação PIS-PASEP, conforme se tratar de quantias devidas pelo empregador ou de contas de FGTS e do Fundo PIS PASEP.

4.4. Representação processual

É a possibilidade de atuar no processo em nome de outrem. Consiste, portanto, na possibilidade de uma pessoa demandar em juízo em nome alheio, defendendo interesse alheio.

Logo, o representante age em nome do representado, defendendo interesse do próprio representado, não agindo na qualidade de parte.

A representação pode ser legal, nas hipóteses em que a lei indica o representante, como no art. 75, I, II e III, do CPC/2015, ou pode ser convencional ou voluntária, que é feita por vontade da parte, como nas hipóteses do art. 75, VIII, do CPC/2015.

A CLT, por sua vez, ensina que é facultado ao empregador fazer-se substituir pelo gerente ou qualquer outro preposto que tenha conhecimento do fato.

Contudo, o TST consolidou entendimento consubstanciado na súmula 377, com a nova redação dada pela resolução 146 de 2008, na qual ensina que, "exceto quanto à reclamação de empregado doméstico, ou contra micro ou pequeno empresário, o preposto deve ser necessariamente empregado do reclamado. Inteligência do art. 843, § 1º, da CLT e do art. 54 da Lei Complementar 123, de 14 de dezembro de 2006."

Já o empregado que esteja doente ou não possa comparecer à audiência por qualquer outro motivo poderoso ou relevante poderá ser representado por outro empregado da mesma profissão ou pelo sindicato, que comparecerá à audiência informando o justo motivo para o não comparecimento do reclamante, com o fito de evitar o arquivamento do processo, nos termos do art. 843, § 2º, da CLT.

Com relação ao empregador doméstico, poderá este ser representado por qualquer pessoa da família.

4.5. Mandato

Como visto, na Justiça do Trabalho as partes são dotadas de capacidade postulatória e poderão fazer uso do *jus postulandi* nos exatos termos do art. 791 da CLT e da súmula 425 do TST.

Porém, nada impede que as partes constituam procuradores mediante instrumento de mandato, ou seja, a procuração *ad judicia*, por meio da qual a parte lhe outorga os poderes.

Com relação ao mandato outorgado por pessoa jurídica, a Súmula 456 do TST dispõe:

> SÚMULA 456 TST – REPRESENTAÇÃO. PESSOA JURÍDICA. PROCURAÇÃO. INVALIDADE. IDENTIFICAÇÃO DO OUTORGANTE E DE SEU REPRESENTANTE.
>
> É inválido o instrumento de mandato firmado em nome de pessoa jurídica que não contenha, pelo menos, o nome do outorgante e do signatário da procuração, pois estes dados constituem elementos que os individualizam.

Nos termos do art. 104 e § 1º, do CPC/2015, a representação em juízo é feita por meio do instrumento de mandato.

A súmula 395, I, do TST ensina ser válido o instrumento de mandato com prazo determinado que contém cláusula estabelecendo a prevalência dos poderes para atuar até o final da demanda.

O outorgante poderá fixar prazo para a juntada do instrumento de mandato e, nesse caso, diante da existência dessa previsão, o instrumento de mandato só tem validade se anexado ao processo dentro do prazo estabelecido.

O outorgado poderá substabelecer os poderes conferidos pelo outorgante, ou seja, transmitir os poderes para outros advogados. Assim, são válidos os atos praticados pelo substabelecido, ainda que não haja, no mandato, poderes expressos para substabelecer, nos termos da súmula 395, III, do TST.

Nesse sentido, é importante destacar que se configura a irregularidade de representação se o substabelecimento é anterior à outorga passada ao substabelecente.

Havendo mais de um advogado representando o empregado, poderão estes advogados requerer que as comunicações sejam feitas em nome de um determinado advogado. Nessa hipótese, o TST por meio da súmula 427, entende ser nula a comunicação em nome de outro profissional constituído nos autos.

Há de se ressaltar que é necessário que haja prejuízo à parte, sob pena de não ser reconhecida a nulidade do ato.

Contudo, a IN 39 do TST dispõe em seu art. 16:

"Para efeito de aplicação do § 5º do art. 272 do CPC, não é causa de nulidade processual a intimação realizada na pessoa de advogado regularmente habilitado nos autos, ainda que conste pedido expresso para que as comunicações dos atos processuais sejam feitas em nome de outro advogado, se o profissional indicado não se encontra previamente cadastrado no Sistema de Processo Judicial Eletrônico, impedindo a serventia judicial de atender ao requerimento de envio da intimação direcionada. A decretação de nulidade não pode ser acolhida em favor da parte que lhe deu causa (CPC, art. 276)."

É importante lembrar que é inadmissível, em instância recursal, o oferecimento tardio de procuração, nos termos do art. 104 do CPC/2015, ainda que mediante protesto por posterior juntada, já que a interposição de recurso não pode ser reputada ato urgente. Da mesma forma, é inadmissível na fase recursal a regularização da representação processual, na forma do art. 76, *caput* e § 1º, do CPC/2015, cuja aplicação se restringe ao Juízo de 1º grau.

Todavia, na Justiça do Trabalho admite-se o mandato tácito ou *apud acta*, ou seja, mandato constituído na própria ata de audiência.

Desse modo dispõe o art. 791, § 3º, da CLT:

Art. 791 (...)

§ 3º A constituição de procurador com poderes para o foro em geral poderá ser efetivada, mediante simples registro em ata de audiência, a requerimento verbal do advogado interessado, com anuência da parte representada.

Importante ressaltar, contudo, que nos termos da Orientação Jurisprudencial 200 da SDI 1 do TST, é inválido o substabelecimento de advogado investido de mandato tácito.

Com relação à Fazenda Pública, ensina a Súmula 436 do TST:

SÚMULA 436 DO TST – REPRESENTAÇÃO PROCESSUAL. PROCURADOR DA UNIÃO, ESTADOS, MUNICÍPIOS E DISTRITO FEDERAL, SUAS AUTARQUIAS E FUNDAÇÕES PÚBLICAS. JUNTADA DE INSTRUMENTO DE MANDATO.

I – A União, Estados, Municípios e Distrito Federal, suas autarquias e fundações públicas, quando representadas em juízo, ativa e passivamente, por seus procuradores, estão dispensadas da juntada de instrumento de mandato e de comprovação do ato de nomeação.

II – Para os efeitos do item anterior, é essencial que o signatário ao menos declare-se exercente do cargo de procurador, não bastando a indicação do número de inscrição na Ordem dos Advogados do Brasil.

4.6. Assistência judiciária e justiça gratuita

Nos termos do art. 5º, LXXIV, da CF, "o Estado prestará assistência jurídica integral e gratuita aos que comprovarem insuficiência de recursos."

A concessão da assistência judiciária gratuita vem regulada pela Lei 1.060/1950 e arts. 98 a 102 do CPC/2015. No entanto, o art. 14 da Lei 5.584/1970 ensina que a assistência judiciária a que se refere a Lei 1.060/1950 será prestada pelo sindicato da classe ao trabalhador, ainda que não seja associado.

Determina o § 1º do citado art. 14 que a "assistência é devida a todo aquele que perceber salário igual ou inferior ao dobro do mínimo legal, ficando assegurado igual benefício ao trabalhador de maior salário, uma vez provado que sua situação econômica não lhe permite demandar, sem prejuízo do sustento próprio ou da família."

A assistência judiciária não se confunde com a justiça gratuita. Isso porque a primeira compreende, além dos préstimos de um advogado, os benefícios da justiça gratuita. Assim, é possível que um empregado não goze da assistência judiciária prestada pelo sindicato da classe, mas preencha os requisitos dispostos no art. 790, § 3º, da CLT e seja beneficiário da justiça gratuita.

Dispõe o art. 790, § 3º, da CLT:

"**Art. 790.**

§ 3º É facultado aos juízes, órgãos julgadores e presidentes dos tribunais do trabalho de qualquer instância conceder, a requerimento ou de ofício, o benefício da justiça gratuita, inclusive quanto a traslados e instrumentos, àqueles que perceberem salário igual ou inferior ao dobro do mínimo legal, ou declararem, sob as penas da lei, que não estão em condições de pagar as custas do processo sem prejuízo do sustento próprio ou de sua família."

Sendo concedida a assistência judiciária, a parte gozará dos benefícios do art. 98, § 1º, CPC/2015, que determina:

"**Art. 98 (...).**

§ 1º A gratuidade da justiça compreende:

I – as taxas ou as custas judiciais;

II – os selos postais;

III – as despesas com publicação na imprensa oficial, dispensando-se a publicação em outros meios;

IV – a indenização devida à testemunha que, quando empregada, receberá do empregador salário integral, como se em serviço estivesse;

V – as despesas com a realização de exame de código genético – DNA e de outros exames considerados essenciais;

VI – os honorários do advogado e do perito e a remuneração do intérprete ou do tradutor nomeado para apresentação de versão em português de documento redigido em língua estrangeira;

VII – o custo com a elaboração de memória de cálculo, quando exigida para instauração da execução;

VIII – os depósitos previstos em lei para interposição de recurso, para propositura de ação e para a prática de outros atos processuais inerentes ao exercício da ampla defesa e do contraditório;

IX – os emolumentos devidos a notários ou registradores em decorrência da prática de registro, averbação ou qualquer outro ato notarial necessário à efetivação de decisão judicial ou à continuidade de processo judicial no qual o benefício tenha sido concedido.

§ 2º A concessão de gratuidade não afasta a responsabilidade do beneficiário pelas despesas processuais e pelos honorários advocatícios decorrentes de sua sucumbência.

4.6.1. *Assistência judiciária gratuita para pessoa jurídica*

Uma vez mais, lembremos que o art. 5º, LXXIV, da CF dispõe que: "o Estado prestará assistência jurídica integral e gratuita aos que comprovarem insuficiência de recursos."

O texto constitucional, ao assegurar a assistência jurídica integral e gratuita, não distinguiu entre pessoas físicas ou jurídicas, conferindo tal garantia a todos aqueles que *"comprovarem insuficiência de recursos". Isso porque, nos termos do art. 5º, caput, da Magna Carta, todos são iguais perante a lei.*

O art. 98 do CPC/2015 ensina que toda pessoa natural ou jurídica, brasileira ou estrangeira, com insuficiência de recursos para pagar as custas, as despesas processuais e os honorários advocatícios tem direito à gratuidade da justiça, na forma da lei.

Com isso, o novo CPC põe fim em uma grande discussão doutrinária e positiva a jurisprudência consolidada na súmula 481 do STJ, determinando o direito à gratuidade da justiça às pessoas jurídicas.

Assim, dispõe o art. 98 do CPC/2015:

Art. 98. A pessoa natural ou jurídica, brasileira ou estrangeira, com insuficiência de recursos para pagar as custas, as despesas processuais e os honorários advocatícios tem direito à gratuidade da justiça, na forma da lei.

A comprovação de miserabilidade jurídica poderá ser feita por meio de documentos, como, por exemplo, balanços contábeis e imposto e renda, que comprovem a efetiva situação precária.

Quanto ao momento para ser feito o pedido da justiça gratuita, o art. 99 CPC/2015 o pedido de gratuidade da justiça pode ser formulado na petição inicial, na contestação, na petição para ingresso de terceiro no processo ou em recurso.

Com relação ao pedido na fase recursal, importante a redação da Orientação Jurisprudencial 269 da SDI 1 do TST:

ORIENTAÇÃO JURISPRUDENCIAL 269 SDI 1 do TST: JUSTIÇA GRATUITA. REQUERIMENTO DE ISENÇÃO DE DESPESAS PROCESSUAIS. MOMENTO OPORTUNO.

O benefício da justiça gratuita pode ser requerido em qualquer tempo ou grau de jurisdição, desde que, na fase recursal, seja o requerimento formulado no prazo alusivo ao recurso.

4.7. Litisconsórcio

Nas lições de Marcus Vinicius Rios Gonçalves (**Novo Curso de Direito Processual Civil**. 6. ed., vol.1. São Paulo: Saraiva, 2009. p. 145), é "um fenômeno que ocorre quando duas ou mais pessoas figuram como autoras ou rés no processo. Se forem autoras, o litisconsórcio será ativo; se rés, passivo; se ambas, bilateral ou misto."

Nos domínios do processo do trabalho, o art. 842 da CLT assim dispõe:

Art. 842. Sendo várias as reclamações e havendo identidade de matéria, poderão ser acumuladas num só processo, se se tratar de empregados da mesma empresa ou estabelecimento.

O dispositivo em apreço trata da reclamação trabalhista plúrima, ou seja, uma hipótese de litisconsórcio ativo.

Com relação ao litisconsórcio passivo, podemos citar como exemplo as demandas em que figuram como rés a empresa fornecedora de mão de obra e a tomadora de serviços. Veja a súmula 331, item IV, do TST.

Nos termos do art. 117 do CPC/2015 que modificou significadamente a disposição legal antiga determina que: "Os litisconsortes serão considerados, em suas relações com a parte adversa, como litigantes distintos, **exceto no litisconsórcio unitário**, caso em que os atos e as omissões de um não prejudicarão os outros, **mas os poderão beneficiar"**.

Com isso, o art. 229 do CPC/2015 determina que os litisconsortes que tiverem diferentes procuradores, **de escritórios de advocacia distintos**, terão prazos contados em dobro **para todas as suas manifestações, em qualquer juízo ou tribunal, independentemente de requerimento.**

No entanto, por meio da OJ 310 da SDI 1, o TST se pronunciou para a inaplicabilidade do antigo art. 191 do CPC/1973, atual art. 229 CPC/2015 ao processo do trabalho, por ser com ele incompatível. Dispõe a citada OJ:

ORIENTAÇÃO JURISPRUDENCIAL 310 da SDI do TST – LITISCONSORTES. PROCURADORES DISTINTOS. PRAZO EM DOBRO. ART. 191 DO CPC. INAPLICÁVEL AO PROCESSO DO TRABALHO

A regra contida no art. 191 do CPC[2] é inaplicável ao processo do trabalho, em decorrência da sua incompatibilidade com o princípio da celeridade inerente ao processo trabalhista.

4.8. Substituição processual

Substituição processual ou legitimidade extraordinária pode ser conceituada como sendo o fenômeno processual pelo qual alguém, autorizado por lei, atua em juízo como parte, em nome próprio, na defesa de interesse alheio.

2 Art. 229 CPC/2015.

Nessa linha, dispõe o art. 18 do CPC/2015:

> Art. 18. Ninguém poderá pleitear direito alheio em nome próprio, salvo quando autorizado pelo ordenamento jurídico.
>
> Parágrafo único. Havendo substituição processual, o substituído poderá intervir como assistente litisconsorcial.

Esse ponto é fundamental para distinguir a substituição da representação processual. Isso porque, na representação, o representante não é parte, mas apenas a representa; ao passo, que na substituição processual, o substituto é parte no processo, seja na qualidade de autor, seja na qualidade de réu.

A CF/1988 estabelece, no art. 8º, III, que compete ao sindicato a defesa dos direitos e interesses coletivos ou individuais da categoria, inclusive em questões judiciais ou administrativas.

Essa legitimação extraordinária é irrestrita para que o sindicato atue em nome próprio na tutela de interesses da classe operária que defende.

Vale ressaltar o entendimento cristalizado na OJ 121 da SDI 1 do TST, que ensina: "o sindicato tem legitimidade para atuar na qualidade de substituto processual para pleitear diferença de adicional de insalubridade".

Por último, importante lembrar o entendimento disposto a primeira parte do item III da súmula 219 do TST, que determina o pagamento de honorários advocatícios nas causas em que o ente sindical figure como substituto processual.

4.9. Honorários advocatícios

Como estudado, na Justiça do Trabalho admite-se o *jus postulandi* da parte, previsto no art. 791 da CLT, não necessitando que a parte esteja representada por um advogado para que possa ingressar com uma ação na Justiça do Trabalho.

Por esse motivo, em regra, na Justiça do Trabalho não são devidos honorários advocatícios. Excepcionalmente admite-se a condenação da parte sucumbente ao pagamento da verba honorária devida ao advogado.

Dispõe a súmula 219 do TST, redação dada pela resolução 197/2015:

> SÚMULA 219 TST – HONORÁRIOS ADVOCATÍCIOS. HIPÓTESE DE CABIMENTO.
>
> I – Na Justiça do Trabalho, a condenação ao pagamento de honorários advocatícios, nunca superiores a 15% (quinze por cento), não decorre pura e simplesmente da sucumbência, devendo a parte, concomitantemente: a) estar assistida por sindicato da categoria profissional; b) comprovar a percepção de salário inferior ao dobro do salário mínimo ou encontrar-se em situação econômica que não lhe permita demandar sem prejuízo do próprio sustento ou da respectiva família (art. 14, § 1º, da Lei 5.584/1970).
>
> II – É cabível a condenação ao pagamento de honorários advocatícios em ação rescisória no processo trabalhista.
>
> III – São devidos os honorários advocatícios nas causas em que o ente sindical figure como substituto processual e nas lides que não derivem da relação de emprego.

Assim, em 4 situações os honorários advocatícios serão devidos, a saber:

a) *ações que versam sobre relação de emprego*

Em regra, os honorários advocatícios na Justiça do Trabalho não decorrem da mera sucumbência. Segundo o posicionamento do TST, para que sejam devidos os honorários advocatícios é necessário que o empregado esteja representado por advogado do sindicato de sua categoria e, percebendo até dois salários mínimos, demonstre que sua situação econômica não lhe permite demandar sem prejuízo do sustento próprio ou da família. Desta forma, deverá o empregado estar assistido por advogado e ser beneficiário da justiça gratuita. Nessa hipótese os honorários advocatícios nunca serão superiores a 15% do valor da condenação e serão devidos ao sindicato profissional e não ao advogado.

b) *ação rescisória*

De acordo com o item II da Súmula 219 do TST no processo do trabalho será cabível a condenação de honorários advocatícios em ação rescisória.

Como sabemos, de acordo com o entendimento consubstanciado na súmula 425 do TST o *jus postulandi* da parte não alcança a ação rescisória, devendo, portanto, as partes contratarem advogados para que defendam seus interesses.

Desta forma, tendo em vista a necessidade de advogado para a propositura e acompanhamento da ação rescisória se faz necessária a condenação em honorários advocatícios.

c) *causas em que o ente sindical figure como substituto processual*

Como estudado no item anterior, o substituto processual ou o legitimado extraordinariamente, autorizado por lei, atua em juízo como parte, em nome próprio, na defesa de interesse alheio.

Nos termos do art. 8º, III, da CF compete ao sindicato a defesa dos direitos e interesses coletivos ou individuais da categoria, inclusive em questões judiciais ou administrativas.

Assim, sempre que o sindicato figurar como substituto processual, como é o caso das ações de cumprimento, haverá condenação em honorários advocatícios.

d) *lides que não derivem da relação de emprego*

Lides que não derivem da relação de emprego são as lides decorrentes da relação de trabalho.

Ao entender que são devidos os honorários advocatícios nas lides que não derivem da relação de emprego, o TST acabou por determinar que os honorários advocatícios serão devidos nas ações que tratam das demais espécies de trabalho, com exceção da relação de emprego. Nas lides decorrentes de relação de trabalho, portanto, seriam devidos honorários advocatícios.

Assim, seriam devidos honorários advocatícios nas ações de trabalhadores avulsos, estagiários etc., por exemplo.

Sobre esse último tópico importante trazer a determinação descrita na Instrução Normativa 27/2005 do TST em seu art. 5º, que assim dispõe:

> **Art. 5º.** Exceto nas lides decorrentes da relação de emprego, os honorários advocatícios são devidos pela mera sucumbência.

5. DISSÍDIO INDIVIDUAL

5.1. Reclamação verbal ou escrita

Nos termos do art. 840 da CLT, a reclamação trabalhista poderá ser verbal ou escrita.

5.1.1. Reclamação verbal

Na reclamação trabalhista verbal (art. 840, § 2º, da CLT), o reclamante procura o próprio Tribunal Regional do Trabalho de sua região (Vara do Trabalho) e expõe seus motivos ao servidor. Uma vez verificada a possibilidade de ingresso na Justiça do Trabalho, a reclamação trabalhista deverá ser distribuída antes mesmo de sua redução a termo, em conformidade com o art. 93, XV, da CF e art. 786 da CLT.

Distribuída a reclamação verbal, o reclamante deverá, salvo motivo de força maior, apresentar-se, no prazo de 5 (cinco) dias, ao cartório ou à secretaria, para reduzi-la a termo, sob a pena de perder, pelo prazo de 6 meses, o direito de reclamar perante a Justiça do Trabalho, o que, nos termos do art. 731 da CLT, a doutrina costuma chamar de perempção provisória.

Reduzida a termo, o escrivão ou secretário, dentro de 48 horas, remeterá a segunda via do termo ao réu, notificando-o ao para comparecer à audiência.

Vale lembrar que, de acordo com o entendimento disposto no art. 841, *caput*, parte final, da CLT, entre a data do recebimento da notificação pela reclamada e a data designada para a audiência deverá ser obedecido o prazo mínimo de 5 (cinco) dias, sob pena de nulidade. Em se tratando de Fazenda Pública, esse prazo deverá ser contado em quádruplo, ou seja, entre a data do recebimento da notificação e a data da audiência deverá ser observado um lapso temporal de 20 (vinte) dias, nos termos do art. 1º, II, do Decreto-Lei 779/1969.

Nessa linha, presume-se recebida a notificação 48 (quarenta e oito) horas depois de sua postagem. O seu não recebimento ou a entrega após o decurso desse prazo constitui ônus de prova do destinatário, em conformidade com a súmula 16 do TST.

5.1.2. Reclamação escrita

A reclamação trabalhista escrita, em atendimento ao disposto no art. 840, § 1º, da CLT, deverá conter a designação do juiz da vara do trabalho, ou do juiz de direito (art. 112 da CF) a quem for dirigida, a qualificação do reclamante e do reclamado, uma breve exposição dos fatos de que resulte a desavença, o pedido, a data e a assinatura do reclamante ou de seu representante.

A reclamação escrita deverá ser formulada em duas vias e desde logo acompanhada dos documentos em que se fundar.

Assim como a reclamação verbal, o escrivão ou secretário, dentro de 48 horas, remeterá a segunda via da petição ao réu, notificando-o para comparecimento à audiência, que deverá ser marcada obedecendo ao prazo mínimo de 5 (cinco) dias, observada a regra do art. 1º, II, do Decreto-Lei 779/1969 para a Fazenda Pública.

5.2. Comissão de Conciliação Prévia

Estabelece o art. 625-D da CLT que qualquer demanda de natureza trabalhista será submetida à Comissão de Conciliação Prévia – CCP – se, na localidade da prestação de serviços, houver sido instituída a Comissão no âmbito da empresa ou do sindicato da categoria.

As Comissões de Conciliação Prévia não integram a estrutura da Justiça do Trabalho, que se encontra esculpida no art. 111 da CF, estudado no capítulo 2.

O dispositivo legal em questão estabelece, portanto, que qualquer reclamação trabalhista deve ser submetida à CCP antes de ser ajuizada, quando, na localidade da prestação de serviços, houver sido instituída tal comissão no âmbito da empresa ou do sindicato da categoria.

Ocorre que o art. 625-D da CLT foi objeto de duas Ações Diretas de Inconstitucionalidade – ADIs. A primeira delas, ADI 2139, ajuizada pelo PCdoB, PSB, PT e PDT; e a segunda, ADI 2160, ajuizada pela Confederação Nacional dos Trabalhadores no Comércio – CNTC.

A Suprema Corte decidiu por maioria de votos que as ações trabalhistas podem ser submetidas ao judiciário trabalhista mesmo antes de se submeter a questão à Comissão de Conciliação Prévia – CCP. Para os ministros da Suprema Corte, a decisão preserva o direito universal dos cidadãos de acesso à Justiça.

Desta forma, de acordo com a interpretação conferida ao dispositivo em questão pela Suprema Corte, a submissão de conflitos à Comissão de Conciliação Prévia não constitui condição da ação para o ajuizamento da reclamação trabalhista, não sendo possível a extinção do processo sem resolução do mérito em caso de ausência de tentativa de conciliação perante a CCP.

Qualquer interessado poderá apresentar seu pedido à Comissão, que uma vez provocada terá prazo de 10 (dez) dias para a realização da sessão de tentativa de conciliação. Não havendo realização da sessão de conciliação no aludido prazo, deverá ser entregue ao empregado declaração de tentativa de conciliação frustrada. Vale lembrar que o não comparecimento da parte na sessão de conciliação não implica revelia.

Submetida a demanda à Comissão de Conciliação Prévia e não prosperando a conciliação, deverá ser fornecida ao empregado e ao empregador declaração da tentativa conciliatória frustrada com a descrição de seu objeto, que deverá ser juntada à eventual reclamação trabalhista.

No entanto, caso seja aceita a conciliação, deverá ser lavrado termo que será assinado pelo empregado, pelo empregador ou seu proposto e pelos membros da Comissão. O termo de conciliação é título executivo extrajudicial e terá eficácia liberatória geral, exceto quanto às parcelas expressamente ressalvadas.

A partir da provocação da Comissão de Conciliação Prévia, independentemente da realização da sessão de conciliação, o prazo prescricional será suspenso e recomeçará a fluir a partir da tentativa frustrada de conciliação ou, se for o caso, do esgotamento do prazo de dez dias, quando lhe será entregue a declaração de conciliação frustrada.

5.3. Petição inicial trabalhista

Como já estudado, nos termos do art. 840, § 1º, da CLT, a reclamação trabalhista escrita deverá conter a designação do juiz da vara do trabalho, ou do juiz de direito, nas hipóteses do art. 112 da CF, a quem for dirigida, a qualificação completa do reclamante, conforme arts. 319 e 320 CPC/2015, acrescido do nome da mãe e número da CTPS do reclamante, além de uma breve exposição dos fatos dos quais resultaram a desavença, os fundamentos legais, o pedido, a data e a assinatura do reclamante ou de seu representante.

Vale destacar que a indicação do valor da causa na reclamação trabalhista é obrigatória para que se defina a qual procedimento a demanda será submetida. Para as causas cujo valor não exceda 40 salários mínimos, será observado o rito sumaríssimo previsto nos art. 852-A a 852-I da CLT; uma vez ultrapassado esse valor, ou seja, para causas cujo valor exceda 40 salários mínimos, deverá ser observado o procedimento ordinário.

5.3.1. Aditamento da petição inicial

Aditamento da petição inicial, previsto no art. 329, I, do CPC/2015, consiste na modificação do pedido ou da causa de pedir solicitada pelo reclamante antes da citação, independente de autorização da parte contrária.

A CLT é omissa em relação à possibilidade de aditamento da petição inicial, permitindo-se a aplicação subsidiária do diploma processual civil, em conformidade com o art. 769 da CLT e art. 15 CPC/2015.

Desta forma, nos domínios do direito processual do trabalho, admite-se que o aditamento da petição inicial seja feito até a audiência, antes da apresentação de resposta do réu.

Assim, uma vez realizado o aditamento da petição inicial, o juiz do trabalho designará nova audiência para que o réu possa contestar o novo pedido.

Vale lembrar que, apresentada resposta pelo réu, não será possível o aditamento, salvo com o consentimento daquele, em conformidade com o art. 329, II, do CPC/2015.

5.3.2. Emenda da petição inicial

Consiste na alteração ou correção da petição inicial, exigida pelo juiz quando este verificar que ela não preenche os requisitos exigidos pela lei processual ou que contém defeitos e irregularidades capazes de atrapalhar o apreciação do mérito da causa.

Dispõe o art. 321 do CPC/2015:

> **Art. 321.** "O juiz, ao verificar que a petição inicial não preenche os requisitos dos arts. 319 e 320 ou que apresenta defeitos e irregularidades capazes de dificultar o julgamento de mérito, determinará que o autor, no prazo de 15 (quinze) dias, a emende ou a complete, indicando com precisão o que deve ser corrigido ou completado.

Desta forma, sempre que a petição inicial contiver lacunas, imperfeições ou omissões, e esses problemas puderem ser sanados, o juiz deverá permitir que a parte complete o pedido no prazo de 15 dias. Somente depois disso, se a parte não cumprir a exigência imposta pelo magistrado, é que este indeferirá a petição inicial, de acordo com o parágrafo único do mesmo dispositivo legal.

Nessa linha, o TST cristalizou o entendimento consubstanciado na súmula 263, que ensina que, com exceção das hipóteses previstas no art. 330 do CPC/2015, o indeferimento da petição inicial, por encontrar-se desacompanhada de documento indispensável à propositura da ação ou não preencher outro requisito legal, somente é cabível se, depois de intimada para suprir a irregularidade em 10 dias[3], a parte não o fizer.

3. A redação da súmula encontra-se de acordo com a norma no art. 284 do CPC/1973 que previa prazo de 10 dias. O atual art. 321 do CPC/2015 determina prazo de 15 dias.

Tal regra não está contida na CLT, devendo ser aplicado o CPC de forma subsidiária ao processo do trabalho, em conformidade com o art. 769 da CLT e art. 15 CPC/2015.

Vale lembrar que no procedimento sumaríssimo, em decorrência da disposição contida no art. 852-B, I, da CLT, não é permitida a emenda da petição inicial trabalhista.

5.3.3. Recurso em face do indeferimento liminar da petição inicial

A decisão que indefere a petição inicial possui natureza terminativa, na medida em que extingue o processo sem resolução do mérito. Por essa razão, tal decisão desafia a interposição de recurso ordinário, nos termos do art. 895 da CLT.

Nessa linha, entendemos aplicável a regra disciplinada disposta no art. 331 do CPC/2015, que faculta a retratação do juiz no prazo de 5 dias, no caso de interposição de recurso pela parte.

Desta forma, uma vez indeferida a petição inicial, poderá o autor interpor recurso ordinário no prazo de 8 dias, facultando a retratação do juiz acerca dessa decisão, deferindo o recebimento da petição inicial dando regular andamento ao processo.

5.4. Audiência trabalhista

Como no processo do trabalho não há o despacho de recebimento da petição inicial da reclamação trabalhista por parte do juiz do trabalho, uma vez distribuída a petição inicial o Diretor da Vara ou mesmo a distribuição eletrônica, designará a data da audiência, notificando as partes dessa data, bem como das consequências do não comparecimento em audiência e, ainda, sobre o comparecimento das testemunhas.

Sob pena de nulidade, entre a data do recebimento da notificação e a data designada para a audiência deverá ser respeitado um prazo mínimo de 5 dias, para que a reclamada possa preparar sua resposta/defesa e contatar as testemunhas que pretende levar em audiência, nos termos do art. 841 da CLT.

As audiências deverão ocorrer entre as 8 e 18 horas e não poderão ultrapassar 5 horas seguidas, salvo quando houver matéria urgente, em conformidade com o art. 813 da CLT.

À hora marcada, o juiz declarará aberta a audiência, sendo feita pelo secretário ou escrivão a chamada das partes, testemunhas e demais pessoas que devam comparecer.

Se, até 15 (quinze) minutos após a hora marcada, o juiz ou presidente não houver comparecido, os presentes poderão retirar-se, devendo o ocorrido constar do livro de registro das audiências. Importante notar que essa tolerância é dada para os casos em que o juiz deixa de comparecer à audiência, não se aplicando para casos de atrasos na pauta de audiência do juiz.

Na data designada para a audiência Na audiência deverão estar presentes o reclamante e o reclamado, independentemente do comparecimento de seus advogados, salvo nos casos de Reclamatórias Plúrimas ou Ações de Cumprimento, quando os empregados poderão fazer-se representar pelo Sindicato de sua categoria.

É facultado ao empregador fazer-se substituir pelo gerente, ou qualquer outro preposto que tenha conhecimento do fato, e cujas declarações obrigarão o proponente. Exceto quanto à reclamação de empregado doméstico, ou contra micro ou pequeno empresário, o preposto deve ser necessariamente empregado do reclamado, em conformidade com a Súmula 377 do TST.

O não comparecimento do reclamante à audiência importará no arquivamento da reclamação trabalhista, possibilitando o ajuizamento de nova reclamação. Contudo, caso dê causa a novo arquivamento seguido por não comparecimento em audiência, sofrerá os efeitos da perempção provisória disposta no art. 732 da CLT, no qual perderá por 6 meses o direito de propor nova ação. Ultrapassado esse período e respeitado o prazo de prescrição, poderá ingressar com nova reclamação trabalhista.

Se por doença ou qualquer outro motivo poderoso, devidamente comprovado, não for possível ao empregado comparecer pessoalmente, poderá fazer-se representar por outro empregado que pertença à mesma profissão, ou pelo seu sindicato. Nessa hipótese, o empregado da mesma profissão ou sindicato, terão apenas o papel de evitar o arquivamento da reclamação e não para realizar a audiência em si.

O não comparecimento da reclamada importará na revelia, além de confissão quanto à matéria de fato.

Aberta a audiência, o juiz proporá a conciliação. Trata-se de proposta obrigatória, cuja ausência poderá ocasionar na nulidade do processo, art. 846 da CLT.

Celebrado o acordo, será lavrado o termo de conciliação que possui natureza de título executivo judicial. A decisão que homologa o acordo não poderá ser objeto de recurso pelas partes, tendo em vista que transita em julgado imediatamente. Apenas o INSS poderá apresentar recurso para impugnar as contribuições sociais devidas. No entanto, se for o caso, poderão as partes ingressar com ação rescisória, em conformidade com a Súmula 259 do TST.

Caso não haja acordo o juiz abrirá prazo de 20 minutos para que a reclamada apresente sua resposta.

Em seguida, o reclamante poderá se manifestar em réplica acerca da reposta da reclamada no prazo assinalado pelo juiz.

Posteriormente, serão ouvidas as partes e testemunhas. Terminada a instrução, poderão as partes aduzir razões finais, em prazo não excedente de 10 (dez) minutos para cada uma. Em seguida, o juiz ou presidente renovará a proposta de conciliação, e não se realizando esta, será proferida a decisão.

5.5. Respostas

Nos termos do art. 841 da CLT, após recebida e protocolada a reclamação, uma segunda via da petição será enviada ao réu, que, no mesmo ato, será notificado para comparecer à audiência.

Aberta a audiência e com a recusa das partes em fazer acordo, o juiz abrirá prazo de 20 minutos para que o réu apresente sua resposta.

São 3 as formas de resposta do réu: contestação, exceção – que poderá ser de impedimento, suspeição ou de incompetência relativa – e, por último, reconvenção.

5.5.1 Defesa simplificada da Reclamada

A forma de defesa simplificada tratada pelo CPC/2015 está intimamente ligada com seu fim que é a simplificação dos atos processuais, o que culminará na efetividade da prestação jurisdicional.

Como sabemos, são formas de resposta da reclamada: contestação, exceção de incompetência territorial e a reconvenção. As partes podem, ainda, apresentar exceção de suspeição e exceção de impedimento. O CPC/1973 determinava que cada uma delas fossem apresentadas em peças separadas. No processo trabalhista, em razão do princípio da informalidade, admitia-se a exceção de incompetência territorial no bojo da contestação.

Pela nova regra processual, as exceções de impedimento e suspeição, nos termos do art. 146 do CPC/2015 deverão ser apresentadas no prazo de 15 (quinze) dias, a contar do conhecimento do fato. A nova regra permite que elas sejam apresentadas em petição específica dirigida ao juiz do processo, devendo a parte indicar o fundamento da recusa, instruindo a peça com documentos e com rol de testemunhas.

De acordo com o CPC/2015 a contestação se tornou a única modalidade de defesa do réu. A contestação será apresentada na forma dos arts. 335 a 342 do CPC/2015. O art. 337 traz o rol de matérias que podem ser apresentadas como preliminar, destacando-se no rol, de acordo com o inciso II, a possibilidade de, além da incompetência absoluta, ser tratada como preliminar em contestação a incompetência relativa, ou seja, para os domínios do processo do trabalho, a incompetência territorial.

No art. 343 do CPC/2015 temos a possibilidade de apresentação da reconvenção na própria contestação. Assim, a reconvenção será proposta no corpo da contestação, sem a necessidade de peça autônoma. Essa regra não modificará sua natureza jurídica, que continua sendo de ação.

De toda forma, o CPC/2015 simplificou a forma de apresentação de defesa do réu, contribuindo para um processo mais célere e consequentemente mais efetivo, razão pela qual deverá ser aplicada ao processo do trabalho, com exceção da regra disposta no art. 335 CPC/2015 que trata do prazo da contestação e do art. 340 CPC/2015 que permite a apresentação da exceção de incompetência no domicílio do réu. Isso porque no processo trabalhista as respostas devem ser apresentadas em audiência.

5.5.2. Contestação

É o principal meio de defesa, pelo qual o réu/reclamado exerce seu direito constitucional ao contraditório.

A contestação está prevista no art. 847 da CLT e no art. 335 e seguintes do CPC/2015, aplicados de forma subsidiária ao processo do trabalho por força do art. 769 da CLT e art. 15 CPC/2015.

Na contestação deverá ser alegada toda a matéria de defesa, expondo as razões de fato e de direito com que o direito do autor é impugnado.

O art. 336 CPC/2015 traz em seu bojo os princípios norteadores da contestação, quais sejam: princípio da impugnação especificada e o princípio da eventualidade.

O princípio da impugnação especificada estabelece que o reclamado deve impugnar todos os pedidos formulados pelo reclamante sob pena de serem tidos como incontroversos. Em outras palavras, este princípio impede que seja apresentada impugnação genérica, regra que não é aplicável em se tratando de advogado dativo, curador especial e ao órgão do Ministério Público (341, parágrafo único, do CPC/2015).

Nos domínios do processo do trabalho, aqueles pedidos que não forem impugnados pelo reclamado, ou seja, a parte incontroversa das verbas rescisórias, deverá ser paga na própria audiência, sob pena de ser acrescida uma multa de 50%, nos termos do art. 467 da CLT.

Vale dizer que, em se tratando da União, dos Estados, do Distrito Federal, dos Municípios e autarquias e fundações públicas, essa multa não será devida.

Já o princípio da eventualidade determina que todos os meios de defesa sejam apresentados em uma única oportunidade, possibilitando ao magistrado que, caso não aceite uma delas, reconheça as demais.

Desta forma, podemos dizer que o reclamado deverá, nesse momento, apresentar todas as suas teses de defesa, mesmo que elas sejam contrárias entre si, pois, caso o juiz não acate uma, poderá acatar a outra. Caso o reclamado não atue dessa maneira, sofrerá os efeitos da preclusão.

A *compensação* apenas poderá ser alegada como matéria de defesa, ou seja, na contestação, em conformidade com o art. 767 da CLT e súmula 48 do TST, não podendo exceder o equivalente a um mês de remuneração do empregado (art. 477, § 5º, da CLT), estando restrita a dívidas de natureza trabalhista, entendimento cristalizado na súmula 18 do TST.

É importante lembrar que valores excedentes ao mês da remuneração do empregado poderão ser requeridos em reconvenção.

Na contestação, compete ao réu, antes de discutir o mérito da ação, apresentar defesa processual, ou seja, alegar os vícios processuais, matérias contidas no art. 337 do CPC/2015, que são chamadas de "preliminares ao mérito."

As preliminares ao mérito são defesas processuais, modalidade de defesa indireta, pois atingem questões que não estão intimamente ligadas ao mérito da causa. São vícios processuais que, uma vez constatados, acarretam a extinção do processo sem resolução do mérito (art. 485 do CPC/2015).

Não se confundem com as prejudiciais ou defesas indiretas de mérito, como a prescrição e decadência, as quais impedem o exame do mérito da causa e, uma vez acatadas pelo juiz, acarretam extinção do processo com resolução do mérito, nos termos do art. 487 do CPC/2015.

5.5.2.1. Prescrição

A prescrição encontra-se disciplinada no art. 7º, XXIX, da CF:

> **Art. 7º.** (...)
>
> XXIX – ação, quanto aos créditos resultantes das relações de trabalho, com prazo prescricional de cinco anos para os trabalhadores urbanos e rurais, até o limite de dois anos após a extinção do contrato de trabalho.

No âmbito trabalhista, duas regras de prescrição devem ser observadas. A *prescrição bienal* refere-se ao direito de o trabalhador postular seus direitos após a extinção do contrato de trabalho. O reclamante deverá obedecer à prescrição bienal, ou seja, deverá ingressar com reclamação trabalhista no prazo de 2 (dois) anos contados do término do contrato de trabalho.

Já a *prescrição quinquenal* se refere às lesões a direitos ocorridas durante a vigência do contrato. Nessa linha, uma vez extinto o contrato de trabalho, o obreiro terá prazo de 2 (dois) anos para pleitear seus direitos na Justiça do Trabalho. Todavia, poderá reclamar os 5 (cinco) anos que antecedem à propositura da reclamação trabalhista.

Com relação à prescrição do FGTS, de acordo com a nova redação dada à Súmula 362 do TST temos as seguintes hipóteses. Caso a ciência da lesão, ou seja, o não recolhimento do FGTS ocorreu após 13 de novembro de 2014, data do julgamento do Recurso Extraordinário com agravo pelo STF (STF-ARE-709212/DF), a prescrição é quinquenal. Nesse caso, o empregado deverá obedecer ao prazo de prescrição bienal para ingressar com a ação em até 2 anos após a extinção do contrato de trabalho, podendo pleitear os 5 anos pretéritos ao ajuizamento da ação.

Todavia, se em 13 de novembro de 2014 a lesão já havia ocorrido, ou seja, se já tiver se iniciada a contagem do prazo prescricional, deverá ser aplicado o prazo prescricional que se consumar primeiro: trinta anos, contados do termo inicial, ou cinco anos, a partir de 13.11.2014.

> SÚMULA 362 TST – FGTS. PRESCRIÇÃO
>
> I – Para os casos em que a ciência da lesão ocorreu a partir de 13.11.2014, é quinquenal a prescrição do direito de reclamar contra o não recolhimento de contribuição para o FGTS, observado o prazo de dois anos após o término do contrato;
>
> II – Para os casos em que o prazo prescricional já estava em curso em 13.11.2014, aplica-se o prazo prescricional que se consumar primeiro: trinta anos, contados do termo inicial, ou cinco anos, a partir de 13.11.2014 (STF-ARE-709212/DF).

5.5.3. Exceções

Previstas no art. 799 da CLT constituem espécies de defesa que têm como fim atacar a parcialidade do juiz ou a competência do juízo a ele vinculado para processar e julgar a lide.Desta forma, poderão ser apresentadas pelo reclamado exceção de impedimento, exceção de suspeição e exceção de incompetência territorial.

As exceções serão processadas nos próprios autos, pois a nova sistemática do CPC/2015 determina que a incompetência relativa seja atacada como preliminar de contestação, art. 337, II, CPC/2015 e a suspeição e impedimento por petição específica, nos moldes do art. 146 CPC/2015.

Inobstante alguns autores[4] sustentem a necessidade de serem apresentadas por meio de exceção, estamos de acordo com a posição dos TRTs de todo Brasil que em razão dos princípios da informalidade, simplicidade e *jus postulandi* da parte, admitem a apresentação de exceções por parte do reclamado no bojo da contestação ou apresentada por petição específica nos autos, na primeira vez em que a parte tiver de falar nos autos ou em audiência, nos termos do art. 795 da CLT, após a ciência do fundamento legal ensejador da suspeição ou impedimento, sem a necessidade de um processo em apenso.

4 Shiavi, Mauro. *Manual de direito processual do trabalho*. - 10.ª edição de acordo com o Novo CPC. - São Paulo: LTr, 2016.

Assim, a incompetência absoluta, bem como a incompetência territorial relativa poderão ser alegadas como preliminar de contestação e as exceções de impedimento e suspeição poderão ser tratadas por petição nos próprios autos ou até mesmo no bojo da contestação, quando for o caso.

Por existir previsão parcial na norma consolidada, será aplicável o direito processual civil de forma subsidiária e supletiva, art. 769 da CLT e art. 15 CPC/2015.

Nessa linha, o CPC/2015 retirou a necessidade de arguição das exceções de impedimento e suspeição como procedimento autônomo, permitindo à parte que as invoque por petição específica, conforme dispõe o art. 146 do CPC/2015.

5.5.3.1. Exceção de incompetência territorial

A exceção de incompetência territorial é uma modalidade de defesa processual que visa ao reconhecimento da incompetência relativa de um juízo em razão da localidade onde a reclamação foi proposta e somente poderá ser apresentada pelo réu/reclamado.

Por aplicação subsidiária do art. 337, II, CPC/2015 e princípios da simplicidade, informalidade e *jus postulandi* da parte, poderá ser apresentada como preliminar de contestação.

Como se sabe, a competência territorial da Justiça do Trabalho, em regra, dá-se pelo local da última prestação de serviços realizada pelo trabalhador, disciplinada no art. 651, *caput*, da CLT, com as exceções trazidas em seus parágrafos.

Constitui, portanto, uma hipótese de incompetência relativa, não podendo ser conhecida de ofício pelo magistrado. Necessita, assim, da manifestação do réu. Caso este não se pronuncie no prazo de defesa, ocorrerá o fenômeno processual da prorrogação de competência, tornando-se competente o juízo que inicialmente era incompetente.

Apresentada a exceção de incompetência, será aberto prazo ao exceto para em 24 horas se manifestar; na primeira audiência seguinte será proferida sentença pelo juiz, art. 800 CLT.

Acolhida a exceção de incompetência territorial, os autos serão remetidos para o juízo competente, sendo tal decisão recorrível via recurso ordinário, em conformidade com o art. 799, § 2º, da CLT e entendimento sumulado pelo TST em sua súmula 214, item "c".

Caso seja rejeitada, por possuir natureza jurídica de decisão interlocutória, o processo seguirá seu curso normal, não podendo ser objeto de impugnação por meio de recurso, tendo em vista a regra disposta no art. 893, § 1º, da CLT.

5.5.3.2. Exceção de suspeição e impedimento

Trata-se de uma medida processual que poderá ser apresentada tanto pelo autor, na primeira oportunidade que tiver de falar nos autos ou pela reclamada, que poderá apresentá-la no bojo da contestação ou por petição específica, na primeira vez em que a parte tiver de falar nos autos ou em audiência, nos termos do art. 795 da CLT, após a ciência do fundamento legal ensejador da suspeição ou impedimento

As exceções de suspeição e impedimento são meios processuais para atacar a parcialidade do juiz e têm como finalidade assegurar que o processo seja apreciado por um juiz imparcial.

O impedimento diz respeito à perda de imparcialidade do juiz quando o fato gerador da imparcialidade se dá por critérios objetivos, ou seja, critérios que possam ser demonstrados de forma direta, com a apresentação de documento, como, por exemplo, parentesco por consanguinidade.

Já a suspeição do juiz diz respeito à perda de imparcialidade quando sua causa geradora possui natureza subjetiva, ou seja, necessita de um elemento interno para que possa ser aferida; não pode ser aferida objetivamente por meio de documentos, pois necessita ser interpretada e valorada, como, por exemplo, o caso de amizade íntima.

As hipóteses de impedimento e suspeição estão disciplinadas no art. 801 da CLT, que traz um rol exemplificativo, devendo ser aplicadas, outrossim, as hipóteses previstas nos arts. 144 e 145 do CPC/2015, respectivamente.

Vale dizer que os institutos são diferentes e não podem ser confundidos. A suspeição poderá ser conhecida de ofício pelo magistrado ou alegada pelas partes por meio de petição específica, art. 146 CPC/2015, sob pena de preclusão. Já no impedimento, caso o magistrado não se pronuncie de ofício, as partes poderão alegá-las a qualquer momento, não estando a matéria sujeita à preclusão.

Nota-se que nas exceções de impedimento e suspeição o próprio juiz é o polo passivo do incidente processual e não a parte contrária.

Oferecida a exceção, o juiz poderá tomar dois caminhos: pode o magistrado reconhecer a causa de impedimento ou a suspeição, hipótese em que ordenará imediatamente a remessa dos autos ao seu substituto legal ou, não se dando por suspeito ou impedido, no prazo de 15 dias, dará as suas razões, acompanhadas de documentos e de rol de testemunhas, se houver, ordenando a remessa dos autos ao tribunal, art. 146, § 1º, CPC/2015.

5.5.4. Reconvenção

Modalidade de resposta do réu que equivale a um ataque e não a uma defesa. Trata-se de uma ação, sendo esta sua natureza jurídica, proposta pelo réu, chamado de reconvinte, em face do autor, chamado de reconvindo.

Nessa modalidade de resposta, o réu não busca defender-se, mas sim atacar, ou seja, formular uma pretensão contra o autor da ação principal.

Deve ser apresentada na audiência, na própria contestação, em capítulo destacado, art. 343 CPC/2015 por força do art. 769 da CLT e art. 15 CPC/2015.

Para ser admitida deve preencher os seguintes requisitos:

a) o juízo da causa principal deve ser competente para apreciar, além da ação principal, a própria reconvenção;

b) deve haver compatibilidade entre os procedimentos aplicáveis à ação principal e à reconvenção (art. 327, § 1º, III, do CPC/2015);

c) pendência da ação principal;

d) deve haver conexão entre as ações, ou seja, quando lhes for comum o objeto ou a causa de pedir (art. 55 do CPC/2015).

Apresentada, portanto, em audiência, na própria contestação, o Juiz do Trabalho deverá redesignar nova audiência, com prazo mínimo de 5 dias (art. 841 CLT), para que o autor/

reconvindo apresente resposta à reconvenção. Caso o autor/reconvindo não apresente a resposta à reconvenção serão aplicados os efeitos da confissão ficta.

Tendo em vista que o CPC/2015 não trouxe exigência de ação e reconvenção serem julgadas na mesma sentença, poderão ser apreciadas em momentos distintos. No entanto, mostra-se conveniente que ação e reconvenção sejam apreciadas na mesma sentença.

5.6. Provas

Nos domínios do processo do trabalho, todos os meios de prova serão admitidos, tais como: depoimento pessoal, interrogatório, confissão, prova testemunhal, documentos, perícia e, ainda, a prova emprestada.

Pela regra, em conformidade com o art. 818 da CLT, o ônus de provar o alegado incumbe à parte que o fizer.

Pela deficiência do assunto na norma consolidada, iremos aplicar ao processo do trabalho os preceitos do direito processual civil, contidos nos art. 373 do CPC/2015, o qual ensina que a prova incumbe ao autor, quanto ao fato constitutivo do seu direito, e ao réu, quanto à existência de fato impeditivo, modificativo ou extintivo do direito do autor.

Com relação às provas, é importante destacar a novidade inserida pela Lei 11.925/2009, que alterou o art. 830 da CLT, determinando que o documento em cópia simples oferecido como prova poderá ser declarado autêntico pelo próprio advogado, sob sua responsabilidade pessoal.

A apresentação de cópia autenticada ou até mesmo o próprio documento original somente deverá ser apresentada se a cópia simples for impugnada pela parte adversa.

Alguns entendimentos emitidos pelo Tribunal Superior do Trabalho a respeito do ônus da prova merecem destaque:

Súmula 6, VIII, do TST: É do empregador o ônus da prova do fato impeditivo, modificativo ou extintivo da equiparação salarial.

Súmula 16 do TST: Presume-se recebida a notificação 48 (quarenta e oito) horas depois de sua postagem. O seu não recebimento ou a entrega após o decurso desse prazo constitui ônus de prova do destinatário.

Súmula 212 do TST: O ônus de provar o término do contrato de trabalho, quando negados a prestação de serviço e o despedimento, é do empregador, pois o princípio da continuidade da relação de emprego constitui presunção favorável ao empregado.

Súmula 338 do TST: I – É ônus do empregador que conta com mais de 10 (dez) empregados o registro da jornada de trabalho na forma do art. 74, § 2º, da CLT. A não apresentação injustificada dos controles de frequência gera presunção relativa de veracidade da jornada de trabalho, a qual pode ser elidida por prova em contrário.

II – A presunção de veracidade da jornada de trabalho, ainda que prevista em instrumento normativo, pode ser elidida por prova em contrário.

III – Os cartões de ponto que demonstram horários de entrada e saída uniformes são inválidos como meio de prova, invertendo-se o ônus da prova, relativo às horas extras, que passa a ser do empregador, prevalecendo a jornada da inicial se dele não se desincumbir.

Importante ressaltar que a Orientação Jurisprudencial 215 da SDI 1 do TST, que entendia pertencer ao empregado o ônus de comprovar que satisfaz os requisitos indispensáveis à obtenção do vale-transporte, **foi cancelada em maio de 2011.** Referido cancelamento faz com que o ônus probatório passe ao empregador. Isso porque o vale-transporte é um benefício e por essa razão se presume que o empregado não o recusa ou renuncia. Desta forma, caberá à reclamada comprovar que o empregado não faz jus ao benefício.

5.6.1. Depoimento das partes e testemunhas

As partes e testemunhas serão inquiridas pelo Juiz, podendo ser reinquiridas, por seu intermédio, a requerimento das partes, seus representantes ou advogados.

Não se aplica ao Processo do Trabalho a norma do art. 459 do CPC/2015 no que permite a inquirição direta das testemunhas pela parte, pois a CLT possui regramento específico em seu art. 820, nos termos do art. 11 da IN 39 do TST.

O depoimento da parte e/ou testemunha surda-muda, ou de mudo que não saiba escrever e, ainda, aqueles que não souberem falar a língua nacional, será feito por meio de intérprete nomeado pelo Juiz. Nesses casos, as despesas correrão por conta da parte à qual interessar o depoimento.

Nos termos da súmula 74 do TST, importante lembrar que se aplica a "pena" de confissão – confissão ficta – à parte que, expressamente intimada com a cominação, deixa de comparecer à audiência em prosseguimento na qual deveria depor.

No entanto, a prova pré-constituída nos autos pode ser levada em conta para confronto com a confissão ficta, não implicando cerceamento de defesa o indeferimento de provas posteriores. Na reclamação trabalhista submetida ao procedimento ordinário, cada uma das partes não poderá indicar mais de 3 (três) testemunhas, que comparecerão à audiência independentemente de notificação ou intimação. Aquelas que não comparecerem sem motivo justificado serão intimadas de ofício pelo Juiz ou a requerimento da parte, ficando sujeitas a condução coercitiva, além do pagamento de multa. É importante lembrar que em se tratando de litisconsórcio ativo o número de testemunhas será limitado a 3 (três) no total, pois não é permitido que cada litisconsorte indique 3 (três) testemunhas.

Deverá o magistrado adotar providências de modo que o depoimento de uma testemunha não seja ouvido pelas demais que tenham de depor no processo.

Vale frisar que, em conformidade com a súmula 357 do TST, não é suspeita a testemunha pelo simples fato de estar litigando ou de ter litigado contra o mesmo empregador.

Cabe lembrar, ainda, que, nos termos do art. 829 da CLT, a testemunha que for parente até o terceiro grau civil, amigo íntimo ou inimigo de qualquer das partes, será ouvida como informante, não prestando o compromisso legal de dizer a verdade.

5.6.2. Perícia

Havendo pedidos que necessitem de prova técnica, deverá o Juiz designar perito, fixando prazo para entrega do laudo.

Nesse momento, vale dizer que a exigência de depósito prévio para custeio dos honorários periciais é ilegal, dada a incompatibilidade com os ditames do processo trabalhista.

Havendo tal exigência, nos termos da Orientação Jurisprudencial 98 da SDI 2 do TST, admite-se a impetração de mandado de segurança visando à realização da perícia, independentemente do depósito.

É permitido a cada uma das partes a indicação de um assistente, que poderá ser indagado pelo Juiz e que deverá apresentar o laudo no mesmo prazo assinado para o perito, sob pena de ser desentranhado dos autos.

Ainda sobre perícia, importante destacar a Orientação Jurisprudencial 278 da SDI 1 do TST:

> OJ-SDI1-278 ADICIONAL DE INSALUBRIDADE. PERÍCIA. LOCAL DE TRABALHO DESATIVADO.
>
> A realização de perícia é obrigatória para a verificação de insalubridade. Quando não for possível sua realização, como em caso de fechamento da empresa, poderá o julgador utilizar-se de outros meios de prova.

Por último, vale destacar que a União é responsável pelo pagamento dos honorários de perito quando a parte sucumbente no objeto da perícia for beneficiária da assistência judiciária gratuita, nos termos da Súmula 457 do TST.

5.7. Procedimentos sumário e sumaríssimo

Existem dois tipos de ritos concisos ou sucintos na Justiça do Trabalho. O primeiro deles é rito sumário ou rito de alçada, como também é chamado, que se encontra previsto no art. 2º, §§ 3º e 4º da Lei 5.584/1970. O segundo é denominado de sumaríssimo, previsto nos arts. 852-A a 852-I da CLT, inseridos por força da Lei 9.957/2000.

5.7.1. Rito sumário

Disciplinado no art. 2º, §§ 3º e 4º, da Lei 5.584/1970, objetiva maior celeridade e maior efetividade para as demandas cujo valor da causa não ultrapasse dois salários mínimos.

Essas causas se submeterão ao procedimento ordinário com ampla produção de provas. Contudo, não se submeterão às modalidades de recursos trabalhistas.

> **Art. 2º.** Nos dissídios individuais, proposta a conciliação, e não havendo acordo, o Presidente, da Junta ou o Juiz, antes de passar à instrução da causa, fixar-lhe-á o valor para a determinação da alçada, se este for indeterminado no pedido.
>
> (...)
>
> § 3º. Quando o valor fixado para a causa, na forma deste artigo, não exceder de 2 (duas) vezes o salário mínimo vigente na sede do Juízo, será dispensável o resumo dos depoimentos, devendo constar da Ata a conclusão da Junta quanto à matéria de fato.
>
> § 4º. Salvo se versarem sobre matéria constitucional, nenhum recurso caberá das sentenças proferidas nos dissídios da alçada a que se refere o parágrafo anterior, considerado, para esse fim, o valor do salário mínimo à data do ajuizamento da ação.

No procedimento sumário, portanto, não há a possibilidade de interposição de recursos, salvo se tratar de matéria constitucional, hipótese em que será cabível a interposição de recurso extraordinário para o STF, nos termos do art. 102 da CF.

Sintetizando, a reclamação trabalhista que seguir o rito sumário obedecerá aos trâmites do procedimento ordinário, diferenciando-se apenas na fase recursal.

5.7.1.1. Derrogação/revogação do procedimento sumário

Muito se discute na doutrina sobre a revogação do procedimento sumário pelo procedimento sumaríssimo instituído pela Lei 9.957/2000.

Isso porque parte da doutrina, como o Professor Renato Saraiva (**Curso de Direito Processual do Trabalho**. 4. ed. São Paulo: Método, 2007. p. 417), sustenta que a Lei 9.957/2000 teria revogado o procedimento sumário, disposto na Lei 5.584/1970, por se tratar de uma lei mais nova e cuidar de matéria processual trabalhista.

É certo que o procedimento sumário trata de ações cujo valor não exceda 2 (dois) salários mínimos. Já o procedimento sumaríssimo traz em seu bojo ações cujo valor não exceda 40 (quarenta) salários mínimos. É claro que nas causas de até 40 (quarenta) salários mínimos estão compreendidas as ações de até 2 (dois) salários mínimos e por este motivo houve a revogação.

Nesse sentido, o TST editou a Instrução Normativa 27, a qual, em seu art. 1º, ensina que, excetuando aquelas causas de procedimento especial, como ação rescisória e mandado de segurança, as causas na Justiça do Trabalho tramitarão pelo rito ordinário ou sumaríssimo.

> **Art. 1º** As ações ajuizadas na Justiça do Trabalho tramitarão pelo rito ordinário ou sumaríssimo, conforme previsto na Consolidação das Leis do Trabalho, excepcionando-se, apenas, as que, por disciplina legal expressa, estejam sujeitas a rito especial, tais como o mandado de segurança, *habeas corpus, habeas data*, ação rescisória, ação cautelar e ação de consignação em pagamento.

Desta forma, de acordo com a instrução expedida pelo Colendo TST, entendemos estarem derrogados os dispositivos contidos na Lei 5.584/1970 que cuidam do procedimento sumário na Justiça do Trabalho.

5.7.2. Rito sumaríssimo

Instituído pela Lei 9.957/2000, que inseriu os arts. 852-A a 852-I na CLT, o procedimento sumaríssimo é previsto para as demandas cujo valor da causa não exceda a 40 (quarenta) salários mínimos na data da propositura da ação. Objetiva, por meio de um rito processual mais célere e mais simples, conferir maior efetividade na atividade jurisdicional do Estado.

Vale dizer que nas ações plúrimas, entendidas como aquelas em que há diversos reclamantes em litisconsórcio, o valor total da causa, do pedido de todos reclamantes, não poderá exceder a 40 (quarenta) salários mínimos.

Independentemente de sua complexidade, todas as demandas trabalhistas poderão ser submetidas a tal procedimento. Todavia, assim como as ações coletivas, o art. 852-A, *caput*, e seu parágrafo único, da CLT, ensina que não estão abrangidas pelo rito sumaríssimo as demandas em que for parte a administração pública direta, autárquica e fundacional.

Nas reclamações submetidas ao procedimento sumaríssimo, o pedido deverá ser certo e determinado, necessitando, ainda, a indicação do valor correspondente.

O reclamante deverá indicar o nome correto da reclamada, bem como seu correto endereço, na medida em que é vedada a citação por edital. Caso o reclamante não atenda tais exigências, o processo será arquivado, com o consequente pagamento de custas calculadas sobre o valor da causa, não sendo permitida a emenda da petição inicial.

Mesmo indicando o endereço correto da parte adversa, pode ser que esta venha a se ausentar, furtando-se a receber a notificação, hipótese em que é permitido ao juiz do trabalho que converta o rito sumaríssimo para o rito ordinário, em que se admite a citação editalícia.

A audiência da reclamação submetida ao procedimento sumaríssimo deverá ocorrer no prazo máximo de 15 (quinze) dias contados do ajuizamento da ação, em conformidade com o art. 852-B, III, da CLT.

Outra peculiaridade do procedimento sumaríssimo é a que diz respeito ao número de testemunhas que cada parte poderá levar a juízo. Enquanto no procedimento ordinário permite-se que cada parte traga 3 testemunhas, no procedimento sumaríssimo esse número é diminuído para 2 testemunhas para cada parte, que comparecerão independente de intimação (art. 852-H, § 2º, da CLT). Vale lembrar que, em se tratando de litisconsórcio, o número máximo de testemunhas não é para cada litisconsorte, mas sim para cada parte, ou seja, autor e réu.

Nas sentenças proferidas no procedimento sumaríssimo é dispensável o relatório, devendo, entretanto, mencionar os elementos de convicção do juízo, com resumo dos fatos relevantes ocorridos em audiência.

Convém destacar que nas causas sujeitas ao procedimento sumaríssimo é admitida a prova pericial, também chamada de prova técnica, quando o fato o exigir ou for legalmente imposta, como, por exemplo, nas ações em que se discute adicional de insalubridade ou periculosidade. Nesse caso, o Juiz ficará incumbido de fixar o prazo, o objeto da perícia e nomear o perito, nos termos do art. 852-H, § 4º, da CLT. Poderão as partes indicar peritos assistentes, nos termos do art. 826 da CLT e da súmula 341 do TST.

> SÚMULA 341 TST – HONORÁRIOS DO ASSISTENTE TÉCNICO. A indicação do perito assistente é faculdade da parte, a qual deve responder pelos respectivos honorários, ainda que vencedora no objeto da perícia.

Por último, reza o § 9º do art. 896 da CLT que nas causas sujeitas ao procedimento sumaríssimo, somente será admitido recurso de revista por contrariedade a súmula de jurisprudência uniforme do Tribunal Superior do Trabalho ou a súmula vinculante do Supremo Tribunal Federal e por violação direta da Constituição Federal.

6. RECURSOS

6.1. Conceito

Para Moacyr Amaral Santos (*Primeiras Linhas de Direito Processual Civil*. 24. ed. São Paulo: Saraiva, 2010. p. 84), recurso é *"o poder de provocar o reexame de uma decisão, pela mesma autoridade judiciária, ou por outra hierarquicamente superior, visando a obter a sua reforma ou modificação"*.

6.2. Peculiaridades dos recursos trabalhistas

6.2.1. Irrecorribilidade imediata das decisões interlocutórias

Disciplinada no art. 893, § 1º, da CLT, a regra ensina que as decisões interlocutórias, não admitem a interposição de recurso imediato, devendo a parte impugná-las somente em recursos da decisão definitiva. Por essa regra, uma questão incidente decidida em audiência não poderá ser atacada, devendo a parte aguardar a prolação da sentença para, no recurso ordinário interposto contra a sentença, impugnar, também, a decisão interlocutória.

6.2.2. Efeito devolutivo

Os recursos no processo do trabalho são dotados unicamente, em regra, do efeito devolutivo. Por meio dessa regra a matéria é submetida a julgamento pelo órgão destinatário do recurso, sendo apreciadas apenas questões debatidas no processo e que constam das razões recursais mediante pedido de nova decisão. É o significado da a expressão *tantum devolutum quantum appellatum.*

Os recursos na Justiça do Trabalho, em regra, não admitem o efeito suspensivo como no processo comum, devendo a parte, caso queira a obtenção desse efeito, ajuizar ação cautelar incidental, em conformidade com a súmula 414, I, do TST.

6.2.3. Uniformidade do prazo recursal

Determina o art. 6º da Lei 5.584/1970 que o prazo para interpor e contra-arrazoar qualquer recurso trabalhista é de 8 (oito) dias. Não obstante, alguns recursos possuem prazos diferenciados, como os embargos de declaração, que serão opostos no prazo de 5 (cinco) dias (conforme determina o art. 897-A da CLT); o recurso extraordinário para o STF, cujo prazo legal é de 15 (quinze)dias; e nos dissídios de alçada temos o pedido de revisão, cujo prazo é de 48 horas.

É importante enfatizar que a regra estabelecida no art. 229 do CPC/2015, que estabelece o prazo recursal em dobro nos casos em que os litisconsortes que tiverem diferentes procuradores, **de escritórios de advocacia distintos**, terão prazos contados em dobro **para todas as suas manifestações, em qualquer juízo ou tribunal,** não é aplicável no âmbito processual trabalhista, conforme estabelece a OJ 310 da SDI-I do TST, por sua incompatibilidade com a celeridade buscada no processo do trabalho:

> Orientação Jurisprudencial 310 da SDI 1 do TST – Litisconsortes. Procuradores distintos. Prazo em dobro. Art. 191 do CPC[5]. Inaplicável ao processo do trabalho.
>
> A regra contida no art. 191 do CPC é inaplicável ao processo do trabalho, em decorrência da sua incompatibilidade com o princípio da celeridade inerente ao processo trabalhista.

Com relação aos prazos diferenciados para a Fazenda Pública e o Ministério Público do Trabalho, remetemos o leitor ao item 10.1.2.1.

5 Atual art. 229 CPC/2015.

6.3. Efeitos dos recursos

6.3.1. *Efeito devolutivo*

Estabelece o art. 899 da CLT que os recursos trabalhistas serão dotados, em regra, de efeito meramente devolutivo, sendo possível a execução provisória até a penhora.

Por meio do efeito devolutivo, a matéria impugnada pelo recorrente será reexaminada pelo órgão superior hierárquico. O efeito devolutivo devolve o exame da questão impugnada ao órgão superior.

Trata-se do brocardo latino *tantum devolutum quantum appellatum*. Em outras palavras, o Tribunal Regional deverá restringir-se ao que foi objeto no recurso interposto. É o próprio recorrente que delimitará a matéria que o órgão superior examinará no recurso.

Consiste, portanto, em devolver ao grau superior de jurisdição a análise do caso concreto.

Não obstante, o art. 9º da Lei 7.701/1988 e a Lei 10.192/2001, em seu art. 14, admitem que o Presidente do TST conceda efeito suspensivo ao recurso ordinário interposto em face de sentença normativa prolatada pelo TRT, pelo prazo improrrogável de 120 dias, contados da publicação, salvo se o recurso for julgado antes do término do prazo.

6.3.2. *Efeito devolutivo em profundidade*

Como se sabe, com o efeito devolutivo do recurso ordinário o Tribunal Regional deverá restringir-se ao que foi objeto no recurso ordinário.

O efeito devolutivo em profundidade, que se extrai do art. 1.013, § 1º, do CPC/2015, transfere ao Tribunal Regional, além da análise dos pedidos formulados no recurso, a análise de todos os fundamentos relacionados à matéria impugnada.

Sobre o tema é importante destacar a súmula 393 do Tribunal Superior do Trabalho, com redação dada pela Resolução 169/2010:

> SÚMULA 393 – RECURSO ORDINÁRIO. EFEITO DEVOLUTIVO EM PROFUNDIDADE. ART. 515, § 1º, DO CPC[6]
>
> O efeito devolutivo em profundidade do recurso ordinário, que se extrai do § 1º do art. 515 do CPC, transfere ao Tribunal a apreciação dos fundamentos da inicial ou da defesa, não examinados pela sentença, ainda que não renovados em contrarrazões. Não se aplica, todavia, ao caso de pedido não apreciado na sentença, salvo a hipótese contida no § 3º do art. 515 do CPC[7].

6.3.3. *Efeito suspensivo*

O efeito suspensivo impede a produção imediata dos efeitos da decisão. Em outras palavras, podemos dizer que, uma vez interposto o recurso, dotado desse efeito, a execução da sentença ficará suspensa.

Recebido um recurso no efeito suspensivo, a decisão impugnada não poderá ser executada, devendo a parte interessada aguardar o julgamento do recurso pela instância superior.

Nos domínios do processo do trabalho, poderá ser atribuído efeito suspensivo às decisões das Turmas dos Tribunais do Trabalho no julgamento de processos coletivos, em conformidade com o art. 9º da Lei 7.701/1988.

Não obstante, em regra, os recursos trabalhistas possuem unicamente o efeito devolutivo, permitindo a execução provisória até a penhora, ou seja, não se admite o efeito suspensivo.

Caso a parte pretenda a obtenção de efeito suspensivo, deverá ajuizar ação cautelar incidental, como ensina a parte final da súmula 414, I, do TST.

6.3.4. *Efeito translativo*

Como vimos, o efeito devolutivo impede que o juízo profira julgamento além, aquém, ou fora do pedido formulado nas razões recursais.

No entanto, o sistema autoriza o juízo a decidir questões que não foram suscitadas nas razões recursais. São as matérias de ordem pública, que devem ser conhecidas de ofício pelo juiz.

Assim, o efeito translativo consiste na capacidade que o tribunal possui de avaliar matérias que não tenham sido objeto do recurso, por se tratar de matéria de ordem pública.

6.3.5. *Efeito substitutivo*

O efeito substitutivo dos recursos consiste na substituição da decisão recorrida pela decisão proferida em sede recursal. O efeito substitutivo faz com que a decisão do juízo *ad quem* substitua a decisão recorrida, nos termos do art. 1.008 do CPC/2015 do CPC.

Assim, caso o recurso seja, ao menos, conhecido, independentemente de ser dado ou não provimento, opera-se o efeito substitutivo do recurso.

Dessa forma, havendo reforma da decisão de 1º grau, valerá o acórdão; caso não haja reforma, valerá a confirmação da sentença.

6.3.6. *Efeito extensivo*

O efeito extensivo ou expansivo se dá nos casos em que do julgamento do recurso se enseja decisão mais abrangente do que o reexame da matéria impugnada, que é o mérito do recurso. Terá aplicação na hipótese de litisconsórcio unitário, quando a decisão judicial deve ser uniforme para todos os litisconsortes, em conformidade com o art. 1.005 do CPC/2015.

6.3.7. *Efeito regressivo*

É aquele que possibilita a retratação ou reconsideração da decisão impugnada pelo mesmo juízo prolator da decisão. Esse efeito possui incidência no agravo de instrumento e no agravo regimental.

6.4. Juízo de admissibilidade e pressupostos recursais

A admissibilidade da matéria impugnada no recurso está condicionada ao preenchimento de determinados pressupostos, conhecidos como requisitos de admissibilidade. Tais pressupostos dizem respeito tanto ao próprio recurso em si, conhecidos como pressupostos objetivos ou extrínsecos, e àqueles pressupostos ligados ao sujeito recorrente, os pressupostos subjetivos ou intrínsecos.

---

6 Art. 1.013, § 1º, do CPC/2015.

7 Art. 1.013, § 3º, CPC/2015.

O não atendimento a esses pressupostos ensejará a inadmissibilidade ou não conhecimento do recurso, prejudicando a análise do seu mérito, ou seja, a análise da matéria impugnada.

Esse exame de admissibilidade será realizado em dois momentos distintos: perante o juízo *a quo*, quando da interposição do recurso e na chegada das contrarrazões recursais, e, num segundo momento, perante o juízo *ad quem*, realizado pelo Desembargador relator, quando o recurso for remetido para instância superior.

6.4.1. Pressupostos subjetivos ou intrínsecos

Dizem respeito à pessoa recorrente. São eles: legitimidade, capacidade e interesse.

6.4.1.1. Legitimidade

Em conformidade com o estabelecido no art. 996 do CPC/2015, o recurso pode ser apresentado pela parte vencida, qualquer terceiro prejudicado e, ainda, pelo Ministério Público naqueles processos em que figurar como parte ou em que atuar como fiscal da lei (*custos legis*), nos termos do art. 83, VI, da Lei Complementar 75/1993.

6.4.1.2. Capacidade

Não basta a parte ter legitimidade, é necessário que no momento da interposição do recurso ela seja plenamente capaz, isto é, deve encontrar-se no pleno exercício de suas capacidades mentais, observados os arts. 3º, 4º e 5º do Código Civil.

6.4.1.3. Interesse

Para se qualificar o interesse recursal, a parte deve demonstrar que o recurso é útil e necessário, sob pena de não ser conhecido. O interesse não significa mera sucumbência, mas sim o binômio necessidade e utilidade.

Suponha-se que em uma reclamação trabalhista o reclamado conteste o pedido alegando prescrição (matéria que extingue o processo com resolução do mérito e que impede que o reclamante ingresse com nova reclamação trabalhista), o juiz do trabalho extinga o processo por qualquer das hipóteses previstas no art. 485 do CPC/2015, ou seja, sem resolução do mérito (o que permite ao reclamante o ajuizamento de nova reclamação trabalhista). Nesse caso, mesmo não sendo perdedor da reclamação, há interesse recursal objetivando uma decisão de mérito, o que impedirá a propositura de nova ação.

6.4.2. Pressupostos objetivos ou extrínsecos

Os pressupostos objetivos ou extrínsecos dizem respeito a aspectos dos recursos em si. São eles: representação, recorribilidade do ato, adequação, tempestividade e preparo.

6.4.2.1. Representação

Na Justiça do Trabalho admite-se o *jus postulandi*, nos termos do art. 791 da CLT, sendo facultado às partes a contratação de advogados. Nessa linha, estando as partes assistidas por advogados, deverá este estar regularmente representado através de instrumento de mandato (procuração).

Na Justiça do Trabalho admite-se o mandato tácito, constituído por meio da procuração *apud acta*, que é aquela constituída na própria ata da audiência.

Sobre o tema, vale transcrever a súmula 164 do TST que assim dispõe:

> SÚMULA 164 TST – PROCURAÇÃO – JUNTADA
>
> O não cumprimento das determinações dos §§ 1º e 2º do art. 5º da Lei nº 8.906, de 04.07.1994 e do art. 37, parágrafo único, do Código de Processo Civil importa o não conhecimento de recurso, por inexistente, exceto na hipótese de mandato tácito.

Além disso, os tribunais não admitem o recurso apócrifo, ou seja, aquele que não possui assinatura. Todavia, será conhecido se houver a assinatura do representante na peça de interposição ou nas razões do recurso, em conformidade com a Orientação Jurisprudencial 120 da SDI 1 do TST.

E, ainda:

> SÚMULA 383 TST – MANDATO. ARTS. 13[8] E 37[9] DO CPC. FASE RECURSAL. INAPLICABILIDADE
>
> I – É inadmissível, em instância recursal, o oferecimento tardio de procuração, nos termos do art. 37 do CPC, ainda que mediante protesto por posterior juntada, já que a interposição de recurso não pode ser reputada ato urgente.
>
> II – Inadmissível na fase recursal a regularização da representação processual, na forma do art. 13 do CPC, cuja aplicação se restringe ao Juízo de 1º grau.

6.4.2.2. Recorribilidade do ato

O ato deve ser recorrível. Os atos do juiz, nos termos dos arts. 203 e 204 do CPC/2015 compreendem: despachos, decisões interlocutórias e sentenças, compreendidos, nessas últimas, os acórdãos.

Os despachos são irrecorríveis dada sua natureza, por não possuírem caráter decisório. Já as decisões interlocutórias, nos domínios do processo do trabalho, salvo as exceções previstas na súmula 214 do TST, são irrecorríveis de imediato. Portanto, salvo as exceções que admitem recurso contra decisão interlocutória, os atos recorríveis na Justiça do Trabalho são sentenças e acórdãos.

Dessa forma, não sendo o ato judicial passível de impugnação via recursal, este não será conhecido por ausência desse pressuposto.

6.4.2.3. Adequação

Não basta que o ato seja recorrível, o recurso utilizado deve estar em conformidade com a decisão, ou seja, para cada ato processual há um recurso adequado e próprio para atacá-lo.

No entanto, existe a possibilidade de o órgão julgador conhecer de um recurso inadequadamente interposto por outro previsto em lei. Trata-se do princípio da fungibilidade que será aplicado desde que vislumbrados 3 requisitos: a) inexistência de erro grosseiro; b) dúvida na doutrina ou jurisprudência quanto ao recurso apto a reformar certa decisão judicial; c) o recurso erroneamente interposto deve obedecer ao prazo do recurso adequado.

8. Art. 76 do CPC/2015.
9. Art. 104 do CPC/2015.

6.4.2.4. *Tempestividade*

O recurso deve ser interposto no prazo legal, sob pena de não ser conhecido por intempestividade. Vale lembrar que, em regra, os recursos trabalhistas possuem prazo unificado de 8 (oito) dias, salvo os embargos de declaração cujo prazo é de 5 (cinco), recurso extraordinário para o STF, com prazo de 15 (quinze) dias, e o pedido de revisão do valor da causa, existente nos dissídios de alçada, com prazo de 48 horas.

A Lei 11.419/2006, que dispõe sobre a informatização do processo judicial, no seu art. 3º admite a interposição de recurso por meio eletrônico. Nos termos da lei, será considerado tempestivo o recurso enviado até as 24 horas do último dia do prazo.

O próprio TST por meio da súmula 434 chegou a sustentar que o recurso interposto antes da publicação do acórdão seria considerado extemporâneo e, portanto, não seria conhecido.

Contudo, por meio da resolução 198/2015 o TST cancelou a súmula 434 passando a admitir, inclusive sob o fundamento da ampla defesa, a interposição de recurso antes mesmo de aberto o prazo recursal.

Nessa linha o STF já havia proferido decisão em processo criminal em julgamento dos embargos de declaração no *Habeas Corpus* 101.132 – Maranhão, entendeu que o recurso interposto antes da publicação da sentença deve ser considerado tempestivo.

6.4.2.5. *Preparo*

Para o preenchimento desse pressuposto, exige-se que o recorrente recolha as custas e o depósito recursal, sob pena do recurso ser considerado deserto.

6.4.2.5.1. Custas

As custas correspondem ao pagamento das despesas com porte de remessa e retorno dos autos e as despesas postais e serão pagas pelo vencido após o trânsito em julgado da decisão.

Deverão ser recolhidas nas instituições financeiras integrantes da Rede Arrecadadora de Receitas Federais, bastando, conforme entendimento do TST, que seja utilizada a guia correta (DARF) e o código correto para cada caso.

Nessa linha, ensina o § 1º do art. 789 da CLT que, no caso de recurso, as custas serão pagas e comprovado o recolhimento dentro do prazo recursal.

As custas serão pagas pelo recorrente, seja o empregado, seja o empregador. Em se tratando de recorrente o *empregador*, caso queira interpor recurso deverá pagar as custas processuais nos casos de sentença de total procedência ou de procedência em parte.

Vale lembrar que os benefícios da justiça gratuita podem ser concedidos às pessoas jurídicas, desde que comprovem a situação de miserabilidade, o que pode ser feito por meio de seus balanços contábeis. Concedidos os benefícios da justiça gratuita pelo Juiz do Trabalho, a empresa estará isenta do pagamento das custas.

Já o *empregado* apenas pagará as custas nos casos de total improcedência da ação ou se o processo for extinto sem resolução do mérito. O empregado estará isento do pagamento das custas caso tenha os benefícios da justiça gratuita, que poderão ser deferidos pelo Juiz do Trabalho, desde que requeridos pelo reclamante.

Além dos beneficiários de justiça gratuita, são isentos do pagamento de custas a União, os Estados, o Distrito Federal, os Municípios, as respectivas autarquias e fundações públicas federais, estaduais ou municipais que não explorem atividade econômica e o Ministério Público do Trabalho.

Vale ressaltar, todavia, que essa isenção não alcança as entidades fiscalizadoras do exercício profissional (por exemplo, OAB, CREA) e, inclusive, as empresas em liquidação extrajudicial, orientação que consta na parte final da súmula 86 do TST.

Os privilégios e isenções não abrangem, ainda, as sociedades de economia mista e as empresas públicas, em conformidade com o art. 173, § 2º, da CF e súmula 170 do TST.

O TST consubstanciou entendimento na súmula 86 no sentido de que não ocorre deserção de recurso da massa falida por falta de pagamento de custas ou de depósito do valor da condenação.

As custas serão calculadas à base de 2% (dois por cento), da seguinte forma:

a) em processos em que houver acordo ou condenação, sobre esse valor;

b) para ações extintas sem apreciação do mérito ou de total improcedência, sobre o valor da causa;

c) em sentenças de procedência em ações declaratórias ou constitutivas, sobre o valor da causa;

d) sentenças com valores indeterminados, sobre o valor que o juiz fixar na sentença.

6.4.2.5.2. Depósito recursal

O depósito recursal é regulado pela Instrução Normativa 3 do TST, que interpreta o art. 8º da Lei 8.542/1992.

O depósito recursal não possui natureza jurídica de taxa de recurso, mas sim de garantia do juízo recursal, que pressupõe decisão condenatória ou executória de obrigação de pagamento em pecúnia, com valor líquido ou arbitrado. Consequentemente, o depósito recursal apenas será devido pelo empregador que queira interpor recurso.

Verifica-se, portanto, que dada sua natureza jurídica somente é exigido quando houver condenação em dinheiro, em conformidade com a súmula 161 do TST. Desta maneira, dada a natureza constitutiva ou declaratória do dissídio coletivo, não se exige o depósito recursal nesse tipo de ação.

O depósito recursal deve ser efetuado na conta vinculada do FGTS do empregado, em conformidade com o art. 899, § 4º, da CLT, e comprovado seu recolhimento no prazo alusivo ao recurso, nos termos da súmula 245 do TST.

É importante frisar que uma vez depositado o valor total da condenação, nenhum depósito será exigido nos recursos das decisões posteriores, salvo se o valor da condenação vier a ser ampliado.

Havendo acréscimo ou redução da condenação em grau de recurso, o juízo prolator da decisão arbitrará novo valor à condenação, quer para a exigibilidade de depósito ou complementação do valor já depositado, para o caso de novo recurso, quer para liberação do valor excedente decorrente da nova decisão.

A Instrução Normativa 3 do TST dispõe em seu item V que: "nos termos do § 3º do art. 40 (da Lei 8.177/1991), não é exigido depósito para recurso ordinário interposto, eis que a regra aludida atribui apenas valor ao recurso, com efeitos limitados, portanto, ao das custas processuais." (destaque nosso)

Sobre depósito recursal é imprescindível a leitura da súmula 128 do TST.

SÚMULA 128 TST – DEPÓSITO RECURSAL.

I – É ônus da parte recorrente efetuar o depósito legal, integralmente, em relação a cada novo recurso interposto, sob pena de deserção. Atingido o valor da condenação, nenhum depósito mais é exigido para qualquer recurso.

II – Garantido o juízo, na fase executória, a exigência de depósito para recorrer de qualquer decisão viola os incisos II e LV do art. 5º da CF/1988. Havendo, porém, elevação do valor do débito, exige-se a complementação da garantia do juízo.

III – Havendo condenação solidária de duas ou mais empresas, o depósito recursal efetuado por uma delas aproveita as demais, quando a empresa que efetuou o depósito não pleiteia sua exclusão da lide.

Em que pese a redação do § 1º, inciso VIII, do art. 98 do CPC/2015, a pessoa jurídica que for beneficiária da assistência judiciária gratuita deverá efetuar o depósito recursal.

Isso porque, de acordo com o art. 98 do CPC/2015, a justiça gratuita compreende as taxas judiciárias e outras despesas processuais, além de depósitos previstos em lei, matéria tratada também nos arts. 790-A e 790-B da CLT e no art. 14 da Lei 5.584/1970.

Ocorre que, de acordo com o entendimento do TST o depósito recursal não é considerado taxa judiciária, na medida em que possui natureza jurídica de garantia da execução, o que afasta a aplicação dos benefícios do art. 98 do CPC/2015 ao depósito recursal.

Assim, tratando-se de empregador, o benefício da assistência judiciária não alcança o depósito recursal, visto que não ostenta natureza de taxa ou emolumento judicial, mas sim de garantia do juízo.

6.5. Recursos em espécie

6.5.1. *Embargos de declaração*

Previstos no art. 897-A da CLT e nos arts. 1.022 e seguintes do CPC/2015, aplicados subsidiariamente, são cabíveis, no prazo de 5 (cinco) dias, para impugnar sentenças ou acórdãos quando for verificada a ocorrência de omissão, contradição ou obscuridade.

Os erros materiais, entendidos como aqueles que podem ser percebidos facilmente, por qualquer pessoa, sem a necessidade de interpretação de qualquer conceito, poderão ser corrigidos de ofício ou a requerimento de qualquer das partes, que o farão por meio de embargos de declaração.

Vale frisar que os embargos de declaração não estão sujeitos ao juízo de admissibilidade recursal, sendo essa uma das razões pelas quais se discute sua natureza jurídica. A doutrina dominante sustenta possuir natureza de recurso.

Além de serem opostos contra sentenças ou acórdãos omissos, contraditórios e obscuros, hipóteses em que será requerido o esclarecimento ou complementação do julgado, admite-se a oposição de embargos de declaração para a obtenção de efeito modificativo do julgado, em casos de omissão, contradição ou, ainda, manifesto equívoco no exame dos pressupostos de admissibilidade dos recursos, admitindo-se, ainda, os embargos de declaração para fins de prequestionamento para os recursos de revista, embargos no TST e recurso extraordinário.

6.5.1.1. *Efeito interruptivo*

A oposição de embargos de declaração interrompe o prazo para a propositura de outros recursos para ambas as partes, em conformidade com o art. 1.026 do CPC/2015.

Vale destacar que apenas quando conhecidos os embargos de declaração interrompem o prazo recursal. Nessa linha, dispõe o art. 1.026, § 2º, do CPC/2015, que, quando manifestamente protelatórios os embargos de declaração, o juiz ou o tribunal, declarando que o são, condenará o embargante a pagar ao embargado multa não excedente de 2% (dois por cento) sobre o valor atualizado da causa. Na reiteração de embargos protelatórios, a multa é elevada até 10% (dez por cento), ficando condicionada a interposição de qualquer outro recurso ao depósito do valor respectivo, art. 1.026, § 3º, CPC/2015.

6.5.1.2. *Efeito modificativo*

O efeito modificativo ou efeito infringente, como também é chamado, consiste no pedido de procedência dos embargos que acarretará não apenas a complementação ou o aclaramento da decisão, mas também, e principalmente, a reforma do ato judicial embargado.

É importante destacar que, em regra, não há a oposição de "contrarrazões" ou "manifestação" aos embargos de declaração. Porém, determina o art. 897-A, § 2º, da CLT que eventual efeito modificativo dos embargos de declaração somente poderá ocorrer em virtude da correção de vício na decisão embargada e intimação da parte contrária que deverá ser ouvida no prazo de 5 (cinco) dias, sob pena de nulidade.

Nesse sentido, dispõe o item I da Orientação Jurisprudencial 142 da SDI 1 do TST:

ORIENTAÇÃO JURISPRUDENCIAL 142 SDI 1 TST – EMBARGOS DE DECLARAÇÃO. EFEITO MODIFICATIVO. VISTA À PARTE CONTRÁRIA.

I – É passível de nulidade decisão que acolhe embargos de declaração com efeito modificativo sem que seja concedida oportunidade de manifestação prévia à parte contrária.

II – Em decorrência do efeito devolutivo amplo conferido ao recurso ordinário, o item I não se aplica às hipóteses em que não se concede vista à parte contrária para se manifestar sobre os embargos de declaração opostos contra sentença.

Em que pese a determinação da atual redação do § 2º do art. 897-A da CLT, importante destacar que de acordo com o item II da OJ 142 da SDI 1 do TST, não há necessidade de manifestação da parte contrária quando se tratar de embargos de declaração opostos contra sentença, em razão do efeito devolutivo amplo próprio do recurso ordinário, havendo necessidade de intimação da parte contrária para manifestação, somente quando se tratar de embargos de declaração opostos contra acórdão.

6.5.1.3. *Embargos de declaração com fins de prequestionamento*

O prequestionamento é um pressuposto recursal específico dos recursos de natureza extraordinária, ou seja, aqueles recursos que não se prestam para o exame de matérias fáticas, mas apenas para questões de direito, como no caso do recurso de revista, embargos no TST e recurso extraordinário para o STF.

Prequestionamento é a efetiva apreciação de uma matéria pelo órgão julgador. Nos termos da súmula 297, item I, do TST, diz-se prequestionada a matéria ou questão quando na decisão impugnada haja sido adotada, explicitamente, tese a respeito.

Nessa linha, admite-se a oposição de embargos de declaração para prequestionamento de matéria não apreciada na decisão, objetivando-se futura interposição de recurso de natureza extraordinária.

Sobre o tema, cabe trazer a súmula 98 do STJ:

> SÚMULA 98 STJ – Embargos de declaração manifestados com notório propósito de prequestionamento não tem caráter protelatório.

A respeito do prequestionamento para os recursos de natureza extraordinária, é importante destacar o entendimento consubstanciado na Orientação Jurisprudencial 62 da SDI 1 do TST, que diz ser necessário o prequestionamento como pressuposto de admissibilidade em recurso de natureza extraordinária, ainda que se trate de incompetência absoluta.

Contudo, havendo tese explícita sobre a matéria, na decisão recorrida, é desnecessário que contenha nela referência expressa do dispositivo legal para ter-se como prequestionado. É o que dispõe a Orientação Jurisprudencial 118 da SDI 1 do TST.

6.5.1.4. *Embargos de declaração por manifesto equívoco no exame dos pressupostos extrínsecos do recurso*

Como se sabe, os recursos passam, em regra, por dois juízos de admissibilidade. O primeiro exercido pelo juiz que proferiu a decisão (juízo *a quo*), e o segundo exercido pelo juízo a quem o recurso é dirigido (juízo *ad quem*).

Não obstante sejam feitos esses dois juízos de admissibilidade para os recursos, pode ocorrer de um recurso ser recebido após os exames de admissibilidade e, ao ser levado a julgamento pela turma, não ser conhecido. Em outras palavras, pode o Tribunal em decisão colegiada não conhecer de um recurso.

Nessa linha, caso o Tribunal profira decisão (acórdão) não conhecendo do recurso por manifesto equívoco no exame de seus pressupostos extrínsecos (recorribilidade do ato, representação, adequação, tempestividade e preparo), ela será impugnável via embargos de declaração.

Imagine a seguinte hipótese: em uma reclamação trabalhista foi indeferido o processamento de um recurso ordinário interposto pelo reclamante, o que motivou a interposição de recurso de agravo de instrumento. Todavia, o último dia do prazo para a interposição do referido agravo de instrumento coincidiu com o dia 25 de janeiro, feriado municipal na cidade de São Paulo, devidamente demonstrado no recurso (veja súmula 385 do TST), de modo que o agravo de instrumento somente foi apresentado no dia seguinte, ou seja, 26 de janeiro. Depois de ultrapassados os juízos de admissibilidade, a Turma do Tribunal Regional proferiu decisão, não se recordando, por lapso, da existência do feriado municipal no dia 25 de janeiro, que considerou o agravo de instrumento intempestivo e dele não conheceu.

Nesse caso, o recurso cabível é o recurso de embargos de declaração, com pedido de efeito modificativo, nos termos do art. 897-A, da CLT, pelo manifesto equívoco do julgado no exame dos pressupostos extrínsecos do recurso de agravo de instrumento.

6.5.2. *Recurso ordinário*

Previsto no art. 895 da CLT, o recurso ordinário é cabível não somente de sentenças, sendo possível, também, sua interposição contra acórdãos proferidos pelos TRTs em sua competência originária, tanto nos dissídios individuais, em ação rescisória, por exemplo, como nos dissídios coletivos.

De acordo com a redação do art. 895 consolidado, o recurso ordinário é cabível das decisões definitivas (processos extintos com resolução do mérito) e decisões terminativas (extintos sem a resolução do mérito). Assim, havendo indeferimento da petição inicial pela ausência das condições da ação será possível a interposição de recurso ordinário.

Como se sabe, as decisões interlocutórias são irrecorríveis de imediato, em conformidade com o art. 893, § 1º, da CLT.

Todavia, as decisões interlocutórias terminativas de feito admitem interposição de recurso ordinário. É o que ocorre na decisão do juiz que declara a incompetência absoluta da Justiça do Trabalho e determina a remessa dos autos à Justiça Comum, em conformidade com o art. 799, § 2º, da CLT. Outra hipótese de interposição de recurso ordinário em face de uma decisão interlocutória encontra-se prevista na súmula 214, item "c", do TST, que se refere à decisão que acolhe exceção de incompetência territorial, com a remessa dos autos para Tribunal Regional distinto daquele a que se vincula o juízo excepcionado.

Com relação ao recurso ordinário interposto nas reclamações que tramitam sob o procedimento sumaríssimo, vale lembrar que uma vez recebido no Tribunal ele deverá ser imediatamente distribuído, devendo o relator liberá-lo no prazo máximo de 10 (dez) dias e a secretaria do Tribunal ou Turma deverá colocá-lo imediatamente na pauta para julgamento, sem revisor.

O membro do Ministério Público do Trabalho presente à sessão de julgamento, se entender necessário, promoverá parecer oral com registro na certidão de julgamento.

Como visto, no âmbito processual trabalhista os recursos não possuem, como regra, o efeito suspensivo, pois são dotados unicamente de efeito devolutivo. No entanto, o TST admite, por meio da súmula 414, I, parte final, o ajuizamento de ação cautelar incidental para a obtenção do efeito suspensivo.

> SÚMULA 414 TST – MANDADO DE SEGURANÇA. ANTECIPAÇÃO DE TUTELA (OU LIMINAR) CONCEDIDA ANTES OU NA SENTENÇA
>
> I – A antecipação da tutela concedida na sentença não comporta impugnação pela via do mandado de segurança, por ser impugnável mediante recurso ordinário. **A ação cautelar é o meio próprio para se obter efeito suspensivo a recurso. (grifo nosso)**

6.5.2.1. *Processamento*

O recurso será elaborado por meio de duas peças. A primeira delas é a peça de interposição do recurso, que será endereçada ao juízo que proferiu a decisão, ou seja, ao juízo *a quo*, qualificando o recorrente, indicando o endereço do seu procurador, manifestando o interesse em recorrer, requerendo o envio do recurso ao tribunal competente e demonstrando o pagamento das custas e depósito recursal, quando necessários; a segunda peça consiste nas razões recursais, que serão dirigidas ao juízo hierarquicamente superior àquele que proferiu a decisão, o juízo *ad quem*.

Interposto o recurso no juízo *a quo*, promoverá este o 1º juízo de admissibilidade, examinando a presença de todos os pressupostos recursais. Feito o exame e constatada a inobservância de um dos pressupostos recursais, será negado seguimento ao recurso, hipótese em que poderá ser interposto agravo de instrumento. Conhecido o recurso, deverá o juiz conceder prazo para apresentação de contrarrazões ao recurso ordinário. Recebida as contrarrazões, o juízo *a quo* poderá proceder outro exame de admissibilidade do recurso, podendo, inclusive, reconsiderar a decisão que o admitiu e dele não conhecendo.

Mantida a decisão, os autos serão remetidos ao Tribunal superior, o juízo *ad quem*. Lá, após parecer do Ministério Público do Trabalho quando necessário, o recurso será distribuído a um juiz relator que fará o 2º juízo de admissibilidade, podendo conhecer ou não do recurso. Após a vista do juiz relator, o recurso será enviado ao juiz revisor e, em seguida, será colocado em pauta para julgamento.

No julgamento, após a leitura do relatório os advogados do recorrente e do recorrido poderão efetuar sustentação oral. Após a sustentação oral o recurso será submetido a julgamento, votando o relator, o revisor e os demais juízes.

Nas causas sujeitas ao procedimento sumaríssimo, o processo será imediatamente distribuído ao juiz relator, sem revisor, podendo o Ministério Público do Trabalho, caso entenda pertinente, emitir parecer oral na própria audiência de julgamento. Após a leitura do relatório os advogados poderão realizar sustentação oral e em seguida será realizado o julgamento.

6.5.3. *Agravo de instrumento*

Previsto no art. 897, "b", da CLT, o agravo de instrumento é cabível, no prazo de 8 (oito) dias, para impugnar os despachos proferidos pelo juízo *a quo* no 1º juízo de admissibilidade recursal que negarem seguimento a recursos. Assim, cabe agravo de instrumento em face de decisões que negarem seguimento a recurso ordinário, recurso de revista, recurso adesivo, agravo de petição, recurso extraordinário e, inclusive, ao próprio agravo de instrumento, no 1º juízo de admissibilidade.

No entanto, negado seguimento ao recurso de embargos no TST, não será cabível agravo de instrumento, mas sim agravo regimental.

O agravo de instrumento será processado em autos apartados e deverá ser interposto perante o juízo que não conheceu do recurso, admitindo-se o juízo de retração. Assim, interposto o agravo de instrumento, o juiz poderá reconsiderar a decisão agravada, conhecendo do recurso principal, remetendo-o à instância superior para sua apreciação.

Sendo mantida a decisão, o juiz deverá intimar o agravado para apresentação das contrarrazões ao agravo de instrumento e ao recurso principal, nos termos do art. 897, § 6º, da CLT.

A Lei 12.275, de 29 de junho de 2010, trouxe uma novidade nas regras de interposição do agravo de instrumento na esfera trabalhista.

A Lei em questão incluiu o § 7º no art. 899 da CLT, criando a necessidade de depósito recursal para a interposição de agravo de instrumento, restrito ao Judiciário Trabalhista, o que exclui, por óbvio, o agravo de instrumento em recurso extraordinário, que tem disciplina própria, conforme art. 1.042 do CPC/2015, e arts. 321 a 329 do Regimento Interno do Supremo Tribunal Federal.

Por meio do dispositivo legal, *no ato* de interposição do agravo de instrumento, a parte agravante deverá efetuar o depósito recursal, que corresponderá a 50% (cinquenta por cento) do valor do depósito do recurso ao qual se pretende destrancar. Nota-se que o citado dispositivo legal utiliza-se do termo "no ato", o que obriga a parte recorrente recolher e comprovar o recolhimento do depósito recursal no ato de interposição do recurso, o que afasta a aplicação da súmula 245 do TST no presente recurso.

No entanto, o § 8º do mesmo dispositivo, de acordo com a redação dada pela Lei 13.015/2014 quando o agravo de instrumento tiver a finalidade de destrancar recurso de revista que se insurge contra decisão que contraria a jurisprudência uniforme do TST, consubstanciada nas suas súmulas ou em orientação jurisprudencial, não haverá obrigatoriedade de se efetuar o depósito suprarreferido.

O agravo de instrumento será julgado pelo Tribunal que seria competente para conhecer do recurso trancado, em conformidade com o art. 897, § 4º, da CLT. Portanto, primeiramente o Tribunal apreciará o agravo de instrumento e, entendendo por seu provimento, passará a julgar o recurso principal.

6.5.3.1. *Processamento*

Diferente do processo civil, em que o agravo de instrumento é interposto diretamente no Tribunal, nos domínios do processo do trabalho deverá ser interposto no juízo *a quo*, na medida em que se admite a retratação do juízo.

As partes, agravante e agravado, deverão instruir a petição do agravo de instrumento e suas contrarrazões com as peças necessárias para o julgamento de ambos os recursos.

Nos exatos termos do art. 897, § 5º, da CLT, sob pena de não conhecimento, as partes promoverão a formação do instrumento do agravo de modo a possibilitar, caso provido, o imediato julgamento do recurso denegado, instruindo a petição de interposição obrigatoriamente com cópias da decisão agravada, da certidão da respectiva intimação, das procurações outorgadas aos advogados do agravante e do agravado, da petição inicial, da contestação, da decisão originária, da comprovação do depósito recursal e do recolhimento das custas, e facultativamente, com aquelas peças que entenderem necessárias para o julgamento do apelo.

O agravo de instrumento possui efeito devolutivo, limitando-se a matéria que será analisada pelo juízo *ad quem* à validade ou não da decisão denegatória do recurso. Desta forma, somente se o agravo de instrumento for provido poderá o Tribunal examinar o recurso que foi trancado.

Todavia, por não possuir efeito suspensivo, o meio adequado para obtenção desse efeito é a ação cautelar incidental proposta perante o órgão competente para julgar o recurso, desde que demonstrado o *fumus boni iuris* e o *periculum in mora*.

6.5.4. Agravo de petição

Previsto no art. 897, "a", da CLT, o agravo de petição é o recurso cabível, no prazo de 8 (oito) dias, em face das decisões do Juiz do Trabalho proferidas na fase de execução de sentença. Desta forma, não existe agravo de petição na fase de conhecimento.

Embora o texto da lei não especifique qual tipo de decisão poderá ser impugnável, a doutrina dominante sustenta que somente decisões definitivas (art. 487 do CPC/2015) ou terminativas de feito (art. 485 do CPC/2015) podem ser impugnadas via agravo de petição. Essa doutrina se baseia no princípio da irrecorribilidade imediata das decisões interlocutórias, que não admite a imediata interposição de recurso contra essas decisões.

No entanto, admite-se a interposição de agravo de petição contra decisão interlocutória, desde que terminativa de feito. Admitir-se o agravo de petição contra qualquer decisão interlocutória, apenas por ter sido proferida na fase de execução de sentença, afrontaria o princípio da irrecorribilidade imediata das decisões interlocutórias, disciplinada no art. 893, § 1º, da CLT, que tem como finalidade garantir maior celeridade processual. Desta forma, as decisões interlocutórias, que não sejam terminativas de feito, estão sujeitas ao apelo no momento processual adequado por meio dos embargos à execução.

6.5.4.1. Delimitação de matérias e valores

O art. 897, § 1º, da CLT traz em seu bojo um requisito especial de admissibilidade do agravo de petição. Trata-se da delimitação de matérias e valores.

Dispõe o art. 897, § 1º, da CLT:

> **Art. 897** (...)
>
> § 1º – O agravo de petição só será recebido quando o agravante delimitar, justificadamente, as matérias e os valores impugnados, permitida a execução imediata da parte remanescente até o final, nos próprios autos ou por carta de sentença.

Desse modo, para que o recurso seja admitido, deverá o agravante delimitar as matérias impugnadas e os valores controversos, a fim de que se proceda a execução definitiva da parte não impugnada.

Nesse sentido, vale trazer à baila o entendimento cristalizado na súmula 416 do TST:

> SÚMULA 416 TST – MANDADO DE SEGURANÇA. EXECUÇÃO. LEI Nº 8.432/1992. ART. 897, § 1º, DA CLT. CABIMENTO
>
> Devendo o agravo de petição delimitar justificadamente a matéria e os valores objeto de discordância, não fere direito líquido e certo o prosseguimento da execução quanto aos tópicos e valores não especificados no agravo.

6.5.4.2. Processamento

Deverá ser interposto no prazo de 8 (oito) dias na vara do trabalho em que estiver tramitando a execução. O recurso consiste na peça de interposição, bem como as razões recursais, não se esquecendo da delimitação de matérias e valores.

Para a interposição não há o requisito do preparo, na medida em que as custas serão pagas apenas ao final do processo, nos termos do art. 789-A, IV, da CLT. Já o depósito recursal somente será exigido caso a execução não esteja devidamente garantida.

Nesse sentido é a súmula 128, II, do TST:

> SÚMULA 128 TST (...)
>
> II – Garantido o juízo, na fase executória, a exigência de depósito para recorrer de qualquer decisão viola os incisos II e LV do art. 5º da CF/1988. Havendo, porém, elevação do valor do débito, exige-se a complementação da garantia do juízo.

6.5.5. Agravo regimental

O agravo regimental encontra-se previsto no art. 709, § 1º, da CLT, na Lei 7.701/1988 e, ainda, nos regimentos internos dos Tribunais Regionais e do Tribunal Superior do Trabalho.

O agravo regimental é cabível em face das decisões monocráticas dos juízes relatores dos Tribunais Regionais ou do Tribunal Superior do Trabalho que negarem seguimento a recursos no 2º juízo de admissibilidade. Admite-se, outrossim, nos termos do art. 894, § 4º, da CLT, redação dada pela Lei 13.015/2014, a interposição do agravo regimental em face da decisão denegatória dos embargos. E, por último, como ensina Renato Saraiva (*Curso de Direito Processual do Trabalho*. 4. ed. São Paulo: Método, 2007. p. 492), admite-se o agravo regimental para o "reexame pelo tribunal das decisões monocráticas proferidas por seus próprios juízes (...)"

O prazo para interposição do agravo regimental varia de acordo com o regimento interno de cada Tribunal, que, de modo geral, fixam o prazo de cinco dias para sua interposição. No TST, de acordo com o art. 235 de seu regimento interno, o prazo é de 8 dias para a interposição do agravo regimental para o Tribunal Pleno.

O TST admite, em observância ao princípio da fungibilidade, o recebimento de recurso ordinário como agravo regimental, como ensina a Orientação jurisprudencial 69 da SDI 2 do TST.

> ORIENTAÇÃO JURISPRUDENCIAL 69 SDI 2 TST – FUNGIBILIDADE RECURSAL. INDEFERIMENTO LIMINAR DE AÇÃO RESCISÓRIA OU MANDADO DE SEGURANÇA. RECURSO PARA O TST. RECEBIMENTO COMO AGRAVO REGIMENTAL E DEVOLUÇÃO DOS AUTOS AO TRT.
>
> Recurso ordinário interposto contra despacho monocrático indeferitório da petição inicial de ação rescisória ou de mandado de segurança pode, pelo princípio de fungibilidade recursal, ser recebido como agravo regimental. Hipótese de não conhecimento do recurso pelo TST e devolução dos autos ao TRT, para que aprecie o apelo como agravo regimental.

Todavia, o TST entende não ser aplicável o princípio da fungibilidade em se tratando de agravo inominado ou agravo regimental contra decisão proferida por órgão colegiado, em razão do erro grosseiro na interposição do recurso inadequado.

Assim, dispõe a orientação jurisprudencial 412 da SDI 1 do TST:

ORIENTAÇÃO JURISPRUDENCIAL 412 da SDI 1 do TST – AGRAVO INOMINADO OU AGRAVO REGIMENTAL. INTERPOSIÇÃO EM FACE DE DECISÃO COLEGIADA. NÃO CABIMENTO. ERRO GROSSEIRO. INAPLICABILIDADE DO PRINCÍPIO DA FUNGIBILIDADE RECURSAL.

É incabível agravo inominado (art. 557, §1º, do CPC[10]) ou agravo regimental (art. 235 do RITST) contra decisão proferida por Órgão colegiado. Tais recursos destinam-se, exclusivamente, a impugnar decisão monocrática nas hipóteses expressamente previstas. Inaplicável, no caso, o princípio da fungibilidade ante a configuração de erro grosseiro.

6.5.5.1. *Processamento*

O agravo regimental deverá ser interposto perante o Desembargador ou Ministro relator que prolatou a decisão, devendo o agravante requerer sua reconsideração ou, sucessivamente, o encaminhamento ao órgão competente para a apreciação do agravo, qual seja, a Turma ou o Pleno do Tribunal, a depender do respectivo regimento interno, não havendo oportunidade para apresentação de contrarrazões, tampouco sustentação oral.

Caso não haja disposição no regimento interno do tribunal sobre a necessidade da formação do instrumento, não há necessidade do agravante trazer cópias dos autos principais para tanto, como ocorre no agravo de instrumento. Nesse sentido a SDI 1 do TST editou a Orientação Jurisprudencial 132, *in verbis*:

ORIENTAÇÃO JURISPRUDENCIAL 132 SDI 1 TST – AGRAVO REGIMENTAL. PEÇAS ESSENCIAIS NOS AUTOS PRINCIPAIS.

Inexistindo lei que exija a tramitação do agravo regimental em autos apartados, tampouco previsão no Regimento Interno do Regional, não pode o agravante ver-se apenado por não haver colacionado cópia de peças dos autos principais, quando o agravo regimental deveria fazer parte dele.

Vale ressaltar que o agravo regimental não está sujeito ao recolhimento de custas e depósito recursal, não havendo, portanto, o pressuposto extrínseco do preparo.

Em caso de agravo regimental com caráter procrastinatório, casos em que o recurso se mostra manifestamente inadmissível ou infundado, aplica-se a multa entre 1% e 10% do valor corrigido da causa, ficando a interposição de qualquer outro recurso condicionada ao depósito do respectivo valor, conforme art. 1.021, §§ 4º e 5º, do CPC/2015.

6.5.6. *Recurso de revista*

Previsto no art. 896 da CLT, é um recurso de natureza extraordinária que visa a atacar decisões proferidas pelos TRTs em dissídios individuais em grau de recurso ordinário. Tem como objetivo uniformizar a interpretação jurisprudencial dos Tribunais acerca da legislação constitucional, federal e estadual e, ainda, a aplicabilidade de determinados instrumentos normativos como acordo coletivo, convenção coletiva, sentença normativa e regulamento de empresa.

Deverá ser interposto no prazo de 8 (oito) dias, dirigido ao Presidente do Tribunal recorrido, estando sujeito ao pagamento de custas e depósito recursal.

10. Art. 932, III e IV, do CPC/2015.

Por possuir natureza extraordinária, o recurso de revista não admite o reexame de matéria fática e probatória, em conformidade com a Súmula 126 do TST.

SÚMULA 126 TST – RECURSO. CABIMENTO.

Incabível o recurso de revista ou de embargos (arts. 896 e 894, "b", da CLT) para reexame de fatos e provas.

6.5.6.1. *Requisitos especiais*

Ao interpor o recurso de revista, além dos pressupostos gerais de admissibilidade dos recursos, exige-se, ainda, que o recorrente demonstre o preenchimento de mais dois pressupostos especiais, quais sejam, a transcendência e o prequestionamento.

Para que a questão esteja devidamente *prequestionada*, exige-se que a matéria já tenha sido objeto de debates no acórdão guerreado. É importante lembrar que, de acordo com a Súmula 98 do STJ, admitem-se os embargos de declaração exclusivamente com fins de prequestionamento.

Nos termos da Súmula 297 do TST, diz-se prequestionada a matéria ou questão quando na decisão impugnada tiver sido adotada, explicitamente, tese a respeito.

Já *transcendência* nos remete a repercussão, ou seja, a questão debatida no recurso deverá ter repercussão nos aspectos econômicos, jurídicos, políticos e social.

Ao lado dos pressupostos gerais de admissibilidade dos recursos, sem o preenchimento desses dois pressupostos específicos o recurso não será conhecido.

A Lei 13.015/2014 que trouxe nova sistemática para o processamento de recursos no TST introduziu o art. 896, § 1º-A na CLT que determina ser ônus da parte, sob pena de não conhecimento do recurso:

I – indicar o trecho da decisão recorrida que consubstancia o prequestionamento da controvérsia objeto do recurso de revista;

II – indicar, de forma explícita e fundamentada, contrariedade a dispositivo de lei, súmula ou orientação jurisprudencial do Tribunal Superior do Trabalho que conflite com a decisão regional;

III – expor as razões do pedido de reforma, impugnando todos os fundamentos jurídicos da decisão recorrida, inclusive mediante demonstração analítica de cada dispositivo de lei, da Constituição Federal, de súmula ou orientação jurisprudencial cuja contrariedade aponte.

Nesse ponto é de suma importância a observância da Súmula 337 do TST, que impõe critérios para a comprovação da divergência justificadora do recurso. Desta forma, é necessário que o recorrente:

I) junte certidão ou cópia autenticada do acórdão paradigma ou cite a fonte oficial ou o repositório autorizado em que foi publicado; e

II) transcreva, nas razões recursais, as ementas e/ou trechos dos acórdãos trazidos à configuração do dissídio, demonstrando o conflito de teses que justifique o conhecimento do recurso, ainda que os acórdãos já se encontrem nos autos ou venham a ser juntados com o recurso.

Vale dizer, ainda, que, nos termos da Súmula 337 do TST, a mera indicação da data de publicação, em fonte oficial, de aresto paradigma é inválida para comprovação de divergência jurisprudencial.

Todavia, esclarece o item IV da referida súmula que é válida para a comprovação da divergência jurisprudencial justificadora do recurso a indicação de aresto extraído de repositório oficial na internet, desde que o recorrente: a) transcreva o trecho divergente; b) aponte o sítio de onde foi extraído; e c) decline o número do processo, o órgão prolator do acórdão e a data da respectiva publicação no Diário Eletrônico da Justiça do Trabalho.

6.5.6.2. Hipóteses de cabimento

O cabimento do recurso de revista merece ser estudado com maior enfoque. Isso porque as hipóteses de cabimento do recurso em estudo variam de acordo com o procedimento adotado.

6.5.6.2.1. Procedimento ordinário

No procedimento comum/ordinário, o recurso de revista é cabível nas hipóteses trazidas nas alíneas do art. 896 consolidado, que assim dispõem:

> **Art. 896.** Cabe Recurso de Revista para Turma do Tribunal Superior do Trabalho das decisões proferidas em grau de recurso ordinário, em dissídio individual, pelos Tribunais Regionais do Trabalho, quando:
>
> *a) derem ao mesmo dispositivo de lei federal interpretação diversa da que lhe houver dado outro Tribunal Regional do Trabalho, no seu Pleno ou Turma, ou a Seção de Dissídios Individuais do Tribunal Superior do Trabalho, ou contrariarem súmula de jurisprudência uniforme dessa Corte ou súmula vinculante do Supremo Tribunal Federal;*
>
> *b)* derem ao mesmo dispositivo de lei estadual, Convenção Coletiva de Trabalho, Acordo Coletivo, sentença normativa ou regulamento empresarial de observância obrigatória em área territorial que exceda a jurisdição do Tribunal Regional prolator da decisão recorrida, interpretação divergente, na forma da alínea a;
>
> *c)* proferidas com violação literal de disposição de lei federal ou afronta direta e literal à Constituição Federal.

Assim, de acordo com o art. 896 da CLT no procedimento ordinário é cabível o recurso de revista nas seguintes hipóteses:

a) Divergência na interpretação de lei federal ou contrariedade à súmula vinculante do STF, súmula ou OJ do TST

De acordo com a disposição da alínea "a" do citado art. 896 do diploma consolidado podemos extrair duas hipóteses de cabimento, são elas:

I.) Divergência na interpretação de lei federal

A divergência capaz de ensejar o cabimento do recurso de revista deve ser oriunda dos órgãos da Justiça do Trabalho.

Assim, caberá recurso de revista com fulcro na primeira parte da alínea "a" do art. 896 da CLT sempre que o acórdão guerreado interpretar uma lei federal de forma diversa à interpretação dada ao mesmo dispositivo de lei federal por súmula de outro Tribunal Regional do Trabalho ou pela Seção de Dissídios Individuais do TST.

Vale frisar que a interpretação jurisprudencial deve estar relacionada com o mesmo dispositivo de lei federal, o que a doutrina costuma chamar de divergência específica. Nesse sentido é a Súmula 296 do TST:

> SÚMULA 296 TST – RECURSO. DIVERGÊNCIA JURISPRUDENCIAL. ESPECIFICIDADE.
>
> I – A divergência jurisprudencial ensejadora da admissibilidade, do prosseguimento e do conhecimento do recurso há de ser específica, revelando a existência de teses diversas na interpretação de um mesmo dispositivo legal, embora idênticos os fatos que as ensejaram.

A divergência que dá ensejo à interposição do recurso de revista deve ser atual, ou seja, aquela que não for ultrapassada por súmula ou superada por iterativa e notória jurisprudência do TST. Nessa linha é a Súmula 333 do TST, que assim dispõe:

> SÚMULA 333 TST – RECURSOS DE REVISTA. CONHECIMENTO.
>
> Não ensejam recurso de revista decisões superadas por iterativa, notória e atual jurisprudência do Tribunal Superior do Trabalho.

II.) Contrariedade entre súmula ou Orientação jurisprudencial do TST ou entre súmula vinculante do STF;

A 2ª parte da alínea "a" do art. 896 da CLT prevê ainda a hipótese de recurso de revista por contrariedade entre súmula ou Orientação jurisprudencial do TST ou ainda entre súmula vinculante do STF.

Nessa hipótese, a interposição do recurso de revista se justifica tendo em vista que o acórdão recorrido contraria uma súmula ou orientação jurisprudencial do TST ou, ainda, se o acórdão recorrido contrariar uma súmula vinculante do STF.

Em que pese não constar expressamente do dispositivo legal em comento a possibilidade de cabimento de recurso de revista por contrariedade a orientação jurisprudencial, é possível entender que ele é cabível, pela própria redação do art. 896, § 1º-A, II, da CLT que determina que a parte deverá indicar, de forma explícita e fundamentada, contrariedade a dispositivo de lei, súmula ou orientação jurisprudencial do Tribunal Superior do Trabalho que conflite com a decisão regional, sob pena de não conhecimento do recurso.

b) Divergência na interpretação de lei estadual, convenção coletiva, sentença normativa ou regulamento de empresa

A alínea "b" do art. 896 da CLT prevê a hipótese que a divergência que dá ensejo ao recurso de revista ocorre na interpretação de lei estadual, convenção coletiva, sentença normativa ou regulamento de empresa.

Desta forma, caso o acórdão interprete uma dessas espécies normativas de forma diversa à interpretação dada ao mesmo dispositivo por outro Tribunal Regional do Trabalho, pela SDI, por meio de suas orientações jurisprudenciais ou por súmulas do TST, caberá o recurso de revista com fulcro na alínea "b".

6.5.6.2.1.1. Divergência jurisprudencial

Com a entrada em vigor da Lei 13.015/2014, a Justiça do Trabalho passa a ter nova sistemática recursal, cujas alterações mais significativas residem nos critérios de admissibilidade do recurso de revista.

De acordo com a regra antiga, para que um recurso de revista subisse ao TST, bastava a existência de decisões divergentes entre turmas de Tribunais Regionais distintos.

De acordo com a atual legislação o TST não analisará o recurso caso note divergência interna no Tribunal.

Assim, ao constatar, de ofício ou mediante provocação de qualquer das partes ou do Ministério Público do Trabalho, a existência de decisões atuais e conflitantes no âmbito do mesmo Tribunal Regional do Trabalho sobre o tema objeto de recurso de revista, o Tribunal Superior do Trabalho determinará, por decisão irrecorrível, o retorno dos autos ao Tribunal de origem, a fim de que proceda à uniformização da jurisprudência.

Após o Tribunal de origem editar súmula ou tese jurídica prevalecente somente elas servirão como paradigma para viabilizar o conhecimento do recurso de revista, por divergência, desde que não sejam conflitantes com súmula ou orientação jurisprudencial do Tribunal Superior do Trabalho.

Vale lembrar que a divergência apta a ensejar o recurso de revista deve ser atual, não se considerando como tal a ultrapassada por súmula do Tribunal Superior do Trabalho ou do Supremo Tribunal Federal, ou superada por iterativa e notória jurisprudência do Tribunal Superior do Trabalho, nos termos do § 7º do art. 896 da CLT.

Nessa mesma linha é a Súmula 333 do TST, que assim dispõe:

> SÚMULA 333 TST – RECURSOS DE REVISTA. CONHECIMENTO.
> Não ensejam recurso de revista decisões superadas por iterativa, notória e atual jurisprudência do Tribunal Superior do Trabalho.

Portanto, com a nova sistemática, se um recurso vier de um TRT que não tenha tese jurídica prevalecente ou que tenha sumulado sua jurisprudência, o relator poderá determinar a baixa dos autos para que o Tribunal de origem edite a súmula ou tese jurídica prevalecente. Caso a tese sumulada continue a ser antagônica, a parte poderá interpor novo recurso de revista. Caso contrário, o recurso de revista não subirá para o TST.

Desta forma, uma vez consolidada a jurisprudência de cada TRT, o TST passará a aceitar somente os recursos de revista em que as súmulas regionais ou tese jurídica prevalecente forem contrárias entre si, com uma delas se contrapondo ao entendimento do TST sobre a matéria.

Para a comprovação da divergência justificadora do recurso, determina o § 8º do art. 896 da CLT que, compete ao recorrente o ônus de produzir prova da divergência jurisprudencial, mediante certidão, cópia ou citação do repositório de jurisprudência, oficial ou credenciado, inclusive em mídia eletrônica, em que houver sido publicada a decisão divergente, ou ainda pela reprodução de julgado disponível na internet, com indicação da respectiva fonte, mencionando, em qualquer caso, as circunstâncias que identifiquem ou assemelhem os casos confrontados.

Nesse mesmo sentido, como já estudamos, é a Súmula 337 do TST que ensina ser necessário que o recorrente:

a) junte certidão ou cópia autenticada do acórdão paradigma ou cite a fonte oficial ou o repositório autorizado em que foi publicado e

b) transcreva, nas razões recursais, as ementas e/ou trechos dos acórdãos trazidos à configuração do dissídio, demonstrando o conflito de teses que justifique o conhecimento do recurso, ainda que os acórdãos já se encontrem nos autos ou venham a ser juntados com o recurso.

A citada súmula ensina, ainda, que a mera indicação da data de publicação, em fonte oficial, de aresto paradigma é inválida para comprovação de divergência jurisprudencial.

Todavia, esclarece o item IV da referida súmula que é válida para a comprovação da divergência jurisprudencial justificadora do recurso a indicação de aresto extraído de repositório oficial na internet, desde que o recorrente transcreva o trecho divergente; aponte o sítio (*site da internet*) de onde foi extraído e decline o número do processo, o órgão prolator do acórdão e a data da respectiva publicação no Diário Eletrônico da Justiça do Trabalho.

IV.) ***Violação de literal dispositivo de lei federal ou da Constituição Federal***

Nessa hipótese, prevista na alínea c do art. 896 da CLT, o acórdão guerreado viola diretamente dispositivo de lei federal ou da CF. Portanto, a decisão recorrida deve tratar da matéria explicitamente, surgindo assim a necessidade do prequestionamento.

Nota-se que nessa hipótese não há divergência jurisprudencial, mas sim afronta direta à lei federal ou à Constituição Federal.

Em se tratando de recurso de revista por violação de lei federal ou da Constituição Federal, a indicação do dispositivo constitucional ou infraconstitucional tido como violado deverá ser indicado expressamente no recurso, sob pena de não ser conhecido, nos termos do art. 896, § 1º-A, da CLT.

Nesse mesmo sentido, dispõe a Súmula 221 do TST:

> SÚMULA 221 DO TST – RECURSO DE REVISTA. VIOLAÇÃO DE LEI. INDICAÇÃO DE PRECEITO.
> A admissibilidade de recurso de revista por violação tem como pressuposto a indicação expressa do dispositivo de lei ou da Constituição tido como violado.

Nessa linha, vale destacar a disposição da Orientação Jurisprudencial 257 da SDI 1 do TST:

> ORIENTAÇÃO JURISPRUDENCIAL 257 SDI 1 do TST – RECURSO DE REVISTA. FUNDAMENTAÇÃO. VIOLAÇÃO DE LEI. VOCÁBULO VIOLAÇÃO. DESNECESSIDADE
> A invocação expressa no recurso de revista dos preceitos legais ou constitucionais tidos como violados não significa exigir da parte a utilização das expressões "contrariar", "ferir", "violar" etc.

Por último, ensina a Súmula 459 do TST:

> SÚMULA 459 TST – RECURSO DE REVISTA. NULIDADE POR NEGATIVA DE PRESTAÇÃO JURISDICIONAL.
> O conhecimento do recurso de revista, quanto à preliminar de nulidade por negativa de prestação jurisdicional, supõe indicação de violação do art. 832 da CLT, do art. 458 do CPC[11] ou do art. 93, IX, da CF/1988.

6.5.6.2.2. Procedimento sumaríssimo

De acordo com o § 9º do art. 896 da CLT, nas causas sujeitas ao procedimento sumaríssimo, somente será admitido recurso de revista por contrariedade a súmula de jurisprudência uniforme do Tribunal Superior do Trabalho ou a súmula vinculante do Supremo Tribunal Federal e por violação direta da Constituição Federal.

11. Art. 489 do CPC/2015.

Nota-se, portanto, que, em se tratando de procedimento sumaríssimo, o recurso de revista é admitido por violação da Constituição Federal, súmula vinculante do STF e por contrariedade à súmula do TST, mas não por contrariedade à Orientação Jurisprudencial, em conformidade com o entendimento consubstanciado na Súmula 442 do TST, que assim dispõe:

SÚMULA 442 TST – PROCEDIMENTO SUMARÍSSIMO. RECURSO DE REVISTA FUNDAMENTADO EM CONTRARIEDADE A ORIENTAÇÃO JURISPRUDENCIAL. INADMISSIBILIDADE. ART. 896, § 6º, DA CLT, ACRESCENTADO PELA LEI 9.957, DE 12.01.2000

Nas causas sujeitas ao procedimento sumaríssimo, a admissibilidade de recurso de revista está limitada à demonstração de violação direta a dispositivo da Constituição Federal ou contrariedade a Súmula do Tribunal Superior do Trabalho, não se admitindo o recurso por contrariedade a Orientação Jurisprudencial deste Tribunal (Livro II, Título II, Capítulo III, do RITST), ante a ausência de previsão no art. 896, § 6º, da CLT.

OBS: as hipóteses de recurso de revista no procedimento sumaríssimo eram previstas no § 6º do art. 896 da CLT, como indicado na súmula em estudo. Após a edição da Lei 13.015/2014 as hipóteses passaram a estar previstas no § 9º do art. 896 consolidada.

6.5.6.2.3. Recurso de revista em execução

A Lei 13.015/2014 que conferiu nova sistemática para os recursos trabalhistas, em especial ao recurso de revista, inovou sobre esse recurso na fase executória.

De acordo com a antiga legislação, nos termos do § 2º do art. 896 da CLT o cabimento do recurso de revista na fase de execução se limitava as hipóteses de ofensa direta e literal de norma da Constituição Federal.

No entanto, a atual legislação inovou estabelecendo no art. 896 da CLT, §10 a possibilidade de recurso de revista nas execuções fiscais, sempre que o acórdão recorrido violar lei federal ou por divergência jurisprudencial e ainda por ofensa à Constituição Federal.

Notamos aqui um tratamento diferenciado em relação à Fazenda Pública. Isso porque, quando o autor da ação for a Fazenda Pública, poderá o executado recorrer de revista com fundamento em simples divergência jurisprudencial, violação de lei federal ou à Constituição Federal. No entanto, no mesmo contexto, sempre que o exequente e executado forem empregado e empregador, o recurso de revista terá seu cabimento restringido nos termos do § 2º do art. 896 da CLT, ou seja, por ofensa à Constituição Federal.

O mesmo §10 do art. 896 permite, ainda a interposição de recurso de revista nas controvérsias da fase de execução que envolvam a Certidão Negativa de Débitos Trabalhistas (CNDT), criada pela Lei 12.440, de 7 de julho de 2011, tratada no art. 642-A da CLT.

Importante lembrar a CNDT é um documento, obrigatório para participação em licitações públicas. Ela também é uma importante ferramenta nas negociações imobiliárias, pois registra possíveis penhoras de imóveis por dívida trabalhista de pessoas físicas ou jurídicas.

Portanto, a atual legislação não retirou a possibilidade de recurso de revista na fase de execução de sentença em quaisquer processos, sempre que a decisão ofender a CF, mas elasteceu as hipóteses de cabimento, permitindo a interposição do recurso de revista, nas seguintes hipóteses:

a) execuções simples: caberá recurso de revista das decisões que ofenderem a Constituição Federal, nos termos do § 2º do art. 896 da CLT;

b) execuções fiscais: por violação a lei federal, por divergência jurisprudencial e por ofensa à Constituição Federal;

c) nas controvérsias da fase de execução que envolvam a Certidão Negativa de Débitos Trabalhistas (CNDT): por violação a lei federal, por divergência jurisprudencial e por ofensa à Constituição Federal.

Desta forma, a súmula 266 do TST continua em pleno vigor:

SÚMULA 266 DO TST – RECURSO DE REVISTA. ADMISSIBILIDADE. EXECUÇÃO DE SENTENÇA.

A admissibilidade do recurso de revista interposto de acórdão proferido em agravo de petição, na liquidação de sentença ou em processo incidente na execução, inclusive os embargos de terceiro, depende de demonstração inequívoca de violência direta à Constituição Federal.

6.5.6.2.4. Recurso repetitivo ou julgamento por amostragem

Previsto nos arts. 896-B e 896-C da CLT, introduzidos pela Lei 13.015/2014, o legislador confere ao TST a possibilidade de julgamento de recursos repetitivos, ou seja, recursos que tratam de matérias idênticas, que se fundam em idêntica questão de direito.

Os parâmetros procedimentais para dar efetividade ao referido instituto estão disciplinados no ato normativo 491 do TST e Instrução Normativa 38 do TST.

Dispõe o art. 896-C da CLT:

"Quando houver multiplicidade de recursos de revista fundados em idêntica questão de direito, a questão poderá ser afetada à Seção Especializada em Dissídios Individuais ou ao Tribunal Pleno, por decisão da maioria simples de seus membros, mediante requerimento de um dos Ministros que compõem a Seção Especializada, considerando a relevância da matéria ou a existência de entendimentos divergentes entre os Ministros dessa Seção ou das Turmas do Tribunal."

Quando houver diversos processos discutindo a mesma questão de direito o TST poderá fazer um julgamento único que irá valer para os demais processos.

Portanto, nos termos do art. 2º da Instrução Normativa 38 para haver julgamento por recursos repetitivos ou por amostragem, como também é comumente conhecido, são necessários dois requisitos;

a) multiplicidade de recursos sobre a matéria;

b) identidade de matéria de direito. Nunca matéria de fato, em razão da natureza jurídica extraordinária do recurso.

6.5.6.2.5. Processamento

Para melhor compreendermos o processamento do recurso repetitivo é importante lembrarmos dos órgãos que compõem o TST, bem como suas competências.

Pois bem, o TST é composto por 8 turmas que têm competência de julgar recurso de revista, bem como os agravos de instrumentos que visam destrancá-lo, além de outras. Também compõe o TST as Seções de Dissídios individuais 1 com competência para julgar recursos oriundos das varas do trabalho e a Seção de Dissídios individuais 2 competente para julgar os recursos oriundos dos Tribunais em caso de competência originária de dissídios individuais e ainda a Seção de Dissídios Coletivos, competentes para apreciação de recursos em dissídios coletivos. Temos ainda o órgão especial e o órgão pleno. A competência de cada órgão vem disciplinada no Regimento Interno do TST, resolução administrativa 1.295/2008, arts. 67 a 72.

O recurso de revista repetitivo, por ter uma extensão mais ampla, pois um número muito maior de jurisdicionados serão atingidos pela decisão, é de competência da SDI 1 do TST e não de uma das Turmas, como os recursos de revista em geral. Porém se a SDI entender que o tema é de extrema importância, extrema relevância social, poderá delegar o julgamento ao Órgão Pleno do TST, decisão tomada por maioria simples.

Somente poderão ser afetados recursos representativos da controvérsia que sejam admissíveis e que contenham abrangente argumentação e discussão a respeito da questão a ser decidida.

Nos termos do art. 2º da Instrução Normativa 38 do TST, a proposta de afetação deverá ser feita pelo relator de uma das turmas que poderá considerar determinada matéria repetitiva, comunicando ao Presidente da turma, que encaminhará ao Presidente da SDI-1. Ato seguinte, o Presidente da SDI, após solicitar recursos da mesma matéria às outras turmas do TST, submeterá a proposta de recurso repetitivo ao colegiado no prazo máximo de 30 dias de seu recebimento.

A partir daí, duas situações poderão ocorrer. Acolhida a proposta, por maioria simples, o colegiado também decidirá se a questão será analisada pela própria SDI-1 ou se será decidida pelo Tribunal Pleno, inciso I do § 3º, do art. 2º da Instrução Normativa 38 Nesse caso, o processo será distribuído a um Ministro Relator e a um Revisor do órgão jurisdicional correspondente, ou seja, SDI-1 ou Tribunal Pleno para sua tramitação nos termos do artigo 896-C da CLT.

Porém, sendo rejeitada a proposta, os autos serão devolvidos à Turma respectiva, para que o julgamento do recurso de revista prossiga regularmente, art. 2º, § 3º, IV, da Instrução Normativa 38 TST.

O Presidente da SDI I que afetar processo para julgamento sob o rito dos recursos repetitivos deverá expedir comunicação aos demais Presidentes de Turma, que poderão afetar outros processos sobre a questão para julgamento conjunto, a fim de conferir ao órgão julgador visão global da questão.

Selecionados os recursos, o relator, na Subseção Especializada em Dissídios Individuais ou no Tribunal Pleno, constatada a presença do pressuposto do caput do art. 896-C da CLT, proferirá decisão de afetação, sempre fundamentada, na qual:

I – identificará com precisão a questão a ser submetida a julgamento;

II – poderá determinar a suspensão dos recursos de revista ou de embargos de que trata o § 5º do artigo 896-C da CLT;

III – poderá solicitar aos Tribunais Regionais do Trabalho informações a respeito da controvérsia, a serem prestadas no prazo de 15 (quinze) dias, e requisitar aos Presidentes ou Vice-Presidentes dos Tribunais Regionais do Trabalho a remessa de até dois recursos de revista representativos da controvérsia;

IV – concederá o prazo de 15 (quinze) dias para a manifestação escrita das pessoas, órgãos ou entidades interessados na controvérsia, que poderão ser admitidos como *amici curiae*.[12]

V – informará aos demais Ministros sobre a decisão de afetação;

VI – poderá conceder vista ao Ministério Público e às partes, nos termos e para os efeitos do § 9º do artigo 896-C da CLT.

Pois bem, uma vez proferida a decisão de afetação, O Presidente do Tribunal Superior do Trabalho oficiará os Presidentes dos Tribunais Regionais do Trabalho, com cópia da decisão de afetação, para que suspendam os recursos de revista interpostos em casos idênticos aos afetados como recursos repetitivos e ainda não encaminhados a este Tribunal, bem como os recursos ordinários interpostos contra as sentenças proferidas em casos idênticos aos afetados como recursos repetitivos, até o pronunciamento definitivo do Tribunal Superior do Trabalho.

Como vimos, em conformidade com a Instrução Normativa 38, o Presidente do TST deverá comunicar o Presidente de todos TRTs para que suspendam o julgamento dos recursos de revista que ainda não subiram. Todavia, determinará também a suspensão do julgamento de recursos ordinários sobre a matéria afetada e que não foram julgados, e ainda, determinará aos Juízes das Varas do Trabalho que suspendam o julgamento das ações em trâmite, que contenham essa matéria, de acordo com o disposto no art. 6º da IN 38 TST, até o pronunciamento definitivo do Tribunal Superior do Trabalho sobre a matéria.

A suspensão dos recursos e ações, acima estudada poderá ocorrer pelo período máximo de 1 (um) ano, art. 11 da IN 38 TST, razão pela qual o recurso repetitivo tem prioridade de julgamento no TST, art. 896-C, § 10, da CLT. Na hipótese de não ocorrer o julgamento no prazo de um ano a contar da publicação da decisão de afetação, cessam automaticamente, em todo o território nacional, a afetação e a suspensão dos processos, que retomarão seu curso normal.

As partes deverão ser intimadas da decisão de suspensão de seu processo, a ser proferida pelo respectivo Relator, art. 9º IN 38 TST.

Uma vez intimada, qualquer das partes poderá requerer o prosseguimento de seu processo caso demonstre distinção entre a questão a ser decidida no seu processo e aquela a ser julgada no recurso afetado, com as exigências dispostas no § 2º do art. 9º da IN 38 TST Obedecendo ao princípio do contraditório, a parte adversa deverá ser ouvida sobre o requerimento, no prazo de 5 (cinco) dias. Reconhecida a distinção dos casos, será dado prosseguimento normal ao processo, em conformidade com o § 4º do mesmo dispositivo legal.

A decisão que for proferida pelo TST no julgamento desses processos valerá para todos os processos com matéria idêntica.

12. *Amici curiae:* expressão plural de *amicus curiae* (Amigo da Corte).

E, assim, determina o § 11 do art. 896-C da CLT:

§ 11. Publicado o acórdão do Tribunal Superior do Trabalho, os recursos de revista sobrestados na origem:

I – terão seguimento denegado na hipótese de o acórdão recorrido coincidir com a orientação a respeito da matéria no Tribunal Superior do Trabalho; ou

II – serão novamente examinados pelo Tribunal de origem na hipótese de o acórdão recorrido divergir da orientação do Tribunal Superior do Trabalho a respeito da matéria.

Portanto, publicado o acórdão paradigma pelo TST, no caso de o acórdão recorrido coincidir com sua orientação, o Presidente ou Vice-Presidente do Tribunal de origem, a depender do regimento interno, negará seguimento aos recursos de revista sobrestados na origem.

No entanto, na hipótese de o acórdão recorrido contrariar a orientação do Tribunal Superior, o TRT que proferiu esse acórdão objeto do recurso, na origem, reexaminará a causa de competência originária ou o recurso anteriormente julgado, conforme o caso.

Aqueles processos suspensos em primeiro e segundo graus de jurisdição retomarão o curso para julgamento e aplicação da tese firmada pelo Tribunal Superior.

Ocorre que, a decisão proferida pelo TST no julgamento dos recursos repetitivos não possui caráter vinculante. Assim, poderá o Tribunal de origem não acatar o posicionamento firmado pelo TST e manter sua decisão, fundamentando-a.

Para fundamentar a decisão de manutenção do entendimento, o órgão que proferiu o acórdão recorrido demonstrará fundamentadamente a existência de distinção, por se tratar de caso particularizado por hipótese fática distinta ou ainda por questão jurídica não examinada, a impor solução jurídica diversa, em conformidade com o art. 15 da IN 38 TST.

Mantido o acórdão divergente pelo Tribunal de origem, o recurso de revista será remetido ao TST, após novo exame de sua admissibilidade pelo Presidente ou Vice-Presidente do Tribunal Regional.

Por outro lado, caso o TRT realize o juízo de retratação, alterando o acórdão divergente, se for o caso, decidirá as demais questões ainda não decididas, que surgiram em decorrência da alteração do acórdão.

Alterado o acórdão divergente na forma acima estudada e o recurso de revista versar sobre outras questões, caberá ao Presidente do Tribunal Regional, independentemente de ratificação do recurso ou juízo de admissibilidade, determinar a remessa do recurso ao Tribunal Superior do Trabalho para julgamento dessas outras questões.

6.5.7. *Embargos no TST*

O recurso de embargos no TST é, na verdade, gênero do qual são espécies os embargos infringentes e os embargos de divergência, de acordo com a redação do art. 894 da CLT dada pela Lei 11.496/2007.

O antigo art. 894 da CLT, com redação dada pela Lei 7.701/1988, previa 3 (três) modalidades de embargos no TST: embargos de divergência, embargos infringentes e os embargos de nulidade.

A Lei 11.496/2007, portanto, retirou do sistema recursal os embargos de nulidade utilizados para atacar decisões do TST que violassem preceito de lei federal ou da CF, hipóteses que já haviam sido impugnadas por meio de recurso de revista (art. 896, "c", da CLT), o que não justificava sua permanência no sistema recursal.

Dispõe o art. 894 da CLT:

Art. 894. No Tribunal Superior do Trabalho cabem embargos, no prazo de 8 (oito) dias:

I – de decisão não unânime de julgamento que:

a) conciliar, julgar ou homologar conciliação em dissídios coletivos que excedam a competência territorial dos Tribunais Regionais do Trabalho e estender ou rever as sentenças normativas do Tribunal Superior do Trabalho, nos casos previstos em lei;

II – das decisões das Turmas que divergirem entre si ou das decisões proferidas pela Seção de Dissídios Individuais, ou contrárias a súmula ou orientação jurisprudencial do Tribunal Superior do Trabalho ou súmula vinculante do Supremo Tribunal Federal.

6.5.7.1. *Embargos infringentes*

Cabem embargos infringentes das decisões não unânimes proferidas pela seção especializada em dissídios coletivos, no prazo de 8 (oito) dias, contados da publicação do acórdão, nos processos de dissídios coletivos de competência originária do Tribunal.

Os *embargos infringentes* possuem natureza ordinária, podendo ser apreciadas matérias fáticas e jurídicas.

Vale destacar que os embargos infringentes não serão cabíveis caso a decisão guerreada estiver em consonância com precedentes jurisprudenciais ou súmula do TST.

Contra o despacho do Presidente do Tribunal que denegar seguimento aos embargos infringentes caberá a interposição de agravo regimental, no prazo de 8 (oito) dias, para o Órgão Especial, Seções Especializadas ou Turmas, observada a competência dos respectivos órgãos, em conformidade com o Regimento Interno do TST.

Em conformidade com o art. 70, II, "c", do Regimento Interno do TST, os embargos infringentes serão julgados pela Seção Especializada em Dissídios Coletivos (SDC) do TST.

6.5.7.2. *Embargos de divergência*

Cabem embargos, por divergência jurisprudencial, das decisões entre as Turmas do Tribunal Superior do Trabalho, em dissídios individuais, no prazo de 8 (oito) dias, contados de sua publicação.

Os *embargos de divergência*, que objetivam a uniformização da jurisprudência interna do TST, que julga os recursos nos dissídios individuais, possuem natureza extraordinária, não se sujeitando, portanto, à apreciação de matéria fática, nas linhas da súmula 126 do TST, necessitando, ainda, que a matéria esteja prequestionada.

Desta forma, serão cabíveis embargos de divergência em 4 situações:

a) das decisões das Turmas do Tribunal Superior do Trabalho que divergirem entre si;

b) se houver divergência entre decisões de uma Turma e a Seção Especializada em Dissídios Individuais;

c) se houver divergência entre uma Turma do Tribunal Superior do Trabalho e súmula ou orientação jurisprudencial do próprio Tribunal Superior do Trabalho;

d) se houver divergência entre uma Turma do Tribunal Superior do Trabalho e súmula vinculante do STF.

Para o conhecimento do recurso, a lei exige que a divergência apta a ensejá-lo deve ser atual, não se considerando tal a ultrapassada por súmula do Tribunal Superior do Trabalho ou do Supremo Tribunal Federal, ou superada por iterativa e notória jurisprudência do Tribunal Superior do Trabalho.

A atual legislação prevê, ainda, em seu art. 894, § 3º, CLT que o Ministro Relator denegará seguimento aos embargos:

a) se a decisão recorrida estiver em consonância com súmula da jurisprudência do Tribunal Superior do Trabalho ou do Supremo Tribunal Federal, ou com iterativa, notória e atual jurisprudência do Tribunal Superior do Trabalho, cumprindo-lhe indicá-la e;

b) nas hipóteses de intempestividade, deserção, irregularidade de representação ou de ausência de qualquer outro pressuposto extrínseco de admissibilidade.

Dessa decisão do Ministro Relator que denegar seguimento aos embargos caberá agravo, no prazo de 8 (oito) dias, é o que determina o § 4º do art. 894 da CLT.

Importante a leitura da nova redação da Súmula 353 do TST:

> EMBARGOS. AGRAVO. CABIMENTO. Não cabem embargos para a Seção de Dissídios Individuais de decisão de Turma proferida em agravo, salvo:
>
> a) da decisão que não conhece de agravo de instrumento ou de agravo pela ausência de pressupostos extrínsecos;
>
> b) da decisão que nega provimento a agravo contra decisão monocrática do Relator, em que se proclamou a ausência de pressupostos extrínsecos de agravo de instrumento;
>
> c) para revisão dos pressupostos extrínsecos de admissibilidade do recurso de revista, cuja ausência haja sido declarada originariamente pela Turma no julgamento do agravo;
>
> d) para impugnar o conhecimento de agravo de instrumento;
>
> e) para impugnar a imposição de multas previstas no art. 538, parágrafo único, do CPC[13], ou no art. 557, § 2º, do CPC[14];
>
> *f) contra decisão de Turma proferida em agravo em recurso de revista, nos termos do art. 894, II, da CLT.*

6.5.7.2.1. Embargos de divergência no procedimento sumaríssimo

Nas causas submetidas ao procedimento sumaríssimo é possível a interposição de embargos no TST na hipótese de divergências entre Turmas do TST fundada em interpretações diversas acerca da aplicação de mesmo dispositivo constitucional ou de matéria sumulada, nos termos da Súmula 458 do TST.

> SÚMULA 458 TST – EMBARGOS. PROCEDIMENTO SUMARÍSSIMO. CONHECIMENTO. RECURSO INTERPOSTO APÓS VIGÊNCIA DA LEI Nº 11.496, DE 22.06.2007, QUE CONFERIU NOVA REDAÇÃO AO ART. 894, DA CLT.
>
> Em causas sujeitas ao procedimento sumaríssimo, em que pese a limitação imposta no art. 896, § 6º, da CLT à interposição de recurso de revista, admitem-se os embargos interpostos na vigência da Lei 11.496, de 22.06.2007, que conferiu nova redação ao art. 894 da CLT, quando demonstrada a divergência jurisprudencial entre Turmas do TST, fundada em interpretações diversas acerca da aplicação de mesmo dispositivo constitucional ou de matéria sumulada.
>
> *OBS: as hipóteses de recurso de revista no procedimento sumaríssimo eram previstas no § 6º do art. 896 da CLT, como indicado na súmula em estudo. Após a edição da Lei 13.015/2014 as hipóteses passaram a estar previstas no § 9º do art. 896 consolidado.*

6.5.7.3. Processamento dos embargos no TST

Em qualquer uma das modalidades, os embargos deverão ser opostos no prazo de 8 (oito) dias.

Em se tratando de embargos infringentes, serão esses dirigidos ao Presidente do Tribunal Superior do Trabalho, devendo requerer o encaminhamento das razões recursais à Seção Especializada em Dissídios Coletivos.

Já os embargos de divergência deverão ser interpostos para o Presidente da Turma do TST que julgou o recurso, em petição acompanhada das razões recursais, que serão encaminhadas à Subseção 1 da Seção Especializada em Dissídios Individuais do Tribunal Superior do Trabalho, em conformidade com o art. 71, II, do Regimento Interno do TST.

É imprescindível que o recorrente demonstre em seus embargos a divergência jurisprudencial existente entre as turmas do TST.

Sobre os embargos apresentados antes da edição da Lei 11.496/2007, vale destacar a OJs Transitórias 78 e 79 da SDI do TST:

> OJ-SDI1T-78 EMBARGOS À SDI CONTRA DECISÃO EM RECURSO DE REVISTA NÃO CONHECIDO QUANTO AOS PRESSUPOSTOS INTRÍNSECOS. RECURSO INTERPOSTO ANTES DA VIGÊNCIA DA LEI 11.496, DE 22.06.2007, QUE CONFERIU NOVA REDAÇÃO AO ART. 894 DA CLT. NECESSÁRIA A INDICAÇÃO EXPRESSA DE OFENSA AO ART. 896 DA CLT.
>
> Para a admissibilidade e conhecimento de embargos, interpostos antes da vigência da Lei 11.496/2007, contra decisão mediante a qual não foi conhecido o recurso de revista pela análise dos pressupostos intrínsecos, necessário que a parte embargante aponte expressamente a violação ao art. 896 da CLT.
>
> OJ-SDI1T-79 EMBARGOS. RECURSO INTERPOSTO ANTES DA VIGÊN-CIA DA LEI 11.496, DE 22.06.2007, QUE CONFERIU NOVA REDAÇÃO AO ART. 894 DA CLT. REVISTA NÃO CONHECIDA POR MÁ APLICAÇÃO DE SÚMULA OU DE ORIENTAÇÃO JURISPRU-DENCI-AL. EXAME DO MÉRITO PELA SDI
>
> A SDI, ao conhecer dos embargos, interpostos antes da vigência da Lei 11.496/2007, por violação do art. 896 – por má aplicação de súmula ou de orientação jurisprudencial pela Turma –, julgará desde logo o mérito, caso conclua que a revista merecia conhecimento e que a matéria de fundo se encontra pacificada neste Tribunal.

Por último, cabe destacar que o recurso de embargos no TST está sujeito ao pagamento de custas e depósito recursal.

13. Art. 1.026, § 2º, do CPC/2015.
14. Art. 1.021, §§ 4º e 5º, do CPC/2015.

6.5.7.4. *Embargos com repercussão social*

Dispõe o art. 20 da Instrução Normativa 38 do TST que quando o julgamento dos embargos à SDI-1 envolver relevante questão de direito, com grande repercussão social, sem repetição em múltiplos processos mas a respeito da qual seja conveniente a prevenção ou a composição de divergência entre as turmas ou os demais órgãos fracionários do Tribunal Superior do Trabalho, poderá a SDI-1, por iniciativa de um de seus membros e após a aprovação da maioria de seus integrantes, afetar o seu julgamento ao Tribunal Pleno.

Para o processamento desse incidente serão aplicadas as normas referentes ao julgamento do recurso de revista repetitivo, acima estudadas.

6.5.8. *Recurso extraordinário*

O recurso extraordinário está previsto no art. 102, III, da CF, que assim dispõe:

> **Art. 102.** Compete ao Supremo Tribunal Federal, precipuamente, a guarda da Constituição, cabendo-lhe: (...)
>
> III – julgar, mediante recurso extraordinário, as causas decididas em única ou última instância, quando a decisão recorrida:
>
> a) contrariar dispositivo desta Constituição;
>
> b) declarar a inconstitucionalidade de tratado ou lei federal;
>
> c) julgar válida lei ou ato de governo local contestado em face desta Constituição;
>
> d) julgar válida lei local contestada em face de lei federal.

No processo do trabalho, somente se admitirá o recurso extraordinário de decisões do TST em grau de embargos ou de sentenças da vara do trabalho em procedimento sumário (Lei 5.584/1970), desde que as decisões violem literalmente norma da Constituição Federal.

Tem essa determinação por objetivo o interesse público e não os interesses das partes que estão em litígio, pois visa a assegurar o primado da CF e a unidade de interpretação do direito material e processual em todo o território nacional.

O STF já firmou posicionamento no sentido de que somente as decisões que contrariarem a CF são impugnáveis via recurso extraordinário. Nesse sentido é a súmula 505 do Pretório Excelso:

> SÚMULA 505 STF – Salvo quando contrariarem a Constituição, não cabe recurso para o Supremo Tribunal Federal, de quaisquer decisões da Justiça do Trabalho, inclusive dos Presidentes de seus Tribunais.

Por possuir natureza extraordinária, não se admite a interposição de recurso extraordinário para o simples reexame de provas, nos termos da súmula 279 do STF.

6.5.8.1. *Processamento*

Deverá ser interposto no prazo de 15 (quinze) dias perante o juízo que proferiu a decisão. Desse modo, serão dirigidos ao Presidente do TST os recursos interpostos em grau de embargos e endereçados para o juiz da vara do trabalho nas hipóteses de recurso interposto no dissídio de alçada previsto na Lei 5.584/1970. As razões recursais serão dirigidas ao Supremo Tribunal Federal.

Convém destacar que nesse momento processual não se admite o *jus postulandi* da parte (art. 791 da CLT), que se esgota no TRT, nos termos da súmula 425 do TST.

O recurso extraordinário se submete a dois juízos de admissibilidade. O primeiro será exercido pelo Presidente do Tribunal ou juiz da vara do trabalho (juízo *a quo*), que poderá admitir ou negar seguimento ao recurso. Sendo negado seguimento ao recurso, poderá a parte interessada interpor agravo de instrumento visando ao seu destrancamento. O segundo juízo de admissibilidade é exercido pelo próprio STF (juízo *ad quem*). Nesse momento processual, caso seja negado seguimento ao recurso, por decisão monocrática proferida pelo relator, o recurso adequado será o agravo regimental.

No exame de admissibilidade, além dos pressupostos genéricos, o recorrente deve observar, ainda, os seguintes pressupostos específicos:

a) existência de uma causa: deve haver uma questão submetida à decisão judicial;

b) decisão de única ou última instância: no sentido de que não é cabível nenhum outro recurso, desde que trate de matéria constitucional.

Decisões de última instância são aquelas proferidas pelo TST por meio de suas seções especializadas ou órgão especial. Já as decisões de única instância são aquelas proferidas pelo TST em casos de sua competência originária que não forem passíveis de embargos. Também são decisões de única instância aquelas proferidas nos dissídios de alçada (Lei 5.584/1970), admitindo, portanto, a interposição de recurso extraordinário.

O recurso extraordinário exige que a matéria esteja prequestionada, que pode ser entendida como sendo aquela matéria que foi amplamente debatida no processo. Dessa forma, deve existir no acórdão impugnado tese explícita acerca da questão debatida, sob pena de não ficar configurado o prequestionamento, possibilitando à parte, nesse caso, a oposição de embargos de declaração para esse fim.

O recorrente deve, por último, demonstrar repercussão geral das questões constitucionais discutidas no processo. Significa dizer que a decisão deve conter em seu bojo relevância geral, ou seja, por meio desse requisito a Suprema Corte passará a analisar decisões que não se limitem aos interesses dos litigantes, transcendendo-os, repercutindo naqueles da coletividade de um modo geral.

Os arts. 1.035 e 1.036 do CPC/2015, regulamentam a questão da repercussão geral no recurso extraordinário.

Por fim, vale dizer que o recurso extraordinário será recebido apenas no efeito devolutivo, permitindo-se a execução provisória da sentença até o julgamento dos embargos à execução.

6.5.8.2. *Repercussão geral*

Aos recursos extraordinários interpostos perante o Tribunal Superior do Trabalho será aplicado o procedimento previsto no art. 1.036 do CPC/2015, que trata da causa de repercussão geral, cabendo ao Presidente do Tribunal Superior do Trabalho selecionar um ou mais recursos representativos da controvérsia e encaminhá-los ao Supremo Tribunal Federal, sobrestando os demais até o pronunciamento definitivo da Corte, na forma do § 1º do art. 1.036 do CPC/2015.

A repercussão geral deve ser demonstrada preliminarmente no recurso extraordinário e constitui uma condição de admissibilidade. Assim, como no recurso de revista deverá tratar de questões relevantes do ponto de vista jurídico, econômico, social e político, que ultrapassarem os interesses das partes.

O Presidente do Tribunal Superior do Trabalho poderá oficiar os Tribunais Regionais do Trabalho e os Presidentes das Turmas e da Seção Especializada do Tribunal para que suspendam os processos idênticos aos selecionados como recursos representativos da controvérsia e encaminhados ao Supremo Tribunal Federal, até o seu pronunciamento definitivo.

A não aceitação do recurso por falta de repercussão geral depende da decisão de 2/3 dos membros do Supremo Tribunal.

Importante dizer que nos termos do § 16 do art. 896-C da CLT, a decisão firmada em recurso repetitivo não será aplicada aos casos em que se demonstrar que a situação de fato ou de direito é distinta das presentes no processo julgado sob o rito dos recursos repetitivos.

Por último, caberá revisão da decisão firmada em julgamento de recursos repetitivos quando se alterar a situação econômica, social ou jurídica, caso em que será respeitada a segurança jurídica das relações firmadas sob a égide da decisão anterior, podendo o Tribunal Superior do Trabalho modular os efeitos da decisão que a tenha alterado.

6.5.8.3. Recurso repetitivo

Nos termos do art. 19 da Instrução Normativa 38 do TST aos recursos extraordinários interpostos perante o Tribunal Superior do Trabalho será aplicado o procedimento previsto no Código de Processo Civil para o julgamento dos recursos extraordinários repetitivos, cabendo ao Presidente do Tribunal Superior do Trabalho selecionar um ou mais recursos representativos da controvérsia e encaminhá-los ao Supremo Tribunal Federal, sobrestando os demais até o pronunciamento definitivo da Corte.

6.5.9. Recurso adesivo

Não há previsão do recurso adesivo na CLT, sendo aplicado subsidiariamente o art. 997 do CPC/2015, por força do art. 769 da CLT e art. 15 CPC/2015.

O recurso adesivo será cabível das decisões de procedência parcial, ou seja, quando houver sucumbência recíproca.

O recurso adesivo deverá ser interposto perante a autoridade competente para admitir o recurso principal, no mesmo prazo das contrarrazões ao recurso, e ficará vinculado ao recebimento daquele.

É importante lembrar que o recurso adesivo não será conhecido se houver desistência do recurso principal, ou se for ele declarado inadmissível ou deserto. Assim, caso o recurso principal não seja aceito, o recurso adesivo também não será.

O TST, por meio da súmula 283, entendeu que o recurso adesivo é compatível com o processo do trabalho e cabe, no prazo de 8 (oito) dias, nas hipóteses de interposição de recurso ordinário, de agravo de petição, de revista e de embargos, sendo desnecessário que a matéria nele veiculada esteja relacionada com a do recurso interposto pela parte contrária.

Por último, vale dizer que, em conformidade com o art. 997, § 2º, do CPC/2015, o recurso adesivo se sujeita ao recolhimento de custas e depósito recursal, se for o caso.

6.5.10. Reexame necessário

No direito processual do trabalho, o instituto do reexame necessário não segue, em princípio, as regras do CPC, mas sim o Decreto-lei 779/1969, o qual ensina em seu art. 1º, V, ser "privilégio" da União, dos Estados, do Distrito Federal, dos Municípios e das autarquias ou fundações de direito público federais, estaduais ou municipais que não explorem atividade econômica, "o recurso ordinário *ex officio* das decisões que lhe sejam total ou parcialmente contrárias". Note que o dispositivo legal em debate trata, somente, do recurso ordinário *ex officio*, não abrangendo, portanto, o recurso de revista e outros.

Dessa forma, as pessoas jurídicas de direito público interno, em qualquer processo onde seja proferida sentença, ainda que em parte, contrária aos seus interesses, estarão amparadas pelo recurso ordinário *ex officio*,

Importante assinalar que não apenas as *sentenças* desfavoráveis às pessoas indicadas no art. 1º do Decreto-Lei 779/1969, mas também os *acórdãos* proferidos em ações ajuizadas originariamente nos Tribunais, que seriam impugnados via recurso ordinário (art. 895, II, da CLT), estarão sujeitos ao reexame necessário.

Muito se discute sobre a natureza recursal do reexame necessário, mas, de qualquer forma, é imperioso lembrar que tal instituto não comporta apresentação de contrarrazões, tampouco de recurso adesivo.

Outro ponto que merece destaque é o entendimento que o TST solidificou na orientação jurisprudencial 334 da SDI 1, consignando que, nos casos em que o ente público não tenha interposto recurso ordinário voluntário, não poderá interpor recurso de revista contra a decisão do Tribunal que manter ou confirmar a sentença.

A exceção seria apenas no caso da decisão do Tribunal agravar a condenação do ente público, pois nessa hipótese haveria interesse recursal.

Dispõe a orientação jurisprudencial 334 da SDI 1 do TST:

> ORIENTAÇÃO JURISPRUDENCIAL 334 da SDI 1 do TST – REMESSA "EX OFFICIO". RECURSO DE REVISTA. INEXISTÊNCIA DE RECURSO ORDINÁRIO VOLUNTÁRIO DE ENTE PÚBLICO. INCABÍVEL
>
> Incabível recurso de revista de ente público que não interpôs recurso ordinário voluntário da decisão de primeira instância, ressalvada a hipótese de ter sido agravada, na segunda instância, a condenação imposta.

A respeito do tema, cabe destacar a súmula 303 do TST:

> SÚMULA 303 TST – FAZENDA PÚBLICA. DUPLO GRAU DE JURISDIÇÃO
>
> I – Em dissídio individual, está sujeita ao duplo grau de jurisdição, mesmo na vigência da CF/1988, decisão contrária à Fazenda Pública, salvo:
>
> a) quando a condenação não ultrapassar o valor correspondente a 60 (sessenta) salários mínimos;

b) quando a decisão estiver em consonância com decisão plenária do Supremo Tribunal Federal ou com súmula ou orientação jurisprudencial do Tribunal Superior do Trabalho.

II – Em ação rescisória, a decisão proferida pelo juízo de primeiro grau está sujeita ao duplo grau de jurisdição obrigatório quando desfavorável ao ente público, exceto nas hipóteses das alíneas "a" e "b" do inciso anterior.

III – Em mandado de segurança, somente cabe remessa "ex officio" se, na relação processual, figurar pessoa jurídica de direito público como parte prejudicada pela concessão da ordem. Tal situação não ocorre na hipótese de figurar no feito como impetrante e terceiro interessado pessoa de direito privado, ressalvada a hipótese de matéria administrativa.

7. EXECUÇÃO

7.1. Introdução

As sentenças na esfera laboral estão sujeitas a fase de execução, diferentemente do processo comum em que se tem a fase de cumprimento da sentença.

Na fase de conhecimento, nas lacunas da norma consolidada, aplicamos o Código de Processo Civil, em conformidade com o art. 769 da CLT. Na fase de execução a aplicação é diversa. Isso porque, em primeiro plano, devemos aplicar a CLT; havendo omissão da norma consolidada aplica-se a Lei 5.584/1970; persistindo a omissão, aplicaremos a lei de execução fiscal (Lei 6.830/1980); sendo esta também omissa, aplicar-se-á por último o CPC.

A fase de execução é composta por 3 (três) partes: a fase de quantificação, a fase de constrição e a fase de expropriação.

A fase de quantificação consiste em fixar o montante da obrigação devida pelo devedor ao credor. Em outras palavras, significa tornar líquido o *quantum* a ser executado.

A fase de constrição indica que, tornado líquido o *quantum* devido, o devedor será intimado para satisfazer a obrigação no prazo de 48 (quarenta e oito) horas. Vencido esse prazo, o devedor está sujeito a ter seus bens penhorados. Serão penhorados tantos bens quanto bastarem para a garantia da obrigação.

Por último temos a fase da expropriação, que visa à alienação dos bens penhorados por meio da praça ou leilão, para a satisfação do crédito do exequente.

7.2. Legitimidade

7.2.1. Legitimidade ativa

A legitimidade ativa vem disposta no art. 878 da CLT, segundo o qual o juiz do trabalho poderá, de ofício, dar início à execução trabalhista de um trabalhador. Poderá também ser promovido por qualquer interessado, ou seja, os legitimados elencados no art. 778, § 1º, do CPC/2015. Por fim, o Ministério Público do Trabalho possui legitimidade nas causas em que atuou como parte no processo de conhecimento.

7.2.2. Legitimidade passiva

Poderá figurar no polo passivo da execução tanto empregador, o que é mais comum, como empregado, por exemplo, nas hipóteses em que este causou dano ao seu empregador.

Podem figurar como sujeito passivo na execução o espólio, herdeiros e sucessores, fiador, o novo devedor que assumiu a dívida, desde que com consentimento do credor, e o responsável tributário.

7.2.3. Desconsideração da personalidade jurídica

A teoria da desconsideração da personalidade jurídica, também conhecida como teoria da penetração, é utilizada no processo do trabalho por aplicação subsidiária, permitida em razão da norma esculpida nos arts. 8º e 769 da CLT e, ainda, pelo princípio da alteridade.

O direito laboral não possui norma específica permitindo a aplicação da teoria da desconsideração da personalidade jurídica. Porém, o parágrafo único do art. 8º da CLT autoriza a aplicação subsidiária das normas do direito comum desde que haja ausência de norma específica e compatibilidade com os princípios trabalhistas.

Nesse sentido, o TST vem aplicando a desconsideração da personalidade jurídica com apoio no art. 28, § 5º, do Código de Defesa do Consumidor, segundo o qual a personalidade jurídica poderá ser desconsiderada sempre que for, de alguma forma, obstáculo ao ressarcimento de prejuízos causados aos consumidores.

Afirma-se que por ser a personalidade jurídica uma criação da lei concedida pelo Estado, que tem como objetivo a realização de um fim, nada mais lógico do que conferir ao Estado, por meio do órgão jurisdicional, a capacidade de verificar se esse direito está sendo utilizado de forma adequada e, não estando, atingir os responsáveis. Assim, a teoria deve ser utilizada para impedir a fraude ou abuso por meio da personalidade jurídica.

Dessa forma, a teoria da desconsideração da personalidade jurídica é aplicada de forma ampla quando for apurada a insuficiência do patrimônio da empresa para honrar as dívidas contraídas, independentemente de fraude ou simulação, ou seja, basta a insolvência da empresa para que o Estado-juiz autorize a execução dos bens dos sócios considerados individualmente de forma solidária e ilimitada até o pagamento integral dos créditos trabalhistas.

7.3. Títulos executivos

O processo do trabalho admite os seguintes títulos executivos:

7.3.1. Títulos executivos judiciais

a) sentenças ou acórdãos condenatórios transitados em julgado ou que tenham sido impugnados com recurso no efeito devolutivo;

b) decisões que homologam acordo entre as partes.

Cabe destacar que nos termos do art. 884, § 5º, da CLT é considerado inexigível o título judicial fundado em Lei ou ato normativo declarados inconstitucionais pelo Supremo Tribunal Federal ou em aplicação ou interpretação tidas por incompatíveis com a Constituição Federal.

7.3.2. Títulos executivos extrajudiciais

Os títulos executivos extrajudiciais são:

a) os termos de compromisso de ajuste de conduta com conteúdo obrigacional firmados perante o MPT;

b) os termos de conciliação celebrados perante a Comissão de Conciliação Prévia;

c) certidões da dívida ativa, decorrentes das multas aplicadas pelo MTE, de acordo com a redação do art. 114, VII, CF

7.4. Liquidação de sentença

Sendo a sentença ilíquida, deve ser realizada sua prévia liquidação, que, nos termos do art. 879, poderá ser feita por cálculos, por arbitramento e por artigos.

7.4.1. Liquidação por cálculos

A liquidação por cálculos será utilizada quando a determinação do valor da condenação depender de cálculos meramente aritméticos, ou seja, quando todos os elementos necessários para se chegar no valor devido já estiverem nos autos.

A liquidação por cálculos se iniciará com petição do credor, que a instruirá com a respectiva memória de cálculos devidamente atualizados dos valores que julgar devidos.

Nessa fase calculam-se, também, a correção monetária e os juros, esses últimos devidos a partir do ajuizamento da ação no importe de 1% ao mês, ou 12% ao ano, ainda que omisso o pedido na reclamação trabalhista ou na sentença, nos termos da súmula 211 do TST.

7.4.2. Liquidação por arbitramento

A liquidação será feita por arbitramento se determinado pela sentença, se convencionado pelas partes ou caso a natureza do objeto exigir, nos termos do art. 509, I, do CPC/2015.

Nessa modalidade de liquidação, as partes ou o próprio juiz designará um árbitro para que mensure os valores dos direitos assegurados ao exequente na sentença judicial.

De acordo com o art. 879, § 6º, da CLT, tratando-se de cálculos de liquidação complexos, o juiz poderá nomear perito para a elaboração e fixará, depois da conclusão do trabalho, o valor dos respectivos honorários com observância dos critérios de razoabilidade e proporcionalidade.

7.4.3. Liquidação pelo procedimento comum

O CPC/1973 denominava a atual liquidação pelo procedimento comum em "liquidação por artigos". Prevista no art. 509, II, do CPC/2015, será realizada a liquidação pelo procedimento comum sempre que houver a necessidade de provar fatos novos que servirão de base para apuração do valor devido ao credor.

Vale ressaltar que nessa modalidade de liquidação não é permitida a iniciativa do juiz *ex officio*.

Um exemplo clássico de liquidação por artigos é o caso da sentença que, embora reconheça o pedido de horas extras, não as quantifica.

Nesse caso, o exequente deverá apresentar uma petição inicial alegando os fatos a serem provados, sendo a parte contrária intimada para responder o pedido e posteriormente proferida uma sentença.

Nota-se que com a liquidação por artigos se inicia um novo processo, que será submetido ao procedimento ordinário, contando, inclusive, com a produção de provas.

7.5. Impugnação à sentença de liquidação

Elaborada a conta e tornada líquida, o Juiz *poderá* abrir às partes prazo sucessivo de 10 (dez) dias para impugnação fundamentada com a indicação dos itens e valores objeto da discordância, sob pena de preclusão.

Convém lembrar que esse prazo de 10 (dez) dias para impugnar a conta de liquidação não é obrigatório para as partes. Porém, a intimação do INSS é um dever por parte do juízo, conforme determina o art. 879, § 3º, da CLT.

Caso o juiz não abra às partes prazo para impugnação nos termos do dispositivo acima citado, a parte interessada apenas poderá impugnar a conta homologada na ocasião dos embargos à execução, art. 884, § 3º, da CLT.

Desta forma, nesse momento processual surge ao Juiz do Trabalho dois caminhos a serem trilhados. O primeiro deles consiste em, homologados os cálculos, abrir prazo sucessivo de 10 (dez) dias para que as partes apresentem impugnação, sob pena de preclusão. O outro caminho que o magistrado poderá adotar é a expedição do mandado de citação, penhora e avaliação, permitindo a apresentação de impugnação apenas na ocasião dos embargos à execução.

Vale dizer que a sentença de liquidação, para a doutrina dominante, possui natureza jurídica de decisão interlocutória, não ensejando a interposição de recursos, em face da previsão legal do art. 893, § 1º, da CLT, e tampouco permite o ajuizamento de ação rescisória.

7.6. Execução contra devedor solvente

A execução contra devedor solvente tem por objetivo expropriar bens do devedor, a fim de satisfazer o direito do credor.

Inicia-se com a expedição do mandado de citação, nos termos do art. 880 da CLT. Na fase de execução de sentença, diferentemente de como ocorre na fase de conhecimento, a citação deve ser pessoal, ou seja, deve ser realizada na pessoa do executado. Não basta a mera notificação (que pode ser entregue a qualquer funcionário da empresa), como ocorre na fase de conhecimento.

O executado será citado para no prazo de 48 (quarenta e oito) horas pagar a quantia devida. Não encontrado por duas vezes, far-se-á a citação por edital.

Nesse ponto, muito se discute sobre a possibilidade de aplicação do art. 523 do CPC/2015 que prevê uma multa de 10% caso o devedor não efetue o pagamento da condenação no prazo legal.

Por muito tempo o TRT da 3ª Região, Minas Gerais, considerou aplicável a referida multa, chegando a editar a súmula 30 entendendo aplicável a multa ao processo do trabalho. Contudo, a referida súmula foi cancelada em 17.07.2015. Já o TRT da 2ª Região por meio da súmula 31 entende ser inaplicável a referida multa ao processo do trabalho.

De forma geral, entendem os Tribunais que o processo do trabalho possui norma específica para a execução de título, não havendo omissão do texto consolidado, tampouco compatibilidade com os princípios trabalhistas.

Todavia, está sub *judice* no Tribunal Superior do Trabalho a possibilidade de imposição de multa pecuniária ao executado bem como a liberação de depósito em favor do exequente, na pendência de recurso, o que impede saber sobre a incidência no Processo do Trabalho das normas dos arts. 520 a 522 e § 1º do art. 523 do CPC/2015.

Caso o executado não pague a importância reclamada, poderá garantir a execução mediante depósito do valor, devidamente atualizado e acrescido das despesas processuais, ou, ainda, nomear bens à penhora, desde que observada a ordem preferencial estabelecida no art. 835 do CPC/2015.

Caso o devedor não pague, não nomeie bens ou não deposite o valor executado em juízo, garantindo-o, serão penhorados seus bens tantos quanto bastarem para a garantia da execução.

7.7. Execução de título executivo extrajudicial

No processo de conhecimento, ao ter reconhecido seu crédito e tornado líquido, deverá o credor promover a execução do julgado, nos termos dos arts. 880 e seguintes da CLT, denominada execução judicial.

Por outro lado, admite-se na seara trabalhista, em algumas hipóteses, que o credor promova a cobrança do seu crédito imediatamente, ou seja, sem a necessidade de um processo de conhecimento. Nesses casos, o credor poderá promover a execução de título executivo extrajudicial, que pressupõe processo autônomo, com citação do devedor para cumprimento da obrigação.

Parte da doutrina sustenta que as hipóteses previstas no art. 876 da CLT são meramente exemplificativas, pois não poderia o legislador excluir da competência da Justiça do Trabalho títulos legitimamente conhecidos pelo legislador no âmbito do Direito Civil, como o cheque, por exemplo. Nessa linha, para aqueles que advogam essa ideia, como a legislação trabalhista autoriza o pagamento de salários e verbas rescisórias através de cheques, que muitas vezes são devolvidos sem fundos, poderia o trabalhador, nesse caso, executar o título na Justiça do Trabalho.

Colocando um ponto final nessa discussão doutrinária e jurisprudencial o TST por meio do art. 13 da IN 39 entende que por aplicação supletiva do art. 784, I (art. 15 do CPC), o cheque e a nota promissória emitidos em reconhecimento de dívida inequivocamente de natureza trabalhista também são títulos extrajudiciais para efeito de execução perante a Justiça do Trabalho, na forma do art. 876 e ss. da CLT.

7.7.1. Processamento

Cabe destacar que, nos termos do art. 889 da CLT, aos trâmites e incidentes do processo da execução são aplicáveis, naquilo em que não violarem os princípios processuais trabalhistas, os preceitos que regem o processo de execução fiscal disposto na Lei 6.830/1980. O Código de Processo Civil será aplicado apenas na omissão da Lei de executivos fiscais.

A competência territorial será determinada de acordo com a regra estabelecida no art. 877-A da CLT, ou seja, pelo juiz que teria competência para o processo de conhecimento relativo à matéria.

Desta forma, nos termos do art. 6º da Lei 6.830/1980, a petição inicial deverá ser instruída com o título executivo extrajudicial, devendo indicar o Juiz a quem é dirigida, o pedido e, por último, o requerimento de citação do devedor, para, no prazo de 5 (cinco) dias, pagar a dívida ou garanti-la, sob pena de penhora.

Feita a citação, o devedor poderá adotar 4 condutas: a) efetuar o pagamento do valor executado; b) depositar em juízo o valor, informando que irá apresentar embargos à execução; c) oferecer bens à penhora para garantia do juízo e apresentar embargos; d) não efetuar o pagamento, nem garantir a dívida, hipótese em que se procederá à penhora.

Nas execuções de título executivo extrajudicial, o executado poderá alegar como matérias de defesa: nulidade da execução, por não ser executivo o título apresentado; penhora incorreta ou avaliação errônea; excesso de execução ou cumulação indevida de execuções; retenção por benfeitorias necessárias ou úteis, nos casos de título para entrega de coisa certa; ou qualquer matéria que lhe seria lícito deduzir como defesa em processo de conhecimento.

7.8. Penhora

Por não existirem normas expressas no texto consolidado, serão aplicadas as regras pertinentes ao processo civil.

A penhora deverá obedecer à regra de nomeação imposta no art. 835 do CPC/2015, podendo a parte impugnar aquela que não obedecer a essa ordem, nos exatos termos do art. 848, I, do CPC/2015.

Realizada a penhora, o exequente deverá ser intimado para manifestar sua concordância ou não com relação ao bem oferecido à penhora pelo próprio devedor ou penhorado por determinação judicial. A não aceitação deverá ser fundamentada.

7.8.1. Bens impenhoráveis

Nos termos do art. 833 do CPC/2015, são considerados absolutamente impenhoráveis:

a) os bens inalienáveis e os declarados, por ato voluntário, não sujeitos à execução;

b) os móveis, pertences e utilidades domésticas que guarnecem a residência do executado, salvo os de elevado valor ou que ultrapassem as necessidades comuns correspondentes a um médio padrão de vida;

c) os vestuários, bem como os pertences de uso pessoal do executado, salvo se de elevado valor;

d) os vencimentos, subsídios, soldos, salários, remunerações, proventos de aposentadoria, pensões, pecúlios e montepios; as quantias recebidas por liberalidade de terceiro e destinadas ao sustento do devedor e sua família, os ganhos de trabalhador autônomo e os honorários de profissional liberal;

e) os livros, as máquinas, as ferramentas, os utensílios, os instrumentos ou outros bens móveis necessários ou úteis ao exercício de qualquer profissão;

f) o seguro de vida;

g) os materiais necessários para obras em andamento, salvo se essas forem penhoradas;

h) a pequena propriedade rural, assim definida em lei, desde que trabalhada pela família;

i) os recursos públicos recebidos por instituições privadas para aplicação compulsória em educação, saúde ou assistência social;

j) até o limite de 40 (quarenta) salários mínimos, a quantia depositada em caderneta de poupança;

l) os recursos públicos do fundo partidário recebidos, nos termos da lei, por partido político.

Embora não estejam elencados no rol do art. 833 do CPC/2015, os bens públicos também são considerados absolutamente impenhoráveis.

Também são considerados impenhoráveis os bens de família previstos na Lei 8.009/1990.

No entanto, não serão considerados como bens de família: os veículos de transporte, as obras de arte e os adornos suntuosos. Isso porque esses bens são considerados como bens de ostentação, desnecessários para a sobrevivência da pessoa.

Dispõe o art. 834 do CPC/2015 que, na falta de outros bens, os frutos e rendimentos dos bens inalienáveis.

7.9. Execução contra Fazenda Pública

O CPC/2015 regula o cumprimento de sentença contra a Fazenda Pública nos arts. 534 e 535, e também a execução de título extrajudicial em seu art. 910.

A execução contra a Fazenda Pública possui diversas peculiaridades e por isso não é processada da mesma forma que a execução contra as pessoas físicas ou jurídicas de direito privado.

Isso porque os bens da Fazenda Pública são impenhoráveis. Daí decorre que a Fazenda Pública não é intimada para garantir o juízo, mas sim para apresentar embargos à execução.

No termo "Fazenda Pública" devemos lembrar que estão compreendidos: a União, Estados, Distrito Federal, Municípios, autarquias e as fundações públicas. As sociedades de economia mista e as empresas públicas estão excluídas do conceito de Fazenda Pública.

Como vimos, os bens da Fazenda Pública são impenhoráveis. Assim, transitada em julgado a sentença condenatória, não haverá citação para pagamento ou garantia à execução, mas sim para oferecimento de embargos à execução no prazo de 30 dias, nos termos do art. 535 do CPC/2015.

Em se tratando de processo de execução de *título extrajudicial*, a execução se dará nos termos dos art. 910 do CPC/2015, que prevê prazo de 30 dias para que a Fazenda Pública apresente embargos à execução, hipótese em que poderá alegar qualquer matéria que lhe seria lícito deduzir como defesa no processo de conhecimento, em conformidade com o § 2º do art. 910 do CPC/2015. Ademais, determina o § 3º do citado dispositivo que aplica-se à execução contra a Fazenda Pública o disposto nos arts. 534 e 535 do CPC/2015.

Em se tratando de *título judicial*, na Justiça do Trabalho o processo contra a Fazenda Pública se processa pelas disposições contidas na CLT até a fixação do valor devido, aplicando-se o art. 879 da CLT. Uma vez homologado os cálculos, seguirá a execução pelo rito especial, aplicando-se no que couber, os arts. 534 e 535 do CPC/2015.

Portanto, nesse caso nos embargos à execução a Fazenda Pública poderá sustentar as matérias elencadas no art. 535 do CPC/2015, que assim dispõe:

> *Art. 535. A Fazenda Pública será intimada na pessoa de seu representante judicial, por carga, remessa ou meio eletrônico, para, querendo, no prazo de 30 (trinta) dias e nos próprios autos, impugnar a execução, podendo arguir:*
>
> *I – falta ou nulidade da citação se, na fase de conhecimento, o processo correu à revelia;*
>
> *II – ilegitimidade de parte;*
>
> *III – inexequibilidade do título ou inexigibilidade da obrigação;*
>
> *IV – excesso de execução ou cumulação indevida de execuções;*
>
> *V – incompetência absoluta ou relativa do juízo da execução;*
>
> *VI – qualquer causa modificativa ou extintiva da obrigação, como pagamento, novação, compensação, transação ou prescrição, desde que supervenientes ao trânsito em julgado da sentença.*
>
> *§ 1º A alegação de impedimento ou suspeição observará o disposto nos arts. 146 e 148.*
>
> *§ 2º Quando se alegar que o exequente, em excesso de execução, pleiteia quantia superior à resultante do título, cumprirá à executada declarar de imediato o valor que entende correto, sob pena de não conhecimento da arguição.*

7.9.1. Precatório

Proferida a sentença na fase de conhecimento e exaurido o prazo recursal, duas regras deverão ser observadas, nos termos do art. 910, § 1º, do CPC/2015.

a) o juiz irá requisitar a expedição do precatório para pagamento por intermédio do Presidente do tribunal;

b) o pagamento será realizado na ordem de apresentação do precatório, art. 100 CF.

No entanto, caso o ente público apresente embargos à execução e encerrada a instrução, o juiz proferirá a sentença que, ainda que seja desfavorável, no todo ou em parte, ao ente público, não haverá que se falar em recurso de ofício (reexame necessário), tendo em vista que essa é uma prerrogativa do processo de conhecimento. A sentença que julgar os embargos à execução desafia a interposição de agravo de petição que, por se tratar de Fazenda Pública, terá o prazo em dobro, em razão da norma esculpida no art. 1º do Decreto-Lei 779/1969.

Ultrapassada essa fase, transitada em julgado a decisão, o juiz irá requisitar, por intermédio do Presidente do tribunal, à autoridade competente o pagamento do valor da dívida fixada na sentença.

Essa requisição é feita por meio do precatório, que, nas lições de Renato Saraiva (*Curso de Direito Processual do Trabalho*. 4. ed. São Paulo: Método, 2007. p. 625), "consiste na requisição, feita pelo Poder Judiciário ao Poder Executivo respectivo, de numerário suficiente para arcar com as condenações impostas à Fazenda Pública mediante sentença judicial a qual não caiba mais recurso."

A CF/1988 trata dos precatórios no art. 100 e seus parágrafos:

> **Art. 100.** Os pagamentos devidos pelas Fazendas Públicas Federal, Estaduais, Distrital e Municipais, em virtude de sentença judiciária, far-se-ão exclusivamente na ordem cronológica de apresentação dos precatórios e à conta dos créditos respectivos, proibida a designação de casos ou de pessoas nas dotações orçamentárias e nos créditos adicionais abertos para este fim.
>
> § 1º Os débitos de natureza alimentícia compreendem aqueles decorrentes de salários, vencimentos, proventos, pensões e suas complementações, benefícios previdenciários e indenizações por morte ou por invalidez, fundadas em responsabilidade civil, em virtude de sentença judicial transitada em julgado, e serão pagos com preferência sobre todos os demais débitos, exceto sobre aqueles referidos no § 2º deste artigo.
>
> § 2º Os débitos de natureza alimentícia cujos titulares tenham 60 (sessenta) anos de idade ou mais na data de expedição do precatório, ou sejam portadores de doença grave, definidos na forma da lei, serão pagos com preferência sobre todos os demais débitos, até o valor equivalente ao triplo do fixado em lei para os

fins do disposto no § 3º deste artigo, admitido o fracionamento para essa finalidade, sendo que o restante será pago na ordem cronológica de apresentação do precatório.

§ 3º O disposto no caput deste artigo relativamente à expedição de precatórios não se aplica aos pagamentos de obrigações definidas em leis como de pequeno valor que as Fazendas referidas devam fazer em virtude de sentença judicial transitada em julgado.

§ 4º Para os fins do disposto no § 3º, poderão ser fixados, por leis próprias, valores distintos às entidades de direito público, segundo as diferentes capacidades econômicas, sendo o mínimo igual ao valor do maior benefício do regime geral de previdência social.

§ 5º É obrigatória a inclusão, no orçamento das entidades de direito público, de verba necessária ao pagamento de seus débitos, oriundos de sentenças transitadas em julgado, constantes de precatórios judiciários apresentados até 1º de julho, fazendo-se o pagamento até o final do exercício seguinte, quando terão seus valores atualizados monetariamente.

§ 6º As dotações orçamentárias e os créditos abertos serão consignados diretamente ao Poder Judiciário, cabendo ao Presidente do Tribunal que proferir a decisão exequenda determinar o pagamento integral e autorizar, a requerimento do credor e exclusivamente para os casos de preterimento de seu direito de precedência ou de não alocação orçamentária do valor necessário à satisfação do seu débito, o sequestro da quantia respectiva.

§ 7º O Presidente do Tribunal competente que, por ato comissivo ou omissivo, retardar ou tentar frustrar a liquidação regular de precatórios incorrerá em crime de responsabilidade e responderá, também, perante o Conselho Nacional de Justiça.

§ 8º É vedada a expedição de precatórios complementares ou suplementares de valor pago, bem como o fracionamento, repartição ou quebra do valor da execução para fins de enquadramento de parcela do total ao que dispõe o § 3º deste artigo.

§ 9º No momento da expedição dos precatórios, independentemente de regulamentação, deles deverá ser abatido, a título de compensação, valor correspondente aos débitos líquidos e certos, inscritos ou não em dívida ativa e constituídos contra o credor original pela Fazenda Pública devedora, incluídas parcelas vincendas de parcelamentos, ressalvados aqueles cuja execução esteja suspensa em virtude de contestação administrativa ou judicial.

§ 10. Antes da expedição dos precatórios, o Tribunal solicitará à Fazenda Pública devedora, para resposta em até 30 (trinta) dias, sob pena de perda do direito de abatimento, informação sobre os débitos que preencham as condições estabelecidas no § 9º, para os fins nele previstos.

§ 11. É facultada ao credor, conforme estabelecido em lei da entidade federativa devedora, a entrega de créditos em precatórios para compra de imóveis públicos do respectivo ente federado.

§ 12. A partir da promulgação desta Emenda Constitucional, a atualização de valores de requisitórios, após sua expedição, até o efetivo pagamento, independentemente de sua natureza, será feita pelo índice oficial de remuneração básica da caderneta de poupança, e, para fins de compensação da mora, incidirão juros simples no mesmo percentual de juros incidentes sobre a caderneta de poupança, ficando excluída a incidência de juros compensatórios.

§ 13. O credor poderá ceder, total ou parcialmente, seus créditos em precatórios a terceiros, independentemente da concordância do devedor, não se aplicando ao cessionário o disposto nos §§ 2º e 3º.

§ 14. A cessão de precatórios somente produzirá efeitos após comunicação, por meio de petição protocolizada, ao tribunal de origem e à entidade devedora.

§ 15. Sem prejuízo do disposto neste artigo, lei complementar a esta Constituição Federal poderá estabelecer regime especial para pagamento de crédito de precatórios de Estados, Distrito Federal e Municípios, dispondo sobre vinculações à receita corrente líquida e forma e prazo de liquidação.

§ 16. A seu critério exclusivo e na forma de lei, a União poderá assumir débitos, oriundos de precatórios, de Estados, Distrito Federal e Municípios, refinanciando-os diretamente.

*OBS: no julgamento das ADIs 4357, 4425, 4400 e 4372 o STF declarou a inconstitucionalidade de alguns parágrafos do dispositivo supracitado. Indicamos ao leitor o estudo das decisões das ADIs indicadas no *site* do Supremo Tribunal.

Assim, os pagamentos serão feitos em ordem cronológica de apresentação dos precatórios. Feito o precatório, o juiz da vara remeterá ao Presidente do Tribunal Regional onde será autuado e receberá um número.

Após o exame das regularidades formais, o Presidente do TRT expedirá o precatório ao ente público para que seja providenciada a inclusão no orçamento de numerário suficientes para pagamento. Importante lembrar que os precatórios apresentados até o dia 1º de julho serão relacionados para pagamento dentro no exercício financeiro seguinte, sendo os valores atualizados monetariamente.

Havendo descumprimento da ordem cronológica, poderá a parte fazer o pedido de sequestro da quantia. Nessa linha, destaca-se a orientação jurisprudencial 13 do Tribunal Pleno do TST:

> ORIENTAÇÃO JURISPRUDENCIAL 13 DO TRIBUNAL PLENO – PRECATÓRIO. QUEBRA DA ORDEM DE PRECEDÊNCIA. NÃO DEMONSTRAÇÃO DA POSIÇÃO DO EXEQUENTE NA ORDEM CRONOLÓGICA. SEQUESTRO INDEVIDO
>
> É indevido o sequestro de verbas públicas quando o exequente/requerente não se encontra em primeiro lugar na lista de ordem cronológica para pagamento de precatórios ou quando não demonstrada essa condição.

7.9.2. *Débitos de pequeno valor*

Em se tratando de créditos de pequeno valor, o juiz poderá requisitar o pagamento diretamente à autoridade citada no processo de execução, ou seja, sem a necessidade de expedição de precatório, conforme art. 100, § 3º, da CF.

Nos termos do art. 87 do ADCT, serão considerados créditos de pequeno valor os seguintes:

> **Art. 87.** Para efeito do que dispõem o § 3º do art. 100 da Constituição Federal e o art. 78 deste Ato das Disposições Constitucionais Transitórias serão considerados de pequeno valor, até que se dê a publicação oficial das respectivas leis definidoras pelos entes da Federação, observado o disposto no § 4º do art. 100 da Constituição Federal, os débitos ou obrigações consignados em precatório judiciário, que tenham valor igual ou inferior a:
>
> I – quarenta salários mínimos, perante a Fazenda dos Estados e do Distrito Federal;
>
> II – trinta salários mínimos, perante a Fazenda dos Municípios.

Embora o art. 87 do ADCT não faça referência aos créditos de pequeno valor da União, o art. 17, § 1º, da Lei 10.259/2001 estabelece como de pequeno valor a dívida que não ultrapassar 60 salários mínimos.

Assim, teríamos a seguinte tabela:

a) União: 60 salários mínimos;

b) Estados e Distrito Federal: 40 salários mínimos;

c) Municípios: 30 salários mínimos.

Importante lembrar que as dívidas de pequeno valor, não submetidas ao regime dos precatórios, deverão ser pagas no prazo de 60 dias contados do ato de requisição da autoridade judicial, com fulcro no art. 17 da Lei 10.259/2001, aplicada analogicamente aos débitos dos Estados, Distrito Federal e Municípios. Não sendo atendida a requisição, o juiz deve determinar o sequestro do valor suficiente ao cumprimento da decisão, nos termos do art. 17, § 2º, da Lei 10.259/2001.

Por fim, importante destacar a Orientação Jurisprudencial 9 do Pleno do TST:

> ORIENTAÇÃO JURISPRUDENCIAL 9 DO TRIBUNAL PLENO – PRECATÓRIO. PEQUENO VALOR. INDIVIDUALIZAÇÃO DO CRÉDITO APURADO. RECLAMAÇÃO TRABALHISTA PLÚRIMA. EXECUÇÃO DIRETA CONTRA A FAZENDA PÚBLICA. POSSIBILIDADE
>
> Tratando-se de reclamações trabalhistas plúrimas, a aferição do que vem a ser obrigação de pequeno valor, para efeito de dispensa de formação de precatório e aplicação do disposto no § 3º do art. 100 da CF/1988, deve ser realizada considerando-se os créditos de cada reclamante.

7.10. Embargos à execução

Os embargos à execução possuem natureza de ação de cognição incidental em que o executado/ réu requer a extinção total ou parcial da execução, atacando o próprio conteúdo do título.

7.10.1. Matérias arguíveis

As matérias arguíveis por meio dos embargos à execução estão elencadas no art. 884, § 1º, da CLT.

Contudo, esse rol não é exaustivo, aplicando-se subsidiariamente as matérias elencadas no art. 525, § 1º, do CPC/2015 e, ainda, aquelas matérias apontadas no art. 917 do CPC/2015.

Com relação à *prescrição intercorrente*, entendida como aquela que ocorre no curso do processo, temos que sua aplicação nos domínios do processo do trabalho não é pacífica. O TST por meio da súmula 114 entende não ser aplicável na Justiça do Trabalho, por conta do princípio protetor. Nesse sentido, no art. 2º, VIII, da IN 39 do TST que dispõe sobre as normas do Código de Processo Civil de 2015 aplicáveis e inaplicáveis ao Processo do Trabalho, de forma não exaustiva, entende não ser aplicável as regras dispostas nos arts. 921, §§ 4º e 5º e 924, V.

Contudo, em atenção à segurança jurídica o STF entende aplicável a prescrição intercorrente na Justiça do Trabalho. Vejamos:

> *SÚMULA 327 STF – O direito trabalhista admite a prescrição intercorrente.*

Desta forma, apesar do entendimento em sentido contrário do TST, com base no entendimento da Suprema Corte temos a possibilidade de se reconhecer a prescrição intercorrente na Justiça do Trabalho.

7.10.2. Processamento

Nos termos do art. 884 da CLT, os embargos à execução devem ser opostos no prazo de 5 (cinco) dias, contados da ciência da formalização da penhora. Assim, no processo do trabalho é condição *sine qua non* para a apresentação dos embargos à execução a prévia garantia do juízo, exceção feita à Fazenda Pública. Pela incompatibilidade entre os institutos e por possuir regra específica, pensamos não aplicável ao processo do trabalho a disposição contida no *caput* do art. 525 do CPC/2015 que admite, independentemente de penhora, que o executado apresente embargos à execução.

Os embargos à execução serão processados nos mesmos autos da execução, sendo recebidos com efeito suspensivo, nas lições de Renato Saraiva (**Curso de Direito Processual do Trabalho**. 4. ed. São Paulo: Método, 2007. p. 587). Assim, uma vez apresentados, a execução será imediatamente suspensa até o julgamento dos embargos.

No entanto, para o Professor Carlos Henrique Bezerra Leite (**Curso de Direito Processual do Trabalho**. 7. ed. São Paulo: LTr, 2009. p. 831 e 832) ensina: "Em linha de princípio, o recebimento da impugnação por simples despacho não implica a suspensão do processo. Para que o juiz possa emprestar efeito suspensivo à impugnação apresentada pelo devedor é preciso que o magistrado, valendo-se do seu poder geral de cautela, profira decisão interlocutória, fundamentando a existência de *fumus boni iuris* e *periculum in mora*."

Para essa corrente doutrinária, poderá o juiz, a requerimento do embargante, atribuir efeito suspensivo aos embargos quando, sendo relevantes seus fundamentos, o prosseguimento da execução manifestamente possa causar ao executado grave dano de difícil ou incerta reparação, e desde que a execução já esteja garantida por penhora, depósito ou caução suficientes.

Por fim, vale ressaltar que nos termos do art. 918 do CPC/2015, os embargos à execução poderão ser liminarmente indeferidos quando intempestivos, nos casos de indeferimento da petição inicial e de improcedência liminar do pedido, ou, ainda, quando manifestamente protelatórios.

7.11. Exceção de pré-executividade

Embora não esteja prevista em nosso ordenamento jurídico, admite-se na Justiça do Trabalho para questões processuais e para matérias que visem a invalidar o título executivo.

Deverá ser proposta entre a data da citação e antes da penhora, portanto não necessita da garantia do juízo. Sua propositura não suspende, tampouco interrompe, o prazo para oferecimento de bens à penhora pelo executado.

Sendo a execução rejeitada pelo juiz, não caberá recurso algum, por ser uma decisão interlocutória, podendo a matéria ser rediscutida em sede de embargos à execução. No entanto, se for acolhida a exceção, total ou parcialmente, a decisão será terminativa de feito, desafiando a interposição de agravo de petição.

7.12. Embargos de terceiro

Os embargos de terceiro encontram-se previstos nos arts. 674 a 681 do CPC/2015.

Podem ser opostos tanto no processo de conhecimento, antes do trânsito em julgado da sentença ou acórdão, como no processo de execução, até 5 (cinco) dias após a lavratura do termo de penhora com a assinatura do termo de compromisso. Sendo opostos, a execução será suspensa.

Os embargos de terceiros deverão ser distribuídos por dependência ao juízo do processo que originou o ato de constrição e por ele será apreciado.

Com relação aos embargos de terceiros realizados via carta precatória, poderão ser oferecidos tanto no juízo deprecante como no juízo deprecado, mas a competência para julgá-los é do juízo deprecante, salvo se versarem, unicamente, sobre vícios ou irregularidades da penhora, avaliação ou alienação dos bens, praticados pelo juízo deprecado, em que a competência será deste último, nos termos da súmula 419 do TST.

A decisão proferida nos embargos de terceiro poderá ser impugnada via agravo de petição nos termos do art. 897, "a", da CLT.

7.13. Atos de encerramento da execução

Devidamente julgados os embargos à execução, o procedimento executório seguirá para a arrematação dos bens eventualmente penhorados.

Assim, em observância ao princípio da publicidade, há necessidade de publicação do edital de praça e leilão, em jornal da localidade, com antecedência mínima de 20 (vinte) dias, devendo o devedor ser intimado, nos termos do art. 888da CLT.

A arrematação é a venda do bem penhorado realizada pelo Estado através da praça ou leilão àquele que oferecer maior lance, não se admitindo a venda por preço vil, entendido como aquele de valor desprezível, que não guarda sintonia com o valor constante no edital.

O arrematante deverá garantir seu lance com o sinal de 20% do valor do bem no prazo de 24 horas da arrematação, sob pena de perder esse valor em favor da execução.

Uma vez arrematado os bens penhorados e sendo suficientes para o pagamento da dívida, os valores serão repassados para o credor com o consequente encerramento da execução trabalhista.

8. AÇÕES ESPECIAIS

8.1. Ação rescisória

Disciplinada no art. 836 da CLT, com aplicação subsidiária dos arts. 966 a 975 do CPC/2015, em conformidade com a IN 39 TST em seu art. 3º, XXVI, a ação rescisória é uma ação que objetiva o desfazimento dos efeitos de sentença já transitada em julgado, tendo em vista a existência de vícios. Possui natureza de ação desconstitutiva ou constitutiva negativa.

O art. 836 da CLT, com a redação dada pela Lei 11.495/2007, determina que o autor da ação rescisória realize depósito prévio de 20% (vinte por cento) do valor da causa, salvo prova de sua miserabilidade.

8.1.1. Requisitos

Para a propositura da ação rescisória dois requisitos são necessários:

8.1.1.1. Sentença de mérito

Em regra, apenas a sentença de mérito pode ser objeto de ação rescisória, tendo em vista que apenas esta produz a coisa julgada material. Desta forma, as sentenças terminativas não poderão ser atacadas por essa via, na medida em que não produzem coisa julgada material. Nesse sentido é a Orientação Jurisprudencial 134 da SDI 2 do TST.

No entanto, a disciplina trazida pelo Novo CPC admite excepcionalmente ser rescindível a decisão transitada em julgado, embora não seja de mérito. Trata-se das hipóteses previstas no art. 966, § 2º, CPC/2015, que assim dispõe:

> Art. 966. A decisão de mérito, transitada em julgado, pode ser rescindida quando
>
> § 1º (...)
>
> § 2º. Nas hipóteses previstas nos incisos do *caput*, será rescindível a decisão transitada em julgado que, embora não seja de mérito, impeça:
>
> I – nova propositura da demanda; ou
>
> II – admissibilidade do recurso correspondente.

Também não poderão ser objeto de ação rescisória as sentenças normativas, em conformidade com a súmula 397 do TST.

8.1.1.2. Trânsito em julgado da decisão

A decisão deve ter transitado em julgado, ou seja, não poderá haver a possibilidade do manejo de recursos.

8.1.2. Hipóteses de cabimento

As hipóteses de cabimento estão elencadas de maneira exaustiva nos incisos do art. 966 do CPC/2015:

> Art. 966. A decisão de mérito, transitada em julgado, pode ser rescindida quando:
>
> I – se verificar que foi proferida por força de prevaricação, concussão ou corrupção do juiz;
>
> II – for proferida por juiz impedido ou por juízo absolutamente incompetente;
>
> III – resultar de dolo ou coação da parte vencedora em detrimento da parte vencida ou, ainda, de simulação ou colusão entre as partes, a fim de fraudar a lei;
>
> IV – ofender a coisa julgada;
>
> V – violar manifestamente norma jurídica;
>
> VI – for fundada em prova cuja falsidade tenha sido apurada em processo criminal ou venha a ser demonstrada na própria ação rescisória;
>
> VII – obtiver o autor, posteriormente ao trânsito em julgado, prova nova cuja existência ignorava ou de que não pôde fazer uso, capaz, por si só, de lhe assegurar pronunciamento favorável;
>
> VIII – for fundada em erro de fato verificável do exame dos autos.
>
> § 1º Há erro de fato quando a decisão rescindenda admitir fato inexistente ou quando considerar inexistente fato efetivamente ocorrido, sendo indispensável, em ambos os casos, que o fato não represente ponto controvertido sobre o qual o juiz deveria ter se pronunciado.

Nos domínios do processo do trabalho, o termo de conciliação previsto no parágrafo único do art. 831 da CLT somente poderá ser impugnado por ação rescisória, nos termos da súmula 259 do TST.

8.1.3. *Competência*

A competência funcional para o processamento da ação rescisória é do TRT quando a decisão rescindenda for de Juiz do Trabalho ou de acórdão do próprio Tribunal Regional do Trabalho.

A competência, todavia, será do TST para o processamento da ação rescisória quando a decisão rescindenda for do próprio TST.

8.1.4. *Prazo*

De acordo com o art. 975 do CPC/2015, o direito de propor ação rescisória se extingue em 2 (dois) anos, contados do trânsito em julgado da última decisão proferida no processo, seja essa decisão de mérito ou não. Trata-se de prazo decadencial. Sobre a contagem do prazo para a ação rescisória é importante a leitura da súmula 100 do TST.

Vale dizer que o relator mandará citar o réu, assinando-lhe prazo nunca inferior a 15 (quinze) dias nem superior a 30 (trinta), para responder aos termos da ação, art. 970 CPC/2015.

8.1.5. *Recurso*

Para as *ações rescisórias julgadas originariamente pelos Tribunais Regionais do Trabalho*, o recurso cabível é o recurso ordinário, com fundamento no art. 895, II, da CLT, no prazo de 8 (oito) dias, que será apreciado pelo Tribunal Superior do Trabalho.

Nesse sentido vale transcrever a súmula 158 do TST.

> SÚMULA 158 TST – AÇÃO RESCISÓRIA
>
> **Da decisão de Tribunal Regional do Trabalho, em ação rescisória, é cabível recurso ordinário para o Tribunal Superior do Trabalho, em face da organização judiciária trabalhista.**

Convém notar que o depósito recursal para o recurso ordinário somente será devido quando o pedido for julgado procedente e seja imposta condenação em pecúnia.

Nessa linha, em conformidade com a Instrução Normativa 3 do TST, que regulamenta o depósito recursal, julgada procedente a ação rescisória e imposta condenação em pecúnia, será exigido um único depósito recursal, até o limite da condenação, ou o novo valor corrigido, sendo dispensado novo depósito para os recursos subsequentes, salvo o depósito do agravo de instrumento, previsto no art. 899, § 7º, da CLT.

Já nas *ações rescisórias julgadas originariamente pelo Tribunal Superior do Trabalho* poderá haver a interposição de recurso de embargos de divergência, no prazo de 8 (oito) dias, nos termos do art. 894, II, da CLT. Caso não seja possível a interposição de embargos de divergência, poderá, eventualmente, interpor recurso extraordinário, no prazo de 15 (quinze) dias, para o Supremo Tribunal Federal, nos termos do art. 102, III, da CF.

Por último, importante trazer o posicionamento do TST consubstanciado no item II da súmula 219 do TST, com a redação dada pela resolução 174/2011:

> SÚMULA 219. HONORÁRIOS ADVOCATÍCIOS. HIPÓTESE DE CABIMENTO.
>
> **I – (...)**
>
> **II – É cabível a condenação ao pagamento de honorários advocatícios em ação rescisória no processo trabalhista.**
>
> **(...)**

8.2. Mandado de segurança

Disciplinado pela Lei 12.016/2009, trata-se de um remédio constitucional posto à disposição de toda pessoa física ou jurídica, ou mesmo órgão da administração pública com capacidade processual.

Conforme o art. 1º da Lei 12.016/2009, o mandado de segurança será concedido para proteger direito líquido e certo, não amparado por *habeas corpus* ou *habeas data*, sempre que, ilegalmente ou com abuso de poder, qualquer pessoa física ou jurídica sofrer violação ou houver justo receio de sofrê-la por parte de autoridade, seja de que categoria for e sejam quais forem as funções que exerça.

8.2.1. *Competência*

A competência será a da Justiça do Trabalho (art. 114, IV, da CF) quando o ato taxado de ilegal for proferido por autoridades da Justiça do Trabalho.

Com relação à competência funcional para o processamento do mandado de segurança, ela poderá ser do juiz do trabalho (1ª instância), do TRT (2ª instância) e, ainda, do TST (3ª instância).

Assim, serão da competência do juiz do trabalho os mandados de segurança impetrados contra ato praticado por autoridade fiscalizadora das relações de trabalho.

A competência funcional será do TRT sempre que a autoridade coatora for o Juiz da Vara do Trabalho, diretor da secretaria ou os demais funcionários, juiz de direito, nas hipóteses do art. 112 da CF, e, ainda, contra ato de juízes e funcionários do próprio TRT.

Por último, os mandados de segurança contra atos do Presidente do Tribunal Superior ou por qualquer dos Ministros serão da competência do TST.

8.2.2. *Hipóteses de cabimento e não cabimento*

8.2.2.1. *Hipóteses de cabimento*

Para a impetração do mandado de segurança é necessário que a parte demonstre, de plano, o direito líquido e certo violado e a ilegalidade ou abuso de poder praticados pela autoridade pública.

O mandado de segurança não admite a produção de provas, na medida em que os fatos devem ser provados de imediato, mediante prova documental. Isso significa que o direito líquido e certo é condição da ação para a impetração do mandado de segurança.

O ato taxado de ilegal deve ser de autoridade pública, entendida como tal os agentes da administração direta e indireta, assim como os membros e servidores do Poder Legislativo e Judiciário.

Vale lembrar as figuras equiparadas dispostas no § 1º do art. 1º da Lei 12.016/2009

(...)

"§ 1º Equiparam-se às autoridades, para os efeitos desta Lei, os representantes ou órgãos de partidos políticos e os administradores de entidades autárquicas, bem como os dirigentes de pessoas jurídicas ou as pessoas naturais no exercício de atribuições do poder público, somente no que disser respeito a essas atribuições."

Podemos apontar como principais hipóteses de cabimento de mandado de segurança na Justiça do Trabalho as seguintes:

a) deferimento de medida liminar em ação de reintegração e transferência ilegal (art. 659, IX e X, da CLT);

b) deferimento de tutela provisória (arts. 294 a 311 CPC/2015);

c) não admissão de agravo de instrumento no primeiro juízo de admissibilidade.

8.2.2.2. Hipóteses de não cabimento

O mandado de segurança não será concedido caso caiba recurso administrativo com efeito suspensivo, independentemente de caução. A lei exige o esgotamento da esfera administrativa como condição para o mandado de segurança.

Da mesma forma, não caberá mandado de segurança contra decisões judiciais contra as quais caiba recurso com efeito suspensivo.

Vale lembrar o entendimento disposto na Súmula 33 do TST que assim dispõe:

MANDADO DE SEGURANÇA. DECISÃO JUDICIAL TRANSITADA EM JULGADO

Não cabe mandado de segurança de decisão judicial transitada em julgado.

Nos termos da súmula 418 do TST, convém destacar que a concessão de liminar ou a homologação de acordo constituem faculdade do juiz, inexistindo direito líquido e certo tutelável pela via do mandado de segurança.

Por último, não será possível a impetração de mandado de segurança de decisão judicial transitada em julgado, por ser impugnável via ação rescisória, em conformidade com a súmula 33 do TST e súmula 268 do STF.

Sobre o tema, importante se faz a leitura da súmula 414 do TST.

SÚMULA 414 MANDADO DE SEGURANÇA. ANTECIPAÇÃO DE TUTELA (OU LIMINAR) CONCEDIDA ANTES OU NA SENTENÇA

I – A antecipação da tutela concedida na sentença não comporta impugnação pela via do mandado de segurança, por ser impugnável mediante recurso ordinário. A ação cautelar é o meio próprio para se obter efeito suspensivo a recurso.

II – No caso da tutela antecipada (ou liminar) ser concedida antes da sentença, cabe a impetração do mandado de segurança, em face da inexistência de recurso próprio.

III – A superveniência da sentença, nos autos originários, faz perder o objeto do mandado de segurança que impugnava a concessão da tutela antecipada (ou liminar).

8.2.3. Processamento

O direito de requerer mandado de segurança extinguir-se-á decorridos 120 (cento e vinte) dias, contados da ciência, pelo interessado, do ato impugnado taxado de ilegal ou abusivo (art. 23 da Lei 12.016/2009). Trata-se de prazo decadencial.

A petição inicial, que deverá preencher os requisitos estabelecidos pela lei processual, será apresentada em duas vias, com os documentos que instruírem a primeira reproduzidos na segunda, e indicará, além da autoridade coatora, a pessoa jurídica que esta integra, à qual se acha vinculada ou da qual exerce atribuições.

A inicial, que poderá conter pedido de liminar, será desde logo indeferida quando não for o caso de mandado de segurança (art. 10 da Lei 12.016/2009) ou lhe faltar algum dos requisitos legais ou quando decorrido o prazo legal para a impetração.

Concedida ou não a medida liminar, caberá agravo regimental, caso a impetração tenha ocorrido nos Tribunais.

Por meio da OJ 140 da SDI 2, com redação de maio de 2004, ou seja, pretérita à EC 45 que ocorreu em dezembro de 2004, o TST firmou entendimento de que é incabível mandado de segurança contra decisão que defere ou indefere liminar em outro mandado de segurança.

No entanto, de acordo com a EC 45/2004, o Juiz da vara do trabalho passou a ter competência para processar e julgar mandado de segurança. Nesse caso a decisão que deferir ou indeferir a liminar, por possuir cunho interlocutório, não desafia a interposição de recurso, podendo ser atacada via mandado de segurança. Nesse sentido são as lições de Carlos Henrique Bezerra Leite (**Curso de Direito Processual do Trabalho**. 7. ed. São Paulo: LTr, 2009. p. 1019).

A autoridade coatora será notificada, a fim de que, no prazo de 10 (dez) dias, preste as informações necessárias sobre o ato taxado de ilegal.

Expirado o prazo de 10 (dez) dias para prestação de informações, será ouvido o membro do Ministério Público do Trabalho e, em seguida, será colocado em julgamento.

Da sentença, denegando ou concedendo a segurança, caberá recurso ordinário para a instância superior.

8.3. Ação de consignação em pagamento

A ação de consignação em pagamento é a medida processual na qual o devedor demanda contra o credor objetivando o pagamento e o consequente reconhecimento judicial do adimplemento da obrigação.

Por não possuir previsão legal na CLT, aplica-se o direito processual civil, nos termos dos arts. 539 a 549 do CPC/2015.

8.3.1. Hipóteses de cabimento

A ação de consignação em pagamento será cabível nas hipóteses previstas no art. 335 do Código Civil.

Nos domínios do processo do trabalho, as hipóteses mais comuns de ação de consignação em pagamento são:

a) Dispensa com ou sem justa causa: hipótese em que o empregador encontra resistência do empregado em receber as verbas rescisórias;

b) Morte ou ausência do empregado: hipótese em que o empregador se vê na dúvida de quem são os legítimos herdeiros que deverão receber as verbas rescisórias do seu ex-empregado;

c) Empregado que se recusa a receber ou dar quitação: hipótese em que o empregado se recusa a receber de seu empregador determinados valores.

Poderão propor a ação o devedor, que poderá ser tanto o empregado como o empregador, ou o terceiro interessado no pagamento da dívida.

8.3.2. Consignação judicial e extrajudicial

O art. 539 do CPC/2015 aplicado subsidiariamente por força do art. 769 consolidado e 15 CPC/2015, disciplina duas modalidades de consignação em pagamento. A consignação extrajudicial e a consignação judicial.

8.3.2.1. Consignação em pagamento extrajudicial

Instituída pela Lei 8.951/1994, a consignação extrajudicial encontra-se disciplinada nos parágrafos do art. 539 CPC/2015.

Nas lições de Renato Saraiva (**Curso de Direito Processual do Trabalho**. 4. ed. São Paulo: Método, 2007. p. 781), a consignação extrajudicial "*consiste na realização do depósito da quantia devida, pelo devedor ou terceiro, em estabelecimento bancário oficial, nada obstando que o depósito seja realizado em bancos particulares, quando, na localidade onde deva ser adimplida a obrigação, não existam bancos oficiais (Banco do Brasil, CEF etc.)*".

Em outras palavras, trata-se de uma espécie de depósito bancário que envolve determinado valor em dinheiro para que o devedor se livre do vínculo jurídico existente entre ele e o credor da obrigação.

A utilização da consignação extrajudicial não é obrigatória. Trata-se de um modo alternativo para solução de conflitos, podendo a parte, caso assim queira, ingressar com a ação de consignação judicial, antes mesmo da consignação extrajudicial.

8.3.2.1.1. Processamento da consignação extrajudicial

O credor ou o terceiro deverá se dirigir até um estabelecimento bancário oficial, ou na sua falta em bancos particulares, e solicitar a abertura de uma conta específica para consignação do pagamento em nome do credor. Uma vez efetuado o depósito da importância entendida devida, será o credor cientificado, por meio de carta com aviso de recebimento, do referido depósito com o valor devidamente discriminado e corrigido monetariamente.

Nessa notificação será dado um prazo de 10 (dez) dias para sua manifestação. Nesse momento surgem ao credor 4 alternativas: a) levantar o depósito realizado, o que importará na aceitação do pagamento e a consequente extinção da obrigação; b) deixar transcorrer *in albis* o prazo para resposta, o que implicará a aceitação tácita do pagamento, com a consequente extinção da obrigação; c) responder por escrito recusando o levantamento do valor, hipótese em que o valor depositado ficará à disposição do devedor; ou d) realizar o levantamento do valor depositado e simultaneamente responder por escrito que o pagamento não é integral, mediante documento entregue à instituição depositária.

É importante chamar a atenção, porém, para o fato de que a consignação extrajudicial sofre por parte da doutrina e jurisprudência trabalhista uma enorme resistência em relação à sua aplicação na esfera laboral.

Isso porque os trabalhadores poderiam ter afetados seus direitos, na medida em que a eficácia liberatória concedida pelo § 2º do art. 890 é incompatível com o processo do trabalho.

Ademais, nos casos de empregados com mais de um ano de trabalho, a homologação da rescisão necessita da intervenção do sindicato, nos termos do art. 477, § 1º, da CLT, o que prejudicaria a via da consignação extrajudicial.

8.3.2.2. Consignação judicial

É a medida processual pela qual o autor/consignante requer que seja conhecido por sentença judicial o adimplemento de uma obrigação existente entre este e o réu/consignado.

8.3.2.2.1. Processamento

A ação de consignação deverá ser proposta observando-se a regra disposta no art. 651 da CLT, ou seja, local da última prestação de serviços, não se aplicando a norma contida no art. 540 do CPC/2015.

Nos termos do art. 542, I, CPC/2015, na petição inicial, o autor/consignante deverá requerer o depósito da quantia ou da coisa e realizá-lo no prazo de 5 (cinco) dias, contados do deferimento da medida. Não realizando o depósito nesse período, o processo será extinto sem resolução do mérito. Recomenda-se que, ao pedir o depósito da quantia, o consignante requeira que esse seja feito na conta vinculada do FGTS do obreiro.

Deverá o consignante especificar, de forma líquida e certa, cada parcela consignada na ação.

Uma vez realizado o depósito, o Juiz do Trabalho designará audiência notificando o consignado para levantar a quantia depositada ou oferecer resposta, nos termos do art. 542, II, do CPC/2015.

Caso o consignado levante a importância depositada, estará reconhecendo a procedência do pedido do consignante, extinguindo-se o processo com resolução do mérito (art. 487, III, *a*, do CPC/2015).

Não concordando com os valores depositados, o consignado apresentará qualquer modalidade de resposta: reconvenção, exceção ou contestação. Na contestação, sua resposta ficará restrita às matérias descritas no art. 544 do CPC/2015.

8.4. Inquérito judicial para apuração de falta grave

Previsto nos arts. 853 a 855 da CLT, o inquérito judicial para apuração de falta grave é uma ação ajuizada pelo empregador, objetivando a resolução do contrato de trabalho de seu empregado, que não pode ser despedido arbitrariamente por ser detentor de estabilidade, por cometimento de falta grave.

Determina o art. 494 da CLT que o empregado estável que cometer falta grave poderá ser suspenso de suas atividades, mas a dispensa apenas será válida após o processamento do inquérito judicial que apurará a prática daquela pelo empregado.

8.4.1. *Hipóteses de cabimento*

O inquérito judicial para apuração de falta grave se mostra necessário apenas nos seguintes casos de estabilidade provisória:

a) Dirigente sindical, nos termos do art. 8º, VIII, da CF e art. 543, § 3º, da CLT;

b) Empregados eleitos membros de comissão de conciliação prévia, nos termos do art. 625-B, § 1º, da CLT;

c) Empregados membros do Conselho Nacional de Previdência Social – CNPS, nos termos do art. 3º, § 7º, da Lei 8.213/1991;

d) Empregados eleitos diretores de sociedades cooperativas, nos termos do art. 55 da Lei 5.764/1971.

Cabe lembrar que os casos de falta grave estão elencados no art. 482 da CLT, quais sejam: ato de improbidade; incontinência de conduta ou mau procedimento; desídia no desempenho das respectivas funções; embriaguez habitual ou em serviço; violação de segredo da empresa; ato de indisciplina ou de insubordinação; e abandono de emprego, dentre outras condutas.

Pela própria redação do art. 494 da CLT, a suspensão do empregado acusado de falta grave é faculdade do empregador. Por esta razão, o inquérito deverá ser proposto no prazo decadencial de 30 (trinta) dias, contados da data da suspensão ou do cometimento da falta grave.

Determina o art. 495 da CLT que, se não for reconhecida a existência de falta grave, o empregador será obrigado a reintegrar o empregado no serviço e a pagar-lhe os salários a que teria direito no período da suspensão. Todavia, comprovada a prática da falta grave pelo empregado, o contrato será considerado rompido desde a data da suspensão do empregado.

No entanto, sendo desaconselhável a reintegração do empregado, devido à incompatibilidade entre os litigantes, poderá o juiz converter a reintegração em indenização dobrada em favor do empregado, nos termos dos arts. 496 e 497 da CLT.

O inquérito para apuração de falta grave deverá ser proposto perante a Vara do Trabalho ou Juiz de Direito, nas hipóteses do art. 112 da CF, podendo a parte indicar até 6 (seis) testemunhas.

8.5. Ação de cumprimento

Disposta no art. 872 da CLT, a ação de cumprimento é o meio processual que visa ao cumprimento das normas estabelecidas em sentença normativa, convenção ou acordo coletivo.

Como sabemos, acordo coletivo de trabalho é o pacto entre uma ou mais empresas com o sindicato da categoria profissional, em que são estabelecidas condições de trabalho, aplicáveis às empresas envolvidas. Convenção coletiva de trabalho é o acordo de caráter normativo, entre um ou mais sindicatos de empregados e de empregadores, de modo a definir condições de trabalho que deverão ser observadas em relação a todos os trabalhadores dessas categorias. Ambos possuem prazo máximo de duração de 2 (dois) anos.

Desta forma, não sendo observadas as condições de trabalho estabelecidas no instrumento, surge o interesse na propositura da ação de cumprimento.

Sentença normativa é a decisão proferida em dissídio coletivo que estabelece normas gerais e abstratas de conduta, de observância obrigatória para as categorias profissionais e econômicas abrangidas pela decisão (poder normativo da Justiça do Trabalho). Não possui conteúdo condenatório, uma vez que apenas estabelece direitos a serem concedidos que, caso não cumpridos, serão pleiteados via ação de cumprimento, nos termos do art. 872 da CLT.

A ação de cumprimento poderá ser proposta pelos próprios trabalhadores, hipótese em que é denominada ação individual de cumprimento (simples ou plúrima). Poderá, também, ser proposta pelo sindicato da categoria profissional, como substituto processual, quando é denominada ação coletiva de cumprimento.

Embora o texto consolidado do art. 872 estabeleça que para a propositura da ação de cumprimento é necessário o trânsito em julgado da decisão, a súmula 246 do TST ensina ser este dispensável para a propositura da ação.

A competência para processar e julgar a ação de cumprimento pertence às Varas do Trabalho, nos termos do art. 872, parágrafo único, da CLT e deverá ser distribuída no local da prestação dos serviços, em conformidade com o art. 651 da CLT.

A petição inicial deverá ser instruída com cópia da sentença normativa ou, em se tratando de ação de cumprimento de cláusulas de convenção ou acordo coletivo, com os respectivos instrumentos, sob pena de indeferimento da petição inicial.

8.6. Ação monitória

Criada pela Lei 9.079/1995, e prevista nos arts. 700 e ss. do CPC/2015, a ação monitória é admitida no processo do trabalho por força do art. 769 da CLT e art. 15 CPC/2015.

Dispõe o art. 700, *caput* e seus incisos do CPC/2015: A ação monitória compete aquele que afirmar, com base em prova escrita sem eficácia de título executivo, ter direito de exigir do devedor capaz, pagamento de quantia em dinheiro, entrega de coisa fungível ou infungível ou de determinado bem móvel ou imóvel ou, ainda, o adimplemento de obrigação de fazer ou de não fazer.

A competência material da ação monitória da Justiça do Trabalho será fixada caso o documento escrito emitido seja decorrente da relação de trabalho, nos termos do art. 114 da CF. Com relação à competência territorial, deve ser observada a regra do art. 651 da CLT, ou seja, o local da prestação de serviços.

Podemos citar como exemplo de ação monitória na Justiça do Trabalho a hipótese do termo de acordo extrajudicial firmado entre empregado e empregador. O acordo extrajudicial não está inserido no rol dos títulos executivos previstos no art. 876 da CLT e por essa razão não pode ser executado na Justiça do Trabalho. Assim, por não possuir eficácia executiva, o cumprimento do termo de acordo extrajudicial poderá ser exigido via ação monitória.

A ação monitória constitui uma via processual mais célere, que tem como objetivo antecipar a formação do título exequendo e agilizar a prestação jurisdicional, posta à disposição do credor que detém prova escrita, porém sem eficácia de título executivo. Contudo, é uma faculdade do credor que, não obstante preenchidos os requisitos do art. 700 do CPC/2015, poderá optar pelo procedimento comum, propondo uma reclamação trabalhista.

8.6.1. Processamento

A ação monitória deverá ser proposta na Vara do Trabalho ou perante o Juiz de Direito, nas hipóteses do art. 112 da CF.

O autor deverá instruir a petição inicial observando as regras do art. 840, § 1º, da CLT e arts. 319 do CPC/2015, observando também os parágrafos do art. 700 do CPC/2015, devendo obrigatoriamente juntar o título que não tem ou perdeu a eficácia executiva.

Apresentada a inicial, o Juiz do Trabalho poderá determinar ou não a expedição do mandado monitório. Caso o Juiz indefira de plano a petição inicial, caberá recurso ordinário, com base no art. 895, I, da CLT, no prazo de 8 (oito) dias.

Caso o Juiz opte pela expedição do mandado, registrará um prazo de 15 (quinze) dias para seu cumprimento, ou seja, pagamento do valor reclamado, entrega da coisa fungível ou do determinado bem.

Caso o réu satisfaça a obrigação, nos termos do art. 701, § 1º, do CPC/2015 ficará isento dos pagamentos de custas processuais e honorários advocatícios. Nesse caso, o processo será extinto com resolução do mérito.

Por outro lado, poderá o réu, sem prévia garantia do juízo, apresentar embargos monitórios que suspenderão a eficácia do mandado judicial. Nesse caso, deverá o Juiz do Trabalho designar audiência de conciliação e julgamento, em obediência ao princípio conciliatório.

Sendo rejeitados os embargos monitórios ou se não forem apresentados, o Juiz do Trabalho proferirá sentença, reconhecendo a executoriedade do título.

9. TUTELA PROVISÓRIA

No processo do trabalho, por força do art. 769 da CLT e art. 15 do CPC/2015 e, ainda, conforme art. 3º, VI, da IN 39 do TST poderá o juiz conceder tutela provisória, com fundamento nos arts. 294 a 311 do CPC/2015.

9.1. Tutelas de urgência

O CPC/2015 prevê como espécies do gênero tutela provisória: a) tutela de urgência, que pode possuir natureza cautelar ou antecipada, de caráter antecedente ou incidente, calcada como o próprio nome sugere, na urgência e b) tutela de evidência, calcada não na urgência, mas na evidência, ou seja, maior probabilidade do direito do reclamante.

Essas medidas objetivam assegurar e/ou satisfazer, desde logo, a pretensão do autor, em outras palavras visam adiantar os efeitos da sentença.

As tutelas de urgência dependem de dois requisitos, quais sejam: probabilidade do direito e perigo de dano ou de risco ao resultado útil do processo, nos termos do art. 300 CPC/2015. Trata-se dos requisitos *fumus boni iuris* e *periculum in mora*.

A tutela de urgência pode ser concedida liminarmente ou após justificação prévia, nos termos do art. 300, § 2º, CPC/2015.

Para a concessão da tutela de urgência, poderá o juiz, conforme o caso, exigir caução real ou fidejussória idônea para ressarcir os danos que a outra parte possa vir a sofrer. A caução poderá ser dispensada se a parte economicamente hipossuficiente não puder oferecê-la.

9.1.1. Tutela antecipada

Trata-se de uma providência judicial que objetiva, antecipadamente, mediante o preenchimento de certos requisitos previstos em lei, a satisfação de um direito.

Assim, podemos dizer que trata-se de medida satisfativa que visa antecipar ao requerente, total ou parcialmente, os efeitos de sua pretensão final.

A tutela antecipada poderá ser incidental, quando requerida no curso de um processo ou antecedente, requerida antes de ser pedida a tutela final, ou seja, seu pedido final.

A apresentação do tutela antecipada incidental será feito por simples petição nos autos do processo em trâmite, dirigido ao juiz da causa, independentemente do pagamento de custas. Na petição deverá a parte interessada preencher os requisitos previstos no art. 300 CPC/2015 acima estudados.

Em se tratando de tutela antecipada antecedente, deverá ser requerida ao juízo competente para conhecer do pedido principal, nos termos do art. 299 CPC/2015 e seguirá as disposições contidas nos arts. 303 e 304 do CPC/2015.

9.1.1.1. Procedimento da tutela antecipada requerida em caráter antecedente

Nos casos em que a urgência for anterior à propositura da ação, a parte interessada elaborará seu pedido limitando-se ao requerimento da tutela antecipada, indicando, ainda, o pedido final de sua tutela, expondo as razões de seu direito que busca realizar, bem como do perigo de dano ou do risco ao resultado útil do processo.

Apresentada a petição e regularmente distribuída, o juiz poderá adotar dois caminhos. Caso entenda que não há elementos para a concessão de tutela antecipada, determinará a emenda da petição inicial em até 5 (cinco) dias, sob pena de ser indeferida, sendo o processo extinto sem resolução de mérito.

No entanto, caso entenda presentes os requisitos e conceda a tutela antecipada, o juiz ordenará ao autor que, no prazo de 15 (quinze) dias ou em outro prazo maior que o juiz fixar, adite a petição inicial, com a complementação de sua argumentação, a juntada de novos documentos e a confirmação do pedido de tutela final, sob pena de o processo ser extinto sem resolução do mérito.

Esse aditamento será feito no mesmo processo, não em autos apartados, não existindo a necessidade de novo pagamento de custas processuais.

Realizado o aditamento, o réu será notificado e intimado para a audiência de conciliação, nos termos do art. 841 da CLT. Não havendo acordo, será concedido prazo para apresentação de contestação.

A concessão da tutela antecipada possui natureza interlocutória e sendo assim, face ao disposto no art. 893, § 1º, da CLT não comportará a interposição de recurso, sendo permitido à parte a impetração de mandado de Segurança. No entanto, se a tutela antecipada for concedida na sentença, caberá a parte interessada interpor recurso ordinário.

Nesse sentido, ensina a súmula 414 do TST:

SUM-414 MANDADO DE SEGURANÇA. ANTECIPAÇÃO DE TUTELA (OU LIMINAR) CONCEDIDA ANTES OU NA SENTENÇA

I – A antecipação da tutela concedida na sentença não comporta impugnação pela via do mandado de segurança, por ser impugnável mediante recurso ordinário. A ação cautelar é o meio próprio para se obter efeito suspensivo a recurso.

II – No caso da tutela antecipada (ou liminar) ser concedida antes da sentença, cabe a impetração do mandado de segurança, em face da inexistência de recurso próprio.

III – A superveniência da sentença, nos autos originários, faz perder o objeto do mandado de segurança que impugnava a concessão da tutela antecipada (ou liminar).

Caso assim não proceda, o requerido sofrerá uma severa consequência, qual seja, o processo será extinto e a tutela concedida em caráter provisório tornar-se-á definitiva. Nesse caso, poderá a parte interessada pedir sua revisão no prazo de 2 anos, por meio de uma ação revisional, art. 304, § 5º, CPC/2015. Ultrapassado esse período a tutela não poderá ser revisada, tornando-se soberana.

Contudo, após esse lapso temporal de 2 anos, sustenta a doutrina de Mauro Shiavi (*Manual de direito processual do trabalho* -. 10ª edição de acordo com o Novo CPC -. São Paulo: LTr, 2016), embora não faça coisa julgada (art. 304, § 6º, CPC/2015) não se descarta a possibilidade de ação rescisória.

Contudo, Luiz Guilherme Marinoni Sergio Cruz Arenhart e Daniel Mitidiero (*Novo Código de Processo Civil Comentado*, São Paulo, RT, 2015) sustentam, em outras palavras, que a estabilização da tutela antecipada antecedente não é capaz de fazer coisa julgada, característica dos procedimentos de cognição exauriente. Vencidos os 2 anos da ação revisional, continuará sendo possível o exaurimento da cognição até que os prazos de decadência e prescrição operem sobre a esfera jurídica das partes.

A tutela antecipada conservará seus efeitos enquanto não revista, reformada ou invalidada por decisão de mérito proferida na ação de revisão.

9.1.2. Tutela cautelar

A tutela cautelar, denominada como ação cautelar no antigo Código de Processo Civil, é tratada pela nova legislação processual civil como espécie do gênero tutelas provisórias de urgência.

Trata-se de uma providência judicial que visa prevenir, conservar, defender ou assegurar a eficácia de um direito. Não objetiva a satisfação de um direito, como é o caso da tutela antecipada.

A tutela cautelar pressupõe a existência de outro pedido, denominado "pedido principal". Assim, as tutelas cautelares podem ser antecedentes, quando intentadas antes da propositura da ação principal, ou incidentais, quando requeridas depois de ajuizada a ação principal, nos termos do art. 294, parágrafo único, do CPC/2015.

Portanto, o CPC/2015 retirou o processo cautelar autônomo, inserindo a tutela cautelar como espécie de tutela de urgência, que é tratada, especificamente, em seus 300 a 302 e 305 a 310.

Pelo sistema do atual CPC não há necessidade de um processo autônomo. Em se tratando de tutela de urgência incidental, basta que a parte interessada apresente no processo que já está em curso uma petição apontando os requisitos e solicitando uma medida de urgência, art. 301 CPC/2015, sem necessidade de pagamento de custas ou juntada de cópias. Em se tratando de tutela cautelar preparatória ou antecedente, deverá ser requerida ao juízo competente para conhecer do pedido principal, nos termos do art. 299 CPC/2015 e seguirá as disposições contidas nos arts. 305 a 310 do CPC/2015.

9.1.2.1. Procedimento da tutela cautelar requerida em caráter antecedente

A ação cautelar por possuir rito especial não seguirá o procedimento previsto na CLT. Deverá seguir o procedimento previsto no Código de Processo Civil, a teor da IN TST 27/2005, que em seu art. 1º, ensina:

> **Art. 1º** As ações ajuizadas na Justiça do Trabalho tramitarão pelo rito ordinário ou sumaríssimo, conforme previsto na Consolidação das Leis do Trabalho, excepcionando-se, apenas, as que, por disciplina legal expressa, estejam sujeitas a rito especial, tais como o mandado de segurança, *habeas corpus, habeas data*, ação rescisória, ação cautelar e ação de consignação em pagamento.

A parte formulará pedido requerendo que se assegure/resguarde o bem da vida objeto do processo. A petição deverá indicar as razões de seu direito com a exposição sumária do direito que se objetiva assegurar, bem como o perigo de dano ou o risco ao resultado útil do processo. O pedido principal pode ser formulado conjuntamente com o pedido de tutela cautelar. Não se trata de obrigatoriedade como no caso de tutela antecipada.

Caso o Juiz entenda que o pedido tem natureza de tutela antecipada e não cautelar, observará o regramento disposto no art. 303 CPC/2015, ou seja, procedimento da tutela antecipada.

Apresentado o pedido de tutela cautelar e sendo ele indeferido, salvo se por motivo de reconhecimento de decadência ou de prescrição, poderá a parte formular o pedido principal.

Concedido o pedido cautelar, o réu será citado para, no prazo de 5 (cinco) dias, contestar o pedido e indicar as provas que pretende produzir. No entanto, caso o requerido não conteste o pedido, os fatos alegados pelo autor serão presumidos aceitos pelo réu como ocorridos, devendo o juiz decidir a questão em 5 (cinco) dias.

Uma vez contestado o pedido, observar-se-á o procedimento comum com apresentação de provas, se o Juiz entender necessário, e consequente prolação de decisão.

Uma vez concedida a tutela cautelar, deverá o autor, caso não tenha formulado o pedido principal na petição inaugural, formulá-lo no prazo de 30 (trinta) dias. O pedido será formulado nos mesmos autos, não estando sujeito ao adiantamento de novas custas processuais.

Apresentado o pedido principal, as partes serão intimadas para a audiência de conciliação, por seus advogados ou pessoalmente, sem necessidade de nova citação do réu.

Não havendo acordo, o juiz abrirá prazo de 15 dias para contestação.

A eficácia da tutela cautelar concedida em caráter antecedente será extinta em 3 situações:

I. caso o autor não deduza o pedido principal no prazo legal;

II. caso a tutela cautelar não seja efetivada dentro de 30 (trinta) dias; ou

III. se o juiz julgar improcedente o pedido principal formulado pelo autor ou extinguir o processo sem resolução de mérito.

Nesses casos, é vedado à parte renovar o pedido, salvo sob novo fundamento.

9.1.2.2. *Requisitos específicos*

De acordo com o art. 300 do CPC/2015 são requisitos para a concessão da tutela provisória cautelar: a probabilidade do direito e o perigo de dano ou o risco ao resultado útil do processo.

Trata-se da presença de *fumus boni iuris,* que consiste na probabilidade da existência do direito alegado, e do *periculum in mora,* ou seja, que a demora na prestação jurisdicional possa causar ao autor danos irreparáveis ou de difícil reparação.

9.1.2.3. *Espécies de medidas cautelares*

Dispõe o art. 301 CPC/2015:

> Art. 301. A tutela de urgência de natureza cautelar pode ser efetivada mediante arresto, sequestro, arrolamento de bens, registro de protesto contra alienação de bem e qualquer outra medida idônea para asseguração do direito.

Embora o atual CPC não traduza o que vem a ser e quando será adotada as espécies de cautelar especificadas no dispositivo estudado uma das medidas supra indicadas.

Desta forma, ensina o ilustre professor Cássio Scarpinella Bueno (*Manual de Direito Processual Civil: inteiramente estruturado à luz do novo CPC – Lei 13.105/2015*. São Paulo: Saraiva, 2015):

> *"E para o prezado leitor que quer saber o que está por trás dos nomes empregados pelo art. 301, não custa saciar a sua curiosidade, levando em conta o que, nessa perspectiva, sempre foi bem aceito pela doutrina e jurisprudência do CPC/1973, quanto às finalidades daquelas medidas: arresto é(era) medida que quererá salvaguardar o resultado útil do cumprimento de sentença ou do processo de execução em se tratando de obrigações de pagar dinheiro; sequestro tem (tinha) finalidade idêntica só que dizendo respeito a obrigações de entrega de coisa; arrolamento de bens é (era) medida destinada à identificação e à conservação de bens e protesto contra alienação de bens, a comunicação formal de uma determinada manifestação de vontade, aqui, a alienação patrimonial."*

Em suma, para a completa compreensão do art. 301 CPC/2015 deveremos nos socorrer das técnicas dispostas no CPC/1973.

9.1.2.3.1 *Arresto*

A medida cautelar de arresto consiste na apreensão judicial de bens do devedor, capazes de garantir o pagamento da dívida líquida e certa, devidamente demonstrada.

Nas lições do antigo CPC será possível o pedido de arresto:

a) quando o devedor sem domicílio certo intenta ausentar-se ou alienar os bens que possui, ou deixa de pagar a obrigação no prazo estipulado;

b) quando o devedor que tem domicílio se ausenta ou tenta ausentar-se furtivamente;

c) quando o devedor que tem domicílio, caindo em insolvência, aliena ou tenta alienar bens que possui; contrai ou tenta contrair dívidas extraordinárias; põe ou tenta pôr os seus bens em nome de terceiros; ou comete outro qualquer artifício fraudulento, a fim de frustrar a execução ou lesar credores;

d) quando o devedor, que possui bens de raiz, intenta aliená-los, hipotecá-los ou dá-los em anticrese, sem ficar com algum ou alguns, livres e desembargados, equivalentes às dívidas.

Nota-se que é essencial para a procedência do pedido de arresto que o credor demonstre a liquidez e certeza do débito.

Nos domínios do processo do trabalho, o Juiz do Trabalho não exigirá caução, em face da hipossuficiência do trabalhador e a consequente incompatibilidade com as normas processuais trabalhistas.

9.1.2.3.2 *Sequestro*

No arresto, estudado acima, como a execução está ligada a uma quantia, ou seja, um valor, não se objetiva a busca de um determinado bem, mas sim de quaisquer bens que garantam a dívida. Diferentemente, o sequestro presta-se à preservação de determinados e específicos bens, sobre os quais incidam o litígio e que estejam em risco.

Nessa linha, determinava o art. 822 do CPC/1973:

> **Art. 822.** O juiz, a requerimento da parte, pode decretar o sequestro:
>
> I – de bens móveis, semoventes ou imóveis, quando lhes for disputada a propriedade ou a posse, havendo fundado receio de rixas ou danificações;
>
> II – dos frutos e rendimentos do imóvel reivindicando, se o réu, depois de condenado por sentença ainda sujeita a recurso, os dissipar. (...)

9.2. Tutela da evidência

Disciplinada no art. 311 do CPC/2015, aplicável ao processo do trabalho, em conformidade com o art. 3º da IN 39 TST, a tutela de evidência será deferida pelo juiz independentemente da demonstração de perigo de dano ou de risco ao resultado útil do processo, como na tutela de urgência. Na tutela de evidência o interessado deverá demonstrar a maior probabilidade, ou seja, deverá demonstrar a verossimilhança, plausibilidade do seu direito.

De acordo com o citado dispositivo legal existem 4 hipóteses que a tutela de urgência será concedida, a saber:

I. ficar caracterizado o abuso do direito de defesa ou o manifesto propósito protelatório da parte;

II. sempre que as alegações de fato puderem ser comprovadas apenas documentalmente e houver tese firmada em julgamento de casos repetitivos ou em súmula vinculante;

III. quando se tratar de pedido reipersecutório fundado em prova documental adequada do contrato de depósito, caso em que será decretada a ordem de entrega do objeto custodiado, sob cominação de multa;

IV. a petição inicial for instruída com prova documental suficiente dos fatos constitutivos do direito do autor, a que o réu não oponha prova capaz de gerar dúvida razoável.

Importante, porém, ressaltar que em se tratando das hipóteses trazidas pelos incisos II e III, a tutela de evidência poderá ser deferida liminarmente, ou seja, antes e independentemente da oitiva da parte adversa.

9.3. Duração da tutela provisória

Por conta de sua provisoriedade, como o próprio nome sugere, a tutela provisória ora estudada, em qualquer uma de suas modalidades, pode ser revogada ou modificada a qualquer tempo.

No entanto, poderá ocorrer a perpetuação ou estabilização da tutela concedida, na hipótese já estudada prevista no art. 304 do CPC/2015.

10. REFLEXOS DO NOVO CÓDIGO DE PROCESSO CIVIL AO PROCESSO DO TRABALHO

Após 5 anos de trâmite, o PL 166/2010, de iniciativa do Senado Federal, foi sancionado em 16/03/2015, sendo publicada a Lei 13.105/2015, instituindo o Novo Código de Processo Civil, com *vacatio legis* de um ano a contar da data de sua publicação, que passou a vigorar a partir do dia 18.03.2016.

São 3 os principais objetivos do CPC/2015:

a) efetividade processual;

b) simplificação do processo e

c) melhoria na organicidade e coesão do sistema.

Podemos dizer que no CPC/2015 traz maior sintonia entre ele e o texto constitucional, até mesmo porque nosso Código de Processo Civil datava de 1973 e princípios que foram trazidos pela Constituição Federal de 1988 não eram tratados. Portanto, o CPC/2015 busca maior proximidade com a Constituição Federal, como por exemplo, a duração razoável do processo.

Como sabemos a CLT prevê em seu art. 769 que o processo comum será fonte subsidiária do processo do trabalho, devendo ser aplicado na omissão do texto consolidado, desde que haja compatibilidade com as normas e princípios que informam o processo do trabalho. Ademais, não podemos deixar de lado a Lei 5.584/1970 que dispõe sobre normas de Direito Processual do Trabalho e disciplina a concessão e prestação de assistência judiciária na Justiça do Trabalho.

Assim, se faz importante traçar algumas considerações a respeito dos principais reflexos do CPC/2015 ao processo do trabalho.

Vale ressaltar que em 15.03.2016 o TST editou a Instrução Normativa nº 39, que, de forma não exaustiva, dispõe sobre as normas do Código de Processo Civil de 2015 aplicáveis e inaplicáveis ao Processo do Trabalho.

Iremos tratar de 5 temas que julgamos relevantes

10.1. Principais temas de relevância para o Processo do Trabalho

10.1.1. Aplicação subsidiária e supletiva do CPC ao Processo do Trabalho

Como sabemos, a CLT e a Lei 5.584/1970 possuem regras que regulam o processo trabalhista.

Nessa linha, o art. 15 do CPC/2015 dispõe:

> **Art. 15.** Na ausência de normas que regulem processos eleitorais, trabalhistas ou administrativos, as disposições deste Código lhes serão aplicadas supletiva e subsidiariamente.

Referido dispositivo legal ensina, portanto, que o direito processual civil será fonte supletiva e subsidiária do processo trabalhista, na sua ausência de normas.

Cumpre diferenciar a aplicação supletiva e aplicação subsidiária. A primeira visa complementação da norma quando diante de regras especiais e incompletas. Temos aqui uma omissão parcial da norma. Já a aplicação subsidiária visa preencher uma lacuna, um espaço vazio na norma. Há, portanto uma omissão total da norma sobre determinada regra.

Todavia, para que se possa aplicar a regra supletiva ou subsidiariamente deverá existir compatibilidade entre os institutos, em conformidade com o art. 769 da CLT.

Não podemos dizer que o CPC/2015, que cuida de regras gerais de processo, mais especificadamente seu art. 15, revogou os arts. 769 e 889 da CLT, que são normas especiais de Direito Processual do Trabalho, na medida em que pelo princípio da especialidade das normas, a lei nova de caráter geral não revoga a anterior especial, devendo incidir a norma específica, nos termos do art. 2º, § 2º, da Lei de Introdução às normas do Direito Brasileiro.

Sabemos que a CLT sempre priorizou, entre outros, a celeridade processual, objetivo este que representa um dos principais do CPC/2015, visando efetivar o princípio constitucional da duração razoável do processo.

Portanto, sempre que a regra trazida pelo CPC/2015 para sanar a omissão total ou parcial das normas de direito processual do trabalho for compatível com os princípios e peculiaridades que regulam o processo do trabalho, será aplicável ao processo trabalhista.

Como exemplo, podemos citar a hipótese de pagamento de honorários advocatícios. Como sabemos a CLT não prevê o pagamento de honorários advocatícios e a Lei 5.584/1970 em seu art. 14, § 1º prevê a condenação ao pagamento de honorários advocatícios, nunca superiores a 15% (quinze por cento), devendo a parte, concomitantemente: a) estar assistida por sindicato da categoria profissional; b) comprovar a percepção de salário inferior ao dobro do salário mínimo ou encontrar-se em situação econômica que não lhe permita demandar sem prejuízo do próprio sustento ou da respectiva família. Ademais, as outras hipóteses de cabimento de honorários advocatícios na Justiça do Trabalho estão elencadas na súmula 219 do TST.

Com a entrada em vigor do CPC/2015 poder-se-ia indagar sobre a possibilidade de aplicação ou não dos arts. 85 e seguintes do CPC/2015 que prevê o pagamento de honorários advocatícios. Certamente não poderíamos aplicar a norma do novo diploma processual, pois embora haja omissão no texto consolidado, a regra do direito comum não é compatível com o princípio do *jus postulandi* da Justiça do Trabalho.

Certamente esse é um dos temas tratados pelo CPC/2015 que trará grande discussão/debates na doutrina e jurisprudência.

Assim, considerando a vigência de novo Código de Processo Civil e a imperativa necessidade de posicionar-se, o TST, de forma não exaustiva, editou a IN 39 dispondo sobre as normas do Código de Processo Civil de 2015 aplicáveis e inaplicáveis ao Processo do Trabalho.

10.1.2. Prazos processuais

Nos termos do art. 219 do CPC/2015 na contagem de prazo em dias, estabelecido por lei ou pelo juiz, computar-se-ão somente os dias úteis.

A regra em questão sempre foi uma exigência da classe dos advogados que eram absolutamente prejudicados com a contagem de prazo estabelecida pelo CPC/1973. Isso porque os prazos eram computados em dias corridos. Assim, imaginemos um prazo de 5 dias para embargos de declaração cuja decisão foi publicada numa quinta-feira. O prazo se iniciaria na sexta-feira e se encerraria na terça-feira, prejudicando assim o trabalho do advogado que se viria privado de seus dias de descanso como os demais trabalhadores em geral e não terá prazo razoável para elaboração do recurso.

A CLT prevê em seu art. 775 a regra para o início e fim da contagem dos prazos. Assim, nos termos do citado dispositivo legal os prazos contam-se com exclusão do dia do começo e inclusão do dia do vencimento, e são contínuos e irreleváveis, podendo, entretanto, ser prorrogados pelo tempo estritamente necessário pelo juiz ou tribunal, ou em virtude de força maior, devidamente comprovada.

Por meio dessa regra se a intimação for feita numa segunda-feira, o prazo se inicia na terça-feira. No entanto, se a parte for intimada na sexta-feira, como o primeiro dia da contagem seria no sábado, por não ser considerado dia útil, a contagem se inicia na segunda-feira. Porém, se a notificação via postal ocorrer no sábado, ignora-se esse dia, fazendo com que a ciência do ato seja considerada como feita na segunda-feira e o início da contagem do prazo apenas na terça-feira.

Assim, como a CLT contém previsão expressa acerca da contagem de prazos processuais, dispostas em seu art. 775, a regra disposta no art. 219 do CPC/2015 não será aplicada ao processo do trabalho. Nesse mesmo sentido, o art. 2º, III, da IN 39 do TST determina inaplicabilidade da norma em estudo ao processo trabalhista.

10.1.2.1. Prazos em dobro para Ministério Público e Fazenda Pública

A regra disposta no art. 180 do CPC/2015 trata do prazo diferenciado para o Ministério Público. Dispõe o art. 180 CPC/2015:

> **Art. 180.** O Ministério Público gozará de prazo em dobro para manifestar-se nos autos, que terá início a partir de sua intimação pessoal, nos termos do art. 183, § 1º.

O CPC/1973 cuidava do prazo diferenciado no art. 188, fixando o prazo em quádruplo para contestar e dobro para recorrer. Já a regra prevista no art. 180 CPC/2015 prevê somente o prazo em dobro, mas o prevê não apenas para contestar ou recorrer, mas também para qualquer manifestação nos autos.

Desta forma, a regra deverá ser aplicada ao processo trabalhista para o Ministério Público que gozará de prazo em dobro para manifestar-se nos autos de modo geral, inclusive para contestar, recorrer e até mesmo contra arrazoar, que se iniciará com sua intimação pessoal. Caiu, portanto, a regra de prazo em dobro para recorrer e prazo em quádruplo para contestar.

Todavia, com relação à *Fazenda Pública*, nos domínios do processo do trabalho temos que considerar o Decreto Lei 779/1969 que dispõe sobre a aplicação de normas processuais trabalhistas à Fazenda Pública e determina em seu art. 1º, II e III, o prazo em quádruplo para a audiência inaugural em que deverá apresentar resposta/defesa e em dobro para recorrer, respectivamente.

Assim, em se tratando de Fazenda Pública resta claro que na seara trabalhista teremos a aplicabilidade do Decreto-lei 779/1969, restando dúvida, porém acerca da aplicabilidade ou não do art. 183 do CPC/2015 no que diz respeito ao prazo em dobro para todas as manifestações nos autos.

Dispõe o art. 183 do CPC/2015:

> **Art. 183.** A União, os Estados, o Distrito Federal, os Municípios e suas respectivas autarquias e fundações de direito público gozarão de prazo em dobro para todas as suas manifestações processuais, cuja contagem terá início a partir da intimação pessoal.

Embora a IN 39 do TST não tenha se posicionado a respeito dessa problemática, diante da situação certamente duas correntes de interpretação surgirão. Aquela que defenderá a inaplicabilidade do art. 183 do CPC/2015, na medida em que serão aplicadas as normas do Decreto Lei 779/1969 sem a complementação do CPC/2015; e uma segunda corrente pugnando pela complementação da norma trabalhista pelo CPC/2015, em função da disposição contida no art. 15 do CPC/2015 que determina a aplicação subsidiária e supletiva.

Entendemos que, nesse caso, devemos aplicar primeiramente o Decreto Lei 779/1969 e de forma supletiva e subsidiária o art. 183 do CPC/2015, possuindo a Fazenda Pública prazo em quádruplo para contestar e em dobro para recorrer, bem como para as demais manifestações nos autos.

A lei processual civil prevê, ainda, no art. 186 CPC/2015 que a Defensoria Pública gozará de prazo em dobro para todas as suas manifestações processuais.

10.1.3. Defesa simplificada da Reclamada

Para estudo mais detalhado, remetemos leitor ao item 5.5.1.

A forma de defesa simplificada tratada pelo CPC/2015 está intimamente ligada com seu fim que é a simplificação dos atos processuais, o que culminará na efetividade da prestação jurisdicional.

Como sabemos, são formas de resposta da reclamada: contestação, exceção de incompetência territorial e a reconvenção. As partes podem, ainda, apresentar exceção de suspeição e exceção de impedimento. O CPC/1973 determinava que cada uma delas fossem apresentadas em peças separadas. No processo trabalhista, em razão do princípio da informalidade, admitia-se a exceção de incompetência territorial no bojo da contestação.

Pela nova regra processual, as exceções de impedimento e suspeição, nos termos do art. 146 do CPC/2015 deverão ser apresentadas no prazo de 15 (quinze) dias, a contar do conhecimento do fato. A nova regra permite que elas sejam apresentadas em petição específica dirigida ao juiz do processo, devendo a parte indicar o fundamento da recusa, instruindo a peça com documentos e com rol de testemunhas.

De acordo com o CPC/2015 a contestação se tornou a única modalidade de defesa do réu, que abarcará as exceções de incompetência absoluta, incompetência relativa e a reconvenção. A contestação será apresentada na forma dos arts. 335 a 342 do CPC/2015. O art. 337 traz o rol de matérias que podem ser apresentadas como preliminar, destacando-se no rol, de acordo com o inciso II, a possibilidade de, além da incompetência absoluta, ser tratada como preliminar em contestação a incompetência relativa, ou seja, incompetência territorial.

No art. 343 do CPC/2015 temos a possibilidade de apresentação da reconvenção na própria contestação. Assim, a reconvenção será proposta no corpo da contestação, sem a necessidade de peça autônoma. Essa regra não modificará sua natureza jurídica, que continua sendo de ação.

De toda forma, o CPC/2015 simplificou a forma de apresentação de defesa do réu, contribuindo para um processo mais célere e consequentemente mais efetivo, razão pela qual deverá ser aplicada ao processo do trabalho, com exceção da regra disposta no art. 335 CPC/2015 que trata do prazo da contestação e do art. 340 CPC/2015 que permite a apresentação da exceção de incompetência no domicílio do réu. Isso porque no processo trabalhista as respostas devem ser apresentadas em audiência.

10.1.4. Incidente de desconsideração da personalidade jurídica

É sabido que o patrimônio dos sócios da pessoa jurídica não se confunde com o patrimônio da empresa. No entanto, aplicando a desconsideração da personalidade jurídica os sócios passam a responder pelas dívidas da empresa.

Ela está prevista em nosso ordenamento jurídico em diversos diplomas legais, como no art. 28 do Código de Defesa do Consumidor e art. 50 do Código Civil. Também temos a previsão legal no art. 34 da Lei 12.529/2011 e art. 4º da Lei 9.605/1998.

Referidos dispositivos legais nos mostram a aplicação de duas teorias:

a) *Teoria subjetiva:* adotada pelo Código Civil, essa teoria ensina que para que os bens dos sócios possam ser atingidos, é necessária a comprovação de fraude, abuso de direito ou confusão patrimonial;

b) *Teoria objetiva:* para essa teoria, adotada pelo Código de Defesa do Consumidor, basta a insolvência da empresa, ou seja, basta a constatação de inexistência de bens da empresa suficientes para o cumprimento de suas obrigações.

No Novo CPC o incidente de desconsideração da personalidade jurídica está previsto nos arts. 133 e seguintes.

É importante destacar que o CPC/2015 não trouxe as hipóteses em que se admite a desconsideração, ele apenas cuidou de apontar o processamento desse incidente.

Por não tratar das hipóteses em que a desconsideração poderá ser aplicada, o CPC/2015 remete às legislações acima tratadas, em conformidade com o art. 133, § 1º.

No processo do trabalho é aplicada a teoria objetiva da desconsideração da personalidade jurídica, com fulcro no art. 28 do CDC, baseando-se no princípio protetor do trabalhador, atribuindo responsabilidade aos sócios pelas dívidas da pessoa jurídica, na medida em que foram eles os beneficiários dos lucros auferidos pela empresa, fruto do trabalho dos seus empregados.

Para considerarmos a aplicação do incidente de desconsideração da personalidade jurídica disciplinado pelo CPC/2015 é imperioso lembrar que ele somente poderá ser aplicado ao processo do trabalho desde que haja omissão no texto consolidado e compatibilidade com os princípios do processo do trabalho.

Considerando que na fase de execução no processo trabalhista, nos termos do art. 889 da CLT temos que na omissão da CLT a lei dos executivos fiscais (Lei 6.830/1980) servirá como fonte subsidiária, podemos dizer que, ainda assim, o incidente do CPC/2015 terá aplicação no processo do trabalho, calcado na própria teoria objetiva. Isso porque, o art. 4º, § 3º, da Lei 6.830/80 nos ensina que a execução poderá ser dirigida contra o sócio, bastando que os bens do devedor, ou seja, da empresa, não sejam suficientes para satisfação do débito.

Portanto, tendo em vista o princípio protetor do direito do trabalho, que pode inclusive ser aplicado no campo processual, a aplicação da teoria objetiva da desconsideração da personalidade jurídica baseada no art. 28 do CDC e, ainda, a regra esculpida no art. 4º, § 3º, da Lei 6.830/1980, não há motivo para que a desconsideração da personalidade jurídica da empresa necessite de requerimento da parte ou do Ministério Público.

Assim, podemos concluir de acordo com o art. 6º da IN 39 do TST o incidente de desconsideração da personalidade jurídica regulado no CPC/2015 (arts. 133 a 137) será aplicável ao Processo do Trabalho, com as adaptações pertinentes ao processo trabalhista, sendo assegurada a iniciativa também ao juiz do trabalho na fase de execução, na forma do art. 878 da CLT.

A decisão que acolhe ou rejeita o incidente de desconsideração na fase de cognição por possuir natureza jurídica de decisão interlocutória, não será passível de recurso de imediato, nos termos do art. 893, § 1º, da CLT, é o que determina o art. 6º, § 1º e seus incisos da IN 39 TST. Contudo, na fase de execução, caberá agravo de petição, independentemente de garantia do juízo. Já se o incidente for instaurado originariamente no tribunal, se proferida pelo Relator, caberá agravo interno, art. 932, VI, CPC/2015.

10.1.5. Impacto do CPC/2015 nos recursos trabalhistas

10.1.5.1. Juízo único de admissibilidade

Ensina o art. 1.010, § 3º, do CPC/2015 que na apelação, após a apresentação de contrarrazões os autos serão remetidos ao tribunal pelo juiz, independentemente de juízo de admissibilidade. Contudo, ao tratar dos recursos especial e extraordinário o art. 1.030 CPC/2015, de acordo com a redação dada pela Lei 13.256/2016, ensina que não haverá a regra do juízo único de admissibilidade, devendo o Tribunal recorrido efetuar o juízo de admissibilidade antes de remeter os autos ao STJ ou STF.

A regra, portanto, põe fim ao duplo juízo de admissibilidade ao recurso de apelação, fazendo com que o recurso interposto suba ao Tribunal independente de exame de admissibilidade.

A nova regra processual civil não será aplicada ao processo do trabalho, tendo em vista que o sistema recursal trabalhista é diferenciado do processo recursal comum, pois possui regras específicas sobre a interposição, recebimento ou denegação e, ainda, provimento ou não provimento. Por meio do art. 2º, XI, da IN 39 o TST ensina não ser aplicável ao processo do trabalho a regra do juízo único de admissibilidade recursal para qualquer recurso trabalhista, haja vista a inexistência de omissão e incompatibilidade do instituto. Desta forma, no processo do trabalho continuará em pleno vigor a regra do duplo juízo de admissibilidade recursal, que será exercido pelo juízo *a quo* e pelo juízo *ad quem*.

No entanto, importante destacar que a regra disposta no atual art. 485, § 7º, do CPC/2015 que permite a retratação por parte do juiz recorrido prolator de decisão de extinção do processo sem resolução de mérito, se mostra compatível com o sistema recursal trabalhista, devendo ser aplicada ao processo do trabalho, por força do art. 769 da CLT e art. 15 do CPC/2015, nos termos do art. 3º, VIII, da IN 39 TST.

Assim, uma vez interposto recurso ordinário em face de sentença que extinguiu o processo sem resolução de mérito, poderá o juízo recorrido proceder ao juízo de retratação, dando prosseguimento ao feito.

Ainda sobre a admissibilidade dos recursos, determina o parágrafo único do art. 932 do CPC/2015 que antes de considerar inadmissível o recurso, o relator (levando em conta que o único exame de admissibilidade é feito pelo relator, no Tribunal *ad quem*) concederá o prazo de 5 (cinco) dias ao recorrente para que seja sanado vício ou complementada a documentação exigível.

Assim, excetuando a hipótese de intempestividade, antes de não conhecer de um recurso por ausência de algum de seus pressupostos/requisitos, deverá o juiz determinar que a parte interessada sane o vício, no prazo de 5 dias, para dar regular seguimento ao processamento do recurso. Somente se a parte não atender ao comando judicial para "emendar" seu recurso é que o juiz poderá determinar o não conhecimento do recurso.

No entanto importante salientar que a insuficiência no valor do preparo do recurso, no Processo do Trabalho, para os efeitos do § 2º do art. 1.007 do CPC, concerne unicamente às custas processuais e não ao depósito recursal.

Tendo em vista a compatibilidade da norma processual civil com o processo do trabalho, a disciplina estabelecida no parágrafo único do art. 932 do CPC/2015 será aplicável na seara trabalhista, nos termos do art. 10 da IN 39 do TST.

10.1.5.2. Recurso extemporâneo

Embora a matéria não esteja disciplinada na CLT, por muito tempo o TST adotou a tese de que o recurso interposto antes de iniciado o prazo seria considerado extemporâneo e, portanto, não poderia ser admitido, ou seja, teria seu seguimento negado, culminando na edição da súmula 434 do TST, cancelada em junho de 2015 por meio da Resolução 198/2015.

De qualquer forma, o CPC/2015 disciplina a situação em debate, determinando no art. 218, § 4º que será considerado tempestivo o ato praticado antes do termo inicial do prazo.

Desta forma, face a omissão do texto celetista, a regra disposta no CPC/2015 deverá ter aplicação no processo do trabalho.

10.1.5.3. Preparo

Na Justiça do Trabalho o preparo consiste no recolhimento das custas processuais bem como o recolhimento do depósito recursal. O não recolhimento implicará no não conhecimento do recurso por deserção.

Nos domínios do processo do trabalho, o preparo deverá ser feito dentro do prazo recursal, art. 789, § 1º, da CLT, observando a disposição da súmula 245 do TST.

O TST por meio da OJ 140 da SDI 1 firmou entendimento dizendo ocorrer deserção do recurso pelo recolhimento insuficiente das custas e do depósito recursal, ainda que a diferença em relação ao "quantum" devido seja ínfima, referente a centavos.

O CPC/2015 traz regramento diferenciado que será ser aplicado na Justiça do Trabalho, ainda que a natureza do preparo processual civil seja diferente do processual trabalhista.

De acordo com seu art. 1.007, § 2º, o CPC/2015 determina que a insuficiência no valor do preparo, inclusive porte de remessa e de retorno, implicará deserção se o recorrente, intimado na pessoa de seu advogado, não vier a supri-lo no prazo de 5 (cinco) dias.

Assim, de acordo com citado dispositivo legal, caso a parte não efetue o preparo no prazo legal, deverá o Tribunal, na pessoa do juiz relator, intimar a parte na pessoa de seu advogado para que efetue o recolhimento da diferença restante, no prazo de 5 dias. Somente se a parte descumprir a ordem judicial é que lhe será aplicada a deserção.

A regra será aplicada ao processo do trabalho com ressalva. Isso porque, a insuficiência no valor do preparo do recurso, no Processo do Trabalho, para os efeitos do § 2º do art. 1.007 do CPC, concerne unicamente às custas processuais, não ao depósito recursal, é o que determina o art. 10, parágrafo único, da IN 39 TST.

Assim, o Juiz do Trabalho intimará a parte para sanar o vício apenas se tratar-se de diferença no valor do recolhimento das custas processuais, não havendo espaço para aplicação no que diz respeito ao depósito recursal, tendo em vista a natureza jurídica de garantia do juízo.

O CPC/2015 vai além e no § 4º do mesmo dispositivo legal prevê a hipótese do recorrente que deixa de efetuar o pagamento do preparo. Esta hipótese não pode ser confundida com a prevista no § 2º que pressupõe o recolhimento insuficiente; aqui o recorrente deixa de efetuar o preparo. Nessa hipótese, determina o § 4º do art. 1.007 do CPC/2015 que o recorrente será intimado, na pessoa de seu advogado, para realizar o recolhimento do preparo, porém em dobro, sob pena de deserção. Nesse caso, havendo insuficiência do valor depositado em dobro, não será possível a aplicação da regra disposta no § 2º acima estudado, nos termos do art. 1.007, § 5º, CPC/2015.

10.1.6. Princípio do contraditório – Vedação da "decisão surpresa"

Entende-se por "decisão surpresa" aquela que, no julgamento final do mérito da causa, em qualquer grau de jurisdição, aplicar fundamento jurídico ou embasar-se em fato não submetido à audiência prévia de uma ou de ambas as partes.

De acordo com o CPC/2015 o juiz não pode decidir, em grau algum de jurisdição, com base em fundamento a respeito do qual não se tenha dado às partes oportunidade de se manifestar, ainda que se trate de matéria sobre a qual deva decidir de ofício, é o que reza o art. 10 do CPC/2015.

Com isso o legislador buscou colocar fim nas decisões surpresas, ou seja, sem oitiva da parte adversa, o que acarretava o cerceamento de defesa, por ofensa ao princípio do contraditório. Assim, o juiz não proferirá decisão contra uma das partes sem que ela seja previamente ouvida.

Contudo, não se considera "decisão surpresa" aquela que as partes tinham obrigação de prever, concernente às condições da ação, aos pressupostos de admissibilidade de recurso e aos pressupostos processuais, salvo disposição legal expressa em contrário.

Desta forma, o juiz deve sempre zelar pela observância do contraditório, razão pela qual não poderá deixar de ouvir a parte contrária em nenhum caso, exceto nas hipóteses tratadas no parágrafo único do art. 9º do CPC/2015, que assim dispõe:

> **Art. 9º** Não se proferirá decisão contra uma das partes sem que ela seja previamente ouvida.
>
> **Parágrafo único.** O disposto no *caput* não se aplica:
>
> I – à tutela provisória de urgência;
>
> II – às hipóteses de tutela da evidência previstas no art. 311, incisos II e III;
>
> III – à decisão prevista no art. 701.

A IN 39/TST determina em seu art. 4º ser aplicável ao Processo do Trabalho as normas do CPC que regulam o princípio do contraditório, em especial os artigos 9º e 10, no que vedam a decisão surpresa.

12. Direito Previdenciário

Henrique Subi

1. EVOLUÇÃO LEGISLATIVA DO DIREITO PREVIDENCIÁRIO

1.1. Breve histórico

A preocupação com a previdência, no sentido de amparo da pessoa em casos de necessidades básicas ou impossibilidade de dedicar-se a atividades remuneradas, por muito tempo ficou a cargo de instituições privadas ligadas a apenas certos grupos determinados de pessoas.

Tais entidades denominavam-se **montepios** e, em essência, eram muito parecidos com os atuais fundos de pensões de determinadas categorias de trabalhadores, ou seja, *os integrantes destes grupos poderiam contribuir para obter determinados benefícios no futuro, os quais também eram chamados de montepios*. Como exemplo, podemos citar o Montepio para a Guarda Pessoal de D. João VI, criado em 1808, e o Montepio Geral dos Servidores do Estado, criado em 1835, para fornecer previdência privada aos servidores públicos.

Em 1923, foi publicado o Decreto Legislativo 4.682, também conhecido como **Lei Eloy Chaves**, marco da previdência nacional porque, com o novo diploma, ela passa efetivamente a ser uma previdência **social**, isto é, custeada por diversos setores da sociedade. Com efeito, a Lei Eloy Chaves criou caixas de aposentadoria e pensão para os empregados das empresas ferroviárias, que eram mantidas por contribuição dos empregados, dos empregadores e do próprio Estado.

O termo *previdência social*, porém, somente foi cunhado pela Constituição Federal de 1946, a qual garantiu, pela primeira vez, proteção aos eventos doença, invalidez, velhice e morte de todos aqueles que contribuíssem para o sistema, exceto os trabalhadores rurais e os empregados domésticos.

Essas categorias começaram a ser incluídas no regime de previdência social a partir da década de 1970, com a criação do FUNRURAL, em 1971 (para os trabalhadores rurais), e pela edição da Lei 5.859/1972, para os empregados domésticos (hoje revogada pela Lei Complementar 150/2015). Sua acolhida, porém, só foi completa com a promulgação da Constituição Federal de 1988 (CF/1988), conforme veremos mais adiante.

1.2. Situação atual do Direito Previdenciário

Consagrada e amplamente normatizada pela CF/1988, a previdência social hoje encontra guarida no art. 6º, que a relaciona como um **direito social**, e nos arts. 194 e seguintes, que serão objeto de estudo pormenorizado mais adiante.

Com o fito de regulamentar as disposições constitucionais, foram editadas as Leis 8.212/1991 e 8.213/1991, responsáveis, respectivamente, pelo Plano de Custeio da Seguridade Social – PCSS e pelo Plano de Benefícios da Previdência Social – PBPS.

Por fim, a dar maior concretude às disposições legais, encontramos o Decreto 3.048/1999, conhecido como Regulamento da Previdência Social – RPS.

1.3. Doutrinas do seguro social

Em sua origem, a seguridade social surge vinculada aos conceitos do contrato de seguro regulado pelo Direito Civil. Em tempos idos, o seguro social *trabalhava com a ideia de **dano**, que, uma vez ocorrido, fazia nascer para o segurado o direito ao benefício previsto em lei*. Era a **doutrina civilista**.

A evolução da sociedade e do pensamento jurídico, por sua vez, acabou por demonstrar que este conceito não mais servia. A seguridade social, prestada pelo Estado, deveria ir além, protegendo o trabalhador não apenas do **dano**, evento necessariamente nefasto, que lhe causasse alguma desvalia. Ocorrências agradáveis, como a maternidade, igualmente afastavam a possibilidade de a mulher permanecer trabalhando e precisavam ser integradas, portanto, ao regime de previdência.

Avançamos, assim, para a **doutrina social**, que se afasta do conceito de dano e desvincula-se do Direito Civil. *Reconhecidas as naturais semelhanças com o contrato de seguro, a seguridade social estatal é, na verdade, mais abrangente e busca prever todas as **contingências** possíveis que obstam o trabalho regular da pessoa*. Note a diferença: o dano causa prejuízo, a contingência causa uma necessidade. E é essa necessidade que há de ser satisfeita pelo Estado, cumpridos os requisitos legais.

1.4. Regime Geral e regimes próprios de Previdência Social

Mesmo com a pretensão da CF/1988 de uniformizar os tratamentos e incluir na proteção do Direito Previdenciário uma grande gama de pessoas, permanece uma divisão dos sistemas destinados aos servidores públicos ocupantes de cargos efetivos e os demais trabalhadores.

Para os primeiros, cada ente de direito público deve criar um sistema próprio de previdência para seus servidores efetivos. Assim, os servidores da União, de cada Estado, do Distrito Federal e de cada Município têm suas próprias regras aplicáveis a aposentadorias, licença para tratamento de saúde, entre outros benefícios, e seus próprios órgãos de gerenciamento e administração dos valores e pagamentos aos beneficiários. São chamados de **regimes próprios de previdência social (RPPS)** e podem ser encontrados nas leis e estatutos que criam direitos e deveres para os servidores públicos. Exemplo: o RPPS dos servidores efetivos da União encontra-se na Lei 8.112/1990. Estas regras, por sua especificidade, são estudadas pelo Direito Administrativo.

Para as demais pessoas e trabalhadores, a CF/1988 reserva o **regime geral de previdência social (RGPS)**, a cargo do Instituto Nacional do Seguro Social – INSS, autarquia criada em 1990 para administrar a previdência social geral dos trabalhadores estabelecida nas Leis 8.212/1991 e 8.213/1991. É aqui que nosso campo de estudo se concentra.

2. A PREVIDÊNCIA SOCIAL NA CONSTITUIÇÃO FEDERAL

2.1. Estrutura

Com o advento da CF/1988, o Direito Previdenciário passou por uma verdadeira revolução, uma vez que esta buscou integrar o maior número possível de pessoas ao sistema de previdência social por ela criado.

Inicialmente, a CF/1988 consagrou a previdência social como um **direito social** no art. 6º. E mais adiante (art. 194) reuniu-a, para organização conjunta por parte do Estado, com o **direito à saúde e à assistência social**, criando a **seguridade social**.

Portanto, na atual configuração, temos o gênero **seguridade social**, com três pilares de atuação: **saúde, previdência social e assistência social.**

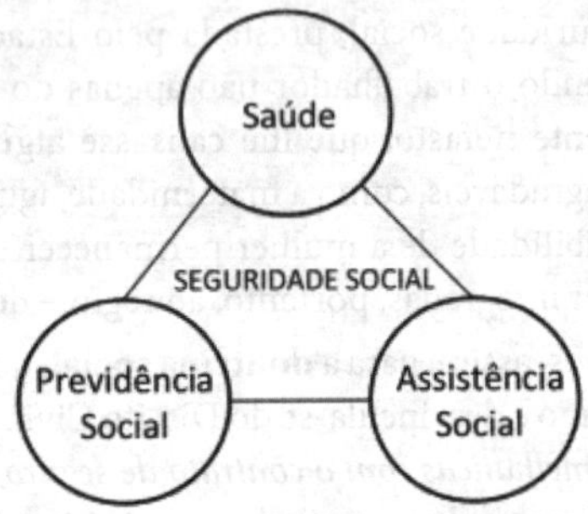

Cada um dos pilares da seguridade social está voltado precipuamente a uma área de atuação e destina-se a grupos diferentes de pessoas, na seguinte conformidade:

a) Saúde: nos termos do art. 196 da CF/1988, é um *direito de todos e um dever do Estado*. Sendo assim, a prestação de serviços públicos de saúde não encontra qualquer restrição quanto às características de seus usuários: simplesmente qualquer pessoa que dele necessite deve ser atendida. Não importa se é nacional ou estrangeiro, se paga regularmente seus tributos ou não, se trabalha ou está desempregado, se contribui para o INSS ou não. Ninguém pode ser excluído do serviço público de saúde, desde a pessoa mais rica do país até os cidadãos economicamente menos favorecidos da sociedade;

b) Assistência social: destina-se, conforme disposto no art. 203 da CF/1988, ao atendimento *a quem dela necessitar, independentemente de contribuição para a seguridade social*, com objetivos voltados à garantia de uma existência digna. Como se vê, a assistência social já estabelece uma restrição ao seu acesso: a necessidade da pessoa. Ela não se destina a qualquer indivíduo, como a saúde, mas somente àqueles que cumpram determinados requisitos para receberem seus benefícios e serviços, normalmente ligados a um limite máximo de renda familiar. Enquanto a saúde deve acolher todos que dela quiserem fazer uso, pouco importando sua situação econômica, a assistência social é reservada somente a quem não tem condições de subsistência;

c) Previdência social: ao contrário das anteriores, a previdência social tem *caráter contributivo* (art. 201 da CF/1988), o que significa dizer que somente aqueles que para ela contribuem financeiramente, através de tributos denominados **contribuições sociais**, participarão de seus benefícios e serviços. Dos três pilares, portanto, é o de acesso mais restrito, uma vez que seus beneficiários devem ostentar um mínimo de **capacidade contributiva**, usualmente qualificada como o exercício de qualquer atividade remunerada.

Saúde e assistência social são temas estudados por ramos autônomos do direito, que fogem da alçada do Direito Previdenciário, o qual, como o nome sugere, cuida das normas relacionadas à previdência social. Serão estas, portanto, o foco de nosso trabalho.

Não obstante, não podemos perder de vista que a previdência social está inserida no contexto maior da seguridade social. Isto implica que certas normas de caráter geral, aplicáveis a toda a **seguridade social**, também merecem nossa atenção, visto que a previdência delas não se dissocia na condição de pilar da seguridade. Outras serão específicas, voltadas somente ao Direito Previdenciário. Por isso, cuidado! Ao utilizarmos o termo *seguridade social*, lembre-se de que estamos estudando normas gerais. Quando estivermos tratando de normas específicas, veremos sempre a expressão *previdência social*.

2.2. Princípios e objetivos constitucionais

A CF/1988 dedica seu art. 194 para determinar que a **seguridade social** *compreende um conjunto integrado de ações de iniciativa dos Poderes Públicos e da sociedade, destinadas a assegurar os direitos relativos à saúde, à previdência e à assistência social.*

Do *caput* do dispositivo, podemos depreender:

a) Princípio da solidariedade: a seguridade social, em seu todo, deve ser prestada não só pelo Estado, como *por toda a sociedade*. Obviamente, compete ao primeiro a estruturação dos serviços e a administração dos benefícios que serão prestados a todos aqueles que fizerem jus a eles. Todavia, o custeio, o financiamento de todo este sistema será feito de forma **solidária:** todos aqueles que puderem contribuir, ainda que não façam uso da saúde, da previdência ou da assistência social, devem contribuir na forma de tributos (**contribuições sociais**) cuja receita é vinculada a programas de governo nestas áreas;

b) Instrumento de bem-estar e justiça social: a seguridade social tem por objetivo último garantir a todos o chamado *piso vital mínimo*, ou seja, o acesso às condições econômicas mínimas para uma existência digna. Neste diapasão, é um *instrumento de bem-estar*, já que busca assegurar melhor qualidade de vida aos cidadãos. Em adição, é também *instrumento de justiça social* na medida em que, ao determinar a contribuição ao sistema de todos aqueles que ostentarem **capacidade contributiva**, acaba por incentivar uma melhor distribuição da renda, dado que, naturalmente, os serviços públicos serão mais bem aproveitados por aqueles em situação financeira menos favorável.

A par destes princípios e objetivos **implícitos**, o art. 194, parágrafo único, da CF/1988 prossegue listando os **objetivos explícitos** da seguridade social em seus incisos, os quais analisaremos individualmente:

2.2.1. Universalidade da cobertura e do atendimento

Dentro do mesmo inciso, a CF/1988 acolheu dois objetivos diferentes: a *universalidade da cobertura* e a *universalidade do atendimento*.

Por **universalidade da cobertura** podemos entender o *dever do Estado de, ao estruturar novos benefícios e serviços da seguridade social, buscar ampliar o quadro de eventos cobertos por esses programas.* Uma nova ação na área da saúde, por exemplo, deve priorizar determinada doença que ainda não foi objeto de atenção mais pormenorizada pelo Serviço Único de Saúde; ou um novo benefício de previdência social, do qual se espera que atinja uma contingência ainda não amparada por benefício já existente.

Universalidade de atendimento, por sua vez, *vincula-se às pessoas que serão atendidas pelos novos benefícios e serviços da seguridade social. Toda ação nesta área deve priorizar o alcance do maior número possível de pessoas.* Com base nisso, a CF/1988 garante que a saúde é um direito de todos e um dever do Estado, razão pela qual o Governo Federal procura ampliar, ano após ano, o número de famílias cadastradas nos programas de assistência social vigentes. No campo da previdência social, a proteção ao pequeno produtor rural e ao segurado facultativo são ótimos exemplos.

Em resumo, enquanto a universalidade de cobertura refere-se a *benefícios e serviços*, a universalidade de atendimento volta-se aos *beneficiários.*

2.2.2. *Uniformidade e equivalência dos benefícios e serviços às populações urbanas e rurais*

Novamente, dois objetivos reunidos em um só item. Temos que observar a *uniformidade dos benefícios e serviços* e a *equivalência* destes junto às populações urbanas e rurais.

Um dos grandes avanços da CF, em 1988, foi incluir no RGPS os trabalhadores rurais, até então desprotegidos de quaisquer contingências que os impossibilitassem de trabalhar. Para tanto, garantiu-lhes *os mesmos benefícios e serviços previstos para os trabalhadores urbanos* (aposentadoria, auxílio-doença, pensão por morte etc.), o que chamamos de **uniformidade dos benefícios e serviços**. Em paralelo, cuidou de asseverar que esses benefícios passassem a ser calculados através dos mesmos parâmetros, seja o trabalhador urbano ou rural. Tem-se, daí, a **equivalência dos benefícios e serviços**.

Apenas cuidado com a terminologia. Equivalência não significa que os valores são exatamente iguais, pois isso dependerá do valor com o qual o beneficiário contribuiu ao longo do tempo, significa que os valores serão *proporcionalmente iguais*, resultado de aplicação da mesma fórmula para todos.

2.2.3. *Seletividade e distributividade na prestação dos benefícios e serviços*

De novo, um inciso, dois objetivos: *seletividade dos benefícios e serviços e distributividade dos benefícios e serviços.*

A **seletividade** é um critério político, que determina *a escolha, dentre todas as situações, daquelas que serão cobertas pela seguridade social.* Em uma primeira análise, tal objetivo conflitaria com a universalidade de cobertura, pois esta pretende estender a seguridade social a todas as situações nas quais ela se faça necessária.

Trata-se, porém, de conflito apenas aparente, porque a *seletividade nada mais é do que instrumento de construção da universalidade.* Há de se reconhecer que abraçar, em um único sistema de seguridade social, todas as contingências necessárias para garantir aos cidadãos uma existência digna, prestando-lhes todos os benefícios e serviços que necessitem para tanto, não é algo que se faça do dia para a noite. Devem ser traçados planos de atuação que, fatalmente, serão implementados aos poucos.

É aí que entra em cena a seletividade, com o papel fundamental de indicar ao legislador e ao administrador público que, neste caminho rumo à universalidade, deve-se priorizar a proteção daquelas contingências que são mais importantes, deixando as demais para um momento posterior.

Essa escolha foi previamente realizada pelo próprio constituinte originário, ao elencar, no art. 201, que a previdência deverá atender aos eventos *doença, invalidez, morte, idade avançada, proteção à maternidade e à gestante e proteção ao trabalhador em situação de desemprego involuntário.*

Já a **distributividade** encontra total amparo na instrumentalização da **justiça social** e na **universalidade de atendimento**. Se o objetivo precípuo da seguridade social é promover a redução das desigualdades, mediante a distribuição de renda, é natural que os benefícios e serviços a serem implantados primeiro sejam aqueles que *permitam, em menor tempo, proteger o maior número de pessoas que deles necessitem em maior grau.* Deve-se distribuir, primeiro, àqueles que mais necessitem de proteção.

2.2.4. *Irredutibilidade do valor dos benefícios*

A irredutibilidade, aqui, deve ser entendida em duplo aspecto. De um lado, temos a **irredutibilidade nominal** dos benefícios, *que impede que seja reduzido o valor efetivo destes, o valor expresso em moeda corrente.* Exemplo: se determinado benefício é pago a um beneficiário no valor de R$ 1.000,00, em nenhum momento esse valor poderá ser diminuído para R$ 900,00.

Do outro lado, temos a **irredutibilidade real** do valor, *que determina a preservação de seu valor de compra ao longo do tempo, neutralizando-se os efeitos da inflação.* Exemplo: em 2011, R$ 1.000,00 pode comprar diversas coisas, mas para se comprar as mesmas coisas em 2015 serão necessários, diga-se, R$ 1.300,00. Logo, este deve ser o valor do benefício em 2015.

Resta claro que a verdadeira irredutibilidade, aquela que deve sempre ser respeitada, é a irredutibilidade real. Não há dúvidas de que o valor nominal do benefício não pode ser reduzido e, a bem da verdade, ninguém tentaria fazê-lo. Entretanto, não é raro que os reajustes concedidos pelo Governo a fim de conservar o valor real dos benefícios não acolham, integralmente, a inflação do período.

Insta frisar que a regra vem mais uma vez estabelecida, em outras palavras, no art. 201, § 4º, da CF/1988: *é assegurado o reajustamento dos benefícios para preservar-lhes, em caráter permanente, o valor real, conforme critérios definidos em lei.*

2.2.5. *Equidade na forma de participação no custeio*

Equidade é uma palavra que está sempre ligada ao sentimento de *justiça social.* Tratar com equidade significa *reconhecer as desigualdades sociais e impor condições que visem a reduzi-las.*

Sendo assim, definir a equidade como elemento norteador da forma de participação do custeio da seguridade social culmina em reconhecer, na esfera das contribuições sociais, a aplicação do **princípio do respeito à capacidade contributiva**, determinando-se a colaboração de todos na manutenção do sistema da seguridade social, cada um na medida de suas possibilidades financeiras.

Esse dispositivo é o fundamento, por exemplo, das alíquotas progressivas da contribuição social dos empregados (8%, 9% ou 11%), dependendo do valor do salário de contribuição calculado.

2.2.6. *Diversidade da base de financiamento*

Tal princípio teve seu nascedouro na Constituição de 1934, que foi a primeira a estabelecer que o financiamento da seguridade social teria três fontes: governo, empregadores e trabalhadores. Chamou-se, na época, de **tripartição, ou tríplice forma de custeio**.

Com o passar dos anos e com as sucessivas alterações legislativas e constitucionais, o que levou a maior atuação do Estado junto à população mais carente, reparou-se que os custos dos programas sociais e da prestação dos serviços a eles relacionados cresciam vertiginosamente. Em respeito ao princípio da solidariedade, portanto, a CF/1988 ampliou a ideia cunhada em 1934 e, atualmente, impõe, de forma genérica, a **diversidade** da base de custeio.

Naturalmente, o cerne permanece o mesmo. Grande parte do orçamento da seguridade social continua a ser composto do dinheiro repassado pelo governo e pelas contribuições pagas por empregadores e trabalhadores. Mas a alteração permitiu *adicionar ao elenco as contribuições incidentes sobre os concursos de prognósticos e sobre as operações de importação*. Isso sem contar com a autorização prevista no art. 195, § 4º, da CF/1988, para a instituição de *outras fontes* de custeio destinadas a garantir a *manutenção ou expansão* da seguridade social.

2.2.7. *Caráter democrático e descentralizado da administração*

O próprio inciso VII do art. 194 da CF/1988 explica como se dá a gestão democrática e descentralizada da seguridade social, ao determinar a gestão **quadripartite**, ou seja, formada por representantes de quatro grupos: governo, empregadores, trabalhadores e aposentados.

A regulamentação desse dispositivo foi incluída na Lei 8.213/1991, que cria o Conselho Nacional de Previdência Social – CNPS, composto por seis representantes do Governo Federal (indicados pelo Presidente da República), três dos aposentados e pensionistas, três dos trabalhadores em atividade e três dos empregadores (todos indicados por centrais sindicais e confederações nacionais de sindicatos), para mandato de 2 anos, sendo possível uma recondução.

2.2.8. *Regra da previsão de custeio*

Mais uma regra do que um princípio, como classificam alguns autores, a CF/1988 obriga que qualquer criação, majoração ou ampliação de benefício ou serviço seja acompanhada da respectiva fonte de custeio total.

A regra justifica-se pela necessidade da manutenção do equilíbrio financeiro e atuarial do sistema e pretendia, em seu sentido original, que nada a mais fosse gasto sem que o governo arrecadasse mais para fazer frente a essas novas despesas. Entretanto, a fim de evitar o desgaste político da criação ou do aumento de tributos para sustentar os novos benefícios, atualmente as leis que estendem ou majoram as prestações previdenciárias limitam-se a apontar como fonte de custeio "o orçamento da União" ou expressão similar. Reitere-se que não é essa a pretensão da norma, mas tal postura também não vem sendo questionada.

2.3. Princípios específicos

A par dos princípios gerais estudados, previstos na CF/1988 e aplicáveis à seguridade social como um todo, a Lei 8.213/1991, no art. 2º, anota outros, destinados exclusivamente à Previdência Social.

2.3.1. *Cálculo dos benefícios considerando os salários de contribuição corrigidos monetariamente*

O salário de contribuição, estudado em pormenores mais adiante, pode ser definido como a base de cálculo da contribuição social do trabalhador. Além disso, ele é o ponto de partida do cálculo do valor efetivamente pago ao segurado a título de benefício previdenciário.

A norma estabelece que, no momento da apuração da renda mensal devida ao segurado, os salários de contribuição devem ser atualizados, a fim de que correspondam ao valor real da época da concessão do benefício. Isso é salutar, considerando que para a aposentadoria por tempo de contribuição, por exemplo, teremos de considerar salários de contribuição de até 35 anos antes!

2.3.2. *Valor mínimo do benefício que substitua a remuneração do segurado*

Grande parte dos benefícios previdenciários destina-se a assegurar a subsistência do segurado nos períodos em que este, atingido pelas contingências previstas em lei, esteja impossibilitado de trabalhar. Logo, não receberá remuneração de seu empregador.

A medida assegura, nesses casos, o valor mínimo de um salário mínimo para o benefício previdenciário, ainda que, pelos cálculos realizados conforme a legislação, o montante devesse ser menor.

Repise-se que isso se aplica somente em casos de substituição da remuneração. Benefícios pagos cumulativamente ao salário do empregado podem ser menores que o salário mínimo (exemplo: auxílio-acidente).

2.3.3. *Previdência complementar facultativa, custeada por contribuição adicional*

Neste ponto, a Lei 8.213/1991 consagra o disposto igualmente no art. 202 da CF/1988, que autoriza a criação de fundos de previdência privada, de contribuição facultativa dos trabalhadores, nos termos de lei complementar.

3. FINANCIAMENTO DA SEGURIDADE SOCIAL

3.1. Formas de financiamento

A partir desse ponto, deixamos para trás o conceito amplo de seguridade social e passaremos a focar, exclusivamente, na Previdência Social, nas relações estabelecidas entre os particulares e o INSS com vistas aos benefícios e serviços previdenciários.

Não obstante, quando o assunto é custeio, o pagamento de contribuições, é certo que o montante arrecadado é destinado ao financiamento da seguridade social toda, o que inclui, obviamente, a Previdência. É por essa razão que, tecnicamente, a Lei 8.212/1991 é conhecida como Plano de Custeio da Seguridade Social – PCSS.

A receita destinada à manutenção e ampliação do sistema de seguridade social no Brasil provém de várias fontes. Como já estudado no item 2.2.6, a CF/1988 estabelece como diretriz a **diversidade da base de financiamento**, com o seguinte texto:

> *Art. 195. A seguridade social será financiada por toda a sociedade, de forma* ***direta e indireta****, nos termos da lei, mediante recursos provenientes dos orçamentos da União, dos Estados, do Distrito Federal e dos Municípios, e das seguintes contribuições sociais: (...)* (grifo nosso)

Dos termos sublinhados, retiramos as duas formas de financiamento da seguridade social: o **financiamento indireto** e o **financiamento direto.**

3.1.1. Financiamento indireto

Chamamos **financiamento indireto da seguridade social** a parcela a ela destinada *oriunda dos orçamentos das pessoas jurídicas de direito público interno: União, Estados, Distrito Federal e Municípios*. É indireto porque, nessa hipótese, o dinheiro arrecadado de todas as formas (impostos, taxas, contribuições de melhoria, contribuições de intervenção no domínio econômico, preços públicos etc.) é dividido e parte dele entregue à seguridade social. Ou seja, o dinheiro pago pelo contribuinte para a seguridade social tem um intermediário em seu caminho: os cofres públicos da União, Estados, Distrito Federal e Municípios. Lembre-se que, nos termos da CF/1988, quem financia a seguridade social é sempre a **sociedade**, então a passagem dos valores por um terceiro ente torna o financiamento **indireto** (sociedade → ente político → seguridade).

A parcela da União a ser entregue para a gestão da seguridade social advém de recursos adicionais destacados do Orçamento Fiscal, necessariamente apontados na lei orçamentária anual (art. 16 do PCSS). Idêntico procedimento é adotado nos Estados, Distrito Federal e Municípios, que repassam os montantes diretamente à seguridade social, sem integrar o orçamento da União (art. 195, § 1º, da CF/1988).

Caso os valores arrecadados em geral (incluindo aqueles advindos do financiamento direto) não sejam suficientes para arcar com as despesas relativas ao pagamento de benefícios previdenciários devidos em determinado exercício, cabe à União suprir a falta, respeitando, sempre, a lei orçamentária anual (art. 16, parágrafo único, do PCSS).

3.1.2. Financiamento direto

Por **financiamento direto da seguridade social** entende-se *o valor arrecadado pelo pagamento, por parte dos contribuintes elencados em lei, das contribuições sociais*. É direto porque, nessa hipótese, a sociedade entrega o dinheiro para a seguridade social sem intermediários (sociedade → seguridade).

Para possibilitar ações nas áreas da seguridade social, principalmente o pagamento dos benefícios previdenciários, a alocação de recursos originários, exclusivamente, do caixa geral dos entes políticos não se mostra suficiente. A fim de complementar os recursos necessários, criou-se uma série de **contribuições sociais**, cobradas diretamente da sociedade, para que os órgãos gestores tivessem mais essa fonte de renda. Trata-se, as contribuições sociais, de *tributos cujo* ***pagamento não está vinculado*** *a qualquer contraprestação estatal específica (o que as aproxima dos impostos), mas cuja* ***receita é vinculada*** *ao atendimento de ações da seguridade social (o que as diferencia dos impostos)*. A natureza tributária autônoma das contribuições sociais está pacificada, há muito tempo, pelo STF (RE 146.733-9/SP, *DJ* 29.06.1992).

O financiamento indireto da seguridade está ligado, muito mais, ao Direito Financeiro, que cuida do trânsito de numerário entre os entes políticos. Nossos olhos devem voltar-se, com especial atenção, ao financiamento direto, através da análise das contribuições sociais, o qual, por sua vez, está inafastavelmente vinculado ao Direito Tributário. Esse estudo se inicia no próximo tópico.

3.2. A relação jurídica de custeio direto da seguridade social

3.2.1. Elementos

A relação jurídica de custeio, como qualquer outra relação jurídica, é composta de *partes (sujeito ativo e passivo), objeto e vínculo* entre as partes.

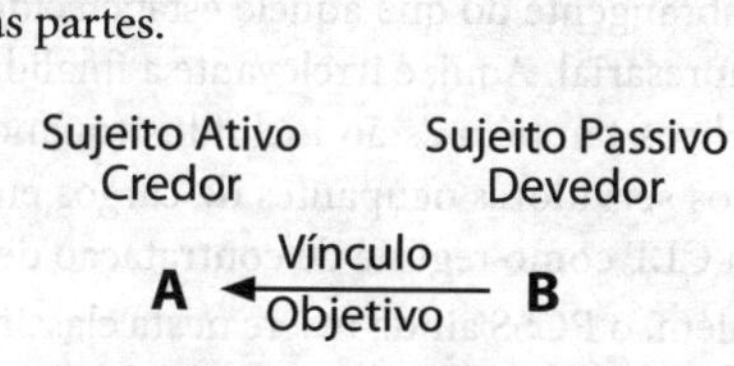

No nosso caso, aplicando os elementos à relação jurídica de custeio da seguridade social, obtemos o seguinte esquema:

a) Sujeito ativo (ou credor): será sempre a União;

b) Sujeito passivo (ou devedor): é o contribuinte ou responsável, conforme dispuser a lei;

c) Objeto: o pagamento da contribuição social ou ação ou omissão imposta no interesse da arrecadação e fiscalização das contribuições (fazer ou não fazer);

d) Vínculo: a lei que institui a contribuição social e prevê a hipótese de incidência do tributo ou da obrigação de fazer ou não fazer.

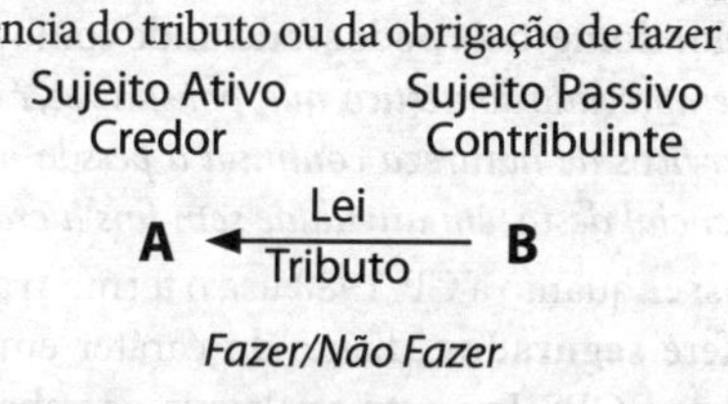

Vamos analisar, individualmente, cada um destes elementos.

3.2.2. *Sujeito ativo*

A competência legislativa para instituir contribuições sociais é e sempre foi da **União**. Trata-se, pois, de *tributos federais* (art. 149 da CF/1988).

Até 2007, entretanto, vigorava uma divisão quanto à **capacidade tributária ativa** (o poder de arrecadar e fiscalizar o pagamento) das contribuições sociais. As contribuições **previdenciárias** eram pagas ao INSS, através da Secretaria da Receita Previdenciária, ao passo que as demais contribuições sociais (destinadas à saúde e assistência social) eram arrecadadas pela própria União, através da Secretaria da Receita Federal, órgão vinculado ao Ministério da Fazenda.

Naquele ano, foi editada a Lei 11.457/2007, que unificou a matéria em torno da Secretaria da Receita Federal do Brasil (chamada popularmente de Super-Receita) e extinguiu a Secretaria da Receita Previdenciária. A Super-Receita é órgão vinculado ao Ministério da Fazenda que, desde sua criação, tem competência para todas as atividades ligadas à tributação, fiscalização, acompanhamento e avaliação das contribuições sociais.

É por isso que, atualmente, podemos afirmar que o *sujeito ativo das contribuições previdenciárias será sempre a União*, que as arrecada através da Secretaria da Receita Federal do Brasil.

3.2.3. *Sujeito passivo*

Como resultado da aplicação do princípio da solidariedade, a CF/1988 prevê a criação de diversas contribuições sociais, a serem exigidas de várias espécies de contribuintes. Destarte, podem assumir o polo passivo da relação jurídica de custeio:

a) Empresas: nos termos do art. 15, I, do PCSS, é a *firma individual ou sociedade que assume o risco de atividade econômica urbana ou rural, com fins lucrativos ou não, bem como os órgãos e entidades da administração pública direta, indireta e fundacional.* Percebe-se que o conceito previdenciário de empresa é bem mais abrangente do que aquele estabelecido pelo próprio Direito Empresarial. Aqui, é irrelevante a finalidade lucrativa e órgãos públicos também estão incluídos (quando tiverem em seus quadros servidores ocupantes de cargos em comissão ou adotarem a CLT como regime de contratação de pessoal).

Mais além, o PCSS ainda insere nesta classificação pessoas como **equiparados a empresa**: *o contribuinte individual em relação ao segurado que lhe presta serviço* (por exemplo, se um profissional liberal contrata uma secretária, aquele é equiparado a empresa para fins de pagamento de contribuição previdenciária), *a cooperativa, a associação ou entidade de qualquer natureza ou finalidade, a missão diplomática e repartição consular de carreira estrangeiras.* Insere-se neste tópico, outrossim, a pessoa que contrata mão de obra para a construção de sua residência, devendo recolher sua cota patronal e a contribuição social dos pedreiros e outros profissionais a seu serviço.

b) Empregador doméstico: pode ser definido como *a pessoa física que contrata empregado doméstico, que, por sua vez, é o trabalhador que presta serviços de natureza contínua a pessoa ou família, no âmbito residencial desta, em atividade sem fins lucrativos;*

c) Segurados: enquanto a CF/1988 usa o termo **trabalhadores**, o PCSS prefere **segurados**, diante do caráter eminentemente contributivo do RGPS. Em outras palavras, os trabalhadores que contribuem para o financiamento da seguridade social arcando com as contribuições sociais impostas em lei são, automaticamente, segurados da Previdência, fazendo jus aos benefícios estabelecidos quando deles necessitarem.

Dispõe o art. 201 da CF/1988 que o RGPS é de **filiação obrigatória**, o que implica a ausência de opção, para aqueles que se enquadrem no conceito de segurados, em participar ou não dos benefícios do Regime Geral. *Grosso modo, quem exerce atividade remunerada deve filiar-se ao RGPS, ainda que não o deseje – deverá, assim, pagar as contribuições e receberá os benefícios quando ocorridas as contingências protegidas.* Tais pessoas constituem a classe dos **segurados obrigatórios da Previdência**, cuja existência se justifica por duas razões: primeira, porque, se exercem atividade remunerada, ostentam capacidade contributiva para colaborar com a manutenção e expansão do sistema previdenciário (**princípio da solidariedade**), o que nos faz lembrar a natureza tributária das contribuições; segunda, porque a Previdência é um **direito social**, obrigação de fazer do Estado, que não pode permitir que um trabalhador não disponha de proteções contra eventos que o impeçam de obter seus ganhos mensais, principalmente quando estas estão disponíveis a todos que cumpram os requisitos da legislação.

Ao seu lado, encontram-se *pessoas que não têm obrigação legal de contribuir com a Previdência, porém, interessadas no recebimento dos benefícios, optam por fazê-lo, sujeitando-se às obrigações legais daí decorrentes.* São os **segurados facultativos**, classe de livre acesso a todos aqueles que não se enquadram como segurados obrigatórios, *exceto os participantes de regime próprio de previdência* (servidores públicos ocupantes de cargo efetivo), cuja participação é expressamente vedada pelo art. 201, § 5º, da CF/1988.

Mais detalhes sobre as categorias de segurados, formas de filiação, manutenção e perda da qualidade de segurado serão estudados no item 3.3, *infra*.

d) Operadores de concursos de prognósticos: são aqueles que *exploram sorteios de números, símbolos ou apostas de qualquer natureza.* É verdade que os concursos de prognósticos mais famosos, e mais rentáveis, são explorados pelo próprio Poder Público (loterias, Mega-Sena, Quina etc.), o qual não pode ser caracterizado tecnicamente como contribuinte. Não nos esqueçamos, em compensação, das *associações que promovem o turfe (corrida de cavalos) e, enquanto foram permitidos, os "bingos".* Estas pessoas jurídicas de direito privado devem, igualmente, contribuir com a Previdência Social.

e) Importador: *a pessoa física ou jurídica que promova a entrada de bens estrangeiros no território nacional ou contratante de serviços prestados por residente ou domiciliado no exterior.* Por equiparação, inclui-se ainda *o beneficiário do serviço, na hipótese em que o contratante também seja residente ou domiciliado no exterior.*

3.2.4. *Objeto*

Pode ser definido como *a prestação a que o sujeito passivo se obriga a cumprir, por força de lei ou contrato, em favor do sujeito ativo.*

A relação jurídica de custeio da seguridade social envolve uma **obrigação tributária**, uma vez que as contribuições sociais são tributos. Com isso, devemos tomar emprestados alguns conceitos do Direito Tributário para bem compreender as espécies de objetos relacionados a esta relação jurídica.

Denomina-se **obrigação tributária principal** aquela que envolve *o dever de pagar determinada quantia, a título de tributo ou multa tributária*. A memorização é simples: toda vez que o sujeito passivo tiver de pagar qualquer quantia ao sujeito ativo que se relacione com o tributo, estamos diante de uma obrigação tributária principal.

Diz-se principal porque é o verdadeiro cerne da relação jurídica. O interesse do Estado é receber a quantia determinada, independentemente de outras circunstâncias que possam estar presentes. O pagamento é o próprio objetivo almejado.

Temos, então, o primeiro objeto possível na relação jurídica de custeio: **o pagamento da contribuição**.

Prosseguindo, vamos a um exemplo. Certa empresa é contribuinte e paga regularmente determinada contribuição social. Para calcular corretamente o valor devido, ela promove a escrituração contábil de seus negócios. Além disso, nos prazos determinados, entrega declarações à Secretaria da Receita Federal do Brasil contendo informações sobre suas atividades e seus rendimentos. Tudo isso deve, obrigatoriamente, estar fundamentado em notas fiscais de entrada e saída de produtos ou de prestação de serviços.

Veja que, ao lado do pagamento e a fim de possibilitá-lo, a empresa pratica uma série de atos tendentes a facilitar o cálculo do tributo e a comprovação tanto do pagamento quanto dos fatos tributáveis. Estes atos são *obrigações legais estabelecidas no interesse da arrecadação e da fiscalização de tributos* e são chamados de **obrigações tributárias acessórias**. Todos os exemplos dados são de obrigações de fazer, ações a serem tomadas pelos contribuintes. Além delas, existem também as obrigações de não fazer, como a de tolerar o trabalho da fiscalização.

Vimos, com isso, outros dois objetos possíveis na relação jurídica de custeio: **obrigações de fazer ou não fazer**.

Voltaremos ao tema das obrigações principais no tópico 4 e das obrigações acessórias no tópico 6.

3.2.5. Vínculo

As relações jurídicas podem ter como fundamento, como vínculo que une as partes e obriga o devedor a cumprir a obrigação em favor do credor, um **contrato**, *ato negocial livre, baseado na autonomia da vontade*; ou a **lei**, *quando não se questiona a vontade das partes vincular-se, existindo apenas o dever de obedecer à norma posta*. Por isso, dizemos que as obrigações são **contratuais** (*ex voluntate*) ou **legais** (*ex lege*).

A relação jurídica de custeio, obrigação tributária que é, será sempre considerada como **obrigação legal**. Não há qualquer opção aberta ao contribuinte quanto a pagar ou não pagar o tributo, quanto a praticar ou não praticar o ato imposto pela legislação no interesse da fiscalização. Deve fazê-lo quando praticar o **fato gerador** previsto na norma, sob pena de receber as punições cominadas em caso de inadimplemento.

3.3. Segurados da Previdência

Destacamos no item 3.2.3, letra "c", que os segurados da Previdência Social são *todas as pessoas que com ela contribuem, fazendo jus, consequentemente, aos benefícios previdenciários previstos em lei*. Chega o momento de conhecermos as regras e classificações que a eles se aplicam.

3.3.1. Premissas

O estudo dos segurados da Previdência Social deve sempre ter em vista as seguintes premissas:

a) o exercício de atividade remunerada implica na filiação obrigatória ao RGPS (art. 9º, § 12, do RPS);

b) aquele que exerce, concomitantemente, mais de uma atividade remunerada sujeita ao RGPS é obrigatoriamente filiado em relação a cada uma dessas atividades (art. 9º, § 13, do RPS), tendo o direito aos benefícios e, igualmente, o dever de pagar contribuição em relação a cada uma delas;

c) o aposentado que volte a exercer atividade remunerada abrangida pelo RGPS é segurado obrigatório em relação a esta atividade (art. 11, § 3º, do PBPS), mesmo sem ter direito a nova aposentadoria, em consagração ao princípio da solidariedade;

d) o dirigente sindical, enquanto estiver no exercício do mandato, mantém o mesmo enquadramento que detinha antes da investidura (art. 11, § 4º, do PBPS). Exemplo: o empregado eleito presidente do sindicato de sua categoria continuará a ser visto pelo INSS como um segurado empregado, mesmo afastado de suas funções por conta do exercício do mandato sindical.

3.3.2. Classificação

Os trabalhadores segurados pelo RGPS estão divididos, inicialmente, em dois grandes grupos: os **segurados obrigatórios** e os **segurados facultativos**. Como o próprio nome indica, *os primeiros serão necessariamente segurados da previdência, ainda que isso não desejem*, por conta do exercício de atividade remunerada. *Os segundos participam do RGPS por opção própria*, por não exercerem qualquer atividade remunerada.

Os **segurados obrigatórios** subdividem-se, ainda, em cinco tipos: empregado, empregado doméstico, contribuinte individual, trabalhador avulso e segurado especial.

a) Segurado obrigatório – Empregado

O termo **empregado** pressupõe, para sua utilização, a existência de *relação de emprego*, entendida esta como a do trabalhador que realiza sua atividade com habitualidade, onerosidade, pessoalidade e subordinação, conforme disposto na legislação trabalhista (art. 3º da CLT). A relação de emprego deve estar formalizada com o registro na Carteira de Trabalho e Previdência Social – CTPS, porém sua ausência não desnatura a qualificação de emprego, por conta do princípio da **primazia da realidade**. Ainda que informal a relação de trabalho, o Poder Judiciário pode reconhecer o vínculo de emprego a qualquer momento uma vez presentes os requisitos, o que implicará na sua aceitação, também, para fins previdenciários.

O PCSS (art. 12), o PBPS (art. 11) e o RPS (art. 9º) enumeram, como segurados empregados, os seguintes:

a1) aquele que presta serviço de natureza urbana ou rural à empresa, em caráter não eventual, sob sua subordinação e mediante remuneração, inclusive como diretor empregado

Trata-se da típica relação de emprego, chamando a atenção à inclusão expressa do **trabalhador rural**, consequência da determinação constitucional de uniformidade do tratamento entre urbanos e rurais. Ressalte-se, apenas, que também os rurícolas, para se enquadrarem nesse dispositivo, devem, em tese, estar registrados como empregados (*vínculo formal de emprego*), ou, ao menos, terem esse vínculo reconhecido judicialmente.

A inclusão expressa do diretor empregado fundamenta-se no fato do diretor, usualmente, exercer função de confiança específica, *com poderes de administração da empresa e, por conseguinte, com superioridade hierárquica sobre outros empregados*. Da praxe empresarial extraímos que este profissional, por vezes, é contratado como um prestador de serviços, sem vínculo empregatício. Quando, porém, houver esse vínculo (por exemplo, quando o diretor alcançar o cargo crescendo profissionalmente dentro da empresa), ele será um empregado da empresa, pois ainda haverá pessoas em posição hierarquicamente superior a ele (como o presidente) e, como tal, será visto como **segurado empregado** pelo INSS.

a2) aquele que, contratado por empresa de trabalho temporário, definida em legislação específica, presta serviço para atender à necessidade transitória de substituição de pessoal regular e permanente ou a acréscimo extraordinário de serviços de outras empresas

O próprio dispositivo analisado já traz a definição do que se entende por trabalho temporário: aquele *destinado à substituição de pessoal regular e permanente ou acréscimo extraordinário de serviço* (art. 2º da Lei 6.019/1974).

Correntemente, a empresa que se vê na necessidade de substituir pessoal permanente ou com acréscimo extraordinário de serviço, usualmente sazonal (por exemplo, vendas de Natal), socorre-se de empresas especializadas em fornecer mão de obra temporária para esses fins. Note que o trabalhador tem vínculo com a empresa de trabalho temporário, mas presta serviços para outrem. Independentemente disso, é visto como segurado empregado enquanto perdurar sua relação de trabalho.

É importante destacar duas outras situações: uma, trabalhador contratado emergencialmente em situação que **não** se enquadre nas duas descritas (substituição de pessoal regular e permanente e acréscimo extraordinário de serviço), não é trabalhador temporário, mas sim **contribuinte individual**; outra, apesar de ambos serem caracterizados como **segurados empregados**, não confundir trabalho temporário com contrato de trabalho com prazo determinado.

a3) o brasileiro ou estrangeiro domiciliado e contratado no Brasil para trabalhar como empregado em sucursal ou agência de empresa nacional no exterior

O inciso visa a manter a proteção previdenciária ao trabalhador, brasileiro ou estrangeiro, que seja aqui domiciliado e contratado, e é enviado ao exterior por interesse do empregador. Ainda que exercendo seu trabalho em território estrangeiro, continuará filiado à Previdência Social brasileira.

Só não se esqueça dos requisitos: além do **domicílio e da contratação no Brasil**, deve haver **vínculo empregatício** com **empresa nacional**, cujo conceito encontramos no art. 1.126 do Código Civil: *empresa organizada de conformidade com a lei brasileira e que tenha no país sua sede e administração*.

a4) aquele que presta serviço no Brasil a missão diplomática ou a repartição consular de carreira estrangeira e a órgãos a elas subordinados, ou a membros dessas missões e repartições, excluídos o não brasileiro sem residência permanente no Brasil e o brasileiro amparado pela legislação previdenciária do país da respectiva missão diplomática ou repartição consular

Missões diplomáticas (embaixadas) e repartições consulares (consulados), apesar de serem escritórios destinados à representação de interesses de outros países, são equiparadas a empresas quando atuarem em território nacional. Destarte, todos os seus funcionários, brasileiros ou estrangeiros, são **empregados**, sendo assim também considerados aqueles que prestam serviço diretamente aos próprios diplomatas em atuação no país.

O RGPS adota o **princípio da unicidade de proteção,** que determina que, a cada trabalhador, deve corresponder, em regra, apenas uma proteção previdenciária. A norma não descuida, neste sentido, do fato de muitos funcionários das embaixadas e consulados serem estrangeiros e aqui atuarem de forma transitória, no estrito interesse de seu país de origem. Diante da subsistência do vínculo com outro Estado, fica excluído do RGPS o *estrangeiro sem residência permanente no Brasil*, dada a presunção de que está acolhido pela Previdência de seu país. Vale o mesmo raciocínio para excluir do RGPS o brasileiro que trabalha na embaixada ou consulado e que, por expressa determinação da legislação alienígena, por esse fato passa a ser protegido pela Previdência estrangeira.

a5) o brasileiro civil que trabalha para a União, no exterior, em organismos oficiais brasileiros ou internacionais dos quais o Brasil seja membro efetivo, ainda que lá domiciliado e contratado, salvo se segurado na forma da legislação vigente do país de domicílio

O dispositivo abrange apenas o brasileiro **civil**, pois o militar possui regime próprio de previdência. Se ele trabalhar no exterior para a União, ou seja, *em nome e no interesse do Estado brasileiro*, em organismos oficiais brasileiros (*embaixadas e consulados*) ou internacionais (Organização das Nações Unidas – ONU, Organização Mundial do Comércio – OMC, Organização Internacional do Trabalho – OIT), *desde que destas o Brasil seja membro efetivo*, ainda que domiciliado e contratado no exterior, estará filiado ao RGPS na qualidade de empregado. Fica excluído, mais uma vez, o trabalhador que, por força da legislação previdenciária estrangeira, já esteja protegido por regime local de previdência (**princípio da unicidade de proteção**).

Sobre o trabalho nas embaixadas e consulados brasileiros, o RPS inclui ainda como **empregado** (art. 9º, I, *g*) o **auxiliar local**, pessoa contratada para *prestar serviços ou desempenhar atividades de apoio que exijam familiaridade com as condições de vida, os usos e os costumes do país onde esteja sediado o posto*. O auxiliar local pode ser estrangeiro ou brasileiro e, como é contratado sem vínculo empregatício, as relações trabalhistas e previdenciárias, em regra, serão regidas pela lei do país da contratação. Estará incluído no RGPS apenas o auxiliar local **brasileiro** que, **em razão de proibição legal**, não possa filiar-se ao sistema previdenciário estrangeiro.

a6) o brasileiro ou estrangeiro domiciliado e contratado no Brasil para trabalhar como empregado em empresa domiciliada no exterior, cuja maioria do capital votante pertença a empresa brasileira de capital nacional

O tópico, apesar da redação complexa, é análogo ao item "a3", ficando claro que a legislação previdenciária equipara a empresa brasileira, já conceituada, com a empresa estrangeira (uma vez que domiciliada no exterior) cuja maioria do capital votante pertença a empresa brasileira de capital nacional, isto é, *cujo controle efetivo pertença a pessoas físicas domiciliadas e residentes no país ou a pessoas jurídicas de direito público interno*.

a7) o servidor público ocupante de cargo em comissão, sem vínculo efetivo com a União, Autarquias, inclusive em regime especial, e Fundações Públicas Federais

De início, o dispositivo determinava a filiação obrigatória ao RGPS como empregado apenas do servidor público ocupante de cargo em comissão, *aquele declarado em lei como de livre nomeação e exoneração* (exemplo: Ministro de Estado). Contudo, com o advento da Emenda Constitucional 20/1998, foi introduzido o § 13 no art. 40, que ampliou a aplicação desta determinação legal ao estabelecer a filiação obrigatória ao RGPS, além do ocupante de cargo em comissão, do ocupante de **cargo temporário** e de **emprego público.**

Portanto, a principal parte da alínea a ser lembrada é: "*sem vínculo efetivo*" com a Administração Direta, autárquica ou fundacional. Qualquer funcionário que **não** tenha cargo efetivo será filiado do RGPS na qualidade de empregado (veja, a respeito, as alíneas *i*, *l* e *m* do inciso I do art. 9º do RPS).

Paralelamente, cabe destacar que **mesmo servidores ocupantes de cargos efetivos podem ser enquadrados como empregados no RGPS.** Isso ocorrerá sempre que o *respectivo ente político contratante não tenha criado regime próprio de previdência para seus servidores* (art. 9º, I, *j*, do RPS). Apesar da União e de todos os Estados e DF já o terem feito, esta é uma realidade em diversos Municípios do país.

a8) o empregado de organismo oficial internacional ou estrangeiro em funcionamento no Brasil, salvo quando coberto por regime próprio de previdência social

A alínea assegura ao empregado de escritórios representativos de organismos internacionais em funcionamento no Brasil (ONU, OMC, OIT etc.) a proteção previdenciária, exceto se já participantes de regime próprio de previdência de outro país. A menção a "organismo oficial estrangeiro" mostra-se repetitiva, pois tais empregados já estavam acolhidos pela alínea *d* do inciso I do art. 12 do PCSS, estudada no tópico "a4", dado que "organismos oficiais estrangeiros" são apenas as embaixadas e consulados instalados em território nacional.

a9) o exercente de mandato eletivo federal, estadual ou municipal, desde que não vinculado a regime próprio de previdência

Enquanto o cidadão estiver no exercício de mandato eletivo, qualquer que seja ele, contribuirá para a Previdência Social como empregado, a não ser que seja servidor público ocupante de cargo efetivo com regime próprio de previdência. A intenção da norma é não deixar desamparado o exercente de cargo eletivo, considerando, por exemplo, que um membro do Poder Legislativo pode reeleger-se sucessivas vezes, sendo esta sua única atividade remunerada ao longo de muitos anos.

Se o eleito já é servidor público efetivo, será apenas licenciado do cargo, mantendo seu vínculo com o Estado. Por isso continua protegido pelo regime próprio de previdência.

Por conta do julgamento do RE 351.717-PR (*DJ* 08.10.2003) pelo STF, o Senado Federal suspendeu a execução da alínea *h* do inciso I do art. 12 do PCSS, de redação idêntica à esposada acima, adotando a posição do Supremo exposta em controle difuso de constitucionalidade sobre a impossibilidade de cobrança de contribuições sociais dos exercentes de mandato eletivo. Ocorre que tal decisão foi tomada antes da publicação da Emenda Constitucional 20/1998, a qual, ao dar nova redação ao art. 195, II, da CF/1988, sepultou a discussão ao prever a contribuição para o RGPS pelo "trabalhador e demais segurados", o que, sem dúvida, acolhe os agentes políticos. Por essa razão, foi incluída a alínea *j* no dispositivo com a mesma redação, ora estudada, incluindo-os definitivamente no sistema previdenciário.

a10) o bolsista e o estagiário que prestam serviços à empresa, em desacordo com a Lei 11.788, de 25.09.2008

Os programas de bolsa e de estágio são regulamentados pela Lei 11.788/2008, que estabelece uma série de requisitos para que o uso da mão de obra do estudante possa ser assim caracterizado (jornada de trabalho limitada a 04 ou 06 horas diárias, termo de compromisso entre o educando, a parte concedente do estágio e a instituição de ensino, compatibilidade de atividades etc.).

Na falta de qualquer dos requisitos, fica claro que a contratação da pessoa como estagiária provavelmente deu-se com a intenção de fraudar a legislação trabalhista e previdenciária, constituindo verdadeira relação de emprego. Daí porque, estando em desacordo com a lei, o estagiário é segurado empregado.

Voltaremos a este tema mais à frente. Adiantando a curiosidade: o estagiário regular é **segurado facultativo.**

a11) o escrevente e o auxiliar contratados por titular de serviços notariais e de registro a partir de 21.11.1994, bem como aquele que optou pelo Regime Geral de Previdência Social, em conformidade com a Lei 8.935, de 18.11.2004

A mencionada lei alterou o regime de previdência dos trabalhadores contratados por cartórios extrajudiciais. Até então (novembro de 1994), os funcionários dos cartórios participavam do regime estatutário dos servidores públicos estaduais e, portanto, do respectivo regime próprio de previdência. Com a edição da Lei 8.935, os titulares dos serviços notariais e de registro passaram a ser obrigados a contratar novos escreventes e auxiliares conforme a legislação trabalhista (são **empregados** comuns, com carteira assinada). Aqueles que já trabalhavam no cartório puderam optar por manter-se no regime próprio ou migrar para o RGPS. Estes últimos passaram a também ser enquadrados como **empregados.**

a12) o trabalhador rural contratado por produtor rural pessoa física, na forma do art. 14-A da Lei 5.889, de 08.06.1973, para o exercício de atividades de natureza temporária por prazo não superior a dois meses dentro do período de um ano

A inclusão expressa do trabalhador rural contratado por pequeno prazo, criado inicialmente pela Medida Provisória 410/2007 e definitivamente consagrado na Lei 11.718/2008, veio a completar as disposições da Lei 5.889/1973, que, com sua nova redação, é clara ao determinar que este trabalhador tem os mesmos direitos do trabalhador permanente. Ou seja, será tratado como **empregado** do produtor rural pessoa física, ainda que a lei autorize sua contratação sem registro na CTPS (art. 14-A, § 3º, II, da Lei 5.889/1973).

b) Segurado Obrigatório – Empregado doméstico

É definido em lei como *aquele que presta serviço de natureza contínua a pessoa ou família, no âmbito residencial desta, em atividades sem fins lucrativos.*

Para sua caracterização, é fundamental a concorrência de **todos** os requisitos: atividade contínua, prestada no âmbito residencial, sem fins lucrativos.

Por **atividade contínua** devemos entender *aquela dotada de assiduidade, prestada em dias seguidos ou com periodicidade definida*. É o oposto de atividade eventual, sem dias fixos, contratada apenas conforme a demanda. Buscando dar aplicabilidade ao conceito, a Justiça do Trabalho sempre se debruçou sobre a questão das diaristas, pessoas dedicadas a serviços de faxina e similares em dias predeterminados da semana. A jurisprudência indicava que, se o trabalhador prestasse serviços até três vezes por semana, **não** estaria caracterizado o vínculo empregatício e, portanto, para fins previdenciários **não** se tratava de empregado doméstico (TST, RR 44600-13.2009.5.04.0016, *DJ* 31.08.2011), **exceto** se o pagamento fosse realizado **mensalmente** (TST, E-ED-RR 250040-44.2004.5.02.0078, *DJ* 08.09.2011). Neste último caso, em sentido contrário: TST, RR 112900-74.2008.5.01.0071, *DJ* 24.11.2010. De todo modo, com a edição da Lei Complementar 150/2015, pacificou-se legalmente a questão: o vínculo doméstico se estabelece se o empregado prestar serviços na mesma residência **a partir de três vezes por semana.**

Ausente o requisito da continuidade, o trabalhador se enquadra como **contribuinte individual.**

Âmbito residencial, por sua vez, é *o espaço doméstico, o lugar onde a pessoa ou família faz sua morada*. Frise-se que o termo "âmbito" não foi usado à toa: pretende-se com ele indicar que o empregado doméstico pode prestar serviços mesmo fora da casa, mas no interesse e visando à comodidade da pessoa ou família. É o caso do jardineiro, do caseiro, do motorista particular, entre outros. Todos eles são empregados domésticos.

Em derradeiro, a caracterização como empregado doméstico depende da atividade ser prestada **sem finalidade lucrativa.** O trabalho do empregado doméstico deve voltar-se, exclusivamente, ao conforto da pessoa ou família. Passando a colaborar em atividades lucrativas, ainda que realizadas dentro da casa, fica desnaturada sua condição. É o clássico exemplo doutrinário da faxineira que, além de manter a casa em ordem, auxilia sua empregadora no preparo de doces e salgados que esta revende na vizinhança.

Ausentes os requisitos do âmbito residencial e da atividade sem fins lucrativos, o trabalhador se enquadra como **empregado.**

c) Segurado Obrigatório – Contribuinte individual

Grosso modo, trata-se da categoria dos trabalhadores que *não detêm vínculo empregatício, prestando serviços de forma autônoma a diversos tomadores.*

Mais do que isso, na verdade, a categoria dos contribuintes individuais presta relevante função na busca da **universalidade de atendimento** da Previdência Social: a pretensão de que nenhum trabalhador fique desamparado caso atingido por contingências que impeçam o exercício de sua atividade remunerada. Veremos a seguir que, além dos prestadores de serviços autônomos, diversos outros trabalhadores aqui se incluem com o fito de garantir a todos a proteção previdenciária, razão pela qual esta categoria tem **natureza supletiva**: quem exerce atividade remunerada e não se enquadra em nenhuma das outras categorias, será contribuinte individual.

De toda forma, sua principal característica é a **ausência de subordinação** na realização de sua atividade.

O PCSS (art. 12), o PBPS (art. 11) e o RPS (art. 9º) enumeram, como contribuintes individuais, os seguintes:

c1) a pessoa física, proprietária ou não, que explora atividade agropecuária, a qualquer título, em caráter permanente ou temporário, em área superior a 4 (quatro) módulos fiscais; ou, quando em área igual ou inferior a 4 (quatro) módulos fiscais ou atividade pesqueira, com auxílio de empregados ou por intermédio de prepostos; ou ainda nas hipóteses dos §§ 10 e 11 do art. 12 do PCSS.

Refere-se ao *produtor rural pessoa física*, a pessoa que explora atividade rural por conta própria, sem constituir empresa.

A extensa qualificação é salutar para diferenciar este contribuinte individual do segurado especial, figura que será analisada à frente. Com efeito, somente se caracterizará como contribuinte individual o produtor rural atuante em média ou grande propriedade – **maior que quatro módulos fiscais** (o módulo fiscal é uma *unidade de medida agrária, expressa em hectares e variável de acordo com cada município*).

Pode ainda ser considerado contribuinte individual o produtor rural que explore sua atividade em área igual ou inferior a quatro módulos fiscais, **desde que tenha o auxílio permanente de empregados ou prepostos.**

É, outrossim, contribuinte individual o explorador de atividade pesqueira, **não importando a área onde a exerce**, se a fizer com o auxílio de empregados ou prepostos.

Por fim, a menção aos §§ 10 e 11 do art. 12 do PCSS acolhe as pessoas que, pela ausência de qualquer dos requisitos, não podem ser caracterizadas como segurado especial. Vemos aqui a primeira demonstração da **natureza supletiva** da categoria dos contribuintes individuais.

c2) a pessoa física, proprietária ou não, que explora atividade de extração mineral-garimpo, em caráter permanente ou temporário, diretamente ou por intermédio de prepostos, com ou sem o auxílio de empregados, utilizados a qualquer título, ainda que de forma não contínua

O item não traz grandes dificuldades. É importante ressaltar que, diferentemente da atividade agropecuária, aqui **não** influenciam o tamanho da área ou a presença de empregados ou prepostos. O *explorador do garimpo, desde que pessoa física, será sempre contribuinte individual.*

c3) o ministro de confissão religiosa e o membro de instituto de vida consagrada, de congregação ou de ordem religiosa

Ministros de confissão religiosa *são as pessoas que dedicam sua vida a professar determinada fé, conduzindo seus respectivos fiéis nos cultos celebrados.* São os padres, pastores, rabinos, pais de santo etc.

Membros de instituto de vida consagrada *são aqueles que se dedicam integralmente aos dogmas de sua fé, alijando-se das atividades comuns do dia a dia para, unicamente, trabalhar em prol da religião.* São os monges, freiras, frades etc.

Interessante o fato destas pessoas estarem incluídas como contribuintes individuais, e em consequência como **segurados obrigatórios**, porque isto implica no reconhecimento de que exercem atividade remunerada (art. 9º, § 12, do RPS), **mesmo que o valor por eles recebido não seja considerado remuneração para fins de incidência da contribuição social.**

Explicamos.

O ministro de confissão religiosa e o membro de instituto de vida consagrada são **sempre considerados contribuintes individuais.** Ocorre que, se o valor por eles recebido da instituição religiosa *for apenas em virtude de seu mister religioso ou para sua subsistência e independentemente da natureza e da quantidade do trabalho executado*, este montante **não** é remuneração para fins previdenciários, não devendo incidir sobre ele a contribuição social devida (art. 22, § 13, do PCSS), devendo o religioso declarar o valor do salário de contribuição sobre o qual deseja contribuir (art. 55, § 11, da Instrução Normativa 971/2009, da Secretaria da Receita Federal do Brasil).

Em sentido contrário, se o valor percebido pelo ministro de confissão religiosa ou membro de instituto de vida consagrada *exceder o necessário à sua subsistência ou for pago por cada tarefa religiosa cumprida*, tal montante será caracterizado como remuneração e incidirá, então, contribuição social sobre todo ele, respeitado o limite máximo do salário de contribuição.

c4) o brasileiro civil que trabalha no exterior para organismo oficial internacional do qual o Brasil é membro efetivo, ainda que lá domiciliado e contratado, salvo quando coberto por regime próprio de previdência social

Temos a tentação de acreditar que já lemos este texto em outro lugar. Realmente, ele é bastante similar ao item "a5", que define uma das espécies de empregado.

É exatamente por isso que devemos ter especial atenção à única diferença existente: lá, classifica-se como **empregado** o brasileiro civil que trabalha *para a União em organismo internacional no exterior*; aqui, classifica-se como **contribuinte individual** o brasileiro civil que trabalha *para o organismo internacional no exterior*.

Altera-se a parte contratante: é empregado quem trabalha em benefício, defendendo os interesses, da União em repartição de organismo internacional situada no estrangeiro; é contribuinte individual quem trabalha em prol do próprio organismo internacional situado fora do país.

A razão do tratamento diferenciado é o fato do organismo internacional, aqui parte contratante, *estar situado no exterior*, o que impede sua caracterização como empresa. A lei nacional não pode alcançar tais entidades quando sediadas em território estrangeiro. Quando a pessoa, por outro lado, trabalha **para** a União, ainda que fora de nossos limites territoriais, esta será sempre vinculada à legislação brasileira. Da mesma forma, se o escritório do organismo internacional está instalado no Brasil, seu funcionário será também classificado como **empregado**, porque, em nosso território, aplicamos nosso ordenamento jurídico.

Anote, então, o quadro-resumo:

<table>
<tr><td colspan="2" rowspan="2"></td><td colspan="2">Contratante</td></tr>
<tr><td>União</td><td>Organismo Internacional</td></tr>
<tr><td rowspan="2">Localização da repartição</td><td>Brasil</td><td>Empregado (a7)</td><td>Empregado (a8)</td></tr>
<tr><td>Exterior</td><td>Empregado (a5)</td><td>Contrib. Individual (c4)</td></tr>
</table>

c5) o titular de firma individual urbana ou rural, o diretor não empregado e o membro de conselho de administração de sociedade anônima, o sócio solidário, o sócio de indústria, o sócio-gerente e o sócio-cotista que recebam remuneração decorrente de seu trabalho em empresa urbana ou rural, e o associado eleito para cargo de direção em cooperativa, associação ou entidade de qualquer natureza ou finalidade, bem como o síndico ou administrador eleito para exercer atividade de direção condominial, desde que recebam remuneração

Titular de firma individual urbana ou rural, atualmente, é denominado *empresário individual, que é a pessoa que exerce atividade econômica por conta própria, sem outros sócios*. Mais recentemente, devemos também incluir o titular de empresa individual de responsabilidade limitada – EIRELI.

Diretor e membro do conselho de administração são *administradores das sociedades anônimas, funções definidas na Lei 6.404/1976*. Obviamente, aqui se enquadram desde que não sejam empregados da companhia, pois se o forem são classificados como segurados empregados.

Sócio solidário deve ser entendido como *o sócio com responsabilidade ilimitada*, presente nas sociedades simples (não empresárias), nas sociedades em comum (irregulares), na sociedade em nome coletivo e na sociedade em comandita simples.

Sócio de indústria é termo utilizado pelo revogado Código Comercial para definir *o sócio que contribuía apenas com a prestação de serviços, enquanto outro investia o capital, na então chamada sociedade de capital e indústria*. O art. 9º, V, *g*, do RPS inclui também o sócio capitalista como contribuinte individual. Como este tipo societário foi extinto com o advento do Código Civil em 2002, tais disposições mostram-se inócuas.

Sócio-gerente é *o sócio com poderes de administração da sociedade* e sócio-cotista *é aquele que não possui tais poderes*. Todos eles, **desde que sejam remunerados pela empresa** por conta de trabalhos prestados em seu favor, são segurados obrigatórios na qualidade de contribuintes individuais.

O trabalhador cooperado é considerado, também, como **contribuinte individual** (art. 9º, V, *n*, do RPS). Manterá a mesma qualidade se for eleito para cargo de direção da cooperativa ou outra associação de qualquer natureza.

Por último, o dispositivo acolhe os síndicos ou administradores de condomínios, **desde que remunerados.** Se não o forem, serão **segurados facultativos**. Vale lembrar que a isenção da taxa de manutenção condominial enquanto durar o mandato é forma de **remuneração indireta** do síndico, o qual, nesses casos, **deve** contribuir para a Previdência.

c6) quem presta serviço de natureza urbana ou rural, em caráter eventual, a uma ou mais empresas, sem relação de emprego

c7) a pessoa física que exerce, por conta própria, atividade econômica de natureza urbana, com fins lucrativos ou não

Os dois dispositivos merecem análise conjunta, pois tratam da mesma figura: *o prestador de serviços autônomo, que trabalha para pessoas físicas ou jurídicas conforme estas necessitem de sua mão de obra, sem qualquer tipo de vínculo empregatício*. Dada a ausência de subordinação e habitualidade na execução de seu trabalho, é classificado como contribuinte individual (antigamente era chamado de *autônomo*, termo ainda usado na prática pelas pessoas que se aposentaram antes do regime do PCSS).

c8) o Microempreendedor Individual – MEI de que tratam os arts. 18-A e 18-C da Lei Complementar 123, de 14.12.2006, que opte pelo recolhimento dos impostos e contribuições abrangidos pelo Simples Nacional em valores fixos mensais

Microempreendedor individual (MEI) é o *empresário individual que aufere receita bruta máxima de R$ 60.000,00 (sessenta mil reais) no ano que opte em adimplir suas obrigações tributárias pelo sistema do Simples Nacional* (art. 18-A, § 1º, LC 123/2006).

A redação do item pode dar a entender que o MEI que não opte pela sistemática de contribuição fixa deixa de ser contribuinte individual. Há de se ter cuidado, pois isso não é verdade. Ele continuará classificado como contribuinte individual, pois não deixa de ser **titular de firma individual**, conforme descrito no item "c5".

d) Segurado Obrigatório – Trabalhador avulso

É o trabalhador *que presta serviços a diversas empresas, sem vínculo empregatício, porém com intermediação obrigatória do sindicato ou de órgão gestor de mão de obra (OGMO).*

Os principais aspectos do trabalhador avulso são **a ausência de vínculo empregatício** (que o transformaria em empregado) e a **intermediação do sindicato ou OGMO** (que, se não existir, faz do trabalhador um contribuinte individual). Na prática, as empresas interessadas na mão de obra em determinadas atividades, que não queiram contratar empregados, podem contatar o sindicato ou o OGMO e solicitar os trabalhadores. Os intermediadores indicarão as pessoas que realizarão o trabalho por meio de uma lista de obreiros cadastrados, operando-se um revezamento.

O trabalho avulso está autorizado nas seguintes atividades (art. 9º, VI, do RPS):

d1) o trabalhador que exerce atividade portuária de capatazia, estiva, conferência e conserto de carga, vigilância de embarcação e bloco;

d2) o trabalhador de estiva de mercadorias de qualquer natureza, inclusive carvão e minério;

d3) o trabalhador em alvarenga (embarcação para carga e descarga de navios);

d4) o amarrador de embarcação;

d5) o ensacador de café, cacau, sal e similares;

d6) o trabalhador na indústria de extração de sal;

d7) o carregador de bagagem em porto;

d8) o prático de barra em porto;

d9) o guindasteiro;

d10)o classificador, o movimentador e o empacotador de mercadorias em portos.

Atenção ao fato de que, não obstante a grande maioria das atividades sejam típicas da zona portuária (arts. 32 e seguintes da Lei 12.815/2013), não é verdade que somente estas autorizam a contratação de trabalhador avulso, como muitos memorizam. Há, ainda, a presença dos ensacadores de grãos, dos trabalhadores da extração de sal e da movimentação de mercadorias (esses últimos previstos na Lei 12.023/2009).

e) Segurado Obrigatório – Segurado especial

Fruto do objetivo constitucional de estender os benefícios do RGPS aos trabalhadores rurais, o segurado especial pode ser sumariamente definido como *o pequeno produtor rural, que trabalha a terra para seu sustento.* Mais pormenorizadamente, seu conceito vem exposto na própria CF/1988 (art. 195, § 8º): *"O produtor, o parceiro, o meeiro e o arrendatário rurais e o pescador artesanal, bem como os respectivos cônjuges, que exerçam suas atividades em regime de economia familiar, sem empregados permanentes (...)".*

Conforme se verá mais adiante, a criação da categoria do segurado especial baseia-se, ainda, no princípio da **equidade na forma de participação no custeio** da seguridade social. Como tais pessoas costumam auferir renda apenas em determinadas épocas do ano (a safra), sua contribuição será ajustada a esta realidade e pagam apenas um percentual daquilo obtido com a comercialização da produção. Obviamente, a fim de se manter o equilíbrio financeiro e atuarial do sistema, seus benefícios previdenciários serão limitados a um salário mínimo.

Reunindo o dispositivo constitucional, o PCSS e o RPS, temos os seguintes requisitos para a caracterização do segurado especial:

e1) Atividade rural em economia familiar: assim considerada aquela *em que o trabalho dos membros da família é indispensável à própria subsistência e ao desenvolvimento socioeconômico do núcleo familiar e é exercido em condições de mútua dependência e colaboração, sem a utilização de empregados permanentes.*

Desta forma, tanto o produtor rural quanto seu cônjuge e filhos maiores de 16 (dezesseis) anos ou equiparados são segurados especiais da Previdência. A proteção, lembre-se, é conferida a todos mediante o pagamento de uma única contribuição calculada sobre o resultado da comercialização da produção;

e2) Área de produção igual ou inferior a 4 (quatro) módulos fiscais: caso a atividade explorada seja agropecuária. Para o extrativista vegetal ou seringueiro, não há limite de área;

e3) Não utilizar embarcação ou tenha esta arqueação bruta igual ou menor que 20 (vinte), conforme o art. 10, § 1º, I, da Lei 11.959/2009: para o pescador artesanal. Arqueação bruta é um valor adimensional (não é acompanhado de qualquer unidade de medida – metros cúbicos, toneladas etc.) relacionado com o volume total interno de um navio;

e4) Não contratar empregados permanentes: sendo autorizada a contratação de empregados ou contribuintes individuais *à razão de 120 pessoas/dia por ano civil, ou por tempo equivalente em horas de trabalho, não sendo computado nesse prazo o período de afastamento em decorrência do recebimento de auxílio-doença,* para fazer frente às necessidades da safra. A razão deve ser entendida da seguinte forma: se o segurado especial contratar um empregado, este poderá trabalhar por até 120 dias, corridos ou intercalados, no mesmo ano civil (de janeiro a dezembro); se contratar dois empregados, poderão ficar por até 60 dias; quatro empregados, 30 dias; e, assim, sucessivamente;

e5) Não possuir outra fonte de rendimento: exceto benefício previdenciário de pensão por morte, auxílio acidente ou auxílio-reclusão, cujo valor não supere o do menor benefício de prestação continuada da Previdência Social (um salário mínimo); benefício de previdência complementar; exercício de atividade remunerada em período não superior a 120 dias, corridos ou intercalados, no ano civil; exercício de mandato eletivo de dirigente sindical de organização da categoria de trabalhadores rurais; exercício de mandato de vereador do município onde desenvolve a atividade rural, ou de dirigente de cooperativa rural constituída exclusivamente por segurados especiais; parceria ou meação; atividade artesanal desenvolvida com matéria-prima produzida pelo respectivo grupo familiar, podendo ser utilizada matéria-prima de outra origem, desde que a renda mensal obtida na atividade não exceda ao menor benefício de prestação continuada da Previdência Social; e atividade artística, desde que em valor mensal inferior ao menor benefício de prestação continuada da Previdência Social (art. 12, § 10, do PCSS). Nestas hipóteses, o trabalhador **deve recolher sua contribuição social conforme as regras da categoria em que se enquadrar** (empregado de uma pessoa jurídica durante a entressafra, por exemplo, terá o desconto na remuneração pela alíquota aplicável a qualquer empregado)**, porém continua sendo visto pela Previdência Social como segurado especial.**

Ressaltamos que, nos termos do art. 9º, § 18, do RPS, **não** descaracteriza a condição de segurado especial, dentre outras, a *exploração de atividade turística na propriedade rural, inclusive com hospedagem, por não mais que 120 dias ao ano; a participação em plano de previdência complementar; o fato de algum membro do grupo familiar ser beneficiário de programa de assistência social governamental; a utilização pelo próprio grupo familiar de processo de beneficiamento ou industrialização artesanal na exploração da atividade; e a associação em cooperativa agropecuária.*

A Lei 12.873/2013 previu, ainda, uma nova possibilidade para o segurado especial complementar sua renda sem perder sua caracterização. Ao inserir o § 14 no art. 12 do PCSS, mencionado diploma normativo autorizou a constituição de sociedade empresária, sociedade simples, empresa individual de responsabilidade limitada ou o registro como empresário individual do segurado especial cujo objeto seja de âmbito agrícola, agroindustrial ou agroturístico. Para manter a qualidade de segurado especial, porém, deve se tratar de uma ***microempresa****, constituída exclusivamente por segurados especiais do mesmo Município (ou de cidades limítrofes) de sua sede e que continuem a desenvolver suas atividades.*

Frise-se, por fim, que nas hipóteses elencadas, nas quais o segurado pode exercer atividade remunerada sem perder essa classificação, deverá recolher normalmente as contribuições previdenciárias incidentes sobre essa outra profissão (art. 12, § 13, do PCSS).

f) Segurado facultativo

Recuperando o conceito anotado anteriormente, **segurado facultativo** da Previdência Social é *toda pessoa que, não exercendo atividade remunerada, opta, por iniciativa própria, por contribuir para o RGPS, fazendo jus aos benefícios enunciados em lei.*

O RPS traz alguns exemplos: *dona de casa, síndico não remunerado de condomínio, estudante, brasileiro que acompanha cônjuge que presta serviço no exterior, quem deixou de ser segurado obrigatório, membro de Conselho Tutelar, estagiário nos termos da Lei 11.788/2008, bolsista de instituição de pesquisa em regime de dedicação exclusiva, o preso e o brasileiro domiciliado no exterior.*

Repise-se que são exemplos. Qualquer pessoa **maior de 16 anos que não exerça atividade remunerada e não esteja amparada por nenhum outro regime de previdência social** pode se inscrever como segurado facultativo.

A CF/1988 veda, expressamente, a inscrição como facultativo de pessoa participante de regime próprio de previdência (art. 201, § 5º).

3.3.3. *Filiação e inscrição*

Filiação define-se como *o ato jurídico que vincula o trabalhador à Previdência Social.* Com a filiação, a pessoa torna-se um **segurado.**

Considerando que a filiação ao RGPS é **obrigatória** para aqueles que exercem atividade remunerada, *tão logo esta se inicie o trabalhador já está filiado à Previdência.* Ainda que o INSS não saiba da existência deste trabalhador em atividade, sua filiação é uma imposição constitucional. Assim, o fato de alguém estar trabalhando, com ou sem registro de emprego, sem contribuir para a Previdência, coloca esta pessoa em situação de **inadimplemento**, ou seja, ela é devedora de contribuição social e pode, eventualmente, ser cobrada de seu débito com os acréscimos legais (correção monetária, juros e multa).

A despeito de se caracterizar como um vínculo jurídico, a filiação pode ser **múltipla**, ou seja, o *mesmo segurado pode possuir mais de uma filiação.* Isso ocorre quando a pessoa exerce mais de uma atividade remunerada sujeita ao RGPS, sejam elas de mesma natureza ou de natureza distinta. Nesse caso, o segurado será considerado *filiado em cada uma delas individualmente* (art. 12, § 2º, do PCSS), autorizando o recebimento de benefícios que sejam exclusivos de uma ou de outra. Exemplo: determinado trabalhador está filiado ao RGPS tanto como empregado (por trabalhar com carteira assinada para determinada empresa) quanto como contribuinte individual (por realizar trabalhos autônomos nas horas vagas). Caso venha a sofrer um acidente que deixe sequelas permanentes, reduzindo sua capacidade laborativa, terá direito ao auxílio-acidente porque é segurado empregado. O fato de *também* ser filiado como contribuinte individual (que não faz jus ao auxílio-acidente) não exclui seu direito ao benefício.

Em face do exposto, a filiação pode dar-se de duas formas:

a) Automática: quando o trabalhador não precisa praticar nenhum ato formal para obter sua filiação, decorrendo diretamente do exercício de atividade remunerada. É a forma de filiação dos *segurados obrigatórios*;

b) Mediante inscrição: para os *segurados facultativos*, que não exercem atividade remunerada e, portanto, participam do RGPS se quiserem, sua filiação decorre de um *ato formal, pelo qual o segurado fornece dados necessários para sua identificação no INSS* (art. 18 do RPS).

Em rigor, a **inscrição deve sempre ser realizada**, afinal é com ela que o INSS obtém os dados cadastrais do segurado e todos aqueles relativos à atividade que exerce. A diferença é que, *enquanto os segurados obrigatórios promovem sua inscrição* ***depois da filiação*** *(pois esta ocorre juntamente com o início da atividade), os facultativos devem realizar sua inscrição* ***antes da filiação*** *(pois esta decorre da própria inscrição).*

É por isso que não se admite a **filiação retroativa** do segurado facultativo, ou seja, *o pagamento de certa quantia à vista, em determinada data, pretendendo que esta valha como contribuição para uma série de meses anteriores*. Exemplo: um segurado facultativo resolve se inscrever em junho de 2015, pretendendo benefícios da ordem de R$ 800,00. Conforme veremos mais adiante, deverá recolher como contribuição a alíquota de 20%, portanto R$ 160,00. Não se aceita que este novo segurado, ao proceder sua inscrição, recolha R$ 1.600,00 pretendendo "considerar-se filiado" desde 10 meses antes. A inscrição e a filiação do facultativo voltam-se apenas para o futuro.

Não se confunde essa situação com a **quitação de contribuições atrasadas dos segurados obrigatórios**. Suponha que um dentista tenha trabalhado em seu próprio consultório por 10 anos, sem nunca ter promovido sua inscrição no INSS e, por conseguinte, sem nunca ter recolhido qualquer contribuição. Pretendendo fazer contar esse tempo de trabalho para sua aposentadoria, realiza sua inscrição e recolhe, além do mês atual, o equivalente aos 10 anos anteriores **com correção monetária, juros e multa**. Tal recolhimento é **plenamente válido**, porque o contribuinte individual, na verdade, **já era filiado** e estava em débito com a Seguridade Social.

A inscrição do **segurado empregado** e do **trabalhador avulso** deve ser realizada pela empresa ou pelo órgão gestor de mão de obra, respectivamente. Os demais (empregado doméstico, contribuinte individual, segurado especial e segurado facultativo) devem promover, pessoalmente, sua inscrição no INSS.

3.3.4. Manutenção da qualidade de segurado

Considerando que o RGPS é um sistema **contributivo**, é fácil deduzir que *enquanto o segurado estiver contribuindo para a Previdência Social ele manterá essa qualidade*. Como decorrência lógica, quando deixar de fazê-lo, perderá o *status* de segurado, não mais tendo direito aos benefícios previdenciários previstos em lei.

Este raciocínio, bastante correto, encontra algumas exceções. Sim, há períodos na vida laboral da pessoa em que esta *não contribui para o RGPS, mas mantém a qualidade de segurado por um certo período de tempo*. Esse interregno é chamado de **período de graça.**

Isso quer dizer, por exemplo, que se determinado segurado não estiver contribuindo (porque ficou desempregado), porém encontra-se no período de graça, caso venha a ser acometido de determinada doença que imponha repouso absoluto, terá direito de receber auxílio-doença enquanto permanecer nessa situação.

É claro que tal período não pode perdurar indefinidamente, sob pena de fazer ruir o equilíbrio atuarial do sistema previdenciário. Por isso, o PBPS estabelece os prazos aplicáveis ao período de graça:

a) sem limite de prazo, para quem está em gozo de benefício: afinal, os benefícios previdenciários são imunes à incidência de contribuição (com exceção do salário-maternidade). Ao contrário do que parece, este item não desdiz a regra exposta anteriormente, de que o período de graça deve durar por prazo determinado. Na verdade, quem está em gozo de benefício previdenciário está, justamente, fazendo uso daquilo que pagou. Não seria admissível imaginar que o próprio benefício, criado pela lei para amparar a pessoa em situações nas quais ela se vê privada da possibilidade de trabalhar, após certo período de tempo fosse suspenso sob o argumento de que a pessoa deixou de ser segurada da Previdência pela ausência de pagamentos mensais. De que serviria o seguro social, então? É fácil vislumbrar na situação da aposentadoria: após contribuir por 35 anos, a pessoa se aposenta por tempo de contribuição. O benefício irá perdurar até sua morte, sem que ela recolha qualquer centavo a mais para a Previdência.

b) até doze meses após a cessação de benefício por incapacidade ou após a cessação das contribuições, o segurado que deixar de exercer atividade remunerada abrangida pela previdência social ou estiver suspenso ou licenciado sem remuneração: este é o período de graça padrão do segurado obrigatório, sendo a hipótese mais comum na prática. A lei lhe garante a extensão dos benefícios previdenciários pelo prazo de doze meses contados do momento em que deixou de exercer atividade remunerada (e, presume-se, deixou de contribuir), prazo também aplicável para quem estava no gozo de determinado benefício por incapacidade (exemplo: auxílio-doença) e este é suspenso porque a perícia médica oficial assinalou o retorno da aptidão para o trabalho.

O lapso é ampliado para **24 meses** se o segurado já contava com mais de **120 contribuições mensais** quando deixa de contribuir (art. 15, § 1º, do PBPS). E, em se tratando de desemprego (hipótese exclusiva, portanto, do segurado **empregado**), o período ganha mais **12 meses**, desde que o segurado comprove essa situação mediante registro no órgão próprio do Ministério do Trabalho e Emprego – MTE.

A primeira hipótese é um bônus conferido ao trabalhador que já contribuiu por longo período para a Previdência. A segunda hipótese visa a premiar o cidadão que informa o governo de sua situação de desemprego para auxiliar nas estatísticas oficiais e estratégias de atuação do Poder Público no mercado. Há de se anotar, contudo, que existe corrente jurisprudencial que caminha no sentido de permitir a extensão da graça mesmo sem tal registro, bastando a prova do desemprego por qualquer meio admitido em Direito (Súmula 27 da Turma de Uniformização dos Juizados Especiais Federais). Em sentido contrário, reafirmando a necessidade de registro no MTE: STJ, REsp 627.661/RS, *DJ* 02.08.2004.

Em resumo, o período de graça em razão da supressão da atividade remunerada pode ser de 12, 24 ou 36 meses, dependendo da conjugação dos fatores expostos.

c) até doze meses após cessar a segregação, o segurado acometido de doença de segregação compulsória: tais males seriam aqueles que determinam, necessariamente, o afastamento social do doente para tratamento, diante de seu estágio avançado ou possibilidade de contágio. Na falta de regulamentação, parte da doutrina utiliza as doenças previstas no art. 151 do PBPS. Não acreditamos que seja a melhor solução, visto que várias das moléstias listadas permitem, sem qualquer prejuízo ao trabalhador ou à sociedade, o tratamento ambulatorial. Ademais, o dispositivo em estudo tem pouquíssima aplicabilidade prática, pois, se a doença que atinge o trabalhador impõe seu afastamento do trabalho, ele passará a receber auxílio-doença; ao se recuperar e ser suspenso o benefício, ele já estaria incluído no item anterior.

d) até doze meses após o livramento, o segurado detido ou recluso: trata-se do segurado que veio a ser preso. Manterá essa qualidade quando for posto em liberdade, definitiva ou provisoriamente, por doze meses. Devemos interpretar como liberdade a colocação do detento em regime aberto, diante da suspensão determinada pelo PBPS do auxílio-reclusão pago à sua família quando ocorrer essa progressão de regime.

e) até três meses após o licenciamento, o segurado incorporado às Forças Armadas para prestar serviço militar: outro dispositivo de pouco uso concreto, diante do direito trabalhista de suspensão do contrato de trabalho durante o serviço militar (art. 472 da CLT). Isso significa dizer que, ao menos para o segurado empregado, sua fonte de renda ainda estará lá quando for licenciado do serviço militar. A regra tem aplicação, portanto, apenas àqueles que se encontravam em outra categoria de segurados e foram convocados, podendo permanecer até três meses sem contribuir que ainda mantêm a qualidade de segurados.

f) até seis meses após a cessação das contribuições, o segurado facultativo: o facultativo tem regra própria, estando ainda coberto pelos benefícios por seis meses após a última contribuição. Atente para um ponto: isso **não** significa que o facultativo pode pagar apenas uma contribuição a cada seis meses que estará sempre segurado! Para manter essa qualidade, deverá pagar as contribuições em atraso.

Vale ressaltar que, em geral, durante o período de graça o segurado conserva íntegro seu direito a *todos os benefícios previdenciários*, havendo apenas uma exceção aplicável ao **salário-maternidade**. A segurada **não** faz jus a este benefício quando estiver *desempregada em razão de demissão sem justa causa ocorrida durante o período de estabilidade provisória* (desde a confirmação da gravidez até cinco meses após o parto, nos termos do art. 10, II, *b*, do ADCT). Isso porque, nessa hipótese, o salário-maternidade passa a ser considerado como **verba indenizatória**, cujo pagamento é de responsabilidade do empregador, o que libera o INSS da restituição deste benefício à empresa.

3.3.5. *Perda da qualidade de segurado*

Ultrapassado o prazo estabelecido para o período de graça, **perderá** o segurado esta qualidade, ficando sem o amparo da Previdência caso lhe sobrevenha qualquer das contingências protegidas. Ou seja, a determinação do dia em que o trabalhador deixa de ser considerado como segurado da Previdência é de extrema importância, já que o fato ocorrido antes disso lhe assegura proteção, mas o fato posterior nada lhe garantirá.

Dispõe, sobre o tema, o art. 15, § 4º, do PBPS: *"a perda da qualidade de segurado ocorrerá no **dia seguinte** ao do **término do prazo** fixado no Plano de Custeio da Seguridade Social **para recolhimento da contribuição** referente ao **mês imediatamente posterior ao do final dos prazos fixados neste artigo** e seus parágrafos"* (grifo nosso).

A redação é, sem dúvida, um tanto confusa. Para bem compreendê-la, precisamos conhecer uma regra importante sobre o pagamento das contribuições previdenciárias, o **regime de competência**.

Um exemplo ilustrará bem seu significado: uma pessoa trabalhou em certa empresa ao longo do mês de junho de 2015. Nos primeiros dias de julho de 2015 receberá sua remuneração, *referente ao trabalho prestado em junho*. Dizemos que esta remuneração é da **competência** do mês de junho. Desta remuneração será descontada sua contribuição previdenciária. Logo, a contribuição descontada e paga à União em julho é da **competência** do mês de junho, tal qual a remuneração.

Em outras palavras: *o segurado recolhe, em determinado mês, a contribuição previdenciária referente à remuneração auferida no mês anterior.*

Acompanhe agora o raciocínio com base na seguinte linha do tempo:

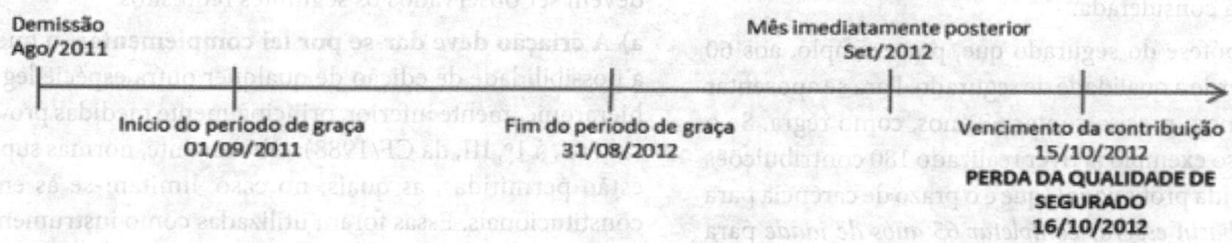

Pois bem. O dispositivo legal diz que a perda da qualidade de segurado é operada no *dia seguinte* ao do *término do prazo* para recolhimento da contribuição. Sua leitura deve ser feita em conjunto com o art. 14 do RPS, que unifica a regra para todos os segurados: não importa qual a categoria do segurado em questão, considera-se o prazo de vencimento do **contribuinte individual**, ou seja, dia 15 (art. 30, II, do PCSS).

Fiquemos no mesmo exemplo citado, em que tínhamos um segurado empregado. Suponha, agora, que ele seja demitido, sem justa causa, em agosto de 2015, com apenas duas contribuições mensais recolhidas. Como ele trabalhou em agosto e a contribuição relativa a esta competência será paga, seu período de graça começa a contar em setembro de 2015 e será de 12 meses (considerando, ainda, que ele não se registrou no MTE informando sua situação).

Note que o período de graça findará em agosto de 2016. Mas continua o dispositivo legal dizendo que a perda da qualidade de segurado se opera apenas *no dia seguinte (16)* ao do *término do prazo (15)* para *recolhimento da contribuição referente ao mês imediatamente posterior* ***(setembro)*** *ao do final do prazo do período de graça* ***(agosto)***. A contribuição do mês de setembro deve ser recolhida até 15 de outubro. Logo, em nosso exemplo, a perda da qualidade de segurado será reconhecida em **16 de outubro de 2016**.

3.3.6. Efeitos da perda da qualidade de segurado

Com a perda da qualidade de segurado, *o trabalhador e seus dependentes deixam de ter, como regra, acesso a qualquer dos benefícios previdenciários*. Esta determinação, todavia, comporta duas exceções:

a) Direito adquirido: em respeito a este, se o segurado, ao perder esta qualidade, já havia cumprido todos os requisitos para a concessão de determinado benefício, *continuará a fazer-lhe jus*. Exemplo: ao perder a qualidade de segurado, o trabalhador já detinha todos os requisitos para se aposentar por tempo de contribuição. Poderá requerer o benefício a qualquer momento, por força do direito adquirido;

b) Aplicação do art. 3º da Lei 10.666/2003: que dispõe que a *perda da qualidade de segurado não será considerada para a concessão das aposentadorias por tempo de contribuição e especial*. Com isso, se o segurado deixar de efetuar suas contribuições por longo período de tempo, perdendo a proteção previdenciária, ao voltar a recolhê-las deve apenas fazê-lo até somar o requisito para aposentadoria. Exemplo: um empregado contribuiu por 33 anos, foi demitido e perdeu a qualidade de segurado. Tempos depois, conseguiu novo emprego. Basta que recolha mais dois anos para ter direito à aposentadoria por tempo de contribuição (que se dá com 35 anos de contribuição para o segurado homem). A perda da qualidade de segurado não lhe atrapalha em nada na concessão deste benefício, desde que, ao longo de sua vida, some o número de contribuições necessárias para se aposentar. Essa regra excepciona também as determinações sobre o período de carência, que serão estudadas mais adiante.

O § 1º do mesmo artigo traz disposição semelhante sobre a aposentadoria por idade, determinando que, neste caso, *desde que o segurado conte com, no mínimo, o tempo de contribuição correspondente ao exigido para efeito de carência na data do requerimento do benefício*, a perda da qualidade de segurado também não será considerada.

Trata da hipótese do segurado que, por exemplo, aos 60 anos de idade, perde a qualidade de segurado. Para se aposentar por idade, o homem precisa contar 65 anos, como regra. Se o segurado de nosso exemplo já tiver realizado 180 contribuições ao longo de sua vida profissional (que é o prazo de carência para este benefício), *basta esperar completar 65 anos de idade* para requerer sua aposentadoria.

4. CONTRIBUIÇÕES PARA A SEGURIDADE SOCIAL

4.1. Disposições gerais

Já dissemos que o recolhimento das contribuições previstas em lei para financiar a seguridade social constituem **obrigações tributárias**, diante da inserção das contribuições sociais como categoria autônoma de tributos. Mais especificamente, são **obrigações tributárias principais**, uma vez que impõem o dever de pagar determinada quantia aos cofres públicos.

Para estudá-las pormenorizadamente, então, precisamos visitar alguns institutos típicos do Direito Tributário, plenamente aplicáveis à relação jurídica de custeio direto da seguridade, estudada no capítulo anterior.

4.1.1. Competência legislativa

A CF/1988 entregou **competência legislativa exclusiva** para a **União** criar as contribuições sociais (art. 149), com exceção das *contribuições cobradas dos servidores públicos estaduais, distritais e municipais para custeio dos respectivos regimes próprios de previdência*. Estas são criadas, também respectivamente, por cada Estado, pelo Distrito Federal e por cada Município (art. 149, § 1º, da CF/1988).

Originariamente, a CF/1988 previu as seguintes contribuições sociais:

> **Art. 195.** A seguridade social será financiada por toda a sociedade, de forma direta e indireta, nos termos da lei, mediante recursos provenientes da União, dos Estados, do Distrito Federal e dos Municípios, e das seguintes contribuições sociais:
>
> I – do empregador, da empresa e da entidade a ela equiparada na forma da lei, incidentes sobre:
>
> a) a folha de salários e demais rendimentos do trabalho pagos ou creditados, a qualquer título, à pessoa física que lhe preste serviço, mesmo sem vínculo empregatício;
>
> b) a receita ou faturamento;
>
> c) o lucro.
>
> II – do trabalhador e dos demais segurados da previdência social, não incidindo contribuição sobre aposentadoria e pensão concedidas pelo regime geral de previdência social de que trata o art. 201;
>
> III – sobre a receita de concursos de prognósticos;
>
> IV – do importador de bens ou serviços do exterior, ou de quem a lei a ele equiparar.

A competência exclusiva da União abrange igualmente a chamada **competência residual** (art. 195, § 4º, da CF/1988), que é a *aptidão para criar novas contribuições sociais além daquelas expressamente previstas no texto constitucional*. Para tanto, devem ser observados os seguintes requisitos:

a) A criação deve dar-se por lei complementar: o que afasta a possibilidade de edição de qualquer outra espécie legislativa hierarquicamente inferior, principalmente medidas provisórias (art. 62, § 1º, III, da CF/1988). Obviamente, normas superiores estão permitidas, as quais, no caso, limitam-se às emendas constitucionais. Essas foram utilizadas como instrumento, por exemplo, para a criação da antiga Contribuição Provisória sobre Movimentações Financeiras – CPMF.

b) A contribuição nova deve ser não cumulativa: cumulatividade do tributo significa *que este incide integralmente em todas as etapas da cadeia produtiva*. Exemplo: imposto de renda, pois cada pessoa jurídica envolvida na industrialização e comércio de determinado produto deve arcar com o seu imposto de renda calculado sobre todo o lucro que obtiver no período de apuração. Ao contrário, tributo não cumulativo é aquele *que autoriza o uso* *do valor do tributo incluído no preço da mercadoria como crédito para o recolhimento do mesmo tributo pelo próximo contribuinte da cadeia produtiva.* É o caso, por exemplo, do ICMS, no qual o valor do tributo destacado na nota fiscal de venda da indústria será usado como crédito quando o comerciante adquirente for recolher seu próprio ICMS;

c) A base de cálculo deve ser nova: não se autoriza a criação de contribuições sociais sobre fatos que já constituam base de cálculo de outros tributos. Impossível criar uma contribuição social incidente sobre a propriedade de bens imóveis, pois isto já obriga ao pagamento do IPTU. Porém, as movimentações financeiras, nos idos de 1997, não determinavam o pagamento de nenhum tributo, por isso foram escolhidas, então, como base de cálculo da CPMF.

4.1.2. Vigência da legislação aplicável

Para verificar em que momento a legislação relativa à cobrança de contribuições sociais entra em vigor, devemos primeiro analisar o conteúdo da norma, uma vez que dele dependerá diretamente a regra a ser aplicada.

a) Normas favoráveis ou indiferentes ao contribuinte: por "normas favoráveis" entendemos *aquelas que livram o contribuinte do pagamento do tributo ou diminuem seu valor*, caso das leis que criam isenções, que extinguem contribuições, que diminuem a alíquota etc. "Normas indiferentes" são *aquelas que não interferem no valor do tributo, mas apenas em questões paralelas*, como prazo de pagamento, necessidade de entrega de declarações etc.

Essas normas (favoráveis ou indiferentes) seguem a regra de vigência estabelecida na Lei de Introdução às Normas do Direito Brasileiro – Decreto-lei 4.657/1942: entram em vigor na data em que indicarem; na ausência desta, em 45 dias contados da publicação para efeitos internos e em 3 meses para efeitos no exterior.

b) Normas desfavoráveis ao contribuinte: valendo-nos dos mesmos critérios usados anteriormente, "normas desfavoráveis" são *aquelas que determinam o pagamento de tributo novo ou aumentam o valor a pagar*. São exemplos a lei que cria contribuição social nova, a que aumenta a alíquota de contribuição já existente, a que extingue uma isenção etc.

Neste caso, a lei somente entra em vigor **90 dias depois de sua publicação, ainda que tal prazo vença dentro do mesmo exercício, que coincide com o ano civil** (de janeiro a dezembro). Isto porque as normas desfavoráveis ao contribuinte relativas a contribuições sociais *não estão sujeitas à anterioridade anual prevista no art. 150, III, b, da CF/1988, mas apenas à anterioridade nonagesimal, também conhecida como "noventena"* (art. 195, § 6º, da CF/1988).

4.1.3. Imunidades

São hipóteses de não incidência de tributos por expressa determinação constitucional, isto é, são situações nas quais, pela aplicação direta da lei, deveria haver o pagamento da contribuição social. No entanto, a **própria Constituição** veda a cobrança, protegendo o contribuinte.

Difere a imunidade da **isenção** na medida em que esta *é criada por lei*. Na isenção, o contribuinte está liberado do pagamento da contribuição social porque uma **lei ordinária** assim autorizou. Perceba que a proteção é menor na isenção, pois a lei pode ser facilmente revogada a qualquer momento com a edição de nova lei ordinária, ou mesmo de uma medida provisória, regulando diferentemente a matéria. Já as imunidades são **irrevogáveis**, pois tem *status* de **cláusula pétrea** (STF, ADI 939-DF, *DJ* 15.12.1993), ainda que tal classificação conte com alguma resistência por parte da doutrina e da jurisprudência.

Visto isso, leia-se o art. 195, § 7º, da CF/1988: "*são isentas de contribuição para a seguridade social as entidades beneficentes de assistência social que atendam às exigências estabelecidas em lei*".

É facilmente identificável o deslize técnico cometido. Se estamos lendo um artigo da **Constituição** que impede a cobrança do tributo, estamos diante de uma **imunidade**. Equivocou-se o constituinte ao usar a expressão "*são isentas*". Não obstante, em cega consideração à literalidade do texto constitucional, o termo vem sendo utilizado indiscriminadamente na prática.

O artigo estabelece, para o gozo da imunidade, que a entidade de **assistência social** (o que exclui entidades beneficentes dedicadas a outras atividades que não o auxílio às pessoas sem condição de prover a própria subsistência) deve *atender a exigências estabelecidas em lei*. Trata-se, portanto, de uma **imunidade condicionada**, sendo os requisitos encontrados no art. 14 do Código Tributário Nacional – CTN:

a) Não podem distribuir qualquer parcela de seu patrimônio ou de suas rendas, a qualquer título, aos diretores ou administradores;

b) Devem aplicar integralmente no país os seus recursos, para manutenção dos seus objetivos institucionais;

c) Devem manter escrituração de suas receitas e despesas em livros revestidos de formalidades capazes de assegurar sua exatidão.

O último requisito traz uma regra importante: *a imunidade ao pagamento do tributo **não** implica a liberação do cumprimento das obrigações acessórias*. Em outras palavras, não é porque a entidade está livre do dever de pagar as contribuições sociais que pode ignorar as obrigações de manter sua escrituração contábil em ordem, de emitir notas fiscais, de preencher declarações etc.

Com isso, não se pode exigir nenhuma das contribuições sociais a serem estudadas de entidades beneficentes de assistência social que cumpram as disposições do CTN.

Outra imunidade está prevista no art. 195, II, da CF/1988, ao dispor que *não incidirá contribuição sobre aposentadoria e pensão concedidas pelo RGPS*. Nesta hipótese, o texto constitucional usou a melhor técnica, pois realmente a imunidade é uma espécie de não incidência tributária. Expõe, enfim, que sobre os benefícios de aposentadoria por tempo de contribuição, aposentadoria especial, aposentadoria por idade, aposentadoria por invalidez e pensão por morte não incidirá contribuição previdenciária.

Em verdade, sobre benefícios previdenciários, incide contribuição, na prática, apenas sobre o salário-maternidade. Contudo, enquanto as aposentadorias e a pensão por morte estão acobertadas por **imunidade**, os demais benefícios são protegidos por **isenção.**

4.1.4. Remissão e anistia

Ambos são institutos do Direito Tributário com plena aplicação na relação previdenciária de custeio. **Remissão** (cujo verbo é *remitir*, sinônimo de *perdoar*) *é o perdão da dívida fiscal, podendo abranger todo o valor devido (tributo principal, juros e* *multa) ou só parte dele.* A remissão ocorre **depois** do lançamento do tributo, ou seja, constituído regularmente o crédito tributário e não pago pelo contribuinte, pode este, em tese, ser perdoado através da veiculação de lei específica.

Anistia, por sua vez, é instituto que se destina *a evitar o lançamento tributário da infração fiscal cometida, liberando-se o contribuinte faltoso do pagamento desta.* Praticada determinada infração fiscal, o crédito sobre ela deve também ser constituído pelo lançamento. **Antes** dele, pode o Poder Público, novamente mediante lei específica, anistiar o pagamento, liberando os contribuintes que praticaram aquela ilegalidade **do pagamento da multa**. A anistia atinge apenas a multa; o valor do tributo principal, acrescido de juros e correção monetária **continua devido**.

Vistos os conceitos, resta verificar que, no âmbito do Direito Previdenciário, mais especificamente sobre as **contribuições sociais incidentes sobre a folha de pagamento das empresas e sobre a remuneração dos trabalhadores**, o art. 195, § 11, da CF/1988 *impede a concessão de remissão e anistia para valores superiores ao fixado em lei complementar.* Em outras palavras, a CF/1988 determina a criação de um teto para a concessão desses favores fiscais: abaixo dele, pode o Poder Público remitir ou anistiar a dívida; acima dele, deve promover a cobrança.

Essa disposição se justifica na tentativa de manter sempre o equilíbrio financeiro do sistema previdenciário. As duas contribuições mencionadas destinam-se, exclusivamente, ao pagamento dos benefícios da previdência, de sorte que a dispensa de seu pagamento deve ater-se a critérios mais rigorosos.

Vale dizer que a lei complementar mencionada no § 11 do art. 195 da CF/1988 ainda não foi editada. Tramita projeto na Câmara dos Deputados (PLP 512/2009) com a intenção de consagrar a posição já defendida na jurisprudência, que, por analogia ao limite legal colocado para o ajuizamento das execuções fiscais, usa o patamar de R$ 10.000,00 como limite para a concessão dos benefícios.

4.2. Contribuições sociais das empresas

Passamos agora à análise individual de cada uma das contribuições sociais existentes no ordenamento pátrio. Para facilitar o estudo, todas elas serão apresentadas da mesma forma: indicaremos a **previsão legal** (com todas as normas pertinentes), o **sujeito passivo** (lembrando que o sujeito ativo será sempre a União), a **destinação do valor arrecadado**, o **fato gerador**, a **base de cálculo**, a **alíquota** e outras **observações** que se mostrarem necessárias.

4.2.1. Contribuição sobre a folha de pagamento

a) Previsão legal: art. 195, I, *a*, da CF/1988; art. 22, I, do PCSS; art. 201 do RPS.

b) Sujeito passivo: o empregador, a empresa ou a entidade a ela equiparada.

c) Destinação do valor arrecadado: exclusivamente o pagamento de benefícios do RGPS (art. 167, XI, da CF/1988).

d) Fato gerador: pagar, dever ou creditar remuneração, a qualquer título, a segurados que lhe prestem serviços, com ou sem vínculo empregatício.

Atente para o fato de que a folha de pagamento, para fins previdenciários, abrange os pagamentos feitos a quaisquer pessoas físicas que prestem serviço para a empresa em determinado mês, tendo vínculo empregatício ou sendo apenas um prestador de serviços eventual. Da mesma forma, o fato gerador (que impõe o dever de pagar o tributo) não é somente a entrega efetiva da remuneração ao segurado, mas o simples dever de pagá-lo, ou seja, ainda que a empresa esteja atrasada com o pagamento das remunerações aos seus empregados e prestadores de serviço, já nasceu o débito perante a União da contribuição sobre a folha de pagamento.

Remuneração deve ser entendida conforme o conceito dado pelo Direito do Trabalho, ou seja, *o valor pactuado a título de salário mais as gorjetas recebidas.*

e) Base de cálculo: o total das remunerações pagas, devidas ou creditadas para segurados, a qualquer título, ao longo do mês.

f) Alíquota: 20%, para as remunerações pagas, devidas ou creditadas, para segurados empregados, trabalhadores avulsos ou contribuintes individuais; 15%, para remunerações pagas a cooperados por intermédio de cooperativas de trabalho.

O Decreto 6.945/2009 reduziu a alíquota geral (20%) para as empresas das áreas de Tecnologia da Informação e Tecnologia da Informação e Comunicação, caracterizadas nos termos do art. 201-D, § 3º, do RPS, *na proporção de 1% para cada 10% da receita média trimestral total da empresa que seja destinada à exportação*, desde que atenda aos requisitos do art. 201-D, § 6º, do RPS. Em outros termos, se a receita média da empresa calculada no trimestre provier 50% dela de transações de exportação de produtos e serviços, a alíquota da contribuição sobre a folha será de 15%.

g) Vencimento: dia 20 do mês seguinte ao da competência.

h) Observações

- ✓ As instituições financeiras devem um adicional de 2,5% sobre a mesma base de cálculo (art. 22, § 1º, do PCSS);
- ✓ Empresas que tenham empregados ou trabalhadores avulsos (o que **exclui os contribuintes individuais**) em atividades de risco, que *são aquelas que autorizam o benefício da aposentadoria especial por periculosidade ou insalubridade*, devem um adicional de 1%, 2% ou 3% para o financiamento do Seguro de Acidentes de Trabalho – SAT e do mencionado benefício. A alíquota é determinada pela **atividade preponderante**, *aquela que possui maior número de funcionários trabalhando*, mencionada no Anexo V do RPS. Para o STJ, para apuração da atividade preponderante, deve ser analisado o risco de acidentes de trabalho e o número de segurados em atividade de risco em cada estabelecimento separadamente (Súmula 351 do STJ). É importante perceber que o adicional incidirá sobre **toda** a folha de pagamento.
- ✓ Empresas que tenham trabalhadores com direito a aposentadoria especial, além do adicional previsto no item anterior, devem ainda **outro adicional**, de 12%, 9% ou 6% sobre a remuneração **apenas dos segurados empregados ou avulsos expostos a agentes nocivos** característicos da periculosidade ou insalubridade, a depender do tempo de contribuição necessário para a aposentadoria especial (15, 20 ou 25 anos, respectivamente). Para o trabalho prestado por cooperado por intermédio de cooperativa profissional, os adicionais são reduzidos para 9%, 7% ou 5% respectivamente. Por exemplo: uma determinada empresa tem, no total, 500 funcionários, sendo que 100 deles estão expostos a agentes nocivos e recebem o correspondente adicional de

insalubridade, tendo direito de aposentar-se com 25 anos de contribuição. O risco de acidente de trabalho destes 100 funcionários está classificado no Anexo V do RPS como leve. Nesse caso, a empresa terá de arcar com: **20%** do valor **total** de sua folha de pagamento, como contribuição básica; mais **1%** do valor **total** de sua folha de pagamento a título de adicional ao SAT; mais **6%** do valor **pago apenas aos segurados expostos aos agentes nocivos** para custeio da aposentadoria especial destes empregados.

4.2.2. *Contribuição do Microempreendedor Individual – MEI*

a) Previsão legal: art. 18-C, § 1º, III, da Lei Complementar 123/2006.

b) Sujeito passivo: MEI que contrata empregado.

c) Destinação do valor arrecadado: exclusivamente o pagamento de benefícios do RGPS (art. 167, XI, da CF/1988).

d) Fato gerador: pagar, dever ou creditar remuneração ao segurado empregado que lhe preste serviço.

e) Base de cálculo: salário de contribuição do empregado. Atenção que a regra para o MEI é diferente, pois sua base de cálculo não é o valor da remuneração paga ao empregado, mas sim o **salário de contribuição** deste, conceito que será estudado mais adiante.

f) Alíquota: 3%

g) Vencimento: dia 20 do mês seguinte ao da competência.

h) Observação: apesar do conceito de MEI descrito no art. 18-A da LC 123/2006 remeter ao de empresário individual nos termos do art. 966 do CC, é fato que são abordagens diferentes. *Enquanto o empresário individual clássico, regido pelo Código Civil, **deve** contratar empregados para sua caracterização, tal contratação é **vedada** para a classificação do MEI.* A contribuição em comento aplica-se à única exceção prevista: o MEI pode contratar apenas **um** empregado que receba não mais que **um salário mínimo** sem perder essa qualidade.

4.2.3. *Contribuição da associação desportiva que mantém equipe de futebol profissional*

a) Previsão legal: art. 22, § 6º, do PCSS; art. 205 do RPS.

b) Sujeito passivo: associação desportiva (clube) que mantém equipe de futebol profissional. Perceba que a manutenção da equipe de futebol profissional impõe o pagamento desta contribuição, a qual não se aplica a qualquer associação desportiva. Porém, havendo a equipe de futebol, a contribuição será sempre devida, mesmo em relação a outros esportes.

c) Destinação do valor arrecadado: exclusivamente o pagamento de benefícios do RGPS (art. 167, XI, da CF/1988).

d) Fato gerador: auferir receita em razão da realização de evento esportivo em território nacional e por conta de qualquer forma de patrocínio, licenciamento de uso de marcas e símbolos, publicidade, propaganda e de transmissão de espetáculos desportivos.

e) Base de cálculo: receita bruta do espetáculo desportivo ou do patrocínio, licenciamento, publicidade e transmissão.

f) Alíquota: 5%

g) Vencimento: dois dias úteis após o evento esportivo quando a retenção for feita pela entidade promotora do evento; dia 20 do mês seguinte, quando a retenção for feita pelo patrocinador, licenciado para o uso da marca, empresa de publicidade ou geradora da transmissão do evento.

h) Observações

✓ Esta contribuição **substitui** a contribuição sobre a folha de pagamento dos **empregados e avulsos** da associação desportiva. Caso ela contrate contribuintes individuais ou trabalhadores cooperados, deverá arcar com a contribuição de 20% sobre a folha de pagamento relativa a essas remunerações.

✓ Para fazer jus à substituição, a associação desportiva deve estar organizada na forma de um dos seguintes tipos societários: **sociedade em nome coletivo, sociedade em comandita simples** ou **sociedade limitada.**

✓ É permitido que a associação desportiva mantenha outras atividades econômicas paralelas (exemplo: a produção de material esportivo com suas logomarcas). Entretanto, a contribuição sobre a receita bruta do espetáculo somente substitui a contribuição da associação desportiva naquilo que se relacionar com a manutenção e administração da própria equipe de futebol. Quanto a estas atividades secundárias, deverá recolher a contribuição sobre a folha de pagamento normalmente.

4.2.4. *Contribuição do produtor rural pessoa jurídica*

a) Previsão legal: art. 25 da Lei 8.870/1994; art. 201, §§ 16 e 17, do RPS.

b) Sujeito passivo: a pessoa jurídica que se dedique exclusivamente à atividade rural (agricultura e pecuária), inclusive aquelas listadas no art. 25, § 3º, do PCSS.

c) Destinação do valor arrecadado: exclusivamente o pagamento de benefícios do RGPS (art. 167, XI, da CF/1988).

d) Fato gerador: a comercialização da produção pelo produtor rural pessoa jurídica.

e) Base de cálculo: receita bruta resultante da comercialização da produção.

f) Alíquota: 2,5% mais um adicional de 0,1% para o pagamento de benefícios resultantes de acidentes de trabalho. Portanto, a alíquota total é de 2,6%.

g) Vencimento: dia 20 do mês seguinte ao da operação de venda da produção.

h) Observações:

✓ Esta contribuição **substitui** a contribuição sobre a folha de pagamento dos **empregados e avulsos** do produtor rural pessoa jurídica. Caso ele contrate contribuintes individuais ou trabalhadores cooperados, deverá arcar com a contribuição de 20% sobre a folha de pagamento relativa a essas remunerações.

4.2.5. *Contribuição do produtor rural pessoa física*

a) Previsão legal: arts. 25 e 25-A do PCSS.

b) Sujeito passivo: a pessoa física que se dedique exclusivamente à atividade rural (agricultura e pecuária), inclusive aquelas listadas no art. 25, § 3º, do PCSS, bem como o consórcio simplificado de produtores rurais.

c) Destinação do valor arrecadado: exclusivamente o pagamento de benefícios do RGPS (art. 167, XI, da CF/1988).

d) Fato gerador: a comercialização da produção pelo produtor rural pessoa física ou consórcio simplificado de produtores rurais.

e) Base de cálculo: receita bruta resultante da comercialização da produção.

f) Alíquota: 2,0% mais um adicional de 0,1% para o pagamento de benefícios resultantes de acidentes de trabalho. Portanto, a alíquota total é de 2,1%.

g) Vencimento: dia 20 do mês seguinte ao da operação de venda da produção.

h) Observações:

✓ Esta contribuição **substitui** a contribuição sobre a folha de pagamento dos **empregados e avulsos** do produtor rural pessoa física. Caso ele contrate contribuintes individuais ou trabalhadores cooperados, deverá arcar com a contribuição de 20% sobre a folha de pagamento relativa a essas remunerações.

✓ Não se pode confundir esta contribuição com aquela devida pelo produtor rural pessoa física em razão de *sua própria filiação ao RGPS*. O produtor rural pessoa física paga duas contribuições: por ser **contribuinte individual** e a ora estudada, que se aplica diante de sua equiparação à empresa por contratar empregados.

4.2.6. Contribuição da agroindústria

a) Previsão legal: art. 22-A do PCSS; arts. 201-A e 201-B do RPS.

b) Sujeito passivo: a agroindústria, assim definida como *o produtor rural pessoa jurídica que se destina à industrialização de produção própria e adquirida de terceiros*. O conceito de industrialização pode envolver o beneficiamento, o processamento, a extração de sumos, o embalamento etc.

c) Destinação do valor arrecadado: exclusivamente o pagamento de benefícios do RGPS (art. 167, XI, da CF/1988).

d) Fato gerador: a comercialização da produção pela agroindústria.

e) Base de cálculo: receita bruta resultante da comercialização da produção.

f) Alíquota: 2,5% mais um adicional de 0,1% para o pagamento de benefícios resultantes de acidentes de trabalho. Portanto, a alíquota total é de 2,6%.

g) Vencimento: dia 20 do mês seguinte ao da operação de venda da produção.

h) Observações:

✓ Esta contribuição **substitui** a contribuição sobre a folha de pagamento dos **empregados e avulsos** da agroindústria. Caso ela contrate contribuintes individuais ou trabalhadores cooperados, deverá arcar com a contribuição de 20% sobre a folha de pagamento relativa a essas remunerações;

✓ Estão excluídas as agroindústrias destinadas à piscicultura, carcinicultura, suinocultura, avicultura, florestamento e reflorestamento como matéria-prima de industrialização própria por expressa determinação legal;

✓ A diferença entre esta contribuição e a prevista para o simples produtor rural pessoa jurídica é que, para a agroindústria, valerá esta alíquota de 2,6% sobre toda a sua receita bruta ainda que ela explore outra atividade econômica em paralelo, ao passo que o produtor rural pessoa jurídica deve dedicar-se **exclusivamente** à produção rural, sob pena de contribuir na regra geral da contribuição sobre a totalidade da folha de pagamento.

4.2.7. Programa de Integração Social/Programa de Formação do Patrimônio do Servidor Público – PIS/PASEP

a) Previsão legal: Lei Complementar 7/1970; Lei Complementar 26/1970; Lei 9.718/1998; Lei 10.637/2002.

b) Sujeito passivo: a empresa e a entidade a ela equiparada.

c) Destinação do valor arrecadado: pagamento do seguro-desemprego e do abono anual (benefícios **trabalhistas**, não previdenciários).

d) Fato gerador: auferir faturamento.

e) Base de cálculo: receita bruta mensal.

f) Alíquota: 0,65% no regime cumulativo; 1,65% no regime não cumulativo.

g) Vencimento: dia 25 do mês subsequente, antecipando-se o vencimento se não houver expediente bancário.

h) Observações:

✓ A contribuição do PIS **não é exclusivamente previdenciária**, servindo para financiamento de benefícios não previdenciários.

✓ As empresas são distribuídas entre os regimes cumulativo e não cumulativo pela legislação: como regra geral, seguem o segundo; o regime cumulativo fica reservado para as atividades listadas no art. 8º da Lei 10.637/2002.

4.2.8. Contribuição para Financiamento da Seguridade Social – COFINS

a) Previsão legal: Lei Complementar 70/1991; Lei 9.718/1998; Lei 10.833/2003.

b) Sujeito passivo: a empresa e a entidade a ela equiparada.

c) Destinação do valor arrecadado: financiamento da seguridade social como um todo (saúde, previdência e assistência social).

d) Fato gerador: auferir faturamento.

e) Base de cálculo: receita bruta mensal.

f) Alíquota: 3% no regime cumulativo; 7,6% no regime não cumulativo.

g) Vencimento: dia 25 do mês subsequente, antecipando-se o vencimento se não houver expediente bancário.

h) Observações:

✓ A COFINS **não é exclusivamente previdenciária**, servindo para financiamento de benefícios e serviços da seguridade social em geral, inclusive previdenciários.

✓ As empresas são distribuídas entre os regimes cumulativo e não cumulativo pela legislação: como regra geral, seguem o segundo; o regime cumulativo fica reservado para as atividades listadas no art. 10 da Lei 10.833/2003.

4.2.9. Contribuição Social sobre o Lucro Líquido – CSLL

a) Previsão legal: Lei 7.689/1988.

b) Sujeito passivo: a empresa e a entidade a ela equiparada.

c) Destinação do valor arrecadado: financiamento da seguridade social como um todo (saúde, previdência e assistência social).

d) Fato gerador: obter lucro contábil no exercício.

e) Base de cálculo: valor do resultado do exercício, antes da provisão para o imposto de renda.

f) Alíquota: 15% para as instituições financeiras; 9% para todas as demais pessoas jurídicas.

g) Vencimento: último dia útil do período de apuração (mensal ou trimestral).

h) Observações:

✓ A CSLL é recolhida na forma de adicional do imposto de renda da pessoa jurídica. Isso significa que são calculados no mesmo momento, por isso o regime de apuração da contribuição segue aquele adotado para o IRPJ.

4.3. Contribuição do empregador doméstico

a) Previsão legal: art. 24 do PCSS; art. 211 do RPS.

b) Sujeito passivo: empregador doméstico.

c) Destinação do valor arrecadado: exclusivamente o pagamento de benefícios do RGPS (art. 167, XI, da CF/1988).

d) Fato gerador: contratar segurado empregado doméstico a seu serviço.

e) Base de cálculo: salário de contribuição dos empregados domésticos a serviço do empregador doméstico.

f) Alíquota: 8%, mais 0,8% a título de adicional ao SAT devido por todos os empregadores domésticos. A alíquota total, portanto, é de 8,8%.

g) Vencimento: dia 7 do mês seguinte ao da competência.

h) Observações:

✓ A contribuição do empregador doméstico tem a mesma natureza da contribuição das empresas sobre a folha de salários, ou seja, destina-se exclusivamente ao custeio da Previdência Social, não trazendo qualquer benefício, nesta seara, ao empregador doméstico.

✓ Além da alíquota (20% para as empresas, 8,8% para o empregador doméstico), há outra diferença entre as duas contribuições: enquanto a contribuição das empresas sobre a folha de pagamento não encontra limite máximo, a do empregador doméstico tem um valor máximo a ser recolhido. **Isso porque sua base de cálculo não é a remuneração, mas sim o salário de contribuição do empregado doméstico**, o qual, como veremos a seguir, é limitado em virtude do equilíbrio financeiro e atuarial do sistema previdenciário. Obviamente, se o mesmo empregador tiver vários empregados domésticos a seu serviço, o valor a pagar incidirá individualmente sobre o salário de contribuição de cada um deles. Assim, é mais correto dizer que a contribuição do empregador doméstico possui um limite máximo a ser pago em relação a cada empregado doméstico contratado.

4.4. Contribuições dos segurados

4.4.1. *Salário de contribuição*

a) Conceito

Não podemos avançar para o estudo das contribuições previdenciárias devidas pelos segurados sem conhecer o conceito de **salário de contribuição.**

Tantas vezes mencionado nos capítulos anteriores, o salário de contribuição pode ser definido, em poucas palavras, *como a base de cálculo da contribuição do segurado*. Vamos, com isso, estabelecer aqui um ponto importante: **o salário de contribuição não é o valor devido pelo segurado aos cofres da União a título de contribuição previdenciária!** É apenas sua base de cálculo, o *ponto de partida para encontrar o valor exato a ser recolhido.*

Em linhas mais precisas, temos que o salário de contribuição do **empregado e do trabalhador avulso** é *a remuneração auferida, em uma ou mais empresas, assim entendida a totalidade dos rendimentos pagos, devidos ou creditados a qualquer título, durante o mês, destinados a retribuir o trabalho, qualquer que seja sua forma, inclusive as gorjetas, os ganhos habituais sob a forma de utilidades e os adiantamentos decorrentes de reajuste salarial, quer pelos serviços efetivamente prestados, quer pelo tempo à disposição do empregador ou tomador de serviços nos termos da lei ou do contrato, ou, ainda, de convenção ou acordo coletivo de trabalho ou sentença normativa* (art. 28, I, do PCSS).

Para o **empregado doméstico** é *a remuneração registrada em sua Carteira de Trabalho e Previdência Social*, a não ser que se comprove que esta não corresponde à realidade (art. 28, II, do PCSS).

Para o **contribuinte individual** é *a remuneração auferida em uma ou mais empresas ou pelo exercício de sua atividade por conta própria, durante o mês* (art. 28, III, do PCSS).

Para o **segurado facultativo** é *o valor por ele declarado* (art. 28, IV, do PCSS).

Para o **segurado especial** não há que se falar em salário de contribuição, pois ele contribui apenas com um percentual sobre o resultado da comercialização de sua produção, sendo, portanto, diversa a base de cálculo de sua obrigação previdenciária.

b) Limites

Visando a manter o equilíbrio das contas previdenciárias, sem descuidar, por outro lado, do objetivo último da seguridade social que é a garantia de uma existência digna aos cidadãos, o salário de contribuição encontra limites máximo e mínimo no seu cálculo.

O **limite mínimo**, para o **empregado, o empregado doméstico e o trabalhador avulso**, é *o piso salarial da categoria estabelecido em lei ou negociações coletivas de trabalho*. Inexistindo o piso, bem como **para o contribuinte individual e o segurado facultativo**, o limite mínimo do salário de contribuição será *o salário mínimo*.

O **limite máximo**, por sua vez, é único para todos os segurados do RGPS. Seu valor é fixado pelo PCSS e atualizado periodicamente pelo Ministério da Previdência e Assistência Social na mesma época e pelos mesmos índices de reajustamento dos benefícios da Previdência, atendendo ao disposto no art. 20, § 1º, do PCSS. As portarias que fixam os valores para cada exercício financeiro podem ser consultadas no *site* do Ministério da Previdência (www.previdencia.gov.br).

Isso significa que não importa o valor da remuneração efetivamente recebida pelo segurado. Seu salário de contribuição nunca será superior ao limite fixado pelo Poder Público. Sempre ilustrativo o exemplo do diretor empregado de uma empresa multinacional, com salário registrado na CTPS de R$ 30.000,00. Mesmo com este salário vultoso, o desconto de sua contribuição para o RGPS em seu contracheque está limitado a 11% (alíquota aplicável) do teto fixado.

c) Parcelas não integrantes

A despeito dos conceitos abrangentes apresentados, é certo que o salário de contribuição não se constitui de todas as verbas recebidas pelos segurados, principalmente os empregados e avulsos. Além do próprio limite apresentado no item anterior a diferenciar a remuneração do empregado do seu salário de contribuição, ainda que o limite não seja atingido há parcelas integrantes da remuneração que **não integram o salário de contribuição**. Isso equivale a dizer que *sobre estas verbas **não** incide a alíquota da contribuição previdenciária devida pelo segurado.*

As parcelas não integrantes estão previstas no art. 28, § 9º, do PCSS e as mais relevantes são as seguintes:

c1) os benefícios da previdência social, nos termos e limites legais, ressalvado o salário-maternidade

Confirmando aquilo que vimos anteriormente quando tratamos do período de graça, o segurado que estiver em gozo de benefício previdenciário não recolhe contribuição, pois o valor recebido não se considera salário de contribuição. A única exceção é o salário-maternidade, uma vez que, por não recair sobre ele o limite máximo dos benefícios, sobre ele deve incidir a cobrança do tributo;

c2) a parcela *in natura* recebida de acordo com os programas de alimentação aprovados pelo Ministério do Trabalho e Emprego

Parcela *in natura* da remuneração do trabalhador é aquela que *não é entregue em dinheiro, mas em utilidades.* No caso, trata-se da alimentação fornecida ao trabalhador, na forma de cestas básicas, refeitórios ou vale-alimentação, desde que integrantes de Programa de Alimentação do Trabalhador – PAT – devidamente aprovados pelo Ministério do Trabalho e Emprego. Há posicionamento do STJ dispensando esse ato formal em casos de oferta de alimentação dentro da própria empresa (REsp 511.359/AM, *DJ* 17.06.2003). Confirmando, de outra banda, a exigência da parcela ser paga *in natura*, determinando a incidência da contribuição caso paga em dinheiro, vide STJ, REsp 662.241/CE, *DJ* 04.08.2005;

c3) Multa de 40% sobre o valor depositado para o FGTS em caso de demissão sem justa causa

Benefício trabalhista previsto no art. 10 do Ato das Disposições Constitucionais Transitórias;

c4) Valor relativo a férias indenizadas e seu respectivo adicional constitucional

Popularmente conhecido como "venda das férias", esta situação ocorre quando o trabalhador não goza de seu descanso de 30 dias por ano de trabalho, recebendo o valor referente às férias em dinheiro, acrescido do adicional de um terço garantido pela CF/1988. Aliás, vale dizer que, em se tratando de **indenizações,** a regra é que não incida a contribuição, por não se tratar de importância recebida em razão da atividade remunerada, mas sim de compensação financeira pelo desrespeito a determinado direito do trabalhador;

c5) Parcela recebida a título de vale-transporte, na forma da legislação própria

A legislação em questão é a Lei 7.418/1985, que instituiu o vale-transporte como direito do trabalhador que deve utilizar o transporte público no seu itinerário para o trabalho e de volta a sua residência. Pago corretamente, ou seja, mediante o desconto de 6% da remuneração do trabalhador e custeado o restante pela empresa no valor estritamente necessário para o transporte, está excluído da incidência da contribuição. Ao se referir à legislação instituidora do benefício, a lei pretende que este seja também entregue *in natura*, isto é, na forma dos próprios vales emitidos pelas empresas de transporte coletivo, posição adotada pelo STJ (REsp 508.283/PR, *DJ* 16.08.2005). Em julgado mais recente, o STF adotou posição oposta, permitindo o pagamento do vale-transporte em dinheiro sem que isso o integrasse ao salário de contribuição (RE 478.410/SP, *DJ* 10.03.2010);

c6) a ajuda de custo, em parcela única, recebida exclusivamente em decorrência de mudança do local de trabalho do empregado, na forma do art. 470 da CLT

O referido artigo da Consolidação das Leis do Trabalho garante que *as despesas decorrentes da transferência do empregado correrão por conta do empregador*, que pode pagá-las diretamente ou creditar o valor respectivo para o trabalhador fazer frente aos custos da mudança. A esta verba o PCSS dá o nome de **ajuda de custo** e, *desde que paga em parcela única*, não se constituirá salário de contribuição;

c7) as diárias para viagem, desde que não excedam a 50% da remuneração mensal

Enquanto a ajuda de custo refere-se ao reembolso das despesas efetuadas por conta da mudança **definitiva** do empregado de seu local de trabalho, sendo paga uma única vez, as **diárias** são devidas para *fazer frente aos custos do deslocamento do segurado para outras localidades em benefício do serviço.* Serão pagas dentro do mesmo mês tantas vezes quantas forem as viagens realizadas pelo trabalhador, em valor a ser fixado pela empresa. Dada sua natureza indenizatória, não se integrarão ao salário de contribuição *desde que o valor pago a título de diárias não supere o limite de 50% da remuneração do empregado.* Caso isso aconteça, **o valor total**, e não somente o que exceder, será considerado remuneração e integrará o cálculo do salário de contribuição. A ideia é evitar que a empresa pague parcelas da remuneração do empregado sob a rubrica das diárias. Mas é importante deixar claro: ainda que haja efetiva comprovação de que o funcionário realmente viajou muitas vezes, sendo-lhe pagos corretamente os valores das diárias que acabaram por superar 50% da remuneração, **mesmo assim** incidirá a contribuição previdenciária **sobre tudo**;

c8) a importância recebida a título de bolsa de complementação educacional de estagiário, quando paga nos termos da Lei 11.788/2008

A bolsa recebida pelo estagiário não é considerada remuneração, pois o programa de estágio é visto como uma complementação do estudo. Por essa razão que o estagiário é considerado **segurado facultativo** e não haverá cobrança da contribuição sobre a bolsa recebida. Mais uma vez, o PCSS estampa a necessidade do estágio cumprir os requisitos da Lei 11.788/2008, do contrário será considerado uma relação de emprego disfarçada e, consequentemente, o valor recebido pelo "estagiário" será classificado como remuneração integrante do salário de contribuição, devendo recolher sua contribuição previdenciária;

c9) A participação nos lucros ou resultado da empresa, quando paga ou creditada de acordo com lei específica

A participação nos lucros ou resultados (PLR) está disciplinada na Lei 10.101/2000, que veda o pagamento da PLR *em periodicidade inferior a um trimestre ou mais de duas vezes dentro do mesmo ano.* Participações pagas em periodicidade menor serão consideradas, portanto, como salário de contribuição (STJ, REsp 856.160/PR, *DJ* 04.06.2009);

c10) O abono do PIS/PASEP

O abono do PIS/PASEP *é um direito de natureza trabalhista, que garante a todos os empregados que recebam até dois salários mínimos por mês um crédito de um salário mínimo no ano seguinte*, valor sobre o qual não incidirá a contribuição previdenciária;

c11) Os valores correspondentes a transporte, alimentação e habitação fornecidos pela empresa ao empregado contratado para trabalhar em localidade distante da de sua residência, em canteiro de obras ou local que, por força da atividade, exija deslocamento e estada, observadas as normas de proteção estabelecidas pelo Ministério do Trabalho

Trata-se de outras parcelas *in natura* pagas pela empresa. Em vez de fornecer valores relativos ao transporte, alimentação e habitação, ela entrega as próprias utilidades: faz o transporte para o trabalhador, fornece-lhe alimentação e a morada. O montante correspondente a tais prestações não será considerado remuneração **se presentes os requisitos do dispositivo:** trabalho distante da residência, fornecimento das utilidades *in natura* e observância das normas estabelecidas pelo MTE;

c12) A importância paga ao empregado a título de complementação do auxílio-doença, desde que este direito seja extensivo à totalidade dos empregados da empresa

Este dispositivo merece atenção, diante das diferentes interpretações que lhe são dadas. Para o INSS e grande parte da doutrina, ele se refere à complementação do **valor** do auxílio-doença paga pela empresa ao empregado que esteja em gozo do benefício, ou seja, a diferença entre o salário deste e o valor do benefício recebido, nos termos de convenção ou acordo coletivo. A jurisprudência, no entanto, usa esse item para excluir a cobrança de contribuição previdenciária da complementação do **período** dos primeiros 15 dias de afastamento do empregado, que são pagos pela empresa (o INSS somente começa a pagar o auxílio-doença no 16º dia de afastamento). Para o STJ, como não há prestação de serviço por parte do trabalhador nesse período, o pagamento não tem natureza salarial e, destarte, não deve ser incluído no salário de contribuição (REsp 1.086.141/RS, *DJ* 16.12.2008);

c13) O valor das contribuições efetivamente pago pela pessoa jurídica relativo a programa de previdência complementar, aberto ou fechado, desde que disponível à totalidade de seus empregados e dirigentes, observados, no que couber, os arts. 9º e 468 da CLT

c14) O valor relativo à assistência prestada por serviço médico ou odontológico, próprio da empresa ou por ela conveniado, inclusive o reembolso de despesas com medicamentos, óculos, aparelhos ortopédicos, despesas médico-hospitalares e outras similares, desde que a cobertura abranja a totalidade dos empregados e dirigentes da empresa

Os dois itens tratam de benefícios cedidos pela empresa a seus funcionários: previdência privada ou assistência à saúde, sendo a forma mais comum o plano de saúde corporativo. Não importa o meio pelo qual tais benefícios sejam prestados, *se disponíveis para todos os funcionários, em qualquer setor ou escalão,* estão excluídos da contribuição previdenciária. A essas benesses, o STJ ainda inclui, sob os mesmos requisitos, o seguro de vida em grupo (REsp 839.153/SC, *DJ* 19.12.2008);

c15) O ressarcimento de despesas pelo uso de veículo do empregado e o reembolso-creche pago em conformidade com a legislação trabalhista, observado o limite máximo de seis anos de idade, quando devidamente comprovadas as despesas realizadas

O ressarcimento pelo uso do veículo do empregado ocorre quando este, em prol do serviço, vale-se de seu próprio automóvel para deslocar-se entre os pontos necessários. O pagamento inclui o combustível e o desgaste do veículo e é independente do recebimento de diárias, se for o caso. Como se vê, tem clara natureza indenizatória e, por isso, está excluído do salário de contribuição.

O auxílio-creche é um benefício trabalhista, cuja exclusão do salário de contribuição está inclusive contemplada na Súmula 310 do STJ.

c16) A importância recebida a título de bolsa de aprendizagem garantida ao adolescente até quatorze anos de idade, de acordo com o disposto no art. 64 da Lei 8.069/1990

Se a bolsa-estágio é excluída do salário de contribuição, com muito mais razão deve sê-lo a bolsa-aprendizagem, paga ao **menor aprendiz**, o *adolescente que busca aprender uma profissão através de programa técnico-profissional ministrado segundo as diretrizes e bases da educação nacional, garantindo o acesso e frequência ao ensino regular.* A única ressalva é que o Estatuto da Criança e do Adolescente (Lei 8.069/1990) e, sucessivamente, o dispositivo ora estudado foram alterados tacitamente pela Emenda Constitucional 20/1998, o que permitiu o trabalho como aprendiz apenas **a partir** dos 14 anos de idade.

d) Parcelas integrantes

Seguindo a regra geral, *todo valor recebido pelo empregado, em dinheiro ou* in natura, *como contraprestação pelo seu trabalho e que não esteja contemplado na lista do item anterior* é considerado salário de contribuição.

Assim, em rol exemplificativo, temos como integrantes da base de cálculo da contribuição do segurado:

d1) Abonos, comissões, bonificações, gratificações ou prêmios de qualquer natureza

d2) Adicionais de insalubridade e periculosidade

d3) Aviso-prévio, trabalhado ou indenizado

d4) Décimo-terceiro salário (exceto para fins de cálculo de benefício)

d5) Diárias de viagem, quando excederem 50% da remuneração mensal do empregado

d6) Férias gozadas dentro do período normal (doze meses após a aquisição) **e na vigência do contrato de trabalho, inclusive o terço constitucional**

d7) Adicional de horas extras

d8) Adicional de produtividade

d9) Descanso semanal remunerado

d10) Salário-maternidade (como exceção à regra de que benefícios previdenciários não se incluem no salário de contribuição)

d11) Remuneração paga pelo sindicato e/ou pela empresa para o segurado dirigente sindical

e) Proporcionalidade

Estudamos anteriormente uma premissa importante sobre a forma de contribuição dos segurados: *se este exerce mais de uma atividade remunerada, é considerado como segurado em cada uma delas e, por conta disso, deve também contribuir em cada uma delas* (art. 9º, § 13, do RPS).

Por outro lado, não podemos esquecer que a contribuição efetiva do segurado para o RGPS encontra um limite máximo, que é o teto do salário de contribuição. Como conjugar, então, estes dois fatores? Afinal, em se tratando de um segurado cuja contribuição será descontada automaticamente pela fonte pagadora (como acontece, por exemplo, com os empregados e contribuintes individuais que prestam serviços para empresas), existe o risco de cada fonte descontar o valor relativo à remuneração paga sem considerar os demais salários do segurado, impondo-lhe uma contribuição maior do que o limite do RGPS.

A resposta está na **proporcionalidade do salário de contribuição**, determinando o *cálculo da contribuição do segurado proporcionalmente sobre cada remuneração*.

Para bem entender esse sistema, vamos construir o raciocínio em três situações distintas. Também precisamos adiantar a seguinte informação sobre a contribuição do segurado empregado, que estudaremos em detalhes logo mais: *o percentual da alíquota aplicável é aquele que se refere à soma de todos os seus salários de contribuição, nos termos da portaria do Ministério da Previdência Social vigente para cada exercício.*

E, apenas para facilitar, vamos supor que as remunerações do empregado equivalem exatamente ao salário de contribuição.

e1) Situação 1

Determinado contribuinte é segurado empregado em duas empresas diferentes, percebendo em cada uma R$ 900,00 de remuneração. Qual será a alíquota de sua contribuição e como a recolherá?

✓ Soma das remunerações: R$ 1.800,00
✓ Salário de contribuição do segurado: R$ 1.800,00
✓ Alíquota aplicável: 9%
✓ Contribuição na primeira empresa: R$ 81,00 (9% de R$ 900,00)
✓ Contribuição na segunda empresa: R$ 81,00 (9% de R$ 900,00)
✓ Contribuição total: R$ 162,00 (9% de R$ 1.800,00)

Quando os salários de contribuição, somados, não ultrapassam o teto, mas alteram a alíquota que seria individualmente aplicada a cada um deles, deve-se somente aplicar a alíquota total separadamente, sem qualquer alteração nos salários de contribuição. Cabe, todavia, ao segurado alertar seu empregador sobre esse fato, sob pena dele (segurado) ficar em débito com o INSS (caso cada empregador desconte 8% do salário de contribuição, o que seria natural se cada empregador não souber do outro trabalho de seu funcionário). A diferença, não obstante, ainda assim deverá ser recolhida pelos empregadores quando intimados a fazê-lo pelo INSS. Isso porque o art. 33, § 5º, do PCSS estabelece a *presunção absoluta de que os descontos na folha de pagamento do empregado foram feitos conforme a lei perante este*, nada se podendo exigir do trabalhador. O próprio artigo estabelece que a empresa será diretamente responsável pelo recolhimento.

e2) Situação 2

Determinado contribuinte é segurado empregado em duas empresas diferentes, percebendo R$ 2.000,00 e R$ 2.700,00 de remuneração, respectivamente. Qual será a alíquota de sua contribuição e como a recolherá?

✓ Soma das remunerações: R$ 4.700,00
✓ Salário de contribuição do segurado: R$ 4.663,75 (para o exercício de 2015)
✓ Alíquota aplicável: 11%
✓ Contribuição na primeira empresa: R$ 218,30 (11% de R$ 1.984,57 → valor proporcional)
✓ Contribuição na segunda empresa: R$ 294,71 (11% de R$ 2.679,18 → valor proporcional)
✓ Contribuição total: R$ 513,01 (11% de R$ 4.663,75)

Aqui aplicamos a **regra da proporcionalidade**, quando a soma dos salários de contribuição de fontes pagadoras diferentes ultrapassar o limite máximo do RGPS, mas seus valores unitários ficam dentro desse patamar. Note que, se os empregadores nada souberem sobre as atividades paralelas de seu empregado, descontarão, cada um, 11% do respectivo salário de contribuição, fazendo com que a contribuição total do segurado seja R$ 517,00 (11% de R$ 4.700,00). Como o teto do RGPS é de R$ 4.663,75, essa contribuição a maior nada valerá para o cálculo dos benefícios, o que não interessa para o segurado.

Logo, ele, novamente, é quem deve informar seus empregadores para que cada um encontre o valor proporcional a ser descontado, através da seguinte fórmula:

$$\frac{\textit{Salário x Teto do RGPS}}{\textit{Soma das remunerações}}$$

A função apresentada permite encontrar, em nosso exemplo, qual a proporção que cada remuneração individualmente representa em R$ 4.700,00 e aplicar esta mesma proporção sobre o teto do RGPS. Sobre o valor encontrado, cada empresa aplica a alíquota de 11%. Veja que, ao final, a soma dos salários de contribuição proporcionais é igual ao teto do RGPS e a soma dos valores efetivamente descontados por cada fonte pagadora é exatamente igual a 11% do teto do RGPS.

e3) Situação 3

Determinado contribuinte é segurado empregado em duas empresas diferentes, percebendo R$ 4.800,00 e R$ 700,00 de remuneração, respectivamente. Qual será a alíquota de sua contribuição e como a recolherá?

✓ Soma das remunerações: R$ 5.500,00
✓ Salário de contribuição do segurado: R$ 4.663,75
✓ Alíquota aplicável: 11%
✓ Contribuição na primeira empresa: R$ 513,01 (11% de R$ 4.663,75)
✓ Contribuição na segunda empresa: R$ 0,00
✓ Contribuição total: R$ 513,01 (11% de R$ 4.663,75)

Quando o salário de contribuição de uma só empresa, *sozinho, já supera o teto do RGPS*, não é necessário aplicar a regra da proporcionalidade. Basta ao segurado informar seu segundo empregador para que ele **nada recolha**, pois toda a sua contribuição devida já terá sido descontada pela primeira fonte pagadora.

Resta esclarecer que o termo **proporcionalidade do salário de contribuição** é também usado com outro sentido, conforme disposto no art. 214, § 1º, do RPS: *quando a admissão, a dispensa, o afastamento ou a falta do empregado, inclusive o doméstico, ocorrer no curso do mês, o salário de contribuição será proporcional ao número de dias efetivamente trabalhados*. Com isso, por exemplo, se o empregado foi admitido para o trabalho e iniciou suas atividades na empresa no dia 15 de determinado mês, a primeira contribuição a ser descontada dele utilizará como base de cálculo um salário de contribuição **proporcional** ao tempo trabalhado. Isto é consequência natural do fato do segurado também receber, pelo trabalho prestado nesse primeiro período, somente metade da remuneração pactuada; logo, o salário de contribuição, na nossa hipótese, também será metade do usual.

4.4.2. Contribuições em espécie

a) Contribuição do segurado empregado e do trabalhador avulso

a1) Previsão legal: art. 20 do PCSS; art. 198 do RPS.

a2) Sujeito passivo: segurado empregado ou trabalhador avulso.

a3) Destinação do valor arrecadado: exclusivamente o pagamento de benefícios do RGPS (art. 167, XI, da CF/1988).

a4) Fato gerador: auferir remuneração em uma ou mais empresas.

a5) Base de cálculo: salário de contribuição.

a6) Alíquota: 8%, 9% ou 11%, nos termos da portaria do Ministério da Previdência e Assistência Social vigente para o exercício (disponível no *site* www.previdencia.gov.br);

a7) Vencimento: dia 20 do mês seguinte ao da competência.

a8) Observações:

✓ A contribuição do segurado empregado e do trabalhador avulso deve ser descontada de sua remuneração pela fonte pagadora e por esta remetida à União, sendo recolhida no mesmo vencimento da contribuição sobre a folha de pagamento da empresa. Mas não se esqueça de que o **sujeito passivo é o segurado**, pois o valor pago sai de sua remuneração. A empresa é apenas um instrumento de arrecadação.

✓ A tabela apresentada na portaria mencionada no item "a6" apenas **não** se aplica ao **trabalhador rural por pequeno prazo**, contratado pelo produtor rural pessoa física ou pelo segurado especial na forma do art. 14-A da Lei 5.889/1973, sendo sua alíquota **sempre** de 8%, não importando o valor efetivo de seu salário de contribuição.

b) Contribuição do segurado empregado doméstico

b1) Previsão legal: art. 20 do PCSS; art. 198 do RPS.

b2) Sujeito passivo: empregado doméstico.

b3) Destinação do valor arrecadado: exclusivamente o pagamento de benefícios do RGPS (art. 167, XI, da CF/1988).

b4) Fato gerador: auferir remuneração em uma ou mais residências como empregado doméstico.

b5) Base de cálculo: salário de contribuição.

b6) Alíquota: 8%, 9% ou 11%, nos termos da tabela aplicável ao segurado empregado e ao trabalhador avulso, mencionada no item "a6".

b7) Vencimento: dia 7 do mês seguinte ao período de competência, podendo ser mensal ou trimestral (a opção é possível apenas aos empregadores domésticos quando o salário de contribuição de seu empregado doméstico for igual a um salário mínimo. Para os demais, será necessariamente mensal).

b8) Observações:

✓ Lembre-se de que a única diferença entre a contribuição do segurado empregado e do empregado doméstico é a **data de vencimento**. Isso ocorre porque, tal qual acontece com as empresas, a obrigação de descontar e recolher a contribuição do empregado doméstico é do empregador doméstico, contudo o vencimento da obrigação previdenciária deste é diferente (dia 7). Para facilitar a arrecadação, mantém-se a data de vencimento da contribuição do segurado na mesma data do vencimento da contribuição da fonte pagadora.

c) Contribuição do segurado contribuinte individual

c1) Previsão legal: art. 21 do PCSS; art. 199 do RPS.

c2) Sujeito passivo: contribuinte individual.

c3) Destinação do valor arrecadado: exclusivamente o pagamento de benefícios do RGPS (art. 167, XI, da CF/1988).

c4) Fato gerador: auferir remuneração por atividade que o enquadre como contribuinte individual, nos termos do art. 12, V, do PCSS.

c5) Base de cálculo: salário de contribuição.

c6) Alíquota: 20%, 11% ou 5% (conforme disposto no item "c8", *infra*).

c7) Vencimento: dia 15 do mês seguinte ao período de competência, podendo a arrecadação ser mensal ou trimestral (a opção é possível apenas aos contribuintes individuais cujo salário de contribuição seja igual a um salário mínimo. Para os demais, será necessariamente mensal).

c8) Observações:

✓ O contribuinte individual pode contribuir de duas formas para o RGPS e sua opção influenciará nos benefícios previdenciários a que terá direito.

O contribuinte individual pode optar pela **exclusão do benefício da aposentadoria por tempo de contribuição**, hipótese em que sua alíquota será de 11%, para os contribuintes individuais em geral, ou 5%, para os **microempreendedores individuais**.

Caso mudem de ideia, a qualquer momento podem recolher a parcela faltante de 9% ou 15% (para somar 20%), respectivamente, aplicadas sobre o valor do salário mínimo vigente à época que se pretende complementar acrescida de correção monetária e juros. Veja o exemplo a seguir:

Determinado contribuinte individual, profissional liberal, optou pela exclusão do benefício da aposentadoria por tempo de contribuição. Como percebe, em média (apenas para fins didáticos – na prática o cálculo é feito sobre a exata remuneração de cada mês), R$ 1.000,00 por mês em sua atividade, recolhe 11% disto à União, ou seja, R$ 110,00. Fez isso por 10 anos, de 2005 a 2015. Arrependeu-se, porém, e agora gostaria que esses 10 anos contassem como tempo de contribuição para sua aposentadoria. Para tanto, deve recolher o equivalente a

9% do salário mínimo vigente em cada mês destes 10 anos, corrigidos monetariamente e com aplicação dos juros de mora legalmente previstos. Assim, supondo que o salário mínimo no ano 2005 era de R$ 300,00, para cada mês do ano 2005 nosso contribuinte deverá complementar R$ 27,00 (9% de R$ 300,00), mais correção monetária e juros. Para 2006, se o salário mínimo era de R$ 330,00, por exemplo, deverá complementar R$ 29,70 (9% de R$ 330,00) por mês, mais correção monetária e juros. E, assim, sucessivamente.

Em derradeiro, cumpre destacar que, se o contribuinte individual prestar serviço para empresa ou entidade a ela equiparada, com exceção das entidades beneficentes de assistência social, a fonte pagadora **descontará de sua remuneração a alíquota de 11%**. Caso o contribuinte seja optante do benefício da aposentadoria por tempo de contribuição, deverá complementar os 9% restantes **no mesmo mês da competência**.

Não se esqueça de que o regime de alíquotas diferenciadas (11% para os contribuintes individuais em geral, 5% para os microempreendedores individuais) retira do segurado **somente** o direito à aposentadoria por tempo de contribuição, mantendo-se as demais (aposentadoria por idade e por invalidez).

d) Contribuição do segurado facultativo

d1) Previsão legal: art. 21 do PCSS; art. 199 do RPS.

d2) Sujeito passivo: segurado facultativo.

d3) Destinação do valor arrecadado: exclusivamente o pagamento de benefícios do RGPS (art. 167, XI, da CF/1988).

d4) Fato gerador: inscrever-se como segurado facultativo no INSS.

d5) Base de cálculo: salário de contribuição.

d6) Alíquota: 20%, 11% ou 5% (conforme disposto no item "d8", *infra*).

d7) Vencimento: dia 15 do mês seguinte ao período de competência, podendo a arrecadação ser mensal ou trimestral (a opção é possível apenas aos segurados facultativos cujo salário de contribuição seja igual a um salário mínimo. Para os demais, será necessariamente mensal).

d8) Observações:

✓ Aplica-se ao segurado facultativo a mesma opção prevista para o contribuinte individual sobre a aposentadoria por tempo de contribuição e todas as regras já expostas no item "c8", *supra*. Assim, se optar pela exclusão deste benefício, sua alíquota será de 11%, para todos os segurados facultativos, ou 5%, na específica hipótese do segurado facultativo sem renda própria que se dedique exclusivamente ao trabalho doméstico no âmbito de sua residência ("dona de casa"), desde que pertencente a família de baixa renda, assim considerada aquela inscrita no Cadastro Único para Programas Sociais do Governo Federal e cuja renda familiar não ultrapasse dois salários mínimos. A renda familiar é calculada somando os ganhos de todos os *moradores da mesma residência* que exerçam atividade remunerada.

e) Contribuição do segurado especial

e1) Previsão legal: art. 25 do PCSS.

e2) Sujeito passivo: segurado especial.

e3) Destinação do valor arrecadado: exclusivamente o pagamento de benefícios do RGPS (art. 167, XI, da CF/1988).

e4) Fato gerador: comercialização da produção.

e5) Base de cálculo: receita bruta oriunda da comercialização da produção, inclusive das atividades previstas no art. 25, § 10, do PCSS.

e6) Alíquota: 2,0% mais um adicional de 0,1% para o pagamento de benefícios resultantes de acidentes de trabalho. Portanto, a alíquota total é de 2,1%.

e7) Vencimento: dia 20 do mês seguinte ao da operação de venda.

e8) Observações:

✓ Ao segurado especial, como já dissemos, não se aplica a noção de salário de contribuição, pois sua participação no custeio do RGPS segue a mesma lógica do produtor rural pessoa física, ou seja, aplica-se a alíquota sobre a receita obtida com a comercialização da produção.

✓ Isto implica que sua contribuição não será, necessariamente, periódica, pois haverá épocas do ano em que não haverá produção para comercializar (entressafra). Mesmo assim, manterá sua qualidade de segurado.

✓ Diante desta sistemática própria de contribuição, o segurado especial tem direito a benefícios previdenciários no valor de um salário mínimo. Caso queira obter um valor maior, *poderá inscrever-se como contribuinte individual com salário de contribuição maior que um salário mínimo*. Nesta hipótese, todavia, deverá recolher sua contribuição mensalmente, tal qual o contribuinte individual. Resta destacar que, **mesmo fazendo esta opção** (de contribuir como contribuinte individual), **não se descaracteriza sua condição de segurado especial**, sendo assim considerado para todos os efeitos. A única coisa que vai mudar é o valor de seus benefícios previdenciários.

✓ O segurado especial somente está obrigado a recolher, diretamente, sua contribuição caso venda sua produção a consumidor localizado no exterior ou, diretamente no varejo, a consumidor pessoa física, a outro produtor rural pessoa física ou a outro segurado especial. Caso comercialize sua produção para empresa ou cooperativa, estas são obrigadas a **descontar** o valor da contribuição do pagamento efetuado ao segurado especial e repassá-lo à União no mesmo prazo (dia 20 do mês seguinte ao da operação de venda).

4.5. Contribuição sobre a receita dos concursos de prognósticos

O art. 26, § 1º, do PCSS define **concursos de prognósticos** como sendo *todo e qualquer concurso de sorteios de números, loterias, apostas, inclusive as realizadas em reuniões hípicas, nos âmbitos federal, estadual, do Distrito Federal e municipal.*

Duas considerações são importantes sobre este conceito. Primeira, que é necessário dividir as diferentes espécies de concursos de prognósticos. Há concursos que são organizados pelo próprio Poder Público (as loterias: Loteria Federal, Quina, Timemania, Mega-Sena etc.), e há concursos de prognósticos organizados por instituições particulares (reuniões hípicas e os bingos, enquanto foram autorizados). Em cada uma delas, a forma de arrecadação e alíquota aplicáveis são diferentes.

Segunda, apesar da amplitude do texto legal ao mencionar os concursos de prognósticos em âmbito *estadual, distrital e municipal*, o permissivo esbarra no art. 22, XX, da CF/1988 que entrega competência privativa à **União** para legislar sobre sistemas de consórcios e sorteios. Aplicando o dispositivo, o STF editou a Súmula Vinculante 02, que dispõe: *é inconstitucional a lei ou ato normativo estadual ou distrital que disponha sobre sistemas de consórcios e sorteios, inclusive bingos e loterias*. Em outras palavras, Estados, Distrito Federal e Municípios não podem criar suas próprias loterias nem autorizar, em seus territórios, a exploração de outros concursos de prognósticos, como os bingos.

4.5.1. *Concursos de prognósticos oficiais*

Parte do valor arrecadado com as apostas realizadas nas loterias oficiais constitui receita da Seguridade Social. Tecnicamente, sequer se trata de uma contribuição, porque se resume a mero repasse do montante determinado em lei da entidade organizadora (a Caixa Econômica Federal) para o INSS, não havendo que se falar, por exemplo, em *sujeito passivo*. Usamos o termo **contribuição** somente em respeito à terminologia constitucional.

A contribuição está regulamentada nos arts. 26 do PCSS e 212 do RPS. O RPS, no inciso I do § 2º do art. 212, estabelece que seu valor corresponde à *renda líquida dos concursos de prognósticos realizados pelos órgãos do Poder Público*. E mais adiante define **renda líquida** como *o total da arrecadação, deduzidos os valores destinados ao pagamento de prêmios, de impostos e despesas com administração*.

A primeira leitura deixa transparecer que o intuito da legislação é entregar à Seguridade Social *todo o dinheiro arrecadado* com as loterias, excluindo-se unicamente o montante necessário para o pagamento do prêmio, despesas operacionais e os impostos eventualmente incidentes. Contudo, não é o que se observa na prática, pois com o passar do tempo sucessivas normas foram editadas distribuindo o valor arrecadado nas loterias entre diversos programas de governo.

O próprio PCSS já menciona o Programa de Crédito Educativo, criado em 1992. A ele seguiram o Instituto Nacional de Desenvolvimento do Desporto – INDESP, em 1998, e o Fundo de Financiamento ao Estudante de Nível Superior – FIES, em 1999. Com isso, o conceito de renda líquida deve ser lido como *o total da arrecadação, deduzidos os valores destinados ao pagamento de prêmios, de impostos, de despesas com administração e os valores destinados por lei a outros programas ou projetos do governo*. O que sobrar, vai para a Seguridade Social.

Vale lembrar que esse rateio é possível porque a contribuição sobre os concursos de prognósticos não tem sua receita exclusivamente vinculada às despesas previdenciárias, por não estar contemplada no art. 167, XI, da CF/1988.

4.5.2. *Concursos de prognósticos promovidos por particulares*

a) Previsão legal: art. 26 do PCSS; art. 212 do RPS.

b) Sujeito passivo: entidade organizadora do concurso.

c) Destinação do valor arrecadado: financiamento da seguridade social como um todo (saúde, previdência e assistência social).

d) Fato gerador: recebimento de valores a título de apostas em concurso de prognósticos.

e) Base de cálculo: receita bruta auferida com as apostas.

f) Alíquota: 5%

g) Vencimento: dia 20 do mês seguinte ao da competência.

h) Observações

✓ Concursos de prognósticos administrados por particulares são raros, dada a ilegalidade genérica na exploração de jogos de azar (a qual constitui contravenção penal). O RPS prevê a aplicação da alíquota de 5% sobre a **movimentação global das apostas em prado de corridas** e sobre **o movimento global de sorteio de números ou de quaisquer modalidades de símbolos.**

✓ **Prado de corridas** é o turfe, a corrida de cavalos, cujas apostas são administradas pelas associações civis que mantêm os hipódromos (Jóquei Clube e similares). **Sorteio de números ou quaisquer outros símbolos** tinha como endereço certo a exploração do jogo de bingo, enquanto este foi autorizado no país.

✓ Hoje, portanto, esta contribuição incide apenas sobre as apostas das corridas de cavalos. Nada impede, de outro lado, que bingos ou outros jogos de azar passem a ser expressamente autorizados por legislação futura. Se isso acontecer, aplicaremos as disposições acima concernentes à incidência da contribuição sobre a receita obtida com os sorteios.

4.6. Contribuição do importador de produtos ou serviços – PIS/PASEP-Importação e COFINS-Importação

a) Previsão legal: art. 1º da Lei 10.865/2004.

b) Sujeito passivo: o importador (pessoa física ou jurídica que promove a entrada de bens estrangeiros em território nacional), a pessoa física ou jurídica contratante de serviços de residente ou domiciliado no exterior e o beneficiário do serviço, quando o contratante também for residente ou domiciliado no exterior.

c) Destinação do valor arrecadado: financiamento da seguridade social como um todo (saúde, previdência e assistência social).

d) Fato gerador: a entrada de bens estrangeiros no território nacional (desembaraço aduaneiro) ou o pagamento, crédito, entrega, emprego ou remessa de valores a residentes ou domiciliados no exterior como contraprestação por serviço prestado.

e) Base de cálculo: valor aduaneiro do produto ou o total do valor pago a residente ou domiciliado no exterior pela prestação do serviço.

f) Alíquota: 1,65%, para o PIS/PASEP-Importação; 7,6%, para a COFINS-Importação.

g) Vencimento: data do registro da declaração de importação, para mercadorias, ou a data do pagamento, para prestação de serviços.

h) Observações

✓ O cálculo das contribuições é realizado "por dentro", ou seja, o valor delas integra a própria base de cálculo.

✓ Devem ser somados à base de cálculo, outrossim, o valor devido a título de ICMS, para mercadorias ou serviços de transporte ou telecomunicações, ou ISS, para os demais serviços.

✓ Tal qual a regulamentação do Imposto de Importação, as contribuições aqui tratadas possuem uma série de alíquotas diferenciadas, previstas no art. 8º da Lei 10.865/2004, e isenções, previstas no art. 9º do mesmo diploma legal.

5. DECADÊNCIA E PRESCRIÇÃO DAS CONTRIBUIÇÕES SOCIAIS

5.1. Preceitos fundamentais

Navegando uma vez mais pelos mares do Direito Tributário, para bem entender os institutos da decadência e da prescrição precisamos, inicialmente, analisar a sistemática do **nascimento da obrigação tributária principal**, que, para nós, *representa o dever de pagar determinada contribuição*, e do respectivo **crédito tributário**, *ou o direito da União de receber o valor referente à mesma contribuição social.*

5.1.1. Obrigação tributária principal

Chamamos de **hipótese de incidência (HI)** *a descrição genérica e abstrata, prevista em lei, de determinado fato que, uma vez verificado, impõe ao sujeito passivo o dever de pagar o tributo*; e de **fato gerador (FG)** *o fato concreto que se amolda perfeitamente à hipótese de incidência, fazendo nascer, efetivamente, o dever de pagar.*

Dessa forma, a **obrigação tributária principal (OT)** nasce com a *ocorrência do fato gerador*, conforme mostrado a seguir:

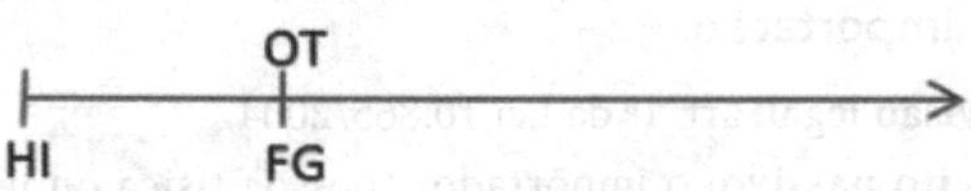

5.1.2. Crédito tributário

Uma das primeiras regras que aprendemos sobre qualquer relação jurídica, aliás bastante intuitiva, é que *a toda obrigação, de um lado, corresponde um crédito de outro.* Se alguém deve fazer ou pagar algo a outrem, logo este último tem o direito de receber a prestação ou o dinheiro.

Sendo assim, percebe-se que crédito e débito (ou obrigação) são verso e anverso da mesma moeda, indissociáveis por sua própria natureza jurídica. Se duas pessoas firmam um contrato de empréstimo, por exemplo, o dever de restituir o valor emprestado (obrigação) nasce no mesmo momento (assinatura do contrato) que o direito da outra parte de receber de volta o montante acrescido de juros e correção monetária (crédito).

Não obstante a simples regra anteriormente enunciada, cuidou o Direito Tributário de complicar sobremaneira a relação do crédito e da obrigação tributária, criando uma situação na qual haverá obrigação de pagar, mas o Fisco ainda não terá direito de receber. É como se a lei tivesse separado a "cara" e a "coroa" da moeda...

Tal sistemática inovadora pode ser atribuída ao art. 142 do CTN, que dispõe que o **crédito tributário** é constituído por um ato administrativo denominado **lançamento,** que, com este objetivo, deve *verificar a ocorrência do fato gerador da obrigação correspondente, determinar a matéria tributável, calcular o montante do tributo devido, identificar o sujeito passivo e, sendo caso, propor a aplicação da penalidade cabível.*

A despeito de severas críticas a esta sistemática, a maioria reconhece que o **crédito tributário (CT) é constituído, ou seja, nasce a partir da ocorrência do lançamento** (STJ, REsp 250.306/DF, *DJ* 06.06.2000). Antes desse ato não havia crédito, mas existia a obrigação tributária oriunda do fato gerador. Veja a linha do tempo:

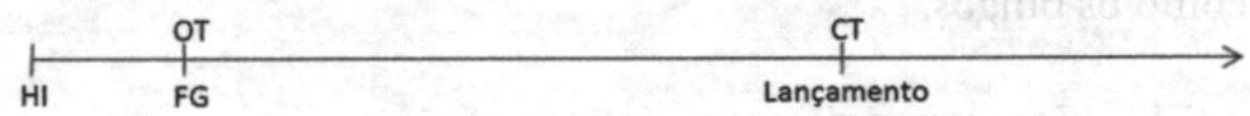

5.1.3. Modalidades de lançamento

O Direito Tributário, genericamente, elenca três formas para que o lançamento seja realizado: **lançamento de ofício**, **lançamento por declaração** (ou misto) e **lançamento por homologação** (ou autolançamento).

Para o Direito Previdenciário, no campo das contribuições sociais, interessam somente o **lançamento de ofício** e o **lançamento por homologação.**

O **lançamento de ofício** é aquele no qual *todos os atos necessários para a realização do lançamento ("verificar a ocorrência do fato gerador da obrigação correspondente, determinar a matéria tributável, calcular o montante do tributo devido, identificar o sujeito passivo e, sendo caso, propor a aplicação da penalidade cabível") são efetivados pela autoridade fazendária, cabendo ao sujeito passivo apenas realizar o pagamento do valor cobrado quando notificado para tanto.* No campo previdenciário, é utilizado para a **imposição de multas**. Isto quer dizer que, praticada determinada infração à legislação tributária, o sujeito passivo somente será compelido a pagar a multa dela decorrente quando for *notificado do lançamento da multa.*

O **lançamento por homologação,** por sua vez, inverte a sistemática mencionada, *colocando para o próprio sujeito passivo o dever de apurar o valor a pagar (identificando a base de cálculo e aplicando a alíquota cabível) e de recolhê-lo no prazo de vencimento estabelecido na legislação, independentemente de qualquer atuação do Fisco.* Ora, mas se o direito da União de receber o valor nasce apenas com o lançamento, por que deve o contribuinte pagar antes disso?

Na sistemática do lançamento por homologação, o sujeito passivo *antecipa o pagamento*, cuja correção será confirmada depois pela Fazenda, *através da **homologação** do pagamento realizado.* Daí o nome dado a esta forma de lançar. O contribuinte paga e a Administração Pública confere se ele pagou corretamente, homologando o pagamento e, com este ato, promovendo o lançamento do tributo. Perceba que, em virtude desse procedimento, o crédito tributário nasce e é extinto no mesmo momento: nasce com o lançamento e é extinto pelo pagamento, que já aconteceu.

O lançamento por homologação pode ser:

a) Expresso: quando a autoridade administrativa competente manifesta sua concordância com o pagamento efetuado através de *ato administrativo escrito e publicado*;

b) Tácito: que *decorre do silêncio da Administração Fazendária*. Na falta de manifestação expressa, considera-se lançado o tributo e homologado o pagamento após **cinco anos** contados da ocorrência do fato gerador (art. 150, § 4º, do CTN).

No Direito Previdenciário, **todas** as contribuições sociais são **lançadas por homologação**.

5.2. Decadência

Tradicionalmente, a **decadência** é conceituada como *a perda de um direito potestativo por parte de seu titular diante do decurso do tempo*. Em outras palavras, caso o titular de um direito não o exerça em determinado prazo, perderá a chance de fazê-lo. Tem como característica marcante o fato de **não sofrer suspensão ou interrupção no transcorrer de seu prazo**.

No campo tributário (e, na órbita previdenciária, sobre o objeto da relação jurídica de custeio – as contribuições sociais), esse titular é a União e esse direito é o de efetuar o lançamento para constituir o crédito tributário. Incluindo esses dados na fórmula apresentada, temos que *a decadência ocorre quando a Fazenda Pública não efetua o lançamento no prazo estipulado na lei, perdendo o direito de fazê-lo a partir de então*.

É fundamental ressaltar que o contribuinte estará eximido do dever de pagar o tributo e/ou de efetivar qualquer obrigação acessória após a decadência e que, dada a inexistência do crédito, **o pagamento de tributo caduco é pagamento indevido** e, como tal, o valor pode ser pedido de volta através de ação judicial própria, denominada **repetição de indébito**.

Para fixação, observe a linha do tempo:

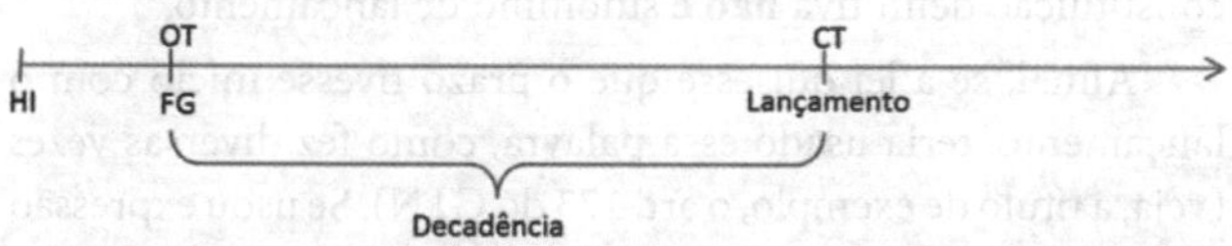

O prazo de decadência é de **cinco anos** e está regulamentado pelo art. 173 do CTN, que dispõe:

Art. 173. O direito de a Fazenda Pública constituir o crédito tributário extingue-se após 5 (cinco) anos, contados:

I – do primeiro dia do exercício seguinte àquele em que o lançamento poderia ter sido efetuado;

II – da data em que se tornar definitiva a decisão que houver anulado, por vício formal, o lançamento anteriormente efetuado.

Parágrafo único. O direito a que se refere este artigo extingue-se definitivamente com o decurso do prazo nele previsto, contado da data em que tenha sido iniciada a constituição do crédito tributário pela notificação, ao sujeito passivo, de qualquer medida preparatória indispensável ao lançamento.

Aparentemente simples, esse dispositivo não traz todas as imposições atinentes à decadência. Para a completa compreensão do instituto, devemos expandir os horizontes do estudo.

Primeiramente, anote que o *dies a quo*, a data inicial, do prazo de decadência varia de acordo com o tipo de lançamento próprio de cada tributo.

Para tributos lançados de ofício (caso das **multas devidas por infrações à legislação previdenciária**), aplica-se a regra insculpida no art. 173, I. Ou seja, o prazo de cinco anos será contado a partir do primeiro dia do exercício seguinte àquele em que o lançamento poderia ter sido efetuado.

Para clarear, um exemplo: considere que determinado contribuinte praticou uma infração à legislação previdenciária em julho de 2015. Até quando a União poderá realizar o lançamento da multa devida e notificá-lo ao sujeito passivo?

Vamos lá: se a infração foi praticada em 2015, significa que este é *o exercício em que o lançamento poderia ter sido efetuado*. Aplicando a regra, então, temos que o dia inicial do prazo de decadência do direito da União de lançar a multa é 1º de janeiro de 2016 – o primeiro dia (1º de janeiro) do exercício seguinte (2016) àquele em que o lançamento poderia ter sido efetuado.

Como o prazo de decadência é de cinco anos, cabe à Fazenda, no nosso exemplo, notificar o contribuinte até 31 de dezembro de 2020, pois em 1º de janeiro de 2021 já terá operado a decadência.

Isso para os tributos lançados de ofício, repise-se. E nos tributos lançados por homologação, como as contribuições sociais?

Resposta: o art. 173, I, deve ser aplicado em conjunto com o art. 150, § 4º, ambos do CTN:

Art. 150. (...)

§ 4º Se a lei não fixar prazo a homologação, será ele de cinco anos, a contar da ocorrência do fato gerador; expirado esse prazo sem que a Fazenda Pública se tenha pronunciado, considera-se homologado o lançamento e definitivamente extinto o crédito (...)

Em outras palavras, a solução depende de ter havido ou não ter havido o pagamento antecipado pelo contribuinte.

Se o contribuinte antecipou o pagamento do tributo, temos exatamente a hipótese prevista no art. 150, § 4º, do CTN, a qual será aplicada, determinando a decadência do direito de lançar após cinco anos contados do fato gerador (STJ, REsp 183.603/SP, *DJ* 15.05.2001), pois os prazos são coincidentes: **se o pagamento foi correto** e a autoridade fazendária competente nada disse em cinco anos, considera-se *homologado tacitamente o pagamento e lançado o tributo*; **se o pagamento foi incorreto** (foi pago um valor **menor** que o devido, por exemplo), e a autoridade fazendária competente nada disse em cinco anos, considera-se que *tacitamente ela concordou com o pagamento efetuado, perdendo o direito de lançar (**decadência**) da parte faltante*.

É imperioso reconhecer, todavia, que a aplicação dessa regra depende do contribuinte, que tinha o dever de antecipar o pagamento da contribuição social, *efetivamente ter pagado algum valor*. Afinal, se não houve pagamento antecipado (**nada** foi recolhido no prazo de vencimento indicado pela legislação), **nada** haverá a ser homologado, afastando a possibilidade de aplicar o art. 150, § 4º, do CTN.

Resta, então, fazer incidir sozinho o art. 173, I, do CTN. Ou seja: *nas contribuições sociais, todas lançadas por homologação, se houve pagamento antecipado o prazo de decadência **correrá a partir do fato gerador**; se não houve, correrá **a partir do primeiro dia útil do exercício seguinte àquele em que ocorreu o fato gerador**.*

Resgatando o ponto de partida de nosso estudo, o art. 173 do CTN, lembremos o que diz seu inciso II:

> **Art. 173.** O direito de a Fazenda Pública constituir o crédito tributário extingue-se após 5 (cinco) anos, contados:
>
> (...)
>
> II – da data em que se tornar definitiva a decisão que houver anulado, por vício formal, o lançamento anteriormente efetuado.

A ordem emanada neste dispositivo legal acaba por premiar a Administração Pública incompetente. Trazendo ao chão a já assentada lição doutrinária de que a decadência é inexorável, *não encontrando causas de suspensão ou de interrupção em seu curso*, o artigo impõe um novo prazo de cinco anos para a Fazenda, completo, na hipótese de ser anulado um lançamento no qual tenha constado erro formal na sua realização. Significa dizer: o Fisco faz um lançamento errado e, porque o anulou (provavelmente após a defesa do contribuinte alegar a nulidade do lançamento realizado fora dos ditames legais), ganha um novo prazo inteiro de cinco anos para realizar o novo lançamento, desta vez respeitando a lei.

Diante dessa análise, o STJ repudia a aplicação do CTN nessa hipótese, consagrando a impossibilidade de se interromper a decadência (REsp 332.366/MG, *DJ* 19.02.2002).

No entanto, em se tratando de concursos públicos, recomendamos, como sempre, manter-se o candidato fiel à literalidade do preceptivo (a não ser que a questão cobre, expressamente, o posicionamento jurisprudencial), ressaltando que ele apenas se aplica em caso de **vício formal**, ou seja, *aqueles inerentes ao procedimento do lançamento*, tais como fundamentação, competência do agente e outras formalidades do ato.

Finalmente, devemos avançar sobre o parágrafo único do art. 173, que dispõe:

> **Art. 173.** (...)
>
> **Parágrafo único.** O direito a que se refere este artigo extingue-se definitivamente com o decurso do prazo nele previsto, contado da data em que tenha sido iniciada a constituição do crédito tributário pela notificação, ao sujeito passivo, de qualquer medida preparatória indispensável ao lançamento.

Trata o parágrafo de uma **antecipação** na contagem do prazo decadencial, que é trazida do primeiro dia do exercício seguinte àquele em que o lançamento poderia ter sido efetuado para a data da notificação, ao sujeito passivo, de qualquer **medida preparatória** indispensável ao lançamento, *que pode ser o termo de início de ação fiscal ou uma apreensão de mercadorias*, por exemplo.

É fulcral ressaltar que essa mudança no *dies a quo* somente se opera se a tal medida preparatória foi notificada ao sujeito passivo **antes** do primeiro dia do exercício seguinte. Na situação contrária, se a medida ocorrer depois do primeiro dia do exercício seguinte, aplicar-se-á o inc. I do art. 173 (STJ, REsp 909.570/SP, *DJ* 24.04.2007). Novamente, a fundamentação dessa interpretação está respaldada na impossibilidade de se suspender ou interromper a decadência.

5.3. Prescrição

Outro instituto voltado à estabilização das relações jurídicas pelo decurso do tempo, a **prescrição** atinge *a pretensão do titular do direito, ou seja, a possibilidade de acionar o Poder Judiciário para satisfação do seu crédito*.

Aceitando esta definição histórica, forçoso seria concluir que a prescrição não operaria a extinção do crédito tributário, como indica o CTN, mas sim a pretensão de havê-lo em juízo através da ação de execução fiscal. A Fazenda continuaria com o crédito, apenas não poderia cobrá-lo de forma coercitiva e, portanto, *seu pagamento espontâneo pelo contribuinte configuraria pagamento válido, insuscetível de devolução*. Para boa parte da doutrina, este seria o principal **traço diferenciador** entre a prescrição e a decadência, *além do fato da prescrição aceitar a interrupção e a suspensão de seu prazo*, hipóteses que conheceremos logo mais.

Todavia, o STJ acolhe opinião oposta, segundo a qual a interpretação a ser dada ao CTN deve ser mais próxima da literal. Se o próprio Código estabelece que a prescrição é uma forma de extinção do crédito tributário, com sua ocorrência este deve desaparecer *e o contribuinte que paga tributo prescrito tem direito à restituição*. Veja, neste sentido, REsp 636.495/RS, *DJ* 26.06.2007 e REsp 1.004.747/RJ, *DJ* 06.05.2008.

Estipula o art. 174 do CTN que a prescrição ocorre no prazo de 5 (cinco) anos, contados da data da constituição definitiva do crédito tributário. Devemos ter atenção à expressão utilizada: constituição definitiva **não é** sinônimo de lançamento.

Afinal, se a lei quisesse que o prazo tivesse início com o lançamento, teria usado essa palavra, como fez diversas vezes (veja, a título de exemplo, o art. 173 do CTN). Se usou expressão diversa, esperava interpretação diversa, afinal *"onde a lei distingue, não cabe ao intérprete deixar de fazê-lo"*.

Por constituição definitiva do crédito, destarte, devemos entender *o momento a partir do qual o lançamento se torna imutável, indiscutível.* Enquanto pendente o prazo de pagamento, a impugnação apresentada pelo sujeito passivo ou qualquer outra causa que impeça a cobrança judicial do crédito, este não estará "definitivamente constituído" e, consequentemente, não teremos ainda o início do lapso prescricional (STJ, REsp 955.950/SC, *DJ* 20.09.2007).

Observe, então, a linha do tempo:

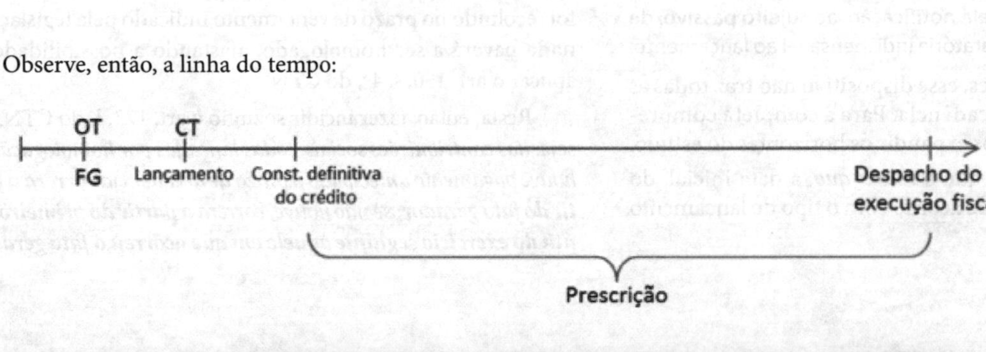

Para garantir a possibilidade de cobrar o contribuinte remisso em juízo, *deve a Fazenda Pública obter o despacho do juiz que ordena a citação dentro do lapso prescricional mencionado.* Esta situação é descrita no art. 174, parágrafo único, I, do CTN, como uma das causas interruptivas da prescrição, denotando que, com sua ocorrência, o Fisco obtém novo prazo íntegro de cinco anos. Mas para quê?

Com o início da ação executiva fiscal dentro do interregno quinquenal, presume-se que a União cumpriu sua obrigação de exigir o pagamento das contribuições eventualmente devidas por determinado sujeito passivo. E a Administração tributária não poderia ser penalizada com a lentidão processual que assola todos os Tribunais do país, *daí porque não ser correto afirmar que, depois da interrupção da prescrição pelo despacho citatório, o processo executivo deve findar em cinco anos.*

Por outro lado, solução diferente deve ser adotada em relação ao *procedimento que estaciona por inércia da própria Fazenda*, por exemplo, caso esta não aponte bens penhoráveis para garantir o Juízo a fim de habilitar o executado a apresentar seus embargos. É o que lei, doutrina e jurisprudência denominam **prescrição intercorrente**, a qual se encontra regulamentada pelo art. 40 da Lei das Execuções Fiscais (Lei 6.830/1980) e que merece ser lido:

> **Art. 40.** O Juiz suspenderá o curso da execução, enquanto não for localizado o devedor ou encontrado bens sobre os quais possa recair a penhora, e, nesses casos, não correrá o prazo de prescrição.
>
> § 1º Suspenso o curso da execução, será aberta vista dos autos ao representante judicial da Fazenda Pública.
>
> § 2º Decorrido o prazo máximo de 1 (um) ano, sem que seja localizado o devedor ou encontrado bens penhoráveis, o Juiz ordenará o arquivamento dos autos.
>
> § 3º Encontrados que sejam, a qualquer tempo, o devedor ou os bens, serão desarquivados os autos para prosseguimento da execução.
>
> **§ 4º Se da decisão que ordenar o arquivamento tiver decorrido o prazo prescricional, o juiz, depois de ouvida a Fazenda Pública, poderá, de ofício, reconhecer a prescrição intercorrente e decretá-la de imediato.**
>
> § 5º A manifestação prévia da Fazenda Pública prevista no § 4º deste artigo será dispensada no caso de cobranças judiciais cujo valor seja inferior ao mínimo fixado por ato do Ministro de Estado da Fazenda. (destaque nosso)

Como aplicação deste artigo, veja REsp 1.081.989/PR, *DJ* 15.09.2009, e ainda a Súmula 314 do STJ: *"Em execução fiscal, não localizados bens penhoráveis, suspende-se o processo por um ano, findo o qual se inicia o prazo da prescrição quinquenal intercorrente."*

Fica consignado, à luz do já visto, que, ao contrário do que dissemos sobre a decadência, a prescrição admite interrupção (reinício da contagem do prazo por inteiro) e suspensão (retoma-se a contagem do prazo de onde ela havia parado). A primeira é encontrada no art. 174, parágrafo único, do CTN:

> **Art. 174.** (...)
>
> **Parágrafo único.** A prescrição se interrompe:
>
> I – pelo despacho do juiz que ordenar a citação em execução fiscal;
>
> II – pelo protesto judicial;
>
> III – por qualquer ato judicial que constitua em mora o devedor;
>
> IV – por qualquer ato inequívoco ainda que extrajudicial, que importe em reconhecimento do débito pelo devedor.

Do primeiro item falamos acima, mas devemos atentar que o marco interruptivo é o **despacho do juiz que ordena a citação**, e não mais ela própria, como estava previsto neste artigo antes da edição da Lei Complementar 118/2005.

Protesto judicial é o procedimento cautelar nominado previsto nos arts. 867 a 873 do CPC (correspondentes aos arts. 726 a 729 do Novo Código de Processo Civil – Lei 13.015/2015). **Protesto** é todo *"ato formal e solene pelo qual se prova a inadimplência e o descumprimento de obrigação originada em títulos e outros documentos de dívida"* (Lei 9.492/1997, art. 1º) e pode ser, em termos gerais, **judicial**, quando requerido perante juiz de direito, ou **extrajudicial**, quando requerido perante o Tabelião de Protestos.

A lei tributária exige, para interrupção da prescrição, o **protesto judicial**, o que acaba por condenar o instituto ao ostracismo, pois, se a Fazenda precisa ir a juízo para requerer o protesto, normalmente aproveita a obrigação para mover, de imediato, a execução fiscal.

Fica reservada a hipótese para casos nos quais a Administração não esteja ainda apta a executar o contribuinte, desejando apenas adquirir novo fôlego para encerrar seus trabalhos sem operar a perda do crédito.

O STJ já asseverou que o protesto judicial deve seguir rigorosamente o procedimento previsto no CPC para irradiar seu efeito interruptivo sobre a prescrição (REsp 1.050.281/RS, *DJ* 05.08.2008).

Em seguida, menciona o CTN que *qualquer ato judicial que constitua o devedor em mora* interromperá a prescrição. Trata-se, a nosso ver, de artigo de aplicação supletiva que tem por escopo reiniciar o prazo prescricional em situação judicial que não se enquadre nos incisos anteriores. Isso porque o ato jurídico consagrado para a constituição do devedor em mora chama-se protesto.

Tal item era invocado pelo STJ na decisão de processos de execução fiscal anteriores à Lei Complementar 118/2005 para justificar a interrupção da prescrição pela citação por edital do devedor não encontrado (*v.* AgRg no REsp 993.586/RS, *DJ* 19.08.2008). Isso porque o texto anterior do inciso I dizia "citação pessoal do devedor"; como a nova redação não diferencia as modalidades de citação, temos que a citação editalícia enquadra-se hoje neste mesmo preceptivo.

O último dos motivos hábeis a interromper o curso da prescrição é o *ato inequívoco, ainda que extrajudicial, que consubstancie confissão da dívida pelo sujeito passivo*. Neste ponto, encontramos casos práticos que envolvem o pedido de **parcelamento** (REsp 1.074.000/RS, *DJ* 20.11.2008) e a **declaração de tributo sujeito a lançamento por homologação desacompanhada do pagamento** (REsp 850.423/SP, *DJ* 28.11.2007). Já a compensação, para o STJ, **não** se mostra motivo suficiente para interromper a prescrição (REsp 541.243/MG, *DJ* 10/10/2006 e REsp 584.372/MG, *DJ* 17.03.2005).

A suspensão da prescrição, por sua vez, não se encontra expressamente prevista. É necessário extraí-la através da interpretação do art. 155 do CTN, parágrafo único, primeira parte:

> **Art. 155.** (...)
> **Parágrafo único. No caso do inciso I deste artigo, o tempo decorrido entre a concessão da moratória e sua revogação não se computa para efeito da prescrição do direito à cobrança do crédito;** no caso do inciso II deste artigo, a revogação só pode ocorrer antes de prescrito o referido direito. (destaque nosso)

Tal artigo trata da revogação da moratória em caráter individual, trazendo soluções diferentes para o caso do contribuinte ter obtido o favor fiscal através de dolo ou simulação ou sem valer-se desses artifícios. Uma das diferenças diz respeito justamente à prescrição: impõe o parágrafo único que, no primeiro caso, o tempo durante o qual perdurou a moratória indevida não será computado no cálculo da prescrição.

Ora, que será isso se não a suspensão da prescrição? Em outras palavras, o que o Diploma Tributário dispõe é que, caso se apure que a concessão da moratória foi baseada em um ato ilícito, susta-se a contagem da prescrição e esta apenas voltará a correr com a revogação do benefício. Durante esse intervalo, a prescrição ficou **suspensa** e continuará seu curso *somente por aquilo que falta para completar cinco anos.*

Aumentando sua importância, devemos consignar que esta mesma regra é aplicada nos casos de **remissão, isenção** e **anistia**.

O STJ, no julgado AgRg no Ag 1.094.144/SP, *DJ* 26.05.2009, entende como outra hipótese de suspensão da prescrição aquela velada no próprio art. 174, quando dispõe que esta começa a ser contada a partir da **constituição definitiva do crédito tributário**. Como vimos, caso o contribuinte impugne administrativamente a cobrança do tributo, somente haverá sua constituição definitiva após a decisão irrecorrível. Daí diz o Sodalício que, enquanto perdurar o procedimento administrativo, não corre a prescrição, ou seja, *esta se encontra suspensa.*

5.3.1. Decadência e prescrição de tributos lançados por homologação na jurisprudência do STJ

Para finalizar, algumas palavras acerca da atual orientação jurisprudencial sobre a prescrição e a decadência nos tributos lançados por homologação, situação que, já sabemos, se aplica a **todas as contribuições sociais**.

Adotando uma linha a nosso ver criticável, por retirar do lançamento por homologação a característica da **oficialidade** (o lançamento é **ato administrativo** e, como tal, deve ser realizado por autoridade com competência para tanto), o STJ entende que a *declaração do contribuinte nesses tributos, caso desacompanhada de pagamento ou pagamento parcial, dispensa qualquer ato formal da autoridade administrativa,* a qual pode inscrever desde logo o débito na dívida ativa, preparando-o para o início da execução fiscal. Em outras palavras, para o Tribunal Superior a **declaração do contribuinte tem força de lançamento**.

Essa posição altera os conceitos relatados *supra*, há muito tempo ensinados e defendidos pela doutrina mais autorizada.

Dessa forma, com a declaração do sujeito passivo (que é uma **obrigação acessória**, como a DCTF, a GFIP, entre outras), *fica consubstanciado o lançamento* e, destarte, **não há mais de falar-se em decadência, mas somente em prescrição**. Isso vem a causar uma forte confusão entre os dois institutos, obrigando o aplicador do Direito a desentranhar a nova sistemática da decadência e da prescrição nos tributos lançados por homologação nos termos sugeridos pelo Colegiado Superior.

Como resultado desse exercício, o qual levou em conta o julgado no REsp 850.423/SP, *DJ* 28.11.2007, podemos construir o quadro a seguir:

Se o contribuinte:			
Deve	**Declara**	**Paga**	**Decadência ou prescrição?**
100	100	100	Nenhuma. Ocorre a homologação do pagamento.
100	0	0	Decadência – 100
100	100	0	Prescrição – 100
100	70	70	Decadência – 30
100	70	0	Decadência – 30 + Prescrição – 70

Note: para o STJ, a **ausência de declaração** do contribuinte implica o reconhecimento da contagem de **decadência** para o Fisco lançar **de ofício**, através de auto de infração, a contribuição não recolhida com as penalidades cabíveis; por outro lado, a **declaração** do contribuinte **conclui o processo de lançamento** e a partir de então cabe à Fazenda inscrever o débito em dívida ativa e mover a execução fiscal antes da ocorrência da **prescrição**.

O mesmo ocorre no caso de declaração apenas parcial do verdadeiro débito: *inscreve-se a parte declarada na dívida ativa*, para a qual estamos contando a **prescrição**, e abre-se o prazo de **decadência** para *lançamento de ofício do restante não declarado.*

5.4. A Súmula Vinculante 8 do STF

O tema prescrição e decadência das contribuições sociais é tema da Súmula Vinculante 8 do STF, com o seguinte teor: *"São inconstitucionais o parágrafo único do art. 5º do Dec.-lei 1.569/1977 e os arts. 45 e 46 da Lei 8.212/1991, que tratam da prescrição e decadência de crédito tributário".*

Os arts. 45 e 46 do PCSS estipulavam, respectivamente, que a decadência e a prescrição da cobrança das contribuições sociais *ocorreriam em 10 anos*, criando, assim, uma regra específica para esta espécie tributária e pretendendo, com isso, afastar a incidência do CTN.

Entretanto, as críticas começaram a surgir e a constitucionalidade destes dispositivos passou a ser questionada nos Tribunais a partir do reconhecimento pelo STF de que as contribuições sociais têm **natureza tributária**. Se é assim, devem seguir as normas gerais sobre Direito Tributário impostas pelo CTN.

Nesse diapasão, o art. 146, III, *b*, da CF/1988 entrega expressamente à lei complementar o poder de estabelecer regras gerais sobre prescrição e decadência tributárias. Como o PCSS é lei ordinária, não poderia dispor sobre matéria reservada à lei complementar e padeciam, portanto, os arts. 45 e 46, de inconstitucionalidade formal.

Tal entendimento vigorou nos Tribunais pátrios por longo tempo, até culminar na edição da Súmula Vinculante 8.

Ocorre que, na parte do texto que se refere ao Direito Previdenciário (arts. 45 e 46 do PCSS), a Súmula perdeu seu objeto. Em resposta à decisão do STF, o Congresso Nacional, através da Lei Complementar 128/2008, houve por bem **revogar** os mencionados preceptivos legais. Desde então, não há que se falar em aplicação da Súmula Vinculante 8, pois os artigos da legislação previdenciária a que ela se refere não estão mais em vigor.

6. OBRIGAÇÕES ACESSÓRIAS

6.1. Objetivos

Relembrando o conceito estudado anteriormente, **obrigação tributária acessória** é aquela que *impõe ao sujeito passivo o dever de cumprir uma prestação de fazer ou não fazer em prol da arrecadação e/ou da fiscalização tributária*. Em outras palavras, qualquer imposição legal relativa às contribuições sociais que não seja o próprio pagamento destas é classificada como obrigação tributária acessória. São exemplos a retenção do valor relativo à contribuição social devida por outrem (como as empresas fazem em relação aos seus empregados), o preenchimento de declarações, a regular contabilização das atividades etc.

Como destacado, as obrigações acessórias são criadas com o escopo de *facilitar o trabalho de arrecadação e de fiscalização por parte da União*, fazendo com que o montante pago nas contribuições sociais chegue aos cofres públicos com o menor custo possível e limitando o trabalho de fiscalização ao menor número possível de contribuintes.

Impende destacar que as obrigações acessórias, apesar do nome dado pela doutrina, **não estão** diretamente vinculadas a uma ou mais obrigações principais (pagamento). Quer dizer, *é possível que existam obrigações acessórias impostas a pessoas físicas ou jurídicas que sequer são contribuintes da Seguridade Social*.

Por essa razão que se estabelece a **regra da dissociação das obrigações tributárias**: *ainda que determinada pessoa ou entidade seja imune ou isenta do pagamento das contribuições sociais, eventuais obrigações acessórias a elas impostas permanecem íntegras, sendo passível de multa seu descumprimento*. Exemplo: uma entidade beneficente de assistência social é imune às contribuições sociais desde que cumpra os requisitos estabelecidos no CTN. Exatamente por isso que **são obrigadas a manter sua escrituração contábil regular**, para que a fiscalização possa verificar, a qualquer momento, se, por exemplo, a entidade não está distribuindo lucros para seus diretores, o que afastaria a imunidade.

As obrigações acessórias relativas às contribuições sociais estão espalhadas pela legislação previdenciária. Nosso objetivo é reunir as principais delas e classificá-las de acordo com o sujeito passivo, nos mesmos moldes em que estudamos as contribuições propriamente ditas.

6.2. Obrigações acessórias das empresas

6.2.1. Obrigações vinculadas à retenção de valores

a) Arrecadar a obrigação do segurado empregado, do trabalhador avulso e do contribuinte individual a seu serviço, descontando-a da respectiva remuneração (art. 216, I, *a*, do RPS)

Os três grandes grupos de segurados obrigatórios recolhem suas contribuições **indiretamente**, ou seja, cabe à fonte pagadora *reter o valor correspondente* e entregar, na forma estabelecida no RPS, à União dentro do prazo de vencimento.

O contribuinte individual que seja remunerado por pessoas físicas, por outro lado, deve recolher pessoalmente sua contribuição, valendo o mesmo para o segurado facultativo.

A mesma obrigação estabelecida neste tópico aplica-se ao **empregador doméstico** em relação à contribuição devida pelo empregado doméstico a seu serviço.

b) A empresa adquirente, consumidora ou consignatária ou a cooperativa são obrigadas a recolher a contribuição de que trata o art. 200 no prazo referido na alínea *b* do inciso I do RPS, no mês subsequente ao da operação de venda ou consignação da produção rural, independentemente de tais operações terem sido realizadas diretamente com o produtor ou com o intermediário pessoa física (art. 216, III, do RPS)

A empresa deve também reter o valor da contribuição do **segurado especial** e do **produtor rural pessoa física**, cabendo a estes recolher diretamente o tributo quando comercializarem sua produção com pessoa domiciliada no exterior ou diretamente no varejo a pessoa física, outro produtor rural pessoa física ou outro segurado especial.

6.2.2. Obrigações sobre emissão de documentos

a) A empresa que remunera contribuinte individual é obrigada a fornecer a este comprovante do pagamento do serviço prestado consignando, além dos valores da remuneração e do desconto feito, o número da inscrição do segurado no Instituto Nacional de Seguridade Social (art. 216, XII, do RPS)

O inciso impõe à empresa o dever de entregar ao contribuinte individual que lhe preste serviço um documento constando, discriminadamente, o valor da remuneração paga e do desconto da contribuição do segurado por retenção na fonte, a fim de que este possa, se assim instado a fazê-lo, comprovar suas contribuições perante o INSS.

b) A empresa ou cooperativa adquirente, consumidora ou consignatária da produção fica obrigada a fornecer ao segurado especial cópia do documento fiscal de entrada da mercadoria em que conste, além do registro da operação realizada, o valor da respectiva contribuição previdenciária (art. 225, § 24, do RPS)

Trata-se de obrigação análoga à explicada acima, dessa vez aplicável ao segurado especial. A diferença reside no fato de que, na hipótese aqui explorada, a empresa não precisa emitir um documento específico, bastando entregar ao segurado *cópia da nota fiscal de entrada da mercadoria*, em que conste o valor retido a título de contribuição previdenciária.

c) Encaminhar ao sindicato representativo da categoria profissional mais numerosa entre seus empregados, até o dia dez de cada mês, cópia da Guia de Previdência Social relativamente à competência anterior (art. 225, V, do RPS)

d) Afixar cópia da Guia da Previdência Social, relativamente à competência anterior, durante o período de um mês, no quadro de que trata o art. 74 da Consolidação das Leis do Trabalho.

A GPS é o documento de arrecadação das contribuições sociais descontadas dos trabalhadores. Após seu pagamento, a empresa deve, concomitantemente, encaminhar uma cópia ao sindicado

da categoria mais numerosa, *assim entendida aquela em que se enquadra o maior número absoluto (e não percentual) de funcionários*, e afixar outra cópia no quadro de avisos dos funcionários.

6.2.3. *Obrigações relativas à fiscalização*

a) Preparar folha de pagamento da remuneração paga, devida ou creditada a todos os segurados a seu serviço, devendo manter, em cada estabelecimento, uma via da respectiva folha e recibos de pagamentos (art. 225, I, do RPS)

A folha de pagamento é o documento utilizado para apuração da base de cálculo da contribuição patronal, com alíquota de 20% sobre o total daquela. Sua elaboração, portanto, é essencial à fiscalização quanto à regularidade de seu pagamento e deve ser feita individualmente para cada estabelecimento da empresa, viabilizando que cada um deles mantenha uma cópia arquivada junto com os respectivos contracheques entregues aos segurados.

b) Lançar mensalmente em títulos próprios de sua contabilidade, de forma discriminada, os fatos geradores de todas as contribuições, o montante das quantias descontadas, as contribuições da empresa e os totais recolhidos (art. 225, II, do RPS)

Podemos resumir este item como a obrigação de manter a escrituração contábil da empresa em ordem e regularmente elaborada, com base nas normas aplicáveis, de forma que os livros empresariais representem fielmente todas as operações econômicas realizadas, principalmente aquelas que se constituem como fatos geradores de contribuições sociais.

c) Prestar ao Instituto Nacional de Seguridade Social e à Secretaria da Receita Federal todas as informações cadastrais, financeiras e contábeis de interesse, na forma por eles estabelecida, bem como os esclarecimentos necessários à fiscalização (art. 225, III, do RPS)

Refere-se a quaisquer informações de interesse dos órgãos públicos, inclusive aquelas ligadas a outras empresas ou segurados com quem o contribuinte tenha vínculo de qualquer espécie, necessárias ao bom andamento do processo de fiscalização.

6.2.4. *Obrigação de emitir e entregar a GFIP*

No campo previdenciário, no que tange à emissão de declarações de interesse da fiscalização, tem notória importância a **Guia de Recolhimento do Fundo de Garantia por Tempo de Serviço e Informações à Previdência Social – GFIP**, que, como o próprio nome sugere, serve *tanto como documento de arrecadação do FGTS dos empregados vinculados à empresa quanto como declaração de informações de interesse do INSS*, seja em relação à própria empresa, seja em relação aos segurados a ela vinculados.

A obrigação vem estabelecida no art. 225, IV, do RPS: "*informar mensalmente ao Instituto Nacional do Seguro Social, por intermédio da Guia de Recolhimento do Fundo de Garantia por Tempo de Serviço e Informações à Previdência Social, na forma por ele estabelecida, dados cadastrais, todos os fatos geradores de contribuição previdenciária e outras informações de interesse daquele instituto*".

Em apertada síntese, a GFIP reúne todas as informações de interesse do INSS sobre a empresa, tais como o número de funcionários (discriminados nominalmente), o valor descontado de cada um deles a título de suas respectivas contribuições previdenciárias, o valor depositado no FGTS, entre outros. Sua relevância decorre do fato das informações *comporem a base de dados para fins de cálculo e concessão de benefícios previdenciários, bem como constituírem-se em confissão de dívida*, caso determinada contribuição nela prevista não tenha sido recolhida.

A base de dados a que se refere o art. 225, § 1º, do RPS, supratranscrito, é o Cadastro Nacional de Informações Sociais – CNIS, criado pela Lei Complementar 128/2008. Neste cadastro consta a vida previdenciária de cada segurado, sendo acessado pelo INSS para verificar informações sobre *os vínculos e as remunerações dos segurados, para fins de cálculo do salário de benefício, comprovação de filiação ao Regime Geral de Previdência Social, tempo de contribuição e relação de emprego* (art. 29-A do PBPS).

Nota-se, portanto, que a GFIP e o CNIS estão intrinsecamente ligados, sendo aquela a fonte de informações que abastece este, o qual é de extrema relevância para o pagamento correto dos benefícios previdenciários e eficiência da fiscalização das contribuições sociais.

6.3. Obrigações acessórias dos segurados

Neste momento, já é possível perceber que, como regra geral, a obrigação acessória de recolhimento da contribuição devida pelo segurado é da **fonte pagadora**, pois assim a fiscalização do pagamento pode se concentrar em menos pessoas e entidades do que seria necessário caso cada trabalhador tivesse que, pessoalmente, efetuar o pagamento mensal de sua contribuição previdenciária.

Não obstante, existem exceções a esta lógica. Além daquelas já anotadas, destacamos que *são excluídos da obrigação de arrecadar a contribuição do* ***contribuinte individual*** *que lhe preste serviço o produtor rural pessoa física, a missão diplomática, a repartição consular e o contribuinte individual* (art. 216, § 32, do RPS).

Visando a facilitar o recolhimento das contribuições, a legislação previdenciária estabelece ainda algumas obrigações acessórias aos segurados relativas à retenção de valores:

a) O segurado especial é obrigado a arrecadar a contribuição de trabalhadores a seu serviço e a recolhê-la no mesmo prazo estabelecido para as empresas em geral (dia 20 do mês seguinte ao da competência) (art. 30, XIII, do PCSS)

b) Cabe ao próprio contribuinte individual que prestar serviços, no mesmo mês, a mais de uma empresa, cuja soma das remunerações superar o limite mensal do salário de contribuição, comprovar às que sucederem à primeira o valor ou valores sobre os quais já tenha incidido o desconto da contribuição, de forma a se observar o limite máximo do salário de contribuição (art. 216, § 28, do RPS)

6.4. Outras obrigações acessórias

a) A empresa deverá manter à disposição da fiscalização, durante cinco anos, os documentos comprobatórios do cumprimento das obrigações acessórias (art. 225, § 5º, do RPS, adaptado ao teor da Súmula Vinculante 8)

b) O Município, por intermédio do órgão competente, fornecerá ao Instituto Nacional do Seguro Social, para fins de fiscalização, mensalmente, relação de todos os alvarás para construção civil e documentos de "habite-se" concedidos,

de acordo com critérios estabelecidos pelo referido Instituto

c) O titular de cartório de registro civil de pessoas naturais fica obrigado a comunicar, até o dia dez de cada mês, na forma estabelecida pelo Instituto Nacional do Seguro Social, o registro dos óbitos ocorridos no mês imediatamente anterior, devendo da comunicação constar o nome, a filiação, a data e o local de nascimento da pessoa falecida, devendo a comunicação ser realizada ainda que nenhum óbito tenha ocorrido no período (art. 228 do RPS)

7. RECOLHIMENTO FORA DO PRAZO DAS CONTRIBUIÇÕES E OUTRAS INFRAÇÕES À LEGISLAÇÃO PREVIDENCIÁRIA

7.1. Responsabilidade pelas infrações

Considera-se **infração à legislação previdenciária** *qualquer ato contrário ao disposto em leis ou outras normas relativas ao Regime Geral da Previdência Social*, ou, em outros termos, o inadimplemento de qualquer obrigação, principal ou acessória, pelo contribuinte.

Num primeiro momento, é importante sabermos que, nesta parte do Direito Previdenciário, onde vigoram diversas normas oriundas do Direito Tributário, aplicam-se as disposições deste sobre a **responsabilidade objetiva** pelo inadimplemento das obrigações impostas pela legislação. Com isso, *frente a ausência de cumprimento de qualquer dever legal, de pagar, fazer ou não fazer, serão aplicadas as punições previstas,* ***independentemente do reconhecimento de dolo ou culpa por parte do agente***.

Dolo é *a intenção deliberada de praticar determinada conduta buscando a ocorrência do resultado igualmente pretendido* (por exemplo, uma determinada empresa, sabendo que dia 20 do mês corresponde ao vencimento da contribuição sobre a folha de pagamento, intencionalmente nada recolhe aos cofres públicos, apropriando-se do dinheiro em seu patrimônio pessoal). **Culpa**, por sua vez, é *a conduta negligente, imprudente ou imperita, que causa determinado resultado não pretendido* (exemplo, o contador da empresa, jovem profissional em seu primeiro emprego, vê passar o dia 20 do mês e se esquece de pagar a contribuição incidente sobre a folha de pagamento). Perceba que nos dois exemplos o resultado é o mesmo: não houve o pagamento da contribuição. Porém, no primeiro o contribuinte agiu com dolo; no segundo, com culpa, pois a conduta foi imperita (ausência de cuidado profissional).

Retomando. Dissemos que no âmbito da relação previdenciária de custeio a responsabilidade pelas infrações é **objetiva**, ou seja, independe de dolo ou culpa. Isso implica duas conclusões: uma, tanto faz se a infração foi praticada com dolo ou culpa, ela será punida na forma prevista na legislação; duas, *ainda que não haja nem dolo, nem culpa, mas ocorra uma infração, ela será punida*. Exemplo: uma empresa preenche os documentos devidos e, no dia 20, entrega o dinheiro para seu mensageiro efetuar o pagamento da contribuição sobre a folha de pagamento no banco. No caminho, o mensageiro é vítima de roubo, sendo levado todo o dinheiro e, com isso, o pagamento não se realiza. É a hipótese de **caso fortuito** (nem dolo, nem culpa), mas a empresa terá de pagar a multa pelo atraso no pagamento do mesmo jeito.

7.2. Recolhimento fora do prazo

Dentre as infrações, sem dúvida a mais comum é o atraso no pagamento das contribuições. Ao analisarmos as contribuições sociais, anotamos, para cada uma delas, a data de vencimento da obrigação, sendo considerado *extemporâneo, ou fora do prazo, qualquer recolhimento realizado posteriormente ao vencimento estipulado*.

O recolhimento fora do prazo gera, em tese, **três** acréscimos no pagamento: **correção monetária, juros de mora e multa.**

7.2.1. Correção monetária

Não se trata de punição, mas *simples manutenção do valor real da moeda*, seu poder de compra. A correção monetária é a atualização do valor devido pelo índice de inflação do período decorrido entre o vencimento da obrigação e a data do efetivo pagamento.

No campo das contribuições previdenciárias, a aplicação da correção monetária foi extinta com a Lei 8.981/1995.

7.2.2. Juros de mora

Também não tem caráter punitivo. Os juros são *o fruto do capital, a remuneração devida por aquele que teve à sua disposição, por determinado período de tempo, capital alheio*. Pense num empréstimo bancário: o banco cobra juros como remuneração do capital, porque o dinheiro está com o cliente e não com o banco.

O pagamento em atraso de uma contribuição previdenciária pode, *grosso modo*, ser visto como um empréstimo: o dinheiro já devia estar com o INSS, porém o contribuinte o retém consigo, deixando-o à sua disposição. Até que "devolva" o dinheiro aos cofres públicos, deverá pagar juros pelo "empréstimo".

Desde a edição da Medida Provisória 449/2008, convertida na Lei 11.941/2009, o art. 35 do PCSS determina que os juros pelo atraso no pagamento das contribuições previdenciárias devem seguir a sistemática do art. 61 da Lei 9.430/1996, que dispõe:

a) Aplicação da taxa SELIC a partir do segundo mês subsequente ao vencimento da obrigação e até o último dia do mês anterior ao efetivo pagamento

b) 1% no mês do efetivo pagamento

A SELIC é a taxa de juros básica da economia nacional, fixada pelo Comitê de Política Monetária – COPOM – a cada 45 dias.

Na prática, a regra fica assim: um certo contribuinte não recolheu, no dia 20 de agosto, a contribuição devida sobre a folha de pagamento da empresa. Caso pague até 30 de setembro, arcará com juros de mora de 1% (índice aplicável ao **mês de pagamento**). Senão, começará a incidir a taxa SELIC a partir de 1º de outubro (**primeiro dia do segundo mês subsequente**). Se ele pagar em 15 de dezembro, aplicaremos a SELIC relativa ao período de 1º de outubro a 30 de novembro (**último dia do mês anterior ao efetivo pagamento**) mais 1% (pelo **mês do pagamento**).

7.2.3. Multa

Dos acréscimos previstos, a **multa** é a única com *caráter punitivo*. Sua intenção é *incentivar o contribuinte a cumprir sua obrigação no prazo assinalado*, evitando, assim, ter de arcar com o aumento no valor a pagar. Tem, portanto, *natureza jurídica de sanção*.

Antes regida pelos art. 239 do RPS, a multa em caso de atraso no pagamento de contribuições sociais também encontra hoje sua regulamentação no art. 61 da Lei 9.430/1996 por força da nova redação do art. 35 do PCSS (restando tacitamente revogado o RPS, norma de hierarquia inferior):

a) Em caso de atraso no pagamento, incidirá multa de 0,33% por dia de atraso, limitado ao máximo de 20%, ou seja, passados 61 dias de atraso, a multa deixa de aumentar (60 x 0,33 = 19,8; sendo proibida a cobrança de mais de 20% de multa, o 61º de atraso adiciona apenas 0,2% no montante total; após, nada mais aumentará);

b) Havendo lançamento de ofício, isto é, o contribuinte não recolheu voluntariamente as contribuições em atraso, a multa será de 75%;

c) Se o contribuinte, notificado pela fiscalização a prestar esclarecimentos sobre o inadimplemento, deixar de fazê-lo, a multa terá um acréscimo de 50%;

d) A multa será duplicada se ficar provada a ocorrência de sonegação, fraude ou conluio

A última agravante (sonegação, fraude ou conluio) deve ser entendida, simplesmente, como *a prova de uma infração dolosa ao dever de pagar as contribuições*. **Sonegar** significa *esconder, mascarar a ocorrência*, como em caso da empresa registrar faturamento menor que o verdadeiro porque realizou operações mercantis sem a emissão da correspondente nota fiscal. **Fraude** é *qualquer adulteração em documentos ou na contabilidade*, justamente para tentar evitar a descoberta da sonegação. Não é errado dizer que toda sonegação pressupõe uma fraude. Mais estranha ainda é a previsão do **conluio**, que é, na verdade, o *meio de praticar a fraude: há conluio quando duas ou mais pessoas resolvem, juntas, praticar uma infração*. A fraude, ou sonegação, pode ou não ser praticada através de conluio. Agora, o conluio, sozinho, nada significa: ele só existe em prol da sonegação fiscal.

Por essa razão que dissemos que a agravante da duplicação da multa ocorrerá quando a fiscalização tiver provas de que o inadimplemento ocorreu por **dolo**, com a intenção de fraudar o Fisco.

Há, de outra banda, **atenuantes** aplicáveis à multa previdenciária. Ela será reduzida em:

a) 50%, se for efetuado o pagamento no prazo de 30 dias, contados da data em que o contribuinte foi notificado do lançamento;

b) 40%, se for requerido o parcelamento da dívida pelo contribuinte no prazo de 30 dias contados da notificação do lançamento;

c) 30%, se o pagamento ocorrer no prazo de 30 dias depois do sujeito passivo ter sido notificado da decisão administrativa de primeira instância;

d) 20%, se for requerido o parcelamento da dívida pelo sujeito passivo no prazo de 30 dias contados da notificação da decisão administrativa de primeira instância.

As duas primeiras atenuantes servem como incentivo ao pagamento pelo contribuinte, demonstrando que o real interesse da Fazenda é receber o crédito principal (tributo) ao reduzir substancialmente a multa pelo atraso. As duas últimas atenuantes são aplicáveis ao contribuinte que *contestou o lançamento no âmbito da própria administração pública (defesa administrativa), porém não logrou êxito em seu intento*, isto é, o julgamento administrativo em primeira instância entendeu que o lançamento do tributo e da multa estavam corretos. Como o contribuinte, em vez de pagar o débito, preferiu opor-se a ele, seu benefício na redução da multa será menor.

7.3. Outras infrações à legislação tributária

Ao lado do recolhimento fora do prazo, a legislação tributária elenca outras infrações *com multas específicas* em caso de ocorrência. Vejamos cada uma delas:

7.3.1. Regra geral

O art. 283 do RPS traz, em sua redação, a multa geral aplicável *a qualquer infração à legislação previdenciária* ***para a qual não haja previsão específica de multa***. A ideia é simples: se não há multa específica prevista para caso de ofensa a determinado artigo, aplicamos o art. 283 do RPS.

O dispositivo em comento estabelece dois patamares de multa, sendo ambos considerados o *valor mínimo aplicável*, pois podem incidir as agravantes dos art. 290 do RPS. Estabelece, outrossim, o valor máximo que a multa pode atingir depois de consideradas as agravantes. Tais valores são atualizados periodicamente, sendo o documento de atualização mais recente a Portaria MPAS 142/2007, e são os seguintes:

a) Multa mínima de R$ 1.195,13, para os casos previstos no inciso I do art. 283;

b) Multa mínima de R$ 11.951,21, para os casos previstos no inciso II do art. 283;

c) Multa máxima de R$ 119.512,33, em qualquer caso.

7.3.2. Principais regras específicas

a) A falta de inscrição do segurado sujeita o responsável a multa de R$ 1.254,89 por segurado não inscrito (art. 283, § 2º, do RPS);

b) A *falta* de entrega da GFIP sujeita o contribuinte a multa de 2% ao mês incidente sobre o montante das contribuições declaradas na GFIP, ainda que integralmente pagas, limitada a, no máximo, 20% (art. 32-A do PCSS);

c) A entrega da GFIP *com informações falsas ou erradas* sujeita o contribuinte a multa de R$ 20,00 para cada grupo de 10 informações incorretas (art. 32-A do PCSS);

d) A empresa que está em débito perante a Seguridade Social não pode distribuir lucros aos sócios, sob pena de multa de 50% dos valores indevidamente distribuídos (art. 285 do RPS);

e) A empresa que deixar de comunicar acidente de trabalho está sujeita a multa variável entre os limites mínimo e máximo do salário de contribuição por acidente que deixar de comunicar (art. 286 do RPS);

f) A empresa que deixar de encaminhar cópia da GPS ao sindicato de sua categoria mais numerosa ou deixar de afixá-lo no quadro de horário dos empregados está sujeita a multa de R$ 157,24 a R$ 15.724,15 por competência em que houver a irregularidade.

7.3.3. *Circunstâncias agravantes e cálculo da multa*

Como visto, as infrações à legislação previdenciária são punidas com multas variáveis, cabendo à legislação estabelecer um valor mínimo e o valor máximo para cada uma delas. A multa concreta, especificamente aplicada a determinada empresa, deverá estar entre essas balizas. A autoridade competente para impor a multa, por sua vez, deve atentar para a existência de **circunstâncias agravantes** para determinar se a sanção aplicada *será fixada no mínimo legal ou sofrerá aumentos diante da gravidade da infração.*

Nos termos do art. 290 do RPS, são circunstâncias que sempre agravam a penalidade:

a) a tentativa de suborno do servidor público, que eleva a multa em três vezes;

b) agir com dolo, fraude ou má-fé, que eleva a multa em três vezes;

c) desacatar, no ato da ação fiscal, o agente responsável pela fiscalização, o que eleva a multa em duas vezes;

d) obstar os trabalhos da fiscalização, que eleva a multa em duas vezes;

e) a reincidência, que eleva a multa em três vezes ou em duas vezes, a depender se a reincidência é **específica** (*nova prática da mesma infração*) ou **genérica** (*prática de infração diferente da anterior*), respectivamente.

O parágrafo único do art. 290 do RPS exclui a caracterização da reincidência se entre a prática das infrações tiver decorrido período maior que 5 anos.

A ausência de circunstâncias agravantes impõe a **fixação da multa no mínimo previsto na legislação** (art. 292, I, do RPS).

8. RECURSOS DAS DECISÕES ADMINISTRATIVAS

8.1. Cabimento da defesa administrativa

Diante de uma decisão desfavorável do INSS sobre um pedido de benefício previdenciário, seja o indeferimento ou o pagamento de benefício em valor menor do que o beneficiário entende devido, abrem-se a ele dois caminhos para tentar reverter a situação:

a) Judicial: buscando a declaração de nulidade da decisão administrativa *através do Poder Judiciário*, concretizada através da *sentença de um juiz de direito;*

b) Administrativo: realizado diretamente *junto ao órgão público competente* para avaliar a correção dos atos administrativos praticados, concretizado através de uma *nova decisão administrativa.*

A via judicial é afeta ao Direito Processual. Interessa-nos a via administrativa, cujo cabimento é justificado pelo **direito de petição**, garantia fundamental do cidadão prevista no art. 5º, XXXIV, *a*, da CF/1988, que consagra o direito de *requerer aquilo que for necessário junto aos Poderes Públicos para a defesa de direitos ou contra atos de ilegalidade ou abuso de poder.*

Considerando, por outro lado, que vigora no Brasil o princípio da **inafastabilidade da jurisdição,** segundo o qual *"a lei não excluirá da apreciação do Poder Judiciário lesão ou ameaça a direito"* (art. 5º, XXXV, da CF/1988), apenas este tem o poder de decidir definitivamente qualquer questão que envolva conflito entre duas partes. Daí concluímos que, ainda que o contribuinte opte pela via administrativa, o caminho judicial sempre estará à sua disposição.

O inverso, porém, não se aplica. A fim de evitar trabalho desnecessário, pois a decisão judicial sempre prevalecerá, dispõe o art. 307 do RPS que *"a propositura pelo beneficiário de ação judicial que tenha por objeto idêntico pedido sobre o qual versa o processo administrativo importa renúncia ao direito de recorrer na esfera administrativa e desistência do recurso interposto".*

Salientamos, oportunamente, que a defesa administrativa sobre conflitos envolvendo contribuições previdenciárias escapam ao estudo do Direito Previdenciário. Isso porque, com o advento da "Super-Receita", tratado no tópico 3.2.2, este tema passou a ser de competência da União e não mais do INSS, sendo o procedimento administrativo fiscal federal regulado pelo Decreto 70.235/1972. A sistemática ora estudada, prevista no RPS, ficou desde então restrita às questões sobre benefícios previdenciários.

8.2. Trâmite dos recursos administrativos

O pedido de concessão ou revisão de benefício previdenciário deve ser elaborado *por escrito* e realizado junto a um dos **órgãos regionais do INSS** (seus escritórios e repartições espalhados pelos Municípios do país). Os requisitos e a comprovação destes serão analisados por um **órgão singular,** isto é, composto por apenas um servidor público, que deferirá, ou não, o pedido formulado.

Vencido o beneficiário, ele poderá recorrer para o **Conselho de Recursos da Previdência Social - CRPS,** composto por vinte e nove **Juntas de Recursos,** espalhadas pelos Estados, e quatro **Câmaras de Julgamento**, com sede em Brasília.

Primeiramente, o beneficiário deve endereçar seu recurso a uma das **Juntas de Recursos, órgãos colegiados** compostos por quatro membros (dois representantes do Governo, um das empresas e um dos trabalhadores).

Não conseguindo o reconhecimento de seu direito nas Juntas, o beneficiário poderá ainda recorrer para uma das quatro **Câmaras de Julgamento**, com sede em Brasília, com a mesma composição das Juntas. Este recurso, todavia, somente poderá fundamentar-se em *infração à lei, ao Regulamento da Previdência Social, a enunciado do Conselho Pleno ou a ato normativo ministerial.*

Devemos ressaltar, após esta análise, que a legislação previdenciária **sempre** garante ao beneficiário **duas instâncias de julgamento**: o órgão regional do INSS e a Junta de Recursos, já que o fundamento do acesso a esta pode ser, única e simplesmente, a discordância da decisão do órgão regional. Já o acesso às Câmaras de Julgamento depende da comprovação de um dos requisitos apontados.

Esgotadas as **instâncias ordinárias**, o RPS prevê ainda a possibilidade de **recurso para o Ministro de Estado da Previdência e Assistência Social**. Este instrumento, contudo, está limitado às seguintes hipóteses, devendo todas estarem presentes **cumulativamente:**

a) Controvérsia entre órgãos do Ministério da Previdência e Assistência Social: deve ficar demonstrada a discrepância entre julgados sobre situações iguais em diferentes órgãos regionais ou Juntas de Recursos;

b) A controvérsia deve versar sobre a aplicação da lei, de ato normativo ou sobre questão previdenciária de relevante

interesse público ou social: define-se, assim, o *objeto* da análise do Ministro de Estado, que será chamado para dirimir questões ligadas à interpretação da legislação ou aquelas que interessem a um grande número de pessoas;

c) O pedido de solução será encaminhado pelo órgão competente, através de seu dirigente: como se vê, *não se trata de um recurso voluntário do beneficiário*, mas sim de instrumento à disposição dos próprios órgãos do CRPS procurando uniformizar sua jurisprudência.

Em resumo, temos o seguinte esquema para visualização do trâmite administrativo dos recursos no INSS:

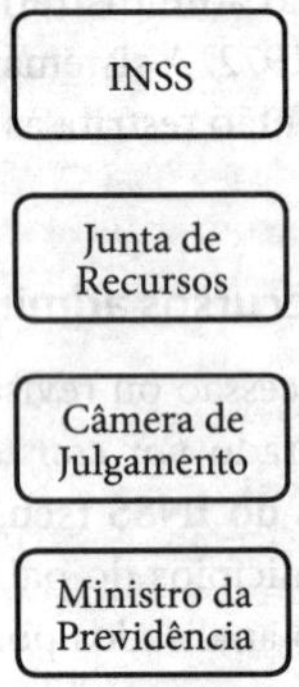

Havia, ainda, na esfera dos recursos sobre questões previdenciárias, o chamado **recurso de ofício**. Previsto para as hipóteses do beneficiário ser favorecido com a decisão do INSS, quando ocorria este resultado *o órgão regional ou a Junta de Recursos era obrigado a remeter, diretamente e mesmo sem qualquer intervenção específica, o caso para a instância superior para confirmação da decisão.* Ainda presente em diversos tribunais administrativos, o recurso de ofício **deixou de existir** no quadro previdenciário com a edição do Decreto 6.032/2007, que deu nova redação ao art. 305, § 3º, do RPS.

8.3. Disposições gerais

8.3.1. *Prazo*

Qualquer recurso, seja para a Junta de Recursos, seja para a Câmara de Julgamento, deve ser interposto no prazo de **30 dias**, contados da ciência da decisão desfavorável.

8.3.2. *Efeitos*

Os recursos contra as decisões da Junta de Recursos terão efeitos **devolutivo** e **suspensivo**. Recursos contra as decisões do órgão regional são recebidos apenas com efeito devolutivo.

Efeito devolutivo é aquele que caracteriza qualquer recurso, estando **sempre** presente. Significa que *a matéria tratada no caso em julgamento será **devolvida** ao órgão superior para nova análise.*

Efeito suspensivo, ao contrário, pode ou não estar previsto. Significa, quando presente, que *a decisão inferior fica **suspensa** até a prolação da decisão do recurso.* Com isso, as partes não são obrigadas a cumprir o que o órgão inferior decidiu até que seja publicada a decisão do órgão superior. Exemplo: se a Junta de Recursos determinar o pagamento de certo benefício ao segurado, havendo recurso dessa decisão **com efeito suspensivo** o INSS não estará obrigado a pagar até que a Câmara de Julgamento resolva a questão.

9. PLANO DE BENEFÍCIOS DO REGIME GERAL DE PREVIDÊNCIA SOCIAL

9.1. A relação jurídica de benefício

Vimos mais atrás, no tópico 3.2.1, os elementos da relação jurídica de custeio direto da Seguridade Social, cujo objeto era o dever de pagar as contribuições sociais impostas por lei. Esse estudo, em rigor, seguiu-nos até o presente momento.

Iniciamos agora a análise da outra relação jurídica que envolve o Direito Previdenciário. Aliás, a **relação jurídica de benefício** é de Direito Previdenciário por excelência, sendo específica deste ramo do Direito, diferente da relação jurídica de custeio que, como amplamente verificado, tem suas origens e regulamentações vinculadas ao Direito Tributário.

Vamos relembrar. Dissemos que qualquer relação jurídica tem a seguinte estrutura:

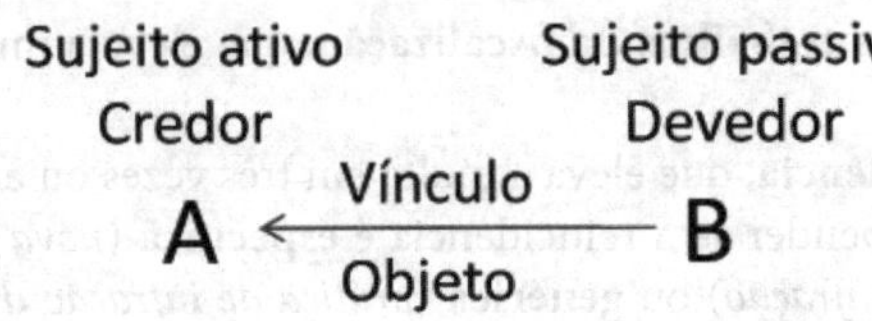

No que toca à **relação jurídica de benefício**, podemos apontar que cada um desses elementos toma a seguinte forma:

a) Sujeito ativo (ou credor): será o **beneficiário** da Previdência, *a pessoa que possui vínculo de filiação com o INSS* (conhecido como **segurado**) ou *pessoa ligada ao segurado por dependência econômica* (os **dependentes**). Voltaremos a esses conceitos mais adiante;

b) Sujeito passivo (ou devedor): será sempre o INSS;

c) Objeto: a realização das prestações previdenciárias previstas no PBPS (Lei 8.213/1991), que se dividem em **benefícios** e **serviços;**

d) Vínculo: a relação jurídica de benefício decorre da **filiação** do segurado ao RGPS.

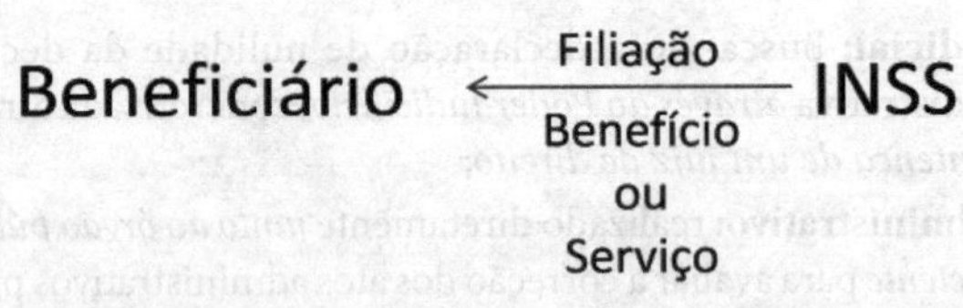

9.2. Beneficiários do RGPS

O PBPS prevê o pagamento de benefícios e a prestação de serviços para duas espécies de beneficiários: **os segurados** e os **dependentes**, que serão, é bom que se ressalte, sempre *pessoas físicas.*

9.2.1. *Segurados*

A figura do segurado já foi amplamente estudada. Aplicam-se para a relação de benefício *os mesmos conceitos aprendidos sobre a relação de custeio.* Estamos falando, portanto, do **segurado empregado, do empregado doméstico, do trabalhador avulso, do contribuinte individual, do segurado especial e do segurado facultativo.** Dizemos que estas pessoas possuem *vínculo direto* com o INSS, porque estão *inscritas* e *filiadas* ao RGPS.

9.2.2. Dependentes

A novidade fica por conta do conceito de **dependentes**. São pessoas *com vínculo indireto com o INSS, uma vez que se ligam ao segurado*. O termo *dependente* remete à necessária **dependência econômica** que deve existir entre o dependente e o segurado. Em outras palavras, o dependente é uma pessoa que depende da atividade remunerada do segurado para sua subsistência.

Por isso dissemos que o dependente tem vínculo indireto com o INSS: ele se liga ao segurado, que por sua vez está filiado ao RGPS.

As pessoas que podem se enquadrar como dependentes do segurado são divididas em **classes**, sendo que *a existência de pessoas nas classes mais altas impede o recebimento do benefício por aquelas das classes mais baixas*. Exemplo: se o segurado, ao falecer, deixa mulher e seu pai, apenas aquela receberá o benefício da pensão por morte, por ser dependente de 1ª classe, enquanto o pai é dependente de 2ª classe. Em contrapartida, se houver *mais de uma pessoa na mesma classe*, o benefício deve ser rateado igualmente entre elas.

a) 1ª Classe: além de afastar as duas classes inferiores, a 1ª classe de dependentes tem como característica principal **a presunção absoluta de dependência econômica**. Isso significa que seus integrantes *não precisam provar que dependiam diretamente do segurado para sua subsistência*, sendo esta situação presumida pela lei e não se autorizando prova em sentido contrário. Excetuam-se, apenas, os **equiparados a filho**, quais sejam, *o enteado e o menor tutelado*, que devem provar a dependência econômica para fazer jus aos benefícios.

a1) Cônjuge ou companheiro(a)

O primeiro integrante da 1ª classe de dependentes é o **cônjuge**, bem como o **companheiro(a)**. Cônjuge é a *pessoa casada formalmente*; companheiro(a) é quem vive *em união estável*, definida nos termos do art. 1.723 do Código Civil (CC) como *a convivência pública, contínua e duradoura e estabelecida com o objetivo de constituição de família*.

Para que o cônjuge figure como dependente do segurado, é necessário *que o casamento esteja vigente no momento do requerimento do benefício*. Isso exclui o cônjuge **separado judicialmente** (figura extinta com a Emenda Constitucional 66/2010), **separado de fato** (chamado pelo PBPS de *cônjuge ausente*, aquele que não mais reside com seu consorte, sem, todavia, promover formalmente o divórcio) e, obviamente, o **divorciado**, uma vez que nessa hipótese o casamento já foi extinto. **Excetuam-se** os casos em que o cônjuge, ainda que separado ou mesmo divorciado, *recebia pensão alimentícia*. Em resumo: desfeito o casamento por qualquer das formas apresentadas, o cônjuge não é mais dependente do segurado; **será ainda dependente** se estiver recebendo pensão alimentícia. A razão de ser desta exceção remonta ao fato da pensão alimentícia ser paga somente se o cônjuge comprovar sua *necessidade*, sendo, então, fato suficiente para o Direito Previdenciário reconhecer sua dependência econômica.

Sobre o direito a alimentos, trazemos à baila a Súmula 336 do STJ: *"a mulher que renunciou aos alimentos na separação judicial tem direito à pensão previdenciária por morte do ex-marido, comprovada a necessidade econômica superveniente"*. O verbete consagra a **irrenunciabilidade do direito a alimentos**, podendo o cônjuge apenas dele não fazer uso. Com efeito, ainda que, no momento da separação ou divórcio, os cônjuges tenham optado por não exercer seu direito a alimentos, por não haver necessidade naquela situação, ela (a necessidade) pode surgir depois. Comprovado este fato, por exemplo, no momento do óbito do segurado, o cônjuge sobrevivo deve ser contemplado com o benefício da pensão por morte.

Já quanto à união estável, é preciso lembrar que *há pessoas que são impedidas de constituí-la, por serem impedidas de casar* (com exceção da pessoa separada judicialmente ou de fato, porque, apesar de formalmente ainda estar casada, o art. 1.723, § 1º, do CC autoriza sua união estável). Tais casos estão previstos no art. 1.521 do CC:

> **Art. 1.521.** Não podem casar:
>
> I – os ascendentes com os descendentes, seja o parentesco natural ou civil;
>
> II – os afins em linha reta;
>
> III – o adotante com quem foi cônjuge do adotado e o adotado com quem o foi do adotante;
>
> IV – os irmãos, unilaterais ou bilaterais, e demais colaterais, até o terceiro grau inclusive;
>
> V – o adotado com o filho do adotante;
>
> (...)
>
> VII – o cônjuge sobrevivente com o condenado por homicídio ou tentativa de homicídio contra o seu consorte.

Nessas hipóteses, nos termos do art. 16, § 6º, do RPS, *não se reconhecerá o* status *de companheiro, e, consequentemente, o de dependente* (STF, RE 590.779/ES, *DJ* 10.02.2009).

Por fim, uma palavra sobre a **união homoafetiva**. O INSS já admitia a caracterização como dependente de companheiro(a) do mesmo sexo, ainda que por determinação judicial, desde 2007, posição mais recentemente confirmada no art. 25 da Instrução Normativa INSS/PRES 45/2010. Não obstante, com o reconhecimento da validade, pelo STF, da união homoafetiva (ADI 4.277/DF, *DJ* 05.05.2011), e mesmo a edição da Resolução 175/2013 do Conselho Nacional de Justiça, que determina a realização de casamentos ou conversão de união estável em casamento entre pessoas do mesmo sexo em todos os cartórios de registro civil de pessoa natural do país, a questão fica definitivamente assentada no sentido de reconhecer os direitos de dependente ao companheiro (e até ao cônjuge) homossexual.

a2) Filho menor de 21 anos não emancipado

O filho, seja ele natural ou adotivo, conserva sua condição de dependente *até que complete 21 anos de idade*, desde que até esse momento não se tenha promovido sua **emancipação**, ato jurídico que confere a plena capacidade civil ao menor com 16 anos completos nas seguintes hipóteses: *concessão dos pais, casamento, exercício de cargo público efetivo, constituição de estabelecimento civil ou empresarial em função do qual o menor tenha economia própria ou colação de grau em nível superior*.

A despeito de julgados isolados em sentido contrário, o STJ tem jurisprudência assentada de que o fato do filho estar cursando faculdade **não estende** o benefício da pensão por morte até que ele atinja 24 anos de idade (AgRg no REsp 818.640/SC, *DJ* 17.06.2010, REsp 779.418/CE, *DJ* 25.10.2005).

a3) Filho inválido ou portador de deficiência

Para fins previdenciários, entende-se **invalidez** como *a total incapacidade para o trabalho, seja decorrente de deficiência física ou mental que torne a pessoa absoluta ou relativamente incapaz.* Com a entrada em vigor do Estatuto da Pessoa com Deficiência (Lei 13.146/2015), o filho portador de deficiência intelectual ou mental, ou deficiência grave, é considerado dependente, não mais se exigindo a declaração judicial de incapacidade civil.

O filho inválido conserva sua posição de dependente de 1ª classe **independentemente de sua idade**, perdendo-a somente se cessar a invalidez. Vale ressaltar que esta deve ser **anterior à emancipação ou à data em que a pessoa completa 21 anos.** Se já superior a esta idade ou emancipado por qualquer das razões expostas no item anterior, *salvo a colação de grau em nível superior*, e, só então, vem a tornar-se inválido, este filho **não será** dependente para fins previdenciários (art. 17, III, do RPS).

Cumpre salientar que parte da doutrina repudia essa posição, assentando que os dependentes de primeira classe gozam de presunção absoluta de dependência econômica e, destarte, deverão ser assim classificados ainda que a invalidez ou incapacidade civil seja posterior ao aniversário de 21 anos.

a4) Equiparados a filho

O art. 16, § 2º, do PBPS **equipara** a filho o **enteado** e o **menor tutelado**, garantindo a estes a mesma posição na classe de dependentes.

Enteado é o *filho do outro cônjuge, com o qual o segurado não tem relação de parentesco* (há de se ter cuidado, pois se o padrasto ou a madrasta **adotar** o enteado este se tornará **filho** por conta do processo de adoção); **menor tutelado** é aquele a quem foi dado *um tutor, após processo judicial, para zelar por sua educação após a morte dos pais ou a perda do poder familiar quando houver patrimônio do menor a ser gerenciado.*

As únicas diferenças estabelecidas são: os equiparados a filho, *apesar de constarem da 1ª classe de dependentes*, **devem provar a dependência econômica** para receberem os benefícios e devem ser **previamente inscritos** no INSS pelo próprio segurado (ao passo que os filhos podem apresentar-se a qualquer momento).

Sobre o **menor sob guarda**, *instituto voltado à regularização de uma situação fática, de quem cuida do menor na ausência dos pais*, o STJ consolidou o entendimento de que estes **não se enquadram como dependentes**, ainda que comprovem dependência econômica (REsp 773.944/SP, *DJ* 05.02.2009).

b) 2ª classe: somente se filiarão ao RGPS na qualidade de dependentes na *ausência de qualquer pessoa de primeira classe.* Neste patamar, *é necessário, **sempre**, que comprovem a dependência econômica junto ao segurado*, sob pena de serem excluídos do pagamento dos benefícios.

Apenas os **pais** encontram-se na 2ª classe de dependentes. Merece atenção o fato de o texto legal mencionar **pais** e não **ascendentes**, o que exclui os ancestrais mais antigos, principalmente os avós, ainda que eles sejam economicamente dependentes do segurado. Há julgado do STJ em sentido contrário, porém atestando uma *situação singular* para reconhecer o direito ao benefício pelo avô do segurado falecido: a existência de verdadeira relação filial entre eles, uma vez que o segurado foi criado pelo avô desde a tenra idade pela precoce morte dos pais (REsp 528.987/SP, *DJ* 06.11.2003).

c) 3ª classe: segundo a sistemática já conhecida, *receberão os benefícios somente na inexistência de dependentes nas duas classes anteriores* e, também, *devem sempre provar a dependência econômica.*

Colocam-se aqui os **irmãos, unilaterais** (filhos apenas do mesmo pai ou da mesma mãe) ou **bilaterais** (filhos do mesmo pai e da mesma mãe, também chamados de *irmãos germanos*) **até 21 anos ou inválidos ou portadores de deficiência intelectual ou mental ou de deficiência grave.** Todas as regras estudadas sobre o início e o fim da qualidade de dependente dos filhos são utilizadas para os irmãos.

9.3. Benefícios previdenciários – disposições gerais

Iniciamos agora o estudo das **prestações** devidas pelo INSS aos segurados e dependentes.

Prestação previdenciária é *gênero* que se subdivide em duas espécies: **benefícios**, que são traduzidos na forma de *prestações pecuniárias (em dinheiro) periódicas*; e **serviços**, que se caracterizam por *qualquer outra prestação que não seja traduzida em dinheiro.*

Todas elas estão previstas no art. 18 do PBPS:

> **Art. 18.** O regime geral de previdência social compreende as seguintes prestações, devidas inclusive em razão de eventos decorrentes de acidentes do trabalho, expressas em benefícios e serviços:
>
> I – quanto ao segurado:
>
> a) aposentadoria por invalidez;
>
> b) aposentadoria por idade;
>
> c) aposentadoria por tempo de contribuição;
>
> d) aposentadoria especial;
>
> e) auxílio-doença;
>
> f) salário-família;
>
> g) salário-maternidade;
>
> h) auxílio-acidente.
>
> II – quanto ao dependente:
>
> a) pensão por morte;
>
> b) auxílio-reclusão.
>
> III – quanto ao segurado e dependente:
>
> a) (Revogado)
>
> b) serviço social;
>
> c) reabilitação profissional.

Todos os itens citados representam **benefícios**, *exceto os do inciso III:* serviço social e reabilitação profissional. Essas são as únicas prestações previdenciárias da espécie **serviços.**

Daí podemos concluir que os **benefícios** serão pagos, necessariamente, **ou** ao segurado **ou** ao dependente. Por isso dissemos que, enquanto o segurado estiver presente, a relação do INSS com o dependente não se completa. Perceba que o dependente só ingressa na relação jurídica com a morte ou a prisão do segurado. Já os **serviços** podem ser prestados, concomitantemente, ao segurado e ao dependente.

Nosso estudo será mais focado nos **benefícios**, por sua maior importância teórica e prática. Sem prejuízo, anotamos que o **serviço social** *destina-se a "prestar ao beneficiário orientação e apoio no que concerne à solução dos problemas pessoais e familiares e à melhoria de sua inter-relação com a previdência social, para a solução de questões referentes a benefícios, bem como, quando necessário, à obtenção de outros recursos sociais da comunidade"* (art. 161 do RPS). Já a **reabilitação profissional** *"visa a proporcionar aos beneficiários, incapacitados parcial ou totalmente para o trabalho, em caráter obrigatório, independentemente de carência, e às pessoas portadoras de deficiência, os meios indicados para proporcionar o reingresso no mercado de trabalho e no contexto em que vivem"* (art. 136 do RPS).

9.3.1. Carência

A concessão dos benefícios depende da comprovação do período de **carência**, definido como *o número mínimo de contribuições mensais necessárias para autorizar o recebimento do benefício pelo segurado*. Se a contingência geradora da necessidade ocorrer antes de cumprida a carência exigida, o segurado, mesmo em dia com suas contribuições, não fará jus ao benefício.

A carência se justifica na manutenção do equilíbrio atuarial e financeiro do sistema previdenciário. A ideia é a mesma aplicada aos planos de saúde privados, exigindo-se do segurado um número mínimo de contribuições para que o INSS garanta o recebimento de algum valor antes de ter de gastar com a pessoa.

O prazo exigido por lei é contado a partir da *filiação ao RGPS* para o **segurado empregado e o trabalhador avulso**. Como a filiação ocorre com o início da atividade remunerada, temos que o *recolhimento das contribuições dessas duas espécies de segurados é* ***presumido***. Em outras palavras: ainda que o empregador não efetue o recolhimento das contribuições do empregado ou do avulso, sua carência já estará sendo computada desde o primeiro dia de trabalho.

Para o **empregado doméstico**, o **contribuinte individual** e o **segurado facultativo**, a carência será contada somente a partir *do primeiro dia do mês da competência a que se refere o pagamento da primeira contribuição* ***sem atraso***. Assim, se determinado contribuinte individual deu início às suas atividades em 15 de junho de 2015, ao recolher sua contribuição em 20 de julho de 2015, *terá iniciada a contagem de seu período de carência a partir de 01 de junho de 2015*. Note que o prazo só começa a correr com o pagamento da primeira contribuição sem atraso, porém o termo inicial é o primeiro dia do mês da competência.

Com isso, **não se reconhece** como carência o recolhimento posterior de contribuições pretéritas, mesmo com os devidos acréscimos (juros e multa). Vem daí a imprescindível diferenciação entre **carência** e **tempo de contribuição**. Veja o caso do contribuinte individual que, tendo começado a trabalhar em outubro de 2012, nunca recolheu suas contribuições previdenciárias. Em 20 de novembro de 2015, pretendendo regularizar sua situação no INSS, efetua o pagamento das 36 contribuições de uma vez, com juros e multa. Ao fazê-lo, este segurado terá **36 meses de tempo de contribuição**, porém apenas **01 mês e 20 dias de carência**, pois esta começa a correr unicamente a partir do pagamento da primeira contribuição **sem atraso**. A contribuição paga corretamente em 20 de novembro de 2015 refere-se a outubro de 2015, sendo a primeira sem atraso. Logo, a carência começou em 1º de outubro de 2015.

Para o **segurado especial**, aplica-se regra distinta. Considerando que ele não recolhe mensalmente suas contribuições, mas somente sobre a comercialização da produção quando esta ocorrer, basta que ele comprove *a efetiva atividade rural pelo número de meses exigido como carência*, ainda que neste período ele não tenha efetuado uma contribuição sequer.

Se o segurado perder essa qualidade, ao retornar ao exercício de atividade remunerada *deverá cumprir, no mínimo, um terço do período exigido* para **aproveitar** a carência paga anteriormente. Exemplo: a carência do auxílio-doença é, em regra, de 12 contribuições mensais. Suponha que um empregado efetuou 15 contribuições mensais, foi demitido e perdeu a qualidade de segurado (com o término do período de graça). Ao conseguir um novo trabalho, *deverá efetuar o pagamento de 4 contribuições, que é um terço de 12, como carência para ter direito ao auxílio-doença*. Da mesma forma, se tivesse recolhido apenas 6 contribuições, ao pagar as 4 primeiras relativas ao novo emprego, já contaria com **10 meses** de carência.

Falando em prazos, não são todos os benefícios que exigem carência para sua concessão. Para melhor memorização desses períodos, quando existentes, deixamos para relacioná-los junto com as demais regras específicas de cada benefício previdenciário, integrando-os no estudo destes.

9.3.2. Período Básico de Cálculo (PBC)

O cálculo do valor exato do benefício a ser pago ao segurado ou dependente passa por uma série de etapas e considera diversos valores.

O primeiro deles é o chamado **Período Básico de Cálculo (PBC)**, o verdadeiro ponto de partida para encontrarmos o valor da renda mensal a que o beneficiário tem direito.

O art. 29 do PBPS deixa entrever que o PBC é composto de todos os salários de contribuição do segurado ao longo de sua vida laborativa. Esta interpretação é parcialmente verdadeira, porque o conceito do PBC deve ser construído levando-se em conta o disposto no art. 3º da Lei 9.876/1999, que determina que o PBC dos segurados filiados ao RGPS até 25 de novembro de 1999 será considerado apenas desde a competência de julho de 1994, quando entrou em vigor o Plano Real. Dessa forma, podemos concluir que o PBC:

a) Dos segurados filiados até 25 de novembro de 1999 será todo o período contributivo a partir de julho de 1994;

b) Dos segurados filiados a partir de 26 de novembro de 1999 será todo o período contributivo.

Atenção ao fato do PBC tomar por base os **salários de contribuição** mensais, não o valor efetivamente pago a título de contribuição. Nos termos do art. 29-B do PBPS, cada salário de contribuição considerado no PBC será corrigido monetariamente através do Índice Nacional de Preços ao Consumidor – INPC, calculado pelo IBGE.

Em derradeiro, destacamos que **os salários de contribuição referentes ao 13º salário do segurado não integram o PBC**. Nós sabemos que incide contribuição previdenciária sobre o 13º salário, afinal ele é considerado salário de contribuição (vide item 4.4.1, "d", "d4"). Mas esse salário de contribuição **não pode** ser somado ao PBC. Isso implica que, se o segurado contribuiu corretamente por 10 anos, *terá 120 salários de contribuição con-*

siderados no PBC, a despeito de ter pagado 130 contribuições mensais (ao considerarmos as incidentes sobre o 13º salário). É por isso que dizemos que a contribuição social incidente sobre o 13º salário é **tributo puro**, como o imposto de renda ou o IPVA, não trazendo qualquer alteração no valor do benefício do segurado no futuro.

9.3.3. Salário de benefício

Calculado o PBC, podemos dar mais um passo no cálculo do valor do benefício devido ao segurado ou dependente: o **salário de benefício.**

Antes de prosseguirmos, vale a ressalva: da mesma forma que o salário de contribuição **não se confunde** com a contribuição paga pelo segurado, sendo apenas sua base de cálculo, o salário de benefício também **não se confunde** com o valor do benefício recebido, sendo apenas sua base de cálculo.

O conceito de salário de benefício muda de acordo com o benefício a que se refere:

a) Para a aposentadoria por tempo de contribuição: o salário de benefício corresponde *à média aritmética simples dos 80% maiores salários de contribuição integrantes do PBC após a correção monetária,* ***multiplicado pelo fator previdenciário;***

b) Para a aposentadoria por idade: corresponde à *média aritmética simples dos 80% maiores salários de contribuição integrantes do PBC após a correção monetária,* ***multiplicado pelo fator previdenciário apenas se for benéfico ao segurado;***

c) Para a aposentadoria por invalidez, aposentadoria especial, auxílio-doença e auxílio-acidente: corresponde à *média aritmética simples dos 80% maiores salários de contribuição integrantes do PBC após a correção monetária,* sem aplicação do fator previdenciário;

d) Para o salário-família e o salário-maternidade: estes benefícios trabalham com valores mensais fixos, não utilizando o conceito geral de salário de benefício;

e) Para a pensão por morte: corresponde ao *mesmo valor do salário de benefício calculado para a aposentadoria, seja qual for a espécie, se o segurado já era aposentado na data do óbito,* ou *ao valor do salário de benefício equivalente ao da* ***aposentadoria por invalidez****, caso ainda não fosse aposentado na data do óbito;*

f) Para o auxílio-reclusão: valor do salário de benefício equivalente ao da aposentadoria por invalidez.

Note que o cerne do cálculo do salário de benefício é sempre o mesmo: *a média aritmética simples dos 80% maiores salários de contribuição após a correção monetária.* Isso significa que, primeiro, devemos considerar o número de salários de contribuição mensais existentes dentro do PBC. Por exemplo, 180 meses (quinze anos). A seguir, aplicamos a correção monetária sobre todos eles e verificamos quais são os 144 maiores (144 equivale a 80% de 180). Por fim, extraímos a média aritmética simples deste grupo de 144 salários de contribuição, somando todos e dividindo por 144 (que é o número de parcelas somadas).

Os conceitos variam sobre a incidência ou não do fator previdenciário, cujo conceito será tratado no tópico seguinte.

O salário de benefício também possui **limites mínimo e máximo**: será no mínimo *um salário mínimo* e no máximo *o valor máximo estabelecido para o salário de contribuição.*

Caso o segurado tenha recebido benefício previdenciário durante o PBC, nos meses em que isso ocorreu *será considerado como salário de contribuição o valor do salário de benefício que serviu de base para o cálculo do benefício recebido.* A regra existe para não prejudicar o segurado que, por exemplo, recebeu auxílio-doença por um ano por ter ficado incapacitado para o trabalho durante esse período. Já sabemos que, enquanto estiver no gozo de benefício previdenciário, o segurado não paga a contribuição social. Como a lei estabelece que, mesmo assim, tal período é considerado como tempo de contribuição, foi necessário estabelecer qual o parâmetro a ser utilizado posteriormente, ou seja, qual o valor que será considerado como salário de contribuição no PBC geral do segurado, incluindo o período em que ficou afastado do trabalho recebendo auxílio-doença. Estabeleceu-se, então, o *valor do salário de benefício encontrado no cálculo do auxílio-doença.*

9.3.4. Fator Previdenciário (FP)

Vimos que o salário de benefício da aposentadoria por tempo de contribuição e da aposentadoria por idade (e, via de consequência, a pensão por morte se o segurado já recebia um desses benefícios na época do óbito) acolhem, em seu cálculo, uma variável denominada **fator previdenciário (FP)**, *criada em 1999 com o escopo de mitigar os efeitos colaterais nefastos do aumento da expectativa de vida dos brasileiros sobre o orçamento da previdência.* A melhora na qualidade de vida faz com que as pessoas vivam mais após se aposentarem, o que desequilibra o sistema.

A criação do fator previdenciário, então, pretende *incentivar as pessoas a se aposentar mais tarde.* Para tanto, o fator é calculado através de uma fórmula que impõe uma diminuição **maior** no salário de benefício conforme seja **menor** a idade e o tempo de contribuição do trabalhador no momento em que este pretende se aposentar.

Eis a fórmula matemática do FP:

$$FP = \frac{Tc\ x\ a}{Es} x\ 1 + \frac{(Id + Tc\ x\ a)}{100}$$

Onde:

Tc = Tempo de contribuição (em anos)
Es = Expectativa de sobrevida do segurado (em anos)
Id = Idade do segurado (em anos)
a = 0,31 (alíquota fixa)

A expectativa de sobrevida do segurado é calculada pelo IBGE e publicada na Tábua Completa de Mortalidade, considerando-se a média nacional única para ambos os sexos. Esta tabela é construída anualmente e pode ser acessada em <www.ibge.gov.br>.

Ao **tempo de contribuição** introduzido na fórmula, devemos **somar 5 anos** caso se trate de **mulher** e **outros 5 anos** se estivermos falando de professores. Ou seja:

a) para uma mulher que não seja professora, somamos 5 anos;
b) para uma professora, somamos 10 anos;
c) para um homem que não seja professor, não somamos nada;
d) para um professor, somamos 5 anos.

Isso ocorre porque as mulheres e os professores podem aposentar-se com menos tempo de contribuição do que os homens ou as profissões não ligadas ao magistério. Em consequência, é imperioso fazer o ajuste da fórmula, para que tais categorias não sejam prejudicadas.

Vamos construir um exemplo: certo contribuinte, contando com 57 anos de idade e 35 anos de contribuição sobre um salário de contribuição sempre igual a R$ 2.000,00 (desconsiderando a correção monetária para facilitar a conta), pretende aposentar-se. Sabemos que, para esse benefício, o conceito de salário de benefício é integrado obrigatoriamente pelo FP. Precisamos, então, calculá-lo:

$$FP = \frac{35\ x\ 0{,}31}{23{,}6} x\ 1 + \frac{(57 + 35\ x\ 0{,}31)}{100} = 0{,}77$$

A variável da Expectativa de Sobrevida foi colhida diretamente na Tábua de Mortalidade, apenas para viabilizar nosso exemplo.

Como o FP deu um número menor que 1, ao multiplicar o salário de benefício por ele, fatalmente o valor diminuirá. No nosso exemplo, a média aritmética simples dos 80% maiores salários de contribuição dá R$ 2.000,00, multiplicado por 0,77 chegaremos a R$ 1.540,00. E essa ainda não será, necessariamente, a renda mensal do benefício!

Vamos mudar um pouco o exemplo. Nosso novo contribuinte tem 65 anos de idade e contribuiu pelos mesmos 35 anos, sempre com salário de contribuição igual a R$ 2.000,00. Quanto será seu FP?

$$FP = \frac{35\ x\ 0{,}31}{17{,}9} x\ 1 + \frac{(65 + 35\ x\ 0{,}31)}{100} = 1{,}065$$

Nesse segundo caso, o FP atingiu um número maior que 1. Logo, aumentará o salário de benefício após a multiplicação: R$ 2.000,00, multiplicado por 1,065, dá R$ 2.131,65.

Perceba que a única coisa que alteramos foi a idade do contribuinte. Com o mesmo tempo de contribuição, o FP pode aumentar ou diminuir o valor do salário de benefício, sendo, portanto, altamente influenciado pela idade. Por isso afirmamos que o FP visa a desestimular a aposentadoria de quem ainda tem potencial para trabalhar mais.

Lembre-se que o **FP é obrigatório no cálculo da aposentadoria por tempo de contribuição, exceto na hipótese de opção pela regra 95/85 (veja item 9.4.3, letra "i", abaixo) e facultativo na aposentadoria por idade** (o que significa que, neste último caso, ele somente será usado se for maior que 1, porque só assim beneficia o segurado). Não há aplicação do FP para os demais benefícios previdenciários.

9.3.5. Renda Mensal Inicial (RMI)

Finalmente, concluímos nosso caminho matemático. A **Renda Mensal Inicial (RMI)** é *efetivamente o valor que será pago ao segurado ou dependente*. Ela é encontrada aplicando-se um *percentual sobre o salário de benefício*.

O percentual é previsto em lei individualmente para cada benefício. Por esta razão, tal qual fizemos com a carência, preferimos indicá-lo no momento em que estudarmos os benefícios um por um, facilitando a compreensão e a memorização dos valores.

Vale ressaltar que, em regra, *nenhum benefício será menor que o salário mínimo ou maior que o teto estabelecido para o salário de contribuição no RGPS*. São **exceções:**

a) Salário-família e auxílio-acidente: como **não** substituem a renda do trabalhador, sendo um complemento mensal ao salário, *podem ser* ***inferiores*** *ao salário mínimo;*

b) Salário-maternidade: reduzir o valor da remuneração mensal da trabalhadora quando ela se torna mãe seria um verdadeiro desestímulo a tão nobre propósito. Por isso, o salário-maternidade *tem exatamente o mesmo valor do salário da segurada*. Assim, *pode ser* ***superior*** *ao teto do salário de contribuição estabelecido para o RGPS.*

Chamamos o resultado obtido com a aplicação do percentual de renda mensal **inicial** porque ela (a renda) não será sempre igual. O art. 201, § 4º, da CF/1988 estabelece que a renda mensal do benefício deve ser reajustada anualmente, sendo complementado pelo art. 41-A do PBPS, que dispõe que este reajuste ocorrerá na mesma data daquele do salário mínimo e com aplicação do INPC calculado pelo IBGE.

9.3.6. Decadência e prescrição dos benefícios previdenciários

Diferentemente do que ocorre com as contribuições sociais, que seguem as regras de decadência e prescrição do Direito Tributário, nos conflitos envolvendo benefícios devemos aplicar as regras próprias do Direito Previdenciário.

a) Benefício indeferido (art. 103, *caput*, do PBPS)

Se o segurado ou dependente *requer o benefício no INSS, mas este se recusa a pagá-lo sob o argumento de que o solicitante não faz jus ao recebimento nos termos da lei*, abre-se o prazo de **decadência** de **10 anos** para que o interessado busque reverter essa decisão, contados da data em que tomar ciência da **decisão definitiva** do INSS. Se deixar o prazo escoar sem oposição, o beneficiário *perde o direito ao benefício* (já que estamos falando de **decadência**), nunca mais podendo solicitá-lo.

b) Benefício deferido, porém em valor menor que o correto (art. 103, *caput*, do PBPS)

Caso o INSS *defira o benefício requerido, mas pague um valor menor do que o beneficiário entende correto*, abre-se para este o mesmo prazo de **10 anos de decadência** para impugnar o montante deferido, contados do **primeiro dia do mês seguinte ao do recebimento da primeira prestação**. Se deixar o prazo escoar sem oposição, o beneficiário *perde o direito à revisão do benefício*, recebendo-o sempre com o valor menor.

c) Recebimento de valores devidos pelo INSS (art. 103, parágrafo único, do PBPS)

Quando o segurado ou dependente pretender *receber na Justiça valores atrasados devidos pelo INSS, seja porque não os pagou no tempo certo ou pagou menos do que o devido*, terá o prazo de **prescrição** de **5 anos** para fazê-lo, contados **da data em que os benefícios deveriam ter sido pagos**, exceto quando se tratar de questão que envolva **acidente de trabalho**, quando o prazo começa a contar da *data do acidente*, quando dele resultar morte ou incapacidade temporária para o trabalho, ou *da data em que for reconhecida pelo INSS a incapacidade permanente ou agravamento das sequelas deixadas pelo acidente* (art. 104 do PBPS).

Esse item deve ser lido em conjunto com o anterior, dada sua similitude. Se o beneficiário pretende contestar o valor recebido, por entender que ele é menor que o devido, terá prazo de **decadência** de **10 anos** para fazê-lo. Porém, os valores que lhe serão complementados, em caso de deferimento de sua impugnação, ficam limitados aos **5 últimos anos**, por conta da **prescrição.**

Anote-se que a prescrição **não corre** contra absolutamente incapazes e ausentes, nos termos do art. 198 do CC. Ela fica **suspensa** até que cesse a incapacidade ou a ausência.

d) Revisão do benefício pela própria Administração (art. 103-A do PBPS)

A Administração Pública tem o poder de revisar seus próprios atos, a fim de adequá-los às disposições legais. É possível que determinado benefício tenha sido concedido de forma equivocada ou em valor errado nos termos da legislação aplicável.

Quando tais erros prejudicarem o beneficiário, valem os prazos de decadência e prescrição já analisados. De outro lado, quando os equívocos forem favoráveis ao segurado ou dependente (concedendo-se benefício indevido ou em valor maior do que o disposto em lei, por exemplo), o INSS poderá rever esses atos administrativos no prazo **decadencial** de **10 anos**, contados da **data em que foram praticados os atos**. Isso significa que, dentro deste interregno, o INSS pode revisar o valor pago a título de benefício, diminuindo-o, e até mesmo a própria concessão deste, deixando de pagá-lo ao beneficiário.

O PBPS ressalva, ainda, os casos de **má-fé**. Comprovado que o equívoco do INSS deu-se por conta de ato doloso do contribuinte, com a intenção de obter um benefício a que não tinha direito ou com valor maior que o correto (por exemplo, apresentando um documento falsificado), **não existirá** a limitação do prazo decadencial. Isto é, o INSS poderá rever o ato administrativo **a qualquer tempo**, mesmo depois de 10 anos.

9.4. Benefícios previdenciários em espécie

Seguindo a mesma sistemática utilizada para o estudo das contribuições sociais, apresentaremos as regras sobre os benefícios previdenciários sempre na mesma ordem: **previsão legal, sujeito ativo, contingência protegida, carência, requisitos, renda mensal inicial, data de início e de término do pagamento, outras observações que se fizerem indispensáveis.**

9.4.1. Aposentadoria por invalidez

a) Previsão legal: arts. 42 a 47 do PBPS; arts. 43 a 50 do RPS.

b) Sujeito ativo: segurado

c) Contingência protegida: incapacidade **total** e **permanente** para o exercício de **qualquer** atividade remunerada.

d) Carência: 12 contribuições mensais, sendo **dispensada** se a incapacidade total e permanente decorrer de *acidente de qualquer natureza (acidente comum ou acidente de trabalho), doença profissional ou do trabalho ou de uma das doenças listadas em Portaria do Ministério da Previdência Social.*

e) Requisitos: comprovação da incapacidade por perícia médica oficial. **Não** é necessário estar em gozo de auxílio-doença previamente.

f) Renda mensal inicial: 100% do salário de benefício, podendo incluir um acréscimo de 25% sobre o **valor do benefício** se o segurado *necessitar de assistência permanente de outra pessoa*, presumida esta nas hipóteses elencadas no Anexo I do RPS.

g) Termo inicial:

g1) Segurado em gozo prévio de auxílio-doença: na data em que a perícia atestar a necessidade de conversão do benefício;

g2) Segurado empregado: a partir do 16º dia do afastamento, se o pedido foi feito em até 30 dias a contar deste; ou a partir da data do requerimento, se ele foi feito passado aquele prazo;

g3) Demais segurados: na data do início da incapacidade para o trabalho, se respeitado o prazo de 30 dias a contar dela; ou a partir do requerimento, se este foi feito depois do prazo;

g4) Se o requerimento foi indeferido pelo INSS: na data do requerimento administrativo se a ação judicial for julgada procedente.

h) Termo final: ciente das dificuldades de retorno ao mercado de trabalho causadas pelo afastamento decorrente da aposentadoria, a legislação previdenciária estabelece regras de extinção progressiva do benefício, da seguinte forma:

h1) Recuperação total dentro de 5 anos contados do início da aposentadoria por invalidez ou do auxílio-doença que eventualmente a antecedeu: na data do retorno à atividade, para o **segurado empregado** *que tiver direito à estabilidade* no emprego por conta da legislação trabalhista; para os **demais segurados**, após tantos **meses** quantos forem os **anos** de duração do auxílio-doença e da aposentadoria por invalidez;

h2) Recuperação parcial ou recuperação total após o prazo previsto no item anterior ou reabilitação para atividade diferente da que o segurado exercia: cessa após 18 meses do atestado de recuperação, e o valor do benefício diminuirá progressivamente. Por *seis meses* após a cessação da incapacidade, manterá seu valor integral; no período seguinte de *seis meses*, será pago 50% do valor; pelos outros *seis meses* seguintes, será pago 25%. Findo esse último período de seis meses, fica extinto o benefício;

h3) Morte do segurado

i) Observações:

✓ Dentre as aposentadorias, a por invalidez é a única concedida em caráter **precário**, ou seja, *ela pode ser revogada a qualquer tempo*, não gerando direito adquirido ao benefício. Isso porque a condição da incapacidade **permanente** é aferida sob as condições e estágio da medicina no momento da perícia. A probabilidade pode ser maior ou menor, mas nada impede que o segurado, em certa data julgado incapaz de exercer qualquer atividade laborativa, melhore ou mesmo seja curado e possa voltar a trabalhar, revogando-se o benefício.

✓ Por conta dessa possibilidade, o aposentado por invalidez deve submeter-se a *perícias médicas periódicas*, a cada 2 anos, para atestar que continua sem condições de trabalhar. A recusa a se submeter à perícia acarreta a cassação do benefício.

✓ Ao se aposentar por invalidez, o segurado concorda, tacitamente, em *tentar melhorar sua condição*, devendo submeter-se a todos os tratamentos médicos recomendados pelo perito oficial e a programa de reabilitação profissional, sob pena de cassação do benefício. O segurado somente pode se recusar a ser submetido a **tratamentos cirúrgicos** e **transfusão de sangue**.

✓ Doenças ou lesões **preexistentes** ao início da atividade laborativa **excluem** o direito à aposentadoria por invalidez por conta dessas doenças ou lesões, **exceto** se ficar comprovado pela perícia que o trabalho foi o responsável pelo **agravamento** das enfermidades.

✓ Atualmente, as **doenças** que dispensam a carência são: *tuberculose ativa, hanseníase, alienação mental, neoplasia maligna, cegueira, paralisia reversível e incapacitante, cardiopatia grave, doença de Parkinson, espondiloartrose anquilosante, nefropatia grave, estado avançado da doença de Paget (osteíte deformante), Aids, contaminação por radiação e hepatopatia grave.*

9.4.2. Aposentadoria por idade

a) Previsão legal: arts. 48 a 51 do PBPS; arts. 51 a 54 do RPS.

b) Sujeito passivo: segurado.

c) Contingência protegida: idade avançada.

d) Carência: 180 contribuições mensais.

e) Requisitos: 65 anos de idade, para o homem; 60 anos de idade, para a mulher. As idades são **reduzidas em cinco anos**, para ambos os sexos, quando se tratar de **trabalhadores rurais, garimpeiros ou pescadores artesanais.**

f) Renda mensal inicial: 70% do salário de benefício, acrescido de 1% para cada grupo de 12 contribuições mensais realizadas, até o limite de 30%. Como a carência é de 180 contribuições, temos que a renda mensal inicial sempre será, no mínimo, de 85% do salário de benefício. Veja: um segurado, homem, contribuiu corretamente dos 55 aos 70 anos de idade, computando 180 contribuições mensais. Esse número de contribuições perfaz 15 grupos de 12, portanto seu acréscimo à renda mensal será de 15% e o total dela será 85% do salário de benefício. Se tivesse contribuído por 16 anos (192 contribuições mensais), seria de 86% e assim por diante.

g) Termo inicial:

g1) Segurado empregado e empregado doméstico: a data do desligamento do emprego, se requerido o benefício até 90 dias depois; ou a data do requerimento, se escoado o prazo referido ou se não houver desligamento do emprego;

g2) Demais segurados: a data do requerimento;

g3) Segurado em gozo de auxílio-doença ou aposentado por invalidez: como o gozo de benefício previdenciário é considerado *período de graça*, ou seja, o segurado não perde essa qualidade, se cumprir a carência pode, tão logo atinja a idade legal, requerer a **conversão** do auxílio-doença ou da aposentadoria por invalidez em aposentadoria por idade. O valor mensal desta última pode vir a ser menor, porém libera o aposentado das perícias médias periódicas e autoriza-o a regressar ao mercado de trabalho sem perder o benefício previdenciário.

h) Termo final: morte do segurado.

i) Observações:

✓ Lembre-se de que, na aposentadoria por idade, o FP somente integra o cálculo do salário de benefício se for **favorável** ao segurado;

✓ Conforme exposto no tópico 3.3.6, "b", a perda da qualidade de segurado não obsta a concessão da aposentadoria por idade se o segurado já tiver cumprido a carência, nos termos do art. 3º da Lei 10.666/2003;

✓ Ao contrário do que muitos propalam, existe uma hipótese de **aposentadoria compulsória** no RGPS. A **empresa** pode requerer a aposentadoria por idade do segurado que completar 70 anos, se homem, ou 65 anos, se mulher, *desde que ele já tenha cumprido a carência,* sendo, então, o trabalhador aposentado obrigatoriamente. Ocorre que, nesse caso, a empresa deve arcar com **todas as verbas rescisórias e indenizações** previstas na CLT, *equiparando-se à demissão sem justa causa.*

9.4.3. Aposentadoria por tempo de contribuição

a) Previsão legal: arts. 56 a 63 do RPS.

b) Sujeito ativo: segurado.

c) Contingência protegida: não há. O que se estabelece é o direito do trabalhador à *inatividade remunerada* após contribuir por longo tempo para a Previdência Social.

d) Carência: 180 contribuições mensais.

e) Requisitos: 35 anos de contribuição, se homem; 30 anos de contribuição, se mulher. O tempo de contribuição é reduzido em **5 anos**, para ambos os sexos, se o trabalhador comprovar **dedicação exclusiva**, ao longo do período contributivo, à atividade de magistério (professor) em **nível infantil, fundamental ou médio**. A Lei 11.301/2006 elenca como atividades de magistério aquela exercida pelo *professor, pelo especialista em educação, pelo diretor de unidade escolar e pelos coordenadores e assessores pedagógicos.*

f) Renda mensal inicial: 100% do salário de benefício.

g) Termo inicial: segue as mesmas regras da aposentadoria por idade.

h) Termo final: morte do segurado.

i) Observações:

✓ Os arts. 52 a 56 do PBPS foram tacitamente revogados pela nova redação do art. 201, § 7º, I, da CF/1988, dada pela Emenda Constitucional 20/1998. Como ainda não foi editada lei tratando da matéria, aplicamos somente o RPS, que já foi adaptado às novas determinações constitucionais. O mais engraçado é que o art. 18, I, *c*, do próprio PBPS já traz a nomenclatura correta do benefício (antes chamado de *aposentadoria por tempo de serviço*), mas não corrigiram os artigos que explicitam o tema...

✓ Consideram-se tempo de contribuição todas as situações previstas nos arts. 60 e 61 do RPS. A forma de comprová-lo está disposta no art. 62 do RPS, sendo sempre necessário o **início de prova material (documental), sendo vedada a prova exclusivamente testemunhal**, o que se aceitará unicamente se comprovado **força maior ou caso fortuito**, assim considerados *o incêndio, inundação ou desmoronamento que tenha atingido a empresa onde o segurado alegue ter trabalhado.*

✓ Lembre-se de que, no cálculo do salário de benefício da aposentadoria por tempo de contribuição, a influência do FP é, em regra, **obrigatória. A Lei nº 13.183/2015, contudo, criou uma hipótese de aposentadoria por tempo de contribuição na qual a aplicação do FP é facultativa, ou seja, é utilizado somente se for benéfico ao contribuinte. Para tanto, é necessário que a soma da idade do segurado com o seu tempo de contribuição (ambos em anos) seja igual ou maior que 95, se homem, ou 85, se mulher (no caso dos professores, deve ser somado mais cinco anos no total, por força de seu direito de se aposentar com cinco anos a menos de contribuição. Exemplo: se a soma do tempo de contribuição de um**

professor de ensino fundamental com sua idade der 90, será considerado 95 e ele já tem o direito de se aposentar por esta regra). Esses totais aumentarão progressivamente conforme a tabela do art. 29-C, §2º, do PBPS, até totalizar 100/90.

✓ É importante não confundir a **carência exigida** com o **requisito** de tempo de contribuição mínimo para a concessão da aposentadoria por tempo de contribuição. Já estudamos que **carência** e **tempo de contribuição** são conceitos distintos. Pegue a hipótese do contribuinte individual que trabalhou, de forma autônoma, por 20 anos sem nunca recolher suas contribuições. Certo dia, resolve regularizar sua situação, quitando esses 20 anos de contribuições em atraso. A partir daí, ele conta com **20 anos de contribuição**, mas apenas **uma contribuição mensal de carência**, pois esta é contada da do primeiro dia do mês da competência relativa ao primeiro pagamento sem atraso.

9.4.4. *Aposentadoria especial*

a) Previsão legal: arts. 57 e 58 do PBPS; arts. 64 a 70 do RPS.

b) Sujeito ativo: segurado empregado, trabalhador avulso ou contribuinte individual, este somente quando cooperado filiado a cooperativa de trabalho ou de produção.

c) Contingência protegida: o risco à saúde criado pela exposição a agentes nocivos físicos, químicos ou biológicos.

d) Carência: 180 contribuições mensais.

e) Requisitos: 15, 20 ou 25 anos de contribuição em atividades em condições especiais que prejudiquem sua saúde ou integridade física, com comprovação da exposição a agentes nocivos físicos, químicos ou biológicos em **trabalho permanente**, assim considerado o *não ocasional nem intermitente, no qual a exposição do segurado ao agente nocivo seja indissociável da produção do bem ou prestação do serviço*.

f) Renda mensal inicial: 100% do salário de benefício.

g) Termo inicial: segue as mesmas regras da aposentadoria por idade.

h) Termo final:

h1) Morte do segurado;

h2) Retorno a atividade que exponha o segurado a agentes nocivos. Se o aposentado voltar a trabalhar em atividade comum, **continuará** a receber seu benefício.

i) Observações:

✓ A aposentadoria especial não deixa de ser uma espécie de aposentadoria por tempo de contribuição, em que este é reduzido diante dos prejuízos à saúde ou à integridade física do trabalhador. Não obstante, no cálculo de seu salário de benefício **não há** a inclusão do FP.

✓ Atente, ainda, para o fato da aposentadoria especial estar prevista apenas para alguns tipos de segurado (empregado, avulso e contribuinte individual) e não haver tempos diferenciados para homens e mulheres.

✓ A redução do tempo de contribuição para 15, 20 ou 25 anos depende do grau de nocividade dos agentes físicos, químicos ou biológicos a que o segurado esteja exposto, conforme o Anexo IV do RPS.

✓ A prova de exposição aos agentes nocivos é feita através de laudo técnico pericial e do **perfil profissiográfico**, *documento de elaboração obrigatória pela empresa onde constam todas as características ambientais das atividades realizadas pelos trabalhadores*. Ao deixar o trabalho, o segurado tem direito a uma cópia do perfil profissiográfico.

✓ No caso de agentes cancerígenos, que constem de lista elaborada pelo Ministério do Trabalho e Emprego, basta sua presença no ambiente de trabalho com **possibilidade** de exposição para garantir o direito à aposentadoria especial (art. 68, § 4º, do RPS).Para garantir a aposentadoria especial, o tempo de contribuição reduzido deve ser, **todo ele**, relativo a atividades nocivas. Entretanto, caso o trabalhador mude de emprego e, com isso, mude também o **grau de nocividade** de sua atividade, o tempo de contribuição deve ser ajustado mediante a seguinte tabela:

Tempo a converter	Multiplicadores		
	Para 15 anos	Para 20 anos	Para 25 anos
De 15 anos	-	1,33	1,67
De 20 anos	0,75	-	1,25
De 25 anos	0,60	0,80	-

Por exemplo: se um trabalhador laborou por 10 anos em uma atividade muito nociva, na qual teria direito à aposentadoria especial em 15 anos, e dela migrou para outra atividade nociva, porém em menor grau, que autoriza a aposentadoria especial em 20 anos, quanto tempo ele deverá trabalhar nesta nova atividade para ter direito à aposentadoria especial?

Conforme determina a legislação, o tempo anteriormente trabalhado em atividade nociva de grau diferente da atual deve ser ajustado. Assim, o fator de ajuste de 15 para 20 anos é de 1,33. Então, multiplicamos 10 anos por 1,33 e obtemos 13,3 (13 anos e um terço de ano é igual a 13 anos e 4 meses) anos de contribuição, número que será considerado na sua aposentadoria especial. Logo, deverá trabalhar por mais 6 anos e 8 meses (diferença entre 20 anos e 13 anos e 4 meses) para obter sua aposentadoria especial na nova atividade.

O mesmo raciocínio é aplicado caso o segurado **passar a trabalhar em atividade comum, não nociva**, após laborar por certo período em atividade sujeita a aposentadoria especial. A conversão, nesse caso, segue a tabela abaixo:

Tempo a converter	Multiplicadores	
	Homem	Mulher
De 15 anos	2,00	2,33
De 20 anos	1,50	1,75
De 25 anos	1,20	1,40

Valendo-nos do mesmo exemplo citado, se nosso segurado, em vez de ter mudado para outra atividade nociva, *passasse a trabalhar em atividade comum* após 10 anos de contribuição em atividade muito nociva (que o autorizaria a se aposentar com 15 anos de contribuição), deveria converter esses 10 anos pelo fator 2,00, obtendo 20 anos de contribuição. Portanto, esse segurado deverá contribuir por mais 15 anos para somar 35 anos e se aposentar normalmente por tempo de contribuição.

E na situação inversa? Um trabalhador contribuiu por 10 anos em atividade comum e, depois, passou a trabalhar em atividade nociva que lhe dá o direito à aposentadoria especial com 15 anos de contribuição. Como fica? Nesse caso, devemos lembrar que a aposentadoria especial é garantida caso **todo o tempo de contribuição reduzido** seja dedicado a atividades nocivas. Consequentemente, nosso segurado deverá contribuir por **15 anos** nesse seu novo emprego para fazer jus à aposentadoria especial, nada havendo a converter.

Se o segurado, uma vez recebendo o benefício, retornar à atividade que o coloque em risco, será notificado que o benefício será cessado no prazo de 60 dias.

✓ O art. 201, § 1º, da CF/1988 atribui também aos **portadores de deficiência** o direito a uma aposentadoria especial. Esse benefício foi regulamentado pela **Lei Complementar 142/2013 e Decreto 8.145/2013**, que criou a seguinte tabela de tempo de contribuição conforme o grau de deficiência:

✓ **a) Deficiência grave:** 25 anos de contribuição, se homem, ou 20 anos, se mulher;

✓ **b) Deficiência moderada:** 29 anos de contribuição, se homem, ou 24 anos, se mulher;

✓ **c) Deficiência leve:** 33 anos de contribuição, se homem, ou 28 anos, se mulher;

✓ **d) Por idade, independentemente do grau da deficiência:** 60 anos de idade, se homem, ou 55 anos, se mulher.

✓ A conversão do tempo em caso de deficiência (ou cura) superveniente seguirá as seguintes tabelas (art. 70-E do RPS):

HOMENS				
Tempo a converter	**Multiplicadores**			
	Para 25 anos	Para 29 anos	Para 33 anos	Para 35 anos
De 25 anos	-	1,16	1,32	1,40
De 29 anos	0,86	-	1,14	1,21
De 33 anos	0,76	0,88	-	1,06
De 35 anos	0,71	0,83	0,94	-

MULHERES				
Tempo a converter	**Multiplicadores**			
	Para 20 anos	Para 24 anos	Para 28 anos	Para 30 anos
De 20 anos	-	1,20	1,40	1,50
De 24 anos	0,83	-	1,17	1,25
De 28 anos	0,71	0,86	-	1,07
De 30 anos	0,67	0,80	0,93	-

9.4.5. Auxílio-doença

a) Previsão legal: arts. 59 a 63 do PBPS; arts. 71 a 80 do RPS.

b) Sujeito ativo: segurado.

c) Contingência protegida: incapacidade **total e temporária** para o exercício da atividade laborativa à qual o segurado se dedica.

d) Carência: 12 contribuições mensais, sendo **dispensada** nas mesmas hipóteses da aposentadoria por invalidez.

e) Requisitos: comprovação da incapacidade total e temporária para o trabalho **por mais de 15 dias** por perícia médica oficial.

f) Renda mensal inicial: 91% do salário de benefício, **não** se aplicando o acréscimo de 25% previsto para a aposentadoria por invalidez.

g) Termo inicial: segue as mesmas regras da aposentadoria por invalidez.

h) Termo final:

h1) Morte do segurado;

h2) Data em que a perícia oficial atestar a recuperação da capacidade laborativa;

h3) Data em que a perícia oficial determinar a conversão do benefício para aposentadoria por invalidez ou auxílio-acidente;

h4)Data do retorno a atividade remunerada, mesmo que tal possibilidade não tenha sido atestada pela perícia.

i) Observações:

✓ O auxílio-doença aproveita das principais regras destinadas à aposentadoria por invalidez diante da similaridade dos dois benefícios. Muda apenas que, enquanto no primeiro a incapacidade para o trabalho é **temporária**, no segundo é **permanente**.

✓ Por conta disso, as mesmas obrigações previstas para o beneficiário por invalidez aplicam-se àquele em gozo de auxílio-doença (perícias periódicas, submissão ao tratamento indicado, exceto cirurgias e transfusão de sangue etc.).

✓ O auxílio-doença, tal qual a aposentadoria por invalidez, começa a ser pago a partir do **16º dia de afastamento** do trabalho, porque nos primeiros 15 dias deve a empresa pagar normalmente o **salário** do empregado relativo a este período.

✓ O percentual da renda mensal inicial é de 91% do salário de benefício *apenas se de sua aplicação resultar valor do benefício maior que o salário mínimo.* Como o auxílio--doença substitui a remuneração mensal do trabalhador, **seu valor não pode ser inferior ao salário mínimo**. Assim, caso, por exemplo, o segurado tenha contribuído toda a sua vida sobre o salário mínimo, o que implicará no mesmo valor para o salário de benefício, a renda mensal inicial de seu auxílio-doença deve ser 100% do salário de benefício, para garantir-lhe a renda mínima constitucionalmente prevista.

✓ Resultado diferente do exposto ocorrerá em relação ao segurado que exerce *mais de uma atividade laborativa* e fica temporariamente incapacitado para *apenas uma delas*, continuando a exercer e a ser remunerado pelas outras. Exemplo: o segurado tem dois empregos, sendo que, em cada um deles, tem como salário de contribuição o valor de um salário mínimo. Por conta de um acidente, fica temporariamente incapacitado de trabalhar em **apenas uma das atividades**, prosseguindo na outra. Terá direito ao auxílio-doença em relação à primeira delas, porém no valor legalmente estabelecido (91% do salário de benefício), porque continuará a ter renda superior a um salário mínimo mesmo assim (uma vez que devemos considerar seu segundo salário).

9.4.6. Salário-família

a) Previsão legal: arts. 65 a 70 do PBPS; arts. 81 a 92 do RPS.

b) Sujeito ativo: segurado **empregado, empregado doméstico, trabalhador avulso** e **aposentado** por invalidez ou que conte mais de 65 anos de idade, se homem, ou 60 anos, se mulher.

c) Contingência protegida: o nascimento de filhos para o segurado ou aposentado de baixa renda.

d) Carência: não há.

e) Requisitos: a existência de filhos menores de 14 anos de idade ou inválidos de qualquer idade, ou equiparados a filhos nestas condições (o conceito de **equiparado a filho** é o mesmo estudado para a caracterização do dependente); a baixa renda do segurado ou aposentado, assim entendida como o **salário de contribuição** em valor menor do que aquele fixado em Portaria do Ministério da Previdência.

f) Renda mensal inicial:

f1) Salário de contribuição de até R$ 725,02: R$ 37,18 por filho ou equiparado;

f2) Salário de contribuição de até R$ 1.089,72: R$ 26,20 por filho ou equiparado.

g) Termo inicial: a data do requerimento.

h) Termo final:

h1) Morte do segurado;

h2) Morte do filho ou equiparado;

h3) Data em que o filho ou equiparado completar 14 anos de idade;

h4) Data em que cessar a invalidez do filho ou equiparado;

h5) Desemprego do segurado.

i) Observações:

✓ Para fins de concessão do benefício, *considera-se o valor individual do salário de contribuição de cada trabalhador*, e **não** a renda familiar. Isto é, se tanto o pai quanto a mãe do menor de 14 anos receberem remuneração dentro da faixa do salário-família, **ambos** receberão o benefício, ainda que a soma dos salários de contribuição ultrapasse o limite estabelecido.

✓ De outra banda, nas mesmas condições, caso os pais sejam separados ou divorciados, o benefício caberá *somente ao que detiver a guarda do menor.*

✓ O pagamento do benefício é condicionado à apresentação de comprovação das vacinas obrigatórias **anualmente** até a criança completar 6 anos de idade e de comprovação **semestral** de frequência à escola a partir dos 7 anos de idade.

✓ O salário-família é pago ao trabalhador pela empresa, empregador doméstico ou tomador do serviço (no caso do avulso), a qual pode posteriormente compensar esse valor com aquele devido a título de contribuição sobre a folha de pagamento. No caso do aposentado, o benefício é pago diretamente junto com sua aposentadoria.

9.4.7. Salário-maternidade

a) Previsão legal: arts. 71 a 73 do PBPS; arts. 93 a 103 do RPS.

b) Sujeito ativo: a segurada.

c) Contingência protegida: tornar-se mãe a segurada (garantido também o benefício para o pai adotivo, ou seja, se o homem adotar, **sozinho**, uma criança).

d) Carência:

d1) Para a segurada empregada, empregada doméstica e trabalhadora avulsa: não há.

d2) Para a segurada contribuinte individual, segurada especial e segurada facultativa: 10 contribuições mensais, reduzida proporcionalmente em caso de parto antecipado.

e) Requisitos: a comprovação da maternidade, tanto pelas vias naturais quanto por adoção.

f) Renda mensal:

f1) Para a segurada empregada e trabalhadora avulsa: o mesmo valor de sua remuneração mensal.

f2) Para a segurada empregada doméstica: o mesmo valor de seu último salário de contribuição.

f3) Para a segurada especial: um doze avos do valor sobre o qual incidiu sua última contribuição anual (*a soma de todos os salários de contribuição do último período de um ano*).

f4) Para a contribuinte individual e a segurada facultativa: um doze avos da soma dos doze últimos salários de contribuição.

g) Termo inicial:

g1) Maternidade natural: até 28 dias antes do parto, a critério da gestante, podendo ser antecipado em até 2 semanas por determinação médica.

g2) Adoção: na data do deferimento da adoção ou da guarda para fins de adoção.

h) Termo final:

h1) Maternidade natural: 120º dia após o início do gozo do benefício. Este período poderá ser **estendido** em até 2 semanas por determinação médica, para repouso antes ou depois do parto (casos em que o benefício atingirá, portanto, 134 dias);

h2) Adoção: o benefício será de 120 dias em qualquer caso.

i) Observações:

✓ Considera-se **parto** *qualquer evento ocorrido após a 23ª semana de gestação*, inclusive se **natimorto**, hipótese em que a segurada fará jus ao benefício integral.

✓ Já o **aborto não criminoso** (ou seja, quando se tratar de gravidez resultante de estupro ou se for o único meio de salvar a vida da gestante), bem como o **aborto espontâneo,** ocorrido antes da 23ª semana de gestação, garante o benefício por **duas semanas.**

✓ Tal qual o salário-família, o salário-maternidade é pago para a segurada empregada diretamente pela empresa, que posteriormente o compensa com o débito relativo à contribuição sobre a folha de pagamento. O INSS paga diretamente o benefício às demais seguradas e à empregada do microempreendedor individual (art. 72, § 3º, do PBPS).

✓ O salário-maternidade não poderá ser inferior ao salário mínimo, porém não respeita o limite máximo do RGPS. Não obstante, encontra um **teto constitucional:** *o valor do subsídio pago aos Ministros do STF* (art. 248 da CF/1988). Note que o **direito** da segurada não se altera, pois ela continua recebendo **exatamente** o valor de sua remuneração pela empresa, ainda que maior que a remuneração dos Ministros do STF, por força do art. 7º, XVIII, da CF/1988; esta, porém, somente poderá compensar diante do INSS até o limite estabelecido na CF/1988, tendo de arcar com a parcela que o superar.

✓ A Lei 11.780/2008 ampliou a **licença-maternidade** (*o direito de afastar-se do trabalho*), mas **não** o **salário-maternidade** (*benefício previdenciário pago mensalmente*), das seguradas do RGPS para 180 dias e tal extensão ficou *a critério da empresa*. Funciona assim: se a empresa concordar em conceder mais dois meses de licença-maternidade para sua funcionária, deverá, nesse novo período, pagar-lhe **salário**, sem direito de compensação com o INSS posteriormente (o benefício terminou aos 120 dias, sendo este o prazo com o qual a Previdência Social continua arcando). Criou-se, em outra esteira, um **benefício fiscal:** o valor desses dois salários pagos pela empresa em extensão da licença-maternidade *pode ser descontado da base de cálculo do Imposto de Renda Pessoa Jurídica*.

✓ A extensão do benefício a critério médico é limitada a 2 semanas. Se a gravidez gerar riscos para a gestante que determinem seu afastamento do trabalho em período maior, deverá receber **auxílio-doença** (com aplicação das regras que lhe são próprias). A partir do parto, receberá normalmente seu **salário-maternidade**. Se, porventura, findo o período do salário-maternidade, os médicos indicarem a continuidade do seu repouso, voltará a receber **auxílio-doença.**

✓ Com a edição da Lei 12.873/2013, que inseriu o art. 71-B no PBPS, fica garantida a continuidade do pagamento do benefício ao cônjuge ou companheiro da segurada que falecer durante a percepção do salário-maternidade, desde que seja ele também segurado do RGPS e não abandone o filho.

9.4.8. Auxílio-acidente

a) Previsão legal: arts. 18, § 1º, e 86 do PBPS; art. 104 do RPS.

b) Sujeito ativo: segurado **empregado, empregado doméstico, trabalhador avulso** e **segurado especial.**

c) Contingência protegida: incapacidade **parcial** e **permanente** para o exercício de atividade laborativa.

d) Carência: não há.

e) Requisitos: ocorrência de acidente de qualquer natureza (comum ou do trabalho) que deixe sequela **permanente** após o tratamento a qual implique em **redução** da capacidade de trabalho.

f) Renda mensal inicial: 50% do salário de benefício.

g) Termo inicial:

g1) Se o segurado estava em gozo de auxílio-doença: na data de consolidação das lesões e recuperação de parte da capacidade laborativa, momento em que a perícia determina a conversão do benefício;

g2) Se o segurado não estava em gozo de auxílio-doença: na data do requerimento administrativo;

g3) Se a concessão do benefício for garantida apenas judicialmente: na data de apresentação, em juízo, do laudo pericial (STJ, REsp 775.797/SP, *DJ* 11.01.2006).

h) Termo final:

h1) Morte do segurado;

h2) Aposentadoria do segurado.

i) Observações:

✓ O auxílio-acidente, apesar de seu nome, é devido também em razão da consolidação de lesões causadas por doenças. Entretanto, devem **necessariamente** ser caracterizadas como **doenças profissionais,** aquelas que *são produzidas ou desencadeadas pelo exercício do trabalho peculiar a determinada atividade*, ou **doenças do trabalho**, causadas *em função de condições especiais em que o trabalho é realizado*, pois estas espécies são **equiparadas a acidentes de trabalho** (art. 20 do PBPS).

✓ Perceba que o auxílio-acidente não é garantido a todos os segurados. O **desemprego** deste, porém, **não** afasta a concessão do auxílio-acidente.

✓ A contingência protegida pelo auxílio-acidente, vale destacar, não impede que o segurado continue trabalhando (por isso fala-se em **redução** da capacidade laborativa). Em razão disso, o valor da renda mensal inicial *pode ser inferior ao salário mínimo.*

9.4.9. Pensão por morte

a) Previsão legal: arts. 74 a 79 do PBPS; arts. 105 a 115 do RPS.

b) Sujeito ativo: dependente.

c) Contingência protegida: o falecimento do segurado responsável economicamente pela subsistência de seus dependentes.

d) Carência: não há.

e) Requisitos: a morte, real ou presumida, do segurado e a comprovação da situação de dependente.

f) Renda mensal inicial:

f1) Se o segurado já era aposentado na data do óbito: 100% do salário de benefício encontrado para o cálculo de sua aposentadoria;

f2) Se o segurado ainda não era aposentado na data do óbito: 100% do salário de benefício a que teria direito na **aposentadoria por invalidez.**

g) Termo inicial:

g1) Se o requerimento foi feito dentro de 90 dias do óbito: data do óbito;

g2) Se o requerimento foi feito mais de 90 dias depois do óbito: data do requerimento;

g3) Em caso de morte presumida: data da decisão judicial.

h) Termo final:

h1) Morte do dependente;

h2) Perda da qualidade de dependente, exceto para o cônjuge ou companheiro, os quais receberão o benefício pelos prazos abaixo, desde que não sejam inválidos:

h2.1) 4 meses, se o segurado pagou menos de 18 contribuições mensais para o RGPS ou o casamento ou união estável tiver se constituído menos de 2 anos antes do óbito do segurado;

h2.2) 3 anos, se: (i) o segurado pagou ao menos 18 contribuições mensais e o casamento ou união estável tiver sido constituído no mínimo 2 anos antes do óbito do segurado; e (ii) o dependente conta menos de 21 anos de idade na data do óbito do segurado;

h2.3) 6 anos, se: (i) o segurado pagou ao menos 18 contribuições mensais e o casamento ou união estável tiver sido constituído no mínimo 2 anos antes do óbito do segurado; e (ii) o dependente conta entre 21 anos e 26 anos de idade na data do óbito do segurado;

h2.4) 10 anos, se: (i) o segurado pagou ao menos 18 contribuições mensais e o casamento ou união estável tiver sido constituído no mínimo 2 anos antes do óbito do segurado; e (ii) o dependente conta entre 27 anos e 29 anos de idade na data do óbito do segurado;

h2.5) 15 anos, se: (i) o segurado pagou ao menos 18 contribuições mensais e o casamento ou união estável tiver sido constituído no mínimo 2 anos antes do óbito do segurado; e (ii) o dependente conta entre 30 anos e 40 anos de idade na data do óbito do segurado;

h2.6) 20 anos, se: (i) o segurado pagou ao menos 18 contribuições mensais e o casamento ou união estável tiver sido constituído no mínimo 2 anos antes do óbito do segurado; e (ii) o dependente conta entre 41 anos 43 anos de idade na data do óbito do segurado;

h2.7) vitalícia, se: (i) o segurado pagou ao menos 18 contribuições mensais e o casamento ou união estável tiver sido constituído no mínimo 2 anos antes do óbito do segurado; e (ii) o dependente conta 44 anos de idade ou mais na data do óbito do segurado.

i) Observações:

✓ Caso o segurado fosse aposentado por invalidez e recebesse o acréscimo de 25% pela necessidade de acompanhamento contínuo, esse valor **não se incorporaria** à pensão por morte devida ao dependente.

✓ A existência de mais de um dependente da mesma classe determina o **rateio** proporcional da pensão por morte entre eles. Falecendo ou perdendo a qualidade de dependente um deles, os demais incorporarão essa parcela às suas. Quando não houver mais nenhum dependente dessa classe, **o benefício será extinto**, não se transferindo para as classes posteriores.

✓ Dependentes por invalidez (filho e irmão) devem comprovar tal situação **na data do óbito.** Invalidez superveniente não gera direito ao benefício.

✓ O novo casamento do cônjuge sobrevivente **não** exclui seu direito à pensão por morte.

✓ Perde o direito à pensão por morte, após o trânsito em julgado, o condenado pela prática de crime de que tenha dolosamente resultado a morte do segurado ou se comprovada fraude ou simulação no casamento ou união estável, celebrados exclusivamente com o intuito de constituir o benefício previdenciário.

✓ Note que, ainda que não haja carência propriamente dita para o direito à pensão por morte, se o segurado pagou menos de 18 contribuições mensais antes de falecer, o benefício fica reduzido a **quatro meses**, qualquer que seja a idade do dependente. Para o cálculo desse período **será considerado** tempo de contribuição para regime próprio de previdência social de serviço público (art. 77, § 5º, do PBPS).

9.4.10. Auxílio-reclusão

a) Previsão legal: art. 80 do PBPS; arts. 116 a 119 do RPS.

b) Sujeito ativo: dependente.

c) Contingência protegida: a prisão do segurado de baixa renda responsável economicamente pela subsistência de seus dependentes.

d) Carência: não há.

e) Requisitos: a prisão do segurado, em regime fechado ou semiaberto, cujo salário de contribuição não ultrapasse R$ 862,60 e a comprovação da qualidade de dependente.

f) Renda mensal inicial: 100% do salário de benefício que seria devido para a aposentadoria por invalidez.

g) Termo inicial:

g1) Se o requerimento foi feito dentro de 30 dias da prisão: data da prisão;

g2) Se o requerimento foi feito mais de 30 dias depois da prisão: data do requerimento.

h) Termo final:

h1) Morte do segurado;

h2) Morte do dependente;

h3) Perda da qualidade de dependente;

h4) Soltura do segurado por qualquer razão (cumprimento da pena, *habeas corpus*, livramento condicional, *sursis* etc.);

h5) Progressão para o regime aberto.

i) Observações:

✓ O auxílio-reclusão não será pago se o segurado já era aposentado na data da prisão ou estava em gozo de auxílio-doença, pois sua prisão **não** suspende o pagamento desses benefícios.

✓ Caso o segurado trabalhe enquanto preso e, nessa condição, contribua como **segurado facultativo**, mesmo assim seus dependentes **farão jus** ao auxílio-reclusão.

✓ O benefício será devido enquanto o segurado estiver preso em regime fechado ou semiaberto. Para comprovar essa situação, o dependente deve entregar, trimestralmente, certidão nesse sentido expedida pelo diretor da unidade prisional.

✓ No caso de fuga, o benefício será suspenso e o pagamento retomado com a recaptura, **desde que ainda presente a qualidade de segurado.**

✓ Em caso de morte do segurado enquanto estiver preso, o benefício será automaticamente convertido em pensão por morte.

9.5. Cumulação de benefícios

Diante das mais variadas situações que podem ocorrer ao longo da vida laborativa do segurado, é razoável antever a possibilidade desta passar por contingências geradoras de benefícios previdenciários iguais ou diferentes mais de uma vez ao longo de seu tempo de vínculo com o RGPS. Por conta disso, cuidou o PBPS de regulamentar a possibilidade, ou não, de **cumulação de benefícios.**

Inicialmente, é importante destacar que as regras mencionadas referem-se ao pagamento para a mesma pessoa de dois ou mais benefícios *oriundos do RGPS*. Quer dizer, **sempre** será possível a cumulação de benefícios oriundos de regimes diferentes de previdência social. Exemplo: um trabalhador é aposentado pelo RGPS e, nesta condição, toma posse em cargo público efetivo após regular aprovação em concurso, vinculando-se a regime próprio de previdência. Nessa situação, poderá gozar normalmente dos benefícios do regime próprio sem nunca perder seu direito à aposentadoria pelo RGPS.

O PBPS optou pela discriminação das situações nas quais a cumulação de benefícios é **proibida.** Assim, em tese, pode-se cumular benefícios do RGPS, **desde que não constem da relação abaixo**, prevista no art. 124 do PBPS:

a) aposentadoria e auxílio-doença;

b) mais de uma aposentadoria;

c) aposentadoria e abono de permanência em serviço.

O aposentado que continua a exercer atividade remunerada é **segurado obrigatório** do RGPS, conforme estudado no item 3.3.1, "c", e, nesta condição, deve pagar a contribuição social incidente sobre seu salário de contribuição, por força de sua natureza tributária (incidência obrigatória). Todavia, **não fará jus** a todos os benefícios previdenciários, diante da proibição de acumulação. Diga-se, aliás, que somente poderá receber, concomitantemente com a aposentadoria, o **salário-família.** Apesar da lista do art. 124 mencionar expressamente somente o auxílio-doença e outra aposentadoria pelo RGPS, sua leitura deve ser feita em conjunto com o art. 18, § 2º, do PBPS, que limita as prestações devidas ao aposentado que prossegue trabalhando ao salário-família e à reabilitação profissional, quando empregado.

Abono de permanência em serviço era um benefício previdenciário previsto para os segurados que, já tendo cumprido os requisitos para aposentadoria, preferiam não solicitá-la e prosseguiam trabalhando. Ele foi revogado em 1994, sendo um equívoco a permanência do inciso III do art. 124 do PBPS: se o benefício não existe mais, não devemos nos preocupar com sua cumulação com outros.

d) Salário-maternidade e auxílio-doença

Tratamos dessa hipótese quando estudamos o salário-maternidade (vide item 9.4.7, "i").

e) Mais de um auxílio-acidente

Se acidentes diferentes deixarem sequelas diferentes no trabalhador, mesmo que ambas retirem, cada uma, parte de sua capacidade laborativa, ainda assim será devido apenas um auxílio-acidente.

f) Mais de uma pensão deixada por cônjuge ou companheiro, ressalvado o direito de opção pela mais vantajosa

Se o beneficiário de pensão por morte deixada pelo cônjuge ou companheiro casar-se novamente ou constituir nova união estável com segurado do RGPS, caso o novo parceiro venha a falecer, **o cônjuge sobrevivente não terá direito às duas pensões**, devendo escolher a maior. É fundamental observar que a limitação é para pensões deixadas por cônjuges ou companheiros, *sendo perfeitamente possível a cumulação, por exemplo, de uma pensão por morte deixada pelo cônjuge com outra deixada pelo filho.*

QUESTÕES COMENTADAS

1. Administração Pública

Robinson Sakiyama Barreirinhas

1. TEORIAS E CORRENTES DOUTRINÁRIAS

(Analista – TRT/6ª – 2012 – FCC) Com relação às convergências e diferenças entre a gestão pública e a gestão privada, considere as afirmativas a seguir.

I. As empresas devem suas receitas aos seus clientes. Os governos têm os tributos como fonte exclusiva de receita.

II. Os clientes só pagam às empresas se comprarem seus produtos, mas pagam ao governo mesmo que não estejam "consumindo" seus serviços.

III. As empresas normalmente operam em um ambiente competitivo (seus clientes podem trocar de fornecedor se não estiverem satisfeitos), já os governos sempre operam por meio de monopólios.

IV. Os cidadãos controlam o governo por meio das eleições, já as empresas privadas são controladas pelo mercado.

V. A Administração Pública só pode fazer o que estiver autorizado em lei, enquanto o gestor privado pode fazer tudo que não estiver proibido.

Está correto o que se afirma APENAS em

(A) I, III e IV.
(B) I e III.
(C) II, III, IV e V.
(D) II, IV e V.
(E) II e V.

I: incorreta, pois os governos não contam apenas com as receitas tributárias, embora efetivamente sejam as mais relevantes – art. 9º da Lei 4.320/1964. O Poder Público, além dessa espécie de receita derivada, recebe também receitas não tributárias, como multas. Ademais, além das receitas derivadas (que decorrem da imposição legal), há também receitas originárias, decorrentes da exploração do próprio patrimônio estatal, como distribuição de lucros de empresas estatais, alugueis, juros etc. – art. 11 da Lei 4.320/1964. Por outro lado, interessante lembrar que algumas empresas recebem também recursos públicos, na forma de subsídios, por exemplo; **II:** correta, sendo que a assertiva se refere a uma peculiaridade do Poder Público, que pode auferir receitas que independem da vontade de quem paga, ou seja, receitas que decorrem de imposição legal, sendo os impostos o exemplo típico – arts. 3º e 16 do CTN, por exemplo; **III:** incorreta, sendo viável o Poder Público atuar no meio econômico em regime de concorrência – art. 173, § 1º, II, da CF; **IV:** correta, apesar de ser uma generalização bastante simplificada. É claro que há outras formas de controle à mão dos cidadãos, por exemplo, o direito de petição, o direito à informação, a ação popular etc. Por outro lado, poder-se-ia argumentar que as empresas são controladas por pessoas ou grupos econômicos ou mesmo, pelo Estado, no caso de estatais; **V:** correta. No âmbito privado, pode-se fazer tudo que não for proibido por lei (autonomia da vontade – art. 5º, II, da CF). No âmbito público, entretanto, a Administração somente pode fazer aquilo que é permitido por lei (estrita legalidade – art. 37, *caput*, da CF).

Gabarito "D"

(Analista – TRT/6ª – 2012 – FCC) Como uma das dimensões do Estado contemporâneo empreendedor, o princípio da desconcentração se efetiva por meio

(A) da racionalização de custos de empresas públicas.
(B) da delegação de competências.
(C) da coordenação intersetorial de programas.
(D) do planejamento estratégico situacional.
(E) da reengenharia de processos na administração direta.

Desconcentração administrativa refere-se à distribuição de competências no âmbito da mesma pessoa jurídica, o que implica delegação de competências. Por essa razão, a alternativa "B" é a correta. Importante distinguir da descentralização administrativa, que se refere ao deslocamento de competências para prestação de serviços públicos, mas para órgãos da administração indireta (autarquias, fundações, empresas públicas, sociedades de economia mista).

Gabarito "B"

(Analista – TRT/6ª – 2012 – FCC) O comportamento ético na gestão pública exige que se valorize

(A) a presteza acima da formalidade legal.
(B) a eficiência mais do que a eficácia.
(C) o consenso acima do conflito.
(D) o interesse público antes dos interesses privados.
(E) a impessoalidade contra a afabilidade.

A: incorreta. Embora a presteza seja desejável, ela não afasta a observância da forma prevista em lei; **B:** incorreta, pois tanto a eficiência quanto a eficácia devem orientar a gestão pública, sendo indevido falar em valorização de um em relação a outro. Para Lucas Furtado, a economicidade, que deve orientar a administração pública (ver art. 70 da CF), possui três aspectos, quais sejam a eficiência, a eficácia e a efetividade. A eficiência requer a adequada aplicação dos recursos públicos, com correta análise da relação custo/benefício. A eficácia exige a análise do resultado, se a ação gerou benefícios para a sociedade. Finalmente, a efetividade, que pressupõe eficiência e eficácia, implica comparação entre (a) os objetivos e metas fixados e (b) os resultados efetivamente alcançados. Entretanto, é importante destaca a divergência doutrinária a respeito. O CESPE adota o entendimento de que a *eficiência* caracteriza-se pelo uso racional dos recursos disponíveis; a *eficácia*, pelo alcance dos objetivos e metas previamente estipulados; e a efetividade, pelos resultados obtidos pela ação governamental (gabarito de questão no concurso Administrador – MDS – 2006 – CESPE) – Ver ABNT NBR ISO 9000:2000; **C:** discutível. Num sentido genérico, é intuitivo que o consenso é preferível ao conflito. Entretanto, conflitos são inevitáveis e refletem naturalmente as divergências entre as pessoas e a busca dos melhores caminhos. A solução desses conflitos pode ser oportunidade de ganhos para os colaboradores e para a organização (ver as abordagens *estrutural, processual* e *mista* para resolução dos conflitos). A competição pode ser a melhor solução para o conflito, com resolução ganha-perde, quando a prioridade é o resultado, e não o relacionamento interpessoal. Caso o foco no relacionamento seja mais importante, a solução poderia ser a cooperação (perde-ganha). Se ambos forem igualmente relevantes (resultado e relacionamento), a negociação seria indicada, para se buscar o ganha-ganha. Finalmente, se a questão não focasse o resultado, nem o relacionamento, a solução poderia ser evitar o conflito, simplesmente. O conflito de relacionamento atine às interações entre as pessoas. Há também o conflito de processo, relativo à forma como o trabalho é realizado; **D:** correta, sendo a melhor alternativa. O princípio fundamental da supremacia do interesse público sobre o privado é diretriz básica para o comportamento ético do gestor público; **E:** incorreta, pois a impessoalidade, princípio básico da administração pública (art. 37, *caput*, da CF), refere-se à isonomia, à vedação de preferências indevidas. Não se trata de impessoalidade oposta à cortesia e à afabilidade, que são diretrizes da conduta ética do agente público – ver item XIV, *g*, do Código de Ética Profissional do Servidor Público Civil do Poder Executivo Federal (Decreto 1.171/1994).

Gabarito "D"

(Analista – TRT/10ª – 2013 – CESPE) Tendo em vista que a administração pública é uma matéria essencial para a efetivação das políticas públicas e para a gestão governamental, julgue os itens a seguir.

(1) A moderna gestão pública trata essencialmente da eficiência e da eficácia do sistema de administração governamental.

(2) A perspectiva da nova gestão pública ressalta que o interesse público é uma representação da agregação de interesses individuais.

(3) O modelo de administração burocrática adotado no Brasil separou serviços de controle e passou a definir, medir e analisar resultados.

1: incorreta, pois a moderna gestão pública foca os resultados, sempre relacionados ao interesse público, mais do que os processos. Assim, tanto ou mais que a eficiência e a eficácia, a moderna gestão pública (administração pública gerencial) foca a efetividade, que pressupõe eficiência e eficácia e implica comparação entre: (a) os objetivos e metas fixados e (b) os resultados efetivamente alcançados; **2:** correta. A análise da administração pública gerencial procura abandonar a cultura anterior, em que os indivíduos são vistos como essencialmente egoístas e antiéticos, de forma que só o controle a *priori*, passo a passo, dos processos administrativos permitiria proteção da coisa pública e, embora "não se part[a] para o oposto, para uma confiança ingênua na humanidade", busca "dar um voto de confiança provisório aos administradores, e controlar a *posteriori* os resultados" (item 7.4 do Plano Diretor da Reforma do Aparelho do Estado – PDRAE/1995 – pode ser encontrado no site da Presidência da República e em http://www.bresserpereira.org.br/Documents/MARE/PlanoDiretor/planodiretor.pdf). Essa diretriz indica um viés de valorização do indivíduo e de suas necessidades nessa nova cultura da administração pública gerencial; **3:** incorreta, pois essa é uma diretriz da administração pública gerencial, não da burocrática. A doutrina se refere à *administração pública patrimonialista*, à *administração pública burocrática* e à *administração pública gerencial*. A *administração pública patrimonialista* é aquela arcaica, anterior à *administração pública burocrática* (descrita por Max Weber) e à moderna *administração pública gerencial*. Na administração pública patrimonialista, "o aparelho do Estado funciona como uma extensão do poder do soberano". A *administração pública burocrática* é uma resposta ao patrimonialismo anterior, visando a combater a corrupção e o nepotismo, enfatizando os controles prévios, nos procedimentos. Tem como características a profissionalização, a ideia de carreira, a hierarquia funcional, a impessoalidade, o formalismo. Entretanto, a *administração pública burocrática* caracteriza-se também pelo direcionamento de esforços para a própria manutenção do poder estatal (o governo voltado para si mesmo, não para o cidadão). Isso tende a levar ao engessamento da estrutura do governo, refratária à evolução e à eficiência. Após as experiências da *administração pública patrimonialista* e da *administração pública burocrática*, ganhou força, nos anos 1990, o conceito de *administração pública gerencial* como paradigma a ser adotado, buscando redução de custos e aumento da qualidade dos serviços, tendo sempre em foco seu beneficiário: o cidadão. A estratégia da moderna *administração pública gerencial* exige (i) definição precisa dos objetivos que o administrador público deverá atingir em sua unidade, (ii) garantia de autonomia do administrador na gestão dos recursos humanos, materiais e financeiros que lhe forem colocados à disposição para que possa atingir os objetivos contratados, e (iii) controle ou cobrança *a posteriori* dos resultados, além da (iv) competição administrada no interior do próprio Estado, quando há a possibilidade de estabelecer concorrência entre unidades internas (Capítulo 2 do Plano Diretor da Reforma do Aparelho do Estado – PDRAE/1995). A *administração pública gerencial* não abandona as conquistas da *administração pública burocrática*, em especial o combate aos vícios da *administração pública patrimonialista* (corrupção, personalismo, confusão entre o patrimônio do soberano e o público, nepotismo etc.).

Gabarito 1E, 2C, 3E

(Analista – TRT/11ª – 2012 – FCC) Um dos fatores que tornam o setor governamental menos ágil do que o privado é que na gestão pública

(A) aquilo que não está juridicamente proibido está juridicamente facultado.
(B) todo comportamento moralmente reprovável está proibido.
(C) a eficiência econômica é incompatível com o princípio da equidade.
(D) tudo o que não está juridicamente determinado está juridicamente proibido.
(E) a ênfase na avaliação do desempenho com base nos resultados prejudica a sua eficácia.

No âmbito privado, pode-se fazer tudo que não for proibido por lei (autonomia da vontade – art. 5º, II, da CF). No âmbito público, entretanto, a Administração somente pode fazer aquilo que é permitido por lei (estrita legalidade – art. 37, *caput*, da CF). Por essas razões, a alternativa "D" é a correta.

Gabarito "D"

(Analista – TRT/11ª – 2012 – FCC) A ideia de que a Administração tem que tratar todos os administrados sem discriminações, traduz o princípio da

(A) legalidade.
(B) indisponibilidade.
(C) impessoalidade.
(D) publicidade.
(E) unicidade.

A: incorreta, pois a legalidade refere-se à possibilidade de a Administração poder fazer somente aquilo que é permitido ou autorizado pela lei – art. 37, *caput*, da CF; **B:** indisponibilidade refere-se ao interesse público, indicando que o administrador público não pode dele dispor livremente, ficando adstrito às determinações legais; **C:** essa é a correta, pois a assertiva indica o princípio da impessoalidade – art. 37, *caput*, da CF; **D:** incorreta, pois a publicidade refere-se à necessária e ampla informação ao público a respeito dos atos da administração – art. 37, *caput*, da CF; **E:** incorreta, pois unicidade não é um princípio geral da administração pública.

Gabarito "C"

(Analista – TRT/11ª – 2012 – FCC) Na avaliação de um projeto, quando medimos o quanto este alcançou com os objetivos específicos que traçou para si, estamos focalizando

(A) sua legitimidade.
(B) sua eficácia.
(C) seu impacto.
(D) sua eficiência.
(E) sua produtividade.

É comum a adoção do entendimento de que *eficiência* caracteriza-se pelo uso racional dos recursos disponíveis; a *eficácia*, pelo alcance dos objetivos e metas previamente estipulados; e a efetividade, pelos resultados obtidos pela ação governamental – Ver ABNT NBR ISO 9000:2000. A assertiva, portanto, refere-se à eficácia, de modo que a alternativa "B" é a correta.

Gabarito "B"

(Analista – TRT/6ª – 2012 – FCC) O desenvolvimento da capacidade de governança aplicada às organizações públicas foca, principalmente,

(A) o desenvolvimento de estratégias de fortalecimento da burocracia profissional, por meio da universalização dos concursos públicos, redução dos cargos comissionados e eliminação da terceirização na administração pública.
(B) as questões ligadas ao formato político-institucional dos processos decisórios, a definição do mix apropriado do público/privado nas políticas, a participação e a descentralização, assim como o escopo global dos programas.
(C) a reforma do regime político, reduzindo a necessidade de coalizões amplas de sustentação do governo e aperfeiçoamento de técnicas de planejamento estratégico na gestão dos programas ministeriais.
(D) a redução da máquina burocrática, especialmente nos níveis gerenciais, introduzindo métodos de contratação de gestores semelhantes aos da iniciativa privada.
(E) a introdução da gestão por resultados, a redução dos níveis hierárquicos e maior autonomia gerencial para os níveis operacionais, responsáveis pela implementação dos programas governamentais.

Governança refere-se à capacidade de governo do Estado de implementar as decisões tomadas, de viabilizar as condições financeiras e administrativas indispensáveis à execução das decisões que o governo toma. *Governabilidade* refere-se ao poder para governar, dada sua legitimidade democrática e o apoio com que conta na sociedade civil. **A:** incorreta, pois a terceirização é indicada para os serviços operacionais (limpeza, vigilância etc.); **B:** assertiva correta. Os problemas de governança referem-se à rigidez e ineficiência da máquina administrativa; **C:** incorreta, pois as questões atinentes a coalizões políticas relacionam-se à governabilidade, não diretamente à governança; **D:** incorreta, pois é inviável a adoção de métodos de contratação semelhantes aos da iniciativa privada, pois a administração pública está vinculada à exigência de concursos públicos – art. 37, II, da CF; **E:** adequada, pois essas medidas, indicadas pela moderna administração pública gerencial, temem a melhorar a governança. Entretanto, a alternativa "B" é a melhor, pois cita a lição doutrinária (Marcos André B. C. de Melo).

Gabarito "B"

(Analista – TRT/6ª – 2012 – FCC) O tipo de cultura organizacional que predomina na administração pública burocrática é a cultura

(A) do poder.
(B) da tarefa.
(C) dos papéis.
(D) da pessoa.
(E) do resultado.

Cultura organizacional é o conjunto de valores em uma organização, seus princípios, crenças políticas, clima organizacional, relações e hierarquia, definindo os padrões de comportamento e de atitudes que governam as ações e decisões mais importantes da administração. A administração pública burocrática tem como características a profissionalização, a ideia de carreira, a hierarquia funcional, a impessoalidade, o formalismo. Entretanto, caracteriza-se também pelo direcionamento de esforços para a própria manutenção do poder estatal (o governo voltado para si mesmo, não para o cidadão). Isso tende a levar ao engessamento da estrutura do governo, refratária à evolução e à eficiência. **A:** incorreta, pois não há essa característica; **B, D** e **E:** incorretas, pois o foco é nos procedimentos; **C:** essa é a melhor alternativa. A administração burocrática é calcada no formalismo que, muitas vezes, impede a evolução da cultura do papel (formulários, vias, carimbos, protocolos etc.) para a moderna gestão da informação.

Gabarito "C"

(Analista – STM – 2011 – CESPE) A respeito da evolução da administração pública e de suas divergências em relação a gestão privada e respectiva estrutura organizacional, julgue o item seguinte.

(1) A administração pública gerencial, a administração pública burocrática e a administração pública histórica constituem os principais modelos para a gestão do Estado.

Incorreta, pois a doutrina se refere à *administração pública patrimonialista*, à *administração pública burocrática* e à *administração pública gerencial* – ver o Capítulo 2 do Plano Diretor da Reforma do Aparelho do Estado – PDRAE/1995 – pode ser encontrado no site da Presidência da República e em http://www.bresserpereira.org.br/Documents/MARE/PlanoDiretor/planodiretor.pdf.

Gabarito 1E

(Analista – TRT/23ª – 2011 – FCC) O modelo de administração gerencial no Brasil

(A) foi introduzido pelo Decreto-Lei 200/1967, visando profissionalizar a administração federal, reduzindo o nível de autonomia das empresas e autarquias e implantando o Orçamento de Base Zero.

(B) foi implementado com a criação do Departamento de Administração do Serviço Público (DASP), em 1936, tendo por meta flexibilizar as funções gerenciais nas autarquias federais.

(C) teve seu auge na segunda metade dos anos 1990, visando ao processo de fortalecimento da responsabilização e autonomia dos níveis gerenciais e tentando implantar a gestão por resultados na administração federal.

(D) foi um movimento político iniciado no fim dos anos 1980 orientado para a privatização das políticas sociais e fortalecimento dos controles externos formais da administração federal.

(E) foi introduzido no Brasil através do Programa Nacional de Desburocratização, tendo como meta extinguir a burocracia formal e implantar a burocracia gerencial, voltada exclusivamente para os processos.

A: assertiva incorreta. A reforma administrativa operada pelo DL 200/1967 é marco na tentativa de superação da rigidez burocrática, em que se buscou combater a excessiva concentração funcional, transferindo-se atividades para entidades da administração indireta (autarquias, fundações, empresas públicas e entidades de economia mista). Instituíram-se como princípios de racionalidade administrativa o planejamento e o orçamento, o descongestionamento das chefias executivas superiores (desconcentração/descentralização), a tentativa de reunir competência e informação no processo decisório, a sistematização, a coordenação e o controle – item 3.2 do Plano Diretor da Reforma do Aparelho do Estado – PDRAE/1995; **B:** assertiva incorreta. O Departamento Administrativo do Serviço Público – DASP, criado em 1936 (prelúdio do Estado Novo varguista), tinha por objetivo modernizar a administração pública, por meio de racionalização mediante simplificação, padronização e aquisição racional de materiais, revisão de estruturas e aplicação de métodos na definição de procedimentos – 3.1 do PDRAE/1995; **C:** essa é a assertiva correta, considerando que a *administração pública gerencial* está ligada ao controle dos resultados e à descentralização e à desconcentração administrativas; **D:** assertiva incorreta, conforme comentário à alternativa anterior; **E:** incorreta. O Programa Nacional de Desburocratização – PrND, do início dos anos 1980, tinha por objetivo a revitalização e a agilização das organizações do Estado, a descentralização da autoridade, a melhoria e a simplificação dos processos administrativos e a promoção da eficiência – item 3.2 do PDRAE/1995 – Decreto 83.740/1979. Importante reiterar que a *administração pública gerencial* prestigia o controle dos resultados, não dos processos.

Gabarito "C"

(Analista – TRT/1ª – 2008 – CESPE) Considerando convergências e divergências entre gestão pública e gestão privada, assinale a opção correta.

(A) A gestão privada sustenta-se na autonomia de vontade, ao passo que a gestão pública baseia-se no princípio da estrita legalidade.

(B) As ferramentas de gestão privada e da gestão pública diferem substancialmente, não se prestando a adaptação dessas ferramentas para utilização em outro ambiente distinto daquele para que foi concebido inicialmente.

(C) Inexiste a possibilidade de obtenção de lucro nas empresas públicas e sociedade de economia mista, devendo todo o valor obtido ser reinvestido na própria organização.

(D) Em todos os setores em que o Estado atuar, a gestão pública estará dotada de poderes de império que o colocará em situação de superioridade em relação ao particular e aos demais competidores inseridos no mercado.

(E) Visando dar maior celeridade e efetividade à ação pública, a gestão pública deve adotar os mesmos pressupostos gerenciais de eficiência e eficácia da gestão privada.

A: no âmbito privado, pode-se fazer tudo que não for proibido por lei (autonomia da vontade – art. 5º, II, da CF). No âmbito público, a Administração somente pode fazer aquilo que é permitido por lei (estrita legalidade – art. 37, *caput*, da CF); **B:** a moderna gestão pública (*administração pública gerencial*) adota técnicas e ferramentas desenvolvidas no ambiente privado, com adaptações (por exemplo, planejamento estratégico, qualidade total, controle por resultados, orientação para o cidadão-cliente etc.); **C:** as empresas públicas e as sociedades de economia mista sujeitam-se ao regime privado e podem buscar o lucro e distribuí-los entre os sócios – art. 173, II, da CF; **D:** a atuação do Estado por meio de empresas públicas e sociedades de economia mista sujeitam-se às regras do mercado (inclusive concorrenciais), sendo vedados privilégios fiscais não extensivos às do setor privado – art. 173, § 2º, da CF; **E:** embora a moderna administração pública seja influenciada pelos pressupostos gerenciais de eficiência e eficácia da gestão privada, não são os mesmos (por exemplo, a administração direta não busca o lucro ou o retorno empresarial de investimentos, evidentemente).

Gabarito "A"

(Analista – TRT/1ª – 2008 – CESPE) Acerca da evolução da gestão pública na busca da excelência dos serviços públicos, assinale a opção correta.

(A) A excelência na gestão pública está centrada no modelo de administração pública patrimonialista, no qual a preservação do patrimônio público deve ser a finalidade precípua.

(B) O modelo de administração pública burocrática apresenta, originalmente, como vantagem em relação a outros modelos, a busca do controle de abusos e do fim do nepotismo.

(C) O modelo de administração pública gerencial, por se inspirar no modelo adotado na administração privada, é confundido com ele.

(D) Uma das políticas formuladas na busca da excelência nos serviços públicos é o GesPública, elaborado com base na premissa de que a gestão de órgãos e entidades públicos pode e deve ser excelente, mas não pode ser comparada com padrões internacionais de qualidade em gestão, devido às especificidades de cada país.

(E) A qualidade da gestão pública deve ser orientada para o Estado e desenvolver-se no âmbito de valores demarcados por princípios similares àqueles preconizados em empresas de classe mundial.

A: a *administração pública patrimonialista* é aquela arcaica, anterior à *administração pública burocrática* (descrita por Max Weber) e à moderna *administração pública gerencial*. Na administração pública patrimonialista, "o aparelho do Estado funciona como uma extensão do poder do soberano" (Capítulo 2 do Plano Diretor da Reforma do Aparelho do Estado – PDRAE/1995 – pode ser encontrado no site da Presidência da República e em http://www.bresserpereira.org.br/Documents/MARE/PlanoDiretor/planodiretor.pdf). A preservação do patrimônio público é uma preocupação relevante da *administração pública burocrática*; **B:** a *administração pública burocrática* é uma resposta ao patrimonialismo anterior, visando, exatamente, a combater a corrupção e o nepotismo; **C:** a assertiva é subjetiva, mas não se deve confundir a *administração pública gerencial* com a administração das empresas privadas, dados os pressupostos absolutamente distintos (a administração pública volta-se diretamente ao interesse público, enquanto a privada direciona-se imediatamente a interesses particulares); **D:** o Programa Nacional de Gestão Pública e Desburocratização – GESPÚBLICA não rejeita os padrões internacionais de qualidade em gestão – Decreto 5.378/2005; **E:** a qualidade da gestão pública deve ser orientada para o cidadão. O enfoque no próprio Estado é característica ultrapassada da antiga *administração pública burocrática*.

Gabarito "B"

2. RECURSOS HUMANOS

(Analista – TRT/6ª – 2012 – FCC) Na gestão de desempenho em órgãos públicos deve-se focalizar prioritariamente

(A) a autonomia do órgão na definição de sua missão e objetivos gerais.

(B) a racionalização dos processos e redução de custos.

(C) a compatibilização das metas e objetivos do órgão com o interesse público.

(D) a compatibilização dos processos administrativos com relação aos controles formais.

(E) o isolamento do órgão em face dos interesses sociais que procuram influenciá-lo.

A gestão de desempenho faz parte de um processo maior de gestão organizacional visando a continuidade e a sustentabilidade da organização em ambientes dinâmicos e turbulentos. Pode-se, então, dizer que a gestão de desempenho consiste em um processo contínuo e integrado de atividades que compreende a definição de metas e objetivos; recursos necessários e indicadores de desempenho; o acompanhamento das atividades e a avaliação dos resultados (gabarito do concurso Analista Legislativo – Câmara dos Deputados – 2007 – FCC). **A:** incorreta, pois o planejamento estratégico, que se refere à missão e aos objetivos gerais, é traçado no nível mais alto da organização, ou seja, no nível institucional ou estratégico. Aceita-se que os três níveis organizacionais, administrativos ou de responsabilidade são (a) institucional ou estratégico (nível mais elevado, em que se realiza o planejamento estratégico), (b) intermediário, gerencial ou tático (recebe as decisões estratégicas e permite sua implementação pelo nível operacional, realizando o planejamento tático) e (c) operacional ou técnico (administra a execução da operação, realiza o planejamento operacional); **B:** incorreta, referindo-se à eficiência, bastante desejável, mas não especificamente à gestão de desempenho, que foca os resultados a serem alcançados (efetividade); **C:** correta, conforme comentários iniciais; **D:** incorreta, pois a gestão de desempenho não foca o controle dos processos, mas sim os resultados, o atingimento das metas traçadas; **E:** incorreta, pois nenhuma gestão pública pode se dissociar do interesse público, que sempre deve orientá-la.

Gabarito "C"

(Analista – TRT/6ª – 2012 – FCC) Na gestão de pessoas no setor público deve-se utilizar os quadros terceirizados em

(A) funções com pouca interação com o público.
(B) atividades-meio de caráter auxiliar.
(C) funções técnicas que exigem frequente atualização.
(D) atividades-fim com baixa complexidade técnica.
(E) cargos com elevada rotatividade.

A terceirização na gestão pública é aceitável apenas nas atividades-meio e auxiliares (limpeza, vigilância, motoristas, secretárias etc.), jamais nas atividades-fim, tipicamente estatais (gestão, polícia, fiscalização etc.). Por essa razão, a alternativa "B" é a correta.

Gabarito "B"

(Analista – TRT/6ª – 2012 – FCC) O estilo tradicional de direção (Teoria X) está apoiado numa concepção da natureza humana que enfatiza

(A) o caráter egocêntrico dos homens e a oposição entre os objetivos pessoais e os objetivos da organização.
(B) o caráter naturalmente empreendedor e ativo dos homens quando motivados por objetivos organizacionais ambiciosos.
(C) a natureza independente, a predisposição ao autocontrole e facilidade ao comportamento disciplinado.
(D) a capacidade de imaginação e de criatividade na solução de problemas como atributo comum à maioria dos homens.
(E) a responsabilidade da administração em proporcionar condições para que as pessoas reconheçam e desenvolvam suas potencialidades.

A teoria Y de Douglas MacGregor, pela qual o trabalho é fonte de satisfação para as pessoas (entre outros aspectos) opõe-se à teoria X (visão clássica), segundo a qual as pessoas são indolentes e precisam ser dirigidas e impulsionadas para o trabalho. Por essa razão, a alternativa "A" é a correta (a única que afirma esse aspecto negativo das pessoas).

Gabarito "A"

(Analista – TRT/6ª – 2012 – FCC) Nos modelos contemporâneos de gestão de pessoas enfatiza-se

(A) o controle centralizado e hierárquico.
(B) a orientação para os processos.
(C) as vantagens colaborativas.
(D) a necessidade de certeza.
(E) a informação segmentada.

A: incorreta, pois valorizam-se as relações horizontais, colaborativas, e não a centralização e hierarquia; **B:** incorreta, pois o enfoque moderno é nos resultados, no atingimento de metas traçadas, não nos processos; **C:** correta, conforme comentário à alternativa "A"; **D:** incorreta, pois o enfoque é na colaboração, o melhor esforço para atingimento das metas traçadas, dos resultados almejados; **E:** incorreta, pois busca-se o compartilhamento de informações, a visão global da organização e comprometimento por todos os agentes.

Gabarito "C"

(Analista – TRT/6ª – 2012 – FCC) O gestor de recursos humanos orientado para a construção de uma organização competitiva, quando focado no envolvimento das pessoas prioriza

(A) a reengenharia dos processos da organização.
(B) o provimento de recursos aos funcionários para incentivar contribuições.
(C) o diagnóstico organizacional alinhado à estratégia empresarial.
(D) a melhoria da infraestrutura da empresa.
(E) o aperfeiçoamento das estratégias de recursos humanos.

A expressão-chave na questão é "envolvimento das pessoas". Perceba que a única alternativa que se refere ao envolvimento e comprometimento das pessoas com os resultados almejados pela organização é a "B", que deve ser anotada.

Gabarito "B"

(Analista – TRT/6ª – 2012 – FCC) O principal limite a uma adequada gestão das pessoas no setor público brasileiro é

(A) o controle total das elites patrimonialistas sobre as carreiras de Estado no âmbito do governo federal.
(B) a falta de estruturas de cargos e carreiras nos órgãos voltados para a gestão e planejamento de recursos humanos no governo federal.
(C) a inexistência de uma política salarial e de incentivos ao desempenho dos níveis gerenciais.
(D) a rigidez da estrutura de cargos e carreiras e a complexidade da legislação de pessoal no setor público brasileiro.
(E) o clientelismo e a corrupção nas funções operacionais e nos quadros terceirizados da administração pública em todas as esferas de governo.

A: incorreta, pois uma das principais conquistas da administração burocrática, mantida pela administração pública gerencial, é a realização de concursos públicos para contratação de seus agentes, o que é especialmente verdadeiro no caso das carreiras de Estado e, em tese, afasta o "controle total das elites patrimonialistas"; **B:** incorreta. Há estruturas de cargos e carreiras elogiadas no serviço público federal, como a de gestor, de modo que não pode ser indicada como "principal" limite. **C:** incorreta. De fato, não há políticas audaciosas de salários e incentivos para os níveis gerenciais, até por conta da rigidez imposta pela legislação estatutária do funcionalismo, mas é reconhecido que a "gratificação por ocupação de – DAS –, que geralmente é entendida como um grave desvio do modelo burocrático, na medida em que permite a contratação de pessoal externo ao serviço público, na verdade é um elemento positivo a dar alguma racionalidade ao sistema de remuneração e ao estabelecer um sistema de incentivo para os servidores mais competentes" (item 4.4.3 do Plano Diretor da Reforma do Aparelho do Estado – PDRAE/1995). **D:** correta. Embora as alternativas "B" e "C" indiquem também entraves à adequada gestão de pessoal no serviço público, a "D" é a melhor, na medida em que a questão pede o "principal" limite; **E:** incorreta. Embora clientelismo e corrupção nos quadros sejam, sem dúvida, graves para o serviço público, difícil afirmar que seja o principal limite para a gestão de pessoal.

Gabarito "D"

(Analista – TRT/6ª – 2012 – FCC) No processo de gestão da mudança, no setor público, deve-se estar atento, principalmente,

(A) às resistências individuais resultantes do sentimento de insegurança das pessoas.
(B) aos grupos insatisfeitos com as mudanças tecnológicas necessariamente associadas à mudança organizacional.
(C) à influência de grupos de interesse econômicos sobre os dirigentes da organização.
(D) à falta de sentido ético dos servidores com relação à missão principal da organização.
(E) às resistências coletivas baseadas no apego à cultura organizacional.

O apego à cultura organizacional é apontada como importante óbice ao processo de gestão da mudança, de modo que a alternativa "E" é a melhor. Cultura organizacional é o conjunto de valores em uma organização, seus princípios, crenças políticas, clima organizacional, relações e hierarquia, definindo os padrões de comportamento e de atitudes que governam as ações e decisões mais importantes da administração. No modelo de Schein, relativo à cultura organizacional, o nível dos *artefatos* refere-se aos fatores imediatamente visíveis da organização (prédios, marcas, uniformes, rituais, tradições etc.). O nível dos *valores* refere-se àqueles que orientam o comportamento das pessoas na organização. O nível dos *pressupostos* refere-se àqueles que também orientam os comportamentos, mas em nível mais profundo, inconsciente. Os indicadores, atributos ou dimensões mais comuns da cultura organizacional, segundo Maximiniano, são (a) distância do poder, relativa à percepção da autoridade e diferença de *status*; (b) linguagem, atinente à importância dada à escrita ou à fala, (c) relações humanas, relativa ao individualismo ou coletivismo, (d) atitude em relação ao futuro, proativa ou reativa, (e) universalismo ou particularismo, ou flexibilidade das regras em relação a situações particulares, (f) orientação para o ambiente, distinguindo organização adaptativas ou orientadas para dentro, (g) propensão ao risco, diferenciando culturas orientadas para a certeza ou mais tolerantes com a ambiguidade, (h) mecanicismo ou organicismo, caracterizando as organizações como máquinas ou organismos vivos.

Gabarito "E"

(Analista – TRT/6ª – 2012 – FCC) Para que seja factível utilizar indicadores de desempenho no processo de avaliação de um órgão público é imprescindível, em primeiro lugar,

(A) elaborar um projeto de serviço mensurável tanto por indicadores qualitativos como quantitativos.
(B) estabelecer relações precisas entre o conjunto de indicadores existentes tanto quantitativos como qualitativos.

(C) diferenciar claramente os indicadores qualitativos dos quantitativos e priorizar os primeiros.
(D) superar a indeterminação na mensuração de atividades governamentais, geralmente avaliadas por critérios subjetivos.
(E) evitar o uso de indicadores quantitativos, frequentemente manipulados para fins de privatização do setor público.

A fixação de metas, no bojo de um projeto de serviço, por exemplo, é pressuposto para a utilização de indicadores de desempenho, de modo que a alternativa "A" é a melhor. Veja o Guia Referencial para Medição do Desempenho da Gestão (localizável no site www.gespublica.gov.br). Um modelo é um recurso analítico com o propósito de representar a realidade a partir da definição de um conjunto de variáveis (ou aspectos da realidade que se pretende representar, aspectos estes que podem ser vistos/definidos/medidos de forma quantitativa ou qualitativa, por meio de indicadores). Os indicadores são instrumentos de gestão essenciais nas atividades de monitoramento e avaliação das organizações, assim como seus projetos, programas e políticas, pois permitem acompanhar o alcance das metas, identificar avanços, melhorias de qualidade, correção de problemas, necessidades de mudança etc.

Gabarito "A"

(Analista – TRT/10ª – 2013 – CESPE) Julgue os itens subsequentes, relativos a planejamento, ferramentas organizacionais, gestão da qualidade e assuntos correlatos.

(1) Para assegurar maior controle sobre as operações da instituição, é essencial concentrar esforços para desconstruir os grupos informais presentes em sua estrutura.

Incorreta, pois a estrutura informal é algo natural, inevitável e até desejável em qualquer organização. É aquela estrutura formada naturalmente pelas relações interpessoais, por afinidade, independentemente da hierarquia e da subordinação formais. Os líderes da estrutura informal podem, por exemplo, vir a ser aproveitados futuramente pela estrutura formal, inclusive por gozarem de legitimidade entre os colaboradores.

Gabarito 1E

Veja a tabela abaixo com características distintivas das estruturas organizacionais formais e informais:

Estrutura formal	Estrutura informal
– formalizada por regulamentos, normas jurídicas – relações de autoridade e hierarquia – liderança formal – papéis definidos previamente, há planejamento, divisão do trabalho segundo capacidades – impessoalidade nas relações – estabilidade, racionalidade – representada graficamente pelo organograma – prioriza os canais formais de comunicação – objeto das teorias clássicas de administração e estruturalistas	– relações não convencionais, não há formalização em regulamentos ou normas jurídicas – relações de afinidade, interesses comuns, prestígio relacionado à aceitação pelos outros (não pela hierarquia) – liderança informal – surge da interação social, com espontaneidade, não por planejamento – pessoalidade nas relações – instabilidade – prioriza os canais informais de comunicação – objeto das teorias das relações humanas e estruturalistas

(Analista – TRT/10ª – 2013 – CESPE) No que se refere à gestão de pessoas, julgue o item seguinte.

(1) A descrição de cargos é o processo de planejamento de recursos humanos que descreve os talentos, conhecimentos, habilidades e outras características necessárias ao desempenho do cargo.

Incorreta. A descrição de cargos é processo que consiste em enumerar tarefas ou atribuições que compõem cada cargo e o torna distinto dos demais existentes na organização (Chiavenato), de modo que é providência anterior à descrição dos talentos, conhecimento, habilidades e outras características para seu desempenho.

Gabarito 1E

(Analista – TRT/10ª – 2013 – CESPE) Julgue os itens a seguir, acerca da gestão de pessoas.

(1) O desenvolvimento dos servidores públicos que se baseia na noção de competência é um exemplo de como a administração por objetivos tem-se tornado tendência na administração pública brasileira.
(2) Entre os resultados possíveis de um mapeamento de competências, o principal deles é a lacuna de competências. A partir desse resultado, podem-se estabelecer as prioridades da gestão de pessoas. Quando há lacunas grandes de competências e não há mão de obra qualificada disponível, recomenda-se o desenvolvimento e a capacitação das pessoas. Porém, quando há lacuna de competência, mas há mão de obra qualificada disponível, pode-se priorizar a seleção ou a movimentação nas organizações.
(3) As funções administrativas características da gestão de pessoas nas organizações públicas incluem a realização de rotinas típicas de departamento pessoal e a elaboração de políticas de desenvolvimento e de gestão de desempenho de pessoas.
(5) A divisão de um processo organizacional em partes e a designação de cargos para a realização de cada parte é um exemplo de como os cargos são abordados no modo clássico, enquanto que a vinculação de um cargo amplo a um processo e aos seus respectivos níveis de complexidade revela a tendência contemporânea na análise de cargos.
(6) O mapeamento de competências nas organizações procura identificar as competências relevantes para o alcance dos objetivos organizacionais a partir de técnicas de coleta e análise de dados como entrevistas, grupos focais, questionários e estatísticas, entre outros mecanismos.

1: incorreta. A formulação de objetivos consensuais, o comprometimento pessoal com relação à busca desses objetivos e a negociação quanto à alocação de recursos e meios necessários ao seu alcance são estratégias de administração do desempenho relacionadas à nova roupagem da administração por objetivos (Gabarito Administrador – Ministério do Esporte – 2008 – CESPE); **2:** correta. O *treinamento* foca o desempenho do colaborador nas atividades atuais, enquanto o *desenvolvimento* volta-se às habilidades necessárias para atividades futuras. Os meios de recrutamento são (a) interno, dentre os funcionários da própria organização, (b) externo, com candidatos de fora da organização, e (c) misto, abrangendo pessoas de dentro e de fora. Os modelos de seleção são (i) colocação, quando há apenas um candidato para a única vaga, (ii) seleção, com vários candidatos para a mesma vaga e (iii) classificação, quando há diversos candidatos para cada vaga e várias vagas para cada candidato (Chiavenato); **3:** incorreta, pois a elaboração de políticas de desenvolvimento e de gestão de desempenho de pessoas não é função puramente administrativa, mas de planejamento organizacional; **5:** correta, pois tendência moderna é envolver os cargos nos processos de maneira completa, não restringindo-os a partes do todo; **6:** correta, descrevendo adequadamente o mapeamento de competências.

Gabarito 1E, 2C, 3E, 5C, 6C

(Analista – TRT/10ª – 2013 – CESPE) Com referência a comportamento organizacional, julgue os itens que se seguem.

(1) Os conflitos no trabalho têm sido gerenciados sob diversos enfoques, uma vez que, de acordo com suas características funcionais e disfuncionais, pode haver necessidade do uso de abordagens em que o enfretamento seja mais adequado ou em que a evitação seja mais apropriada para a solução do problema.
(2) A qualidade de vida no trabalho é uma importante dimensão da vida organizacional e sua gestão deve-se dar com ênfase nos aspectos específicos da satisfação humana, bem como considerando os aspectos mais gerais da avaliação que as pessoas fazem sobre sua satisfação no trabalho.
(3) A motivação para o trabalho, sob o enfoque das necessidades humanas, é resultado do quanto a pessoa se percebe capaz de realizar uma determinada tarefa de forma autônoma e exemplar.

1: correta. O confronto e a evitação podem ser, a depender do caso, adequados para a solução de conflitos, considerando a prioridade para a organização. Indicam-se como modos de administração de conflitos: (a) acomodação, evitando-se o confronto, (b) dominação, quando uma das partes impõe a solução, (c) compromisso, quando há concessões mútuas para solução do conflito, (d) solução integrativa dos problemas, em que se busca aquela que atenda integralmente as pretensões das partes. A competição pode ser a melhor solução para o conflito, com resolução ganha-perde, quando a prioridade é o resultado, e não o relacionamento interpessoal. Caso o foco no relacionamento seja mais importante, a solução poderia ser a cooperação (perde-ganha). Se ambos forem igualmente relevantes (resultado e relacionamento), a negociação seria indicada, para se buscar o ganha-ganha. Finalmente, se a questão não focasse o resultado, nem o relacionamento, a solução poderia ser evitar o conflito, simplesmente; **2:** correta. A qualidade de vida no trabalho refere-se a aspectos físicos e ambientais (condições ambientais e de segurança do trabalho) e a aspectos psicológicos no local de trabalho (grau de satisfação das pessoas); **3:** incorreta. O entendimento pelo qual as pessoas são motivadas por necessidades humanas não se refere especificamente à percepção da capacidade de realização a que se refere a assertiva, mas sim à percepção de que o indivíduo consegue atender a essas necessidades. A sequência das necessidades humanas para Maslow são, (do mais necessário para o menos necessário): fisiológicas, segurança, sociais, estima, autorrealização.

Gabarito 1C, 2C, 3E

Eis uma representação gráfica dos níveis hierárquicos de necessidade, segundo Maslow, da base para o topo:

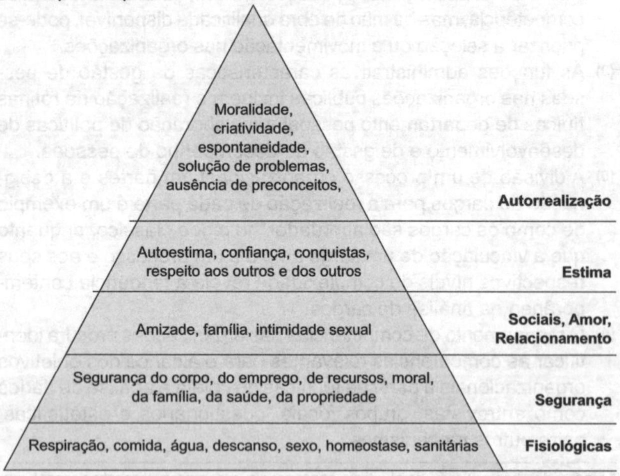

(Analista – TRT/10ª – 2013 – CESPE) Com referência a comportamento organizacional, julgue o item que se segue.

(1) Quando uma chefia valoriza de modo mais evidente as habilidades interpessoais de um subordinado em detrimento de sua capacidade de realização e entrega de desempenho, pode estar havendo a predominância de um estilo de liderança que se baseia na execução de tarefas e atividades.

1: incorreta, pois esse estilo é claramente centrado nos relacionamentos interpessoais, e não na execução de tarefas e atividades. É comum a abordagem da liderança centrada nas tarefas, em contraposição à liderança centrada nas pessoas (relacionamento). O estilo centrado nas tarefas refere-se à preocupação com a execução dessas tarefas e com o atingimento dos resultados, adotando-se métodos preestabelecidos de trabalho. O líder centrado nas tarefas tende a planejar e definir quem realizará e como cada colaborador realizará suas tarefas, além de monitorar seu desempenho. O estilo centrado nas pessoas refere-se à preocupação com as características e competências dos subordinados, com ênfase no trabalho em equipe e nas metas a serem atingidas, mais do que nos métodos. O líder centrado nas pessoas busca apoiar os subordinados, respeitando suas características, necessidades e privilegia as relações interpessoais. Perceba que a descrição no problema indica apenas enfoque nos relacionamentos, sem menção a tarefas.

Gabarito 1E

Veja a seguinte tabela, com características desses dois estilos de liderança (gabarito da CESPE):

Líder centrado nas tarefas	Líder centrado nas pessoas
– preocupa-se com os métodos de trabalho das pessoas; – define claramente os padrões de trabalho a serem desenvolvidos pelas pessoas; – atribui as responsabilidades de acordo com a tarefa desenvolvida pelas pessoas; – focaliza a produtividade e a qualidade das atividades das pessoas; – monitora os resultados do desempenho das pessoas;	– expõe os objetivos do trabalho para as pessoas; – atua como apoio e retaguarda para as pessoas; – respeita os sentimentos das pessoas; – procura ensinar as tarefas e desenvolver as pessoas; – demonstra confiança nas pessoas; – preocupa-se com as metas mais do que com os métodos.

Aproveitamos para apresentar esta outra tabela, com atitudes típicas de três tipos de personalidade de líderes executivos, conforme Richard W. Wallen, o Batalhador, o Auxiliador e o Crítico (gabarito da FCC):

Características	Batalhador	Auxiliador	Crítico
Julga os outros por:	Poder	Afetividade	Aptidão cognitiva
Influencia os outros pela:	Intimidação	Compreensão	Argumentação
Receia:	Dependência	Rejeição	Emoções
Necessita de:	Afeto	Firmeza	Conscientização de sentimentos

(Analista – TRT/23ª – 2011 – FCC) Cada vez mais a Área de Recursos Humanos (ARH) passa a adicionar valor à organização com intuito de servir aos seus objetivos e criar vantagens competitivas. Para atuar desta forma ela (ARH) precisa desempenhar papéis múltiplos e complexos. Esses novos papéis envolvem a definição de estratégias de recursos humanos; administração da infraestrutura; administração da contribuição dos funcionários e administração da transformação e da mudança. A administração da infraestrutura da empresa prevê como o RH pode

(A) auxiliar na prática dos valores da empresa.
(B) desenvolver metodologias de trabalho para a retenção de talentos.
(C) ajudar na criação de uma organização criativa, motivadora e renovadora.
(D) ajudar a impulsionar a missão da empresa.
(E) oferecer uma base de serviços à organização para ajudá-la a ser eficiente e eficaz.

O papel de administração da infraestrutura refere-se aos processos da organização, focada em suas operações cotidianas. Busca aumentar sua eficiência e eficácia, de modo que a alternativa "E" é a melhor.

Gabarito "E".

(Analista – TRT/23ª – 2011 – FCC) Schein (1992) propõe que a cultura organizacional seja analisada sob três camadas: artefatos; valores compartilhados e pressuposições básicas.

Os valores compartilhados

(A) são pressuposições importantes, as quais devem ser seriamente consideradas pelos gestores de modo geral. Tais contribuições podem modificar positivamente o alcance dos resultados.
(B) indicam as verdades implícitas que o conjunto dos membros da corporação compartilham. Tais verdades surgem em decorrência das experiências compartilhadas.
(C) exercem funções essenciais no quadro funcional da organização. Tal processo pode representar um intenso mecanismo de motivação para as pessoas que se encontram inseridas naquela cultura.
(D) são os padrões de comportamento facilmente detectados no trabalho cotidiano das pessoas da organização. Eles é que exercem uma ligação com a ideia de que todos fazemos parte de um grupo de trabalho.
(E) modificam sobremaneira a maneira de pensar dos colaboradores, que passam juntos a desenvolver crenças idênticas e que favorecem a construção de uma identidade corporativa. Esta identidade é que estabelecerá o tipo de cultura que a empresa desenvolverá.

No modelo de Schein, relativo à cultura organizacional, o nível dos *artefatos* refere-se aos fatores imediatamente visíveis da organização (prédios, marcas, uniformes, rituais, tradições etc.). O nível dos *valores* refere-se àqueles que orientam o comportamento das pessoas na organização. O nível dos *pressupostos* refere-se àqueles que também orientam os comportamentos, mas em nível mais profundo, inconsciente. **A**, **B** e **E:** incorretas, pois aproximam-se no nível dos pressupostos; **C:** essa é a melhor alternativa, conforme comentários iniciais e às outras assertivas; **D:** incorreta, pois aproxima-se do nível dos artefatos.

Gabarito "C".

(Analista – TRT/24ª – 2011 – FCC) O modelo de gestão de pessoas é a maneira pela qual a empresa se organiza para gerenciar e orientar o comportamento humano no trabalho, sendo composto por processos e práticas, que são classificados quanto a sua natureza, objetivos e parâmetros em três categorias: movimentação, desenvolvimento e valorização. As práticas de capacitação, carreira e desempenho das pessoas estão vinculadas

(A) à categoria movimentação.
(B) à categoria desenvolvimento.
(C) à categoria valorização.
(D) às categorias movimentação e valorização.
(E) às categorias desenvolvimento e valorização.

A movimentação refere-se à captação, internalização, transferência, promoção, recolocação e desligamento de pessoal. O desenvolvimento refere-se a capacitação, carreira e desempenho. A valorização refere-se a remunerações, benefícios e premiações. Por essa razão, a alternativa "B" é a correta.

Gabarito "B".

(Analista – TRT/24ª – 2011 – FCC) O estado de ânimo coletivo que os colaboradores de uma organização demonstram em dado momento é denominado

(A) brainstorming.
(B) cultura organizacional.
(C) ciclos temporais.
(D) clima interno.
(E) *benchmarking.*

A: incorreta, pois *brainstorming* ou agitação de ideias refere-se à reunião de pessoas que, de modo livre e espontâneo, buscam identificar os fatos, gerar ideias e encontrar soluções, com muitas opiniões, sem críticas ou restrições, e com bastante diálogo; **B:** incorreta, pois a cultura organizacional não é momentânea, abrangendo o clima organizacional, mas a ele não se restringindo; **C:** a situação da organização em determinado momento não se coaduna com a definição de ciclos temporais, que se repetem periodicamente; **D:** essa é a assertiva correta, pois se trata do clima interno da organização; **E:** incorreta, pois *benchmarking* é uma ferramenta essencialmente utilizada para a gestão da qualidade, em que se comparam os indicadores da organização com os modelos, ou seja, com os melhores indicadores encontrados em outras organizações.

Gabarito "D"

(Analista – TRT/1ª – 2008 – CESPE) A gestão estratégica pressupõe, em sua implementação, o alinhamento da gerência de recursos humanos, principalmente no que tange à alocação de pessoas ajustadas, capacitadas e comprometidas com as atribuições previstas nos cargos da organização. Considerando esse assunto bem como as técnicas de gerência de recursos humanos e gestão estratégica, assinale a opção correta.

(A) A implementação de uma estratégia organizacional que demande suscitar saudável competição entre os recursos humanos existentes poderia utilizar-se do recrutamento externo para preenchimento de um cargo vago em gerência média.
(B) A implementação de uma estratégia organizacional que demande a criação de novos cargos poderá se utilizar da técnica de incidentes críticos, a qual possibilita que se descreva um cargo apontando-se apenas os principais erros cometidos pelos seus antecessores.
(C) No alinhamento da gestão estratégica e da gerência de recursos humanos, o treinamento será sempre benéfico para a organização, ainda que não focalize nenhuma de suas necessidades específicas.
(D) O desenho de cargos, que consiste em sua análise e descrição, é estratégico para os demais processos da gerência de recursos humanos.
(E) O sucesso da seleção de recursos humanos está calcado na responsabilidade estratégica exclusiva da gerência de recursos humanos, que deverá atentar para o perfil do cargo e para o próprio processo seletivo.

A: em princípio, o recrutamento interno (entre os integrantes da organização) tende a fomentar a competição, o que não tende a ocorrer no caso de recrutamento externo; **B:** o método dos incidentes críticos avalia os funcionários (não seus antecessores) com base nos fatos excepcionalmente positivos e negativos em seu desempenho; **C:** caso o treinamento não focalize nenhuma das necessidades específicas da organização, poderá ser inútil e, portanto, não será benéfico para a organização (implicará desperdício de recursos); **D:** a assertiva é verdadeira; **E:** a responsabilidade no sucesso da seleção é de toda a organização, não apenas do setor de recursos humanos (note que termos extremos, como "exclusiva", muitas vezes indicam que a assertiva é falsa).

Gabarito "D"

(Analista – TRT/1ª – 2008 – CESPE) Assinale a opção correta a respeito da gestão do desempenho.

(A) Uma das aplicações dos resultados da avaliação de desempenho é servir como instrumento de recrutamento interno ou movimentação interna.
(B) A avaliação de desempenho é uma responsabilidade gerencial do gestor de recursos humanos que procura acompanhar e monitorar o trabalho das equipes da organização.
(C) A relevância da avaliação de desempenho para o alcance e a melhoria dos resultados organizacionais é consensual entre os estudiosos da área de recursos humanos.
(D) A gestão do desempenho enfatiza o foco na medição dos resultados finais visando à comparação do desempenho obtido com os objetivos fixados.
(E) A gestão de desempenho deve ter como principal função a integração entre as ferramentas de avaliação e as políticas de remuneração de pessoal.

A: a assertiva é verdadeira; **B:** em geral, embora a avaliação de desempenho dos funcionários seja coordenada pelo setor de recursos humanos, sua execução depende da participação de toda a organização, em especial os gestores a que se subordinam os avaliados; **C:** embora a importância da avaliação de desempenho seja amplamente aceita, há diversas críticas, especialmente quanto à forma de sua execução, o que torna a assertiva incorreta (note que termos extremos, como consensual, muitas vezes indicam que a afirmação é inverídica); **D:** há vários métodos para a avaliação de desempenho (e a expressão gestão de desempenho denota esse sentido mais amplo), incluindo a avaliação por resultados. No entanto, é muito comum a utilização de indicadores objetivos (não resultados) como padrão de avaliação, o que torna a assertiva incorreta. Note que nos contratos de gestão haverá "estipulação das metas a serem atingidas e os respectivos prazos de execução, bem como previsão expressa dos critérios objetivos de avaliação de desempenho a serem utilizados, mediante indicadores de qualidade e produtividade" – art. 7º, I, da Lei 9.637/1998; **E:** a função primordial da gestão de desempenho é aprimorar a organização e seus recursos humanos, e não apenas a política de remuneração.

Gabarito "A"

(Analista – TRT/1ª – 2008 – CESPE) Com relação aos métodos tradicionais de avaliação de desempenho funcional, assinale a opção correta.

(A) Para avaliar o desempenho funcional, visando garantir a facilidade de planejamento e de construção do instrumento de avaliação, recomenda-se a utilização do método de escolha forçada.
(B) A utilização do método de escala gráfica evita a influência pessoal do avaliador, ou seja, a subjetividade.
(C) A utilização do método de escala gráfica apresenta a desvantagem de produzir o efeito de generalização.
(D) A utilização do método de pesquisa de campo garante a participação dos avaliados tanto na avaliação como nas providências.
(E) O método de avaliação de desempenho por incidentes críticos é de difícil montagem e utilização.

A: o método da escolha forçada, em que o avaliador classifica o desempenho do avaliado em relação a determinadas descrições preestabelecidas, não é recomendado isoladamente. Sugere-se a avaliação do desempenho funcional primordialmente pela análise do cumprimento de metas e objetivos previamente traçados; **B:** a escala gráfica implica ativa participação do avaliador, ao apontar a posição do avaliado em cada um dos indicadores pré-definidos. Procura-se minorar a subjetividade, mas é incorreto afirmar que ela é evitada; **C:** a adoção de indicadores pré-definidos e a tentativa de se minorar a subjetividade implicam, no mais das vezes, generalização, como no caso das escalas gráficas; **D:** o método da pesquisa de campo refere-se, em regra, à entrevista do avaliador com os gestores (líderes, superiores dos avaliados), não diretamente com os próprios avaliados; **E:** o método dos incidentes críticos exige a anotação dos fatos excepcionalmente positivos e negativos no desempenho dos avaliados, e não sugere dificuldade excepcional (em relação aos demais métodos), o que torna a assertiva incorreta.

Gabarito "C"

(Analista – TRT/1ª – 2008 – CESPE) A respeito das características de uma avaliação de desempenho efetiva, que busca proporcionar benefícios para a organização e para as pessoas, assinale a opção incorreta.

(A) A avaliação deve abarcar, além do desempenho dentro do cargo ocupado, o alcance de metas e objetivos.
(B) A avaliação deve enfatizar o indivíduo no cargo e não a impressão a respeito dos hábitos pessoais observados no trabalho.
(C) A avaliação deve ser aceita por ambas as partes: avaliador e avaliado.
(D) A avaliação do desempenho deve ser utilizada para melhorar a produtividade do indivíduo dentro da organização.
(E) A avaliação de desempenho deve evitar que o funcionário conheça o que o chefe pensa a seu respeito.

A: de fato, a avaliação com base no alcance de metas e resultados é cada vez mais comum e indicada para a boa administração pública gerencial; **B:** o que é relevante, para a organização, é a atividade profissional do avaliado, e não, necessariamente, seus hábitos pessoais (esses hábitos somente passam a ter relevância quando há reflexo no ambiente de trabalho e na atividade profissional); **C:** uma avaliação que não seja aceita pelas partes envolvidas tende a ser impositiva e improdutiva; **D:** esse é um dos objetivos essenciais da avaliação de desempenho, além de fornecer informações essenciais aos gestores, relacionadas aos recursos humanos da organização; **E:** há métodos amplamente aceitos de avaliação de desempenho, como a avaliação 360 graus, em que há troca de impressões entre superiores, subordinados, colegas, clientes etc. (*stakeholders*).

Gabarito "E"

(Analista – TRT/1ª – 2008 – CESPE) Acerca das teorias concernentes à gerência de recursos humanos, assinale a opção correta.

(A) Segundo a teoria de Hezberg, na abordagem dos fatores motivacionais em recursos humanos, quanto maior for o salário dos funcionários como retribuição pelo seu trabalho, maior será sua motivação.

(B) A teoria de Hezberg enfatiza que os fatores higiênicos a serem observados pelo gestor de recursos humanos estão circunscritos no conteúdo do cargo desempenhado pelo funcionário.

(C) A teoria de Y de Douglas McGregor enfatiza que o gestor de recursos humanos deve partir do pressuposto de que todos os colaboradores são automotivados para o trabalho, o que não demanda uma postura coercitiva por parte do gestor.

(D) A teoria de McCleland enfatiza que o gestor de recursos humanos deve considerar que todos os colaboradores estão buscando prioritariamente a necessidade de afiliação.

(E) O gestor de recursos humanos que se pauta pela teoria de Maslow deve levar em conta a existência, nos indivíduos, de múltiplas necessidades que surgem simultaneamente e que devem ser atendidas de modo simultâneo.

A: a abordagem dos fatores motivacionais na teoria de Herzberg não se reduz a uma relação direta e necessária entre salário e motivação; **B:** os fatores higiênicos na teoria de Herzberg referem-se ao contexto (não ao conteúdo) do cargo ocupado (relações interpessoais, condições de trabalho, salários, *status* etc.). O conteúdo do cargo refere-se aos fatores motivacionais (reconhecimento, crescimento, promoção responsabilidade etc.); **C:** a teoria Y de Douglas MacGregor, pela qual o trabalho é fonte de satisfação para as pessoas (entre outros aspectos) opõe-se à teoria X (visão clássica), segundo a qual as pessoas são indolentes e precisam ser dirigidas e impulsionadas para o trabalho; **D:** A teoria da motivação de McCleland reconhece a existência de necessidades adquiridas ao longo da vida das pessoas, que orientam seu comportamento. São as necessidades de realização, afiliação e poder. Não há prioridade ou hierarquia entre essas necessidades (diferentemente da teoria de Maslow, por exemplo) – todos temos as três necessidades, embora a prevalência de cada uma seja diferente para cada indivíduo; **E:** para Maslow, há uma hierarquia de necessidades que as pessoas buscam atender, na seguinte ordem: fisiológicas, segurança, sociais, estima e autorrealização.

Gabarito "C"

(Analista – TRT/1ª – 2008 – CESPE) Uma das teorias que buscaram integrar a gerência de recursos humanos com a gestão estratégica foi a do desenvolvimento organizacional (DO). A respeito dessa teoria, assinale a opção correta.

(A) Um dos objetivos do DO é centralizar a administração na alta direção, a qual define os papéis dos funcionários e os respectivos métodos de trabalho.

(B) Um dos pressupostos básicos do DO é o de que a mutação do ambiente se dá de maneira gradativa, exercendo pouca influência sobre o desenvolvimento e o êxito das organizações.

(C) As comunicações e as interações constituem os aspectos fundamentais do DO para que ele obtenha a multiplicação dos esforços rumo à mudança.

(D) O DO focaliza setores específicos da organização, visando, desse modo, mudanças gradativas e consistentes.

(E) O DO segue procedimento rígido e imutável para garantir a homogeneidade do desenvolvimento no âmbito da organização.

A: o desenvolvimento organizacional – DO enfatiza a participação e o comprometimento dos colaboradores, o que vai contra a ideia de centralização da administração; **B:** um pressuposto básico do DO é a mutação constante e rápida do ambiente, que exerce grande influência sobre as organizações, impondo a necessidade de contínua adaptação; **C:** a assertiva é verdadeira; **D:** o DO analisa a estrutura organizacional, com enfoque sistêmico, e não cada setor isoladamente; **E:** não há um procedimento único para o DO, muito menos rígido e imutável. Há diversos modelos e estratégias, que devem ser adotados conforme as características de cada organização, as demais variáveis envolvidas (além da própria organização, o ambiente, o grupo social e os indivíduos), as situações e os desafios a serem enfrentados.

Gabarito "C"

(Analista – TRT/1ª – 2008 – CESPE) Constitui diretriz da nova política de recursos humanos da administração pública

(A) promover o recrutamento com base em perfis especialistas, tanto no que se refere à formação quanto no que se refere à experiência profissional.

(B) possibilitar a permanente capacitação dos servidores a partir da elaboração de plano anual que reflita um diagnóstico de necessidades.

(C) evitar patamares de remuneração maiores do que os praticados no setor privado.

(D) buscar a indexação da remuneração à inflação passada.

(E) organizar a prestação de serviços auxiliares, como manutenção, segurança e atividades de apoio, enfatizando a contratação dos servidores dessas áreas e a sua capacitação nos órgãos públicos.

A: em sentido diverso, há tendência, em muitos casos, de privilegiar a diversidade de formação e experiência profissional; **B:** a assertiva é verdadeira; **C:** o patamar de remuneração maior é, em muitos casos, fator para atrair bons profissionais para o serviço público. O ideal é que tais patamares não sejam inferiores aos do setor privado, como ocorre, muitas vezes, com os cargos de nível superior e executivos (conforme detectado pelo Plano Diretor da Reforma do Aparelho do Estado – PDRAE/1995 (Tabela 8); **D:** a indexação pelos índices de inflação é evitada em todos os setores da economia, pois tende a alimentar a própria inflação (círculo vicioso, inflação inercial). No caso do setor público, "é vedada a vinculação ou equiparação de quaisquer espécies remuneratórias para o efeito de remuneração de pessoal do serviço público" (art. 37, XIII, da CF); **E:** a ênfase é nas carreiras típicas de Estado, que tendem a ser valorizadas pela *administração pública gerencial*, e não a contratação de servidores para a prestação de serviços auxiliares, que tendem a ser terceirizados.

Gabarito "B"

3. GESTÃO E LIDERANÇA

(Analista – TRT/6ª – 2012 – FCC) O processo de monitoramento de programas de governo pressupõe

(A) o acompanhamento contábil da implantação do programa, com relatórios semanais.

(B) uma checagem diária das condições formais da organização, em termos de qualificação dos recursos humanos.

(C) o acompanhamento contínuo, cotidiano, por parte de gestores e gerentes, do desenvolvimento dos programas e políticas em relação a seus objetivos e metas.

(D) avaliações executadas por instituições externas, com pesquisas que procurem responder a perguntas específicas.

(E) a construção de indicadores, produzidos regularmente com base em diferentes fontes de dados, que dão aos gestores informações sobre o desempenho de programas.

O indicador é o instrumento capaz de medir o desempenho do programa, pressuposto básico para seu monitoramento, portanto, de modo que a alternativa "E" é a correta. O indicador deve ser passível de aferição e coerente com o objetivo estabelecido, sensível à contribuição das principais ações e apurável em tempo oportuno. O indicador permite, conforme o caso, mensurar a eficácia, a eficiência ou a efetividade alcançada com a execução do programa. O monitoramento dos programas tem papel importante na função de planejamento, por ser definido como um processo sistemático e contínuo que visa produzir informações relevantes do ponto de vista gerencial, para a análise, avaliação e intervenção oportuna por parte do gestor responsável, de modo a possibilitar a obtenção dos resultados programados (definições do Ministério do Planejamento, Orçamento e Gestão para o monitoramento do PPA).

Gabarito "E"

(Analista – TRT/10ª – 2013 – CESPE) A respeito de gestão de projetos e de processos, julgue os itens que se seguem.

(1) Um dos principais objetivos da gestão de processos é investir qualitativamente em suas variáveis (pessoal, material, método e máquina) com o objetivo de reduzir a entropia do sistema.

(2) De acordo com o PMBOK, existem quatro grupos principais de processos para gerenciamento de projetos: iniciação, planejamento, execução e encerramento.

(3) O gráfico de Gantt é uma ferramenta muito eficaz para o controle do progresso de projetos, pois permite visualizar o avanço de cada etapa da estrutura analítica do projeto sob controle.

(4) A gestão de escopo é a área de conhecimento definida no PMBOK como responsável por delimitar o que será feito ou não em determinado projeto e, ainda, por mapear, analisar e definir planos de mitigação para os riscos encontrados.

1: correta. Entropia refere-se à tendência para a desordem interna na organização, que leva à desintegração. Os sistemas abertos buscam afastar a entropia por meio de importação de energia e informação (entropia negativa ou negentropia), que é a que se refere a assertiva. Anotamos que *homeostase* (equilíbrio dinâmico) refere-se à capacidade de manutenção do sistema em face das influências externas; **2:** incorreta, pois, segundo o PMBOOK (Project Management Body of Knowledge), são cinco os processos de gerenciamento de projetos: iniciação, planejamento, execução, controle e encerramento; **3:** correta, definindo precisamente o gráfico de Gantt; **4:** incorreta, pois a gestão do escopo refere-se a garantir que o projeto inclua todo o trabalho exigido para completá-lo adequadamente, mas apenas os trabalhos necessários, evitando desvio do foco. Mapear, analisar e definir planos de mitigação para os riscos refere-se à gestão de riscos do projeto, e não especificamente à gestão de escopo.

Gabarito 1C, 2E, 3C, 4E

(Analista – TRT/6ª – 2012 – FCC) A concepção de gestão por competências pressupõe a focalização prioritária nas competências

(A) educacionais.
(B) individuais.
(C) gerenciais.
(D) essenciais.
(E) funcionais.

A gestão por competências foca aquelas essenciais para o sucesso da organização, para o atingimento de seus objetivos, de modo que a alternativa "D" é a mais adequada. Interessante anotar que o art. 2º, II, do Decreto 5.707/2006 define gestão por competência como "gestão da capacitação orientada para o desenvolvimento do conjunto de conhecimentos, habilidades e atitudes necessárias ao desempenho das funções dos servidores, visando ao alcance dos objetivos da instituição".

Gabarito "D"

(Analista – TRT/11ª – 2012 – FCC) Da perspectiva do processo organizacional, a etapa do controle implica na:

(A) decisão sobre os objetivos e a definição de planos para alcançá-los.
(B) disponibilização de recursos para atingir os objetivos.
(C) atribuição de autoridade e responsabilidade.
(D) comunicação e motivação do pessoal.
(E) definição de padrões para medir desempenho.

Fayol considera organização como (i) unidade, entidade social ou, de modo amplo, empreendimento humano ou (ii) como função administrativa e parte do processo administrativo. As funções administrativas básicas seria planejar, organizar, coordenar, comandar e controlar (POCCC). Atualmente, os autores se referem a planejar, organizar, dirigir e controlar (PODC). **A:** incorreta, pois se refere ao planejamento; **B** e **C:** incorretas, pois atinentes à organização; **D:** incorreta, pois relativa à direção; **E:** essa é a correta, pois relacionada à função de controle.

Gabarito "E"

(Analista – TRT/11ª – 2012 – FCC) Na concepção contemporânea da gestão de pessoas em organizações de excelência, o exercício da liderança implica

(A) na capacidade de controlar o comportamento dos funcionários através de sistemas de vigilância digital.
(B) na disposição para ceder aos pedidos individuais de benefícios dos funcionários mais leais.
(C) no recrutamento de pessoas com a formação técnica adequada ao cumprimento dos objetivos estabelecidos previamente pelos dirigentes.
(D) em mobilizar e comprometer os funcionários com as metas acordadas por todos para a organização.
(E) no treinamento intensivo dos funcionários para que realizem suas rotinas de trabalho.

A: incorreta, pois a liderança é motivacional, o que diminui ou elimina a necessidade de controles de comportamentos, especialmente os mais opressivos, caso da vigilância digital; **B:** incorreta, pois as decisões devem ser tomadas no interesse da organização, o que inclui os colaboradores, atinentes aos objetivos a serem alcançados; **C:** incorreta, pois a liderança está relacionada à gestão por competências, o que inclui a identificação e desenvolvimento de competências essenciais dentro da organização; **D:** essa é a melhor alternativa, pois reflete a liderança; **E:** incorreta, pois embora o treinamento seja essencial, aquele voltado estritamente para a realização das rotinas de trabalho não está relacionado específica e diretamente à liderança moderna.

Gabarito "D"

(Analista – TRT/23ª – 2011 – FCC) Com relação à classificação dos indicadores de gestão, considere as afirmativas abaixo.

I. Indicadores de produtividade permitem medir a eficiência na aplicação dos recursos para a geração de bens e serviços.
II. Indicadores de qualidade visam aperfeiçoar processos e expressam a eficácia na obtenção da conformidade do produto e do processo.
III. Indicadores de desempenho são fundamentais para as organizações contemporâneas.
IV. Indicadores de resultados são utilizados na monitoração do grau de sucesso dos objetivos perseguidos, que dependem exclusivamente das competências da empresa, visto não serem influenciados por fatores externos.
V. Indicadores que não espelhem esforços e metas dos programas internos de melhorias dizem muito pouco à organização.

Está correto o que se afirma APENAS em

(A) I, II, III e V.
(B) II, III e IV.
(C) I e V.
(D) II, IV e V.
(E) I, III, IV e V.

I: assertiva correta, pois aponta o objetivo imediato dos indicadores de produtividade; **II:** correta, pois essa é a função dos indicadores de qualidade; **III:** correta, pois as organizações modernas, assim como a administração pública gerencial, prestigiam a gestão de desempenho; **IV:** incorreta, pois os fatores externos e internos influenciam os resultados da organização, devendo ser ponderados na avaliação correspondente; **V:** a assertiva é bastante genérica e subjetiva, mas pode-se afirmar que o acompanhamento, a avaliação e a análise dos esforços e das metas de melhoria são essenciais em qualquer organização.

Gabarito "A"

(Analista – TRT/23ª – 2011 – FCC) Em organizações complexas, na implantação de mudanças nos objetivos estratégicos em cenários de incerteza, a função de direção deve enfatizar

(A) a emissão de ordens claras e válidas para o longo prazo.
(B) a competição entre os setores operacionais.
(C) a motivação dos quadros funcionais para a realização das atividades rotineiras.
(D) o exercício da liderança e a coordenação dos setores da organização para a mudança.
(E) a prevalência dos procedimentos sobre a liderança.

A: incorreta, pois a mudança em cenários de incerteza exige agilidade, e não, especificamente, ordens para o longo prazo; **B:** incorreta, pois a competitividade entre setores está relacionada à eficiência, e não, especificamente, às mudanças em cenários de incerteza; **C:** incorreta, pois as mudanças implicam decisões da liderança, e não, especificamente, enfoque nas atividades rotineiras; **D:** essa é a melhor alternativa, que indica o papel da liderança e da coordenação, essenciais para as mudanças em cenários de incerteza; **E:** incorreta, conforme comentário à alternativa "C".

Gabarito "D"

(Analista – TRT/24ª – 2011 – FCC) Na gestão estratégica, é importante uma avaliação das competências das pessoas, pois estas impulsionam as organizações e, quando reconhecidas pelos clientes como diferenciais em relação aos competidores, são denominadas

(A) distintivas.
(B) essenciais.
(C) de suporte.
(D) dinâmicas.
(E) de unidades de negócio.

As competências são classificadas em (i) *essenciais*, básicas para a sobrevivência da organização e para sua estratégia, (ii) *distintivas*, reconhecidas pelos clientes como diferenciadoras em relação à concorrência, implicando vantagem competitiva, (iii) *organizacionais*, atinentes à coletividade da organização, a cada unidade de negócio, (iv) de *suporte*, que apoiam outras competências, e (v) *dinâmicas*, indicando a capacidade de a organização adaptar suas competências no tempo. Fala-se também em (vi) competências *individuais*, relativas a cada colaborador, com impacto positivo para a organização. Por essa razão, a alternativa "A" é a correta.

Gabarito "A"

(Analista – TRT/24ª – 2011 – FCC) O Programa Nacional de Gestão Pública identifica seis categorias básicas de indicadores de avaliação da gestão pública: efetividade, eficácia, eficiência, execução, excelência e economicidade.

I. Efetividade está vinculada ao grau de satisfação, ou ainda ao valor agregado, à transformação produzida no contexto em geral. Está relacionada com a missão da instituição e pode ser encontrada na dimensão estratégica do Plano Plurianual.

II. Eficácia é a quantidade e qualidade de produtos e serviços entregues ao usuário.
III. Eficiência está alinhada ao conceito de obtenção e uso de recursos com o menor ônus possível, dentro dos requisitos e das quantidades exigidas pelo *input*, gerindo adequadamente os recursos financeiros e físicos.
IV. Economicidade é a relação entre os produtos e serviços gerados com os insumos utilizados, relacionando o que foi entregue e o que foi consumido de recursos, usualmente sob a forma de custos ou produtividade.
V. Excelência é a conformidade a critérios e padrões de qualidade para a realização dos processos, atividades e projetos na busca da melhor execução e economicidade, sendo um elemento transversal.

É correto o que consta APENAS em

(A) III, IV e V.
(B) II, III e IV.
(C) I, II e V.
(D) I, IV e V.
(E) I, II e III.

Efetividade refere-se aos impactos gerados pelos produtos/serviços, processos ou projetos. A efetividade está vinculada ao grau de satisfação ou ainda ao valor agregado, a transformação produzida no contexto em geral. *Eficácia* atine à quantidade e à qualidade de produtos e serviços entregues ao usuário (beneficiário direto dos produtos e serviços da organização). *Eficiência* refere-se à relação entre os produtos/serviços gerados (*outputs*) com os insumos utilizados, relacionando o que foi entregue e o que foi consumido de recursos, usualmente sob a forma de custos ou produtividade. *Execução* está ligada à realização dos processos, projetos e planos de ação conforme estabelecidos. *Excelência* indica a conformidade a critérios e padrões de qualidade/excelência para a realização dos processos, atividades e projetos na busca da melhor execução e economicidade, sendo um elemento transversal. *Economicidade* está alinhada ao conceito de obtenção e uso de recursos com o menor ônus possível, dentro dos requisitos e da quantidade exigidas pelo *input*, gerindo adequadamente os recursos financeiros e físicos. Ver Decreto 5.378/2005 e www.gespublica.gov.br. **I**, **II** e **V**: corretas, conforme comentários iniciais; **III**: incorreta, pois a assertiva descreve a *economicidade;* **IV**: incorreta, pois a assertiva indica a *efetividade.*

Gabarito "C"

(Analista – TRT/1ª – 2008 – CESPE) A atuação do gestor de recursos humanos caracterizada pela liderança centrada nas pessoas

(A) preocupa-se com os métodos de trabalho das pessoas.
(B) define claramente os padrões de trabalho a serem desenvolvidos pelas pessoas.
(C) atribui as responsabilidades de acordo com a tarefa desenvolvida pelas pessoas.
(D) focaliza a produtividade e a qualidade das atividades das pessoas.
(E) expõe os objetivos do trabalho para as pessoas.

É comum a abordagem da liderança centrada nas tarefas, em contraposição à liderança centrada nas pessoas. O estilo centrado nas tarefas refere-se à preocupação com a execução dessas tarefas e com o atingimento dos resultados, adotando-se métodos preestabelecidos de trabalho. O líder centrado nas tarefas tende a planejar e definir quem realizará e como cada colaborador realizará suas tarefas, além de monitorar seu desempenho. O estilo centrado nas pessoas refere-se à preocupação com as características e competências dos subordinados, com ênfase no trabalho em equipe e nas metas a serem atingidas, mais do que nos métodos. O líder centrado nas pessoas busca apoiar os subordinados, respeitando suas características, necessidades e privilegia as relações interpessoais. A, B, C e D indicam características da liderança centrada nas tarefas, enquanto a assertiva em E indica características da liderança centrada nas pessoas.

Gabarito "E"

(Analista – TRT/1ª – 2008 – CESPE) O gestor de recursos humanos que utiliza a liderança centrada nas tarefas

(A) atua como apoio e retaguarda para as pessoas.
(B) respeita os sentimentos das pessoas.
(C) procura ensinar as tarefas e desenvolver as pessoas.
(D) monitora os resultados do desempenho das pessoas.
(E) demonstra confiança nas pessoas.

Veja os comentários à questão anterior. **A, B, C** e **E** indicam características da liderança centrada nas pessoas, enquanto a assertiva em D indica características da liderança centrada nas tarefas. Interessante notar que essas duas questões permitem o estudo sistematizado das características desses dois estilos de liderança, na visão da CESPE, conforme a seguinte tabela:

Líder centrado nas tarefas	Líder centrado nas pessoas
– preocupa-se com os métodos de trabalho das pessoas; – define claramente os padrões de trabalho a serem desenvolvidos pelas pessoas; – atribui as responsabilidades de acordo com a tarefa desenvolvida pelas pessoas; – focaliza a produtividade e a qualidade das atividades das pessoas; – monitora os resultados do desempenho das pessoas;	– expõe os objetivos do trabalho para as pessoas; – atua como apoio e retaguarda para as pessoas; – respeita os sentimentos das pessoas; – procura ensinar as tarefas e desenvolver as pessoas; – demonstra confiança nas pessoas; – preocupa-se com as metas mais do que com os métodos.

Gabarito "D"

(Analista – TRT/1ª – 2008 – CESPE) Assinale a opção correta no que se refere à gestão de resultados na produção de serviços públicos.

(A) A implementação de mecanismos de avaliação institucional garante uma boa prática de gestão pública.
(B) A gestão pública por resultados busca o alcance dos resultados, já que considera, para fins dessa técnica de gestão, resultado igual a produto.
(C) Os indicadores utilizados na gestão pública por resultados têm como finalidade exclusiva o monitoramento do atingimento dos resultados propostos em seus objetivos.
(D) A adoção da gestão pública por resultados limita a autonomia do gestor público na forma como implementar a produção dos serviços públicos, em função dos resultados acordados.
(E) A gestão pública por resultados desenvolveu-se como uma estratégia que tem início no momento do planejamento estratégico e vai até o processo de *feedback* das políticas públicas.

A: os mecanismos de avaliação são necessários, mas não suficientes para uma boa prática de gestão pública. É preciso que todo o esforço da administração seja orientado pelos valores da eficiência e da qualidade na prestação de serviços públicos em benefício do cidadão; **B:** o resultado esperado e cobrado pela *administração* pública *gerencial* é o atendimento às necessidades do cidadão, a correta prestação dos serviços públicos; **D:** é o oposto. A gestão por resultados pressupõe a autonomia do gestor público. A cobrança e o controle ocorrem *posteriormente*, sobre os resultados; **E:** a partir do planejamento estratégico são fixados objetivos, estratégias e medidas a serem implementadas pelos gestores. A *administração pública gerencial* cobra dos gestores o atingimento dos resultados (correta implementação das medidas traçadas) e observa o retorno (*feedback*) para avaliação.

Gabarito "E"

4. ESTRUTURAS ORGANIZACIONAIS

(Analista – TRT/6ª – 2012 – FCC) Na estrutura organizacional de tipo linear

(A) a autoridade é baseada na especialização e no conhecimento, e não na hierarquia.
(B) entre o superior e os subordinados existem linhas diretas e únicas de autoridade e responsabilidade.
(C) os órgãos de linha estão diretamente relacionados com os objetivos vitais da empresa.
(D) a hierarquia é flexível e mutável, capaz de se adaptar rapidamente às necessidades de cada projeto.
(E) combinam-se a departamentalização funcional e por projeto, sacrificando o princípio da unidade de comando.

A estrutura organizacional linear (típica das organizações militares, por exemplo) é aquela em que há clara e direta gradação hierárquica desde o gestor em posição mais alta até o subordinado em posição mais baixa. O conceito de que cada subordinado recebe ordens e presta contas a somente um superior é conhecido como princípio da unidade de comando. Na estrutura linear, de forma triangular (autoridade máxima no topo, seguido de níveis cada vez maiores em direção à base, cada órgão ou indivíduo é subordinado diretamente a apenas um superior), não se prestigia, em princípio, a divisão por especializações (típica da estrutura funcional) ou a interação entre os departamentos (típica da estrutura matricial). A estrutura linear é a clássica, hierarquizada e estável. **A:**

incorreta, pois, conforme comentários iniciais, o enfoque nas especializações é típico das estruturas funcionais; **B:** correta, conforme comentários iniciais; **C:** incorreta, pois se refere à distinção entre órgãos de linha e de *staff*, e não diretamente à estrutura organizacional linear. Os órgãos de linha são aqueles inseridos na hierarquia organizacional tradicional. Já os órgãos de *staff*, ou seja, assessorias e serviços especializados, afastam-se da estrutura linear de subordinação, atendendo a diversos departamentos; **D:** incorreta, pois a estrutura linear é caracterizada pela rigidez; **E:** incorreta, pois a unidade de comando é essencial na estrutura linear.

Gabarito "B"

(Analista – TRT/6ª – 2012 – FCC) A gestão adequada para evitar a difusão de boatos que distorcem as mensagens entre a direção e os níveis intermediários de gestão deve focar prioritariamente os fluxos de informação

(A) laterais ou horizontais.
(B) verticais ascendentes.
(C) verticais descendentes.
(D) formais impressos.
(E) formais eletrônicos.

Os fluxos de comunicação são classificados em (a) descendente, quando a informação vem de cima para baixo na estrutura hierárquica, abrangendo ordens, instruções, avisos etc.; (b) ascendente, de baixo para cima, incluindo relatórios, respostas, esclarecimentos, sugestões, solicitações; (c) horizontal, entre membros do mesmo nível hierárquico, favorecendo a coordenação do trabalho, a integração, o compartilhamento de informações, a solução de problemas interdepartamentais; e (d) diagonal, entre gestores e empregados de outros departamentos, buscando simplificar o acesso à informação, sem percorrer desnecessariamente a estrutura formal. A comunicação horizontal amplia o acesso à informação, não restringindo-a a apenas uma linha vertical, de modo que tende a reduzir boatos e distorções, razão pela qual a alternativa "A" é a correta.

Gabarito "A"

(Analista – TRT/6ª – 2012 – FCC) As redes organizacionais se caracterizam por

(A) enfatizar a especialização do conhecimento por meio de estruturas matriciais.
(B) possuir mecanismos de controle formais, orientados por comandos hierárquicos claramente individualizados.
(C) priorizar interações interindividuais, segmentadas e orientadas para o curto prazo.
(D) funcionar por meio de mecanismos de coordenação linear e vertical.
(E) constituir unidades interdependentes orientadas para identificar e solucionar problemas.

A: incorreta, pois a especialização do conhecimento remete às organizações funcionais, não às redes organizacionais; **B:** incorreta, pois refere-se às estruturas organizacionais lineares tradicionais; **C:** incorreta, pois as redes organizacionais não se referem ao curto prazo; **D:** incorreta, pois as redes organizacionais são horizontais, com autonomia e isonomia; **E:** correta, definindo adequadamente as redes organizacionais.

Gabarito "E"

(Analista – TRT/10ª – 2013 – CESPE) Julgue o item subsequente, relativo a planejamento, ferramentas organizacionais, gestão da qualidade e assuntos correlatos.

(1) Embora confira dinamicidade aos projetos de uma organização, o modelo de departamentalização matricial costuma gerar múltiplas subordinações e ambiguidade na definição de papeis e relações.

1: correto. A estrutura organizacional matricial combina a estrutura funcional (divisão por funções na organização – por exemplo, departamentos comercial, financeiro, jurídico etc.) com a estrutura por projetos, serviços ou produtos. Na estrutura matricial, determinados departamentos relacionam-se horizontal e diagonalmente com outros, gerando múltiplas subordinações, o que, embora dê agilidade e flexibilidade à organização, não tem como característica evitar ambiguidade.

Gabarito 1C

(Analista – TRT/24ª – 2011 – FCC) Tipo de estrutura organizacional em que cada superior tem autoridade única e absoluta sobre seus subordinados e que não a reparte com ninguém:

(A) gerencial.
(B) funcional.
(C) *staff*.
(D) linear.
(E) operacional.

A e **E:** incorretas, pois não se referem a estruturas organizacionais organizadas hierarquicamente; **B:** incorreta, pois a estrutura funcional baseia-se na departamentalização pelo critério da função exercida (por exemplo, departamento comercial, departamento financeiro, departamento jurídico etc.), não se caracterizando pela hierarquia linear descrita na questão; **C:** incorreta. A estrutura organizacional linha-staff combina características da estrutura linear (cada órgão ou indivíduo subordina-se a apenas um superior) com as da estrutura funcional, pois há assessores especializados (*staff*). As áreas de execução correspondem aos órgãos de linha (hierarquizados), enquanto as assessorias e os serviços especializados correspondem aos órgãos de staff; **D:** essa é a assertiva correta. Na estrutura linear, de forma triangular (autoridade máxima no topo, seguido de níveis cada vez maiores em direção à base, cada órgão ou indivíduo é subordinado diretamente a apenas um superior), não se prestigia, em princípio, a divisão por especializações (típica da estrutura funcional) ou a interação entre os departamentos (típica da estrutura matricial). A estrutura linear é a clássica, hierarquizada e estável.

Gabarito "D"

5. FERRAMENTAS E TÉCNICAS GERENCIAIS

(Analista – TRT/6ª – 2012 – FCC) Para focalizar adequadamente os objetivos da organização, quando esta utiliza o método do planejamento estratégico, o gestor deve, primeiramente,

(A) analisar as oportunidades e ameaças ambientais, assim como as potencialidades e vulnerabilidades internas da organização.
(B) definir o ambiente de tarefa, incluindo os usuários dos serviços, os fornecedores, os concorrentes e os órgãos regulamentadores.
(C) realizar uma análise detalhada das condições estruturais da organização, especialmente seus recursos financeiros, tecnológicos e humanos.
(D) motivar os colaboradores a implementar as mudanças necessárias para tornar viável o planejamento estratégico, especialmente no nível operacional.
(E) selecionar e treinar uma equipe qualificada para trabalhar alinhada ao planejamento estratégico e treinar suas lideranças para garantir o sucesso do projeto.

O planejamento é um modelo teórico para a ação futura, composto por objetivos e planos detalhados de como atingir seus objetivos da melhor maneira possível (gabarito da FGV). É o ato de determinar os objetivos da organização e os meios para alcançá-los (gabarito da FUNRIO). O planejamento pode ser classificado em estratégico, tático ou operacional, pelo critério de abrangência. O planejamento estratégico é o mais amplo, relativo aos objetivos e estratégias de longo prazo para toda a organização. O planejamento tático refere-se a cada área funcional da organização. O planejamento operacional corresponde ao nível básico da organização, a suas atividades rotineiras. O planejamento estratégico busca definir ou reconhecer a missão, a visão, os valores e os objetivos da organização, com análise global da situação interna e externa e formulação de estratégias, voltando-se ao longo prazo. A missão é o objetivo fundamental da organização, sua razão de existência. A visão volta-se para o futuro, para onde a organização pretende ir, o que ela quer ser num futuro previsível e está ligada à missão da organização, ao seu objetivo fundamental. As etapas do planejamento estratégico são (1ª) análise da situação atual (recursos humanos, financeiros, materiais disponíveis, possibilidades do mercado), (2ª) análise do ambiente externo (ameaças e oportunidades), (3ª) análise do ambiente interno (pontos fortes e fracos dentro da organização), (4ª) definição do plano estratégico (objetivos e estratégias) – depois disso vêm a implementação da estratégica, seu monitoramento e controle. Por essas razões, a alternativa "B" é a adequada, indicando os primeiros passos do planejamento estratégico.

Gabarito "B"

(Analista – TRT/10ª – 2013 – CESPE) Acerca de noções de administração, julgue os itens a seguir.

(1) A gestão de pessoas na atualidade tem adotado formas organizacionais com base na confiança, rompendo com a filosofia tradicional que privilegia apenas os aspectos econômicos da relação entre o indivíduo e o trabalho.
(2) Os modos de conversão do conhecimento (externalização, internalização, socialização e combinação) são operacionalizados nas organizações a partir dos espaços de interação, chamados de Ba, em que conhecimentos, experiências, habilidades e demais recursos valiosos são combinados nas interações entre as pessoas.
(3) O diagrama de Ishikawa é recomendado para avaliar os principais aspectos e recursos valiosos que permitirão que os processos e projetos possam ter sucesso quando colocados em prática nas organizações.

(4) A alavancagem é uma estratégia oriunda da combinação entre os pontos fortes e as oportunidades identificadas na análise SWOT.

1: correta. A concepção do *homo economicus* é aquela das teorias clássicas (Taylor e Fayol). A Teoria das Relações Humanas rompeu com a ideia clássica do homem como uma peça na máquina industrial (homem econômico), visualizando-o como ser humano complexo, suscetíveis às influências sociais, dos grupos, das organizações informais etc. (homem social); **2:** correta, indicando adequadamente o conceito de Ba, espaço compartilhado que serve como base para a criação do conhecimento; **3:** incorreta. O Diagrama Ishikawa, Diagrama de Causa e Efeito, Diagrama 6M ou Diagrama Espinha de Peixe é uma ferramenta gráfica que indica as causas e os efeitos de determinado evento. As causas podem ser classificadas em 6 tipos, no caso da indústria (método, matéria-prima, mão de obra, máquinas, medição e meio-ambiente); **4:** correta. A Matriz SWOT é ferramenta de análise do ambiente interno, no que se refere às forças (Strenghts) e às fraquezas (Weaknesses) da organização, e do ambiente externo, quanto às oportunidades (Opportunities) e às ameaças (Threats). Alavancagem é termo utilizado para a situação de ponto forte interno combinado com oportunidade externa. Problema há na situação de ponto fraco interno combinado com ameaça externa. Restrição na situação de ponto fraco interno combinado com oportunidade externa. Vulnerabilidade quando há ponto forte interno combinado com ameaça externa.

Eis um modelo de Matriz SWOT:

		Ambiente interno	
		Pontos fortes (Streghts)	**Pontos fracos** (Weaknesses)
Ambiente externo	**Oportunidades (Opportunities)**	– a organização deve capitalizar as oportunidades; – Estratégias de Desenvolvimento: de mercado, de produtos e serviços, financeiro, de capacidades, de estabilidade, de diversificação; – Alavancagem.	– a organização deve melhorar, corrigir seus pontos fracos e identificar as oportunidades que podem ser aproveitadas; – Estratégias de Crescimento: inovação, internacionalização, parceria, expansão – Restrição.
	Ameaças (Threats)	– a organização deve monitorar as ameaças; – Estratégias Manutenção: estabilidade, nicho, especialização; – Vulnerabilidade.	– a organização deve eliminar os pontos fracos; – Estratégias de Sobrevivência: redução de custos, desinvestimento, liquidação; – Problema.

Gabarito 1C, 2C, 3E, 4C

(Analista – TRT/10ª – 2013 – CESPE) Julgue os itens subsequentes, relativos a planejamento, ferramentas organizacionais, gestão da qualidade e assuntos correlatos.

(1) O modelo de redução de custos elaborado por Deming tem como base a melhora contínua do sistema de produção com o fim de incrementar a qualidade e produtividade e assim reduzir constantemente os custos.

(2) O BSC (**Balanced Scorecard**) possui perspectivas bem definidas: financeira, processos internos, inovação, clientes e aprendizagem e crescimento.

1: correta. Os 14 princípios de Deming, em resumo, são: (1) estabelecer constância de propósitos; (2) adotar a nova filosofia, acordar para o novo desafio; (3) a qualidade deve fazer parte do produto ou serviço desde o início, afastando a dependência pela inspeção; (4) importância da redução do custo total, favorecendo relacionamentos de longo prazo e exclusivos com fornecedores (não mais aprovar orçamentos com base exclusivamente em preço); (5) constante melhoria no processo e serviço para aumento de produtividade e qualidade; (6) treinamento no local de trabalho; (7) instituição da liderança; (8) eliminação do medo; (9) trabalho conjunto; (10) eliminação de metas do tipo "zero defeito"; (11) gestão por processos e substituição das quotas na linha de produção por liderança; (12) abolição da avaliação por números absolutos (avaliações de desempenho e administração por objetivos), passando à avaliação por qualidade, possibilitando que o trabalhador tenha orgulho do que faz; (13) sólido programa de educação e autoaprimoramento; (14) envolvimento de todos no processo de transformação. O ciclo PDCA, de Shewhart ou de Deming é uma ferramenta de gestão (de processos, de qualidade etc.), que parte do planejamento, passa pela execução, pelo controle do que foi executado e, por fim, pelas ações corretivas e realimentação do círculo, para que as próximas ações sejam aprimoradas. O ciclo PDCA indica quatro passos, correspondendo a cada quadrante do círculo: Planejar (Plan), Executar (Do), Verificar (Check) e Agir (Act); **2:** incorreta, pois o BSC não possui essas perspectivas bem definidas. O *balanced scorecard* – BSC é um método de avaliação da performance organizacional e também uma ferramenta de gestão estratégica. Por meio do BSC é possível verificar e alinhar as operações da organização à estratégia definida pela alta administração, sua missão e visão. São adotados indicadores financeiros e não financeiros para fins de comparação da realidade da organização com determinadas metas. O modelo mais disseminado abrange quatro perspectivas (dimensões): (1) Financeira, (2) Clientes, (3) Negócio interno e (4) Inovação e aprendizagem.

A seguir, apresentamos uma representação gráfica simplificada do Ciclo PDCA:

Gabarito 1C, 2E

(Analista – TRT/6ª – 2012 – FCC) A gestão de qualidade total aplicada a organizações do setor público deve priorizar, entre outras práticas,

(A) a instituição de programas de treinamento voltados ao aperfeiçoamento de técnicas que melhorem a produtividade individual.

(B) a introdução do uso de metas numéricas, lemas, *slogans* e pôsteres para estimular a mão de obra a trabalhar melhor.

(C) o enxugamento de pessoal por meio da redução de níveis hierárquicos visando à redução de custos.

(D) a reestruturação, de forma radical, dos processos organizacionais visando a alcançar drásticas melhorias em indicadores críticos de desempenho em relação ao custeio.

(E) o rompimento de barreiras entre os departamentos, encorajando as soluções dos problemas por meio do trabalho em equipe.

Os 14 princípios de Deming para a qualidade total são, em resumo: (1) estabelecer constância de propósitos, (2) adotar a nova filosofia, acordar para o novo desafio, (3) a qualidade deve fazer parte do produto ou serviço desde o início, afastando a dependência pela inspeção; (4) importância da redução do custo total favorecendo relacionamentos de longo prazo e exclusivos com fornecedores (não mais aprovar orçamentos com base exclusivamente em preço); (5) constante melhoria no processo e serviço para aumento de produtividade e qualidade, (6) treinamento no local de trabalho, (7) instituição da liderança, (8) eliminação do medo, (9) trabalho conjunto, (9) eliminação de barreiras entre departamentos (10) eliminação de metas do tipo "zero defeito", *slogans*, exortações, (11) gestão por processos e substituição das quotas na linha de produção por liderança, (12) abolição da avaliação por números absolutos (avaliações de desempenho e administração por objetivos), passando à avaliação por qualidade, possibilitando que o trabalhador tenha orgulho do que faz, (13) sólido programa de educação e autoaprimoramento, (14) envolvimento de todos no processo de transformação. **A:** incorreta, pois a ideia é focar o trabalho em equipe, o desenvolvimento coletivo; **B:** incorreta, pois se busca a eliminação dessas metas numéricas, slogans etc.; **C** e **D:** incorretas, pois não há essas diretrizes; **E:** correta, conforme comentários iniciais (princípio 9).

Gabarito "E"

(Analista – TRT/23ª – 2011 – FCC) A definição da visão da organização no planejamento estratégico

(A) só vale para o curto prazo da organização.

(B) configura uma etapa desvinculada da definição da missão da organização.

(C) implica necessariamente uma crítica da situação atual da organização.

(D) representa aquilo que a organização quer ser num futuro previsível.

(E) é um instrumento da reengenharia organizacional.

A e **C**: incorretas, pois a visão volta-se para o futuro, para onde a organização pretende ir; **B**: incorreta, pois a visão está ligada à missão da organização, ao seu objetivo fundamental; **D**: essa é a assertiva correta, pois indica adequadamente o conceito de visão da organização no planejamento estratégico; **E**: incorreta. A reengenharia é caracterizada, essencialmente, pela mudança profunda e radical da organização, em relação a seus processos, produtos e serviços, buscando a inovação. A reengenharia pode, eventualmente, ser empregada como instrumento para direcionar a organização no sentido da visão, mas não o contrário (a visão não é instrumento da reengenharia).

Gabarito "D"

(Analista – TRT/23ª – 2011 – FCC) Na aplicação do método do *Balanced Scorecard* ao planejamento estratégico do Poder Judiciário é essencial

(A) definir limites de gastos com as reformas previstas nos planejamentos estratégicos setoriais.
(B) identificar os processos internos críticos para a realização das necessidades dos cidadãos que acessam a Justiça.
(C) definir a missão da Justiça com base na perspectiva do conjunto dos funcionários.
(D) subordinar o acesso aos serviços judiciários ao cálculo de custo unitário dos procedimentos.
(E) estabelecer procedimentos que não precisam seguir a legislação.

O *balanced scorecard* – BSC é um método de avaliação da performance organizacional e também uma ferramenta de gestão estratégica. Por meio do BSC é possível verificar se as operações da organização alinham-se à estratégia delineada pela alta administração. São adotados indicadores financeiros e não financeiros para fins de comparação da realidade da organização com determinadas metas. O modelo mais disseminado abrange três perspectivas (dimensões) não financeiras e apenas uma financeira (daí o erro na assertiva): (1) Financeira, (2) Clientes, (3) Negócio interno e (4) Inovação e aprendizagem. Os tribunais têm utilizado essa ferramenta para a elaboração de seus Planos Estratégicos, com base no modelo de excelência do Programa Nacional de Gestão Pública e Desburocratização – Gespública (ver em www.gespublica.gov.br) e na normatização do Conselho Nacional de Justiça (Resolução 70/2009 do CNJ). **A**: incorreta, pois o BSC não se presta, essencialmente, à definição de limites; **B**: essa é a assertiva correta, pois a percepção das necessidades dos clientes da organização é essencial no BSC; **C**: incorreta, pois BSC é uma ferramenta de gestão de desempenho que permite alinhar as ações da organização com sua missão e visão. Não se trata, portanto, de definir a missão, mas sim, efetivá-la; **D** e **E**: incorretas, pois nenhuma ferramenta gerencial pode afastar o Judiciário de sua missão básica, qual seja o atendimento à sociedade nos estritos termos da legislação.

Gabarito "B"

(Analista – TRT/23ª – 2011 – FCC) A missão representa a razão da existência de uma organização. Ela funciona como

(A) uma medida estratégica daquilo que a empresa deve ou não investir para cumprir suas metas financeiras.
(B) uma crença básica sobre o que se pode ou não esperar da empresa.
(C) uma crença básica sobre o que é ou não importante para a empresa.
(D) o propósito orientador para as atividades da organização e para aglutinar os esforços dos seus membros.
(E) uma identidade comum aos propósitos da organização.

A: incorreta, pois a missão é conceito mais amplo, não se reduzindo a medidas específicas. Ela orienta as atividades da organização e a fixação de metas, não se confundido com elas; **B** e **C**: incorretas, pois a missão é o objetivo fundamental da organização, não uma crença relativa às expectativas ou à importância de determinados fatores para a organização; **D**: essa é a melhor alternativa, indicando adequadamente a missão; **E**: incorreta, pois a missão é o objetivo fundamental da organização e, embora implique, nesse contexto, em um denominador comum para seus membros, não se confunde com uma identidade aos seus propósitos.

Gabarito "D"

(Analista – TRT/23ª – 2011 – FCC) É considerado um dos métodos tradicionais mais completos de avaliação de desempenho. Baseia-se no princípio da responsabilidade de linha e da função de *staff* no processo de avaliação do desempenho. Consiste em entrevistas entre um especialista em avaliação com os gerentes, para, em conjunto, avaliarem o desempenho dos respectivos funcionários. Este método de avaliação de desempenho é denominado

(A) pesquisa de campo.
(B) 360º.
(C) escolha forçada.
(D) escolha dirigida.
(E) escala gráfica.

A: essa é a assertiva correta, pois a assertiva inicial descreve a pesquisa de campo; **B**: incorreta. Na avaliação 360 graus há troca de impressões entre superiores, subordinados, colegas, clientes internos etc. (*stakeholders*), e não entrevistas com os gerentes; **C** e **D**: incorretas. No método da escolha forçada, o avaliador classifica o desempenho do avaliado em relação a determinadas descrições preestabelecidas; **E**: assertiva incorreta. No método das escalas gráficas, o examinador anota, em linhas horizontais, a posição do avaliado em relação ao aspecto avaliado (por exemplo, escala de 1 a 10 em produtividade). Veja, a seguir, exemplos de representação das escalas gráficas contínuas (em que apenas os extremos são prefixados e o avaliador poderá indicar qualquer ponto entre eles) e semicontínuas (método intermediário, em que há indicação de determinados pontos entre os extremos, para simplificar e orientar o trabalho do avaliador):

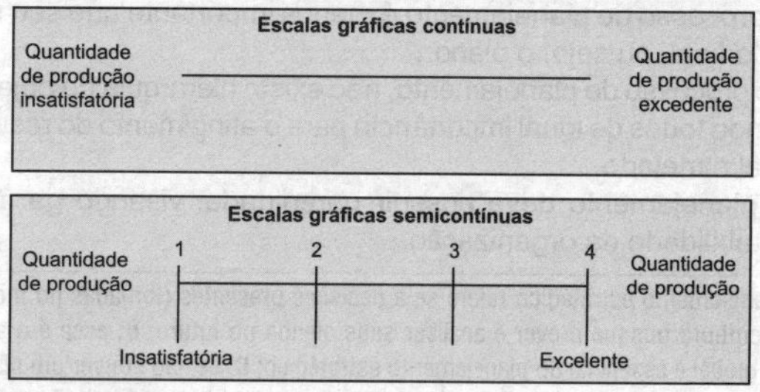

Gabarito "A"

(Analista – TRT/23ª – 2011 – FCC) A terceirização é uma tecnologia que pode ser tipificada consoante dois critérios distintos: a natureza do trabalho ou atividade que é terceirizada e

(A) a relação com os clientes internos.
(B) o modo pelo qual a terceirização se opera.
(C) ao ganho de competitividade.
(D) ao ganho de satisfação dos clientes.
(E) ao aumento da qualidade dos serviços a serem oferecidos aos clientes.

Classificam-se as terceirizações pelos critérios (i) da natureza do trabalho ou da atividade que é realizada e (ii) do modo pelo qual se opera a terceirização. No primeiro caso (natureza), há terceirização de funções da área tecnológica e da área administrativa. Pelo critério do modo, há terceirização parcial e total. Por essa razão, a alternativa "B" é a correta.

Gabarito "B"

(Analista – TRT/24ª – 2011 – FCC) Analise:

I. A missão é uma orientação atemporal, a razão de ser, o motivo da existência de uma organização.
II. A missão é uma orientação temporal, a razão ser de uma organização.
III. A missão é uma orientação temporal, determinando onde a organização deseja chegar.

Considerando as etapas do Planejamento Estratégico, está correto o que consta APENAS em

(A) II e III.
(B) II.
(C) III.
(D) I e II.
(E) I.

A missão é o objetivo fundamental da organização, sua razão de existência. Nesse sentido, é atemporal, razão pela qual a assertiva "I" é a única correta.

Gabarito "E"

(Analista – TRT/1ª – 2008 – CESPE) O planejamento estratégico

(A) contém detalhes sobre os recursos necessários para seu desenvolvimento e implantação.
(B) focaliza determinada área da organização ou centro de resultados.
(C) tem flexibilidade menor que outros tipos de planejamento por envolver a organização como um todo.
(D) contém a identificação dos responsáveis por sua execução e implantação.
(E) focaliza as atividades-meio da organização.

A e **D:** o planejamento estratégico, por sua natureza de planejamento amplo e a longo prazo, não desce a detalhes, como descrito nessas assertivas; **B:** o planejamento estratégico busca uma visão global da organização; **C:** a assertiva é verdadeira, considerando ser planejamento a longo prazo (o que, em certos aspectos, reduz a flexibilidade); **E:** o planejamento estratégico busca definir ou reconhecer a missão e a visão da organização, voltando-se, portanto, às finalidades e objetivos maiores, não às atividades-meio.

Gabarito "C"

(Analista – TRT/1ª – 2008 – CESPE) Assinale a opção correta acerca das características básicas do planejamento organizacional.

(A) Segundo teóricos como Peter Drucker, o planejamento diz respeito a decisões futuras.
(B) O planejamento dos vários níveis e escalões de uma organização deve ser integrado.
(C) O processo de planejamento é menos importante que seu resultado final, ou seja, o plano.
(D) No processo de planejamento, não existe hierarquia de objetivos, sendo todos de igual importância para o atingimento do resultado final almejado.
(E) O planejamento deve possuir perenidade, visando garantir a estabilidade da organização.

A: o planejamento estratégico refere-se a decisões presentes (tomadas no momento atual), embora busque prever e analisar seus efeitos no futuro; **B:** esse é o aspecto amplo, global e essencial do planejamento estratégico; **C:** se não houver um plano, ou seja, uma estratégia resultante do planejamento, ele terá sido inócuo; **D:** a visão da empresa é exatamente seu objetivo maior que, por definição, pressupõe importância diferenciada para a organização; **E:** a ideia do planejamento estratégico é exatamente permitir a evolução da empresa, não, necessariamente, sua estabilidade. Ademais, embora seja planejamento de longo prazo, não significa que seja perene (= eterno), podendo e devendo ser revisto ao longo do tempo.

Gabarito "B"

(Analista – TRT/1ª – 2008 – CESPE) Considerando o cruzamento das análises interna e externa de uma organização e a postura estratégica por ela adotada, assinale a opção correta.

(A) Se uma organização apresenta, na análise interna, a predominância de pontos fortes e, na análise externa, a predominância de oportunidades, a postura estratégica adotada é a de sobrevivência.
(B) Caso uma organização apresente a predominância de pontos fracos em sua análise interna e a predominância de oportunidades em sua análise externa, a postura estratégica por ela adotada é a de manutenção.
(C) Adota a postura estratégica de crescimento a organização que apresenta, em sua análise interna, a predominância de pontos fracos e, em sua análise externa, a predominância de ameaças.
(D) Quando apresenta, na análise interna, a predominância de pontos fortes e, na análise externa, a predominância de ameaças, a organização apresenta postura estratégica de crescimento.
(E) A postura estratégica de desenvolvimento é adotada pela organização que apresenta, em sua análise interna, a predominância de pontos fortes e, em sua análise externa, a predominância de oportunidades.

A: a estratégia deve ser de desenvolvimento; **B:** estratégia de crescimento; **C:** a situação descrita indica a estratégia de sobrevivência; **D:** estratégia de manutenção; **E:** correta.

		Ambiente interno	
		Pontos fortes (Streghts)	**Pontos fracos** (Weaknesses)
Ambiente externo	**Oportunidades** (Opportunities)	– a organização deve capitalizar as oportunidades; – Estratégias de Desenvolvimento: de mercado, de produtos e serviços, financeiro, de capacidades, de estabilidade, de diversificação;	– a organização deve melhorar, corrigir seus pontos fracos e identificar as oportunidades que podem ser aproveitadas; – Estratégias de Crescimento: inovação, internacionalização, parceria, expansão;
	Ameaças (Threats)	– a organização deve monitorar as ameaças; – Estratégias Manutenção: estabilidade, nicho, especialização.	– a organização deve eliminar os pontos fracos; – Estratégias de Sobrevivência: redução de custos, desinvestimento, liquidação.

Gabarito "E"

(Analista – TRT/1ª – 2008 – CESPE) As ações características da estratégia de sobrevivência incluem a

(A) redução de custos.
(B) especialização da organização.
(C) expansão da organização.
(D) diversificação horizontal.
(E) diversificação vertical.

Veja a matriz Swot, nos comentários da questão anterior. **A:** correta; **B:** especialização é estratégia de manutenção; **C:** expansão é estratégia de crescimento; **D** e **E:** a diversificação horizontal e a diversificação vertical são, como os nomes indicam, estratégias de diversificação, subespécie da estratégia de crescimento.

Gabarito "A"

(Analista – TRT/1ª – 2008 – CESPE) Assinale a opção que apresenta uma ação característica da estratégia de crescimento.

(A) Desinvestimento.
(B) Inovação e busca de prestação de novos serviços.
(C) Busca de reconhecimento pela dominação de um nicho específico.
(D) Desenvolvimento de produtos e serviços.
(E) Junção de organizações para compensação de pontos fracos.

Veja a matriz Swot, nos comentários anteriores. **A:** desinvestimento é estratégia de sobrevivência; **B:** inovação é estratégia de crescimento; **C:** estratégia de nicho é espécie de estratégia de manutenção; **D:** desenvolvimento de produtos e serviços é uma das espécies de estratégia de desenvolvimento, em sentido lato; **E:** as parcerias (não simples junção de organização) pode ser estratégia de crescimento.

Gabarito "B"

(Analista – TRT/1ª – 2008 – CESPE) Considerando que a análise SWOT, clássica ferramenta de planejamento estratégico, seja realizada em um tribunal, será correto classificá-la como exemplo de

(A) fraqueza o grande volume de processos que dá entrada nesse tribunal.
(B) ameaça o número limitado de serventuários existente no protocolo.
(C) oportunidade o surgimento de novas tecnologias de gestão de documentos no mercado.
(D) ameaça o número excessivo de serventuários existente no protocolo.
(E) oportunidade o número excessivo de serventuários existente.

A: o grande volume de processos é um elemento do ambiente externo, de modo que jamais será considerado fraqueza, que é aspecto do ambiente interno da organização. O grande volume de processos pode ser considerado ameaça; **B**, **D** e **E:** o número limitado ou excessivo de serventuário é aspecto interno da organização, de modo que jamais será considerado ameaça ou oportunidade, que são características do ambiente externo. O número limitado ou excessivo de serventuários pode ser considerado fraqueza ou força, a depender do ponto de vista; **C:** a assertiva é verdadeira. Perceba que o surgimento de novas tecnologias é elemento do ambiente externo, favorável à organização.

Gabarito "C"

6. ADMINISTRAÇÃO PÚBLICA FEDERAL

(Analista – TRT/11ª – 2012 – FCC) Dentre os objetivos estratégicos definidos pela Resolução 70 de 18 de março de 2009 do Conselho Nacional de Justiça, aquele que mais contribui para tornar efetiva a gestão das pessoas no âmbito do Poder Judiciário é aquele que propõe

(A) incentivar o desenvolvimento de conhecimentos especializados entre os magistrados e servidores.
(B) garantir a agilidade nos trâmites judiciais e administrativos.
(C) motivar e comprometer magistrados e servidores com a execução da Estratégia.
(D) buscar a excelência na gestão de custos operacionais.
(E) promover a efetividade no cumprimento das decisões.

Perceba que as únicas assertivas que indicam gestão de pessoas são a "A" e a "C". As demais se relacionam com eficiência, eficácia e efetividade na prestação dos serviços. Ocorre que a Resolução 70/2009 não se refere ao incentivo ao desenvolvimento de conhecimentos especializados (assertiva "A"), mas apenas a motivar e comprometer magistrados e servidores com a execução da Estratégia (assertiva "C" – objetivo estratégico 12). Por essa razão, a alternativa "C" é a correta.

Gabarito "C"

(Analista – TRT/11ª – 2012 – FCC) Para evitar o crescimento descontrolado das atividades governamentais e concentrar os recursos do estado nas suas tarefas essenciais, o Decreto-Lei 200 de 1967

(A) propôs a venda das empresas estatais como a Vale do Rio Doce e a Petrobrás.
(B) previu a possibilidade de a Administração desobrigar-se da execução de tarefas executivas mediante a execução indireta, ou seja, por meio de contrato celebrado com terceiros.
(C) permitiu que, no âmbito da Administração Pública Federal direta, autárquica e fundacional, as atividades materiais acessórias, instrumentais ou complementares aos assuntos que constituíssem área de competência legal do órgão ou entidade em questão poderiam ser objeto de execução indireta.
(D) determinou que a Administração Indireta iria substituir gradualmente a Administração Direta onde esta fosse menos eficiente.
(E) definiu que as atividades inerentes às categorias funcionais abrangidas pelo plano de cargos do órgão ou entidade poderiam ser objeto de execução indireta.

A: incorreta, pois não há previsão nesse sentido. Interessante notar que a Petrobrás é ainda hoje sociedade de economia mista controlada pela União e que a Vale foi privatizada na década de 1990; **B:** correta. O art. 10, § 1º, do Dec.-lei 200/1967 prevê a descentralização em três planos principais: (a) dentro dos quadros da administração federal, distinguindo-se claramente o nível de direção do de execução, (b) da administração federal para a das unidades federadas, quando estejam devidamente aparelhadas e mediante convênio, (c) da administração federal para a órbita privada, mediante contratos ou concessões; **C** e **E:** incorretas, pois o art. 10, § 7º, do Dec.-lei 200/1967 prevê a execução indireta de tarefas executivas; **D:** incorreta, pois a ideia é liberar a administração para as tarefas de planejamento, coordenação, supervisão e controle – art. 10, § 7º, do Dec.-lei 200/1967.

Gabarito "B".

(Analista – TRT/14ª – 2011 – FCC) De acordo com o Decreto-Lei 200/67, no Ministério da Marinha, do Exército e da Aeronáutica, o Gabinete do Ministro é um órgão de

(A) Assessoramento.
(B) Gerenciamento estratégico.
(C) Direção Geral.
(D) Direção Setorial.
(E) Apoio.

Conforme os arts. 57, III, 62, III, e 66, III, do Dec.-lei 200/1967, os gabinetes dos Ministros da Marinha, do Exército e da Aeronáutica são órgãos de assessoramento. Por essa razão, a alternativa "A" é a correta. Interessante lembrar que, nos termos dos arts. 47 do Dec.-lei 200/1967, o Alto Comando das Forças Armadas (integrado pelos Ministros militares) é órgão de assessoramento do Presidente da República, nas decisões relativas à política militar e à coordenação de assuntos pertinentes às Forças Armadas.

Gabarito "A".

(Analista – TRT/14ª – 2011 – FCC) De acordo com a Resolução nº 70 do Conselho Nacional da Justiça, no tema "eficiência operacional" o projeto catalogado do "plenário virtual" é do

(A) Superior Tribunal de Justiça.
(B) Tribunal de Justiça do Acre.
(C) Supremo Tribunal Federal.
(D) Tribunal Superior do Trabalho.
(E) Tribunal Superior Eleitoral.

Conforme indicado no Anexo I da Resolução 70/2009 do CNJ, o projeto Plenário Virtual do Supremo Tribunal Federal compõe o tema Eficiência Operacional, razão pela qual a alternativa "C" é a correta.

Gabarito "C".

(Analista – TRT/14ª – 2011 – FCC) De acordo com a Resolução nº 49 do Conselho Nacional de Justiça, o núcleo de estatística e gestão estratégica será composto por servidores com diversas formações acadêmicas, sendo **indispensável** servidor com formação em

(A) direito.
(B) estatística.
(C) ciência da informação.
(D) administração.
(E) economia.

Nos termos do art. 1º, § 1º, da Resolução 49/2007 do CNJ, o núcleo de estatística e gestão estratégica, organizado em cada Tribunal, será composto preferencialmente por servidores com formação em direito, economia, administração, ciência da informação, sendo indispensável servidor com formação em **estatística**. Por essa razão, a alternativa "B" é a correta.

Gabarito "B".

(Analista – TRT/14ª – 2011 – FCC) Para os fins do Decreto-Lei nº 200/67, autarquia é

(A) o serviço autônomo, criado por lei, com personalidade jurídica, patrimônio e receita próprios, para executar atividades típicas da Administração Pública, que requeiram, para seu melhor funcionamento, gestão administrativa e financeira descentralizada.
(B) a entidade dotada de personalidade jurídica de direito privado, sem fins lucrativos, criada em virtude de autorização legislativa, para o desenvolvimento de atividades que não exijam execução por órgãos ou entidades de direito público, com autonomia administrativa.
(C) a entidade dotada de personalidade jurídica de direito privado, com fins lucrativos, criada por lei, para o desenvolvimento de atividades que não exijam execução por órgãos ou entidades de direito público, com patrimônio próprio gerido pelos respectivos órgãos de direção.
(D) a entidade dotada de personalidade jurídica de direito privado, criada por lei para a exploração de atividade econômica, sob a forma de sociedade anônima, cujas ações com direito a voto pertençam em sua maioria à União ou a entidade da Administração Indireta.
(E) a entidade dotada de personalidade jurídica de direito privado, com patrimônio próprio e capital exclusivo da União, criada por lei para a exploração de atividade econômica que o Governo seja levado a exercer por força de contingência ou de conveniência administrativa.

Conforme a definição do art. 5º, I, do Dec.-lei 200/1967, autarquia é o serviço autônomo, criado por lei, com personalidade jurídica, patrimônio e receita próprios, para executar atividades típicas da Administração Pública, que requeiram, para seu melhor funcionamento, gestão administrativa e financeira descentralizada. **A:** essa é a alternativa correta, conforme comentário inicial; **B**, **C**, **D** e **E:** incorretas, pois a autarquia tem personalidade jurídica de direito público, não privado. Ademais, deve ser criada por lei, não por qualquer ato legislativo. Importante lembrar que há autarquias federais, estaduais, distritais e municipais (não apenas da União).

Gabarito "A".

(Analista – TRT/23ª – 2011 – FCC) O Decreto-Lei 200/1967 estabelece como principal medida

(A) o aumento da formalização na tramitação dos processos governamentais, visando a maior impessoalidade na administração pública federal.
(B) a indicação de profissionais do mercado para melhorar o padrão gerencial da administração pública estadual.
(C) a redução dos níveis hierárquicos, visando transferir o poder para os escalões inferiores da administração pública federal.
(D) a descentralização das atividades-meio, objetivando reduzir o viés autoritário da administração pública federal.
(E) a desconcentração administrativa, distinguindo as atividades de direção das de execução.

A reforma administrativa operada pelo DL 200/1967 é marco na tentativa de superação da rigidez burocrática, em que se buscou combater a excessiva concentração funcional, transferindo-se atividades para entidades da administração indireta (autarquias, fundações, empresas públicas e entidades de economia mista – descentralização administrativa). Instituíram-se como princípios de racionalidade administrativa o planejamento e o orçamento, o descongestionamento das chefias executivas superiores (desconcentração), a tentativa de reunir competência e informação no processo decisório, a sistematização, a coordenação e o controle – item 3.2 do Plano Diretor da Reforma do Aparelho do Estado – PDRAE/1995. **A:** incorreta. O art. 14 do Dec.-lei 200/1967 prevê que o trabalho administrativo deve ser racionalizado mediante simplificação de processos e supressão de controles que se evidenciarem como puramente formais ou cujo custo seja evidentemente superior ao risco; **B:** incorreta, pois o DL 200/1967 não se refere à indicação de profissionais do mercado, nem, especificamente, à administração estadual; **C:** incorreta, pois, embora a redução dos níveis hierárquicos harmonize-se com o conceito de simplificação, não há indicação expressa no DL 200/1967. Ademais, a desconcentração é indicada em relação às atividades de execução, não de direção – art. 10, *caput* e § 2º; **D:** incorreta, pois não se trata de reduzir viés autoritário da administração; **E:** essa é a melhor alternativa. Nos termos do art. 10, § 1º, *a*, do Dec.-lei 200/1967, distingue-se claramente, dentro dos quadros da administração federal, o nível de direção do de execução. Ademais, conforme o *caput* desse dispositivo, a execução das atividades da administração federal deverá ser amplamente descentralizada. Importante salientar que o DL 200/1967 refere-se à descentralização dentro dos quadros da administração federal (ver art. 10, § 1º, *a*, e § 2º), o que é denominado *desconcentração* pela doutrina quando ocorre no âmbito de uma mesma pessoa jurídica (administração direta, autarquia etc.).

Gabarito "E"

(Analista – TRT/23ª – 2011 – FCC) De acordo com a Resolução 49 do Conselho Nacional de Justiça, as informações estatísticas produzidas pelos Tribunais devem ser reunidas e supervisionadas

(A) pelo Superior Tribunal de Justiça.
(B) pelo Departamento de Pesquisas Judiciárias.
(C) pelo Sistema de Estatística do Poder Judiciário.
(D) pelo Supremo Tribunal Federal.
(E) pela Comissão de Estatística e Gestão Estratégica.

Nos termos do art. 3º da Resolução 49/2007 do CNJ, a Comissão de Estatística e Gestão Estratégica do Conselho Nacional de Justiça supervisiona o Sistema de Estatística do Poder Judiciário, competindo-lhe, com assessoria do Departamento de Pesquisas Judiciárias, agregar dados estatísticos enviados pelos núcleos de estatística e gestão estratégica dos Tribunais. Por essa razão, a alternativa "E" é a correta.

Gabarito "E"

7. OUTRAS MATÉRIAS E TEMAS COMBINADOS

(Analista – TRT/6ª – 2012 – FCC) Com relação às características inovadoras do Plano Plurianual - PPA no ciclo orçamentário brasileiro, considere:

I. É aprovado por lei anual, sujeita a prazos e ritos ordinários de tramitação. Tem vigência do primeiro ano de um mandato presidencial até o último ano do respectivo mandato.
II. O PPA é dividido em planos de ações, e cada plano deverá conter indicadores que representem a situação que o plano visa a alterar, necessidade de bens e serviços para a correta efetivação do previsto, ações não previstas no orçamento da União e regionalização do plano.
III. Os programas não serão executados por uma unidade responsável competente, pois durante a execução dos trabalhos várias unidades da esfera pública serão envolvidas.
IV. O PPA prevê que sempre se deva buscar a integração das várias esferas do poder público (federal, estadual e municipal), e também destas com o setor privado.
V. Prevê a atuação do governo, durante o período mencionado, em programas de duração continuada já instituídos ou a instituir no médio prazo.

Está correto o que se afirma APENAS em

(A) I, II, III e V.
(B) I e III.
(C) II, IV e V.
(D) III, IV, e V.
(E) II e IV.

I: incorreta, sendo que o próprio nome (Plano Plurianual) indica que não se trata de lei anual. O PPA é quadrienal, vigendo do segundo ano do mandato até o primeiro do mandato seguinte; II: correta – ver item 2.1.1 das "Orientações para Elaboração do Plano Plurianual – 2012-2015", disponível em www.planejamento.gov.br; III: incorreta, sendo que, a rigor, cada objetivo tem um órgão responsável – ver item 2.1.1, VII, iii, das "Orientações para Elaboração do Plano Plurianual – 2012-2015"; IV: correta – ver o capítulo "Conceitos e Estrutura" nas "Orientações para Elaboração do Plano Plurianual – 2012-2015"; V: correta – ver art. 165, § 1º, da CF.

Gabarito "C"

(Analista – TRT/11ª – 2012 – FCC) O principal indicador utilizado pelo Programa de Qualidade no Serviço Público para medir o sucesso das organizações públicas que aderiram ao Programa é o índice de"

(A) satisfação dos usuários.
(B) absenteísmo dos servidores.
(C) produtividade média.
(D) execução orçamentária.
(E) efetividade.

O Programa da Qualidade no Serviço Público – PQSP, abrangido pelo Programa Brasileiro de Qualidade e Produtividade – PBQP, tem como principal indicador o índice de satisfação dos usuários. Por essa razão, a alternativa "A" é a correta.

Gabarito "A"

(Analista – TRT/11ª – 2012 – FCC) Com relação à Lei de Diretrizes Orçamentárias – LDO, considere as afirmativas a seguir:

I. Uma das funções básicas da LDO é estabelecer a política de aplicação das agências financeiras oficiais de fomento.
II. Na LDO são definidas prioridades na forma de programas e ações, os quais terão precedência na alocação dos recursos no projeto e na Lei Orçamentária Anual e na sua execução, não se constituindo, todavia, em limite à programação da despesa.
III. A LDO não pode dispor sobre alterações na legislação tributária.
IV. A LDO estabelece diretrizes, objetivos e metas da administração pública para programas de duração continuada, sendo componente básico de planejamento estratégico governamental.
V. A LDO deve orientar a elaboração da Lei Orçamentária Anual, bem como sua execução.

Está correto o que se afirma APENAS em

(A) I, II e III e IV.
(B) I, e V.
(C) I, III e IV.
(D) II, III, IV e V.
(E) II, III e V.

I, II e V: corretas. A LDO compreenderá as metas e prioridades da administração pública federal, incluindo as despesas de capital para o exercício financeiro subsequente, orientará a elaboração da lei orçamentária anual, disporá sobre as alterações na legislação tributária e estabelecerá a política de aplicação das agências financeiras oficiais de fomento – art. 165, § 2º, da CF; III: incorreta, conforme comentários anteriores; IV: incorreta, pois a assertiva refere-se ao plano plurianual – PPA – art. 165, § 1º, da CF.

Gabarito "B"

(Analista – TRT/23ª – 2011 – FCC) Quando uma autoridade tem competência para editar um determinado ato e pratica-o, mas, nessa operação, afasta-se do fim colimado para perseguir finalidade diversa da visada, configura um caso de

(A) desvio de poder.
(B) incúria administrativa grave.
(C) nepotismo.
(D) clientelismo.
(E) omissão.

Nos termos do art. 2º, parágrafo único, *e*, da Lei 4.717/1965 (que regula a ação popular), o desvio de finalidade (ou desvio de poder) se verifica quando o agente pratica o ato visando a fim diverso daquele previsto, explícita ou implicitamente, na regra de competência. Por essa razão, a alternativa "A" é a correta.

Gabarito "A"

(Analista – TRT/24ª – 2011 – FCC) Os indivíduos que podem influenciar de maneira positiva ou negativa em um projeto são os

(A) stakeholders.
(B) stakeholers.
(C) players.
(D) backhloders.
(E) throwers.

Assertiva descreve os denominados *stakeholders*, de modo que a alternativa "A" é a correta.

Gabarito "A"

(Analista – TRT/24ª – 2011 – FCC) Considere:

I. Na gestão pública só é lícito fazer o que a lei autoriza.
II. Tanto na gestão pública como na gestão privada, só é lícito fazer o que a lei autoriza.
III. Na gestão privada, as fronteiras demográficas são bem definidas.

Considerando as convergências e diferenças entre a gestão pública e privada, está correto o que consta APENAS em

(A) I.
(B) II.
(C) III.
(D) II e III.
(E) I e II.

I: correta, pois, no âmbito público, o princípio da legalidade indica que o agente público somente pode fazer o que a lei autoriza (ou deve fazer o que a lei impõe) – art. 37, *caput*, da CF; II: incorreta, pois, no âmbito privado, o princípio da legalidade significa que as pessoas podem fazer qualquer coisa que não seja proibida por lei – art. 5º, II, da CF; III: incorreta, pois a delimitação das populações é pouco definida para a gestão privada, ainda que possam ser relevantes para a organização.

Gabarito "A"

2. Administração Financeira e Orçamentária

Robinson Sakiyama Barreirinhas

1. PRINCÍPIOS E NORMAS GERAIS

(Analista – TRT/6ª – 2012 – FCC) O Princípio Orçamentário que determina a inclusão na Lei Orçamentária Anual de todas as receitas e despesas orçamentárias é o da

(A) Competência.
(B) Unidade.
(C) Exclusividade.
(D) Universalidade.
(E) Anualidade.

A: incorreta, pois competência não é, a rigor, princípio, podendo se referir simplesmente ao regime de realização das despesas públicas – art. 35, II, da Lei 4.320/1964; **B:** incorreta, pois o princípio da unidade indica que a Lei Orçamentária Anual – LOA é um único ato normativo, compreendendo os orçamentos fiscal, de investimento e da seguridade social – art. 165, § 5º, da CF/1988 e art. 1º da Lei 4.320/1964. Ademais, cada esfera de governo (União, Estados, Distrito Federal e Municípios) terá uma única LOA para cada exercício, o que também é indicado como princípio da unidade; **C:** incorreta, pois o princípio da exclusividade indica que a LOA não conterá dispositivo estranho à previsão da receita e à fixação da despesa, admitindo-se a autorização para abertura de créditos suplementares e para contratação de operações de crédito – art. 165, § 8º, da CF/1988; **D:** correta, pois a questão define adequadamente o princípio da universalidade; **E:** incorreta, pois anualidade indica que as dotações de cada LOA referem-se a um único exercício financeiro – art. 165, § 5º, da CF/1988.

Veja a seguinte tabela com os mais importantes princípios orçamentários para estudo e memorização:

Princípios orçamentários	
Anualidade	A lei orçamentária é anual (LOA), de modo que suas dotações orçamentárias referem-se a um único exercício financeiro – art. 165, § 5º, da CF/1988.
Universalidade	A LOA inclui todas as despesas e receitas do exercício – arts. 3º e 4º da Lei 4.320/1964.
Unidade	A LOA refere-se a um único ato normativo, compreendendo os orçamentos fiscal, de investimento e da seguridade social – art. 165, § 5º, da CF/1988 e art. 1º da Lei 4.320/1964. Ademais, cada esfera de governo (União, Estados, DF e Municípios) terá uma única LOA para cada exercício, o que também é indicado como princípio da unidade.
Exclusividade	A LOA não conterá dispositivo estranho à previsão da receita e à fixação da despesa, admitindo-se a autorização para abertura de créditos suplementares e para contratação de operações de crédito – art. 165, § 8º, da CF/1988.
Equilíbrio	Deve haver equilíbrio entre a previsão de receitas e a autorização de despesas, o que deve também ser observado na execução orçamentária. Isso não impede a realização de *superávits* – ver art. 48, *b*, da Lei 4.320/1964 e art. 31, § 1º, II, da LRF.
Especificação, especialização ou discriminação	Deve haver previsão pormenorizada de receitas e despesas, não cabendo dotações globais ou ilimitadas – art. 167, VII, da CF/1988 e art. 5º da Lei 4.320/1964.
Não afetação de receitas de impostos	Vedada a vinculação de receita de impostos a órgão, fundo ou despesa, nos termos e com as exceções previstas no art. 167, IV, da CF/1988.

Gabarito "D"

(Analista – TRT/11ª – 2012 – FCC) A Lei nº 4.320/1964 estabelece, em seu art. 5, que a Lei de Orçamento não consignará dotações globais destinadas a atender indiferentemente a despesas de pessoal, material, serviços de terceiros, transferências ou quaisquer outras, ressalvado o caso de programas especiais de trabalho mencionados no seu artigo 20 e seu parágrafo único. Essa disposição da Lei está em consonância com o princípio orçamentário da

(A) exclusividade.
(B) unidade orçamentária.
(C) discriminação.
(D) não afetação de receitas.
(E) programação.

A: incorreta, pois o princípio da exclusividade indica que a Lei Orçamentária Anual – LOA não conterá dispositivo estranho à previsão da receita e à fixação da despesa, admitindo-se a autorização para abertura de créditos suplementares e para contratação de operações de crédito – art. 165, § 8º, da CF/1988; **B:** incorreta, pois, segundo a unidade orçamentária, a LOA refere-se a um único ato normativo, compreendendo os orçamentos fiscal, de investimento e da seguridade social – art. 165, § 5º, da CF/1988 e art. 1º da Lei 4.320/1964. Ademais, cada esfera de governo (União, Estados, Distrito Federal e Municípios) terá uma única LOA para cada exercício, o que também é indicado como princípio da unidade; **C:** correta. O princípio da especificação, especialização ou discriminação indica que a LOA deve indicar pormenorizadamente receitas e despesas, não cabendo dotações globais ou ilimitadas – art. 167, VII, da CF/1988 e art. 5º da Lei 4.320/1964; **D:** incorreta, pois a não afetação refere-se à proibição de vinculação de receita de impostos a órgão, fundo ou despesa, com as exceções previstas no art. 167, IV, da CF/1988 (ademais, os arts. 80 e 82 do ADCT preveem outras hipóteses de vinculação de receitas de impostos específicos); **E:** incorreta, pois programação orçamentária não é princípio, mas apenas o planejamento da execução orçamentária durante o exercício, com cronograma de desembolsos.

Gabarito "C"

(Analista – TRT/24ª – 2011 – FCC) A proibição de inserir, na lei orçamentária, dispositivo estranho à previsão da receita e à fixação da despesa, decorre da aplicação do princípio orçamentário da

(A) Publicidade.
(B) Especificação.
(C) Anualidade.
(D) Não Afetação da Receita.
(E) Exclusividade.

Nos termos do art. 165, § 8º, da CF/1988, a lei orçamentária anual – LOA não conterá dispositivo estranho à previsão da receita e à fixação da despesa, não se incluindo na proibição a autorização para abertura de créditos suplementares e contratação de operações de crédito, ainda que por antecipação de receita, nos termos da lei. Trata-se do princípio da exclusividade, de modo que a alternativa "E" é a correta.

Gabarito "E"

(Analista – TRT/23ª – 2007 – FCC) No que se refere ao orçamento público, considere:

I. A discriminação das receitas e das despesas deve ser feita por unidade administrativa, de tal forma que se possa saber quanto poderá render ou despender cada unidade considerada.

II. A recomendação de que todas as receitas e todas as despesas devem ser incluídas no orçamento, com a eliminação de qualquer vinculação entre umas e outras.

Tais situações dizem respeito, respectivamente, aos princípios da

(A) especialização e da universalidade.
(B) unidade e da não afetação.
(C) anterioridade e da exclusividade.
(D) não afetação e da especificação.
(E) universalidade e da finalidade.

Veja o comentário à questão anterior. Note que, por eliminação, é possível resolver esta, mesmo se o candidato não saiba que a assertiva em I indica o princípio da especialização. O princípio da anterioridade refere-se aos tributos (art. 150, III, *b*, da CF/1988) e o princípio da não afetação veda a vinculação da receita de impostos, nos termos e com as ressalvas previstas no art. 167, IV, da CF/1988.

Gabarito "A"

(Técnico – TRT/11ª – 2012 – FCC) O princípio orçamentário que determina que a lei orçamentária anual não conterá dispositivo estranho à previsão de receita e à fixação de receita, não se incluindo nessa proibição a autorização para abertura de créditos suplementares e a contratação de operações de crédito é denominado princípio da

(A) especificação.
(B) isonomia.
(C) exclusividade.
(D) anualidade.
(E) não afetação de receitas.

A: incorreta, pois o princípio da especificação indica que a Lei Orçamentária Anual – LOA deve indicar pormenorizadamente receitas e despesas, não cabendo dotações globais ou ilimitadas, nos termos do art. 167, VII, da CF e do art. 5º da Lei 4.320/1964, que estatui Normas Gerais de Direito Financeiro para elaboração e controle dos orçamentos e balanços da União, dos Estados, do Distrito Federal e dos Municípios; **B**: incorreta, pois a isonomia refere-se a princípio geral do direito, segundo o qual as pessoas na mesma situação devem ser tratadas igualmente, assim como as pessoas em situações diferentes, desigualmente, na medida de sua desigualdade – art. 5º, *caput*, da CF; **C**: correta, pois a questão refere-se exatamente ao princípio da exclusividade, conforme dispõe o art. 165, § 8º, da CF: "A lei orçamentária anual não conterá dispositivo estranho à previsão da receita e à fixação da despesa, não se incluindo na proibição a autorização para abertura de créditos suplementares e contratação de operações de crédito, ainda que por antecipação de receita, nos termos da lei"; **D**: incorreta. O princípio da anualidade indica que a LOA é anual, de modo que suas dotações orçamentárias referem-se a um único exercício financeiro – art. 165, III e § 5º, da CF; **E**: incorreta, pois a não afetação refere-se à proibição de vinculação de receita de impostos a órgão, fundo ou despesa, com as exceções previstas no art. 167, IV, da CF (ademais, os arts. 80 e 82 do ADCT preveem outras hipóteses de vinculação de receitas de impostos específicas).

Gabarito "C"

Veja a seguinte tabela com os mais importantes princípios orçamentários, para estudo e memorização:

Princípios orçamentários	
Anualidade	A lei orçamentária é anual (LOA), de modo que suas dotações orçamentárias referem-se a um único exercício financeiro – art. 165, § 5º, da CF
Universalidade	A LOA inclui todas as despesas e receitas do exercício – arts. 3º e 4º da Lei 4.320/1964
Unidade	A LOA refere-se a um único ato normativo, compreendendo os orçamentos fiscal, de investimento e da seguridade social – art. 165, § 5º, da CF e art. 1º da Lei 4.320/1964. Ademais, cada esfera de governo (União, Estados, Distrito Federal e Municípios) terá uma única LOA para cada exercício, o que também é indicado como princípio da unidade
Exclusividade	A LOA não conterá dispositivo estranho à previsão da receita e à fixação da despesa, admitindo-se a autorização para abertura de créditos suplementares e para contratação de operações de crédito – art. 165, § 8º, da CF
Equilíbrio	Deve haver equilíbrio entre a previsão de receitas e a autorização de despesas, o que deve também ser observado na execução orçamentária. Isso não impede a realização de *superávits* – ver art. 48, b, da Lei 4.320/1964 e arts. 4º, I, a, e 31, § 1º, II, da LC 101/2000 (a chamada Lei da Responsabilidade Fiscal – LRF)
Especificação, especialização ou discriminação	Deve haver previsão pormenorizada de receitas e despesas, não cabendo dotações globais ou ilimitadas – art. 167, VII, da CF e art. 5º da Lei 4.320/1964
Unidade de tesouraria	As receitas devem ser recolhidas em caixa único, sendo vedada qualquer fragmentação para criação de caixas especiais – art. 56 da Lei 4.320/1964
Não afetação ou não vinculação da receita dos impostos	É vedada a vinculação de receita de impostos a órgão, fundo ou despesa, com as exceções previstas no art. 167, IV, da CF

(Técnico Judiciário – TRT/23ª – 2011 – FCC) O princípio orçamentário que estabelece que a lei orçamentária anual não conterá dispositivo estranho à previsão da receita e à fixação da despesa, ressalvadas as exceções mencionadas no art. 165, § 8º, da Constituição Federal, é denominado princípio da

(A) não afetação das receitas.
(B) unidade.
(C) exclusividade.
(D) legalidade.
(E) universalidade.

A: incorreta, pois o princípio da não afetação das receitas normalmente é relacionado à vedação prevista no art. 167, IV, da CF, aplicável aos impostos; **B**: incorreta, pois o princípio da unidade indica que a Lei Orçamentária Anual – LOA refere-se a um único ato normativo, compreendendo os orçamentos fiscal, de investimento e da seguridade social – art. 165, § 5º, da CF e art. 1º da Lei 4.320/1964. Ademais, cada esfera de governo (União, Estados, Distrito Federal e Municípios) terá uma única LOA para cada exercício, o que também é indicado como princípio da unidade; **C**: essa é a alternativa correta, pois a questão refere-se ao princípio da exclusividade; **D**: incorreta, pois o princípio da legalidade refere-se à exigência de lei para veiculação de determinadas matérias, especificamente as leis orçamentárias (art. 165, I, II e III, da CF), e não à limitação de conteúdo da LOA; **E**: assertiva incorreta, pois o princípio da universalidade indica que todas as despesas e receitas do exercício devem constar da LOA – arts. 3º e 4º da Lei 4.320/1964.

Gabarito "C"

(Técnico Judiciário – TRT/22ª – 2010 – FCC) A exclusividade concedida ao Poder Executivo para propor a Lei do Plano Plurianual, Lei de Diretrizes Orçamentárias e a Lei Orçamentária Anual é garantida pelo princípio da

(A) legalidade.
(B) exclusividade.
(C) não afetação e quantificação dos créditos orçamentários.
(D) reserva legal.
(E) discriminação ou da especificação.

A, **B**, **C** e **E**: assertivas incorretas, conforme comentários às questões anteriores; **D**: essa é a melhor alternativa, por exclusão das demais. Entendemos, entretanto, que a expressão "reserva legal" é melhor empregada para se referir à necessidade de lei para veicular as leis orçamentárias (PPA, LDO e LOA), conforme o art. 165, I, II e III, da CF, e não, especificamente, à exclusividade de iniciativa em favor do Poder Executivo.

Gabarito "D"

(Técnico Judiciário – TRT/23ª – 2007 – FCC) Para explicar a atividade financeira do Estado foram propostas diversas teorias, a exemplo daquela em que o Estado fundamenta essa atividade financeira no princípio da necessidade, ou seja, a necessidade do indivíduo é igual à necessidade do Estado. Nesse caso, é conhecida como teoria

(A) da produção.
(B) do consumo.
(C) da troca.
(D) da utilidade relativa.
(E) do sistema de preços.

A: incorreta, pois essa teoria enfoca a produção de valor pelo Estado; **B**: incorreta, pois o foco dessa teoria é no Estado como consumidor de riquezas; **C**: incorreta, uma vez que relaciona o serviço público prestado como retribuição pelos tributos pagos pelos cidadãos, e vice-versa; **D**: correta, pois a questão se refere à teoria da utilidade relativa, na qual o Estado baseia sua atividade financeira no princípio da necessidade, e a necessidade do indivíduo corresponde à necessidade do Estado; **E**: incorreta, pois esta teoria vê o Estado como agente econômico prestador de serviço, que cobra preço por essa atividade executada.

Gabarito "D"

2. LOA, LDO, PPA

(Analista – TRT/6ª – 2012 – FCC) Em relação ao Plano Plurianual, considere:

I. Lei que estabelece, de forma regionalizada, as diretrizes, objetivos e metas da administração pública federal para as despesas correntes e outras delas decorrentes e para as relativas aos programas de duração continuada.
II. Nenhum investimento cuja execução ultrapasse um exercício financeiro poderá ser iniciado sem prévia inclusão no Plano Plurianual, ou sem lei que autorize a inclusão, sob pena de crime de responsabilidade.

III. Lei que dispõe sobre o Plano Plurianual estabelece as normas relativas ao controle de custos e à avaliação dos resultados dos programas financiados com recursos dos orçamentos e das operações de créditos para as despesas de capital.
IV. Os planos e programas nacionais, regionais e setoriais previstos nesta Constituição serão elaborados em consonância com o Plano Plurianual e apreciados pelo Congresso Nacional.

Está correto o que se afirma apenas em

(A) II e III.
(B) III e IV.
(C) II e IV.
(D) I e III.
(E) I e II.

I: incorreta, pois o PPA refere-se a despesas de capital, não a despesas correntes – art. 165, § 1º, da CF/1988; II: correta, correspondendo ao disposto no art. 167, § 1º, da CF/1988; III: incorreta, pois não há essa previsão em relação ao PPA – art. 165, § 1º, da CF/1988; IV: correta, nos termos do art. 165, § 4º, da CF/1988.

Gabarito "C"

(Analista – TRT/6ª – 2012 – FCC) No Anexo de Metas Fiscais, parte integrante do projeto de lei de diretrizes orçamentárias, estão estabelecidas metas anuais, em valores correntes e constantes, relativas a receitas, despesas, resultados nominal e primário e montante da dívida pública, para o exercício a que se referirem e para os dois seguintes. O Anexo de Metas Fiscais contém

(A) demonstrativo da estimativa e compensação da renúncia de receita nos últimos três exercícios.
(B) avaliação da situação financeira e atuarial nos últimos três exercícios.
(C) avaliação do cumprimento da execução financeira relativa aos últimos três exercícios.
(D) evolução do patrimônio líquido nos últimos três exercícios.
(E) reserva de contingências nos últimos três exercícios.

O conteúdo do Anexo de Metas Fiscais é definido pelo art. 4º, §§ 1º e 2º, da LRF, sendo que das alternativas, apenas a "D" indica corretamente elemento desse documento (inciso III, do art. 4º, § 2º), devendo ser anotado pelo candidato.

Gabarito "D"

(Analista – TRT/11ª – 2012 – FCC) Em relação à elaboração, discussão, votação e aprovação da proposta orçamentária, é correto afirmar que"

(A) os órgãos do Poder Judiciário, por terem assegurada a sua autonomia administrativa e financeira pela Constituição Federal, não precisam elaborar suas propostas orçamentárias dentro dos limites fixados pela Lei de Diretrizes Orçamentárias.
(B) o projeto da lei orçamentária anual deve ser elaborado pelos órgãos técnicos do Poder Legislativo, a partir das propostas que lhe forem encaminhadas pelas unidades orçamentárias do Poder Executivo e do Poder Judiciário.
(C) a lei orçamentária anual poderá conter dispositivo que autorize a utilização de recursos dos orçamento fiscal e do orçamento da seguridade social para suprir necessidade ou cobrir déficit de empresas, fundações e fundos, desde que seja sancionada pelo chefe do poder Executivo.
(D) as emendas ao projeto de lei do orçamento anual somente podem ser aprovadas caso sejam compatíveis com o plano plurianual e com a lei das diretrizes orçamentárias e indiquem os recursos necessários para a implementação da despesa correspondente.
(E) a lei orçamentária anual deverá conter Anexo de Metas Fiscais, em que serão estabelecidas metas para os resultados nominal e primário e Anexo de Riscos Fiscais, onde serão avaliados os passivos contingentes capazes de afetar as contas públicas.

A: incorreta, pois os tribunais elaborarão suas propostas orçamentárias dentro dos limites estipulados conjuntamente com os demais Poderes na LDO – art. 99, § 1º, da CF/1988; B: incorreta, pois os projetos de leis orçamentárias (PPA, LDO e LOA) são de iniciativa privativa do Chefe do Poder Executivo – art. 165 da CF/1988; C: incorreta, pois a Constituição veda expressamente a utilização, sem autorização legislativa específica (não basta autorização na LOA), de recursos dos orçamentos fiscal e da seguridade social para suprir necessidade ou cobrir déficit de empresas, fundações e fundos – art. 167, VIII, da CF/1988; D: correta, nos termos do art. 166, § 3º, da CF/1988; E: incorreta, pois esses anexos integram a LDO, não a LOA – art. 4º, §§ 1º e 3º, da LRF.

Gabarito "D"

(Analista – TRT/14ª – 2011 – FCC) A respeito da Lei de Diretrizes Orçamentárias LDO, considere as seguintes assertivas:

I. A LDO compreenderá às metas e prioridades da administração pública federal, incluindo as despesas de capital para o exercício financeiro subsequente.
II. A LDO orientará a elaboração do plano plurianual, disporá sobre as alterações na legislação previdenciária e estabelecerá a política de aplicação das agências financeiras oficiais de fomento.
III. A LDO busca sintonizar a Lei Orçamentária Anual com as diretrizes, objetivos e metas da administração pública, estabelecidas no Plano Plurianual de Investimentos.

Está correto o que se afirma APENAS em

(A) II e III.
(B) III.
(C) I.
(D) I e III.
(E) II.

I: correta, conforme o art. 165, § 2º, da CF/1988; II: incorreta, pois, nos termos do art. 165, § 2º, da CF/1988, a LDO orientará a elaboração da lei orçamentária anual – LOA (não do PPA), disporá sobre as alterações na legislação tributária (não previdenciária) e estabelecerá a política de aplicação das agências financeiras oficiais de fomento; III: correta, nos termos do art. 165, §§ 1º e 2º, da CF/1988.

Gabarito "D"

(Analista – TRT/23ª – 2011 – FCC) A Lei de Diretrizes Orçamentárias tem como objetivo precípuo

(A) definir metas gerais que devem ser incorporadas aos orçamentos dos anos seguintes.
(B) definir metas e prioridades da administração pública federal que devem ser incorporadas pela LOA.
(C) revisar a cada cinco anos as diretrizes gerais do governo que devem ser incorporadas aos Planos Plurianuais.
(D) limitar os gastos com pessoal e custeio da máquina de acordo com tetos estabelecidos a cada cinco anos.
(E) reduzir a descontinuidade do planejamento público, impondo a cooperação entre governos.

A assertiva "B" indica o objetivo essencial da LDO, nos termos do art. 165, § 2º, da CF/1988: "compreenderá as metas e prioridades da administração pública federal, incluindo as despesas de capital para o exercício financeiro subsequente, orientará a elaboração da lei orçamentária anual, disporá sobre as alterações na legislação tributária e estabelecerá a política de aplicação das agências financeiras oficiais de fomento".

Gabarito "B"

(Analista – TRT/23ª – 2011 – FCC) Em relação ao ciclo orçamentário, é correto afirmar que

(A) a iniciativa de apresentação do projeto da Lei Orçamentária Anual cabe ao Congresso Nacional.
(B) é assegurada ao Poder Judiciário autonomia administrativa e financeira.
(C) não é possível fazer-se emendas ao projeto da Lei Orçamentária Anual.
(D) o órgão responsável pela consolidação do projeto da Lei Orçamentária Anual é o Ministério da Fazenda, através da Secretaria do Tesouro Nacional.
(E) a fiscalização contábil, financeira, orçamentária, operacional e patrimonial dos entes públicos será executada pelo Poder Judiciário, através do Tribunal de Contas respectivo.

A: incorreta, pois a iniciativa dos projetos de leis orçamentárias é exclusiva do chefe do Poder Executivo (presidente, governador, prefeito) – art. 165, *caput*, da CF/1988; B: correta, nos termos do art. 99 da CF/1988; C: incorreta, pois é possível a apresentação de emendas aos projetos de PPA, LDO, LOA e créditos adicionais na Comissão mista – art. 166, § 2º, da CF/1988; D: incorreta, pois o projeto de LOA é consolidado pela Secretaria de Orçamento Federal, do Ministério do Planejamento, Orçamento e Gestão; E: incorreta, pois essa fiscalização é da competência do Poder Legislativo, com o auxílio do Tribunal de Contas – arts. 70 e 71 da CF/1988.

Gabarito "B"

(Analista – TRT/23ª – 2011 – FCC) Segundo a Lei de Responsabilidade Fiscal, deverá constar na Lei Orçamentária Anual:

(A) Anexo de Metas Fiscais.
(B) Política de aplicação das agências financeiras oficiais de fomento.
(C) Reserva de Contingência.
(D) Anexo de Riscos Fiscais.
(E) Créditos com dotação ilimitada, desde que autorizados pela Lei de Diretrizes Orçamentárias.

A: incorreta, pois o Anexo de Metas Fiscais compõe a LDO – art. 4º, § 1º, da LRF; **B:** incorreta, pois cabe à LDO estabelecer a política de aplicação das agências financeiras oficiais de fomento – art. 165, § 2º, da CF; **C:** correta, pois, nos termos do art. 5º, III, da LRF, a LOA conterá reserva de contingência, cuja forma de utilização e montante, definido com base na receita corrente líquida, serão estabelecidos na LDO; **D:** incorreta, pois o Anexo de Riscos Fiscais compõe a LDO – art. 4º, § 3º, da LRF; **E:** incorreta, pois o art. 167, VII, da CF/1988 veda expressamente a concessão ou a utilização de créditos ilimitados.

Gabarito "C"

(Analista – TRT/24ª – 2011 – FCC) Instrumento de planejamento utilizado no setor público no qual devem ser estabelecidas, de forma regionalizada, as diretrizes, os objetivos e as metas da Administração Pública Federal para as despesas de capital e outras delas decorrentes. Trata-se de

(A) Plano Plurianual.
(B) Lei Orçamentária Anual.
(C) Orçamento Plurianual.
(D) Lei de Diretrizes Orçamentárias.
(E) Plano Diretor.

A assertiva descreve o Plano Plurianual – PPA, conforme o art. 165, § 1º, da CF/1988, de modo que a alternativa "A" é a correta.

Gabarito "A"

(Analista – TRT/24ª – 2011 – FCC) A maior precisão na elaboração dos orçamentos e, consequentemente, melhores condições para obtenção de redução dos custos em razão de facilidade para a identificação de duplicação de funções, é uma vantagem da técnica orçamentária denominada Orçamento

(A) de Desempenho.
(B) de Planejamento e Gestão.
(C) Programa.
(D) Base Zero.
(E) por Estratégia.

O orçamento tradicional era focado nas necessidades das unidades governamentais (não nos objetivos a serem atingidos), dissociado das ideias de planejamento, programação e avaliação. O conceito de orçamento base-zero procura fugir da simples repetição do orçamento do exercício anterior, com pequenas correções, para o próximo período. A ideia é "partir do zero" a cada projeto de orçamento, ou seja, planejar efetivamente todas as ações para o exercício financeiro a que se refere. Atualmente, adota-se o orçamento-programa, em que o planejamento é conceito central, focando-se os objetivos a serem atingidos – art. 2º da Lei 4.320/1964. A adoção da classificação funcional-programática, no orçamento-programa, permite o acompanhamento das ações governamentais de maneira organizada detalhada e transparente, de modo que a alternativa "C" é a correta.

Gabarito "C"

(Analista – TRT/24ª – 2011 – FCC) As metas e prioridades da Administração Pública, incluindo as despesas de capital para o exercício subsequente, são definidas

(A) no Plano Plurianual.
(B) na Lei de Diretrizes Orçamentárias.
(C) no Orçamento Fiscal.
(D) no Plano de Investimento.
(E) no Orçamento de Investimentos.

Nos termos do art. 165, § 2º, da CF/1988, a LDO compreenderá as metas e prioridades da administração pública federal, incluindo as despesas de capital para o exercício financeiro subsequente, de modo que a alternativa "B" é a correta.

Gabarito "B"

(Analista – TRT/24ª – 2011 – FCC) As metas anuais, em valores correntes e constantes, relativas a receitas, despesas, resultados nominal e primário e montante da dívida pública, para o exercício a que se referirem e para os dois seguintes, serão estabelecidas no

(A) Anexo de Resultado Primário.
(B) Plano Plurianual.
(C) Anexo de Riscos Fiscais.
(D) Anexo de Metas Fiscais.
(E) Orçamento Anual.

Conforme o art. 4º, § 1º, da LRF, a LDO será integrada pelo Anexo de Metas Fiscais, em que serão estabelecidas metas anuais, em valores correntes e constantes, relativas a receitas, despesas, resultados nominal e primário e montante da dívida pública, para o exercício a que se referirem e para os dois seguintes, de modo que a alternativa "D" é a correta.

Gabarito "D"

(Analista – TRT/23ª – 2007 – FCC) No que diz respeito aos orçamentos no regime constitucional, NÃO é vedado, entre outras situações,

(A) a abertura de crédito suplementar sem prévia autorização legislativa e sem a indicação dos recursos correspondentes.
(B) a instituição de fundos de qualquer natureza, com prévia autorização legislativa.
(C) o início de programas ou projetos excluídos da lei orçamentária anual.
(D) a assunção de obrigações diretas que excedam os créditos orçamentários.
(E) a transferência de recursos de uma categoria de programação para outra, sem prévia autorização legislativa.

A: incorreta, nos termos do art. 167, V, da CF/1988; **B:** correta, pois a vedação refere-se à instituição de fundo *sem* prévia autorização legislativa – art. 167, IX, da CF/1988; **C: incorreta, nos termos do** art. 167, I, da CF/1988; **D: incorreta, nos termos do** art. 167, II, da CF/1988; **E: incorreta, nos termos do** art. 167, VI, da CF/1988.

Gabarito "B"

(Analista – TRT/23ª – 2007 – FCC) Dentre outras, é peculiaridade constitucional do processo legislativo orçamentário

(A) a aprovação do projeto orçamentário pelo Senado Federal e a obrigatoriedade de sua sanção pelo Poder Executivo.
(B) o não cabimento da apresentação de qualquer emenda na Comissão Mista.
(C) a atuação da Comissão Mista caracterizada pela sua temporariedade e representação por integrantes de partidos políticos.
(D) a competência privativa da Câmara dos Deputados para emitir parecer sobre o projeto orçamentário.
(E) a aplicação subsidiária das normas referentes ao processo legislativo comum.

A: incorreta. As leis orçamentárias (PPA, LDO e LOA) devem ser aprovadas pelas duas Casas do Congresso Nacional (Câmara e Senado) – art. 166, *caput*, da CF/1988; **B:** incorreta. É possível (e comum) a apresentação de emendas na Comissão Mista – art. 166, §§ 2º e 3º, da CF/1988; **C:** incorreta. A Comissão Mista é permanente – art. 166, § 1º, da CF/1988; **D:** incorreta. As leis orçamentárias são apreciadas pelas duas Casas do Congresso Nacional – art. 166, *caput*, da CF/1988; **E:** correta. Art. 166, § 7º, da CF/1988.

Gabarito "E"

(Analista – TRT/10ª – 2004 – CESPE) O processo de gestão financeiro-orçamentária do setor público brasileiro, desde a edição da Constituição Federal de 1988, veio consolidando técnicas, princípios e procedimentos. Acerca do tema, julgue os itens que seguem.

(1) A lei orçamentária anual (LOA) brasileira tem por característica a execução obrigatória dos subtítulos que contenham investimentos.
(2) O princípio orçamentário constitucional da não afetação não se aplica às receitas obtidas mediante contribuições sociais.
(3) O Poder Judiciário pode encaminhar ao Congresso Nacional, com força de emenda a projeto de lei, dispositivo que pretenda ver contemplado na lei de diretrizes orçamentárias (LDO), que se refira as suas atribuições, exclusivamente.
(4) No Congresso Nacional, a constitucionalidade das matérias de natureza orçamentária, tais como o projeto de lei de plano plurianual e o projeto de LOA, é deliberada pela Comissão de Constituição e Justiça do Senado Federal.

1: incorreta. A LOA é autorizativa, não impositiva. Significa dizer que as despesas (inclusive os investimentos, que são despesas de capital) são autorizadas, mas não impostas ao executor do orçamento (ele pode ou não realizá-las) – art. 167, I, II e III, da CF/1988; **2:** correta. A não afetação ou não vinculação refere-se às receitas dos impostos, exclusivamente, e não às receitas dos demais tributos (taxas, contribuições) nem às não tributárias (aluguéis recebidos, multas, etc.) – art. 167, IV, da CF/1988; **3:** incorreta. O Poder Judiciário tem a prerrogativa de encaminhar ao Poder Legislativo sua proposta orçamentária, dentro dos limites estabelecidos conjuntamente com os outros Poderes na LDO – art. 99, § 1º, da CF/1988; **4:** incorreta, pois compete à Comissão Mista prevista no art. 166, § 1º, da CF/1988 examinar e emitir parecer sobre os projetos de leis orçamentárias (PPA, LDO e LOA).

Gabarito 1E, 2C, 3E, 4E

(Técnico Judiciário – TRT/4ª – 2011 – FCC) Em relação a conceito de Orçamento Público, considere as afirmativas abaixo:

I. O Orçamento Público é uma lei formal, isto é, ela obriga o Poder Público a realizar uma despesa autorizada pelo Legislativo.
II. O Orçamento Público é uma lei temporária, pois tem vigência limitada a quatro anos.
III. O conceito tradicional ou clássico de Orçamento Público compreende apenas a fixação da despesa e a previsão da receita, sem nenhuma espécie de planejamento das ações do governo.
IV. O Orçamento Público é uma lei especial que possui processo legislativo diferenciado e trata de matéria específica.
V. O orçamento-programa é um plano de trabalho que estabelece objetivos e metas a serem implementados, bem como a previsão dos custos a ele relacionados.

Estão corretas, SOMENTE:

(A) I, II, III e IV.
(B) II, III, IV e V.
(C) II e IV.
(D) I, II e IV.
(E) III, IV e V.

I: incorreta, pois a Lei Orçamentária Anual – LOA é autorizativa, e não impositiva. Significa dizer que as despesas são autorizadas, mas não impostas ao executor do orçamento (ele pode ou não realizá-las) – art. 167, I, II e III, da CF; **II:** incorreta, pois a LOA é anual. O Plano Plurianual – PPA é que se refere ao período de quatro exercícios financeiros, correspondentes a quatro anos civis; **III:** correta. O orçamento tradicional era focado nas necessidades das unidades governamentais (não nos objetivos a serem atingidos), dissociado das ideias de planejamento, programação e avaliação. Atualmente, adota-se o orçamento-programa (arts. 7º, *c*, e 16 a 18 do Decreto-lei 200/1967), em que o planejamento é conceito central, focando-se os objetivos a serem atingidos – art. 2º da Lei 4.320/1964; **IV:** assertiva correta. Trata-se de lei que se refere especificamente a um único exercício financeiro, cujo projeto é proposto pelo Poder Executivo (art. 165, III, da CF) e tramita no Poder Legislativo na forma prevista no art. 166 da CF; **V:** correta, conforme comentários à assertiva "III".

Gabarito "E"

(Técnico Judiciário – TRT/4ª – 2011 – FCC) Com relação às características do Orçamento Público de acordo com a Constituição Federal, considere as afirmativas abaixo:

I. A Lei Orçamentária Anual é composta de três orçamentos diferentes: fiscal, da seguridade social e de investimentos das estatais.
II. O orçamento da seguridade social corresponde à ação do governo em três setores: saúde, previdência e assistência social.
III. A Lei de Diretrizes Orçamentárias (LDO) prioriza as metas do PPA e orienta a elaboração do Orçamento Geral da União que terá validade para o ano seguinte.
IV. A finalidade do PPA é a de estabelecer objetivos e metas que comprometam o Poder Executivo e o Poder Legislativo a dar continuidade aos programas na distribuição dos recursos.
V. Com base na LDO, o Poder Executivo elabora o Plano Plurianual (PPA) para os quatro anos seguintes, com a participação dos Ministérios (órgãos setoriais) e das unidades orçamentárias dos Poderes Legislativo e Judiciário.

Estão corretas SOMENTE:

(A) II, IV e V.
(B) I, II, III, IV.
(C) I, II, III e V.
(D) II, III e V.
(E) I, III e IV.

I: correta, nos termos do art. 165, § 5º, da CF; **II:** assertiva correta, pois são as três vertentes da seguridade social – arts. 165, § 5º, III, e 194 da CF; **III:** correta, nos termos do art. 165, § 2º, da CF; **IV:** correta, em conformidade com o art. 165, § 1º, da CF; **V:** incorreta, pois a LDO baseia-se no PPA previamente aprovado – art. 165, §§ 1º e 2º, da CF.

Gabarito "B"

(Técnico Judiciário – TRT/23ª – 2011 – FCC) A Lei das Diretrizes Orçamentárias (LDO) deve

(A) ser compatível com o Plano Plurianual e orientar a elaboração da lei orçamentária anual.
(B) fixar o montante de despesas de capital destinados às empresas públicas no exercício corrente.
(C) prever a concessão de créditos ilimitados para algumas das unidades orçamentárias julgadas mais importantes para se alcançarem as metas do Plano Plurianual.
(D) fixar o montante das operações de crédito que podem exceder o valor das despesas de capital.
(E) estimar receitas e fixar despesas para o exercício financeiro seguinte.

A: correta, conforme dispõem o art. 165, § 2º, da CF e os arts. 4º e 5º da Lei de Responsabilidade Fiscal – LRF (LC 101/2000); **B:** assertiva incorreta, pois o orçamento de investimento das empresas públicas consta da LOA – art. 165, § 5º, II, da CF. Perceba que investimento é espécie de despesa de capital – art. 12 da Lei 4.320/1964; **C:** assertiva incorreta, até porque a Constituição veda expressamente a concessão ou a utilização de créditos ilimitados – art. 167, VII, da CF; **D:** assertiva incorreta, considerando, inclusive, que o montante das operações de crédito não pode exceder o valor das despesas de capital, nos termos e com a exceção prevista no art. 167, III, da CF ("regra de ouro") – ver também o art. 12, § 2º, da LRF; **E:** assertiva incorreta, pois a estimativa de receitas e a fixação de despesas constam da LOA, e não da LDO – art. 165, § 8º, da CF.

Gabarito "A"

(Técnico Judiciário – TRT/24ª – 2011 – FCC) Analise:

I. O orçamento-programa é o elo entre o planejamento e as funções executivas da organização.
II. O controle do orçamento-programa visa avaliar a honestidade dos agentes governamentais e a legalidade do seu cumprimento.
III. No orçamento-programa, as decisões orçamentárias são tomadas com base em avaliações e análises técnicas das alternativas possíveis.

Está correto o que consta APENAS em

(A) I.
(B) I e II.
(C) I e III.
(D) II e III.
(E) III.

I: correta, pois o orçamento-programa indica os objetivos e metas planejadas e a serem atingidas pelo executor, nos termos do que dispõe o art. 16 do Decreto-Lei 200/1967; **II:** incorreta, pois o controle refere-se à observância da lei e dos objetivos e das metas estabelecidos para o orçamento, e não, imediatamente, a honestidade dos agentes governamentais; **III:** correta, tendo-se em vista que a concepção de orçamento-programa está associada à ideia de planejamento.

Gabarito "C"

(Técnico Judiciário – TRT/24ª – 2011 – FCC) Por força do disposto na Constituição Federal, a lei orçamentária anual

(A) compreenderá e estabelecerá a política de aplicação das agências financeiras oficiais de fomento.
(B) compreenderá metas e prioridades da Administração Pública Federal, incluindo as despesas de capital para o exercício financeiro.
(C) compreenderá o orçamento fiscal, apenas.
(D) compreenderá o orçamento fiscal, o de investimentos das empresas estatais e o da seguridade social.
(E) disporá sobre as alterações na legislação tributária.

Nos termos do art. 165, § 5º, da CF, a lei orçamentária anual compreenderá: (I) o orçamento fiscal referente aos Poderes da União, seus fundos, órgãos e entidades da administração direta e indireta, inclusive fundações instituídas e mantidas pelo Poder Público; (II) o orçamento de investimento das empresas em que a União, direta ou indiretamente, detenha a maioria do capital social com direito a voto; e (III) o orçamento da seguridade social, abrangendo todas as entidades e órgãos a ela vinculados, da administração direta ou indireta, bem como os fundos e fundações instituídos e mantidos pelo Poder Público. **A**: incorreta, pois a política de aplicação das agências financeiras oficiais de fomento é estabelecida pela LDO – art. 165, § 2º, da CF; **B**: incorreta, pois as diretrizes, objetivos e metas da Administração Pública para as despesas de capital e outras delas decorrentes são estabelecidas pelo PPA – art. 165, § 1º, da CF; **C**: incorreta, conforme comentário inicial, compreendendo, ainda, o orçamento de investimento das empresas estatais e o orçamento da seguridade social (art. 165, II e III, da CF); **D**: essa é a alternativa correta, conforme o comentário inicial; **E**: incorreta, pois cabe à LDO dispor sobre as alterações na legislação tributária, conforme a parte final do art. 165, § 2º, da CF.

Gabarito "D".

(Técnico Judiciário – TRT/9ª – 2010 – FCC) No planejamento da Administração Pública brasileira, o PPA (Plano Plurianual)

(A) tem a função de estabelecer, de forma regionalizada, as diretrizes, objetivos e metas da administração para as despesas de capital e outras delas decorrentes, abrangendo um período de quatro anos.
(B) estabelece os parâmetros necessários à alocação dos recursos no orçamento anual, de forma a garantir a realização das metas e objetivos contemplados na LDO – Lei de Diretrizes Orçamentárias.
(C) indica os rumos a serem seguidos e priorizados no decorrer do exercício financeiro.
(D) é o instrumento de gerenciamento orçamentário e financeiro, cuja principal finalidade é gerenciar o equilíbrio entre receitas e despesas públicas.
(E) compreende o ingresso de recursos que se integram ao patrimônio público sem quaisquer reservas, condições ou correspondências no passivo.

A: correta, conforme os exatos termos do art. 165, § 1º, da CF, bem como da legislação especial dos entes políticos; **B**: incorreta, pois cabe ao PPA estabelecer as diretrizes, objetivos e metas da Administração Pública Federal para as despesas de capital e outras delas decorrentes e para as relativas aos programas de duração continuada – art. 165, § 1º, da CF, e não parâmetros para alocação dos recursos no orçamento anual; **C**: incorreta, pois isso é feito, em princípio, pela LDO – art. 165, § 2º, da CF; **D**: incorreta, pois administrar o equilíbrio entre receitas e despesas públicas é objeto essencial da LOA, prevista no art. 165, § 5º, da CF e no art. 4º, I, *a*, da Lei de Responsabilidade Fiscal – LRF (LC 101/2000), e perseguido na execução orçamentária; **E**: incorreta, pois a assertiva descreve as receitas que constam da LOA, e não, em princípio, do PPA. Receita pública, conforme a doutrina clássica, é a entrada de recursos que, integrando-se ao patrimônio público sem quaisquer reservas, condições ou correspondência no passivo, vem acrescer o seu vulto, como elemento novo e positivo.

Gabarito "A".

(Técnico Judiciário – TRT/22ª – 2010 – FCC) O plano plurianual, as diretrizes orçamentárias e os orçamentos anuais são estabelecidos por leis de iniciativa do Poder

(A) Executivo.
(B) Legislativo.
(C) Judiciário.
(D) Executivo e do Legislativo.
(E) Executivo, do Legislativo e do Judiciário.

A iniciativa das leis relativas ao plano plurianual (PPA), diretrizes orçamentárias (LDO) e orçamentos anuais (LOA) é exclusiva do Poder Executivo, nos termos do art. 165 da CF, razão pela qual a alternativa "A" é a correta.

Gabarito "A".

(Técnico Judiciário – TRT/22ª – 2010 – FCC) O instrumento que compreende as metas e prioridades da administração pública federal, incluindo as despesas de capital para o exercício financeiro subsequente, orienta a elaboração da lei orçamentária anual, dispõe sobre as alterações na legislação tributária e estabelece a política de aplicação das agências financeiras oficiais de fomento, denomina-se

(A) Parceria Público-Privada.
(B) Plano Plurianual.
(C) Lei de Diretrizes Orçamentárias.
(D) Lei de Responsabilidade Fiscal.
(E) Fundo de Participação.

A assertiva reproduz a definição da lei de diretrizes orçamentárias (LDO), trazida no art. 165, § 2º, da CF, razão pela qual a alternativa "C" é a correta.

Gabarito "C".

(Técnico Judiciário – TRT/22ª – 2010 – FCC) A Lei Orçamentária Anual compreende o

(A) orçamento fiscal, as diretrizes orçamentárias e o orçamento de investimento das empresas.
(B) plano plurianual, o orçamento fiscal e o orçamento de investimento das empresas.
(C) plano plurianual, as diretrizes orçamentárias e o orçamento fiscal.
(D) orçamento fiscal, o orçamento da seguridade social e as diretrizes orçamentárias.
(E) orçamento fiscal, o orçamento de investimento das empresas e o orçamento da seguridade social.

Nos termos do art. 165, § 5º, da CF, a lei orçamentária anual compreenderá: (I) o orçamento fiscal referente aos Poderes do ente político federal, seus fundos, órgãos e entidades da administração direta e indireta, inclusive fundações instituídas e mantidas pelo Poder Público; (II) o orçamento de investimento das empresas em que o ente político federal, direta ou indiretamente, detenha a maioria do capital social com direito a voto; e (III) o orçamento da seguridade social, abrangendo todas as entidades e órgãos a ela vinculados, da administração direta ou indireta, bem como os fundos e fundações instituídos e mantidos pelo Poder Público. Por essa razão, a alternativa "E" é a única correta.

Gabarito "E".

3. RECEITAS

(Analista – TRT/23ª – 2011 – FCC) É uma receita por mutação patrimonial a proveniente de

(A) juros e multa de mora sobre tributos pagos com atraso.
(B) aluguéis de imóveis pertencentes ao ente público.
(C) alienação de bens de propriedade do ente público.
(D) transferência intergovernamental.
(E) contribuição de intervenção no domínio econômico.

Na classificação das receitas em *efetivas* ou *por mutação patrimonial*, estas últimas referem-se a entradas que correspondem a saídas de ativos ou ampliação do passivo. **A**, **B**, **D** e **E**: incorretas, pois todas essas receitas são efetivas, ou seja, não correspondem a saídas do ativo ou ampliação do passivo; **C**: correta (considerando que o preço da venda corresponde ao custo do bem), pois a receita da alienação equivale à saída daquilo que foi vendido.

Gabarito "C".

(Analista – TRT/24ª – 2011 – FCC) O regime orçamentário aplicado ao reconhecimento da receita é o

(A) financeiro.
(B) misto.
(C) de competência.
(D) patrimonial.
(E) de caixa.

Na administração pública, a despesa é contabilizada pelo regime de competência e a receita é contabilizada pelo regime de caixa. Significa que as receitas pertencem ao exercício em que são arrecadadas e as despesas pertencem ao exercício em que são empenhadas – art. 35, I e II, da Lei 4.320/1964. Por essa razão, a alternativa "E" é a correta.

Gabarito "E".

(Analista – TRT/23ª – 2007 – FCC) Nos termos da Lei Complementar nº 101 de 04.05.2000, em matéria de receita pública, é correto afirmar:

(A) Só será admitida a reestimativa de receita por parte do Poder Legislativo se comprovado erro ou omissão de ordem técnica ou legal.
(B) As previsões de receita também deverão apresentar demonstrativo de sua evolução nos últimos dois anos e da projeção para o ano seguinte.
(C) As receitas serão desdobradas, em até 60 (sessenta) dias, pelos ordenadores da despesa, em metas trimestrais de arrecadação.
(D) Até sessenta dias após a publicação do orçamento as receitas previstas pelo Poder Executivo serão desdobradas em metas trimestrais de arrecadação.
(E) A concessão de incentivos de natureza tributária da qual decorra renúncia de receita também se aplica ao cancelamento de débito cujo montante seja inferior ao dos respectivos custos de cobrança.

A: correta. Art. 12, § 1º, da LRF; **B:** incorreta, pois as previsões de receita serão acompanhadas de sua evolução nos últimos *três* anos e da projeção para os *dois* seguintes àquele a que se referirem – art. 12 da LRF; **C** e **D:** incorretas, pois o prazo é de *trinta dias* após a publicação dos orçamentos e o desdobramento, pelo Poder Executivo, dá-se em metas *bimestrais* de arrecadação – art. 13 c/c art. 8º da LRF; **E:** incorreta. O cancelamento desses pequenos débitos, cuja cobrança seria antieconômica, não implica renúncia de receita regulada pela LRF – art. 14, § 3º, II, da LRF.

Gabarito "A"

(Técnico Judiciário – TRT/23ª – 2011 – FCC) Segundo a Lei 4.320/1964, pertencem ao exercício financeiro as receitas

(A) nele arrecadadas e as despesas nele efetivamente liquidadas.
(B) previstas na lei de orçamento e as despesas nele efetivamente desembolsadas.
(C) nele arrecadadas e as despesas nele legalmente empenhadas.
(D) previstas na lei de orçamento e as despesas nele efetivamente liquidadas.
(E) nele arrecadas e as despesas nele pagas após sua liquidação.

Na Administração Pública, a despesa é contabilizada pelo regime de competência e a receita é contabilizada pelo regime de caixa. Significa que as receitas pertencem ao exercício em que são arrecadadas e as despesas pertencem ao exercício em que são empenhadas – art. 35, I e II, da Lei 4.320/1964. Por essa razão, a alternativa "C" é a correta.

Gabarito "C"

(Técnico Judiciário – TRT/24ª – 2011 – FCC) Configuram apenas receitas extraorçamentárias:

(A) imposto de renda retido na fonte e convênios recebidos.
(B) alienação de bens e depósito de terceiros.
(C) cauções e consignações.
(D) ICMS e ARO.
(E) ganhos com aplicação financeira e cauções.

Receita orçamentária é aquela prevista na LOA, ou que deveria estar prevista na LOA, objeto da execução orçamentária. Receita extraorçamentária é aquela à margem do orçamento público, que ingressa apenas temporariamente aos cofres públicos, caso dos depósitos, cauções, consignações, fianças etc., cuja restituição não onera dotação orçamentária (independe de autorização legal). Trata-se de classificação bastante usual na prática orçamentária. É interessante notar que essa classificação não se identifica exatamente com a distinção feita pela doutrina clássica entre (i) receitas públicas e (ii) simples ingressos ou entradas. Para Aliomar Baleeiro, receita pública é a entrada que, integrando-se ao patrimônio público sem quaisquer reservas, condições ou correspondência no passivo, vem acrescer o seu vulto, como elemento novo e positivo. Simples entradas ou ingressos ou movimentos de fundos, sempre de acordo com Aliomar Baleeiro, não implicam incremento ao patrimônio governamental, desde que estejam condicionados à restituição posterior ou representam mera recuperação de valores emprestados ou cedidos pelo governo. Essa definição doutrinária de receita pública exclui os empréstimos recebidos e as amortizações daqueles concedidos (seriam meros ingressos ou entradas, já que os empréstimos devem ser devolvidos e as amortizações são restituição do que foi emprestado). Ocorre que, nos termos do art. 11, § 2º, da Lei 4.320/1964, os empréstimos e as amortizações correspondem a receitas de capital (são receitas orçamentárias, portanto).
A: incorreta, pois os impostos são receitas correntes e os valores recebidos por conta de convênios podem ser classificados como receitas correntes ou de capital, a depender da destinação – art. 11, §§ 1º e 2º, da Lei 4.320/1964; **B**: incorreta, pois os valores decorrentes da alienação de bens são receitas de capital – art. 11, § 2º, da Lei 4.320/1964; **C**: essa é a alternativa que indica, apenas, receitas extraorçamentárias ou, segundo a classificação doutrinária clássica, simples entradas ou ingressos (não são, sequer, receitas públicas); **D**: incorreta, pois o imposto é receita corrente. Os valores decorrentes de operação de crédito por antecipação de receitas orçamentárias – ARO são, excepcionalmente, consideradas extraorçamentárias, conforme o art. 3º, parágrafo único, da Lei 4.320/1964 (as receitas relativas às demais operações de crédito são receitas de capital – art. 11, § 2º, da Lei 4.320/1964); **E**: incorreta, pois os ganhos com aplicações financeiras são receitas correntes (art. 11, § 1º, da Lei 4.320/1964).

Gabarito "C"

(Técnico Judiciário – TRT/11ª – 2005 – FCC) A receita classifica-se nas seguintes categorias econômicas:

(A) de capital e de investimentos.
(B) inversões financeiras e de investimentos.
(C) correntes e de transferências correntes.
(D) correntes e de capital.
(E) de investimentos e correntes.

Há diversas classificações, a depender do critério adotado. As receitas podem ser classificadas como ordinárias ou extraordinárias, segundo a regularidade. Pelo critério da origem, é possível distinguir receitas originárias e derivadas. Em razão da previsão orçamentária, fala-se em receitas orçamentárias ou extraorçamentárias. A Lei 4.320/1964, em seu art. 11, refere-se às categorias econômicas, distinguindo-as em receitas correntes e receitas de capital.

Gabarito "D"

Veja a seguinte tabela, para estudo e memorização da classificação das receitas por categorias econômicas – art. 11, § 4º, da Lei 4.320/1964:

RECEITAS	Correntes	Receita tributária (Impostos, Taxas, Contribuições de melhoria) Receita de contribuições Receita patrimonial Receita agropecuária Receita industrial Receita de serviços Transferências correntes Outras receitas correntes
	de Capital	Operações de crédito Alienação de bens móveis e imóveis Amortização de empréstimos concedidos Transferências de capital Outras receitas de capital

4. DESPESAS

(Analista – TRT/23ª – 2011 – FCC) É uma variação patrimonial passiva independente da execução orçamentária a despesa decorrente de

(A) execução de obras públicas.
(B) cancelamento da dívida ativa do ente público.
(C) aquisição de imóveis.
(D) participação em constituição de capital de empresas industriais ou comerciais.
(E) pagamentos de servidores aposentados ou de pensionistas.

A, **C**, **D** e **E**: incorretas, pois indicam situações em que há efetiva despesa orçamentária, onerando dotações orçamentárias correspondentes; **B**: correta, pois o cancelamento da inscrição em dívida ativa não implica despesa orçamentária (não é preciso haver disponibilidade orçamentária para isso, já que não se onera dotação).

Gabarito "B"

(Analista – TRT/23ª – 2011 – FCC) É classificada como uma despesa de capital o gasto com

(A) aquisição de material de consumo.
(B) juros da dívida pública interna.
(C) restos a pagar do exercício anterior.
(D) subvenções destinadas à manutenção de outras entidades de direito público ou privado.
(E) execução de obras.

A: incorreta, pois a aquisição de material de consumo implica despesa de custeio, espécie de despesa corrente – art. 13 da Lei 4.320/1964; **B:** incorreta, pois o pagamento de juros da dívida pública implica transferência corrente, espécie de despesa corrente – art. 13 da Lei 4.320/1964; **C:** incorreta, pois o pagamento dos restos a pagar é um fato extraorçamentário (em relação ao orçamento presente), embora corresponda a uma despesa orçamentária corrente ou de capital no exercício em que foi realizada – ver o art. 103, parágrafo único, da Lei 4.320/1964; **D:** incorreta, pois essas subvenções são classificadas como transferências correntes, espécie de despesa corrente – art. 12, § 2º, da Lei 4.320/1964; **E:** correta, pois a execução de obras implica investimento, espécie de despesa de capital – art. 12, § 4º, da Lei 4.320/1964.
Veja a discriminação da despesa por elementos, conforme as categorias econômicas, no art. 13 da Lei 4.320/1964:

DESPESAS CORRENTES	
Despesas de Custeio	**Transferências Correntes**
Pessoa Civil Pessoal Militar Material de Consumo Serviços de Terceiros Encargos Diversos	Subvenções Sociais Subvenções Econômicas Inativos Pensionistas Salário Família e Abono Familiar **Juros da Dívida Pública** Contribuições de Previdência Social Diversas Transferências Correntes

As demais despesas são classificadas como de capital, segundo o esquema previsto no mesmo dispositivo legal:

DESPESAS DE CAPITAL		
Investimentos	**Inversões Financeiras**	**Transferências de Capital**
– Obras Públicas – Serviços em Regime de Programação Especial – Equipamentos e Instalações – Material Permanente – Participação em Constituição ou Aumento de Capital de Empresas ou Entidades Industriais ou Agrícolas	– Aquisição de Imóveis – Participação em Constituição ou Aumento de Capital de Empresas ou Entidades Comerciais ou Financeiras – Aquisição de Títulos Representativos de Capital de Empresa em Funcionamento – Constituição de Fundos Rotativos – Concessão de Empréstimos – Diversas Inversões Financeiras	– Amortização da Dívida Pública – Auxílios para Obras Públicas – Auxílios para Equipamentos e Instalações – Auxílios para Inversões Financeiras – Outras Contribuições

Gabarito "E"

(Analista – TRT/23ª – 2011 – FCC) São restos a pagar não processados as despesas

(A) empenhadas, mas não liquidadas no exercício financeiro.
(B) empenhada, liquidadas e não pagas no exercício financeiro.
(C) de exercícios anteriores.
(D) decorrentes de suprimento de fundos.
(E) liquidadas, porém não empenhadas nem pagas no exercício.

A despesa empenhada e realizada, mas não paga até o final do exercício corresponde a Restos a Pagar. Se houve liquidação, denomina-se processada, caso contrário, é despesa não processada – art. 36 da Lei 4.320/1964, de modo que a alternativa "A" é a correta.

Gabarito "A"

(Analista – TRT/24ª – 2011 – FCC) De acordo com o regime orçamentário de reconhecimento da despesa, pertence ao exercício financeiro

(A) apenas a despesa total liquidada.
(B) a despesa nele legalmente empenhada.
(C) somente a despesa efetivamente paga.
(D) a despesa liquidada, porém, ainda não empenhada em restos a pagar.
(E) somente os valores nele inscritos em restos a pagar processados.

Na administração pública, a despesa é contabilizada pelo regime de competência e a receita é contabilizada pelo regime de caixa. Significa que as receitas pertencem ao exercício em que são arrecadadas e as despesas pertencem ao exercício em que são empenhadas – art. 35, I e II, da Lei 4.320/1964. Por essa razão, a alternativa "B" é a correta.

Gabarito "B"

(Analista – TRT/10ª – 2004 – CESPE) O processo de gestão financeiro-orçamentária do setor público brasileiro, desde a edição Constituição Federal de 1988, veio consolidando técnicas, princípios e procedimentos. Acerca do tema, julgue o item seguinte.

(1) A construção de um prédio pelo poder público é classificada como investimento.

1: correta. Art. 12, § 4º, da Lei 4.320/1964.

Gabarito 1C

(Técnico Judiciário – TRT/24ª – 2011 – FCC) As seguintes informações referentes à "Prefeitura XYZ" foram extraídas no final do exercício financeiro de 2010

Despesas Orçamentárias e Extraorçamentárias	Valores (R$)
Pessoal Ativo	10.000
Consignações em folha de pagamento repassadas ao ente destinatário	3.000
Encargos trabalhistas (patronal)	2.000
Depósitos de terceiros restituídos	5.000
Aquisição de computadores	4.000
TOTAL	31.000

O valor das despesas extraorçamentárias, em R$, é igual a

(A) 4.000.
(B) 5.000.
(C) 7.000.
(D) 8.000.
(E) 12.000.

As despesas com pessoal, encargos trabalhistas e para aquisição de computadores oneram o orçamento público, ou seja, são realizadas dentro da execução orçamentária. Receitas extraorçamentárias são aquelas que não oneram a dotação orçamentária, ou seja, são realizadas à margem do orçamento público, como as consignações em folha e a restituição de depósitos (repare que essas saídas não reduzem o patrimônio público). No exercício, a soma dos valores relativos a essas receitas extraorçamentárias é R$ 8.000,00 (= R$ 3.000,00 + R$ 5.000,00), de modo que a alternativa "D" é a correta.

Gabarito "D"

(Técnico Judiciário – TRT/9ª – 2010 – FCC) Tratando-se da Lei nº 4.320/1964, as dotações para despesas as quais não corresponda contraprestação direta em bens ou serviços, inclusive para contribuições e subvenções destinadas a atender à manifestação de outras entidades de direito público ou privado, classificam-se como

(A) despesas de custeio.
(B) transferências correntes.
(C) subvenções econômicas.
(D) transferências de capital.
(E) inversões financeiras.

A: incorreta, pois despesas de custeio são as dotações para manutenção de serviços anteriormente criados, inclusive as destinadas a atender a obras de conservação e adaptação de bens imóveis (art. 12, § 1§, da Lei 4.320/1964), ou seja, aquelas despesas com pessoal (civil ou militar), material de consumo, serviços de terceiros e encargos diversos – art. 13 da Lei 4.320/1964; **B**: essa é a assertiva correta, conforme a exata definição de transferências correntes do art. 12, § 2º, da Lei 4.320/1964; **C**: incorreta, pois subvenções econômicas são as transferências que se destinam a empresas públicas ou privadas de caráter industrial, comercial, agrícola ou pastoril – art. 12, § 3º, II, da Lei 4.320/1964; **D**: incorreta, pois transferências de capital referem-se às dotações para investimentos ou inversões financeiras que outras pessoas de direito público ou privado devem realizar, independentemente de contraprestação direta em bens ou serviços, constituindo essas transferências auxílios ou contribuições, segundo derivem diretamente da Lei de Orçamento ou de lei especialmente anterior, bem como as dotações para amortização da dívida pública – art. 12, § 6º, da Lei 4.320/1964; **E**: incorreta, já que inversões financeiras referem-se às dotações destinadas a (i) aquisição de imóveis, ou de bens de capital já em utilização, (ii) aquisição de títulos representativos do capital de empresas ou entidades de qualquer espécie, já constituídas, quando a operação não importe aumento do capital e (iii) constituição ou aumento do capital de entidades ou empresas que visem a objetivos comerciais ou financeiros, inclusive operações bancárias ou de seguros (art. 12, § 5º, da Lei 4.320/1964).

Gabarito "B"

Veja as seguintes tabelas, para estudo e memorização da discriminação da despesa por elementos, conforme as categorias econômicas – art. 13 da Lei 4.320/1964:

DESPESAS CORRENTES	Despesas de Custeio	Pessoa Civil Pessoal Militar Material de Consumo Serviços de Terceiros Encargos Diversos
	Transferências Correntes	Subvenções Sociais Subvenções Econômicas Inativos Pensionistas Salário-Família e Abono Familiar Juros da Dívida Pública Contribuições de Previdência Social Diversas Transferências Correntes

DESPESAS DE CAPITAL	Investimentos	Obras Públicas Serviços em Regime de Programação Especial Equipamentos e Instalações Material Permanente Participação em Constituição ou Aumento de Capital de Empresas ou Entidades Industriais ou Agrícolas
	Inversões Financeiras	Aquisição de Imóveis Participação em Constituição ou Aumento de Capital de Empresas ou Entidades Comerciais ou Financeiras Aquisição de Títulos Representativos de Capital de Empresa em Funcionamento Constituição de Fundos Rotativos Concessão de Empréstimos Diversas Inversões Financeiras
	Transferências de Capital	Amortização da Dívida Pública Auxílios para Obras Públicas Auxílios para Equipamentos e Instalações Auxílios para Inversões Financeiras Outras Contribuições

(Técnico Judiciário – TRT/23ª – 2007 – FCC) No que se refere à classificação de despesa pública, quanto à sua duração,considere:

I. Aquela que pode ocorrer, mas que o Estado não sabe quando ocorrerá, por isso deixa de constar do orçamento, a exemplo de uma desapropriação, denomina-se despesa especial.

II. Aquela considerada comum, ou seja, a constante do orçamento, a exemplo do pagamento de servidores aposentados, denomina-se despesa ordinária.

III. Aquela de natureza excepcional, decorrentes de situações imprevisíveis, mas constante do orçamento, a exemplo da situação de guerra, denomina-se despesa de custeio.

Nesses casos, está correto o que se afirma APENAS em

(A) I.
(B) I e II.
(C) I e III.
(D) II.
(E) II e III.

I e **II**: corretas, pois as assertivas descrevem adequadamente as despesas especial e ordinária; **III**: incorreta, pois a despesa extraordinária não conta, em regra, com previsão no orçamento, podendo ser suportada por crédito adicional extraordinário aberto diretamente pelo Executivo – art. 167, § 3º da CF, arts. 41, III e 44 da Lei 4.320/1964. Ademais, não se confunde com despesa de custeio, que é aquela relacionada à manutenção de serviços anteriormente criados (salários, material de consumo, limpeza etc. – art. 12, § 1º, da Lei 4.320/1964).

Gabarito "B".

5. CRÉDITOS ADICIONAIS E EXECUÇÃO ORÇAMENTÁRIA

(Analista – TRT/6ª – 2012 – FCC) A prefeitura ABC precisa executar no exercício de 2012 uma despesa orçamentária relativa a obras NÃO incluída na Lei Orçamentária do referido exercício. A prefeitura deverá utilizar o crédito adicional

(A) de fixação.
(B) suplementar.
(C) extraordinário.
(D) adicional.
(E) especial.

Os créditos adicionais destinados a despesas para as quais não haja dotação orçamentária específica são os especiais, de modo que a alternativa "E" é a correta – art. 41, II, da Lei 4.320/1964.

Veja a seguinte tabela com as espécies de créditos adicionais:

Créditos Adicionais		
Suplementares	– Destinados a reforço de dotação orçamentária já existente.	– autorizados por lei e abertos por decreto executivo; – dependem da existência de recursos disponíveis para suportar a despesa.
Especiais	– Destinados a despesas para as quais não haja dotação orçamentária específica.	
Extraordinários	– Para atender a despesas imprevisíveis e urgentes, como as decorrentes de guerra, comoção interna ou calamidade pública.	– abertos por decreto do Poder Executivo, que dele dará imediato conhecimento ao Poder Legislativo (o art. 167, § 3º, da CF/1988 refere-se à Medida Provisória – art. 62 da CF).

Gabarito "E".

(Analista – TRT/6ª – 2012 – FCC) Os dados a seguir foram obtidos do Estado Riacho Verde em 31.12.2011:

Em R$ (mil)

Fixação do Crédito Especial 10.000,00

Execução do Crédito Especial 7.000,00

Ativo Financeiro 50.000,00

Passivo Financeiro 5.000,00

Previsão da Receita 90.000,00

Execução da Receita....................................110.000,00

Com base nessas informações e considerando os recursos para a abertura de créditos adicionais, é fonte de recursos para abertura de crédito adicional no exercício seguinte a 2011

(A) o superávit financeiro de R$ (mil) 45.000,00.
(B) o excesso de arrecadação de R$ (mil) 20.000,00.
(C) a economia orçamentária da R$ (mil) 7.000,00.
(D) a insuficiência de arrecadação de R$ (mil) 3.000,00.
(E) o déficit financeiro de R$ (mil) 45.000,00.

A abertura de créditos adicionais suplementares e especiais depende da existência de recursos disponíveis, que podem ser (i) o superávit financeiro apurado em balanço patrimonial do exercício anterior; (ii) os provenientes de excesso de arrecadação, (iii) os resultantes de anulação parcial ou total de dotações orçamentárias ou de créditos adicionais, autorizados em lei ou (iv) o produto de operações de crédito autorizadas, em forma que juridicamente possibilite ao Poder Executivo realizá-las – art. 43 da Lei 4.320/1964. Com essa informação é possível concluir que a alternativa "A" é a correta. Adicionalmente, é interessante anotar que superávit financeiro é a diferença positiva entre o ativo financeiro e o passivo financeiro, conjugando-se, ainda, os saldos dos créditos adicionais transferidos e as operações de crédito a eles vinculadas – art. 43, § 2º, da Lei 4.320/1964. Na questão apresentada, portanto, o superávit financeiro é a diferença positiva entre R$ 50 mil (ativo financeiro) e R$ 5 mil (passivo financeiro), ou seja, R$ 45 mil, o que confirma ser correta a alternativa "A".

Gabarito "A".

(Analista – TRT/11ª – 2012 – FCC) Segundo a Lei nº 4.320/1964,

(A) a despesa é liquidada por meio de despacho exarado por autoridade competente, determinando que a despesa seja paga.
(B) salvo as exceções nela previstas, para cada empenho, deverá ser extraído um documento denominado nota de empenho que indicará o nome do credor, a representação e a importância da despesa bem como a dedução desta do saldo da dotação própria.
(C) o regime de adiantamento é aplicável aos casos de despesas expressamente definidos em lei e consiste na entrega de numerário a servidor, dispensado o prévio empenho na dotação própria, para o fim de realizar despesas que não possam subordinar-se ao processo normal de aplicação.

(D) o pagamento da despesa consiste na verificação do direito adquirido pelo credor tendo por base os títulos e documentos comprobatórios do respectivo crédito.
(E) a liquidação da despesa é o ato emanado de autoridade competente que cria para o Estado obrigação de pagamento pendente ou não de implemento de condição.

A: incorreta, pois a assertiva refere-se à ordem de pagamento, conforme definida pelo art. 64 da Lei 4.320/1964; **B:** correta, pois reflete o disposto no art. 61 da Lei 4.320/1964; **C:** incorreta, pois o adiantamento é sempre precedido de empenho na dotação própria – art. 68 da Lei 4.320/1964; **D:** incorreta, pois a assertiva refere-se à liquidação – art. 63 da Lei 4.320/1964; **E:** incorreta, pois essa é a definição de empenho dada pelo art. 58 da Lei 4.320/1964.
Gabarito "B"

(Analista – TRT/11ª – 2012 – FCC) Os créditos adicionais cuja autorização para abertura pode constar da própria Lei Orçamentária Anual são denominados créditos
(A) especiais.
(B) contingentes.
(C) extraordinários.
(D) com prescrição interrompida.
(E) suplementares.

Segundo o princípio da exclusividade, a LOA não conterá dispositivo estranho à previsão da receita e à fixação da despesa, admitindo-se a autorização para abertura de créditos suplementares e para contratação de operações de crédito – art. 165, § 8º, da CF/1988. Por essa razão, a alternativa "E" é a correta.
Gabarito "E"

(Analista – TRT/23ª – 2011 – FCC) Os créditos adicionais que se destinam a financiar despesas para as quais não haja uma dotação orçamentária específica são denominados créditos
(A) complementares.
(B) extraordinários.
(C) suplementares.
(D) especiais.
(E) específicos.

A assertiva se refere aos créditos adicionais especiais, destinados a despesas para as quais não haja dotação orçamentária específica – art. 41, II, da Lei 4.320/1964. Por essa razão, a alternativa "D" é a correta.
Veja a seguinte tabela, para estudo e memorização dos créditos adicionais – art. 41 da Lei 4.320/1964 e art. 167, § 3º, da CF/1988:

Créditos Adicionais		
Suplementares	– Destinados a reforço de dotação orçamentária já existente.	– autorizados por lei e abertos por decreto executivo; – depende da existência de recursos disponíveis para ocorrer a despesa.
Especiais	– Destinados a despesas para as quais não haja dotação orçamentária específica.	
Extraordinários	– Para atender a despesas imprevisíveis e urgentes, como as decorrentes de guerra, comoção interna ou calamidade pública.	– abertos por decreto do Executivo, que deles dará imediato conhecimento ao Legislativo.

Gabarito "D"

(Analista – TRT/23ª – 2007 – FCC) Nos termos da Lei nº 4.320 de 17.03.1964, em relação ao exercício financeiro, é correto afirmar que
(A) também pertencem ao exercício financeiro, que pode coincidir com o ano civil, todas as despesas, sejam elas regulares ou irregulares, ainda que ilegalmente empenhadas.
(B) os créditos da Fazenda Pública são restritos aos ingressos de natureza tributária, podendo ser escriturados, de preferência, como receita do presente ou do subsequente exercício.
(C) reverte à dotação a importância de despesa anulada no exercício; quando a anulação ocorrer após o encerramento deste, considerar-se-á receita do ano em que se efetivar.
(D) consideram-se Restos a Pagar as despesas empenhadas e não pagas até o dia 1º de janeiro, sem distinção das processadas e não processadas.
(E) determinando-se a região onde ocorreu a despesa, a Dívida Ativa da União será apurada e inscrita na respectiva Procuradoria da Fazenda Estadual.

A: incorreta, pois somente as despesas legalmente empenhadas pertencem ao respectivo exercício financeiro (regime de competência para as despesas) – art. 35, II, da Lei 4.320/1964; **B:** incorreta. As receitas tributárias são apenas uma das espécies de receitas correntes (há diversas outras receitas, portanto). Ademais, as receitas devem ser escrituradas no exercício em que forem efetivamente arrecadadas (regime de caixa para as receitas) – art. 35, I, da Lei 4.320/1964; **C:** correta. Art. 38 da Lei 4.320/1964; **D:** incorreta. A despesa empenhada e realizada, mas não paga até 31 de dezembro do exercício correspondente é incluída nos Restos a Pagar. Se houve liquidação, denomina-se processada, caso contrário, é despesa não processada – art. 36 da Lei 4.320/1964; **E:** incorreta, pois a dívida ativa da União é apurada, inscrita e cobrada pela Advocacia Pública da União.
Gabarito "C"

(Técnico – TRT/11ª – 2012 – FCC) Os créditos especiais, um dos tipos possíveis de créditos adicionais,
(A) prescindem, para sua abertura, de indicação dos recursos para financiá-los.
(B) não podem ser financiados por operações de crédito de antecipação de receitas, em nenhuma hipótese.
(C) são autorizados pelo Poder Legislativo atender despesas imprevisíveis e urgentes como as decorrentes de guerra ou calamidade pública.
(D) têm por objetivo reforçar dotação já existente no orçamento em vigor.
(E) são destinados ao financiamento de despesas para as quais não haja dotação orçamentária específica.

A: incorreta, pois a abertura de créditos adicionais especiais não prescinde da indicação de recursos (ou seja, é necessário indicar tais recursos) – art. 43 da Lei 4.320/1964; **B:** discutível. As operações de crédito por antecipação de receita orçamentária (ARO) não implicam nova receita orçamentária (como diz o nome, apenas antecipa-se a receita orçamentária durante o exercício, que já estava prevista no orçamento), de modo que não podem, em princípio, suportar abertura de crédito adicional. A própria Banca Examinadora da FCC já apresentou gabarito no sentido de que "as operações de crédito por antecipação de receita (ARO) [não] podem também amparar créditos adicionais" (Técnico – TER-PB – 2007 – a assertiva era afirmativa e foi considerada errada). Provavelmente a FCC considerou a assertiva incorreta nesta questão porque afirma peremptoriamente "em nenhuma hipótese", podendo-se imaginar a hipótese excepcional de ARO realizada concomitantemente com reestimativa ampliativa da receita (excesso da arrecadação prevista), embora questionável. De qualquer forma, a alternativa "E" deve ser indicada, como veremos, pois claramente correta; **C:** assertiva incorreta, pois a assertiva se refere aos créditos extraordinários, previstos no art. 167, § 3º da CF e no art. 41, III, da Lei 4.320/1964; **D:** incorreta, pois a assertiva indica os créditos adicionais suplementares, previstos no art. 41, I, da Lei 4.320/64; **E:** essa é a assertiva correta. Os créditos adicionais especiais são os destinados a despesas para as quais não haja dotação orçamentária específica. São autorizados por lei, abertos por decreto executivo e dependem da existência de recursos disponíveis para suportar a despesa, nos termos dos arts. 40 e seguintes da Lei 4.320/1964.
Gabarito "E"

Veja a seguinte tabela com os créditos adicionais, para estudo e memorização:

Créditos Adicionais		
Suplementares	Destinados a reforço de dotação orçamentária já existente	- autorizados por lei e abertos por decreto executivo, conforme art. 42 da Lei 4.320/1964 - dependem da existência de recursos disponíveis para suportar a despesa, conforme art. 43, *caput*, da Lei 4.320/1964
Especiais	Destinados a despesas para as quais não haja dotação orçamentária específica	
Extraordinários	Para atender a despesas imprevisíveis e urgentes, como as decorrentes de guerra, comoção interna ou calamidade pública	- abertos por decreto do Executivo, que dele dará imediato conhecimento ao Legislativo, conforme art. 44 da Lei nº 4.320/1964 (o art. 167, § 3º, da CF refere-se à medida provisória – art. 62 da CF)

(Técnico Judiciário – TRT/23ª – 2011 – FCC) Os créditos adicionais que se destinam a prover recursos para financiar despesas para as quais não haja dotação orçamentária suficiente são denominados créditos

(A) suplementares.
(B) extraordinários.
(C) complementares.
(D) específicos.
(E) especiais.

Classificam-se como suplementares os créditos adicionais destinados a reforço de dotação orçamentária já existente – art. 41, I, da Lei 4.320/1964.

Gabarito "A"

6. LEI DE RESPONSABILIDADE FISCAL – LRF

(Analista – TRT/11ª – 2012 – FCC) Analise as afirmações a seguir:

I. É vedado ao titular do Poder Executivo, nos últimos dois quadrimestres do seu mandato, contrair obrigação de despesa que não possa ser cumprida integralmente dentro dele, ou que tenha parcelas a serem pagas no exercício seguinte sem que haja suficiente disponibilidade de caixa para este efeito.
II. A Lei Orçamentária não consignará dotação para investimento com duração superior a um exercício financeiro que não esteja previsto no plano plurianual ou em lei que autorize a sua inclusão.
III. Somente é considerada despesa obrigatória de caráter continuado aquela derivada de lei, medida provisória ou ato administrativo normativo que fixem para o ente público a obrigação legal de sua execução por, pelo menos, cinco exercícios consecutivos.
IV. O relatório da gestão patrimonial do ente público conterá demonstrativo dos resultados nominal e primário obtidos no semestre respectivo.

De acordo com as disposições da Lei da Responsabilidade Fiscal, está correto o que se afirma APENAS em

(A) I e II.
(B) I e III.
(C) II e III.
(D) II e IV.
(E) III e IV.

I: correta, pois essa vedação é expressamente prevista no art. 42, *caput*, da LRF; **II:** correta, nos termos do art. 5º, § 5º, da LRF c/c o art. 167, § 1º, da CF/1988; **III:** incorreta. Nos termos do art. 17, *caput*, da LRF, considera-se obrigatória de caráter continuado a despesa corrente derivada de lei, medida provisória ou ato administrativo normativo que fixem para o ente a obrigação legal de sua execução por um período superior a dois exercícios (não cinco, como consta da assertiva); **IV:** incorreta, pois essa informação deverá constar do relatório resumido da execução orçamentária, que é bimestral – art. 165, § 3º, da CF/1988 e art. 53, III, da LRF.

Gabarito "A"

(Analista – TRT/23ª – 2011 – FCC) É um dos dispositivos mais importantes da Lei de Responsabilidade Fiscal:

(A) o não cumprimento das metas de resultado primário ou nominal implica na limitação de empenho e movimentação financeira do ente público.
(B) o impedimento de criação de despesas obrigatórias de caráter continuado, mesmo na existência de recursos para seu custeio.
(C) a garantia a cada ente público do direito discricionário de criação de limites para a despesa total de pessoal, a qual, entretanto, não poderá ser superior a 50% de sua receita líquida corrente.
(D) a proibição expressa de destinação de recursos do ente público para cobrir necessidades de pessoas físicas ou déficits de pessoas jurídicas.
(E) a permissão para o Banco Central do Brasil emitir títulos da dívida pública com a finalidade de financiamento dos gastos da União.

A: correta, nos termos do art. 9º da LRF; **B:** incorreta, pois é possível a criação de despesas obrigatórias de caráter continuado, desde que preenchidos os requisitos do art. 17 da LRF, incluindo a demonstração da origem dos recursos para seu custeio; **C:** incorreta, pois o art. 19 da LRF fixa peremptoriamente os limites para despesa com pessoal, para cada esfera de governo; **D:** incorreta, pois se admite a destinação de recursos para, direta ou indiretamente, cobrir necessidades de pessoas físicas ou déficits de pessoas jurídicas, desde que autorizada por lei específica, atenda às condições estabelecidas na LDO e esteja prevista no orçamento ou em seus créditos adicionais – art. 26 da LRF; **E:** incorreta, pois o art. 34 da LRF veda a emissão de títulos da dívida pública pelo Bacen. Ademais, o art. 164, § 1º, da CF/1988 veda expressamente a concessão, pelo Bacen, de empréstimos ao Tesouro Nacional e a qualquer órgão ou entidade que não seja instituição financeira.

Gabarito "A"

(Técnico – TRT/11ª – 2012 – FCC) Analise as afirmações a seguir, cotejando-as com as disposições da Lei de Responsabilidade Fiscal.

I. Os atos que aumentarem ou criarem despesa obrigatória de caráter continuado para um ente da federação deverão demonstrar a origem de recursos para seu custeio.
II. As despesas de pessoal dos Estados da Federação não podem ultrapassar 60% da sua receita corrente líquida.
III. É expressamente vedada a destinação de recursos para, direta ou indiretamente, cobrir necessidades de pessoas físicas ou *déficits* de pessoas jurídicas.
IV. Considera-se aumento permanente da receita o proveniente de elevação de alíquotas, ampliação da base de cálculo e majoração ou criação de tributo ou contribuição.

Está em consonância com a referida Lei o que consta APENAS em

(A) I e II.
(B) I e III.
(C) II e III.
(D) I, II e IV.
(E) I, III e IV.

I: correta, conforme o art. 17, § 1º, da Lei de Responsabilidade Fiscal – LRF (LC 101/2000); **II:** correta, conforme o art. 19, II, da LRF; **III:** incorreta, pois essa destinação é possível, desde que autorizada por lei específica, atenda às condições estabelecidas na lei de diretrizes orçamentárias e esteja prevista no orçamento ou em seus créditos adicionais, conforme preceitua o art. 26 da LRF; **IV:** correta, nos termos do art. 17, § 3º, da LRF.

Gabarito "D"

(Técnico Judiciário – TRT/23ª – 2011 – FCC) De acordo com a Lei da Responsabilidade Fiscal,

(A) os entes públicos não podem utilizar a limitação de empenho quando sua dívida pública exceder os limites para ela fixados.
(B) o limite para as despesas de pessoal da União é maior que os respectivos limites para os Estados, o Distrito Federal e os Municípios.
(C) o projeto de lei orçamentária anual conterá Anexo de Metas Fiscais, em que serão estabelecidas metas anuais, em valores correntes e constantes, relativas a receitas, despesas, resultados nominal e primário e montante da dívida pública para o exercício a que se referirem.
(D) a lei de diretrizes orçamentárias conterá Anexo de Riscos Fiscais, onde serão avaliados os passivos contingentes e outros riscos capazes de afetar as contas públicas.
(E) é permitida a operação de crédito entre uma instituição financeira estatal e o ente da Federação que a controla na qualidade de beneficiário do empréstimo, desde que seja aprovada pelo Senado Federal.

A: assertiva incorreta, pois, caso a dívida consolidada ultrapasse o respectivo limite ao final de um quadrimestre, o ente federado deverá promover, entre outras medidas, a limitação de empenho para obtenção de resultado primário necessário para a recondução ao limite – art. 31, § 1º, II, da Lei de Responsabilidade Fiscal – LRF (LC 101/2000); **B:** assertiva incorreta, pois o limite para despesas com pessoal da União (50% da receita corrente líquida) é menor que aquele fixado para Estados e Municípios (60%) – art. 19 da LRF; **C:** assertiva incorreta, pois o Anexo de Metas Fiscais refere-se à Lei de Diretrizes Orçamentárias – LDO, e não à Lei Orçamentária Anual – LOA. Ademais, o Anexo trata do exercício financeiro a que se refere à LDO e aos dois exercícios seguintes – art. 4º, § 1º, da LRF; **D:** essa é a assertiva correta, nos exatos termos do art. 4º, § 3º, da LRF; **E:** assertiva incorreta, pois o art. 36, *caput*, da LRF veda a operação de crédito entre uma instituição financeira estatal e o ente da Federação que a controle, na qualidade de beneficiário do empréstimo, com a ressalva prevista em seu parágrafo único, de que a instituição financeira controlada pode adquirir, no mercado, títulos da dívida pública para atender investimento de seus clientes, ou títulos da dívida de emissão da União para aplicação de recursos próprios.

Gabarito "D"

Para estudo e memorização, veja a seguinte tabela com os limites para despesas com pessoal em relação à receita corrente líquida de cada ente político, com a repartição entre Executivo, Legislativo e Judiciário (arts. 19 e 20 da LRF):

Limites para despesas com pessoal % sobre a receita corrente líquida		
União	50%	2,5% para o Legislativo, incluindo o Tribunal de Contas da União
		6% para o Judiciário
		40,9% para o Executivo
		0,6% para o Ministério Público da União
Estados	60%	3% para o Legislativo, incluindo o Tribunal de Contas Estadual
		6% para o Judiciário
		49% para o Executivo
		2% para o Ministério Público Estadual
Municípios	60%	6% para o Legislativo, incluindo o Tribunal de Contas Municipal, quando houver
		54% para o Executivo.

(Técnico Judiciário – TRT/22ª – 2010 – FCC) De acordo com a Lei Complementar nº 101/2000, que estabelece normas de finanças públicas voltadas para a responsabilidade na gestão fiscal e dá outras providências, é correto afirmar:

(A) O Anexo de Metas Fiscais integrará o projeto de Lei de Diretrizes Orçamentárias.

(B) Os ativos contingentes serão avaliados por meio do Anexo de Riscos Fiscais.

(C) A despesa total com pessoal dos Estados e Municípios, em cada período de apuração, não poderá exceder a 50% da receita corrente líquida.

(D) A Lei de Diretrizes Orçamentárias e o relatório resumido da execução orçamentária não são instrumentos de transparência da gestão fiscal.

(E) A despesa e a assunção de compromisso serão registrados segundo o regime de competência, não se apurando, em caráter permanente, o resultado dos fluxos financeiros pelo regime de caixa.

A: correta, conforme o art. 4º, § 1º, da LRF; **B**: incorreta, pois os passivos contingentes (e não os ativos, como indica a assertiva) serão avaliados no Anexo de Riscos Fiscais – art. 4º, § 3º, da LRF; **C**: incorreta, pois o limite de despesas com pessoal aplicável aos Estados e aos Municípios é de 60% da receita corrente líquida – art. 19, II e III, da LRF; **D**: incorreta, pois os planos, orçamentos e leis de diretrizes orçamentárias, as prestações de contas e o respectivo parecer prévio, o Relatório Resumido da Execução Orçamentária e o Relatório de Gestão Fiscal, e as versões simplificadas desses documentos são considerados instrumentos de transparência da gestão fiscal, aos quais será dada ampla divulgação, inclusive em meios eletrônicos de acesso público, nos termos do art. 48 da LRF; **E**: incorreta, pois os resultados dos fluxos financeiros são apurados, em caráter suplementar, pelo regime de caixa – art. 50, II, da LRF.

Gabarito "A"

(Técnico Judiciário – TRT/23ª – 2007 – FCC) No que diz respeito aos limites da dívida pública, é correto afirmar que

(A) as propostas que estabelecem limites para o montante da dívida pública mobiliária federal dispensam a metodologia de apuração dos resultados primário e nominal.

(B) a alteração dos fundamentos das propostas dos limites globais para o montante da dívida consolidada, em razão de instabilidade econômica, impede a solicitação de revisão dos limites.

(C) os precatórios judiciais não pagos durante a execução do orçamento em que houverem sido incluídos integram a dívida consolidada, para fins de aplicação dos limites.

(D) para os fins de verificação do atendimento do limite constante das propostas encaminhadas ao Poder Legislativo, a apuração do montante da dívida consolidada será efetivada ao final de cada ano.

(E) na proposta de limite global para o montante da dívida consolidada do Poder Público, é possível a aplicação de limites diferenciados a todos os entes da Federação, constituindo, para cada um deles, limites mínimos.

A: incorreta, pois compete ao Congresso Nacional legislar sobre o montante da dívida mobiliária federal – art. 48, XIV, da CF. Ao Senado Federal compete estabelecer limites globais e condições para o montante da dívida mobiliária dos Estados, do Distrito Federal e dos Municípios, mas não da União, embora fixe limites globais da dívida consolidada para todos os entes (inclusive União) – art. 52, VI e IX, da CF. A lei, de competência do Congresso Nacional (art. 48, XIV, da CF), atenderá ao disposto no art. 30, § 1º, da LRF, o que inclui a metodologia de apuração dos resultados primário e nominal (inciso IV); **B**: incorreta, pois a alteração dos fundamentos, conforme descrito na assertiva, permite o encaminhamento, pelo Presidente da República ao Senado Federal ou ao Congresso Nacional, de solicitação de revisão dos limites – art. 30, § 6º, da LRF; **C**: correta, nos exatos termos do art. 30, § 7º, da LRF; **D**: incorreta, pois a apuração do montante da dívida consolidada, para verificação do atendimento do limite, será efetuada ao final de cada quadrimestre – art. 30, § 4º, da LRF; **E**: incorreta, pois os limites serão fixados em percentual da receita corrente líquida para cada esfera de governo e aplicados igualmente a todos os entes da Federação que a integrem, constituindo, para cada um deles, limites máximos – art. 30, § 3º, da LRF.

Gabarito "C"

7. OUTRAS MATÉRIAS E COMBINADAS

(Analista – TRT/10ª – 2013 – CESPE) Tendo em vista que o crescimento dos gastos públicos e o consequente aumento do peso do governo na economia tornam o planejamento da ação governamental cada vez mais importante, julgue os itens subsequentes, relativos à evolução do orçamento público e ao papel do Estado na economia.

(1) A regulação econômica é uma das formas de intervenção da administração na economia, sendo que o bem-estar do consumidor e a melhoria nos níveis de eficiência alocativa podem ser definidos como alguns dos objetivos fundamentais da regulação.

(2) Concomitantemente ao aumento dos gastos, o orçamento público evoluiu como peça de planejamento, ao mesmo tempo em que perdeu a sua forma de programa de operação e apresentação dos meios de financiamento desse programa, assumindo características contábeis formais, determinadas por lei.

(3) O orçamento-programa é uma técnica ambiciosa de conciliação entre planejamento e controle político na peça orçamentária. É sua eficácia como instrumento de controle político que torna difícil sua implantação, já que não há grandes dificuldades técnicas para a sua operacionalização.

(4) A maneira como a legislação observa o princípio do equilíbrio orçamentário é útil para a compreensão dos instrumentos de intervenção econômica disponíveis ao governo, principalmente no tocante à geração de déficits. Na abordagem desse princípio, a CF, ao limitar as possíveis razões de endividamento do governo, interferiu na questão do déficit das operações correntes.

(5) A alteração das preferências da sociedade é uma possível explicação para a mudança na forma de atuação do Estado na economia e a consequente expansão de suas funções.

1: correta. A intervenção indireta por *indução* se refere à normatização e à regulação, com estímulos e desestímulos a determinadas condutas, conforme as leis que regem os mercados – art. 174 da CF/1988; **2:** incorreta, pois o orçamento atual é considerado orçamento-programa, sendo plano de trabalho, instrumento de planejamento da ação do governo, por meio da identificação dos seus programas de trabalho, projetos e atividades, além do estabelecimento de objetivos e metas a serem implementados, bem como a previsão dos custos relacionados; **3:** incorreta, pois o orçamento-programa é o que vem sendo utilizado no Brasil; **4:** correta, sendo interessante notar, por exemplo, que é vedada a realização de operações de créditos que excedam o montante das despesas de capital, ressalvadas as autorizadas mediante créditos suplementares ou especiais com finalidade precisa, aprovados pelo Poder Legislativo por maioria absoluta – art. 167, III, da CF/1988. Isso tende a impedir que operações de crédito sejam contratadas para diminuir déficits correntes; **5:** correta, pois a ampliação ou redução do Estado na economia depende, em larga medida, das preferências da sociedade.

Gabarito 1C, 2E, 3E, 4C, 5C

(Analista – TRT/10ª – 2013 – CESPE) Problemas financeiros originados no Estado provocaram diversas crises econômicas ao longo da história brasileira. A Lei Complementar nº 101/2000 – Lei de Responsabilidade Fiscal (LRF) – representou uma resposta a essa realidade, tendo sido um esforço organizado no sentido de garantir um melhor equilíbrio nas contas públicas. À luz desse instrumento legal e da legislação pertinente ao orçamento público no Brasil, julgue os itens que se seguem, referentes à receita e à despesa pública.

(1) A impossibilidade de se realizar uma despesa sem prévio empenho compromete o uso do orçamento como ferramenta de planejamento do gasto, visto que, em muitos casos, não é possível determinar precisamente o montante de recursos que deverá ser empenhado para a execução de certas atividades.

(2) A concessão de incentivos ou benefícios de natureza tributária é um instrumento comum de estímulo econômico utilizado pelo governo em momentos de crise. Quando o incentivo ou benefício concedido origina renúncia de receita, a LRF exige a adoção das seguintes medidas de compensação: elevação de alíquotas, ampliação da base de cálculo, majoração ou criação de tributo ou contribuição.

(3) No âmbito federal, a classificação por fontes de recursos permite a visualização de eventuais vinculações existentes entre receitas e despesas, cuja principal base legal encontra-se na lei de diretrizes orçamentárias.

1: incorreta, pois é exatamente o oposto. A exigência de prévio empenho impede que o gestor público realize despesas dissociadas do orçamento-programa – art. 60 da Lei 4.320/1964; **2:** incorreta, pois essa é uma das condições possíveis, mas não a única, para concessão ou ampliação do incentivo ou benefício, sendo possível também aquela prevista no art. 14, I, da LRF; **3:** correta – ver o item 4.2.3 do Manual Técnico de Orçamento Federal – MTO e o item 9.3.3 do Manual de Receita Nacional (Portaria Conjunta STN/SOF 3/2008).

Gabarito 1E, 2E, 3C

(Analista – TRT/10ª – 2013 – CESPE) Considerando que, entre outros instrumentos, a integração entre planejamento e orçamento no Brasil se serve do tripé composto pelo plano plurianual (PPA), pela lei de diretrizes orçamentárias (LDO) e pela lei orçamentária anual (LOA), julgue os itens seguintes.

(1) Sendo os três poderes da República independentes e as leis orçamentárias iniciativa do Poder Executivo, há, naturalmente, uma relação polêmica quanto ao encaminhamento das propostas remuneratórias dos Poderes Legislativo e Judiciário. Para que eventuais litígios e ingerências nesse âmbito sejam minimizados, a legislação determina que os parâmetros para a fixação da remuneração no Poder Legislativo, assim como os limites para a proposta orçamentária do Poder Judiciário e do Ministério Público, sejam incluídos no PPA.

(2) Em virtude das fortes diferenças regionais existentes no país, a CF impôs a regionalização do PPA com base na divisão tradicional das cinco regiões brasileiras.

1: incorreta, pois os Tribunais e o Ministério Público elaboram suas propostas orçamentárias dentro dos limites estipulados conjuntamente com os demais Poderes na LDO (não no PPA), e encaminham para a consolidação pelo Poder Executivo (arts. 99, § 1º, e 127, § 3º, da CF/1988); **2:** incorreta, pois, embora o art. 165, § 1º, da CF/1988 preveja que o PPA estabelecerá a diretrizes, objetivos e metas da Administração de forma regionalizada, não detalhou os limites territoriais correspondentes.

Gabarito 1E, 2E

(Analista – TRT/23ª – 2011 – FCC) O resultado patrimonial do ente público no exercício financeiro corrente é apurado

(A) no Balanço Financeiro.
(B) no Balanço Patrimonial.
(C) no Balanço Orçamentário.
(D) na Demonstração das Variações Patrimoniais.
(E) no Balanço Econômico.

Nos termos do art. 104 da Lei 4.320/1964, a Demonstração das Variações Patrimoniais evidenciará as alterações verificadas no patrimônio, resultantes ou independentes da execução orçamentária, e indicará o resultado patrimonial do exercício. Por essa razão, a alternativa "D" é a correta.

Gabarito "D"

(Analista – TRT/24ª – 2011 – FCC) Considerando o campo de aplicação da contabilidade aplicada à Administração Pública, é correto afirmar que aquela NÃO se aplica

(A) às autarquias.
(B) às empresas estatais dependentes.
(C) às fundações públicas de direito público.
(D) às empresas estatais não dependentes.
(E) ao poder legislativo.

A contabilidade pública aplica-se à Administração Direta, fundos, autarquias, fundações e empresas estatais dependentes – art. 1º, §§ 2º e 3º, I, da LRF. Por essa razão, a alternativa "D" deve ser indicada – ver art. 2º, III, da LRF.

Gabarito "D"

(Analista – TRT/24ª – 2011 – FCC) O registro dos atos que poderão afetar o patrimônio público no futuro deverá ser efetuado em contas do sistema

(A) de compensação.
(B) patrimonial.
(C) financeiro.
(D) orçamentário.
(E) diferido.

O sistema contábil é organizado nos subsistemas (i) de informações orçamentárias, relativo ao planejamento e à execução orçamentária, (ii) de informações financeiras, atinente aos ingressos e desembolsos financeiros (iii) de informações patrimoniais, relativo a fatos não financeiros atinentes às variações do patrimônio público (iv) de custos, referente aos custos da gestão dos recursos e do patrimônio e (v) de compensação, relativo aos atos de gestão cujos efeitos possam produzir modificações no patrimônio da entidade do setor público. Por essa razão, a alternativa "A" é a correta.

Gabarito "A"

(Analista – TRT/24ª – 2011 – FCC) É uma variação patrimonial ativa quantitativa independente da execução orçamentária:

(A) recebimento de receita tributária.
(B) reconhecimento de passivo permanente.
(C) inscrição de dívida ativa.
(D) recebimento de receita de dívida ativa.
(E) pagamento de restos a pagar.

Os fatos contábeis permutativos ou compensativos implicam variações patrimoniais qualitativas, sem alteração do patrimônio líquido (por exemplo, permuta de mercadoria por dinheiro). Os fatos contábeis modificativos resultam em variações patrimoniais quantitativas, com modificação do patrimônio líquido (por exemplo, arrecadação tributária). Existem ainda fatos contábeis mistos, quando se observam características do permutativo e do modificativo. **A** e **D:** incorretas, pois esses fatos ocorrem no âmbito do orçamento público; **B:** incorreta, pois o reconhecimento de passivo permanente amplia o passivo, não o ativo; **C:** correta, pois a inscrição em dívida ativa, ou seu cancelamento, não implicam execução orçamentária; **E:** incorreta, pois o pagamento de restos a pagar reduz o ativo.

Gabarito "C"

(Analista – TRT/10ª – 2004 – CESPE) O processo de gestão financeiro-orçamentária do setor público brasileiro, desde a edição Constituição Federal de 1988, veio consolidando técnicas, princípios e procedimentos. Acerca do tema, julgue o item seguinte.

(1) A inadimplência do contratado, com referência aos encargos trabalhistas, fiscais e comerciais não transfere à administração pública a responsabilidade por seu pagamento nem poderá onerar o objeto do contrato ou restringir a regularização e o uso das obras e edificações, inclusive perante o Registro de Imóveis.

1: correta, conforme art. 71, § 1º, da Lei 8.666/1993.

Gabarito 1C

(Analista – TRT/23ª – 2007 – FCC) Tendo em vista a dívida e o endividamento, nos termos da Lei Complementar nº 101 de 04.05.2000, analise:

I. A dívida pública consolidada consiste no montante total ou parcial apurado em duplicidade das obrigações financeiras, e assumidas em virtude de lei ou contrato, excluídas as operações de crédito, para amortização em prazo inferior a doze meses.

II. O refinanciamento da dívida mobiliária consiste na emissão de títulos para pagamento do principal acrescido da atualização monetária.

III. A operação de crédito é o compromisso de adimplência de obrigação financeira ou contratual assumida por ente da Federação ou entidade a ela vinculada.

IV. A dívida pública mobiliária é a dívida pública representada por títulos emitidos pela União, inclusive os do Banco Central do Brasil, Estados e Municípios.

Está correto o que se afirma APENAS em

(A) I, II e III.
(B) I, II e IV.
(C) I e III.
(D) II, III e IV.
(E) II e IV.

I: incorreta. Dívida pública consolidada ou fundada é montante *total*, apurado *sem* duplicidade, das obrigações financeiras do ente da Federação, assumidas em virtude de leis, contratos, convênios ou tratados *e* da realização de operações de crédito, para amortização em prazo *superior* a doze meses – art. 29, I, da LRF; **II:** correta. Art. 29, V, da LRF; **III:** incorreta, pois operação de crédito é o compromisso financeiro assumido em razão de mútuo, abertura de crédito, emissão e aceite de título, aquisição financiada de bens, recebimento antecipado de valores provenientes da venda a termo de bens e serviços, arrendamento mercantil e outras operações assemelhadas, inclusive com o uso de derivativos financeiros – art. 29, III, da LRF; **IV:** correta. Art. 29, II, da LRF.

Gabarito "E"

(Analista – TRT/10ª – 2004 – CESPE) Com referência à legislação do imposto de renda aplicável às empresas tributadas com base no lucro real, julgue o item abaixo.

(1) As empresas registram em sua escrituração mercantil todos os fatos que afetam o lucro real, fazendo extracontabilmente os ajustes determinados pela legislação comercial.

1: incorreta, pois a escrituração deverá abranger todas as operações do contribuinte que afetem o lucro real, inclusive no que se refere à legislação comercial – art. 251 do Decreto 3.000/1999 (RIR).

Gabarito 1E

(TRT/23ª – 2007 – FCC) Em matéria de crédito público é correto afirmar:

(A) O Estado utiliza o empréstimo sempre com o objetivo de atender certas atividades, sem necessidade de assumir a dívida pública.
(B) A captação de empréstimo, decorrente do uso do crédito público, só será possível ao Estado quando o investidor for nacional.
(C) Sua natureza é contratual quando o Estado utilizando-se de sua soberania arrecada empréstimo unilateralmente.
(D) A captação de empréstimo pelo Estado é um ato excepcional e independe da confiança do investidor.
(E) Na captação de empréstimo o Estado pode procurar tanto o investidor nacional como o estrangeiro.

A: incorreta, pois o empréstimo público é tomado para financiar despesas de capital (art. 167, III, da CF/1988) e atender insuficiências de caixa durante o exercício financeiro (operação de crédito por antecipação de receita orçamentária – art. 38 da LRF), hipóteses e que implicam aumento da dívida pública. Há o caso do empréstimo compulsório, que é tributo e não se refere à dívida pública em sentido estrito; **B:** incorreta e **E:** correta. Admite-se a captação de empréstimo internacional, desde que autorizada pelo Senado Federal - art. 52, V, da CF/1988; **C** e **D:** incorretas. O empréstimo contratual não é tomado com base na soberania estatal, mas depende da confiança e da concordância do investidor.

Gabarito "E"

(TRT/23ª – 2007 – FCC) No que diz respeito aos limites da dívida pública, é correto afirmar que

(A) as propostas que estabelecem limites para o montante da dívida pública mobiliária federal dispensam a metodologia de apuração dos resultados primário e nominal.
(B) a alteração dos fundamentos das propostas dos limites globais para o montante da dívida consolidada, em razão de instabilidade econômica, impede a solicitação de revisão dos limites.
(C) os precatórios judiciais não pagos durante a execução do orçamento em que houverem sido incluídos integram a dívida consolidada, para fins de aplicação dos limites.
(D) para os fins de verificação do atendimento do limite constante das propostas encaminhadas ao Poder Legislativo, a apuração do montante da dívida consolidada será efetivada ao final de cada ano.
(E) na proposta de limite global para o montante da dívida consolidada do Poder Público, é possível a aplicação de limites diferenciados a todos os entes da Federação, constituindo, para cada um deles, limites mínimos.

A: incorreta, pois compete ao Congresso Nacional legislar sobre o montante da dívida mobiliária federal – art. 48, XIV, da CF/1988. Ao Senado Federal compete estabelecer limites globais e condições para o montante da dívida mobiliária dos Estados, do Distrito Federal e dos Municípios, mas não da União, embora fixe limites globais da dívida consolidada para todos os entes (inclusive União) – art. 52, VI e IX, da CF/1988. A lei de competência do Congresso Nacional (art. 48, XIV, da CF/1988) atenderá ao disposto no art. 30, § 1º, da LRF, o que inclui a metodologia de apuração dos resultados primário e nominal (inciso IV); **B:** incorreta. A alteração dos fundamentos, conforme descrito na assertiva, permite o encaminhamento, pelo Presidente da República, de solicitação de revisão dos limites – art. 30, § 6º, da LRF; **C:** correta. Art. 30, § 7º, da LRF; **D:** incorreta, pois a apuração do montante da dívida consolidada, para verificação do atendimento do limite, será efetuada ao final de cada quadrimestre – art. 30, § 4º, da LRF; **E:** incorreta. Os limites serão fixados em percentual da receita corrente líquida para cada esfera de governo e aplicados *igualmente* a todos os entes da Federação que a integrem, constituindo, para cada um deles, limites *máximos* – art. 30, § 3º, da LRF.

Gabarito "C"

(TRT/10ª – 2004 – CESPE) Com relação aos diferentes conceitos de capital, julgue o item a seguir.

(1) O capital não subscrito corresponde à parcela do capital autorizado que ainda não foi colocada em circulação. Capital a integralizar corresponde à parcela da obrigação subscrita pelos sócios e ainda não realizada.

1: correta. A subscrição é o ato pelo qual o interessado concorda em pagar pelas ações emitidas (ou a serem emitidas), nos termos e nas condições estabelecidos. Capital autorizado é previsão estatutária que permite o aumento de capital, pela emissão de novas ações, sem necessidade de alteração dos estatutos – art. 168 da Lei 6.404/1976. Integralização do capital significa realizar a prestação correspondente à ação (em regra, é o pagamento do preço de emissão da ação, em dinheiro ou por entrega de bens) – art. 106 da Lei 6.404/1976.

Gabarito 1C

(TRT/10ª – 2004 – CESPE) A respeito dos critérios de registro e avaliação dos bens e direitos e obrigações, julgue o item abaixo.

(1) O fundo de comércio, por ser um bem intangível ou incorpóreo, independentemente do valor pelo qual possa ter sido adquirido, não é passível de registro no ativo de seu detentor, não integrando o patrimônio contábil.

1: incorreta, pois fundo de comércio ou estabelecimento empresarial é um complexo organizado de bens *corpóreos e incorpóreos* para exercício da empresa – art. 1.142 do CC/2002. Trata-se de ativo e como tal deve ser contabilizado.

Gabarito 1E

3. Regimento Interno

Maria do Carmo P. Milani

1. TRT 3ª REGIÃO

(Analista – TRT/3ª – 2015 – FCC) São órgãos da Justiça do Trabalho da 3ª Região e do Tribunal Regional do Trabalho da 3ª Região, respectivamente,

(A) os Juízes do Trabalho e o Tribunal Pleno.
(B) o Tribunal Pleno e o Órgão Especial.
(C) a Presidência do Tribunal e o Tribunal Pleno.
(D) o Órgão Especial e a Corregedoria.
(E) as Turmas e o Tribunal Pleno.

Disposição expressa nos arts. 1º e 5º do RITRT/3ª.
Gabarito "A".

(Analista – TRT/3ª – 2015 – FCC) Sobre a eleição para os cargos de direção, é correto afirmar que

(A) serão eleitos para mandato de um ano.
(B) será por aclamação, se houver apenas um candidato, desde que haja aprovação da maioria absoluta dos presentes.
(C) ocorrerão na mesma data a posse e o exercício.
(D) deverá haver novo escrutínio, caso nenhum Desembargador obtenha o voto da maioria absoluta dos membros efetivos do Tribunal.
(E) é vedada a votação por carta e permitida a por representação.

Art. 12, §§ 7º, 8º e 9º, do RITRT/3ª, todos no sentido de que deverá haver novo escrutínio.
Gabarito "D".

(Analista – TRT/3ª – 2015 – FCC) No caso do Tribunal Pleno, considere as seguintes hipóteses:

I. *Habeas corpus* e *habeas data* em processos de sua competência.
II. Os recursos administrativos interpostos por Desembargadores.
III. As ações rescisórias de seus acórdãos.
IV. Os embargos de declaração opostos a seus acórdãos.

Compete ao Tribunal Pleno julgar, originalmente, o que consta em

(A) I, II, III e IV.
(B) I e II, apenas.
(C) III e IV, apenas.
(D) II, III e IV, apenas.
(E) I, II e III, apenas.

I: (art. 21, V, *b*, do RITRT/3ª); II: (art. 21, V, *d*, do RITRT/3ª) e III: (art. 21, V, *e*, do RITRT/3ª).
Gabarito "E".

(Analista – TRT/3ª – 2015 – FCC) Os processos, em alguns casos, devem ser submetidos ao Ministério Público do Trabalho. Sobre esse assunto, considere as seguintes hipóteses:

I. Quando for parte pessoa jurídica de direito público, Estado estrangeiro ou organismo internacional, comunidades e organizações indígenas, ou envolver interesse de incapaz.
II. Em se tratando de conflito de competência, de mandado de segurança, de ação rescisória e de dissídio coletivo, se admitida a inicial.
III. Nos casos de acordo celebrado nos autos de dissídio coletivo, após julgamento deste.

A remessa ao Ministério Público do Trabalho deve, obrigatoriamente, ocorrer no caso

(A) do item I, apenas.
(B) dos itens I e III, apenas.
(C) dos itens II e III, apenas.
(D) dos itens I, II e III.
(E) do item II, apenas.

Em todos os processos referidos nos itens I, II e III, a remessa é obrigatória ao Ministério Público (art. 82, I, do RITRT/3ª).
Gabarito "D".

(Analista – TRT/3ª – 2015 – FCC) Sobre as sessões é correto afirmar que

(A) podem ser públicas ou secretas.
(B) pode haver sustentação oral, permitindo-se a inscrição por meio de fax, correio eletrônico ou pessoalmente.
(C) a inscrição para sustentação oral deve ser recebida até às doze horas do dia antecedente à respectiva sessão.
(D) a sessão somente será aberta após a formação do quórum.
(E) a prestação de esclarecimentos sobre matéria fática pelo advogado independe de autorização pelo Presidente da sessão.

Art. 101 do RITRT/3ª.
Gabarito "B".

(Analista – TRT/3ª – 2005 – FCC) O julgamento dos conflitos de competência entre as Turmas do Tribunal e as Varas do Trabalho é da competência da:

(A) 1ª Seção Especializada em Dissídios Individuais.
(B) 2ª Seção Especializada em Dissídios Individuais.
(C) Seção Especializada em Dissídios Coletivos.
(D) Turma do Tribunal.
(E) Presidência do Tribunal.

Art. 41, III, do RI-TRT/3ª.
Gabarito "A".

(Analista – TRT/3ª – 2005 – FCC) Na determinação da antiguidade dos Juízes prevalece:

(A) a idade sobre a classificação no concurso.
(B) o exercício sobre a posse, quando não houver concomitância.
(C) o tempo de serviço público sobre a data de publicação do ato de nomeação.
(D) a classificação no concurso sobre o tempo de serviço na magistratura do trabalho da 3ª região.
(E) a idade sobre o tempo de serviço público.

Art. 9º, parágrafo único, do RI-TRT/3ª.
Gabarito "B".

(Analista – TRT/3ª – 2005 – FCC) Enseja a redistribuição dos processos, o afastamento de Juiz integrante do Órgão Especial por prazo superior a:

(A) 5 dias.
(B) 7 dias.
(C) 8 dias.
(D) 15 dias.
(E) 30 dias.

Art. 86, § 5º, do RI-TRT/3ª. (Nova redação do parágrafo dada pelo Ato Regimental TRT3/GP/TP n. 1/2015)
Gabarito "E".

(Analista – TRT/3ª – 2005 – FCC) Até o início da sessão, a inscrição para sustentação oral poderá ser feita:

(A) por telegrama.
(B) por fax.
(C) por correio eletrônico.

(D) pessoalmente.
(E) por telex.

Art. 101 do RI-TRT/3ª. (Nova redação do parágrafo dada pelo Ato Regimental TRT3/GP/TP n. 1/2015)
Gabarito "D".

Atenção: As três questões seguintes referem-se ao Regimento Interno do TRT 3ª Região.

(Técnico Judiciário – TRT/3ª – 2005 – FCC) O Tribunal funciona em sua composição plena ou dividido em:

(A) Turmas e Corregedoria.
(B) Presidência, Corregedoria e Órgão Especial.
(C) Presidência, Vice-Presidência, Corregedoria e Vice-Corregedoria.
(D) Seção Especializada em Dissídios Coletivos, Seção Especializada em Dissídios Individuais e Varas do Trabalho.
(E) Órgão Especial, Seções Especializadas e Turmas.

Art. 8º do RITRT da 3ª Região.
Gabarito "E".

(Técnico Judiciário – TRT/3ª – 2005 – FCC) Nas Turmas, o quórum mínimo para as sessões de julgamento é de:

(A) 1 juiz e o secretário da Turma.
(B) 2 juízes.
(C) 3 juízes.
(D) 4 juízes.
(E) 5 juízes.

Art. 45 do RITRT da 3ª Região (nova redação de acordo com o Ato Regimental 3/2011: As turmas compõem-se de três ou quatro Desembargadores, três dos quais participarão, obrigatoriamente, do julgamento).
Gabarito "C".

(Técnico Judiciário – TRT/3ª – 2005 – FCC) Em caso de urgência e não tendo sido previamente incluído em pauta, o processo:

(A) será encaminhado à Presidência do Tribunal para julgamento.
(B) poderá ser julgado, ainda que não haja tempo hábil para a notificação dos interessados.
(C) não poderá ser julgado, designando-se nova sessão no prazo de 72 horas.
(D) poderá ser julgado, desde que os interessados sejam notificados deste ato, lavrando-se certidão nos autos.
(E) será julgado sem qualquer formalidade, se com isto concordar o Ministério Público do Trabalho.

Art. 99 § 1º, do RITRT da 3ª Região.
Gabarito "D".

2. TRT 5ª REGIÃO

(Técnico Judiciário – TRT/5ª – 2008 – CESPE) Julgue os itens que se seguem, acerca do Regimento Interno do TRT da 5.ª Região.

(1) Recurso administrativo ou agravo regimental, conforme o caso, contra decisão proferida pelo presidente do tribunal, em processo de sua competência, deve ser dirigido ao Órgão Especial.
(2) Em localidades que não estejam compreendidas na jurisdição das varas do trabalho, os juízes de direito são considerados os órgãos de administração da justiça do trabalho.
(3) O Tribunal Pleno é composto pela totalidade dos juízes das varas do trabalho.
(4) É vedado ao presidente do tribunal designar um juiz para auxiliar o Juízo de Conciliação de Segunda Instância nos atos conciliatórios.
(5) O termo lavrado em homologação de conciliação feita por Juízo de Conciliação de Segunda Instância vale como decisão irrecorrível.
(6) No caso de vacância do cargo de um desembargador, para efeito de substituição, sua ausência será considerada temporária.
(7) O juiz titular de vara do trabalho que tiver sofrido penalidade disciplinar nos 12 meses anteriores não pode ser convocado para substituir desembargador, em caso de ausência definitiva ou temporária superior a 30 dias.
(8) Se o juiz de vara do trabalho não puder comparecer no horário regulamentar, deverá comunicar o fato, com a máxima brevidade possível, ao corregedor regional do tribunal para as providências necessárias. Na falta ou impossibilidade de comunicação por parte do juiz de vara do trabalho, fará a comunicação o diretor da secretaria, sob pena de responsabilidade funcional.
(9) É vedada a permuta de magistrados.
(10) Mesmo que se declare suspeito, o desembargador não pode eximir-se de votar nas sessões dos órgãos do tribunal.

1: correta, arts. 32, I, "b", e 46 do RITRT da 5ª Região; 2: correta, art. 4º do RITRT da 5ª Região; 3: incorreta. O Tribunal Pleno é composto pela totalidade de seus Desembargadores efetivos (art. 23 do RITRT da 5ª Região); 4: incorreta, É permitida a designação de juiz para auxiliar o Juízo de Comciliação (art. 65 do RITRT da 5ª Região); 5: correta, art. 69 do RITRT da 5ª Região; 6: incorreta, A ausência neste caso é comsiderada definitiva (art. 75, I, do RITRT da 5ª Região); 7: correta, art. 77, § 2º, "b", do RITRT da 5ª Região; 8: correta, art. 92 do RITRT da 5ª Região; 9: incorreta, art. 95 do RITRT da 5ª Região - resposta por ocasião da prova. Alteração do art. 95 pela RA 35/2010 ; 10: incorreta. O desembargador, se suspeito ,não poderá votar (art. 149 do RITRT da 5ª Região).
Gabarito 1C, 2C, 3E, 4E, 5C, 6E, 7C, 8C, 9E, 10E

3. TRT 7ª REGIÃO

(Técnico Judiciário – TRT/7ª – 2009 – FCC) "X", Técnico Judiciário do Tribunal Regional do Trabalho – 7ª Região, após regular processo administrativo pela prática de abandono de cargo, foi punido com a pena de demissão. Inconformado, nos termos da Lei n. 8.112/90, pretende exercer o seu "direito de petição", visando a reconsideração da sua demissão. Nesse caso, o:

(A) requerimento deverá ser despachado no prazo de quinze dias e decidido dentro de cento e oitenta dias.
(B) requerimento será dirigido à autoridade competente para decidi-lo e encaminhado por intermédio daquela a que estiver imediatamente subordinado o requerente.
(C) prazo para interposição do pedido de reconsideração é de vinte dias, a contar da assinatura do ato de demissão pela autoridade competente.
(D) direito de requerer prescreve em três anos quanto aos atos de demissão e noventa dias, nos demais casos.
(E) pedido de reconsideração não interrompe a prescrição, podendo ser relevado pela administração.

A: incorreta, pois o prazo para despacho é de 5 (cinco) dias e a decisão deverá ser proferida em 30 (trinta) dias, nos termos do art. 106, parágrafo único, da Lei 8.112/90 - Regime Jurídico dos Servidores Públicos da União; B: correta, art. 105 da Lei 8.112/90; C: incorreta, O prazo é de 30 (trinta) dias (art. 108 da Lei 8.112/90); D: incorreta, pois prescreve em 5 (cinco) nos casos de demissão e cassação de apósentadoria ou de disponibilidade e em 120 nos demais casos (110, I e II, da Lei 8.112/90); E: incorreta. Há interrupção da prescrição (art. 111 da Lei 8.112/90).
Gabarito "B".

(Técnico Judiciário – TRT/7ª – 2009 – FCC) A Comissão de Ética prevista no Estatuto de Ética do Servidor Público do TRT-7ª Região – Resolução 75/09, será formada por:

(A) cinco membros titulares e três suplentes, eleitos diretamente pelos servidores, dentre servidores efetivos, estáveis e comissionados do quadro permanente de pessoal, e nomeados por ato do Corregedor-Geral do Tribunal.
(B) cinco membros titulares e cinco suplentes, escolhidos pela Presidência do Tribunal, dentre servidores efetivos e estáveis do quadro permanente de pessoal, e nomeados por ato do Presidente.
(C) três membros titulares e cinco suplentes, escolhidos pelo Órgão Especial do Tribunal, dentre servidores efetivos e comissionados, e nomeados por ato do Corregedor-Geral do Tribunal.
(D) três membros titulares e três suplentes, eleitos diretamente pelos servidores, dentre servidores efetivos e estáveis do quadro permanente de pessoal, e nomeados por ato do Presidente.
(E) cinco membros titulares e três suplentes, escolhidos pela Presidência, dentre servidores efetivos, estáveis e comissionados do quadro permanente de pessoal, e nomeados por ato do Presidente.

Art. 9º, § 1º, da Resolução 75/09 do TRT da 7ª Região.
Gabarito "D".

(Técnico Judiciário – TRT/7ª – 2009 – FCC) Nos termos da Resolução n. 75/09 do TRT–7ª Região, a conclusão dos trabalhos nos procedimentos apuratórios de infração ética, se dará no prazo:

(A) mínimo de trinta dias após a intimação do investigado, admitida uma única prorrogação por mais vinte dias.
(B) máximo de trinta dias após a instauração do processo, admitida a sua prorrogação por igual período.
(C) máximo de quarenta e cinco dias após a formação da culpa, vedada a sua prorrogação.
(D) mínimo de quarenta e cinco dias após a instauração da portaria inaugural do processo, admitida a sua prorrogação por igual período.
(E) máximo de trinta dias após a intimação do investigado, vedada a sua prorrogação.

Art. 15 da Resolução 75/09 do TRT da 7ª Região.

Gabarito "B".

4. TRT 8ª REGIÃO

(Analista – TRT/8ª – 2010 – FCC) Sobre a Corregedoria Regional,

(A) nos impedimentos ou suspeições, ou quando, ausente o Corregedor Regional da Sede do Egrégio Tribunal Regional, for inviável a comunicação eletrônica ou necessário e imprescindível o atendimento processual ou a prática de atos processuais urgentes, substituí-lo-á o Desembargador mais antigo que não tenha exercido a administração, casos em que concorrerá à distribuição de processos.
(B) o Corregedor Regional exerce correição permanente, ordinária e parcial, sobre os órgãos de Segundo Grau da Justiça do Trabalho da Oitava Região.
(C) é dispensável o comparecimento de Juízes de Primeiro Grau às correições e às reuniões designadas pelo Corregedor Regional, por interesse de serviço e aperfeiçoamento da atividade dos magistrados.
(D) o Corregedor Regional integra as Turmas e recebe processos distribuídos de competência do Pleno e da Seção Especializada.
(E) incumbe ao Corregedor Regional organizar, quando estabelecidos em lei, os modelos dos livros obrigatórios ou facultativos e aprovar os formulários e impressos de uso pelos serviços judiciários do primeiro grau.

A: correta, art. 40, § 3º, do RI-TRT/8ª; **B:** incorreta, art. 41 do RI-TRT/8ª; **C:** incorreta, art. 41, parágrafo único, do RI-TRT/8ª; **D:** incorreta, art. 42 do RI-TRT/8ª; **E:** incorreta, art. 43, VII, do RI-TRT/8ª.

Gabarito "A".

(Analista – TRT/8ª – 2010 – FCC) Com relação às Turmas do Tribunal:

(A) Da formação das Turmas participarão o Presidente, o Vice-Presidente e o Corregedor Regional.
(B) São divididas em quatro Turmas, sendo cada uma delas composta de sete Desembargadores, podendo funcionar com *quorum* mínimo de cinco.
(C) O Tribunal Pleno poderá designar Turma para o julgamento dos recursos extraordinários interpostos das sentenças prolatadas nas demandas sujeitas ao procedimento sumaríssimo.
(D) Na hipótese de vacância do cargo de Presidente de Turma, assumirá a Presidência o Desembargador mais antigo na Turma, salvo se a vaga ocorrer antes de cumprido o primeiro ano de mandato, quando se procederá à nova eleição, terminando o eleito o tempo de mandato do seu antecessor.
(E) Poderá qualquer Desembargador pleitear remoção de uma Turma para outra, havendo vaga, ou permutar, em qualquer caso, mediante aprovação por maioria absoluta do Tribunal Pleno, ficando ressalvada a sua vinculação aos processos que já lhe tenham sido distribuídos na Turma de origem.

A: incorreta, pois não participarão das Turmas o Presidente, o Vice-Presidente e o Corregedor Regional (art. 32 do RI-TRT/8ª); **B:** incorreta, art. 31 do RI-TRT/8ª, com a nova redação da Resolução 001, de 19.01.2012); **C:** incorreta, art. 31, § 2º, do RI-TRT/8ª; **D:** correta, art. 31, § 1º, do RI-TRT/8ª; **E:** incorreta, art. 33 do RI-TRT/8ª.

Gabarito "D".

(Analista – TRT/8ª – 2010 – FCC) Compete ao Vice-Presidente do Tribunal:

(A) julgar, no prazo de quarenta e oito horas, a partir de seu recebimento, os pedidos de revisão da decisão que houver fixado o valor da reclamação para determinação de alçada.
(B) convocar as sessões do Tribunal Pleno, ordinárias e extraordinárias, presidi-las, colher votos, votar nos casos e na forma previstos neste Regimento, e proclamar os resultados do julgamento.
(C) despachar os recursos de revista interpostos das decisões de Turmas, encaminhando-os ou indeferindo-os, com a devida fundamentação.
(D) decidir sobre quaisquer incidentes processuais, inclusive desistências e acordos, quando os autos não tiverem sido ainda distribuídos e após o julgamento pelo Colegiado nos processos de competência do Tribunal Pleno.
(E) expedir ordens e promover as diligências necessárias ao cumprimento das deliberações do Tribunal, quando se tratar de matéria que não esteja a cargo dos relatores.

A: incorreta, competência do Presidente (art. 37, VIII, do RI-TRT/8ª); **B:** incorreta, competência do Presidente (art. 37, III, do RI-TRT/8ª); **C:** correta, art. 38, V, do RI-TRT/8ª; **D:** incorreta, competência do Presidente (art. 37, IX, do RI-TRT/8ª); **E:** incorreta, a competência é do Presidente da Turma (art. 53, XVII, do RI-TRT/8ª).

Gabarito "C".

(Analista – TRT/8ª – 2010 – FCC) Compete ao Tribunal Pleno processar e julgar apenas em única instância:

(A) o incidente de uniformização de jurisprudência.
(B) os embargos de declaração opostos aos seus acórdãos.
(C) as habilitações incidentes e arguições de falsidade, suspeição, impedimento e outras, nos casos pendentes de sua decisão.
(D) a restauração de autos, quando se tratar de processo de sua competência.
(E) os pedidos de desaforamento.

A: incorreta, art. 23, III, *d*, do RI-TRT/8ª; **B:** incorreta, art. 23, III, *a*, do RI-TRT/8ª; **C:** incorreta, art. 29, II, g, do RI-TRT/8ª; **D:** incorreta, art. 29, II, *f*, do RI-TRT/8ª; **E:** correta, art. 23, II, d, do RI-TRT/8ª.

Gabarito "E".

(Analista – TRT/8ª – 2010 – FCC) A Seção Especializada I é formada por onze Desembargadores Federais do Trabalho, Presidida pelo:

(A) Desembargador Corregedor da Corte.
(B) Desembargador Vice-Presidente da Corte.
(C) Presidente do Tribunal.
(D) Desembargador mais antigo do Tribunal.
(E) Desembargador mais antigo da Quarta Turma do Tribunal.

Art. 27, *a*, do RI-TRT/8ª.

Gabarito "B".

(Técnico Judiciário – TRT/8ª – 2010 – FCC) Não poderão ter assento na mesma Turma ou Seção Especializada, cônjuges e parentes consanguíneos ou afins, em linha reta, bem como em linha colateral até o:

(A) 3º grau.
(B) 4º grau.
(C) 5º grau.
(D) 6º grau.
(E) 7º grau.

Art. 5º do RITRT da 8ª Região.

Gabarito "A".

(Técnico Judiciário – TRT/8ª – 2010 – FCC) No tocante à eleição do Presidente do Tribunal, o Desembargador que tiver exercido qualquer cargo de direção por quatro anos, não figurará mais entre os elegíveis, até que se esgotem todos os nomes, na ordem de:

(A) renome.
(B) mérito.
(C) idoneidade.
(D) parentesco.
(E) antiguidade.

Art. 14, § 4º, do RITRT da 8º Região.

Gabarito "E".

(Técnico Judiciário – TRT/8ª – 2010 – FCC) O Tribunal Regional do Trabalho da Oitava Região compõe-se de:

(A) vinte e dois Desembargadores vitalícios nomeados pelo Presidente do Tribunal Superior do Trabalho.
(B) vinte e três Desembargadores vitalícios nomeados pelo Presidente da República.
(C) vinte e dois Desembargadores vitalícios nomeados pelo Conselho Superior da Justiça do Trabalho.
(D) trinta Desembargadores vitalícios nomeados pelo Presidente do Tribunal Superior do Trabalho.
(E) vinte e sete Desembargadores vitalícios nomeados pelo Presidente da República.

Art. 2º do RITRT da 8ª Região.
Gabarito "B"

(Técnico Judiciário – TRT/8ª – 2010 – FCC) O exercício da vigilância sobre o funcionamento dos órgãos de primeiro grau, quanto à omissão de deveres e prática de abusos e, especialmente, no que se refere à permanência dos Juízes em suas respectivas sedes, e aos prazos para prolação de sentença é de competência do

(A) Presidente da Terceira Turma do Tribunal.
(B) Presidente do Tribunal.
(C) Vice-Presidente do Tribunal.
(D) Corregedor Regional.
(E) Presidente da Segunda Turma do Tribunal.

Art. 43, IX, do RITRT da 8ª Região.
Gabarito "D"

(Técnico Judiciário – TRT/8ª – 2010 – FCC) Sobre a Direção do Foro de Belém,

(A) o exercício do cargo de Diretor do Foro constitui *múnus*, só podendo ser recusado por motivo ponderável, a critério do Presidente da Quarta Turma do Tribunal.
(B) é exercida por um Juiz Titular de uma das Varas do Trabalho da Capital, por dois anos, vedada a recondução.
(C) o Juiz Corregedor de primeira instância acumulará, obrigatoriamente, este encargo com as atribuições das Varas do Trabalho que estiver presidindo e será substituído, nos afastamentos temporários e nos impedimentos, pelo Juiz Substituto mais antigo na localidade e, na ausência deste, pelo segundo Juiz mais antigo, observado o mesmo critério.
(D) poderá ser designado como Diretor do Foro o Juiz que estiver exercendo a direção de Central de Mandados, devendo optar por um dos cargos a sua livre escolha.
(E) o Diretor de Foro de Belém indicará ao Corregedor-Geral do Tribunal Regional do Trabalho servidor do quadro da Oitava Região para exercer a Função Comissionada de Assistente.

A: incorreta. A recusa fica a critério do Presidente do Tribunal (art. 54, § 1º do RITRT da 8ª Região); B: correta, art. 54, *caput,* do RITRT da 8ª Região; C: incorreta, a substituição será realizada pelo Juiz Titular de Vara mais antigo na localidade e, na ausência de Juízes Titulares de Vara, por Juiz do Trabalho Substituto (art. 54, § 2º, do RITRT da 8ª Região); D: incorreta. O juiz que estiver no cargo de diretor da Central de Mandados, não poderá ser designado como Diretor do Foro (art. 55, parágrafo único, do RITRT da 8ª RegiãoTRT da 8ª Região); E: incorreta, a indicação será dirigida ao Presidente do TRT (art. 56 do RITRT da 8ª Região).
Gabarito "B"

(Técnico Judiciário – TRT/8ª – 2010 – FCC) Os processos da competência do Tribunal são distribuídos por classes, sendo que, conforme relação do artigo 102 do Regimento Interno, o Conflito de Competência é classificado como:

(A) Exceção (Processo Cível e do Trabalho).
(B) Procedimento Administrativo.
(C) Ato e expediente (Processo Cível e do Trabalho).
(D) Incidente (Processo Cível e do Trabalho).
(E) Processo de Conhecimento (Processo Cível e do Trabalho).

Art. 102 do RITRT da 8ª Região.
Gabarito "D"

5. TRT 10ª REGIÃO

(Técnico Judiciário – TRT/10ª – 2004 – CESPE) Acerca do regimento interno do TRT da 10ª Região, julgue os itens seguintes.

(1) O TRT da 10ª Região tem duas seções especializadas, cada uma delas dividida em duas turmas.
(2) Os magistrados que compõem o TRT da 10ª Região são chamados de desembargadores trabalhistas.
(3) Considere que atualmente o TRT tem todas as suas vagas ocupadas e que compareceram para uma reunião do Tribunal Pleno o presidente e outros sete magistrados. Nessa situação, o Tribunal Pleno não poderá deliberar, em virtude da falta de *quorum*.
(4) Nos processos administrativos em que não houver relator designado, o presidente do tribunal deve proferir o primeiro voto.
(5) Uma turma do TRT da 10ª Região pode declarar a inconstitucionalidade de lei federal, desde que o faça pelo voto de pelo menos três dos seus componentes.
(6) São órgãos da justiça do trabalho da 10ª Região juntas de conciliação e julgamento compostas de um juiz do trabalho e dois juízes classistas temporários, representantes dos empregados e dos empregadores.
(7) Para fins de promoção por merecimento, o percentual de sentenças que o juiz prolatou e que foram reformadas pelo tribunal é um critério inválido para aferir o seu mérito.

1: incorreta, as seções especializadas não são divididas em turmas, com competências próprias (arts. 21 e 28 do RITRT da 10ª Região); **2:** incorreta, os magistrados do TRT são chamados de Desembargador Federal do Trabalho (art. 3º do RITRT da 10ª Região); **3:** correta, art. 17, § 1º, do RITRT da 10ª Região; **4:** correta, art. 10, § 2º, do RITRT da 10ª Região; **5:** incorreta, a competência é do Tribunal Pleno (art. 18, I, c/c o art. 39, VIII, do RITRT da 10ª Região); **6:** incorreta, art. 2º do RITRT da 10ª Região; **7:** correta, o art. 64 do RITRT da 10ª Região remete aos critérios fixados pelo art. 93, II, 'b", "c" e "e", da CF.
Gabarito 1E, 2E, 3C, 4C, 5E, 6E, 7C

(Analista – TRT/10ª – 2013 – CESPE) Julgue os itens que se seguem, concernentes ao Regimento Interno do TRT da 10.ª Região.

(1) Será vedada a reeleição do presidente e do vice-presidente enquanto houver desembargador que não tenha exercido os referidos cargos.
(2) Compete ao Pleno do TRT o julgamento de mandado de segurança impetrado contra ato do próprio tribunal.
(3) O cargo de corregedor regional é exercido cumulativamente pelo vice-presidente.

1: certo (art. 12, § 1º, do RI-TRT/10ª); **2:** certo (art. 18, II, do RI-TRT/10ª); **3:** errado – o cargo é exercido cumulativamente pelo presidente (art. 11, parágrafo único, do RI-TRT/10ª).
Gabarito 1C, 2C, 3E

(Analista – TRT/10ª – 2004 – CESPE) Acerca do regimento interno do TRT da 10ª Região, julgue os itens a seguir.

(1) Como a Constituição da República determina que deve haver um tribunal regional do trabalho em cada estado e no DF, o TRT da 10ª Região tem competência apenas sobre o território do DF.
(2) O presidente do TRT da 10ª Região será o membro mais antigo do tribunal que não tenha exercido ainda o cargo, exceto se a maioria absoluta do Tribunal Pleno rejeitar o seu nome, em votação secreta.
(3) A Ouvidoria Judiciária é um órgão diretamente subordinado à Presidência e, por isso, o Ouvidor Judiciário é escolhido pelo presidente do tribunal, entre os membros do tribunal.
(4) As decisões do tribunal serão tomadas pela maioria absoluta dos membros que compõem cada órgão julgador.
(5) Compete ao Tribunal Pleno julgar os embargos de declaração opostos a seus acórdãos.
(6) Os juízes do TRT da 10ª Região têm férias anuais de 60 dias.
(7) Os processos disciplinares contra juízes do TRT da 10ª Região tramitam em segredo de justiça.

1: errado, art. 3º do RI-TRT/10ª; **2:** errado, art. 12 do RI-TRT/10ª; **3:** errado, art. 55 do RI-TRT/10ª; **4:** errado, art. 10 do RI-TRT/10ª; **5:** certo, art. 18, IV, do RI-TRT/10ª; **6:** certo, art. 79 do RI-TRT/10ª; **7:** certo, art. 95 do RI-TRT/10ª.
Gabarito 1E, 2E, 3E, 4E, 5C, 6C, 7C

6. TRT 14ª REGIÃO

(Analista – TRT/14ª – 2011 – FCC) Quanto a declaração de inconstitucionalidade de lei ou de ato normativo do Poder Público, é INCORRETO afirmar:

(A) A decisão declaratória de inconstitucionalidade de lei ou de ato normativo do Poder Público, observadas as exigências regimentais, motivará a edição de Súmula.

(B) Resolvida a questão constitucional, o julgamento do mérito dar-se-á de acordo com o que houver sido decidido quanto à referida prejudicial.

(C) A decisão que declarar imprescindível o pronunciamento prévio do Tribunal Pleno sobre a inconstitucionalidade de ato normativo do Poder Público é insuscetível de recurso nessa fase, sem prejuízo de recurso próprio.

(D) A arguição de inconstitucionalidade somente poderá ser suscitada a requerimento do Ministério Público do Trabalho pelo Relator, antes de concluído o relatório.

(E) Somente pelo voto da maioria absoluta de seus membros poderá o Tribunal Pleno declarar a inconstitucionalidade de lei ou ato normativo do Poder Público, na forma da Constituição Federal.

A: correta (art. 163 do RI-TRT/14ª); **B:** correta (art. 162 do RI-TRT/14ª); **C:** correta (art. 160 do RI-TRT/14ª); **D:** incorreta, devendo ser assinalada (art. 158, parágrafo único, do RI-TRT/14ª); **E:** correta (art. 161 do RI-TRT/14ª).

Gabarito "D".

(Analista – TRT/14ª – 2011 – FCC) Em relação à suspensão da execução de liminar, de tutela antecipada e de liminar em ação civil pública concedidas pelos Juízes Federais do Trabalho nas ações movidas contra o Poder Público ou seus agentes, é correto que:

(A) não se aplica a suspensão à sentença proferida em processo de ação cautelar inominada e à sentença concessiva de mandado de segurança, enquanto não transitadas em julgado.

(B) da decisão que suspender a medida liminar na ação civil pública caberá agravo de instrumento para o Tribunal.

(C) o Presidente, em qualquer caso, ouvirá o autor em cinco dias e, em igual prazo, o Ministério Público do Trabalho, na hipótese ter sido ele requerente da medida.

(D) do despacho que conceder a suspensão caberá reexame necessário, com efeito suspensivo, no prazo de cinco dias.

(E) a suspensão vigorará até a sentença enquanto pender o recurso, ficando sem efeito se a decisão concessiva da medida for mantida pelo órgão julgador ou transitar em julgado.

A: incorreta (art. 243, § 2º, do RI-TRT/14ª – alterada a redação pela RA n. 0096/2012); **B:** incorreta (art. 243, § 3º, do RI-TRT/14ª); **C:** incorreta (art. 243, § 1º, do RI-TRT/14ª); **D:** incorreta (art. 243, § 3º, do RI-TRT/14ª); **E:** correta (art. 243, § 4º, do RI-TRT/14ª).

Gabarito "E".

(Analista – TRT/14ª – 2011 – FCC) Quanto aos recursos, considere:

I. Caberá decisão monocrática com rejeição liminar da remessa necessária, dentre outras hipóteses, quando a sentença estiver fundada em jurisprudência do plenário do Supremo Tribunal Federal ou em Súmula ou Orientação Jurisprudencial do Tribunal Superior do Trabalho.

II. No recurso ordinário em rito sumaríssimo, havendo provimento parcial do recurso, além da parte dispositiva, poderão constar da certidão de julgamento apenas as respectivas razões e o registro de que, no mais, negou-se acolhida pelos fundamentos da própria sentença.

III. Improvido o Agravo de Instrumento ou os embargos, o revisor deliberará, no prazo de 3 dias, sobre o julgamento do recurso, observando-se, em qualquer caso, o procedimento relativo ao recurso ordinário.

IV. O agravo regimental, após protocolado no Tribunal, mas antes de juntado aos autos principais, poderá ser concluso ao Magistrado prolator do despacho agravado, que embora não possa reconsiderar o seu ato, deve submetê-lo ao julgamento da Câmara, a quem caiba a competência.

V. Quando uma das partes postular efeito modificativo do acórdão, mediante os embargos de declaração, e sendo plausível a hipótese de o Relator imprimi-lo, não será aberta vista dos autos à parte contrária, devendo os autos serem imediatamente remetidos ao Revisor, que os remeterá a julgamento na primeira sessão do Tribunal.

Está correto o que se afirma APENAS em:

(A) III e IV.

(B) IV e V.

(C) I e II.

(D) I, II e V.

(E) II, III e V.

I: correta (art. 209, II, do RI-TRT/14ª); **II:** correta (art. 206, § 2º, do RI-TRT/14ª); **III:** incorreta (art. 217 do RI-TRT/14ª); **IV:** incorreta (art. 219 do RI-TRT/14ª); **V:** incorreta (art. 226, § 3º, do RI-TRT/14ª – alterada a redação pela RA n. 090/2013).

Gabarito "C".

(Analista – TRT/14ª – 2011 – FCC) Conforme previsto no Regimento Interno do Tribunal Regional do Trabalho da 14ª Região, a posse do Magistrado deverá ocorrer dentro de:

(A) quinze dias, contados da publicação do ato de nomeação; e a entrada em exercício, em até quinze dias da data do ato de nomeação.

(B) vinte e cinco dias, contados da publicação dos aprovados no concurso; e a entrada em exercício, em até dez dias da data da nomeação.

(C) trinta dias, contados da publicação do ato de nomeação; e a entrada em exercício, em até quinze dias da data da posse.

(D) quarenta e cinco dias, contados da proclamação do resultado do concurso; e a entrada em exercício, em até trinta dias da data da posse.

(E) sessenta dias, contados do ato de nomeação; e a entrada em exercício, simultânea à posse.

Art. 4º, § 2º, do RI-TRT/14ª.

Gabarito "C".

(Analista – TRT/14ª – 2011 – FCC) Em relação às Turmas do TRT da 14ª Região, considere:

I. As Turmas do Tribunal, em número de três, compõem-se de cinco Desembargadores cada uma.

II. Será de dois anos o mandato do Presidente, coincidente com o do Presidente do Tribunal.

III. É vedado o funcionamento da Turma sem a presença de, pelo menos, um de seus membros efetivos.

IV. A composição das Turmas dar-se-á, exclusivamente, segundo o critério do merecimento.

V. O exercício da Presidência de Turma não implica a inelegibilidade para os cargos de Presidente e Vice-Presidente do Tribunal.

Está correto o que se afirma APENAS em:

(A) I, III e IV.

(B) I e IV.

(C) II, III e V.

(D) II, IV e V.

(E) II e V.

I: incorreta (art. 20 do RI-TRT/14ª – alterada redação através da RA n. 0029/2012)); **II:** correta (art. 20, §§ 2º e 3º, do RI-TRT/14ª); **III:** correta (art. 22, § 3º, do RI-TRT/14ª – alterada a redação do *caput*, através da RA n. 0029/2012); **IV:** incorreta (art. 20, parágrafo único, do RI-TRT/14ª – alterado o parágrafo único para § 1º, através da RA n. 0029/2012); **V:** correta (art. 25, § 3º, do RI-TRT/14ª).

Gabarito "C".

(Analista – TRT/14ª – 2011 – FCC) Quanto aos dissídios coletivos de natureza econômica, é correto que:

(A) o acordo judicial homologado no processo de dissídio coletivo, envolvendo a totalidade ou parte das pretensões, tem força de decisão irrecorrível para as partes.

(B) o dissídio coletivo, deferido ou não o protesto judicial, será ajuizado no prazo máximo de trinta dias, contado da sessão que o julgou, sob pena de perda da eficácia da medida.

(C) a instrução dos processos de dissídio coletivo, revisão ou extensão de dissídio coletivo deverá ser concluída no prazo de quarenta e cinco dias, a contar da paralização ou protocolo no Tribunal.

(D) os autos, não havendo acordo, colhida a contestação e documentos serão remetidos ao Revisor, que continuará a instrução do dissídio se entender necessário.

(E) o Presidente, verificando que a petição não preenche os requisitos da lei ou está em desacordo com as instruções em vigor, ou, ainda, que apresenta defeitos e irregularidades capazes de dificultar sua apreciação, determinará *incontinenti* a extinção do feito sem resolução de mérito.

A: correta (art. 198 do RI-TRT/14ª); **B:** incorreta (art. 192, § 2º, do RI-TRT/14ª); **C:** incorreta (art. 193, § 3º, do RI-TRT/14ª); **D:** incorreta (art. 193, § 1º, do RI-TRT/14ª); **E:** incorreta (art. 191, § 1º, do RI-TRT/14ª).

Gabarito "A".

(Técnico Judiciário – TRT/14ª – 2011 – FCC) Serão concedidas aos Desembargadores do Tribunal e aos Juízes de primeira instância, sem prejuízo do subsídio ou de qualquer direito ou vantagem legal, a seguinte licença:

(A) à adotante, por cento e vinte dias consecutivos, em caso de adoção ou guarda judicial de criança até dois anos de idade, e por sessenta dias, se for criança com mais de dois anos de idade.

(B) à paternidade, por trinta dias consecutivos, pelo nascimento ou adoção de filhos.

(C) à gestante, por duzentos dias consecutivos ou intercalados.

(D) para tratamento de saúde, até três anos.

(E) por motivo de doença do cônjuge, companheiro, pais, filhos, padrasto, madrasta, enteado ou dependente que viva às suas expensas e conste do assentamento funcional, exigindo-se laudo de médico do Tribunal ou por ele aprovado.

A: incorreta, a licença à adotante é pelo prazo de 90 dias consecutivos, por adoção ou guarda judicial de criança até um ano de idade ou, pelo prazo de 30 dias consecutivos, no caso de a criança ter mais de um ano e menos de 12 anos de idade; B: incorreta, a licença-paternidade é de cinco dias (art. 10, § 1º, do ADCT); C: incorreta, a licença à gestante tem duração de 120 dias, com a possibilidade de prorrogação, nos termos da Lei 11.770/2008 (art. 62, III, do RITRT da 14ª Região); D: incorreta, para tratamento de saúde, a licença será até 02 (dois) anos (art. 62, I, do RITRT da 14ª Região); E: correta, art. 62, II e § 1º, do RITRT da 14ª Região.

Gabarito "E".

(Técnico Judiciário – TRT/14ª – 2011 – FCC) Em relação ao TRT da 14ª Região, é correto que:

(A) compõe-se de onze Desembargadores, nomeados pelo Presidente da República dentre brasileiros natos com mais de trinta e cinco e menos de setenta anos.

(B) os Desembargadores do Tribunal e os Juízes de primeira instância usarão, nas sessões e audiências, vestes talares, conforme regulamento.

(C) para as deliberações do Tribunal Pleno, exigir-se-á quórum de metade do número de seus membros, inclusive para as questões de ordem administrativa.

(D) o Desembargador mais antigo exercerá a função de Corregedor Regional.

(E) a Presidência e a Vice-Presidência do Tribunal serão exercidas pelos Juízes mais antigos respectivamente, desde que já tenham ocupado os aludidos cargos.

A: incorreta. O TRT da 14ª Região compõe-se de 08 (oito) Desembargadores, nomeados pelo Presidente da República, dentre brasileiros com mais de 30 (trinta) anos e menos de 65 (sessenta e cinco) anos (art. 2º do RITRT da 14ª Região); B: correta, art. 6º, § 1º, do RITRT da 14ª Região – nova redação dada pela RA n. 0096/2012; C: incorreta, o quórum mínimo para as deliberações é de metade mais um do número de seus membros (art. 14 do RITRT 14ª Região); D: incorreta, a Corregedoria Regional compete ao Presidente do Tribunal, que pode delegá-la ao Vice-Presidente (art. 27, XLVI, do RITRT da 14ª Região – redação alterada pela RA 0029/2012); E: incorreta, a exigência é a de que os Desembargadores não tenham ocupado os aludidos cargos (art. 16 do RITRT da 14ª Região).

Gabarito "B".

(Técnico Judiciário – TRT/14ª – 2011 – FCC) O Ouvidor Geral do Tribunal:

(A) exercerá suas funções, sem prejuízo das atribuições jurisdicionais do Magistrado.

(B) é subordinado hierarquicamente ao Tribunal Pleno, que poderá, após procedimento específico, cancelar os registros eventualmente anotados contra órgãos internos.

(C) apresentará à Corregedoria do Tribunal relatório mensal de atividades, com dados estatísticos sobre as manifestações recebidas, excluindo-se as arquivadas e os motivos do arquivamento.

(D) será substituído, em seus impedimentos e afastamentos, pelo Corregedor-Geral até o máximo de trinta dias.

(E) é escolhido pela maioria absoluta do Tribunal Pleno, com mandato mínimo de dois anos, vedada a recondução.

A: correta, art. 31, § 2º do RITRT da 14ª Região e art. 1º da Portaria 1092, que alterou o art. 2º, § 2º, do Ato GP 0132; B: incorreta, a Ouvidoria-Geral é subordinada à Presidência (art. 1º do Ato GP 0132/2001); C: incorreta, a Ouvidoria deverá apresentar relatório trimestral de atividades à Presidência do Tribunal, com dados estatísticos sobre as manifestações recebidas, incluindo as arquivadas e os motivos do arquivamento (art. 32, IX do RITRT da 14ª Região e art. 4º, IX, do Ato GP 0132, com redação dada pela Portaria 1092 de 20 de maio de 2005); D: incorreta, o Ouvidor-Geral será substituído, em seus impedimentos e afastamentos, por magistrado indicado também pelo Juiz-Presidente (art. 31, § 1º, do RITRT da 14ª Região e art. 2º, § 2º, do Ato GP 0132, com redação dada pela Portaria 1092); E: incorreta, o Ouvidor-Geral será um magistrado indicado pelo Tribunal Pleno, com mandato mínimo de um ano, permitida a recondução (art. 31 do RITRT da 14ª Região – nova redação através da RA 0108/2010).

Gabarito "A".

7. TRT 21ª REGIÃO

(Analista – TRT/21ª – 2010 – CESPE) A respeito da organização e direção do Tribunal Regional do Trabalho (TRT) da 21.ª Região, bem como do funcionamento do Tribunal Pleno, julgue os itens a seguir.

(1) Na formação do *quorum* mínimo do Tribunal Pleno, não se inclui o presidente.

(2) Caso dois dos desembargadores presentes em sessão de julgamento do Tribunal Pleno forem primos, o primeiro a votar excluirá a participação do outro no julgamento.

(3) Considere que um desembargador tenha tomado posse como vice-presidente do TRT/21.ª Região em 5 de agosto, mas tenha vindo a falecer no dia 10 seguinte. Nesse caso, deverá ser realizada nova eleição para preenchimento da vaga, cabendo ao eleito cumprir o tempo restante do mandato do antecessor.

1: errado (art. 20 do RI-TRT/21ª); **2:** errado,(os primos são parentes colaterais em quarto grau – art. 1.592 do Código Civil); **3:** certo (art. 18 do RI-TRT/21ª).

Gabarito 1E, 2E, 3C

(Analista – TRT/21ª – 2010 – CESPE) Acerca da convocação de juízes e da ordem do serviço no TRT/21.ª Região, julgue os itens que se seguem.

(1) Em uma sessão de julgamento, caso o relator do processo seja vencido, findo o julgamento, o presidente deverá proclamar a decisão e redigir o acórdão.

(2) Caso esteja com acúmulo de processos conclusos fora do prazo para prolação de sentença, o juiz titular de vara do trabalho não deve ser convocado em hipótese de afastamento de desembargador por mais de trinta dias.

(3) Caso se dê entrada em recurso de especial por fax, será considerada como data de seu protocolo a data da recepção do fax pelo TRT/21.ª Região, devendo o original do recurso ser apresentado ao tribunal nos cinco dias seguintes.

(4) Em processo que discuta matéria de cunho administrativo, o presidente do TRT/21.ª Região será o relator nato.

1: errado (art. 80 do RI-TRT/21ª); **2:** errado (art. 61 do RI-TRT/21ª); **3:** errado (o original deve ainda ser assinado e acompanhado da taxa de transmissão); **4:** certo (art. 62, parágrafo único, do RI-TRT/21ª).

Gabarito 1E, 2E, 3E, 4C

(Analista – TRT/21ª – 2010 – CESPE) Com relação aos processos no TRT/21.ª Região, bem como ao pessoal administrativo e à revista do tribunal, julgue os itens subsequentes.

(1) Cabe ao vice-presidente do TRT/21.ª Região selecionar matéria destinada à publicação na revista do tribunal, a qual pode incluir manifestação literária, editada pela escola judicial.

(2) O julgamento do mandado de segurança impetrado contra ato praticado por juiz titular de vara do trabalho é de competência do Tribunal Pleno.

(3) Servidor ocupante de cargo em comissão submete-se ao regime da dedicação integral ao serviço e pode ser convocado sempre que houver interesse da administração, desde que não ultrapasse o limite de quarenta horas semanais.

1: certo (arts. 196 e 197 do RI-TRT/21ª); **2:** certo (art. 114 do RI-TRT/21ª); **3:** errado (art. 193, parágrafo único, do RI-TRT/21ª).

Gabarito 1C, 2C, 3E

8. TRT 22ª REGIÃO

(Analista – TRT/22ª – 2010 – FCC) Nos termos do Regimento, as designações dos Diretores de Secretaria das Varas do Trabalho somente poderão recair sobre servidores:

(A) comissionados do quadro de pessoal do Tribunal, com nível superior, indicados pelo Presidente, que submeterá o nome ao *referendum* do Pleno do Tribunal no prazo de quinze dias.

(B) efetivos do quadro de pessoal do Tribunal, bacharéis em Direito, indicados pelo Juiz Titular ao Presidente, que submeterá o nome ao *referendum* do Pleno do Tribunal no prazo de trinta dias.

(C) comissionados do quadro de pessoal do Tribunal, bacharéis em Direito, nomeados pelo Juiz Titular, que submeterá o nome ao conhecimento do Presidente do Tribunal no prazo de trinta dias da nomeação do servidor.

(D) efetivos do quadro de pessoal do Tribunal, de nível superior, indicados pelo Presidente ao Pleno do Tribunal, no prazo de quinze dias, para a sua nomeação.

(E) efetivos do quadro de pessoal do Tribunal, bacharéis em Direito, nomeados pelo Juiz Titular, que submeterá o nome ao conhecimento do Presidente do Tribunal, no prazo de quinze dias da sua nomeação.

Art. 18, LVI, § 2º, do RI-TRT/22ª.

Gabarito "B"

(Analista – TRT/22ª – 2010 – FCC) De acordo com o Regimento, das decisões proferidas pelo Corregedor-Regional cabe

(A) reclamação correicional, no prazo de três dias, contados da intimação pessoal do reclamante.

(B) reclamação correicional, no prazo de cinco dias, contados da publicação no órgão oficial.

(C) agravo regimental, no prazo de dez dias, contados da intimação pessoal do reclamante.

(D) agravo regimental, no prazo de oito dias, contados da publicação no órgão oficial.

(E) agravo regimental, no prazo de sete dias, contados da baixa da decisão em cartório.

Art. 22, IV, § 8º, do RI-TRT/22ª.

Gabarito "D"

(Analista – TRT/22ª – 2010 – FCC) Estabelece o Regimento, quanto ao procedimento e uniformização de jurisprudência, que:

(A) será Relator da matéria o Desembargador Federal do Trabalho que solicitar o pronunciamento prévio do Tribunal acerca da interpretação de norma jurídica.

(B) a tese prevalente, obtida por voto unânime, valerá para todos os casos em julgamento.

(C) as Súmulas poderão ser revistas mediante proposta votada pela maioria simples dos membros efetivos ou não do Tribunal.

(D) a proposta de revisão de Súmula será apreciada pela mesma Turma Julgadora que a decidiu, em sessão extraordinária especialmente convocada.

(E) o incidente será julgado por todos os membros do Tribunal, com destaque do revisor, sustentação oral do relator, votando o Presidente da sessão somente no caso de empate.

A: correta, art. 65, § 2º, do RI-TRT/22ª; **B:** incorreta, art. 67, § 1º, do RI-TRT/22ª; **C:** incorreta, art. 67, § 4º, do RI-TRT/22ª; **D:** incorreta, art. 67, § 6º, do RI-TRT/22ª; **E:** incorreta, art. 65, II, § 4º, do RI-TRT/22ª.

Gabarito "A"

(Analista – TRT/22ª – 2010 – FCC) Nos termos do Regimento, o julgamento dos conflitos de competência ou de atribuições entre as Turmas e Varas do Trabalho, compete:

(A) originariamente ao Presidente das Turmas.

(B) em grau de recurso às Turmas e Varas.

(C) originariamente ao Corregedor Geral do Tribunal.

(D) em grau de recurso ao Vice-presidente do tribunal.

(E) originariamente ao Tribunal Pleno.

Art. 16, I, *f*, do RI-TRT/22ª.

Gabarito "E"

(Analista – TRT/22ª – 2010 – FCC) Quanto às Sessões de Julgamento, estabelece o Regimento que:

(A) o Desembargador Federal do Trabalho não poderá modificar o voto já proferido, ainda que antes de proclamada a decisão.

(B) ainda quando dispensável para decidir questão nova surgida no julgamento, será dado substituto ao Desembargador Federal do Trabalho e a critério da Presidência, cujo voto nesse caso, será computado.

(C) se tratando de matéria administrativa, o Presidente do Tribunal votará em último lugar e, em caso de empate, terá voto de qualidade, mesmo que em matéria recursal.

(D) no julgamento de recursos contra decisão ou despacho do Presidente do Tribunal ou do Corregedor-Regional, ocorrendo empate, prevalecerá a decisão ou o despacho recorrido.

(E) findo o relatório e antes de ouvido o Revisor, o Presidente dará a palavra aos advogados das partes, por quinze minutos cada, para sustentação oral.

A: incorreta, art. 48, § 4º, do RI-TRT/22ª; **B:** incorreta, art. 49, § 6º, do RI-TRT/22ª; **C:** incorreta, art. 50, parágrafo único, do RI-TRT/22ª; **D:** correta, art. 51, parágrafo único, do RI-TRT/22ª; **E:** incorreta, art. 45, § 1º, do RI-TRT/22ª.

Gabarito "D"

(Técnico Judiciário – TRT/22ª – 2010 – FCC) Em relação à distribuição dos processos, estabelece o Regimento, dentre outras hipóteses, que:

(A) o Presidente do Tribunal não poderá designar outro Desembargador Federal do Trabalho para presidir a audiência de distribuição dos feitos.

(B) os processos que se relacionem por conexão ou continência com outro já ajuizado, serão distribuídos livremente.

(C) concorrerão à distribuição todos os membros do Tribunal, ainda que impedidos, nos termos da lei e do Regimento, bem como o Presidente do Tribunal.

(D) em se tratando de recurso contra ato do Presidente do Tribunal em matéria administrativa deverá ser distribuído ao Relator.

(E) nos casos de suspeição ou impedimento não será processada nova distribuição, mediante compensação.

A: incorreta, a distribuição dos feitos poderá ser delegada pelo Presidente do Tribunal a outro Desembargador Federal do Trabalho (art. 25, § 5º, do RITRT da 22ª Região); B: incorreta, a distribuição dos feitos que se relacionem por conexão ou continência se dará por dependência (art. 26, § 1º, do RITRT da 22ª Região); C: incorreta, os membros do Tribunal, que estiverem impedidos, não concorrerão à distribuição (art. 24, parágrafo único, do RITRT da 22ª Região); D: correta, art. 25, § 7º, do RITRT da 22ª Região; E: incorreta, art. 27, § 2º, do RITRT da 22ª Região.

Gabarito "D"

(Técnico Judiciário – TRT/22ª – 2010 – FCC) De acordo com o Regimento, nas sessões de julgamento, apregoado o processo, o Relator fará uma exposição circunstanciada da causa. Findo o relatório e ouvido o revisor, o Presidente dará a palavra aos advogados das partes para sustentação oral, por:

(A) 10 minutos cada.
(B) 15 minutos cada.
(C) 20 minutos cada.
(D) 25 minutos cada.
(E) 30 minutos cada.

Art. 45, § 1º, do RITRT da 22ª Região.

Gabarito "A".

(Técnico Judiciário – TRT/22ª – 2010 – FCC) Estabelece o Regimento que dentre as atribuições da Presidência, NÃO se inclui:

(A) aplicar penas disciplinares aos servidores do Tribunal da 22ª Região, observadas as limitações legais e regimentais.
(B) rever e revogar as Súmulas de Uniformização de Jurisprudência aprovadas pela maioria simples dos membros efetivos ou não do Tribunal.
(C) antecipar, prorrogar e suspender o expediente dos órgãos da Justiça do Trabalho da 22ª Região, *ad referendum* do Tribunal.
(D) designar os integrantes de comissões de licitações, de sindicâncias e de inquéritos.
(E) autorizar e aprovar a instauração do processo de compra pelo Tribunal e autorizar o seu pagamento.

A: incorreta, a aplicação de penas disciplinares é atribuição do Presidente do Tribunal (art. 18, XVII, do RITRT da 22ª Região); B: correta, pois a hipótese prevista na alternativa "B" não se inclui como atribuição da Presidência, e sim do Tribunal Pleno (art. 24, I, "t", do RITRT da 22ª Região); C: incorreta, pois é atribuição do Presidente do Tribunal (art. 18, XVIII, do RITRT da 22ª Região); D: incorreta, art. 18, XXVI; E: incorreta, art. 18, XXXIX, do RITRT da 22ª Região (resposta na data da prova – revogado o inciso XXXIX pela Resolução Administrativa 38/2012).

Gabarito "B".

4. Lei 8.112/1990

Wander Garcia

1. PROVIMENTO, VACÂNCIA, REMOÇÃO, DISTRIBUIÇÃO E SUBSTITUIÇÃO

1.1. Provimento

(Analista – TRT/11ª – 2012 – FCC) Com a extinção do órgão público "X", foi extinto o cargo público ocupado por João, que é servidor público federal estável. No entanto, com tal extinção, João foi colocado em disponibilidade. Nos termos da Lei n. 8.112/1990, João

(A) deveria obrigatoriamente ter sido redistribuído, não sendo possível sua colocação em disponibilidade pela Administração Pública.
(B) será aproveitado em vaga que vier a ocorrer em órgãos ou entidades da Administração Pública Federal ou Estadual, mediante determinação do órgão Central do Sistema de Pessoal Civil.
(C) retornará à atividade mediante aproveitamento obrigatório em cargo de atribuições e vencimentos compatíveis com o anteriormente ocupado.
(D) terá cassada sua disponibilidade e tornado sem efeito eventual aproveitamento, caso não entre em exercício no prazo legal, ainda que por motivo de doença comprovada por junta médica oficial.
(E) não poderá ser mantido sob responsabilidade do órgão central do Sistema de Pessoal Civil da Administração Federal-SIPEC, até seu adequado aproveitamento.

A: incorreta, pois o caso é de colocação em disponibilidade (art. 37, § 3º, da Lei 8.112/1990); **B:** incorreta, pois será aproveitado em vaga que vier a ocorrer na esfera federal, e não na esfera estadual (art. 31, *caput*, da Lei 8.112/1990); **C:** correta (art. 30 da Lei 8.112/1990); **D:** incorreta, pois essa cassação se dá como regra, mas é excepcionada se houver doença comprovada por junta médica oficial (art. 32 da Lei 8.112/1990); **E:** incorreta, pois será mantido, sim, sob responsabilidade do órgão central do SIPEC, até seu adequado aproveitamento (art. 31, parágrafo único, da Lei 8.112/1990).

Gabarito "C"

(Técnico – TRT/4ª – 2006 – FCC) É certo que o provimento dos cargos públicos far-se-á mediante

(A) designação de qualquer autoridade superior.
(B) habilitação em concurso e por resolução da autoridade pública federal.
(C) ato de investidura decorrente do critério das autoridades.
(D) ato da autoridade competente de cada Poder.
(E) sempre por nomeação dos chefes do Poder Executivo por serem responsáveis pelo orçamento.

Art. 6º da Lei 8.112/1990.

Gabarito "D"

(Analista – TRT/6ª – 2012 – FCC) De acordo com a Lei Federal nº 8.112, de 11 de dezembro de 1990, que dispõe sobre o regime jurídico dos servidores públicos civis da União, das autarquias e das fundações públicas federais, a investidura em cargo público ocorre com

(A) a nomeação.
(B) a aprovação em concurso público.
(C) a posse.
(D) o provimento.
(E) a habilitação, após a comprovação da aptidão física.

O art. 7.º da Lei 8.112/1990 dispõe que a investidura em cargo público ocorrerá com a posse.

Gabarito "C"

(Técnico – TRT/6ª – 2006 – FCC) Matias, servidor público aposentado por invalidez, retornou à atividade, após uma junta médica oficial ter declarado insubsistentes os motivos da aposentadoria. Neste caso, ocorreu especificamente a

(A) readaptação.
(B) reversão.
(C) exoneração.
(D) reintegração.
(E) recondução.

Art. 25, I, da Lei 8.112/1990.

Gabarito "B"

(Técnico – TRT/7ª – 2009 – FCC) Quanto à posse e ao exercício do servidor público, é correto que

(A) é vedada a posse em cargo ou função pública, mediante procuração.
(B) é de quinze dias o prazo para o servidor em cargo público efetivo e trinta para o comissionado entrarem em exercício, contados da data da nomeação.
(C) a posse no cargo público ocorrerá no prazo de até trinta dias contados da publicação do resultado do concurso público de provimento.
(D) a promoção não interrompe o tempo de exercício, que é contado no novo posicionamento na carreira a partir da data de publicação do ato que promover o servidor.
(E) a posse em cargo público independerá de prévia inspeção médica, exigida perícia oficial, apenas para o início do exercício na função.

A: incorreta, a posse poderá ser mediante procuração (art. 13, § 3º, da Lei 8.112/1990); **B:** incorreta, o prazo é de 15 (quinze) dias em qualquer caso (art. 15, § 1º, da Lei 8.112/1990); **C:** incorreta, o prazo é de 30 (trinta) dias contados da publicação do ato de provimento (art. 13, § 1º, da Lei 8.112/1990); **D:** correta, art. 17 da Lei 8.112/1990; **E:** incorreta, a posse depende de prévia inspeção médica (art. 14, *caput*, da Lei 8.112/1990).

Gabarito "D"

(Analista – TRT/8ª – 2010 – FCC) A Lei nº 8.112/90 estabelece que a reintegração

(A) quando provido o cargo do servidor estável objeto desta, o seu eventual ocupante será reconduzido ao cargo de origem, sem direito à indenização ou aproveitado em outro cargo, ou ainda, posto em disponibilidade.
(B) é a investidura do servidor em cargo de atribuições e responsabilidades compatíveis com a limitação que tenha sofrido em sua capacidade física ou mental verificada em inspeção médica.
(C) será efetivada em cargo de atribuições afins, respeitada a habilitação exigida, nível de escolaridade e equivalência de vencimentos e, na hipótese de inexistência de cargo vago, o servidor exercerá suas atribuições como excedente, até a ocorrência de vaga.
(D) é o retorno à atividade de servidor aposentado por invalidez, quando junta médica oficial declarar insubsistentes os motivos da aposentadoria.
(E) é o retorno à atividade de servidor, mediante aproveitamento obrigatório em cargo de atribuições e vencimentos compatíveis com o anteriormente ocupado.

Art. 28, §§ 1º e 2º, da Lei 8.112/1990.

Gabarito "A"

(Analista – TRT/9ª – 2010 – FCC) Em razão de doença, Alberto, funcionário público federal efetivo, ficou com a sua capacidade física reduzida para o exercício do cargo de que era titular, o que foi constatado por inspeção médica. Em razão disso, precisou ser investido em novo cargo, compatível com a sua condição física, o que ocorreu, segundo a Lei nº 8.112/1990, pela forma de provimento denominada

(A) readaptação.
(B) transferência.
(C) reversão.
(D) reintegração.
(E) recondução.

Art. 24, *caput*, da Lei 8.112/1990.
Gabarito "A".

(Analista – TRT/11ª – 2005 – FCC) A investidura em cargo público ocorre com a

(A) nomeação; o provimento de cargo público dar-se-á com a posse e o exercício.
(B) posse; constitui forma de provimento de cargo público, além de outras, a readaptação.
(C) reintegração; a reversão caracteriza o provimento de cargo público.
(D) posse; o provimento de cargo público dependerá do aproveitamento e do exercício.
(E) nomeação; a promoção acarretará, dentre outras formas, o provimento de cargo público.

A: incorreta, pois a investidura ocorre com a posse (art. 7º da Lei 8.112/1990), e não com a nomeação; além disso o provimento que ocorre antes da posse é a nomeação; assim, cronologicamente falando, temos nomeação (que é uma forma de provimento), depois posse (que é a aceitação do cargo, gerando o fenômeno da investidura) e depois exercício (que é o início do desempenho das atribuições do cargo); sobre o provimento por nomeação *vide* o art. 8º, I, da Lei 8.112/1990; sobre a posse leia os arts. 13 e 14 da Lei 8.112/1990; e sobre o exercício leia os arts. 15 a 20 da Lei 8.112/1990; **B:** correta, pois a investidura ocorre com a posse (art. 7º da Lei 8.112/1990) e a readaptação é, de fato, uma das formas de provimento (art. 8º, V, da Lei 8.112/1990); **C:** incorreta, pois a investidura ocorre com a posse (art. 7º da Lei 8.112/1990), e não com a reintegração; esta, na verdade, é uma forma de provimento (art. 8º, VIII, da Lei 8.112/1990); a segunda parte da alternativa está correta (art. 8º, VI, da Lei 8.112/1990); **D:** incorreta, a primeira parte da afirmativa é verdadeira; porém, é falsa a afirmativa de que o provimento do cargo depende do aproveitamento e do exercício; como se viu, primeiro vem a nomeação (uma forma de provimento), depois vem a posse e apenas depois vem o exercício; e o aproveitamento do servidor é uma intercorrência que pode acontecer caso este seja colocado em disponibilidade (pela extinção do cargo que ocupa, por exemplo) e apareça a oportunidade de aproveitá-lo em outro cargo; **E:** incorreta, pois a investidura ocorre com a posse (art. 7º da Lei 8.112/1990), e não com a nomeação; além disso, a promoção não acarreta um provimento, mas é uma forma de provimento (art. 8º, II, da Lei 8.112/1990).
Gabarito "B".

(Técnico – TRT/11ª – 2005 – FCC) A posse em cargo público ocorrerá no prazo

(A) de trinta dias, contados da publicação do ato de provimento.
(B) de quinze dias, prorrogável por igual período, contados a partir da nomeação.
(C) fixado no edital do concurso público, o qual não poderá ser superior a trinta e inferior a quinze dias.
(D) de até quarenta e cinco dias, contados da nomeação ou da ascensão.
(E) de quarenta e cinco dias, contados do efetivo exercício.

Art. 13, § 1º, da Lei 8.112/1990.
Gabarito "A".

(Analista – TRT/13ª – 2005 – FCC) No que diz respeito ao exercício, é certo que

(A) o prazo para o servidor entrar em exercício é de 5 (cinco) dias e, se não atender, ficará em disponibilidade.
(B) o exercício poderá dar-se mediante procuração por instrumento público ou particular.
(C) a promoção interrompe e, em certos casos, suspende o tempo de exercício.
(D) o início do exercício de função de confiança, de regra, coincidirá com a data da publicação do ato de designação.
(E) o servidor público, entrando em exercício, poderá ser dispensado do estágio probatório.

A: incorreta, art. 15, §§ 1º e 2º, da Lei 8.112/1990; **B:** incorreta, a posse pode se dar por procuração (art. 13, § 3º, da Lei 8.112/1990); o exercício, porém, deve se dar pelo próprio servidor, não sendo possível que alguém trabalhe em seu lugar; **C:** incorreta, art. 17 da Lei 8.112/1990; **D:** correta, art. 15, § 4º, da Lei 8.112/1990; **E:** incorreta, art. 20 da Lei 8.112/1990.
Gabarito "D".

(Técnico – TRT/16ª – 2009 – FCC) Victor foi nomeado técnico judiciário junto ao Tribunal Regional do Trabalho. Entretanto na data de publicação do ato de provimento Victor encontrava-se afastado servindo no júri, na qualidade de jurado. Nesse caso, o prazo legal para sua posse

(A) continuará de dez dias, permitida a procuração com poderes gerais.
(B) não sofrerá qualquer alteração quanto ao seu início e término.
(C) será prorrogado por mais trinta dias, sendo vedada a procuração.
(D) será contado do término do impedimento.
(E) será alterado para quinze dias contados da data do julgamento.

Art. 13, § 2º, da Lei 8.112/1990.
Gabarito "D".

(Técnico – TRT/18ª – 2008 – FCC) De acordo com a Lei que dispõe sobre o Regime Jurídico dos Servidores Públicos Civis da União, os prazos para o funcionário público nomeado para cargo efetivo tomar posse e entrar em exercício são, respectivamente, de

(A) 10 e 15 dias.
(B) 30 e 15 dias.
(C) 15 e 60 dias.
(D) 30 e 30 dias.
(E) 30 e 60 dias.

Arts. 13, § 1º, e 15, § 1º, da Lei 8.112/1990.
Gabarito "B".

(Analista – TRT/19ª – 2008 – FCC) Ulisses, como ocupante de cargo em comissão na administração pública federal foi nomeado para ter exercício, interinamente, em outro cargo de confiança, sem prejuízo das atribuições que atualmente ocupa. Nesse caso, é correto afirmar que a acumulação remunerada dos cargos públicos não estará vedada, porque Ulisses

(A) deverá optar pelo de menor remuneração entre eles, após o término do período de interinidade.
(B) poderá ficar em exercício pelo prazo de até 60 dias, com a remuneração de ambos os cargos.
(C) poderá receber o vencimento de um dos cargos, em qualquer hipótese, ainda que tenha remuneração em órgão de deliberação coletiva.
(D) deverá optar pela remuneração de um deles durante a interinidade.
(E) está sendo nomeado, sem qualquer condição, para cargo de confiança vago, não importando o valor da remuneração.

Art. 9º, parágrafo único, da Lei 8.112/1990.
Gabarito "D".

(Técnico – TRT/20ª – 2011 – FCC) No que se refere ao provimento de cargo público, a posse e o exercício do cargo público, deverão observar, respectivamente, os prazos de

(A) 15 dias contados da publicação do ato de provimento e 05 dias contados da data da posse.
(B) 15 dias contados da publicação do ato de provimento e 15 dias contados da data da posse.
(C) 30 dias contados da publicação do ato de provimento e 30 dias contados da data da posse.
(D) 30 dias contados da publicação do ato de provimento e 15 dias contados da data da posse.
(E) 60 dias contados da publicação do ato de provimento e 30 dias contados da data da posse.

Art. 13, § 1º e art. 15, § 1º, da Lei 8.112/1990.
Gabarito "D".

(Analista – TRT/22ª – 2010 – FCC) Nos termos da Lei nº 8.112/90, Maurício, servidor do Tribunal Regional do Trabalho, em razão de ter sido removido para outro município, onde deva ter exercício, terá no

(A) mínimo, quinze e, no máximo, quarenta e cinco dias de prazo, contados do ato de nomeação, para a retomada do efetivo desempenho das atribuições do cargo, excluído deste prazo o tempo necessário para o deslocamento para a nova sede.
(B) máximo, quinze dias de prazo, contados da posse, para a retomada do efetivo desempenho das atribuições do cargo, incluído nesse prazo o tempo necessário para o deslocamento para a nova sede.
(C) mínimo, dez e, no máximo, trinta dias de prazo, contados da publicação do ato, para a retomada do efetivo desempenho das atribuições do cargo, incluído nesse prazo o tempo necessário para o deslocamento para a nova sede.
(D) máximo, sessenta dias de prazo, contados da posse, para a retomada do efetivo exercícios de suas funções, excluído deste prazo o tempo necessário para o deslocamento para a nova sede.
(E) mínimo, cinco e, no máximo, dez dias de prazo, contados da publicação do ato de exercício, para a retomada do efetivo desempenho das atribuições da função, incluído nesse prazo o tempo necessário para o deslocamento para a nova sede.

Art. 18, *caput*, da Lei 8.112/1990.

Gabarito "C".

(Técnico – TRT/20ª – 2006 – FCC) O servidor que NÃO entrar em exercício dentro do prazo legal de

(A) 15 dias, contados da data da posse, será exonerado do cargo.
(B) 30 dias, contados do ato de provimento, será afastado provisoriamente do cargo.
(C) 60 dias, contados da publicação do ato de provimento, poderá ser posto em disponibilidade.
(D) 15 dias, contados da data da nomeação, poderá ser afastado do cargo.
(E) 30 dias, contados da data da posse, será posto em disponibilidade.

Art. 15, §§ 1º e 2º, da Lei 8.112/1990.

Gabarito "A".

(Analista – TRT/23ª – 2007 – FCC) Considere:

I. A investidura em cargo público ocorrerá com a nomeação.
II. A exoneração de cargo em comissão e a dispensa de função de confiança dar-se-á, dentre outras hipóteses, quando não satisfeitas as condições do estágio probatório.
III. Os servidores ocupantes de cargo de natureza especial terão substitutos indicados no regimento interno ou, no caso de omissão, previamente designados pelo dirigente máximo do órgão ou entidade.
IV. O servidor ocupante de cargo em comissão poderá ser nomeado para ter exercício, interinamente, em outro cargo de confiança, sem prejuízo das atribuições do que atualmente ocupa, hipótese em que deverá optar pela remuneração de um deles durante o período da interinidade.
V. A reversão é a reinvestidura do servidor estável no cargo resultante de sua transformação, quando invalidada a sua demissão por decisão judicial, sem ressarcimento de vantagens.

Estão corretas APENAS as afirmativas

(A) I, II e III.
(B) I, IV e V.
(C) I e V.
(D) II, III e IV.
(E) III e IV.

I: incorreta, pois a investidura se dá com a posse (art. 7º da Lei 8.112/1990); **II:** incorreta, pois não há estágio probatório nos dois vínculos citados (cargo em comissão e função de confiança); **III:** correta (art. 38 da Lei 8.112/1990); **IV:** correta (art. 9º, parágrafo único, da Lei 8.112/1990); **V:** incorreta (art. 25 da Lei 8.112/1990), reversão é o retorno à atividade de servidor aposentado por invalidez ou por interesse da administração.

Gabarito "E".

(Analista – TRT/23ª – 2007 – FCC) Quanto ao regime jurídico dos servidores públicos, considere:

I. Cargo público é o conjunto de atribuições e responsabilidades previstas na estrutura organizacional que devem ser cometidas a um servidor.
II. Os cargos públicos, acessíveis a todos os brasileiros natos, são criados por lei ou decreto, para provimento exclusivo em caráter efetivo.
III. São requisitos básicos para investidura em cargo público, dentre outros, a idade mínima de 21 anos.
IV. A investidura em cargo público ocorrerá com a nomeação do servidor, quando publicada no Diário Oficial da União.
V. A nomeação far-se-á em caráter efetivo, quando se tratar de cargo isolado de provimento efetivo ou de carreira.

Está correto o que se afirma APENAS em

(A) III e V.
(B) II, III e IV.
(C) II e III.
(D) I e V.
(E) I, II e IV.

I: correta (art. 3º da Lei 8.112/1990); **II:** incorreta (art. 3º, parágrafo único, da Lei 8.112/1990); **III:** incorreta (art. 5º, V, da Lei 8.112/1990); **IV:** incorreta (art. 7º da Lei 8.112/1990); **V:** correta (art. 9º, I, da Lei 8.112/1990).

Gabarito "D".

(Analista – TRT/24ª – 2006 – FCC) A autoridade competente, alegando insubordinação grave em serviço, demitiu determinado servidor estável. Contudo, este comprovou judicialmente a inexistência dos motivos que culminaram com referida penalidade, o que resultou em sua invalidação. Em virtude do ocorrido, o servidor será

(A) reconduzido a qualquer cargo com atribuições compatíveis com as exercidas anteriormente, com integral ressarcimento dos prejuízos suportados.
(B) reintegrado no cargo anteriormente ocupado, ou no resultante de sua transformação, com ressarcimento de todas as vantagens.
(C) readaptado no cargo ocupado anteriormente, com plena restauração dos direitos violados e integral ressarcimento dos prejuízos sofridos.
(D) posto em disponibilidade, com recebimento de remuneração proporcional ao tempo de serviço, até seu adequado aproveitamento em outro cargo.
(E) reinvestido no cargo anteriormente ocupado em virtude da forma de provimento originário denominada reversão.

Art. 28 da Lei 8.112/1990.

Gabarito "B".

(Analista – TRT/1ª – 2008 – CESPE) No que concerne aos servidores públicos, regidos pela Lei n.º 8.112/1990, assinale a opção correta.

(A) Os cargos públicos são acessíveis apenas aos brasileiros natos ou naturalizados.
(B) O regime de trabalho do servidor se sujeita ao limite mínimo de 6 horas diárias.
(C) É garantido a todo servidor público o exercício do direito de greve.
(D) O concurso de títulos, mediante seleção por currículos, para provimento de cargo isolado, terá validade de um ano, prorrogável por igual período.
(E) A impossibilidade física de entrar em exercício acarreta a possibilidade de fazê-lo por meio de procuração pública.

A: admite-se também estrangeiros (v. art. 37, I, da CF e também o art. 5º, § 3º, da Lei 8.112/1990); cuidado com expressões muito fortes como "apenas"; **B:** art. 19 da Lei 8.112/1990; **C:** o art. 37, VII, da CF estabelece o direito de greve ao servidor público; porém não são todos os servidores que têm esse direito; os militares não têm essa prerrogativa (art. 142, § 3º, IV, da CF); cuidado com expressão muito fortes como "todo"; **D:** não existe concurso só de "títulos"; os concursos são de "provas" ou de "provas e títulos" (art. 37, II, da CF; art. 10 da Lei 8.112/1990); **E:** a posse pode se dar por procuração (art. 13, § 3º, da Lei 8.112/1990), mas o exercício, não.

Gabarito "B".

(Analista – TRT/21ª – 2010 – CESPE) No que se refere ao regime jurídico dos servidores públicos civis da União, julgue o item que se segue.

(1) Se determinado servidor não puder estar presente no dia da posse, ela poderá ocorrer mediante procuração específica.

1: correta, (art. 13, § 3º, da Lei 8.112/1990).

Gabarito 1C

1.2. Vacância

(Analista – TRT/1ª – 2012 – FCC) Durante estágio probatório, determinado servidor que acabou de entrar no serviço público, praticou atos incompatíveis com a assiduidade e disciplina esperados. Em consequência, nos termos da legislação vigente, ele não deve ser confirmado no cargo e, dessa forma, será

(A) readaptado.
(B) demitido
(C) reconduzido.
(D) expulso.
(E) exonerado.

A: incorreta, pois a readaptação se dá quando servidor passa a ter uma limitação física ou mental que torne incompatível que continue num cargo público, fazendo com que seja readaptado para outro cargo público mais compatível com essa limitação superveniente (art. 24 da Lei 8.112/1990); **B:** incorreta, pois a demissão só se aplica a faltas mais graves, como as previstas no art. 132 da Lei 8.112/1990); no caso, o servidor está em estágio probatório e percebeu-se que não está apto a conseguir a estabilidade, impondo-se, assim, a sua exoneração (sem caráter punitivo) e não a demissão (que tem caráter punitivo), tudo nos termos do art. 20, I e II, e § 2º, da Lei 8.112/1990; **C:** incorreta, pois a recondução é o retorno do servidor já estável (que não é o caso, pois o servidor ainda está em estágio probatório), ao cargo anteriormente ocupado e decorrerá de inabilitação em estágio probatório relativo a outro cargo ou reintegração do anterior ocupante (art. 29, I e II, da Lei 8.112/1990), situações essas que também não foram narradas no enunciado; **D:** incorreta, pois não há previsão de expulsão para o caso (instituto que nem está previsto na Lei 8.112/1990), mas de exoneração (art. 20, § 2º, da Lei 8.112/1990); **E:** correta (art. 20, § 2º, da Lei 8.112/1990).

Gabarito "E".

(Analista – TRT/16ª – 2014 – FCC) Poliana, após tomar posse em determinado cargo público, não entrou em exercício no prazo estabelecido. Nos termos da Lei nº 8.112/90, a conduta de Poliana acarretará sua

(A) demissão.
(B) exoneração de ofício.
(C) cassação de disponibilidade.
(D) suspensão por noventa dias, até que regularize a falta cometida.
(E) advertência, compelindo-a a regularizar a falta cometida.

A, C, D e E: incorretas, pois se o servidor não entrar em exercício no prazo legal, será exonerado do cargo (art. 15, § 2º, da Lei 8.112/90); B: correta (art. 15, § 2º, da Lei 8.112/90).

Gabarito "B".

(Técnico – TRT/24ª – 2006 – FCC) A vacância do cargo público decorrerá, dentre outras hipóteses, de

(A) reversão.
(B) posse em outro cargo inacumulável.
(C) nomeação.
(D) aproveitamento.
(E) recondução.

Art. 33, VIII, da Lei 8.112/1990.

Gabarito "B".

(Técnico – TRT/1ª – 2008 – CESPE) A vacância do cargo público, segundo a Lei n.º 8.112/1990, pode ser ocasionada por

(A) exoneração e reversão.
(B) falecimento e transferência.
(C) readaptação e promoção.
(D) demissão e nomeação.
(E) ascensão e demissão.

Art. 33, VI e III, da Lei 8.112/1990.

Gabarito "C".

1.3. Remoção, redistribuição e substituição

(Analista – TST – 2003 – CESPE) Julgue o item a seguir.

(1) Márcio, servidor titular de cargo efetivo federal, atualmente está lotado em uma repartição localizada em Garanhuns – PE. Toda a sua família reside em Brasília – DF. Por essa razão, Márcio manifestou à coordenação de recursos humanos (RH) do órgão de seu exercício o interesse em ser removido para a capital federal. De acordo com os arquivos do RH, existia uma vaga disponível em Brasília e outros 25 servidores já haviam manifestado o mesmo interesse de Márcio. Nessa situação e de acordo com o regime jurídico vigente para a administração pública federal, o setor de RH deverá promover a remoção do servidor que manifestou interesse, expressamente, há mais tempo.

1: errada. O servidor não tem o direito de exigir sua remoção, pois a situação narrada não se enquadra no disposto no art. 36, parágrafo único, III, *a*, da Lei 8.112/1990. De qualquer forma, existindo vaga e havendo mais de um interessado, pode-se promover processo seletivo para definir o servidor que terá direito à remoção (art. 36, parágrafo único, III, *c*, da Lei 8.112/1990).

Gabarito 1E

(Técnico – TRT9 – 2012 – FCC) Carlos, servidor público federal ocupante de cargo efetivo, estável, é casado com Ana, também servidora pública, e ambos possuem a mesma localidade de exercício funcional. Ocorre que Ana foi deslocada para outra cidade, no interesse da Administração. De acordo com as disposições da Lei nº 8.112/90, Carlos

(A) pode ser removido a pedido, no interesse da Administração, desde que Ana tenha ingressado no serviço público antes dele.
(B) possui direito à remoção a pedido, a critério da Administração, desde que Ana seja servidora federal.
(C) pode ser removido de ofício, independentemente do interesse da Administração.
(D) possui direito à remoção a pedido, mesmo que Ana seja servidora estadual ou municipal.
(E) não pode ser removido a pedido, mas apenas de ofício e desde que conte com mais de cinco anos de serviço público.

Nos termos do art. 36, parágrafo único, III, "a", cabe remoção a pedido, para outra localidade, independentemente do interesse da Administração, para acompanhar cônjuge (ou companheiro), desde que este seja servidor de qualquer dos poderes de todos os entes federativos, que tenha sido deslocado no interesse da Administração. Dessa forma, apenas a alternativa "D" é correta.

Gabarito "D".

(Técnico – TRT/4ª – 2011 – FCC) NÃO é considerado preceito para o deslocamento de cargo de provimento efetivo, ocupado ou vago, no âmbito do quadro geral de pessoal, para outro órgão ou entidade do mesmo Poder,

(A) a manutenção da essência das atribuições do cargo.
(B) a vinculação entre os graus de responsabilidade e complexidade das atividades.
(C) o mesmo nível de especialidade, escolaridade ou habilitação profissional.
(D) a compatibilidade entre as atribuições do cargo e as finalidades institucionais do órgão.
(E) o interesse do servidor público e a diferença de vencimentos.

A: correta, a manutenção da essência das atribuições do cargo é um dos preceitos para o deslocamento de cargo de provimento efetivo (art. 37, III, da Lei 8.112/1990); **B:** correta, a vinculação entre os graus de responsabilidade e complexidade das atividades é um dos preceitos para o deslocamento de cargo de provimento efetivo (art. 37, IV, da Lei 8.112/1990); **C:** correta, o mesmo nível de especialidade, escolaridade ou habilitação profissional é um dos preceitos para o deslocamento de cargo de provimento efetivo (art. 37, V, da Lei 8.112/1990); **D:** correta, a compatibilidade entre as atribuições do cargo e as finalidades institucionais do órgão é um dos preceitos para o deslocamento de cargo de provimento efetivo (art. 37, VI, da Lei 8.112/1990); **E:** incorreta, o interesse do servidor público e a diferença de vencimentos NÃO é um dos preceitos para o deslocamento de cargo de provimento efetivo (art. 37 da Lei 8.112/1990).

Gabarito "E".

(Analista – TRT/4ª – 2006 – FCC) No que diz respeito à remoção do servidor público federal, considere as assertivas abaixo:

I. O retorno do servidor estável ao cargo anteriormente ocupado é uma das características do ato de remoção.

II. É considerada modalidade de remoção quando for a pedido, para outra localidade, independentemente do interesse da Administração.

III. É também modalidade de remoção quando for de ofício, no interesse da Administração.

IV. A cessão do servidor para ter exercício em outro órgão ou entidade pública é um dos requisitos para o ato de remoção.

Estão corretas APENAS o que se afirma em

(A) I e II.
(B) I e III.
(C) II e III.
(D) II e IV.
(E) III e IV.

I: incorreta, pois a remoção não é o retorno, mas a saída, o deslocamento para outro cargo (art. 36 da Lei 8.112/1990); II: correta (art. 36, parágrafo único, III, da Lei 8.112/1990); III: correta (art. 36, parágrafo único, I, da Lei 8.112/1990); IV: incorreta, pois a remoção se dá no âmbito do mesmo quadro (art. 36, *caput*, da Lei 8.112/1990).

Gabarito "C".

(Analista – TRT/14ª – 2011 – FCC) De acordo com a Lei nº 8.112/90, que dispõe sobre o regime jurídico dos servidores públicos civis da União, das autarquias e das fundações públicas federais, a remoção de servidor público

(A) pressupõe sempre mudança de sede ou função.
(B) é cabível, a pedido, para outra localidade, em razão de processo seletivo promovido, na hipótese em que o número de interessados for inferior ao número de vagas, de acordo com normas preestabelecidas pelo órgão ou entidade em que aqueles estejam lotados.
(C) não é cabível, a pedido, para outra localidade, a fim de acompanhar companheiro, também servidor público civil da União, que foi deslocado no interesse da Administração Pública.
(D) pode se dar de ofício ou a pedido, sendo, nesta segunda hipótese, sempre dependente do interesse da Administração Pública.
(E) ocorre somente no âmbito do mesmo quadro.

A: incorreta, pois a remoção independe da mudança de sede (art. 36, *caput*, da Lei 8.112/1990); B: incorreta, pois o número de interessados terá que ser superior ao número de vagas (art. 36, parágrafo único, III, *c*, da Lei 8.112/1990); C: incorreta, pois é possível a remoção na hipótese descrita na alternativa (art. 36, parágrafo único, III, *a*, da Lei 8.112/1990); D: incorreta, pois há previsão de remoção a pedido, para outra localidade, independentemente do interesse da Administração (art. 36, parágrafo único, III, da Lei 8.112/1990); E: correta (art. 36, *caput*, da Lei 8.112/1990).

Gabarito "E".

(Analista – TRT/14ª – 2011 – FCC) É cabível remoção a pedido, para outra localidade, independentemente do interesse da Administração, em virtude de processo seletivo promovido, na hipótese em que o número de interessados for

(A) inferior ao número de vagas, a critério da autoridade competente, quando necessário ao atendimento de situações emergenciais do órgão ou entidade.
(B) igual ao número de vagas, de acordo com normas estabelecidas pelo órgão público independentemente do local da respectiva designação.
(C) superior ao número de vagas, de acordo com normas preestabelecidas pelo órgão ou entidade em que aqueles estejam lotados.
(D) inferior ao número de vagas, em conformidade com normas estabelecidas pelo Poder Público em que aqueles estejam designados.
(E) superior ao número de vagas, a critério da autoridade competente, desde que presente o interesse público, independentemente da respectiva lotação.

Art. 36, parágrafo único, III, *c*, da Lei 8.112/1990.

Gabarito "C".

2. DIREITOS E VANTAGENS

2.1. Vencimentos e remuneração

(Técnico – TRT/4ª – 2011 – FCC) No que diz respeito ao vencimento e à remuneração, é certo que,

(A) não poderá haver, em qualquer hipótese, a consignação em folha de pagamento a favor de terceiros.
(B) não será passível de qualquer atualização os valores recebidos pelo servidor público em cumprimento de tutela antecipada.
(C) todas as reposições e indenizações ao erário, em qualquer situação, deverão ser parceladas de ofício, para pagamento até noventa dias.
(D) o desconto incidente sobre remuneração ou provento restringir-se-á aos casos de imposição legal de natureza administrativa.
(E) quando o pagamento indevido houver ocorrido no mês anterior ao do processamento da folha, a reposição será feita imediatamente, em uma única parcela.

A: incorreta, pois mediante autorização do servidor, poderá haver consignação em folha de pagamento a favor de terceiros, a critério da administração e com reposição de custos, na forma definida em regulamento (art. 45, § 1º, da Lei 8.112/1990); B: incorreta, pois na hipótese de valores recebidos em decorrência de cumprimento a decisão liminar, a tutela antecipada ou a sentença que venha a ser revogada ou rescindida, serão eles atualizados até a data da reposição (art. 46, § 3º, da Lei 8.112/1990); C: incorreta, pois as reposições e indenizações ao erário, atualizadas até 30 de junho de 1994, serão previamente comunicadas ao servidor ativo, aposentado ou ao pensionista, para pagamento, no prazo máximo de trinta dias, podendo ser parceladas, a pedido do interessado (art. 46 da Lei 8.112/1990); D: incorreta, pois pode haver desconto por mandado judicial e mediante autorização do servidor, também poderá haver consignação em folha de pagamento a favor de terceiros, a critério da administração e com reposição de custos, na forma definida em regulamento (art. 45 da Lei 8.112/1990); E: correta (art. 46, § 2º, da Lei 8.112/1990).

Gabarito "E".

(Analista – TRT/4ª – 2006 – FCC) Cristiane Vasconcelos, analista judiciário, está em débito com o erário e teve sua disponibilidade cassada. Nesse caso, a servidora deverá quitar o débito no prazo legal de

(A) sessenta dias, sendo que a não quitação do débito no prazo implicará sua inscrição em dívida ativa.
(B) cento e vinte dias, sendo que a não quitação do débito no prazo implicará sua inscrição em dívida passiva.
(C) noventa dias, sob pena de ser instaurado processo administrativo disciplinar por retenção de valores.
(D) trinta dias, prorrogável por igual período, sendo que a sua não quitação implicará o bloqueio de sua remuneração.
(E) quarenta e cinco dias, prorrogável por igual período, e não quitando nesse prazo sofrerá penalidade estatutária.

Art. 47 da Lei 8.112/1990.

Gabarito "A".

(Analista – TRT/8ª – 2010 – FCC) Quanto às férias e às licenças do servidor público, considere:

I. A critério da Administração, poderão ser concedidas ao servidor ocupante de cargo efetivo ou em estágio probatório, licenças para tratar de assuntos particulares pelo prazo de até três anos consecutivos, com ou sem remuneração.

II. O servidor exonerado do cargo efetivo, ou em comissão, perceberá indenização relativa ao período das férias a que tiver direito e ao incompleto, na proporção de um doze avos por mês de efetivo exercício, ou fração superior a quatorze dias.

III. As férias poderão ser parceladas em até três etapas, desde que assim requeridas pelo servidor, e no interesse da administração pública.

IV. A licença concedida dentro de sessenta dias do término de outra da mesma espécie não será considerada como prorrogação.

V. O servidor terá direito a licença, com remuneração, durante o período que mediar entre a sua escolha em convenção partidária, como candidato a cargo eletivo, e a véspera do registro de sua candidatura perante a Justiça Eleitoral.

Está correto o que se afirma APENAS em:

(A) I, III e V.
(B) I e IV.
(C) II e III.
(D) II, IV e V.
(E) III e V.

I: incorreta (a licença para tratar de assuntos particulares poderá ser concedida ao servidor ocupante de cargo efetivo, desde que não esteja em estágio probatório, sem remuneração – art. 91 da Lei 8.112/1990); **II:** correta (art. 78, § 3º, da Lei 8.112/1990); **III:** correta (art. 77, § 3º, da Lei 8.112/1990); **IV:** incorreta (art. 82 da Lei 8.112/1990); **V:** incorreta (a licença, nesse caso, será sem remuneração – art. 86, *caput*, da Lei 8.112/1990).

Gabarito "C"

(Analista – TRT/14ª – 2011 – FCC) Para os fins da Lei n. 8.112/90, o servidor público federal investido em cargo em comissão de órgão ou entidade diversa da de sua lotação, receberá a remuneração do órgão

(A) cessionário dos Estados, exclusivamente, quando a cessão for por prazo superior a 90 (noventa) dias.
(B) cedente, devendo os Estados, o Distrito Federal e os Municípios, na condição de cessionários, ressarcirem os cofres da entidade cedente ao término da cessão.
(C) cedente, desde que essa condição esteja prevista no respectivo ato e a cessão seja exclusivamente para órgão ou entidade do Distrito Federal.
(D) cedente, quando a cessão for exclusivamente, para órgão ou entidade do Distrito Federal.
(E) ou entidade cessionária quando a cessão for para órgãos dos Estados, do Distrito Federal ou dos Municípios.

Art. 93, § 1º, da Lei 8.112/1990.

Gabarito "E"

(Analista – TRT/22ª – 2010 – FCC) De acordo com a Lei nº 8.112/90, em relação ao vencimento, remuneração e vantagens dos Servidores Públicos Civis da União:

(A) As indenizações se incorporam ao vencimento ou provento para qualquer efeito.
(B) As faltas justificadas decorrentes de caso fortuito não poderão ser compensadas, sendo assim não consideradas como efetivo exercício.
(C) Quando o pagamento indevido houver ocorrido no mês anterior ou posterior ao do processamento da folha, não haverá reposição, salvo se para o erro contribuiu o servidor, ao menos culposamente.
(D) As gratificações e os adicionais incorporam-se ao vencimento ou provento, nos casos e condições indicados em lei.
(E) O vencimento, a remuneração e o provento poderão ser objeto de arresto, sequestro ou penhora, salvo nos casos de prestação de alimentos resultante de decisão judicial.

A: incorreta (art. 49, § 1º, da Lei 8.112/1990); **B:** incorreta (art. 44, parágrafo único, da Lei 8.112/1990); **C:** incorreta (art. 46, § 2º, da Lei 8.112/1990); **D:** correta (art. 49, § 2º, da Lei 8.112/1990); **E:** incorreta (art. 48 da Lei 8.112/1990).

Gabarito "D"

(Analista – TRT/23ª – 2007 – FCC) Quanto aos direitos e vantagens do servidor público é correto que

(A) as vantagens pecuniárias serão computadas ou acumuladas, para efeito de concessão de quaisquer outros acréscimos pecuniários ulteriores, desde que sob o mesmo título ou idêntico fundamento.
(B) o vencimento, a remuneração e o provento não serão objeto de arresto, sequestro ou penhora, exceto nos casos de prestação de alimentos resultante de decisão judicial.
(C) não será concedida ajuda de custo àquele que, sendo servidor da União, for nomeado para cargo em comissão, com mudança de domicílio.
(D) nos casos em que o deslocamento da sede constituir exigência permanente do cargo, o servidor fará jus a diárias.
(E) somente será permitido serviço extraordinário para atender a situações permanentes, respeitado o limite máximo de 4 (quatro) horas por jornada.

A: incorreta, art. 50 da Lei 8.112/1990; **B:** correta, art. 48 da Lei 8.112/1990; **C:** incorreta, art. 56 da Lei 8.112/1990; **D:** incorreta, art. 58, § 2º, da Lei 8.112/1990; **E:** incorreta, art. 74 da Lei 8.112/1990.

Gabarito "B"

2.2. Vantagens (indenização, ajuda de custo, diária, indenização de transporte, auxílio-moradia, gratificações e adicionais, retribuição, gratificação natalina, adicionais, gratificação por encargo de cursos ou concurso)

(Analista – TRT/10ª – 2013 – CESPE) Julgue os itens seguintes, a respeito da Lei n.º 8.112/1990.

(1) Ao servidor é facultado abater de suas férias as faltas injustificadas, de modo a preservar a remuneração referente aos dias em que deixar de comparecer ao serviço.
(2) O servidor público civil que fizer jus aos adicionais de insalubridade e periculosidade acumulará ambos os acréscimos sobre seu vencimento.

1: incorreta, pois não há previsão legal nesse sentido; aliás, mesmo quanto às faltas justificadas, estas só podem ser compensadas a critério da chefia imediata, em situações de caso fortuito ou de força maior (art. 44, parágrafo único, da Lei 8.112/1990); **2:** incorreta, pois o servidor que fizer jus aos adicionais de insalubridade e de periculosidade deverá optar por um deles (art. 68, § 1º, da Lei 8.112/1990).

Gabarito 1E, 2E

(Analista – TRT/11ª – 2012 – FCC) Joana, servidora pública federal, recebeu algumas diárias, porém, não se afastou da sede. Nos termos da Lei n. 8.112/1990, Joana

(A) independentemente do motivo, não precisará restituí-las, haja vista tratar-se de verba de natureza alimentar.
(B) dependendo do motivo, não precisará restituí-las.
(C) independentemente do motivo, deverá restituí-las integralmente, no prazo de trinta dias.
(D) ficará obrigada a restituí-las apenas parcialmente, no prazo de dez dias.
(E) ficará obrigada a restituí-las integralmente, no prazo de cinco dias.

Joana ficará obrigada a restituí-las integralmente, no prazo de cinco dias (art. 59 da Lei 8.112/1990).

Gabarito "E"

(Analista – TRT/11ª – 2012 – FCC) Nos termos da Lei nº 8.112/1990, no que diz respeito ao auxílio-moradia, é correto afirmar:

(A) O valor do auxílio-moradia poderá superar 25% (vinte e cinco por cento) da remuneração de Ministro de Estado.
(B) Será possível a concessão da vantagem, ainda que a pessoa que resida com o servidor também receba auxílio-moradia.
(C) No caso de falecimento, exoneração, colocação de imóvel funcional à disposição do servidor ou aquisição de imóvel, o auxílio-moradia continuará sendo pago por um mês.
(D) Conceder-se-á a vantagem ao servidor desde que, dentre outros requisitos legais, o deslocamento tenha sido por força de alteração de lotação ou nomeação para cargo efetivo.
(E) Será possível a concessão da vantagem, ainda que o cônjuge ou companheiro do servidor ocupe imóvel funcional.

A: incorreta, pois o art. 60-D, § 1º, da Lei 8.112/1990 dispõe que o "auxílio-moradia não poderá superar 25% (vinte e cinco por cento) da remuneração de Ministro de Estado"; **B:** incorreta, pois o art. 60-B, IV, da Lei 8.112/1990 dispõe que um dos requisitos para concessão do auxílio-moradia é que nenhuma outra pessoa que resida com o servidor receba auxílio-moradia; **C:** correta (art. 60-E da Lei 8.112/1990); **D:** incorreta, pois o art. 60-B, VIII, da Lei 8.112/1990 dispõe que um dos requisitos para concessão do auxílio-moradia é que o deslocamento não tenha sido por força de alteração de lotação ou nomeação para cargo efetivo; **E:** incorreta, pois o art. 60-B, II, da Lei 8.112/1990 dispõe que um dos requisitos para concessão do auxílio-moradia é que o cônjuge ou companheiro do servidor não ocupe imóvel funcional.

Gabarito "C"

(Técnico – TRT/23ª – 2011 – FCC) Sobre as férias dos servidores públicos civis federais, prevista na Lei n. 8.112/1990, é correto afirmar que:

(A) O servidor fará jus a trinta dias de férias, que não podem, em qualquer hipótese, ser acumuladas com outro período.
(B) As férias poderão ser parceladas em até três etapas, desde que assim requeridas pelo servidor, e no interesse da Administração Pública.

(C) O pagamento da remuneração das férias será efetuado até um dia antes do início do respectivo período, observando-se os demais preceitos estabelecidos em lei.

(D) É facultado ao servidor público levar à conta de férias qualquer falta ao serviço.

(E) A indenização relativa ao período de férias do servidor exonerado será calculada com base na remuneração do mês posterior àquele em que for publicado o ato exoneratório.

A: incorreta, pois o servidor fará jus a trinta dias de férias, que podem ser acumuladas, até o máximo de dois períodos, no caso de necessidade do serviço, ressalvadas as hipóteses em que haja legislação específica (art. 77, *caput*, da Lei 8.112/1990); **B:** correta (art. 77, § 3º, da Lei 8.112/1990); **C:** incorreta, pois o pagamento da remuneração das férias será efetuado até 2 (dois) dias antes do início do respectivo período, observando-se o disposto no § 1º deste artigo (art. 78, *caput*, da Lei 8.112/1990); **D:** incorreta, pois é vedado levar à conta de férias qualquer falta ao serviço (art. 77, § 2º, da Lei 8.112/1990); **E:** incorreta, pois a indenização será calculada com base na remuneração do mês em que for publicado o ato exoneratório (art. 78, § 4º, da Lei 8.112/1990).

Gabarito "B"

(Analista – TRT/23ª – 2011 – FCC) Considere as seguintes assertivas sobre as vantagens dos servidores públicos civis federais, nos termos da Lei nº 8.112/1990:

I. A ajuda de custo poderá ser concedida ao servidor que se afastar do cargo, ou reassumi-lo, em virtude de mandato eletivo.

II. No caso de falecimento, exoneração, colocação de imóvel funcional à disposição do servidor ou aquisição de imóvel, o auxílio-moradia continuará sendo pago por um mês.

III. As vantagens pecuniárias não serão computadas, nem acumuladas, para efeito de concessão de quaisquer outros acréscimos pecuniários ulteriores, sob o mesmo título ou idêntico fundamento.

Está correto o que se afirma APENAS em

(A) I e III.
(B) II e III.
(C) III.
(D) I e II.
(E) I.

I: incorreta (art. 55 da Lei 8.112/1990); **II:** correta (art. 60-E da Lei 8.112/1990); **III:** correta (art. 50 da Lei 8.112/1990).

Gabarito "B"

2.3. Licenças

(Analista – TRT/11ª – 2012 – FCC) Marcelo, servidor público federal, ocupante de cargo efetivo, pretende solicitar licença para tratar de interesses particulares. Referida licença, nos termos da Lei n. 8.112/1990, será concedida

(A) por prazo indeterminado.
(B) a critério da Administração Pública.
(C) com remuneração.
(D) pela Administração Pública, podendo ser interrompida, a qualquer tempo, exclusivamente no interesse do serviço.
(E) mesmo que Marcelo esteja em estágio probatório.

A: incorreta, pois essa licença é pelo prazo de até 3 anos consecutivos (art. 91, *caput*, da Lei 8.112/1990); **B:** correta (art. 91, *caput*, da Lei 8.112/1990); **C:** incorreta, pois é sem remuneração (art. 91, *caput*, da Lei 8.112/1990); **D:** incorreta, pois essa licença também pode ser interrompida a qualquer tempo a pedido do servidor (art. 91, parágrafo único, da Lei 8.112/1990); **E:** incorreta, pois essa licença só pode ser dada em favor de quem já não esteja em estágio probatório (art. 91, *caput*, da Lei 8.112/1990).

Gabarito "B"

(Analista – TRT/4ª – 2006 – FCC) João Silva é servidor público federal e candidato a Prefeito de Porto Alegre, local onde desempenha suas funções, exercendo cargo de assessoramento em órgão público. Diante disso, João será afastado desse cargo

(A) a partir do dia imediato ao do registro de sua candidatura perante a Justiça Eleitoral, até o décimo dia seguinte ao do pleito.
(B) um mês antes de sua candidatura protocolada junto à Justiça Eleitoral, até o mês seguinte ao do pleito.
(C) a partir do terceiro dia ao do registro de sua escolha perante o partido político a que for filiado, até o terceiro dia seguinte ao do pleito.
(D) quinze dias antes de sua candidatura perante o órgão competente, até o décimo quinto dia seguinte ao do pleito.
(E) durante três meses após a data de sua escolha pelo partido político a que for filiado, prorrogável a critério da Justiça Eleitoral.

Art. 86, § 1º, da Lei 8.112/1990.

Gabarito "A"

(Analista – TRT/9ª – 2010 – FCC) Sobre as licenças previstas na Lei nº 8.112/1990, é correto afirmar:

(A) O servidor terá direito à licença, sem remuneração, para atividade política, durante o período que mediar entre a sua escolha em convenção partidária, como candidato a cargo eletivo, e à véspera do registro de sua candidatura perante a Justiça Eleitoral.
(B) Concluído o serviço militar, o servidor terá até sessenta dias sem remuneração para reassumir o exercício do cargo.
(C) A licença por motivo de afastamento do cônjuge pode ser concedida, no máximo, por dois anos consecutivos.
(D) Após cada triênio de efetivo exercício, o servidor poderá, no interesse da Administração, afastar-se do exercício do cargo efetivo, com a respectiva remuneração, por até três meses, para participar de curso de capacitação profissional.
(E) Não faz jus à licença por motivo de doença em pessoa da família se a doença for do padrasto ou madrasta do servidor.

A: correta (art. 86, *caput*, da Lei 8.112/1990); **B:** incorreta (concluído o serviço militar, o servidor terá até trinta dias sem remuneração para reassumir o exercício do cargo – art. 85, parágrafo único, da Lei 8.112/1990); **C:** incorreta (a licença será por prazo indeterminado – art. 84, § 1º, da Lei 8.112/1990); **D:** incorreta (após cada quinquênio de efetivo exercício, o servidor poderá, no interesse da Administração, afastar-se do cargo efetivo, com a respectiva remuneração, por até três meses, para participar de curso de capacitação profissional – art. 87, *caput*, da Lei 8.112/1990); **E:** incorreta (art. 83, *caput*, da Lei 8.112/1990).

Gabarito "A"

(Analista – TRT/11ª – 2005 – FCC) No interesse da Administração, o servidor poderá afastar-se do cargo efetivo para participar de curso de capacitação profissional,

(A) após cada quinquênio, por até três meses, com a respectiva remuneração.
(B) após cumprido o período de dois anos do estágio probatório, com prejuízo de 50% da respectiva remuneração, por até seis meses.
(C) por até seis meses, sem prejuízo do respectivo vencimento.
(D) após doze meses de efetivo exercício, com prejuízo da remuneração, pelo período de até noventa dias.
(E) observado o período do estágio probatório, com prejuízo do vencimento.

Art. 87 da Lei 8.112/1990.

Gabarito "A"

(Técnico – TRT/11ª – 2005 – FCC) Será concedida ao servidor licença para tratamento de saúde, a pedido ou de ofício, com base em perícia médica,

(A) com prejuízo da remuneração após o décimo quinto dia de licença.
(B) sem prejuízo da remuneração a que fizer jus.
(C) sem prejuízo dos vencimentos, mas com prejuízo das demais verbas que compõem a remuneração.
(D) com prejuízo dos vencimentos, após o decurso do prazo de trinta dias de licença.
(E) sem prejuízo dos vencimentos, mas com prejuízo das demais verbas que compõem a remuneração, após o trigésimo dia de licença.

Art. 202 da Lei 8.112/1990.

Gabarito "B"

(Técnico – TRT/15ª – 2009 – FCC) A licença para desempenho de mandato classista, prevista na Lei nº 8.112/90, está condicionada, dentre outras, à seguinte regra:

(A) Durante a licença o servidor receberá metade da sua remuneração.
(B) A licença terá duração igual à do mandato, podendo ser prorrogada, no caso de reeleição, e por duas vezes.
(C) Para entidades com até 5.000 associados, o limite é de dois servidores.
(D) Para entidades com mais de 30.000 associados, o limite é de seis servidores.
(E) Somente poderão ser licenciados servidores eleitos para cargos de direção ou representação nas entidades, desde que cadastradas no Ministério da Administração Federal e Reforma do Estado.

Art. 92, § 1º, da Lei 8.112/1990, cuja redação, alterada pela Lei 12.998/2014, na parte final prevê: "desde que cadastradas no órgão competente".

Gabarito "E"

(Analista – TRT/20ª – 2011 – FCC) A licença por motivo de doença em pessoa da família, incluídas as prorrogações, poderá ser concedida a cada período de doze meses, dentre outras, na seguinte condição, por até

(A) 120 dias, consecutivos ou não, sem remuneração.
(B) 100 dias, consecutivos ou não, sem remuneração.
(C) 120 dias, consecutivos, mantida a remuneração do servidor.
(D) 60 dias, consecutivos ou não, mantida a remuneração do servidor.
(E) 90 dias, consecutivos, mantida a remuneração do servidor.

Art. 83, § 2º, I, da Lei 8.112/1990.

Gabarito "D"

(Analista – TRT/23ª – 2011 – FCC) Considere as assertivas abaixo sobre as licenças dos servidores públicos civis federais, nos termos da Lei nº 8.112/1990.

I. É vedado o exercício de atividade remunerada durante o período da licença por motivo de doença em pessoa da família.
II. A licença para atividade política exige que o servidor candidato a cargo eletivo na localidade onde desempenha suas funções e que exerça cargo de direção, chefia, assessoramento, arrecadação ou fiscalização, dele seja afastado, a partir do quinto dia seguinte ao do registro de sua candidatura perante a Justiça Eleitoral, até o quinto dia seguinte ao do pleito.
III. Para os fins da licença para capacitação, após cada quinquênio de efetivo exercício, o servidor poderá, no interesse da Administração, afastar-se do exercício do cargo efetivo, com a respectiva remuneração, por até três meses, para participar de curso de capacitação profissional.

Está correto o que se afirma APENAS em

(A) II e III.
(B) I.
(C) II.
(D) I e III.
(E) I e II.

I: correta (art. 81, § 3º, da Lei 8.112/1990); II: incorreta, pois o servidor candidato a cargo eletivo na localidade onde desempenha suas funções e que exerça cargo de direção, chefia, assessoramento, arrecadação ou fiscalização, dele será afastado, a partir do dia imediato ao do registro de sua candidatura perante a Justiça Eleitoral, até o décimo dia seguinte ao do pleito (art. 86, § 1º, da Lei 8.112/1990); III: correta (art. 87, *caput*, da Lei 8.112/1990).

Gabarito "D"

(Analista – TRT/23ª – 2011 – FCC) Considere as seguintes assertivas sobre as licenças dos servidores públicos civis federais, nos termos da Lei n. 8.112/1990:

I. A partir do registro da candidatura e até o décimo dia seguinte ao da eleição, o servidor fará jus à licença para atividade política, assegurados os vencimentos do cargo efetivo, somente pelo período de dois meses.
II. A licença poderá ser concedida ao servidor por motivo de doença do cônjuge ou companheiro por até trinta dias, consecutivos ou não, mantida a remuneração do servidor, e por até sessenta dias, consecutivos ou não, sem remuneração.
III. A critério da Administração poderão ser concedidas ao servidor ocupante de cargo efetivo, desde que não esteja em estágio probatório, licenças para o trato de assuntos particulares pelo prazo de até três anos consecutivos, sem remuneração.

Está correto o que se afirma APENAS em

(A) I e III.
(B) II e III.
(C) I e II.
(D) II.
(E) III.

I: incorreta, pois a partir do registro da candidatura e até o décimo dia seguinte ao da eleição, o servidor fará jus à licença, assegurados os vencimentos do cargo efetivo, somente pelo período de três meses (art. 86, § 2º, da Lei 8.112/1990); II: incorreta, pois a licença tratada na alternativa, incluídas as prorrogações, poderá ser concedida a cada período de doze meses nas seguintes condições: I – por até 60 (sessenta) dias, consecutivos ou não, mantida a remuneração do servidor; e II – por até 90 (noventa) dias, consecutivos ou não, sem remuneração (art. 83, § 2º, da Lei 8.112/1990); III: correta (art. 91, *caput*, da Lei 8.112/1990).

Gabarito "E"

(Técnico – TRT/24ª – 2011 – FCC) No que diz respeito às licenças, previstas na Lei nº 8.112/1990, é correto afirmar:

(A) A partir do registro da candidatura e até o décimo dia seguinte ao da eleição, o servidor fará jus à licença para atividade política, assegurados os vencimentos do cargo efetivo, somente pelo período de dois meses.
(B) Na licença para o serviço militar, concluído tal serviço, o servidor terá até quarenta dias sem remuneração para reassumir o exercício do cargo.
(C) É possível o exercício de atividade remunerada durante o período da licença por motivo de doença em pessoa da família.
(D) A licença ao servidor para acompanhar cônjuge que foi deslocado para o exterior será pelo prazo máximo de dois anos.
(E) A licença concedida dentro de sessenta dias do término de outra da mesma espécie será considerada como prorrogação.

A: incorreta, pois A partir do registro da candidatura e até o décimo dia seguinte ao da eleição, o servidor fará jus à licença, assegurados os vencimentos do cargo efetivo, somente pelo período de três meses (art. 86, § 2º, da Lei 8.112/1990); B: incorreta, pois o servidor terá até 30 (trinta) dias sem remuneração para reassumir o exercício do cargo (art. 85, parágrafo único, da Lei 8.112/1990); C: incorreta (art. 81, § 3º, da Lei 8.112/1990); D: incorreta, pois a licença nesse caso será por prazo indeterminado (art. 84, § 1º, da Lei 8.112/1990); E: correta (art. 82 da Lei 8.112/1990).

Gabarito "E"

2.4. Direito de petição

(Técnico – TRT/4ª – 2011 – FCC) Paulo, ao exercer o direito de petição deve saber que,

(A) o recurso, salvo a revisão, será cabível nas hipóteses de indeferimento ou deferimento do pedido de reconsideração.
(B) caberá recurso das decisões sobre os recursos sucessivamente interpostos.
(C) o prazo da prescrição será sempre contado da data do fato ou do ato impugnado, independentemente de publicação, por ser de ordem pública.
(D) para o exercício desse direito é assegurada vista do processo em qualquer local, desde que ao servidor pessoalmente.
(E) o pedido de reconsideração e o recurso, em qualquer situação, por terem efeito suspensivo não interrompem a prescrição.

A: incorreta, pois o recurso será cabível somente nos casos de indeferimento do pedido de reconsideração (art. 107, I, da Lei 8.112/1990); B: correta (art. 107, II, da Lei 8.112/1990); C: incorreta, pois o prazo de prescrição será contado da data da publicação do ato impugnado ou da data da ciência pelo interessado, quando o ato não for publicado (art. 110, parágrafo único, da Lei 8.112/1990); D: incorreta, pois para o exercício do direito de petição, é assegurada vista do processo ou documento, na repartição, ao servidor ou a procurador por ele constituído (art. 113 da Lei 8.112/1990); E: incorreta, pois o pedido de reconsideração e o recurso, quando cabíveis, interrompem a prescrição (art. 111 da Lei 8.112/1990).

Gabarito "B"

(Analista – TRT/4ª – 2006 – FCC) No que diz respeito ao direito de petição, é correto afirmar que

(A) a prescrição poderá ser relevada pela Administração em se tratando de caso excepcional ou interesse público.
(B) os prazos estabelecidos para assegurar o direito de petição são absolutos, ou sempre fatais e improrrogáveis;
(C) o pedido de reconsideração e o recurso, quando cabíveis, interrompem a prescrição.
(D) o direito de requerer prescreve em 120 (cento e vinte) dias, quanto ao ato de demissão.
(E) o prazo de prescrição será contado da data da ocorrência que deu causa ao ato impugnado.

A: incorreta, art. 112 da Lei 8.112/1990; **B:** incorreta, art. 115 da Lei 8.112/1990 ("salvo motivo de força maior"); **C:** correta, art. 111 da Lei 8.112/1990; **D:** incorreta, art. 110, I, da Lei 8.112/1990; **E:** incorreta, art. 110, parágrafo único, da Lei 8.112/1990.
Gabarito "C"

(Analista – TRT/7ª – 2009 – FCC) Em tema de Direito de Petição assegurado ao servidor público nos termos da Lei nº 8.112/90, considere:

I. O direito de requerer aos Poderes Públicos, em defesa de direito ou interesse legítimo é imprescritível.
II. A administração deverá rever seus atos, a qualquer tempo, quando eivados de ilegalidade.
III. Cabe pedido de reconsideração à autoridade que houver expedido o ato ou proferido a primeira decisão, não podendo ser renovado.
IV. Caberá recurso, dentre outras hipóteses, do deferimento de pedido de reconsideração sucessivamente interposto.
V. O prazo para a interposição de recurso é de quinze dias, a contar do ato que deferiu ou indeferiu o pedido de reconsideração.

É correto o que se afirma APENAS em

(A) I, II e IV.
(B) I e IV.
(C) IV e V.
(D) II e III.
(E) II, III e V.

I: incorreta (art. 110 da Lei 8.112/1990); **II:** correta (art. 114 da Lei 8.112/1990); **III:** correta (art. 106 da Lei 8.112/1990); **IV:** incorreta (art. 107, I e II, da Lei 8.112/1990); **V:** incorreta (art. 108 da Lei 8.112/1990).
Gabarito "D"

(Analista – TRT/8ª – 2010 – FCC) Nos termos da Lei nº 8.112/1990, é assegurado ao servidor o direito de requerer aos Poderes Públicos, em defesa de direito ou interesse legítimo. Diante disso,

(A) não caberá recurso das decisões sobre os recursos sucessivamente interpostos.
(B) o prazo para interposição de pedido de reconsideração é de quinze dias, a contar da intimação do interessado ou do seu representante legal.
(C) não cabe pedido de reconsideração à autoridade que houver expedido o ato ou proferido a primeira decisão.
(D) o pedido de reconsideração e o recurso, quando cabíveis, não suspendem ou interrompem a prescrição.
(E) o prazo de prescrição do direito de requerer será contado da data da publicação do ato impugnado ou da data da ciência pelo interessado, quando o ato não for publicado.

A: incorreta (art. 107, II, da Lei 8.112/1990); **B:** incorreta (o prazo para interposição do pedido de reconsideração é de 30 dias – art. 108 da Lei 8.112/1990); **C:** incorreta (art. 106, *caput*, da Lei 8.112/1990); **D:** incorreta (art. 111, *caput*, da Lei 8.112/1990); **E:** correta (art. 110, parágrafo único, da Lei 8.112/1990).
Gabarito "E"

(Técnico – TRT/18ª – 2008 – FCC) Nos termos da Lei que dispõe sobre o Regime Jurídico dos Servidores Públicos Civis da União, da decisão que indefere requerimento do servidor cabe

(A) recurso para a mesma autoridade que proferiu a primeira decisão.
(B) pedido de reconsideração para o superior da autoridade que proferiu a primeira decisão.
(C) pedido de reconsideração para a autoridade que proferiu a primeira decisão.
(D) recurso para o superior imediato da autoridade que proferiu a primeira decisão.
(E) recurso para o Presidente da República.

Art. 106, *caput*, da Lei 8.112/1990.
Gabarito "C"

(Analista – TRT/20ª – 2006 – FCC) Considere as seguintes proposições referentes ao direito de petição:

I. A administração deverá rever seus atos, a qualquer tempo, quando eivados de ilegalidade.
II. Desde que hajam novos argumentos, caberá pedido de reconsideração dirigido à autoridade superior àquela que tiver emitido o ato.
III. Para o exercício do direito de petição, é assegurada vista do processo ou documento, na repartição, ao servidor ou procurador legalmente constituído.
IV. O pedido de reconsideração e o recurso, quando cabíveis, interrompem a prescrição.

É correto APENAS o que se afirma em:

(A) I, II e III.
(B) I, III e IV.
(C) I e IV.
(D) II e III.
(E) II e IV.

I: correta (art. 114 da Lei 8.112/1990); **II:** incorreta (art. 106 da Lei 8.112/1990); **III:** correta (art. 113 da Lei 8.112/1990); **IV:** correta (art. 111 da Lei 8.112/1990).
Gabarito "B"

(Analista – TRT/21ª – 2010 – CESPE) No que se refere a servidores públicos e ao regime jurídico dos servidores civis da União, julgue o item subsecutivo.

(1) É assegurado ao servidor o exercício do direito de petição, sendo cabível pedido de reconsideração à autoridade que houver expedido o ato ou proferido a primeira decisão; não se admite, contudo, a renovação do pedido de reconsideração.

1: certa (arts. 104 e 106 da Lei 8.112/1990).
Gabarito 1C

3. REGIME DISCIPLINAR

3.1. Deveres

(Analista – TRT/12ª – 2010 – FCC) De acordo com a Lei nº 8.112/1990, é dever do servidor público

(A) guardar sigilo sobre assunto da repartição de que teve ciência em razão do cargo, mesmo que referido assunto envolva irregularidades.
(B) representar contra omissão, sendo que tal representação será apreciada pela autoridade contra a qual é formulada, assegurando-se ao representando ampla defesa.
(C) cumprir as ordens superiores, ainda que manifestamente ilegais.
(D) atender com presteza à expedição de certidões para o atendimento do interesse público, exceto para esclarecimento de situação de interesse pessoal.
(E) atender com presteza ao público em geral, prestando as informações requeridas, ressalvadas as protegidas por sigilo.

A: incorreta (art. 116, VI, da Lei 8.112/1990); **B:** incorreta (art. 116, XII, parágrafo único, da Lei 8.112/1990); **C:** incorreta (art. 116, IV, da Lei 8.112/1990); **D:** incorreta (art. 116, V, *b*, da Lei 8.112/1990); **E:** correta (art. 116, V, *a*, da Lei 8.112/1990).
Gabarito "E"

3.2. Proibições

(Analista – TRT/7ª – 2009 – FCC) Nos termos da Lei nº 8.112/90, ao servidor público civil é proibido, dentre outras hipóteses,

(A) participar de sociedade privada na qualidade de comanditário, salvo como gerente ou administrador.

(B) ausentar-se do serviço durante o expediente, sem prévia autorização do chefe imediato.
(C) retirar, sem anuência da autoridade competente, qualquer documento ou objeto da repartição.
(D) dar fé a documentos públicos.
(E) promover manifestação de apreço ou desapreço no recinto da repartição.

Art. 117, V, da Lei 8.112/1990.
Gabarito "E".

(Analista – TRT/14ª – 2011 – FCC) Nos termos da Lei nº 8.112/90, o ex-servidor público fica incompatível para nova investidura em cargo público federal, pelo prazo de cinco anos, quando tiver sido demitido por

(A) aplicar irregularmente o dinheiro público.
(B) crime contra a Administração Pública.
(C) improbidade administrativa.
(D) valer-se do cargo para lograr proveito pessoal ou de outrem, em detrimento da dignidade da função pública.
(E) lesar os cofres públicos e dilapidar o patrimônio nacional.

Arts. 137 e 117, IX, da Lei 8.112/1990.
Gabarito "D".

(Analista – TRT/22ª – 2010 – FCC) Quanto a acumulação de cargos, a Lei nº 8.112/90, estabelece que

(A) a proibição de acumular estende-se apenas a cargos e não empregos ou funções em autarquias, fundações públicas, empresas públicas e sociedades de economia mista.
(B) o servidor que acumular licitamente dois ou mais cargos em comissão, quando investido em cargo efetivo, ficará afastado de ambos os cargos, ainda que houver compatibilidade de horário.
(C) em qualquer hipótese é vedada a acumulação remunerada de cargos públicos.
(D) se considera acumulação proibida a percepção de vencimento de cargo com proventos da inatividade, salvo quando os cargos de que decorram essas remunerações não forem acumuláveis na atividade.
(E) a acumulação de cargos, ainda que lícita, fica condicionada à comprovação da compatibilidade de horários.

A: incorreta (art. 118, § 1º, da Lei 8.112/1990) e art.37, XVII da CF; **B:** incorreta (art. 120 da Lei 8.112/1990); **C:** incorreta (art. 118, *caput*, da Lei 8.112/1990) e art. 37, XVI da CF; **D:** incorreta (art. 118, § 3º, da Lei 8.112/1990); **E:** correta (art. 118, § 2º, da Lei 8.112/1990).
Gabarito "E".

(Analista – TRT/23ª – 2007 – FCC) Nos termos da Lei nº 8.112/90, NÃO é proibido ao servidor público, entre outras condutas,

(A) ausentar-se do serviço durante o expediente, sem prévia autorização do chefe imediato.
(B) cometer a outro servidor atribuições estranhas ao cargo que ocupa, quando se tratar de situações de emergência e transitórias.
(C) promover manifestação de apreço ou desapreço no recinto da repartição.
(D) recusar fé a documentos públicos.
(E) retirar, sem prévia anuência da autoridade competente, qualquer documento ou objeto da repartição.

Art. 117, I, XVII, V, III e II, respectivamente, da Lei 8.112/1990.
Gabarito "B".

3.3. Acumulação

(Analista – TST – 2008 – CESPE) Considere que Carlos seja servidor público ocupante de cargo comissionado em um tribunal regional do trabalho (TRT). Nessa situação hipotética, julgue o item que segue.

(1) Carlos não pode acumular remuneradamente esse cargo público com outro cargo comissionado na administração pública federal.

1: art. 119 da Lei 8.112/1990.
Gabarito 1C

3.4. Responsabilidades

(Analista – TRT/8ª – 2010 – FCC) Nos termos da Lei nº 8.112/90, a prática de determinado ato considerado irregular por servidor público em face de suas atribuições, implica a

(A) inafastabilidade da responsabilidade administrativa do servidor no caso de absolvição criminal que negue a existência do fato ou sua autoria.
(B) obrigação de reparar o dano estendida aos sucessores e contra eles executada, até o limite do valor da herança recebida.
(C) responsabilização civil-administrativa, somente se resultante de ato comissivo e não omissivo, praticado em razão da qualidade de funcionário público e não em razão da sua função.
(D) inaplicabilidade das sanções civis, penais e administrativas cumulativamente, por serem independentes entre si.
(E) não responsabilização do servidor perante a Fazenda Pública, em ação regressiva, tratando-se de dano causado a terceiros.

A: incorreta (art. 126 da Lei 8.112/1990); **B:** correta (art. 122, § 3º, da Lei 8.112/1990); **C:** incorreta (art. 124 da Lei 8.112/1990); **D:** incorreta (art. 125 da Lei 8.112/1990); **E:** incorreta (art. 122, § 2º, da Lei 8.112/1990).
Gabarito "B".

(Técnico – TRT/18ª – 2008 – FCC) Com referência à responsabilidade do servidor, de acordo com a Lei que dispõe sobre o Regime Jurídico dos Servidores Públicos Civis da União, é correto afirmar:

(A) Mesmo que o servidor seja absolvido em processo criminal por decisão que negue a existência do fato, o servidor responderá administrativamente.
(B) O servidor demitido em processo administrativo pela prática de ato irregular no exercício do cargo não responderá civilmente pelo mesmo ato.
(C) A responsabilidade penal abrange apenas os crimes imputados ao servidor, nessa qualidade.
(D) A obrigação de reparar o dano causado ao erário ou a terceiros estende-se aos sucessores e contra eles será executada, até o limite do valor da herança recebida.
(E) Se o terceiro prejudicado for ressarcido pelo Poder Público em regular ação judicial, o servidor não responderá pelo dano a ele causado.

A: incorreta (art. 126 da Lei 8.112/1990); **B:** incorreta (art. 125 da Lei 8.112/1990); **C:** incorreta (art. 123 da Lei 8.112/1990); **D:** correta (art. 122, § 3º, da Lei 8.112/1990); **E:** incorreta (art. 122, § 2º, da Lei 8.112/1990).
Gabarito "D".

3.5. Penalidades

(Analista – TST – 2003 – CESPE) Julgue o item subsequente.

(1) Não obstante as instâncias administrativa e penal serem independentes, na hipótese de a infração disciplinar constituir crime, não se aplicam, respectivamente, os prazos de prescrição quinquenal, bienal ou de 180 dias às infrações puníveis com demissão, suspensão ou advertência. Adotam-se, nesses casos, os prazos prescricionais estabelecidos na lei penal.

1: correta, art. 142, § 2º, da Lei 8.112/1990.
Gabarito 1C

(Analista – TRT/2ª – 2008 – FCC) Tício, funcionário público da União, opôs resistência injustificada ao andamento de processo que deveria movimentar. Considerando que foi a primeira vez que praticou tal conduta, ele está sujeito à penalidade prevista na Lei que dispõe sobre o regime jurídico dos servidores públicos civis da União, que consiste em

(A) demissão.
(B) advertência verbal.
(C) suspensão.
(D) advertência, por escrito.
(E) desconto de um dia dos seus vencimentos.

Art. 117, IV, c/c art. 129, da Lei 8.112/1990.
Gabarito "D".

(Analista – TRT/4ª – 2006 – FCC) Em matéria de penalidades disciplinares, considere:

I. Celso Carvalho, analista judiciário, ausentou-se, durante o expediente, das dependências do Tribunal Regional do Trabalho, onde prestava serviço, para tratar de assuntos particulares, sem prévia autorização de Ana Beatriz, sua chefe imediata. Em razão disso, sofreu pena de advertência. Após alguns dias, Celso reiterou aquela conduta de ausência sem autorização.

II. Célia Neves, analista judiciário, praticou ato de insubordinação grave no Tribunal Regional do Trabalho, do qual é servidora pública.

Diante disso, os analistas judiciários Celso e Célia estão sujeitos, respectivamente, às penalidades de

(A) exoneração e multa na base de 50% (cinquenta por cento) por dia de remuneração.
(B) multa na base de 50% (cinquenta por cento) por dia de vencimento e suspensão por 60 (sessenta) dias.
(C) repreensão por escrito e disponibilidade.
(D) advertência reiterada e demissão.
(E) suspensão até 90 (noventa) dias, de regra, e demissão.

Arts. 130 e 132, VI, respectivamente, da Lei 8.112/1990.

Gabarito "E".

(Analista – TRT/6ª – 2012 – FCC) De acordo com a Lei n. 8.112/1990, o servidor público sujeita-se à penalidade de

(A) advertência, aplicada verbalmente, no caso de ausentar-se do serviço sem autorização do chefe imediato.
(B) suspensão, no caso de reincidência de faltas punidas com advertência, não podendo exceder 90 dias.
(C) suspensão, de até 60 dias, quando recusar-se, injustificadamente, a ser submetido a inspeção médica determinada pela autoridade competente.
(D) demissão, no caso de opor resistência injustificada ao andamento de processo ou execução de serviço.
(E) cassação de aposentadoria na hipótese de prática, na inatividade, de falta punível com pena de demissão.

A: incorreta, pois a advertência será aplicada por escrito (art. 129 da Lei 8.112/1990); **B:** correta (art. 130, *caput*, da Lei 8.112/1990); **C:** incorreta, pois a suspensão, no caso, é de até 15 dias (art. 130, § 1º, da Lei 8.112/1990); **D:** incorreta, pois esse caso reclama a aplicação de advertência por escrito (art. 117, IV, c/c art. 129, ambos da Lei 8.112/1990); **E:** incorreta, pois a cassação da aposentadoria depende da prática de falta punível com demissão, desde que praticada na atividade e não na inatividade (art. 134 da Lei 8.112/1990).

Gabarito "B".

(Analista – TRT/7ª – 2009 – FCC) A pena de suspensão do servidor público, conforme a Lei nº 8.112/90,

(A) não poderá exceder de cento e vinte dias, salvo na hipótese de abandono de cargo ou improbidade administrativa.
(B) não poderá ser convertida em pena de multa, salvo no caso de inassiduidade habitual.
(C) será de até quinze dias, quando injustificadamente recusar-se a ser submetido a inspeção médica determinada pela autoridade competente.
(D) terá seu registro suspenso, após o decurso de três anos no cargo, se o servidor não houver nesse período praticado nova infração passível de suspensão.
(E) e a ação disciplinar pela prática de crime de corrupção prescreverá em cinco anos, contados da data do fato.

Arts. 130, § 1º, da Lei 8.112/1990.

Gabarito "C".

(Analista – TRT/13ª – 2005 – FCC) Em matéria de penalidades a que estão sujeitos os servidores públicos, é previsto que

(A) a destituição do cargo em comissão sempre implica a indisponibilidade de bens e ressarcimento de danos.
(B) será cassada a aposentadoria do inativo que houver praticado, na atividade, falta punível com demissão.
(C) o servidor público que se recusar a ser submetido a inspeção médica será suspenso até 30 (trinta dias).
(D) a penalidade de suspensão não poderá ser convertida em multa, o que será possível na pena de advertência.
(E) a demissão do cargo efetivo não implica a indenização por danos, em face da perda definitiva desse cargo.

A: incorreta, indisponibilidade se dá apenas nos casos de destituição do cargo em comissão mencionados no art. 136 da Lei 8.112/1990; **B:** correta, art. 134 da Lei 8.112/1990; **C:** incorreta, art. 130, § 1º, da Lei 8.112/1990; **D:** incorreta, art. 130, § 2º, da Lei 8.112/1990; **E:** incorreta, a esfera civil é independente da esfera administrativa (art. 125 da Lei 8.112/1990).

Gabarito "B".

(Analista – TRT/14ª – 2011 – FCC) Alcebíades, servidor do Tribunal Regional do Trabalho, 4a Região, vem acumulando, ilegalmente, seu cargo de analista judiciário com emprego em sociedade de economia mista federal, enquanto Ana Maria, também analista judiciário, vem exercendo atividades incompatíveis com o exercício do cargo e com o respectivo horário de trabalho. Nesses casos, esses servidores públicos estarão sujeitos, respectivamente, às penas de

(A) disponibilidade não remunerada e de advertência conversível em multa.
(B) suspensão não conversível em multa e de destituição do cargo.
(C) destituição do cargo e de disponibilidade.
(D) demissão e de suspensão, podendo esta ser convertida em multa.
(E) exoneração de ofício do cargo ou emprego e de demissão.

A acumulação ilegal de cargos é punida com demissão (art. 132, XII, da Lei 8.112/1990) e o exercício de atividades incompatíveis com o exercício do cargo e com o respectivo horário de trabalho é punido com suspensão (arts. 117, XVIII, e 130, *caput* e § 2º, da Lei 8.112/1990).

Gabarito "D".

(Analista – TRT/15ª – 2009 – FCC) Ressalvada a hipótese de reincidência, a pena de suspensão prevista na Lei nº 8.112/90, é cabível quando o servidor

(A) participar de gerência ou administração de sociedade privada, personificada ou não personificada, exercer o comércio, exceto na qualidade de acionista, cotista ou comanditário.
(B) recusar-se a atualizar seus dados cadastrais quando solicitado.
(C) cometer a outro servidor atribuições estranhas ao cargo que ocupa, exceto em situações de emergência e transitórias.
(D) atuar, como procurador ou intermediário, junto a repartições públicas, salvo quando se tratar de benefícios previdenciários ou assistenciais de parentes até o segundo grau, e de cônjuge ou companheiro.
(E) cometer a pessoa estranha à repartição, fora dos casos previstos em lei, o desempenho de atribuição que seja de sua responsabilidade ou de seu subordinado.

A: incorreta, pois a alternativa não contempla proibição (art. 117, parágrafo único, II, da Lei 8.112/1990); **B:** incorreta (a infração prevista no art. 117, XIX, da Lei 8.112/1990 é punida com pena de advertência – art. 129 da Lei 8.112/1990; **C:** correta, pois a infração descrita está prevista no art. 117, XVII, da Lei 8.112/1990 e, de acordo com o disposto no art. 130 da mesma Lei, será aplicada a pena de suspensão; **D:** incorreta, pois trata de hipótese de infração sujeita à penalidade de demissão (art. 132, I, da Lei 8.112/1990); **E:** incorreta (a infração prevista no art. 117, VI, da Lei 8.112/1990 é punida com pena de advertência – art. 129 da Lei 8.112/1990).

Gabarito "C".

(Técnico – TRT/19ª – 2015 – FCC) Alice, servidora pública do Tribunal Regional do Trabalho da 19ª Região, encontrava-se em seu local de trabalho, exercendo normalmente suas atribuições, quando foi surpreendida por um particular que lhe dirigiu graves xingamentos, ofensivos à sua moral. Alice, abalada emocionalmente, ofendeu fisicamente o particular. Nos termos da Lei nº 8.112/1990, Alice

(A) está sujeita à pena de repreensão.
(B) não sofrerá punição, haja vista ter agido em legítima defesa.
(C) cometeu ato de improbidade e pode sofrer a suspensão dos seus direitos políticos por 8 (oito) anos.
(D) está sujeita à pena de demissão.
(E) não sofrerá punição, mas terá o episódio registrado em seu prontuário, para fins de antecedentes funcionais.

A: incorreta, pois essa pena não está prevista na Lei 8.112/90, art. 127; **B:** incorreta, pois a legítima defesa não autoriza o uso de violência física no caso, que, se existisse, afastaria a sanção de demissão (art. 132, VII, da Lei 8.112/90); **C:** incorreta, pois há improbidade no caso, pela violação a princípios da administração, violação essa que enseja suspensão de direitos políticos de até 5 anos apenas (art. 12, III, da Lei 8.429/92); **D:** correta, na forma do art. 132, VII, da Lei 8.112/90; **E:** incorreta, pois o caso enseja expressamente a pena de demissão (art. 132, VII, da Lei 8.112/90).

Gabarito "D"

(Analista – TRT/20ª – 2006 – FCC) No que tange às penalidades disciplinares previstas na Lei nº 8.112/90, a suspensão será aplicada, dentre outras hipóteses, quando o agente público

(A) praticar ato de improbidade administrativa que resulte em prejuízo ao erário, caso em que ficará afastado até ressarcir integralmente os bens ou valores acrescidos ao seu patrimônio.

(B) praticar crime contra a administração pública, hipótese em que ficará afastado por período igual ao do cumprimento da pena na esfera penal.

(C) ausentar-se do serviço durante o expediente, sem prévia autorização do chefe imediato, não podendo a pena exceder de 30 dias.

(D) acumular ilegalmente cargos, empregos ou funções públicas, não podendo a pena ultrapassar 30 dias.

(E) reincidir nas faltas punidas com advertência, não podendo exceder de 90 dias.

Art. 130, *caput*, da Lei 8.112/1990.

Gabarito "E"

(Analista – TRT/24ª – 2006 – FCC) Com relação às penalidades disciplinares previstas na Lei nº 8.112/90, é INCORRETO afirmar que

(A) o ato de imposição da penalidade mencionará sempre o fundamento legal e a causa da sanção disciplinar.

(B) a suspensão será aplicada em caso de reincidência das faltas punidas com advertência, não podendo ultrapassar 90 dias.

(C) a ausência intencional do servidor ao serviço por mais de 30 dias consecutivos configura abandono de cargo.

(D) será cassada a aposentadoria ou a disponibilidade do inativo que houver praticado, na atividade, falta punível com a demissão.

(E) o servidor de plantão que se ausentar do serviço durante o expediente, sem prévia autorização do chefe imediato, será suspenso por até 120 dias.

A: correta, art. 128, parágrafo único, da Lei 8.112/1990; **B:** correta, art. 130 da Lei 8.112/1990; **C:** correta, art. 138 da Lei 8.112/1990; **D:** correta, art. 134 da Lei 8.112/1990; **E:** incorreta, o caso é de advertência (art. 117, I, c/c art. 129, ambos da Lei 8.112/1990).

Gabarito "E"

(Analista – TRT/1ª – 2008 – CESPE) Assinale a opção que apresenta situações que geram a aplicação de penalidade de demissão.

(A) Aliciar subordinados a filiarem-se a partido político e ausentar-se do serviço durante o expediente, sem prévia autorização do chefe imediato.

(B) Aceitar comissão ou pensão de Estado estrangeiro e apresentar inassiduidade habitual.

(C) Promover manifestação de desapreço no recinto da repartição e abandonar o cargo.

(D) Abandonar o cargo e recusar fé a documento público.

(E) Opor resistência injustificada ao andamento de documento na repartição e revelar segredo do qual se apropriou em razão do cargo.

Art. 132, III e XIII, da Lei 8.112/1990.

Gabarito "B"

(Analista – TRT/9ª – 2007 – CESPE) Pedro, servidor público federal ocupante de cargo efetivo, faltou ao trabalho por mais de 30 dias consecutivos, no período de 2/5/2002 a 10/6/2002. Em razão disso, foi aberto contra ele um processo administrativo disciplinar, em 15/8/2006. Com base nessa situação hipotética, julgue o item seguinte, considerando o regime jurídico dos servidores públicos.

(1) Se Pedro for punido com a penalidade de suspensão, os seus registros serão cancelados com o decurso de prazo de 3 anos de efetivo exercício, desde que não pratique, nesse período, nova infração.

1: errado, nos termos do art. 131 da Lei 8.112/1990.

Gabarito 1E

4. PROCESSO DISCIPLINAR

4.1. Processo disciplinar (em geral, inquérito, julgamento e revisão)

(Analista – TRT/4ª – 2006 – FCC) No que tange à atividade de instrução no processo administrativo no âmbito da Administração Pública Federal, é INCORRETO afirmar que

(A) cabe à Administração Pública a prova dos fatos alegados pelo interessado em virtude do princípio do interesse público e da eficiência.

(B) o interessado poderá, antes de tomada a decisão, juntar documentos e pareceres, requerer diligências e perícias, bem como aduzir alegações referentes à matéria objeto do processo.

(C) somente poderão ser recusadas, mediante decisão fundamentada, as provas propostas pelos interessados quando ilícitas, impertinentes, desnecessárias ou protelatórias.

(D) encerrada a instrução, o interessado terá o direito de manifestar-se no prazo máximo de 10 (dez) dias, salvo se outro for legalmente fixado.

(E) antes de tomada a decisão, a juízo da autoridade, diante da relevância da questão, poderá ser realizada audiência pública para debates sobre a matéria do processo.

A: correta, no processo disciplinar o ônus da prova é a da Administração; no entanto, uma vez julgado o processo e não mais cabendo recurso administrativo, o ingresso com pedido de revisão administrativa importará no ônus da prova em desfavor do requerente (art. 175 da Lei 8.112/1990); **B:** correta, art. 156 da Lei 8.112/1990; **C:** correta, art. 156, § 1º, da Lei 8.112/1990; **D:** incorreta, art. 161, § 1º, da Lei 8.112/1990; **E:** correta, art. 150, parágrafo único, da Lei 8.112/90.

Gabarito "D"

(Analista – TRT/14ª – 2011 – FCC) De acordo com a Lei nº 8.112/90, que dispõe sobre o regime jurídico dos servidores públicos civis da União, das autarquias e das fundações públicas federais, sobre a prescrição quanto ao direito de petição, é correto afirmar:

(A) Por ser de ordem pública, a prescrição não pode ser relevada pela Administração.

(B) O pedido de reconsideração e o recurso, mesmo quando cabíveis, não interrompem a prescrição.

(C) O direito de requerer prescreve em dez anos quanto ao ato de cassação de aposentadoria.

(D) O direito de requerer prescreve em dois anos quanto aos atos que afetem interesse patrimonial e créditos resultantes das relações de trabalho.

(E) O prazo de prescrição será contado da data da ciência pelo interessado, ainda que o ato tenha sido devidamente publicado.

A: correta (art. 112 da Lei 8.112/1990); **B:** incorreta, pois o pedido de reconsideração e o recurso, quando cabíveis, interrompem a prescrição (art. 111 da Lei 8.112/1990); **C:** incorreta, pois o prazo é de 5 anos (art. 110, I, da Lei 8.112/1990); **D:** incorreta, pois o prazo é de 5 anos (art. 110, I, da Lei 8.112/1990); **E:** incorreta, pois o prazo de prescrição será contado da data da publicação do ato impugnado ou da data da ciência pelo interessado, quando o ato não for publicado (art. 110, parágrafo único, da Lei 8.112/1990).

Gabarito "A"

5. SEGURIDADE SOCIAL DO SERVIDOR – BENEFÍCIOS (APOSENTADORIA, AUXÍLIO-NATALIDADE, SALÁRIO-FAMÍLIA, LICENÇA PARA TRATAMENTO DE SAÚDE, LICENÇA À GESTANTE, À ADOTANTE E POR PATERNIDADE, LICENÇA POR ACIDENTE EM SERVIÇO, PENSÃO, AUXÍLIO-FUNERAL E AUXÍLIO-RECLUSÃO)

(Analista – TST – 2008 – CESPE) Considere que Carlos seja servidor público ocupante de cargo comissionado em um tribunal regional do trabalho (TRT). Nessa situação hipotética, julgue o item que segue.

(1) Caso Carlos e sua esposa adotem uma criança, ele terá direito a licença-paternidade de cinco dias, independentemente da idade da criança adotada.

1: certo, nos termos do art. 208 da Lei 8.112/1990.

Gabarito 1C

5. Lei 8.666/1993

Wander Garcia

1. LICITAÇÃO

1.1. Princípios

(Analista – TRT/10ª – 2013 – CESPE) Com base na Lei de Licitações (Lei n.º 8.666/1993), julgue os próximos itens.

(1) Uma entidade controlada indiretamente por município da Federação que pretenda alugar um imóvel para nele funcionar estará dispensada da observância das normas gerais sobre licitações e contratos administrativos impostas pela lei em questão, devido ao fato de esta lei ser um diploma federal, não alcançando, portanto, a esfera da municipalidade.

(2) A licitação objetiva garantir o princípio constitucional da isonomia, selecionar a proposta mais vantajosa para a administração e promover o desenvolvimento nacional sustentável.

1: incorreto, pois a Administração Direta e Indireta de todos os entes da federação, inclusive dos municípios, está sujeita à Lei 8.666/1993 (art. 1º, parágrafo único, da Lei 8.666/1993); **2:** correto (art. 3º, *caput*, da Lei 8.666/1993).

Gabarito 1E, 2C

(Técnico – TRT/4ª – 2006 – FCC) No que tange à licitação, considere:

I. Qualquer cidadão pode acompanhar o desenvolvimento do procedimento licitatório, desde que não interfira de modo a perturbar ou impedir a realização dos trabalhos.

II. É vedado o estabelecimento de condições que impliquem preferência em favor de determinados licitantes em detrimento dos demais.

As proposições citadas dizem respeito, respectivamente, aos princípios licitatórios da

(A) probidade e adjudicação compulsória.
(B) ampla defesa e impessoalidade.
(C) legalidade e publicidade.
(D) publicidade e igualdade.
(E) vinculação ao instrumento convocatório e isonomia.

I: realmente, o fato de um cidadão poder acompanhar o procedimento licitatório é consequência da aplicação do princípio da publicidade, previsto no art. 3º, *caput*, da Lei 8.666/1993; **II:** a garantia de que não sejam estabelecidas condições que impliquem preferência entre os licitantes é fruto do princípio da igualdade, também previsto no art. 3º, *caput*, da Lei 8.666/1993.

Gabarito "D"

(Técnico – TRT/9º – 2010 – FCC) Analise as seguintes assertivas acerca dos princípios que regem as licitações:

I. Se a Administração levar o procedimento licitatório a seu termo, a adjudicação só pode ser feita ao vencedor; entretanto, há direito subjetivo à adjudicação ainda que a Administração opte, com justa causa, pela revogação do procedimento.

II. A publicidade é a mais ampla possível na concorrência, em que o interesse maior da Administração é o de atrair maior número de licitantes, e se reduz ao mínimo no convite, em que o valor do contrato dispensa maior divulgação.

III. É princípio de toda licitação que seu julgamento se apoie em fatores concretos pedidos pela Administração, em confronto com o ofertado pelos proponentes dentro do permitido no edital ou convite.

IV. A vinculação ao instrumento convocatório significa que a Administração não pode descumprir normas e condições por ela estabelecidas no edital da licitação, sendo, portanto, dirigida apenas ao ente público.

Está correto o que consta APENAS em

(A) I, II e IV.
(B) II e III.
(C) I e IV.
(D) I, II e III.
(E) II, III e IV.

I: incorreto, pois o princípio da adjudicação compulsória apenas impede que a Administração, concluído o procedimento licitatório, atribua seu objeto a outrem que não o vencedor do certame. A Administração Pública não fica obrigada a contratar caso seja anulada ou revogada a licitação, assim como, caso não seja homologada por ilegalidade ou ausência de interesse público, não fica obrigada a adjudicar; **II:** correto, pois a modalidade convite tem limite menor de valor de contrato e não necessita publicação de edital (art. 22, § 3º e 23, I e II, da Lei 8.666/1993); **III:** correto (art. 3º da Lei 8.666/1993); **IV:** incorreto, pois a vinculação ao instrumento convocatório obriga todas as partes contratantes (arts. 3º e 55, XI, da Lei 8.666/1993).

Gabarito "B"

(Técnico – TRT/19ª – 2015 – FCC) O Governo Federal, ao instituir a Política Nacional de Resíduos Sólidos, incluiu, entre seus objetivos, a prioridade nas aquisições e contratações governamentais, para: (a) produtos reciclados e recicláveis; (b) bens, serviços e obras que considerem critérios compatíveis com padrões de consumo social e ambientalmente sustentáveis. O tema em questão está associado ao seguinte princípio relativo às licitações públicas:

(A) adjudicação compulsória.
(B) licitação sustentável.
(C) julgamento objetivo.
(D) ampla defesa.
(E) vinculação ao instrumento convocatório.

A: incorreta, pois a adjudicação compulsória quer dizer que o vencedor do certame deve ter atribuído a sim o objeto da contratação; **B**: correta, pois a prioridade em questão de fato colabora com a sustentabilidade do meio ambiente; **C**: incorreta, pois o julgamento objetivo é regra que determina que na licitação se busque não só estabelecer critérios objetivos de julgamento, como também julgar da forma mais objetiva possível as propostas; **D**: incorreta, pois o enunciado não faz referência alguma à ampla defesa; **E**: incorreta, pois o enunciado não faz referência alguma a esse princípio, que significa que tanto a Administração como o licitante deve obedecer à risca ao que dispõe o edital de licitação.

Gabarito "B"

(Técnico – TRT/20ª – 2011 – FCC) Nos termos da Lei 8.666/1993 (Lei de Licitações), é INCORRETO afirmar:

(A) Em regra, é vedado aos agentes públicos incluir, nos atos de convocação, cláusulas ou condições que comprometam, restrinjam ou frustrem o seu caráter competitivo, inclusive nos casos de sociedades cooperativas, e estabeleçam preferências ou distinções em razão da naturalidade, da sede ou domicílio dos licitantes ou de qualquer outra circunstância impertinente ou irrelevante para o específico objeto do contrato.

(B) O procedimento licitatório caracteriza ato administrativo formal, seja ele praticado em qualquer esfera da Administração Pública, e qualquer cidadão pode acompanhar seu desenvolvimento, desde que não interfira de modo a perturbar ou impedir a realização dos trabalhos.

(C) Subordinam-se ao regime da Lei de Licitações e Contratos Administrativos as sociedades de economia mista e demais entidades controladas direta ou indiretamente pela União, Estados, Distrito Federal e Municípios.

(D) É vedado aos agentes públicos estabelecer tratamento diferenciado de natureza comercial, legal, trabalhista, previdenciária ou qualquer outra, entre empresas brasileiras e estrangeiras, inclusive no que se refere a moeda, modalidade e local de pagamentos, desde que não envolvidos financiamentos de agências internacionais.

(E) Os editais de licitação para a contratação de bens, serviços e obras poderão, mediante prévia justificativa da autoridade competente, exigir que o contratado promova, em favor de órgão ou entidade integrante da administração pública ou daqueles por ela indicados a partir de processo isonômico, medidas de compensação comercial, industrial, tecnológica ou acesso a condições vantajosas de financiamento, cumulativamente ou não, na forma estabelecida pelo Poder Executivo federal.

A: correto (art. 3º, § 1º, I, da Lei 8.666/1993); **B:** correto (art. 4º, *caput*, da Lei 8.666/1993); **C:** correto (art. 1º, parágrafo único, da Lei 8.666/1993); **D:** incorreto, devendo ser assinalada, pois é vedado aos agentes públicos, o tratamento diferenciado mesmo quando envolvidos financiamentos de agências internacionais (art. 3º, § 1º, II, da Lei 8.666/1993); **E:** correto (art. 3º, § 11, da Lei 8.666/1993).

Gabarito "D".

(Técnico – TRT/24ª – 2006 – FCC) Durante o transcorrer do procedimento licitatório, o órgão da Administração Pública responsável pela realização do certame descumpriu determinada norma prevista no edital e, ainda, alterou o critério objetivo de julgamento das propostas. Em virtude deste fato, um dos licitantes pleiteou judicialmente a nulidade da licitação em razão da inobservância do princípio da

(A) vinculação ao instrumento convocatório.
(B) impessoalidade.
(C) publicidade.
(D) adjudicação compulsória.
(E) probidade administrativa.

De fato, o princípio da vinculação ao instrumento convocatório, previsto no art. 3º, *caput*, da Lei 8.666/1993, foi atingido no momento em que a licitação não seguiu o seu edital, quando a autoridade responsável modificou o critério de julgamento das propostas, ainda que sem intenção de prejudicar a Administração Pública, o que gera a nulidade do procedimento.

Gabarito "A".

1.2. Contratação direta (licitação dispensada, dispensa e inexigibilidade)

(Analista – TRT/6ª – 2012 – FCC) De acordo com a Lei nº 8.666/1993, constitui hipótese de inexigibilidade de licitação

(A) contratação de profissional do setor artístico, desde que consagrado pela crítica ou opinião pública.
(B) contratação de serviços de publicidade, desde que comprovada a notória especialização do contratado.
(C) para aquisição de bens produzidos por um único fabricante de marca de preferência da Administração.
(D) contratação de profissional de notória especialização, dispensando-se, nesse caso, a comprovação da singularidade do objeto.
(E) aquisição ou alienação de obras de arte ou venda de bens adjudicados em processo judicial.

A: correto (art. 25, III, da Lei 8.666/1993); **B:** incorreto, pois é vedada expressamente a inexigibilidade para serviços de publicidade e divulgação (art. 25, II, parte final, da Lei 8.666/1993); **C:** incorreto, pois é vedada, como regra, a preferência de marca (art. 25, I, da Lei 8.666/1993); **D:** incorreto, pois somente a singularidade do objeto é que justificará a contratação de profissional com notória especialização, sem licitação (art. 25, II, da Lei 8.666/1993); **E:** incorreto, pois a aquisição de obras de arte enseja dispensa e não inexigibilidade de licitação (art. 24, XV, da Lei 8.666/1993).

Gabarito "A".

(Técnico – TRT9 – 2012 – FCC) De acordo com a Lei nº 8.666/1993, é dispensável a licitação

(A) para aquisição de bens para necessidade contínua, pelo sistema de registro de preços.
(B) para alienação de imóvel, desde que desafetado do serviço público.
(C) para compra de produto de marca preferencial da Administração.
(D) para contratação de serviços comuns, de natureza contínua.
(E) nos casos de guerra ou grave perturbação da ordem.

A: incorreto, pois não há tal previsão no art. 24 da Lei 8.666/1993; **B:** incorreto, pois, como regra, é necessário fazer licitação para a alienação de imóvel público (art. 17, I, da Lei 8.666/1993), que, diga-se de passagem, sempre deve estar desafetado para que a alienação possa ser feita; **C:** incorreto, pois a compra de produto de marca preferencial sequer é permitida (art. 25, I, da Lei 8.666/1993), quanto mais sem licitação; **D:** incorreto, pois esse caso não dispensa licitação, ensejando, inclusive, licitação na modalidade comum (art. 1º da Lei 10.520/2002); **E:** correto (art. 24, III, da Lei 8.666/1993).

Gabarito "E".

(Técnico – TRT9 – 2012 – FCC) Como traço de semelhança ou de distinção entre a dispensa e a inexigibilidade de licitação pode-se indicar, dentre outras, a característica

(A) da licitação, nas hipóteses de inexigibilidade, ser, em tese, possível, mas diante da vontade do legislador, para agilizar algumas situações, torna-se prescindível.
(B) da dispensa de licitação incidir nas hipóteses em que a licitação é inviável, por impossibilidade de competição.
(C) da licitação, nas hipóteses de dispensa, ser, em tese, possível, mas diante da vontade do legislador, torna-se prescindível nas situações indicadas.
(D) do rol de hipóteses de dispensa de licitação ser exemplificativo, na medida em que se trata de norma de exceção à regra legal que obriga o certame como observância do princípio da isonomia.
(E) do rol de hipóteses de inexigibilidade de licitação ser taxativo, na medida em que se trata de norma de exceção à regra legal que obriga o certame como observância do princípio da isonomia, não admitindo flexibilização.

A: incorreto, pois, na inexigibilidade, a licitação não é possível ("é inviável"), não havendo discricionariedade do administrador entre realiza-la ou não, só cabendo não fazer a licitação, caso queira contratar numa hipótese que enseja inexigibilidade; **B:** incorreto, pois em caso de inviabilidade da licitação tem-se inexigibilidade (art. 25, caput, da Lei 8.666/1993) e não dispensa de licitação (art. 24 da Lei 8.666/1993); **C:** correto, pois, de fato, na dispensa de licitação, o administrador pode ou não fazer licitação, havendo discricionariedade nessa escolha; **D:** incorreto, pois o rol das hipóteses de dispensa de licitação é taxativo, ou seja, só há dispensa nos casos expressamente previstos na lei; **E:** incorreto, pois o rol das hipóteses de inexigibilidade de licitação é exemplificativo, ou seja, qualquer outra situação em que houver inviabilidade de competição, mesmo que não prevista nas três hipóteses casuísticas do art. 25 da Lei 8.666/1993, ensejará a inexigibilidade da licitação.

Gabarito "C".

(Analista – TRT/3ª – 2005 – FCC) Para contratar, pelo regime da Lei nº 8.666/1993, a compra de materiais de escritório, no valor de R$ 12.000,00, e uma obra no valor de R$ 20.000,00, uma sociedade de economia mista federal decide pela inexigibilidade de licitação por motivo do valor. Posteriormente, invocando nulidade nos contratos assim celebrados, a autoridade administrativa competente decide revogá-los de ofício. Todavia, alegando tratar-se de ato discricionário o ato de revogação, tal autoridade não o motiva. Em sua defesa, as empresas que haviam sido contratadas recorrem ao Presidente da República que, sendo autoridade hierarquicamente superior ao dirigente da sociedade de economia mista, poderia, em nome da imperatividade dos atos administrativos, reconsiderar a decisão de seu subordinado. Quanto ao procedimento seguido para a contratação,

(A) está correta a caracterização da inexigibilidade de licitação por motivo de valor.
(B) caberia dispensa de licitação, e não inexigibilidade por motivo de valor, para a obra, mas para a compra seria exigida licitação, a qual poderia se processar na modalidade convite.
(C) está incorreta a contratação direta, sendo exigida licitação para ambos os contratos, a qual poderia se processar na modalidade convite.

(D) está correta a caracterização da inexigibilidade de licitação por motivo de valor para a compra, mas para a obra seria exigida licitação, a qual poderia se processar na modalidade convite.
(E) o motivo invocado não justifica inexigibilidade, cabendo sim dispensa de licitação por motivo de valor.

A contratação direta em razão do valor é caso de *dispensa* e não de *inexigibilidade* de licitação (arts. 24, I e II, e parágrafo único, da Lei 8.666/1993); e a dispensa cabe tanto para compras, como para obras.

Gabarito "E"

(Analista – TRT/15ª – 2009 – FCC) É inexigível a licitação quando houver inviabilidade de competição, em especial

(A) quando não acudirem interessados à licitação anterior e esta, justificadamente, não puder ser repetida sem prejuízo para a Administração, mantidas, neste caso, todas as condições preestabelecidas.
(B) para contratação de profissional de qualquer setor artístico, diretamente ou através de empresário exclusivo, desde que consagrado pela crítica especializada ou pela opinião pública.
(C) quando a União tiver que intervir no domínio econômico para regular preços ou normalizar o abastecimento.
(D) quando houver possibilidade de comprometimento da segurança nacional, nos casos estabelecidos em decreto do Presidente da República, ouvido o Conselho de Defesa Nacional.
(E) para a aquisição de bens ou serviços nos termos de acordo internacional específico aprovado pelo Congresso Nacional, quando as condições ofertadas forem manifestamente vantajosas para o Poder Público.

A: dispensa (art. 24, V, da Lei 8.666/1993); **B:** inexigibilidade (art. 25, III, da Lei 8.666/1993); **C:** dispensa (art. 24, VI, da Lei 8.666/1993); **D:** dispensa (art. 24, IX, da Lei 8.666/1993); **E:** dispensa (art. 24, XIV, da Lei 8.666/1993).

Gabarito "B"

(Técnico – TRT/19ª – 2015 – FCC) Em procedimento licitatório promovido pelo Estado de Alagoas, não acudiram interessados no certame. Se o mencionado procedimento licitatório, justificadamente, não puder ser repetido sem prejuízo para o Estado, e desde que mantidas, neste caso, todas as condições preestabelecidas,

(A) deve, obrigatoriamente, ser realizado outro certame licitatório com modalidade idêntica à do anterior.
(B) deve, obrigatoriamente, ser realizado outro certame licitatório com modalidade diversa do anterior.
(C) é dispensável a licitação.
(D) deve, necessariamente, ser prorrogado o certame.
(E) é inexigível a licitação.

A, B, D e **E:** incorretas, pois nesse caso a licitação é dispensável (art. 24, V, da Lei 8.666/93); **C:** correta (art. 24, V, da Lei 8.666/93).

Gabarito "C"

(Analista – TRT/24ª – 2011 – FCC) Para a contratação de serviço técnico de treinamento e aperfeiçoamento de pessoal, de natureza singular, com empresa de notória especialização,

(A) exige-se, obrigatoriamente, licitação na modalidade tomada de preços.
(B) é inexigível a licitação.
(C) é dispensável a licitação.
(D) exige-se, obrigatoriamente, licitação na modalidade convite.
(E) exige-se, obrigatoriamente, licitação na modalidade concurso.

Art. 25, II, da Lei 8.666/1993.

Gabarito "B"

(Analista – TRT/24ª – 2006 – FCC) Sobre as hipóteses de dispensa e inexigibilidade de licitação, é correto afirmar:

(A) É dispensável a licitação quando houver inviabilidade jurídica de se instaurar competição entre eventuais interessados no objeto do certame.
(B) A União discricionariamente decidirá sobre a dispensa de licitação quando pretender vender um imóvel de sua propriedade a uma autarquia federal.
(C) Para a aquisição de bens necessários ao atendimento de determinada situação emergencial, o Poder Público poderá dispensar o procedimento licitatório.
(D) Na licitação deserta verifica-se a inviabilidade de competição ante a inabilitação de todos os concorrentes.
(E) É inexigível a licitação para a contratação de empresa de notória especialização, prestadora de serviços de publicidade, de natureza singular.

A: Incorreto, pois é caso de inexigibilidade (art. 25, *caput*, da Lei 8.666/1993); **B:** Incorreto, pois é situação de licitação dispensada (art. 17, I, *e*, da Lei 8.666/1993); **C:** Correto, trata-se de dispensa por emergência (art. 24, IV, da Lei 8.666/1993); **D:** Incorreto, pois a situação narrada diz respeito à licitação fracassada; a licitação deserta se dá quando não aparecem interessados e é caso de dispensa (art. 24, V, da Lei 8.666/1993); **E:** Incorreto, pois a contratação de serviço singular é causa de inexigibilidade (art. 25, II, da Lei 8.666/1993), porém o caso em tela (publicidade) não admite a contratação sem licitação.

Gabarito "C"

(Técnico – TRT/24ª – 2006 – FCC) Dentre outras hipóteses, é dispensável a licitação

(A) para a contratação de profissional de qualquer setor artístico, diretamente ou por meio de empresário exclusivo, desde que consagrado pela crítica especializada ou pela opinião pública.
(B) quando houver possibilidade de comprometimento de segurança nacional, nos casos estabelecidos em decreto do Presidente da República, ouvido o Conselho Nacional de Justiça.
(C) nas compras de hortifrutigranjeiros, pão e outros gêneros perecíveis, no tempo necessário para a realização dos processos licitatórios correspondentes, realizadas diretamente com base no preço do dia.
(D) para a contratação de serviços de auditoria financeira, de natureza singular, com profissionais ou empresas de notória especialização.
(E) quando todos os licitantes forem inabilitados ou todas as propostas apresentarem preços manifestamente superiores aos praticados no mercado.

A: incorreto, pois se trata de inexigibilidade de licitação (art. 25, III, da Lei 8.666/1993); **B:** incorreto, pois será ouvido o Conselho de Defesa Nacional e não o Conselho Nacional de Justiça (art. 24, IX, da Lei 8.666/1993); **C:** correto (art. 24, XII, da Lei 8.666/1993); **D:** incorreto, pois trata-se de hipótese de inexigibilidade de licitação (art. 25, II, da Lei 8.666/1993); **E:** incorreto, pois a lei menciona propostas com preços manifestamente superiores aos praticados no mercado nacional, ou forem incompatíveis com os fixados pelos órgãos oficiais competentes, e não faz referência aos licitantes inabilitados (art. 24, VII, da Lei 8.666/1993).

Gabarito "C"

(Técnico – TRT/5ª – 2008 – CESPE) Quanto às licitações públicas, julgue os próximos itens.

(1) É inexigível a licitação para fornecimento de energia elétrica e gás natural com concessionário.
(2) No processo de dispensa de licitação, dada a singularidade da prestação, o agente público não precisa justificar o preço contratado.
(3) As licitações serão efetuadas no local onde se situar a repartição nelas interessada, salvo por motivo de interesse público justificado.
(4) É inexigível a licitação para a contratação de advogado com notória especialização para acompanhamento de todos os processos judiciais do interesse de empresa pública estadual.

1: errada, trata-se de hipótese de dispensa (art. 24, XXII, da Lei 8.666/1993); **2:** errada, pois no processo de dispensa de licitação, o agente público deverá justificar o preço (art. 26, parágrafo único, III, da Lei 8.666/1993); **3:** certa (art. 20, *caput*, da Lei 8.666/1993); **4:** errada, a contratação de advogado para acompanhar todos os processos da empresa não consta como serviço técnico a ensejar a inexigibilidade da licitação (art. 25, II, da Lei 8.666/1993).

Gabarito 1E, 2E, 3C, 4E

1.3. Modalidades e tipos

(Analista – TRT/6ª – 2012 – FCC) A respeito das modalidades licitatórias previstas na Lei nº 8.666/1993 e legislação correlata, é correto afirmar que se aplica

(A) leilão, para alienação de bens móveis inservíveis para a Administração, independentemente do valor.
(B) pregão, para alienação de bens móveis adquiridos pela Administração em procedimento judicial.
(C) concurso, para a contratação de obras e serviços de engenharia de alta complexidade.
(D) leilão, para alienação de bens apreendidos ou penhorados, desde que avaliados em até R$ 80.000,00 (oitenta mil reais).
(E) concurso, para escolha de trabalho científico ou artístico, vedada a instituição de prêmio.

A: correto (art. 22, § 5º, da Lei 8.666/1993); **B:** incorreto, pois o pregão se destina à aquisição e não à alienação de bens pela Administração (art. 1º da Lei 10.520/2002); **C:** incorreto, pois o concurso se destina à escolha de trabalho técnico, científico ou artístico, mediante a instituição de prêmio ou remuneração (art. 22, § 4º, da Lei 8.666/1993), e não à contratação de obras e serviços de engenharia de alta complexidade; **D:** incorreto, pois não há limite de valor para o uso de leilão para a alienação de bens móveis apreendidos ou penhorados (art. 22, § 5º, da Lei 8.666/1993); **E:** incorreto, pois, nos concursos, escolhe-se trabalho técnico, científico ou artístico, mediante a instituição de prêmio ou remuneração (art. 22, § 4º, da Lei 8.666/1993).

Gabarito "A".

(Técnico – TRT9 – 2012 – FCC) Considerando as disposições da Lei nº 8.666/1993, modalidade licitatória aplicável para

I. venda de produtos legalmente apreendidos ou penhorados.
II. aquisição de bens de natureza comum.
III. obras com valor da contratação estimado em até R$ 150.000,00.

correspondem, respectivamente, a

(A) pregão, leilão e tomada de preços.
(B) leilão, pregão e convite.
(C) leilão, convite e tomada de preços.
(D) concorrência, pregão e convite.
(E) convite, tomada de preços e concorrência.

I: leilão (art. 22, § 5º, da Lei 8.666/1993); **II:** pregão (art. 1º da Lei 10.520/2002); **III:** convite (art. 23, I, "a", da Lei 8.666/1993).

Gabarito "B".

(Técnico – TRT/15ª – 2009 – FCC) Sobre as modalidades de licitação, considere:

I. Modalidade de licitação entre interessados devidamente cadastrados ou que atenderem a todas as condições exigidas para cadastramento até o terceiro dia anterior à data do recebimento das propostas, observada a necessária qualificação.
II. Modalidade de licitação entre quaisquer interessados que, na fase inicial de habilitação preliminar, comprovem possuir os requisitos mínimos de qualificação exigidos no edital para execução de seu objeto.
III. Modalidade de licitação entre quaisquer interessados para escolha de trabalho técnico, científico ou artístico, mediante a instituição de prêmios ou remuneração aos vencedores, conforme critérios constantes de edital publicado na imprensa oficial com antecedência mínima de 45 (quarenta e cinco) dias.
IV. Modalidade de licitação entre quaisquer interessados para a venda de bens móveis inservíveis para a administração ou de produtos legalmente apreendidos ou penhorados, ou para a alienação de bens imóveis prevista no art. 19, a quem oferecer o maior lance, igual ou superior ao valor da avaliação.

Os conceitos acima se referem, respectivamente, a

(A) concorrência, concurso, tomada de preços e leilão.
(B) tomada de preços, concorrência, concurso e leilão.
(C) leilão, tomada de preços, concorrência e concurso.
(D) concurso, concorrência, leilão e tomada de preços.
(E) tomada de preços, concorrência, leilão e concurso.

I: art. 22, § 2º, da Lei 8.666/1993; **II:** art. 22, § 1º, da Lei 8.666/1993; **III:** art. 22, § 4º, da Lei 8.666/1993; **IV:** art. 22, § 5º, da Lei 8.666/1993.

Gabarito "B".

(Técnico – TRT/20ª – 2011 – FCC) Sobre licitação, considere as seguintes características:

I. Destina-se à escolha de trabalho técnico, científico ou artístico.
II. A contraprestação pode ser através remuneração.
III. Destina-se a interessados previamente cadastrados.
IV. O edital é publicado na imprensa oficial com antecedência mínima de trinta dias.

São características da modalidade de licitação *concurso* o que consta nos itens

(A) I e II, apenas.
(B) I, II e III, apenas.
(C) I, III e IV, apenas.
(D) III e IV, apenas.
(E) I, II, III e IV.

I e II: correto (art. 22, § 4º, da Lei 8.666/1993); **III:** incorreto, pois o cadastro prévio não é exigido na modalidade concurso, apenas na tomada de preços (art. 22, § 2º, da Lei 8.666/1993); **IV:** incorreto, pois o edital é publicado na imprensa oficial com antecedência mínima de quarenta e cinco dias (art. 22, § 4º, da Lei 8.666/1993).

Gabarito "A".

(Técnico – TRT/23ª – 2011 – FCC) No que concerne à modalidade de licitação concurso, é correto afirmar:

(A) Destina-se à escolha de trabalho apenas técnico ou científico, não sendo admitido para qualquer outra natureza de trabalho.
(B) É possível, como forma contraprestação ao vencedor do certame, remuneração a ser paga pelo Poder Público.
(C) O edital deve ser publicado com antecedência mínima de quarenta dias.
(D) Não é cabível, como forma de contraprestação ao vencedor do certame, a instituição de prêmios.
(E) Apenas interessados previamente cadastrados podem participar do certame, não se admitindo a participação de quaisquer interessados.

A: incorreto, pois concurso também se destina a escolha de trabalho artístico (art. 22, § 4º, da Lei 8.666/1993); **B:** correto (art. 22, § 4º, da Lei 8.666/1993); **C:** incorreto, pois o edital é publicado com antecedência mínima de quarenta e cinco dias (art. 22, § 4º, da Lei 8.666/1993); **D:** incorreto, pois é possível a instituição de prêmios (art. 22, § 4º, da Lei 8.666/1993); **E:** incorreto, pois admite-se a participação de quaisquer interessados (art. 22, § 4º, da Lei 8.666/1993).

Gabarito "B".

(Técnico – TRT/24ª – 2006 – FCC) Observe as seguintes proposições referentes às modalidades de licitação:

I. Tomada de preços é a modalidade de licitação cabível nas concessões de direito real de uso.
II. Concorrência objetiva é a escolha de trabalho técnico ou artístico, com instituição prévia de prêmio ou remuneração.
III. Para a regularidade da licitação na modalidade convite é imprescindível que se apresentem, no mínimo, três licitantes devidamente qualificados.
IV. A venda de produtos legalmente apreendidos por parte do Poder Público deverá ser realizada sob a modalidade de licitação denominada leilão.

Estão corretas APENAS

(A) I e II.
(B) I e III.
(C) II e III.
(D) II e IV.
(E) III e IV.

I: incorreto, pois não é essa a previsão do art. 22, § 2º, da Lei 8.666/1993). Ademais, a modalidade de licitação cabível nas concessões de direito real de uso, é a concorrência (art. 23 § 3º da Lei 8.666/1993); **II:** incorreto, pois as características apresentadas de escolha de trabalho técnico ou artístico, são requisitos da modalidade "concurso" (art. 22, § 4º, da Lei 8.666/1993); **III:** correto (art. 22, § 3º, da Lei 8.666/1993); **IV:** correto (art. 22, § 5º, da Lei 8.666/1993).

Gabarito "E".

1.4. Fases/Procedimento (edital, habilitação, julgamento, adjudicação e homologação)

(Analista – TST – 2008 – CESPE) Considere-se que o TST tenha realizado licitação do tipo técnica e preço para adquirir vinte impressoras e que o resultado da licitação tenha sido homologado, mas ainda não tenham sido celebrados os respectivos contratos. Com base nessa situação, julgue os itens subsequentes.

(1) Uma vez homologada a licitação, ela deixa de ser sujeita a revogação ou anulação por parte da administração pública.

(2) A homologação da licitação confere ao licitante direito a que os contratos sejam celebrados no prazo de trinta dias, contados da publicação do ato homologatório.

(3) Uma vez adquiridas pelo TST, as referidas impressoras se tornarão bens públicos de uso especial.

1: incorreto, pois a homologação da licitação (verificação de sua regularidade formal) não impede, por exemplo, que, posteriormente, esta seja anulada pela descoberta de uma ilegalidade, até porque o princípio da legalidade determina que a Administração anule os atos ilegais; **2:** incorreto, pois o licitante não tem direito à contratação; por outro lado, a Administração só pode obrigar o vencedor da licitação a celebrar o contrato se este for convocado em até 60 dias da entrega das propostas (art. 64, § 3º, da Lei 8.666/1993); **3:** correto, pois os bens públicos utilizados em um serviço público são bens de uso especial, e não de uso comum do povo ou meramente dominiais.

Gabarito 1E, 2E, 3C

(Analista – TRT/11ª – 2005 – FCC) A desclassificação do licitante, motivada pelo não atendimento às exigências constantes no instrumento convocatório do certame, está diretamente relacionada com o princípio da

(A) competitividade.
(B) igualdade entre os licitantes.
(C) sigilo na apresentação das propostas.
(D) economicidade.
(E) vinculação ao edital.

Quando não se atende ao edital, viola-se o princípio da vinculação ao edital.

Gabarito "E".

(Analista – TRT/20ª – 2006 – FCC) No caso da licitação do tipo menor preço, após ordenar as propostas em ordem crescente dos preços propostos, constata-se empate entre três licitantes brasileiros que produzem o objeto do certame dentro do território nacional. Neste caso, a escolha do vencedor se dará

(A) por sorteio, em ato público.
(B) por critério de antiguidade.
(C) de acordo com aferições técnicas e fiscais.
(D) mediante a instauração de nova licitação.
(E) de acordo com a melhor técnica e preço.

Art. 45, § 2º, da Lei 8.666/1993.

Gabarito "A".

(Analista – TRT/23ª – 2007 – FCC) Considerando o que dispõe a Lei nº 8.666/1993, especialmente quanto à fase de habilitação, o registro ou inscrição do engenheiro no conselho regional de engenharia, diz respeito à sua

(A) qualificação jurídica.
(B) qualificação técnica.
(C) regularidade fiscal.
(D) habilitação econômica-financeira.
(E) qualificação social.

Art. 30, I, da Lei 8.666/1993.

Gabarito "B".

2. CONTRATOS

2.1. Disposições preliminares

(Analista – TRT/3ª – 2005 – FCC) Para contratar, pelo regime da Lei nº 8.666/1993, a compra de materiais de escritório, no valor de R$ 12.000,00, e uma obra no valor de R$ 20.000,00, uma sociedade de economia mista federal decide pela inexigibilidade de licitação por motivo do valor. Posteriormente, invocando nulidade nos contratos assim celebrados, a autoridade administrativa competente decide revogá-los de ofício. Todavia, alegando tratar-se de ato discricionário o ato de revogação, tal autoridade não o motiva. Em sua defesa, as empresas que haviam sido contratadas recorrem ao Presidente da República que, sendo autoridade hierarquicamente superior ao dirigente da sociedade de economia mista, poderia, em nome da imperatividade dos atos administrativos, reconsiderar a decisão de seu subordinado. Quanto à revogação dos contratos em questão, a situação narrada contém impropriedade, pois

(A) um contrato administrativo, depois de celebrado, não pode ser revogado unilateralmente.
(B) uma sociedade de economia mista não tem a prerrogativa da revogação de seus contratos.
(C) o motivo consistente em nulidade dos contratos não é próprio para sua revogação.
(D) uma sociedade de economia mista não tem a prerrogativa de agir de ofício.
(E) a revogação desses contratos teria de ser decidida pelo Poder Judiciário.

A *revogação* deve ter por motivo uma situação de inconveniência ou inoportunidade, e não uma situação de ilegalidade. Esta última situação determina a *anulação.* No caso, a situação narrada é de ilegalidade, o que justifica a anulação.

Gabarito "C".

(Técnico – TRT/8ª – 2010 – FCC) Os contratos administrativos típicos diferenciam-se dos contratos privados, dentre outras características, pela

(A) finalidade pública como seu pressuposto.
(B) presença de pessoas jurídicas como contratantes.
(C) natureza do objeto.
(D) imposição de cláusulas exorbitantes.
(E) presença do Poder Público como parte contratante.

Os contratos administrativos são contratos que se particularizam por ser uma das partes a Administração Pública, agindo nessa qualidade, o que faz com que eles sejam regidos por normas de direito público. O regime de direto público tem como uma de suas principais características a existência de prerrogativas em favor da Administração Pública, que são as chamadas "cláusulas exorbitantes". São a principal diferença entre os contratos de direito privado e os contratos administrativos, e são assim chamadas porque extrapolam as cláusulas comuns do direito privado. Existem também os chamados "contratos administrativos atípicos" ou "contratos da administração" que, embora uma das partes seja a Administração Pública, são regidos pelo direito privado, casos em que a Administração Pública fica em posição de igualdade com o particular e que não tem a finalidade pública como seu pressuposto (ex: contratos de locação).

Gabarito "D".

(Analista – TRT/13ª – 2005 – FCC) É INCORRETO afirmar que é considerada característica dos contratos administrativos, dentre outras, a

(A) ausência de cláusulas exorbitantes.
(B) natureza de contratos de adesão.
(C) natureza, de regra, *intuitu personae*.
(D) finalidade pública.
(E) sua mutabilidade.

A: Incorreto, devendo ser assinalada, pois o contrato administrativo contém, sim, cláusulas exorbitantes, ou seja, cláusulas em que a Administração Pública tem prerrogativas especiais (art. 58 da Lei 8.666/1993). **B:** Correto, visto que os contratos administrativos são contratos de adesão, pois a Administração estipula as cláusulas unilateralmente. **C:** Correto, já que os contratos administrativos são, em regra, *intuito personae*, ou seja, devem ser cumpridos pessoalmente pelo contrato. **D:** Correto, haja vista que os contratos administrativos têm, por óbvio, finalidade pública. **E:** Correto, pois os contratos administrativos podem ser modificados no curso de sua execução (art. 65 da Lei 8.666/1993).

Gabarito "A".

(Técnico – TRT/20ª – 2011 – FCC) Analise a seguinte característica concernente ao contrato administrativo: "prerrogativa especial conferida à Administração Pública na relação do contrato administrativo em virtude de sua posição de supremacia em relação à parte contratada". Trata-se

(A) do direito ao equilíbrio econômico-financeiro do contrato administrativo.
(B) da cláusula exorbitante.
(C) da exigência legal de formalização por escrito e com requisitos especiais do contrato administrativo.
(D) da comutatividade do contrato administrativo.
(E) da consensualidade do contrato administrativo, exigindo o acordo entre as partes para a formalização da avença.

A questão traz o conceito correto de cláusula exorbitante.

Gabarito "B"

(Analista – TRT/20ª – 2006 – FCC) Em relação aos contratos administrativos, as cláusulas

(A) essenciais são fixadas por meio de acordo celebrado entre as partes.
(B) que fixam sua imutabilidade podem ser impostas pelo contratante, desde que com isso concorde a Administração.
(C) exorbitantes se exteriorizam, dentre outras hipóteses, por meio da inoponibilidade da exceção do contrato não cumprido.
(D) econômico-financeiras podem ser alteradas unilateralmente pelo particular, para melhor adequar o ajuste às finalidades públicas.
(E) que estipulam a fiscalização pela administração, não possuem incidência se não previstas expressamente nos contratos.

A: Incorreto, pois as cláusulas são fixadas unilateralmente pela Administração; **B:** incorreto, pois os contratos administrativos podem ser modificados ou alterados (art. 65 da Lei 8.666/1993); **C:** o art. 78, XIV e XV, da Lei 8.666/1993 não permite a alegação de exceção de contrato não cumprido pelo prazo de 120 e 90 dias, respectivamente; **D:** incorreto, pois o equilíbrio econômico do contrato, expresso nas cláusulas econômicas, não pode ser alterado por qualquer das partes; **E:** incorreto, pois a Administração tem o direito de fiscalizar o contrato, nos termos do estabelecido na própria lei, pouco importando se está ou não previsto no contrato (arts. 66 e ss. da Lei 8.666/1993).

Gabarito "C"

2.2. Formalização dos contratos

(Analista – TRT9 – 2012 – FCC) A propósito dos contratos administrativos regidos pela Lei nº 8.666/1993, tem-se como necessário estipular cláusula que trate da vigência, sendo relevante destacar, quanto a esse aspecto a

(A) vigência por prazo não superior a 24 meses, salvo exceções expressas, como na prestação de serviços contínuos, cuja duração pode ser por prazo indeterminado devendo ser comprovada, anualmente, a existência de recursos orçamentários para realização das despesas.
(B) regra geral de vigência dos contratos tendo termo final coincidindo com o término do exercício financeiro, salvo exceções expressas, como na prestação de serviços contínuos.
(C) duração adstrita à vigência dos créditos orçamentários, salvo nas hipóteses de contratações de fornecimento por meio de pregão, cuja duração pode ser por prazo indeterminado devendo ser comprovada, anualmente, a existência de recursos orçamentários para realização das despesas.
(D) obrigação de vincular a duração das avenças à vigência dos créditos orçamentários autorizados para fazer frente às respectivas vigências, em especial quando se tratar de contratação de serviços contínuos, comprovando-se anualmente a existência de recursos para fazer frente às despesas previstas.
(E) possibilidade de estabelecer a vigência por prazo indeterminado quando se tratar de contratação de serviços contínuos, devendo ser comprovada, anualmente, a existência de recursos orçamentários para realização das despesas.

A: incorreto, pois a duração está limitada, como regra, à vigência dos respectivos créditos orçamentários (art. 57, *caput*, da Lei 8.666/1993), que, no caso de crédito decorrente de lei orçamentária simples, limita-se a 12 meses (exercício financeiro) e não a 24 meses (art. 57 § 4º, da Lei 8.666/1993); **B:** correto (art. 57, *caput*, e inciso II da Lei 8.666/1993); **C:** incorreto, pois a aquisição por pregão não exime o administrador de cumprir o disposto no art. 57, *caput*, da Lei 8.666/1993; **D:** incorreto, pois, no caso de serviços contínuos, pode-se prorrogar a duração do contrato de maneira a se chegar ao prazo máximo de 60 meses de contratação; **E:** incorreto, pois o limite, como se viu, é de 60 meses e não por prazo indeterminado (art. 57, II, da Lei 8.666/1993).

Gabarito "B"

(Técnico – TRT/4ª – 2006 – FCC) Tendo em vista a formalização dos contratos administrativos, assinale a alternativa correta.

(A) Os licitantes ficam liberados dos compromissos assumidos se, decorridos 30 (trinta) dias da data da entrega das propostas, não forem convocados para a contratação.
(B) São instrumentos de formalização do contrato administrativo, dentre outros, a nota de empenho de despesa, a autorização de compra e a ordem de execução de serviço.
(C) Nos casos de dispensa e inexigibilidade de licitação, o termo de contrato é facultativo, podendo ser substituído por contrato verbal e informal.
(D) Os aditamentos relativos a direitos reais sobre imóveis serão lavrados nas repartições interessadas.
(E) É indispensável o termo do contrato ou a ordem de execução de serviço nos casos de compra com entrega imediata e integral dos bens adquiridos, dos quais não resultem obrigações futuras.

A: incorreto, pois o prazo para liberação dos licitantes é de 60 (sessenta) dias (art. 64, § 3º, da Lei 8.666/1993); **B:** correto, é o que estabelece o art. 62, *caput*, da Lei 8.666/1993; **C:** incorreto, pois nos casos de dispensa e inexigibilidade o instrumento de contrato é obrigatório (art. 62, *caput*, da Lei 8.666/1993); **D:** incorreto, pois os aditamentos relativos a direitos reais sobre imóveis serão formalizados por instrumento lavrado em cartório de notas (art. 60, *caput*, da Lei 8.666/1993); **E:** incorreto, pois o termo do contrato, nesses casos, é dispensável (art. 62, § 4º, da Lei 8.666/1993).

Gabarito "B"

2.3. Alteração dos contratos

(Analista – TRT/6ª – 2012 – FCC) No curso da execução de contrato administrativo regido pela Lei nº 8.666/1993 para a construção de uma rodovia, identificou-se a necessidade de alteração do projeto inicial para melhor adequação técnica. A alteração importou majoração dos encargos do contratado, em relação àqueles tomados por base para o oferecimento de sua proposta na fase de licitação. Diante dessa situação, a Administração contratante

(A) poderá alterar unilateralmente o contrato, desde que a alteração do projeto não importe acréscimo de mais de 50% do objeto.
(B) poderá alterar o contrato de forma consensual com o contratado, assegurado o reequilíbrio econômico-financeiro, que não poderá superar 25% do valor do contrato.
(C) poderá alterar unilateralmente o contrato, sem necessidade de recomposição do equilíbrio econômico-financeiro, que somente é devido nas hipóteses de álea econômica extraordinária.
(D) poderá alterar unilateralmente o contrato, reestabelecendo o seu equilíbrio econômico-financeiro por aditamento contratual.
(E) somente poderá alterar o contrato se contar com a concordância do contratado e assegurado o seu reequilíbrio econômico-financeiro.

A: incorreto, pois o limite de acréscimo é de 25% no valor do contrato (art. 65, § 1º, da Lei 8.666/1993); **B:** incorreto, pois a Administração pode determinar a modificação contratual no caso de modo unilateral (e não consensual), nos termos do art. 65, I, da Lei 8.666/1993, assegurado, por óbvio, o reequilíbrio econômico-financeiro; **C:** incorreto, pois cabe modificação unilateral, mas é obrigatória a recomposição do equilíbrio econômico-financeiro (art. 65,§ 6º , da Lei 8.666/1993); **D:** correto (art. 65 §6º da Lei 8.666/1993); **E:** incorreto, pois a Administração pode determinar a modificação contratual, no caso, de modo unilateral (e não consensual), nos termos do art. 65, I, da Lei 8.666/1993, assegurado, por óbvio, o reequilíbrio econômico-financeiro.

Gabarito "D"

2.4. Execução dos contratos

(Analista – TRT/11ª – 2005 – FCC) A natureza *intuitu personae* dos contratos administrativos corresponde à execução pessoal pelo contratado,

(A) passível de cessão ou transferência para atender o interesse público, mediante termo de reti-ratificação.
(B) razão pela qual é vedado prever no edital e no contrato a cessão parcial.
(C) sendo legítima a subcontratação total ou parcial, mediante termo aditivo ao contrato.
(D) admitida a subcontratação parcial no limite admitido pela Administração no edital e no contrato.
(E) não sendo legítima a subcontratação, mesmo quando prevista no edital.

Art. 72 da Lei 8.666/1993.

Gabarito "D".

(Analista – TRT/15ª – 2009 – FCC) O contrato administrativo deverá ser executado fielmente pelas partes, de acordo com as cláusulas avençadas e as normas legais, observadas, dentre outras, a seguinte regra:

(A) Executado o contrato, o seu objeto será recebido provisoriamente e, depois, definitivamente, vedado, em qualquer hipótese, o recebimento definitivo sem o provisório.
(B) A execução do contrato deverá ser acompanhada e fiscalizada por um representante da Administração especialmente designado, vedada a contratação de terceiros ainda que para assisti-lo.
(C) A inadimplência do contratado, com referência aos encargos trabalhistas, fiscais e comerciais transfere à Administração Pública a responsabilidade por seu pagamento.
(D) Na execução do contrato, o contratado pode, sem prejuízo das responsabilidades contratuais e legais, subcontratar partes da obra, serviço ou fornecimento, até o limite de 25%, sem necessidade de autorização ou anuência da Administração.
(E) O contratado é responsável pelos danos causados diretamente à Administração ou a terceiros, decorrentes de sua culpa ou dolo na execução do contrato, não excluindo ou reduzindo essa responsabilidade a fiscalização ou o acompanhamento pelo órgão interessado.

A: Incorreto, pois existe a possibilidade de se receber definitivamente o objeto, sem o provisório (art. 74 da Lei 8.666/1993); **B:** Incorreto, pois é permitida a contratação de terceiros com a função de assistência (art. 67 da Lei 8.666/1993); **C:** incorreto, pois a inadimplência do contratado, nos casos supracitados, não transfere à Administração Pública a responsabilidade por seu pagamento (art. 71, § 1º, da Lei 8.666/1993); **D:** Incorreto, art. 72 da Lei 8.666/1993; **E:** correto, art. 70 da Lei 8.666/1993.

Gabarito "E".

(Analista – TRT/23ª – 2007 – FCC) Executado o contrato administrativo decorrente de concorrência, o seu objeto será recebido, definitivamente, em se tratando de obras,

(A) pelo responsável por seu acompanhamento e fiscalização, mediante termo circunstanciado, assinado pelas partes em até quinze dias da comunicação escrita do contratado.
(B) por servidor ou comissão designada pela autoridade competente, mediante recibo, firmado pelas partes, após o decurso do prazo de observação que comprove a adequação do objeto aos termos contratuais.
(C) por servidor ou comissão designada pela autoridade competente, mediante termo circunstanciado, firmado pelas partes, após o decurso do prazo de observação que comprove a adequação do objeto aos termos contratuais.
(D) pelo responsável por seu acompanhamento e fiscalização, mediante termo circunstanciado, assinado pelas partes em até trinta dias da comunicação escrita do contratado.
(E) pela autoridade contratante, mediante termo circunstanciado, firmado pelas partes, após cinco dias do prazo em que foi entregue o objeto.

Art. 73, I, *b*, da Lei 8.666/1993.

Gabarito "C".

2.5. Inexecução e rescisão dos contratos

(Analista – TRT/24ª – 2006 – FCC) Observe as seguintes proposições referentes às características dos contratos administrativos:

I. O contratado poderá arguir a exceção do contrato não cumprido quando a Administração atrasar, por mais de 30 dias, o pagamento estipulado no ajuste.
II. A Administração poderá rescindir unilateralmente o contrato quando o particular atrasar injustificadamente o início da obra.
III. As cláusulas econômico-financeiras dos contratos administrativos poderão ser alteradas unilateralmente pela Administração.
IV. Todos os contratos para os quais a lei exige licitação são firmados *intuitu personae*.

Está correto o que se afirma APENAS em

(A) II e IV.
(B) II e III.
(C) I e IV.
(D) I, II e III.
(E) I, II e IV.

I: incorreto, pois constitui motivo para rescisão do contrato, o atraso superior a 90 dias dos pagamentos devidos pela Administração (art. 78, XV, da Lei 8.666/1993); **II:** correto (art. 78, IV, da Lei 8.666/1993); **III:** incorreto, pois a Administração só pode alterar unilateralmente aspectos relativos a projeto, às especificações e à diminuição ou acréscimo no objeto do contrato (art. 65, I, da Lei 8.666/1993); **IV:** correto; a execução pessoal do contrato é a regra; admite-se apenas a subcontratação e, mesmo assim, nos termos da lei (art. 72 da Lei 8.666/1993).

Gabarito "A".

2.6. Sanções administrativas

(Analista – TRT/9ª – 2010 – FCC) Sobre as sanções administrativas previstas na Lei nº 8.666/1993, considere:

I. Pela inexecução total ou parcial do contrato, a Administração poderá aplicar ao contratado, dentre outras penalidades, suspensão temporária de participação em licitação e impedimento de contratar com a Administração, por prazo não superior a dois anos.
II. A aplicação de multa de mora por atraso injustificado na execução do contrato impede a Administração de rescindir unilateralmente o contrato.
III. A multa de mora por atraso injustificado na execução do contrato, aplicada após regular processo administrativo, não pode ser descontada da garantia contratual.
IV. As sanções de advertência, suspensão temporária de participação de licitação e declaração de inidoneidade para licitar ou contratar com a Administração Pública impostas pela inexecução total ou parcial do contrato, podem ser aplicadas juntamente com a multa prevista no instrumento convocatório ou no contrato.
V. A sanção de declaração de inidoneidade para licitar ou contratar com a Administração Pública é de competência do gestor do contrato.

Está correto o que consta APENAS em

(A) III, IV e V.
(B) I, II e V.
(C) II e III.
(D) I e IV.
(E) IV e V.

I: correto (art. 87, III, da Lei 8.666/1993); **II:** incorreto, pois a aplicação de multa de mora por atraso injustificado na execução do contrato não impede que a Administração rescinda unilateralmente o contrato (art. 86, § 1º, da Lei 8.666/1993); **III:** incorreto, pois a multa aplicada será descontada da garantia do respectivo contrato (art. 86, § 2º, da Lei 8.666/1993); **IV:** correto (art. 87, § 2º, da Lei 8.666/1993); **V:** incorreto, pois a competência, nesse caso, será exclusiva do Ministro de Estado, Secretário Estadual ou Municipal (art. 87, § 3º, da Lei 8.666/1993).

Gabarito "D".

(Analista – TRT/23ª – 2011 – FCC) Segundo a Lei 8.666/1993, pela inexecução total ou parcial do contrato a Administração poderá, garantida a prévia defesa, aplicar ao contratado, dentre outras sanções administrativas, a pena de suspensão temporária de participação em licitação e impedimento de contratar com a Administração, por prazo de até

(A) quatro anos.
(B) cinco anos.
(C) dois anos.
(D) dez anos.
(E) três anos.

Art. 87, III, da Lei 8.666/1993.

Gabarito "C"

3. LEI 10.520/2002 – PREGÃO

(Analista – TRT/6ª – 2012 – FCC) De acordo com a Lei nº 10.520/2002, que trata da modalidade licitatória pregão,

(A) o pregoeiro poderá interromper a fase de lances caso verificada que a menor proposta atingiu redução superior a 20% do valor de referência.
(B) a fase da negociação com o autor da melhor proposta inicia-se após a verificação do atendimento das condições de habilitação previstas no edital.
(C) no curso da sessão o autor da melhor oferta e daquelas com preços até 10% superiores àquela poderão fazer novos lances verbais e sucessivos, até a proclamação do vencedor.
(D) encerrada a fase competitiva, se a oferta melhor classificada não for aceitável ou o seu autor desatender as exigências habilitatórias, o pregoeiro reabrirá a etapa de lances chamando os 3 licitantes melhor classificados.
(E) declarado o vencedor do certame, será aberto o prazo de 8 dias para interposição de recursos, que suspenderá a adjudicação do objeto ao licitante vencedor.

A: incorreto, pois não há regra nenhuma nesse sentido; aliás, há de se buscar o melhor preço possível nas compras feitas pela Administração, não sendo pertinente, assim, interromper os lances verbais só porque se atingiu uma redução superior a 20% no valor de referência do objeto licitado; **B:** incorreto, pois a fase de negociação se dá logo após ao último lance dado chegando-se à melhor proposta (art. 4º, XI, da Lei 10.520/2002); de posse dessa melhor proposta, o pregoeiro verifica a sua aceitabilidade, abrindo uma negociação caso entenda que o valor dessa melhor proposta ainda não atende a um valor razoável para o Poder Público, considerando os preços praticados no mercado; somente depois dessa eventual negociação e da aceitação do valor proposto é que se passará à fase de habilitação (art. 4º, XII, da Lei 10.520/2002); **C:** correto (art. 4º, VIII, da Lei 10.520/2002); **D:** incorreto, pois o pregoeiro deve, nesses casos, examinar as ofertas subsequentes, na ordem de classificação, e assim sucessivamente, até a apuração de uma que atenda ao edital (art. 4º, XVI, da Lei 10.520/2002); **E:** incorreto, pois, declarado o vencedor do certame, o recurso deve ser interposto na própria sessão de pregão (e não em 8 dias), sendo que haverá 3 dias para o recorrente apresentar as suas razões de recurso e mais 3 dias para os demais licitantes apresentarem contrarrazões (art. 4º, XVIII, da Lei 10.520/2002).

Gabarito "C"

(Analista – TRT/7ª – 2009 – FCC) A fase externa do pregão presencial (Lei nº 10.520/2002) será iniciada com a convocação dos interessados e observará, dentre outras, à seguinte regra:

(A) O acolhimento de recurso interposto por qualquer licitante importará a invalidação de todo o processo licitatório.
(B) O prazo fixado para a apresentação das propostas, contado a partir da publicação do aviso, não será superior a oito dias úteis.
(C) Para julgamento e classificação das propostas, será adotado o critério de menor preço, independentemente dos prazos para fornecimento, das especificações técnicas e dos parâmetros mínimos de desempenho e qualidade definidos no edital.
(D) Do aviso de convocação constarão a definição do objeto da licitação, a indicação do local, dia e horário da seção pública, e a íntegra do edital.
(E) No curso da sessão, o autor da oferta de valor mais baixo e os das ofertas com preços até dez por cento superiores àquela poderão fazer novos lances verbais e sucessivos, até a proclamação do vencedor.

A: incorreto, pois o acolhimento de recurso importará a invalidação apenas dos atos insuscetíveis de aproveitamento, e não de todo o processo licitatório (art. 4º, XIX, da Lei 10.520/2002); **B:** incorreto, pois o prazo não será *inferior, diferente do que estabelece a assertiva acima* (art. 4º, V, da Lei 10.520/2002); **C:** incorreto, pois deverão ser observados os prazos máximos para fornecimento (art. 4º, X, da Lei 10.520/2002); **D:** incorreto, " do aviso constarão a definição do objeto da licitação, a indicação do local, dias e horários em que poderá ser lida ou obtida a íntegra do edital" (art. 4º, II, da Lei 10.520/2002); **E:** art. 4º, VIII, da Lei 10.520/2002.

Gabarito "E"

(Analista – TRT/7ª – 2009 – FCC) Ao pregão eletrônico (Decreto n. 5.450/2005), aplica-se, dentre outras, a seguinte regra:

(A) A designação do pregoeiro, a critério da autoridade competente, poderá ocorrer para período de dois anos, vedada recondução, ou para licitação específica.
(B) No âmbito do Ministério da Defesa, as funções de pregoeiro e de membro da equipe de apoio não poderão ser desempenhadas por militares.
(C) A licitação na modalidade de pregão eletrônico não se aplica às contratações de obras de engenharia nem às locações imobiliárias.
(D) Todos os horários estabelecidos no edital, no aviso e durante a sessão pública observarão, para todos os efeitos, o horário do local onde se realiza o pregão, inclusive para contagem de tempo e registro no sistema eletrônico e na documentação relativa ao certame.
(E) Até cinco dias úteis antes da data fixada para abertura da sessão pública, qualquer pessoa poderá impugnar o ato convocatório do pregão, na forma eletrônica.

A: incorreto, pois poderá ocorrer para o período de 1 ano (e não 2 anos), admitindo-se recondução (art. 10, § 3º, do Decreto 5.450/2005); **B:** incorreto, pois tais funções podem, sim, ser exercidas por militares (art. 10, § 2º, do Decreto 5.450/2005); **C:** correto (art. 6º do Decreto 5.450/2005); **D:** incorreto, pois será utilizado o horário de Brasília-DF (art. 17, § 5º, do Decreto 5.450/2005); **E:** incorreto, pois o prazo é de até 2 dias úteis da data fixada para a abertura da sessão pública (art. 18, *caput*, do Decreto 5.450/2005).

Gabarito "C"

(Analista – TRT/9ª – 2010 – FCC) Tendo em vista expressa previsão da Lei nº 10.520/2002, é incorreto afirmar que ficará impedido de licitar e contratar com a União, Estados, Distrito Federal ou Municípios e será descredenciado no SICAF, ou nos sistemas semelhantes mantidos por Estados, Distrito Federal ou Municípios, pelo prazo de até 5 (cinco) anos, quem

(A) deixar de entregar documentação exigida para o certame.
(B) não celebrar o contrato, ainda que convocado dentro do prazo de validade da sua proposta.
(C) não apresentar garantia da proposta.
(D) não mantiver a proposta.
(E) ensejar o retardamento da execução do objeto do contrato.

O art. 7º da Lei 10.520/2002 não traz previsão de que quem não apresentar garantia da proposta ficará impedido de licitar e contratar com a União, Estados, Distrito Federal ou Municípios e será descredenciado no SICAF, razão pela qual a alternativa **C** está incorreta.

Gabarito "C"

(Analista – TRT/16ª – 2009 – FCC) Na esfera Federal, a fase externa do pregão presencial será iniciada com a convocação dos interessados e observará, dentre outras, às seguintes regras:

(A) Para julgamento e classificação das propostas, será adotado o critério de maior preço, observados os prazos máximos para fornecimento, as especificações técnicas e parâmetros mínimos de desempenho e qualidade definidos no edital.
(B) Cópias do edital e do respectivo aviso serão colocadas à disposição de qualquer pessoa para consulta e divulgadas na internet na *homepage* do Tribunal de Contas da União.
(C) Os licitantes deverão apresentar os documentos de habilitação mesmo que já constem do Sistema de Cadastramento Unificado de Fornecedores – Sicaf.
(D) O prazo fixado para a apresentação das propostas, contado a partir da publicação do aviso, não será superior a 08 dias úteis.
(E) O recebimento das propostas será feita em sessão fechada, no dia, hora e local designados.

A: incorreto, pois será adotado o critério menor preço (art. 4º, X, da Lei 10.520/2002); **B:** correto (art. 4º, IV, da Lei 10.520/2002); **C:** incorreto, pois os licitantes poderão deixar de apresentar os documentos de habilitação que já constem no SICAF (art. 4º, XIV, da Lei 10.520/2002); **D:** incorreto, pois o prazo não será inferior a oito dias úteis (art. 4º, V, da Lei 10.520/2002); **E:** incorreto, pois o recebimento das propostas será feita em sessão pública (art. 4º, VI, da Lei 10.520/2002).

Gabarito "B"

(Analista – TRT/23ª – 2011 – FCC) No que concerne ao pregão, é INCORRETO afirmar:

(A) Admite, como uma de suas modalidades, o pregão eletrônico, que se processa, em ambiente virtual, por meio da internet.
(B) Destina-se à aquisição de bens e serviços comuns.
(C) Os lances ocorrem em sessão pública no pregão denominado presencial.
(D) Poderá dar-se no âmbito da União, Estados, Distrito Federal e Municípios.
(E) Existe, em regra, limitação de valor para a contratação.

A: correto (art. 2º, § 1º, da Lei 10.520/2002 e art. 2º, *caput*, do Decreto 5.450/2005); **B:** correto (art. 1º da Lei 10.520/2002); **C:** correto (art. 4º, VI e VIII, da Lei 10.520/2002); **D:** correto (art. 11 da Lei 10.520/2002); **E:** incorreto, pois não há previsão de limite de valor na Lei 10.520/2002.

Gabarito "E"

(Analista – TRT/23ª – 2007 – FCC) Em se tratando de licitação na modalidade pregão, é INCORRETO que

(A) na fase preparatória do pregão seja observada a definição do objeto com precisão, de forma clara, vedadas especificações que, por excessivas, irrelevantes ou desnecessárias, limitem a competição.
(B) qualquer licitante poderá manifestar imediata e motivadamente a intenção de recorrer, logo após ter sido declarado o vencedor, quando lhe será concedido o prazo de cinco dias para apresentação das razões do recurso.
(C) o prazo fixado para a apresentação das propostas, contado a partir da publicação do aviso, não será inferior a oito dias úteis.
(D) no curso da sessão, o autor da oferta de valor mais baixo e os das ofertas com preços até dez por cento superiores àquela poderão fazer novos lances verbais e sucessivos, até a proclamação do vencedor.
(E) os licitantes poderão deixar de apresentar os documentos de habilitação que já constem do Sistema de Cadastramento Unificado de Fornecedores – SICAF.

A: correto (art. 3º, II, da Lei 10.520/2002); **B:** incorreta, devendo ser assinalada, pois o prazo será de três dias (art. 4º, XVIII, da Lei 10.520/2002; **C:** correto (art. 4º, V, da Lei 10.520/2002); **D:** correto (art. 4º, VIII, da Lei 10.520/2002); **E:** correto (art. 4º, XIV, da Lei 10.520/2002).

Gabarito "B"

(Analista – TRT/24ª – 2006 – FCC) O pregão é a modalidade de licitação

(A) destinada à venda de produtos legalmente apreendidos, a quem oferecer o maior lance.
(B) em que a habilitação do vencedor ocorre após a classificação das propostas.
(C) entre quaisquer interessados para a escolha de trabalho técnico, mediante a instituição de prêmios aos vencedores.
(D) realizada entre interessados previamente cadastrados e convocados mediante carta-convite.
(E) reservada à compra de bens de pequeno valor e alienação de produtos legalmente apreendidos ou penhorados.

A: incorreto, pois o pregão é modalidade de licitação para aquisição de bens e serviços comuns, e não destinado à venda de produtos legalmente apreendidos (art. 1º da Lei 10.520/2002); **B:** de fato, no pregão há inversão de fase (art. 4º, XII, da Lei 10.520/2002); **C** a **E:** art. 1º da Lei 10.520/2002.

Gabarito "B"

6. Direito Administrativo

*Wander Garcia e Ivo Tomita**

1. REGIME JURÍDICO ADMINISTRATIVO E PRINCÍPIOS DO DIREITO ADMINISTRATIVO

(Analista – TRT/10ª – 2013 – CESPE) A respeito da Administração Pública e seus princípios, julgue os itens subsecutivos.

(1) Considere a seguinte situação hipotética. Determinado prefeito, que é filho do deputado federal em exercício José Faber, instituiu ação político-administrativa municipal que nomeou da seguinte forma: Programa de Alimentação Escolar José Faber. Nessa situação hipotética, embora o prefeito tenha associado o nome do próprio pai ao referido programa, não houve violação do princípio da impessoalidade, pois não ocorreu promoção pessoal do chefe do Poder Executivo municipal.

(2) A nomeação, pelo presidente de um tribunal de justiça, de sua companheira para o cargo de assessora de imprensa desse tribunal violaria o princípio constitucional da moralidade.

(3) Os princípios constitucionais da Administração Pública se limitam à esfera do Poder Executivo, já que o Poder Judiciário e o Poder Legislativo não exercem função administrativa.

1: incorreta, pois a promoção pessoal também está caracterizada no caso, já que o Prefeito usou o nome do próprio pai para designar um programa político--administrativo, o que faz com que as pessoas associem o programa ao Prefeito, ferindo o princípio da impessoalidade e seu corolário previsto no art. 37, § 1º, da CF; **2:** correta, nos termos da Súmula Vinculante STF 13 ("A nomeação de cônjuge, companheiro ou parente em linha reta, colateral ou por afinidade, até o terceiro grau, inclusive, da autoridade nomeante ou de servidor da mesma pessoa jurídica investido em cargo de direção, chefia ou assessoramento, para o exercício de cargo em comissão ou de confiança ou, ainda, de função gratificada na administração pública direta e indireta em qualquer dos Poderes da União, dos Estados, do Distrito Federal e dos Municípios, compreendido o ajuste mediante designações recíprocas, viola a Constituição Federal"); **3:** incorreta, pois o próprio art. 37, *caput*, da CF dispõe que tais princípios se impõem à "Administração Pública direta e indireta de qualquer dos Poderes (...)", abarcando, assim, a Administração Pública dos Poderes Judiciário e Legislativo; vale lembrar que tais Poderes também praticam, ainda que atipicamente, atos administrativos, como quando contratam pessoal e compram materiais para uso interno.

Gabarito 1E, 2C, 3E

(Analista – TRT/10ª – 2013 – CESPE) Julgue os itens a seguir, acerca dos princípios e das fontes do direito administrativo.

(1) O princípio da supremacia do interesse público é, ao mesmo tempo, base e objetivo maior do direito administrativo, não comportando, por isso, limites ou relativizações.

(2) Em decorrência do princípio da legalidade, a lei é a mais importante de todas as fontes do direito administrativo.

1: incorreta, pois são dois os princípios basilares do direito administrativo, o mencionado e o princípio da indisponibilidade do interesse público; vale lembrar, outrossim, que esse princípio deve ser compatibilizado com os direitos e as garantias individuais, não podendo o Poder Público invocar o princípio da supremacia do interesse público sobre o privado, para eliminar os direitos fundamentais; **2:** correta; de fato, a lei, em sentido amplo (o que inclui a Constituição Federal), é a maior fonte de direito administrativo, por força do princípio da legalidade, previsto no art. 37, *caput*, da CF.

Gabarito 1E, 2C

(Analista – TRT/10ª – 2013 – CESPE) Julgue os itens que se seguem, a respeito do controle da Administração Pública.

(1) O Poder Judiciário, no exercício da atividade administrativa, pode exercer controle administrativo, inclusive para revogar seus próprios atos administrativos.

(2) Por força do princípio da separação de Poderes, não se admite o controle da Administração Pública pelo Poder Legislativo.

1: correta, pois o Poder Judiciário tem a autotutela de seus atos administrativos, podendo anular seus atos ilegais e revogar seus atos inconvenientes ou inoportunos; o que não é possível é o Poder Judiciário revogar atos administrativos de outros Poderes; **2:** incorreta, pois esse controle não só é possível, como é uma das principais funções do Poder Legislativo (arts. 49 e 71, *caput*, da CF).

Gabarito 1C, 2E

(Técnico – CESPE – 2013) A Administração pública sujeita-se a princípios previstos na Constituição Federal de 1988. Dentre eles, o princípio da

(A) legalidade, que exige a prática de atos expressamente previstos em lei, não se aplicando quando se trata de atos discricionários.

(B) moralidade, que se sobrepõe aos demais princípios, inclusive ao da legalidade.

(C) impessoalidade, que impede a identificação do nome dos servidores nos atos praticados pela administração.

(D) publicidade, que exige, inclusive por meio da publicação em impressos e periódicos, seja dado conhecimento da atuação da Administração aos interessados e aos administrados em geral.

(E) isonomia, que impede a edição de decisões distintas a respeito de determinado pedido, independentemente da situação individual de cada requerente.

A: Incorreta. A Administração Pública sujeita-se ao princípio da legalidade na prática de todos os atos, inclusive os discricionários; **B:** Incorreta. Não há que se falar em hierarquia entre os princípios constitucionais do art. 37, *caput*, da CF; **C:** Incorreto. O princípio da impessoalidade consiste na ideia de que os atos dos agentes públicos devem ser imputados à Administração Pública e não à pessoa do agente (GARCIA, Wander. **Manual Completo de Direito Administrativo para Concursos**. Indaiatuba: Editora FOCO, 2014, p. 53); **D:** Correta, conforme previsão do art. 37, caput, e art. 5º, XXXIII, da CF; **E:** Incorreta. Para que a isonomia seja plenamente eficaz, as decisões administrativas deverão sempre considerar a situação individual de cada requerente.

Gabarito "D"

(Técnico – CESPE – 2013) Assinale a opção que explicita o princípio da administração pública na situação em que um administrador público pratica ato administrativo com finalidade pública, de modo que tal finalidade é unicamente aquela que a norma de direito indica como objetivo do ato.

(A) impessoalidade

(B) segurança jurídica

(C) eficiência

(D) moralidade

(E) razoabilidade

Hely Lopes Meirelles ensinou que "o princípio da impessoalidade, referido na Constituição de 1988 (art. 37, *caput*), nada mais é que o clássico princípio da finalidade, o qual impõe ao administrador público que só pratique o ato para o seu fim legal. E o fim legal é unicamente aquele que a norma de Direito indica expressa ou virtualmente como objetivo do ato, de forma impessoal" (**Direito Administrativo Brasileiro**. 23. ed. São Paulo: Malheiros Editores, p. 88) Portanto, a alternativa correta é a "A".

Gabarito "A"

* **Ivo Tomita** comentou as questões dos concursos CESPE – 2013 e 2014 e FCC – 2013. **Wander Garcia** comentou as demais questões.

(Técnico – CESPE – 2013) Com relação aos princípios que fundamentam a administração pública, assinale a opção correta.

(A) Pelo princípio da autotutela, a administração o pode, a qualquer tempo, anular os atos eivados de vício de ilegalidade.
(B) O regime jurídico-administrativo compreende o conjunto de regras e princípios que norteia a atuação do poder público e o coloca numa posição privilegiada.
(C) A necessidade da continuidade do serviço público é demonstrada, no texto constitucional, quando assegura ao servidor público o exercício irrestrito do direito de greve.
(D) O princípio da motivação dos atos administrativos, que impõe ao administrador o dever de indicar os pressupostos de fato e de direito que determinam a prática do ato, não possui fundamento constitucional.
(E) A publicidade marca o início da produção dos efeitos do ato administrativo e, em determinados casos, obriga ao administrados o cumprimento.

A: Incorreta. Sobre a autotutela, Wander Garcia entende que "diante de *ilegalidade*, fala-se em dever (ato vinculado) de anular. E que diante de motivo de *conveniência e oportunidade*, fala-se em poder (ato discricionário) de revogar. O nome do princípio remete à ideia de que a Administração agirá sozinha, ou seja, sem ter de levar a questão ao Poder Judiciário". Ademais, conforme o art. 53 e 54 da Lei 9.784/1999, o direito da Administração de anular os atos administrativos de que decorram efeitos favoráveis para os destinatários decai em cinco anos, contados da data em que foram praticados, salvo comprovada má-fé, diferentemente da redação da alternativa em comento. Ver a Súmula 346 do STF; **B:** Correta. Di Pietro ensina que a expressão regime jurídico administrativo é reservada tão somente para abranger o conjunto de traços, de conotações, que tipificam o Direito Administrativo, colocando a Administração Pública numa posição privilegiada, vertical, na relação jurídico-administrativa (**Direito Administrativo**. 25. ed. São Paulo: Atlas, 2012, p. 61); **C:** Incorreta, pois o direito de greve não é irrestrito e será exercido nos termos e nos limites definidos em lei específica (art. 37, VII, da CF). Sobre o tema, ver os Mandados de Injunção 670, 708 e 712, do STF. **D:** Incorreta. A motivação está prevista no art. 93, IX, da CF; **E:** Incorreta, pois a publicidade é requisito de eficácia do ato administrativo, sendo certo que após a publicação, inicia-se a obrigação do destinatário ao cumprimento do ato. De suma importante recordar que a regra é a publicidade. Porém, excepcionalmente, declarar-se-á o sigilo nas hipóteses em que sigilo seja imprescindível à segurança da sociedade e do Estado (art. 5º, XXXIII, da CF).

Gabarito "B"

(Analista – TRT/2ª – 2008 – FCC) Sobre os princípios básicos da Administração, considere:

I. Exigência de que a atividade administrativa seja exercida com presteza, perfeição e rendimento funcional.
II. A atuação da Administração Pública deve sempre ser dirigida a todos os administrados em geral, sem discriminação de qualquer natureza.

Essas afirmações referem-se, respectivamente, aos princípios da
(A) eficiência e impessoalidade.
(B) legalidade e impessoalidade.
(C) eficiência e legalidade.
(D) moralidade e eficiência.
(E) impessoalidade e legalidade.

Presteza, perfeição e rendimento dizem respeito claramente ao princípio da eficiência. E a não discriminação é exigência que decorre do princípio da impessoalidade. Aliás, este princípio traz três comandos: a) tratamento igualitário às pessoas; b) vedação à autopromoção; e c) respeito à finalidade dos atos administrativos.

Gabarito "A"

(Analista – TRT/4ª – 2006 – FCC) Com relação aos princípios da Administração Pública, considere:

I. Os órgãos da Administração Pública são estruturados de forma a proporcionar uma relação de coordenação e subordinação entre uns e outros, cada qual com atribuições definidas na lei.
II. A Administração Pública direta fiscaliza as atividades dos referidos entes, com o fim de assegurar a observância de suas finalidades institucionais.

As proposições acima mencionadas correspondem, respectivamente, aos princípios da
(A) impessoalidade e autotutela.
(B) especialidade e moralidade.
(C) hierarquia e tutela.
(D) legalidade e segurança jurídica.
(E) eficiência e razoabilidade.

A *hierarquia* se dá de órgão para órgão, ao passo que a *tutela* (ou *controle* ou *supervisão ministerial*) se dá de ente para ente, ou seja, de pessoa jurídica para pessoa jurídica.

Gabarito "C"

(Analista – TRT/7ª – 2009 – FCC) Os princípios da ampla defesa e do contraditório
(A) são garantidos por Lei Complementar especialmente editada para esse fim.
(B) são inerentes aos processos judicial e administrativo.
(C) só se aplicam aos processos judiciais na área penal e na área civil.
(D) não se aplicam aos processos administrativos não punitivos.
(E) não se aplicam em nenhuma espécie de processo administrativo.

Art. 5º, LV, da CF.

Gabarito "B"

(Analista – TRT/15ª – 2009 – FCC) Sobre os princípios da Administração Pública, considere:

I. O princípio da publicidade, previsto na Constituição Federal, exige a ampla divulgação, sem exceção, de todos os atos praticados pela Administração Pública.
II. A regra estabelecida na Lei nº 9.784/1999 de que o processo administrativo deve observar, dentre outros critérios, o atendimento a fins de interesse geral, vedada a renúncia total ou parcial de poderes ou competências, salvo autorização em lei, traduz o princípio da supremacia da prevalência do interesse público.
III. Os princípios da eficiência e da impessoalidade, de ampla aplicação no Direito Administrativo, não estão expressamente previstos na Constituição Federal.
IV. O princípio da fundamentação exige que a Administração Pública indique os fundamentos de fato e de direito de seus atos e decisões.

Está correto o que se afirma SOMENTE em
(A) I, II e III.
(B) II e IV.
(C) II e III.
(D) III.
(E) IV.

I: incorreta, pois há exceções ao princípio da publicidade (art. 2º, parágrafo único, V, da Lei 9.784/1999); **II:** correta (art. 2º, parágrafo único, II, da Lei 9.784/1999); **III:** incorreta (art. 37, *caput*, da CF); **IV:** correta (art. 2º, parágrafo único, VII, da Lei 9.784/1999).

Gabarito "B"

(Analista – TRT/20ª – 2011 – FCC) No que concerne à Administração Pública, o princípio da especialidade tem por característica
(A) a descentralização administrativa através da criação de entidades que integram a Administração Indireta.
(B) a fiscalização das atividades dos entes da Administração Indireta.
(C) o controle de seus próprios atos, com possibilidade de utilizar-se dos institutos da anulação e revogação dos atos administrativos.
(D) a relação de coordenação e subordinação entre uns órgãos da Administração Pública e outros, cada qual com atribuições definidas em lei.
(E) a identificação com o princípio da supremacia do interesse privado, inerente à atuação estatal.

A: correta, pois o princípio defende a ideia de que a Administração deve buscar a descentralização, criando entidades especializadas na atuação em determinada área; exemplo do princípio é a criação de uma autarquia especialmente destinada à defesa do meio ambiente, como é o IBAMA; **B:** incorreta, pois a fiscalização das atividades desses entes decorre do princípio do controle ou tutela; **C:** incorreta, pois essa definição é do princípio da autotutela; **D:** incorreta, pois tal relação consiste no princípio da hierarquia; **E:** incorreta, pois, quanto à Administração Pública, vige o princípio da supremacia do interesse *público*, e não da supremacia do interesse *privado*.

Gabarito "A"

(Analista – TRT/22ª – 2010 – FCC) Sobre os princípios básicos da Administração Pública, é INCORRETO afirmar:

(A) O princípio da eficiência alcança apenas os serviços públicos prestados diretamente à coletividade e impõe que a execução de tais serviços seja realizada com presteza, perfeição e rendimento funcional.

(B) Em observância ao princípio da impessoalidade, a Administração não pode atuar com vistas a prejudicar ou beneficiar pessoas determinadas, vez que é sempre o interesse público que tem que nortear o seu comportamento.

(C) Embora não se identifique com a legalidade, pois a lei pode ser imoral e a moral pode ultrapassar o âmbito da lei, a imoralidade administrativa produz efeitos jurídicos porque acarreta a invalidade do ato que pode ser decretada pela própria Administração ou pelo Judiciário.

(D) O princípio da segurança jurídica veda a aplicação retroativa de nova interpretação de lei no âmbito da Administração Pública, preservando, assim, situações já reconhecidas e consolidadas na vigência de orientação anterior.

(E) Em decorrência do princípio da legalidade, a Administração Pública não pode, por simples ato administrativo, conceder direitos de qualquer espécie, criar obrigações ou impor vedações aos administrados; para tanto, ela depende de lei.

A: incorreta, devendo ser assinalada, pois o princípio da eficiência se aplica a todo e qualquer serviço público; **B:** correta, pois a Administração, para ser impessoal, tem que agir com respeito à igualdade e à neutralidade, buscando sempre atingir o interesse público, e não beneficiar ou prejudicar pessoas determinadas; **C:** correta, pois, de fato, o princípio da moralidade é independente do princípio da legalidade, sendo certo que, uma vez violado o princípio, o ato consequente será inválido, podendo a nulidade ser reconhecida tanto pela Administração, que age de ofício, quanto pelo Judiciário, que age mediante provocação; **D:** correta, nos termos do art. 2º, parágrafo único, XIII, da Lei 9.784/1999; **E:** correta, pois, de acordo com o princípio da legalidade, a Administração só pode criar direitos ou obrigações mediante lei.

Gabarito "A"

(Técnico – TRT/23ª – 2011 – FCC) O Jurista Celso Antônio Bandeira de Mello apresenta o seguinte conceito para um dos princípios básicos da Administração Pública: *De acordo com ele, a Administração e seus agentes têm de atuar na conformidade de princípios éticos. (...) Compreendem-se em seu âmbito, como é evidente, os chamados princípios da lealdade e boa-fé.* Trata-se do princípio da

(A) motivação.
(B) eficiência.
(C) legalidade.
(D) razoabilidade.
(E) moralidade.

De fato, o princípio da moralidade administrativa (art. 37, *caput*, da CF) impõe que a Administração e seus agentes atuem de conformidade com a ética, a boa-fé, a lealdade. Em acréscimo, o art. 2º, parágrafo único, IV, da Lei 9.784/1999 impõe atuação segundo os padrões éticos de probidade, decoro e boa-fé.

Gabarito "E"

(Analista – TRT/24ª – 2006 – FCC) O princípio que exige objetividade no atendimento do interesse público, vedando a promoção pessoal de agentes ou autoridades; e aquele que impõe a todo agente público a realização de suas atribuições com presteza, perfeição e rendimento funcional denominam-se, respectivamente,

(A) impessoalidade e eficiência.
(B) publicidade e impessoalidade.
(C) impessoalidade e moralidade.
(D) eficiência e legalidade.
(E) publicidade e eficiência.

De fato, a primeira frase diz respeito a uma das três facetas do princípio da impessoalidade (já citadas) e os deveres de presteza, perfeição e rendimento têm relação clara com o princípio da eficiência.

Gabarito "A"

(Técnico – TRT/16ª – 2015 – FCC) Em julgamento proferido pelo Supremo Tribunal Federal, a Corte Suprema firmou entendimento no sentido de que assessor de Juiz ou de Desembargador tem incompatibilidade para o exercício da advocacia. Ao fundamentar sua decisão, a Corte explanou que tal incompatibilidade assenta-se, sobretudo, em um dos princípios básicos que regem a atuação administrativa. Trata-se do princípio da

(A) supremacia do interesse privado.
(B) publicidade.
(C) proporcionalidade.
(D) moralidade.
(E) presunção de veracidade.

A: incorreta, pois esse princípio não é um princípio administrativo, ao contrário do princípio da supremacia do interesse público; **B**, **C** e **E:** incorretas, pois o enunciado da questão não guarda relação com os princípios da publicidade, da proporcionalidade e da presunção de veracidade, mas sim com o princípio da moralidade administrativa, pois seria imoral que um juiz fosse ao mesmo tempo advogado; **D:** correta, pois o enunciado da questão revela que o STF reconheceu violação ao princípio da moralidade administrativa, pois seria imoral que um juiz fosse ao mesmo tempo advogado.

Gabarito "D"

(Técnico – TRT/19ª – 2015 – FCC) Roberto, empresário, ingressou com representação dirigida ao órgão competente da Administração pública, requerendo a apuração e posterior adoção de providências cabíveis, tendo em vista ilicitudes praticadas por determinado servidor público, causadoras de graves danos não só ao erário como ao próprio autor da representação. A Administração pública recebeu a representação, instaurou o respectivo processo administrativo, porém, impediu que Roberto tivesse acesso aos autos, privando-o de ter ciência das medidas adotadas, sendo que o caso não se enquadra em nenhuma das hipóteses de sigilo previstas em lei. O princípio da Administração pública afrontado é a

(A) publicidade.
(B) eficiência.
(C) isonomia.
(D) razoabilidade.
(E) improbidade.

A: correta, pois a Administração tem o dever tornar públicos os seus atos, salvo as hipóteses legais de sigilo; e esse dever decorre justamente do princípio da publicidade, previsto no art. 37, *caput*, da CF; **B:** incorreta, pois a eficiência guarda relação com a eficácia e o resultado dos serviços prestados, e não com o sigilo deste; **C:** incorreta, pois não se vislumbra no caso tratamento não igualitário, pois a lei não se refere por exemplo que, no mesmo processo, uma das partes teve acesso aos outros e a outra não; **D:** incorreta, pois esse princípio incide quando se tem decisão discricionária a ser tomada, o que não é o caso pois nesse tipo de situação a Administração toma decisão vinculada, pois a lei é clara e objetiva quanto à imposição de que a publicidade deve ser respeitada; **E:** incorreta, pois a improbidade não é um princípio, mas a qualidade de um ato que fere de forma grave a moralidade administrativa.

Gabarito "A"

2. PODERES DA ADMINISTRAÇÃO PÚBLICA

(Analista – TRT/10ª – 2013 – CESPE) Com relação aos poderes da Administração Pública, julgue os próximos itens.

(1) Encontra-se dentro do poder regulamentar do Presidente da República a edição de decreto autônomo para a criação de autarquia prestadora de serviço público.

(2) A conduta abusiva da administração pode ocorrer quando o servidor atua fora dos limites de sua competência ou quando, embora dentro de sua competência, ele se afasta do interesse público exigido legalmente.

1: errada, pois tal hipótese não está prevista no dispositivo constitucional que autoriza alguns decretos autônomos (art. 84, VI, da CF); no mais, a Constituição Federal é clara no sentido de que somente por lei (na verdade, lei específica) é que se pode criar uma autarquia (art. 37, XIX, da CF); **2:** certa, pois a ideia de conduta abusiva (abuso de direito) abrange o excesso de poder (quando o servidor atua fora dos limites de sua competência) e o desvio de poder ou de finalidade (quando o servidor se afasta do interesse público exigido legalmente).

Gabarito 1E, 2C

(Analista – TRT/11ª – 2012 – FCC) A Administração Pública, ao tomar conhecimento de infrações, cometidas por estudantes de uma escola pública, utiliza-se de um de seus poderes administrativos, qual seja, o *poder disciplinar*. Nesse caso, a Administração Pública

(A) poderia utilizar-se de tal poder contra os estudantes da escola pública.
(B) não poderia utilizar-se de tal poder, porém, pode impor sanções aos estudantes, com fundamento no poder de polícia do Estado.
(C) poderia utilizar-se de tal poder, no entanto, ele está limitado à fase de averiguação, não cabendo à Administração, nessa hipótese, punir.
(D) não poderia utilizar-se de tal poder, vez que ele somente é aplicável aos servidores públicos.
(E) poderia utilizar-se de tal poder, que, nessa hipótese, será discricionário, ou seja, pode a Administração escolher entre punir e não punir.

A: correta, pois o poder disciplinar se dirige não só em relação aos agentes públicos, como também a outras pessoas que têm vínculo específico com a Administração Pública, como é o caso dos estudantes de escolas públicas; **B:** incorreta, pois o poder de polícia atinge pessoas indeterminadas e não pessoas com vínculos específicos com a Administração; **C:** incorreta, pois a Administração, em tendo o poder disciplinar, deve exercê-lo por completo, não só apurando, como também aplicando as sanções cabíveis; **D:** incorreta, pois, conforme já mencionado, esse poder se aplica a todas as pessoas que têm vínculo específico com a Administração Pública; **E:** incorreta, pois a Administração, em se deparando com hipótese que determina a aplicação de sanção disciplinar, é obrigada a aplicá-la, em respeito à indisponibilidade do interesse público.

Gabarito "A".

(Analista – TRT/16ª – 2014 – FCC) Considere as afirmações abaixo.

I. O poder disciplinar não abrange as sanções impostas a particulares não sujeitos à disciplina interna da Administração.
II. Os órgãos consultivos, embora incluídos na hierarquia administrativa para fins disciplinares, fogem à relação hierárquica no que diz respeito ao exercício de suas funções.
III. A discricionariedade existe, ilimitadamente, nos procedimentos previstos para apuração da falta funcional, pois os Estatutos funcionais não estabelecem regras rígidas como as que se impõem na esfera criminal.

A propósito dos poderes disciplinar e hierárquico, está correto o que se afirma em

(A) III, apenas.
(B) I, II e III.
(C) I e II, apenas.
(D) II, apenas.
(E) I e III, apenas.

I: correta, pois o poder disciplinar se limita a sanções aplicadas a particulares sujeitos à disciplina interna da Administração, tais como servidores públicos e outros com relação jurídica direta e específica com a Administração, como os registradores e tabeliães; **II:** correta; os órgãos consultivos, como o próprio nome diz, tem por função receber consultar e dar opiniões, e não tomar decisões, o que impede que seus atos sejam revistos por razão hierárquica, já que expedem meros atos opinativos; no mais, por terem em seu interior agentes públicos, tais agentes respondem disciplinarmente por eventual ato que fira os deveres funcionais; **III:** incorreta, pois não se pode confundir "discricionariedade" (que é margem de liberdade) com "arbitrariedade" (que é ilimitada liberdade), ainda mais em se tratando de procedimentos punitivos, como é o disciplinar, em que a lei traz regras rígidas e o mais objetivas possível, para que não haja punições com alta carga subjetiva e sem o devido processo legal.

Gabarito "C".

(Técnico – CESPE – 2013) A respeito dos poderes da administração, assinale a opção correta.

(A) A delegação de atribuições de um órgão público para outra pessoa jurídica configura exemplo de desconcentração administrativa.
(B) Ao tomar conhecimento da ocorrência de infração disciplinar, a administração o deve, em um primeiro momento, avaliar a conveniência e oportunidade da instauração de processo administrativo.
(C) O poder regulamentar é prerrogativa conferida à administração pública para expedir normas de caráter geral, em razão de eventuais lacunas, com a finalidade de complementar ou modificar a lei.
(D) Em respeito ao princípio da separação dos poderes, o Congresso Nacional não pode sustar ato normativo do Poder Executivo.
(E) Um dos meios pelo quais a administração exerce seu poder de polícia é a edição de atos normativos de caráter geral e abstrato.

A: Incorreta. Pois a delegação de um órgão para o outro configura exemplo de descentralização administrativa. A desconcentração consiste na distribuição interna de competências dentro da mesma pessoa jurídica; **B:** Incorreta. A aplicação do poder disciplinar tem caráter vinculado. Assim, não cabe à Administração avaliar a conveniência e oportunidade da instauração de processo administrativo. Sobre o regime jurídico dos servidores públicos civis da união, das autarquias e das fundações federais, ver o art. 143 da Lei 8.112/1990; **C:** Incorreta. O poder regulamentar é prerrogativa conferida à administração pública para expedir decretos e regulamentos para sua fiel execução (art. 84, IV, da CF); **D:** Incorreta, nos termos do art. 49, V, da CF; **E:** Correta. Maria Sylvia Zanella Di Pietro entende que o Poder de Polícia tem como exercício os atos normativos em geral, a saber: a lei, criam-se as limitações administrativas ao exercício dos direitos e das atividades individuais, estabelecendo-se normais gerais e abstratas dirigidas indistintamente às pessoas que estejam em idêntica situação (**Direito Administrativo**. 25. ed. São Paulo: Atlas, 2012. p. 125).

Gabarito "E".

(Técnico – CESPE – 2013) Assinale a opção correta no que se refere aos poderes e deveres dos administradores públicos.

(A) Caracteriza-se desvio de finalidade quando o agente atua além dos limites de sua competência, buscando alcançar fins diversos daqueles que a lei permite.
(B) Há excesso de poder quando o agente, mesmo que agindo dentro de sua competência, exerce atividades que a lei não lhe conferiu.
(C) Em caso de omissão do administrador, o administrado pode exigir, por via administrativa ou judicial, a prática do ato imposto pela lei.
(D) No exercício do poder hierárquico, os agentes superiores têm competência, em relação aos agentes subordinados, para comandar, fiscalizar atividades, revisar atos, delegar, avocar atribuições e ainda aplicar sanções.
(E) O poder de agir da administração refere-se à sua faculdade para a prática de determinado ato de interesse público.

A: Incorreta. Desvio de finalidade ou desvio de poder consiste na atuação do agente com fim diverso do que a lei lhe permitiu, ou seja, é atuação dentro dos seus limites de competência visando fim diverso do que a lei permitiu; **B:** Incorreta. Há excesso de poder na hipótese em que o agente atua fora dos limites de sua competência, invadindo a atribuição de outro agente, ou se arroga o exercício de atividades que a lei lhe não conferiu **Manual de Direito Administrativo**. 27. ed. São Paulo: Atlas, 2014, p. 99); **C:** Correta, nos termos art. 5º, XXXV e LXXI, da CF; **D:** Incorreta no que tange ao trecho "aplicar sanções", uma vez que essa atribuição decorre do poder disciplinar; **E:** Incorreta. O poder de agir da administração não é faculdade e sim uma obrigação. Trata-se de um poder-dever da administração visando o interesse público.

Gabarito "C".

(Técnico – CESPE – 2013) Acerca do controle da administração pública, assinale a opção correta.

(A) Controle legislativo é a prerrogativa atribuída ao Poder Legislativo de fiscalizar atos da administração pública sob os critérios jurídicos, políticos e financeiros.
(B) O controle judicial incide sobre a atividade administrativa do Estado, seja qual foro o Poder em que esteja sendo desempenhada, de modo a alcançar os atos administrativos do Executivo, do Legislativo e do próprio Judiciário.
(C) O controle da administração pública contempla os instrumentos jurídicos de fiscalização da atuação dos agentes e órgãos públicos, não podendo haver controle sobre pessoas administrativas que compõem a administração indireta, uma vez que aquelas são entes independentes.

(D) Um importante instrumento de controle administrativo é o direito de petição, que consiste na obrigatoriedade que têm os indivíduos de formular pretensões aos órgãos públicos quando verificar em uma irregularidade, sob pena de multa.

(E) Coisa julgada administrativa é a situação jurídica pela qual determinada decisão firmada pela administração não mais pode ser modificada na via administrativa e judicial.

A: Incorreta, pois o controle legislativo não abarca a fiscalização sob o critério jurídico; **B:** Correta, pois Poder Judiciário realizará o controle judicial de legalidade dos atos administrativos emanados pelos três poderes da União.**C:** Incorreta. O princípio do controle da Administração Pública, também conhecido como tutela administrativa, permite a fiscalização das pessoas (agentes) administrativas; **D:** Incorreta. São a todos assegurados, independentemente do pagamento de taxas, o direito de petição aos poderes público em defesa de direitos ou contra ilegalidade ou abuso de poder (art. 5º, XXXIV, *a*, da CF); **E:** Incorreta. A coisa julgada administrativa consiste, segundo Carvalho Filho, na situação jurídica pela qual determinada decisão firmada pela Administração não mais pode ser modificada na via administrativa. A irretratabilidade, pois, se dá apenas nas instâncias da Administração (CARVALHO FILHO, José dos Santos. **Manual de Direito Administrativo**. 27. ed. São Paulo: Atlas, 2014. p. 979). A definitividade, conforme menciona o autor, é relativa, porque o administrado, ainda inconformado, poderá oferecer sua pretensão ao Judiciário, e este poderá amanhã decidir em sentido contrário ao que foi decidido pela Administração (idem, p. 979).

Gabarito "B".

(Analista – TRT/6ª – 2012 – FCC) A interdição de estabelecimento comercial privado por autoridade administrativa constitui exemplo do exercício do poder

(A) disciplinar.
(B) regulamentar.
(C) normativo.
(D) hierárquico.
(E) de polícia.

A interdição de estabelecimento comercial é típica medida de poder de polícia, já que se trata do condicionamento de atividades das pessoas às exigências do interesse público.

Gabarito "E".

(Analista – TRT9 – 2012 – FCC) Decreto do Poder Executivo Municipal restringiu a circulação de veículos em determinado horário em perímetro identificado da cidade, sob o fundamento de que a restrição seria necessária para melhoria da qualidade do ar na região, comprovadamente inadequada por medidores oficiais. A medida, considerando que o poder executivo municipal tenha competência material para dispor sobre a ordenação do tráfego e seja constitucionalmente obrigado a tutela do meio ambiente,

(A) é expressão da faceta disciplinar do poder regulamentar, que pode se prestar a restringir a esfera de interesses dos administrados, com vistas ao atendimento do interesse público.

(B) é expressão do poder disciplinar, na medida em que houve limitação, ainda que legal, dos direitos individuais dos administrados.

(C) insere-se no poder normativo do Executivo Municipal, que pode editar atos normativos autônomos disciplinando os assuntos de interesse local da comunidade.

(D) excede o poder regulamentar, que se restringe à disciplina de organização administrativa do ente, devendo essas disposições constarem de lei formal.

(E) insere-se no poder regulamentar do Executivo, se as disposições do decreto municipal estiverem explicitando normas legais que estabeleçam as diretrizes de ordenação do sistema viário com vistas a preservação da qualidade do ar.

A: incorreta, pois o poder regulamentar não pode inovar na ordem jurídica, restringindo direitos alheios; **B:** incorreta, pois, no caso, tem-se poder de polícia (condicionamento dos direitos das pessoas ao interesse coletivo) e poder regulamentar, lembrando que é fundamental que o Decreto esteja apenas a explicitar o que a lei tiver inovado na ordem jurídica, não sendo possível que o decreto inove na ordem jurídica, criando direitos ou deveres às pessoas; **C:** incorreta, pois o decreto é expressão do poder regulamentar (que insere no poder normativo em sentido amplo), mas não pode atuar, como regra, de forma autônoma, devendo se limitar a explicitar e a explicar o disposto na lei, pois, como regra, só a lei pode inovar na ordem jurídica; **D:** incorreta, pois o poder regulamentar (ou seja, o poder de expedir decreto para explicar a lei) pode se dar em múltiplas matérias e não somente em matéria de organização administrativa; o que não é possível é que o poder regulamentar extravase seu âmbito de atuação e acabe por inovar na ordem jurídica, passando por cima da lei; **E:** correta, pois o decreto não pode, como regra, inovar na ordem jurídica, devendo se limitar a explicitar as normas previstas na lei, de modo que, caso o decreto em questão nada mais faça do que explicitar e explicar comandos legais, terá sido expedido conforme o poder regulamentar conferido ao Executivo.

Gabarito "E".

(Analista – TRT/9ª – 2010 – FCC) No que concerne ao tema *poder de polícia*, é correto afirmar:

(A) Na esfera federal, prescreve em dez anos a ação punitiva da Administração, no exercício do poder de polícia, objetivando apurar infração (que não constitua crime), contados da data da prática do ato ou, no caso de infração permanente ou continuada, do dia em que tiver cessado.

(B) Nem sempre o poder de polícia será discricionário, ou seja, em algumas hipóteses, a lei já estabelece que, diante de determinados requisitos, a Administração terá que adotar solução previamente estabelecida, como é o caso da autorização.

(C) No desempenho do poder de polícia, a Administração Pública não pode determinar medidas sumárias, isto é, sem a oitiva do particular; logo, ainda que se trate de situação de urgência, mister se faz a garantia da plenitude da defesa.

(D) Polícia administrativa e polícia judiciária não se confundem; a primeira rege-se pelo Direito Administrativo e incide sobre bens, direitos ou atividades; a segunda, pelo Direito Processual Penal, incidindo sobre pessoas.

(E) Os meios de atuação do poder de polícia compreendem somente duas categorias: atos administrativos preventivos, como, por exemplo, vistoria e fiscalização, e atos administrativos repressivos, como interdição de atividade e apreensão de mercadorias deterioradas.

A: incorreta, pois o prazo é de 5 anos (art. 1º da Lei 9.873/1999); **B:** incorreta, pois a *autorização* é um ato discricionário; o exemplo adequado seria a *licença*, que é um ato vinculado; **C:** incorreta, pois há situações de grande urgência no acautelamento do interesse público em que se justifica o diferimento do contraditório para um momento posterior; **D:** correta, valendo citar como exemplo de polícia administrativa a fiscalização do trânsito, e de exemplo de polícia judiciária, a investigação de um crime cometido por uma pessoa; **E:** incorreta, pois a expressão "poder de polícia" em sentido amplo abrange não só as atividades citadas, denominadas "polícia administrativa", como também as leis que estabelecem os limites dos direitos das pessoas.

Gabarito "D".

(Analista – TRT/13ª – 2005 – FCC) No que tange ao poder regulamentar, é certo que

(A) para a edição do regulamento autônomo basta observar-se a vigência, a publicação e a referenda dos Secretários de Estado.

(B) o regulamento autônomo, também chamado de execução, é o que se preordena ao desenvolvimento de determinada lei, para torná-la exequível.

(C) o regulamento delegado é aquele editado pela autoridade para dispor sobre matéria constitucional reservada ao Executivo, sendo materialmente uma lei.

(D) para expedir atos que visem executar a lei, o Executivo, de regra, não necessita de outorga legal específica ou constitucional genérica.

(E) o instrumento ou veículo do regulamento deve ser o decreto do Executivo, do Legislativo ou do Judiciário, vedada qualquer outra espécie de ato administrativo.

Normalmente, os *decretos* do Chefe do Executivo (Prefeito, Governador e Presidente), não têm o mesmo poder das *leis*, que emanam do Poder Legislativo. A função dos decretos é apenas de explicar a lei, de operacionalizar a aplicação da lei. Daí porque, como regra, os *decretos são de execução de lei*. Porém, a EC 32/2001 criou duas hipóteses de *decreto autônomo de lei* (ou *regulamentos autônomos de lei)*, ou seja, de decretos que podem ser expedidos mesmo sem lei que os autorize. Tais hipóteses estão no art. 84, VI, da CF.

Gabarito "D".

(Analista – TRT/14ª – 2011 – FCC) É correta a afirmação de que o exercício do poder regulamentar está consubstanciado na competência

(A) dos Chefes do Poder Executivo para editar atos administrativos normativos destinados a dar fiel execução às leis.
(B) do Chefe do Poder Executivo Federal, com a finalidade de editar atos administrativos de gestão, para esclarecer textos controversos de normas federais.
(C) das autoridades hierarquicamente superiores das administrações direta e indireta, para a prática de atos administrativos vinculados, objetivando delimitar o âmbito de aplicabilidade das leis.
(D) dos Chefes dos Poderes Executivo, Legislativo e Judiciário, objetivando a fiel aplicação das leis, mediante atos administrativos expedidos sob a forma de homologação.
(E) originária dos Ministros e Secretários estaduais, de editarem atos administrativos destinados a esclarecer a aplicabilidade das leis ordinárias.

A: correta, pois traz a exata definição de poder regulamentar; **B:** incorreta, pois o poder regulamentar tem por objetivo garantir a fiel execução de *leis*, não incidindo sobre qualquer tipo de *norma federal*; **C:** incorreta, pois o poder regulamentar é da alçada do Chefe do Executivo, e não de qualquer autoridade superior; ademais, o poder regulamentar costuma envolver competência discricionária, pois, quando atua com vistas a explicar a lei e a operacionalizar a sua execução, acaba por explicar disposições vagas da lei, o que se traduz em discricionariedade, e não em competência vinculada; **D** e **E:** incorretas, pois o poder regulamentar é da alçada do Chefe do Executivo, e não dos Chefes do Legislativo e do Judiciário, e dos Ministros e Secretários estaduais.

Gabarito "A".

(Analista – TRT/14ª – 2011 – FCC) O poder de polícia

(A) possui, como meio de atuação, apenas medidas de caráter repressivo.
(B) delegado é limitado aos termos da delegação e se caracteriza por atos de execução.
(C) é sempre discricionário.
(D) não é inerente a toda Administração, não estando presente, por exemplo, na esfera administrativa dos Municípios.
(E) não tem como um de seus limites a necessidade de observância aos princípios da proporcionalidade e razoabilidade.

A: incorreta, pois o poder de polícia atua tanto preventiva, como repressivamente; **B:** correta, pois aquele que tem a competência legal para exercer o poder de polícia até pode delegá-lo, mas o delegatário deve respeitar os limites do ato de delegação e, normalmente, atua apenas em atos de execução; um exemplo é a delegação da competência para fiscalização do trânsito, de um Município (delegante) para a polícia militar (delegatária); **C:** incorreta, pois o poder de polícia pode ser vinculado (quando a lei é bem clara e objetiva quanto à atuação da Administração) ou discricionário (quando a lei confere margem de liberdade para a Administração agir no caso concreto); **D:** incorreta, pois o poder de polícia está presente, sim, nos Municípios, que atuam na polícia das construções, na polícia do sossego público, na polícia sanitária, na polícia de trânsito, na polícia ambiental, dentre outras; **E:** incorreta, pois o poder de polícia está sujeito, sim, a esses princípios, nos casos em que há competência discricionária da Administração Pública.

Gabarito "B".

(Analista – TRT/20ª – 2011 – FCC) NÃO constitui característica do poder hierárquico:

(A) delegar atribuições que não lhe sejam privativas.
(B) dar ordens aos subordinados, que implica o dever de obediência, para estes últimos, salvo para as ordens manifestamente ilegais.
(C) controlar a atividade dos órgãos inferiores, tendo o poder de anular e de revogar atos administrativos.
(D) avocar atribuições, desde que estas não sejam da competência exclusiva do órgão subordinado.
(E) editar atos normativos que poderão ser de efeitos internos e externos.

A única alternativa que não traz característica do *poder hierárquico* é a **E**, que traz característica do *poder normativo*.

Gabarito "E".

(Analista – TRT/20ª – 2011 – FCC) A Administração Pública, no exercício de seu poder de polícia, aplicou multa a munícipe por infração ao ordenamento jurídico. Não ocorrendo o pagamento espontaneamente pelo administrado, a Administração decide praticar imediatamente e, de forma direta, atos de execução, objetivando o recebimento do valor. A conduta da Administração Pública

(A) está correta, tendo em vista o atributo da coercibilidade presente nos atos de polícia administrativa.
(B) não está correta, tendo em vista que nem todas as medidas de polícia administrativa têm a característica da autoexecutoriedade.
(C) está correta, tendo em vista o atributo da imperatividade existente nos atos de polícia administrativa.
(D) não está correta, tendo em vista que os atos de polícia administrativa são vinculados e, portanto, inexiste discricionariedade na atuação da Administração Pública.
(E) está correta, tendo em vista a prerrogativa da Administração de praticar os atos de polícia administrativa e colocá-los em imediata execução, sem dependência à manifestação judicial.

A: incorreta, pois o atributo da coercibilidade (chamado de autoexecutoriedade por parte da doutrina) permite, de fato, a coação material (o uso da força) para fazer valer os atos administrativos, porém é um atributo que só existe quando a lei expressamente permitir ou quando não houver tempo de buscar a prestação jurisdicional; no caso, a lei não prevê que a Administração pode usar a força para receber as multas não pagas, devendo ingressar com execução fiscal junto ao Poder Judiciário; **B:** correta, nos termos do comentário à alternativa anterior; **C** e **E:** incorretas, pois, como se viu, a Administração, no caso, deverá ingressar com execução fiscal; **D:** incorreta, pois os atos de polícia podem ser tanto vinculados, como discricionários.

Gabarito "B".

(Analista – TRT/20ª – 2006 – FCC) Dentre outras, é peculiaridade marcante do poder disciplinar sua

(A) diferenciação com o poder punitivo do Estado, realizado através da Justiça Penal.
(B) correlação com o poder hierárquico, e assim confundir-se com este poder administrativo.
(C) vinculação pela prévia definição da lei sobre a infração funcional e respectiva sanção e, portanto, não ter discricionariedade.
(D) qualidade de ordenar, coordenar, controlar e corrigir as atividades administrativas no âmbito da Administração.
(E) capacidade de condicionar e restringir o uso e gozo de bens, atividades e direitos individuais, em benefício do Estado.

A: correta; o poder disciplinar resulta em sanções administrativas, ao passo que o poder punitivo penal resulta em sanções criminais, tais como a prisão; **B:** incorreta; o poder hierárquico difere do disciplinar por não importar na aplicação de sanções administrativas; **C:** incorreta; o poder disciplinar pode ser discricionário ou vinculado, dependo da existência ou não de margem de liberdade para o agente público; **D:** incorreta, pois a definição dada é de poder hierárquico; **E:** incorreta, pois a definição dada é de poder de polícia.

Gabarito "A".

(Analista – TRT/21ª – 2010 – CESPE) Julgue os itens subsequentes, relativos aos poderes administrativos, à organização administrativa e aos atos administrativos.

(1) Segundo a doutrina, o poder de polícia tanto pode ser discricionário quanto vinculado.
(2) Os atos administrativos cujos efeitos se exauriram não podem ser revogados, visto que a revogação não retroage, limitando-se a impedir que o ato continue a produzir efeitos.

1: correta, pois a lei que estabelece o condicionamento à liberdade e à propriedade das pessoas pode tanto trazer conceitos claros e objetivos, ensejando uma competência vinculada (ex.: "o recuo de frente dos imóveis residenciais deve ser de 4 metros"), como trazer conceitos fluidos e vagos e/ou mais de uma opção ao agente público, ensejando competência discricionária (ex.: "em caso de violação da presente lei, será aplicada multa de R$ 1.000,00 a R$ 5.000,00, de acordo com a gravidade da infração"); **2:** correta, pois os atos já exauridos são atos que já estão, tecnicamente, extintos, de modo que não há mais que se falar em revogação.

Gabarito 1C, 2C

(Técnico – TRT/22ª – 2010 – FCC) No que diz respeito ao poder disciplinar da Administração Pública, é correto afirmar:

(A) O poder disciplinar é discricionário; isto significa que a Administração, tendo conhecimento de falta praticada por determinado servidor, não está obrigada a instaurar procedimento administrativo para sua apuração.
(B) O poder disciplinar é correlato com o poder hierárquico, mas com ele não se confunde; no uso do poder disciplinar, a Administração Pública controla o desempenho das funções executivas e a conduta interna de seus agentes, responsabilizando-os pelas faltas cometidas.
(C) Algumas penalidades administrativas podem ser aplicadas ao infrator, sem prévia apuração por meio de procedimento legal.
(D) Poder disciplinar é o que cabe à Administração Pública para apurar infrações e aplicar penalidades aos servidores públicos, não abrangendo particulares, ainda que sujeitos à disciplina administrativa.
(E) Uma mesma infração pode dar ensejo a punição administrativa e a punição criminal; no entanto, a aplicação de ambas as penalidades, nas respectivas searas, caracteriza evidente *bis in idem*.

A: incorreta, pois, uma vez ocorrida uma falta disciplinar, esta deve ser apurada; o princípio da legalidade impõe que a Administração atue de ofício quando verificada uma violação da lei; **B:** correta, pois o poder disciplinar tem em mira justamente esse controle quanto ao cometimento ou não de faltas funcionais por parte dos agentes públicos, ao passo que o poder hierárquico tem em mira um controle mais amplo do agente público, no sentido de distribuir e escalonar funções, ordenar condutas e rever os atos praticados pelo agente público subordinado; **C:** incorreta, pois ninguém pode ser punido sem o devido processo legal, que impõe, inclusive, respeito ao contraditório e à ampla defesa (art. 5º, LIV e LV, da CF); **D:** incorreta, pois o conceito doutrinário de poder disciplinar abrange essa possibilidade – "é a faculdade de punir internamente as infrações funcionais dos servidores *e demais pessoas sujeitas à disciplina dos órgãos e serviços da Administração*"; **E:** incorreta, pois, segundo o art. 125 da Lei 8.112/1990, as sanções civis, penais e administrativas poderão cumular-se, sendo independentes entre si.

Gabarito "B"

(Técnico – FCC – 2013) O poder hierárquico encontra-se presente

(A) nas relações entre a Administração pública e as empresas regularmente contratadas por meio de licitação.
(B) na relação funcional entre servidores estatutários e seus superiores.
(C) nas relações de limitação de direitos que se trava entre administrados e autoridades públicas.
(D) entre servidores estatutários de mesmo nível funcional.
(E) somente entre servidores e superiores militares.

Poder Hierárquico é aquele conferido ao agente público para organizar a estrutura da Administração e fiscalizar a atuação de seus subordinados, expressando-se na distribuição e orientação das funções, na expedição de ordens e na revisão dos atos dos demais agentes, numa relação de ampla subordinação. **A:** Incorreta, pois a alternativa descreve manifestação do poder disciplinar; **B:** correta, conforme anteriormente demonstrado; **C:** Incorreta, pois a alternativa apresenta manifestação do poder normativo da administração; **D:** Incorreta. Não é possível aplicação do poder hierárquico entre servidores do mesmo nível funcional; **E:** Incorreta, pois os servidores públicos civis também possuem poder hierárquico.

Gabarito "B"

(Técnico – FCC – 2014) Carlos Eduardo, servidor público estadual e chefe de determinada repartição pública, adoeceu e, em razão de tal fato, ficou impossibilitado de comparecer ao serviço público. No entanto, justamente no dia em que o mencionado servidor faltou ao serviço, fazia-se necessária a prática de importante ato administrativo. Em razão do episódio, Joaquim, servidor público subordinado de Carlos Eduardo, praticou o ato, vez que a lei autorizava a delegação. O fato narrado corresponde a típico exemplo do poder

(A) disciplinar.
(B) de polícia.
(C) regulamentar.
(D) hierárquico.
(E) normativo-disjuntivo.

Hierarquia pode ser definida como o vínculo de autoridade que une órgãos e agentes, através de escalões sucessivos, numa relação de autoridade, de superior a inferior, de hierarca a subalterno. Os poderes do hierarca conferem-lhe uma *contínua e permanente* autoridade sobre toda a atividade administrativa dos subordinados. Tais poderes consistem no (a) poder de comando, que o autoriza a expedir determinações gerais (instruções) ou específicas a um dado subalterno (ordens), sobre o modo de efetuar os serviços; (b) poder de fiscalização, graças ao qual inspeciona as atividades dos órgãos e agentes que lhe estão subordinados; (c) poder de revisão, que lhe permite, dentro dos limites legais, alterar ou suprimir as decisões dos inferiores, mediante revogação, quando inconveniente ou inoportuno o ato praticado, ou mediante anulação, quando se ressentir de vício jurídico; (d) poder de punir, isto é, de aplicar as sanções estabelecidas em lei aos subalternos faltosos; (e) poder de dirimir controvérsias de competência, solvendo os conflitos positivos (quando mais de um órgão se reputa competente) ou negativos (quando nenhum deles se reconhece competente), e (f) **poder de delegar competências ou de avocar, exercitáveis nos termos da lei** (g.n) (**Curso de Direito Administrativo**. 26. ed. São Paulo: Malheiros Editores, p. 73).

Gabarito "D"

3. ATO ADMINISTRATIVO

3.1. Conceito e atributos do ato administrativo

Para resolver as questões sobre os requisitos e atributos do ato administrativo, vale a pena trazer alguns elementos doutrinários. Confira:

Atributos do ato administrativo (são as qualidades, as prerrogativas dos atos)

- **Presunção de legitimidade** *é a qualidade do ato pela qual este se presume verdadeiro e legal até prova em contrário*; ex.: uma multa aplicada pelo Fisco presume-se verdadeira quanto aos fatos narrados para a sua aplicação e se presume legal quanto ao *direito aplicado*, à pessoa tida como infratora e ao valor aplicado.
- **Imperatividade** *é a qualidade do ato pela qual este pode se impor a terceiros, independentemente de sua concordância*; ex.: uma notificação da fiscalização municipal para que alguém limpe um terreno ainda não objeto de construção, que esteja cheio de mato.
- **Exigibilidade** *é a qualidade do ato pela qual, imposta a obrigação, esta pode ser exigida mediante coação indireta*; ex.: no exemplo anterior, não sendo atendida a notificação, cabe a aplicação de uma multa pela fiscalização, sendo a multa uma forma de *coação indireta*.
- **Autoexecutoriedade** *é a qualidade pela qual, imposta e exigida a obrigação, está pode ser implementada mediante coação direta, ou seja, mediante o uso da coação material, da força, independentemente de apreciação jurisdicional*; ex.: no exemplo anterior, já tendo sido aplicada a multa, mais uma vez sem êxito, pode a fiscalização municipal ingressar à força no terreno particular, fazer a limpeza e mandar a conta, o que se traduz numa *coação direta*. A autoexecutoriedade não é a regra. Ela existe quando a lei expressamente autorizar ou quando não houver tempo hábil para requerer a apreciação jurisdicional.

Obs. 1: a expressão "autoexecutoriedade" também é usada no sentido da qualidade do ato que enseja sua imediata e direta execução pela própria Administração, independentemente de ordem judicial, reservando-se a expressão "coercibilidade" para designar a possibilidade de usar a força para a concretização do ato, conforme lição de Hely Lopes Meirelles.

Obs. 2: repare que esses atributos não existem normalmente no direito privado; um particular não pode, unilateralmente, valer-se desses atributos; há exceções, em que o particular tem algum desses poderes; mas essas exceções, por serem exceções, confirmam a regra de que os atos administrativos se diferenciam dos atos privados pela ausência nestes, como regra, dos atributos acima mencionados.

(Técnico – CESPE – 2013) No que diz respeito ao conceito e à classificação dos atos administrativos, assinale a opção correta.

(A) Ato administrativo imperfeito é aquele que já completou o seu ciclo de formação, mas está sujeito a condição o ou termo para que comece a produzir efeitos.
(B) O ato administrativo declaratório consiste naquele em que a administração apenas reconhece um direito que já existia antes do ato, como é o caso da revogação.
(C) Os atos de direito privado da administração são considerados atos administrativos.
(D) Quanto às prerrogativas com que atua a administração, os atos administrativos podem ser classificados como simples, complexos e compostos.
(E) Pelo critério formal, ato administrativo é o que ditam os órgãos administrativos, ficando excluídos dessa conceituação os atos provenientes dos órgãos legislativo e judicial, ainda que tenham a mesma natureza daqueles.

A: Incorreta. Ato administrativo imperfeito é aquele que não completou o ciclo de formação, portanto, é um ato ineficaz; **B:** Incorreta. O conceito de ato administrativo declaratório está correto. Entretanto, o exemplo demonstrado não. São exemplos de atos declaratórios a emissão de certidão, de atestados, declarações etc. A revogação é um instrumento jurídico pelo qual a Administração retira, por discricionariedade, um ato administrativo; **C:** Incorreta. Os atos regidos pelo direito privado são atos da administração e não atos administrativos. São exemplos de atos da administração: locação de prédio para uso do poder público, escritura de compra e venda; emissão de cheque. Wander Garcia entende que "tais atos não têm os atributos (as qualidades e forças) do ato administrativo; vale ressaltar que os atos antecedentes dos citados devem obedecer ao Direito Público" (**Manual Completo de Direito Administrativo para Concursos**. Indaiatuba: Editora FOCO, 2014, p. 131). Atos administrativos são emanados por agentes da administração pública ou por quem tenha suas prerrogativas; o conteúdo deve propiciar a produção de efeitos jurídicos com fim público e, por fim, deve ser regida basicamente pelo direito público (CARVALHO FILHO, José dos Santos. **Manual de Direito Administrativo**. 27. ed. São Paulo: Atlas, 2014, p. 101); **D:** Incorreta. Quanto às prerrogativas, os atos administrativos são classificados em: atos de império, atos de gestão e atos de expediente; **E:** Correta. Segundo Maria Sylvia Zanella Di Pietro, pelo critério subjetivo, orgânico ou forma, ato administrativo é o que ditam os órgãos administrativos; ficam excluídos os atos provenientes dos órgãos legislativo e judicial, ainda que tenham a mesma natureza daqueles (DI PIETRO, Maria Sylvia Zanella. **Direito Administrativo**. 25. ed. São Paulo: Atlas, 2012. p. 200).

Gabarito "E".

(Técnico – CESPE – 2013) A respeito de alguns aspectos do ato administrativo, assinale a opção correta.

(A) A administração tem o poder de revogar todos os atos administrativos, desde que observadas a conveniência e a oportunidade.
(B) O ato discricionário é editado com base em um juízo de conveniência e oportunidade do administrador e com a devida demonstração do interesse público, o que dispensa o controle de legalidade pelo Poder Judiciário.
(C) Por meio da convalidação, os atos administrativos que apresentam vícios são confirmados no todo ou em parte pela administração, e, em caso de vício insanável, ao processo de convalidação dá-se o nome de reforma.
(D) Os atos de gestão da administração pública são regidos pelo direito público.
(E) Agente incompetente, vício de forma e desvio de finalidade são fundamentos que podem resultar em anulação do ato administrativo.

A: Incorreta. A revogação não pode atingir atos que geram direito adquirido, atos vinculados, atos exauridos e nulos e, por fim, atos enunciativos; **B:** Incorreta. Mesmo que o ato administrativo seja editado com base no juízo de conveniência e oportunidade, não se pode falar em dispensa do controle de legalidade pelo Poder Judiciário (art. 5º, XXXV, da CF); **C:** Incorreta, pois os vícios insanáveis não são passíveis de aproveitamento do ato, portanto, de convalidação. Entende-se por reforma o ato que supre a parte inválida do ato anterior, mantendo sua parta válida; **D:** Incorreta, pois os atos da administração pública são regidos pelo direito privado, diferentemente dos atos administrativos. **E:** Correta. Os fundamentos mencionados na alternativa podem resultar em anulação do ato administrativo.

Gabarito "E".

(Analista – TRT/3ª – 2005 – FCC) Quanto ao emprego da noção de imperatividade dos atos administrativos na situação proposta, tal noção foi

(A) adequadamente invocada.
(B) inadequadamente invocada, sendo a autoexecutoriedade o mecanismo que melhor se aplica à situação.
(C) inadequadamente invocada, sendo a autotutela o mecanismo que melhor se aplica à situação.
(D) inadequadamente invocada, sendo a presunção de veracidade o mecanismo que melhor se aplica à situação.
(E) inadequadamente invocada, sendo a presunção de legalidade o mecanismo que melhor se aplica à situação.

O princípio da autotutela justifica que a Administração anule e revogue seus atos, sem a apreciação do Poder Judiciário. A imperatividade, por sua vez, é um atributo do ato administrativo, que possibilita que terceiros sejam constituídos em obrigação, sem a sua concordância.

Gabarito "C".

(Analista – TRT/8ª – 2010 – FCC) A qualidade do ato administrativo que permite à Administração executá-lo direta e imediatamente, sem necessidade de intervenção do Poder Judiciário, é o atributo denominado

(A) imperatividade.
(B) presunção de legitimidade.
(C) tipicidade.
(D) autoexecutoriedade.
(E) veracidade.

Conforme se viu do resumo feito no início deste item, a autoexecutoriedade é o atributo que permite à Administração executar direta e imediatamente um ato sem que haja necessidade de intervenção do Poder Judiciário.

Gabarito "D".

(Analista – TRT/11ª – 2005 – FCC) A possibilidade que certos atos administrativos ensejam de imediata e direta execução pela própria Administração, independentemente de ordem judicial, decorre do

(A) atributo da autoexecutoriedade.
(B) requisito da presunção de legitimidade.
(C) atributo da finalidade.
(D) requisito da imperatividade.
(E) atributo da competência.

Vide nos conceitos trazidos no começo deste item o outro sentido da expressão autoexecutoridade, trazido na observação nº 1.

Gabarito "A".

(Técnico – TRT/22ª – 2010 – FCC) Acerca dos atributos dos atos administrativos, analise as seguintes assertivas:

I. A imperatividade é um atributo que não existe em todos os atos administrativos.
II. A autoexecutoriedade consiste em atributo existente em todos os atos administrativos.
III. O atributo da tipicidade existe tanto em relação aos atos administrativos unilaterais, quanto em relação aos contratos.
IV. Os atos administrativos, qualquer que seja sua categoria ou espécie, nascem com presunção de legitimidade.

Está correto o que se afirma APENAS em

(A) I e II.
(B) I, III e IV.
(C) I e IV.
(D) II e III.
(E) III e IV.

I: correta, pois nem todo ato administrativo traz uma imposição ao particular independentemente da concordância deste; **II:** incorreta; para quem entende que autoexecutoriedade é simplesmente a possibilidade de a Administração praticar atos sem buscar o Judiciário, a afirmativa é falsa, pois há atos que a Administração não pode fazer por si só, como a execução fiscal; para quem entende que a autoexecutoriedade é a possibilidade de a Administração usar a força contra o particular, independentemente da concordância deste, a afirmativa também é falsa, pois a doutrina entende que isso só pode acontecer (uso da força) quando a lei expressamente autorizar ou quando não houver tempo de buscar a prestação jurisdicional; **III:** incorreta, pois, pela tipicidade, que também é considerada um atributo do ato administrativo para parte da doutrina, os atos administrativos devem corresponder aos tipos previstos em lei; no caso, somente se pode falar em tipicidade quanto a atos unilaterais da Administração, ou seja, quanto a atos praticados exclusivamente por esta; **IV:** correta, pois todo ato administrativo nasce com essa presunção; todavia, é bom lembrar que essa presunção pode ser desfeita pelo particular, caso este venha a demonstrar que a Administração apresentou motivo falso para a prática do ato ou praticou ato contrário à lei.

Gabarito "C"

(Técnico – FCC – 2014) Lúcio, servidor público federal, praticou ato administrativo desrespeitando a forma do mesmo, essencial à sua validade. O ato em questão

(A) admite convalidação.

(B) não comporta anulação.

(C) é necessariamente legal.

(D) comporta revogação.

(E) é ilegal.

A: Incorreta, pois não se admite convalidação de atos administrativos com vício de validade; **B:** Incorreta, pois as formas essenciais à validade do ato podem ser anuladas (art. 54, § 2º, da Lei 9.784/1999. Comportam anulação apenas os vícios de menor gravidade; **C:** Incorreta, pois será ilegal o ato com vício de validade; **D:** Incorreta, pois comporta anulação. **E:** Correta. São os que a lei assim declare ou aqueles sobre os quais a convalidação seja racionalmente impossível, pois, se o conteúdo fosse repetido, seria repetida a ilegalidade (GARCIA, Wander. **Manual Completo de Direito Administrativo para Concursos**. Indaiatuba: Editora FOCO, 2014, p. 149).

Gabarito "E"

3.2. Requisitos do ato administrativo

Para resolver as questões sobre os requisitos do ato administrativo, vale a pena trazer alguns elementos doutrinários. Confira:

Requisitos do ato administrativo (são requisitos para que o ato seja válido)

- **Competência:** *é a atribuição legal de cargos, órgãos e entidades*. São vícios de competência: a1) usurpação de função: alguém se faz passar por agente público sem o ser. Ato será inexistente; a2) excesso de poder: alguém que é agente público acaba por exceder os limites de sua competência. Ex.: fiscal do sossego que multa um bar que visita por falta de higiene; o ato será nulo; a3) função de fato: exercida por agente que está irregularmente investido no cargo público, apesar de a situação ter aparência de legal. Os praticados serão válidos se houver boa-fé.
- **Objeto:** *é o conteúdo do ato, aquilo que o ato dispõe, decide, enuncia, opina ou modifica na ordem jurídica*. O objeto deve lícito, possível e determinável, sob pena de nulidade. Ex.: a autorização e a permissão dadas.
- **Forma:** *são as formalidades necessárias para a seriedade do ato*. A seriedade do ato impõe a) respeito à forma propriamente dita; e b) motivação.
- **Motivo:** *fundamento de fato e de direito que autoriza a expedição do ato*. Ex.: o motivo da interdição de estabelecimento consiste no fato de não ter licença (motivo de fato) e de a lei proibir o funcionamento sem licença (motivo de direito). Pela *Teoria dos Motivos Determinantes, o motivo invocado para a prática do ato condiciona sua validade*. Se se provar que o motivo é inexistente, falso ou mal qualificado, o ato será nulo.
- **Finalidade:** *é o bem jurídico objetivado pelo ato*. Ex.: proteger a paz pública, a salubridade, a ordem pública. Cada ato administrativo tem uma finalidade. Desvio de poder (ou de finalidade): *ocorre quando um agente exerce uma competência que possuía, mas para alcançar finalidade diversa daquela para a qual foi criada*. Não confunda o *excesso de poder* (vício de sujeito) com o *desvio de poder* (vício de finalidade), espécies do *gênero abuso de autoridade*.

(Técnico – CESPE – 2013) Com referência aos requisitos dos atos administrativos, assinale a opção correta.

(A) A finalidade, em sentido estrito, corresponde à consecução de um resultado de interesse público.

(B) Motivo é o pressuposto de direito que serve de fundamento ao ato administrativo, sendo possível a invalidação do ato na hipótese de ter ele sido indicado um motivo falso.

(C) O silêncio da administração pública pode significar forma de manifestação de vontade, quando a lei assim o prevê.

(D) A competência é indelegável e se exerce pelos órgãos administrativos a que foi atribuída como própria.

(E) O objeto é o efeito jurídico mediato que o ato produz.

A: Incorreta. A finalidade, em sentido amplo, corresponde à consecução de um resultado de interesse público. Em sentido estrito, a finalidade é aquela que tem previsão legal para o ato administrativo específico; **B:** Incorreta. Wander Garcia concluiu que *motivo* é tão somente o *fato* autorizador, enquanto que o fundamento de direito é o pressuposto de validade que veremos a seguir, que está dentro da *formalização* (**Manual Completo de Direito Administrativo para Concursos**. Indaiatuba: Editora FOCO, 2014, p. 136); **C:** Correta. Caso um particular faça um pedido para a Administração e a lei dispuser expressamente que a inexistência de resposta num certo prazo (silêncio) importa em aprovação do pedido, aí sim o silêncio terá efeito jurídico, no caso o de se considerar aprovada a solicitação feita (Idem, p. 132); **D:** Incorreta. A competência é **delegável**. Sobre o tema, conferir os arts. 12 a 14 da Lei 9.784/1999; **E:** Incorreta. O objeto é o efeito jurídico **imediato** que o ato produz.

Gabarito "C"

(Analista – TRT/3ª – 2005 – FCC) Quanto à ausência de motivação do ato em questão,

(A) configura-se propriamente hipótese em que a motivação é dispensada, dado o caráter discricionário do ato.

(B) equivoca-se a autoridade, pois a desnecessidade de motivação não decorre necessariamente da natureza discricionária do ato.

(C) equivoca-se a autoridade, posto que todo ato administrativo deve ser motivado, sob pena de nulidade.

(D) equivoca-se a autoridade, posto que todo ato administrativo deve ser motivado, sob pena de ser considerado anulável.

(E) equivoca-se a autoridade, pois apenas os atos vinculados dispensam motivação.

De fato, todos os atos administrativos devem ser motivados, inclusive (e com maior razão) os atos discricionários.

Gabarito "B"

(Analista – TRT/3ª – 2015 – FCC) Dentre os requisitos de validade do ato administrativo, alguns são de cunho geral, facilmente identificáveis em todos os atos, outros nem tanto. A identificação de vícios nos elementos do ato administrativo pode ensejar diferentes consequências, pois há ilegalidades insuperáveis. A motivação do ato administrativo, por sua vez,

(A) constitui indispensável elemento do ato administrativo, pois se consubstancia nos fatos que ensejaram a prática do ato, representando verdadeira expressão dos princípios do contraditório e da ampla defesa, sendo obrigatória em todos os atos administrativos, em maior ou menor extensão.

(B) distingue-se do motivo, embora com ele esteja relacionada, pois consiste na explicitação do motivo – pressuposto fático – e dos fundamentos da prática do ato, mas não constitui elemento do ato administrativo.

(C) é exigível somente quando houver disposição expressa de lei, interferência direta na esfera de direitos dos administrados e quando se tratar da edição de atos administrativos decorrentes do poder normativo e regulamentar da Administração.

(D) prepondera sobre o vício quanto ao motivo, tanto de inexistência, quanto de inadequação, sempre que a finalidade do ato, de interesse público, for atingida, independentemente de não ser o resultado pretendido com aquele ato.

(E) tanto quanto a finalidade, enquadram-se como elementos discricionários do ato administrativo, porque cabe ao administrador atender genericamente a finalidade de interesse público e explicitar as razões que o levaram a tal, ainda que não seja exatamente o caminho e o resultado previstos na lei.

A: incorreta, pois a definição dada na alternativa é de "motivo" (que é o próprio pressuposto de fato que autoriza a prática do ato) e não de "motivação" (que é a explicitação dos fundamentos que autorizam a prática do ato); **B:** correta, pois de fato o "motivo" é o próprio pressuposto de fato que autoriza a prática do ato e a "motivação" é a explicitação dos fundamentos que autorizam a prática do ato; **C:** incorreta, pois a motivação é a regra, já que decorre de um princípio (com o mesmo nome: princípio da motivação); portanto, é justamente o contrário, ou seja, somente quando a lei dispensar é que a motivação deve ser dispensada; **D:** incorreta, pois tanto o vício relacionado à "motivação" (que é um vício na "forma"), como o vício no "motivo" são vícios graves e que ensejam a nulidade do ato; porém, o vício na motivação (que, repito, é gravíssimo) pode até ser relevado em atos vinculados e sob determinados requisitos, mas o vício relacionado à inadequação ou à falsidade do motivo é fatal, de modo que, nesse sentido é mais grave; **E:** incorreta, pois a motivação não pode ser genérica, devendo ser específica e conter os fundamentos de fato e de direito que autorizam a prática do ato.

Gabarito "B"

(Analista – TRT/11ª – 2012 – FCC) O motivo do ato administrativo

(A) não interfere na sua validade.
(B) pode ser vinculado.
(C) quando viciado, permite a sua convalidação.
(D) se inexistente, acarreta a sua revogação.
(E) é a exposição dos fatos e do direito que serviram de fundamento para a prática do ato.

A: incorreta, pois, havendo vício no motivo (ou seja, este é falso quanto aos fatos ou inadequado quanto ao direito), o ato será inválido; **B:** correta, pois o motivo pode ser vinculado ou discricionário, a depender do que dispuser a regra de competência trazida na lei; **C:** incorreta, pois o vício no motivo é muito grave e causa a nulidade absoluta do ato, ou seja, um defeito não sanável, de modo que não é possível a convalidação (art. 55 da Lei 9.784/1999); **D:** incorreta, pois provado que o motivo invocado para a prática do ato não existe (vício no motivo), o ato é considerado nulo, o que enseja a sua *anulação* e não a sua *revogação*; **E:** incorreta, pois esse é o conceito de *motivação* e não de *motivo*; a motivação é um verbo (é a exposição), o motivo é um substantivo (é próprio fato/direito que serve de fundamento para o ato).

Gabarito "B"

(Analista – TRT/14ª – 2011 – FCC) Considere a seguinte hipótese: a Administração Pública aplicou pena de suspensão a determinado servidor, quando, pela lei, era aplicável a sanção de repreensão. O fato narrado caracteriza

(A) vício no motivo do ato administrativo, porém não necessariamente constitui fundamento para sua invalidação.
(B) mera irregularidade formal, não constituindo motivo para sua anulação.
(C) vício na finalidade do ato administrativo e acarretará sua revogação.
(D) ato lícito, tendo em vista o poder discricionário da Administração Pública.
(E) vício no objeto do ato administrativo e acarretará sua anulação.

O caso revela vício no objeto, pois o objeto do ato (ou seja, o que o ato dispõe, enuncia, prescreve) deveria ser a repreensão, e não a suspensão. Portanto, apenas a alternativa E está correta.

Gabarito "E"

(Analista – TRT/14ª – 2011 – FCC) A Constituição Federal define as matérias de competência privativa do Presidente da República e permite que ele delegue algumas dessas atribuições aos Ministros de Estado, ao Procurador-Geral da República ou ao Advogado Geral da União. Se estas autoridades praticarem um desses atos, sem que haja a necessária delegação,

(A) não haverá qualquer vício nos atos administrativos praticados.
(B) haverá vício de formalidade, que não admite ser sanado.
(C) haverá vício de incompetência que, na hipótese, admite convalidação.
(D) o Presidente da República poderá revogá-los, tendo em vista o vício existente em tais atos.
(E) haverá vício de conteúdo, portanto, os atos praticados devem obrigatoriamente ser anulados.

Nesses casos têm-se, naturalmente, vício de competência, pois, sem delegação do Presidente da República, as pessoas mencionadas são incompetentes. Remanesce dúvida sobre se o caso é de incompetência absoluta (insanável) ou relativa (sanável por meio da convalidação). No primeiro caso, ter-se-ia um ato nulo. No segundo, anulável. Pois bem. A doutrina entende que, no caso em tela, tem-se mero ato anulável, pois é possível que haja convalidação do ato. Para tanto, basta que haja *ratificação* do Presidente da República ou, após delegação da competência, *confirmação* pelas autoridades mencionadas.

Gabarito "C"

(Analista – TRT/23ª – 2011 – FCC) No que concerne ao requisito *competência* dos atos administrativos, é correto afirmar que

(A) admite, como regra, a avocação, pois o superior hierárquico sempre poderá praticar ato de competência do seu inferior.
(B) não admite, em qualquer hipótese, convalidação.
(C) se contiver vício de excesso de poder, ensejará a revogação do ato administrativo.
(D) é sempre vinculado.
(E) não admite, em qualquer hipótese, delegação.

A: incorreta, pois a avocação, segundo o art. 15 da Lei 9.784/1999, é ato excepcional e permitido por motivos relevantes devidamente justificados, de modo que não pode ser feita "sempre"; **B:** incorreta, pois cabe convalidação em caso de incompetência relativa; **C:** incorreta, pois, havendo excesso de poder, o caso é de anulação, e não de revogação; **D:** correta, pois a doutrina é unânime no sentido de que, pelo menos a competência é elemento do ato que é sempre vinculado, ou seja, a lei sempre deve estabelecer quem é competente para a prática do ato; **E:** incorreta, pois a delegação de competência é possível e está regulamentada nos arts. 11 a 14 da Lei 9.784/1999.

Gabarito "D"

(Analista – TRT/24ª – 2006 – FCC) Alegando falta de verbas públicas, o Prefeito de uma cidade litorânea exonerou, *ad nutum*, determinado servidor. No dia seguinte, sem qualquer modificação na situação financeira do município, nomeou outro funcionário para a mesma vaga. Em virtude deste fato, o ato de exoneração será nulo em virtude da inobservância do requisito do ato administrativo denominado

(A) imperatividade.
(B) competência.
(C) forma.
(D) motivo.
(E) autoexecutoriedade.

De fato, o motivo de fato invocado para a prática do primeiro ato era inexistente.

Gabarito "D"

(Analista – TRT/17ª – 2009 – CESPE) Julgue o item a seguir

(1) O desvio de finalidade do ato administrativo verifica-se quando o agente pratica o ato visando a fim diverso daquele previsto, explícita ou implicitamente, na regra de competência.

1: certa; a definição está correta e diz respeito ao desvio de finalidade, também chamado de desvio de poder.

Gabarito 1C

(Analista – TRT/12ª – 2010 – FCC) Sobre os requisitos dos atos administrativos, é correto afirmar:

(A) Em relação ao objeto, o ato administrativo será sempre discricionário.
(B) O objeto do ato administrativo apenas será natural, não podendo ser acidental, diferentemente do que ocorre no negócio jurídico de direito privado.
(C) O silêncio pode significar forma de manifestação da vontade da Administração quando a lei assim o prevê.
(D) Se a lei exige processo disciplinar para demissão de um funcionário, a falta ou o vício naquele procedimento são hipóteses de revogação da demissão.
(E) O objeto é o efeito jurídico mediato que o ato produz, enquanto a finalidade é o efeito imediato.

A: incorreta, pois o objeto pode ser vinculado ou discricionário, de acordo com o disposto na lei que tratar de determinada competência; **B:** incorreta, pois objeto é o que o ato dispõe, enuncia, tratando-se de elemento essencial aos atos administrativos; **C:** correta, pois o silêncio só pode significar manifestação de vontade da Administração quando a lei expressamente dispuser que este tem determinado significado; assim, em Direito Administrativo, se a Administração calar, isso não significa que ela está consentindo, salvo se a lei assim dispuser; **D:** incorreta, pois a falta, no caso, torna o ato nulo, hipótese que enseja a *anulação* do ato de demissão; **E:** incorreta, pois é justamente o contrário.

Gabarito "C"

(Analista – TRT/22ª – 2010 – FCC) No que diz respeito ao elemento motivo dos atos administrativos, é INCORRETO afirmar:

(A) O motivo, sempre está expresso na lei, não podendo ser deixado ao critério do administrador.
(B) No ato de punição do funcionário, o motivo é a infração que ele praticou.
(C) A ausência de motivo ou a indicação de motivo falso invalidam o ato administrativo.
(D) Motivação é a exposição ou indicação dos motivos, ou seja, demonstração por escrito dos fatos e fundamentos jurídicos do ato.
(E) Quando a Administração motiva o ato, mesmo que a lei não exija a motivação, ele só será válido se os motivos forem verdadeiros.

A: incorreta, devendo ser assinalada, pois há casos em que a lei não estabelece detalhadamente o motivo que enseja a atuação administrativa, mas tão somente quais providências estão a cargo da Administração; **B:** correta, pois a infração praticada é justamente o motivo que levou à demissão; **C:** correta, nos termos da Teoria dos Motivos Determinantes; **D:** correta, pois esse é o conceito de motivação; **E:** correta, pois assim determina a Teoria dos Motivos Determinantes.

Gabarito "A"

(Analista – TRT/6ª – 2012 – FCC) No que diz respeito à convalidação dos atos administrativos, é correto afirmar que

(A) é sempre possível, por razões de interesse público, independentemente da natureza do vício.

(B) alcança atos que apresentem defeitos sanáveis, desde que não acarrete lesão ao interesse público nem prejuízo a terceiros.

(C) é obrigatório quando se trata de vício sanável, não podendo, contudo, retroagir seus efeitos à edição do ato convalidado.

(D) é facultativa nos casos de vício de forma e de finalidade, retroagindo seus efeitos à data do ato convalidado.

(E) somente é possível nas hipóteses de vícios de forma, retroagindo seus efeitos à data de edição do ato convalidado.

A: incorreta, pois se o vício é insanável, não cabe convalidação (art. 55 da Lei 9.784/1999); **B:** correta (art. 55 da Lei 9.784/1999); **C:** incorreta, pois a convalidação retroage seus efeitos para o dia da prática do ato, tornando válidos os efeitos ocorridos entre a data da prática do ato e a data da convalidação; **D:** incorreta, pois, cabendo a convalidação no caso concreto, esta é um imperativo (e não algo facultativo), o que vale quando se tem um vício sanável de forma; quanto ao vício na finalidade (assim como o vício quanto ao motivo e ao objeto), dificilmente se terá um ato sanável, pois tais vícios são gravíssimos e geram a nulidade do ato; **E:** incorreta, pois também é cabível no caso de vício de competência, por exemplo.

Gabarito "B"

3.3. Classificações e espécies de ato administrativo

Antes de verificarmos as questões deste item, vale trazer um resumo das principais espécies de atos administrativos.

Espécies de atos administrativos segundo Hely Lopes Meirelles:

– **Atos normativos** *são aqueles que contêm comando geral da Administração Pública, com o objetivo de executar a lei.* Ex.: regulamentos (da alçada do chefe do Executivo), instruções normativas (da alçada dos Ministros de Estado), regimentos, resoluções etc.

– **Atos ordinatórios** *são aqueles que disciplinam o funcionamento da Administração e a conduta funcional de seus agentes.* Ex.: instruções (são escritas e gerais, destinadas a determinado serviço público), circulares (escritas e de caráter uniforme, direcionadas a determinados servidores), avisos, portarias (expedidas por chefes de órgãos – trazem determinações gerais ou especiais aos subordinados, designam alguns servidores, instauram sindicâncias e processos administrativos etc.), ordens de serviço (determinações especiais ao responsável pelo ato), ofícios (destinados às comunicações escritas entre autoridades) e despacho (contém decisões administrativas).

– **Atos negociais** *são declarações de vontade coincidentes com a pretensão do particular.* Ex.: licença, autorização e protocolo administrativo.

– **Atos enunciativos** *são aqueles que apenas atestam, enunciam situações existentes.* Não há prescrição de conduta por parte da Administração. Ex.: certidões, atestados, apostilas e pareceres.

– **Atos punitivos** *são as sanções aplicadas pela Administração aos servidores públicos e aos particulares.* Ex.: advertência, suspensão e demissão; multa de trânsito.

Confira mais classificações dos atos administrativos:

– **Quanto à liberdade de atuação do agente**

Ato vinculado *é aquele em que a lei tipifica objetiva e claramente a situação em que o agente deve agir e o único comportamento que poderá tomar.* Tanto a situação em que o agente deve agir como o comportamento que vai tomar são únicos e estão clara e objetivamente definidos na lei, de forma a inexistir qualquer margem de liberdade ou apreciação subjetiva por parte do agente público. Ex.: licença para construir, concessão de aposentadoria.

Ato discricionário *é aquele em que a lei confere margem de liberdade para avaliação da situação em que o agente deve agir ou para escolha do melhor comportamento a ser tomado.*

Seja na situação em que o agente deve agir, seja no comportamento que vai tomar, o agente público terá uma margem de liberdade na escolha do que mais atende ao interesse público. Neste ponto se fala em mérito administrativo, ou seja, na valoração dos motivos e escolha do comportamento a ser tomado pelo agente.

Vale dizer, o agente público fará apreciação subjetiva, agindo segundo o que entender ser mais conveniente e oportuno ao interesse público. Reconhece-se a discricionariedade, por exemplo, quando a regra que traz a competência do agente traz conceitos fluidos, como *bem comum*, *moralidade*, *ordem pública* etc. Ou ainda, quando a lei não traz um motivo que enseja a prática do ato, como, por exemplo, a que permite nomeação para cargo em comissão, de livre provimento e exoneração. Também se está diante de ato discricionário quando há mais de uma opção para o agente quanto ao momento de atuar, à forma do ato (ex.: verbal, gestual ou escrita), sua finalidade ou conteúdo (ex.: advertência, multa ou apreensão).

A discricionariedade sofre alguns temperamentos. Em primeiro lugar é bom lembrar que todo ato discricionário é parcialmente regrado ou vinculado. A competência, por exemplo, é sempre vinculada (Hely diz que competência, forma e finalidade são sempre vinculadas, conforme vimos). Ademais, só há discricionariedade nas situações marginais, nas zonas cinzentas. Assim, se algo for patente, como quando, por exemplo, uma dada conduta fira veementemente a moralidade pública (ex.: pessoas fazendo sexo no meio de uma rua), o agente, em que pese estar diante de um conceito fluido, deverá agir reconhecendo a existência de uma situação de imoralidade. Deve-se deixar claro, portanto, que a situação concreta diminui o espectro da discricionariedade (a margem de liberdade) conferida ao agente.

Assim, o Poder Judiciário até pode apreciar um ato discricionário, mas apenas quanto aos aspectos de legalidade, razoabilidade e moralidade, não sendo possível a revisão dos critérios adotados pelo administrador (mérito administrativo), se tirados de dentro da margem de liberdade a ele conferida pelo sistema normativo.

– **Quanto às prerrogativas da Administração**

Atos de império são os *praticados no gozo de prerrogativas de autoridade.* Ex.: interdição de um estabelecimento.

Atos de gestão são os *praticados sem uso de prerrogativas públicas, em igualdade com o particular, na administração de bens e serviços.* Ex.: contrato de compra e venda ou de locação de um bem imóvel.

Atos de expediente *são os destinados a dar andamentos aos processos e papéis que tramitam pelas repartições, preparando-os para decisão de mérito a ser proferida pela autoridade.* Ex.: remessa dos autos à autoridade para julgá-lo.

A distinção entre ato de gestão e de império está em desuso, pois era feita para excluir a responsabilidade do Estado pela prática de atos de império, de soberania. Melhor é distingui-los em atos regidos pelo direito público e pelo direito privado.

– **Quanto aos destinatários**

Atos individuais *são os dirigidos a destinatários certos, criando-lhes situação jurídica particular.* Ex.: decreto de desapropriação, nomeação, exoneração, licença, autorização, tombamento.

Atos gerais *são os dirigidos a todas as pessoas que se encontram na mesma situação, tendo finalidade normativa.*

São diferenças entre um e outro as seguintes:

– só ato individual pode ser impugnado individualmente; normativos só por ADIN ou após providência concreta.
– ato normativo prevalece sobre o ato individual.
– ato normativo é revogável; individual deve respeitar direito adquirido.
– ato normativo não pode ser impugnado administrativamente; só após providência concreta.

– **Quanto à formação da vontade**

Atos simples: *decorrem de um órgão, seja ele singular ou colegiado.* Ex.: nomeação feita pelo Prefeito; deliberação de um conselho ou de uma comissão.

Atos complexos: *decorrem de dois ou mais órgãos, em que as vontades se fundem para formar um único ato.* Ex.: decreto do Presidente, com referendo de Ministros.

Atos compostos: *decorrem de dois ou mais órgãos, em que vontade de um é instrumental à vontade de outro, que edita o ato principal.* Aqui existem dois atos pelo menos: um principal e um acessório. Ex.: nomeação do Procurador Geral da República depende de prévia aprovação pelo Senado; atos que dependem de aprovação ou homologação. Não se deve confundi-los com atos de um procedimento, em que há vários atos acessórios.

– **Quanto aos efeitos**

Ato constitutivo *é aquele em que a Administração cria, modifica ou extingue direito ou situação jurídica do administrado.* Ex.: permissão, penalidade, revogação, autorização.

Ato declaratório *é aquele em que a Administração reconhece um direito que já existia.* Ex.: admissão, licença, homologação, isenção, anulação.

Ato enunciativo *é aquele em que a Administração apenas atesta dada situação de fato ou de direito.* Não produz efeitos jurídicos diretos. São juízos de conhecimento ou de opinião. Ex.: certidões, atestados, informações e pareceres.

– **Quanto à situação de terceiros**

Atos internos são *aqueles que produzem efeitos apenas no interior da Administração.* Ex.: pareceres, informações.

Atos externos *são aqueles que produzem efeitos sobre terceiros.* Nesse caso, dependerão de publicidade para terem eficácia. Ex.: admissão, licença.

– **Quanto à estrutura.**

Atos concretos *são aqueles que dispõem para uma única situação, para um caso concreto.* Ex.: exoneração de um agente público.

Atos abstratos *são aqueles que dispõem para reiteradas e infinitas situações, de forma abstrata.* Ex.: regulamento.

Confira outros atos administrativos, em espécie:

– **Quanto ao conteúdo:** a) **autorização:** *ato unilateral, discricionário e precário pelo qual se faculta ao particular, em proveito desse, o uso privativo de bem público ou o desempenho de uma atividade, os quais, sem esse consentimento, seriam legalmente proibidos.* Ex.: autorização de uso de praça para festa beneficente; autorização para porte de arma; b) **licença:** *ato administrativo unilateral e vinculado pelo qual a Administração faculta àquele que preencha requisitos legais o exercício de uma atividade.* Ex.: licença para construir; c) **admissão:** *ato unilateral e vinculado pelo qual se reconhece ao particular que preencha requisitos legais o direito de receber serviço público.* Ex.: aluno de escola; paciente em hospital; programa de assistência social; d) **permissão:** *ato administrativo unilateral, discricionário e precário, pelo qual a Administração faculta ao particular a execução de serviço público ou a utilização privativa de bem público, mediante licitação.* Ex.: permissão para perueiro; permissão para uma banca de jornal. Vale lembrar que, por ser precária, pode ser revogada a qualquer momento, sem direito à indenização; e) **concessão:** *ato bilateral e não precário, pelo qual a Administração faculta ao particular a execução de serviço público ou a utilização privativa de bem público, mediante licitação.* Ex.: concessão para empresa de ônibus efetuar transporte remunerado de passageiros. Quanto aos bens públicos, há também a *concessão de direito real de uso*, oponível até ao Poder Concedente, e a *cessão de uso*, em que se transfere o uso para entes ou órgãos públicos; f) **aprovação:** *ato de controle discricionário.* Vê-se a conveniência do ato controlado. Ex.: aprovação pelo Senado de indicação para Ministro do STF; g) **homologação:** *ato de controle vinculado.* Ex.: homologação de licitação ou de concurso público; h) **parecer:** *ato pelo qual órgãos consultivos da Administração emitem opinião técnica sobre assunto de sua competência.* Tipos: *facultativo* (parecer solicitado se a autoridade quiser); *obrigatório* (autoridade é obrigada a solicitar o parecer, mas não a acatá-lo) e *vinculante* (a autoridade é obrigada a solicitar o parecer e a acatar o seu conteúdo; ex.: parecer médico).

– **Quanto à forma:** a) **decreto:** *é a forma de que se revestem os atos individuais ou gerais, emanados do Chefe do Poder Executivo.* Ex.: nomeação e exoneração (atos individuais); regulamentos (atos gerais que têm por objeto proporcionar a fiel execução da lei – art. 84, IV, da CF); b) **resolução e portaria:** *são as formas de que se revestem os atos, gerais ou individuais, emanados de autoridades que não sejam o Chefe do Executivo;* c) **alvará:** *forma pela qual a Administração confere licença ou autorização para a prática de ato ou exercício de atividade sujeita ao poder de polícia do Estado.* Ex.: alvará de construção (instrumento da licença); alvará de porte (instrumento da autorização).

(Analista – TRT/2ª – 2008 – FCC) Atos normativos são

(A) aqueles editados em situações nas quais uma determinada pretensão do particular coincide com a manifestação de vontade da Administração.
(B) atos administrativos internos, endereçados aos servidores públicos, que veiculam determinações atinentes ao adequado desempenho de suas funções.
(C) os que contêm comandos gerais e abstratos aplicáveis a todos os administrados que se enquadrem nas situações nele previstas.
(D) atos que não contêm uma manifestação de vontade da Administração.
(E) aqueles pelos quais a Administração pode impor diretamente sanções a seus servidores ou aos administrados em geral.

Os atos administrativos normativos *são aqueles que contêm um comando geral do Executivo, visando à correta aplicação da lei.* São exemplos desses atos os *decretos regulamentares*, os *regimentos*, as *resoluções*, as *deliberações* e as *portarias de conteúdo geral*. Tais atos não são leis em sentido formal, mas são leis em sentido material, já que são gerais e abstratos.

Gabarito "C"

(Analista – TRT/6ª – 2006 – FCC) Com relação às espécies de atos administrativos, são considerados atos administrativos enunciativos a

(A) certidão e o parecer.
(B) permissão e a autorização.
(C) licença e a aprovação.
(D) circular e a portaria.
(E) dispensa e o visto.

Vide resumo no início deste item.

Gabarito "A"

(Técnico – TRT/8ª – 2010 – FCC) Considerada a classificação dos atos administrativos

(A) perfeitos são aqueles que já produziram todos seus efeitos, tornando-se definitivos e irretratáveis.
(B) de expediente são os que a Administração pratica sem usar da sua supremacia.
(C) de gestão são aqueles que se destinam a dar andamento aos processos e papéis dentro da repartição pública.
(D) consumados são os que estão em condições de produzir efeitos jurídicos, porque já completou todo o seu ciclo de formação.
(E) de império são aqueles praticados pela Administração usando dos seus poderes e prerrogativas de autoridade.

A: incorreta, pois os *atos perfeitos* são aqueles que cumpriram o ciclo necessário à sua formação, o que não quer dizer que já estão produzindo efeitos ou que já produziram todos os seus efeitos; por exemplo, um contrato administrativo que acabou de ser assinado é considerado perfeito, mas ainda não produziu os seus efeitos; a definição dada na alternativa foi, na verdade, de *atos consumados*; **B** e **C:** incorretas, pois houve inversão dos conceitos; a alternativa **B** trouxe o conceito de atos de gestão e a alternativa **C** trouxe o conceito de atos de expediente; **D:** incorreta, pois a definição dada na alternativa foi de *atos perfeitos*; *atos consumados* são aqueles que se enquadram na definição dada na alternativa **A**; **E:** correta, pois trouxe a exata definição de *atos de império*.

Gabarito "E"

(Técnico – TRT/8ª – 2010 – FCC) Dentre os atos administrativos, aquele que traz em si o requisito da imperatividade é

(A) a licença.
(B) o atestado.
(C) a autorização.
(D) o decreto.
(E) o parecer.

A: incorreta, pois a licença é um ato solicitado pelo próprio particular, não havendo que se falar em imperatividade, que consiste na imposição de obrigações ao particular, independentemente da concordância deste; **B:** incorreta, pois o atestado é uma mera declaração, não havendo imposição de obrigações; **C:** incorreta, pois a autorização é um ato solicitado pelo próprio particular, não havendo que se falar em imperatividade, que consiste na imposição de obrigações ao particular, independentemente da concordância deste; **D:** correta, pois o decreto é ato do Chefe do Executivo que costuma trazer imposições aos particulares, explicando os comandos trazidos na lei; **E:** incorreta, pois o parecer é uma mera opinião técnica sobre um dado assunto, não se tratando de uma imposição de obrigações ao particular.

Gabarito "D".

(Analista – TRT/24ª – 2006 – FCC) A licença caracteriza-se como o ato administrativo

(A) bilateral e discricionário, que proporciona ao particular que preencha os requisitos legais a fruição de certo bem público.
(B) unilateral, discricionário e precário, segundo o qual a Administração faculta ao particular o uso privativo de determinado bem público.
(C) unilateral e vinculado pelo qual a Administração Pública faculta àquele que preencha os requisitos legais o exercício de uma atividade.
(D) unilateral, discricionário, precário e gratuito, pelo qual a Administração Pública faculta ao particular a execução de serviço público.
(E) unilateral e vinculado, segundo o qual a Administração Pública reconhece a legalidade de um ato jurídico.

Vide resumo no início deste item.

Gabarito "C".

3.4. Discricionariedade e vinculação

(Analista – TRT/11ª – 2012 – FCC) Considere as seguintes assertivas concernentes ao tema *discricionariedade* e *vinculação* dos atos administrativos:

I. A fonte da discricionariedade é a própria lei; aquela só existe nos espaços deixados por esta.
II. No poder vinculado, o particular não tem direito subjetivo de exigir da autoridade a edição de determinado ato administrativo.
III. A discricionariedade nunca é total, já que alguns aspectos são sempre vinculados à lei.
IV. Na discricionariedade, a Administração Pública não tem possibilidade de escolher entre atuar ou não.

Está correto o que se afirma APENAS em

(A) I, II e III.
(B) I e III.
(C) I e IV.
(D) II, III e IV.
(E) II e IV.

I: correta, pois, pelo princípio da legalidade, só se pode fazer o que lei a autorizar; dessa forma, mesmo quando se tem uma margem de liberdade para o administrador público (discricionariedade), tem-se, por traz, uma lei determinado a extensão dessa margem de liberdade; **II:** incorreta, pois, em se tratando de ato vinculado, tem-se uma situação em que a lei estabelece requisitos objetivos para a concessão de algo em favor do particular, de modo que, caso este comprove que atendeu a todos os requisitos objetivamente definidos na lei (ex.: querendo um alvará para construir uma casa, o particular demonstra que está respeitando a lei de zoneamento, os recuos, afastamentos e demais regras objetivas), terá direito subjetivo a que o ato administrativo seja praticado em seu favor, podendo acionar o Poder Judiciário para pleitear a edição do ato, caso este não seja praticado; **III:** correta, pois, na esfera administrativa, não existe arbitrariedade (liberdade total), mas discricionariedade (margem de liberdade), sendo que uma parte do ato administrativo discricionário é sempre regrada, ou seja, é sempre vinculada, trazendo deveres objetivos aos administradores, que, em contrapartida, atuam com subjetividade em relação a certos pontos da competência discricionária; assim, quando a lei permite que um administrador público, diante de um dado fato, aplique a sanção "A" ou "B", a vinculação está no ponto em que o administrador só tem duas opções ("A" ou "B", não podendo aplicar uma outra ação, a "C", por exemplo) e a discricionariedade está no ponto em que compete ao administrador escolher se aplica a sanção "A" ou a sanção "B"; **IV:** incorreta, pois, muitas vezes, a lei possibilita exatamente isso, ou seja, que, diante de uma dada hipótese, a Administração Pública escolha se deve ou não atuar.

Gabarito "B".

(Analista – TRT9 – 2012 – FCC) Maria Helena requereu que lhe fosse concedida licença para construir em seu terreno. Observou a legislação municipal, contratou a execução do competente projeto e apresentou à Administração pública para aprovação. O pedido, no entanto, foi indeferido, sob o fundamento de que na mesma rua já existia uma obra em curso, o que poderia ocasionar transtornos aos demais administrados. Maria Helena, inconformada, ajuizou medida judicial para obtenção da licença, no que foi atendida. A decisão judicial,

(A) é regular manifestação do poder de controle do ato administrativo, desde que comprovado o preenchimento dos requisitos de edição do ato vinculado.
(B) excede os limites do controle judicial do ato administrativo, na medida em que interfere em juízo discricionário da Administração Pública.
(C) excede os limites do controle judicial do ato administrativo, na medida em que a atuação do Judiciário deve ficar adstrita a análise de legalidade, não podendo substituir o ato administrativo como no caso proposto.
(D) é regular manifestação do poder de controle do ato administrativo, com exceção da concessão da licença, atividade privativa da administração, que não poderia ser suprida pelo Judiciário, ainda que diante de recusa da autoridade.
(E) é regular manifestação do poder de controle do ato administrativo, tendo em vista que contemporaneamente vem sendo admitido o controle dos aspectos discricionários do ato administrativo.

A: correta; a licença administrativa é ato vinculado da Administração, ou seja, é ato que a Administração pratica sem margem de liberdade, de modo que, em o particular demonstrando que seguiu rigorosamente os requisitos objetivos previstos na lei, tem direito subjetivo à licença solicitada, podendo ingressar no Poder Judiciário para que este, apreciando a legalidade do ato vinculado praticado, veja se o particular tem ou não o direito pleiteado; **B** e **C:** incorretas, pois, como se viu, a licença administrativa é ato vinculado e não discricionário, de modo que o Poder Judiciário se limitará a apreciar a legalidade desse ato, não havendo risco de se imiscuir em mérito administrativo, vez que, no caso, só se tem requisitos objetivos a serem apreciados pelo Poder Judiciário; **D:** incorreta, pois, por ser a licença ato vinculado, o Poder Judiciário poderá apreciar a legalidade do ato praticado pela Administração, determinando a correção do ato (inclusive no sentido de determinar seja expedida a licença), caso o Poder Judiciário verifique que o ato praticado violou a lei; **E:** incorreta, pois não há que se falar no caso em ato discricionário, pois a licença é ato vinculado.

Gabarito "A".

(Analista – TRT/6ª – 2006 – FCC) Considere as assertivas a respeito da discricionariedade e vinculação dos atos administrativos:

I. O ato administrativo de exoneração *ex officio* de funcionário nomeado para cargo de provimento em comissão possui motivo discricionário.
II. Não é possível o controle judicial dos atos administrativos discricionários, uma vez que nesses atos a administração goza de ampla liberdade administrativa.
III. Quando legalmente a ciência de determinado ato ao interessado puder ser dada por meio de publicação ou notificação direta, existirá discricionariedade quanto à forma do ato.

É correto o que consta APENAS em

(A) I e II.
(B) I e III.
(C) II e III.
(D) III.
(E) II.

I: correta, pois há margem de liberdade para a autoridade proceder à exoneração, já que este cargo é de livre provimento e livre exoneração; **II:** incorreta, pois os atos discricionários podem ser controlados quanto aos aspectos de legalidade, moralidade e razoabilidade; **III:** correta, pois havendo mais de uma opção para o agente público, configura-se a margem de liberdade, própria do ato discricionário.

Gabarito "B".

(Analista – TRT/8ª – 2010 – FCC) A liberdade de escolha quanto à oportunidade e conveniência do ato administrativo praticado nos limites da lei insere-se no âmbito da

(A) arbitrariedade.
(B) discricionariedade.
(C) vinculação.
(D) imperatividade.
(E) regulamentação.

O enunciado traz a definição de discricionariedade.

Gabarito "B"

(Técnico – FCC – 2014) Pietra, servidora pública do Tribunal Regional Federal da 3ª Região, praticou ato administrativo válido, porém discricionário, no entanto, cinco dias após a prática do ato, revogou-o, motivada por razões de conveniência e oportunidade. A propósito do tema,

(A) a revogação não se dá por razões de conveniência e oportunidade.
(B) o ato discricionário não comporta revogação.
(C) se o ato já exauriu seus efeitos, não pode ser revogado.
(D) a revogação opera efeitos retroativos.
(E) a revogação pode se dar tanto pela Administração Pública (Poder Executivo), quanto pelo Poder Judiciário, que, nesse caso, ocorre apenas em situações excepcionais.

A e **B**: Incorretas. A revogação consiste em ato administrativo discricionário em que a administração extingue um ato válido por razões de oportunidade e conveniência; **C**: Correta. A doutrina entende que não podem ser revogados os atos que exauriram seus efeitos; como a revogação não retroage, mas apenas impede que o ato continue a produzir efeitos, se o ato já se exauriu, não há mais que falar em revogação (DI PIETRO, Maria Sylvia Zanella. **Direito Administrativo**. 25. ed. São Paulo: Atlas, 2012. p. 357); **D**: incorreta. A revogação não retroage, ou seja, seus efeitos se operam a partir da revogação (*ex nunc*); **E**: Incorreta. A revogação, por ser ato administrativo discricionário em que a administração pública extingue um ato por razões de oportunidade e conveniência, não poderá ser operada pelo Poder Judiciário, cabendo-lhe, apenas, a anulação dos atos ilegais.

Gabarito "C"

3.5. Extinção

Segue resumo acerca das formas de extinção dos atos administrativos

- Cumprimento de seus efeitos: como exemplo, temos a autorização da Prefeitura para que seja feita uma festa na praça da cidade. Este ato administrativo se extingue no momento em que a festa termina, uma vez que seus efeitos foram cumpridos.
- Desaparecimento do sujeito ou do objeto sobre o qual recai o ato: morte de um servidor público, por exemplo.
- Contraposição: *extinção de um ato administrativo pela prática de outro antagônico em relação ao primeiro*. Ex.: com o ato de exoneração do servidor público, o ato de nomeação fica automaticamente extinto.
- Renúncia: extinção do ato por vontade do beneficiário deste.
- Cassação: *extinção de um ato que beneficia um particular por este não ter cumprido os deveres para dele continuar gozando*. Não se confunde com a revogação – que é a extinção do ato por não ser mais conveniente ao interesse público. Também difere da anulação – que é a extinção do ato por ser nulo. Como exemplo desse tipo de extinção tem-se a permissão para banca de jornal se instalar numa praça que é cassada porque seu dono não paga o preço público devido; ou a autorização de porte de arma de fogo que é cassada porque o beneficiário é detido ou abordado em estado de embriaguez ou sob efeito de entorpecentes (art. 10, § 2º, do Estatuto do Desarmamento – Lei 10.826/2003).
- Caducidade: *extinção de um ato porque a lei não mais o permite*. Trata-se de extinção por invalidade superveniente. Ex.: autorização para condutor de perua praticar sua atividade que se torna caduca por conta de lei posterior que não mais permite tal transporte na cidade; autorizações de porte de arma que caducaram 90 dias após a publicação do Estatuto do Desarmamento, conforme reza seu art. 29.
- Revogação: *extinção de um ato administrativo legal ou de seus efeitos por outro ato administrativo, efetuada somente pela Administração, dada a existência de fato novo que o torne inconveniente ou inoportuno, respeitando-se os efeitos precedentes* ("ex nunc"). Ex.: permissão para a mesma banca de jornal se instalar numa praça que é revogada por estar atrapalhando o trânsito de pedestres, dado o aumento populacional, não havendo mais conveniência na sua manutenção.
  O sujeito ativo da revogação é a *Administração Pública*, por meio de autoridade administrativa competente para o ato, podendo ser seu superior hierárquico. O Poder Judiciário nunca poderá revogar um ato administrativo, já que se limita a apreciar aspectos de legalidade (o que gera a anulação), e não de conveniência, salvo se se tratar de um ato administrativo da Administração Pública dele, como na hipótese em que um provimento do próprio Tribunal é revogado.
  Quanto ao tema objeto da revogação, tem-se que este recai sobre o ato administrativo ou relação jurídica deste decorrente, salientando-se que o ato administrativo deve ser válido, pois, caso seja inválido, estaremos diante de hipótese que enseja anulação. Importante ressaltar que não é possível *revogar* um ato administrativo já extinto, dada a falta de utilidade em tal proceder, diferente do que se dá com a *anulação* de um ato extinto, que, por envolver a retroação de seus efeitos (a invalidação tem efeitos *ex tunc*), é útil e, portanto, possível.
  O fundamento da revogação é a *mesma regra de competência que habilitou o administrador à prática do ato que está sendo revogado*, devendo-se lembrar que só há que se falar em revogação nas hipóteses de ato discricionário.
  Já o motivo da revogação é a *inconveniência ou inoportunidade* da manutenção do ato ou da relação jurídica gerada por este. Isto é, o administrador público faz apreciação ulterior e conclui pela necessidade da revogação do ato para atender ao interesse público.
  Quanto aos efeitos da revogação, esta suprime o ato ou seus efeitos, mas respeita os efeitos que já transcorreram. Trata-se, portanto, de eficácia *ex nunc*.
  Há limites ao poder de revogar. São atos irrevogáveis os seguintes: os que a lei assim declarar; os atos já exauridos, ou seja, que cumpriram seus efeitos; os atos vinculados, já que não se fala em conveniência ou oportunidade neste tipo de ato, em que o agente só tem uma opção; os meros ou puros atos administrativos (ex.: certidão, voto dentro de uma comissão de servidores); os atos de controle; os atos complexos (praticados por mais de um órgão em conjunto); e atos que geram direitos adquiridos. Os atos gerais ou regulamentares são, por sua natureza, revogáveis a qualquer tempo e em quaisquer circunstâncias, respeitando-se os efeitos produzidos.
- Anulação (invalidação): *extinção do ato administrativo ou de seus efeitos por outro ato administrativo ou por decisão judicial, por motivo de ilegalidade, com efeito retroativo* (*ex tunc*). Ex.: anulação da permissão para instalação de banca de jornal em bem público por ter sido conferida sem licitação.
  O sujeito ativo da invalidação pode ser tanto o *administrador público* como o *juiz*. A Administração Pública poderá invalidar de ofício ou a requerimento. O Poder Judiciário, por sua vez, só poderá invalidar por provocação ou no bojo de uma lide. A possibilidade de o Poder Judiciário anular atos administrativos decorre do fato de estarmos em um Estado de Direito (art. 1º da CF), em que a lei deve ser obedecida por todos, do princípio da inafastabilidade da jurisdição ("a lei não poderá excluir da apreciação do Poder Judiciário lesão ou ameaça de lesão a direito" – art. 5º, XXXV, da CF) e da previsão constitucional do mandado de segurança, do *habeas data* e da ação popular.
  O objeto da invalidação é o ato administrativo inválido ou os efeitos de tal ato (relação jurídica).
  Seu fundamento é o dever de obediência ao princípio da legalidade. Não se pode conviver com a ilegalidade. Portanto, o ato nulo deve ser invalidado.

O motivo da invalidação é a *ilegalidade* do ato e da eventual relação jurídica por ele gerada. Hely Lopes Meirelles diz que o motivo é a ilegalidade ou ilegitimidade do ato, diferente da revogação, que tem por motivo a inconveniência ou inoportunidade. Quanto ao prazo para se efetivar a invalidação, o art. 54 da Lei 9.784/1999 dispõe "O direito da Administração de anular os atos administrativos de que decorram efeitos favoráveis para os destinatários decai em 5 (cinco) anos, contados da data em que foram praticados, salvo comprovada má-fé". Perceba-se que tal disposição só vale para atos administrativos em geral de que decorram efeitos favoráveis ao agente (ex.: permissão, licença) e que tal decadência só aproveita ao particular se este estiver de boa-fé. A regra do art. 54 contém ainda os seguintes parágrafos: "§ 1º No caso de efeitos patrimoniais contínuos, o prazo de decadência contar-se-á da percepção do primeiro pagamento; § 2º Considera-se exercício do direito de anular qualquer medida de autoridade administrativa que importe impugnação à validade do ato".

No que concerne aos efeitos da invalidação, como o ato nulo já nasce com a sanção de nulidade, a declaração se dá retroativamente, ou seja, com efeito *ex tunc*. Invalidam-se as consequências passadas, presentes e futuras do ato. Do ato ilegal não nascem direitos. A anulação importa no desfazimento do vínculo e no retorno das partes ao estado anterior. Tal regra é atenuada em face dos terceiros de boa-fé. Assim, a anulação de uma nomeação de um agente público surte efeitos em relação a este (que é parte da relação jurídica anulada), mas não em relação aos terceiros que receberam atos por este praticados, desde que tais atos respeitem a lei quanto aos demais aspectos.

(Analista – TRT/4ª – 2006 – FCC) É correto afirmar que os atos administrativos

(A) vinculados podem ser revogados com efeitos *ex tunc*.
(B) que exauriram seus efeitos não podem ser revogados.
(C) que geram direitos adquiridos podem ser revogados a qualquer momento.
(D) podem ser anulados com efeitos *ex nunc*, desde que sejam discricionários.
(E) discricionários, de regra, podem ser revogados administrativamente ou pelo Poder Judiciário.

A: incorreta; os atos vinculados não podem ser revogados, pois tais atos conferem apenas uma opção à Administração Pública, e, assim sendo, não é possível mudar de opção (revogando o ato praticado), sob o fundamento da inconveniência e da oportunidade; **B:** correta; atos já exauridos são atos já extintos, de modo que não há por que se falar em revogação, que visa justamente à extinção do ato; **C:** incorreta; nem a lei pode prejudicar um direito adquirido, quanto mais um outro ato administrativo (ato revocatório); **D:** incorreta, pois a anulação tem efeito *ex tunc*; **E:** incorreta, pois somente a Administração pode revogar os atos administrativos.

Gabarito "B"

(Analista – TRT/8ª – 2010 – FCC) Utilizando documentos falsos, um cidadão consegue autorização para desenvolver atividade comercial para a qual é obrigatória a autorização para o exercício de sua atividade. Constatada a irregularidade e, portanto, verificada a nulidade do ato administrativo de autorização, esse ato

(A) pode ser anulado pela própria Administração independentemente de provocação.
(B) não pode ser anulado pela Administração se não houver pedido de terceiros prejudicados.
(C) pode ser revogado pelo Poder Judiciário se for provocado por qualquer cidadão.
(D) pode ser revogado pela Administração se ficar provado dolo do funcionário responsável pela concessão da autorização.
(E) não pode ser anulado por iniciativa da Administração, que deverá pleitear a anulação no Poder Judiciário.

A: correta, pois, pelo princípio da autotutela, a Administração pode anular atos administrativos ilegais, sem necessidade de se socorrer do Poder Judiciário, podendo agir de ofício; **B:** incorreta, pois a Administração, nesse tipo de caso, não só pode como deve agir de ofício, ou seja, sem provocação; **C:** incorreta, pois atos ilegais devem ser anulados, e não revogados; **D:** incorreta, pois atos ilegais devem ser anulados, e não revogados; ademais, não é necessário dolo para a anulação, bastando que o ato seja ilegal; **E:** incorreta, pois, pelo princípio da autotutela, a Administração pode anular atos administrativos ilegais, sem necessidade de se socorrer do Poder Judiciário (art. 53 da Lei 9.784/1999).

Gabarito "A"

(Analista – TRT/11ª – 2005 – FCC) A anulação e a revogação dos atos administrativos produzem, respectivamente, efeitos

(A) retroativos e *ex tunc*.
(B) *ex nunc* e para o futuro.
(C) retroativos e *ex nunc*.
(D) para o futuro e *ex nunc*.
(E) *ex tunc* e retroativos.

A anulação tem efeitos retroativos (*ex tunc*), ao passo que a revogação tem efeitos não retroativos (*ex nunc*).

Gabarito "C"

(Analista – TRT/13ª – 2005 – FCC) Em matéria de ato administrativo, considere:

I. A retirada de um ato administrativo pode dar-se por revogação, invalidação e caducidade.
II. A revogação atinge um ato administrativo que foi editado em desconformidade com a lei e, portanto, ela retroage, tendo efeitos *ex tunc*.
III. É caracterizada como hipótese de confirmação a que se dá em decorrência da prescrição do direito de anular o ato administrativo.
IV. A recusa pelo particular ou pela Administração Pública é causa de convalidação do ato administrativo ante a renúncia por parte do beneficiário.

Nesses casos, são corretos SOMENTE

(A) I e II.
(B) I e III.
(C) II e IV.
(D) I, III e IV.
(E) II, III e IV.

I: correta, pois tais atos importam na extinção do ato administrativo por meio de retirada pela Administração; **II:** incorreta, pois a revogação se dá por inconveniência do ato (e não por ilegalidade); ademais, seus efeitos são *ex nunc*; **III:** correta, pois, uma vez ultrapassado o prazo decadencial para anular o ato administrativo, o efeito é como se a Administração o tivesse confirmado; **IV:** incorreta, pois a convalidação do ato administrativo se dá ou pelo decurso do tempo ou por outro ato administrativo confirmado o primeiro.

Gabarito "B"

(Analista – TRT/15ª – 2009 – FCC) Sobre a extinção do ato administrativo, é correto afirmar:

(A) O ato administrativo extingue-se por cumprimento dos seus efeitos; pelo desaparecimento do sujeito ou objeto e pela retirada, que se verifica por várias maneiras.
(B) Anulação, ou invalidação, do ato administrativo é o seu desfazimento por razões de conveniência e oportunidade.
(C) Incompetência e incapacidade são vícios que atingem o ato administrativo, quanto à forma, e que justificam a sua anulação ou invalidação.
(D) A revogação do ato administrativo pode ser decretada pelo Poder Judiciário, se for provocado pelo interessado.
(E) A revogação do ato administrativo no âmbito da Administração, não pode ser feita por quem o praticou.

A: correta, pois as três situações narradas abrangem todas as formas de extinção do ato administrativo; **B:** incorreta, pois a anulação ou invalidação é a extinção por ilegalidade; **C:** incorreta, pois incompetência e incapacidade dizem respeito ao requisito sujeito (ou competência) e não ao requisito forma; **D:** incorreta, pois a revogação só pode se dar pela Administração Pública; **E:** incorreta, pois a revogação pode se dar pela própria autoridade que expediu o ato, com fundamento na mesma regra de competência que autorizou a prática deste.

Gabarito "A"

(Técnico – TRT/16ª – 2015 – FCC) Ao praticar um ato administrativo, José, servidor público, intencionalmente assim o fez com finalidade diversa da prevista em lei, prejudicando inúmeros administrados. Quinze dias após a prática do ato, José, arrependido do ocorrido, decide revogar o ato administrativo. A propósito dos fatos narrados, é correto afirmar:

(A) A revogação é possível, mesmo tendo o ato vício de finalidade.
(B) Trata-se de hipótese de anulação do ato administrativo e não de revogação.
(C) O correto seria José convalidar o ato.
(D) O ato em questão não pode mais ser extirpado do mundo jurídico, tendo em vista o lapso temporal transcorrido.
(E) O ato em questão pode ser extirpado do mundo jurídico, tanto por anulação quanto por revogação.

A e **E**: incorretas; se um ato é ilegal (o que impõe a anulação) e inconveniente (o que possibilita a revogação) ao mesmo tempo, a ilegalidade prepondera e o ato deve ser anulado, e não revogado; **B**: correta; se um ato é ilegal (o que impõe a anulação) e inconveniente (o que possibilita a revogação) ao mesmo tempo, a ilegalidade prepondera e o ato deve ser anulado, e não revogado; **C**: incorreta, pois atos nulos não são passíveis de convalidação; no caso, o vício de desvio de finalidade não é sanável, de modo que o ato é nulo e não meramente anulável; **D**: incorreta, pois a Administração tem 5 anos para anular atos nulos que beneficiam terceiros (art. 54, caput, da Lei 9.784/99) e sequer tem prazo para fazê-lo em relação a atos que prejudicam terceiros, como o que é trazido para análise pelo enunciado.

Gabarito "B".

(Técnico – TRT/19ª – 2015 – FCC) Lúcio, servidor público federal, praticou ato administrativo desrespeitando a forma do mesmo, essencial à sua validade. O ato em questão

(A) admite convalidação.
(B) não comporta anulação.
(C) é necessariamente legal.
(D) comporta revogação.
(E) é ilegal.

A: incorreta, pois o desrespeito à forma essencial à validade do ato é vício grave e a repetição do ato com a manutenção desse vício mantém a ilegalidade do ato, não se podendo falar em convalidação no caso; **B**, **C** e **D**: incorreta, pois se se tratava de forma essencial à validade do ato, está-se diante de verdadeira ilegalidade, que impõe a anulação do ato; **E**: correta, pois se se tratava de forma essencial à validade do ato, está-se diante de verdadeira ilegalidade, que, por sinal, impõe a anulação do ato.

Gabarito "E".

(Analista – TRT/19ª – 2008 – FCC) Valendo-se de documentos falsos um munícipe logra obter a aprovação de um loteamento junto à Prefeitura Municipal. Constatado o vício, que torna nulo o ato administrativo, a anulação pode ser feita apenas

(A) pela própria Administração Pública ou pelo Poder Judiciário.
(B) pelo Poder Judiciário.
(C) pela Administração Pública.
(D) pela Administração Pública, se houver provocação de algum interessado.
(E) pelo Tribunal de Contas competente.

A anulação pode se dar pela Administração Pública e pelo Poder Judiciário, ao contrário da revogação, que só se dá pela Administração.

Gabarito "A".

(Analista – TRT/19ª – 2008 – FCC) No Município X, determinado terreno é objeto de um decreto declarando-o de utilidade pública, para fins de desapropriação, para a construção de uma escola. Entretanto, por não ser mais conveniente e oportuna essa construção, cabe ao Prefeito editar decreto de

(A) revogação.
(B) anulação.
(C) suspensão.
(D) inexecução da construção.
(E) retratação.

A existência de fato novo que torne o ato inconveniente ou inoportuno dá causa à revogação do ato.

Gabarito "A".

(Analista – TRT/20ª – 2011 – FCC) Os atos administrativos

(A) discricionários não podem ser objeto de anulação.
(B) vinculados podem ser objeto de revogação.
(C) ilegais não podem ser objeto de convalidação.
(D) ilegais não podem ser objeto de revogação.
(E) vinculados não podem ser objeto de anulação.

A: incorreta, pois atos discricionários que ferem a legalidade, a moralidade ou a razoabilidade podem ser objeto de anulação; **B**: incorreta, pois atos vinculados são aqueles em que a Administração tem apenas uma opção, de modo que não há se falar em revogação; esta só se dá quanto a atos discricionários; **C**: incorreta, pois se se tratar de uma ilegalidade que gera uma nulidade relativa, ou seja, de uma nulidade que pode ser sanada, é cabível a convalidação; **D**: correta, pois, de fato, se um ato é ilegal, o caso é de anulação; **E**: incorreta, pois um ato vinculado que viola o disposto na lei deve ser anulado.

Gabarito "D".

(Analista – TRT/23ª – 2011 – FCC) No que se refere à anulação, revogação e convalidação do ato administrativo pela Administração Pública, é correto afirmar que

(A) o ato administrativo produzido com vício relativo à finalidade é passível de convalidação pela Administração.
(B) a revogação do ato administrativo é o ato discricionário pelo qual a Administração extingue um ato inválido, por razões de conveniência e oportunidade.
(C) a anulação do ato administrativo é o desfazimento do ato administrativo por razões de ilegalidade.
(D) a convalidação é o ato administrativo pelo qual é suprido vício existente em um ato ilegal, produzindo efeitos *ex nunc*.
(E) a revogação do ato administrativo poderá atingir os atos discricionários, bem como aqueles que já exauriram seus efeitos.

A: incorreta, pois o desvio de finalidade gera a nulidade absoluta do ato administrativo, e esse tipo de nulidade não pode ser sanada pela convalidação, que recai sobre ato anulável; **B**: incorreta, pois atos inválidos são objeto de *anulação*, e não de *revogação*; **C**: correta, pois, de fato, o motivo da anulação é justamente a ilegalidade do ato; **D**: incorreta, pois a convalidação produz efeitos *ex tunc*; **E**: incorreta, pois são irrevogáveis os seguintes atos: i) os que a lei assim declarar; ii) **os atos já exauridos**, ou seja, que cumpriram seus efeitos; iii) os atos vinculados, já que não se fala em conveniência ou oportunidade neste tipo de ato, em que o agente só tem uma opção; iv) os meros ou puros atos administrativos (ex.: certidão, voto dentro de uma comissão de servidores); v) os atos de controle; vi) os atos complexos (praticados por mais de um órgão em conjunto); e vii) os atos que geram direitos adquiridos.

Gabarito "C".

(Analista – TRT/24ª – 2006 – FCC) O ato administrativo praticado no exercício da competência discricionária

(A) pode ser revogado pelo Judiciário ou Legislativo quando inadequado ou inoportuno.
(B) não é passível de controle judicial, administrativo ou legislativo.
(C) pode ser apreciado judicialmente, desde que sobre o mérito.
(D) não goza do atributo da presunção de legitimidade.
(E) pode ser passível de apreciação judicial quanto aos aspectos da legalidade.

A: incorreta, pois só a Administração pode revogar; **B**: incorreta, pois todo ato administrativo está sujeito ao controle jurisdicional; **C**: incorreta, pois o ato discricionário deve ser controlado em seus aspectos de legalidade, e não em relação ao seu mérito; **D**: incorreta, pois todo ato administrativo goza dessa qualidade, inclusive o discricionário; **E**: correta, pois o ato discricionário pode sofrer apreciação judicial quanto à sua legalidade; esta expressão abrange a legalidade em sentido estrito e também a moralidade e a razoabilidade.

Gabarito "E".

4. ORGANIZAÇÃO ADMINISTRATIVA

4.1. Temas gerais (Administração Pública, órgãos e entidades, desconcentração e descentralização, controle e hierarquia, teoria do órgão)

Segue um resumo sobre essa parte introdutória:

O objetivo deste tópico é efetuar uma série de distinções, de grande valia para o estudo sistematizado do tema. A primeira delas tratará da relação entre pessoa jurídica e órgãos estatais.

Pessoas jurídicas estatais *são entidades integrantes da estrutura do Estado e dotadas de personalidade jurídica*, ou seja, de aptidão genérica para contrair direitos e obrigações.

Órgãos públicos *são centros de competência integrantes das pessoas estatais instituídos para o desempenho das funções públicas por meio de agentes públicos*. São, portanto, parte do corpo (pessoa jurídica). Cada órgão é investido de determinada competência, dividida entre seus cargos. Apesar de não terem personalidade jurídica, têm prerrogativas funcionais, o que admite até que interponham mandado de segurança, quando violadas (tal capacidade processual, todavia, só têm os órgãos independentes e os autônomos). Todo ato de um órgão é imputado diretamente à pessoa jurídica da qual é integrante, assim como todo ato de agente público é imputado diretamente ao órgão à qual pertence (trata-se da chamada "teoria do órgão", que se contrapõe à teoria da representação ou do mandato, conforme se verá no capítulo seguinte). Deve-se ressaltar, todavia, que a representação legal da entidade é atribuição de determinados agentes, como o Chefe do Poder Executivo e os Procuradores. Confiram-se algumas classificações dos órgãos públicos, segundo o magistério de Hely Lopes Meirelles:

Quanto à **posição**, podem ser órgãos *independentes* (originários da Constituição e representativos dos Poderes do Estado: Legislativo, Executivo de Judiciário – aqui estão todas as corporações legislativas, chefias de executivo e tribunais e juízo singulares); *autônomos* (estão na cúpula da Administração, logo abaixo dos órgãos independentes, tendo autonomia administrativa, financeira e técnica, segundo as diretrizes dos órgãos a eles superiores – cá estão os Ministérios, as Secretarias Estaduais e Municipais, a AGU etc.), *superiores* (detêm poder de direção quanto aos assuntos de sua competência, mas sem autonomia administrativa e financeira – ex.: gabinetes, procuradorias judiciais, departamentos, divisões, etc.) e *subalternos* (são os que se acham na base da hierarquia entre órgãos, tendo reduzido poder decisório, com atribuições de mera execução – ex.: portarias, seções de expediente).

Quanto à **estrutura**, podem ser *simples* ou *unitários* (constituídos por um só centro de competência) e *compostos* (reúnem outros órgãos menores com atividades-fim idênticas ou atividades auxiliares – ex.: Ministério da Saúde).

Quanto à **atuação funcional**, podem ser *singulares* ou *unipessoais* (atuam por um único agente – ex.: Presidência da República) e *colegiados* ou *pluripessoais* (atuam por manifestação conjunta da vontade de seus membros – ex.: corporações legislativas, tribunais e comissões).

Outra distinção relevante para o estudo da estrutura da Administração Pública é a que se faz entre desconcentração e descentralização. Confira-se.

Desconcentração *é a distribuição interna de atividades administrativas, de competências*. Ocorre de órgão para órgão da entidade. Ex.: competência no âmbito da Prefeitura, que poderia estar totalmente concentrada no órgão Prefeito Municipal, mas que é distribuída internamente aos Secretários de Saúde, Educação etc.

Descentralização *é a distribuição externa de atividades administrativas, que passam a ser exercidas por pessoa ou pessoas distintas do Estado*. Dá-se de pessoa jurídica para pessoa jurídica como técnica de especialização. Ex.: criação de autarquia para titularizar e executar um dado serviço público, antes de titularidade do ente político que a criou.

Na descentralização **por serviço** a lei atribui ou autoriza que outra pessoa detenha a *titularidade* e a execução do serviço. Depende de lei. Fala-se também em *outorga* do serviço.

Na descentralização **por colaboração** o contrato ou ato unilateral atribui à outra pessoa a *execução* do serviço. Aqui o particular pode colaborar, recebendo a execução do serviço, e não a titularidade. Fala-se também em *delegação* do serviço e o caráter é transitório.

É importante também saber a seguinte distinção.

Administração direta *compreende os órgãos integrados no âmbito direto das pessoas políticas (União, Estados, Distrito Federal e Municípios)*.

Administração indireta *compreende as pessoas jurídicas criadas pelo Estado para titularizar e exercer atividades públicas (autarquias e fundações públicas) e para agir na atividade econômica quando necessário (empresas públicas e sociedades de economia mista)*.

Outra classificação relevante para o estudo do tema em questão é a que segue.

As **pessoas jurídicas de direito público** *são os entes políticos e mais as autarquias e fundações públicas, uma vez que todas essas pessoas são criadas para exercer típica atividade administrativa, o que impõe tenham, de um lado, prerrogativas de direito público, e, de outro, restrições de direito público, próprias de quem gere coisa pública*.

As **pessoas jurídicas de direito privado** *são as empresas púbicas e as sociedades de economia mista, visto que são criadas para exercer atividade econômica, devendo ter os mesmos direitos e restrições das demais pessoas jurídica privadas, em que pese terem algumas restrições adicionais, pelo fato de terem sido criadas pelo Estado*.

Para fecharmos essa introdução, tem-se que saber a seguinte distinção.

Hierarquia *consiste no poder que um órgão superior tem sobre outro inferior, que lhe confere, dentre outras prerrogativas, uma ampla possibilidade de fiscalização dos atos do órgão subordinado*.

Controle (tutela ou supervisão ministerial) consiste no poder de fiscalização que a pessoa jurídica política tem sobre a pessoa jurídica que criou, que lhe confere tão somente a possibilidade de submeter a segunda ao cumprimento de seus objetivos globais, nos termos do que dispuser a lei. Ex.: a União não pode anular um ato administrativo de concessão de aposentadoria por parte do INSS (autarquia por ela criada), por não haver hierarquia; mas pode impedir que o INSS passe a comercializar títulos de capitalização, por exemplo, por haver nítido desvio dos objetivos globais para os quais fora criada a autarquia. Aqui não se fala em subordinação, mas em vinculação administrativa.

(Analista – TRT/10ª – 2013 – CESPE) Julgue os próximos itens, relativos à Administração indireta e à descentralização administrativa.

(1) As autarquias federais detêm autonomia administrativa relativa, estando subordinadas aos respectivos ministérios de sua área de atuação.
(2) A concessão de serviço público a particulares é classificada como descentralização administrativa por delegação ou por colaboração.

1: errada, pois as autarquias têm, sim, autonomia; assim, elas não estão sujeitas à subordinação dos respectivos Ministérios, apesar de estarem sujeitas à supervisão ministerial, também chamada de controle ou tutela; vale ressaltar que, enquanto a subordinação confere ao superior hierárquico grande poder de revisão dos atos do subordinado, a supervisão ministerial permite que o ente que a detém apenas faça uma fiscalização finalística nos termos da lei, em relação ao ente controlado; **2:** certa; de fato, é descentralização, pois é passagem de atribuições de uma pessoa jurídica para outra pessoa jurídica (diferentemente da desconcentração, que é a passagem de atribuições de um órgão para outro órgão) e é do tipo "por delegação" (ou "por colaboração"), pois as atribuições não passam a ser do ente concessionário (quando se teria descentralização "por outorga"), recebendo o ente concessionário apenas o direito-dever de prestar o serviço público, serviço esse que continua com a titularidade do Poder Público.

Gabarito 1E, 2C

(Analista – TRT/10ª – 2013 – CESPE) Julgue os itens seguintes, relativos à organização administrativa do Estado.

(1) As empresas públicas devem ser constituídas obrigatoriamente sob a forma de sociedade anônima.

(2) O fato de uma autarquia federal criar, em alguns Estados da Federação, representações regionais para aproximar o Poder Público do cidadão caracteriza o fenômeno da descentralização administrativa.

1: errada, pois as empresas públicas podem ser constituídas sob qualquer forma societária (art. 5º, II, do Dec.-Lei 200/1967); **2:** errada, pois tais representações nada mais são do que órgãos dessa autarquia, de maneira que temos uma desconcentração (distribuição interna de atribuições), diferentemente da situação em que um ente político cria uma outra pessoa jurídica (e não um órgão), caso em que teríamos a descentralização (distribuição externa de atribuições).

Gabarito 1E, 2E

(Técnico – TRT/16ª – 2015 – FCC) Luísa, candidata a uma vaga de concurso público, em seu exame oral, foi questionada pelos examinadores acerca da classificação dos órgãos públicos, especificamente quanto à posição estatal, devendo exemplificar os órgãos públicos superiores. Luísa forneceu cinco exemplos de órgãos públicos superiores, equivocando-se acerca de um deles, qual seja,

(A) Divisões.
(B) Departamentos.
(C) Ministérios.
(D) Coordenadorias.
(E) Gabinetes.

As Divisões, os Departamentos, as Coordenadores e os Gabinetes são considerados órgãos públicos superiores, pela natureza do poder que detém. Porém, os Ministérios, por estarem subordinados diretamente à cúpula da Administração e por terem uma autonomia administrativa, financeira e técnica bem mais elevada, são considerados órgãos públicos autônomos , sendo que só perdem em importância para os órgãos públicos independentes, como são as Chefias do Executivo, do Legislativo e do Judiciário.

Gabarito "C"

(Técnico – CESPE – 2013) No que se refere à administração direta e à indireta, à centralizada e à descentralizada, assinale a opção correta.

(A) Trata-se de administração indireta quando o Estado, a fim de obter maior celeridade e eficiência, exerce algumas de suas atividades de forma desconcentrada.

(B) As empresas públicas e as sociedades de economia mista são integrantes da administração indireta, independentemente de prestarem serviço público ou de exercerem atividade econômica de natureza empresarial.

(C) Toda pessoa integrante da administração indireta está vinculada a determinado órgão da administração direta, fato que decorre do princípio da especificidade.

(D) Em virtude do princípio da separação dos poderes, a administração pública direta é exercida exclusivamente pelo Poder Executivo, o qual é incumbido da atividade administrativa em geral.

(E) A criação de empresa pública e de sociedade de economia mista depende de autorização legislativa, porém, o mesmo não ocorre às suas subsidiárias.

A: Incorreta. Pois a Administração Indireta consiste no conjunto de pessoas administrativas vinculadas à Administração Direta com o objetivo de desempenhar as atividades administrativas de forma descentralizada; **B:** Correta, conforme arts.4º, II, *b* e *c*, e 5º, II e III, do Dec.-lei 200/1967; **C:** Incorreta. O princípio da especialidade assinala a necessidade de a atividade a ser exercida pela pessoa integrante da administração indireta estar expressamente prevista em lei, ou seja, não se pode falar em instituição de entidade com finalidades genéricas. Vale dizer que o preceito descrito na alternativa é o princípio do controle; **D:** Incorreta. Pois a Administração Direta do Estado engloba os órgãos de todos os Poderes Políticos dos entes federativos que tenham competência de exercer a atividade administrativa, não apenas o Poder Executivo; **E:** Incorreta. Somente por lei específica poderá ser criada autarquia e autorizada a instituição de empresa pública e de sociedade de economia mista. A criação de subsidiárias, nesses dois casos, dependerá de autorização legislativa (art. 37, XIX e XX, da CF).

Gabarito "B"

(Analista – TRT/6ª – 2012 – FCC) A respeito do regime jurídico das entidades integrantes da Administração Pública indireta é correto afirmar que é

(A) de direito privado para as empresas públicas e sociedades de economia mista que explorem atividade econômica, sem prejuízo da aplicação dos princípios constitucionais da Administração Pública.

(B) de direito público para as fundações, autarquias e empresas públicas e de direito privado para as sociedades de economia mista.

(C) sempre de direito privado, parcialmente derrogado pelas prerrogativas e sujeições decorrentes dos princípios aplicáveis à Administração Pública.

(D) sempre de direito público, exceto para as entidades caracterizadas como agências executivas ou autarquias de regime especial.

(E) sempre de direito privado, em relação à legislação trabalhista e tributária, e de direito público em relação aos bens afetados ao serviço público.

A: correta, pois as empresas estatais têm regime jurídico de direito privado especial, aplicando-se, como regra, o regime de direito privado, mas, em alguns aspectos, o regime de direito público; este se aplica, por exemplo, no dever de respeitar os princípios da Administração Pública (art. 37, *caput*, da CF), no dever de promover licitação e concursos públicos, na submissão à fiscalização dos Tribunais de Contas, dentre outros aspectos; **B:** incorreta, pois as empresas públicas têm regime de direito privado (art. 5º, II, do Dec.-Lei 200/1967); **C:** incorreta, pois as autarquias tradicionais, as fundações públicas de direito público (entidades autárquicas), as agências reguladoras e as associações públicas (consórcios públicos de direito público) também têm regime jurídico de direito público (art. 41, IV e V, do CC); **D:** incorreta, pois as exceções (em que o regime é de direito privado) são concernentes às empresas públicas, sociedades de economia mista, fundações estatais de direito privado e consórcios públicos de direito privado; **E:** incorreta, pois na Administração Indireta há instituições com regime de direito público (autarquias, fundações públicas de direito público, agências reguladoras e associações públicas) e instituições com regime de direito privado (empresas públicas, sociedades de economia mista, fundações estatais de direito privado e consórcios públicos de direito privado).

Gabarito "A"

(Analista – TRT/20ª – 2011 – FCC) Considere a seguinte afirmação, acerca da classificação dos órgãos públicos:

São os que se localizam na cúpula da Administração, subordinados diretamente à chefia dos órgãos independentes; gozam de autonomia administrativa, financeira e técnica e participam das decisões governamentais.

A afirmação trata dos órgãos públicos denominados

(A) dependentes.
(B) independentes.
(C) superiores.
(D) subalternos.
(E) autônomos.

Trata-se da definição de órgãos autônomos.

Gabarito "E"

(Analista – TRT/20ª – 2011 – FCC) Quanto à classificação dos órgãos públicos, considere as seguintes assertivas:

I. Órgãos públicos "locais" são aqueles que atuam sobre uma parte do território, como as Delegacias Regionais da Receita Federal, as Delegacias de Polícia, os Postos de Saúde, entre outros.

II. Os órgãos públicos denominados superiores são órgãos de direção, controle e comando; gozam de autonomia administrativa e financeira.

III. A Presidência da República e a Diretoria de uma escola são exemplos de órgãos públicos singulares.

Está correto o que se afirma em

(A) I, apenas.
(B) I e II, apenas.
(C) I e III, apenas.
(D) II e III, apenas.
(E) I, II e III.

I: correta, pois traz a exata definição e os exemplos corretos de órgãos locais; **II:** incorreta, pois essa definição é de órgãos autônomos; **III:** correta, pois os órgãos citados são órgãos singulares ou unipessoais, pois atuam por meio de apenas um agente.

Gabarito "C"

(Analista – TRT/23ª – 2011 – FCC) No que concerne à classificação quanto à posição estatal, os órgãos públicos autônomos são

(A) órgãos de direção, controle e comando, mas sujeitos à subordinação e ao controle hierárquico de uma chefia; não gozam de autonomia administrativa nem financeira.
(B) os que se localizam na cúpula da Administração, subordinados diretamente à chefia dos órgãos independentes; gozam de autonomia administrativa, financeira e técnica e participam das decisões governamentais.
(C) os originários da Constituição e representativos dos três Poderes do Estado, sem qualquer subordinação hierárquica ou funcional, sujeitos apenas aos controles constitucionais de um sobre o outro, e suas atribuições são exercidas por agentes políticos.
(D) os que se acham subordinados hierarquicamente a órgãos superiores de decisão, exercendo principalmente funções de execução.
(E) órgãos de direção e comando, não sujeitos à subordinação e ao controle hierárquico de uma chefia, gozando de autonomia administrativa e financeira, como, por exemplo, as Casas Legislativas.

A: incorreta, pois esses são órgãos superiores; **B:** correta, pois traz a exata definição de órgãos autônomos; **C:** incorreta, pois esses órgãos são órgãos independentes; **D:** incorreta, pois esses órgãos são órgãos subalternos; **E:** incorreta, pois os órgãos autônomos têm subordinação em relação aos órgãos independentes.

Gabarito "B"

(Analista – TRT/23ª – 2011 – FCC) Analise as características abaixo.

I. Personalidade jurídica de direito público.
II. Criação por lei.
III. Capacidade de autoadministração.
IV. Especialização dos fins ou atividades.
V. Sujeição a controle ou tutela.

Trata-se de

(A) empresa pública.
(B) fundação.
(C) autarquia.
(D) sociedade de economia mista.
(E) órgão público.

A: incorreta, pois a empresa pública tem personalidade de direito *privado*; **B:** incorreta, pois a fundação estatal pode ser tanto de direito público, como de direito privado, sendo que a criação de uma fundação (ao menos a de direito privado estatal), não se dá diretamente pela lei, mas mediante autorização legal, fazendo-se necessário levar os atos constitutivos a registro (art. 37, XIX, da CF); **C:** correta, pois o enunciado traz afirmativas pertinentes às autarquias; **D:** incorreta, pois a sociedade de economia mista tem personalidade de direito *privado*; **E:** incorreta, pois o órgão público não tem personalidade jurídica, já que não é pessoa jurídica.

Gabarito "C"

(Analista – TRT/23ª – 2007 – FCC) Considere:

I. Não só os administradores públicos como toda entidade que recebe dinheiro público ou administra dinheiro público deve prestar contas.
II. A distribuição de competências de uma para outra pessoa, física ou jurídica, é característica própria da descentralização.
III. As entidades da Administração Pública indireta podem ter personalidade jurídica de direito público ou privado, mas sempre devem ser criadas por lei.
IV. O dever de probidade consiste na imposição a todo agente público de realizar suas atribuições com perfeição e rendimento funcional.

Está correto o que se afirma APENAS em

(A) III e IV.
(B) II e IV.
(C) II, III e IV.
(D) I e II.
(E) I, II e III.

I: correta (art. 70, parágrafo único, da CF); **II:** correta, uma vez que a descentralização é a distribuição externa de competência; **III:** correta, valendo salientar que lei específica cria pessoas jurídicas de direito público e autoriza a criação de pessoas jurídicas de direito privado estatais (art. 37, XIX, da CF); **IV:** incorreta, pois a definição trazida na afirmativa diz respeito ao dever de eficiência.

Gabarito "E"

(Analista – TRT/21ª – 2010 – CESPE) Julgue o item abaixo, acerca da classificação dos órgãos públicos.

(1) Quanto à posição estatal, as secretarias estaduais e as municipais são consideradas órgãos públicos subalternos.

1: errada, pois, conforme definições dadas no início deste item, as secretarias são órgãos *autônomos*.

Gabarito 1E

4.2. Administração indireta e suaS entidades

(Analista – TRT/2ª – 2014 – FCC) A propósito de semelhanças ou distinções entre as empresas públicas e as sociedades de economia mista sabe-se que,

(A) as empresas públicas submetem-se integralmente ao regime jurídico de direito público, na medida em que seu capital é 100% público, enquanto as sociedades de economia mista podem se submeter ao regime jurídico de direito privado, caso a participação privada no capital represente maioria com poder de voto.
(B) as sociedades de economia mista admitem participação privada em seu capital, enquanto as empresas públicas não; ambas se submetem ao regime jurídico típico das empresas privadas, embora possam ter que se submeter à regra de exigência de licitação para contratação de bens e serviços.
(C) as duas pessoas jurídicas de direito público integram a Administração indireta e podem ser constituídas sob quaisquer das formas disponíveis às empresas em geral, distinguindo-se pela composição do capital, 100% público nas sociedades de economia mista e com participação privada empresas públicas.
(D) as duas pessoas jurídicas de direito público submetem-se ao regime jurídico de direito privado, com exceção à forma de constituição, na medida em que são criadas por lei específica, enquanto as empresas não estatais são instituídas na forma da legislação societária vigente.
(E) ambas submetem-se ao regime jurídico de direito público, não se lhes aplicando, contudo, algumas normas, a fim de lhes dar celeridade e competitividade na atuação, tal como a lei de licitações e a realização de concurso público para contratação de seus servidores.

A: incorreta, pois tanto as empresas públicas como as sociedade de economia mista são pessoas jurídicas de direito privado estatais e, assim, se submetem a um regime jurídico de direito privado, na forma do disposto no art. da CF (art. 173, § 1º, II); **B:** correta, pois ambas de fato seguem o regime jurídico de direito privado (art. 173,§ 1º, II, da CF), também se tratando de informações corretas as de que tais empresas obedecem ao dever de licitar (art. 1º, parágrafo único, da Lei 8.666/93) e a composição de seu capital permite participação privava na sociedade de economia mista, mas não permite na empresa pública (art. 5º, II e III, do Decreto-lei 200/67); **C:** incorreta; pois as sociedades de economia mista só podem ter a forma societária "S/A" (art. 5º, III, do Decreto-lei 200/67) e a participação privada no capital só é admitida nas sociedades de economia mista (art. 5º, III, do Decreto-lei 200/67); **D:** incorreta, pois as duas não são criadas por lei especificação, mas tem a autorização de criação dada por lei específica (art. 37, XIX, da CF); **E:** incorreta; é justamente o contrário; ambas se submetem, na verdade, ao regime de direito privado (art. 173, § 1º, II, da CF), sendo que se submetem ao regime público em alguns pontos, como são o dever de licitar e o dever de contratar agentes mediante concurso público.

Gabarito "B"

(Analista – TRT/16ª – 2014 – FCC) Facundo, Auditor Fiscal da Receita Federal, pretende multar a Fundação "Vida e Paz", fundação instituída e mantida pelo Poder Público, haja vista que a mesma jamais pagou imposto sobre seu patrimônio, renda e serviços. Nesse caso,

(A) Facundo apenas pode cobrar tributo pelos serviços exercidos pela fundação, mas não sobre a renda e o patrimônio, os quais detém imunidade tributária.
(B) correta a postura de Facundo, vez que a citada fundação não detém imunidade tributária.
(C) correta a postura de Facundo, pois apenas as autarquias possuem imunidade tributária.

(D) incorreta a postura de Facundo, vez que a fundação possui imunidade tributária relativa aos impostos sobre seu patrimônio, renda e serviços, vinculados a suas finalidades essenciais ou as delas decorrentes.

(E) Facundo apenas pode cobrar tributo sobre a renda da fundação, mas não sobre seus serviços e patrimônio, os quais detém imunidade tributária.

A, B, C e **E**: incorretas, pois a imunidade recíproca entre os entes políticos é extensiva não só às autarquias, como também às fundações instituídas e mantidas pelo Poder Público, no que se refere ao patrimônio, à renda e aos serviços, vinculados a suas finalidades essenciais ou às delas decorrentes (art. 150, § 2º, da CF); **D**: correta (art. 105, § 2º, da CF).

Gabarito "D".

(Técnico – TRT/3ª – 2015 – FCC) O Ministério Público ingressou com ação contra diversas empresas, dentre elas, uma empresa pública municipal prestadora de atividade econômica, pleiteando reparação por suposto dano gerado ao patrimônio público. No que concerne ao prazo para defesa da empresa pública, bem como ao tema da penhora de bens, vigora o prazo

(A) em quádruplo e a impenhorabilidade dos bens.

(B) em dobro e a impenhorabilidade dos bens.

(C) em quádruplo e admitida a penhora dos bens.

(D) simples e a impenhorabilidade dos bens.

(E) simples e admitida a penhora dos bens.

A, B, C e **D**: incorretas; uma empresa pública exploradora de atividade econômica tem regime de direito privado, de modo que os prazos para se defender em juízo são simples e seus bens são absolutamente penhoráveis; vale lembrar que somente uma empresa pública que fosse prestadora de *serviço público* é que teria a pequena diferença no que concerne à resposta a essa questão, já que seus bens que estivessem afetados ao serviço público seriam impenhoráveis; **E**: correta, pois uma empresa pública exploradora de atividade econômica tem regime de direito privado, de modo que os prazos para se defender em juízo são simples e seus bens são absolutamente penhoráveis.

Gabarito "E".

(Analista – TRT9 – 2012 – FCC) As empresas estatais submetem-se ao regime jurídico típico das empresas privadas, aplicando-se a elas, no entanto, algumas normas de direito público, como

(A) submissão à regra do concurso público para contratação de servidores públicos.

(B) submissão à regra geral de obrigatoriedade de licitação, para atividades meio e atividades fim da empresa.

(C) juízo privativo.

(D) regime especial de execução, sujeito a pagamento por ordem cronológica de apresentação de precatórios.

(E) impenhorabilidade e imprescritibilidade de seus bens, independentemente de afetação ao serviço público.

A: correta, pois o concurso público, de fato, é obrigatório, inclusive para a investidura em emprego público (típico das empresas estatais), nos termos do art. 37, II, da CF; **B**: incorreta, pois, considerando que a CF, em seu art. 173, § 1º, III, estabelece que virá uma lei criando regime jurídico específico para empresas estatais exploradoras de atividade econômica, inclusive quanto às suas contratações, tem-se admitido que tais pessoas jurídicas têm que realizar licitação nos termos da Lei 8.666/1993, ressalvadas hipóteses em que ela não atender ao pressuposto jurídico – de ser conveniente ao interesse público – como no caso em que tais entidades, em sua atuação no mercado, desejem fazer contratos ligados à sua atividade-fim, e a realização da licitação possa comprometer as atividades da estatal, impedindo que ela atue no mercado em condições paritárias com as demais empresas; assim, as contratações ligadas à atividade-fim de estatais exploradoras de atividade econômica podem, diferentemente de contratações ligadas à atividade-meio destas, não ser precedidas de licitação; **C**: incorreta, pois tais empresas são julgadas pela Justiça Comum e não por juízo próprio da Fazenda Pública, valendo salientar que tais entidades não gozam das prerrogativas processuais desta; **D**: incorreta, pois tal regime só se aplica à Fazenda Pública (leia-se: pessoas jurídicas de direito público) que, por terem exclusivamente bens públicos (impenhoráveis), devem ser executadas mediante a expedição de precatório; **E**: incorreta, pois somente os bens pertencentes às pessoas jurídicas de direito público e os bens afetados ao serviço público são bens públicos; dessa forma, bens das empresas estatais (pessoas jurídicas de direito privado) que não estiverem afetados ao serviço público são bens privados.

Gabarito "A".

(Analista – TRT/10ª – 2013 – CESPE) Julgue os itens seguintes, acerca de organização da Administração Pública e das entidades que prestam serviço público.

(1) Pessoa jurídica de direito privado pode ser concessionária de serviço público, mas deve responder objetivamente pelos danos que seus agentes, nessa qualidade, causarem a terceiros.

(2) Empresas públicas são pessoas jurídicas de direito privado integrantes da Administração indireta do Estado, criadas mediante prévia autorização legal, que exploram atividade econômica ou, em certas situações, prestam serviço público.

(3) As sociedades de economia mista não estão sujeitas ao controle externo realizado pelos respectivos tribunais de contas.

1: correta (art. 37, § 6º, da CF); **2**: correta, nos termos da combinação dos arts. 37, IX, da CF (quanto à autorização legal para a sua criação), e 173, § 3º, da CF e art. 5º, II, do Dec.-Lei 200/1967 (possibilidade de exploração de atividade econômica), lembrando que a doutrina admite que uma empresa estatal (seja ela empresa pública ou sociedade de economia mista) também preste serviço público, já que qualquer empresa privada poderia fazê-lo, quanto mais uma empresa estatal; são exemplos de empresas estatais exploradoras de atividade econômica a Petrobras, o Banco do Brasil e a Caixa Federal; é exemplo de empresa estatal prestadora de serviço público os Correios, lembrando que o serviço postal é um serviço público excepcional, que só pode ser prestado por empresa estatal; companhias de água e metrô também costumam ser exemplos de empresas estatais prestadoras de serviço público; **3**: assertiva errada, pois o art. 71, II, da CF, estabelece esse controle externo.

Gabarito 1C, 2C, 3E

(Analista – TRT/11ª – 2012 – FCC) Considere as seguintes assertivas:

I. Pode adotar uma das modalidades de sociedade disciplinadas pela legislação comercial.

II. Seja de âmbito federal, estadual ou municipal, tem capital inteiramente público, ou seja, dele somente podem participar pessoas jurídicas de direito público.

III. Não pode adotar a forma de sociedade unipessoal.

IV. Se for de âmbito federal, terá seus litígios processados e julgados obrigatoriamente na Justiça Federal.

No que concerne à empresa pública, está correto o que se afirma APENAS em

(A) I, II e IV.

(B) I e III.

(C) I e IV.

(D) II e III.

(E) III e IV.

I: correta, pois, de fato, a empresa pública pode adotar qualquer forma societária (art. 5º, II, do Dec.-Lei 200/1967); **II**: incorreta, pois o art. 5º do Dec.-Lei 900/69 ("Desde que a maioria do capital votante permaneça de propriedade da União, será admitida, no capital da Empresa Pública, a participação de outras pessoas jurídicas de direito público interno bem como de entidades da Administração Indireta da União, dos Estados, Distrito Federal e Municípios") admite que entidades da Administração Indireta dos entes políticos faça parte do capital de uma empresa pública, sem distinguir entre estatais de direito público e estatais de direito privado; **III**: incorreta, pois poderá ter apenas um ente público na sua constituição, como na hipótese de todo o capital ser formado por recursos da União; **IV**: correta (art. 109, II, da CF).

Gabarito "C".

(Analista – TRT/1ª – 2012 – FCC) Distinguem-se as autarquias das sociedades de economia mista que exploram atividade econômica, dentre outras características, em função de

(A) não serem dotadas de autonomia e personalidade jurídica própria, embora submetidas ao regime jurídico de direito privado.

(B) seu regime jurídico de direito público, exceto quanto ao processo de execução ao qual se submetem, típico do direito privado.

(C) sua criação ser autorizada por lei, bem como por se submeterem tanto ao regime jurídico público, quanto ao regime jurídico privado.

(D) serem criadas por lei, bem como em função de seu regime jurídico de direito público.

(E) se submeterem a processo especial de execução, que excetua o regime dos precatórios, embora não afaste a prescritibilidade de seus bens.

A: incorreta, pois as autarquias também têm autonomia e personalidade jurídica própria (já que não são meros órgãos, mas pessoas jurídicas) e o seu regime é de direito público e não de direito privado; **B:** incorreta, pois a autarquia, de fato, é pessoa jurídica de direito público, regime esse que se aplica também ao processo de execução ao qual se submete, seja na execução que promover (podendo intentar execução fiscal, nos casos cabíveis), seja na execução em que for executada (aplicando-se o regime da execução contra a fazenda pública, que impõe, inclusive, o uso de precatórios); **C:** incorreta, pois a autarquia é "criada" pela própria lei específica (e não "autorizada pela lei" – art. 37, XIX, da CF) e o seu regime é totalmente de direito público; **D:** correta, pois as autarquias são criadas por lei específica (art. 37, XIX, da CF) e o seu regime é de direito público; **E:** incorreta, pois o seu regime de execução é público, inclusive com expedição de precatório, e os seus bens são imprescritíveis sim, ou seja, não estão sujeitos à usucapião, já que se tratam de bens públicos, por serem as autarquias pessoas jurídicas de direito público (arts. 98 e 102 do CC).

Gabarito "D"

(Analista – TRT/4ª – 2006 – FCC) Dispõe o art. 173, *caput*, da Constituição Federal que, "ressalvados os casos previstos nesta Constituição, a exploração direta de atividade econômica pelo Estado só será permitida quando necessária aos imperativos da segurança nacional ou a relevante interesse coletivo, conforme definido em lei". Assim, a sociedade de economia mista e as empresas públicas que explorem atividade econômica, dentre outras situações,

(A) detêm juízo privativo e gozam do privilégio de isenção tributária relativa aos impostos estaduais e municipais.
(B) gozam de privilégios fiscais não extensivos às empresas do setor privado, posto que integram o denominado terceiro setor.
(C) não se sujeitam às normas que dispõem sobre o procedimento licitatório no âmbito da Administração Pública Federal.
(D) responderão de forma objetiva pelos danos que seus agentes, nessa qualidade, causarem a terceiros, assegurado o direito de regresso contra o responsável nos casos de dolo ou culpa.
(E) se sujeitam ao regime jurídico próprio das empresas privadas, inclusive quanto aos direitos e obrigações civis, comerciais, trabalhistas e tributários.

A, B e **D:** incorretas; somente as pessoas de direito público têm essas vantagens (aliás, o correto é dizer que há imunidade, e não isenção de impostos); **C:** incorreta, pois tais entidades devem realizar concursos públicos e licitação; **E:** correta (art. 173, § 1º, II, da CF).

Gabarito "E"

(Analista – TRT/6ª – 2006 – FCC) Com relação às entidades da Administração Pública indireta é correto afirmar:

(A) A Ordem dos Advogados do Brasil, criada por lei específica, pode ser enquadrada como sociedade de economia mista.
(B) As autarquias são criadas por lei e, apesar de possuírem personalidade jurídica de direito privado, não têm capacidade de auto-organização.
(C) As sociedades de economia mista, em regra, poderão ser estruturadas sob qualquer forma admitida em direito, podendo ser civil ou comercial.
(D) As sociedades de economia mista são constituídas com capital exclusivamente público, mas administradas em conjunto pela Administração e pelo Administrado.
(E) As empresas públicas são criadas e extintas por lei, possuindo personalidade jurídica de direito privado estando sujeitas ao controle estatal.

A: incorreta, pois a OAB não é uma pessoa jurídica de direito privado estatal; **B:** incorreta, pois as autarquias têm personalidade de direito público; **C:** incorreta, pois as sociedades de economia devem ser, necessariamente, sociedades anônimas; **D:** incorreta, pois o capital é misto, ou seja, é público e privado, com controle exercido pelo Poder Público: **E:** a afirmativa **E** está correta.

Gabarito "E"

(Analista – TRT/7ª – 2009 – FCC) Pessoa jurídica de direito público, criada por lei, com capacidade de autoadministração, para o desempenho de serviço público descentralizado, mediante controle administrativo, é conceito de

(A) autarquia.
(B) fundação pública.
(C) consórcio público.
(D) sociedade de economia mista.
(E) empresa pública.

O enunciado traz justamente o conceito de autarquia.

Gabarito "A"

(Analista – TRT/16ª – 2009 – FCC) São traços distintivos entre empresa pública e sociedade de economia mista:

(A) forma jurídica; composição do capital e foro processual.
(B) foro processual; forma de criação e objeto.
(C) composição de capital; regime jurídico e forma de criação.
(D) objeto; forma jurídica e regime jurídico.
(E) regime jurídico; objeto e foro processual.

A empresa pública pode ser criada mediante qualquer *forma jurídica* (S/A, Ltda. etc.), ao passo que a sociedade de economia mista só por S/A. A *composição do capital* de uma empresa pública só traz recursos públicos, diferentemente da sociedade de economia mista, na qual há capital público e privado. O *foro processual* para as ações de interesse de empresa pública federal é a Justiça Federal, ao passo que as de interesse de sociedade de economia mista federal é a Justiça Estadual.

Gabarito "A"

(Analista – TRT/18ª – 2008 – FCC) Embora a Administração Pública indireta seja constituída de entidades de direito público e/ou de direito privado, é certo que elas têm alguns traços comuns, dentre os quais se destaca que

(A) elas têm liberdade na fixação ou modificação de seus próprios fins.
(B) a sua criação nem sempre é feita ou autorizada por lei.
(C) a sua finalidade essencial é o lucro, que será distribuído dentre seus funcionários/ou empregados.
(D) elas têm a possibilidade de se extinguirem pela própria vontade.
(E) todas têm personalidade jurídica própria, o que implica direitos e obrigações definidas em lei.

A: incorreta; não é traço comum, pois as finalidades de tais entidades estão previstas em lei, de modo que não há tanta liberdade para a modificação de seus fins; **B:** incorreta; não é traço comum, pois as de direito público são *criadas* por lei, ao passo que as de direito privado são *autorizadas* por lei; **C:** incorreta; não é traço comum, pois somente as pessoas de direito privado podem visar ao lucro; **D:** incorreta; não é traço comum, pois a extinção tem que se dar por lei; **E:** correta; é traço comum, pois todas as entidades mencionadas têm personalidade jurídica própria.

Gabarito "E"

(Analista – TRT/23ª – 2011 – FCC) NÃO é característica da sociedade de economia mista:

(A) criação autorizada por lei.
(B) personalidade jurídica de direito privado.
(C) derrogação parcial do regime de direito privado por normas de direito público.
(D) estruturação sob qualquer forma societária admitida em direito.
(E) desempenho de atividade econômica.

A única característica que não é da sociedade de economia mista é a estruturação sob qualquer forma societária (assertiva **D**), vez que a primeira deve ter, necessariamente, a forma de sociedade anônima (art. 5º, III, do Dec.-Lei 200/1967).

Gabarito "D"

(Analista – TRT/24ª – 2011 – FCC) São características das autarquias e fundações públicas:

(A) Processo especial de execução para os pagamentos por elas devidos, em virtude de sentença judicial; Impenhorabilidade dos seus bens.
(B) Imunidade tributária relativa aos impostos sobre o patrimônio, renda ou serviços vinculados às suas finalidades essenciais ou às delas decorrentes; Prazos simples em juízo.
(C) Presunção de veracidade, imperatividade e executoriedade dos seus atos; Não sujeição ao controle administrativo.
(D) Prazos dilatados em juízo; Penhorabilidade dos seus bens.
(E) Processo de execução regido pelas normas aplicáveis aos entes privados; Imunidade tributária relativa aos impostos sobre o patrimônio, renda ou serviços vinculados às suas finalidades essenciais ou às delas decorrentes.

A: correta, pois, como as autarquias e as fundações públicas são pessoas jurídicas de direito público, seus bens são públicos e não admitem penhora, devendo a execução contra essas pessoas se dar segundo o disposto no art. 100 da CF; **B:** incorreta, pois as autarquias e as fundações públicas, por serem pessoas jurídicas de direito público e, portanto, serem consideradas "Fazenda Pública", têm as prerrogativas de prazos em quádruplo (contestação) e em dobro (recurso); **C:** incorreta, pois essas pessoas estão, sim, sujeitas ao controle, tutela ou supervisão ministerial; **D:** incorreta, pois os bens dessas pessoas são impenhoráveis; **E:** incorreta, pois, enquanto Fazenda Pública, essas entidades estão sujeitas a regras específicas no processo de execução.

Gabarito "A"

4.3. Entes de cooperação

(Analista – TRT/8ª – 2010 – FCC) Quando o Poder Público estabelece parceria com Organizações Sociais, assim qualificadas, sem fins lucrativos, para fomento e execução de atividades relativas à área de proteção e preservação do meio ambiente, ele o faz por meio de contrato de

(A) mão de obra.
(B) concessão.
(C) permissão.
(D) prestação de serviços.
(E) gestão.

Tal afirmativa encontra previsão no art. 5º da Lei 9.637/1998.

Gabarito "E"

(Analista – TRT/13ª – 2005 – FCC) As organizações sociais têm como característica, entre outras,

(A) atuar também nas áreas de ensino, pesquisa científica e desenvolvimento tecnológico.
(B) o vínculo jurídico com o Poder Público por meio do contrato de parceria.
(C) criação por decreto do Chefe do Executivo.
(D) a desnecessidade de habilitar-se perante a Administração Pública.
(E) ser pessoa jurídica de direito privado, podendo ter fins lucrativos.

A: correta (art. 1º da Lei 9.637/199); **B:** incorreta, pois o vínculo é o contrato de gestão, e não o termo de parceria (art. 5º e ss. da Lei 9.637/1998); **C:** incorreta, pois tais entidades são privadas, de modo que não são criadas pelo Chefe do Executivo; **D:** incorreta, pois tais entidades são qualificadas pela Administração Pública (arts. 1º e 2º, II, da Lei 9.637/1998); **E:** incorreta, pois tais entidades não podem ter fins lucrativos (art. 2º, I, *b*, da Lei 9.637/1998).

Gabarito "A"

5. AGENTES PÚBLICOS

5.1. Conceito, classificação, vínculos, provimento e vacância

(Analista – TRT/7ª – 2009 – FCC) Na categoria de servidores públicos incluem-se os

(A) empregados públicos, os servidores das empresas públicas, os empregados das concessionárias de serviço público.
(B) servidores estatutários, os servidores temporários, os militares.
(C) militares, os servidores temporários, os agentes políticos.
(D) servidores estatutários, os empregados públicos, os servidores temporários.
(E) servidores estatutários, os servidores das empresas públicas, os servidores temporários.

De fato, servidores públicos, "em sentido amplo, são as pessoas físicas que prestam serviços ao Estado e às entidades da Administração Indireta com vínculo empregatício e mediante remuneração paga pelos cofres públicos" (Maria Sylvia Zanella di Pietro, **Direito Administrativo**, 22ª edição, Atlas, p. 512) e compreendem os servidores estatutários, empregados públicos e servidores temporários.

Gabarito "D"

(Analista – TRT/9ª – 2010 – FCC) Analise as seguintes assertivas acerca do tema *cargos, empregos e funções públicas:*

I. As funções de confiança podem ser exercidas por servidores ocupantes de cargo efetivo ou não e destinam-se apenas às atribuições de direção, chefia e assessoramento.
II. Nas funções exercidas por servidores contratados temporariamente, como ocorre nos casos de contratação por prazo determinado, não se exige, necessariamente, concurso público.
III. A extinção de funções ou cargos públicos, quando vagos, exige lei de iniciativa privativa do Chefe do Poder Executivo.
IV. Empregos públicos são núcleos de encargos de trabalho permanentes a serem preenchidos por agentes contratados para desempenhá-los, sob relação trabalhista.

Está correto o que consta APENAS em

(A) II e III.
(B) I, III e IV.
(C) II e IV.
(D) I e IV.
(E) II e III.

I: incorreta, pois as funções em confiança são exercidas exclusivamente por servidores ocupantes de cargo efetivo (art. 37, V, 1ª parte, da CF), ao contrário dos cargos em comissão, que podem ser exercidos por pessoas que não detêm cargo efetivo (art. 37, V, 2ª parte, da CF); **II:** correta, podendo-se fazer, nesse tipo de situação, mero processo seletivo simplificado; **III:** incorreta, pois tal extinção pode ser feita por meio de decreto do Chefe do Executivo (art. 84, VI, *b*, da CF); **IV:** correta, pois traz a exata definição de emprego público.

Gabarito "C"

(Técnico – TRT/10ª – 2004 – CESPE) Julgue os itens que se seguem, considerando que Ronaldo celebrou contrato de trabalho com a Caixa Econômica Federal (CAIXA), que é uma empresa pública federal.

(1) Ronaldo ocupa cargo público de provimento efetivo.
(2) Ronaldo é empregado público na Administração Federal direta, pois a CAIXA é pessoa jurídica de direito público.

1: errada, pois aqueles que celebram contrato de trabalho com empresas estatais (empresa pública ou sociedade de economia mista) ocupam *emprego público*, e não *cargo público*; **2:** assertiva errada, pois a CAIXA é pessoa jurídica de direito *privado* estatal.

Gabarito 1E, 2E

(Analista – TRT/14ª – 2011 – FCC) Ricardo foi designado para o exercício de determinada função de confiança no âmbito da Administração Pública Federal. A respeito do fato narrado, é correto afirmar:

(A) Para assumir a mencionada função, Ricardo deve ser ocupante de cargo em comissão.
(B) A função de confiança destina-se a atender necessidade temporária de excepcional interesse público, ou seja, destina-se a situação emergencial e provisória.
(C) Exige-se concurso público para a investidura na mencionada função de confiança.
(D) Ricardo não poderá exercer atribuição de chefia, uma vez que as funções de confiança destinam-se somente às atribuições de direção e assessoramento.
(E) Para assumir a mencionada função, Ricardo deve ser servidor público ocupante de cargo efetivo.

A: incorreta, pois as funções de confiança são exercidas exclusivamente por servidores ocupantes de cargo efetivo (art. 37, V, da CF); **B:** incorreta, pois a função de confiança destina-se às atribuições de direção, chefia e assessoramento (art. 37, V, da CF); **C:** incorreta, pois a autoridade nomeante escolhe segundo critérios de confiança, como o próprio nome do instituto diz (art. 37, V, da CF); **D:** incorreta, pois a função de confiança também se destina às atribuições de chefia (art. 37, V, da CF); **E:** correta, nos termos do art. 37, V, da CF.

Gabarito "E"

(Analista – TRT/16ª – 2009 – FCC) Em relação aos servidores públicos, é INCORRETO afirmar:

(A) Os servidores estatutários estão sujeitos a regime estatutário e exercem cargos públicos.
(B) Os militares têm vínculo estatutário e submetem-se a regime jurídico próprio.
(C) Os cargos e empregos públicos, ressalvadas exceções legalmente previstas, são privativos de brasileiros natos ou naturalizados.
(D) Os empregados públicos são contratados sob o regime da legislação trabalhista.
(E) Os servidores temporários exercem função, sem vínculo a cargo ou emprego público.

A: correta, pois servidores estatutários são aqueles sujeitos ao regime estatutário e ocupantes de cargos públicos; **B:** correta, pois militares são pessoas físicas que prestam serviços às Forças Armadas, Polícias Militares ou Corpo de Bombeiros com vínculo estatutário e sujeito a regime jurídico próprio (art. 42 da CF); **C:** incorreta, devendo ser assinalada (arts. 12, §§ 2º e 3º, e 37, I, da CF); **D:** correta, pois realmente, os empregados públicos são contratados sob o regime da legislação trabalhista; **E:** correta, pois os servidores temporários exercem função mediante regime jurídico especial de cada ente da federação.

Gabarito "C"

(Analista – TRT/10ª – 2004 – CESPE) Julgue o seguinte item.

(1) Maurício é um cidadão que atuou como mesário nas últimas eleições municipais. Nessa situação, enquanto exercia a função de mesário, perante o direito administrativo Maurício era um agente público, mas não era um servidor público.

1: assertiva certa; Maurício era um agente público, especialmente chamado de particular em colaboração com o Poder Público, segundo o qual não há vínculo empregatício e, em regra, sem remuneração.

Gabarito 1C

5.2. Efetividade, estabilidade e vitaliciedade

(Técnico – TRT/3ª – 2005 – FCC) O servidor público da Administração direta estadual, titular de cargo de provimento efetivo, mediante concurso público, tem direito à

(A) vitaliciedade, após dez anos de efetivo exercício, e poderá perder o cargo em virtude de processo administrativo ou de procedimento de avaliação periódica, na forma de lei complementar, assegurada sempre ampla defesa.
(B) estabilidade, após dois anos de efetivo exercício, e só poderá perder o cargo em virtude de sentença judicial transitada em julgado.
(C) estabilidade, após cinco anos de efetivo exercício, e poderá perder o cargo em virtude de procedimento de avaliação periódica, na forma de lei complementar estadual, assegurada ampla defesa.
(D) vitaliciedade, após três anos de efetivo exercício, e poderá perder o cargo em virtude de sentença judicial e processo administrativo, assegurada ampla defesa.
(E) estabilidade, após três anos de efetivo exercício, e poderá perder o cargo em virtude de sentença judicial transitada em julgado, processo administrativo ou procedimento de avaliação periódica, na forma de lei complementar, assegurada sempre ampla defesa.

Art. 41, *caput*, da CF.

Gabarito "E"

(Analista – TRT/11ª – 2005 – FCC) Estabilidade dos servidores públicos:

(A) O servidor estável poderá perder o cargo, dentre outras hipóteses, após processo administrativo em que lhe seja assegurada ampla defesa.
(B) A avaliação periódica de desempenho, requisito necessário para adquirir estabilidade, pode ser preterida desde que não prevista nas Constituições Estaduais.
(C) Os servidores nomeados para cargo de provimento efetivo mediante regular concurso público adquirem a estabilidade após dois anos de efetivo exercício.
(D) A demissão do servidor estável, quando invalidada por sentença judicial, culmina com sua recondução ao cargo anteriormente ocupado.
(E) O servidor estável somente perderá o cargo por meio de sentença judicial transitada em julgado.

A: correta (art. 41, § 1º, II, da CF); **B:** incorreta (art. 41, § 4º, da CF); **C:** incorreta (art. 41, *caput*, da CF); **D:** incorreta (art. 41, § 2º, da CF); **E:** incorreta (art. 41, § 1º, II e III, da CF).

Gabarito "A"

(Técnico – TRT/16ª – 2009 – FCC) A estabilidade dos servidores públicos nomeados para cargo de provimento efetivo em virtude de concurso público se dará após três anos

(A) da proclamação do resultado do concurso.
(B) de efetivo exercício.
(C) da sua posse.
(D) da sua nomeação.
(E) da publicação da sua nomeação em diário oficial.

Art. 41, *caput*, da CF.

Gabarito "B"

5.3. Acumulação remunerada e afastamento

(Analista – TST – 2003 – CESPE) Julgue o item subsequente.

(1) Um médico, em face do permissivo constitucional, pode acumular os cargos de médico-perito do Instituto Nacional do Seguro Social e o de médico nos prontos-socorros do Hospital das Forças Armadas e do Hospital de Base, sendo este subordinado à Secretaria de Saúde do Distrito Federal.

1: errada (art. 37, XVI, *c*, da CF).

Gabarito 1E

(Analista – TRT/6ª – 2012 – FCC) João, servidor público da Administração direta federal, foi eleito para o cargo de Prefeito em seu Município. De acordo com as disposições constitucionais e legais aplicáveis à espécie, ele

(A) poderá solicitar afastamento do cargo ou licença parcial com redução proporcional da remuneração.
(B) deverá ser exonerado do cargo, pois se trata de cumulação vedada com impossibilidade de afastamento.
(C) poderá solicitar exoneração a pedido e reversão ao cargo de origem ao final do mandato.
(D) ficará afastado do cargo durante o período de mandato, podendo optar entre a remuneração do cargo público ou do eletivo.
(E) poderá permanecer em exercício no cargo de origem, desde que comprove a compatibilidade de horários e atribuições.

Segundo o art. 38, II, da CF, o servidor, "investido no mandato de Prefeito, será afastado do cargo, emprego ou função, sendo-lhe facultado optar pela sua remuneração". Assim, a alternativa **D** é a correta.

Gabarito "D"

(Analista – TRT/11ª – 2005 – FCC) Remuneração e vencimento:

(A) Não há impedimento legal para a percepção remunerada resultante de três posições no serviço público federal, desde que uma destas decorra de aposentadoria.
(B) A proibição de acumular a remuneração de empregos e funções não se estende às sociedades de economia mista e suas subsidiárias.
(C) A Constituição Federal veda, expressamente, qualquer hipótese de acumulação remunerada de cargos públicos.
(D) O médico pode acumular até três cargos remunerados no serviço público federal, desde que haja compatibilidade de horários.
(E) O servidor público pode acumular os vencimentos do cargo de médico do Estado e do cargo de professor universitário estadual, desde que haja compatibilidade de horários.

A: incorreta (art. 40, § 11, da CF); **B:** incorreta (art. 37, XVII, da CF); **C:** incorreta (art. 37, XVI, da CF); **D:** incorreta (art. 37, XVI, *c*, da CF); **E:** correta (art. 37, XVI, *b*, da CF).

Gabarito "E"

(Analista – TRT/24ª – 2011 – FCC) Ao servidor investido em mandato eletivo

(A) ou classista poderá ser removido ou redistribuído de ofício para localidade diversa daquela onde exerce o mandato.
(B) de vereador, havendo compatibilidade de horário, perceberá as vantagens de seu cargo, com prejuízo da remuneração do cargo eletivo.
(C) de Prefeito será afastado do cargo, não podendo optar pela sua remuneração.
(D) de vereador, não havendo compatibilidade de horário, será afastado do cargo, sendo-lhe obrigatória a remuneração do cargo eletivo.
(E) federal, estadual ou distrital, ficará afastado do cargo.

A: incorreta, pois não poderá ser removido ou redistribuído (art. 94, § 2º, da Lei 8.112/1990); **B:** incorreta, pois é "sem prejuízo" da remuneração do cargo eletivo (art. 38, III, da CF); **C:** incorreta, pois poderá optar pela remuneração, podendo receber a remuneração do trabalho de que se afastou ou o subsídio de Prefeito (art. 38, II, da CF); **D:** incorreta, pois, se tiver de se afastar do cargo originário, também tem direito, assim como o Prefeito, de optar pela remuneração (art. 38, III, da CF); **E:** correta, pois essa é regra geral (art. 38, I, da CF).

Gabarito "E"

(Analista – TRT/1ª – 2008 – CESPE) Assinale a opção que apresenta cargos públicos que permitem a uma mesma pessoa a acumulação lícita desses cargos.

(A) Dois cargos de professor em escolas públicas e médico do serviço público federal.
(B) Advogado da União e advogado da empresa pública.
(C) Médico militar e médico de Secretaria de Saúde do Estado, quando ingressou nos cargos antes da promulgação da CF.
(D) Militar da reserva remunerada e agente de segurança judiciário que ingressou no serviço público em maio de 2000.
(E) Três cargos públicos de magistério sem incompatibilidade de horários.

Art. 17 da ADCT e art. 37, XVI, da CF.

Gabarito "C"

5.4. Disponibilidade

(Analista – TST – 2003 – CESPE) Julgue o item a seguir.

(1) Sérgio, após aprovação em concurso público e quatro anos de espera, foi nomeado para o cargo de agente administrativo em determinado órgão federal. Com 22 meses de efetivo exercício, houve uma reforma administrativa e o referido cargo foi extinto. Nessa situação, Sérgio será posto em disponibilidade, com remuneração proporcional ao tempo de serviço, até que seja aproveitado em outro cargo cujas atribuições e vencimentos sejam compatíveis com os do cargo anteriormente ocupado.

1: errada, pois o art. 41, § 3º, da CF limita a disponibilidade aos servidores estáveis e, no caso, Sérgio contava apenas com 22 meses de efetivo exercício e, de acordo com o art. 41, *caput*, da CF, são estáveis apenas após três anos de efetivo exercício. Assim, Sérgio, que ainda não era servidor estável, não teria direito a ficar em disponibilidade.

Gabarito 1E

5.5. Remuneração e subsídio

(Analista – TRT/7ª – 2009 – FCC) Em referência aos Servidores Públicos, é correto afirmar que:

(A) a Lei da União disciplinará a aplicação de recursos orçamentários provenientes da economia com despesas correntes em cada órgão, autarquia e fundação, sendo vedada a aplicação no desenvolvimento de programa de racionalização do serviço público.
(B) a União manterá escola de governo para a formação e o aperfeiçoamento dos servidores públicos, sendo que a promoção na carreira independe de participação nos cursos.
(C) os Ministros de Estado serão remunerados por subsídio fixado em parcela única, sendo permitido o acréscimo de abono e verba de representação.
(D) os Poderes Executivo, Legislativo e Judiciário publicarão semestralmente os valores do subsídio e da remuneração dos cargos e empregos públicos.
(E) a fixação dos padrões de vencimento e dos demais componentes do sistema remuneratório observará a natureza, o grau de responsabilidade e a complexidade dos cargos componentes de cada carreira, os requisitos para a investidura, as peculiaridades dos cargos.

A: incorreta (art. 39, § 7º, da CF); B: incorreta (art. 39, § 2º, da CF); C: incorreta (art. 39, § 4º, da CF); D: incorreta (art. 39, § 6º, da CF); E: correta (art. 39, § 1º, da CF).

Gabarito "E"

(Analista – TRT/11ª – 2005 – FCC) No âmbito do Tribunal Regional do Trabalho, nenhum servidor poderá perceber, mensalmente, a título de remuneração, importância superior à soma dos valores percebidos como remuneração, em espécie, a qualquer título, pelos Ministros do Supremo Tribunal Federal, excluída do teto de remuneração, além de outras, as seguintes vantagens:

I. a gratificação natalina e o adicional de férias.
II. o adicional noturno, a gratificação natalina e a retribuição pelo exercício de função de direção.
III. o adicional de férias e a retribuição pelo exercício de função de chefia.
IV. os adicionais pela prestação de serviço extraordinário e noturno.

Das vantagens supracitadas, estão corretas as que constam APENAS em

(A) I e II.
(B) I e III.
(C) I e IV.
(D) II e III.
(E) III e IV.

Art. 42, parágrafo único c/c art. 61, II, V, VI e VII, da Lei 8.112/1990.

Gabarito "C"

6. IMPROBIDADE ADMINISTRATIVA

6.1. Disposições gerais

(Analista – TRT/10ª – 2013 – CESPE) Apuração interna realizada descobriu que um empregado público federal de uma sociedade de economia mista recebeu vantagem indevida de terceiros, em troca do fornecimento de informações privilegiadas e dados sigilosos do ente de que ele fazia parte. O relatório de conclusão da apuração foi enviado ao Ministério Público para providências cabíveis. Considerando essa situação hipotética, julgue os itens que se seguem.

(1) O terceiro beneficiado poderá ser responsabilizado nas esferas cível e criminal, mas não por improbidade administrativa, visto que esta não abrange particulares.
(2) Eventual ação de improbidade administrativa contra o empregado deverá ser ajuizada pelo Ministério Público na justiça estadual.

1: errada, pois os beneficiários de ato de improbidade administrativa, mesmo que não sejam agentes públicos, também respondem nos termos da Lei de Improbidade Administrativa (art. 3º da Lei 8.429/1992); 2: certa, pois questões afetas às sociedades de economia mista federal não atraem a Justiça Federal, diferentemente do que ocorre com as empresas públicas federais (art. 109, I, da CF).

Gabarito 1E, 2C

(Analista – TRT/14ª – 2011 – FCC) Em conformidade com a Lei de Improbidade Administrativa, (Lei nº 8.429/1992), é INCORRETO afirmar que estão sujeitos às penalidades previstas nesse diploma legal, dentre outros, os atos praticados contra o patrimônio de entidade

(A) que recebe incentivo fiscal de órgão público, bem como de entidade cuja criação ou custeio o erário haja concorrido ou concorra com menos de cinquenta por cento do patrimônio.
(B) que recebe incentivo creditício de órgão público, bem como de entidades cujo custeio o erário haja concorrido com menos de cinquenta por cento do patrimônio.
(C) que receba benefício de órgão público, bem como da entidade cuja criação o erário concorra com menos de cinquenta por cento do patrimônio ou da receita anual.
(D) que receba subvenção de órgão público, bem como de entidade cujo custeio o erário haja concorrido com menos de cinquenta por cento da receita anual.
(E) para cuja criação ou custeio o erário concorra com percentual inferior a cinquenta por cento do patrimônio ou do orçamento, inexistindo, nesse caso, limitações à sanção patrimonial.

A única alternativa que não está de acordo com o art. 1º da Lei 8.429/1992 é a **E**, pois, nesse caso (concorrência de percentual inferior a 50%), a sanção patrimonial limita-se à repercussão do ilícito sobre a contribuição dos cofres públicos (art. 1º, parágrafo único, da Lei 8.429/1992).

Gabarito "E"

(Analista – TRT/22ª – 2010 – FCC) De acordo com a Lei nº 8.429/1992, que dispõe sobre improbidade administrativa:

(A) Não constitui ato ímprobo exercer atividade de consultoria para pessoa física ou jurídica que tenha interesse suscetível de ser atingido ou amparado por ação ou omissão decorrente de atribuições do agente público durante a atividade.

(B) Está sujeito às penalidades da Lei de Improbidade o ato praticado contra entidade para cuja criação ou custeio o erário haja concorrido com menos de cinquenta por cento do patrimônio ou receita anual, inexistindo limite à sanção patrimonial.
(C) O sucessor daquele que praticou ato de improbidade atentatório aos princípios da Administração Pública, qual seja, o de negar a publicidade de atos oficiais, estará sujeito às sanções da Lei de Improbidade, porém até o limite do valor da herança.
(D) As disposições da Lei de Improbidade aplicam-se àquele que, mesmo não sendo agente público, beneficie-se do ato ímprobo, sob qualquer forma direta ou indireta.
(E) Qualquer autoridade, desde que noticiada acerca de ato ímprobo causador de lesão ao erário ou de enriquecimento ilícito, poderá representar ao Juiz de Direito para a indisponibilidade de bens do indiciado.

A: incorreta, pois se trata de improbidade na modalidade "enriquecimento ilícito" (art. 9º, VIII, da Lei 8.429/1992); **B:** incorreta, pois, nesse caso, há limite à sanção patrimonial (art. 1º, parágrafo único, da Lei 8.429/1992); **C:** incorreta, pois o sucessor somente está sujeito às sanções de ordem patrimonial, até o limite do valor da herança (art. 8º da Lei 8.429/1992); **D:** correta (art. 3º da Lei 8.429/1992); **E:** incorreta, pois é necessário representar ao Ministério Público, que terá legitimidade e capacidade postulatória para requerer a indisponibilidade em juízo (art. 7º da Lei 8.429/1992).
Gabarito "D"

(Técnico – TRT/23ª – 2011 – FCC) Os atos de improbidade administrativa praticados contra o patrimônio de entidade para cuja criação ou custeio o erário haja concorrido ou concorra com menos de cinquenta por cento do patrimônio ou da receita anual

(A) estão sujeitos às penalidades estabelecidas na Lei de Improbidade Administrativa, com exceção da sanção patrimonial, não aplicada na espécie.
(B) não estão sujeitos às penalidades estabelecidas na Lei de Improbidade Administrativa, ensejando a aplicação de sanções penais, civis e administrativas previstas na legislação específica.
(C) estão sujeitos às penalidades estabelecidas na Lei de Improbidade Administrativa, ensejando a aplicação da sanção patrimonial integral, independentemente da repercussão do ilícito sobre a contribuição dos cofres públicos.
(D) só estarão sujeitos às penalidades estabelecidas na Lei de Improbidade Administrativa se forem praticados por agente público que exerça cargo efetivo e com remuneração.
(E) estão sujeitos às penalidades estabelecidas na Lei de Improbidade Administrativa, limitando-se, nestes casos, a sanção patrimonial à repercussão do ilícito sobre a contribuição dos cofres públicos.

A alternativa **E** completa perfeitamente o enunciado, segundo o disposto no parágrafo único do art. 1º da Lei 8.429/1992.
Gabarito "E"

(Técnico – TRT/24ª – 2011 – FCC) Sobre as disposições gerais previstas na Lei de Improbidade Administrativa (Lei nº 8.429/1992), é correto afirmar:

(A) A medida de indisponibilidade de bens sempre atingirá o patrimônio integral do agente ímprobo, ainda que ultrapasse o valor do dano, já que tem finalidade assecuratória.
(B) Não é sujeito passivo de ato de improbidade a entidade para cuja criação ou custeio o erário haja concorrido ou concorra com menos de cinquenta por cento do patrimônio ou da receita anual.
(C) Ocorrendo lesão ao patrimônio público por ação ou omissão, dolosa ou culposa, do agente ou de terceiro, dar-se-á o integral ressarcimento do dano.
(D) O beneficiário do ato ímprobo não está sujeito às sanções previstas na Lei de Improbidade Administrativa, porém responderá, no âmbito cível, pelo ressarcimento do dano causado.
(E) O sucessor daquele que praticou o ato ímprobo somente será responsável quando se tratar de ato de improbidade administrativa que importe enriquecimento ilícito.

A: incorreta, pois, justamente porque tem finalidade assecuratória dos futuros valores que eventualmente o agente ímprobo terá de pagar, a indisponibilidade de bens somente atingirá o patrimônio necessário ao integral ressarcimento do dano, ou sobre o acréscimo patrimonial resultante do enriquecimento ilícito (art. 7º, parágrafo único, da Lei 8.429/1992); **B:** incorreta (art. 1º, parágrafo único, da Lei 8.429/1992); **C:** correta (art. 5º da Lei 8.429/1992); **D:** incorreta, pois o beneficiário do ato está sujeito às sanções previstas na Lei de Improbidade Administrativa (art. 3º da Lei 8.429/1992); **E:** incorreta, pois o sucessor daquele que causar lesão ao patrimônio público também está sujeito às cominações da Lei de Improbidade, valendo lembrar que isso tem por limite o valor da herança (art. 8º da Lei 8.429/1992).
Gabarito "C"

(Técnico – FCC – 2014) A prática de ato de improbidade suscita determinadas consequências desfavoráveis aos envolvidos, ainda que não sejam servidores públicos em sentido estrito. As sanções previstas na Lei de Improbidade convivem com a possibilidade de tramitação de processos e apenamento nas esferas civil, administrativa e penal. Quando resta evidencia do o enriquecimento ilícito, a Lei de Improbidade

(A) é mais rigorosa para o enquadramento do acusado no conceito de agente público constante da lei, exigindo, seja ele, ocupante de cargo ou emprego públicos.
(B) permite que a autoridade administrativa apresente representação ao Ministério Público para solicitar as medidas necessárias à indisponibilidade dos bens do indiciado.
(C) abranda o conceito de agente público, para somente assim considerar aqueles que tenham praticado conduta dolosa e gerado prejuízo ao erário.
(D) é mais branda que nas hipóteses de lesão ao erário, pois excluído alcance das disposições legais os sucessores do agente público.
(E) abranda seus efeitos, exigindo prévia condenação criminal que tenha analisado os fatos objeto da conduta ímproba.

Prevê o art. 7º, caput, da Lei 8.429/1992 que "Quando o ato de improbidade causar lesão ao patrimônio público ou ensejar enriquecimento ilícito, caberá a autoridade administrativa responsável pelo inquérito representar ao Ministério Público, para a indisponibilidade dos bens do indiciado". Correta, portanto, a alternativa "B".
Gabarito "B"

(Técnico – FCC – 2014) Mateus, agente público, recebeu vantagem econômica, diretamente de Bruno, para tolerar a exploração de jogo de azar por parte deste último. Nos termos da Lei nº 8.429/92, a conduta de Mateus

(A) constitui ato ímprobo causador de prejuízo ao erário.
(B) constitui ato ímprobo que importa enriquecimento ilícito.
(C) não constitui ato ímprobo, embora seja conduta criminosa.
(D) constitui ato ímprobo, na modalidade atentatória aos princípios da Administração pública.
(E) não constitui ato ímprobo, mas caracteriza falta funcional passível de punição na seara administrativa.

Dispõe o art. 9º, I, da Lei 8.429/1992: Constitui ato de improbidade administrativa **importando enriquecimento ilícito** auferir qualquer tipo de vantagem patrimonial indevida em razão do exercício de cargo, mandato, função, emprego ou atividade nas entidades mencionadas no art. 1° desta lei, e notadamente receber, para si ou para outrem, dinheiro, bem móvel ou imóvel, ou qualquer outra vantagem econômica, direta ou indireta, a título de comissão, percentagem, gratificação ou presente de quem tenha interesse, direto ou indireto, que possa ser atingido ou amparado por ação ou omissão decorrente das atribuições do agente público. Correta, portanto, a alternativa "B".
Gabarito "B"

6.2. Atos de improbidade administrativa

(Analista – TRT/16ª – 2014 – FCC) Beltrano, agente público, foi processado por improbidade administrativa, haja vista ter praticado ato ímprobo que atenta contra os princípios da Administração pública. Em sua defesa, alega que agiu sem qualquer intenção de praticar o ato ímprobo, isto é, com conduta meramente culposa, razão pela qual pleiteou a improcedência da demanda. A tese de defesa de Beltrano, caso efetivamente comprovada,

(A) constitui causa de agravamento das sanções previstas na Lei de Improbidade.
(B) não afasta o ato ímprobo.
(C) constitui causa de redução das sanções previstas na Lei de Improbidade.
(D) afasta o ato ímprobo.
(E) afasta única e exclusivamente a aplicação da sanção de suspensão dos direitos políticos.

A, B, C e **E**: incorretas, pois essa modalidade de improbidade administrativa, prevista no art. 11 da Lei 8.429/92, depende de dolo para se configurar, o que afasta o cometimento de ato ímprobo, ficando prejudicada a análise de haver ou não causa de agravamento no caso ou de haver redução das sanções, afastando qualquer tipo de aplicação de sanção no caso; **D**: correta, pois essa modalidade de improbidade administrativa, prevista no art. 11 da Lei 8.429/92, depende de dolo para se configurar, o que afasta o cometimento de ato ímprobo.

Gabarito "D"

(Analista – TRT/1ª – 2012 – FCC) Determinado administrador público adquiriu, sem licitação, dois veículos para uso da repartição pública que chefia. Em decorrência dessa aquisição, obteve desconto considerável na aquisição de outro veículo, com recursos próprios, para sua utilização. Em razão dessa conduta,

(A) pode restar configurado ato de improbidade, desde que reste comprovado prejuízo pecuniário.

(B) não poderá ser configurado ato de improbidade, salvo no que concerne à aquisição do veículo com recursos próprios, pois se valeu de vantagem obtida em razão do cargo.

(C) pode restar configurado ato de improbidade, independentemente da ocorrência de prejuízo pecuniário.

(D) não pode configurar ato de improbidade, mas pode configurar ilícito penal, independentemente da ocorrência de prejuízo pecuniário.

(E) fica configurado ato de improbidade, devendo ser responsabilizado o agente estatal independentemente de dolo ou culpa, mas devendo ser comprovado prejuízo pecuniário.

A: incorreta, pois a improbidade administrativa também pode se configurar quando, mesmo sem prejuízo ao erário, haja violação dolosa a princípios da Administração Pública (art. 11 da Lei 8.429/1992); **B**: incorreta, pois a aquisição de veículos sem licitação pode configurar, sim, improbidade administrativa (art. 10, VIII, da Lei 8.429/1992); **C**: correta, pois, quanto à aquisição dos bens sem licitação, possivelmente houve configuração de improbidade nos termos do art. 10, VIII, da Lei 8.429/1992, lembrando que a improbidade administrativa também pode se configurar quando, mesmo sem prejuízo ao erário, haja violação dolosa a princípios da Administração Pública (art. 11 da Lei 8.429/1992), sendo que, quanto ao desconto auferido para a compra de outro veículo, há, no mínimo, violação ao princípio da moralidade administrativa, configurando-se também o ato de improbidade; **D**: incorreta, pois, conforme os comentários às alternativas anteriores, há, sim, configuração de improbidade administrativa; **E**: incorreta, pois o agente público, quanto ao ressarcimento ao erário, só responde mediante culpa ou dolo, e quanto à prática de ato de improbidade, responde só por dolo quanto às modalidades dos arts. 9º e 11, e por culpa ou dolo na modalidade do art. 10, todos da Lei 8.429/1992.

Gabarito "C"

(Analista – TRT/11ª – 2012 – FCC) Guilherme, servidor público federal, recebeu vantagem econômica para fazer declaração falsa sobre avaliação em obra pública. Ricardo, também servidor público federal, através de determinado ato, facilitou que terceiro enriquecesse ilicitamente. Segundo as disposições legais expressas contidas na Lei nº 8.429/1992, as condutas de Guilherme e Ricardo constituem

(A) ato ímprobo que importa enriquecimento ilícito e ato ímprobo causador de prejuízo ao erário, respectivamente.

(B) apenas ilícito penal, não caracterizando atos de improbidade administrativa, dada a atipicidade das condutas.

(C) ato ímprobo causador de prejuízo ao erário e ato ímprobo que atenta contra os princípios da Administração Pública, respectivamente.

(D) ato ímprobo que importa enriquecimento ilícito e ato ímprobo que atenta contra os princípios da Administração Pública, respectivamente.

(E) atos ímprobos que importam enriquecimento ilícito.

No primeiro caso temos a modalidade de enriquecimento ilícito (art. 9º, VI, da Lei 8.429/1992), ao passo que no segundo a modalidade é de prejuízo ao erário (art. 10, I, da Lei 8.429/1992). Assim, a alternativa **A** é a correta.

Gabarito "A"

(Analista – TRT/11ª – 2012 – FCC) Miguel, servidor público federal, liberou verba pública sem a estrita observância das normas pertinentes. Em razão disso, o Ministério Público Federal propôs ação de improbidade administrativa, imputando-lhe ato ímprobo previsto no artigo 10, inciso XI, da Lei nº 8.429/1992 (ato de improbidade administrativa que causa prejuízo ao erário). Ao longo da instrução processual, restaram comprovados dois fatos: (i) inexistência de lesão aos cofres públicos; (ii) conduta meramente culposa, não tendo Miguel agido com dolo.

Em razão das conclusões advindas do processo em questão, o Poder Judiciário concluirá que

(A) existiu ato de improbidade administrativa, vez que a ausência de lesão ao erário e de dolo não impedem a caracterização do ato ímprobo em questão.

(B) existiu ato de improbidade administrativa, pois para caracterizar o ato ímprobo narrado basta a presença de conduta culposa, não sendo a "lesão ao erário" imprescindível à sua caracterização.

(C) inexistiu ato de improbidade administrativa, haja vista que o ato ímprobo narrado exige conduta exclusivamente dolosa.

(D) inexistiu ato de improbidade administrativa, uma vez que, para a caracterização do ato ímprobo narrado, imprescindível se faz a ocorrência de lesão ao erário.

(E) inexistiu ato de improbidade administrativa, uma vez que, para a caracterização do ato ímprobo narrado, imprescindível se faz a ocorrência de lesão ao erário e de conduta dolosa.

A e **B**: incorretas, pois a lesão ao erário é elemento do tipo na modalidade prejuízo ao erário (vide *caput* do art. 10 da Lei 8.429/1992); **C** e **E**: assertivas incorretas, pois o próprio *caput* do art. 10 da Lei 8.429/1992 menciona que o tipo em questão se caracteriza com conduta dolosa ou culposa; **D**: correta, nos termos do *caput* do art. 10 da Lei 8.429/1992, que é claro no sentido de que a lesão ao erário é elemento do tipo na modalidade em questão.

Gabarito "D"

(Analista – TRT/6ª – 2012 – FCC) De acordo com a Lei nº 8.429/1992, os atos de improbidade administrativa

(A) que causem enriquecimento ilícito ou lesão ao patrimônio público ensejam a possibilidade de obter a indisponibilidade de bens do indiciado.

(B) somente podem ser considerados lesivos ao patrimônio público quando decorrentes de conduta dolosa do agente.

(C) permitem a aplicação de sanções pecuniárias apenas na hipótese de ensejarem enriquecimento ilícito.

(D) que atentem contra os princípios da Administração pública pressupõem, como sujeito ativo, agente público.

(E) que ensejam lesão ao patrimônio público pressupõem o enriquecimento ilícito pelo agente público.

A: correta (art. 7º da Lei 8.429/1992); **B**: incorreta, pois a modalidade de improbidade prevista no art. 10 da Lei 8.429/1992 se configura mediante conduta culposa em sentido estrito também; **C**: incorreta, pois nos demais casos também cabem sanções pecuniárias, como o ressarcimento integral do dano e a multa civil (art. 12, II e III, da Lei 8.429/1992); **D**: incorreta, pois também pode ser sujeito ativo do ato de improbidade a pessoa que, mesmo não sendo agente público, *induza* ou *concorra* para a prática do ato ou dele se *beneficie* de forma direta ou indireta (art. 3º da Lei 8.429/1992); **E**: incorreta, pois a modalidade referente à lesão ao patrimônio público (art. 10 da Lei 8.429/1992) não traz como elemento indispensável para a sua configuração o enriquecimento ilícito do agente público, elemento esse próprio da modalidade do art. 9º da Lei 8.429/1992.

Gabarito "A"

(Analista – TRT/8ª – 2010 – FCC) De acordo com a Lei nº 8.429/1992, constitui ato de improbidade administrativa importando enriquecimento ilícito, dentre outros,

(A) liberar verba pública sem a estrita observância das normas pertinentes ou influir de qualquer forma para a sua aplicação irregular.

(B) frustrar a licitude de processo licitatório ou dispensá-lo indevidamente.

(C) ordenar ou permitir a realização de despesas não autorizadas em lei ou regulamento.

(D) agir negligentemente na arrecadação de tributo ou renda, bem como no que diz respeito à conservação do patrimônio público.

(E) perceber vantagem econômica para intermediar a liberação ou aplicação de verba pública de qualquer natureza.

A: incorreta, pois se trata da modalidade prejuízo ao erário (art. 10, XI, da Lei 8.429/1992); **B**: incorreta, pois se trata da modalidade prejuízo ao erário (art. 10, VIII, da Lei 8.429/1992); **C**: incorreta, pois se trata da modalidade prejuízo ao erário (art. 10, IX, da Lei 8.429/1992); **D**: incorreta, pois se trata da modalidade prejuízo ao erário (art. 10, X, da Lei 8.429/1992); **E**: correta, pois se trata da modalidade enriquecimento ilícito (art. 9º, IX, da Lei 8.429/1992).

Gabarito "E"

(Analista – TRT/9ª – 2010 – FCC) De conformidade com a Lei nº 8.429/1992, receber, para si ou para outrem, dinheiro, bem móvel ou imóvel, ou qualquer outra vantagem econômica, direta ou indireta, a título de comissão, percentagem, gratificação ou presente de quem tenha interesse, direto ou indireto, que possa ser atingido ou amparado por ação ou omissão decorrente das atribuições do agente público caracteriza

(A) ato de improbidade administrativa que importa enriquecimento ilícito.
(B) infração administrativa, mas não ato de improbidade administrativa.
(C) ato de improbidade administrativa que causa prejuízo ao erário.
(D) crime de improbidade administrativa.
(E) ato de improbidade administrativa que atenta contra os princípios da Administração Pública.

Art. 9º, I, da Lei 8.429/1992.

Gabarito "A"

(Analista – TRT/11ª – 2005 – FCC) Tércio, agente político, independentemente das sanções penais, civis e administrativas previstas na legislação específica, poderá ser condenado, dentre outras cominações, ao ressarcimento integral do dano, perda dos bens ou valores acrescidos ilicitamente ao seu patrimônio, se concorrer esta circunstância, perda da função pública e suspensão dos direitos políticos de cinco a oito anos, em decorrência dos seguintes atos de improbidade administrativa:

(A) receber vantagem econômica de qualquer natureza, mesmo que indiretamente, para omitir ato de ofício, providência ou declaração de que esteja obrigado.
(B) revelar fato ou circunstância de que tem ciência em razão das atribuições do cargo, que deva permanecer em segredo.
(C) perceber vantagem econômica para intermediar a liberação ou aplicação de verba pública de qualquer natureza.
(D) permitir que chegue ao conhecimento de terceiro, antes da respectiva divulgação oficial, teor de medida econômica capaz de afetar o preço de mercadoria, bem ou serviço.
(E) realizar operação financeira sem observância das normas legais e regulamentares ou aceitar garantia insuficiente ou inidônea.

Arts. 10, VI, e 12, II, da Lei 8.429/1992.

Gabarito "E"

(Analista – TRT/14ª – 2011 – FCC) José, Analista Judiciário do Tribunal Regional do Trabalho da 14ª Região, utilizou, em serviço particular, veículo de propriedade do TRT da 14a Região, valendo-se, inclusive, de servidor do mencionado Tribunal para guiar o veículo. Cumpre esclarecer que José tinha ciência da ilicitude praticada. De acordo com a Lei nº 8.429/1992, que dispõe sobre as sanções aplicáveis aos agentes públicos nos casos de enriquecimento ilícito no exercício de mandato, cargo, emprego ou função na administração pública direta, indireta ou fundacional, o ato praticado configura

(A) mero ilícito administrativo.
(B) ato ímprobo que importa enriquecimento ilícito.
(C) ato ímprobo, porém não acarretou qualquer lesão ao erário.
(D) conduta legal, atentatória tão somente à moral e aos bons costumes.
(E) ato ímprobo atentatório aos princípios da Administração Pública, por não caracterizar quaisquer das demais modalidades de ato ímprobo.

Trata-se de ato de improbidade na modalidade enriquecimento ilícito do agente (art. 9º, IV, da Lei 8.429/1992). Essa modalidade exige dolo e, no caso, há dolo, pois o enunciado da questão mencionada que José tinha ciência da ilicitude praticada, ou seja, agiu com intenção de praticar o tipo previsto na lei.

Gabarito "B"

(Analista – TRT/15ª – 2009 – FCC) De acordo com a Lei nº 8.429/1992, dentre os atos que constituem improbidade administrativa que causa lesão ao erário NÃO se inclui:

(A) Realizar operação financeira sem observância das normas legais e regulamentares ou aceitar garantia insuficiente ou inidônea.
(B) Permitir ou facilitar a aquisição, permuta ou locação de bem ou serviço por preço superior ao de mercado.
(C) Ordenar ou permitir a realização de despesas não autorizadas em lei ou regulamento.
(D) Perceber vantagem econômica para intermediar a liberação ou aplicação de verba pública de qualquer natureza.
(E) Frustrar a licitude de processo licitatório ou dispensá-lo indevidamente.

A: correta (art. 10, VI, da Lei 8.429/1992); **B:** correta (art. 10, V, da Lei 8.429/1992); **C:** correta (art. 10, IX, da Lei 8.429/1992); **D:** incorreta, devendo ser assinalada, pois se trata de ato de improbidade administrativa que importa enriquecimento ilícito (art. 9º, IX, da Lei 8.429/1992); **E:** correta (art. 10, VIII, da Lei 8.429/1992).

Gabarito "D"

(Analista – TRT/16ª – 2009 – FCC) Em relação aos órgãos e entidades da administração direta, indireta ou fundacional de qualquer dos Poderes da União, dos Estados, do Distrito Federal, dos Municípios, de Território, de empresa incorporada ao patrimônio público ou de entidade para cuja criação ou custeio o erário haja concorrido ou concorra com mais de cinquenta por cento do patrimônio ou da receita anual, constitui ato de improbidade administrativa que causa prejuízo ao erário:

(A) utilizar, em obra ou serviço particular, o trabalho de servidores públicos, empregados ou terceiros contratados por elas.
(B) incorporar, por qualquer forma, ao seu patrimônio bens, rendas, verbas ou valores integrantes do acervo patrimonial.
(C) usar, em proveito próprio, bens, rendas, verbas ou valores integrantes do acervo patrimonial.
(D) facilitar ou concorrer por qualquer forma para a incorporação ao patrimônio particular, de pessoa física ou jurídica, de bens, rendas, verbas ou valores integrantes do acervo patrimonial.
(E) utilizar, em obra ou serviço particular, veículos, máquinas, equipamentos ou material de qualquer natureza, de propriedade ou à disposição delas.

A e **E:** assertivas incorretas (art. 9º, IV, da Lei 8.429/1992); **B:** incorreta (art. 9º, XI, da Lei 8.429/1992); **C:** incorreta (art. 9º, XII, da Lei 8.429/1992); **D:** correta (art. 10, I, da Lei 8.429/1992).

Gabarito "D"

(Técnico – TRT/19ª – 2015 – FCC) Mateus, agente público, recebeu vantagem econômica, diretamente de Bruno, para tolerar a exploração de jogo de azar por parte deste último. Nos termos da Lei nº 8.429/92, a conduta de Mateus

(A) constitui ato ímprobo causador de prejuízo ao erário.
(B) constitui ato ímprobo que importa enriquecimento ilícito.
(C) não constitui ato ímprobo, embora seja conduta criminosa.
(D) constitui ato ímprobo, na modalidade atentatória aos princípios da Administração pública.
(E) não constitui ato ímprobo, mas caracteriza falta funcional passível de punição na seara administrativa.

A, C, D e **E:** incorretas, pois constitui improbidade na modalidade enriquecimento ilícito o agente "receber vantagem econômica de qualquer natureza, direta ou indireta, para tolerar a exploração ou a prática de jogos de azar" (art. 9º, V, da Lei 8.429/92); **B:** correta (art. 9º, V, da Lei 8.429/92).

Gabarito "B"

(Analista – TRT/19ª – 2008 – FCC) Geribaldo, funcionário público federal, sem estar movido por interesse ou sentimento pessoal, deixa de praticar, indevidamente, ato administrativo de sua competência, sem que disso resulte enriquecimento ilícito ou lesão ao erário. De acordo com a Lei de Improbidade Administrativa, sua conduta

(A) não caracteriza ato de improbidade administrativa, mas o sujeita a pena de suspensão por três dias prevista na Lei.
(B) caracteriza mero erro administrativo, sem consequência para o servidor.
(C) não caracteriza ato de improbidade administrativa, nem infração administrativa.
(D) não caracteriza ato de improbidade administrativa, mas o sujeita a pena de advertência prevista na Lei.
(E) caracteriza ato de improbidade administrativa.

Art. 11, II, da Lei 8.429/1992.

Gabarito "E"

(Analista – TRT/20ª – 2011 – FCC) Carlos, servidor público federal, está sendo processado em ação de improbidade administrativa. A petição inicial da referida demanda imputa-lhe o cometimento do seguinte ato: *frustrar a licitude de concurso público*. Referida conduta, para efetivamente caracterizar ato ímprobo, previsto no artigo 11 da Lei nº 8.429/1992 (Lei de Improbidade Administrativa),

(A) depende de ocorrência de lesão ao erário.
(B) exige ação obrigatoriamente dolosa de Carlos.
(C) exige ação dolosa ou culposa de Carlos.
(D) independe de qualquer elemento subjetivo.
(E) exige obrigatoriamente enriquecimento ilícito de Carlos.

Segundo o STJ, as modalidades do art. 9º (enriquecimento ilícito do agente) e do art. 11 (violação a princípio da Administração), ambos da Lei 8.429/1992, exigem conduta dolosa, de modo que a alternativa **B** está correta, já que faz referência à modalidade do art. 11 da Lei 8.429/1992. **A:** incorreta, pois a modalidade narrada no enunciado da questão não se confunde com a modalidade do art. 10, que exige prejuízo ao erário; **B:** correta, conforme mencionado acima; **C:** incorreta, pois a modalidade narrada no enunciado da questão só se configura se houver dolo; **D:** incorreta, pois é necessário o elemento subjetivo dolo; **E:** incorreta, pois a modalidade narrada no enunciado da questão não se confunde com a modalidade do art. 9º, que exige enriquecimento ilícito.

Gabarito "B".

(Analista – TRT/20ª – 2011 – FCC) João, Prefeito de determinado Município, realizou contratação direta de empresa, isto é, sem a realização do respectivo procedimento licitatório, fora das hipóteses legais que autorizam a dispensa de licitação. Referida conduta, para caracterizar ato ímprobo, previsto no artigo 10, da Lei nº 8.429/1992 (Lei de Improbidade Administrativa),

(A) exige obrigatoriamente enriquecimento ilícito de João.
(B) independe de ocorrência de lesão ao erário.
(C) exige ação apenas dolosa de João.
(D) independe de qualquer elemento subjetivo.
(E) exige ação dolosa ou culposa de João.

Segundo o STJ, as modalidades do art. 9º (enriquecimento ilícito do agente) e do art. 11 (violação a princípio da Administração), ambos da Lei 8.429/1992 exigem conduta dolosa. Já a modalidade do art. 10 (prejuízo ao erário) se configura mediante conduta culposa ou dolosa (art. 10, *caput*, da Lei 8.429/1992), de modo que a alternativa **E** está correta. **A:** incorreta, pois a modalidade narrada no enunciado da questão não se confunde com a modalidade do art. 9º, que exige enriquecimento ilícito; **B:** incorreta, pois a modalidade narrada no enunciado da questão exige prejuízo ao erário para se configurar; **C:** incorreta, pois a modalidade narrada no enunciado da questão se configura mediante conduta dolosa ou culposa (art. 10 da Lei 8.429/1992); **D:** incorreta, pois é necessário o elemento subjetivo dolo ou culpa em sentido estrito; **E:** correta, pois a modalidade narrada no enunciado da questão exige culpa ou dolo, conforme se verifica do *caput* do art. 10 da Lei 8.429/1992.

Gabarito "E".

(Analista – TRT/22ª – 2010 – FCC) Analise as assertivas abaixo acerca dos atos de improbidade administrativa.

I. Constitui ato de improbidade administrativa que atenta contra os princípios da Administração Pública frustrar a licitude de concurso público.
II. Constitui ato de improbidade administrativa causador de prejuízo ao erário permitir a realização de despesas não autorizadas em lei.
III. Constitui ato de improbidade administrativa que atenta contra os princípios da Administração Pública realizar operação financeira sem observância das normas legais e regulamentares.
IV. O ato de improbidade administrativa causador de prejuízo ao erário somente é punível na modalidade dolosa.

De acordo com a Lei nº 8.429/1992 está correto o que se afirma APENAS em

(A) I e II.
(B) I e III.
(C) I e IV.
(D) II e III.
(E) III e IV.

I: correta (art. 11, V, da Lei 8.429/1992); **II:** correta (art. 10, IX, da Lei 8.429/1992); **III:** incorreta, pois esse ato caracteriza a modalidade "prejuízo ao erário" (art. 10, VI, da Lei 8.429/1992); **IV:** incorreta, pois a lei estabelece que a modalidade "prejuízo ao erário" caracteriza-se mediante conduta culposa ou dolosa (art. 10, *caput*, da Lei 8.429/1992), ao contrário das outras duas modalidades (dos arts. 9º e 11 da Lei 8.429/1992), que reclamam conduta dolosa.

Gabarito "A".

(Analista – TRT/23ª – 2011 – FCC) Constitui ato de improbidade administrativa que importa enriquecimento ilícito, nos termos da Lei nº 8.429/1992:

(A) permitir ou facilitar a aquisição, permuta ou locação de bem ou serviço por preço superior ao de mercado.
(B) utilizar, em obra ou serviço particular, máquinas de propriedade da União, bem como o trabalho de servidor público da União.
(C) agir negligentemente na arrecadação de tributo ou renda, bem como no que diz respeito à conservação do patrimônio público.
(D) celebrar contrato de rateio de consórcio público sem suficiente e prévia dotação orçamentária, ou sem observar as formalidades previstas na lei.
(E) realizar operação financeira sem observância das normas legais e regulamentares.

A: incorreta, pois constitui ato de improbidade que importa em *prejuízo ao erário* (art. 10, V, da Lei 8.429/1992); **B:** correta (art. 9º, IV, da Lei 8.429/1992); **C:** incorreta, pois constitui ato de improbidade que importa em *prejuízo ao erário* (art. 10, X, da Lei 8.429/1992); **D:** incorreta, pois constitui ato de improbidade que importa em *prejuízo ao erário* (art. 10, XV, da Lei 8.429/1992); **E:** incorreta, pois constitui ato de improbidade que importa em *prejuízo ao erário* (art. 10, VI, da Lei 8.429/1992).

Gabarito "B".

(Analista – TRT/23ª – 2011 – FCC) Constitui ato de improbidade administrativa previsto especificamente no artigo 10, da Lei nº 8.429/1992, isto é, ato causador de prejuízo ao erário:

(A) frustrar a licitude de processo licitatório.
(B) receber vantagem econômica de qualquer natureza, direta ou indireta, para fazer declaração falsa sobre medição ou avaliação em obras públicas.
(C) adquirir, para si ou para outrem, no exercício de mandato, cargo, emprego ou função pública, bens de qualquer natureza cujo valor seja desproporcional à evolução do patrimônio ou à renda do agente público.
(D) receber vantagem econômica de qualquer natureza, direta ou indiretamente, para omitir ato de ofício, providência ou declaração a que esteja obrigado.
(E) utilizar, em obra ou serviço particular, o trabalho de servidores públicos da União.

A: correta (art. 10, VIII, da Lei 8.429/1992); **B:** incorreta, pois constitui ato de improbidade que importa em *enriquecimento ilícito do agente* (art. 9º, VI, da Lei 8.429/1992); **C:** incorreta, pois constitui ato de improbidade que importa em *enriquecimento ilícito do agente* (art. 9º, VII, da Lei 8.429/1992); **D:** incorreta, pois constitui ato de improbidade que importa em *enriquecimento ilícito do agente* (art. 9º, X, da Lei 8.429/1992); **E:** incorreta, pois constitui ato de improbidade que importa em *enriquecimento ilícito do agente* (art. 9º, IV, da Lei 8.429/1992).

Gabarito "A".

(Analista – TRT/23ª – 2007 – FCC) De acordo com a classificação e enumeração dada pela Lei nº 8.429/1992, constitui ato de improbidade administrativa que causa prejuízo ao erário público

(A) revelar fato ou circunstância de que tem ciência em razão das atribuições e que deva permanecer em segredo.
(B) exercer atividade de consultoria para pessoa jurídica que tenha interesse suscetível de ser amparado por ação ou omissão decorrente das atribuições do agente público durante a atividade.
(C) perceber vantagem econômica para intermediar a liberação ou aplicação de verba pública de qualquer natureza.
(D) celebrar contrato de rateio de consórcio público sem suficiente e prévia dotação orçamentária, ou sem observar as formalidades previstas na lei.
(E) praticar ato visando fim proibido em lei ou regulamento ou diverso daquele previsto, na regra de competência.

A: incorreta (art. 11, III, da Lei 8.429/1992); **B:** incorreta (art. 9º, VIII, da Lei 8.429/1992); **C:** incorreta (art. 9º, IX, da Lei 8.429/1992); **D:** correta (art. 10, XV, da Lei 8.429/1992); **E:** incorreta (art. 11, I, da Lei 8.429/1992).

Gabarito "D"

(Analista – TRT/24ª – 2011 – FCC) Nos termos da Lei nº 8.429/1992, revelar ou permitir que chegue ao conhecimento de terceiro, antes da respectiva divulgação oficial, teor de medida política ou econômica capaz de afetar o preço de mercadoria, bem ou serviço, constitui

(A) ato de improbidade administrativa que causa prejuízo ao erário.
(B) mero ilícito administrativo.
(C) ato de improbidade administrativa que importa enriquecimento ilícito.
(D) conduta lícita, não caracterizando qualquer irregularidade.
(E) ato de improbidade administrativa que atenta contra os princípios da Administração Pública.

Trata-se de ato de improbidade que atenta contra os princípios da Administração Pública (art. 11, VII, da Lei 8.429/1992).

Gabarito "E"

(Analista – TRT/24ª – 2011 – FCC) Nos termos da Lei nº 8.429/1992, o ato de improbidade administrativa

(A) causador de lesão ao erário não pode ser punido na modalidade culposa.
(B) que importa enriquecimento ilícito nem sempre acarretará a perda dos bens ou valores acrescidos ao patrimônio do agente público ou terceiro beneficiário.
(C) consistente em agir negligentemente na arrecadação de tributos corresponde a ato ímprobo causador de prejuízo ao erário.
(D) consistente em negar publicidade aos atos oficiais corresponde a ato ímprobo que importa enriquecimento ilícito.
(E) consistente em omissão de prestar contas, quando esteja obrigado a fazê-lo, corresponde a ato ímprobo causador de prejuízo ao erário.

A: incorreta, pois a modalidade de prejuízo ao erário, prevista no art. 10 da Lei 8.429/1992, admite a forma culposa, conforme se verifica do *caput* do dispositivo citado; **B:** incorreta, pois esse tipo de ato importará, sim, nessa perda, conforme o art. 6º da Lei 8.429/1992; **C:** correta (art. 10, X, da Lei 8.429/1992); **D:** incorreta, pois constitui ato ímprobo que importa em violação a princípios da Administração (art. 11, IV, da Lei 8.429/1992); **E:** incorreta, pois constitui ato ímprobo que importa em violação a princípios da Administração (art. 11, VI, da Lei 8.429/1992).

Gabarito "C"

(Analista – TRT/21ª – 2010 – CESPE) Julgue o item a seguir, relativo à improbidade administrativa.

(1) O servidor público que lesionar o patrimônio público deve ressarcir integralmente o dano, ainda que sua ação ou omissão seja culposa.

1: certa, nos termos do art. 10, *caput*, da Lei 8.429/1992.

Gabarito 1C

6.3. Penas

(Analista – TRT/2ª – 2008 – FCC) Nas hipóteses de atos de improbidade administrativa que importam enriquecimento ilícito, o agente está sujeito, dentre outras penalidades, à suspensão dos direitos políticos de

(A) oito a doze anos e pagamento de multa civil de até cinco vezes o valor do acréscimo patrimonial.
(B) cinco a oito anos e pagamento de multa civil de até duas vezes o valor do dano.
(C) três a cinco anos e pagamento de multa civil de até cem vezes o valor da remuneração percebida pelo agente.
(D) oito a dez anos e pagamento de multa civil de até três vezes o valor do acréscimo patrimonial.
(E) seis a dez anos e pagamento de multa civil de até três vezes o valor do dano.

Art. 12, I, da Lei 8.429/1992.

Gabarito "D"

(Analista – TRT/11ª – 2012 – FCC) No curso de determinada ação de improbidade administrativa, um dos réus vem a falecer, razão pela qual é chamado a intervir na lide, seu único sucessor Felipe, empresário do ramo hoteleiro. Ao final da demanda, todos os réus são condenados pela prática de ato ímprobo previsto no artigo 11, da Lei n.º 8.429/1992 (violação aos princípios da Administração Pública), sendo-lhes impostas as seguintes sanções: ressarcimento integral do dano, perda da função pública e suspensão dos direitos políticos por cinco anos. Nesse caso, Felipe"

(A) responderá apenas pelo ressarcimento do dano, devendo arcar, obrigatoriamente, com a reposição integral do prejuízo causado ao erário.
(B) estará sujeito à suspensão dos direitos políticos e ao ressarcimento integral do dano.
(C) não está sujeito às cominações previstas na Lei de Improbidade Administrativa.
(D) estará sujeito às três sanções impostas.
(E) responderá apenas pelo ressarcimento do dano, até o limite do valor da herança.

A: incorreta, pois o sucessor (Felipe) só tem que arcar com a reposição do prejuízo ao erário até o limite do valor da herança (art. 8º da Lei 8.429/1992); **B** e **D:** assertivas incorretas, pois o sucessor não está sujeito às sanções personalíssimas aplicadas ao agente ímprobo, como é o caso da perda da função pública e da suspensão dos direitos políticos; **C:** incorreta, pois, como se viu, o sucessor está sujeito às cominações pecuniárias previstas na Lei 8.429/1992 (art. 8º da referida Lei); **E:** correta (art. 8º da Lei 8.429/1992).

Gabarito "E"

(Analista – TRT/19ª – 2008 – FCC) No exercício de sua função, o funcionário público Herivelto pratica ato contrário à lei, do qual resulta para si enriquecimento ilícito. Em decorrência, de acordo com a Lei de Improbidade Administrativa e em relação aos bens acrescidos ilicitamente ao seu patrimônio,

(A) não os perderá, mas deverá pagar imposto equivalente ao dobro do valor desses bens ou valores.
(B) não os perderá, devendo sujeitar-se somente a outras sanções previstas na lei.
(C) perderá esses bens ou valores, além de estar sujeito a outras sanções previstas na referida lei.
(D) os perderá somente se for condenado criminalmente, como efeito da condenação penal.
(E) perderá os referidos bens ou valores, mas não seus frutos ou produtos.

Art. 12, I, da Lei 8.429/1992.

Gabarito "C"

(Analista – TRT/23ª – 2007 – FCC) O agente público que comete ato de improbidade administrativa consistente em perceber vantagem econômica para intermediar a liberação ou aplicação de verba pública de qualquer natureza, estará, dentre outras, sujeito às seguintes cominações:

(A) perda dos bens ou valores acrescidos ilicitamente ao patrimônio, suspensão dos direitos políticos de oito a dez anos, pagamento de multa civil de até três vezes o valor do acréscimo patrimonial e proibição de contratar com o Poder Público pelo prazo de cinco anos.
(B) perda dos bens ou valores acrescidos ilicitamente ao patrimônio, ressarcimento integral do dano, suspensão dos direitos políticos de cinco a dez anos e proibição de contratar com o Poder Público pelo prazo de dez anos.
(C) ressarcimento integral do dano, quando houver, perda da função pública, suspensão dos direitos políticos de oito a dez anos e pagamento de multa civil de até três vezes o valor do dano.
(D) ressarcimento integral do dano, quando houver, perda da função pública, suspensão dos direitos políticos de cinco a oito anos e pagamento de multa civil de até três vezes o valor do dano.
(E) perda dos bens ou valores acrescidos ilicitamente ao patrimônio, perda da função pública, suspensão dos direitos políticos de oito a dez anos e proibição de contratar com o Poder Público pelo prazo de dez anos.

Arts. 9º, IX, e 12, I, da Lei 8.429/1992.

Gabarito "E"

(Técnico – TRT/16ª – 2015 – FCC) Matheus, servidor público, concedeu benefício administrativo sem a observância das formalidades legais aplicáveis à espécie e foi condenado por improbidade administrativa, tendo em vista o cometimento de ato ímprobo causador de lesão ao erário. A propósito do tema, considere as afirmativas abaixo:

I. Comporta a medida de indisponibilidade de bens.
II. Não tem como uma de suas sanções a condenação em multa civil.
III. Admite conduta culposa.
IV. Não atinge, em qualquer hipótese, o sucessor do agente ímprobo.

Nos termos da Lei nº 8.429/1992 e tendo em vista as características e peculiaridades do ato ímprobo cometido por Matheus, está correto o que consta APENAS em

(A) I e IV.
(B) I, II e III.
(C) II e IV.
(D) II, III e IV.
(E) I e III.

I: correta; há improbidade no caso, prevista no art. 10, VII, da Lei 8.429/92; assim, cabe aplicação das consequências previstas na Lei 8.429/92 e entre elas está a medida de indisponibilidade de bens (art. 7º da Lei 8.429/92); **II**: incorreta, há improbidade no caso, prevista no art. 10, VII, da Lei 8.429/92; assim, cabe aplicação das sanções previstas no art. 12, II, da Lei 8.429/92 e entre elas está a multa civil; **III**: correta, pois a modalidade de improbidade por lesão ao erário admite a forma culposa ou dolosa, na forma do art. 10, *caput*, da Lei 8.429/92; **IV**: incorreta; há improbidade no caso, prevista no art. 10, VII, da Lei 8.429/92; assim, cabe aplicação das consequências previstas na Lei 8.429/92 e entre elas está que o sucessor daquele que causar lesão ao patrimônio público ou se enriquecer ilicitamente está sujeito às cominações da lei até o limite do valor da herança. (art. 8º da Lei 8.429/92).

Gabarito "E"

6.4. Declaração de bens

(Técnico – TRT/16ª – 2015 – FCC) A Lei de Improbidade Administrativa (Lei n. 8.429/1992) trata da importância da apresentação da declaração de bens e valores pertencentes ao patrimônio privado do agente público. De acordo com a referida lei, trata-se de condição para

(A) a nomeação e a posse.
(B) a posse, apenas.
(C) o exercício, apenas.
(D) a nomeação, apenas.
(E) a posse e o exercício.

A, B, C e **D**: incorretas, pois é condição para a *posse* e, em seguida, para o *exercício* (art. 13, caput, da Lei 8.429/92); **E**: correta (art. 13, *caput*, da Lei 8.429/92).

Gabarito "E"

6.5. Processo administrativo, judicial e disposições penais

(Analista – TRT/1ª – 2008 – CESPE) Quanto à improbidade administrativa, assinale a opção correta.

(A) Ação de improbidade proposta contra ministro do STF será processada e julgada nesse tribunal.
(B) Se o responsável pelas licitações de um tribunal tiver sido exonerado do cargo em 22-1-2004 por improbidade administrativa, nessa situação, se a ação de improbidade tiver sido proposta em 30-12-2004 pelo Ministério Público contra atos lesivos ao patrimônio público estará prescrita.
(C) A rejeição de representação de improbidade por autoridade administrativa impede o particular de requerê-la ao Ministério Público.
(D) Mediante concessões recíprocas em que haja recomposição do dano, será lícita a transação das partes na ação de improbidade administrativa.
(E) Na ação de improbidade administrativa, o réu poderá apelar da decisão que receber a petição inicial.

A: correta; nesse sentido: "Questão de ordem. Ação civil pública. Ato de improbidade administrativa. Ministro do Supremo Tribunal Federal. Impossibilidade. Competência da Corte para processar e julgar seus membros apenas nas infrações penais comuns. 1. Compete ao Supremo Tribunal Federal julgar ação de improbidade contra seus membros" (QO na Pet 3.211/DF, rel. Min. Marco Aurélio, j.13-3-2008); **B:** incorreta, pois a ação visando o ressarcimento dos danos consequentes de ato de improbidade administrativa não estará sujeita ao rito especial previsto na Lei nº 8.429/1992, uma vez que não mais estaremos diante de uma ação de improbidade administrativa, já prescrita, e sim perante uma ação civil de ressarcimento de danos, razão pela qual será aplicável, portanto, o disposto no art. 37, § 5º, da CF; **C:** incorreta (art. 14, § 2º, da Lei 8.429/1992); **D:** incorreta (art. 17, § 1º, da Lei 8.429/1992); **E:** incorreta (art.17, § 10, da Lei 8.429/1992).

Gabarito "A"

(Técnico – CESPE – 2013) A propósito da Lei n.º 9.784/1999, que regula o processo administrativo no âmbito da administração pública federal, assinale a opção correta.

(A) O administrado tem, perante a administração, o direito de ter ciência da tramitação dos processos administrativos.
(B) A lei em questão pode também ser aplicada aos órgãos do Poder Judiciário da União quando estes estiverem no desempenho de função administrativa.
(C) Para os fins da lei em questão, o Ministério do Trabalho e Emprego é considerado entidade, por ser unidade de atuação integrante da estruturada administração direta.
(D) O princípio da razoabilidade é classificado como um princípio implícito da administração pública, pois não se encontra previsto explicitamente na CF nem na lei em apreço.
(E) Em todos os processos administrativos, são garantidos aos interessados os direitos à comunicação, à apresentação de alegações finais, à produção de provas e à interposição de recursos.

A: Incorreta. O Administrado tem direito a ter ciência da tramitação dos processos administrativos em que tenha a condição de interessado, ter vista dos autos, obter cópias de documentos neles contidos e conhecer as decisões proferidas (art. 3º, II, da Lei 9.784/1999); **B:** Correta, conforme art. 1º, § 1º, da Lei 9.784/1999; **D:** Incorreta. Em que pese não esteja previsto na Constituição, a razoabilidade, juntamente com a proporcionalidade, está prevista no art. 2º da Lei 9.784/1999; **E:** Incorreta, pois as garantias do art. 2º, X, da Lei 9.784/1999 serão aplicadas apenas aos processos de que possam resultar sanções e nas situações de litígio.

Gabarito "B"

(Técnico – CESPE – 2013) A propósito das disposições gerais da Lei n.º 8.429/1992, assinale a opção correta.

(A) Não será considerado agente público, para os efeitos da lei em pauta, aquele que exerça, sem remuneração, função em autarquia federal.
(B) O dano deve ser ressarcido integralmente caso ocorra lesão ao patrimônio público por ação ou omissão dolosa do agente público, sendo dispensável o ressarcimento na hipótese de omissão culposa.
(C) Estará sujeito às cominações da lei em questão o sucessor daquele que se enriquecer ilicitamente, até o limite do valor das vantagens patrimoniais recebidas indevidamente.
(D) Na hipótese em que o ato de improbidade ensejar enriquecimento ilícito, caberá à autoridade administrativa responsável pelo inquérito representar ao TCU, visando a indisponibilidade dos bens do indiciado.
(E) Deve ser punido, na forma da lei em apreço, o ato de improbidade administrativa praticado por agente público contra entidade para cuja criação o erário tenha concorrido com mais de 50% do patrimônio.

A: Incorreta. Nos termos do art. 2º reputa-se agente público, para os efeitos desta lei, todo aquele que exerce, ainda que transitoriamente ou sem remuneração, por eleição, nomeação, designação, contratação ou qualquer outra forma de investidura ou vínculo, mandato, cargo, emprego ou função nas entidades mencionadas no art. 1º da Lei 8.429/1992; **B:** Incorreta, pois o ressarcimento integral do dano ocorrerá havendo ação ou omissão dolosa ou culposa (arts. 12 c.c 10 da Lei 8.429/1992); **C:** Incorreta. O sucessor daquele que causar lesão ao patrimônio público ou se enriquecer ilicitamente está sujeito às cominações da Lei 8.429/1992 **até o limite do valor da herança** (art. 8º da Lei 8.429/1992); **D:** Incorreta, pois caberá a autoridade administrativa responsável pelo inquérito representar ao **Ministério Público e não ao TCU**, para a indisponibilidade dos bens do indiciado (art. 7º, *caput*, da Lei 8.429/1992); **E:** Correta, conforme art. 1º da Lei 8.429/1992.

Gabarito "E"

(Técnico – CESPE – 2013) A respeito dos atos de improbidade administrativa previstos na Lei n.º 8.429/1992, assinale a opção correta.

(A) Os atos de improbidade administrativa que atentam contra os princípios da administração pública estão disciplinados na lei em apreço, em um rol taxativo de condutas.
(B) Não constitui ato de improbidade administrativa causador de lesão ao erário a doação, a pessoa jurídica de fins assistenciais, de bens integrantes do patrimônio de fundação pública de direito público, ainda que não haja a observância das formalidades regulamentares aplicáveis.
(C) A ação dolosa que enseje malbarateamento dos haveres de entidade que receba incentivo fiscal de órgão público constitui ato de improbidade administrativa que causa lesão ao erário.
(D) Constitui ato de improbidade administrativa que importa enriquecimento ilícito a facilitação da incorporação, ao patrimônio particular de pessoa física, de renda integrante do acervo patrimonial de órgão pertencente ao Poder Judiciário da União.
(E) A conduta consistente no recebimento, por técnico judiciário, de bem móvel, a título de presente destinado a terceiro, dado por pessoa que tenha interesse indireto, que possa ser amparado por ação decorrente das atribuições do referido agente público, não constitui ato de improbidade administrativa que importa enriquecimento ilícito.

A: Incorreta, pois o rol do art. 11 da Lei 8.429/1992 não é taxativo. Nos termos do mencionado *caput*: "Constitui ato de improbidade administrativa que atenta contra os princípios da administração pública qualquer ação ou omissão que viole os deveres de honestidade, imparcialidade, legalidade e lealdade às instituições, e notadamente". Ou seja, além dos atos descritos nos incisos, será considerado ato de improbidade administrativa aqueles que violares os deveres do mencionado art. 11; **B:** Incorreta, pois a conduta está descrita no art. 10, III, da Lei 8.429/1992; **C:** Correta, nos termos do art. 10 da Lei 8.429/1992; **D:** Incorreta, pois a modalidade descrita consiste em ato de improbidade administrativa **que causa prejuízo ao erário** diferentemente do que afirma a alternativa; **E:** Incorreta, nos temos do art. 9, I, da Lei 8.429/1992.

Gabarito "C"

(Técnico – FCC – 2013) A Lei n. 9.784/99, que trata dos processos administrativos no âmbito da Administração Pública Federal, traz princípios a serem obedecidos pela Administração Pública. A mesma lei também prevê os critérios que serão observados nos processos administrativos, entre eles, a adequação entre meios e fins, vedada a imposição de obrigações, restrições e sanções em medida superior àquelas estritamente necessárias ao atendimento do interesse público. Referido critério refere-se ao princípio da

(A) Motivação.
(B) Ampla defesa.
(C) Eficiência.
(D) Segurança Jurídica.
(E) Proporcionalidade.

A alternativa descreve o princípio da proporcionalidade, prevista no art. 2º, *caput*, e parágrafo único, VI, da Lei 9.784/1999

Gabarito "E"

(Técnico – FCC – 2014) Inácio, servidor público federal do Tribunal Regional Federal da 3ª Região e responsável pela condução de determinado processo administrativo, detectou que uma das partes interessadas do aludido processo é casada com Carlos, com quem possui amizade íntima. Vale salientar que o mencionado processo administrativo apresenta uma pluralidade de partes interessadas. No caso narrado e nos termos da Lei n. 9.784/1999,

(A) o processo deverá continuar a ser conduzido por Inácio, tendo em vista que existe uma pluralidade de partes interessadas.
(B) trata-se de hipótese de impedimento expressamente prevista na lei.
(C) inexiste qualquer proibitivo para que Inácio continue na condução do processo, pouco importando a pluralidade de partes interessadas.
(D) Inácio deverá afastar-se da condução do processo por razão moral, embora não se trate nem de impedimento, nem de suspeição.
(E) Inácio deverá declarar-se suspeito.

O art. 20 da Lei 9.784/1999 prevê que "**pode** ser arguida a **suspeição** de autoridade ou servidor que tenha amizade íntima ou inimizade notória com algum dos interessados ou com os respectivos cônjuges, companheiros, parentes e afins até o terceiro grau". É importante dizer que o texto legal não impõe a obrigação a alguém de se autodeclarar suspeito, diferentemente do impedimento, em que a lei atribui o dever se comunicação do fato impeditivo (art. 19 da Lei 9.784/1999). Portanto, respeitosamente, posicionamo-nos no sentido de discordar do gabarito oficial divulgado pela banca examinadora ao entender que não há alternativas corretas.

Gabarito "E"

6.6. Questões de conteúdo variado

(Analista – TRT/7ª – 2009 – FCC) Em tema de improbidade administrativa, é correto afirmar que

(A) o particular, ainda que induza ou concorra para a prática do ato de improbidade, não pode ser sujeito ativo do mesmo, somente o funcionário público investido em cargo público.
(B) a aplicação das sanções previstas na Lei nº 8.429/1992, depende, dentre outras situações, da efetiva ocorrência de dano ao patrimônio público.
(C) o sucessor daquele que causar lesão ao patrimônio público está sujeito ao pagamento do prejuízo até o limite de um terço do valor da herança.
(D) o agente público que se recusar a prestar declaração de bens quando da sua posse e exercício será punido com a pena de demissão a bem do serviço público.
(E) a perda da função pública e a suspensão dos direitos políticos poderá ser cautelarmente determinada antes do trânsito em julgado da sentença condenatória.

A: incorreta (art. 3º da Lei 8.429/1992); **B:** incorreta (art. 21, I, da Lei 8.429/1992); **C:** incorreta (art. 8º da Lei 8.429/1992); **D:** correta (art. 13, § 3º, da Lei 8.429/1992); **E:** incorreta (art. 20 da Lei 8.429/1992).

Gabarito "D"

(Analista – TRT/9ª – 2010 – FCC) Em face da Lei de Improbidade Administrativa (Lei nº 8.429/1992), é correto afirmar:

(A) O ressarcimento integral do dano será dispensado se a lesão ao patrimônio público ocorrer por ação ou omissão culposa do agente ou de terceiro.
(B) Considera-se agente público, para os seus efeitos, todo aquele que exerce, ainda que transitoriamente, porém sob remuneração, cargo, emprego ou função, em qualquer dos Poderes da União, dos Estados, do Distrito Federal, dos Municípios ou de Território.
(C) O sucessor daquele que causar lesão ao patrimônio público ou se enriquecer ilicitamente está sujeito às cominações desta Lei, até o limite do valor da herança.
(D) Caberá à autoridade administrativa responsável pelo inquérito representar ao Poder Judiciário para a indisponibilidade dos bens do indiciado quando o ato de improbidade causar lesão ao patrimônio público ou ensejar enriquecimento ilícito.
(E) No caso de enriquecimento ilícito, o agente público ou terceiro beneficiário não perderá os bens ou valores acrescidos ao seu patrimônio, estando sujeito somente às sanções penais.

A: incorreta, pois basta uma conduta culposa para ensejar a responsabilidade civil; ademais, a modalidade de improbidade "prejuízo ao erário" configura-se mediante conduta dolosa ou culposa (art. 10, *caput*, da Lei 8.429/1992); **B:** incorreta, pois não é necessário que haja remuneração para que alguém seja considerado agente público para fins de aplicação da Lei de Improbidade (art. 2º da Lei 8.429/1992); **C:** correta (art. 8º da Lei 8.429/1992); **D:** incorreta, pois a representação deve ser ao Ministério Público, e não ao Poder Judiciário (art. 7º da Lei 8.429/1992); **E:** incorreta, nos termos do art. 12, I, da Lei 8.429/1992, que estabelece também a sanção de "perda de bens ou valores acrescidos ao seu patrimônio".

Gabarito "C"

(Analista – TRT/12ª – 2010 – FCC) A respeito da Lei nº 8.429/1992, é correto afirmar:

(A) Somente agentes públicos respondem por atos de improbidade administrativa.
(B) A medida de indisponibilidade de bens é possível para atos de improbidade geradores de lesão ao erário ou de enriquecimento ilícito.
(C) Deixar de prestar contas, quando esteja obrigado a fazê-lo, caracteriza ato de improbidade gerador de prejuízo ao erário.

(D) O agente público, para os efeitos da Lei de Improbidade, desempenha atividade sempre mediante remuneração, ainda que transitoriamente.

(E) Dispensar indevidamente licitação constitui ato de improbidade administrativa que importa enriquecimento ilícito.

A: incorreta, pois quem concorre ou induz para o ato de improbidade ou quem é beneficiário deste também responde por ato de improbidade administrativa (art. 3º da Lei 8.429/1992); **B:** correta (art. 7º da Lei 8.429/1992); **C:** incorreta, pois essa hipótese caracteriza ato de improbidade que "atenta contra princípios da Administração" (art. 11, VI, da Lei 8.429/1992); **D:** incorreta, pois não é necessário que haja remuneração para que alguém seja considerado agente público para fins de aplicação da Lei de Improbidade (art. 2º da Lei 8.429/1992); **E:** incorreta, pois esse caso caracteriza ato de improbidade que "causa prejuízo ao erário" (art. 10, VIII, da Lei 8.429/1992).

Gabarito "B"

(Analista – TRT/14ª – 2011 – FCC) De acordo com a Lei nº 8.429/1992, que dispõe sobre as sanções aplicáveis aos agentes públicos nos casos de enriquecimento ilícito no exercício de mandato, cargo, emprego ou função na administração pública direta, indireta ou fundacional, a medida de indisponibilidade de bens

(A) é decretada pelo Ministério Público.

(B) recairá somente sobre o acréscimo patrimonial, na hipótese de ato ímprobo que importe enriquecimento ilícito.

(C) exige, para seu deferimento, apenas a prova do risco de dilapidação patrimonial.

(D) consiste em forma de tutela precedida de cognição plena e exauriente.

(E) destina-se a todas as modalidades de ato ímprobo.

A: incorreta, pois é necessário processo judicial, de modo que a medida é decreta pelo juiz; ao Ministério Público cabe requerer em juízo a medida; **B:** correta (art. 7º, parágrafo único, da Lei 8.429/1992); **C:** incorreta, pois é necessário que haja fundados indícios de responsabilidade; **D:** incorreta, pois a medida é tomada para assegurar o resultado útil da demanda, o que faz com que seja requerida logo no início desta, de modo que o juiz não tem, neste momento, uma cognição plena e exauriente do caso; **E:** incorreta, pois essa medida só pode ser pedida quando o ato de improbidade causar lesão ao patrimônio público (art. 10 da Lei 8.429/1992) ou quando ensejar enriquecimento ilícito (art. 9º da Lei 8.429/1992), de modo que a medida não se destina à modalidade de prejuízo ao erário (art. 11 da Lei 8.429/1992).

Gabarito "B"

7. BENS PÚBLICOS

(Analista – TST – 2003 – CESPE) Julgue o seguinte item.

(1) Considere a seguinte situação hipotética. Determinado município, a fim de obter financiamento do BNDES, ofereceu como garantia do empréstimo um prédio que não estava sendo utilizado pela administração municipal e que se encontrava desafetado, incluído, portanto, na categoria de bens dominicais, patrimônio disponível do município. Nessa situação, os técnicos da entidade federal não poderiam aceitar a indicação do mencionado imóvel em razão da impossibilidade de sua oneração em face da sua impenhorabilidade.

1: assertiva certa, pois os bens dominicais, apesar de alienáveis, não podem ser objeto de penhora, uma vez que a execução contra a Fazenda Pública só pode ser feita mediante pagamento à vista em dinheiro (para dívidas de pequeno valor) ou pela expedição de precatório (art. 100 da CF), mas nunca mediante penhora.

Gabarito 1C

8. RESPONSABILIDADE DO ESTADO

(Analista – TST – 2008 – CESPE) Acerca do Direito Administrativo, julgue o item a seguir.

(1) Considere-se que um servidor do TST, no exercício de sua função, submeteu um advogado a constrangimento que configurou dano moral. Nessa situação, por tratar-se de dano moral, a responsabilidade do TST é subsidiária.

1: errada, pois o dano foi causado por agente do Estado, atuando nessa qualidade, ou seja, na qualidade de agente público; no caso, o ofendido pode acionar a União Federal, que é a pessoa jurídica da qual faz parte o TST, e pedir indenização (art. 37, § 6º, da CF); o STF não permite que se ingresse com ação diretamente em face do servidor público; a vítima deve acionar a União e esta pode atuar regressivamente contra seu agente, caso este tenha agido com culpa ou dolo.

Gabarito 1E

(Analista – TST – 2003 – CESPE) Julgue o seguinte item.

(1) A responsabilidade civil do Estado em relação aos danos decorrentes de atividades nucleares de qualquer natureza independe da existência de culpa, tendo sido adotada, nesse sentido, a teoria do risco integral.

1: certa, pois, apesar de no Direito Administrativo ter-se adotado a teoria do risco administrativo, que impõe a responsabilidade objetiva com excludentes de ilicitude, em matéria de dano nuclear adotou-se a teoria do risco integral, que impõe a responsabilidade objetiva, sem possibilidade de exclusão da responsabilidade por caso fortuito, força maior e culpa exclusiva de terceiro ou da vítima.

Gabarito 1C

(Analista – TRT/1ª – 2012 – FCC) O motorista de um automóvel de passeio trafegava na contramão de direção de uma avenida quando colidiu com uma ambulância estadual que transitava na mão regular da via, em alta velocidade porque acionada a atender uma ocorrência. A responsabilidade civil do acidente deve ser imputada

(A) ao civil que conduzia o veículo e invadiu a contramão, dando causa ao acidente, não havendo nexo de causalidade para ensejar a responsabilidade do Estado.

(B) ao Estado, uma vez que um veículo estadual (ambulância) estava envolvido no acidente, o que enseja a responsabilidade objetiva.

(C) ao Estado, sob a modalidade subjetiva, devendo ser comprovada a culpa do motorista da ambulância.

(D) tanto ao civil quanto ao Estado, sob a responsabilidade subjetiva, em razão de culpa concorrente.

(E) ao civil que conduzia o veículo, que responde sob a modalidade objetiva no que concerne aos danos apurados na viatura estadual.

A: correta, pois, no caso, há culpa exclusiva da vítima, excludente da responsabilidade estatal; o fato de a ambulância estar em velocidade alta, por si só, não impõe a responsabilidade estatal, pois isso é possível quando uma ambulância é acionada para atender a uma ocorrência; **B** a **D:** assertivas incorretas, pois, como se viu, o caso é culpa exclusiva da vítima, excludente da responsabilidade estatal; **E:** incorreta, pois a vítima é quem responde, porém na modalidade responsabilidade subjetiva (art. 186 do CC), diferentemente do Estado, que, caso respondesse, o faria na modalidade objetiva (art. 37, § 6º, da CF).

Gabarito "A"

(Analista – TRT/10ª – 2013 – CESPE) No tocante à responsabilidade civil da Administração, julgue o item subsequente.

(1) Pela teoria da *faute du service*, ou da culpa do serviço, eventual falha é imputada pessoalmente ao funcionário culpado, isentando a administração da responsabilidade pelo dano causado.

1: errada, pois, de acordo com essa teoria, aplicável apenas nas omissões estatais que propiciam dados a terceiros, o Estado responderá subjetivamente nesses casos, sendo necessário comprovar que o serviço estatal é defeituoso, comprovação essa que não recairá sobre eventual culpa de um determinado funcionário público, mas sim sobre se o serviço estatal foi mesmo prestado e, se o foi, tratou-se de serviço que funcionou mal ou tardiamente; enfim, verificar-se-á se há ou não a chamada culpa anônima do serviço (anônima, pois não se analisará a conduta individual de funcionários); dessa forma, comprovado que o serviço estatal foi defeituoso, o Estado é quem responderá (e não um funcionário público, que sequer pode ser acionado diretamente pela vítima), podendo até entrar com ação de regresso contra algum agente público se eventualmente ficar demonstrado que o agente, no caso concreto, agiu com culpa ou dolo na causação do dano ao particular.

Gabarito 1E

(Analista – TRT/10ª – 2013 – CESPE) Todos os anos, na estação chuvosa, a região metropolitana de determinado município é acometida por inundações, o que causa graves prejuízos a seus moradores. Estudos no local demonstraram que os fatores preponderantes causadores das enchentes são o sistema deficiente de captação de águas pluviais e o acúmulo de lixo nas vias públicas. Considerando essa situação hipotética, julgue os itens subsequentes.

(1) Caso algum cidadão pretenda ser ressarcido de prejuízos sofridos, poderá propor ação contra o Estado ou, se preferir, diretamente contra o agente público responsável, visto que a responsabilidade civil na situação hipotética em apreço é solidária.

(2) De acordo com a jurisprudência e a doutrina dominante, na hipótese em pauta, casa haja danos a algum cidadão e reste provada conduta omissiva por parte do Estado, a responsabilidade deste será subjetiva.

1: errada, pois o STF não admite que se ingresse com ação diretamente em face do agente público, devendo a ação ser ajuizada em face do Estado, que, caso haja culpa do agente público, pode acionar este de forma regressiva; 2: assertiva certa, pois este é o posicionamento dos Tribunais Superiores a respeito do tema.

Gabarito 1E, 2C

(Analista – TRT/3ª – 2005 – FCC) Caso um servidor público de uma autarquia cause dano a terceiros, no exercício de suas atribuições, o servidor estará submetido ao regime da responsabilidade civil

(A) objetiva, assim como a autarquia a que pertence.
(B) subjetiva, assim como a autarquia a que pertence.
(C) objetiva, enquanto a autarquia a que pertence estará sujeita ao regime da responsabilidade civil subjetiva.
(D) objetiva ou subjetiva, conforme respectivamente a autarquia preste serviço público ou não, valendo a mesma regra para a definição do regime da responsabilidade civil da autarquia.
(E) subjetiva, enquanto a autarquia a que pertence, estará sujeita ao regime da responsabilidade civil objetiva.

O servidor responde apenas em caso de culpa ou dolo (responsabilidade subjetiva), ao passo que a autarquia, por ser uma pessoa jurídica de direito público, responde objetivamente, tudo nos termos do art. 37, § 6º, da CF.

Gabarito "E"

(Analista – TRT/6ª – 2012 – FCC) De acordo com o ordenamento jurídico brasileiro, a responsabilidade civil do Estado depende necessariamente

(A) da comprovação de conduta comissiva dolosa ou omissiva culposa do agente público.
(B) do nexo de causalidade entre a ação ou omissão de seus agentes e o dano causado a terceiros.
(C) da prévia condenação do agente público em procedimento disciplinar.
(D) da comprovação da falha na prestação do serviço ou conduta dolosa do agente público.
(E) da omissão de agente público, consubstanciada na negligência na prestação do serviço.

A: incorreta, pois a responsabilidade do Estado, como regra, é objetiva, dependendo apenas de "conduta + dano + nexo de causalidade", não sendo necessário comprovar culpa ou dolo do agente (art. 37, § 6º, da CF); vale salientar que a responsabilidade do Estado por condutas omissivas é subjetiva, o que faz com que se tenha de demonstrar, além dos elementos citados, o elemento "serviço defeituoso", também chamado de "falta do serviço"; **B:** correta, pois, de fato, esses elementos são necessários; **C:** incorreta, pois a responsabilidade civil é totalmente independente da responsabilidade administrativa; **D:** incorreta, pois a comprovação da falha no serviço só é necessária no caso de omissões estatais, em que a responsabilidade é subjetiva; como regra, tem-se responsabilidade objetiva, pela qual não é necessário comprovar nem a falha no serviço, nem conduta culposa ou dolosa do agente público; **E:** incorreta, pois a omissão culposa do agente público só é pertinente quando se está analisando a responsabilidade subjetiva do Estado, que é exceção; como regra, tem-se a responsabilidade objetiva, que só requer "conduta + dano + nexo de causalidade".

Gabarito "B"

(Analista – TRT/8ª – 2010 – FCC) Um motorista dirigindo em uma estrada estadual cai com o veículo em um buraco próximo a uma obra de recapeamento do asfalto, do que resulta danos de grande monta no veículo e lesões graves no motorista. O acidente ocorreu por deficiência de sinalização, que era de responsabilidade de funcionário do Estado, responsável pela obra. Nesse caso,

(A) o Estado responde pelos danos causados ao veículo, mas não pelas lesões corporais suportadas pela vítima.
(B) a vítima pode acionar judicialmente o Estado para reparação dos danos porque ele responde, objetivamente, pelos atos dos seus agentes.
(C) a vítima não pode acionar o Estado porque está evidente a culpa do agente, que é quem deve ser acionado.
(D) se o Estado for acionado e pagar os danos, ele não pode processar o agente que deu causa ao acidente porque este estava no cumprimento do seu dever.
(E) não cabe ação para reparação dos danos porque a estrada estava sendo recapeada e o motorista deveria tomar cuidado, mesmo sem existência de sinalização adequada.

A situação narrada na questão demonstra ter havido falta do serviço (o serviço público não funcionou adequadamente), ensejando responsabilização estatal.

Gabarito "B"

(Técnico – TRT/16ª – 2015 – FCC) Francisco é servidor de sociedade de economia mista, prestadora de serviço público. Em determinada data, Francisco, no exercício de sua função, intencionalmente, causou danos a particulares. Nesse caso, a responsabilidade da sociedade de economia mista pelos danos ocasionados é

(A) objetiva.
(B) subjetiva.
(C) subsidiária.
(D) inexistente.
(E) disjuntiva.

A: correta, pois, em sendo a empresa em questão prestadora de serviço público (ou: concessionária de serviço público), incide o disposto no art. 37, § 6º, da CF, que estabelece responsabilidade objetiva no caso; **B, C, D e E:** incorretas, pois, em sendo a empresa em questão prestadora de serviço público (ou: concessionária de serviço público), incide o disposto no art. 37, § 6º, da CF, que estabelece responsabilidade objetiva no caso, ficando a afastada a resposta que assegura que a responsabilidade é subjetiva, e também as que asseguram ser subsidiária ou inexistente (pois a responsabilidade é direta e ainda por cima pesadíssima, vez que objetiva), e disjuntiva (vez que não há mais de um responsável alternativo para pagamento da indenização no caso).

Gabarito "A"

(Analista – TRT/23ª – 2007 – FCC) No que se refere à responsabilidade civil do Estado, a Constituição Federal de 1988

(A) acolheu a teoria da responsabilidade objetiva do Estado e da responsabilidade subjetiva do servidor, pois assegurou o direito de regresso contra o agente causador só nos casos de dolo.
(B) acolheu a teoria da responsabilidade subjetiva do Estado e da responsabilidade objetiva do funcionário público.
(C) acolheu a teoria da responsabilidade objetiva do Estado e da responsabilidade subjetiva do servidor, pois assegurou o direito de regresso contra o agente causador nos casos de dolo ou culpa.
(D) determina que para a responsabilidade por culpa do servidor é essencial a existência da culpa administrativa, mesmo que levíssima.
(E) determina que as pessoas de Direito Privado que prestam serviços públicos não podem ser responsabilizadas por suas ações culposas ou dolosas.

O servidor responde apenas em caso de culpa ou dolo (responsabilidade subjetiva), ao passo que a autarquia, por ser uma pessoa jurídica de direito público, responde objetivamente, tudo nos termos do art. 37, § 6º, da CF.

Gabarito "C"

9. SERVIÇOS PÚBLICOS

9.1. Conceito, classificação e características

(Analista – TRT/2ª – 2014 – FCC) A prestação de serviços públicos de natureza essencial

(A) pode ser prestada direta ou indiretamente pelo poder público, admitindo-se mais de uma forma de negócio jurídico prestante a essa finalidade, quaisquer delas submetidas aos princípios que regem os serviços públicos.
(B) submete-se integralmente ao princípio da continuidade do serviço público, quando prestado diretamente pelo poder público ou por terceiros, afastando-se, contudo, o princípio da igualdade dos usuários, na medida em que é inerente à mutabilidade do regime permitir que se estabeleça distinção entre os administrados.
(C) pode ser prestada indiretamente, por meio de instrumento jurídico de outorga legalmente previsto, hipótese em que ficam afastados os princípios que informam a Administração pública e a execução dos serviços públicos, na medida em que o regime jurídico transmuta-se para privado, para maior competitividade.

(D) submete-se ao princípio da continuidade do serviço público quando executado diretamente pela Administração pública, tendo em vista que não se pode impor ao privado prejuízos decorrentes dessa obrigação.

(E) quando desempenhada pelos privados, com base em regular outorga por meio de ato unilateral legalmente previsto, submete-se ao princípio da continuidade do serviço público, afastando-se, contudo, o princípio da igualdade dos usuários, na medida em que a mutabilidade do regime permite estabelecer distinção entre os administrados, para otimização de receita.

A: correta, pois a CF admite a prestação do serviço público diretamente pelo Estado ou por terceiro (art. 175, *caput*) e a própria CF admite mais de uma forma dessa delegação, como permissão e concessão (art. 175, *caput*); **B**: incorreta, pois o princípio da igualdade dos usuários, corolário do grande princípio da isonomia não pode ser afastado, sob pena de violação a princípio de índole constitucional; **C**: incorreta, pois, em se tratando de um serviço que a lei ou a Constituição qualifica como "público", de cara o regime aplicável é um regime público, obedecendo-se as leis administrativas, tal como a Lei de Concessões (Lei 8.987/95); **D** e **E**: incorretas, pois tanto o princípio da continuidade do serviço, como o princípio da igualdade dos usuários devem ser obedecidos pelo concessionário privado; aliás, não é porque houve concessão, que o serviço passou a ser privado; o serviço continua público e, assim, deve obediência aos princípios e regras que regem aquele tipo de serviço.

Gabarito "A"

(Analista – TRT/6ª – 2012 – FCC) A respeito dos princípios e regime jurídico aplicável ao serviço público é correto afirmar que

(A) o princípio da universalidade veda a exploração por regime de concessão de serviços de natureza essencial.

(B) a modicidade tarifária impõe a obrigação do poder concedente de subsidiar a prestação de serviço público por concessionários ou permissionários quando o mesmo se mostrar deficitário.

(C) o princípio da universalidade e da igualdade dos usuários veda a suspensão da prestação de serviço público por inadimplemento do usuário.

(D) o princípio da continuidade do serviço público impede a Administração de encampar o serviço enquanto não selecionar, por procedimento licitatório, nova concessionária ou permissionária.

(E) o princípio da continuidade do serviço público impede o concessionário de rescindir unilateralmente o contrato no caso de descumprimento das normas contratuais pelo poder concedente, devendo intentar ação judicial para esse fim.

A: incorreta, pois esse princípio tem outro sentido, qual seja, o de impor que os serviços públicos estejam à disposição de todos; ademais, a lei não impede que um serviço essencial seja objeto de concessão; **B**: incorreta, pois a modicidade impõe uma tarifa acessível, o que não significa que o poder concedente tenha que subsidiar o serviço; o fato de um serviço se mostrar deficitário tem que ser analisado com calma, podendo ser que o modelo escolhido tenha sido inadequado (já que se deve usar a parceria público-privada quando as tarifas são insuficientes) ou que a concessionária esteja gerindo mal o serviço; problemas de déficit devem ser resolvidos, num primeiro momento, pelo aumento de tarifa (sem que esta deixa de ser acessível); outra possibilidade é verificar se o edital permite que se institua outras fontes de renda, como a publicidade; **C**: incorreta, pois, em caso de não pagamento, a Lei 8.987/1995, que disciplina o regime de concessão e permissão de serviços públicos previsto no art. 175 da CF, admite a interrupção no fornecimento do serviço (art. 6º, § 3º, II, da Lei 8.987/1995); **D**: incorreta, pois o art. 37 da Lei 8.987/1995 não estabelece esse requisito prévio à encampação; **E**: correta (art. 39 da Lei 8.987/1995).

Gabarito "E"

(Analista – TRT/21ª – 2010 – CESPE) Em relação aos princípios administrativos e aos serviços públicos, julgue o item que se segue.

(1) O princípio da imutabilidade do regime jurídico é inerente ao regime jurídico dos serviços públicos, razão pela qual os usuários do serviço público e os contratados pela administração têm direito adquirido à manutenção de determinado regime jurídico.

1: assertiva errada, pois em hipótese alguma há direito adquirido a um dado regime jurídico, uma vez que tais regimes são modificados de acordo com o interesse público, que tem primazia em relação ao interesse particular; de qualquer forma, é bom lembrar que, caso isso importe em prejuízo econômico ao particular que tiver celebrado contrato com a Administração, esta, para preservar o equilíbrio econômico inicial, deve indenizar o primeiro.

Gabarito 1E

(Analista – TRT/23ª – 2011 – FCC) O Jurista José dos Santos Carvalho Filho apresenta o seguinte conceito para um dos princípios dos serviços públicos: Significa de um lado, que os serviços públicos devem ser prestados com a maior amplitude possível, vale dizer, deve beneficiar o maior número de indivíduos. Mas é preciso dar relevo também ao outro sentido, que é o de serem eles prestados, sem discriminação entre os beneficiários, quando tenham estes as mesmas condições técnicas e jurídicas para a fruição. Trata-se do princípio da

(A) modicidade.

(B) continuidade.

(C) eficiência.

(D) generalidade.

(E) atualidade.

A: incorreta, pois o princípio da modicidade impõe tarifas acessíveis, não guardando relação com o enunciado; **B**:incorreta, pois o princípio da continuidade impõe que os serviços públicos não sejam interrompidos, salvo as exceções legais, também não guardando relação com o enunciado; **C**: incorreta, pois o princípio da eficiência impõe que o serviço público seja eficaz, atendendo às legítimas expectativas dos usuários, também não guardando relação com o enunciado; **D**: correta, pois o princípio da generalidade tem os dois sentidos trazidos no enunciado, quais sejam, de que os serviços devem atender ao maior número de pessoas e que os serviços não podem discriminar usuários que estejam na mesma situação; **E**: incorreta, pois o princípio da atualidade impõe a modernidade das técnicas, dos equipamentos e das instalações dos serviços públicos, bem como a sua conservação, melhoria e expansão, não guardando relação com o enunciado da questão.

Gabarito "D"

9.2. Concessão de serviço público E PPP

(Analista – TRT/1ª – 2012 – FCC) Não dispondo de recursos financeiros, o Poder Público pretende delegar a execução material de serviço público de sua titularidade a particular para que ele possa explorá-lo e dele se remunerar. De acordo com o ordenamento jurídico vigente, o Poder Público pode

(A) firmar contrato de concessão de serviço público, precedido de licitação.

(B) outorgar a titularidade do serviço público por meio de ato normativo, precedido de licitação.

(C) editar decreto transferindo a concessão do serviço público ao particular, independentemente de licitação.

(D) celebrar convênio para trespasse da exploração do serviço público, precedido de licitação.

(E) celebrar contrato de permissão de serviço público, declarando-se prévia inexigibilidade de licitação.

A: correta, pois o caso é de concessão de serviço público (art. 2º, II, da Lei 8.987/1995) e esta depende de licitação (arts. 2º, II, e 14 da Lei 8.987/1995); **B**: incorreta, pois a concessão de serviço público apenas transfere o direito/dever de execução material do serviço público, mantendo-se esse como um serviço de titularidade do Poder Público, que continua com o poder de regulamentá-lo e fiscalizá-lo; **C**: incorreta, pois a licitação é obrigatória para a concessão (e também a permissão) de serviço público (arts. 2º, II, e 14 da Lei 8.987/1995); **D**: incorreta, pois a concessão é um contrato (art. 4º da Lei 8.987/1995) e não um convênio; **E**: incorreta, pois, mesmo que fosse o caso de permissão de serviço público, a licitação é indispensável (art. 2º, II e IV, da Lei 8.987/1995).

Gabarito "A"

(Técnico – TRT/3ª – 2015 – FCC) O estabelecimento de tarifas reduzidas para usuários de serviços públicos, que possuem menor poder aquisitivo,

(A) é legítimo e corresponde à aplicação do princípio da modicidade das tarifas.

(B) viola o princípio da legalidade.

(C) viola o princípio da igualdade dos usuários de serviços públicos, devendo o Estado promover outros meios para privilegiar tais pessoas.

(D) viola o princípio da flexibilidade dos meios aos fins.

(E) é legítimo e corresponde à aplicação do princípio da razoabilidade e da igualdade dos usuários.

A a **D**: incorretas, pois, conforme comentário à alternativa correta, a jurisprudência vem admitindo a cobrança de tarifas diferenciadas (vide, por exemplos, os acórdãos proferidos no STJ: REsp 873.647 e REsp 595.119): **E**: correta; apesar do teor meio vago do art. 13 da Lei 8.987/95 a jurisprudência vem admitindo a cobrança de tarifas diferenciadas (vide, por exemplos, os acórdãos proferidos no STJ: REsp 873.647 e REsp 595.119).

Gabarito "E"

(Técnico – TRT/16ª – 2015 – FCC) Um particular questionou a atuação da Administração pública, tendo em vista a inobservância de um dos princípios basilares dos serviços públicos, justificando não ter havido urbanidade na prestação do serviço. Trata-se do princípio da

(A) continuidade.
(B) modicidade.
(C) universalidade.
(D) mutabilidade.
(E) cortesia.

A: incorreta, pois a continuidade tem a ver com colocar o serviço à disposição do servidor, sem interrupção, e não tem relação alguma com a questão do tratamento com urbanidade; **B**: incorreta, pois a modicidade diz respeito ao valor da tarifa, que precisa ser adequado e viável para os usuários; **C**: incorreta, pois a universalidade quer dizer que o serviço deve ser prestado e atingir a todos aqueles que precisam dele; **D**: incorreta, pois a mutabilidade quer dizer que o serviço deve ser modificar sempre que o interesse público demanda; **E**: correta, a urbanidade é exigência do princípio da cortesia, que está previsto expressamente no art. 6º, § 1º, da Lei 8.987/95.

Gabarito "E".

(Analista – TRT/14ª – 2011 – FCC) Entende-se por permissão de serviço público a

(A) contratação mediante ato administrativo discricionário e precário, sem necessidade de realização do certame licitatório, de pessoa jurídica que comprove plena capacidade para a execução do serviço.
(B) delegação a título precário, mediante contrato de adesão e prévia licitação, objetivando a prestação de serviço público, formalizado entre o poder público e a pessoa física ou jurídica que tenha demonstrado, no procedimento licitatório, capacidade para a sua prestação.
(C) expedição de ato unilateral, discricionário e precário, em favor de pessoa jurídica ou física que comprove formalmente perante o poder concedente, a sua plena capacidade para a prestação do serviço.
(D) transferência através de contrato por prazo determinado e prévia licitação, na modalidade concorrência, celebrado pelo poder concedente com a pessoa jurídica ou consórcio de empresas, que tenha demonstrado capacidade para a sua prestação, por sua conta e risco.
(E) outorga mediante ato unilateral e precário, expedido pelo poder público à pessoa física ou jurídica que tenha demonstrado no decorrer do procedimento licitatório, capacidade para a prestação do serviço, por sua conta e risco.

A: incorreta, pois a permissão depende de licitação e pode ser conferida tanto à pessoa jurídica, como à pessoa física (art. 2º, IV, da Lei 8.987/1995); **B**: correta, pois está de acordo com a definição estabelecida no art. 2º, IV, c/c art. 40, ambos da Lei 8.987/1995; **C**: incorreta, pois faltou dizer que é necessária a licitação (art. 2º, IV, da Lei 8.987/1995); **D**: incorreta, pois a definição dada na alternativa é de concessão (art. 2º, II, da Lei 8.987/1995), e não de permissão (art. 2º, IV, da Lei 8.987/1995); **E**: incorreta, pois as expressões "outorga" e "ato unilateral" estão substituídas, nos arts. 2º, IV, e 40, *caput*, da Lei 8.987/1995, pelas expressões "delegação" e "contrato de adesão". A expressão "contrato de adesão" parece meio contraditória com a ideia de "precariedade" (já que os contratos, por definição, fazem lei entre as partes, não sendo "precários"), no entanto essa expressão consta da Lei 8.987/1995 (art. 40, *caput*), devendo-se assinalar a alternativa que se apresenta mais próxima do texto legal.

Gabarito "B".

(Analista – TRT/14ª – 2011 – FCC) A permissão de serviço público

(A) não pode ser alterada a qualquer momento pela Administração.
(B) independe de licitação, ao contrário do que ocorre na concessão de serviço público.
(C) tem por objeto a execução de serviço público, razão pela qual a titularidade do serviço fica com o permissionário.
(D) é formalizada mediante contrato de adesão, precário e revogável unilateralmente pelo poder concedente.
(E) pressupõe que o serviço seja executado pelo permissionário, todavia, a responsabilidade por sua execução pertence a ele e ao poder concedente.

A: incorreta, pois as *cláusulas regulamentares* de uma permissão (e de uma concessão) podem ser modificadas unilateralmente pela Administração (art. 9º, § 4º, da Lei 8.987/1995), de acordo as exigências do interesse público, e no exercício do poder de regulamentar do serviço concedido (art. 29, I, da Lei 8.987/1995); já as *cláusulas econômicas* das permissões e concessões são intangíveis, no sentido de não ser possível à Administração alterar o equilíbrio econômico-financeiro do contrato, que deve ser sempre mantido (art. 9º, § 4º, parte final, da Lei 8.987/1995); **B**: incorreta, pois a permissão também requer licitação (art. 2º, IV, da Lei 8.987/1995); **C**: incorreta, pois os permissionários têm a atribuição de meramente *executar* o serviço público; a titularidade deste pertence ao poder concedente; **D**: correta, nos termos dos arts. 2º, IV, e 40, *caput*, da Lei 8.987/1995; **E**: incorreta, pois a responsabilidade pela *execução* do serviço é da concessionária (art. 25 da Lei 8.987/1995).

Gabarito "D".

(Analista – TRT/20ª – 2011 – FCC) Considere as seguintes assertivas:

I. Autoriza mudanças no regime de execução do serviço para adaptá-lo ao interesse público, que é sempre variável no tempo.
II. Garante o direito adquirido dos usuários à manutenção de determinado regime jurídico.
III. Os contatos administrativos podem ser alterados ou rescindidos unilateralmente para atender ao interesse público.

Constitui característica do princípio da mutabilidade do regime jurídico, inerente aos serviços públicos, o que consta APENAS em

(A) I.
(B) I e III.
(C) II.
(D) II e III.
(E) III.

I: correta, pois a mutabilidade do regime jurídico administrativo tem a ver com a mutabilidade do interesse público; toda vez que o interesse público se modifica, os regimes jurídicos correspondentes têm que se modificar também; é por isso que as *cláusulas regulamentares* da concessão de serviço público podem ser modificadas pelo poder concedente e os concessionários terão de cumprir as novas diretrizes decorrentes dessas mudanças, ressalvada a manutenção do equilíbrio econômico-financeiro do contrato; **II**: incorreta, pois o interesse público tem supremacia em relação aos interesses privados, de modo que um particular não poderá invocar direitos adquiridos quando necessária a modificação do regime jurídico de um serviço público; por exemplo, caso um ponto de ônibus tenha sua localização alterada por motivo de interesse público, um usuário não poderá querer impedir essa modificação alegando ter direito adquirido; aliás, há uma máxima em direito administrativo que diz que ninguém pode alegar direito adquirido a um regime jurídico; **III**: correta, nos termos do art. 58, I e II, da Lei 8.666/1993.

Gabarito "B".

(Analista – TRT/20ª – 2011 – FCC) NÃO constitui característica da concessão de serviço público:

(A) delegação contratual da execução do serviço.
(B) necessidade de licitação.
(C) responsabilidade subjetiva do concessionário.
(D) permanecer o Poder Público sempre com a titularidade do serviço.
(E) contratação *intuitu personae*.

A responsabilidade do concessionário de serviço público é objetiva, nos termos do art. 37, § 6º, da CF, de modo que a responsabilidade subjetiva do concessionário NÃO é característica da concessão de serviço público, devendo ser assinalada a alternativa **C**. Quanto às demais alternativas, todas trazem características da concessão de serviço público (art. 2º, II, da Lei 8.987/1995).

Gabarito "C".

(Analista – TRT/22ª – 2010 – FCC) Sobre a concessão de serviços públicos:

(A) Incumbe à concessionária a execução do serviço concedido, cabendo-lhe responder pelos prejuízos causados ao poder concedente, aos usuários ou a terceiros, mas a fiscalização exercida pelo órgão competente exclui essa responsabilidade.
(B) É possível concessão de serviço público, ainda que se trate de serviço cuja titularidade não pertença ao Estado.
(C) Poderá o poder concedente prever, em favor da concessionária, no edital de licitação, a possibilidade de outras fontes provenientes de receitas alternativas, complementares, acessórias ou de projetos associados, com vistas a favorecer a modicidade das tarifas.
(D) O poder concedente, no exercício da fiscalização, não poderá acessar dados relativos à administração, contabilidade e recursos financeiros da concessionária.
(E) A responsabilidade da concessionária – por se tratar de pessoa jurídica de direito privado –, pelos prejuízos causados aos usuários do serviço público é subjetiva.

A: incorreta (art. 25 da Lei 8.987/1995); **B:** incorreta, pois, se o serviço não é da titularidade do Estado, não há que se falar em serviço público; **C:** correta, nos exatos termos do art. 11 da Lei 8.987/1995; **D:** incorreta (art. 30 da Lei 8.987/1995); **E:** incorreta, pois a responsabilidade da concessionária é objetiva (art. 37, § 6º, da CF).

Gabarito "C".

(Analista – TRT/22ª – 2010 – FCC) Dentre as assertivas abaixo, assinale a que corretamente aponta uma característica da permissão de serviço público, que a distingue da concessão de serviço público.

(A) Seu objeto é a execução de serviço público, continuando a titularidade do serviço com o Poder Público.
(B) Remuneração tarifária.
(C) É formalizada por contrato administrativo.
(D) Pode ser feita à pessoa física.
(E) Depende de licitação.

A única diferença existente nas hipóteses trazidas nas alternativas da presente questão é o fato de a permissão poder ser outorgada a uma pessoa física (e jurídica também), ao passo que a concessão só pode ser outorgada a uma pessoa jurídica (art. 2º, II e IV, da Lei 8.987/1995).

Gabarito "D".

(Analista – TRT/23ª – 2011 – FCC) No que se refere à autorização de serviço público, é correto afirmar:

(A) Trata-se de ato precário, podendo, portanto, ser revogado a qualquer momento, por motivo de interesse público.
(B) Trata-se de ato unilateral, sempre vinculado, pelo qual o Poder Público delega a execução de um serviço público de sua titularidade, para que o particular o execute predominantemente em seu próprio benefício.
(C) O serviço é executado em nome do autorizatário, por sua conta e risco, sem fiscalização do Poder Público.
(D) Trata-se de ato unilateral, discricionário, porém não precário, pelo qual o Poder Público delega a execução de um serviço público, para que o particular o execute predominantemente em benefício do Poder Público.
(E) Trata-se de ato que depende de licitação, pois há viabilidade de competição.

A: correta, pois traz elementos característicos da autorização de serviço público, que é o ato administrativo unilateral, discricionário e precário pelo qual a Administração Pública faculta ao particular, em proveito deste, o exercício de um serviço público; **B:** incorreta, pois a autorização é ato discricionário, e não vinculado; **C:** incorreta, pois o Poder Público fiscaliza, sim, o particular, já que se trata de um serviço público; **D:** incorreta, pois é ato precário; ademais, é ato que beneficia preponderantemente o particular, e não o Poder Público; **E:** incorreta, pois a autorização independe de licitação.

Gabarito "A".

(Analista – TRT/24ª – 2011 – FCC) No que concerne às concessões de serviço público, é correto afirmar:

(A) A concessionária poderá contratar com terceiro o desenvolvimento de atividades inerentes, acessórias ou complementares ao serviço concedido, sendo tal contrato regido pelo direito público.
(B) É admitida a subconcessão, nos termos previstos no contrato de concessão, sendo tal outorga sempre precedida de concorrência, não se exigindo, todavia, autorização expressa do poder concedente.
(C) O contrato de concessão não poderá prever o emprego de mecanismos privados de solução de conflitos, como a arbitragem, por se tratar de contrato de direito público, o qual deve ser dirimido somente pelo Judiciário, na hipótese de litígio.
(D) A concessão é feita mediante licitação, na modalidade concorrência, havendo algumas peculiaridades em tal procedimento licitatório, como a possibilidade da inversão das fases de habilitação e julgamento.
(E) A transferência da concessão ou do controle societário da concessionária sem prévia anuência do poder concedente implicará na encampação da concessão do serviço público.

A: incorreta, pois esse tipo de contrato será regido pelo direito privado (art. 25, §§ 1º e 2º, da Lei 8.987/1995); **B:** incorreta, pois a subconcessão depende de autorização expressa do poder concedente; **C:** incorreta, pois o contrato de concessão poderá prever sim a arbitragem (art. 23-A da Lei 8.987/1995); **D:** correta (arts. 2º, II e 18-A da Lei 8.987/1995); **E:** incorreta, pois implicará na caducidade da concessão (art. 27 da Lei 8.987/1995); é bom lembrar que a caducidade é a extinção da concessão por culpa do particular (que é o caso), ao passo que a encampação é a extinção da concessão por motivo de interesse público.

Gabarito "D".

10. CONTROLE DA ADMINISTRAÇÃO

(Analista – TRT/10ª – 2013 – CESPE) Em relação ao controle da Administração Pública, julgue o item seguinte.

(1) Portaria de caráter normativo editada pelo Ministério da Educação que seja ilegal poderá ser sustada pelo Congresso Nacional.

1: correta, nos termos da autorização contida no art. 49, V, da CF.

Gabarito 1C

(Analista – TRT/10ª – 2013 – CESPE) Em relação a controle e responsabilização da Administração, julgue os itens a seguir.

(1) Se um agente editar ato administrativo em desconformidade com súmula vinculante do STF, caberá reclamação a esse tribunal, que, se julgá-la procedente, deverá anular referido ato.
(2) O controle prévio dos atos administrativos do Poder Executivo é feito exclusivamente pelo Poder Executivo, cabendo aos Poderes Legislativo e Judiciário exercer o controle desses atos somente após sua entrada em vigor.
(3) Os atos administrativos do Poder Executivo não são passíveis de revogação pelo Poder Judiciário.
(4) Ao Tribunal de Contas da União não cabe julgar as contas dos administradores de sociedades de economia mista e empresas públicas, visto que a participação majoritária do Estado na composição do capital não transmuda em públicos os bens dessas entidades.

1: certa (art. 7º, § 2º, da Lei 11.417/2006); **2:** errada, pois o Poder Judiciário, fundado no princípio da inafastabilidade da jurisdição (art. 5º, XXXV, da CF), pode controlar o ato administrativo mesmo antes deste ser praticado, em caso de ameaça de lesão a direito; **3:** certa, pois somente a Administração Pública que expede o ato pode revogá-lo; dessa forma, atos administrativos do Poder Executivo só podem ser revogados por este, atos administrativos do Poder Judiciário só pode ser revogados pelo próprio Judiciário e atos administrativos do Poder Legislativo só pode ser revogados pelo Legislativo; **4:** errada, pois compete ao Tribunal de Contas apreciar as contas de toda e qualquer sociedade instituída e mantida pelo Poder Público (art. 71, II, da CF), o que inclui as empresas estatais.

Gabarito 1C, 2E, 3C, 4E

(Analista – TRT/6ª – 2012 – FCC) Um dos instrumentos existentes para o exercício do controle judicial da atividade administrativa é a ação popular, sendo correto afirmar que

(A) determina a integração obrigatória, no polo passivo da lide, da pessoa jurídica de direito público da qual emanou o ato impugnado.
(B) determina a integração obrigatória, no polo ativo da lide, da pessoa de direito público da qual emanou o ato impugnado.
(C) pressupõe a comprovação da lesão ao patrimônio público, não sendo suficiente a lesão à moralidade administrativa.
(D) somente pode ser intentada por cidadão no gozo dos direitos políticos.
(E) pode ser intentada por qualquer cidadão brasileiro, nato ou naturalizado, e pelo Ministério Público.

A: incorreta, pois a pessoa jurídica cujo ato seja objeto de impugnação poderá abster-se de contestar o pedido (ou seja, não se integrar ao polo passivo da lide) ou poderá atuar ao lado do autor (ou seja, integrar-se ao polo ativo da lide), nos termos do art. 6º § 3º, da Lei 4.717/1965; **B:** incorreta, pois a pessoa jurídica poderá ficar no polo passivo (polo da qual, a princípio, constará – art. 6º, *caput*, da Lei 4.717/1965), poderá se abster de integrar da lide e, como terceira opção, poderá integrar o polo ativo da lide (art. 6º, *caput*, da Lei 4.717/1965); **C:** incorreta, pois cabe ação popular em quatro casos (lesão ao patrimônio público, à moralidade administrativa, ao meio ambiente e ao patrimônio histórico e cultural), cada caso suficiente por si só para que ingresse com ação popular (art. 5º, LXXIII, da CF); **D:** correta (art. 1º, *caput* e § 3º, da Lei 4.717/1965); **E:** incorreta, pois só pode ser intentada por cidadão com gozo dos direitos políticos, não podendo ser intentada pelo Ministério Público.

Gabarito "D".

(Analista – TRT/8ª – 2010 – FCC) O controle legislativo dos atos do Poder Executivo, em matéria contábil, financeira e orçamentária, é exercido pelo Poder Legislativo

(A) por meio de seus auditores.
(B) com autorização do Poder Judiciário.
(C) com auxílio do Tribunal de Contas.
(D) com auxílio do Ministério Público.
(E) por meio de comissões parlamentares de inquérito.

Art. 71, *caput*, da CF.
Gabarito "C"

(Analista – TRT/9ª – 2010 – FCC) No que diz respeito ao *controle da Administração*, é CORRETO afirmar:

(A) Controle administrativo é o poder de fiscalização e correção que a Administração Pública exerce sobre sua própria atuação, assim ocorrendo apenas mediante provocação do administrado.
(B) O controle legislativo é exercido, no âmbito estadual, pela Assembleia Legislativa, vedada a instituição de Comissão Parlamentar de Inquérito.
(C) O mandado de injunção tem recebido nova interpretação constitucional, não se limitando à declaração da existência da mora legislativa para a edição da norma regulamentadora, admitindo-se ao Judiciário assegurar, concretamente, o exercício do direito individualizado pela falta da norma.
(D) A Constituição atribuiu à CPI poderes de investigação, como convocar e obrigar testemunhas a comparecerem para depor e ordenar a quebra de sigilo bancário, fiscal e telefônico, esta última (quebra do sigilo telefônico) sujeita à prévia autorização judicial.
(E) É cabível mandado de segurança contra atos de gestão comercial praticados pelos administradores de empresas públicas, de sociedades de economia mista e de concessionárias de serviço público.

A: incorreta, pois o controle administrativo interno deve se dar de modo permanente e de ofício pela própria Administração; **B:** incorreta, pois as CPIs também podem ser instaladas nas esferas estadual e municipal; **C:** correta, pois, atualmente, o STF vem adotando posição concretista; um exemplo disso foi o que aconteceu com relação à greve e à aposentadoria especial dos servidores públicos; em vez de simplesmente declarar a mora legislativa, o STF, nos mandados de injunção relativos a esses dois casos, resolveu dizer que os direitos poderiam ser aplicados imediatamente, adotando-se como regulamentação as leis que tratam desses institutos para os trabalhadores da esfera privada, até que sobrevenha uma lei específica para esses dois casos: **D:** incorreta, pois a quebra de sigilo, desde que devidamente motivada, pode ser feita por uma CPI, que tem poderes instrutórios de uma autoridade judiciária; **E:** incorreta, pois tais atos não são considerados atos de autoridade para fins de cabimento de mandado de segurança.
Gabarito "C"

(Analista – TRT/14ª – 2011 – FCC) O controle legislativo da Administração é

(A) exercido sempre mediante provocação do cidadão ou legitimado devendo ser submetido previamente ao Judiciário para fins de questões referentes à legalidade.
(B) próprio do Poder Público, visto seu caráter técnico e, subsidiariamente, político, com abrangência em todas as situações e sem limites de qualquer natureza legal.
(C) um controle externo e político, motivo pelo qual pode-se controlar os aspectos relativos à legalidade e à conveniência pública dos atos do Poder Executivo que estejam sendo controlados.
(D) sempre um controle subsequente ou corretivo, mas restrito à conveniência e oportunidade dos atos do Poder Executivo objetos desse controle e de efeitos futuros.
(E) exercido pelos órgãos legislativos superiores sobre quaisquer atos praticados pelo Poder Executivo, mas vedado o referido controle por parte das comissões parlamentares.

A: incorreta, pois o Poder Legislativo tem independência para realizar esse controle, previsto na Constituição Federal (arts. 70 e 71); **B:** incorreta, pois, se o controle é legislativo, ele é da competência do Poder Legislativo, que, diga-se passagem, recebe o auxílio dos Tribunais de Contas (art. 71 da CF); **C:** correta, conforme o disposto no art. 70 da CF; **D:** incorreta, pois o controle legislativo controla a *legalidade* (além da legitimidade e da economicidade), sendo incorreto dizer que é um controle só de mérito, ou seja, de aspectos de conveniência e oportunidade; **E:** incorreta, pois não é qualquer ato do Poder Executivo que está sujeito a controle; há questões de mérito administrativo que não podem ser controladas pelo Poder Legislativo.
Gabarito "C"

(Analista – TRT/20ª – 2011 – FCC) Sobre o Controle Judicial, especificamente no que diz respeito aos atos políticos e aos atos *interna corporis*, é correto afirmar:

(A) Os atos *interna corporis*, em regra, são apreciados pelo Poder Judiciário.
(B) Os atos políticos não são passíveis de apreciação pelo Poder Judiciário.
(C) Ambos podem ser apreciados pelo Poder Judiciário se causarem lesão a direitos individuais ou coletivos.
(D) Apenas os atos políticos podem ser apreciados pelo Poder Judiciário, desde que causem lesão a direitos individuais ou coletivos.
(E) Apenas os atos *interna corporis* podem ser apreciados pelo Poder Judiciário, desde que causem lesão a direitos individuais ou coletivos.

Como regra, os atos políticos e os atos *interna corporis*, como as decisões de Casas Legislativos relativas ao seu regimento interno, não são passíveis de controle pelo Judiciário, face à grande discricionariedade existente e também ao princípio da separação dos Poderes. Todavia, quando tais decisões puderem causar lesão a direitos individuais ou coletivos, caberá controle judicial, em virtude do princípio da inafastabilidade da jurisdição (art. 5º, XXXV, da CF).
Gabarito "C"

(Analista – TRT/20ª – 2011 – FCC) Analise as seguintes assertivas acerca do controle da Administração Pública, especificamente sobre o controle legislativo:

I. O controle que o Poder Legislativo exerce sobre a Administração Pública tem que se limitar às hipóteses previstas na Constituição Federal.
II. As Comissões Parlamentares de Inquérito têm poderes de investigação próprios das autoridades judiciais, além de outros, como, por exemplo, o poder sancionatório.
III. O Controle Legislativo envolve dois tipos de controle: o político e o financeiro; o controle político, como a própria nomenclatura evidencia, abrange apenas aspectos de mérito, e não de legalidade.

Está correto o que se afirma APENAS em

(A) I.
(B) I e II.
(C) II.
(D) II e III.
(E) III.

I: correta (art. 70 da CF); **II:** incorreta, pois as CPIs não tem poder de aplicar sanções, mas apenas de investigação (art. 58, § 3º, da CF); **III:** incorreta, pois o controle legislativo controla a *legalidade* (além da legitimidade e da economicidade), sendo incorreto dizer que é um controle de mérito, e não de legalidade.
Gabarito "A"

(Analista – TRT/21ª – 2010 – CESPE) Acerca de controle administrativo, julgue o item seguinte.

(1) O recurso hierárquico impróprio deve ser dirigido à autoridade de outro órgão não integrado à mesma hierarquia do órgão que proferiu o ato.

1: correta, diferentemente do recurso hierárquico próprio, que deve ser dirigido à autoridade do mesmo órgão da autoridade que proferiu o ato ou de órgão integrado à mesma hierarquia do órgão que proferiu o ato.
Gabarito 1C

11. PROCESSO ADMINISTRATIVO (LEI 9.784/1999)

11.1. Disposições gerais

(Analista – TRT/8ª – 2010 – FCC) Em relação à Lei nº 9.784/1999 que regula o processo administrativo, considere:

I. Para os fins da referida lei, considera-se órgão a unidade de atuação integrante da estrutura da Administração direta e da estrutura da Administração indireta.
II. São deveres do administrado, perante a administração, sem prejuízo de outros previstos em ato normativo, não agir de modo temerário.

III. O Administrado deve fazer-se assistir, obrigatoriamente e em qualquer hipótese, por advogado, nos procedimentos nela previstos.

IV. Nos processos administrativos serão observados, entre outros, os critérios de indicação dos pressupostos de fato e de direito que determinarem a decisão.

V. Os atos administrativos deverão ser motivados, com indicação dos fatos e dos fundamentos jurídicos, salvo quando decidam imotivadamente processos administrativos de concurso ou seleção pública.

Está correto o que se afirma APENAS em

(A) I, II e IV.
(B) I e III.
(C) II, III e V.
(D) III e IV.
(E) III, IV e V.

I: correta (art. 1º, § 2º, I, da Lei 9.784/1999); **II:** correta (art. 4º, III, da Lei 9.784/1999); **III:** incorreta, pois a assistência de advogado é facultativa (art. 3º, IV, da Lei 9.784/1999); **IV:** correta (art. 2º, parágrafo único, VII, da Lei 9.784/1999); **V:** incorreta (art. 50, III, da Lei 9.784/1999).

Gabarito "A"

(Analista – TRT/9ª – 2010 – FCC) Dentre os critérios a serem observados nos processos administrativos, expressamente previstos na Lei nº 9.784/1999, NÃO se inclui a

(A) divulgação oficial dos atos administrativos, ressalvadas as hipóteses de sigilo previstas na Constituição.
(B) vedação ao impulso, de ofício, do processo administrativo.
(C) indicação dos pressupostos de fato e de direito que determinarem a decisão.
(D) proibição de cobrança de despesas processuais, ressalvadas as previstas em lei.
(E) observância das formalidades essenciais à garantia dos direitos dos administrados.

A: correta, pois está previsto na lei (art. 2º, parágrafo único, V, da Lei 9.784/1999); **B:** incorreta, devendo ser assinalada, pois está previsto o contrário no art. 2º, parágrafo único, XII, da Lei 9.784/1999; **C:** correta, pois está previsto na lei (art. 2º, parágrafo único, VII, da Lei 9.784/1999); **D:** correta, pois está previsto na lei (art. 2º, parágrafo único, XI, da Lei 9.784/1999); **E:** correta, pois está previsto na lei (art. 2º, parágrafo único, VIII, da Lei 9.784/1999).

Gabarito "B"

(Analista – TRT/9ª – 2010 – FCC) Conforme expressamente previsto na Lei nº 9.784/1999, que estabelece normas sobre o processo administrativo, os seus preceitos aplicam-se

(A) apenas aos órgãos da Administração Pública Federal direta.
(B) à Administração Pública da União, dos Estados, do Distrito Federal e dos Municípios e aos órgãos dos Poderes Legislativo e Judiciário da União e dos Estados.
(C) apenas aos Poderes Executivo, Legislativo e Judiciário da União e dos Estados.
(D) aos órgãos do Poder Judiciário da União, quando no desempenho de função administrativa e jurisdicional.
(E) à Administração Pública Federal e aos órgãos dos Poderes Legislativo e Judiciário da União, quando no desempenho de função administrativa.

A: incorreta, pois também se aplica à Administração Indireta (art. 1º, *caput*, da Lei 9.784/1999); **B** e **C:** assertivas incorretas, pois a lei só aplica aos órgãos mencionados da esfera da União (art. 1º da Lei 9.784/1999); de qualquer forma, há entendimentos jurisprudenciais no sentido de que a lei também se aplicará a Estados e Municípios que não tiverem lei de processo administrativo; **D:** incorreta, pois não se aplica quanto aos atos de natureza jurisdicional, mas tão somente quanto aos atos de natureza administrativa (art. 1º, § 1º, da Lei 9.784/1999); **E:** correta (art. 1º, § 1º, da Lei 9.784/1999).

Gabarito "E"

(Analista – TRT/11ª – 2012 – FCC) A Administração Pública Federal, ao conduzir determinado processo administrativo, aplica retroativamente nova interpretação acerca de norma administrativa, sob o fundamento de ser mais vantajosa ao interesse público. Nos termos da Lei nº 9.784/1999,

(A) a postura da Administração Pública é ilegal, por violar um dos critérios que devem ser observados nos processos administrativos.
(B) é possível, em qualquer hipótese, a aplicação retroativa de nova interpretação de norma administrativa.
(C) é vedada a aplicação retroativa de nova interpretação da norma administrativa, salvo para o melhor atendimento do fim público a que se dirige.
(D) o fundamento da Administração Pública para justificar sua postura não está previsto em lei, sendo necessário o preenchimento de outro requisito legal para que possa aplicar retroativamente nova interpretação de norma administrativa.
(E) independentemente da retroatividade de nova interpretação, é vedada a interpretação da norma administrativa da forma que melhor garanta o atendimento do fim público.

A: correta, pois, de fato, viola o princípio da segurança jurídica, bem como o critério previsto no art. 2º, parágrafo único, XIII, da Lei 9.784/1999; **B:** incorreta, pois é "vedada aplicação retroativa de nova interpretação" (art. 2º, parágrafo único, XIII, da Lei 9.784/1999); **C** e **D:** assertivas incorretas, pois mesmo na situação mencionada é vedada nova interpretação retroativa por conta da vedação expressa no art. 2º, parágrafo único, XIII, da Lei 9.784/1999; **E:** incorreta, pois é dever da Administração interpretar a "norma administrativa da forma que melhor garanta o atendimento do fim público a que se dirige" (art. 2º, parágrafo único, XIII, da Lei 9.784/1999).

Gabarito "A"

(Analista – TRT/12ª – 2010 – FCC) De acordo com a Lei nº 9.784/1999, nos processos administrativos serão observados, dentre outros, os critérios de

(A) proibição de cobrança de despesas processuais, ressalvadas as previstas em lei.
(B) atendimento a fins de interesse geral, vedada, em qualquer hipótese, a renúncia total ou parcial de poderes ou competências.
(C) proibição de impulsão de ofício do processo administrativo.
(D) aplicação retroativa de nova interpretação.
(E) desnecessidade de indicação dos pressupostos fáticos que determinarem a decisão, bastando a indicação dos pressupostos de direito.

A: correta (art. 2º, parágrafo único, XI, da Lei 9.784/1999); **B:** incorreta (art. 2º, parágrafo único, II, da Lei 9.784/1999); **C:** incorreta (art. 2º, parágrafo único, XII, da Lei 9.784/1999); **D:** incorreta (art. 2º, parágrafo único, XIII, da Lei 9.784/1999); **E:** incorreta (art. 2º, parágrafo único, VII, da Lei 9.784/1999).

Gabarito "A"

(Analista – TRT/20ª – 2011 – FCC) Considere:

I. Cobrança de despesas processuais.
II. Divulgação oficial dos atos administrativos.
III. Fazer-se assistir obrigatoriamente por advogado.

No processo administrativo no âmbito da Administração Pública Federal (Lei nº 9.784/1999), vigora como regra, o que consta APENAS em

(A) I.
(B) II.
(C) III.
(D) I e II.
(E) II e III.

I: incorreta, pois não cabe cobrança de despesas processuais (art. 2º, parágrafo único, XI, da Lei 9.784/1999), ressalvados os casos previstos em lei; **II:** correta (2º, parágrafo único, V, da Lei 9.784/1999); **III:** incorreta, pois não há essa obrigatoriedade (art. 3º, IV, da Lei 9.784/1999), ressalvados os casos previstos em lei.

Gabarito "B"

(Analista – TRT/22ª – 2010 – FCC) Nos termos da Lei nº 9.784/1999, que regula o processo administrativo no âmbito da Administração Pública Federal, é INCORRETO que

(A) para os fins desta Lei, consideram-se entidade a unidade de atuação dotada de personalidade jurídica e autoridade o servidor ou agente público dotado de poder de decisão.
(B) nos processos administrativos será observado, em qualquer caso e de forma absoluta, entre outros, o critério de proibição de cobrança de despesas processuais.

(C) a Administração Pública obedecerá, dentre outros, aos princípios da legalidade, finalidade, motivação, razoabilidade, proporcionalidade, moralidade, ampla defesa, contraditório, segurança jurídica, interesse público e eficiência.

(D) dentre os direitos do administrado perante a Administração Pública, está o de ter ciência da tramitação dos processos administrativos em que tenha a condição de interessado, ter vista dos autos, obter cópias de documentos neles contidos e conhecer as decisões proferidas.

(E) os preceitos desta Lei também se aplicam aos órgãos dos Poderes Legislativo e Judiciário da União, quando no desempenho de função administrativa.

A: correta (art. 1º, § 2º, II e III, da Lei 9.784/1999); **B:** incorreta, devendo ser assinalada, pois é possível a cobrança se houver lei nesse sentido (art. 2º, parágrafo único, XI, da Lei 9.784/1999); **C:** correta (art. 2º, *caput*, da Lei 9.784/1999); **D:** correta (art. 3º, II, da Lei 9.784/1999); **E:** correta (art. 1º, § 1º, da Lei 9.784/1999).

Gabarito "B".

(Analista – TRT/23ª – 2007 – FCC) Considerando o disposto na Lei nº 9.784/1999, é correto que

(A) a norma administrativa deve ser interpretada da forma que melhor garanta o atendimento do fim público a que se dirige, vedada aplicação retroativa de nova interpretação.

(B) o interessado terá, encerrada a instrução, o direito de manifestar-se no prazo máximo de quinze dias, salvo se outro prazo for legalmente fixado.

(C) entidades são as unidades de atuação integrantes da estrutura da Administração direta e da estrutura da Administração indireta.

(D) o indeferimento de alegação de suspeição poderá ser objeto de recurso, com efeito suspensivo.

(E) os interessados serão intimados de prova ou diligência ordenada, com antecedência mínima de cinco dias úteis, mencionando-se data, hora e local de realização.

A: correta, nos exatos termos do art. 2º, parágrafo único, XIII, da Lei 9.784/1999; **B:** incorreta (art. 44 da Lei 9.784/1999); **C:** incorreta (art. 1º, § 2º, I, da Lei 9.784/1999); **D:** incorreta (art. 21 da Lei 9.784/1999); **E:** incorreta (art. 26, § 2º, da Lei 9.784/1999).

Gabarito "A".

(Analista – TRT/24ª – 2011 – FCC) De acordo com Lei nº 9.784/1999, no processo administrativo será observado, dentre outros, o critério de

(A) garantia dos direitos à comunicação, à apresentação de alegações finais, à produção de provas e à interposição de recursos, nos processos de que possam resultar sanções e nas situações de litígio.

(B) impulsão do processo administrativo mediante atuação dos interessados, vedada a impulsão, de ofício, pela Administração Pública.

(C) cobrança de despesas processuais, não havendo tal cobrança apenas em hipóteses excepcionais previstas em lei.

(D) interpretação da norma administrativa da forma que melhor garanta o atendimento do fim público a que se dirige, permitida a aplicação retroativa de nova interpretação.

(E) atendimento a fins de interesse geral, permitida, em regra, a renúncia total ou parcial de poderes ou competências.

A: correta (art. 2º, parágrafo único, X, da Lei 9.784/1999); **B:** incorreta, pois a impulsão de ofício é dever da Administração (art. 2º, parágrafo único, XII, da Lei 9.784/1999); **C:** incorreta, pois é o contrário, ou seja, não cabe cobrança de despesas processuais, salvo os casos previstos em lei (art. 2º, parágrafo único, XI, da Lei 9.784/1999); **D:** incorreta, pois é vedada a interpretação retroativa de nova interpretação (art. 2º, parágrafo único, XIII, da Lei 9.784/1999); **E:** incorreta, pois é vedada a renúncia total ou parcial de poderes ou competências (art. 2º, parágrafo único, II, da Lei 9.784/1999).

Gabarito "A".

11.2. Direitos e deveres do administrado

(Analista – TRT/14ª – 2011 – FCC) Nos termos da Lei nº 9.784/1999, que regula o processo administrativo no âmbito da Administração Pública Federal, é correto afirmar:

(A) É possível a impulsão, de ofício, do processo pela Administração e, assim ocorrendo, dar-se-á com prejuízo da atuação de interessados, por prevalecer o interesse público.

(B) Autoridades e servidores deverão facilitar o exercício dos direitos dos administrados.

(C) Não é dever do administrado prestar informações solicitadas pela Administração, pois caracterizaria afronta a princípios constitucionais, como a liberdade e a democracia.

(D) É possível, como regra, a renúncia de competências.

(E) Considera-se entidade a unidade de atuação sem personalidade jurídica.

A: incorreta, pois a impulsão, de ofício, não prejudica a atuação dos interessados (art. 2º, parágrafo único, XII, da Lei 9.784/1999); **B:** correta (art. 3º, I, da Lei 9.784/1999); **C:** incorreta, pois é dever do administrado, sim, prestar as informações que lhe forem solicitadas (art. 4º, IV, da Lei 9.784/1999); **D:** incorreta, pois a competência é irrenunciável (art. 11 da Lei 9.784/1999); **E:** incorreta, pois entidade é a unidade de atuação dotada de personalidade jurídica.

Gabarito "B".

(Técnico – TRT/14ª – 2011 – FCC) Nos termos da Lei nº 9.784/1999, que regula o processo administrativo no âmbito da Administração Pública Federal, NÃO consiste em dever do administrado:

(A) expor os fatos conforme a verdade.

(B) fazer-se assistir, obrigatoriamente, por advogado, salvo hipóteses excepcionais em que não se exige tal obrigação.

(C) proceder com lealdade.

(D) proceder com urbanidade.

(E) colaborar para o esclarecimento dos fatos.

A: correta, pois constitui dever do administrado (art. 4º, I, da Lei 9.784/1999); **B:** incorreta, devendo ser assinalada, pois não constitui dever do administrado; aliás, é um direito do administrativo fazer-se assistir, *facultativamente*, por um advogado, salvo quando obrigatória a representação, por força de lei (art. 3º, IV, da Lei 9.784/1999); **C:** correta, pois constitui dever do administrado (art. 4º, II, da Lei 9.784/1999); **D:** correta, pois constitui dever do administrado (art. 4º, II, da Lei 9.784/1999); **E:** correta, pois constitui dever do administrado (art. 4º, IV, da Lei 9.784/1999).

Gabarito "B".

(Técnico – TRT/20ª – 2011 – FCC) Segundo a Lei nº 9.784/1999, que regula o processo administrativo no âmbito da Administração Pública Federal, é direito dos administrados:

(A) não agir de modo temerário.

(B) prestar as informações que lhe forem solicitadas e colaborar para o esclarecimento dos fatos.

(C) expor os fatos conforme a verdade.

(D) proceder com lealdade, urbanidade e boa-fé.

(E) fazer-se assistir, facultativamente, por advogado, salvo quando obrigatória a representação, por força de lei.

A: incorreta; trata-se de *dever* do administrado (art. 4º, III, da Lei 9.784/1999); **B:** incorreta; trata-se de *dever* do administrado (art. 4º, IV, da Lei 9.784/1999); **C:** incorreta; trata-se de *dever* do administrado (art. 4º, I, da Lei 9.784/1999); **D:** incorreta; trata-se de *dever* do administrado (art. 4º, II, da Lei 9.784/1999); **E:** correta; trata-se de *direito* do administrado (art. 3º, IV, da Lei 9.784/1999).

Gabarito "E".

(Analista – TRT/16ª – 2009 – FCC) De acordo com a Lei nº 9.784/1999, no processo administrativo NÃO é dever do administrado perante a Administração:

(A) não agir de modo temerário.

(B) formular alegações e apresentar documentos antes da decisão, os quais serão objeto de consideração pelo órgão competente.

(C) prestar as informações que lhe forem solicitadas e colaborar para o esclarecimento dos fatos.

(D) expor os fatos conforme a verdade.

(E) proceder com lealdade, urbanidade e boa-fé.

A: correta; trata-se de *dever* do administrado (art. 4º, III, da Lei 9.784/19)99; **B:** incorreta, devendo ser assinalada; trata-se, pois, de *direito* do administrado (art. 3º, III, da Lei 9.784/1999); **C:** correta; trata-se de *dever* do administrado (art. 4º, IV, da Lei 9.784/1999); **D:** correta; trata-se de *dever* do administrado (art. 4º, I, da Lei 9.784/1999); **E:** correta; trata-se de *dever* do administrado (art. 4º, II, da Lei 9.784/1999).

Gabarito "B".

(Analista – TRT/21ª – 2010 – CESPE) De acordo com o que estabelece a lei que regulamenta o processo administrativo no âmbito da Administração Pública Federal, julgue o próximo item.

(1) O administrado tem o direito de ter ciência da tramitação dos processos administrativos nos quais figure na condição de interessado, bem como o direito de ter vista dos autos e o de obter cópias de documentos neles contidos, mediante autorização prévia da autoridade hierarquicamente superior.

1: errada, pois não é necessária autorização prévia de autoridade hierarquicamente superior (art. 3º, II, da Lei 9.784/1999).

Gabarito 1E

11.3. Início do processo e interessados

(Analista – TRT/18ª – 2008 – FCC) De acordo com a Lei que regula o processo administrativo no âmbito da Administração Pública Federal, NÃO se incluem, dentre os legitimados como interessados no processo administrativo,

(A) as organizações e associações representativas, no tocante a direitos e interesses coletivos.
(B) as pessoas físicas ou jurídicas que o iniciem como titulares de direitos ou interesses individuais ou no exercício do direito de representação.
(C) aqueles que, sem terem iniciado o processo, têm direitos ou interesses que possam ser afetados pela decisão a ser adotada.
(D) quaisquer pessoas do povo, mesmo que não possam ser atingidas pela decisão a ser adotada.
(E) as pessoas ou as associações legalmente constituídas quanto a direitos ou interesses difusos.

A: correta (art. 9º, III, da Lei 9.784/1999); **B:** correta (art. 9º, I, da Lei 9.784/1999); **C:** correta (art. 9º, II, da Lei 9.784/1999); **D:** incorreta, devendo ser assinalada, pois não existe essa previsão legal; **E:** correta (art. 9º, IV, da Lei 9.784/1999).

Gabarito "D"

11.4. Competência

(Analista – TRT/4ª – 2006 – FCC) Nos termos do disposto na Lei nº 9.784/1999, observe as seguintes assertivas:

I. Não podem ser objeto de delegação, dentre outros, a edição de atos de caráter normativo.
II. O ato de delegação é revogável a qualquer tempo pela autoridade delegante.
III. O ato de delegação não poderá conter ressalva de exercício da atribuição delegada.
IV. As decisões adotadas por delegação considerar-se-ão editadas pela autoridade delegante.

É correto APENAS o que consta em

(A) I e II.
(B) I e IV.
(C) III e IV.
(D) I, II e III.
(E) II, III e IV.

I: correta (art. 13, I, da Lei 9.784/1999); **II:** correta (art. 14, § 2º, da Lei 9.784/1999); **III:** incorreta (art. 14, § 1º, da Lei 9.784/1999); **IV:** incorreta (art. 14, § 3º, da Lei 9.784/1999).

Gabarito "A"

(Analista – TRT/7ª – 2009 – FCC) Quanto à competência para os procedimentos previstos na Lei nº 9.784, que define normas para o processo administrativo no âmbito federal, é correto que:

(A) as decisões adotadas por delegação devem mencionar explicitamente esta qualidade e considerar-se-ão editadas pelo delegado.
(B) não será permitida a avocação temporária de competência atribuída a órgão hierarquicamente inferior, salvo de atribuição de órgão superior.
(C) dentre outros, podem ser objeto de delegação a edição de atos de caráter normativo e as matérias de competência exclusiva do órgão ou autoridade.
(D) o ato de delegação de competência é irrevogável, salvo motivo justificado pela autoridade delegante ou quando declinada a delegação pela autoridade delegada.
(E) inexistindo competência legal específica, o processo administrativo deverá ser iniciado perante a autoridade de maior grau hierárquico para decidir.

A: correta (art. 14, § 3º, da Lei 9.784/1999); **B:** incorreta (art. 15 da Lei 9.784/1999); **C:** incorreta (art. 13, I e III, da Lei 9.784/1999); **D:** incorreta (art. 14, § 2º, da Lei 9.784/1999); **E:** incorreta (art. 17 da Lei 9.784/1999).

Gabarito "A"

(Analista – TRT/8ª – 2010 – FCC) De acordo com a Lei nº 9.784/1999, pode ser objeto de delegação de competência, dentre outros,

(A) a edição de atos de caráter normativo.
(B) a decisão de recursos administrativos.
(C) as matérias de competência exclusiva do órgão.
(D) a prática de atos de caráter instrutório.
(E) as matérias de competência exclusiva da autoridade.

Art. 13 da Lei 9.784/1999.

Gabarito "D"

(Analista – TRT/8ª – 2010 – FCC) Quanto à competência no Processo Administrativo, de acordo com a Lei nº 9.784/1999, é INCORRETO que

(A) o ato de delegação é revogável a qualquer tempo pela autoridade delegante.
(B) a competência é irrenunciável e se exerce pelos órgãos administrativos a que foi atribuída como própria, salvo os casos de delegação e avocação legalmente admitidos.
(C) não será permitida, em qualquer caso, a avocação de competência atribuída a órgão hierarquicamente inferior, salvo por delegação desta, nas matérias exclusivamente normativas.
(D) o ato de delegação e sua revogação deverão ser publicados no meio oficial.
(E) não podem ser objeto de delegação, além de outros, a edição de atos de caráter normativo.

A: correta (art. 14, § 2º, da Lei 9.784/1999); **B:** correta (art. 11 da Lei 9.784/1999); **C:** incorreta, devendo ser assinalada, pois a avocação é possível, cumpridos os requisitos do art. 15 da Lei 9.784/1999; **D:** correta (art. 14, *caput*, da Lei 9.784/1999); **E:** correta (art. 13, I, da Lei 9.784/1999).

Gabarito "C"

(Analista – TRT/14ª – 2011 – FCC) No que diz respeito à delegação de competência no processo administrativo próprio da Administração Pública Federal, é certo que

(A) as decisões adotadas por delegação devem mencionar explicitamente esta qualidade e considerar-se-ão editadas pelo delegado.
(B) inexistindo competência legal específica, o processo administrativo deve iniciar-se perante a autoridade de maior grau hierárquico para decidir.
(C) será permitida, em qualquer hipótese, a avocação temporária de competência atribuída a órgão hierarquicamente inferior.
(D) poderá ser objeto de delegação, entre outras, a edição de atos de caráter normativo ou matérias de competência privativa do órgão administrativo.
(E) o ato de delegação não pode ser anulado ou revogado pela Administração, sendo necessária a providência cabível ao Poder Judiciário.

A: correta (art. 14, § 3º, da Lei 9.784/1999); **B:** incorreta, pois, nesse caso, deve se iniciar perante a autoridade de *menor* grau hierárquico para decidir (art. 17 da Lei 9.784/1999); **C:** incorreta, pois a avocação não é permitida em qualquer hipótese, mas apenas em situações excepcionais e por motivos relevantes (art. 15 da Lei 9.784/1999); **D:** incorreta, pois não pode ser objeto de delegação a edição de atos de caráter normativo (art. 13, I, da Lei 9.784/1999); vale salientar que também não cabe delegação quanto a matérias de competência *exclusiva* do órgão ou entidade (art. 13, III, da Lei 9.784/1999); **E:** incorreta, pois o ato de delegação pode ser revogado a qualquer tempo pela Administração (art. 14, § 2º, da Lei 9.784/1999), valendo salientar que tal ato também pode ser anulado pela Administração, quando for ilegal, em razão do princípio da autotutela.

Gabarito "A"

11.5. Impedimentos e suspeição

(Analista – TRT/3ª – 2005 – FCC) Em um processo administrativo, sujeito à Lei nº 9.784/1999, a situação em que a autoridade responsável pelo processo seja amigo íntimo de parente de terceiro grau de algum dos interessados,

(A) é típica de impedimento, que deve ser arguido pela parte interessada.
(B) é típica de impedimento, que deve ser apontado pela autoridade superior do órgão público em questão.
(C) é típica de arguição de suspeição, cujo deferimento ou não caracteriza ato discricionário da autoridade superior, portanto, irrecorrível.
(D) é típica de arguição de suspeição, a qual, se indeferida, é passível de recurso sem efeito suspensivo.
(E) não se caracteriza como hipótese nem de impedimento, nem de suspeição.

Arts. 20 e 21 da Lei 9.784/1999.
Gabarito "D".

(Analista – TRT/2ª – 2008 – FCC) NÃO é proibido de atuar no processo administrativo o servidor ou autoridade que

(A) tenha interesse direto ou indireto na matéria.
(B) tenha parente por afinidade até o quarto grau que participou ou que venha a participar como testemunha.
(C) esteja litigando judicial ou administrativamente com o interessado ou respectivo cônjuge ou companheiro.
(D) tenha participado ou venha a participar como testemunha ou representante.
(E) tenha participado ou venha a participar como perito.

A: correta (art. 18, I, da Lei 9.784/1999); **B:** incorreta, devendo ser assinalada, pois não existe essa vedação legal; **C:** correta (art. 18, III, da Lei 9.784/1999); **D** e **E:** assertivas corretas (art. 18, II, da Lei 9.784/1999).
Gabarito "B".

11.6. Comunicação dos atos

(Analista – TRT/15ª – 2009 – FCC) A intimação no processo administrativo regulado pela Lei nº 9.784/1999 para ciência da decisão ou para a efetivação de diligências, subordina-se, dentre outras, à seguinte regra:

(A) No caso de interessados indeterminados, desconhecidos ou com domicílio indefinido, a intimação deve ser efetuada por meio de publicação oficial.
(B) Não há necessidade de constar informação sobre a continuidade do processo independentemente do comparecimento do intimado, porque ela decorre da lei.
(C) Deve ser observada a antecedência mínima de dois dias úteis quanto à data de comparecimento.
(D) Não pode ser efetuada por via postal nem por telegrama.
(E) O desatendimento da intimação importa no reconhecimento da verdade dos fatos.

A: correta (art. 26, § 4º, da Lei 9.784/1999); **B:** incorreta (art. 26, § 1º, V, da Lei 9.784/1999); **C:** incorreta (art. 26, § 2º, da Lei 9.784/1999); **D:** incorreta (art. 26, § 3º, da Lei 9.784/1999); **E:** incorreta (art. 27, *caput*, da Lei 9.784/1999).
Gabarito "A".

11.7. Instrução, decisão, motivação, desistência, extinção

(Analista – TRT/7ª – 2009 – FCC) Quanto à instrução do processo administrativo objeto da Lei nº 9.784/1999, é INCORRETO que

(A) antes da tomada de decisão, a juízo da autoridade, diante da relevância da questão, poderá ser realizada audiência pública para debates sobre a matéria do processo.
(B) em caso de risco iminente, a Administração Pública poderá motivadamente adotar providências acauteladoras sem a prévia manifestação do interessado.
(C) encerrada a instrução, o interessado terá o direito de manifestar-se no prazo máximo de dez dias, salvo se outro prazo for legalmente fixado.
(D) após encerrada a fase instrutória, o interessado não mais poderá juntar documentos, requerer diligências, perícias, bem como aduzir alegações referentes à matéria objeto do processo, ainda que não tenha sido proferida a sentença.
(E) os interessados serão intimados de prova ou diligência ordenada, com antecedência mínima de três dias úteis, mencionando-se data, hora e local de realização.

A: correta (art. 32 da Lei 9.784/1999); **B:** correta (art. 45 da Lei 9.784/1999); **C:** correta (art. 44 da Lei 9.784/1999); **D:** incorreta, devendo ser assinalada (art. 38 da Lei 9.784/1999); **E:** correta (art. 41 da Lei 9.784/1999).
Gabarito "D".

(Analista – TRT/8ª – 2010 – FCC) De acordo com a Lei nº 9.784/1999, os atos administrativos deverão ser motivados, com indicação dos fatos e dos fundamentos jurídicos, salvo quando, dentre outras hipóteses,

(A) imponham ou agravem deveres, encargos ou sanções.
(B) aplicarem jurisprudência firmada sobre a questão ou não discreparem de pareceres, laudos, propostas e relatórios oficiais.
(C) dispensem ou declarem a inexigibilidade de processo licitatório.
(D) importem anulação, revogação, suspensão ou convalidação de ato administrativo.
(E) neguem, limitem ou afetem direitos ou interesses.

A: correta (art. 50, II, da Lei 9.784/1999); **B:** incorreta, devendo ser assinalada (art. 50, VII, da Lei 9.784/1999, aplicando-o *a contrario sensu*); **C:** correta (art. 50, IV, da Lei 9.784/1999); **D:** correta (art. 50, VIII, da Lei 9.784/1999); **E:** correta (art. 50, I, da Lei 9.784/1999).
Gabarito "B".

(Analista – TRT/14ª – 2011 – FCC) As atividades de instrução destinadas a averiguar e comprovar os dados necessários a tomada de decisão devem atender a certos requisitos. E, no que se refere à consulta e audiência pública, é correto afirmar que,

(A) a consulta pública é cabível em todas as matérias do processo, ainda que envolvam assuntos de matéria individual, salvo os de natureza difusa em razão das peculiaridades da consulta e da audiência pública.
(B) os órgãos e entidades administrativas, em matéria relevante, poderão estabelecer outros meios de participação de administrados, diretamente ou por meio de associações legalmente reconhecidas.
(C) é vedada aos órgãos e entidades administrativas, em qualquer hipótese, o estabelecimento de outros meios de participação de administrados.
(D) os resultados da audiência pública devem ser apresentados com a indicação do procedimento adotado, condição desnecessária quando tratar-se de consulta pública.
(E) tendo em vista a natureza informal da consulta pública, são admitidas no processo administrativo quaisquer espécies de provas, inclusive as obtidas por meio ilícitos.

A: incorreta, pois a consulta pública poderá ser aberta em caso e matéria que envolva assunto de interesse geral, e não em caso de assunto de interesse individual (art. 31, *caput*, da Lei 9.784/1999); **B:** correta (art. 33 da Lei 9.784/1999); **C:** incorreta, pois, como se viu, o art. 33 da Lei 9.784/1999 admite, em matéria relevante, o estabelecimento de meios de participação de administrados; **D:** incorreta, pois tanto o resultado da audiência pública, como o de outros meios de participação de administrados (como a consulta pública) deverão ser apresentados com a indicação do procedimento adotado (art. 34 da Lei 9.784/1999); **E:** incorreta, pois são inadmissíveis no processo as provas obtidas por meios ilícitos (art. 30 da Lei 9.784/1999).
Gabarito "B".

(Analista – TRT/19ª – 2008 – FCC) Rogério, na qualidade de um dos interessados e mediante manifestação escrita, desistiu totalmente de seu pedido, objeto de processo administrativo perante a administração pública federal. Nesse caso, a desistência de Rogério

(A) prejudica sempre o prosseguimento do processo porque se estende aos demais interessados.
(B) atinge somente a quem a tenha formulado.

(C) não tem validade por haver vários interessados, o que é questão de ordem pública.

(D) implica suspensão do processo porque o objeto da decisão tornou-se prejudicado ou inútil.

(E) atinge irremediavelmente o processo, que deverá ser extinto por motivo de conveniência ou oportunidade.

Art. 51, § 1º, da Lei 9.784/1999.

Gabarito "B"

11.8. Recurso administrativo e Revisão

(Analista – TRT/23ª – 2007 – FCC) A respeito do recurso e revisão no processo administrativo, é INCORRETO afirmar que

(A) o processo administrativo do qual resultar sanção poderá ser revisto até dois anos do seu término, a pedido do interessado, quando surgirem fatos novos suscetíveis de justificar a inadequação da sanção aplicada.

(B) o recurso será dirigido à autoridade que proferiu a decisão, a qual, se não a reconsiderar no prazo de cinco dias, o encaminhará à autoridade superior.

(C) os cidadãos ou associações têm legitimidade para interpor recurso administrativo, quanto a direitos ou interesses difusos.

(D) o recurso não será conhecido quando interposto perante órgão incompetente, mas ao recorrente será indicada a autoridade competente, sendo-lhe devolvido o prazo para recurso.

(E) se o recorrente alegar violação de enunciado em súmula vinculante, o órgão competente para decidir o recurso explicitará as razões da aplicabilidade ou inaplicabilidade da súmula, conforme o caso.

A: incorreta, devendo ser assinalada (art. 65 da Lei 9.784/1999); **B:** correta (art. 56, § 1º, da Lei 9.784/1999); **C:** correta (art. 58, IV, da Lei 9.784/1999); **D:** correta (art. 63, II e § 1º, da Lei 9.784/1999); **E:** correta (art. 64-A da Lei 9.784/1999).

Gabarito "A"

12. OUTROS TEMAS E TEMAS COMBINADOS

(Analista – TRT9 – 2012 – FCC) O Poder Público adquiriu um imóvel para instalação de diversas repartições públicas, vinculadas a distintas Secretarias de Estado. Haverá grande fluxo de servidores e de administrados no local. No térreo do imóvel funcionava uma lanchonete, que tinha contrato firmado com o antigo proprietário. O dono desse estabelecimento pretende manter a exploração no local, razão pela qual propôs ao administrador responsável pelo prédio que fosse firmado vínculo contratual diretamente com o ente público. A proposta

(A) não poderá ser atendida porque a contratação pretendida dependeria de licitação, salvo se o ente público proprietário do imóvel for empresa pública, dispensada da observância desse procedimento porque se submete a regime jurídico de direito privado.

(B) poderá ser atendida até o término do contrato que vigia entre o dono do estabelecimento e o antigo proprietário, uma vez que o novo adquirente do imóvel deve respeitar os contratos em curso.

(C) poderá ser atendida, na medida em que a prorrogação do vínculo com o estabelecimento atende ao interesse público, representado pelo grande número de servidores e de administrados que frequentará o local, demandando a disponibilização de serviços de suporte a essa ocupação.

(D) não poderá ser atendida, na medida em que o ente público está obrigado a licitar o uso dos espaços públicos, ciente de que seria possível estabelecer competição entre os diversos interessados na exploração da atividade.

(E) poderá ser atendida, uma vez que o adquirente do imóvel sub-roga-se integralmente nos direitos do antigo proprietário do imóvel, podendo, no entanto, promover a alteração do contrato, que passa a ser regido pelo regime jurídico de direito público.

A: incorreta, pois a licitação é de rigor no caso, inclusive em se tratando de imóvel de empresa estatal, pois esta, em relação às contratações relacionadas à sua atividade-meio, é obrigada a celebrar certame licitatório; **B:** incorreta, pois a supremacia do interesse público sobre o privado e o caráter de aquisição originária da propriedade quando se tem desapropriação fazem com que o Poder Público tenha direito de não respeitar o contrato em curso, sem prejuízo de eventualmente ter de pagar uma indenização por conta da perda do ponto comercial, face à responsabilidade objetiva estatal; **C:** incorreta, pois, em que pese ser verdade que há conveniência na manutenção de um estabelecimento dessa natureza no local, os princípios da isonomia, da legalidade e da moralidade impõem a realização de licitação para a escolha da empresa que fará tal exploração de atividade econômica no local; **D:** correta, nos termos do comentário à alternativa anterior; **E:** incorreta, pois, de um lado, tem-se, na desapropriação, aquisição originária da propriedade, a afastar do bem qualquer tipo de vínculo anteriormente existente, e, de outro, tem-se o dever de licitar no caso, face aos princípios da isonomia, da legalidade e da moralidade.

Gabarito "D"

(Analista – TRT/10ª – 2013 – CESPE) Julgue os itens a seguir, referentes a atos administrativos.

(1) Consoante a doutrina, são requisitos ou elementos do ato administrativo a competência, o objeto, a forma, o motivo e a finalidade.

(2) Em razão da característica da autoexecutoriedade, a cobrança de multa aplicada pela administração não necessita da intervenção do Poder Judiciário, mesmo no caso do seu não pagamento.

(3) Com base no princípio da autotutela administrativa, a administração pública pode revogar os seus atos discricionários, independentemente do respeito aos direitos adquiridos.

(4) A Administração está obrigada a divulgar informações a respeito dos seus atos administrativos, ressalvadas aquelas cujo sigilo seja imprescindível à segurança da sociedade e do Estado e à proteção da intimidade das pessoas.

1: certa, pois, de fato, esses são os elementos ou requisitos do ato administrativo; **2:** errada, pois a lei não autoriza a autoexecutoriedade para o fim de a Administração executar, por si só, o particular, constrangendo-o, mediante o uso da força, a pagar a multa; a lei prevê que, no caso, o Poder Público ingresse com ação de execução fiscal, ocasião em que o Poder Judiciário poderá usar a força para executar o devedor; **3:** errada, pois nem mesmo a lei pode prejudicar um direito adquirido (art. 5º, XXXVI, da CF), quanto mais um mero ato administrativo, que, assim, como a lei, deve respeitar os direitos subjetivos das pessoas (art. 53 da Lei 9.784/1999); **4:** certa (art. 5º, XXXIII, da CF e arts. 23 e 31 da Lei 12.527/2011).

Gabarito 1C, 2E, 3E, 4C

7. DIREITO CONSTITUCIONAL

*Bruna Vieira, Licínia Rossi e Teresa Melo**

1. TEORIA GERAL DA CONSTITUIÇÃO, NORMAS CONSTITUCIONAIS E PODER CONSTITUINTE

(Analista – TRT/9ª – 2012 – FCC) O inciso XIII do artigo 5º da Constituição Federal brasileira estabelece que *é livre o exercício de qualquer trabalho, ofício ou profissão, atendidas as qualificações profissionais que a lei estabelecer* e o inciso LXVIII afirma que *conceder-se-á* habeas corpus *sempre que alguém sofrer ou se achar ameaçado de sofrer violência ou coação em sua liberdade de locomoção, por ilegalidade ou abuso de poder.* Estes casos, são, respectivamente, exemplos de norma constitucional de eficácia

(A) plena e limitada.
(B) plena e contida.
(C) limitada e contida.
(D) contida e plena.
(E) contida e limitada.

As normas constitucionais *de eficácia plena são as que, por si só, produzem a plenitude de seus efeitos. Não dependem de lei regulamentadora e não admitem que norma infraconstitucional reduza o seu conteúdo. As de eficácia contida, também chamadas de restringível ou redutível*, são as que, embora tenham eficácia direta e aplicabilidade imediata, podem vir a ser restringidas pelo legislador infraconstitucional. O art. 5º, XIII, da CF/1988 (liberdade de profissão) é um exemplo clássico de norma dessa natureza e que foi restringido por lei. O Estatuto da Advocacia e a Ordem dos Advogados do Brasil (Lei nº 8.906/1994 – EAOB) ao exigir, em seu art. 8º, IV, que o bacharel em direito seja aprovado no exame de ordem para que exerça a advocacia, restringe a liberdade de profissão. Vale lembrar que tal norma já foi declara constitucional pelo STF (RE 603.583/RS, Plenário, j. 26.10.2011, rel. Min. Marco Aurélio, *DJe* 25.05.2012). Por fim, as normas constitucionais *de eficácia limitada* são as que possuem aplicabilidade indireta e eficácia mediata, pois dependem da intermediação do legislador infraconstitucional para que possam produzir seus efeitos jurídicos próprios.

Gabarito "D".

Em determinado país, como resultado de uma revolução popular, os revolucionários assumiram o poder e declararam revogada a Constituição então em vigor. Esse mesmo grupo estabeleceu uma nova ordem constitucional consistente em norma fundamental elaborada por grupo de juristas escolhido pelo líder dos revolucionários.

(Analista – TRT/10ª – 2013 – CESPE) Com base nessa situação hipotética, julgue os itens a seguir.

(1) Caso a nova Constituição estabeleça que algumas leis editadas sob a égide da ordem constitucional anterior permaneçam em vigor, ocorrerá o fenômeno da repristinação.
(2) A nova Constituição desse país não pode ser considerada uma legítima manifestação do poder constituinte originário, visto que sua outorga foi feita sem observância a nenhum procedimento de aprovação predeterminado.

1: incorreta. O fenômeno que ocorre nessa hipótese é o da recepção. Desse modo, com a entrada em vigor de uma nova Constituição as normas infraconstitucionais que se mostrarem compatíveis com o novo texto, permanecerão válidas, serão recepcionadas. Para tanto, sequer há necessidade de disposição expressa. Sobre a repristinação, um exemplo, trazido por Pedro Lenza, em sua obra *Curso de Direito Constitucional Esquematizado*, 17. ed., São Paulo: Saraiva, 2013, p. 217, é o seguinte: "uma norma produzida na vigência da CF/1946 não é recepcionada pela de 1967, pois incompatível com ela. Promulgada a CF/1988, verifica-se que aquela lei, produzida na vigência da CF/1946 (que fora revogada – não recepcionada – pela de 1967), em tese poderia ser recepcionada pela CF/1988, visto que totalmente compatível com ela. Nessa situação, poderia aquela lei, produzida durante a CF/1946, voltar a produzir efeitos? Ou seja, repristinaria? Como regra geral, o Brasil adotou a impossibilidade do fenômeno da repristinação, salvo se a nova ordem jurídica expressamente assim se pronunciar". É justamente o que determina o art. 2º, § 3º, da Lei de Introdução às normas do Direito Brasileiro (Decreto-Lei 4.657/1942); **2:** incorreta. A nova Constituição, embora classificada como outorgada, pois foi imposta pelos detentores do poder, configura manifestação do poder constituinte originário, já que adveio de uma revolução popular.

Gabarito 1E, 2E

(Analista – TRT/10ª – 2013 – CESPE) No que concerne à aplicabilidade das normas constitucionais, julgue os itens seguintes.

(1) As normas programáticas *são* dotadas de eficácia plena e independem de programas ou providências estatais para a sua concretização.
(2) As normas constitucionais de eficácia limitada, embora, para produzirem todos os seus efeitos, demandem lei integrativa, têm o poder de vincular o legislador ordinário, podendo servir como parâmetro para o controle de constitucionalidade.

1: incorreta. Ao contrário, as normas programáticas são as que trazem em seu corpo programas a serem, necessariamente, concretizados pelos governantes e órgãos estatais. São espécie do gênero normas constitucionais de eficácia *limitada* e, portanto, não possuem eficácia plena. Mas, ainda que tais programas não tenham sido implementados, essas regras são dotadas de eficácia mínima. Impedem, por exemplo, que sejam editadas leis contrárias aos comandos da Lei Maior. As Constituições marcadas por essas normas são denominadas Constituições dirigentes. Os arts. 211, 215 e 226, § 2º, da CF são exemplos de normas programáticas. **2:** correta. As normas de eficácia limitada, de fato, vinculam a atuação do legislador ordinário. É necessária a sua regulamentação para que o direito nela previsto possa ser exercitado. A mora do Poder Legislativo em regulamentar a norma gera inconstitucionalidade por omissão, sujeita a controle de constitucionalidade. Nessa hipótese, o parâmetro a ser utilizado será justamente a norma de eficácia limitada que não foi regulamentada. Vale lembrar que tais normas, ainda que limitadas, produzem ao menos dois efeitos: o inibidor e o revogador. Pelo primeiro, a atuação legislativa fica condicionada ao mandamento constitucional, de modo que o legislador não possa criar leis que o contrariem, ainda que esse mandamento possua eficácia limitada. Por outro lado, o efeito revogador torna inaplicável qualquer norma infraconstitucional que colida com o enunciado da norma constitucional. Sendo assim, tais regras vinculam o legislador ordinário.

Gabarito 1E, 2C

(Analista – TRT/14ª – 2011 – FCC) Analise:

I. A União, os Estados, o Distrito Federal e os Municípios organizarão em regime de colaboração seus sistemas de ensino.
II. É livre o exercício de qualquer trabalho, ofício ou profissão, atendidas as qualificações profissionais que a lei estabelecer.

Em conformidade com o aspecto doutrinário, as referidas disposições caracterizam-se, respectivamente, como normas constitucionais de

(A) princípio programático e de eficácia plena.
(B) eficácia relativa e de princípio programático.
(C) eficácia plena e de eficácia negativa.
(D) princípio programático e de eficácia contida.
(E) eficácia restringível e de eficácia absoluta.

I: norma constitucional de princípio programático é aquela que traz em seu corpo programas a serem, necessariamente, concretizados pelos governantes. Um exemplo de tal norma é o art. 211 da CF o qual menciona que a União, os Estados, o Distrito Federal e os Municípios organizarão em regime de colaboração seus sistemas de ensino;

* **Bruna Vieira** comentou as questões dos concursos de Analista – TRT/3ª – 2015 – FCC; Analista – TRE/GO – 2015 – CESPE e FGV – 2015. **Bruna Vieira, Licínia Rossi** e **Teresa Melo** comentaram as demais questões.

II: norma de eficácia contida é aquela que produz a integralidade de seus efeitos, mas permite que outra norma restrinja esses efeitos. A liberdade de profissão, prevista no art. 5º, XIII, da CF, é o exemplo clássico de norma contida, pois a Constituição, num primeiro momento, determina que a liberdade para o exercício da profissão, mas, num segundo, deixa em aberto a possibilidade de o legislador infraconstitucional estabelecer qualificações. O Estatuto da OAB (Lei 8.906/1994), por exemplo, em seu art. 8º, IV e VII, estabelece, além de outros deveres, a obrigatoriedade do bacharel em Direito de prestar e ser aprovado no exame de ordem para que exerça devidamente a profissão. A lei infraconstitucional (Estatuto da OAB) conteve a abrangência da norma constitucional prevista no art. 5º, XIII, da CF, no que tange ao exercício da advocacia. Vale lembrar que o Supremo já declarou a constitucionalidade do exame de ordem (RE 603.583/RS, Plenário, j. 26.10.2011, rel. Min. Marco Aurélio, *DJe* 25.05.2012).

Gabarito "D"

(Analista – TRT/2ª – 2008 – FCC) O Poder Constituinte originário caracteriza-se por ser

(A) autônomo e condicionado.
(B) reformador e decorrente.
(C) condicionado e decorrente.
(D) inicial, ilimitado e reformador.
(E) inicial, ilimitado, autônomo e incondicionado.

O Poder Constituinte Originário (PCO) é inicial porque inaugura uma nova ordem jurídica; ilimitado porque não se submete aos limites impostos pela ordem jurídica anterior; autônomo porque exercido livremente por seu titular (o povo) e incondicionado por não se submeter a nenhuma forma preestabelecida para sua manifestação. Importante ressaltar que, para a doutrina jusnaturalista, o direito natural impõe limites ao PCO que, por essa razão, não seria totalmente autônomo.

Gabarito "E"

(Analista – TRT/3ª – 2005 – FCC) A supremacia constitucional é atributo típico das Constituições

(A) escritas, quando forem rígidas.
(B) dogmáticas, mesmo quando forem não escritas.
(C) históricas, quando forem dogmáticas.
(D) dirigentes, mesmo quando forem flexíveis.
(E) rígidas, mesmo quando forem históricas.

São rígidas as constituições em que o mecanismo de alteração das normas constitucionais é mais difícil que o previsto para a modificação de normas infraconstitucionais. A Constituição Federal de 1988 é rígida, pois estabelece em seu texto um procedimento mais qualificado para aprovação de emendas constitucionais que o de alteração das leis em geral (art. 60 da CF). A rigidez, portanto, tem como consequência a supremacia da Constituição sobre as demais normas jurídicas, pois nenhuma lei ou ato normativo pode contrariar o disposto na Constituição Federal. As constituições flexíveis, por sua vez, não preveem mecanismo mais dificultoso para a alteração das normas constitucionais, que podem ser modificadas por leis infraconstitucionais posteriores com elas incompatíveis, não havendo que se falar, portanto, em supremacia constitucional.

Gabarito "A"

(Analista – TRT/1ª – 2008 – CESPE) Em relação aos conceitos em torno da CF, assinale a opção correta.

(A) Eventual vício no processo legislativo constituinte originário iniciado em 1987 resultará em invalidação da atual CF.
(B) O procedimento instituído para alteração constitucional por emenda pode ser modificado pelo poder constituído.
(C) A CF é dogmática porque é escrita, foi elaborada por um órgão constituinte e sistematiza dogmas ou ideias da teoria política de seu momento histórico.
(D) Tanto as constituições rígidas como as flexíveis apresentam superioridade material e formal em relação às demais normas do ordenamento jurídico.
(E) A atual CF foi outorgada porque não foi votada diretamente pelo povo, mas sim por seus representantes.

A: incorreta. O Poder Constituinte Originário é inicial, autônomo, ilimitado e incondicionado, razão por que não há que se falar em vício em seu processo legislativo, já que é por ele mesmo estabelecido; **B:** incorreta. O procedimento de reforma da Constituição Federal estabelecido pelo Poder Constituinte Originário não pode ser alterado pelo Poder Constituinte Derivado, constituindo limite implícito ao poder de reforma da Constituição; **C:** correta. As constituições dogmáticas (ou sistemáticas) são sempre escritas e exteriorizam os dogmas fundamentais do Estado; **D:** incorreta. Apenas as constituições rígidas são dotadas de supremacia. As constituições flexíveis, por sua vez, não preveem mecanismo mais dificultoso para a alteração das normas constitucionais, que podem ser modificadas por leis infraconstitucionais posteriores com elas incompatíveis, não havendo que se falar, portanto, em supremacia constitucional; **E:** incorreta. A Constituição Federal de 1988 foi promulgada (e não outorgada), porque elaborada pelo povo (titular do poder constituinte), através de seus representantes.

Gabarito "C"

(Analista – TRT/9ª – 2007 – CESPE) Em relação aos princípios fundamentais da Constituição da República e da aplicação das normas constitucionais, julgue os itens que se seguem.

(1) Os valores sociais do trabalho e da livre iniciativa são fundamentos da República Federativa do Brasil.
(2) Norma constitucional de eficácia contida é aquela que, sendo autoaplicável autoriza a posterior restrição por parte do legislador infraconstitucional.

1: correta, conforme fixa o art. 1º, IV da CF. Também são fundamentos da República Federativa do Brasil a soberania, a cidadania, a dignidade da pessoa humana, o pluralismo político; **2:** correta. A norma de eficácia contida ou prospectiva tem eficácia direta e imediata mas possivelmente não integral, pois pode sofrer restrições em razão do advento de norma infraconstitucional.

Gabarito 1C, 2C

(Analista – TRT/18ª – 2008 – FCC) Quanto aos Princípios Fundamentais, é correto afirmar que a República Federativa do Brasil rege-se nas suas relações internacionais, dentre outros, pelo princípio da:

(A) exclusiva proteção dos bens jurídicos.
(B) não cumulatividade.
(C) prevalência dos direitos humanos.
(D) uniformidade geográfica.
(E) reserva legal.

A República Federativa do Brasil rege-se nas suas relações internacionais pelos seguintes princípios: independência nacional; prevalência dos direitos humanos; autodeterminação dos povos; não intervenção; igualdade entre os Estados; defesa da paz; solução pacífica dos conflitos; repúdio ao terrorismo e ao racismo; cooperação entre os povos para o progresso da humanidade; concessão de asilo político. Pegadinha: as provas e concursos normalmente misturam nas assertivas os incisos dos arts. 1º, 3º e 4º da CF.

Gabarito "C"

(Analista – TRT/15ª – 2009 – FCC) Sobre os princípios fundamentais da República Federativa do Brasil, é correto afirmar que:

(A) foi acolhido, além de outros, o princípio da intervenção para os conscritos.
(B) dentre seus objetivos está o de reduzir as desigualdades regionais.
(C) um dos seus fundamentos é a vedação ao pluralismo político.
(D) o Brasil rege-se nas suas relações internacionais, pela dependência nacional.
(E) a política internacional brasileira veda a integração política que vise à formação de uma comunidade latino-americana de nações.

De fato são objetivos da República Federativa do Brasil erradicar a pobreza e a marginalização e reduzir as desigualdades sociais e regionais (art.3º, III da CF). São também objetivos construir uma sociedade livre, justa e solidária; garantir o desenvolvimento nacional; promover o bem de todos, sem preconceitos de origem, raça, sexo, cor, idade e quaisquer outras formas de discriminação.

Gabarito "B"

(Analista – TRT/3ª – 2009 – FCC) Em conformidade com o art. 113 da Constituição Federal:

A lei disporá sobre a constituição, investidura, jurisdição, competência, garantias e condições de exercício dos órgãos da Justiça do Trabalho.

A presente hipótese trata de uma norma constitucional de eficácia

(A) limitada, definidora de princípio institutivo ou organizativo.
(B) limitada, definidora de princípios programáticos.
(C) plena, mas de natureza facultativa ou permissiva.
(D) contida, em razão de restrições impostas por outras normas constitucionais.
(E) plena, mas de natureza obrigatória, de programas ou diretrizes.

De fato a conceituação trazida pela questão refere-se às normas de eficácia limitada definidoras de princípio institutivo. Possuem o mínimo de efeito, têm aplicabilidade diferida, mediata e reduzida e necessitam de lei integrativa infraconstitucional que as complementem. Podem ser: a) de princípio programático ou b) de princípio institutivo, organizativo ou orgânico, que são as que traçam esquemas gerais de estruturação de instituições, entidades ou órgãos (ex: art. 18, § 2º; art. 22, parágrafo único; art. 25, § 3º; art. 33, todos da CF etc.).

Gabarito "A"

(Analista – TRT/7ª – 2009 – FCC) O poder constituinte derivado é subdivido em

(A) inicial e incondicionado.
(B) inicial e ilimitado.
(C) autônomo e incondicionado.
(D) reformador e decorrente.
(E) autônomo e ilimitado.

O poder constituinte derivado decorrente consiste no poder que os Estados-membros têm de elaborar suas constituições. Já o poder constituinte derivado reformador consiste no poder de alteração da constituição por revisão ou emenda constitucional.

Gabarito "D"

(Analista – TRT/7ª – 2009 – FCC) Segundo a Constituição Federal, a República Federativa do Brasil é formada:

(A) pelos cidadãos dos quais emana o poder exercido por meio de representantes eleitos.
(B) pelo conjunto de cidadãos aos quais são garantidos os direitos fundamentais.
(C) pela união dos Poderes Executivo, Legislativo e Judiciário.
(D) pela integração econômica, política e social de todos os Estados.
(E) pela união indissolúvel dos Estados e Municípios e do Distrito Federal.

Nos termos do art. 1º da CF a República Federativa do Brasil, formada pela união indissolúvel dos Estados e Municípios e do Distrito Federal, constitui-se em Estado Democrático de Direito.

Gabarito "E"

(FGV – 2015) Pedro, reconhecido advogado na área do direito público, é contratado para produzir um parecer sobre situação que envolve o pacto federativo entre Estados brasileiros. Ao estudar mais detidamente a questão, conclui que, para atingir seu objetivo, é necessário analisar o alcance das chamadas cláusulas pétreas. Com base na ordem constitucional brasileira vigente, assinale, dentre as opções abaixo, a única que expressa uma premissa correta sobre o tema e que pode ser usada pelo referido advogado no desenvolvimento de seu parecer.

(A) As cláusulas pétreas podem ser invocadas para sustentar a existência de normas constitucionais superiores em face de normas constitucionais inferiores, o que possibilita a existência de normas constitucionais inconstitucionais.
(B) Norma introduzida por emenda à constituição se integra plenamente ao texto constitucional, não podendo, portanto, ser submetida a controle de constitucionalidade, ainda que sob alegação de violação à cláusula pétrea.
(C) Mudanças propostas por constituinte derivado reformador estão sujeitas ao controle de constitucionalidade, sendo que as normas ali propostas não podem afrontar cláusulas pétreas estabelecidas na Constituição da República.
(D) Os direitos e as garantias individuais considerados como cláusulas pétreas estão localizados exclusivamente nos dispositivos do Art. 5º, de modo que é inconstitucional atribuir essa qualidade (cláusula pétrea) a normas fundadas em outros dispositivos constitucionais.

A: incorreta. Não há hierarquia entre normas constitucionais, portanto as cláusulas pétreas não podem ser invocadas para sustentar a existência de normas constitucionais superiores em face de normas constitucionais inferiores. Por outro lado, é possível a existência de normas constitucionais inconstitucionais se elas forem criadas pelo poder constituinte derivado e não observarem os preceitos trazidos pelo poder constituinte originário; **B**: incorreta. As emendas constitucionais estão sujeitas ao controle de constitucionalidade, pois foram criadas pelo poder derivado reformador, o qual deve respeitar as normas trazidas pelo constituinte originário; **C**: correta. De fato, as mudanças advindas das emendas constitucionais (fruto do poder constituinte derivado reformador) se submetem ao controle de constitucionalidade, pois devem respeitar os limites (materiais, formais, circunstanciais etc.) impostos pelo poder constituinte originário. O respeito às cláusulas pétreas decorre da observância dos limites materiais; **D**: incorreta. Há direitos e garantias espalhados por todo ordenamento jurídico brasileiro e em tratados dos quais o Brasil seja signatário. De acordo com o art. 5º, § 2º, da CF, os direitos e garantias expressos na CF não excluem outros decorrentes do regime e dos princípios por ela adotados, ou dos tratados internacionais em que a República Federativa do Brasil seja parte.

Gabarito "C"

(FGV – 2015) Dois advogados, com grande experiência profissional e com a justa preocupação de se manterem atualizados, concluem que algumas ideias vêm influenciando mais profundamente a percepção dos operadores do direito a respeito da ordem jurídica. Um deles lembra que a Constituição brasileira vem funcionando como verdadeiro "filtro", de forma a influenciar todas as normas do ordenamento pátrio com os seus valores. O segundo, concordando, adiciona que o crescente reconhecimento da natureza normativo-jurídica dos princípios pelos tribunais, especialmente pelo Supremo Tribunal Federal, tem aproximado as concepções de direito e justiça (buscada no diálogo racional) e oferecido um papel de maior destaque aos magistrados. As posições apresentadas pelos advogados mantêm relação com uma concepção teórico-jurídica que, no Brasil e em outros países, vem sendo denominada de

(A) neoconstitucionalismo.
(B) positivismo-normativista.
(C) neopositivismo.
(D) jusnaturalismo.

A: correta. As posições apresentadas pelos advogados mantêm relação com uma concepção teórico-jurídica que, no Brasil e em outros países, vem sendo denominada de **neoconstitucionalismo**. Essa concepção toma por base a necessidade de se incorporar o denominado Estado Constitucional de Direito. A Constituição, portanto, deve efetivamente influenciar todo o ordenamento jurídico. Tudo deve ser analisado à luz da CF. Ela é o filtro que valida, ou não, as demais normas. Os valores constitucionais são priorizados, além das regras relacionadas à organização do Estado e do Poder. Princípios, como a dignidade da pessoa humana, passam a ter maior relevância. Há uma aproximação das ideias de direito e justiça. O Poder Judiciário, ao validar princípios e aos valores constitucionais, atribui a eles força normativa. Além disso, sobre o Neoconstitucionalismo, é importante mencionar o conteúdo axiológico referente à promoção da dignidade humana e dos direitos fundamentais de Ana Paula de Barcellos: "Do ponto de vista material, ao menos dois elementos caracterizam o neoconstitucionalismo e merecem nota: (i) a incorporação explícita de valores e opções políticas nos textos constitucionais, sobretudo no que diz respeito à promoção da dignidade humana e dos direitos fundamentais; e (ii) a expansão de conflitos específicos e gerais entre as opções normativas e filosóficas existentes dentro do próprio sistema constitucional."; **B**: incorreta. O **positivismo-normativista** baseia-se na inteireza do ordenamento jurídico, de modo que não necessitaria observar princípios e influências advindas de fora. Os Tribunais não acolheriam os princípios com base nessa ideia. Hans Kelsen, defensor dessa concepção, obteve reconhecimento mundial com a elaboração da obra "Teoria Pura do Direito", doutrina que propugna o conteúdo puro do direito, sem interferências de cunhos sociológico, político, valorativo ou econômico. A Constituição, conforme Kelsen, apresenta o aspecto lógico-jurídico, segundo o qual é a 'norma fundamental hipotética', ou seja, traz um comando que impõe obediência obrigatória e é tida como o verdadeiro sentido de justiça, e o aspecto jurídico-positivo, em que a Constituição é a norma positiva superior em que as demais regras jurídicas encontram os seus fundamentos de validade. Sua modificação deve observar um procedimento específico e solene; **C**: incorreta. O **neopositivismo** ainda dá muita atenção às regras positivadas, mas começa a abrir para possíveis interpretações baseadas em princípios. **D**: incorreta. O **jusnaturalismo**, resumidamente, leva em conta aquilo que é considerado natural aos seres humanos, ainda que não positivado no ordenamento jurídico.

Gabarito "A"

2. PRINCÍPIOS FUNDAMENTAIS E DIREITOS E GARANTIAS FUNDAMENTAIS

(Analista – TRT/2ª – 2014 – FCC) Os direitos dos trabalhadores urbanos e rurais foram inscritos no título da Constituição Federal dedicado a enunciar os direitos e garantias fundamentais. Tal posicionamento sugere, sob certa perspectiva, a qualificação desses direitos como direitos fundamentais da pessoa humana. Nesse sentido, o constituinte acabou por estendê-los, em grande medida, a outras categorias de trabalhadores, a exemplo dos servidores públicos e dos trabalhadores domésticos. No caso dos servidores públicos, o texto constitucional determina a extensão, dentre outros, dos seguintes direitos:

(A) jornada de seis horas para o trabalho realizado em turnos ininterruptos de revezamento; proteção do mercado de trabalho da mulher, mediante incentivos específicos; e proteção do salário na forma da lei, constituindo crime sua retenção dolosa.

(B) jornada de seis horas para o trabalho realizado em turnos ininterruptos de revezamento; proibição de distinção entre trabalho manual, técnico e intelectual ou entre os profissionais respectivos; e assistência gratuita aos filhos e dependentes desde o nascimento até cinco anos de idade em creches e pré-escolas.

(C) remuneração do trabalho noturno superior à do diurno; proibição de distinção entre trabalho manual, técnico e intelectual ou entre os profissionais respectivos; e licença à gestante, sem prejuízo do emprego e do salário, com a duração de cento e vinte dias.

(D) garantia de salário, nunca inferior ao mínimo, para os que percebem remuneração variável; proteção em face da automação; e salário-família pago em razão do dependente do trabalhador de baixa renda.

(E) proteção do mercado de trabalho da mulher, mediante incentivos específicos; remuneração do trabalho noturno superior à do diurno; e salário-família pago em razão do dependente do trabalhador de baixa renda.

Determina o art. 39, § 3º, da CF, aplica-se aos servidores ocupantes de cargo público o disposto no art. 7º, IV (salário mínimo), VII (garantia de, pelo menos, salário mínimo aos que percebem remuneração variável), VIII (décimo terceiro salário), IX (**remuneração do trabalho noturno superior à do diurno**), XII (**salário-família pago em razão do dependente do trabalhador de baixa renda** nos termos da lei), XIII (duração do trabalho normal não superior a oito horas diárias e quarenta e quatro semanais), XV (repouso semanal remunerado, preferencialmente aos domingos), XVI (remuneração do serviço extraordinário superior, no mínimo, em cinqüenta por cento à do normal), XVII (gozo de férias anuais remuneradas com, pelo menos, um terço a mais do que o salário normal), XVIII (licença à gestante), XIX (licença-paternidade), XX (**proteção do mercado de trabalho da mulher, mediante incentivos específicos**, nos termos da lei), XXII (redução dos riscos inerentes ao trabalho, por meio de normas de saúde, higiene e segurança) e XXX (proibição de diferença de salários, de exercício de funções e de critério de admissão por motivo de sexo, idade, cor ou estado civil), podendo a lei estabelecer requisitos diferenciados de admissão quando a natureza do cargo o exigir.

Gabarito "E"

(Analista – TRT/1ª – 2012 – FCC) Tendo um cidadão formulado denúncia de suposto desvio de verbas públicas por dirigente de autarquia federal perante o Tribunal de Contas da União (TCU), requereu o dirigente em questão que lhe fosse revelada a identidade do autor da denúncia, a fim de que pudesse tomar as medidas eventualmente cabíveis em defesa de seus interesses, pedido este que, contudo, foi rejeitado pelo Presidente do TCU. Nesta hipótese, o remédio constitucional adequado para fazer valer a pretensão do dirigente da autarquia perante o TCU seria o

(A) mandado de injunção, de competência do Supremo Tribunal Federal.

(B) mandado de segurança, de competência do Superior Tribunal de Justiça.

(C) *habeas data*, de competência do Supremo Tribunal Federal.

(D) *habeas data*, de competência do Superior Tribunal de Justiça.

(E) mandado de segurança, de competência do Supremo Tribunal Federal.

A: incorreta. O mandado de injunção não é cabível na presente situação. Esse remédio tem aplicação quando há uma norma constitucional de eficácia limitada, que não foi regulamentada e que esta falta de normatização inviabiliza o exercício de liberdades constitucionais e de direitos inerentes à nacionalidade, soberania e cidadania (art. 5º, LXXI, da CF); **B:** incorreta. O remédio cabível é o mandado de segurança (art. 5º, LXIX, da CF/1988), mas a competência para o seu julgamento não é do STJ e sim do STF; **C** e **D:** incorretas. O *habeas data* protege o direito de informação relativa à pessoa do impetrante, portanto não se aplica ao caso trazido pela questão (art. 5º, LXXII, da CF/1988); **E:** correta. De fato, o remédio cabível é o mandado de segurança e a competência para o julgamento é do STF (art. 102, I, "d", da CF/1988).

Gabarito "E"

(Analista – TRT/11ª – 2012 – FCC) Face à comoção grave de repercussão nacional, sendo decretado o estado de sítio, Alberto, brasileiro maior e capaz e domiciliado no Estado de Roraima, resolveu se mudar para o Estado do Rio Grande do Sul, porém ao chegar no aeroporto, Otávio, agente da Polícia Federal, legalmente e no exercício de atribuições do Poder Público, proibiu a sua locomoção para outro Estado, mantendo-o contra sua vontade no Estado de Roraima. Segundo a Constituição Federal, Alberto, na vigência do estado de sítio

(A) poderá viajar desde que impetre *habeas corpus* ao Superior Tribunal de Justiça, cuja competência é originária.

(B) tem direito líquido e certo e, assim, impetrará *habeas corpus* ao Presidente do Tribunal de Justiça do Estado de Roraima, que permitirá sua viagem.

(C) não terá que se sujeitar a ordem da autoridade desde que impetre *habeas corpus* ao Supremo Tribunal Federal, cuja competência é originária.

(D) não terá que se sujeitar a ordem da autoridade desde que impetre *habeas corpus* ao Juiz do Tribunal Militar, que requisitará informações à Policia Federal.

(E) em regra, terá que se sujeitar a ordem da autoridade e deverá permanecer no Estado de Roraima.

De acordo com o art. 139 da CF/1988, o poder público pode tomar algumas medidas durante a vigência do estado de sítio, dentre elas, a *obrigação de permanência em localidade determinada*. Desse modo, Alberto terá que se sujeitar à ordem da autoridade, permanecendo no estado de Roraima.

Gabarito "E"

(Analista – TRT/6ª – 2012 – FCC) Os direitos sociais reconhecidos aos trabalhadores pela Constituição Federal

(A) estabelecem que é obrigatória a remuneração do serviço extraordinário superior, no máximo, em cinquenta por cento à do normal.

(B) aplicam-se apenas às relações de trabalho urbanas, já que os trabalhadores rurais são regidos por legislação específica.

(C) determinam que é proibido o trabalho noturno, perigoso ou insalubre a menores de 18 anos, bem como qualquer trabalho a menores de 16 anos, salvo na condição de aprendiz, a partir de 14 anos.

(D) são normas programáticas e, portanto, desprovidas de eficácia jurídica, dependendo da discricionariedade do Administrador Público para que se concretizem.

(E) asseguram que é livre a associação sindical, sendo permitida a criação de mais de uma organização sindical representativa de categoria profissional ou econômica na mesma base territorial.

A: incorreta. Conforme dispõe o art. 7º, XVI, da CF/1988, a remuneração do serviço extraordinário superior deve ser de, *no mínimo*, cinquenta por cento à do normal; **B:** incorreta. Os direitos sociais reconhecidos aos trabalhadores pela Constituição Federal, de acordo com o *caput* do art. 7º, são aplicáveis aos trabalhadores urbanos *e rurais*; **C:** correta. É o que determina o art. 7º, XXXIII, da CF/1988. **D:** incorreta. José Afonso da Silva, em sua obra **Curso de Direito Constitucional positivo**, 35.ed.São Paulo: Malheiros, 2012, p. 286, define os direitos sociais como "dimensão dos direitos fundamentais do homem", mencionando que tais direitos "são prestações positivas proporcionadas pelo Estado direta ou indiretamente, enunciadas em normas constitucionais, que possibilitam melhores condições de vida aos mais fracos, direitos que tendem a realizar a igualização de situações sociais desiguais. São, portanto, direitos que se ligam ao direito de igualdade. Valem como pressuposto do gozo dos direitos individuais na medida em que criam condições materiais mais propícias ao auferimento da igualdade real, o que, por sua vez, proporciona condição mais compatível com o exercício efetivo da liberdade". Sendo assim, tais direitos possuem eficácia jurídica e não são considerados apenas normas programáticas. Embora o tema seja polêmico, há quem sustente que os direitos sociais, pelo menos os de caráter individual, são considerados cláusulas pétreas; **E:** incorreta. De acordo com o art. 8º, II, da CF/1988, é proibida a criação de mais de uma organização sindical, em qualquer grau, representativa de categoria profissional ou econômica na mesma base territorial.

Gabarito "C"

(Analista – TRT/6ª – 2012 – FCC) Nas hipóteses de grave violação de direitos humanos, o Procurador-Geral da República, com a finalidade de assegurar o cumprimento de obrigações decorrentes de tratados internacionais de direitos humanos dos quais o Brasil seja parte, poderá

(A) suscitar, perante o Superior Tribunal de Justiça, em qualquer fase do inquérito ou processo, incidente de deslocamento de competência para a Justiça Federal.

(B) requerer, perante o Supremo Tribunal Federal, em qualquer fase do inquérito ou processo, que este avoque o julgamento da matéria para sua competência.

(C) solicitar, perante o Tribunal Superior do Trabalho, após a contestação do réu, que este avoque o julgamento da matéria para sua competência quando a violação decorrer de relação de trabalho.

(D) suscitar, perante a Justiça Federal, após a contestação do réu, incidente de deslocamento de competência para o Superior Tribunal de Justiça.

(E) requerer, perante o Tribunal Superior do Trabalho, em qualquer fase do inquérito ou processo, incidente de deslocamento de competência para a Justiça do Trabalho quando a violação decorrer de relação de trabalho.

De acordo com o art. 109, § 5º, da CF/1988, nas hipóteses de *grave violação de direitos humanos*, o Procurador-Geral da República, com a finalidade de assegurar o cumprimento de obrigações decorrentes de tratados internacionais de direitos humanos dos quais o Brasil seja parte, poderá *suscitar, perante o Superior Tribunal de Justiça, em qualquer fase do inquérito ou processo, incidente de deslocamento de competência para a Justiça Federal.*

Gabarito "A"

(Analista – TRT/6ª – 2012 – FCC) Rodolfo, com 18 anos de idade, deseja, pela primeira vez, concorrer para o cargo de Vereador em Município que pertence ao mesmo Estado no qual seu pai é Deputado Estadual. Neste caso, segundo a Constituição, Rodolfo

(A) poderá concorrer ao pleito, mas, se vencer as eleições, seu pai não poderá se reeleger no mesmo Estado de jurisdição do filho.

(B) não poderá concorrer ao pleito, pois incide em caso de inelegibilidade reflexa pelo fato de seu pai ser Deputado Estadual no mesmo território de jurisdição em que deseja se eleger.

(C) não poderá concorrer ao pleito, pois não possui idade suficiente para se eleger Vereador.

(D) poderá concorrer ao pleito desde que seu pai renuncie ao respectivo mandato até seis meses antes do pleito.

(E) poderá concorrer ao pleito, pois possui idade suficiente para se eleger Vereador e não incide em caso de inelegibilidade reflexa em relação a seu pai.

A: incorreta. A proibição da reeleição é aplicável ao Presidente da República, aos Governadores de Estado e do Distrito Federal, aos Prefeitos e quem os houver sucedido, ou substituído no curso dos mandatos, quando eles já tiverem sido reeleitos para um período subsequente (art. 14, § 5º, da CF/1988; **B:** incorreta. A inelegibilidade reflexa tem aplicação em relação aos parentes dos Chefes do Executivo. A Constituição Federal determina que o cônjuge e os parentes consanguíneos ou afins, até o segundo grau ou por adoção, do Presidente da República, de Governador de Estado ou Território, do Distrito Federal, de Prefeito ou de quem os haja substituído dentro dos seis meses anteriores ao pleito, salvo se já titular de mandato eletivo e candidato à reeleição, são inelegíveis, no território de jurisdição do titular (art. 14, § 7º, da CF/1988); **C:** incorreta. A idade mínima exigida pela Constituição Federal para o cargo de vereador é de dezoito anos (art. 14, § 3º, VI, "d", da CF/1988); **D:** incorreta. Não há necessidade dessa renúncia; **E:** correta. De fato, como a situação não se enquadra nas hipóteses de inelegibilidades e Rodolfo possui idade suficiente para se eleger vereador, poderá concorrer ao pleito.

Gabarito "E"

(Analista – TRT/11ª – 2012 – FCC) Willian, inglês, maior de trinta e cinco anos de idade, no pleno exercício dos direitos políticos na Inglaterra, residente na Capital do Estado do Acre há cinco anos e filiado a determinado partido político, deseja concorrer às eleições no Brasil. Na forma da Constituição Federal, Willian

(A) não tem condição de elegibilidade.

(B) poderá concorrer aos cargos de Vereador e de Deputado Estadual.

(C) poderá concorrer aos cargos de Vereador, de Deputado Estadual e de Governador.

(D) poderá concorrer ao cargo de Senador e de Deputado Federal.

(E) poderá concorrer ao cargo de Vereador, apenas.

As condições de elegibilidade estão previstas no art. 14, §3.º, da CF/1988 e são as seguintes: "I - a nacionalidade brasileira; II - o pleno exercício dos direitos políticos; III - o alistamento eleitoral; IV - o domicílio eleitoral na circunscrição; V - a filiação partidária; VI - a idade mínima de: a) trinta e cinco anos para Presidente e Vice-Presidente da República e Senador; b) trinta anos para Governador e Vice-Governador de Estado e do Distrito Federal; c) vinte e um anos para Deputado Federal, Deputado Estadual ou Distrital, Prefeito, Vice-Prefeito e juiz de paz; d) dezoito anos para Vereador". Desse modo, ainda que Willian possua idade suficiente para concorrer as eleições no Brasil, o fato de ser estrangeiro o impede de fazê-lo.

Gabarito "A"

(Analista – TRT/11ª – 2012 – FCC) César, chefe de um determinado grupo armado civil, ordenou que seus comparsas controlassem uma determinada comunidade de pessoas carentes, agindo contra a ordem constitucional e o Estado Democrático. De acordo com a Constituição Federal tal ato constitui crime

(A) inafiançável e insuscetível de anistia ou graça, sujeito à pena de restrição da liberdade.

(B) insuscetível de graça ou anistia, apenas, sujeito à pena de restrição da liberdade.

(C) inafiançável, apenas, sujeito à pena de reclusão.

(D) imprescritível, apenas, sujeito à pena de reclusão.

(E) inafiançável e imprescritível.

De acordo com ao art. 5º, XLIV, da CF/1988, constitui crime *inafiançável e imprescritível* a ação de grupos armados, civis ou militares, contra a ordem constitucional e o Estado Democrático.

Gabarito "E"

(Analista – TRT/11ª – 2012 – FCC) O sindicato dos metalúrgicos de determinada cidade, preocupado com a saúde dos trabalhadores sindicalizados, resolveu impetrar mandado de segurança coletivo contra ilegalidade da autoridade pública municipal, que determinou a continuidade do trabalho em determinada indústria da região mesmo havendo sério risco de contaminação por gases tóxicos. O referido sindicato poderá impetrar o mandado de segurança coletivo em defesa dos interesses de seus membros desde que esteja legalmente constituído e em funcionamento há, pelo menos,

(A) um ano.

(B) dois anos.

(C) três anos.

(D) quatro anos.

(E) cinco anos.

O art. 5º, LXX, da CF/1988 trata do mandado de segurança coletivo e determina os legitimados para impetração desse remédio. Conforme tal dispositivo, o partido político com representação no Congresso Nacional, a organização sindical, entidade de classe ou associação legalmente constituída e em funcionamento *há pelo menos um ano*, em defesa dos interesses de seus membros ou associados, podem impetrá-lo.

Gabarito "A"

(Analista – TRT/11ª – 2012 – FCC) Gustavo, Presidente da República, após ouvidos o Conselho da República e o Conselho de Defesa Nacional, decretou estado de defesa para preservar, em local restrito e determinado, a ordem pública ameaçada por grave e iminente instabilidade institucional, indicando no decreto, segundo a Constituição Federal, nos termos e limites da lei, as medidas coercitivas a vigorarem, podendo restringir os direitos de

(A) ir e vir, sujeito à pena de banimento, apenas.

(B) ir e vir, sujeito à prisão perpétua e multa.

(C) imagem e de propriedade intelectual.

(D) reunião, ainda que exercida no seio das associações, sigilo de correspondência e sigilo de comunicação telegráfica e telefônica.

(E) livre manifestação do pensamento e de propriedade imóvel.

A: incorreta. A pena de banimento é vedada no Brasil (art. 5º, XLVII, "d", da CF/1988); **B:** incorreta. A pena de prisão perpétua também é vedada no ordenamento jurídico brasileiro (art. 5º, XLVII, "b", da CF/1988); **C:** incorreta. Os direitos de imagem e de propriedade intelectual não são afetados com a decretação do estado de defesa. As medidas coercitivas que podem ser aplicadas durante esse estado de exceção são relativas às restrições aos direitos de: a) reunião, ainda que exercida no seio das associações; b) sigilo de correspondência; c) sigilo de comunicação telegráfica e telefônica, além de ocupação e uso temporário de bens e serviços públicos, na hipótese de calamidade pública, respondendo a União pelos danos e custos decorrentes (art. 136, § 1º, I e II, da CF/1988); **D:** correta (art. 136, § 1º, I, "a",da CF/1988); **E:** incorreta. A livre manifestação de pensamento e o direito de propriedade intelectual não são afetados com a decretação do estado de defesa.

Gabarito "D"

(Analista – TRT/11ª – 2012 – FCC) Eriberto, cidadão que habitualmente aprecia a fachada de um prédio público antigo, que foi construído ano de 1800, soube que, apesar de tombado por ser considerado patrimônio histórico e cultural, a autoridade pública resolveu demoli-lo ilegalmente para, no local, edificar um prédio moderno. Eriberto imediatamente procurou a autoridade pública suplicando que não o demolisse, mas seus pleitos não foram atendidos, então, para anular ato lesivo, segundo a Constituição Federal, poderá

(A) impetrar mandado de segurança individual.
(B) impetrar mandado de segurança coletivo, desde que apoiado por abaixo assinado com, no mínimo, trezentas assinaturas.
(C) impetrar mandado de segurança coletivo, desde que apoiado por abaixo assinado com, no mínimo, quinhentas assinaturas.
(D) impetrar mandado de segurança coletivo, desde que apoiado por abaixo assinado com, no mínimo, setecentas assinaturas.
(E) propor ação popular.

O mandado de segurança protege direito líquido e certo que é aquele em que há prova pré-constituída, que não depende de dilação probatória. No caso proposto não há direito líquido e certo. É necessária a produção de provas para a verificação da violação ao patrimônio público. Portanto, o remédio cabível é a ação popular (art. 5º, LXXIII, da CF/1988).

Gabarito "E"

(Analista – TRT/10ª – 2013 – CESPE) Acerca dos princípios fundamentais expressos na Constituição Federal de 1988 (CF) e da aplicabilidade das normas constitucionais, julgue os itens a seguir.

(1) É exemplo de norma constitucional de eficácia contida o dispositivo da CF que estabelece como objetivo fundamental da República Federativa do Brasil a erradicação da pobreza e da marginalização.
(2) A dignidade da pessoa humana e o pluralismo político são princípios fundamentais da República Federativa do Brasil.
(3) Embora a Federação seja um dos princípios fundamentais da CF, nada impede que o direito de secessão seja introduzido no ordenamento jurídico brasileiro por meio de emenda constitucional.
(4) O salário mínimo e o décimo terceiro salário com base na remuneração integral são direitos dos trabalhadores domésticos.
(5) São assegurados aos servidores públicos a livre associação sindical e o direito de greve, cabendo à lei ordinária, no caso do direito de greve, estabelecer os termos e limites do seu exercício.
(6) O direito à liberdade de profissão é protegido pela CF, podendo a lei estabelecer qualificações para o seu exercício.
(7) Estará em conformidade com a CF lei que condicione o acesso ao Poder Judiciário ao esgotamento das vias administrativas, pois a CF autorizou a existência da jurisdição condicionada ou instância administrativa de cunho forçado.

1: incorreta. O dispositivo da Constituição Federal que estabelece como objetivo fundamental da República Federativa do Brasil a erradicação da pobreza e da marginalização (art. 3º, III, da CF) é exemplo de norma de eficácia *limitada* programática, pois traz em seu corpo programa a ser concretizado pelos governantes e órgãos estatais; **2:** correta. A dignidade da pessoa humana e o pluralismo político são *fundamentos* da República Federativa do Brasil (art. 1º, III e V, da CF); **3:** incorreta. Os princípios fundamentais da Constituição Federal estão previstos nos arts. 1º a 4º do Texto Maior. O *caput* do art. 1º da CF já trata da federação ao mencionar "República *Federativa* do Brasil". Sendo assim, a federação é tida como princípio fundamental. Além disso, é considerada cláusula pétrea, ou seja, não pode ser suprimida nem mesmo por emenda constitucional (art. 60, § 4º, I, da CF). Segundo Pedro Lenza, em sua obra **Curso de Direito Constitucional esquematizado**, 17. ed., São Paulo: Saraiva, 2013, p. 1.358, "a solidez do sistema está na consagração da ideia de indissolubilidade do vínculo federativo (inexistência do direito de secessão), havendo instrumentos de estabilização de eventual crise como, no caso, a intervenção federal (art. 34, I, da CF)". Tal entendimento é descrito no próprio art. 1º da CF o qual determina que a República Federativa do Brasil seja formada pela *união indissolúvel* dos Estados e Municípios e do Distrito Federal. Desse modo, o direito de secessão (de separação ou de retirada) não pode ser introduzido no ordenamento jurídico brasileiro nem por emenda constitucional; **4:** correta. É o que determina o parágrafo único do art. 7º da CF, com a redação dada pela EC 72/2013; **5:** correta. O art. 37, VI, da CF garante ao servidor público o direito à livre associação sindical. O inciso VII do mesmo dispositivo assegura o direito de greve desse servidor e determina que ele seja exercido nos termos e limites definidos em lei específica; **6:** correta. De fato, o art. 5º, XIII, da CF, que trata da liberdade de profissão, é considerado uma norma de eficácia contida, ou seja, a lei pode estabelecer qualificações para o seu exercício; **7:** incorreta. De acordo com o art. 5º, XXXV, da CF, a lei *não* excluirá da apreciação do Poder Judiciário lesão ou ameaça a direito. Ou seja, em regra, não há possibilidade da chamada jurisdição condicionada ou instância administrativa. Por outro lado, é importante lembrar que a Constituição Federal de 1988 excepcionou essa regra na hipótese da justiça desportiva ao mencionar no § 1º do art. 217 que o Poder Judiciário só admitirá ações relativas à disciplina e às competições desportivas após esgotarem-se as instâncias da Justiça Desportiva, regulada em lei.

Gabarito 1E, 2C, 3E, 4C, 5C, 6C, 7E

(Analista – TRT/10ª – 2013 – CESPE) À luz da Constituição Federal de 1988 (CF), julgue os itens a seguir, acerca dos direitos fundamentais.

(1) Considere que um indivíduo tenha sido denunciado por crime contra o patrimônio há mais de dez anos e que, em razão da quantidade de processos conclusos para sentença na vara criminal do município, ainda não tenha havido sentença em relação ao seu caso. Essa situação retrata hipótese de flagrante violação ao direito fundamental à duração razoável do processo, expressamente previsto na CF.
(2) A CF admite a prisão por dívida do responsável pelo inadimplemento voluntário e inescusável de obrigação alimentícia.
(3) A inviolabilidade do domicílio abrange qualquer compartimento habitado onde alguém exerce profissão ou atividades pessoais, podendo, por exemplo, ser um *trailer*, um barco ou um aposento de habitação coletiva.
(4) Efeito irradiante dos direitos fundamentais é o atributo que confere caráter eminentemente subjetivo a esses direitos, garantindo proteção do indivíduo contra o Estado.

1: correta. De acordo com o art. 5º, LXXVIII, da CF, a todos, no âmbito judicial e administrativo, são assegurados a *razoável duração do processo* e os meios que garantam a celeridade de sua tramitação. Fazendo valer esse princípio, há diversos julgados no STF mencionando o que não seria razoável como, por exemplo, o seguinte: "*Habeas Corpus*. Julgamento célere – CF, art. 5º, inc. LXXVIII. Demora não razoável. Constrangimento ilegal caracterizado. 1. A Constituição Federal, em seu art. 5º, inc. LXXVIII, preceitua que 'a todos, no âmbito judicial e administrativo, são assegurados a razoável duração do processo e os meios que garantam a celeridade de sua tramitação'. 2. *In casu*, o *writ* foi impetrado no STJ em *27.10.2010* e está concluso com parecer ministerial desde *30.11.2010*, há mais de dois anos, impondo-se, por isso, acolher o argumento da não razoabilidade pela demora. 3. Ordem concedida para determinar ao Superior Tribunal de Justiça que apresente o feito em mesa na primeira sessão após a comunicação desta decisão." (HC 108.416/RJ, 1ª T., j. 04.12.2012, rel. Min. Luiz Fux, *DJe* 18.12.2012; **2:** correta. É o que determina o art. 5º, LXVII, 1ª parte, da CF; **3:** correta. O termo domicílio deve ser interpretado de forma ampla. De acordo com a jurisprudência do Supremo, "para os fins da proteção jurídica a que se refere o art. 5º, XI, da CF, o conceito normativo de 'casa' revela-se abrangente e, por estender-se a qualquer aposento de habitação coletiva, desde que ocupado (CP, art. 150, § 4º, II), compreende, observada essa específica limitação espacial, os quartos de hotel". (RHC 90.376-2/RJ, 2ª T., j. 03.04.2007, rel. Min. Celso de Mello, *DJ* 18.05.2007). Tal garantia se estende também, por exemplo, aos compartimentos habitados onde alguém exerce a sua profissão, como escritórios, consultórios etc.; **4:** incorreta. Conforme explica Pedro Lenza, em **Curso de Direito Constitucional esquematizado**, 17. ed., São Paulo: Saraiva, 2013, p. 1.037, "a importante consequência da dimensão *objetiva* dos direitos fundamentais é a sua 'eficácia irradiante' (Daniel Sarmento), seja para o Legislativo ao elaborar a lei, seja para a Administração Pública ao 'governar', seja para o Judiciário ao resolver os eventuais conflitos".

Gabarito 1C, 2C, 3C, 4E

(Analista – TRT/10ª – 2013 – CESPE) Julgue os próximos itens, acerca dos direitos sociais previstos na Constituição Federal de 1988 (CF).

(1) O empregado filiado que vier a se aposentar perderá o direito de votar e de ser votado na organização sindical que integre.
(2) A criação de entidade sindical depende de autorização do órgão competente, podendo o poder público nela intervir quando houver comprovada violação de seus atos estatutários.

1: incorreta. Ao contrário, de acordo com o art. 8º, VII, da CF, o aposentado filiado tem direito a votar e ser votado nas organizações sindicais; **2:** incorreta. Conforme dispõe o art. 8º, I, da CF, a lei não poderá exigir autorização do Estado para a fundação de sindicato, ressalvado o registro no órgão competente, vedadas ao Poder Público a interferência e a intervenção na organização sindical.

Gabarito 1E, 2E

(Analista – TRT/6ª – 2012 – FCC) O voto é uma das principais armas da Democracia, pois permite ao povo escolher os responsáveis pela condução das decisões políticas de um Estado. Quem faz mau uso do voto deixa de zelar pela boa condução da política e põe em risco seus próprios direitos e deveres, o que afeta a essência do Estado Democrático de Direito. Dentre os fundamentos da República Federativa do Brasil, expressamente previstos na Constituição, aquele que mais adequadamente se relaciona à ideia acima exposta é a

(A) soberania.
(B) prevalência dos direitos humanos.
(C) cidadania.
(D) independência nacional.
(E) dignidade da pessoa humana.

A: incorreta. A soberania, um dos fundamentos da República Federativa do Brasil (art. 1º, I, da CF), é uma qualidade do Estado independente. Fala-se em soberania externa e interna. A primeira refere-se à representação dos Estados em âmbito internacional. A segunda é determinada pela demarcação da supremacia do Estado em relação aos seus cidadãos; **B** e **D:** incorretas. A prevalência dos direitos humanos e a independência nacional são princípios que regem o Brasil nas suas relações internacionais (art. 4º, I e II, da CF) e não fundamentos da República Federativa do Brasil; **C:** correta. De fato, a cidadania é a ideia que adequadamente tem relação com o problema. É considerado cidadão o indivíduo que já concluiu o seu alistamento eleitoral e está no gozo de seus direitos políticos. Além disso, a cidadania vista de forma ampla reconhece o povo como titular do poder e integrante da sociedade; **E:** incorreta. A dignidade da pessoa humana é considerada princípio basilar e supremo da Constituição Federal. O conjunto de direitos e garantias fundamentais dados aos indivíduos é que asseguram uma existência digna. Desse modo, para que o ser humano possua dignidade, deve a ele ser dado acesso a requisitos mínimos de uma vida digna como, por exemplo, alimentação, moradia, saúde, higiene, educação, lazer etc.

Gabarito "C"

(Analista – TRT/6ª – 2012 – FCC) Estão no rol dos direitos sociais, segundo previsão expressa da Constituição:

(A) assistência aos desamparados, propriedade e liberdade.
(B) saúde, educação e felicidade.
(C) segurança, saúde e liberdade.
(D) moradia, alimentação e felicidade.
(E) alimentação, lazer e proteção à maternidade.

De acordo com o art. 6º da CF, são direitos sociais a educação, a saúde, *a alimentação*, o trabalho, a moradia,o transporte, *o lazer*, a segurança, a previdência social, *a proteção à maternidade* e à infância, a assistência aos desamparados, na forma estabelecida na Constituição Federal. Vale lembrar que o direito à alimentação foi acrescentado ao rol pela EC nº 64/2010. e o direito ao transporte pela EC nº 90, de 15 de setembro de 2015.

Gabarito "E"

(Analista – TRT/24ª – 2011 – FCC) Os tratados e convenções internacionais sobre direitos humanos que forem aprovados

(A) pela Câmara dos Deputados, por maioria absoluta, mediante aprovação prévia da Advocacia Geral da União, serão equivalentes à Lei ordinária.
(B) pelo pleno do Supremo Tribunal Federal, desde que previamente aprovada pelo Presidente da República e Senado Federal, serão equivalentes às Leis ordinárias.
(C) pelo pleno do Supremo Tribunal Federal, desde que previamente aprovada pelo Presidente da República e Senado Federal, serão equivalentes às Leis complementares.
(D) em cada Casa do Congresso Nacional, em dois turnos, por três quintos dos votos dos respectivos membros, serão equivalentes às emendas constitucionais.
(E) pelo Presidente da República serão equivalentes à Medida Provisória e serão levados à Câmara dos Deputados, para, mediante aprovação por maioria dos votos, serem convertidas em Leis ordinárias.

Conforme o § 3º do art. 5º da CF, os tratados e convenções internacionais sobre direitos humanos que forem aprovados, em cada Casa do Congresso Nacional, em dois turnos, por três quintos dos votos dos respectivos membros, serão equivalentes às emendas constitucionais.

Gabarito "D"

(Analista – TRT/23ª – 2011 – FCC) As associações

(A) poderão ser compulsoriamente dissolvidas por decisão administrativa de autoridade competente, desde que tenha sido exercido o direito de defesa.
(B) não poderão ser compulsoriamente dissolvidas em nenhuma hipótese tratando-se de garantia constitucional indisponível.
(C) só poderão ser compulsoriamente dissolvidas por decisão judicial que haja transitado em julgado.
(D) só poderão ser compulsoriamente dissolvidas por decisão judicial não sendo o trânsito em julgado requisito indispensável para a sua dissolução.
(E) poderão ser compulsoriamente dissolvidas por decisão administrativa desde que proferida em segunda instância por órgão colegiado.

A: incorreta. A dissolução da associação só ocorre por ordem judicial transitada em julgado (art. 5º, XIX, da CF); **B:** incorreta. Se houver ordem judicial com trânsito em julgado pode ser dissolvida a associação (art. 5º, XIX, da CF); **C:** correta (art. 5º, XIX, da CF); **D:** incorreta, Já vimos que o trânsito em julgado é requisito indispensável para a dissolução compulsória de uma associação; **E:** incorreta. A decisão administrativa, ainda que proferida por órgão colegiado de segunda instância, não tem o condão de dissolver a associação.

Gabarito "C"

(Analista – TRT/23ª – 2011 – FCC) No tocante aos Direitos e Deveres Individuais e Coletivos, conforme prevê o artigo 5º da Constituição Federal,

(A) não poderá ser restringida a publicidade dos atos processuais, inexistindo exceções.
(B) será admitida ação privada nos crimes de ação pública, se esta não for intentada no prazo legal.
(C) nos casos de transgressão militar ou crime propriamente militar, definidos em lei, o militar só será preso em flagrante delito ou por ordem escrita e fundamentada de autoridade judiciária competente.
(D) a prisão de qualquer pessoa e o local onde se encontre não serão comunicados imediatamente à família do preso ou à pessoa por ele indicada, cuja comunicação só será realizada após o preso prestar depoimento perante a autoridade policial.
(E) o preso será informado de seus direitos, entre os quais o de permanecer calado, sendo-lhe assegurada apenas a assistência de advogado, vedada à da família.

A: incorreta. Há exceções, quais sejam: defesa da intimidade e interesse social (art. 5º, LX, da CF); **B:** correta (art. 5º, LIX, da CF); **C:** incorreta. Dispõe a Constituição que ninguém será preso senão em flagrante delito ou por ordem escrita e fundamentada de autoridade judiciária competente, salvo nos casos de transgressão militar ou crime propriamente militar, definidos em lei (art. 5º, LXI, da CF); **D:** incorreta. Ao contrário, a prisão de qualquer pessoa e o local onde se encontre serão comunicados imediatamente ao juiz competente e à família do preso ou à pessoa por ele indicada (art. 5º, LXII, da CF); **E:** incorreta. O preso será informado de seus direitos, entre os quais o de permanecer calado, sendo-lhe assegurada a assistência da família e de advogado (art. 5º, LXII, da CF).

Gabarito "B"

(Analista – TRT/20ª – 2011 – FCC) No tocante aos Direitos e Deveres Individuais e Coletivos, o direito adquirido

(A) é a expectativa de direito.
(B) é a situação fática consumada independentemente de previsão na legislação.
(C) emana diretamente da lei em favor de um titular.
(D) é o direito que já se integrou ao patrimônio e que já foi exercido.
(E) é o ato jurídico *stricto sensu*.

Segundo o Prof. Wander Garcia, em sua obra **Super-Revisão Concursos Jurídicos**, 2ª Edição, Editora FOCO, p. 29, o *direito adquirido é aquele que já se incorporou ao patrimônio de seu titular, uma vez que preenchidos, sob a vigência da lei anterior, os requisitos para a aquisição do direito.* No mesmo sentido, a Lei de Introdução às Normas do Direito Brasileiro (LINDB – Decreto-Lei 4.657/1942, alterado pela Lei 12.376/2010), antiga Lei de Introdução ao Código Civil (LICC), em seu art. 6º, § 2º, determina que são considerados adquiridos os direitos que o seu titular ou alguém por ele, possa exercer, como aqueles cujo começo do exercício tenha termo prefixo, ou condição preestabelecida inalterável, a arbítrio de outrem. Assim, o conceito que está de acordo com as definições doutrinária e legal é a de que é considerado direito adquirido aquele emanado diretamente da lei em favor de um titular.

Gabarito "C"

(Analista – TRT/20ª – 2011 – FCC) Herculano presenciou Humberto torturar Plínio e não o impediu. De acordo com o disposto na Constituição Federal, Herculano

(A) não responderá pelo crime de tortura, porém poderá testemunhar em juízo contra Humberto.

(B) não responderá pelo crime de tortura mas, em razão da sua omissão, terá que indenizar solidariamente o dano.

(C) não responderá pelo crime de tortura e não indenizará Plínio.

(D) responderá pelo crime de tortura, que é imprescritível e insuscetível de graça ou anistia.

(E) responderá pelo crime de tortura, que é inafiançável e insuscetível de graça ou anistia.

De fato, Herculano responderá pelo crime de tortura já que presenciou e se omitiu. Conforme o art. 5º, XLIII, da CF a lei considerará crimes inafiançáveis e insuscetíveis de graça ou anistia a prática da tortura, o tráfico ilícito de entorpecentes e drogas afins, o terrorismo e os definidos como crimes hediondos, por eles respondendo os mandantes, os executores e os que, podendo evitá-los, se omitirem.

Gabarito "E"

(Analista – TRT/20ª – 2011 – FCC) Com o fim de instalar fábrica de válvulas para venda no mercado consumidor da região, a empresa BBBOY licitamente iniciou o desmatamento de parte da floresta existente em sua propriedade munida de prévias autorizações dos órgãos competentes. Isidoro, cidadão brasileiro, dono da empresa IAIEE que até então era a única fabricante de válvulas na região, ficou temeroso com a futura queda do faturamento da sua empresa quando sua concorrente terminasse as instalações da fábrica. Então, Isidoro propôs ação popular visando anular ato lesivo ao meio ambiente sob a falsa alegação de que as licenças de desmatamento expedidas pelos agentes administrativos teriam sido obtidas pela empresa BBBOY mediante o pagamento de propina. De acordo com a Constituição Federal, Isidoro

(A) é parte legítima para propor ação popular e se, comprovada a sua má-fé, será condenado ao pagamento das custas judiciais e dos ônus da sucumbência.

(B) deveria ter ingressado com *habeas data* ao invés de ação popular, que será extinta e ele será condenado nas penas por litigância de má-fé.

(C) é parte ilegítima para propor ação popular e será condenado ao pagamento das custas processuais e do ônus da sucumbência independentemente de má-fé.

(D) é parte ilegítima para propor ação popular e só será condenado ao pagamento das custas processuais e do ônus da sucumbência se provada a sua má-fé.

(E) é parte ilegítima para propor ação popular porque é sócio de pessoa jurídica concorrente da empresa BBBOY, sendo manifesto o seu interesse na interrupção do processo de instalação da fábrica.

A: correta. Dispõe o art. 5º, LXXIII, da CF qualquer cidadão é parte legítima para propor ação popular que vise anular ato lesivo ao patrimônio público ou de entidade de que o Estado participe, à moralidade administrativa, ao meio ambiente e ao patrimônio histórico e cultural. Desse modo, ainda que as alegações de Isidoro sejam falsas, pelo fato de ele ser cidadão brasileiro (está no gozo dos direitos políticos) ele pode entrar com ação popular. Agora, comprovada a má-fé, terá de pagar custas judiciais e o ônus da sucumbência, algo que não ocorreria se estivesse de boa-fé; **B:** incorreta. O *habeas data*, previsto no art. 5º, LXXII, da CF, tem outra finalidade, visa proteger à liberdade de informação relativa à pessoa do impetrante e não o patrimônio público, meio ambiente etc.; **C**, **D** e **E:** incorretas. Conforme mencionado, Isidoro é parte legítima para propor a ação popular, pois a questão indica que ele é cidadão brasileiro.

Gabarito "A"

(Analista – TRT/23ª – 2011 – FCC) Homero obteve a cidadania brasileira, após processo de naturalização, porém seu país de origem, Jamaica, requereu ao Brasil sua extradição por crime comum. Segundo a Constituição Federal, sua extradição só será concedida no caso

(A) de crime de opinião praticado antes do processo de naturalização.

(B) de crime político praticado antes do processo de naturalização.

(C) do delito ter sido praticado antes da naturalização.

(D) de crime político praticado depois do processo de naturalização.

(E) de crime de opinião praticado depois do processo de naturalização.

Segundo o art. 5º, LI, da CF, brasileiro nato não pode ser extraditado, o naturalizado sim, em dois casos: crime comum, praticado antes da naturalização, ou comprovado envolvimento em tráfico ilícito de entorpecentes e drogas afins, na forma da lei. Assim, como Homero é brasileiro naturalizado, só poderá ser extraditado na hipótese de o delito ter sido praticado antes da naturalização.

Gabarito "C"

(Analista – TRT/23ª – 2011 – FCC) Cassio tomou conhecimento que a praça pública próxima à sua residência será fechada por interesses escusos, posto que no terreno, cuja propriedade foi transferida ilegalmente para o particular, será erguido um complexo de edifícios de alto padrão, que beneficiará o Prefeito Municipal com um apartamento. Segundo a Constituição Federal, visando anular o ato lesivo que teve notícia, Cassio poderá propor

(A) ação de arguição de descumprimento de preceito fundamental.

(B) mandado de injunção.

(C) mandado de segurança.

(D) *habeas data.*

(E) ação popular.

A: incorreta. A arguição de descumprimento de preceito fundamental (ADPF) é uma ação do controle concentrado de constitucionalidade e só pode ser proposta pelos legitimados previstos no art. 103 da CF; **B:** incorreta. O mandado de injunção possui outra finalidade: é utilizado sempre que a falta de norma regulamentadora torne inviável o exercício dos direitos e liberdades constitucionais e das prerrogativas inerentes à nacionalidade, à soberania e à cidadania (art. 5º, LXXI, da CF); **C:** incorreta. O mandado de segurança não tem o objetivo de anular ato lesivo ao patrimônio público. Visa à proteção de direito líquido e certo (aquele em que há prova documental pré-constituída) não amparado por *habeas corpus* ou *habeas data*, quando o responsável pela ilegalidade ou abuso de poder for autoridade pública ou agente de pessoa jurídica no exercício de atribuições do Poder Público (art. 5º, LXIX, da CF); **D:** incorreta. O *habeas data* também tem outra finalidade, está relacionado à liberdade de informação relativa à pessoa do impetrante (art. 5º, LXXII, da CF); **E:** correta. De fato, a mecanismo hábil para anular esse ato lesivo é a ação popular.

Gabarito "E"

(Técnico – TRT/24ª – 2011 – FCC) A respeito dos direitos e deveres individuais e coletivos, é INCORRETO afirmar:

(A) O mandado de segurança coletivo pode ser impetrado por partido político com representação no Congresso Nacional.

(B) A Lei considerará crimes inafiançáveis e imprescritíveis a prática da tortura, o tráfico ilícito de entorpecentes e drogas afins, por eles respondendo os mandantes, os executores e os que, podendo evitá-los, se omitirem.

(C) Constitui crime inafiançável e imprescritível a ação de grupos armados, civis ou militares, contra a ordem constitucional e o Estado Democrático.

(D) Será admitida ação privada nos crimes de ação pública, se esta não for intentada no prazo legal.

(E) A prisão de qualquer pessoa e o local onde se encontre serão comunicados imediatamente ao juiz competente e à família do preso ou à pessoa por ele indicada.

A: correta (art. 5º, LXX, "a", da CF); **B:** incorreta, devendo ser assinalada. O inc. XLIII do art. 5º da CF determina que a lei considere crimes inafiançáveis e insuscetíveis de graça ou anistia a prática da tortura, o tráfico ilícito de entorpecentes e drogas afins, o terrorismo e os definidos como crimes hediondos, por eles respondendo os mandantes, os executores e os que, podendo evitá-los, se omitirem; **C:** correta (art. 5º, XLIV, da CF); **D:** correta (art. 5º, LIX, da CF); **E:** correta (art. 5º, LXII, da CF).

Gabarito "B"

(Técnico – TRT/14ª – 2011 – FCC) NÃO constitui objetivo fundamental da República Federativa do Brasil, previsto expressamente na Constituição Federal,

(A) captar tributos mediante fiscalização da Receita Federal.

(B) promover o bem de todos, sem preconceitos de origem, raça, sexo, cor, idade e quaisquer outras formas de discriminação.

(C) construir uma sociedade livre, justa e solidária.

(D) garantir o desenvolvimento nacional.

(E) erradicar a pobreza e a marginalização e reduzir as desigualdades sociais e regionais.

A questão encontra respaldo no art. 3º da CF que enumera os objetivos fundamentais da República Federativa do Brasil, quais sejam: "I - construir uma sociedade livre, justa e solidária, II - garantir o desenvolvimento nacional, III - erradicar a pobreza e a marginalização e reduzir as desigualdades sociais e regionais e IV - promover o bem de todos, sem preconceitos de origem, raça, sexo, cor, idade e quaisquer outras formas de discriminação." Desse modo, não constitui objetivo fundamental a captação de tributos mediante fiscalização da Receita Federal.

Gabarito "A"

(Técnico – TRT/14ª – 2011 – FCC) No tocante aos Direitos e Deveres Individuais e Coletivos:

(A) Todos têm direito a receber dos órgãos públicos informações de seu interesse particular, ou de interesse coletivo ou geral, que serão prestadas no prazo da lei, sob pena de responsabilidade, mesmo em caso de afronta à segurança da sociedade e do Estado, pois o direito individual deve prevalecer.
(B) A pena passará da pessoa do condenado, podendo a obrigação de reparar o dano e a decretação do perdimento de bens ser, nos termos da lei, estendidas aos sucessores e contra eles executadas, independentemente do valor do patrimônio transferido.
(C) É assegurado, nos termos da lei, o direito de fiscalização do aproveitamento econômico das obras que criarem ou de que participarem aos criadores, aos intérpretes e às respectivas representações sindicais e associativas.
(D) É assegurado, nos termos da lei, a proteção às participações individuais em obras coletivas e à reprodução da imagem e voz humanas, exceto nas atividades desportivas ligadas ao futebol, tendo em vista ser este um esporte do povo.
(E) A sucessão de bens de estrangeiros situados no País sempre será regulada pela lei brasileira em benefício do cônjuge ou dos filhos brasileiros, ainda que lhes seja mais favorável a lei pessoal do país de origem do "*de cujus*".

A: incorreta. O inc. XXXIII do art. 5º da CF determina que todos têm direito a receber dos órgãos públicos informações de seu interesse particular, ou de interesse coletivo ou geral, que serão prestadas no prazo da lei, sob pena de responsabilidade, ressalvadas aquelas cujo sigilo seja imprescindível à segurança da sociedade e do Estado; **B:** incorreta. O inc. XLV do art. 5º determina que nenhuma pena passará da pessoa do condenado, podendo a obrigação de reparar o dano e a decretação do perdimento de bens ser, nos termos da lei, estendidas aos sucessores e contra eles executadas, até o limite do valor do patrimônio transferido; **C:** correta (art. 5º, XXVIII, "b", da CF); **D:** incorreta. A alínea "a" do inc. XXVIII do art. 5º da CF garante a participação, inclusive, nas atividades desportivas; **E:** incorreta. Se a lei pessoal do país de origem do *de cujus* for mais favorável aos herdeiros é ela que será aplicada, conforme o inc. XXXI do art. 5º da CF.

Gabarito "C"

(Técnico – TRT/8ª – 2010 – FCC) É direito do trabalhador urbano e rural

(A) assistência gratuita aos filhos e dependentes desde o nascimento até cinco anos de idade em creches e pré-escolas.
(B) seguro contra acidentes de trabalho, a cargo do empregador, com exclusão da indenização a que este está obrigado, quando incorrer em dolo ou culpa.
(C) ação, quanto aos créditos resultantes das relações de trabalho, com prazo prescricional de dois anos para os trabalhadores urbanos e rurais, até o limite de cinco anos após a extinção do contrato de trabalho.
(D) proibição de trabalho noturno, perigoso ou insalubre a menores de dezoito anos e de qualquer trabalho a menores de quinze anos, salvo na condição de aprendiz, a partir de quatorze anos.
(E) ação, quanto aos créditos resultantes das relações de trabalho, com prazo prescricional de três anos para os trabalhadores urbanos e rurais, até o limite de cinco anos após a extinção do contrato de trabalho.

A: correta. É o que determina o inc. XXV do art. 7º da CF, conforme redação dada pela EC 53/2006; **B:** incorreta. O inc. XXVIII do art. 7º da CF não exclui eventual indenização na hipótese de dolo ou culpa; **C:** incorreta. Conforme o inc. XXIX do art. 7º da CF o prazo prescricional é de cinco anos para os trabalhadores urbanos e rurais, até o limite de dois anos após a extinção do contrato de trabalho; **D:** incorreta. A proibição de qualquer trabalho, ressalvada a condição de aprendiz, a partir dos quatorze anos, é aplicada aos menores de dezesseis anos e não aos menores de quinze, como mencionado. Tal regra está prevista no inc. XXXIII do art. 7º da CF.

Gabarito "A"

(Analista – TRT/8ª – 2010 – FCC) A espécie de extradição requerida por um Estado soberano estrangeiro ao Brasil é classificada de

(A) bilateral.
(B) unilateral.
(C) objetiva.
(D) fundamental.
(E) passiva.

A extradição diz-se passiva quando é requerida ao Brasil por outro Estado estrangeiro, regulada pela Lei 6.815/1980; e ativa quando o Brasil requer a extradição a outro Estado estrangeiro, esta regulamentada pelo Dec.-Lei 394/1938.

Gabarito "E"

(Analista – TRT/22ª – 2010 – FCC) A saída compulsória do estrangeiro fundamentada no fato de ter permanecido irregularmente no território nacional, não decorrendo da prática de delito em território nacional, mas tão somente do não cumprimento dos requisitos para permanecer no Brasil, desde que não se retire voluntariamente no prazo determinado pela autoridade competente, é classificada como

(A) banimento.
(B) extradição.
(C) expulsão.
(D) deportação.
(E) ostracismo.

A: incorreta. A Constituição Federal proíbe o banimento (art. 5º, XLVII, "d", da CF); **B:** incorreta. A extradição, segundo Capez, é o "instrumento jurídico pelo qual um país envia uma pessoa que se encontra em seu território a outro Estado soberano, a fim de que seja julgada ou receba a imposição de uma pena já aplicada". V. Lei 6.815/1980 (Estatuto do Estrangeiro); **C:** incorreta. Art. 65 da Lei 6.815/1980: "É passível de expulsão o estrangeiro que, de qualquer forma, atentar contra a segurança nacional, a ordem política ou social, a tranquilidade ou moralidade pública e a economia popular, ou cujo procedimento o torne nocivo à conveniência e aos interesses nacionais. Parágrafo único. É passível, também, de expulsão o estrangeiro que: a) praticar fraude a fim de obter a sua entrada ou permanência no Brasil; b) havendo entrado no território nacional com infração à lei, dele não se retirar no prazo que lhe for determinado para fazê-lo, não sendo aconselhável a deportação; c) entregar-se à vadiagem ou à mendicância; ou d) desrespeitar proibição especialmente prevista em lei para estrangeiro"; **D:** correta. Art. 57 da Lei 6.815/1980: "Nos casos de entrada ou estada irregular de estrangeiro, se este não se retirar voluntariamente do território nacional no prazo fixado em Regulamento, será promovida sua deportação". V, tb., arts. 58 a 64 da mesma lei; **E:** incorreta. Forma de punição política utilizada em Atenas. Não vige no Brasil.

Gabarito "D"

(Analista – TRT/3ª – 2005 – FCC) A Constituição Federal é expressa ao prever, apenas para os reconhecidamente pobres, a gratuidade

(A) no exercício do direito de petição junto aos poderes públicos, para esclarecimentos de situações pessoais.
(B) das ações de *habeas corpus* e de *habeas data*.
(C) na obtenção de certidões em repartições públicas, para defesa de direitos.
(D) do registro civil de nascimento e de casamento.
(E) na prestação de assistência jurídica integral pelo Estado.

A e **C:** incorretas. O art. 5º, XXXIV, da CF estabelece a gratuidade do direito de petição e da obtenção de certidões a todos os cidadãos (não apenas aos pobres); **B:** incorreta. Não há regra constitucional nesse sentido; **D:** incorreta. O art. 5º, LXXVI, da CF estabelece para os reconhecidamente pobres a gratuidade das certidões de nascimento e de óbito, sem referência à de casamento; **E:** correta. Art. 5º, LXXIV, da CF.

Gabarito "E"

(Analista – TRT/3ª – 2005 – FCC) O princípio da independência e harmonia entre os Poderes figura entre os princípios constitucionais fundamentais, tendo merecido um tratamento segundo o qual

(A) nenhum dos Poderes poderá exercer funções típicas dos demais.
(B) a separação dos Poderes goza da garantia reforçada de integrar o núcleo imutável da Constituição.
(C) quem for membro de um dos Poderes deverá sempre renunciar ao respectivo cargo para ocupar cargo em outro Poder.
(D) não será obrigatório que nenhum Poder preste contas de seus atos a outro dos Poderes.
(E) a nomeação de membros de um dos Poderes não poderá depender da aprovação de outro Poder.

A: incorreta. A especialização funcional dos Poderes diz respeito à atribuição de uma "função típica" para cada um deles, o que não exclui o exercício de "funções atípicas" por todos, vale dizer, muito embora a função típica (preponderante) do Poder Executivo seja administrar, do Poder Legislativo seja legislar e do Poder Judiciário seja julgar, nada impede que todos os Poderes legislem, administrem e julguem. Em suma: a função típica de um Poder é atípica do outro; **B:** correta. É cláusula pétrea por força do art. 60, § 4º, III, da CF; **C:** incorreta. O princípio da separação dos poderes não impõe uma divisão radical entre eles, mas uma convivência interdependente e harmônica; **D:** incorreta, pois não reflete o disposto, por exemplo, no art. 71, I, da CF; **E:** incorreta, pois não reflete o disposto no art. 101, parágrafo único, da CF.

Gabarito "B"

(Analista – TRT/6ª – 2006 – FCC) Em tema de Direitos Sociais, considere:

I. Nas empresas com mais de cem empregados é assegurada a eleição de dois representantes destes com finalidade exclusiva de promover-lhes o entendimento direto com os empregadores.

II. É assegurada a participação dos trabalhadores e empregadores nos colegiados dos órgãos públicos em que seus interesses profissionais ou previdenciários sejam objeto de discussão e deliberação.

III. É livre a associação profissional ou sindical, sendo permitida a criação de mais de uma organização, em qualquer grau, representativa de categoria profissional ou econômica, na mesma base territorial, não podendo ser superior à área de um Município.

IV. O aposentado tem direito a votar e ser votado nas organizações sindicais.

V. São assegurados aos trabalhadores domésticos, além de outros, piso salarial proporcional à extensão e à complexidade do trabalho e remuneração do trabalho noturno superior ao diurno.

É correto o que consta APENAS em

(A) I, II e III.
(B) I, III e V.
(C) II e IV.
(D) III e IV.
(E) I, IV e V.

I: incorreta. Não reflete o disposto no art. 11 da CF; **II:** correta. Art. 10 da CF; **III:** incorreta, pois não reflete o disposto no art. 8º, II, da CF; **IV:** correta. Art. 8º, VII, da CF; **V:** incorreta. O piso salarial proporcional à extensão e à complexidade do trabalho e remuneração do trabalho noturno superior ao noturno não são assegurados aos trabalhadores domésticos. Apenas os direitos listados no art. 7º, parágrafo único, da CF, é que se aplicam aos domésticos.

Gabarito "C"

(Analista – TRT/4ª – 2006 – FCC) NÃO constitui princípio fundamental do Brasil

(A) a soberania.
(B) a cidadania.
(C) a vedação ao asilo político.
(D) a dignidade da pessoa humana.
(E) os valores sociais do trabalho e da livre iniciativa.

São princípios fundamentais, por exemplo, os listados no art. 1º da CF, que inclui a soberania; a cidadania; a dignidade da pessoa humana e os valores sociais do trabalho e da livre iniciativa. A concessão de asilo político também é princípio fundamental que rege as relações internacionais do Brasil, por força do art. 4º, X, da CF.

Gabarito "C"

(Analista – TRT/4ª – 2006 – FCC) O Direito de Petição previsto na Constituição Federal é

(A) exercido tão somente no âmbito do Poder Judiciário.
(B) assegurado aos brasileiros natos, maiores de vinte e um anos.
(C) extensivo a todos, nacionais ou estrangeiros, mediante o pagamento de taxas.
(D) destinado ao cidadão em face dos Poderes Públicos e exercido judicialmente apenas por advogado constituído.
(E) garantido a todos em defesa de direitos ou contra ilegalidade ou abuso de poder.

O art. 5º, XXXIV, "a", da CF enuncia o direito de petição, dirigido a todos os Poderes do Estado, assegurado a todos os brasileiros e estrangeiros residentes ou de passagem pelo Brasil, sem o pagamento de taxas e independentemente da presença de advogado.

Gabarito "E"

(Analista – TRT/4ª – 2006 – FCC) Em relação aos Direitos Sociais, é correto afirmar que

(A) a lei não poderá exigir autorização do Estado para a fundação de sindicato, ressalvado o registro no órgão competente, vedadas ao Poder Público a interferência e a intervenção na organização sindical.
(B) é vedada a criação de mais de uma organização sindical, em qualquer grau, representativa de categoria profissional ou econômica, salvo na mesma base territorial.
(C) é facultativa a participação dos sindicatos nas negociações coletivas de trabalho.
(D) o aposentado filiado é inelegível, tendo, porém direito a votar nas organizações sindicais.
(E) o empregado sindicalizado eleito a cargo de direção sindical, ainda que suplente, não pode ser dispensado, até dois anos após o final do mandato, ainda que venha a cometer falta grave nos termos da lei.

A: correta. Art. 8º, I, da CF; **B:** incorreta, pois não reflete o disposto no art. 8º, II, da CF; **C:** incorreta, pois não reflete o disposto no art. 8º, VI, da CF; **D:** incorreta, pois não reflete o disposto no art. 8º, VII, da CF; **E:** incorreta, pois não reflete o disposto no art. 8º, VIII, da CF.

Gabarito "A"

(Analista – TRT/13ª – 2005 – FCC) São direitos dos trabalhadores urbanos e rurais, além de outros previstos na Constituição Federal,

(A) décimo terceiro salário com base na remuneração integral ou no valor da aposentadoria.
(B) seguro desemprego, em casos de despedida voluntária ou involuntária.
(C) jornada de quatro horas para o trabalho realizado em turnos ininterruptos de revezamento e de oito horas em caso de substituição facultativa.
(D) remuneração do serviço extraordinário até o máximo de quarenta por cento à do normal.
(E) ação, quanto aos créditos resultantes das relações de trabalho, com prazo de dois anos, até o limite de cinco anos após a extinção do contrato de trabalho.

A: correta. Art. 7º, VIII, da CF; **B:** incorreta. Só no caso de desemprego involuntário (art. 7º, II, da CF); **C:** incorreta, pois não reflete o disposto no art. 7º, XIII e XIV, da CF; **D:** incorreta, vez que não reflete o disposto no art. 7º, XVI, da CF; **E:** incorreta, pois NÃO reflete o disposto no art. 7º, XXIX, da CF.

Gabarito "A"

(Analista – TRT/13ª – 2005 – FCC) A Constituição Federal assegura a livre associação profissional ou sindical, desde que observados alguns mandamentos, dentre eles,

(A) a prévia autorização do Poder Público para a fundação do sindicato.
(B) a facultativa participação dos sindicatos nas negociações individuais e coletivas de trabalho.
(C) a vedação da dispensa, em qualquer hipótese, de sindicalizado eleito a cargo de direção, salvo se suplente, até dois anos após o final do mandato.
(D) o direito do aposentado filiado de votar e ser votado nas organizações sindicais.
(E) a exigência para a suspensão de suas atividades, de decisão judicial ou administrativa, com trânsito em julgado, pela autoridade competente.

A: incorreta, pois não reflete o disposto no art. 8º, I, da CF; **B:** incorreta, pois não reflete o disposto no art. 8º, VI, da CF; **C:** incorreta, pois não reflete o disposto no art. 8º, VIII, da CF; **D:** correta. Art. 8º, VII, da CF; **E:** incorreta, pois o art. 5º, XVII, da CF deve ser interpretado em conjunto com o inc. XIX do mesmo artigo. Assim, só se exige trânsito em julgado para a dissolução compulsória da associação. A suspensão de atividades só pode ser determinada por decisão judicial, mas não se exige o trânsito em julgado da decisão nesse caso.

Gabarito "D"

(Analista – TRT/18ª – 2008 – FCC) No que toca aos direitos e garantias individuais e coletivos, é INCORRETO afirmar que

(A) é inviolável o sigilo da correspondência e das comunicações telegráficas, de dados e das comunicações telefônicas, salvo, no último caso, por ordem judicial, nas hipóteses e na forma que a lei estabelecer para fins de investigação criminal ou instrução processual penal.

(B) ninguém será privado de direitos por motivo de crença religiosa ou de convicção filosófica ou política, salvo se as invocar para eximir-se de obrigação legal a todos imposta e recusar-se a cumprir prestação alternativa, fixada em lei.
(C) a pequena propriedade rural, assim definida em lei, trabalhada pela família, será objeto de penhora para pagamento de débitos decorrentes de sua atividade produtiva, dispondo a lei sobre os meios de financiar o seu desenvolvimento.
(D) todos podem reunir-se pacificamente, sem armas, em locais abertos ao público, independentemente de autorização, desde que não frustrem outra reunião anteriormente convocada para o mesmo local, sendo apenas exigido prévio aviso à autoridade competente.
(E) as associações só poderão ser compulsoriamente dissolvidas ou ter suas atividades suspensas por decisão judicial, exigindo-se, no primeiro caso, o trânsito em julgado.

A: correta. Art. 5º, XII, da CF; **B:** correta. Art. 5º, VIII, da CF; **C:** incorreta, devendo ser assinalada, pois não reflete o disposto no art. 5º, XXVI, da CF; **D:** correta. Art. 5º, XVI, da CF; **E:** correta. Art. 5º, XVII e XIX, da CF.
Gabarito "C"

(Analista – TRT/20ª – 2006 – FCC) Quanto aos Direitos e Deveres Individuais e Coletivos, previstos na Constituição Federal, é INCORRETO afirmar que

(A) são a todos assegurados, independentemente do pagamento de taxas o direito a petição aos Poderes Públicos em defesa de direitos ou contra ilegalidade ou abuso de poder.
(B) é plena a liberdade de associação, inclusive de natureza paramilitar.
(C) é assegurado a todos o acesso à informação e resguardado o sigilo da fonte, quando necessário ao exercício profissional.
(D) é livre a expressão da atividade intelectual, artística, científica e de comunicação, independentemente de censura ou licença.
(E) é assegurado o direito de resposta, proporcional ao agravo, além de indenização por dano material, moral ou à imagem.

A: correta. Art. 5º, XXXIV, "a", da CF; **B:** incorreta, devendo ser assinalada, pois não reflete o disposto no art. 5º, XVII, da CF; **C:** correta. Art. 5º, XIV, da CF; **D:** correta. Art. 5º, IX, da CF; **E:** correta. Art. 5º, V, da CF.
Gabarito "B"

(Analista – TRT/20ª – 2006 – FCC) Em relação aos Direitos Sociais dos trabalhadores urbanos e rurais, estabelece a Constituição Federal, além de outros, que

(A) nas empresas de mais de 120 (cento e vinte) empregados, é assegurada a eleição de até três representantes destes com a finalidade exclusiva de promover-lhes os entendimentos direto com os empregadores.
(B) é assegurada a igualdade de direitos entre o trabalhador com vínculo empregatício permanente e o trabalhador avulso.
(C) é vedada a dispensa do empregado sindicalizado eleito, até 2 anos após o final do mandato.
(D) a remuneração do serviço extraordinário deve ser superior, no mínimo, em 30% à do normal.
(E) a ação quanto aos créditos resultantes das relações de trabalho tem prazo prescricional de 2 anos para os trabalhadores rurais e 5 para os urbanos, até o limite de 1 ano após a extinção do contrato de trabalho.

A: incorreta, pois não reflete o disposto no art. 11 da CF; **B:** correta. Art. 7º, XXXIV, da CF; **C:** incorreta, pois não reflete o disposto no art. 8º, VIII, da CF; **D:** incorreta, pois não reflete o disposto no art. 7º, XVI, da CF; **E:** incorreta, pois não reflete o disposto no art. 7º, XXIX, da CF.
Gabarito "B"

(Analista – TRT/23ª – 2007 – FCC) No que concerne aos direitos e deveres individuais e coletivos, nos termos preconizados pela Constituição Federal de 1988 é correto afirmar:

(A) A organização sindical, legalmente constituída e em funcionamento há pelo menos 6 meses, poderá impetrar mandado de segurança coletivo, em defesa dos interesses de seus membros ou associados.
(B) O Brasil se submete à jurisdição de Tribunal Penal Internacional a cuja criação tenha manifestado adesão.
(C) O preso não tem direito à identificação dos responsáveis por sua prisão ou por seu interrogatório policial, se for salutar para a manutenção da segurança.
(D) Qualquer cidadão é parte legítima para propor ação popular que vise a anular ato lesivo ao patrimônio público, ficando o autor, salvo comprovada má-fé, isento de custas judiciais, mas deverá suportar em qualquer hipótese o ônus da sucumbência.
(E) Ninguém será privado de direitos por motivo de crença religiosa ou de convicção filosófica ou política, ainda que as invoque para eximir-se de obrigação legal a todos imposta e recusar-se a cumprir prestação alternativa, fixada em lei.

A: incorreta, pois não reflete o disposto no art. 5º, LXX, "b", da CF; **B:** correta. Art. 5º, § 4º, da CF; **C:** incorreta, pois não reflete o disposto no art. 5º, LXIV, da CF; **D:** incorreta, pois não reflete o disposto no art. 5º, LXXIII, da CF; **E:** incorreta, pois não reflete o disposto no art. 5º, VIII, da CF.
Gabarito "B"

(Analista – TRT/24ª – 2006 – FCC) No que concerne aos direitos e garantias fundamentais previstos no artigo 5º, da Constituição Federal de 1988, é CORRETO afirmar que

(A) a inviolabilidade de domicílio pode ser mitigada para prestação de socorro, mediante o consentimento do morador.
(B) as associações só poderão ser compulsoriamente dissolvidas ou ter suas atividades suspensas por decisão judicial, exigindo-se, no segundo caso, o trânsito em julgado.
(C) aos autores pertence o direito exclusivo de utilização, publicação ou reprodução de suas obras, sendo intransmissível aos seus herdeiros.
(D) a expressão da atividade intelectual, artística, científica e de comunicação é livre, todavia, depende de licença da respectiva autoridade.
(E) a autoridade competente poderá usar de propriedade particular em caso de iminente perigo público, assegurada a indenização ao proprietário em caso de dano.

A: incorreta, pois não reflete o disposto no art. 5º, XI, da CF; **B:** incorreta. O art. 5º, XVII, da CF deve ser interpretado em conjunto com o inc. XIX do mesmo artigo. Assim, só se exige trânsito em julgado para a dissolução compulsória da associação. A suspensão de atividades só pode ser determinada por decisão judicial, mas não se exige o trânsito em julgado da decisão nesse caso; **C:** incorreta, pois não reflete o disposto no art. 5º, XXVII, da CF; **D:** incorreta, pois não reflete o disposto no art. 5º, IX, da CF; **E:** correta. Art. 5º, XXV, da CF.
Gabarito "E"

(Analista – TRT/24ª – 2006 – FCC) No que concerne aos direitos dos trabalhadores urbanos e rurais é correto afirmar que

(A) o trabalhador terá direito a remuneração do serviço extraordinário superior, no mínimo, em quarenta por cento à do normal.
(B) o trabalhador terá jornada de oito horas para o trabalho realizado em turnos ininterruptos de revezamento, salvo negociação coletiva.
(C) o rol de direitos dos trabalhadores previstos na Constituição Federal é exemplificativo.
(D) é proibido o exercício de qualquer tipo de trabalho pelo menor de dezesseis anos, salvo na condição de aprendiz, a partir de doze anos.
(E) é proibida qualquer distinção de remuneração para o trabalho noturno e diurno, mesmo se as funções desempenhadas forem as mesmas.

A: incorreta. Não reflete o disposto no art. 7º, XVI, da CF; **B:** incorreta. Não reflete o disposto no art. 7º, XIV, da CF; **C:** correta. Art. 7º, *caput*, da CF; **D:** incorreta, pois não reflete o disposto no art. 7º, XXXIII, da CF; **E:** incorreta. Não reflete o disposto no art. 7º, IX, da CF.
Gabarito "C"

(Analista – TRT/1ª – 2008 – CESPE) Quanto aos direitos fundamentais, assinale a opção correta.

(A) Caso um policial militar passe, durante a madrugada, diante de uma residência e observe a ocorrência de transação comercial de substância entorpecente, nessa situação, ele deve aguardar o dia amanhecer para ingressar na casa e prender os criminosos.

(B) Para realizar manifestação nas ruas do centro de uma cidade, um sindicato depende de autorização da autoridade de segurança pública.

(C) Se, em sentença judicial transitada em julgado, José for condenado ao perdimento de bens importados ilegalmente e, durante o curso do processo, ocorrer o falecimento de José, nessa situação, os sucessores dele receberão o patrimônio, já que é pétrea a determinação de que nenhuma pena pode ser estendida aos sucessores do condenado.

(D) O registro civil de nascimento é gratuito para trabalhadores que recebam um salário mínimo como fonte de renda da família.

(E) Os direitos fundamentais dos indivíduos estão taxativamente enumerados na CF.

A: incorreta. Não reflete o disposto no art. 5º, XI, da CF; **B:** incorreta, pois não reflete o disposto no art. 5º, XVI, da CF; **C:** incorreta, pois não reflete o disposto no art. 5º, XLV, da CF; **D:** correta. Art. 5º, LXXVI, "a", da CF; **E:** incorreta, pois não reflete o disposto no art. 5º, § 2º, da CF.

Gabarito "D"

(Analista – TRT/1ª – 2008 – CESPE) Em relação aos direitos dos trabalhadores urbanos e rurais, assinale a opção correta.

(A) O trabalho insalubre em minas de carvão ou na operação de máquinas que possam causar mutilação só é permitido a partir dos 18 anos de idade.

(B) Considere a seguinte situação hipotética. João foi demitido da fazenda onde trabalhava como ordenhador de ovelhas em 21.05.2002. Em 13.05,2005, propôs reclamação trabalhista para cobrar verbas rescisórias a que tinha direito. O juiz do trabalho afastou a alegação de prescrição apresentada em contestação, sob o fundamento de que os créditos trabalhistas prescrevem em cinco anos. Nessa situação, o juiz do trabalho agiu corretamente.

(C) De acordo com o princípio que manda tratar igualmente os iguais e desigualmente os desiguais, os trabalhadores avulsos devem ser tratados distintamente daqueles que têm vínculo empregatício permanente.

(D) É inconstitucional regra interna de uma empresa que concede licença gestante de 180 dias às suas empregadas, visto que, de acordo com a CF, a licença tem duração de 120 dias.

(E) A regra interna de uma empresa que concede remuneração de serviço extraordinário de 60% a mais em relação à hora normal é inconstitucional.

A: correta. Art. 7º, XXXIII, da CF; **B:** incorreta, pois não foi observada a regra do art. 7º, XXIX, da CF; **C:** incorreta. Não reflete o disposto no art. 7º, XXXIV, da CF; **D:** incorreta. A licença-gestante prevista no art. 7º, XVIII, da CF é de, no mínimo, 120 dias. V. Lei 11.770/2008; **E:** incorreta. A Constituição estabelece o patamar mínimo a ser observado em matéria de direitos e garantias individuais e coletivos, nada impedindo que os direitos sejam ampliados.

Gabarito "A"

(Analista – TRT/9ª – 2007 – CESPE) Julgue os itens seguintes, relativos a direitos e garantias fundamentais.

(1) Os direitos e garantias fundamentais não se aplicam às relações privadas, mas apenas às relações entre os brasileiros ou os estrangeiros residentes no país e o próprio Estado.

(2) O exame psicotécnico pode ser exigido em concurso público, desde que assim preveja o edital.

(3) O *habeas corpus* não é medida idônea para impugnar decisão judicial que autoriza a quebra de sigilo bancário em procedimento criminal, já que não há, na hipótese, risco direto e imediato de constrangimento ao direito de liberdade.

1: incorreta. Os direitos fundamentais são oponíveis contra o Estado (eficácia vertical) e entre os próprios particulares (eficácia horizontal dos direitos fundamentais); **2:** incorreta. Súmula 686 do STF: "Só por lei se pode sujeitar a exame psicotécnico a habilitação de candidato a cargo público"; **3:** incorreta. Em regra deve-se impetrar mandado de segurança, mas o STF admite a impetração de *habeas corpus* em situações excepcionais, vale dizer, quando a quebra do sigilo bancário implicar ofensa indireta ou reflexa ao direito de locomoção. A opção pelo *Habeas Corpus* ou pelo Mandado de Segurança cabe ao impetrante.

Gabarito 1E, 2E, 3E

(Analista – TRT/17ª – 2009 – CESPE) Julgue os itens que se seguem, relativos aos direitos e às garantias fundamentais.

(1) O estrangeiro sem domicílio no Brasil não tem legitimidade para impetrar *habeas corpus*, já que os direitos e as garantias fundamentais são dirigidos aos brasileiros e aos estrangeiros aqui residentes.

(2) Caso um escritório de advocacia seja invadido, durante a noite, por policiais, para nele se instalar escutas ambientais, ordenadas pela justiça, já que o advogado que ali trabalha estaria envolvido em organização criminosa, a prova obtida será ilícita, já que a referida diligência não foi feita durante o dia.

1: incorreta. Apesar de o art. 5º, *caput*, da CF, falar em brasileiros e estrangeiros residentes no país, doutrina e jurisprudência concordam que são destinatários das normas de direitos fundamentais também os estrangeiros de passagem pelo Brasil; **2:** incorreta. Segundo o STF, "dados obtidos em interceptação de comunicações telefônicas e em escutas ambientais, judicialmente autorizadas para produção de prova em investigação criminal ou em instrução processual penal, podem ser usados em procedimento administrativo disciplinar, contra a mesma ou as mesmas pessoas em relação às quais foram colhidos, ou contra outros servidores cujos supostos ilícitos teriam despontado à colheita dessa prova". (STF, Inq 2.424-4/RJ/QO-QO, Pleno, j. 20.06.2007, rel. Min. Cezar Peluso, *DJ* 24.08.2007).

Gabarito 1E, 2E

(Analista – TRT/9ª – 2007 – CESPE) Julgue os itens seguintes, no referente a direitos e garantias fundamentais.

(1) Considere que Márcio, oficial de justiça, de posse de mandado judicial, tenha que fazer a citação de Antônio em uma ação penal. Nessa situação hipotética, havendo autorização judicial para que Márcio faça a citação em qualquer horário, não se configurará violação ao domicílio se Márcio ingressar na residência de Antônio no sábado à noite e efetuar a citação, mesmo sem a concordância dos moradores.

(2) O instrumento processual adequado para cassar ato de autoridade que venha a violar direito líquido e certo da pessoa do impetrante é o mandado de segurança ou a ação popular.

1: incorreta. Haverá sim violação de domicílio se Márcio ingressar na residência de Antônio no sábado à noite. O cumprimento de determinação deve ser realizado durante o dia, e por determinação judicial nos termos do art. 5º, XI da CF; **2:** incorreta. A ação popular não é o instrumento hábil para a tutela de direito líquido e certo. Nesse sentido vide art. 5º, LXIX e LXXIII da CF.

Gabarito 1E, 2E

(Analista – TRT/9ª – 2007 – CESPE) Julgue o item seguinte, relativo a direitos e garantias fundamentais.

(1) Os direitos e garantias fundamentais não se aplicam às relações privadas, mas apenas às relações entre os brasileiros ou os estrangeiros residentes no país e o próprio Estado.

1: incorreta. Os direitos e garantias fundamentais devem abarcar não apenas os brasileiros (natos ou naturalizados) residentes no país, mas também estrangeiros, turistas etc. Essa é a interpretação correta a ser dado ao *caput* do art. 5º da CF.

Gabarito 1E

(Analista – TRT/1ª – 2008 – CESPE) A respeito dos direitos e garantias individuais, assinale a opção correta.

(A) O *habeas data* é o instrumento processual adequado para o controle judicial de eventuais ilegalidades consistentes no cerceamento da liberdade de locomoção.

(B) O mandado de segurança é garantia fundamental voltada à solução de violação a direito líquido e certo no plano cível, não podendo ser utilizado na esfera penal.

(C) Para propor ação popular, o cidadão deve provar que está em dia com suas obrigações eleitorais.

(D) A pena de caráter perpétuo somente poderá ser instituída se aprovada previamente em plebiscito.

(E) O estrangeiro que tiver praticado crime de opinião em seu país e ingressar no território nacional será extraditado somente se existir tratado internacional prevendo a situação.

A: incorreta. O remédio constitucional adequado para o controle judicial de eventuais ilegalidades consistentes no cerceamento da liberdade de locomoção é o *habeas corpus* e não o *habeas data* como a assertiva mencionou (art. 5º, LXVIII da CF); **B:** incorreta, pois o mandado de segurança tem aplicação residual, isto é, só será possível quando não couber *habeas corpus ou habeas data* (art. 5º, LXIX da CF). O erro desta assertiva é "não podendo ser utilizado na esfera penal"; **C:** correta conforme fixa o art. 5º, LXXIII da CF. **D:** incorreta, "somente poderá ser instituída se aprovada previamente em plebiscito". A pena de caráter perpétuo é vedada (art. 5º, XLVII, "b", da CF). **E:** incorreta. Não será concedida extradição de estrangeiro por crime político ou de opinião.

Gabarito "C"

(Analista – TRT/2ª – 2008 – FCC) No que diz respeito aos Direitos e Deveres Individuais e Coletivos, NÃO é considerado elemento da reunião, em local aberto ao público,

(A) o tempo.
(B) a pluralidade de participantes.
(C) a autorização prévia.
(D) a finalidade.
(E) o lugar

De fato o direito de reunião independe de autorização prévia. Basta aviso prévio (art. 5º, XVI da CF).

Gabarito "C"

(Analista – TRT/7ª – 2009 – FCC) O artigo 5º da Constituição Federal prevê, dentre outros direitos, que

(A) a liberdade de associação é absoluta, sendo necessária, porém, a prévia comunicação à autoridade competente.
(B) as entidades associativas somente têm legitimidade para representar seus filiados extrajudicialmente.
(C) a liberdade de associação para fins lícitos é plena, vedada a de caráter paramilitar.
(D) a criação de associações e, na forma da lei, a de cooperativas, dependem de autorização do Estado.
(E) as associações só poderão ser compelidas a suspender as suas atividades, após decisão tomada por seus filiados.

A: incorreta ("a liberdade de associação é absoluta"), pois e vedada a associação de caráter paramilitar (art. 5º, XVII da CF); **B:** incorreta. As entidades associativas, quando expressamente autorizadas, têm legitimidade para representar seus filiados judicial ou extrajudicialmente (art. 5º, XXI da CF); **C:** correta (art. 5º, XVII da CF); **D:** incorreta (art. 5º, XVIII da CF). A criação de associações e, na forma da lei, a de cooperativas independem de autorização, sendo vedada a interferência estatal em seu funcionamento; **E:** incorreta ("após decisão tomada por seus filiados"). As associações só poderão ser compulsoriamente dissolvidas ou ter suas atividades suspensas por decisão judicial, exigindo-se, no primeiro caso, o trânsito em julgado.

Gabarito "C"

(Analista – TRT/2ª – 2008 – FCC) No que diz respeito aos Direitos e Deveres Individuais e Coletivos, o ato de entregar o estrangeiro a outro Estado por delito nele praticado é denominado

(A) deportação.
(B) expulsão.
(C) extradição.
(D) exclusão.
(E) banimento.

De fato o ato de entregar o estrangeiro a outro Estado por delito nele praticado é denominado extradição. Não se confunde com deportação (estrada ou entrada irregular de estrangeiro em determinado Estado) e nem com expulsão.

Gabarito "C"

(Analista – TRT/2ª – 2008 – FCC) No que se refere aos Direitos e Deveres Individuais e Coletivos, é INCORRETO afirmar:

(A) As entidades associativas, independentemente de autorização expressa, têm legitimidade para representar seus filiados judicial ou extrajudicialmente.
(B) As associações só poderão ser compulsoriamente dissolvidas ou ter suas atividades suspensas por decisão judicial, exigindo-se, no primeiro caso, o trânsito em julgado.
(C) No caso de iminente perigo público, a autoridade competente poderá usar de propriedade particular, assegurada ao proprietário indenização ulterior, se houver dano.
(D) Aos autores pertence o direito exclusivo de utilização, publicação ou reprodução de suas obras, transmissível aos herdeiros pelo tempo que a lei fixar.
(E) Não haverá prisão civil por dívida, salvo a do responsável pelo inadimplemento voluntário e inescusável de obrigação alimentícia e a do depositário infiel.

A: incorreta, devendo ser assinalada, pois "independentemente de autorização expressa". As entidades associativas quando expressamente autorizadas têm legitimidade para representar seus filiados judicial ou extrajudicialmente (art. 5º, XXI da CF); **B:** correta (art. 5º, XIX da CF); **C:** correta (art. 5º, XXV da CF); **D:** correta (art. 5º, XXVII da CF); **E:** A assertiva "E" foi dada como correta na época de realização do concurso público. Porém, hoje o entendimento que deve ser adotado para as provas é o de que não é mais possível a prisão civil por dívida do depositário infiel nos termos da Súmula Vinculante 25 do STF: "é ilícita a prisão civil do depositário infiel, qualquer que seja a modalidade de depósito".

Gabarito "A"

(Analista – TRT/18ª – 2008 – FCC) Com relação aos Direitos e Deveres Individuais e Coletivos, é correto afirmar que a lei NÃO adotará a pena de:

(A) multa.
(B) perda de bens.
(C) banimento.
(D) prestação social alternativa.
(E) suspensão ou interdição de direitos.

Nos termos do art. 5º, XLVII da CF não haverá penas de morte, salvo em caso de guerra declarada, nos termos do art. 84, XIX; de caráter perpétuo; de trabalhos forçados; de banimento; cruéis.

Gabarito "C"

(Analista – TRT/15ª – 2009 – FCC) Considere as assertivas abaixo, relacionadas aos direitos e deveres individuais e coletivos.

I. As normas definidoras dos direitos e garantias fundamentais têm aplicação imediata.
II. Dentre outras, são gratuitas as ações de *habeas data*, e, na forma da lei, os atos necessários ao exercício da cidadania.
III. Será, em qualquer hipótese, concedida a extradição de estrangeiro por crime político.
IV. Admitir-se-á, nos termos da lei, juízo ou tribunal de exceção.

Está correto o que consta SOMENTE em

(A) I e II.
(B) II e III.
(C) III e IV.
(D) I, II e III.
(E) II, III e IV.

I: correta (art. 5º, § 1º da CF); **II:** correta (art. 5º, LXXVII da CF); **III:** incorreta, por conta da expressão "em qualquer hipótese". Não será concedida extradição de estrangeiro por crime político ou de opinião (art. 5º, LII da CF); **IV:** incorreta, pois não haverá juízo ou tribunal de exceção (art. 5º, XXXVII da CF).

Gabarito "A"

(Analista – TRT/15ª – 2009 – FCC) Nos termos da Constituição Federal, serão equivalentes às emendas constitucionais, os tratados e convenções internacionais sobre direitos humanos que forem aprovados,

(A) pelo Senado Federal, em único turno, por três quartos dos votos dos respectivos membros.
(B) pelo Congresso Nacional, em dois turnos, por dois terços dos votos dos respectivos membros.
(C) em cada Casa do Congresso Nacional, em dois turnos, por três quintos dos votos dos respectivos membros.
(D) pela Câmara dos Deputados, em único turno, por dois terços dos votos dos presentes à sessão.
(E) pelo Congresso Nacional, em único turno, por maioria absoluta dos presentes à sessão.

De fato os tratados e convenções internacionais sobre direitos humanos que forem aprovados, em cada Casa do Congresso Nacional, em dois turnos, por três quintos dos votos dos respectivos membros, serão equivalentes às emendas constitucionais (art. 5º, § 3º da CF).

Gabarito "C"

(Analista – TRT/15ª – 2009 – FCC) Rômulo se acha ameaçado de sofrer coação em sua liberdade de locomoção, por ilegalidade e abuso de poder. A Constituição Federal prevê como Direito Individual para garantir a sua liberdade, o manejo do:

(A) *habeas corpus*.
(B) *habeas data*.
(C) mandado de injunção.
(D) mandado de segurança.
(E) agravo de representação.

Conceder-se-á "habeas corpus" sempre que alguém sofrer ou se achar ameaçado de sofrer violência ou coação em sua liberdade de locomoção, por ilegalidade ou abuso de poder. No caso em tela a liberdade de locomoção estava em jogo, portanto, o remédio constitucional adequado é o *habeas corpus* (art. 5º, LXVIII da CF).

Gabarito "A"

(Analista – TRT/15ª – 2009 – FCC) Quanto aos Direitos e Garantias Fundamentais elencados na Constituição Federal, considera-se correto que:

(A) a prática do racismo constitui crime inafiançável e prescritível.
(B) é vedada a assistência religiosa nas entidades militares de internação coletiva.
(C) é assegurado, em qualquer hipótese, o acesso à informação e a sua fonte.
(D) será concedida extradição de estrangeiro por crime político e de opinião.
(E) a lei não prejudicará o direito adquirido, o ato jurídico perfeito e a coisa julgada.

A: incorreta, pois a prática do racismo constitui crime inafiançável e *imprescritível*, sujeito à pena de reclusão, nos termos da lei (art. 5º, XLII da CF); **B:** incorreta, pois é assegurada, nos termos da lei, a prestação de assistência religiosa nas entidades civis e militares de internação coletiva (art. 5º, VII da CF); **C:** incorreta, pois é assegurado a todos o acesso à informação e *resguardado o sigilo da fonte, quando necessário ao exercício profissional* (art. 5º, XIV da CF); **D:** incorreta, pois não será concedida extradição de estrangeiro por crime político ou de opinião; **E:** correta (art. 5º, XXXVI da CF).

Gabarito "E"

(Analista – TRT/3ª – 2009 – FCC) No que diz respeito à liberdade de reunião, é certo que:

(A) o instrumento jurídico adequado para a tutela da liberdade de reunião, caso ocorra lesão ou ameaça de lesão, ocasionada por ilegalidade ou arbitrariedade, é o *habeas corpus*.
(B) essa liberdade, desde que atendendo aos requisitos de praxe, não, I está sujeita a qualquer suspensão por conta de circunstâncias excepcionais como no estado de defesa.
(C) o prévio aviso à autoridade para realizar uma reunião limita-se, tão somente, a impedir que se frustre outra reunião anteriormente convocada para o mesmo local.
(D) na hipótese de algum dos manifestantes, isoladamente, estiver portando arma de fogo, o fato não autoriza a dissolução da reunião pelo Poder Público.
(E) a autoridade pública dispõe de competência e discricionariedade para decidir pela conveniência, ou não, da realização da reunião.

A: incorreta "é o *habeas corpus*". Para tutela de direito líquido e certo (como é o direito de reunião), o remédio adequado é o mandado de segurança; **B:** incorreta "não está sujeita a qualquer suspensão" (art. 136, § 1º, I, "a" da CF); **C:** incorreta "limita-se, tão somente". Nos termos do art. 5º, XVI da CF todos podem reunir-se pacificamente, sem armas, em locais abertos ao público, independentemente de autorização, desde que não frustrem outra reunião anteriormente convocada para o mesmo local, sendo apenas exigido prévio aviso à autoridade competente; **D:** correta; **E:** incorreta "decidir pela conveniência, ou não, da realização da reunião" (art. 5º, XVI da CF).

Gabarito "D"

(Analista – TRT/3ª – 2009 – FCC) Considere os mandamentos constitucionais:

I. Nenhuma pena passará da pessoa do condenado, podendo a obrigação de reparar o dano e a decretação do perdimento de bens ser, nos termos da lei, estendidas aos sucessores e contra eles executadas, até o limite do valor transferido.
II. A aplicação da pena deve ajustar-se à situação de cada imputado adotando-se, dentre outras, a prestação social alternativa, a suspensão ou interdição de direitos e a multa.

Essas hipóteses dizem respeito a garantias relativas à aplicação da pena, denominadas, respectivamente, como:

(A) seguranças processuais penais e vedação de tratamento desumano e degradante.
(B) individualização da pena e personalização da pena.
(C) proibição da prisão civil por dívida e proteção da incolumidade física e moral.
(D) personalização da pena e individualização da pena.
(E) tratamento desumano e degradante e individualização da pena.

I: consagra a personalização da pena ao dispor que nenhuma pena passará da "pessoa" do condenado (art. 5º, XLV da CF). **II:** consagra o princípio da individualização da pena previsto no art. 5º, XLVI da CF.

Gabarito "D"

(Analista – TRT/3ª – 2009 – FCC) O conjunto de condições que tornam possível às pessoas o conhecimento antecipado e reflexivo das consequências diretas de seus atos e de seus fatos à luz da liberdade reconhecida e o enunciado de que a lei não prejudicará o direito adquirido, o ato jurídico perfeito e a coisa julgada, dizem respeito, tecnicamente,

(A) à legalidade e ao poder regulamentar.
(B) aos remédios decorrentes de ações constitucionais.
(C) à segurança jurídica.
(D) ao monopólio judiciário do controle jurisdicional.
(E) à normatividade dos direitos sociais.

A segurança jurídica tem por escopo resguardar a alteração de situações já consolidadas. Esta ideia de não retroatividade (como regra nos diversos institutos – a exceção da lei penal benéfica) sempre esteve presente em nossos diplomas constitucionais, com exceção da Constituição de 1937, protegendo o indivíduo de atuações prejudiciais por parte do Estado.

Gabarito "C"

(Analista – TRT/3ª – 2009 – FCC) Os tratados e convenções internacionais sobre direitos humanos serão equivalentes a emendas constitucionais, desde que aprovados pelos respectivos membros de cada Casa do Congresso Nacional em

(A) um só turno, por unanimidade dos votos.
(B) um só turno, por maioria absoluta de votos.
(C) dois turnos, por dois quintos dos votos.
(D) dois turnos, por maioria de três quintos dos votos.
(E) três turnos, por maioria simples dos votos.

De fato os tratados e convenções internacionais sobre direitos humanos que forem aprovados, em cada Casa do Congresso Nacional, em dois turnos, por três quintos dos votos dos respectivos membros, serão equivalentes às emendas constitucionais (art. 5º, § 3º da CF).

Gabarito "D"

(Analista – TRT/7ª – 2009 – FCC) Os princípios da ampla defesa e do contraditório

(A) são garantidos por Lei Complementar especialmente editada para esse fim.
(B) são inerentes aos processos judicial e administrativo.
(C) só se aplicam aos processos judiciais na área penal e na área civil.
(D) não se aplicam aos processos administrativos não punitivos.
(E) não se aplicam em nenhuma espécie de processo administrativo.

Aos litigantes, em processo judicial ou administrativo, e aos acusados em geral são assegurados o contraditório e ampla defesa, com os meios e recursos a ela inerentes. É o disposto no art. 5º, LV da CF.

Gabarito "B"

(Analista – TRT/19ª – 2008 – FCC) Em matéria de direitos sociais considere:

I. Proibição de qualquer trabalho a menores de quatorze anos, salvo na condição de aprendiz, a partir de doze anos.
II. Remuneração do serviço extraordinário superior, no mínimo, em trinta por cento à do normal.
III. Jornada de seis horas para o trabalho realizado em turnos ininterruptos de revezamento, salvo negociação coletiva.
IV. Assistência gratuita aos filhos e dependentes desde o nascimento até cinco anos de idade em creches e pré-escolas.
V. Proteção em face da automação, na forma da lei.

De acordo com a Constituição Federal de 1988, são direitos dos trabalhadores urbanos e rurais, além de outros que visem à melhoria de sua condição social, APENAS os indicados nas assertivas:

(A) I, II e IV.
(B) III, IV e V.
(C) I, III e IV.
(D) II, III e V.
(E) I e V.

I: incorreta ("a partir dos doze anos"). De acordo com o art. 7º, XXXIII da CF, a proibição de trabalho noturno, perigoso ou insalubre se dá quanto a menores de dezoito e de qualquer trabalho quanto a menores de dezesseis anos, salvo na condição de aprendiz, a partir de quatorze anos; **II:** incorreta ("no mínimo, em trinta por cento à do normal"). De acordo, com o art. 7º, XVI da CF, a remuneração do serviço extraordinário, deve ser, no mínimo, em cinquenta por cento superior à do normal; **III:** correta (art. 7º, XIV da CF); **IV:** correta (art. 7º, XXV da CF); **V:** correta (art. 7º, XXVII da CF).

Gabarito "C"

2.1. Nacionalidade, Direitos Políticos e Partidos Políticos

(Analista – TST – 2008 – CESPE) Acerca do Direito Constitucional, julgue o item a seguir.

(1) Considere que Andréa, nascida na França e naturalizada brasileira há cinco anos, é uma advogada de 37 anos, que há doze anos exerce essa profissão no Brasil. Nesse caso, Andréa pode ser nomeada juíza de um tribunal regional do trabalho (TRT), mas não pode ser nomeada ministra do TST.

1: incorreta. São privativos de brasileiros natos apenas os cargos listados no art. 12, § 3º, da CF, que não inclui o de Ministro do TST.

Gabarito 1E

(Analista – TRT/16ª – 2014 – FCC) Mirela, advogada, é casada com Pedro, Prefeito do Município "X" do Estado do Maranhão, não sendo titular de qualquer mandato eletivo. No curso do mandato de Pedro, Mirela e Pedro dissolvem o vínculo conjugal por meio de divórcio devidamente homologado pelo Poder Judiciário. Mirela pretende concorrer no próximo pleito municipal a um cargo eletivo no Município "X". Neste caso, Mirela

(A) poderá concorrer normalmente ao cargo de Vereadora, mas é inelegível para os cargos de Prefeita e Vice-Prefeita do Município.
(B) não poderá concorrer ao cargo eletivo, por ser inelegível, nos termos da Constituição Federal.
(C) poderá concorrer normalmente aos cargos de Prefeita, Vice-Prefeita ou Vereadora do Município, sem qualquer restrição.
(D) poderá concorrer normalmente aos cargos de Prefeita, Vice-Prefeita ou Vereadora do Município desde que a dissolução do vínculo conjugal tenha ocorrido há mais de seis meses antes do pleito.
(E) poderá concorrer apenas ao cargo de Vereadora do Município desde que a dissolução do vínculo conjugal tenha ocorrido há mais de seis meses antes do pleito, sendo inelegível para os cargos de Prefeita e Vice-Prefeita.

A: incorreta. Mirela não poderá concorrer no próximo pleito eleitoral, pois é inelegível. De acordo com o art. 14, § 7º, da CF, são **inelegíveis, no território de jurisdição do titular, o cônjuge** e os parentes consangüíneos ou afins, até o segundo grau ou por adoção, do Presidente da República, de Governador de Estado ou Território, do Distrito Federal, **de Prefeito** ou de quem os haja substituído dentro **dos seis meses anteriores ao pleito**, salvo se já titular de mandato eletivo e candidato à reeleição. Vale lembrar que a Súmula Vinculante nº 18 (STF) determina que **a dissolução da sociedade ou do vínculo conjugal**, no curso do mandato, **não afasta a inelegibilidade** prevista no § 7º do artigo 14 da Constituição Federal; B: correta. É o que determina o mencionado art. 14, § 7º, da CF e a Súmula Vinculante nº 18 (STF); C e D: incorretas. Como mencionado, Mirela é inelegível para o próximo pleito eleitoral, tanto para o cargo de Prefeita (ou Vice-Prefeita) como para o cargo de Vereadora.

Gabarito "B"

(Analista – TRT/11ª – 2012 – FCC) No que concerne aos direitos políticos, nos termos preconizados pela Constituição Federal de 1988,

(A) a lei que alterar o processo eleitoral entrará em vigor na data de sua publicação, não se aplicando à eleição que ocorra até seis meses da data de sua vigência.
(B) se o cidadão Pietro tiver cancelada a naturalização por sentença transitada em julgado, os seus direitos políticos serão cassados.
(C) o mandato eletivo poderá ser impugnado ante a Justiça Eleitoral no prazo de trinta dias contados da diplomação, instruída a ação com provas de abuso do poder econômico, corrupção ou fraude.
(D) Moisés, Prefeito de um determinado município de Estado brasileiro, no primeiro mandato, é filho do Governador do mesmo Estado, mas poderá se candidatar normalmente à reeleição nas próximas eleições, inexistindo qualquer vedação legal.
(E) o militar alistável é elegível e, se contar mais de dez anos de serviço, deverá afastar-se da atividade.

A: incorreta. O art. 16 da CF determina que a lei que alterar o processo eleitoral entrará em vigor na data de sua publicação, não se aplicando à eleição que ocorra até *um ano da data de sua vigência*; **B:** incorreta. De acordo com o art. 15 da CF *a cassação* dos direitos políticos é *vedada*. Na hipótese de cancelamento da naturalização por sentença transitada em julgado ocorre a *perda* dos direitos políticos, porque o sujeito retorna à condição de estrangeiro e, conforme o art. art. 14, § 2º, da CF, não pode mais se alistar como eleitor. Vale lembrar que o estrangeiro também não poderá se eleger, pois o alistamento eleitora é uma das condições de elegibilidade (art. 14, § 3º, III, da CF); **C:** incorreta. O mandato eletivo, de fato, pode ser impugnado ante a Justiça Eleitoral, mas isso deve ser feito no prazo de *quinze dias* contados da diplomação, instruída a ação com provas de abuso do poder econômico, corrupção ou fraude (art. 14, § 10, da CF); **D:** correta. A inelegibilidade, no território de jurisdição do titular, do cônjuge e dos parentes consanguíneos ou afins, até o segundo grau ou por adoção, do Presidente da República, de Governador de Estado ou Território, do Distrito Federal, de Prefeito ou de quem os haja substituído dentro dos seis meses anteriores ao pleito, *não se aplica se o parente já é titular de mandato eletivo e candidato à reeleição* (art. 14, § 7º, da CF); **E:** incorreta. De acordo com o art.14, § 8º, II, da CF, o militar alistável é elegível, se contar mais de dez anos de serviço, desde que agregado pela autoridade superior. Caso seja eleito, passará automaticamente, no ato da diplomação, para a inatividade.

Gabarito "D"

(Analista – TRT/24ª – 2011 – FCC) O militar alistável elegível, se contar mais de

(A) vinte anos de serviço, deverá afastar-se da atividade.
(B) dez anos de serviço, deverá afastar-se da atividade.
(C) quinze anos de serviço, deverá afastar-se da atividade.
(D) dez anos de serviço, será agregado pela autoridade superior e, se eleito, passará automaticamente, no ato da diplomação, para a inatividade.
(E) cinco anos de serviço, será agregado pela autoridade superior e, se eleito, passará, mediante prévia consulta do seu histórico militar, no ato da diplomação, para a inatividade.

Conforme o art. 14, § 8º, I e II, da CF, o militar alistável é elegível, desde que observadas algumas condições: "I – se contar menos de dez anos de serviço, deverá afastar-se da atividade e II – se contar mais de dez anos de serviço, será agregado pela autoridade superior e, se eleito, passará automaticamente, no ato da diplomação, para a inatividade."

Gabarito "D"

(Analista – TRT/23ª – 2011 – FCC) Sobre os direitos políticos,

(A) podem alistar-se como eleitores os estrangeiros e, durante o período do serviço militar obrigatório, os conscritos.
(B) a ação de impugnação de mandato tramitará publicamente.
(C) para concorrer a outros cargos, o governador do Distrito Federal não está obrigado a renunciar o respectivo mandato.
(D) o militar alistável que contar mais de dez anos de serviço é elegível desde que se afaste da atividade.
(E) o mandato eletivo poderá ser impugnado ante a Justiça Eleitoral no prazo de quinze dias contados da diplomação, instruída a ação com provas de abuso do poder econômico, corrupção ou fraude.

A: incorreta. Ao contrário, não podem alistar-se como eleitores os estrangeiros e, durante o período do serviço militar obrigatório, os conscritos (art. 14, § 2º, da CF); **B:** incorreta. Tal ação tramita em segredo de justiça (art. 14, § 11, da CF); **C:** incorreta. Os governadores, bem como o Presidente da República e os Prefeitos, para concorrerem a outros cargos, devem renunciar aos respectivos mandatos até seis meses antes do pleito (art. 14, § 6º, da CF); **D:** incorreta. O militar alistável é elegível se contar menos de dez anos de serviço e desde que se afaste da atividade; **E:** correta (art. 14, § 10, da CF).

Gabarito "E"

(Analista – TRT/23ª – 2011 – FCC) Benedito, militar alistável, com menos de dez anos de serviço, deseja concorrer ao cargo de vereador nas eleições Municipais, porém, para ser considerado elegível,

(A) será colocado à disposição, com remuneração até as eleições, e, se eleito, assim permanecerá até o término do seu mandato, mas, se não for eleito, retornará a atividade.
(B) será agregado pela autoridade superior e, se eleito, passará automaticamente, no ato da diplomação, para a inatividade.
(C) deverá continuar em atividade e, se eleito, será agregado pela autoridade superior, sendo colocado à disposição, até o término do seu mandato.
(D) deverá afastar-se da atividade.
(E) será colocado à disposição, sem remuneração até as eleições, e, se eleito, assim permanecerá até o término do seu mandato, mas, se não for eleito, retornará imediatamente à atividade.

De acordo com o art. 14, § 8º, I, da CF, o militar alistável, para ser elegível, deve atender algumas condições, dentre as quais, a de afastar-se da atividade, se contar com menos de dez anos de serviço.

Gabarito "D".

(Analista – TRT/20ª – 2011 – FCC) O modo de aquisição da nacionalidade secundária depende

(A) da origem sanguínea e territorial.
(B) da vontade do indivíduo e do Estado.
(C) do fato natural do nascimento.
(D) da origem territorial, apenas.
(E) da origem sanguínea, apenas.

A nacionalidade primária, também chamada de primária ou involuntária é a que o indivíduo detém por meio do nascimento. Para a atribuição dessa nacionalidade o legislador se vale de dois critérios: o territorial (*ius soli)* que leva em conta o local de nascimento e o sanguíneo (*ius sanguinis*) que toma por base a ascendência do indivíduo. Já a nacionalidade secundária, conhecida como derivada, voluntária ou adquirida, é aquela que o indivíduo adquire, após o nascimento, por meio do processo de naturalização, por um ato voluntário. A pessoa manifesta sua intenção em se naturalizar, cumpre os requisitos previstos na Constituição e normas infraconstitucionais e faz o pedido de naturalização. Feito isso, o Estado, de forma discricionária, concede ou não a nacionalidade. Desse modo, a secundária depende de duas vontades: a do indivíduo e a do Estado.

Gabarito "B".

(Técnico – TRT/20ª – 2011 – FCC) No tocante aos direitos políticos, o atributo de quem preenche as condições do direito de ser votado é classificado como capacidade eleitoral

(A) passiva.
(B) ativa.
(C) plena.
(D) genérica.
(E) originária.

A capacidade eleitora pode ser ativa ou passiva. A primeira diz respeito ao direito de votar e a segunda ao direito de ser votado ou elegibilidade. Desse modo, o atributo de quem preenche as condições do direito de ser votado é classificado como capacidade eleitoral passiva.

Gabarito "A".

(Técnico – TRT/14ª – 2011 – FCC) Sobre os Direitos Políticos, é correto afirmar:

(A) O militar alistável é elegível, sendo que, se contar menos de dez anos de serviço, será agregado pela autoridade superior e, se eleito, passará automaticamente, no ato da diplomação, para a inatividade, e, se contar mais de dez anos de serviço, deverá afastar-se da atividade.
(B) A emenda à Constituição estabelecerá outros casos de inelegibilidade e os prazos de sua cessação, a fim de proteger a probidade administrativa, a moralidade para exercício de mandato, considerada a vida pregressa do candidato, e a normalidade e legitimidade das eleições contra a influência do poder econômico ou o abuso do exercício de função, cargo ou emprego na administração direta ou indireta.
(C) O mandato eletivo poderá ser impugnado ante a Justiça Eleitoral no prazo de quinze dias contados da diplomação, instruída a ação com provas de abuso do poder econômico, corrupção ou fraude.
(D) A ação de impugnação de mandato não tramitará em segredo de justiça, respondendo o autor, na forma da lei, se temerária ou de manifesta má-fé.
(E) São inelegíveis, no território de jurisdição do titular, o cônjuge e os parentes consanguíneos ou afins, até o segundo grau ou por adoção, do Presidente da República, de Governador de Estado ou Território, do Distrito Federal, de Prefeito ou de quem os haja substituído dentro de um ano anterior ao pleito, salvo se já titular de mandato eletivo e candidato à reeleição.

A: incorreta. O art. 14, § 8º, I e II, da CF trata do assunto dispondo que se o militar contar com menos de dez anos de serviço, deverá afastar-se da atividade e se contar com mais de dez anos de serviço é que será agregado pela autoridade superior e, se eleito, passará automaticamente, no ato da diplomação, para a inatividade; **B:** incorreta. O § 9º do art. 14 da CF determina que a lei complementar estabeleça outros casos de inelegibilidade; **C:** correta, pois é cópia do § 10 do art. 14 da CF; **D:** incorreta. A ação de impugnação tramitará em segredo de justiça, conforme o § 11 do art. 14 da CF; **E:** incorreta. A inelegibilidade reflexa, prevista no art. 14, § 7º, da CF menciona que são inelegíveis, no território de jurisdição do titular, o cônjuge e os parentes consanguíneos ou afins, até o segundo grau ou por adoção, do Presidente da República, de Governador de Estado ou Território, do Distrito Federal, de Prefeito ou de quem os haja substituído dentro dos seis meses anteriores ao pleito, salvo se já titular de mandato eletivo e candidato à reeleição.

Gabarito "C".

(Técnico – TRT/9ª – 2010 – FCC) No tocante aos Direitos Políticos, considere as seguintes assertivas:

I. O alistamento eleitoral é obrigatório para o analfabeto.
II. O voto é obrigatório para o analfabeto.
III. Os conscritos não podem alistar-se como eleitores durante o período do serviço militar obrigatório.
IV. Os analfabetos são inelegíveis.
V. É condição de elegibilidade, na forma da lei, a idade mínima de dezoito anos para vereador.

Está INCORRETO o que consta APENAS em

(A) I e II.
(B) I, III e IV.
(C) II, IV e V.
(D) III, IV e V.
(E) I, II, III e V.

I e II: incorretas. Para o analfabeto, o alistamento eleitoral e o voto são facultativos (art. 14, § 1º, II, "a", da CF; **III:** correta (art. 14, § 2º, da CF); **IV:** correta (art. 14, § 4º, da CF); **V:** correta (art. 14, § 3º, VI, "d", da CF).

Gabarito "A".

(Analista – TRT/8ª – 2010 – FCC) A naturalização extraordinária tem por requisitos

(A) residência contínua no país pelo prazo de quatro anos; ler e escrever em português; e bom procedimento.
(B) residência fixa no país há mais de quinze anos; ausência de condenação penal; e requerimento do interessado.
(C) residência contínua no país pelo prazo de cinco anos; ler e escrever em português; e bom procedimento.
(D) residência contínua no país pelo prazo de cinco anos; exercício de profissão; e bom procedimento.
(E) residência contínua no país pelo prazo de cinco anos; posse de bens suficientes próprios e da família; e ausência de condenação penal.

A naturalização ordinária vem prevista no art. 12, II, "a", da CF e foi regulamentada pelo art. 112 da Lei 6.815/1980. Já a naturalização extraordinária é descrita no art. 12, II, "b", da CF, que exige apenas residência fixa no país há mais de quinze anos, ausência de condenação penal e requerimento do interessado.

Gabarito "B".

(Analista – TRT/2ª – 2008 – FCC) A capacidade eleitoral passiva é concernente ao direito político classificado por

(A) participação partidária.
(B) alistabilidade.
(C) elegibilidade.
(D) plebiscito.
(E) referendo.

A capacidade eleitoral ativa é o direito de votar e se dá com o alistamento eleitoral. A capacidade eleitoral passiva corresponde ao direito de ser eleito (de se eleger). Plebiscito e referendo são instrumentos de democracia direta.

Gabarito "C"

(Analista – TRT/7ª – 2009 – FCC) No tocante aos Direitos Políticos, considere as assertivas abaixo.

I. Não podem alistar-se como eleitores os estrangeiros e, durante o período do serviço militar obrigatório, os conscritos.

II. É condição de elegibilidade, na forma da lei, a idade mínima de trinta anos para Governador e Vice-Governador de Estado e do Distrito Federal.

III. O militar alistável é elegível. Se contar menos de dez anos de serviço, será agregado pela autoridade superior e, se eleito, passará automaticamente, no ato da diplomação, para a inatividade.

IV. A ação de impugnação de mandato tramitará independentemente de segredo de justiça, respondendo o autor, na forma da lei, se temerária ou de manifesta má-fé.

É correto o que se afirma APENAS em

(A) I e II.
(B) I e III.
(C) II e III.
(D) III e IV.
(E) II e IV.

I: correta. Art. 14, § 2º, da CF; **II:** correta. Art. 14, § 3º, VI, "b", da CF; **III:** incorreta, pois não reflete o disposto no art. 14, § 8º, I e II, da CF; **IV:** incorreta, pois não reflete o disposto no art. 14, § 11, da CF.

Gabarito "A"

(Analista – TRT/13ª – 2005 – FCC) Consideram-se brasileiros natos os nascidos no

(A) estrangeiro, de pai e de mãe estrangeiros, desde que venham a trabalhar e residir no Brasil e optem, até no máximo 30 dias após o reingresso, pela nacionalidade brasileira.
(B) Brasil, ainda que de pais estrangeiros, estando ou não a serviço de seu país.
(C) estrangeiro, de pai brasileiro ou mãe brasileira, desde que qualquer deles esteja a serviço do Brasil.
(D) estrangeiro, de pais de qualquer nacionalidade, que sejam registrados em embaixada brasileira, no máximo após 30 dias de seu nascimento.
(E) Brasil, de pais estrangeiros, desde que oriundos de países de língua latina ou lusitana e estejam a serviço de seu país.

A, D e **E:** incorretas. O art. 12, I, da CF não contempla essas regras; **B:** incorreta, pois não reflete o disposto no art. 12, I, "a", da CF; **C:** correta. Art. 12, I, "b", da CF.

Gabarito "C"

(Analista – TRT/13ª – 2005 – FCC) Analise as assertivas abaixo:

I. O plebiscito é uma consulta que se faz aos cidadãos no gozo de seus direitos políticos sobre determinado ato governamental para posteriormente ratificá-lo, ou no sentido de conceder-lhe eficácia, ou, ainda, para retirar-lhe a eficácia.

II. A idade mínima para concorrer ao cargo de Deputado Estadual é de dezoito anos de idade.

III. A perda ou suspensão de direitos políticos se dará, dentre outros casos, com o cancelamento da naturalização por sentença transitada em julgado.

IV. Eleito o militar alistável e elegível, com mais de dez anos de serviço, passará automaticamente, no ato da diplomação, para a inatividade.

Estão corretas SOMENTE

(A) I e II.
(B) I e III.
(C) II e III.
(D) II e IV.
(E) III e IV.

I: incorreta. O plebiscito é consulta popular *prévia* à adoção do ato governamental; **II:** incorreta, pois não reflete o disposto no art. 14, § 3º, VI, "c", da CF; **III:** correta. Art. 15, I, da CF; **IV:** correta. Art. 14, § 8º, II, da CF.

Gabarito "E"

(Analista – TRT/16ª – 2009 – FCC) No próximo ano haverá eleição para os cargos de Presidente da República, Vice-Presidente da República, Senador, Deputado Federal, Governador de Estado, Vice-Governador de Estado e Deputado Estadual. Assim, Ahmed Abdel (brasileiro naturalizado, com 37 anos de idade); Yokama Yoshi (brasileiro naturalizado, com 30 anos de idade) e Tício Brutus (brasileiro nato, com 29 anos de idade) poderão além de outros cargos candidatar-se, respectivamente, a

(A) Deputado Federal; Vice-Governador de Estado e Presidente da República.
(B) Governador de Estado; Senador e Governador do Distrito Federal.
(C) Presidente da República; Vice-Presidente da República e Vice-Governador.
(D) Vice-Presidente da República; Senador e Governador.
(E) Senador; Governador de Estado e Deputado Federal.

A questão se resolve pela aplicação conjunta dos arts. 12, § 3º, e 14, § 3º, VI, "a" a "d", da CF. Ahmed Abdel pode candidatar-se a Deputado Federal, a Governador de Estado e a Senador, já que possui 37 anos e esses cargos não são privativos de brasileiro nato. Não poderia candidatar-se a Presidente e a Vice-Presidente da República, por ser naturalizado; Yokama Yoshi não pode concorrer aos cargos de Presidente e Vice-Presidente da República, por ser brasileiro naturalizado, nem a Senador, por não ter 35 anos. Pode concorrer a Governador e a Vice-Governador de Estado, por ter a idade mínima e não serem cargos privativos de brasileiro nato; Tício Brutos, apesar de brasileiro nato, não pode concorrer à Presidência da República por não ter a idade mínima. Pelo mesmo motivo não pode ser Governador do Distrito Federal, Governador de Estado e Vice-Governador, cargos que exigem idade mínima de 30 anos. Só pode concorrer a Deputado Federal, por ter mais de 21 anos.

Gabarito "E"

(Analista – TRT/18ª – 2008 – FCC) No que diz respeito à nacionalidade, é correto afirmar que são considerados brasileiros naturalizados os

(A) estrangeiros de qualquer nacionalidade, residentes na República Federativa do Brasil há cinco anos ininterruptos e sem condenação penal, desde que requeiram a nacionalidade brasileira.
(B) nascidos na República Federativa do Brasil, ainda que de pais estrangeiros, desde que estes não estejam a serviço de seu país.
(C) nascidos no estrangeiro, de pai brasileiro ou mãe brasileira, desde que qualquer deles esteja a serviço da República Federativa do Brasil.
(D) que, na forma da lei, adquiram a nacionalidade brasileira, exigidas aos originários de países de língua portuguesa apenas residência por um ano ininterrupto e idoneidade moral.
(E) nascidos no estrangeiro de pai brasileiro ou de mãe brasileira, desde que sejam registrados em repartição brasileira competente ou venham a residir na República Federativa do Brasil e optem, em qualquer tempo, antes de atingida a maioridade, pela nacionalidade brasileira.

A: incorreta, pois não reflete o disposto no art. 12, II, "b", da CF; **B:** incorreta. Será brasileiro nato, segundo o art. 12, I, "a", da CF; **C:** incorreta. Será brasileiro nato, segundo o art. 12, I, "b", da CF; **D:** correta. Art. 12, II, "a", da CF; **E:** incorreta. Será brasileiro nato se, cumpridas as demais exigências, optar pela nacionalidade brasileira *após* a maioridade (art. 12, I, "c", da CF).

Gabarito "D"

(Analista – TRT/20ª – 2006 – FCC) Dentre outros, NÃO é privativo de brasileiro nato o cargo de

(A) Ministro do Supremo Tribunal Federal.
(B) Presidente da Câmara dos Deputados.
(C) Oficial das Forças Armadas.
(D) Ministro da Justiça.
(E) Presidente do Senado Federal.

Art. 12, § 3º, da CF, que não inclui o cargo de Ministro da Justiça, mencionando os demais.

Gabarito "D"

(Analista – TRT/20ª – 2006 – FCC) Considere as assertivas abaixo:

I. O alistamento eleitoral e o voto são facultativos para os analfabetos, os maiores de 65 anos e os maiores de 16 e menores de 18 anos de idade.

II. O sufrágio é um direito público subjetivo de natureza política, que tem o cidadão de eleger, ser eleito e de participar da organização e da atividade do poder estatal.

III. São direitos políticos, além de outros, a alistabilidade, a iniciativa popular de lei, a ação popular e a organização e participação de partidos políticos.

IV. Podem alistar-se como eleitores, dentre outros, os conscritos, durante o período do serviço militar obrigatório.

V. São inelegíveis, no território de jurisdição do titular, o cônjuge, viúvo ou viúva e os parentes consanguíneos, até o terceiro grau ou por adoção, dos detentores de cargos no executivo ou de quem os haja substituído dentro dos seis meses anteriores ao pleito.

Está correto APENAS o que se afirma em:

(A) I, II e V.
(B) I, III e IV.
(C) II e III.
(D) II, IV e V.
(E) III e IV.

I: incorreta. Para os analfabetos e maiores de 16 e menores de 18 anos sim, mas para os maiores de 65 anos não (art. 14, § 1º, II, "b", da CF, que faz referência aos maiores de setenta anos); **II:** correta, podendo ser universal ou restrito; **III:** correta. A alistabilidade é condição para o exercício do direito de votar; a iniciativa popular está expressa no art. 14, III, da CF; a ação popular só pode ser proposta pelo cidadão, podendo ser autor popular todo aquele que estiver no pleno gozo dos direitos políticos, ou seja, aquele que tem título de eleitor válido (art. 1º, § 3º, da Lei 4.717/1965); a filiação partidária é condição de elegibilidade (art. 14, § 3º, V, da CF); **IV:** incorreta, pois viola o art. 14, § 2º, da CF; **V:** incorreta, pois no reflete o disposto no art. 14, § 7º, da CF.

Gabarito "C"

(Analista – TRT/23ª – 2007 – FCC) O pluralismo político é um dos

(A) princípios da administração pública direta e indireta.
(B) objetivos fundamentais da República Federativa do Brasil.
(C) fundamentos da República Federativa do Brasil.
(D) princípios norteadores da República Federativa do Brasil nas suas relações internacionais.
(E) direitos sociais assegurados pela Constituição Federal do Brasil.

A: incorreta. Os princípios da Administração Pública estão listados, exemplificativamente, no art. 37, *caput*, da CF; **B:** incorreta. Os objetivos da República Brasileira vêm arrolados no art. 3º da CF; **C:** correta. Art. 1º, V, da CF; **D:** incorreta, pois não se encontra dentre os princípios previstos no art. 4º da CF; **V:** incorreta, pois não contemplado no art. 6º da CF.

Gabarito "C"

(Analista – TRT/24ª – 2006 – FCC) É cargo privativo de brasileiro nato:

(A) Ministro do Tribunal Superior do Trabalho.
(B) Ministro do Superior Tribunal de Justiça.
(C) Procurador Geral da República.
(D) Ministro de Estado da Defesa.
(E) Governador de Estado, Território e do Distrito Federal.

Por força do art. 12, § 3º, VII, da CF. Os demais cargos não são privativos de brasileiro nato, conforme se lê no mesmo dispositivo.

Gabarito "D"

(Analista – TRT/24ª – 2006 – FCC) Considere as seguintes assertivas sobre os direitos políticos:

I. O alistamento eleitoral e o voto são facultativos para os analfabetos, maiores de sessenta anos e maiores de dezesseis anos e menores de dezoito anos.

II. É condição de elegibilidade, dentre outras, para ocupar o cargo de Prefeito Municipal, a idade mínima de vinte e um anos.

III. Para concorrer a outro cargo o Governador do Estado deverá renunciar a seu mandato até seis meses antes do pleito eleitoral.

IV. Os direitos políticos de um indivíduo poderão ser cassados em caso de incapacidade civil absoluta.

Está correto o que se afirma APENAS em

(A) I, II e III.
(B) I, II e IV.
(C) II e III.
(D) II e IV.
(E) II, III e IV.

I: incorreta. Para os analfabetos e maiores de 16 e menores de 18 anos sim, mas para os maiores de 60 anos não (o art. 14, § 1º, II, "b", da CF, faz referência aos maiores de setenta anos); **II:** correta. Art. 14, § 3º, VI, "c", da CF; **III:** correta. Art. 14, § 6º, da CF; **IV:** incorreta, pois a hipótese não é de cassação de direitos políticos, mas de perda (art. 15, II, da CF).

Gabarito "C"

(Analista – TRT/18ª – 2008 – FCC) No que concerne aos Direitos Políticos, é correto afirmar que o alistamento eleitoral é facultativo para os:

(A) analfabetos.
(B) maiores de quinze anos.
(C) maiores de sessenta e cinco anos.
(D) conscritos, durante o período do serviço militar obrigatório.
(E) maiores de sessenta anos.

A: correta. De fato o voto é facultativo para os analfabetos (que têm capacidade eleitoral ativa – direto de votar facultativo – mas não têm capacidade eleitoral passiva – direito de ser votado). Nesse sentido o art. 14, § 1º, II, "a" da CF. Da mesma forma, o voto também é facultativo para os maiores de setenta anos e para os maiores de dezesseis e menores de dezoito anos.

Gabarito "A"

(Analista – TRT/15ª – 2009 – FCC) Helmult Kholl, nascido em Berlim, adquiriu a nacionalidade brasileira após a promulgação da Constituição Federal de 1988. Nessa qualidade, poderá ele exercer, dentre outros, o cargo de:

(A) Vice-Presidente da República.
(B) Oficial das Forças Armadas.
(C) Ministro Chefe da Casa Civil
(D) Ministro do Supremo Tribunal Federal.
(E) Presidente da Câmara dos Deputados.

Como Helmult Kholl é brasileiro naturalizado, não poderá exercer alguns cargos privativos de brasileiro nato. Os cargos privativos de brasileiro nato são: de Presidente e Vice-Presidente da República; de Presidente da Câmara dos Deputados; de Presidente do Senado Federal; de Ministro do Supremo Tribunal Federal; da carreira diplomática; de oficial das Forças Armadas; de Ministro de Estado da Defesa (art. 12, § 3º da CF). Assim, somente poderá exercer o cargo de Ministro Chefe da Casa Civil, pois este não é cargo privativo de brasileiro nato.

Gabarito "C"

(Analista – TRT/19ª – 2008 – FCC) Para concorrerem a outros cargos, o Presidente da República, os Governadores de Estado e do Distrito Federal e os Prefeitos devem renunciar aos respectivos mandatos até

(A) oito meses antes do pleito.
(B) quatro meses antes do pleito.
(C) dois meses antes do pleito.
(D) seis meses antes do pleito.
(E) três meses antes do pleito.

De fato para concorrerem a outros cargos, o Presidente da República, os Governadores de Estado e do Distrito Federal e os Prefeitos devem renunciar aos respectivos mandatos até seis meses antes do pleito (art. 14, § 6º da CF).

Gabarito "D"

3. ORGANIZAÇÃO DO ESTADO

(Analista – TRT/3ª – 2015 – FCC) O Governador de determinado Estado da Federação encaminhou à Assembleia Legislativa projeto de Lei disciplinando procedimentos em matéria processual, bem como regulamentando a atuação da Defensoria Pública do Estado em juízo em defesa de pessoas com menos recursos financeiros. A matéria versada na proposta

(A) insere-se na competência legislativa concorrente entre União e Estados, podendo ser objeto de projeto de lei de iniciativa legislativa do Governador, respeitadas as normas gerais editadas pela União.

(B) relativamente à atuação da Defensoria Pública Estadual em juízo insere-se na competência legislativa reservada aos Estados, visto que não cabe à União, nem aos Municípios tratarem do assunto, mas os procedimentos em matéria processual devem ser disciplinados nos regimentos internos dos Tribunais e não em lei.

(C) relativamente à atuação da Defensoria Pública Estadual em juízo insere-se na competência legislativa reservada aos Estados, mas a disciplina de procedimentos em matéria processual insere-se na competência legislativa privativa da União, podendo ser objeto de Lei Estadual apenas se houver delegação de competência por meio de Lei Complementar.

(D) relativamente à atuação da Defensoria Pública Estadual em juízo insere-se na competência legislativa reservada aos Estados, mas a disciplina de procedimentos em matéria processual insere-se na competência legislativa concorrente entre União e Estados, devendo, portanto, esse aspecto da proposta observar as normas gerais editadas pela União.

(E) insere-se na competência legislativa reservada aos Estados, visto que não cabe à União, nem aos Municípios tratarem do assunto, podendo ser objeto de projeto de lei de iniciativa legislativa do Governador.

A: correta. De acordo com o art. 24, XI e XIII, da CF, compete à União, aos Estados e ao Distrito Federal, dentre outros assuntos, legislar **concorrentemente** sobre procedimentos em matéria processual (XI) e Defensoria Pública (XIII). O § 1º do mesmo dispositivo ensina que no tocante à legislação concorrente, a competência da União limitar-se-á a estabelecer **normas gerais**; **B:** incorreta. Como mencionado, a competência para legislar sobre a atuação da Defensoria Pública também é concorrente (art. 24, XIII, da CF); **C**, **D** e **E:** incorretas. Ambos os assuntos são da competência concorrente (art. 24, XI e XIII, da CF).

Gabarito "A".

(Analista – TRT/2ª – 2014 – FCC) Considere as seguintes afirmativas:

I. É inconstitucional lei estadual que institui dever a supermercados e estabelecimentos assemelhados de expor, num mesmo local ou gôndola, os produtos alimentícios especialmente elaborados sem o uso de glúten como medida protetiva aos portadores de doença celíaca, pois trata-se de matéria sujeita à competência privativa dos Municípios para legislar sobre assuntos de interesse local.

II. A autonomia política dos Estados-membros alcança a competência legislativa privativa para conferir ao Defensor Público-Geral do Estado estatura administrativa de Secretário de Estado, submetendo sua nomeação à livre escolha do Governador.

III. A autonomia política dos Estados-membros não alcança a competência legislativa para instituir comissão estadual voltada a autorizar, monitorar e fiscalizar a pesquisa, e demais atividades relacionadas ao setor nuclear, de modo a assegurar que suas aplicações garantam a saúde, o bem-estar e a segurança da população, bem como, a preservação do meio ambiente.

Está correto o que consta APENAS em

(A) III.
(B) I e III.
(C) I.
(D) II.
(E) II e III.

I: incorreto. A lei é constitucional, pois a competência para legislar sobre tais assuntos é **concorrente**. De acordo com o art. 24 da CF, compete à União, aos Estados e ao Distrito Federal legislar concorrentemente sobre a **responsabilidade por dano ao consumidor** (inciso VIII) a **defesa da saúde** (inciso XII). De acordo com o STF (ADI nº 2.730): "... A natureza das disposições concernentes a incentivos fiscais e determinação para que os supermercados e hipermercados concentrem em um mesmo local ou gôndola todos os produtos alimentícios elaborados sem a utilização de glúten não interferem na função administrativa do Poder Executivo local. Além disso "... A forma de apresentação dos produtos elaborados sem a utilização de glúten está relacionada com a competência concorrente do Estado para legislar sobre consumo, proteção e defesa da saúde. Art. 24, inc. V e XII, da Constituição da República"; **II:** incorreta. Conforme determina o STF (ADI nº 2.903): "A mera equiparação de altos servidores públicos estaduais, como o Defensor Público-Geral do Estado, a Secretário de Estado, com equivalência de tratamento, só se compreende pelo fato de tais agentes públicos, destinatários de referida equiparação, **não ostentarem, eles próprios, a condição jurídico-administrativa de Secretário de Estado.** – Consequente inocorrência do alegado cerceamento do poder de livre escolha, pelo governador do Estado, dos seus secretários estaduais, eis que o Defensor Público-Geral local – por constituir cargo privativo de membro da carreira – não é, efetivamente, não obstante essa equivalência funcional, Secretário de Estado"; **III:** correta. Determina o art. 21, XXIII, da CF que **compete à União explorar os serviços e instalações nucleares de qualquer natureza e exercer monopólio estatal sobre a pesquisa, a lavra, o enriquecimento e reprocessamento, a industrialização e o comércio de minérios nucleares e seus derivados**, atendidos os seguintes princípios e condições: a) toda atividade nuclear em território nacional somente será admitida para fins pacíficos e mediante aprovação do Congresso Nacional, b) sob regime de permissão, são autorizadas a comercialização e a utilização de radioisótopos para a pesquisa e usos médicos, agrícolas e industriais, c) sob regime de permissão, são autorizadas a produção, comercialização e utilização de radioisótopos de meia-vida igual ou inferior a duas horas, d) a responsabilidade civil por danos nucleares independe da existência de culpa;

Gabarito "A".

(Analista – TRT/6ª – 2012 – FCC) Em decisão recente, o Supremo Tribunal Federal considerou que o Estatuto de Defesa do Torcedor (Lei nº 10.671/2003) cuida de matéria que se insere dentre as competências concorrentes, na medida em que compete à União, aos Estados e ao Distrito Federal legislar concorrentemente sobre educação, cultura, ensino e desporto. Nesse sentido, no âmbito da competência concorrente, o Estatuto de Defesa do Torcedor estabelece normas

(A) suplementares.
(B) remanescentes.
(C) interventivas.
(D) gerais.
(E) complementares.

De fato, o STF, no julgamento da ADI 2.937/DF, Plenário, j. 23.02.2012, rel. Min. Cezar Peluso, *DJe* 29.05.2012, analisou diversos dispositivos do Estatuto do Torcedor que estavam sendo impugnados, sob o fundamento de que haveria incompetência legislativa da União, ofensa à autonomia das entidades desportivas e lesão a direitos e garantias individuais. Na decisão, verificou-se a não ocorrência de tais inconstitucionalidades, pois as normas teriam *caráter geral* e, portanto, imporiam limitações válidas à autonomia relativa das entidades de desporto, sem lesionar direitos e garantias individuais.

Gabarito "D".

(Analista – TRT/10ª – 2013 – CESPE) Com referência à organização político-administrativa brasileira, julgue os próximos itens.

(1) Os estados possuem competência legislativa suplementar em matéria de direito do trabalho, observadas as normas gerais estabelecidas pela União.

(2) Por ser competência administrativa comum a todos os entes federados, pode o município de Ouro Preto organizar, manter e executar a inspeção do trabalho.

1: incorreta. A competência para legislar sobre Direito do Trabalho é privativa da União (art. 22, I, da CF); **2:** incorreta. A competência para manter e executar a inspeção do trabalho é exclusiva da União, portanto indelegável (art. 21, XXIV, da CF).

Gabarito 1E, 2E

(Analista – TRT/10ª – 2013 – CESPE) No que concerne ao regime constitucional da administração pública, julgue os itens seguintes.

(1) O ressarcimento ao erário e a suspensão dos direitos políticos são penas aplicáveis aos servidores públicos que cometerem atos de improbidade administrativa.

(2) A CF autoriza a acumulação remunerada de dois cargos de técnico-administrativo, desde que haja compatibilidade de horários e seja observado o teto constitucional da remuneração do serviço público.

1: correta. De acordo com o art. 37, § 4º, da CF, os atos de improbidade administrativa importarão a *suspensão dos direitos políticos*, a perda da função pública, a indisponibilidade dos bens e o *ressarcimento ao erário*, na forma e gradação previstas em lei, sem prejuízo da ação penal cabível; **2:** incorreta. Conforme dispõe o art. 37, XVI, da CF, é proibida a acumulação remunerada de cargos públicos, exceto, quando houver compatibilidade de horários, observado em qualquer caso o teto remuneratório: a) a de dois cargos de professor, b) a de *um cargo de professor com outro técnico ou científico*, c) a de dois cargos ou empregos privativos de profissionais de saúde, com profissões regulamentadas.

Gabarito 1C, 2E

(Analista – TRT/11ª – 2012 – FCC) A Constituição Federal estabelece determinadas atividades que constituem monopólio da União. Sobre o tema, cumpre assinalar que, em regra, a União poderá contratar com empresas estatais ou privadas a realização de algumas dessas atividades, observadas as condições estabelecidas em lei, EXCETO:

(A) refinação do petróleo nacional ou estrangeiro.
(B) pesquisa, a lavra e o enriquecimento de minérios e minerais nucleares.
(C) importação e exportação dos produtos e derivados básicos resultantes das atividades da refinação do petróleo nacional ou estrangeiro.
(D) pesquisa e a lavra das jazidas de petróleo e gás natural e outros hidrocarbonetos fluidos.
(E) o transporte marítimo do petróleo bruto de origem nacional ou de derivados básicos de petróleo produzidos no país.

A: incorreta. De acordo com o art. 177, § 1º, da CF/1988, desde que observadas as condições legais, a União poderá contratar com empresas estatais ou privadas a realização de refinação do petróleo nacional e estrangeiro; **B:** correta. De fato, a pesquisa, a lavra e o enriquecimento de minérios não integram a lista de atividades prevista no § 1º do art. 177, da CF/1988, norma que autoriza a União a contratar com empresas estatais ou privadas a realização de determinadas atividades;**C:** incorreta. A importação e a exportação dos produtos e derivados básicos resultantes das atividades da refinação do petróleo nacional ou estrangeiro são atividades que podem ser realizadas por empresas estatais ou privadas, pois autorizado pelo o § 1º do art. 177 da CF/1988; **D:** incorreta, pois a pesquisa e a lavra das jazidas de petróleo e gás natural e outros hidrocarbonetos fluidos também são atividades que podem ser realizadas por empresas estatais ou privadas; **E:** incorreta. O transporte marítimo do petróleo bruto de origem nacional ou de derivados básicos de petróleo produzidos no País, bem assim o transporte por meio de conduto, de petróleo bruto, seus derivados e gás natural de qualquer origem também podem ser realizados por empresas estatais ou privadas. Vale lembrar que as condições legais devem ser observadas em todas as atividades.

Gabarito "B"

(Analista – TRT/11ª – 2012 – FCC) Ferdinando, dono de embarcação, tem por hábito navegar em lagos, estando submetido à legislação do regime de navegação lacustre que é de competência

(A) privativa dos Estados.
(B) privativa da União.
(C) concorrente dos Municípios e dos Estados, apenas.
(D) privativa dos Municípios.
(E) concorrente dos Municípios, dos Estados e da União.

De acordo com o art. 22, X, da CF/1988, a legislação sobre regime de portos, *navegação lacustre*, fluvial, marítima, aérea e aeroespacial, é da *competência privativa da União*.

Gabarito "B"

(Analista – TST – 2008 – CESPE) Acerca do Direito Constitucional, julgue o item a seguir.

(1) Considere que uma emenda à Constituição Federal (CF) revogue o dispositivo que atribui à União competência privativa para legislar sobre direito do trabalho. Nessa situação, a competência para legislar sobre essa matéria passaria a ser estadual.

1: correta, por força do art. 25, § 1º, da CF.

Gabarito 1C

(Analista – TST – 2008 – CESPE) Considere que, recentemente, tenha sido aprovada emenda à Constituição de Sergipe, inserindo dispositivo que estabelece a impenhorabilidade de imóveis residenciais que sirvam como residência ao proprietário do bem. Sabendo disso, um deputado federal de Alagoas ingressou com ação direta de inconstitucionalidade (ADI) perante o STF, argumentando que a referida emenda viola a Constituição Federal, na medida em que é de competência privativa da União a legislação acerca de direito civil e de processo civil. Essa ação, contudo, foi extinta, sem julgamento de mérito, em função da ilegitimidade ativa da parte autora. Acerca dessa situação hipotética, julgue o próximo item.

(1) O estado de Sergipe tem competência para legislar sobre a referida matéria, pois se trata de regulamentação do direito social de moradia, que é previsto na própria Constituição Federal.

1: incorreta, pois viola a competência legislativa privativa da União em matéria de direito civil e processual civil (art. 22, I, da CF).

Gabarito 1E

(Analista – TRT/6ª – 2012 – FCC) Determina a Constituição que *Leis complementares fixarão normas para a cooperação entre a União e os Estados, o Distrito Federal e os Municípios, tendo em vista o equilíbrio do desenvolvimento e do bem-estar em âmbito nacional.* Esta regra constitucional aplica-se no caso de competência"

(A) comum.
(B) reservada.
(C) suplementar.
(D) concorrente.
(E) remanescente.

A: correta. De acordo com o art. 23, parágrafo único, da CF, tal regra tem aplicação no caso de competência comum; **B:** incorreta. A competência reservada ou remanescente é dada aos Estados (art. 25, § 1º, da CF). Desse modo, aquilo que não for da competência da União (art. 22 da CF) e assunto de interesse local dos Municípios (art. 30, I, da CF) é da competência dos Estados; **C:** incorreta. É da competência dos Estados, Distrito Federal e Municípios suplementarem, com normas específicas, os dispositivos de caráter geral criados pela União. Tal regra será utilizada quando estivermos diante de assuntos que são de competência concorrente dos entes federativos (art. 24 da CF); **D:** incorreta. Como mencionado, é possível que a União, os Estados, o Distrito Federal e os Municípios legislem, de forma concorrente, sobre os temas inseridos no art. 24 da CF. Nessas hipóteses a União legisla normas gerais e os demais entes normas específicas para atender as suas peculiaridades; **E:** incorreta. Por fim, a remanescente, como já mencionado, é dada aos Estados.

Gabarito "A"

(Analista – TRT/11ª – 2012 – FCC) Sara, Professora titular de cargo efetivo no Estado de São Paulo, completou simultaneamente cinquenta e um anos de idade, e vinte e três anos de serviço público dedicado às funções de Magistério no ensino médio e fundamental. Permanecendo no cargo, Sara poderá requerer a aposentadoria com proventos integrais quando completar

(A) cinquenta e dois anos de idade.
(B) cinquenta e três anos de idade.
(C) cinquenta e oito anos de idade.
(D) cinquenta e nove anos de idade.
(E) sessenta anos de idade.

Os requisitos constitucionais para a aposentadoria voluntária da mulher, titular de cargo efetivo da União, dos Estados, do Distrito Federal ou dos Municípios, com proventos integrais, são: a) dez anos, no mínimo, de efetivo exercício no serviço público, b) cinco anos no cargo efetivo em que se dará a aposentadoria e c) cinquenta e cinco anos de idade e trinta de contribuição. Ocorre que tais requisitos são reduzidos em cinco anos para o professor que comprove exclusivamente tempo de efetivo exercício da função de magistério na educação infantil e no ensino fundamental e médio. Desse modo, Sara poderá requerer a aposentadoria com proventos integrais quando completar cinquenta e três anos de idade. O fundamento está no art. 40, § 1º, III, "a", e no § 5º, da CF.

Gabarito "B"

(Analista – TRT/23ª – 2011 – FCC) Segundo a Constituição Federal, legislar sobre a proteção e a integração social das pessoas portadoras de deficiência é de competência

(A) privativa dos Estados.
(B) privativa da União.
(C) concorrente da União, dos Estados e do Distrito Federal.
(D) concorrente da União, dos Estados, do Distrito Federal e dos Municípios.
(E) concorrente da União, dos Estados e dos Municípios.

Dispõe o art. 24, XIV, da CF que compete à União, aos Estados e ao Distrito Federal legislar concorrentemente sobre a proteção e a integração social das pessoas portadoras de deficiência (art. 24, XIV, da CF).

Gabarito "C"

(Analista – TRT/14ª – 2011 – FCC) Sobre a competência da União, dos Estados e do Distrito Federal de legislar concorrentemente, é correto que

(A) a superveniência de Lei Federal sobre normas gerais não suspende a eficácia da Lei Estadual, mesmo no que lhe for contrário.
(B) os três poderão legislar concorrentemente sobre trânsito e transporte.
(C) a competência da União para legislar sobre normas gerais exclui a competência suplementar dos Estados.
(D) a competência da União limitar-se-á a estabelecer normas gerais.
(E) os Estados, existindo Lei Federal sobre normas gerais, exercerão a competência legislativa plena, para atender a suas peculiaridades.

A: incorreta. A superveniência de lei federal sobre normas gerais suspende a eficácia da lei estadual, no que lhe for contrário (art. 24, § 4º, da CF); **B:** incorreta. Trânsito e transporte são matérias de competência privativa da União (art. 22, XI, da CF); **C:** incorreta. A competência da União para legislar sobre normas gerais não exclui a competência suplementar dos Estados (art. 24, § 2º, da CF); **D:** correta (art. 24, § 1º, da CF); **E:** incorreta. Determina a Constituição que inexistindo lei federal sobre normas gerais, os Estados exercerão a competência legislativa plena, para atender a suas peculiaridades (art. 24, § 3º, da CF).

Gabarito "D"

(TRT/14ª – 2011 – FCC) Sobre a competência dos Municípios, é correto afirmar que poderão

(A) manter programas de educação infantil, sendo vedada a cooperação técnica e financeira da União.
(B) promover, no que couber, adequado ordenamento territorial, dispensável prévio planejamento e controle do uso, do parcelamento e da ocupação de solo urbano.
(C) organizar distritos, observada a legislação estadual, sendo que a criação e supressão de distritos deve ser realizada por Lei Federal.
(D) instituir e arrecadar os tributos de sua competência, bem como aplicar suas rendas, sem prejuízo da obrigatoriedade de prestar contas e publicar balancetes nos prazos fixados em lei.
(E) prestar diretamente, sendo vedado o regime de concessão ou permissão, o serviço público de transporte coletivo, pois tem caráter essencial.

A: incorreta. O art. 30, VI, da CF, determina que é da competência municipal a manutenção de programas de educação infantil e de ensino fundamental, mas que isso é feito com a cooperação técnica e financeira da União e do Estado; **B:** incorreta. O planejamento e o controle do uso, do parcelamento e da ocupação do solo urbano não são dispensáveis (art. 30, VIII, da CF); **C:** incorreta. Há exigência apenas de lei estadual para tanto (art. 30, IV, da CF); **D:** correta (art. 30, III, da CF); **E:** incorreta. É admitido o regime de concessão e permissão na organização e prestação dos serviços públicos de interesse local, incluído o de transporte coletivo, que tem caráter essencial.

Gabarito "D"

(Técnico – TRT/22ª – 2010 – FCC) Nos termos da Constituição Federal,

(A) os Territórios Federais integram a União, e sua criação, transformação em Estado ou reintegração ao Estado de origem serão reguladas em lei complementar.
(B) os Estados não podem incorporar-se entre si, subdividir-se ou desmembrar-se para se anexarem a outros.
(C) a criação, a incorporação, a fusão e o desmembramento de Municípios, em outros Municípios ou Estado far-se-ão por lei federal, dentro do período determinado pelo Chefe do Executivo Estadual.
(D) à União não é vedado, recusar fé a documentos públicos, bem como estabelecer diferença entre brasileiros.
(E) compete aos Municípios, dentre outras, organizar, manter e executar a inspeção do trabalho.

A: correta (art. 18, § 2º, da CF); **B:** incorreta. A incorporação, a subdivisão e o desmembramento de Estados são admitidos pela Constituição (art. 18, § 3º, da CF); **C:** incorreta. O período é determinado por lei complementar federal e não pelo Chefe do Poder Executivo Estadual (art. 18, § 4º, da CF); **D:** incorreta. Ao contrário, é vedado aos entes federativos (União, Estados, Distrito Federal e Municípios), recusar fé a documentos públicos, bem como estabelecer diferença entre brasileiros (art. 19, II e III, da CF); **E:** incorreta. Compete à União e não aos Municípios, manter e executar a inspeção do trabalho (art. 21, XXIV, da CF).

Gabarito "A"

(Técnico – TRT/8ª – 2010 – FCC) Compete à União, aos Estados e ao Distrito Federal legislar concorrentemente sobre

(A) propaganda comercial.
(B) comércio interestadual.
(C) trânsito.
(D) transporte.
(E) procedimentos em matéria processual.

O art. 24 da CF enumera os temas que são da competência legislativa concorrente da União, dos Estados e do Distrito Federal. Dentre os assuntos listados, o único que encontra fundamento nesse dispositivo é o relativo aos procedimentos em matéria processual (art. 24, XI, da CF).

Gabarito "E"

(Técnico – TRT/8ª – 2010 – FCC) Com relação à Organização Político Administrativa,

(A) o desmembramento de Município far-se-á por lei municipal, dentro do período determinado por Lei Complementar Federal, e dependerá de consulta prévia, mediante plebiscito, às populações dos Municípios envolvidos, sem necessidade de divulgação prévia dos Estudos de Viabilidade Municipal na imprensa oficial.
(B) a fusão de Municípios far-se-á por lei municipal, dentro do período determinado por Lei Ordinária Federal, e dependerá de consulta prévia, mediante plebiscito, às populações dos Municípios envolvidos, após divulgação dos Estudos de Viabilidade Municipal, apresentados e publicados na forma da lei.
(C) os Estados podem desmembrar-se para se anexarem a outros Estados, mediante aprovação da população diretamente interessada, através de plebiscito, e do Congresso Nacional, por lei complementar.
(D) os Estados podem incorporar-se entre si para formarem novos Estados, mediante emenda constitucional, dependente de plebiscito nacional e da aprovação do Senado Federal.
(E) os Estados podem incorporar-se entre si para formarem novos Estados, mediante emenda constitucional, dependente de plebiscito nacional e da aprovação da Câmara dos Deputados.

A e **B:** incorretas. As regras sobre criação e extinção de Municípios, estão previstas no § 4º do art. 18 da CF. Conforme tal dispositivo, a criação, a incorporação, a fusão e o desmembramento de Municípios, far-se-ão por lei estadual, dentro do período determinado por Lei Complementar Federal, e dependerão de consulta prévia, mediante plebiscito, às populações dos Municípios envolvidos, após divulgação dos Estudos de Viabilidade Municipal, apresentados e publicados na forma da lei. **C:** correta. É exatamente o que dispõe o art. 18, § 3º, da CF. **D** e **E:** incorretas. A incorporação de Estados não exige emenda constitucional e sim lei complementar.

Gabarito "C"

(Analista – TRT/22ª – 2010 – FCC) Rosa, servidora pública, titular de cargo efetivo da União pretende se aposentar. Ela conta com sessenta e dois anos de idade, vinte anos de efetivo exercício no serviço público, seis anos no cargo efetivo em que se dará a aposentadoria, tendo contribuído para o regime da previdência por vinte e sete anos. Nesse caso, Rosa

(A) já cumpre os requisitos para a aposentadoria compulsória e receberá proventos proporcionais ao tempo de exercício efetivo no cargo.
(B) poderá se aposentar voluntariamente com proventos integrais, pois contribuiu por mais de vinte e cinco anos para a previdência.
(C) não poderá se aposentar voluntariamente, uma vez que não conta com a idade mínima de sessenta e cinco anos, nem com mais de trinta e cinco anos de contribuição para a previdência.
(D) não poderá se aposentar voluntariamente, uma vez que não possui mais de quinze anos de efetivo exercício no cargo onde se dará a aposentadoria.
(E) poderá se aposentar voluntariamente com proventos proporcionais ao tempo de contribuição.

Art. 40, § 1º, III, "b", da CF.

Gabarito "E"

(Analista – TRT/21ª – 2010 – CESPE) Em relação à organização político-administrativa do Estado federal brasileiro, julgue os itens a seguir.

(1) Os municípios devem, obrigatoriamente, constituir guardas municipais destinadas à preservação da ordem pública e à proteção de seus bens, serviços e instalações.
(2) No plano de suas atribuições administrativas e legislativas, os estados federados exercem competências remanescentes, razão pela qual estão inseridos na competência reservada dos estados-membros as atribuições que não constarem do rol de competências da União e dos municípios e que não pertencerem à competência comum a todos os entes federativos.

1: incorreta, pois o art. 144, § 8º, da CF prevê uma faculdade, não uma obrigação; **2:** correta. Pela teoria dos poderes remanescentes a competência legislativa e administrativa remanescente é dos Estados (art. 25, § 1º, da CF).

Gabarito 1E, 2C

(Analista – TRT/3ª – 2005 – FCC) Visando ao reequilíbrio das relações federativas, mediante o fortalecimento da esfera estadual, a Constituição Federal adotou um sistema de repartição de competências que

(A) determinou a aplicação do princípio da subsidiariedade no domínio da legislação concorrente, legislando a União apenas se a regulamentação de um assunto por lei de um dos Estados prejudicar interesses dos demais.
(B) ensejou aos Estados o exercício de competências legislativas privativas da União, sempre que a inexistência de lei federal impossibilite o exercício de competências materiais estaduais.
(C) deferiu aos Estados, no âmbito da legislação concorrente, a elaboração de normas gerais, desde que haja delegação expressa da União.
(D) conferiu aos Estados, no âmbito da legislação concorrente, competência legislativa plena na hipótese de inexistência de normas gerais da União.
(E) estabeleceu, no âmbito das competências materiais comuns, que a coordenação e a cooperação entre todas as entidades federadas far-se-ão sob a égide da legislação estadual.

Art. 24, §§ 1º a 4º, da CF.
Gabarito "D"

(Analista – TRT/4ª – 2006 – FCC) Cabe ao Congresso Nacional, com a sanção do Presidente da República, dispor sobre todas as matérias de competência da União, salvo

(A) telecomunicações e radiodifusão.
(B) fixação e modificação do efetivo das Forças Armadas.
(C) estabelecer limites globais e condições para o montante da dívida mobiliária dos Estados, do Distrito Federal e dos Municípios.
(D) moeda, seus limites de emissão e montante da dívida mobiliária federal.
(E) sistema tributário, arrecadação e distribuição de rendas.

A, B, D e **E**: incorretas. Art. 48, I, III, XII, XIV; **C**: correta. Art. 52, IX, da CF (competência do Senado Federal).
Gabarito "C"

(Analista – TRT/7ª – 2009 – FCC) Com relação à Organização Político-Administrativa, é correto afirmar que:

(A) em regra é permitido à União criar distinções entre brasileiros durante o processo de incorporação de Estados para a formação de novos Estados.
(B) os Estados não podem desmembrar-se para se anexarem a outros ou formarem novos Estados, salvo se houver previsão em Lei Estadual que deverá ser aprovada concomitantemente pelas Assembleias Legislativas dos Estados diretamente interessados.
(C) a criação, a incorporação, a fusão e o desmembramento de Municípios far-se-ão por Lei Federal, dentro do período determinado por Lei Municipal e dependerão de consulta prévia, mediante plebiscito, às populações dos Municípios envolvidos.
(D) em regra os Estados podem subdividir-se para se anexarem a outros Estados, mediante aprovação da população diretamente interessada, através de referendo e das Assembleias Legislativas dos Estados, por Leis Estaduais.
(E) os Estados podem incorporar-se entre si, subdividir-se ou desmembrar-se para se anexarem a outros, ou formarem novos Estados, mediante aprovação da população diretamente interessada, através de plebiscito, e do Congresso Nacional, por lei complementar.

A: incorreta, pois viola o art. 19, III, da CF; **B** e **D**: incorretas, pois não refletem o disposto no art. 18, § 3º, da CF; **C**: incorreta, pois não reflete o disposto no art. 18, § 4º, da CF; **E**: correta. Art. 18, § 3º, da CF.
Gabarito "E"

(Analista – TRT/11ª – 2005 – FCC) À União, aos Estados e ao Distrito Federal compete legislar concorrentemente, dentre outras matérias, sobre direito tributário e financeiro. Sobre isso, é correto afirmar que

(A) a superveniência de lei federal sobre normas gerais revoga a lei estadual, no que lhe for contrário.
(B) a competência da União para legislar sobre normas gerais não exclui a competência suplementar dos Estados.
(C) inexistindo lei federal sobre normas gerais, os Estados deverão aguardar a edição destas para, posteriormente, legislarem supletivamente.
(D) somente lei complementar poderá autorizar os Estados a legislarem supletivamente diante da inércia da União em editar normas gerais.
(E) a edição de normas gerais pela União exclui a competência suplementar dos Estados e do Distrito Federal.

Art. 24, §§ 1º ao 4º, da CF.
Gabarito "B"

(Analista – TRT/13ª – 2005 – FCC) Compete, privativamente, à União legislar sobre

(A) responsabilidade por dano ao meio ambiente, ao consumidor, a bens e direitos de valor artístico, estético, histórico, turístico e paisagístico.
(B) direito penitenciário, econômico, urbanístico, comercial e tributário.
(C) condições para o exercício das profissões.
(D) proteção à infância e à juventude.
(E) educação, cultura, ensino, desporto, previdência social e defesa da saúde.

A: incorreta. Art. 24, VIII, da CF (competência legislativa concorrente); **B**: incorreta. Art. 24, I, da CF (competência legislativa concorrente); **C**: correta. Art. 22, XVI, da CF; **D**: incorreta. Art. 24, XV, da CF (competência legislativa concorrente); **E**: incorreta. Art. 24, IX, da CF (competência legislativa concorrente).
Gabarito "C"

(Analista – TRT/18ª – 2008 – FCC) Quanto à organização político-administrativa, considere:

I. O princípio da indissolubilidade tem por finalidades básicas a unidade nacional e a necessidade descentralizadora.
II. Os Estados podem incorporar-se entre si, subdividir-se ou desmembrar-se para se anexarem a outros, ou formarem novos Estados, mediante aprovação da população diretamente interessada, através de plebiscito, e do Congresso Nacional, por lei complementar.
III. A criação, a incorporação, a fusão e o desmembramento de Municípios far-se-ão por lei federal, dentro do período determinado por Lei Complementar Federal, e não dependerão de consulta prévia, mediante plebiscito, às populações dos Municípios envolvidos, após divulgação dos Estudos de Viabilidade Municipal, apresentados e publicados na forma da lei.
IV. É lícito à União, aos Estados, ao Distrito Federal e aos Municípios estabelecer cultos religiosos ou igrejas, subvencioná-los, embaraçar-lhes o funcionamento ou manter com eles ou seus representantes relações de dependência ou aliança.

Está correto o que consta APENAS em

(A) I, III e IV.
(B) II e IV.
(C) I e III.
(D) II e III.
(E) I e II.

I: correta. A Constituição Federal afasta expressamente o direito de secessão (o art. 1º da CF fala em "união indissolúvel" e prevê a forma federativa como cláusula pétrea (art. 60, § 4º, I); **II**: correta. Art. 18, § 3º, da CF; **III**: incorreta, pois não reflete o disposto no art. 18, § 4º, da CF; **IV**: incorreta, pois não reflete o disposto no art. 19, I, da CF.
Gabarito "E"

(Analista – TRT/20ª – 2006 – FCC) Além de outras, compete administrativamente e de forma exclusiva à União

(A) organizar, manter e executar a inspeção do trabalho.
(B) proporcionar os meios de acesso à cultura, à educação e à ciência.
(C) proteger o meio ambiente e combater a poluição em qualquer de suas formas.
(D) combater as causas da pobreza e os fatores de marginalização, promovendo a integração social dos setores desfavorecidos.
(E) registrar, acompanhar e fiscalizar as concessões de direitos de pesquisa e exploração de recursos hídricos e minerais em seus territórios.

A: correta. Art. 21, XXIV, da CF; **B:** incorreta. Art. 23, V, da CF (competência comum); **C:** incorreta. Art. 23, VI, da CF (competência comum); **D:** incorreta. Art. 23, X, da CF (competência comum); **E:** incorreta. Art. 23, XI, da CF (competência comum).

Gabarito "A"

(Analista – TRT/23ª – 2007 – FCC) Lei que disponha sobre normas gerais para a organização do Ministério Público dos Estados, do Distrito Federal e dos Territórios é de competência

(A) dos Estados e do Distrito Federal, com iniciativa do Governador ou de qualquer membro da comissão do Legislativo estadual ou distrital.

(B) da União, com iniciativa do Procurador-Geral da República.

(C) dos Estados e do Distrito Federal, com iniciativa exclusiva dos respectivos Procuradores-Gerais de Justiça.

(D) da União, com iniciativa privativa do Presidente da República.

(E) dos Estados e do Distrito Federal, com iniciativa privativa do Governador.

Art. 22, XVII, e art. 61, § 1º, "d", ambos da CF.

Gabarito "D"

(Analista – TRT/9ª – 2007 – CESPE) Julgue os itens que se seguem, quanto à organização político-administrativa da República Federativa do Brasil.

(1) Compete aos municípios promover, no que couber, o adequado ordenamento territorial, mediante planejamento e controle do uso, do parcelamento e da ocupação do solo urbano.

(2) Compete aos estados explorar diretamente, ou mediante concessão, os serviços locais de gás canalizado, na forma da lei, vedada a edição de medida provisória para a sua regulamentação.

1: correta. Art. 30, VIII, da CF; **2:** correta. Art. 25, § 2º, da CF.

Gabarito 1C, 2C

(Analista – TRT/12ª – 2007) O Estado não intervirá em seus Municípios, nem a União nos Municípios localizados em Território Federal, **exceto** quando:

(A) deixar de ser paga, sem motivo de força maior, por dois anos consecutivos, a dívida fundada.

(B) for imperativo para manter a integridade nacional.

(C) for imprescindível para repelir invasão estrangeira.

(D) for necessário pôr termo a grave comprometimento da ordem pública.

(E) for necessário garantir o livre exercício de qualquer dos Poderes nas unidades da Federação.

A: correta. De fato o Estado não intervirá em seus Municípios, nem a União nos Municípios localizados em Território Federal, exceto quando deixar de ser paga, sem motivo de força maior, por dois anos consecutivos, a dívida fundada (art. 35, I da CF); **B:** incorreta (art. 34, I da CF). Esta assertiva traz situação de decretação de intervenção federal; **C:** incorreta (art. 34, II da CF). Esta assertiva traz situação de decretação de intervenção federal; **D:** incorreta (art. 34, III da CF). Esta assertiva traz situação de decretação de intervenção federal; **E:** incorreta (art. 34, IV da CF). Esta assertiva traz situação de decretação de intervenção federal.

Gabarito "A"

3.1. Administração Pública e Servidores Públicos

(Analista – TRT/3ª – 2015 – FCC) Considere as seguintes afirmações sobre os direitos assegurados aos servidores públicos e empregados:

I. É vedada a dispensa do empregado sindicalizado a partir do registro da candidatura a cargo de direção ou representação sindical e, se eleito, ainda que suplente, até um ano após o final do mandato, salvo se cometer falta grave nos termos da lei.

II. É garantida a utilização do salário mínimo como indexador de base de cálculo de vantagem de servidor público ou de empregado, desde que determinada por lei.

III. O teto remuneratório previsto na Constituição Federal para os servidores titulares de cargos públicos não se aplica aos empregados públicos, ainda que contratados por empresas públicas ou sociedades de economia mista que recebam recursos da União, dos Estados, do Distrito Federal ou dos Municípios para pagamento de despesas de pessoal ou de custeio em geral.

IV. Em que pese a Constituição Federal assegurar aos servidores públicos o direito de greve, o exercício regular desse direito depende da edição de lei federal tratando da matéria, não podendo ser garantido por decisão proferida pelo Supremo Tribunal Federal em mandado de injunção.

Está correto o que consta APENAS em

(A) II e III.

(B) I e III.

(C) II e IV.

(D) I.

(E) IV.

I: correto. De acordo com o art. 8º, VIII, da CF, é proibida a dispensa do empregado sindicalizado a partir do registro da candidatura a cargo de direção ou representação sindical e, se eleito, ainda que suplente, até um ano após o final do mandato, salvo se cometer falta grave nos termos da lei; II; incorreta. Conforme determina o Art. 7º, IV, da CF, é considerado direito dos trabalhadores urbanos e rurais, além de outros que visem à melhoria de sua condição social, o salário mínimo, fixado em lei, nacionalmente unificado, capaz de atender a suas necessidades vitais básicas e às de sua família com moradia, alimentação, educação, saúde, lazer, vestuário, higiene, transporte e previdência social, com reajustes periódicos que lhe preservem o poder aquisitivo, **sendo vedada sua vinculação para qualquer fim**; III: incorreta. De acordo com o art. 97, XI, da VF, **a remuneração e o subsídio** dos ocupantes de cargos, funções e empregos públicos da administração direta, autárquica e fundacional, dos membros de qualquer dos Poderes da União, dos Estados, do Distrito Federal e dos Municípios, dos detentores de mandato eletivo e dos demais agentes políticos e os proventos, pensões ou outra espécie remuneratória, percebidos cumulativamente ou não, incluídas as vantagens pessoais ou de qualquer outra natureza, **não poderão exceder** o subsídio mensal, em espécie, dos Ministros do Supremo Tribunal Federal, aplicando-se como limite, nos Municípios, o subsídio do Prefeito, e nos Estados e no Distrito Federal, o subsídio mensal do Governador no âmbito do Poder Executivo, o subsídio dos Deputados Estaduais e Distritais no âmbito do Poder Legislativo e o subsidio dos Desembargadores do Tribunal de Justiça, limitado a noventa inteiros e vinte e cinco centésimos por cento do subsídio mensal, em espécie, dos Ministros do Supremo Tribunal Federal, no âmbito do Poder Judiciário, aplicável este limite aos membros do Ministério Público, aos Procuradores e aos Defensores Públicos. O § 9º do mesmo disposto informa que tal regra **aplica-se às empresas públicas e às sociedades de economia mista, e suas subsidiárias, que receberem recursos da União**, dos Estados, do Distrito Federal ou dos Municípios para pagamento de despesas de pessoal ou de custeio em geral; IV: incorreto. Ao contrário do mencionado, o STF, após decisão dada em sede de mandado de injunção (Mandados de Injunção 670, 708 e 712), reconheceu que os servidores públicos podem fazer greve, sem que haja a edição de lei específica, se valendo, por analogia, da lei de greve da iniciativa privada (Lei n. 7.783/1989).

Gabarito "D"

(Analista – TRT/24ª – 2011 – FCC) No que diz respeito à Administração Pública,

(A) os acréscimos pecuniários percebidos por servidor público serão computados e acumulados para fins de concessão de acréscimos ulteriores.

(B) é vedada a vinculação ou equiparação de quaisquer espécies remuneratórias para o efeito de remuneração de pessoal do serviço público.

(C) a administração fazendária e seus servidores fiscais não terão, ainda que dentro de suas áreas de competência e jurisdição, precedência sobre os demais setores administrativos.

(D) somente por lei específica poderá ser criada autarquia e autorizada a instituição de fundação, cabendo à lei ordinária, neste último caso, definir as áreas de sua atuação.

(E) independe de autorização legislativa, em cada caso, a criação de subsidiárias de sociedade de economia mista, assim como a participação delas em empresa privada.

A: incorreta. Segundo a Constituição Federal, os acréscimos pecuniários percebidos por servidor público não serão computados nem acumulados para fins de concessão de acréscimos ulteriores (art. 37, XIV, da CF); **B:** correta (art. 37, XIII, da CD); **C:** incorreta. A administração fazendária e seus servidores fiscais terão, dentro de suas áreas de competência e jurisdição, precedência sobre os demais setores administrativos, na forma da lei (art. 37, XVIII, da CF); **D:** incorreta. Somente por lei específica poderá ser criada autarquia e autorizada a instituição de empresa pública, de sociedade de economia mista e de fundação, cabendo à lei complementar, neste último caso, definir as áreas de sua atuação (art. 37, XIX, da CF); **E:** incorreta. Ao contrário, a criação de subsidiárias depende de autorização legislativa (art. 37, XX, da CF).

Gabarito "B"

(Analista – TRT/23ª – 2011 – FCC) Sobre a Administração Pública, em conformidade com o disposto na Constituição Federal, é INCORRETO afirmar que

(A) durante o prazo prorrogável previsto no edital de convocação, aquele aprovado em concurso público de provas ou de provas e títulos será convocado com prioridade sobre novos concursados para assumir cargo ou emprego, na carreira.
(B) as funções de confiança, exercidas exclusivamente por servidores ocupantes de cargo efetivo, e os cargos em comissão, a serem preenchidos por servidores de carreira nos casos, condições e percentuais mínimos previstos em lei, destinam-se apenas às atribuições de direção, chefia e assessoramento.
(C) é vedada a vinculação ou equiparação de quaisquer espécies remuneratórias para o efeito de remuneração de pessoal do serviço público.
(D) somente por lei específica poderá ser criada autarquia e autorizada a instituição de empresa pública, de sociedade de economia mista e de fundação, cabendo à lei complementar, neste último caso, definir as áreas de sua atuação.
(E) depende de autorização legislativa, em cada caso, a criação de subsidiárias das sociedades de economia mista.

A: incorreta, devendo ser assinalada. A Constituição Federal determina que a convocação ocorra durante o prazo improrrogável (art. 37, IV, da CF); **B:** correta (art. 37, V, da CF); **C:** correta (art. 37, XIII, da CF); **D:** correta (art. 37, XIX, da CF); **E:** correta (art. 37, XX, da CF).
Gabarito "A"

(Analista – TRT/14ª – 2011 – FCC) Os agentes administrativos submetidos ao regime estatutário, ou sejam, os servidores públicos; os agentes políticos, a exemplo dos chefes dos Executivos; e os empregados públicos como os presidentes de empresas públicas, estão sujeitos ao sistema remuneratório consistente, técnica e respectivamente, na categoria de

(A) vencimentos, subsídio e salário.
(B) vencimentos, vantagens pecuniárias e subsídio.
(C) vantagens pecuniárias, salário e subsídio.
(D) vantagens pecuniárias, vencimentos e salário.
(E) subsídio, vencimentos e salário.

Segundo o Prof. Wander Garcia, em sua obra *Super-Revisão Concursos Jurídicos*, 2ª Edição, Editora FOCO, p. 712, *os vencimentos (remuneração/estipêndio) são devidos à grande massa de servidores, corresponde ao padrão fixado em lei, mais vantagens pessoais*. Os agentes administrativos submetidos ao regime estatutário, ou sejam, os servidores públicos, são pagos por esse sistema remuneratório. De outro lado, *os agentes políticos são remunerados por subsídio, espécie remuneratória fixada em parcela única*, conforme o art. 39, § 4º, da CF. Por fim, *os empregados públicos da Administração Direta e Indireta são regidos pela CLT e recebem salário*.
Gabarito "A"

(Analista – TRT/14ª – 2011 – FCC) A administração pública direta e indireta de qualquer dos Poderes da União, dos Estados, do Distrito Federal e dos Municípios obedecerá aos princípios de legalidade, impessoalidade, moralidade, publicidade e eficiência, sendo que

(A) a autonomia gerencial, orçamentária e financeira dos órgãos e entidades da administração direta e indireta não poderá ser ampliada mediante contrato, a ser firmado entre seus administradores e o poder público, que tenha por objeto a fixação de metas de desempenho para o órgão ou entidade.
(B) a publicidade dos atos, programas, obras, serviços e campanhas dos órgãos públicos deverá ter caráter prioritário com o fim de marcar os benefícios da administração pública em prol da democracia, dela podendo constar imagens que caracterizem promoção pessoal de servidores públicos que desempenharam sua função com zelo e dedicação para lhe dar o devido reconhecimento popular.
(C) somente por lei específica poderá ser criada autarquia e autorizada a instituição de empresa pública, de sociedade de economia mista e de fundação, cabendo à lei complementar, neste último caso, definir as áreas de sua atuação.
(D) independe de autorização legislativa, em cada caso, a criação de subsidiárias de empresa pública, assim como a participação de qualquer delas em empresa privada, sendo necessária aprovação do Poder Executivo.
(E) as obras, serviços, compras e alienações, ressalvados os casos especificados na legislação, serão contratados mediante processo de licitação pública que assegure igualdade de condições a todos os concorrentes, com cláusulas que estabeleçam obrigações de pagamento, não sendo mantidas, no entanto, as condições efetivas da proposta.

A: incorreta. Ao contrário, o art. 37, § 8º, da CF autoriza a ampliação dessa autonomia mediante contrato que tenha por objeto a fixação de metas de desempenho para o órgão ou entidade; **B:** incorreta. O art. 37, § 1º, da CF determina que a publicidade dos atos, programas, obras, serviços e campanhas dos órgãos públicos tenha caráter educativo, informativo ou de orientação social, dela não podendo constar nomes, símbolos ou imagens que caracterizem promoção pessoal de autoridades ou servidores públicos; **C:** correta. É o que determina o art. 37, XIX, da CF; **D:** incorreta. O art. 37, XX, da CF dispõe que a criação de subsidiárias de empresa pública e a participação de qualquer delas em empresa privada, dependem de autorização legislativa; **E:** incorreta. Dispõe o art. 37, XXI, da CF que ressalvados os casos especificados na legislação, as obras, serviços, compras e alienações serão contratados mediante processo de licitação pública que assegure igualdade de condições a todos os concorrentes, com cláusulas que estabeleçam obrigações de pagamento, mantidas as condições efetivas da proposta, nos termos da lei, o qual somente permitirá as exigências de qualificação técnica e econômica indispensáveis à garantia do cumprimento das obrigações.
Gabarito "C"

(Analista – TRT/20ª – 2011 – FCC) No tocante à Administração Pública, as administrações tributárias da União, dos Estados, do Distrito Federal e dos Municípios, atividades essenciais ao funcionamento do Estado, exercidas por servidores de carreiras específicas, terão recursos prioritários para a realização de suas atividades e atuarão de forma integrada, inclusive com o compartilhamento de cadastros e de informações fiscais, na forma da lei ou convênio, e

(A) a publicidade dos atos, programas, obras, serviços e campanhas dos órgãos públicos deverá ter caráter educativo, informativo ou de orientação social, dela não podendo constar nomes, símbolos ou imagens que caracterizem promoção pessoal de autoridades ou servidores públicos.
(B) a lei disciplinará as formas de participação do usuário na administração pública direta e indireta, regulando especialmente as reclamações relativas à prestação dos serviços públicos em geral, não asseguradas a manutenção de serviços de atendimento ao usuário e a avaliação periódica, externa e interna, da qualidade dos serviços.
(C) a lei disciplinará as formas de participação do usuário na administração pública direta, regulando genericamente a disciplina da representação contra o exercício negligente ou abusivo de cargo, emprego ou função na administração pública.
(D) os atos de improbidade administrativa importarão a suspensão dos direitos políticos, a perda da função pública, a indisponibilidade dos bens e o ressarcimento ao erário, na forma e gradação previstas em lei, não sendo cabível ação penal.
(E) as pessoas jurídicas de direito público e as de direito privado prestadoras de serviços públicos não responderão pelos danos que seus agentes, nessa qualidade, causarem a terceiros, pois cabe ao próprio agressor o dever de indenizar.

A: correta (art. 37, § 1º, da CF); **B:** incorreta. A lei disciplinará as formas de participação do usuário na administração pública direta e indireta, regulando especialmente as reclamações relativas à prestação dos serviços públicos em geral, asseguradas a manutenção de serviços de atendimento ao usuário e a avaliação periódica, externa e interna, da qualidade dos serviços (art. 37, § 3º, I, da CF); **C:** incorreta. A forma de regulamentação é específica e não genérica (art. 37, § 3º, III, da CF); **D:** incorreta. A parte final da alternativa está errada, pois é possível o ajuizamento da ação penal (art. 37, § 4º, da CF); **E:** incorreta. Ao contrário, as pessoas jurídicas de direito público e as de direito privado prestadoras de serviços públicos responderão pelos danos que seus agentes, nessa qualidade, causarem a terceiros, assegurado o direito de regresso contra o responsável nos casos de dolo ou culpa (art. 37, § 6º, da CF).
Gabarito "A"

(Analista – TRT/14ª – 2011 – FCC) O conteúdo do princípio constitucional da legalidade,

(A) impede a realização de atos administrativos decorrentes do exercício do poder discricionário, por ser este o poder que a lei admite ultrapassar os seus parâmetros para atender satisfatoriamente o interesse público.

(B) traça os limites da atuação da Administração Pública quando pratica atos discricionários externos, mas deixa ao administrador público ampla liberdade de atuação para os atos vinculados internos.
(C) não exclui a possibilidade de atividade discricionária pela Administração Pública, desde que observados os limites da lei, quando esta deixa alguma margem para a Administração agir conforme os critérios de conveniência e oportunidade.
(D) impede o exercício do poder discricionário pela Administração, haja vista que esse princípio está voltado para a prática dos atos administrativos vinculados, punitivos e regulamentares.
(E) autoriza o exercício do poder discricionário pelo administrador público, com ampla liberdade de escolha quanto ao destinatário do ato, independentemente de previsão normativa.

Os atos administrativos podem ser classificados, quanto à liberdade de atuação do agente, em atos vinculados e discricionários. O princípio da legalidade, previsto no *caput* do art. 37 da CF, deve ser aplicado nas duas modalidades de ato. O primeiro, *ato vinculado*, segundo o Prof. Wander Garcia, em sua obra "Super-Revisão Concursos Jurídicos", 2ª Edição, Editora FOCO, p. 683, *é aquele em que a lei tipifica objetiva e claramente a situação em que o agente deve agir e o único comportamento que poderá tomar*. De outro lado, *o ato discricionário é aquele em que a lei confere margem de liberdade para a avaliação da situação em que o agente deve agir ou para escolha do melhor comportamento a ser tomado*. Partindo desses conceitos, é possível afirmar que o conteúdo do princípio constitucional da legalidade não exclui a possibilidade de atividade discricionária pela Administração Pública, mas a submete a parâmetros traçados pela lei.

Gabarito "C"

(Técnico – TRT/22ª – 2010 – FCC) No tocante aos servidores públicos, é correto afirmar que

(A) a Lei da União, dos Estados, do Distrito Federal e dos Municípios disciplinará a aplicação de recursos orçamentários provenientes da economia com despesas correntes em cada órgão, autarquia e fundação, para aplicação no desenvolvimento de programas de qualidade e produtividade, treinamento e desenvolvimento, modernização, reaparelhamento e racionalização do serviço público, excluído sob a forma de adicional ou prêmio de produtividade.
(B) a União, os Estados e o Distrito Federal manterão escolas de governo para a formação e o aperfeiçoamento dos servidores públicos, constituindo-se a participação nos cursos um dos requisitos para a promoção na carreira, sendo obrigatória, para isso, a celebração de convênios ou contratos entre os entes federados, que deverão promovê-los anualmente.
(C) o membro de Poder, o detentor de mandato eletivo, os Ministros de Estado e os Secretários Estaduais e Municipais serão remunerados exclusivamente por subsídio em quatro parcelas, trimestrais, vedado o acréscimo de qualquer gratificação, adicional, abono, prêmio, verba de representação ou outra espécie remuneratória.
(D) a fixação dos padrões de vencimento e dos demais componentes do sistema remuneratório observará a natureza, o grau de responsabilidade e a complexidade dos cargos componentes de cada carreira; os requisitos para a investidura; e as peculiaridades dos cargos.
(E) os titulares de cargos efetivos da União, dos Estados, do Distrito Federal e dos Municípios, excluídas suas autarquias e fundações, é assegurado regime de previdência de caráter contributivo e solidário, mediante contribuição do respectivo ente público, dos servidores ativos e inativos e dos pensionistas, observados critérios que preservem o equilíbrio financeiro e atuarial.

A: incorreta. A parte final da alternativa está errada, pois o art. 39, § 7º, da CF determina que esses recursos sirvam para aplicação no desenvolvimento de programas de qualidade e produtividade, treinamento e desenvolvimento, modernização, reaparelhamento e racionalização do serviço público, inclusive sob a forma de adicional ou prêmio de produtividade; **B:** incorreta. A celebração de convênios ou contratos entre os entes federados é feita de forma facultativa (art. 39, § 2º, da CF); **C:** incorreta. O subsídio é fixado em parcela única (art. 39, § 4º, da CF); **D:** correta (art. 39, § 1º, da CF); **E:** incorreta. São incluídas as autarquias e fundações art. 40, *caput*, da CF).

Gabarito "D"

(Analista – TRT/2ª – 2008 – FCC) Quanto à administração pública, o atributo do ato administrativo que garante seu integral cumprimento, a terceiros, independentemente de sua concordância, inclusive, se necessário for, com exigibilidade coercitiva, é o denominado de

(A) tipicidade.
(B) presunção de veracidade.
(C) autoexecutoriedade.
(D) imperatividade.
(E) presunção de legitimidade.

A: incorreta. A tipicidade impõe que o ato administrativo deve corresponder a alguma das formas previstas em lei; **B:** incorreta. A presunção de veracidade diz respeito à noção de que, até prova em contrário, os atos administrativos foram editados em conformidade com o mundo dos fatos; **C:** incorreta. A autoexecutoriedade garante que a própria Administração possa compelir o administrado a cumprir seus atos, sem necessidade de recorrer ao Poder Judiciário; **D:** correta. Imperatividade ou coercibilidade é o atributo segundo o qual o conteúdo dos atos administrativos se impõe a terceiros, independentemente de sua concordância ou vontade; **E:** incorreta. A presunção de legitimidade decorre do próprio princípio da legalidade, de modo que, até prova em contrário, os atos administrativos se presumem conforme o direito.

Gabarito "D"

(Analista – TRT/13ª – 2005 – FCC) Em relação à administração pública de qualquer dos Poderes da União, dos Estados, do Distrito Federal e dos Municípios, dispõe a Constituição Federal que

(A) ao servidor público, no exercício de mandato eletivo, que esteja afastado, seu tempo de serviço será contado para todos os efeitos legais, inclusive para promoção por merecimento, desde que no último ano de exercício do mandato, vedada a promoção por antiguidade.
(B) os acréscimos pecuniários percebidos por servidor público serão computados ou acumulados para fim de concessão de acréscimos ulteriores, na base da média dos últimos 12 meses de vencimentos.
(C) será permitida, havendo compatibilidade de horários, a acumulação remunerada de três cargos de professor com outros, de caráter técnico ou científico.
(D) a proibição de acumulação de cargos públicos estende-se a empregos e funções, não abrangendo autarquias, fundações e empresas públicas, que possuem regime próprio permissivo definido por lei.
(E) é vedada a vinculação ou equiparação de quaisquer espécies remuneratórias para o efeito de remuneração de pessoal do serviço público.

A: incorreta, pois não reflete o disposto no art. 38, IV, da CF; **B:** incorreta, pois não reflete o disposto no art. 37, XIV, da CF; **C:** incorreta, pois não reflete o disposto no art. 37, XVI, "b", da CF; **D:** incorreta, pois não reflete o disposto no art. 37, XVII, da CF; **E:** correta. Art. 37, XIII, da CF.

Gabarito "E"

(Analista – TRT/15ª – 2009 – FCC) Lívia, 61 anos de idade, é servidora pública civil da União. Assim, poderá ela se aposentar voluntariamente com proventos proporcionais ao tempo de contribuição, desde que cumprido tempo mínimo de

(A) cinco anos de efetivo exercício no serviço público e dez no cargo efetivo em que se dará a aposentadoria.
(B) oito anos no cargo público efetivo em que se dará a aposentadoria.
(C) dez anos de efetivo exercício no serviço público e cinco anos no cargo efetivo em que se dará a aposentadoria.
(D) quinze anos de efetivo exercício no serviço público.
(E) doze anos contados da posse no cargo público inicial e seis no cargo efetivo em que se dará a aposentadoria, alternada ou ininterruptamente.

Art. 40, § 1º, III, "b", da CF.

Gabarito "C"

(Analista – TRT/23ª – 2007 – FCC) Considere as assertivas a respeito da equiparação salarial.

I. O quadro de carreira das entidades de direito público da administração direta aprovado por ato administrativo da autoridade competente só é válido quando homologado pelo Ministério do Trabalho.

II. Para efeito de equiparação de salários em caso de trabalho igual, conta-se o tempo de serviço na função e não no emprego.
III. A equiparação salarial só é possível se o empregado e o paradigma exercerem a mesma função, desempenhando as mesmas tarefas, não importando se os cargos têm, ou não, a mesma denominação.
IV. Para efeitos de equiparação, em qualquer hipótese, é imprescindível que, ao tempo da reclamação sobre equiparação salarial, reclamante e paradigma estejam a serviço do estabelecimento.

Está correto o que se afirma APENAS em

(A) I, II e III.
(B) I e IV.
(C) II e III.
(D) II, III e IV.
(E) II e IV.

I: incorreta. Enunciado 6 do TST, item **I:** "Para os fins previstos no § 2º do art. 461 da CLT, só é válido o quadro de pessoal organizado em carreira quando homologado pelo Ministério do Trabalho, excluindo-se, apenas, dessa exigência o quadro de carreira das entidades de direito público da administração direta, autárquica e fundacional aprovado por ato administrativo da autoridade competente"; **II:** correta. Súmula 202 do STF: "Na equiparação de salário, em caso de trabalho igual, toma-se em conta o tempo de serviço na função, e não no emprego" e Enunciado 6 do TST, item **II:** "Para efeito de equiparação de salários em caso de trabalho igual, conta-se o tempo de serviço na função e não no emprego"; **III:** correta. Enunciado 6 do TST, item **III:** "A equiparação salarial só é possível se o empregado e o paradigma exercerem a mesma função, desempenhando as mesmas tarefas, não importando se os cargos têm, ou não, a mesma denominação"; **IV:** incorreta. Enunciado 6 do TST. "É desnecessário que, ao tempo da reclamação sobre equiparação salarial, reclamante e paradigma estejam a serviço do estabelecimento, desde que o pedido se relacione com situação pretérita".

Gabarito "C"

(Analista – TRT/24ª – 2006 – FCC) No que concerne aos Servidores Públicos da Administração Pública direta e indireta de qualquer dos Poderes da União, Estados, do Distrito Federal e dos Municípios, é INCORRETO afirmar:

(A) Os Poderes Executivo, Legislativo e Judiciário publicarão anualmente os valores do subsídio e da remuneração dos cargos e empregos públicos.
(B) Ao servidor ocupante, exclusivamente, de cargo em comissão declarado em lei de livre nomeação e exoneração, bem como de outro cargo temporário ou de emprego público, aplica-se o regime de previdência dos servidores públicos.
(C) Os servidores públicos poderão se aposentar voluntariamente, desde que cumprido tempo mínimo de dez anos no serviço público e cinco anos no cargo efetivo em que se dará a aposentadoria, observadas as demais condições.
(D) A Constituição Federal exige para a aposentadoria voluntária com proventos integrais, cumulativamente, idade mínima de 60 anos para homem e 55 para mulher, além de 35 e 30 anos de contribuição, respectivamente.
(E) Ressalvadas as aposentadorias decorrentes dos cargos acumuláveis, na forma da Constituição Federal de 1988, é vedada a percepção de mais de uma aposentadoria à conta do Regime de Previdência dos servidores públicos.

A: correta. Art. 39, § 6º, da CF; **B:** incorreta, devendo ser assinalada. O art. 40, § 13, da CF estabelece que o agente será vinculado ao RGPS; **C:** correta. Art. 40, § 1º, III, da CF; **D:** correta. Art. 40, § 1º, III, "a", da CF; **E:** correta. Art. 40, § 6º, da CF.

Gabarito "B"

(Analista – TRT/18ª – 2008 – FCC) Com relação à Administração Pública, considere:

I. Os vencimentos dos cargos do Poder Legislativo e do Poder Judiciário não poderão ser superiores aos pagos pelo Poder Executivo.
II. É permitida a vinculação ou equiparação de quaisquer espécies remuneratórias para o efeito de remuneração de pessoal do serviço público.
III. Os acréscimos pecuniários percebidos por servidor público serão computados e acumulados para fins de concessão de acréscimos ulteriores.
IV. Somente por lei específica poderá ser criada autarquia e autorizada a instituição de empresa pública, de sociedade de economia mista e de fundação, cabendo à lei complementar, neste último caso, definir as áreas de sua atuação.

Está correto o que consta APENAS em

(A) I e III
(B) I e IV
(C) II e III
(D) II e IV.
(E) III e IV

I: correta (art. 37, XII da CF). **II:** incorreta "é permitida a vinculação" (o art. 37, XIII da CF veda esta vinculação ou equiparação). **III:** incorreta "serão computados". Em verdade, os acréscimos pecuniários percebidos por servidor público não serão computados nem acumulados para fins de concessão de acréscimos ulteriores (art. 37, XIV da CF). **IV:** correta (art. 37, XIX da CF).

Gabarito "B"

(Analista – TRT/19ª – 2008 – FCC) No que se refere ao servidor público da administração direta, no exercício de mandato eletivo,

(A) tratando-se de mandato eletivo federal ficará afastado de seu cargo, emprego ou função.
(B) investido no mandato de Prefeito, será afastado de seu cargo, emprego ou função, e receberá a remuneração correspondente ao cargo eletivo.
(C) investido no mandato de Vereador, mesmo havendo compatibilidade de horários, ficará afastado de seu cargo sendo-lhe facultado optar pela sua remuneração.
(D) em qualquer caso que exija o afastamento para o exercício de mandato eletivo, seu tempo de serviço será contado para todos os efeitos legais, inclusive para promoção por merecimento.
(E) para efeito de benefício previdenciário, no caso de afastamento, os valores não serão determinados como se no exercício estivesse.

A: correta (art. 38, I da CF); **B:** incorreta, pois, nos termos do art. 38, II da CF, o servidor público da Administração direta, autárquica e fundacional, no exercício de mandato eletivo, investido no mandato de Prefeito, será afastado do cargo, emprego ou função, *sendo-lhe facultado optar pela sua remuneração*; **C:** incorreta, pois, se houver compatibilidade de horário, poderá acumular os cargos, percebendo as vantagens de seu cargo sem prejuízo do recebimento da remuneração do cargo eletivo (art. 38, III da CF); **D:** incorreta, pois o art. 38, IV da CF excetua para a promoção por merecimento. Ao servidor público da Administração direta, autárquica e fundacional, no exercício de mandato eletivo, em qualquer caso que exija o afastamento para o exercício de mandato eletivo, seu tempo de serviço será contado para todos os efeitos legais, exceto para promoção por merecimento; **E:** incorreta, pois ao servidor público da administração direta, autárquica e fundacional, no exercício de mandato eletivo, para efeito de benefício previdenciário, no caso de afastamento, os valores *serão determinados* como se no exercício estivesse (art. 38, V da CF).

Gabarito "A"

(Analista – TRT/7ª – 2009 – FCC) A administração pública direta e indireta de qualquer dos Poderes da União, dos Estados, do Distrito Federal e dos Municípios obedecerá aos princípios de legalidade, impessoalidade, moralidade, publicidade e eficiência e, também,

(A) os acréscimos pecuniários percebidos por servidor público serão computados e acumulados para fins de concessão de acréscimos ulteriores.
(B) é vedada a vinculação ou equiparação de quaisquer espécies remuneratórias para o efeito de remuneração de pessoal do serviço público.
(C) a administração fazendária e seus servidores fiscais não terão, dentro de suas áreas de competência e jurisdição, precedência sobre os demais setores administrativos, na forma da lei.
(D) a autarquia será criada por lei complementar, cabendo à lei ordinária federal definir as áreas de sua atuação.
(E) as administrações tributárias dos Municípios, exercidas por servidores de carreiras específicas, terão recursos secundários para a realização de suas atividades e atuarão de forma desintegrada.

A: incorreta ("serão computados e acumulados"). Os acréscimos pecuniários percebidos por servidor público não serão computados nem acumulados para fins de concessão de acréscimos ulteriores (art. 37, XIV da CF); **B:** correta (art. 37, XIII da CF); **C:** incorreta ("não terão"). Nos termos do art. 37, XVIII da CF a administração fazendária e seus servidores fiscais terão, dentro de suas áreas de competência e jurisdição, precedência sobre os demais setores administrativos, na forma da lei; **D:** incorreta ("por lei complementar"). O art. 37, XIX da CF define que somente por lei específica poderá ser criada autarquia e autorizada a instituição de empresa pública, de sociedade de economia mista e de fundação, cabendo à lei complementar, neste último caso, definir as áreas de sua atuação; **E:** incorreta ("recursos secundários" e "de forma desintegrada"). Nos termos do art. 37, XXII da CF, as administrações tributárias da União, dos Estados, do Distrito Federal e dos Municípios, atividades essenciais ao funcionamento do Estado, exercidas por servidores de carreiras específicas, terão recursos prioritários para a realização de suas atividades e atuarão de forma integrada, inclusive com o compartilhamento de cadastros e de informações fiscais, na forma da lei ou convênio.

Gabarito "B"

(Analista – TRT/7ª – 2009 – FCC) Em referência aos Servidores Públicos, é correto afirmar que:

(A) a Lei da União disciplinará a aplicação de recursos orçamentários provenientes da economia com despesas correntes em cada órgão, autarquia e fundação, sendo vedada a aplicação no desenvolvimento de programa de racionalização do serviço público.

(B) a União manterá escola de governo para a formação e o aperfeiçoamento dos servidores públicos, sendo que a promoção na carreira independe de participação nos cursos.

(C) os Ministros de Estado serão remunerados por subsídio fixado em parcela única, sendo permitido o acréscimo de abono e verba de representação.

(D) os Poderes Executivo, Legislativo e Judiciário publicarão semestralmente os valores do subsídio e da remuneração dos cargos e empregos públicos.

(E) a fixação dos padrões de vencimento e dos demais componentes do sistema remuneratório observará a natureza, o grau de responsabilidade e a complexidade dos cargos componentes de cada carreira, os requisitos para a investidura, as peculiaridades dos cargos.

A: incorreta ("sendo vedada a aplicação"). De acordo com o art. 39, § 7º da CF, lei da União, dos Estados, do Distrito Federal e dos Municípios disciplinará a aplicação de recursos orçamentários provenientes da economia com despesas correntes em cada órgão, autarquia e fundação, para aplicação no desenvolvimento de programas de qualidade e produtividade, treinamento e desenvolvimento, modernização, reaparelhamento e racionalização do serviço público, inclusive sob a forma de adicional ou prêmio de produtividade; **B:** incorreta ("independe de participação nos cursos"). De acordo com o (art. 39, § 2º da CF, a União, os Estados e o Distrito Federal manterão escolas de governo para a formação e o aperfeiçoamento dos servidores públicos, constituindo-se a participação nos cursos um dos requisitos para a promoção na carreira, facultada, para isso, a celebração de convênios ou contratos entre os entes federados; **C:** incorreta ("sendo permitido o acréscimo de abono e verba de representação"). De acordo com o art. 39, § 4º da CF, o membro de Poder, o detentor de mandato eletivo, os Ministros de Estado e os Secretários Estaduais e Municipais serão remunerados exclusivamente por subsídio fixado em parcela única, vedado o acréscimo de qualquer gratificação, adicional, abono, prêmio, verba de representação ou outra espécie remuneratória, obedecido, em qualquer caso, o disposto no art. 37, X e XI; **D:** incorreta ("semestralmente"). Os Poderes Executivo, Legislativo e Judiciário publicarão anualmente os valores do subsídio e da remuneração dos cargos e empregos públicos (art. 39, § 6º da CF). **E:** correta (art. 39, § 1º, I, III e III da CF).

Gabarito "E"

(Analista – TRT/23ª – 2011 – FCC) Sobre a Administração Pública, em conformidade com o disposto na Constituição Federal, é INCORRETO afirmar que:

(A) durante o prazo prorrogável previsto no edital de convocação, aquele aprovado em concurso público de provas ou de provas e títulos será convocado com prioridade sobre novos concursados para assumir cargo ou emprego, na carreira.

(B) as funções de confiança, exercidas exclusivamente por servidores ocupantes de cargo efetivo, e os cargos em comissão, a serem preenchidos por servidores de carreira nos casos, condições e percentuais mínimos previstos em lei, destinam-se apenas às atribuições de direção, chefia e assessoramento.

(C) é vedada a vinculação ou equiparação de quaisquer espécies remuneratórias para o efeito de remuneração de pessoal do serviço público.

(D) somente por lei específica poderá ser criada autarquia e autorizada a instituição de empresa pública, de sociedade de economia mista e de fundação, cabendo à lei complementar, neste último caso, definir as áreas de sua atuação.

(E) depende de autorização legislativa, em cada caso, a criação de subsidiárias das sociedades de economia mista.

A: incorreta, devendo ser assinalada, em virtude da expressão "durante o prazo prorrogável". Nos termos do art. 37, IV da CF durante o prazo improrrogável previsto no edital de convocação, aquele aprovado em concurso público de provas ou de provas e títulos será convocado com prioridade sobre novos concursados para assumir cargo ou emprego, na carreira. **B:** correta (art. 37, V da CF). **C:** correta (art. 37, XIII da CF). **D:** correta (art. 37, XIX da CF). **E:** correta (art. 37, XX da CF).

Gabarito "A"

4. ORGANIZAÇÃO DOS PODERES

(Analista – TRT/21ª – 2010 – CESPE) Com relação à organização político-administrativa do Estado brasileiro e quanto aos Poderes Executivo e Legislativo, julgue os próximos itens.

(1) Se o presidente da República atentar contra o exercício dos direitos políticos, individuais e sociais estará praticando ato que caracteriza crime de responsabilidade.

(2) Matéria referente a nacionalidade e a cidadania pode ser objeto de lei delegada.

(3) O Tribunal de Contas da União é órgão auxiliar e de orientação do Poder Legislativo, e a este Poder se subordinando, ao qual incumbe a prática de atos de natureza administrativa concernentes à fiscalização contábil, financeira, orçamentária, operacional e patrimonial da União.

(4) Constitui competência concorrente entre União, estados e Distrito Federal legislar sobre águas, energia, informática, telecomunicações e radiodifusão.

1: correta. Art. 85, III, da CF; **2:** incorreta. Há proibição expressa no art. 68, § 1º, II, da CF; **3:** incorreta. É órgão auxiliar do Poder Legislativo no controle externo (art. 71 da CF), mas não há subordinação; **4:** incorreta, pois a competência é privativa da União (art. 22, IV, da CF).

Gabarito 1C, 2E, 3E, 4E

(Analista – TRT/17ª – 2009 – CESPE) Com relação à responsabilidade do presidente da República e ao processo legislativo, julgue os itens subsequentes.

(1) São crimes de responsabilidade os atos do presidente da República que atentem contra o exercício dos direitos políticos, individuais e sociais.

(2) É constitucional medida provisória que discipline o trâmite da ação rescisória no âmbito da justiça do trabalho, desde que se atente para os limites materiais da CF, tais como a ampla defesa e o contraditório.

1: correta. Art. 85, III, da CF; **2:** incorreta, pois viola o art. 62, § 1º, "b", da CF.

Gabarito 1C, 2E

4.1. Poder Legislativo

(Analista – TRT/1ª – 2012 – FCC) Considere a hipótese de tramitarem perante as Casas do Congresso Nacional as seguintes proposições legislativas:

I. Projeto de lei ordinária tendo por objeto o estabelecimento de normas gerais de licitação e contratação, em todas as modalidades, para as administrações públicas diretas, autárquicas e fundacionais da União, Estados, Distrito Federal e Municípios.

II. Projeto de lei complementar visando à organização judiciária, do Ministério Público e da Defensoria Pública do Distrito Federal e dos Territórios, bem como organização administrativa destes.

III. Projeto de lei complementar concedendo autorização para que os Estados legislem sobre questões específicas em matéria de proteção ao patrimônio histórico, cultural, artístico, turístico e paisagístico.

IV. Projeto de lei complementar concedendo autorização para que os Estados legislem sobre questões específicas em matéria de direito do trabalho.

Diante da repartição constitucional de competências entre os entes da Federação, deveria cessar a tramitação dos projetos referidos em

(A) I e II.
(B) II e III.
(C) I e III.
(D) II e IV.
(E) III e IV.

I: incorreta. De acordo com o art. 22, XXVII, da CF/1988, compete à União, de forma privativa, a legislação sobre normas gerais de licitação e contratação. Portanto o projeto de lei sobre tal assunto pode continuar tramitando; **II:** correta. A Constituição Federal não exige lei complementar para os assuntos mencionados. Portanto, deve ser cessada a tramitação desse projeto. Vale lembrar que o art. 22, XVII, da CF/1988 determina que a competência para tanto é da União; **III:** correta. Não é necessária a autorização, pois a legislação sobre a proteção ao patrimônio histórico, cultural, artístico, turístico e paisagístico, é dada a todos os entes federativos, de forma concorrente. É o que se extrai do art. 24, VII, da CF/1988; **IV:** incorreta. A legislação sobre direito do trabalho é de competência privativa da União, podendo ser delegada aos Estados as questões específicas, o que deve ser feito por meio de lei complementar.

Gabarito "B"

(Analista – TRT/10ª – 2013 – CESPE) Considerando, por mera hipótese, que um deputado federal apresentasse projeto de lei ordinária dispondo sobre a organização da Defensoria Pública da União (DPU) e que tal proposição, depois de aprovada na Câmara dos Deputados e no Senado Federal, fosse encaminhada à sanção do presidente da República, julgue os itens que se seguem.

(1) Se considerasse o projeto em apreço inconstitucional, o presidente da República poderia vetá-lo, exercendo, nesse caso, controle preventivo de constitucionalidade.
(2) As leis que disponham sobre a organização da DPU são de iniciativa privativa do presidente da República, de modo que o projeto de lei em questão seria inconstitucional por vício formal subjetivo.

1: correta. De fato, conforme dispõe o art. 66, § 1º, da CF, o Presidente pode vetar o projeto por razão de inconstitucionalidade (veto jurídico) e, ao fazer isso, exerce controle prévio de constitucionalidade; **2:** correta. O art. 61, § 1º, da CF trata dos assuntos cujas leis são de iniciativa privativa do Presidente da República. As normas sobre organização da Defensoria Pública da União constam desse rol.

Gabarito 1C, 2C

(Analista – TRT/11ª – 2012 – FCC) A empresa EIOATVO firmou contrato administrativo com a União Federal para o fornecimento de tijolos para específica obra pública, que será executada em determinada Penitenciária Federal. Havendo provas de fraude na licitação, o Congresso Nacional sustou o contrato e solicitou, de imediato, que o Poder Executivo tomasse as medidas cabíveis, que, apesar de decorridos mais de noventa dias, não tomou medida alguma, cabendo, então, a decisão ao

(A) Supremo Tribunal Federal.
(B) Senado Federal.
(C) Tribunal de Contas da União.
(D) Diretor da Penitenciária.
(E) Presidente da República.

De acordo com o art. 71, § 2º, da CF/1988, se o Congresso Nacional ou o Poder Executivo, no prazo de noventa dias, não efetivar as medidas necessárias, o *Tribunal de Contas da União* é quem decidirá a respeito. Vale lembrar que o § 3º do mesmo dispositivo determina que as decisões do Tribunal de que resulte imputação de débito ou multa terão eficácia de título executivo.

Gabarito "C"

(Analista – TST – 2008 – CESPE) Acerca do Direito Constitucional, julgue o item a seguir.

(1) O controle externo da execução orçamentária do TST é realizado pelo Congresso Nacional, com o auxílio do Tribunal de Contas da União (TCU).

1: correta. Art. 70, *caput*, e art. 71, ambos da CF.

Gabarito 1C

(TRT/20ª – 2011 – FCC) A competência exclusiva de sustar os atos normativos do Poder Executivo que exorbitem do poder regulamentar ou dos limites de delegação legislativa é do

(A) Superior Tribunal de Justiça.
(B) Supremo Tribunal Federal.
(C) Congresso Nacional.
(D) Presidente da República.
(E) Presidente do Conselho Nacional de Justiça.

O art. 49, V, da CF determina que é da competência exclusiva do Congresso Nacional sustar os atos normativos do Poder Executivo que exorbitem do poder regulamentar ou dos limites da delegação legislativa.

Gabarito "C"

(Analista – TRT/15ª – 2009 – FCC) Além de outras é de competência exclusiva do Congresso Nacional, a escolha

(A) do Advogado-Geral da União.
(B) dos Ministros do Supremo Tribunal Federal.
(C) do Procurador-Geral de Justiça.
(D) do Presidente do Conselho Nacional de Justiça.
(E) de dois terços dos membros do Tribunal de Contas da União.

De acordo com o art. 49, XIII, da CF, compete ao Congresso Nacional, de forma exclusiva, a escolha de dois terços dos membros do Tribunal de Contas da União.

Gabarito "E"

(Analista – TRT/1ª – 2008 – CESPE) Em relação ao Poder Legislativo, assinale a opção correta.

(A) Em caso de guerra, a Câmara dos Deputados não pode recusar a convocação de parlamentar para as forças armadas.
(B) A Câmara dos Deputados tem competência para iniciativa de lei que vise à fixação da remuneração de seus servidores, mas a matéria deve ir à sanção do presidente da República.
(C) Compete ao Congresso Nacional a aprovação, com o *quorum* mínimo da maioria absoluta, do procurador-geral do Trabalho, pelo voto secreto, após arguição pública.
(D) O Senado Federal poderá conceder eficácia *erga omnes* à decisão do STF em sede de ação direta de inconstitucionalidade.
(E) A decretação de estado de sítio, por motivos de segurança nacional, implica a automática suspensão da imunidade parlamentar.

A: incorreta, pois não reflete o disposto no art. 53, § 7º, da CF; **B:** correta. Art. 51, IV, da CF; **C:** incorreta. A competência para a sabatina das autoridades públicas que a Constituição Federal indica é privativa do Senado Federal, por força do art. 52, III, da CF; **D:** incorreta. A competência atribuída ao Senado Federal pelo art. 52, X, da CF, limita-se ao controle difuso ou incidental de constitucionalidade. No controle concentrado, a decisão do STF, por si só, já produz efeitos contra todos e vinculantes (art. 102, § 2º, da CF e art. 28, parágrafo único, da Lei 9.868/1999); **E:** incorreta. Não reflete o disposto no art. 53, § 8º, da CF.

Gabarito "B"

(Analista – TRT/2ª – 2008 – FCC) A prerrogativa constitucional que protege o Deputado Federal em todas as suas manifestações que guardem relação com o exercício do mandato, exteriorizadas no âmbito do Congresso Nacional, é classificada como imunidade:

(A) relativa.
(B) formal.
(C) residual.
(D) material.
(E) obstativa.

De fato a imunidade material garante aos deputados e senadores a inviolabilidade civil e penal por quaisquer de suas opiniões, palavras e votos (art. 53 da CF).

Gabarito "D"

(Analista – TRT/2ª – 2008 – FCC) Compete privativamente à Câmara dos Deputados

(A) proceder à tomada de contas do Presidente da República, quando não apresentadas ao Congresso Nacional dentro de sessenta dias após a abertura da sessão legislativa.
(B) aprovar previamente, por voto secreto, após arguição pública, a escolha de Ministros do Tribunal de Contas da União indicados pelo Presidente da República.
(C) aprovar previamente, por voto secreto, após arguição em sessão secreta, a escolha dos chefes de missão diplomática de caráter permanente.

(D) autorizar operações externas de natureza financeira, de interesse da União, dos Estados, do Distrito Federal, dos Territórios e dos Municípios.
(E) fixar, por proposta do Presidente da República, limites globais para o montante da dívida consolidada da União, dos Estados, do Distrito Federal e dos Municípios.

A: correta (art. 51, II da CF). **B:** incorreta. Compete privativámente ao Senado Federal aprovar previamente, por voto secreto, após arguição pública, a escolha de Ministros do Tribunal de Contas da União indicados pelo Presidente da República (art. 52, III, "b" da CF). **C:** incorreta (art. 52, IV da CF). É competência do Senado Federal aprovar previamente, por voto secreto, após arguição em sessão secreta, a escolha dos chefes de missão diplomática de caráter permanente. **D:** incorreta (art. 52, V). Compete ao Senado Federal autorizar operações externas de natureza financeira, de interesse da União, dos Estados, do Distrito Federal, dos Territórios e dos Municípios. **E:** incorreta (art. 52, VI da CF). Compete ao Senado Federal fixar, por proposta do Presidente da República, limites globais para o montante da dívida consolidada da União, dos Estados, do Distrito Federal e dos Municípios.

Gabarito "A".

(Analista – TRT/2ª – 2008 – FCC) Quanto ao Congresso Nacional, considere:

I. O número total de Deputados, bem como a representação por Estado e pelo Distrito Federal, será estabelecido por lei complementar, proporcionalmente à população, procedendo-se aos ajustes necessários, no ano anterior às eleições, para que nenhuma daquelas unidades da Federação tenha menos de oito ou mais de setenta Deputados.
II. O Senado Federal compõe-se de representantes dos Estados e do Distrito Federal, eleitos segundo o princípio majoritário.
III. Cada Estado e o Distrito Federal elegerão quatro Senadores, com mandato de oito anos.
IV. Cada Senador será eleito com três suplentes.

É correto o que consta APENAS em

(A) I, II e III
(B) II e III
(C) I e II
(D) I, III e IV
(E) III e IV

I: correta conforme fixa o art. 45, § 1º da CF; **II:** correta (art. 46 da CF); **III:** incorreta "quatro Senadores". O art. 46, § 1º da CF estabelece que cada Estado e o DF elegerão três senadores, com mandato de oito anos; **IV:** incorreta: cada senador será eleito com dois suplentes (art. 46, § 3º da CF).

Gabarito "C".

(Analista – TRT/18ª – 2008 – FCC) No que diz respeito ao Poder Legislativo, NÃO perderá o mandato Deputado ou Senador que

(A) deixar de comparecer, em cada sessão legislativa, à terça parte das sessões ordinárias da Casa a que pertencer, salvo licença ou missão por esta autorizada.
(B) for licenciado pela respectiva Casa por motivo de doença, ou para tratar, sem remuneração, de interesse particular, desde que, neste caso, o afastamento não ultrapasse cento e vinte dias por sessão legislativa.
(C) for proprietário, controlador ou diretor de empresa, desde a posse, que goze de favor decorrente de contrato com pessoa jurídica de direito público, ou nela exercer função remunerada.
(D) firmar ou manter, desde a expedição do diploma, contrato com pessoa jurídica de direito público, autarquia, empresa pública, sociedade de economia mista ou empresa concessionária de serviço público, salvo quando o contrato obedecer a cláusulas uniformes.
(E) abusar das prerrogativas asseguradas a membro do Congresso Nacional ou auferir vantagem indevida.

A: incorreta, pois, nos termos do art. 55, III da CF, "perderá o mandato o Deputado ou Senador que deixar de comparecer, em cada sessão legislativa, à terça parte das sessões ordinárias da Casa a que pertencer, salvo licença ou missão por esta autorizada"; **B:** correta (art. 56, II da CF); **C:** incorreta (art. 54, II, "a" da CF). Os Deputados e Senadores não poderão desde a posse ser proprietários, controladores ou diretores de empresa que goze de favor decorrente de contrato com pessoa jurídica de direito público, ou nela exercer função remunerada; **D:** incorreta (art. 54, I, "a" da CF). Os Deputados e Senadores não poderão desde a expedição do diploma firmar ou manter contrato com pessoa jurídica de direito público, autarquia, empresa pública, sociedade de economia mista ou empresa concessionária de serviço público, salvo quando o contrato obedecer a cláusulas uniformes; **E:** incorreta (art. 55, § 1º, da CF). É incompatível com o decoro parlamentar, além dos casos definidos no regimento interno, o abuso das prerrogativas asseguradas a membro do Congresso Nacional ou a percepção de vantagens indevidas.

Gabarito "B".

(Analista – TRT/15ª – 2009 – FCC) A Câmara dos Deputados compõe-se de representantes do povo eleitos, pelo sistema proporcional, em cada Estado, em cada Território e no Distrito Federal, sendo certo que o número total de Deputados, bem como a representação por Estado e pelo Distrito Federal, será estabelecido por

(A) lei complementar, proporcionalmente à população, procedendo-se aos ajustes necessários, no ano anterior às eleições, para que nenhuma daquelas unidades da Federação tenha menos de oito ou mais de setenta Deputados.
(B) lei delegada, proporcionalmente à população, procedendo-se aos ajustes necessários, até seis meses das eleições, para que nenhuma daquelas unidades da Federação tenha menos de cinco ou mais de sessenta Deputados.
(C) emenda constitucional, proporcionalmente à população, procedendo-se aos ajustes necessários, até três meses das eleições, para que nenhuma daquelas unidades da Federação tenha menos de três ou mais de oitenta e oito Deputados.
(D) lei ordinária, proporcionalmente à população, procedendo-se aos ajustes necessários, no ano anterior às eleições, para que nenhuma daquelas unidades da Federação tenha menos de sete ou mais de setenta e cinco Deputados.
(E) decreto legislativo, proporcionalmente à população, procedendo-se aos ajustes necessários, no ano anterior às eleições, para que nenhuma daquelas unidades da Federação tenha menos de seis ou mais de sessenta e cinco Deputados.

De fato o número total de Deputados, bem como a representação por Estado e pelo Distrito Federal, será estabelecido por lei complementar, proporcionalmente à população, procedendo-se aos ajustes necessários, no ano anterior às eleições, para que nenhuma daquelas unidades da Federação tenha menos de oito ou mais de setenta Deputados (art. 45, § 1º da CF).

Gabarito "A".

(Analista – TRT/7ª – 2009 – FCC) No tocante ao Poder Legislativo, compete privativamente à Câmara dos Deputados:

(A) fixar, por proposta do Presidente da República, limites globais para o montante da dívida consolidada da União, dos Estados, do Distrito Federal e dos Municípios.
(B) processar e julgar o Presidente da República nos crimes de responsabilidade.
(C) processar e julgar o Advogado-Geral da União nos crimes de responsabilidade.
(D) aprovar previamente, por voto secreto, após arguição em sessão secreta, a escolha dos chefes de missão diplomática de caráter permanente.
(E) proceder à tomada de contas do Presidente da República, quando não apresentadas ao Congresso Nacional dentro de sessenta dias após a abertura da sessão legislativa.

A: incorreta. A competência é do Senado Federal (art. 52, VI da CF); **B:** incorreta. Esta competência é do Senado Federal (art. 52, I da CF); **C:** incorreta. Esta competência é do Senado Federal (art. 52, II da CF); **D:** incorreta. Esta competência é do Senado Federal; **E:** correta (art. 51, II da CF). Importante a memorização dessas competências da Câmara dos Deputados e do Senado Federal para as provas de primeira etapa.

Gabarito "E".

(Analista – TRT/7ª – 2009 – FCC) Compete privativamente ao Senado Federal

(A) suspender, mediante o voto de dois terços de seus membros, a declaração de guerra e estado de sítio.
(B) autorizar, por dois terços de seus membros, a instauração de processo contra o Presidente e o Vice-Presidente da República e os Ministros de Estado.
(C) autorizar, por maioria absoluta, o julgamento de Deputados e Senadores perante o Supremo Tribunal Federal.

(D) avaliar periodicamente o desempenho das administrações tributárias da União, dos Estados e do Distrito Federal e dos Municípios.

(E) avaliar, a cada sessenta dias, as contas apresentadas pelo Presidente da República ao Congresso Nacional.

A: incorreta (art. 84, IX e XX da CF). É o Presidente da República que decreta o estado de sítio, declara guerra e celebra a paz; **B**: incorreta (art. 51, I da CF). Compete privativamente à Câmara dos Deputados autorizar, por dois terços de seus membros, a instauração de processo contra o Presidente e o Vice-Presidente da República e os Ministros de Estado; **C**: incorreta (art. 53, § 1º da CF). Os Deputados e Senadores, desde a expedição do diploma, serão submetidos a julgamento perante o Supremo Tribunal Federal; **D**: correta (art. 52, XV, "in fine" da CF); **E**: incorreta (art. 51, II da CF). Compete privativamente à Câmara dos Deputados proceder à tomada de contas do Presidente da República, quando não apresentadas ao Congresso Nacional dentro de sessenta dias após a abertura da sessão legislativa.

Gabarito "D"

(FGV – 2015) Caio da Silva, Senador da República pelo Estado "Z", no decorrer do recesso parlamentar, viaja de férias com a família para um *resort* situado no Estado "X", a fim de descansar. Todavia, em meio aos hóspedes que ali se encontravam, deparou-se com Tício dos Santos, um ferrenho adversário político, com quem acabou por travar áspera discussão em torno de temas políticos já discutidos anteriormente no Senado. Caio da Silva, durante a discussão, atribuiu ao seu adversário a responsabilidade pela prática de fatos definidos como crimes, além de injuriá-lo com vários adjetivos ofensivos. Tício dos Santos, inconformado com as agressões públicas a ele desferidas, decidiu ajuizar queixa-crime em face de Caio da Silva.

Tendo em vista as particularidades da narrativa acima e considerando o que dispõe a Constituição Federal, assinale a afirmativa correta.

(A) Caio da Silva, por estar fora do espaço físico do Congresso Nacional, não é alcançado pela garantia da imunidade material, respondendo pelos crimes contra a honra que praticou.

(B) Caio da Silva, mesmo fora do espaço físico do Congresso Nacional, é alcançado pela garantia da imunidade material, tendo em vista que as ofensas proferidas estão relacionadas ao exercício da atividade parlamentar.

(C) Caio da Silva não está coberto pela garantia da imunidade material, tendo em vista que as ofensas foram proferidas em um momento de recesso parlamentar, o que afasta qualquer relação com a atividade de Senador.

(D) Caio da Silva não está coberto pela garantia da imunidade material, visto que, durante o recesso parlamentar, sequer estava no território do Estado que representa na condição de Senador.

A: incorreta. Caio da Silva, ao contrário do mencionado, é alcançado pela imunidade material, pois o que importa não é o local em que a discussão ocorreu, mas se elas estavam ou não relacionadas ao exercício da função. No problema apresentado, a conflito girou em torno de temas políticos já discutidos anteriormente no Senado, de modo que tinha relação com o exercício da função; **B**: correta. Como mencionado, o que importa é a relação das ofensas com o exercício da função. As prerrogativas dadas aos parlamentares têm por finalidade resguardar a liberdade e a independência durante o exercício do mandato eletivo; **C**: incorreta. O período de recesso não faz com o que o parlamentar perca as imunidades. O que interessa para a verificação de sua incidência é a relação do ato com o exercício da função; **D**: incorreta. O Senador tem imunidade em todo território nacional.

Gabarito "B"

(FGV – 2015) Ocorreu um grande escândalo de desvio de verbas públicas na administração pública federal, o que ensejou a instauração de uma Comissão Parlamentar de Inquérito (CPI), requerida pelos deputados federais de oposição. Surpreendentemente, os oponentes da CPI conseguem que o inexperiente deputado M seja alçado à condição de Presidente da Comissão. Por não possuir formação jurídica e desconhecer o trâmite das atividades parlamentares, o referido Presidente, sem consultar os assessores jurídicos da Casa, toma uma série de iniciativas, expedindo ofícios e requisitando informações a diversos órgãos. Posteriormente, veio à tona que apenas uma de suas providências prescindiria de efetivo mandado judicial. Assinale a opção que indica a única providência que o deputado M poderia ter tomado, prescindindo de ordem judicial.

(A) Determinação de prisão preventiva de pessoas por condutas que, embora sem flagrância, configuram crime e há comprovado risco de que voltem a ser praticadas.

(B) Autorização, ao setor de inteligência da Polícia Judiciária, para que realize a interceptação das comunicações telefônicas ("escuta") de prováveis envolvidos.

(C) Quebra de sigilo fiscal dos servidores públicos que, sem aparente motivo, apresentaram público e notório aumento do seu padrão de consumo.

(D) Busca e apreensão de documentos nas residências de sete pessoas supostamente envolvidas no esquema de desvio de verba.

A: incorreta. A CPI **não pode decretar a prisão**, ressalvadas as hipóteses de flagrante delito, conforme inciso LXI da art. 5º da CF, pois nesses casos não só a CPI, mas qualquer um do povo pode prender. Dispõe o art. 301 do Código de Processo Penal que qualquer pessoa do povo poderá e as autoridades policiais e seus agentes deverão prender quem quer que seja encontrado em flagrante delito; **B**: incorreta. A CPI não pode determinar a quebra do sigilo das comunicações telefônicas, ou seja, a **CPI não pode determinar a interceptação telefônica**, pois, segundo o art. 5º, XII, da CF, somente para fins de investigação criminal ou instrução processual penal é que poderá haver tal diligência. Ressalta-se que o acesso às contas telefônicas (dados telefônicos) não se confunde com quebra de comunicação telefônica (que é a interceptação ou escuta). A primeira se inclui nos poderes da CPI, já a segunda é acobertada pela cláusula de reserva de jurisdição e, portanto, não cabe à CPI determiná-la. Por outro lado, o STF já afirmou que, embora haja a vedação mencionada, se a interceptação foi realizada num processo criminal e a CPI quer emprestar a prova lá produzida, para ajudar nas suas investigações, isso poderá ser feito; **C**: correta. É possível que a CPI determine a quebra do sigilo fiscal desses servidores e, nesse caso, não há necessidade de ordem judicial. Dentre os poderes da CPI, encontra-se o de quebrar o sigilo fiscal, bancário e financeiro. É imprescindível, segundo o Supremo, que o ato seja devidamente fundamentado e que haja efetiva necessidade para a da adoção da medida; **D**: incorreta. As CPIs não podem determinar e efetivar a busca domiciliar, pois tais atos dependem de ordem judicial, conforme dispõe o inciso XI do artigo art. 5º da CF;

Gabarito "C"

4.1.1. *Processo Legislativo*

(Analista – TRT/20ª – 2011 – FCC) O projeto de lei aprovado por uma Casa do Congresso Nacional será revisto pela outra, em

(A) dois turnos de discussão e votação e enviado o veto se a Casa revisora o rejeitar e sendo o projeto emendado, voltará à Casa iniciadora.

(B) dois turnos de discussão e votação e enviado o veto se a Casa revisora o rejeitar.

(C) dois turnos de discussão e um só turno de votação e enviado à sanção se a Casa revisora o aprovar.

(D) dois turnos de discussão e um só turno de votação e enviado o veto se a Casa revisora o rejeitar em parte, sendo projeto emendado e voltará à Casa revisora para nova votação.

(E) um só turno de discussão e votação, e enviado à sanção ou promulgação, se a Casa revisora o aprovar, ou arquivado, se o rejeitar.

No âmbito do processo legislativo, procedimento formal e solene previsto na Constituição para a elaboração das leis, o que, em regra, é analisado em dois turnos de discussão e votação é o projeto de emendas constitucionais e não os projetos de leis. Desse modo, a alternativa possível de ser assinalada é a "E".

Gabarito "E"

(Analista – TRT/21ª – 2010 – CESPE) Julgue os itens a seguir, que versam acerca de processo legislativo.

(1) As medidas provisórias perdem a eficácia, desde a edição, se não forem convertidas em lei no prazo de trinta dias, prorrogável uma vez, por igual período.

(2) As matérias de competência exclusiva do Congresso Nacional são reguladas por decretos legislativos.

1: incorreta. O prazo é de sessenta dias (art. 62, § 3º, da CF); **2**: correta. Art. 49 da CF.

Gabarito 1E, 2C

(Analista – TRT/2ª – 2008 – FCC) No que toca ao processo legislativo, é correto afirmar:

(A) É permitida a edição de medidas provisórias sobre matéria que vise a detenção ou sequestro de bens, de poupança popular ou qualquer outro ativo financeiro.
(B) São de iniciativa privativa do Presidente da República as leis que fixem ou modifiquem os efetivos das Forças Armadas.
(C) A deliberação de cada uma das Casas do Congresso Nacional sobre o mérito das medidas provisórias não dependerá de juízo prévio sobre o atendimento de seus pressupostos constitucionais.
(D) Prorrogar-se-á uma única vez por igual período a vigência de medida provisória que, no prazo de noventa dias, contado de sua publicação, não tiver a sua votação encerrada nas duas Casas do Congresso Nacional.
(E) É permitida a reedição, na mesma sessão legislativa, de medida provisória que tenha sido rejeitada ou que tenha perdido sua eficácia por decurso de prazo.

A: incorreta, pois viola o art. 62, § 1º, II, da CF; **B:** correta. Art. 61, § 1º, I, da CF; **C:** incorreta, pois contraria o art. 62, § 5º, da CF; **D:** incorreta, pois contraria o art. 62, § 7º, da CF; **E:** incorreta, pois contraria o art. 62, § 10, da CF.
Gabarito "B".

(Analista – TRT/6ª – 2006 – FCC) Quanto às emendas constitucionais, é correto afirmar:

(A) A Constituição poderá ser emendada mediante proposta de dois terços, no mínimo, dos membros da Câmara dos Deputados ou do Senado Federal.
(B) A matéria constante de proposta de emenda rejeitada, ou havida por prejudicada, poderá ser objeto de nova proposta na mesma sessão legislativa, desde que requerida a reapreciação pelo *quorum* de um terço dos membros de qualquer das comissões encarregadas da sua análise.
(C) A Constituição não poderá ser emendada na vigência de estado de defesa ou estado de sítio, salvo na situação de intervenção federal, observado o *quorum* de dois terços das Mesas das duas Casas Legislativas.
(D) A proposta será discutida e votada em cada Casa do Congresso Nacional, em dois turnos, considerando-se aprovada se obtiver, em ambos, três quintos dos votos dos respectivos membros.
(E) A emenda à Constituição aprovada pelo Congresso Nacional será promulgada pelo Presidente da República.

A: incorreta, pois não reflete o disposto no art. 60, I, da CF; **B:** incorreta, pois contraria o art. 60, § 5º, da CF; **C:** incorreta, pois não reflete o disposto no art. 60, § 1º, da CF; **D:** correta. Art. 60, § 2º, da CF; **E:** incorreta, pois contraria o art. 60, § 3º, da CF.
Gabarito "D".

(Analista – TRT/7ª – 2009 – FCC) É INCORRETO afirmar que o processo legislativo compreende a elaboração de

(A) medidas provisórias.
(B) leis delegadas.
(C) provimentos.
(D) decretos legislativos.
(E) resoluções.

Art. 59, I a VII, da CF.
Gabarito "C".

(Analista – TRT/11ª – 2005 – FCC) Possibilidade de alteração das normas constitucionais:

(A) A matéria constante de proposta de emenda rejeitada pode ser objeto de nova proposta na mesma sessão legislativa.
(B) A Constituição Federal poderá ser emendada mediante proposta de mais da metade dos Governadores das unidades da federação.
(C) Aprovada a proposta de emenda constitucional, o Presidente da República deverá promulgá-la em até quinze dias.
(D) A proposta de emenda constitucional será discutida e votada em cada Casa do Congresso Nacional, em dois turnos.
(E) Apenas as cláusulas pétreas implícitas podem ser passíveis de proposta de emenda tendente a modificar dispositivo constitucional.

A: incorreta, pois contraria o art. 60, § 5º, da CF; **B:** incorreta, pois não reflete o disposto no art. 60, III, da CF; **C:** incorreta, pois as emendas constitucionais são promulgadas pelas Mesas da Câmara dos Deputados e do Senado Federal (art. 60, § 3º, da CF); **D:** correta. Art. 60, § 2º, primeira parte, da CF; **E:** incorreta, pois não é admissível proposta de emenda tendente a abolir as cláusulas pétreas expressas no art. 60, § 4º, da CF, ou implícitas.
Gabarito "D".

(Analista – TRT/11ª – 2005 – FCC) O projeto de lei ordinária de iniciativa do Presidente da República, após ser aprovado pela Câmara dos Deputados, será revisto pelo Senado, que poderá

(A) rejeitá-lo, podendo a matéria nele constante ser objeto de novo projeto de lei somente na legislatura seguinte.
(B) emendá-lo, oportunidade em que haverá retorno somente das alterações à Casa Legislativa inicial, para análise e votação em turno único.
(C) aprová-lo e, posteriormente, enviá-lo ao Presidente do Congresso Nacional para sanção ou veto.
(D) vetá-lo, retornando ao Presidente da República, que poderá derrubar o veto e fazer publicar a lei.
(E) sancionar e publicar a lei, independentemente da deliberação do Presidente da República.

Art. 65, *caput* e parágrafo único, da CF.
Gabarito "B".

(Analista – TRT/15ª – 2009 – FCC) Em tema de processo legislativo é correto que

(A) a proposta de emenda constitucional será aprovada se obtiver, em cada Casa do Congresso Nacional, em dois turnos, três quintos dos votos dos respectivos membros.
(B) dentre outras, são de iniciativa privativa do Congresso Nacional, as leis que disponham sobre criação de cargos na administração direta, indireta e autárquica.
(C) a Constituição Federal poderá ser emendada na vigência do estado de defesa, mediante proposta de dois quintos do Congresso Nacional.
(D) as medidas provisórias terão sua votação iniciada no Senado Federal, em dois turnos.
(E) as leis delegadas serão elaboradas pela Mesa do Congresso Nacional, que deverá solicitar a delegação ao Presidente da República.

A: correta. Art. 60, § 2º, da CF; **B:** incorreta, pois não reflete o disposto no art. 61, § 1º, II, "a", da CF; **C:** incorreta, pois contraria o art. 60, § 1º, da CF; **D:** incorreta, pois não reflete o disposto no art. 62, § 8º, da CF; **E:** incorreta, pois não contraria o art. 68 da CF.
Gabarito "A".

(Analista – TRT/18ª – 2008 – FCC) Com relação ao Processo Legislativo, é correto afirmar que a Constituição poderá ser emendada mediante proposta de, no mínimo,

(A) dois terços dos membros da Câmara dos Deputados ou do Senado Federal.
(B) um quarto dos membros da Câmara dos Deputados ou do Senado Federal.
(C) um terço dos membros da Câmara dos Deputados ou do Senado Federal.
(D) um quinto dos membros da Câmara dos Deputados ou do Senado Federal.
(E) três quartos dos membros da Câmara dos Deputados ou do Senado Federal.

Art. 60, I, da CF.
Gabarito "C".

(Analista – TRT/19ª – 2008 – FCC) No que concerne às Medidas Provisórias, de acordo com a Constituição Federal de 1988, é INCORRETO afirmar:

(A) Se a medida provisória não for apreciada em até quarenta e cinco dias contados de sua publicação, entrará em regime de urgência, subsequentemente, em cada uma das Casas do Congresso Nacional.

(B) Aprovado projeto de lei de conversão alterando o texto original da medida provisória, esta manter-se-á integralmente em vigor até que seja sancionado ou vetado o projeto.
(C) Prorrogar-se-á uma única vez por igual período a vigência de medida provisória que, no prazo de sessenta dias, contado de sua publicação, não tiver a sua votação encerrada nas duas Casas do Congresso Nacional.
(D) Caberá à comissão mista de Deputados e Senadores examinar as medidas provisórias e sobre elas emitir parecer, antes de serem apreciadas, em sessão conjunta, pelo plenário do Congresso Nacional.
(E) A deliberação de cada uma das Casas do Congresso Nacional sobre o mérito das medidas provisórias dependerá de juízo prévio sobre o atendimento de seus pressupostos constitucionais.

A: correta. Art. 62, § 6º, da CF; **B:** correta. Art. 62, § 12, da CF; **C:** correta. Art. 62, § 7º, da CF; **D:** incorreta, devendo ser assinalada, pois não reflete o disposto no art. 62, § 9º, da CF; **E:** correta. Art. 62, § 5º, da CF.

Gabarito "D"

(Analista – TRT/19ª – 2008 – FCC) Em matéria de processo legislativo, considere as assertivas abaixo sobre a Emenda Constitucional.

I. A Constituição poderá ser emendada mediante proposta da maioria simples, no mínimo, dos membros da Câmara dos Deputados ou do Senado Federal.
II. A proposta de Emenda Constitucional será discutida e votada em cada Casa do Congresso Nacional, em dois turnos, considerando-se aprovada se obtiver, em ambos, três quintos dos votos dos respectivos membros.
III. A matéria constante de proposta de emenda rejeitada ou havida por prejudicada não pode ser objeto de nova proposta na mesma sessão legislativa.
IV. A Constituição poderá ser emendada mediante proposta de mais da metade das Assembleias Legislativas das unidades da Federação, manifestando-se, cada uma delas, pela maioria absoluta de seus membros.

De acordo com a Constituição Federal de 1988, é correto o que se afirma APENAS em

(A) I, II e III.
(B) II e III.
(C) I, II e IV.
(D) III e IV.
(E) I, III e IV.

I: incorreta, pois viola o disposto no art. 60, I, da CF; **II:** correta. Art. 60, § 2º, da CF; **III:** correta. Art. 60, § 5º, da CF; **IV:** incorreta, pois não reflete o disposto no art. 60, III, da CF.

Gabarito "B"

(Analista – TRT/23ª – 2007 – FCC) Sobre o processo legislativo, considere:

I. São de iniciativa privativa do Presidente da República as leis que disponham sobre servidores públicos da União e Territórios, seu regime jurídico, provimento de cargos, estabilidade e aposentadoria.
II. É vedada a edição de medidas provisórias sobre matéria relativa a direito eleitoral.
III. A Constituição pode ser emendada mediante proposta de mais da metade das Assembleias Legislativas das unidades da Federação, manifestando- se, cada uma delas, pela maioria relativa de seus membros.
IV. A matéria constante de projeto de lei rejeitado somente pode constituir objeto de novo projeto, na mesma sessão legislativa, mediante proposta de no mínimo 2/3 dos membros de qualquer das casas do Congresso Nacional.

De acordo com a Constituição Federal de 1988, está correto o que se afirma APENAS em

(A) I e II.
(B) I, II e III.
(C) I, III e IV.
(D) II, III e IV.
(E) III e IV.

I: correta. Art. 61, § 1º, II, "c", da CF; **II:** correta. Art. 62, § 1º, I, "a", da CF; **III:** correta. Art. 60, III, da CF; **IV:** incorreta, pois não reflete o disposto no art. 67 da CF.

Gabarito "B"

(Analista – TRT/23ª – 2007 – FCC) Considere as seguintes assertivas sobre o Processo Legislativo.

I. A iniciativa popular pode ser exercida pela apresentação à Câmara dos Deputados de projeto de lei subscrito por, no mínimo, um por cento do eleitorado nacional, distribuído pelo menos por cinco Estados, com não menos de três décimos por cento dos eleitores de cada um deles.
II. Aprovado projeto de lei de conversão alterando o texto original da medida provisória, esta manter-se-á integralmente em vigor até que seja sancionado ou vetado o projeto.
III. Se o Presidente da República considerar o projeto, no todo ou em parte, inconstitucional ou contrário ao interesse público, vetá-lo-á total ou parcialmente, no prazo de quinze dias úteis, contados da data do recebimento, e comunicará, dentro de quarenta e oito horas, ao Presidente da Câmara dos Deputados os motivos do veto.
IV. A Constituição poderá ser emendada mediante proposta de um terço, no mínimo, das Assembleias Legislativas das unidades da Federação, manifestando-se, cada uma delas, pela maioria relativa de seus membros.

De acordo com a Constituição Federal de 1988 está correto o que se afirma APENAS em

(A) I e II.
(B) I e III.
(C) I, III e IV.
(D) II e III.
(E) III e IV.

I: correta. Art. 61, § 2º, da CF; **II:** correta. Art. 62, § 12, da CF; **III:** incorreta, pois não reflete o disposto no art. 66, § 1º, da CF; **IV:** incorreta, pois não reflete o disposto no art. 60, III, da CF.

Gabarito "A"

(Analista – TRT/24ª – 2006 – FCC) No que concerne ao Processo Legislativo Brasileiro é correto afirmar:

(A) É de iniciativa privativa do Presidente da República as leis que disponham sobre normas gerais de organização do Ministério Público e da Defensoria dos Estados, do Distrito Federal e dos Territórios.
(B) A proposta de emenda da Constituição Federal será votada em dois turnos em cada casa do Congresso e será aprovada com a obtenção de voto de 2/3 de seus respectivos membros.
(C) A edição de medida provisória, com força de lei, em caso de relevância e urgência, é de competência privativa do Presidente da República e poderá versar sobre matéria reservada à Lei Complementar.
(D) O veto do Presidente da República a projeto de lei deverá ser feito no prazo de 10 dias úteis, contados da data do recebimento. O silêncio presidencial durante este prazo importará em sanção.
(E) A iniciativa popular pode ser exercida mediante a apresentação à Câmara dos Deputados de projeto de lei subscrito por, no mínimo, dois por cento do eleitorado nacional, distribuído pelo menos por cinco Estados, com não menos de três décimos por cento dos eleitores de cada um deles.

A: correta. Art. 61, § 1º, II, "d", da CF; **B:** incorreta, pois não reflete o disposto no art. 60, § 2º, da CF; **C:** incorreta, pois contraria o disposto no art. 62, § 1º, III, da CF; **D:** incorreta, pois não reflete o disposto no art. 66, § 1º, da CF; **E:** incorreta, pois não reflete o disposto no art. 61, § 2º, da CF.

Gabarito "A"

(Analista – TRT/24ª – 2006 – FCC) Uma medida provisória editada

(A) poderá ser reeditada na mesma sessão legislativa, ainda que rejeitada pelo Congresso Nacional.
(B) passará por uma comissão de Senadores que emitirá parecer sobre ela antes de ser apreciada pelo Congresso Nacional.
(C) não poderá ser reeditada em nenhuma hipótese se for expressamente rejeitada pelo Congresso Nacional.

(D) poderá ter sua vigência prorrogada uma vez pelo prazo máximo de 60 dias.

(E) terá sua votação iniciada no Senado Federal.

A e **C**: incorretas, pois contrariam o disposto no art. 62, § 10, da CF; **B**: incorreta, pois não reflete o disposto no art. 62, § 9º, da CF; **D**: correta, pois o disposto no art. 62, § 7º, da CF autoriza essa prorrogação; **E**: incorreta, pois contraria o disposto no art. 62, § 8º, da CF.

Gabarito "D"

(Analista – TRT/1ª – 2008 – CESPE) No que concerne ao processo legislativo, assinale a opção correta.

(A) As medidas provisórias não podem ser objeto de deliberação em convocação extraordinária do Congresso Nacional proposta pelo presidente da República.

(B) O Congresso Nacional pode delegar ao presidente da República a edição de lei acerca da organização do Poder Judiciário, desde que o Poder Executivo tenha uma comissão de reforma do Poder Judiciário.

(C) Em regra, a tramitação de processo legislativo de proposta encaminhada pelo presidente da República inicia-se no Senado Federal.

(D) As medidas provisórias não podem veicular matéria relativa a direito processual civil.

(E) Lei complementar não é hierarquicamente superior às resoluções do Senado Federal.

A: incorreta, pois não reflete o disposto no art. 57, § 8º, da CF; **B**: incorreta, pois contraria o disposto no art. 68, § 1º, I, da CF; **C**: incorreta, pois não reflete o disposto no art. 64 da CF; **D**: incorreta, segundo o gabarito oficial da questão, que é "E", mas esse item também parece correto, por força do art. 62, § 1º, I, "b", da CF; **E**: correta. Para a organizadora do concurso, considerando as espécies normativas listadas no art. 59 da CF, tem-se que as emendas constitucionais estão em patamar hierarquicamente superior, por integrarem o texto constitucional. Quanto aos demais atos normativos ali listados não há que se falar em hierarquia, mas em respeito à competência fixada na Constituição Federal.

Gabarito "E"

(Analista – TRT/18ª – 2008 – FCC) Quanto ao Processo Legislativo, é correto afirmar que o projeto de lei, após ser revisto em um só turno de discussão e votação, será enviado pela Casa do Congresso Nacional, na qual tenha sido concluída a votação, ao Presidente da República, cujo silêncio importará sanção caso decorridos

(A) quarenta e oito horas.

(B) dez dias.

(C) cinco dias.

(D) quinze dias.

(E) vinte e quatro horas

De fato o prazo é o de quinze dias (art. 66, § 3º da CF). A Casa na qual tenha sido concluída a votação enviará o projeto de lei ao Presidente da República, que, aquiescendo, o sancionará. Decorrido o prazo de quinze dias, o silêncio do Presidente da República importará sanção.

Gabarito "D"

(Analista – TRT/12ª – 2007) Relativamente ao processo legislativo, como tal previsto na Constituição Federal, tem-se que

(A) a iniciativa popular pode ser exercida pela apresentação ao Senado Federal de projeto de lei subscrito por, no mínimo, dois por cento do eleitorado nacional, distribuído pelo menos por cinco Estados.

(B) a discussão e votação dos projetos de lei de iniciativa do Presidente da República, do Supremo Tribunal Federal e dos Tribunais Superiores terão início no Senado Federal.

(C) as leis delegadas serão elaboradas pelo Presidente da República, que deverá solicitar a delegação ao Congresso Nacional.

(D) em caso de relevância e urgência, o Presidente da República poderá adotar medidas provisórias, com força de decreto-lei, devendo submetê-las de imediato ao Congresso Nacional.

(E) o projeto de lei aprovado por uma Casa será revisto pela outra, em dois turnos de discussão e votação, e enviado à sanção ou promulgação, se a Casa revisora o aprovar, ou arquivado, se o rejeitar.

A: incorreta (art. 61, § 2º da CF). A iniciativa popular pode ser exercida pela apresentação à Câmara dos Deputados de projeto de lei subscrito por, no mínimo, um por cento do eleitorado nacional, distribuído pelo menos por cinco Estados, com não menos de três décimos por cento dos eleitores de cada um deles; **B**: incorreta (art. 64 da CF). A discussão e votação dos projetos de lei de iniciativa do Presidente da República, do Supremo Tribunal Federal e dos Tribunais Superiores terão início na Câmara dos Deputados; **C**: correta conforme dispõe o art. 68 da CF; **D**: incorreta "com força de decreto-lei". Em verdade as medidas provisórias terão força de lei. Em caso de relevância e urgência, o Presidente da República poderá adotar medidas provisórias, com força de lei, devendo submetê-las de imediato ao Congresso Nacional (art. 62 da CF); **E**: incorreta "em dois turnos de discussão e votação". O art. 65 da CF estabelece que o projeto de lei aprovado por uma Casa será revisto pela outra, em um só turno de discussão e votação, e enviado à sanção ou promulgação, se a Casa revisora o aprovar, ou arquivado, se o rejeitar.

Gabarito "C"

(Analista – TRT/15ª – 2009 – FCC) No âmbito do processo legislativo previsto na Constituição Federal

(A) as medidas provisórias terão sua votação iniciada no Senado Federal.

(B) a emenda à Constituição será promulgada pelo Presidente da República.

(C) são de iniciativa privativa do Congresso Nacional, dentre outras, as leis que fixem o efetivo das Forças Armadas.

(D) não serão objeto de lei delegada, dentre outras, a matéria reservada à lei complementar.

(E) a Casa na qual tenha sido iniciada a votação enviará o projeto de lei ao Presidente da República, que, aquiescendo, o sancionará.

A: incorreta, pois as medidas provisórias terão a sua votação iniciada na Câmara dos Deputados (art. 62, § 8º da CF); **B**: incorreta (promulgada pelo Presidente da República). A emenda à Constituição Federal será promulgada pelas Mesas da Câmara dos Deputados e do Senado Federal, com o respectivo número de ordem (art. 60, § 3º da CF); **C**: incorreta (são de iniciativa do Congresso Nacional). Nos termos do art. 61, § 1º, I da CF são de iniciativa privativa do Presidente da República as leis que fixem ou modifiquem os efetivos das Forças Armadas; **D**: correta (art. 68, § 1º da CF); **E**: incorreta (tenha sido iniciada). A Casa na qual tenha sido concluída a votação enviará o projeto de lei ao Presidente da República, que, aquiescendo, o sancionará (art. 66, *caput*, da CF).

Gabarito "D"

(Analista – TRT/3ª – 2009 – FCC) As medidas provisórias, com força de lei,

(A) não estão vedadas quando relativas à organização do Ministério Público, à carreira e às garantias de seus membros.

(B) tem eficácia, pelo prazo de noventa dias, a partir de sua publicação, prorrogável por uma única vez e por igual período.

(C) serão apreciadas pelos plenários da Câmara dos Deputados e do Senado Federal, conjuntamente, iniciando-se a votação pelos senadores.

(D) não apreciadas em até sessenta dias, entrarão em regime de urgência, ficando sobrestados os serviços legislativos.

(E) devem ser submetidas de imediato ao Congresso Nacional, ficando dispensada a convocação extraordinária durante o recesso parlamentar.

A: incorreta (não estão vedadas). É vedada a edição de medidas provisórias sobre matéria relativa à organização do Poder Judiciário e do Ministério Público, a carreira e a garantia de seus membros (art. 62, I, "c" da CF). Para complementar: é vedada a edição de medidas provisórias sobre nacionalidade, cidadania, direitos políticos, partidos políticos e direito eleitoral; b) direito penal, processual penal e processual civil; planos plurianuais, diretrizes orçamentárias, orçamento e créditos adicionais e suplementares, ressalvado o previsto no art. 167, § 3º; **B**: incorreta (pelo prazo de noventa dias). As medidas provisórias, ressalvado o disposto nos §§ 11 e 12 do art. 60, perderão eficácia, desde a edição, se não forem convertidas em lei no prazo de sessenta dias, prorrogável, nos termos do § 7º do art. 62, uma vez por igual período, devendo o Congresso Nacional disciplinar, por decreto legislativo, as relações jurídicas delas decorrentes (art. 62, § 3º da CF); **C**: incorreta (plenários da Câmara dos Deputados e do Senado Federal, conjuntamente, iniciando-se a votação pelos senadores). As medidas provisórias terão sua votação iniciada na Câmara dos Deputados (art. 62, § 8º da CF); **D**: incorreta (em até sessenta dias, entrarão em regime de urgência, ficando sobrestados os serviços legislativos). Se a medida provisória não for apreciada em até quarenta e cinco dias contados de sua publicação, entrará em regime de urgência, subsequentemente, em cada uma das Casas do Congresso Nacional, ficando sobrestadas, até que se ultime a votação, todas as demais deliberações legislativas da Casa em que estiver tramitando (art. 62, § 6º da CF); **E**: correta (art. 62, § 4º da CF).

Gabarito "E"

(FGV – 2015) Determinado projeto de lei aprovado pela Câmara dos Deputados foi devidamente encaminhado ao Senado Federal. Na Casa revisora, o texto foi aprovado com pequena modificação, sendo suprimida certa expressão sem, contudo, alterar o sentido normativo do texto aprovado na Câmara. Assim, o projeto foi enviado ao Presidente da República, que promoveu a sua sanção, dando origem à Lei "L". Neste caso, segundo a jurisprudência do Supremo Tribunal Federal,

(A) não houve irregularidade no processo legislativo, porque não há necessidade de reapreciação, pela Câmara dos Deputados, do projeto de lei que tenha expressão suprimida pelo Senado Federal, quando sentido o normativo da redação remanescente não foi alterado.
(B) não houve irregularidade no processo legislativo, porque é função precípua da Casa revisora estabelecer as mudanças que lhe parecerem adequadas, sendo desnecessário o retorno à Casa iniciadora, mesmo nas situações em que a alteração modifique o sentido normativo inicial.
(C) houve irregularidade no processo legislativo, pois qualquer alteração realizada, pela Casa revisora, no texto do projeto de lei implica a necessária devolução à Casa iniciadora, a fim de que aprecie tal alteração.
(D) houve irregularidade no processo legislativo, mas, por tratar-se de problema de natureza interna corporis do Congresso Nacional, somente uma ADI proposta pela Mesa da Câmara dos Deputados teria o condão de suscitar a inconstitucionalidade da Lei "L".

A: correta. De fato não houve irregularidade no processo legislativo, porque não há necessidade de reapreciação pela Casa iniciadora quando não houver alteração no sentido jurídico da norma. De acordo com o STF: "O parágrafo único do art. 65 da CF **só determina o retorno do projeto de lei à Casa iniciadora se a emenda parlamentar introduzida acarretar modificação no sentido da proposição jurídica**." (ADI 2.238-MC, rel. p/ o ac. min. Ayres Britto, julgamento em 9-8-2007, Plenário, DJE de 12-9-2008.) Vide: ADI 2.182, rel. p/ o ac. Min. Cármen Lúcia, julgamento em 12-5-2010, Plenário, DJE de 10-9-2010. Outra decisão do STF sobre o tema: "Inconstitucionalidade formal da Lei 8.429/1992 (Lei de Improbidade Administrativa): inexistência. (...) Iniciado o projeto de lei na Câmara de Deputados, cabia a esta o encaminhamento à sanção do presidente da República depois de examinada a emenda apresentada pelo Senado da República. **O substitutivo aprovado no Senado da República, atuando como Casa revisora, não caracterizou novo projeto de lei a exigir uma segunda revisão.**" (ADI 2.182, rel. p/ o ac. min. Cármen Lúcia, julgamento em 12-5-2010, Plenário, DJE de 10-9-2010.) Vide: ADI 2.238-MC, rel. p/ o ac. min. Ayres Britto, julgamento em 9-8-2007, Plenário, DJE de 12-9-2008. Assim, se uma emenda que visar apenas a correção de uma impropriedade técnica ou aprimoramento da redação do projeto de lei, por exemplo, não precisará voltar à casa iniciadora; **B**: incorreta. Quando há alteração substancial, quando o sentido jurídico da norma é modificado, o projeto precisa voltar para a Casa iniciadora para que ela aprecie, de forma pontual, a alteração feita pela Casa revisora; **C**: incorreta. Não é qualquer alteração que implica a necessária devolução à Casa iniciadora, mas apenas a que implique mudança no sentido jurídico da norma, conforme já demonstrado. **D**: incorreta. As matérias de natureza interna *corporis*, ou seja, aquelas que devem ser decididas por cada poder internamente, em regra, não podem ser objeto de ADI. Vale lembrar que o art. 18 do Regimento Interno da Câmara dos Deputados trata das emendas que podem ser feitas em relação aos projetos de lei. De acordo com o § 1º do mencionado dispositivo, as emendas podem ser supressivas, aglutinativas, substitutivas, modificativas ou aditivas. A **supressiva** é a que manda erradicar qualquer parte de outra proposição (§ 2º do art. 18 do RICD). A **aglutinativa** é a que resulta da fusão de outras emendas, ou destas com o texto, por transação tendente à aproximação dos respectivos objetos (§ 3º do art. 18 do RICD). A **substitutiva** é a apresentada como sucedânea a parte de outra proposição, denominando-se "substitutivo" quando a alterar, substancial ou formalmente, em seu conjunto; considera-se formal a alteração que vise exclusivamente ao aperfeiçoamento da técnica legislativa (§ 4º do art. 18 do RICD). A **modificativa** é a que altera a proposição sem a modificar substancialmente (§ 5º do art. 18 do RICD). A **aditiva** é a que se acrescenta a outra proposição (§ 6º do art. 18 do RICD). Além disso, denomina-se **subemenda** a emenda apresentada em Comissão a outra emenda e que pode ser, por sua vez, supressiva, substitutiva ou aditiva, desde que não incida, a supressiva, sobre emenda com a mesma finalidade (§ 7º do art. 18 do RICD). Por fim, denomina-se **emenda de redação** a modificativa que visa a sanar vício de linguagem, incorreção de técnica legislativa ou lapso manifesto (§ 8º do art. 18 do RICD).

Gabarito "A".

4.1.2. Fiscalização Contábil, Financeira e Orçamentária

(Analista – TRT/24ª – 2011 – FCC) A fiscalização contábil, financeira, orçamentária, operacional e patrimonial da União e das entidades da administração direta e indireta, quanto à legalidade, legitimidade, economicidade, aplicação das subvenções e renúncia de receitas, será exercida, mediante controle externo, pelo

(A) Ministro da Justiça.
(B) Advogado Geral da União.
(C) Chefe da Casa Civil.
(D) Supremo Tribunal Federal.
(E) Congresso Nacional.

Conforme o art. 70, *caput*, da CF, a fiscalização contábil, financeira, orçamentária, operacional e patrimonial da União e das entidades da administração direta e indireta, quanto à legalidade, legitimidade, economicidade, aplicação das subvenções e renúncia de receitas, será exercida pelo Congresso Nacional, mediante controle externo, e pelo sistema de controle interno de cada Poder.

Gabarito "E".

(Analista – TRT/23ª – 2011 – FCC) A empresa JJPTO Ltda. firmou contrato administrativo com a União, após participar de processo de licitação fraudulento do qual saiu vencedora, para o fornecimento de cartuchos de tintas para as impressoras das repartições públicas. Segundo a Constituição Federal, no caso desse contrato, o ato de sustação será adotado

(A) diretamente pelo Congresso Nacional, que solicitará, de imediato, ao Poder Executivo as medidas cabíveis.
(B) pelo Tribunal de Contas da União, mediante controle interno, que solicitará, de imediato, ao Congresso Nacional as medidas cabíveis.
(C) pelo Tribunal de Contas da União, mediante controle externo, que, após prestar informações ao Poder Executivo, solicitará ao Congresso Nacional as medidas cabíveis.
(D) diretamente pelo Tribunal de Contas da União, que, após prestar informações ao Poder Executivo, solicitará ao Poder Judiciário as medidas cabíveis.
(E) diretamente pelo Tribunal de Contas da União, que, após prestar informações ao Poder Legislativo, solicitará ao Poder Judiciário as medidas cabíveis.

De acordo com o art. 71, § 1º, da CF, o controle externo é realizado pelo Congresso Nacional com o auxílio do Tribunal de Contas da União e, na hipótese de contrato, o ato de sustação será adotado diretamente pelo Congresso Nacional, que solicitará, de imediato, ao Poder Executivo as medidas cabíveis.

Gabarito "A".

(Analista – TRT/14ª – 2011 – FCC) No tocante ao Tribunal de Contas da União, é correto afirmar que:

(A) No caso de contrato, o ato de sustação será adotado diretamente pelo Congresso Nacional, que solicitará, de imediato, ao Poder Executivo as medidas cabíveis.
(B) O auditor, quando em substituição a Ministro não terá as mesmas garantias e impedimentos do titular.
(C) É integrado por onze Ministros, jurisdição em todo o território nacional, quadro próprio de pessoal e jurisdição em todo o território nacional.
(D) As decisões do Tribunal de que resulte imputação de débito ou multa deverão ser submetidas ao crivo do Congresso Nacional em sessão legislativa por ambas as Casas, sendo que a decisão do Senado Federal terá eficácia de título executivo.
(E) O Tribunal encaminhará ao Congresso Nacional, semestralmente, relatório de suas atividades.

A: correta (art. 71,§ 1º, da CF); **B**: incorreta. Ao contrário, o auditor nesse caso tem as mesmas garantias e impedimentos do titular (art. 73, §4º, da CF); **C**: incorreta. O Tribunal de Contas da União - TCU é integrado por nove e não onze ministros (art. 73, *caput*, da CF); **D**: incorreta. Tais decisões têm eficácia de título executivo e não precisam ser submetidas ao crivo do Congresso Nacional (art. 71, § 3º, da CF); **E**: incorreta. O Tribunal encaminha o relatório de suas atividades ao Congresso Nacional trimestral e anualmente.

Gabarito "A".

(Analista – TRT/8ª – 2010 – FCC) A fiscalização contábil, financeira, orçamentária, operacional e patrimonial da União e das entidades da administração direta e indireta, quanto à legalidade, legitimidade, economicidade, aplicação das subvenções e renúncia de receitas, será exercida

(A) pelo Supremo Tribunal Federal, mediante controle externo, e pelo sistema de controle interno pela Comissão Nacional de Justiça.
(B) pela Comissão Nacional de Justiça, mediante controle externo, e pelo sistema de controle interno do Supremo Tribunal Federal.
(C) pelo Superior Tribunal de Justiça, mediante controle externo, e pelo sistema de controle interno da Comissão Nacional de Justiça.
(D) pela Advocacia Geral da União, mediante controle externo, e pelo sistema de controle interno de cada Poder.
(E) pelo Congresso Nacional, mediante controle externo, e pelo sistema de controle interno de cada Poder.

Art. 70 da CF.

Gabarito "E".

(Analista – TRT/21ª – 2010 – CESPE) Acerca de fiscalização contábil, financeira e orçamentária, julgue os itens subsequentes.

(1) É da competência exclusiva do Senado Federal julgar anualmente as contas prestadas pelo presidente da República e apreciar os relatórios acerca da execução dos planos de governo.
(2) Compete ao Congresso Nacional exercer a fiscalização contábil, financeira, orçamentária, patrimonial e operacional da União e das entidades da administração direta e indireta.

1: incorreta. Competência exclusiva do Congresso Nacional (art. 49, IX, da CF); **2:** correta. Art. 70 da CF.

Gabarito 1E, 2C

(Analista – TRT/15ª – 2009 – FCC) Quanto à fiscalização contábil, financeira e orçamentária da União e das entidades da administração direta e indireta, é correto que

(A) o controle externo, a cargo exclusivo do Senado Federal, será exercido com o auxílio do Tribunal de Contas da União.
(B) as decisões do Tribunal de Contas da União de que resulte imputação de débito ou multa terão eficácia de titulo executivo.
(C) o Tribunal de Contas da União encaminhará à Câmara dos Deputados, semestralmente, o relatório de suas atividades.
(D) o Tribunal de Contas da União será integrado por quinze Ministros com mais de trinta e menos de setenta anos de idade.
(E) o auditor do Tribunal de Contas, quando em substituição a Ministro, terá as mesmas garantias, prerrogativas, impedimentos e vantagens dos Ministros do Supremo Tribunal Federal.

A: incorreta, pois não reflete o disposto nos arts. 70, *caput*, e 71, ambos da CF; **B:** correta. Art. 71, § 3º, da CF; **C:** incorreta, pois não reflete o disposto no art. 71, § 4º, da CF; **D:** incorreta, pois não reflete o disposto no art. 73, *caput* e § 1º, I, da CF; **E:** incorreta, pois não reflete o disposto no art. 73, § 4º, da CF.

Gabarito "B".

(Analista – TRT/23ª – 2007 – FCC) Analise as assertivas em relação à Fiscalização Contábil, Financeira e Orçamentária.

I. O Tribunal de Contas da União, integrado por onze Ministros, tem sede no Distrito Federal, quadro próprio de pessoal e jurisdição em todo o território nacional.
II. A fiscalização contábil, financeira, orçamentária, operacional e patrimonial da União quanto à legalidade, legitimidade, economicidade, aplicação das subvenções e renúncia de receitas, será exercida pelo Congresso Nacional, mediante controle externo, e pelo sistema de controle interno de cada Poder.
III. Dois terços dos Ministros do Tribunal de Contas da União serão escolhidos pelo Presidente da República, com aprovação do Senado Federal, sendo dois alternadamente dentre auditores e membros do Ministério Público junto ao Tribunal, indicados em lista tríplice pelo Tribunal, segundo os critérios de antiguidade e merecimento.
IV. Os Ministros do Tribunal de Contas da União terão as mesmas garantias, prerrogativas, impedimentos, vencimentos e vantagens dos Ministros do Superior Tribunal de Justiça.

De acordo com a Constituição Federal de 1988, é correto o que se afirma APENAS em

(A) I, II e III.
(B) I, III e IV.
(C) II, III e IV.
(D) II e IV.
(E) III e IV.

I: incorreta, pois é integrado por nove Ministros (art. 73, *caput*, da CF); **II:** correta. Art. 70, *caput*, da CF; **III:** incorreta, pois não reflete as regras estabelecidas no art. 73, § 2º, I e II, da CF; **IV:** correta. Art. 73, § 3º, da CF.

Gabarito "D".

(Analista – TRT/19ª – 2008 – FCC) O Tribunal de Contas da União é composto de 09 Ministros que serão escolhidos da seguinte forma:

(A) um terço pelo Presidente da República, com aprovação da Câmara dos Deputados, e dois terços pelo Senado Federal.
(B) dois terços pelo Presidente da República, com aprovação do Senado Federal, e um terço pelo Congresso Nacional.
(C) dois terços pelo Presidente da República, com aprovação do Congresso Nacional, e um terço pelo Senado Federal.
(D) um terço pelo Presidente da República, com aprovação do Congresso Nacional, um terço pela Câmara dos Deputados, e um terço pelo Senado Federal.
(E) um terço pelo Presidente da República, com aprovação do Senado Federal, e dois terços pelo Congresso Nacional.

De fato os Ministros do Tribunal de Contas da União serão escolhidos um terço pelo Presidente da República, com aprovação do Senado Federal, sendo dois alternadamente dentre auditores e membros do Ministério Público junto ao Tribunal, indicados em lista tríplice pelo Tribunal, segundo os critérios de antiguidade e merecimento e dois terços pelo Congresso Nacional nos termos do art. 73, § 2º, I e II da CF.

Gabarito "E".

4.2. Poder Executivo

(Analista – TRT/16ª – 2014 – FCC) É competência privativa do Presidente da República, de acordo com a Constituição Federal, prestar,

(A) anualmente, ao Congresso Nacional, dentro de noventa dias após abertura da sessão legislativa, as contas referentes ao exercício anterior.
(B) trimestralmente, ao Congresso Nacional, as contas referentes ao seu mandato.
(C) anualmente, ao Congresso Nacional, dentro de até trinta dias após a abertura da sessão legislativa, as contas referentes ao exercício anterior.
(D) semestralmente, ao Congresso Nacional, as contas referentes ao seu mandato.
(E) anualmente, ao Congresso Nacional, dentro de sessenta dias após a abertura da sessão legislativa, as contas referentes ao exercício anterior.

A: incorreta. A prestação de contas referentes ao exercício anterior deve ser feita anualmente, mas dentro **sessenta dias** após a abertura da sessão legislativa. De acordo com o art. 84, XXIV, da CF, o Presidente da República, de fato, deve prestar, anualmente, ao Congresso Nacional, dentro de sessenta dias após a abertura da sessão legislativa, as contas referentes ao exercício anterior; **B:** incorreta. A prestação de contas é feita **anualmente**; **C:** incorreta. Como mencionado, a prestação de contas referentes ao exercício anterior deve ser feita anualmente, mas dentro **sessenta dias** após a abertura da sessão legislativa; **D:** incorreta. A prestação de contas não é feita semestralmente, mas **anualmente**, conforme já mencionado; **E:** correta. É o que determina o art. 84, XXIV, da CF.

Gabarito "E".

(Analista – TRT/9ª – 2012 – FCC) Dentre as atribuições privativas do Presidente da República, poderá ser delegada aos Ministros de Estado, ao Procurador-Geral da República ou ao Advogado-Geral da União, que observarão os limites traçados nas respectivas delegações, a atribuição de

(A) prover os cargos públicos federais, na forma da lei.
(B) nomear o Advogado-Geral da União, nos casos previstos na Constituição Federal brasileira.

(C) nomear, após aprovação pelo Senado Federal, os Ministros do Supremo Tribunal Federal e dos Tribunais Superiores.
(D) nomear os magistrados, nos casos previstos na Constituição Federal brasileira.
(E) celebrar a paz com o referendo do Congresso Nacional, em caso de ter sido declarada guerra.

A: correta. De acordo com o art. 84, parágrafo único, da CF/1988, o Presidente da República poderá delegar a atribuição de prover cargos públicos federais, na forma da lei; **B:** incorreta. A nomeação do Advogado-Geral da União (art. 84, XVI, da CF/1988), nos casos previstos na Constituição Federal, não pode ser delegada pelo Presidente da República; **C:** incorreta. Cabe ao Presidente da República a nomeação, após aprovação pelo Senado Federal, dos Ministros do Supremo Tribunal Federal e dos Tribunais Superiores (art. 84, XIV, da CF/1988). Essa atribuição não pode ser delegada; **D:** incorreta. A nomeação dos magistrados, nos casos previstos na Constituição Federal também não pode ser delegada (art. 84, XVI, da CF/1988); **E:** incorreta. A celebração da paz, com referendo do Congresso Nacional, em caso de guerra declarada, também é uma atribuição indelegável (art. 84, XX, da CF/1988).

Gabarito "A"

(Analista – TRT/11ª – 2012 – FCC) Segundo a Constituição Federal, a instituição de fundação pública deve ser autorizada por

(A) ato administrativo emanado pelo Poder Público federal que, inclusive, definirá suas áreas de atuação.
(B) ato administrativo emanado pelo Poder Público municipal, do Município onde estiver localizada sua sede que, inclusive, definirá suas áreas de atuação.
(C) ato administrativo emanado pelo Poder Público estadual que, inclusive, definirá suas áreas de atuação.
(D) lei específica, cabendo à lei complementar definir suas áreas de atuação.
(E) decreto municipal, emitido pelo Prefeito do Município onde estiver localizada sua sede que, inclusive, definirá suas áreas de atuação.

A, B, C e **E:** incorretas. A instituição de fundação pública deve ser feita por lei específica e não por ato administrativo. Além disso, a definição das áreas de atuação é efetivada por lei complementar; **D:** correta. De acordo com o art. 37, XIX, da CF, somente por *lei específica* poderá ser criada autarquia e *autorizada a instituição* de empresa pública, de sociedade de economia mista e *de fundação*, cabendo à *lei complementar*, neste último caso, *definir as áreas de sua atuação*.

Gabarito "D"

(Analista – TRT/11ª – 2012 – FCC) É lícito ao Presidente da República, delegar ao Ministro de Estado, a atribuição de

(A) exercer o comando supremo das Forças Armadas, nomear os Comandantes da Marinha, do Exército e da Aeronáutica, promover seus oficiais-generais e nomeá-los para os cargos que lhes são privativos.
(B) manter relações com Estados estrangeiros e acreditar seus representantes diplomáticos e celebrar tratados, convenções e atos internacionais, sujeitos a referendo do Congresso Nacional.
(C) dispor, mediante decreto, sobre a organização e funcionamento da administração federal, quando não implicar aumento de despesa nem criação ou extinção de órgãos públicos, e sobre a extinção de funções ou cargos públicos, quando vagos.
(D) nomear, após aprovação pelo Senado Federal, os Ministros do Supremo Tribunal Federal e dos Tribunais Superiores, os Governadores de Territórios, o Procurador-Geral da República, o presidente e os diretores do banco central e outros servidores, quando determinado em lei.
(E) celebrar a paz, autorizado ou com o referendo do Congresso Nacional, conferir condecorações e distinções honoríficas e enviar ao Congresso Nacional o plano plurianual, o projeto de lei de diretrizes orçamentárias.

A: incorreta. As atribuições mencionadas estão previstas no art. 84, XIII, da CF/1988 e são indelegáveis; **B:** incorreta. Como o Presidente da República é Chefe de Estado a ele é dada a atribuição de manter relação com os Estados estrangeiros e acreditar seus representantes diplomáticos (art. 84, VII, da CF/1988). Além disso, compete ao Presidente a celebração de tratados, convenções e atos internacionais sujeitos a refendo do Congresso Nacional (art. 84, VIII, da CF/1988). Ambas as atribuições não podem ser delegadas ao Ministro de Estado; **C:** correta (art. 84, parágrafo único, da CF/1988); **D:** incorreta. A nomeação das autoridades mencionadas (art. 84, XIV, da CF/1988) é da competência do Presidente da República e não comporta delegação; **E:** incorreta. Por fim, a atribuição de celebrar a paz (art. 84, XX, da CF/1988), conferir condecorações e distinções honoríficas (art. 84, XXI, da CF/1988) e enviar ao Congresso Nacional o plano plurianual, o projeto de lei de diretrizes orçamentárias e as propostas de orçamento previstas na Constituição Federal (art. 84, XXIII, da CF/1988),são indelegáveis.

Gabarito "C"

(Analista – TRT/6ª – 2012 – FCC) Compete privativamente ao Presidente da República

(A) nomear, após a aprovação do Congresso Nacional, Ministros do Supremo Tribunal Federal.
(B) celebrar a paz, autorizado ou com o referendo do Congresso Nacional.
(C) exercer, com o auxílio dos Deputados e Senadores, a direção superior da administração federal.
(D) nomear e exonerar Ministros de Estado com a anuência do Congresso Nacional.
(E) prestar, trimestralmente, ao Senado Federal, as contas referentes ao exercício de seu mandato.

A: incorreta. É da competência privativa do Presidente da República nomear os Ministros do STF, mas após *aprovação pelo Senado Federal* (art. 84, XIV, da CF) e não pelo Congresso Nacional; **B:** correta (art. 84, XX, da CF); **C:** incorreta. O Presidente exerce a direção superior da administração federal com o *auxílio dos Ministros de Estado* (art. 84, II, da CF); **D:** incorreta. Não há necessidade de anuência do Congresso Nacional (art. 84, I, da CF); **E:** incorreta. A prestação de contas referentes ao exercício anterior é feita pelo Presidente ao Congresso, *anualmente*, dentro de sessenta dias após a abertura da sessão legislativa (art. 84, XXIV, da CF).

Gabarito "B"

(Analista – TRT/24ª – 2011 – FCC) No que concerne à responsabilidade do Presidente da República, é INCORRETO afirmar:

(A) Admitida a acusação, por dois terços da Câmara dos Deputados, será ele submetido a julgamento perante o Senado Federal, nos crimes de responsabilidade.
(B) Admitida a acusação, por dois terços da Câmara dos Deputados, será ele submetido a julgamento perante o Supremo Tribunal Federal, nas infrações penais comuns.
(C) Nos casos de infrações penais comuns, se, decorrido o prazo de cento e vinte dias, o julgamento não estiver concluído, cessará o afastamento do Presidente, sem prejuízo do regular prosseguimento do processo.
(D) Enquanto não sobrevier sentença condenatória, nas infrações comuns, o Presidente da República não estará sujeito à prisão.
(E) Na vigência de seu mandato, não pode ser responsabilizado por atos estranhos ao exercício de suas funções.

A e **B:** corretas (art. 86, *caput*, da CF); **C:** incorreta, devendo ser assinalada. A Constituição Federal determina que se, decorrido o prazo de cento e oitenta dias, o julgamento não estiver concluído, cessará o afastamento do Presidente, sem prejuízo do regular prosseguimento do processo (art. 86, § 2º, da CF); **D:** correta (art. 86, § 3º, da CF); **E:** correta (art. 86, § 4º, da CF).

Gabarito "C"

(Analista – TRT/23ª – 2011 – FCC) A infração político-administrativa, definida em Lei, praticada pelo Presidente da República no desempenho da função que atente contra o livre exercício dos Poderes do Estado é classificada de crime

(A) comum.
(B) de responsabilidade.
(C) ditatorial.
(D) hediondo.
(E) ordinário.

Conforme o art. 85, II, da CF, são considerados crimes de responsabilidade os atos do Presidente da República que atentem contra a Constituição Federal e, especialmente, contra o livre exercício do Poder Legislativo, do Poder Judiciário, do Ministério Público e dos Poderes constitucionais das unidades da Federação.

Gabarito "B"

(Analista – TRT/20ª – 2011 – FCC) Lírio, Presidente da República, no intuito de dar um golpe de Estado, ordenou ao Exército que fechasse o Congresso Nacional e todos os Tribunais do país, impedindo o exercício do Poder Legislativo e do Poder Judiciário. Passados vinte dias de intensa revolta popular, Lírio percebeu que sua tentativa de golpe havia fracassado e temeroso por perder seu cargo reconsiderou sua ordem, restabelecendo as atividades do Poder Legislativo e do Poder Judiciário. Segundo disposto na Constituição Federal, Lírio cometeu

(A) infração penal comum e será submetido a julgamento perante o Supremo Tribunal Federal.
(B) crime de responsabilidade e será submetido a julgamento perante o Senado Federal.
(C) crime de responsabilidade e será submetido a julgamento perante o Supremo Tribunal Federal, cujo recurso será dirigido ao Colegiado formado por membros do Poder Judiciário e do Poder Legislativo.
(D) infração penal comum e será submetido a julgamento perante o Senado Federal, cujo recurso será dirigido ao Colegiado formado por membros do Poder Judiciário e do Poder Legislativo.
(E) crime de responsabilidade e será submetido a julgamento perante a Comissão formada por membros do Poder Judiciário e do Poder Legislativo.

Conforme o art. 85, II, da CF, configura crime de responsabilidade o ato do Presidente da República que atente contra o livre exercício do Poder Legislativo, do Poder Judiciário, do Ministério Público e dos Poderes constitucionais das unidades da Federação Tal crime é julgado pelo Senado Federal, conforme o art. 86, *caput*, da CF.

Gabarito "B"

(Analista – TRT/14ª – 2011 – FCC) Com relação às atribuições e responsabilidades do Presidente da República,

(A) admitida a acusação, por dois quintos da Câmara dos Deputados, será ele submetido a julgamento perante o Supremo Tribunal Federal, nas infrações penais comuns, ou perante o Senado Federal, nos crimes de responsabilidade.
(B) compete-lhe prestar, trimestralmente, ao Congresso Nacional, dentro de trinta dias após a abertura da sessão legislativa, as contas referentes ao exercício anterior.
(C) compete-lhe privativamente permitir, nos casos previstos em lei complementar, que forças estrangeiras transitem pelo território nacional ou nele permaneçam temporariamente.
(D) ficará suspenso de suas funções, nas infrações penais comuns, se recebida a denúncia ou queixa crime pelo Superior Tribunal de Justiça.
(E) ficará suspenso de suas funções, nos crimes de responsabilidade, após a instauração do processo pela Câmara dos Deputados.

A: incorreta. O quórum é de dois terços e não dois quintos (art. 86, *caput*, da CF); **B:** incorreta. A prestação de contas referentes ao exercício anterior é feita anualmente pelo Presidente da República ao Congresso Nacional, dentro de sessenta dias após abertura da sessão legislativa (art. 84, XXIV, da CF); **C:** correta (art. 84, XXII, da CF); **D:** incorreta. Quem recebe a denúncia ou queixa não é o Superior Tribunal de Justiça e sim o Supremo Tribunal Federal (art. 86, § 1º, I, da CF); **E:** incorreta. O Presidente da República ficará suspenso de suas funções, nos crimes de responsabilidade, após a instauração do processo pelo Senado Federal (art. 86, § 1º, II, da CF).

Gabarito "C"

(Analista – TRT/14ª – 2011 – FCC) Com exceção do Presidente e do Vice-Presidente, os demais membros do Conselho Nacional de Justiça serão nomeados pelo

(A) Presidente da República, mediante prévia aprovação da escolha pela maioria absoluta do Congresso Nacional.
(B) Presidente do Supremo Tribunal Federal, após ter a escolha sido aprovada pela maioria simples do Senado Federal.
(C) Presidente da República, após a escolha ser aprovada pela maioria absoluta do Senado Federal.
(D) Ministro da Justiça, mediante prévia aprovação da escolha pela maioria simples do Congresso Nacional.
(E) Presidente do Supremo Tribunal Federal, após a escolha ser aprovada pela maioria absoluta da Câmara dos Deputados.

A: incorreta. A aprovação prévia é feita pelo Senado Federal e não pelo Congresso Nacional; **B:** incorreta. Quem nomeia é o Presidente da República e não o do Supremo. Além disso, a aprovação prévia do Senado se dá por maioria absoluta e não simples como mencionado; **C:** correta. É o que determina o art. 103-B, § 2º, da CF; **D** e **E:** incorretas. Conforme mencionado, quem nomeia os demais membros do Conselho Nacional de Justiça é o Presidente da República e a escolha prévia, pelo voto da maioria absoluta, cabe ao Senado Federal.

Gabarito "C"

(Analista – TRT/14ª – 2011 – FCC) A acusação contra o Presidente da República por crime de responsabilidade

(A) não o coloca na condição de acusado ou indiciado, tendo em vista o princípio da presunção de inocência.
(B) coloca-o na condição de acusado, assegurando-lhe o direito a ampla defesa e o contraditório, sob pena de nulidade do procedimento.
(C) não o considera denunciado até a manifestação definitiva do Superior Tribunal de Justiça pelo Supremo Tribunal Federal.
(D) considera-o como indiciado, garantindo-lhe a defesa, mas não a nulidade do procedimento.
(E) implica na suspensão obrigatória de suas funções em razão da denúncia até a decisão final.

A acusação contra o Presidente da República por crime de responsabilidade coloca-o na condição de acusado, assegurando-lhe o direito a ampla defesa e o contraditório, sob pena de nulidade do procedimento. É sabido que o Presidente detém certa imunidade, também chamada de irresponsabilidade penal relativa, prevista no art. 86, § 4º, da CF, mas essa diz respeito a não responsabilização do Presidente por atos estranhos ao exercício da função, o que não ocorre quando da prática de crimes de responsabilidade.

Gabarito "B"

(Técnico – TRT/22ª – 2010 – FCC) O Presidente da República poderá delegar ao Procurador-Geral da República a competência de

(A) enviar ao Congresso Nacional o plano plurianual, o projeto de lei de diretrizes orçamentárias e as propostas de orçamento previstos na Constituição Federal.
(B) remeter mensagem e plano de governo ao Congresso Nacional por ocasião da abertura da sessão legislativa, expondo a situação do País e solicitando as providências que julgar necessárias.
(C) exercer o comando supremo das Forças Armadas, nomear os Comandantes da Marinha, do Exército e da Aeronáutica, promover seus oficiais-generais e nomeá-los para os cargos que lhes são privativos.
(D) permitir, nos casos previstos em lei complementar, que forças estrangeiras transitem pelo território nacional ou nele permaneçam temporariamente.
(E) dispor, mediante decreto, sobre organização e funcionamento da administração federal, quando não implicar aumento de despesa nem criação ou extinção de órgãos públicos.

A: incorreta (art. 84, XXIII, da CF); **B:** incorreta (art. 84, XI, da CF); **C:** incorreta (art. 84, XIII, da CF); **D:** incorreta (art. 84, XXII, da CF); **E:** correta. O art. 84 da CF, em vinte e sete incisos, trata das competências privativas do Presidente da República. O parágrafo único do mesmo dispositivo admite a delegação das atribuições previstas nos incisos VI, XII e XXV. A disposição, mediante decreto, sobre organização e funcionamento da administração federal, quando não implicar aumento de despesa nem criação ou extinção de órgãos públicos, é um exemplo, pois vem prevista no inciso VI.

Gabarito "E"

(Técnico – TRT/8ª – 2010 – FCC) No tocante à responsabilidade do Presidente da República,

(A) admitida a acusação contra ele, por um terço da Câmara dos Deputados, será ele submetido a julgamento perante o Supremo Tribunal Federal nos crimes de responsabilidade.
(B) os crimes de responsabilidade serão definidos em lei especial, que estabelecerá as normas de processo e julgamento.
(C) são crimes de responsabilidade os atos que atentarem contra a Constituição Federal e, especialmente, contra a probidade na administração.
(D) ficará suspenso de suas funções nas infrações penais comuns, se recebida a denúncia ou queixa-crime pelo Senado Federal.
(E) ficará suspenso de suas funções nos crimes de responsabilidade, após a instauração do processo pelo Supremo Tribunal Federal.

A: incorreta. Há duas afirmações erradas nessa alternativa. A primeira é relativa ao quórum, pois é de dois terços e não de um terço, como mencionado. O segundo erro diz respeito à competência para julgamento do Presidente no caso de crimes de responsabilidade que é do Senado Federal e não do Supremo Tribunal Federal, como afirmado (art. 86, *caput*, da CF); **B:** incorreta. A Constituição Federal, em seu art. 85, lista, de forma exemplificativa, hipóteses de crimes de responsabilidade. O parágrafo único do mesmo dispositivo determina que esses crimes sejam definidos em lei especial e que tal lei estabelecerá as normas de processo e julgamento. Desse modo, é possível concluir que há crimes de responsabilidade na Constituição e em lei especial como é o caso da Lei 1.079/1950, alterada pela Lei 10.028/2000. O processo e julgamento dos crimes de responsabilidade se dão de acordo com as normas previstas na Lei 8.038/1990; **C:** correta, conforme dispõe o art. 85, V, da CF; **D** e **E:** incorretas. Conforme o art. 86, § 1º, I, da CF, o Presidente ficará suspenso de suas funções, nas infrações penais comuns, se recebida a denúncia ou queixa-crime pelo Supremo Tribunal Federal e, nos crimes de responsabilidade, após a instauração do processo pelo Senado Federal.

Gabarito "C"

(Analista – TRT/8ª – 2010 – FCC) A função do Vice-Presidente da República de substituir o Presidente da República impedido do exercício do cargo é classificada como

(A) típica de ordem constitucional.
(B) atípica de ordem legal.
(C) objetiva de ordem legal.
(D) objetiva de ordem mandamental.
(E) analítica de ordem mandamental.

A especialização funcional dos Poderes diz respeito à atribuição de uma "função típica" para cada um deles, o que não exclui o exercício de "funções atípicas" por todos, vale dizer, muito embora a função típica (preponderante) do Poder Executivo seja administrar, do Poder Legislativo seja legislar e do Poder Judiciário seja julgar, nada impede que todos os Poderes legislem, administrem e julguem. Em suma: a função típica de um Poder é atípica do outro. Assim, a função do Vice-Presidente da República de substituir o Presidente da República constitui função típica, porque é exercício do Poder Executivo. Além disso, encontra previsão constitucional (art. 79 da CF).

Gabarito "A"

(Analista – TRT/12ª – 2010 – FCC) Na hipótese de condenação por crime de responsabilidade, a Constituição Federal prevê que o Presidente da República estará sujeito à perda do cargo e à inabilitação para o exercício de função pública que são sanções

(A) dependentes e subjetivas.
(B) típicas e não cumulativas.
(C) atípicas e não cumulativas.
(D) autônomas e cumulativas.
(E) atípicas e subjetivas.

Art. 52, I e parágrafo único, da CF.

Gabarito "D"

(Analista – TRT/22ª – 2010 – FCC) As atribuições do Presidente da República poderão ser delegadas aos Ministros de Estado, ao Procurador-Geral da República ou ao Advogado-Geral da União, que observarão os limites traçados nas respectivas delegações. Dentre outras, são atribuições que poderão ser delegadas:

(A) celebrar tratados, convenções e atos internacionais, sujeitos a referendo do Congresso Nacional.
(B) prestar, anualmente, ao Congresso Nacional, dentro de sessenta dias após a abertura da sessão legislativa, as contas referentes ao exercício anterior.
(C) conceder indulto e comutar penas, com audiência, se necessário, dos órgãos instituídos em lei.
(D) iniciar o processo legislativo, na forma e nos casos previstos na Constituição Federal.
(E) conferir condecorações e distinções honoríficas.

Art. 84, parágrafo único, da CF.

Gabarito "C"

(Analista – TRT/21ª – 2010 – CESPE) Com relação às atribuições e responsabilidades do presidente da República, julgue os seguintes itens.

(1) O presidente da República somente pode ser processado, seja por crime comum, seja por crime de responsabilidade, após o juízo de admissibilidade da Câmara dos Deputados, que necessita do voto de dois terços de seus membros para autorizar o processo.
(2) A Constituição Federal de 1988 concede ao presidente da República a prerrogativa de celebrar tratados, convenções e atos internacionais, sujeitos a referendo do Congresso Nacional.

1: correta. Art. 51, I, da CF; **2:** correta. Art. 84, VIII, da CF.

Gabarito 1C, 2C

(Analista – TRT/24ª – 2006 – FCC) Compete, privativamente, ao Presidente da República

(A) proceder à nomeação e à exoneração de Ministros de Estado, com anuência do Congresso Nacional.
(B) permitir, nos casos previstos em lei ordinária, que forças estrangeiras transitem pelo território nacional ou nele permaneçam temporariamente.
(C) sancionar, promulgar e fazer publicar as emendas constitucionais e leis, bem como expedir decretos e regulamentos para sua fiel execução.
(D) prestar, anualmente, ao Congresso Nacional, dentro de noventa dias após a abertura da sessão legislativa, as contas referentes ao exercício anterior.
(E) conceder indulto e comutar penas, com audiência, se necessário, dos órgãos instituídos em lei, podendo delegar tal atribuição ao Advogado-Geral da União.

A: incorreta, pois não se exige anuência do Congresso Nacional (art. 84, I, da CF); **B:** incorreta. O art. 84, XXII, da CF exige lei complementar; **C:** incorreta. O art. 84, IV, da CF não se refere às emendas constitucionais, que são publicadas pelas Mesas da Câmara dos Deputados e do Senado Federal (art. 60, § 3º, da CF); **D:** incorreta. O art. 84, XXIV, da CF estabelece o prazo de sessenta dias; **E:** correta. Art. 84, XII, da CF.

Gabarito "E"

(Analista – TRT/2ª – 2008 – FCC) O Conselho da República é órgão superior de consulta do Presidente da República, e dele NÃO participa o:

(A) Vice-Presidente da República.
(B) Presidente da Câmara dos Deputados.
(C) Presidente do Senado Federal.
(D) Presidente do Supremo Tribunal Federal.
(E) Ministro da Justiça.

Do Conselho da República não participa o Presidente do Supremo Tribunal Federal (art. 89 da CF). O Conselho da República é órgão superior de consulta do Presidente da República, e dele participam o Vice-Presidente da República; o Presidente da Câmara dos Deputados; o Presidente do Senado Federal; os líderes da maioria e da minoria na Câmara dos Deputados; os líderes da maioria e da minoria no Senado Federal; o Ministro da Justiça; seis cidadãos brasileiros natos, com mais de trinta e cinco anos de idade, sendo dois nomeados pelo Presidente da República, dois eleitos pelo Senado Federal e dois eleitos pela Câmara dos Deputados, todos com mandato de três anos, vedada a recondução.

Gabarito "D"

(Analista – TRT/2ª – 2008 – FCC) Nos crimes de responsabilidade, após ser admitida a acusação por dois terços da Câmara dos Deputados, o Presidente da República será submetido a julgamento perante:

(A) a Câmara dos Deputados.
(B) o Senado Federal.
(C) o Supremo Tribunal Federal.
(D) o Superior Tribunal de Justiça.
(E) o Tribunal Superior Eleitoral.

Nos crimes de responsabilidade cometidos pelo Presidente da República (art. 85 da CF) ele será julgado pelo Senado Federal (art. 86 da CF).

Gabarito "B"

(Analista – TRT/2ª – 2008 – FCC) Em caso de impedimento do Presidente e do Vice-Presidente, ou vacância dos respectivos cargos, serão sucessivamente chamados ao exercício da Presidência da República o Presidente

(A) do Senado Federal, o da Câmara dos Deputados, e o do Superior Tribunal de Justiça.
(B) da Câmara dos Deputados, o do Senado Federal e o do Supremo Tribunal Federal.
(C) da Câmara dos Deputados, o do Supremo Tribunal Federal e o do Senado Federal.

(D) do Supremo Tribunal Federal, o da Câmara dos Deputados e o do Senado Federal.
(E) do Supremo Tribunal Federal, o do Superior Tribunal de Justiça e o do Tribunal Superior Eleitoral.

De fato, nos termos do art. 80 da CF em caso de impedimento do Presidente e do Vice-Presidente, ou vacância dos respectivos cargos, serão sucessivamente chamados ao exercício da Presidência o Presidente da Câmara dos Deputados, o do Senado Federal e o do Supremo Tribunal Federal.

Gabarito "B"

(Analista – TRT/18ª – 2008 – FCC) No que tange ao Poder Executivo, é correto afirmar que compete ao Ministro de Estado:

(A) decretar e executar a intervenção federal.
(B) decretar o estado de defesa e o estado de sítio.
(C) expedir instruções para a execução das leis, decretos e regulamentos.
(D) conferir condecorações e distinções honoríficas.
(E) nomear o Advogado-Geral da União.

A: incorreta. Esta atribuição é do Presidente da República (art. 84, X da CF); **B:** incorreta. Esta atribuição é do Presidente da República (art. 84, IX da CF); **C:** correta. As competências dos Ministros de Estado estão elencadas no art. 87, parágrafo único, da CF e consistem em: exercer a orientação, coordenação e supervisão dos órgãos e entidades da administração federal na área de sua competência e referendar os atos e decretos assinados pelo Presidente da República; expedir instruções para a execução das leis, decretos e regulamentos (como mencionou corretamente a alternativa "c" da questão); apresentar ao Presidente da República relatório anual de sua gestão no Ministério; praticar os atos pertinentes às atribuições que lhe forem outorgadas ou delegadas pelo Presidente da República; **D:** incorreta. Esta atribuição é do Presidente da República (art. 84, XXI da CF); **E:** incorreta. Esta atribuição é do Presidente da República (art. 84, XVI da CF).

Gabarito "C"

(Analista – TRT/3ª – 2009 – FCC) É INCORRETO afirmar que o Presidente da República

(A) ficará suspenso de suas funções, por crime de responsabilidade, após a instauração desse processo pelo Supremo Tribunal Federal.
(B) não pode ser responsabilizado por atos estranhos ao exercício de suas funções na vigência de seu mandato.
(C) deverá responder por crime de responsabilidade se praticar ato que atente contra a lei orçamentária.
(D) não estará sujeito à prisão, por infrações comuns, enquanto não sobrevier a sentença condenatória.
(E) será submetido a julgamento perante o Supremo Tribunal Federal, nas infrações comuns, e pelo Senado Federal, nos crimes de responsabilidade.

A: incorreta "pelo Supremo Tribunal Federal". O processo para apuração de crime de responsabilidade do Presidente da República é de competência do Senado Federal (art. 86 da CF); **B:** correta (art. 86, § 4º da CF); **C:** correta (art. 85, VI da CF); **D:** correta (art. 86, § 3º da CF); **E:** correta (art. 86 da CF).

Gabarito "A"

(Analista – TRT/7ª – 2009 – FCC) Com relação ao Poder Executivo, o Conselho de Defesa Nacional é órgão de consulta do Presidente da República nos assuntos relacionados com a soberania nacional e a defesa do Estado democrático, e dele NÃO participa como membro nato o

(A) Presidente do Senado Federal.
(B) Presidente da Câmara dos Deputados.
(C) Presidente do Supremo Tribunal Federal.
(D) Ministro das Relações Exteriores.
(E) Ministro do Planejamento.

Compõe o Conselho Nacional de Defesa, nos termos do art. 91, o Vice-Presidente da República; o Presidente da Câmara dos Deputados; o Presidente do Senado Federal; o Ministro da Justiça; o Ministro de Estado da Defesa; o Ministro das Relações Exteriores; o Ministro do Planejamento; os Comandantes da Marinha, do Exército e da Aeronáutica. Dessa composição não participará o Presidente do STF.

Gabarito "C"

(Analista – TRT/7ª – 2009 – FCC) Sobre o Presidente da República, é correto afirmar que:

(A) no caso de impedimento, será substituído pelo Procurador Geral da República.
(B) exerce o Poder Executivo, auxiliado pelos Ministros de Estado.
(C) o mandato é de cinco anos, vedada a reeleição para o período subsequente.
(D) não poderá, sem licença do Congresso Nacional, ausentar-se do País por período superior a dez dias, sob pena de perda do cargo.
(E) lhe compete, privativamente, nomear e exonerar o Vice-Presidente da República.

A: incorreta ("pelo Procurador Geral da República"). Nos termos do art. 80 da CF, em caso de impedimento do Presidente e do Vice-Presidente, ou vacância dos respectivos cargos, serão sucessivamente chamados ao exercício da Presidência o Presidente da Câmara dos Deputados, o do Senado Federal e o do Supremo Tribunal Federal; **B:** correta (art. 76 da CF); **C:** incorreta ("é de cinco anos, vedada a reeleição"); nos termos do art. 82 da CF, o mandato do Presidente da República é de quatro anos e terá início em primeiro de janeiro do ano seguinte ao da sua eleição; **D:** incorreta ("por período superior a dez dias"); nos termos do art. 49, III e art. 83, ambos da CF, o Presidente e o Vice-Presidente da República não poderão, sem licença do Congresso Nacional, ausentar-se do País por período superior a quinze dias, sob pena de perda do cargo; **E:** incorreta ("nomear e exonerar o Vice-Presidente da República"), nos termos do art. 77, § 1º da CF.

Gabarito "B"

(FGV – 2015) Um representante da sociedade civil, apresentando indícios de que o Presidente da República teria ultrapassado os gastos autorizados pela lei orçamentária e, portanto, cometido crime de responsabilidade, denuncia o Chefe do Poder Executivo Federal à Câmara dos Deputados. Protocolizada a denúncia na Câmara, foram observados os trâmites legais e regimentais de modo que o Plenário pudesse ou não autorizar a instauração de processo contra o Presidente da República. Do total de 513 deputados da Câmara, apenas 400 estiveram presentes à sessão, sendo que 260 votaram a favor da instauração do processo. Diante desse fato,

(A) o processo será enviado ao Senado Federal para que este, sob a presidência do Presidente do STF, proceda ao julgamento do Presidente da República.
(B) o processo será enviado ao Supremo Tribunal Federal, a fim de que a Corte Maior proceda ao julgamento do Presidente da República.
(C) o processo deverá ser arquivado, tendo em vista o fato de a decisão da Câmara dos Deputados não ter contado com a manifestação favorável de dois terços dos seus membros.
(D) dá-se o *impeachment* do Presidente da República, que perde o cargo e fica inabilitado para o exercício de outra função pública por oito anos.

A: incorreta. O processo não será enviado ao Senado Federal, pois a Câmara dos Deputados não contou com a manifestação favorável de dois terços dos membros. De acordo com o art. 51, I, da CF, compete privativamente à Câmara dos Deputados autorizar, **por dois terços de seus membros**, a instauração de processo contra o Presidente e o Vice-Presidente da República e os Ministros de Estado. O procedimento para apuração e julgamento dos crimes praticados pelo Presidente, tanto os comuns como os crimes de responsabilidade, obedece a um sistema bifásico no qual, em um primeiro momento, é necessária a autorização da Câmara dos Deputados (juízo de admissibilidade do processo), pelo voto de dois terços dos membros. Somente se a Câmara autorizar o julgamento é que haverá a segunda fase do procedimento bifásico, o julgamento propriamente dito; **B:** incorreta. O **processo não será enviado ao STF**, primeiro porque não houve a manifestação favorável de dois terços dos membros da Câmara dos Deputados, segundo porque se os dois terços dos Deputados Federais tivessem votado a favor da instauração do processo, o julgamento seria feito pelo Senado Federal, presidido pelo Presidente do STF, haja vista que o ato praticado pelo Presidente da República configura crime de responsabilidade – art. 85 da CF; **C:** correta. De fato, o processo deve ser arquivado, pois não passou pela primeira fase do procedimento bifásico, qual seja, a autorização por parte da Câmara dos Deputados, por dois terços dos membros; **D:** incorreta. A condenação pelo Senado Federal, que também deve se dar pelo voto de dois terços dos membros, somente pode ocorrer se o processo tiver sido instaurado e os trâmites legais observados. Para isso, a Câmara dos Deputados teria de ter autorizado por dois terços dos membros, o que não ocorreu. De acordo com o parágrafo único do art. 52 da CF, nos casos de crimes de responsabilidade, funcionará como Presidente o do Supremo Tribunal Federal, limitando-se **a condenação**, que **somente será proferida por dois terços dos votos do Senado Federal**, à perda do cargo, com inabilitação, por oito anos, para o exercício de função pública, sem prejuízo das demais sanções judiciais cabíveis.

Gabarito "C"

4.3. Poder Judiciário

(Analista – TRT/10ª – 2013 – CESPE) No que se refere aos poderes da República, julgue os itens seguintes.

(1) O Conselho Nacional de Justiça não é órgão do Poder Judiciário, mas sim ente autônomo cuja função é exercer o controle externo de todos os órgãos que integram o Poder Judiciário.

(2) Compete ao Supremo Tribunal Federal (STF) julgar originariamente, por crime comum, o presidente da República, o vice-presidente, os membros do Congresso Nacional, os governadores de estado e do Distrito Federal, seus próprios ministros e o procurador-geral da República.

(3) Considere que um conselheiro do tribunal de contas de determinado Estado da Federação tenha praticado crime comum e tenha sido denunciado pelo Ministério Público. Nesse caso, o conselheiro será julgado originariamente pelo Superior Tribunal de Justiça.

(4) Caso o presidente da República edite decreto que exorbite do poder regulamentar, o Congresso Nacional pode sustar o ato normativo, sem que isso implique em violação ao princípio da separação dos poderes.

1: incorreta. Ao contrário, o Conselho Nacional de justiça é órgão do Poder Judiciário (art. 92, I-A, da CF). Além disso, o controle realizado pelo CNJ é interno. O externo é realizado pelo Tribunal de Contas da União, órgão auxiliar do Poder Legislativo; **2:** incorreta. Os *governadores* de estado e do Distrito Federal são julgados pelo *Superior Tribunal de Justiça* (art. 105, I, "a", da CF). Os demais, de fato, são julgados pelo Supremo Tribunal Federal (art. 102, I, "b", da CF); **3:** correta (art. 105, I, "a", da CF); **4:** correta (art. 49, V, da CF).

Gabarito 1E, 2E, 3C, 4C

(Analista – TRT/3ª – 2015 – FCC) Em uma reclamação trabalhista, o reclamado interpôs recurso contra a sentença de procedência, arguindo em sede recursal a inconstitucionalidade de súmula vinculante editada pelo Supremo Tribunal Federal e que fora invocada na sentença. Nessa situação, a inconstitucionalidade da súmula

(A) não poderá ser declarada, sequer incidentalmente, pelo Tribunal Regional do Trabalho, uma vez que súmula vinculante não é ato normativo passível de ser declarado inconstitucional por aquele Tribunal.

(B) poderá ser declarada, incidentalmente, pela maioria absoluta dos membros do Tribunal Regional do Trabalho ou de seu órgão especial, desde que concomitantemente o Tribunal aprove o encaminhamento de proposta de cancelamento ou de revisão da súmula vinculante.

(C) poderá ser declarada, incidentalmente, pela maioria absoluta dos membros do Tribunal Regional do Trabalho ou de seu órgão especial, independentemente da aprovação do encaminhamento de proposta de cancelamento ou de revisão da súmula vinculante.

(D) não poderá ser declarada, sequer incidentalmente, pelo Tribunal Regional do Trabalho, uma vez que falta à Justiça do Trabalho competência para realizar o controle de constitucionalidade das leis e atos do Poder Público.

(E) poderá ser declarada, incidentalmente, pelo órgão fracionário do Tribunal Regional do Trabalho, uma vez que nenhum ato do Poder Público é imune ao controle de constitucionalidade.

Pedro Lenza, em Direito Constitucional Esquematizado, 19ª Edição, 2015, Saraiva, p. 348, ensina que: "... **tendo em vista o fato de a súmula não ser marcada pela generalidade e abstração**, diferentemente do que acontece com as leis, **não se pode aceitar a técnica do "controle de constitucionalidade" de súmula, mesmo no caso de súmula vinculante.** O que existe é um procedimento de revisão pelo qual se poderá cancelar a súmula. O cancelamento desta significará a não mais aplicação do entendimento que vigorava. Nesse caso, naturalmente, a nova posição produzirá as suas conseqüências a partir do novo entendimento, vinculando os demais órgãos do Poder Judiciário e a Administração Pública direta e indireta, nas esferas federal, estadual e municipal". Sendo assim, a inconstitucionalidade da súmula vinculante editada pelo STF não poderá ser declarada, sequer incidentalmente, pelo Tribunal Regional do Trabalho, uma vez que ela não é ato normativo passível de ser declarado inconstitucional por aquele Tribunal.

Gabarito "A".

(Analista – TRT/16ª – 2014 – FCC) Sávio, Deputado Estadual do Maranhão, pretende ajuizar *habeas data* contra ato do Ministro da Economia. A competência para processar e julgar o *habeas data* que será ajuizado por Sávio será do

(A) Supremo Tribunal Federal.

(B) Superior Tribunal de Justiça.

(C) Tribunal de Justiça do Estado do Maranhão.

(D) Tribunal Regional Federal da 1ª Região.

(E) Tribunal de Justiça de Brasília.

De acordo com o art. 105, I, "b", da CF, compete ao **Superior Tribunal de Justiça** processar e julgar, originariamente os mandados de segurança e os habeas data **contra ato de Ministro de Estado,** dos Comandantes da Marinha, do Exército e da Aeronáutica ou do próprio Tribunal.

Gabarito "B".

(Analista – TRT/16ª – 2014 – FCC) Um determinado Banco Privado do País ajuizou ação de interdito proibitório para que seus clientes e funcionários tenham acesso às agências bancárias em decorrência de movimento grevista de bancários que realizam "piquete" nas portas das agências no Estado do Maranhão. Neste caso, a competência para processar e julgar a demanda é

(A) da Justiça do Trabalho.

(B) da Justiça Comum Estadual de 1º grau.

(C) originária do Tribunal Regional Federal da 5ª Região.

(D) originária do Tribunal Regional Federal da 1ª Região.

(E) originária do Tribunal de Justiça do Estado do Maranhão.

Conforme determina o art. 114, II, da CF, **compete à Justiça do Trabalho processar e julgar as ações que envolvam exercício do direito de greve**.

Gabarito "A".

(Analista – TRT/2ª – 2014 – FCC) O julgamento do Vice-Presidente do Tribunal Regional do Trabalho por crime de responsabilidade em virtude de conduta praticada no período em que exercia, por substituição, a Presidência do Tribunal

(A) somente é cabível no caso de haver expressa autorização do Conselho Nacional de Justiça ou da maioria absoluta dos membros do próprio Tribunal Regional do Trabalho integrado pelo acusado.

(B) cabe originariamente ao Tribunal Superior do Trabalho em face de denúncia oferecida pelo Ministério Público do Trabalho.

(C) cabe originariamente ao Superior Tribunal de Justiça em face de denúncia oferecida pelo Ministério Público Federal.

(D) somente é cabível caso a infração seja enquadrada como improbidade administrativa, pois a responsabilização político-administrativa decorrente do regime dos crimes de responsabilidade é aplicável apenas aos agentes políticos expressamente designados no texto constitucional.

(E) cabe originariamente ao Supremo Tribunal Federal em face de denúncia oferecida pelo Procurador-Geral da República.

Conforme determina o art. 105, I, "a", da CF, **compete ao Superior Tribunal de Justiça processar e julgar**, originariamente nos crimes comuns, os Governadores dos Estados e do Distrito Federal, e, nestes e **nos de responsabilidade, os desembargadores** dos Tribunais de Justiça dos Estados e do Distrito Federal, os membros dos Tribunais de Contas dos Estados e do Distrito Federal, os dos Tribunais Regionais Federais, **dos Tribunais** Regionais Eleitorais e **do Trabalho**, os membros dos Conselhos ou Tribunais de Contas dos Municípios e os do Ministério Público da União que oficiem perante tribunais.

Gabarito "C".

(Analista – TRT/1ª – 2012 – FCC) O Conselho Nacional de Justiça (CNJ) pretende rever, de ofício, processos disciplinares julgados no ano de 2012 contra juízes do Trabalho que tenham resultado em imposição de penas disciplinares. Considerada a disciplina constitucional da matéria, o CNJ

(A) não poderá proceder à revisão, por não possuir competência para rever processos disciplinares já julgados.

(B) não poderá proceder à revisão, por não possuir competência para rever processos disciplinares senão mediante provocação.

(C) não poderá proceder à revisão, por não possuir competência para rever processos disciplinares julgados contra juízes e membros da Justiça do Trabalho, que conta com Conselho Superior próprio para esse fim.

(D) poderá proceder à revisão, desde que se restrinja aos processos disciplinares julgados há menos de um ano.

(E) poderá proceder à revisão, a qualquer tempo, por estar autorizado pela Constituição da República a fazê-lo de ofício ou mediante provocação.

A: incorreta. O Conselho Nacional de Justiça - CNJ tem competência para rever processos disciplinares de juízes e membros de tribunais, desde que tenham sido julgados *há menos de um ano* (art. 103-B, § 4º, V, da CF/1988); **B:** incorreta. Os processos disciplinares podem ser revistos *de ofício ou mediante provocação* (art. 103-B, § 4º, V, da CF/1988); **C:** incorreta. Como mencionado, há possibilidade dessa revisão; **D:** correta (art. 103-B, § 4º, V, da CF/1988); **E:** incorreta. A revisão pode ser feita de ofício ou mediante provocação, mas apenas em relação aos processos julgados *há menos de um ano* (art. 103-B, § 4º, V, da CF/1988).

Gabarito "D"

(Analista – TRT/6ª – 2012 – FCC) João, brasileiro naturalizado, com 62 anos de idade, é nomeado Ministro do Supremo Tribunal Federal (STF) pelo Presidente da República, depois de aprovada sua escolha pela maioria absoluta do Congresso Nacional. João não era juiz de carreira, atuava como advogado trabalhista e lecionava em uma Faculdade de Direito. A arguição pública a que fora submetido comprovou que tinha notável saber jurídico e reputação ilibada. Desta hipótese, conclui-se que o processo para a nomeação de João

(A) cumpriu os requisitos constitucionais exigidos para essa finalidade.

(B) cumpriu os requisitos constitucionais exigidos para essa finalidade, exceto quanto ao fato de João não ser juiz de carreira.

(C) não cumpriu os requisitos constitucionais exigidos para essa finalidade no tocante à condição de nacionalidade de João e ao órgão que aprovou sua escolha.

(D) não cumpriu os requisitos constitucionais exigidos para essa finalidade no tocante à condição de nacionalidade, profissão e idade de João, nem ao órgão que aprovou sua escolha.

(E) cumpriu os requisitos constitucionais exigidos para essa finalidade, exceto quanto ao órgão que aprovou sua escolha.

De acordo com o art. 101 da CF/1988 o Supremo Tribunal Federal é composto de onze Ministros, escolhidos dentre cidadãos com mais de trinta e cinco e menos de sessenta e cinco anos de idade, de notável saber jurídico e reputação ilibada. O parágrafo único do mesmo dispositivo determina que a nomeação dos membros seja feita pelo Presidente da República, depois de aprovada a escolha pela maioria absoluta *do Senado Federal*. Além disso, conforme o art. 12, § 3º, IV, da CF/1988, o cargo de Ministro do STF só pode ser ocupado por brasileiro *nato*. Sendo assim, como João é brasileiro naturalizado, não nato, e o órgão que aprovou sua escolha foi o Congresso Nacional, não o Senado, Federal, os requisitos constitucionais para a devida nomeação não foram cumpridos.

Gabarito "C"

(Analista – TRT/9ª – 2012 – FCC) Considere as seguintes situações hipotéticas: Matias, membro do Tribunal Regional do Trabalho da 9ª Região, praticou crime comum. Fabiolo, Governador do Estado do Paraná, também praticou crime comum. De acordo com a Constituição Federal brasileira, em regra, terá competência para processar e julgar, originariamente, Matias e Fabiolo, o

(A) Supremo Tribunal Federal.

(B) Superior Tribunal de Justiça.

(C) Superior Tribunal de Justiça e o Supremo Tribunal Federal, respectivamente.

(D) Supremo Tribunal Federal e o Superior Tribunal de Justiça, respectivamente.

(E) Tribunal Regional Federal competente.

De acordo com o art. 105, I, "a", da CF/1988, compete ao *Superior Tribunal de Justiça*, de forma originária e nos crimes comuns, o processo e julgamento dos *Governadores dos Estados* e do Distrito Federal e, nestes e nos de responsabilidade, os desembargadores dos Tribunais de Justiça dos Estados e do Distrito Federal, *os membros* dos Tribunais de Contas dos Estados e do Distrito Federal, os dos Tribunais Regionais Federais, *dos Tribunais Regionais Eleitorais e do Trabalho*, os membros dos Conselhos ou Tribunais de Contas dos Municípios e os do Ministério Público da União que oficiem perante tribunais.

Gabarito "B"

(Analista – TRT/10ª – 2013 – CESPE) Julgue o item a seguir, relativo ao Poder Judiciário.

(1) Procurador do trabalho indicado em lista sêxtupla, com quarenta anos de idade e mais de dez anos de efetivo exercício no cargo, pode ser nomeado pelo presidente da República para integrar determinado tribunal regional do trabalho.

1: correta. De acordo com a regra do quinto constitucional, esse Procurador pode ser nomeado pelo Presidente da República para integrar o Tribunal Regional do Trabalho. Determina o art. 94 da CF que um quinto dos lugares dos Tribunais Regionais Federais, dos Tribunais dos Estados, e do Distrito Federal e Territórios será composto de *membros, do Ministério Público*, com *mais de dez anos de carreira*, e de advogados de notório saber jurídico e de reputação ilibada, com mais de dez anos de efetiva atividade profissional, indicados em lista sêxtupla pelos órgãos de representação das respectivas classes. O parágrafo único do mesmo dispositivo ensina que recebidas as indicações, o tribunal formará lista tríplice, enviando-a ao *Poder Executivo*, que, nos vinte dias subsequentes, *escolherá* um de seus integrantes para nomeação.

Gabarito 1C

(Analista – TRT/11ª – 2012 – FCC) Ricardo, Ministro de Estado, residente e domiciliado no Distrito Federal, foi denunciado por crime de estelionato, pela emissão de cheque sem fundos numa imobiliária na Cidade de Manaus, Estado do Amazonas, para a compra de um imóvel para o seu uso particular à beira do Rio Amazonas. Ricardo, nos termos da Constituição Federal, será processado e julgado

(A) originariamente pelo Superior Tribunal de Justiça.

(B) originariamente pelo Supremo Tribunal Federal.

(C) em âmbito administrativo pela Presidência da República, cujo processo será decidido pelo Presidente da República.

(D) pelo Tribunal de Justiça do Amazonas, competente em razão do local da prática do crime.

(E) pelo Tribunal de Justiça do Distrito Federal competente em razão do domicilio do Ministro.

De acordo com o art. 102, I, "c", da CF/1988, *compete ao STF*, de forma originária, *o processo e julgamento dos Ministros de Estado* nas infrações penais comuns e nos crimes de responsabilidade.

Gabarito "B"

(Analista – TST – 2008 – CESPE) Acerca do Direito Constitucional, julgue os itens a seguir.

(1) No plano federal, existe lei orçamentária anual específica para o Poder Judiciário, de iniciativa privativa do Supremo Tribunal Federal (STF), que define as receitas e despesas dos tribunais superiores, bem como das justiças do trabalho, militar e federal.

(2) Um ministro do STF é hierarquicamente superior a um ministro do TST.

(3) A Constituição da República atribui à Justiça do Trabalho a competência para julgar causas trabalhistas em que a União figura como ré.

(4) Recente alteração constitucional introduziu no rol dos órgãos que formam a Justiça do Trabalho os Juizados Especiais do Trabalho, que são competentes para julgar causas trabalhistas de menor complexidade.

1: incorreta, pois não reflete o disposto no art. 165, § 5º, I, da CF; **2:** incorreta, pois não existe hierarquia entre os Ministros do STF e os Ministros dos demais Tribunais Superiores; **3:** correta. Art. 114, I, da CF; **4:** incorreta, pois não reflete o disposto no art. 111, I, II, e III, da CF.

Gabarito 1E, 2E, 3C, 4E

(Analista – TRT/11ª – 2012 – FCC) Ticio, jurista de notável saber jurídico, Desembargador do Poder Judiciário de um determinado Estado da Federação, será nomeado pelo Presidente da República para compor o Superior Tribunal de Justiça se a sua escolha for aprovada pela maioria absoluta"

(A) do Senado Federal e sua indicação recair em lista tríplice elaborada pelo Superior Tribunal de Justiça e entregue ao Presidente da República.

(B) do Congresso Nacional e sua indicação recair em lista sêxtupla elaborada pelo Supremo Tribunal Federal e entregue ao Presidente da República.

(C) da Câmara dos Deputados e sua indicação recair em lista tríplice elaborada pelo Superior Tribunal de Justiça e entregue ao Presidente da República.

(D) do Senado Federal e sua indicação recair em lista sêxtupla elaborada pelo Supremo Tribunal Federal e entregue ao Presidente da República.

(E) do Congresso Nacional e sua indicação recair em lista tríplice elaborada pelo Superior Tribunal de Justiça e entregue ao Presidente da República.

A: correta (art. 104, parágrafo único, da CF); **B:** incorreta. Não é o Congresso Nacional quem aprova a escolha e, sim, o Senado Federal. Além disso, a lista é *tríplice* e *elaborada* pelo próprio *STJ* (art. 104, parágrafo único, I, da CF); **C** e **E:** incorretas. A primeira parte das alternativas está errada, pois, conforme mencionado, quem aprova a escolha, por maioria absoluta, é o Senado Federal (art. 104, parágrafo único, da CF); **D:** incorreta. A segunda parte da alternativa menciona lista sêxtupla elaborada pelo STF, o correto é lista *tríplice* elaborada pelo *STJ*.

Gabarito "A".

(Analista – TRT/6ª – 2012 – FCC) Em relação à Justiça do Trabalho, analise as seguintes assertivas:

I. São órgãos da Justiça do Trabalho: o Tribunal Superior do Trabalho, os Tribunais Regionais do Trabalho e os Juízes do Trabalho.

II. Funcionará, junto ao Tribunal Superior do Trabalho, o Conselho Superior da Justiça do Trabalho, cabendo-lhe exercer, na forma da lei, a supervisão administrativa, orçamentária, financeira e patrimonial da Justiça do Trabalho de primeiro e segundo graus, como órgão central do sistema, cujas decisões terão efeito vinculante.

III. Compete à Justiça do Trabalho processar e julgar as ações de indenização por dano moral ou patrimonial, decorrentes da relação de trabalho.

Está correto o que se afirma em

(A) I, apenas.
(B) II, apenas.
(C) III, apenas.
(D) I e II, apenas.
(E) I, II e III.

I: correta (art. 111, I, II e III, da CF); **II:** correta (art. 111-A, § 2º, II, da CF); **III:** correta (art. 114, VI, da CF).

Gabarito "E".

(Analista – TRT/24ª – 2011 – FCC) O Conselho da Justiça Federal funciona

(A) junto ao Superior Tribunal de Justiça e lhe cabe exercer, na forma da lei, a supervisão administrativa e orçamentária da Justiça Federal de primeiro e segundo graus, como órgão central do sistema e com poderes correicionais, cujas decisões terão caráter vinculante.
(B) junto ao Supremo Tribunal Federal e lhe cabe exercer, na forma da lei, a supervisão administrativa e orçamentária da Justiça Federal de primeiro e segundo graus, como órgão superior do sistema e com poderes correicionais, cujas decisões terão caráter discricionário.
(C) em cada Tribunal Regional Federal e lhe cabe exercer, na forma da lei, a supervisão administrativa e orçamentária da Justiça Federal de primeiro e segundo graus, como órgão superior do sistema e com poderes correicionais, cujas decisões terão caráter discricionário.
(D) em cada Tribunal Regional do Trabalho e lhe cabe exercer, na forma da lei, a supervisão administrativa e orçamentária da Justiça Federal de primeiro e segundo graus, como órgão central do sistema e com poderes correicionais, cujas decisões terão caráter vinculante.
(E) junto ao Tribunal Superior do Trabalho e lhe cabe exercer, na forma da lei, a supervisão administrativa e orçamentária da Justiça Federal de primeiro e segundo graus, como órgão superior do sistema e com poderes correicionais, cujas decisões terão caráter discricionário.

A: correta (art. 105, parágrafo único, II, da CF); **B**, **C**, **D** e **E:** incorretas. O Conselho da Justiça Federal funciona junto ao Superior Tribunal de Justiça.

Gabarito "A".

(Analista – TRT/23ª – 2011 – FCC) Compete ao Superior Tribunal de Justiça julgar, em recurso ordinário,

(A) o mandado de injunção, quando a elaboração da norma regulamentadora for atribuição de órgão, entidade ou autoridade federal, da administração direta ou indireta, excetuados os casos de competência do Supremo Tribunal Federal e dos órgãos da Justiça Militar, da Justiça Eleitoral, da Justiça do Trabalho e da Justiça Federal.
(B) as causas decididas, em única ou última instância, pelos Tribunais Regionais Federais ou pelos Tribunais dos Estados, do Distrito Federal e Territórios, quando a decisão recorrida contrariar tratado ou lei federal, ou negar-lhes vigência.
(C) nos crimes comuns, os Governadores dos Estados e do Distrito Federal, e, nestes e nos de responsabilidade, os Desembargadores dos Tribunais de Justiça dos Estados e do Distrito Federal.
(D) os conflitos de atribuições entre autoridades administrativas e judiciárias da União, ou entre autoridades judiciárias de um Estado e administrativas de outro ou do Distrito Federal, ou entre as deste e as da União.
(E) as causas em que forem partes Estado estrangeiro ou organismo internacional, de um lado, e, do outro, Município ou pessoa residente ou domiciliada no País.

A: incorreta. Tal competência é julgada de forma originária pelo Superior Tribunal de Justiça e não em sede de recurso ordinário como afirmado (art. 105, I, "h", da CF); **B:** incorreta. Nessa hipótese o julgamento se dá em sede de recurso especial (art. 105, III, "a", da CF); **C** e **D:** incorretas. Nas duas situações a competência é originária do Superior Tribunal de Justiça (art. 105, I, "a" e "d",da CF); **E:** correta (art. 105, II, "c", da CF).

Gabarito "E".

(Técnico – TRT/23ª – 2011 – FCC) Sobre os Tribunais Regionais do Trabalho,

(A) compõem-se de, no máximo, seis juízes, recrutados, quando possível, na respectiva região, e nomeados pelo Senado Federal dentre brasileiros com mais de trinta e cinco anos e menos de sessenta anos.
(B) instalarão a justiça itinerante, com a realização de audiências e demais funções de atividade jurisdicional, além dos limites territoriais da respectiva jurisdição, servindo-se de equipamentos públicos e comunitários.
(C) funcionarão apenas centralizadamente, sendo vedada a constituição de Câmaras regionais, com o fim de assegurar o pleno acesso do jurisdicionado à justiça em todas as fases do processo de forma igualitária para, assim, não haver disparidades entre casos de regiões distintas.
(D) compõem-se de, no mínimo, sete juízes, recrutados, quando possível, na respectiva região, e nomeados pelo Presidente da República dentre brasileiros com mais de trinta e menos de sessenta e cinco anos.
(E) compõem-se de, no máximo, seis juízes, recrutados, quando possível, na respectiva região, e nomeados pelo Presidente do Tribunal Superior do Trabalho dentre brasileiros com mais de trinta e cinco anos e menos de sessenta anos.

A: incorreta, pois quem nomeia é o Presidente da República e não o Senado Federal (art. 107, *caput*, da CF); **B:** incorreta. A justiça itinerante é estalada dentro dos limites territoriais da respectiva jurisdição (art. 107, § 2º, da CF); **C:** incorreta. O § 3º do art. 107 da CF admite o funcionamento de forma descentralizada para que seja assegurado o pleno acesso do jurisdicionado à justiça, em todas as fases do processo (art. 107, § 3º, da CF); **D:** correta (art. 107, *caput*, da CF); **E:** incorreta. A composição por seis juízes é mínima e não máxima. Além disso, quem faz a nomeação é o Presidente da República e não o do Tribunal Superior do Trabalho (art. 107, *caput*, da CF).

Gabarito "D".

(Analista – TRT/20ª – 2011 – FCC) Sobre o Poder Judiciário, o critério que considera como jurisdição aquilo que o legislador constituinte incluiu na competência dos órgãos Judiciários e como administração o que conferiu aos órgãos do Executivo é classificado de

(A) estático.
(B) híbrido.
(C) volátil.
(D) orgânico.
(E) flexível.

De fato, o critério que considera como jurisdição aquilo que o legislador constituinte incluiu na competência dos órgãos Judiciários e como administração o que conferiu aos órgãos do Executivo é classificado como orgânico. Assim, os atos proferidos pelos órgãos jurisdicionais, quando tiverem competência para tanto, são tidos como atos jurisdicionais.

Gabarito "D".

(Analista – TRT/14ª – 2011 – FCC) Deverá ser previamente ouvido nas ações de inconstitucionalidade e em todos os processos, de competência do Supremo Tribunal Federal, o

(A) Governador do Estado.
(B) Ministro Chefe da Casa Civil.
(C) Procurador-Geral da República.
(D) Conselho Federal da Ordem dos Advogados do Brasil.
(E) Presidente da República.

Conforme o § 1º do art. 103 da CF o Procurador-Geral da República deverá ser previamente ouvido nas ações de inconstitucionalidade e em todos os processos de competência do Supremo Tribunal Federal.

Gabarito "C"

(Analista – TRT/14ª – 2011 – FCC) No que concerne ao Poder Judiciário, a Constituição Federal estabelece a necessidade de ser observado o princípio da alternância quanto aos critérios de antiguidade e merecimento na promoção de entrância para entrância, atendida, dentre outras, a seguinte norma:

(A) Na apuração de antiguidade, o tribunal somente poderá recusar o juiz mais antigo pelo voto fundamentado de um terço de seus membros, conforme procedimento próprio, e assegurada ampla defesa, repetindo-se a votação até fixar-se a indicação.
(B) É obrigatória a promoção do juiz que figure por três vezes consecutivas ou cinco alternadas em lista de merecimento.
(C) Não será promovido o juiz que, injustificadamente, retiver autos em seu poder além do prazo legal, podendo devolvê-los ao cartório sem o devido despacho ou decisão.
(D) A promoção por merecimento pressupõe dois anos de exercício na respectiva entrância e integrar o juiz a primeira quarta parte da lista de antiguidade desta, salvo se não houver com tais requisitos quem aceite o lugar vago.
(E) Aferição do merecimento conforme o desempenho e pelos critérios objetivos de produtividade e presteza no exercício da jurisdição e pela frequência, sendo dispensável aproveitamento em cursos oficiais ou reconhecidos de aperfeiçoamento.

A: incorreta. É exigido o quórum de dois terços e não um como mencionado (art. 93, II, "d", da CF); **B:** correta (art. 93, II, "a", da CF); **C:** incorreta. A parte final da alternativa está errada, pois nesse caso o juiz, ao devolver os autos em cartório, deve fazê-lo com o devido despacho ou decisão (art. 93, II, "e", da CF); **D:** incorreta. A promoção por merecimento pressupõe dois anos de exercício na respectiva entrância e integrar o juiz a primeira quinta parte da lista de antiguidade desta, salvo se não houver com tais requisitos quem aceite o lugar vago (art. 93, II, "b", da CF); **E:** incorreta. A aferição do merecimento conforme o desempenho e pelos critérios objetivos de produtividade e presteza no exercício da jurisdição e pela frequência e aproveitamento em cursos oficiais ou reconhecidos de aperfeiçoamento, devem ser atendidas quando da promoção do juiz (art. 93, II, "c", da CF).

Gabarito "B"

(Analista – TRT/14ª – 2011 – FCC) Sobre o Superior Tribunal de Justiça, é correto afirmar:

(A) Funcionará junto a ele o Conselho da Justiça Federal, cabendo-lhe exercer, na forma da lei, a supervisão administrativa e orçamentária da Justiça Federal de primeiro e segundo graus, como órgão central do sistema e com poderes correicionais, cujas decisões terão caráter vinculante.
(B) Funcionará junto a ele a Escola Nacional de Formação e Aperfeiçoamento de Magistrados, cabendo-lhe apenas regulamentar os cursos oficiais para o ingresso na carreira.
(C) Compete-lhe julgar, em recurso ordinário, as causas decididas, em única ou última instância, pelos Tribunais Regionais Federais ou pelos tribunais dos Estados, do Distrito Federal e Territórios, quando a decisão recorrida contrariar tratado ou lei federal, ou negar-lhes vigência.
(D) Compete-lhe julgar, em recurso ordinário, as causas decididas, em única ou última instância, pelos Tribunais Regionais Federais ou pelos tribunais dos Estados, do Distrito Federal e Territórios, quando a decisão recorrida julgar válido ato de governo local contestado em face de lei federal.
(E) Compete-lhe julgar, em recurso ordinário, as causas decididas, em única ou última instância, pelos Tribunais Regionais Federais ou pelos tribunais dos Estados, do Distrito Federal e Territórios, quando a decisão recorrida der a lei federal interpretação divergente da que lhe haja atribuído outro tribunal.

A: correta (art. 105, parágrafo único, II, da CF); **B:** incorreta. À Escola Nacional de Formação e Aperfeiçoamento de Magistrados cabe a regulamentação de cursos oficiais para ingresso e promoção na carreira, além de outras funções (art. 105, parágrafo único, I, da CF); **C**, **D** e **E:** incorretas. Nessas hipóteses o Superior Tribunal de Justiça julga em sede de recurso especial e não ordinário (art. 105, III, "a", "b" e "c", da CF).

Gabarito "A"

(Analista – TRT/14ª – 2011 – FCC) O Tribunal Superior do Trabalho compor-se-á de vinte e sete Ministros, escolhidos dentre brasileiros com mais de trinta e cinco e menos de sessenta e cinco anos, nomeados pelo Presidente da República após aprovação

(A) do Ministério Público Federal.
(B) por dois terços da Câmara dos Deputados.
(C) por dois terços de ambas as Casas do Congresso Nacional.
(D) pela maioria absoluta do Senado Federal.
(E) do Conselho Superior da Justiça do Trabalho.

O art. 111-A da CF determina que o Tribunal Superior do Trabalho seja composto de vinte e sete Ministros, escolhidos dentre brasileiros com mais de trinta e cinco e menos de sessenta e cinco anos, nomeados pelo Presidente da República após aprovação pela maioria absoluta do Senado Federal.

Gabarito "D"

(Analista – TRT/8ª – 2010 – FCC) O Conselho Nacional de Justiça é

(A) composto de quinze membros com mandato de dois anos, admitida uma recondução.
(B) presidido pelo Presidente do Superior Tribunal de Justiça e, na sua ausência e impedimento, pelo Vice-Presidente do Superior Tribunal de Justiça.
(C) obrigado a representar ao Advogado Geral da União no caso de crime contra a administração pública ou de abuso de autoridade.
(D) obrigado a rever de ofício os processos disciplinares dos membros do Ministério Público.
(E) obrigado a elaborar a cada dois anos relatório estatístico sobre processos e sentenças prolatadas, por unidade da Federação, nos diferentes órgãos do Poder Judiciário.

A: correta. Art. 103-B, *caput*, da CF; **B:** incorreta, pois não reflete o disposto no art. 103-B, § 1º, da CF; **C:** incorreta, pois não reflete o disposto no art. 103-B, § 4º, IV, da CF; **D:** incorreta, pois não reflete o disposto no art. 103-B, § 4º, V, da CF; **E:** incorreta, pois não reflete o disposto no art. 103-B, § 4º, VI, da CF.

Gabarito "A"

(Analista – TRT/9ª – 2010 – FCC) No que se refere ao procedimento de aprovação de Súmulas por parte do Supremo Tribunal Federal, é correto afirmar que, dentre outras situações,

(A) o *quorum* para a decisão da aprovação da Súmula será de maioria simples dos Ministros presentes.
(B) não cabe revisão ou cancelamento da Súmula, após ter sido editada.
(C) a aprovação da Súmula só pode ser iniciada por provocação da parte ativa ou passiva.
(D) o efeito vinculante da Súmula se limita aos demais órgãos do Poder Judiciário.
(E) o efeito vinculante da Súmula se estende também à administração pública direta e indireta na esfera municipal.

Apesar de a questão se referir apenas à "súmula", deve-se entender "súmula vinculante". **A:** incorreta, pois o quórum é de dois terços dos membros do STF (art. 103-A, *caput*, da CF); **B:** incorreta, pois não reflete o disposto no art. 103-A, § 2º, da CF; **C:** incorreta, pois além do disposto no art. 103-A, § 2º, da CF, o art. 3º da Lei 11.417/2006 prevê os legitimados ativos para o processo de edição, revisão ou cancelamento de súmulas; **D** incorreta, veja comentário à alternativa "E"; **E:** correta. O efeito vinculante refere-se aos demais órgãos do Poder Judiciário e à administração pública direta e indireta, nas esferas federal, estadual e municipal (art. 103-A, *caput*, da CF).

Gabarito "E"

(Analista – TRT/12ª – 2010 – FCC) Conforme determina a Constituição Federal, ao Conselho Superior da Justiça do Trabalho, compete exercer, na forma da lei, a supervisão administrativa, orçamentária, financeira e patrimonial da Justiça do Trabalho de primeiro e segundo graus, como

(A) entidade separada e independente, cujas decisões serão revisadas na Justiça do Trabalho.
(B) órgão central do sistema, cujas decisões terão efeito vinculante.

(C) ente da administração pública direta, cujas decisões não serão revisadas pelo Supremo Tribunal Federal.
(D) ente subordinado diretamente ao Supremo Tribunal Federal, que presta contas ao Senado Federal.
(E) ente subordinado diretamente ao Supremo Tribunal Federal, que presta contas ao Tribunal de Contas da União.

Art. 111-A, § 2º, II, da CF.
Gabarito "B"

(Analista – TRT/21ª – 2010 – CESPE) No que concerne ao Poder Judiciário, julgue os itens seguintes.

(1) É da competência do Superior Tribunal de Justiça (STJ) julgar, em recurso ordinário, o *habeas corpus* e o mandado de segurança decididos em única instância pelo Tribunal Superior do Trabalho (TST), se denegatória a decisão.
(2) Compete à justiça do trabalho processar e julgar as ações oriundas da relação de trabalho entre os entes de direito público externo e da administração pública direta e indireta da União, dos estados, do Distrito Federal e dos municípios e seus respectivos servidores, estejam estes submetidos a vínculo celetista ou estatutário.

1: incorreta, pois é competência do STF (art. 102, II, "a", da CF); **2:** incorreta. O art. 114, I, da CF não abrange o regime estatutário.
Gabarito 1E, 2E

(Analista – TRT/2ª – 2008 – FCC) No que diz respeito ao Poder Judiciário, considere:

I. Somente pelo voto da maioria absoluta de seus membros, ou dos membros do respectivo órgão especial, poderão os tribunais declarar a inconstitucionalidade de lei ou ato normativo do Poder Público.
II. Ao Poder Judiciário é assegurada parcial autonomia administrativa e financeira, sendo que os tribunais elaborarão suas propostas orçamentárias dentro dos limites estipulados conjuntamente com os demais Poderes na lei de diretrizes orçamentárias.
III. O Presidente do Tribunal competente que, por ato comissivo ou omissivo, retardar ou tentar frustrar a liquidação regular de precatório incorrerá em crime de responsabilidade.
IV. Compete privativamente aos tribunais organizar suas secretarias e serviços auxiliares e os dos juízos que lhes forem vinculados, velando pelo exercício da atividade correicional respectiva.

É correto o que consta APENAS em

(A) I, III e IV.
(B) II e III.
(C) I, II e III.
(D) II e IV.
(E) I, II e IV.

I: correta. Art. 97 da CF (princípio da reserva de plenário); **II:** incorreta, pois não reflete o disposto no art. 99, § 1º, da CF; **III:** correta. Art. 100, § 7º, da CF; **IV:** correta. Art. 96, I, "b", da CF.
Gabarito "A"

(Analista – TRT/3ª – 2005 – FCC) Entre as competências da Justiça do Trabalho NÃO se inclui a de

(A) estabelecer normas e condições, no julgamento de dissídios coletivos ajuizados por sindicatos, quando qualquer das partes se recusar à negociação.
(B) julgar as causas envolvendo acidentes do trabalho.
(C) julgar dissídios individuais ou coletivos, em que o empregador seja ente da Administração Pública direta.
(D) executar de ofício as contribuições sociais do empregador, incidentes sobre a folha de salários, decorrentes das sentenças que proferir.
(E) julgar os dissídios individuais em que o empregador seja ente de direito público externo.

A, C, D e **E:** corretas. Art. 114, I, VIII e § 2º, da CF; **B:** incorreta, devendo ser assinalada. Súmula 235 do STF: "É competente para a *ação de acidente do trabalho* a justiça cível comum, inclusive em segunda instância, ainda que seja parte autarquia seguradora". Entretanto, a partir do CC 7.204-1/MG, Pleno, j. 29.06.2005, rel. Min. Carlos Brito, *DJ* 09.12.2005, reconheceu-se a competência da Justiça do Trabalho para julgar as *ações de indenização por dano moral e/ou material contra o empregador resultante de acidente de trabalho*; Súmula 501 do STF: "Compete à justiça ordinária estadual o processo e o julgamento, em ambas as instâncias, das causas de acidente do trabalho, ainda que promovidas contra a união, suas autarquias, empresas públicas ou sociedades de economia mista"; Súmula 15 do STJ: "Compete à Justiça Estadual processar e julgar os litígios decorrentes de acidente do trabalho".
Gabarito "B"

(Analista – TRT/6ª – 2006 – FCC) Quanto à Justiça do Trabalho, é INCORRETO afirmar que

(A) a lei criará varas da Justiça do Trabalho, podendo, nas comarcas não abrangidas por sua jurisdição, atribuí-la aos juízes de direito, com recurso para o respectivo Tribunal de Justiça Estadual.
(B) compete à Justiça do Trabalho processar e julgar, dentre outras, ações de indenização por dano moral ou patrimonial, decorrentes da relação de trabalho.
(C) os Tribunais Regionais do Trabalho compõem-se de, no mínimo, sete juízes, recrutados, quando possível, na mesma região, e nomeados pelo Presidente da República dentre brasileiros com mais de trinta e menos de sessenta e cinco anos de idade.
(D) um quinto dos membros do Tribunal Superior do Trabalho serão escolhidos dentre advogados com mais de dez anos de efetiva atividade profissional e membros do Ministério Público do Trabalho com mais de dez anos de efetivo exercício.
(E) cabe ao Conselho Superior da Justiça do Trabalho exercer, na forma da lei, a supervisão administrativa, orçamentária, financeira e patrimonial da Justiça do Trabalho de primeiro e segundo graus, como órgão central do sistema, cujas decisões terão efeito vinculante.

A: incorreta, devendo ser assinalada, pois não reflete o disposto no art. 112 da CF; **B:** correta. Art. 114, VI, da CF; **C:** correta. Art. 115 da CF; **D:** correta. Art. 111-A, I, da CF; **E:** correta. Art. 111-A, § 2º, II, da CF.
Gabarito "A"

(Analista – TRT/7ª – 2009 – FCC) Sobre o Poder Judiciário, é correto afirmar que:

(A) um terço dos lugares dos Tribunais dos Estados será composto de membros do Ministério Público com mais de cinco anos de carreira.
(B) lei complementar, de iniciativa do Supremo Tribunal Federal, disporá sobre o Estatuto da Magistratura.
(C) aos juízes é permitido dedicar-se à atividade político-partidária.
(D) compete aos tribunais, concorrentemente com a União, propor a criação de novas varas judiciárias.
(E) pelo voto de no mínimo um quinto de seus membros ou dos membros do respectivo órgão especial poderão os tribunais declarar a inconstitucionalidade de lei ou ato normativo do Poder Público.

A: incorreta, pois não reflete o disposto no art. 94 da CF; **B:** correta. Art. 93 da CF; **C:** incorreta. Art. 95, parágrafo único, III, da CF; **D:** incorreta, pois não reflete o disposto no art. 96, I, "d", da CF; **E:** incorreta, pois não reflete o disposto no art. 97 da CF (princípio da reserva de plenário).
Gabarito "B"

(Analista – TRT/11ª – 2005 – FCC) Compete ao Supremo Tribunal Federal processar e julgar, originariamente,

(A) nas infrações penais comuns, os membros do Congresso Nacional e os Governadores dos Estados e do Distrito Federal.
(B) mediante recurso extraordinário, as causas decididas em última instância, quando a decisão recorrida contrariar dispositivo constitucional.
(C) as ações contra o Conselho Nacional de Justiça e contra o Conselho Nacional do Ministério Público.
(D) a ação direta de inconstitucionalidade de lei ou ato normativo federal, estadual ou municipal e a ação declaratória de constitucionalidade de lei federal ou estadual.
(E) nas infrações penais comuns e nos crimes de responsabilidade, o Presidente da República, os Governadores dos Estados e seus próprios membros.

A: incorreta, pois os membros do Congresso Nacional sim (art. 102, I, "b", da CF), mas o julgamento dos governadores por crime comum é competência do STJ (art. 105, I, "a", da CF); B: incorreta, pois a competência do STF para julgar recurso extraordinário (art. 102, III, da CF) não é originária, mas, como o próprio nome afirma, *recursal*; C: correta. Art. 102, I, "r", da CF; D: incorreta, pois a competência do STF para julgar ADI e ADC é originária, mas só cabe ADI contra lei *federal* ou *estadual* e ADC de lei *federal* (art. 102, I, "a", da CF); E: incorreta, pois o Presidente da República e os membros do STF são julgados pelo STF por crime comum (art. 102, I, "b", da CF) e pelo Senado Federal por crime de responsabilidade (art. 52, I e II, da CF). Os governadores de estado são julgados pelo STJ por crime comum (art. 105, I, "a", da CF) e de acordo com a forma estabelecida pela Constituição do Estado para os crimes de responsabilidade, *ex vi* do art. 78 da Lei 1.079/1950.

Gabarito "C".

(Analista – TRT/13ª – 2005 – FCC) Os Tribunais Regionais do Trabalho, cujos membros serão nomeados pelo Presidente da República, dentre brasileiros, compõem-se de, no

(A) máximo, sete juízes, com mais de trinta e menos de sessenta anos, recrutados, quando possível, na respectiva região, sendo um quinto dentre advogados com mais de dez anos de inscrição na OAB e membros do Ministério Público do Trabalho com mais de dez anos na entrância, com notório saber jurídico e reputação ilibada; os demais, mediante promoção de juízes do trabalho por merecimento.

(B) mínimo, sete juízes, com mais de trinta e menos de sessenta e cinco anos, recrutados, quando possível, na respectiva região, sendo um quinto dentre advogados com mais de dez anos de efetiva atividade profissional e membros do Ministério Público do Trabalho com mais de dez anos de efetivo exercício, com notório saber jurídico e reputação ilibada; os demais, mediante promoção de juízes do trabalho por antiguidade e merecimento, alternadamente.

(C) máximo, sete juízes, com mais de trinta e cinco e menos de sessenta anos, recrutados, quando possível, na respectiva região, sendo um terço dentre advogados com mais de dez anos de efetiva atividade profissional e membros do Ministério Público do Trabalho com mais de dez anos de efetivo exercício, com notório saber jurídico e reputação ilibada; os demais, mediante promoção de juízes do trabalho por merecimento.

(D) mínimo, nove juízes, com mais de trinta e cinco e menos de sessenta e cinco anos, recrutados, quando possível, na respectiva região, sendo um quinto dentre advogados com mais de cinco anos de efetiva atividade profissional e membros do Ministério Público do Trabalho com mais de cinco anos de efetivo exercício, com notório saber jurídico e reputação ilibada; os demais, mediante promoção de juízes do trabalho por antiguidade.

(E) mínimo, nove juízes, com mais de trinta e cinco e menos de sessenta anos, recrutados, quando possível, na respectiva região, sendo um quinto dentre advogados com mais de dez anos de efetiva atividade profissional e membros do Ministério Público do Trabalho com mais de dez anos de efetivo na última entrância, com notório saber jurídico e reputação ilibada; os demais, mediante promoção de juízes do trabalho por antiguidade e merecimento, alternadamente.

Art. 115, I e II, da CF.

Gabarito "B".

(Analista – TRT/15ª – 2009 – FCC) Considere as assertivas abaixo, relacionadas ao Poder Judiciário.

I. Junto ao Conselho Nacional de Justiça oficiará o Presidente do Conselho Federal da Ordem dos Advogados do Brasil.
II. O número de juízes na unidade jurisdicional será proporcional à efetiva demanda judicial e ao respectivo número de eleitores.
III. As decisões disciplinares dos tribunais serão tomadas pelo voto da maioria simples dos presentes à sessão.
IV. Os tribunais elaborarão suas propostas orçamentárias dentro dos limites estipulados conjuntamente com os demais Poderes na lei de diretrizes orçamentárias.
V. Os Tribunais Regionais do Trabalho poderão funcionar descentralizadamente, através de Câmaras regionais.

Estão corretas SOMENTE

(A) I e III.
(B) II e IV.
(C) I, II e III.
(D) I, IV e V.
(E) II, III e V.

I: correta. Art. 103-B, § 6º, da CF; II: incorreta, pois não reflete o disposto no art. 93, XIII, da CF; III: incorreta, pois não reflete o disposto no art. 93, X, da CF; IV: correta. Art. 99, § 1º, da CF; V: correta. Art. 115, § 2º, da CF.

Gabarito "D".

(Analista – TRT/19ª – 2008 – FCC) No que se refere aos Tribunais e Juízes do Trabalho, é correto afirmar:

(A) Cabe ao Conselho Superior da Justiça do Trabalho regulamentar os cursos oficiais para o ingresso e promoção na carreira, bem como exercer, na forma da lei, a supervisão administrativa, orçamentária, financeira e patrimonial da Justiça do Trabalho de primeiro e segundo graus, como órgão central do sistema, cujas decisões terão efeito vinculante.

(B) Recusando-se qualquer das partes à negociação coletiva ou à arbitragem, é facultado a elas, de comum acordo, ajuizar dissídio coletivo de natureza econômica, podendo a Justiça do Trabalho decidir o conflito, respeitadas as disposições mínimas legais de proteção ao trabalho, bem como as convencionadas anteriormente.

(C) Os Tribunais Regionais do Trabalho compõem-se de, no mínimo, nove juízes, recrutados, quando possível, na respectiva região, e nomeados pelo Presidente da República dentre brasileiros com mais de trinta e menos de sessenta e cinco anos.

(D) São órgãos da Justiça do Trabalho: o Tribunal Superior do Trabalho, os Tribunais Regionais do Trabalho, as Juntas de Conciliação e Julgamento e os Juízes do Trabalho.

(E) O Tribunal Superior do Trabalho compor-se-á de vinte e sete Ministros, escolhidos dentre brasileiros com mais de trinta e cinco e menos de sessenta e cinco anos, nomeados pelo Presidente da República após aprovação pela maioria absoluta do Congresso Nacional.

A: incorreta, pois os cursos oficiais são responsabilidade da Escola Nacional de Formação e Aperfeiçoamento de Magistrados do Trabalho (art. 111-A, § 2º, I, da CF), cabendo ao Conselho Superior da Justiça do Trabalho as atribuições definidas no art. 111-A, § 2º, II, da CF; B: correta. Art. 114, § 2º, da CF; C: incorreta, pois não reflete o disposto no art. 115 da CF; D: incorreta, pois as juntas de conciliação foram extintas pela EC 24/1999 (art. 111, I a III, da CF); E: incorreta, pois não reflete o disposto no art. 111-A da CF.

Gabarito "B".

(Analista – TRT/20ª – 2006 – FCC) Compor-se-á de

I. quatorze membros nomeados pelo Presidente da República, depois de aprovada a escolha pela maioria absoluta do Senado Federal, para um mandato de dois anos, admitida uma recondução;
II. quinze Ministros vitalícios, nomeados pelo Presidente da República, depois de aprovada a indicação pelo Senado Federal;
III. vinte e sete Ministros, escolhidos dentre brasileiros com mais de 35 e menos de 65 anos, nomeados pelo Presidente da República após aprovação pela maioria absoluta do Senado Federal;
IV. quinze membros com mais de 35 e menos de 66 anos de idade, nomeados pelo Presidente da República, com mandato de dois anos, admitida uma recondução, depois de aprovada e escolha pela maioria absoluta do Senado Federal.

As afirmações acima tratam, respectivamente, do:

(A) Conselho Nacional de Justiça; Tribunal Superior do Trabalho, Tribunal Superior Eleitoral e Superior Tribunal Militar.
(B) Tribunal Superior Eleitoral; Conselho Nacional de Justiça; Superior Tribunal Militar e Conselho Nacional do Ministério Público.
(C) Superior Tribunal Militar; Conselho Nacional de Justiça; Conselho Nacional do Ministério Público e Tribunal Superior do Trabalho.

(D) Tribunal Superior do Trabalho; Superior Tribunal Militar; Conselho Nacional do Ministério Público e Tribunal Superior Eleitoral.

(E) Conselho Nacional do Ministério Público; Superior Tribunal Militar; Tribunal Superior do Trabalho e Conselho Nacional de Justiça.

I: Art. 130-A da CF; II: Art. 123 da CF; III: Art. 111-A da CF; IV: Art. 103-B da CF.

Gabarito "E"

(Analista – TRT/23ª – 2007 – FCC) O ingresso na carreira da Magistratura, cujo cargo inicial será o de juiz substituto, mediante concurso público de provas e títulos, com a participação da Ordem dos Advogados do Brasil em todas as fases, exige do bacharel em direito, no mínimo,

(A) 01 ano de atividade jurídica.

(B) 02 anos de atividade jurídica.

(C) 03 anos de atividade jurídica.

(D) 04 anos de atividade jurídica.

(E) 05 anos de atividade jurídica.

Art. 93, I, da CF.

Gabarito "C"

(Analista – TRT/23ª – 2007 – FCC) O Tribunal Superior do Trabalho é composto de

(A) vinte e um Ministros, escolhidos dentre brasileiros com mais de trinta e cinco e menos de sessenta e cinco anos, nomeados pelo Presidente da República após aprovação pela maioria absoluta do Congresso Nacional.

(B) vinte e cinco Ministros, escolhidos dentre brasileiros com mais de trinta e cinco e menos de sessenta e cinco anos, nomeados pelo Presidente da República após aprovação pela maioria absoluta do Congresso Nacional.

(C) vinte e cinco Ministros, escolhidos dentre brasileiros com mais de trinta e cinco e menos de sessenta e cinco anos, nomeados pelo Presidente da República após aprovação pela maioria absoluta do Senado Federal.

(D) vinte e sete Ministros, escolhidos dentre brasileiros com mais de trinta e cinco e menos de sessenta e cinco anos, nomeados pelo Presidente da República após aprovação pela maioria absoluta do Congresso Nacional.

(E) vinte e sete Ministros, escolhidos dentre brasileiros com mais de trinta e cinco e menos de sessenta e cinco anos, nomeados pelo Presidente da República após aprovação pela maioria absoluta do Senado Federal.

Art. 111-A da CF.

Gabarito "E"

(Analista – TRT/23ª – 2007 – FCC) No que concerne ao Conselho Nacional de Justiça, pode-se afirmar que

(A) será presidido pelo Ministro do Superior Tribunal de Justiça, que votará em caso de empate, ficando excluído da distribuição de processos naquele tribunal.

(B) é composto por onze membros, com mais de trinta e cinco e menos de sessenta e seis anos de idade, com mandato de dois anos, admitida uma recondução.

(C) o Ministro do Supremo Tribunal Federal exercerá a função de Ministro-Corregedor.

(D) os seus membros serão nomeados pelo Presidente da República, depois de aprovada a escolha pela maioria absoluta do Congresso Nacional.

(E) junto ao Conselho oficiarão o Procurador-Geral da República e o Presidente do Conselho Federal da Ordem dos Advogados do Brasil.

A: incorreta, pois não reflete o disposto no art. 103-B, § 1º, da CF; B: incorreta, pois não reflete o disposto no art. 103-B, *caput*, da CF; C: incorreta, pois não reflete o disposto no art. 103-B, § 5º, da CF; D: incorreta, pois não reflete o disposto no art. 103-B, § 2º, da CF; E: correta. Art. 103-B, § 6º, da CF.

Gabarito "E"

(Analista – TRT/23ª – 2007 – FCC) Os Tribunais Regionais do Trabalho compõem-se de, no mínimo,

(A) onze juízes, recrutados, quando possível, na respectiva região, e nomeados pelo Presidente da República dentre brasileiros com mais de trinta e menos de sessenta e cinco anos.

(B) nove juízes, recrutados, quando possível, na respectiva região, e nomeados pelo Presidente da República, após aprovação pela maioria absoluta do Congresso Nacional, dentre brasileiros com mais de trinta e menos de sessenta e cinco anos.

(C) onze juízes, recrutados, quando possível, na respectiva região, e nomeados pelo Presidente do Tribunal Superior do Trabalho dentre brasileiros com mais de trinta e menos de sessenta e cinco anos.

(D) sete juízes, recrutados, quando possível, na respectiva região, e nomeados pelo Presidente da República dentre brasileiros com mais de trinta e menos de sessenta e cinco anos.

(E) sete juízes, recrutados, quando possível, na respectiva região, e nomeados pelo Presidente da República após aprovação pela maioria absoluta do Senado Federal, dentre brasileiros com mais de trinta e menos de sessenta e cinco anos.

Art. 115 da CF.

Gabarito "D"

(Analista – TRT/24ª – 2006 – FCC) Considere as seguintes assertivas sobre o Supremo Tribunal Federal:

I. As decisões de mérito definitivas proferidas em ações diretas de inconstitucionalidade produzirão eficácia *erga omnes*, vinculante e *ex tunc*.

II. Os Ministros do Supremo Tribunal Federal serão nomeados pelo Presidente da República, depois de aprovada a escolha pela maioria absoluta do Congresso Nacional.

III. Cabe ao Supremo Tribunal Federal apreciar, na forma da lei, arguição de preceito fundamental decorrente da Constituição.

IV. É condição de admissibilidade do Recurso Extraordinário a demonstração de repercussão geral das questões constitucionais discutidas ao caso, nos termos da Lei, podendo o Tribunal recusá-lo pela manifestação da maioria absoluta de seus membros.

Está integralmente correto o que se afirma APENAS em

(A) I, II e IV.

(B) I e III.

(C) I, III e IV.

(D) II, III e IV.

(E) III e IV.

I: correta. O art. 102, § 2º, da CF estabelece eficácia contra todos e efeito vinculante. A eficácia temporal é, em regra, *ex tunc* mas, na forma do art. 27 da Lei 9.868/1999, pode-se restringir os efeitos da declaração ou decidir que ela só tenha eficácia a partir de seu trânsito em julgado ou de outro momento que venha a ser fixado; II: incorreta, pois não reflete o disposto no art. 101, parágrafo único, da CF; III: correta. Art. 102, § 1º. V. Lei 9.882/1999; IV: incorreta, pois não reflete o disposto no art. 102, § 3º, da CF.

Gabarito "B"

(Analista – TRT/9ª – 2007 – CESPE) Julgue os seguintes itens, acerca dos poderes e das funções essenciais à justiça.

(1) Compete ao próprio TRT a iniciativa de elaborar projeto de lei que disponha sobre planos de cargos e salários dos seus membros e de seus auxiliares.

(2) Mandado de segurança impetrado contra o Procurador-Geral do Trabalho por servidor público estatutário da própria Procuradoria deverá ser julgado pela justiça federal de primeira instância.

1: incorreta, pois não reflete o disposto no art. 96, II, "b", da CF; 2: correta. Art. 109, VIII, da CF.

Gabarito 1E, 2C

(Analista – TRT/17ª – 2009 – CESPE) A respeito das competências da União, dos estados e dos municípios e da organização dos poderes, julgue os itens a seguir.

(1) Compete ao presidente do TRT encaminhar projeto de lei ordinária ao Congresso Nacional cujo objeto seja a instituição de novo plano de cargos e salários dos servidores daquele tribunal.

(2) Um quinto dos membros do TST são escolhidos entre advogados com mais de dez anos de efetiva atividade profissional e membros do Ministério Público do Trabalho com mais de dez anos de efetivo exercício, atendidos os demais requisitos constitucionais.

(3) Conforme entendimento do STF compete à justiça do trabalho apreciar litígios instaurados contra entidades de previdência privada e relativos à complementação de aposentadoria, pensão ou de outros benefícios previdenciários, desde que a controvérsia jurídica resulte de obrigação oriunda de contrato de trabalho.

1: incorreta, pois não reflete o disposto no art. 96, II, "b", da CF; 2: correta. Art. 111-A, I, da CF; 3: incorreta. "Compete à Justiça Comum julgar causa relativa à complementação de aposentadoria, a cargo de entidade de previdência privada, cuja responsabilidade não decorre do contrato de trabalho. (...) Inicialmente, aduziu-se a existência de duas situações: 1) a aposentadoria paga por fundo de previdência fechado possui um contrato de trabalho como causa remota e o ex empregador é geralmente o garantidor da entidade previdenciária; 2) o segurado não possui relação de emprego com o fundo de previdência, nem com o ex empregador, na condição de garantidor da entidade pagadora de complementações. Ademais, ressaltou-se que o art. 202, § 2º, da CF passou a estabelecer que as condições contratuais previstas nos planos de benefícios das entidades de previdência privada não integram o contrato de trabalho. Entendeu-se que, no caso, a competência deveria ser verificada em face da extinção do contrato de trabalho e da nova relação criada em decorrência da aposentadoria." (STF, AI 556099, 2ª T., j. 17.10.2006, rel. Min. Gilmar Mendes, *DJ* 01.12.2006).

Gabarito 1E, 2C, 3E

(Analista – TRT/19ª – 2008 – FCC) Dentre as principais inovações trazidas pela Emenda Constitucional nº 45 pode-se afirmar que

(A) se criou o Conselho Nacional de Justiça, composto de treze membros com mais de trinta e cinco e menos de sessenta e seis anos de idade, com mandato de dois anos, admitida uma recondução.

(B) a competência para apreciar os pedidos de homologação de sentenças estrangeiras e a concessão de *exequatur* às cartas rogatórias passou do Superior Tribunal de Justiça para o Supremo Tribunal Federal.

(C) nas hipóteses de grave violação de direitos humanos, o Procurador-Geral da República, com a finalidade de assegurar o cumprimento de obrigações decorrentes de tratados internacionais de direitos humanos dos quais o Brasil seja parte, poderá suscitar, perante o Supremo Tribunal Federal, em qualquer fase do inquérito ou processo, incidente de deslocamento de competência para a Justiça Federal.

(D) os Tribunais Regionais do Trabalho passaram a ser compostos de, no mínimo, nove juízes, recrutados, quando possível, na respectiva região, e nomeados pelo Presidente da República dentre brasileiros com mais de trinta e menos de sessenta e cinco anos.

(E) as decisões definitivas de mérito, proferidas pelo Supremo Tribunal Federal, nas ações diretas de inconstitucionalidade e nas ações declaratórias de constitucionalidade produzirão eficácia contra todos e efeito vinculante, relativamente aos demais órgãos do Poder Judiciário e à administração pública direta e indireta, nas esferas federal, estadual e municipal.

A: incorreta, pois o Conselho Nacional de Justiça compõe-se de 15 (quinze) membros com mandato de 2 (dois) anos, admitida 1 (uma) recondução (art. 103-B da CF); B: incorreta, pois é justamente o contrário (art. 105, I, "i" da CF); C: incorreta, pois poderá suscitar o incidente perante o Superior Tribunal de Justiça e não o Supremo Tribunal Federal (art. 109, § 5º da CF). Nas hipóteses de grave violação de direitos humanos, o Procurador-Geral da República, com a finalidade de assegurar o cumprimento de obrigações decorrentes de tratados internacionais de direitos humanos dos quais o Brasil seja parte, poderá suscitar, perante o Superior Tribunal de Justiça, em qualquer fase do inquérito ou processo, incidente de deslocamento de competência para a Justiça Federal; D: incorreta, pois os Tribunais Regionais do Trabalho compõem-se de, no mínimo, *sete* juízes, recrutados, quando possível, na respectiva região, e nomeados pelo Presidente da República dentre brasileiros com mais de trinta e menos de sessenta e cinco anos; E: correta (art. 102, § 2º da CF).

Gabarito "E"

(Analista – TRT/2ª – 2008 – FCC) Funciona junto ao Tribunal Superior do Trabalho exercendo a supervisão administrativa, orçamentária, financeira e patrimonial da Justiça do Trabalho de primeiro e segundo graus, o:

(A) Ministro Vice-Presidente do Tribunal Superior do Trabalho.

(B) Ministro Presidente do Tribunal Superior do Trabalho.

(C) Conselho Superior da Justiça do Trabalho.

(D) Diretor Administrativo do Tribunal Superior do Trabalho.

(E) Ministro nomeado pelo Presidente da República

De fato, funciona junto ao Tribunal Superior do Trabalho exercendo a supervisão administrativa, orçamentária, financeira e patrimonial da Justiça do Trabalho de primeiro e segundo graus, o Conselho Superior da Justiça do Trabalho (art. 111-A, § 2º, II da CF). Para complementar: Funcionará junto ao Tribunal Superior do Trabalho a Escola Nacional de Formação e Aperfeiçoamento de Magistrados do Trabalho, cabendo-lhe, dentre outras funções, regulamentar os cursos oficiais para o ingresso e promoção na carreira; o Conselho Superior da Justiça do Trabalho, cabendo-lhe exercer, na forma da lei, a supervisão administrativa, orçamentária, financeira e patrimonial da Justiça do Trabalho de primeiro e segundo graus, como órgão central do sistema, cujas decisões terão efeito vinculante.

Gabarito "C"

(Analista – TRT/18ª – 2008 – FCC) Quanto ao Poder Judiciário, o Conselho Nacional de Justiça é composto por quinze membros com mais de trinta e cinco e menos de sessenta e seis anos de idade, sendo

(A) dois cidadãos, de notável saber jurídico e reputação ilibada, indicados um pela Câmara dos Deputados e outro pelo Senado Federal.

(B) três juízes do trabalho, indicados pelo Tribunal Superior do Trabalho.

(C) dois membros do Ministério Público da União, indicados pelo Procurador-Geral da República.

(D) dois membros do Ministério Público estadual, escolhidos pelo Procurador-Geral da República dentre os nomes indicados pelo órgão competente de cada instituição estadual.

(E) três juízes federais, indicados pelo Superior Tribunal de Justiça.

A: correta (art. 103-B, XIII da CF). O Conselho Nacional de Justiça compõe-se de 15 (quinze) membros com mandato de 2 (dois) anos, admitida 1 (uma) recondução, sendo o Presidente do Supremo Tribunal Federal; um Ministro do Superior Tribunal de Justiça, indicado pelo respectivo Tribunal; um Ministro do Tribunal Superior do Trabalho, indicado pelo respectivo Tribunal; um desembargador de Tribunal de Justiça, indicado pelo Supremo Tribunal Federal; um juiz estadual, indicado pelo Supremo Tribunal Federal; um juiz de Tribunal Regional Federal, indicado pelo Superior Tribunal de Justiça; um juiz federal, indicado pelo Superior Tribunal de Justiça; um juiz de Tribunal Regional do Trabalho, indicado pelo Tribunal Superior do Trabalho; um juiz do trabalho, indicado pelo Tribunal Superior do Trabalho; um membro do Ministério Público da União, indicado pelo Procurador-Geral da República; um membro do Ministério Público estadual, escolhido pelo Procurador-Geral da República dentre os nomes indicados pelo órgão competente de cada instituição estadual; dois advogados, indicados pelo Conselho Federal da Ordem dos Advogados do Brasil; dois cidadãos, de notável saber jurídico e reputação ilibada, indicados um pela Câmara dos Deputados e outro pelo Senado Federal; **B:** incorreta (três juízes do trabalho). A composição exige um juiz do Trabalho; **C:** incorreta (dois membros do Ministério Público da União). O Conselho Nacional de Justiça é composto por um membro do Ministério Público da União; **D:** incorreta (dois membros). O Conselho Nacional de Justiça é composto por um membro do Ministério Público estadual; **E:** incorreta (três juízes federais). O Conselho Nacional de Justiça é composto por um juiz federal.

Gabarito "A"

(Analista – TRT/12ª – 2007) Lei complementar, de iniciativa do Supremo Tribunal Federal, disporá sobre o Estatuto da Magistratura, o qual deverá dispor:

(A) que não será promovido o juiz que, injustificadamente, retiver autos em seu poder durante o prazo legal, pelo que poderá devolvê-los ao cartório com o devido despacho ou decisão.

(B) que é obrigatória a promoção do juiz que figure por duas vezes consecutivas ou seis alternadas em lista de merecimento.

(C) aferição do merecimento conforme o desempenho e pelos critérios objetivos de produtividade e presteza no exercício da jurisdição e pela frequência e aproveitamento em cursos oficiais ou reconhecidos de aperfeiçoamento.

(D) que a promoção por merecimento pressupõe três anos de exercício na respectiva entrância e integrar o juiz a primeira sexta parte da lista de antiguidade desta, salvo se não houver com tais requisitos quem aceite o lugar vago.
(E) que na apuração de antiguidade, o tribunal somente poderá recusar o juiz mais antigo pelo voto fundamentado de metade de seus membros, conforme procedimento próprio, e assegurada ampla defesa, repetindo-se a votação até fixar-se a indicação.

A: incorreta, por conta do trecho "poderá devolvê-los ao cartório" (art. 93, II, "e" da CF). Não será promovido o juiz que, injustificadamente, retiver autos em seu poder além do prazo legal, não podendo devolvê-los ao cartório sem o devido despacho ou decisão; **B:** incorreta, por conta do trecho "que figure duas vezes consecutivas ou seis alternadas". Conforme estabelece o art. 93, II, "a" da CF é obrigatória a promoção do juiz que figure por três vezes consecutivas ou cinco alternadas em lista de merecimento; **C:** correta (art. 93, II da CF); **D:** incorreta em dois pontos: "três anos de exercício" e "sexta parte da lista". Nos termos do art. 93, II, "b" da CF a promoção por merecimento pressupõe dois anos de exercício na respectiva entrância e integrar o juiz a primeira quinta parte da lista de antiguidade desta, salvo se não houver com tais requisitos quem aceite o lugar vago. **E:** incorreta, por conta do trecho "fundamentado de metade". O *quorum* trazido pelo art. 93, II, "d" é o de 2/3 (dois terços) e não metade como disse esta alternativa.

Gabarito "C"

(Analista – TRT/12ª – 2007) Apresenta-se como função institucional do Ministério Público

(A) promover, privativamente, a ação civil pública, para a proteção do patrimônio público e social, do meio ambiente e de outros interesses difusos e coletivos.
(B) solicitar diligências investigatórias, sendo o seu atendimento considerado facultativo e discricionário pela Autoridade Policial.
(C) promover a ação de inconstitucionalidade ou representação para fins de intervenção da União e dos Estados, nos casos previstos na Constituição.
(D) exercer a representação judicial e a consultoria jurídica de entidades públicas.
(E) defender judicialmente os direitos e interesses das populações rurícolas.

A: incorreta, por conta da expressão "privativamente". Não é função apenas do Ministério Público a propositura da ação civil pública. Há outros legitimados; **B:** incorreta, por conta das expressões "solicitar diligências" e "considerado facultativo e discricionário". É função institucional do Ministério Público *requisitar* diligências investigatórias e a *instauração* de inquérito policial, indicados os fundamentos jurídicos de suas manifestações processuais (art. 129, VIII da CF); **C:** correta (art. 129, IV da CF); **D:** incorreta, pois não corresponde ao previsto no inc. IX do art. 129 da CF; **E:** incorreta, por conta da palavra "rurícolas". É função institucional do Ministério Público defender judicialmente os direitos e interesses das populações indígenas (art. 129, V da CF).

Gabarito "C"

(Analista – TRT/15ª – 2009 – FCC) O Supremo Tribunal Federal compõe-se de ...... Ministros escolhidos dentre cidadãos com mais de ...... e menos de ...... anos de idade, dentre outros requisitos.

(A) nove – trinta e cinco – setenta
(B) doze – trinta – sessenta
(C) quinze – trinta e cinco – sessenta
(D) onze – trinta e cinco – sessenta e cinco
(E) sete – trinta e cinco – setenta e cinco

De fato o STF compõe-se de onze Ministros, escolhidos dentre cidadãos com mais de trinta e cinco e menos de sessenta e cinco anos de idade, de notável saber jurídico e reputação ilibada. Os Ministros do STF serão nomeados pelo Presidente da República, depois de aprovada a escolha pela maioria absoluta do Senado Federal (art. 101 e parágrafo único da CF).

Gabarito "D"

(Analista – TRT/19ª – 2008 – FCC) Analise as assertivas abaixo sobre o Poder Judiciário.

I. Aos juízes é vedado exercer a advocacia no juízo ou tribunal do qual se afastou, antes de decorridos dois anos do afastamento do cargo por aposentadoria ou exoneração.
II. As decisões administrativas dos tribunais serão motivadas e em sessão pública, sendo as disciplinares tomadas pelo voto da maioria absoluta de seus membros.
III. Na apuração de antiguidade, para promoção, o tribunal somente poderá recusar o juiz mais antigo pelo voto fundamentado de dois terços de seus membros, conforme procedimento próprio, e assegurada ampla defesa, repetindo-se a votação até fixar-se a indicação.
IV. Nos tribunais com número superior a vinte e cinco julgadores, poderá ser constituído órgão especial, com o mínimo de onze e o máximo de vinte e cinco membros, para o exercício das atribuições administrativas e jurisdicionais delegadas da competência do tribunal pleno, provendo-se metade das vagas por antiguidade e a outra metade por merecimento.

De acordo com a Constituição Federal de 1988, é correto o que se afirma APENAS em:

(A) II e III
(B) II, III e IV
(C) I, III e IV
(D) I, II e IV
(E) I e III

I: incorreta, "dois anos do afastamento". O prazo correto seria de três anos (art. 95, parágrafo único, V, da CF). Aos juízes é vedado exercer a advocacia no juízo ou tribunal do qual se afastou, antes de decorridos três anos do afastamento do cargo por aposentadoria ou exoneração; **II:** correta (art. 93, X da CF); **III:** correta (art. 93, II, "d" da CF); **IV:** incorreta "e a outra metade por merecimento". A outra metade deve ser por eleição pelo Tribunal Pleno (art. 93, XI da CF). Nos tribunais com número superior a vinte e cinco julgadores, poderá ser constituído órgão especial, com o mínimo de onze e o máximo de vinte e cinco membros, para o exercício das atribuições administrativas e jurisdicionais delegadas da competência do tribunal pleno, provendo-se metade das vagas por antiguidade e a outra metade por eleição pelo tribunal pleno.

Gabarito "A"

(Analista – TRT/3ª – 2009 – FCC) Observados os requisitos de notório saber jurídico, de reputação ilibada e indicação em lista sêxtupla pelos órgãos de representação da respectiva classe, verifica-se que um quinto constitucional dos lugares do Tribunal Regional do Trabalho será composto de:

(A) advogados com mais de dez anos de efetiva atividade profissional e membros do Ministério Público com mais de cinco anos de efetivo exercício.
(B) advogados com mais de dez anos de efetiva atividade profissional e membros do Ministério Público do Trabalho com mais de dez anos de efetivo exercício.
(C) membros do Ministério Público do Trabalho com mais de dez anos de efetivo exercício e juízes de direito com mais de dez anos de exercício nas varas da Justiça do Trabalho.
(D) membros do Ministério Público do Trabalho com mais de cinco anos de efetivo exercício e advogados com mais de cinco anos de efetiva atividade profissional na Justiça do Trabalho.
(E) advogados ou membros do Ministério Público com mais de dez anos de efetiva atividade profissional e juízes do trabalho com mais de cinco anos de exercício nas varas da Justiça do Trabalho.

De fato, nos termos do art. 115, I e II da CF, os Tribunais Regionais do Trabalho compõem-se de, no mínimo, sete juízes, recrutados, quando possível, na respectiva região, e nomeados pelo Presidente da República dentre brasileiros com mais de trinta e menos de sessenta e cinco anos, sendo um quinto dentre advogados com mais de dez anos de efetiva atividade profissional e membros do Ministério Público do Trabalho com mais de dez anos de efetivo exercício, observado o disposto no art. 94 e os demais, mediante promoção de juízes do trabalho por antiguidade e merecimento, alternadamente.

Gabarito "B"

(Analista – TRT/7ª – 2009 – FCC) O controle da atuação administrativa e financeira do Poder Judiciário e do cumprimento dos deveres funcionais dos juízes compete

(A) ao Supremo Tribunal Federal.
(B) ao Conselho Nacional de Justiça.
(C) aos desembargadores do Tribunal de Justiça.
(D) ao Procurador-Geral da República.
(E) ao Superior Tribunal de Justiça.

O Conselho Nacional de Justiça compõe-se de 15 (quinze) membros com mandato de 2 (dois) anos, admitida 1 (uma) recondução. Compete ao Conselho o controle da atuação administrativa e financeira do Poder Judiciário e do cumprimento dos deveres funcionais dos juízes, cabendo-lhe, além de outras atribuições que lhe forem conferidas pelo Estatuto da Magistratura zelar pela autonomia do Poder Judiciário e pelo cumprimento do Estatuto da Magistratura, podendo expedir atos regulamentares, no âmbito de sua competência, ou recomendar providências; zelar pela observância do art. 37 da CF e apreciar, de ofício ou mediante provocação, a legalidade dos atos administrativos praticados por membros ou órgãos do Poder Judiciário, podendo desconstituí-los, revê-los ou fixar prazo para que se adotem as providências necessárias ao exato cumprimento da lei, sem prejuízo da competência do Tribunal de Contas da União; representar ao Ministério Público, no caso de crime contra a administração pública ou de abuso de autoridade; entre outras (art. 103-B, § 4º, incisos I a VII da CF).

Gabarito "B"

(Analista – TRT/7ª – 2009 – FCC) Sobre os Tribunais Regionais do Trabalho, é INCORRETO afirmar que se compõem de

(A) juízes que serão recrutados, quando possível, na respectiva região, e nomeados pelo Presidente da República.
(B) no mínimo, sete juízes.
(C) juízes nomeados pelo Presidente da República dentre brasileiros com mais de trinta e menos de sessenta e cinco anos.
(D) juízes dos quais um quinto são recrutados dentre advogados e membros do Ministério Público do Trabalho.
(E) juízes nomeados pelo Presidente da República, sendo dois terços de juízes togados vitalícios e um terço de juízes classistas temporários.

A, B, C e **D:** corretas nos termos do art. 115 da CF. Os Tribunais Regionais do Trabalho compõem-se de, no mínimo, sete juízes, recrutados, quando possível, na respectiva região, e nomeados pelo Presidente da República dentre brasileiros com mais de trinta e menos de sessenta e cinco anos, sendo um quinto dentre advogados com mais de dez anos de efetiva atividade profissional e membros do Ministério Público do Trabalho com mais de dez anos de efetivo exercício, observado o disposto no art. 94 da CF; os demais, mediante promoção de juízes do trabalho por antiguidade e merecimento, alternadamente; **E:** incorreta ("sendo dois terços de juízes togados vitalícios e um terço de juízes classistas temporários"), nos termos do art. 115 da CF.

Gabarito "E"

(Analista – TRT/24ª – 2011 – FCC) No tocante ao Poder Judiciário, o Estatuto da Magistratura é disposto por Lei:

(A) ordinária, de iniciativa do Senado Federal.
(B) ordinária, de iniciativa da Câmara dos Deputados.
(C) complementar, de iniciativa do Supremo Tribunal Federal.
(D) ordinária, de iniciativa do Conselho Nacional de Justiça.
(E) complementar, de iniciativa da Câmara dos Deputados.

De fato lei complementar, de iniciativa do Supremo Tribunal Federal, disporá sobre o Estatuto da Magistratura (art. 93 da CF).

Gabarito "C"

(FGV – 2015) A discussão a respeito das funções executiva, legislativa e judiciária parece se acirrar em torno dos limites do seu exercício pelos três tradicionais Poderes. Nesse sentido, sobre a estrutura adotada pela Constituição brasileira de 1988, assinale a afirmativa correta.

(A) O exercício da função legislativa é uma atribuição concedida exclusivamente ao Poder Legislativo, como decorrência natural de ser considerado o Poder que mais claramente representa o regime democrático.
(B) O exercício da função jurisdicional é atribuição privativa do Poder Judiciário, embora se possa dizer que o Poder Executivo, no uso do seu poder disciplinar, também faça uso da função jurisdicional.
(C) O exercício de funções administrativas, judiciárias e legislativas deve respeitar a mais estrita divisão de funções, não existindo possibilidade de que um Poder venha a exercer, atipicamente, funções afetas a outro Poder.
(D) A produção de efeitos pelas normas elaboradas pelos Poderes Legislativo e Executivo pode ser limitada pela atuação do Poder Judiciário, no âmbito de sua atuação típica de controlar a constitucionalidade ou a legalidade das normas do sistema.

A: incorreta. A função legislativa não é atribuição exclusiva do Poder Legislativo. Os demais poderes podem exercê-la de forma atípica, por exemplo, o Judiciário quando elabora os seus regimentos internos (art. 96, I, "a", da CF) e o Executivo quando edita medida provisória (art. 62 da CF); B: incorreta. A função jurisdicional também pode ser exercida pelos demais poderes de forma atípica. Quando o Senado Federal julga o Presidente da República nas hipóteses de crime de responsabilidade (art. 85 da CF) está exercendo função jurisdicional, de forma atípica. Também, o Executivo quando julga e aprecia os recursos administrativos exerce função jurisdicional, de forma atípica. A polêmica que existe é a seguinte: como as decisões do contencioso administrativo não estão acobertadas pela coisa julgada material, ou seja, podem ser revistas pelo Judiciário (art. 5º, XXXV, da CF), há quem entenda que a verificação de defesas e recursos administrativos pelo Executivo não teria caráter jurisdicional. O examinador não deu atenção a esse entendimento e a questão não foi anulada; C: incorreta. Conforme já mencionamos é possível o exercício de funções típicas e atípicas pelos os poderes. De fato, adotamos a tripartição de poderes sugerida por Montesquieu, mas de forma moderada, ou seja, admitindo o exercício atípico das funções, desde que autorizado pela Constituição; D: correta. De fato o Judiciário pode limitar a produção de efeitos das normas elaboradas pelos Poderes Legislativo Executivo por meio do controle de constitucionalidade. Tal controle pode ser realizado pela via difusa (caso concreto) e concentrada (abstrato).

Gabarito "D"

4.4. Controle de Constitucionalidade

(Analista – TRT/1ª – 2012 – FCC) O artigo 5º, *caput*, da Lei nº 12.034/2009 criou, para vigorar "a partir das eleições de 2014, inclusive, o voto impresso conferido pelo eleitor". Entre outras regras, estabeleceu em seus parágrafos que, "após a confirmação final do voto pelo eleitor, a urna eletrônica imprimirá um número único de identificação do voto associado à sua própria assinatura digital", a fim de viabilizar a realização de auditoria de urnas eletrônicas, por amostragem, por meio da contagem dos seus votos em papel e comparação com os resultados apresentados pelo respectivo boletim de urna. Em sessão realizada em outubro de 2011, o Supremo Tribunal Federal (STF) concedeu medida cautelar em sede de ação direta de inconstitucionalidade, proposta pelo Procurador-Geral da República, para suspender a eficácia do referido dispositivo legal, na íntegra.

Nesse caso:

I. A questão de mérito posta à deliberação do STF diz respeito à compatibilidade de dispositivos de lei federal com a Constituição da República, em face do direito fundamental ao voto secreto, considerado mecanismo de exercício da soberania popular, matéria protegida inclusive contra proposta de emenda à Constituição que tenda à sua abolição.
II. O Procurador-Geral da República possui legitimidade para a propositura da ação e prescinde da demonstração de pertinência temática para esse fim, a exemplo do que ocorre, entre outros legitimados, com o Presidente da República e os partidos políticos com representação no Congresso Nacional.
III. O *quorum* exigido para a decisão proferida no caso em tela é o da maioria absoluta dos membros do STF, devendo estar presentes na sessão pelo menos oito Ministros.
IV. A decisão proferida pelo STF, no caso, é dotada de eficácia contra todos e produz efeitos *ex nunc*.

Está correto o que se afirma em

(A) I e II, apenas.
(B) I e III, apenas.
(C) II e IV, apenas.
(D) I, III e IV, apenas.
(E) I, II, III e IV.

I: correta. De acordo com o art. 60, § 4º, II, da CF/1988, o direito ao voto secreto é considerado cláusula pétrea. Portanto, eventual norma criada com a intenção de abolir esse direito, necessariamente, será tida como inconstitucional; **II:** correta. O Procurador-Geral da República, de fato, não precisa demonstrar pertinência temática. Conforme o posicionamento do STF, apenas os legitimados previstos nos incisos IV (a Mesa de Assembleia Legislativa ou da Câmara Legislativa do Distrito Federal), V (o Governador de Estado ou do Distrito Federal) e IX (confederação sindical ou entidade de classe de âmbito nacional), do art. 103 da CF/1988 é que precisam demonstrar pertinência temática, ou seja, precisam demonstrar que a pretensão deduzida guarda relação de pertinência com os seus objetivos institucionais; **III:** correta. Conforme dispõe o art. 10 da Lei nº 9.868/1999, salvo no período de recesso, a medida cautelar na ação direta será concedida por decisão da *maioria absoluta* dos membros do Tribunal, observado o disposto no art. 22 da referida lei, após a audiência dos órgãos ou autoridades dos quais emanou a lei ou ato normativo impugnado, que deverão pronunciar-se no prazo de cinco dias; **IV:** correta. O art. 11, § 1º, da Lei nº 9.868/1999 determina que a medida cautelar, dotada de eficácia *contra todos*, será concedida com efeito *ex nunc*, salvo se o Tribunal entender que deva conceder-lhe eficácia retroativa.

Gabarito "E"

(Analista – TRT/1ª – 2012 – FCC) Na hipótese de uma Turma do Tribunal Regional do Trabalho deparar-se com questão ainda não examinada pelo Supremo Tribunal Federal, atinente à constitucionalidade de lei, prejudicial à decisão de um caso concreto submetido a seu julgamento, o órgão julgador, em virtude do quanto dispõe a Constituição da República,

(A) estará impedido de pronunciar-se, até que sobrevenha decisão sobre a constitucionalidade da lei proferida pelo Supremo Tribunal Federal, ao qual compete a guarda da Constituição.

(B) estará impedido de pronunciar-se, até que sobrevenha decisão sobre a constitucionalidade da lei proferida pelo Tribunal Superior do Trabalho, instância jurisdicional final em matéria trabalhista.

(C) poderá afastar a incidência da lei, desde logo, mas não declarar sua inconstitucionalidade expressamente, sem que haja decisão anterior proferida a esse respeito pela maioria absoluta dos membros do Tribunal Regional do Trabalho ou de seu Órgão Especial.

(D) não poderá declarar a inconstitucionalidade da lei, tampouco afastar sua incidência, sem que haja decisão anterior proferida a esse respeito pela maioria absoluta dos membros do Tribunal Regional do Trabalho ou de seu Órgão Especial.

(E) poderá declarar a inconstitucionalidade da lei, bem como afastar sua incidência, independentemente da existência de decisão anterior proferida a esse respeito por outras instâncias da Justiça do Trabalho ou pelo Supremo Tribunal Federal, por se tratar de decisão a ser tomada em sede de controle difuso de constitucionalidade.

De acordo com o art. 97 da CF/1988, somente pelo voto da *maioria absoluta* de seus membros ou dos membros do respectivo órgão especial poderão os tribunais declarar a inconstitucionalidade de lei ou ato normativo do Poder Público. É a denominada cláusula de reserva de plenário. Desse modo, o órgão julgador não poderá declarar a inconstitucionalidade da lei, tampouco afastar sua incidência, sem que haja decisão anterior proferida a esse respeito pela maioria absoluta dos membros do Tribunal Regional do Trabalho ou de seu Órgão Especial.

Gabarito "D"

(Analista – TRT/9ª – 2012 – FCC) De acordo com a Constituição Federal brasileira, em matéria de controle difuso de constitucionalidade, o Senado Federal poderá editar uma resolução suspendendo a execução, no todo ou em parte, de lei ou ato normativo declarado inconstitucional por decisão definitiva do Supremo Tribunal Federal. Esta resolução senatorial

(A) terá efeitos *erga omnes*, porém *ex nunc*, ou seja, a partir da sua publicação.

(B) não terá efeitos *erga omnes*, sendo que os efeitos *inter partes* serão *ex nunc*, ou seja, a partir da sua publicação.

(C) terá efeitos *erga omnes* e *ex tunc*, ou seja, anteriores à sua publicação.

(D) somente terá efeitos *ex tunc* depois de aprovada por maioria absoluta do Senado Federal e um terço do Congresso Nacional.

(E) não terá efeitos *erga omnes*, porém os efeitos *inter partes* serão *ex tunc*, ou seja, anteriores a sua publicação.

A: correta. De acordo com o art. 52, X, da CF/1988, é da competência privativa do Senado Federal a suspensão da execução, no todo ou em parte, de lei declarada inconstitucional por decisão definitiva do Supremo Tribunal Federal. De fato, a resolução valerá para todas as pessoas e produzirá efeitos a partir da sua publicação, ou seja, *ex nunc*; **B:** incorreta. Ao contrário, a resolução do Senado terá efeito *erga omnes*; **C:** incorreta. Os efeitos serão *erga omnes* e *ex nunc* e não *ex tunc* (retroativos), como afirmado pela alternativa; **D:** incorreta. Com a resolução do Senado, os efeitos serão *ex nunc* e não *ex tunc.*; **E:** incorreta. Como mencionado, os efeitos serão *erga omnes* e *ex nunc*.

Gabarito "A"

(Analista – TRT/9ª – 2012 – FCC) No tocante à Ação Declaratória de Constitucionalidade, considere:

I. Pode ser proposta por Confederação Sindical ou entidade de classe de âmbito nacional.

II. O Procurador-Geral da República e a Mesa da Câmara dos Deputados têm legitimidade ativa para a sua propositura.

III. Tem a finalidade principal de transformar a presunção relativa de constitucionalidade em presunção absoluta, em razão dos seus efeitos vinculantes.

IV. Pode ter como objeto a lei ou ato normativo federal ou estadual que se pretenda declarar constitucional.

Está correto APENAS o que se afirma em

(A) I, II e IV.

(B) I e III

(C) II e III.

(D) I, II e III.

(E) III e IV.

I e II: corretas. Os legitimados à propositura das ações do controle concentrado (ADI – Ação Direta de Inconstitucionalidade, ADC – Ação Declaratória de Constitucionalidade e ADPF – Arguição de Descumprimento de Preceito) estão previstos no art. 103 da CF/1988 e são os seguintes: 1) - o Presidente da República, 2) - a Mesa do Senado Federal, 3) - a *Mesa da Câmara dos Deputados*, 4) a Mesa de Assembleia Legislativa ou da Câmara Legislativa do Distrito Federal, 5) o Governador de Estado ou do Distrito Federal, 6) - o *Procurador-Geral da República*, 7) - o Conselho Federal da Ordem dos Advogados do Brasil, 8) - partido político com representação no Congresso Nacional, 9) - a *confederação sindical e a entidade de classe de âmbito nacional*; **III:** correta. As leis, de fato, são presumidamente constitucionais. Essa presunção é relativa, ou seja, admite prova em contrário. A ADC visa transformar em absoluta essa presunção de constitucionalidade das leis. Para tanto, é necessária a demonstração da controvérsia judicial relevante sobre a aplicação da disposição objeto da ação declaratória (art. 14, III, da Lei 9.868/1999); **IV:** incorreta. A ADC só admite como objeto norma de natureza federal (art. 102, I, "a", da CF/1988).

Gabarito "D"

(Analista – TST – 2008 – CESPE) Acerca do Direito Constitucional, julgue o item a seguir.

(1) Considere que determinado empregado entenda que uma cláusula de seu contrato de trabalho seja inválida porque ela tem por base lei federal que ele julga inconstitucional. Nessa situação, o referido empregado não pode impugnar essa lei mediante ação direta de inconstitucionalidade, mas pode impugnar a validade do seu contrato de trabalho mediante arguição de descumprimento de preceito fundamental.

1: incorreta, tendo em vista que o empregado não pode propor nenhuma das duas ações. Os legitimados para a ADI e para a ADPF são os mesmos (art. 2º da Lei 9.882/1999) e encontram-se listados no art. 103 da CF e no art. 2º da Lei 9.868/1999.

Gabarito 1E

(Analista – TST – 2008 – CESPE) Considere que o STF, em sede de controle difuso de constitucionalidade, tenha declarado a inconstitucionalidade de lei municipal que atribuía aos empregados domésticos direito a receber gratificação de 200% pelo trabalho efetuado em domingos e feriados. Com relação a essa situação, julgue os itens que se seguem.

(1) Essa decisão seria incompatível com a CF, pois o STF não é competente para controlar a constitucionalidade de leis municipais.

(2) A referida lei seria inconstitucional porque a CF não atribui aos empregados domésticos direito a remuneração do serviço extraordinário.

1: incorreta. O STF pode controlar a constitucionalidade de lei municipal em face da Constituição Federal apenas em controle difuso (via Recurso Extraordinário), mas não em controle concentrado (via ADI, v. art. 102, I, "a", da CF); **2:** incorreta. Embora haja discussões sobre o tema, entende-se que o labor em domingos e feriados não é considerado extraordinário, mas trabalho durante o descanso, direito previsto no art. 7º, XV, da CF, extensível aos domésticos por força do parágrafo único do mesmo artigo. V., também, art. 1º da Lei 605/1949, cujos termos também se aplicam aos trabalhadores domésticos por força da revogação de seu art. 5º, I (que determinava a não aplicação da lei aos empregados domésticos).

Gabarito 1E, 2E

(Analista – TST – 2008 – CESPE) Considere que, recentemente, tenha sido aprovada emenda à Constituição de Sergipe, inserindo dispositivo que estabelece a impenhorabilidade de imóveis residenciais que sirvam como residência ao proprietário do bem. Sabendo disso, um deputado federal de Alagoas ingressou com ação direta de inconstitucionalidade (ADI) perante o STF, argumentando que a referida emenda viola a Constituição Federal, na medida em que é de competência privativa da União a legislação acerca de direito civil e de processo civil. Essa ação, contudo, foi extinta, sem julgamento de mérito, em função da ilegitimidade ativa da parte autora. Acerca dessa situação hipotética, julgue o próximo item.

(1) A extinção da ADI pelo STF foi correta, pois deputados federais somente têm legitimidade para impugnar, mediante controle concentrado, leis do estado cuja população eles representam.

1: incorreta. A extinção da ADI por ilegitimidade passiva foi correta, mas por outro fundamento: um deputado federal, individualmente, não pode propor ADI. Somente a Mesa da Câmara dos Deputados pode fazê-lo (art. 103, III, da CF).

Gabarito 1E

(Analista – TRT/11ª – 2012 – FCC) Sobre as medidas judiciais de controle da constitucionalidade brasileiro analise as seguintes assertivas:

I. A arguição de descumprimento de preceito fundamental, decorrente da Constituição Federal, será apreciada pelo Supremo Tribunal Federal, na forma da lei.

II. As decisões definitivas de mérito, proferidas pelo Supremo Tribunal Federal, nas ações declaratórias de constitucionalidade produzirão eficácia contra todos e efeito vinculante, relativamente aos demais órgãos do Poder Judiciário e à administração pública direta e indireta, nas esferas federal, estadual e municipal.

III. O Presidente do Senado Federal é um dos legitimados à propositura de ação direta de inconstitucionalidade e ação direta de constitucionalidade perante o Supremo Tribunal Federal.

Está correto o que se afirma APENAS em

(A) I e II.
(B) I e III.
(C) II e III.
(D) II.
(E) III.

I: correta (art. 102, § 1º, da CF); **II:** correta (art. 102, § 2º, da CF); **III:** incorreta. O Presidente do Senado não é legitimado à propositura dessas ações. De acordo com o art. 103 da CF, podem propor a ação direta de inconstitucionalidade e a ação declaratória de constitucionalidade: "I – o Presidente da República; *II – a Mesa do Senado Federal*; III – a Mesa da Câmara dos Deputados; IV – a Mesa de Assembleia Legislativa ou da Câmara Legislativa do Distrito Federal; V – o Governador de Estado ou do Distrito Federal; VI – o Procurador-Geral da República; VII – o Conselho Federal da Ordem dos Advogados do Brasil; VIII – partido político com representação no Congresso Nacional; e IX – confederação sindical ou entidade de classe de âmbito nacional."

Gabarito "A"

(Analista – TRT/6ª – 2012 – FCC) O Procurador-Geral da República ajuíza ação declaratória de constitucionalidade perante o Supremo Tribunal Federal (STF) em face de emenda constitucional, a qual é julgada procedente, com efeito *ex nunc*. Neste caso,

(A) há vício de propositura, pois o Procurador-Geral da República não é legitimado para propor ação declaratória de constitucionalidade.
(B) a sentença poderá adquirir abrangência *erga omnes* caso o STF comunique o Senado Federal e este amplie os efeitos da aplicação da lei declarada constitucional.
(C) o efeito da decisão está incorreto, pois, no caso de julgamento procedente de ação declaratória de constitucionalidade, será *ex tunc*.
(D) há vício quanto ao objeto da ação, pois a ação declaratória de constitucionalidade não pode abarcar o exame de emenda constitucional.
(E) para que a decisão tenha eficácia *erga omnes*, o STF deverá editar súmula vinculante mediante decisão de dois terços de seus membros.

A: incorreta. O Procurador-Geral da República *pode propor* ação declaratória de constitucionalidade (art. 103, VI, da CF); **B:** incorreta. A decisão já produz efeitos *erga omnes*. Não há necessidade de comunicação ao Senado; **C:** correta. Os efeitos produzidos pela decisão final dada em sede de ação declaratória de constitucionalidade são, em regra, *erga omnes* (contra todos), *ex tunc* (retroativo) e vinculante; **D:** incorreta. A emenda constitucional, fruto do poder derivado reformador, *pode ser objeto* de ação declaratória de constitucionalidade. O vício que se apresenta tem a ver com os efeitos produzidos pela decisão; **E:** incorreta. Não há necessidade de edição de súmula vinculante. A decisão, por si só, já produz efeitos *erga omnes* (art. 102, § 2º, da CF).

Gabarito "C"

(Analista – TRT/6ª – 2012 – FCC) Um juiz de primeiro grau, ao declarar a inconstitucionalidade de lei em sentença,

(A) pode, tendo em vista razões de segurança jurídica ou de excepcional interesse social, determinar que a declaração de inconstitucionalidade tenha eficácia *erga omnes* ou decidir que ela só tenha eficácia a partir de seu trânsito em julgado.
(B) realiza controle de constitucionalidade difuso, no qual o exame da compatibilidade de uma lei com a Constituição é incidental e relacionado a um determinado caso concreto.
(C) deve demonstrar a repercussão geral das questões constitucionais discutidas no caso como condição preliminar de mérito da decisão.
(D) deve submeter sua decisão ao duplo grau de jurisdição para que o exame da constitucionalidade da lei seja realizado por um Tribunal, em respeito à cláusula constitucional de reserva de plenário.
(E) deve comunicar ao Supremo Tribunal Federal o teor de sua decisão para fins de uniformização jurisprudencial, evitando-se, futuramente, decisões contraditórias em matéria de controle de constitucionalidade.

A: incorreta. Quando um juiz declara a inconstitucionalidade de uma lei numa sentença o faz de forma incidental. Ou seja, apenas a analisa como questão prejudicial, como causa de pedir, em sede de controle difuso de constitucionalidade (controle no caso concreto). O pedido principal é outro e a inconstitucionalidade é apenas o fundamento do pedido. Desse modo, a decisão produz efeitos apenas *inter partes*. Não há possibilidade de o juiz determinar que a declaração tenha eficácia *erga omnes*; **B:** correta. De fato, trata-se de controle difuso em que a declaração de inconstitucionalidade se dá no caso concreto; **C:** incorreta. A necessidade da demonstração de repercussão geral não ocorre em primeiro grau de jurisdição; **D:** incorreta. Havendo recurso, a questão será analisada pelo tribunal e, neste caso, é que será observada a cláusula de reserva de plenário. Ou seja, somente pelo voto da maioria absoluta de seus membros ou dos membros do respectivo órgão especial é que o tribunal poderá declarar a inconstitucionalidade de lei ou ato normativo do Poder Público (art. 97 da CF); **E:** incorreta. As decisões dos juízes, ou seja, advindas do primeiro grau de jurisdição, não precisam ser comunicadas ao Supremo e não têm o condão de vincular os demais órgãos do judiciário a ponto de evitar questões contraditórias.

Gabarito "B"

(Analista – TRT/23ª – 2011 – FCC) O objeto, que engloba a possibilidade do Supremo Tribunal Federal de controlar as deliberações administrativas dos Tribunais Regionais do Trabalho, salvo as convenções coletivas de trabalho, é o da ação

(A) de exceção de constitucionalidade difusa.
(B) direta de inconstitucionalidade interventiva.
(C) direta de inconstitucionalidade por omissão.
(D) declaratória de constitucionalidade.
(E) direta de inconstitucionalidade genérica.

A: incorreta. O controle difuso é também chamado de concreto, pois a inconstitucionalidade é alegada em um caso concreto. Como o enunciado não trata de um caso específico e menciona a realização de um controle sobre deliberações administrativas, indica que tais normas sejam abstratas. Desse modo, a exceção de constitucionalidade pela via difusa não tem o condão de analisar o direito em tese; **B:** incorreta. O objeto da ação direta de inconstitucionalidade é específico, ou seja, visa assegurar a observância dos princípios constitucionais sensíveis (art. 34, VII, da CF), o que nada tem a ver com a questão; **C:** incorreta. A ação direta de inconstitucionalidade por omissão visão combater a mora legislativa ou administrativa e não controlar deliberações administrativas dos Tribunais Regionais do Trabalho; **D:** incorreta. De mesmo modo que as demais ações analisadas, a ação declaratória de constitucionalidade tem finalidade diversa, ou seja, ratificar a presunção de constitucionalidade das normas. Para tanto, é necessária a comprovação da controvérsia judicial relevante sobre a norma, objeto do controle; **E:** correta. O objeto da ação direta de inconstitucionalidade genérica é a lei ou ato normativo federal ou estadual que colida diretamente com a Constituição. Assim, guardando fundamento direto na Constituição Federal, normas previstas em resoluções, regimentos internos, deliberações administrativas etc., podem ser objetos de ação direta genérica.

Gabarito "E"

(Analista – TRT/20ª – 2011 – FCC) O controle difuso de constitucionalidade é verificado quando

(A) a Câmara dos Deputados desaprova emenda constitucional que altera Cláusula Pétrea.

(B) o legitimado para julgar for apenas a Corte Especial do Superior Tribunal de Justiça.

(C) se reconhece o seu exercício a todos os membros do Poder Judiciário.

(D) o Senado Federal desaprova projeto de lei tendente a revogar Cláusula Pétrea.

(E) o chefe do Poder Executivo veta lei que viola as disposições constitucionais.

A e **D**: incorretas. Quando a Câmara ou o Senado não aprovam proposta de emenda constitucional que altera cláusula pétrea estão fazendo controle prévio ou preventivo de constitucionalidade. O controle difuso é feito posteriormente ao ato normativo, ou seja, visa reprimir um vício de inconstitucionalidade existente. Esse controle, normalmente, é realizado pelo Poder Judiciário; **B**: incorreta. Diferente do concentrado, em que controle federal concentra-se no Supremo Tribunal Federal e o estadual nos Tribunais de Justiça dos Estados, o controle difuso é realizado por qualquer juiz ou tribunal, num caso concreto. Desse modo, é errada a afirmação de que há apenas um legitimado para julgar; **C**: correta. De fato, o exercício do controle difuso é reconhecido a todos os membros do Poder Judiciário; **E**: incorreta. O chefe do Poder Executivo, ao vetar um projeto de lei que reputa inconstitucional, faz controle prévio de constitucionalidade.

Gabarito "C"

(Analista – TRT/14ª – 2011 – FCC) Quando o Supremo Tribunal Federal apreciar a inconstitucionalidade, em tese, de norma legal ou ato normativo, citará, previamente, o

(A) Ministro Chefe da Casa Civil.

(B) Procurador-Geral da República.

(C) Conselho Federal da Ordem dos Advogados do Brasil.

(D) Presidente da República.

(E) Advogado-Geral da União.

Conforme o art. 103, § 3º, da CF, quando o Supremo Tribunal Federal apreciar a inconstitucionalidade, em tese, de norma legal ou ato normativo, citará, previamente, o Advogado-Geral da União, que defenderá o ato ou texto impugnado.

Gabarito "E"

(Analista – TRT/9ª – 2010 – FCC) A decisão que julgar improcedente o pedido em arguição de descumprimento de preceito fundamental é

(A) irrecorrível, não podendo ser objeto de ação rescisória.

(B) recorrível por recurso ordinário ao Pleno do Supremo Tribunal Federal, não podendo ser objeto de ação rescisória.

(C) recorrível por agravo regimental ao Pleno do Supremo Tribunal Federal, não podendo ser objeto de ação rescisória.

(D) recorrível por recurso ordinário ao Pleno do Supremo Tribunal Federal, podendo ser objeto de ação rescisória.

(E) recorrível por agravo interno ao Presidente do Supremo Tribunal Federal, que decidirá monocraticamente, podendo ser objeto de ação rescisória.

Art. 12 da Lei 9.882/1999.

Gabarito "A"

(Analista – TRT/16ª – 2009 – FCC) Assinale dentre as proposições abaixo a assertiva INCORRETA:

(A) Declarada *incidenter tantum* a inconstitucionalidade da lei ou ato normativo pelo STF desfaz-se, desde sua origem, o ato declarado inconstitucional, juntamente com todas as consequências dele derivadas.

(B) É cabível a realização de controle de constitucionalidade difuso ou concentrado em relação a normas elaboradas em desrespeito ao devido processo legislativo, por flagrante inconstitucionalidade formal.

(C) A ação direta de inconstitucionalidade, no âmbito do controle concentrado e respeito à legalidade, constitui instrumento hábil para controlar a compatibilidade de atos normativos infralegais em relação à lei que se referem.

(D) Na via de exceção, a pronúncia do Judiciário, sobre a inconstitucionalidade, não é feita enquanto manifestação sobre o objeto principal da lide, mas sim sobre questão prévia, indispensável ao julgamento do mérito.

(E) No Brasil, o controle de constitucionalidade repressivo jurídico ou judiciário é misto, pois exercido tanto da forma concentrada, quanto da forma difusa.

A: correta. A declaração de inconstitucionalidade, em regra, possui eficácia *ex tunc*, atingindo a validade da lei desde sua edição. Entretanto, é bom lembrar que o art. 27 da Lei 9.868/1999 permite a modulação de efeitos da decisão; **B**: correta. Se determinada norma é editada sob uma forma diferente daquela determinada pela Constituição Federal haverá vício *formal*, que poderá ser constatado em controle difuso (por qualquer juiz ou tribunal, ao julgar um caso concreto), como em controle concentrado (diretamente pelo STF, em processos objetivos de constitucionalidade); **C**: incorreta, devendo ser assinalada. Só cabe controle concentrado em relação a leis ou atos normativos federais ou estaduais em face da Constituição Federal (art. 102, I, "a", da CF); **D** e **E**: corretas. No controle difuso, qualquer juiz ou tribunal pode declarar a inconstitucionalidade de lei ou ato normativo, desde que a questão constitucional não seja o pedido principal da ação, ou seja, desde que tenha surgido em um caso concreto, como fundamento da ação. Ex.: Pedido de não pagamento de tributo (pedido principal) sob a alegação de que é inconstitucional (fundamento do pedido, ou causa de pedir). Se o pedido de declaração de inconstitucionalidade for o objeto principal da ação, cabe apenas ao STF apreciar a matéria (controle concentrado).

Gabarito "C"

(Analista – TRT/19ª – 2008 – FCC) NÃO está presente no rol de legitimados à propositura de Ação Declaratória de Constitucionalidade perante o Supremo Tribunal Federal, nos termos da Constituição Federal de 1988,

(A) a Confederação Sindical.

(B) a Mesa da Câmara Legislativa do Distrito Federal.

(C) a entidade de classe de âmbito nacional.

(D) o Governador do Distrito Federal.

(E) o Prefeito Municipal.

Art. 103, I a IX, da CF.

Gabarito "E"

(Analista – TRT/19ª – 2008 – FCC) Quando o Supremo Tribunal Federal apreciar a inconstitucionalidade, em tese, de norma legal ou ato normativo, será citado previamente e defenderá o ato ou texto impugnado

(A) o Advogado-Geral da União.

(B) o Procurador-Geral da República.

(C) o órgão que o tiver promulgado.

(D) o Presidente da República.

(E) a Defensoria Pública da União.

Art. 103, § 3º, da CF.

Gabarito "A"

(Analista – TRT/23ª – 2007 – FCC) No que concerne à ação declaratória de constitucionalidade pode-se afirmar que

(A) a petição inicial deverá indicar necessariamente a existência de controvérsia judicial relevante sobre a aplicação da disposição objeto da demanda.

(B) o Ministro de Estado é um dos legitimados à sua propositura.

(C) indeferida a petição inicial pelo Relator caberá recurso de apelação ao Plenário do Supremo Tribunal Federal.

(D) após o seu ajuizamento, a desistência pelo autor é permitida, mas está condicionada à concordância do Advogado-Geral da União.

(E) o seu procedimento admite intervenção de terceiros.

A: correta. Art. 14, III, da Lei 9.868/1999; **B**: incorreta, pois não reflete o disposto no art. 103 da CF e no art. 13 da Lei 9.868/1999; **C**: incorreta. Não reflete o disposto no art. 15, parágrafo único, da Lei 9.868/1999; **D**: incorreta. A desistência é expressamente vedada pelo art. 16 da Lei 9.868/1999; **E**: incorreta. Consta vedação expressa à intervenção de terceiros no art. 18 da Lei 9.868/1999.

Gabarito "A"

(Analista – TRT/23ª – 2007 – FCC) A Emenda Constitucional nº 45 incluiu mais dois legitimados à propositura de ação direta de inconstitucionalidade perante o Supremo Tribunal Federal no rol estabelecido expressamente pela Constituição da República Federativa do Brasil. Um desses dois novos legitimados é

(A) Presidente de Tribunal Regional Eleitoral.
(B) Presidente do Conselho Nacional de Justiça.
(C) Mesa da Câmara Legislativa do Distrito Federal.
(D) Presidente de Tribunal Regional do Trabalho.
(E) Partido Político com Representação no Congresso Nacional.

A EC 45/2004 alterou a redação dos incs. IV e V do art. 103 para "incluir" a Mesa da Câmara Legislativa do Distrito Federal e o Governador do Distrito Federal. Entretanto, mesmo antes da EC 45/2004 a jurisprudência do STF já admitiu a propositura de ADI por esses legitimados.

Gabarito "C"

(Analista – TRT/23ª – 2007 – FCC) No que se refere à arguição de descumprimento de preceito fundamental é correto afirmar que

(A) ela não será admitida quando houver qualquer outro meio eficaz de sanar a lesividade.
(B) em regra, o pedido de medida liminar pode ser deferido pelo Supremo Tribunal Federal, por decisão da maioria simples de seus membros.
(C) os legitimados à propositura de arguição de preceito fundamental não são os mesmos da ação direta de inconstitucionalidade.
(D) a decisão que julgar procedente ou improcedente o pedido é irrecorrível, mas poderá ser objeto de ação rescisória.
(E) da decisão de indeferimento da petição inicial caberá Reclamação ao Presidente do Supremo Tribunal Federal, no prazo de dez dias, na forma de seu Regimento Interno.

A: correta. Art. 4º, § 1º, da Lei 9.882/1999; **B:** incorreta, pois não reflete o disposto no art. 5º da Lei 9.882/1999 (v. tb., o § 1º do mesmo artigo); **C:** incorreta. São os mesmos, por expressa disposição legal (art. 2º, I, da Lei 9.882/1999); **D:** incorreta. É irrecorrível, não sendo cabível ação rescisória (art. 12 da Lei 9.882/1999); **E:** incorreta, pois não reflete o disposto no art. 4º, § 2º, da Lei 9.882/1999.

Gabarito "A"

(Analista – TRT/9ª – 2007 – CESPE) Julgue os itens subsequentes referentes a aplicação, vigência e eficácia das normas constitucionais e do controle de constitucionalidade.

(1) Para o STF, decisão proferida nos autos do mandado de injunção poderá, desde logo, estabelecer a regra do caso concreto, de forma a viabilizar o exercício do direito a liberdades constitucionais, a prerrogativas inerentes à nacionalidade, à soberania e à cidadania, afastando as consequências da inércia do legislador.
(2) Concedida medida liminar nos autos de uma ação de arguição de descumprimento a preceito fundamental (ADPF), poderá o STF determinar a suspensão dos processos em curso ou os efeitos das decisões judiciais já proferidas, inclusive da coisa julgada, que apresentem relação com a matéria objeto dessa ADPF.

1: correta. Esse é o entendimento atual do STF sobre a matéria, que decorreu do julgamento de três mandados de injunção (MI 670/ES, MI 708/DF e MI 712/PA). V. Informativo STF 485/2007; **2:** incorreta. De acordo com o art. 5º, § 3º, a Lei 9.882/1999, "a liminar poderá consistir na determinação de que juízes e tribunais suspendam o andamento de processo ou os efeitos de decisões judiciais, ou de qualquer outra medida que apresente relação com a matéria objeto da arguição de descumprimento de preceito fundamental, salvo se decorrentes da coisa julgada".

Gabarito 1C, 2E

(Analista – TRT/17ª – 2009 – CESPE) Acerca da aplicação e da interpretação das normas constitucionais e do controle de constitucionalidade, julgue os itens seguintes.

(1) Caso o STF declare, de forma incidental, no julgamento de um recurso extraordinário, que um artigo de determinada lei federal é inconstitucional, nesse caso, tendo em vista razões de segurança jurídica ou de excepcional interesse social, poderá o STF, por maioria de dois terços de seus membros, restringir os efeitos daquela decisão ou decidir que ela só tenha eficácia a partir de seu trânsito em julgado ou de outro momento que venha a ser fixado.
(2) Caso julgue improcedente a declaração de inconstitucionalidade de uma lei federal em face da CF, sob o argumento de que há uma interpretação na qual aquela lei está em conformidade com a constituição, o STF aplicará a técnica de interpretação da declaração parcial de inconstitucionalidade sem redução de texto.
(3) O princípio da conformidade funcional visa impedir, na concretização da CF, a alteração da repartição das funções constitucionalmente estabelecidas.

1: correta. Redação do art. 27 da Lei 9.868/1999; **2:** incorreta. Para Gilmar Mendes (*Jurisdição constitucional*, 1996. p. 196-197), a declaração parcial de inconstitucionalidade sem redução de texto "refere-se, normalmente, a casos não mencionados no texto, que, por estar formulado de forma ampla ou geral, contém, em verdade, um complexo de normas". A declaração de inconstitucionalidade é parcial porque atinge apenas uma (ou algumas) dessas normas, mantendo-se íntegro o texto. Assim, a ADIn é parcialmente procedente (não há julgamento de improcedência do pedido); **3:** correta. O princípio da conformidade funcional é também chamado de princípio da justeza e determina que o intérprete da Constituição, ao realizar sua tarefa, não pode subverter as regras de repartição de competências estabelecida pela própria Constituição.

Gabarito 1C, 2E, 3C

(FGV – 2015) Determinado Tribunal de Justiça vem tendo dificuldades para harmonizar os procedimentos de suas câmaras, órgãos fracionários, em relação à análise, em caráter incidental, da inconstitucionalidade de certas normas como pressuposto para o enfrentamento do mérito propriamente dito. A Presidência do referido Tribunal manifestou preocupação com o fato de o procedimento adotado por três dos órgãos fracionários estar conflitando com aquele tido como correto pela ordem constitucional brasileira. Apenas uma das câmaras adotou procedimento referendado pelo sistema jurídico-constitucional brasileiro. Assinale a opção que o apresenta.

(A) A 1ª Câmara, ao reformar a decisão de 1º grau em sede recursal, reconheceu, incidentalmente, a inconstitucionalidade da norma que dava suporte ao direito pleiteado, entendendo que, se o sistema jurídico reconhece essa possibilidade ao juízo monocrático, por razões lógicas, deve estendê-la aos órgãos recursais.
(B) A 2ª Câmara, ao analisar o recurso interposto, reconheceu, incidentalmente, a inconstitucionalidade da norma que concedia suporte ao direito pleiteado, fundamentando-se em cristalizada jurisprudência do Superior Tribunal de Justiça sobre o tema.
(C) A 3ª Câmara, ao analisar o recurso interposto, reconheceu, incidentalmente, a inconstitucionalidade da norma que concedia suporte ao direito pleiteado, fundamentando-se em pronunciamentos anteriores do Órgão Especial do próprio Tribunal.
(D) A 4ª Câmara, embora não tenha declarado a inconstitucionalidade da norma que conferia suporte ao direito pleiteado, solucionou a questão de mérito afastando a aplicação da referida norma, apesar de estarem presentes os seus pressupostos de incidência.

A: incorreta. Embora um juiz possa reconhecer a inconstitucionalidade de uma norma quando estiver analisando uma situação em sede de controle difuso (caso concreto), quando a decisão tiver de ser dada por um Tribunal, a CF determina que seja feita pelo voto da maioria absoluta dos membros (art. 97 da CF e Súmula Vinculante 10 – STF). É a chamada cláusula de reserva de plenário. Sendo assim, para que o órgão fracionário do Tribunal decida sobre algo que envolve questão de inconstitucionalidade, ele terá de primeiro, afetar a matéria ao pleno do Tribunal ou do respectivo órgão especial (art. 93, XI, da CF). Desse modo, a 1ª Câmara não poderia ter reformado a decisão. Vale lembrar que se já houvesse pronunciamento anterior do órgão especial do próprio Tribunal, a Câmara poderia reconhecer incidentalmente a inconstitucionalidade da norma, conforme determina o art. 481, parágrafo único, do CPC (art. 949, parágrafo único, do NCPC); **B:** incorreta. O STJ não tem competência para apreciar questões sobre a constitucionalidade de leis; **C:** correta. De fato a 3ª Câmara poderia ter reconhecido, incidentalmente, a inconstitucionalidade da norma, fundamentando-se em pronunciamentos anteriores do órgão especial do próprio Tribunal, pois o art. 481, parágrafo único, do CPC (art. 949, parágrafo único, do NCPC) autoriza. Determina tal norma que os órgãos fracionários dos Tribunais não submeterão ao plenário ou ao órgão especial a arguição de inconstitucionalidade quando já houver pronunciamento destes ou do plenário do STF; **D:** incorreta. De acordo com a Súmula Vinculante nº 10 – STF, viola a cláusula de reserva de plenário (CF, art. 97) a decisão de órgão fracionário de tribunal que, embora não declare expressamente a inconstitucionalidade de lei ou ato normativo do Poder Público, afasta sua incidência, no todo ou em parte.

Gabarito "C"

(FGV – 2015) A Medida Provisória Z, embora tendo causado polêmica na data de sua edição, foi convertida, em julho de 2014, na Lei Y. Inconformado com o posicionamento do Congresso Nacional, o principal partido de oposição, no mês seguinte, ajuizou Ação Direta de Inconstitucionalidade (ADI) atacando vários dispositivos normativos da referida Lei. Todavia, no início do mês de fevereiro de 2015, o Presidente da República promulgou a Lei X, revogando integralmente a Lei Y, momento em que esta última deixou de produzir os seus efeitos concretos.

Nesse caso, segundo entendimento cristalizado no âmbito do Supremo Tribunal Federal,

(A) deverá a ADI seguir a sua regular tramitação, de modo que se possam discutir os efeitos produzidos no intervalo de tempo entre a promulgação e a revogação da Lei Y.
(B) deverá a ADI seguir a sua regular tramitação, de modo que se possam discutir os efeitos produzidos no intervalo de tempo entre a edição da Medida Provisória Z e a revogação da Lei Y.
(C) deverá ser reconhecido que a ADI perdeu o seu objeto, daí resultando a sua extinção, independentemente de terem ocorrido, ou não, efeitos residuais concretos.
(D) em razão da separação de poderes, deverá ser reconhecida a impossibilidade de o Supremo Tribunal Federal avaliar as matérias debatidas, sob a ótica política, pelo Poder Legislativo.

A e **B**: incorretas. A ADI não deverá seguir a sua regular tramitação, pois ela perdeu o seu objeto, tendo em vista que a lei, objeto de questionamento, foi revogada por outra. De acordo com Pedro Lenza, em *Direito Constitucional Esquematizado*, 19. ed., 2015, p. 359, Saraiva, "...estando em curso a ação e sobrevindo a revogação (total ou parcial) da lei ou ato normativo, assim como a perda de sua vigência (o que acontece com a medida provisória), ocorrerá, por regra, a prejudicialidade da ação, por "perda do objeto". Isso porque, segundo o STF, a declaração em tese de lei ou ato normativo não mais existente transformaria a ADI em instrumento de proteção de situações jurídicas pessoais e concretas (STF, Pleno, ADI 737/DF, Rel. Min. Moreira Alves). Esses questionamentos deverão ser alegados na via ordinária, ou seja, pelo intermédio do controle difuso de constitucionalidade". Vale lembrar que há posicionamento diverso, mas o que prevalece ainda é essa primeira explicação; **C**: correta. De fato deverá ser reconhecido que a ADI perdeu o seu objeto, daí resultando a sua extinção, independentemente de terem ocorrido, ou não, efeitos residuais concretos, haja vista que a ADI não é instrumento de proteção de situações jurídicas pessoais e concretas; **D**: incorreta. A impossibilidade de o Supremo Tribunal Federal prosseguir o julgamento da ADI advém da perda do objeto da ação e não pelo fundamento mencionado na alternativa.

Gabarito "C"

4.5. Funções Essenciais à Justiça

(Analista – TRT/16ª – 2014 – FCC) Xisto, Procurador de Justiça do Estado do Maranhão, é nomeado pelo Presidente da República Conselheiro do Conselho Nacional do Ministério Público, após ter o seu nome aprovado pela maioria absoluta do Senado Federal. Para ser escolhido Corregedor Nacional, Xisto deverá

(A) ser eleito, em votação secreta, dentre os membros do Ministério Público que integram o Conselho, vedada a recondução.
(B) ser eleito, em votação aberta, dentre os membros do Ministério Público que integram o Conselho, permitida uma recondução.
(C) necessariamente ser o conselheiro com mais idade integrante do Conselho, com exceção do Procurador-Geral da República, que preside o Conselho Nacional do Ministério Público.
(D) ser eleito, em votação secreta, dentre os membros do Ministério Público que integram o Conselho, permitida uma recondução.
(E) ser indicado, obrigatoriamente pelo Procurador-Geral da República, Presidente do Conselho Nacional do Ministério Público, para posteriormente ser nomeado pelo Presidente da República.

A: correta. De acordo com o art. 130-A, § 3º, da CF, o Conselho escolherá, em **votação secreta**, um **Corregedor nacional**, **dentre os membros do Ministério Público que o integram, vedada a recondução**, competindo-lhe, além das atribuições que lhe forem conferidas pela lei, as seguintes: I receber reclamações e denúncias, de qualquer interessado, relativas aos membros do Ministério Público e dos seus serviços auxiliares; II exercer funções executivas do Conselho, de inspeção e correição geral; III requisitar e designar membros do Ministério Público, delegando-lhes atribuições, e requisitar servidores de órgãos do Ministério Público; **B**: incorreta. Como mencionado, a votação é secreta; **C**: incorreta. Não há essa regra prevista no texto constitucional; **D**: incorreta. É vedada a recondução; E: incorreta. Mais uma vez, não há essa regra prevista no texto constitucional.

Gabarito "A"

(Analista – TRT/1ª – 2012 – FCC) Considerada a disciplina constitucional do Ministério Público, dentre as funções essenciais à Justiça, é correto afirmar:

(A) Aos membros do Ministério Público é garantida inamovibilidade, salvo por motivo de interesse público, mediante decisão do órgão colegiado competente, pelo voto de dois terços de seus membros, assegurada ampla defesa.
(B) O Ministério Público do Trabalho integra o Ministério Público da União, tendo por chefe o Procurador-Geral da República, o qual é nomeado pelo Presidente da República, após a aprovação de seu nome pela maioria absoluta dos membros do Senado Federal, para mandato de dois anos, permitida a recondução.
(C) O controle da atuação administrativa e financeira do Ministério Público compete ao Conselho Nacional do Ministério Público, que se compõe de quinze membros nomeados pelo Presidente da República, dentre os quais seis oriundos de carreiras jurídicas alheias à do Ministério Público.
(D) Leis complementares, de iniciativa facultada ao Procurador-Geral da República, estabelecerão a organização, as atribuições e o estatuto do Ministério Público da União e dos Ministérios Públicos dos Estados.
(E) As funções do Ministério Público só podem ser exercidas por integrantes da carreira, que deverão residir na comarca da respectiva lotação, salvo autorização do Tribunal perante o qual oficiem.

A: incorreta. Conforme dispõe o art. 128, § 5º, I, "b", da CF/1988, aos membros do Ministério Público, dentre outras garantias, é dada a da inamovibilidade. Vale lembrar que tal garantia poderá ser excepcionada quando houver motivo de interesse público e desde que isso se dê mediante decisão do órgão colegiado competente do Ministério Público, pelo voto da *maioria absoluta* de seus membros, e não de dois terços, assegurada ampla defesa; **B**: correta. De fato, o Ministério Público do Trabalho integra o Ministério Público da União, conforme art. 128, I, "b", da CF/1988. Além disso, o § 1º do mesmo dispositivo estabelece que o Ministério Público da União tem por chefe o Procurador-Geral da República, nomeado pelo Presidente da República dentre integrantes da carreira, maiores de trinta e cinco anos, após a aprovação de seu nome pela maioria absoluta dos membros do Senado Federal, para mandato de dois anos, permitida a recondução; **C**: incorreta. De acordo com o art. 103-A, § 2º, da CF/1988, de fato, compete ao Conselho Nacional do Ministério Público o controle da atuação administrativa e financeira do Ministério Público e do cumprimento dos deveres funcionais de seus membros. Ocorre que o Conselho Nacional do Ministério Público não é composto de *quinze membros*, mas de quatorze, que são nomeados pelo Presidente da República, depois de aprovada a escolha pela maioria absoluta do Senado Federal. Fazem parte do Conselho os seguintes: I - o Procurador-Geral da República, que o preside; II - quatro membros do Ministério Público da União, assegurada a representação de cada uma de suas carreiras; III - três membros do Ministério Público dos Estados; IV - dois juízes, indicados um pelo Supremo Tribunal Federal e outro pelo Superior Tribunal de Justiça; V - dois advogados, indicados pelo Conselho Federal da Ordem dos Advogados do Brasil; VI - dois cidadãos de notável saber jurídico e reputação ilibada, indicados um pela Câmara dos Deputados e outro pelo Senado Federal. Desse modo, sete, e não apenas seis membros, são oriundos de carreiras alheias ao Ministério Público; **D**: incorreta. De acordo com o art. 128, § 5º, da CF/1988, leis complementares da União e dos Estados, *cuja iniciativa é facultada aos respectivos Procuradores-Gerais*, estabelecerão a organização, as atribuições e o estatuto de cada Ministério Público; **E**: incorreta. Conforme o art. 129, § 2º, da CF/1988, as funções do Ministério Público só podem ser exercidas por integrantes da carreira, que deverão residir na comarca da respectiva lotação, *salvo autorização do chefe de instituição.*

Gabarito "B"

(Analista – TRT/10ª – 2013 – CESPE) A respeito das funções essenciais à justiça, julgue o item subsequente.

(1) A CF considera, de modo expresso, que o advogado é indispensável à administração da justiça.

1: correta. De acordo com o art. 133, *caput*, da CF O advogado é *indispensável à administração da justiça*, sendo inviolável por seus atos e manifestações no exercício da profissão, nos limites da lei.

Gabarito 1C

(Analista – TRT/14ª – 2011 – FCC) Às Defensorias Públicas Estaduais são asseguradas autonomia funcional e administrativa e a iniciativa de sua proposta orçamentária dentro dos limites estabelecidos

(A) nos Decretos Estaduais.
(B) na Lei de Diretrizes Orçamentárias.
(C) pela Ordem dos Advogados do Brasil.
(D) pelo Tribunal de Contas da União.
(E) pelo Conselho Nacional de Justiça.

Conforme o art. 134, § 2º, da CF, às Defensorias Públicas Estaduais são asseguradas autonomia funcional e administrativa e a iniciativa de sua proposta orçamentária dentro dos limites estabelecidos na lei de diretrizes orçamentárias e subordinação ao disposto no art. 99, § 2º. Desse modo, a alternativa correta é a "B".

Gabarito "B"

(Técnico – TRT/24ª – 2011 – FCC) O Conselho Nacional do Ministério Público compõe-se de

(A) quatorze membros, nomeados pelo Presidente da República.
(B) oito membros, nomeados pelo Presidente do Supremo Tribunal Federal.
(C) trinta e três membros, nomeados pelo Procurador Geral da República.
(D) quinze membros, nomeados pelo Procurador Geral da República.
(E) oito membros, nomeados pelo Presidente do Superior Tribunal de Justiça.

O Conselho Nacional do Ministério Público, órgão criado pela EC 45/2004, está previsto no art. 130-A da CF. Dispõe o *caput* desse dispositivo que quatorze membros, nomeados pelo Presidente da República, depois de aprovada a escolha pela maioria absoluta do Senado Federal, compõe esse órgão.

Gabarito "A"

(Analista – TRT/12ª – 2010 – FCC) Nos termos da Constituição Federal, em caso de greve em atividade essencial, com possibilidade de lesão do interesse público, o Ministério Público do Trabalho poderá ajuizar

(A) ação anulatória de contrato de trabalho.
(B) ação declaratória de relação jurídica entre empregado e empregador.
(C) dissídio individual.
(D) dissídio coletivo.
(E) reclamação trabalhista de rescisão indireta do contrato de trabalho.

Art. 114, § 3º, da CF.

Gabarito "D"

(Analista – TRT/22ª – 2010 – FCC) Em relação às funções essenciais à Justiça, estabelece a Constituição Federal, dentre outras hipóteses, que

(A) a destituição do Procurador-Geral da República, por iniciativa do Presidente da República ou do Senado Federal, deverá ser precedida de autorização da maioria qualificada do Congresso Nacional.
(B) a Advocacia-Geral da União tem por chefe o Advogado-Geral da União, de livre nomeação pelo Presidente da República dentre cidadãos maiores de trinta e cinco anos, de notável saber jurídico e reputação ilibada.
(C) a legitimação exclusiva e privativa do Ministério Público para as ações civis públicas impede a de terceiros, nas mesmas hipóteses, segundo o disposto nesta Constituição e na lei.
(D) o Conselho Nacional do Ministério Público compõe-se de quinze membros nomeados pelo Presidente da República, depois de aprovada a escolha pela maioria da Câmara dos Deputados, para um mandato de dois anos, vedada a recondução.
(E) aos Procuradores do Estado é assegurada vitaliciedade após três anos da posse, mediante avaliação de desempenho pelo Chefe do Executivo, após relatório circunstanciado dos Conselhos respectivos.

A: incorreta, pois não reflete o disposto no art. 128, § 2º, da CF; **B:** correta. Art. 131, § 1º, da CF; **C:** incorreta. O Ministério Público não tem legitimação exclusiva e privativa para as ações civis públicas, mas para as ações penais públicas (art. 129, I, da CF); **D:** incorreta, pois não reflete o disposto no art. 130-A da CF; **E:** incorreta. O art. 132, parágrafo único, da CF assegura a estabilidade, não a vitaliciedade.

Gabarito "B"

(Analista – TRT/21ª – 2010 – CESPE) Acerca das funções essenciais à justiça, julgue o item que se segue.

(1) Aos membros do Ministério Público, assim como aos juízes, é vedado exercer a advocacia no juízo ou tribunal do qual se afastou, antes de decorridos três anos do afastamento do cargo por aposentadoria ou exoneração.

1: correta. Art. 95, parágrafo único, V; e art. 128, § 6º, ambos da CF.

Gabarito 1C

(Analista – TRT/13ª – 2005 – FCC) Em relação ao Conselho Nacional do Ministério Público, a Constituição Federal dispõe que

(A) seus membros serão nomeados pelo Procurador-Geral da República, depois de aprovada a escolha pela maioria simples do Senado Federal, para um mandato de um ano, admitida a recondução.
(B) o Presidente do Conselho Federal da Ordem dos Advogados do Brasil oficiará junto a ele.
(C) três, dentre seus quinze membros, serão do Ministério Público da União, assegurada a representação de cada uma de suas carreiras.
(D) tem, além de outras, competência judicial e administrativa para exercer o controle externo da atividade policial, na forma da lei.
(E) escolherá, em votação aberta dentre seus membros, um Corregedor nacional, para mandato de um ano, admitida a recondução.

A: Não reflete o disposto no art. 130-A da CF; **B:** Art. 130-A, § 4º, da CF; **C:** Quatro membros serão do MPU (art. 130-A, II, da CF); **D:** Função do Ministério Público e não do CNMP (art. 129, VII, da CF); **E:** Não reflete o disposto no art. 130-A, § 3º, da CF.

Gabarito "B"

5. DEFESA DO ESTADO E DAS INSTITUIÇÕES DEMOCRÁTICAS

(Analista – TRT/10ª – 2013 – CESPE) Julgue os itens seguintes, a respeito do estado de defesa e do estado de sítio.

(1) O estado de sítio é medida mais branda de defesa do Estado e das instituições democráticas e, diferentemente do estado de defesa, não exige autorização prévia do Congresso Nacional para que possa ser decretado pelo presidente da República.
(2) O Congresso Nacional deixará de funcionar enquanto vigorar o estado de defesa.
(3) O estado de defesa e o estado de sítio são medidas excepcionais previstas no texto constitucional e visam à restauração da ordem em momentos de crise.

1: incorreta. O *estado de defesa* (art. 136 da CF) é mais brando que o de sítio e serve para preservar ou prontamente restabelecer, em locais restritos e determinados, a ordem pública ou a paz social ameaçadas por grave e iminente instabilidade institucional ou atingidas por calamidades de grandes proporções na natureza. *Não há necessidade de prévia autorização do Congresso Nacional para a sua decretação.* O *estado de sítio* (art. 137 da CF), ao contrário, *depende de autorização* do Congresso para a sua decretação (art. 137, parágrafo único, da CF). É cabível nas hipóteses de comoção grave de repercussão nacional, ineficácia do estado de defesa, declaração de estado de guerra ou resposta a agressão estrangeira armada; **2:** incorreta. De acordo com o art. 138, § 3º, da CF, o Congresso Nacional *permanecerá em funcionamento* até o término das medidas coercitivas; **3:** correta. Os estados de exceção (estado de sítio e de defesa) configuram situações de anormalidade institucional, momentos de crise em que o próprio texto constitucional autoriza que o Estado adote medidas de repressão, limitando algumas garantias fundamentais.

Gabarito 1E, 2E, 3C

(Analista – TRT/20ª – 2011 – FCC) No caso de comoção grave de repercussão nacional, o Presidente da República pode solicitar ao Congresso Nacional autorização para decretar o estado de sítio mediante prévia oitiva do

(A) Procurador-Geral da República.
(B) Conselho Nacional de Justiça e do Ministério da Defesa.
(C) Conselho Nacional de Justiça e do Congresso Nacional.
(D) Conselho da República e do Conselho de Defesa Nacional.
(E) Senado Federal.

As hipóteses de cabimento da decretação do estado de sítio estão previstas nos incs. I e II do art. 137 da CF e são: comoção grave de repercussão nacional ou ocorrência de fatos que comprovem a ineficácia de medida tomada durante o estado de defesa e declaração de estado de guerra ou resposta a agressão armada estrangeira. Nas duas hipóteses o Presidente da República, antes de solicitar ao Congresso Nacional autorização para a decretação do estado de sítio, ouve o Conselho da República e o de Defesa Nacional.

Gabarito "D"

(FGV – 2015) Determinado Estado da Federação vivencia sérios problemas de segurança pública, sendo frequentes as fugas dos presos transportados para participar de atos processuais realizados no âmbito do Poder Judiciário. Para remediar essa situação, foi editada uma lei estadual estabelecendo a possibilidade de utilização do sistema de videoconferência no âmbito do Estado. Diante de tal quadro, assinale a afirmativa que se ajusta à ordem constitucional.

(A) A lei estadual é constitucional, pois a matéria se insere na competência local dos Estados-membros, versando sobre assunto de interesse local.
(B) A lei estadual é inconstitucional, pois afrontou a competência privativa da União de legislar sobre Direito Processual Penal.
(C) A lei estadual é constitucional, pois a matéria se insere no âmbito da competência delegada da União, versando sobre direito processual.
(D) A lei estadual é inconstitucional, pois comando normativo dessa natureza, por força do princípio da simetria, deveria estar previsto na Constituição Estadual.

A: incorreta. A lei estadual é inconstitucional, pois não poderia tratar desse assunto. A legislação sobre Direito Processual Penal é da competência privativa da União, conforme determina o art. 22, I, da CF; B: correta. Conforme determina o art. 22, I, da CF, **compete privativamente à União legislar** sobre direito civil, comercial, penal, **processual**, eleitoral, agrário, marítimo, aeronáutico, espacial e do trabalho; C: incorreta. As matérias da competência privativa da União podem ser delegadas por meio de lei complementar. De acordo com o parágrafo único do art. 22 da CF, lei complementar poderá autorizar os Estados a legislar sobre questões específicas das matérias relacionadas neste artigo. Ocorre que no problema não há menção da existência de lei complementar autorizando o Estado a tratar do assunto; D: incorreta. Quem reparte as competências legislativas é a CF. O estado federal, aquele em que há repartição de competências e as capacidades estão divididas em vários centros, é resguardado justamente pelo fato das competências estarem previamente definidas no texto constitucional. Sendo assim, não há necessidade do comando normativo estar previsto nas Constituições Estaduais.

Gabarito "B".

(FGV – 2015) Determinado Governador de Estado, inconformado com decisões proferidas pelo Poder Judiciário local, que determinaram o fechamento de diversos estabelecimentos comprovadamente envolvidos com ilícitos, decidiu que os órgãos estaduais a ele subordinados não cumpririam as decisões judiciais. Alegou que os negócios desenvolvidos nesses estabelecimentos, mesmo sendo ilícitos, geravam empregos e aumentavam a arrecadação do Estado, e que o não cumprimento das ordens emanadas do Poder Judiciário se justificava em razão da repercussão econômica que o seu cumprimento teria. Das opções a seguir, assinale a que se mostra consentânea com a Constituição Federal.

(A) O Presidente da República, após a requisição do Supremo Tribunal Federal, decretará a intervenção federal, dispensado, nesse caso, o controle pelo Congresso Nacional.
(B) O Governador de Estado, tendo por base a inafastável autonomia concedida aos Estados em uma organização federativa, está juridicamente autorizado a adotar o indicado posicionamento.
(C) O Presidente da República poderá decretar a intervenção federal, se provocado pelo Procurador Geral da República e com autorização prévia do Congresso Nacional, que exercerá um controle político.
(D) O Supremo Tribunal Federal, prescindindo de qualquer atuação por parte do Presidente da República, determinará, ele próprio, a intervenção federal, que será posteriormente apreciada pelo Congresso Nacional.

A: correta. De acordo com o art. 34, VI, da CF, a União não intervirá nos Estados nem no Distrito Federal, exceto para **prover a execução de ordem ou decisão judicial.** Nessa hipótese de intervenção a CF determina que haja **requisição do Supremo Tribunal Federal**, conforme determina o art. 36, II, da CF. Além disso, o § 3º do mesmo art. 36 informa que nessa situação fica **dispensada a apreciação pelo Congresso Nacional** ou pela Assembleia Legislativa e o decreto limitar-se-á a suspender a execução do ato impugnado, se essa medida bastar ao restabelecimento da normalidade; B: incorreta. De fato, a regra é a não intervenção, pois os entes federativos são autônomos e independentes. Ocorre que, excepcionalmente, a intervenção pode ser decretada. O problema apresentado se enquadra numa dessas situações excepcionais; C: incorreta. Não é necessária a autorização prévia do Congresso Nacional, conforme disposto no art. 36, 3º, da CF; D: incorreta. A intervenção não é decretada pelo Judiciário. Quem a decreta é o Chefe do Executivo. Se estivermos diante de intervenção da União em um Estado o no DF, quem a efetivará será o Presidente da República. Se a hipótese for de intervenção estadual, de um Estado em um Município, quem a concretizará será o Governador do respectivo Estado.

Gabarito "A".

6. TRIBUTAÇÃO E ORÇAMENTO

(Analista – TRT/23ª – 2011 – FCC) O Banco Ouro S/A, sediado no Município de Bragança Paulista, Estado de São Paulo, iniciou operação de natureza financeira, concedendo crédito ao Banco Níquel S/A, cuja sede está estabelecida no Município de Niterói, Estado do Rio de Janeiro. Segundo a Constituição Federal, a fiscalização dessa operação de natureza financeira é de competência

(A) do Município de Bragança Paulista.
(B) do Estado de São Paulo.
(C) do Estado do Rio de Janeiro.
(D) da União.
(E) do Município de Niterói.

A fiscalização dessa operação financeira cabe à União. Segundo a Constituição, o IOF – Imposto sobre operações financeiras – é da competência da União e está relacionado às operações de crédito, câmbio, seguro e relativas a títulos e valores mobiliários (art. 153, V, da CF).

Gabarito "D".

(Técnico – TRT/23ª – 2011 – FCC) Em relação aos indícios de despesas não autorizadas e entendendo o Tribunal de Contas da União irregular a despesa, a Comissão, se julgar que o gasto possa causar dano irreparável ou grave lesão à economia pública, proporá sua sustação ao

(A) Presidente do Tribunal de Contas da União.
(B) Presidente da República.
(C) Congresso Nacional.
(D) Superior Tribunal de Justiça.
(E) Supremo Tribunal Federal.

O art. 72 da CF trata da hipótese de indícios de despesas não autorizadas e eventuais providências a serem tomadas. O § 2º do mesmo dispositivo determina que se o Tribunal entender irregular a despesa, a Comissão, julgando que o gasto possa causar dano irreparável ou grave lesão à economia pública, proporá ao Congresso Nacional sua sustação.

Gabarito "C".

(Técnico – TRT/22ª – 2010 – FCC) Em tema de fiscalização contábil, financeira, orçamentária, operacional e patrimonial da União e das entidades da administração direta e indireta, quanto à legalidade, legitimidade, economicidade, aplicação das subvenções e renúncia de receitas, estabelece a Constituição Federal, dentre outras hipóteses, que

(A) as decisões do Tribunal de Contas da União, de que resulte cancelamento de débito ou multa terão eficácia de título executivo judicial.
(B) será exercido pelo Tribunal de Contas da União, integrado por onze Ministros nomeados pelo Presidente da República, aprovada a escolha pela Câmara dos Deputados.
(C) os Ministros do Tribunal de Contas da União serão nomeados dentre brasileiros natos ou naturalizados, com mais de trinta e menos de sessenta anos de idade e mais de cinco anos de atividade profissional.
(D) o auditor, quando em substituição a Ministro do Tribunal de Contas da União, terá as mesmas garantias e impedimentos do titular e, quando no exercício das demais atribuições da judicatura, as de juiz de Tribunal Regional Federal.
(E) será exercida pela Câmara dos Deputados, mediante controle interno, e pelo sistema de controle externo de cada Poder, devendo encaminhar ao Chefe do Executivo, trimestral e anualmente, relatório de suas atividades.

A: incorreta (art. 71, § 3º, da CF); **B:** incorreta. O Tribunal de Contas da União é composto por nove ministros e não onze, como mencionado (art. 73, *caput*, da CF); **C:** incorreta. O art. 73, § 1º, IV, exige mais de dez anos de exercício de função ou de efetiva atividade profissional; **D:** correta (art. 73, § 4º, da CF); **E:** incorreta. O *caput* do art. 70 determina que a fiscalização contábil, financeira, orçamentária, operacional e patrimonial da União e das entidades da administração direta e indireta, quanto à legalidade, legitimidade, economicidade, aplicação das subvenções e renúncia de receitas, será exercida pelo Congresso Nacional, mediante controle externo, e pelo sistema de controle interno de cada Poder.

Gabarito "D"

(Analista – TRT/3ª – 2005 – FCC) O processo de elaboração da lei orçamentária anual apresenta algumas peculiaridades em relação às emendas oferecidas ao respectivo projeto. Assim é que,

(A) para se evitarem os chamados "pingentes orçamentários", não serão aprovadas emendas que não se relacionem com dispositivos do texto do projeto.
(B) somente podem ser propostas emendas pelo Presidente da República, a quem compete a iniciativa de enviar o projeto ao Congresso Nacional.
(C) caberá a uma Comissão mista de Senadores e Deputados examinar as emendas, dispensando-se o exame do Plenário das duas Casas do Congresso Nacional, se receberem parecer favorável no âmbito da Comissão.
(D) serão admitidas emendas de iniciativa parlamentar, desde que apresentadas por um terço, no mínimo, dos membros da Câmara dos Deputados ou do Senado Federal.
(E) quando incompatíveis com o plano plurianual, as emendas somente podem ser aprovadas pelo voto favorável da maioria absoluta dos membros da Câmara dos Deputados e do Senado Federal.

A: correta. Art. 166, § 3º, III, "b", da CF; **B** e **C:** incorretas, pois não refletem o disposto no art. 166, § 2º, da CF; **D:** incorreta, pois essa limitação existe para as propostas de emenda à Constituição Federal (art. 60, I, da CF); **E:** incorreta, pois não reflete o disposto no art. 166, § 3º, I, da CF.

Gabarito "A"

(Analista – TRT/23ª – 2007 – FCC) No que concerne aos orçamentos, de acordo com a Constituição Federal de 1988 é certo que

(A) a despesa com pessoal ativo e inativo da União, dos Estados, do Distrito Federal e dos Municípios não poderá exceder os limites estabelecidos em lei ordinária.
(B) cabe à lei complementar dispor sobre o exercício financeiro, a vigência, os prazos, a elaboração e a organização do plano plurianual, da lei de diretrizes orçamentárias e da lei orçamentária anual.
(C) o Poder Executivo publicará, até sessenta dias após o encerramento de cada bimestre, relatório resumido da execução orçamentária.
(D) caberá a uma Comissão permanente de Senadores examinar e emitir parecer sobre os planos e programas nacionais, regionais e setoriais previstos nesta Constituição e exercer o acompanhamento e a fiscalização orçamentária.
(E) as emendas ao projeto de lei do orçamento anual ou aos projetos que o modifiquem podem ser aprovadas ainda que não sejam compatíveis com o plano plurianual e com a lei de diretrizes orçamentárias.

A: incorreta, pois os limites são estabelecidos em lei complementar (art. 169 da CF); **B:** correta. Art. 165, § 9º, I, da CF; **C:** incorreta, pois o prazo é de até trinta dias (art. 165, § 3º, da CF); **D:** incorreta. A comissão é mista (art. 166, § 1º, II, da CF); **E:** incorreta, pois contraria o disposto no art. 166, § 3º, I, da CF.

Gabarito "B"

7. ORDEM ECONÔMICA E FINANCEIRA

(Analista – TRT/20ª – 2011 – FCC) Como agente normativo e regulador da atividade econômica, o Estado exercerá, na forma da lei,

(A) em regra, a exploração da atividade econômica, sendo determinante ao setor privado.
(B) o planejamento, sendo determinante para o setor privado.
(C) a fiscalização, sendo determinante para o setor privado.
(D) as funções de fiscalização, incentivo e planejamento, sendo este determinante para o setor público e indicativo para o setor privado.
(E) a fiscalização intensiva sobre o setor privado, assumindo, em regra, a exploração direta da atividade econômica.

Conforme o art. 174, *caput*, da CF, o Estado exercerá, como agente normativo e regulador da atividade econômica, na forma da lei, as funções de fiscalização, incentivo e planejamento, sendo este determinante para o setor público e indicativo para o setor privado.

Gabarito "D"

8. ORDEM SOCIAL

(Analista – TST – 2008 – CESPE) Acerca do Direito Constitucional, julgue o item a seguir.

(1) É compatível com a Constituição Federal (CF) o custeio de programas de assistência social mediante a utilização de receitas provenientes de contribuição para a seguridade social.

1: correta. Art. 204 da CF.

Gabarito 1C

(Analista – TRT/15ª – 2009 – FCC) Quanto à seguridade social é INCORRETO que

(A) a sua fonte de financiamento abrange os recursos provenientes dos orçamentos da União, do Distrito Federal e dos Municípios, além de contribuições sociais.
(B) será financiada por toda a sociedade, de forma direta e indireta, na forma da lei.
(C) os benefícios e os serviços da seguridade social poderão ser criados, majorados ou estendidos, na forma da lei, ainda que sem a correspondente fonte de custeio.
(D) são isentas de contribuição para a seguridade social as entidades beneficentes de assistência social que atendam às exigências estabelecidas em lei.
(E) as receitas dos Estados, do Distrito Federal e dos Municípios destinadas à seguridade social constarão dos respectivos orçamentos, não integrando o orçamento da União.

A e **B:** corretas. Art. 195 da CF; **C:** incorreta, pois não reflete o disposto no art. 195, § 5º, da CF; **D:** correta. Art. 195, § 7º, da CF; **E:** correta. Art. 195, § 1º, da CF.

Gabarito "C"

9. QUESTÕES COMBINADAS

(Analista – TST – 2003 – CESPE) O tribunal regional federal (TRF) de determinada região, por meio de uma resolução administrativa, concedeu gratificação de natureza salarial extensiva a todos os seus servidores. O Ministério Público (MP) questionou o TRF acerca da constitucionalidade da medida, além de comunicar o ocorrido ao Tribunal de Contas da União (TCU). Diante desse fato, o TRF decidiu suspender o pagamento da referida gratificação. O sindicato dos servidores do TRF, legalmente constituído e em funcionamento havia mais de um ano, impetrou mandado de segurança coletivo contra a suspensão do pagamento da gratificação. Em entrevista à imprensa, o presidente do sindicato declarou que iria, ainda, requerer ao Supremo Tribunal Federal (STF) uma afirmação da constitucionalidade da gratificação. A respeito dessa situação hipotética, julgue os itens seguintes.

(1) A resolução administrativa do TRF que concedeu vantagem de natureza salarial à generalidade de seus servidores padeceu de vício de inconstitucionalidade, uma vez que implicou desrespeito à exigência constitucional de que tal matéria fosse submetida à reserva de lei.
(2) O sindicato dos servidores do tribunal é parte legítima para impetrar mandado de segurança coletivo em defesa dos interesses de seus membros ou associados e para propor, perante o STF, ação declaratória de constitucionalidade da resolução administrativa citada.
(3) O questionamento feito pelo MP a respeito da constitucionalidade da resolução administrativa está em harmonia com as suas funções institucionais, pois envolve diretamente a defesa da ordem jurídica e do interesse público.
(4) A competência para processar e julgar, originariamente, o mandado de segurança mencionado é do Superior Tribunal de Justiça (STJ); se, ao julgar o feito, for denegatória a decisão, o STF será competente para processar e julgar eventual recurso ordinário interposto contra essa decisão.
(5) Configurada a ilegalidade das despesas eventualmente efetuadas com o pagamento da gratificação mencionada, o TCU tem competência para aplicar aos responsáveis as sanções previstas em lei, inclusive multa proporcional ao prejuízo causado ao erário, mediante procedimento em que lhes sejam assegurados o contraditório e a ampla defesa.

1: correta. Art. 61, § 1º, II, "a", da CF; **2:** incorreta, pois o sindicato é parte legítima para impetrar MS coletivo desde que observada a regra do art. 5º, LXX, "b", da CF, mas não tem legitimidade para propor ADC (art. 102, I, "a", da CF); **3:** correta. Art. 127 da CF; **4:** incorreta, pois a competência para julgar MS contra ato do TRF é do próprio TRF (art. 108, I, "c", da CF) e o recurso ordinário contra decisão denegatória é da competência do STJ (art. 105, II, "b", da CF; **5:** correta. Art. 71, VIII, da CF.

Gabarito 1C, 2E, 3C, 4E, 5C

(Analista – TRT/10ª – 2004 – CESPE) Acerca do direito constitucional, julgue os itens a seguir.

(1) A Constituição da República veda o recurso à arbitragem para a resolução de conflitos ligados ao direito do trabalho.

(2) O Ministério Público do Trabalho integra o Ministério Público da União.

(3) A validade de nomeações para cargos públicos comissionados lotados no TRT da 10ª Região independe de aprovação pelo Tribunal de Contas da União.

(4) Com a eliminação dos ministros classistas do Tribunal Superior do Trabalho (TST), as vagas por eles ocupadas foram preenchidas por ministros togados, escolhidos entre juízes dos tribunais regionais do trabalho.

(5) Inexiste hipótese de intervenção federal nos estados mediante requisição do TST.

1: incorreta, pois não reflete o disposto no art. 114, § 2º, da CF; **2:** correta. Art. 128, I, "b", da CF; **3:** correta. Art. 71, III, da CF; **4:** incorreta, pois não reflete o disposto no art. 111-A, I e II, da CF; **5:** correta, conforme o disposto no art. 36, I, II e III, da CF.

Gabarito 1E, 2C, 3C, 4E, 5C

(Analista – TRT/10ª – 2004 – CESPE) Em cada um dos itens a seguir é apresentada uma situação hipotética, seguida de uma assertiva a ser julgada.

(1) O Supremo Tribunal Federal (STF), em controle de constitucionalidade por via de ação, declarou a inconstitucionalidade de um artigo de lei federal. Nessa situação, para a referida decisão ter efeitos *erga omnes*, é preciso que o Senado Federal suspenda a execução do referido artigo.

(2) O estado do Tocantins editou lei determinando a redução para 60 dias do prazo máximo de contratos de experiência no âmbito trabalhista. Nessa situação, a referida lei estadual viola a Constituição da República.

(3) O TRT da 10ª Região pretende realizar concurso público para preencher cargos de analista judiciário. Nessa situação, é compatível com o texto constitucional determinação editalícia estabelecendo que o concurso será válido pelo prazo improrrogável de um ano.

1: incorreta, pois a competência do Senado Federal, prevista no art. 52, X, da CF, ocorre apenas no controle incidental ou concreto de constitucionalidade. No controle concentrado ou abstrato (via ADIn), a decisão final do STF já produz eficácia contra todos e efeitos vinculantes (art. 102, § 2º, da CF); **2:** correta. A competência para legislar sobre direito do trabalho é privativa da União (art. 22, I, da CF); **3:** correta, pois observa a regra do art. 37, III, da CF.

Gabarito 1E, 2C, 3C

(Analista – TRT/10ª – 2004 – CESPE) Julgue os itens a seguir, acerca de direito constitucional.

(1) No Brasil, o sistema de controle de constitucionalidade é concentrado porque cabe ao Supremo Tribunal Federal (STF) dar a última palavra sobre questões relativas à constitucionalidade de leis.

(2) A Constituição da República permite ao presidente da República a edição de medidas provisórias sobre direito do trabalho.

(3) A Defensoria Pública do Trabalho é o órgão do Ministério Público do Trabalho competente para promover, perante a justiça trabalhista, a defesa dos interesses coletivos e difusos.

1: incorreta. O Brasil adota o sistema misto de constitucionalidade, vale dizer, convivem em nosso país o controle abstrato (ou concentrado) e o controle difuso (ou concreto). Dessa forma, qualquer juiz ou tribunal, ao analisar um caso concreto, pode verificar a compatibilidade de lei ou ato normativo diante da Constituição Federal (controle difuso). Ao mesmo tempo, apenas ao STF cabe o controle concentrado (ou abstrato ou por via de ação) de lei ou ato normativo federal ou estadual diante da Constituição Federal; **2:** correta, pois não existe vedação constitucional quanto à matéria (art. 62, § 1º, I, II, III e IV, da CF); **3:** incorreta, pois não existe Defensoria Pública do Trabalho, mas Defensoria Pública da União (art. 134, § 1º, da CF c/c art. 2º, I, II e III, da LC 80/1994). V. art. 14 da LC 80/1994.

Gabarito 1E, 2C, 3E

(FGV – 2015) Carlos, brasileiro naturalizado, tendo renunciado à sua anterior nacionalidade, casou-se com Tatiana, de nacionalidade alemã. Em razão do trabalho na iniciativa privada, Carlos foi transferido para o Chile, indo residir lá com sua mulher. Em 15/07/2011, em território chileno, nasceu a primeira filha do casal, Cláudia, que foi registrada na Repartição Consular do Brasil. A teor das regras contidas na Constituição Brasileira de 1988, assinale qual a situação de Cláudia quanto à sua nacionalidade.

(A) Cláudia não pode ser considerada brasileira nata, em virtude de a nacionalidade brasileira de seu pai ter sido adquirida de modo derivado e pelo fato de sua mãe ser estrangeira.

(B) Cláudia é brasileira nata, pelo simples fato de o seu pai, brasileiro, ter se mudado por motivo de trabalho.

(C) Cláudia somente será brasileira nata se vier a residir no Brasil e fizer a opção pela nacionalidade brasileira após atingir a maioridade.

(D) Cláudia é brasileira nata, não constituindo óbice o fato de o seu pai ser brasileiro naturalizado e sua mãe, estrangeira.

A: incorreta. Como o pai, Carlos, era brasileiro, Cláudia, sua filha, após ser registrada na repartição brasileira competente, será considerada brasileira nata. É o que determina o art. 12, I, "c", da CF. De acordo com o mencionado dispositivo, são considerados brasileiros natos, dentre outras hipóteses, os **nascidos no estrangeiro** de **pai brasileiro ou de mãe brasileira, desde que sejam registrados em repartição brasileira competente** ou venham a residir na República Federativa do Brasil e optem, em qualquer tempo, depois de atingida a maioridade, pela nacionalidade brasileira; **B:** incorreta. Cláudia é considerada brasileira nata, por conta de ser filha de pai brasileiro e ter sido registrada na repartição brasileira competente; **C:** incorreta. Não é necessário que a Cláudia venha morar no Brasil e faça a opção pela nacionalidade brasileira, pois ela já foi devidamente registrada na repartição brasileira competente; **D:** correta. Cláudia é brasileira nata, pois preenche os requisitos previstos no art. 12, I, "c", primeira parte, da CF, quais sejam: filha de pai brasileira e foi devidamente registrada na repartição consular brasileira.

Gabarito "D"

(FGV – 2015) Alessandro Bilancia, italiano, com 55 anos de idade, ao completar 15 anos de residência ininterrupta no Brasil, decide assumir a nacionalidade *"brasileira"*, naturalizando-se. Trata-se de renomado professor, cuja elevada densidade intelectual e capacidade de liderança são muito bem vistas por um dos maiores partidos políticos brasileiros. Na certeza de que Alessandro poderá fortalecer os quadros do governo caso o partido em questão seja vencedor nas eleições presidenciais, a cúpula partidária já ventila a possibilidade de contar com o auxílio do referido professor na complexa tarefa de governar o País.

Analise as situações abaixo e assinale a única possibilidade idealizada pela cúpula partidária que encontra respaldo na Constituição Federal.

(A) Alessandro Bilancia, graças ao seu reconhecido saber jurídico e à sua ilibada reputação, poderá ser indicado para compor o quadro de ministros do Supremo Tribunal Federal.

(B) Alessandro Bilancia, na hipótese de concorrer ao cargo de deputado federal e ser eleito, poderá ser indicado para exercer a Presidência da Câmara dos Deputados.

(C) Alessandro Bilancia, na hipótese de concorrer ao cargo de senador e ser eleito, pode ser o líder do partido na Casa, embora não possa presidir o Senado Federal.

(D) Alessandro Bilancia, dada a sua ampla e sólida condição intelectual, pode ser nomeado para assumir qualquer ministério do governo.

A: incorreta. A questão exige conhecimento do art. 12, § 3º, da CF, o qual trata dos cargos privativos de brasileiro nato. De acordo com o mencionado dispositivo, os Ministros do STF devem ser brasileiros natos (art. 12, § 3º, IV, da CF). Sendo assim, Alessandro Bilancia não poderá ser indicado para compor o quadro de ministros do STF; **B:** incorreta. Alessandro Bilancia pode concorrer ao cargo de deputado federal, pois não é necessário que o sujeito seja nato para ocupá-lo. Por outro lado, não poderá ser indicado para exercer a Presidência da Câmara, pois nessa hipótese é exigida a nacionalidade originária, ou seja, o deputado precisa ser brasileiro nato para presidir a Câmara dos Deputados (art. 12, § 3º, II, da CF); **C:** correta. De fato, Alessandro Bilancia pode concorrer ao cargo de senador e, se eleito, pode ser líder do partido na Casa, pois para tais atribuições não é necessário que o sujeito seja brasileiro nato. Por outro lado, não poderá presidir o Senado Federal, pois tal cargo só pode ser preenchido por brasileiro nato (art. 12, § 3º, III, da CF); **D:** incorreta. Não é qualquer ministério do governo que pode ser ocupado por brasileiro naturalizado. De acordo com a CF, o Ministro de Estado da Defesa necessariamente deve ser nato (art. 12, § 3º, IV, da CF).

Gabarito "C"

8. Direito Penal

Eduardo Dompieri e Arthur Trigueiros

1. CONCEITO, FONTES, PRINCÍPIOS E APLICAÇÃO DA LEI NO TEMPO E NO ESPAÇO

(Analista – TRT/8ª – 2010 – FCC) José, brasileiro, cometeu crime de peculato, apropriando-se de valores da embaixada brasileira no Japão, onde trabalhava como funcionário público. Em tal situação,

(A) somente se aplica a lei brasileira se José não tiver sido absolvido no Japão, por sentença definitiva.
(B) somente se aplica a lei brasileira se José não tiver sido processado pelo mesmo fato no Japão.
(C) aplica-se a lei brasileira, independentemente da existência de processo no Japão e de entrada do agente no território nacional.
(D) a aplicação da lei brasileira independe da existência de processo no Japão, mas está condicionada à entrada do agente no território nacional.
(E) aplica-se a lei brasileira somente se for mais favorável ao agente do que a lei japonesa.

Pela disciplina estabelecida no art. 7º, I, *b*, do Código Penal, embora cometido no estrangeiro, o crime praticado por José ficará sujeito à lei penal brasileira, ainda que absolvido ou condenado no Japão. Estamos diante da incidência extraterritorial da lei penal brasileira, que, em face do bem jurídico tutelado, opera-se de forma incondicionada. Para que fique claro, portanto, este dispositivo do Código Penal contempla hipótese de extraterritorialidade incondicionada. A lei brasileira, aqui, será aplicada ao crime cometido no estrangeiro contra o patrimônio ou a fé pública da Administração Pública por quem está a seu serviço independente de qualquer condição.

Gabarito "C"

(Analista – TRT/8ª – 2010 – FCC) João cometeu um crime para o qual a lei vigente na época do fato previa pena de reclusão. Posteriormente, lei nova estabeleceu somente a sanção pecuniária para o delito cometido por João. Nesse caso,

(A) a aplicação da lei nova depende da expressa concordância do Ministério Público.
(B) aplica-se a lei nova somente se a sentença condenatória ainda não tiver transitado em julgado.
(C) não se aplica a lei nova, em razão do princípio da irretroatividade das leis penais.
(D) aplica-se a lei nova, mesmo que a sentença condenatória já tiver transitado em julgado.
(E) a aplicação da lei nova, se tiver havido condenação, depende do reconhecimento do bom comportamento carcerário do condenado.

A: incorreta, visto que a aplicação da lei nova mais favorável prescinde de anuência do Ministério Público, é dizer, a retroação da lei mais benéfica não está condicionada à concordância do MP; **B**: incorreta, já que a lei nova mais benéfica, em consonância com a disciplina estabelecida no art. 2º, parágrafo único, do CP, poderá abarcar fatos anteriores já decididos por sentença condenatória passada em julgado; **C**: incorreta, dado que a lei penal nova mais benéfica é portadora tanto de retroatividade quanto de ultratividade – art. 5º, XL, da CF; **D**: correta, pois a assertiva está em consonância com o disposto no art. 2º, parágrafo único, do CP; **E**: incorreta; a aplicação da lei nova, ainda que tenha havido condenação ou mesmo trânsito em julgado, não está condicionada ao bom comportamento do réu/condenado. Inexiste, pois, essa imposição.

Gabarito "D"

(Técnico – FCC - 2014) Dentre as ideias estruturantes ou princípios abaixo, todos especialmente importantes ao direito penal brasileiro, NÃO tem expressa e literal disposição constitucional o da

(A) legalidade.
(B) proporcionalidade.
(C) individualização.
(D) pessoalidade.
(E) dignidade humana.

A: incorreta. O *princípio da legalidade, estrita legalidade* ou *reserva legal*, que está contemplado, de forma expressa, nos arts. 1º do CP e 5º, XXXIX, da CF, estabelece que os tipos penais só podem ser concebidos por lei em sentido estrito, ficando afastada, assim, a possibilidade de a lei penal ser criada por outras formas legislativas que não a lei em sentido formal, como, por exemplo, a *medida provisória* (art. 62, § 1º, I, *b*, da CF); **B**: correta, devendo ser assinalada, na medida em que este princípio, embora tenha aplicação no âmbito do direito penal, não encontra previsão expressa e literal no texto da Constituição Federal. Cuida-se, portanto, de princípio implícito; **C**: incorreta. Princípio explícito previsto nos arts. 5º, XLVI, da CF e 59 do CP; **D**: incorreta. O *princípio da pessoalidade* ou *personalidade* ou *da responsabilidade pessoal*, que encontra previsão expressa no art. 5º, XLV, CF, prescreve que a pena não pode passar da pessoa do delinquente, podendo, entretanto, a obrigação de reparar o dano e a decretação de perdimento de bens ser, nos termos da lei, estendidas aos sucessores e contra eles executadas até o limite do valor do patrimônio transferido; **E**: incorreta, já que se trata de princípio contemplado, de forma expressa, no art. 1º, III, da CF.

Gabarito "B"

(Técnico – CESPE – 2013) Acerca dos princípios gerais que norteiam o direito penal, das teorias do crime e dos institutos da Parte Geral do Código Penal brasileiro, julgue os itens a seguir.

(1) Considere que Manoel, penalmente imputável, tenha sequestrado uma criança com o intuito de receber certa quantia como resgate. Um mês depois, estando a vítima ainda em cativeiro, nova lei entrou em vigor, prevendo pena mais severa para o delito. Nessa situação, a lei mais gravosa não incidirá sobre a conduta de Manoel.
(2) A teoria finalista adota o conceito clássico de ação, entendida como mero impulso mecânico, dissociado de qualquer conteúdo da vontade.
(3) Considerando o disposto no Código Penal brasileiro, quanto à matéria do erro, é correto afirmar que, em regra, o erro de proibição recai sobre a consciência da ilicitude do fato, ao passo que o erro de tipo incide sobre os elementos constitutivos do tipo legal do crime.

1: errada. Sendo a extorsão mediante sequestro – art. 159, CP crime permanente, em que a consumação se prolonga no tempo por vontade do agente, a sucessão de leis penais no tempo enseja a aplicação da lei vigente enquanto não cessado o comportamento ilícito, ainda que se trate de lei mais gravosa. É esse o entendimento firmado na Súmula n. 711 do STF: "A lei penal mais grave aplica-se ao crime continuado ou ao crime permanente, se a sua vigência é anterior à cessação da continuidade ou permanência"; **2**: incorreta. A assertiva se refere, em verdade, à chamada teoria causal (naturalística ou clássica), em relação à qual a conduta deve ser entendida como um comportamento humano voluntário, positivo ou negativo, apto a produzir modificação no mundo exterior. Já para a teoria finalista, a conduta corresponde a um comportamento humano, consciente e voluntário, dirigido, como o próprio nome sugere, a uma finalidade, a um propósito; **3**: correta. O *erro de proibição, denominação concebida*

* **Arthur Trigueiros** comentou as questões do concurso de Analista – TRE/GO – 2015 – CESPE. **Eduardo Dompieri** comentou as demais questões.

pela doutrina, é chamado, pelo Código Penal, de erro sobre a ilicitude do fato (art. 21 do CP). Uma vez reconhecido, exclui a culpabilidade (art. 21, *caput*, CP), desde que escusável; se inescusável, constituirá causa de redução de pena. O erro de tipo, por sua vez, tem por objeto os elementos constitutivos do tipo penal, gerando a exclusão do dolo e, em consequência, da tipicidade penal (art. 20, *caput*, do CP).

Gabarito 1E, 2E, 3C

2. CLASSIFICAÇÃO DOS CRIMES, FATO TÍPICO E TIPO PENAL

(Analista – TRT/8ª – 2010 – FCC) Tendo em conta o tipo penal do crime de homicídio (art. 121 do Código Penal: "Matar alguém"), a mãe que intencionalmente deixa de amamentar a criança, causando-lhe a morte por inanição, pratica um:

(A) crime culposo.
(B) crime omissivo.
(C) crime sem resultado.
(D) crime comissivo por omissão.
(E) fato penalmente atípico.

A responsabilidade do agente, no chamado *crime comissivo por omissão* ou *omissivo impróprio (omissivo impuro)*, surge porque este deixou de evitar o resultado que podia ou devia ter evitado. Sua obrigação está consubstanciada no art. 13, § 2º, do CP. Assim, a mãe que propositadamente deixa de amamentar seu filho, que, em razão disso, vem a morrer, deve ser responsabilizada por homicídio doloso, na medida em que seu dever de agir está contemplado na regra inserta no art. 13, § 2º, do CP. No mais, esta modalidade de crime omissivo não deve ser confundida com o *crime omissivo próprio* ou *puro*. Neste, o tipo penal cuidou de descrever a omissão. Exemplo sempre lembrado deste crime é a omissão de socorro (art. 135, CP). Aqui, o legislador tratou de descrever a omissão. Esta modalidade de crime se perfaz pela mera abstenção do agente, independente de qualquer resultado posterior. Não é admitida, ademais, a tentativa; o crime omissivo impróprio, ao contrário, comporta o *conatus*.

Gabarito "D"

3. PENAS E MEDIDAS DE SEGURANÇA

(Analista – TRT/8ª – 2010 – FCC) O instituto que permite ser computado na execução da pena privativa de liberdade ou na medida de segurança o tempo de prisão provisória, ou seja, da prisão anterior ao trânsito em julgado da sentença condenatória, denomina-se:

(A) progressão.
(B) remissão.
(C) detração.
(D) regressão.
(E) conversão.

Art. 42 do CP.

Gabarito "C"

4. CRIMES CONTRA A PESSOA E CONTRA O PATRIMÔNIO

(Analista – TRT/8ª – 2010 – FCC) Jeremias aproximou-se de um veículo parado no semáforo e, embora não portasse qualquer arma, mas fazendo gestos de que estaria armado, subtraiu a carteira do motorista, contendo dinheiro e documentos. Jeremias responderá por crime de:

(A) roubo qualificado pelo emprego de arma.
(B) furto simples.
(C) furto qualificado.
(D) roubo simples.
(E) apropriação indébita.

No caso do roubo, a simples menção ao fato de estar armado (simulação) não é suficiente a caracterizar a causa de aumento do art. 157, § 2º, I, do CP. Trata-se, portanto, de roubo simples. *Vide* STF, *RT* 696/434, 646/376.

Gabarito "D"

(Analista – TRT/8ª – 2010 – FCC) No crime de homicídio,

(A) não há incompatibilidade na coexistência de circunstâncias objetivas que qualificam o crime e as que o tornam privilegiado.
(B) há incompatibilidade na coexistência de quaisquer circunstâncias que qualificam o crime e as que o tornam privilegiado.
(C) não há incompatibilidade na coexistência de circunstâncias subjetivas que qualificam o crime e as que o tornam privilegiado.
(D) há incompatibilidade na coexistência de duas ou mais qualificadoras, ainda que objetivas.
(E) não há incompatibilidade na coexistência de duas qualificadoras de natureza subjetiva.

Haverá compatibilidade desde que a qualificadora seja de *caráter objetivo*. Isso se dá porque as hipóteses legais de privilégio são de *caráter subjetivo*, incompatíveis, portanto, com as qualificadoras de *caráter subjetivo*, aquelas ligadas ao motivo do crime (motivo torpe e fútil). Sendo possível compatibilizar alguma circunstância objetiva que qualifica o crime com alguma causa de diminuição de pena contemplada no art. 121, § 1º, do CP (privilégio), estaremos diante do que a doutrina convencionou chamar de *homicídio qualificado-privilegiado (também chamado homicídio híbrido)*. De outro lado, se houver mais de uma qualificadora, uma deverá ser empregada para qualificar o crime e as outras deverão atuar como agravantes genéricas. *Vide*, a esse respeito, Informativo 230 do STF – HC 80.771-MS. Em sentido contrário já decidiu o STJ (*RT* 754/577), reconhecendo que, na hipótese de incidência de duas qualificadoras, em vez de atuar como agravante genérica, deverá ser tomada como circunstância judicial do art. 59 do CP. Não se admite a coexistência de duas qualificadoras de natureza subjetiva (TJSP, *RT* 657/282). Ademais, constitui entendimento doutrinário e jurisprudencial majoritário o fato de o homicídio qualificado-privilegiado não ser considerado delito hediondo.

Gabarito "A"

(Analista – TRT/8ª – 2010 – FCC) Pedro, a pedido de José que desejava suicidar-se, efetua disparo de arma de fogo contra o mesmo, causando-lhe a morte. Pedro:

(A) responderá por homicídio doloso.
(B) responderá por auxílio doloso ao suicídio.
(C) não responderá por nenhum delito.
(D) responderá por homicídio culposo.
(E) responderá por auxílio culposo ao suicídio.

Com efeito, Pedro será responsabilizado por *homicídio doloso*. É que o auxílio material, no crime de *participação em suicídio* (art. 122, CP), deve ter caráter acessório, secundário. Assim, se a conduta do agente não for secundária (como é o caso em que o agente fornece à vítima uma arma, uma corda etc.), mas for a causa direta, efetiva da morte da vítima, como é o caso do enunciado, estaremos diante de hipótese de homicídio, já que o agente, atendendo a pedido da vítima, efetuou disparos contra esta. O agente não emprestou a arma para que a vítima desse cabo de sua vida (auxílio material – participação em suicídio). Ele próprio se encarregou de, a pedido da vítima, efetuar os disparos (causa direta, efetiva). A ele, portanto, será imputado o crime de homicídio doloso.

Gabarito "A"

(Analista – TRT/8ª – 2010 – FCC) Paulo postou-se em frente a um restaurante e apresentou-se como manobrista a um freguês que chegou para jantar. Entregou-lhe um papel com um número e recebeu deste as chaves do veículo, do qual se apossou, fugindo do local. Paulo responderá por crime de:

(A) apropriação indébita.
(B) estelionato.
(C) furto qualificado pela fraude.
(D) furto simples.
(E) furto com abuso de confiança.

De fato, cuida-se do crime capitulado no art. 171, *caput*, do CP, na medida em que a vítima, envolvida pelo "golpe" aplicado por Paulo, entregou-lhe as chaves do veículo. O crime do art. 155 do CP – furto – pressupõe subtração, fato que não ocorreu na hipótese descrita no enunciado. Já na apropriação indébita – art. 168 do CP –, inexiste subtração ou mesmo fraude. O agente, depois de adquirir a posse da coisa, passa a agir como se dono dela fosse. Ocorre, a rigor, uma inversão da posse.

Gabarito "B"

5. CRIMES CONTRA A FÉ PÚBLICA, A ADMINISTRAÇÃO PÚBLICA E AS FINANÇAS PÚBLICAS

(Analista – TRT/8ª – 2010 – FCC) Paulo é funcionário público e trabalhava num cartório. Seu amigo Lauro estava desempregado. De comum acordo, ambos falsificaram um alvará judicial e se apropriaram de valores recolhidos a título de depósito judicial. Nesse caso, Lauro responderá por crime de:

(A) furto qualificado.
(B) furto simples.
(C) peculato.

(D) apropriação indébita.
(E) estelionato.

De fato, Lauro e Paulo devem ser responsabilizados por *peculato doloso*. Embora Lauro não seja funcionário público, esta condição, por ser elementar do crime, a ele se comunica, devendo, portanto, assim como Paulo, responder pelo crime do art. 312, *caput*, do Código Penal, nos exatos termos do art. 30 do CP (circunstâncias incomunicáveis).

Gabarito "C".

(Analista – TRT/3ª – 2005 – FCC) Zeus, Apolo e Macabeus são Oficiais de Justiça. Zeus exigiu do réu de uma ação de despejo a quantia de R$ 2.000,00 para não proceder a sua citação. Apolo solicitou do réu de outra ação de despejo a quantia de R$ 1.000,00 para não proceder a sua citação. E Macabeus, tendo em vista que o réu de uma ação de despejo era seu amigo, retardou, por vários meses, a sua citação. Nesses casos, Zeus, Apolo e Macabeus cometeram, respectivamente, crimes de:

(A) concussão, corrupção passiva e prevaricação.
(B) corrupção passiva, concussão e prevaricação.
(C) prevaricação, concussão e corrupção passiva.
(D) prevaricação, corrupção passiva e concussão.
(E) concussão, prevaricação e corrupção passiva.

O crime de *concussão*, que tem como núcleo do tipo *exigir*, que significa *ordenar*, *impor*, está capitulado no art. 316 do CP. Foi a conduta praticada por Zeus. Já a conduta realizada por Apolo está prevista no art. 317 do CP, que prevê o crime de *corrupção passiva*, cujos núcleos do tipo são *solicitar*, *receber* ou *aceitar*. Macabeus incorreu nas penas do crime de *prevaricação* – art. 319 do CP –, uma vez que *retardou* indevidamente ato de ofício com o propósito de satisfazer sentimento pessoal.

Gabarito "A".

(Analista – TRT/3ª – 2005 – FCC) Afrodite, ao ingressar na Biblioteca Pública Municipal de sua cidade deixou sua bolsa no guarda volumes anexo à portaria. Enquanto consultava livros, Ísis, funcionária pública municipal, bibliotecária, responsável pelo referido guarda volumes, abriu a bolsa de Afrodite e subtraiu para si a quantia de R$ 100,00. Com tal procedimento, Ísis cometeu crime de:

(A) prevaricação.
(B) peculato culposo.
(C) peculato mediante erro de outrem.
(D) excesso de exação.
(E) peculato doloso.

Art. 312, *caput*, do CP. É o chamado *peculato-apropriação*, uma das modalidades de peculato doloso.

Gabarito "E".

(Analista – TRT/24ª – 2006 – FCC) Hefaistos, agente fiscal de rendas, compareceu à empresa "A" e constatou fraude no recolhimento de tributos no montante de R$ 25.000,00. O responsável pela empresa lhe ofereceu a quantia de R$ 5.000,00 para relevar a fraude constatada. Hefaistos recebeu a quantia oferecida, mas, mesmo assim, autuou a empresa pela mencionada infração. Nesse caso, Hefaistos:

(A) não cometeu nenhum delito, pois autuou a empresa.
(B) cometeu crime de corrupção passiva.
(C) cometeu crime de concussão.
(D) cometeu crime de excesso de exação.
(E) cometeu crime de prevaricação.

Art. 317 do CP. O crime se consumou no exato instante em que Hefaistos recebeu a quantia oferecida (delito formal).

Gabarito "B".

(Analista – TRT/24ª – 2006 – FCC) Ares, funcionário do Serviço de Águas e Esgotos do Município, entidade paraestatal, desviou em proveito próprio a quantia de R$ 5.200,00 referente ao pagamento de contas em atraso efetuadas por um usuário. Nessa hipótese, Ares:

(A) cometeu crime de emprego irregular de rendas públicas.
(B) não cometeu crime contra a Administração Pública.
(C) cometeu crime de prevaricação.
(D) cometeu crime de corrupção passiva.
(E) cometeu crime de peculato.

Art. 312, *caput*, do CP. É o denominado *peculato-desvio*, modalidade de peculato doloso.

Gabarito "E".

(Analista – TRT/24ª – 2006 – FCC) Perseu, advogado militante na cidade, não é funcionário público, mas é amigo do Delegado de Polícia do Município. Valendo-se dessa amizade, pediu ao policial que não prendesse em flagrante um cliente seu que havia sido surpreendido furtando roupas de uma loja. Nessa situação, Perseu:

(A) cometeu crime de condescendência criminosa.
(B) cometeu crime de advocacia administrativa.
(C) cometeu crime de corrupção passiva.
(D) não cometeu crime contra a Administração Pública.
(E) cometeu crime de concussão.

O advogado de fato não cometeu crime algum contra a Administração Pública, mas a autoridade policial incorreu no crime do art. 319 do CP (prevaricação), visto que deixou de praticar ato de ofício para satisfazer sentimento pessoal (amizade).

Gabarito "D".

(Analista – TRT/24ª – 2006 – FCC) Cadmo foi surpreendido por policiais quando arrombava o cofre de uma loja para subtrair dinheiro. Na delegacia, o Delegado de Polícia, por ser amigo de seu pai e penalizado com a situação de pobreza de Cadmo, deixou de determinar a lavratura de auto de prisão em flagrante e colocou-o em liberdade. Nesse caso, o Delegado de Polícia:

(A) cometeu crime de prevaricação.
(B) não cometeu crime contra a Administração Pública.
(C) cometeu crime de condescendência criminosa.
(D) cometeu crime de corrupção passiva.
(E) cometeu crime de abandono de função.

Art. 319 do CP. A autoridade policial, movida por sentimento de amizade e benevolência, deixou de praticar ato de ofício, consistente na lavratura do auto de prisão em flagrante.

Gabarito "A".

(Técnico – VUNESP – 2015) O funcionário público que tem conhecimento de infração cometida no exercício do cargo por subordinado e que, por indulgência, não promove sua responsabilização e também não comunica o fato ao superior competente para tanto pratica

(A) corrupção ativa (CP, art. 333).
(B) corrupção passiva (CP, art. 317).
(C) fato atípico, pois não está descrito expressamente como crime no CP.
(D) condescendência criminosa (CP, art. 320).
(E) prevaricação (CP, art. 319).

O funcionário público que, por indulgência, deixar de promover a responsabilização de funcionário subordinado que tenha praticado infração no exercício do cargo, ou, caso incompetente, deixar de levar ao conhecimento à autoridade com competência punitiva, responderá pelo crime de condescendência criminosa (art. 320 do CP). Correta, portanto, a alternativa D. As demais alternativas estão incorretas em virtude da própria descrição típica de cada um dos crimes. Confira: **A**: incorreta, pois corrupção ativa (art. 333 do CP): Oferecer ou prometer vantagem indevida a funcionário público, para determiná-lo a praticar, omitir ou retardar ato de ofício; **B**: incorreta, pois a corrupção passiva (art. 317 do CP): Solicitar ou receber, para si ou para outrem, direta ou indiretamente, ainda que fora da função ou antes de assumi-la, mas em razão dela, vantagem indevida, ou aceitar promessa de tal vantagem; **C**: incorreta, pois a conduta descrita no enunciado de amolda ao crime de condescendência criminosa, expressamente previsto no CP (art. 320); **E**: incorreta, pois a prevaricação (art. 319 do CP): Retardar ou deixar de praticar, indevidamente, ato de ofício, ou praticá-lo contra disposição expressa de lei, para satisfazer interesse ou sentimento pessoal.

Gabarito "D".

(Técnico – VUNESP – 2015) Marcos, advogado, solicita certa quantia em dinheiro a Pedro, seu cliente, pois esclarece que mediante o pagamento dessa quantia em dinheiro pode "acelerar" o andamento de um processo. Informa que seria amigo do escrevente do cartório judicial – o qual também seria remunerado pela celeridade, segundo Marcos. Pedro, inicialmente, tem intenção de aceitar a oferta, mas verifica que Marcos mentiu, pois não é amigo do funcionário público. Pedro nega-se a entregar a Marcos qualquer quantia e não aceita a oferta.

É correto afirmar que Marcos

(A) praticou corrupção passiva (CP, art. 317) e Pedro não cometeu crime algum.
(B) praticou exploração de prestígio (CP, art. 357) e Pedro não cometeu crime algum.

(C) praticou corrupção passiva (CP, art. 317) e Pedro corrupção ativa (CP, art. 333).
(D) e Pedro praticaram corrupção passiva (CP, art. 317).
(E) e Pedro não praticaram crime algum, pois os fatos não evoluíram.

Marcos, ao solicitar de seu cliente Pedro determinada quantia em dinheiro a pretexto de influir em funcionário da justiça (no caso, um escrevente do cartório judicial, de quem o advogado seria amigo), cometeu o crime de exploração de prestígio, tipificado no art. 357 do CP, que, inclusive, ensejaria o aumento da pena em um terço, nos termos do parágrafo único do referido dispositivo, visto que alegou que também seria destinatário da quantia solicitada referido funcionário público. Como Pedro se negou a entregar a quantia solicitada por seu advogado, não tendo aceitado a oferta, obviamente não cometeu crime algum. O fato de ter havido a recusa não afasta o crime cometido por Marcos, visto que basta a solicitação de qualquer utilidade, a pretexto de influir em juiz, jurado, órgão do Ministério Público, funcionário da justiça, perito, tradutor, intérprete ou testemunha, para que se caracterize a exploração de prestígio (art. 357 do CP). Correta, portanto, a alternativa B.

Gabarito "B"

(Técnico – VUNESP – 2015) O *caput* do art. 293 do CP tipifica a falsificação de papéis públicos, especial e expressamente no que concerne às seguintes ações:

(A) produção e confecção.
(B) contrafação e conspurcação.
(C) fabricação e alteração.
(D) adulteração e corrupção.
(E) corrupção e produção.

O art. 293, *caput*, do CP tipifica a falsificação de papéis públicos por meio de dois comportamentos: fabricação e alteração. Assim, correta apenas a alternativa C.

Gabarito "C"

(Técnico – VUNESP – 2015) O crime de falsidade ideológica (CP, art. 299) tem pena aumentada de sexta parte se

(A) cometido por motivo egoístico.
(B) a vítima sofre vultoso prejuízo.
(C) o agente aufere lucro.
(D) o agente é funcionário público e comete o crime prevalecendo-se do cargo.
(E) cometido com o fim de produzir prova em processo penal.

Nos termos do art. 299, parágrafo único, do CP, o crime de falsidade ideológico terá sua pena aumentada de sexta parte se o agente é funcionário público e comete o crime prevalecendo-se de seu cargo, ou, ainda, se a falsificação ou alteração for de registro civil. Correta, pois, a alternativa D.

Gabarito "D"

6. TEMAS COMBINADOS

(Técnico – CESPE - 2015) No que se refere aos crimes contra o patrimônio, contra a dignidade sexual e contra a fé e a administração públicas, julgue os itens que se seguem.

(1) Cometerá o crime de extorsão o servidor público que, em razão do cargo e mediante grave ameaça, exigir para si vantagem econômica.
(2) Praticará o crime de estelionato aquele que obtiver para si vantagem ilícita, em prejuízo de incapaz, mantendo-o em erro, mediante fraude.
(3) Cometerá o crime de estupro a mulher que constranger homem, mediante grave ameaça, a com ela praticar conjunção carnal.
(4) Cometerá o delito de falsidade ideológica o médico que emitir atestado declarando, falsamente, que determinado paciente está acometido por enfermidade.

1: correta. De fato, se um servidor público, ainda que em razão do cargo, exija para si vantagem econômica, empregando grave ameaça, responderá pelo crime de extorsão (art. 158 do CP), e não por concussão (art. 316 do CP). Nesta, o funcionário público, valendo-se de sua condição, exige, para si ou para outrem, vantagem indevida, impondo à vítima, ainda que de forma velada, um temor decorrente da própria autoridade que possui (*metus publicae potestatis*); **2:** errada. Cometerá o crime de abuso de incapazes (art. 173 do CP) aquele que abusar, em proveito próprio ou alheio, de necessidade, paixão ou inexperiência de menor, ou da alienação ou debilidade mental de outrem, induzindo qualquer deles à prática de ato suscetível de produzir efeito jurídico, em prejuízo próprio ou de terceiro; **3:** correta. À luz da nova redação dada ao art. 213 do CP pela Lei 12.015/2009, pratica estupro qualquer pessoa (homem ou mulher) que constranger alguém, mediante violência ou grave ameaça, a ter conjunção carnal, ou a praticar ou permitir que com ele se pratique outro ato libidinoso. Assim, se uma mulher, mediante agrave ameaça, obrigar um homem a com ela praticar conjunção carnal (coito vaginal), terá praticado estupro; **4:** errada. Dar o médico, no exercício de sua profissão, atestado falso, caracteriza o crime do art. 302 do CP. Muito embora esse comportamento caracterize verdadeira falsidade ideológica, cuidou o legislador de criar um crime específico para o médico.

Gabarito 1C, 2E, 3C, 4E

(Técnico – CESPE - 2015) Julgue os itens seguintes, a respeito de concurso de pessoas, tipicidade, ilicitude, culpabilidade e fixação da pena.

(1) É possível que réu primário portador de circunstâncias judiciais desfavoráveis condenado à pena de quatro anos de reclusão inicie o cumprimento da reprimenda em regime semiaberto.
(2) Caso um indivíduo obtenha de um amigo, por empréstimo, uma arma de fogo, dando-lhe ciência de sua intenção de utilizá-la para matar outrem, o amigo que emprestar a arma será considerado partícipe do homicídio se o referido indivíduo cometer o crime pretendido, ainda que este não utilize tal arma para fazê-lo e que o amigo não o estimule a praticá-lo.
(3) Aquele que for fisicamente coagido, de forma irresistível, a praticar uma infração penal cometerá fato típico e ilícito, porém não culpável.

1: correta. As circunstâncias judiciais previstas no art. 59 do CP devem ser levadas em consideração para a fixação do regime inicial de cumprimento de pena (art. 33, § 3º, do CP). Assim, nada obstante a aplicação de uma pena de quatro anos de reclusão enseje a fixação de regime inicial aberto (art. 33, § 2º, "c", do CP), desde que o réu seja primário, a existência de circunstâncias judiciais desfavoráveis poderá autorizar a escolha de regime inicial mais gravoso (no caso, semiaberto). Tal decorre, inclusive, da Súmula 719 do STF, segundo a qual a imposição de regime mais severo do que a pena aplicada permitir exige motivação idônea; **2:** errada. O concurso de pessoas exige a conjugação de alguns requisitos (cumulativos), quais sejam: a) pluralidade de agentes (mínimo de duas pessoas); b) unidade de infração penal (todos os agentes devem concorrer para uma mesma infração penal); c) liame subjetivo ou vínculo psicológico (todos os agentes devem ter o mesmo propósito, aderindo uns à vontade dos outros); e d) relevância causal (o comportamento de cada um dos agentes deve ser relevante para a produção do resultado). No caso relatado na assertiva, ainda que o agente que emprestou a arma ao amigo estivesse ciente da intenção deste de utilizá-la para matar alguém, não tendo ela sido utilizada para o homicídio, e não tendo o executor material do crime sido instigado a cometê-lo, inexistirá a relevância causal, necessária ao reconhecimento do concurso de pessoas. Assim, aquele que emprestou a arma não poderá ser considerado partícipe, cujo comportamento acessório pressupõe o induzimento (criação de ideia criminosa inexistente na mente do agente), a instigação (reforço de ideia criminosa já existente na mente do agente) ou o auxílio (ajuda material para a prática do crime); **3:** errada. A coação física irresistível, por afetar a vontade, elimina a conduta, que é o primeiro elemento do fato típico. Portanto, se alguém for coagido fisicamente, de forma irresistível, a praticar uma infração penal, sequer terá praticado fato típico. Não se confunde a coação física irresistível com a coação moral irresistível. Esta sim afasta a culpabilidade, ante a inexigibilidade de conduta diversa, respondendo apenas o coator pela infração praticada pelo coagido (art. 22 do CP).

Gabarito 1C, 2E, 3E

9. Direito Civil

Ana Paula Garcia, Gabriela Rodrigues e Márcio Alexandre Pereira*

1. LINDB

(Analista – TRT/16ª – 2014 – FCC) Uma lei foi elaborada, promulgada e publicada. Por não conter disposição em contrário, entrará em vigor 45 dias depois de oficialmente publicada, data que cairá no dia 18 de abril, feriado (sexta-feira da paixão de Cristo); dia 19 de abril é sábado; dia 20 de abril é domingo; dia 21 de abril é feriado (Tiradentes). Essa lei entrará em vigor no dia

(A) 19 de abril.
(B) 21 de abril.
(C) 20 de abril.
(D) 22 de abril.
(E) 18 de abril.

Nos termos da LC 95/1998, art. 8, § 1º, diz que: "A contagem do prazo para entrada em vigor das leis que estabeleçam período de vacância far-se-á com a inclusão da data da publicação e do último dia do prazo, entrando em vigor no dia subsequente à sua consumação integral.

Gabarito "E"

(Analista – TRT/1ª – 2012 – FCC) Ryan, inglês, em uma de suas viagens a lazer pelo Brasil e pelo Estado do Espírito Santo, conheceu Perla, brasileira nata, e ambos iniciaram relacionamento amoroso e casaram-se na cidade de Vitória, onde residiram por cerca de dez anos e adquiriram um imóvel residencial de alto padrão e dois conjuntos comerciais. Do relacionamento entre Ryan e Perla nasceram Pedro e Mariana, também na cidade de Vitória. No mês de Janeiro de 2012 Ryan e Perla mudaram-se definitivamente para a Inglaterra e, no mês de Julho, Ryan faleceu em decorrência de um infarto fulminante. Neste caso, em regra, a sucessão de bens amealhados pelo casal e que estão no Brasil, será regulada pela lei

(A) brasileira em benefício do cônjuge ou dos filhos brasileiros, independentemente de eventual conteúdo favorável aos herdeiros da lei inglesa.
(B) inglesa, tendo em vista a nacionalidade de Ryan.
(C) brasileira em benefício do cônjuge ou dos filhos brasileiros, ou de quem os represente, sempre que não lhes seja mais favorável a lei pessoal do de cujus.
(D) inglesa, tendo em vista o local do falecimento de Ryan.
(E) brasileira ou inglesa, cabendo aos herdeiros exercer a opção no momento da abertura da sucessão.

A: incorreta, pois se a lei inglesa fosse mais favorável ao cônjuge ou aos filhos brasileiros do *de cujus* seria ela a aplicável para regulamentar a sucessão de Ryan (art. 10, § 1º, da LINDB); **B**, **D** e **E**: as assertivas "B" e "D" estão incorretas, pois tanto a nacionalidade como o local da morte de Ryan não são critérios relevantes para a definição da lei aplicável no caso em tela, haja vista que a LINDB traz regra expressa para regulamentar a matéria no art. 10, § 1º. Neste passo, ressalta-se que não se trata de opção dos herdeiros, mas imposição de lei no que tange a aplicação da lei mais favorável; **C:** correta (art. 10, § 1º, da LINDB).

Gabarito "C"

(Analista – TRT/2ª – 2008 – FCC) Considere:

I. A lei do país onde for domiciliada a pessoa determina a regra sobre o começo e o fim da personalidade, o nome, a capacidade e os direitos de família.
II. Realizando-se o casamento no Brasil, será aplicada a lei brasileira quanto aos impedimentos dirimentes e às formalidades da celebração.
III. Tendo os nubentes domicílio diverso, regerá os casos de invalidade do matrimônio a lei do local da celebração.
IV. O casamento de estrangeiros poderá celebrar-se perante autoridades diplomáticas ou consulares do país de ambos os nubentes.

É correto o que consta APENAS em

(A) II e IV.
(B) II, III e IV.
(C) III e IV.
(D) I e III.
(E) I, II e IV.

I: correta (art. 7º, *caput*, da LINDB); **II:** correta (art. 7º, § 1º, da LINDB); **III:** incorreta (art. 7º, § 3º, da LINDB); **IV:** correta (art. 7º, § 2º, da LINDB).

Gabarito "E"

(Analista – TRT/7ª – 2009 – FCC) A respeito da vigência da lei, em Direito Civil, pode-se afirmar que

(A) a lei nova que estabeleça disposições especiais a par das já existentes não revoga nem modifica a lei anterior.
(B) nos Estados estrangeiros, a obrigatoriedade da lei brasileira, quando admitida, se inicia quarenta e cinco dias depois de oficialmente publicada.
(C) não se consideram lei nova as correções a texto de lei já em vigor.
(D) a lei revogada, salvo disposição em contrário, se restaura se a lei nova tiver perdido a vigência.
(E) a lei começa a vigorar em todo o país, na data em que foi oficialmente publicada.

A: correta, art. 2º, § 2º, da LINDB; **B:** incorreta, art. 1º, § 1º, da LINDB; **C:** incorreta, art. 1º, § 4º, da LINDB; **D:** incorreta, art. 2º, § 3º, da LINDB; **E:** incorreta, "salvo disposição contrária, a lei começa a vigorar em todo o país *quarenta e cinco dias* depois de oficialmente publicada."

Gabarito "A"

(Analista – TRT/14ª – 2011 – FCC) A Lei n. XX/2009 foi revogada pela Lei n. YY/10. Posteriormente, a Lei n. ZZ/10 revogou a Lei n. YY/10. Nesse caso, salvo disposição em contrário, a Lei n. XX/09

(A) não se restaura por ter a Lei revogadora perdido a vigência.
(B) só se restaura se a Lei n. YY/10 tiver sido expressamente revogada pela Lei n. ZZ/10.
(C) restaura-se integralmente, independentemente, de novo diploma legal.
(D) só se restaura se a revogação da Lei n. YY/10 for decorrente de incompatibilidade com a Lei n. ZZ/10.
(E) só se restaura se a Lei n. ZZ/10 tiver regulamentado inteiramente a matéria de que tratava a Lei n. YY/10.

No direito brasileiro não há repristinação automática, de modo que a Lei n. XX/09 não fica restaurada por ter a lei revogadora (Lei n. YY/10) perdido a vigência por força da Lei n. ZZ/10. Tal regra está prevista no art. 2º, § 3º, da Lei de Introdução às Normas do Direito Brasileiro (LINDB), consistente no Dec.-lei 4.657/1942.

Gabarito "A"

* **Gabriela Rodrigues** comentou as questões dos concursos de CESPE – 2013, Analista Judiciário – Área Judiciária – TRT12 – 2013 – FCC, FGV – 2013, **Márcio Alexandre Pereira** comentou as questões dos concursos de Analista – TRT/3ª – 2015 – FCC, CESPE – 2015, Analista – TRT/2ª – 2014 – FCC e Analista – TRT/16ª – 2014 – FCC. **Ana Paula Garcia** comentou as demais questões.

(Analista – TRT/17ª – 2009 – CESPE) Julgue os seguintes itens, referentes à vigência e à aplicação da lei no tempo e no espaço.

(1) Se, durante o período da *vacatio legis*, a norma que vier a ser corrigida em seu texto por conter erros materiais, ensejando nova publicação, será considerada lei nova.

(2) Na aplicação da norma jurídica, a existência de uma antinomia jurídica real será resolvida pelos critérios normativos, ou seja, o hierárquico, o cronológico e o da especialidade.

1: errada, será considerada lei nova somente se o texto da lei já estiver em vigor (art. 1º, §§ 3º e 4º, da LINDB); **2:** errada, a antinomia aparente é aquela que se resolve pela utilização dos critérios normativos e real é aquela que ocorre entre os critérios e será resolvida pela utilização dos metacritérios.

Gabarito 1E, 2E

(Técnico – TRT/17ª – 2009 – CESPE) A respeito da vigência e aplicação das normas jurídicas, julgue os itens a seguir.

(1) Com a publicação, ocorre a executoriedade da lei.

(2) Caso o juiz não encontre nenhuma norma aplicável a determinado caso concreto, deverá proceder à integração normativa.

1: errada, pois a publicação não significa, necessariamente, que a lei está em execução; **2:** correta, pois, em caso de lacuna, o juiz deve preencher esse vazio (colmatar o vazio, proceder à integração normativa), pelo procedimento previsto no art. 4º da LINDB.

Gabarito 1E, 2C

(Analista – TRT/21ª – 2010 – CESPE) A respeito de interpretação, integração e aplicação da lei, julgue os itens a seguir.

(1) Considere que Marcos, italiano, domiciliado na Itália, pai de dois filhos brasileiros, tenha falecido e deixado dois apartamentos no Brasil. Nessa situação hipotética, os bens podem ser partilhados conforme a lei brasileira.

(2) O juiz que aplica a um caso concreto norma jurídica prevista para situação semelhante, considerando a identidade de finalidade, utiliza a interpretação extensiva.

1: Certa, pois a sucessão de bens de estrangeiros, situados no País, será regulada pela lei brasileira em benefício do cônjuge ou dos filhos brasileiros, ou de quem os represente, sempre que não lhes seja mais favorável a lei pessoal do de *cujus* (art. 10, § 1º, da LINDB); **2:** Errada, pois o conceito da alternativa diz respeito à analogia, expressamente prevista no art. 4º da LINDB como uma das formas de julgamento na omissão da lei.

Gabarito 1C, 2E

2. GERAL

2.1. Pessoas naturais

(Analista – TRT/13ª – 2005 – FCC) Cessará, para os menores, a incapacidade pela concessão dos pais, ou de um deles na falta do outro, mediante instrumento

(A) particular ou público, com posterior homologação judicial obrigatória.

(B) necessariamente particular e independentemente de homologação judicial.

(C) necessariamente público, e com posterior homologação judicial obrigatória.

(D) necessariamente particular e com posterior homologação judicial obrigatória.

(E) necessariamente público e independentemente de homologação judicial.

A alternativa "E" está em consonância com o disposto no art. 5º, parágrafo único, I, do CC.

Gabarito "E"

(Analista – TRT/14ª – 2011 – FCC) Declarada a ausência e aberta provisoriamente a sucessão,

(A) se o ausente aparecer, ou se lhe provar a existência, depois de estabelecida a posse provisória, não cessarão as vantagens dos sucessores nela emitidos, as quais perdurarão até a entrega dos bens a seu dono.

(B) os bens do ausente poderão ser livremente alienados, sem autorização judicial, para lhes evitar a ruína.

(C) os sucessores provisórios empossados nos bens do ausente não o representarão ativa ou passivamente e contra eles não correrão as ações pendentes e as que de futuro àquele forem movidas.

(D) os ascendentes, os descendentes e o cônjuge, uma vez provada a sua qualidade de herdeiros, poderão, independentemente de garantia, entrar na posse dos bens do ausente.

(E) o descendente, ascendente ou cônjuge que for sucessor provisório do ausente deverá capitalizar, na forma de lei, metade dos frutos e rendimentos que a este couberem e prestar contas anualmente ao juiz.

A: incorreta, pois cessarão para logo as vantagens dos sucessores na posse imitidos (art. 36 do CC); **B:** incorreta, pois a alienação de bens do ausente depende de ordem judicial (art. 31 do CC); **C:** incorreta, pois os sucessores provisórios empossados nos bens do ausente o representarão, de modo que contra eles correrão as ações pendentes e as que de futuro àquele forem movidas (art. 32 do CC); **D:** correta (art. 30, § 2º, do CC); **E:** incorreta, pois somente os demais sucessores têm esse dever (art. 33 do CC), valendo salientar que o descendente, ascendente ou cônjuge que for sucessor provisório do ausente, fará seus todos os frutos e rendimentos dos bens que a este couberem.

Gabarito "D"

(Analista – TRT/11ª – 2012 – FCC) Berilo, cinquenta anos de idade, desapareceu de seu domicílio, sem deixar notícias de seu paradeiro e sem designar procurador ou representante a quem caiba a administração de seus bens. Foi declarada a sua ausência e nomeado curador através de processo regular requerido por sua esposa. Neste caso, os interessados poderão requerer a sucessão definitiva

(A) após o trânsito em julgado da decisão judicial que declarou a ausência de Berilo e nomeou curador.

(B) três anos depois de passada em julgado a sentença que concedeu a abertura da sucessão provisória.

(C) cinco anos depois do trânsito em julgado da declaração de ausência, independentemente de abertura de sucessão provisória.

(D) sete anos depois do trânsito em julgado da declaração de ausência, independentemente de abertura de sucessão provisória.

(E) dez anos depois de passada em julgado a sentença que concedeu a abertura da sucessão provisória.

A: incorreta, pois apenas após um ano do trânsito em julgado da sentença que declara a ausência e nomeia curador é que teremos a abertura da sucessão, e veja, a sucessão *provisória*, e não a definitiva (art. 26 do CC); **B:** incorreta, pois o prazo são de dez anos e não três (art. 37 do CC); **C** e **D:** incorretas, pois a abertura da sucessão provisória é indispensável no procedimento de ausência. Ademais, somente após dez anos do trânsito em julgado dessa decisão é que poderá se querida a abertura da sucessão definitiva; **E:** correta (art. 37 do CC).

Gabarito "E"

(Analista – TRT/15ª – 2009 – FCC) Um avião de passageiros desapareceu quando cruzava o Oceano. Dias depois do desaparecimento, foram encontrados destroços da aeronave e corpos de passageiros. Todavia, o corpo de José não foi encontrado após vários meses e as autoridades responsáveis encerraram as buscas. Nesse caso, a morte presumida

(A) pode ser declarada, sem decretação de ausência.

(B) só pode ser declarada após 10 anos contados da data do acidente.

(C) só pode ser declarada após dois anos contados da data do acidente.

(D) não pode ser declarada, somente podendo ser declarada a ausência.

(E) só pode ser declarada após 10 anos contados da data da declaração da ausência.

A alternativa "A" está de acordo com o art. 7º, I, do CC.

Gabarito "A"

(Técnico – TRT/15ª – 2009 – FCC) Paulo, Pedro e José, num automóvel, levavam João a um hospital, pois estava muito doente. Paulo, o mais velho, dirigia o veículo. Pedro, seu filho, estava no banco da frente. José, uma criança de 8 anos, e João ocupavam o banco traseiro. No percurso, o veículo colidiu com um poste e todos morreram, não se podendo verificar quem morreu primeiro. Nesse caso, presume-se que

(A) todos morreram simultaneamente.

(B) Paulo morreu primeiro, por ser o mais velho.
(C) Pedro morreu primeiro, por viajar no banco da frente.
(D) José morreu primeiro, por ser o mais jovem.
(E) João morreu primeiro, porque estava muito doente.

A alternativa "A" está de acordo com o art. 8º do CC.
Gabarito "A"

(Analista – TRT/22ª – 2010 – FCC) José desapareceu de seu domicílio, sem dele haver notícia e sem ter deixado representante ou procurador a quem caiba administrar-lhe os bens. Declarada a ausência e nomeado curador, foram arrecadados seus bens. Passados três anos da arrecadação, a requerimento do cônjuge, foi declarada a ausência e aberta provisoriamente sucessão, tendo o único filho feito seus todos os frutos e rendimentos dos bens que lhe couberam. Todavia, o ausente apareceu e ficou provado que a ausência foi voluntária e injustificada. Nesse caso, o

(A) descendente deverá devolver ao ausente todos os frutos e rendimentos recebidos, descontado os que tiver utilizado para a sua subsistência.
(B) descendente deverá devolver ao ausente todos os frutos e rendimentos recebidos.
(C) ausente perderá em favor do sucessor todos os bens que possuía na data da declaração da ausência e os respectivos frutos e rendimentos.
(D) descendente deverá devolver ao ausente a metade dos frutos e rendimentos recebidos.
(E) ausente perderá, em favor do sucessor, sua parte nos frutos e rendimentos.

A alternativa correta, conforme o art. 33, parágrafo único, do CC, é a "E".
Gabarito "E"

(Analista – TRT/24ª – 2011 – FCC) João, com 50 anos de idade, viúvo e pai de um filho maior, desapareceu de seu domicílio. Após um ano da arrecadação, foi declarada a ausência, aberta a sucessão provisória e, cumpridas todas as formalidades legais, o sucessor entrou na posse dos bens e os conservou, recebendo os respectivos frutos e rendimentos. Seis anos após o trânsito em julgado da sentença que concedeu a sucessão provisória, João apareceu e regressou ao seu domicílio, tendo ficado provado que a ausência foi voluntária e injustificada. Nesse caso, João

(A) haverá os bens existentes no estado em que se acharem, mas terá direito a ser ressarcido dos frutos e rendimentos percebidos pelo sucessor.
(B) não receberá de volta seus bens, por ter se escoado prazo superior a 5 anos do trânsito em julgado da sentença que concedeu a sucessão provisória.
(C) haverá os bens existentes no estado em que se acharem, perdendo, em favor do sucessor, sua parte nos frutos e rendimentos.
(D) não receberá de volta seus bens, por ter ficado provado que a ausência foi voluntária e injustificada.
(E) receberá de volta a metade de seus bens e os respectivos frutos e rendimentos, sendo a outra metade atribuída ao sucessor, a título de prefixação das perdas e danos relativas por este sofridas.

Se o ausente aparecer, e ficar provado que a ausência foi voluntária e injustificada, perderá ele, em favor do sucessor, sua parte nos frutos e rendimentos (art. 33, parágrafo único, do CC).
Gabarito "C"

(Analista – TRT/1ª – 2008 – CESPE) Antônia, esposa de Fernando, requereu ao juiz competente para tanto que este declarasse a morte presumida de seu marido, fundamentando seu pedido na única afirmação de que recebeu a notícia do desaparecimento daquele em naufrágio de embarcação pequena, ocorrido durante grave tempestade em alto-mar. Considerando essa situação hipotética, assinale a opção correta.

(A) O pedido deverá ser julgado procedente, visto que a lei prevê a declaração de morte presumida quando esta for extremamente provável para quem estava em perigo de morte.
(B) A morte presumida só será declarada se Fernando não houver deixado procurador a quem caiba a administração de seus bens ou, caso tenha deixado procurador, este não queira continuar exercendo sua obrigação.
(C) A lei só ressalva a possibilidade da declaração de morte presumida para as situações de desaparecidos em campanha ou prisioneiros que não forem encontrados até 2 anos após o término de uma guerra.
(D) No caso, a consequência do provimento do pedido será a arrecadação de bens e nomeação de curador, após o que, com o decurso de um ano, será declarada a morte presumida de Fernando.
(E) O pedido não deverá ser provido porque a autora da ação apenas comprovou a extrema probabilidade de morte e a situação de perigo à vida, sem, no entanto, ter fundado seu pedido, também, no esgotamento das buscas e averiguações levadas a cabo para encontrar o desaparecido.

A alternativa correta é a "E", conforme dispõe o art. 7º, I, parágrafo único, do CC.
Gabarito "E"

(Analista – TRT/17ª – 2009 – CESPE) A respeito das pessoas naturais e jurídicas, e do domicílio, julgue os seguintes itens.

(1) Nas associações, não há direitos e obrigações recíprocos entre os associados.
(2) O domicílio voluntário da pessoa natural poderá subsistir ante a superveniência do domicílio legal ou necessário.
(3) Os maiores de dezesseis anos e menores de dezoito anos de idade são destituídos da personalidade jurídica, razão pela qual são absolutamente incapazes de exercer pessoalmente os atos da vida civil.
(4) A declaração de ausência acarreta a incapacidade do ausente.

1: correto, art. 53, parágrafo único, do CC; **2:** correto, no direito civil brasileiro não vige a regra da unidade domiciliar e, portanto, o domicílio voluntário pode subsistir com o legal ou necessário; **3:** incorreto, os maiores de dezesseis e menores de dezoito anos são relativamente incapazes (art. 4º, I, do CC) e, como toda pessoa natural, têm personalidade jurídica (art. 2º do CC); **4:** incorreto, a ausência deixou de ser prevista como causa de incapacidade, passando a matéria a ser tratada em capítulo separado.
Gabarito 1C, 2C, 3E, 4E

2.2. Pessoas jurídicas

(Analista Judiciário – Área Judiciária – TRT12 – 2013 – FCC) No tocante às pessoas jurídicas:

(A) começa a existência legal das pessoas jurídicas de direito privado com o início efetivo de suas atividades ao público.
(B) de direito público interno são civilmente responsáveis por atos dos seus agentes que, nessa qualidade, causem danos a terceiros, ressalvado direito regressivo contra os causadores do dano, se houver por parte destes culpa ou dolo.
(C) a criação, a organização, a estruturação interna e o funcionamento das instituições religiosas é condicional, por ser laico o Estado brasileiro, que deverá autorizar ou não seu reconhecimento e registro.
(D) os partidos políticos são pessoas jurídicas de direito público interno.
(E) as autarquias e as associações públicas são pessoas jurídicas de direito privado.

A: incorreta, pois começa a existência legal das pessoas jurídicas de direito privado *com a inscrição do ato constitutivo no respectivo registro*, precedida, quando necessário, de autorização ou aprovação do Poder Executivo, averbando-se no registro todas as alterações por que passar o ato constitutivo (art. 45 do CC); **B:** correta, (art. 43 do CC); **C:** incorreta, pois o Estado não deve interferir na estruturação interna das instituições religiosas, nem tampouco necessita autorizar o seu funcionamento e registro. Neste sentido, é vedado ao Estado estabelecer cultos religiosos ou igrejas, subvencioná-los, embaraçar-lhes o funcionamento ou manter com eles ou seus representantes relações de dependência ou aliança, ressalvada, na forma da lei, a colaboração de interesse público (art. 19, I da CF); **D:** incorreta, pois os partidos políticos são pessoas jurídicas de direito privado (art. 44, V do CC); **E:** incorreta, pois as autarquias, inclusive as associações públicas São pessoas jurídicas de direito público interno (art. 41, IV do CC).
Gabarito "B"

(Analista – TRT/11ª – 2012 – FCC) Considere as seguintes assertivas a respeito das Associações:

I. A convocação dos órgãos deliberativos far-se-á na forma do estatuto, garantido a 1/5 (um quinto) dos associados o direito de promovê-la.

II. Constituem-se as associações pela união de pessoas que se organizem para fins não econômicos. Não há, entre os associados, direitos e obrigações recíprocos.

III. O modo de constituição e de funcionamento dos órgãos deliberativos não são obrigatórios no conteúdo do estatuto das associações.

IV. A qualidade de associado é intransmissível, se o estatuto não dispuser o contrário.

De acordo com o Código Civil brasileiro está correto o que se afirma APENAS em

(A) I, II e III.
(B) I, II e IV.
(C) I e IV.
(D) II, III e IV.
(E) II e IV.

I: correta (art. 60 do CC); **II:** correta (art. 53 do CC); **III:** incorreta, pois são obrigatórios sob pena de nulidade (art. 54, V, do CC); **IV:** correta (art. 56, *caput* do CC.

Gabarito "B".

(Analista – TRT/1ª – 2012 – FCC) A Fundação Juju foi regularmente criada para atuar no benefício de crianças carentes e está em plena atividade na cidade do Rio de Janeiro. Uma das pessoas competentes para gerir e representar a Fundação Juju pretende alterar o seu estatuto. Para tanto, a alteração não pode contrariar o fim da Fundação e, além disso, deverá ser deliberada

(A) pela maioria absoluta dos competentes para gerir e representar a fundação e aprovada pelo órgão do Ministério Público, com possibilidade de suprimento judicial caso este denegue a aprovação.
(B) por dois terços dos competentes para gerir e representar a fundação e aprovada pelo órgão do Ministério Público, com possibilidade de suprimento judicial caso este denegue a aprovação.
(C) pela maioria simples dos competentes para gerir e representar a fundação e homologada pelo Juiz competente, após aprovação pelo Ministério Público.
(D) pela maioria absoluta dos competentes para gerir e representar a fundação e homologada pelo Juiz competente, após aprovação do Ministério Público.
(E) por todas as pessoas competentes para gerir e representar a fundação e homologada pelo Juiz competente, após aprovação do Ministério Público.

A: incorreta, pois o quórum de aprovação é dois terços dos competentes para gerir a fundação, e não a maioria absoluta (art. 67, I do CC); **B:** correta, com fulcro no art. 67, I e III do CC; **C**, **D** e **E:** incorretas, pois o quórum é de dois terços e a aprovação se dá pelo órgão do Ministério Público, independentemente de homologação pelo juiz. Note que o juiz apenas participará do procedimento se o órgão do Ministério Público denegar a aprovação e o interessado requerer ao magistrado que a supra.

Gabarito "B".

(Analista – TRT/4ª – 2006 – FCC) Considere:

I. Autarquias.
II. Organizações religiosas.
III. Distrito Federal.
IV. Partidos políticos.

De acordo com o Código Civil brasileiro, são pessoas jurídicas de direito público interno, as indicadas APENAS em

(A) I, II e III.
(B) I, II e IV.
(C) I, III e IV.
(D) I e III.
(E) III e IV.

São pessoas jurídicas de direito público interno aquelas indicadas nos itens I e III (art. 41, II e IV, do CC).

Gabarito "D".

(Analista – TRT/14ª – 2011 – FCC) No que concerne às associações, a convocação dos órgãos deliberativas far-se-á na forma do estatuto, garantido o direito de promovê-la a

(A) 1/8 dos associados.
(B) 1/6 dos associados.
(C) 1/5 dos associados.
(D) qualquer associado individualmente.
(E) qualquer interessado.

A alternativa correta, de acordo com o art. 60 do CC, é a "C".

Gabarito "C".

2.3. Direitos da personalidade

(Analista – TRT9 – 2012 – FCC) No tocante aos direitos da personalidade,

(A) nenhuma pessoa pode ser constrangida a submeter-se, com risco de vida, a tratamento médico ou intervenção cirúrgica.
(B) é irrevogável o ato de disposição gratuita do próprio corpo, no todo ou em parte, para depois da morte.
(C) a ameaça ou a lesão a eles não se estendem aos mortos, por serem personalíssimas.
(D) como regra geral, os direitos da personalidade são passíveis de livre transmissão e renúncia.
(E) é sempre possível a comercialização de partes do próprio corpo, se com a disposição não houver diminuição permanente da integridade física do doador.

A: correta, nos termos do art. 15 do CC; **B:** incorreta, pois o ato de disposição do próprio corpo é revogável a qualquer tempo (art. 14, parágrafo único do CC); **C:** incorreta, pois a ameaça ou a lesão a direito da personalidade se estende aos mortos, sendo cabível a reparação por perdas e danos. Serão legitimados para requerê-la cônjuge sobrevivente, ou qualquer parente em linha reta, ou colateral até o quarto grau (art. 12, parágrafo único, do CC); **D:** incorreta, pois as partes do próprio corpo não podem ser comercializadas, mas apenas doadas com fins científicos ou altruísticos (art. 14, *caput* do CC).

Gabarito "A".

(Analista – TRT/22ª – 2010 – FCC) Num comercial exibido na televisão, a imagem de Pedro, sem a sua autorização, aparece correndo numa esteira de academia. A utilização de sua imagem

(A) pode ser proibida a seu requerimento e enseja indenização, por se destinar a fins comerciais.
(B) pode ser proibida a seu requerimento, mas não enseja indenização, por não lhe atingir a honra.
(C) não pode ser proibida a seu requerimento, por não lhe atingir a honra, mas enseja indenização, por não ter sido autorizada.
(D) não pode ser proibida a seu requerimento, nem enseja indenização, por não lhe atingir a honra.
(E) só pode ser proibida e só gera direito à indenização se implicar e ofensa à sua boa fama e respeitabilidade.

Art. 20 do CC.

Gabarito "A".

(Analista – TRT/23ª – 2011 – FCC) Considere as seguintes publicações:

I. Foto de criminoso foragido, condenado e procurado pela Justiça em locais públicos e em jornais de grande circulação.

II. Imagem de sambista em anúncio, com objetivo comercial, sem a sua autorização.

III. Imagem de grupo folclórico em jornal destinado à divulgação das atividades artísticas da cidade.

Cabe proibição, a requerimento da pessoa cuja imagem foi exposta, publicada ou utilizada e sem prejuízo da indenização que couber, APENAS em

(A) II e III.
(B) I e II.
(C) I e III.
(D) II.
(E) I.

I: incorreta, não cabe proibição, pois, de acordo com o art. 20 do CC, quando a exposição da imagem ou a divulgação de escritos e palavras forem "necessárias à administração da justiça ou à manutenção da ordem pública", o interessado não terá direito de impedir a sua publicação; **II:** correta, cabe a proibição, pois a exposição de imagens com objetivo comercial não pode ser feita sem autorização do interessado (art. 20 do CC); **III:** incorreta, não cabe a proibição, pois, nesse caso, a própria exposição do grupo na cidade revela uma autorização tácita da publicação de sua imagem.

Gabarito "D"

(Analista – TRT/10ª – 2004 – CESPE) Julgue os itens seguintes, no que se refere às pessoas naturais e jurídicas.

(1) As pessoas jurídicas, validamente constituídas, respondem somente com seu patrimônio pelos atos praticados por seus administradores, desde que esses atos sejam praticados sem abuso da personalidade jurídica.

(2) Os direitos da personalidade nascem com a pessoa e a acompanham durante toda a sua existência, tendo como finalidade primordial a proteção das qualidades e dos atributos essenciais da pessoa humana. No entanto, esses direitos são inalienáveis, impenhoráveis e extrapatrimoniais, razão pela qual não admitem qualquer apreciação pecuniária. Assim, não pode o seu titular obter ressarcimento patrimonial, uma vez configurada a lesão ao seu direito personalíssimo.

1: correta, art. 50 do CC; **2:** incorreta, art. 12 do CC.

Gabarito 1C, 2E

2.4. Domicílio

(Analista – TRT/2ª – 2014 – FCC) José Silva possui residências em São Paulo, onde vive nove meses por ano em razão de suas atividades profissionais, bem como em Trancoso, na Bahia, e em São Joaquim, Santa Catarina, onde alternadamente vive nas férias de verão e inverno. São seus domicílios

(A) qualquer uma dessas residências, em São Paulo, Trancoso ou São Joaquim.
(B) apenas a residência que José Silva escolher, expressamente, comunicando formalmente as pessoas com quem se relacione.
(C) apenas a residência em que José Silva se encontrar no momento, excluídas as demais no período correspondente.
(D) apenas São Paulo, por passar a maior parte do ano nessa cidade.
(E) apenas São Paulo, por se tratar do local de suas atividades profissionais.

Domicílio é a sede jurídica da pessoa, onde ela responde por suas obrigações civis. O Código Civil no art. 70, dispõe que domicílio é o lugar onde a pessoa estabelece a sua residência com ânimo definitivo. O conceito de domicílio é formado por dois elementos: objetivo (residência) e subjetivo (ânimo definitivo, é a vontade de ser encontrado). É possível a pluralidade domiciliar, conforme prevê o art. 71 do CC, "Se, porém, a pessoa natural tiver diversas residências, onde, alternativamente, viva, considerar-se-á domicílio seu qualquer delas". E ainda, o art. 72 do CC preceitua que o exercício da profissão em lugares diversos gera a pluralidade domiciliar (domicílio profissional). Lembre-se, quanto às espécies, domicílio pode ser legal ou necessário (decorre da lei, as hipóteses estão no art. 76 do CC) e voluntário (fixado livremente).

Gabarito "A"

(Analista – TRT/1ª – 2012 – FCC) Sobre o domicílio, de acordo com o Código Civil, é INCORRETO afirmar:

(A) O militar do Exército tem por domicílio, em regra, a sede do comando a que se encontrar imediatamente subordinado.
(B) A pessoa jurídica de direito privado, possuindo diversos estabelecimentos em lugares diferentes, cada um deles será considerado domicílio para os atos nele praticados.
(C) O Agente Diplomático do Brasil que, citado no estrangeiro, alegar extraterritorialidade sem designar onde tem, no país, o seu domicílio, poderá ser demandado no Distrito Federal ou no último ponto do território brasileiro onde o teve.
(D) Se a administração de pessoa jurídica de direito privado tiver sede no estrangeiro, haver-se-á por domicílio da pessoa jurídica, no tocante às obrigações contraídas por cada uma das suas agências, o lugar do estabelecimento situado no Brasil, a que ela corresponder.
(E) O domicílio do marítimo é necessário e é considerado o lugar onde o navio estiver matriculado.

A: incorreta (devendo ser assinalada), pois o domicílio do militar do Exército é o local onde servir (art. 76, parágrafo único, do CC); **B:** correta (art. 75, § 1º, do CC); **C:** correta (art. 77 do CC); **D:** correta (art. 75, § 2º, do CC); **E:** correta (art. 76, parágrafo único, do CC).

Gabarito "A"

(Analista – TRT/16ª – 2009 – FCC) Pessoa que seja possuidora de duas residências regulares. O seu domicílio poderá ser

(A) a localidade em que por último passou a residir.
(B) o local de sua propriedade em que começou a residir em primeiro lugar.
(C) qualquer das residências.
(D) o local onde estiver residindo há mais tempo.
(E) somente se o imóvel for de sua propriedade.

Art. 71 do CC.

Gabarito "C"

(Analista – TRT/21ª – 2010 – CESPE) Em relação a pessoas, domicílio e atos jurídicos, julgue os itens subsequentes.

(1) Embora a pessoa jurídica fixe no estatuto o seu domicílio, este não é imutável.
(2) O abuso de direito enseja responsabilidade civil, sendo suficiente, para que o sujeito possa ser responsabilizado civilmente, que haja provas da intenção de prejudicar terceiro.
(3) De acordo com o que dispõe o Código Civil, um indivíduo maior de 18 anos de idade que faz uso eventual de entorpecente é considerado relativamente incapaz.

1: Certa, pois, de fato, não há previsão legal de que o domicílio que consta do estatuto da pessoa jurídico é imutável (art. 75, IV, do CC); **2:** Errada, pois para o sujeito ser responsabilizado civilmente há necessidade de que se comprove o dano à vítima, seja material ou moral (art. 927 do CC); **3:** Errada, pois o Código Civil considera relativamente incapaz os viciados em tóxicos e não que faça eventual uso de drogas (art. 4º, II, do CC).

Gabarito 1C, 2E, 3E

2.5. Bens

(Analista Judiciário – Área Judiciária – TRT12 – 2013 – FCC) Em relação aos bens:

(A) pertenças são bens que constituem partes integrantes de outros bens móveis ou imóveis, para incremento de sua utilidade.
(B) são móveis os materiais provisoriamente separados de um prédio, para nele se reempregarem.
(C) infungíveis são os bens móveis que podem substituir- se por outros da mesma espécie, qualidade e quantidade.
(D) não perdem o caráter de bens imóveis as edificações que, separadas do solo, mas conservando sua unidade, forem removidas para outro local.
(E) as benfeitorias podem ser principais, acessórias, singulares e coletivas.

A: incorreta, pois são pertenças os bens que, *não constituindo* partes integrantes, se destinam, de modo duradouro, ao uso, ao serviço ou ao aformoseamento de outro (art. 93 do CC); **B:** incorreta, pois referidos bens não perdem o caráter de imóveis (art. 81, II do CC); **C:** incorreta, pois esse é o conceito de bem fungível (art. 85 do CC); **D:** correta (art. 81, I do CC); **E:** incorreta, pois as benfeitorias podem ser úteis, necessárias ou voluptuárias (art. 96, *caput,* do CC).

Gabarito "D"

(Analista – TRT/11ª – 2012 – FCC) Um fundo de comércio, uma biblioteca e um rebanho são uma universalidade de

(A) direito, direito e de fato, respectivamente.
(B) direito.
(C) fato.
(D) fato, fato e de direito, respectivamente.
(E) fato, direito e de direito, respectivamente.

A alternativa correta é a assertiva "C", pois em conformidade com o art. 90 do CC, *in verbis* "*Constitui universalidade de fato a pluralidade de bens singulares que, pertinentes à mesma pessoa, tenham destinação unitária. Parágrafo único. Os bens que formam essa universalidade podem ser objeto de relações jurídicas próprias*". Neste passo, tanto o fundo de comércio, como a biblioteca, como o rebanho têm destinação unitária, pois podem ser comercializados como um todo, sendo que os bens que os compõem também podem ser objeto de relações jurídicas individuais.

Gabarito "C"

(Analista – TRT/14ª – 2011 – FCC) A respeito dos bens públicos, considere:

I. Bens de uso comum do povo.
II. Bens de uso especial.
III. Bens dominicais.

São inalienáveis, enquanto conservarem a sua qualificação, os bens públicos indicados APENAS em

(A) I.
(B) I e II.
(C) I e III.
(D) II e III.
(E) III.

Os bens de uso comum e os bens de uso especial são inalienáveis enquanto conservarem essa qualificação (art. 100 do CC). Já os bens dominicais podem ser alienados, observadas as exigências da lei (art. 101 do CC).
Gabarito "B"

(Analista – TRT/20ª – 2011 – FCC) A respeito dos bens, é correto afirmar:

(A) Uma biblioteca é considerada universalidade de direito e, como tal, é considerada bem indivisível.
(B) As terras devolutas, por serem coisas que não têm dono e pertencem ao Estado, são consideradas bens móveis.
(C) As benfeitorias voluptuárias, de mero deleite ou luxo, de um imóvel são desprovidas de existência material própria e consideradas bens imóveis.
(D) A energia elétrica é bem de uso comum do povo, divisível e considerada imóvel por determinação legal.
(E) Tudo o que for incorporado ao solo de forma natural e permanente, como uma árvore, é considerado bem móvel.

A: incorreta, pois a biblioteca é uma universalidade de fato (art. 90 do CC); ademais, segundo o parágrafo único do dispositivo citado, os bens que formam essa universalidade podem ser objeto de relações jurídicas próprias; **B:** incorreta, pois as terras (o solo) são sempre bens imóveis; quanto à titularidade, as terras devolutas são classificadas como bens públicos; quanto à destinação, são classificadas como bens públicos dominicais; e quanto à mobilidade, são bens imóveis; **C:** correta, pois benfeitorias são melhoramentos feitos em coisa existente; uma vez feita uma benfeitoria, esta passa a ser parte integrante da coisa melhorada; assim, construído um quarto a mais numa casa já existente, temos uma benfeitoria útil, sendo que esse quarto pertence a casa com um todo e é considerado bem imóvel; **D:** incorreta, pois a energia elétrica é bem móvel por determinação legal (art. 83, I, do CC); **E:** incorreta, pois tudo o que for incorporado ao solo de forma natural e permanente é considerado bem imóvel por acessão natural (art. 79 do CC).
Gabarito "C"

(Analista – TRT/22ª – 2010 – FCC) Os mares, os quartéis e as estradas de ferro são bens públicos

(A) de uso comum do povo, dominicais e de uso comum do povo, respectivamente.
(B) dominicais, de uso especial e de uso comum do povo, respectivamente.
(C) de uso comum do povo, de uso especial e dominicais, respectivamente.
(D) de uso comum do povo.
(E) de uso especial.

Art. 99, I, II e III, do CC.
Gabarito "C"

(Analista – TRT/22ª – 2010 – FCC) O direito à sucessão aberta, a energia térmica e os animais incluem-se, para os efeitos legais, na categoria dos bens

(A) móveis.
(B) imóveis.
(C) imóveis, imóveis e móveis, respectivamente.
(D) imóveis, móveis e móveis, respectivamente.
(E) móveis, imóveis e móveis, respectivamente.

O direito à sucessão aberta é bem imóvel (art. 80, II, do CC), a energia térmica é bem móvel (art. 83, I, do CC) e os animais são bens móveis (art. 82 do CC).
Gabarito "D"

(Analista – TRT/23ª – 2011 – FCC) Considera-se, dentre outros, bem imóvel:

(A) a energia térmica.
(B) a energia elétrica.
(C) o direito autoral.
(D) o direito hereditário.
(E) o direito de patente.

A e **B:** incorretas, pois as energias que tenham valor econômico são bens móveis (art. 83, I, do CC); **C:** incorreta, pois o direito de autor é considerado bem móvel (art. 3º da Lei 9.610/1998); **D:** correta, pois o direito hereditário, estando a sucessão aberta, é, de fato, bem imóvel (art. 80, II, do CC); **E:** incorreta, pois o direito de patente é considerado bem móvel (art. 5º da Lei 9.279/1996)
Gabarito "D"

2.6. Fatos jurídicos

2.6.1. Condição, termo e encargo

(Analista – TRT/8ª – 2010 – FCC) A cláusula que subordina o efeito do negócio jurídico, oneroso ou gratuito, a um evento futuro e incerto denomina-se

(A) condição.
(B) encargo.
(C) termo inicial.
(D) termo final.
(E) modo.

Art. 121 do CC.
Gabarito "A"

(Analista – TRT/23ª – 2011 – FCC) Num negócio jurídico, a parte a quem aproveitaria o seu implemento, forçou maliciosamente a ocorrência de condição. Nesse caso,

(A) reputa-se verificada a condição.
(B) considera-se não implementada a condição.
(C) o negócio jurídico é nulo para todos os efeitos legais.
(D) o negócio jurídico é anulável.
(E) a verificação da condição será retardada em 90 dias.

Art. 129 do CC. Faz todo sentido essa solução, pois se alguém forçou maliciosamente uma condição que o aproveita, nada mais justo que se repute não verificada a condição.
Gabarito "B"

(Analista – TRT/24ª – 2011 – FCC) A condição

(A) maliciosamente levada a efeito por aquele a quem aproveita o seu implemento considera-se não verificada.
(B) resolutiva, enquanto não se realizar, impede a eficácia do negócio jurídico, não podendo ser exercido, desde a conclusão deste, o direito por ele estabelecido.
(C) que sujeitar o efeito do negócio jurídico ao puro arbítrio de uma das partes, em geral, é válida, em decorrência do princípio da liberdade de contratar.
(D) cujo implemento for maliciosamente obstado pela parte a quem favorecer não se reputa verificada quanto aos efeitos jurídicos.
(E) suspensiva impede que o titular do direito eventual pratique atos destinados a conservá-lo.

A: correta (art. 129 do CC); **B:** incorreta, pois é o contrário, ou seja, se for resolutiva a condição, enquanto esta se não realizar, vigorará o negócio jurídico, podendo exercer-se desde a conclusão deste o direito por ele estabelecido; **C:** incorreta, pois essas condições são defesas, proibidas (art. 122 do CC); **D:** incorreta, pois, nesse caso, a condição reputa-se verificada (art. 129 do CC); **E:** incorreta, pois, mesmo suspensa a condição, o titular do direito eventual está autorizado pela lei a conservar o seu direito (art. 130 do CC).
Gabarito "A"

2.6.2. Defeitos do negócio jurídico

(Analista – TRT/3ª – 2015 – FCC) Marcela permutou um televisor avariado com um celular avariado de Marina. Ambas sabiam que os respectivos bens estavam deteriorados e ambas esconderam tal circunstância uma da outra buscando tirar vantagem na transação. Julgando-se prejudicada, Marina ajuizou ação contra Marcela requerendo a invalidação do negócio e indenização. O juiz deverá

(A) desacolher ambos os pedidos, pois, se as duas partes procedem com dolo, nenhuma pode alegá-lo para anular o negócio nem reclamar indenização.
(B) acolher apenas o pedido de invalidação do negócio, pois esta pode ser reconhecida inclusive de ofício.
(C) acolher apenas o pedido de indenização, em razão do princípio que veda o enriquecimento sem causa.

(D) acolher ambos os pedidos, pois o dolo de uma parte não anula o da outra.

(E) acolher apenas o pedido de invalidação, desde que formulado no prazo decadencial de quatro anos da celebração do negócio.

Dolo é todo artifício malicioso que induz alguém a praticar um negócio jurídico prejudicial ou para obter vantagem para si ou para outrem. Em regra, o dolo será anulável nos termos do art. 178, II, CC. O Código prevê uma exceção quanto ao dolo bilateral ou recíproco (quando as partes agem com dolo). Neste caso, não se anula o negócio, nem haverá indenização por perdas e danos, conforme prevê o art. 150 do CC: 'Se ambas as partes procederem com dolo, nenhuma pode alegá-lo para anular o negócio, ou reclamar indenização". Assim, a fim de resguardar a boa-fé nas relações contratuais, não há o que se proteger se ambas as partes tinham a intenção de prejudicar a outra, há uma compensação, pois ninguém pode se beneficiar pela própria torpeza – *nemo auditur propriam turpitudinem allegans.*

Gabarito "A"

(Analista – TRT/2ª – 2014 – FCC) Robinho foi ao shopping com a intenção de comprar um relógio de ouro, para combinar com suas inúmeras correntes do mesmo metal. De pouca cultura, adquiriu um relógio folheado a ouro, apenas, que tentou devolver mas a loja não aceitou, alegando terem vendido exatamente o que Robinho pediu e não terem agido de má-fé. Se Robinho procurar a solução judicialmente, seu advogado deverá pleitear a

(A) nulidade do negócio jurídico, por embasamento em falso motivo.

(B) ineficácia do negócio jurídico, por erro incidental e abusividade do funcionário da loja ré.

(C) anulação do negócio jurídico, alegando lesão por inexperiência.

(D) nulidade do negócio jurídico, por erro essencial quanto ao objeto principal da relação jurídica.

(E) anulação do negócio jurídico, alegando erro substancial no tocante a uma qualidade essencial do relógio adquirido.

A: incorreta, pois motivo é a ideia, a razão que leva ao negócio, em regra, o erro quanto ao fim colimado (falso motivo) não vicia o negócio, a não ser quando nele figurar expressamente, figurando-o como sua razão determinante (art. 140 do CC), porém, neste caso tornaria o negócio anulável e não nulo; **B:** incorreta, pois erro incidental é aquele que se opõe ao substancial, visto que se refere a circunstâncias de menor importância, de qualidades secundárias ao objeto, que não geram o efetivo prejuízo; **C:** incorreta, porque na lesão é o prejuízo resultante da desproporção entre as prestações de um contrato, no momento da sua celebração, determinada pela premente necessidade ou inexperiência de uma das partes (art. 157 do CC); **D:** incorreta, pois erro não torna o negócio nulo, mas sim anulável nos termos do art. 178 do CC; **E:** correta, visto que erro substancial é o erro sobre circunstâncias e aspectos relevantes do negócio, de modo que o sujeito não realizaria o negócio se conhecesse da realidade. O sujeito só realizou o negócio porque pensou que o relógio fosse de ouro, é o erro que diz respeito à qualidade essencial do objeto (*error in substantia),* previsto no art. art. 139, I, do CC. É anulável nos termos do art. 178, II, do CC.

Gabarito "E"

(Analista – TRT/11ª – 2012 – FCC) Em um negócio jurídico uma parte pensa que a outra parte está doando um bem quando na verdade o bem está sendo oferecido à venda. Neste caso, ocorreu

(A) *error in negotio* tratando-se de erro substancial que poderá anular o negócio jurídico.

(B) *error in corpore* tratando-se de erro substancial que poderá anular o negócio jurídico.

(C) erro acidental que não anula o negócio jurídico, devendo as partes adequá-los à situação real.

(D) erro acidental que anula o negócio jurídico, não cabendo perdas e danos à parte prejudicada.

(E) *error juris* tratando de erro substancial que poderá anular o negócio jurídico.

A: correta, pois, de fato trata-se de erro substancial, considerando que diz respeito à natureza do negócio (doação X compra e venda). Assim, nos termos do arts. 138 e 139, I do CC, o negócio jurídico é anulável; **B:** incorreta, pois o erro *in corpore* diz respeito ao erro sobre o objeto do negócio, o que não é o caso; **C** e **D:** incorretas, pois não se trata de hipótese de erro acidental, mas sim erro essencial, consoante expressa disposição de Lei (art. 139, I do CC). Ademais, apenas para constar, o erro acidental não anula o negócio jurídico, mas apenas dá direito a indenização por perdas e danos; **E:** incorreta, pois muito embora o erro de direito também seja caso de anulação do negócio jurídico, ele não está presente no caso em testilha (art. 139, III do CC).

Gabarito "A"

(Analista – TRT/1ª – 2012 – FCC) Sobre os defeitos dos negócios jurídicos, de acordo com o Código Civil brasileiro, considere:

I. A coação sempre vicia o ato, ainda que exercida por terceiro, e se a parte prejudicada com a anulação do ato não soube da coação exercida por terceiro, só este responde por perdas e danos.

II Tratando-se de negócios gratuitos, a anulação por fraude contra credores dispensa que o estado de insolvência do devedor seja conhecido por qualquer uma das partes, mas no caso de contrato oneroso do devedor insolvente é necessário, para a anulação, que a insolvência seja notória ou houver motivo para que ela seja conhecida do outro contratante.

III. O dolo do representante legal ou convencional de uma das partes só obriga o representado a responder civilmente até a importância do proveito que teve.

Está correto o que se afirma APENAS em

(A) I e II.

(B) I e III.

(C) II.

(D) II e III.

(E) III.

I: incorreta, pois vicia o negócio jurídico a coação exercida por terceiro apenas se a parte que dela se aproveite tivesse ou devesse ter conhecimento do ato (art. 154 do CC). Quanto a segunda parte da assertiva, não há reparos a serem feitos, nos termos do art. 155 do CC; **II:** correta (arts. 158 e 159 do CC); **III:** incorreta, pois havendo dolo do representante convencional, o representado responderá solidariamente com ele por perdas e danos e não apenas no limite do proveito que teve (art. 149 do CC).

Gabarito "C"

(Analista – TRT/8ª – 2010 – FCC) A respeito dos defeitos do negócio jurídico, considere:

I. Erro sobre a natureza do negócio.

II. Erro sobre o objeto principal da declaração.

III. Erro sobre alguma das qualidades essenciais do objeto.

IV. Erro de cálculo.

Consideram-se substanciais os indicados APENAS em:

(A) I, II e III.

(B) I e III.

(C) I e IV.

(D) II e III.

(E) II, III e IV.

I: correta (art. 139, I, do CC); **II:** correta (art. 139, I, do CC); **III:** correta (art. 139, I, do CC); **IV:** incorreta (art. 143 do CC).

Gabarito "A"

(Analista – TRT/10ª – 2004 – CESPE) Acerca dos atos e fatos jurídicos, julgue os itens que se seguem.

(1) Considere a seguinte situação hipotética. José, pessoa sem instrução e experiência nos negócios imobiliários, em face da premente necessidade de deixar o país para se submeter a tratamento de saúde, procurou um corretor de imóveis e lhe outorgou procuração para a venda de uma casa luxuosa. O corretor, aproveitando-se da inexperiência e da urgência da venda, avaliou e vendeu o imóvel por valor bastante inferior ao de mercado, causando enorme prejuízo a José. Nessa situação, o negócio jurídico é nulo, ensejando sua desconstituição pela ocorrência do vício de lesão.

(2) Caso duas pessoas distintas, por escrituras diversas, agindo com boa-fé e a preço de mercado, comprem o mesmo imóvel, a que primeiro levar a sua escritura a registro adquirirá o seu domínio.

1: incorreta, art. 171, II, do CC; **2:** correta, art. 1.245 do CC.

Gabarito 1E, 2C

(Analista – TRT/14ª – 2011 – FCC) A respeito dos defeitos dos negócios jurídicos, é correto afirmar:

(A) Não se presumem fraudatórias dos direitos dos outros credores as garantias de dívidas que o devedor insolvente tiver dado a algum credor.

(B) Se uma pessoa, por inexperiência, se obriga a prestação manifestamente desproporcional ao valor da prestação oposta, o negócio será anulado inclusive se a parte favorecida concordar com a redução do proveito.
(C) Se ambas as partes procederem com dolo, qualquer delas poderá alegá-lo para anular o negócio, ou reclamar indenização.
(D) O falso motivo só vicia a declaração de vontade quando expresso como razão determinante.
(E) Considera-se coação a ameaça do exercício normal de um direito, bem como o simples temor reverencial.

A: incorreta, pois se presumem, sim, fraudatórias dos direitos dos outros credores as garantias de dívidas que o devedor *insolvente* tiver dado a algum credor (art. 163 do CC); **B:** incorreta, pois o caso em tela revela a ocorrência do instituto da "lesão" (art. 157, *caput*, do CC); assim, aplica-se o disposto no § 2º do art. 157, pelo qual "não se decretará a anulação do negócio, se for oferecido suplemento suficiente, ou se a parte favorecida concordar com a redução do proveito"; **C:** incorreta, pois, se ambas as partes procederem com dolo, nenhuma pode alegá-lo para anular o negócio, ou reclamar indenização" (art. 150 do CC); **D:** correta (art. 140 do CC); **E:** incorreta, pois a ameaça de fazer algo que o direito admite (ex.: a ameaça de ajuizar uma ação em face de alguém), bem como o simples temor reverencial (ex.: o respeito que o filho tem junto ao seu pai), não são considerados pelo art. 153 do CC hipóteses coação.

Gabarito "D"

(Analista – TRT/23ª – 2011 – FCC) Apesar de ser notória a sua insolvência, Paulo vendeu um terreno a Pedro por valor inferior ao preço de mercado. Nesse caso,

(A) se Pedro ainda não tiver pago o preço, para conservar o bem, poderá depositar em juízo o valor que pagou pelo terreno, com a citação de todos os interessados.
(B) o negócio será nulo de pleno direito, independentemente do pagamento do preço pelo comprador.
(C) o negócio será nulo de pleno direito, se o pagamento do preço pelo comprador ainda não tiver sido feito.
(D) se Pedro ainda não tiver pago o preço, para conservar o bem, poderá depositar em juízo o valor real do terreno, com a citação de todos os interessados.
(E) a transação não será anulável, respondendo Paulo pelas perdas e danos causadas aos credores.

O art. 160 do CC admite que o comprador, nesse caso, deposite em juízo o preço, sendo certo que o parágrafo único do dispositivo assevera que se deve tratar de preço que corresponda ao valor real da coisa. Fazendo isso, o negócio, que seria anulável, será mantido.

Gabarito "D"

(Analista – TRT/24ª – 2011 – FCC) João, por meio de doação gratuita, transmitiu todos os seus bens a seu filho, tornando-se insolvente. Posteriormente, celebrou contrato com José e não cumpriu, tornando-se devedor deste. Nesse caso, José

(A) poderá pleitear a anulação da doação gratuita efetivada por João por fraude contra credores porque, em razão dela, João tornou-se insolvente.
(B) não poderá pleitear a anulação da doação por fraude contra credores porque não era credor de João ao tempo em que ela foi feita.
(C) só poderá pleitear a anulação da doação gratuita efetivada por João por fraude contra credores se for credor quirografário.
(D) só poderá pleitear a anulação da doação efetivada por João por fraude contra credores se este não tiver mencionado esse fato quando da celebração do contrato.
(E) só poderá pleitear a anulação da doação efetivada por João por fraude contra credores se o contrato com ele celebrado for escrito e estiver subscrito por duas testemunhas.

No caso em tela, José não era credor de João quando este ficou insolvente, portanto, não se pode falar em fraude contra *credores*. De acordo com o § 2º do art. 158 do CC, só os credores que já o eram ao tempo daqueles atos podem pleitear a anulação deles.

Gabarito "B"

2.6.3 *INTERPRETAÇÃO DO NEGÓCIO JURÍDICO*

(Analista – TRT9 – 2012 – FCC) Em relação à interpretação do negócio jurídico, é correto afirmar que

(A) quaisquer negócios jurídicos onerosos interpretam-se estritamente.
(B) na vontade declarada atender-se-á mais à intenção das partes do que à literalidade da linguagem.
(C) a renúncia interpreta-se ampliativamente.
(D) o silêncio da parte importa sempre anuência ao que foi requerido pela outra parte.
(E) como regra geral, não subsiste a manifestação da vontade se o seu autor houver feito a reserva mental de não querer o que manifestou.

A: incorreta, pois quando o legislador usa a palavra "quaisquer" é possível substituí-la pela palavra "todos", então a assertiva traz que "todo contrato oneroso interpreta-se estritamente", o que não reflete a verdade. O Código Civil traz regra expressa quanto à interpretação estrita apenas no que se refere aos contratos jurídicos gratuitos (benéficos) e à renúncia (art. 114 do CC); **B:** correta, pois reproduz o art. 112 do CC; **C:** incorreta, pois a renúncia interpreta-se estritamente (art. 114 do CC); **D:** incorreta, pois o silêncio da parte <u>apenas</u> importa anuência quando as circunstâncias ou os usos o autorizarem, e não for necessária a declaração de vontade expressa (art. 111 do CC); **E:** incorreta, pois a regra é de que subsiste a manifestação de vontade, ainda que o seu autor haja feito a reserva mental de não querer o que manifestou, salvo se dela o destinatário tinha conhecimento. Afinal se o destinatário tinha conhecimento, caso a lei mantivesse válida a manifestação de vontade, estaria prestigiando a sua má-fé (art. 110 do CC).

Gabarito "B"

(Analista – TRT/10ª – 2013 – CESPE) Julgue os itens que se seguem, a respeito da interpretação da legislação e dos atos e negócios jurídicos.

(1) Atualmente o direito brasileiro é adepto à aplicação dos danos punitivos (*punitive damages*) a fim de evitar a causação de danos aos consumidores por falta de zelo do fornecedor.
(2) Considere que Cláudio tenha adquirido de Pedro um apartamento, cuja venda fora anunciada por este em jornal, e que, em razão dessa venda, Pedro tenha ficado sem patrimônio para garantir o pagamento de suas dívidas. Nessa situação, o negócio jurídico celebrado entre ambos é passível de anulação por fraude contra credores em face da presunção de má-fé de Pedro.

1: Certa, pois verificada a ocorrência do dano, o fornecedor tem o dever de repará-lo. No caso do Código de Defesa do Consumidor, em regra, a responsabilidade é objetiva (arts. 12 e 18 do CDC). No que tange à responsabilidade pelo Código Civil, os artigos fundamentais que justificam a assertiva são o arts. 186 c.c 927; **2:** Certa. A assertiva traz vários pontos a serem analisados. De proêmio é possível notar que houve um contrato de compra e venda de imóveis, logo temos um negócio jurídico oneroso. Neste passo, os negócios jurídicos onerosos podem ser anuláveis por fraude contra credores se presentes duas condições alternativas: quando a insolvência do devedor for notória ou houver motivo para ser conhecida do outro contratante. A notoriedade da insolvência geralmente vem à tona pela simples obtenção de certidões do distribuidor obtidas pelo adquirente que refletem a situação delicada que muitas vezes se encontra o alienante. Assim, é dever do comprador diligente munir-se dessas informações antes de comprar o imóvel, sob pena de ter o negócio jurídico anulado pelos credores prejudicados (art. 159 do CC).

Gabarito 1C, 2C

(Analista Judiciário – Área Judiciária – TRT12 – 2013 – FCC) Acerca dos negócios jurídicos:

(A) nas declarações de vontade importa considerar e fazer prevalecer apenas o sentido literal da linguagem.
(B) os negócios jurídicos benéficos e a renúncia interpretam- se ampliativamente.
(C) a manifestação de vontade subsiste ainda que o seu autor haja feito a reserva mental de não querer o que manifestou, salvo se dela o destinatário tinha conhecimento.
(D) se forem eles celebrados com a cláusula de não valer sem instrumento público, este passa a ser incidental e secundário ao ato.
(E) o silêncio de uma parte importa sempre anuência à vontade declarada pela outra parte.

A: incorreta, pois nas declarações de vontade se atenderá mais à *intenção nelas consubstanciada* do que ao sentido literal da linguagem (art. 112 do CC); **B:** incorreta, pois os negócios jurídicos benéficos e a renúncia interpretam-se *estritamente* (art. 114 do CC);

C: correta (art. 110 do CC); **D**: incorreta, pois o negócio jurídico celebrado com a cláusula de não valer sem instrumento público, *este é da substância do ato* (art. 109 do CC); **E**: incorreta, pois o silêncio apenas importa anuência, quando as circunstâncias ou os usos o autorizarem, e não for necessária a declaração de vontade expressa (art. 111 do CC).

Gabarito "C"

2.6.4. *Invalidade do negócio jurídico*

(Analista – TRT/3ª – 2015 – FCC) Pedro comprou, por valor inferior ao de mercado, rara e valiosa coleção de selos pertencente a Lucas, que tinha 14 anos e não foi representado quando da celebração do negócio. Passados alguns meses e não entregue o bem, Pedro procurou Lucas oferecendo-lhe suplementação do preço, a fim de que as partes ratificassem o ato. A pretendida ratificação

(A) não poderá ocorrer, salvo se Lucas for assistido quando da confirmação.
(B) poderá ocorrer, pois os negócios anuláveis podem ser confirmados pela vontade das partes.
(C) deverá ocorrer, em prestígio ao princípio da conservação dos contratos.
(D) não poderá ocorrer, porque o negócio jurídico nulo não é suscetível de confirmação.
(E) poderá ocorrer apenas pelo juiz, depois da intervenção do Ministério Público.

A: Errada, pois a questão trata de negócio jurídico firmado por pessoa absolutamente incapaz, nos termos do art. 3º do CC, assim, para exercerem pessoalmente os seus direitos civis, devem ser representadas por seus pais, tutor ou curador. O que não se confunde com a incapacidade relativa, onde os atos civis só poderão ser exercidos mediante assistência do representante legal (art. 4º do CC); **B**: Errada, uma vez que se trata de negócio jurídico nulo previsto no art. 166 do CC, e não de negócio jurídico anulável previsto no art. 171 do CC, passível de ratificação; **C**: Errada, pois o princípio da conservação dos negócios jurídicos previsto no art. 170 do CC diz que o negócio jurídico nulo poderá ser convertido se desde que: a) contenha os requisitos substanciais e formais de outro; b) que as partes quereriam o outro contrato, se tivessem tido conhecimento da nulidade; **D**: Correta. O negócio jurídico será nulo quando não preencher os requisitos de validade ou não for praticado de acordo com a lei, de acordo com o art. 166, I, do CC, o negócio jurídico será nulo quando realizado por pessoa absolutamente incapaz (art. 3º do CC). Dessa forma, ao contrário dos anuláveis, os negócios jurídicos nulos não podem ser ratificados e, tampouco, convalescem pelo decurso do tempo, nos termos do art. 169 do mesmo diploma legal: "O negócio jurídico nulo não é suscetível de confirmação, nem convalesce pelo decurso do tempo"; **E**: Errada, pois o que poderá ser alegado pelo Juiz é a nulidade, de acordo com o parágrafo único do art. 168 do CC, uma vez que o negócio jurídico nulo não podem ser ratificado (art. 169).

Gabarito "D"

(Analista – TRT/11ª – 2005 – FCC) Considere as seguintes hipóteses:

I. Motivo determinante, comum a ambas as partes, ilícito.
II. Manifestação de vontade por vício resultante de coação.
III. Celebração por pessoa relativamente incapaz.
IV. Preterição de solenidade que a lei considere essencial à sua validade.
V. Celebração com objetivo de fraudar lei imperativa.

Consideram-se nulos, e as nulidades podem ser alegadas por qualquer interessado ou pelo Ministério Público, quando lhe couber intervir, os negócios jurídicos celebrados nas condições indicadas em

(A) I, II e IV.
(B) I, III e V.
(C) I, IV e V.
(D) II e III.
(E) II, IV e V.

I: correta. Art. 166, III, do CC/2002; **II**: incorreta. Art. 178, I, do CC/2002; **III**: incorreta. Art. 171, I, do CC/2002; **IV**: correta. Art. 166, V, do CC/2002; **V**: correta. Art. 166, VI, do CC/2002.

Gabarito "C"

(Analista – TRT/15ª – 2009 – FCC) A respeito dos atos nulos e dos atos anuláveis, considere:

I. Quando a lei dispuser que determinado ato é anulável sem estabelecer prazo para pleitear-se a anulação, será este de cinco anos, a contar da data da conclusão do ato.
II. O menor, entre dezesseis e dezoito anos, para eximir-se de uma obrigação, pode invocar a sua idade, mesmo se dolosamente, no ato de obrigar se, declarou-se maior.
III. Ninguém pode reclamar o que, por uma obrigação anulada, pagou a um incapaz, se não provar que reverteu em proveito dele a importância paga.

Está correto o que se afirma SOMENTE em

(A) I.
(B) III.
(C) I e II.
(D) I e III.
(E) II e III.

I: incorreto (art. 179 do CC); **II**: incorreto (art. 180 do CC); **III**: correto (art. 181 do CC).

Gabarito "B"

(Analista – TRT/16ª – 2009 – FCC) Negócio jurídico efetuado por pessoa absolutamente incapaz, e sem a devida representação, espelhará ato

(A) anulável por sua própria natureza.
(B) absolutamente nulo.
(C) nulo, caso haja suspeita de prejuízo para o interessado.
(D) anulável, caso envolva quantia relativamente elevada.
(E) nulo, caso não haja autorização judicial, com a expressa concordância do Ministério Público.

Art. 104, I, do CC.

Gabarito "B"

(Analista – TRT/20ª – 2006 – FCC) O negócio jurídico concluído pelo representante em conflito de interesses com o representado, se tal fato era ou devia ser do conhecimento de quem com aquele tratou, é

(A) inexistente.
(B) nulo.
(C) válido.
(D) anulável.
(E) ineficaz.

Art. 119 do CC.

Gabarito "D"

(Técnico – TRT/17ª – 2009 – CESPE) Quanto à nulidade e à anulabilidade dos atos jurídicos, julgue os seguintes itens.

(1) A simulação, considerada pela doutrina um vício social, é causa de nulidade do negócio jurídico; no entanto, é possível que subsista o negócio que se dissimulou.
(2) Poderá haver anulação do negócio jurídico se o devedor insolvente doar imóvel do seu patrimônio a um irmão seu.
(3) A nulidade absoluta, embora envolva evidente interesse social, somente será decretada pelo juiz, de ofício, para favorecer pessoa absolutamente incapaz.

1: correto (art. 167 do CC); **2**: correto, pois a doação é uma transmissão gratuita de bens e, sendo o devedor insolvente, configura-se a fraude contra credores (art. 158 do CC); **3**: incorreto, pois o juiz pode decretar a nulidade absoluta sempre que estiver diante dela, independentemente de se tratar ou não de absolutamente incapaz (art. 168, parágrafo único, do CC).

Gabarito 1C, 2C, 3E

2.6.5. *Atos ilícitos*

(Analista – TRT/16ª – 2014 – FCC) A respeito dos atos jurídicos lícitos e ilícitos, considere:

I. Constitui ato ilícito a destruição da coisa alheia a fim de remover perigo iminente.
II. Não comete ato ilícito o titular de um direito que, ao exercê-lo, excede manifestamente os limites impostos pelos bons costumes.
III. Aquele que, por ação ou omissão voluntária, violar direito e causar dano a outrem, ainda que exclusivamente moral, comete ato ilícito.

Está correto o que se afirma APENAS em

(A) II e III.
(B) I e II.
(C) I e III.
(D) III.
(E) I.

I. Errada, pois nos termos do art. 188, II, do CC, age em estado de necessidade aquele que, destrói a propriedade alheia, para salvar a si ou a terceiro de perigo grave e iminente, liberando-se da obrigação de indenizar; **II:** Errada, pois de acordo com o art. 187 do CC, denomina-se abuso de direito, o extravasamento de conduta que extrapole os limites, dentro do âmbito do direito, que cause prejuízo ao próximo, gerando o dever de indenizar; **III:** Certa, pois, trata-se da responsabilidade civil, responsabilidade contratual e extracontratual, se o agente, por ação ou omissão, com ou sem intenção de prejudicar, mas acarreta prejuízo a outrem, comete ato ilícito, passível de indenização.

Gabarito "D"

(Analista – TRT/17ª – 2009 – CESPE) Julgue o seguinte item.

(1) O ato ilícito poderá originar ou criar um direito para quem o comete.

1: incorreta, o ato ilícito só cria direitos para a vítima (art. 927 do CC).

Gabarito 1E

2.7. Prescrição e decadência

(Analista – TRT/3ª – 2015 – FCC) Durante a constância do casamento, Lourenço emprestou para sua mulher, Bianca, a quantia de R$ 10.000,00, que deveria ser devolvida em um ano. Passados mais de dez anos sem que a dívida houvesse sido paga, o casal se divorciou. Passados dois anos e meio da decretação do divórcio, Lourenço ajuizou ação de cobrança contra Bianca, que, em contestação, alegou decadência, requerendo a extinção do processo com resolução de mérito. Tal como formulada, a alegação de Bianca

(A) improcede, pois se aplicam à decadência as normas que impedem a prescrição e não se passaram mais de quatro anos da decretação do divórcio.
(B) procede, pois, salvo disposição em contrário, não se aplicam à decadência as normas que impedem a prescrição.
(C) improcede, pois o prazo para cobrança da dívida tem natureza prescricional, mas o juiz deverá decretar a prescrição de ofício, pois se passaram mais de dez anos da realização do negócio.
(D) procede, pois, embora se apliquem à decadência as normas que impedem a prescrição, passaram-se mais de dois anos da decretação do divórcio.
(E) improcede, pois o prazo para cobrança da dívida tem natureza prescricional e não corre durante a constância da sociedade conjugal, além de não ter se ultimado, depois da decretação do divórcio.

A: Errada, uma vez que contraria o disposto no art. 207 do CC; **B:** Errada, pois no caso em tela, aplica-se o prazo especial de prescrição previsto no art. 206, § 5º, I, do CC, de 5 anos, bem como a regra de impedimento e suspensão da prescrição, prevista no art. 197, I, do CC. Portanto, não se aplicará o disposto no art. 207 do mesmo diploma legal, uma vez que o prazo para a cobrança da dívida tem natureza prescricional; **C:** Errada, pois contraria os arts. 206, § 5º, I e 197, I, ambos do CC; **D:** Errada, pois viola o previsto no art. 207 do CC; **E:** Correta, de acordo com o disposto no art.197, I, do CC, não corre a prescrição entre os cônjuges, na constância da sociedade conjugal, ou seja, é causa suspensiva da prescrição que faz cessar, temporariamente seu curso. Dessa forma, extinta a sociedade conjugal com o divórcio (art. 1.571, IV, do CC), fica superada a causa suspensiva da prescrição, retomando o seu curso normal, computando o tempo anteriormente decorrido, se existiu. Nesse caso, o prazo prescricional é quinquenal, isto é, prescreve em 5 anos, nos moldes do art. 206, § 5º, I, do mesmo dispositivo legal.

Gabarito "E"

(Analista – TRT/1ª – 2012 – FCC) A empresa Y, que atua no ramo de cosméticos, situada na cidade do Rio de Janeiro, tem administração coletiva exercida pelos seus dez sócios, nos termos preconizados pelo seu Estatuto Social. Em uma reunião de diretoria, a maioria dos presentes decide tomar uma decisão para o futuro da empresa que contraria o estatuto social e a lei. Neste caso, para Manoel, um dos sócios, inconformado com a decisão tomada pela diretoria da empresa, o direito de anular esta decisão decairá, de acordo com o CC, em

(A) três anos.
(B) um ano.
(C) dois anos.
(D) quatro anos.
(E) cinco anos.

A alternativa correta é a assertiva "A", conforme art. 206, § 3º, VII, *a*, do CC.

Gabarito "A"

(Analista – TRT/1ª – 2012 – FCC) Miguel ajuizou ação de indenização contra Mauro, julgada procedente. Antes de transitar em julgado a sentença, quando ainda tramitava recurso de apelação, Mauro e Miguel resolveram assinar um termo, aumentando em um ano o prazo prescricional para cobrança das despesas desembolsadas pelas partes no curso do litígio. Mantida a sentença pelo E. Tribunal de Justiça do Estado do Rio de Janeiro, para cobrança das despesas despendidas em juízo do vencido Mauro, Miguel terá, a partir do trânsito em julgado, o prazo prescricional, de acordo com o CC, de

(A) 6 anos.
(B) 5 anos.
(C) 3 anos.
(D) 1 ano.
(E) 2 anos.

A alternativa correta é a assertiva "B". De início é importante ressaltar que os prazos de prescrição não podem ser alterados pela vontade das partes, consoante art. 192 do CC. Logo, esse acordo feito entre Mauro e Miguel é inválido. Neste passo, o prazo para a cobrança das despesas judiciais pelo vencedor em face do vencido é de cinco anos, nos termos do art. 206, § 5º, III, do CC.

Gabarito "B"

(Analista – TRT/2ª – 2008 – FCC) Corre normalmente a prescrição

(A) contra os que se acharem servindo as forças armadas, em tempo de paz.
(B) entre os cônjuges, na constância da sociedade conjugal.
(C) entre ascendentes e descendentes, durante o poder familiar.
(D) entre tutelados ou curatelados e seus tutores ou curadores, durante a tutela ou curatela.
(E) contra os ausentes do país em serviço público dos municípios.

A: correta (art. 198, III, do CC); **B:** incorreta (art. 197, I, do CC); **C:** incorreta (art. 197, II, do CC); **D:** incorreta (art. 197, III, do CC); **E:** incorreta (art. 198, II, do CC).

Gabarito "A"

(Analista – TRT/4ª – 2006 – FCC) De acordo com o Código Civil brasileiro, em regra, ato judicial que constitua em mora o devedor

(A) interromperá a decadência.
(B) suspenderá a prescrição.
(C) interromperá a prescrição.
(D) suspenderá a decadência.
(E) impedirá a prescrição.

Art. 202, V, do CC.

Gabarito "C"

(Analista – TRT/7ª – 2009 – FCC) NÃO se inclui dentre as causas que interrompem a prescrição

(A) qualquer ato inequívoco, ainda que extrajudicial, que importe reconhecimento do direito pelo devedor.
(B) o despacho do juiz incompetente que ordenar a citação, se o interessado a promover no prazo e na forma da lei processual.
(C) a apresentação, pela segunda vez, do título de crédito em concurso de credores.
(D) o protesto cambial.
(E) o despacho do juiz competente que ordenar a citação, se o interessado a promover no prazo e na forma da lei processual.

A: incorreta (art. 202, VI, do CC); **B** e **E:** incorretas (art. 202, I, do CC); **C:** correta (art. 202, IV, do CC); **D:** incorreta (art. 202, III, do CC).

Gabarito "C"

(Analista – TRT/8ª – 2010 – FCC) A prescrição

(A) é a extinção do direito pela falta de exercício dentro do prazo prefixado, atingindo indiretamente a ação.

(B) poderá ser renunciada pelo interessado, depois que se consumar, desde que não haja prejuízo de terceiro.
(C) poderá ter seus prazos alterados por acordo das partes, em razão da liberdade de contratar.
(D) só pode ser alegada pela parte a quem aproveita até a sentença de primeira instância.
(E) suspensa em favor de um dos credores solidários aproveitará os outros se a obrigação for divisível.

A: incorreta, pois a prescrição atinge a ação e por via oblíqua faz desaparecer o direito por ela tutelado; já a decadência atinge o direito e por via oblíqua extingue a ação; **B:** correta (art. 191 do CC); **C:** incorreta (art. 192 do CC); **D:** incorreta (art. 193 do CC); **E:** incorreta (art. 201 do CC).

Gabarito "B".

(Analista – TRT/11ª – 2005 – FCC) Assinale a alternativa correta a respeito da prescrição:
(A) A apresentação do título de crédito em juízo de inventário ou em concurso de credores é causa interruptiva da prescrição.
(B) A prescrição ocorre em vinte anos, quando a lei não houver fixado prazo menor.
(C) A prescrição pode ser alegada apenas pela parte a quem aproveita e somente no primeiro grau de jurisdição.
(D) Os prazos de prescrição podem ser alterados por acordo das partes, por não constituírem matéria de ordem pública.
(E) Prescreve em cinco anos a pretensão de ressarcimento de enriquecimento sem causa.

A: correta (art. 202, IV, do CC); **B:** incorreta (art. 205 do CC); **C:** incorreta (art. 193 do CC); **D:** incorreta (art. 192 do CC); **E:** incorreta (art. 206, § 3º, IV, do CC).

Gabarito "A".

(Analista – TRT/13ª – 2005 – FCC) No que tange à decadência, considere as assertivas abaixo.
I. Se a decadência for convencional, a parte a quem aproveita pode alegá-la em qualquer grau de jurisdição, podendo o juiz suprir, de ofício, a alegação.
II. É anulável a renúncia à decadência fixada em lei, por ser matéria de ordem pública.
III. Salvo disposição legal em contrário, não se aplicam à decadência as normas que impedem ou interrompem a prescrição.

Está correto SOMENTE o que se afirma em
(A) I.
(B) III.
(C) I e II.
(D) I e III.
(E) II e III.

I: incorreto (art. 211 do CC); **II:** incorreto (art. 209 do CC); **III:** correto (art. 207 do CC).

Gabarito "B".

(Analista – TRT/14ª – 2011 – FCC) Prescreve em três anos a pretensão
(A) relativa à tutela, a contar da data da aprovação das contas.
(B) de cobrança de dívidas líquidas constantes de instrumento público ou particular.
(C) do vencedor para haver do vencido o que despendeu em juízo.
(D) dos profissionais liberais em geral pelos seus honorários, contado o prazo da conclusão dos serviços ou cessação dos respectivos contratos.
(E) do beneficiário contra o segurador e a do terceiro prejudicado, no caso de seguro de responsabilidade civil obrigatório.

A: incorreta, pois prescreve em 4 anos (art. 206, § 4º, do CC); **B:** incorreta, pois prescreve em 5 anos (art. 206, § 5º, I, do CC); **C:** incorreta, pois prescreve em 5 anos (art. 206, § 5º, III, do CC); **D:** incorreta, pois prescreve em 5 anos (art. 206, § 5º, II, do CC); **E:** correta, pois prescreve em 3 anos (art. 206, § 3º, IX, do CC).

Gabarito "E".

(Analista – TRT/15ª – 2009 – FCC) A respeito da prescrição, é INCORRETO afirmar que
(A) a exceção prescreve no mesmo prazo em que a pretensão.
(B) os prazos de prescrição podem ser alterados por acordo das partes.
(C) a prescrição pode ser alegada em qualquer grau de jurisdição pela parte a quem aproveita.
(D) a prescrição iniciada contra uma pessoa continua a correr contra o seu sucessor.
(E) não corre a prescrição entre os cônjuges, na constância da sociedade conjugal.

A: correta (art. 190 do CC); **B:** incorreta, devendo ser assinalada, (art. 192 do CC); **C:** correta (art. 193 do CC); **D:** correta (art. 196 do CC); **E:** correta (art. 197, I, do CC).

Gabarito "B".

(Analista – TRT/18ª – 2008 – FCC) A respeito da decadência, é correto afirmar que
(A) não corre a decadência pendendo condição suspensiva.
(B) é nula a renúncia à decadência fixada em lei.
(C) interrompe a decadência qualquer ato judicial que constitua em mora o devedor.
(D) a decadência pode ser interrompida por qualquer interessado.
(E) a interrupção produzida contra o principal devedor prejudica o fiador.

A: incorreta (art. 199, I, do CC); **B:** correta (art. 209 do CC); **C**, **D** e **E:** incorretas (art. 207 do CC).

Gabarito "B".

(Analista – TRT/19ª – 2008 – FCC) A pretensão de cobrança de dívida decorrente do descumprimento de contrato verbal de empréstimo em dinheiro prescreve em
(A) 2 anos.
(B) 3 anos.
(C) 4 anos.
(D) 5 anos.
(E) 10 anos.

Art. 205 do CC.

Gabarito "E".

(Analista – TRT/20ª – 2011 – FCC) Sobre prescrição e decadência, considere:
I. Pode ser renunciada pela parte, e só valerá, sendo feita, sem prejuízo de terceiro, depois da consumação.
II. Não pode ser reconhecida de ofício pelo juiz.

Tais afirmativas são, dentre outras, características da
(A) prescrição e da decadência convencional, respectivamente.
(B) decadência legal e da prescrição, respectivamente.
(C) prescrição e da decadência legal, respectivamente.
(D) decadência legal.
(E) prescrição.

I: prescrição (art. 191 do CC); **II:** decadência convencional, conforme interpretação *a contrario sensu* do art. 210 do CC.

Gabarito "A".

(Analista – TRT/20ª – 2011 – FCC) Suspensa a prescrição em favor de um dos credores solidários, esta suspensão só aproveitará os demais se a obrigação for
(A) indivisível.
(B) alternativa.
(C) divisível.
(D) de dar coisa certa.
(E) de fazer.

Art. 201 do CC.

Gabarito "A".

(Analista – TRT/20ª – 2006 – FCC) A pretensão de cobrança de dívidas líquidas constantes de instrumento público ou particular prescreve em
(A) 5 anos.
(B) 4 anos.
(C) 3 anos.
(D) 2 anos.
(E) 1 ano.

Art. 206, § 5º, I, do CC.

Gabarito "A".

(Técnico – TRT/20ª – 2006 – FCC) A respeito da prescrição é correto afirmar:

(A) A prescrição iniciada contra uma pessoa cessa com sua morte e não continua a correr contra o seu sucessor.
(B) A interrupção da prescrição ocorrerá tantas vezes quantas forem as causas interruptivas incidentais.
(C) Os prazos prescricionais podem ser alterados por acordo das partes.
(D) A interrupção da prescrição produzida contra o devedor principal prejudica o fiador.
(E) A prescrição ocorrerá em 20 anos quando a lei não lhe haja fixado prazo menor.

A: incorreta (art. 196 do CC/2002); **B:** incorreta (art. 202, caput, do CC/2002); **C:** incorreta (art. 192 do CC/2002); **D:** correta (art. 204, § 3º, do CC/2002); **E:** incorreta (art. 205 do CC/2002).

Gabarito "D".

(Analista – TRT/22ª – 2010 – FCC) Contra os menores de dezesseis anos

(A) não correm os prazos de decadência, mas correm os prazos prescricionais.
(B) não correm os prazos de decadência e de prescrição.
(C) não correm os prazos de prescrição, mas correm os prazos decadenciais.
(D) correm normalmente os prazos de decadência e de prescrição.
(E) os prazos prescricionais e decadenciais são computados em dobro.

Arts. 198, I, e 208 do CC.

Gabarito "B".

(Analista – TRT/17ª – 2009 – CESPE) A respeito de prescrição e decadência, julgue os seguintes itens.

(1) A alteração dos prazos por acordo entre as partes é admissível na decadência, porém não o é na prescrição.
(2) Se a prescrição for suspensa em favor de um dos credores solidários, só aproveitará aos demais se a obrigação for indivisível.

1: correta, art. 192 do CC; **2:** correta, art. 201 do CC.

Gabarito 1C, 2C

3. OBRIGAÇÕES

3.1. Introdução, classificação e modalidades das obrigações

(Analista – TRT/11ª – 2012 – FCC) Considere as seguintes assertivas a respeito da obrigação de dar coisa certa e da obrigação de dar coisa incerta:

I. Até a tradição pertence ao devedor a coisa, com os seus melhoramentos e acrescidos, pelos quais poderá exigir aumento no preço. Os frutos percebidos são do devedor, cabendo ao credor os pendentes.
II. Em regra, a obrigação de dar coisa certa abrange os acessórios dela embora não mencionados.
III. Antes da escolha, não poderá o devedor alegar perda ou deterioração da coisa, ainda que por força maior ou caso fortuito.
IV. A coisa incerta será indicada, ao menos, pelo gênero. Nas coisas determinadas pelo gênero, em regra, a escolha pertence ao credor.

De acordo com o Código Civil brasileiro está correto o que se afirma APENAS em

(A) I, II e III.
(B) I, II e IV.
(C) I e III.
(D) II, III e IV.
(E) II e IV.

I: correta (art. 237 do CC); **II:** correta (art. 233 do CC); **III:** correta (at. 246 do CC); **IV:** incorreta, pois a coisa incerta será indicada, ao menos, pelo gênero e pela quantidade. Nas coisas determinadas pelo gênero e pela quantidade, em regra, a escolha pertence ao devedor, se o contrário não resultar do título da obrigação (art. 244 do CC).

Gabarito "A".

(Analista – TRT/7ª – 2009 – FCC) A respeito das modalidades das obrigações, é correto afirmar que

(A) nas obrigações alternativas, se uma das duas prestações se tornar inexequível, subsistirá o débito quanto à outra.
(B) se extingue a obrigação de não fazer se, por culpa do devedor, se lhe tornar impossível abster-se do ato, que se obrigou a não praticar.
(C) nas obrigações divisíveis, havendo dois ou mais devedores, cada um será obrigado pela dívida toda.
(D) nas obrigações de fazer, o credor, mesmo em caso de urgência, depende de autorização judicial para executar ou mandar executar o fato, quando houver recusa ou mora do devedor.
(E) a obrigação solidária não pode ser pura e simples para um dos codevedores e condicional, ou a prazo, ou pagável em lugar diferente, para outro.

A: correta (art. 253 do CC); **B:** incorreta (art. 250 do CC); **C:** incorreta (art. 257 do CC); **D:** incorreta (art. 249, parágrafo único, do CC); **E:** incorreta (art. 266 do CC).

Gabarito "A".

(Analista – TRT/8ª – 2010 – FCC) Em determinado contrato, convencionaram as partes duas obrigações alternativas, bem como que, na data do cumprimento, a escolha caberia ao credor. Ocorre que uma das obrigações convencionadas tornou-se fisicamente inexequível. Nesse caso,

(A) o credor poderá escolher outra obrigação similar para substituir a que se tornou inexequível.
(B) não haverá escolha e a obrigação subsistirá quanto à prestação remanescente.
(C) o negócio jurídico será rescindido, voltando as partes ao estado anterior à sua celebração.
(D) o devedor poderá escolher outra prestação para substituir a que se tornou inexequível.
(E) as partes deverão pedir ao juiz que indique outra prestação para substituir a que se tornou inexequível.

Art. 253 do CC.

Gabarito "B".

(Analista – TRT/11ª – 2005 – FCC) Assinale a alternativa correta a respeito da solidariedade passiva nas obrigações solidárias:

(A) Impossibilitando-se a prestação por culpa de um dos devedores solidários, subsiste para todos o encargo de pagar o equivalente, inclusive pelas perdas e danos.
(B) Se ocorrer o pagamento parcial de dívida comum, os demais devedores só ficarão obrigados ao pagamento da quota parte de cada um.
(C) A propositura de ação pelo credor contra um ou alguns dos devedores importará na renúncia da solidariedade.
(D) Qualquer cláusula, condição ou obrigação adicional, estipulada entre um dos devedores solidários e o credor, poderá agravar a posição dos outros sem consentimento destes.
(E) Todos os devedores respondem pelos juros da mora, ainda que a ação tenha sido proposta somente contra um; mas o culpado responde aos outros pela obrigação acrescida.

A: incorreta (art. 279 do CC); **B:** incorreta (art. 275, *caput*, do CC); **C:** incorreta (art. 275, parágrafo único, do CC); **D:** incorreta (art. 278 do CC); **E:** correta (art. 280 do CC).

Gabarito "E".

(Analista – TRT/13ª – 2005 – FCC) Observa-se que, na solidariedade passiva no direito das obrigações,

(A) a propositura de ação pelo credor contra um ou alguns dos devedores importará em renúncia dessa solidariedade.
(B) impossibilitando-se a prestação por culpa de um dos devedores solidários, subsiste para todos o encargo de pagar o equivalente, bem como perdas e danos.
(C) todos os devedores respondem pelos juros da mora, ainda que a ação tenha sido proposta somente contra um; mas o culpado responde aos outros pela obrigação acrescida.

(D) o credor não poderá renunciar à solidariedade em favor de um, de alguns ou de todos os devedores.

(E) o devedor demandado pode opor as exceções que lhes forem pessoais e as comuns a todos, aproveitando-lhe as exceções pessoais a outro codevedor.

A: incorreta (art. 275, parágrafo único, do CC); **B:** incorreta (art. 279 do CC); **C:** correta (art. 280 do CC); **D:** incorreta (art. 282 do CC); **E:** incorreta (art. 281 do CC).

Gabarito "C"

(Analista – TRT/14ª – 2011 – FCC) Nas obrigações

(A) de dar coisa certa, se a obrigação for de restituir coisa certa e esta, sem culpa do devedor, se perder antes da tradição, sofrerá o credor a perda, e a obrigação se resolverá, ressalvados os seus direitos até o dia da perda.

(B) solidárias, havendo solidariedade ativa, convertendo-se a prestação em perdas e danos, extingue-se, para todos os efeitos, a solidariedade.

(C) divisíveis, se um dos credores remitir a dívida, a obrigação ficará extinta para com os outros.

(D) de fazer, se o fato puder ser realizado por terceiro, será livre ao credor mandá-lo executar à custa do devedor, havendo recusa ou mora deste, o que o isentará da responsabilidade por perdas e danos.

(E) alternativas, se o título deferir a opção a terceiro, e este não quiser, ou não puder exercê-la, a escolha caberá ao credor.

A: correta (art. 238 do CC); **B:** incorreta, pois a solidariedade permanece (art. 271 do CC); **C:** incorreta, pois, como a obrigação é divisível, se o credor remitir (perdoar) um dos devedores, somente este se aproveitará disso (art. 262 do CC); por exemplo, se há dois devedores de R$ 100,00 e o credor perdoar um dos devedores, o outro (o não perdoado), continuará devendo os R$ 50 que já devia, por conta da possibilidade de se dividir as obrigações em dinheiro; **D:** incorreta, pois é *sem* prejuízo da indenização cabível, a ser paga pelo devedor faltoso (art. 249 do CC); **E:** incorreta, pois, nesse caso, não havendo acordo entre as partes, caberá ao juiz a escolha (art. 252, § 4º, do CC).

Gabarito "A"

(Analista – TRT/14ª – 2011 – FCC) Numa obrigação há três credores solidários e apenas um devedor. Nesse caso,

(A) o julgamento contrário a um dos credores solidários não atinge os demais.

(B) convertendo-se a prestação em perdas e danos, desaparece, para todos os efeitos, a solidariedade.

(C) cada um dos credores solidários poderá exigir do devedor o cumprimento de até um terço da obrigação.

(D) se apenas um dos credores solidários demandar o devedor, este poderá pagar a qualquer um dos três, em razão da solidariedade.

(E) o credor que houver remitido a dívida não responderá aos outros pela parte que lhes caiba.

A: correta (art. 274 do CC); **B:** incorreta, pois subsiste a solidariedade (art. 271); **C:** incorreta, pois cada um dos credores solidários poderá exigir do devedor a prestação por inteiro (art. 267 do CC); **D:** incorreta, pois isso só pode acontecer enquanto algum credor solidário não tiver acionado o devedor ainda (art. 268 do CC); uma vez que um credor solidário tiver acionado o devedor, este deverá pagar àquele que o demandou; **E:** incorreta, pois o credor solidário que tiver perdoado a dívida responderá, sim, aos outros, pela parte que lhes caiba (art. 272 do CC).

Gabarito "A"

(Analista – TRT/15ª – 2009 – FCC) Nas obrigações

(A) divisíveis, havendo dois ou mais devedores, cada um será obrigado pela dívida toda.

(B) alternativas, pode o devedor obrigar o credor a receber parte em uma prestação e parte em outra.

(C) solidárias, o credor pode renunciar a solidariedade em favor de um ou de alguns dos devedores.

(D) de dar coisa incerta, indicada pelo gênero e pela quantidade, a escolha pertence ao credor, se o contrário não resultar do título da obrigação.

(E) de fazer, se a prestação do fato tornar-se impossível sem culpa do devedor, responderá este por perdas e danos.

A: incorreta (art. 259 do CC); **B:** incorreta (art. 252, § 1º, do CC); **C:** correta (art. 282 do CC); **D:** incorreta (art. 244 do CC); **E:** incorreta (art. 248 do CC).

Gabarito "C"

(Analista – TRT/18ª – 2008 – FCC) A respeito das obrigações solidárias, é correto afirmar:

(A) Existindo mais de um credor ou mais de um devedor, presume-se a solidariedade.

(B) O credor não pode renunciar a solidariedade em favor de um ou de alguns dos devedores.

(C) Cada um dos credores solidários só tem o direito de exigir do devedor a parcela que lhe cabe na prestação.

(D) Convertendo-se a prestação em perdas e danos, subsiste, para todos os efeitos, a solidariedade.

(E) Importa em renúncia da solidariedade a propositura de ação pelo credor contra um ou alguns dos devedores.

A: incorreta (art. 265 do CC); **B:** incorreta (art. 282 do CC); **C:** incorreta (art. 267 do CC); **D:** correta (art. 271 do CC); **E:** incorreta (art. 275, parágrafo único, do CC).

Gabarito "D"

(Analista – TRT/22ª – 2010 – FCC) Nas obrigações de dar coisa certa, deteriorada a coisa sem culpa do devedor, o credor poderá

(A) exigir duas similares à que se deteriorou.

(B) exigir o equivalente, mais perdas e danos.

(C) resolver a obrigação e exigir perdas e danos.

(D) aceitar a coisa, abatendo de seu preço o valor que perdeu.

(E) aceitar a coisa e exigir perdas e danos.

De acordo com os termos do art. 255 do CC: "Quando a escolha couber ao credor e uma das prestações tornarem-se impossível por culpa do devedor, o credor terá direito de exigir a prestação subsistente ou o valor da outra, com perdas e danos; se, por culpa do devedor, ambas as prestações se tornarem inexequíveis, poderá o credor reclamar o valor de qualquer das duas, além da indenização por perdas e danos".

Gabarito "E"

(Analista – TRT/22ª – 2010 – FCC) Numa obrigação indivisível há três credores solidários e três devedores solidários. Um dos credores solidários exigiu de um dos devedores solidários a dívida inteira. Nesse caso, esse devedor

(A) se desobrigará pagando a dívida inteira ao credor que a exigiu, dando este caução de ratificação dos outros credores.

(B) se desobrigará se pagar ao credor que exigiu a dívida toda a parte que, proporcionalmente, lhe cabe como credor.

(C) não se desobrigará pagando a dívida inteira, pois, em razão da solidariedade, os demais credores também poderão exigir a dívida toda.

(D) só se desobrigará se pagar a dívida inteira conjuntamente a todos os credores solidários.

(E) se desobrigará se pagar ao credor que exigiu a dívida toda a parte que, proporcionalmente, lhe cabe como devedor.

Art. 260, II, do CC.

Gabarito "A"

(Analista – TRT/22ª – 2010 – FCC) Uma obrigação indivisível resolveu-se em perdas e danos por culpa de um dos três devedores. Nesse caso,

(A) o devedor culpado responderá pelas perdas e danos e os outros ficarão exonerados da obrigação.

(B) todos os devedores responderão pelas perdas e danos em sua totalidade em razão da indivisibilidade, com direito de regresso contra o culpado.

(C) todos os devedores responderão pelas perdas e danos de forma proporcional à sua parte na obrigação.

(D) a obrigação será considerada extinta e todos os devedores ficarão exonerados.

(E) todos os devedores responderão pelas perdas e danos em sua totalidade em razão da indivisibilidade, sem direito de regresso contra o culpado.

Art. 279 do CC.

Gabarito "A"

(Analista – TRT/23ª – 2011 – FCC) Nas obrigações alternativas, quando a escolha couber ao credor e uma das prestações tornar-se impossível por culpa do devedor, o

(A) contrato será rescindido, sem perdas e danos, voltando as partes ao estado anterior.

(B) credor poderá reclamar o valor de qualquer das duas, sem perdas e danos.

(C) credor só terá o direito de exigir a prestação subsistente, sem perdas e danos.

(D) credor só poderá exigir o valor da prestação que se tornou impossível por culpa do devedor.

(E) credor terá o direito de exigir a prestação subsistente ou o valor da outra, com perdas e danos.

Art. 255 do CC.

Gabarito "E".

3.2. Transmissão das obrigações

(Analista – TST – 2003 – CESPE) No referente às obrigações, julgue os itens subsequentes.

(1) Na obrigação solidária passiva, os devedores se obrigam alternativamente ao pagamento da dívida. Se o devedor escolhido pelo credor pagar toda a dívida, haverá ação regressiva contra os demais coobrigados.

(2) Na sub-rogação convencional, desde que expressamente convencionada, o sub-rogado só poderá exercer os seus direitos e garantias contra o devedor até o limite da soma que efetivamente tenha desembolsado para solver a obrigação.

1: incorreta, arts. 275 e 283 do CC; **2:** correta, art. 347, II, do CC.

Gabarito 1E, 2C

(Analista – TRT/2ª – 2008 – FCC) A respeito da cessão de crédito, é INCORRETO afirmar:

(A) Independentemente do conhecimento da cessão pelo devedor, pode o cessionário exercer os atos conservatórios do direito cedido.

(B) Ocorrendo várias cessões do mesmo crédito, prevalece a que se completar com a tradição do título de crédito cedido.

(C) Salvo estipulação em contrário, o cedente responde pela solvência do devedor.

(D) O devedor pode opor ao cessionário as exceções que lhe competirem, bem como as que, no momento em que veio a ter conhecimento da cessão, tinha contra o cedente.

(E) Na cessão de um crédito, salvo disposição em contrário, abrangem-se todos os seus acessórios.

A: correta, art. 293 do CC; **B:** correta, art. 291 do CC; **C:** incorreta, devendo ser assinalada, art. 296 do CC; **D:** correta, art. 294 do CC; **E:** correta, art. 287 do CC.

Gabarito "C".

(Analista – TRT/4ª – 2006 – FCC) De acordo com o Código Civil brasileiro, com relação à Assunção de Dívida, é correto afirmar:

(A) O novo devedor pode opor ao credor as exceções pessoais que competiam ao devedor primitivo.

(B) É facultado a terceiro assumir a obrigação do devedor, com o consentimento do credor, ficando, em qualquer hipótese, o devedor primitivo coobrigado.

(C) Em regra, se a substituição do devedor vier a ser anulada, restaura-se o débito sem todas as suas garantias, por expressa determinação legal.

(D) Qualquer das partes pode assinar prazo ao credor para que consinta na assunção da dívida, interpretando-se o seu silêncio como recusa.

(E) Em regra, com a assunção da dívida, as garantias especiais, dadas originariamente pelo devedor primitivo, não serão extintas.

A: incorreta (art. 302 do CC); **B:** incorreta (art. 299 do CC); **C:** incorreta (art. 301 do CC); **D:** correta (art. 299, parágrafo único, do CC); **E:** incorreta (art. 300 do CC).

Gabarito "D".

(Analista – TRT/18ª – 2008 – FCC) Ocorrendo várias cessões do mesmo crédito, prevalece a que

(A) for feita em primeiro lugar.

(B) for feita por escritura pública.

(C) se completar com a tradição do título do crédito cedido.

(D) for feita por último.

(E) abranger todos os seus acessórios.

Art. 291 do CC.

Gabarito "C".

(Analista – TRT/20ª – 2006 – FCC) A respeito da cessão de crédito, é correto afirmar que

(A) o cessionário de crédito hipotecário não tem o direito de fazer averbar a cessão no registro de imóveis.

(B) o cedente responde sempre, com ou sem estipulação contratual, pela solvência do devedor.

(C) a cessão do crédito tem eficácia em relação ao devedor independentemente de qualquer notificação nesse sentido ou declaração de ciência da cessão feita por parte dele.

(D) a cessão de um crédito nunca abrange todos os seus acessórios, devendo, para tanto, tal circunstância estar expressa no instrumento da cessão.

(E) ocorrendo várias cessões do mesmo crédito, prevalece a que se completar com a tradição do título do crédito cedido.

A: incorreta (art. 289 do CC); **B:** incorreta (art. 296 do CC); **C:** incorreta (art. 290 do CC); **D:** incorreta (art. 287 do CC); **E:** correta (art. 291 do CC).

Gabarito "E".

3.3. Adimplemento e extinção das obrigações

(Analista – TRT/11ª – 2012 – FCC) De acordo com o Código Civil brasileiro, o pagamento feito de boa-fé ao credor putativo é

(A) inválido, desde que seja arguida a nulidade no prazo decadencial de dois anos contados do pagamento.

(B) válido, exceto se provado depois que não era credor.

(C) inválido em qualquer hipótese podendo ser arguida a qualquer momento.

(D) válido, ainda provado depois que não era credor.

(E) inválido, desde que seja arguida a nulidade no prazo decadencial de um ano contado do pagamento.

A assertiva correta é a alternativa "D", na medida em que o pagamento feito ao credor putativo é válido, ainda provado depois que não era o credor (art. 309 do CC).

Gabarito "D".

(Analista – TRT/2ª – 2008 – FCC) A respeito da novação, é correto afirmar:

(A) A novação por substituição do devedor não pode ser efetivada sem o consentimento deste.

(B) Importa exoneração do fiador a novação feita sem o seu consenso com o devedor principal.

(C) Podem ser objeto de novação, dentre outras modalidades, as obrigações extintas.

(D) Se o novo devedor for insolvente e não tiver havido má-fé na substituição, tem o credor, que o aceitou, ação regressiva contra o primeiro.

(E) A novação em nenhuma hipótese pode acarretar a extinção dos acessórios e garantias da dívida.

A: incorreta (art. 362 do CC); **B:** correta (art. 366 do CC); **C:** incorreta (art. 367 do CC); **D:** incorreta (art. 363 do CC); **E:** incorreta (art. 364 do CC).

Gabarito "B".

(Analista – TRT/15ª – 2009 – FCC) João está obrigado por três débitos da mesma natureza a um só credor, todos líquidos e vencidos, e se dispõe a oferecer quantia em pagamento. O instituto que lhe dá o direito de indicar a qual desses débitos oferece pagamento denomina-se

(A) compensação.

(B) dação em pagamento.

(C) novação.

(D) imputação do pagamento.

(E) pagamento em consignação.

Art. 352 do CC.

Gabarito "D".

(Analista – TRT/20ª – 2011 – FCC) João é devedor das quantias de R$ 2.000,00 e R$ 5.000,00 para um estabelecimento bancário, relativas a débitos da mesma natureza, ambos líquidos e vencidos. O direito que a lei lhe assegura de indicar a qual deles oferece pagamento denomina-se

(A) dação em pagamento.
(B) imputação do pagamento.
(C) pagamento com sub-rogação.
(D) novação.
(E) compensação.

Art. 352 do CC.
Gabarito "B"

(Analista – TRT/20ª – 2011 – FCC) A compensação

(A) pode ocorrer entre dívida proveniente de esbulho e dívida decorrente de comodato.
(B) efetua-se entre dívidas líquidas e vencidas de coisas infungíveis.
(C) não pode ser feita se o credor concedeu prazo de favor ao devedor.
(D) da dívida do fiador pode ser feita com a de seu credor ao afiançado.
(E) de dívida de pessoa que se obrigou por terceiro pode ser feita com a que o credor dele lhe dever.

A: incorreta; apesar de a diferença na causa das dívidas não impedir a compensação, essa regra cede em caso de dívidas decorrentes de esbulho e de comodato (art. 373, I e II, do CC); **B:** incorreta, pois a compensação efetua-se entre dívidas líquidas, vencidas e de coisas *fungíveis* (art. 369 do CC); **C:** incorreta, pois pode ser feita inclusive nesse caso (art. 372 do CC); **D:** correta (art. 371, parte final, do CC); **E:** incorreta (art. 371, parte inicial, do CC).
Gabarito "D"

3.4. Enriquecimento sem causa

(Analista – TRT/24ª – 2011 – FCC) A respeito do enriquecimento sem causa, considere:

I. Aquele que, sem justa causa, se enriquecer à custa de outrem, será obrigado a restituir o indevidamente auferido, pelo valor da data em que ocorreu o enriquecimento.
II. Se o enriquecimento tiver por objeto coisa determinada, quem a recebeu é obrigado a restituí-la, e, se a coisa não mais subsistir, a restituição se fará pelo valor do bem da época em que ocorreu o enriquecimento.
III. A restituição do indevidamente auferido será devida quando a causa que justificou enriquecimento deixou de existir.

Está correto o que consta APENAS em

(A) II e III.
(B) I e II.
(C) I e III.
(D) III.
(E) II.

I: incorreta, pois será obrigado a restituir o indevidamente auferido, *com atualização monetária* (art. 884 do CC); **II:** incorreta, pois a restituição se fará pelo valor do bem *na época em que foi exigido* (art. 884, parágrafo único, do CC); **III:** correta (art. 885 do CC).
Gabarito "D"

4. CONTRATOS

4.1. Teoria geral dos contratos

4.1.1. Disposições preliminares

(Analista – TRT/23ª – 2011 – FCC) Os contratos atípicos

(A) são anuláveis, mesmo se os que os pretendam celebrar sejam capazes e o objeto seja lícito e possível, se a forma não estiver prescrita em lei.
(B) são nulos de pleno direito, mesmo que os pretendam celebrar sejam capazes e o objeto seja lícito e possível, porque a forma não é prescrita em lei.
(C) são válidos, desde que os agentes que os pretendam celebrar sejam capazes, o objeto seja lícito e possível e a forma não seja defesa em lei.
(D) só têm validade se os que pretendam celebrar sejam capazes, o objeto seja lícito e possível e tenha havido prévia homologação judicial.
(E) só têm validade se os que pretendam celebrar sejam capazes, o objeto seja lícito e possível e tenha havido prévia aprovação pelo Ministério Público.

Segundo o art. 425 do CC é lícito celebrar contratos atípicos, observadas as normas gerais fixadas no próprio CC. Assim, é possível (válido) que duas pessoas celebrem um contrato ainda não regulamentado pela lei (atípico, inominado), desde que obedeçam as normas gerais do CC, como as normas que determinam que o agente seja capaz, o objeto seja lícito e possível, e a forma não seja defesa em lei. Dessa forma, somente a alternativa "c" está correta.
Gabarito "C"

4.1.2. Vícios redibitórios

(Analista – TRT/4ª – 2006 – FCC) Com relação aos vícios redibitórios, de acordo com o Código Civil brasileiro, é correto afirmar:

(A) Na constância de cláusula de garantia, correrão normalmente os prazos para o adquirente obter a redibição ou abatimento no preço.
(B) Se o alienante não conhecia o vício ou defeito da coisa, tão somente restituirá o valor recebido, mais as despesas do contrato.
(C) A responsabilidade do alienante não subsiste se a coisa perecer em poder do alienatário por vício oculto, já existente ao tempo da tradição.
(D) Em regra, o adquirente decai do direito de obter a redibição ou abatimento no preço no prazo de cinco anos se a coisa for imóvel, contado da entrega efetiva.
(E) A coisa recebida em virtude de doação onerosa não pode ser enjeitada por vícios que a tornem imprópria ao uso a que é destinada, ou lhe diminuam o valor.

A: incorreta, pois não há fluência de prazo (art. 446 do CC); **B:** correta (art. 443 do CC); **C:** incorreta (art. 444 do CC); **D:** incorreta (art. 445 do CC); **E:** incorreta (art. 441, parágrafo único, do CC).
Gabarito "B"

(Analista – TRT/14ª – 2011 – FCC) Se a coisa recebida em virtude de contrato comutativo apresentar defeitos ocultos que a tornem imprópria ao uso a que é destinada ou lhe diminuam o valor,

(A) o alienante sabendo do vício ou defeito da coisa, deverá devolver ao comprador o dobro do que recebeu e o dobro das perdas e danos.
(B) o alienante desconhecendo o vício ou defeito da coisa, deverá devolver ao comprador o valor recebido, as despesas do contrato, além de perdas e danos.
(C) o adquirente decai do direito de obter a redibição ou abatimento no preço, no prazo de um ano, se a coisa for imóvel, contado da entrega efetiva.
(D) a responsabilidade do alienante não subsiste se a coisa perecer em seu poder por vício oculto já existente ao tempo da tradição.
(E) o prazo para o adquirente obter a redibição ou abatimento no preço conta-se da alienação, ficando reduzido a um terço se já estava na posse da coisa.

A: incorreta, pois o alienante, sabendo do vício da coisa, restituirá o que recebeu e pagará perdas e danos (art. 443 do CC); **B:** incorreta, pois o alienante, não sabendo do vício da coisa, estará sujeito à redibição do contrato (extinção deste, com devolução do valor pago, mais despesas do contrato) ou a ter de fazer um abatimento no preço da coisa (arts. 441 e 442 do CC); **C:** correta (art. 445 do CC); **D:** incorreta, pois a responsabilidade subsiste sim nesse caso (art. 444 do CC); **E:** incorreta, pois fica reduzido à metade nesse caso (art. 445, *caput* do CC).
Gabarito "C"

(Analista – TRT/20ª – 2011 – FCC) Tício vendeu uma coleção de livros jurídicos a Cícero, sendo que, três meses depois, o comprador descobriu que um dos livros apresentava defeito oculto e estava em branco. Nesse caso, Cícero

(A) não poderá rejeitar a coleção porque já foi ultrapassado o prazo máximo de trinta dias da data da celebração do contrato.

(B) poderá rejeitar a coleção e reclamar abatimento no preço.
(C) só poderá rejeitar a coleção se o alienante conhecia o vício e não avisou o comprador no ato da venda.
(D) não poderá rejeitar a coleção, porque o defeito oculto de uma das coisas vendidas em conjunto não autoriza a rejeição de todas.
(E) poderá rejeitar a coleção e pleitear indenização por perdas e danos.

A: incorreta, pois quando o vício, por sua natureza, for daqueles que só podem ser conhecido mais tarde, o prazo contar-se-á do momento em que o comprador dele tiver ciência, até o prazo máximo de 180 dias, em se tratando de bem móvel (art. 445, § 1º, do CC); **B:** incorreta, porque se deve escolher uma coisa *ou* outra (arts. 441 e 442 do CC); **C:** incorreta, pois o fato do alienante saber do vício não é necessário para a configuração dos direitos do comprador, tratando-se de mera situação de agravamento da situação do alienante, que terá, também, de arcar com perdas e danos (art. 443 do CC); **D:** correta, não sendo razoável que haja a rejeição de tudo, sob pena de abuso de direito; **E:** incorreta, pois as perdas e danos só são devidas se o alienante sabe do vício da coisa, circunstância não relatada no enunciado da questão.

Gabarito "D".

4.1.3. *Evicção*

(Analista – TRT/19ª – 2008 – FCC) A respeito da evicção, é correto afirmar:

(A) O preço, na evicção total, será sempre o valor constante do contrato.
(B) A responsabilidade pela evicção não pode ser excluída pelas partes, através de cláusula contratual.
(C) O adquirente pode demandar pela evicção mesmo sabendo que a coisa era litigiosa.
(D) As benfeitorias necessárias ou úteis, não abonadas ao que sofreu a evicção, serão pagas pelo alienante.
(E) Não subsiste a garantia da evicção se a aquisição tiver sido realizada em hasta pública.

A: incorreta (art. 450, parágrafo único, do CC); **B:** incorreta (art. 448 do CC); **C:** incorreta (art. 457 do CC); **D:** correta (art. 453 do CC); **E:** incorreta (art. 447 do CC).

Gabarito "D".

(Analista – TRT/20ª – 2006 – FCC) A respeito da evicção é correto afirmar que

(A) a responsabilidade pela evicção não subsiste para o alienante se a coisa alienada estiver deteriorada, havendo ou não dolo do adquirente.
(B) o alienante responde pela evicção em qualquer contrato, mesmo não oneroso.
(C) as partes não podem diminuir, nem excluir a responsabilidade pela evicção.
(D) a garantia da evicção subsiste ainda que a aquisição se tenha realizado em hasta pública.
(E) o adquirente pode demandar pela evicção mesmo se sabia que a coisa era litigiosa.

A: incorreta (art. 451 do CC); **B:** incorreta (art. 447 do CC); **C:** incorreta (art. 448 do CC); **D:** correta (art. 447 do CC); **E:** incorreta (art. 457 do CC).

Gabarito "D".

4.1.4. *Extinção dos contratos*

(Analista – TRT/10ª – 2004 – CESPE) Em relação aos contratos, julgue os itens subsequentes.

(1) Resilição significa o modo de extinção dos contratos por vontade de um ou dos dois contratantes. Pode ser feita por meio convencional, quando no contrato há cláusula que atribui a qualquer das partes a faculdade de resilir, ou por meio do distrato.
(2) Considera-se fiança o contrato de garantia real pelo qual uma pessoa obriga-se a pagar um débito de outra pessoa.

1: certo, pois a resilição pode ser bilateral (distrato) ou unilateral (arts. 472 e 473 do CC); **2:** errado, pois a fiança é garantia pessoal (art. 818 do CC).

Gabarito 1C, 2E

4.2. Contratos em espécie

4.2.1. *Compra e venda*

(Analista – TRT/2ª – 2014 – FCC) Considere as afirmativas relativas à compra e venda:

I. Nulo é o contrato de compra e venda, quando se deixa ao arbítrio exclusivo de uma das partes, a fixação do preço.
II. Salvo cláusula em contrário, ficarão as despesas de escritura e registro a cargo do vendedor, e a cargo do comprador as da tradição.
III. Até o momento da tradição, os riscos da coisa correm por conta do comprador, e os do preço por conta do vendedor.
IV. Não sendo a venda a crédito, o vendedor não é obrigado a entregar a coisa antes de receber o preço.

Está correto o que consta em

(A) III e IV, apenas.
(B) I, II, III e IV.
(C) I e IV, apenas.
(D) II e III, apenas.
(E) I e II, apenas.

I: Correto, de acordo com o art. 489 do CC. A lei proíbe a estipulação arbitrária do preço por um dos contratantes, pois fere a consensualidade do contrato, que deve ser aperfeiçoado por disposição comum de vontades recíprocas; **II:** incorreto, pois viola o art. 490 do CC, visto que não existindo convenção pelos contratantes atinente às despesas do negócio, as de escritura e registro são de responsabilidade do comprador adquirente; **III:** incorreto, afronta o art. 492 do CC, "Até o momento da tradição, os riscos da coisa correm por conta do vendedor, e os do preço por conta do comprador"; **IV:** Correto, de acordo com o texto expresso do art. 491 do CC. Vale dizer, na compra e venda à vista, a entrega da coisa está condicionada ao pagamento imediato do preço. O cumprimento das prestações deve ser recíproco.

Gabarito "C".

(Analista – TRT/16ª – 2014 – FCC) A respeito da compra e venda, é correto afirmar:

(A) É lícita a compra e venda entre cônjuges, com relação a bens excluídos da comunhão.
(B) Nas coisas vendidas conjuntamente, o defeito oculto de uma autoriza a rejeição de todas.
(C) As despesas com a tradição da coisa móvel correrão por conta do comprador.
(D) Nas vendas a crédito, o vendedor não é obrigado a entregar a coisa antes de receber o preço.
(E) A tradição da coisa vendida, na falta de estipulação em contrário, dar-se-á no domicílio do comprador.

A: Correta, pois de acordo com o art. 499 do CC, é permitida a venda de um cônjuge ao outro, apenas com relação aos bens excluídos da comunhão. Os bens excluídos do regime da comunhão de bens são os relacionados no art. 1.668 do mesmo dispositivo legal; **B:** Errada, pois cuida-se de vicio redibitório, que é o vício oculto que incide sobre a coisa tornando-a imprópria ao uso a que se destina ou diminuindo seu valor, em coisas vendidas em conjunto, conforme a interpretação de Agostinho Alvin, o artigo refere-se "... às coisas singulares, ainda que vendidas na mesma ocasião e por um preço só", por exemplo, 200 livros da mesma edição (ALVIM, 1961, p. 112); **C:** Errada, pois as despesas com a tradição ocorrem por conta do vendedor, na falta de estipulação em contrário; **D:** Errada, pois é uma exceção ao princípio da *exceptio tio non adimpleti contractus*, segundo o qual poderia o vendedor reter a coisa até que receba o preço, em caso da venda ter sido à vista, entretanto, nos casos de venda a crédito, a entrega da coisa ocorre antes do pagamento do preço, nos moldes do art. 491 do CC; **E:** Errada, pois o art. 493 do CC diz que: "A tradição da coisa vendida, na falta de estipulação expressa, dar-se-á no lugar onde ela se encontrava, ao tempo da venda".

Gabarito "A".

(Analista – TRT9 – 2012 – FCC) Quanto à compra e venda,

(A) o preço da coisa deve ser fixado sempre em dinheiro, vedado que se o estabeleça à taxa de mercado ou de bolsa, em certo e determinado dia e lugar.
(B) só pode ter por objeto coisa atual, vedada a transação sobre coisas futuras.
(C) uma vez estabelecida, automaticamente transfere o domínio da coisa ao comprador, que se obriga ao pagamento do preço em dinheiro.

(D) é válido o contrato se for deixada ao arbítrio exclusivo de uma das partes a fixação do apreço, desde que as partes sejam maiores e capazes.

(E) quando pura, o contrato respectivo considerar-se-á consumado, obrigatório e perfeito, desde que as partes acordarem no objeto e no preço.

A: incorreta, pois o art. 486 do CC prevê expressamente que também se poderá deixar a fixação do preço à taxa de mercado ou de bolsa, em certo e determinado dia e lugar; **B:** incorreta, haja vista que não há impedimento de que a transação verse sobre coisas futuras (art. 483 do CC), hipótese em que teremos uma compra e venda de natureza aleatória, regulamentada entre os artigos 458/461 do CC; **C:** incorreta, pois pelo contrato de compra e venda uma das partes se obriga a transferir o objeto (logo, não há transferência automática do domínio) ao comprador, que se obriga ao pagamento do preço em dinheiro (art. 481 do CC); **D:** incorreta, pois é nulo o contrato de compra e venda, quando se deixa ao arbítrio exclusivo de uma das partes a fixação do preço (art. 489 do CC); **E:** correta (art. 482 do CC).

Gabarito "E"

(Analista – TRT/11ª – 2012 – FCC) Mario, é solteiro, possui três filhos maiores e uma neta também maior. Mario pretende vender uma de suas casas de praia para sua neta. Neste caso, Mário

(A) poderá celebrar contrato de compra e venda com sua neta, mas precisará do consentimento dos seus filhos, com exceção do pai da menina.

(B) poderá celebrar contrato de compra e venda com sua neta, mas precisará do consentimento de todos os seus filhos.

(C) poderá celebrar contrato de compra e venda com sua neta, independentemente do consentimento dos seus filhos.

(D) não poderá celebrar contrato de compra e venda com sua neta, independentemente do consentimento de seus filhos, tendo em vista expressa vedação legal.

(E) poderá celebrar contrato de compra e venda com sua neta, mas precisará apenas do consentimento do filho que é o pai da menina.

Considerando que as partes são maiores e capazes e que a questão não menciona se o bem padece de alguma cláusula restritiva de alienação (inalienabilidade, por exemplo); é perfeitamente possível que a compra e venda seja realizada, desde que com o consentimento de todos os demais descendentes, sob pena de anulabilidade (art. 496, *caput*, do CC).

Gabarito "B"

4.2.2. Doação

(Analista – TRT/22ª – 2010 – FCC) Paulo entregou a Pedro, através de doação sem encargo, dez ovelhas para reprodução. No entanto, todas elas eram estéreis. Nesse caso, Pedro

(A) poderá exigir que o doador substitua os animais doados, uma vez que eram impróprios ao uso a que se destinavam.

(B) poderá rejeitar os animais pelos defeitos ocultos que os tornavam impróprios ao uso a que se destinavam, redibindo o contrato.

(C) poderá pedir ao doador indenização pela depreciação do valor dos animais doados, uma vez que eram impróprios ao uso a que se destinavam.

(D) poderá pedir ao doador indenização pelas crias que não conseguirá obter em razão da esterilidade das ovelhas doadas.

(E) não poderá rejeitar os animais pelos defeitos ocultos que os tornavam impróprios ao uso a que se destinavam porque os recebeu através de doação não onerosa.

Art. 441, parágrafo único, do CC.

Gabarito "E"

4.2.3. Locação

(Analista – TRT/20ª – 2011 – FCC) De acordo com o Código Civil brasileiro, no contrato de locação de coisas

(A) a locação por tempo determinado não cessa de pleno direito findo o prazo estipulado, exigindo que o locatário seja notificado.

(B) se o locatário empregar a coisa em uso diverso do ajustado, ou do a que se destina, poderá o locador, além de rescindir o contrato, exigir perdas e danos.

(C) a locação por tempo determinado cessa de pleno direito se ocorrer a morte do locador ou do locatário.

(D) se, findo o prazo, o locatário continuar na posse da coisa alugada, sem oposição do locador, presumir-se- á prorrogada a locação pelo mesmo aluguel e pelo mesmo prazo.

(E) em se tratando de imóvel alienado durante a locação, o locador só poderá despejar o locatário e reaver o imóvel observado o prazo de trinta dias após a notificação.

A: incorreta, pois cessa de pleno direito, não dependendo de notificação ou aviso (art. 573 do CC); **B:** correta (art. 570 do CC); **C:** incorreta, pois, nesse caso, a locação transfere-se aos herdeiros do locador ou locatário por prazo determinado (art. 577 do CC); **D:** incorreta, pois se presumirá prorrogada a locação pelo mesmo aluguel, mas sem o prazo determinado (art. 574 do CC); **E:** incorreta, pois o novo locador só terá direito de despejar o locatório antes do prazo se do contrato de locação não constar cláusula de vigência, e não constar registro; além disso, cumprido o requisito, o locatário observará prazo de 90 dias, e não de 30 dias (art. 576, *caput* e § 2º, do CC).

Gabarito "B"

4.2.4. Prestação de serviço

(Analista – TRT/11ª – 2012 – FCC) No que concerne a prestação de serviços regida pelo Código Civil brasileiro, sem aprazimento da outra parte, aquele a quem os serviços são prestados

(A) poderá transferir a outrem o direito aos serviços ajustados, desde que haja prévia comunicação para a outra parte com antecedência mínima de 30 dias.

(B) poderá transferir a outrem o direito aos serviços ajustados, bem como o prestador de serviços, poderá dar substituto que os preste.

(C) poderá transferir a outrem o direito aos serviços ajustados, mas não poderá o prestador de serviços dar substituto que os preste.

(D) poderá transferir a outrem o direito aos serviços ajustados, desde que haja prévia comunicação da outra parte com antecedência mínima de 90 dias.

(E) não poderá transferir a outrem o direito aos serviços ajustados e não poderá dar substituto que os preste.

A alternativa correta é a assertiva "E", na medida em que reproduz a redação do art. 605 do CC, *in verbis*: "Nem aquele a quem os serviços são prestados, poderá transferir a outrem o direito aos serviços ajustados, nem o prestador de serviços, sem aprazimento da outra parte, dar substituto que os preste." Daí verifica-se que todas as demais alternativas automaticamente restam excluídas.

Gabarito "E"

4.2.5. Empreitada

(Analista – TRT/16ª – 2014 – FCC) Lucius, através de contrato de empreitada com preço global certo e ajustado no respectivo instrumento, contratou o empreiteiro Petrus para reformar a sua residência. Durante a reforma, o preço de mercado dos materiais sofreu redução de 12% do preço global convencionado. Nesse caso, o preço global convencionado, a pedido do dono da obra,

(A) poderá ser revisto, para que se lhe assegure a diferença apurada.

(B) não poderá ser revisto, porque o contrato faz lei entre as partes.

(C) só poderá ser revisto, se a redução ocorrida no mercado for superior a 20%.

(D) só poderia ser revisto se a redução ocorrida no mercado fosse do preço da mão de obra.

(E) só comporta redução se o preço do material e também da mão de obra for superior a 30%.

De acordo com o art. 620 do CC, "Se ocorrer diminuição no preço do material ou da mão de obra superior a 1/10 (um décimo) do preço global convencionado, poderá este ser revisto, a pedido do dono da obra, para que lhe assegure a diferença apurada". O referido artigo visa estabelecer um reequilíbrio econômico do contrato, obstando o enriquecimento sem causa se a mudança no valor ensejar excessiva vantagem para o empreiteiro.

Gabarito "A"

(Analista – TRT/13ª – 2005 – FCC) Nos contratos de empreitada de edifícios ou outras construções consideráveis, o empreiteiro de materiais e execução responderá durante o prazo irredutível de

(A) três anos pela solidez e segurança do trabalho, assim em razão dos materiais, como do solo.

(B) três anos pela solidez e segurança do trabalho, assim em razão dos materiais, mas não possui responsabilidade com relação ao solo.
(C) três anos pela solidez e segurança do trabalho, não possuindo responsabilidade em razão dos materiais como do solo.
(D) cinco anos pela solidez e segurança do trabalho, assim em razão dos materiais, como do solo.
(E) cinco anos pela solidez e segurança do trabalho, assim em razão dos materiais, mas não possui responsabilidade com relação ao solo.

Art. 618 do CC.
Gabarito "D".

4.2.6. Depósito

(Técnico – TRT/10ª – 2004 – CESPE) Julgue os itens a seguir.

(1) Nos contratos bilaterais, as prestações são recíprocas e, como consequência dessa reciprocidade, se ambas as partes tornarem-se inadimplentes, isso acarretará a resolução do contrato.
(2) Considere a seguinte situação hipotética. Maria, por meio de contrato de compra e venda, adquiriu uma propriedade rural denominada Fazenda Morro Alto, com mais ou menos 10 alqueires, por preço justo e acertado. Posteriormente, constatou que a medida de extensão não correspondia às dimensões dada pelo vendedor e que o referido imóvel possuía área total de 8 alqueires. Nessa situação, Maria poderá exigir do vendedor a complementação da área, ou o abatimento do preço.
(3) A entrega de veículo a manobrista, para estacioná-lo em local reservado, não caracteriza um contrato de depósito nem responsabiliza a empresa por eventual dano sofrido pelo proprietário do veículo por não ter o hotel assumido expressamente a responsabilidade de guardar a coisa e restituí-la no estado em que foi entregue.

1: certa (art. 476 do CC); **2:** errada, pois o Código Civil estabelece que o comprador tem o direito de exigir o complemento da área e, não sendo possível, o de reclamar a resolução do contrato ou o abatimento proporcional ao preço (art. 500, *caput*, do CC); vale lembrar que a diferença encontrada é superior à tolerância legal (de 5% ou um vigésimo), não se aplicando o disposto no § 1º do art. 500 do CC; **3:** errada, pois a Súmula 130 do STJ dispõe que "a empresa responde, perante o cliente, pela reparação de dano ou furto de veículo ocorridos em seu estacionamento". Neste passo, importante mencionar que, em regra, o contrato de depósito é gratuito, salvo se houver convenção em contrário, se resultante de atividade negocial, ou se o depositário o praticar por profissão (art. 628, *caput*, do CC).
Gabarito 1C, 2E, 3E

4.2.7. Mandato

(Analista Judiciário – Área Judiciária – TRT12 – 2013 – FCC) Relativos ao mandato, considere:

I. A outorga do mandato está sujeita à forma exigida por lei para o ato a ser praticado. Admite-se mandato verbal mesmo que o ato deva ser celebrado por escrito, dado o caráter não solene do contrato.
II. A aceitação do mandato pode ser tácita, e resulta do começo de execução.
III. O maior de dezesseis e menor de dezoito anos não emancipado pode ser mandatário, mas o mandante não tem ação contra ele senão de conformidade com as regras gerais, aplicáveis às obrigações contraídas por menores.

Está correto o que consta em

(A) II, apenas.
(B) I e II, apenas.
(C) I e III, apenas.
(D) II e III, apenas.
(E) I, II e III.

I: incorreta, pois A outorga do mandato está sujeita à forma exigida por lei para o ato a ser praticado. *Não se admite* mandato verbal quando o ato deva ser celebrado por escrito (art. 657 do CC); **II:** correta (art. 659 do CC); **III:** correta (art. 666 do CC).
Gabarito "D".

(Analista – TRT/8ª – 2010 – FCC) No contrato de mandato, o mandante não está obrigado a

(A) adiantar ao mandatário as despesas necessárias à execução do mandato, devendo ressarci-las posteriormente.
(B) pagar ao mandatário as despesas da execução do mandato se o negócio, sem culpa do mandatário, não surtiu o esperado efeito.
(C) ressarcir ao mandatário as perdas que este sofrer com a execução do mandato, se tiverem resultado de culpa sua ou de excesso de poderes.
(D) pagar ao mandatário a remuneração ajustada se o negócio, sem culpa do mandatário, não surtiu o esperado efeito.
(E) pagar ao mandatário os juros das somas adiantadas pelo mandatário para a execução do mandato, desde a data do desembolso.

A: incorreta (art. 675 do CC); **B:** incorreta (art. 676 do CC); **C:** correta, (art. 676 do CC); **D:** incorreta (art. 676 do CC); **E:** incorreta (art. 677 do CC).
Gabarito "C".

(Analista – TRT/20ª – 2006 – FCC) A respeito do contrato de mandato, é correto afirmar que

(A) não deve o mandatário concluir o negócio já começado, ainda se houver perigo na demora, se estiver ciente da morte do mandante.
(B) o mandatário tem sobre a coisa de que tenha posse em virtude do mandato direito de retenção, até se reembolsar do que no desempenho do encargo despendeu.
(C) o mandatário pode compensar os prejuízos a que deu causa com os proveitos que, por outro lado, tenha granjeado ao seu constituinte.
(D) a aceitação do mandato não pode ser tácita por expressa vedação do Código Civil Brasileiro.
(E) o mandato não se extingue com a morte do mandatário, transmitindo-se as respectivas obrigações aos herdeiros.

A: incorreta (art. 674 do CC); **B:** correta (art. 681 do CC); **C:** incorreta (art. 669 do CC); **D:** incorreta (art. 656 do CC); **E:** incorreta (art. 682, II, do CC).
Gabarito "B".

4.2.8. Alienação fiduciária em garantia

(Analista – TRT/10ª – 2004 – CESPE) Quanto à alienação fiduciária em garantia, julgue os itens seguintes.

(1) Na alienação fiduciária, o credor pode apropriar-se da coisa garantida quando o fiduciante voluntariamente deixa de pagar o débito garantido, transformando, assim, a propriedade resolúvel em propriedade definitiva do fiduciário. No entanto, havendo saldo a favor do devedor, após o desconto das taxas de administração e demais encargos decorrentes da mora, a propriedade deve ser entregue ao fiduciante.
(2) O bem dado em propriedade fiduciária não fará parte dos ativos do devedor e, apesar de a propriedade pertencer ao credor, trata-se de patrimônio separado, imune à ação de terceiros, não podendo ser penhorado nas ações de execução ajuizadas contra o fiduciário.

1: errada, art. 1.365 do CC; **2:** correta, art. 1.361, § 2º, do CC.
Gabarito 1E, 2C

5. RESPONSABILIDADE CIVIL

5.1. Dever de indenizar

(Analista – TRT/3ª – 2015 – FCC) Saulo foi condenado criminalmente, por decisão transitada em julgado, em razão de lesões corporais causadas em Anderson, tendo sido reconhecidos, dentre outros elementos, a existência do fato e seu autor. Se Anderson ajuizar ação na esfera civil, Saulo

(A) poderá questionar a existência do fato e sua autoria independentemente de qualquer requisito, tendo em vista que a responsabilidade civil é independente da criminal.
(B) poderá questionar a existência do fato e sua autoria desde que, no juízo cível, apresente provas novas.

(C) não poderá questionar a existência do fato nem sua autoria.

(D) poderá questionar apenas a autoria do fato e desde que, no juízo cível, apresente provas novas.

(E) poderá questionar apenas a existência do fato e desde que, no juízo cível, apresente provas novas.

De acordo com o art. 935 do CC, "A responsabilidade civil é independente da criminal, não se podendo questionar mais sobre a existência do fato, ou sobre quem seja o seu autor, quando estas questões se acharem decididas no juízo criminal". Todas as demais alternativas viola o mencionado art. 935 do CC. Lembre-se, em nosso direito vigora o princípio da independência da responsabilidade civil em relação à criminal. O art. 64 do CPP diz que a reparação de dano pode ser proposta independentemente do procedimento criminal. Mas se a sentença criminal reconhecer o fato e a autoria, a justiça civil não poderá questionar tais matérias. Assim, transitada em julgado a sentença condenatória, pode os interessados promover-lhe a execução, no juízo cível, para o efeito da reparação do dano, o ofendido, seu representante legal ou seus herdeiros (art. 63 do CPP). Lembre-se: sentença penal condenatória faz coisa julgada no cível, sentença penal absolutória que reconhece a inexistência do fato ou da autoria fazem coisa julgada no cível, de outro lado, sentença penal absolutória que se fundamenta em falta de provas não faz coisa julgada no juízo cível.

Gabarito "C"

(Analista – TRT/11ª – 2012 – FCC) Carla é viúva e possui três filhos, Adão, Eva e Eduardo. Adão tem quinze anos; Eva tem dezessete; Eduardo tem 21 anos e é excepcional, sem desenvolvimento mental completo. Todos os filhos quando estavam jogando bola no quintal da residência quebraram duas janelas, uma mesa, cinco vasos e uma estátua muito valiosa da casa vizinha. Carla ressarciu o dano. Neste caso, Carla

(A) só poderá reaver o que pagou de Eva.

(B) poderá reaver o que pagou de todos os filhos.

(C) não poderá reaver o que pagou de nenhum dos filhos.

(D) só poderá reaver o que pagou de Eva e Eduardo.

(E) só poderá reaver o que pagou de Adão e Eduardo.

Considerando que todos os causadores dos danos são descendentes de Carla, sendo que Adão é absolutamente incapaz, Eva e Eduardo relativamente incapazes, sua genitora não poderá reaver o que pagou de nenhum dos filhos, nos termos do art. 934 do CC.

Gabarito "C"

(Analista – TRT/10ª – 2013 – CESPE) No que concerne à obrigações e à responsabilidade civil, julgue os próximos itens.

(1) Conforme jurisprudência do Superior Tribunal de Justiça, a responsabilidade do empregador por acidente de trabalho é subjetiva e fundada em presunção relativa de culpa de sua parte, de forma que a ele cabe o ônus da prova quanto à existência de alguma causa excludente de sua responsabilidade.

(2) Subsistindo apenas uma das prestações, a obrigação alternativa transforma-se em simples, já que o credor terá perdido o direito de escolha.

1: Certa, pois trata-se de hipótese da aplicação de culpa presumida ao empregador, isto é, inverte-se o ônus probatório cabendo a ele demonstrar que agiu de acordo com os ditames legais. Neste espeque, encarta-se recente julgado do STJ: "Agravo regimental em recurso especial. Processo civil e trabalho. Acidente de trabalho. Responsabilidade subjetiva do empregador. Culpa presumida. Inversão do ônus da prova. Momento processual. Prequestionamento. Ausência. Sumulas 282 E 356 DO STF. 1. Nos acidentes de trabalho, cabe ao empregador comprovar o cumprimento das obrigações legais de preservação da integridade física do trabalhador e respeito à normas de segurança e medicina do trabalho. Precedente específico. 2. Não se conhece do recurso especial quando a decisão recorrida deixa de se manifestar acerca da questão federal suscitada. 3. Agravo regimental não provido (Processo: AgRg no REsp 856791 RS 2006/0131618-0; Relator: Ministro Paulo de Tarso Sanseverino; Julgamento: 19/05/2011; Órgão julgador: Terceira Turma; Publicação: DJe 26/05/2011); 2: Errada, na medida em que a segunda parte da assertiva está incorreta. Neste passo, em regra, nas obrigações alternativas a escolha cabe ao devedor (art. 252, *caput*, do CC). A primeira parte da assertiva não encontra problemas, pois de acordo com o art. 253 do CC.

Gabarito 1C, 2E

(Analista – TRT/10ª – 2013 – CESPE) Julgue os itens de 1 a 6, relativos ao direito obrigacional e à responsabilidade civil.

(1) Se houver no contrato cláusula que exclua a responsabilidade de indenizar ao cocontratante, ter-se-á, nesse caso, a denominada cláusula de irresponsabilidade.

(2) Se uma empresa farmacêutica colocar à venda um novo medicamento para prevenir diabetes, mas esse produto ainda estiver em teste, ter-se-á, nesse caso, um exemplo de responsabilidade objetiva fundada na teoria risco-proveito.

(3) Em situações excepcionais elencadas em dispositivo do Código Civil, é possível que o credor de uma obrigação de alimentos ceda o seu crédito a terceiro.

(4) Se uma criança com onze anos de idade for vítima de atropelamento com resultado morte, seus pais poderão ingressar com ação de indenização por danos morais sob o argumento da configuração de hipótese de dano em ricochete.

(5) Se o indivíduo A receber do indivíduo B, mediante contrato estimatório, duas dúzias de bordados, esses bens não poderão ser penhorados pelos credores de A, salvo se o preço já houver sido pago integralmente.

(6) A *supressio* ocorre quando um contratante que violou uma norma jurídica aproveita-se da situação criada pela violação.

1: certa, na medida em cláusula de irresponsabilidade, também chamada cláusula de não indenizar exclui previa e bilateralmente a obrigação. Segundo Silvio Venosa "trata-se da cláusula pela qual uma das partes contratantes declara que não será responsável por danos emergentes do contrato, seu inadimplemento total ou parcial (Silvio Venosa. Direito Civil. 3. ed., p. 51). 2: certa (art. 927, parágrafo único e art. 931 do CC); 3: errada, pois o crédito alimentar em nenhuma hipótese é passível de cessão (art. 1.707 do CC); 4: certa, na medida em que o sofrimento, a dor e o trauma provocados pela morte de um ente querido podem gerar o dever de indenizar. Assim tem entendido o Superior Tribunal de Justiça ao julgar pedidos de reparação feitos por parentes ou pessoas que mantenham fortes vínculos afetivos com a vítima. Vide REsp 1.208.949; 5: certa (art. 536 do CC); 6: errada, pois consoante ensina o professor Flávio Tartuce (Direito Civil. 4. ed. São Paulo: Método. vol. 3, p. 126/127), a *supressio* (Verwirkung), significa a supressão, por renúncia tácita, de um direito ou de uma posição jurídica, pelo seu não exercício com o passar dos tempos. O seu sentido pode ser notado pela leitura do art. 330 do CC, que adota o conceito, eis que "o pagamento reiteradamente feito em outro local faz presumir renúncia do credor relativamente ao previsto no contrato."

Gabarito 1C, 2C, 3E, 4C, 5C, 6E

(Analista – TRT/4ª – 2006 – FCC) De acordo com o Código Civil brasileiro, em regra, aquele que ressarcir o dano causado por outrem pode reaver o que houver pago daquele por quem pagou, salvo se o causador do dano for

(A) ascendente, descendente ou parente colateral até segundo grau.

(B) ascendente, descendente ou parente colateral até terceiro grau.

(C) ascendente, descendente ou parente colateral até quarto grau.

(D) descendente seu, ainda que capaz para exercer os atos da vida civil.

(E) descendente seu, absoluta ou relativamente incapaz.

Art. 934 do CC.

Gabarito "E"

(Analista – TRT/8ª – 2010 – FCC) Luiz, dirigindo sozinho um veículo de seu empregador, atropelou um pedestre, causando-lhe ferimentos graves. Nesse caso,

(A) a culpa do empregado, autor do dano, acarretará a responsabilidade objetiva do empregador.

(B) o empregador responderá pelos danos causados independentemente da existência de culpa do empregado.

(C) o empregador só responderá pelos danos causados se ficar demonstrado que sabia que o empregado não dirigia com cautela.

(D) somente o empregado responderá pelos danos causados, pois o empregador não estava presente na ocasião do evento.

(E) o empregador só responderá pelos danos causados se ficar demonstrado que infringiu o dever de vigilância.

Arts. 932, III e 933, do CC.

Gabarito "A"

(Analista – TRT/11ª – 2005 – FCC) Responsabilidade civil:

(A) Aquele que habitar prédio, ou parte dele, só responde pelo dano proveniente das coisas que dele caírem, se tiver agido com culpa.

(B) O direito de exigir a reparação do dano sofrido por pessoa falecida é personalíssimo e não se transmite com a herança.

(C) Aquele que ressarcir o dano causado por outrem pode reaver o que houver pago daquele por quem pagou, mesmo que seja descendente seu relativamente incapaz.

(D) Todos os autores responderão solidariamente perante a vítima pela reparação do dano causado, se a ofensa a direito de outrem tiver mais de um autor.
(E) A indenização por injúria, difamação ou calúnia consistirá numa quantia fixa correspondente a um salário mínimo por palavra ofensiva.

A: incorreta (art. 938 do CC); **B:** incorreta (art. 943 do CC); **C:** incorreta (art. 934 do CC); **D:** correta (art. 942 do CC); **E:** incorreta (art. 953 do CC).

Gabarito "D"

(Técnico – TRT/15ª – 2009 – FCC) São responsáveis pela reparação civil, apenas se houver culpa de sua parte,

(A) os que gratuitamente houverem participado nos produtos do crime até a concorrente quantia.
(B) os pais, pelos atos praticados pelos filhos menores que estiverem sob a sua autoridade e em sua companhia.
(C) o empregador ou comitente pelos atos praticados por seus empregados, serviçais e prepostos, no exercício do trabalho que a eles competir, ou em razão dele.
(D) o autor do dano, quando a atividade por este normalmente desenvolvida implicar, por sua natureza, risco para os direitos de outrem.
(E) os motoristas de veículos automóveis que se envolverem em colisão em via pública ou particular.

A: incorreta, pois a responsabilidade nesse caso é objetiva, ou seja, independe de culpa (art. 932, V, c/c art. 933 do CC/2002); **B:** incorreta, pois a responsabilidade nesse caso é objetiva, ou seja, independe de culpa (art. 932, I, c/c art. 933 do CC/2002); **C:** incorreta, pois a responsabilidade nesse caso é objetiva, ou seja, independe de culpa (art. 932, III, c/c art. 933 do CC/2002); **D:** incorreta, pois a responsabilidade nesse caso é objetiva, ou seja, independe de culpa (art. 927, parágrafo único, do CC/2002); **E:** correta, pois a responsabilidade nesse caso depende de culpa ou dolo (art. 186 do CC/2002).

Gabarito "E"

(Analista – TRT/20ª – 2011 – FCC) José foi acusado de, dirigindo um veículo automotor, ter atropelado um pedestre e lhe causado ferimentos. No processo criminal relativo ao fato, foi decidido que José não foi o autor do fato, tendo a sentença criminal transitado em julgado. Nesse caso, na esfera civil, José

(A) só poderá vir a ser responsabilizado pelos danos morais decorrentes do atropelamento.
(B) poderá vir a ser responsabilizado pelos danos materiais e morais decorrentes do atropelamento porque a responsabilidade civil é independente da criminal.
(C) não mais poderá ser responsabilizado pelos danos materiais e morais decorrentes do atropelamento.
(D) poderá vir a ser responsabilizado pelos danos materiais decorrentes do atropelamento porque a sentença criminal não afastou a existência do fato.
(E) poderá vir a ser responsabilizado pelos danos morais decorrentes do atropelamento porque a sentença criminal não afastou a existência do fato.

A responsabilidade civil é independente da criminal, não se podendo questionar mais sobre a existência do fato, ou sobre quem seja o seu autor, quando estas questões se acharem decididas no juízo criminal (art. 935 do CC).

Gabarito "C"

(Analista – TRT/1ª – 2008 – CESPE) Antônio, vivendo sob a guarda de seus pais aos dezessete anos de idade, tomou emprestada a bicicleta de sua mãe e, ao conduzi-la de forma imprudente no caminho para a escola, lesionou José, que ajuizou ação buscando a reparação de seus prejuízos.

Considerando essa situação hipotética à luz da disciplina da responsabilidade civil, assinale a opção correta.

(A) Somente os pais de Antônio deverão responder pelos prejuízos causados a José, dado que os pais respondem pelos ilícitos praticados pelos filhos que estejam sob sua autoridade.
(B) Os pais de Antônio poderão eximir-se da responsabilidade pela reparação do dano se comprovarem que não contribuíram culposamente para o seu surgimento.
(C) Antônio responderá pela reparação do dano somente se seus responsáveis não tiverem a obrigação de reparar ou condições de fazê-lo.
(D) No caso de Antônio responder pelo dano a reparação deverá ser integral, conforme a regra geral da responsabilidade civil e indiferente à eventual limitação ou ao esgotamento de seu patrimônio.
(E) Os pais de Antônio poderão eximir-se da responsabilidade pelo dano, se o emanciparem logo após o fato e antes de ajuizada a ação por José.

O incapaz responde pelos prejuízos que causar, se as pessoas por ele responsáveis não tiverem obrigação de fazê-lo ou não dispuserem de meios suficientes (art. 928 do CC).

Gabarito "C"

(Analista – TRT/10ª – 2004 – CESPE) Acerca da responsabilidade civil, julgue os itens a seguir.

(1) Tratando-se de responsabilidade do fornecedor de serviços e produtos, em observância ao princípio legal da inversão do ônus da prova em favor do consumidor, regra de aplicação obrigatória, o consumidor tem direito de atuar no processo com meras alegações, passando ao fornecedor o ônus de provar o contrário.
(2) Considere a seguinte situação hipotética.
José faleceu em decorrência de acidente automobilístico, ocasionado exclusivamente pela existência de buraco em uma rodovia estadual. A vítima era o único provedor das necessidades da família, constituída pela esposa e três filhos. Nessa situação, o estado responsável pela rodovia responde subjetivamente pelos danos morais e materiais sofridos pela família da vítima, por ter se omitido em cuidar do bom estado das rodovias e proporcionar satisfatórias condições de segurança aos seus usuários.

1: art. 6º, VIII, do CDC; **2:** de fato, em caso de conduta omissiva, a responsabilidade do estado é subjetiva, eis que o art. 37, § 6º, da CF somente abrange os atos comissivos, pois usa o termo "causarem".

Gabarito 1E, 2C

5.2. *Quantum* indenizatório

(Analista – TRT/11ª – 2012 – FCC) De acordo com o Código Civil brasileiro, no caso de homicídio, a indenização consiste, sem excluir outras reparações, no pagamento

(A) das despesas com o tratamento da vítima, seu funeral e o luto da família, bem como na prestação de alimentos às pessoas a quem o morto os devia, levando- se em conta a duração provável da vida da vítima.
(B) apenas das despesas com o tratamento da vítima, bem como na prestação de alimentos às pessoas a quem o morto os devia, levando-se em conta a duração provável da vida da vítima.
(C) das despesas com seu funeral e o luto da família, bem como na prestação de alimentos às pessoas a quem o morto os devia, pelo período máximo de dois anos.
(D) das despesas com seu funeral e o luto da família, bem como na prestação de alimentos às pessoas a quem o morto os devia, pelo período máximo de cinco anos.
(E) das despesas com o tratamento da vítima, seu funeral e o luto da família, bem como na prestação de alimentos às pessoas a quem o morto os devia pelo período máximo de dez anos.

A: correta (art. 948, I e II do CC); **B:** incorreta, na medida em que exclui as despesas com funeral e luto da família; **C** e **D:** incorretas, pois excluem as despesas com tratamento da vítima e limita o tempo de prestação de alimentos às pessoas a quem o morto os devia; **E:** incorreta, pois limita o tempo de prestação de alimentos às pessoas a quem o morto os devia.

Gabarito "A"

(Analista – TRT/7ª – 2009 – FCC) Aquele que demandar por dívida já paga ficará obrigado a pagar ao devedor

(A) a metade do que houver cobrado, se tiver agido de boa-fé.
(B) o equivalente ao que houver cobrado, independentemente de ter agido de boa-fé.
(C) o equivalente ao que houver cobrado, se tiver agido de boa-fé.

(D) o dobro do que houver cobrado, independentemente de ter agido de boa-fé.

(E) o dobro do que houver cobrado, salvo se tiver agido de boa-fé.

Aquele que demandar por dívida já paga, no todo ou em parte, sem ressalvar as quantias recebidas, ficará obrigado a pagar ao devedor o dobro do que houver cobrado, nos termos do art. 940 do CC. Todavia, a Súmula 159 do STF traz exceção a essa regra, no caso de cobrança de boa-fé.

Gabarito "E"

(Analista – TRT/8ª – 2010 – FCC) A indenização decorrente da responsabilidade civil por ato ilícito

(A) no caso de homicídio consiste exclusivamente no pagamento das despesas de tratamento médico, funeral e luto.

(B) mede-se pela extensão do dano, não podendo, em nenhuma hipótese, ser reduzida pelo juiz.

(C) não pode ser reduzida se a vítima tiver concorrido culposamente para o evento danoso.

(D) pode ser reduzida equitativamente pelo juiz quando houver excessiva desproporção entre a gravidade da culpa e o dano.

(E) no caso de lesão corporal engloba as despesas de tratamento do ofendido, mas não inclui os lucros cessantes até o final da convalescença.

A: incorreta, pois, no caso de homicídio, a indenização consiste, **sem excluir outras reparações**, no pagamento das despesas de tratamento médico, funeral e luto (art. 948, *caput*, do CC); **B:** incorreta, pois, se houver excessiva desproporção entre a gravidade da culpa e o dano, poderá o juiz reduzir, equitativamente, a indenização (art. 944 do CC); **C:** incorreta, pois não existe essa vedação legal (art. 945 do CC); **D:** correta (art. 944, parágrafo único, do CC); **E:** incorreta (art. 949 do CC).

Gabarito "D"

(Analista – TRT/13ª – 2005 – FCC) O credor que demandar o devedor antes de vencida a dívida, fora dos casos em que a lei permita, ficará obrigado a

(A) pagar ao devedor o dobro do que tiver cobrado, salvo se houver prescrição.

(B) esperar o tempo que faltava para o vencimento, a descontar os juros correspondentes, embora estipulados, isentando-se das custas.

(C) pagar ao devedor o dobro do que tiver cobrado, salvo se houver decadência.

(D) esperar o tempo que faltava para o vencimento, a descontar os juros correspondentes, embora estipulados, e a pagar a custa em dobro.

(E) pagar ao devedor o equivalente do que dele exigir, salvo se houver prescrição.

Art. 939 do CC.

Gabarito "D"

(Analista – TRT/20ª – 2011 – FCC) No que concerne à responsabilidade civil é INCORRETO afirmar que a indenização

(A) no caso de lesão ou outra ofensa à saúde consistirá no pagamento das despesas do tratamento e dos lucros cessantes até o fim da convalescença, além de algum outro prejuízo que o ofendido prove haver sofrido.

(B) poderá ser reduzida, equitativamente, pelo juiz se houver excessiva desproporção entre a gravidade da culpa e o dano.

(C) será fixada tendo em conta a gravidade da culpa da vítima em confronto com a do autor do dano se a vítima tiver concorrido culposamente para o evento danoso.

(D) por ofensa à liberdade pessoal, se o ofendido não puder provar prejuízo, será fixada equitativamente pelo juiz, na conformidade das circunstâncias do caso.

(E) consistirá, havendo usurpação ou esbulho do alheio, se a restituição da coisa não for possível, na restituição do equivalente, estimado pelo valor de afeição, ainda que este se avantaje ao seu preço ordinário.

A: correto (art. 949 do CC); **B:** correto (art. 944, parágrafo único, do CC); **C:** correto (art. 945 do CC); **D:** correto (art. 954 c/c com art. 953, ambos do CC); **E:** incorreto, devendo ser assinalada, pois estimar-se-á ela pelo seu preço ordinário e pelo de afeição, contanto que este *não* se avantaje àquele (art. 952, parágrafo único, do CC).

Gabarito "E"

(Analista – TRT/20ª – 2006 – FCC) Considere as assertivas a respeito da responsabilidade civil:

I. Se a vítima tiver concorrido culposamente para o evento danoso, a sua indenização será fixada tendo-se em conta a gravidade de sua culpa em confronto com a do autor do dano.

II. O direito de exigir a reparação e a obrigação de prestá-la são personalíssimos e não se transmitem com a herança.

III. Aquele que habitar prédio, ou parte dele, responde pelo dano proveniente das coisas que dele caírem ou forem lançadas em lugar indevido.

Está correto APENAS o que se afirma em:

(A) I.

(B) I e II.

(C) I e III.

(D) II.

(E) II e III.

I: correto (art. 945 do CC); **II:** incorreto (art. 943 do CC); **III:** correto (art. 938 do CC).

Gabarito "C"

6. COISAS

(Analista – TRT/2ª – 2014 – FCC) Após pagar um terço de empréstimo garantido por hipoteca de seu imóvel, Bento Francisco procura aliená-lo a Kelly Joyce, mas ao notificar o credor hipotecário – o banco que lhe emprestou o dinheiro – este não consente com a venda, alegando haver no contrato cláusula que a proíbe expressamente. O posicionamento do banco credor é

(A) juridicamente equivocado, já que a lei civil prevê ser nula a cláusula que proíbe ao proprietário alienar imóvel hipotecado.

(B) juridicamente equivocado, pois, embora não se possa alienar a coisa antes de pago um determinado montante, a partir de um terço do pagamento do empréstimo já é possível vender o imóvel dado em garantia hipotecária.

(C) válido juridicamente, pois a alienação do imóvel só é possível pelo tomador do empréstimo após o pagamento de dois terços da dívida.

(D) válido juridicamente, já que o contrato faz lei entre as partes e Bento Francisco o celebrou livre e espontaneamente.

(E) juridicamente equivocado, por ser anulável o contrato, dada a abusividade da cláusula proibitiva de alienação.

Viola o art. 1.475 do CC, "É nula a cláusula que proíbe ao proprietário alienar o imóvel hipotecado". Hipoteca é o direito real de garantia que tem por objeto bens imóveis, navio ou avião pertencentes ao devedor ou a terceiro e que, embora não entregues ao credor, asseguram-lhe, preferencialmente, o recebimento de seu crédito. Não é possível estabelecer cláusula que proíba o proprietário de alienar o imóvel hipotecado, porém, é permitido convencionar o vencimento do crédito hipotecário, se o imóvel for alienado (parágrafo único do art. 1.475 do CC). Lembre-se, por ser direito real, a hipoteca deve ser registrada no cartório do lugar do imóvel, conforme prevê o art. 1.492 do CC.

Gabarito "A"

(Analista – TRT/10ª – 2013 – CESPE) Com relação aos direitos reais, julgue os itens subsecutivos.

(1) A depreciação do bem imóvel dado em garantia pelo devedor causada pela falta de conservação acarreta, por si só, o vencimento antecipado do débito.

(2) Na promessa de compra e venda de imóvel não loteado, pode-se inserir cláusula de arrependimento, contudo o exercício do direito de retratação só será cabível antes do pagamento total do preço.

1: errada, na medida em que para que ocorra o vencimento antecipado do débito, a depreciação ou deterioração do bem devem ser tamanhas que desfalquem a garantia, e o devedor intimado, não a reforce ou a substitua (art. 1.425, I do CC); **2:** certa, consoante trecho de artigo do professor Nelson Rosenvald: "O Código Civil incorre no mesmo equívoco de antigas decisões do Supremo Tribunal Federal que interpretando literalmente o artigo 22 do Decreto-Lei 58/1937 entendiam que somente era possível a adjudicação compulsória se o compromisso de compra e venda estivesse registrado (Marco Aurélio Bezerra de Melo. Direito das Coisas. Lúmen Juris. 2002. p. 278.). O art. 1.417 do Código Civil enfatiza que o direito real à aquisição não se formará quando, não obstante registrada, contiver a promessa de compra e venda a cláusula de arrependimento. Cuida-se de direito potestativo que confere ao promissário comprador a opção de resilir unilateralmente (art. 473, CC) o negócio jurídico, mediante a denúncia notificada a outra parte, impondo-se a devolução integral das quantias pagas. Há de se observar que o direito de arrependimento foi proscrito do compromisso de compra e venda de lotes rurais e urbanos, sendo de essência a sua irretratabilidade. Pela Súmula 166 do STF, "é inadmissível o arrependimento do compromisso de compra e venda ao regime do Decreto-Lei 58". Igual entendimento se extrai da leitura do art. 25 da Lei 6.766/1979. Assim, não há possibilidade de inserção de cláusula de arrependimento, tanto nos contratos que envolvam lotes rurais (Decreto-Lei 58/1937) quanto nos que pertinem a lotes urbanos (Lei 6.766/1979). A vedação é de ordem pública, sendo plenamente justificável pela própria dinâmica dos contratos que envolvem loteamentos. Se fosse possível a retratação, o compromitente vendedor poderia livremente praticar a especulação imobiliária com a seguida venda e recompra de lotes por preços bem superiores aos obtidos nas transações anteriores. Pela dicção do novo Código Civil, somente para os imóveis não loteados resta ainda possibilidade de arrependimento, mediante cláusula expressa no contrato, desde que não pago totalmente o preço. Caso contrário, entende-se que houve decadência ao exercício do direito potestativo de arrependimento, uma vez que haveria uma lesão à boa-fé do promissário comprador que adimpliu suas obrigações e flagrante abuso do direito por parte do promitente vendedor" (ROSENVALD, Nelson. A Promessa de compra e venda no Código Civil de 2002. Disponível em: [www.flaviotartuce.adv.br/artigosc/ROSENVALD_COMPRA.doc]. Acesso em: 07.10.2013].

Gabarito 1E, 2C

(Analista – TST – 2003 – CESPE) Acerca dos direitos reais, julgue os itens que se seguem.

(1) No atual Código Civil, não tendo sido incluídas enfiteuses no rol dos direitos reais, as já existentes passam a constituir e receber o tratamento jurídico do direito real de superfície.

(2) Pode o devedor hipotecante alienar o bem hipotecado sem qualquer restrição, sendo-lhe vedado tão somente praticar atos que degradem a garantia.

1: incorreta, art. 2.038 do CC; **2:** correta, art. 1.475 do CC.

Gabarito 1E, 2C

(Analista – TRF/5ª – 2003 – FCC) O prazo necessário, sem interrupção, nem oposição, para aquele que possuir como seu um imóvel, adquirir-lhe a propriedade, sem título ou boa-fé, mas tendo realizado no imóvel obras e serviços de caráter produtivo, ficou, no atual Código, reduzido a

(A) 5 anos.
(B) 5 anos, se ali também fixar sua moradia habitual.
(C) 10 anos.
(D) 10 anos, se ali também fixar sua moradia habitual.
(E) 15 anos.

Art. 1.238, parágrafo único, do CC.

Gabarito "C"

7. FAMÍLIA

(Analista – TRT/10ª – 2013 – CESPE) Julgue o item abaixo, relativo ao casamento civil.

(1) O Código Civil adotou o critério biopsicológico com relação à idade núbil; assim, para a mulher e o homem poderem casar é necessário que tenham completado, respectivamente, dezesseis e dezoito anos de idade.

A assertiva está errada, uma vez que a Constituição Federal adotou o princípio da igualdade entre homens e mulheres, conforme disposto no art. 5º, I. Em harmonia com mencionada norma, o Código Civil não faz distinção de gênero quanto a idade núbil para o casamento, de modo que tanto o homem como a mulher podem se casar a partir dos 16 anos de idade, exigindo-se autorização de ambos os pais, ou de seus representantes legais, enquanto não atingida a maioridade civil (art. 1.517, *caput*, do CC)

Gabarito 1E

(Analista – TRT/7ª – 2009 – FCC) Considere abaixo os regimes de bens no casamento.

I. Comunhão universal.
II. Separação obrigatória.
III. Separação convencional.
IV. Comunhão parcial.

De acordo com o Código Civil, não podem os cônjuges contratar sociedade entre si se casados sob o regime de bens indicado APENAS em

(A) I e II.
(B) II e III.
(C) I e IV.
(D) I, II e III.
(E) II, III e IV.

Art. 977 do CC.

Gabarito "A"

8. SUCESSÕES

(Analista – TRT/10ª – 2013 – CESPE) No que concerne à sucessão no direito civil, julgue os itens subsequentes.

(1) A ofensa física é uma das causas que autorizam a deserdação, não sendo necessário que haja condenação criminal ou que a condenação criminal seja grave ou gravíssima.

(2) No caso de legado alternativo, se o legatário falecer antes de ter realizado a opção, o exercício desse direito passará aos seus herdeiros.

(3) Caso ocorra a premoriência do legatário, o legado deverá ser transmitido aos seus herdeiros.

(4) Considere a seguinte situação hipotética. Jorge, filho de Paulo, este recém-falecido, providenciou o velório, tendo cuidado de toda a parte burocrática para a realização do enterro de seu pai. Nessa situação hipotética, os atos praticados por Jorge caracterizaram a sua aceitação da herança dos bens de seu pai.

(5) Com o falecimento do autor da herança, esta se transmite de forma definitiva aos seus herdeiros independentemente da abertura da sucessão e da existência de testamento.

1: certa, nos termos dos arts. 1.962, I e 1.963, I do CC, sendo que o Código Civil não faz distinção quanto à natureza da condenação criminal; **2:** correta (art. 1.933 do CC); **3:** errada, pois a premoriência do legatário é causa de caducidade do legado (art. 1.939, V do CC); **4:** errada, pois não exprimem aceitação de herança os atos oficiosos, como o funeral do finado, os meramente conservatórios, ou os de administração e guarda provisória (art. 1.805, § 1º do CC); **E:** incorreta, pois, não obstante a existência de testamento seja dispensável, é imprescindível a abertura da sucessão para que haja a transmissão dos bens (art. 1.784 do CC).

Gabarito 1C, 2C, 3E, 4E, 5E

(Analista – TRT/10ª – 2013 – CESPE) No que concerne ao direito de família e ao direito das sucessões, julgue os itens subsequentes.

(1) O direito ao usufruto vidual é relativo, visto que sua efetivação se sujeita à demonstração pelo cônjuge sobrevivente de sua situação financeira precária.

(2) O único bem imóvel residencial do devedor é penhorável, desde que esteja desocupado.

1: errada, pois o art.1.831 do CC é enfático ao prever que: "Ao cônjuge sobrevivente, qualquer que seja o regime de bens, será assegurado, sem prejuízo da participação que lhe caiba na herança, o direito real de habitação relativamente ao imóvel destinado à residência da família, desde que seja o único daquela natureza a inventariar". Ainda que o imóvel não se comunique com o cônjuge sobrevivente, em razão do regime de casamento ou por fazer parte do patrimônio particular do cônjuge falecido, o direito de habitação resulta dos princípios de proteção da família, e não de uma relação patrimonial. Por isso mesmo, esse direito de habitação do cônjuge, chamado pela doutrina de usufruto vidual, existe e é juridicamente assegurado independentemente do seu registro no cartório de imóveis ou da situação financeira do cônjuge supérstite. **2:** certa, pois a impenhorabilidade do bem de família apenas se dá se referido imóvel for utilizado como domicílio da entidade familiar, isto é, desde que as pessoas nele residam, pois a Lei visa proteger as pessoas e não o bem propriamente (art. 1º, Lei 8.009/1990). Objetiva-se garantir o direito à moradia. A partir do momento em que o bem não é habitado, não há nenhum impedimento para a sua constrição.

Gabarito 1E, 2C

10. Direito Processual Civil

Novo CPC – Lei 13.105/2015

Cintia Rodrigues, Fernando Cavalcante, Ivo Tomita, Luiz Dellore, Renato Montans e Tiago Queiroz *

1. PRINCÍPIOS DO PROCESSO CIVIL

(Analista – TRT/22ª – 2010 – FCC) A indeclinabilidade é uma característica

(A) da ação.
(B) da jurisdição.
(C) do processo.
(D) da lide.
(E) do procedimento.

A jurisdição, na qualidade de um dos quatro institutos fundamentais do processo civil (jurisdição, ação, exceção e processo), tem por princípio a *indeclinabilidade* ou *indelegabilidade*, ou seja, uma vez que o juiz não exerce em nome próprio a jurisdição, não pode delegá-la, posto que indisponível, sob pena de afronta ao princípio constitucional do juiz natural (art. 5º, LIII, da CF). Cumpre ressaltar que o art. 102, I, *m*, da CF constitui-se como exceção a tal postulado, visto que o STF pode delegar a prática de atos processuais a outros órgãos do Poder Judiciário.

Gabarito "B".

(Analista – TRT/10ª – 2004 – CESPE) Em relação aos princípios que regem a formação do processo, pedido e defesa do réu, julgue os itens seguintes.

(1) Provocada a atividade jurisdicional, o provimento deve ater-se aos limites da demanda, segundo o princípio da correlação ou da adstrição, sendo, entretanto, possível o julgamento *ultra* ou *extra petita* desde que não haja oposição do réu, o que pode ocorrer em qualquer fase do processo.
(2) O DF, os estados e os municípios são representados em juízo pelos respectivos procuradores, o mesmo ocorrendo em relação às demais pessoas jurídicas de direito público ou privado, pertencentes à administração direta ou indireta.
(3) Os representantes das pessoas jurídicas de direito privado, de qualquer espécie (sociedades, associações, fundações) serão os seus advogados, que deverão apresentar sempre cópia do contrato de trabalho para comprovar o vínculo com a parte que representam.
(4) Não se configura alteração da causa de pedir quando se atribui ao fato ou ao conjunto de fatos narrados pelo autor qualificação jurídica diversa da que lhe foi originariamente atribuída, pois incumbe ao juiz aplicar a norma ao fato.

1: errado. O juiz deve decidir a lide nos limites em que foi proposta; a ausência de estrita correlação entre a sentença e o pedido ofende o princípio da ampla defesa, do contraditório e do dispositivo. A sentença *extra petita*, em razão de ofensa aos princípios constitucionais e processuais referidos, mesmo que sem oposição do réu, é nula; **2:** certo (art. 75 do NCPC); **3:** errado (art. 75, VIII, do NCPC); **4:** certo. De fato, no processo civil brasileiro, que adotou a teoria da substanciação, o juiz pode alterar a qualificação jurídica dos fatos, desde que estes não se modifiquem.

Gabarito 1E, 2C, 3E, 4C

(Analista – TRT/23ª – 2007 – FCC) O art. 5º, XXXVII, da Constituição Federal dispõe que "não haverá juízo ou tribunal de exceção". Esse dispositivo consagra, em relação à jurisdição, o princípio

(A) da especialização.
(B) da improrrogabilidade da jurisdição.
(C) da indeclinabilidade da jurisdição.
(D) do juiz natural.
(E) da indelegabilidade da jurisdição.

De fato, o princípio do juiz natural diz respeito à vedação de juízos ou tribunais de exceção, que são os instituídos depois do fato que eles julgarão, não admitidos no Estado Democrático de Direito consagrado pela Constituição Federal de 1988.

Gabarito "D".

(Técnico Judiciário – TRT/5ª – 2008 – CESPE) Acerca da jurisdição, da ação, das partes e procuradores, do litisconsórcio e da assistência, julgue o item seguinte.

(1) Constituem princípios da jurisdição contenciosa o juiz natural, a improrrogabilidade e a indeclinabilidade.

1: correta. O princípio do juiz natural dispõe que as partes serão processadas e julgadas por um juízo ou tribunal independente, imparcial e previamente previsto na legislação (ou seja, previsto de forma abstrata, antes de surgir a lide). Assim, é vedada a criação de tribunais de exceção (CF, art. 5º, XXXVII e LIII) – isso com o objetivo de se atingir a imparcialidade do juiz (que também é comprometida se existem situações de impedimento ou suspeição – NCPC, art. 144 e ss.). A *improrrogabilidade* ou *princípio da aderência ao território* diz respeito à impossibilidade de o juiz estender a parcela de jurisdição que lhe compete para além dos limites impostos pela lei (NCPC, art. 13). Já a *indeclinabilidade* ou *inafastabilidade*, expresso no art. 5º, XXXV, da CF, tem a ver com a garantia individual de acesso à justiça, sendo assegurado a todos a proteção contra lesão ou ameaça de lesão a direito.

Gabarito 1C

2. PARTES, PROCURADORES, MINISTÉRIO PÚBLICO E JUIZ

(Analista – TRT/14ª – 2011 – FCC) No que concerne às despesas e honorários,

(A) se um litigante decair de parte mínima do pedido, os honorários e as despesas serão recíproca e proporcionalmente distribuídos e compensados entre eles.
(B) nos juízos divisórios, não havendo litígio, os interessados dividirão as despesas igualmente entre si e não na proporção dos respectivos quinhões.
(C) havendo transação e nada tendo as partes disposto quanto as despesas, estas serão pagas pelo réu.
(D) se o processo terminar por desistência, as despesas e os honorários serão rateados entre as partes.
(E) nos processos de jurisdição voluntária, as despesas serão adiantadas pelo requerente, mas rateadas entre os interessados.

A: incorreto, posto que o litigante que decair de parte mínima do pedido não será condenado ao pagamento das despesas processuais e honorários advocatícios. Nessa hipótese, tais verbas deverão ser integralmente pagas pela parte que se sagrou vencida ao final da lide (art. 86, parágrafo único, do NCPC); **B:** incorreto. A despesa, nesse caso, será rateada proporcionalmente ao quinhão de cada interessado (art. 89 do NCPC); **C:** incorreto. As despesas serão divididas igualmente entre os transatores (art. 90, § 2º, do CPC); **D:** incorreto. As despesas correrão por conta da parte que pleiteou a desistência (art. 90, *caput*, do NCPC); **E:** correto (art. 88 do NCPC).

Gabarito "E".

(Analista – TRT/14ª – 2011 – FCC) A condenação por litigância de má-fé

(A) não implicará em indenização à parte contrária, estando os prejuízos que sofreu incluídos na multa fixada pelo juiz ou tribunal.
(B) não inclui pagamento de honorários advocatícios.
(C) depende de requerimento da parte contrária, não podendo o tribunal decidir de ofício.

* Luiz Dellore e Fernando Cavalcanti comentaram as questões dos concursos FGV – 2014; FGV – 2015; Luiz Dellore e Cintia Rodrigues comentaram as questões de Técnico e algumas questões de analista dos seguintes concursos: TRT/9ª – 2012 – FCC; TRT/10ª – 2013 – CESPE; TRT/11ª – 2012 – FCC; Ivo Tomita comentou a questão do concurso Analista – TRT/16ª/2014/FCC; Renato Montans de Sá, Tiago Queiroz e Ivo Tomita comentaram as demais questões. Ivo Tomita e Renato Montans de Sá atualizaram os comentários à luz do NCPC.

(D) implicará no pagamento de multa não excedente a 1% do valor da causa, devidamente atualizado.
(E) depende de requerimento da parte contrária, não podendo o juiz decidir de ofício.

A e **B:** incorretos, pois a condenação por litigância de má-fé implica o pagamento de multa, indenização, honorários advocatícios e despesas processuais (art. 81, *caput*, do NCPC); **C** e **E:** incorretos, já que o órgão jurisdicional poderá, de ofício ou a requerimento, condenar a parte litigante de má-fé (art. 81, *caput*, do NCPC); **D:** correto. A multa não excederá a 1% sobre o valor da causa, ao passo que a indenização será fixado pelo juiz ou, caso não seja possível mensurá-lo, liquidado por arbitramento ou pelo procedimento comum, nos próprios autos (art. 81, *caput* e § 3º, do NCPC).
Gabarito "D".

(Analista – TRT/17ª – 2009 – CESPE) Com referência às partes e aos procuradores em um processo civil, julgue os itens que se seguem.

(1) Não se confundem a responsabilidade de uma das partes por dano processual causado a outra com a responsabilidade destas pelas despesas processuais, sendo certo que, no primeiro caso, a lei processual enumera taxativamente as hipóteses em que se configura a responsabilidade por perdas e danos.
(2) Caso uma pessoa adquira um bem cuja propriedade esteja sendo objeto de litígio entre o alienante e terceira pessoa, o adquirente não poderá substituir o alienante no feito, caso a outra parte não consinta, porém será possível ao adquirente ingressar no feito como assistente do alienante, até porque, nessa hipótese, a coisa julgada ultrapassa seus limites usuais para atingir quem adquire a coisa litigiosa.

1: correta (arts. 79 e 85 do NCPC); **2:** correta (art. 119 do NCPC).
Gabarito 1C, 2C

(Analista – TRT/7ª – 2009 – FCC) O Juiz, de conformidade com o Código de Processo Civil,

(A) sempre poderá decidir um litígio por equidade.
(B) está proibido de exercer as suas funções no processo contencioso ou voluntário quando nele estiver postulando, como advogado da parte, qualquer parente seu, consanguíneo ou afim na linha colateral até o segundo grau.
(C) poderá se eximir de sentenciar ou despachar alegando lacuna ou obscuridade da lei.
(D) é considerado suspeito para exercer as suas funções no processo contencioso ou voluntário quando for órgão de direção ou de administração de pessoa jurídica, parte na causa.
(E) é considerado suspeito para exercer as suas funções no processo contencioso ou voluntário em que funcionou como órgão do Ministério Público.

A: incorreta, pois o juiz só decidirá por equidade nos casos previstos em lei (art. 140, parágrafo único, do NCPC); **B:** correta, conforme art. 144, III, do NCPC. Importante aclarar ao candidato que o art. 144 previu que haverá impedimento do juiz, sendo-lhe vedado exercer suas funções no processo quando nele estiver postulando, como defensor público, advogado ou membro do Ministério Público, seu cônjuge ou companheiro, ou qualquer parente, consanguíneo ou afim, em linha reta ou colateral, até o terceiro grau, inclusive; **C:** incorreta, pois o juiz não se exime de sentenciar ou despachar alegando lacuna ou obscuridade no ordenamento jurídico (art. 140 do NCPC); **D:** incorreta, pois é caso de impedimento (art. 144, V, do NCPC); **E:** incorreta, de acordo com o art. 144, I, do NCPC (impedimento).
Gabarito "B".

(Analista – TRT/2ª – 2008 – FCC) A respeito das partes e dos procuradores, é INCORRETO afirmar:

(A) A herança jacente ou vacante será representada em juízo por seu inventariante.
(B) A sentença condenará o vencido a pagar honorários advocatícios nos casos em que o advogado funciona em causa própria.
(C) Quando o inventariante for dativo, todos os herdeiros e sucessores do falecido serão autores ou réus nas ações em que o espólio for parte.
(D) Reputa-se litigante de má-fé aquele que interpuser recurso com intuito manifestamente protelatório.
(E) As sociedades sem personalidade jurídica, quando demandadas, não poderão opor a irregularidade de sua constituição.

A: incorreta, devendo ser assinalada, pois a herança jacente ou vacante, será representada em juízo, ativa ou passivamente, por seu curador (art. 75, VI, do NCPC); **B:** correta com base no art. 85, § 17 do NCPC; **C:** correta no CPC/1973 (art. 12, § 1º, do CPC/1973). Entretanto, no CPC/2015, o art. 75, § 1º, prevê que quando o inventariante for dativo, os sucessores do falecido **serão intimados** no processo no qual o espólio seja parte, diferentemente do que ocorria no CPC de 1973; **D:** art. 80, VII, do NCPC; **E:** art. 75, § 2º, do NCPC.
Gabarito "A".

(Analista – TRT/23ª – 2011 – FCC) A capacidade processual

(A) é o poder atribuído ao juiz para solucionar o conflito de interesses entre o autor e o réu.
(B) é causa de nulidade insanável, não podendo o juiz assinar prazo para a sua regularização.
(C) é a aptidão profissional para atuar em juízo, como representante da parte.
(D) não é pressuposto de validade do processo.
(E) é inerente a toda pessoa maior e capaz, com plena capacidade de exercício dos atos da vida civil.

A *capacidade de fato ou de exercício* é o pressuposto processual de validade exigido para que a pessoa exercite pessoalmente direitos e obrigações na órbita civil sem a necessidade de estar representado ou assistido. Isso posto, a *personalidade jurídica* oriunda do direito civil está para a *capacidade de ser parte*, assim como a *capacidade de fato ou de exercício* está para a *capacidade de estar em juízo*. Exemplificando, o recém-nascido com vida tem personalidade jurídica, motivo pelo qual possui capacidade de ser parte, e, por isso, pode pleitear alimentos. Para tanto, será representado por seu representante legal, visto que não possui capacidade processual, isto é, capacidade de estar em juízo (capacidade de fato ou de exercício).
Gabarito "E".

(Analista – TRT/13ª – 2005 – FCC) É correto afirmar que o juiz dirigirá o processo conforme as disposições do Código de Processo Civil e que

(A) caberá ao juiz, a requerimento da parte, determinar as provas necessárias à instrução do processo, não podendo determiná-las de ofício.
(B) o juiz decidirá a lide nos limites em que foi proposta, sendo-lhe permitido conhecer de questões não suscitadas, a cujo respeito a lei exige a iniciativa da parte.
(C) o juiz poderá se eximir de sentenciar ou despachar alegando lacuna ou obscuridade da lei, desde que justifique e comprove a situação.
(D) em qualquer hipótese, o juiz que proferir a sentença, se entender necessário, poderá mandar repetir as provas já produzidas.
(E) o juiz apreciará livremente a prova ao proferir sentença, atendendo aos fatos alegados pelas partes, sendo-lhe facultada a indicação dos motivos que formaram o seu convencimento.

A: incorreta, pois é possível o juiz determinar de ofício, nos termos do art. 370 do NCPC; **B:** O juiz decidirá o **mérito** nos limites propostos pelas partes, sendo-lhe vedado conhecer de questões não suscitadas a cujo respeito a lei exige iniciativa da parte (art. 141 do NCPC); **C:** incorreta, nos termos do art. 140 do NCPC; **D:** correta no CPC /1973 (art. 132, parágrafo único, do CPC). Importante lembrar o candidato que não há previsão correspondente no Novo Código; **E:** incorreta, nos termos do art. 371 do NCPC.
Gabarito "D".

(Analista – TST – 2008 – CESPE) Representação, assistência e substituição são institutos que dizem respeito à capacidade processual e à legitimidade. Com relação a esse tema, julgue os seguintes itens.

(1) A representação e a assistência são formas de integração da capacidade processual, que só ocorre em relação a pessoas físicas, jamais em relação a pessoas jurídicas.
(2) A substituição processual pode ser inicial ou superveniente, exclusiva ou concorrente.
(3) O substituído pode ingressar no processo como assistente simples nos casos de substituição processual concorrente.

1: correto, pois os incapazes serão representados ou assistidos por seus pais, tutores ou curadores, na forma da lei civil (art. 71 do NCPC), contudo há uma espécie de representação para as pessoas jurídicas e demais entes prevista no art. 75, NCPC (decorrente não de incapacidade mas de falta de personalidade judiciária); **2:** correto, a substituição processual é inicial quando se move a ação pelo ou em face do substituto; é superveniente quando, no curso do processo, dá-se a substituição. É exclusiva quando somente o substituto tem a titularidade do direito de ação; é concorrente quando também o substituído tem legitimidade para agir em juízo; **3:** incorreto, pois quando se tratar de substituição processual exclusiva, o substituído pode intervir no processo como assistente simples; quando a substituição processual for concorrente, o substituído poderá ingressar no processo como assistente litisconsorcial.

Gabarito 1C, 2C, 3E

(Analista – TRT/1ª – 2008 – CESPE) Márcio, advogado legalmente constituído nos autos mediante procuração geral para foro, requereu a um escrivão certidão de ato do processo em que atuava e teve o seu pedido rejeitado pelo serventuário, embora não se tratasse de questão sob segredo de justiça.

Considerando essa situação hipotética à luz das disposições do CPC relativas aos procuradores e auxiliares da justiça, assinale a opção correta.

(A) O indeferimento do pedido foi correto, já que tal pedido deveria ter sido dirigido ao juiz condutor do feito.

(B) Como o advogado depende de atribuição de poderes especiais para requerer certidão de atos do processo, Márcio não deveria ter realizado o requerimento.

(C) O escrivão, conforme disposição expressa do CPC, não detém poderes para fornecer certidões de atos do processo.

(D) O ato de indeferimento foi equivocado, pois cabe ao escrivão executar as ordens do advogado legalmente constituído no processo.

(E) Visto que compete ao escrivão fornecer certidão de qualquer ato do processo, independentemente de despacho do juiz, ele deveria ter atendido o pedido do advogado.

Incumbe ao escrivão ou chefe de secretaria: [...] V – fornecer certidão de qualquer ato ou termo do processo, independentemente de despacho, observadas as disposições referentes ao segredo de justiça (art. 152, V, do NCPC).

Gabarito "E".

(Analista – TRT/1ª – 2008 – CESPE) Considerando hipoteticamente que Pedro, proprietário e administrador de uma empresa que não possui o devido registro, representou-a, nessa condição, em ação contra ela intentada, assinale a opção correta com respeito ao tema capacidade processual.

(A) As sociedades sem personalidade jurídica não detêm, por sua própria condição diante do direito, capacidade para estar em juízo, seja na posição ativa, seja na posição passiva.

(B) A representação da sociedade sem personalidade jurídica cabe àquele que administra os bens desta, independentemente da existência de acordo diverso entre os seus integrantes.

(C) Pedro não poderia ter representado a sociedade irregular sozinho, visto que todas as outras pessoas físicas, que, por qualquer modo, participam dessa sociedade, a representam em juízo.

(D) A representação da sociedade sem personalidade jurídica depende do que se encontra disposto em seus atos constitutivos, desde que assinados por todos os seus sócios.

(E) Verificada a irregularidade da sociedade, o juiz condutor do feito deveria suspender o processo e deferir a Pedro um prazo razoável para que este registrasse os atos constitutivos da pessoa jurídica, com a finalidade de sanar o vício de representação.

A sociedade e a associação irregulares e outros entes organizados sem personalidade jurídica, **pela pessoa a quem couber a administração de seus bens** (art. 75, IX, do NCPC).

Gabarito "B".

(Analista – TRT/1ª – 2008 – CESPE) Carlos, juiz de direito, adquiriu um imóvel da Incorporadora Imobiliária X e parcelou, junto a essa empresa, em 36 meses, parte do preço do apartamento. Dez meses após, atuando profissionalmente, recebeu inicial em que a Incorporadora Imobiliária X figurava como parte no polo passivo de uma ação voltada à cobrança de dívidas oriundas da aquisição de veículos.

Considerando essa situação hipotética e as normas processuais que regulam os casos de impedimento e suspeição, assinale a opção correta.

(A) No caso descrito, não se vislumbra situação que gere impedimento de Carlos, até porque ele não é órgão de direção ou de administração de pessoa jurídica, parte da causa.

(B) O impedimento, no caso descrito, dependerá do tipo de pedido e só ocorrerá se a ação envolver pedido voltado à cobrança de mutuários em contratos de financiamento imobiliário.

(C) Não há suspeição, porque a causa submetida a Carlos diz respeito a relação negocial diversa daquela existente entre ele a empresa ré.

(D) Carlos está impedido de atuar no feito porque é parte em um contrato de mútuo, ainda pendente, com a empresa ré.

(E) Há suspeição, pois esta se vê configurada quando uma das partes for credora do juiz, de seu cônjuge ou de parente destes, em linha reta ou colateral até o terceiro grau.

A alternativa correta é a E, pois Carlos é devedor da empresa ré e esta situação se enquadra na hipótese do art. 145, III, NCPC.

Gabarito "E".

(Analista – TRT/9ª – 2007 – CESPE) A respeito da participação do Ministério Público no processo civil, julgue o item a seguir.

(1) O Ministério Público tem os mesmos ônus das partes litigantes quando propõe uma ação em nome próprio como representante de terceiros, se for demandado ou se atuar, nos processos, como fiscal da lei. Contudo, a sua ausência justificada na audiência de instrução e julgamento, ainda quando devidamente intimado, determina a suspensão do processo e o adiamento da audiência, sob pena de nulidade do processo.

1: errado (arts. 177, 178 e 279 do NCPC).

Gabarito 1E

(Técnico Judiciário – TRT/14ª – 2011 – FCC) A condenação por litigância de má-fé:

(A) não implicará em indenização à parte contrária, estando os prejuízos que sofreu incluídos na multa fixada pelo juiz ou tribunal.

(B) não inclui pagamento de honorários advocatícios.

(C) depende de requerimento da parte contrária, não podendo o tribunal decidir de ofício.

(D) implicará no pagamento de multa não excedente a 1% do valor da causa, devidamente atualizado.

(E) depende de requerimento da parte contrária, não podendo o juiz decidir de ofício.

A e **B:** incorretas, pois a condenação por litigância de má-fé implica o pagamento de multa, indenização, honorários advocatícios e despesas processuais (art. 81, *caput*, do NCPC); **C** e **E:** incorretas, já que o órgão jurisdicional poderá, de ofício ou a requerimento, condenar a parte litigante de má-fé (art. 81, *caput*, do NCPC); **D:** incorreta à luz do NCPC, que dispõe em seu artigo 81, *caput*, que a multa aplicada deverá ser superior a 1% do valor da causa. No CPC/1973, a previsão legal era de que a multa não excederia a 1% sobre o valor da causa, ao passo que a indenização seria desde logo arbitrada em percentual não superior a 20% sobre o montante atribuído à demanda, podendo, ainda, ser liquidada por arbitramento (art. 18, *caput* e § 2º, do CPC/1973).

Gabarito sem resposta correta ou NCPC

(Técnico Judiciário – TRT/9º – 2010 – FCC) Em uma ação ordinária movida contra pessoa jurídica de direito privado, o Juiz verificou que a procuração outorgada ao advogado que apresentou a contestação foi assinada por pessoa alheia ao quadro social da empresa e sem poderes para representá-la. Em vista disso, suspendeu o processo e determinou a intimação da ré pelo correio para sanar o defeito de representação no prazo de 30 dias. Não tendo sido cumprido esse despacho dentro do prazo fixado, o juiz deverá:

(A) decretar a nulidade do processo.

(B) extinguir o processo sem exame do mérito.

(C) declarar a ré revel.

(D) fixar novo prazo para a regularização da representação.

(E) determinar o prosseguimento do processo.

Estabelece o art. 76, §1º, II, do NCPC que se descumprida a obrigação que caberia ao réu, este será considerado revel.

Gabarito "C".

(Técnico Judiciário – TRT/5ª – 2008 – CESPE) Acerca da jurisdição, da ação, das partes e procuradores, do litisconsórcio e da assistência, julgue os itens seguintes.

(1) Supre-se a incapacidade processual relativa da parte por meio da intervenção do representante legal do incapaz.

1: incorreta. Supre-se a incapacidade relativa por meio da intervenção do assistente do relativamente incapaz. O absolutamente incapaz é que é representado (art.71 do NCPC e arts. 3º e 4ºdo CC).

Gabarito 1E

(Técnico Judiciário – TRT/5ª – 2008 – CESPE) Quanto à competência, ao juiz e aos atos processuais, julgue os itens a seguir.

(1) Reputa-se fundada a suspeição de parcialidade do juiz quando, no processo, o seu cônjuge estiver postulando como advogado da parte.

1: incorreta. Trata-se de caso de hipótese de impedimento e não de suspeição do juiz (art. 144, III do NCPC).

Gabarito 1E

(Técnico Judiciário – TRT/6ª – 2006 – FCC) É certo que o juiz:

(A) apreciará a prova, atendendo aos fatos e às circunstâncias constantes dos autos, somente se forem alegadas pelas partes.
(B) pode se eximir de sentenciar ou de despachar, alegando lacuna ou obscuridade da lei.
(C) não precisa indicar na sentença os motivos que lhe formaram o convencimento.
(D) responderá por perdas e danos quando, no exercício de suas funções, proceder com dolo.
(E) não poderá, de ofício, determinar as provas necessárias à instrução do processo.

A: incorreta, pois no processo brasileiro vigora o princípio da *livre apreciação das provas* (art. 371, do NCPC); **B:** incorreta, já que o juiz, ante a ausência de norma incidente sobre a hipótese, deverá integrar o sistema por meio da analogia, costumes ou princípios gerais de direito, respectivamente, sendo-lhe vedado o *non liquet*, isto é a escusa de proferir decisão em havendo omissão legal (arts. 140 do NCPC e 4º da LINDB); **C:** incorreta, pois o juiz deve apontar na sentença, sob pena de nulidade, os fundamentos que lhe formaram o convencimento. Trata-se do princípio do *livre convencimento motivado*, (arts. 371, do NCPC – no Novo Código, há quem diga que é o princípio do convencimento motivado, sem ser livre, considerando a nova redação); **D:** correta (art. 143, I, do NCPC); **E:** incorreta, pois cabe ao juiz determinar, de ofício ou a requerimento, as provas necessárias ao julgamento do mérito, logo, as provas necessárias à instrução do processo (art. 370 do NCPC).

Gabarito "D"

(Técnico Judiciário – TRT/10ª – 2004 – CESPE) Em relação a partes, processo e procedimento, julgue os itens a seguir.

(1) Em processo no qual litiga pessoa jurídica em um dos polos, parte é a pessoa jurídica e não o seu representante, que simplesmente age em nome dela.

1: correta, nos termos do art. 75, VIII, do NCPC.

Gabarito 1C

3. PRAZOS PROCESSUAIS. ATOS PROCESSUAIS

(Analista – TRT/6ª – 2012 – FCC) O Oficial de Justiça, ao cumprir o mandado de citação, verificando que o réu é demente,

(A) passará certidão, descrevendo minuciosamente a ocorrência, e o juiz nomeará um médico para examinar o citando.
(B) devolverá o mandado informando o juízo, que imediatamente nomeará curador de sua confiança para receber a citação e defender o réu.
(C) fará a citação e devolverá o mandado cumprido, cabendo apenas ao réu alegar a nulidade.
(D) fará a citação com hora certa, porque, nesse caso, o citando será cientificado por carta.
(E) fará a citação na pessoa de qualquer parente ou pessoa que esteja na companhia do citando.

Não se fará citação, quando se verificar que o citando é mentalmente incapaz ou está impossibilitado de recebê-la. Após, o oficial de justiça passará certidão, descrevendo minuciosamente a ocorrência. O juiz nomeará um médico, a fim de examinar o citando (art. 245, §§ 1º e 2º, do NCPC).

Gabarito "A"

(Analista – TRT/14ª – 2011 – FCC) Paulo foi pessoalmente citado como réu de uma ação ordinária e não ofereceu contestação, tendo sido decretada a sua revelia. Posteriormente, contratou advogado e este interveio no processo. Nesse caso, os prazos correrão

(A) a partir da intimação, por carta, ao revel, dos atos decisórios.
(B) independentemente de intimação, a partir da data da publicação de cada ato decisório.
(C) independentemente de intimação, a partir da data dos atos decisórios.
(D) a partir da intimação pela imprensa do advogado constituído pelo revel.
(E) em cartório, a partir da intimação por carta do advogado constituído pelo revel.

Em que pese a revelia, o revel que intervier no feito recebê-lo-á no estado em que se encontra. Dessa forma, os prazos correrão a partir da publicação das decisões no órgão oficial, intimação esta que deverá ser levada a efeito em nome do advogado habilitado pelo revel (arts. 272, *caput* e § 2º, e 346, ambos do NCPC).

Gabarito "D"

(Analista – TRT/8ª – 2010 – FCC) O oficial de justiça encarregado da citação do réu em uma ação ordinária de cobrança cumpriu o mandado num domingo, abordando o réu quando saía da sua residência para passear com a família. A citação

(A) não é válida porque foi feita sem a necessária privacidade, na presença dos familiares do réu.
(B) não é válida porque o cidadão tem o direito de absoluta privacidade nos domingos e feriados.
(C) só seria válida se o réu tivesse recebido o oficial de justiça em sua residência.
(D) é válida, se tiver havido autorização expressa do juiz para realizar-se em domingos e feriados.
(E) não poderá ser feita, mas o oficial de justiça poderá marcar com o réu o dia útil e horário em que voltará para fazê-la.

Nos termos do art. 172, § 2º, do CPC/1973, a citação e a penhora poderão, em casos excepcionais, e mediante autorização expressa do juiz, realizar-se em domingos e feriados, ou nos dias úteis, fora do horário estabelecido neste artigo, observado o disposto no art. 5º, inciso XI, da Constituição Federal. No entanto, o art. 212 do NCPC retirou a necessidade da autorização judicial, prevendo, agora que "independentemente de autorização judicial, as citações, intimações e penhoras poderão realizar-se no período de férias forenses, onde as houver, e nos feriados ou dias úteis fora do horário estabelecido neste artigo, observado o disposto no art. 5º, inciso XI, da Constituição Federal".

Gabarito "D"

(Analista – TRT/2ª – 2008 – FCC) Numa ação ordinária movida contra cinco réus, Paulo foi pessoalmente citado por oficial de justiça, tendo o mandado de citação sido juntado aos autos em 10/09/2005; Pedro foi citado por edital, cujo prazo se expirou em 10/10/2005; João foi citado por carta rogatória, juntada aos autos em 13/11/2005; José foi citado por carta precatória, juntada aos autos em 15/11/2005; e Luiz foi citado pelo correio, tendo o aviso de recebimento sido juntado aos autos em 20/11/2005. O prazo para contestação em relação a Paulo começou a correr da data da juntada aos autos

(A) da carta precatória expedida para citação de José.
(B) da carta rogatória expedida para citação de João.
(C) do mandado da sua citação pessoal por oficial de justiça.
(D) do aviso de recebimento da carta de citação de Luiz.
(E) do decurso do prazo do edital de citação de Pedro.

Arts. 231, § 1º, c.c. 335, § 1º, do NCPC.

Gabarito "D"

(Analista – TRT/11ª – 2012 – FCC) Numa ação ordinária, o réu não foi citado regularmente, mas, mesmo assim, apresentou contestação e atuou em todas as fases do processo, até o trânsito em julgado da decisão final. Nesse caso, na fase do cumprimento da sentença,

(A) poderá apresentar impugnação fundada na invalidade de citação.
(B) poderá apresentar impugnação fundada na inexistência de citação, por tratar-se de ato processual indispensável à regularidade do processo.
(C) só poderá apresentar impugnação fundada na inexistência de citação se demonstrar que se encontrava em local conhecido e poderia ter sido citado, mas não o foi.
(D) não poderá apresentar impugnação fundada na inexistência de citação.
(E) só poderá apresentar impugnação fundada na inexistência ou invalidade da citação se demonstrar que não foram esgotados os meios para a sua localização.

A, B, C e **E:** incorretas, pelo princípio da instrumentalidade das formas e pela preclusão (arts. 239, § 1º, e 277 do NCPC); **D:** correta, pois o comparecimento espontâneo do réu supre a necessidade de citação (arts. 239, § 1º, e 277 do NCPC).

Gabarito "D"

(Analista – TRT/10ª – 2013 – CESPE) Com relação aos atos processuais no âmbito do processo civil, julgue os itens subsequentes.

(1) A extinção, por decurso de prazo, do direito de praticar o ato deve ser declarada judicialmente.

(2) A citação daquele réu cujo primo faleceu só pode ser realizada dez dias após o falecimento.

(3) Incumbe ao oficial de justiça procurar o réu para realizar a citação, sendo o endereço da petição inicial meramente indicativo.

(4) No sistema de nulidades dos atos processuais, adota-se o princípio do *pas de nullité sans grief*.

(5) Na fixação dos prazos judiciais, o magistrado deve sempre considerar a complexidade da causa e do ato a ser realizado.

1: incorreta, pois independe de decisão judicial (art. 223, NCPC); **2:** incorreta, pois o art. 244, II, do NCPC estabelece a impossibilidade de citação até o 7º dia após o falecimento de alguns parentes; **3:** correta, pois a citação será feita onde se encontre o réu (art. 243, NCPC); **4:** correta. O Brasil adota o princípio da não decretação da nulidade diante da ausência de prejuízo - que é brocardo reproduzido na questão: sem nulidade, não há prejuízo (art. 283, parágrafo único do NCPC); **5:** no NCPC, é lícito ao juiz dilatar prazos, considerando as "necessidades do conflito de modo a conferir maior efetividade à tutela do direito" (NCPC, art. 139, VI). Sendo assim, alternativa correta à luz do NCPC.

Gabarito 1E, 2E, 3C, 4C, 5C (à luz do NCPC)

(Técnico Judiciário – TRT/9º – 2010 – FCC) Os atos processuais que devam ser cumpridos no exterior, em outra comarca ou por juiz subordinado a tribunal, serão requisitados, respectivamente, através de carta:

(A) rogatória, carta precatória e carta de ordem.
(B) precatória, carta rogatória e carta de ordem.
(C) de ordem, carta precatória e carta rogatória.
(D) rogatória, carta de ordem e carta precatória.
(E) de ordem, carta rogatória e carta precatória.

Estabelece o art. 237 do NCPC que "expedir-se-á carta de ordem se o juízo for vinculado ao tribunal de que ela emanar; carta rogatória, quando dirigida à autoridade judiciária estrangeira; e carta precatória para que órgão jurisdicional brasileiro pratique ou determine o cumprimento, na área de sua competência territorial".

Gabarito "A"

(Técnico Judiciário – TRT/17ª – 2009 – CESPE) A respeito dos atos processuais, julgue os itens que se seguem.

(1) Ao contrário do que ocorre com os prazos estabelecidos pelo juiz, o prazo estabelecido pela lei é contínuo e não se interrompe nos feriados.

(2) Em que pese a citação válida ser essencial para o desenvolvimento regular do processo, é possível que seja suprida a sua falta ou nulidade.

(3) Caso o escrivão receba a petição inicial de uma ação de indenização por perdas e danos, a primeira providência que ele deverá adotar é entregar a petição ao juiz para despachá-la.

1: incorreta, pois determina o art. 219 do NCPC que "o prazo, estabelecido pela lei ou pelo juiz, computar-se-á somente os dias úteis". Assim, não é contínuo, mas contado em dias úteis - somente quanto aos prazos processuais (NCPC, art. 219, parágrafo único); **2:** correta. O comparecimento espontâneo do réu supre a falta de citação (art. 239, § 1º, do NCPC); **3:** incorreta, visto que "ao receber a petição inicial de qualquer processo, o escrivão ou chefe de secretaria a autuará, mencionando o juízo, a natureza do processo, o número de seu registro, os nomes das partes e a data de seu início; e procederá do mesmo modo em relação aos volumes em formação" (art. 206 do NCPC).

Gabarito 1E, 2C, 3E

(Técnico Judiciário – TRT/3ª – 2005 – FCC) Denominam-se prazos legais os que são:

(A) relativos ao processo em geral.
(B) determinados pelo juiz.
(C) convencionados pelas partes.
(D) comuns a ambas as partes.
(E) estabelecidos em lei.

Os prazos podem ser legais, quando fixados diretamente pela lei, ou judiciais, se determinados pelo juiz (art. 218 do NCPC).

Gabarito "E"

(Técnico Judiciário – TRT/10ª – 2004 – CESPE) Em relação a partes, processo e procedimento, julgue os itens a seguir.

(1) Quando o ato tiver de ser praticado em determinado prazo, por meio de petição, esta deverá ser apresentada no protocolo, dentro do horário de expediente, nos termos da lei de organização judiciária local.

(2) Se o réu não for citado, mas comparecer espontaneamente no processo para se defender, o processo ainda assim será nulo, pois a citação é ato indispensável à validade do processo.

1: correta, nos exatos termos do art. 212, § 3º, do NCPC - em relação a processo não eletrônico; **2:** incorreta, o comparecimento espontâneo do réu supre a falta de citação (art. 239, § 1º, do NCPC).

Gabarito 1C, 2E

4. LITISCONSÓRCIO E INTERVENÇÃO DE TERCEIROS

(Analista – TRT/1ª – 2012 – FCC) No que concerne ao litisconsórcio, é correto afirmar:

(A) O pedido de limitação do litisconsórcio suspende o prazo para resposta, que voltará a correr a partir da intimação da decisão.

(B) A citação de litisconsorte ativo necessário é desnecessária, porque os seus interesses já estão representados pelo que ajuizou a demanda.

(C) A sentença prolatada sem a citação de um dos litisconsortes necessários não tem validade, mesmo se lhe for favorável.

(D) O desmembramento do litisconsórcio facultativo multitudinário quando o número de litigantes comprometer a rápida solução do litígio ou dificultar a defesa poderá ser determinado de ofício pelo juiz.

(E) Há litisconsórcio necessário quando entre duas ou mais pessoas houver comunhão de direitos e de obrigações relativamente à lide.

A: incorreta, pois se interrompe o prazo de resposta conforme artigo 113, § 2º, do NCPC; **B:** incorreta, pois a citação de todos os litisconsortes é necessária sob pena de extinção do processo conforme art. 115, parágrafo único, do NCPC. Mesmo os litisconsortes que se recusem a participar devem ser citados para que tomem a medida que melhor lhes aprouver, já que ninguém é obrigado a demandar em juízo; **C:** Incorreta, pois interpretando o sistema de invalidades do CPC, não há nulidade sem prejuízo (NCPC, art. 283, parágrafo único), dessa forma a procedência do pedido favorecendo os demais litisconsortes é válida; **D:** correta, conforme locução "o juiz poderá" inserta no § 1º do art. 113 do CPC; **E:** incorreta, pois constitui hipótese de litisconsórcio facultativo conforme locução "podem" no art. 113 , § 2º, do CPC

Gabarito "D"

(Analista – TRT/9ª – 2012 – FCC) Das modalidades seguintes, não se caracteriza como intervenção de terceiro:

(A) a nomeação à autoria.
(B) a oposição.
(C) o litisconsórcio.
(D) a denunciação à lide.
(E) o chamamento ao processo.

A oposição (art. 682, NCPC), a nomeação a autoria (art. 338, NCPC), a denunciação da lide (art. 125 do NCPC) e o chamamento ao processo (art. 130 do NCPC) são modalidades de intervenção de terceiros. O litisconsórcio é apenas a pluralidade de partes dentro da demanda. Importante frisar que a oposição, a despeito de estar topograficamente alocada nos procedimentos especiais, não perdeu sua condição de intervenção de terceiros. A nomeação a autoria hoje constitui medida inominada para qualquer tipo de ilegitimidade e não nas hipóteses restritivas existentes no CPC/1973 (arts. 62 e 63).

Gabarito "C"

(Analista – TRT/11ª – 2012 – FCC) Paulo, aderindo ao pedido formulado por uma das partes, interveio e foi admitido num processo cuja sentença irá influir na relação jurídica entre ele e o adversário desta. Paulo atuará no processo na condição de

(A) assistente litisconsorcial.
(B) assistente simples.
(C) opoente.
(D) litisdenunciante.
(E) nomeante à autoria.

Paulo deverá se socorrer de uma das modalidades de intervenção espontânea de terceiros (ao lado da oposição), qual seja a *assistência litisconsorcial.* Descarta-se, desde logo, a assistência simples, eis que o assistente simples não é titular do direito material discutido. Ele não possui relação jurídica com o adversário do assistido, de modo que, em havendo sentença contrária aos interesses da parte assistida, somente pela via reflexa é que o assistente teria sua esfera jurídica afetada. A valer, a hipótese é mesmo de *assistência litisconsorcial*, e não de assistência simples. "O decisivo é a intensidade do interesse do assistente no resultado da demanda. Na litisconsorcial, o terceiro poderia ser parte desde o início, pois direito seu está sendo discutido no processo" (DESTEFENNI, Marcos. *Curso de Processo Civil.* 2. ed. São Paulo: Saraiva, 2009. vol. 1, tomo I., p. 204). Nesta última espécie, o assistente poderia ter figurado como litisconsorte do assistido desde o início da demanda. Todavia, não tendo sido integrado à ação desde os seus primórdios, ingressa no feito na condição de assistente litisconsorcial, daí por que pode atuar com independência – já que a lide *diretamente o afeta* –, arguindo o que convier à defesa de seu direito. Logo, se Paulo possui relação jurídica com o adversário do assistido, cuida-se de assistência litisconsorcial.

Gabarito "A".

(Analista – TRT/14ª – 2011 – FCC) João ajuizou ação de indenização contra o Plano de Saúde X, alegando ter ocorrido erro médico por parte de José, profissional responsável pela cirurgia a que foi submetido. Estando José obrigado, pelo contrato, a indenizar o Plano de Saúde X, em ação regressiva se este vier a perder a demanda, José deverá ser citado para integrar o processo através do instituto processual

(A) da oposição.
(B) da assistência.
(C) do chamamento ao processo.
(D) da denunciação da lide.
(E) da nomeação à autoria.

A denunciação da lide – modalidade de intervenção provocada de terceiros – tem natureza de ação condenatória que surge, seja por provocação do autor ou do réu, no bojo de outra ação condenatória. Presta-se à obtenção de sentença que reconheça o direito de regresso do denunciante em face do terceiro alienante, proprietário, possuidor indireto ou responsável civil, tudo, insista-se, dentro da mesma relação processual travada originariamente entre autor e réu. Na hipótese, a sociedade operadora do plano de saúde poderá denunciar a lide ao médico implicado, posto que responsável civil pelo ilícito cometido (art. 125, II, do NCPC).

Gabarito "D".

(Analista – TRT/20ª – 2011 – FCC) Numa ação ordinária, duzentas pessoas litigam na condição de litisconsortes ativos facultativos. O réu formulou pedido de limitação do litisconsórcio facultativo quanto ao número de litigantes, alegando dificultar a defesa. Nesse caso, o pedido de limitação

(A) não interrompe o prazo para resposta.
(B) interrompe o prazo para resposta, que recomeça da intimação da decisão.
(C) implica no cômputo em dobro do prazo para resposta.
(D) só duplica o prazo para resposta se houver concordância dos autores.
(E) implica na extinção do processo sem resolução do mérito, devendo cada litigante ajuizar ação autônoma.

O juiz poderá limitar o litisconsórcio facultativo quanto ao número de litigantes, quando este comprometer a rápida solução do litígio ou dificultar a defesa. O pedido de limitação interrompe o prazo para resposta, que recomeça da intimação da decisão (art. 113, § 2º, do NCPC).

Gabarito "B".

(Analista – TRT/9ª – 2010 – FCC) Quando o credor exigir de um ou de alguns dos devedores solidários, parcial ou totalmente, a dívida comum, é

(A) admissível a nomeação à autoria dos demais devedores solidários.
(B) obrigatória a nomeação à autoria dos demais devedores solidários.
(C) admissível a denunciação da lide a qualquer dos devedores solidários.
(D) admissível o chamamento ao processo de todos os devedores solidários.
(E) obrigatória a denunciação da lide aos demais devedores solidários.

A assertiva cuida do *chamamento ao processo*, hipótese de intervenção *provocada* de terceiros em que o *réu, na contestação*, ainda que o autor não consinta com tal conduta, tem a *faculdade* de requerer a integração à lide dos demais devedores solidários – formando-se, registre-se, um litisconsórcio entre eles – com o intuito de que constem de eventual sentença condenatória. Diverge da denunciação da lide (outra modalidade de intervenção provocada de terceiros), por consubstanciar tão somente uma ampliação subjetiva da lide (há o acréscimo de mais partes ao polo passivo da demanda); não inaugura qualquer relação processual, daí por que não tem natureza de ação incidental, ao contrário da denunciação da lide, em que há o aforamento da ação de regresso pelo denunciante em face do denunciado (art. 130, III, do NCPC).

Gabarito "D".

(Analista – TRT/22ª – 2010 – FCC) João alienou a José, por ato entre vivos, um terreno litigioso. Nesse caso, José, como adquirente,

(A) poderá substituir o adquirente, mesmo sem o consentimento do alienante e exigir a repetição de todos os atos processuais já praticados.
(B) deverá ingressar em juízo e substituir o adquirente, mesmo sem o consentimento do alienante, recebendo o processo no estado em que se encontra.
(C) deverá pleitear a anulação do processo, por ter ocorrido alteração de um dos polos da demanda.
(D) poderá intervir no processo assistindo o alienante, mesmo sem o consentimento da parte contrária.
(E) não poderá de nenhuma forma intervir no processo, devendo aguardar os efeitos da sentença que decidir a demanda.

Antes de tudo, é preciso alertar o candidato para a diferença havida entre *substituição de partes* e *substituição processual*. Tais noções não se confundem. A primeira trata da substituição de uma parte por outra no processo, ou seja, a parte originária se retira da lide, dando vez para que outrem assuma a sua condição, seja em decorrência da vontade dos litigantes ou de um outro evento, a exemplo da morte de um deles. Deve-se destacar que tal fenômeno é *excepcional* no processo civil e só se afigura possível nas hipóteses previstas em lei, a exemplo da substituição voluntária das partes prevista no art. 109, § 1º, do NCPC. Via de regra, as partes não podem substituir-se, visto que, com a citação válida (art. 240 do NCPC), ocorre a *estabilização subjetiva da lide*, isto é, o processo marchará até o seu final, passando por suas diversas fases, sem que haja alteração nos polos da demanda. Já na *substituição processual*, não há ingresso nem saída de qualquer das partes; o que existe é o fenômeno da *legitimação extraordinária*, em que a parte – o substituto processual – defende, em nome próprio, direito alheio: o do substituído processual (art. 18 do NCPC). A hipótese de alienação da coisa litigiosa é uma das excepcionalidades em que se permite a sucessão voluntária das partes, desde que haja um triplo consentimento (do adquirente, do alienante e da parte contrária). Faltando um deles, o adquirente do bem *sub judice* poderá, enquanto na sucessão processual, intervir como *assistente litisconsorcial* do alienante – o sucedido processual – até porque a sentença proferida nos autos estenderá os efeitos da coisa julgada sobre o adquirente, ainda que não haja intervindo no feito (art. 109, § 3º, do NCPC). Logo, a única alternativa correta é a constante da letra D (art. 109, § 2º, do NCPC).

Gabarito "D".

(Analista – TRT/21ª – 2010 – CESPE) Acerca do procedimento especial da ação de consignação em pagamento, do litisconsórcio e da prova testemunhal, julgue o item seguinte.

(1) Na demanda em que se pretende a declaração de invalidade do ato administrativo que anulou um concurso público, é obrigatória a citação dos demais candidatos como litisconsortes necessários.

Errado. A assertiva traz em seu bojo hipótese que poderia ensejar *litisconsórcio ativo facultativo*, dada a afinidade existente entre os candidatos que, igualmente, pretendessem ver declarado nulo o ato que invalidou o certame (art. 113, I, do NCPC). Porém, não há como se vislumbrar o *litisconsórcio passivo necessário*, seja por expressa determinação legal, seja por imposição da própria natureza da relação jurídica, visto que os candidatos que obtiveram alguma vantagem com a anulação do concurso poderiam intervir, no máximo, como assistentes simples do ente público responsável pelo ato administrativo – isso se demonstrassem algum interesse *jurídico* (art. 119, *caput*, do NCPC) – a considerar que não foram responsáveis por sua edição. Sendo assim, os demais candidatos não podem ser tidos como partes, eis que não ostentam legitimidade passiva *ad causam* (art. 17 do NCPC).

Gabarito 1E

(FGV – 2014) Os irmãos Rafael e Daniela são proprietários de um imóvel na Av. São Sebastião, n. 20. Eles realizaram um contrato de locação com Joana, estudante, por prazo indeterminado. Após três anos de vigência de contrato, devido aos grandes eventos internacionais na cidade, os irmãos propuseram uma ação revisional de aluguel, tendo em vista a valorização constatada na área em que fica o imóvel. A partir da hipótese sugerida, assinale a opção correta.

(A) Trata-se de litisconsórcio ativo facultativo unitário, uma vez que há solidariedade entre os irmãos, o que faz com que um deles, sozinho, possa ajuizar a ação, tendo a decisão efeito para ambos.

(B) Trata-se de litisconsórcio passivo multitudinário, pois a ação revisional, se procedente, alterará o valor da locação para todo e qualquer candidato à locação.

(C) Trata-se de litisconsórcio ativo facultativo simples, pois no lugar de uma única ação, cada irmão pode entrar com uma ação revisional diferente para atualizar o valor do imóvel, e as duas correrão normalmente, em separado.

(D) Trata-se de litisconsórcio ativo necessário unitário, uma vez que a lei assim o exige e a decisão do juiz será a mesma para os dois irmãos.

A: correta, pois (i) os irmãos estarão no polo ativo (litisconsórcio ativo), (ii) tendo em vista que a Lei 8.245/1991, art. 2º fala em solidariedade, o examinador entendeu que seria opção cada um dos locadores ingressar em juízo – o que não é pacífico (daí o litisconsórcio facultativo – NCPC, art. 113) e (iii) a decisão terá de ser a mesma para todos, caso haja o litisconsórcio (por isso o litisconsórcio unitário – NCPC, art. 116); **B:** incorreta, pois não se trata de litisconsórcio passivo e o litisconsórcio multitudinário (NCPC, art. 113, §§ 1º e 2º) se refere ao polo ativo; **C:** incorreta, pois não é possível que as duas demandas (que têm o mesmo objeto e causa de pedir – e, por isso, conexas) tramitem em separado; **D:** incorreta, considerando o exposto em "A" (e a posição adotada pelo examinador).

Gabarito "A"

(FGV – 2013) A respeito do fenômeno processual do litisconsórcio, que consiste na pluralidade de sujeitos ocupando um ou ambos os polos da relação jurídica para litigar em conjunto no mesmo processo, assinale a afirmativa correta.

(A) Não constitui fundamento para a formação de litisconsórcio a ocorrência de afinidade de questões por um ponto em comum de fato ou de direito.

(B) O juiz poderá limitar o litisconsórcio necessário quanto ao número de litigantes quando este comprometer a rápida solução do litígio ou dificultar a defesa.

(C) Na sistemática dos Juizados Especiais Cíveis não se admitirá a formação de litisconsórcio como forma de prestigiar uma prestação jurisdicional mais célere e simplificada.

(D) Quando os litisconsortes tiverem diferentes procuradores, ser-lhes-ão contados em dobro os prazos para contestar, para recorrer e, de modo geral, para falar nos autos.

A: incorreta, pois essa é hipótese de formação de litisconsórcio (NCPC, art. 113, III); **B:** incorreta, porque o juiz pode limitar o litisconsórcio multitudinário, que é o litisconsórcio ativo e facultativo (NCPC, art. 113, § 1º); **C:** incorreta, considerando que o JEC admite litisconsórcio, mas não intervenção de terceiros (art. 10 da Lei 9.099/1995); **D:** correta (NCPC, art. 229).

Gabarito "D"

(FGV – 2011) Como cediço, a intervenção de terceiros é um importante fenômeno processual capaz de permitir a pluralidade de partes em um processo.

Imagine a seguinte situação jurídica: Neves empresta R$ 500,00 para Sílvio e Sandro, sócios em uma empresa que fabrica sapatos, e a quantia deixa de ser paga a Neves na data estipulada no contrato de empréstimo, razão pela qual Neves opta por cobrar toda a quantia apenas de Sílvio, cujo patrimônio é maior.

Sandro resolve, então, requerer sua intervenção no processo por temer que Sílvio venha a sucumbir e que, ato contínuo, venha a agir regressivamente contra ele, após ter pago toda a quantia devida a Neves, com a finalidade de obter de Sandro a sua quota-parte da dívida. Nessa situação, caracteriza-se a seguinte figura de intervenção de terceiros:

(A) assistência qualificada ou litisconsorcial.

(B) denunciação da lide.

(C) chamamento ao processo.

(D) assistência simples ou adesiva.

Se Sandro busca ajudar, a hipótese é de assistência. No caso, a relação jurídica em debate envolve Sandro e a parte contrária (o credor Neves). Nesse caso – e considerando que Sandro poderia ter sido parte desde o início – a hipótese é de assistência litisconsorcial (NCPC, art. 124).

Gabarito "A"

(FGV – 2011) O Ministério Público ajuizou ação rescisória a fim de desconstituir sentença transitada em julgado, ao argumento de que teria havido colusão entre ambas as partes do processo originário no intuito de fraudar a lei. Diante disso, requereu o Ministério Público, na petição inicial da ação rescisória, a citação tanto da parte autora quanto da parte ré do processo originário.

Assinale a modalidade de litisconsórcio verificada na hipótese acima.

(A) Litisconsórcio passivo necessário e unitário.

(B) Litisconsórcio ativo facultativo e simples.

(C) Litisconsórcio passivo necessário e simples.

(D) Litisconsórcio ativo necessário e unitário.

Se o MP ingressa com a medida judicial e o autor e réu da ação originária são partes da rescisória, figuram no polo passivo na AR. Assim, tem-se um litisconsórcio passivo. É necessário, pois o litisconsórcio precisa existir (não há como se desconstituir uma sentença sem que todos os litigantes originários participem – NCPC, art. 114). E é unitário, pois a decisão precisa ser a mesma para todos os litisconsortes (não há como desconstituir parte da sentença para um e não para o outro – NCPC, art. 116).

Gabarito "A"

(Técnico Judiciário – TRT/9ª – 2010 – FCC) Em um procedimento ordinário em que figuram no polo passivo da demanda o réu como parte principal e um assistente não litisconsorcial regularmente admitido, o réu reconheceu a procedência do pedido, sem a concordância do assistente. Nesse caso,

(A) o processo prosseguirá normalmente contra o assistente.

(B) cessará a intervenção do assistente.

(C) o reconhecimento da procedência do pedido será considerado nulo pela falta de concordância do assistente.

(D) o juiz designará audiência de conciliação entre a parte principal e o assistente.

(E) o juiz condicionará o prosseguimento do processo contra o assistente à manifestação do autor nesse sentido.

A assistência, que possui natureza jurídica de intervenção espontânea de terceiros, só pode ser admitida quando demonstrado *interesse jurídico* pelo assistente, tendo cabimento em qualquer tipo de procedimento e em todos os graus de jurisdição (art. 119 do NCPC). Cumpre esclarecer que a assistência simples ou adesiva não impede que o assistido, dentre outros, reconheça a procedência do pedido do autor; aliás, o assistente simples, enquanto *mero auxiliar*, não pode promover atividade processual incompatível com a vontade da parte assistida (art. 122 do NCPC). No caso trazido pela questão, diante do reconhecimento da procedência do pedido pelo réu, a intervenção do assistente cessará tão logo o juiz sentencie o processo com resolução de mérito, na forma do art. 487, III, "a", do NCPC. * Atenção: no NCPC, não há mais o sumário, de modo que não há sentido se falar em ordinário. Assim, somente existe o procedimento comum.

Gabarito "B"

(Técnico Judiciário – TRT/17ª – 2009 – CESPE) A respeito da disciplina do litisconsórcio, julgue o item seguinte.

(1) No litisconsórcio unitário, existem atos que, praticados por apenas um dos litisconsortes, aproveitarão a todos.

1: correta. Litisconsórcio unitário é aquele em que o juiz decidirá de modo uniforme para todos os litisconsortes. Nesse caso, a contestação oferecida por um dos réus aproveitará aos demais naquilo que lhes for comum, razão pela qual, mesmo diante da revelia de algum deles, não se presumirão verdadeiros os fatos deduzidos pelo autor na petição inicial (art. 345, I, do NCPC). Outro exemplo de benefício corresponde ao recurso interposto por um dos litisconsortes, sobretudo no caso de solidariedade passiva, hipótese esta em que o recurso de um também beneficiará os demais, mesmo que estes tenham permanecido inerte (art. 1.005, parágrafo único, do NCPC).

Gabarito 1C

5. JURISDIÇÃO E COMPETÊNCIA

(Analista – TRT/16ª – 2014 – FCC) Tulius pretende ajuizar ação fundada em direito real sobre bem móvel. Essa ação, em regra, deverá ser proposta

(A) no foro do domicílio do autor.

(B) no foro do domicílio do réu.

(C) no foro da situação da coisa.

(D) no foro em que foi celebrado o contrato.

(E) em qualquer foro.

A ação fundada em direito pessoal ou em direito real sobre bens móveis será proposta, em regra, no foro de domicílio do réu (art. 46 do NCPC).

Gabarito "B"

(Analista – TRT/11ª – 2012 – FCC) João reside em São Paulo. Pedro reside no Rio de Janeiro. Ambos possuem propriedades agrícolas em Campo Grande, sendo vizinhos. O gado de propriedade de Pedro entrou na propriedade de João e danificou a plantação. João deverá propor a ação de reparação de danos na comarca de

(A) Rio de Janeiro.
(B) Campo Grande.
(C) São Paulo.
(D) Campo Grande ou do Rio de Janeiro.
(E) Rio de Janeiro ou São Paulo.

B: correta (art. 53, IV, "a", do NCPC). Registre-se que não há cogitar-se de foros concorrentes, eis que o dano não é proveniente de delito nem de acidente de veículos (art. 53, V, do NCPC).

Gabarito "B"

(Analista – TST – 2008 – CESPE) A jurisdição é a atividade desenvolvida pelo Estado por meio da qual são resolvidos conflitos de interesses visando-se à pacificação social. Acerca desse tema, julgue os itens seguintes.

(1) A jurisdição pode ser dividida em ordinária e extraordinária.
(2) A jurisdição pode ser classificada em comum ou especial.
(3) Por seu inegável alcance social, a justiça trabalhista é exemplo claro de jurisdição comum.
(4) Considerando-se a sistemática federativa vigente no Brasil, a justiça comum é dividida em federal e estadual.

1: Errado, pois a jurisdição é uma e não sendo sujeita a divisão; **2:** Certo, pois, de fato, pode-se falar em jurisdição comum (civil e penal) e especial (trabalhista, militar e eleitoral); **3:** Errado, pois a justiça trabalhista é exemplo de jurisdição especial; **4:** Certo, pois a jurisdição comum possui âmbito de atuação nas esferas federal e estadual (dentro dessas poderá ser civil ou penal).

Gabarito 1E, 2C, 3E, 4C

(Analista – TRT9 – 2012 – FCC) No que se refere à competência:

(A) é ela determinada no momento em que a ação é proposta, como regra, mostrando-se irrelevantes as modificações do estado de fato ou de direito ocorridas posteriormente.
(B) cabe à autoridade judiciária estrangeira proceder a inventário e partilha de bens, mesmo que situados no Brasil, se o autor da herança for estrangeiro e houver residido fora do território nacional.
(C) a ação fundada em direito pessoal e a ação fundada em direito real sobre bens móveis serão, em regra, propostas no foro do domicílio do autor.
(D) sendo incerto ou desconhecido o domicílio do réu, será ele demandado na capital do Estado da federação em que houvera residido com endereço certo.
(E) a territorial é absoluta e levanta-se por meio de preliminar na defesa apresentada pelo réu.

A: correta, conforme art. 43 do NCPC que regulamenta a *perpetuatio jurisdictionis*; **B:** incorreta, pois tal competência pertence à autoridade judiciária brasileira, com exclusão de qualquer outra, conforme art. 23, II, NCPC; **C:** incorreta. Em regra serão propostas no domicílio do réu, conforme art. 46, NCPC; **D:** incorreta, pois nesse caso poderá ser demandado tanto no domicílio do autor como no local em que for encontrado, conforme art. 46, § 2º, do NCPC; **E:** incorreta, pois a competência territorial é, em regra, relativa e, no NCPC, é alegada em preliminar de contestação (arts. 62 e 63 do NCPC).

Gabarito "A"

(Analista – TRT/1ª – 2012 – FCC) Só pode ser proposta no foro

(A) da situação da coisa a ação de nunciação de obra nova.
(B) do local do fato a ação de reparação de dano sofrido em razão de acidente de veículos.
(C) do domicílio do autor a ação em que houver dois ou mais réus com diferentes domicílios.
(D) do domicílio do alimentante a ação em que se pedem alimentos.
(E) do Distrito Federal a ação em que a União for ré.

A: correta, conforme art. 47, § 1º, do NCPC; **B:** incorreta, pois também se permite no domicílio do autor, conforme art. 53, V, do NCPC; **C:** incorreta, pois se autoriza a propositura no foro de qualquer um dos réus (art. 46, § 4º, NCPC); **D:** incorreta já que o domicílio é do alimentando (art. 53, II, do NCPC); **E:** incorreta, pois dispõe o art. 51 do NCPC que é competente o **foro de domicílio do réu** para as causas em que seja autora a União.

Gabarito "A"

(Analista – TRT/11ª – 2012 – FCC) A incompetência em razão da matéria

(A) não pode ser declarada pelo juiz de ofício.
(B) acarreta a nulidade da prova, que deverá ser renovada perante o juízo competente.
(C) deve ser arguida pelo réu como preliminar na contestação.
(D) não pode ensejar conflito positivo de competência.
(E) só pode ser arguida através de exceção.

A: incorreta, pois se trata de incompetência absoluta e deve, portanto, ser declarada de ofício (art. 64, §1º, NCPC); **B:** incorreta, pois os atos decisórios e seus efeitos serão conservados até nova decisão ser proferida pelo juízo competente, salvo decisão judicial contrária (art. 64, § 4º, do NCPC); **C:** correta, conforme art. 337, II, do NCPC **D:** incorreta. O art. 66 do NCPC não restringe o conflito à incompetência relativa; **E:** incorreta. A incompetência em razão da matéria é absoluta, logo, deverá ser arguida em preliminar de contestação (art. 64, *caput*, do NCPC). É de se lembrar que, no NCPC, deixa de existir a exceção.

Gabarito "C"

(Analista – TRT/11ª – 2012 – FCC) O foro contratual pode modificar a competência em razão

(A) da hierarquia e da matéria.
(B) do valor, apenas.
(C) do território, apenas.
(D) da hierarquia, apenas.
(E) do valor e do território.

O foro contratual (de eleição) apenas poderá alterar a competência relativa e, portanto, nos casos de competência do valor e território (art. 63, NCPC).

Gabarito "E"

(Analista – TRT/14ª – 2011 – FCC) É competente o foro do

(A) domicílio do autor para a ação em que for ré a sociedade que carece de personalidade jurídica.
(B) lugar do ato ou fato para a ação em que for réu o administrador ou gestor de negócios alheios.
(C) domicílio ou da residência do alimentante para a ação em que se pedem alimentos.
(D) domicílio ou residência do alimentante para a ação de investigação de paternidade, quando cumulada com a de alimentos.
(E) lugar do extravio ou da destruição para a ação de anulação de títulos extraviados ou destruídos.

A: incorreto, já que o foro competente nesse caso será o do local em que a sociedade destituída de personalidade jurídica exerce sua principal atividade (art. 53, III, "c", do CPC); **B:** correto (art. 53, IV, "b", do NCPC); **C** e **D:** incorretos, posto que o foro competente é o do domicílio ou residência do alimentando (art. 53, II, do NCPC e Súmula 1 do STJ); **E:** incorreto. O foro competente é o do domicílio do devedor (art. 100, III, do CPC/1973). O Novo Código não traz correspondência ao artigo mencionado anteriormente.

Gabarito "B"

(Analista – TRT/14ª – 2011 – FCC) Nas ações fundadas em direito real sobre imóveis, recaindo o litígio sobre posse,

(A) é competente o foro da residência do autor.
(B) o autor poderá optar pelo foro contratual.
(C) é competente o foro da situação da coisa.
(D) o autor poderá optar pelo foro do domicílio do réu.
(E) o autor poderá optar pelo foro da sua residência, se desconhecido o domicílio do réu.

C: correto (art. 47, §2º do NCPC), o foro competente será o da situação da coisa (*forum rei sitae*). Nessa direção, note-se a doutrina de Marcus Vinícius Rios Gonçalves: "Para os fins de apuração de competência, ele considerou as ações possessórias como reais, tanto que determinou o seu aforamento no foro de situação da coisa. Mas só para fins de competência as possessórias devem ser consideradas reais. Sua verdadeira natureza jurídica é pessoal, pois a posse não foi incluída entre os direitos reais enumerados no CC, art. 1.225. Tampouco seguem as regras das ações que versam sobre direito real imobiliário, no que concerne à necessidade de outorga uxória no polo ativo e litisconsórcio necessário no polo passivo (art. 73, § 2º, do NCPC) (GONÇALVES, Marcus Vinícius Rios. *Novo Curso de Direito Processual Civil. Vol 1*. 8. ed. São Paulo: Saraiva, 2011, p. 81.

Gabarito "C"

(Analista – TRT/20ª – 2011 – FCC) José, residente e domiciliado fora do Brasil, pretende ajuizar no Brasil ação fundada em direito real sobre bem móvel em face de João, também residente e domiciliado fora do Brasil. A ação

(A) poderá ser proposta em qualquer foro.
(B) só poderá ser ajuizada no foro do último domicílio de João no Brasil.

(C) só poderá ser ajuizada no foro do último domicílio de José no Brasil.
(D) só poderá ser ajuizada no foro do local onde estiver o bem móvel.
(E) só poderá ser proposta no foro da última residência de João no Brasil.

Quando o réu não tiver domicílio nem residência no Brasil, a ação será proposta no foro do domicílio do autor. Se este também residir fora do Brasil, a ação será proposta em qualquer foro (art. 46, § 3º, do NCPC).

Gabarito "A".

(Analista – TRT/23ª – 2011 – FCC) João e José são domiciliados na cidade de São Paulo, mas são proprietários de lotes vizinhos num condomínio de praia na Comarca de Ubatuba. João construiu um muro na divisa do seu lote e bloqueou o acesso da servidão de passagem através da qual José tinha acesso à via pública. José ajuizou ação para liberação da servidão na comarca de São Paulo, ação esta que João contestou, aceitando, por conveniência, o foro, deixando de opor exceção de incompetência, no prazo legal, apesar do art. 95 do CPC dispor que *nas ações fundadas em direito real sobre imóveis é competente o foro da situação da coisa*. Nesse caso,

(A) haverá prorrogação da competência porque o réu aceitou o foro e não opôs exceção de incompetência no prazo legal.
(B) haverá prorrogação da competência, pois a lei permite ao autor optar pelo foro do domicílio do réu.
(C) não há possibilidade de prorrogação da competência, por tratar-se de ação relativa a servidão de passagem.
(D) só poderá haver prorrogação da competência se o foro da comarca de São Paulo tiver sido eleito pelas partes em contrato.
(E) haverá prorrogação da competência porque tanto o autor, como o réu são domiciliados da mesma cidade.

Nas demandas que versem sobre direitos reais imobiliários, bem assim sobre direito de propriedade, vizinhança, servidão, posse, divisão e demarcação de terras e nunciação de obra nova, o foro competente será o da situação da coisa (*forum rei sitae*) (art. 47, *caput* e § 1º, do NCPC). Cuida-se de *competência absoluta*, a qual não pode ser derrogada pela vontade das partes. A *prorrogação* é fenômeno afeto às hipóteses de *competência* relativa; tem por pressuposto a ocorrência de *preclusão* em face do réu que deixa de arguir a incompetência relativa, por meio de *exceção*, dentro do prazo de resposta. Nesse caso, o juízo originariamente *relativamente incompetente* se torna então competente para o processamento e julgamento da causa, a considerar a preclusão havida por inércia do réu.

Gabarito "C".

(Analista – TRT/8ª – 2010 – FCC) Uma empresa alugou um imóvel para uma autarquia federal e, no contrato de locação, as partes elegeram o foro da Justiça Estadual da cidade de Goiânia para dirimir todas as questões a ele relativas. Após o vencimento do contrato, a empresa ajuizou ação de cobrança de aluguéis distribuída a uma das Varas Cíveis da Justiça Estadual de Goiânia. Em tal situação, o juiz

(A) deverá ouvir o Ministério Público Federal e poderá processar e julgar a ação se este não arguir a incompetência.
(B) poderá processar e julgar a ação em razão da competência decorrente do foro contratual.
(C) só poderá processar e julgar a ação se a autarquia federal não arguir a incompetência no prazo da contestação.
(D) só poderá processar e julgar a ação se a autarquia federal não arguir a incompetência até a sentença.
(E) deverá declarar-se incompetente de ofício e ordenar a remessa dos autos à Justiça Federal.

A Justiça Comum Estadual é absolutamente incompetente *ratione personae* para o processo e julgamento de demandas em que a União, entidade autárquica ou empresa pública federal forem interessadas na condição de autoras, rés, assistentes ou oponentes, exceto as de falência, as de acidentes de trabalho e as sujeitas à Justiça Eleitoral e à Justiça do Trabalho (arts. 109, I, da CF e 64, § 2º, do NCPC). Em função do exposto, deve o juízo reconhecer, inclusive de ofício, sua incompetência e remeter os autos à Justiça Comum Federal, sob pena de ofensa à garantia constitucional do juiz natural.

Gabarito "E".

(Analista – TRT/8ª – 2010 – FCC) A respeito das modificações de competência, considere:

I. Reputam-se conexas duas ou mais ações, quando lhes for comum o objeto ou a causa de pedir.
II. Dá-se a continência entre duas ou mais ações sempre que há identidade entre as partes e a causa de pedir, mas o objeto de uma, por ser mais amplo, abrange o das outras.
III. A conexão não determina a reunião dos processos, se um deles já foi julgado.
IV. A competência em razão da matéria poderá modificar-se pela conexão ou continência.

Está correto o que se afirma APENAS em

(A) I, II e III.
(B) I, III e IV.
(C) II e IV.
(D) III e IV.
(E) I e II.

A: correto (art. 55 do NCPC); **II:** correto (art. 56 do CPC): **III:** correto, visto que o grande escopo da conexão é propiciar o *julgamento simultâneo* pelo juízo prevento, através da reunião dos processos reputados conexos, seja pela identidade de causa de pedir ou de pedido. Inobstante tal fato, se um dos processos já foi julgado, rompe-se, pois, o motivo que enseja a aludida reunião (arts. 57 e 58 do NCPC); **IV:** incorreto, eis que só a competência em razão do valor e do território pode ser modificada pela conexão ou pela continência (art. 54 do NCPC).

Gabarito "A".

(Analista – TRT/21ª – 2010 – CESPE) A respeito das condições da ação, das partes, da competência e dos atos processuais, julgue o item que se segue.

(1) Se for ajuizada ação de separação judicial perante vara do trabalho, o juiz deverá conhecer da incompetência de ofício.

Correto. A Justiça do Trabalho é absolutamente incompetente *ratione materiae* para processar e julgar as ações de separação judicial, a *contrario sensu* do que dispõe o art. 114 da Carta Magna, razão por que o juízo do trabalho deve reconhecer sua incompetência de ofício e remeter os autos à Justiça Comum Estadual, juízo natural do feito (art. 64, *§§* 1º e 2º, do NCPC).

Gabarito 1C

(Analista – TRT/23ª – 2007 – FCC) Paulo ajuizou ação de cobrança de honorários médicos contra João, no valor de R$ 30.000,00, tendo a ação sido distribuída à 2ª Vara da Comarca. João ajuizou ação da cobrança de aluguéis contra Paulo, no valor de R$ 40.000,00, tendo a ação sido distribuída à 3ª Vara da Comarca. Nesse caso,

(A) não há conexão, nem continência, porque, embora as partes sejam as mesmas, a causa de pedir é diversa.
(B) há conexão, porque as partes são as mesmas e lhes é comum o objeto das ações.
(C) há continência, porque as partes são as mesmas e o objeto de uma, por ser mais amplo, abrange o da outra.
(D) há conexão, porque as partes são as mesmas e lhes é comum a causa de pedir.
(E) há continência, porque há identidade de partes e de objeto, sendo que a causa de pedir de uma abrange a da outra.

A alternativa A é a correta pois não há identidade suficiente para gerar conexão (pedido e causa de pedir diversa) nem continência (arts. 55 e 56 do NCPC).

Gabarito "A".

(Analista – TRT/10ª – 2004 – CESPE) Acerca de competência, julgue os itens a seguir.

(1) Sendo a União a autora, a demanda deve ser proposta na justiça federal, na seção judiciária ou subseção em que a outra parte seja domiciliada, isto é, a competência é do foro do domicílio do réu; se a União figurar no polo passivo, o legislador constitucional prevê quatro opções: foro do domicílio do autor, do local do ato ou fato em que a pretensão estiver fundada, da situação da coisa ou no Distrito Federal (DF).
(2) De regra, a estabilização da demanda em relação às partes e ao objeto do litígio se dá sempre posteriormente à citação, enquanto para o juízo a inalterabilidade, denominada *perpetuatio iurisdictionis*, estabelece-se com a propositura da ação, sendo que a partir daí são irrelevantes as modificações do estado de fato ou de direito ocorridas posteriormente, salvo quando suprimirem o órgão judiciário ou alterarem a competência em razão da matéria ou da hierarquia.

1: Certo. As causas intentadas contra a União poderão ser aforadas na seção judiciária em que for domiciliado o autor, naquela onde houver ocorrido o ato ou fato que deu origem à demanda ou onde esteja situada a coisa, ou, ainda, no Distrito Federal (art. 109, § 2º, da CF e 51 NCPC); **2:** Certo, conforme art. 43 do NCPC.

Gabarito 1C, 2C

(Analista – TRT/10ª – 2004 – CESPE) A respeito de competência, julgue o item a seguir.

(1) Não havendo previsão específica ou excepcional, a competência de foro é determinada pela regra geral do foro do domicílio do autor, pois é ele que está pedindo a tutela jurisdicional.

1: Errado, é o domicílio do réu, conforme art. 46 do NCPC.

Gabarito 1E

(FGV – 2013) Os critérios relativos de fixação de competência podem ser alterados pela ocorrência de alguns fenômenos processuais. Uma das situações que pode levar à modificação da competência, quando fixada com base em critérios relativos, é a ocorrência da chamada continência.

Assinale a alternativa que descreve, corretamente, continência.

(A) Fenômeno que ocorre entre duas ou mais ações, quando lhes for comum o objeto ou a causa de pedir.

(B) Fenômeno que ocorre entre duas ou mais ações quando há identidade quanto às partes e à causa de pedir, mas o objeto de uma, por ser mais amplo, abrange o das outras.

(C) Fenômeno que ocorre entre duas ou mais ações quando há entre elas identidade de partes, de causa de pedir e de pedido e todas tramitam em diferentes juízos simultaneamente.

(D) Fenômeno que ocorre entre duas ou mais ações quando possuem pedidos que, somados, não ultrapassam o valor de sessenta salários mínimos.

A resposta está no art. 56 do NCPC, que define a continência (dispositivo reproduzido na alternativa "B"). O exemplo típico de continência: empresas "X" e "Y" celebraram um contrato. "X" ingressa em juízo contra "Y" pleiteando a declaração de nulidade de UMA cláusula contratual; "Y" ingressa em juízo contra "X" pleiteando a nulidade de TODO o contrato. O pedido da demanda de "X" está contido na demanda proposta por "Y".

Gabarito "B"

(FGV – 2012) O sistema processual pátrio estabelece duas espécies de incompetência: a incompetência absoluta e a incompetência relativa. Acerca do tema, assinale a afirmativa correta.

(A) Os critérios absolutos de fixação de competência são previstos em lei com a finalidade de promover a proteção, precipuamente, de interesses privados.

(B) Em litígios que envolvam nunciação de obra nova, é defeso ao autor optar por fazer o ajuizamento da ação no foro de domicílio do réu ou no foro de eleição.

(C) Em demanda proposta perante juízo absolutamente incompetente, pode haver prorrogação da competência do juízo, caso deixe o réu de apresentar, no momento processual oportuno, a exceção de incompetência.

(D) A incompetência relativa ocorre, por exemplo, quando o critério de fixação de competência em razão do valor da causa é desrespeitado, hipótese em que tanto as partes quanto o magistrado, de ofício, poderão suscitar a incompetência do juízo.

A: incorreta. A competência absoluta se refere a questões que interessam à coletividade. A relativa é que se refere a interesses privados; **B:** correta. Tratando-se de direito real sobre imóvel, aplica-se o art. 47, § 1º do NCPC (hipótese em que, apesar de ser competência territorial, não se admite foro de eleição); **C:** incorreta. A prorrogação só ocorre em relação à incompetência relativa (NCPC, art. 65); **D:** incorreta. Não existe, no sistema brasileiro, remessa de autos por força de valor da causa (NCPC, art. 64) – apesar de se tratar de competência relativa.

Gabarito "B"

(FGV – 2011) O juiz da 1ª Vara Cível da Comarca X declarou sua incompetência absoluta para o julgamento de uma causa e determinou a remessa dos autos para a Justiça do Trabalho. O processo foi distribuído para a 1ª Vara do Trabalho da mesma Comarca, que suscitou conflito de competência.

Qual é o órgão competente para resolver o conflito?

(A) Tribunal Superior do Trabalho.

(B) Tribunal de Justiça do Estado onde os juízos conflitantes estão localizados.

(C) Supremo Tribunal Federal.

(D) Superior Tribunal de Justiça.

Entre juízes do mesmo Tribunal, referido Tribunal é o competente. Entre juízes de Justiças distintas, a competência é do STJ (CF, art. 105, I, "d" e NCPC, art. 953, I).

Gabarito "D"

(Técnico Judiciário – TRT/17ª – 2009 – CESPE) Célia ajuizou contra Ronaldo ação de separação judicial com pedido de alimentos. No curso do processo, a autora passou a residir em outra cidade, por necessidade da empresa na qual trabalha. Com base nessa situação hipotética, julgue o próximo item.

(1) Considerando tratar-se de competência relativa, desde que haja concordância do réu, será possível Célia ter deferido o pedido de deslocamento do processo para a localidade onde atualmente reside.

1: incorreta. Em função do princípio da *perpetuatio jurisdictionis*, a competência é determinada no momento em que a ação é ajuizada, de forma que as modificações do estado de fato ou de direito ocorridas após o aforamento da demanda não têm o condão de modificar a competência, salvo quando suprimirem o órgão judiciário ou alterarem a competência em razão da matéria ou da hierarquia, o que não se coaduna com o enunciado da questão (art. 43 do NCPC).

Gabarito 1E

(Técnico Judiciário – TRT/5ª – 2008 – CESPE) Quanto à competência, ao juiz e aos atos processuais, julgue os itens a seguir.

(1) Em sede de ação possessória sobre determinado bem imóvel, caso a demanda tenha sido proposta em foro diverso do da situação da coisa, não se tem como prorrogada a competência do juízo, ainda que a parte ré, no prazo legal, não tenha oferecido a respectiva exceção de incompetência.

1: correta. Conforme enuncia o art. 47 do NCPC, o foro do domicílio ou de eleição só prevalecem sobre o da situação da coisa, se o litígio não versar, dentre outros, sobre posse.

Gabarito 1C

(Técnico Judiciário – TRT/10ª – 2004 – CESPE) Em relação a partes, processo e procedimento, julgue os itens a seguir.

(1) O incapaz não tem capacidade de ser parte, e, portanto, qualquer ação na qual tenha interesse deve ser movida por seus representantes legais, ou contra esses representantes.

1: incorreta. O incapaz tem personalidade jurídica, motivo pelo qual possui aptidão genérica para contrair direitos e obrigações na esfera jurídica. Daí decorre que ele pode ser parte (capacidade de ser parte), mas não pode figurar sozinho no processo (capacidade processual), devendo ser assistido ou representado por seu representante legal (arts. 18, 70 e 71, do NCPC).

Gabarito 1E

6. PRESSUPOSTOS PROCESSUAIS E CONDIÇÕES DA AÇÃO

(Analista – TRT/12ª – 2010 – FCC) As condições da ação

(A) reconhecidas liminarmente podem ser reapreciadas pelo juiz quando da prolação da sentença.

(B) não se aplicam ao Ministério Público, quando for parte, em razão do interesse público da sua atuação.

(C) não podem ser apreciadas pelo juiz *ex officio*, devendo ser obrigatoriamente arguidas pelas partes.

(D) só se aplicam à propositura da ação pelo autor, não sendo exigíveis quando se tratar de reconvenção.

(E) não podem ser arguidas pelo Ministério Público, quando intervir no processo como *custos legis*.

As condições da ação são matérias de ordem pública e não se sujeitam à preclusão (art. 485, VI e § 3º, do NCPC). Logo, podem ser reexaminadas pelo juízo por ocasião da sentença, inclusive de ofício.

Gabarito "A"

(Analista – TRT/9ª – 2007 – CESPE) Em relação às condições da ação, julgue os próximos itens.

(1) As condições da ação tornam possível o surgimento de uma relação jurídica e válido e regular seu desenvolvimento. A ausência de qualquer uma dessas condições acarreta a nulidade do processo no todo, ou em parte, ou, ainda, o indeferimento liminar da petição inicial.

(2) O interesse de agir surge da necessidade de obter, por meio do processo, a proteção ou reparação de um interesse substancial, o que impõe a quem o alega a demonstração de uma lesão a esse interesse e a utilidade do provimento jurisdicional pretendido. O interesse que autoriza a propositura ou a contestação de uma ação é o interesse legítimo de natureza econômica ou moral.

1: a falta de qualquer das condições da ação não acarreta a nulidade do processo, mas somente é causa de sua extinção sem resolução do mérito (art. 485, VI, do NCPC). A definição é sobre pressupostos processuais; 2: a questão traz o conceito correto de interesse de agir.

Gabarito 1E, 2C

(Analista – TRT/4ª – 2006 – FCC) Considera-se inepta a petição inicial, dentre outras hipóteses, quando

(A) a parte for manifestamente ilegítima.
(B) contiver pedidos incompatíveis entre si.
(C) o autor carecer de interesse processual.
(D) o tipo de procedimento escolhido não corresponder à natureza da causa.
(E) o Juiz verificar desde logo a decadência ou a prescrição.

Art. 330, § 1º, IV, do NCPC.

Gabarito "B"

(FGV – 2010) A capacidade é um dos pressupostos processuais. Caso o juiz verifique que uma das partes é incapaz ou há irregularidade em sua representação, deverá suspender o processo e marcar prazo razoável para que o defeito seja sanado.

Assinale a alternativa que indique a providência correta a ser tomada pelo magistrado, na hipótese de persistência do vício.

(A) Se o vício se referir ao autor, deve o juiz aplicar-lhe multa por litigância de má-fé.
(B) Se o vício se referir ao autor, deve o juiz proferir o julgamento antecipado da lide.
(C) Se o vício se referir ao réu, deve o juiz reputá-lo revel.
(D) Se o vício se referir ao réu, deve o juiz julgar a causa em seu desfavor.

Se o vício for em relação ao autor, o processo será extinto. Se o vício for em relação ao réu, haverá revelia. Se o vício for em relação ao terceiro, ele será excluído do processo ou considerado revel, dependendo do polo em que se encontre. (NCPC, art. 76, § 1º, e incisos).

Gabarito "C"

(FGV – 2010) Um advogado é procurado em seu escritório por um cliente que lhe narra que a empresa da qual ele é diretor foi citada pelo poder judiciário, em decorrência de um conflito surgido em razão de contrato de compra e venda no qual inseriram cláusula compromissória cheia, estabelecendo que em caso de eventual conflito entre as partes, ele será apreciado por um tribunal arbitral. O advogado, ao peticionar no referido processo, representando os interesses do seu cliente, no sentido de exigir cumprimento da cláusula compromissória cheia, deverá:

(A) requerer a designação de audiência de conciliação, pois o juiz pode conhecer de ofício da preexistência da convenção de arbitragem.
(B) apresentar desde logo contestação, restringindo sua argumentação ao exame do mérito da causa.
(C) apresentar contestação e alegar expressamente, em preliminar, a existência de convenção de arbitragem, solicitando a extinção do feito.
(D) solicitar ao juiz o julgamento antecipado da lide.

Cláusula compromissória é aquela que prevê a solução da lide pela arbitragem (art. 4º, § 1º, da Lei 9.307/1996). Trata-se de um pressuposto processual negativo, ou seja, presente a cláusula, o Poder Judiciário não poderá julgar a lide, acarretando a extinção do processo, as questões envolvendo os pressupostos processuais são alegadas em preliminar de contestação (NCPC, arts. 485, VII e 337, X). Contudo, não cabe ao juiz conhecer de ofício da convenção de arbitragem (NCPC, art. 485, § 3º).

Gabarito "C"

(Analista – TRT/9ª – 2012 – FCC) No tocante à capacidade processual e postulatória,

(A) a citação de um dos cônjuges é sempre suficiente, não havendo hipóteses em que ambos devam ser citados para a demanda.
(B) o cônjuge necessitará do consentimento do outro para propor ações que versem sobre direitos pessoais e imobiliários.
(C) o juiz dará curador especial ao réu preso, bem como ao revel citado por edital ou com hora certa.
(D) dada a igualdade jurídica entre homem e mulher, não existe situação jurídica na qual seja necessária autorização conjugal para qualquer demanda.

A: incorreta. Ambos os cônjuges serão obrigatoriamente citados para as ações: I – que verse sobre direito real imobiliário, salvo quando casados sob o regime de separação absoluta de bens; II – resultante de fato que diga respeito a ambos os cônjuges ou de ato praticado por eles; III – fundada em dívida contraída por um dos cônjuges a bem da família; IV – que tenha por objeto o reconhecimento, a constituição ou a extinção de ônus sobre imóvel de um ou de ambos os cônjuges (art. 73, § 1º, I, II, III e IV, do NCPC); B: incorreta. A autorização é para direitos real imobiliário (art. 73, NCPC); C: correta, conforme art. 72 do NCPC, enquanto não for constituído advogado; D: incorreta, pois a lei exige consentimento do cônjuge para propor ações que versem sobre direitos reais imobiliários, salvo quando casados sob o regime de separação absoluta de bens (arts. 73 e 74 do NCPC).

Gabarito "C"

(Técnico – TRT/6ª – 2012 – FCC) São condições da ação:

(A) citação do réu, possibilidade jurídica do pedido e interesse de agir.
(B) competência do juiz, interesse de agir e legitimidade das partes.
(C) interesse de agir, legitimidade das partes e possibilidade jurídica do pedido.
(D) pagamento das custas iniciais do processo, achar-se a parte representada por advogado e competência do juiz.
(E) não achar-se prescrita a pretensão, existência do direito pleiteado e legitimidade das partes.

No antigo CPC, eram condições da ação a legitimidade de parte, interesse de agir e possibilidade jurídica do pedido (alternativa "C"). No NCPC, a possibilidade jurídica deixou de ser condição da ação (art. 485, VI), de modo que atualmente somente são condições da ação legitimidade e interesse.

Gabarito sem resposta à luz do NCPC

(Técnico Judiciário – TRT/17ª – 2009 – CESPE) Luzia ajuizou ação em face de Pedro, requerendo que o juiz fixasse pensão alimentícia para o filho dos dois, hoje com cinco anos de idade. Regularmente citado, Pedro apresentou contestação. Com base nessa situação hipotética, julgue o item subsequente.

(1) O juiz deverá extinguir o processo sem resolução de mérito por ausência de uma das condições da ação.

1: correta. O filho tem capacidade de ser parte e, para suprir sua incapacidade processual, deve ser representado pela mãe. Mas a legitimidade é do filho. Sendo assim, a mãe é parte ilegítima, o que acarreta a extinção sem mérito (arts. 18, 70, 71 e 485, VI, do NCPC).

Gabarito 1C

7. FORMAÇÃO, SUSPENSÃO E EXTINÇÃO DO PROCESSO. NULIDADES

(Analista – TRT/10ª – 2013 – CESPE) A respeito da competência, dos atos processuais e da formação do processo, julgue os seguintes itens.

(1) Citação que não contenha todos os requisitos essenciais será nula, não sendo necessário qualquer pronunciamento judicial específico para decretar a nulidade decorrente.
(2) Caso um brasileiro seja contratado por pessoa domiciliada em Lisboa e haja cláusula contratual que estipule o Brasil como lugar do pagamento, em caso de descumprimento contratual pelo devedor, a demanda pertinente poderá ser ajuizada tanto no Brasil quanto em Lisboa.

1: alternativa está incorreta. A citação sem requisitos será nula (art. 280, NCPC), contudo é necessária a expressa decretação da nulidade (art. 282, NCPC); 2: correta conforme a lei, pois o art. 21, II do NCPC estabelece competência concorrente nessas hipóteses.

Gabarito 1E, 2C

(Analista – TRT/8ª – 2010 – FCC) Numa ação ordinária de cobrança, o juiz acolheu preliminar arguida pelo réu na contestação e reconheceu a prescrição do crédito reclamado pelo autor. Nesse caso, deverá

(A) julgar procedente a ação, mas suspender-lhe a execução.
(B) julgar improcedente a ação.
(C) julgar extinto o processo sem resolução de mérito.
(D) indeferir a petição inicial.
(E) julgar extinto o processo com resolução de mérito.

E: correto (art. 487, II, do NCPC).

Gabarito "E"

(Analista – TRT/18ª – 2008 – FCC) Se o autor der causa, por três vezes, à extinção do processo por, não promovendo os atos e diligências que lhe competir, abandonar a causa por mais de 30 dias,

(A) não poderá intentar nova ação contra o réu com o mesmo objeto, ficando-lhe ressalvada, entretanto, a possibilidade de alegar em defesa o seu direito.
(B) poderá intentar nova ação contra o réu com o mesmo objeto, porque o direito de ação não se confunde com a pretensão de direito material.
(C) poderá intentar nova ação contra o réu com o mesmo objeto, porque os erros do advogado não podem prejudicar a parte.
(D) só poderá intentar nova ação contra o réu com o mesmo objeto se efetuar o pagamento do décuplo das custas.
(E) só poderá intentar nova ação contra o réu com o mesmo objeto se for representado por outro advogado.

Art. 486, § 3º, do NCPC.

Gabarito "A"

(Técnico Judiciário – TRT/5ª – 2008 – CESPE) A respeito da formação do processo, da resposta do réu, dos recursos cíveis e do processo de execução, julgue os itens que se seguem.

(1) Antes da citação da parte ré, é defeso ao autor modificar a causa de pedir.

1: incorreta. O autor, antes da citação do réu, poderá emendar (corrigir), aditar (acrescentar) ou alterar tanto a causa de pedir (fatos e fundamentos jurídicos do pedido) quanto o próprio pedido (art. 329, I, do NCPC). Cuidado para a forma como a questão foi elaborada: afirma o enunciado que antes da citação é proibido mudar a causa de pedir; como é possível, a afirmação é incorreta.

Gabarito 1E

(Técnico Judiciário – TRT/20ª – 2006 – FCC) NÃO é causa de suspensão do processo a:

(A) convenção de arbitragem.
(B) morte do procurador de uma parte.
(C) oposição de exceção de suspeição do juiz.
(D) morte de quaisquer das partes.
(E) oposição de exceção de impedimento do juiz.

A: correta. A convenção de arbitragem não está contemplada no rol do art. 313 do NCPC. O que suspende o processo é a convenção das partes (acordo das partes), conforme art. 313, II, do NCPC. **B, C, D** e **E:** incorretas. As hipóteses estão previstas no rol do art. 313 do NCPC (incisos I e III). * Atenção: não há mais exceção, mas petição apontando o impedimento do juiz.

Gabarito "A"

(Técnico Judiciário – TRT/6ª – 2006 – FCC) Dentre outros casos, extingue-se o processo, sem resolução de mérito, quando o juiz:

(A) acolher a alegação de litispendência.
(B) acolher o pedido do autor.
(C) pronunciar a decadência.
(D) rejeitar o pedido do autor.
(E) pronunciar a prescrição.

Extingue-se o processo, sem resolução do mérito, quando o juiz acolher a alegação de perempção, litispendência ou de coisa julgada (art. 485, V, do NCPC). As demais hipóteses, de mérito, estão previstas no art. 487.

Gabarito "A"

8. TUTELA PROVISÓRIA

(FGV – 2011) Zélia e Joaquim são vizinhos há cerca de sete anos. Determinada parede foi construída por Joaquim, mas, por defeitos na execução da obra, está permitindo a infiltração da água da chuva, gerando danos à parede limítrofe construída por Zélia. Inconformada, Zélia procura você como advogado(a) a fim de ingressar com a medida judicial cabível. Analisando a hipótese e, estando Zélia de acordo com o seu parecer técnico, você afora ação judicial para o desfazimento da construção ou a reparação da obra defeituosa. Nessa hipótese, como será fixado o valor da causa?

(A) Deverá ser considerado o menor valor, por se tratar de pedido subsidiário.
(B) Por se tratar de pedidos alternativos, será considerado o de maior valor.
(C) Por se tratar de ação para cumprimento do negócio jurídico, será considerado o valor da soma do principal, da pena e dos juros vencidos.
(D) Será a soma dos valores de todos os pedidos, por se tratar da hipótese de cumulação de pedidos.

Considerando que é formulado um pedido com a partícula "ou", sem preferência entre as duas possibilidades, estamos diante de um pedido ALTERNATIVO (NCPC, art. 325). O valor da causa no pedido alternativo, por expressa previsão legal (NCPC, art. 292, VII), é o do pedido de maior valor.

Gabarito "B"

9. PROCESSO DE CONHECIMENTO

(Analista – TRT/1ª – 2012 – FCC) No procedimento ordinário,

(A) como o pedido deve ser certo e determinado, não pode o autor formular pedido alternativo.
(B) pode ser formulado pedido genérico quando a determinação do valor da condenação depender de ato que deva ser praticado pelo réu.
(C) não cabe pedido cominatório para as obrigações de entrega de coisa.
(D) não há possibilidade de cumulação, num único processo, contra o mesmo réu, de vários pedidos, se entre eles não houver conexão.
(E) não se incluem juros moratórios na condenação se não tiverem sido expressamente postulados na petição inicial.

A: incorreta, pois é possível conforme art. 325 do NCPC; **B:** correta, conforme artigo 324, § 1º, III do NCPC; **C:** incorreta conforme art. 498 do NCPC; **D:** incorreta, pois se permite a cumulação ainda que não haja conexão conforme dicção do artigo 327 do NCPC; **E:** incorreto, pois constitui modalidade de pedido implícito (art. 322, § 2º, NCPC) além de ser posicionamento pacificado do STF (Súmula 254, STF). O procedimento agora não é denominado mais ordinário e sim comum.

Gabarito "B"

(Analista – TRT/11ª – 2012 – FCC) No procedimento ordinário, a respeito do pedido constante da petição inicial, considere:

I. Se o autor tiver formulado mais de um pedido em ordem sucessiva, se o juiz julgar improcedente o pedido principal, o pedido subsidiário ficará prejudicado.
II. Quando a obrigação consistir em prestações periódicas, não serão consideradas incluídas no pedido as que vencerem após o trânsito em julgado da sentença.
III. O autor poderá requerer cominação de pena pecuniária para o caso de descumprimento de sentença ou de decisão antecipatória de tutela quando pedir o cumprimento da obrigação de entrega de coisa.

Está correto o que se afirma APENAS em

(A) I e II.
(B) I e III.
(C) II.
(D) II e III.
(E) III.

I: incorreto. Se o juiz não acolher o primeiro pedido, deverá examinar o posterior, consoante a sequência determinada pelo autor na petição inicial (art. 326 do NCPC); **II:** incorreto (art. 323 do NCPC); **III:** correto (arts. 536, § 1º, do NCPC). O procedimento agora não é denominado mais ordinário e sim comum.

Gabarito "E"

(Analista – TRT/14ª – 2011 – FCC) A petição inicial NÃO poderá

(A) ser considerada inepta quando contiver pedidos incompatíveis entre si.
(B) conter mais de um pedido em ordem sucessiva, a fim de que o juiz conheça do posterior, em não podendo acolher o anterior.
(C) conter pedido genérico, mesmo se a determinação do valor da condenação depender de ato que deva ser praticado pelo réu.
(D) ser considerada inepta quando da narração dos fatos não decorrer logicamente a conclusão.
(E) ser aditada depois da citação sem o consentimento do réu, mesmo se o autor arcar com as custas acrescidas em razão dessa iniciativa.

A: incorreto (art. 330, § 1º, IV, do NCPC); **B:** incorreto (art. 326 do NCPC); **C:** incorreto (art. 324, § 1º, III, do NCPC); **D:** incorreto (art. 330, § 1º, III, do NCPC); **E:** correto. O autor, antes da citação do réu, poderá emendar (corrigir) ou aditar (acrescentar) tanto a causa de pedir (fatos e fundamentos jurídicos do pedido) quanto o próprio pedido (art. 329 do NCPC). Implementada a citação, a modificação da causa de pedir ou do pedido só poderá ser efetuada com o consentimento do réu (art. 329, II, do NCPC).

Gabarito "E"

(Analista – TRT/14ª – 2011 – FCC) Numa ação ordinária de cobrança, não foram incluídas no pedido as prestações vincendas. Nesse caso, a

(A) sentença as incluirá na condenação, independentemente de pedido expresso do autor.
(B) sentença só poderá incluir na condenação as prestações vencidas até a citação do réu.
(C) inclusão das prestações vincendas na condenação dependerá da expressa concordância do réu.
(D) sentença não poderá incluí-las na condenação, sob pena de nulidade por decisão *extra petita*.
(E) inclusão das prestações vincendas na condenação dependerá de aditamento da petição inicial pelo autor.

O autor deve fixar os limites objetivos da lide, especificando em que consiste o provimento pleiteado junto ao Estado-Juiz (art. 141 do NCPC). Ressalvadas as hipóteses em que são admitidos pedidos implícitos, a parte deve declinar com precisão a providência jurisdicional almejada (Súmula 256 do STF e arts. 323 e 322, § 2º, do NCPC).

Gabarito "A"

(Analista – TRT/9ª – 2010 – FCC) A respeito do pedido, como requisito da petição inicial da ação ordinária, considere:

I. É vedada a cumulação, num único processo, contra o mesmo réu, de vários pedidos, se entre eles não houver conexão.
II. Os pedidos são interpretados restritivamente, compreendendo-se, no entanto, no principal os juros legais.
III. Não é lícito ao autor formular pedido genérico quando a determinação do valor da condenação depender de ato que deva ser praticado pelo réu.
IV. O pedido deve ser único, não sendo lícito ao autor formular mais de um pedido em ordem sucessiva, a fim de que o juiz conheça do posterior, em não podendo acolher o anterior.

Está correto o que consta SOMENTE em

(A) I e II.
(B) I, II e IV.
(C) III e IV.
(D) I e III.
(E) II.

I: incorreto. Ainda que não haja conexão entre os pedidos, é lícita a cumulação de vários pleitos em face do mesmo réu num único processo (art. 327, *caput*, do NCPC); **II:** correto (art. 322, § 2º, do NCPC); **III:** incorreto (art. 324, § 1º, III, do NCPC); **IV:** incorreto (art. 326 do NCPC).

Gabarito "E"

(Técnico – TRT/6ª – 2012 – FCC) Denomina-se coisa julgada:

(A) a decisão que determina o arquivamento definitivo dos autos.
(B) formal a eficácia que torna imutável e indiscutível a sentença não mais sujeita a recurso ordinário ou extraordinário.
(C) qualquer decisão no curso do processo acerca da qual tiver ocorrido preclusão.
(D) material a eficácia que torna imutável e indiscutível a sentença, não mais sujeita a recurso ordinário ou extraordinário.
(E) material a sentença não mais sujeita a recurso e a ação rescisória, em razão do decurso de prazo superior a 2 anos, desde sua publicação.

De acordo com o art. 502 do NCPC, "denomina-se coisa julgada material a autoridade que torna imutável e indiscutível a decisão de mérito não mais sujeita a recurso". Atenção: o enunciado reproduz os termos que constavam do Código anterior (eficácia).

Gabarito "D"

(Técnico – TRT/6ª – 2012 – FCC) A falta do instrumento público, quando a lei o exigir, como da substância do ato,

(A) nenhuma outra prova, por mais especial que seja, pode suprir-lhe.
(B) poderá ser suprida por qualquer meio de prova que o juiz reputar conveniente.
(C) só poderá ser suprida pela confissão da parte.
(D) será suprida se, no curso do processo, as testemunhas forem absolutamente concordes a respeito do direito da parte.
(E) poderá ser suprida por instrumento particular com firma reconhecida e registrado em Cartório de Títulos e Documentos.
(D) no máximo sessenta minutos.

Prescreve o art. 406 do NCPC, que "quando a lei exigir instrumento público como da substância do ato, nenhuma outra prova, por mais especial que seja, pode suprir-lhe a falta".

Gabarito "A"

(Técnico Judiciário – TRT/14ª – 2011 – FCC) Numa ação ordinária de cobrança, não foram incluídas no pedido as prestações vincendas. Nesse caso, a:

(A) sentença as incluirá na condenação, independentemente de pedido expresso do autor.
(B) sentença só poderá incluir na condenação as prestações vencidas até a citação do réu.
(C) inclusão das prestações vincendas na condenação dependerá da expressa concordância do réu.
(D) sentença não poderá incluí-las na condenação, sob pena de nulidade por decisão *extra petita*.
(E) inclusão das prestações vincendas na condenação dependerá de aditamento da petição inicial pelo autor.

Em regra, o juiz somente deve conceder aquilo que foi pleiteado. Porém, há alguns casos em que se admite a condenação sem pedido (pedidos implícitos), exatamente como nas obrigações vincendas (Súmula 256 do STF e art. 323 do NCPC).

Gabarito "A"

(Técnico Judiciário – TRT/5ª – 2008 – CESPE) A respeito da formação do processo, da resposta do réu, dos recursos cíveis e do processo de execução, julgue os itens que se seguem.

(1) Reconvenção é a ação proposta pelo réu reconvinte contra o autor reconvindo no mesmo processo.

1: correta, nos termos do art. 343, *caput*, do NCPC. Atenção: no NCPC, a reconvenção é um tópico da contestação, não sendo apresentada em peça apartada.

Gabarito 1C

(Técnico Judiciário – TRT/6ª – 2006 – FCC) Caso o juiz verifique que a petição inicial apresenta defeitos e irregularidades capazes de dificultar o julgamento de mérito,

(A) declarará a ação perempta e extinguirá o processo sem julgamento de mérito.
(B) determinará que o autor a emende, ou a complete, no prazo de 10 (dez) dias.
(C) extinguirá o processo com julgamento do mérito.
(D) a indeferirá desde logo, condenando o autor nas custas e honorários advocatícios.
(E) suspenderá o processo por 60 dias, após o que fará ele próprio as correções cabíveis.

De acordo com o art. 321, *caput*, do NCPC, o juiz determinará que o autor a emende, ou a complete, no prazo de 15 (quinze) dias.

Gabarito Sem alternativa correta à luz do NCPC

(Técnico Judiciário – TRT/20ª – 2006 – FCC) De acordo com o Código de Processo Civil, NÃO constitui requisito essencial da petição inicial a indicação:

(A) do domicílio e residência do autor e do réu.
(B) do valor da causa.
(C) dos fatos e fundamentos jurídicos do pedido.
(D) do requerimento para citação do réu.
(E) da denominação adequada da ação.

A indicação da denominação adequada da ação não é requisito essencial da petição inicial e não consta no rol do art. 319 do NCPC. Além disso, no NCPC deixa de ser requisito da inicial o requerimento de citação.

Gabarito "E" e "D", à luz do NCPC.

9.1. Defesa e Revelia

(Analista – TRT/10ª – 2013 – CESPE) Julgue o item que se segue relativo a resposta do réu, revelia e provas.

(1) Ficará caracterizado o reconhecimento jurídico do pedido quando, em contestação apresentada em face de ação de cobrança de dívida, o réu admitir ter celebrado o contrato de mútuo a que tiver o autor se referido na inicial.

1: Essa afirmação está incorreta. Não se trata de reconhecimento jurídico do pedido, mas de confissão, pois aqui apenas se confessou o fato (assinatura do contrato), mas não os efeitos jurídicos do inadimplemento (que geraria o reconhecimento jurídico).

Gabarito 1E

(Analista – TRT/11ª – 2012 – FCC) A revelia

(A) acarreta a presunção de veracidade das alegações de direito do autor.
(B) impede o juiz de determinar a produção de provas, quando julgar necessário.
(C) não acarreta para o revel a presunção de veracidade dos fatos afirmados pelo autor se algum litisconsorte necessário contestar a ação.
(D) não impede o réu de intervir no processo, mas não lhe dá o direito de recorrer da sentença.
(E) implica necessariamente na procedência do pedido do autor.

A: incorreta. Acarreta a presunção das alegações de fato (art. 344, NCPC); **B:** incorreta, pois a presunção de veracidade (efeito da revelia) é relativa, não impedindo o magistrado de determinar a produção de provas que entenda necessária; **C:** correta, conforme art. 345, I, NCPC. Contudo essa regra se aplica apenas se a defesa entre os réus for comum. **D:** incorreta. O revel pode ingressar no processo a qualquer momento e a partir de então praticar os atos regulares, como recorrer (art. 346, parágrafo único, NCPC); **E:** incorreta. Apesar da presunção de veracidade dos fatos, isso não significa que o pedido deve ser acolhido.

Gabarito "C".

(Analista – TRT/9ª – 2010 – FCC) A respeito da revelia, é correto afirmar:

(A) Se, havendo pluralidade de réus, algum deles contestar a ação, reputar-se-ão verdadeiros os fatos afirmados pelo autor para aqueles que não apresentarem contestação.
(B) Se ocorrer a revelia, o autor não poderá alterar o pedido, mas poderá alterar a causa de pedir, independentemente de nova citação.
(C) Contra o revel que não tenha patrono nos autos, os prazos correrão, independentemente de intimação, a partir da publicação de cada ato decisório.
(D) O revel poderá intervir no processo em qualquer fase, sendo-lhe lícito apresentar contestação, ainda que fora do prazo legal.
(E) Se ocorrer a revelia, o autor poderá demandar declaração incidente, independentemente de nova citação.

A: incorreto (art. 345, I, do NCPC); **B:** incorreto (art. 329, II, do NCPC) deverá promover nova citação do réu; **C:** correto (art. 322, *caput* do CPC/1973 e 346 do NCPC); **D:** incorreto, visto que o réu revel recebe o processo no estado em que o encontrar (art. 346, parágrafo único, do NCPC); **E:** incorreto (art. 329, II, do NCPC). A ação declaratória incidental não existe mais no NCPC.

Gabarito "C".

(Analista – TRT/15ª – 2009 – FCC) Considere as seguintes assertivas sobre a revelia:

I. O revel poderá intervir no processo em qualquer fase, recebendo-o no estado em que se encontrar.
II. A revelia não produz efeito se a petição inicial não estiver acompanhada do instrumento público, que a lei considere indispensável à prova do ato.
III. Contra o revel que não tenha patrono nos autos correrão os prazos independentemente de intimação, a partir da publicação de cada ato decisório.
IV. Ocorrendo a revelia, o autor poderá demandar declaração incidente, não sendo necessária nova citação do réu para responder no prazo legal.

Está correto o que se afirma SOMENTE em

(A) I e IV.
(B) I e II.
(C) II, III e IV.
(D) I, II e III.
(E) III e IV.

I: correta (art. 346, parágrafo único, do NCPC); **II:** correta (art. 345, III, do NCPC); **III:** correta (art. 346, *caput*, do NCPC). O Novo Código não menciona também a necessidade de intimação; **IV:** incorreta (art. 329, II, do NCPC). A ação declaratória incidental não existe mais no NCPC.

Gabarito "D".

(FGV – 2013) Com relação ao início da contagem do prazo para apresentação de resposta, em ação ajuizada pelo rito comum ordinário, em face de apenas um réu, assinale a afirmativa correta.

(A) Em se tratando de citação postal, começa a correr o prazo a partir da data da juntada aos autos do aviso de recebimento.
(B) Em se tratando de citação por oficial de justiça, começa acorrer o prazo no dia seguinte ao do cumprimento da diligência.
(C) Em se tratando de citação por carta precatória, começa acorrer o prazo no dia em que a carta é devolvida ao juízo de origem.
(D) Em se tratando de citação por edital, começa a correr o prazo no dia seguinte ao da publicação do referido edital.

A: correta (NCPC, art. 231, I); **B:** incorreta, pois no caso de citação por oficial, o prazo é contado da juntada do mandado (NCPC, art. 231, II); **C:** incorreta, porque no caso de citação por precatória, o prazo é contado de sua juntada aos autos, devidamente cumprida (NCPC, art. 231, VI); **D:** incorreta, pois no caso de citação por edital, o prazo é contado findo o prazo assinalado pelo juiz (NCPC, art. 231, IV).

Gabarito "A".

(FGV – 2011) Júlia ingressou com ação de indenização por danos morais e materiais em face da Gráfica Bela Escrita, bem como do Ateliê Alta-Costura, sob a alegação de que o seu casamento não pôde ser realizado tendo em vista que a Gráfica escreveu o endereço errado do local da cerimônia em todos os convites confeccionados, e o Ateliê, por sua vez, não entregou o vestido de noiva no dia do casamento. Tendo sido ambos os réus regularmente citados, o Ateliê Alta-Costura apresentou contestação tempestiva, em que afirmou se isentar de responsabilidade, uma vez que o vestido de noiva já estava praticamente pronto, quando, na véspera da cerimônia, a noiva subitamente decidiu solicitar inúmeras alterações no modelo da roupa, o que inviabilizou a sua tempestiva entrega. A Gráfica Bela Escrita, por seu turno, não se manifestou nos autos. A respeito da situação descrita, é correto afirmar que a contestação apresentada pelo Ateliê Alta-Costura

(A) aproveita à Gráfica Bela Escrita, não se operando o efeito material da revelia contra este réu, desde que o Ateliê Alta-Costura, uma vez intimado, manifeste expressa concordância.
(B) não aproveita à Gráfica Bela Escrita, operando-se o efeito material da revelia contra este réu.
(C) automaticamente aproveita à Gráfica Bela Escrita, não se operando o efeito material da revelia contra este réu.
(D) reabre automaticamente o prazo para a apresentação de contestação pela Gráfica Bela Escrita, operando-se o efeito material da revelia somente se este réu, mesmo assim, permanecer inerte.

A revelia é a ausência de contestação, sendo que dois são seus efeitos: presunção de veracidade e prazos correrem independentemente de intimação do réu revel (NCPC, arts. 344 e 346). Pela lei, não há presunção de veracidade se, havendo litisconsórcio, um dos réus contestar (NCPC, art. 345, I, do NCPC). Contudo, para a doutrina e jurisprudência, apenas se a defesa for COMUM aos réus é que isso ocorre. Portanto, no caso narrado, como a defesa do ateliê não é comum à gráfica, é de se reconhecer a presunção de veracidade dos fatos. Isso decorre pelo litisconsórcio formado entre eles ser simples.

Gabarito "B"

9.2. Prova e Instrução Probatória

(Analista – TRT/6ª – 2012 – FCC) A testemunha intimada a comparecer à audiência, se

(A) nada puder informar sobre os fatos, não será obrigada a comparecer.

(B) deixar de comparecer, ficará impedida de depor em outra ocasião, prejudicando a parte que a arrolou.

(C) deixar de comparecer, será processada pelo crime de desobediência, mas não poderá ser conduzida contra sua vontade.

(D) deixar de comparecer, sem motivo justificado, será conduzida, respondendo pelas despesas do adiamento.

(E) não comparecer espontaneamente, deverá ser trazida pela parte que a arrolou em outra sessão de audiência que o Juiz designar.

A: incorreto, porquanto nesse caso a testemunha não está dispensada de comparecer à sessão instrutória. Tal hipótese não consta do rol do art. 448 do NCPC; **B:** incorreto. Se a testemunha deixar de comparecer à audiência de instrução e julgamento por motivo justificado, o juiz poderá adiá-la (art. 362, II, do NCPC); **C** e **E:** incorretos. Em tais hipóteses, a testemunha será conduzida coercitivamente até o local onde será realizada a audiência de instrução e julgamento; **D:** correto (art. 455, *§ 5º*, do NCPC).

Gabarito "D"

(Analista – TRT/23ª – 2011 – FCC) A respeito da prova testemunhal, considere:

I. O cego e o surdo, quando a ciência do fato depender dos sentidos que lhes faltam.

II. O advogado que tenha assistido a qualquer das partes.

III. O que, por seus costumes, não for digno de fé.

Considera-se, dentre outros, impedida de depor a pessoa indicada APENAS em

(A) I.

(B) I e II.

(C) I e III.

(D) II e III.

(E) II.

I: incorreto. Cuida-se de causa de incapacidade, e não de impedimento (art. 447, § 1º, IV, do NCPC); **II:** correto (art. 447, § 2º, III, do NCPC); **III:** incorreto no CPC/1973, pois tratava-se de causa de suspeição (art. 405, § 3º, II, do CPC/1973). Importante lembrar que o Novo Código não previu essa hipótese de suspeição.

Gabarito "E"

(Analista – TRT/14ª – 2011 – FCC) A respeito das provas, considere:

I. O depoimento pessoal de quaisquer das partes pode ser determinado pelo juiz de ofício, independentemente de requerimento da parte contrária.

II. Nas ações que versarem sobre bens imóveis ou direitos sobre imóveis alheios, a confissão de um cônjuge não valerá sem a do outro.

III. O juiz não poderá determinar, de ofício, a realização de nova perícia, mesmo se a matéria não lhe parecer suficientemente esclarecida.

Está correto o que se afirma APENAS em

(A) II e III

(B) III.

(C) I.

(D) I e II.

(E) I e III.

I: correto. Cuida-se do denominado *interrogatório da parte*, o qual poderá ser determinado de ofício pelo juiz (art. 385 do NCPC); **II:** correto (art. 391, parágrafo único, do NCPC). Vale ressaltar que o Novo Código inserir ressalva à regra, ou seja, haverá incomunicabilidade das confissões. Nas ações que versarem sobre bens imóveis ou direitos reais sobre imóveis alheios, a confissão de um cônjuge ou companheiro não valerá sem a do outro, **salvo se o regime de casamento for o de separação absoluta de bens**; **III:** incorreto. O juiz, de acordo com seus poderes instrutórios, tem papel ativo – e não de mero espectador – quanto à realização, *de ofício*, das provas que reputar necessárias à instrução do feito. Essa atividade probatória do juiz se dá com plenitude nos procedimentos de jurisdição voluntária e nas causas que versem sobre direitos indisponíveis. Cuida-se de aplicação no processo civil dos ditames da *verdade material* e *do princípio inquisitivo*, visto que o juiz, atento ao escopo de pacificação social do processo, bem assim à necessidade de outorga de um provimento jurisdicional justo e atrelado à realidade dos fatos, tem o poder-dever de ordenar a produção das provas imprescindíveis ao esclarecimento da controvérsia fixada, sobretudo quando a matéria não lhe parecer suficiente esclarecida (arts. 370 e 480 do NCPC).

Gabarito "D"

(Analista – TRT/20ª – 2011 – FCC) No que concerne à prova testemunhal, depois de apresentado o rol de testemunhas, considere:

I. A testemunha faleceu.

II. A testemunha, por enfermidade, não está em condições de depor.

III. A testemunha mudou de residência e não foi encontrada pelo oficial de justiça, nem a parte que a indicou sabe de seu paradeiro.

IV. A testemunha declarou nada saber sobre os fatos.

V. A testemunha que em razão de fratura na perna não pode locomover-se.

A parte só poderá substituir a testemunha nas situações indicadas APENAS em

(A) I, II e III.

(B) I, III e V.

(C) I, IV e V.

(D) II e IV.

(E) III, IV e V.

I: correto (art. 451, I, do NCPC); **II:** correto (art. 451, II, do NCPC); **III:** correto (art. 451, III, do NCPC); **IV:** incorreto, já que a testemunha não é substituída quando declara não ter conhecimento sobre os fatos, a teor do que se depreende do rol do art. 451 do NCPC; **V:** incorreto (arts. 449, parágrafo único, do NCPC).

Gabarito "A"

(FGV – 2015) Aloísio ajuizou ação de anulação de casamento em face de Júlia. No curso do processo, o juiz designou audiência de instrução e julgamento para colheita dos depoimentos pessoais de Aloísio e Júlia e oitiva das testemunhas. Considerando as regras sobre depoimento pessoal previstas no Código de Processo Civil, assinale a afirmativa correta.

(A) O Código de Processo Civil admite que Júlia se valha da escusa do dever de depor sobre fatos torpes que lhe forem imputados por Aloísio.

(B) Aloísio e Júlia, apesar de devidamente intimados, poderão se recusar a depor, sem que seja aplicada a pena de confissão, por ser o depoimento pessoal mero meio de prova.

(C) Aloísio e Júlia deverão responder pessoalmente sobre os fatos articulados, podendo consultar notas breves, desde que objetivem completar os esclarecimentos.

(D) O Código de Processo Civil veda expressamente que o juiz, de ofício, determine o comparecimento pessoal de Aloísio e Júlia, a fim de interrogá-los sobre os fatos da causa.

A: incorreta, pois o direito de escusa de depor não se aplica a causas de anulação de casamento (NCPC, art. 388, parágrafo único, dispositivo legal que faz menção às ações de família, dentre as quais se inclui a anulação de casamento); **B:** incorreta, porque se a parte, intimada, não comparecer ao depoimento pessoal, haverá pena de confesso (NCPC, art. 385, § 1º); **C:** correta (NCPC, art. 387); **D:** incorreta, pois cabe a designação pelo juiz, de ofício, para depoimento da parte (NCPC, art. 385).

Gabarito "C"

(FGV – 2011) Nas ações em que há necessidade de produção de prova pericial, cada parte deve pagar a remuneração do assistente técnico que houver indicado. No tocante aos honorários periciais, eles devem ser pagos pela parte que houver requerido a prova, ou pelo autor, nas hipóteses em que requerido por ambas as partes ou determinado de ofício pelo juiz. Em relação a essas despesas, é correto afirmar que

(A) somente os honorários periciais devem ser objeto de ressarcimento, pelo vencido, ao final da demanda.

(B) ambas devem integrar a condenação do vencido nos ônus sucumbenciais.

(C) nenhuma dessas verbas é passível de ressarcimento.

(D) somente os honorários do assistente técnico deverão ser restituídos, ao final, pela parte vencida.

As regras mencionadas no enunciado estão no art. 95 do NCPC. A sucumbência engloba honorários e custas – incluindo todos os gastos realizados no processo (NCPC, art. 84).

Gabarito "B"

(FGV – 2010) A inspeção judicial está prevista no Código de Processo Civil como uma das modalidades de produção de provas no processo de conhecimento. A respeito de tal medida, assinale a alternativa correta.

(A) O auto circunstanciado que será lavrado tão logo seja concluída a inspeção judicial terá valor de prova e, por isso, a inspeção somente poderá ser realizada na fase probatória do processo cognitivo.

(B) A inspeção judicial de coisa será realizada quando não puder ser apresentada em juízo sem consideráveis despesas ou graves dificuldades, não se admitindo, portanto, a inspeção de pessoas.

(C) O juiz poderá ser assistido de um ou de mais peritos quando realizar a inspeção direta, assim como as partes podem assistir ao ato, prestar esclarecimentos e fazer observações que reputem de interesse para a causa.

(D) A inspeção judicial poderá ser realizada em qualquer fase do processo a fim de esclarecer fato que interesse à decisão da causa, mas o juiz somente poderá agir a requerimento da parte.

A inspeção judicial é o meio de prova pelo qual o juiz sai de seu gabinete e vai até o local dos fatos. É pouco frequente no cotidiano forense. **A:** incorreta, pois cabe em qualquer fase do processo (NCPC, art. 481); **B:** incorreta, porque cabe inspeção de pessoas e coisas (NCPC, art. 481); **C:** correta (NCPC, arts. 482 e 483, parágrafo único); **D:** incorreta, pois como é a regra em relação às provas, pode ser realizada de ofício (NCPC, art. 481)

Gabarito "C"

(FGV – 2010) Se, durante a audiência de instrução e julgamento, um advogado, exercendo seu mister de bem defender os interesses de seu cliente, entende que a testemunha arrolada pela parte contrária mantém com essa vínculo estreito de amizade e que seu depoimento pode ser tendencioso, esse advogado deverá:

(A) contraditar a testemunha, devendo a audiência, nesse caso, ser necessária e imediatamente interrompida.

(B) contraditar a testemunha, que mesmo assim poderá ser ouvida como informante do juízo, desde que o magistrado fundamente sua decisão de ouvi-la.

(C) contraditar a testemunha, hipótese em que estará o juiz obrigado a dispensá-la.

(D) contraditar a testemunha, que será ouvida após a audiência, sem a presença das partes.

A impugnação da testemunha recebe o nome o nome de contradita, que pode ser acolhida ou rejeitada pelo juiz. Mesmo quando acolhida, pode o juiz ouvir o terceiro na condição de informante, sem prestar compromisso de dizer a verdade (NCPC, art. 457, § 2º).

Gabarito "B"

(Técnico Judiciário – TRT/14ª – 2011 – FCC) A respeito das provas, considere:

I. O depoimento pessoal de quaisquer das partes pode ser determinado pelo juiz de ofício, independentemente de requerimento da parte contrária.

II. Nas ações que versarem sobre bens imóveis ou direitos sobre imóveis alheios, a confissão de um cônjuge não valerá sem a do outro.

III. O juiz não poderá determinar, de ofício, a realização de nova perícia, mesmo se a matéria não lhe parecer suficientemente esclarecida.

Está correto o que se afirma APENAS em:

(A) II e III

(B) III.

(C) I.

(D) I e II.

(E) I e III.

I: correta. Cuida-se do denominado *interrogatório da parte*, o qual poderá ser determinado de ofício pelo juiz (art. 385 do NCPC); **II:** correta, conforme previsão do art. 391, parágrafo único, do NCPC, salvo se o regime de casamento for o de separação absoluta de bens; **III:** incorreta. O juiz, de acordo com seus poderes instrutórios, tem papel ativo quanto à realização, *de ofício*, das provas que reputar necessárias à instrução do feito. (arts. 370 e 480, *caput*, do NCPC).

Gabarito "D"

(Técnico Judiciário – TRT/20ª – 2011 – FCC) No que concerne à prova testemunhal, depois de apresentado o rol de testemunhas, considere:

I. A testemunha faleceu.

II. A testemunha, por enfermidade, não está em condições de depor.

III. A testemunha mudou de residência e não foi encontrada pelo oficial de justiça, nem a parte que a indicou sabe de seu paradeiro.

IV. A testemunha declarou nada saber sobre os fatos.

V. A testemunha que em razão de fratura na perna não pode locomover-se.

A parte só poderá substituir a testemunha nas situações indicadas APENAS em:

(A) I, II e III.

(B) I, III e V.

(C) I, IV e V.

(D) II e IV.

(E) III, IV e V.

I: correta (art. 451, I, do NCPC); **II:** correta (art. 451, II, do NCPC); **III:** correta (art. 451, III, do NCPC); **IV:** incorreta, já que a testemunha não é substituída quando declara não ter conhecimento sobre os fatos, a teor do que se depreende do rol do art. 451 do NCPC; **V:** incorreta (art. 449, parágrafo único, do NCPC).

Gabarito "A"

(Técnico Judiciário – TRT/23ª – 2011 – FCC) Paulo ajuizou ação de cobrança de quantia em dinheiro em face de Pedro. Pedro alegou já ter pago a dívida cobrada. Nesse caso, o ônus de provar a existência da dívida ou a ocorrência do pagamento:

(A) independe de prova.

(B) incumbe a Paulo.

(C) incumbe a Pedro.

(D) incumbe Pedro e a Paulo, respectivamente.

(E) incumbe a Paulo e a Pedro, respectivamente.

Compete a Paulo, que ajuizou a demanda de cobrança, a prova da existência da dívida (art. 373, I, do NCPC). Por sua vez, Pedro tem o ônus de comprovar a realização do pagamento, por força do art. 373, II, do NCPC. Atenção: desde que presentes os requisitos, é possível se falar, no NCPC, em ônus dinâmico da prova (art. 373, § 1º).

Gabarito "E"

(Técnico Judiciário – TRT/17ª – 2009 – CESPE) Diogo ajuizou ação contra Teresa, requerendo a sua condenação ao pagamento de R$ 30 mil a título de danos morais e R$ 20 mil a título de danos materiais, em razão de prejuízos sofridos em decorrência de acidente de carro provocado pela ré. Diogo juntou à inicial documentos comprobatórios dos danos sofridos e requereu prova testemunhal e o depoimento pessoal de Teresa. Devidamente citada, a ré contestou e foi marcada audiência preliminar, na qual não houve acordo entre as partes. Com base nessa situação hipotética, julgue os itens subsequentes.

(1) Marcada audiência de instrução e julgamento e dada a natureza do litígio, o juiz poderá determinar o comparecimento de Diogo e Teresa ao início da audiência para tentar conciliar as partes, ainda que não tenha obtido acordo na audiência preliminar.

(2) A audiência de instrução e julgamento poderá ser adiada se Diogo e Teresa assim convencionarem.

1: correta. Em havendo a necessidade de produção de prova testemunhal, e tendo uma das partes protestado pelo depoimento pessoal da outra, o próximo ato processual na sequência procedimental é a designação de audiência de instrução e julgamento (art. 357, V, do NCPC). Por outro lado, ainda que não tenha havido acordo entre as partes em audiência preliminar, o juiz, a qualquer tempo, pode tentar conciliar as partes (art. 139, V, do NCPC); **2:** correta. A sessão de instrução e julgamento pode ser adiada por convenção das partes (art. 362, I, do NCPC).

Gabarito 1C, 2C

(Técnico Judiciário – TRT/6ª – 2006 – FCC) No que se refere às provas, em matéria processual civil, considere:

I. Não são hábeis para provar a verdade dos fatos em que se funda a ação ou a defesa os meios não especificados na lei processual, ainda que legais ou moralmente legítimos.

II. O ônus da prova incumbe ao autor, quanto ao fato constitutivo do seu direito.

III. O ônus da prova incumbe ao réu, quanto à existência de fato impeditivo, modificativo ou extintivo do direito do autor.

É correto o que consta APENAS em:

(A) I.
(B) II.
(C) I e II.
(D) I e III.
(E) II e III.

I: incorreta. O examinador somente incluiu o "não" no início do período, de modo a confundir o candidato. Suprimindo a referida palavra, o restante da oração estaria correto (art. 369 do NCPC); **II:** correta (art. 373, I, do NCPC); **III:** correta (art. 373, II, do NCPC).

Gabarito "E"

10. SENTENÇA. COISA JULGADA. AÇÃO RESCISÓRIA

(Analista – TRT/11ª – 2012 – FCC) Numa ação ordinária, o autor não se conformou com a decisão final de mérito transitada em julgado, por entender que a mesma violou literal disposição de lei. Nesse caso, para ajuizar ação rescisória,

(A) não é necessário que tenham sido esgotados todos os recursos contra a decisão rescindenda.
(B) é possível reexaminar a prova produzida no processo originário para verificar a eventual violação.
(C) deve demonstrar que a decisão se baseou em orientação controvertida nos tribunais.
(D) é necessário que tenha prequestionado a questão no processo originário.
(E) não é necessário que sejam apontados os dispositivos supostamente violados pela decisão.

A: correto, conforme súmula 514 do STF; **B:** incorreto. Permitir tal situação seria transformar a rescisória em instancia ordinária o que não se apresenta possível; **C:** incorreto. Não é necessário demonstrar a divergência entre tribunais para o cabimento da medida; **D:** incorreto já que o prequestionamento não é requisito para o cabimento da rescisória nessa hipótese; **E:** não há essa exigência na lei, mas é necessário para fins de rescisão (art. 966, V, NCPC).

Gabarito "A"

(Analista – TRT/14ª – 2011 – FCC) Caberá ação rescisória, dentre outras hipóteses, quando a sentença de mérito transitada em julgado

(A) puder ser revista face a documento de cuja existência a parte sabia, mas não juntou aos autos por esquecimento do advogado.
(B) ofender a coisa julgada.
(C) tiver sido proferida por Juiz Substituto.
(D) for injusta.
(E) não tiver examinado adequadamente a prova dos autos.

A: incorreto (art. 966, VII, do NCPC). Se o documento não foi carreado aos autos da ação originária por desídia da parte ou de seu patrono, a rescisória não tem cabimento. Nesse sentido, eis julgado proveniente do STJ: Processual civil. Ação rescisória. CPC, art. 485, VII [art. 966, VII, do NCPC]. Documento novo. Qualificação. I - O documento novo que se presta para embasar ação rescisória, nos termos do artigo 485, VII, do CPC [art. 966, VII, do NCPC], é aquele que tem aptidão, por si só, de garantir um pronunciamento judicial favorável. II - Não pode ser considerado documento novo, aquele produzido após o trânsito em julgado do acórdão rescindendo. III - *Desqualifica-se como documento novo o que não foi produzido na ação principal por desídia da parte.* IV - Agravo regimental desprovido. (AgRg no Ag 569546/RS, Rel. Ministro Antônio de Pádua Ribeiro, terceira turma, julgado em 24/08/2004, DJ 11/10/2004, p. 318) [grifos nossos]; **B:** correto (art. 966, IV, do NCPC); **C:** incorreto (art. 966, II, do NCPC); **D:** incorreto, pois a rescisória não se destina a corrigir a injustiça do julgado, dado que tal hipótese não foi contemplada no rol taxativo do art. 966 do NCPC, ao contrário do que previa o art. 800, *caput*, do CPC de 1939. Conforme Barbosa Moreira (MOREIRA, José Carlos Barbosa. **Comentários ao Código de Processo Civil**. v. 5. 12. ed. Rio de Janeiro: Forense, 2005, p. 146), em regra, "o erro do juiz em matéria de fato, não obstante torne *injusta* a decisão, nenhuma influência exerce sobre a sua *validade* [...]" [grifos no original]; **E:** incorreto, visto que a injustiça da decisão não é fundamento hábil para o manejo da ação rescisória, conforme visto na assertiva anterior.

Gabarito "B"

(Analista – TRT/14ª – 2011 – FCC) A respeito da ação rescisória, é correto afirmar que

(A) o direito de propor a ação rescisória se extingue em cinco anos, contados do trânsito em julgado da decisão.
(B) a petição inicial ajuizada pelo Ministério Público não poderá ser indeferida.
(C) não são cabíveis as medidas de natureza cautelar ou antecipatória de tutela.
(D) o simples ajuizamento da ação rescisória impede o cumprimento da sentença ou acórdão rescindendo.
(E) o terceiro juridicamente interessado tem legitimidade para propor a ação.

A: o prazo decadencial para o aforamento da rescisória é de 2 (dois) anos, a contar do trânsito em julgado da decisão de mérito (art. 975 do NCPC); **B:** incorreto. Não há qualquer regra que excepcione a aplicação do art. 968, § 3º, do NCPC em relação ao Ministério Público. Se a inicial subscrita pelo membro do MP não obedecer aos requisitos do art. 295 do NCPC, não há qualquer óbice processual ao seu indeferimento; **C** e **D:** incorretos (art. 489 do NCPC); **E:** correto (art. 967, II, do NCPC).

Gabarito "E"

(Analista – TRT/20ª – 2011 – FCC) A respeito da ação rescisória, considere:

I. A propositura de ação rescisória autoriza o juízo de primeiro grau, com base no poder geral de cautela, a suspender a execução.

II. O Ministério Público tem legitimidade para propor ação rescisória para desconstituir a coisa julgada quando resultou de colusão entre as partes a fim de fraudar a lei.

III. Na ação rescisória podem ser concedidas, caso imprescindíveis e sob os pressupostos previstos em lei, medidas de natureza cautelar ou antecipatória de tutela.

Está correto o que se afirma APENAS em

(A) I.
(B) I e II.
(C) I e III.
(D) II e III.
(E) III.

I: incorreto. A ação rescisória será intentada junto ao tribunal de onde emanou o julgado que se pretende rescindir (arts. 973 e 974 do NCPC). Vale destacar, nesse diapasão, a doutrina de Alexandre Freitas Câmara: "No caso de ter transitado em julgado sentença proferida por órgão de primeira instância, será competente para a ação rescisória o tribunal que teria sido, em tese, competente para apreciar a apelação que contra aquela sentença poderia ter sido interposta" (FREITAS CÂMARA, Alexandre. *Ação rescisória.* Rio de Janeiro: Lumen Juris, 2007, p. 41-42). Logo, a concessão de medidas antecipatórias ou cautelares *no âmbito da rescisória*, a fim de sobrestar a execução que corre em primeira instância, são providências que somente podem ser determinadas pelo relator da rescisória, e não pelo juízo processante da execução. E mais, o simples ajuizamento da rescisória não impede o cumprimento da decisão que transitou em julgado (art. 969 do NCPC); **II:** correto (art. 967, III, do NCPC); **III:** correto (art. 969 do NCPC).

Gabarito "D"

(Analista – TRT/23ª – 2011 – FCC) A respeito da ação rescisória, considere:

I. Quando a ação for proposta pelo Ministério Público Federal, a União deverá depositar a importância de 5% do valor da causa, a título de multa, caso a ação seja, por unanimidade de votos, declarada inadmissível ou improcedente.

II. O terceiro juridicamente interessado tem, dentre outros, legitimidade para propor a ação.

III. O direito de propor ação rescisória é imprescritível e não se extingue, podendo ser exercido pelos sucessores da parte prejudicada pela sentença ou acórdão.

Está correto o que se afirma APENAS em

(A) II.
(B) I e II.
(C) I e III.
(D) II e III.
(E) I.

I: incorreto, posto que a União, os Estados, os Municípios e o Ministério Público estão dispensados do recolhimento da multa de 5% (art. 968, § 1º, do NCPC); **II:** correto (art. 967, II, do NCPC); **III:** incorreto, visto que o prazo *decadencial* para o aforamento da rescisória é de *2 anos*, a contar da última decisão proferida no processo (art. 975 do NCPC). Ademais, os sucessores da parte prejudicada pela sentença ou acórdão podem intentar a rescisória, consoante se depreende do art. 967, I, do NCPC.

Gabarito "A".

(Analista – TRT/12ª – 2010 – FCC) A ação rescisória

(A) deve ser ajuizada antes do trânsito em julgado da sentença de mérito.
(B) é cabível quando a sentença de mérito, transitada em julgado, se fundar em prova cuja falsidade tenha sido apurada em processo criminal.
(C) é o procedimento cabível para o reexame da prova e para a correção de injustiça da sentença.
(D) não é cabível em face de sentença *ultra petita* transitada em julgado.
(E) não pode ser ajuizada em face de acórdão proferido em ação rescisória anterior, ainda que presentes as hipóteses legais de admissibilidade.

A: incorreto. A ação rescisória é, por natureza, uma *ação de impugnação autônoma*, com requisitos bem definidos, quais sejam: 1) sentença ou acórdão de mérito; 2) transitada em julgado; 3) revestida de coisa julgada material; e 4) preenchimento de uma das hipóteses de cabimento previstas taxativamente no art. 966 do NCPC. O escopo de tal demanda é *desconstituir* a sentença de mérito *já transitada em julgado*, daí a incorreção da primeira assertiva (art. 966, *caput*, do NCPC); **B:** correto (art. 966, VI, do NCPC); **C:** incorreto, visto que a rescisória não se destina a corrigir a injustiça do julgado, dado que tal hipótese não foi contemplada no rol taxativo do art. 966 do NCPC. Conforme Barbosa Moreira[1], em regra, "o erro do juiz em matéria de fato, não obstante torne *injusta* a decisão, nenhuma influência exerce sobre a sua *validade* [...]" [grifos no original]; **D:** incorreto. A sentença *ultra petita*, enquanto não transitada em julgado, pode ser declarada nula pelo órgão jurisdicional competente. Porém, com o trânsito, a decisão passa a surtir plenos efeitos – posto que imbuída da autoridade da coisa julgada material – e o ato, de nulo, torna-se *rescindível*, pela via da ação rescisória. Caso tal demanda não seja intentada dentro do prazo decadencial de 2 (dois) anos cominado pelo art. 975 do NCPC, a sentença, mesmo que apresente um dos vícios reproduzidos no bojo do art. 966 do NCPC, continuará produzindo todos os seus efeitos, sendo que, a partir de então, não poderá mais ser atacada em razão de ter se tornado definitiva; **E:** incorreto, visto que o acórdão proferido em rescisória anteriormente julgada, sobretudo quando acolhidos o *juízo rescindendo* (pedido de desconstituição da decisão anterior) e o *juízo rescisório* (pedido de novo julgamento da causa, em substituição à decisão desconstituída), autoriza o aforamento de nova rescisória, desde que preenchidos os requisitos legais descritos acima.

Gabarito "B".

(Analista – TRT/21ª – 2010 – CESPE) A respeito das condições da ação, das partes, da competência e dos atos processuais, julgue o item que se segue.

(1) A ação rescisória permite ao tribunal desconstituir a sentença com trânsito em julgado, assim como, em determinadas hipóteses, promover novo julgamento da causa nela decidida.

1: Certo. Cuida-se, propriamente, do *juízo rescindendo* (pedido de desconstituição da decisão anterior) e do *juízo rescisório* (pedido de novo julgamento da causa, em substituição à decisão desconstituída), a teor do que dispõe o art. 974, *caput*, do NCPC.

Gabarito "C".

1. MOREIRA, José Carlos Barbosa. **Comentários ao Código de Processo Civil**. v. 5. 12. edição. Rio de Janeiro: Forense, 2005, p. 146.

(Analista – TRT/10ª – 2013 – CESPE) Acerca de coisa julgada, liquidação de sentença e tutela específica das obrigações de fazer, julgue os itens seguintes.

(1) Embora a tutela específica nas obrigações de fazer seja um direito subjetivo do credor, este não poderá, ante o inadimplemento do devedor, ajuizar ação em que pleiteie a conversão da obrigação em prestação pecuniária.
(2) Sentença que julgar procedente o pedido deduzido em ação popular fará coisa julgada material erga omnes. No entanto, a que julgar o pedido improcedente não fará coisa julgada substancial, haja vista que, nesse caso, prevalecerá o interesse coletivo, podendo qualquer cidadão propor novamente a ação, desde que fundamentada com novas provas.

1: incorreta, pois o credor poderá optar pelas perdas e danos consoante se depreende do art. 499, do NCPC (o que não será necessário o ajuizamento de nova ação, bastando que se faça a liquidação incidente no mesmo processo); **2:** incorreta. É o que se denomina coisa julgada *secundum eventum litis* (art. 18 da Lei 4.717/1965), contudo a improcedência que acarreta na não formação da coisa julgada material é apenas a decorrente de insuficiência de provas (coisa julgada *secundum eventum probationis*).

Gabarito 1E, 2E

(FGV – 2015) Luan, servidor público do Estado de Minas Gerais, ajuizou ação contra a Fazenda Pública estadual, requerendo a devolução de verbas indevidamente descontadas em seu contracheque sob a rubrica de "*contribuição obrigatória ao plano de saúde*". Na oportunidade, demonstrou que o Tribunal de Justiça de Minas Gerais (TJMG) já havia, em anterior ação individual proposta por Thales, outro servidor público estadual, reconhecido a inconstitucionalidade da lei estadual que previa esse desconto, e requereu, assim, a restituição das verbas não prescritas descontadas a tal título. Devidamente ajuizada junto à 1ª Vara de Feitos Tributários da cidade de Belo Horizonte/MG, e após regular tramitação, o magistrado singular acolheu a tese da ré e julgou improcedente o pedido exordial, tendo tal decisão transitado em julgado em 01.04.2012. Sobre os fatos descritos, assinale a afirmativa correta.

(A) Luan poderá se valer de ação anulatória, tendo em vista a manifesta injustiça da sentença.
(B) Se a inconstitucionalidade da lei estadual tivesse sido reconhecida, na ação proposta por Thales, pelo Supremo Tribunal Federal, Luan poderia ignorar a coisa julgada que lhe foi desfavorável.
(C) Luan poderá se valer de uma reclamação constitucional, tendo em vista o desrespeito, pela sentença, de posição jurisprudencial firmada pelo TJMG.
(D) Luan poderia se valer de uma ação rescisória, desde que, para tanto, demonstrasse que houve violação à lei, sendo-lhe vedado, nessa demanda, a rediscussão de matérias fáticas.

A: incorreta, pois o caso é de Ação Rescisória (NCPC, art. 966) e não anulatória (NCPC, art. 966, § 4º – não se está diante de decisão homologatória). **B:** incorreta. No NCPC, há a mitigação da coisa julgada com base em lei declarada inconstitucional pelo STF, seja controle difuso ou concentrado; porém, há necessidade de AR e, portanto, não pode Luan simplesmente "ignorar" a coisa julgada (NCPC, art. 525, §§ 12, 14 e 15); **C:** incorreta, pois a reclamação tem cabimento restrito, não podendo apenas se for jurisprudência firme de tribunal intermediário, mas sim jurisprudência qualificada de tribunal superior, como por exemplo súmula vinculante ou julgamento de repetitivo (NCPC, art. 988, *caput* e incisos); **D:** correta para a banca, pois a hipótese é de AR, como exposto na alternativa A. *Contudo, a questão deveria ter sido anulada, mas não o foi. Dúvida não há quanto à impossibilidade de se discutir fato no REsp (Súmula 7/STJ), mas nada impede que isso seja debatido na ação rescisória (NCPC, art. 966, V). Assim, correta a alternativa quanto ao cabimento da AR, mas o final da alternativa está errado (quanto a não se poder discutir fato).

Gabarito "D".

(FGV – 2013) Paula ajuizou ação de reconhecimento de união estável. Ainda antes da citação do réu, a autora desistiu da ação proposta. Dois meses depois do trânsito em julgado da sentença que extinguiu o processo, sem resolução do mérito nos termos do art. 267, inciso VIII, do CPC, Paula, arrependida, ingressou novamente com a ação. (*ATENÇÃO, a menção ao art. 267 se refere ao Código anterior; no NCPC, corresponde ao art. 485).

Com base na hipótese apresentada, assinale a afirmativa correta.

(A) O juiz deverá extinguir o processo sem resolução do mérito por existir coisa julgada, não podendo a autora ajuizar novamente a mesma ação.

(B) Paula pode ingressar novamente com a ação, mas a nova demanda deverá ser distribuída por dependência.

(C) Não pode a autora ingressar com a demanda novamente, pois a desistência da ação gera preclusão consumativa.

(D) Trata-se de clara hipótese de litispendência, existindo duas causas idênticas com as mesmas partes, o mesmo pedido e a mesma causa de pedir.

A: incorreta, tratando-se de sentença terminativa (sem resolução do mérito – NCPC, art. 485, VIII), não se fala em coisa julgada material que impede a repropositura (art. 486 do NCPC); **B:** correta, pois como exposto em "A", cabe a repropositura, que, no caso, deverá ser por dependência (NCPC, art. 286, II), de modo a se evitar a busca por outro juiz (princípio do juiz natural); **C:** incorreta, *vide* resposta "A"; **D:** incorreta, pois só há litispendência quando duas demandas idênticas estão em curso, ao mesmo tempo (NCPC, art. 337, §§ 1º e 2º)

Gabarito "B".

(FGV – 2012) A respeito da Ação Rescisória, assinale a afirmativa correta.

(A) Uma vez ajuizada, impede o cumprimento da sentença ou acórdão rescindendo, ressalvada a concessão, em casos imprescindíveis e sob os pressupostos previstos em lei, de medidas de natureza cautelar ou antecipatória de tutela.

(B) Em caso de procedência, rescindindo-se a sentença e proferindo, se for o caso, novo julgamento, o tribunal determinará a restituição ao demandante do depósito de 5% sobre o valor da causa a que se refere o Art. 488, II, do CPC (*ATENÇÃO: a menção se refere ao Código anterior; no NCPC, o artigo correspondente é o art. 968, II).

(C) O Ministério Público não tem legitimidade ativa, exceto e unicamente para propor a ação ao fundamento de não ter sido ouvido no processo, em que lhe era obrigatória a intervenção.

(D) É a medida aplicável a fim de rescindir a sentença homologatória e outros atos judiciais que não dependam de sentença, desde que respeitado o prazo de 2 (dois) anos para a sua propositura, contados do trânsito em julgado da decisão.

A: incorreta, porque a ação rescisória não impede o cumprimento da decisão rescindenda, salvo no caso de concessão de tutela de urgência (NCPC, art. 969); **B:** correta (NCPC, art. 974); **C:** incorreta, há previsão de legitimidade do MP também no caso de uso indevido do processo em acordo entre as partes (colusão) ou "outros casos" (NCPC, art. 967, III); **D:** incorreta, nessa hipótese, o instrumento é a ação anulatória, por se tratar de decisão homologatória (NCPC, art. 966, § 4º).

Gabarito "B".

11. TEMAS COMBINADOS DE PROCESSO DE CONHECIMENTO

(FGV – 2015) Em 21.08.2012, Felipe, empresário do ramo de restaurantes, contratou, por R$ 20 mil, mediante pagamento à vista, os serviços de içamento por guindaste da empresa Júnior e Júnior Ltda., a fim de que uma grande piscina fosse levada à cobertura de seu prédio. No contrato, restou definido que todos os serviços deveriam ser executados até o dia 05.11.2012, vez que Felipe havia programado uma festa de inauguração de seu mais novo empreendimento para 10/11/2012. Em 07.11.2012, sem que os serviços fossem executados, Felipe procura seu advogado, que ajuíza uma ação judicial. Sobre os fatos narrados, assinale a afirmativa correta.

(A) O juiz poderá fixar multa periódica (*astreintes*) para a efetivação da obrigação de se realizar os serviços de içamento, mesmo que não tenha havido pedido específico do autor nesse sentido.

(B) Fixado o valor da multa periódica por decisão judicial irrecorrida, seu montante não poderá ser alterado por força da preclusão temporal.

(C) O montante da multa periódica não poderá ultrapassar o do valor da causa, sob pena de enriquecimento ilícito de Felipe.

(D) Fixadas as astreintes pelo juiz, fica vedada a posterior cominação de multa por litigância de má-fé no mesmo processo, por se tratarem, ambas, de sanções de natureza processual.

A: correta. Tratando-se de obrigação de fazer, cabível a fixação de multa diária (NCPC, art. 536, § 1º). A multa poderá ser concedida de ofício nos termos do artigo 537, NCPC; **B:** incorreta, pois cabe alteração se a multa for irrisória ou excessiva (NCPC, art. 537, § 1º); **C:** incorreta, pois não há limitação ao valor da causa ou ao pedido principal (porém, a jurisprudência formada à luz do CPC/1973 afirma não ser possível o enriquecimento sem causa se a multa for exorbitante); **D:** incorreta, pois a natureza da *astreinte* é distinta da má-fé.

Gabarito "A".

(FGV – 2015) O processo eletrônico disciplinado pela Lei 11.419/2006 vem sendo implementado em larga escala no território nacional, com o propósito de conferir maior celeridade e proporcionar economia processual. Os Tribunais vêm normatizando internamente algumas questões peculiares no que tange a essa sistemática virtual da prestação jurisdicional, conforme vão surgindo controvérsias procedimentais. Entretanto, alguns pontos são claros e precisos no texto legal.

A esse respeito, é correto afirmar que

(A) os atos processuais por meio eletrônico são considerados realizados no dia e na hora de seu envio ao sistema do Poder Judiciário, motivo pelo qual, para atender o prazo processual, as petições eletrônicas serão consideradas tempestivas se enviadas nos dias úteis, até as 20 (vinte) horas, nos termos estabelecidos no Código de Processo Civil.

(B) os documentos produzidos eletronicamente, atendidas as formalidades impostas por lei, serão considerados originais para todos os efeitos legais, e qualquer arguição de falsidade do documento original deve ser obrigatoriamente processada na forma de processo físico, sem suspensão do processo eletrônico.

(C) os autos de processos eletrônicos somente poderão ser remetidos a outro juízo se houver sistema compatível, sendo expressamente vedada a conversão do sistema eletrônico em material impresso em papel e a nova autuação, salvo se de natureza criminal ou trabalhista.

(D) os atos judiciais publicados eletronicamente substituem qualquer outro meio de publicação oficial para efeito legal, salvo os casos em que, por imposição legal, tenham que ser realizadas a intimação ou a vista pessoal, ou em casos excepcionais e urgentes que justifiquem a realização do ato processual por outro meio determinado pelo juiz, considerando-se como data da publicação eletrônica o primeiro dia útil seguinte ao da sua disponibilização, dando-se início ao prazo processual no primeiro dia útil seguinte à data da publicação.

A: incorreta, considerando que as petições podem ser enviadas até as 24h do último dia, e não até 20h (NCPC, art. 213 e Lei 11.419/2006, art. 10, § 1º); **B:** incorreta, porque a "arguição de falsidade do documento original será processada eletronicamente na forma da lei processual em vigor" (Lei 11.419/2006, art. 10, § 2º); **C:** incorreta, pois os processos eletrônicos que tiverem de ser remetidos a outro juízo que não for eletrônico deverão ser impressos em papel e autuados conforme o CPC (Lei 11.419/2006, art. 12, § 2º); **D:** correta (NCPC, art. 224, §§ 2º e 3º e Lei. 11.419/2006, art. 4º, §§ 3º e 4º).

Gabarito "D".

(FGV – 2014) Adamastor ingressou com ação indenizatória em face de determinada operadora de telefonia fixa, argumentando ausência de relação contratual e inscrição indevida de seu nome no cadastro de proteção ao crédito. Em contestação, a ré apresentou o contrato firmado entre as partes dezoito meses antes e comprovou a falta de pagamento das faturas dos últimos três meses. Em réplica, Adamastor alegou que fez o pedido da linha, mas que seu irmão teria feito uso do serviço, restando indevida a inscrição do seu nome no cadastro de devedores.

Nesse caso, concluída a fase probatória, considerando apenas o aspecto processual, o processo deve ser extinto

(A) sem resolução do mérito, em razão da ausência de pressupostos processuais de existência do processo, já que a parte autora não tem legitimidade para a causa.

(B) com resolução do mérito, julgando-se improcedente o pedido, haja vista a evidente demonstração de fato extintivo e modificativo do direito do autor, que decorre da ausência de responsabilidade civil nesses casos.

(C) sem resolução do mérito, por restarem ausentes as condições da ação no que tange ao interesse processual, caracterizado pelo binômio-necessidade, além da ilegitimidade da parte autora.

(D) com resolução do mérito, julgando-se improcedente o pedido, já que a parte ré apontou fato impeditivo do direito do autor por ter prestado os serviços adequadamente, comprovando a relação contratual válida existente e a inadimplência.

A: incorreta, pois a condição da ação legitimidade de partes está presente, considerando o consumidor de um lado e a empresa de telefonia do outro; **B:** incorreta, pois a alegação da defesa não é fato extintivo ou modificativo – mas sim impeditivo (NCPC, art. 350); **C:** incorreta, pois tanto há legitimidade (alternativa "A"), como necessidade da movimentação da máquina jurisdicional (já que há alegação de inscrição indevida); **D:** correta, pois a situação narrada é de fato impeditivo do direito do autor (NCPC, art. 350).

Gabarito "D"

(FGV – 2011) De acordo com o Código de Processo Civil, a respeito dos prazos processuais contados em dias, é correto afirmar que

(A) serão contados excluindo-se o dia do início e incluindo-se o dia do vencimento, não se admitindo disposição em contrário.

(B) as intimações somente obrigarão o comparecimento depois de decorridas 24 (vinte e quatro) horas, salvo quando for outro o prazo fixado por lei.

(C) em caso de litisconsórcio, com o mesmo procurador, ser-lhes-ão contados em dobro os prazos para contestar, recorrer e, de modo geral, falar nos autos.

(D) não havendo previsão legal, ou outro fixado pelo juiz, o prazo para a prática de ato processual a cargo da parte será de 10 (dez) dias.

A: incorreta. A regra legal é essa, mas admite-se disposição em contrário (NCPC, art. 224); **B:** correta à luz do Código anterior. *ATENÇAO: no NCPC, o art. art. 218, § 2º aponta que o prazo mínimo é de *48 horas*; **C:** incorreta, pois a legislação prevê prazo em dobro para litisconsortes com advogados distintos, de escritórios de advocacia distintos (NCPC, art. 229); **D:** incorreta, porque na ausência de prazo legal ou fixado pelo juiz, o ato deverá ser realizado em 5 dias (NCPC, art. 218, § 3º).

Gabarito "B"

(FGV – 2010) Com relação aos atos processuais, assinale a opção correta.

(A) Comparecendo o réu apenas para arguir a nulidade da citação e sendo esta decretada, será considerada feita a citação na data em que for juntado aos autos o mandado de nova citação, devidamente cumprido, com os requisitos legais.

(B) São requisitos da citação por edital, entre outros, a determinação, pelo juiz, do prazo, que variará entre vinte e quarenta dias, a partir da data da primeira publicação.

(C) Tratando-se de ações de estado, a citação será feita pelo correio, nas localidades atendidas pela entrega domiciliar de correspondência.

(D) Para a fixação do termo inicial da contagem de prazo processual, se a comunicação for feita por edital, o prazo para a prática do ato processual terá início a partir do termo final do prazo previsto no próprio edital para aperfeiçoamento da citação.

A: incorreta, pois se o réu alega a nulidade de citação, não há necessidade de uma nova citação, mas sim da devolução do prazo para defesa – que se contará a partir da intimação da decisão do juiz nesse sentido (NCPC, art. 239, § 1º); **B:** incorreta, porque o prazo será de 20 a 60 dias (NCPC, art. 257, III) – alternativa muito ruim, envolve simplesmente decorar um prazo; **C:** incorreta, pois não cabe citação por correio nas ações de estado (NCPC, art. 247); **D:** correta no Código anterior. **ATENÇÃO:** no NCPC, o art. 231, IV, tem a seguinte redação: o *dia útil seguinte* ao fim da dilação assinada pelo juiz, quando a citação ou a intimação for por edital.

Gabarito "D"

12. TEORIA GERAL DOS RECURSOS

(Analista – TRT/14ª – 2011 – FCC) A respeito dos recursos, considere:

I. A parte que aceitar tacitamente a sentença ou a decisão não poderá recorrer.

II. O recurso adesivo não está sujeito a preparo.

III. O recorrente poderá, a qualquer tempo, sem a anuência do recorrido ou dos litisconsortes, desistir do recurso.

Está correto o que se afirma APENAS em

(A) I e II.
(B) I e III.
(C) II.
(D) II e III.
(E) III.

I: correto, posto que nesse caso terá ocorrido a preclusão lógica, a qual impede o conhecimento do recurso, em razão da prática de ato anterior incompatível com a vontade de recorrer (art. 1.000 do NCPC); **II:** O recurso adesivo, por sua vez, apesar de ser subordinado ao recurso principal, pode depender de preparo se o recurso independente dele necessitar (art. 997 do NCPC); **III:** correto (art. 998 do NCPC).

Gabarito "B"

(Analista – TRT/11ª – 2012 – FCC) Pedro, réu numa ação ordinária, foi condenado ao pagamento de quantia em dinheiro reclamada pelo autor. Interpôs recurso de apelação. Na véspera do julgamento, se arrependeu e protocolou petição, que assinou juntamente com seu advogado, desistindo do recurso interposto. Todavia, não houve tempo da desistência chegar ao conhecimento da Câmara Julgadora e o recurso foi julgado e provido, para o fim de ser julgada improcedente a ação.

Nesse caso, o julgamento é

(A) nulo e ineficaz, prevalecendo o que foi decidido na sentença recorrida.

(B) válido, porque a desistência não chegou ao conhecimento da Câmara Julgadora.

(C) válido, porque a desistência não foi homologada.

(D) válido, porque não houve concordância da parte contrária quanto à desistência.

(E) válido porque a desistência deve ser protocolada com a antecedência de, no mínimo, cinco dias da data do julgamento.

A: correta, pois a desistência é ato unilateral, não dependendo da vontade da parte contrária nem de homologação judicial (art. 998 do NCPC); **B, C, D** e **E:** incorretas, seguindo o disposto no art. 998 do NCPC.

Gabarito "A"

Analista – TRT/14ª – 2011 – FCC) A respeito dos recursos, considere:

I. A parte que aceitar tacitamente a sentença ou a decisão não poderá recorrer.

II. O recurso adesivo não está sujeito a preparo.

III. O recorrente poderá, a qualquer tempo, sem a anuência do recorrido ou dos litisconsortes, desistir do recurso.

Está correto o que se afirma APENAS em

(A) I e II.
(B) I e III.
(C) II.
(D) II e III.
(E) III.

I: correto, posto que nesse caso terá ocorrido a preclusão lógica, a qual impede o conhecimento do recurso, em razão da prática de ato anterior incompatível com a vontade de recorrer (art. 1.000 do NCPC); **II:** O recurso adesivo, por sua vez, apesar de ser subordinado ao recurso principal, pode depender de preparo se o recurso independente dele necessitar (art. 997, § 2º, do NCPC); **III:** correto (art. 998 do NCPC).

Gabarito "B"

(FGV – 2015) O Banco Financeiro S.A. ajuizou contra Marco Antônio ação de busca e apreensão de veículo, em razão do inadimplemento de contrato de financiamento garantido por cláusula de alienação fiduciária. A primeira tentativa de citação foi infrutífera, uma vez que o réu não mais residia no endereço constante da inicial. O Juízo, então, determinou a indicação de novo endereço para a realização da diligência, por decisão devidamente publicada na imprensa oficial. Considerando que o advogado do autor se manteve inerte por prazo superior a 30 dias, o processo foi julgado extinto, sem resolução do mérito, por abandono. Sabendo da impossibilidade de extinção do processo por abandono sem a prévia intimação pessoal da parte para dar regular andamento ao feito, o advogado do autor interpôs recurso de apelação. Assinale a opção que contém a correta natureza do vício apontado e o pedido adequado à pretensão recursal.

(A) Por se tratar de *error in procedendo* e a causa não estar madura para julgamento, o pedido recursal deve ser de anulação da sentença.
(B) Trata-se de erro material, que justifica o pedido de integração da sentença pelo Tribunal.
(C) Em se tratando de *error in judicando*, o pedido adequado, no caso sob exame, é de reforma da sentença.
(D) Trata-se de erro de procedimento, que justifica o pedido de julgamento do mérito da lide no estado em que se encontra.

O problema narra um erro de forma ou de processamento (*error in procedendo*). Isso porque a extinção por abandono somente pode ocorrer após a intimação do próprio autor – e não de seu advogado (NCPC, art. 485, § 1º). **A:** correta. O erro de processamento (*error in procedendo)* acarreta a anulação da causa e devolução para julgamento em 1º grau. A teoria da causa madura não se aplica se não houve citação e o processo está em condições de julgamento (NCPC, art. 1.013, § 3º); **B:** incorreta, pois não se trata de erro material (como, por exemplo o nome errado de parte); **C:** incorreta. O *error in judicando* (erro de julgamento) de fato acarreta o pedido de reforma – mas o problema narrado não envolve uma situação de erro de conteúdo, mas de forma; **D:** incorreta, porque o erro de forma acarreta a nulidade.

Gabarito "A"

(FGV – 2012) O duplo grau de jurisdição obrigatório, também conhecido como reexame necessário (remessa necessária como aduzi o CPC/15) ou recurso de ofício, é instituto contemplado no art. 475 do CPC e visa a proteger a Fazenda Pública, constituindo uma de suas principais prerrogativas. Com relação a esse instituto, é correto afirmar que (*ATENÇÃO: a menção ao art. 475 se refere ao Código anterior; no NCPC, o artigo correspondente é o 496).

(A) se aplica o duplo grau de jurisdição obrigatório a toda decisão proferida contra Fazenda Pública.
(B) é pressuposto de admissibilidade do reexame necessário a interposição de apelação pela Fazenda.
(C) se aplica o duplo grau obrigatório à sentença que julga procedente, no todo ou em parte, embargos à execução de dívida ativa da Fazenda Pública, independentemente do valor do débito.
(D) não se aplica o duplo grau obrigatório se a sentença estiver fundada em jurisprudência do plenário do Supremo Tribunal Federal.

De início, cabe destacar que a remessa necessária (reexame necessário, no Código anterior) de acordo com majoritária doutrina, não é recurso, pois não há vontade da parte – assim, a terminologia "recurso de ofício" é tecnicamente inadequada.
A: incorreta. A remessa não se verifica em toda causa – há exceções (NCPC, art. 496, *caput* e parágrafos); **B:** incorreta. A remessa se presta principalmente a suprir a ausência de recurso da Fazenda (NCPC, art. 496); mas, ainda que haja recurso, há a remessa, para incluir algum ponto eventualmente não impugnado pela Fazenda; **C:** incorreta. *Vide* exceção mencionada no item "A"; **D:** correta, É uma das exceções mencionadas (NCPC, art. 496, § 4º, I e II), apesar de o CPC não mais valer-se da expressão plenário, pode-se manter essa alternativa, mesmo à luz do CPC/15 como correta.

Gabarito "D"

(Técnico Judiciário – TRT/9º – 2010 – FCC) A respeito dos recursos, é correto afirmar:

(A) A insuficiência do valor do preparo implicará deserção, não sendo admitido em nenhuma hipótese que ocorra complementação.
(B) A parte poderá recorrer, mesmo se tiver aceitado expressa ou tacitamente a sentença ou decisão.
(C) Nos embargos infringentes e nos embargos de divergência, o prazo para interpor e para responder é de 10 dias.
(D) O recorrente poderá, a qualquer tempo, sem a anuência do recorrido ou dos litisconsortes, desistir do recurso.
(E) A sentença só pode ser impugnada em sua totalidade, sendo inadmissível a impugnação parcial.

A: incorreta, o art. 1.007, § 2º, do NCPC admite complementação pelo recorrente, intimado na pessoa de seu advogado, no prazo de 5 (cinco) dias; **B:** incorreta, pois nesse caso terá ocorrido a preclusão lógica, a qual impede o conhecimento do recurso, em razão da prática de ato anterior incompatível com a vontade de recorrer (art. 1.000 do NCPC); **C:** incorreta, visto que o prazo para interposição dos embargos de divergência é de quinze dias (art. 1.003, § 5º, do NCPC) – cabendo destacar que o NCPC extinguiu os embargos infringentes; **D:** correta, segundo disposto no art. 998 do NCPC; **E:** incorreta, pois a sentença poderá ser impugnada apenas parcialmente (art. 1.002 do NCPC).

Gabarito "D"

(Técnico Judiciário – TRT/6ª – 2006 – FCC) A respeito dos recursos, é correto afirmar que:

(A) dos despachos de mero expediente cabe agravo retido ou de instrumento.
(B) a renúncia ao direito de recorrer independe da aceitação da outra parte.
(C) a sentença só pode ser impugnada no todo, nunca em parte.
(D) a desistência do recurso depende da anuência do recorrido.
(E) o prazo para interpor e para responder, no agravo retido, é de 15 dias.

A: incorreta. O art. 1.001 do NCPC preconiza que dos despachos não cabe recurso; **B:** correta, de acordo com disposição do art. 999 do NCPC; **C:** incorreta, pois qualquer decisão pode ser impugnada no todo ou em parte (art. 1.002 do NCPC); **D:** incorreta, visto que a desistência do recurso não depende da anuência do recorrido e dos litisconsortes (art. 998 do NCPC); **E:** incorreta, na verdade, o NCPC não prevê mais a figura do agravo retido (art. 1.015). Mas de toda forma, o prazo para interposição de todos os recursos, com exceção dos embargos de declaração, no NCPC é de 15(quinze) dias.

Gabarito "B"

(Técnico Judiciário – TRT/5ª – 2008 – CESPE) A respeito da formação do processo, da resposta do réu, dos recursos cíveis e do processo de execução, julgue os itens que se seguem.

(1) Da decisão interlocutória cabe agravo sob a forma retida ou por instrumento.
(2) A ação rescisória, proposta contra sentença transitada em julgado, jamais é proposta originariamente em juízo de primeiro grau, mas sempre em tribunal.

1: incorreta, à luz do NCPC não há mais o agravo de forma retida, há apenas o agravo de instrumento, conforme art. 1.015, do NCPC; **2:** correta. A ação rescisória será sempre intentada junto ao Tribunal de onde emanou o julgado que se pretende rescindir (arts. 973 e 974 do NCPC).

Gabarito 1E, à luz do NCPC, 2C

12.1. Apelação

(Técnico Judiciário – TRT/20ª – 2006 – FCC) A apelação interposta de sentença que condenar à prestação de alimentos será recebida:

(A) no efeito que o juiz considerar mais adequado ao caso concreto.
(B) só no efeito suspensivo.
(C) no efeito suspensivo e devolutivo.
(D) no efeito suspensivo, se houver pedido expresso do recorrido.
(E) só no efeito devolutivo.

De acordo com o art. 1.012, § 1º, II, do NCPC, a apelação interposta de sentença condenatória de prestação de alimentos será recebida apenas no efeito devolutivo.

Gabarito "E"

(Analista – TRT/1ª – 2012 – FCC) Na apelação,

(A) a decisão que relevar a pena de deserção pode ser objeto de agravo de instrumento.
(B) o recorrente não poderá desistir do recurso sem a anuência dos litisconsortes.
(C) o prazo para responder é de 10 dias, quando a sentença tiver sido proferida em audiência.

(D) constatando a ocorrência de nulidade sanável, o tribunal poderá determinar a realização ou renovação do ato processual, intimadas as partes.

(E) a aceitação expressa ou tácita da sentença não impede a interposição e o conhecimento do recurso.

A: incorreta. Não cabe recurso do juízo positivo de admissibilidade, pois a parte pode se insurgir em contrarrazões que será apreciada pelo órgão ad quem); **B:** Incorreta, pois a desistência é negócio jurídico unilateral não receptício que prescinde da anuência dos litisconsortes (art. 998, NCPC); **C:** Incorreta. O prazo sempre será de 15 dias (CPC, art. 1.005, § 5º); **D:** correto conforme art. 938, § 1º do NCPC; **E:** incorreta, pois a aceitação gera preclusão lógica (art. 1.000, NCPC).

Gabarito "D"

12.2. Embargos de Declaração

(FGV – 2012) Os embargos de declaração no Código de Processo Civil são o remédio jurídico utilizado por qualquer das partes quando houver na sentença ou no acórdão obscuridade, contradição e/ou omissão. A respeito de tais embargos, assinale a afirmativa correta.

(A) Os embargos serão opostos por meio de petição dirigida ao juiz ou relator com a indicação do ponto obscuro, contraditório ou omisso, no prazo de oito dias.

(B) Os embargos de declaração estão sujeitos a preparo e serão dirigidos ao órgão competente para apreciar o recurso de apelação, quando se tratar de sentença.

(C) A oposição de embargos de declaração suspende o prazo para a interposição de recurso por qualquer das partes.

(D) A interposição de qualquer recurso está condicionada ao pagamento da multa pela oposição reiterada de embargos protelatórios, multa essa que se reverterá em favor do embargado.

NO NCPC os embargos cabem também para erro material.

A: incorreta, o prazo é de 5 dias (NCPC, art. 1.023); **B:** incorreta, não há preparo nos declaratórios (NCPC, art. 1.023); **C:** incorreta, no âmbito do NCPC, os declaratórios interrompem o prazo recursal (NCPC, art. 1.026 – e, por força do art. 1.065 do NCPC, inclusive no JEC passa a haver a interrupção do prazo, por força da alteração do art. 50 da Lei 9.099/1995); **D:** correta, se houver oposição de embargos protelatórios, haverá multa; na reiteração dos embargos protelatórios, a multa passa a ser requisito de admissibilidade para a interposição de outros recursos (NCPC, art. 1.026, § 3º).

Gabarito "D"

12.3. Outros Recursos e Temas Combinados

(FGV – 2014) A atividade recursal do Supremo Tribunal Federal e do Superior Tribunal de Justiça encontra-se tradicionalmente associada aos recursos extraordinário e especial, respectivamente. Contudo, tal múnus também é desempenhado por meio do julgamento do denominado *recurso ordinário constitucional*.

Acerca dessa espécie recursal, assinale a afirmativa correta.

(A) Exigir-se-á a comprovação do requisito do prequestionamento para a admissão do recurso ordinário constitucional perante os Tribunais Superiores.

(B) Apenas será acolhido o recurso ordinário que versar sobre questões exclusivamente de direito, não se admitindo a rediscussão de matéria fática por meio desta via recursal.

(C) Compete ao Supremo Tribunal Federal julgar o recurso ordinário interposto contra mandado de segurança decidido em única instância pelos Tribunais Regionais Federais ou pelos Tribunais dos estados, do Distrito Federal e dos territórios, quando denegatória a decisão.

(D) Serão julgadas em recurso ordinário pelo Superior Tribunal de Justiça as causas em que forem partes, de um lado, Estado estrangeiro ou organismo internacional e, do outro, município ou pessoa residente ou domiciliada no país.

A: incorreta, pois somente se exige prequestionamento para os recursos excepcionais (Súmulas 282 do STF e 211 do STJ e NCPC, art. 1,025); **B:** incorreta, porque a restrição à análise de matéria fática é exclusiva para os recursos excepcionais (Súmulas 279 do STF e 5 e 7 do STJ); **C:** incorreta, nesse caso a competência é do STJ; será do STF quando de julgado originário de Tribunal Superior (CF, arts. 102, II, *a* / 105, II, *b*); **D:** correta, tratando-se de ente estrangeiro, não há apelação para Tribunal intermediário, mas ROC para o STJ (CF, art. 105, II, *c*).

Gabarito "D"

(FGV – 2012) Como forma de prestigiar o princípio da razoável duração do processo e propiciar uma prestação jurisdicional mais célere e eficiente, um legislador promoveu uma série de alterações na sistemática recursal do Processo Civil brasileiro. Nesse sentido, destaca-se a Emenda Constitucional n. 45/2004 que introduziu em nosso ordenamento jurídico a figura da repercussão geral. Acerca deste instituto, assinale a afirmativa correta.

(A) É um pressuposto processual de admissibilidade específico do Recurso Especial que permite que apenas sejam analisados os recursos que tratem de questões relevantes do ponto de vista econômico, político, social ou jurídico, e as que ultrapassem os interesses subjetivos da causa.

(B) Sempre que o recurso impugnar decisão contrária à súmula ou jurisprudência dominante do Supremo Tribunal Federal, haverá repercussão geral.

(C) Não se admite, quando da análise da existência de repercussão geral pelo Ministro Relator do recurso, a manifestação de terceiros interessados.

(D) A decisão que nega a existência da repercussão geral não tem o condão de atingir outros recursos que tratem de matéria idêntica, apenas gerando efeitos endoprocessuais.

A: incorreta, pois a repercussão geral, até o momento, existe somente para o recurso extraordinário (NCPC, art. 1.035); **B:** correta, NCPC, art. 1.035, § 3º, I; **C:** incorreta, porque na análise da existência de repercussão, cabe a oitiva de terceiros, chamados de "amigo da Corte" (*amicus curiae* – NCPC, arts. 138 e 1.035, § 4º); **D:** incorreta, pois a decisão da repercussão atinge casos análogos (NCPC, art. 1.036).

Gabarito "B"

(FGV – 2011) A respeito das decisões monocráticas proferidas pelo relator, assinale a alternativa correta.

(A) Caberá agravo no prazo de cinco dias ao órgão competente para o julgamento do recurso, não se admitindo juízo de retratação, devendo o relator proferir voto e apresentá-lo em mesa para julgamento.

(B) Interposto o agravo infundado contra decisão monocrática, poderá o tribunal condenar o agravante ao pagamento de multa em favor do agravado, desde que não condicione a interposição de qualquer outro recurso ao depósito do valor.

(C) Caso o agravante requeira a suspensão da decisão até o pronunciamento definitivo da turma ou câmara, ao argumento de iminente lesão grave, o relator não poderá se manifestar monocraticamente, devendo apresentar o processo em mesa.

(D) Poderá o relator dar provimento ao recurso, caso a decisão recorrida esteja em manifesto confronto com súmula ou jurisprudência dominante do Supremo Tribunal Federal ou de Tribunal Superior.

O art. 932 do NCPC permite a prolação de decisões monocráticas ou unipessoais, ou seja, aquelas em que não há decisão colegiada (acórdão), mas somente do relator.

A: incorreta. Diante do agravo (interno), pode o relator reconsiderar (NCPC, art. 1.021, § 2º); **B:** incorreta. Cabe a multa por recurso inadmissível ou infundado – cujo recolhimento é condição para a interposição de outro recurso (NCPC, art. 1.021, §§ 4º, e 5º do NCPC); **C:** incorreta. É possível ao relator conceder, liminarmente, o efeito suspensivo ou antecipação de tutela recursal (art. 1.019 do NCPC); **D:** correta. A legislação permite o julgamento monocrático não só para não conhecer, mas também para o juízo de mérito – seja o provimento ou o não provimento (NCPC, art. 932, IV e V, *a*, *b* e *c*).

Gabarito "D"

13. EXECUÇÃO

13.1. Execução em Geral e Espécies de Execução

(Analista – TRT/9ª – 2012 – FCC) Em relação à execução por quantia certa,

(A) mesmo que não haja outros bens, são impenhoráveis os frutos e rendimentos dos bens inalienáveis.

(B) não estão sujeitos à execução os bens que a lei considera impenhoráveis, mas podem ser executados os bens inalienáveis.

(C) pode ser oposta a impenhorabilidade à cobrança do crédito concedido para a aquisição do próprio bem.

(D) são absolutamente impenhoráveis os recursos públicos recebidos por instituições privadas para aplicação compulsória em educação, saúde ou assistência social.
(E) é penhorável o seguro de vida, por não ter natureza alimentícia.

A: incorreta. Com a falta de outros bens são penhoráveis frutos e rendimentos dos bens inalienáveis, salvo no caso dos frutos e rendimentos destinados à satisfação de prestação alimentícia (art. 834, NCPC); **B:** incorreta. Os bens inalienáveis não são sujeitos à execução (arts. 832 e 833, I, NCPC); **C:** incorreta. A impenhorabilidade não é oponível a cobrança de crédito concedido para a aquisição do próprio bem (art. 833, § 1º, do NCPC); **D:** correta, conforme art. 833, IX, do NCPC; **E:** incorreta, conforme art. 833, VI, do NCPC.

Gabarito "D"

(Analista – TRT/22ª – 2010 – FCC) A execução **NÃO** pode ser promovida

(A) pelo sub-rogado, nos casos de sub-rogação convencional.
(B) pelo cessionário, quando direito resultante do título executivo lhe foi transferido por ato entre vivos.
(C) pelo sub-rogado, nos casos de sub-rogação legal.
(D) pelos herdeiros do credor, ainda que, por morte deste, não lhes for transmitido o direito resultante do título executivo.
(E) pelo credor, a quem a lei confere título executivo.

A: correto (art. 778, § 1º, III, do NCPC); **B:** correto (art. 778, § 1º, II, do NCPC); **C:** correto (art. 778, § 1º, III, do NCPC); **D:** incorreto, devendo ser assinalado (art. 778, § 1º, I, do NCPC); **E:** correto (art. 778, *caput*, do NCPC).

Gabarito "D"

(Analista – TRT/21ª – 2010 – CESPE) Acerca de processo de execução, julgue os itens subsequentes.

(1) A execução deve-se processar na forma menos gravosa ao executado, portanto, na execução provisória, a penhora em dinheiro fere o direito líquido e certo do executado ainda que não exista a nomeação de outros bens à penhora.
(2) Os embargos à execução devem ser opostos no prazo de cinco dias a contar da juntada aos autos do mandado de penhora e avaliação ou da ciência pelo executado de que o juízo se encontra integralmente garantido.

1: Errado. Os princípios da *proporcionalidade* e da *menor onerosidade possível* (art. 805 do NCPC) devem ser aliados aos interesses do credor, no sentido de que a execução seja marcada pela *efetividade* e pela *celeridade*. Na hipótese trazida à baila, o devedor não nomeou qualquer outro bem à penhora, salvo dinheiro. Logo, para que o executado se insurja contra tal ato de constrição, insistindo em sua onerosidade, afigura-se imprescindível que ele demonstre cabalmente que o ato não trará prejuízo algum ao exequente. Além do mais, o dinheiro, em espécie, depositado ou aplicado em instituição financeira, conforme a ordem estabelecida pelo art. 835, I, do NCPC, é o que detém maior preferência para a penhora, embora a súmula 417 do STJ aponte que a penhora de dinheiro não possui caráter absoluto na ordem de nomeação de bens. Desse modo, o mencionado ato de constrição patrimonial não fere direito algum do executado, mas antes assegura o direito do exequente de ver satisfeita sua pretensão ao recebimento do crédito (art. 847, *caput*, do NCPC); **2:** Errado. Os embargos à execução devem ser opostos no prazo de 15 (quinze) dias, contados da juntada aos autos do mandado de citação cumprido (art. 915, *caput*, do NCPC). Além do mais, independem de prévia garantia do juízo (art. 914, *caput*, do NCPC).

Gabarito 1E, 2E

(FGV – 2015) Daniel possui uma pequena mercearia e costuma aceitar cheques de seus clientes, como forma de pagamento. Ocorre que, no último mês, três dos cheques apresentados no prazo foram devolvidos por insuficiência de fundos. Daniel não obteve êxito na cobrança amigável, não lhe restando, portanto, outra alternativa senão recorrer ao Poder Judiciário. Com base nessa situação hipotética, assinale a afirmativa correta.

(A) Daniel pode cumular várias execuções, sendo o mesmo devedor, ainda que fundadas em títulos diferentes e diversa a forma do processo, desde que o juízo seja competente para todas.
(B) É vedado ao juiz examinar de ofício os requisitos que autorizam a cumulação de execuções.
(C) Daniel pode cumular várias execuções, fundadas em títulos diferentes, ainda que diversos os devedores, desde que para todas elas seja competente o juízo e idêntica a forma do processo.
(D) Daniel pode cumular várias execuções, sendo o mesmo devedor, ainda que fundadas em títulos diversos, desde que seja competente o juízo e haja identidade na forma do processo.

A: incorreta, pois a lei permite cumular várias execuções, sendo o mesmo devedor, ainda que fundadas em títulos diversos, desde que seja competente o juízo e haja identidade na forma do processo (ou seja, procedimento – inclusive, essa é a nomenclatura que consta do NCPC, art. 780, ao invés de "forma do processo"); **B:** incorreta, pois se um dos requisitos não estiver presente, o juiz não poderá determinar a citação (NCPC, arts. 780 e 783); **C:** incorreta, porque o art. 780 do NCPC prevê a cumulação de execução quando se está diante do mesmo executado; **D:** correta (NCPC, art. 780).

Gabarito "D"

(FGV – 2014) Ricardo ajuizou ação de execução por título extrajudicial em face de Fábio, objetivando o pagamento de cheque que fora devolvido por insuficiência de fundos, no valor de R$ 1.000,00. Após Fábio ser regularmente citado, Ricardo requereu ao juiz a desistência do processo.

Dessa forma, assinale a afirmativa correta.

(A) O juiz deverá homologar a desistência, independentemente da concordância do executado, caso não tenham sido apresentados embargos versando sobre questões de direito material.
(B) O juiz somente poderá homologar a desistência após a anuência do executado.
(C) O juiz não homologará a desistência, já que o credor tem a faculdade de desistir apenas de algumas medidas executivas.
(D) O juiz não homologará a desistência caso o devedor, citado, ofereça embargos que versem apenas sobre questões processuais.

A: correta, pois a execução é realizada no interesse do exequente, de modo que a permissão da desistência é ampla no processo executivo (NCPC, art. 775, parágrafo único, I e II); **B:** incorreta, considerando o exposto na alternativa anterior; **C:** incorreta, considerando o exposto na alternativa "A"; **D:** incorreta, pois (i) sempre será possível a desistência da execução e (ii) somente se os embargos tratarem de questões de mérito (não de direito processual) é que haverá necessidade de concordância do executado/embargante para extinção dos *embargos* (NCPC, art. 775, parágrafo único).

Gabarito "A"

(FGV – 2014) João vendeu para seu vizinho Pedro, por R$ 10.000,00 (dez mil reais), um automóvel usado, tendo as partes, para tanto, celebrado contrato de compra e venda assinado pelo devedor e por duas testemunhas. Na ocasião, ficou acordado que João entregaria o veículo a Pedro mediante o pagamento, no ato, de R$ 4.000,00 (quatro mil reais), sendo o restante da dívida pago em 3 (três) parcelas mensais de R$ 2.000,00 (dois mil reais) cada. Sucede, entretanto, que, depois de pagar R$ 4.000,00 (quatro mil reais) e receber o automóvel de João, Pedro não cumpriu sua obrigação quanto ao valor remanescente.

Tendo em vista essa situação hipotética e considerando os princípios e regras atinentes ao processo de execução, assinale a afirmativa correta.

(A) Não satisfeita a obrigação certa, líquida e exigível, consubstanciada em título executivo, a execução poderá ser instaurada por João, desde que notifique previamente Pedro.
(B) João não poderá prosseguir com a execução caso Pedro cumpra a obrigação no curso da demanda, hipótese em que caberá àquele arcar com as custas processuais e honorários.
(C) O adimplemento parcial da prestação não impede que João ajuíze a execução quanto à parcela da obrigação que não foi realizada.
(D) O inadimplemento relativo, assim como o inadimplemento absoluto, autoriza o ajuizamento da ação executiva para a entrega de coisa, desde que preenchidos os demais requisitos necessários.

A: incorreta, pois não há previsão legal de necessidade de prévia notificação extrajudicial como requisito para se executar; **B:** incorreta para a banca. Porém, essa alternativa não está de todo errada, pois a expressão "cumpra a obrigação" (na alternativa) não está clara se se refere a *todo* o pagamento da dívida (hipótese em que não seria possível a execução, por falta de interesse) ou a *alguma parcela* (caso em que seria possível prosseguir com a execução); por isso, melhor se buscar outra resposta; **C:** correta para a banca e a melhor escolha (considerando o exposto na alternativa B). O pagamento parcial não impede que se ingresse com a execução de quantia, pois há débito (NCPC, art. 829); **D:** incorreta, pois a obrigação narrada na questão é de pagar (NCPC, art. 829), não de entrega de coisa (NCPC, art. 806).

Gabarito "C"

(FGV – 2012) A respeito do processo de execução, assinale a alternativa correta.

(A) A sentença arbitral, a letra de câmbio, a nota promissória e a duplicata são títulos executivos extrajudiciais.

(B) O exequente poderá, no ato da distribuição, obter certidão comprobatória do ajuizamento da execução, para fins de averbação no registro de imóveis, de veículos ou outros bens sujeitos a penhora ou arresto.

(C) O executado que, intimado, não indica ao juiz a localização de seus bens, não pratica ato atentatório à dignidade da justiça.

(D) A ausência de liquidez não impede a instauração do processo de execução.

A: incorreta. Sentença arbitral é título executivo judicial (NCPC, art. 515, VII); **B:** correta. Art. 828 do NCPC; **C:** incorreta, pois essa é uma das situações que se configura como de ato atentatório à dignidade da justiça (NCPC, art. 774, V); **D:** incorreta, pois a execução se funda em título de obrigação *líquida*, certa e exigível (NCPC, art. 783).

Gabarito "B"

(FGV – 2011) Considerando a ação de execução de título extrajudicial, é correto afirmar que

(A) cabe ao devedor provar que o credor não adimpliu a contraprestação, quando a satisfação da obrigação do executado estiver condicionada à realização daquela.

(B) deverá ser extinta se o título não corresponder a obrigação certa, líquida e exigível.

(C) caberá ao devedor indicar a espécie de execução que prefere, quando de mais de um modo puder ser efetuada.

(D) caso a petição inicial se ache desacompanhada do título executivo, deverá ser indeferida de plano, não se admitindo prazo para correção, dada a natureza sumária das ações executivas.

A: incorreta, a existência de contraprestação pelo credor é tratada no art. 787, *caput*, e parágrafo único, do NCPC; **B:** correta, art. 783 do NCPC; **C:** incorreta, pois quando se estiver diante de obrigações alternativas, é possível que a escolha da forma de execução seja do exequente ou do executado, conforme o previsto no título (NCPC, art. 800); **D:** incorreta, pois há expressa previsão determinando a emenda da inicial, mesmo no processo de execução (NCPC, art. 801).

Gabarito "B"

13.2. Penhora

(Analista – TRT/7ª – 2009 – FCC) NÃO é considerado bem absolutamente impenhorável, de acordo com o Código de Processo Civil,

(A) recurso público do fundo partidário recebido, nos termos da lei, por partido político.

(B) a quantia depositada em caderneta de poupança, até o limite de 40 salários mínimos.

(C) o seguro de vida.

(D) o ganho de trabalhador autônomo e o honorário de profissional liberal.

(E) o material necessário para as obras penhoradas, que estejam em andamento.

A: art. 833, XI, do NCPC; **B:** art. 833, X, do NCPC; **C:** art. 833, VI, do NCPC; **D:** art. 833, IV, do NCPC; **E:** de fato, o código não contempla essa hipótese.

Gabarito "E"

(Analista – TRT/21ª – 2010 – CESPE) No que concerne ao instituto da penhora no processo de execução e na execução em geral, julgue os itens a seguir considerando a jurisprudência do Supremo Tribunal Federal e do Superior Tribunal de Justiça.

(1) A impenhorabilidade do bem de família abrange também o imóvel pertencente a pessoas solteiras, separadas e viúvas.

(2) A penhora do bem de família pertencente ao fiador de contrato de locação viola o direito constitucional à moradia.

(3) A vaga de garagem que possui matrícula própria no registro de imóveis constitui bem de família e, portanto, não pode ser penhorada.

(4) É válida a penhora realizada por oficial de justiça em comarca contígua se, ainda que realizada de outro modo, alcançar a finalidade do ato sem causar prejuízos.

(5) A regra da impenhorabilidade dos livros, máquinas, ferramentas, utensílios, instrumentos ou outros bens móveis necessários ou úteis ao exercício de qualquer profissão não pode ser estendida às pequenas e microempresas, mesmo que administradas pessoalmente por um sócio apenas.

1: Correto. Observe-se o teor da Súmula 364 do STJ: "O conceito de impenhorabilidade de bem de família abrange também o imóvel pertencente a pessoas solteiras, separadas e viúvas"; **2:** Errado. "Continua a ser passível de penhora o bem de família pertencente a fiador em contrato de locação. [...] Entendeu-se que a penhora do bem de família do recorrente não viola o disposto no art. 6º da CF, com a redação dada pela EC 26/2000 ("São direitos sociais a educação, a saúde, o trabalho, a moradia, o lazer, a segurança, a previdência social, a proteção à maternidade e à infância, a assistência aos desamparados, na forma desta Constituição."), mas com ele se coaduna, já que é modalidade de viabilização do direito à moradia – o qual não deve ser traduzido, necessariamente, como o direito à propriedade imobiliária ou o direito de ser proprietário de imóvel – porquanto, atendendo à própria *ratio legis* da exceção prevista no art. 3º, VII, da Lei 8.009/90, facilita e estimula o acesso à habitação arrendada, constituindo reforço das garantias contratuais dos locadores, e afastando, por conseguinte, a necessidade de garantias mais onerosas, tais como a fiança bancária. [...] RE 407.688/SP, rel. Min. Cezar Peluso, 8.2.2006. (Informativo 415 do STF); **3:** Errado. É justamente o contrário, conforme enuncia a Súmula 449 do STJ: "A vaga de garagem que possui matrícula própria no registro de imóveis não constitui bem de família para efeito de penhora"; **4:** Correto. "PENHORA. OFICIAL. JUSTIÇA. COMARCA DIVERSA. Trata-se de REsp em que se discute a legalidade da penhora realizada por oficial de justiça pertencente à comarca diversa daquela em que se localiza o bem imóvel penhorado. Inicialmente, observou-se que acarretaria reexame do conjunto fático-probatório (Súm. n. 7-STJ) rever a conclusão das instâncias ordinárias no sentido de que a diligência realizada pelo oficial de justiça, embora fora da comarca em que serve, não trouxe qualquer prejuízo às partes, bem como de que atingiu o fim colimado para o ato. Por outro lado, o acórdão recorrido, ao decidir pela manutenção da penhora efetivada, com fundamento nos arts. 277 e 278 do NCPC, levando em conta o princípio da instrumentalidade, não divergiu do entendimento deste Superior Tribunal, que, em hipótese análoga, considerou válidos os atos que, se realizados de outro modo, alcançam a finalidade, caso a lei não preveja cominação de nulidade. Quanto à alegada violação do art. 1º da Lei n. 8.009/1990 (impenhorabilidade do bem de família), constatou-se a falta do necessário prequestionamento, incidindo, assim, as Súmulas ns. 282 e 356 do STF. Diante disso, a Turma não conheceu do recurso. Precedente citado: REsp 68.264-RS, DJ 30/6/1997. REsp 523.466-MG, Rel. Min. Fernando Gonçalves, julgado em 23/2/2010. (Informativo 424 do STJ); **5:** Errado. Consoante restou consignado no item 9 do REsp 1.114.767/RS, Rel. Ministro Luiz Fux, Corte Especial, julgado em 02/12/2009, DJe 04/02/2010, "O Tribunal de origem, por seu turno, assentou que: '*O inc. V do art. 649 do CPC não faz menção a imóveis como bens impenhoráveis.* Tanto assim que o § 1º do art. 11 da Lei 6.830/1980 autoriza, excepcionalmente, que a penhora recaia sobre a sede da empresa. E, no caso, o próprio agravante admite não ter outros bens penhoráveis". [grifos nossos]. No mesmo sentido: PROCESSO CIVIL. PENHORA DE IMÓVEL DE PROPRIEDADE DO EXECUTADO, NO QUAL ESTÁ INSTALADA SUA CLÍNICA MÉDICA. ALEGAÇÃO DE IMPENHORABILIDADE DO BEM FUNDAMENTADA NO ART. 649, VII, DO CPC. AFASTAMENTO. Consoante precedente da 3ª Turma do STJ, o imóvel onde se instala o estabelecimento no qual trabalha o devedor – seja ele um escritório de advocacia, uma clínica médica ou qualquer outra sociedade – não está abrangido pela impenhorabilidade determinada pelo art. 649, VI, do CPC (com a redação anterior à Lei nº 11.382/2006). Tal dispositivo legal somente atribui impenhorabilidade aos livros, máquinas, utensílios e instrumentos necessários ou úteis ao desempenho de qualquer profissão. Recurso especial conhecido e provido (REsp 857327/PR, Rel. Ministra Nancy Andrighi, terceira turma, julgado em 21/08/2008, DJe 05/09/2008) [grifos nossos]. Logo, a impenhorabilidade tratada no art. 649, V, do CPC [art. 833, V, do NCPC], conforme a iterativa jurisprudência do STJ, estende-se, sim, às pequenas e microempresas, mesmo que administradas pessoalmente apenas por um sócio.

Gabarito 1C, 2E, 3E, 4C, 5E

(FGV – 2013) A respeito da penhora, assinale a afirmativa correta.

(A) A penhora não será realizada quando o bem estiver na posse, detenção ou guarda de terceiro.

(B) Havendo mais de uma penhora, lavrar-se-á um único auto de penhora.

(C) Se o devedor fechar as portas da casa, a fim de obstar a penhora dos bens, o oficial de justiça providenciará o arrombamento, independente de qualquer autorização judicial.

(D) O juiz autorizará a alienação antecipada dos bens penhorados quando houver manifesta vantagem.

A: incorreta, a penhora de bem do executado será realizada mesmo se o referido bem estiver com terceiros (NCPC, art. 845); **B:** incorreta, para cada penhora, será lavrado um auto (interpretação decorrente do art. 838 do NCPC); **C:** incorreta, para arrombamento pelo oficial de justiça, deve existir autorização do juiz (NCPC, art. 846); **D:** correta, art. 852, II, do NCPC.

Gabarito "D"

13.3. Embargos do Devedor

(Analista – TRT/2ª – 2014 – FCC) Considere as afirmativas referentes aos embargos do devedor:

I. O executado, independentemente de penhora, depósito ou caução, poderá opor-se à execução por meio de embargos.

II. Se opostos os embargos em reconhecida litigância de má-fé, as sanções correspondentes serão promovidas no próprio processo de execução, em autos apensos, operando-se por meio de compensação ou por execução.

III. Recebidos os embargos, será o exequente ouvido no prazo de 15 dias; a seguir, o juiz julgará imediatamente o pedido ou designará audiência de conciliação, instrução e julgamento, proferindo sentença no prazo de dez dias.

Está correto o que consta em

(A) I e III, apenas.
(B) II e III, apenas.
(C) II, apenas.
(D) I, apenas.
(E) I, II e III.

I: Correta, nos termos do art. 914 do NCPC; **II**: incorreta, nos termos do art. 777 do NCPC. Entretanto, vigorava à época da aplicação do exame o art. 739-B do CPC/1973, que previa o processamento em autos apensos. Atualmente, o Novo Código prevê o processamento nos mesmos autos. Com o intuito de complementar o estudo sobre a temática do mencionado artigo, recomenda-se a leitura da obra *A Instrumentalidade do Processo*, de Cândido Rangel Dinamarco; **III**: A assertiva seria incorreta no Novo Código de Processo Civil, uma vez que não há indicação de prazo para o juiz proferir sentença. Estaria, entretanto, correta no Código de Processo Civil de 1973 pois, no art. 740 previa o prazo de 10 dias para o juiz proferir sentença.

Gabarito "E"

(Analista – TRT/22ª – 2010 – FCC) Os embargos do devedor

(A) poderão ser opostos no prazo de 15 dias, contados da data da juntada aos autos do mandado de citação.
(B) poderão ser opostos no dobro do prazo legal quando os executados tiverem diferentes procuradores.
(C) terão sempre efeito suspensivo, ficando a execução paralisada até o seu julgamento.
(D) não poderão ser rejeitados liminarmente, mesmo quando manifestamente protelatórios.
(E) impedirão, uma vez recebidos, a efetivação dos atos de penhora e de avaliação dos bens.

A: correto (art. 915, *caput*, do NCPC); **B**: incorreto, pois não se aplica o art. 229 do NCPC aos embargos do executado (art. 915, § 3º, do NCPC); **C**: incorreto. A regra é a de que a oposição de embargos não suspende automaticamente a execução. Para que o juiz atribua efeito suspensivo aos embargos, é necessário que: 1) haja requerimento do embargante; 2) sejam relevantes os fundamentos vertidos por ele na inicial; 3) o prosseguimento da execução manifestamente possa causar ao executado grave dano de difícil ou incerta reparação; e 4) a execução se encontre garantida. Sem isso, a mera oposição não terá o condão de suspender a execução (art. 919, § 1º, do NCPC); **D**: incorreto (art. 918, III, do NCPC); **E**: incorreto (art. 919, § 5º, do NCPC).

Gabarito "A"

(Analista – TRT/9ª – 2012 – FCC) Os embargos do devedor

(A) como regra, serão recebidos no efeito suspensivo.
(B) deverão ser opostos após garantia do juízo por meio de penhora, depósito ou caução, necessariamente.
(C) quando houver mais de um executado, com diferentes procuradores, o prazo para oposição dos embargos do devedor será contado em dobro.
(D) não podem ser rejeitados liminarmente, exigindo sempre julgamento meritório das razões aduzidas nos autos.
(E) serão oferecidos no prazo de 15 dias, contados da data da juntada aos autos do mandado de citação devidamente cumprido.

A: incorreta, pois como regra não terão efeito suspensivo (art. 919, NCPC); **B**: incorreta. Não há necessidade de penhora para embargar (art. 914, NCPC) – mas há para se requeira efeito suspensivo (art. 919, § 1º, NCPC); **C**: incorreta, já que não se aplica a regra do art. 229 do NCPC nos embargos do devedor (art. 915, § 3º, NCPC); **D**: incorreta, pois o juiz poderá rejeitá-los nas hipóteses do art. 918 do NCPC; **E**: correta, conforme art. 915 do NCPC.

Gabarito "E"

(Analista – TRT/10ª – 2013 – CESPE) Com relação ao processo de execução, aos embargos do devedor e aos embargos de terceiro, julgue os itens seguintes.

(1) Com a interposição dos embargos da execução, ocorre a suspensão da execução, já que a decisão no processo de embargos pode prejudicar o processo de execução.
(2) O acolhimento de alegação de nulidade absoluta da execução impõe a extinção do processo de execução.
(3) É lícito ao autor cumular várias execuções fundadas em títulos diferentes, sendo necessário, para tanto, apenas que o juízo competente seja o mesmo.
(4) O oficial de justiça não pode penhorar as máquinas de costura de uma costureira empresária individual, pois essas máquinas são consideradas impenhoráveis.
(5) Para apresentar os embargos do devedor, o executado deve garantir o juízo.

1: incorreta. A regra é a não suspensividade dos embargos que somente podem ter efeito suspensivo em hipóteses especiais (art. 919, NCPC); **2**: correta de acordo com o gabarito, mas no sistema, nem toda nulidade absoluta gera a extinção do processo (ex. incompetência absoluta acarreta remessa ao juízo competente – art. 64, §§ 2º e 4º, NCPC); **3**: incorreto, pois é necessário também que seja idêntica a forma do processo (art. 780, NCPC); **4**: correta, conforme artigo 833, V, do NCPC que estabelece a impenhorabilidade dos instrumentos de profissão; **5**: incorreto conforme artigo 914, NCPC.

Gabarito 1E, 2C, 3E, 4C, 5E

13.4. Cumprimento de Sentença e Impugnação

(FGV – 2014) Raul ajuizou ação de indenização por danos materiais, pelo rito ordinário, em face de Sérgio, pretendendo ressarcir-se dos prejuízos suportados com o conserto de seu táxi, decorrentes de uma colisão no trânsito causada por imprudência do réu. O pedido foi julgado procedente, mas a determinação do valor exato da condenação dependia de apuração do *quantum debeatur*, relativo às consequências do ato ilícito.

Diante da atual sistemática do Código de Processo Civil, é correto afirmar que a liquidação de sentença, na hipótese,

(A) é considerada simples incidente processual, devendo o juiz, de ofício, iniciá-la, determinando a citação do réu.
(B) constitui-se em processo autônomo, iniciado mediante requerimento da parte interessada, do qual será citado o réu.
(C) constitui-se em fase do processo de conhecimento, iniciada mediante requerimento da parte interessada, do qual será intimada a parte contrária na pessoa de seu advogado.
(D) constitui-se em procedimento autônomo, devendo o juiz, de ofício, iniciá-lo, mediante intimação das partes.

A: incorreta, pois não cabe ao juiz dar início de ofício à liquidação (NCPC, art. 509, *caput* e § 2º); **B**: incorreta, porque a liquidação, apesar de ser requerida pelo exequente, não é um processo autônomo, mas um incidente, em que o executado será intimado (NCPC, arts. 509, § 2º e 513, § 2º); **C**: correta, sendo processo de conhecimento (transição entre conhecimento e cumprimento de sentença) e, como exposto antes, é incidente e acarreta a intimação (NCPC, arts. 509, § 2º e 513, § 2º); **D**: incorreta, considerando ser incidente e não ser possível seu início de ofício (NCPC, art. 509, *caput* e § 2º).

Gabarito "C"

(FGV – 2013) O sistema de execução de decisões modernamente utilizado está muito atrelado à ideia de sincretismo processual. Por essa sistemática, em regra, tornou-se a execução um prolongamento do processo de conhecimento. Passou-se a ter um processo misto que não é mais nem puramente cognitivo nem puramente executivo. O novo sistema permitiu que a obtenção da tutela jurisdicional plena fosse mais rapidamente alcançada. Entretanto, em hipóteses específicas, ainda tem cabimento o processo de execução autônomo. Assinale a alternativa que contém título executivo judicial a ensejar a execução sincrética.

(A) A certidão de dívida ativa da Fazenda Pública da União, dos Estados, do Distrito Federal, dos Territórios e dos Municípios, correspondente aos créditos inscritos na forma da lei.
(B) O instrumento de transação referendado pelo Ministério Público, pela Defensoria Pública ou pelos advogados dos transatores.

(C) A sentença proferida no processo civil que reconheça a existência de obrigação de fazer, não fazer, entregar coisa ou pagar quantia.

(D) O crédito, documentalmente comprovado, decorrente de aluguel de imóvel, bem como de encargos acessórios, tais como taxas e despesas de condomínio.

A: incorreta, pois a CDA é título executivo extrajudicial (NCPC, art. 784, IX), que dá origem a uma execução fiscal (processo autônomo, não sendo caso de sincretismo processual); **B:** incorreta, pois esses documentos são títulos executivos extrajudiciais (NCPC, art. 784), que dão origem a uma execução autônoma; **C:** correta, pois a sentença proferida no processo de conhecimento é título executivo judicial (NCPC, art. 515, I), em que há o cumprimento de sentença (sincretismo processual); **D:** incorreta, pois esse crédito é título executivo extrajudicial (NCPC, art. 784, VIII), que dá origem a uma execução autônoma.

Gabarito "C"

(FGV – 2012) A execução tem por finalidade precípua a adoção de medidas necessárias à satisfação da obrigação prevista em um título executivo judicial ou extrajudicial. Em um primeiro momento, vigia no ordenamento pátrio o princípio da autonomia, segundo o qual as atividades executivas e de conhecimento deveriam ser desenvolvidas necessariamente por meio de ações distintas. Contudo, tal sistemática foi alvo de uma série de reformas que buscaram prestigiar um desenvolvimento sincrético do processo, bem como a própria efetivação do título executivo.

Com base na legislação vigente, assinale a afirmativa correta:

(A) A sentença arbitral, de acordo com o CPC, possui natureza de título executivo extrajudicial e poderá ser liquidada ou executada, conforme o caso, perante o juízo cível competente, hipótese na qual o mandado inicial incluirá a ordem de citação do devedor.

(B) O executado, nas obrigações de pagar quantia certa ou já fixada em liquidação, poderá oferecer impugnação para rediscutir qualquer causa impeditiva, modificativa ou extintiva da obrigação, desde que superveniente à sentença.

(C) O CPC prevê que o juiz pode atribuir efeito suspensivo aos embargos quando ficar demonstrado que o prosseguimento da execução manifestamente pode causar ao executado grave dano de difícil ou incerta reparação o que não ocorre na impugnação, tendo em vista que nesta modalidade de defesa está prevista, expressamente, a impossibilidade de concessão de efeitos suspensivos em quaisquer hipóteses.

(D) A concessão de efeito suspensivo nos embargos do executado obsta o prosseguimento da execução principal, impedindo, inclusive, a efetivação dos atos de penhora e avaliação dos bens.

A: incorreta, porque a sentença arbitral, por opção legislativa (para limitar a matéria de defesa do executado) é título executivo *judicial* (NCPC, art. 515, VII); **B:** correta, porque a defesa no cumprimento é a impugnação, sendo possível apenas alegar matérias previstas na lei (NCPC, art. 525, § 1º, VII); **C:** incorreta, pois tanto nos embargos quanto na impugnação o efeito suspensivo depende de concessão do juiz, desde que presentes os requisitos (NCPC, art. 525, § 6º); **D:** incorreta, pois mesmo que concedido o efeito suspensivo aos embargos, ocorrerá a penhora e avaliação (NCPC, art. 919, § 5º)

Gabarito "B"

(FGV – 2012) Nos autos de ação indenizatória movida por Henrique em face de Paulo, ambos prósperos empresários, transitou em julgado sentença de procedência do pleito autoral, condenando o réu ao pagamento de indenização, no montante equivalente a 500 salários mínimos, na data da prolação da sentença, acrescidos de juros legais e correção monetária.

Assinale a alternativa que apresenta a providência a ser imediatamente adotada pelo advogado de Henrique.

(A) Instauração da fase de liquidação de sentença por arbitramento, a fim de apurar o valor da condenação em moeda corrente.

(B) Instauração da fase de cumprimento de sentença, com a apresentação da memória de cálculo contemplando o valor da condenação em moeda corrente.

(C) Instauração da fase de liquidação de sentença por cálculos do contador, a fim de que o magistrado remeta os autos ao contador judicial, para que seja apurado o valor da condenação em moeda corrente.

(D) Ajuizamento de ação rescisória, a fim de que o tribunal apure o valor da condenação em moeda corrente.

Trata-se de sentença com valor passível de liquidação por simples cálculo aritmético. Assim, já deverá ter início o cumprimento de sentença (NCPC, art. 509, § 2º).

Gabarito "B"

(Técnico – TRT/11ª – 2012 – FCC) Xisto é processado e condenado ao pagamento de indenização por danos morais e materiais em favor de Tomé, na quantia total de R$ 100.000,00. Iniciada a fase de cumprimento de sentença para pagamento do débito, Xisto tem um apartamento de sua propriedade na praia penhorado e devidamente avaliado por perito judicial. Maria, José e Paulo, cônjuge, filho e genitor de Xisto, respectivamente, pretendem exercer o direito de remição e, para tanto, poderão requerer a adjudicação do bem penhorado, oferecendo preço não inferior ao da avaliação e, havendo divergência entre os pretendentes, com igualdade de oferta após uma licitação entre eles, terá preferência na adjudicação,

(A) Maria, Paulo e José, nessa ordem.

(B) José, Paulo e Maria, nessa ordem.

(C) Maria, José e Paulo, nessa ordem.

(D) Paulo, Maria e José, nessa ordem.

(E) José, Maria e Paulo, nessa ordem.

De acordo com o art. 876, § 6º, do NCPC, terá preferência o cônjuge, descendente ou ascendente, nessa ordem.

Gabarito "C"

(Técnico Judiciário – TRT/20ª – 2011 – FCC) NÃO é título executivo extrajudicial:

(A) o instrumento de transação referendado pelo Ministério Público.

(B) a debênture.

(C) documento particular assinado somente pelo devedor.

(D) os contratos de seguro de vida.

(E) o crédito decorrente de foro e laudêmio.

A: correta, com fulcro no art. 784, IV, do NCPC; **B:** correta, conforme disposto no art. 784, I, do NCPC; **C:** incorreta, devendo esta ser assinalada, já que o documento particular deverá ser assinado pelo devedor e por duas testemunhas (art. 784, III, do NCPC); **D:** correta, segundo estabelece o art. 784, V, do NCPC; **E:** correta, de acordo com o art. 784, VII, do NCPC.

Gabarito "C"

(Técnico Judiciário – TRT/23ª – 2011 – FCC) Quando a liquidação da sentença depender apenas de cálculo aritmético, o credor requererá:

(A) a prévia remessa dos autos ao contador do juízo, para elaboração do cálculo.

(B) a liquidação da sentença por arbitramento.

(C) o cumprimento da sentença, instruindo o pedido com a memória discriminada e atualizada do cálculo.

(D) a liquidação da sentença por artigos.

(E) a nomeação de perito contábil, às expensas do executado, para elaboração do cálculo.

Nos termos do art. 509, § 2º, do NCPC, o credor requererá o cumprimento da sentença, na forma do art. 523 do NCPC, instruindo o pedido com a memória discriminada e atualizada do cálculo. Atenção: no NCPC essa forma de liquidar deixa de ser tratada como "liquidação por cálculo", mas mero início da fase de conhecimento.

Gabarito "C"

(Técnico Judiciário – TRT/20ª – 2006 – FCC) Considere os seguintes documentos:

I. Sentença penal condenatória transitada em julgado.

II. Sentença estrangeira definitiva traduzida, mas não homologada pela Justiça brasileira.

III. Sentença homologatória de transação, ainda que verse sobre matéria não posta em juízo.

IV. Documento particular assinado pelo devedor, mas não subscrito por testemunhas.

São títulos executivos judiciais APENAS os indicados em:

(A) I, II e III.

(B) I e III.

(C) II e III.

(D) II, III e IV.

(E) II e IV.

I: correta, conforme determina o art. 515, VI, do NCPC; **II:** incorreta, pois a sentença estrangeira deve ser homologada pelo STJ (art. 515, VIII, do NCPC); **III:** correta, segundo disposto no art. 515, II, do NCPC; **IV:** incorreta, pois, ainda que assinado por duas testemunhas, corresponderia a hipótese de título executivo extrajudicial (art. 784, III do NCPC).

Gabarito "B"

(Técnico Judiciário – TRT/6ª – 2006 – FCC) A impenhorabilidade do bem de família NÃO compreende:

(A) as benfeitorias.
(B) as plantações.
(C) os veículos de transporte.
(D) os móveis quitados que guarnecem a casa.
(E) os equipamentos de uso profissional.

A, B, D e **E:** incorretas, pois são bens de família impenhoráveis, nos termos do art. 1º, parágrafo único, da Lei 8.009/1990 (e, quanto aos móveis, art. 833, II; **C:** correta, pois se exclui da impenhorabilidade o veículo de transporte (art. 2º da Lei 8.009/1990).

Gabarito "C"

13.5. Temas combinados

(Analista – TRT/10ª – 2013 – CESPE) Com relação a sentença, coisa julgada, liquidação e cumprimento de sentença, julgue os itens a seguir.

(1) A impugnação ao cumprimento de sentença é processada em autos apartados, a exemplo do que ocorre com os embargos à execução.
(2) A preclusão consumativa para o juiz ocorre com a publicação da sentença.

1: incorreta. Conforme artigo 525, *caput*, parte final, do NCPC, a impugnação será processada nos próprios autos; **2:** correta, conforme art. 494 do NCPC.

Gabarito 1E, 2C

(Analista – TRT/10ª – 2013 – CESPE) Com relação ao processo de execução, aos embargos do devedor e aos embargos de terceiro, julgue os itens seguintes.

(1) A interposição dos embargos de terceiro, espécie de intervenção de terceiros, acarretará, automaticamente, a suspensão do processo de execução.
(2) Com a interposição dos embargos da execução, ocorre a suspensão da execução, já que a decisão no processo de embargos pode prejudicar o processo de execução.
(3) O acolhimento de alegação de nulidade absoluta da execução impõe a extinção do processo de execução.
(4) É lícito ao autor cumular várias execuções fundadas em títulos diferentes, sendo necessário, para tanto, apenas que o juízo competente seja o mesmo.
(5) O oficial de justiça não pode penhorar as máquinas de costura de uma costureira empresária individual, pois essas máquinas são consideradas impenhoráveis.
(6) Para apresentar os embargos do devedor, o executado deve garantir o juízo.

1: incorreta. É necessária a prova da posse para a concessão da medida liminar de suspensão (art. 678, NCPC); **2:** incorreta. A regra é que não há efeito suspensivo. Mas, pode-se atribuir aos embargos o efeito suspensivo desde que presentes requisitos (art. 919, NCPC); **3:** correta para o gabarito. Porém, nem toda nulidade absoluta gera a extinção do processo (exemplo: incompetência absoluta acarreta remessa ao juízo competente – art. 64, §§ 2º e 4º, NCPC); **4:** incorreta, pois é necessário também que seja idêntica a forma do processo (art. 780, NCPC); **5:** correta, conforme art. 833, V, do NCPC que estabelece a impenhorabilidade dos instrumentos de profissão; **6:** incorreta, visto que o art. 914 do NCPC dispõe que "o executado, independentemente de penhora, depósito ou caução, poderá se opor à execução por meio de embargos".

Gabarito 1E, 2E, 3C, 4E, 5C, 6E

(Analista – TRT/11ª – 2012 – FCC) Paulo adquiriu um imóvel através de contrato particular de compromisso de compra e venda não registrado. O imóvel foi penhorado em execução por quantia certa contra devedor solvente movida contra o compromitente vendedor. A defesa de Paulo deverá ser feita através de

(A) oposição.
(B) ação ordinária.
(C) denunciação à lide.
(D) embargos de terceiro.
(E) assistência litisconsorcial.

A alternativa correta é a "D", embargos de terceiro (Súmula 84 do STJ). Ação ordinária (que não mais existe no NCPC), denunciação da lide e assistência têm finalidades distintas. A oposição seria cabível se o objeto litigioso da causa fosse o bem.

Gabarito "D"

14. PROCEDIMENTOS ESPECIAIS

(Analista – TRT/11ª – 2012 – FCC) Sobre a ação monitória, é correto afirmar que NÃO

(A) pode a inicial fundar-se em mais de uma prova escrita sem eficácia de título executivo.
(B) pode a inicial ter por base nem fax, nem mensagem eletrônica (*e-mail*).
(C) cabe citação por edital.
(D) é admissível a citação por hora certa.
(E) depende de prévia segurança do juízo a oposição de embargos pelo réu.

A: incorreta, pois não há óbice para que a monitória seja instruída com mais de uma prova escrita; **B:** incorreta, pois a exigência da lei é prova escrita sem eficácia executiva, logo, fax ou *e-mail* são hábeis a instruir a ação monitória; **C:** incorreta. Há expressa previsão permitindo a citação de qualquer maneira (NCPC, art. 700, § 7º); **D:** incorreta, pelos mesmos motivos do item anterior; **E:** correta, pois os embargos à monitória independem de prévia segurança do juízo (NCPC, art. 702).

Gabarito "E"

(Analista – TRT/20ª – 2011 – FCC) A respeito da ação monitória, é INCORRETO afirmar:

(A) O titular de prova escrita não é obrigado a utilizar a ação monitória, podendo optar pelo procedimento comum.
(B) Cabe citação por edital em ação monitória.
(C) É admissível ação monitória fundada em cheque prescrito.
(D) Cabe citação com hora certa em ação monitória.
(E) É incabível ação monitória contra a Fazenda Pública.

A: correto. O autor poderá, por exemplo, se valer da ação de cobrança, a qual, todavia, tramita pelo procedimento comum ordinário. Não há qualquer obrigatoriedade de que o demandante utilize a monitória; **B:** correto (Súmula 282 do STJ); **C:** correto (Súmula 299 do STJ); **D:** correto. É cabível qualquer modalidade de citação ficta em ação monitória; **E:** incorreto, devendo ser assinalado (Súmula 339 do STJ e art. 910 do NCPC).

Gabarito "E"

(Analista – TRT/9ª – 2010 – FCC) Proposta a ação monitória, estando a petição inicial devidamente instruída, o juiz deferirá de plano a expedição de mandado de pagamento ou de entrega da coisa no prazo de 15 dias. Nesse caso,

(A) cumprindo o réu o mandado, ficará isento do pagamento dos honorários advocatícios do advogado do autor, arcando apenas com as custas processuais.
(B) cumprindo o réu o mandado, ficará isento de custas, arcando apenas com os honorários advocatícios do advogado do autor.
(C) o oferecimento de embargos pelo réu depende de prévia garantia do juízo, mediante depósito ou oferta de bens à penhora.
(D) poderá o réu oferecer embargos, que serão processados em autos apartados, pelo procedimento sumário.
(E) poderá o réu oferecer embargos que suspenderão a eficácia do mandado inicial.

A e **B:** incorretos, pois o réu, cumprindo o mandado de pagamento, ficará isento de custas e honorários advocatícios (art. 701 do NCPC); **C:** incorreto, visto que os embargos à monitória – que têm natureza de defesa e não de ação – não dependem de prévia garantia do juízo para serem opostos (art. 702 do NCPC); **E:** correta (arts. 702, § 4º e 701, § 2º, do NCPC).

Gabarito "E"

15. TEMAS COMBINADOS

(Analista – TRT/22ª – 2010 – FCC) Paulo é credor de Pedro, através de cheque devolvido pelo estabelecimento bancário por insuficiência de fundos. Após o decurso do prazo prescricional do cheque, pode este ser usado para ajuizar

(A) embargos de terceiro.
(B) execução por quantia certa contra devedor solvente.
(C) ação rescisória.

(D) ação de consignação em pagamento.
(E) ação monitória.

A resposta decorre do entendimento sumulado pelo STJ no verbete 299, cujo teor se reproduz: "É admissível a ação monitória fundada em cheque prescrito" (Súmula 299 do STJ).

Gabarito "E"

(FGV – 2011) No âmbito do Direito Processual Civil, os legitimados ativos que proponham ação e interponham recursos poderão desistir deles, desde que respeitados os seguintes termos:

(A) o recorrente poderá desistir do recurso interposto a qualquer tempo, desde que não se trate de litisconsórcio e que a parte contrária, uma vez intimada, manifeste expressamente sua anuência.
(B) a desistência da ação, que produz efeitos somente depois de homologada por sentença, implica extinção do processo com resolução do mérito. Caso tenha transcorrido o prazo para resposta do réu, o pedido de desistência estará sujeito ao seu consentimento.
(C) na intervenção de terceiros, a assistência obsta a que a parte principal desista da ação, que somente poderá ocorrer com a anuência expressa do assistente. Nesse caso, a desistência independe de homologação por sentença.
(D) o credor poderá desistir de toda execução ou apenas de algumas medidas executivas, desde que suporte as custas e honorários advocatícios decorrentes da extinção dos embargos que versarem somente sobre questões processuais e, nos demais casos, quando houver anuência do embargante.

Em relação à desistência do processo de conhecimento, após o término do prazo de defesa, há necessidade de concordância do réu (NCPC, art. 485, § 4º). No tocante à desistência do recurso, não há necessidade de concordância do recorrido (NCPC, art. 998). Quanto à execução, o credor em regra pode desistir sem restrições – porém, se houver embargos que discutam o mérito, há necessidade de concordância do embargante (NCPC, art. 775, parágrafo único, I).

Gabarito "D"

(Técnico – CESPE – 2010) A assistência judiciária gratuita

(A) independe de decisão judicial.
(B) não isenta a parte do pagamento de custas cabíveis nos recursos.
(C) é definida em razão do valor da causa, que não pode ultrapassar vinte salários-mínimos.
(D) não isenta a parte assistida do pagamento de honorários advocatícios sucumbenciais em caso de derrota.
(E) pode ser requerida no curso da ação.

A: incorreta (art. 98, §§ 2º e 4º, do NCPC); **B:** incorreta, porque o benefício abrange todas e quaisquer custas, inclusive o preparo; **C:** incorreta (art. 98, do NCPC); **D:** incorreta, porque a assistência judiciária não isenta a parte assistida de condenação nos honorários de advogado, mas o pagamento deles é inexigível enquanto perdurar a situação de necessidade (art. 98, § 2º, do NCPC); **E:** correta (art. 99 do NCPC).

Gabarito "E"

16. LEGISLAÇÃO EXTRAVAGANTE

(Analista – TRT/1ª – 2012 – FCC) A respeito da ação civil pública, considere:

I. As associações legitimadas não podem ajuizar a ação civil pública se o fato foi objeto de inquérito civil arquivado pelo Ministério Público.
II. A multa diária cominada liminarmente pelo juiz na ação que tenha por objeto o cumprimento de obrigação de fazer ou não fazer será exigível do réu após o trânsito em julgado da decisão favorável ao autor, mas será devida desde o dia em que se houver configurado o descumprimento.
III. O Ministério Público, se não intervier no processo como parte, atuará obrigatoriamente como litisconsorte da parte autora.

Está correto o que se afirma APENAS em

(A) I e II.
(B) I e III.
(C) II.
(D) II e III.
(E) III.

I: incorreto, pois as associações tem legitimidade mesmo com o pedido de arquivamento do Ministério Público (art. 5º Lei 7.347/85). Contudo, apesar de o gabarito ter assinalado como incorreta, não é o que diz a lei e a doutrina. O artigo 9º da Lei de ACP estabelece que o Ministério Público poderá promover o arquivamento em caso da inexistência de fundamento para a propositura da ação. Contudo, os autos deverão ser enviados após ao Conselho Superior do Ministério Público. E até que ocorra a seção com o arquivamento do feito pelo Conselho, poderão as associações legitimadas apresentar razões escritas ou documentos para se manifestar sobre o arquivamento. A lei, seguida pela doutrina (ver por todos Marcelo Abelha RODRIGUES, Hugo Nigro MAZZILLI) não confere essa legitimidade às associações. **II:** correto, conforme artigo 12, § 2º da Lei 7.347/85. **III:** incorreto, pois se não intervier como parte atuará como fiscal da lei (afinal, litisconsorte, também é parte) (art. 5º, § 1º, Lei 7.347/85).

Gabarito "C"

(Analista – TRT/7ª – 2009 – FCC) Considere as assertivas abaixo sobre a Lei de Execução Fiscal.

I. Não sendo embargada a execução, no caso de garantia prestada por terceiro, será este intimado, sob pena de contra ele prosseguir a execução nos próprios autos, para, no prazo de trinta dias remir o bem, se a garantia for real.
II. Em qualquer fase do processo, será deferida pelo juiz ao executado a substituição da penhora por depósito em dinheiro ou fiança bancária.
III. Recebidos os embargos, o juiz mandará intimar a Fazenda para impugná-los no prazo de quinze dias, designando, em seguida, se o caso, audiência de instrução e julgamento.
IV. Na execução fiscal não será admitida reconvenção, nem compensação, e as exceções, salvo as de suspeição, incompetência e impedimentos, serão arguidas como matéria preliminar e serão processadas e julgadas com os embargos.

É correto o que se afirma APENAS em:

(A) I, II e III.
(B) II e IV.
(C) III e IV.
(D) I, II e IV.
(E) I e III.

I: incorreto (o prazo para remir o bem é de 15 dias – art. 19 da Lei 6.830/80); **II:** correto (art. 15, I, da Lei 6.830/80); **III:** incorreta (o prazo para impugnação é de 30 dias – art. 17 da Lei 6.830/80); **IV:** correta (art. 16, § 3º, da Lei 6.830/80).

Gabarito "B"

(Técnico – TRT/6ª – 2012 – FCC) Segundo a lei que o disciplina, não cabe mandado de segurança contra:

(A) representantes ou órgãos de partidos políticos.
(B) administradores de entidades autárquicas.
(C) pessoas físicas no exercício de atribuições do poder público.
(D) ato de qualquer autoridade do Poder Legislativo, ainda que no exercício da administração do órgão a que pertence.
(E) atos de gestão comercial praticados pelos administradores de empresas públicas, de sociedade de economia mista e de concessionários do serviço público.

A, B e C: incorretas, pois os representantes ou órgãos de partidos políticos equiparam-se às autoridades para os efeitos da Lei de Mandado de Segurança (art. 1º, § 1º, da Lei 12.016/2009); **D:** incorreta, pois cabe mandado de segurança contra ato de autoridade do Poder Legislativo (art. 1º, *caput*, da Lei 12.016/2009); **E:** correta, de acordo com o art. 1º, § 2º, da Lei 12.016/2009.

Gabarito "E"

11. Direito do Trabalho

Hermes Cramacon e Luiz Carlos Fabre*

1. PRINCÍPIOS E FONTES DO DIREITO DO TRABALHO

(Técnico – TRT/16ª – 2015 – FCC) A Consolidação das Leis do Trabalho e a Constituição Federal são fontes

(A) autônomas.
(B) heterônimas.
(C) heterônima e autônoma, respectivamente.
(D) autônoma e heterônima, respectivamente.
(E) extraestatais.

A: opção incorreta, pois as fontes autônomas são elaboradas pelas próprias partes destinatárias da norma, como por exemplo, a convenção coletiva de trabalho. **B**: opção correta, pois as fontes heterônomas têm como característica serem elaboradas com a participação do Estado, como por exemplos a CLT e a CF. **C**: opção incorreta, pois embora a CF seja considerada fonte heterônoma a CLT não é fonte autônoma. Veja comentários anteriores. **D**: opção incorreta, pois embora a CLT seja fonte heterônoma a CF não é fonte autônoma. Vide comentários anteriores. **E**: opção incorreta, pois fontes extraestatais são oriundas das próprias partes, como por exemplo, o regulamento de empresa.

Gabarito "B".

(Técnico – TRT/6ª – 2012 – FCC) O Regulamento da empresa "BOA" revogou vantagens deferidas a trabalhadores em Regulamento anterior. Neste caso, segundo a Súmula 51 do TST, "*as cláusulas regulamentares, que revoguem ou alterem vantagens deferidas anteriormente, só atingirão os trabalhadores admitidos após a revogação ou alteração do regulamento*". Em matéria de Direito do Trabalho, esta Súmula trata, especificamente, do Princípio da

(A) Razoabilidade.
(B) Indisponibilidade dos Direitos Trabalhistas.
(C) Imperatividade das Normas Trabalhistas.
(D) Dignidade da Pessoa Humana.
(E) Condição mais benéfica.

A: incorreta, o princípio da razoabilidade é sobreprincípio geral de direito. O direito é concebido como a razão escrita (*rule of reasonableness*), sendo-lhe condição implícita a vedação a excessos (parte-se do pressuposto de que o homem aja razoavelmente, com bom senso, e não arbitrariamente). Conquanto a rigor não se trate de um princípio específico do Direito do Trabalho, mas de um princípio que acompanha todo o Direito, o jurista uruguaio Américo Plá Rodriguez o arrola entre os princípios do Direito do Trabalho; **B:** incorreta, o princípio da indisponibilidade dos direitos trabalhistas é uma projeção do princípio da imperatividade e traduz-se na inviabilidade de poder o empregado despojar-se, por sua simples manifestação de vontade, das vantagens e proteções asseguradas pela ordem jurídica e pelo contrato de trabalho; **C:** incorreta, segundo o princípio da imperatividade, prevalece no Direito do Trabalho as normas jurídicas obrigatórias, avultando-se sobre as normas meramente dispositivas, suscetíveis de livre pactuação pelas partes. Destarte, como regra, as normas justrabalhistas são imperativas, não podendo ser afastadas pela simples manifestação de vontade das partes; **D:** incorreta, a dignidade da pessoa humana não é, propriamente, um princípio específico de Direito do Trabalho, mas um princípio fundamental da própria ordem jurídica (CF, art. 1º, IV). A noção de dignidade impregna todos os ordenamentos modernos e possui substrato filosófico em Kant: *trate sempre o ser humano como um fim, jamais como um meio*. A dignidade é um valor objetivo, decorrente da simples humanidade, razão pela qual até mesmo os incapazes devem ter sua dignidade tutelada, ainda que não possuam noção de que ela esteja sendo violada; **E:** correta, o princípio da proteção é o princípio matricial do Direito do Trabalho e decorre da tão só existência deste ramo jurídico: se existe um direito comum (direito civil) que tutela as relações intersubjetivas em geral e se existe um Direito do Trabalho, então a razão deste existir só pode ser a tutela diferenciada a um bem jurídico merecedor de especial proteção, no caso, o trabalhador. Plá Rodriguez aponta três subprincípios decorrentes do princípio da proteção: o princípio da norma mais favorável (havendo confronto entre duas normas na aplicação do Direito do Trabalho, o operador do direito deve aplicar a norma mais favorável ao trabalhador); princípio da condição mais benéfica (garantia de preservação, ao longo do contrato de trabalho, das condições de trabalho mais vantajosas ao empregado, sendo uma expressão do direito adquirido); e princípio do *in dubio pro operario* (trata-se de princípio inaplicável em matéria probatória, em relação a que prevalecem as regras do ônus da prova; todavia, em sede de direito material do trabalho, vem-se entendendo cabível a invocação de tal subprincípio para orientar o operador do direito quando uma mesma norma gerar múltiplas interpretações).

Gabarito "E".

(Técnico Judiciário – TRT/7ª – 2009 – FCC) Acerca dos princípios que informam o Direito do Trabalho, pode-se afirmar que:

(A) A irredutibilidade do salário é um princípio absoluto.
(B) É lícita a redução dos salários dos empregados da empresa, desde que disposta em Convenção ou Acordo Coletivo.
(C) O empregador pode, livremente, em qualquer hipótese, reduzir o salário do empregado.
(D) O empregador pode reduzir o salário do empregado, se este firmar por escrito sua concordância.
(E) O empregador pode reduzir o salário de seus empregados, desde que 75% deles concordem com tal redução, independentemente de negociação com a entidade sindical da categoria.

Art. 7º, VI, da CF.

Gabarito "B".

(Técnico Judiciário – TRT/8ª – 2010 – FCC) O Princípio que importa especificamente na garantia de preservação, ao longo do contrato, da cláusula contratual mais vantajosa ao trabalhador, que se reveste de caráter de direito adquirido, é o Princípio da

(A) Indisponibilidade dos Direitos Trabalhistas.
(B) Continuidade da Relação de Emprego.
(C) Intangibilidade Contratual Objetiva.
(D) Imperatividade das Normas Trabalhistas.
(E) Condição Mais Benéfica.

A: incorreta, pelo princípio da indisponibilidade, predomina, no Direito do Trabalho, normas cogentes, em relação às quais o trabalhador não detém a disponibilidade. Perceba-se que isto é mais que irrenunciabilidade, pois significa que não só é vedado ao trabalhador, em linha de princípio, renunciar a direitos trabalhistas (renúncia é ato de despojamento unilateral de direitos), como transacioná-los (transação é ato de despojamento bilateral de direitos, mediante concessões recíprocas), salvo em determinadas circunstâncias (por exemplo, tratando-se de ex-empregado transacionando perante o Juiz, o risco de coação da vontade do trabalhador, que é o mote do princípio da indisponibilidade, é mitigado); **B:** incorreta, o princípio da continuidade visa à sucessividade das relações de trabalho. Estas tendem a ser relações jurídicas de trato sucessivo, princípio este que beneficia o empregado diante do desemprego involuntário, favorece o equilíbrio financeiro-atuarial do sistema previdenciário e também estimula o empregador a investir na capacitação de empregados; **C:** incorreta, o princípio da intangibilidade contratual explica que o contrato não pode ser alterado em prejuízo ao trabalhador, salvo hipóteses excepcionalíssimas. Doutrinadores agregam ao princípio da intangibilidade contratual a expressão *objetiva*, a fim de enfatizar que, por outro lado, o contrato de trabalho pode ser alterado subjetivamente sem que isso altere o seu conteúdo (como é o caso das hipóteses de sucessão de empresas, previstas no art. 10 e 448 da CLT); **D:** incorreta, a imperatividade subsidia o princípio da indisponibilidade, já examinado, informando que as normas trabalhistas, em regra, são normas de ordem pública, imperativas, cogentes; **E:** correta, por definição, tratando-se de princípio inspirado na ideia de direito adquirido, por exemplo, art. 468 da CLT.

Gabarito "E".

* **Hermes Cramacon** atualizou todas as questões anteriores a 2013; **Hermes Cramacon** comentou todas as questões a partir de 2012; **Hermes Cramacon** e **Luiz Fabre** comentaram as questões anteriores a 2013.

(Técnico Judiciário – TRT/16ª – 2009 – FCC) Considere:

I. Lei ordinária.
II. Medida provisória.
III. sentenças normativas.
IV. Convenção Coletiva de Trabalho.
V. Acordo Coletivo de Trabalho.

São Fontes de origem estatal as indicadas APENAS em

(A) IV e V.
(B) I, II e V.
(C) I e II.
(D) I, II, IV e V.
(E) I, II e III.

I: correta, enunciação heterônoma pelo Poder Legislativo e Executivo; **II:** correta, enunciação heterônoma pelo Executivo; **III:** correta, enunciação heterônoma pelo Judiciário; **IV:** incorreta, enunciação autônoma entre sindicato patronal (ou da categoria econômica) e sindicato obreiro (ou da categoria profissional); **V:** incorreta, enunciação autônoma entre sindicato obreiro e empresa ou grupo de empresas.

Gabarito "E"

(Técnico Judiciário – TRT/9ª – 2007 – CESPE) Acerca dos princípios e fontes do Direito do Trabalho, julgue os itens que se seguem.

(1) Quando houver omissão nas disposições da legislação trabalhista, nos contratos individuais ou nas convenções e acordos coletivos de trabalho, o juiz do trabalho pode julgar por precedente jurisprudencial, analogia ou por equidade, inclusive adotando o Direito Comum como fonte subsidiária.
(2) Uma das premissas do Direito do Trabalho é a busca da norma legal ou contratual pela melhoria das condições sociais do trabalhador, sob pena de nulidade.

1: correta, art. 8º, parágrafo único da CLT; **2**: correta, trata-se do princípio da condição mais benéfica, decorrência do princípio protetor que inspira o direito do trabalho: se existe um direito comum para a regulação das relações intersubjetivas em geral, e se existe um direito específico do trabalho, então a razão de ser deste só pode ser a tutela diferenciada a um bem jurídico merecedor de proteção específica, pois do contrário bastaria que a relação trabalhista estivesse submetida ao direito comum.

Gabarito 1C, 2C.

(Analista – TRT/16ª – 2014 – FCC) No tocante as fontes do Direito do Trabalho considere:

I. As fontes formais traduzem a exteriorização dos fatos por meio da regra jurídica.
II. São fontes formais do Direito do Trabalho as portarias ministeriais e a Constituição Federal brasileira.
III. A sentença normativa e as leis são fontes materiais autônomas.

Está correto o que se afirma APENAS em

(A) I e II.
(B) I e III.
(C) II e III.
(D) III.
(E) II.

I: opção correta, pois as fontes formais correspondem à norma jurídica já constituída, já positivada. Em outras palavras, representam a exteriorização dessas normas, ou seja, é a norma materializada. II: opção correta, pois a Constituição Federal e as portarias ministeriais constituem verdadeiras fontes formais, assim como a CLT. III: opção incorreta, pois a sentença normativa e as leis constituem fontes formais heterônomas, que decorrem da atividade normativa do Estado. Caracterizam-se pela participação de um agente externo (Estado) na elaboração da norma jurídica.

Gabarito "A"

(Analista – TRT/6ª – 2012 – FCC) Com relação às Fontes do Direito do Trabalho, considere:

I. A Lei Ordinária que prevê disposições a respeito do 13º salário é uma fonte material autônoma.
II. As fontes heterônimas decorrem do exercício da autonomia privada, ou seja, sujeitos distintos do Estado possuem a faculdade de editar.
III. O contrato individual de emprego é uma fonte autônoma.
IV. A Convenção Coletiva de Trabalho é uma fonte autônoma.

Está correto o que se afirma APENAS em

(A) III e IV.
(B) I, II e III.
(C) I, II e IV.
(D) I e III.
(E) II e IV.

I: opção incorreta, pois as fontes materiais representam o momento pré-jurídico da norma, ou seja, a norma ainda não positivada. Representa a pressão exercida pelos trabalhadores contra o Estado buscando melhores condições de trabalho. As fontes materiais referem-se aos fatores sociais, econômicos, históricos, políticos e, ainda, filosóficos, que originam o direito, influenciando na criação da norma jurídica, como por exemplo, a greve. **II:** opção incorreta, pois as fontes formais heterônomas decorrem da atividade normativa do Estado. Caracterizam-se pela participação de um agente externo (Estado) na elaboração da norma jurídica. São exemplos: a Constituição Federal, a CLT. **III:** opção correta, pois as fontes formais autônomas se caracterizam por serem formadas com a participação imediata dos próprios destinatários da norma jurídica. Aqui, eles participam diretamente no processo de sua elaboração sem a interferência do agente externo (Estado), como ocorre com o contrato individual de trabalho. **IV:** opção correta, veja comentário anterior.

Gabarito "A"

(Analista – TRT/24ª – 2011 – FCC) Maria, estudante de direito, está discutindo com o seu colega de classe, Denis, a respeito das Fontes do Direito do Trabalho. Para sanar a discussão, indagaram ao professor da turma sobre as fontes autônomas e heterônomas. O professor respondeu que as Convenções Coletivas de Trabalho, as Sentenças Normativas e os Acordos Coletivos são fontes

(A) autônomas.
(B) heterônomas, autônomas e heterônomas, respectivamente.
(C) autônomas, autônomas e heterônomas, respectivamente.
(D) autônomas, heterônomas e autônomas, respectivamente.
(E) heterônomas.

Fontes significam origem, e, em seu sentido material, são os fatos que geram o surgimento de normas jurídicas (os atos do Congresso Nacional, os atos do Presidente da República, as negociações coletivas etc.). Já em sentido formal, as fontes do direito são os veículos introdutores de normas jurídicas (Constituição, leis, medidas provisórias, tratados internacionais, convenções coletivas de trabalho etc.). São chamados de fontes formais autônomas os veículos introdutores de normas jurídicas que são elaborados com a participação imediata dos próprios destinatários principais destas normas, sem a intervenção forte de um terceiro alheio Às relações subjetivas que se pretende regular (exemplo: Acordo Coletivo de Trabalho, Convenção Coletiva de Trabalho, Regulamento de Empresa etc.). Já nas fontes formais heterônomas, um terceiro intervém na formação da norma (exemplo: Constituição Federal, leis, tratados internacionais, decretos, sentença normativa).

Gabarito "D"

(Analista – TRT/11ª – 2012 – FCC) *O Juiz do Trabalho pode privilegiar a situação de fato que ocorre na prática, devidamente comprovada, em detrimento dos documentos ou do rótulo conferido à relação de direito material.* Tal assertiva, no Direito do Trabalho, refere-se ao princípio da

(A) irrenunciabilidade.
(B) intangibilidade salarial.
(C) continuidade.
(D) primazia da realidade.
(E) proteção.

A: opção incorreta, pois o princípio da irrenunciabilidade ensina que as normas trabalhistas, em geral, possuem caráter imperioso ou cogente, na medida em que são normas de ordem pública e, por sua vez, não podem ser modificadas pelo empregador. **B:** opção incorreta, pois o princípio da intangibilidade salarial, estampado no art. 462 da CLT, determina a proibição ao empregador de efetuar descontos no salário do empregado. **C:** opção incorreta, pois o princípio da continuidade tem por objetivo preservar o contrato de trabalho, presumindo a contratação por prazo indeterminado, sendo a exceção o contrato com prazo determinado. **D:** opção correta, pois a assertiva bem explica o princípio da primazia da realidade. **E:** opção incorreta, pois o princípio da proteção tem por escopo atribuir uma proteção maior ao empregado, parte hipossuficiente da relação jurídica laboral. Em outras palavras, visa a atenuar a desigualdade existente entre as partes do contrato de trabalho.

Gabarito "D"

(Analista – TRT/20ª – 2011 – FCC) Com relação a renúncia em matéria trabalhista, é correto afirmar:

(A) A renúncia a direitos futuros é, em regra, inadmissível, sendo proibido pelo TST, inclusive, a pré-contratação de horas extras pelos bancários quando da sua admissão.
(B) Havendo a coexistência de dois regulamentos da empresa, a opção do empregado por um deles não tem efeito jurídico de renúncia às regras do sistema do outro.
(C) O direito ao aviso-prévio é renunciável pelo empregado, sendo que o pedido de dispensa de cumprimento sempre exime o empregador de pagar o respectivo valor.
(D) Trata-se de uma relação jurídica em que as partes fazem concessões recíprocas, nascendo daí o direito de ação.
(E) No curso do contrato trabalhista a renúncia é inadmissível em qualquer hipótese, obedecendo-se ao princípio da proteção, bem como a relação de hipossuficiência existente.

A: correto, por definição (v. súmula 199 do TST); **B:** incorreto. Havendo a coexistência de dois regulamentos da empresa, a opção do empregado por um deles tem efeito jurídico de renúncia às regras do sistema do outro (súmula 51, II, do TST); **C:** O direito ao aviso-prévio é irrenunciável pelo empregado. O pedido de dispensa de cumprimento não exime o empregador de pagar o valor respectivo, salvo comprovação de haver o prestador dos serviços obtido novo emprego (súmula 276 do TST); **D:** incorreto. As concessões recíprocas caracterizam a transação, diferentemente da renúncia, que é caracterizada por um ato unilateral de despojamento de um direito; **E:** incorreto. Como regra, a renúncia é inadmissível no curso do contrato, forte no princípio da proteção, mas há exceções, como se dá no caso em que o trabalhador dá azo à prescrição de pretensões (assim renunciando a direitos no curso do contrato), ou no caso do antigo empregado decenário estável que exerce sua opção retroativa pelo FGTS (assim renunciando à estabilidade decenária), ou no caso do dirigente sindical que solicita ou aceita transferência de serviço para localidade distante da base territorial do sindicato que dirige (assim renunciando à garantia no emprego decorrente do exercício de cargo de direção sindical).

Gabarito "A".

(Analista – TRT/20ª – 2011 – FCC) O princípio que possui como propósito tentar corrigir desigualdades, criando uma superioridade jurídica em favor do empregado diante da sua condição de hipossuficiente é especificamente o princípio da

(A) dignidade da pessoa humana.
(B) condição mais benéfica.
(C) primazia da realidade.
(D) proteção.
(E) boa-fé.

A: o princípio da dignidade da pessoa humana, previsto no art. 1º, III, da CF como princípio fundante de nossa ordem jurídica, informa a noção kantiana de que o homem, em razão de sua tão só humanidade, deve sempre ser visto como um fim, jamais como um meio, sendo certo que algumas coisas possuem preço, enquanto que outras possuem dignidade. Com isso, Kant formula a noção de que a dignidade é um valor que decorre da simples circunstância de um indivíduo ser um ser humano, provido de razão, sendo tal dignidade objetiva (ou seja, mesmo um incapaz tem dignidade), inalienável (a dignidade não pode ser vendida) e indisponível (o indivíduo não pode abrir mão de sua dignidade); **B:** o princípio da condição mais benéfica, de certa forma inspirado pela teoria do direito adquirido, informa que, sendo o contrato de trabalho um contrato de trato sucessivo, que se prolonga no tempo, e sendo, portanto, possível que diversas condições de trabalho se sucedam ao longo do tempo, o trabalhador fará jus, como regra, à subsistência das normas que lhe forem mais favoráveis. É assim, por exemplo, que se um empregado é beneficiário de um determinado regulamento de empresa, havendo a edição de um novo regulamento de empresa no curso de seu contrato de trabalho, as novas regras não se lhe aplicarão, salvo se, sendo mais favoráveis, o empregado optar pelo novo regulamento (ver súmula 51 do TST); **C:** o princípio em questão, também chamado de princípio do contrato-realidade, esclarece que, no Direito do Trabalho, a essência do ato é mais importante que sua forma. Assim, por exemplo, se determinado trabalhador assina um contrato de prestação de serviços autônomos ao ser contratado, este contrato será irrelevante se a dinâmica da relação de trabalho revelar que, na verdade, a relação em questão é de emprego, e não de trabalho autônomo, caso presentes os elementos jurídicos caracterizadores do vínculo empregatício; **D:** correto, por definição. O princípio protetivo, tuitivo ou tutelar, é uma construção doutrinária e jurisprudencial que parte do pressuposto lógico de que se existe um direito comum para regular as relações intersubjetivas em geral, e se existe um direito do trabalho, então a razão deste existir só pode repousar na tutela diferenciada a um bem jurídico merecedor de especial proteção jurídica, o que, no âmbito da relação trabalhista concerne à figura do empregado, seu polo hipossuficiente. Se não fosse tal princípio protetor, a tutela jurídica da relação de trabalho se satisfaria com o direito dito comum. **E:** o princípio da boa-fé diz com os melhores esforços que tanto o empregado quanto o empregador devem empenhar na execução do contrato.

Gabarito "D".

(Analista – TRT/24ª – 2011 – FCC) O princípio que faz prevalecer a restrição à autonomia da vontade no contrato trabalhista, em contraponto à diretriz civil de soberania das partes no ajuste das condições contratuais, é, especificamente, o princípio

(A) da condição mais benéfica.
(B) da imperatividade das normas trabalhistas.
(C) da primazia da realidade sobre a forma.
(D) da continuidade da relação de emprego.
(E) do *in dubio pro operatio*.

A: incorreto. O princípio da condição mais benéfica, de certa forma inspirado pela teoria do direito adquirido, informa que, sendo o contrato de trabalho um contrato de trato sucessivo, que se prolonga no tempo, e sendo, portanto, possível que diversas condições de trabalho se sucedam ao longo do tempo, o trabalhador fará jus, como regra, à subsistência das normas que lhe forem mais favoráveis. É assim, por exemplo, que se um empregado é beneficiário de um determinado regulamento de empresa, havendo a edição de um novo regulamento de empresa no curso de seu contrato de trabalho, as novas regras não se lhe aplicarão, salvo se, sendo mais favoráveis, o empregado optar pelo novo regulamento (ver súmula 51 do TST); **B:** correto, por definição; **C:** também chamado de princípio do contrato-realidade, tal princípio esclarece que, no Direito do Trabalho, a essência do ato é mais importante que sua forma. Assim, por exemplo, se determinado trabalhador presta serviços a uma empresa na qualidade de cooperado (membro de uma cooperativa), esta nomenclatura que lhe é dada será irrelevante se a dinâmica da relação de trabalho revelar que, na verdade, a relação em questão é de emprego, e não de trabalho cooperado, caso presentes os elementos jurídicos caracterizadores do vínculo empregatício; **D:** este princípio esclarece que a continuidade da relação de trabalho deve ser protegida (por meio de institutos como a estabilidade, a garantia no emprego, a proteção contra a despedida arbitrária etc.), de sorte que os contratos de trabalho presumem-se a prazo indeterminado, ao passo que contratos a prazo determinado constituem exceções; **E:** o princípio do *in dubio pro operario* possui um sentido material e um sentido processual: no sentido material, diz com a tendência de se interpretar da forma que for a mais favorável ao empregado quando uma situação ou uma norma ensejar diversas interpretações. Já em sentido processual, significaria que havendo dúvidas no contexto probatório, a questão seria decidida a favor do trabalhador. Tal princípio não é aceito em seu aspecto processual, prevalecendo, neste caso, a teoria do ônus da prova, pelo qual à quem alega cumpre comprovar suas alegações, e a quem se defende cumpre demonstrar os fatos modificativos ou extintivos do direito alegado pelo autor.

Gabarito "B".

(Analista – TRT/9ª – 2007 – CESPE) O Direito do Trabalho tem princípios próprios, resultantes da especificidade do trabalho humano e da evolução socioeconômica, na busca de maior dignidade para o trabalhador e para o resultado da mão de obra empregada. Com relação a esse assunto, julgue os itens seguintes.

(1) O princípio do protecionismo e o princípio da primazia da realidade são inerentes ao Direito do Trabalho.
(2) Vigora, no Direito do Trabalho, o princípio do ato jurídico perfeito para preservar o contrato firmado entre o trabalhador e o empregador, não resultando força normativa de alteração posterior do contrato, que é, assim, mantido incólume.

1: correto, o princípio da proteção permeia todo o direito do trabalho: entende-se que, na medida em que existe um direito comum e na medida em que existe um direito específico do trabalho, então a razão de ser deste é a tutela diferenciada a um bem merecedor de especial proteção jurídica, no caso, o trabalhador em sua presumida hipossuficiência (pois, não fosse tal razão, o direito civil seria suficiente para reger suas relações); já o princípio da primazia da realidade ou do contrato-realidade vem positivado pelo art. 9º da CLT, impondo a prevalência da substância dos atos trabalhistas sobre a forma; **2:** incorreto, inexiste tal princípio no direito do trabalho, embora a doutrina reconheça a vigência do princípio da inalterabilidade contratual lesiva, em virtude do qual o *ius variandi* do empregador deverá observar certos limites (arts. 468 e ss. da CLT, por exemplo).

Gabarito 1C, 2E

(Analista – TRT/21ª – 2010 – CESPE) Acerca dos princípios que regem o direito do trabalho, julgue o próximo item.

(1) Os contratos por prazo determinado, bem como o contrato de trabalho temporário, são exceções ao princípio da continuidade da relação de emprego.

1: correto, por definição. O princípio da continuidade visa à preservação do emprego e tem o objetivo de dar segurança econômica ao trabalhador e a atraí-lo para o organismo empresarial, daí a tendencial resistência do Direito do Trabalho à despedida arbitrária (art. 7º, I, da CF) e a manter incólume o pacto laboral nas hipóteses de sucessão, suspensão e interrupção do contrato, bem como em face de certas nulidades decorrentes do descumprimento de algumas formalidades legais (v. súmula 212 do TST). É neste sentido que contratos por prazo determinado e contratos de trabalho temporário são exceções à regra da indeterminação de prazo, sendo efeito da pactuação indevida de tais modalidades de contrato de emprego (fora das hipóteses legais ou além dos limites temporais concebidos pela lei) a sua convolação em contrato a prazo indeterminado.

Gabarito "1C".

2. CONTRATO DE TRABALHO

(Técnico – TRT/19ª – 2015 – FCC) Contrato de experiência celebrado por 29 dias, que foi prorrogado por mais 29 dias,

(A) pode ser prorrogado por até mais 32 dias, para completar 90 dias.
(B) pode ser prorrogado por mais 31 dias, para completar 3 meses.
(C) é nulo, pois o sistema legal não ampara a prorrogação do contrato de experiência.
(D) não pode mais ser prorrogado.
(E) pode ser prorrogado, desde que não ultrapasse o limite máximo de duração de dois anos.

A: opção incorreta, pois como já houve uma prorrogação do contrato, embora não tenha alcançado o prazo máximo de 90 dias, não poderá haver a segunda prorrogação, sob pena do contrato ser considerado como de prazo indeterminado. Veja arts. 445, parágrafo único e 451 da CLT. **B**: opção incorreta, pois como vimos no comentário anterior não poderá ser prorrogado mais de uma vez. Ademais, não poderá ser superior a 90 dias e não 3 meses. **C**: opção incorreta, pois o contrato de experiência poderá ser prorrogado desde que seja uma única vez e não ultrapasse o período máximo de 90 dias. **D**: opção correta, pois nos termos dos arts. 445, parágrafo único 451 da CLT esse tipo de contrato só admite uma única prorrogação. **E**: opção incorreta, pois nos termos do art. 445, parágrafo único, da CLT não poderá ser superior a 90 dias.

Gabarito "D"

(Técnico – TRT/19ª – 2015 – FCC) O contrato de trabalho pode ser celebrado

(A) apenas por escrito e expressamente.
(B) apenas por escrito e verbalmente.
(C) expressamente, de forma escrita ou verbal, ou tacitamente.
(D) apenas com a assistência do sindicato da categoria profissional.
(E) por escrito e deve ser registrado no órgão competente.

A: opção incorreta, pois nos termos do arts. 442 e 443 da CLT o contrato de trabalho além de escrito e expresso, pode ser tácito e verbal. **B**: opção incorreta, pois além de poder ser celebrado por escrito e verbalmente, poderá ser celebrado expresso e tacitamente, art. 443 da CLT. **C**: opção correta, pois reflete o disposto no art. 443 da CLT que ensina que o contrato individual de trabalho poderá ser acordado tácita ou expressamente, verbalmente ou por escrito e por prazo determinado ou indeterminado. **D**: opção incorreta, pois não há necessidade da assistência do sindicato da categoria profissional para celebração do contrato. **E**: opção incorreta, pois para celebração do contrato de trabalho não se exige registro no órgão competente. Veja arts. 442 e 443 da CLT.

Gabarito "C"

(Técnico – TRT/3ª – 2015 – FCC) De acordo com a Constituição Federal de 1988, dentre os direitos sociais assegurados ao trabalhador, NÃO está a

(A) introdução do terço constitucional sobre as férias.
(B) proteção em face de automação, na forma da lei.
(C) criação dos turnos ininterruptos de revezamento com jornada especial de 6 horas diárias.
(D) criação de licença paternidade, de cinco dias.
(E) irredutibilidade do salário, independentemente de disposição em convenção ou acordo coletivo, salvo em caso de força maior ou prejuízos devidamente comprovados.

A: opção incorreta, pois o pagamento das férias acrescido do terço constitucional está previsto no art. 7º, XVII, da CF. **B**: opção incorreta, pois a proteção em face da automação está disposta no art. 7º, XXVII, da CF. **C**: opção incorreta, pois a criação dos turnos ininterruptos de revezamento com jornada especial de 6 horas diárias está previsto no art. 7º, XIV, da CF. **D**: opção incorreta, pois a licença paternidade de 5 dias está prevista no art. 7º, XIX, da CF e 10, § 1º, do ADCT. **E**: opção correta, pois nos termos do art. 7º, VI, da CF o salário é irredutível, salvo disposto em acordo ou convenção coletiva de trabalho.

Gabarito "E"

(Técnico – TRT/3ª – 2015 – FCC) Maria da Glória foi dispensada por justa causa por não atender aos ditames inseridos no regulamento da empresa em que trabalhava, devidamente depositado no Ministério do Trabalho, que limitava o uso do banheiro em, no máximo, cinco minutos, no período da manhã e no período da tarde. A mesma já tinha sido advertida por escrito duas vezes anteriormente pela falta cometida. No caso exposto,

(A) está correto o uso do poder de direção do empregador, porque o regulamento de empresa estava devidamente depositado no Ministério do Trabalho, produzindo efeitos jurídicos nos contratos de trabalho.
(B) está correto o uso do direito de controle do empregador, uma vez que ao assumir os riscos do empreendimento, pode exigir ao máximo a prestação dos serviços de seus colaboradores dentro do horário de serviço.
(C) há abuso do poder de direção do empregador, uma vez que inserir no regulamento de empresa tal proibição fere o direito à dignidade da trabalhadora.
(D) há abuso do poder de direção do empregador, uma vez que a limitação ao uso do banheiro deveria ter sido estipulada na contratação da colaboradora, em suas cláusulas do contrato individual de trabalho, e não em regulamento interno.
(E) é errônea a forma de rescisão do contrato de trabalho, pois a dispensa por justa causa somente ocorre após a aplicação de três advertências e não duas, como no caso.

"C" é a opção correta. O simples depósito do regulamento da empresa no Ministério do Trabalho e Emprego não confere por si só, validade à norma, pois ela deve respeitar as normas inerentes ao trabalho, inclusive os princípios constitucionais, dentre eles o da dignidade da pessoa humana, art. 1º, CF. Ademais, ensina o art. 444 da CLT que as relações contratuais de trabalho podem ser objeto de livre estipulação das partes interessadas em tudo quanto não contravenha às disposições de proteção ao trabalho, aos contratos coletivos que lhes sejam aplicáveis e às decisões das autoridades competentes.

Gabarito "C"

(Técnico Judiciário – TRT9 – 2012 – FCC) Considera-se empregado toda pessoa física que prestar serviços a empregador com as características de

(A) pessoalidade, continuidade, exclusividade e subordinação.
(B) pessoalidade, continuidade, onerosidade e subordinação.
(C) pessoalidade, continuidade, confidencialidade e subordinação.
(D) pessoalidade, continuidade, onerosidade e independência jurídica.
(E) impessoalidade, continuidade, onerosidade e independência jurídica.

A: errada, pois a exclusividade não é requisito da relação de emprego. **B**: correta, pois aponta os requisitos da relação de emprego, que estão dispostos nos arts. 2º e 3º da CLT. **C**: incorreta, pois a confidencialidade não é um requisito da relação de emprego. **D**: incorreta, pois a independência jurídica não é requisito da relação de emprego. A independência jurídica indica autonomia, o que afasta a configuração da relação de emprego. **E**: incorreta, pois para que se caracterize a relação de emprego é necessário que os serviços prestados sejam pessoais. Ademais, a independência jurídica não é um requisito da relação de emprego, como tratado acima.

Gabarito "B"

(Técnico Judiciário – TRT/3ª – 2005 – FCC) É empregado a pessoa física

(A) que presta serviços gratuitos, de natureza não eventual e sem subordinação.
(B) que presta serviços de natureza não eventual, com subordinação e mediante salário.
(C) que presta serviços de natureza eventual, sem subordinação e mediante remuneração.
(D) ou jurídica que presta serviços mediante remuneração.
(E) ou jurídica que presta serviços de natureza não eventual, com subordinação e mediante salário.

Art. 3º da CLT.

Gabarito "B"

(Técnico Judiciário – TRT/3ª – 2005 – FCC) Para os efeitos da relação de emprego, o advogado que contrata uma secretária é

(A) profissional liberal autônomo.
(B) empresário.
(C) empreiteiro.
(D) empregador.
(E) empresa constituída em firma individual.

Art. 2º, § 1º, da CLT.

Gabarito "D"

(Técnico Judiciário – TRT/4ª – 2006 – FCC) Empresa com personalidade jurídica própria que está sob a administração de outra constitui, para a legislação trabalhista,

(A) grupo econômico.
(B) empresa pública.
(C) empresa de economia mista.
(D) cooperativa de trabalho.
(E) terceirização de serviços.

Art. 2º, § 2º, da CLT.

Gabarito "A"

(Técnico Judiciário – TRT/4ª – 2006 – FCC) Estão excluídos da proteção legal da Consolidação das Leis do Trabalho:

(A) os empregados em serviços assistenciais.
(B) os militares.
(C) os professores.
(D) os bancários.
(E) os trabalhadores em domicílio.

Art. 7º, *c*, da CLT.

Gabarito "B".

(Técnico Judiciário – TRT/7ª – 2009 – FCC) Jair trabalha como estivador no Porto de Santos; Patrícia foi contratada para trabalhar em uma loja de shopping na época do Natal, pois nessa época há excesso extraordinário de serviços; e Ana presta serviços de natureza contínua e de finalidade não lucrativa na residência de Lúcia. É correto afirmar que Jair é

(A) trabalhador avulso, Patrícia é empregada avulsa e Ana é trabalhadora temporária.
(B) trabalhador temporário, Patrícia é trabalhadora avulsa e Ana é empregada doméstica.
(C) empregado doméstico, Patrícia é trabalhadora avulsa e Ana é trabalhadora temporária.
(D) trabalhador avulso, Patrícia é trabalhadora temporária e Ana é empregada doméstica.
(E) empregado temporário, Patrícia é trabalhadora temporária e Ana é trabalhadora doméstica.

Lei 12.815/2013, art. 40, Lei 6.019/74, art. 2º; CLT, art. 7º, *a* e LC 150, art. 1º.

Gabarito "D".

(Técnico Judiciário – TRT/8ª – 2010 – FCC) Em determinada cidade funciona a Associação Recreativa Águas Marinhas; o Asilo Sol Nascente; a creche Maria da Penha e a casa de repouso Vida e Saúde. Considerando que todas as instituições não possuem fins lucrativos, de acordo com a Consolidação das Leis do Trabalho, equiparam-se ao empregador para os efeitos exclusivos da relação de emprego a

(A) Associação Recreativa Águas Marinhas; o Asilo Sol Nascente; a creche Maria da Penha e a casa de repouso Vida e Saúde.
(B) Associação Recreativa Águas Marinhas e a casa de repouso Vida e Saúde, apenas.
(C) Associação Recreativa Águas Marinhas, apenas.
(D) Asilo Sol Nascente; a creche Maria da Penha e a casa de repouso Vida e Saúde, apenas.
(E) Associação Recreativa Águas Marinhas e a creche Maria da Penha, apenas.

Art. 2º, § 1º, da CLT.

Gabarito "A".

(Técnico Judiciário – TRT/8ª – 2010 – FCC) Considerando que ocorreu a fusão da empresa A com a empresa B formando-se a empresa AB e que a empresa C foi adquirida pela empresa D, os empregados

(A) apenas da empresa D preservam com os novos empregadores os antigos contratos de trabalho, com todos os seus efeitos passados, presentes e futuros.
(B) apenas da empresa AB preservam com os novos empregadores os antigos contratos de trabalho, com todos os seus efeitos passados, presentes e futuros.
(C) da empresa AB e da empresa D preservam com os novos empregadores os antigos contratos de trabalho, com todos os seus efeitos passados, presentes e futuros.
(D) da empresa AB e da empresa D não preservam com os novos empregadores os antigos contratos de trabalho, devendo ser elaborado obrigatoriamente novos contratos, dispensada a experiência.
(E) apenas da empresa D preservam com os novos empregadores os antigos contratos de trabalho, exclusivamente para efeitos presentes e futuros.

Arts. 10 e 448 da CLT.

Gabarito "C".

(Técnico – TRT/11ª – 2012 – FCC) São requisitos legais da relação de emprego e do contrato de trabalho:

(A) pessoalidade do empregado; subordinação jurídica do empregado; exclusividade na prestação dos serviços.
(B) exclusividade na prestação dos serviços; eventualidade do trabalho; pessoalidade do empregador.
(C) eventualidade do trabalho; alteridade; onerosidade.
(D) onerosidade; não eventualidade do trabalho; pessoalidade do empregado.
(E) alteridade; habitualidade; impessoalidade do empregado.

Arts. 2º e 3º da CLT.

Gabarito "D".

(Técnico Judiciário – TRT/14ª – 2011 – FCC) Classifica-se o contrato de trabalho em comum e especial quanto

(A) à duração.
(B) à regulamentação.
(C) à qualidade do trabalho.
(D) à forma de celebração.
(E) ao consentimento.

A: incorreta, quanto à duração, o contrato é classificado em *a prazo indeterminado* ou *a prazo* determinado; **B:** correta, enfim, quanto à regulamentação, pode se tratar de um contrato comum de trabalho, regido pelas regras comuns do direito do trabalho, ou em contrato especial de trabalho, regido por normas específicas (ex: aeronautas, atletas, artistas, professores, bancários, aprendizes, menores etc.); **C:** incorreta, quanto à qualidade, pode ser manual ou intelectual; **D:** incorreta, quanto à forma, pode ser verbal ou escrito; **E:** incorreta, quanto ao consentimento, pode ser expresso ou tácito.

Gabarito "B".

(Técnico Judiciário – TRT/16ª – 2009 – FCC) Mário é analista de sistemas e labora com habitualidade para duas empresas. Em ambas as empresas possui dia e horário de trabalho pré-estipulado, recebe salário, bem como recebe ordens de superiores hierárquicos, porém labora apenas duas horas por dia na empresa Y. Considerando que Mário não possui dependência econômica com a empresa Y, uma vez que seu salário representa 10% de seus rendimentos, mas possui dependência econômica com a empresa X em que seu salário representa 90% de seus rendimentos, é certo que Mário

(A) poderia ser considerado empregado de ambas as empresas desde que seu salário na empresa Y representasse mais de 50% de seus rendimentos.
(B) pode ser considerado empregado de ambas as empresas tendo em vista que a dependência econômica não é requisito específico do contrato de emprego.
(C) não pode ser considerado empregado da empresa Y, uma vez que se considera empregado toda pessoa física que prestar serviços de natureza não eventual a empregador, sob a dependência deste.
(D) poderia ser considerado empregado de ambas as empresas desde que laborasse mais que cinco horas de trabalho na empresa Y.
(E) só pode ser considerado empregado de uma das empresas, tendo em vista que há expressa proibição legal de pessoa física possuir dois contratos de trabalho.

A dependência econômica não se confunde com a subordinação, esta sim (que se refere à forma como a atividade é desempenhada) é requisito para o vínculo empregatício, conforme arts. 2º e 3º da CLT.

Gabarito "B".

(Técnico Judiciário – TRT/18ª – 2008 – FCC) Os "turmeiros" ou "gatos" que agenciam o trabalho do "boia-fria"

(A) não estabelecem com ele vínculo empregatício, não sendo equiparados a empregador.
(B) estabelecem com ele vínculo empregatício em razão da subordinação jurídica existente.
(C) estabelecem com ele vínculo empregatício em razão da subordinação econômica existente.

DIREITO DO TRABALHO

(D) estabelecem com ele vínculo empregatício, sendo equiparados a empregador na forma da Consolidação das Leis do Trabalho.
(E) estabelecem com ele vínculo empregatício uma vez que suportam o risco do negócio em razão da capacidade econômico-financeira existente.

Os turmeiros ou gatos são meros intermediários entre o empregador rural e o trabalhador, agindo como prepostos, sendo inadmissível a invocação do art. 4º da Lei 5.889/1973 para equipará-los ao empregador rural.

Gabarito "A"

(Técnico Judiciário – TRT/18ª – 2008 – FCC) A empresa SOL necessita contratar empregado para a execução de serviço específico, ou seja, técnico especializado na implantação de equipamento altamente sofisticado. Nesse caso, a empresa

(A) poderá elaborar um contrato individual de trabalho com prazo determinado, desde que pelo prazo máximo de dois anos, sendo vedada qualquer prorrogação contratual dentro deste período.
(B) poderá elaborar um contrato individual de trabalho com prazo determinado, desde que pelo prazo máximo de um ano, permitida uma única prorrogação contratual dentro deste período.
(C) poderá elaborar um contrato individual de trabalho com prazo determinado, desde que pelo prazo máximo de dois anos, permitida uma única prorrogação contratual dentro deste período.
(D) poderá elaborar um contrato individual de trabalho com prazo determinado, desde que pelo prazo máximo de um ano, permitida no máximo duas prorrogações contratuais dentro deste período.
(E) não poderá elaborar um contrato individual de trabalho com prazo determinado por expressa vedação legal, caracterizando típica contratação de empregado por prazo indeterminado.

Art. 443, § 1º e 2º, *"a"*, c/c arts. 445 e 451 da CLT.

Gabarito "C"

(Técnico Judiciário – TRT/20ª – 2011 – FCC) Os contratos de trabalho se classificam quanto ao consentimento em

(A) comuns ou especiais.
(B) escritos ou verbais.
(C) expressos ou tácitos.
(D) técnico ou intelectual.
(E) determinado ou indeterminado.

A: incorreta, classificação segundo a circunstância do contrato ser regido ou não por legislação específica para determinado tipo de função; **B:** incorreta, classificação conforme a forma; **C:** correta, por definição; **D:** incorreta, classificação conforme o modo, tipo ou qualidade de trabalho; **E:** incorreta, classificação segundo a duração do contrato.

Gabarito "C"

(Técnico Judiciário – TRT/23ª – 2007 – FCC) Considere as assertivas a respeito de empregado e empregador.

I. Empregado é toda pessoa física ou jurídica que prestar serviços de natureza não eventual a empregador, sob a dependência deste e mediante salário.
II. Não haverá distinções relativas à espécie de emprego e à condição de trabalhador, nem entre o trabalho intelectual, técnico e manual.
III. Equiparam-se ao empregador para efeitos exclusivos da relação de emprego, os profissionais liberais, as instituições de beneficência e as associações recreativas.
IV. Considera-se empregador a empresa, individual ou coletiva, que assumindo os riscos da atividade econômica, admite, assalaria e dirige a prestação pessoal de serviços.

De acordo com a Consolidação das Leis do Trabalho, está correto o que se afirma APENAS em

(A) I, II e III.
(B) I e III.
(C) I e IV.
(D) II, III e IV.
(E) II e IV.

I: incorreta, art. 3º da CLT (pessoalidade física como requisito para a caracterização da figura do empregado); **II:** correta, art. 3º, parágrafo único, da CLT; **III:** correta, art. 2º, § 1º, da CLT; **IV:** correta, art. 2º, *caput*, da CLT.

Gabarito "D"

(Técnico Judiciário – TRT/23ª – 2007 – FCC) Maria celebrou contrato de trabalho por prazo determinado com a empresa X uma vez que a natureza do serviço justificava a predeterminação do prazo e João celebrou contrato de experiência com a empresa Y. Neste caso, o contrato de trabalho de Maria

(A) e de João não poderão ser estipulados por mais de 90 dias.
(B) não poderá ser estipulado por mais de 1 ano e o de João por mais de 90 dias.
(C) não poderá ser estipulado por mais de 2 anos e o de João por mais de 60 dias.
(D) não poderá ser estipulado por mais de 2 anos e o de João por mais de 90 dias.
(E) e de João não poderão ser estipulados por mais de 1 ano.

Art. 445 da CLT.

Gabarito "D"

(Técnico Judiciário – TRT/24ª – 2011 – FCC) Para a configuração da relação de emprego

(A) é necessária a existência de prestação de trabalho intelectual, técnico ou manual, de natureza não eventual, por pessoa física, jurídica ou grupo de empresas, sem alteridade e com subordinação jurídica.
(B) não é necessário o recebimento de salário, uma vez que há relação de emprego configurada mediante trabalho voluntário.
(C) é necessária a existência de prestação de contas, requisito inerente à subordinação existente.
(D) é preciso que o empregado seja uma pessoa física ou jurídica que preste serviços com habitualidade, onerosidade, subordinação e pessoalidade.
(E) não é necessária a exclusividade da prestação de serviços pelo empregado.

Arts. 2º e 3º da CLT.

Gabarito "E"

(Técnico Judiciário – TRT/24ª – 2006 – FCC) Considera-se empregado toda pessoa física

(A) que prestar serviços de natureza não eventual a empregador, sob a dependência deste e mediante salário.
(B) ou jurídica que prestar serviços de natureza não eventual a empregador, sob a dependência deste e mediante salário.
(C) que prestar serviços de natureza eventual a empregador, sob a dependência deste e mediante salário.
(D) ou jurídica que prestar serviços de natureza eventual a empregador, sob a dependência deste e mediante salário.
(E) que prestar serviços de natureza eventual ou não eventual a empregador, sob a dependência deste e mediante salário.

Art. 3º da CLT.

Gabarito "A"

(Técnico Judiciário – TRT/24ª – 2006 – FCC) Considere as seguintes assertivas a respeito de empregador, de acordo com o Decreto-Lei 5.452/1943:

I. As instituições de beneficência bem como os profissionais liberais, que admitirem trabalhadores como empregados, equiparam-se ao empregador para os efeitos exclusivos da relação de emprego.
II. Considera-se empregador a empresa individual que, não assumindo os riscos da atividade econômica, admite, assalaria e dirige pessoalmente a prestação de serviço ou delega a direção.
III. Sempre que uma ou mais empresas, embora tendo, cada uma delas, personalidade jurídica própria, estiverem sob a direção de outra, constituindo grupo industrial serão, para os efeitos da relação de emprego, solidariamente responsáveis a empresa principal e cada uma das subordinadas.

Está correto o que se afirma APENAS em

(A) I e II.
(B) I e III.

(C) II.
(D) II e III.
(E) III.

I: correta, art. 2º, § 1º, da CLT; **II:** incorreta, art. 2º, *caput*, da CLT (a assunção de risco é inerente à figura do empregador, consubstanciando-se no chamado princípio da alteridade); **III:** correta, art. 2º, § 2º, da CLT.

Gabarito "B".

(Técnico Judiciário – TRT/1ª – 2008 – CESPE) Artur desenvolveu atividade de pedreiro em obra residencial ao longo de três meses ininterruptos, segundo avençado pelas partes e mediante paga, sem, contudo, ter sido feito registro em sua CTPS. De acordo com a CLT e os princípios do direito do trabalho, na situação descrita,

(A) houve vínculo laboral e, portanto, Artur faz jus ao registro do pacto em sua CTPS e às verbas não pagas.
(B) o labor desenvolvido por Artur equipara-se ao do trabalhador doméstico.
(C) houve uma relação de trabalho.
(D) houve contrato de trabalho de experiência, visto que o período de execução do trabalho não ultrapassou o limite de noventa dias.
(E) qualquer questionamento judicial acerca do pacto deverá, segundo emenda constitucional, ser realizado na esfera cível, dado que não houve registro na CTPS.

O enunciado não traz informações suficientes que permitam o enquadramento da relação de trabalho na *fattispecie* relação de emprego, pois não evidencia se o trabalho foi prestado com subordinação (contrato de emprego) ou não (contrato de empreitada, contrato de prestação de serviços autônomos etc.).

Gabarito "C".

(Técnico Judiciário – TRT/5ª – 2008 – CESPE) Acerca da relação de trabalho e de emprego, julgue o item que se segue.

(1) Não é possível a realização de um contrato de trabalho de apontador de jogo do bicho, em face do objeto ilícito da atividade.

1: correta, trata-se de hipótese de contrato nulo, na medida que é requisito da configuração do contrato de trabalho, bem como dos contratos em geral, a licitude de seu objeto. OJ 199 SDI 1 do TST.

Gabarito 1C

(Técnico Judiciário – TRT/9ª – 2007 – CESPE) Acerca da relação de emprego, julgue os itens subsequentes.

(1) Considera-se empregador a empresa, individual ou coletiva, que, assumindo os riscos da atividade econômica, admite, assalaria e dirige a prestação pessoal do serviço.
(2) Considera-se empregado toda pessoa física que prestar serviços de natureza não eventual a empregador, sob subordinação e mediante salário.

1: correta, art. 2º, *caput*, da CLT; **2:** correta, art. 3º, *caput*, da CLT.

Gabarito 1C, 2C.

(Analista – TRT/3ª – 2015 – FCC) Maria, durante três anos, prestou serviços ao Clube de Mães Madalena Arraes, que é uma entidade sem fins lucrativos instituída para desenvolver atividades culturais e filantrópicas com a comunidade carente. Cumpria jornada de trabalho diário das 8 às 17 horas, com uma hora de intervalo para repouso e alimentação, devidamente controlada, e, enquanto estava trabalhando era obrigada a usar uniforme. Entregava relatórios semanais sobre as suas atividades e os resultados obtidos com as crianças e recebia mensalmente um valor fixo pelo trabalho prestado. Em relação à situação descrita,

(A) presentes as características da relação de emprego na relação mantida entre Maria e o Clube de Mães, deve ser reconhecido o vínculo de emprego entre as partes, não sendo óbice para tal reconhecimento o fato de o Clube de Mães ser entidade filantrópica sem finalidade lucrativa.
(B) embora presentes as características da relação de emprego, o fato de o Clube de Mães ser entidade filantrópica sem finalidade lucrativa impede o reconhecimento do vínculo de emprego entre as partes.
(C) somente seria possível o reconhecimento do vínculo de emprego entre as partes se presente a subordinação de Maria em relação ao Clube de Mães, o que não se verifica no presente caso.
(D) os serviços prestados à entidade sem fins lucrativos, desde que instituída para desenvolver atividades culturais e filantrópicas, não caracteriza vínculo de emprego, mas sim trabalho voluntário, sendo irrelevante estarem presentes as características da relação de emprego.
(E) a finalidade lucrativa do empregador e o recebimento de participação do trabalhador nesse lucro é essencial para a caracterização do vínculo de emprego.

A: opção correta, pois uma vez presentes os requisitos para a relação de emprego, quais sejam: subordinação, onerosidade, pessoalidade, pessoa física e habitualidade deve ser reconhecido o vínculo de emprego, ainda que o empregador seja entidade filantrópica sem fim lucrativo, art. 2º, § 1º, da CLT. **B:** opção incorreta, pois a entidade filantrópica sem fim lucrativo equipara-se a empregador, art. 2º, § 1º, da CLT. **C:** opção incorreta, pois se verifica o elemento da subordinação na medida em que Maria tinha jornada de trabalho controlada, era obrigada a usar uniforme e devia entregar relatórios semanais. **D:** opção incorreta, pois podemos notar no caso em estudo a presença de todos os elementos da relação de emprego capaz de reconhecer o vínculo empregatício. **E:** opção incorreta, pois a finalidade lucrativa não é elemento capaz de descaracterizar a relação de emprego. Veja art. 2º, § 2º, da CLT.

Gabarito "A".

(Analista – TRT/3ª – 2015 – FCC) O contrato de trabalho é

I. um contrato de direito público, devido à forte limitação sofrida pela autonomia da vontade na estipulação de seu conteúdo.
II. concluído, como regra, *intuito personae* em relação à pessoa do empregador.
III. um contrato sinalagmático.
IV. um contrato sucessivo. A relação jurídica de emprego é uma "relação de débito permanente", em que entra como elemento típico a continuidade, a duração.
V. um contrato consensual. A lei, via de regra, não exige forma especial para sua validade.

Considerando as proposições acima, está correto o que consta APENAS em

(A) III, IV e V.
(B) III e V.
(C) I, II e V.
(D) I, III e IV.
(E) I, II e IV.

I: opção incorreta, pois o contrato de trabalho é considerado um contrato de direito privado, tendo em vista a natureza jurídica privada dos sujeitos e interesses envolvidos. Ademais, as partes poderão pactuar as condições que irão reger o contrato. **II:** opção incorreta, pois é considerado *intuito personae* em relação ao empregado, na medida em que ele não pode fazer-se substituir por outro empregado. Trata-se do requisito da pessoalidade do contrato de trabalho. **III:** opção correta, pois o contrato de trabalho é do tipo sinalagmático, ou seja, gera obrigações para ambas as partes (empregado e empregador). **IV:** opção correta, pois as obrigações se sucedem continuamente no tempo, enquanto perdurar o contrato. **V:** opção correta, pois o contrato de trabalho pode ser pactuado livremente pelas partes, sem a necessidade de observância de formalidades.

Gabarito "A".

(Analista – TRT/2ª – 2014 – FCC) Considere as assertivas:

I. As instituições beneficentes, para os efeitos da relação de emprego, são equiparadas ao empregador quando admitirem trabalhadores como empregados.
II. Não há solidariedade pelas obrigações trabalhistas entre as empresas de um grupo econômico quando cada qual é dotada de personalidade jurídica própria.
III. Embora o empregado doméstico não desempenhe atividade econômica, diversos direitos atribuídos aos trabalhadores urbanos são garantidos aos trabalhadores domésticos, como, por exemplo, férias, 13º salário, aviso-prévio.
IV. O trabalho temporário difere da relação de emprego por ser exercido sem subordinação e sem onerosidade.
V. O constituinte assegurou aos empregados rurais os mesmos direitos dos empregados urbanos.

Está correto o que consta APENAS em

(A) II, III e IV.
(B) III, IV e V.
(C) II e IV.
(D) I, II, III e IV.
(E) I, III e V.

I: opção correta, pois reflete o disposto no art. 2º, § 1º, da CLT. **II:** opção incorreta, pois nos termos do art. 2º, § 2º, da CLT há solidariedade solidária pelas obrigações trabalhistas entre as empresas de um grupo econômico quando cada qual é dotada de personalidade jurídica própria. **III:** opção correta, pois reflete o disposto no art. 7º, parágrafo único, da CF. Veja também a LC 150/2015. **IV:** opção incorreta, pois no trabalho temporário, regulado pela Lei 6.019/74 embora não haja o requisito da subordinação entre a empresa de trabalho temporário e a tomadora de serviços, há onerosidade. **V:** opção correta, pois o disposto no art.7º, *caput*, da CF assegura igualdade entre os direitos assegurados aos empregados rurais e urbanos.

Gabarito "E"

(Analista – TRT/11ª – 2012 – FCC) A empresa Gama foi sucedida pela empresa Delta, ocupando o mesmo local, utilizando as mesmas instalações e fundo de comércio, assim como mantendo as mesmas atividades e empregados. Em relação aos contratos de trabalho dos empregados da empresa sucedida é correto afirmar que

(A) serão automaticamente extintos, fazendo surgir novas relações contratuais.
(B) as obrigações anteriores recairão sobre a empresa sucedida, e as posteriores sobre a sucessora.
(C) as cláusulas e condições estabelecidas no contrato de trabalho serão obrigatoriamente repactuadas entre os empregados e o novo empregador individual.
(D) a transferência de obrigações trabalhistas dependerá das condições em que a sucessão foi pactuada.
(E) os contratos se manterão inalterados e seguirão seu curso normal.

"E" é a opção correta, pois de acordo com os arts. 10 e 448 da CLT, qualquer alteração na estrutura jurídica da empresa não afetará os direitos adquiridos por seus empregados e não afetará os contratos de trabalho dos respectivos empregados. A legislação trabalhista, na defesa dos contratos de trabalho e visando à garantia do empregado, estabelece o princípio da continuidade do vínculo jurídico trabalhista, declarando que a alteração na estrutura jurídica e a sucessão de empresas em nada o afetarão o contrato de trabalho. O atual proprietário responderá pelos créditos dos empregados e ex-empregados, pois estes vinculam-se à empresa, não aos seus titulares.

Gabarito "E"

(Analista – TRT/11ª – 2012 – FCC) Em relação à duração do contrato individual de trabalho, é correto afirmar que o contrato por prazo determinado

(A) será lícito, seja qual for a sua finalidade.
(B) quando for prorrogado mais de uma vez passará a vigorar sem determinação de prazo.
(C) não prevê o pagamento de indenização caso seja rescindido sem justa causa de forma antecipada.
(D) poderá ser estipulado por prazo superior a dois anos, desde que o seu objeto dependa da realização de determinados acontecimentos.
(E) sob a forma de contrato de experiência não poderá ultrapassar noventa dias, podendo ser estipulado por três períodos de trinta dias cada um.

A: opção incorreta, pois a contratação com prazo determinado feita com base na CLT, só poderá ocorrer nas hipóteses previstas nas alíneas do § 2º do art. 443 da CLT. **B:** opção correta, pois reflete o disposto 451 da CLT. **C:** opção incorreta, pois a indenização em casos de rescisão antecipada está prevista nos arts. 479 e 480 da CLT. **D:** opção incorreta, pois nos termos do art. 445 da CLT o prazo não será superior a 2 (dois) anos. **E:** opção incorreta, pois embora não possa ultrapassar 90 dias (art. 445, parágrafo único, da CLT), somente poderá haver uma única prorrogação, nos termos do art. 451 da CLT.

Gabarito "B"

(Analista – TRT/1ª – 2012 – FCC) Considere as proposições abaixo em relação ao contrato individual de trabalho.

I. Para fins de contratação, o empregador não exigirá do candidato a emprego comprovação de experiência prévia por tempo superior a seis meses no mesmo tipo de atividade.
II. O contrato por prazo determinado só será válido em se tratando de serviço transitório e contrato de experiência.
III. O contrato de trabalho por prazo determinado não poderá ser estipulado por mais de um ano.
IV. As relações contratuais de trabalho podem ser objeto de livre estipulação das partes interessadas.

Está correto o que se afirma APENAS em

(A) I e II.
(B) I e IV.
(C) II e III.
(D) III e IV.
(E) II e IV.

I: opção correta, pois reflete o disposto no art. 442-A da CLT. **II:** opção incorreta, pois nos termos do art. 443, § 2º, da CLT admite-se contrato com prazo determinado em se tratando de: a) de serviço cuja natureza ou transitoriedade justifique a predeterminação do prazo; b) de atividades empresariais de caráter transitório e c) de contrato de experiência. **III:** opção incorreta, pois nos termos do art. 445 da CLT o contrato com prazo determinado não poderá exceder 2 anos, já o contrato de experiência, 90 dias. **IV:** opção correta, pois reflete a disposição contida no art. 444 da CLT.

Gabarito "B"

(Analista – TRT/3ª – 2005 – FCC) Denominam-se profissões regulamentadas aquelas que

(A) somente podem ser exercidas por quem possua título obtido em curso superior.
(B) observam as normas especiais de tutela do trabalho previstas na CLT.
(C) estão sujeitas ao regulamento da empresa.
(D) contam com legislação específica.
(E) são de natureza técnica ou científica.

Profissões regulamentadas são aquelas que contam com legislação específica e derrocatória, total ou parcialmente, da legislação trabalhista comum, havendo divergências conceituais acerca da essencialidade de organização sob uma entidade de classe com função fiscalizadora e reguladora da profissão.

Gabarito "D"

(Analista – TRT/6ª – 2012 – FCC) Conforme previsão da Consolidação das Leis do Trabalho, em relação aos sujeitos do contrato de trabalho, é INCORRETO afirmar que

(A) será considerado empregado aquele que presta serviços de forma pessoal e natureza não eventual, mediante retribuição pecuniária e sob a dependência do empregador.
(B) as instituições de beneficência e os profissionais liberais que admitirem trabalhadores como empregados equiparam-se ao empregador.
(C) o tempo em que o empregado estiver à disposição do empregador, aguardando ordens de serviço, considera-se como de serviço efetivo, salvo disposição especial expressamente consignada.
(D) não se distingue entre o trabalho realizado no estabelecimento do empregador, o executado no domicílio do empregado e o realizado a distância, desde que estejam caracterizados os pressupostos da relação de emprego.
(E) não haverá distinções relativas à espécie de emprego e à condição de trabalhador, exceto quanto ao trabalho intelectual, técnico e manual, em razão das suas peculiaridades.

A: correto (arts. 2º e 3º da CLT); **B:** correto (art. 2º, § 1º, da CLT); **C:** correto (art. 4º da CLT); **D:** correto (art. 6º da CLT); **E:** incorreto (devendo ser assinalada), nos termos do art. 3º, parágrafo único, da CLT.

Gabarito "E"

(Analista – TRT/6ª – 2012 – FCC) Nos termos previstos na Consolidação das Leis do Trabalho, o contrato

(A) individual de trabalho não pode ser acordado verbalmente.
(B) de experiência não poderá exceder o prazo de 90 (noventa) dias.
(C) individual será obrigatoriamente alterado, caso haja mudança na propriedade ou na estrutura jurídica da empresa.

(D) de trabalho por prazo determinado poderá ser estipulado por mais de 2 (dois) anos, havendo mútuo consentimento das partes.
(E) de trabalho por prazo determinado poderá ser prorrogado mais de uma vez, dentro do prazo máximo estipulado, sem que passe a vigorar sem determinação de prazo.

A: incorreto (art. 442, *caput*, da CLT); **B:** correto (art. 445, parágrafo único, da CLT); **C:** incorreto (arts. 10 e 448 da CLT); **D:** incorreto (art. 445, *caput*, da CLT); **E:** incorreto (art. 451 da CLT).
Gabarito "B".

(Analista – TRT/6ª – 2006 – FCC) O contrato de trabalho por prazo determinado

(A) exime o empregador do pagamento de indenização quando a rescisão ocorrer antes de expirado o termo ajustado.
(B) pode ser estipulado por mais de 24 (vinte e quatro) meses, se o seu objeto depender de certos acontecimentos.
(C) que for prorrogado mais de uma vez passará a vigorar sem determinação de prazo.
(D) na modalidade de contrato de experiência pode ser estipulado por, no máximo, três períodos de 30 (trinta) dias cada um.
(E) é lícito, qualquer que seja a sua finalidade.

A: art. 479 da CLT; **B:** art. 445; **C:** art. 451; **D:** art. 445, parágrafo único; **E:** art. 443, § 1º, da CLT.
Gabarito "C".

(Analista – TRT/4ª – 2006 – FCC) Considere as afirmações abaixo:

I. Não é válido o contrato de trabalho por prazo determinado, quando se tratar de atividades empresariais de caráter transitório.
II. A mudança na propriedade ou na estrutura jurídica da empresa não afetará os contratos de trabalho dos respectivos empregados.
III. Considera-se por prazo indeterminado todo contrato que suceder, dentro de doze meses, a outro contrato por prazo determinado, ainda que o término deste último tenha decorrido da realização de acontecimento certo.
IV. O contrato de trabalho por prazo determinado que, tácita ou expressamente, for prorrogado por mais duas vezes, passará a vigorar sem determinação de prazo.

É correto APENAS o que consta em

(A) I.
(B) II.
(C) I e III.
(D) III e IV.
(E) II e IV.

I: incorreto (art. 443, § 2º, b, da CLT); **II:** correto (arts. 10 e 448 da CLT); **III:** incorreto (art. 452 da CLT); **IV:** incorreto (art. 451 da CLT).
Gabarito "B".

(Analista – TRT/9ª – 2010 – FCC) De acordo com o artigo 10 da Consolidação das Leis do Trabalho, "qualquer alteração na estrutura jurídica da empresa não afetará os direitos adquiridos por seus empregados". Entende-se por direito adquirido aquele que

(A) o beneficiário ainda não reuniu todas as condições para adquirir o direito, mas faz parte do seu patrimônio econômico, aguardando a implementação apenas de uma determinada condição econômica.
(B) entrou no patrimônio econômico de uma pessoa, por ter implementado todos os requisitos para este fim, podendo ser exercido a qualquer momento.
(C) entrou no patrimônio econômico de uma pessoa, por ter implementado todos os requisitos para este fim, mas não pode ser exercido no momento da demissão.
(D) o beneficiário ainda não reuniu todas as condições para adquirir o direito, mas faz parte do seu patrimônio jurídico, aguardando a implementação apenas de uma determinada condição legal.
(E) entrou no patrimônio jurídico de uma pessoa, por ter implementado todos os requisitos para este fim, podendo ser exercido a qualquer momento.

Trata-se da teoria do direito adquirido de Gabba, pela qual um direito se qualifica como adquirido quando reunidas as condições de seu exercício, ainda que o titular opte por postergar o momento de fazê-lo.
Gabarito "E".

(Analista – TRT/9ª – 2010 – FCC) João celebrou contrato de experiência de 60 dias com a empresa SOL sem cláusula assecuratória do direito recíproco de rescisão. Durante o referido contrato, João, insatisfeito com suas tarefas diárias, requereu a rescisão antecipada deste contrato. Neste caso, considerando que não há justa causa presente na rescisão, de acordo com a Consolidação das Leis do Trabalho, João

(A) será obrigado a indenizar a empresa SOL dos prejuízos decorrentes desta rescisão, limitados a 80% da remuneração que João teria direito até o término do contrato.
(B) será obrigado a indenizar a empresa SOL dos prejuízos decorrentes desta rescisão, limitados à remuneração total a que João teria direito até o término do contrato.
(C) não terá que indenizar a empresa SOL, tendo em vista que a rescisão antecipada a requerimento do empregado é permitida pela legislação competente.
(D) será obrigado a indenizar a empresa SOL no montante fixo e estipulado pela Consolidação das Leis do Trabalho de três salários mínimos vigentes na data da rescisão.
(E) será obrigado a indenizar a empresa SOL dos prejuízos decorrentes desta rescisão, limitados à metade da remuneração a que João teria direito até o término do contrato.

Art. 480 da CLT.
Gabarito "E".

(Analista – TRT/11ª – 2005 – FCC) A execução de atividades empresariais de caráter transitório é uma das hipóteses do contrato de trabalho

(A) por equipe.
(B) por obra certa.
(C) por prazo determinado.
(D) por prazo indeterminado.
(E) de experiência.

Art. 443, § 2º, *b*, da CLT.
Gabarito "C".

(Analista – TRT/18ª – 2008 – FCC) A empresa de propaganda Azul prorrogou duas vezes o contrato de trabalho por prazo determinado de seu empregado Tício, dentro do período de dois anos. A empresa de propaganda Amarela celebrou segundo contrato pelo prazo determinado de um ano com Zeus, após oito meses da extinção do contrato celebrado anteriormente. Neste caso, de acordo com a Consolidação das Leis do Trabalho,

(A) nenhum dos contratos de trabalho serão prorrogados por prazo indeterminado.
(B) os contratos de trabalho de Tício e de Zeus serão prorrogados por prazo indeterminado.
(C) somente o contrato de trabalho de Zeus será prorrogado por prazo indeterminado.
(D) somente o contrato de trabalho de Tício será prorrogado por prazo indeterminado.
(E) o contrato de trabalho de Tício será prorrogado por mais dois anos e o contrato de Zeus será prorrogado por prazo indeterminado.

Arts. 445, 451 e 452 da CLT.
Gabarito "D".

(Analista – TRT/19ª – 2008 – FCC) O Hotel Fazenda Água da Chuva celebrou contrato de trabalho por tempo determinado com Denise pelo prazo de 2 meses (Dezembro e Janeiro), tendo em vista a necessidade de um número maior de empregados em razão das férias escolares, Natal e Ano Novo. No Carnaval seguinte, também em razão da necessidade temporária de maior número de empregados, o hotel celebrou outro contrato de trabalho com prazo determinado com Denise pelo prazo de 1 mês (Março). De acordo com a Consolidação das Leis do Trabalho (CLT), neste caso, a sucessão de contratos de trabalho com prazo determinado é

(A) inválida tendo em vista que os dois contratos de trabalho ultrapassaram o prazo máximo de 60 dias permitidos pela legislação.

(B) inválida tendo em vista que entre a celebração dos contratos não tinha decorrido mais de 6 meses do término do primeiro contrato, prazo legal previsto na legislação.
(C) inválida em razão da celebração de dois contratos com prazo determinado com o mesmo empregado dentro do período de um ano.
(D) válida tendo em vista que a contratação ocorreu em razão da realização de certos acontecimentos.
(E) inválida tendo em vista que é vedada a celebração de mais de um contrato de trabalho com prazo determinado com a mesma pessoa.

Art. 452 da CLT.
Gabarito "D"

(Analista – TRT/19ª – 2008 – FCC) Na sucessão de empresas, a estipulação contratual de cláusula de não responsabilização

(A) exclui a responsabilidade trabalhista do sucedido uma vez que o sucessor assume na integralidade os débitos cíveis, tributários e trabalhistas.
(B) não possui qualquer valor para o Direito do Trabalho, respondendo a empresa sucedida solidariamente.
(C) limita a responsabilidade trabalhista do sucedido até o valor da integralização de suas cotas sociais.
(D) não possui qualquer valor para o Direito do Trabalho, respondendo a empresa sucedida subsidiariamente.
(E) limita a responsabilidade trabalhista do sucedido até seis meses após a efetivação da sucessão das empresas.

Pelo princípio da inalterabilidade contratual objetiva, as alterações subjetivas, relativas à figura do empregador, não afetarão os contratos de trabalho em curso (arts. 10 e 448 da CLT), sendo que o art. 9º da CLT evita a elisão de tal prescrição por ato das partes.
Gabarito "D"

(Analista – TRT/19ª – 2008 – FCC) De acordo com a CLT, sempre que uma ou mais empresas, tendo, embora, cada uma delas, personalidade jurídica própria, estiverem sob a direção de outra, constituindo grupo econômico, serão, para os efeitos da relação de emprego,

(A) solidariamente responsáveis a empresa principal e subsidiariamente cada uma das subordinadas.
(B) subsidiariamente responsáveis a empresa principal e cada uma das subordinadas.
(C) solidariamente responsáveis a empresa principal e cada uma das subordinadas.
(D) subsidiariamente responsáveis a empresa principal e solidariamente cada uma das subordinadas.
(E) apenas solidariamente responsáveis a empresa principal.

Art. 2º, § 2º, da CLT.
Gabarito "C"

(Analista – TRT/20ª – 2011 – FCC) O trabalho em regime de tempo parcial

(A) não dá direito à férias por expressa disposição legal, tendo em vista que a sua jornada de trabalho não atinge quarenta e quatro horas semanais.
(B) é aquele cuja duração não exceda a trinta horas semanais.
(C) é aquele cuja duração não exceda a vinte e oito horas semanais.
(D) dá ao empregado direito ao seu período de férias reduzido pela metade se tiver mais de sete faltas injustificadas ao longo do período aquisitivo.
(E) dá ao empregado direito a seis dias de gozo de férias, para a duração do trabalho semanal igual ou inferior a cinco horas.

Art. 130-A, parágrafo único, da CLT.
Gabarito "D"

(Analista – TRT/20ª – 2006 – FCC) De acordo com a Consolidação das Leis do Trabalho, em relação ao contrato individual de trabalho por prazo determinado, é correto afirmar que

(A) em regra, é permitido fazer novo contrato de trabalho por prazo determinado com o mesmo empregado após três meses da conclusão do pacto anterior.
(B) o contrato de trabalho por prazo determinado que, tácita ou expressamente, for prorrogado mais de uma vez passará a vigorar sem determinação de prazo.
(C) o contrato de experiência poderá ser celebrado por escrito ou verbalmente pelo prazo máximo de 60 dias.
(D) o contrato de trabalho por prazo determinado que tratar de atividades empresariais de caráter transitório, poderá ser estipulado por 3 anos.
(E) em regra, 20 dias antes a extinção do contrato por prazo determinado, o empregador dará aviso-prévio ao empregado.

A: incorreto, art. 452 da CLT; **B:** correto, arts. 445 e 451; **C:** incorreto, art. 445, parágrafo único; **D:** incorreto, art. 445, *caput*, da CLT; **E:** incorreto, pois trata-se de instituto incompatível, pois o contrato por prazo determinado já possui término predefinido.
Gabarito "B"

(Analista – TRT/22ª – 2010 – FCC) Joana presta serviços na qualidade de empregada para mais de uma empresa do mesmo grupo econômico, durante a mesma jornada de trabalho. Neste caso, salvo ajuste em contrário,

(A) não está caracterizada a coexistência de mais de um contrato de trabalho.
(B) está caracterizada a existência de mais de um contrato de trabalho, limitado em três, tendo em vista que as empresas possuem personalidades jurídicas distintas.
(C) está caracterizada a existência de mais de um contrato de trabalho, limitado em dois, tendo em vista que as empresas possuem personalidades jurídicas distintas.
(D) está caracterizada a existência de mais de um contrato de trabalho, sem limitação, em razão da prestação de serviços acontecer durante a mesma jornada de trabalho.
(E) está caracterizada a existência de mais de um contrato de trabalho, sem limitação, tendo em vista que as empresas possuem personalidades jurídicas distintas.

Súmula 129 do TST.
Gabarito "A"

(Analista – TRT/24ª – 2011 – FCC) Considere:

I. Prestação de trabalho por pessoa jurídica a um tomador.
II. Prestação de trabalho efetuada com pessoalidade pelo trabalhador.
III. Subordinação ao tomador dos serviços.
IV. Prestação de trabalho efetuada com onerosidade.

São elementos fático-jurídicos componentes da relação de emprego os indicados APENAS em

(A) III e IV.
(B) I, II e III.
(C) I, III e IV.
(D) II e IV.
(E) II, III e IV.

Arts. 2º e 3º da CLT.
Gabarito "E"

(Analista – TRT/24ª – 2011 – FCC) No contrato de trabalho existem obrigações contrárias e contrapostas em decorrência da característica específica desse contrato

(A) ser consensual.
(B) ser sinalagmático.
(C) apresentar alteridade.
(D) apresentar onerosidade.
(E) possuir formalidade legal.

A: incorreto. O consensualismo difere os negócios jurídicos dos atos jurídicos, sendo inerente a todo contrato; **B:** correto. Sinalagma é a expressão cunhada para descrever direitos e obrigações contrapostos; **C:** incorreto. Alteridade é a característica segundo a qual, no contrato de trabalho, o empregado labora por conta e risco do empregador; **D:** incorreto. A onerosidade explica que o contrato de trabalho não é gratuito, como no trabalho voluntário, fazendo o empregado jus à remuneração que, por força da alteridade, independerá da sorte da atividade econômica do empregador; **E:** incorreto. O contrato de trabalho, como regra, é informal, podendo ser escrito ou não escrito (embora haja hipóteses de forma escrita obrigatória, como no contrato de trabalho temporário, no contrato de aprendizagem, no contrato de artista ou no contrato de atleta profissional).
Gabarito "B"

(Analista – TRT/24ª – 2011 – FCC) O trabalho autônomo

(A) é vedado para os serviços de consultoria e de contabilidade, por expressa vedação legal.
(B) se realiza, em regra, necessariamente com subordinação, porém, sem os demais requisitos da relação de emprego previstos na Convenção Coletiva de Trabalho.
(C) não pode ser pactuado com cláusula rígida de pessoalidade, em razão da autonomia inerente ao próprio contrato.
(D) se realiza, em regra, necessariamente com pessoalidade, porém, sem os demais requisitos da relação de emprego previstos na Convenção Coletiva de Trabalho.
(E) pode ser contratado sem infungibilidade quanto ao prestador, mesmo em se tratando de serviço pactuado com pessoa física.

A alternativa E está correta, pois o que descaracterizará o trabalho como sendo autônomo será a hipótese de, aliada a esta infungibilidade (pessoalidade), houver a subordinação do trabalhador ao tomador, situação em que se estará diante de verdadeiro contrato de emprego.

Gabarito "E"

(Analista – TRT/24ª – 2011 – FCC) Considere as seguintes assertivas a respeito do Grupo Econômico:

I. O Grupo econômico, para fins trabalhistas, necessita de prova cabal de sua formal institucionalização cartorial, tal como *holdings,* consórcios, *pools* etc.
II. As associações, entidades beneficentes e sindicatos podem ser considerados como grupo de empresas, se presentes os requisitos legais.
III. Cada empresa do grupo é autônoma em relação às demais, mas o empregador real é o próprio grupo.
IV. Nada impede que a admissão do empregado seja feita em nome de uma empresa do grupo e a baixa em nome de outra.

Está correto o que consta APENAS em

(A) I, III e IV.
(B) I, II e III.
(C) II, III e IV.
(D) I e IV.
(E) III e IV.

I: o grupo econômico trabalhista, para sua caracterização, não demanda rigor formal, bastando se fazer presente a situação do art. 2º, § 2º, da CLT; **II:** tais entidades não exercem atividades econômicas propriamente ditas, de modo que não podem configurar grupo econômico (o art. 2º, § 2º, da CLT expressamente trata de empresas); **III:** o empregador é o próprio grupo, havendo uma relação de solidariedade dual: todas as empresas do grupo respondem pelos direitos trabalhistas do empregado, ao mesmo tempo que o empregado poderá ser requisitado para prestar serviços a todas as empresas do grupo, como regra; **IV:** correta, segundo a própria noção de empregador único.

Gabarito "E"

(Analista – TRT/24ª – 2006 – FCC) Na sucessão de empresas,

(A) a mudança da titularidade da empresa implica sucessão de empregadores, havendo substituição do empregador.
(B) não existe responsabilidade solidária do sucessor e do sucedido, mas apenas responsabilidade do sucessor que é o empregador.
(C) os bens da empresa sucessora, em regra, não poderão ser penhorados em processos que já estavam em trâmite quando da ocorrência da sucessão.
(D) será necessário, em qualquer hipótese, a elaboração de novo registro de empregados, que obedecerá aos mesmos termos do registro anterior.
(E) o sucessor deve, necessariamente, manter a mesma atividade do sucedido, sob pena de não caracterização da efetiva sucessão.

Arts. 10 e 448 da CLT.

Gabarito "B"

(Analista – TRT/24ª – 2006 – FCC) Considere as seguintes assertivas a respeito do Contrato Individual de Trabalho:

I. Qualquer que seja o ramo de atividade da sociedade cooperativa, não existe vínculo empregatício entre ela e seus associados, nem entre estes e os tomadores de serviços daquela.
II. O contrato por prazo determinado só será válido em se tratando de serviço cuja natureza ou transitoriedade justifique a predeterminação do prazo, de atividades empresariais de caráter transitório ou de contrato de experiência.
III. Considera-se, em regra, por prazo indeterminado todo contrato individual de trabalho que suceder, dentro de doze meses, a outro contrato por prazo determinado.

Está correto o que se afirma APENAS em

(A) I e II.
(B) I e III.
(C) II.
(D) II e III.
(E) III.

I: correto, art. 442, parágrafo único, da CLT. Evidentemente, com base no princípio do contrato-realidade (CLT, art. 9º), haverá reconhecimento de vínculo empregatício na hipótese de terceirização ou cooperativismo fraudulento; **II:** correto, art. 443 da CLT; **III:** incorreto, art. 452 da CLT.

Gabarito "A"

(Analista – TRT/9ª – 2007 – CESPE) Em relação aos requisitos e efeitos dos contratos de trabalho, julgue os itens subsequentes.

(1) O contrato de trabalho pode ser escrito, verbal ou tácito, e seus requisitos são a pessoalidade, a subordinação, a onerosidade e a continuidade. O contrato por prazo determinado, como exceção ao princípio da continuidade, entretanto, só é válido nas situações e pelo tempo expressamente previstos em lei.
(2) A CLT autoriza a formação de cooperativas destinadas a prestação de serviços. Não há vínculo de emprego entre elas e seus associados ou entre estes e os tomadores da mão de obra, exceto quando a associação for mera simulação ou resultar em fraude aos direitos trabalhistas.
(3) A alteração da estrutura social das empresas não afeta os contratos havidos com seus empregados.
(4) O dono de obra é, em qualquer caso, responsável direta ou solidariamente pelos trabalhadores que tenham prestado serviços para a sua construção, ainda que esses trabalhadores tenham sido contratados por empreiteiros, quando estes inadimplirem o contrato com os respectivos empregados ou ajudantes.

1: certo (arts. 2º, 3º, 442 e 443 da CLT); **2:** certo (art. 442, parágrafo único, e art. 9º, da CLT, aplicável à hipótese de cooperativismo fraudulento); **3:** certo (arts. 10 e 448 da CLT); **4:** errado (Orientação Jurisprudencial 191 da SDI-1 do TST).

Gabarito 1C, 2C, 3C, 4E

(Analista – TRT/10ª – 2004 – CESPE) O contrato individual de trabalho é o acordo tácito ou expresso com respeito a emprego. Em relação às regras que regulam o contrato de trabalho, julgue os itens subsequentes.

(1) As partes, em comum acordo, podem estabelecer regras contratuais contrárias às convenções coletivas, uma vez que o contrato faz lei entre as partes.
(2) Os contratos de experiência podem ser fixados por 90 dias, prorrogáveis uma única vez por igual período.

1: errado (art. 444 da CLT); **2:** errado (art. 445, parágrafo único, da CLT).

Gabarito 1E, 2E

(Analista – TRT/21ª – 2010 – CESPE) No que concerne a contrato de trabalho, julgue o item a seguir.

(1) A ocorrência de subordinação, onerosidade, pessoalidade e não eventualidade caracteriza relação de trabalho.

1: errado. Tais elementos caracterizam a relação de emprego (arts. 2º e 3º, da CLT), espécie do gênero relação de trabalho. Além da relação de emprego, o gênero relação de trabalho comporta diversas outras espécies, como o trabalho autônomo, o trabalho eventual, o trabalho de servidor público estatutário, o trabalho avulso e outras formas de trabalho.

Gabarito 1E

3. RELAÇÕES ESPECIAIS DE TRABALHO

3.1. Trabalho Rural

(Analista – TRT/19ª – 2008 – FCC) Joana é empregada rural e trabalha na pecuária. João é empregado urbano. André é empregado rural e trabalha na lavoura. Em regra, a jornada de trabalho noturno será das 21:00 às 5:00 para

(A) André, apenas.
(B) Joana, apenas.
(C) João, apenas.
(D) João e Joana.
(E) André e Joana.

Art. 73, § 2º, da CLT, e art. 7º, *caput*, da Lei 5.889/1973.

Gabarito "A"

(Analista – TRT/23ª – 2007 – FCC) Maria e João são empregados rurais. Maria trabalha na lavoura e João trabalha na pecuária. Maria e João terão direito ao adicional noturno no período das

(A) 21 horas de um dia às 5 horas do dia seguinte e 20 horas de um dia às 4 horas do dia seguinte, respectivamente.
(B) 20 horas de um dia às 4 horas do dia seguinte, por expressa determinação legal.
(C) 20 horas de um dia às 5 horas do dia seguinte, por expressa determinação legal.
(D) 20 horas de um dia às 4 horas do dia seguinte e 19 horas de um dia às 3 horas do dia seguinte, respectivamente.
(E) 19 horas de um dia às 4 horas do dia seguinte e 21 horas de um dia às 5 horas do dia seguinte, respectivamente.

Art. 7º da Lei 5.889/1973.

Gabarito "A"

3.2. Domésticos

(Técnico Judiciário – TRT/16ª – 2009 – FCC) Joana é viúva e cria cinco filhos. Em sua residência possui quatro empregados: Cida, Maria, Débora e Osvaldo. Cida é a cozinheira; Débora é a auxiliar do lar com as funções de lavar louças, lavar e passar roupas, bem como arrumar toda a casa; Maria é a babá de seus filhos e Osvaldo foi contratado como motorista da família com a função principal de levar e buscar seus cinco filhos na escola.

Considerando que a comida feita por Cida possui grande qualidade, Joana faz da sua residência um restaurante no horário do almoço. Nesse caso, NÃO é(são) considerado(s) empregado(s) domésticos

(A) Osvaldo, apenas.
(B) Cida e Débora, apenas.
(C) Cida, Débora, Osvaldo e Maria.
(D) Cida, apenas.
(E) Cida, Débora e Maria, apenas.

Nos termos do art. 1º da LC 150/2015 é considerado empregado doméstico aquele que presta serviços de forma contínua, subordinada, onerosa e pessoal e de finalidade não lucrativa à pessoa ou à família, no âmbito residencial destas, por mais de 2 (dois) dias por semana.

Gabarito "B"

(Analista – TRT/3ª – 2015 – FCC) Maria das Couves foi contratada para prestar serviços domésticos à família Silva, no âmbito residencial, durante três dias na semana. Foi acordado entre a família Silva e Maria das Couves que além dos trabalhos domésticos, ela atenderia todas as ligações telefônicas dirigidas ao escritório da Dra. Fabiana Silva (advogada), instalado no mesmo endereço da residência da família e serviria café aos clientes que lá comparecessem. Durante o período de experiência, Maria das Couves comunicou à família que estava grávida.

Nesta hipótese, responda, fundamentadamente:

a. Maria das Couves será considerada uma trabalhadora autônoma (faxineira/diarista), empregada doméstica ou empregada urbana? Por quê?
b. É necessário o registro em CTPS do contrato de trabalho por experiência? Qual é o prazo máximo de contratação? Este contrato pode ser prorrogado? Se possível, por quantas vezes?
c. A gravidez de Maria das Couves lhe garante algum tipo de estabilidade? Se afirmativa a resposta qual o período de estabilidade e em que hipótese poderia ocorrer a rescisão do contrato de trabalho?

a) Maria não será considerada empregada doméstica, tendo em vista a finalidade lucrativa desenvolvida pela Dra. Fabiana Silva como advogada, nos termos do art. 1º, da LC 150/2015.

b) Sim, é necessário o registro em CTPS, nos termos dos arts. 13 e 29 da CLT para qualquer tipo de trabalho exercido, inclusive o contrato de experiência. O contrato de experiência poderá ter duração máxima de 90 dias, podendo ser prorrogado uma única vez, desde que não exceda esse limite de 90 dias. arts. 445, parágrafo único e 451 da CLT.

c) Sim, Maria possui garantia de emprego gestante prevista no art. 10, II, *b*, do ADCT. Por conta dessa garantia não poderá ser dispensada, salvo por justa causa, desde a confirmação de sua gravidez até 5 meses após o parto. Maria somente poderia ser dispensada por justa causa (falta grave) tipificada no art. 482 da CLT.

(Analista – TRT/2ª – 2008 – FCC) Quanto ao empregado doméstico, considere:

I. É permitido ao empregador doméstico efetuar descontos no salário do empregado doméstico por fornecimento de vestuário.
II. Em nenhuma hipótese poderá o empregador doméstico efetuar desconto no salário do empregado doméstico por fornecimento de moradia.
III. As despesas pelo fornecimento de alimentação e higiene não têm natureza salarial nem se incorporam à remuneração do empregado para quaisquer efeitos.
IV. É vedada a dispensa arbitrária ou sem justa causa da empregada doméstica gestante, desde a confirmação da gravidez até 5 meses após o parto.

Está correto o que consta APENAS em

(A) II e III.
(B) I, II e III.
(C) III e IV.
(D) I e IV.
(E) II, III e IV.

I: incorreto, em conformidade com o art. 18 da LC 150/2015; **II:** incorreto, em conformidade com o art. 18, § 2º, da LC 150/2015; **III:** correto, em conformidade com o art. 18, § 3º da LC 150/2015; **IV:** correto, em conformidade com o art. 25, parágrafo único, da LC 150/2015.

Gabarito "C"

(Analista – TRT/7ª – 2009 – FCC) Marta é empregada doméstica e trabalha na residência de Joana há quinze meses. Joana é empregada na empresa X há dezesseis meses, exercendo a função de secretária executiva. Marta e Joana estão grávidas de dois meses. Em regra, com relação à Joana e Marta, é correto afirmar que é vedada a dispensa sem justa causa

(A) apenas de Joana, desde a confirmação da gravidez até cinco meses após o parto, e Joana possui o direito de gozar trinta dias corridos de férias e Marta 20 dias úteis.
(B) apenas de Joana, desde a confirmação da gravidez até seis meses após o parto, mas ambas possuem o direito de gozar trinta dias corridos de férias.
(C) de ambas as empregadas, desde a confirmação da gravidez até cinco meses após o parto, mas Joana possui o direito de gozar trinta dias corridos de férias e Marta 20 dias úteis.

(D) de ambas as empregadas, desde a confirmação da gravidez até cinco meses após o parto, bem como que elas possuem o direito de gozar trinta dias corridos de férias.

(E) de ambas as empregadas, desde a confirmação da gravidez até seis meses após o parto, bem como que elas possuem o direito de gozar trinta dias corridos de férias.

"D" é a opção correta, em conformidade com o art. 25, parágrafo único e art. 17 ambos da LC 150/2015, respectivamente.

Gabarito "D"

(Analista – TRT/14ª – 2011 – FCC) Karina e Mariana residem no pensionato de Ester, local em que dormem e realizam as suas refeições, já que Gabriela, proprietária do pensionato, contratou Abigail para exercer as funções de cozinheira. Jaqueline reside em uma república estudantil que possui como funcionária Helena, responsável pela limpeza da república, além de cozinhar para os estudantes moradores. Abigail e Helena estão grávidas. Neste caso,

(A) somente Helena é empregada doméstica, mas ambas terão direito a estabilidade provisória decorrente da gestação.

(B) somente Abigail é empregada doméstica, mas ambas terão direito a estabilidade provisória decorrente da gestação.

(C) ambas são empregadas domésticas, mas não terão direito a estabilidade provisória decorrente da gestação.

(D) nenhuma das empregadas são domésticas, mas ambas terão direito a estabilidade provisória decorrente da gestação.

(E) ambas são empregadas domésticas e terão direito a estabilidade provisória decorrente da gestação.

Na medida em que Abigail exerce suas atividades de cozinheira para pensionistas no âmbito de um pensionato, conclui-se que os serviços por esta prestados possuem finalidade lucrativa, a afastar seu enquadramento à situação do art. 1º da LC 150/2015, tratando-se de uma empregada comum. Helena, diversamente, exerce serviços não inseridos em uma estrutura que visa ao lucro, tratando-se de empregada doméstica. Não obstante, ambas terão direito à garantia no emprego decorrente da gestação (Ato das Disposições Constitucionais Transitórias, art. 10, II, b, quanto a empregada comum e art. 25, parágrafo único, da LC 150/2015, quanto a doméstica).

Gabarito "A"

(Analista – TRT/16ª – 2009 – FCC) Diana é empregada de uma república de estudantes; Danilo é vigia da residência de João, presidente de uma empresa multinacional; Magali é governanta da residência de Mônica; e Marcio é jardineiro da casa de praia de Ana. Nestes casos,

(A) apenas Magali é considerada empregada doméstica.

(B) apenas Marcio é considerado empregado doméstico.

(C) apenas Magali e Marcio são considerados empregados domésticos.

(D) apenas Diana, Magali e Marcio são considerados empregados domésticos.

(E) todos são considerados empregados domésticos.

Art. 1º da LC 150/2015.

Gabarito "E"

3.3. Bancários

(Analista – TRT/10ª – 2004 – CESPE) Marcelino foi contratado pelo Banco Bravo S.A. em 20/1/2000 para exercer as funções de caixa, trabalhando de segunda a sexta-feira, das 10 h às 16 h, com a remuneração de R$ 1.200,00. No dia 10/4/2000, Marcelino passou a exercer as funções de caixa sênior, laborando das 8 h às 16 h, de segunda a sexta-feira e recebendo uma gratificação de R$ 400,00 pelo exercício daquela função. No dia 11/8/2000, Marcelino foi promovido para caixa executivo, laborando na mesma jornada, recebendo, contudo, uma gratificação de R$ 500,00 pelo exercício da função. A partir do dia 20/1/2001, além de exercer as funções de caixa executivo, Marcelino passou a vender papéis e valores mobiliários da empresa Bravo Investimentos S.A., pertencente ao mesmo grupo econômico de seu empregador, durante a jornada de trabalho e no local de trabalho, tendo sido autorizado por seus superiores. Pela venda desses papéis, recebia pagamento de R$ 300,00 por mês. Em 18/6/2001, Marcelino foi promovido a gerente da agência, trabalhando de segunda a quarta-feira, das 8 h às 16 h, e nas quintas e sextas-feiras, das 8 h às 18 h, contudo, passou a receber uma gratificação de R$ 450,00. Por fim, em 16/7/2003, foi promovido a gerente-geral da agência, laborando de segunda a sexta-feira, das 8 h às 18 h, recebendo a título de salário a importância total de R$ 3.500,00.

Considerando essa situação hipotética, julgue os itens seguintes.

(1) O sábado do bancário é considerado dia de repouso, devendo, portanto, repercutir no pagamento de horas extras habituais em sua remuneração.

(2) Muito embora a função de caixa sênior não seja função de confiança, a gratificação recebida, igual ou superior a um terço do salário do posto efetivo, remunera as duas horas extraordinárias além da sexta.

(3) Tendo em vista o fato de a função de caixa executivo não constituir cargo de confiança Marcelino, entre 11/8/2000 e 18/6/2001, tinha direito à percepção das horas extras além das 6 horas diárias, podendo, contudo, ser compensada do valor devido ao obreiro a este título a gratificação de R$ 500,00, percebida pelo exercício da função de caixa executivo.

(4) A vantagem pecuniária recebida por Marcelino pela venda de papéis e valores mobiliários de empresa pertencente ao mesmo grupo econômico de seu empregador integra a sua remuneração.

(5) As funções de gerente-geral de agência bancária constituem o exercício de encargo de gestão, sendo indevido, portanto, o pagamento de horas extraordinárias.

1: errado. O sábado do bancário é dia útil não trabalhado e não dia de repouso remunerado, não cabendo assim a repercussão do pagamento de horas extras habituais sobre a sua remuneração (súmula 113 do TST); **2:** errado. O caixa bancário, ainda que caixa executivo, não exerce cargo de confiança. Se perceber gratificação igual ou superior a um terço do salário do posto efetivo, essa remunera apenas a maior responsabilidade do cargo e não as duas horas extraordinárias além da sexta. (Súmula 102, VI, do TST); **3:** errado. Se acordo com as súmulas 102, VI, e 109 do TST, esta gratificação concerne ao maior grau de responsabilidade da função, não remunerando as horas extraordinárias a partir da sexta hora; **4:** certo (súmula 93 do TST); **5:** certo (súmula 287 do TST).

Gabarito 1E, 2E, 3E, 4C, 5C

(Analista – TRT/17ª – 2009 – CESPE) A respeito do direito do trabalho, julgue o item a seguir.

(1) Os empregados de empresas distribuidoras e corretoras de títulos e valores mobiliários têm direito à jornada de trabalho especial dos bancários.

1: errado Os empregados de empresas distribuidoras e corretoras de títulos e valores mobiliários não têm direito à jornada especial dos bancários (súmula 119 do TST).

Gabarito 1E

3.4. Digitadores

(Analista – TRT/23ª – 2011 – FCC) Os digitadores

(A) equiparam-se aos trabalhadores nos serviços de mecanografia (datilografia, escrituração ou cálculo), razão pela qual têm direito a intervalos de descanso de 10 minutos a cada 90 minutos de trabalho consecutivo.

(B) não se equiparam aos trabalhadores nos serviços de mecanografia (datilografia, escrituração ou cálculo), tratando-se de categorias distintas com direitos distintos, não havendo qualquer analogia relacionada aos períodos de descanso.

(C) equiparam-se aos trabalhadores nos serviços de mecanografia (datilografia, escrituração ou cálculo), razão pela qual têm direito a intervalos de descanso de 5 minutos a cada 90 minutos de trabalho consecutivo.

(D) equiparam-se aos trabalhadores nos serviços de mecanografia (datilografia, escrituração ou cálculo), razão pela qual têm direito a intervalos de descanso de 15 minutos a cada 120 minutos de trabalho consecutivo.

(E) equiparam-se aos trabalhadores nos serviços de mecanografia (datilografia, escrituração ou cálculo), razão pela qual têm direito a intervalos de descanso de 15 minutos a cada 90 minutos de trabalho consecutivo.

Súmula 346 do TST e art. 72 da CLT.

Gabarito "A"

3.5. Trabalho da Mulher

(Técnico – TRT/19ª – 2015 – FCC) Com relação às regras de proteção ao trabalho da mulher:

(A) Em caso de parto antecipado, a mulher terá direito aos 60 (sessenta) dias de licença.
(B) Para amamentar o próprio filho, até que este complete 6 (seis) meses de idade, a mulher terá direito, durante a jornada de trabalho, de um descanso especial de meia hora.
(C) À empregada que adotar ou obtiver guarda judicial para fins de adoção de criança será concedida licença-maternidade, com duração variável de acordo com a idade da criança adotada.
(D) É garantido à empregada, durante a gravidez, sem prejuízo do salário e demais direitos, dispensa do horário de trabalho pelo tempo necessário para a realização de, no mínimo, quatro consultas médicas e demais exames complementares.
(E) A confirmação do estado de gravidez advindo no curso do contrato de trabalho, ainda que durante o prazo do aviso-prévio trabalhado ou indenizado, garante à empregada gestante a estabilidade provisória.

A: opção incorreta, pois nos termos do art. 392, § 3º, da CLT em caso de parto antecipado, a mulher terá direito aos 120 (cento e vinte) dias de licença. **B:** opção incorreta, pois nos termos do art. 396 da CLT para amamentar o próprio filho, até que este complete 6 (seis) meses de idade, a mulher terá direito, durante a jornada de trabalho, a 2 (dois) descansos especiais, de meia hora cada um. **C:** opção incorreta, pois nos termos do art. 392-A da CLT à empregada que adotar ou obtiver guarda judicial para fins de adoção de criança será concedida licença-maternidade. **D:** opção incorreta, pois nos termos do art. 392, § 4º, II, da CLT é garantido à empregada dispensa do horário de trabalho pelo tempo necessário para a realização de, no mínimo, seis consultas médicas e demais exames complementares. **E:** opção correta, pois nos termos do art. 391-A da CLT a confirmação do estado de gravidez advindo no curso do contrato de trabalho, ainda que durante o prazo do aviso-prévio trabalhado ou indenizado, garante à empregada gestante a estabilidade provisória. Gabarito "E"

(Técnico Judiciário – TRT/9ª – 2007 – CESPE) Acerca dos direitos dos trabalhadores, sobretudo os considerados na Constituição Federal de 1988, julgue o seguinte item.

(1) A licença à gestante tem a duração de cento e vinte dias, sem prejuízo do salário e do emprego pelo período desde a confirmação da gravidez até cinco meses após o parto.

1: correta, art. 7º, XVIII, da CF, e art. 10, II, *b*, do ADCT.
Gabarito 1C

(Analista – TRT/11ª – 2012 – FCC) Considerando as normas especiais de proteção ao trabalho da mulher, é INCORRETO afirmar que

(A) é vedado publicar ou fazer publicar anúncio de emprego no qual haja referência ao sexo, à idade, à cor ou situação familiar, salvo quando a natureza da atividade, pública e notoriamente, assim o exigir.
(B) é vedado exigir atestado ou exame, de qualquer natureza, para comprovação de esterilidade ou gravidez, na admissão ou permanência no emprego.
(C) ao empregador é vedado empregar a mulher em serviço que demande o emprego de força muscular superior a vinte quilos de trabalho contínuo, ou vinte e cinco quilos para o trabalho ocasional, salvo se exercida a atividade com aparelhos mecânicos.
(D) a empregada que adotar ou obtiver guarda judicial para fins de adoção de criança será concedida licença-maternidade condicionada à apresentação do termo judicial de guarda à adotante ou guardiã.
(E) em caso de aborto não criminoso, comprovado por atestado médico oficial, a mulher terá um repouso remunerado de quatro semanas, ficando-lhe assegurado o direito de retornar à função que ocupava antes do afastamento.

A: opção correta, pois reflete o disposto no art. 373-A, I, da CLT. **B:** opção correta, pois reflete o disposto no art. 373-A, IV, da CLT. **C:** opção correta, pois reflete o disposto no art. 390 da CLT. **D:** opção correta, pois reflete o disposto no art. 392-A da CLT. **E:** opção incorreta, devendo ser assinalada, pois de acordo com o art. 395 da CLT o período de descanso será de 2 semanas.
Gabarito "E"

(Analista – TRT/6ª – 2012 – FCC) Branca Pink, empregada da empregada "T" obteve a guarda judicial da menor Soraya de 7 anos de idade para fins de adoção. Neste caso, segundo a Consolidação das Leis Trabalhista, Branca Pink

(A) terá direito a 60 dias de licença-maternidade.
(B) não terá direito à licença maternidade em razão da adoção e não da gestação.
(C) não terá direito à licença maternidade em razão da adoção de menor com mais de cinco anos de idade.
(D) terá direito a 120 dias de licença-maternidade.
(E) terá direito a 30 dias de licença-maternidade.

"D" é a resposta correta, pois reflete o disposto no art. 392-A da CLT. Note que a Lei 12.010/2009 revogou os parágrafos do art. 392-A da CLT que previa um período de licença-maternidade diferenciado de acordo com a idade da criança.
Gabarito "D"

(Analista – TRT/1ª – 2012 – FCC) Considera-se como regras de proteção à maternidade, de acordo com a Consolidação das Leis do Trabalho:

(A) licença de cento e vinte dias, sem prejuízo do emprego e do salário, e estabilidade no emprego pelo período desde a confirmação da gravidez até cinco meses após o parto.
(B) licença de cento e vinte dias, sem prejuízo do emprego e do salário, e estabilidade no emprego pelo período desde a confirmação da gravidez até cento e oitenta dias após o parto.
(C) licença de cento e oitenta dias, sem prejuízo do emprego e do salário, e estabilidade no emprego pelo período desde a confirmação da gravidez até cento e vinte dias após o parto.
(D) licença de cinco meses, sem prejuízo do emprego e do salário, e estabilidade no emprego pelo período desde a confirmação da gravidez até cento e vinte dias após o parto.
(E) licença de cento e vinte dias, sem prejuízo do emprego e do salário e, apenas para as empregadas urbanas, estabilidade no emprego pelo período desde a confirmação da gravidez até cinco meses após o parto.

"A" é a opção correta, pois reflete o disposto no art. 7º, XVIII, da CF e art. 10, II, *b*, do ADCT. Vale lembrar que o art. 1º da Lei 11.770/2008 prevê a possibilidade de prorrogação do período de licença por mais 60 dias.
Gabarito "A"

(Analista – TRT/12ª – 2010 – FCC) Ao término de sua licença maternidade, Joana retornou ao seu emprego. Considerando que seu filho tem cinco meses de idade e que está sendo amamentado, de acordo com a Consolidação das Leis do Trabalho, em regra, Joana terá direito, durante a jornada de trabalho, a

(A) dois descansos especiais, de quarenta e cinco minutos cada um, até que seu filho complete seis meses de idade.
(B) um descanso especial, de quarenta e cinco minutos, até que seu filho complete seis meses de idade.
(C) dois descansos especiais, de meia hora cada um, até que seu filho complete doze meses de idade.
(D) um descanso especial, de quarenta e cinco minutos, até que seu filho complete doze meses de idade.
(E) dois descansos especiais, de meia hora cada um, até que seu filho complete seis meses de idade.

Art. 396 da CLT.
Gabarito "E"

(Analista – TRT/20ª – 2011 – FCC) No tocante a proteção ao trabalho da mulher, em especial a proteção à maternidade, é certo que

(A) os períodos de repouso, antes e depois do parto, poderão ser aumentados de duas semanas cada um, mediante atestado médico.
(B) em caso de aborto não criminoso, comprovado por atestado médico oficial, a mulher terá um repouso remunerado de, no máximo, uma semana, ficando-lhe assegurado o direito de retornar à função que ocupava antes de seu afastamento.
(C) para amamentar o próprio filho, em regra, até que este complete seis meses de idade, a mulher terá direito, durante a jornada de trabalho, a um descanso especial, de noventa minutos.

(D) os locais destinados à guarda dos filhos das operárias durante o período da amamentação deverão possuir, no mínimo, um berçário, duas saletas de amamentação e duas instalações sanitárias.
(E) em caso de parto antecipado, a mulher terá direito a licença maternidade reduzida e proporcional ao tempo de antecipação comparado com a gestação a termo.

A: correta (art. 392, § 2º, da CLT); **B:** incorreta. Em caso de aborto não criminoso, comprovado por atestado médico oficial, a mulher terá um repouso remunerado de 2 (duas) semanas, ficando-lhe assegurado o direito de retornar à função que ocupava antes de seu afastamento (art. 395 da CLT); **C:** incorreta. A mulher terá direito, durante a jornada de trabalho, a 2 (dois) descansos especiais, de meia hora cada um (art. 396 da CLT); **D:** incorreta. Os locais destinados à guarda dos filhos das operárias durante o período da amamentação deverão possuir, no mínimo, um berçário, uma saleta de amamentação, uma cozinha dietética e uma instalação sanitária (art. 400 da CLT); **E:** incorreta. Em caso de parto antecipado, a mulher terá direito aos 120 (cento e vinte) dias previstos no caput do art. 392 (art. 392, § 3º, da CLT).
Gabarito "A".

(Analista – TRT/22ª – 2010 – FCC) Segundo a Consolidação das Leis do Trabalho, é garantido à empregada, durante a gravidez, sem prejuízo do salário e demais direitos,

(A) dispensa do horário de trabalho por duas horas para a realização de, no mínimo, três consultas médicas e demais exames complementares.
(B) dispensa do horário de trabalho pelo tempo necessário para a realização de, no máximo, cinco consultas médicas.
(C) dispensa do horário de trabalho pelo tempo necessário para a realização de, no mínimo, seis consultas médicas e demais exames complementares.
(D) deixar de comparecer ao serviço por até três dias para a realização de consultas médicas.
(E) deixar de comparecer ao serviço por até cinco dias para a realização de consultas médicas.

Art. 392, § 4º, II, da CLT.
Gabarito "C".

(Analista – TRT/23ª – 2011 – FCC) Em regra, terão local apropriado onde seja permitido às empregadas guardar sob vigilância e assistência os seus filhos no período da amamentação, os estabelecimentos em que trabalharem pelo menos

(A) 30 mulheres com mais de 14 anos de idade.
(B) 30 mulheres com mais de 16 anos de idade.
(C) 90 mulheres com mais de 16 anos de idade.
(D) 90 mulheres com mais de 18 anos de idade.
(E) 120 mulheres com mais de 18 anos de idade.

Art. 389, § 1º, da CLT.
Gabarito "B".

(Analista – TRT/24ª – 2011 – FCC) Considere as seguintes assertivas a respeito da proteção ao trabalho da mulher:

I. A adoção de medidas de proteção ao trabalho das mulheres é considerada de ordem pública, não justificando, em hipóteses alguma, a redução de salário.
II. Em caso de parto antecipado, a mulher terá direito a 12 semanas de licença-maternidade.
III. À empregada que adotar ou obtiver guarda judicial para fins de adoção de criança de 7 anos de idade será concedida licença-maternidade de 120 dias.
I. Os locais destinados à guarda dos filhos das operárias, durante o período da amamentação, deverão possuir, no mínimo, um berçário, uma saleta de amamentação, uma cozinha dietética e uma instalação sanitária.

De acordo com a Consolidação das Leis do Trabalho está correto o que consta APENAS em

(A) III e IV.
(B) I, II e III.
(C) I e IV.
(D) I, III e IV.
(E) II, III e IV.

I: correta (art. 377 da CLT); **II:** incorreto. Em caso de parto antecipado, a mulher terá direito aos 120 (cento e vinte) dias previstos no *caput* do art. 392 (art. 392, § 3º, da CLT); **III:** correto (art. 392-A da CLT, na redação da Lei 12.010/2009); **IV:** correto (art. 400 da CLT).
Gabarito "D".

3.6. Trabalho do Menor, Aprendizagem e Estágio

(Técnico Judiciário – TRT/7ª – 2009 – FCC) Considere as assertivas abaixo a respeito do contrato de aprendizagem.

I. Não poderá ser estipulado por mais de dois anos.
II. Independe da forma escrita, podendo ser ajustado verbalmente pelas partes.
III. É contrato no qual o empregador se compromete a assegurar ao maior de dezesseis anos e menor de dezoito anos, inscrito em programa de aprendizagem, formação técnico-profissional metódica, compatível com o seu desenvolvimento físico, moral e psicológico.
IV. Extinguir-se-á no seu termo ou quando o aprendiz completar dezoito anos, ou ainda antecipadamente quando houver desempenho insuficiente ou inadaptação do aprendiz.

É correto o que se afirma APENAS em:

(A) I.
(B) II e III.
(C) I, II e III.
(D) II, III e IV.
(E) III e IV.

I: correta, art. 428, § 3º, da CLT; **II:** incorreta, o art. 428, *caput*, da CLT exige a forma escrita; **III:** incorreta, o limite etário, cuja idade máxima não se aplica ao aprendiz com deficiência (art. 428, § 5º, da CLT), está estabelecido entre 14 e 24 anos de idade (art. 428, *caput*, da CLT); **IV:** incorreta, além do art. 433 da CLT veicular outras hipóteses, a limitação etária é de 24 anos (ressalvado o caso do aprendiz com deficiência).
Gabarito "A".

(Técnico Judiciário – TRT/23ª – 2011 – FCC) Luan completa 18 anos no próximo ano e gostaria de, na data de seu aniversário, realizar uma grande viagem com seus amigos. Porém, como não possui recursos financeiros suficientes para pagá-la, resolve procurar um emprego na cidade de São Paulo. Pode-se afirmar que Luan, antes de seu aniversário,

(A) não poderá laborar em locais e serviços perigosos ou insalubres e também não poderá realizar trabalho noturno, ou seja, aquele compreendido entre as 22 horas de um dia até às 5 horas do dia seguinte, por ser vedado o trabalho noturno, insalubre e perigoso aos menores de 18 anos.
(B) não poderá exercer qualquer tipo de atividade laboral tendo em vista que é proibido o trabalho do menor de 18 anos, salvo na condição de aprendiz, a partir dos 14 anos.
(C) poderá realizar trabalho noturno, ou seja, aquele compreendido entre as 22 horas de um dia até às 5 horas do dia seguinte, tendo em vista que a legislação trabalhista proíbe o trabalho noturno apenas para trabalhadores que possuam idade inferior a 16 anos, mas não poderá realizar trabalho insalubre ou perigoso.
(D) não poderá realizar trabalho noturno, ou seja, aquele compreendido entre as 22 horas de um dia até às 5 horas do dia seguinte, mas poderá realizar trabalho insalubre desde que utilize equipamentos de proteção individual – EPI. (E) poderá realizar trabalho insalubre e perigoso, desde que utilize equipamentos de proteção adequados e também laborar no período noturno, ou seja, aquele compreendido entre as 22 horas de um dia até às 5 horas do dia seguinte, desde que o local de trabalho não seja prejudicial à sua moralidade.

Art. 7º, XXXIII, da Constituição Federal, e arts. 403, 404 e 405, I, da CLT.
Gabarito "A".

(Técnico Judiciário – TRT/1ª – 2008 – CESPE) Com relação ao caso de um adolescente que complete quinze anos e comece a laborar, assinale a opção correta.

(A) O limite diário de labor do adolescente não poderá superar quatro horas.
(B) O menor, se quiser vindicar, perante a justiça do trabalho, direitos desrespeitados, só poderá fazê-lo dois anos após a extinção do seu contrato de trabalho.
(C) O adolescente poderá, independentemente de seus responsáveis legais, firmar recibo de pagamento dos salários.
(D) O adolescente poderá desenvolver trabalho no turno noturno, o qual não está vedado a menor de dezoito anos.
(E) O trabalho do menor somente poderá ser considerado como de aprendizagem até que o adolescente complete dezoito anos de idade.

A premissa para esta questão é admitir que o trabalho em apreço concerne à aprendizagem ou ao trabalho educativo previsto no ECA, pois, do contrário, será trabalho nulo (art. 7º, XXXIII, da CF, e art. 403 da CLT). Assim, temos que: A: incorreta, inexiste tal limitação ao trabalho do jovem (CLT, art. 411); B: incorreta, inexiste tal limitação legal; C: correta, art. 439 da CLT; D: incorreta, art. 7º, XXXIII, da CF; E: incorreta, art. 428, *caput*, e 433, *caput*, da CLT.

Gabarito "C"

(Técnico Judiciário – TRT/17ª – 2009 – CESPE) No que se refere ao direito do trabalho, julgue o item seguinte.

(1) Considera-se menor, para os efeitos da Consolidação das Leis do Trabalho (CLT), o trabalhador com idade entre 14 e 18 anos.

1: correta, art. 402, *caput*, da CLT.

Gabarito 1C

(Analista – TRT/6ª – 2012 – FCC) Quanto ao trabalho do menor, nos termos da legislação trabalhista consolidada, é INCORRETO afirmar que

(A) não será permitido ao menor o trabalho nos locais e serviços perigosos ou insalubres, constantes de quadro para esse fim aprovado pela Secretaria de Segurança e Medicina do Trabalho.
(B) quando o menor de 18 (dezoito) anos for empregado em mais de um estabelecimento, as horas de trabalho de cada um serão totalizadas.
(C) é proibido qualquer trabalho a menores de dezesseis anos de idade, salvo na condição de aprendiz, a partir dos quatorze anos.
(D) é lícito ao menor firmar recibo pelo pagamento dos salários, bem como, tratando-se de rescisão do contrato de trabalho, dar quitação ao empregador pelo recebimento da indenização que lhe for devida, sem assistência dos seus responsáveis legais.
(E) se aplica ao menor a vedação do serviço que demande o emprego de força muscular superior a 20 (vinte) quilos para o trabalho continuo, ou 25 (vinte e cinco) quilos para o trabalho ocasional; exceto em caso da remoção de material feita por impulsão ou tração de vagonetes sobre trilhos, de carros de mão ou quaisquer aparelhos mecânicos.

A: correto, nos termos do art. 7º, XXXIII, da CF e do art. 405, I, da CLT (v. art. 441 da CLT); **B:** correto (art. 414 da CLT); **C:** correto (art. 7º, XXXIII, da CF e art. 403 da CLT); **D:** incorreto (devendo ser assinalado), nos termos do art. 439 da CLT; **E:** correto (art. 405, § 5º c/c art. 390 da CLT).

Gabarito "D"

(Analista – TRT/14ª – 2011 – FCC) Com relação à proteção ao trabalho do menor, a Consolidação das Leis do Trabalho prevê o contrato de aprendizagem. Este contrato é um contrato de trabalho especial, ajustado por escrito e por prazo determinado, em que o empregador se compromete a assegurar ao aprendiz formação técnico-profissional metódica, compatível com o seu desenvolvimento físico, moral e psicológico. Este contrato pode ser celebrado com pessoa maior de 14 anos e menor de

(A) 26 anos.
(B) 24 anos.
(C) 22 anos.
(D) 21 anos.
(E) 18 anos.

Art. 428 da CLT (o limite etário máximo não se aplica ao aprendiz portador de deficiência).

Gabarito "B"

(Analista – TRT/16ª – 2009 – FCC) Considere as seguintes assertivas a respeito do contrato de aprendizagem:

I. No Contrato de aprendizagem o empregador se compromete a assegurar ao maior de 14 e menor de 24 anos inscrito em programa de aprendizagem, formação técnico-profissional metódica.
II. O contrato de aprendizagem não poderá ser estipulado por mais de três anos, exceto quando se tratar de aprendiz portador de deficiência.
III. É obrigatório empregar e matricular nos cursos dos Serviços Nacionais de Aprendizagem número de aprendizes equivalente a no mínimo dez por cento dos trabalhadores existentes em cada estabelecimento.
IV. A duração do trabalho do aprendiz não excederá de seis horas diárias, sendo vedadas a prorrogação e a compensação de jornada.

É correto o que se afirma APENAS em

(A) II, III e IV.
(B) I e IV.
(C) I e III.
(D) I, II e III.
(E) II e IV.

I: correta (art. 428, *caput, da* CLT); **II:** incorreta, pois o limite de estipulação, salvo em relação ao aprendiz com deficiência, é de dois anos (art. 428, § 3º, da CLT); **III:** incorreta, pois o número mínimo é de 5% (art. 429, *caput*, da CLT); **IV:** correta (art. 432, *caput*, da CLT).

Gabarito "B"

(Analista – TRT/18ª – 2008 – FCC) Com relação ao contrato de aprendizagem, é certo que

(A) é modalidade de contrato especial, ajustado por escrito ou de forma verbal, por prazo determinado ou indeterminado.
(B) o contrato de aprendizagem não pode ser estipulado por mais de dois anos.
(C) não estará descaracterizado o contrato, em razão da informalidade existente, se o aprendiz que não concluiu o ensino fundamental não frequentar a escola.
(D) o aprendiz poderá trabalhar a partir dos dezesseis anos até os vinte e quatro anos de idade.
(E) o aprendiz menor de dezoito anos não pode trabalhar com atividades insalubres, mas poderá laborar no período noturno, sem prejuízo dos estudos escolares.

A: incorreta, pois há obrigatoriedade da forma escrita e da determinação de prazo (art. 428, *caput*, da CLT); **B:** correta (art. 428, § 3º, da CLT); **C:** incorreta, pois trata-se de contrato extremamente formal e que pressupõe frequência do aprendiz, que não concluiu o ensino fundamental, à escola (art. 428, § 1º, da CLT); **D:** incorreta. O aprendiz poderá trabalhar a partir dos catorze (art. 428, *caput*, da CLT); **E:** incorreta, pois é vedado o trabalho noturno ao menor de dezoito anos (art. 404 da CLT).

Gabarito "B"

(Analista – TRT/24ª – 2011 – FCC) Considera-se menor, para os efeitos de proteção ao trabalho do menor previsto na Consolidação das Leis do Trabalho, o trabalhador de

(A) quatorze até dezoito anos.
(B) dezesseis até dezoito anos.
(C) quatorze até dezesseis anos.
(D) doze até dezoito anos.
(E) doze até dezesseis anos.

Art. 402 da CLT.

Gabarito "A"

(Analista – TRT/21ª – 2010 – CESPE) No que concerne a contrato de trabalho, julgue o item a seguir.

(1) Caso o obreiro seja menor de dezoito anos de idade, a relação será considerada imprescrita.

1: certo. Contra os menores de 18 (dezoito) anos não corre nenhum prazo de prescrição (art. 440 da CLT).

Gabarito 1C

3.7. Avulsos

(Técnico Judiciário – TRT/4ª – 2011 – FCC) As atividades de capatazia, estiva, conferência de carga, conserto de carga, vigilância de embarcações e bloco são executadas especificamente pelo trabalhador

(A) avulso.
(B) celetista estrangeiro.
(C) eventual.
(D) temporário.
(E) autônomo.

Art. 40, § 2º, da Lei 12.815/2013.
Gabarito "A"

(Analista – TRT/2ª – 2014 – FCC) Um trabalhador avulso teve seu trabalho suspenso de forma total pelo período de 90 dias, tendo sido tal suspensão comprovada por declaração do sindicato representativo da categoria profissional. Nesse caso, em relação ao FGTS, de acordo com a legislação aplicável, os valores depositados em sua conta vinculada

(A) não poderão ser sacados tendo em vista que o saque de FGTS do trabalhador avulso só ocorre por ocasião da aposentadoria do mesmo.
(B) poderão ser sacados, eis que preenchidos os requisitos legais para tanto.
(C) não poderão ser sacados, uma vez que a suspensão do trabalho não completou o período de 120 dias.
(D) só poderão ser sacados se a suspensão do trabalho for autorizada pelo Ministério do Trabalho.
(E) só poderão ser sacados se o trabalhador tiver completado 65 anos de idade.

A: opção incorreta, pois a Lei 8.036/1990 trata de outras situações que o trabalhador avulso poderá sacar o FGTS. Veja art. 20 da Lei 8.036/1990. Ademais, por força do art. 7º, XXXIV, da CF o FGTS é um direito dos trabalhadores urbanos e rurais estendido aos trabalhadores avulsos. **B:** opção correta, pois os requisitos exigidos no art. 20, X, da Lei 8.036/1990 foram atendidos. **C:** opção incorreta, pois o período de suspensão disposto no art. 20, X, da Lei 8.036/1990 não é de 120 dias, mas sim de 90 dias. **D:** opção incorreta, pois a suspensão do trabalho não carece de autorização do Ministério do Trabalho, mas sim de declaração do sindicato representativo da categoria profissional. **E:** opção incorreta, pois nos termos do art. 20, XV, da Lei 8.036/1990 a idade deve ser igual ou superior a 70 anos. Gabarito "B"

4. TERCEIRIZAÇÃO E TRABALHO TEMPORÁRIO

(Técnico Judiciário – TRT/18ª – 2008 – FCC) Após a edição da Constituição de Federal de 1988, a contratação irregular de trabalhador, por meio de empresa interposta,

(A) gera vínculo de emprego apenas com os órgãos da Administração Pública indireta ou fundacional.
(B) gera vínculo de emprego com os órgãos da Administração Pública direta, indireta ou fundacional.
(C) gera vínculo de emprego apenas com os órgãos da Administração Pública direta.
(D) gera vínculo de emprego apenas com os órgãos da Administração Pública indireta.
(E) não gera vínculo de emprego com os órgãos da Administração Pública direta, indireta ou fundacional.

Súmula 331, II, do TST, art. 37, II da CF.
Gabarito "E"

(Analista – TRT/11ª – 2012 – FCC) O supermercado Delta terceirizou, de forma regular por meio de contrato, os serviços de vigilância junto à empresa Ajax Serviços. Houve inadimplência das obrigações trabalhistas em relação aos vigilantes. Nesta hipótese, o supermercado Delta

(A) poderá responder de forma solidária pelos débitos trabalhistas da empresa Ajax.
(B) não terá qualquer responsabilidade trabalhista visto que firmou contrato regular de terceirização com a prestadora Ajax.
(C) poderá responder de forma subsidiária ou solidária pelos débitos trabalhistas da empresa Ajax.
(D) poderá responder de forma subsidiária pelos débitos trabalhistas da empresa Ajax.
(E) poderá responder de forma solidária pelos débitos trabalhistas apenas em caso de falência da empresa Ajax.

"D" é a resposta correta. Isso porque trata-se de uma terceirização lícita e nessa hipótese, nos termos da súmula 331, item IV, do TST: "o inadimplemento das obrigações trabalhistas, por parte do empregador, implica a responsabilidade subsidiária do tomador dos serviços quanto àquelas obrigações, desde que haja participado da relação processual e conste também do título executivo judicial".
Gabarito "D"

(Analista – TRT/9ª – 2012 – FCC) Em relação ao trabalho temporário, com fundamento na legislação aplicável, é correto afirmar:

(A) A empresa de trabalho temporário é a pessoa física ou jurídica, urbana ou rural, cuja atividade consiste em colocar à disposição de outras empresas, temporariamente, trabalhadores devidamente qualificados, por ela remunerados e assistidos.
(B) Será nula de pleno direito qualquer cláusula de reserva, proibindo a contratação do trabalhador pela empresa tomadora ou cliente ao fim do prazo em que tenha sido colocado à sua disposição pela empresa de trabalho temporário.
(C) O contrato entre a empresa de trabalho temporário e a empresa tomadora ou cliente, com relação a um mesmo empregado, não poderá exceder de seis meses, salvo mediante autorização do Ministério do Trabalho.
(D) O contrato de trabalho celebrado entre a empresa de trabalho temporário e cada um dos assalariados colocados à disposição da empresa tomadora ou cliente poderá ser celebrado verbalmente ou por escrito, sendo vedada a modalidade de contrato tácito.
(E) A jornada normal de trabalho do temporário não poderá exceder de 6 horas diárias, remuneradas as horas extras com adicional de 20% sobre o valor da hora normal.

A: opção incorreta, pois nos termos do art. 4º, da Lei 6.019/1974 compreende-se como empresa de trabalho temporário a pessoa física ou jurídica urbana, cuja atividade consiste em colocar à disposição de outras empresas, temporariamente, trabalhadores, devidamente qualificados, por elas remunerados e assistidos. **B:** opção correta, pois reflete o disposto no art. 11, parágrafo único, da Lei 6.019/1974. **C:** opção incorreta, pois não poderá exceder 3 meses, nos termos do art. 10 da Lei 6.019/1974. Veja também a Portaria 789/2014 do Ministério do Trabalho e Emprego. **D:** opção incorreta, pois o contrato deverá ser obrigatoriamente escrito, nos termos do art. 11 da Lei 6.019/1974. **E:** opção incorreta, pois a jornada de trabalho será de 8 horas diárias e o adicional será de 50% sobre a hora normal, art. 7º, XVI, da CF.
Gabarito "B"

(Analista – TRT/2ª – 2008 – FCC) Hipoteticamente, considere que a Fundação Instituto Brasileiro de Geografia e Estatística (IBGE), a Prefeitura de São Paulo, a Empresa de Correios e Telégrafos (ECT) e o Conselho Nacional de Desenvolvimento Científico e Tecnológico (CNPq) contrataram de forma irregular, por meio de empresa interposta, trabalhador terceirizado. Neste caso, tal contratação

(A) gerará vínculo de emprego apenas com o IBGE.
(B) gerará vínculo de emprego com o IBGE, a Prefeitura de São Paulo, a ECT e o CNPq.
(C) gerará vínculo de emprego apenas com o IBGE e o CNPq.
(D) gerará vínculo de emprego apenas com o ECT e o CNPq.
(E) não gerará vínculo de emprego com o IBGE, a Prefeitura de São Paulo, a ECT e o CNPq.

A contratação irregular de trabalhador, mediante empresa interposta, não gera vínculo de emprego com os órgãos da Administração Pública direta, indireta ou fundacional, em razão do disposto no art. 37, II, da CF/1988, nos termos da súmula 331, II, do TST.
Gabarito "E"

(Analista – TRT/3ª – 2005 – FCC) Ao subcontratar serviços de carpintaria, uma construtora celebra contrato de

(A) subempreitada, ficando solidariamente responsável pelo implemento das obrigações trabalhistas derivadas desse contrato.
(B) subempreitada, ficando subsidiariamente responsável pelo implemento das obrigações trabalhistas derivadas desse contrato.

(C) locação de mão de obra, não assumindo qualquer responsabilidade em relação às obrigações trabalhistas derivadas desse contrato.
(D) locação de mão de obra, ficando subsidiariamente responsável pelo implemento das obrigações trabalhistas derivadas desse contrato.
(E) equipe ou de cooperativa de trabalho, ficando solidariamente responsável pelo implemento das obrigações trabalhistas derivadas desse contrato.

Art. 455 da CLT e súmula 331, IV, do TST (ver, também, OJ 191 da SDI 1 do TST).
Gabarito "B".

(Analista – TRT/14ª – 2011 – FCC) No contrato de trabalho temporário, o contrato entre a empresa de trabalho temporário e a empresa tomadora ou cliente, com relação a um mesmo empregado, NÃO

(A) poderá exceder de sessenta dias, salvo autorização conferida pelo órgão local do Ministério do Trabalho e Previdência Social.
(B) possui prazo mínimo, mas não poderá exceder trinta dias, em qualquer hipótese, convertendo-se automaticamente em contrato individual de trabalho por prazo indeterminado.
(C) possui prazo mínimo, mas não poderá exceder seis meses, em qualquer hipótese, convertendo-se automaticamente em contrato individual de trabalho por prazo indeterminado.
(D) possui prazo mínimo e nem máximo para ser celebrado devendo observar a demanda que gerou a contratação extraordinária.
(E) poderá exceder de três meses, salvo autorização conferida pelo órgão local do Ministério do Trabalho e Previdência Social.

Art. 10 da Lei 6.019/1974. Veja também a Portaria 789/2014 do Ministério do Trabalho e Emprego.
Gabarito "E".

(Analista – TRT/18ª – 2008 – FCC) A rede de lojas de departamento Areia Branca terceirizou, regularmente, o serviço de conservação e limpeza de suas lojas à empresa Limpe Bem, assim como o serviço de vigilância à empresa Segura Mais. Neste caso, havendo inadimplência das obrigações trabalhistas, a rede de lojas Areia Branca

(A) não poderá ser responsabilizada solidariamente ou subsidiariamente pelos empregados das empresas Limpe Bem e Segura Mais.
(B) poderá ser responsabilizada solidariamente pelos empregados das empresas Limpe Bem e Segura Mais.
(C) poderá ser responsabilizada subsidiariamente pelos empregados da empresa Limpe Bem e solidariamente pelos da empresa Segura Mais.
(D) poderá ser responsabilizada solidariamente pelos empregados da empresa Limpe Bem e subsidiariamente pelos da empresa Segura Mais.
(E) poderá ser responsabilizada subsidiariamente pelos empregados das empresas Limpe Bem e Segura Mais.

O inadimplemento das obrigações trabalhistas, por parte do empregador, implica a responsabilidade subsidiária do tomador dos serviços quanto àquelas obrigações, desde que haja participado da relação processual e conste também do título executivo judicial (súmula 331, IV, do TST).
Gabarito "E".

Uma vez vitoriosa em processo licitatório deflagrado pelo Ministério da Fazenda, a empresa LIMP firmou contrato de prestação de serviços de limpeza e conservação com o mencionado órgão, em 10/1/1998. Em 15/1/1998, Antônio foi contratado como servente, pela empresa LIMP, com remuneração de R$ 320,00. No dia 18/3/1999, Carlos foi contratado, também como servente pela empresa LIMP, com a remuneração mensal de R$ 420,00. Em 20/3/2000, a empresa CLEANER foi subcontratada pela empresa LIMP para executar os serviços de limpeza e conservação em um dos anexos do Ministério da Fazenda, conforme permitia o contrato administrativo firmado. Em 20/4/2000, Manoel foi contratado pela empresa CLEANER para exercer as funções de servente, percebendo a título de salário a importância de R$ 280,00. Em 10/1/2002, houve a rescisão do contrato administrativo firmado entre o Ministério da Fazenda e a empresa LIMP, sendo, logo em seguida, rescindido o contrato firmado entre esta e a empresa CLEANER.

No dia 15/1/2002, Antônio e Carlos tiveram seus contratos de trabalho rescindidos sem justa causa, recebendo o pagamento das verbas rescisórias devidas. Manoel foi dispensado sem justa causa pela empresa CLEANER, sem, contudo, receber o pagamento de qualquer parcela rescisória.

(Analista – TRT/10ª – 2004 – CESPE) Com base na situação hipotética apresentada acima, julgue os itens a seguir.

(1) Por força da isonomia salarial garantida pela CLT, Antônio, Carlos e Manoel, por desempenharem as mesmas funções, deveriam ter a mesma remuneração.
(2) A empresa LIMP responde subsidiariamente pelo pagamento das verbas trabalhistas devidas pela empresa CLEANER a Manoel.
(3) A contratação por empresa interposta de maneira irregular de trabalhador gera vínculo de emprego com os órgãos da administração pública direta, indireta ou fundacional.

1: errada. Requesta-se os demais requisitos do art. 461 da CLT; **2:** certa (Súmula 331, IV, do TST); **3:** errada (súmula 331, II, do TST).
Gabarito 1E, 2C, 3E

5. CARTEIRA DE TRABALHO E PREVIDÊNCIA SOCIAL/ REGISTRO DE EMPREGADO

(Técnico Judiciário – TRT/3ª – 2005 – FCC) Documento obrigatório para o exercício da relação de emprego, inclusive de natureza rural, ainda que em caráter temporário:

(A) Título de Eleitor.
(B) Comprovante de Associação ao Sindicato.
(C) Cadastro de Pessoa Física.
(D) Contrato de Trabalho.
(E) Carteira de Trabalho e Previdência Social.

Art. 13 da CLT.
Gabarito "E".

6. JORNADA DE TRABALHO

(Técnico – TRT/19ª – 2015 – FCC) O tempo despendido pelo empregado até o local de trabalho, e para seu retorno,

(A) deve ser considerado como tempo efetivamente trabalhado, limitado a 1 hora diária.
(B) é computado como tempo efetivamente trabalhado, se o local de trabalho for de difícil acesso ou não servido por transporte público, e o empregador fornecer a condução.
(C) é computado como tempo efetivamente trabalhado, se a condução for do empregador, independentemente do local onde fica a empresa.
(D) é computado como tempo efetivamente trabalhado, somente quando o empregado utiliza transporte público para chegar ao local de trabalho.
(E) não é computado como tempo de jornada de trabalho.

"B" é a resposta correta. O art. 58, § 2º, da CLT leciona que o tempo despendido pelo empregado até o local de trabalho e para o seu retorno, por qualquer meio de transporte, não será computado na jornada de trabalho, salvo quando, tratando-se de local de difícil acesso ou não servido por transporte público, o empregador fornecer a condução. Assim, em regra esse período não é computado na jornada de trabalho. Porém, caso o empregador forneça o transporte e o local de trabalho seja de difícil acesso ou não servido por transporte público, esse período será computado na jornada de trabalho do obreiro. Somente com a reunião desses dois elementos é que se poderá falar em horas *in itinere*.
Gabarito "B".

(Técnico – TRT/16ª – 2015 – FCC) Por meio de acordo escrito, a empresa X acordou com seus empregados, cuja jornada é de 8 horas diárias, que o intervalo para repouso e alimentação será de 1 hora e cinquenta minutos. Carmelita, sócia da empresa, indagou ao departamento jurídico da empresa, afirmando que o horário de intervalo intrajornada não poderia ultrapassar 1 hora por dia. Neste caso, de acordo com a Consolidação das Leis do Trabalho, Carmelita está

(A) correta, uma vez que, o acordo celebrado pelos funcionários não possui validade porque não foi estabelecido em Convenção Coletiva de Trabalho.
(B) incorreta, uma vez que o intervalo para refeição e descanso não poderá ultrapassar uma hora e trinta minutos.
(C) incorreta, uma vez que o referido diploma legal está sendo respeitado.
(D) correta, uma vez que, em qualquer hipótese, o intervalo para repouso e alimentação não poderá ultrapassar uma hora.
(E) correta, uma vez que o intervalo para repouso e alimentação somente poderá ser negociado para redução e não para o aumento dos sessenta minutos diários.

"C" é a resposta correta. Carmelita está equivocada, pois de acordo com o art. 71 da CLT em qualquer trabalho contínuo, cuja duração exceda 6 (seis) horas, é obrigatória a concessão de um intervalo para repouso ou alimentação, o qual será, no mínimo, de 1 (uma) hora e, salvo acordo escrito ou contrato coletivo em contrário, não poderá exceder de 2 (duas) horas.
Gabarito "C"

(Técnico – TRT/3ª – 2015 – FCC) Considerando que um empregado trabalhe sob o regime normal de jornada de trabalho de 8 horas diárias e 44 horas semanais, com 1 hora de intervalo para refeição, tendo ele laborado das 13 h até às 22 h de sábado, o primeiro horário em que ele deverá retornar ao local de trabalho será às
(A) 6 h da manhã de domingo.
(B) 10 h da manhã de segunda-feira.
(C) 7 h da manhã de domingo.
(D) 8 h da manhã de segunda-feira.
(E) 9 h da manhã de segunda-feira.

"E" é a resposta correta. Isso porque devemos somar o período de intervalo interjornada de 11 horas esculpido no art. 66 da CLT e, também, o período de 24 horas referente ao descanso semanal remunerado, que ocorrerá, preferencialmente no domingo, direitos estes devidos a todos os trabalhadores. Assim, tendo terminado sua jornada às 22 horas de sábado, deverá retornar ao local de trabalho às 9h da manhã de segunda-feira.
Gabarito "E"

(Técnico Judiciário – TRT/2ª – 2008 – FCC) No que concerne à jornada suplementar de trabalho, considere:
I. A limitação legal da jornada suplementar a duas horas diárias exime o empregador de pagar as horas trabalhadas.
II. A remuneração do serviço suplementar é composta do valor da hora normal, integrado por parcelas de natureza salarial e acrescido do adicional previsto em lei, contrato, acordo, convenção coletiva ou sentença normativa.
III. O empregado, sujeito a controle de horário, remunerado à base de comissões, tem direito ao adicional de, no mínimo, 30% pelo trabalho em horas extras, calculado sobre o valor-hora das comissões recebidas no mês.
IV. A prestação de horas extras habituais descaracteriza o acordo de compensação de jornada, sendo que, para as horas destinadas à compensação, deverá ser pago a mais apenas o adicional por trabalho extraordinário.

Está correto o que consta APENAS em
(A) II, III e IV.
(B) II e IV.
(C) I, II e III.
(D) I, II e IV.
(E) I e III.

I: incorreta, art. 7º, XVI, da CF e súmula 376, I, do TST; **II:** correta, súmula 264 do TST; **III:** incorreta, a base de cálculo não está correta (súmula 340 do TST), mas o adicional é de, pelo menos, 50% (art. 7º, XVI, da CF); **IV:** correta, súmula 85, IV, do TST.
Gabarito "B"

(Técnico Judiciário – TRT/3ª – 2005 – FCC) Empregado que cumpre o horário das 8h 30 min às 17 horas com uma hora de intervalo para refeição e descanso, de segunda a sábado, trabalha
(A) 1 hora extra por semana.
(B) 2 horas extras por semana.
(C) 3 horas extras por semana.
(D) 4 horas extras por semana.
(E) em jornada normal sem hora extra.

Multiplicando-se a jornada líquida de 7h30min por seis dias, chega-se a uma prestação de 45 horas semanais, ultrapassando-se em uma hora a limitação da jornada semanal a 44 horas (CF, art. 7º, XIII).
Gabarito "A"

(Técnico Judiciário – TRT/4ª – 2011 – FCC) Nerva, empregada da empresa A, celebrou acordo de compensação de horas com sua empregadora, amparada pela Convenção Coletiva de Trabalho da Categoria. Três meses após, Nerva foi dispensada sem justa causa, sem que tenha ocorrido a compensação integral da jornada extraordinária que laborou. Neste caso, Nerva
(A) terá direito a uma indenização pré-fixada na Consolidação das Leis do Trabalho em 5 salários a serem recebidos na data da rescisão.
(B) terá direito a uma indenização pré-fixada na Consolidação das Leis do Trabalho em 12 salários mínimos a serem recebidos na data da rescisão.
(C) terá direito ao pagamento das horas extras não compensadas que será calculado sobre a remuneração na data da rescisão.
(D) não terá direito ao pagamento das horas extras não compensadas em razão da rescisão do contrato de trabalho.
(E) terá direito a uma indenização pré-fixada na Consolidação das Leis do Trabalho em 5 salários mínimos.

Art. 59, § 3º, da CLT.
Gabarito "C"

(Técnico – TRT/6ª – 2012 – FCC) Atena é empregada da empresa "AFA", possuindo jornada diária de trabalho de 6 horas. Ela cumpre regularmente a sua jornada, não ultrapassando estas 6 horas diárias. Neste caso, prevê a Consolidação das Leis do Trabalho que Atena terá intervalo para repouso e alimentação de
(A) no mínimo trinta minutos.
(B) trinta minutos.
(C) no mínimo sessenta minutos.
(D) no máximo sessenta minutos.
(E) quinze minutos.

CLT, art. 71, § 1º.
Gabarito "E"

(Técnico – TRT/6ª – 2012 – FCC) Os empregados da empresa "ACA", após transporem a portaria da empresa, deslocam-se, ainda, alguns metros para chegarem ao local de trabalho, em razão do enorme terreno em que a referida empresa está localizada. Este tempo de deslocamento do empregado entre a portaria da empresa e o local de trabalho
(A) será sempre considerado tempo à disposição do empregador, uma vez que se o empregado atravessou a portaria da empresa pressupõe-se que se encontra disponível.
(B) não é considerado tempo à disposição do empregador, uma vez que a jornada de trabalho somente se inicia com a chegada efetiva do empregado no local de trabalho.
(C) é considerado tempo à disposição do empregador, desde que supere o limite de 5 minutos diários.
(D) é considerado tempo à disposição do empregador, desde que supere o limite de 10 minutos diários.
(E) só será considerado tempo à disposição do empregador, se houver previsão em Convenção Coletiva de Trabalho, em razão das peculiaridades existentes em cada categoria.

Súmula 429 do TST.
Gabarito "D"

(Técnico – TRT/6ª – 2012 – FCC) Na hipótese de se estabelecer jornada de oito horas, por meio de regular negociação coletiva, os empregados submetidos a turnos ininterruptos de revezamento
(A) têm direito ao pagamento da 7ª e 8ª horas com acréscimo de, no mínimo, 60% sobre a hora normal.
(B) têm direito ao pagamento da 7ª e 8ª horas com acréscimo de 50% sobre a hora normal.

(C) não têm direito ao pagamento da 7ª e 8ª horas como horas extras.
(D) têm direito ao pagamento da 8ª hora com acréscimo de 30% sobre a hora normal.
(E) têm direito ao pagamento da 8ª hora com acréscimo de, no mínimo, 50% sobre a hora normal.

Súmula 423 do TST.
Gabarito "C".

(Técnico Judiciário – TRT/6ª – 2006 – FCC) A jornada normal de trabalho é de

(A) 7 (sete) horas, sendo permitida a realização de horas extras sem limitação legal.
(B) 7h30m (sete horas e 30 minutos), sendo permitida a realização de, no máximo, 2 (duas) horas extras diárias.
(C) 8 (oito) horas, sendo permitida a realização de, no máximo, 10 (dez) horas extras mensais.
(D) 8 (oito) horas, sendo permitida a realização de, no máximo, 2 (duas) horas extras diárias.
(E) 8 (oito) horas, sendo permitida a realização de horas extras, sem limitação legal.

Arts. 58 e 59 da CLT.
Gabarito "D".

(Técnico Judiciário – TRT/7ª – 2009 – FCC) Considere as assertivas a respeito do intervalo intrajornada.

I. Pessoa que trabalha cinco horas, obrigatoriamente terá um intervalo para repouso ou alimentação de, no mínimo, meia hora.
II. Pessoa que trabalha, continuamente, oito horas diárias, obrigatoriamente terá um intervalo para repouso ou alimentação de, no mínimo, uma hora, não podendo exceder duas horas, salvo acordo escrito, ou convenção ou acordo coletivo em contrário.
III. Os intervalos de descanso serão computados na duração do trabalho.
IV. Quando o intervalo para o repouso e alimentação não for concedido pelo empregador, este ficará obrigado a remunerar o período correspondente com um acréscimo de, no mínimo, 50% sobre o valor da remuneração da hora normal de trabalho.

É correto o que se afirma APENAS em:

(A) I e III.
(B) II e IV.
(C) I e IV.
(D) II e III.
(E) III e IV.

I: incorreta, art. 71, § 1º, da CLT; II: correta, art. 71, *caput*, da CLT; III: incorreta, art. 71, § 2º, da CLT; IV: correta, art. 71, § 4º, da CLT.
Gabarito "B".

(Técnico Judiciário – TRT/8ª – 2010 – FCC) Para as microempresas e empresas de pequeno porte, em caso de transporte fornecido pelo empregador, em local de difícil acesso ou não servido por transporte público,

(A) o tempo médio despendido pelo empregado deverá ser fixado obrigatoriamente através de sentença normativa, havendo dispositivo legal expresso neste sentido.
(B) o tempo médio despendido pelo empregado não poderá ser fixado, por meio de acordo ou convenção coletiva, tratando-se de norma de caráter público vedado pela Carta Magna.
(C) a natureza da remuneração não poderá ser fixada, por meio de acordo ou convenção coletiva, tendo em vista que a Consolidação das Leis do Trabalho já prevê a sua natureza salarial.
(D) o tempo médio despendido pelo empregado, bem como a forma e a natureza da remuneração poderão ser fixados, por meio de acordo ou convenção coletiva.
(E) a natureza da remuneração deverá ser fixada obrigatoriamente através de sentença normativa, havendo dispositivo legal expresso neste sentido.

Art. 58, § 3º, da CLT.
Gabarito "D".

(Técnico Judiciário – TRT/8ª – 2010 – FCC) Hércules trabalha na empresa H com jornada de trabalho de cinco horas diárias; César trabalha na empresa C com jornada de trabalho de oito horas diárias. Nestes casos, em regra, para Hércules será obrigatório a concessão de intervalo intrajornada de

(A) trinta minutos e para César de no mínimo uma hora, sendo computados estes intervalos na duração do trabalho.
(B) trinta minutos e para César de no mínimo uma hora, não sendo computados estes intervalos na duração do trabalho.
(C) quinze minutos e para César de no mínimo uma hora, não sendo computados estes intervalos na duração do trabalho.
(D) dez minutos e para César de no mínimo trinta minutos, sendo computados estes intervalos na duração do trabalho.
(E) sessenta minutos, assim como para César, não sendo computados estes intervalos na duração do trabalho.

Art. 71, § 1º, da CLT.
Gabarito "C".

(Técnico Judiciário – TRT/8ª – 2010 – FCC) Mário, empregado da empresa M desde 2000, celebrou com ela, neste ano, acordo escrito de compensação de horas. A empresa M rescindiu o contrato de trabalho de Mário sem que houvesse ocorrido a compensação de todas as horas extras laboradas. Neste caso, Mário

(A) fará jus a 50% do pagamento das horas extras não compensadas, calculadas sobre o valor da remuneração na data da rescisão.
(B) fará jus ao pagamento das horas extras não compensadas, calculadas sobre o valor da remuneração na data em que foram trabalhadas.
(C) não fará jus ao pagamento das horas extras não compensadas.
(D) fará jus a 50% do pagamento das horas extras não compensadas, calculadas sobre o valor da remuneração na data em que foram trabalhadas.
(E) fará jus ao pagamento das horas extras não compensadas, calculadas sobre o valor da remuneração na data da rescisão.

Art. 59, § 3º, da CLT.
Gabarito "E".

(Técnico Judiciário – TRT/9ª – 2010 – FCC) De acordo com a Consolidação das Leis do Trabalho, havendo concordância da autoridade administrativa do trabalho, quando ocorrer interrupção do trabalho resultante de causas acidentais, ou de força maior, que determinem a impossibilidade de sua realização, a duração do trabalho poderá ser prorrogada pelo tempo necessário até o máximo de

(A) 2 horas, durante o número de dias indispensáveis à recuperação do tempo perdido, desde que não exceda de 10 horas diárias, em período não superior a 60 dias por ano.
(B) 2 horas, durante o número de dias indispensáveis à recuperação do tempo perdido, desde que não exceda de 10 horas diárias, em período não superior a 30 dias por ano.
(C) 2 horas, durante o número de dias indispensáveis à recuperação do tempo perdido, desde que não exceda de 10 horas diárias, em período não superior a 45 dias por ano.
(D) 4 horas, durante o número de dias indispensáveis à recuperação do tempo perdido, desde que não exceda de 12 horas diárias, em período não superior a 30 dias por ano.
(E) 4 horas, durante o número de dias indispensáveis à recuperação do tempo perdido, desde que não exceda de 12 horas diárias, em período não superior a 60 dias por ano.

Art. 61, § 3º, da CLT.
Gabarito "C".

(Técnico – TRT/11ª – 2012 – FCC) De acordo com previsão da Constituição Federal brasileira e da CLT, em relação à duração do trabalho é correto afirmar que

(A) a duração do trabalho normal não poderá ser superior a 8 horas diárias e 40 horas semanais, não sendo facultada a compensação de horários.
(B) a duração do trabalho normal não poderá ser superior a 8 horas diárias e 48 horas semanais, sendo facultada a compensação de horários.

(C) será considerado trabalho noturno para o trabalhador urbano aquele executado entre às 22 horas de um dia e às 5 horas do dia seguinte.
(D) será considerado horário noturno para o trabalhador urbano aquele executado entre às 21 horas de um dia e às 4 horas do dia seguinte.
(E) para a jornada diária de trabalho contínuo superior a 4 horas e não excedente a 6 horas o intervalo obrigatório será de, no mínimo, uma hora e, salvo acordo escrito ou contrato coletivo em contrário, não poderá exceder de duas horas.

A e **B**: incorretas, CF, art. 7º, XIII; **C**: correta, art. 73, § 2º, da CLT; **D**: incorreta, art. 73, § 2º, da CLT; **E**: incorreta, art. 71, § 1º, da CLT.
Gabarito "C"

(Técnico Judiciário – TRT/14ª – 2011 – FCC) É obrigatória a concessão de um intervalo de 15 minutos para descanso ou alimentação quando o trabalho contínuo ultrapassar

(A) quatro horas e não exceder seis horas.
(B) quatro horas e não exceder oito horas.
(C) seis horas e não exceder oito horas.
(D) duas horas e não exceder quatro horas.
(E) duas horas e não exceder seis horas.

Art. 71, § 1º, da CLT.
Gabarito "A"

(Técnico Judiciário – TRT/15ª – 2009 – FCC) Considere as seguintes assertivas a respeito da jornada de trabalho:

I. Não serão descontadas nem computadas como jornada extraordinária as variações de horário no registro de ponto não excedentes de quinze minutos.
II. Em regra, o tempo despendido pelo empregado até o local de trabalho e para o seu retorno, por qualquer meio de transporte, será computado na jornada de trabalho.
III. Considera-se trabalho em regime de tempo parcial aquele cuja duração não exceda a vinte e cinco horas semanais.
IV. Em regra, os empregados sob o regime de tempo parcial não poderão prestar horas extras.

Está correto o que se afirma SOMENTE em

(A) I e II.
(B) I e IV.
(C) I, II e III.
(D) II, III e IV.
(E) III e IV.

I: incorreta, art. 58, § 1º, da CLT; **II**: incorreta, art. 58, § 2º, da CLT; **III**: correta, art. 58-A da CLT; **IV**: correta, art. 59, § 4º, da CLT.
Gabarito "E"

(Técnico Judiciário – TRT/15ª – 2009 – FCC) Maria é empregada da empresa KILO e Moisés é empregado da empresa LITRO. Ambos receberam um comunicado de suas empregadoras avisando que a partir do mês seguinte haverá, além do intervalo intrajornada para alimentação e repouso, um intervalo de quinze minutos para café da manhã e um intervalo de quinze minutos para o lanche da tarde.

Considerando que a empresa KILO fornecerá gratuitamente a alimentação de todas as refeições e que a empresa LITRO cobrará R$ 50,00 pelas refeições, que Maria e Moisés terão um acréscimo de trinta minutos em sua jornada de trabalho, e que Moisés possui jornada de trabalho diária de seis horas, é correto afirmar que

(A) somente Moisés terá direito ao recebimento de trinta minutos remunerados como serviço extraordinário, porque a empresa LITRO está efetuando cobrança monetária das refeições fornecidas.
(B) nenhum dos empregados terá direito ao recebimento de trinta minutos remunerados como serviço extraordinário, porque a alimentação regular é considerada benéfica à saúde dos obreiros.
(C) Maria e Moisés terão direito ao recebimento de trinta minutos remunerados como serviço extraordinário, porque representarão tempo à disposição da empresa.
(D) somente Moisés terá direito ao recebimento de trinta minutos remunerados como serviço extraordinário, porque possui jornada de trabalho reduzida.
(E) somente Moisés terá direito ao recebimento de trinta minutos remunerados como serviço extraordinário, mas a remuneração do serviço extraordinário será reduzida pela metade em razão dos benefícios trazidos com a alimentação.

Súmula 118 do TST.
Gabarito "C"

(Técnico Judiciário – TRT/16ª – 2009 – FCC) Marta labora para a empresa Z, possuindo jornada de trabalho diária de cinco horas. De acordo com a Consolidação das Leis do Trabalho, ela terá obrigatoriamente um intervalo intrajornada de, no mínimo,

(A) 30 minutos.
(B) 10 minutos.
(C) 15 minutos.
(D) 60 minutos.
(E) 45 minutos.

Art. 71, § 1º, da CLT.
Gabarito "C"

(Técnico Judiciário – TRT/18ª – 2008 – FCC) No trabalho com produtos perecíveis que devem ser acondicionados em refrigeradores e não podem ser interrompidos sob pena da deterioração do produto, a empresa

(A) só poderá prorrogar a jornada de trabalho do empregado com expressa autorização do Ministério Público do Trabalho, devendo remunerar o adicional devido.
(B) poderá prorrogar a jornada de trabalho do empregado desde que conste em acordo individual, acordo ou convenção coletiva, devendo remunerar o adicional devido.
(C) poderá prorrogar a jornada de trabalho do empregado desde que conste em acordo individual, acordo ou convenção coletiva, sendo dispensada a remuneração do adicional devido.
(D) não poderá prorrogar a jornada de trabalho do empregado por expressa vedação legal em razão da natureza da atividade desenvolvida e da preservação da saúde do obreiro.
(E) poderá prorrogar a jornada de trabalho do empregado independentemente de acordo individual, acordo ou convenção coletiva, devendo remunerar o adicional devido.

Art. 61, *caput*, e § 1º, da CLT.
Gabarito "E"

(Técnico Judiciário – TRT/20ª – 2011 – FCC) Mário, João e Adalberto são empregados da empresa CRÉDITO. Mário exerce a função externa de motorista; João é chefe do departamento de contas a pagar; e Adalberto é diretor jurídico. Neste casos, de acordo com a Consolidação das Leis do Trabalho, em regra, não estão sujeitos a jornada de trabalho regular prevista em lei, bem como ao pagamento de horas extraordinárias

(A) Mário e João, apenas.
(B) Mário, João e Adalberto.
(C) João e Adalberto apenas.
(D) Mário e Adalberto, apenas.
(E) Adalberto, apenas.

Art. 62 da CLT.
Gabarito "B"

(Técnico Judiciário – TRT/20ª – 2006 – FCC) De acordo com a Consolidação das Leis do Trabalho, poderá ser dispensado o acréscimo de salário se, por força de acordo ou convenção coletiva de trabalho, o excesso de horas em um dia for compensado pela correspondente diminuição em outro dia, de maneira que não exceda, no período máximo de

(A) um ano, à soma das jornadas semanais de trabalho previstas, nem seja ultrapassado o limite máximo de dez horas diárias.
(B) dois anos, à soma das jornadas semanais de trabalho previstas, nem seja ultrapassado o limite máximo de doze horas diárias.
(C) seis meses, à soma das jornadas semanais de trabalho previstas, nem seja ultrapassado o limite máximo de nove horas diárias.

(D) um ano, à soma das jornadas semanais de trabalho previstas, nem seja ultrapassado o limite máximo de doze horas diárias.
(E) dois anos, à soma das jornadas semanais de trabalho previstas, nem seja ultrapassado o limite máximo de dez horas diárias.

Art. 59, § 2º, da CLT.
Gabarito "A"

(Técnico Judiciário – TRT/22ª – 2010 – FCC) Com relação aos períodos de descanso, considere as assertivas abaixo.

I. Entre duas jornadas de trabalho haverá um período mínimo de doze horas consecutivas para descanso.
II. Para o trabalho contínuo que não exceda seis horas, mas cuja duração seja superior a quatro horas, será obrigatório um intervalo de, no mínimo, dez minutos.
III. Nos serviços permanentes de mecanografia, a cada período de noventa minutos de trabalho consecutivo corresponderá um repouso de dez minutos não deduzidos da duração normal de trabalho.
IV. Não sendo concedido o intervalo para repouso e alimentação, o empregador ficará obrigado a remunerar o período correspondente com um acréscimo de, no mínimo, 50% sobre o valor da remuneração da hora normal de trabalho.

Está correto o que se afirma APENAS em

(A) I e II.
(B) I e III.
(C) II e III.
(D) II e IV.
(E) III e IV.

I: incorreta, art. 66 da CLT; **II:** incorreta, art. 71, § 1º, da CLT; **III:** correta, art. 72 da CLT; **IV:** correta, art. 71, § 4º, da CLT.
Gabarito "E"

(Técnico Judiciário – TRT/23ª – 2011 – FCC) Observe as assertivas abaixo.

I. Entre duas jornadas de trabalho haverá um período mínimo de onze horas consecutivas para descanso.
II. Em qualquer trabalho contínuo, cuja duração exceda de seis horas, é obrigatória a concessão de um intervalo para repouso ou alimentação, o qual será, no mínimo, de uma hora e, salvo acordo escrito ou contrato coletivo em contrário, não poderá exceder de duas horas.
III. Não excedendo de seis horas o trabalho, será, entretanto, obrigatório um intervalo de quinze minutos quando a duração ultrapassar quatro horas.

Está correto o que se afirma em:

(A) I, apenas.
(B) I e II, apenas.
(C) II, apenas.
(D) I, II e III.
(E) II e III, apenas.

I: correta, art. 66 da CLT; **II:** correta, art. 71, *caput* da CLT e **III:** correta, art. 71, § 1º, da CLT.
Gabarito "D"

(Técnico Judiciário – TRT/23ª – 2007 – FCC) De acordo com a Consolidação das Leis do Trabalho, em regra, não excedendo de seis horas o trabalho contínuo, será obrigatório um intervalo de

(A) 25 minutos quando a duração do trabalho ultrapassar 4 horas.
(B) 20 minutos quando a duração do trabalho ultrapassar 4 horas.
(C) 20 minutos quando a duração do trabalho ultrapassar 2 horas.
(D) 15 minutos quando a duração do trabalho ultrapassar 2 horas.
(E) 15 minutos quando a duração do trabalho ultrapassar 4 horas.

Art. 71, § 1º, da CLT.
Gabarito "E"

(Técnico Judiciário – TRT/24ª – 2011 – FCC) Mario, professor da universidade X, leciona no período matutino e noturno de segunda-feira a sexta-feira. Assim, ministra aulas das 7:40 às 13:00 horas e das 18:00 às 23:30 horas. Neste caso, a legislação trabalhista, especificamente a Consolidação das Leis do Trabalho,

(A) não está sendo respeitada, tendo em vista que não há um período mínimo de 15 horas consecutivas para descanso entre as jornadas de trabalho.
(B) não está sendo respeitada, tendo em vista que não há um período mínimo de 11 horas consecutivas para descanso entre as jornadas de trabalho.
(C) está sendo respeitada, tendo em vista que Mario não leciona no final de semana, não sendo a Universidade obrigada a conceder descanso entre as jornadas de trabalho.
(D) não está sendo respeitada, tendo em vista que não há um período mínimo de 10 horas consecutivas para descanso entre as jornadas de trabalho.
(E) não está sendo respeitada, tendo em vista que não há um período mínimo de 9 horas consecutivas para descanso entre as jornadas de trabalho.

Art. 66 da CLT.
Gabarito "B"

(Técnico Judiciário – TRT/9ª – 2007 – CESPE) Acerca dos direitos dos trabalhadores, sobretudo os considerados na Constituição Federal de 1988, julgue o seguinte item.

(1) A jornada de trabalho não poderá exceder a oito horas diárias nem a quarenta e quatro horas semanais, devendo a remuneração das horas extras ser de, no mínimo, 50% do valor da hora normal, exceto quando se tratar de hora extra laborada à noite, quando será remunerada em, pelo menos, 100% do valor da hora normal.

Inexiste tal distinção para o adicional de hora extra noturna; quanto à primeira assertiva, está de acordo com o art. 7º, XIII, da CF.
Gabarito 1E

(Analista – TRT/11ª – 2012 – FCC) Conforme previsão legal e jurisprudência sumulada do TST, em relação aos períodos de repousos e suas consequências, é INCORRETO afirmar que

(A) poderão ser concedidas férias coletivas a todos os empregados de uma empresa ou de determinados estabelecimentos ou setores da empresa que poderão ser gozadas em dois períodos anuais desde que nenhum deles seja inferior a dez dias corridos.
(B) não terá direito a férias o empregado que, no curso do período aquisitivo, deixar o emprego e não for readmitido dentro de sessenta dias subsequentes à sua saída ou se afastar do serviço, com percepção de auxílio-doença por mais de seis meses, embora descontínuos.
(C) é ilegal o fracionamento de férias do empregado menor de 18 anos ou maior de 50 anos.
(D) o limite mínimo de uma hora para repouso ou refeição poderá ser reduzido por ato do Ministério do Trabalho, ainda que os empregados estiverem sob regime de trabalho prorrogado a horas suplementares.
(E) entre duas jornadas de trabalho haverá um período mínimo de onze horas consecutivas para descanso.

A: opção correta, pois reflete o disposto no art. 139, caput e § 1º, da CLT. **B:** opção correta, pois reflete o disposto no art. 133, I, da CLT. **C:** opção correta, pois nos termos do art. 134, § 2º, da CLT aos menores de 18 (dezoito) anos e aos maiores de 50 (cinquenta) anos de idade, as férias serão sempre concedidas de uma só vez. **D:** opção incorreta, devendo ser assinalada, pois de acordo com a parte final do art. 71, § 3º, da CLT, não poderão os empregados estar sob regime de trabalho prorrogado a horas suplementares. **E:** opção correta, pois refere-se ao intervalo interjornada, previsto no art. 66 da CLT.
Gabarito "D"

(Analista – TRT/9ª – 2012 – FCC) Em relação ao intervalo para repouso e alimentação, é INCORRETO afirmar:

(A) Em qualquer trabalho contínuo cuja duração exceda de seis horas, é obrigatória a concessão de um intervalo de no mínimo uma hora e, salvo acordo escrito ou contrato coletivo em contrário, de no máximo duas horas.

(B) Não excedendo de seis horas o trabalho, será obrigatório um intervalo de quinze minutos quando a duração ultrapassar de quatro horas.

(C) A não concessão do intervalo para repouso e alimentação implica em mera sanção administrativa, com imposição de multa ao empregador.

(D) Os intervalos para repouso e alimentação previstos na Consolidação das Leis do Trabalho não serão computados na duração do trabalho.

(E) O trabalho em horas extras pelos empregados impede a redução do intervalo dos mesmos para período inferior a uma hora.

A: opção correta, pois reflete o disposto no art. 71 da CLT. **B:** opção correta, pois reflete o disposto no art. 71, § 1º, da CLT. **C:** opção incorreta, pois não havendo a concessão do período o empregador ficará obrigado a remunerar o período correspondente com um acréscimo de no mínimo 50% sobre o valor da remuneração da hora normal de trabalho (art. 71, § 4º, da CLT). **D:** opção correta, pois reflete o disposto no art. 71, § 2º, da CLT. **E:** opção correta, pois o período de intervalo não poderá ser reduzido, salvo na hipótese prevista no art. 71, § 3º, da CLT.

Gabarito "C"

(Analista – TRT/1ª – 2012 – FCC) De acordo com o entendimento sumulado do TST, em relação à compensação de jornada é correto afirmar:

(A) O regime compensatório na modalidade "banco de horas" somente pode ser instituído por negociação coletiva.

(B) A prestação de horas extras habituais não descaracteriza o acordo de compensação de jornada.

(C) O acordo individual para compensação na modalidade "banco de horas" é válido, salvo se houver norma coletiva em sentido contrário.

(D) É válido acordo tácito para compensação de jornada, exceto na modalidade "banco de horas".

(E) A descaracterização do acordo de compensação em razão da prestação de horas extras habituais implica o pagamento em dobro das horas excedentes à jornada normal, inclusive em relação às que tenham sido compensadas.

A: opção correta, pois reflete o disposto na súmula 85, V, do TST. **B:** opção incorreta, pois a prestação de horas extras habituais descaracteriza o acordo de compensação, nos termos da súmula 85, IV, do TST. **C:** opção incorreta, pois na modalidade "banco de horas" exige-se negociação coletiva, nos termos do item V da súmula 85 do TST. **D:** opção incorreta, pois nos termos da súmula 85, I, do TST exige-se acordo individual escrito, acordo coletivo ou convenção coletiva de trabalho. **E:** opção incorreta, pois ocorrendo a descaracterização do acordo as horas que ultrapassarem a jornada semanal normal deverão ser pagas como horas extraordinárias e, quanto àquelas destinadas à compensação, deverá ser pago a mais apenas o adicional por trabalho extraordinário.

Gabarito "A"

(Analista – TRT/1ª – 2012 – FCC) Em relação ao intervalo para repouso e alimentação é INCORRETO afirmar:

(A) Em qualquer trabalho que exceda de seis horas, será concedido intervalo para repouso e alimentação de, no mínimo, uma hora e, no máximo, duas horas.

(B) Não excedendo de seis horas o trabalho, será obrigatório um intervalo de quinze minutos.

(C) Quando o intervalo para repouso e alimentação não for concedido pelo empregador, este deverá remunerar o período correspondente com um acréscimo de no mínimo cinquenta por cento sobre o valor da remuneração da hora normal de trabalho.

(D) Quando o intervalo para repouso e alimentação não for concedido pelo empregador, este deverá remunerar o período correspondente com um acréscimo de no mínimo vinte por cento sobre o valor da remuneração da hora normal de trabalho.

(E) Os intervalos de descanso não serão computados na duração do trabalho.

A: opção correta, pois reflete o disposto no art. 71 da CLT. **B:** opção correta, pois reflete o disposto no art. 71, § 1º, da CLT. **C:** opção correta, pois reflete o disposto no art. 71, § 4º da CLT. Veja a súmula 437, III, do TST. **D:** opção incorreta, devendo ser assinalada, pois nos termos do art. 71, § 4º, da CLT o adicional será de 50%. **E:** opção correta, pois reflete o disposto no art. 71, § 2º, da CLT.

Gabarito "D"

(Analista – TRT/3ª – 2005 – FCC) Considere as seguintes afirmativas:

I. No sistema denominado "banco de horas", instituído por força de acordo ou convenção coletiva do trabalho, a compensação do excesso de horas trabalhadas deve ocorrer no período máximo de um ano.

II. As variações de horário no registro de ponto serão computadas como jornada extraordinária quando não excederem de 15 minutos diários.

III. Os empregados em regime de tempo parcial não podem prestar horas extras.

IV. Não havendo previsão expressa no acordo ou contrato coletivo do trabalho referente a adicional de horas extras da categoria, o trabalho suplementar será remunerado sem o respectivo adicional.

Está correto o que se afirma APENAS em

(A) I e III.

(B) I, III e IV.

(C) II e III.

(D) II.

(E) I.

I: correto (art. 59, § 2º, da CLT); **II:** incorreto. Não serão descontadas nem computadas como jornada extraordinária as variações de horário no registro de ponto não excedentes de cinco minutos, observado o limite máximo de dez minutos diários (art. 58, § 1º, da CLT e súmula 366 do TST); **III:** correto (art. 59, § 4º, da CLT); **IV:** incorreto. Art. 7º São direitos dos trabalhadores urbanos e rurais, além de outros que visem à melhoria de sua condição social [...] XVI – remuneração do serviço extraordinário superior, no mínimo, em cinquenta por cento à do normal (art. 7º, XVI, da CF).

Gabarito "A"

Analista – TRT/6ª – 2012 – FCC) Em relação à jornada de trabalho e períodos de descanso previstos na Consolidação das Leis do Trabalho, é correto afirmar que:

(A) Entre duas jornadas de trabalho haverá um período mínimo de onze horas consecutivas para descanso.

(B) Não serão descontadas nem computadas como jornada extraordinária as variações de horário no registro de ponto não excedentes de dez minutos, observado o limite máximo de vinte minutos diários.

(C) Em qualquer trabalho contínuo, cuja duração não exceda de seis horas, será obrigatório um intervalo para repouso ou alimentação de trinta minutos quando a duração ultrapassar quatro horas.

(D) Em qualquer trabalho contínuo, cuja duração exceda de seis horas, será obrigatório um intervalo para repouso ou alimentação de uma hora no mínimo, que poderá ser reduzido por acordo individual entre empregado e empregador.

(E) A duração normal do trabalho poderá ser acrescida de horas suplementares, em número não excedente de três por dia, mediante acordo escrito entre empregador e empregado, ou mediante contrato coletivo de trabalho.

A: correto (art. 66 da CLT); **B:** incorreto (art. 58, § 1º, da CLT e súmula 366 do TST); **C:** incorreto (art. 71, *caput* e § 1º, da CLT); **D:** incorreto (art. 71, § 3º, da CLT); **E:** incorreto (art. 59 da CLT).

Gabarito "A"

(Analista – TRT/7ª – 2009 – FCC) Com relação à jornada de trabalho, se houver transporte público regular em parte do trajeto percorrido em condução da empresa,

(A) as horas *in itinere* remuneradas abrangem a totalidade do trajeto percorrido pelo empregado, mas serão pagas com acréscimo de 25% sobre a hora normal de trabalho.

(B) as horas *in itinere* remuneradas abrangem a totalidade do trajeto percorrido pelo empregado.

(C) não é devido qualquer valor a título de horas *in itinere*, tendo em vista o fornecimento da condução pelo empregador.

(D) não é devido qualquer valor a título de horas *in itinere*, tendo em vista a existência de transporte público regular em parte do trajeto percorrido pelo empregado.

(E) as horas *in itinere* remuneradas limitam-se ao trecho não alcançado pelo transporte público.

O tempo despendido pelo empregado até o local de trabalho e para o seu retorno, por qualquer meio de transporte, não será computado na jornada de trabalho, salvo quando, tratando-se de local de difícil acesso ou não servido por transporte público, o empregador fornecer a condução (art. 58, § 2º, da CLT, e súmulas 90 e 320 do TST).

Gabarito "E"

(Analista – TRT/8ª – 2010 – FCC) Mário é empregado da empresa M e labora em regime de revezamento. Semana passada, ele laborou em seguida ao repouso semanal de vinte e quatro horas, havendo prejuízo do intervalo mínimo de onze horas consecutivas para descanso entre jornadas. Neste caso, essas horas trabalhadas em seguida ao repouso semanal de vinte e quatro horas devem ser remuneradas

(A) como extraordinárias, inclusive com o respectivo adicional em sua integralidade.
(B) como extraordinárias, mas sem o respectivo adicional em razão do trabalho em regime de revezamento.
(C) normalmente, não sendo consideradas extraordinárias em razão do trabalho em regime de revezamento.
(D) como extraordinárias, mas com redução de 50% do respectivo adicional, tratando-se de norma específica aplicada ao empregado que labora em regime de revezamento.
(E) como extraordinárias, mas na base de 1/3 sobre o respectivo adicional, tratando-se de norma específica aplicada ao empregado que labora em regime de revezamento.

A lei prevê o intervalo mínimo entre uma e outra jornada de trabalho (intervalo interjornadas) de onze horas (art. 66 da CLT) e assegura um descanso semanal remunerado (DSR) de, no mínimo, vinte e quatro horas consecutivas (art. 67). Somando-se a duração do intervalo interjornadas com o DSR, o empregado fará jus a um descanso de trinta e cinco horas consecutivas entre uma semana e outra. Assim, se o empregado deixa o serviço às 23h de sábado e tem o DSR no domingo, o correto é que só torne ao trabalho a partir das 10h de segunda-feira. Retornando ao trabalho anteriormente a tal horário, ainda que trabalhe em regime de revezamento de turnos, as horas trabalhadas serão devidas como extraordinárias (súmula 110 do TST e OJ 355 da SDI-1 do TST).

Gabarito "A".

(Analista – TRT/8ª – 2010 – FCC) Solange é empregada da empresa Amor Perfeito, trabalhando como ajudante na elaboração de cestas de café da manhã. Solange é considerada empregada em regime de tempo parcial. Neste caso, a duração da sua jornada de trabalho

(A) poderá ser livremente pactuada entre as partes, desde que não ultrapasse vinte e oito horas semanais, sendo vedada a prestação de horas extras.
(B) não poderá exceder a vinte horas semanais, sendo vedada a prestação de horas extras.
(C) deverá ser obrigatoriamente de vinte e quatro horas semanais.
(D) poderá ser livremente pactuada entre as partes, desde que não ultrapasse dezoito horas semanais, bem como oito horas extras mensais.
(E) não poderá exceder a vinte e cinco horas semanais, sendo vedada a prestação de horas extras.

Art. 58-A. Considera-se trabalho em regime de tempo parcial aquele cuja duração não exceda a vinte e cinco horas semanais. [...] Art. 59 [...] § 4º Os empregados sob o regime de tempo parcial não poderão prestar horas extras (arts. 58-A e 59, § 4º, da CLT).

Gabarito "E".

(Analista – TRT/8ª – 2010 – FCC) Joana e sua empregadora, empresa Z, possuem um acordo de compensação de horas respaldado em cláusula de Convenção Coletiva de Trabalho. De acordo com a Consolidação das Leis de Trabalho, o excesso de horas em um dia pode ser compensado pela correspondente diminuição em outro dia, de maneira que não exceda à soma das jornadas semanais de trabalho previstas no período máximo de

(A) um ano.
(B) dois anos.
(C) três anos.
(D) cinco anos.
(E) noventa dias.

Poderá ser dispensado o acréscimo de salário se, por força de acordo ou convenção coletiva de trabalho, o excesso de horas em um dia for compensado pela correspondente diminuição em outro dia, de maneira que não exceda, no período máximo de um ano, à soma das jornadas semanais de trabalho previstas, nem seja ultrapassado o limite máximo de dez horas diárias (art. 59, § 2º, da CLT).

Gabarito "A".

(Analista – TRT/9ª – 2010 – FCC) De acordo com o parágrafo primeiro do artigo 58 da Consolidação das Leis do Trabalho, "não serão descontadas nem computadas como jornada extraordinária as variações de horário no registro de ponto não excedentes de cinco minutos, observado o limite máximo de dez minutos diários". Se o empregado ultrapassar este limite legal, será considerado como extra

(A) o tempo que exceder a jornada normal, descontada a média excedida entre cinco e dez minutos dentro do mês de pagamento.
(B) o tempo que exceder a jornada normal, descontados os cinco minutos de tolerância legal.
(C) o tempo que exceder a jornada normal, descontados os dez minutos de tolerância legal.
(D) a totalidade do tempo que exceder a jornada normal.
(E) o tempo que exceder a jornada normal, descontada a média excedida entre cinco e dez minutos no respectivo dia de labor.

Não serão descontadas nem computadas como jornada extraordinária as variações de horário do registro de ponto não excedentes de cinco minutos, observado o limite máximo de dez minutos diários. Se ultrapassado esse limite, será considerada como extra a totalidade do tempo que exceder a jornada normal (Súmula 366 do TST).

Gabarito "D".

(Analista – TRT/9ª – 2010 – FCC) Adailson é empregado da empresa Brasil e trabalha regularmente em regime de tempo parcial. Considera-se trabalho em regime de tempo parcial aquele cuja duração não exceda a

(A) vinte e duas horas semanais, podendo o empregado sob este regime prestar horas extras.
(B) vinte e cinco horas semanais, podendo o empregado sob este regime prestar horas extras.
(C) quinze horas semanais, devendo o salário de Adailson ser proporcional à sua jornada, em relação aos empregados que cumprem, nas mesmas funções, tempo integral.
(D) quinze horas semanais, sendo vedado ao empregado sob este regime prestar horas extras.
(E) vinte e cinco horas semanais, devendo o salário de Adailson ser proporcional à sua jornada, em relação aos empregados que cumprem, nas mesmas funções, tempo integral.

Art. 58-A da CLT.

Gabarito "E".

(Analista – TRT/11ª – 2005 – FCC) Em regra, os intervalos para descanso não são computados na duração do trabalho. A lei prevê, no entanto, algumas exceções, que correspondem a intervalos remunerados porque computados na jornada de trabalho. Inclui-se nesta hipótese o

(A) repouso de 10 minutos a cada período de 90 minutos trabalhados, nos serviços permanentes de mecanografia.
(B) intervalo para alimentação concedido aos empregados que cumprem jornada inferior a 4 horas.
(C) descanso de 15 minutos concedido aos trabalhadores que cumprem jornada superior a 4 horas e inferior a 6 horas.
(D) intervalo para refeição e descanso de, no mínimo, uma hora concedido aos trabalhadores que cumprem jornada de 8 horas.
(E) intervalo interjornadas inferior a 11 horas.

A: correta (art. 72 da CLT); **B:** incorreta (art. 71, § 2º, da CLT); **C:** incorreta (art. 71, § 1º, da CLT); **D:** art. 71, *caput*, da CLT; **E:** incorreta, pois o intervalo interjornadas, previsto pelo art. 66 da CLT, não é computado na jornada (que, do contrário, elaster-se-ia em 11 horas), mas as horas trabalhadas que importem em intervalo interjornadas com duração inferior a 11 horas serão computadas como extraordinárias.

Gabarito "A".

(Analista – TRT/12ª – 2010 – FCC) Segundo a Consolidação das Leis do Trabalho, quando ocorrer interrupção do trabalho, resultante de causas acidentais que determinem a impossibilidade de sua realização, a duração do trabalho poderá ser prorrogada pelo tempo necessário até o máximo de duas horas, durante o número de dias indispensáveis à recuperação do tempo perdido, desde que NÃO EXCEDA de

(A) doze horas diárias, em período não superior a cento e vinte dias por ano, sujeita essa recuperação à prévia autorização da autoridade competente.

(B) dez horas diárias, em período não superior a sessenta dias por ano, sujeita essa recuperação à prévia autorização da autoridade competente.

(C) dez horas diárias, em período não superior a quarenta e cinco dias por ano, sujeita essa recuperação à prévia autorização da autoridade competente.

(D) dez horas diárias, em período não superior a cento e vinte dias por ano, independentemente de prévia autorização da autoridade competente.

(E) doze horas diárias, em período não superior a noventa dias por ano, independentemente de prévia autorização da autoridade competente.

Art. 61, § 3º, da CLT.

Gabarito "C".

(Analista – TRT/12ª – 2010 – FCC) Mirna é gerente da empresa M e Gustavo é chefe de departamento da empresa G. Considerando que ambos excedem o horário normal de trabalho e que o salário do cargo de Mirna, compreendendo a gratificação de função, é inferior ao valor do respectivo salário acrescido de 30%, e que o salário do cargo de Gustavo, também compreendendo a gratificação de função, é superior ao valor do respectivo salário acrescido de 40%,

(A) somente Mirna terá direito ao pagamento das horas extras prestadas.

(B) somente Gustavo terá direito ao pagamento das horas extras prestadas.

(C) ambos terão direito às horas extras prestadas.

(D) nenhum dos empregados terá direito às horas extras prestadas.

(E) somente Gustavo terá direito às horas extras prestadas, desde que comprove a efetiva realização através de prova documental inefutável.

Art. 62, II e parágrafo único, da CLT.

Gabarito "A".

(Analista – TRT/12ª – 2010 – FCC) Joana labora em serviço permanente de mecanografia. De acordo com a Consolidação das Leis do Trabalho, a cada período de

(A) sessenta minutos de trabalho consecutivo corresponderá um repouso de quinze minutos deduzidos da duração normal de trabalho.

(B) noventa minutos de trabalho consecutivo corresponderá um repouso de dez minutos deduzidos da duração normal de trabalho.

(C) sessenta minutos de trabalho consecutivo corresponderá um repouso de quinze minutos não deduzidos da duração normal de trabalho.

(D) noventa minutos de trabalho consecutivo corresponderá um repouso de dez minutos não deduzidos da duração normal de trabalho.

(E) noventa minutos de trabalho consecutivo corresponderá um repouso de cinco minutos não deduzidos da duração normal de trabalho.

Art. 72 da CLT.

Gabarito "D".

(Analista – TRT/13ª – 2005 – FCC) Para usufruir a redução de jornada de oito para seis horas diárias, por turnos ininterruptos de revezamento, o empregado deverá

(A) trabalhar, pelo menos, seis dias na semana, sem intervalo de refeição e a empresa funcionar em três turnos.

(B) alternar seu trabalho em turnos diferentes, manhã, tarde e noite, sem folgas compensatórias.

(C) trabalhar em horários revezados constantemente, entre os períodos matutino, vespertino e noturno.

(D) trabalhar de manhã, à tarde e à noite, revezadamente, sem intervalos de refeição.

(E) trabalhar em horários revezados constantemente, entre os períodos matutino, vespertino e noturno, sem descanso semanal remunerado.

Entende-se que a expressão "ininterrupto" se refere ao revezamento entre os períodos de trabalho, que deverão ocorrer de maneira constante. Sem prejuízo, o trabalhador fará jus a todos os direitos comumente prescritos pela legislação, como os intervalos intrajornadas (v. súmula 360 do TST), ao repouso semanal remunerado etc.

Gabarito "C".

(Analista – TRT/14ª – 2011 – FCC) Gabrielle labora para a empresa H desde o ano de 2006. Em Janeiro de 2007 começou a realizar horas extras habituais, consubstanciada em uma hora extra por dia. Em Janeiro de 2010 a empresa H suprimiu as horas extras que Gabrielle prestava habitualmente. Neste caso, a empregada

(A) tem direito a uma indenização correspondente a doze meses de horas extras suprimidas multiplicada por 3.

(B) tem direito a uma indenização correspondente a doze meses de horas extras suprimidas multiplicada por 4.

(C) não tem direito a indenização tendo em vista que estas horas extras já estão incorporadas na sua remuneração.

(D) tem direito a uma indenização correspondente a um mês de horas extras suprimidas multiplicada por 3.

(E) tem direito a uma indenização correspondente a um mês de horas extras suprimidas multiplicada por 12.

A supressão total ou parcial, pelo empregador, de serviço suplementar prestado com habitualidade, durante pelo menos 1 (um) ano, assegura ao empregado o direito à indenização correspondente ao valor de 1 (um) mês das horas suprimidas, total ou parcialmente, para cada ano ou fração igual ou superior a seis meses de prestação de serviço acima da jornada normal. O cálculo observará a média das horas suplementares nos últimos 12 (doze) meses anteriores à mudança, multiplicada pelo valor da hora extra do dia da supressão. Súmula 291 do TST).

Gabarito "D".

(Analista – TRT/18ª – 2008 – FCC) A respeito da jornada *in itinere*, considere:

I. O fato de o empregador cobrar, parcialmente ou não, importância pelo transporte fornecido, para local de difícil acesso ou não servido por transporte regular, não afasta o direito à percepção das horas *in itinere*.

II. Se existe transporte público, mas ele é insuficiente, não há direito a pagamento de horas *in itinere*.

III. A incompatibilidade entre os horários de início e término da jornada do empregado e os do transporte público regular não é circunstância que gera o direito às horas *in itinere*.

IV. Se houver transporte público regular em parte do trajeto percorrido em condução da empresa, as horas *in itinere* remuneradas não se limitarão ao trecho não alcançado pelo transporte público.

Está correto o que consta APENAS em

(A) III e IV.

(B) I e II.

(C) I, II e III.

(D) II e IV.

(E) I e III.

I: correto (súmula 320 do TST); **II:** correto (súmula 90, III, do TST); **III:** incorreto (súmula 90, II, do TST); **IV:** incorreto (súmula 90, IV, do TST).

Gabarito "B".

(Analista – TRT/20ª – 2011 – FCC) De acordo com a Consolidação das Leis do Trabalho, é obrigatória a concessão de um intervalo intrajornada de quinze minutos quando a duração do trabalho ultrapassar

(A) 2 horas e não exceder 4 horas.

(B) 3 horas e não exceder 5 horas.

(C) 4 horas e não exceder 6 horas.

(D) 5 horas e não exceder 7 horas.

(E) 6 horas e não exceder 8 horas.

Art. 71, § 1º, da CLT.

Gabarito "C".

(Analista – TRT/20ª – 2011 – FCC) Ana, Bruna, Camila e Doralice são empregadas da empresa Meninas. Hoje, a variação diária de horário no registro de ponto das empregadas foi a seguinte: Ana: 7 minutos; Bruna: 16 minutos; Camila: 5 minutos e Doralice: 4 minutos. Nestes casos, não serão descontadas e nem computadas como jornada extraordinária as variações de horário no registro de ponto APENAS de

(A) Ana e Bruna.
(B) Bruna.
(C) Camila e Doralice.
(D) Doralice.
(E) Ana, Camila e Doralice.

Art. 58, § 1º, da CLT e súmula 366 do TST.

Gabarito "E"

(Analista – TRT/20ª – 2011 – FCC) No tocante às horas *in itinere*, considere:

I. Afasta o direito às horas *in itinere* o fato do empregador não cobrar pelo fornecimento do transporte para local de difícil acesso.
II. A mera insuficiência de transporte público enseja o pagamento das horas *in itinere*.
III. A Consolidação das Leis do Trabalho, permite o desconto de 10% dos gastos com transporte do empregado quando do pagamento das horas *in itinere*.
IV. Se o transporte regular existir, mas em horário incompatível com a jornada de trabalho do obreiro, este terá direito ao pagamento das horas *in itinere*.

Está correto o que se afirma APENAS em

(A) I.
(B) I e IV.
(C) II.
(D) II e III.
(E) IV.

I: incorreta (súmula 320 do TST); **II:** incorreta (súmula 90, III, do TST); **III:** incorreta, pois inexiste tal autorização legal; **IV:** correta (súmula 90, II, do TST) (v. art. 58, § 2º, da CLT).

Gabarito "E"

(Analista – TRT/22ª – 2010 – FCC) A empresa MAR fornece transporte privado especial para que sua empregada, Milena, e seu empregado, Matias, se desloquem até o serviço. No caso de Milena, parte do trajeto percorrido em condução fornecida pela empregadora possui transporte público regular e outra parte não possui e, no caso de Matias, todo o percurso percorrido não possui transporte público regular. Neste caso,

(A) será devida a remuneração das horas *in itinere* de todo o trajeto percorrido para ambos os empregados.
(B) não será devida a remuneração das horas *in itinere* para ambos os empregados, em razão do fornecimento de condução privada adequada.
(C) será devida a remuneração das horas *in itinere* para Milena e Matias, sendo que para Milena estas horas serão limitadas ao trecho não alcançado pelo transporte público e para Matias elas abrangerão todo o trajeto.
(D) será devida a remuneração das horas *in itinere* apenas para Matias, abrangendo todo o trajeto.
(E) será devida a remuneração das horas *in itinere* apenas para Milena, abrangendo a parte do trajeto percorrido que não possui transporte público.

Art. 58, § 2º, da CLT e súmulas 90 e 320 do TST.

Gabarito "C"

(Analista – TRT/23ª – 2007 – FCC) Poderá ser dispensado o acréscimo de salário se, por força de acordo ou convenção coletiva de trabalho, o excesso de horas de um dia for compensado pela correspondente diminuição em outro dia, de maneira que não exceda, no período

(A) máximo de um ano, à soma das jornadas semanais de trabalho previstas, nem seja ultrapassado o limite máximo de dez horas diárias.
(B) máximo de dois anos, à soma das jornadas semanais de trabalho previstas, nem seja ultrapassado o limite máximo de dez horas diárias.
(C) máximo de dois anos, à soma das jornadas semanais de trabalho previstas, nem seja ultrapassado o limite máximo de doze horas diárias.
(D) máximo de seis meses, à soma das jornadas semanais de trabalho previstas, nem seja ultrapassado o limite máximo de dez horas diárias.
(E) livremente estipulado no acordo ou convenção coletiva, à soma das jornadas semanais de trabalho previstas, nem seja ultrapassado o limite máximo de doze horas diárias.

Art. 59, § 2º, da CLT.

Gabarito "A"

(Analista – TRT/24ª – 2011 – FCC) Mirto, empregado da empresa "Mais Ltda.", possui jornada diária de trabalho de oito horas, com quarenta e cinco minutos de intervalo para descanso e alimentação. Considerando que a redução do horário para descanso e alimentação consta em cláusula de Convenção Coletiva de Trabalho, esta redução é

(A) legal, desde que a mencionada Convenção Coletiva de Trabalho tenha cláusula expressa de proibição de renovação.
(B) legal, uma vez que a Consolidação das Leis do Trabalho permite a redução do intervalo intrajornada por meio de norma coletiva.
(C) legal, desde que a mencionada Convenção Coletiva de Trabalho tenha vigor pelo prazo máximo de um ano.
(D) ilegal, tendo em vista que norma coletiva não poderá reduzir o intervalo intrajornada.
(E) legal, desde que a mencionada Convenção Coletiva de Trabalho tenha vigor pelo prazo máximo de seis meses.

Súmula 437, I e II, do TST.

Gabarito "D"

(Analista – TRT/24ª – 2006 – FCC) Com relação à duração do trabalho, segundo a Consolidação das Leis do Trabalho, é certo que

(A) não serão computadas como jornada extraordinária, em regra, as variações de horário no registro de ponto não excedentes a quinze minutos, observado o limite máximo de vinte minutos diários.
(B) a duração normal do trabalho poderá ser acrescida de horas suplementares, em número não excedente de 3, exclusivamente, mediante contrato coletivo de trabalho.
(C) o tempo despendido pelo empregado até o local de trabalho e para o seu retorno, por qualquer meio de transporte, em regra, será computado na jornada de trabalho.
(D) os diretores e chefes de departamento terão direito ao recebimento das horas extras laboradas, por não exercerem encargos de gestão, havendo expressa disposição legal.
(E) o acordo de compensação de horas trabalhadas será celebrado em acordo ou convenção coletiva de trabalho e o período será de um ano.

A: incorreta, pois ser o limite máximo de dez minutos diários (art. 58, §1º, da CLT e súmula 366 do TST); **B:** incorreta, pois o limite é de duas horas (art. 59, *caput*, da CLT); **C:** incorreta. Só haverá o cômputo relativamente a trecho de difícil acesso ou não servido por transporte público, desde que em condução fornecida pelo empregador (art. 58, § 2º, da CLT); **D:** incorreta (art. 62 da CLT); **E:** correta (art. 59, § 2º, da CLT).

Gabarito "E"

(Analista – TRT/24ª – 2006 – FCC) Com relação aos períodos de descanso segundo a Consolidação das Leis do Trabalho é correto afirmar:

(A) Os intervalos de descanso serão computados na duração do trabalho, em razão de expressa determinação legal, salvo acordo escrito ou contrato coletivo em contrário.
(B) Entre duas jornadas de trabalho haverá um período mínimo de quatorze horas consecutivas para descanso.
(C) Não excedendo de seis horas o trabalho contínuo, será obrigatório um intervalo de trinta minutos quando a duração ultrapassar três horas.

(D) Em qualquer trabalho contínuo cuja duração exceda de seis horas, é obrigatória a concessão de um intervalo para repouso ou alimentação.

(E) Quando o intervalo para repouso e alimentação não for concedido pelo empregador, este ficará obrigado a remunerar o período correspondente acrescido de 100%.

A: incorreta (art. 71, § 2º, da CLT); **B:** incorreta (art. 66 da CLT); **C:** incorreta (art. 71 da CLT); **D:** correta (art. 71, *caput*, da CLT); **E:** incorreta (art. 71, § 4º, da CLT).

Gabarito "D"

(Analista – TRT/1ª – 2008 – CESPE) Com respeito à duração do trabalho, julgue os itens subsequentes.

I. É válida cláusula de acordo ou convenção coletiva de trabalho que contemple a supressão ou redução do intervalo intrajornada.

II. A não concessão total ou parcial do intervalo intrajornada mínimo, para repouso e alimentação, implica o pagamento total do período correspondente, com acréscimo de, no mínimo, 50% sobre o valor da remuneração da hora normal de trabalho.

III. No regime de revezamento, as horas trabalhadas em seguida ao repouso semanal de 24 horas, com prejuízo do intervalo mínimo de 11 horas consecutivas para descanso entre jornadas, devem ser remuneradas como extraordinárias, inclusive com o respectivo adicional.

IV. Estabelecida jornada superior a seis horas e limitada a 8 horas, por meio de regular negociação coletiva, os empregados submetidos a turnos ininterruptos de revezamento têm direito ao pagamento da 7.ª e 8.ª horas como extras.

V. A interrupção do trabalho destinada a repouso e alimentação, dentro de cada turno, ou o intervalo para repouso semanal, não descaracteriza o turno de revezamento com jornada de 6 horas previsto no art. 7º, XIV, da CF.

Estão certos apenas os itens

(A) I, II e IV.
(B) I, II e V.
(C) I, III e IV.
(D) II, III e V.
(E) III, IV e V.

I: incorreta (súmula 437, II, do TST); **II:** correta (art. 71, § 4º, da CLT e súmula 437, I, do TST); **III:** correta (súmula 110 do TST); **IV:** incorreta (súmula 423 do TST); **V:** correta (súmula 360 do TST).

Gabarito "D"

(Analista – TRT/1ª – 2008 – CESPE) Assinale a opção correta quanto ao pagamento de horas extras.

(A) O empregado sujeito a controle de horário e remunerado à base de comissões tem direito ao pagamento em dobro pelo trabalho em horas extras, calculado sobre o valor-hora das comissões recebidas no mês, considerando-se como divisor o número de horas efetivamente trabalhadas.

(B) A gratificação semestral repercute no cálculo das horas extras, das férias e do aviso-prévio, ainda que indenizados. Repercute também, pelo seu duodécimo, na indenização por antiguidade e na gratificação natalina.

(C) A contribuição para o FGTS incidente sobre a remuneração mensal devida ao empregado não alcança horas extras e adicionais eventuais.

(D) A prestação de horas extras habituais descaracteriza o acordo de compensação de jornada. Nessa hipótese, as horas que ultrapassarem o regime semanal normal, assim como aquelas destinadas à compensação, deverão ser pagas como horas extraordinárias.

(E) O acordo individual para compensação de horas é válido, salvo se houver norma coletiva em sentido contrário.

A: opção incorreta, pois a súmula 340 do TST fala em adicional de 50%; **B:** opção incorreta. A gratificação semestral não repercute no cálculo de horas extras, férias e aviso-prévio (súmula 253 do TST); **C:** opção incorreta (súmula 63 do TST); **D:** opção incorreta. Embora a prestação habitual de horas extras descaracterize o acordo de compensação de jornada, enquanto as horas que ultrapassarem a jornada normal deverão ser pagas como extras, quanto às horas destinadas à compensação deve ser pago a mais apenas o adicional por trabalho extraordinário (súmula 85, IV, do TST); **E:** opção correta (súmula 85, II, do TST).

Gabarito "E"

(Analista – TRT/17ª – 2009 – CESPE) A respeito do direito do trabalho, julgue o item a seguir.

(1) O acordo individual pactuado entre um empregado e o empregador com o objetivo de compensação de horas não possui qualquer validade.

1: errada (art. 59, § 2º, da CLT e súmula 85, I, do TST).

Gabarito 1E

7. TRABALHO NOTURNO (INCLUSIVE, ADICIONAL NOTURNO)

(Técnico – TRT/19ª – 2015 – FCC) A remuneração do trabalho noturno é superior em 20% à do diurno, em decorrência

(A) de Convenção Coletiva de Trabalho.
(B) de Sentença Normativa.
(C) de previsão legal.
(D) do plano de cargos e salários da empresa.
(E) de negociação direta entre empregado e empregador.

A CF prevê em seu art. 7º, IX remuneração do trabalho noturno superior à do diurno. A CLT, todavia, leciona em seu art. 73 o trabalho noturno terá remuneração superior a do diurno e, para esse efeito, sua remuneração terá um acréscimo de 20 % (vinte por cento), pelo menos, sobre a hora diurna

Gabarito "C"

(Técnico Judiciário – TRT/2ª – 2008 – FCC) Considere:

I. Ana Clara labora no período noturno na empresa privada S, sendo que sua empregadora, não considerando a hora noturna reduzida, paga o adicional noturno com acréscimo de 50% sobre a hora diurna.

II. Douglas é empregado rural e labora na agricultura das 21:00 de um dia às 5:00 horas do outro, recebendo o adicional noturno em razão desse labor.

III. Daniela laborava no período noturno de trabalho na empresa privada Z, tendo sido transferida para o período diurno de trabalho, o que implicou perda do direito ao adicional noturno.

IV. Joana, empregada urbana, labora em horário misto, abrangendo período diurno e noturno, recebendo o adicional noturno por todo o período laborado.

Está correto o que consta APENAS em

(A) II, III e IV.
(B) I, II e III.
(C) II e III.
(D) III e IV.
(E) I e II.

I: incorreta, art. 73, § 1º, da CLT, súmula 60 do TST e OJ 127 da SDI-1 do TST; **II:** correta, art. 7º da Lei 5.889/1973; **III:** correta, súmula 265 do TST; **IV:** incorreta, súmula 60, II, do TST.

Gabarito "C"

(Técnico Judiciário – TRT/4ª – 2011 – FCC) Gislene é empregada da empresa V. Ontem, ela laborou das 22:00hs às 06:00hs. Neste caso, em regra, de acordo com a Consolidação das Leis do Trabalho

(A) não será devido o adicional noturno quanto às horas extras feitas por Gislene após às 05:00hs, tendo em vista o término do horário noturno legalmente previsto.

(B) não será devido o adicional noturno quanto às horas extras feitas por Gislene após às 04:00hs tendo em vista o término do horário noturno legalmente previsto.

(C) será devido o adicional noturno de 30% também quanto às horas extras feitas por Gislene, após às 04:00hs, em razão da prorrogação de sua jornada.

DIREITO DO TRABALHO

(D) será devido o adicional noturno de 30% também quanto à hora extra feita por Gislene, após às 05:00hs em razão da prorrogação de sua jornada.

(E) será devido o adicional noturno de 20%, também quanto à hora extra feita por Gislene, após às 05:00hs, em razão da prorrogação de sua jornada.

Art. 73 da CLT.

Gabarito "E"

(Técnico – TRT/6ª – 2012 – FCC) Héstia é empregada da Lanchonete "ABA" e trabalha como balconista, possuindo horário de trabalho no período noturno, das 22 às 5 horas. A Lanchonete "ABA" é frequentada por consumidores que normalmente voltam de outras programações noturnas, tendo em vista que a lanchonete possui horário de funcionamento até às 5 horas. Porém, a Lanchonete só encerra suas atividades após o atendimento do último cliente. Assim, Héstia frequentemente estende seu horário de trabalho até às 6 horas. Neste caso,

(A) será devido o adicional noturno também sobre a hora prorrogada uma vez que Héstia cumpre seu horário de trabalho integralmente no horário noturno.

(B) não será devido o adicional noturno sobre a hora prorrogada uma vez que, de acordo com a CLT, a hora noturna é das 22 às 5 horas, sendo considerada a hora como 52 minutos e 30 segundos.

(C) não será devido o adicional noturno sobre a hora prorrogada uma vez que, de acordo com a CLT, a hora noturna é das 22 às 5 horas, sendo considerada a hora como 55 minutos e 50 segundos.

(D) só será devido o adicional noturno também sobre a hora prorrogada, se houver expressa previsão contratual neste sentido e previsão em norma coletiva.

(E) não será devido o adicional noturno sobre a hora prorrogada, uma vez que é expressamente proibido o trabalho extraordinário para empregado que possui jornada de trabalho integral em horário noturno.

Súmula 60, II, do TST.

Gabarito "A"

(Técnico Judiciário – TRT/7ª – 2009 – FCC) Quanto à jornada de trabalho noturna, considere as assertivas abaixo.

I. Considera-se noturna, para os empregados urbanos, a jornada que compreende o período entre às 22:00 horas de um dia e às 05:00 horas do dia seguinte, acrescidas do adicional de, no mínimo, 20% sobre o valor da hora trabalhada em jornada diurna.

II. O horário noturno para os empregados rurais que trabalham na agricultura é aquele compreendido entre às 22:00 horas de um dia e às 05:00 horas do dia seguinte, com, no mínimo, o adicional de 25% sobre o valor da hora trabalhada em jornada diurna.

III. O horário noturno para os empregados rurais que trabalham na pecuária é aquele compreendido entre às 21:00 horas de um dia e às 04:00 horas do dia seguinte, com, no mínimo, o adicional de 25% sobre o valor da hora trabalhada em jornada diurna.

É correto o que se afirma em:

(A) I e II, apenas.
(B) I, II e III.
(C) I, apenas.
(D) II e III, apenas.
(E) I e III, apenas.

I: correta, art. 73 da CLT; II: incorreta, art. 7º, primeira parte, da Lei 5.889/1973 e III: incorreta, art. 7º, segunda parte, da Lei 5.889/1973.

Gabarito "C"

(Técnico Judiciário – TRT/20ª – 2006 – FCC) De acordo com a Consolidação das Leis do Trabalho, a hora do trabalho noturno será computada como de

(A) sessenta minutos.
(B) cinquenta e quatro minutos e vinte segundos.
(C) cinquenta e dois minutos e trinta segundos.
(D) cinquenta minutos e sessenta segundos.
(E) quarenta e cinco minutos e cinquenta segundos.

Art. 73, § 1º, da CLT.

Gabarito "C"

(Técnico Judiciário – TRT/22ª – 2010 – FCC) Considera-se noturna, para os empregados urbanos, a jornada que compreende o período entre as

(A) 21 horas de um dia e 5 horas do dia seguinte, com adicional de 20%.
(B) 22 horas de um dia e 5 horas do dia seguinte, com adicional de, no mínimo, 15%.
(C) 20 horas de um dia e 4 horas do dia seguinte, com adicional de 15%.
(D) 22 horas de um dia e 5 horas do dia seguinte, com adicional de, no mínimo, 20%.
(E) 21 horas de um dia e 4 horas do dia seguinte, com adicional de, no mínimo, 20%.

Art. 73, § 2º, da CLT.

Gabarito "D"

(Técnico Judiciário – TRT/23ª – 2011 – FCC) Com relação ao trabalho noturno:

I. Salvo nos casos de revezamento semanal ou quinzenal, o trabalho noturno terá remuneração superior a do diurno e, para esse efeito, sua remuneração terá um acréscimo de 30% pelo menos, sobre a hora diurna.

II. A hora do trabalho noturno será computada como de cinquenta e dois minutos e trinta segundos.

III. Considera-se noturno o trabalho executado entre as vinte e uma horas de um dia e as quatro horas do dia seguinte.

Está correto o que se afirma em:

(A) II, apenas.
(B) I e II, apenas.
(C) II e III, apenas.
(D) I e III, apenas.
(E) I, II e III.

I: incorreta, art. 7º, IX, da CF e 73 da CLT; II: correta, art. 73, § 1º, da CLT; III: incorreta, art. 73, § 2º, da CLT.

Gabarito "A"

(Técnico Judiciário – TRT/1ª – 2008 – CESPE) Segundo o art. 73 da CLT, cumpre jornada de trabalho noturno o trabalhador urbano que labora no período

(A) de 20 h às 5 h.
(B) de 22 h às 6 h.
(C) de 21 h às 5 h.
(D) de 22 h às 5 h.
(E) de 23 h às 5 h.

Art. 73, § 2º, da CLT.

Gabarito "D"

(Analista – TRT/9ª – 2012 – FCC) Com fundamento nas disposições celetistas sobre jornada extraordinária e jornada noturna, é correto afirmar:

(A) Os empregados sob o regime de tempo parcial poderão prestar horas extras, desde que autorizados expressamente pelo sindicato.

(B) O adicional noturno equivale a 30% (trinta por cento), pelo menos, sobre a hora diurna.

(C) Como forma de proteção da saúde e da integridade física dos trabalhadores, a prorrogação da jornada de trabalho deve ser prevista em convenção ou acordo coletivo de trabalho.

(D) As horas extras são remuneradas com adicional de, no mínimo, 25% (vinte e cinco por cento) sobre o valor da hora normal de trabalho.

(E) Nos horários mistos, assim entendidos os que abrangem períodos diurnos e noturnos, em relação às horas trabalhadas no período considerado noturno aplica-se a redução da hora e deve ser pago o respectivo adicional.

A: opção incorreta, pois nos termos do art. 59, § 4º, da CLT os empregados submetidos ao regime de tempo parcial não poderão prestar horas extras. **B:** opção incorreta, pois nos termos do art. 73 da CLT o adicional noturno será de 20%. **C:** opção incorreta, pois nos termos do art. 59 da CLT o acordo de prorrogação poderá ser celebrado por acordo individual de trabalho. **D:** opção incorreta, pois as horas extras serão remuneradas com adicional mínimo de 50%, nos termos do art. 7º, XVI, da CF. **E:** opção correta, pois reflete o disposto no art. 73, § 4º, da CLT.

Gabarito "E"

(Analista – TRT/6ª – 2012 – FCC) Conforme previsão contida na Consolidação das Leis do Trabalho, para o trabalhador urbano considera-se noturno o trabalho executado entre as

(A) 21 (vinte e uma) horas de um dia e as 5 (cinco) horas do dia seguinte.

(B) 20 (vinte) horas de um dia e as 4 (quatro) horas do dia seguinte.

(C) 22 (vinte e duas) horas de um dia e as 5 (cinco) horas do dia seguinte.

(D) 20 (vinte) horas de um dia e as 5 (cinco) horas do dia seguinte.

(E) 21 (vinte e uma) horas de um dia e as 6 (seis) horas do dia seguinte.

Art. 73, § 2º, da CLT.

Gabarito "C"

(Analista – TRT/6ª – 2006 – FCC) Sendo o trabalho noturno mais penoso ao trabalhador, merece proteção especial consistente em

(A) cômputo da hora noturna reduzida (52 minutos e 30 segundos) e remuneração acrescida de 20% sobre a hora diurna.

(B) repouso obrigatório de 10 (dez) minutos a cada 90 (noventa) minutos trabalhados.

(C) proibição do trabalho extraordinário e remuneração acrescida de 50% sobre a hora diurna.

(D) jornada limitada a 6 (seis) horas diárias.

(E) período mínimo de 15 (quinze) horas de descanso entre uma jornada e outra.

Art. 73 da CLT.

Gabarito "A"

(Analista – TRT/9ª – 2010 – FCC) João trabalha na empresa X das 22:00 às 5:00 horas, sendo que, às vezes, estende a sua jornada de trabalho até às 8 horas; não possui qualquer acordo de compensação de horas laboradas. Tendo em vista que João cumpre jornada de trabalho noturna, tem diversos direitos trabalhistas, dentre eles

(A) o pagamento de adicional noturno não inferior a 20% sobre a hora diurna, sendo que este adicional integra a base de cálculo das horas extras prestadas no período noturno.

(B) a hora do trabalho noturno reduzida e computada como de 50 minutos e 30 segundos.

(C) o pagamento de adicional noturno não inferior a 30% sobre a hora diurna, sendo que este adicional integra a base de cálculo das horas extras prestadas no período noturno.

(D) a hora do trabalho noturno reduzida e computada como de 55 minutos e 15 segundos.

(E) o pagamento de adicional noturno não inferior a 30% sobre a hora diurna, sendo que este adicional não integrará a base de cálculo das horas extras prestadas no período noturno.

A, C e E: arts. 7º, IX, da CF e 73 da CLT, e OJ 97 da SDI1 do TST; **B e D:** art. 73, § 1º, da CLT.

Gabarito "A"

(Analista – TRT/11ª – 2005 – FCC) Em relação ao trabalho noturno, a CLT estabelece o seguinte:

(A)	24 às 6	25%	60 min
(B)	24 às 6	20%	55 min
(C)	22 às 5	30%	55 min
(D)	22 às 5	20%	52min30s
(E)	21 às 6	10%	52min39s

Art. 73, §§ 1º e 2º, da CLT.

Gabarito "D"

(Analista – TRT/13ª – 2005 – FCC) A jornada noturna de trabalho, que deve ter remuneração superior à diurna, nos termos da Constituição da República, compreende

(A) qualquer hora trabalhada depois do pôr do sol de um dia e antes do amanhecer do dia seguinte.

(B) no horário de verão, as horas trabalhadas entre 21:00 e 07:00 horas.

(C) fora do horário de verão, as horas trabalhadas entre 22:00 e 06:00 horas.

(D) para o trabalhador urbano, as horas trabalhadas entre 21:00 e 05:00 horas.

(E) para o trabalhador na pecuária, as horas trabalhadas entre 20:00 e 04:00 horas.

Para o trabalhador urbano, art. 73 da CLT; para o trabalhador rural, art. 7º da Lei 5.889/1973.

Gabarito "E"

(Analista – TRT/20ª – 2006 – FCC) De acordo com a Consolidação das Leis do Trabalho, o trabalho noturno

(A) terá remuneração superior à do diurno e, para esse efeito, sua remuneração terá um acréscimo de 15%, pelo menos, sobre a hora diurna.

(B) será aquele realizado, pelos empregados urbanos, entre às 21 horas de um dia e às 4 horas do dia seguinte.

(C) terá remuneração superior à do diurno e, para esse efeito, sua remuneração terá um acréscimo de 10%, pelo menos, sobre a hora diurna.

(D) terá a sua hora reduzida, que será computada como de 52 minutos e 30 segundos.

(E) será aquele realizado, pelos empregados urbanos, entre às 24 horas de um dia e às 6 horas do dia seguinte.

Art. 73, § 1º, da CLT.

Gabarito "D"

(Analista – TRT/23ª – 2011 – FCC) Considere as assertivas abaixo a respeito do adicional noturno.

I. O adicional de periculosidade não deve compor a base de cálculo do adicional noturno em razão da vedação da dupla incidência de adicionais.

II. O adicional noturno integra a base de cálculo das horas extras prestadas no período noturno.

III. Cumprida integralmente a jornada no período noturno e prorrogada esta, não será devido o adicional quanto às horas prorrogadas.

Está correto o que se afirma APENAS em

(A) I.

(B) II.

(C) I e II.

(D) II e III.

(E) I e III.

I: incorreta (OJ 259 da SDI1 do TST); **II:** correta (OJ 97 da SDI1 do TST); **III:** incorreta (súmula 60, II, do TST).

Gabarito "B"

(Analista – TRT/1ª – 2008 – CESPE) À luz do que estabelece a CLT quanto à jornada de trabalho noturna, assinale a opção correta.

(A) A CLT considera a hora noturna menor que a hora diurna e faz incidir um adicional de 20% sobre a hora noturna.
(B) Para a CLT, a jornada noturna urbana compreende o lapso temporal situado entre 21 h de um dia até 5 h do dia seguinte.
(C) A duração legal da hora de serviço noturno já constitui vantagem suplementar que dispensa o salário adicional.
(D) Não é devido adicional de serviço noturno ao empregado sujeito ao regime de revezamento.
(E) O trabalhador transferido para o período diurno de trabalho leva consigo o direito ao adicional noturno.

A: correta (art. 73, *caput*, e § 1º, da CLT); **B:** incorreta (art. 73, § 2º, da CLT); incorreta (art. 73, *caput*, da CLT); **D:** incorreta (súmula 213 do STF); **E:** incorreta (súmula 265 do TST).

Gabarito "A".

(Analista – TRT/21ª – 2010 – CESPE) No que concerne a contrato de trabalho, julgue o item a seguir:

(1) O labor realizado entre as 22 e as 5 horas por obreiro urbano é considerado noturno e a hora de trabalho é computada em cinquenta e dois minutos e trinta segundos.

1: certo (art. 73, §§ 1º e 2º, da CLT).

Gabarito 1C

8. REPOUSO SEMANAL REMUNERADO

(Técnico Judiciário – TRT9 – 2012 – FCC) De acordo com previsão constitucional, o descanso semanal remunerado deve ser concedido

(A) alternativamente aos sábados e aos domingos.
(B) exclusivamente aos domingos.
(C) preferencialmente aos domingos.
(D) preferencialmente aos sábados.
(E) preferencialmente aos domingos, salvo em semana

"C" é a alternativa correta, pois nos termos do art. 7º, XV, da CF o repouso semanal remunerado será preferencialmente aos domingos. Nesse mesmo sentido, dispõe o art. 1º da Lei 605/1949. Vale lembrar, contudo, que nos termos do parágrafo único do art. 6º da Lei 10.101/2000, nas atividades do comércio em geral, observada a legislação municipal, o repouso semanal remunerado deverá coincidir, pelo menos uma vez no período máximo de três semanas, com o domingo, respeitadas as demais normas de proteção ao trabalho e outras a serem estipuladas em negociação coletiva.

Gabarito "C".

(Técnico Judiciário – TRT/24ª – 2011 – FCC) A respeito do repouso semanal remunerado, considere:

I. É assegurado aos empregados um descanso semanal de 24 horas consecutivas, obrigatoriamente aos domingos.
II. A gratificação por tempo de serviço, paga mensalmente, não repercute no cálculo do repouso semanal remunerado.
III. As gorjetas cobradas pelo empregador na nota de serviço integram a remuneração do empregado, servindo de base de cálculo para o repouso semanal remunerado.
IV. A gratificação de produtividade paga mensalmente não repercute no cálculo do repouso semanal remunerado.

Está correto o que consta APENAS em

(A) I, II e III.
(B) I e IV.
(C) II, III e IV.
(D) II e IV.
(E) III e IV.

I: incorreta, art. 7º, XV, da Constituição e art. 1º da Lei 605/1949; **II:** correta, súmula 225 do TST; **III:** incorreta, súmula 354 do TST; **IV:** correta, súmula 225 do TST.

Gabarito "D".

(Técnico Judiciário – TRT/9ª – 2007 – CESPE) Acerca dos direitos dos trabalhadores, sobretudo os considerados na Constituição Federal de 1988, julgue o seguinte item:

(1) O repouso semanal remunerado deverá, necessariamente, recair em domingos, exceto se o trabalhador tiver religião ou crença que lhe exija o descanso em outro dia da semana.

1: incorreta. O art. 7º, XV, da CF, prescreve o repouso semanal remunerado preferencialmente aos domingos.

Gabarito 1E.

(Analista – TRT/16ª – 2009 – FCC) Considere as seguintes assertivas a respeito do repouso semanal remunerado:

I. De acordo com a jurisprudência sumulada do TST, é devida a remuneração do repouso semanal dos dias feriados ao empregado comissionista, exceto se pracista.
II. Computam-se no cálculo do repouso semanal remunerado as horas extras habitualmente prestadas.
III. Os empregados que recebem um salário fixo mensal já têm incluído nesse valor a remuneração do repouso semanal.
IV. O adicional de periculosidade não incide no cálculo do repouso semanal remunerado.

É correto o que se afirma APENAS em

(A) I, III e IV.
(B) III e IV.
(C) II, III e IV.
(D) I, II e III.
(E) II e IV.

I: incorreto, súmula 27 do TST; **II:** correto, súmula 172 do TST; **III:** correto, art. 7º, § 2º, da Lei 605/1949; **IV:** a questão está mal colocada, pois o adicional de periculosidade só não incide no cálculo do repouso semanal remunerado na hipótese de quinzenalistas ou mensalistas, cujo salário, base de cálculo do adicional em questão, já engloba o valor do RSR (art. 7º, § 2º, da Lei 605/1949). Entendemos descabido invocar-se o item II da Súmula 132 do TST.

Gabarito "C".

9. FÉRIAS

(Técnico – TRT/19ª – 2015 – FCC) Sobre férias:

(A) Poderão ser gozadas em até 3 períodos, desde que nenhum deles seja inferior a uma semana.
(B) O empregado estudante tem direito a fazer coincidir suas férias com as escolares, independentemente da sua idade.
(C) O empregado pode trocá-la, integralmente, por dinheiro.
(D) A concessão deve ser avisada pelo empregador ao Ministério do Trabalho e aos empregados envolvidos.
(E) É do empregador o direito de escolher o período de concessão, desde que o faça no período concessivo correto, sob pena de ter que remunerá-las em dobro.

A: opção incorreta, pois nos termos do art. 134, § 1º, da CLT somente em casos excepcionais serão as férias concedidas em 2 (dois) períodos, um dos quais não poderá ser inferior a 10 (dez) dias corridos. **B:** Opção incorreta, pois nos termos do art. 136, § 2º, da CLT o empregado estudante, menor de 18 (dezoito) anos, terá direito a fazer coincidir suas férias com as férias escolares. **C:** opção incorreta, pois nos termos do art. 143 da CLT é facultado ao empregado converter, somente, 1/3 (um terço) do período de férias a que tiver direito em abono pecuniário. **D:** opção incorreta, pois nos termos do art. 135 da CLT a concessão das férias será participada, por escrito, ao empregado, com antecedência de, no mínimo, 30 (trinta) dias. **E:** opção correta, pois de acordo com o art. 136 da CLT A época da concessão das férias será a que melhor consulte os interesses do empregador.

Gabarito "E".

(Técnico – TRT/3ª – 2015 – FCC) É parcela que repercute no cálculo das férias acrescidas de 1/3 do empregado:

(A) abono e rendimento do PIS/PASEP.
(B) salário-família pago no valor previsto em lei.
(C) adicional de horas extras recebidas habitualmente.
(D) participação nos lucros ou resultados.
(E) diárias para viagem que não excedam de 50% do salário percebido pelo empregado e não se sujeitam à prestação de contas.

A: opção incorreta, pois o abano e rendimento do PIS/PASEP por não ser pelo empregador como contraprestação ao serviços prestados, não possui natureza salarial, mas sim de verba de direito público, na medida em que provém de um fundo de natureza pública. Ademais, o abono e rendimento do PIS/PASEP não integram o salário de contribuição do empregado, art. 28, § 9º, alínea "I", da Lei 8.212/1991. **B:** opção incorreta, pois o salário-família possui natureza jurídica de benefício previdenciário, art. 7º, XII, CF. Veja arts. 65 a 70 da Lei 8.213/1991. **C:** opção correta, pois as horas extras são pagas pelo empregador como contraprestação pelos serviços prestados. Ademais, de acordo com o entendimento disposto nas súmulas 347 e 376, II, do TST as horas extras habituais repercutirão em todas as verbas trabalhistas, dentre elas as férias. **D:** opção incorreta, pois a participação nos lucros e resultados não possui natureza salarial, nos termos do art. 3º da Lei 10.101/2000. **E:** opção incorreta, pois as diárias para viagem que não excedam de 50% do salário percebido pelo empregado, para que não integrem o salário do obreiro devem se sujeitar à prestação de contas.

Gabarito "C".

(Técnico Judiciário – TRT9 – 2012 – FCC) O empregado tem direito ao gozo de férias

(A) anuais remuneradas com, pelo menos, dois terços a mais do que o salário normal.
(B) semestrais remuneradas com, pelo menos, dois terços a mais do que o salário normal.
(C) anuais remuneradas com, pelo menos, um terço a mais do que o salário normal.
(D) anuais remuneradas com, pelo menos, metade a mais do que o salário normal.
(E) semestrais remuneradas com, pelo menos, um terço a mais do que o salário normal.

"C" é a resposta correta, pois nos termos do art. 7º, XVII, da CF é assegurado a todo empregado o gozo de férias anuais remuneradas com, pelo menos, 1/3 (um terço) a mais do que o salário normal.

Gabarito "C"

(Técnico Judiciário – TRT/6ª – 2006 – FCC) Ao completar doze meses de trabalho, o empregado terá direito a férias que serão concedidas

(A) no dia seguinte àquele em que se completou o período aquisitivo.
(B) na época em que for mais conveniente para o empregado.
(C) na época em que for mais conveniente para o empregador, dentro do período concessivo.
(D) preferencialmente nos meses de julho ou janeiro, observado o período concessivo.
(E) sempre de uma só vez, proibido o fracionamento.

Art. 136 da CLT.

Gabarito "C"

(Técnico Judiciário – TRT/7ª – 2009 – FCC) Quanto às férias, é correto afirmar que

(A) serão sempre concedidas no período determinado pelo empregado.
(B) aos menores de dezesseis anos e aos maiores de quarenta e cinco, serão sempre concedidas por ato do empregador, em um só período, nos doze meses subsequentes à data em que o empregado tiver adquirido o direito.
(C) todo empregado terá direito anualmente ao gozo de um período de férias, sendo esse período descontado de sua remuneração, proporcionalmente aos dias de férias gozados.
(D) é facultado ao empregado converter dois terços do período de férias a que tiver direito em abono pecuniário, no valor da remuneração que lhe seria devida nos dias correspondentes.
(E) os membros de uma família que trabalharem no mesmo estabelecimento ou empresa terão direito à gozar férias no mesmo período, se assim o desejarem e se disto não resultar prejuízo para o serviço.

A: incorreta, art. 136 da CLT; **B:** incorreta, art. 134, § 2º, da CLT; **C:** incorreta, art. 7º, XVII, da CF; **D:** incorreta, art. 143 da CLT; **E:** correta, art. 136, § 1º, da CLT.

Gabarito "E"

(Técnico Judiciário – TRT/14ª – 2011 – FCC) De acordo com a Consolidação das Leis do Trabalho, na modalidade do regime de tempo parcial, após cada período de doze meses de vigência do contrato de trabalho, o empregado terá direito a dezesseis dias de férias, para a duração do trabalho semanal superior a

(A) cinco horas, até dez horas.
(B) dez horas, até quinze horas.
(C) quinze horas, até vinte horas.
(D) vinte horas, até vinte e duas horas.
(E) vinte e duas horas, até vinte e cinco horas.

Art. 130-A da CLT.

Gabarito "D"

(Técnico Judiciário – TRT/15ª – 2009 – FCC) Maria iniciou o gozo de suas férias ainda no período concessivo, mas terminou após o referido período. Neste caso,

(A) Marta terá direito a uma indenização equivalente ao valor do seu último salário, em razão da infração administrativa cometida pela empresa.
(B) como Marta iniciou o gozo de suas férias no período concessivo, todos os dias serão remunerados de forma simples.
(C) como Marta terminou o gozo de suas férias após o período concessivo, todos os dias serão remunerados em dobro.
(D) os dias de férias gozadas após o período concessivo deverão ser remunerados em dobro.
(E) Marta terá direito a uma indenização equivalente ao valor do seu último salário, em razão da infração legal cometida pela empresa.

Art. 137 da CLT.

Gabarito "D"

(Técnico Judiciário – TRT/20ª – 2011 – FCC) A empresa **A** pretende conceder férias coletivas a todos os seus empregados em dois períodos anuais, sendo um de dez dias corridos e outro de vinte dias corridos; A empresa **B** pretende conceder férias coletivas apenas para um setor da empresa em dois períodos anuais de quinze dias corridos cada; A empresa **C** pretende conceder férias coletivas para todos os seus empregados em dois períodos anuais, sendo um de doze dias corridos e outro de dezoito dias corridos cada. Nestes casos,

(A) apenas as empresas B e C estão agindo de acordo com a Consolidação das Leis do Trabalho.
(B) apenas as empresas A e C estão agindo de acordo com a Consolidação das Leis do Trabalho.
(C) todas as empresas estão agindo de acordo com a Consolidação das Leis do Trabalho.
(D) todas as empresas não estão agindo de acordo com a Consolidação das Leis do Trabalho, tendo em vista que as férias coletivas não poderão ser fracionadas.
(E) apenas a empresa A está agindo de acordo com a Consolidação das Leis do Trabalho.

Art. 139 da CLT.

Gabarito "C"

(Técnico Judiciário – TRT/20ª – 2006 – FCC) De acordo com a Consolidação das Leis do Trabalho, em relação às férias é correto afirmar que

(A) as ausências motivadas por acidente do trabalho, em regra, são descontáveis do período aquisitivo de férias.
(B) o período das férias não será computado, para todos os efeitos, como tempo de serviço.
(C) o empregado que tiver 4 faltas injustificadas durante o período aquisitivo terá direito de gozar 24 dias corridos de férias.
(D) o adicional noturno será computado no salário que servirá de base ao cálculo da remuneração das férias.
(E) aos menores de 18 anos e aos maiores de 50 anos de idade, as férias poderão ser concedidas em 2 períodos, um dos quais não poderá ser inferior a 10 dias corridos.

A: incorreta, art. 131, III, da CLT; **B:** incorreta, art. 130, § 2º, da CLT; **C:** incorreta, Art. 130, I, da CLT; **D:** correta, Art. 142, § 5º e Súmula 60, I, do TST; **E:** incorreta, art. 134, § 2º, da CLT.

Gabarito "D"

(Técnico Judiciário – TRT/22ª – 2010 – FCC) Quanto ao direito às férias, é correto afirmar:

(A) Após cada período de dez meses de vigência do contrato de trabalho, o empregado terá direito a férias de trinta dias corridos, quando não houver faltado ao serviço mais de cinco vezes.
(B) Todo empregado terá direito anualmente ao gozo de um período de férias, sem prejuízo da remuneração.
(C) Após cada período de doze meses de vigência do contrato de trabalho, o empregado terá direito a férias de 18 dias corridos quando houver tido sete faltas injustificadas.
(D) Após cada período de doze meses de vigência do contrato de trabalho, o empregado terá direito a férias de vinte dias corridos, quando não houver faltado ao serviço mais de cinco vezes.
(E) Após cada período de dez meses de vigência do contrato de trabalho, o empregado terá direito a férias de trinta dias úteis, quando não houver faltado ao serviço mais de cinco vezes.

Art. 129 da CLT (v. art. 130).

Gabarito "B"

(Técnico Judiciário – TRT/23ª – 2007 – FCC) Após cada período de 12 meses de vigência do contrato de trabalho, o empregado terá direito a férias de

(A) 28 dias corridos, quando houver tido de 6 a 14 faltas injustificadas.
(B) 24 dias corridos, quando houver tido de 6 a 14 faltas injustificadas.
(C) 18 dias corridos quando houver tido de 6 a 14 faltas injustificadas.
(D) 18 dias corridos quando houver tido de 24 a 32 faltas injustificadas.
(E) 15 dias corridos quando houver tido de 24 a 32 faltas injustificadas.

Art. 130, II, da CLT.
Gabarito "B"

(Técnico Judiciário – TRT/23ª – 2007 – FCC) Considere as assertivas a respeito das férias coletivas.

I. Em regra, as férias coletivas poderão ser concedidas em dois períodos anuais, desde que nenhum deles seja inferior a 10 dias corridos.
II. Os empregados contratados há menos de 12 meses gozarão, na oportunidade, férias proporcionais, iniciando-se, então, novo período aquisitivo.
III. O empregador comunicará ao órgão local do Ministério do Trabalho, com antecedência mínima de 10 dias, datas de início e fim das férias coletivas.
IV. Quando o número de empregados contemplados com as férias coletivas for superior a 200, a empresa poderá promover, mediante carimbo, a anotação da concessão das férias.

Está correto o que se afirma APENAS em

(A) I e IV.
(B) I, II e III.
(C) I e II.
(D) II, III e IV.
(E) II e III.

I: correta, art. 139, § 1º; da CLT; **II:** correta, art. 140 da CLT; **III:** incorreta, art. 139, § 2º, da CLT; **IV:** incorreta, art. 141 da CLT.
Gabarito "C"

(Técnico Judiciário – TRT/9ª – 2007 – CESPE) Acerca dos direitos dos trabalhadores, sobretudo os considerados na Constituição Federal de 1988, julgue os seguinte item.

(1) O trabalhador terá direito a férias anuais remuneradas com adicional de, pelo menos, um terço do valor do salário normal.

1: correta, art. 7º, XVII, da CF.
Gabarito 1C.

(Técnico Judiciário – TRT/17ª – 2009 – CESPE) No que se refere ao direito do trabalho, julgue os itens seguintes.

(1) O período de gozo de férias pode ser fracionado, mas o fracionamento não pode ser inferior a 15 dias corridos.
(2) Para que uma empresa possa conceder aos seus empregados férias coletivas, deve solicitar a autorização prévia do sindicado dos trabalhadores e da Superintendência Regional do Trabalho.

1: incorreta, art. 134, § 1º, da CLT; **2:** incorreta, art. 139, §§ 2º e 3º da CLT.
Gabarito 1E, 2E.

(Analista – TRT/16ª – 2014 – FCC) Considere as seguintes hipóteses:

I. Vilma deixou seu emprego, porém foi readmitida no quadragésimo quinto dia subsequente à sua saída.
II. Katia permaneceu em gozo de licença, com percepção de salários, por mais de 45 dias.
III. Manoela percebeu da Previdência Social prestações de acidente de trabalho por 45 dias contínuos.
IV. Berenice percebeu da Previdência Social prestações de auxílio-doença por 45 dias descontínuos.

Nestes casos, considerando que Vilma, Katia, Manoela e Berenice são empregadas da empresa XXX Ltda, de acordo com a Consolidação das Leis do Trabalho, terão direito a férias

(A) Vilma, Katia, Manoela e Berenice.
(B) Manoela e Berenice, apenas.
(C) Vilma, Manoela e Berenice, apenas.
(D) Katia e Manoela, apenas.
(E) Katia e Berenice, apenas.

"C" é a opção correta. Isso porque Vilma terá direito às férias. Somente perderia seu direito caso deixasse o emprego e não fosse readmitida depois de 60 dias, art. 133, I, CLT. Katia, por ter permanecido em gozo de licença, com percepção de salários, por mais de 30 dias, perderá o direito às férias, art. 133, II, da CLT. Já Manoela que percebeu da Previdência Social prestações de acidente de trabalho por 45 dias contínuos fará jus às férias. Somente perderia tal direito caso o período fosse superior a 6 meses, art. 133, IV, da CLT. Da mesma forma e pelos mesmos fundamentos legais Berenice, que recebeu da Previdência Social prestações de auxílio-doença por 45 dias descontínuos terá direito às férias.
Gabarito "C"

(Analista – TRT/16ª – 2014 – FCC) Fernanda, empregada da empresa ZZZ Ltda, possui cinquenta e sete anos de idade. No período noturno, Fernanda decidiu estudar Jornalismo e está matriculada na Faculdade X, cursando o primeiro semestre do referido curso. Assim, Fernanda tem dúvidas a respeito do gozo de suas férias e resolveu consultar sua amiga, Teodora, que está no último ano do curso de Direito da mesma Faculdade. Teodora respondeu que, de acordo com a Consolidação das Leis do Trabalho, Fernanda

(A) possui direito de gozar suas férias de uma só vez, mas não terá direito a fazer coincidir suas férias com as férias escolares.
(B) possui direito de gozar suas férias de uma só vez e terá direito a fazer coincidir suas férias com as férias escolares.
(C) não possui direito de gozar suas férias de uma só vez, mas terá direito a fazer coincidir suas férias com as férias escolares.
(D) não possui direito de gozar suas férias de uma só vez, bem como não terá direito a fazer coincidir suas férias com as férias escolares.
(E) somente possuirá direito de gozar de suas férias de uma só vez quando completar sessenta anos de idade, sendo que para possuir direito a fazer coincidir suas férias com as escolares deverá solicitar previamente ao empregador com antecedência de trinta dias.

"A" é a resposta correta. Isso porque nos termos do art. 134, § 2º, da CLT aos maiores de 50 (cinquenta) anos de idade, as férias serão sempre concedidas de uma só vez. No entanto, não terá direito a fazer coincidir suas férias com as férias escolares, tendo em vista que nos termos do art. 136, § 2º, da CLT apenas o empregado estudante, menor de 18 (dezoito) anos, terá direito a fazer coincidir suas férias com as férias escolares.
Gabarito "A"

(Analista – TRT/3ª – 2015 – FCC) Quanto à remuneração a ser paga no período de férias,

(A) o empregado não receberá salário, pois nesse período houve o afastamento do exercício de sua atividade laboral.
(B) no salário pago por tarefa, para fins de apuração do valor das férias, toma-se a média da produção no período aquisitivo, aplicando-se o valor da tarefa do mês imediatamente anterior à concessão das férias.
(C) para o salário pago por porcentagem, a remuneração das férias será apurada pela média do que foi percebido nos doze meses que precederem à concessão das férias.
(D) no salário pago por hora, com jornadas variáveis, a remuneração das férias será a média dos últimos seis meses, aplicando-se o valor do salário vigente na data da sua apuração.
(E) a parte do salário paga em utilidades não será computada no valor das férias.

A: opção incorreta, pois o período de férias é remunerado, em conformidade com os arts. 129 e 142 da CLT. Veja art. 7º, XVII, CF. **B:** opção incorreta, pois nos termos do art. 142, § 2º, da CLT no salário pago por tarefa terá por base a média da produção no período aquisitivo do direito a férias, aplicando-se o valor da remuneração da tarefa na data da concessão das férias. **C:** opção correta, pois reflete o disposto no art. 142, § 3º, da CLT. **D:** opção incorreta, pois no salário pago por hora apurar-se-á a média do período aquisitivo, aplicando-se o valor do salário na data da concessão das férias. **E:** opção incorreta, pois a parte do salário paga em utilidades será computada no valor das férias, nos termos do art. 142, § 4º, da CLT.
Gabarito "C"

(Analista – TRT/2ª – 2014 – FCC) Perderá o direito a férias o empregado que, no curso do período aquisitivo,

(A) deixar o emprego e não for readmitido nos 60 dias posteriores à sua saída.
(B) prestar serviço militar obrigatório por período superior a 6 meses.
(C) deixar de trabalhar, com percepção de salários, por mais de 60 dias, em virtude de paralisação parcial ou total dos serviços da empresa, desde que tal paralisação tenha decorrido de força maior.
(D) tiver percebido da Previdência Social prestações de acidente do trabalho ou de auxílio-doença por mais de 6 meses, desde que contínuos.
(E) usufruir de licença remunerada, qualquer que seja o período de duração da mesma.

A: opção correta, pois reflete o disposto no art. 133, I, CLT. **B:** opção incorreta, pois nos termos do art. 132 da CLT a prestação de serviço militar obrigatório corresponde a uma hipótese de suspensão do contrato de trabalho, não sendo devidos salários pelo empregador. No entanto, alguns efeitos do contrato são mantidos, dentre eles o cômputo do tempo de trabalho anterior à apresentação do empregado para serviço militar obrigatório no período aquisitivo para apuração das férias, desde que ele compareça ao estabelecimento dentro de 90 (noventa) dias da data em que se verificar a respectiva baixa, art. 132 da CLT. **C:** opção incorreta, pois de acordo com o art. 133, III, da CLT o período de paralisação superior a 30 dias não necessita ter ocorrido por motivo de força maior. D: opção incorreta, pois nos termos do art. 133, IV, da CLT o citado período pode ser descontínuo. **E:** opção incorreta, pois nos termos do art. 133, II, da CLT perderá o direito de férias o empregado que permanecer em gozo de licença, com percepção de salários, por mais de 30 (trinta) dias.

Gabarito "A".

(Analista – TRT/10ª – 2013 – CESPE) Com base na CLT, julgue os próximos itens.

(1) No curso do período aquisitivo das férias, o empregado que tiver percebido do órgão previdenciário prestações de acidente de trabalho ou auxílio-doença por sete meses, ainda que descontínuos, não terá direito a férias.
(2) O empregado contratado na modalidade do regime de tempo parcial que trabalhe dezenove horas por semana terá direito a dezesseis dias de férias.

1. Opção correta, pois reflete o disposto no art. 133, IV, da CLT; **2.** Opção incorreta, pois nos termos do art. 130-A, III, da CLT o empregado contratado na modalidade do regime de tempo parcial que trabalhe dezenove horas por semana terá direito a quatorze dias de férias.

Gabarito 1C, 2E

(Analista – TRT/6ª – 2012 – FCC) No lojinha "Xérox e companhia" trabalham desde 2008 apenas duas empregadas, Loira e Linda, que são, respectivamente, mãe e filha. De acordo com a Consolidação das Leis do Trabalho, Loira e Linda

(A) não terão direito de gozar férias no mesmo período, em razão do evidente prejuízo para o serviço.
(B) terão direito de gozar férias no mesmo período uma vez que são membros da mesma família.
(C) só terão direito de gozar férias no mesmo período quando completarem cinco anos de serviço para a mesma empresa.
(D) só terão direito de gozar férias no mesmo período se Linda for estudante de ensino médio ou superior.
(E) só terão direito de gozar férias no mesmo período se Loira possuir mais de sessenta anos de idade.

"A" é a opção correta. Isso porque o art. 136, § 1º, da CLT determina que os membros de uma família, que trabalharem no mesmo estabelecimento ou empresa, terão direito a gozar férias no mesmo período, se assim o desejarem e se disto não resultar prejuízo para o serviço. Por serem as duas únicas funcionárias da loja, o prejuízo é manifesto, o que impossibilita o gozo de férias no mesmo período.

Gabarito "A".

(Analista – TRT/6ª – 2006 – FCC) O empregado contratado sob a modalidade do regime de tempo parcial, que trabalha 18 (dezoito) horas por semana, tem direito a férias de

(A) 12 (doze) dias.
(B) 14 (quatorze) dias.
(C) 16 (dezesseis) dias.
(D) 24 (vinte e quatro) dias.
(E) 30 (trinta) dias.

Art. 130-A, III, da CLT.

Gabarito "B".

(Analista – TRT/7ª – 2009 – FCC) Com relação às férias é INCORRETO afirmar:

(A) Somente em casos excepcionais serão as férias concedidas em dois períodos, um dos quais não poderá ser inferior a dez dias corridos.
(B) Quando o salário for pago por tarefa tomar-se-á por base a média da produção no período aquisitivo do direito a férias, aplicando-se o valor da remuneração da tarefa na data da concessão das férias.
(C) Em regra, se o empregado recebe utilidades, devem estas fazer parte da remuneração das férias.
(D) Após cada período de doze meses de vigência do contrato de trabalho, o empregado terá direito a vinte e quatro dias corridos de férias, quando houver tido de seis a catorze faltas injustificadas.
(E) As gratificações anuais, semestrais, ou trimestrais integram o cálculo da remuneração das férias.

A: correta (art. 134, § 1º, da CLT); **B:** correta (art. 142, § 2º, da CLT); **C:** correta (art. 142, § 4º, da CLT); **D:** correta (art. 130, II, da CLT); **E:** incorreta, devendo ser assinalada (súmula 253 do TST).

Gabarito "E".

(Analista – TRT/8ª – 2010 – FCC) Violeta laborava por dois anos e seis meses para a empresa Flor, quando a mesma começou a não pagar seu salário mensal. Ajuizou reclamação trabalhista requerendo a extinção do contrato de trabalho por culpa exclusiva da empresa Flor, bem como, requerendo, dentre outras verbas, suas férias vencidas. Considerando que Violeta permaneceu trabalhando durante o curso de sua reclamação trabalhista, em regra, as férias vencidas serão calculadas com base na remuneração devida para Violeta

(A) quando da sua contratação, acrescidas de 50%.
(B) na época da reclamação, acrescidas de 50%.
(C) quando as férias deveriam ter sido gozadas e em dobro.
(D) quando as férias deveriam ter sido gozadas, acrescidas de 50%.
(E) na época da reclamação e em dobro.

Súmula 7 do TST, arts. 137 e 145 da CLT e súmula 450 do TST.

Gabarito "E".

(Analista – TRT/8ª – 2010 – FCC) A empresa A pretende conceder férias coletivas no mês de fevereiro para um determinado setor específico. Neste caso, a empresa A

(A) não poderá concedê-las, tendo em vista que é vedada a concessão de férias coletivas apenas para um setor da empresa.
(B) poderá concedê-las, desde que não seja por período inferior a dez dias corridos.
(C) não poderá concedê-las, tendo em vista que é vedada a concessão de férias coletivas no mês de fevereiro.
(D) poderá concedê-las, desde que seja obrigatoriamente por período de trinta dias corridos.
(E) poderá concedê-las, desde que não seja por período inferior a quinze dias corridos.

Art. 139, § 1º, da CLT.

Gabarito "B".

(Analista – TRT/8ª – 2010 – FCC) Considere os seguintes adicionais:

I. noturno.
II. de insalubridade.
III. de periculosidade.
IV. por trabalho extraordinário.

No salário que servirá de base de cálculo da remuneração das férias

(A) não serão computados nenhum dos adicionais indicados.
(B) serão computados todos os adicionais indicados.
(C) serão computados apenas os adicionais indicados nos itens II e III.
(D) serão computados apenas os adicionais indicados nos itens II, III e IV.
(E) serão computados apenas os adicionais indicados nos itens I e IV.

Art. 142, § 5º, da CLT.

Gabarito "B".

(Analista – TRT/9ª – 2010 – FCC) De acordo com a Consolidação das Leis do Trabalho, com relação à remuneração e ao abono de férias, é correto afirmar:

(A) Na remuneração das férias, quando o salário for pago por hora com jornadas variáveis, apurar-se-á a média do período aquisitivo, aplicando-se o valor do salário na data da concessão das férias.
(B) O abono de férias deverá ser requerido até trinta dias antes do término do período aquisitivo.
(C) O pagamento da remuneração das férias será efetuado até cinco dias antes do início do respectivo período.
(D) Quando o salário for pago por percentagem, comissão ou viagem, apurar-se-á a média percebida pelo empregado nos três meses que precederem a concessão das férias.
(E) Os adicionais por trabalho noturno, insalubre ou perigoso não serão computados no salário que servirá de base ao cálculo da remuneração das férias por expressa disposição legal.

A: correta (art. 142, § 1º, da CLT); **B:** incorreta, pois o abono de férias deverá ser requerido *até 15 (quinze) dias* antes do término do período aquisitivo (art. 143, § 1º, da CLT); **C:** incorreta. O pagamento da remuneração das férias e, se for o caso, o do abono referido no art. 143 serão efetuados *até 2 (dois) dias* antes do início do respectivo período. (art. 145 da CLT e súmula 450 do TST); **D:** incorreta. Quando o salário for pago por percentagem, comissão ou viagem, apurar-se-á a média percebida pelo empregado nos *12 (doze) meses* que precederem à concessão das férias (art. 142, § 3º, da CLT); **E:** incorreta (art. 142, § 5º, da CLT).

Gabarito "A".

(Analista – TRT/11ª – 2012 – FCC) O empregado, no período aquisitivo de férias, faltou quatro dias seguidos em razão de falecimento da sua mãe, oito dias seguidos para celebrar seu casamento e de lua de mel, dois dias para doação voluntária de sangue. No período concessivo respectivo, ele terá direito a usufruir de

(A) 24 dias de férias.
(B) 30 dias de férias.
(C) 18 dias de férias.
(D) 16 dias de férias.
(E) somente 15 dias de férias em razão do excesso de faltas.

Art. 130, II, da CLT c/c arts. 131, I, e 473, I, II e IV, da CLT.

Gabarito "A".

(Analista – TRT/11ª – 2005 – FCC) Na hipótese de serem concedidas férias coletivas, os trabalhadores admitidos há menos de doze meses

(A) terão suspensos seus contratos de trabalho.
(B) gozarão férias proporcionais, iniciando-se então novo período aquisitivo.
(C) gozarão férias proporcionais, que deverão ser descontadas do período legal de férias, quando completado o primeiro período aquisitivo.
(D) gozarão licença-remunerada.
(E) gozarão férias como os demais empregados, porquanto a lei não faz qualquer distinção.

Art. 140 da CLT.

Gabarito "B".

(Analista – TRT/12ª – 2010 – FCC) Marta e Mario são empregados da empresa Z e trabalham no mesmo setor. Considerando que Marta e Mario são casados, eles

(A) não terão direito a gozar férias no mesmo período, uma vez que a época de concessão das férias será a que melhor consulte os interesses do empregador.
(B) terão direito a gozar férias no mesmo período, se assim o desejarem, independentemente de resultar ou não prejuízo para o serviço em razão do direito que lhes é resguardado pela Constituição Federal brasileira.
(C) terão direito a gozar férias no mesmo período, se assim o desejarem e se disto não resultar prejuízo para o serviço.
(D) terão direito a gozar férias no mesmo período somente se requererem com antecedência mínima de noventa dias antes de expirado o período aquisitivo de férias, bem como se houver previsão contratual neste sentido.
(E) terão direito a gozar férias no mesmo período somente se requererem dentro de cento e vinte dias contados da expiração do período aquisitivo de férias, bem como se houver previsão contratual neste sentido.

Art. 136, § 1º, da CLT.

Gabarito "C".

(Analista – TRT/12ª – 2010 – FCC) A respeito do abono de férias, analise:

I. Deverá ser requerido até quinze dias antes do término do período aquisitivo.
II. Tratando-se de férias coletivas, a concessão do abono de férias depende de requerimento individual, independentemente de acordo coletivo entre o empregador e o sindicato representativo da respectiva categoria profissional.
III. As disposições previstas na Consolidação das Leis do Trabalho referentes ao abono de férias aplicam-se aos empregados sob o regime de tempo parcial.

De acordo com a Consolidação das Leis do Trabalho, está correto o que consta APENAS em

(A) I e III.
(B) II.
(C) I e II.
(D) II e III.
(E) I.

I: correto (art. 143, § 1º, da CLT); **II:** incorreta. Tratando-se de férias coletivas, a conversão a que se refere este artigo deverá ser objeto de acordo coletivo entre o empregador e o sindicato representativo da respectiva categoria profissional, independendo de requerimento individual a concessão do abono (art. 143, § 2º, da CLT); **III:** incorrera (art. 143, § 3º, da CLT).

Gabarito "E".

(Analista – TRT/13ª – 2005 – FCC) As férias concedidas ao trabalhador urbano, não doméstico, no curso do contrato, serão

(A) sempre de trinta dias.
(B) de trinta dias, se o empregado não apresentar, no período concessivo, faltas imotivadas.
(C) de trinta dias, descontando-se os feriados do período concessivo.
(D) devidas em dobro, quando o empregado não concordar em tirar as férias no período assinalado pelo empregador.
(E) de trinta dias, se, no período aquisitivo, o empregado não faltar sem justificativas legais mais do que cinco dias.

Art. 130, I, da CLT.

Gabarito "E".

(Analista – TRT/14ª – 2011 – FCC) Considere as seguintes situações ocorridas durante o período aquisitivo de férias:

I. Empregado deixa o emprego e é readmitido dentro de quarenta dias subsequentes à sua saída.
II. Empregado que deixar de trabalhar, com percepção do salário, por trinta e cinco dias, em virtude de paralisação parcial ou total dos serviços da empresa.
III. Empregado que tiver percebido da Previdência Social prestações de acidente de trabalho ou de auxílio-doença por três meses descontínuos.
IV. Empregado que deixar de trabalhar, com percepção do salário, por sessenta dias, em virtude de paralisação parcial ou total dos serviços da empresa.

De acordo com a Consolidação das Leis do Trabalho, não terão direito a férias as situações indicadas APENAS em

(A) II e IV.
(B) III e IV.
(C) I e II.
(D) I e IV.
(E) II e III.

I: incorreta (art. 133, I, da CLT); **II:** correta (art. 133, III, da CLT); **III:** incorreta (art. 133, IV, da CLT); **IV:** correta (art. 133, III, da CLT).

Gabarito "A".

(Analista – TRT/14ª – 2011 – FCC) Fábio, empregado da empresa Alpha, pretende converter um terço do período de férias a que tem direito em abono pecuniário, no valor da remuneração que lhe seria devida nos dias correspondentes. Neste caso, o abono de férias

(A) deverá ser requerido até trinta dias após o término do período aquisitivo.
(B) deverá ser requerido até quinze dias após o término do período aquisitivo.
(C) deverá ser requerido até quinze dias antes do término do período aquisitivo.
(D) poderá ser requerido a qualquer tempo.
(E) deverá ser requerido dezoito dias antes do término do período aquisitivo.

Art. 143, § 1º, da CLT.

Gabarito "C"

(Analista – TRT/14ª – 2011 – FCC) Ana, Bárbara, Carmem e Débora são empregadas da empresa Trevo. Ana tem 17 anos de idade; Bárbara tem 51 anos de idade; Carmem tem 61 anos de idade e Débora tem 71 anos de idade. De acordo com a Consolidação das Leis do Trabalho, as férias serão concedidas de uma só vez para

(A) Bárbara, apenas.
(B) Carmem e Débora, apenas.
(C) Ana e Débora, apenas.
(D) Ana, Carmem e Débora, apenas.
(E) todas as empregadas.

Art. 134, § 2º, da CLT.

Gabarito "E"

(Analista – TRT/20ª – 2011 – FCC) Considere as seguintes situações ocorridas durante o período aquisitivo de férias:

I. Valentina pediu demissão de seu emprego na empresa V. Após, cinquenta dias ela se arrependeu de ter deixado o emprego e pediu a sua readmissão que foi aceita no 51º dia subsequente à sua saída.
II. Juma, empregada da empresa Selva, permaneceu, com percepção de salários, em gozo de licença, por 45 dias.
III. Zé Leão, empregado da empresa Água permaneceu, com percepção de salários, em gozo de licença, por 22 dias.
IV. Yasmim deixou de trabalhar por 60 dias, com percepção do salário, em virtude de paralisação parcial dos serviços da sua empregadora, a empresa Y.

Nestes casos, terá direito a férias APENAS os empregados indicados nas situações

(A) I, II e III.
(B) I e III.
(C) I e IV.
(D) II e IV.
(E) III e IV.

I: art. 133, I, da CLT; II: art. 133, II, da CLT; III: art. 133, II, da CLT; IV: art. 133, III, da CLT.

Gabarito "B"

(Analista – TRT/20ª – 2011 – FCC) Suzy, Eliana e Raquel são amigas e empregadas da empresa Amor-Perfeito. Elas pretendem fazer uma viagem juntas de 20 dias pela Europa para comemorar o aniversário de 60 anos de Raquel. Considerando que Susy possui 49 anos e Eliana 51 anos, é certo que a empresa Amor-Perfeito

(A) está obrigada a conceder férias para todas as empregadas ao mesmo tempo, tendo em vista que a época da concessão das férias será a que melhor consulte os interesses do empregado, vedado o fracionamento apenas das férias de Raquel.
(B) não está obrigada a conceder férias para todas as empregadas ao mesmo tempo, tendo em vista que a época da concessão das férias será a que melhor consulte os interesses do empregador, vedado o fracionamento das férias de Suzy, somente.
(C) está obrigada a conceder férias para todas as empregadas ao mesmo tempo, tendo em vista que a época da concessão das férias será a que melhor consulte os interesses do empregado, sendo permitido o fracionamento das férias em qualquer hipótese.
(D) não está obrigada a conceder férias para todas as empregadas ao mesmo tempo, tendo em vista que a época da concessão das férias será a que melhor consulte os interesses do empregador, vedado o fracionamento das férias de Eliana e Raquel.
(E) está obrigada a conceder férias para todas as empregadas ao mesmo tempo, tendo em vista que a época da concessão das férias será a que melhor consulte os interesses do empregado, sendo vedado o fracionamento das férias em qualquer hipótese.

Art. 136 da CLT.

Gabarito "D"

(Analista – TRT/22ª – 2010 – FCC) Simone é empregada da empresa COPAS e recebe gratificação semestral; Janina é empregada da empresa OURO e recebe adicional de periculosidade; e Nair é empregada do restaurante ESPADAS e recebe gorjeta cobrada diretamente na nota de serviço. Nestes casos, incorporam-se ao cálculo das férias as verbas recebidas por

(A) Simone, Janina e Nair.
(B) Simone e Janina, apenas.
(C) Janina e Nair, apenas.
(D) Janina, apenas.
(E) Nair, apenas.

Sobre a gratificação semestral, súmula 253 do TST; sobre o adicional de periculosidade, art. 142, § 5º, da CLT; sobre as gorjetas, sua inclusão na base de cálculo das férias decorre da expressão "remuneração", expressa no art. 142 da CLT, ao mesmo tempo que o art. 457 da CLT menciona que remuneração corresponde à somatória dos salários às gorjetas (v. súmula 354 do TST: As gorjetas, cobradas pelo empregador na nota de serviço ou oferecidas espontaneamente pelos clientes, integram a remuneração do empregado, não servindo de base de cálculo para as parcelas de aviso-prévio, adicional noturno, horas extras e repouso semanal remunerado).

Gabarito "C"

(Analista – TRT/22ª – 2010 – FCC) Milena, Angelina, Bartolomeu e Caio eram empregados da empresa BOM DIA. Em virtude de corte de verbas, os quatro funcionários foram dispensados sem justa causa. Quando da dispensa, Milena laborava para a empresa há cinco meses; Angelina há dez meses; Bartolomeu há cinco anos e oito meses; e Caio há sete anos e dois meses. Nestes casos, com a extinção do contrato de trabalho, fará jus ao pagamento da remuneração das férias proporcionais

(A) Milena, Angelina, Bartolomeu e Caio.
(B) Angelina, Bartolomeu e Caio, apenas.
(C) Bartolomeu e Caio, apenas.
(D) Caio, apenas.
(E) Bartolomeu, apenas.

Súmula 171 do TST: FÉRIAS PROPORCIONAIS. CONTRATO DE TRABALHO. EXTINÇÃO. Salvo na hipótese de dispensa do empregado por justa causa, a extinção do contrato de trabalho sujeita o empregador ao pagamento da remuneração das férias proporcionais, ainda que incompleto o período aquisitivo de 12 (doze) meses (art. 147 da CLT).

Gabarito "A"

(Analista – TRT/23ª – 2011 – FCC) As irmãs Cleodete e Carmina são empregadas da empresa F. Ambas pretendem requerer a conversão de 1/3 do período de férias em abono pecuniário. Neste caso, este requerimento é

(A) possível, devendo ocorrer até 60 dias antes do término do período aquisitivo.
(B) impossível em qualquer hipótese, tendo em vista que as férias devem ser gozadas na sua integralidade, tratando-se de norma pública que deve ser respeitada.
(C) possível, devendo ocorrer até 5 dias antes do término do período aquisitivo.
(D) possível, devendo ocorrer até 10 dias antes do término do período aquisitivo.
(E) possível, devendo ocorrer até 15 dias antes do término do período aquisitivo.

Art. 143, § 1º, da CLT.

Gabarito "E"

(Analista – TRT/24ª – 2011 – FCC) Suzana pretende converter um período de suas férias em abono pecuniário. Neste caso, Suzana poderá converter em abono pecuniário

(A) 1/3 do período de férias a que tiver direito, desde que requeira até 15 dias antes do término do período aquisitivo.
(B) 1/3 do período de férias a que tiver direito, desde que requeira até 15 dias antes do término do período concessivo.
(C) 1/3 do período de férias a que tiver direito, desde que requeira até 30 dias antes do término do período concessivo.
(D) até metade do período de férias a que tiver direito, desde que requeira até 15 dias antes do término do período aquisitivo.
(E) até no máximo vinte dias do período de férias a que tiver direito, desde que requeira até 15 dias antes do término do período concessivo.

Art. 143, § 1º, da CLT.
Gabarito "A"

(Analista – TRT/24ª – 2011 – FCC) Junior labora em regime de trabalho em tempo parcial. Durante o período aquisitivo de suas férias, Junior teve mais de sete faltas injustificadas. Neste caso, de acordo com a Consolidação das Leis do Trabalho, ele

(A) terá o seu período de férias reduzido pela metade.
(B) não terá direito ao gozo de férias.
(C) terá direito ao gozo de suas férias regularmente, sem redução.
(D) terá o seu período de férias reduzido em 1/3.
(E) terá redução de três dias do seu período de férias.

O empregado contratado sob o regime de tempo parcial que tiver mais de sete faltas injustificadas ao longo do período aquisitivo terá o seu período de férias reduzido à metade (art. 130-A, parágrafo único, da CLT).
Gabarito "A"

(Analista – TRT/17ª – 2009 – CESPE) A respeito do direito do trabalho, julgue os itens a seguir.

(1) Inadmite-se o fracionamento das férias aos menores de 18 anos e aos maiores de 50 anos de idade.
(2) A conversão de um terço do período de férias em dinheiro depende da concordância expressa do empregador.

1: certa (art. 134, § 2º, da CLT); **2:** errada, pois trata-se de faculdade do empregado (art. 143 da CLT).
Gabarito 1C, 2E

10. REMUNERAÇÃO, SALÁRIO E DEMAIS VANTAGENS[1]

(Técnico – TRT/19ª – 2015 – FCC) A segunda parcela do 13º salário (gratificação de Natal) será efetuada até o dia

(A) 15 de dezembro de cada ano.
(B) 10 de janeiro do ano subsequente.
(C) 20 de dezembro de cada ano.
(D) 30 de novembro.
(E) que for mais conveniente para o empregador, pois é ele quem assume os riscos da atividade.

"C" é a resposta correta. A gratificação natalina encontra previsão constitucional no art. 7º, VIII, da CF. A Lei 4.749/65 determina em seu art. 1º que deverá ser paga pelo empregador até o dia 20 de dezembro de cada ano, compensada a importância que, a título de adiantamento, o empregado houver recebido.
Gabarito "C"

(Técnico – TRT/16ª – 2015 – FCC) De acordo com a Consolidação das Leis do Trabalho "*poderá ser dispensado o acréscimo de salário se, por força de acordo ou convenção coletiva de trabalho, o excesso de horas em um dia for compensado pela correspondente diminuição em outro dia, de maneira que não exceda, no período máximo de um ano, à soma das jornadas semanais de trabalho previstas, nem seja ultrapassado o limite máximo de dez horas diárias*". Na hipótese de rescisão do contrato de trabalho sem que tenha havido a compensação integral da jornada extraordinária, fará o trabalhador jus ao pagamento

(A) das horas extras não compensadas, calculadas sobre o valor da remuneração na data da sua efetiva realização.
(B) das horas extras não compensadas, calculadas sobre o valor da remuneração na data da rescisão.
(C) de uma indenização relativa à média das horas extras prestadas acrescidas de 50%.
(D) de uma indenização relativa à média das horas extras prestadas acrescidas de 25%.
(E) de uma indenização apenas relativa à média das horas extras prestadas.

"B" é a resposta correta. Nos termos do art. 59, § 3º, da CLT na hipótese de rescisão do contrato de trabalho sem que tenha havido a compensação integral da jornada extraordinária fará o trabalhador jus ao pagamento das horas extras não compensadas, calculadas sobre o valor da remuneração na data da rescisão.
Gabarito "B"

(Técnico Judiciário – TRT9 – 2012 – FCC) Com fundamento na CLT – Consolidação das Leis do Trabalho e na CF – Constituição Federal, as horas extraordinárias NÃO podem exceder de

(A) três e devem ser pagas com adicional de, no mínimo, 50% superior à hora normal.
(B) duas e devem ser pagas com adicional de, no mínimo, 25% superior à hora normal.
(C) três e devem ser pagas com adicional de, no mínimo, 25% superior à hora normal.
(D) duas e devem ser pagas com adicional de, no mínimo, 50% superior à hora normal.
(E) seis e devem ser pagas com adicional de, no mínimo, 50% superior à hora normal.

"D" é a opção correta, pois nos termos do art. 59 da CLT a duração normal do trabalho poderá ser acrescida de horas suplementares, em número não excedente de 2 (duas), mediante acordo escrito entre empregador e empregado, ou mediante contrato coletivo de trabalho, devendo nos termos do 7º, XVI, da CF, ser remuneradas com adicional de 50% a mais que a hora normal.
Gabarito "D"

(Técnico Judiciário – TRT9 – 2012 – FCC) Paulo foi contratado como empregado da empresa Fábrica de Doces Celestes para exercer as funções de ajudante geral, recebendo um salário mínimo mensal. Após um ano de trabalho, Paulo foi chamado pelo gerente que o informou que, em razão das dificuldades econômicas da empresa, seu salário seria reduzido para meio salário mínimo mensal. A atitude da empresa

(A) não está correta, pois o salário é irredutível, salvo previsão em convenção ou acordo coletivo.
(B) não está correta, pois o salário é impenhorável, salvo previsão em convenção ou acordo coletivo.
(C) não está correta, pois a redução de salário depende de lei.
(D) está correta, pois a redução de salário é permitida, se comprovado que o empregador está em situação econômica difícil.
(E) está correta, pois a redução de salário é permitida após o empregado completar um ano de serviço.

A: opção correta, pois nos termos do art. 7º, VI, da CF o salário não poderá ser reduzido, senão por acordo ou convenção coletiva de trabalho. **B:** opção incorreta, pois embora a atitude não esteja correta, o salário poderá ser penhorado para pagamento de prestação alimentícia, nos termos do art. 649, § 2º, do CPC (art. 833, § 2º, CPC/2015). C: opção incorreta, pois nos termos do art. 7º, VI, da CF o salário poderá ser reduzido por acordo ou convenção coletiva. D: opção incorreta, pois a atitude da empresa não está correta, na medida em que os riscos da atividade não podem ser repassados ao empregado (princípio da alteridade). E: opção incorreta, pois a redução salarial é permitida por acordo ou convenção coletiva, nos termos do art. 7º, VI, da CF.
Gabarito "A"

(Técnico Judiciário – TRT/2ª – 2008 – FCC) Maria e Marta cursaram a faculdade pública de direito X e Amanda e Flávia foram colegas de classe na faculdade particular de direito Y. Já advogadas, Maria, Marta e Amanda foram contratadas simultaneamente para trabalharem no escritório de

1 ATENÇÃO: Sobre Adicional de Insalubridade/Periculosidade, ver questões referentes a Medicina e Segurança no Trabalho

advocacia W. Após dois anos e três meses da contratação, Marta pediu demissão de seu emprego, tendo o escritório empregador contratado Flávia para sucedê-la. O salário de Maria é o dobro do salário de Amanda e Flávia, bem como todas exercem as mesmas funções, com igual produtividade e com a mesma perfeição técnica para o escritório de advocacia W, que não possui quadro de carreira. Neste caso,

(A) não poderá haver equiparação salarial entre as advogadas, tendo em vista que é vedada equiparação em categoria diferenciada.
(B) Flávia e Amanda poderão requerer a equiparação salarial com o salário percebido por Maria.
(C) não poderá haver equiparação salarial entre as advogadas, tendo em vista que a lei veda a equiparação salarial de trabalho intelectual.
(D) somente Amanda poderá requerer a equiparação salarial com o salário percebido por Maria.
(E) somente Flávia poderá requerer a equiparação salarial com o salário percebido por Maria.

Art. 461 da CLT.
Gabarito "D".

(Técnico Judiciário – TRT/2ª – 2008 – FCC) João, Joana, Juca e Jean são empregados da empresa Primavera. João recebeu ajuda de custo. Joana recebeu abono de férias de 15 dias. Juca recebe diária de viagem que excedem 50% de seu salário e Jean recebe gratificação ajustada com seu empregador. De acordo com a Consolidação das Leis do Trabalho, integram o salário as verbas recebidas apenas por

(A) Joana, Juca e Jean.
(B) João, Juca e Jean.
(C) João e Joana.
(D) Joana e Juca.
(E) Juca e Jean.

Arts. 144 e 457, §§ 1º e 2º da CLT.
Gabarito "E".

(Técnico Judiciário – TRT/4ª – 2011 – FCC) Considere as seguintes assertivas a respeito do 13º salário:

I. O 13º salário proporcional incide nas rescisões indiretas do contrato de trabalho, bem como nos pedidos de demissão.
II. Entre os meses de fevereiro e novembro de cada ano, o empregador pagará, como adiantamento do 13º salário, de uma só vez, metade do salário recebido pelo respectivo empregado no mês anterior.
III. O empregador estará obrigado a pagar o adiantamento referente ao 13º salário, no mesmo mês, a todos os seus empregados.
IV. O adiantamento será pago ao ensejo das férias do empregado, sempre que este o requerer no mês de janeiro do correspondente ano.

Está correto o que se afirma SOMENTE em:

(A) I e II.
(B) I, III e IV.
(C) II, III e IV.
(D) I, II e IV.
(E) I e IV.

I: correta, art. 7º do Decreto 57.155/1965; **II:** correta, art. 2º, *caput*, da Lei 4.749/1965; **III:** incorreta, art. 2º, § 1º, da Lei 4.749/1965; **IV:** correta, art. 2º, § 2º, da Lei 4.749/1965.
Gabarito "D".

(Técnico Judiciário – TRT/4ª – 2011 – FCC) Camila labora no supermercado X, a quem a sua empregadora pretende pagar parte do salário contratual através de produtos alimentícios. De acordo com a Consolidação das Leis do Trabalho, em se tratando de salário *in natura*, o percentual legal permitido para alimentação fornecida como salário-utilidade não poderá exceder

(A) 10% do salário contratual.
(B) 15% do salário contratual.
(C) 20% do salário contratual.
(D) 25% do salário contratual.
(E) 35% do salário contratual.

Art. 458, § 3º, da CLT.
Gabarito "C".

(Técnico Judiciário – TRT/4ª – 2006 – FCC) Havendo o pagamento de parte do salário mínimo, mediante parcelas *in natura*, o empregador está obrigado a pagar em dinheiro o valor equivalente a, pelo menos,

(A) 10% do salário mínimo.
(B) 20% do salário mínimo.
(C) 30% do salário mínimo.
(D) 40% do piso salarial da categoria.
(E) 50% do piso salarial da categoria.

Art. 82, parágrafo único, da CLT.
Gabarito "C".

(Técnico – TRT/6ª – 2012 – FCC) Considere:

I. Gorjetas.
II. Comissões.
III. Adicional de Insalubridade.
IV. Ajuda de custo.

NÃO possuem natureza indenizatória as verbas indicadas APENAS em

(A) I e II.
(B) I, III e IV.
(C) I, II e III.
(D) II e III.
(E) III e IV.

I: correta, art. 457, *caput*, da CLT; **II:** correta, art. 457, § 1º, da CLT; **III:** correta, art. 457, § 1º, da CLT e súmula 139 do TST; **IV:** incorreta, art. 457, § 2º, da CLT.
Gabarito "C".

(Técnico – TRT/6ª – 2012 – FCC) O pagamento dos salários até o 5º dia útil do mês subsequente ao vencido não está sujeito à correção monetária. Se essa data limite for ultrapassada, incidirá o índice da correção monetária do mês

(A) da prestação dos serviços, a partir do 1º dia útil.
(B) da prestação dos serviços, a partir do dia 1º.
(C) da prestação dos serviços, a partir do 5º dia útil.
(D) subsequente ao da prestação dos serviços, a partir do 5º dia útil.
(E) subsequente ao da prestação dos serviços, a partir do dia 1º.

Súmula 381 do TST.
Gabarito "E".

(Técnico Judiciário – TRT/6ª – 2006 – FCC) A moradia que a empresa, por força do contrato ou do costume, fornece habitualmente ao empregado, constitui salário

(A) complessivo.
(B) *in natura*.
(C) mínimo.
(D) especial.
(E) adicional.

Art. 458 da CLT.
Gabarito "B".

(Técnico Judiciário – TRT/8ª – 2010 – FCC) Segundo as normas preconizadas na Consolidação das Leis do Trabalho, o pagamento do salário,

(A) na modalidade de contrato individual de trabalho por prazo indeterminado, não deve ser estipulado por período superior a um mês, inclusive no que concerne a comissões, percentagens e gratificações.
(B) qualquer que seja a modalidade do trabalho, não deve ser estipulado por período superior a um mês, inclusive no que concerne a comissões, percentagens e gratificações.
(C) qualquer que seja a modalidade do trabalho, não deve ser estipulado por período superior a um mês, salvo no que concerne a comissões, percentagens e gratificações.
(D) na modalidade de contrato individual de trabalho por prazo determinado, pode ser estipulado por período superior a um mês, exceto no que concerne a comissões e percentagens.
(E) na modalidade de contrato individual de trabalho por prazo indeterminado, pode ser estipulado por período superior a um mês, exceto no que concerne as gratificações.

Art. 459 da CLT.
Gabarito "C".

(Técnico Judiciário – TRT/8ª – 2010 – FCC) Por força de contrato de trabalho, Mário recebe vale refeição, Mirela recebe vale transporte e Lindalva recebe assistência médica mediante seguro-saúde. Nestes casos, possui caráter salarial o benefício recebido por

(A) Mário, Mirela e Lindalva.
(B) Mário e Mirela, apenas.
(C) Lindalva, apenas.
(D) Mirela, apenas.
(E) Mário, apenas.

Art. 458, *caput* e § 2º, da CLT.
Gabarito "E"

(Técnico Judiciário – TRT/9ª – 2010 – FCC) João, empregado da empresa X, recebeu diárias de viagem, tendo em vista a necessidade de visitar clientes em locais diversos. Considerando que as diárias de viagem recebidas ultrapassaram 60% do salário de João, neste caso, elas

(A) não integram o salário de João, tendo em vista que as diárias de viagem que não excedam 70% do salário percebido pelo empregado não se incluem nos salários.
(B) integram o salário pelo seu valor total e para efeitos indenizatórios, enquanto durarem as viagens.
(C) não integram o salário de João, tendo em vista que as diárias de viagem que não excedam 80% do salário percebido pelo empregado não se incluem nos salários.
(D) integram o salário somente em 10% e enquanto durarem as viagens, tendo em vista que as diárias de viagem que não excedam 50% do salário percebido pelo empregado não se incluem nos salários.
(E) não integram o salário de João, tendo em vista que as diárias de viagem não se incluem nos salários, independentemente do seu valor.

Art. 457, § 2º, da CLT, pois ultrapassam o percentual de 50% do salário percebido.
Gabarito "B"

(Técnico Judiciário – TRT/15ª – 2009 – FCC) Considere as seguintes assertivas a respeito da remuneração:

I. As gorjetas cobradas diretamente pelo empregador na nota de serviço servem de base de cálculo para o repouso semanal remunerado.
II. As comissões, percentagens e gratificações ajustadas integram o salário do obreiro.
III. O seguro de vida e de acidentes pessoais fornecidos pelo empregador não são considerados salário *in natura*.
IV. A assistência odontológica prestada diretamente pelo empregador não é considerada salário *in natura*.

Está correto o que se afirma SOMENTE em

(A) II, III e IV.
(B) I, II e III.
(C) II e III.
(D) III e IV.
(E) I e IV.

I: incorreta, súmula 354 do TST; **II:** correta, art. 457, § 1º, da CLT; **III:** correta, art. 458, § 2º, VI, da CLT; **IV** correta, art. 458, § 2º, IV, da CLT.
Gabarito "A"

(Técnico Judiciário – TRT/16ª – 2009 – FCC) Considere:

I. Gorjetas fornecidas espontaneamente pelo cliente ao empregado.
II. Ajudas de custo.
III. Diária de viagem que não excedam 50% do salário percebido pelo empregado.
IV. Gratificações ajustadas e abonos pagos pelo empregador.

Compreendem-se na remuneração do empregado para todos os efeitos os itens indicados APENAS em

(A) I, II e IV.
(B) II e III.
(C) I, II e III.
(D) II, III e IV.
(E) I e IV.

I: correta, art. 457 da CLT; **II** e **III:** incorretas, art. 457, § 2º, da CLT; **IV:** correta, art. 457, § 1º, da CLT.
Gabarito "E"

(Técnico Judiciário – TRT/18ª – 2008 – FCC) Considere as assertivas abaixo a respeito do salário-família:

I. O salário família não é devido aos trabalhadores avulsos por não se enquadrarem na condição de empregados.
II. O salário-família é devido por quotas de modo que o empregado receba tantas quotas quantas sejam os filhos, enteados ou tutelados.
III. Para ter direito ao salário-família é necessário que o filho do empregado seja menor de 16 anos ou inválido de qualquer idade.
IV. Na hipótese de marido e mulher serem empregados e possuírem mais de um contrato de trabalho, ser-lhe-ão devidas tantas quotas quantos forem os contratos.

Está correto o que consta APENAS em

(A) I e II.
(B) II e IV.
(C) I e III.
(D) II, III e IV.
(E) I e IV.

I: incorreta, art. 65, *caput*, da Lei 8.213/1991; **II:** correta, art. 66 da Lei 8.213/1991; **III:** incorreta, menor de 14 anos (art. 66 da Lei 8.213/1991); **IV:** correta, art. 82, § 3º, do Decreto 3.048/1999 (observação: o salário-família não é "salário", mas benefício previdenciário).
Gabarito "B"

(Técnico Judiciário – TRT/18ª – 2008 – FCC) Considere:

I. Veículo fornecido ao empregado pelo serviço desenvolvido, utilizado inclusive nos fins de semana e período de férias, como economia salarial do laborista.
II. Vestuários fornecidos aos empregados e utilizados no local de trabalho, para a prestação do serviço.
III. Educação, em estabelecimento de ensino de terceiros, compreendendo os valores relativos a matrícula, mensalidade, anuidade, livros e material didático.
IV. Assistência médica e hospitalar, prestada diretamente ou mediante seguro-saúde.

NÃO são considerados salário *in natura* as utilidades fornecidas pelo empregador indicadas APENAS em

(A) II e IV.
(B) I e III.
(C) I, II e III.
(D) II, III e IV.
(E) I e IV.

I: correta, art. 458 da CLT (cotejar com a súmula 367, I, do TST); **II:** incorreta, art. 458, § 2º, I, da CLT; **III:** incorreta, art. 458, § 2º, II, da CLT; **IV:** incorreta, art. 458, § 2º, IV, da CLT.
Gabarito "D"

(Técnico Judiciário – TRT/20ª – 2011 – FCC) Considere:

I. Aviso-prévio.
II. Repouso semanal remunerado.
III. Horas extras.

De acordo com entendimento Sumulado do Tribunal Superior do Trabalho, as gorjetas, cobradas pelo empregador na nota de serviço ou oferecidas espontaneamente pelos clientes, integram a remuneração do empregado, não servindo de base de cálculo para os itens

(A) I e II, apenas.
(B) I e III, apenas.
(C) II e III, apenas.
(D) III, apenas.
(E) I, II e III.

Súmula 354 do TST.
Gabarito "E"

(Técnico Judiciário – TRT/20ª – 2006 – FCC) Considere as seguintes assertivas a respeito do salário mínimo:

I. Salário mínimo é a contraprestação mínima devida e paga diretamente pelo empregador a todo trabalhador, exceto ao trabalhador rural, sem distinção de sexo, por dia normal de serviço.

II. Quando o empregador fornecer, *in natura*, uma ou mais das parcelas do salário mínimo, o salário mínimo pago em dinheiro não será inferior a 40% do salário mínimo fixado para a região.

III. Quando o salário mínimo mensal do empregado à comissão for integrado por parte fixa e parte variável, ser-lhe-á sempre garantido o salário mínimo, vedado qualquer desconto em mês subsequente a título de compensação.

De acordo com a Consolidação das Leis do Trabalho, está correto APENAS o que se afirma em:

(A) I e II.
(B) I e III.
(C) II.
(D) II e III.
(E) III.

I: incorreta, inclusive ao trabalhador rural (art. 76 da CLT); **II**: incorreta, o limite é de 30% (art. 82, parágrafo único, da CLT); **III**: correta, art. 78, parágrafo único, da CLT.
Gabarito "E".

(Técnico Judiciário – TRT/20ª – 2006 – FCC) De acordo com a Consolidação das Leis do Trabalho, em relação a remuneração do empregado, é correto afirmar que

(A) a habitação e a alimentação fornecidas como salário-utilidade deverão atender aos fins a que se destinam e não poderão exceder, respectivamente, a 25% e 20% do salário-contratual.
(B) as comissões, percentagens e abonos pagos pelo empregador não integram o salário.
(C) incluem-se nos salários as ajudas de custo, assim como as diárias para viagem que não excedam de 50% do salário percebido pelo empregado.
(D) equipamentos e outros acessórios fornecidos aos empregados e utilizados no local de trabalho, para a prestação do serviço serão considerados salário *in natura*.
(E) em regra, o pagamento do salário, qualquer que seja a modalidade do trabalho, pode ser estipulado por período superior a 1 mês, salvo no que concerne a comissões e percentagens.

A: correta, art. 458, § 3º, da CLT; **B**: incorreta, art. 457, § 1º, da CLT; **C**: incorreta, art. 458, § 2º, da CLT; **D**: incorreta, art. 457, § 2º, I, da CLT; **E**: incorreta, art. 459 da CLT.
Gabarito "A".

(Técnico Judiciário – TRT/22ª – 2010 – FCC) O 13º salário é parte obrigatória a ser paga

(A) a todos os empregados em uma única parcela até o dia 20 de dezembro. O empregado também tem direito a perceber a primeira parcela juntamente com as férias, se assim o requerer no mês de janeiro.
(B) somente aos empregados que estiverem trabalhando no período mínimo de doze meses, em uma única parcela até o dia 20 de dezembro. O empregado pode receber a primeira parcela juntamente com as férias, se assim o requerer no mês de fevereiro.
(C) a todos os empregados em duas parcelas. A primeira até o dia 30 de novembro, e a segunda até o dia 20 de dezembro. O empregado também tem direito a perceber a primeira parcela juntamente com as férias, se assim o requerer no mês de janeiro.
(D) somente aos empregados que estiverem trabalhando no período mínimo de doze meses, em duas parcelas, sendo a primeira até o dia 30 de novembro, e a segunda até o dia 20 de dezembro. O empregado pode perceber a primeira parcela juntamente com as férias, se assim o requerer no mês de janeiro.
(E) a todos os empregados em duas parcelas. A primeira até o dia 30 de novembro, e a segunda até o dia 20 de dezembro. O empregado não pode perceber nenhuma das parcelas juntamente com as férias, mesmo se assim o requerer.

Arts. 1º e 2º da Lei 4.749/1965.
Gabarito "C".

(Técnico Judiciário – TRT/23ª – 2007 – FCC) Ao empregador é vedado efetuar qualquer desconto nos salários do empregado, salvo quando este resultar de adiantamentos, de dispositivos de lei ou de contrato coletivo. Em caso de dano causado pelo empregado, o desconto será lícito

(A) desde que esta possibilidade tenha sido acordada ou na ocorrência de dolo do empregado.
(B) independentemente dessa possibilidade ter sido acordada, desde que haja ocorrência de culpa ou dolo do empregado e desde que o desconto não ultrapasse 15% do salário do obreiro.
(C) desde que essa possibilidade tenha sido acordada ou na ocorrência de culpa ou dolo do empregado, sendo o desconto permitido de no máximo 10% do salário do obreiro.
(D) independentemente dessa possibilidade ter sido acordada, desde que haja ocorrência de dolo ou culpa do empregado, não havendo limite para o desconto.
(E) independentemente dessa possibilidade ter sido acordada, desde que haja ocorrência de culpa ou dolo do empregado e desde que o desconto não ultrapasse 10% do salário do obreiro.

Art. 462, § 1º, da CLT.
Gabarito "A".

(Técnico Judiciário – TRT/23ª – 2007 – FCC) De acordo com a Consolidação das Leis do Trabalho, quando o salário mínimo mensal do empregado a comissão for integrado por parte fixa e parte variável, ser-lhe-á

(A) garantido, somente em algumas hipóteses especificadas em lei, o salário mínimo, vedado qualquer desconto em mês subsequente a título de compensação.
(B) sempre garantido o salário mínimo, permitido, porém, o desconto em mês subsequente a título de compensação.
(C) sempre garantido o salário mínimo, vedado qualquer desconto em mês subsequente a título de compensação.
(D) garantido, somente em algumas hipóteses especificadas em lei, o salário mínimo, permitido, porém, o desconto em mês subsequente a título de compensação.
(E) garantido, em algumas hipóteses especificadas em lei, o salário mínimo, permitido, porém, o desconto a partir do segundo mês subsequente a título de compensação.

Art. 78, parágrafo único, da CLT.
Gabarito "C".

(Técnico Judiciário – TRT/24ª – 2011 – FCC) Joana labora na empresa Cerveja e Cia. Tendo em vista que tal empresa é responsável pela produção, armazenamento e venda de cervejas, entrega mensalmente aos seus funcionários dez engradados de latas da cerveja escolhida pelo empregado. Estes engradados fornecidos mensalmente

(A) só podem ser considerados como salários-utilidade se previstos em Norma Coletiva da categoria do empregado.
(B) podem ser considerados como salários-utilidade, desde que isto esteja previsto contratualmente e não ultrapassem a 10% da remuneração total do empregado.
(C) não podem ser considerados como salários-utilidade, uma vez que se tratam de bebidas alcoólicas.
(D) podem ser considerados como salários-utilidade, desde que isto esteja previsto contratualmente e não ultrapassem a 30% da remuneração total do empregado.
(E) podem ser considerados como salários-utilidade, independentemente de previsão contratual, desde que não ultrapassem a 10% da remuneração total do empregado.

Art. 458, *caput*, da CLT.
Gabarito "C".

(Técnico Judiciário – TRT/24ª – 2006 – FCC) Quando o salário mínimo mensal do empregado que tenha direito a percentagem for integrado por parte fixa e parte variável,

(A) ser-lhe-á garantido o salário mínimo, somente em alguns casos determinados em leis, permitindo-se desconto em mês subsequente a título de compensação.
(B) ser-lhe-á garantido o salário mínimo, somente em alguns casos determinados em leis, vedado qualquer desconto em mês subsequente a título de compensação.
(C) ser-lhe-á sempre garantido o salário mínimo, vedado qualquer desconto em mês subsequente a título de compensação.
(D) ser-lhe-á sempre garantido o salário mínimo, permitindo-se desconto em mês subsequente a título de compensação.
(E) não será garantido o salário mínimo, exatamente em razão de ser o salário integrado por parte fixa e parte variável.

Art. 78, parágrafo único, da CLT.
Gabarito "C".

(Técnico Judiciário – TRT/1ª – 2008 – CESPE) Assinale a opção correta com referência à situação de trabalhador que recebe mensalmente uma quantia fixa e outra variável, sendo esta resultante de gorjetas.

(A) Para efeitos legais, como remuneração será considerada somente a quantia fixa.
(B) Como há uma quantia fixa e outra variável, a remuneração corresponde ao somatório de ambas.
(C) Legalmente, a quantia variável nunca poderá ser inferior ao salário mínimo.
(D) A quantia variável paga mensalmente é considerada prestação in natura.
(E) O pagamento mensal do trabalhador deverá ocorrer até o quinto dia do mês subsequente ao vencido.

Art. 457 da CLT.

Gabarito "B"

(Técnico Judiciário – TRT/9ª – 2007 – CESPE) Acerca dos direitos dos trabalhadores, sobretudo os considerados na Constituição Federal de 1988, julgue os seguintes itens.

(1) O salário mínimo é fixado por lei federal, consoante as peculiaridades de cada região do País, e deve observar valor capaz de atender às necessidades vitais básicas do trabalhador e de sua família com moradia, alimentação, educação, saúde, lazer, vestuário, higiene, transporte e previdência social, com reajustamentos periódicos que preservem seu poder aquisitivo, sendo vedada a vinculação para fins de correção de preços.
(2) O salário é irredutível, exceto quando assim estipulado em acordo entre as partes, considerada alguma compensação com outro direito.
(3) A indenização por danos morais ou materiais, decorrentes de acidente de trabalho, devida pelo empregador ao empregado, depende, necessariamente, da demonstração do dolo patronal para sua ocorrência.

1: incorreta, art. 7º, IV, da CF; **2:** incorreta, art. 7º, VI, da CF; **3:** incorreta, Art. 7º, XXVIII, da CF.

Gabarito 1E, 2E, 3E

(Técnico Judiciário – TRT/17ª – 2009 – CESPE) No que se refere ao direito do trabalho, julgue o item seguinte.

(1) As gorjetas pagas por clientes a um garçom em um restaurante integram o seu salário para todos os efeitos legais.

1: incorreta, as gorjetas compõem a remuneração, mas não o salário (art. 457 da CLT).

Gabarito 1E

(Analista – TRT/16ª – 2014 – FCC) Considere os seguintes itens:

I. Gratificações.
II. Prêmios.
III. Participações nos lucros da empresa.

Para o cálculo do adicional de periculosidade

(A) incidem as verbas indicadas apenas em II e III.
(B) incidem as verbas indicadas em I, II e III.
(C) incidem as verbas indicadas apenas em I e II.
(D) não incidem as verbas indicadas apenas em I e II.
(E) não incidem as verbas indicadas em I, II e III.

"E" é a opção correta. Nos termos do art. 193, § 1º, da CLT o trabalho em condições de periculosidade assegura ao empregado um adicional de 30% (trinta por cento) sobre o salário sem os acréscimos resultantes de gratificações, prêmios ou participações nos lucros da empresa.

Gabarito "E"

(Analista – TRT/16ª – 2014 – FCC) Jussara é empregada da empresa X exercendo o cargo de vendedora externa de produtos, visitando todos os dias diversos clientes, em suas residências, escritórios e consultórios. Para o desempenho de suas atividades, Jussara utiliza-se de um veículo fornecido pelo empregador. Considerando que Jussara, além de utilizar-se do veículo para a realização de seu trabalho também o faz em atividades particulares, neste caso, o veículo fornecido

(A) possui natureza salarial, incorporando-se na sua remuneração apenas para alguns efeitos.
(B) possui natureza salarial, incorporando-se na sua remuneração para todos os efeitos.
(C) não tem natureza salarial.
(D) somente não terá natureza salarial se a empresa fornecer o combustível como ajuda de custo.
(E) somente terá natureza salarial se utilizado com habitualidade e exclusivamente pela empregada.

"C" é a opção correta. Isso porque o veículo é utilizado como ferramenta de trabalho, ou seja, é usado PARA o desempenho de suas atividades laborais. Desta forma, ainda que o veículo seja utilizado em atividades particulares não será considerado salário *in natura*, nos termos da súmula 367, I, do TST.

Gabarito "C"

(Analista – TRT/3ª – 2015 – FCC) Gustavo trabalha como representante de vendas do Laboratório "B". Além do seu salário fixo mensal, recebe uma porcentagem pelas vendas feitas, além de diárias de viagem, sendo estas últimas no valor equivalente a 50% do seu salário. Utiliza carro da empresa para realizar as viagens de trabalho, veículo este que utiliza também aos finais de semana e nas férias. Em relação a tais verbas e benefícios,

(A) as porcentagens e as diárias para viagem têm natureza salarial.
(B) as porcentagens, as diárias para viagem e o valor correspondente ao benefício do carro (salário utilidade) têm natureza salarial.
(C) o carro não constitui salário utilidade, tendo em vista que é ferramenta de trabalho, apesar de também ser utilizado para fins particulares.
(D) as diárias para viagem, por equivalerem a 50% do valor do salário, têm natureza salarial.
(E) as diárias para viagem somente poderiam ser consideradas salário se pagas em valores variáveis, de acordo com as viagens efetivamente realizadas.

A: opção incorreta, pois nos termos do art. 457, § 2º, da CLT Não se incluem nos salários as ajudas de custo, assim como as diárias para viagem que não excedam de 50% (cinquenta por cento) do salário percebido pelo empregado. **B:** opção incorreta, pois como vimos, as porcentagens e as diárias que não excedam 50% do salário do obreiro não integra o seu salário, art. 457, § 2º, da CLT. Da mesma forma o carro não irá integrar o salário, nos termos da súmula 367, I, do TST. **C:** opção correta, pois de acordo com o entendimento firmado na súmula 367, I, do TST. Para determinar se uma prestação será ou não considerada como salário *in natura,* devemos avaliar se a prestação é cedida como um benefício **"pelo"** trabalho ou se cedida **"para"** a prestação do labor. Assim, se a prestação for concedida ao obreiro pelo trabalho exercido, essa parcela deverá ser considerada como salário *in natura.* No entanto, sendo a prestação concedida para a realização do trabalho, ela não integrará o salário do obreiro. **D:** opção incorreta, pois terão natureza salarial somente as diárias para viagens que excederem 50% do valor do salário do obreiro. **E:** opção incorreta. Veja comentário anterior.

Gabarito "C"

(Analista – TRT/3ª – 2015 – FCC) Sobre equiparação salarial, considere:

I. É viável a equiparação salarial entre reclamante e paradigma que prestam serviços ao mesmo empregador, mas em municípios diversos que não integram a mesma região metropolitana.
II. O fato de a empresa possuir quadro organizado de carreira exclui, por si só, o direito à equiparação salarial.
III. A cessão de empregados não exclui a equiparação salarial, embora exercida a função em órgão governamental estranho à cedente, se esta responder pelos salários do paradigma e do reclamante.
IV. A equiparação salarial não é possível quando o desnível salarial decorre de decisão judicial que beneficiou o paradigma.
V. Desde que preenchidos os requisitos previstos em lei, é possível a equiparação salarial de trabalho intelectual, que pode ser avaliado por sua perfeição técnica, cuja aferição terá critérios objetivos.

Está correto o que consta APENAS em

(A) II e IV.
(B) III e IV.
(C) I, II e III.
(D) III e V.
(E) I e IV.

I: opção incorreta, pois o art. 461 da CLT exige que empregado e paradigma trabalhem na mesma localidade. Porém, a súmula 6, item X, do TST ensina que mesma localidade refere-se ao mesmo município ou município distintos pertencentes a mesma região metropolitana. **II:** opção incorreta, pois só é válido o quadro de pessoal organizado em carreira quando homologado pelo Ministério do Trabalho, excluindo-se, apenas, dessa exigência o quadro de carreira das entidades de direito público da administração direta, autárquica e fundacional aprovado por ato administrativo da autoridade competente. **III:** opção correta, pois reflete o entendimento disposto no item V da súmula 6 do TST. **IV:** opção incorreta, pois de acordo com o item VI da súmula 6 do TST presentes os pressupostos do art. 461 da CLT, é irrelevante a circunstância de que o desnível salarial tenha origem em decisão judicial que beneficiou o paradigma. **V:** opção correta, pois reflete o disposto na súmula 6, item VII, do TST.

Gabarito "D."

(Analista – TRT/2ª – 2014 – FCC) Como decorrência do princípio constitucional da não discriminação salarial (art. 7º, XXX e XXXI da CF), a garantia da isonomia salarial fundamenta-se na ideia básica de que a todo trabalho de igual valor deve corresponder salário igual. Para caracterização do trabalho de igual valor, gerando o direito à equiparação salarial, é necessário que sejam preenchidos concomitantemente alguns requisitos, entre os quais NÃO se inclui

(A) trabalho para o mesmo empregador.
(B) trabalho na mesma localidade.
(C) mesma produtividade.
(D) mesma perfeição técnica.
(E) existência de quadro organizado de carreira.

A: opção incorreta, pois o trabalhado prestado para o mesmo empregador, nos termos do art. 461 da CLT. **B:** opção incorreta, pois o trabalho prestado na mesma localidade é requisito para a equiparação salarial, nos termos do art. 461 da CLT e súmula 6, item X, do TST. **C:** opção incorreta, pois a mesma produtividade é requisito para a equiparação salarial, nos termos do art. 461 e seu § 1º, da CLT. Veja também a súmula 6, itens II, III e VII, do TST. **D:** opção incorreta, vide comentários da alternativa "c". **E:** opção correta, pois não se inclui como requisito para a equiparação salarial. Nos termos do art. 461, § 2º, da CLT a existência de quadro de carreira faz desaparecer o direito à equiparação salarial. Veja súmula 6, item I, do TST.

Gabarito "E."

(Analista – TRT/2ª – 2014 – FCC) Considerando os dispositivos legais relativos à remuneração, é correto afirmar que

(A) a gorjeta corresponde apenas ao valor cobrado pela empresa ao cliente, como adicional nas contas, a qualquer título, destinada a distribuição aos empregados.
(B) não se incluem nos salários as diárias para viagem que excedam 50% do salário percebido pelo empregado.
(C) o pagamento do salário, qualquer que seja a modalidade do trabalho, não deve ser estipulado por período superior a um mês, inclusive no que concerne a percentagens e gratificações.
(D) não é considerada como salário a utilidade correspondente à educação em estabelecimento de ensino de terceiros, incluindo os valores relativos à matrícula, mensalidade, anuidade, livro e material didático.
(E) na falta de estipulação do salário ou não havendo prova sobre a importância ajustada, o empregado deverá notificar previamente o empregador requerendo a fixação do salário sob pena de requerer judicialmente o arbitramento do respectivo valor.

A: opção incorreta, pois nos termos do § 3º do art. 457 da CLT considera-se gorjeta não só a importância espontaneamente dada pelo cliente ao empregado, como também aquela que for cobrada pela empresa ao cliente, como adicional nas contas, a qualquer título, e destinada a distribuição aos empregados. **B:** opção incorreta, pois nos termos do art. 457, § 2º, da CLT não se incluem nos salários as ajudas de custo, assim como as diárias para viagem que NÃO excedam de 50% (cinquenta por cento) do salário percebido pelo empregado. **C:** opção incorreta, pois embora o pagamento do salário, qualquer que seja a modalidade do trabalho, não deve ser estipulado por período superior a um mês, nos termos do art. 459 da CLT, o pagamento de comissões e percentagens só é exigível depois de ultimada a transação a que se referem. Ademais, nos termos do art. 4º, parágrafo único, da Lei 3.207/1957 assegura-se às partes interessadas fixar outra época para o pagamento de comissões e percentagens, o que, no entanto, não poderá exceder a um trimestre, contado da aceitação do negócio, sendo sempre obrigatória a expedição, pela empresa. **D:** opção correta, pois reflete o disposto no art. 458, § 2º, II, da CLT. **E:** opção incorreta, pois nos termos do art. 460 da CLT na falta de estipulação do salário ou não havendo prova sobre a importância ajustada, o empregado terá direito a perceber salário igual ao daquela que, na mesma empresa, fizer serviço equivalente ou do que for habitualmente pago para serviço semelhante.

Gabarito "D."

(Analista – TRT/11ª – 2012 – FCC) A empresa Gama Participações fornece a seu gerente João alguns benefícios, além do pagamento em dinheiro relativo ao salário. Das utilidades fornecidas pela empresa ao empregado sob a forma de benefícios, constituem salário *in natura*

(A) matrícula e mensalidade de curso universitário.
(B) vestuário utilizado no local de trabalho para a prestação de serviços.
(C) transporte destinado ao deslocamento para o trabalho e retorno.
(D) seguro de vida e acidentes pessoais.
(E) aluguel de apartamento decorrente do contrato ou do costume.

A: opção incorreta, pois não serão consideradas salário *in natura*, nos termos do art. 458, § 2º, II, da CLT. **B:** opção incorreta, pois o vestuário não será considerado salário in natura, nos termos do art. 458, § 2º, I, da CLT. **C:** opção incorreta, pois o transporte destinado ao deslocamento para o trabalho e retorno não será considerado salário in natura, nos termos do art. 458, § 2º, III, da CLT. **D:** opção incorreta, pois o seguro de vida e acidentes pessoais não será considerado salário *in natura*, nos termos do art. 458, § 2º, V, da CLT. **E:** opção correta, pois nos termos do art. 458, *caput*, da CLT a habitação fornecida por força do contrato de trabalho constitui salário *in natura*.

Gabarito "E."

(Analista – TRT/11ª – 2012 – FCC) O empregado João prestou serviços para a empresa Alfa na unidade fabril do município de São Paulo por cinco anos, ingressando como ajudante geral. Após seis meses de sua admissão, passou a exercer as funções de operador de empilhadeira, embora continuasse registrado como auxiliar de produção. Mário ingressou na empresa Alfa um ano antes de João, trabalhando na unidade fabril do município de Osasco, que pertence à mesma região metropolitana de São Paulo. Mário sempre exerceu as funções de operador de empilhadeira e recebeu salário superior aquele percebido por João, em razão de possuir maior experiência no mercado de trabalho, conforme se verifica pelas ocupações anteriores anotadas em sua Carteira de Trabalho. Conforme previsão legal e entendimento sumulado do TST, no caso em análise, encontram-se presentes os requisitos para a equiparação salarial entre João e Mário, devendo haver a condenação da empresa Alfa por diferenças salariais?

(A) Não, uma vez que os cargos não têm a mesma denominação.
(B) Não, porque o paradigma é mais experiente que o postulante na prestação de serviços nas funções de operador de empilhadeira.
(C) Sim, porque ambos exerceram as mesmas funções e tarefas, independentemente da nomenclatura do cargo, não havendo diferença de 2 anos no exercício da mesma função.
(D) Não, porque postulante e paradigma trabalharam na mesma localidade, mas em municípios distintos.
(E) Sim, porque independente do local da prestação dos serviços e do tempo de diferença nas funções, trabalhando para a mesma empresa, na mesma função o salário deve ser igual.

"C" é a opção correta, pois nos termos do art. 461, § 1º, da CLT quando a diferença de tempo de serviço não for superior a 2 (dois) anos na mesma função o trabalho será considerado de igual valor, devendo corresponder igual salário, nos termos do art. 7º, XXX, da CF e art. 461, *caput*, da CLT. Ademais, de acordo com o entendimento disposto na súmula 6, item III, do TST a equiparação salarial só é possível se o empregado e o paradigma exercerem a mesma função, desempenhando as mesmas tarefas, não importando se os cargos têm, ou não, a mesma denominação.

Gabarito "C."

(Analista – TRT/10ª – 2013 – CESPE) Tendo em vista que o princípio da igualdade salarial no Brasil é garantia constitucional disciplinada pela Consolidação das Leis do Trabalho (CLT), julgue os itens a seguir, acerca da equiparação salarial.

(1) Para que se reconheça o quadro de carreira como excludente da equiparação, é imprescindível a sua homologação pelo Ministério do Trabalho e Emprego, excetuando-se as entidades de direito público da administração direta, autárquica e funcional, cujo quadro de carreira será aprovado por ato administrativo da autoridade competente.
(2) Para efeito de equiparação de salários em caso de idêntico trabalho, conta-se o tempo de serviço na função desempenhada e não o tempo de emprego.

1. Opção correta, pois reflete o entendimento consubstanciado na súmula 6, I, do TST.
2. Opção correta, pois reflete o entendimento consubstanciado na súmula 6, II, do TST.

Gabarito 1C, 2C

(Analista – TRT/9ª – 2012 – FCC) De acordo com a legislação aplicável, o 13º salário

(A) será pago entre os meses de fevereiro e outubro de cada ano.
(B) é um direito assegurado aos empregados urbanos, rurais, domésticos e não aos trabalhadores avulsos.
(C) será proporcional na extinção dos contratos a prazo, exceto os de safra, ainda que a relação de emprego haja findado antes de dezembro.
(D) será proporcional na cessação da relação de emprego resultante da aposentadoria do trabalhador, ainda que verificada antes de dezembro.
(E) deverá ser pago como antecipação na proporção de 40% a todos os empregados no mesmo mês.

A: opção incorreta, pois nos termos do art. 1º da Lei 4.749/1965 o 13º salário será pago até o dia 20 de dezembro de cada ano. Ademais, nos termos do art. 2º da mesma lei, entre os meses de fevereiro e novembro de cada ano, o empregador pagará, como adiantamento da gratificação referida no artigo precedente, de uma só vez, metade do salário recebido pelo respectivo empregado no mês anterior. **B:** opção incorreta, pois nos termos do art. 7º, XXXIV, da CF, também será devido ao avulso. **C:** opção incorreta, pois nos termos do art. 1º, § 3º, I, da Lei 4.090/1962 a gratificação será proporcional na extinção dos contratos a prazo, entre estes incluídos os de safra, ainda que a relação de emprego haja findado antes de dezembro. **D:** opção correta, pois reflete o disposto no art. 1º, § 3º, II, da Lei 4.090/1962. **E:** opção incorreta, pois nos termos do art. 2º da Lei 4.749/1965 o adiantamento corresponderá a metade do salário, sendo que o empregador não está obrigado a pagá-lo no mesmo mês a todos os empregados, em conformidade com o § 1º do mesmo dispositivo legal.

Gabarito "D".

(Analista – TRT/6ª – 2012 – FCC) Afrodite trabalhou para a empresa Seguradora Integral S/A por três anos exercendo as funções de analista de seguros sênior. Por força do contrato, era fornecida gratuitamente refeição para todos os empregados no refeitório da empresa. Além disso, ela recebia salário base, acrescido de comissões, assistência médica mediante seguro de saúde. A empresa forneceu um automóvel para Afrodite utilizar apenas em seus deslocamentos para o trabalho e retorno, bem como pagou o aluguel de seu apartamento. A empresa não estava inscrita no PAT – Programa de Alimentação ao Trabalhador. Conforme normas sobre remuneração contidas na Consolidação das Leis do Trabalho, além do salário base, possuem natureza salarial, as verbas referentes a

(A) comissões, refeição e aluguel do apartamento.
(B) refeição, automóvel e aluguel do apartamento.
(C) comissões, assistência médica e automóvel.
(D) assistência médica, aluguel do apartamento e automóvel.
(E) comissões, refeição e automóvel.

"A" é a opção correta, pois as comissões integram o salário nos termos do art. 457, § 1º, da CLT; a refeição tem natureza salarial, pois em conformidade com a súmula 241 do TST o vale para refeição, fornecido por força do contrato de trabalho, tem caráter salarial, integrando a remuneração do empregado, para todos os efeitos legais; e o aluguel do apartamento possui natureza salarial em conformidade com o art. 458 da CLT. O automóvel não poderá ser considerado, pois foi concedido para o trabalho, como ferramenta de trabalho, o que impossibilita, nos termos da súmula 367, I, do TST. A assistência médica não poderá ser considerada como salário, nos termos do art. 458, § 2º, IV, da CLT.

Gabarito "A".

(Analista – TRT/1ª – 2012 – FCC) Em relação à equiparação salarial, NÃO corresponde a entendimento sumulado pelo TST:

(A) Para efeito de equiparação de salários em caso de trabalho igual, conta-se o tempo de serviço na função e não no emprego.
(B) A equiparação salarial só é possível se o empregado e o paradigma exercerem a mesma função, desempenhando as mesmas tarefas, não importando se os cargos têm, ou não, a mesma denominação.
(C) Para fins de equiparação salarial, o conceito de mesma localidade refere-se ao mesmo município.
(D) É desnecessário que ao tempo da reclamação sobre equiparação salarial, reclamante e paradigma estejam a serviço do estabelecimento, desde que o pedido se relacione com situação pretérita.
(E) É do empregador o ônus da prova do fato impeditivo, modificativo ou extintivo da equiparação salarial.

A: opção correta, pois reflete o disposto na súmula 6, II, do TST. **B:** opção correta, pois reflete o entendimento disposto no item III da súmula 6 do TST. **C:** opção incorreta, pois de acordo com o entendimento disposto na súmula 6, item X, do TST o conceito de mesma localidade refere-se, em princípio, ao mesmo município, ou a municípios distintos que, comprovadamente, pertençam à mesma região metropolitana. **D:** opção correta, pois reflete o disposto no item IV da súmula 6 do TST. **E:** opção correta, pois reflete o entendimento disposto no item VIII da súmula 6 do TST.

Gabarito "C".

(Analista – TRT/2ª – 2008 – FCC) Raimunda é garçonete no restaurante do TIO TITO e recebe, além do seu salário mensal, gorjetas fornecidas espontaneamente pelos clientes. Neste caso, as gorjetas

(A) integram a remuneração de Raimunda, não servindo de base de cálculo apenas para as parcelas de aviso-prévio.
(B) não integram a remuneração de Raimunda, uma vez que não são cobradas pelo empregador na nota de serviço, mas fornecidas espontaneamente pelos clientes.
(C) integram a remuneração da Raimunda e servem de base de cálculo para as parcelas de aviso-prévio, adicional noturno, horas-extras e repouso semanal remunerado.
(D) integram a remuneração de Raimunda, não servindo de base de cálculo apenas para o repouso semanal remunerado.
(E) integram a remuneração de Raimunda, mas não servem de base de cálculo para as parcelas de aviso-prévio, adicional noturno, horas-extras e repouso semanal remunerado.

Art. 457 da CLT e Súmula 354 do TST.

Gabarito "E".

(Analista – TRT/6ª – 2006 – FCC) É permitido ao empregador efetuar descontos nos salários dos empregados, desde que tais descontos decorram de

(A) necessidade de redução dos custos, havendo autorização expressa do empregado.
(B) pagamento de seguros de vida e acidentes pessoais.
(C) fornecimento de cesta básica e seguro saúde.
(D) previsão expressa no contrato individual de trabalho.
(E) adiantamentos, previsão legal ou cláusula estabelecida em contrato coletivo.

Art. 462 da CLT.

Gabarito "E".

(Analista – TRT/4ª – 2006 – FCC) A irredutibilidade salarial

(A) pode ser determinada em sentença normativa.
(B) geralmente é assegurada, salvo expressa previsão legal em sentido contrário.
(C) é sempre assegurada, salvo o disposto em convenção ou acordo coletivo.
(D) pode ser estabelecida em contrato individual de trabalho.
(E) depende de fixação em lei complementar.

Art. 7º, VI, da CF.

Gabarito "C".

(Analista – TRT/7ª – 2009 – FCC) De acordo com a Consolidação das Leis do Trabalho, tratando-se de habitação coletiva, o valor do salário utilidade a ela correspondente será obtido mediante a divisão do justo valor da habitação pelo número de

(A) ocupantes, vedada, em qualquer hipótese, a utilização da mesma unidade residencial por mais de uma família.
(B) famílias, vedada, em qualquer hipótese, a utilização da mesma unidade residencial por mais de três famílias.
(C) ocupantes, vedada, somente para os casos de unidade habitacional de um dormitório, a utilização da mesma unidade residencial por mais de uma família.
(D) famílias, vedada, em qualquer hipótese, a utilização da mesma unidade residencial por mais de duas famílias.
(E) ocupantes, vedada, somente para os casos de unidade habitacional de até dois dormitórios, a utilização da mesma unidade residencial por mais de uma família.

Tratando-se de habitação coletiva, o valor do salário-utilidade a ela correspondente será obtido mediante a divisão do justo valor da habitação pelo número de coabitantes, vedada, em qualquer hipótese, a utilização da mesma unidade residencial por mais de uma família (art. 458, § 4º, da CLT).

Gabarito "A".

(Analista – TRT/8ª – 2010 – FCC) Segundo a Consolidação das Leis do Trabalho, não é considerado como salário a educação em estabelecimento de ensino próprio ou de terceiros, compreendendo os valores relativos a

(A) matrícula, livros e material didático, apenas.
(B) matrícula, mensalidade e anuidade, apenas.
(C) matrícula, mensalidade, anuidade, livros e material didático.
(D) mensalidade, anuidade, livros e material didático, apenas.
(E) mensalidade e anuidade, apenas.

Art. 458, § 2º, II, da CLT.
Gabarito "C".

(Analista – TRT/12ª – 2010 – FCC) Para efeitos de equiparação salarial, o quadro de carreira das entidades de direito público da administração direta, autárquica e fundacional, aprovado por ato administrativo da autoridade competente,

(A) deverá ser registrado no Ministério Público do Trabalho.
(B) dispensa a homologação pelo Ministério do Trabalho e Emprego.
(C) deverá ser registrado no Ministério do Trabalho e Emprego.
(D) deverá ser homologado pelo Ministério do Trabalho e Emprego.
(E) deverá ser convalidado pelo Prefeito, Governador ou Presidente da República, conforme o caso.

Súmula 6, I, do TST (v. art. 461, §§ 2º e 3º, da CLT).
Gabarito "B".

(Analista – TRT/12ª – 2010 – FCC) A gratificação semestral repercute pelo seu duodécimo

(A) na gratificação natalina.
(B) no cálculo das horas extras.
(C) nas férias gozadas.
(D) no aviso-prévio.
(E) nas férias indenizadas.

A gratificação semestral não repercute no cálculo das horas extras, das férias e do aviso-prévio, ainda que indenizados. Repercute, contudo, pelo seu duodécimo na indenização por antiguidade e na gratificação natalina (súmula 253 do TST).
Gabarito "A".

(Analista – TRT/14ª – 2011 – FCC) Habitação, energia elétrica e veículo fornecidos pelo empregador ao empregado, quando indispensáveis para a realização do trabalho,

(A) não têm natureza salarial, exceto se, no caso de veículo, ele seja utilizado pelo empregado também em atividades particulares.
(B) têm natureza salarial, havendo súmula do Supremo Tribunal Federal neste sentido.
(C) têm natureza salarial havendo súmula do Tribunal Superior do Trabalho neste sentido.
(D) têm natureza salarial, havendo dispositivo expresso na Constituição Federal.
(E) não têm natureza salarial, ainda que, no caso de veículo, seja ele utilizado pelo empregado também em atividades particulares.

Súmula 367, I, do TST.
Gabarito "E".

(Analista – TRT/14ª – 2011 – FCC) Messias e Agildo trabalham na empresa H. Messias pretende a equiparação salarial com Agildo e para isso consultou sua advogada, a Dra. Mônica, que lhe respondeu que, para a equiparação salarial,

(A) é necessário que o empregado e o paradigma exerçam a mesma função, desempenhando as mesmas tarefas, em cargos com a mesma denominação.
(B) não há equiparação salarial de trabalho intelectual, uma vez que não há como avaliar a perfeição técnica.
(C) em qualquer hipótese, é necessário que, ao tempo da reclamação o reclamante e paradigma estejam a serviço do estabelecimento.
(D) o conceito legal de "mesma localidade" refere-se, em princípio, ao mesmo município, ou a municípios distintos que, comprovadamente, pertençam à mesma região metropolitana.
(E) em caso de trabalho igual, conta-se o tempo de serviço no emprego e não na função.

Art. 461 da CLT e súmula 6, X, do TST.
Gabarito "D".

(Analista – TRT/16ª – 2009 – FCC) Moisés recebe gratificação por tempo de serviço outorgada por sua empregadora, a empresa H. Sentença normativa previu gratificação da mesma natureza. Neste caso, Moisés tem direito a receber

(A) exclusivamente a que lhe seja mais benéfica.
(B) 50% de cada gratificação em razão da existência de dispositivo legal expresso neste sentido.
(C) exclusivamente a gratificação prevista em sentença normativa em razão da impositividade proveniente das sentenças.
(D) as duas gratificações, uma vez que possuem fontes distintas.
(E) exclusivamente a gratificação outorgada pela empregadora em razão da antiguidade existente.

Princípio da norma mais benéfica e princípio da condição mais benéfica, conjugados com a teoria do conglobamento para definir-se a norma aplicável (CLT, art. 620, por analogia).
Gabarito "A".

(Analista – TRT/19ª – 2008 – FCC) Considera-se salário in natura (salário utilidade)

(A) seguros de vida e de acidentes pessoais, bem como a previdência privada.
(B) a assistência médica, hospitalar e odontológica, prestada mediante seguro-saúde.
(C) a assistência médica, hospitalar e odontológica, prestada diretamente pelo empregador.
(D) a educação, em estabelecimento de ensino de terceiros, compreendendo os valores relativos a matrícula, mensalidade, anuidade, livros e material didático.
(E) o veículo fornecido pelo empregador e utilizado pelo empregado também em finais de semana e em férias.

Art. 458, § 2º, da CLT, tratando-se de hipótese em que o veículo não é fornecido apenas para o trabalho, como também pelo trabalho.
Gabarito "E".

(Analista – TRT/20ª – 2011 – FCC) Magali, Kátia e Cíntia são empregadas da empresa "Dourada". Todas as empregadas realizam viagens de trabalho. Magali recebe diária de viagem que excede em 52% o valor de seu salário. Kátia recebe diária de viagem que excede em 33% o valor de seu salário e Cíntia recebe diária de viagem que excede em 61% o valor de seu salário. Nestes casos,

(A) integram o salário, pelo seu valor total, mas sem efeitos indenizatórios, as diárias de viagens recebidas apenas por Cíntia.
(B) não integram o salário para todos os efeitos as diárias de viagens recebidas por todas as empregadas tendo em vista que diárias de viagens são retribuições pagas.
(C) integram o salário, pelo seu valor total e para efeitos indenizatórios, as diárias de viagens recebidas apenas por Cíntia.
(D) integram o salário, pelo seu valor total e para efeitos indenizatórios, as diárias de viagens recebidas apenas por Kátia.
(E) integram o salário, pelo seu valor total e para efeitos indenizatórios, as diárias de viagens recebidas apenas por Magali e Cíntia.

Não se incluem nos salários as ajudas de custo, assim como as diárias para viagem que não excedam de 50% (cinquenta por cento) do salário percebido pelo empregado (art. 457, § 2º, da CLT).
Gabarito "E".

(Analista – TRT/20ª – 2006 – FCC) Considere as seguintes assertivas a respeito da Remuneração:

I. Não se incluem nos salários as ajudas de custo, assim como as diárias para viagens que não excedam 50% do salário percebido pelo empregado.
II. Como regra, a assistência médica, hospitalar e odontológica, prestada diretamente ou mediante seguro-saúde pelo empregador, compreende-se no salário, para todos os efeitos legais.
III. Para todos os efeitos legais, as gorjetas não estão compreendidas na remuneração do empregado, uma vez que não se tratam de contraprestação de serviços.

De acordo com a Consolidação das Leis do Trabalho está correto APENAS o que se afirma em:

(A) I.
(B) I e II.
(C) I e III.
(D) II.
(E) II e III.

I: correta (art. 457, § 2º, da CLT); II: incorreta (art. 458, § 2º, IV, da CLT); III: incorreta (art. 457, *caput*, da CLT).

Gabarito "A"

(Analista – TRT/22ª – 2010 – FCC) O contrato de trabalho A possui cláusula contratual que fixa determinada importância para atender englobadamente vários direitos legais do trabalhador. O contrato de trabalho B possui cláusula contratual que fixa determinada percentagem para atender englobadamente vários direitos contratuais do trabalhador. E, o contrato C possui cláusula contratual que fixa determinada percentagem para atender englobadamente vários direitos legais e contratuais do trabalhador. Nestes casos, são nulas as cláusulas previstas

(A) no contrato A, apenas.
(B) no contrato C, apenas.
(C) nos contratos A e B, apenas.
(D) nos contratos B e C, apenas.
(E) nos contratos A, B e C.

Nula é a cláusula contratual que fixa determinada importância ou percentagem para atender englobadamente vários direitos legais ou contratuais do trabalhador (súmula 91 do TST).

Gabarito "E"

(Analista – TRT/22ª – 2010 – FCC) Quadro de pessoal organizado em carreira, aprovado pelo órgão competente, excluída a hipótese de equiparação salarial,

(A) obsta reclamação fundada em preterição, enquadramento ou reclassificação.
(B) não obsta reclamação fundada em preterição, enquadramento ou reclassificação.
(C) não obsta reclamação fundada apenas em preterição.
(D) não obsta reclamação fundada apenas em enquadramento.
(E) não obsta reclamação fundada apenas em enquadramento ou reclassificação.

Súmula 127 do TST. "Quadro de pessoal organizado em carreira, aprovado pelo órgão competente, excluída a hipótese de equiparação salarial, não obsta reclamação fundada em preterição, enquadramento ou reclassificação." (V. OJ 125 da SDI1 do TST: O simples desvio funcional do empregado não gera direito a novo enquadra-mento, mas apenas às diferenças salariais respectivas, mesmo que o desvio de função haja iniciado antes da vigência da CF/1988).

Gabarito "B"

(Analista – TRT/22ª – 2010 – FCC) Deferida a equiparação salarial, eventual desligamento do paradigma

(A) impede que o empregado continue recebendo o salário equitativo imediatamente, sob pena de infringência ao princípio da primazia da realidade.
(B) impede que o empregado continue recebendo o salário equitativo imediatamente, em razão da extinção do fato gerador da equiparação salarial.
(C) impede que o empregado continue recebendo o salário equitativo, respeitando o prazo de seis meses previsto na CLT.
(D) não impede que o empregado continue recebendo o salário equitativo, sob pena de infringência ao princípio da irredutibilidade salarial.
(E) impede que o empregado continue recebendo o salário equitativo, respeitando o prazo de doze meses previsto na CLT.

Art. 7º, VI, da CF (v. súmula 6, IV, do TST: É desnecessário que, ao tempo da reclamação sobre equiparação salarial, reclamante e paradigma estejam a serviço do estabelecimento, desde que o pedido se relacione com situação pretérita).

Gabarito "D"

(Analista – TRT/23ª – 2007 – FCC) Segundo entendimento sumulado do TST, a gratificação semestral

(A) não repercute no cálculo das horas extras, das férias e do aviso-prévio, ainda que indenizados, mas repercute, pelo seu duodécimo, na indenização por antiguidade e na gratificação natalina.
(B) não repercute no cálculo das horas extras, das férias e do aviso-prévio, exceto se indenizados, mas repercute, pelo seu duodécimo, na indenização por antiguidade e na gratificação natalina.
(C) não repercute no cálculo das horas extras, das férias, do aviso-prévio e na gratificação natalina, exceto se indenizados, bem como na indenização por antiguidade.
(D) não repercute no cálculo das horas extras, das férias, do aviso-prévio e na gratificação natalina, ainda que indenizados, bem como na indenização por antiguidade.
(E) repercute no cálculo das horas extras, das férias, do aviso-prévio e na gratificação natalina, ainda que indenizados, bem como na indenização por antiguidade.

Súmula 253 do TST.

Gabarito "A"

(Analista – TRT/23ª – 2007 – FCC) Além do pagamento em dinheiro compreende-se no salário, para todos os efeitos legais, as prestações in natura que a empresa, por força do contrato ou do costume, fornecer habitualmente ao empregado. Em regra, tem caráter salarial

(A) a previdência privada.
(B) o seguro de vida e acidentes pessoal.
(C) o vale-refeição fornecido por força do contrato.
(D) a assistência médica prestada mediante seguro-saúde.
(E) a assistência odontológica prestada diretamente.

Lei 6.321/1976, súmula 241 do TST: "O vale para refeição, fornecido por força do contrato de trabalho, tem caráter salarial, integrando a remuneração do empregado, para todos os efeitos legais. Importante a leitura da OJ 133 da SDI 1 do TST que ensina que a ajuda alimentação fornecida por empresa participante do programa de alimentação ao trabalhador, instituído pela Lei 6.321/1976, não tem caráter salarial. Portanto, não integra o salário para nenhum efeito legal.

Gabarito "C"

(Analista – TRT/23ª – 2007 – FCC) Mário laborava há 5 anos na empresa Dida no período noturno, recebendo o respectivo adicional, quando foi transferido pelo seu empregador para o período diurno de trabalho. Neste caso a transferência para o período diurno de trabalho

(A) não implicará na perda do direito ao adicional noturno, uma vez que tal adicional já se encontrava incorporado na remuneração do empregado.
(B) implicará redução de 20% do respectivo adicional noturno, acrescido do pagamento de indenização correspondente a um salário mínimo vigente.
(C) implicará redução de 50% do respectivo adicional noturno.
(D) não implicará perda do direito ao adicional noturno uma vez que a transferência de Mário ocorreu a sua revelia.
(E) implicará na perda do direito ao adicional noturno.

O adicional noturno se consubstancia em salário-condição, de modo que a supressão da causa que o autoriza implica perda do direito. "A transferência para o período diurno de trabalho implica a perda do direito ao adicional noturno" (súmula 265 do TST).

Gabarito "E"

(Analista – TRT/23ª – 2007 – FCC) O adicional de insalubridade integrará a remuneração do empregado para o cálculo

(A) das férias, 13º salário, aviso-prévio e FGTS, independentemente de ser pago com habitualidade.
(B) das férias, 13º salário, aviso-prévio e FGTS, desde que pagos com habitualidade.
(C) das férias, 13º salário, aviso-prévio e DSR'S, independentemente de ser pago com habitualidade.
(D) das férias, 13º salário, aviso-prévio e DSR'S, desde que pagos com habitualidade.
(E) apenas do 13º salário e do aviso-prévio, desde que pagos com habitualidade.

Apesar da súmula 139 do TST, entende-se que o adicional de insalubridade já remunera o DSR (OJ 103 da SDI 1 do TST).

Gabarito "B"

(Analista – TRT/23ª – 2007 – FCC) Considere as seguintes assertivas a respeito da remuneração:

I. Compreendem-se na remuneração do empregado, para todos os efeitos legais, além do salário devido e pago diretamente pelo empregador, como contraprestação do serviço, as gorjetas que receber.

II. Não integram o salário as comissões, percentagens e gratificações ajustadas.

III. Considera-se gorjeta apenas a importância espontaneamente dada pelo cliente ao empregado.

IV. Incluem-se nos salários as ajudas de custo e abonos pagos pelo empregador.

De acordo com a Consolidação das Leis do Trabalho está correto o que se afirma APENAS em

(A) I e IV.
(B) I, II e IV.
(C) I e II.
(D) II, III e IV.
(E) I, II e III.

I: correta (art. 457 da CLT); **II:** incorreta (art. 457, § 1º, da CLT); **III:** incorreta (art. 457, § 3º, da CLT); **IV:** correto (art. 457, §§ 1º (abonos) e 2º (ajudas de custo) da CLT).

Gabarito "A"

(Analista – TRT/23ª – 2007 – FCC) A habitação e alimentação fornecidas como salário-utilidade deverão atender aos fins a que se destinam e não poderão exceder

(A) 50% do salário contratual.
(B) 50% e 30% do salário contratual, respectivamente.
(C) 30% e 50% do salário contratual, respectivamente.
(D) 25% e 20% do salário contratual, respectivamente.
(E) 20% e 25% do salário contratual, respectivamente.

Art. 458, § 3º, da CLT.

Gabarito "D"

(Analista – TRT/23ª – 2007 – FCC) Com relação à equiparação salarial é certo que

(A) para efeito de equiparação de salários em caso de trabalho igual, conta-se o tempo de serviço no emprego e não na função.
(B) para efeitos de equiparação salarial o nome dado à função pelo empregador possui grande relevância.
(C) trabalho de igual valor é o que for feito com a mesma perfeição técnica, entre pessoas cuja diferença de tempo de serviço não seja superior a 3 anos.
(D) a melhor formação técnica do paradigma ou sua melhor escolaridade são fatores que impedem a equiparação salarial.
(E) é possível a equiparação salarial de trabalho intelectual, que pode ser avaliado por sua perfeição técnica.

A: incorreta (súmula 6, II, do TST); **B:** incorreta, segundo o princípio do contrato-realidade (CLT, art. 9º) e a súmula 6, III, do TST; **C:** incorreta (art. 461, § 1º, da CLT); **D:** incorreta. Inexiste previsão legal nesse sentido, bem como liame racional entre o discrímen e alguma finalidade de interesse público a tornar lícita a discriminação; **E:** correta. Desde que atendidos os requisitos do art. 461 da CLT, é possível a equiparação salarial de trabalho intelectual, que pode ser avaliado por sua perfeição técnica, cuja aferição terá critérios objetivos (súmula 6, VII, do TST).

Gabarito "E"

(Analista – TRT/23ª – 2007 – FCC) O adicional de periculosidade

(A) será de 30% sobre o salário básico do empregado, com os acréscimos resultantes de gratificações, prêmios ou participação nos lucros da empresa.
(B) pago com habitualidade integra o FGTS, o 13º salário, o aviso-prévio, às férias e a indenização.
(C) não é devido aos empregados que operam bomba de gasolina por expressa vedação legal.
(D) será de 30% sobre o salário mínimo, sem os acréscimos resultantes de gratificações, prêmios ou participação nos lucros da empresa.
(E) poderá ser concedido concomitantemente com o adicional de insalubridade, desde que o empregado trabalhe em condições insalubres e perigosas.

A: incorreta. O trabalho em condições de periculosidade assegura ao empregado um adicional de 30% (trinta por cento) sobre o salário sem os acréscimos resultantes de gratificações, prêmios ou participações nos lucros da empresa (art. 193, § 1º da CLT); **B:** correta (súmula 132 do TST, OJ 47 da SDI 1 do TST); **C:** incorreta (súmula 39 do TST); **D:** incorreta (art. 193, § 1º, da CLT); **E:** incorreta (art. 193, § 2º, da CLT).

Gabarito "B"

(Analista – TRT/24ª – 2011 – FCC) Davi trabalha na empresa X como analista de sistema, suporte e internet. Além de seu salário mensal, recebe as seguintes utilidades: curso de informática avançada, seguro de vida e previdência privada. Neste caso, de acordo com a Consolidação das Leis do Trabalho,

(A) apenas o curso de informática é considerado salário utilidade.
(B) nenhum dos itens mencionados são considerados salários-utilidade.
(C) apenas o seguro de vida é considerado salário-utilidade.
(D) apenas o curso de informática e a previdência privada são considerados salários-utilidade.
(E) apenas o seguro de vida e a previdência privada são considerados salários-utilidade.

Art. 458, § 2º, da CLT.

Gabarito "B"

(Analista – TRT/24ª – 2006 – FCC) Com relação à gratificação de natal é correto afirmar:

(A) A gratificação de natal não tem natureza salarial, tratando-se de uma forma de agradecimento por parte do empregador em razão de serviços prestados.
(B) Entre os meses de março e setembro de cada ano, o empregador pagará, como adiantamento da gratificação, metade do salário recebido pelo empregado no mês anterior.
(C) O empregador não estará obrigado a pagar o adiantamento, no mesmo mês, a todos os seus empregados.
(D) Percebendo o empregador remuneração variável, o cálculo da gratificação de Natal deverá ser feito pelo salário recebido pelo empregado no mês anterior.
(E) As horas extras laboradas não integram a gratificação de natal, inclusive quando pagas com habitualidade.

A: incorreta (a gratificação natalina, ou décimo terceiro salário, possui natureza salarial e, embora se tratasse de mera graciosidade em sua origem, é, atualmente, obrigatório em razão do art. 7º, VIII, da CF, e Leis 4.090/1962 e 4.749/1965); **B:** incorreta. Entre fevereiro ou novembro, ou na ocasião das férias do empregado (quando assim requerido em janeiro) é que é paga a metade do valor do salário do mês anterior a título de gratificação natalina (art. 2º, *caput*, da Lei 4.749/1965); **C:** correto (art. 2º, § 1º, da Lei 4.749/1965); **D:** incorreto (art. 2º do Decreto 57.155/1965); **E:** incorreta (súmula 45 do TST).

Gabarito "C"

(Analista – TRT/10ª – 2004 – CESPE) José foi contratado em 10/2/1993 pela empresa Barbados Ltda. para exercer as funções de garçom, recebendo o salário de R$ 430,00 por mês. Manoel, no dia 23/3/1995, foi contratado pela mesma empresa para exercer as mesmas funções que José, recebendo como salário R$ 320,00. Considerando a situação hipotética acima, julgue os itens seguintes, acerca de equiparação salarial.

(1) A Consolidação das Leis do Trabalho veda a distinção de salário para empregados que exerçam as mesmas funções. Por isso, Manoel tem direito à mesma remuneração de José.
(2) As regras da equiparação salarial não prevalecem se o empregador tem pessoal organizado em quadro de carreira, hipótese em que as promoções devem obedecer aos critérios de antiguidade e merecimento.

1: errada. Para a equiparação salarial requesta-se a presença simultânea dos requisitos previstos no art. 461 da CLT. A CF dispõe em seu art. 7º, XXX ser direito de todos os trabalhadores a proibição de diferença de salários, de exercício de funções e de critério de admissão por motivo de sexo, idade, cor ou estado civil. Sobre equiparação salarial ver a súmula 6 do TST; **2:** certa (art. 461, § 2º da CLT e súmula 6, I, do TST).

Gabarito 1E, 2C

(Analista – TRT/17ª – 2009 – CESPE) A respeito do direito do trabalho, julgue o item a seguir.

(1) O trabalho executado em condições insalubres, se realizado em caráter intermitente, afasta o direito de recebimento do adicional de insalubridade.

(2) A totalidade do salário pode ser paga em utilidades, que são prestações in natura que a empresa fornece habitualmente aos empregados por força do contrato de trabalho.

(3) A ajuda de custo paga ao empregado para a cobertura de despesas na sua transferência para outra localidade integra o seu salário para todos os efeitos.

1: errada (súmula 47 do TST); **2:** errada. Quando o empregador fornecer, in natura, uma ou mais das parcelas do salário mínimo, o salário em dinheiro será determinado pela fórmula Sd = Sm - P, em que Sd representa o salário em dinheiro, Sm o salário mínimo e P a soma dos valores daquelas parcelas na região, zona ou subzona (art. 82 da CLT); **3:** errada (art. 457, § 2º, da CLT).

Gabarito 1E, 2E, 3E

(Analista – TRT/21ª – 2010 – CESPE) No que concerne a contrato de trabalho, julgue o item a seguir.

(1) O trabalhador exposto a condições insalubres no desenvolvimento de suas atividades laborais fará jus a um adicional no importe de 30%.

1: errada. O exercício de trabalho em condições insalubres, acima dos limites de tolerância estabelecidos pelo Ministério do Trabalho, assegura a percepção de adicional respectivamente de 40% (quarenta por cento), 20% (vinte por cento) e 10% (dez por cento) do salário-mínimo da região, segundo se classifiquem nos graus máximo, médio e mínimo (art. 192 da CLT).

Gabarito 1E

11. ALTERAÇÃO DO CONTRATO DE TRABALHO

(Técnico Judiciário – TRT/22ª – 2010 – FCC) Com relação à alteração do contrato de trabalho, considere:

I. Mudança do local de trabalho, sem anuência do empregado, com a alteração de seu domicílio.

II. Transferência quando ocorrer extinção do estabelecimento em que trabalhar o empregado.

III. Transferência do empregado para localidade diversa da qual resultar do contrato quando desta decorra necessidade do serviço, sob pagamento suplementar, nunca inferior a 25% do salário, enquanto durar esta situação.

É lícita a alteração do contrato de trabalho o que consta APENAS em

(A) I.
(B) II.
(C) III.
(D) I e II.
(E) II e III.

I: incorreta, art. 469, *caput*, da CLT; **II:** correta, art. 469, § 2º, da CLT; **III:** correta, art. 469, § 3º, da CLT.

Gabarito "E"

(Analista – TRT/16ª – 2014 – FCC) Considere as seguintes hipóteses: A empresa "A" passa a exigir que seus empregados trabalhem de uniforme e a empresa "B" muda o maquinário da empresa para se adequar às modificações tecnológicas. Estes casos são exemplos de *jus variandi*

(A) extraordinário.
(B) ordinário.
(C) ordinário e extraordinário, respectivamente.
(D) extraordinário e ordinário, respectivamente.
(E) indireto e extraordinário, respectivamente.

"B" é a resposta correta. *Jus variandi* ordinário é o direito conferido ao empregador de conduzir a prestação laboral de seus empregados, ajustando as circunstâncias e critérios de acordo com o seu interesse. Essas modificações dizem respeito aos aspectos não essenciais do contrato de trabalho e atua fora das cláusulas contratuais e/ou normas jurídicas. Já o *jus variandi* extraordinário, consiste na possibilidade que o empregador tem de modificar as condições de trabalho no âmbito de suas cláusulas contratuais e legais. Nesses casos, só é permitida a alteração se houver consentimento do empregado, que pode se dar por previsão contratual ou por autorização legal direta ou indireta. Assim, as alterações trazidas correspondem ao *jus varindi* ordinário do empregador.

Gabarito "B"

(Analista – TRT/3ª – 2015 – FCC) Relativamente às alterações do contrato de trabalho,

(A) é considerada alteração unilateral vedada por lei a determinação do empregador para que o empregado com mais de dez anos no exercício de função de confiança, reverta ao cargo efetivo anteriormente ocupado.

(B) o empregador pode, sem a anuência do empregado exercente de cargo de confiança, transferi-lo, com mudança de domicílio, para localidade diversa da que resultar do contrato de trabalho, independentemente de real necessidade de serviço.

(C) o adicional de 25% do salário do empregado é devido nas hipóteses de transferência provisória e definitiva.

(D) a extinção do estabelecimento não é causa de transferência do empregado, sendo obrigatória, nesse caso, a extinção do contrato de trabalho.

(E) o empregador pode, sem a anuência do empregado cujo contrato de trabalho tenha condição, implícita ou explícita de transferência, transferi-lo, com mudança de domicílio, para localidade diversa da que resultar do contrato, desde que haja real necessidade de serviço.

A: opção incorreta, pois a alteração não é proibida por lei, nos termos do art. 468 da CLT. Porém, se o empregador, sem justo motivo, revertê-lo a seu cargo efetivo, não poderá retirar-lhe a gratificação tendo em vista o princípio da estabilidade financeira, nos termos da súmula 372, I, do TST. **B:** opção incorreta, pois nos termos da súmula 43 do TST presume-se abusiva a transferência sem comprovação da necessidade do serviço. **C:** opção incorreta, pois de acordo com o art. 469, § 2º, da CLT e OJ 113 da SDI 1 do TST somente na transferência provisória será devido o adicional de 25%. **D:** opção incorreta, pois se ocorrer a extinção do estabelecimento em que trabalhar o empregado, sua transferência será lícita, nos termos do art. 469, § 2º, da CLT. **E:** opção correta, pois refletem o entendimento do art. 469, § 1º, da CLT.

Gabarito "E"

(Analista – TRT/11ª – 2012 – FCC) Após alguns anos de serviço prestado a empresa Seguradora Beta S/A o empregado Pedro passou a exercer função de confiança em razão da licença maternidade da empregada Joana. Seis meses após, Joana voltou ao trabalho e Pedro foi revertido ao cargo efetivo anteriormente ocupado, deixando o exercício da função de confiança. Tal situação

(A) não será considerada alteração unilateral.
(B) implica em pagamento suplementar, nunca inferior a 25% do salário do empregado Pedro.
(C) só será regular se houver anuência do empregado Pedro.
(D) só será possível se não resultar em prejuízo ao empregado Pedro.
(E) só será possível se resultar de real necessidade de serviço.

"A" é a resposta correta, pois nos termos do art. 468, parágrafo único, da CLT não se considera alteração unilateral a determinação do empregador para que o respectivo empregado reverta ao cargo efetivo, anteriormente ocupado, deixando o exercício de função de confiança. Veja a súmula 372 do TST.

Gabarito "A"

(Analista – TRT/7ª – 2009 – FCC) Considere as assertivas abaixo a respeito do adicional de transferência.

I. Em regra, o adicional de transferência será de, no mínimo, 25% sobre o salário que o empregado percebia na localidade.

II. O fato de o empregado exercer cargo de confiança ou a existência de previsão de transferência no contrato de trabalho não exclui o direito ao adicional, quando a transferência for provisória.

III. Tem o adicional de transferência natureza salarial e não indenizatória, tanto assim que é considerado para o cálculo de outras verbas.

IV. O adicional de transferência é devido tanto na transferência provisória como na transferência definitiva.

É correto o que se afirma APENAS em

(A) II e III.
(B) I e II.
(C) I, II e III.
(D) I, II e IV.
(E) II, III e IV.

I: certo. Em caso de necessidade de serviço o empregador poderá transferir o empregado para localidade diversa da que resultar do contrato, não obstante as restrições do art. 468 da CLT, mas, nesse caso, ficará obrigado a um pagamento suplementar, nunca inferior a 25% (vinte e cinco por cento) dos salários que o empregado percebia naquela localidade, enquanto durar essa situação, nos termos do art. 469, § 3º, da CLT; **II:** certo. O fato de o empregado exercer cargo de confiança ou a existência de previsão de transferência no contrato de trabalho não exclui o direito ao adicional. O pressuposto legal apto a legitimar a percepção do mencionado adicional é a transferência provisória, nos termos da OJ 113 da SDI 1 do TST; **III:** certo, tratando-se de parcela salarial, integra-se à remuneração dos trabalhador para todos os fins, inclusive cálculo das demais verbas que incidam sobre o salário do contrato (efeito expansionista circular dos salários); **IV:** errado, pois só é devido nas transferências provisórias (art. 469, § 3º, da CLT).

Gabarito "C"

(Analista – TRT/14ª – 2011 – FCC) José, empregado da empresa X, há onze anos atrás, passou a exercer o cargo B, recebendo gratificação pela função exercida. Sem justo motivo, sua empregadora pretende revertê-lo para o seu cargo efetivo. Neste caso, a empresa X

(A) só poderá retirar-lhe a gratificação se autorizado pelo sindicato da categoria, bem como indenizar José em um salário mínimo por ano de exercício da função.
(B) poderá retirar-lhe a gratificação devendo indenizar José no valor da gratificação suprimida multiplicada por onze.
(C) não poderá retirar-lhe a gratificação tendo em vista o princípio da estabilidade financeira.
(D) poderá retirar-lhe a gratificação devendo indenizar José no valor da gratificação suprimida multiplicada por seis.
(E) poderá retirar-lhe a gratificação, tendo em vista que José não exercerá mais a função pela qual recebe a gratificação.

Percebida a gratificação de função por dez ou mais anos pelo empregado, se o empregador, sem justo motivo, revertê-lo a seu cargo efetivo, não poderá retirar-lhe a gratificação tendo em vista o princípio da estabilidade financeira, nos termos da súmula 372, I, do TST).

Gabarito "C"

(Analista – TRT/14ª – 2011 – FCC) A Consolidação das Leis do Trabalho permite a transferência de empregado para localidade diversa da que resultar do contrato em caso de necessidade de serviço. Nesse caso, o empregador

(A) ficará obrigado a um pagamento suplementar, nunca inferior a 30% dos salários que o empregado percebia naquela localidade, enquanto durar essa situação.
(B) está desobrigado ao pagamento de qualquer verba suplementar, tendo em vista que a transferência ocorreu em caso de necessidade de serviço e não será por tempo indeterminado.
(C) só ficará obrigado a um pagamento suplementar, nunca inferior a 35% dos salários que o empregado percebia naquela localidade, se a transferência ultrapassar sessenta dias, sendo devido enquanto durar essa situação.
(D) ficará obrigado a um pagamento suplementar, nunca inferior a 25% dos salários que o empregado percebia naquela localidade, enquanto durar essa situação.
(E) só ficará obrigado a um pagamento suplementar, nunca inferior a 30% dos salários que o empregado percebia naquela localidade, se a transferência ultrapassar noventa dias, sendo devido enquanto durar essa situação.

Art. 469, § 3º, da CLT.

Gabarito "D"

(Analista – TRT/23ª – 2007 – FCC) Considere as seguintes assertivas a respeito da alteração do contrato individual de trabalho:

I. O empregador poderá fazer, unilateralmente, ou em certos casos especiais, pequenas modificações no contrato de trabalho que não venham a alterar significativamente o pacto laboral, nem importem prejuízo ao operário.
II. A transferência do empregado é considerada alteração lícita no contrato de trabalho, ocorrendo ou não mudança de residência do obreiro.
III. O empregador que sempre recebeu salário em dinheiro pode, por ato unilateral do empregador, passar a receber salário misto, sendo parte em dinheiro e parte em utilidades, uma vez que não há prejuízos ao obreiro em razão da não redução salarial.
IV. Os salários não poderão ser reduzidos, salvo se houver negociação com o sindicato profissional, mediante acordo ou convenção coletiva de trabalho.

Está correto o que se afirma APENAS em

(A) I e II.
(B) I, II e III.
(C) I e IV.
(D) II e III.
(E) II, III e IV.

I: correta. Trata-se do *jus variandi* ordinário, admitido como consequência do poder diretivo do empregador (CLT, art. 2º); **II:** incorreta. Há parâmetros que devem ser observados para se considerar lícita a transferência; não se considera transferência a que não acarretar, necessariamente, mudança de domicílio (CLT, art. 469) ; **III:** incorreta. Entende-se que a hipótese desborda do *jus variandi* ordinário e é prejudicial ao obreiro (art. 468 da CLT); **IV:** correta (art. 7º, VI, da CF).

Gabarito "C"

12. SUSPENSÃO E INTERRUPÇÃO DO CONTRATO DE TRABALHO

(Técnico – TRT/19ª – 2015 – FCC) O afastamento do empregado do serviço por quinze dias, em consequência de doença, configura

(A) suspensão do contrato de trabalho.
(B) interrupção do contrato de trabalho.
(C) ausência injustificada.
(D) rescisão do contrato de trabalho.
(E) alteração do contrato de trabalho.

"B" é a resposta correta. O empregado que estiver sem condições de exercer suas funções, em razão de doença e ficar afastado por até 15 dias tem seu contrato interrompido e não suspenso, na medida em que nesse período caberá à empresa pagar a remuneração do empregado, art. 60, § 3º, da Lei 8.213/1991, o que representa típica hipótese de interrupção do contrato de trabalho. No entanto, caso persista a incapacidade, a partir do 16º dia do afastamento, o empregado passa a usufruir de auxílio-doença, em conformidade com os arts. 59 e 60, *caput*, da Lei 8.213/1991, caracterizando, nessa última hipótese, a suspensão do contrato de trabalho.

Gabarito "B"

(Técnico – TRT/16ª – 2015 – FCC) Considere as seguintes hipóteses:

I. Falta ao serviço não justificada por cinco dias corridos em razão do matrimônio.
II. Falta ao serviço não justificada por até três dias consecutivos em razão do falecimento de irmão.
III. Gozo de férias.
IV. Licença de empregado para atuação como conciliador em Comissão de Conciliação Prévia.

Caracterizam hipóteses de interrupção do contrato de trabalho, as indicadas APENAS em

(A) I e II.
(B) I, III e IV.
(C) III e IV.
(D) II e IV.
(E) I, II e III.

I: As faltas injustificadas constituem hipótese de suspensão do contrato de trabalho. Como faltas justificadas, veja o art. 473, II, da CLT. **II:** As faltas injustificadas constituem hipótese de suspensão do contrato de trabalho. Como faltas justificadas, veja o art. 473, I, da CLT. **III:** As férias representam hipótese de interrupção do contrato de trabalho, na medida em que são remuneradas pelo empregador, art. 129 da CLT. **IV:** o período de licença do empregado para atuação como conciliador em Comissão de Conciliação Prévia será computado como tempo de trabalho, devendo ser pago pelo empregador, art. 625-B, § 2º, da CLT.

Gabarito "C"

(Técnico – TRT/3ª – 2015 – FCC) Mário ausentou-se do trabalho por três dias por ter se casado, tirando suas férias vencidas em seguida, e, finalmente, deixando de retornar ao trabalho por ter acompanhado sua esposa que foi, voluntariamente, doar sangue, sem previsão de abono de falta em norma coletiva. Nos casos expostos, tem-se, respectivamente, a caracterização no contrato de trabalho de:

(A) interrupção, interrupção e suspensão, respectivamente.
(B) interrupção, suspensão e suspensão, respectivamente.

(C) suspensão, interrupção e interrupção, respectivamente.
(D) suspensão, em todos os casos.
(E) interrupção, em todos os casos.

"A" é a opção correta. Isso porque, a ausência do trabalho por 3 dias por motivo de casamento, também chamada de "licença-gala" caracteriza-se interrupção do contrato de trabalho, art. 473, II, da CLT. As férias do empregado também representam hipótese de interrupção do contrato de trabalho, art. 129 da CLT. A doação de sangue seria hipótese de interrupção do contrato de trabalho, caso fosse para o próprio empregado, art. 473, IV, da CLT. O dia que acompanhou a esposa para doação de sangue será considerada falta injustificada, o que representa hipótese de suspensão do contrato de trabalho do empregado.

Gabarito "A".

(Técnico Judiciário – TRT/8ª – 2010 – FCC) Lúcia, empregada da empresa X, recebeu hoje a notícia de que seu irmão faleceu. Mara, também empregada da empresa X, irá se casar com o seu colega de trabalho, Mário, na próxima terça-feira. Nestes casos, Lúcia e Mara, respectivamente, poderão deixar de comparecer ao serviço sem prejuízo do salário, até

(A) três e cinco dias consecutivos.
(B) dois e três dias consecutivos.
(C) dois dias consecutivos.
(D) três dias consecutivos.
(E) cinco dias consecutivos.

Art. 473 da CLT.

Gabarito "B".

(Técnico Judiciário – TRT/9ª – 2010 – FCC) Considere:

I. O dia de descanso aos domingos, tendo em vista o labor regular durante a semana.
II. Férias.
III. Duas semanas de licença médica de empregada em razão de aborto espontâneo.
IV. Suspensão disciplinar.

Trata-se de hipóteses de interrupção de contrato de trabalho as indicadas APENAS em

(A) I, II e IV.
(B) II, III e IV.
(C) I e II.
(D) I e III.
(E) I, II e III.

Considera-se suspensão contratual a sustação temporária (sem ruptura do vínculo) e recíproca dos principais efeitos do contrato de trabalho (prestação do labor, sob o ponto de vista das obrigações do empregado, e pagamento de remuneração, sob o ponto de vista das obrigações do empregador). Já na interrupção contratual, ocorre a sustação temporária da prestação de labor, mas a principal obrigação do empregador continua vigentes (pagamento da remuneração ou contagem do tempo de afastamento no período aquisitivo de férias, por exemplo). Há alguma controvérsia doutrinária quanto a se tratar de suspensão ou interrupção contratual as hipóteses em que ocorre o afastamento do empregado sem remuneração arcada pelo empregador, mas sendo o tempo de afastamento computado como tempo de efetivo serviço para fins de férias, indenizações etc. (entendemos que, também neste caso, estamos diante de hipóteses de interrupção contratual). Isto posto, no descanso aos domingos e nas férias, temos a hipótese de interrupção, pois trata-se de uma "falta" "abonada", de uma sustação da prestação de serviços com a subsistência da remuneração regular do empregado. O mesmo ocorre na licença decorrente de aborto, eis que o período é remunerado (CLT, art. 395) e computado como tempo de serviço para todos os fins. Durante uma suspensão disciplinar, contudo, há, simultaneamente, o não pagamento dos salários e a cessação da remuneração, tratando-se, como o próprio nome nos informa, de uma espécie de suspensão contratual.

Gabarito "E".

(Técnico Judiciário – TRT/14ª – 2011 – FCC) Considere as seguintes assertivas a respeito da suspensão e da interrupção do contrato de trabalho:

I. A natureza jurídica da remuneração paga na interrupção contratual é salário.
II. Durante a interrupção do contrato de trabalho o tempo de afastamento do trabalhador é considerado na contagem de tempo de serviço para os efeitos legais.
III. Na suspensão do contrato de trabalho ocorrerá a cessação temporária da prestação de serviço, mas ocorrerá o pagamento do salário.

Está correto o que se afirma APENAS em

(A) II e III.
(B) III.
(C) I.
(D) I e II.
(E) II.

I: correta, como dissemos anteriormente, considera-se suspensão contratual a sustação temporária (sem ruptura do vínculo) e recíproca dos principais efeitos do contrato de trabalho (prestação do labor, sob o ponto de vista das obrigações do empregado, e pagamento de remuneração, sob o ponto de vista das obrigações do empregador). Já na interrupção contratual, ocorre a sustação temporária da prestação de labor, mas a principal obrigação do empregador continua vigentes (pagamento da remuneração ou contagem do tempo de afastamento no período aquisitivo de férias, por exemplo). Há alguma controvérsia doutrinária quanto a se tratar de suspensão ou interrupção contratual as hipóteses em que ocorre o afastamento do empregado sem remuneração arcada pelo empregador, mas sendo o tempo de afastamento computado como tempo de efetivo serviço para fins de férias, indenizações etc. (entendemos que, também neste caso, estamos diante de hipóteses de interrupção contratual). Deste modo, durante a interrupção, como regra possuirá natureza salarial a remuneração paga ao empregado (observe-se, contudo, que entendemos que no afastamento por licença-maternidade, a hipótese será de interrupção contratual, a despeito de não haver remuneração paga pelo empregador à empregada, mas, sim, o recebimento do benefício previdenciário da licença-maternidade por esta; o tempo de afastamento, não obstante, é computado como tempo de efetivo serviço para os fins legais, daí reputarmos uma hipótese de interrupção); **II:** correta, por definição (entenda-se: em nossa opinião, é possível haver interrupção contratual sem o recebimento de salário, como no caso da licença-maternidade, mas não há interrupção contratual sem a contagem do tempo de afastamento como tempo de efetivo serviço); **III:** incorreta, pois havendo pagamento de salário durante a cessação temporária do trabalho, a hipótese será de interrupção contratual, embora não seja necessariamente verdadeiro que em não havendo o pagamento do salário a hipótese seria de suspensão).

Gabarito "D".

(Técnico Judiciário – TRT/15ª – 2009 – FCC) Marta, Mario e Miguel são empregados da empresa TEBAS. Marta teve um aborto espontâneo permanecendo duas semanas em descanso, conforme determinação legal; Mario afastou-se de seu emprego para exercer o encargo público de senador; Miguel faltou ao serviço dois dias consecutivos para realizar seu alistamento eleitoral.

Constitui(em) hipótese(s) de interrupção do contrato de trabalho a(s) falta(s) de

(A) Marta e Miguel.
(B) Marta, Miguel e Mario.
(C) Mario e Miguel.
(D) Mário.
(E) Marta e Mario.

A concessão de licença decorrente de aborto é causa de interrupção do contrato de trabalho, eis que o tempo de afastamento é remunerado e computado para fins de aquisição de férias; já o cumprimento de encargo público (art. 472 da CLT) é causa meramente suspensiva, eis que ausente o direito à percepção de salários ou à contagem como tempo de serviço. Quanto ao alistamento eleitoral, v. art. 473, V, da CLT.

Gabarito "A".

(Técnico Judiciário – TRT/20ª – 2011 – FCC) Madalena é empregada da empresa V e pretende voluntariamente doar sangue na sexta-feira. De acordo com a Consolidação das Leis do Trabalho, em caso de doação voluntária de sangue devidamente comprovada, Madalena poderá deixar de comparecer ao serviço sem prejuízo do salário, por

(A) dois dias, em cada doze meses de trabalho, ocorrendo a interrupção de seu contrato.
(B) um dia, em cada doze meses de trabalho, ocorrendo a suspensão de seu contrato.
(C) um dia, em cada dez meses de trabalho, ocorrendo a suspensão de seu contrato.
(D) um dia, em cada doze meses de trabalho, ocorrendo a interrupção de seu contrato.
(E) um dia, em cada dez meses de trabalho, ocorrendo a interrupção de seu contrato.

Art. 473, IV, da CLT.

Gabarito "D".

(Técnico Judiciário – TRT/23ª – 2011 – FCC) João está em seu emprego há mais de 12 meses. Na qualidade de representante de uma entidade sindical, deixou de comparecer ao trabalho por oito dias consecutivos durante o mês de agosto por ter participado de reunião oficial de organismo internacional do qual o Brasil é membro. João terá direito a

(A) trinta dias corridos de férias.
(B) vinte e quatro dias corridos de férias.
(C) dezoito dias corridos de férias.
(D) doze dias corridos de férias.
(E) dez dias corridos de férias.

A alternativa A é a correta, pois a hipótese é de interrupção do contrato de trabalho (a despeito de se tratar de um período de licença não remunerada, conforme art. 543, § 2º, da CLT) V. comentários anteriores, art. 473, IX da CLT.

Gabarito "A"

(Técnico Judiciário – TRT/24ª – 2011 – FCC) De acordo com a Consolidação das Leis do Trabalho, o tempo de trabalho anterior à apresentação do empregado para serviço militar obrigatório

(A) será computado no período aquisitivo das férias, desde que ele compareça ao estabelecimento dentro de 15 dias da data em que se verificar a respectiva baixa.
(B) será computado no período aquisitivo das férias, desde que ele compareça ao estabelecimento dentro de 30 dias da data em que se verificar a respectiva baixa.
(C) será computado no período aquisitivo das férias, desde que ele compareça ao estabelecimento dentro de 90 dias da data em que se verificar a respectiva baixa.
(D) será sempre computado no período aquisitivo das férias, independentemente de prazo para o comparecimento ao estabelecimento, tratando-se de direito previsto em lei e na Carta Magna.
(E) não será computado no período aquisitivo de férias, havendo dispositivo constitucional expresso neste sentido.

Art. 132 da CLT.

Gabarito "C"

(Técnico Judiciário – TRT/1ª – 2008 – CESPE) No decorrer de determinado contrato de trabalho, o empregado sofreu acidente de trabalho e ficou afastado de suas funções por mais de oito meses, percebendo, mensalmente, o benefício correspondente.

Na situação acima descrita,

(A) tem-se um caso de interrupção do contrato de trabalho porque haverá, no tempo de serviço, cômputo do período do afastamento.
(B) ocorre a suspensão do contrato de trabalho porque não haverá, no tempo de serviço, cômputo do período do afastamento.
(C) o período aquisitivo de férias não será alterado porque houve acidente de trabalho.
(D) o contrato de trabalho é considerado suspenso e há cômputo, no tempo de serviço, do período do afastamento.
(E) verifica-se interrupção do contrato de trabalho e não há cômputo, no tempo de serviço, do período do afastamento.

Durante os quinze primeiros dias, a hipótese é de interrupção do contrato de trabalho, eis que o pagamento dos salários fica a cargo do empregador (art. 60, § 3º, da Lei 8.213/1991); após o 16º dia, resta configurada a suspensão, eis que o empregador deixa de arcar com os salários (cumprindo ao INSS arcar com o benefício previdenciário devido).

Gabarito "D"

(Analista – TRT/6ª – 2006 – FCC) Em caso de nascimento de filho, o empregado terá direito a licença-paternidade de

(A) 1 (um) dia, no decorrer da primeira semana.
(B) 5 (cinco) dias.
(C) 1 (um) dia, no dia do nascimento.
(D) 5 (cinco) dias úteis.
(E) 5 (cinco) dias, devendo comprovar ter realizado o registro civil da criança.

Arts. 7º, XIX, da CF, e art. 10, § 1º, do ADCT.

Gabarito "B"

(Analista – TRT/8ª – 2010 – FCC) Segundo a CLT, o empregado que deixar de comparecer ao serviço pelo tempo que se fizer necessário, quando tiver que se apresentar em juízo, e o empregado que estiver em licença paternidade, terão o contrato de trabalho

(A) suspenso e interrompido, respectivamente.
(B) interrompido e suspenso, respectivamente.
(C) suspenso.
(D) interrompido.
(E) extinto e interrompido, respectivamente.

A interrupção do contrato de trabalho é a cessação temporária da principal obrigação do empregado decorrente do contrato (que é a prestação de trabalho) com a subsistência da principal obrigação do empregador (que é o pagamento do salário) ou de alguns efeitos importantes do contrato de trabalho (recolhimento de FGTS, contagem do período como tempo de serviço). Já na suspensão do contrato de trabalho, as principais obrigações de ambas as partes (prestação de trabalho e pagamento de salário), assim como os principais efeitos do contrato de trabalho (recolhimento de FGTS, contagem de tempo de serviço), são temporariamente cessadas. Assim, as hipóteses descritas são de interrupção, pois há a cessação temporária do trabalho sem prejuízo dos salários (arts. 7º, XIX, da CF, 10, § 1º, do ADCT e 473, III e VIII, da CLT).

Gabarito "D"

(Analista – TRT/9ª – 2010 – FCC) Joana está gozando regularmente de suas férias. João não está trabalhando neste domingo tendo em vista que laborou regularmente nos demais dias da semana. Vitório está ausente de seus serviços em razão do nascimento de seu filho. Moisés foi eleito para o cargo de diretor não permanecendo a subordinação jurídica inerente à relação de emprego e Jair está afastado de seu emprego para exercer cargo público não obrigatório. Nestes casos, consideram-se suspensos APENAS os contratos de trabalho de

(A) Joana, Moisés e Jair.
(B) Joana, João e Vitório.
(C) Joana e Moisés.
(D) Moisés e Jair.
(E) Vitório e Jair.

Súmula 269 do TST e art. 472 da CLT (aliada à ausência de ressalva no art. 473 da CLT). Sobre a distinção entre interrupção e suspensão do contrato de trabalho, v. questão anterior.

Gabarito "D"

(Analista – TRT/11ª – 2012 – FCC) Em relação à alteração, suspensão e interrupção do contrato de trabalho, é correto afirmar que

(A) o empregador não poderá, em nenhuma hipótese, transferir o empregado para localidade diversa da que resultar do contrato.
(B) o afastamento do empregado em virtude das exigências do serviço militar não será motivo para alteração ou rescisão do contrato de trabalho por parte do empregador.
(C) o empregado que for aposentado por invalidez não terá o contrato de trabalho suspenso, mas sim rescindido.
(D) os primeiros quinze dias de afastamento do empregado por acidente de trabalho são considerados como causa de suspensão do contrato de trabalho.
(E) é lícita a alteração unilateral das condições de trabalho por determinação do empregador para poder manter o desenvolvimento do seu empreendimento, ainda que tal modificação resulte prejuízo indireto ao empregado.

A: incorreto (art. 469, §§ 1º e 2º da CLT); **B:** correto (art. 472 da CLT); **C:** incorreto, pois a hipótese é de suspensão e não de extinção do contrato de trabalho, conforme se depreende do art. 475 da CLT e das Súmulas 160 e 440 do TST e da OJ 375 da SDI1 do TST; **D:** incorreto (art. 60, § 3º, da Lei 8.213/1991); **E:** incorreto (art. 468 da CLT).

Gabarito "B"

(Analista – TRT/11ª – 2005 – FCC) A interrupção do contrato de trabalho corresponde à cessação temporária e parcial dos efeitos do contrato de trabalho. São hipóteses de interrupção do contrato de trabalho o afastamento do empregado em razão de

(A) falecimento do cônjuge e auxílio-doença superior a 6 meses.
(B) aposentadoria por invalidez e licença-paternidade.
(C) prestação do serviço militar e alistamento eleitoral.
(D) colação de grau e doação de sangue.
(E) casamento e alistamento eleitoral.

A: incorreta. Nos termos do art. 133, IV, da CLT, o afastamento decorrente do recebimento de auxílio-doença superior a seis meses importa na perda de direito de férias referente ao período concessivo em que se deu a licença, não se contando, a fortiori, tal tempo para fins de aquisição do direito de férias; **B:** incorreta. A aposentadoria por validez é hipótese de suspensão do contrato de trabalho (art. 475 da CLT); **C:** incorreta. O período de serviço militar obrigatório é hipótese atípica de suspensão, eis que ausente remuneração a cargo do empregador (art. 60 da Lei 4.375/1964), mas sendo devido por este os depósitos de FGTS relativos ao período (art. 15, § 5º, da Lei 8.036/1990); **D:** incorreta. Inexiste previsão de interrupção decorrente de colação de grau, mas apenas para a realização de probas de exame vestibular (art. 473, VII, da CLT); **E:** correta (art. 473, II e V da CLT).

Gabarito "E"

(Analista – TRT/14ª – 2011 – FCC) Trata-se de hipótese de interrupção do contrato de trabalho

(A) a ausência ao trabalho dos representantes dos trabalhadores no Conselho Curador do Fundo de Garantia por tempo de serviço, decorrentes de atividades desse órgão.
(B) a ausência por motivo de licença sem remuneração concedida pelo empregador tendo em vista a existência de motivo plausível.
(C) o período de afastamento para desempenho de encargo público como, por exemplo, cargo público eletivo.
(D) o período de suspensão disciplinar não relevada pelo empregador ou cancelada pela Justiça do Trabalho.
(E) a participação em greve, sem recebimento de salário.

A: As ausências ao trabalho dos representantes dos trabalhadores no Conselho Curador, decorrentes das atividades desse órgão, serão abonadas, computando-se como jornada efetivamente trabalhada para todos os fins e efeitos legais (art. 3º, § 7º, da Lei 8.036/1990); **B:** considerando que a interrupção do contrato de trabalho é a cessação temporária da principal obrigação do empregado decorrente do contrato (que é a prestação de trabalho) com a subsistência da principal obrigação do empregador (que é o pagamento do salário) ou de alguns efeitos importantes do contrato de trabalho (recolhimento de FGTS, contagem do período como tempo de serviço), ao passo que na suspensão do contrato de trabalho as principais obrigações de ambas as partes (prestação de trabalho e pagamento de salário), assim como os principais efeitos do contrato de trabalho, são temporariamente cessadas, a hipótese descrita é de suspensão, não havendo pagamento de salários. Quanto aos motivos plausíveis, pode ser citada a hipótese do art. 476-A da CLT ou, embora sem previsão legal, o acordo entre empregador e empregado para que este curse uma pós-graduação no exterior; **C:** esta hipótese é contemplada pelo art. 472 da CLT, tratando-se de suspensão contratual, eis que inocorre o pagamento de salários; **D:** a hipótese é de suspensão desde que se entenda de forma aditiva o período "cancelada pela Justiça do Trabalho", ou seja, nem a suspensão foi relevada pelo empregador, nem a suspensão foi cancelada; **E:** inexistindo recebimento de salários, a hipótese é de suspensão, embora as partes envolvidas na greve possam pactuar de forma diversa (art. 7º, *caput*, da Lei 7.783/1989).

Gabarito "A"

(Analista – TRT/14ª – 2011 – FCC) A Consolidação das Leis do Trabalho prevê hipóteses de interrupção do contrato de trabalho, autorizando o empregado a não comparecer ao serviço sem prejuízo do salário até três dias consecutivos em caso de

(A) se alistar como eleitor.
(B) doação voluntária de sangue.
(C) falecimento de ascendente.
(D) falecimento de irmão.
(E) casamento.

Art. 473, II, da CLT (o inciso III deste artigo não foi recepcionado pelo art. 10, § 1º, do Ato das Disposições Constitucionais Transitórias).

Gabarito "E"

(Analista – TRT/16ª – 2009 – FCC) Considere as seguintes hipóteses:

I. Os 15 primeiros dias de afastamento, inclusive o décimo quinto dia, por motivo de acidente do trabalho.
II. Marta encontra-se sem laborar porque não há serviço na empresa empregadora em razão da modificação do maquinário de seu setor.
III. Mario faltou ao serviço para realizar prova de exame de vestibular para ingresso em estabelecimento de ensino superior.
IV. Núbia está afastada de seu emprego uma vez que é membro de órgão paritário da Previdência Social.

São hipóteses de interrupção do contrato de trabalho as indicadas APENAS em

(A) II e III.
(B) I e III e IV.
(C) II, III e IV.
(D) I e II.
(E) I, II e III.

I: Art. 60, § 3º, da Lei 8.213/1991); **II:** hipótese de interrupção, porquanto subsistente a principal obrigação do empregador no curso da relação trabalhista, qual seja, o pagamento da remuneração, considerando-se, no caso, que se trata de álea econômica ordinária, cumprindo ao empregador assumir os riscos da empresa (art. 2º da CLT); **III:** art. 473, VII, da CLT; **IV:** art. 472 da CLT.

Gabarito "E"

(Analista – TRT/18ª – 2008 – FCC) César candidatou-se a vereador da cidade de Goiânia e foi eleito. Neste caso, de acordo com a Consolidação das Leis do Trabalho, seu contrato de trabalho será

(A) extinto sem justa causa, fazendo jus às verbas trabalhistas inerentes a esta modalidade de rescisão contratual.
(B) interrompido, devendo intimar o empregador dentro de 30 dias do término do encargo público, sobre a sua intenção de retorno ao cargo empregatício original.
(C) suspenso, devendo intimar o empregador dentro de 30 dias do término do encargo público, sobre a sua intenção de retorno ao cargo empregatício original.
(D) suspenso, devendo intimar o empregador dentro de 60 dias do término do encargo público, sobre a sua intenção de retorno ao cargo empregatício original.
(E) interrompido, devendo intimar o empregador dentro de 60 dias do término do encargo público, sobre a sua intenção de retorno ao cargo empregatício original.

Art. 472, § 1º, da CLT.

Gabarito "C"

(Analista – TRT/20ª – 2011 – FCC) Vivi e Duda são irmãs e empregadas da empresa X. Hoje, faleceu o marido de Vivi. Neste caso, de acordo com a Consolidação das Leis do Trabalho,

(A) apenas Vivi poderá deixar de comparecer ao serviço por até dois dias consecutivos, tratando-se de caso de interrupção do contrato de trabalho.
(B) Vivi e Duda poderão deixar de comparecer ao serviço por até dois dias consecutivos, tratando-se de caso de suspensão do contrato de trabalho.
(C) apenas Vivi poderá deixar de comparecer ao serviço por até três dias consecutivos, tratando-se de caso de interrupção do contrato de trabalho.
(D) Vivi e Duda poderão deixar de comparecer ao serviço por até três dias consecutivos, tratando-se de caso de interrupção do contrato de trabalho.
(E) apenas Vivi poderá deixar de comparecer ao serviço por até cinco dias consecutivos, tratando-se de caso de suspensão do contrato de trabalho.

Art. 473, I, da CLT.

Gabarito "A"

(Analista – TRT/23ª – 2011 – FCC) Margarida e Hortência são empregadas da empresa FLOR. Hoje, na empresa, aconteceram dois fatos que foram motivos de muita tristeza e também de alegria. Margarida sofreu um aborto espontâneo e perdeu o filho que esperava. Já Hortência se casou com seu noivo, também empregado da empresa. Nestes casos, Margarida e Hortência terão os respectivos contratos de trabalho

(A) suspensos, sendo que Margarida poderá deixar de comparecer ao emprego por sete dias corridos e Hortência por até 2 dias consecutivos.
(B) suspensos, sendo que Margarida poderá deixar de comparecer ao emprego por duas semanas e Hortência por até 3 dias consecutivos.
(C) interrompidos, sendo que Margarida poderá deixar de comparecer ao emprego por sete dias consecutivos e Hortência por até 5 dias consecutivos.

(D) interrompidos, sendo que Margarida poderá deixar de comparecer ao emprego por sete dias consecutivos e Hortência por até 2 dias consecutivos.
(E) interrompidos, sendo que Margarida poderá deixar de comparecer ao emprego por duas semanas e Hortência por até 3 dias consecutivos.

A interrupção do contrato de trabalho é a cessação temporária da principal obrigação do empregado decorrente do contrato (que é a prestação de trabalho) com a subsistência da principal obrigação do empregador (que é o pagamento do salário), diferentemente da suspensão do contrato de trabalho, em que as principais obrigações de ambas as partes (prestação de trabalho e pagamento de salário) são temporariamente cessadas. Assim, as hipóteses descritas são de interrupção, pois há a cessação temporária do trabalho sem prejuízo dos salários, conforme arts. 395 e 473, II, da CLT.

Gabarito "E".

(Analista – TRT/23ª – 2011 – FCC) Marta, Maria e Gabriela são irmãs, residem na cidade de Cuiabá – MT e trabalham na empresa X. Tendo em vista que a avó das empregadas reside na cidade de Campinas – SP, viajaram de avião para a cidade paulista o filho de Marta, o esposo de Maria e o irmão delas Diogo. Ocorreu um acidente aéreo com o mencionado avião, não havendo sobreviventes. Neste caso,

(A) apenas Marta e Maria poderão deixar de comparecer ao serviço por até dois dias consecutivos, hipótese de interrupção do contrato de trabalho.
(B) Marta, Maria e Gabriela poderão deixar de comparecer ao serviço por até dois dias consecutivos, hipótese de suspensão do contrato de trabalho.
(C) Marta, Maria e Gabriela poderão deixar de comparecer ao serviço por até dois dias consecutivos, hipótese de interrupção do contrato de trabalho.
(D) Marta, Maria e Gabriela poderão deixar de comparecer ao serviço por até cinco dias consecutivos, hipótese de interrupção do contrato de trabalho.
(E) apenas Marta e Maria poderão deixar de comparecer ao serviço por até três dias consecutivos, hipótese de suspensão do contrato de trabalho.

Art. 473, I, da CLT.

Gabarito "C".

(Analista – TRT/23ª – 2011 – FCC) Lorival, empregado da empresa X, foi convocado para participar de júri criminal na qualidade de jurado e terá que se ausentar de seu serviço. Bernadete, empregada da empresa Y, ausentar-se-á de seu serviço por dois dias consecutivos para acompanhar o funeral de sua bisavó no interior do Estado. Nestes casos, os contratos de trabalhos serão

(A) suspensos.
(B) interrompido e suspenso, respectivamente.
(C) suspenso e interrompido, respectivamente.
(D) extinto e interrompido, respectivamente.
(E) interrompidos.

Arts. 473, I e VIII, da CLT.

Gabarito "E".

(Analista – TRT/23ª – 2007 – FCC) As duas horas em que o empregado urbano sai mais cedo para procurar novo emprego durante o aviso-prévio e o repouso semanal remunerado são hipóteses de

(A) suspensão e interrupção do contrato de trabalho, respectivamente.
(B) suspensão do contrato de trabalho.
(C) interrupção e suspensão do contrato de trabalho, respectivamente.
(D) interrupção do contrato de trabalho.
(E) rescisão e suspensão do contrato de trabalho, respectivamente.

É hipótese de interrupção, porquanto subsistente a principal obrigação do empregador no curso da relação trabalhista, qual seja, o pagamento da remuneração.

Gabarito "D".

(Analista – TRT/23ª – 2007 – FCC) Considera-se hipótese de suspensão do contrato de trabalho

(A) o afastamento do trabalho até três dias consecutivos em virtude de casamento.
(B) os intervalos intrajornadas remunerados.
(C) o afastamento do trabalho por motivo de doença, até 15 dias.
(D) a participação pacífica em greve sem o recebimento de salário.
(E) o período em que o empregado estiver em gozo de férias.

A: art. 473, II, da CLT; **B** e **E:** hipóteses de interrupção, porquanto subsistente a principal obrigação do empregador no curso da relação trabalhista, qual seja, o pagamento da remuneração; **C:** art. 60, § 3º, da Lei 8.213/1991; **D:** art. 7º da Lei 7.783/1989.

Gabarito "D".

(Analista – TRT/24ª – 2011 – FCC) Na suspensão do contrato de trabalho, em regra, NÃO há prestação de serviços, bem como

(A) não se paga salário, não se produzem recolhimentos vinculados ao contrato, mas computa-se tempo de serviço.
(B) paga-se salário, mas não se computa tempo de serviço e não se produzem recolhimentos vinculados ao contrato.
(C) não se paga salário, não se computa tempo de serviço e não se produzem recolhimentos vinculados ao contrato.
(D) paga-se salário, computa-se tempo de serviço, mas não se produzem recolhimentos vinculados ao contrato.
(E) não se paga salário, não se computa tempo de serviço, mas se produzem recolhimentos vinculados ao contrato.

Correto, por definição. Entendemos que mesmo não havendo pagamento de salário, se durante a cessação da prestação de serviços persistir a geração de direitos trabalhistas relevantes (por exemplo, a contagem do tempo de afastamento como tempo de serviço para fins de férias ou indenização, ou a subsistência da obrigação do empregador de realizar os depósitos de FGTS durante o afastamento, como ocorre nas situações de afastamento em virtude de auxílio-doença acidentário), a hipótese será de interrupção, e não de suspensão do contrato de trabalho.

Gabarito "C".

(Analista – TRT/24ª – 2011 – FCC) O empregado que, na qualidade de representante de entidade sindical, estiver participando de reunião oficial de organismo internacional do qual o Brasil seja membro, terá o seu contrato de trabalho

(A) interrompido pelo tempo em que a reunião se realizar, não compreendendo a viagem de ida até o local onde será realizada a reunião e a de volta.
(B) suspenso pelo tempo que se fizer necessário, compreendendo a viagem de ida até o local onde será realizada a reunião e a de volta.
(C) interrompido pelo tempo que se fizer necessário, compreendendo a viagem de ida até o local onde será realizada a reunião e a de volta.
(D) suspenso pelo tempo em que a reunião se realizar, não compreendendo a viagem de ida até o local onde será realizada a reunião e a de volta.
(E) suspenso pelo prazo máximo de quinze dias, compreendendo a viagem de ida até o local onde será realizada a reunião, e a de volta, desde que não ultrapasse este prazo legal.

Art. 473, IX, da CLT.

Gabarito "C".

(Analista – TRT/17ª – 2009 – CESPE) A respeito do direito do trabalho, julgue o item a seguir.

(1) Os dias de paralisação da prestação dos serviços em razão de greve, desde que os salários continuem a ser pagos, caracterizam interrupção do contrato de trabalho.

1: interrupção é a cessação temporária e restrita dos efeitos do contrato de trabalho, caracterizando-se pela ausência de prestação de serviços pelo empregado, a par da subsistência das principais obrigações a cargo do empregador, como o pagamento de salários.

Gabarito 1C

13. RESCISÃO DO CONTRATO DE TRABALHO (INCLUSIVE, AVISO-PRÉVIO)

(Técnico – TRT/16ª – 2015 – FCC) Vera, empregada da empresa "A", estando atolada em dívidas, informou levianamente a seu superior hierárquico que havia mudado de residência, apresentando novo comprovante falso, visando receber maiores vantagens a título de vale-transporte. A empresa "A" descobriu a atitude de sua empregada e rescindiu o seu contrato de trabalho por justa causa, em razão da prática de falta grave caracterizada por

(A) desídia.
(B) ato de incontinência de conduta.

(C) desídia e insubordinação.
(D) ato de improbidade.
(E) ato de indisciplina.

A: opção incorreta, tendo em vista que desídia trata da hipótese em que o empregado deixa de prestar o serviço com zelo, interesse, empenho, passando a laborar com negligência. **B:** opção incorreta, tendo em vista que *incontinência de conduta mostra* comportamento desregrado ligado à vida sexual do obreiro, comportamento este que traz perturbações ao ambiente de trabalho, como, por exemplo, visitas a sites pornográficos na *internet*. **C:** opção incorreta, *pois a* insubordinação consiste no descumprimento de ordens pessoais de serviço expedidas pelo empregador. Quanto à desídia remetemos aos comentários da alternativa "*A*". **D:** opção correta, pois o ato de improbidade revela mau caráter, maldade, desonestidade, má-fé, por parte do empregado, capaz de causar prejuízo ou até risco à integridade do patrimônio do empregador. **E:** opção incorreta, pois a indisciplina consiste no descumprimento de ordens gerais de serviço, como por exemplo, o descumprimento de uma norma prevista no regulamento da empresa.

Gabarito "D".

(Técnico – TRT/3ª – 2015 – FCC) Quanto ao instituto do aviso-prévio:

(A) é a comunicação que uma parte da relação de emprego faz a outra, informando que não tem a intenção de manter o contrato de trabalho, previsto apenas para os contratos por prazo indeterminado.
(B) a falta de aviso-prévio pelo empregador dá ao empregado o direito aos salários correspondentes ao prazo respectivo, garantida sempre a integração desse período no seu tempo de serviço.
(C) seu prazo será proporcional ao tempo de serviço do empregado, desde que este receba por mês e esteja empregado há, pelo menos, um ano na empresa, acrescendo-se 3 dias a mais por ano trabalhado no seu cálculo.
(D) com o advento da lei que estipulou o aviso-prévio proporcional ao tempo de serviço, foram revogadas todas as cláusulas previstas em acordos ou convenções coletivas de trabalho, bem como em dissídios coletivos, que previam o instituto com proporcionalidade mais benéfica ao trabalhador.
(E) a falta de cumprimento pelo empregado, sem a respectiva justificativa, retira-lhe o direito ao recebimento não só do salário do prazo respectivo, como também das demais verbas rescisórias a que teria direito.

A: opção incorreta, pois embora o aviso-prévio seja a comunicação que uma parte da relação de emprego faz a outra, informando que não tem a intenção de manter o contrato de trabalho, pode ser previsto no contrato de trabalho com prazo determinado que contenha a cláusula assecuratória do direito recíproco de rescisão, art. 481 da CLT. **B:** opção correta, pois reflete o disposto no art. 487, § 1º, da CLT. **C:** opção incorreta, pois o aviso-prévio será proporcional ao tempo de serviço, independente da forma de remuneração do empregado, art. 1º da Lei 12.506/2011. **D:** opção incorreta, pois havendo cláusula estipulada em acordo ou convenção coletiva que seja mais benéfica ao trabalhador deverá ela prevalecer, em obediência ao princípio da aplicação da norma mais favorável. **E:** opção incorreta, pois nos termos do art. 487, § 2º, da CLT falta de aviso-prévio por parte do empregado dá ao empregador o direito de descontar os salários correspondentes ao prazo respectivo, mas não retira o direito à percepção de todas as verbas rescisórias.

Gabarito "B".

(Técnico Judiciário – TRT/3ª – 2005 – FCC) O pedido de demissão de empregado com menos de um ano de casa exclui o pagamento de

(A) saldo de salários.
(B) décimo terceiro salário proporcional.
(C) férias proporcionais.
(D) salário família.
(E) cesta básica prevista em norma coletiva.

A questão se fundava nos arts. 146 e 147 da CLT e em precedentes judiciais que desconsideravam a Convenção 132 da OIT. Em 2004, foi editada a Súmula 171 do TST, assegurando as férias proporcionais na situação em apreço. Atualmente esta questão não teria resposta correta.

Gabarito "C".

(Técnico Judiciário – TRT/3ª – 2005 – FCC) Ao receber aviso-prévio, o empregado mensalista poderá

(A) optar entre cumprir jornada reduzida de 2 horas ou faltar um 1 dia ao serviço.
(B) optar entre cumprir jornada reduzida de 2 horas ou faltar 7 dias corridos ao serviço.
(C) optar entre cumprir jornada reduzida de 1 hora ou faltar 1 dia ao serviço.
(D) cumprir jornada reduzida de 2 horas ou faltar 7 dias corridos ao serviço, a critério do empregador.
(E) cumprir jornada reduzida de 1 hora ou faltar 1 dia ao serviço, a critério do empregador.

Art. 488 da CLT.

Gabarito "B".

(Técnico Judiciário – TRT/3ª – 2005 – FCC) Para efeito de justa causa de rescisão do contrato de trabalho pelo empregador, o descumprimento de ordens gerais pelo empregado configura

(A) negociação habitual.
(B) incontinência de conduta.
(C) indisciplina.
(D) mau procedimento.
(E) improbidade.

Indisciplina é a conduta caracterizada pelo descumprimento de ordens gerais do empregador pelo empregado, ao passo que a insubordinação configura a inobservância de ordens diretas e pessoais, art. 482, "h", da CLT.

Gabarito "C".

(Técnico Judiciário – TRT/4ª – 2011 – FCC) As irmãs Simone, Sinara e Soraya tiveram seus contratos de trabalho rescindidos. A dissolução do contrato de trabalho de Simone decorreu de culpa recíproca de ambas as partes; a rescisão do contrato de trabalho de Sinara foi indireta, tendo em vista que a sua empregadora praticou uma das faltas graves passíveis de rescisão contratual; e Soraya foi dispensada com justa causa. Nestes casos, o aviso-prévio

(A) será devido apenas a Simone e Sinara, sendo o seu valor integral para Sinara e de 50% para Simone.
(B) será devido apenas a Simone e Sinara, sendo para ambas em valor integral.
(C) não será devido a Simone, Sinara e Soraya, por expressa disposição legal.
(D) será devido apenas a Simone, em 50% do seu valor.
(E) será devido a Simone, Sinara e Soraya, sendo o seu valor integral para Simone e Sinara e de 50% para Soraya.

Art. 487 da CLT e súmula 14 do TST.

Gabarito "A".

(Técnico – TRT/6ª – 2012 – FCC) Considere as seguintes verbas:

I. Saldo de Salário.
II. Décimo terceiro salário proporcional.
III. Aviso-Prévio.

Na rescisão de contrato individual de trabalho por prazo indeterminado em razão da prática de falta grave, falta esta configuradora de justa causa, dentre outras verbas, o empregado NÃO terá direito a indicada APENAS em

(A) II e III.
(B) I e II.
(C) I e III.
(D) II.
(E) I.

O saldo de salários, assim como as férias vencidas (quando já transcorrido o prazo do período concessivo) e as férias simples (quando já transcorrido o período aquisitivo, mas ainda em curso o período concessivo), constituem direito adquirido e tais verbas sempre serão devidas, qualquer que seja a hipótese de extinção do contrato de trabalho. Na extinção do contrato por justa causa do emprego, não há direito a décimo terceiro salário proporcional (art. 3º da Lei 4.090/1962), férias proporcionais (CLT, art. 146. Parágrafo único), multa sobre o FGTS (por não se tratar de desligamento involuntário), nem a aviso-prévio (na medida em que este se presta a resguardar o trabalhador em face da subida extinção involuntária de seu vínculo empregatício). Ademais, o empregado não fará jus ao saque do FGTS nem do Seguro-Desemprego.

Gabarito "A".

(Técnico Judiciário – TRT/7ª – 2009 – FCC) Com relação ao aviso-prévio, considere as assertivas abaixo.

I. Não havendo prazo estipulado, a parte que, sem justo motivo, quiser rescindir o contrato de trabalho, deverá avisar a outra parte da sua resolução com a antecedência mínima de quinze dias, se o pagamento for efetuado por semana ou tempo inferior.

II. A falta de aviso-prévio por parte do empregado dá ao empregador o direito de descontar os salários correspondentes ao prazo respectivo.

III. O empregado que, durante o prazo do aviso-prévio, cometer qualquer das faltas consideradas pela lei como justas para a rescisão do contrato de trabalho, perde o direito ao restante do respectivo prazo.

IV. O aviso-prévio não é devido na despedida indireta.

É correto o que se afirma APENAS em:

(A) III e IV.
(B) I e IV.
(C) II e IV.
(D) II e III.
(E) I e II.

I: incorreta, art. 487, I, da CLT e art. 7º, XXI, da CF; **II:** correta, art. 487, § 2º, da CLT; **III:** correta, art. 491 da CLT; **IV:** incorreta, art. 487, § 4º, da CLT.

Gabarito "D".

(Técnico Judiciário – TRT/8ª – 2010 – FCC) Não é permitido fumar nas dependências da empresa "Saúde Corporal", havendo circular interna proibitiva, bem como quadros proibitivos anexados em determinados locais. Neste caso, o empregado que descumpre reiteradamente esta ordem está sujeito a rescisão do seu contrato de trabalho por justa causa em razão da prática específica de ato de

(A) desídia.
(B) insubordinação.
(C) improbidade.
(D) indisciplina.
(E) incontinência de conduta.

A desídia é o desleixo, a negligência na realização de um serviço. A insubordinação é o descumprimento de ordem direcionada diretamente ao insubordinado. A improbidade é a desonestidade. A indisciplina é o descumprimento de uma ordem geral. Finalmente, a incontinência de conduta é o mau procedimento de cunho sexual (assédio sexual, piadas obscenas).

Gabarito "D".

(Técnico Judiciário – TRT/8ª – 2010 – FCC) Joaquim cometeu delito tipificado pelo Código Penal brasileiro e sofreu condenação em primeira instância.

Seu advogado apresentou recurso cabível tempestivamente, porém, ainda não houve julgamento.

Diante desta situação, seu contrato individual de trabalho por prazo determinado

(A) não sofrerá qualquer alteração.
(B) poderá ser rescindido por justa causa obreira.
(C) será suspenso.
(D) será interrompido.
(E) será automaticamente rescindido por força maior.

Art. 482, "d", da CLT.

Gabarito "A".

(Técnico Judiciário – TRT/9ª – 2010 – FCC) De acordo com a Consolidação das Leis do Trabalho, em regra, a suspensão disciplinar do empregado por mais de trinta dias consecutivos

(A) não importa rescisão do contrato de trabalho, tendo em vista o Princípio da Proteção.
(B) importa rescisão injusta do contrato de trabalho.
(C) importa rescisão de contrato de trabalho com reconhecimento imediato de culpa recíproca entre as partes tipificada pela norma legal.
(D) importa rescisão do contrato de trabalho com justa causa.
(E) não importa rescisão do contrato de trabalho, tendo em vista o princípio da continuidade da relação de emprego.

Art. 474 da CLT.

Gabarito "B".

(Técnico Judiciário – TRT/14ª – 2011 – FCC) Tales, empregado da empresa Bom Garfo, falsificou atestado médico para justificar suas faltas e consequentemente não ter desconto em sua remuneração. Neste caso, Tales cometeu falta grave passível de demissão por justa causa, uma vez que praticou ato de

(A) indisciplina.
(B) insubordinação.
(C) desídia.
(D) incontinência de conduta.
(E) improbidade.

A indisciplina é o descumprimento de uma ordem ou orientações gerais, passada pelo empregador a seus empregados coletivamente considerados. A insubordinação é o descumprimento de ordem ou orientação direcionada pessoalmente ao insubordinado. A incontinência de conduta é o mau procedimento de cunho sexual (assédio sexual, piadas obscenas). A desídia é o desleixo, a negligência na realização de um serviço. A improbidade é a desonestidade.

Gabarito "E".

(Técnico Judiciário – TRT/15ª – 2009 – FCC) Com relação ao aviso-prévio é INCORRETO afirmar:

(A) A data de saída a ser anotada na CTPS deve corresponder à do término do prazo do aviso-prévio, ainda que indenizado.
(B) Não é devido o aviso-prévio na despedida indireta.
(C) A falta de aviso-prévio por parte do empregado dá ao empregador o direito de descontar os salários correspondentes ao prazo respectivo.
(D) O valor das horas extras habituais integra o aviso-prévio indenizado.
(E) A falta do aviso-prévio do empregador dá ao empregado o direito aos salários do período correspondente.

A: correta, OJ 82 da SDI-1 do TST; **B:** incorreta, art. 487, § 4º, da CLT; **C:** correta, art. 487, § 2º, da CLT; **D:** correta, art. 487, § 5º, da CLT e súmula 376, II, do TST; **E:** correta, art. 487, § 1º, da CLT.

Gabarito "B".

(Técnico Judiciário – TRT/16ª – 2009 – FCC) Com relação ao Aviso-Prévio é certo que

(A) em regra, é válida a concessão do aviso-prévio na fluência da garantia de emprego.
(B) o pagamento relativo ao período do aviso-prévio indenizado não está sujeito à contribuição para o FGTS.
(C) o pagamento relativo ao período do aviso-prévio trabalhado não está sujeito à contribuição para o FGTS.
(D) a gratificação semestral não repercute no cálculo do aviso-prévio, ainda que indenizado.
(E) no cálculo do aviso-prévio estão incluídas as gorjetas, havendo expressa disposição legal neste sentido.

A: incorreta, súmula 348 do TST; **B** e **C**: incorretas, súmula 305 do TST; **D:** correta, súmula 253 do TST; E: incorreta, súmula 354 do TST.

Gabarito "D".

(Técnico Judiciário – TRT/16ª – 2009 – FCC) Com relação à extinção do contrato individual de trabalho por justa causa praticado pelo empregado, é correto afirmar:

(A) A gravidade do ato praticado pelo empregado é um elemento objetivo da justa causa.
(B) O empregado que descumpre norma contida em circular interna da empresa pratica ato de insubordinação.
(C) O ônus da prova da existência de justa causa para a dispensa do empregado é do próprio empregado.
(D) Em regra, o empregador poderá aplicar dupla punição pelo mesmo ato praticado pelo empregado.
(E) Para haver justa causa é necessário que o empregado seja condenado criminalmente com sentença proferida em primeira instância.

A: correta, segundo a doutrina, a despedida por justa causa demanda proporcionalidade e, por consequência, gravidade do ato faltoso, haja vista a pujança do princípio da continuidade nas relações de trabalho; **B:** incorreta, a circular interna veicula normas gerais, cuja inobservância caracteriza a indisciplina, ao passo que a insubordinação diz com a inobservância de ordens pessoais e diretas do empregador pelo empregado; **C:** incorreta, forte no princípio da continuidade, é do empregador o ônus da prova da justa causa; **D:** incorreta, pelo princípio da singularidade, que norteia o *jus puniendi* do empregador, é vedado o *bis in idem* nas punições; **E:** incorreta, inexiste previsão legal neste sentido, conquanto o art. 482, *d*, da CLT trate da condenação criminal transitada em julgado.

Gabarito "A".

(Técnico Judiciário – TRT/16ª – 2009 – FCC) O empregado que se demite sem antes completar doze meses de serviço

(A) só tem direito a férias proporcionais se houver dispositivo contratual específico.
(B) só tem direito a férias proporcionais se houver previsão em convenção coletiva da categoria ou acordo normativo.
(C) tem direito a férias proporcionais.
(D) não tem direito a férias proporcionais em nenhuma hipótese.
(E) tem direito a férias proporcionais reduzida da metade.

Súmula 171 do TST e Convenção 132 da OIT.

Gabarito "C".

(Técnico Judiciário – TRT/18ª – 2008 – FCC) Mariana, Janaina e Dora são empregadas da empresa MAR, exercendo, ambas, a função de auxiliar administrativo. Ontem Mariana contrariou ordens gerais da empresa constantes no regulamento interno e fumou cigarros no ambiente de trabalho; Janaina contrariou ordem específica de seu superior hierárquico, deixando de elaborar os relatórios administrativos que lhe foram solicitados, e Dora utilizou o telefone da empresa para efetuar ligações para o "disque sexo".

Nestes casos, Mariana, Janaina e Dora praticaram, respectivamente, atos de

(A) indisciplina, insubordinação e incontinência de conduta.
(B) insubordinação, insubordinação e incontinência de conduta.
(C) indisciplina, indisciplina e incontinência de conduta.
(D) desídia, insubordinação e indisciplina.
(E) desídia, indisciplina e incontinência de conduta.

Indisciplina é a falta caracterizada pela inobservância de regras e ordens gerais da empresa, enquanto que a insubordinação se caracteriza pela inobservância de ordens diretas e pessoais. A incontinência de conduta, por sua vez, consiste na prática de atos de cunho sexual contrários à moral.

Gabarito "A".

(Técnico Judiciário – TRT/18ª – 2008 – FCC) O aviso-prévio

(A) somente indenizado integrará o tempo de serviço do empregado.
(B) somente trabalhado integrará o tempo de serviço do empregado.
(C) trabalhado ou indenizado integrará sempre o tempo de serviço do empregado.
(D) trabalhado ou indenizado integrará em determinadas hipóteses previamente previstas em lei o tempo de serviço do empregado.
(E) não integrará, em qualquer hipótese, o tempo de serviço do empregado, por expressa determinação legal.

Art. 487, § 6º, da CLT.

Gabarito "C".

(Técnico Judiciário – TRT/20ª – 2006 – FCC) João falsificou documentos para obtenção de horas extras não prestadas. Neste caso, João praticou

(A) incontinência de conduta.
(B) ato de improbidade.
(C) ato de indisciplina.
(D) ato de insubordinação.
(E) ato de desídia.

A: opção incorreta, pois incontinência de conduta é revelada pela prática de ato contrário à moral com conotação sexual. **B:** opção correta, pois disposta no art. 482, *a*, da CLT o ato de improbidade revela mau caráter, desonestidade por parte do empregado capaz de lesionar o patrimônio do empregador. **C:** opção incorreta, pois o ato de indisciplina consiste na inobservância de ordens gerais da empresa pelo empregado. **D:** opção incorreta, pois a insubordinação consiste na inobservância de ordens diretas e pessoais de superior hierárquico pelo empregado. **E:** opção incorreta, pois desídia é o comportamento displicente por conta do empregado

Gabarito "B".

(Técnico Judiciário – TRT/20ª – 2006 – FCC) De acordo com a Consolidação das Leis do Trabalho, a falta do aviso-prévio por parte do empregador dá ao empregado o direito

(A) aos salários correspondentes ao prazo do aviso, garantida, somente em algumas hipóteses, a integração desse período no seu tempo de serviço.
(B) ao recebimento de uma multa no valor de 50% sobre o valor do último salário recebido, garantida sempre a integração desse período no seu tempo de serviço.
(C) ao recebimento de uma multa no valor de 50% sobre o valor do último salário recebido, garantida, somente em algumas hipóteses, a integração desse período no seu tempo de serviço.
(D) aos salários correspondentes ao prazo do aviso, garantida sempre a integração desse período no seu tempo de serviço.
(E) ao recebimento de uma multa de 3 vezes o salário mínimo vigente à época, garantida, somente em algumas hipóteses, a integração desse período no seu tempo de serviço.

Art. 487, § 1º, da CLT.

Gabarito "D".

(Técnico Judiciário – TRT/22ª – 2010 – FCC) Marcelo, empregado da empresa WX do Brasil Ltda., foi agredido fisicamente por seu empregador Fernando, em razão de chegar atrasado constantemente no trabalho. Inconformado, Marcelo revidou a agressão e atingiu Fernando com seu capacete, ferindo-o. Como não resolveram a questão amigavelmente, foi proposta Reclamação Trabalhista na Justiça do Trabalho. O Tribunal Regional do Trabalho da respectiva região, confirmando o entendimento de primeiro grau, concluiu que ficou demonstrada a reciprocidade no tratamento desrespeitoso e agressivo de ambas as partes, que contribuíram para a impossibilidade da continuidade do pacto laboral. O juiz foi enfático ao afirmar que a tese de legítima defesa não se aplicaria ao caso, já que houve revide imediato por parte do reclamante, que bastaria se valer da via judicial para solucionar a questão. Dessa forma, reconhecida judicialmente a culpa recíproca no incidente, é correto afirmar que Marcelo

(A) terá direito a receber 15% das verbas rescisórias referentes ao aviso-prévio, ao 13º salário e às férias proporcionais que seriam devidas em caso de culpa exclusiva do empregador.
(B) terá direito a receber 25% das verbas rescisórias referentes ao aviso-prévio, ao 13º salário e às férias proporcionais que seriam devidas em caso de culpa exclusiva do empregador.
(C) terá direito a receber 50% das verbas rescisórias referentes ao aviso-prévio, ao 13º salário e às férias proporcionais que seriam devidas em caso de culpa exclusiva do empregador.
(D) terá direito a receber 100% das verbas rescisórias em razão da culpa do empregador, tendo em vista o princípio vigente no Direito do Trabalho do *in dubio pro operário*.
(E) não terá direito a receber qualquer verba rescisória, tendo em vista tratar-se de hipótese de despedida por justa causa.

Súmula 14 do TST, culpa recíproca.

Gabarito "C".

(Técnico Judiciário – TRT/23ª – 2011 – FCC) O aviso-prévio

(A) é devido na despedida indireta e o valor das horas extraordinárias habituais não integra o aviso-prévio indenizado.
(B) não é devido na despedida indireta e o valor das horas extraordinárias habituais integra o aviso-prévio trabalhado.
(C) é devido na despedida indireta e o valor das horas extraordinárias habituais integra o aviso-prévio indenizado.
(D) não é devido na despedida indireta e o valor das horas extraordinárias habituais não integra o aviso-prévio indenizado.
(E) não é devido despedida indireta e o valor das horas extraordinárias habituais integra apenas o aviso-prévio trabalhado.

Art. 487, §§ 4º e 5º, CLT. Veja também a súmula 376, II, TST.

Gabarito "C".

(Técnico Judiciário – TRT/24ª – 2011 – FCC) Laís, empregada da empresa G, após quatro meses de contrato de trabalho, sem ter tido nenhuma falta, pediu demissão, uma vez que estava insatisfeita com o seu emprego. Neste caso, de acordo com o entendimento sumulado do Tribunal Superior do Trabalho, Laís

(A) terá direito de receber suas férias proporcionais (quatro meses) acrescidas de um terço.
(B) não terá direito de receber suas férias proporcionais e nem o décimo terceiro salário, tendo em vista que a legislação pertinente prevê o prazo mínimo de seis meses de contrato de trabalho.
(C) não terá direito de receber suas férias proporcionais, tendo em vista que não completou doze meses de serviço.
(D) terá direito de receber suas férias proporcionais (quatro meses) de forma simples, ou seja, sem o acréscimo de um terço.
(E) terá direito ao aviso-prévio de trinta dias, podendo optar em reduzir sua jornada diária em duas horas ou faltar ao serviço por sete dias corridos.

Súmula 171 do TST.

Gabarito "A".

(Técnico Judiciário – TRT/24ª – 2011 – FCC) Simone, empregada da empresa Z, para justificar sua falta ao serviço, apresentou um atestado médico falso obtido em Campo Grande-MS. Neste caso, Simone praticou ato de

(A) desídia indireta.
(B) insubordinação.
(C) desídia direta.
(D) improbidade.
(E) incontinência de conduta.

A desídia é o desleixo, a negligência na realização de um serviço. A insubordinação é o descumprimento de ordem direcionada diretamente ao insubordinado. A indisciplina é o descumprimento de uma ordem geral. A improbidade é a desonestidade. Finalmente, a incontinência de conduta é o mau procedimento de cunho sexual (assédio sexual, piadas obscenas).

Gabarito "D".

(Técnico Judiciário – TRT/24ª – 2011 – FCC) O aviso-prévio, quando for reconhecida a culpa recíproca na rescisão do contrato de trabalho,

(A) será devido pela metade somente se comprovada reação imediata à agressão.
(B) será devido pela metade.
(C) será devido pela sua integralidade.
(D) não será devido.
(E) será devido pela sua integralidade somente se comprovada reação imediata à agressão.

Súmula 14 do TST.

Gabarito "B".

(Técnico Judiciário – TRT/1ª – 2008 – CESPE) Considerando que, no decorrer de um contrato de trabalho, o empregador esteja descumprindo suas obrigações contratuais, assinale a opção correta.

(A) A rescisão cabível, nesse caso, é a justa causa, consoante estipulado no art. 482 da CLT.
(B) Deverá o trabalhador permanecer no serviço até que seja rescindido o contrato.
(C) A situação considerada caracteriza culpa recíproca para a rescisão contratual, assegurando indenização por metade ao obreiro.
(D) Independentemente da forma de rompimento contratual, será devido o aviso-prévio.
(E) Findo o contrato de trabalho por despedida indireta, será devido o aviso-prévio.

O caso enquadra-se em hipótese de despedida indireta (CLT, art. 483, *d*), assegurando-se o aviso-prévio (art. 487, § 4º, da CLT).

Gabarito "E".

(Técnico Judiciário – TRT/9ª – 2007 – CESPE) Acerca dos direitos dos trabalhadores, sobretudo os considerados na Constituição Federal de 1988, julgue o seguinte item.

(1) O aviso-prévio será concedido ao empregado para busca de nova colocação de trabalho, com antecedência de pelo menos sete dias da dispensa, ou indenização correspondente ao período devido de redução da jornada.

1: incorreta, CF, art. 7º, XXI.

Gabarito 1E

(Técnico Judiciário – TRT/9ª – 2007 – CESPE) Acerca da rescisão do contrato de trabalho, julgue os itens subsequentes.

(1) Quando houver prática, pela outra parte, de ato lesivo à honra, tanto o empregador quanto o empregado podem considerar rescindido o contrato de trabalho.
(2) Nos casos em que o juiz ou tribunal considerar que tanto empregado quanto empregador agiram com culpa para a rescisão do contrato de trabalho, a indenização deve ser reduzida pela metade em relação àquela que seria devida no caso de culpa exclusivamente patronal.

1: correta, arts. 482, "k", e 483, "e", da CLT; **2:** correta, art. 484 da CLT.

Gabarito 1C, 2C

(Técnico Judiciário – TRT/17ª – 2009 – CESPE) No que se refere ao direito do trabalho, julgue os itens seguintes.

(1) A condenação criminal do empregado configura justa causa para sua dispensa, ainda que exista recurso pendente da condenação.
(2) Na despedida por justa causa, o empregado recebe apenas as férias vencidas, se houver, e o saldo de salários.
(3) Entende-se como rescisão indireta a cessação do contrato de trabalho por iniciativa do empregado, tendo por base alguma ação considerada justa causa praticada pelo empregador.
(4) A concessão do aviso-prévio somente é cabível nos contratos a prazo indeterminado.
(5) A comunicação do aviso-prévio pode ser feita verbalmente.
(6) Havendo culpa recíproca na rescisão do contrato de trabalho, o 13º salário é devido pela metade.

1: incorreta, art. 482, "d", da CLT; **2:** correta, art. 484 e súmula 14 do TST, *a contrario sensu* (observação: a questão é suscetível de anulação, pois se reconhece o direito às parcelas que se consubstanciarem em direito adquirido, como o décimo terceiro vencido); **3:** correta, art. 483 da CLT; **4:** incorreta, súmula 163 do TST; 5: correta, a lei não exige formalidade; 6: correta, súmula 14 do TST.

Gabarito 1E, 2C, 3C, 4E, 5C, 6C

(Analista – TRT/16ª – 2014 – FCC) Claudiomar, sócio-gerente da empresa "M" Ltda descobriu que Bruno, um de seus empregados do setor de montagem de peças, foi condenado em processo criminal pela prática do crime de estelionato qualificado. O referido processo encontra-se em fase de recurso e Bruno respondendo em liberdade. Neste caso, de acordo com a Consolidação das Leis do Trabalho, Claudiomar

(A) poderá rescindir imediatamente o contrato de Bruno por justa causa, havendo dispositivo legal expresso neste sentido, devendo notificar previamente o empregado.
(B) não poderá rescindir o contrato de Bruno por justa causa independentemente da aplicação de pena e do trânsito em julgado uma vez que não guarda qualquer relação com o contrato de trabalho.
(C) só poderá rescindir o contrato de Bruno por justa causa após o trânsito em julgado da sentença condenatória, caso não haja suspensão da execução da pena.
(D) só poderá rescindir o contrato de Bruno por justa causa após o trânsito em julgado da sentença condenatória e independentemente da ocorrência ou não de suspensão da execução da pena.
(E) poderá rescindir imediatamente o contrato de Bruno por justa causa, havendo dispositivo legal expresso neste sentido, independente de prévia notificação do empregado.

"C" é a resposta correta. Para a rescisão por justa causa, art. 482, *d*, da CLT exige-se a condenação do empregado, transitada em julgado, da qual decorra sua prisão, sem direito à suspensão da execução da pena. O que enseja a dispensa é a impossibilidade de comparecer ao trabalho.

Gabarito "C".

(Analista – TRT/16ª – 2014 – FCC) Vera é empregada da empresa "S" Ltda e recebe seu salário na base de tarefa. Ontem, Vera teve seu contrato de trabalho rescindido. Neste caso, para recebimento de seu aviso-prévio indenizado, o cálculo será feito de acordo com

(A) a média dos últimos doze meses de serviço.
(B) a média dos últimos seis meses de serviço.
(C) a média dos últimos dois meses de serviço.
(D) o valor recebido no mês anterior ao mês da rescisão contratual.
(E) o valor recebido no mês anterior ao mês da rescisão contratual acrescido de 50%.

"A" é a opção correta. Nos termos do art. 487, § 3º, da CLT em se tratando de salário pago na base de tarefa, o cálculo, para os efeitos dos parágrafos anteriores, será feito de acordo com a média dos últimos 12 (doze) meses de serviço.

Gabarito "A"

(Analista – TRT/3ª – 2015 – FCC) Empregador dispensa o empregado sem justa causa, dando aviso-prévio ao mesmo. No 12º dia de cumprimento do aviso, o empregador arrepende-se de ter dispensado o empregado e reconsidera seu ato. Essa reconsideração

(A) não gera qualquer efeito, pois em relação ao aviso-prévio o legislador prevê que, depois de ter sido dado, não há qualquer possibilidade de arrependimento eficaz.
(B) gera efeitos imediatos, sendo certo que, no caso de aviso-prévio indenizado, o empregado deve voltar imediatamente ao trabalho.
(C) não gera efeitos, pois já transcorridos mais de dez dias após a dispensa do empregado.
(D) gera efeitos, se a outra parte aceitar a reconsideração.
(E) não é possível, pois o aviso-prévio é irrenunciável pelo empregado, não havendo que se falar em reconsideração do mesmo, sob pena de afronta a direito previsto em norma de ordem pública.

A: opção incorreta, pois nos termos do art. 489 da CLT é possível a retratação do aviso-prévio. **B:** opção incorreta, pois é facultada à parte que recebeu a ordem de aviso-prévio aceitar ou não a reconsideração. **C:** opção incorreta, pois a reconsideração do aviso-prévio pode ocorrer até expirado seu período, que será de no mínimo 30 dias. **D:** opção correta, pois nos termos do art. 489 da CLT dado o aviso-prévio, a rescisão torna-se efetiva depois de expirado o respectivo prazo, mas, se a parte notificante reconsiderar o ato, antes de seu termo, à outra parte é facultado aceitar ou não a reconsideração. Todavia, caso seja aceita a reconsideração ou continuando a prestação depois de expirado o prazo, o contrato continuará a vigorar, como se o aviso-prévio não tivesse sido dado. **E:** opção incorreta, pois, como estudamos, é possível a reconsideração do aviso-prévio.

Gabarito "D"

(Analista – TRT/3ª – 2015 – FCC) A solidariedade quanto ao cumprimento das obrigações trabalhistas exige

(A) a existência de empresas com a mesma personalidade jurídica.
(B) a existência de direção, controle ou administração de uma empresa em relação a outras, constituindo grupo industrial, comercial ou de qualquer atividade econômica, embora cada uma com personalidade jurídica própria.
(C) a existência de empresas com personalidade jurídica e direção diferentes, mas com unidade de objeto social.
(D) a existência de previsão nos contratos sociais das empresas, pois a lei civil dispõe que a solidariedade decorre da lei ou do contrato.
(E) acordo entre empregado e o empregador, não bastando a simples configuração de grupo de empregadores.

A: opção incorreta, pois para que haja solidariedade quanto aos cumprimentos das obrigações trabalhistas não se exige que as empresas tenham a mesma personalidade jurídica quando estiverem sob a direção, controle ou administração de outra. Vide art. 2º, § 2º, da CLT. **B:** opção correta, pois reflete o disposto no art. 2º, § 2º, da CLT. **C:** opção incorreta, pois embora a lei exija empresas com personalidade jurídica diferentes, controladas ou administradas por outra, cada uma delas poderá ter um objeto social distinto, desde que possua caráter econômico. D: opção incorreta, pois a solidariedade quanto ao cumprimento das obrigações trabalhistas possui previsão legal, expressamente disposta no art. 2º, § 2º, da CLT. Ademais, no presente caso não se aplica o Código Civil, nos termos do art. 8º, parágrafo único, da CLT. **E:** opção incorreta, pois independentemente de acordo ajustado entre as partes, uma vez configurado o grupo de empresas, art. 2º, § 2º, da CLT haverá responsabilidade solidária entre as empresas.

Gabarito "B"

(Analista – TRT/2ª – 2014 – FCC) Em relação às hipóteses de rescisão do contrato de trabalho por prazo indeterminado, considere:

I. O pedido de demissão caracteriza-se como ato de iniciativa do empregado, praticado com a intenção de extinguir o contrato.
II. Havendo culpa recíproca no ato que determinou a rescisão do contrato, será devida a mesma indenização que seria devida em caso de culpa exclusiva do empregador.
III. No caso de prática de falta grave pelo empregador, poderá o empregado pleitear a rescisão do seu contrato e o pagamento das respectivas indenizações, sendo-lhe facultado, em qualquer hipótese, permanecer ou não no serviço até final da decisão do processo.
IV. A morte do empregador pessoa física leva à extinção do contrato de trabalho, salvo se o empregado, por ocasião do falecimento do empregador, tiver mais de dez anos de serviço para o mesmo.

Está INCORRETO o que consta APENAS em

(A) I, II e IV.
(B) II, III e IV.
(C) II e III.
(D) I e IV.
(E) III e IV.

I: opção correta, pois o pedido de demissão que o empregado faz ao empregador é um ato de sua iniciativa que tem por objetivo colocar fim ao contrato de trabalho. **II:** opção incorreta, pois nos termos do art. 484 da CLT havendo culpa recíproca a indenização à que seria devida em caso de culpa exclusiva do empregador, será reduzida pela metade. **III:** opção incorreta, pois caso o empregado faça o pedido de rescisão indireta por justa causa do empregador, art. 483 da CLT, poderá permanecer no emprego se o empregador não cumprir as obrigações do contrato de trabalho ou se o empregador reduzir o seu trabalho, sendo este por peça ou tarefa, de forma a afetar sensivelmente a importância dos salários, em conformidade com o art. 483, § 3º, da CLT. **IV:** opção incorreta, pois nos termos do art. 483, § 2º, da CLT no caso de morte do empregador constituído em empresa individual, é facultado ao empregado rescindir o contrato de trabalho.

Gabarito "B"

(Analista – TRT/9ª – 2012 – FCC) Considerando as previsões da CLT sobre rescisão do contrato de trabalho, é INCORRETO afirmar:

(A) No caso de morte do empregador constituído em empresa individual, é facultado ao empregado rescindir o contrato de trabalho.
(B) No caso de paralisação temporária ou definitiva do trabalho, motivada por ato de autoridade municipal, estadual ou federal, ou pela promulgação de lei ou resolução que impossibilite a continuação da atividade, prevalecerá o pagamento da indenização, que ficará a cargo do governo responsável.
(C) Havendo culpa recíproca no ato que determinou a rescisão do contrato de trabalho, não há que se falar em recebimento de indenização.
(D) Nos contratos que tenham termo estipulado, o empregador que, sem justa causa, despedir o empregado, será obrigado a pagar-lhe, a título de indenização, e por metade, a remuneração a que teria direito até o término do contrato.
(E) Aos contratos por prazo determinado que contiverem cláusula assecuratória do direito recíproco de rescisão antes de expirado o termo ajustado, aplicam-se, caso seja exercido tal direito por qualquer das partes, os princípios que regem a rescisão dos contratos por prazo indeterminado.

A: opção correta, pois reflete o disposto no art. 483, § 2º, da CLT. **B:** opção correta, pois reflete o disposto no art. 486 da CLT. **C:** opção incorreta, devendo ser assinalada, pois nos termos do art. 484 da CLT havendo culpa recíproca no ato que determinou a rescisão do contrato de trabalho, o tribunal de trabalho reduzirá a indenização à que seria devida em caso de culpa exclusiva do empregador, por metade. **D:** opção correta, pois reflete o disposto no art. 479 da CLT. **E:** opção correta, pois reflete o disposto no art. 481 da CLT.

Gabarito "C"

(Analista – TRT/6ª – 2012 – FCC) Clodoaldo, empregado da empresa "VV" há cinco anos, forneceu informação falsa quanto às suas necessidades de deslocamento de sua residência para o seu local de trabalho, visando receber maiores vantagens a título de vale transporte. Neste caso, Clodoaldo

(A) praticou falta grave passível de rescisão de seu contrato de trabalho por justa causa, em razão da prática de ato de incontinência de conduta.
(B) praticou falta grave passível de rescisão de seu contrato de trabalho por justa causa, em razão da prática de ato de improbidade.

(C) praticou falta grave passível de rescisão de seu contrato de trabalho por justa causa, em razão da prática de ato de insubordinação.
(D) praticou falta grave passível de rescisão de seu contrato de trabalho por justa causa, em razão da prática de ato de indisciplina.
(E) não praticou falta grave passível de rescisão de seu contrato de trabalho, mas deverá receber punição disciplinar em razão da conduta descrita.

A: opção incorreta, pois a incontinência de conduta, art. 482, *b*, da CLT, aponta um comportamento desregrado ligado à vida sexual do obreiro, comportamento este que traz perturbações ao ambiente de trabalho. **B:** opção correta, pois o ato de improbidade, art. 482, *a*, da CLT, revela mau caráter, maldade, desonestidade, má-fé, por parte do empregado, que cause prejuízo ou até risco à integridade do patrimônio do empregador. **C:** opção incorreta, pois o ato de insubordinação, art. 482, *h*, da CLT consiste no descumprimento de ordens pessoais de serviço. **D:** opção incorreta, pois a indisciplina, art. 482, *h*, da CLT, consiste no descumprimento de ordens gerais de serviço. **E:** opção incorreta, pois o obreiro praticou falta grave tipificada no art. 482, *a*, da CLT.

Gabarito "B".

(Analista – TRT/2ª – 2008 – FCC) A empresa privada Amarílis cessou suas atividades pagando indenização simples para seus funcionários. A empresa privada Violeta cessou suas atividades pagando indenização em dobro para seus funcionários. Nestes casos, o pagamento da indenização

(A) não exclui, por si só, apenas aos empregados da empresa Amarílis, o direito ao aviso-prévio.
(B) não exclui, por si só, apenas aos empregados da empresa Violeta, o direito ao aviso-prévio.
(C) exclui, por si só, o direito dos empregados de ambas as empresas ao aviso-prévio.
(D) não exclui, por si só, o direito dos empregados de ambas as empresas ao aviso-prévio.
(E) só excluirá o direito dos empregados de ambas as empresas ao aviso-prévio se o pagamento da indenização ocorrer até o quinto dia útil do mês seguinte à cessação das atividades.

No encerramento de atividades, o trabalhador fará jus a todos os direitos trabalhistas, como se dispensado sem justa causa fosse, pois incumbe ao empregador a assunção dos riscos da atividade econômica (CLT, art. 2º).

Gabarito "D".

(Analista – TRT/3ª – 2005 – FCC) Desativada a empresa em razão de ato de desapropriação e, em consequência, ficando rescindidos os contratos dos seus empregados, verifica-se a ocorrência de

(A) culpa recíproca, ficando o empregador responsável pelo pagamento de metade da indenização devida aos empregados.
(B) força maior, nenhuma reparação sendo devida ao empregado.
(C) *factum principis*, incumbindo ao governo responsável pelo ato o pagamento da indenização devida aos empregados do estabelecimento.
(D) rescisão indireta, ficando o empregador responsável pelo pagamento de metade da indenização devida aos empregados.
(E) rescisão sem justa causa, incumbindo ao governo responsável pelo ato e ao empregador, em partes iguais, o pagamento da indenização devida ao empregado.

Art. 486 da CLT.

Gabarito "C".

(Analista – TRT/4ª – 2006 – FCC) Tratando-se de empregado analfabeto, o pagamento realizado no ato da homologação da rescisão de seu contrato de trabalho somente poderá ser feito

(A) na presença de representante do Ministério Público do Trabalho.
(B) na Delegacia Regional do Trabalho.
(C) mediante depósito bancário.
(D) em cheque administrativo.
(E) em dinheiro.

Art. 477, § 4º, da CLT.

Gabarito "E".

(Analista – TRT/6ª – 2012 – FCC) Marius foi contratado por prazo indeterminado pela empresa Alfa Contabilidade Empresarial. Após onze meses de trabalho, recebeu um comunicado escrito da sua dispensa sem justa causa, com a determinação para trabalhar durante o período de aviso-prévio. Na presente situação, conforme legislação aplicável ao aviso-prévio, é correto afirmar:

(A) O horário normal de trabalho do empregado, durante o prazo do aviso, será reduzido de 1 (uma) hora diária, sem prejuízo do salário integral.
(B) É facultado ao empregado faltar ao serviço, sem prejuízo do salário integral, por 7 (sete) dias corridos.
(C) Dado o aviso-prévio, a rescisão torna-se efetiva depois de expirado o respectivo prazo, mas, se a parte notificante reconsiderar o ato, antes de seu termo, à outra parte é obrigada a aceitar a reconsideração.
(D) Mesmo que o empregado, durante o prazo do aviso-prévio, cometa qualquer das faltas consideradas pela lei como justas para a rescisão, ele não perde o direito ao restante do respectivo prazo.
(E) O reajuste salarial coletivo, determinado no curso do aviso-prévio, beneficia o empregado pré-avisado da despedida, salvo na hipótese de ter recebido antecipadamente os salários correspondentes ao período do aviso.

A: incorreto (art. 488, *caput*, da CLT); **B:** correto (art. 488, parágrafo único, da CLT); **C:** incorreto (art. 489 da CLT); **D:** incorreto (art. 491 da CLT – v. Súmula 73 do TST); **E:** incorreto (art. 487, § 6º, da CLT).

Gabarito "B".

(Analista – TRT/8ª – 2010 – FCC) Bruna recebeu aviso-prévio de sua empregadora, a empresa B, informando-a da rescisão imotivada de seu contrato de trabalho. Bruna optou em não trabalhar nos últimos sete dias corridos de seu aviso. Considerando que no mês do aviso-prévio não há feriados, bem como que o último dia laborado por Bruna foi dia 10, uma quarta-feira, a empresa B deverá saldar as verbas rescisórias até o próximo dia

(A) 11.
(B) 18.
(C) 20.
(D) 19.
(E) 17.

Art. 477, § 6º, *a*, da CLT (v. art. 488, parágrafo único, da CLT).

Gabarito "B".

(Analista – TRT/8ª – 2010 – FCC) Bruno, empregado da empresa AS, através de contrato individual de trabalho por prazo indeterminado, recebeu suspensão disciplinar pelo prazo de noventa dias consecutivos. Neste caso,

(A) considera-se que houve rescisão do contrato de trabalho por culpa da empresa AS, sendo devida dentre outras verbas, o aviso-prévio.
(B) considera-se que houve rescisão do contrato de trabalho por culpa da empresa AS, não sendo devido o aviso-prévio em razão da suspensão disciplinar.
(C) considera-se que houve rescisão do contrato de trabalho por culpa de Bruno, não sendo devido o aviso-prévio em razão da suspensão disciplinar.
(D) considera-se que houve rescisão do contrato de trabalho por culpa recíproca, sendo devido, dentre outras verbas, o aviso-prévio.
(E) considera-se que houve rescisão do contrato de trabalho por culpa recíproca, não sendo devido o aviso-prévio em razão da suspensão disciplinar.

A suspensão disciplinar do empregado está sujeita ao limite de trinta dias consecutivos (art. 474 da CLT). A suspensão que desbordar de tal prazo caracterizará a rescisão injusta do contrato de trabalho, assegurando-se ao empregado todos os direitos decorrentes da despedida sem justa causa, aí incluso o aviso-prévio (CF, art. 7º, XXI, e CLT, art. 487, II, da CLT).

Gabarito "A".

(Analista – TRT/8ª – 2010 – FCC) O aviso-prévio

(A) é computado no tempo de serviço do empregado, incluindo o dia do começo e excluindo o dia do vencimento, observando-se as regras do Código Civil brasileiro.

(B) é devido na sua integralidade na dissolução do contrato de trabalho por culpa recíproca.

(C) indenizado não integra o tempo de serviço do empregado, havendo dispositivo na Carta Magna neste sentido

(D) não sofre incidência de gorjetas e das gratificações semestrais.

(E) poderá ser concedido ao empregado no curso de estabilidade provisória exatamente por não possuir a estabilidade em caráter definitivo.

A: incorreta (súmula 380 do TST); **B:** incorreta (súmula 14 do TST); **C:** incorreta. O aviso-prévio trabalhado ou indenizado sempre integra o tempo de serviço do empregado (art. 487, § 6º, da CLT), inexistindo qualquer ressalva constitucional em sentido contrário. Assim, sobrevindo reajuste salarial para a categoria durante o aviso-prévio, o trabalhador fará jus a ele. Assim, inclusive, o período de aviso-prévio pago ou trabalhado projeta a data de extinção do contrato até o seu decurso, inclusive para fins da indenização do art. 9º da Lei 6.708/1979 (súmula 182 do TST) e tal período sofrerá a incidência do FGTS (súmula 305 do TST). Ainda, à luz da OJ 82 da SDI-1 do TST, a data de saída do emprego a ser anotada na CTPS do empregado deverá corresponder à do término do aviso-prévio, ainda que indenizado; **D:** correta (súmulas 253 e 354 do TST); **E:** incorreta (súmula 348 do TST).

Gabarito "D"

(Analista – TRT/8ª – 2010 – FCC) A clínica particular H verificou a sobra de medicamentos no final da jornada de trabalho. Aberta sindicância administrativa foi constatado que a empregada, Fábia, não ministrou todos os remédios que deveria, sendo-lhe aplicada a penalidade de suspensão. No mês seguinte, foi novamente constatada sobra de medicamento, e igualmente apurado em sindicância que a empregada Fábia deixou de ministrar os remédios prescritos, sendo que desta vez de forma dolosa. Neste caso, Fábia praticou conduta configuradora de

(A) insubordinação.

(B) incontinência de conduta.

(C) ato de improbidade.

(D) violação de segredo.

(E) desídia.

Todas as condutas encimadas estão arroladas pelo art. 482 da CLT como hipóteses autorizadoras da despedida do empregado por justa causa. A desídia se consubstancia na violação do dever de diligência, caracterizando-se pelo desleixo, pela incúria ou pela má vontade. Via de regra, sua consumação exige certa repetição, mas se admite a despedida por desídia em decorrência de uma só falta, como uma negligência ocasional, quando importar consequências suficientemente graves e causadoras da quebra de confiança na relação de emprego. A insubordinação consiste na inobservância, pelo empregado, de ordens e diretrizes que lhes são pessoalmente dirigidas; a incontinência de conduta é o ato de mau procedimento qualificado por alguma conotação sexual, ofensivo ao pudor (gestos obscenos, palavrões, assédio sexual etc.); a improbidade consiste na desonestidade, na obtenção dolosa (furto, roubo, apropriação indébita) de uma vantagem.

Gabarito "E"

(Analista – TRT/8ª – 2010 – FCC) Joaquim, empregado da empresa J, registrou no sindicato competente a sua candidatura para dirigente sindical. De acordo com a Consolidação das Leis do Trabalho (CLT), o sindicato deverá comunicar a empresa J deste registro no prazo de

(A) dez dias.

(B) 48 horas.

(C) cinco dias.

(D) 24 horas.

(E) quinze dias.

Art. 543, § 5º, da CLT.

Gabarito "D"

(Analista – TRT/9ª – 2010 – FCC) Considere as seguintes assertivas a respeito da rescisão do contrato de trabalho:

I. Reconhecida a culpa recíproca na rescisão do contrato de trabalho, o empregado tem direito a 50% do valor do aviso-prévio, do décimo terceiro salário e das férias proporcionais.

II. Considera-se justa causa para rescisão do contrato de trabalho, dentre outras hipóteses, a condenação criminal do empregado, ainda que não transitada em julgado, bem como a negociação habitual por conta própria.

III. Reduzindo o empregador o trabalho do empregado, sendo este por peça ou tarefa, de forma a afetar sensivelmente a importância dos salários, pode o obreiro considerar rescindido indiretamente o contrato de trabalho.

IV. Desobediência a ordens direta do empregador que digam respeito a atribuições do cargo do empregado, constitui, especificamente, ato de indisciplina, justificando a resolução do contrato de trabalho por justa causa obreira.

Está correto o que consta APENAS em

(A) II e III.

(B) I e III.

(C) I e II.

(D) II e IV.

(E) I, III e IV.

I: correta (súmula 14 do TST); **II:** incorreta (art. 482, *d*, da CLT) (sobre a negociação habitual, v. art. 482, *c*, da CLT); **III:** correta (art. 483, *g*, da CLT); **IV:** incorreta. A inobservância, pelo empregado, a ordens que lhe são pessoal e diretamente dirigidas caracteriza a insubordinação, ao passo que a indisciplina é caracterizada pela inobservância a ordens gerais ditadas pelo empregador.

Gabarito "B"

(Analista – TRT/11ª – 2012 – FCC) Diariamente e durante o horário de expediente, uma empregada expõe e vende produtos de higiene e beleza para seus colegas de trabalho, sem a permissão do seu empregador. Tal situação configura motivo para rescisão contratual por justa causa?

(A) Não, porque seria apenas motivo para advertência ou suspensão do empregado.

(B) Não, porque não há previsão legal para tal situação de rescisão por justa causa.

(C) Sim, porque o fato é grave, embora não esteja previsto em lei.

(D) Sim, porque o fato está tipificado em lei como justa causa para rescisão do contrato pelo empregador.

(E) Não, porque o fato não é tão grave e poderia apenas ensejar a rescisão sem justa causa.

Art. 482, *c*, da CLT.

Gabarito "D"

(Analista – TRT/11ª – 2005 – FCC) Se o empregado se utiliza da faculdade de não trabalhar nos sete últimos dias do aviso-prévio, o pagamento das verbas rescisórias deverá ser feito

(A) no último dia efetivamente trabalhado.

(B) no último dia do contrato.

(C) sete dias após o término do contrato.

(D) até o primeiro dia útil imediato ao término do contrato.

(E) até 10 dias após o último dia trabalhado.

Art. 477, § 6º, *a*, da CLT

Gabarito "D"

(Analista – TRT/13ª – 2005 – FCC) O contrato de trabalho pode ser rescindido por justa causa

(A) pelo empregador, se o empregado descumprir ordens de serviço, mesmo que sejam ordens ilegais, ou que ponham em risco a integridade física do trabalhador.

(B) sempre que o empregado for advertido em razão de atrasos frequentes, mas desde que nunca tenha sido, pelo mesmo motivo, suspenso.

(C) se o empregador descumprir suas obrigações contratuais ou legais.

(D) pelo empregado, se o empregador nunca tiver fornecido a cesta básica.

(E) pelo empregado, quando o empregador descumprir dever legal, desde que o trabalhador, antes, advirta o empregador.

A: incorreta. Tais hipóteses, ao contrário, caracterizam justa causa do empregador (art. 483, *a* e *d*, da CLT); **B:** incorreta. Tais atrasos, embora possam caracterizar a desídia, demandam prévias advertências ou suspensões, eis que a rescisão contratual é a penalidade máxima, a demandar, em nome do princípio da continuidade da relação de emprego, aplicação proporcional; **C:** correta (art. 483, *d*), entendendo-se que as obrigações decorrentes do contrato são, dentre outras, as obrigações legais; **D:** incorreta. Não se trata de obrigação legal; **E:** incorreta. Inexiste a obrigação de prévia advertência pelo empregado.

Gabarito "C"

(Analista – TRT/14ª – 2011 – FCC) Zacarias, empregado do Esporte Clube Bola Branca, subornou Mário e Diego, empregados jogadores do time de futebol do Esporte Clube Lago Azul, para que os mesmos apresentassem um péssimo desempenho e o time Bola Branca vencesse a partida. A Diretoria do Lago Azul descobriu o ocorrido e pretende dispensar seus empregados com justa causa, tendo em vista a prática de

(A) ato de improbidade.
(B) indisciplina.
(C) desídia.
(D) incontinência de conduta.
(E) insubordinação.

A: ato de improbidade é o ato desonesto, a obtenção dolosa (furto, roubo, apropriação indébita) de uma vantagem; **B:** indisciplina diz com a inobservância, pelo trabalhador, de ordens gerais ditadas pelo empregador; **C:** A desídia se consubstancia na violação do dever de diligência, caracterizando-se pelo desleixo, pela incúria ou pela má vontade. Via de regra, sua consumação exige certa repetição, mas se admite a despedida por desídia em decorrência de uma só falta, como uma negligência ocasional, quando importar consequências suficientemente graves e causadoras da quebra de confiança na relação de emprego; **D:** a incontinência de conduta é o ato de mau procedimento qualificado por alguma conotação sexual, ofensivo ao pudor (gestos obscenos, palavrões, assédio sexual etc.); **E:** a insubordinação consiste na inobservância, pelo empregado, de ordens e diretrizes que lhes são pessoalmente dirigidas.

Gabarito "A".

(Analista – TRT/14ª – 2011 – FCC) Considere as seguintes verbas:

I. Férias vencidas acrescidas de 1/3.
II. Saldo de salário.
III. 13º salário proporcional.
IV. Férias proporcionais.

Na rescisão do contrato de trabalho, tendo em vista a dispensa de empregado contratado há mais de um ano, com justa causa, serão devidas as verbas indicadas APENAS em

(A) I e II.
(B) I, II e IV.
(C) I, II, III e IV.
(D) II e III.
(E) II, III e IV.

I e II: tais verbas são devidas em todas as hipóteses de extinção do contrato de trabalho; **III:** art. 3º da Lei 4.090/1962; **IV:** art. 146, parágrafo único, da CLT.

Gabarito "A".

(Analista – TRT/14ª – 2011 – FCC) Após treze meses de contrato de trabalho, Bruna recebeu aviso-prévio de sua empregadora comunicando que o seu contrato seria extinto sem justa causa. Ao receber o aviso, Bruna ficou com dúvidas a respeito de seu horário de trabalho durante este período. Assim, dirigiu-se ao departamento de recursos humanos de sua empregadora, que respondeu que ela

(A) poderia optar em ter seu horário de trabalho reduzido em duas horas diárias ou faltar ao serviço um dia por semana trabalhada.
(B) deveria cumprir normalmente seu horário de trabalho, sem qualquer redução de sua carga horária.
(C) poderia optar em ter seu horário de trabalho reduzido em duas horas diárias ou faltar ao serviço por sete dias corridos.
(D) teria obrigatoriamente seu horário de trabalho reduzido em uma hora diária.
(E) teria obrigatoriamente seu horário de trabalho reduzido em duas horas diárias.

Art. 488 da CLT.

Gabarito "C".

(Analista – TRT/18ª – 2008 – FCC) Quanto à rescisão do contrato de trabalho por culpa do empregado e seus efeitos, analise:

I. A ocorrência de justa causa, salvo a de abandono de emprego, no decurso do prazo do aviso-prévio dado pelo empregador, retira do empregado qualquer direito às verbas rescisórias de natureza indenizatória.
II. Não há distinção entre os atos de incontinência de conduta e mau procedimento, tratando-se de sinônimos tipificados pela Consolidação das Leis do Trabalho.
III. Configura ato de insubordinação o descumprimento de ordem constante em circulares internas da empresa.
IV. Presume-se o abandono de emprego se o trabalhador não retornar ao serviço no prazo de trinta dias após a cessação do benefício previdenciário nem justificar o motivo de não o fazer.

Está correto o que consta APENAS em

(A) III e IV.
(B) I, II e III.
(C) I e IV.
(D) I, III e IV.
(E) II e IV.

I: correta (súmula 73 do TST); **II:** incorreta. A incontinência de conduta consiste em práticas contrárias à moral e aos bons costumes com conotação sexual (exemplo: gesto obsceno, pedofilia, assédio sexual), enquanto que o mau procedimento é expressão que contempla as demais hipóteses de atos imorais; **III:** incorreta. O ato de insubordinação corresponde a afrontas a ordens específicas e pessoais, enquanto que o ato de disciplina é que corresponde à inobservância de regras gerais e impessoais; **IV:** correta (súmula 32 do TST).

Gabarito "C".

(Analista – TRT/19ª – 2008 – FCC) Considere as assertivas abaixo a respeito do aviso-prévio.

I. O direito ao aviso-prévio é irrenunciável pelo empregado. O pedido de dispensa do seu cumprimento não exime o empregador de pagar o valor respectivo, salvo comprovação de haver o prestador dos serviços obtido novo emprego.
II. Em regra, o valor das horas extraordinárias habituais integra o aviso-prévio indenizado.
III. É válida a substituição, pelo empregador, das duas horas legais de redução diária da jornada, durante o prazo do aviso-prévio trabalhado pelo correspondente pagamento de duas horas extras.
IV. Eventual reajuste normativo concedido no período de fluência do aviso-prévio não se incorpora no patrimônio trabalhista do empregado.

É correto o que se afirma APENAS em

(A) I e II.
(B) II e III.
(C) I, II e III.
(D) I e IV.
(E) III e IV.

I: correta (súmula 276 do TST); **II:** correta (art. 487, § 5º, da CLT); **III:** incorreta (súmula 230 do TST); **IV:** incorreta (art. 487, § 6º, da CLT).

Gabarito "A".

(Analista – TRT/19ª – 2008 – FCC) A Justiça do Trabalho reconheceu culpa recíproca na rescisão do contrato de trabalho de Maria. Neste caso, o empregador

(A) pagará multa de 40% do valor dos depósitos e o empregado sacará a conta vinculada.
(B) pagará multa de 30% do valor dos depósitos e o empregado sacará a conta vinculada.
(C) pagará multa de 20% do valor dos depósitos e o empregado sacará a conta vinculada.
(D) não pagará multa sobre o valor dos depósitos, mas o empregado poderá sacar a conta vinculada.
(E) não pagará multa sobre o valor dos depósitos e o empregado também não poderá sacar a conta vinculada.

Art. 18, § 2º, e art. 20, I, da Lei 8.036/1990.

Gabarito "C".

(Analista – TRT/20ª – 2011 – FCC) Carmelita, empregada da empresa Doce Amor, desrespeitou norma geral de sua empregadora quando reutilizou o mesmo uniforme durante toda a semana. Neste caso, Carmelita

(A) não está sujeita a dispensa por justa causa uma vez que não praticou qualquer ato configurador deste tipo de dispensa segundo a Consolidação das Leis do Trabalho.

(B) está sujeita a dispensa por justa causa em razão da prática de ato de insubordinação.
(C) está sujeita a dispensa por justa causa em razão da prática de ato de indisciplina.
(D) está sujeita a dispensa por justa causa em razão da prática de ato de desídia.
(E) está sujeita a dispensa por justa causa em razão da prática de ato de incontinência de conduta.

A: incorreta (art. 482, *h*, da CLT); **B:** a insubordinação consiste na inobservância, pelo empregado, de ordens e diretrizes que lhes são pessoalmente dirigidas; **C:** indisciplina diz com a inobservância, pelo trabalhador, de ordens gerais ditadas pelo empregador; **D:** a desídia se consubstancia na violação do dever de diligência, caracterizando-se pelo desleixo, pela incúria ou pela má vontade. Via de regra, sua consumação exige certa repetição, mas se admite a despedida por desídia em decorrência de uma só falta, como uma negligência ocasional, quando importar consequências suficientemente graves e causadoras da quebra de confiança na relação de emprego; **E:** a incontinência de conduta é o ato de mau procedimento qualificado por alguma conotação sexual, ofensivo ao pudor (gestos obscenos, palavrões, assédio sexual etc.).

Gabarito "C".

(Analista – TRT/20ª – 2006 – FCC) De acordo com a Consolidação das Leis do Trabalho, o aviso-prévio

(A) fornecido pelo empregador possibilitará que o empregado falte ao serviço, durante o prazo do aviso, por 10 dias corridos, sem o prejuízo do salário integral.
(B) indenizado será integrado pelo valor das horas extraordinárias efetuadas pelo empregado, ainda que realizadas em caráter eventual.
(C) não concedido por parte do empregado dá ao empregador o direito de descontar das verbas rescisórias um salário mínimo vigente à época, a título de sanção pecuniária.
(D) fornecido pelo empregador possibilitará a redução do horário de trabalho do empregado, durante o prazo do aviso, em três horas diárias, sem o prejuízo do salário integral.
(E) não concedido por parte do empregador dá ao empregado o direito aos salários correspondentes ao prazo do aviso, garantida sempre a integração desse período no seu tempo de serviço.

A: art. 488, parágrafo único da CLT; **B:** art. 487, § 5º; **C:** art. 487, § 2º; **D:** art. 488, *caput*; **E:** art. 487, § 1º, da CLT.

Gabarito "E".

(Analista – TRT/22ª – 2010 – FCC) Jaqueline e Fátima eram empregadas da empresa TARDE quando foram dispensadas sem justa causa. Jaqueline teve o seu aviso-prévio indenizado e Fátima trabalhou durante o seu aviso. Neste caso, o pagamento

(A) apenas do aviso de Fátima está sujeito à contribuição para o FGTS.
(B) de ambos os avisos não está sujeito à contribuição para o FGTS.
(C) apenas do aviso de Jaqueline está sujeito à contribuição para o FGTS.
(D) de ambos os avisos está sujeito à contribuição para o FGTS.
(E) apenas do aviso de Fátima está sujeito à contribuição para o FGTS, mas em proporção reduzida.

Súmula 305 do TST (v. OJ 42, II, da SDI-1 do TST).

Gabarito "D".

(Analista – TRT/23ª – 2011 – FCC) Gilberto trabalha como garçom no restaurante "C", possuindo contrato de trabalho por prazo indeterminado celebrado há mais de cinco anos. Além do salário mensal, Gilberto recebe gorjetas pagas diretamente por sua empregadora. Porém, ontem Gilberto recebeu aviso-prévio de que seu contrato de trabalho iria ser rescindido sem justa causa, sendo que o aviso-prévio seria indenizado. Neste caso, tais gorjetas

(A) não integrarão o aviso-prévio indenizado, independentemente de serem habituais ou não.
(B) integrarão sempre o aviso-prévio indenizado.
(C) integrarão o aviso-prévio indenizado somente se forem recebidas com habitualidade por período superior a 12 meses.
(D) não integrarão o aviso-prévio indenizado somente se não forem habituais.
(E) integrarão o aviso-prévio indenizado, sendo o cálculo realizado com base na média das gorjetas recebidas durante os últimos seis meses.

Súmula 354 do TST.

Gabarito "A".

(Analista – TRT/23ª – 2011 – FCC) Maria, empregada da empresa X, estava gozando de licença maternidade. Porém, faz 45 dias que terminou o seu benefício maternidade e ela, sem justificativa, não retornou ao serviço. Neste caso,

(A) não há presunção de abandono de emprego, porque não transcorreu 60 dias do término do seu benefício maternidade.
(B) presume-se que Maria abandonou o emprego, podendo o seu contrato de trabalho ser rescindido com justa causa.
(C) não há presunção de abandono de emprego, porque não transcorreu 90 dias do término do seu benefício maternidade.
(D) não há presunção de abandono de emprego, porque este não é presumível, sendo necessário para sua caracterização que ocorra ato incontestável de nítido caráter de abandonar em sentido estrito.
(E) não há presunção de abandono de emprego, porque o período para caracterização de abandono de emprego é de 120 dias.

Art. 482, *i*, da CLT, e súmula 32 do TST.

Gabarito "B".

(Analista – TRT/23ª – 2011 – FCC) Viviane e Carolina receberam aviso-prévio de sua empregadora, a empresa Z, relacionado à rescisão de seus contratos de trabalho por prazo indeterminado. O aviso-prévio de Viviane é indenizado e o de Carolina não. Assim, o pagamento relativo ao período de

(A) ambos os avisos estão sujeitos à contribuição para o FGTS.
(B) apenas o aviso-prévio de Viviane está sujeito à contribuição para o FGTS.
(C) apenas o aviso-prévio de Carolina está sujeito à contribuição para o FGTS.
(D) ambos os avisos estão sujeitos à contribuição para o FGTS, mas a contribuição do aviso de Viviane é pela metade.
(E) ambos os avisos estão sujeitos à contribuição para o FGTS, mas a contribuição do aviso de Carolina é pela metade.

Súmula 305 do TST.

Gabarito "A".

(Analista – TRT/23ª – 2007 – FCC) Reconhecida a culpa recíproca na rescisão do contrato de trabalho o empregado

(A) terá direito a 50% do valor do aviso-prévio, do décimo terceiro salário e das férias proporcionais.
(B) não terá direito a qualquer verba rescisória por ter contribuído para a rescisão de seu contrato de trabalho.
(C) terá direito a 50% do valor do aviso-prévio e à integralidade do décimo terceiro salário e das férias proporcionais.
(D) terá direito a integralidade do valor do aviso-prévio e a 50% do décimo terceiro salário e das férias proporcionais.
(E) terá direito a integralidade do décimo terceiro salário e das férias proporcionais, apenas.

Súmula 14 do TST.

Gabarito "A".

(Analista – TRT/23ª – 2007 – FCC) Segundo a Consolidação das Leis do Trabalho, com relação ao aviso-prévio é certo que:

(A) A falta de aviso-prévio por parte do empregado não dá ao empregador o direito de descontar os salários correspondentes ao prazo respectivo.
(B) A falta do aviso-prévio por parte do empregador dá ao empregado o direito aos salários correspondentes ao prazo do aviso, garantida sempre a integração desse período no seu tempo de serviço.

(C) Não é devido o aviso-prévio na despedida indireta, por expressa vedação legal.

(D) O reajustamento salarial coletivo, determinado no curso do aviso-prévio, beneficia o empregado pré-avisado da despedida, exceto se recebeu antecipadamente os salários correspondentes ao período do aviso.

(E) Dado o aviso-prévio, a rescisão torna-se efetiva de imediato, independentemente de expirado o respectivo prazo.

A: incorreta (art. 487, § 2º, da CLT); **B:** correta (art. 487, § 1º, da CLT); **C:** incorreta (art. 487, § 4º, da CLT); **D:** incorreta (art. 487, § 6º, da CLT); **E:** incorreta (art. 489 da CLT).

Gabarito "B"

(Analista – TRT/17ª – 2009 – CESPE) A respeito do direito do trabalho, julgue os itens a seguir.

(1) Considere que, em determinada empresa, um empregado tenha agredido fisicamente um colega de trabalho, no horário normal de expediente. Nessa situação, para que o empregador possa aplicar a justa causa, deve providenciar a ocorrência policial do fato na delegacia de polícia competente.

(2) A improbidade é motivo para a demissão do empregado por justa causa. Constitui improbidade o ato lesivo contra o patrimônio da empresa, ou de terceiro, relacionado ou não com o trabalho.

(3) O falecimento do empregado extingue automaticamente o contrato de trabalho. O aviso-prévio é exemplo de direito intransferível aos herdeiros.

1: errada. Trata-se de procedimento não prescrito pela lei; **2:** certa. Apesar do gabarito, ponderável parcela da doutrina exige que a desonestidade em face de terceiro decorra de comportamento vinculado ao contrato de trabalho (neste sentido, Maurício Godinho Delgado, dentre outros); **3:** certa. Por veicular obrigação personalíssima, o contrato de trabalho é extinto com a morte do trabalhador, entendendo-se que, salvo em caso de morte decorrente de acidente de trabalho, não serão devidas, dentre as verbas rescisórias, apenas o aviso-prévio indenizado e a multa de 40% sobre os depósitos de FGTS (neste sentido, Maurício Godinho Delgado, Amauri Mascaro Nascimento, dentre outros).

Gabarito 1E, 2C, 3C

(Analista – TRT/21ª – 2010 – CESPE) No que concerne a contrato de trabalho, julgue os itens a seguir.

(1) Ocorrendo demissão imotivada do obreiro, com cumprimento do aviso-prévio, o empregador deve pagar a rescisão contratual no prazo de dez dias após o término do contrato havido.

(2) Caso peça demissão após dez meses de trabalho, o obreiro tem direito ao pagamento de férias proporcionais, segundo o prescrito na Consolidação das Leis do Trabalho (CLT) e entendimento do TST.

1: errada (art. 477, § 6º, *a*, da CLT); **2:** apesar do gabarito indicar que o enunciado está correto, na realidade está incorreto, pois na CLT só há a previsão do direito a férias proporcionais, na hipótese de pedido de demissão pelo empregado, na hipótese deste contar com mais de doze meses de trabalho (arts. 146, parágrafo único, e 147 da CLT). Em verdade, o direito às férias proporcionais para o empregado demissionário com menos de doze meses de serviço vem previsto na súmula 261 do TST com base em exegese construída a partir da ratificação da Convenção 132 da Organização Internacional do Trabalho).

Gabarito 1E, 2C

(Analista – TRT/21ª – 2010 – CESPE) Com relação ao aviso-prévio, julgue os itens que se seguem.

(1) A existência de cláusula assecuratória nos contratos por prazo determinado assegura às partes a aplicação das regras do contrato sem determinação de prazo, até mesmo no que tange ao aviso-prévio.

(2) A redução da jornada em duas horas, no curso do aviso-prévio, enquadra-se em uma das hipóteses de interrupção do contrato de trabalho.

1: assim como na questão anterior, está manifestamente incorreto o gabarito. É que a existência de cláusula assecuratória (do direito recíproco de rescisão antecipada, o que não foi especificado na questão) nos contratos por prazo determinado só produz o efeito tratado no enunciado quando efetivamente exercido o direito de rescisão antecipada por alguma das partes (dado também não especificado no enunciado e que altera completamente o sentido da assertiva), conforme art. 481 da CLT (v. súmula 163 do TST); **2:** correto, eis que a interrupção do contrato de trabalho é a cessação temporária da principal obrigação decorrente do empregado decorrente do contrato (que é a prestação de trabalho) com a subsistência da principal obrigação do empregador (que é o pagamento do salário), diferindo da suspensão do contrato de trabalho, em que as principais obrigações de ambas as partes (prestação de trabalho e pagamento de salário) são temporariamente cessadas. Assim, a redução da jornada no curso do aviso-prévio é modalidade de interrupção contratual, pois ocorre sem prejuízo do salário integral do empregado (art. 488, *caput*, da CLT).

Gabarito 1C, 2C

(Analista – TRT/21ª – 2010 – CESPE) A cessação do contrato de trabalho é a terminação do vínculo de emprego, com a extinção das obrigações para os contratantes. No que se refere à cessação do contrato de trabalho, julgue os itens a seguir.

(1) No caso de as partes pactuarem, mediante acordo, a cessação do contrato de trabalho, o levantamento do fundo de garantia de tempo de serviço (FGTS) não será autorizado, mas os salários e as férias vencidas podem ser transacionados, assim como as demais verbas.

(2) O pedido de demissão do empregado ao empregador e a dispensa do empregado pelo empregador são atos bilaterais.

1: errado. Na cessação do contrato de trabalho mediante acordo (distrato), a autonomia da vontade é severamente limitada pelo princípio justrabalhista da indisponibilidade ou irrenunciabilidade e pelas normas heterônomas proibitivas. Assim, é ineficaz convencionar-se o saque de FGTS mediante distrato, pois a lei não contempla tal hipótese de movimentação da conta do FGTS. Não obstante, salários e férias vencidas sequer são consideradas verbas rescisórias em sentido estrito (cf. Maurício Godinho Delgado), pois são verbas devidas em qualquer modalidade de rescisão contratual, inclusive na despedida por justa causa, detendo a natureza de direitos trabalhistas de indisponibilidade absoluta (ao menos extrajudicialmente); **2:** errado. Ao contrário, são atos unilaterais não receptícios.

Gabarito 1E, 2E

14. ESTABILIDADE E GARANTIA NO EMPREGO

(Técnico Judiciário – TRT/7ª – 2009 – FCC) Fica vedada a dispensa arbitrária ou sem justa causa da empregada gestante desde

(A) o conhecimento da gravidez pelo empregador até cinco meses após a data do parto.

(B) a confirmação da gravidez até sessenta dias após o parto.

(C) a confirmação da gravidez até cento e vinte dias após o parto.

(D) o conhecimento da gravidez pelo empregador até sessenta dias após o parto.

(E) a confirmação da gravidez até cinco meses após o parto.

Art. 10, II, *b*, do ADCT.

Gabarito "E"

(Técnico Judiciário – TRT/17ª – 2009 – CESPE) No que se refere ao direito do trabalho, julgue o item seguinte.

(1) A mulher gestante adquire estabilidade a partir do momento em que comunicar ao seu empregador o estado gravídico.

1: incorreta. Súmula 244, I, do TST.

Gabarito 1E

(Analista – TRT/3ª – 2015 – FCC) Matheus trabalha na filial da empresa X, na cidade de Juiz de Fora. Em 24 de março de 2015 foi eleito membro da CIPA. Entretanto, no dia 28 de maio de 2015, o estabelecimento em que trabalhava foi extinto e ele foi dispensado sem justa causa. Em relação a essa situação,

(A) a dispensa é inválida, pois a estabilidade de membro eleito da CIPA tem por fundamento o interesse coletivo dos trabalhadores que representa.

(B) a dispensa é válida, sendo certo que a estabilidade do cipeiro não constitui vantagem pessoal, mas garantia para as atividades dos membros da CIPA, que somente tem razão de ser quando em atividade a empresa. Extinto o estabelecimento, não se verifica a despedida arbitrária.

(C) a dispensa é inválida, pois a estabilidade do cipeiro constitui vantagem pessoal que independe da atividade da empresa.

(D) havendo membro eleito da CIPA no estabelecimento, o mesmo não pode ser extinto, sob pena de afronta à garantia fundamental de permanência no emprego assegurada ao cipeiro.

(E) a dispensa é válida, mas a empresa terá que pagar ao empregado indenização equivalente ao período faltante para o término da estabilidade, pela metade.

"B" é a resposta correta. Em conformidade com o entendimento cristalizado na súmula 339, II, do TST a estabilidade provisória do cipeiro não constitui vantagem pessoal, mas garantia para as atividades dos membros da CIPA, que somente tem razão de ser quando em atividade a empresa. Extinto o estabelecimento, não se verifica a despedida arbitrária, sendo impossível a reintegração e indevida a indenização do período estabilitário.

Gabarito "B"

(Analista – TRT/10ª – 2013 – CESPE) Julgue os itens que se seguem, relativos a estabilidade e garantias provisórias de emprego.

(1) Segundo o Tribunal Superior do Trabalho (TST), o empregado de categoria diferenciada eleito dirigente sindical só gozará de estabilidade se exercer na empresa atividade pertinente à categoria profissional do sindicato para o qual tiver sido eleito dirigente.

(2) É vedada a dispensa dos membros de comissão de conciliação prévia até um ano após o final do mandato, salvo se cometerem falta, nos termos da lei.

1. Opção correta, pois nos termos da súmula 369, III, do TST, o empregado de categoria diferenciada eleito dirigente sindical só goza de estabilidade se exercer na empresa atividade pertinente à categoria profissional do sindicato para o qual foi eleito dirigente. **2.** Opção incorreta, pois nos termos do art. 625-B, § 1º, da CLT somente os representantes dos empregados membros da Comissão de Conciliação Prévia possuem a garantia de emprego. Ademais, o mesmo dispositivo legal ensina poderá ser dispensado caso cometa falta grave e não mera "falta" como consignado na assertiva o cometimento de falta grave

Gabarito 1C, 2E

(Analista – TRT/9ª – 2012 – FCC) Em relação às estabilidades provisórias no emprego, considere as proposições:

I. A estabilidade é assegurada ao dirigente sindical eleito como titular e ao eleito como suplente.

II A estabilidade da gestante estende-se desde a confirmação da gravidez até 6 meses após o parto.

III. A estabilidade do dirigente sindical vai desde o registro da candidatura até um ano após o término do mandato.

IV. O empregado eleito para o cargo de direção de comissões internas de prevenção de acidentes tem estabilidade desde a eleição até um ano após o término do mandato.

V. O empregado acidentado no trabalho tem garantida, pelo prazo mínimo de 12 meses, a manutenção do seu contrato de trabalho na empresa, após a cessação do auxílio-doença acidentário, independentemente de percepção de auxílio-acidente.

Está correto APENAS o que se afirma em

(A) I, III e V.
(B) II, III e IV.
(C) I, II e V.
(D) II, IV e V.
(E) I, II e III.

I: opção correta, pois reflete o disposto no art. 8º, VIII, da CF e art. 543, § 3º, da CLT. Veja súmula 369, II, do TST. **II:** opção incorreta, pois o período de estabilidade da empregada gestante é desde a confirmação da gravidez até 5 meses após o parto, os termos do art. 10, II, *b*, do ADCT. **III:** opção correta, pois reflete o disposto no art. 8º, VIII, da CF e art. 543, § 3º, da CLT. **IV:** opção incorreta, pois nos termos do art. 10, II, *a*, do ADCT a estabilidade é contada desde o registro de sua candidatura até um ano após o final de seu mandato. **V:** opção correta, pois reflete o disposto no art. 118 da Lei 8.213/1991.

Gabarito "A"

(Analista – TRT/2ª – 2008 – FCC) No que se refere à estabilidade, analise:

I. A estabilidade provisória do cipeiro constitui, além de uma vantagem pessoal, uma garantia para as atividades dos membros da CIPA.

II. O empregado de categoria diferenciada eleito dirigente sindical só goza de estabilidade se exercer na empresa atividade pertinente à categoria profissional do sindicato para o qual foi eleito dirigente.

III. Havendo extinção da atividade empresarial no âmbito da base territorial do sindicato, não subsiste a estabilidade do dirigente sindical.

IV. O registro da candidatura do empregado a cargo de dirigente sindical durante o período de aviso-prévio, ainda que indenizado, não lhe assegura a estabilidade.

De acordo com o entendimento Sumulado do Tribunal Superior do Trabalho, está correto o que consta APENAS em

(A) II, III e IV.
(B) I, II e III.
(C) II e IV.
(D) I, II e IV.
(E) III e IV.

I: incorreto, pois "a estabilidade provisória do cipeiro não constitui vantagem pessoal" (Súmula 339, II, do TST); **II:** correto, Súmula 369, III, do TST; **III:** correto, Súmula 369, IV, do TST; **IV:** correto, Súmula 369, V, do TST.

Gabarito "A"

(Analista – TRT/3ª – 2005 – FCC) O registro da candidatura de empregado a cargo de representação sindical, quando efetuado no curso do aviso-prévio,

(A) necessita de autorização da Delegacia Regional do Trabalho para ter validade.

(B) torna sem efeito o aviso-prévio porque a garantia de emprego ao dirigente sindical se inicia com o registro de sua candidatura.

(C) interrompe o aviso-prévio, que voltará a correr, pelo prazo restante, na hipótese de o empregado não ser eleito.

(D) suspende o aviso-prévio, que será reiniciado na hipótese de o empregado não ser eleito.

(E) não afeta nem interrompe o aviso-prévio, pois não é possível a aquisição de estabilidade quando o termo do contrato já está fixado.

Súmula 369, V, do TST.

Gabarito "E"

(Analista – TRT/9ª – 2010 – FCC) Considere as seguintes assertivas a respeito da estabilidade provisória do dirigente sindical:

I. O empregado de categoria diferenciada eleito dirigente sindical só goza de estabilidade se exercer na empresa atividade pertinente à categoria profissional do sindicato para o qual foi eleito dirigente.

II. Havendo extinção da atividade empresarial no âmbito da base territorial do sindicato, a estabilidade do respectivo dirigente sindical subsistirá em razão da proteção garantida pela legislação.

III. O registro da candidatura do empregado a cargo de dirigente sindical durante o período de aviso-prévio, ainda que indenizado, não lhe assegura a estabilidade.

IV. Em regra, é vedada a dispensa do empregado sindicalizado a partir do momento de sua candidatura a cargo de direção até um ano após o final de seu mandato, se eleito, inclusive, como suplente.

Está correto o que consta APENAS em

(A) II, III e IV.
(B) I e II.
(C) I, III e IV.
(D) I e IV.
(E) III e IV.

I: correto, súmula 369, III, do TST; **II:** incorreto, súmula 369, IV, do TST; **III:** correto, súmula 369, V, do TST; **IV:** correto, art. 543, § 3º, da CLT, não importando se o empregado eleito seja titular ou suplente.

Gabarito "C"

(Analista – TRT/18ª – 2008 – FCC) No que tange à estabilidade provisória de dirigente sindical, analise:

I. O empregado de categoria diferenciada eleito dirigente sindical só goza de estabilidade se exercer na empresa atividade pertinente à categoria profissional do sindicato para o qual foi eleito dirigente.

II. Havendo extinção da atividade empresarial no âmbito da base territorial do sindicato, não há razão para subsistir a estabilidade.
III. O registro da candidatura do empregado a cargo de dirigente sindical durante o período de aviso-prévio, ainda que indenizado, lhe assegura a estabilidade.
IV. É vedada a dispensa do empregado sindicalizado a partir do registro de sua candidatura a cargo de direção até seis meses após o final de seu mandato.

Está correto o que consta APENAS em

(A) I, II e III.
(B) II e IV.
(C) I e IV.
(D) II e III.
(E) I e II.

I: correto, súmula 369, III, do TST; **II:** correto, súmula 369, IV, do TST; **III:** incorreto, súmula 369, V, do TST; **IV:** incorreto, art. 543, § 3º, da CLT.

Gabarito "E".

(Analista – TRT/20ª – 2006 – FCC) De acordo com a Consolidação das Leis do Trabalho, salvo se cometer falta grave nos termos da Lei, fica vedada a dispensa do empregado sindicalizado a partir

(A) do registro de sua candidatura a cargo de direção ou representação de entidade sindical, até um ano após o final do seu mandato, caso seja eleito, exceto como suplente.
(B) do registro de sua candidatura a cargo de direção ou representação de entidade sindical, até o final do seu mandato, caso seja eleito, inclusive como suplente.
(C) da data da eleição ao cargo de direção ou representação de entidade sindical, até um ano após o final do seu mandato, caso seja eleito, exceto como suplente.
(D) do registro de sua candidatura a cargo de direção ou representação de entidade sindical, até um ano após o final do seu mandato, caso seja eleito, inclusive como suplente.
(E) do registro de sua candidatura a cargo de direção ou representação de entidade sindical, até o final do seu mandato, caso seja eleito, exceto como suplente.

Art. 543, § 3º, da CLT.

Gabarito "D".

(Analista – TRT/23ª – 2007 – FCC) Com relação à estabilidade da empregada gestante é certo que

(A) equipara-se a empregada gestante a mãe adotiva que possui garantia de emprego pelo prazo de três meses após a formalização da adoção.
(B) a garantia de emprego à gestante autoriza a reintegração ao trabalho a qualquer momento, tratando-se de direito inerente à estabilidade existente.
(C) é vedada, em regra, a dispensa da empregada gestante desde a confirmação da gravidez até seis meses após o parto.
(D) a norma coletiva não poderá estender a garantia de emprego à gestante por expressa vedação legal, tratando-se de norma constitucional que deverá ser respeitada.
(E) o desconhecimento do estado gravídico pelo empregador não afasta o direito ao pagamento da indenização decorrente da estabilidade.

A: incorreta, pois inexiste expressa definição da garantia no emprego à mãe adotiva, mesmo na Lei 12.010/2009; **B:** incorreta, a reintegração só é devida se pleiteada no curso do período de garantia (súmula 244, II, do TST); **C:** incorreta, o prazo é da confirmação da gravidez até cinco meses após o parto, art. 10, II, *b*, do ADCT; **D:** incorreta, pois inexiste tal vedação legal; **E:** correta, súmula 244, I, do TST.

Gabarito "E".

(Analista – TRT/23ª – 2007 – FCC) Mario é representante dos empregados membro suplente de Comissão de Conciliação prévia. Neste caso,

(A) é vedada a dispensa de Mário desde o registro de sua candidatura até um ano após o final do mandato, salvo se cometer falta grave.
(B) não será vedada a dispensa de Mário porque só é vedada a dispensa de membro titular de Comissão de Conciliação prévia.
(C) é vedada a dispensa de Mário desde de sua eleição até um ano após o final do mandato, salvo se cometer falta grave.
(D) é vedada a dispensa de Mário desde de sua eleição até seis meses após o final do mandato, salvo se cometer falta grave.
(E) é vedada a dispensa de Mário desde o registro de sua candidatura até seis meses após o final do mandato, salvo se cometer falta grave.

É vedada a dispensa dos representantes dos empregados membros da Comissão de Conciliação Prévia, titulares e suplentes, até um ano após o final do mandato, salvo se cometerem falta grave, nos termos da lei (art. 625-B, § 1º, da CLT).

Gabarito "C".

(Analista – TRT/17ª – 2009 – CESPE) A respeito do direito do trabalho, julgue os itens a seguir.

(1) Empregado eleito como suplente para cargo de direção da comissão interna de prevenção de acidentes (CIPA) goza da estabilidade provisória desde o registro de sua candidatura até um ano após o final de seu mandato.
(2) É vedada a dispensa dos representantes dos empregados membros das comissões de conciliação prévia, titulares e suplentes, até um ano após o final do mandato, salvo se cometerem falta grave.

1 e **2:** corretas, art. 10, II, *a*, do ADCT e súmula 339 do TST.

Gabarito 1C, 2C

15. FGTS

(Técnico Judiciário – TRT/3ª – 2005 – FCC) A conta vinculada do FGTS poderá ser movimentada

(A) quando o trabalhador tiver idade igual ou superior a 75 anos.
(B) na despedida por justa causa.
(C) nas férias do empregado.
(D) por motivo de casamento.
(E) se ocorrer a extinção da empresa.

As hipóteses de saque do FGTS estão contempladas no art. 20 da Lei 8.036/1990.

Gabarito "E".

(Analista – TRT/9ª – 2012 – FCC) Com fundamento na legislação aplicável ao FGTS, a conta vinculada do trabalhador NÃO poderá ser movimentada na hipótese de

(A) falecimento do trabalhador.
(B) dispensa indireta.
(C) culpa recíproca.
(D) aposentadoria concedida pela Previdência Social.
(E) pedido de demissão.

A: opção incorreta, pois poderá ser movimentada, nos termos do art. 20, IV, da Lei 8.036/1990. **B:** opção incorreta, pois poderá ser movimentada, nos termos do art. 20, I, da Lei 8.036/1990. **C:** opção incorreta, pois poderá ser movimentada, nos termos do art. 20, I, da Lei 8.036/1990. **D:** opção incorreta, pois poderá ser movimentada, nos termos do art. 20, III, da Lei 8.036/1990. **E:** opção correta, pois no pedido de demissão o empregado não poderá movimentar a conta do FGTS, na medida em que não consta no rol do art. 20 da Lei 8.036/1990.

Gabarito "E".

(Analista – TRT/9ª – 2010 – FCC) À Caixa Econômica Federal caberá, na qualidade de agente operador, dentre outras obrigações,

(A) elaborar as análises jurídica e econômico-financeira dos projetos de habitação popular, infraestrutura urbana e saneamento básico, a serem financiados com recursos do FGTS.
(B) praticar todos os atos necessários à gestão da aplicação do FGTS, de acordo com as diretrizes e programas estabelecidos pelo Conselho Curador.
(C) submeter à apreciação do Conselho Curador as contas do FGTS.
(D) subsidiar o Conselho Curador com estudos técnicos necessários ao aprimoramento operacional dos programas de habitação popular, saneamento básico e infraestrutura urbana.
(E) expedir atos normativos relativos à alocação dos recursos para implementação dos programas aprovados pelo Conselho Curador.

A: correto, art. 7º, IV, da Lei 8.036/1990; **B:** incorreto, art. 6º, I, da Lei 8.036/1990; **C:** incorreto, art. 6º, V, da Lei 8.036/1990; **D:** incorreto, art. 6º, VI, da Lei 8.036/1990; **E:** incorreto, art. 6º, II, da Lei 8.036/1990.

Gabarito "A".

(Analista – TRT/12ª – 2010 – FCC) O FGTS será regido por normas e diretrizes estabelecidas por um Conselho Curador. As decisões deste Conselho serão tomadas com a presença

(A) da maioria absoluta de seus membros, tendo o Presidente e o Vice-Presidente votos de qualidade.
(B) da maioria absoluta de seus membros, tendo o Presidente voto de qualidade.
(C) da maioria simples de seus membros, tendo o Presidente voto de qualidade.
(D) de um terço de seus membros, tendo o Presidente voto de desempate.
(E) de um terço de seus membros, tendo o Presidente e o Vice-Presidente votos de desempate.

Art. 3º, § 5º, da Lei 8.036/1990.
Gabarito "C"

(Analista – TRT/14ª – 2011 – FCC) Considere as seguintes assertivas a respeito do Conselho Curador do FGTS:

I. A Presidência do Conselho Curador será exercida pelo representante da Caixa Econômica Federal.
II. Os representantes dos trabalhadores e dos empregadores e seus respectivos suplentes serão indicados pelas respectivas centrais sindicais e confederações nacionais e nomeados pelo Ministro do Trabalho e da Previdência Social.
III. Os representantes dos trabalhadores e dos empregadores e seus respectivos suplentes terão mandato de dois anos, podendo ser reconduzidos uma única vez.
IV. O Conselho Curador reunir-se-á ordinariamente, a cada bimestre, por convocação de seu Presidente.

Está correto o que se afirma SOMENTE em:

(A) II e IV.
(B) I, II e IV.
(C) II, III e IV.
(D) I e III.
(E) II e III.

I: incorreto, pois a Presidência do Conselho Curador será exercida pelo representante do Ministério do Trabalho e da Previdência Social (art. 3º, § 1º, da Lei 8.036/1990); **II** e **III:** correto, art. 3º, § 3º, da Lei 8.036/1990; **IV:** correto, art. 3º, § 4º, da Lei 8.036/1990.
Gabarito "C"

(Analista – TRT/16ª – 2009 – FCC) O FGTS será regido por normas e diretrizes estabelecidas por um Conselho Curador, composto por representação de trabalhadores, empregadores e órgãos e entidades governamentais, na forma estabelecida pelo Poder Executivo. Os representantes dos trabalhadores e dos empregadores e seus respectivos suplentes serão indicados pelas respectivas centrais sindicais e confederações nacionais e nomeados pelo

(A) Ministro do Trabalho e da Previdência Social, e terão mandato de dois anos, podendo ser reconduzidos uma única vez.
(B) Ministro do Trabalho e da Previdência Social, e terão mandato de três anos, podendo ser reconduzidos uma única vez.
(C) Presidente da República, e terão mandato de três anos, vedada a recondução.
(D) Presidente da República, e terão mandato de três anos, podendo ser reconduzidos uma única vez.
(E) Ministro do Trabalho e da Previdência Social, e terão mandato de dois anos, vedada a recondução.

Art. 3º, § 3º, da Lei 8.036/1990.
Gabarito "A"

(Analista – TRT/22ª – 2010 – FCC) O Conselho Curador do FGTS reunir-se-á ordinariamente, a cada bimestre, por convocação de seu Presidente. Esgotado esse período, não tendo ocorrido convocação,

(A) deverá o representante do Banco Central do Brasil fazê-la no prazo de sessenta dias.
(B) deverá o Vice-Presidente fazê-la no prazo improrrogável de 48 horas.
(C) deverá o Vice-Presidente fazê-la no prazo de 48 horas prorrogável por igual período.
(D) qualquer de seus membros poderá fazê-la no prazo de trinta dias.
(E) qualquer de seus membros poderá fazê-la no prazo de quinze dias.

Art. 3º, § 4º, da Lei 8.036/1990.
Gabarito "E"

(Analista – TRT/22ª – 2010 – FCC) O Conselho Curador do Fundo de Garantia do Tempo de Serviço – CCFGTS, terá em sua composição, dentre outros membros,

(A) um representante da Casa Civil da Presidência da República, que o presidirá.
(B) Ministro de Estado das Cidades, que ocupará a vice-presidência do Conselho.
(C) três representantes do Ministério do Planejamento, Orçamento e Gestão.
(D) dois representantes dos trabalhadores, indicados pela Força Sindical.
(E) três representantes dos trabalhadores, indicados pela Central Única dos Trabalhadores – CUT.

A: incorreto, arts. 3º, § 1º, da Lei 8.036/1990 e 2º, I, do Decreto 6.827/2009; **B:** correto, art. 2º, II, do Decreto 6.827/2009; **C:** incorreto, art. 2º, VIII, do Decreto 6.827/2009; **D** e **E:** incorretos, art. 2º, XIII, do Decreto 6.827/2009.
Gabarito "B"

(Analista – TRT/23ª – 2011 – FCC) No tocante ao FGTS, considere:

I. A prescrição da pretensão relativa às parcelas remuneratórias não alcança o respectivo recolhimento da contribuição para o FGTS.
II. Os créditos referentes ao FGTS, decorrentes de condenação judicial, serão corrigidos pelos mesmos índices aplicáveis aos débitos trabalhistas.
III. As decisões do Conselho Curador do FGTS serão tomadas por maioria absoluta dos presentes em reunião ordinária bimestral.

Está correto o que se afirma em

(A) II, apenas.
(B) I, II e III.
(C) II e III, apenas.
(D) I, apenas.
(E) I e II, apenas.

I: incorreta, súmula 206 do TST; **II:** correta, OJ 302 da SDI1 do TST; **III:** incorreta, art. 3º, § 5º, da Lei 8.036/1990.
Gabarito "A"

(Analista – TRT/23ª – 2007 – FCC) Considere as seguintes assertivas a respeito do Fundo de Garantia do Tempo de Serviço:

I. O FGTS será regido segundo as determinações do Conselho Curador, integrado por representantes dos trabalhadores, dos empregadores e órgão e entidades governamentais, na forma estabelecida pelo Poder Executivo.
II. O FGTS incidirá sobre a ajuda de custo, comissões, gorjetas, gratificações e nas diárias de viagem que não excedam 50% do salário.
III. Em regra, são contribuintes do FGTS o empregador seja pessoa física ou jurídica, de direito privado ou público, da administração direta, indireta ou fundacional que admitir trabalhadores regidos pela CLT a seu serviço.
IV. Integra a base de cálculo para incidência dos depósitos do FGTS o vale transporte fornecido pelo empregador, havendo dispositivo legal expresso neste sentido.

Está correto o que consta APENAS em

(A) I e II.
(B) I, II e III.
(C) I e III.
(D) II, III e IV.
(E) II e IV.

I: correto, art. 3º da Lei 8.036/1990; **II:** incorreto, art. 15, *caput*, da Lei 8.036/1990 combinado com o art. 457, § 2º, da CLT; **III:** correto, art. 15, § 1º, da Lei 8.036/1990; **IV:** incorreto, pois inexiste tal previsão legal.
Gabarito "C"

(Analista – TRT/23ª – 2007 – FCC) Em regra, o FGTS NÃO poderá ser levantado

(A) na suspensão total do trabalho avulso por período igual ou superior a 90 dias.
(B) quando o trabalhador completar 70 anos de idade.
(C) no caso de rescisão contrato de trabalho por culpa recíproca.
(D) no caso de dependente do trabalhador ser portador do vírus HIV.
(E) quando ocorrer mudança do regime celetista para estatutário.

A: incorreto, art. 20, X, da Lei 8.036/1990; **B:** incorreto, art. 20, XV, da Lei 8.036/1990; **C:** incorreto, art. 20, I, da Lei 8.036/1990; **D:** incorreto, art. 20, XIII, da Lei 8.036/1990; **E:** correto, pois o trabalhador deve permanecer três anos ininterruptos fora do regime do FGTS para efetuar o saque em tal hipótese (art. 20, VIII, da Lei 8.036/1990).

Gabarito "E"

(Analista – TRT/24ª – 2011 – FCC) Segundo a Lei 8.036/1990, com relação ao Fundo de Garantia do Tempo de Serviço – FGTS, os depósitos efetuados nas contas vinculadas serão corrigidos monetariamente com base nos parâmetros fixados

(A) pela Receita Federal, por meio do IGPM (Índice Geral de Preços do Mercado), sem a capitalização de juros.
(B) para atualização dos saldos dos depósitos de poupança, com capitalização de juros de doze por cento ao ano.
(C) pela Receita Federal, por meio da taxa SELIC.
(D) para atualização dos saldos dos depósitos de poupança e capitalização de juros de três por cento ao ano.
(E) para atualização dos saldos dos depósitos de poupança e capitalização de juros de seis por cento ao ano.

Art. 13 da Lei 8.036/1990.

Gabarito "D"

16. MEDICINA E SEGURANÇA NO TRABALHO

(Técnico – TRT/19ª – 2015 – FCC) Se a atividade do empregado é, simultaneamente, insalubre e perigosa, o adicional devido será o

(A) de maior valor.
(B) escolhido pelo empregado.
(C) escolhido pelo empregador.
(D) da atividade preponderante.
(E) de periculosidade, sempre.

"B" é a resposta correta. Nos termos do art. 193, § 2º, da CLT, dispositivo que regula o adicional de periculosidade, ensina que o empregado poderá optar pelo adicional de insalubridade que porventura lhe seja devido.

Gabarito "B"

(Técnico – TRT/16ª – 2015 – FCC) O posto de gasolina "C" possui empregados que recebem adicional de periculosidade. Este adicional é pago na proporção de 30% (trinta por cento) sobre o salário sem os acréscimos resultantes de gratificações, prêmios ou participações nos lucros do posto. De acordo com a Consolidação das Leis do Trabalho, o adicional de periculosidade

(A) está sendo pago corretamente.
(B) deveria ser pago na base de 35% sobre o salário sem acréscimos.
(C) deveria incidir com os acréscimos resultantes de gratificações.
(D) deveria incidir com os acréscimos resultantes de prêmios.
(E) deveria incidir na base de 35% sobre o salário mínimo.

"A" é a opção correta. Nos termos do art. 193, § 1º, da CLT o trabalho em condições de periculosidade assegura ao empregado um adicional de 30% (trinta por cento) sobre o salário sem os acréscimos resultantes de gratificações, prêmios ou participações nos lucros da empresa.

Gabarito "A"

(Técnico – TRT/3ª – 2015 – FCC) A respeito das normas que tratam de segurança e medicina do trabalho, é INCORRETO afirmar que

(A) é obrigação e por conta do empregador, conforme atividades desenvolvidas e instruções do Ministério do Trabalho, a exigência de exames médicos admissional, periódicos e demissional.
(B) os equipamentos de proteção individual, adequados ao risco e em perfeito estado de conservação, serão fornecidos pelo empregador, com o devido desconto em folha do empregado, uma vez que se trata de ferramenta de trabalho.
(C) no tocante às edificações, para que garantam perfeita segurança aos trabalhadores deverão ter, no mínimo, três metros de pé-direito, assim considerada a altura livre do piso ao teto.
(D) o trabalho em condições insalubres, acima dos limites de tolerância do trabalhador, conforme normas do Ministério do Trabalho e Laudo Técnico, assegura a percepção do respectivo adicional de acordo com sua classificação em grau mínimo, médio ou máximo.
(E) o adicional de periculosidade será devido aos trabalhadores expostos na forma da regulamentação em vigor sobre a matéria a agentes inflamáveis, explosivos, energia elétrica e o uso de motocicleta, sendo necessária, nesta última, a sua inclusão nos quadros das atividades do Ministério do Trabalho para percepção do respectivo adicional.

A: opção correta, pois reflete o disposto no art. 168 da CLT. **B:** opção incorreta, pois nos termos do art. 166 da CLT os equipamentos de proteção individual deverão ser fornecidos gratuitamente pelo empregador. **C:** opção correta, pois reflete o disposto no art. 171 da CLT. **D:** opção correta, pois nos termos do art. 192 da CLT o exercício de trabalho em condições insalubres, acima dos limites de tolerância estabelecidos pelo Ministério do Trabalho, assegura a percepção de adicional respectivamente de 40% (quarenta por cento), 20% (vinte por cento) e 10% (dez por cento) do salário mínimo da região, segundo se classifiquem nos graus máximo, médio e mínimo **E:** opção correta, pois reflete o disposto no art. 193 e seu § 4º, da CLT. Veja anexo 5 da NR 16 do MTE.

Gabarito "B"

(Técnico Judiciário – TRT9 – 2012 – FCC) O trabalho em condições de periculosidade assegura ao empregado um adicional sobre o salário sem os acréscimos resultantes de gratificações, prêmios ou participações nos lucros da empresa. O percentual do adicional de periculosidade é de

(A) 10%.
(B) 50%.
(C) 20%.
(D) 40%.
(E) 30%.

"E" é a opção correta, pois nos termos do art. 193, § 1º, da CLT o trabalho em condições de periculosidade assegura ao empregado um adicional de 30% (trinta por cento) sobre o salário sem os acréscimos resultantes de gratificações, prêmios ou participações nos lucros da empresa.

Gabarito "E"

(Técnico Judiciário – TRT/8ª – 2010 – FCC) Com relação a CIPA – Comissão Interna de Prevenção de Acidentes, de acordo com a Consolidação das Leis do Trabalho, considere:

I. Os representantes dos empregados, titulares e suplentes, serão eleitos em escrutínio secreto, do qual participem, independentemente de filiação sindical, exclusivamente os empregados interessados.
II. Em regra, o mandato dos membros eleitos da CIPA terá a duração de um ano, vedada a reeleição.
III. O empregador designará, semestralmente, dentre os seus representantes, o Presidente da CIPA e os empregados elegerão, dentre eles, o Vice-Presidente.

Está correto o que se afirma APENAS em

(A) I.
(B) II.
(C) III.
(D) I e II.
(E) II e III.

I: correta, art. 164, § 2º, da CLT; **II:** incorreta, art. 164, § 3º, da CLT; **III:** incorreta, art. 164, § 5º, da CLT.

Gabarito "A"

(Técnico – TRT/11ª – 2012 – FCC) Sobre segurança e medicina no trabalho, nos termos da legislação trabalhista pertinente, é correto afirmar:

(A) São consideradas atividades insalubres aquelas, por sua natureza ou métodos de trabalho, impliquem o contato permanente com inflamáveis ou explosivos em condição de risco acentuado.
(B) O direito do empregado ao adicional de insalubridade ou de periculosidade cessará com a eliminação do risco à sua saúde ou integridade física, nos termos da CLT e das normas expedidas pelo Ministério do Trabalho.

(C) Será obrigatória a constituição da Comissão Interna de Prevenção de Acidentes, conforme instruções do Ministério do Trabalho nos estabelecimentos nelas especificadas, sendo composta por representantes dos empregados cujo mandato dos membros titulares será de um ano, sem direito à reeleição.

(D) O trabalho em condições insalubres, acima dos limites de tolerância estabelecidos por norma, assegura ao empregado o adicional de 30% sobre o salário contratual.

(E) Caso o empregado exerça suas atividades em condições insalubres ou de periculosidade, ele não poderá optar pelo pagamento de um dos adicionais, por falta de previsão legal.

A: incorreta, art. 189 da CLT; **B:** correta, art. 194 da CLT; **C:** incorreta, art. 164, § 3º, da CLT; **D:** incorreta, art. 192 da CLT; **E:** incorreta, art. 193, § 2º, da CLT.

Gabarito "B"

(Técnico Judiciário – TRT/20ª – 2011 – FCC) Considere as seguintes assertivas a respeito da Comissão Interna de Prevenção de Acidentes:

I. Em regra, o mandato dos membros eleitos da CIPA terá a duração de um ano, permitida uma reeleição.

II. O empregador designará, anualmente, dentre os seus representantes, o Presidente da CIPA e os empregados elegerão, dentre eles, o Vice-Presidente.

III. Os representantes dos empregados, titulares e suplentes, serão eleitos em escrutínio secreto, do qual participem, independentemente de filiação sindical, exclusivamente os empregados interessados.

IV. Os representantes dos empregadores, titulares e suplentes, serão eleitos em escrutínio secreto, mediante voto obrigatório de, no mínimo, um terço dos presentes em Assembleia Extraordinária.

De acordo com a Consolidação das Leis do Trabalho, está correto o que se afirma em

(A) I e II, apenas.
(B) I, II e III, apenas.
(C) II e III, apenas.
(D) I, III e IV, apenas.
(E) I, II, III e IV.

I: correta, art. 164, § 3º, da CLT; **II:** correta, art. 164, § 5º, da CLT; **III:** correta, art. 164, § 2º, da CLT; **IV:** incorreta, art. 164, § 1º, da CLT.

Gabarito "B"

(Analista – TRT/3ª – 2015 – FCC) Daniel, empregado da Pizzaria Novo Sabor, trabalha como entregador de pizza, utilizando moto para tal finalidade. Em razão da condição de execução do trabalho, Daniel

(A) não tem direito de receber qualquer adicional de remuneração, pois seu trabalho não se caracteriza como atividade insalubre ou perigosa.

(B) não tem direito de receber qualquer adicional de remuneração, pois não trabalha com inflamáveis ou explosivos, as únicas situações que caracterizam condição perigosa de trabalho para fins de percepção do adicional respectivo.

(C) tem direito de receber adicional de insalubridade, pois o trabalho com moto é prejudicial para sua saúde.

(D) tem direito de receber adicional de insalubridade, mas somente em grau mínimo, mais adicional de periculosidade, calculado em razão do tempo em que se utiliza da moto na execução do trabalho.

(E) tem direito de receber adicional de periculosidade, por expressa previsão legal.

"E" é a opção correta. O § 4º ao art. 193 da CLT garante aos profissionais que utilizam a motocicleta para trabalhar com o transporte de passageiros e mercadorias, como os motoboys, mototaxistas, motofretistas e de serviço comunitário de rua, o direito ao adicional de periculosidade de 30% sobre seus salários, descontados os acréscimos resultantes de gratificações, prêmios ou participações nos lucros da empresa. Contudo, de acordo com o Anexo 5 da NR 16 do MTE algumas atividades NÃO são consideradas perigosas para efeitos da lei. São elas: a) a utilização de motocicleta ou motoneta exclusivamente no percurso da residência para o local de trabalho ou deste para aquela; b) as atividades em veículos que não necessitem de emplacamento ou que não exijam carteira nacional de habilitação para conduzi-los; c) as atividades em motocicleta ou motoneta em locais privados; d) as atividades com uso de motocicleta ou motoneta de forma eventual, assim considerado o fortuito, ou o que, sendo habitual, dá-se por tempo extremamente reduzido.

Gabarito "E"

(Analista – TRT/9ª – 2012 – FCC) Considere as proposições:

I. Atividades ou operações insalubres são aquelas que, por sua natureza, condições ou métodos de trabalho, exponham os empregados a agentes nocivos à saúde, acima dos limites de tolerância fixados em razão da natureza e da intensidade do agente e do tempo de exposição aos seus efeitos.

II. A eliminação ou neutralização da insalubridade ocorrerá com a adoção de medidas que conservem o ambiente de trabalho dentro dos limites de tolerância e com a utilização pelo trabalhador de EPI's que diminuam a intensidade do agente agressivo a limites de tolerância.

III. O trabalho em condições de periculosidade assegura ao empregado um adicional de 30% (trinta por cento) sobre o salário, com os acréscimos resultantes de gratificações, prêmios ou participações nos lucros da empresa.

IV. A caracterização e a classificação da insalubridade e da periculosidade far-se-ão através de perícias, ficando a primeira a cargo de Médico do Trabalho e a segunda a cargo de Engenheiro do Trabalho, registrado no Ministério do Trabalho.

V. O adicional de insalubridade e o adicional de periculosidade incorporam-se ao salário do empregado, não podendo deixar de ser pagos mesmo que tenha havido a cessação do risco à saúde ou a integridade física do mesmo.

Está correto APENAS o que se afirma em

(A) III, IV e V.
(B) II, III e V.
(C) I e II.
(D) II e IV.
(E) I, II e V.

I: opção correta, pois reflete o disposto no art. 189 da CLT. **II:** opção correta, pois reflete o disposto no art. 191, I e II, da CLT. **III:** opção incorreta, pois nos termos do art. 193, § 1º, da CLT o trabalho em condições de periculosidade assegura ao empregado um adicional de 30% (trinta por cento) sobre o salário sem os acréscimos resultantes de gratificações, prêmios ou participações nos lucros da empresa. **IV:** opção incorreta, pois nos termos do art. 195 da CLT a caracterização e a classificação da insalubridade e da periculosidade, far-se-ão através de perícia a cargo de Médico do Trabalho ou Engenheiro do Trabalho, registrados no Ministério do Trabalho. Veja também a súmula 448 do TST. **V:** opção incorreta, pois nos termos do art. 194 da CLT o direito do empregado ao adicional de insalubridade ou de periculosidade cessará com a eliminação do risco à sua saúde ou integridade física.

Gabarito "C"

(Analista – TRT/6ª – 2012 – FCC) Carlus trabalha em um posto de abastecimento de combustíveis. Exerce as funções de frentista, cuja atividade principal é abastecer os veículos com combustível direto da bomba. Recebe salário base e vale refeição. Pelo exercício das suas funções, nos termos da legislação aplicável à matéria, Carlus faz jus ao pagamento do adicional de

(A) penosidade no valor correspondente a 40% sobre o salário mínimo.
(B) insalubridade no percentual de 10%, 20% ou 40% do salário mínimo.
(C) periculosidade no percentual de 30% do salário contratual.
(D) periculosidade no percentual 10%, 20% ou 40% do salário mínimo.
(E) penosidade no percentual de 30% do salário contratual.

"C" é a resposta correta, pois reflete o disposto no art. 193, I, e § 1º, da CLT. Nesse sentido, veja a súmula 39 do TST: "Os empregados que operam em bomba de gasolina têm direito ao adicional de periculosidade (Lei 2.573, de 15.08.1955)."

Gabarito "C"

(Analista – TRT/6ª – 2012 – FCC) Afrodite trabalha em posto de revenda de combustível líquido, possuindo contato permanente com líquidos combustíveis. Neste caso, de acordo com a Consolidação das Leis do Trabalho, ela terá direito ao adicional de

(A) insalubridade correspondente a 25% sobre o seu salário base.
(B) periculosidade correspondente a 25% sobre o seu salário base.
(C) periculosidade correspondente a 20% sobre o seu salário base.
(D) insalubridade correspondente a 40, 20 ou 10% sobre o seu salário mínimo.
(E) periculosidade correspondente a 30% sobre o seu salário base.

"E" é a opção correta, pois reflete o disposto no art. 193, I, § 1º, da CLT. Sobre o tema veja a súmula 364 do TST: "ADICIONAL DE PERICULOSIDADE". EXPOSIÇÃO EVENTUAL, PERMANENTE E INTERMITENTE.
Tem direito ao adicional de periculosidade o empregado exposto permanentemente ou que, de forma intermitente, sujeita-se a condições de risco. Indevido, apenas, quando o contato dá-se de forma eventual, assim considerado o fortuito, ou o que, sendo habitual, dá-se por tempo extremamente reduzido.
Gabarito "E".

(Analista – TRT/12ª – 2010 – FCC) Na CIPA – Comissão Interna de Prevenção de Acidentes, os representantes dos empregados, titulares e suplentes serão eleitos em escrutínio secreto, do qual participem

(A) empregados obrigatoriamente com filiação sindical, que, se eleitos, terão mandato de dois anos, vedada a reeleição.
(B) empregados obrigatoriamente com filiação sindical, que, se eleitos, terão mandato de um ano, permitida uma reeleição.
(C) exclusivamente os empregados interessados, independentemente de filiação sindical, que, se eleitos, terão mandato de dois anos, vedada a reeleição.
(D) exclusivamente os empregados interessados, independentemente de filiação sindical, que, se eleitos, terão mandato de um ano, permitida uma reeleição.
(E) empregados obrigatoriamente com filiação sindical, que, se eleitos, terão mandato de um ano, vedada a reeleição.

Art. 164, §§ 2º e 3º, da CLT.
Gabarito "D".

(Analista – TRT/14ª – 2011 – FCC) Com relação à CIPA, considere:

I. Os representantes dos empregados, titulares e suplentes, serão eleitos em escrutínio secreto, do qual participem, independentemente de filiação sindical, exclusivamente os empregados interessados.
II. Em regra, o mandato dos membros eleitos da CIPA terá a duração de dois anos, permitida uma reeleição.
III. O empregador designará, anualmente, dentre os seus representantes, o Presidente da CIPA e os empregados elegerão, dentre eles, o Vice-Presidente.

De acordo com a Consolidação das Leis do Trabalho, está correto o que se afirma APENAS em

(A) I.
(B) I e II.
(C) I e III.
(D) II e III.
(E) III.

I: correto, art. 164, § 2º, da CLT; **II:** incorreto, art. 164, § 3º, da CLT; **III:** correto, art. 164, § 5º, da CLT.
Gabarito "C".

(Analista – TRT/20ª – 2011 – FCC) O adicional de periculosidade pago na proporção de

(A) 20% sobre o salário, incide apenas sobre o salário básico e não sobre este acrescido de outros adicionais.
(B) 20% sobre o salário, incide sobre o salário básico acrescido de outros adicionais, tal como participações nos lucros das empresas.
(C) 30% sobre o salário, incide sobre o salário básico acrescido de outros adicionais, tal como gratificações e prêmios.
(D) 30% sobre o salário, incide apenas sobre o salário básico e não sobre este acrescido de outros adicionais.
(E) 35% sobre o salário, incide sobre o salário básico acrescido de outros adicionais, tal como participações nos lucros das empresas.

Art. 193, § 1º, da CLT e Súmula 191 do TST.
Gabarito "D".

(Analista – TRT/22ª – 2010 – FCC) Golias trabalha em condições perigosas recebendo o respectivo adicional. Além do trabalho efetivamente realizado, Golias permanece horas em sobreaviso. Neste caso, o adicional de periculosidade, pago em caráter permanente,

(A) integra o cálculo de indenização e de horas extras, não integrando as horas de sobreaviso.
(B) integra o cálculo de indenização, de horas extras e das horas de sobreaviso.
(C) integra apenas o cálculo de horas extras.
(D) integra apenas o cálculo de horas extras e das horas de sobreaviso.
(E) não integra o cálculo de indenização, de horas extras e das horas de sobreaviso.

Súmula 132 do TST.
Gabarito "A".

(Analista – TRT/22ª – 2010 – FCC) Magnólia é empregada da empresa MY e recebe adicional de insalubridade, tendo em vista que a atividade que desenvolve está enquadrada entre as atividade insalubres. Neste caso,

(A) apenas a descaracterização da insalubridade, por ato da autoridade competente, repercute na satisfação do respectivo adicional, ressalvando-se que para a redução salarial, deverá ser observado o prazo de três meses previsto na CLT.
(B) apenas a descaracterização da insalubridade, por ato da autoridade competente, repercute na satisfação do respectivo adicional, sem ofensa a direito adquirido ou ao princípio da irredutibilidade salarial.
(C) apenas a reclassificação da insalubridade, por ato da autoridade competente, repercute na satisfação do respectivo adicional, sem ofensa a direito adquirido ou ao princípio da irredutibilidade salarial.
(D) a reclassificação ou a descaracterização da insalubridade, por ato da autoridade competente, não repercute na satisfação do respectivo adicional.
(E) a reclassificação ou a descaracterização da insalubridade, por ato da autoridade competente, repercute na satisfação do respectivo adicional, sem ofensa a direito adquirido ou ao princípio da irredutibilidade salarial.

Súmula 248 do TST.
Gabarito "E".

17. FISCALIZAÇÃO DO TRABALHO

(Analista – TRT/10ª – 2004 – CESPE) É de responsabilidade das autoridades competentes do Ministério do Trabalho e Emprego, ou daqueles que exerçam funções delegadas, a fiscalização do fiel cumprimento das normas de proteção ao trabalho. Nesse sentido, julgue os itens que se seguem, acerca dos processos e multas administrativas.

(1) Verificada a existência de violação de preceito legal, o auditor fiscal deve lavrar auto de infração e entregar ao infrator, contrarrecibo, ou enviá-lo no prazo de 10 dias, contados a partir da data da lavratura.
(2) O infrator tem prazo de 15 dias para apresentar defesa, contados do recebimento do auto de infração.
(3) Lavrado o auto de infração, não pode ele ser inutilizado, nem sustado o curso do respectivo processo, devendo o agente da inspeção apresentá-lo à autoridade competente, mesmo se incidir em erro.

1: certo, arts. 628 e 629 da CLT; **2:** errado, art. 629, §3º, da CLT; **3:** certo, art. 629, § 2º, da CLT.
Gabarito 1C, 2E, 3C

18. PRESCRIÇÃO E DECADÊNCIA

(Técnico – TRT/3ª – 2015 – FCC) Afonso, nascido em 16/01/1998, trabalhou como empregado, exercendo a função de Ajudante Geral de 31/01/2014 a 18/11/2014, tendo pedido demissão, cumprido o prazo do aviso-prévio trabalhando. Deseja ingressar com Reclamação Trabalhista logo após a sua saída contra sua ex-empregadora para requerer o registro em Carteira de Trabalho e Previdência Social – CTPS para comprovação de seu tempo de serviço, além do pagamento de diferenças de horas extras. Neste caso,

(A) não se aplica o prazo prescricional final previsto na Constituição Federal para ambos os direitos.
(B) o prazo final para Afonso ajuizar a referida ação é 18/11/2016, tendo em vista a prescrição do direito de ação, para ambos os pedidos.

(C) não se aplica o prazo prescricional final previsto na Constituição Federal para o pedido de registro em CTPS, aplicando-se somente para o pedido de diferenças de horas extras.

(D) não se aplica o prazo prescricional final previsto na Constituição Federal para as diferenças de horas extras, aplicando-se para o pedido de registro em CTPS.

(E) Afonso não poderá ingressar com Reclamação Trabalhista, pois a sua contratação é nula.

"A" é a resposta correta. Note que a prova foi aplicada em 2015 e Afonso nasceu em 1998, portanto possui 17 anos de idade. A CLT em seu art. 402 considera menor o trabalhador de 14 até os dezoito anos. Por sua vez, o art. 440 da CLT ensina que contra os menores de 18 (dezoito) anos não corre nenhum prazo de prescrição, ou seja, os prazos de prescrição, bienal e quinquenal (art. 7º, XXIX, CF e art. 11 da CLT) ficam suspensos até que ele complete 18 anos de idade. Completados os 18 anos de idade, o prazo prescricional suspenso voltará a fluir. Vale dizer, ainda, que o fato de Afonso não ter sua CTPS assinada, não torna o contrato nulo, na medida em que o contrato de trabalho é informal, não se exigindo formalidades para sua validade, desde que seu objeto seja lícito.

Gabarito "A"

(Técnico Judiciário – TRT9 – 2012 – FCC) O prazo prescricional para ajuizamento de ação judicial, após a extinção do contrato de trabalho, para pleitear créditos resultantes das relações de trabalho para os trabalhadores urbanos e rurais, respectivamente, é de

(A) dois anos e cinco anos, até o limite de cinco anos.

(B) cinco anos e dois anos, até o limite de cinco anos.

(C) dois anos e dois anos, até o limite de cinco anos.

(D) cinco anos e cinco anos, até o limite de dois anos.

(E) cinco anos e dois anos, até o limite de dois anos.

"C" é a opção correta, pois reflete o disposto no art. 7º, XXXIX, da CF e art. 11, I, da CLT. Veja súmula 308, I, do TST.

Gabarito "C"

(Técnico Judiciário – TRT/24ª – 2006 – FCC) O prazo de prescrição para o empregado urbano ou rural propor ação na Justiça do Trabalho, contado da cessação do contrato de trabalho, é de

(A) 7 anos.

(B) 5 anos.

(C) 4 anos.

(D) 3 anos.

(E) 2 anos.

Art. 7º, XXIX, da CF.

Gabarito "E"

(Técnico Judiciário – TRT/9ª – 2007 – CESPE) Acerca dos direitos dos trabalhadores, sobretudo os considerados na Constituição Federal de 1988, julgue os seguinte item.

(1) O trabalhador pode propor ação referente a créditos decorrentes da relação de trabalho até o prazo de dois anos após o fato que enseja o pedido.

1: incorreta. Art. 7º, XXIX, da CF.

Gabarito 1E

(Analista – TRT/1ª – 2012 – FCC) O prazo prescricional para reclamar créditos resultantes das relações de trabalho, conforme previsão legal e entendimento sumulado do TST, é de

(A) dois anos para os trabalhadores rurais, até o limite de cinco anos após a extinção do contrato de trabalho.

(B) cinco anos para os trabalhadores urbanos e rurais, até o limite de dois anos após a extinção do contrato de trabalho.

(C) dois anos para os trabalhadores urbanos e rurais, até o limite de cinco anos após a extinção do contrato de trabalho.

(D) trinta anos para reclamar contra o não recolhimento da contribuição para o FGTS.

(E) trinta anos para reclamar contra o não recolhimento da contribuição para o FGTS, observado o prazo de cinco anos após o término do contrato de trabalho.

"B" é a alternativa correta, pois reflete o disposto no art. 7º, XXIX, da CF e art. 11, I, da CLT. Veja também a súmula 308, I, do TST.

Gabarito "B"

(Analista – TRT/4ª – 2006 – FCC) O prazo prescricional do direito de reclamar o pagamento de férias não concedidas, para um empregado admitido em 02/01/2004, referente ao período aquisitivo de 2005/2006, tem início em

(A) 02 de janeiro de 2005.

(B) 31 de dezembro de 2005.

(C) 02 de janeiro de 2006.

(D) 31 de dezembro de 2006.

(E) 02 de janeiro de 2007.

Art. 149 da CLT.

Gabarito "E"

(Analista – TRT/6ª – 2012 – FCC) Analisando-se as normas legais relativas ao instituto da prescrição no Direito do Trabalho, é correto afirmar:

(A) Contra menores de 21 (vinte e um) anos não corre nenhum prazo de prescrição.

(B) O direito de ação quanto a créditos resultantes das relações de trabalho prescreve em três anos para contrato em vigor e encerrados.

(C) O direito de ação quanto a créditos resultantes das relações de trabalho prescreve em cinco anos após a extinção do contrato de trabalho.

(D) Não corre prazo de prescrição para as ações que tenham por objeto anotações para fins de prova junto à Previdência Social.

(E) A prescrição do direito de reclamar a concessão das férias ou o pagamento da respectiva remuneração será sempre contada da cessação do contrato de trabalho.

A: incorreto (art. 440 da CLT); **B** e **C:** incorretos (arts. 7º, XXIX, da CF e 11 da CLT); **D:** correto (art. 11, § 1º, da CLT); **E:** incorreto (art. 149 da CLT).

Gabarito "D"

(Analista – TRT/9ª – 2007 – CESPE) Quanto à prescrição e decadência trabalhistas, julgue os itens subsequentes.

(1) Os créditos trabalhistas prescrevem em cinco anos para os trabalhadores urbanos, observado o prazo limite de dois anos da extinção do contrato de trabalho, e em dois anos para os trabalhadores rurais.

(2) O prazo prescricional pode ser interrompido no curso do trânsito da demanda perante a Comissão de Conciliação Prévia.

(3) As ações declaratórias, como a de reconhecimento do vínculo de emprego, são imprescritíveis, resultando igual efeito para os pedidos de verbas restritas ao período eventualmente reconhecido.

1: errada. A regra prescricional tornou-se idêntica para urbanos e rurais após a EC 28/2000 (art. 7º, XXIX, da CF); **2:** errada. A hipótese é de suspensão, e não de interrupção do lapso prescricional (art. 625-G da CLT); **3:** errada. Entende-se que, embora pleitos meramente declaratórios sejam incompatíveis com o instituto da prescrição, tal não se aplica em relação aos consectários patrimoniais daí decorrentes.

Gabarito 1E, 2E, 3E

(Analista – TRT/21ª – 2010 – CESPE) No que concerne a contrato de trabalho, julgue o item a seguir.

(1) Caso o obreiro seja menor de dezoito anos de idade, a relação será considerada imprescrita.

1: correta. Art. 440 da CLT.

Gabarito 1C

19. ORGANIZAÇÃO E LIBERDADE SINDICAL

(Técnico – TRT/3ª – 2015 – FCC) No tocante ao Direito Coletivo do Trabalho, considere:

I. São consideradas relações coletivas de trabalho tanto aquelas que abrangem o sindicato dos empregados (categoria profissional) e o sindicato de empresas (categoria econômica), como também aquelas estabelecidas diretamente entre o sindicato dos empregados e uma ou mais empresas, sem a representação da entidade sindical patronal.

II. No Brasil vigora o princípio da liberdade sindical, onde trabalhadores e empregadores têm o direito de se agruparem e constituírem de forma livre entidades sindicais representativas, sem a interferência do Poder Público, ressalvado a necessidade do registro em órgão competente, para fins de publicidade para os outros sindicatos, para impugnação quando se tratar de mesma categoria ou mesma base territorial.

III. É vedada a dispensa do empregado sindicalizado a partir do registro da candidatura a cargo de direção ou representação sindical e, se eleito, ainda que suplente, até um ano e meio após o final do mandato, salvo se cometer falta grave nos termos da lei.

Está correto o que consta em

(A) I, II e III.
(B) I e III, apenas.
(C) II, apenas.
(D) I e II, apenas.
(E) III, apenas.

I: opção correta, pois as relações que abrangem o sindicato dos empregados e o sindicato das empresas constituem convenção coletiva de trabalho, art. 611 da CLT e as relações estabelecidas diretamente entre o sindicato dos empregados e uma ou mais empresas, sem a representação da entidade sindical patronal, constituem acordo coletivo de trabalho, art. 611, § 1º, da CLT ambas representam instrumentos de relações coletivas de trabalho. **II**: opção correta, art. 8º da CF. **III**: opção incorreta, pois nos termos do art. 8º, VIII, da CF e art. 543, § 3º, da CLT é vedada a dispensa do empregado sindicalizado a partir do registro da candidatura a cargo de direção ou representação sindical e, se eleito, ainda que suplente, até um ano (não um ano e meio) após o final do mandato, salvo se cometer falta grave nos termos da lei.

Gabarito "D"

(Técnico Judiciário – TRT/9ª – 2007 – CESPE) Hoje presencia-se o fortalecimento do sindicalismo no país, tanto em suas estruturas quanto na sua representatividade. Essa robustez se faz urgente e necessária quando são debatidas alterações na legislação para a flexibilização das normas trabalhistas. Ocorre, contudo, que os sindicatos necessitam de recursos financeiros para adquirir tal solidez. Esses recursos decorrem de contribuições pagas pelas empresas e empregados. Acerca dessas contribuições, julgue os seguintes itens.

(1) A contribuição sindical é obrigatória e independe da filiação do empregado ao respectivo sindicato que representa sua categoria.
(2) Segundo entendimento do Superior Tribunal de Justiça, a contribuição assistencial tem natureza convencional, uma vez que depende da concordância dos associados do sindicato, alcançando apenas estes.
(3) O pagamento da contribuição confederativa, desde que prevista em acordo, convenção coletiva ou sentença normativa, é obrigatório aos trabalhadores, inclusive aos não sindicalizados, pois destina-se ao custeio do sistema confederativo, assistencial, e ao revigoramento e fortalecimento sindical.
(4) A justiça do trabalho é incompetente para apreciar lide para cobrar a contribuição assistencial entre o sindicato patronal e a respectiva categoria econômica.

1: correta, art. 579 da CLT. Importante ressaltar que a contribuição sindical, apelidada de "imposto" sindical, possui natureza tributária e não se confunde com outras contribuições exigidas pelo sindicato, como as chamadas mensalidades sindicais, contribuições associativas ou assistenciais, ou a contribuição confederativa, que só são exigíveis dos trabalhadores efetivamente filiados ao sindicato; **2**: correta, tal entendimento não vem materializado por súmula do STJ, tratando-se de entendimento construído em sede de recursos especiais que, anteriormente à EC 45/2004 (quando a competência da Justiça do Trabalho para tais questões restou inequívoca), discutiam a questão. Tal entendimento vem materializado, na realidade, na OJ 17 da SDC do TST (a partir da interpretação do art. 545 da CTL), e na Súmula 666 do STF; **3**: incorreta, súmula 666 do STF; **4**: correta, a assertiva só se mostrava correta anteriormente à EC 45/2004, que introduziu o inciso III ao art. 114 da CF.

Gabarito 1C, 2C, 3E, 4C

(Analista – TRT/2ª – 2014 – FCC) São critérios previstos pelo ordenamento jurídico para formação, respectivamente, das categorias econômicas, profissionais e profissionais diferenciadas:

(A) Similitude de condições de vida oriunda da profissão ou trabalho em comum, em situação de emprego na mesma atividade econômica ou em atividades econômicas similares ou conexas; solidariedade de interesses econômicos dos que empreendem atividades idênticas, similares ou conexas; e exercício de profissões ou funções diferenciadas por força de estatuto profissional especial ou em consequência de condições de vida singulares.
(B) Homogeneidade de representação perante as autoridades administrativas, na defesa dos interesses econômicos; solidariedade de interesses e similitude de condições de vida decorrentes de estatuto profissional próprio; e exercício de profissões ou funções diferenciadas por força de estatuto profissional especial ou em consequência de condições de vida singulares.
(C) Solidariedade de interesses econômicos dos que empreendem atividades idênticas, similares ou conexas; similitude de condições de vida oriunda da profissão ou trabalho em comum, em situação de emprego na mesma atividade econômica ou em atividades econômicas similares ou conexas; e exercício de profissões ou funções diferenciadas por força de estatuto profissional especial ou em consequência de condições de vida singulares.
(D) Exercício de profissões ou funções diferenciadas por força de estatuto profissional especial ou em consequência de condições de vida singulares; similitude de condições de vida oriunda da profissão ou trabalho em comum, em situação de emprego na mesma atividade econômica ou em atividades econômicas similares ou conexas; e solidariedade de interesses econômicos dos que empreendem atividades idênticas, similares ou conexas.
(E) Solidariedade de interesses econômicos dos que empreendem atividades idênticas, similares ou conexas; exercício de profissões ou funções diferenciadas por força de estatuto profissional especial ou em consequência de condições de vida singulares; e similitude de condições de vida oriunda da profissão ou trabalho em comum, em situação de emprego na mesma atividade econômica ou em atividades econômicas similares ou conexas.

"C" é a opção correta, pois nos termos do art. 511, § 1º, da CLT a solidariedade de interesses econômicos dos que exploram atividades idênticas, similares ou conexas, constitui o vínculo social denominado categoria econômica. Já a categoria profissional, em conformidade com o § 2º do art. 511 da CLT é caracterizada pela semelhança de condições de vida oriunda da profissão ou trabalho em comum, em situação de emprego na mesma atividade econômica ou em atividades econômicas similares ou conexas. Por último, categoria profissional diferenciada é a que se forma dos empregados que exerçam profissões ou funções diferenciadas por força de estatuto profissional especial ou em consequência de condições de vida singulares.

Gabarito "C"

(Analista – TRT/10ª – 2013 – CESPE) Julgue os próximos itens, acerca dos direitos coletivos do trabalho.

(1) A diferença básica entre a convenção coletiva de trabalho e o acordo coletivo de trabalho traduz-se nos seus sujeitos, pois, enquanto na convenção coletiva os sujeitos são o sindicato profissional de um lado e uma ou mais empresas do outro, no acordo coletivo os sujeitos são o sindicato profissional de um lado e, de outro lado, o sindicato da categoria econômica.
(2) O chamado locaute, vedado pelo ordenamento jurídico brasileiro, significa a paralisação do trabalho ordenada pelo próprio empregador.
(3) As confederações são entidades sindicais de grau superior, de âmbito nacional, que, para terem tal *status*, devem ser constituídas por, no mínimo, cinco federações e ter sede em Brasília.

1. opção incorreta, pois no acordo coletivo os sujeitos são o sindicato profissional de um lado e uma ou mais empresas do outro, na convenção coletiva os sujeitos são o sindicato profissional de um lado e, de outro lado, o sindicato da categoria econômica, nos termos do art. 611, *caput*, e § 1º, da CLT. **2.** Opção correta, pois nos termos do art. 17 da Lei 7.783/1990 o *lockout* é proibido. **3.** Opção incorreta, pois nos termos do art. 535 da CLT as Confederações organizar-se-ão com o mínimo de 3 (três) federações e terão sede na Capital da República.

Gabarito 1E, 2C, 3E

(Analista – TRT/9ª – 2012 – FCC) A associação em sindicatos constitui um dos elementos decorrentes da liberdade sindical. O ordenamento jurídico brasileiro, no entanto, impõe a associação sindical a partir da formação de categorias, que podem ser:

(A) profissionais diferenciadas: aquelas formadas a partir da similitude de condições de vida oriunda da profissão ou trabalho em comum, em situação de emprego na mesma atividade econômica ou em atividades econômicas similares ou conexas.

(B) profissionais: aquelas formadas a partir da similitude de condições de vida oriunda da profissão ou trabalho em comum, em situação de emprego na mesma atividade econômica ou em atividades econômicas similares ou conexas.

(C) econômicas: aquelas formadas a partir da similitude de condições de vida dos trabalhadores, oriunda da profissão ou trabalho em comum dos mesmos, definindo, em consequência, a atividade econômica preponderante das empresas.

(D) econômicas: as que se formam a partir do exercício de profissões ou funções diferenciadas em relação aos demais empregados, definindo, em consequência, a atividade econômica preponderante das empresas.

(E) profissionais diferenciadas: as que se formam a partir da solidariedade de interesses econômicos dos trabalhadores que trabalham em atividades idênticas, similares ou conexas. similares ou conexas.

"B" é a opção correta, pois reflete o disposto no art. 511, § 2º, da CLT. Importante lembrar que nos termos do art. 511, § 3º, da CLT categoria profissional diferenciada é a que se forma dos empregados que exerçam profissões ou funções diferenciadas por força de estatuto profissional especial ou em consequência de condições de vida singulares. Já a similitude de condições de vida oriunda da profissão ou trabalho em comum, em situação de emprego na mesma atividade econômica ou em atividades econômicas similares ou conexas, compõe a categoria profissional, nos termos do § 2º do art. 511 da CLT.

Gabarito "B"

(Analista – TRT/8ª – 2010 – FCC) A categoria S não possui ainda sindicato representativo. Na criação deste sindicato, de acordo com a Consolidação das Leis do Trabalho, a sua administração seria exercida por uma diretoria constituída

(A) no máximo de sete e no mínimo de três membros e de um Conselho Fiscal composto de três membros.

(B) no máximo de dez e no mínimo de cinco membros e de um Conselho Fiscal composto de cinco membros.

(C) de quinze membros e de um Conselho Fiscal composto de três membros.

(D) de dez membros e de um Conselho Fiscal composto de no mínimo dois membros.

(E) de sete membros e de um Conselho Fiscal composto de cinco membros.

Art. 522 da CLT.

Gabarito "A"

(Analista – TRT/11ª – 2005 – FCC) O conjunto dos empregados que exerçam profissões ou funções diferenciadas por força do estatuto profissional especial ou em consequência de condições de vida singulares constitui uma

(A) categoria econômica.
(B) categoria diferenciada.
(C) cooperativa de trabalho.
(D) federação.
(E) confederação.

Art. 511, § 3º, da CLT.

Gabarito "B"

(Analista – TRT/14ª – 2011 – FCC) Considere as seguintes assertivas:

I. As organizações de trabalhadores e de entidades patronais estão sujeitas à suspensão por via administrativa.

II. Os trabalhadores e as entidades patronais, sem distinção de qualquer espécie, têm o direito, sem autorização prévia, de constituírem organizações da sua escolha.

III. As organizações de trabalhadores e de entidades patronais têm o direito de elaborar os seus estatutos e regulamentos administrativos, mas devem submetê-los a registro em órgão público para a análise da legalidade e adequação aos interesses nacionais.

De acordo com a Convenção 87 da Organização Internacional do Trabalho, está correto o que se afirma APENAS em

(A) I.
(B) II.
(C) III.
(D) I e II.
(E) II e III.

Observe-se, preliminarmente, que a Convenção n. 87 da OIT não foi ratificada pelo Brasil. **I:** errado, art. 4º da Conv. 87; **II:** certo, art. 2º da Conv. 87; **III:** errado, art. 3º da Conv. 87.

Gabarito "B"

(Analista – TRT/9ª – 2007 – CESPE) Com relação às entidades sindicais e aos seus dirigentes e atos, julgue os itens seguintes.

(1) A partir da CF, o registro sindical no Ministério do Trabalho e Emprego subsiste como ato declaratório da capacidade da associação de representar a categoria, sem poder intervir ou interferir na organização interna ou na delimitação da representação sindical. Sendo assim, o mero registro em cartório da associação sindical, antes do registro sindical, permite apenas os atos próprios das pessoas jurídicas, sem autorizar aqueles peculiares às entidades sindicais.

(2) As entidades sindicais são hierarquizadas, segundo o âmbito da representação, em sindicatos, federações e confederações.

(3) Criado o sindicato profissional, todos os trabalhadores da respectiva categoria são considerados seus filiados.

(4) É vedada a dispensa do empregado sindicalizado a partir do registro de sua candidatura a cargo como diretor, representante ou membro de conselho fiscal. Se eleito, inclusive como suplente, a dispensa é vedada até um ano após o final do mandato, salvo em caso de cometimento de falta grave, hipótese em que se admite a demissão por justa causa.

1: certo, art. 8º, I, da CF; **2:** certo, arts. 511, 512 e 533 da CLT; **3:** errado. O sindicato representa toda a categoria, mas filiados serão apenas os que efetivamente se associarem (CF, art. 8º, III e V); **4:** errado. O membro do conselho fiscal não possui garantia de emprego, nos termos da orientação jurisprudencial 365 da SDI 1 do TST

Gabarito 1C, 2C, 3E, 4E

(Analista – TRT/17ª – 2009 – CESPE) A respeito do direito do trabalho, julgue o item a seguir.

(1) O registro do sindicato no cartório de registro das pessoas jurídicas é suficiente para conferir a personalidade jurídica à entidade sindical.

1: incorreta, art. 8º, I, da CF. O pedido de reconhecimento será dirigido ao ministro do Trabalho, Indústria e Comércio, instruído com exemplar ou cópia autenticada dos estatutos da associação (art. 518 da CLT).

Gabarito 1E

20. CONVENÇÕES E ACORDOS COLETIVOS DE TRABALHO

(Técnico – TRT/16ª – 2015 – FCC) No tocante às Convenções Coletivas de Trabalho, considere:

I. Os Sindicatos só poderão celebrar Convenções Coletivas de Trabalho por deliberação de Assembleia Geral especialmente convocada para esse fim, consoante o disposto nos respectivos Estatutos, dependendo a validade desta do comparecimento e votação, em primeira convocação, de um terço dos associados da entidade.

II. As Convenções e os Acordos entrarão em vigor dez dias após a data da entrega da documentação exigida para tal fim no órgão competente.

III. O prazo máximo para estipular duração de Convenção Coletiva é de três anos, permitida uma única renovação dentro deste período.

IV. O processo de prorrogação, revisão, denúncia ou revogação total ou parcial de Convenção ficará subordinado à aprovação de Assembleia Geral dos Sindicatos convenentes.

De acordo com a Consolidação das Leis do Trabalho, está correto o que se afirma APENAS em

(A) II e III.
(B) III.
(C) I, II e III.
(D) I e IV.
(E) IV.

I: opção incorreta, pois nos termos do art. 612 da CLT a validade das convenções dependerá do comparecimento e votação de 2/3 dos associados. **II:** opção incorreta, pois nos termos do art. 614, § 1º da CLT entrarão em vigor 3 dias após a data da entrega da documentação exigida para tal fim no Ministério do Trabalho e Emprego. **III:** opção incorreta, pois nos termos do art. 614, § 3º, da CLT o prazo máximo de validade é de 2 anos. **IV:** opção correta, pois reflete o disposto o art. 615 da CLT.

Gabarito "E".

(Técnico Judiciário – TRT/15ª – 2009 – FCC) Os Sindicatos só poderão celebrar Convenções Coletivas de Trabalho, por deliberação de Assembleia Geral especialmente convocada para esse fim, consoante o disposto nos respectivos Estatutos, dependendo a validade desta do comparecimento e votação, em

(A) primeira convocação, de dois terços dos associados da entidade e, em segunda, de metade dos membros.
(B) primeira convocação, de dois terços dos associados da entidade e, em segunda, de um terço dos membros.
(C) convocação única, de dois terços dos associados da entidade.
(D) convocação única, da maioria absoluta dos associados da entidade.
(E) primeira convocação, de dois terços dos associados da entidade e, em segunda, de metade dos membros, além do Presidente, Vice-Presidente e Diretor Administrativo.

Art. 612 da CLT.

Gabarito "B".

(Técnico Judiciário – TRT/1ª – 2008 – CESPE) Considerando que determinada categoria profissional tem assegurada à gestante, por força de convenção coletiva, estabilidade no emprego por mais um mês além do período fixado na CF, assinale a opção correta.

(A) Dada a mencionada extensão da estabilidade no emprego, o período assegurado à gestante passou a ser de cinco meses a partir do parto.
(B) Diante do benefício atribuído, a licença-maternidade assegurada às gestantes da referida categoria profissional restou fixada em cinco meses.
(C) De fato, a categoria profissional não obteve nenhum benefício, uma vez que a convenção coletiva não tem o poder de prorrogar benefício constitucional.
(D) A convenção coletiva, por ser firmada entre sindicato e empresa, pode assegurar a extensão do benefício.
(E) A convenção coletiva é considerada uma fonte autônoma do direito do trabalho.

A e **B:** incorretas, pois a estabilidade desde a concepção até cinco meses após o parto já é garantida pelo art. 10, II, *b*, do ADCT; **C:** incorreta, pois a norma coletiva tem o condão de aprimorar o padrão heterônomo de direitos (CF, art. 7º, XXVI); **D:** incorreta, pois o instrumento firmado entre sindicato e empresa recebe o nome de acordo coletivo de trabalho, ao passo que a convenção coletiva de trabalho é instrumento intersindical (CLT, art. 611, *caput* e § 1º); **E:** correta, trata-se de fonte jurídica que retira fundamento de validade diretamente da Constituição (art. 7º, XXVI), sendo considerada autônoma porquanto enunciada diretamente pelas partes destinatárias, e não pelo Estado (o que, se fosse o caso, a caracterizaria como fonte heterônoma).

Gabarito "E".

(Analista – TRT/16ª – 2014 – FCC) No tocante às convenções e acordos coletivos de trabalho, considere:

I. O acordo coletivo de trabalho é o instrumento normativo que decorre da negociação coletiva, sendo firmado, em regra, pelo sindicato da categoria profissional com uma ou mais empresas.
II. O acordo coletivo não é fonte do Direito do Trabalho, uma vez que estabelece normas genéricas e abstratas.
III. A cláusula de convenção coletiva de trabalho que prevê multa ao sindicato que descumprir a convenção coletiva classifica-se em obrigacional.
IV. O prazo máximo de duração de convenção coletiva de trabalho são três anos, permitida uma única prorrogação desde que dentro deste período.

Está correto o que se afirma APENAS em

(A) II e IV.
(B) I, III e IV.
(C) I, II e III.
(D) I e III.
(E) II e III.

I: opção correta, pois reflete o disposto no art. 611, § 1º, da CLT. **II:** opção incorreta, pois o acordo coletivo é considerado fonte formal autônoma do direito do trabalho. **III:** opção correta, pois cláusula obrigacional é aquela que cria direitos e deveres às partes que participaram do acordo. Multa para o sindicato que descumprir cláusulas desse acordo possui conteúdo obrigacional. **IV:** opção incorreta, pois o prazo máximo de duração de convenção coletiva de trabalho é de 2 anos, nos termos do art. 614, § 3º, da CLT.

Gabarito "D".

(Analista – TRT/3ª – 2015 – FCC) Em relação às normas coletivas,

(A) os efeitos de uma convenção coletiva de trabalho só alcançam os associados dos sindicatos convenentes.
(B) o acordo coletivo de trabalho é ajustado entre um grupo de empregados e uma ou mais empresas, à revelia dos sindicatos representativos das categorias profissional e econômica.
(C) o prazo de duração do acordo coletivo de trabalho é sempre menor do que o da convenção coletiva de trabalho.
(D) as convenções e os acordos coletivos de trabalho somente têm vigência após a homologação de seu conteúdo pelo Ministério do Trabalho.
(E) as convenções e os acordos coletivos de trabalho entrarão em vigor três dias após a data de entrega dos mesmos no Ministério do Trabalho.

A: opção incorreta, pois os efeitos de uma convenção coletiva de trabalho alcançam a categoria profissional e econômica representadas. Veja arts. 611 e 613, III, da CLT. **B:** opção incorreta, pois nos termos do art. 611, § 1º, da CLT acordo coletivo de trabalho é o ajuste celebrado entre o sindicato da categoria profissional com uma ou mais empresas da mesma categoria econômica. **C:** opção incorreta, pois tanto o acordo coletivo de trabalho como a convenção coletiva de trabalho não poderão ter prazo de duração superior a 2 anos, nos termos do art. 614, § 3º, da CLT. **D:** opção incorreta, pois entrarão em vigor 3 (três) dias após a data da sua entrega no Ministério do Trabalho e Emprego, art. 614, § 1º, CLT. **E:** opção correta, pois reflete o disposto no art. 614, § 1º, da CLT.

Gabarito "E".

(Analista – TRT/3ª – 2015 – FCC) Uma empresa, através de acordo coletivo celebrado com o Sindicato, reduziu o intervalo intrajornada para refeição e descanso de seus empregados para 40 minutos. Em relação a esta situação,

(A) a norma coletiva estabeleceu condições que não implicam ofensa à saúde, à segurança e à dignidade do trabalhador, e no caso concreto, o negociado deve ser preservado, pois ele não colide com normas fundamentais e indisponíveis.
(B) a redução do intervalo somente teria validade se prevista em convenção coletiva de trabalho, valendo para toda a categoria e não apenas para uma parcela dos trabalhadores.
(C) a redução do intervalo, assim como o fracionamento do mesmo, são válidos e passíveis de negociação coletiva, tendo em vista que não regulado por norma de ordem pública.
(D) somente a supressão do intervalo é vedada, sendo que a redução e o fracionamento do mesmo podem ocorrer por meio de negociação coletiva, mas somente para os empregados no setor de transporte coletivo de passageiros.
(E) a redução é inválida, porque o intervalo constitui medida de higiene, saúde e segurança do trabalho, garantido por norma de ordem pública.

A: opção incorreta, pois de acordo com o entendimento disposto na súmula 437, II, do TST é inválida cláusula de acordo ou convenção coletiva de trabalho contemplando a supressão ou redução do intervalo intrajornada porque este constitui medida de higiene, saúde e segurança do trabalho, garantido por norma de ordem pública (art. 71 da CLT e art. 7º, XXII, da CF/1988), infenso à negociação coletiva. **B:** opção incorreta, pois o TST (Súmula 437, II) entende ser inválida a redução de intervalo prevista em negociação coletiva. **C:** opção incorreta, pois como vimos o TST entende que a supressão ou redução do intervalo intrajornada porque este constitui medida de higiene, saúde e segurança do trabalho, garantido por norma de ordem pública (art. 71 da CLT e art. 7º, XXII, da CF/1988), infenso à negociação coletiva. **D:** opção incorreta, pois é vedada tanto a redução como a supressão do período de intervalo, súmula 437, II, TST. **E:** opção correta, pois reflete o entendimento disposto no item II da súmula 437 do TST.

Gabarito "E"

(Analista – TRT/11ª – 2012 – FCC) Em relação ao direito coletivo do trabalho é correto afirmar que

(A) Convenção Coletiva de Trabalho é o acordo de caráter normativo, pelo qual dois ou mais Sindicatos representativos de categorias econômicas e profissionais estipulam condições de trabalho aplicáveis, no âmbito das respectivas representações, às relações individuais do trabalho.

(B) a solidariedade de interesses econômicos dos que empreendem atividades idênticas, similares ou conexas, constitui o vínculo social básico denominado categoria profissional diferenciada.

(C) somente os Sindicatos poderão celebrar convenções coletivas de trabalho para reger as relações das categorias a elas vinculadas, inorganizadas em Sindicatos, no âmbito de suas representações.

(D) as condições estabelecidas em Acordo Coletivo de Trabalho prevalecerão sobre as estipuladas em Convenção Coletiva de Trabalho.

(E) não será permitido estipular duração de Convenção Coletiva de Trabalho ou Acordo Coletivo de Trabalho superior a um ano.

A: opção correta, pois reflete o disposto no art. 611 da CLT. **B:** opção incorreta, pois o conceito de categoria diferenciada vem disposto no art. 511, § 3º, da CLT. **C:** opção incorreta, pois nos termos do art. 611, § 2º, da CLT as Federações e, na falta desta, as Confederações representativas de categorias econômicas ou profissionais poderão celebrar convenções coletivas de trabalho para reger as relações das categorias a elas vinculadas. **D:** opção incorreta, pois nos termos do art. 620 da CLT as condições estabelecidas em Convenção quando mais favoráveis, prevalecerão sobre as estipuladas em Acordo. **E:** opção incorreta, pois nos termos do art. 614, § 3º, da CLT o prazo máximo de duração será de 2 anos.

Gabarito "A"

(Analista – TRT/1ª – 2012 – FCC) Em relação às normas coletivas de trabalho, é correto afirmar:

(A) Convenção Coletiva de Trabalho é o acordo de caráter normativo pelo qual se estipulam condições de trabalho aplicáveis, no âmbito da empresa ou das empresas acordantes, às respectivas relações de trabalho.

(B) Acordo Coletivo de Trabalho é o acordo de caráter normativo pelo qual se estipulam condições de trabalho aplicáveis, no âmbito das respectivas representações, às relações individuais de trabalho.

(C) O processo de prorrogação de Convenção ou Acordo será automático, desde que não haja manifestação expressa em sentido contrário da Assembleia Geral dos sindicatos convenentes.

(D) Não será permitido estipular duração de Convenção ou Acordo superior a quatro anos.

(E) Os sindicatos representativos de categorias econômicas ou profissionais e as empresas, inclusive as que não tenham representação sindical, quando provocados, não podem recusar-se à negociação coletiva.

A: opção incorreta, pois nos termos do art. 611 da CLT Convenção Coletiva de Trabalho é o acordo de caráter normativo, pelo qual dois ou mais Sindicatos representativos de categorias econômicas e profissionais estipulam condições de trabalho aplicáveis, no âmbito das respectivas representações, às relações individuais de trabalho. **B:** opção incorreta, pois nos termos do art. 611, § 1º, da CLT é facultado aos Sindicatos representativos de categorias profissionais celebrar Acordos Coletivos com uma ou mais empresas da correspondente categoria econômica, que estipulem condições de trabalho, aplicáveis no âmbito da empresa ou das acordantes respectivas relações de trabalho. **C:** opção incorreta, pois nos termos do art. 615 da CLT o processo de prorrogação ficará subordinado, em qualquer caso, à aprovação de Assembleia Geral dos Sindicatos convenentes ou partes acordantes. **D:** opção incorreta, pois nos termos do art. 614, § 3º, da CLT o prazo máximo será de 2 anos. **E:** opção correta, pois reflete o disposto no art. 616 da CLT.

Gabarito "E"

(Analista – TRT/9ª – 2010 – FCC) Determinado acordo coletivo previu multa normativa para o descumprimento de obrigação prevista em lei, tratando-se de mera repetição de texto legal. Neste caso, a multa normativa

(A) não é aplicável, tendo em vista que está prevista em acordo coletivo e não em convenção coletiva.

(B) não é aplicável, tendo em vista a vedação legal existente.

(C) é aplicável.

(D) não é aplicável, tendo em vista a aplicação do princípio da norma mais favorável.

(E) não é aplicável, tendo em vista a aplicação do Princípio da Proteção.

É possível a pactuação de cláusula penal tendente a reforçar prescrições veiculadas por lei. Entende-se que as multas administrativas prescritas pela CLT possuem vocação distinta das pactuadas em norma coletiva ou em termos de ajuste de conduta. As primeiras são eminentemente repressivas, voltadas para o passado, em hipóteses de descumprimento da legislação trabalhista. As segundas são prospectivas, voltam-se para o futuro e possuem semelhança às astreintes e outras sanções cominatórias aplicáveis em situações de tutela inibitória, voltando-se a impedir a continuação ou repetição do ilícito.

Gabarito "C"

(Analista – TRT/13ª – 2005 – FCC) Por meio de acordo coletivo de trabalho ou de convenção coletiva de trabalho, podem ser estabelecidas

(A) normas trabalhistas que representem melhora das condições de trabalho já fixadas por lei, exceto nas hipóteses de redução de salário e jornada de trabalho.

(B) apenas normas trabalhistas que regulem direitos não regulamentados por lei.

(C) quaisquer normas trabalhistas, observado o dissídio coletivo do ano anterior.

(D) normas relativas, exclusivamente, às condições de saúde e medicina do trabalho.

(E) normas relativas à jornada de trabalho, desde que, sempre, menos favoráveis do que as previstas pela legislação.

Uma vez que o art. 7º, XXVI, da CF prescreve o reconhecimento da norma coletiva como um direito dos trabalhadores (e, não, um simples ônus ou um dever), sua razão de ser é a melhoria das condições gerais em relação ao padrão heterônomo (trata-se do chamado princípio da adequação setorial negociada), só podendo veicular um padrão setorial inferior de direitos, conglobantemente considerado, nas hipóteses admitidas pela Constituição, como nos arts. 7º, VI e XIII.

Gabarito "A"

(Analista – TRT/19ª – 2008 – FCC) Com relação às Convenções Coletivas de Trabalho, é correto afirmar:

(A) Não é permitido estipular duração de Convenção Coletiva de Trabalho superior a três anos.

(B) O quórum de comparecimento e votação na Assembleia Geral convocada para celebrar Convenção Coletiva de Trabalho é, em regra, de 2/3 dos associados da entidade em primeira convocação e 1/3 em segunda.

(C) As Convenções Coletivas de Trabalho poderão conter de forma facultativa penalidades para os Sindicatos convenentes em caso de violação de seus dispositivos.

(D) Qualquer uma das partes poderá denunciar Convenção Coletiva de trabalho, bastando a comunicação escrita direcionada a todas as categorias de empregados e empregadores abrangidas pelo respectivo instrumento.

(E) As Convenções Coletivas de Trabalho poderão conter de forma facultativa disposições sobre o processo de revisão total ou parcial de seus dispositivos.

A: incorreto, art. 614, § 3º, da CLT; **B:** correto, art. 612 da CLT; **C:** incorreto, art. 613, VIII, da CLT; **D:** incorreto, art. 615 da CLT; **E:** incorreto, art. 613, VI, da CLT.

Gabarito "B"

(Analista – TRT/23ª – 2007 – FCC) Considere as seguintes assertivas a respeito das Convenções Coletivas de Trabalho:

I. As Convenções Coletivas de Trabalho são atos formais que devem ser necessariamente escritas, sendo impossível que venham a ser feitas verbalmente.

II. As Convenções Coletivas de Trabalho deverão conter obrigatoriamente penalidades para os Sindicatos convenentes, os empregadores e as empresas em caso de violação de seus dispositivos.
III. Em regra, não será permitido estipular convenção coletiva de trabalho com duração superior a um ano.
IV. As Convenções Coletivas de Trabalho deverão conter obrigatoriamente disposições sobre o processo de revisão total ou parcial de seus dispositivos.

Está correto o que se afirma APENAS em

(A) I e II.
(B) I, II e III.
(C) I, II e IV.
(D) II, III e IV.
(E) III e IV.

I: correto, art. 613, parágrafo único, da CLT; **II:** correto, art. 613, VIII, da CLT; **III:** incorreto, art. 614, § 3º, da CLT; **IV:** correta, art. 613, VI, da CLT.

Gabarito "C"

(Analista – TRT/24ª – 2011 – FCC) O Sindicado A pretende denunciar Convenção Coletiva de Trabalho. O Sindicato B pretende prorrogar Convenção Coletiva de Trabalho. O Sindicato C pretende revisar Convenção Coletiva de Trabalho e o Sindicato D pretende a revogação parcial de Convenção Coletiva de Trabalho. Nestes casos, ficará subordinada, em qualquer caso, à aprovação de Assembleia Geral dos respectivos sindicatos convenentes os procedimentos pretendidos pelos Sindicatos

(A) A, C e D, apenas.
(B) A, B e C, apenas.
(C) A e C, apenas.
(D) B e C, apenas.
(E) A, B, C e D.

Art. 615 da CLT.

Gabarito "E"

(Analista – TRT/24ª – 2006 – FCC) As Convenções Coletivas de Trabalho

(A) serão celebradas por escrito, sem emendas nem rasuras, em apenas duas vias, sendo uma delas destinada a registro.
(B) poderão prever, facultativamente, penalidades para os Sindicatos convenentes, os empregados e as empresas em caso de violação de seus dispositivos.
(C) não poderão estipular período de duração superior a dois anos, havendo expressa disposição legal de limitação do prazo máximo de validade.
(D) serão celebradas pelos sindicatos, independentemente de anterior deliberação em Assembleia Geral especialmente convocada para esse fim.
(E) podem limitar direitos indisponíveis dos trabalhadores considerados individualmente, em razão de seu caráter normativo.

A: incorreta, art. 613, parágrafo único, da CLT; **B:** incorreta, art. 613, VIII, da CLT; **C:** correta, art. 614, § 3º, da CLT; **D:** incorreta, art. 612 da CLT; **E:** incorreta. A doutrina considera que os direitos trabalhistas de indisponibilidade absoluta são insuscetíveis de limitação pelas convenções e acordos coletivos de trabalho.

Gabarito "C"

(Analista – TRT/16ª – 2009 – FCC) Em relação às Convenções Coletivas de Trabalho, é certo que

(A) segundo a CLT é facultado as Convenções Coletivas de Trabalho conter penalidades para os sindicatos convenentes em caso de violação de seus dispositivos.
(B) o prazo máximo de vigência da norma coletiva é de três anos, havendo expressa determinação legal neste sentido.
(C) para a celebração de Convenção Coletiva de Trabalho é necessário o comparecimento e votação, em primeira convocação, de 2/3 dos associados da entidade em Assembleia especialmente convocada para esse fim.
(D) as partes convenentes poderão revogar parcialmente a convenção antes do termo final estipulado, independentemente de autorizadas por Assembleia.
(E) as Convenções Coletivas de Trabalho não poderão ser revistas antes do prazo pré-estipulado, podendo apenas ocorrer revogação parcial.

A: errado, pois se trata de cláusula obrigatória (CLT, art. 613, VIII); **B:** errado, art. 614, § 3º, da CLT; **C:** correto (CLT, art. 612); **D:** art. 615 da CLT; **E:** errado, art. 615 da CLT.

Gabarito "C"

21. DIREITO DE GREVE

(Analista – TRT/11ª – 2012 – FCC) Nos serviços ou atividades essenciais, os sindicatos, os empregadores e os trabalhadores ficam obrigados, de comum acordo, a garantir, durante a greve, a prestação dos serviços indispensáveis ao atendimento das necessidades inadiáveis da comunidade. Nos termos da lei que assegura o exercício do direito de greve, NÃO são considerados serviços ou atividades essenciais:

(A) assistência médica e hospitalar.
(B) atividades escolares do ensino fundamental.
(C) guarda, uso e controle de substâncias radioativas, equipamentos e materiais nucleares.
(D) compensações bancárias.
(E) distribuição e comercialização de medicamentos e alimentos.

A: opção incorreta, pois é considerada atividade essencial nos termos do art. 10, II, da Lei 7.783/1989. **B:** opção correta, pois "atividades escolares do ensino fundamental" não consta no rol de atividades essenciais descritas no art. 10 da Lei 7.783/1989. **C:** opção incorreta, pois é considerada atividade essencial nos termos do art. 10, VIII, da Lei 7.783/1989. **D:** opção incorreta, pois é considerada atividade essencial nos termos do art. 10, XI, da Lei 7.783/1989. **E:** opção incorreta, pois é considerada atividade essencial nos termos do art. 10, III, da Lei 7.783/1989.

Gabarito "B"

(Analista – TRT/9ª – 2012 – FCC) De acordo com o previsto na Lei 7.783/1989 (Lei de Greve), em relação à greve em serviços ou atividades essenciais, é INCORRETA a afirmação:

(A) São considerados serviços ou atividades essenciais, entre outros, transporte coletivo; captação e tratamento de esgoto e lixo; telecomunicações; processamento de dados ligados a serviços essenciais.
(B) Os sindicatos, os empregadores e os trabalhadores ficam obrigados de comum acordo, a garantir, durante a greve, a prestação dos serviços indispensáveis ao atendimento das necessidade inadiáveis da comunidade.
(C) São considerados serviços ou atividades essenciais, entre outros: assistência médica e hospitalar; funerário; controle de tráfego aéreo; compensação bancária.
(D) As entidades sindicais ou os trabalhadores, conforme o caso, ficam obrigados a comunicar a decisão aos empregadores e aos usuários com antecedência mínima de 48 horas da paralisação.
(E) São necessidades inadiáveis da comunidade aquelas que, não atendidas, coloquem em perigo iminente a sobrevivência, a saúde ou a segurança da população.

A: opção correta, pois reflete o disposto no art. 10, incisos V, VI, VII e IX, respectivamente, da Lei 7.783/1989. **B:** opção correta, pois reflete o disposto no art. 11 da Lei 7.783/1989. **C:** opção correta, pois reflete o disposto no art. 10, incisos II, IV, X e XI, respectivamente, da Lei 7.783/1989. **D:** opção incorreta, pois o art. 3º, parágrafo único, da Lei 7.783/1989 prevê o aviso-prévio da greve com antecedência mínima de 48 horas. Já para as atividades essenciais esse prazo é de 72 horas, nos termos d art. 13 da Lei 7.783/1989. **E:** opção correta, pois reflete o disposto no art. 11, parágrafo único, da Lei 7.783/1989.

Gabarito "D"

(Analista – TRT/1ª – 2012 – FCC) Em relação ao direito de greve, é correto afirmar:

(A) Ao servidor público civil é garantido o exercício livre e amplo do direito de greve.
(B) É assegurado o direito de greve, competindo aos trabalhadores decidir sobre a sua extensão e fixar quais as atividades que serão consideradas como essenciais para fins de delimitação do movimento.

(C) Considera-se legítimo exercício do direito de greve a suspensão coletiva, temporária e total, de prestação pessoal de serviços a empregador.

(D) São assegurados aos grevistas, dentre outros direitos, o emprego de meios pacíficos tendentes a persuadir ou aliciar os trabalhadores a aderirem à greve, a arrecadação de fundos e a livre divulgação do movimento.

(E) Compete aos sindicatos a garantia, durante a greve, da prestação dos serviços indispensáveis ao atendimento das necessidades inadiáveis da comunidade.

A: opção incorreta, pois nos termos do art. 37, VII, da CF o direito de greve é limitado nos termos da lei. Importante lembrar que até que sobrevenha regulamentação própria, aplica-se a Lei 7.783/1989 ao servidor público civil, veja julgamento de Mandados de Injunção 670, 708, 712 no STF. **B:** opção incorreta, pois as atividades essenciais estão elencadas no art. 10 da Lei 7.783/1989. **C:** opção incorreta, pois nos termos do art. 2º da Lei 7.783/1989 considera-se legítimo exercício do direito de greve a suspensão coletiva, temporária e pacífica, total ou parcial, de prestação pessoal de serviços a empregador. **D:** opção correta, pois reflete o disposto no art. 6º incisos I e II, da Lei 7.783/1989. **E:** opção incorreta, pois nos termos do art. 11 da Lei 7.783/1989 nos serviços ou atividades essenciais, os sindicatos, os empregadores e os trabalhadores ficam obrigados, de comum acordo, a garantir, durante a greve, a prestação dos serviços indispensáveis ao atendimento das necessidades inadiáveis da comunidade.

Gabarito "D"

(Analista – TRT/7ª – 2009 – FCC) Mário labora em empresa de telecomunicações e Joana labora em empresa de transporte de valores. Para que a categoria de Mário e Joana exerçam o direito de greve, deverá o sindicato patronal ou o empregador ser comunicado com antecedência mínima de

(A) 48 horas e 24 horas, respectivamente.
(B) 72 horas e 48 horas, respectivamente.
(C) 72 horas.
(D) 48 horas.
(E) 24 horas.

Art. 3º, parágrafo único e art. 13 c/c art. 10 da Lei 7.783/1989.

Gabarito "B"

(Analista – TRT/8ª – 2010 – FCC) Marta é empregada da empresa R, que atua no ramo de comércio de peças automobilísticas; Mirna é empregada da empresa S, que atua no ramo funerário; e Mônica é empregada da empresa T, que atua no ramo imobiliário, com venda e locação de imóveis. As categorias de todas as empregadas tiveram frustradas as negociações para aumento salarial e, por esse motivo, pretendem a cessação coletiva do trabalho. No caso da categoria de Marta, Mirna e Mônica, a greve deverá ser precedida de um aviso de

(A) 48 horas, 72 horas e 48 horas, respectivamente.
(B) 24 horas, 48 horas e 24 horas, respectivamente.
(C) 72 horas, 48 horas e 72 horas, respectivamente.
(D) 72 horas.
(E) 48 horas.

Arts. 3º, parágrafo único, 10, IV, e 13 da Lei 7.783/1989.

Gabarito "A"

(Analista – TRT/13ª – 2005 – FCC) A respeito da greve no serviço público, é correto afirmar que é

(A) constitucional, mas ilegal.
(B) legal, mas inconstitucional.
(C) inconstitucional.
(D) constitucional, mas depende de lei específica.
(E) constitucional, mas depende de lei complementar.

Art. 37, VII, da CF. Observação: o STF determinou a aplicação da Lei 7.783/1989, no que for cabível, e observada a competência da Justiça Comum, aos servidores públicos até a edição da lei específica em questão (MIs 670, 708 e 712).

Gabarito "D"

(Analista – TRT/23ª – 2007 – FCC) Considere as seguintes assertivas a respeito do direito de greve:

I. A entidade patronal correspondente ou os empregadores diretamente interessados serão notificados, com antecedência mínima de 24 horas, da paralisação.

II. As manifestações e atos de persuasão utilizados pelos grevistas poderão impedir o acesso ao trabalho, mas não poderão causar ameaça ou dano à propriedade ou pessoa.

III. Em nenhuma hipótese, os meios adotados por empregados e empregadores poderão violar ou constranger os direitos e garantias fundamentais de outrem.

IV. Na greve, em serviços essenciais, ficam as entidades sindicais ou os trabalhadores, obrigados a comunicar a decisão aos empregadores e aos usuários com antecedência mínima de 72 horas de paralisação.

Está correto o que consta APENAS em

(A) I e II.
(B) I, II e III.
(C) I e IV.
(D) II, III e IV.
(E) III e IV.

I: incorreto, art. 3º, parágrafo único, da Lei 7.783/1989; **II:** incorreto, art. 6º, § 3º, da Lei 7.783/1989; **III:** correto, art. 6º, § 1º, da Lei 7.783/1989; **IV:** correto, art. 13 da Lei 7.783/1989.

Gabarito "E"

(Analista – TRT/1ª – 2008 – CESPE) Acerca da Lei de Greve, assinale a opção correta.

(A) A Lei de Greve permite o *lockout,* desde que o direito à percepção dos salários durante o período de paralisação seja assegurado aos trabalhadores.

(B) Observadas as condições previstas na legislação, a participação em greve interrompe o contrato de trabalho, devendo as relações obrigacionais, durante o período, ser regidas pelo acordo, convenção, laudo arbitral ou decisão da justiça do trabalho.

(C) Na greve, em serviços ou atividades essenciais, ficam as entidades sindicais ou os trabalhadores, conforme o caso, obrigados a comunicar a decisão aos empregadores e aos usuários com antecedência mínima de 48 horas da paralisação.

(D) Constitui abuso do direito de greve a manutenção da paralisação após a celebração de acordo, convenção ou decisão da justiça do trabalho.

(E) A Lei de Greve considera como serviço ou atividade essencial o ensino e a pesquisa.

A: incorreto, art. 17 da Lei 7.783/1989; **B:** incorreto, art. 7º da Lei 7.783/1989; **C:** incorreto, art. 13 da Lei 7.783/1989; **D:** correto, art. 14 da Lei 7.783/1989; **E:** incorreto. Atividade não arrolada no art. 10 da Lei 7.783/1989.

Gabarito "D"

(Analista – TRT/17ª – 2009 – CESPE) A respeito do direito do trabalho, julgue o item a seguir.

(1) O serviço de compensação bancária é considerado como essencial para efeitos de greve.

1: correta, art. 10, XI, da Lei 7.783/1989.

Gabarito 1C

22. COMISSÃO DE CONCILIAÇÃO PRÉVIA

(Técnico – TRT/16ª – 2015 – FCC) Considere a seguinte hipótese: a Comissão de Conciliação Prévia instituída no âmbito da empresa Z é composta por seis membros, possuindo mais seis suplentes. Dentre seus membros, metade foi indicada pelo empregador e a outra metade foi eleita pelos empregados, em escrutínio secreto. O mandato de seus membros é de um ano, permitida uma recondução. Neste caso, a Comissão de Conciliação Prévia instituída no âmbito da empresa Z é

(A) regular porque respeita as normas previstas na Consolidação das Leis do Trabalho.

(B) irregular porque possui um número de membros maior que o permitido pela Consolidação das Leis do Trabalho.

(C) irregular porque possui um número de membros menor que o limite mínimo previsto pela Consolidação das Leis do Trabalho.

(D) irregular porque apenas dois membros poderão ser indicados pelo empregador.

(E) irregular porque, no tocante ao mandato de seus membros, a Consolidação das Leis do Trabalho veda a recondução.

"A" é a opção correta. Nos termos do *caput* do art. 625-B da CLT a Comissão de Conciliação Prévia instituída no âmbito da empresa será composta de, no mínimo, dois e, no máximo, dez membros. O inciso II do citado dispositivo legal dispõe que na comissão haverá tantos suplentes quantos forem os representantes titulares. Tais requisitos foram respeitados pela Comissão instituída no caso em tela, na medida em que prevê a composição de 6 titulares e 6 suplentes. Dispõe o inciso I do mesmo art. 625-B da CLT que a metade dos membros da comissão será indicada pelo empregador e outra metade eleita pelos empregados, em escrutínio, secreto, fiscalizado pelo sindicato de categoria profissional. Ainda, determina o inciso III que o mandato dos seus membros, titulares e suplentes, será de um ano, permitida uma recondução. Uma vez cumpridas todas as exigências dispostas nos incisos do art. 625-B da CLT podemos afirmar que a Comissão de Conciliação Prévia instituída no âmbito da empresa Z é regular porque respeita as normas previstas na Consolidação das Leis do Trabalho.

Gabarito "A".

(Técnico Judiciário – TRT/9ª – 2012 – FCC) Com fundamento nas regras instituídas pela CLT sobre as Comissões de Conciliação Prévia, é INCORRETO afirmar:

(A) O prazo prescricional será suspenso a partir da provocação da Comissão de Conciliação Prévia, recomeçando a fluir, pelo que lhe resta, a partir da tentativa frustrada de conciliação ou do esgotamento do prazo para a realização da sessão de tentativa de conciliação.

(B) É vedada a dispensa dos representantes dos empregados membros da Comissão de Conciliação Prévia, titulares e suplentes, até um ano após o final do mandato, salvo se cometerem falta grave, nos termos da lei.

(C) O termo de conciliação é título executivo extrajudicial e terá eficácia liberatória geral, exceto quanto às parcelas expressamente ressalvadas.

(D) As Comissões de Conciliação Prévia têm prazo de 10 dias para a realização da sessão de tentativa de conciliação a partir da provocação do interessado.

(E) A Comissão instituída no âmbito da empresa será composta de no mínimo cinco e no máximo quinze membros.

A: correta, pois reflete o disposto no art. 625-G da CLT. B: correta, pois reflete o disposto no art. 625-B, § 1º, da CLT. C: correta, pois reflete o disposto no art. 625-E, parágrafo único, da CLT. D: correta, pois reflete o disposto no art. 625-F da CLT. E: incorreta, pois nos termos do art. 625-B da CLT a Comissão instituída no âmbito da empresa será composta de, no mínimo, dois e, no máximo, dez membros.

Gabarito "E".

(Técnico Judiciário – TRT/9ª – 2007 – CESPE) As comissões de conciliação prévia estão reguladas pela Lei 9.958/2000, que inseriu artigos à CLT. Com relação a esse assunto, julgue os itens que se seguem.

(1) As comissões de conciliação prévia apenas podem ser instituídas com a intervenção do sindicato da categoria profissional.

(2) O prazo prescricional será interrompido a partir da provocação da comissão de conciliação prévia pelo trabalhador interessado, recomeçando a fluir, pelo que sobejar, a partir da tentativa frustrada de conciliação ou do esgotamento do prazo de dez dias para a realização da sessão de tentativa de conciliação.

1: incorreta, a possibilidade de constituição de CCP em nível de empresa, sem a participação do sindicato patronal, é concebida pelo art. 625-A da CLT; **2:** incorreta, a hipótese é de suspensão do prazo prescricional (art. 625-G da CLT).

Gabarito 1E, 2E

(Analista – TRT/6ª – 2012 – FCC) Em se tratando de Comissões de Conciliação Prévia – CCP, conforme determina a legislação trabalhista, é correto afirmar:

(A) As empresas e os sindicatos podem instituir Comissões de Conciliação Prévia, de composição paritária, com representantes dos empregados e dos empregadores, não se admitindo a sua constituição por grupo de empresas ou em caráter intersindical.

(B) Caso exista, na mesma localidade e para a mesma categoria, Comissão de empresa e Comissão sindical, o interessado deverá submeter a sua demanda perante a sindical.

(C) O mandato dos membros da CCP, titulares e suplentes, é de dois anos, permitida duas reconduções.

(D) É vedada a dispensa dos membros da CCP, titulares e suplentes, até seis meses após o final do mandato, salvo se cometerem falta grave, nos termos da lei.

(E) Aceita a conciliação, será lavrado termo assinado pelo empregado, pelo empregador ou seu preposto e pelos membros da Comissão, sendo que o termo de conciliação é título executivo extrajudicial.

A: incorreto (art. 625-A, parágrafo único, da CLT); **B:** incorreto (art. 625-D, § 4º, da CLT); **C:** incorreto (art. 625-B, III, da CLT); **D:** incorreto (art. 625-B, § 1º, da CLT); **E:** correto (art. 625-E da CLT).

Gabarito "E".

(Analista – TRT/6ª – 2006 – FCC) Decorridos 10 (dez) dias da apresentação de demanda à Comissão de Conciliação Prévia sem que tenha sido realizada sessão de tentativa de conciliação,

(A) o empregado deverá, no prazo de 15 (quinze) dias, reapresentar a demanda.

(B) será lavrado termo de conciliação com natureza de título executivo extrajudicial.

(C) a conciliação será realizada pela Delegacia Regional do Trabalho.

(D) será fornecida ao empregado e ao empregador declaração firmada pelos membros da Comissão, que deverá ser juntada à reclamação trabalhista.

(E) as partes deverão requerer ao Ministério Público do Trabalho que represente junto à Justiça do Trabalho.

Art. 625-F da CLT.

Gabarito "D".

(Analista – TRT/9ª – 2010 – FCC) De acordo com a Consolidação das Leis do Trabalho, as Comissões de Conciliação Prévia

(A) instituídas no âmbito da empresa terão 1/3 de seus membros indicados pelo empregador, em escrutínio, secreto, fiscalizado pelo sindicato da categoria profissional.

(B) instituídas no âmbito da empresa serão compostas de, no mínimo, dois e, no máximo, dez membros, com mandato de um ano, permitida uma recondução.

(C) têm prazo de quinze dias para a realização da sessão de tentativa de conciliação, a partir da provocação do interessado.

(D) devem possuir caráter intersindical, sendo vedada a constituição por grupos de empresas.

(E) são órgãos administrativos cujo objetivo é a tentativa de conciliação entre empregados e empregadores, sendo que o seu termo de conciliação não possui caráter de título executivo extrajudicial.

A: incorreto, art. 625-B, I, da CLT; **B:** correto, art. 625-B, *caput*, da CLT; **C:** incorreto, art. 625-F da CLT; **D:** incorreto, pois nos termos do art. 625-A, da CLT, parágrafo único, da CLT as Comissões de Conciliação Prévia poderão, e não deverão como consignado na assertiva, ser constituídas por grupos de empresas ou ter caráter intersindical; **E:** incorreto, art. 625-E, parágrafo único, da CLT.

Gabarito "B".

(Analista – TRT/13ª – 2005 – FCC) Nos termos da Lei 9.958/2000, acordo firmado perante a comissão de conciliação prévia

(A) tem eficácia liberatória apenas quanto aos títulos pleiteados pelo trabalhador na reclamação perante a comissão.

(B) tem eficácia geral de todos os créditos do contrato de trabalho, exceto quanto aos ressalvados no termo.

(C) tem eficácia liberatória geral, exceto quanto aos direitos civis e humanos.

(D) é facultativo, se não houver comissão de conciliação na empresa do trabalhador.

(E) é obrigatório, porque sua inexistência impede o ajuizamento de ação de reclamação trabalhista.

Art. 625-E, parágrafo único, da CLT.

Gabarito "B".

(Analista – TRT/20ª – 2006 – FCC) De acordo com a Consolidação das Leis do Trabalho, em relação às Comissões de Conciliação Prévia é correto afirmar que

(A) o mandato dos membros da Comissão de Conciliação Prévia instituída no âmbito da empresa é de 2 anos, permitida duas reconduções.

(B) a Comissão de Conciliação Prévia instituída no âmbito da empresa será composta de, no mínimo, dois e, no máximo, dez membros.

(C) o termo de conciliação não é título executivo extrajudicial, mas terá eficácia liberatória geral, inclusive quanto às parcelas expressamente ressalvadas.

(D) um terço dos membros da Comissão de Conciliação Prévia instituída no âmbito da empresa será indicada pelos empregados.

(E) a Comissão de Conciliação Prévia instituída no âmbito da empresa terá como representantes suplentes o dobro do número de representantes titulares.

Art. 625-B da CLT.

Gabarito "B"

(Analista – TRT/23ª – 2007 – FCC) Com relação às Comissões de Conciliação Prévia, de acordo com a Lei 9.958/2000 é correto afirmar:

(A) As Comissões de Conciliação Prévia instituídas no âmbito do sindicato terão sua constituição e normas de funcionamento definidas em lei ordinária específica para cada Comissão.

(B) As Comissões de Conciliação Prévia têm prazo improrrogável de 90 dias para a realização da sessão de tentativa de conciliação a partir da provocação do interessado.

(C) A Comissão de Conciliação Prévia instituída no âmbito da empresa será composta de, no mínimo, dois e, no máximo, dez membros.

(D) Caso exista, na mesma localidade e para a mesma categoria, Comissão de Empresa e Comissão Sindical, o interessado obrigatoriamente deverá submeter a sua demanda na Comissão Sindical.

(E) Em regra, o termo de conciliação das Comissões de Conciliação Prévia não é título executivo extrajudicial, não possuindo eficácia liberatória geral, por expressa determinação legal.

A: incorreto, art. 625-C da CLT; **B:** incorreto, art. 625-F da CLT; **C:** correto, art. 625-B da CLT; **D:** incorreta, art. 625-D, § 4º, da CLT; **E:** incorreta, art. 625-E, parágrafo único, da CLT.

Gabarito "C"

(Analista – TRT/24ª – 2006 – FCC) Considere as seguintes assertivas a respeito das Comissões de Conciliação Prévia:

I. A Comissão de Conciliação Prévia instituída no âmbito da empresa será composta de, no mínimo, dois e, no máximo, dez membros.

II. O mandato dos membros da Comissão de Conciliação Prévia, titulares e suplentes é de um ano, sendo vedada a recondução.

III. Haverá na Comissão de Conciliação Prévia tantos suplentes quantos forem os representantes titulares.

De acordo com a Lei 9.958/2000, está correto o que se afirma APENAS em

(A) III.

(B) II.

(C) II e III.

(D) I e III.

(E) I e II.

I: correto, art. 625-B da CLT; **II:** incorreto, art. 625-B, III, da CLT; **III:** correto, art. 625-B, II, da CLT.

Gabarito "D"

12. Direito Processual do Trabalho

*Hermes Cramacon e Luiz Carlos Fabre**

1. JUSTIÇA DO TRABALHO E MINISTÉRIO PÚBLICO DO TRABALHO

(Técnico Judiciário – TRT/9ª – 2012 – FCC) Conforme previsão constitucional, as vagas destinadas à advocacia e ao Ministério Público do Trabalho nos Tribunais Regionais do Trabalho, observado o disposto no artigo 94 da CF, serão de:

(A) um terço dentre os advogados com mais de cinco anos de efetiva atividade profissional e membros do Ministério Público do Trabalho com mais de cinco anos de efetivo exercício.
(B) um quinto dentre os advogados com mais de dez anos de efetiva atividade profissional e membros do Ministério Público do Trabalho com mais de dez anos de efetivo exercício.
(C) um quinto dentre os advogados com mais de cinco anos de efetiva atividade profissional e membros do Ministério Público do Trabalho com mais de cinco anos de efetivo exercício.
(D) um terço dentre os advogados com mais de três anos de efetiva atividade profissional e membros do Ministério Público do Trabalho com mais de três anos de efetivo exercício.
(E) um quinto dentre os advogados com mais de três anos de efetiva atividade profissional e membros do Ministério Público do Trabalho com mais de três anos de efetivo exercício.

"B" é a opção correta, pois nos termos do art. 115, I, da CF um quinto dentre advogados com mais de dez anos de efetiva atividade profissional e membros do Ministério Público do Trabalho com mais de dez anos de efetivo exercício. Os demais, mediante promoção de juízes do trabalho por antiguidade e merecimento, alternadamente.

Gabarito "B"

(Técnico Judiciário – TRT/2ª – 2008 – FCC) Paulo é advogado, tem 29 anos de idade e 5 anos de efetiva atividade profissional; Pedro é bacharel em Direito, mas não exerce a profissão, tem 40 anos de idade e é professor há 7 anos; João é membro do Ministério Público do Trabalho, tem 31 anos de idade e 11 anos de efetivo exercício; José é advogado, tem 30 anos de idade e 10 anos de atividade profissional; Luiz é advogado, tem 66 anos de idade e 40 anos de efetiva atividade profissional.

Preenchidos os demais requisitos legais, podem ser nomeados juízes do Tribunal Regional do Trabalho

(A) Luiz e Pedro.
(B) Paulo e José.
(C) Pedro e Luiz.
(D) João, Luiz e José.
(E) João e José.

Arts. 94 e 115, I, da CF.

Gabarito "E"

(Técnico Judiciário – TRT/3ª – 2005 – FCC) Os tribunais regionais da Justiça do Trabalho têm competência:

(A) exclusiva para propor, ao Poder Legislativo competente, a alteração do número de seus membros.
(B) privativa para propor, ao Poder Legislativo respectivo, a criação e a extinção de cargos de seus serviços auxiliares.
(C) exclusiva, para julgar os membros do Ministério Público estadual nos crimes comuns e de responsabilidade.
(D) privativa para prover, na forma prevista pela Constituição, os cargos de juiz de carreira da respectiva jurisdição.
(E) exclusiva para prover, na forma da lei federal, os cargos de seus serviços auxiliares.

Art. 96, I, *c*, da CF.

Gabarito "D"

(Técnico Judiciário – TRT/4ª – 2006 – FCC) A ordem dos trabalhos nas secretarias dos Tribunais Regionais é estabelecida:

(A) pela Constituição Federal.
(B) pelo Código de Processo Civil.
(C) pela Consolidação das Leis do Trabalho.
(D) pelo Regimento Interno.
(E) pela Corregedoria da Justiça do Trabalho.

Art. 719, parágrafo único, da CLT.

Gabarito "D"

(Técnico Judiciário – TRT/4ª – 2006 – FCC) Existindo mais de uma Vara na mesma localidade, a distribuição dos feitos será realizada pelo:

(A) Juiz Diretor do Fórum.
(B) Juiz Auxiliar das distribuições.
(C) Diretor de Secretaria da Vara mais antiga.
(D) Secretário da Corregedoria Regional.
(E) Distribuidor, nomeado pelo Presidente do Tribunal Regional.

Arts. 713 a 715 da CLT.

Gabarito "E"

(Técnico Judiciário – TRT/6ª – 2006 – FCC) São órgãos da Justiça do Trabalho:

(A) a Procuradoria da Justiça do Trabalho, os Juízes do Trabalho, os Tribunais Federais do Trabalho e o Tribunal Superior do Trabalho.
(B) os Juízes do Trabalho, os Tribunais Regionais do Trabalho e o Superior Tribunal de Justiça.
(C) a Delegacia Regional do Trabalho, os Juízes do Trabalho, os Tribunais Regionais do Trabalho e o Tribunal Superior do Trabalho.
(D) os Juízes do Trabalho, os Tribunais Regionais do Trabalho, o Tribunal Superior do Trabalho e o Ministério Público do Trabalho.
(E) os Juízes do Trabalho, os Tribunais Regionais do Trabalho e o Tribunal Superior do Trabalho.

Art. 111 da CF.

Gabarito "E"

(Técnico – TRT/11ª – 2012 – FCC) Quanto à organização, jurisdição e competência da Justiça do Trabalho, é INCORRETO afirmar que:

(A) a Justiça do Trabalho é competente, para processar e julgar as ações entre trabalhadores portuários e os operadores portuários ou o Órgão Gestor de Mão de Obra decorrentes da relação de trabalho.
(B) a competência das Varas do Trabalho, em regra, é determinada pelo local da contratação ou domicílio do empregado, ainda que tenha sido diversa a localidade onde o empregado, reclamante ou reclamado, prestar serviços ao empregador.
(C) conforme previsão constitucional compete à Justiça do Trabalho processar e julgar as ações sobre representação sindical, entre sindicatos, entre sindicatos e trabalhadores, e entre sindicatos e empregadores.

* **Hermes Cramacon** comentou as questões dos concursos de FGV – 2015, Analista – TRT/3ª – 2015 – FCC, Analista – TRT/2ª – 2014 – FCC e Analista – TRT/16ª – 2014 – FCC. **Hermes Cramacon e Luiz Carlos Fabre** comentaram as questões dos demais concursos.

(D) os Tribunais Regionais do Trabalho serão compostos de, no mínimo, sete juízes, sendo um quinto dentre advogados e membros do Ministério Público do Trabalho e os demais mediante promoção de Juízes do Trabalho por antiguidade e merecimento, alternadamente.
(E) nas localidades em que existir mais de uma Vara do Trabalho haverá um distribuidor, cuja principal competência é a distribuição, pela ordem rigorosa de entrada, e sucessivamente a cada Vara, dos feitos que, para esse fim, lhe forem apresentados pelos interessados.

A: correta, arts. 643, § 3º, e 652, a, V, da CLT; **B:** incorreta (devendo ser assinalada), pois dispõe o art. 651 da CLT que a competência será determinada pela localidade onde o empregado, reclamante ou reclamado, prestar serviços ao empregador, ainda que tenha sido contratado noutro local ou no estrangeiro; **C:** correta, art. 114, III, da CF; **D:** correta, art. 115 da CF; **E:** correta, arts. 713 e 714, a, da CLT.

Gabarito "B".

(Técnico Judiciário – TRT/11ª – 2005 – FCC) Os serventuários que, sem motivo justificado, não realizarem os atos, dentro dos prazos fixados em lei:

(A) serão apenas advertidos.
(B) serão exonerados.
(C) não sofrerão quaisquer sanções.
(D) serão descontados em seus vencimentos.
(E) serão transferidos.

Art. 712, parágrafo único, da CLT.

Gabarito "D".

(Técnico Judiciário – TRT/11ª – 2005 – FCC) O texto da CLT menciona várias vezes os vogais (juízes classistas), nomeados e empossados pelos Presidentes de Tribunais Regionais do Trabalho. Os vogais ou juízes classistas:

(A) ainda subsistem, em algumas das Regiões da Justiça do Trabalho.
(B) não mais existem, em consequência da extinção da representação classista por emenda constitucional.
(C) deixaram de existir por força de revogação de artigos da CLT, por lei ordinária.
(D) foram extintos por medida provisória.
(E) desapareceram em consequência de decisão do TST, mantida pelo STF.

A representação classista na Justiça do Trabalho foi extinta pela EC 24/1999.

Gabarito "B".

(Técnico Judiciário – TRT/20ª – 2011 – FCC) A competência para eleger, por escrutínio secreto, o Corregedor-Geral da Justiça do Trabalho é:

(A) do Tribunal Superior do Trabalho através da Secção Especializada em Dissídios Individuais (SDI-I e SDI-II).
(B) dos Tribunais Regionais do Trabalho através de ato conjunto.
(C) dos Tribunais Regionais do Trabalho através de ato separado em data predeterminada.
(D) do Tribunal Superior do Trabalho através de seu Pleno.
(E) do Tribunal Superior do Trabalho através de suas Turmas, em ato conjunto com o seu Presidente.

Art. 30 do Regimento Interno do TST.

Gabarito "D".

(Técnico Judiciário – TRT/16ª – 2009 – FCC) Os Tribunais Regionais do Trabalho terão um quinto de sua composição de advogados e membros do Ministério Público do Trabalho com mais de:

(A) cinco anos de efetiva atividade profissional ou efetivo exercício, nomeados pelo Presidente do Tribunal Superior do Trabalho.
(B) cinco anos de efetiva atividade profissional ou efetivo exercício, nomeados pelo Presidente da República.
(C) dez anos de efetiva atividade profissional ou efetivo exercício, nomeados pelo Presidente do Tribunal Superior do Trabalho.
(D) dez anos de efetiva atividade profissional ou efetivo exercício, nomeados pelo Presidente do Supremo Tribunal Federal.
(E) dez anos de efetiva atividade profissional ou efetivo exercício, nomeados pelo Presidente da República.

Art. 115, I, da CF.

Gabarito "E".

(Técnico Judiciário – TRT/18ª – 2008 – FCC) Os Tribunais Regionais do Trabalho compõem-se de, no mínimo, sete juízes, recrutados, quando possível, na respectiva região, e nomeados pelo Presidente:

(A) do respectivo Tribunal Regional do Trabalho.
(B) da República.
(C) do Tribunal Superior do Trabalho.
(D) do Supremo Tribunal Federal.
(E) do Senado Federal.

Art. 115, *caput*, da CF.

Gabarito "B".

(Técnico Judiciário – TRT/18ª – 2008 – FCC) Dentre integrantes do Ministério Público do Trabalho, com mais de trinta e cinco anos de idade e de cinco anos na carreira, o Procurador-Geral do Trabalho será nomeado pelo:

(A) Procurador-Geral da República, para um mandato de dois anos, permitida uma recondução.
(B) Presidente da República, para um mandato de dois anos, permitida uma recondução.
(C) Procurador-Geral da República, para um mandato de três anos, vedada a recondução.
(D) Presidente da República, para um mandato de três anos, vedada a recondução.
(E) Presidente do Supremo Tribunal Federal, para um mandato de três anos, permitida uma recondução.

Art. 88, *caput*, da LC 75/1993.

Gabarito "A".

(Técnico Judiciário – TRT/24ª – 2006 – FCC) De acordo com o Decreto-lei 5.452/1943, compete ao distribuidor:

(A) a autuação, o andamento, a guarda e a conservação dos processos e outros papéis que lhe forem encaminhados.
(B) o registro das decisões, bem como a realização das penhoras e demais diligências processuais.
(C) o fornecimento a qualquer pessoa que o solicite, verbalmente ou por certidão, de informações sobre os feitos distribuídos.
(D) a informação, às partes interessadas e seus procuradores, do andamento dos respectivos processos, cuja consulta lhes facilitará.
(E) proceder com a contagem das custas devidas pelas partes, nos respectivos processos.

Art. 714, *d*, da CLT.

Gabarito "C".

(Técnico Judiciário – TRT/24ª – 2006 – FCC) De acordo com o Decreto Lei 5.452/1943, os serventuários que, sem motivo justificado, não realizarem os atos, dentro dos prazos fixados, serão descontados em seus vencimentos:

(A) em um dia de serviço contado em dobro.
(B) em dez dias de serviço simples.
(C) em dez dias de serviço contados em dobro.
(D) de 5 a 10 dias de serviço simples.
(E) em tantos dias quantos os do excesso.

Art. 712, parágrafo único, da CLT.

Gabarito "E".

(Técnico Judiciário – TRT/1ª – 2008 – CESPE) Sempre que uma ação for proposta na justiça do trabalho,

(A) ela só será admitida se firmada por advogado.
(B) os serventuários que, injustificadamente, não realizarem os atos nos prazos fixados serão descontados em seus vencimentos.
(C) competirá aos chefes de secretaria tomar por termo as reclamações verbais, nos casos de dissídios coletivos.
(D) fugirá à competência da secretaria das varas do trabalho a contagem das custas devidas pelas partes, nos respectivos processos.
(E) ao oficial de justiça e oficiais avaliadores competirá o fornecimento de informações sobre os feitos individuais.

A: incorreta, pois a reclamação poderá ser proposta pessoalmente pelos empregados e empregadores (arts. 791 e 839, *a*, da CLT); **B:** correta, art. 712, parágrafo único, da CLT; **C:** incorreta, pois compete especialmente aos secretários tomar por termo as reclamações verbais nos casos de dissídios individuais (art. 712, *e*, da CLT); **D:** incorreta, pois é competência da secretaria das Varas a contagem das custas devidas pelas partes, nos respectivos processos (art. 711, *f*, da CLT); **E:** incorreta, pois a competência, nesse caso, será da secretaria das Varas de Trabalho (art. 711, *d*, da CLT).

Gabarito "B"

(Técnico Judiciário – TRT/9ª – 2007 – CESPE) Julgue os itens a seguir.

(1) São órgãos da justiça do trabalho: o Supremo Tribunal Federal (STF), o Tribunal Superior do Trabalho (TST), os tribunais regionais do trabalho e as varas do trabalho.

(2) O TST compõe-se de 27 ministros.

(3) Cada estado e o Distrito Federal possuem um Tribunal Regional do Trabalho (TRT).

(4) Os TRTs são compostos por, no mínimo, 7 juízes, garantida a representação de um quinto a procuradores do trabalho e a advogados; os demais são juízes do trabalho de primeiro grau, promovidos, alternadamente, por antiguidade e por merecimento.

(5) Os juízes do trabalho exercem jurisdição, singularmente, nas varas do trabalho criadas por lei.

(6) As varas do trabalho podem funcionar em caráter itinerante, situação em que podem ultrapassar os limites territoriais da respectiva jurisdição.

(7) Ao Conselho Superior da Justiça do Trabalho, que funciona junto ao TST, cabe a supervisão administrativa, orçamentária, financeira e patrimonial da Justiça do Trabalho de primeiro e de segundo graus.

(8) Às secretarias das varas do trabalho, sob a supervisão do respectivo diretor, são atribuídas, entre outras funções, a guarda e a movimentação dos processos judiciais, a secretaria das audiências, a expedição de certidões, mandados e alvarás e a subscrição dos atos não decisórios, conforme as ordens do respectivo juiz.

1: incorreta, pois, nos termos do art. 111 da CF, são órgãos da Justiça do Trabalho o TST, os TRT's e os Juízes do Trabalho; **2:** correta, art. 111-A, *caput*, da CF; **3:** incorreta, para fins de jurisdição trabalhista, o território nacional é dividido em regiões e, atualmente, existem 24 Tribunais Regionais do Trabalho distribuídos pelo país. Vide art. 674 da CLT; **4:** correta, art. 115 da CF; **5:** correta, arts. 112 e 116 da CF; **6:** incorreta, pois a justiça itinerante funcionará nos limites territoriais da respectiva jurisdição (art. 115, § 1º, da CF); **7:** correta, art. 111-A, § 2º, II, da CF; **8:** correta, arts. 711 e 712 da CLT.

Gabarito 1E, 2C, 3E, 4C, 5C, 6E, 7C, 8C

(Técnico Judiciário – TRT/17ª – 2009 – CESPE) A respeito da organização da justiça do trabalho, julgue o item seguinte.

(1) Um quinto dos lugares no Tribunal Superior do Trabalho e nos tribunais regionais do trabalho será composto de membros do Ministério Público com mais de cinco anos de carreira e de advogados, também com mais de cinco anos de carreira, indicados em lista tríplice pelos órgãos de representação das respectivas classes.

1: incorreta, pois o requisito de tempo de carreira/advocacia é de dez anos (arts. 94, 111-A, I, e 115, I, da CF).

Gabarito 1E

(Técnico Judiciário – TRT/17ª – 2009 – CESPE) Julgue os itens que se seguem, relativos aos serviços auxiliares da justiça do trabalho.

(1) Os distribuidores são designados pelo titular da vara do trabalho.

(2) Os serventuários que, sem motivo justificado, não realizarem os atos dentro dos prazos fixados serão descontados em seus vencimentos, em tantos dias quantos os do excesso.

(3) No caso de avaliação, o oficial de justiça avaliador tem, para cumprimento do ato, o prazo de cinco dias. Concluída a avaliação no aludido prazo, contados da data da nomeação do avaliador, deve seguir-se a arrematação, que é anunciada por edital afixado na sede do juízo ou tribunal e publicado no jornal local, se houver, com a antecedência de vinte dias.

1: incorreta, pois os distribuidores são designados pelo Presidente do Tribunal Regional (art. 715 da CLT); **2:** correta, art. 712, parágrafo único, da CLT; **3:** incorreta, pois a avaliação será em dez dias (arts. 721, § 3º, e 888 da CLT).

Gabarito 1E, 2C, 3E

(Analista – TRT/9ª – 2012 – FCC) Conforme normas legais aplicáveis à organização da Justiça do Trabalho, incluindo o Tribunal Superior do Trabalho, os Tribunais Regionais do Trabalho e as Varas do Trabalho, é correto afirmar que

(A) o Conselho Superior da Justiça do Trabalho funcionará junto ao Tribunal Superior do Trabalho, cabendo-lhe exercer, na forma da lei, a supervisão administrativa, orçamentária, financeira e patrimonial da Justiça do Trabalho de primeiro e segundo graus, como órgão central do sistema, cujas decisões terão efeito vinculante.

(B) o Tribunal Superior do Trabalho compor-se-á de 17 Ministros, togados e vitalícios, escolhidos dentre brasileiros com mais de 35 e menos de 60 anos, nomeados pelo Presidente da República, após aprovação pelo Congresso Nacional.

(C) dentre os Ministros do Tribunal Superior do Trabalho, 11 serão escolhidos dentre juízes dos Tribunais Regionais do Trabalho, integrantes da carreira da magistratura trabalhista, três dentre advogados e três dentre membros do Ministério Público do Trabalho.

(D) em cada Estado e no Distrito Federal haverá pelo menos um Tribunal Regional do Trabalho, e a lei instituirá as Varas do Trabalho, podendo, nas comarcas onde não forem instituídas, atribuir sua jurisdição aos juízes de direito, sendo que nesse caso os recursos são julgados diretamente pelo Tribunal Superior do Trabalho.

(E) os Tribunais Regionais do Trabalho compõem-se de, no mínimo, 11 juízes, recrutados, quando possível, na respectiva região, e nomeados pelo Presidente do Tribunal Superior do Trabalho dentre brasileiros com mais de 30 e menos de 65 anos.

A: assertiva correta, pois reflete o disposto no art. 111-A, § 2º, II, da CF; **B:** assertiva incorreta, pois o TST será composto por vinte e sete Ministros, escolhidos dentre brasileiros com mais de trinta e cinco e menos de sessenta e cinco anos, nomeados pelo Presidente da República após aprovação pela maioria absoluta do Senado Federal (art. 111-A, *caput*, da CF); **C:** assertiva incorreta, pois nos termos do art. 111-A da CF o TST é composto de 27 Ministros, sendo 1/5 oriundos do Ministério Público do Trabalho - MPT e advogados, regra do chamado "quinto constitucional". Assim, teríamos 2/10 de advogados e 2/10 de membros do MPT, o que representa 3 advogados e 3 membros do MPT. O restante, ou seja, 21 Ministros são oriundos dos Juízes dos TRT; **D:** assertiva incorreta, pois nos termos do art. 112 da CF os recursos serão dirigidos ao respectivo Tribunal Regional do Trabalho; **E:** assertiva incorreta, pois os Tribunais Regionais do Trabalho serão compostos por, no mínimo, sete juízes, recrutados, quando possível, na respectiva região, e nomeados pelo Presidente da República dentre brasileiros com mais de trinta e menos de sessenta e cinco anos, nos termos do que dispõe o *caput* do art. 115 da CF.

Gabarito "A"

(Analista – TRT/6ª – 2012 – FCC) Quanto aos serviços auxiliares da Justiça do Trabalho, é INCORRETO afirmar:

(A) Compete à secretaria das Varas do Trabalho o recebimento, a autuação, o andamento, a guarda e a conservação dos processos e outros papéis que lhe forem encaminhados.

(B) Nas localidades em que existir mais de uma Vara do Trabalho compete ao distribuidor a distribuição, pela ordem rigorosa de entrada, e sucessivamente a cada Vara, dos feitos que, para esse fim, lhe forem apresentados pelos interessados.

(C) Compete à secretaria das Varas do Trabalho a realização das penhoras e demais diligências processuais.

(D) Na falta ou impedimento do Oficial de Justiça ou Oficial de Justiça Avaliador, o Juiz poderá atribuir a realização do ato a qualquer serventuário.

(E) No caso de avaliação, terá o Oficial de Justiça Avaliador, para cumprimento do ato, o prazo de 15 (quinze) dias.

A: assertiva correta (art. 711, *a*, da CLT); **B:** assertiva correta (arts. 713 e 714, *a*, da CLT); **C:** assertiva correta (art. 711, *h*, da CLT); **D:** assertiva correta (art. 721, § 5º, da CLT); **E:** assertiva incorreta, devendo ser assinalada, pois o prazo para o Oficial de Justiça Avaliador concluir a avaliação é de 10 dias, conforme preceitua o art. 721, § 3º, da CLT, c/c o art. 888 da CLT.

Gabarito "E"

(Analista – TRT/12ª – 2010 – FCC) O Procurador-Geral do Trabalho será nomeado pelo Procurador-Geral da República, dentre integrantes da instituição, com mais de trinta e cinco anos de idade e de cinco anos na carreira, integrante de lista tríplice escolhida mediante voto plurinominal, facultativo e secreto, pelo Colégio de Procuradores. Não ocorrendo número suficiente de candidatos com mais de cinco anos na carreira,

(A) o Procurador-Geral da República deverá fornecer ao Colégio de Procuradores prazo improrrogável de 120 dias para a elaboração de lista que contenha três candidatos habilitados, independentemente do tempo de carreira.
(B) deverá ser apresentada lista com dois nomes, sendo que o Procurador-Geral da República deverá optar por um deles, tendo em vista a obrigatoriedade da presença do requisito anos de carreira.
(C) poderá concorrer à lista tríplice quem contar mais de dois anos na carreira.
(D) poderá concorrer à lista tríplice quem contar mais de doze meses na carreira.
(E) o Procurador-Geral da República deverá fornecer ao Colégio de Procuradores prazo improrrogável de 90 dias para a elaboração de lista que contenha três candidatos habilitados, independentemente do tipo de carreira.

Art. 88 da Lei Complementar 75/1993.

Gabarito "C"

(Analista – TRT/18ª – 2008 – FCC) Os Ministros do Tribunal Superior do Trabalho serão nomeados pelo Presidente

(A) da República, após aprovação pela maioria absoluta do Senado Federal.
(B) da República, após aprovação pela maioria absoluta do Congresso Nacional.
(C) da República, após aprovação pela maioria relativa do Conselho Nacional de Justiça.
(D) do Supremo Tribunal Federal, após aprovação pela maioria relativa do Senado Federal.
(E) do Conselho Nacional de Justiça, após a aprovação pela maioria absoluta do Senado Federal.

Art. 111-A, *caput*, da CF.

Gabarito "A"

(Analista – TRT/17ª – 2009 – CESPE) Em face dos serviços auxiliares da justiça do trabalho, julgue os itens a seguir.

(1) É facultado aos presidentes dos TRTs cometer a qualquer oficial de justiça ou oficial de justiça avaliador a realização dos atos de execução das decisões desses tribunais.
(2) Em todas as localidades onde existe vara do trabalho há um distribuidor, o qual deve fazer a distribuição segundo a ordem rigorosa de entrada.
(3) A secretaria da vara do trabalho é responsável pela contagem das custas devidas pelas partes, em seus respectivos processos.
(4) Caso inexista órgão específico destinado à distribuição de mandados judiciais no âmbito dos TRTs, nas localidades onde há mais de uma vara, a atribuição para o cumprimento do ato deprecado ao oficial de justiça ou ao oficial de justiça avaliador deve ser transferida a outro oficial, sempre que, após o decurso de nove dias, sem razões que o justifiquem, não tenha sido cumprido o ato, sujeitando-se o serventuário às penalidades da lei.
(5) Na falta ou no impedimento do oficial de justiça ou do oficial de justiça avaliador, o juiz da vara pode atribuir a realização do ato a qualquer serventuário.
(6) A realização das penhoras e demais diligências processuais não está entre as atribuições da secretaria da vara do trabalho.

1: assertiva correta (art. 721, § 4º, da CLT); **2:** assertiva incorreta, pois apenas nas localidades em que houver mais de uma vara do trabalho haverá distribuidor (art. 713 da CLT); **3:** assertiva correta (art. 711, *f*, da CLT); **4:** assertiva correta (art. 721, §§ 1º e 2º, da CLT); **5:** assertiva correta (art. 721, § 5º, da CLT); **6:** assertiva incorreta (art. 711, *h*, da CLT).

Gabarito 1C, 2E, 3C, 4C, 5C, 6E

2. TEORIA GERAL E PRINCÍPIOS DO PROCESSO DO TRABALHO

(Técnico – TRT/19ª – 2015 – FCC) O artigo 39 da Consolidação das Leis do Trabalho permite que a Delegacia Regional do Trabalho – DRT encaminhe processo administrativo à Justiça do Trabalho, onde conste reclamação de trabalhador no tocante a recusa de anotação da CTPS pela empresa. Este é um exemplo de exceção ao princípio

(A) da eventualidade.
(B) inquisitivo.
(C) da imediação.
(D) dispositivo.
(E) da extrapetição.

A: opção incorreta, pois o princípio da eventualidade, art. 300 do CPC (art. 336 do CPC/2015), é próprio da contestação e ensina que compete ao réu alegar toda a matéria de defesa, expondo as razões de fato e de direito, com que impugna o pedido do autor e especificando as provas que pretende produzir. **B:** opção incorreta, pois o princípio inquisitivo consiste na iniciativa conferida ao magistrado na investigação dos fatos e determinação das provas que entende pertinentes, em busca da verdade real para formação de seu livre convencimento. **C:** opção incorreta, pois o princípio da imediação está disciplinado no art. 446, II, do CPC (regra não adotada pelo CPC/2015) pelo qual o juiz deve proceder direta e pessoalmente à colheita das provas na audiência. **D:** opção correta, pois o princípio do dispositivo ensina que a iniciativa para a propositura da ação é das partes, em regra. Portanto, a regra contida do art. 39 da CLT representa exceção ao princípio dispositivo. **E:** opção incorreta, pois o princípio da extrapetição ensina que o juiz pode condenar a reclamada em pedidos não contidos na petição inicial, nos casos previstos em lei, como por exemplo, a regra contida no art. 137, § 2º, da CLT e, ainda, o pedido de juros e correção monetária, hipótese prevista na súmula 211 do TST.

Gabarito "D"

(Técnico – TRT/3ª – 2015 – FCC) De acordo com a Súmula 422 do Tribunal Superior do Trabalho *"Não se conhece de recurso para o TST, pela ausência do requisito de admissibilidade inscrito no art. 514, II, do CPC (art. 1.010, II, CPC/2015), quando as razões do recorrente não impugnam os fundamentos da decisão recorrida, nos termos em que fora proposta"*. Neste caso, está sendo aplicado o princípio

(A) da estabilidade da lide.
(B) da lealdade processual.
(C) d a delimitação recursal.
(D) do dispositivo.
(E) da dialeticidade.

A: opção incorreta, pois o princípio da estabilidade da lide ensina que o pedido e a causa de pedir é que traçam e demarcam os limites objetivos da lide, o que permite à parte contrária o pleno exercício do direito do contraditório. No processo do trabalho, caso haja o aditamento da petição inicial deverá o Juiz designar nova audiência. **B:** opção incorreta, pois o princípio da lealdade processual tem como fim impor aos litigantes uma conduta moral, ética e de respeito mútuo para que o processo alcance seu objetivo final, qual seja, a prestação jurisdicional. **C:** opção incorreta, pois o princípio da delimitação recursal indica que as matérias delimitadas pelo recorrente é que poderão ser apreciadas pelo órgão julgador. **D:** opção incorreta, pois o princípio do dispositivo ensina que pertence às partes a iniciativa das alegações e pedidos e assim limitando a atuação investigativa do juiz aos fatos narrados nos autos. **E:** opção correta, pois o princípio da dialeticidade ensina que deve a parte recorrente impugnar todos os fundamentos suficientes para manter o acórdão recorrido, de maneira a demonstrar que o julgamento proferido pelo Tribunal de origem merece ser modificado, ou seja, não basta que faça alegações genéricas em sentido contrário às afirmações do julgado contra o qual se insurge.

Gabarito "E"

(Técnico Judiciário – TRT/9ª – 2012 – FCC) Quanto ao processo judiciário do trabalho, é correto afirmar:

(A) Havendo omissão da CLT sempre serão aplicadas as regras do direito processual comum como fonte subsidiária.
(B) Aplicam-se apenas as regras contidas na CLT, não podendo ser aplicada norma prevista no direito processual comum.
(C) A CLT não possui regras processuais próprias, razão pela qual são aplicadas normas do direito processual comum.
(D) Nos casos omissos, o direito processual comum será fonte subsidiária do direito processual do trabalho, exceto naquilo em que for incompatível com as regras da CLT.
(E) O direito processual comum é fonte primária, sendo aplicadas as normas processuais contidas na CLT de forma subsidiária.

A: incorreta, pois para a aplicação subsidiária do direito processual comum, deverá haver compatibilidade com as regras celetistas, nos termos do art. 769 da CLT; **B:** incorreta, pois havendo a omissão na norma consolidada, aplicar-se-á o direito processual comum, nos termos do art. 769 da CLT; **C:** incorreta, pois a CLT prevê regras próprias, vide arts. 643 e seguintes da CLT; **D:** correta, pois reflete o disposto no art. 769 da CLT; **E:** incorreta, pois o direito processual comum é fonte subsidiária e sua aplicação se dá nos termos do art. 769 da CLT.

Gabarito "D".

(Técnico Judiciário – TRT/6ª – 2006 – FCC) É fonte subsidiária do processo do trabalho:

(A) o Código de Processo Penal.
(B) o Código de Processo Civil.
(C) a Lei de Recuperação de Créditos.
(D) o Estatuto dos Servidores Públicos.
(E) o Código Comercial.

Art. 769 da CLT.

Gabarito "B".

(Técnico Judiciário – TRT/9º – 2010 – FCC) Mario ajuizou reclamação trabalhista em face da empresa W. A reclamação foi julgada totalmente procedente e a empresa W ainda foi condenada nas penalidades inerentes à litigância de má-fé. Neste caso, com relação à condenação por litigância de má-fé, está presente especificamente o princípio da:

(A) Concentração.
(B) Lealdade Processual.
(C) Proteção.
(D) Estabilidade da Lide.
(E) Demanda ou Dispositivo.

A: incorreta, pois o princípio da concentração diz com a vocação do processo do trabalho para que seus atos sejam realizados de forma concentrada em audiência (apresentação de defesa, produção de provas, prolação da sentença etc.) e em um menor número possível de audiências; **B:** correta. O princípio da lealdade processual proíbe a má fé e os atos atentatórios à dignidade da justiça; **C:** incorreta. O princípio da proteção, também chamado de protetivo, tuitivo ou tutelar, refere-se à predisposição do ordenamento jurídico trabalhista em proteger o trabalhador, que é o polo hipossuficiente da relação jurídico-trabalhista (trata-se de princípio presente no direito material do trabalho, mas cuja existência no direito processual do trabalho é controvertida, uma vez que o processo seria ditado pelo princípio da isonomia das partes); **D:** incorreta. O princípio da estabilidade da lide concerne à proibição de inovação de pedido ou causa de pedir após determinado momento processual. No processo cível, após a citação do réu só é permitida a mudança do pedido ou causa de pedir com a concordância deste, sendo que em nenhuma hipótese será possível a mudança do pedido ou causa de pedir após o saneamento da lide (CPC, art. 264) (art. 329, II, CPC/2015). No processo do trabalho, uma vez que a citação do Réu decorre de ato automático do Juízo e que inexiste expressa previsão de despacho saneador, doutrinadores debatem quanto ao momento da estabilização da demanda, prevalecendo que até o momento de apresentação da defesa o autor poderá aditar a inicial para alterar pedidos e causa de pedir; **E:** incorreta. O princípio da demanda ou dispositivo, também conhecido como princípio da congruência entre a decisão e o pedido, informa que a lide deve ser julgada nos limites da ação proposta, vedando-se ao Juiz, em linha de princípio, emitir julgamentos *extra petita* (fora do pedido), *ultra petita* (além do pedido) ou *citra petita* (aquém do pedido). Observe-se, no entanto, que esta regra possui diversas exceções.

Gabarito "B".

(Técnico Judiciário – TRT/14ª – 2011 – FCC) De acordo com a Consolidação das Leis do Trabalho, o Direito Processual Comum é fonte do Direito Processual do Trabalho. Neste caso, está sendo aplicado especificamente o princípio:

(A) da subsidiariedade.
(B) do protecionismo ao trabalhador.
(C) da informalidade.
(D) da celeridade.
(E) da simplicidade.

O Direito Processual Comum é fonte supletiva ou subsidiária do Direito Processual do Trabalho, aplicando-se naquilo que a legislação processual trabalhista for omissa e desde que o dispositivo subsidiariamente invocado se mostrar compatível com os princípios regentes do processo trabalhista (CLT, art. 769). Cuidado: esta regra não pode ser generalizada. Quanto ao processo de execução, de acordo com o art. 889 da CLT, a Lei de Execução Fiscal é que será a fonte subsidiária (exceto quanto à ordem de bens a serem nomeados à penhora, quando se observará o Código de Processo Civil, conforme art. 882 da CLT).

Gabarito "A".

(Técnico Judiciário – TRT/24ª – 2011 – FCC) De acordo com a Consolidação das Leis do Trabalho, os Juízos e Tribunais do Trabalho terão ampla liberdade na direção do processo e velarão pelo andamento rápido das causas, podendo determinar qualquer diligência necessária ao esclarecimento delas. Este dispositivo retrata especificamente o princípio:

(A) da *perpetuatio jurisdictionis*.
(B) da instrumentalidade.
(C) dispositivo.
(D) da estabilidade da lide.
(E) inquisitivo.

A: incorreta, pois pelo princípio da *perpetuation jurisdictionis*, a competência para o julgamento da lide é definida no momento do ajuizamento da ação, sendo que alterações fáticas posteriores que não sejam relevantes não implicarão em deslocamento de competência. É assim que, por exemplo, se determinado empregado laborando em Campo Grande ajuíza uma ação perante uma das varas do trabalho da capital sul-mato-grossense, o fato de o local de sua prestação de serviços ser alterado para Três Lagoas no curso do processo não possui o condão de deslocar a competência territorial; **B:** incorreta. O princípio da instrumentalidade está afeto às nulidades trabalhistas e informa que a nulidade do ato processual não será declarada se, a despeito de alguma irregularidade, o ato atingir sua finalidade; **C:** incorreta. O princípio do dispositivo, também conhecido como princípio da demanda ou da congruência entre a decisão e o pedido, informa que a lide deve ser julgada nos limites da ação proposta, vedando-se ao Juiz, em linha de princípio, emitir julgamentos *extra petita* (fora do pedido), *ultra petita* (além do pedido) ou *citra petita* (aquém do pedido). Observe-se, no entanto, que esta regra possui diversas exceções; **D:** incorreta. O princípio da estabilidade da lide concerne à proibição de inovação de pedido ou causa de pedir após determinado momento processual. No processo cível, após a citação do réu só é permitida a mudança do pedido ou causa de pedir com a concordância deste, sendo que em nenhuma hipótese será possível a mudança do pedido ou causa de pedir após o saneamento da lide (CPC, art. 264) (art. 329, II, CPC/2015). No processo do trabalho, uma vez que a citação do Réu decorre de ato automático do Juízo e que inexiste expressa previsão de despacho saneador, doutrinadores debatem quanto ao momento da estabilização da demanda, prevalecendo que até o momento de apresentação da defesa o autor poderá aditar a inicial para alterar pedidos e causa de pedir; **E:** correta. De fato, o preceito legal estampado no enunciado (CLT, art. 765) é uma faceta do princípio inquisitivo, embora não se deva dizer que o processo trabalhista seja, em si, um processo inquisitivo. Ao contrário, com o advento do Estado de Direito e do princípio do devido processo legal, os processos estão submetidos ao princípio do contraditório e as decisões devem ser motivadas. Atualmente, apenas procedimentos (e não processos) possuem natureza inquisitiva ou inquisitorial, como o inquérito policial ou o inquérito civil.

Gabarito "E".

(Analista – TRT/9ª – 2012 – FCC) A legislação processual do trabalho regulamenta o trâmite de dissídios individuais, criando regras sobre a forma de reclamação e a notificação do reclamado. Segundo tais normas, a reclamação

(A) recebida e protocolada será remetida a segunda via da petição ao reclamado, notificando-o ao mesmo tempo, para comparecer à audiência de julgamento, que será a primeira desimpedida, depois de 48 horas.
(B) será, preliminarmente, sujeita à distribuição nas localidades em que houver apenas uma Vara do Trabalho.
(C) poderá ser apresentada pelos empregados e empregadores, pessoalmente, ou por seus representantes e pelos sindicatos de classe.
(D) será feita por notificação via oficial de justiça, não sendo admitida a notificação por edital nos processos que tramitam pelo rito ordinário.
(E) poderá ser acumulada num só processo com outros, quando houver identidade de matéria, desde que sejam empregados da mesma profissão e região metropolitana.

A: assertiva incorreta, pois nos termos do art. 841, *caput*, da CLT a audiência deverá ser feita depois de 5 dias; **B:** assertiva incorreta, pois nos termos do art. 838 da CLT nas localidades em que houver mais de uma Vara do Trabalho a reclamação será preliminarmente sujeita à distribuição; **C:** assertiva correta, pois reflete o disposto no art. 839, *a*, da CLT; **D:** assertiva incorreta, pois, nos termos do § 1º do art. 841 da CLT, a notificação será feita em registro postal com franquia, sendo que, se o reclamado criar embaraços ao seu recebimento ou não for encontrado, far-se-á a notificação por edital, inserto no jornal oficial ou no que publicar o expediente forense, ou, na falta, afixado na sede do Juízo; **E:** assertiva incorreta, pois nos termos do art. 842 da CLT poderá haver a acumulação de ações nos casos de empregados da mesma empresa ou estabelecimento.

Gabarito "C".

(Analista – TRT/9ª – 2012 – FCC) Dentre os princípios norteadores do Processo do Trabalho estão a oralidade e a concentração dos atos em audiência. Nessa seara, conforme previsão legal,

(A) o depoimento das partes e testemunhas que não souberem falar a língua nacional será feito por meio de intérprete nomeado pelo juiz e as despesas correrão por conta da parte vencida no processo.

(B) se, até 30 minutos após a hora marcada, o Juiz não houver comparecido, os presentes poderão retirar-se, devendo o ocorrido constar do livro de registro das audiências.

(C) o Juiz manterá a ordem nas audiências, mas não poderá mandar retirar do recinto os assistentes que a perturbarem em razão da publicidade das audiências na Justiça do Trabalho, sendo que nesse caso deverá adiar a sessão.

(D) as audiências dos órgãos da Justiça do Trabalho serão públicas e realizar-se-ão em dias úteis previamente fixados, entre 8 e 18 horas, não podendo ultrapassar 5 horas seguidas, salvo quando houver matéria urgente.

(E) as audiências dos órgãos da Justiça do Trabalho serão públicas e realizar-se-ão na sede do Juízo ou Tribunal não podendo ser designado outro local para a realização das audiências.

A: assertiva incorreta, pois embora nos termos do art. 819 da CLT o depoimento da parte ou da testemunha que não souber falar português seja feita por intérprete nomeado pelo juiz, de acordo com o § 2º do mesmo dispositivo, as despesas correrão por conta da parte a que interessar o depoimento; **B:** assertiva incorreta, pois, nos termos do art. 815, parágrafo único, da CLT, o período é de 15 (quinze) minutos; **C:** assertiva incorreta, pois, nos termos do art. 816 da CLT, o Juiz poderá mandar retirar do recinto os assistentes que a perturbarem; **D:** assertiva correta, pois reflete os exatos termos do disposto no art. 813 da CLT; **E:** assertiva incorreta, pois em casos especiais, nos termos do art. 813, § 1º, da CLT, poderá ser designado outro local para a realização das audiências, mediante edital afixado na sede do Juízo ou Tribunal, com a antecedência mínima de 24 (vinte e quatro) horas.

Gabarito "D"

(Analista – TRT/1ª – 2012 – FCC) Considerando-se os princípios gerais do processo aplicáveis ao processo judiciário trabalhista é correto afirmar:

(A) A irrecorribilidade das decisões interlocutórias é um dos aspectos da oralidade, plenamente identificado no processo trabalhista.

(B) Não se aplica o princípio da concentração dos atos processuais em audiência, como ocorre no processo comum.

(C) Não há omissão das normas processuais na Consolidação das Leis do Trabalho que justifique a aplicação subsidiária do processo comum.

(D) Havendo omissão das normas processuais na Consolidação das Leis do Trabalho fica a critério de cada Juiz a aplicação do direito processual comum, cujo critério para adoção é a concordância das partes.

(E) A execução trabalhista poderá ser promovida apenas pelas partes interessadas, não havendo o impulso oficial *ex officio* pelo próprio Juiz competente.

A: assertiva correta. O processo do trabalho se distingue do processo comum por ter acolhido, em sua magnitude, o princípio da oralidade representado, de um lado, pela concentração dos atos processuais, e de outro, pela irrecorribilidade imediata das decisões interlocutórias, que está expressa no art. 893, § 1º, da CLT; **B:** assertiva incorreta, pois, como informado na resposta à assertiva anterior, aplica-se o princípio da concentração dos atos, como se observa pela redação dos arts. 843 a 850 da CLT; **C:** assertiva incorreta, pois existem diversas omissões nas normas processuais, e nessas hipóteses deveremos aplicar a regra esculpida no art. 769 da CLT; **D:** assertiva incorreta, pois nos termos do art. 769 da CLT, nos casos de omissão o operador do Direito aplicará o direito processual comum, exceto naquilo em que for incompatível com as normas processuais trabalhistas, independente da concordância das partes; **E:** assertiva incorreta, pois, nos termos do art. 878 da CLT, a execução trabalhista poderá ser promovida *ex officio* pelo juiz.

Gabarito "A"

(Analista – TRT/4ª – 2006 – FCC) Na falta de regulamentação específica, aplica-se ao processo do trabalho de conhecimento e execução, respectivamente

(A) o Código de Processo Civil e a Lei de Execuções Fiscais.

(B) o Código de Processo Civil e a Lei de Falências.

(C) o Código de Processo Civil e o Código do Consumidor.

(D) o Código do Consumidor e a Lei de Execuções Fiscais.

(E) a Lei de Falências e o Código do Consumidor.

Arts. 769 e 889 da CLT.

Gabarito "A"

(Analista – TRT/11ª – 2005 – FCC) É prevista a aplicação do direito processual comum ao processo do trabalho,

(A) nos casos omissos, como fonte preferencial, desde que respeitado o princípio *in dubio pro misero.*

(B) a critério do magistrado, como decorrência do princípio do livre convencimento do juiz.

(C) nos casos omissos, como fonte subsidiária e desde que não haja incompatibilidade com as normas processuais trabalhistas.

(D) a critério do magistrado, que deverá observar somente os princípios *in dubio pro misero* e da primazia da realidade.

(E) em todas e quaisquer hipóteses, como fonte preferencial e desde que sejam observados os princípios do direito processual do trabalho.

Art. 769 da CLT.

Gabarito "C"

(Analista – TRT/20ª – 2011 – FCC) O princípio, que determina que o reclamado deverá alegar na contestação, simultaneamente, as matérias relacionadas com as preliminares (art. 302 do CPC), bem como as matérias relacionadas ao mérito em razão da possibilidade das preliminares arguidas não serem acolhidas é, especificamente, o da

(A) extrapetição.

(B) busca da verdade real.

(C) eventualidade.

(D) finalidade.

(E) estabilidade da lide.

O princípio da eventualidade radica no art. 300 do CPC, (art. 336 CPC/2015) pelo qual "compete ao réu alegar, na contestação, toda a matéria de defesa, expondo as razões de fato e de direito, com que impugna o pedido do autor", materializando-se através do chamado ônus da impugnação específica. Calamandrei define o princípio da eventualidade como "aquele por força do qual as partes, para não perderem a faculdade de fazer valer as deduções de mérito e de rito que possam parecer úteis à sua defesa, devem apresentá-las cumulativamente no termo preclusivo fixado para tal fim, ainda que algumas delas, destinadas a valer apenas subordinadamente (isto é, apenas na eventualidade de não serem acolhidas as outras alegações apresentadas em caráter principal), não apresentem interesse atual no momento de sua apresentação".

Gabarito "C"

(Analista – TRT/9ª – 2007 – CESPE) Com relação aos princípios inerentes ao processo do trabalho, julgue os itens subsequentes.

(1) O processo civil é fonte subsidiária do processo do trabalho, sendo que, nas execuções trabalhistas, havendo omissão na Consolidação das Leis do Trabalho (CLT), deve o intérprete, preferencialmente, buscar a regra de regência aplicável às execuções fiscais.

(2) De acordo com o princípio da oralidade, os atos processuais prescindem de forma ou transcrição escrita do inteiro teor ou do respectivo resumo e são sempre realizados em audiência perante o juiz do trabalho.

1: assertiva correta (arts. 769 e 889 da CLT); **2:** assertiva incorreta, pois o princípio da oralidade do processo trabalhista é acentuado pela concentração dos atos em audiência, pela maior iteratividade entre juiz e partes e pela irrecorribilidade das decisões interlocutórias, mas, ainda assim, os atos processuais deverão ser transcritos, conforme art. 771 da CLT.

Gabarito 1C, 2E

3. PRESCRIÇÃO E DECADÊNCIA

(Analista – TRT/8ª – 2010 – FCC) Tobias foi contratado pela empresa Rosa para trabalhar como operário em 01 Fevereiro de 1999. Em 01 Junho de 2009 Tobias foi dispensado por justa causa baseada em ato de improbidade. Tobias ingressou com a competente reclamação trabalhista no dia 27 de Julho de 2010. Neste caso a reclamação trabalhista

(A) não está prescrita, porém Tobias somente poderá requerer seus direitos trabalhistas dos cinco anos anteriores a data da propositura da ação.

(B) está prescrita de acordo com as normas preconizadas na Consolidação das Leis do Trabalho e na Constituição Federal brasileira.
(C) não está prescrita, porém Tobias somente poderá requerer seus direitos trabalhistas dos cinco anos anteriores a data de sua dispensa.
(D) não está prescrita, porém Tobias somente poderá requerer seus direitos trabalhistas dos dois anos anteriores a data de sua dispensa.
(E) não está prescrita e Tobias poderá requerer seus direitos trabalhistas de todo o período contratual.

Arts. 7º, XXIX, da CF, 11, I, da CLT e súmula 308, I, do TST.
Gabarito "A".

(Analista – TRT/16ª – 2009 – FCC) A ação trabalhista
(A) interrompe a prescrição em relação a todos os pedidos e causa de pedir, exceto se arquivada.
(B) interrompe a prescrição somente em relação aos pedidos idênticos, ainda que arquivada.
(C) não interrompe a prescrição, havendo apenas a sua suspensão enquanto ocorre o trâmite da respectiva ação.
(D) interrompe a prescrição somente em relação aos pedidos idênticos, exceto se arquivada.
(E) interrompe a prescrição em relação a todos os pedidos e causa de pedir, ainda que arquivada.

Súmula 268 do TST: "A ação trabalhista, ainda que arquivada, interrompe a prescrição somente em relação aos pedidos idênticos".
Gabarito "B".

4. COMPETÊNCIA

(Técnico – TRT/19ª – 2015 – FCC) Ricardo foi contratado pela empresa "Fazenda Ltda.", para exercer a função de montador de estande em feiras agropecuárias. Considerando que Ricardo reside em Marechal Deodoro e que a sede da empresa é em Maceió, local da celebração do contrato, bem como que as feiras agropecuárias não ocorrem na referida capital e sim em diversas cidades interioranas, segundo a Consolidação das Leis do Trabalho, eventual reclamação trabalhista, no tocante à competência territorial deverá ser ajuizada
(A) obrigatoriamente em Marechal Deodoro.
(B) obrigatoriamente em Maceió.
(C) obrigatoriamente no local em que prestou serviços em último lugar.
(D) em Maceió ou Marechal Deodoro.
(E) em Maceió ou no local da prestação dos respectivos serviços.

"E" é a resposta correta. Ensina o art. 651, § 3º, da CLT em se tratando de empregador que promova realização de atividades fora do lugar do contrato de trabalho, como no caso em estudo, é assegurado ao empregado apresentar reclamação na localidade da celebração do contrato ou no da prestação dos respectivos serviços. Assim, Ricardo poderá optar em apresentar a reclamação trabalhista em Maceió, localidade em que foi celebrado o contrato de trabalho ou então na localidade das diversas cidades interioranas.
Gabarito "E".

(Técnico – TRT/16ª – 2015 – FCC) A empregada "A" ajuizou reclamação trabalhista em Salvador, local em que se mudou após sua dispensa. Entretanto, o local em que prestou serviços foi em São Luís. A empresa, regularmente notificada, não compareceu à audiência, tendo sido decretada sua revelia e confissão quanto à matéria de fato. No tocante à alegação de incompetência em razão do lugar, é correto afirmar que:
(A) tendo em vista se tratar de matéria de ordem, deverá ser declarada *ex officio* pelo juiz, que se declarará incompetente para conhecer e julgar a reclamação.
(B) tendo em vista que a incompetência é relativa, poderá ser alegada em qualquer fase do processo, mesmo após a prolação da sentença, até a interposição de recurso ordinário.
(C) tendo em vista que a incompetência é relativa e não alegada no momento oportuno, ou seja, com a defesa, prorroga-se a competência do juízo de Salvador, tornando-se competente para conhecer e julgar o feito, havendo preclusão da matéria.
(D) a empresa somente poderá alegar a exceção de incompetência em razão do lugar em preliminar de recurso ordinário.
(E) deverá a empresa interpor agravo de instrumento para conhecimento imediato da exceção.

A: opção incorreta, pois a incompetência relativa não é matéria de ordem pública e, portanto, não pode ser declarada de ofício pelo Juiz. **B:** opção incorreta, pois a incompetência relativa/territorial deve ser alegada pela parte no prazo de defesa (exceção de incompetência territorial), sob pena de prorrogar-se a competência do juízo. Em outras palavras, a incompetência territorial se convalidará caso a parte interessada não oponha exceção de incompetência no prazo legal. Vide art. 795 da CLT. **C:** opção correta, pois de fato, como exposto no comentário anterior, caso a incompetência relativa não seja alegada na apresentação de sua defesa, ou seja, o primeiro momento que tiver de falar em audiência, art. 795 da CLT, ocorrerá a prorrogação de competência, passando a ser competente o juízo de Salvador. **D:** opção incorreta, pois nos termos do art. 795 da CLT a exceção de incompetência deverá ser alegada no primeiro momento em que a parte tiver de falar nos autos. **E:** opção incorreta, pois o agravo de instrumento é o recurso interposto contra decisão que denegar a interposição de recurso, ou seja, a decisão que não admitiu recurso no 1º juízo de admissibilidade, art. 897, *b*, da CLT.
Gabarito "C".

(Técnico Judiciário – TRT/2ª – 2008 – FCC) As competências em razão da pessoa, da função e da matéria são de natureza
(A) absoluta, absoluta e relativa, respectivamente.
(B) relativa.
(C) relativa, absoluta e absoluta, respectivamente.
(D) absoluta, relativa e absoluta, respectivamente.
(E) absoluta.

Competência é a medida da jurisdição (José Frederico Marques). Entende-se, a partir do art. 111 do CPC (arts. 62 e 63 CPC/2015), que a competência em razão da matéria, da pessoa e funcional são absolutas, dela podendo o Juiz conhecer de ofício, não havendo preclusão para a parte ou para o Juiz.
Gabarito "E".

(Técnico Judiciário – TRT/3ª – 2005 – FCC) Nas comarcas onde não forem instituídas Varas do Trabalho, a jurisdição do trabalho será exercida pelo:
(A) Tribunal Regional do Trabalho da respectiva região, conforme determinação do Tribunal Superior do Trabalho.
(B) juiz de direito da comarca, na forma da lei.
(C) Tribunal Regional Federal da respectiva jurisdição, na forma da lei.
(D) Tribunal de Justiça do Estado, na forma da lei.
(E) Tribunal de Alçada do Estado, na forma estabelecida na Constituição.

Art. 112 da CF.
Gabarito "B".

(Técnico Judiciário – TRT/11ª – 2005 – FCC) A competência das Varas do Trabalho é determinada pelo local:
(A) em que o empregado foi contratado.
(B) em que reside o empregado.
(C) em que está a matriz da empresa.
(D) da prestação de serviços.
(E) mais conveniente ao trabalhador.

Art. 651 da CLT.
Gabarito "D".

(Técnico Judiciário – TRT/11ª – 2005 – FCC) A jurisdição de cada Vara do Trabalho abrange todo o território da comarca em que tem sede, só podendo ser estendida ou restringida por lei:
(A) federal.
(B) estadual.
(C) municipal.
(D) estadual ou lei federal.
(E) municipal ou lei estadual.

Art. 650 da CLT.
Gabarito "A".

(Técnico Judiciário – TRT/16ª – 2009 – FCC) A competência em razão da matéria, da função e do território, na Justiça do Trabalho, são consideradas, respectivamente,
(A) absoluta, absoluta e relativa.
(B) relativa, absoluta e absoluta.
(C) absoluta, relativa e absoluta.
(D) relativa, relativa e absoluta.
(E) relativa, absoluta e relativa.

Competência é a medida da jurisdição (José Frederico Marques). Entende-se, a partir do art. 111 do CPC (arts. 62 e 63 CPC/2015), que a competência em razão da matéria, da pessoa e funcional são absolutas, dela podendo o Juiz conhecer de ofício, não havendo preclusão para a parte ou para o Juiz. Já a competência territorial é relativa, devendo a parte invoca-la por meio da exceção de incompetência no momento processual oportuno, sob pena de prorrogação (CPC, art. 114) (art. 65 CPC/2015).

Gabarito "A".

(Técnico Judiciário – TRT/20ª – 2006 – FCC) De acordo com a Consolidação das Leis do Trabalho, em regra, a competência das Varas do Trabalho é determinada pela localidade onde:

(A) o empregado, reclamante ou reclamado, foi contratado para prestar serviços, exceto se foi contratado no estrangeiro.
(B) está sediada a empresa empregadora ou o domicílio do empregador quando este for pessoa física.
(C) o empregado, reclamante ou reclamado, prestar serviços ao empregador, ainda que tenha sido contratado noutro local ou no estrangeiro.
(D) o empregado, reclamante ou reclamado, foi contratado para prestar serviços, inclusive se foi contratado no estrangeiro.
(E) está a filial mais próxima da empresa empregadora ou o domicílio do empregador quando este for pessoa física.

Art. 651 da CLT.

Gabarito "C".

(Técnico Judiciário – TRT/5ª – 2008 – CESPE) Acerca da organização e da competência da justiça do trabalho, julgue os itens a seguir.

(1) As ações que envolvem o exercício do direito de greve devem ser julgadas na justiça do trabalho.
(2) Nas comarcas que não sejam abrangidas pela jurisdição da justiça do trabalho, as demandas trabalhistas podem ser julgadas por um juiz de direito.
(3) O TRT da 5ª Região possui jurisdição nos estados da Bahia e de Sergipe.

1: correta, art. 114, II, da CF; **2:** correta, art. 112 da CF; **3:** incorreta, conforme o art. 674 da CLT, Sergipe constitui região autônoma (20ª Região).

Gabarito 1C, 2C, 3E

(Técnico Judiciário – TRT/9ª – 2007 – CESPE) Julgue os itens a seguir.

(1) Compete à Justiça do Trabalho processar e julgar as ações oriundas da relação de trabalho, salvo quando essas envolverem, como parte, a administração pública, seja federal, estadual, distrital ou municipal.
(2) Compete à Justiça do Trabalho processar e julgar as causas que envolvam representação sindical.
(3) Compete à Justiça do Trabalho processar e julgar as ações relativas às penalidades administrativas impostas aos empregadores pelos órgãos de fiscalização das relações de trabalho, exceto quando se tratar de mandado de segurança.
(4) Competem aos tribunais do trabalho processar e julgar os dissídios coletivos apenas quando os trabalhadores estiverem em greve.

1: incorreta, pois estão abrangidos os entes de direito público externo e da administração pública direta e indireta da União, dos Estados, do Distrito Federal e dos Municípios (art. 114, I, da CF); **2:** correta, art. 114, III, da CF; **3:** incorreta, pois compete à Justiça do Trabalho processar e julgar os mandados de segurança, bem como as ações relativas às penalidades administrativas impostas aos empregadores pelos órgãos de fiscalização das relações de trabalho (art. 114, IV e VII, da CF); **4:** incorreta, pois o art. 114, § 2º, da CF não exige que os dissídios coletivos sejam processados e julgados apenas durante o período de greve

Gabarito 1E, 2C, 3E, 4E

(Técnico Judiciário – TRT/9ª – 2007 – CESPE) Em relação a jurisdição e a competência, sob o enfoque do processo civil, julgue os itens a seguir.

(1) O poder jurisdicional é exercido em sua plenitude pelos órgãos dele investidos. Entretanto, o exercício válido e regular desse poder por esses órgãos é limitado legalmente pelo que se denomina competência. Assim, a competência legitima o exercício do poder pelo órgão jurisdicional, em um processo concretamente considerado.
(2) É ilegítima a atuação de juízo territorialmente incompetente em processo decorrente de ação ajuizada perante ele. Nesse caso, por se tratar de incompetência absoluta, os atos decisórios emanados desse juízo padecem de nulidade insanável.
(3) A jurisdição voluntária, visando à composição de conflitos de interesses, tem por finalidade resguardar a segurança jurídica e a decisão nela proferida, aplicando, dessa forma, o direito no caso concreto, de acordo com a pretensão ou a resistência das partes.
(4) Foro é a delimitação territorial para o exercício do poder jurisdicional, sendo que, nos limites do mesmo foro, podem exercer jurisdição um ou mais órgãos jurisdicionais.

1: correta, de fato, considera-se a competência como a medida da jurisdição (José Frederico Marques); **2:** incorreta, a competência territorial é relativa, devendo a parte invoca-la por meio da exceção de incompetência no momento processual oportuno, sob pena de prorrogação (CPC, art. 114) (art. 65 CPC/2015); **3:** incorreta, a jurisdição voluntária diz com a administração judicial dos interesses particulares, não havendo que se falar em lide, assim caracterizado o conflito decorrente de uma pretensão resistida; **4:** conceito doutrinariamente correto, havendo a figura da distribuição de feitos para garantir-se o princípio do juiz natural nas localidades em que mais de um órgão jurisdicional encontra-se revestido da mesma competência.

Gabarito 1C, 2E, 3E, 4C

(Técnico Judiciário – TRT/17ª – 2009 – CESPE) A respeito da organização e da competência da justiça do trabalho, julgue os itens seguintes.

(1) A incompetência em razão da matéria é de natureza absoluta e, em assim sendo, deve ser declarada de ofício pelo juiz, independentemente de provocação das partes do processo.
(2) A justiça do trabalho tem competência para processar e julgar as ações acerca de representação sindical, entre sindicatos, entre sindicatos e trabalhadores e entre sindicatos e empregadores.

1: correta, art. 111 do CPC (arts. 62 e 63 CPC/2015); **2:** correta, art. 114, III, da CF.

Gabarito 1C, 2C

(Analista – TRT/9ª – 2012 – FCC) Athenas, residente na cidade de Apucarana, foi contratada em Londrina para trabalhar como secretária da Diretoria Comercial da Empresa de Turismo Semideuses Ltda., cuja matriz está sediada em Cascavel. Após dois anos de contrato prestado na filial da empresa em Curitiba, foi dispensada, embora tenha avisado o seu empregador que estava grávida. Athenas decidiu ajuizar ação reclamatória trabalhista postulando a sua reintegração por estabilidade de gestante. No presente caso, a Vara do Trabalho competente para processar e julgar a demanda é a do município de

(A) Cascavel, em razão de ser a matriz da empresa empregadora que é ré na ação.
(B) Curitiba, porque nesse caso a comarca competente é a Capital do Estado.
(C) Apucarana, por ser o local da residência da trabalhadora.
(D) Curitiba, por ser o local da prestação dos serviços.
(E) Londrina, porque foi o local da contratação da trabalhadora.

"D" é a assertiva correta, pois, nos termos do art. 651 da CLT, a competência será determinada pelo local da última prestação de serviço.

Gabarito "D".

(Analista – TRT/1ª – 2012 – FCC) A Constituição da República Federativa do Brasil apresenta normas relativas à organização e competência da Justiça do Trabalho. Segundo tais normas, é INCORRETO afirmar que

(A) o Tribunal Superior do Trabalho compor-se-á de vinte e sete Ministros, escolhidos dentre brasileiros com mais de trinta e cinco e menos de sessenta e cinco anos, nomeados pelo Presidente da República após aprovação pela maioria absoluta do Senado Federal.
(B) funcionará junto ao Tribunal Superior do Trabalho o Conselho Superior da Justiça do Trabalho, cabendo-lhe exercer, na forma da lei, a supervisão administrativa, orçamentária, financeira e patrimonial da Justiça do Trabalho de primeiro e segundo graus, como órgão central do sistema, cujas decisões terão efeito vinculante.

(C) haverá pelo menos um Tribunal Regional do Trabalho em cada Estado e no Distrito Federal, e a lei instituirá as Varas do Trabalho, podendo, nas comarcas onde não forem instituídas, atribuir jurisdição aos juízes de direito, com recurso para o respectivo Tribunal de Justiça.

(D) compete à Justiça do Trabalho processar e julgar as ações relativas às penalidades administrativas impostas aos empregadores pelos órgãos de fiscalização das relações de trabalho.

(E) os Tribunais Regionais do Trabalho compõem-se de, no mínimo, sete juízes, recrutados, quando possível, na respectiva região, e nomeados pelo Presidente da República dentre brasileiros com mais de trinta e menos de sessenta e cinco anos.

A: assertiva correta, pois reflete os exatos termos do disposto no art. 111-A da CF; **B:** assertiva correta, pois reflete o disposto no art. 111-A, § 2º, II, da CF; **C:** assertiva incorreta, devendo esta assertiva ser assinalada, pois nos termos do art. 112 da CF os recursos serão dirigidos para o Tribunal Regional do Trabalho respectivo; **D:** assertiva correta, pois reflete o disposto no art. 114, VII, da CF; **E:** assertiva correta, pois está em conformidade com o disposto no art. 115 da CF.

Gabarito "C".

(Analista – TRT/1ª – 2012 – FCC) Minerva, domiciliada no município de Duque de Caxias, foi contratada no município de Resende para trabalhar na empresa Olimpo Empreendimentos. Durante todo o contrato de trabalho trabalhou no município de Friburgo, sede da sua empregadora. Após três anos de labor, Minerva foi dispensada. Para receber as verbas rescisórias que não foram pagas, a comarca competente para o ajuizamento de reclamação trabalhista é a do município de

(A) Resende, porque é o local onde foi firmado o contrato de trabalho.

(B) Friburgo, porque é o local da prestação dos serviços da trabalhadora.

(C) Duque de Caxias, porque é o local do domicílio da reclamante.

(D) Rio de Janeiro, porque, além de ser a Capital do Estado, é a sede do Tribunal Regional do Trabalho da 1a Região.

(E) Duque de Caxias, Resende ou Friburgo, pois não há regra na CLT? Consolidação das Leis do Trabalho regulando a competência territorial.

"B" é a assertiva correta, pois nos termos do art. 651 da CLT a competência será determinada pelo local da última prestação de serviço.

Gabarito "B".

(Analista – TRT/2ª – 2008 – FCC) A competência originária para apreciar e julgar mandado de segurança impetrado em face de decisão do Tribunal Regional do Trabalho da Segunda Região é

(A) do Pleno do Tribunal Superior do Trabalho.

(B) do próprio Tribunal Regional do Trabalho da Segunda Região.

(C) da Seção de Dissídios Individuais do Tribunal Superior do Trabalho.

(D) do Supremo Tribunal Federal.

(E) da Seção de Dissídios Coletivos do Tribunal Superior do Trabalho.

Art. 108, I, *c*, da CF, e OJ 4 do Tribunal Pleno do TST ("Ao Tribunal Superior do Trabalho não compete apreciar, originariamente, mandado de segurança impetrado em face de decisão de TRT").

Gabarito "B".

(Analista – TRT/3ª – 2005 – FCC) Define a competência, na reclamação trabalhista ajuizada por bancário,

(A) o local em que o empregado foi contratado.

(B) o local onde se situa a sede do banco empregador.

(C) o local da prestação dos serviços.

(D) a vontade do reclamante.

(E) o foro de eleição do contrato de trabalho.

Art. 651 da CLT.

Gabarito "C".

(Analista – TRT/3ª – 2005 – FCC) Ação da competência originária de Turma do Tribunal, destinada a proteger direito líquido e certo quando não houver recurso previsto nas leis processuais:

(A) ação coletiva.

(B) *habeas corpus*.

(C) ação rescisória.

(D) mandado de segurança.

(E) ação de cumprimento.

Art. 5º, II, da Lei 12.016/2009 (passou-se a aduzir ao descabimento do mandado de segurança na inexistência de recurso sem efeito suspensivo) e art. 678, I, *b*, *3*, da CLT, e OJ 92 da SDI-2 do TST ("Não cabe mandado de segurança contra decisão judicial passível de reforma mediante recurso próprio, ainda que com efeito diferido"); a depender, outrossim, do Regimento Interno do respectivo Tribunal.

Gabarito "D".

(Analista – TRT/6ª – 2012 – FCC) Quanto às regras aplicáveis a jurisdição e competência, é INCORRETO afirmar:

(A) Para efeito de jurisdição dos Tribunais Regionais do Trabalho, o território nacional é dividido em 24 (vinte e quatro) regiões.

(B) A Justiça do Trabalho é competente para processar e julgar as ações entre trabalhadores portuários e os operadores portuários ou o Órgão Gestor de Mão de Obra – OGMO decorrentes da relação de trabalho.

(C) Compete às Varas do Trabalho conciliar e julgar os dissídios resultantes de contratos de empreitadas em que o empreiteiro seja operário ou artífice.

(D) Compete aos Tribunais Regionais do Trabalho determinar às Varas do Trabalho a realização dos atos processuais e diligências necessárias ao julgamento dos feitos sob sua apreciação.

(E) A competência das Varas do Trabalho é determinada pela localidade da contratação do empregado, reclamante ou reclamado, independente do local da prestação dos serviços ao empregador.

A: assertiva correta (arts. 670 e 674 da CLT); **B:** assertiva correta (arts. 643, § 3º e 652, *a*, V, da CLT); **C:** assertiva correta (art. 652, *a*, III, da CLT); **D:** assertiva correta (art. 680, *a*, da CLT); **E:** assertiva incorreta, devendo esta ser assinalada, uma vez que a competência é determinada pela localidade de prestação de serviço do empregado, reclamante ou reclamado ao empregador, ainda que tenha sido contratado em outro local (art. 651 da CLT).

Gabarito "E".

(Analista – TRT/6ª – 2006 – FCC) É competente para conhecer e julgar reclamação trabalhista ajuizada por empregado, que tem domicílio em Caruaru e foi contratado em Recife, tendo prestado serviços em Cabo de Santo Agostinho para instituição bancária, cuja matriz está situada em São Paulo, a Vara do Trabalho de

(A) Cabo de Santo Agostinho ou Caruaru.

(B) Cabo de Santo Agostinho ou São Paulo.

(C) Recife, apenas.

(D) Recife ou São Paulo.

(E) Cabo de Santo Agostinho, apenas.

Art. 651 da CLT.

Gabarito "E".

(Analista – TRT/6ª – 2006 – FCC) Detém a competência para a execução de título executivo extrajudicial:

(A) o juiz que teria competência para conhecer do litígio.

(B) o Presidente do Tribunal.

(C) as Turmas do Tribunal.

(D) a Seção Especializada em Dissídios Individuais.

(E) o juiz auxiliar das execuções.

Art. 877 da CLT.

Gabarito "A".

(Analista – TRT/7ª – 2009 – FCC) Joana e Joaquim estudavam em Londres, quando foram contratados pela empresa multinacional "D" para laborarem em Salvador. Posteriormente, ambos os empregados foram promovidos e passaram a laborar em Fortaleza, local onde foram dispensados sem justa causa. Considerando que, a matriz da empresa empregadora no Brasil é na cidade de Belo Horizonte; que Joana e Joaquim foram contratados pela filial da empresa empregadora em Londres; que Joana é residente e domiciliada em São Paulo; e que Joaquim é residente e domiciliado no Rio de Janeiro. De acordo com a Consolidação das Leis do Trabalho, em regra, será competente para apreciar a demanda trabalhista proposta por Joana e Joaquim

(A) a Vara do Trabalho de Salvador.

(B) o órgão competente na cidade de Londres – Inglaterra.

(C) as Varas do Trabalho de São Paulo e Rio de Janeiro, respectivamente.

(D) a Vara do Trabalho de Fortaleza.

(E) a Vara do Trabalho de Belo Horizonte.

"D" é a opção correta, pois nos termos do art. 651 da CLT a competência é determinada pela localidade da última prestação de serviços.

Gabarito "D"

(Analista – TRT/11ª – 2012 – FCC) O trabalhador firmou contrato de trabalho com a empresa no município "Alfa" para prestar serviços no município "Beta". A empresa possui sua sede e domicílio no município "Gama". Após ser dispensado o trabalhador, que reside no município "Delta", resolve ajuizar ação reclamatória trabalhista para receber seus haveres rescisórios. Neste caso, de acordo com a CLT, deverá ajuizar a reclamatória no município

(A) "Alfa" porque foi o local onde da celebração do contrato.
(B) "Delta" porque é o domicílio do trabalhador reclamante.
(C) "Gama" porque é o domicílio da empresa reclamada.
(D) "Alfa" ou "Delta" porque o trabalhador poderá optar pelo local da celebração do contrato ou pelo seu domicílio.
(E) "Beta" porque foi o local da prestação dos serviços.

Art. 651 da CLT.

Gabarito "E"

(Analista – TRT/11ª – 2005 – FCC) Empregado admitido no Rio de Janeiro, por empresa cuja matriz está estabelecida em São Paulo, após seis meses de trabalho no Rio de Janeiro foi transferido para Manaus, onde trabalhou por um curto período ficando responsável, também, pela regional de Boa Vista. Pretendendo ajuizar reclamação trabalhista, o foro competente será

(A) São Paulo ou Rio de Janeiro.
(B) São Paulo ou Manaus.
(C) São Paulo ou Boa Vista.
(D) Manaus ou Brasília.
(E) Manaus ou Rio de Janeiro.

Art. 651, § 3º, da CLT.

Gabarito "E"

(Analista – TRT/11ª – 2005 – FCC) É da competência originária do Tribunal Regional do Trabalho, em sua composição plena, processar e julgar

(A) ação de cumprimento.
(B) ação anulatória.
(C) mandado de segurança.
(D) ação de indenização por danos morais.
(E) inquérito para apuração de falta grave.

Art. 678, I, *b*, 3, da CLT.

Gabarito "C"

(Analista – TRT/12ª – 2010 – FCC) O princípio que dispõe que a competência é fixada no momento em que a ação é proposta, sendo irrelevantes as modificações do estado de fato ou de direito ocorridas posteriormente, exceto quando suprimirem o órgão judiciário ou alterarem a competência em razão da matéria ou da hierarquia, é especificamente o princípio

(A) da estabilidade da lide.
(B) da *perpetuatio jurisdictionis*.
(C) da inafastabilidade de jurisdição.
(D) do devido processo legal.
(E) do juiz natural.

A: assertiva incorreta, pois o princípio da estabilidade da lide informa que, nos termos do art. 264 do CPC (art. 329, II, CPC/2015), o autor não poderá alterar o pedido ou a causa de pedir após a citação do réu sem a aquiescência deste e, em hipótese alguma, após o saneamento do processo. Considerando que no processo do trabalho a citação é ato automático sucessivo ao ajuizamento da ação, ponderosa parcela de magistrados tem aceitado a alteração da causa de pedir ou do pedido mesmo após a citação do réu, desde que ao início da primeira audiência e anteriormente à apresentação da contestação; **B:** assertiva correta, por definição (v. art. 87 do CPC (art. 43 CPC/2015)); **C:** assertiva incorreta, uma vez que o princípio da inafastabilidade jurisdicional, pelo qual a lei não excluirá do Judiciário a apreciação de lesão ou ameaça a direito, vem positivado pelo art. 5º, XXXV, da CF; **D:** assertiva incorreta, pois o princípio do devido processo legal é o princípio informador do processo em geral e vem previsto no art. 5º, LIV, da CF. Possui um sentido formal, garantindo-se que só por meio de um processo de acordo com a lei, com todas as garantias processuais previstas na Constituição Federal e na legislação infraconstitucional, alguém possa ser privado de seus bens ou de sua liberdade; e possui um sentido material (*substantive due processo of law*), identificando-se aqui a ideia de Justiça, de que o processo deve ser justo e as decisões ditadas pela razoabilidade e pela proporcionalidade; **E:** assertiva incorreta, tendo em vista que o princípio do juiz natural determina que os processos devem ser julgados por autoridades judiciárias preestabelecidas e pré-investidas em jurisdição, com competências predeterminadas, vedando-se os tribunais de exceção (art. 5º, XXXVII, da CF).

Gabarito "B"

(Analista – TRT/13ª – 2005 – FCC) O empregado agente viajante que preste seus serviços à empresa sediada na capital de São Paulo, mas que atenda a todas as cidades do interior do Estado, subordinando-se à filial de Jundiaí, terá sua reclamatória trabalhista apreciada, segundo o artigo 651, § 2º da C.L.T., pela Vara

(A) do domicílio do trabalhador.
(B) do domicílio do empregador.
(C) de Jundiaí.
(D) de Campinas ou de São Paulo.
(E) de Jundiaí ou de Campinas.

"C" é a opção correta. Embora o enunciado da questão mencione o art. 651, § 2º, da CLT (competência para dissídios ocorridos em agência ou filial no estrangeiro) a competência do empregado agente viajante é determinada pelo art. 651, §1º, da CLT que determina que quando for parte de dissídio agente ou viajante comercial, a competência será da Vara do Trabalho da localidade em que a empresa tenha agência ou filial e a esta o empregado esteja subordinado e, na falta, será competente a Vara do Trabalho da localização em que o empregado tenha domicílio ou a localidade mais próxima.

Gabarito "C"

(Analista – TRT/14ª – 2011 – FCC) Se o mandado de segurança na Justiça do Trabalho for em razão de ato de autoridade judiciária e a autoridade coatora for desembargador do Tribunal Regional do Trabalho da 14ª Região a competência para julgar será

(A) do pleno do Tribunal Superior do Trabalho, sendo que o prazo para ajuizamento do mandado é de 120 dias contados da prática do ato impugnado.
(B) do pleno do Tribunal Superior do Trabalho, sendo que o prazo para ajuizamento do mandado é de 90 dias contados da pratica do ato impugnado.
(C) de uma das turmas do Tribunal Superior do Trabalho, sendo que o prazo para ajuizamento do mandado é de 120 dias contados a partir da ciência do interessado do ato impugnado.
(D) do próprio Tribunal Regional do Trabalho, sendo que o prazo para ajuizamento do mandado é de 120 dias contados a partir da ciência do interessado do ato impugnado.
(E) do próprio Tribunal Regional do Trabalho, sendo que o prazo para ajuizamento do mandado é de 90 dias contados a partir da ciência do interessado do ato impugnado.

Dos arts. 108, I, c, e 109, VIII, da CF extrai-se a regra geral segundo a qual os Tribunais detêm a competência funcional para o julgamento de mandado de segurança impetrado em face de juízes de primeiro grau a ele vinculados, bem como de seus próprios membros. Do art. 114, IV, da CF apreende-se a competência material da Justiça do Trabalho para o julgamento do *mandamus* em questões afetas à competência desta justiça especializada. Quanto ao prazo: art. 23 da Lei 12.016/2009 determina que o prazo para ajuizamento do mandado de segurança é de 120 dias, contados da ciência do ato impugnado pelo interessado (v. OJ 127 da SDI2 do TST: "Na contagem do prazo decadencial para ajuizamento de mandado de segurança, o efetivo ato coator é o primeiro em que se firmou a tese hostilizada e não aquele que a ratificou").

Gabarito "D"

(Analista – TRT/18ª – 2008 – FCC) Na execução por carta precatória, os Embargos de Terceiros que versarem, unicamente, sobre vícios ou irregularidades da penhora, avaliação ou alienação de bens praticados pelo juízo deprecado serão oferecidos no juízo

(A) deprecado, que terá também a competência para julgá-los.
(B) deprecado, mas a competência para julgá-los será do juízo deprecante.
(C) deprecante, que terá também a competência para julgá-los.
(D) deprecado, mas a competência para julgá-los será do Tribunal Regional do Trabalho competente.
(E) deprecante, mas a competência para julgá-los será do Tribunal Regional do Trabalho competente.

Súmula 419 do TST: "Na execução por carta precatória, os embargos de terceiro serão oferecidos no juízo deprecante ou no juízo deprecado, mas a competência para julgá-los é do juízo deprecante, salvo se versarem, unicamente, sobre vícios ou irregularidades da penhora, avaliação ou alienação dos bens, praticados pelo juízo deprecado, em que a competência será deste último".

Gabarito "A".

(Analista – TRT/19ª – 2008 – FCC) De acordo com a CLT, com relação à competência em razão do lugar, não estando o empregado viajante comercial subordinado a agência ou filial, mas à matriz da empresa empregadora será competente para apreciar reclamação trabalhista a Vara

(A) onde está localizada a matriz ou qualquer uma das agências ou filiais da empresa.
(B) do local da última prestação de serviços realizada pelo reclamante.
(C) do domicílio do reclamante, apenas.
(D) do local da primeira prestação de serviços realizada pelo reclamante.
(E) do domicílio do empregado ou a localidade mais próxima.

Art. 651, § 1º, da CLT.

Gabarito "E".

(Analista – TRT/23ª – 2007 – FCC) De acordo com a Consolidação das Leis do Trabalho, a nulidade fundada em incompetência de foro deverá ser

(A) arguida obrigatoriamente pelas partes até a prolação de sentença sob pena de preclusão, por expressa determinação legal.
(B) arguida obrigatoriamente pelas partes em contestação sob pena de preclusão, por expressa determinação legal.
(C) arguida pelas partes através de exceção sob pena de preclusão, mas o processo não será suspenso, uma vez há vedação expressa em lei neste sentido.
(D) declarada *ex officio* e nesse caso, serão considerados nulos os atos decisórios.
(E) arguida obrigatoriamente pelas partes até o encerramento da audiência de instrução sob pena de preclusão, por expressa determinação legal.

Art. 795, § 1º, da CLT.

Gabarito "D".

(Analista – TRT/24ª – 2006 – FCC) Isis foi contratada na sede da Empresa empregadora, em Campo Grande, para prestar serviços em São Paulo. Posteriormente, foi transferida definitivamente para Goiânia, quando foi dispensada. Considerando que Isis possui residência em Belo Horizonte será competente para conhecer da reclamação trabalhista a(s) Vara(s) do Trabalho da cidade de

(A) São Paulo.
(B) Campo Grande.
(C) Goiânia.
(D) Belo Horizonte.
(E) Campo Grande ou Belo Horizonte.

"C" é a opção correta, pois nos termos do art. 651 da CLT a competência é determinada pela localidade da última prestação de serviços

Gabarito "C".

(Analista – TRT/1ª – 2008 – CESPE) Em execução de sentença trabalhista, Lúcio adjudicou fração ideal de imóvel rural pertencente a Antônio e pediu ao juízo do trabalho que determinasse a imissão na posse. Antônio se opôs, por meio de uma série de incidentes e recursos, todos na justiça especializada. Inconformado com a delonga no trâmite da execução trabalhista, Lúcio manejou ação de imissão na posse perante a justiça comum estadual e obteve antecipação de tutela. Avisado da decisão da justiça comum estadual, o juízo do trabalho suscitou ao STJ conflito positivo de competência. Com relação à situação descrita e a aspectos referentes ao conflito de competência, assinale a opção correta.

(A) O conflito de competência mencionado não deveria ser conhecido pelo STJ, pois não cabe a ele julgar conflito positivo entre juiz do trabalho e juiz de direito.
(B) Compete ao STF julgar o conflito de competência entre TRF e o TST.
(C) A decisão do juízo do trabalho que suscitou o conflito positivo comportaria recurso.
(D) O conflito em questão teria de ser proposto no STF.
(E) É possível a configuração de conflito de competência entre TRT e a vara do trabalho a ele vinculada.

Art. 102, I, *o*, da CF.

Gabarito "B".

(Analista – TRT/9ª – 2007 – CESPE) Acerca da organização, da jurisdição e da competência da Justiça do Trabalho, julgue os seguintes itens.

(1) A Justiça do Trabalho tem competência para processar e julgar as causas envolvendo as relações de trabalho, além das matérias que envolvam dissídios coletivos, greve, representação sindical, indenizações derivadas da relação de trabalho, exame judicial das penalidades administrativas impostas pela fiscalização do trabalho e execução das contribuições previdenciárias pertinentes às sentenças que proferir, podendo ter acrescidas outras competências por lei, quando a controvérsia se coligar à relação de trabalho ou dela decorrer.
(2) Nas reclamações trabalhistas, a competência dos juízes do trabalho se define, em regra, pela coincidência da circunscrição judiciária da respectiva vara do trabalho com a localidade onde o empregado tenha prestado seus serviços, ainda que contratado em outro local ou no estrangeiro. Contudo, o juiz do trabalho que não tenha competência territorial pode processar e julgar a causa, se não for oposta exceção de incompetência territorial.
(3) Os TRTs são competentes para processar e julgar os mandados de segurança impetrados contra atos dos juízes do trabalho da respectiva jurisdição, assim como as ações rescisórias contra as sentenças que forem por estes proferidas ou contra os acórdãos oriundos do próprio tribunal.
(4) O TRT tem competência para apreciar os dissídios coletivos que envolvam as categorias no âmbito da respectiva região, e o TST, aqueles que ultrapassem os limites de competência de algum tribunal regional ou que possuam caráter nacional.

1: assertiva correta, nos termos do art. 114 da CF; **2:** assertiva correta, nos termos do que dispõe o art. 651 da CLT, aliado à noção de prorrogação de foro na incompetência relativa; **3:** assertiva correta, conforme o art. 108, I, *b* e *c*, da CF (analogia) e o art. 678, I, *b*, 3 e *c*, 2, da CLT; **4:** assertiva correta, de acordo com o disposto no art. 2º, I, *a*, da Lei 7.701/1988.

Gabarito 1C, 2C, 3C, 4C

5. CUSTAS, EMOLUMENTOS E HONORÁRIOS

(Técnico – TRT/3ª – 2015 – FCC) Gilda ajuizou reclamação trabalhista em face da empresa "G" tendo sido a referida reclamação julgada totalmente improcedente. Sabendo-se que o valor atribuído à causa foi de R$ 200.000,00, e que Gilda não é beneficiária da justiça gratuita, para ajuizar Recurso Ordinário, Gilda

(A) terá que pagar o valor de R$ 2.000,00 dentro do prazo recursal sob pena de deserção.
(B) terá que pagar o valor de R$ 4.000,00 dentro do prazo recursal sob pena de deserção.
(C) terá que pagar o valor de R$ 1.000,00 dentro do prazo recursal sob pena de deserção.
(D) está isenta do pagamento das custas, uma vez que estas não são devidas ao reclamante quando da interposição de recurso, sendo devidas apenas com o trânsito em julgado.
(E) está isenta do pagamento das custas, uma vez que estas não são devidas ao reclamante na Justiça do Trabalho.

B é a opção correta, tendo em vista que nos termos do art. 789, *caput* e inciso I, da CLT o reclamante pagará as custas sempre que os pedidos forem julgados totalmente improcedentes ou o processo for extinto sem resolução do mérito e serão calculadas a base de 2% do valor da causa. Ademais, ensina o § 1º do art. 789 da CLT, bem como a súmula 245 do TST que ensinam que as custas deverão ser pagas no prazo alusivo ao recurso. As hipóteses de isenção de custas estão elencadas no art. 790-A da CLT, as quais Gilda não se enquadra.

Gabarito "B".

(Técnico Judiciário – TRT/9ª – 2012 – FCC) O processo judiciário trabalhista apresenta regras específicas sobre custas processuais e emolumentos. Sobre eles é correto afirmar:

(A) Nos dissídios individuais, as custas relativas ao processo de conhecimento incidirão à base de 2% para o procedimento sumaríssimo e de 4% para o procedimento ordinário.
(B) As custas serão calculadas sobre o valor da causa quando houver extinção do processo, sem resolução do mérito, ou julgado totalmente improcedente o pedido.
(C) O reclamante deverá recolher previamente as custas para ajuizar a reclamatória, exceto se for beneficiário de justiça gratuita, sendo que esses valores lhe serão devolvidos em caso de êxito na demanda.
(D) No processo de execução são devidas custas, sempre de responsabilidade do exequente e pagas antecipadamente, sendo que ao final ele será reembolsado por essas despesas pelo executado.
(E) A responsabilidade pelo pagamento dos honorários periciais é da parte sucumbente na pretensão objeto da perícia, ainda que beneficiária de justiça gratuita, visto que o perito não pode ficar sem receber.

A: incorreta, pois nos termos do art. 789 da CLT as custas serão calculadas a base de 2%. **B:** correta, pois reflete o disposto no art. 789, II, da CLT. **C:** opção incorreta, pois nos termos do art. 789, § 1º, da CLT as custas serão pagas pelo vencido, após o trânsito em julgado da decisão. No caso de recurso, as custas serão pagas e comprovado o recolhimento dentro do prazo recursal. **D:** incorreta, pois nos termos do art. 789-A da CLT no processo de execução as custas são pagas ao final e serão sempre de responsabilidade do executado. **E:** incorreta, pois nos termos do art. 790-B da CLT a responsabilidade pelo pagamento dos honorários periciais é da parte sucumbente na pretensão objeto da perícia, salvo se beneficiária de justiça gratuita.

Gabarito "B".

(Técnico Judiciário – TRT/3ª – 2005 – FCC) No processo do trabalho, a assistência judiciária abrange o pagamento:

(A) das diligências dos Oficiais de Justiça e da sucumbência.
(B) dos honorários periciais e dos honorários advocatícios.
(C) das custas e dos honorários advocatícios.
(D) dos honorários periciais, das custas e dos emolumentos.
(E) dos documentos obtidos em cartórios não oficializados.

Arts. 790-A, *caput*, e 790-B da CLT.

Gabarito "D".

(Técnico Judiciário – TRT/4ª – 2011 – FCC) Determinada reclamação trabalhista foi julgada parcialmente procedente e a empresa Leão condenada ao pagamento de R$ 400.000,00 ao reclamante. Neste caso, com relação às custas processuais, em regra, de acordo com a Consolidação das Leis do Trabalho, a empresa reclamada:

(A) não está obrigada a recolher qualquer valor a título de custas, tendo em vista que a reclamação trabalhista foi julgada parcialmente procedente.
(B) deverá efetuar o recolhimento de R$ 8.000,00 dentro do prazo recursal a título de custas.
(C) deverá efetuar o recolhimento de R$ 4.000,00 dentro do prazo recursal a título de custas.
(D) não está obrigada a recolher qualquer valor a título de custas, tendo em vista que estas são pagas pelo vencido após o trânsito em julgado da condenação.
(E) não está obrigada a recolher qualquer valor a título de custas, tendo em vista que estas são pagas pelo reclamante no momento da propositura da ação.

Art. 789 da CLT.

Gabarito "B".

(Técnico – TRT/6ª – 2012 – FCC) Com relação às custas no processo trabalhista, é INCORRETO afirmar:

(A) São isentos do pagamento de custas, a União, os Estados, o Distrito Federal, os Municípios e respectivas autarquias e as fundações públicas federais, estaduais ou municipais que não explorem atividade econômica.
(B) No caso de recurso, as custas serão pagas e comprovado o recolhimento dentro do prazo recursal.
(C) Não sendo líquida a condenação, o juízo arbitrar-lhe-á o valor e fixará o montante das custas processuais.
(D) Sempre que houver acordo, se de outra forma não for convencionado, o pagamento das custas caberá em partes iguais aos litigantes.
(E) Nos dissídios coletivos do trabalho, as custas relativas ao processo de conhecimento incidirão à base de 1% e serão calculadas, quando houver acordo ou condenação, sobre o respectivo valor.

A: correta, art. 790-A, I, da CLT; **B:** correta, art. 789, § 1º, da CLT; **C:** correta, art. 789, § 2º, da CLT; **D:** correta, art. 789, § 3º, da CLT; **E:** incorreta (devendo ser assinalada), pois, de acordo com o art. 789, *caput*, da CLT, as custas relativas ao processo de conhecimento incidirão à base de 2% (dois por cento).

Gabarito "E".

(Técnico Judiciário – TRT/7ª – 2009 – FCC) Nos dissídios individuais e nos dissídios coletivos do trabalho, nas ações e procedimentos de competência da Justiça do Trabalho, as custas serão pagas pelo:

(A) vencido, no dia em que o juiz proferir a sentença, antes do trânsito em julgado da mesma, sendo que, se houver recurso, as custas serão pagas dentro do prazo recursal.
(B) Reclamante, no momento da propositura da ação, salvo se for beneficiário da justiça gratuita.
(C) vencido, após o trânsito em julgado da decisão, sendo que, se houver recurso, as custas serão pagas dentro do prazo recursal.
(D) Reclamado, devido à hipossuficiência do Reclamante.
(E) vencedor, após o trânsito em julgado da decisão, sendo que, se houver recurso, as custas serão pagas dentro do prazo recursal.

Art. 789, § 1º, da CLT.

Gabarito "C".

(Técnico Judiciário – TRT/9º – 2010 – FCC) Marta, empregada da empresa X, ajuizou reclamação trabalhista tendo em vista a sua demissão sem justa causa. A mencionada demanda foi julgada totalmente improcedente em primeiro grau. Marta pretende ingressar com recurso ordinário. Considerando que Marta ocupava cargo de direção, bem como que o valor da causa fornecido na reclamação trabalhista foi de R$ 100.000,00, para interpor tal recurso ela:

(A) terá que efetuar o recolhimento das custas judiciais no importe de R$ 1.000,00.
(B) terá que efetuar o recolhimento das custas judiciais no importe de R$ 2.000,00.
(C) terá que efetuar o recolhimento das custas judiciais no importe de R$ 500,00.
(D) está desobrigada a efetuar o pagamento das custas judiciais, tendo em vista que a reclamação trabalhista foi julgada totalmente improcedente.
(E) está desobrigada a efetuar o pagamento das custas judiciais, tendo em vista que exercia na empresa cargo de direção.

Art. 789 da CLT.

Gabarito "B".

(Técnico Judiciário – TRT/14ª – 2011 – FCC) Fernanda ajuizou reclamação trabalhista em face da empresa "Amiga" que foi julgada parcialmente procedente. Neste caso, em regra, as custas processuais caberão à:

(A) empresa Amiga, no importe de 1% sobre o valor da condenação.
(B) Fernanda no importe de 1% sobre o valor da condenação.
(C) empresa Amiga e a Fernanda, em 0,5% para cada uma.
(D) empresa Amiga e a Fernanda, em 1% para cada uma.
(E) empresa Amiga, no importe de 2% sobre o valor da condenação.

Art. 789, I, da CLT.

Gabarito "E".

(Técnico Judiciário – TRT/14ª – 2011 – FCC) Emolumento é:

(A) a despesa relativa ao expediente e movimentação das causas, contada de acordo com o seu respectivo regimento.
(B) a denominação dos honorários advocatícios arbitrados para sindicato de categoria que representa judicialmente hipossuficiente.
(C) uma espécie de tributo, que se paga compulsoriamente em razão de um serviço público específico que é o serviço jurisdicional.

(D) o ressarcimento de despesas provocadas ao órgão jurisdicional para obtenção, por exemplo, de certidões do interesse do requerente.

(E) uma espécie de tributo, que se paga facultativamente em razão de um serviço público específico que é o serviço jurisdicional.

Despesa processual é todo o gasto que as partes realizam dentro ou fora do processo para prover-lhe o andamento ou atender a seus interesses na demanda. Trata-se de gênero que engloba as custas, os honorários periciais, do assistente técnico ou do advogado, os emolumentos, e outros gastos decorrentes da demanda. As custas têm natureza jurídica de taxa (espécie de tributo afeto a uma finalidade específica, decorrendo da efetiva prestação de um serviço público e que só podem ser instituídas por lei em sentido estrito). Já os emolumentos são ressarcimentos de despesas efetuadas pelos órgãos da Justiça do Trabalho pelo fornecimento de traslados, certidões, cartas etc. Também podem ser considerados taxa, pois não deixam de ser um valor pago pelo usuário como contraprestação de um serviço público jurisdicional. V. art. 789-B da CLT.

Gabarito "D"

(Técnico Judiciário – TRT/16ª – 2009 – FCC) De acordo com a Consolidação das Leis do Trabalho, com relação às custas, é correto afirmar:

(A) A Ordem dos Advogados do Brasil é isenta do pagamento de custas.

(B) Sempre que houver acordo, se de outra forma não for convencionado, o pagamento das custas caberá em partes iguais aos litigantes.

(C) Nos dissídios individuais julgados extintos sem resolução do mérito as custas incidirão a base de 1% sobre o valor da causa.

(D) Nos dissídios individuais julgados totalmente improcedentes as custas incidirão a base de 1% sobre o valor da causa ou sobre o valor que o juiz fixar.

(E) As fundações públicas federais não são isentas do pagamento das custas.

A: incorreta, pois a isenção não alcança as entidades fiscalizadoras do exercício profissional, conforme dispõe o art. 790-A, parágrafo único, da CLT; **B:** correta, art. 789, § 3º, da CLT; **C** e **D:** incorretas, de acordo com o art. 789, *caput* e II, da CLT, as custas relativas ao processo de conhecimento incidirão à base de 2%; **E:** incorreta, pois as fundações públicas federais são isentas do pagamento das custas (art. 790-A, I, da CLT).

Gabarito "B"

(Técnico Judiciário – TRT/18ª – 2008 – FCC) Marta ingressou com reclamação trabalhista em face da empresa G, fornecendo à causa o valor de R$ 30.000,00. Em audiência, as partes se compuseram amigavelmente e a empresa G se obrigou a efetuar o pagamento de R$ 15.000,00 à vista para Marta. Neste caso, de acordo com a Consolidação das Leis do Trabalho, considerando que a totalidade do acordo refere-se a verbas com natureza salariais, as custas processuais incidirão à base de 2% sobre:

(A) R$ 15.000,00, sendo que, se de outra forma não for convencionado, o pagamento das custas caberá em partes iguais aos litigantes.

(B) R$ 15.000,00, sendo que, se de outra forma não for convencionado, o pagamento das custas caberá à empresa reclamada.

(C) R$ 15.000,00, sendo que, se de outra forma não for convencionado, o pagamento das custas caberá à empregada reclamante.

(D) R$ 30.000,00, sendo que, se de outra forma não for convencionado, o pagamento das custas caberá em partes iguais aos litigantes.

(E) R$ 30.000,00, sendo que, se de outra forma não for convencionado, o pagamento das custas caberá à empresa reclamada.

Art. 789, I, da CLT.

Gabarito "A"

(Técnico Judiciário – TRT/22ª – 2010 – FCC) Na Justiça do Trabalho as custas serão pagas pelo:

(A) reclamante quando da propositura da Reclamação Trabalhista.

(B) vencido, após o trânsito em julgado da decisão. No caso de recurso, as custas serão pagas dentro do prazo recursal.

(C) reclamante, cinco dias após a audiência inicial ou UNA, caso não haja acordo entre as partes.

(D) reclamado quando da apresentação da Contestação.

(E) vencido, em até cinco dias após a prolação da sentença pelo juiz de primeiro grau.

Art. 789, § 1º, da CLT.

Gabarito "B"

(Técnico Judiciário – TRT/24ª – 2011 – FCC) Manoela, alta executiva, ajuizou reclamação trabalhista em face de sua ex-empregadora. A mencionada reclamação foi julgada totalmente improcedente. Neste caso, com relação ao processo de conhecimento, em regra,

(A) as custas processuais incidiram na base de 1% sobre o valor total dos pedidos, deduzidas as parcelas que não possuam natureza trabalhista direta.

(B) as custas processuais incidiram na base de 0,5% sobre o valor total dos pedidos, deduzidas as parcelas que não possuam natureza trabalhista direta.

(C) as custas processuais incidiram na base de 1% sobre o valor da causa e serão devidas por Manoela.

(D) as custas processuais incidiram na base de 2% sobre o valor da causa e serão devidas por Manoela.

(E) não haverá condenação ao pagamento de custas tendo em vista que a ação foi julgada improcedente.

Art. 789 da CLT.

Gabarito "D"

(Técnico Judiciário – TRT/24ª – 2011 – FCC) Para a Consolidação das Leis do Trabalho, NÃO há isenção do pagamento de custas para:

(A) o Ministério Público do Trabalho.

(B) o sindicato dos empregados.

(C) os Municípios.

(D) as fundações públicas federais que não explorem atividade econômica.

(E) as fundações públicas municipais que não explorem atividade econômica.

Art. 790-A da CLT.

Gabarito "B"

(Técnico Judiciário – TRT/5ª – 2008 – CESPE) A respeito das custas e emolumentos, julgue o seguinte item.

(1) Na justiça do trabalho, não são cobradas custas processuais.

1: incorreta, arts. 789 e 789-A da CLT.

Gabarito 1E

(Técnico Judiciário – TRT/9ª – 2007 – CESPE) Julgue os itens a seguir.

(1) A gratuidade judiciária pode ser deferida pelo juiz ou pelo tribunal do trabalho apenas quando expressamente requerida pela parte interessada e mediante declaração de que não tem condições de pagar as custas do processo sem prejuízo do sustento próprio ou de sua família.

(2) A União é isenta do pagamento de custas. Entretanto, quando sucumbente, deve reembolsar as custas que a parte contrária haja, eventualmente, realizado nos autos.

1: incorreta, pois a gratuidade judiciária pode ser deferida a requerimento da parte interessada ou de ofício pelo juiz ou Tribunal do Trabalho (art. 790, § 3º, da CLT); **2:** correta, art. 790-A, I e parágrafo único, da CLT.

Gabarito 1E, 2C

(Analista – TRT/10ª – 2013 – CESPE) Com relação à assistência judiciária e aos honorários advocatícios, julgue os itens seguintes.

(1) A assistência judiciária, nos termos da Lei 5.584/1970, deve ser prestada pelo sindicato que representa a categoria, ainda que o trabalhador não seja associado à entidade.

(2) No âmbito do processo trabalhista, a condenação ao pagamento de honorários advocatícios, nunca superiores a 15%, não decorre pura e simplesmente da sucumbência, mas do fato de a parte estar assistida por sindicato da categoria profissional e comprovar a percepção de salário inferior ao dobro do salário mínimo ou do fato de encontrar-se em situação econômica que não lhe permita demandar sem prejuízo do próprio sustento ou da respectiva família.

1: assertiva incorreta, pois nos termos do art. 14 da Lei 5.584/1970, a assistência judiciária será prestada pelo Sindicato da categoria profissional a que pertencer o trabalhador; **2:** assertiva correta, pois reflete o disposto na Súmula 219, I, do TST ("I – Na Justiça do Trabalho, a condenação ao pagamento de honorários advocatícios, nunca superiores a 15% (quinze por cento), não decorre pura e simplesmente da sucumbência, devendo a parte estar assistida por sindicato da categoria profissional e comprovar a percepção de salário inferior ao dobro do salário mínimo ou encontrar-se em situação econômica que não lhe permita demandar sem prejuízo do próprio sustento ou da respectiva família.").

Gabarito 1E, 2C

(Analista – TRT/6ª – 2012 – FCC) Rafus ajuizou reclamação trabalhista em face da sua empregadora a empresa Alfa & Beta Comunicações, pleiteando o pagamento de verbas rescisórias. Houve a determinação de ser emendada a petição inicial no prazo de 10 dias. Tal determinação não foi cumprida, razão pela qual ocorreu a extinção do processo sem resolução ou julgamento do mérito. Nesta situação, sobre as custas

(A) relativas ao processo de conhecimento incidirão à base de 1% e serão calculadas sobre o valor da causa.
(B) relativas ao processo de conhecimento incidirão à base de 1% observado o mínimo legal e serão calculadas sobre o valor arbitrado pelo juiz.
(C) relativas ao processo de conhecimento incidirão à base de 2% e serão calculadas sobre o valor estimado da condenação da ação.
(D) relativas ao processo de conhecimento incidirão à base de 2% observado o mínimo legal e serão calculadas sobre o valor da causa.
(E) haverá isenção do pagamento em razão da não apreciação do mérito da ação.

Art. 789, II, da CLT.

Gabarito "D"

(Analista – TRT/8ª – 2010 – FCC) Eduardo ajuizou reclamação trabalhista em face de sua empregadora, a empresa ED. Em audiência as partes celebraram acordo. Conforme a CLT, se não for convencionado de outra forma, o pagamento das custas caberá

(A) ao Estado, da qual é isento.
(B) à empresa ED.
(C) ao Eduardo.
(D) à empresa ED na proporção de 75% e ao Eduardo na proporção de 25%.
(E) em partes iguais ao Eduardo e à empresa ED.

Art. 789, § 3º, da CLT.

Gabarito "E"

(Analista – TRT/9ª – 2010 – FCC) Na reclamação trabalhista X, a autarquia municipal Flor foi vencida e condenada em primeira instância ao pagamento do valor líquido de R$ 70.000,00. Na reclamação trabalhista Y, a fundação pública federal Terra, que não explora atividade econômica, também foi vencida e condenada em primeira instância ao pagamento do valor líquido de R$ 90.000,00. Nestes casos, de acordo com a Consolidação das Leis do Trabalho,

(A) somente a autarquia municipal Flor é isenta do pagamento de custas, devendo a fundação pública federal Terra depositar R$ 900,00, a título de custas, para interposição de recurso ordinário.
(B) somente a autarquia municipal Flor é isenta do pagamento de custas, devendo a fundação pública federal Terra depositar R$ 1.800,00, a título de custas, para interposição de recurso ordinário.
(C) somente a fundação pública federal Terra é isenta do pagamento de custas, devendo a autarquia municipal Flor depositar R$ 1.400,00, a título de custas, para interposição de recurso ordinário.
(D) tanto a autarquia municipal Flor como a fundação pública federal Terra são isentas do pagamento de custas.
(E) não há isenção de custas, devendo a autarquia municipal Flor depositar R$ 1.400,00 e a fundação pública federal Terra depositar R$ 1.800,00, a título de custas, para interposição dos respectivos recursos ordinários.

Art. 790-A, I, da CLT.

Gabarito "D"

(Analista – TRT/12ª – 2010 – FCC) Maria ajuizou reclamação trabalhista em face de sua ex-empregadora, a empresa Jardim, pleiteando diversas verbas trabalhistas. Em audiência, as partes se compuseram amigavelmente e a empresa pagou à Maria a quantia de R$ 8.000,00, tendo o acordo sido homologado em audiência. Considerando que o valor da causa é R$ 20.000,00, segundo a Consolidação das Leis do Trabalho, as custas processuais serão de

(A) R$ 160,00.
(B) R$ 80,00.
(C) R$ 400,00.
(D) R$ 200,00.
(E) R$ 100,00.

Art. 789, I, da CLT, ou seja, incidirão à base de 2% sobre o respectivo valor do acordo celebrado, que, no caso, importa em R$ 160,00.

Gabarito "A"

(Analista – TRT/14ª – 2011 – FCC) Magda ajuizou reclamação trabalhista em face da empresa QI com valor da causa de R$ 80.000,00. No curso da reclamação trabalhista as partes se compuseram amigavelmente e a empresa QI comprometeu-se a pagar a importância de R$ 50.000,00 a Magda. De acordo com o Consolidação das Leis do Trabalho, se de outra forma não dispuserem as partes, a empresa QI pagará a título de custas, o valor de

(A) R$ 1.600,00
(B) R$ 1.000,00
(C) R$ 800,00
(D) R$ 500,00
(E) R$ 400,00

Art. 789, I e § 3º, da CLT. Tendo em vista o acordo celebrado entre as partes em R$ 50.000,00, as custas processuais incidirão à base de 2% sobre o respectivo valor acordado e, uma vez que não foi convencionado de outra forma, o pagamento das custas caberá em partes iguais, ou seja, 1% para cada parte, que, no caso, importa em R$ 500,00.

Gabarito "D"

(Analista – TRT/19ª – 2008 – FCC) Considere as assertivas abaixo a respeito das Custas e Emolumentos.

I. Tratando-se de empregado que não tenha obtido o benefício da justiça gratuita, ou isenção de custas, o sindicato que houver intervindo no processo responderá subsidiariamente pelo pagamento das custas devidas.
II. Sempre que houver acordo, se de outra forma não for convencionado, o pagamento das custas caberá em partes iguais aos litigantes.
III. Nos dissídios individuais as custas relativas ao processo de conhecimento incidirão à base de 1%, observado o mínimo legal, e serão calculadas, quando houver acordo ou condenação, sobre o respectivo valor.
IV. Em regra, as autarquias e fundações públicas federais, estaduais ou municipais que não explorem atividade econômica são isentas do pagamento de custas.

De acordo com a CLT, é correto o que se afirma APENAS em

(A) II e IV.
(B) I, II e III.
(C) II, III e IV.
(D) I e IV.
(E) I e II.

I: assertiva incorreta, pois a responsabilidade do sindicato será solidária, conforme o art. 790, § 1º, da CLT; **II:** assertiva correta, nos termos do art. 789, § 3º, da CLT. **III:** assertiva incorreta, pois o art. 789, *caput*, da CLT determina que as custas relativas ao processo de conhecimento incidirão à base de 2%; **IV:** assertiva correta, conforme dispõe o art. 790-A, I, da CLT.

Gabarito "A"

(Analista – TRT/20ª – 2006 – FCC) De acordo com a Consolidação das Leis do Trabalho, nos dissídios individuais e coletivos do trabalho, as custas relativas ao processo de conhecimento

(A) deverão ser pagas pelo Ministério Público do Trabalho, que não goza da isenção legal fornecida a União, os Estados, o Distrito Federal, os Municípios.
(B) caberão à parte reclamada, pessoa física ou jurídica, sempre que houver acordo, se de outra forma não for convencionado.

(C) incidirão, quando houver acordo, à base de 1% sobre o respectivo valor, observado o mínimo legal.
(D) incidirão, quando houver extinção do processo sem julgamento do mérito, à base de 1% sobre o valor da causa, observado o mínimo legal.
(E) no caso de procedência do pedido formulado em ação declaratória e em ação constitutiva serão calculadas sobre o valor da causa.

A: assertiva incorreta, tendo em vista que o Ministério Público do Trabalho é isento do pagamento de custas (art. 790-A, II, da CLT); **B:** assertiva incorreta, pois, sempre que houver acordo, se de outra forma não for convencionado, o pagamento das custas caberá em partes iguais aos litigantes (art. 789, § 3º, da CLT); **C:** assertiva incorreta, pois quando houver acordo, as custas incidirão à base de 2% sobre o respectivo valor, observado o mínimo legal (art. 789, *caput* e I, da CLT); **D:** assertiva incorreta, pois quando houver extinção do processo sem resolução do mérito, as custas incidirão à base de 2% sobre o valor da causa, observado o mínimo legal (art. 789, *caput* e II, da CLT); **E:** assertiva correta, nos termos do art. 789, III, da CLT.

Gabarito "E".

(Analista – TRT/22ª – 2010 – FCC) Nas ações plúrimas, as custas incidem sobre
(A) um valor fixo previamente estipulado pelo Tribunal Superior do Trabalho.
(B) um valor fixo previamente estipulado pelo Supremo Tribunal Federal.
(C) o valor da causa previamente estipulado na proporção de cada parte.
(D) um valor fixo previamente estipulado pelo Tribunal Regional competente.
(E) o respectivo valor global.

Súmula 36 do TST: "Nas ações plúrimas, as custas incidem sobre o respectivo valor global".

Gabarito "E".

(Analista – TRT/22ª – 2010 – FCC) É isento de custas, além dos beneficiários de Justiça gratuita,
(A) a Ordem dos Advogados do Brasil.
(B) o Sindicato Profissional.
(C) a Fundação Pública Estadual que explora atividade econômica.
(D) o Ministério Público do Trabalho.
(E) o Conselho Federal de Medicina.

Art. 790-A, II, da CLT.

Gabarito "D".

(Analista – TRT/22ª – 2010 – FCC) Na Justiça do Trabalho, a condenação em honorários advocatícios, nunca superiores a
(A) 10%, são devidos quando a parte estiver assistida por Sindicato da categoria profissional e apenas se comprovar a percepção de salário inferior ao dobro do mínimo legal.
(B) 10%, são devidos quando a parte estiver assistida por Sindicato da categoria profissional e comprovar a percepção de salário inferior ao dobro do mínimo legal, ou encontrar-se em situação econômica que não lhe permita demandar sem prejuízo do próprio sustento ou da respectiva família.
(C) 15%, são devidos quando a parte estiver assistida por Sindicato da categoria profissional e comprovar a percepção de salário inferior ao dobro do mínimo legal, ou encontrar-se em situação econômica que não lhe permita demandar sem prejuízo do próprio sustento ou da respectiva família.
(D) 20%, são devidos quando a parte estiver assistida por Sindicato da categoria profissional e comprovar a percepção de salário inferior ao dobro do mínimo legal, ou encontrar-se em situação econômica que não lhe permita demandar sem prejuízo do próprio sustento ou da respectiva família.
(E) 20%, são devidos quando a parte estiver assistida por Sindicato da categoria profissional e apenas se comprovar a percepção de salário inferior ao dobro do mínimo legal.

Súmula 219, I, do TST: "I – Na Justiça do Trabalho, a condenação ao pagamento de honorários advocatícios, nunca superiores a 15% (quinze por cento), não decorre pura e simplesmente da sucumbência, devendo a parte estar assistida por sindicato da categoria profissional e comprovar a percepção de salário inferior ao dobro do salário mínimo ou encontrar-se em situação econômica que não lhe permita demandar sem prejuízo do próprio sustento ou da respectiva família".

Gabarito "C".

(Analista – TRT/23ª – 2011 – FCC) De acordo com Súmula do Tribunal Superior do Trabalho, em demanda trabalhista ajuizada por pessoa que comprove a percepção de salário inferior ao dobro do mínimo legal, a condenação ao pagamento de honorários advocatícios,
(A) arbitrados entre 15 e 30%, não decorre pura e simplesmente da sucumbência, devendo a parte estar assistida por sindicato da categoria profissional.
(B) nunca superiores a 20%, não decorre pura e simplesmente da sucumbência, devendo a parte estar assistida por sindicato da categoria profissional.
(C) nunca superiores a 25%, decorre pura e simplesmente da sucumbência, independente da assistência por sindicato da categoria profissional.
(D) arbitrados entre 10 e 30%, não decorre pura e simplesmente da sucumbência, devendo a parte estar assistida por sindicato da categoria profissional.
(E) nunca superiores a 15%, não decorre pura e simplesmente da sucumbência, devendo a parte estar assistida por sindicato da categoria profissional.

Súmula 219, I, do TST: "I – Na Justiça do Trabalho, a condenação ao pagamento de honorários advocatícios, nunca superiores a 15% (quinze por cento), não decorre pura e simplesmente da sucumbência, devendo a parte estar assistida por sindicato da categoria profissional e comprovar a percepção de salário inferior ao dobro do salário mínimo ou encontrar-se em situação econômica que não lhe permita demandar sem prejuízo do próprio sustento ou da respectiva família".

Gabarito "E".

(Analista – TRT/23ª – 2007 – FCC) Nos dissídios individuais, quando ocorrer a extinção do processo sem julgamento do mérito
(A) haverá isenção do pagamento de custas em razão da não apreciação do mérito da demanda.
(B) as custas relativas ao processo de conhecimento incidirão à base de 2% e serão calculadas sobre o valor da causa.
(C) as custas relativas ao processo de conhecimento incidirão à base de 1% e serão calculadas sobre o valor da causa.
(D) as custas relativas ao processo de conhecimento incidirão à base de 2% e serão calculadas sobre o valor estimado da condenação da demanda.
(E) as custas relativas ao processo de conhecimento incidirão à base de 1% e serão calculadas sobre o valor fixado pelo juiz, respeitando o mínimo legal.

Art. 789, II, da CLT.

Gabarito "B".

(Analista – TRT/23ª – 2007 – FCC) Considere as seguintes assertivas a respeito das custas processuais:

I. Nos dissídios individuais as custas relativas ao processo de conhecimento incidirão à base de 2% e serão calculadas, no caso de procedência do pedido formulado em ação declaratória, sobre o valor da causa.
II. Sempre que houver acordo, se de outra forma não for convencionado, o pagamento das custas caberá à parte reclamada em sua integralidade.
III. São isentos do pagamento de custas, além dos beneficiários de justiça gratuita, a União, os Estados, o Distrito Federal, os Municípios e fundações públicas federais, estaduais ou municipais que explorem atividade econômica.
IV. Nos dissídios coletivos, as partes vencidas responderão solidariamente pelo pagamento das custas, calculadas sobre o valor arbitrado na decisão, ou pelo Presidente do Tribunal.

De acordo com a Consolidação das Leis do Trabalho está correto o que se afirma APENAS em
(A) I, II e III.
(B) I, II e IV.
(C) I e III.
(D) I e IV.
(E) III e IV.

I: assertiva correta (art. 789, *caput* e III, da CLT); **II:** assertiva incorreta, pois o art. 789, § 3º, da CLT, impõe que sempre que houver acordo, se de outra forma não for convencionado, o pagamento das custas caberá em partes iguais aos litigantes; **III:** assertiva incorreta, uma vez que as fundações públicas federais, estaduais e municipais isentas de pagamento de custas são as que não exploram atividade econômica, conforme traz o art. 790-A, I, da CLT; **IV:** assertiva correta (art. 789, § 4º, da CLT).

Gabarito "D"

(Analista – TRT/9ª – 2007 – CESPE) A respeito da sucumbência processual, julgue o item a seguir.

(1) Após a Emenda Constitucional 45/2004 – que alterou a competência da Justiça do Trabalho –, todas as causas de sua competência envolvem a condenação em honorários advocatícios pela sucumbência, dispensados apenas no caso de gratuidade judiciária deferida.

1: assertiva incorreta, pois, nos termos do art. 5º da IN 27/2005 do TST, após a EC 45/2004, "exceto nas lides decorrentes da relação de emprego, os honorários advocatícios são devidos pela mera sucumbência". Veja Súmula 219 do TST e seus itens.

Gabarito 1E

(Analista – TRT/17ª – 2009 – CESPE) Acerca das custas e dos emolumentos no processo do trabalho, julgue os itens que se seguem.

(1) Para a formação do agravo de instrumento, é desnecessária a juntada de comprovantes de recolhimento de custas e de depósito recursal relativo ao recurso ordinário, desde que não seja objeto de controvérsia no recurso de revista a validade desses recolhimentos.

(2) Inexiste deserção do recurso pelo recolhimento insuficiente das custas e do depósito recursal, ainda que a diferença em relação ao *quantum* devido seja ínfima, referente a centavos.

(3) No caso de inversão do ônus da sucumbência em segundo grau, sem acréscimo ou atualização do valor das custas e se estas já tiverem sido devidamente recolhidas, descabe novo pagamento pela parte vencida, ao recorrer, mas esta deverá, ao final, se sucumbente, ressarcir a quantia.

(4) Nas varas do trabalho, nos juízos de direito, nos tribunais e no TST, a forma de pagamento das custas e dos emolumentos obedece às instruções expedidas pelo STF.

1: assertiva correta, nos termos da OJ 217 da SDI-1 do TST ("Para a formação do agravo de instrumento, não é necessária a juntada de comprovantes de recolhimento de custas e de depósito recursal relativamente ao recurso ordinário, desde que não seja objeto de controvérsia no recurso de revista a validade daqueles recolhimentos"); **2:** assertiva incorreta, nos termos da Súmula 128, I, 1ª parte, do TST ("I – É ônus da parte recorrente efetuar o depósito legal, integralmente, em relação a cada novo recurso interposto, sob pena de deserção ") e OJ 140 da SDI-1 do TST ("Ocorre deserção do recurso pelo recolhimento insuficiente das custas e do depósito recursal, ainda que a diferença em relação ao quantum devido seja ínfima, referente a centavos"); **3:** assertiva correta, de acordo com a OJ 186 da SDI-1 do TST ("No caso de inversão do ônus da sucumbência em segundo grau, sem acréscimo ou atualização do valor das custas e se estas já foram devidamente recolhidas, descabe um novo pagamento pela parte vencida, ao recorrer. Deverá ao final, se sucumbente, ressarcir a quantia"); **4:** assertiva incorreta, uma vez que as instruções acerca da forma de pagamento das custas e dos emolumentos serão expedidas pelo TST (art. 790, *caput*, da CLT).

Gabarito 1C, 2E, 3C, 4E

6. PARTES, ADVOGADOS, REPRESENTAÇÃO

(Técnico – TRT/3ª – 2015 – FCC) Na reclamação trabalhista movida contra a empresa "B" Cláudia está assistida pelo sindicato de sua categoria profissional. Considerando que Cláudia recebe o salário mensal de R$ 1.500,00, neste caso, julgada procedente a reclamação, contra "B"

(A) caberá a condenação ao pagamento de honorários advocatícios, nunca superiores a 20% do valor da condenação.

(B) caberá a condenação ao pagamento de honorários advocatícios, nunca superiores a 30% do valor da condenação.

(C) caberá a condenação ao pagamento de honorários advocatícios, nunca superiores a 15% do valor da condenação.

(D) não caberá a condenação ao pagamento de honorários advocatícios uma vez que Cláudia recebe salário maior que o mínimo legal.

(E) não caberá a condenação ao pagamento de honorários advocatícios uma vez que se trata de dissídio individual.

"C" é a opção correta. Inicialmente cumpre destacar que no ano de 2015 o salário mínimo nacional era de R$ 788,00 (setecentos e oitenta e oito reais). Assim, nos termos da súmula 219, I, do TST a condenação ao pagamento de honorários advocatícios, nunca superiores a 15% (quinze por cento), não decorre pura e simplesmente da sucumbência, devendo a parte, concomitantemente: a) estar assistida por sindicato da categoria profissional; b) comprovar a percepção de salário inferior ao dobro do salário mínimo ou encontrar-se em situação econômica que não lhe permita demandar sem prejuízo do próprio sustento ou da respectiva família.

Gabarito "C"

(Técnico – TRT/3ª – 2015 – FCC) Considere:

I. Interposição de Recurso Ordinário para Tribunal Regional do Trabalho.

II. Interposição de Recurso de Revista para o Tribunal Superior do Trabalho.

III. Agravo de Petição contra decisão em Embargos à Execução proferida por juiz de Vara do Trabalho.

IV. Agravo de Instrumento proposto em face de decisão reconhecendo a deserção de Recurso Ordinário proferida por juiz de Vara do Trabalho.

O *jus postulandi* das partes, estabelecido no artigo 791 da Consolidação das Leis do Trabalho abrange as hipóteses indicadas APENAS em

(A) I e III.

(B) I, III e IV.

(C) II, III e IV.

(D) I, II e IV.

(E) I, II e III.

I: opção correta, pois nos termos do art. 791 da CLT e súmula 425 do TST o recurso ordinário para o TRT pode ser interposto pela parte fazendo uso do *jus postulandi*. **II:** opção incorreta, pois a competência para apreciação do recurso de revista é de uma das Turmas do TST e por essa razão, tendo em vista o entendimento disposto na súmula 425 do TST, não é permitido à parte fazer uso do *jus postulandi* nos recursos de competência do TST. **III:** opção correta, pois como a competência para a apreciação do agravo de petição é do TRT, nos termos do art. 791 da CLT e súmula 425 do TST pode ser interposto pela parte fazendo uso do *jus postulandi*. **IV:** opção correta, pois como a competência para a apreciação do agravo de instrumento em tela será do TRT, nos termos do art. 791 da CLT e súmula 425 do TST poderá ser interposto pela parte fazendo uso do *jus postulandi*.

Gabarito "B"

(Técnico Judiciário – TRT/2ª – 2008 – FCC) Quanto às partes e aos procuradores, é correto afirmar:

(A) O empregador que não puder comparecer à audiência de instrução e julgamento poderá fazer-se representar por seu advogado, desde que este esteja munido de procuração com poderes para tanto.

(B) O empregado que não puder comparecer à audiência de instrução e julgamento por motivo de doença poderá fazer-se representar por sua esposa ou pessoa da família.

(C) Em se tratando de reclamação plúrima, os empregados poderão fazer-se representar na audiência de instrução e julgamento pelo sindicato de sua categoria.

(D) A reclamação trabalhista do menor de 16 anos, na falta de seus representantes legais, poderá ser feita por outro empregado maior que pertença à mesma profissão.

(E) Sendo o reclamante empregado doméstico, a representação do empregador só pode ser feita pelo proprietário do imóvel onde exerça suas funções.

A: incorreta, dispõe o art. 843 da CLT que "na audiência de julgamento deverão estar presentes o reclamante e o reclamado, independentemente do comparecimento de seus representantes". Também nesse sentido prevê a Súmula 122 do TST que "a reclamada, ausente à audiência em que deveria apresentar defesa, é revel, ainda que presente seu advogado munido de procuração, podendo ser ilidida a revelia mediante a apresentação de atestado médico, que deverá declarar, expressamente, a impossibilidade de locomoção do empregador ou do seu preposto no dia da audiência"; **B:** incorreta, o empregado poderá fazer-se representar por outro empregado que pertença à mesma profissão, ou pelo seu sindicato (art. 843, § 2º, da CLT); **C:** correta, art. 843, *caput*, da CLT; **D:** incorreta, estabelece o art. 793 da CLT que "a reclamação trabalhista do menor de 18 anos será feita por seus representantes legais e, na falta destes, pela Procuradoria da

Justiça do Trabalho, pelo sindicato, pelo Ministério Público estadual ou curador nomeado em juízo"; **E:** incorreta, prevê a Súmula 377 do TST que "exceto quanto à reclamação de empregado doméstico, ou contra micro ou pequeno empresário, o preposto deve ser necessariamente empregado do reclamado".

Gabarito "C"

(Técnico Judiciário – TRT/4ª – 2011 – FCC) Maria, 17 anos de idade, laborava registrada para a empresa Z, quando foi dispensada sem justa causa. Maria pretende ajuizar reclamação trabalhista. Neste caso, em regra, Maria:

(A) poderá ajuizar a reclamação independentemente de assistência ou representação, não sendo obrigatória a constituição de advogado em razão do princípio do *jus postulandi*.
(B) não poderá ajuizar a reclamação, tendo em vista que ela não poderia ter celebrado contrato de trabalho por ter 17 anos de idade.
(C) poderá ajuizar a reclamação, mas deverá ser assistida pelos seus representantes legais.
(D) poderá ajuizar a reclamação, mas deverá ser assistida obrigatoriamente pela Procuradoria da Justiça do Trabalho.
(E) poderá ajuizar a reclamação independentemente de assistência ou representação, necessitando apenas de um advogado constituído em razão da sua idade.

Art. 793 da CLT.

Gabarito "C"

(Técnico Judiciário – TRT/4ª – 2006 – FCC) Para a legislação trabalhista, o empregado é considerado menor e deve ser assistido, quando em juízo, até a idade de:

(A) 14 anos.
(B) 16 anos.
(C) 18 anos.
(D) 21 anos.
(E) 24 anos.

Art. 792 da CLT.

Gabarito "C"

(Técnico Judiciário – TRT/6ª – 2006 – FCC) Perante a Justiça do Trabalho, as partes:

(A) poderão reclamar pessoalmente.
(B) poderão reclamar pessoalmente, exceto os menores e os analfabetos.
(C) poderão reclamar pessoalmente, apenas quando se tratar de processo submetido ao procedimento sumaríssimo.
(D) deverão fazer-se representar por advogado.
(E) deverão estar assistidas pelo respectivo sindicato.

Art. 791 da CLT.

Gabarito "A"

(Técnico Judiciário – TRT/11ª – 2005 – FCC) Nos processos trabalhistas, tanto os empregados como os empregadores,

(A) não podem reclamar pessoalmente, sendo necessária a assistência por advogado.
(B) podem reclamar pessoalmente, sem advogado, apenas nas causas de valor inferior a 30 salários mínimos.
(C) podem reclamar pessoalmente, estritamente nas comarcas em que não houver assistência judiciária gratuita.
(D) podem reclamar pessoalmente, se houver permissão do juiz.
(E) podem reclamar pessoalmente, caso queiram fazê-lo, em quaisquer comarcas, independentemente do valor da causa.

Art. 791 da CLT.

Gabarito "E"

(Técnico Judiciário – TRT/16ª – 2009 – FCC) Considere as seguintes assertivas relativas ao processo do trabalho:

I. Válido é o instrumento de mandato com prazo determinado que contém cláusula estabelecendo a prevalência dos poderes para atuar até o final da demanda.
II. Diante da existência de previsão, no mandato, fixando termo para sua juntada, o instrumento de mandato só tem validade se anexado ao processo dentro do aludido prazo.
III. São inválidos os atos praticados pelo substabelecido, se no mandato, não houver poderes expressos para substabelecer.

Está correto o que se afirma APENAS em

(A) I e II.
(B) III.
(C) I e III.
(D) II e III.
(E) I.

I: correto, art. 38 do CPC (art. 105 CPC/2015); II: correta, art. 682, IV, do CC; III: incorreta, art. 667, § 4º, do CC.

Gabarito "A"

(Técnico Judiciário – TRT/22ª – 2010 – FCC) Danilo, 19 anos, trabalhava em uma empresa onde realizava horas extras que nunca lhe foram remuneradas. Por ter recebido proposta melhor de emprego, Danilo pediu dispensa da referida empresa e decidiu ajuizar Reclamação Trabalhista em face da mesma para reaver os valores relativos a tais horas. Diante dessa situação, é correto afirmar:

(A) Danilo pode propor a Reclamação Trabalhista, independentemente de assistência de seus pais ou responsáveis.
(B) Por ser menor de 21 anos de idade, Danilo necessita da assistência dos pais ou responsáveis para propor a Reclamação Trabalhista.
(C) Quem deve propor a Reclamação Trabalhista requerendo as horas extras trabalhadas por Danilo são seus pais ou responsáveis, tendo em vista ser ele menor de 21 anos de idade.
(D) Danilo pode propor a Reclamação Trabalhista desde que colacione aos autos autorização de seus pais ou responsáveis com fins específicos para tal postulação.
(E) A Consolidação das Leis do Trabalho autoriza Danilo a propor a Reclamação Trabalhista, porém, na audiência UNA ou inicial deve estar acompanhado de seus pais ou responsáveis.

Art. 792 da CLT (observe-se que alusões a "mulher casada", como no citado dispositivo legal, são anacrônicas e não foram recepcionadas pela Constituição, revelando-se um tempo em que a mulher casada não era considerada, juridicamente, absolutamente capaz, dependendo da assistência do marido para os atos da vida civil).

Gabarito "A"

(Técnico Judiciário – TRT/23ª – 2007 – FCC) De acordo com a Consolidação das Leis do Trabalho, nos dissídios individuais, a reclamação poderá ser apresentada pelos empregados:

(A) somente através de advogado ou do sindicato da classe.
(B) somente através de advogado.
(C) apenas por escrito.
(D) pessoalmente.
(E) através de qualquer colega de trabalho.

Arts. 791 da CLT e 839, *a*, da CLT.

Gabarito "D"

(Técnico Judiciário – TRT/24ª – 2011 – FCC) A União, Estados, Municípios e Distrito Federal, suas autarquias e fundações públicas, quando representados em juízo, ativa e passivamente, por seus procuradores,

(A) devem juntar aos autos instrumento de mandato, sendo, porém, concedido pela legislação prazo de quinze dias a contar da intimação pessoal.
(B) devem juntar aos autos instrumento de mandato, sendo, porém, concedido pela legislação prazo de quinze dias a contar da prática do primeiro ato processual.
(C) devem juntar aos autos instrumento de mandato, sendo, porém, concedido pela legislação prazo de trinta dias a contar da prática do primeiro ato processual.
(D) estão dispensados da juntada de instrumento de mandato.
(E) estão dispensados da juntada de instrumento de mandato, se juntarem obrigatoriamente documento público oficial de comprovação do exercício do cargo público.

Súmula 436, I, do TST que assim dispõe: "A União, Estados, Municípios e Distrito Federal, suas autarquias e fundações públicas, quando representadas em juízo, ativa e passivamente, por seus procuradores, estão dispensadas da juntada de instrumento de mandato e de comprovação do ato de nomeação."

Gabarito "D"

(Técnico Judiciário – TRT/24ª – 2006 – FCC) De acordo com o Decreto Lei 5.452/1943, a reclamação trabalhista do menor de 18 anos será feita por seus representantes legais e, na falta destes,

(A) apenas pela Procuradoria da Justiça do Trabalho, pelo sindicato ou curador nomeado em juízo.

(B) apenas pela Procuradoria da Justiça do Trabalho ou pelo Ministério Público estadual.

(C) apenas pela Procuradoria da Justiça do Trabalho ou pelo curador nomeado em juízo.

(D) apenas pelo curador nomeado em juízo ou pelo sindicato.

(E) pela Procuradoria da Justiça do Trabalho, pelo sindicato, pelo Ministério Público estadual ou curador nomeado em juízo.

Art. 793 da CLT.

Gabarito "E".

(Técnico Judiciário – TRT/24ª – 2006 – FCC) Com relação à reclamação perante a Justiça do Trabalho, considere as seguintes assertivas:

I. A reclamação poderá ser apresentada pelos empregados e empregadores, pessoalmente, ou por seus representantes.

II. A reclamação deverá, obrigatoriamente, ser apresentada de forma escrita, uma vez que na Justiça do Trabalho é vedada a reclamação verbal.

III. A reclamação poderá ser apresentada pelos sindicatos de classe, mediante advogado.

De acordo com o Decreto Lei 5.452/1943, está correto o que afirma APENAS em:

(A) I.

(B) I e II.

(C) I e III.

(D) II.

(E) II e III.

I: correta, arts. 791 da CLT e 839, *a*, da CLT; **II:** incorreta, pois a reclamação poderá ser escrita ou verbal (art. 840 da CLT); **III:** correta, art. 839, *a*, da CLT.

Gabarito "C".

(Técnico Judiciário – TRT/5ª – 2008 – CESPE) Considere a seguinte situação hipotética.

João atuava como advogado de Manoel em um processo trabalhista. O mandato concedido por Manoel a João ocorreu de forma tácita.

(1) Nessa situação, é permitido a João substabelecer o mandato a outro profissional para que este continue atuando no processo de Manoel.

1: incorreta. O mandato tácito está disposto no art. 791, § 3º, da CLT. Todavia, ensina a OJ 200 da SDI-1 do TST ser inválido o substabelecimento de advogado investido de mandato tácito

Gabarito 1E

(Técnico Judiciário – TRT/9ª – 2007 – CESPE) A respeito das partes e dos procuradores, julgue os itens seguintes.

(1) Quando outra pessoa atua em juízo no lugar do litigante, ocorre a substituição processual. Como, nessa situação, há mudança na titularidade da ação, o substituto defende o direito que se tornou próprio, mas em nome do substituído.

(2) A legitimidade para a causa consiste em conferir o direito de ação ao possível titular ativo e contra o passivo da relação jurídica material. É possível que uma das partes, apesar de ser legítima para figurar em um dos polos do processo, falta a capacidade de estar em juízo, evidenciando a falta de um dos pressupostos processuais para o regular desenvolvimento do processo.

1: incorreta, a substituição processual, também chamada de legitimidade extraordinária ou anômala, consiste na possibilidade de alguém postular judicialmente em nome próprio direito alheio, nos termos do art. 6º do CPC (art. 18 CPC/2015); **2:** correta, enquanto a legitimidade (*legitimatio ad causam*) diz com a pertinência subjetiva da lide, a capacidade de estar em juízo (*legitimatio ad processum*), ou capacidade de fato ou capacidade processual, diz com a aptidão para se estar em juízo sem a necessidade de representação ou de assistência, estando prevista no art. 7º do CPC (art. 70 CPC/2015).

Gabarito 1E, 2C

(Técnico Judiciário – TRT/9ª – 2007 – CESPE) Quanto ao litisconsórcio, julgue os itens subsequentes.

(1) O litisconsórcio necessário é aquele em que a pluralidade de partes não pode ser recusada, exceto se comprometer a rápida solução do litígio ou dificultar a defesa dos réus.

(2) O litisconsórcio caracteriza-se como uma das hipóteses da intervenção de terceiros, podendo se estabelecer no início da ação ou incidentalmente a ela, inclusive na fase recursal. Tratando-se de litisconsórcio simples, a ação deve ser decidida de maneira uniforme para todos os litisconsortes.

1: incorreta, litisconsórcio é a autorização legal para que mais de uma pessoa figure em um ou em ambos os polos da relação jurídica processual. No litisconsórcio necessário, a lei exige a presença de mais de um litigante em um ou em ambos os polos do processo, nos termos do art. 47 do CPC (arts. 114 e 115 CPC/2015); **2:** a primeira assertiva está correta; a segunda, porém, afigura-se incorreta, na medida em que descreve hipótese de litisconsórcio unitário, ao passo que no litisconsórcio simples a decisão poderá ser diferente para cada litisconsorte.

Gabarito 1E, 2E

(Analista – TRT/1ª – 2012 – FCC) Hermes manteve contrato de trabalho com a empresa Gama Transportadora de Cargas por três anos, sendo dispensado por justa causa, sem receber nenhuma verba rescisória. Procurou a Vara do Trabalho do município para ajuizar reclamação trabalhista. Conforme previsão contida na Consolidação das Leis do Trabalho e jurisprudência atual e sumulada pelo TST, Hermes

(A) deve necessariamente constituir advogado para a propositura da reclamação trabalhista.

(B) pode postular sem a necessidade de advogado em todas as instâncias da Justiça do Trabalho.

(C) pode propor a reclamação trabalhista sem constituir advogado, apenas na primeira instância.

(D) não precisa constituir advogado para atuar em todas instâncias da Justiça do Trabalho, desde que esteja assistido pelo Sindicato da Categoria Profissional.

(E) pode reclamar pessoalmente perante a Justiça do Trabalho, limitando-se às Varas do Trabalho e aos Tribunais Regionais do Trabalho.

A assertiva "E" é a correta, pois nos termos do art. 791 da CLT que trata do *jus postulandi* na Justiça do Trabalho reclamar pessoalmente perante a Justiça do Trabalho e acompanhar as suas reclamações até o final. No entanto, de acordo com a Súmula 425 do TST: "O *jus postulandi* das partes, estabelecido no art. 791 da CLT, limita-se às Varas do Trabalho e aos Tribunais Regionais do Trabalho, não alcançando a ação rescisória, a ação cautelar, o mandado de segurança e os recursos de competência do Tribunal Superior do Trabalho".

Gabarito "E".

(Analista – TRT/2ª – 2008 – FCC) Considere:

I. A reclamação trabalhista A tem como partes Maria e sua ex-empregada doméstica Ursula.

II. A reclamação trabalhista B tem como partes a microempresa SAPO e seu ex-empregado João.

III. A reclamação trabalhista C tem como partes a sociedade anônima RATO e seu ex-empregado Domingos.

IV. A reclamação trabalhista D tem como partes a empresa privada ROMA e sua ex-funcionária Vânia.

Para se fazerem representados em audiência, o preposto deverá ser necessariamente empregado do(a) reclamado(a) APENAS nas demandas indicadas em

(A) II, III e IV.

(B) I, II e III.

(C) III e IV.

(D) II e III.

(E) I, III e IV.

Súmula 377 do TST: "Exceto quanto à reclamação de empregado doméstico, ou contra micro ou pequeno empresário, o preposto deve ser necessariamente empregado do reclamado. Inteligência do art. 843, § 1º, da CLT e do art. 54 da Lei Complementar 123, de 14 de dezembro de 2006".

Gabarito "C".

(Analista – TRT/2ª – 2008 – FCC) Com relação ao mandato e ao substabelecimento, é correto afirmar:

(A) O advogado sem procuração poderá propor reclamação trabalhista a fim de evitar a decadência de direitos, devendo, no entanto, exibir o instrumento do mandato no prazo improrrogável de 90 dias.
(B) É inválido o instrumento de mandato com prazo determinado que contém cláusula estabelecendo a prevalência dos poderes para atuar até o final da demanda.
(C) São inválidos os atos praticados pelo substabelecido, se não houver, no mandato, poderes expressos para substabelecer.
(D) Existindo previsão, no mandato, fixando termo para sua juntada, o instrumento de mandato terá validade, inclusive se anexado ao processo após o aludido prazo.
(E) Considera-se irregular a representação se o substabelecimento é anterior à outorga passada ao substabelecente.

A: assertiva incorreta, pois nos termos do art. 37, *caput*, do CPC (art. 104, § 1º, CPC/2015), tal prazo é de quinze dias, prorrogável por mais quinze por despacho do juiz; **B:** assertiva incorreta, pois o mandato é um contrato que comporta a possibilidade usual de as partes avençarem tudo o quanto não for defeso pela lei, conforme Súmula 395, I, do TST: "I – Válido é o instrumento de mandato com prazo determinado que contém cláusula estabelecendo a prevalência dos poderes para atuar até o final da demanda" (v. art. 38 do CPC) (art. 105 CPC/2015); **C:** assertiva incorreta (Súmula 395, III, do TST: "III – São válidos os atos praticados pelo substabelecido, ainda que não haja, no mandato, poderes expressos para substabelecer (art. 667, e parágrafos, do Código Civil de 2002)"); **D:** assertiva incorreta (Súmula 395, II, do TST: "II – Diante da existência de previsão, no mandato, fixando termo para sua juntada, o instrumento de mandato só tem validade se anexado ao processo dentro do aludido prazo"); **E:** assertiva correta, nos termos da Súmula 395, IV, do TST: "IV – Configura-se a irregularidade de representação se o substabelecimento é anterior à outorga passada ao substabelecente".

Gabarito "E"

(Analista – TRT/11ª – 2005 – FCC) As partes ou seus procuradores poderão consultar os processos, com ampla liberdade,

(A) nos arquivos.
(B) nas salas de audiência.
(C) nos gabinetes dos juízes.
(D) nos locais reservados à distribuição dos feitos.
(E) nas secretarias das Varas ou das Turmas.

Arts. 40, I, do CPC (art. 107, I, CPC/2015), 779 da CLT e 7º, XV, da Lei 8.906/1994.

Gabarito "E"

(Analista – TRT/13ª – 2005 – FCC) O *jus postulandi* das partes, no processo do trabalho, é reservado

(A) a empregados e empregadores.
(B) aos empregados beneficiários da justiça gratuita.
(C) aos empregados, somente.
(D) aos empregados assistidos pelo sindicato de classe.
(E) a quaisquer partes, desde que não se trate de reclamação trabalhista.

Art. 791 da CLT. Veja Súmula 425 do TST ("O *jus postulandi* das partes, estabelecido no art. 791 da CLT, limita-se às Varas do Trabalho e aos Tribunais Regionais do Trabalho, não alcançando a ação rescisória, a ação cautelar, o mandado de segurança e os recursos de competência do Tribunal Superior do Trabalho").

Gabarito "A"

(Analista – TRT/14ª – 2011 – FCC) Considere as seguintes assertivas a respeito da representação:

I. É inadmissível em instância recursal, o oferecimento tardio de procuração, ainda que mediante protesto por posterior juntada, já que a interposição de recurso não pode ser reputada ato urgente.
II. Nas Reclamatórias Plúrimas os empregados não poderão fazer-se representar pelo Sindicato de sua categoria, tendo em vista que não se trata de dissídio coletivo, mas sim de dissídio individual com diversos reclamantes.
III. É válido o instrumento de mandato com prazo determinado que contém cláusula estabelecendo a prevalência dos poderes para atuar até o final da demanda.
IV. Não configura irregularidade de representação o fato do substabelecimento ser anterior à outorga passada ao substabelecente, tratando-se de mera irregularidade formal.

Está correto o que se afirma SOMENTE em:

(A) II, III e IV.
(B) I e IV.
(C) I, III e IV.
(D) I e III.
(E) I, II e III.

I: assertiva correta (Súmula 383, I, do TST: "I – É inadmissível, em instância recursal, o oferecimento tardio de procuração, nos termos do art. 37 do CPC, ainda que mediante protesto por posterior juntada, já que a interposição de recurso não pode ser reputada ato urgente"); **II:** assertiva incorreta, pois de acordo com o art. 843, *caput*, da CLT, nas Reclamações Plúrimas os empregados poderão fazer-se representar pelo Sindicato de sua categoria; **III:** assertiva correta (Súmula 395, I, do TST: "I – Válido é o instrumento de mandato com prazo determinado que contém cláusula estabelecendo a prevalência dos poderes para atuar até o final da demanda"); **IV:** assertiva incorreta (Súmula 395, IV, do TST: "IV – Configura-se a irregularidade de representação se o substabelecimento é anterior à outorga passada ao substabelecente").

Gabarito "D"

(Analista – TRT/14ª – 2011 – FCC) A procuração *apud acta* é o mandato

(A) para fins genéricos com permissão expressa para substabelecer.
(B) para fins genéricos que veda expressamente o substabelecimento.
(C) com vigência previamente estipulada.
(D) passado a advogado dativo para fins específicos e determinados logo após a intimação da reclamada.
(E) passado em audiência perante o Juiz do Trabalho.

A assertiva "E", por definição, é a correta. Veja art. 791, § 3º, da CLT.

Gabarito "E"

(Analista – TRT/20ª – 2011 – FCC) Mário ajuizou reclamação trabalhista verbal, sem a constituição de advogado, em face da empresa W. A reclamação trabalhista foi julgada improcedente e Mário contratou Hortência, advogada, para interpor Recurso Ordinário. Hortência interpôs o recurso, mas não juntou à peça processual o referido instrumento de mandato. Neste caso, de acordo com entendimento Sumulado do TST

(A) a parte deverá ser previamente intimada para regularizar a representação processual no prazo peremptório de cinco dias.
(B) será admitido o oferecimento de procuração posteriormente, uma vez que a o instrumento de mandato poderá ser anexado aos autos a qualquer momento até o julgamento do referido recurso.
(C) só será admitido o oferecimento de procuração após o protocolo de recurso, mediante protesto por posterior juntada na referida peça processual.
(D) não será admitido o oferecimento de procuração posteriormente, tendo em vista que é inadmissível, em instância recursal, o oferecimento tardio de procuração, ainda que mediante protesto por posterior juntada.
(E) a parte deverá ser previamente intimada para regularizar a representação processual no prazo peremptório de quinze dias.

Súmula 383, I, do TST: "I – É inadmissível, em instância recursal, o oferecimento tardio de procuração, nos termos do art. 37 do CPC, ainda que mediante protesto por posterior juntada, já que a interposição de recurso não pode ser reputada ato urgente".

Gabarito "D"

(Analista – TRT/23ª – 2011 – FCC) O *jus postulandi* das partes, estabelecido na Consolidação das Leis do Trabalho,

(A) limita-se às Varas do Trabalho, alcançando os mandados de segurança de sua competência.
(B) limita-se às Varas do Trabalho, alcançando ação rescisória de sua competência.
(C) é ilimitado, não havendo na lei, em Súmulas ou Orientações Jurisprudenciais qualquer limitação, pois trata- se de direito assegurado pela Constituição Federal.
(D) limita-se às Varas do Trabalho e aos Tribunais Regionais do Trabalho, não alcançando os recursos de competência do Tribunal Superior do Trabalho.

(E) limita-se às Varas do Trabalho e aos Tribunais Regionais do Trabalho, alcançando os recursos de competência do Tribunal Superior do Trabalho, bem como as ações rescisórias e os mandados de segurança.

O *jus postulandi* das partes está previsto no art. 791 da CLT. Porém, sua limitação está disposta na súmula 425 do TST: "O *jus postulandi* das partes, estabelecido no art. 791 da CLT, limita-se às Varas do Trabalho e aos Tribunais Regionais do Trabalho, não alcançando a ação rescisória, a ação cautelar, o mandado de segurança e os recursos de competência do Tribunal Superior do Trabalho".

Gabarito "D".

(Analista – TRT/23ª – 2007 – FCC) A reclamação trabalhista do menor de 18 anos será feita por seus representantes legais e, na falta destes,

(A) pelo sindicato representante da categoria do reclamante e, na falta deste, será obrigatoriamente nomeado em juízo um curador.
(B) pela Procuradoria da Justiça do Trabalho e pelo Ministério Público estadual detentores da legitimidade exclusiva, por expressa determinação legal.
(C) será nomeado em juízo um curador, que possuirá a legitimidade exclusiva substitutiva dos representantes legais.
(D) pelo Ministério Público estadual ou curador nomeado em juízo detentores da legitimidade exclusiva, por expressa determinação legal.
(E) pela Procuradoria da Justiça do Trabalho, pelo sindicato, pelo Ministério Público estadual ou curador nomeado em juízo.

Art. 793 da CLT.

Gabarito "E".

7. NULIDADES

(Técnico – TRT/19ª – 2015 – FCC) Marta ajuizou reclamação trabalhista em face de sua empregadora doméstica Tatiana. A referida reclamação foi distribuída para a primeira Vara Trabalhista de Maceió. Marta descobriu que, Mônica, esposa do Magistrado da referida Vara, é credora de Tatiana, já que esta deve valores locatícios de imóvel de propriedade de Mônica. Neste caso,

(A) não há suspeição e nem impedimento do Magistrado.
(B) há impedimento do Magistrado, podendo ser arguida mediante exceção.
(C) há suspeição e impedimento do Magistrado, podendo ser arguida mediante exceção.
(D) há suspeição do Magistrado, podendo ser arguida mediante exceção.
(E) há incompetência funcional absoluta, que deve ser arguida em preliminar de contestação.

A: opção incorreta, pois embora não exista impedimento do magistrado (art. 134 do CPC) (art. 144 CPC/2015) há sua suspeição, art. 135, II, do CPC (art. 145, II, CPC/2015) **B:** opção incorreta, pois não se trata de hipótese de impedimento do magistrado. As hipóteses de impedimento estão elencadas no art. 134 do CPC (art. 144 CPC/2015). **C:** opção incorreta, pois há apenas suspeição do magistrado, art. 135, II, CPC (art. 145, II, CPC/2015). **D:** opção correta, pois nos termos do art. 135, II, do CPC há suspeição do magistrado sempre que alguma das partes for credor ou devedor do juiz, de seu cônjuge ou de parentes destes, em linha reta ou na colateral até o terceiro grau, que deve ser alegada em exceção de suspeição **E:** opção incorreta, pois não há incompetência funcional absoluta, ou seja, incompetência do juiz de 1º grau para apreciar a demanda.

Gabarito "D".

(Técnico Judiciário – TRT/15ª – 2009 – FCC) Com relação às nulidades, a Consolidação das Leis do Trabalho, ao dispor que *nos processos sujeitos à apreciação da Justiça do Trabalho só haverá nulidade quando resultar dos atos inquinados manifesto prejuízo às partes litigantes*, está aplicando, especificamente, o princípio

(A) do interesse.
(B) da preclusão.
(C) da utilidade.
(D) da transcendência.
(E) da finalidade.

A: incorreta, o princípio do interesse prescreve que a nulidade não será pronunciada quando arguida por quem lhe tiver dado causa (CLT, art. 796, *b*); **B:** incorreta, pelo princípio da preclusão, a irresignação quanto à nulidade no processo deve ser manifestada de imediato (art. 795 da CLT); **C:** incorreta, o princípio da utilidade, ou do aproveitamento dos atos processuais praticados, prevê que a declaração de nulidade não prejudicará senão os atos posteriores que dependam ou decorram do ato nulo (CLT, art. 798); **D:** correta, o princípio da transcendência ou do prejuízo (*pás de nullité sans grief*) constitui o eixo central da teoria das nulidades trabalhistas, estando previsto no art. 794 da CLT; **E:** incorreta, o princípio da finalidade, ou da instrumentalidade das formas, dita que os atos praticados de modo diverso da forma prescrita em lei serão válidos quando atingirem sua finalidade (CPC, arts. 154 e 244) (arts. 188 e 277 CPC/2015, respectivamente.

Gabarito "D".

(Analista – TRT/11ª – 2012 – FCC) Nos processos sujeitos à apreciação da Justiça do Trabalho, a nulidade

(A) não poderá ser declarada mediante provocação das partes, mas apenas se arguida *ex officio* pelo Juiz.
(B) será pronunciada ainda quando arguida por quem lhe tiver dado causa.
(C) só será declarada quando resultar dos atos inquinados manifesto prejuízo às partes litigantes.
(D) após declarada não prejudicará senão os atos anteriores ou posteriores que dele dependam, ou sejam consequência.
(E) será sempre pronunciada, mesmo que seja possível suprir-se a falta ou repetir-se o ato.

A: assertiva incorreta, pois, nos termos do art. 795, *caput*, da CLT, as nulidades não serão declaradas senão mediante provocação das partes; **B:** assertiva incorreta, pois, nos termos do art. 796, *b*, da CLT, a nulidade não será declarada quando for arguida por quem lhe tiver dado causa; **C:** assertiva correta, pois reflete o disposto no art. 794 da CLT; **D:** assertiva incorreta, pois, nos termos do art. 798 da CLT, a nulidade do ato não prejudicará senão os posteriores que dele dependam ou sejam consequência; **E:** assertiva incorreta, pois a nulidade não será pronunciada quando for possível suprir-se a falta ou repetir-se o ato, nos termos do art. 796, *a*, da CLT.

Gabarito "C".

(Analista – TRT/9ª – 2012 – FCC) Conforme dispositivos da Consolidação das Leis do Trabalho relativos às nulidades e exceções processuais, é INCORRETO afirmar que

(A) se a parte recusante houver praticado algum ato pelo qual haja consentido na pessoa do Juiz, não mais poderá alegar exceção de suspeição, salvo sobrevindo novo motivo.
(B) nos processos sujeitos à apreciação da Justiça do Trabalho, só haverá nulidade quando resultar dos atos inquinados manifesto prejuízo às partes litigantes.
(C) as nulidades não serão declaradas, como regra, senão mediante provocação das partes, as quais deverão argui-las à primeira vez em que tiverem de falar em audiência ou nos autos.
(D) dentre os motivos, em relação à pessoa das partes, em que o Juiz é obrigado a dar-se por suspeito, e pode ser recusado estão a inimizade pessoal e a amizade íntima.
(E) a nulidade sempre será pronunciada, mesmo quando for possível suprir-lhe a falta ou repetir o ato, diante do princípio da irretroatividade dos atos processuais.

A: assertiva correta, pois reflete o disposto no parágrafo único do art. 801 da CLT; **B:** assertiva correta, pois reflete o disposto no art. 794 da CLT; **C:** assertiva correta, pois reflete o disposto no art. 795, *caput*, da CLT; **D:** assertiva correta, pois reflete o disposto no art. 801, *a* e *b*, da CLT; **E:** assertiva incorreta, devendo esta assertiva ser assinalada, pois nos termos do art. 796, *a*, da CLT, quando for possível suprir a falta ou repetir o ato, não haverá sua nulidade.

Gabarito "E".

(Analista – TRT/1ª – 2012 – FCC) Zeus, funcionário de uma empresa pública com contrato regido pelas normas da CLT – Consolidação das Leis do Trabalho – ajuizou reclamação trabalhista em face da empresa para reclamar o pagamento de gratificação denominada "sexta-parte" e as suas integrações. A ação foi distribuída na 1ª Vara do Trabalho da cidade do Rio de Janeiro. O advogado de Zeus informou-lhe que o Juiz Titular daquela Vara, em outros processos análogos, rejeitou o referido pedido. Para que o processo não fosse julgado por aquele Juiz, Zeus deliberadamente ofendeu o magistrado em audiência, inclusive ameaçando-o de morte. Conforme norma expressa da CLT, na presente situação está configurada a suspeição do Juiz?

(A) Sim, por configurar o interesse na causa por parte do Juiz.
(B) Não, porque não é caso de parentesco por consanguinidade até o terceiro grau civil.
(C) Sim, pelo risco da manutenção de sua integridade física.

(D) Não, porque o litigante procurou de propósito o motivo de que se originaria a suspeição.

(E) Não, por não haver previsão na CLT de que a inimizade pessoal possa gerar suspeição do Juiz.

A assertiva "D" é a opção correta, pois, nos termos do parágrafo único, parte final do art. 801 da CLT, a suspensão não será admitida sempre que o recusante/empregado procurou de propósito o motivo de que ela se originou.

Gabarito "D".

(Analista – TRT/1ª – 2012 – FCC) Em relação às nulidades nos processos sujeitos à apreciação da Justiça do Trabalho, conforme regras contidas em lei própria, é INCORRETO afirmar que

(A) só haverá nulidade quando resultar dos atos inquinados manifesto prejuízo às partes litigantes.

(B) as nulidades não serão declaradas senão mediante provocação das partes, que poderão as arguir em qualquer fase do processo, desde que antes de sentenciado.

(C) a nulidade não será pronunciada quando for possível suprir-se a falta ou repetir-se o ato.

(D) quando for arguida por quem lhe tiver dado causa a nulidade não será declarada.

(E) a nulidade do ato não prejudicará senão os posteriores que dele dependam ou sejam consequência.

A: assertiva correta, pois reflete o disposto no art. 794 da CLT; **B:** assertiva incorreta, devendo esta assertiva ser assinalada, pois, nos termos do art. 795, *caput*, da CLT as nulidades deverão ser arguidas à primeira vez em que tiverem de falar em audiência ou nos autos; **C:** assertiva correta, pois reflete o disposto no art. 796, *a*, da CLT; **D:** assertiva correta, pois reflete o disposto no art. 796, *b*, da CLT; **E:** assertiva correta, pois reflete o disposto no art. 798 da CLT.

Gabarito "B".

(Analista – TRT/6ª – 2012 – FCC) Nos processos sujeitos à apreciação da Justiça do Trabalho, em relação à matéria de nulidades, é correto afirmar que:

(A) As nulidades somente serão declaradas se forem arguidas em recurso de revista ao TST.

(B) A nulidade do ato não prejudicará senão os posteriores que dele dependam ou sejam consequência.

(C) O juiz ou Tribunal que pronunciar a nulidade não precisa declarar os atos a que se estende.

(D) Ainda que seja possível repetir-se o ato, a nulidade será pronunciada.

(E) Ainda que dos atos inquinados não resulte manifesto prejuízo às partes, a nulidade deverá ser declarada de ofício pelo juiz.

A: assertiva incorreta (art. 795, *caput*, da CLT); **B:** assertiva correta (art. 798 da CLT); **C:** assertiva incorreta (art. 797 da CLT); **D:** assertiva incorreta (art. 796, *a*, da CLT); **E:** assertiva incorreta (art. 794 da CLT).

Gabarito "B".

(Analista – TRT/11ª – 2005 – FCC) Uma vez pronunciada, a nulidade

(A) atinge todos os atos processuais.

(B) implica remessa do feito ao Ministério Público.

(C) impossibilita a repetição do ato nulo.

(D) atinge somente os atos posteriores, que dele dependam ou sejam consequência.

(E) atinge somente os atos que favoreçam a parte que lhe deu causa.

Art. 798 da CLT.

Gabarito "D".

(Analista – TRT/14ª – 2011 – FCC) Foi afixado na sede do juízo e publicado no jornal local, com antecedência de dez dias, edital com dia, hora e local em que ocorrerá leilão de apartamento penhorado em um processo. Neste caso, o ato é

(A) anulável tendo em vista disposição expressa neste sentido na Consolidação das Leis do Trabalho, podendo tal nulidade ser alegada apenas pela parte prejudicada.

(B) válido desde que este edital forneça prazo de trinta dias para a manifestação expressa de credores quirografários e com garantia real.

(C) anulável tendo em vista disposição expressa neste sentido na Consolidação das Leis do Trabalho, podendo tal nulidade ser alegada apenas pelo Ministério Público do Trabalho.

(D) válido e eficaz tendo em vista que todas as formalidades legais foram devidamente respeitadas.

(E) nulo por desatender formalidade legal prevista na Consolidação das Leis do Trabalho.

A irregularidade em questão decorre da inobservância do prazo prescrito pelo art. 888, *caput*, da CLT, de afixação e publicação do edital com antecedência mínima de 20 dias. Tal prazo de antecedência mínima é norma de ordem pública, cogente, referente ao interesse público vertido na melhor divulgação do leilão para que interessados compareçam e possam otimizar os lances. Ademais, tal prazo, ainda, é uma garantia ao executado, que poderá contar com tal período para amealhar capital a fim de remir a execução, no que a questão passa a se referir ao princípio do devido processo legal. Portanto, em que pese a maior flexibilidade das nulidades processuais trabalhistas em relação às nulidades do processo comum, entendemos que o vício em questão é insanável e diz com nulidade absoluta, assim aquela que é ditada por fins de interesse público, não tendo as partes poder de disposição deste interesse.

Gabarito "E".

(Analista – TRT/14ª – 2011 – FCC) Com relação às nulidades, o princípio da transcendência é aquele que prevê que

(A) a nulidade de uma parte do ato prejudicará as outras, mesmo que dela sejam independentes.

(B) só haverá nulidade nos processos sujeitos à apreciação da Justiça do Trabalho quando resultar dos atos inquinados manifesto prejuízo às partes litigantes.

(C) deverão ser declaradas *ex officio* as nulidades fundadas em incompetência de foro, sendo considerados nulos os atos decisórios.

(D) o juiz, quando a lei prescrever determinada forma, sem cominação de nulidade, considerará válido o ato se, realizado de outro modo, lhe alcançar a finalidade.

(E) anulado o ato reputam-se de nenhum efeito todos os subsequentes, que dele dependam.

A: trata-se de assertiva incorreta (art. 798 da CLT), com a invocação deturpada do princípio da utilidade; **B:** assertiva correta, uma vez que se trata do princípio do prejuízo ou da transcendência (art. 794 da CLT), inspirado na expressão francesa *pas de nullité sans grief*; **C:** a assertiva está incorreta (art. 795, § 1º, da CLT). Embora a assertiva se refira à disposição contida no art. 795, § 1º, da CLT, não se corresponde à regra decorrente do princípio da transcendência. É importante se observar que a expressão "foro", aqui tratada, se refere a hipóteses de incompetência absoluta (incompetência funcional, material etc.), não dizendo respeito à incompetência territorial (*ratione loci*), que é hipótese de incompetência relativa, não pronunciável de ofício e sujeita à regra de prorrogação de competência caso a parte não oponha exceção de incompetência por ocasião da defesa; **D:** assertiva incorreta, pois a assertiva trata-se do princípio da instrumentalidade das formas (arts. 154 e 244 do CPC) (art. 188 e 277 CPC/2015); **E:** assertiva incorreta, pois se trata do princípio da causalidade ou consequencialidade, segundo o qual só os atos que não sejam consequência do ato considerado nulo, desde que dele não dependam, poderão ser aproveitados (art. 248 do CPC) (art. 281 CPC/2015) V. Arts. 113, § 2º, e 249 do CPC arts. 281, 64 §§ 2º e 4º e 282 do CPC/2015), e 797 da CLT.

Gabarito "B".

(Analista – TRT/23ª – 2007 – FCC) Considere as seguintes assertivas a respeito das nulidades:

I. Em regra, as nulidades não serão declaradas senão mediante provocação das partes, as quais deverão argui-las à primeira vez em que tiverem de falar em audiência ou nos autos.

II. A nulidade fundada em incompetência de foro deverá ser declarada *ex officio* e, nesse caso, serão considerados nulos os atos decisórios.

III. A nulidade deverá ser pronunciada, inclusive quando arguida por quem lhe tiver dado causa.

IV. A nulidade do ato não prejudicará senão os posteriores que dele dependam ou sejam consequência.

De acordo com a Consolidação das Leis do Trabalho está correto o que consta APENAS em

(A) I e II.

(B) I, II e III.

(C) I, II e IV.

(D) II e III.

(E) II, III e IV.

I: assertiva correta (art. 795, *caput*, da CLT); **II:** assertiva correta (art. 795, § 1º, da CLT); **III:** assertiva incorreta (art. 796, *b*, da CLT); **IV:** assertiva correta (art. 798 da CLT).

Gabarito "C".

(Analista – TRT/24ª – 2011 – FCC) De acordo com o artigo 795 da CLT, as nulidades não serão declaradas senão mediante provocação das partes, as quais deverão argui-las à primeira vez em que tiverem de falar em audiência ou nos autos. Neste caso, trata-se especificamente do Princípio da

(A) Estabilidade da Lide.
(B) Preclusão.
(C) Eventualidade.
(D) Concentração.
(E) Lealdade Processual.

A: assertiva incorreta, tendo em vista que o princípio da estabilidade da lide concerne à proibição de inovação de pedido ou causa de pedir após determinado momento processual. No processo cível, após a citação do réu só é permitida a mudança do pedido ou causa de pedir com a concordância deste, sendo que em nenhuma hipótese será possível a mudança do pedido ou causa de pedir após o saneamento da lide (art. 264 do CPC) (art. 329 CPC/2015). No processo do trabalho, uma vez que a citação do réu decorre de ato automático do Juízo e uma vez que inexiste expressa previsão de despacho saneador, doutrinadores debatem quanto ao momento da estabilização da demanda, prevalecendo que até o momento de apresentação da defesa o autor poderá aditar a inicial para alterar pedidos e causa de pedir; **B:** assertiva correta, por definição; **C:** assertiva incorreta. O princípio da eventualidade radica no art. 300 do CPC (art. 336 CPC/2015), pelo qual "compete ao réu alegar, na contestação, toda a matéria de defesa, expondo as razões de fato e de direito, com que impugna o pedido do autor", materializando-se através do chamado ônus da impugnação específica. Calamandrei define o princípio da eventualidade como "aquele por força do qual as partes, para não perderem a faculdade de fazer valer as deduções de mérito e de rito que possam parecer úteis à sua defesa, devem apresentá-las cumulativamente no termo preclusivo fixado para tal fim, ainda que algumas delas, destinadas a valer apenas subordinadamente (isto é, apenas na eventualidade de não serem acolhidas as outras alegações apresentadas em caráter principal), não apresentem interesse atual no momento de sua apresentação"; **D:** assertiva incorreta, pois o princípio da concentração diz com a vocação do processo do trabalho para que seus atos sejam realizados de forma concentrada em audiência (apresentação de defesa, produção de provas, prolação da sentença etc.) e em um menor número possível de audiências; **E:** assertiva incorreta, pois o princípio da lealdade processual proíbe a má-fé e os atos atentatórios à dignidade da Justiça.

Gabarito "B"

(Analista – TRT/24ª – 2006 – FCC) No Processo do Trabalho, a nulidade

(A) quando pronunciada, não obriga o juiz ou Tribunal que a pronunciou a declarar os atos a que ela se estende, tratando-se de mera faculdade.
(B) fundada em incompetência da Justiça do Trabalho, não será declarada senão mediante provocação das partes.
(C) será pronunciada, mesmo que seja possível suprir-se a falta ou repetir-se o ato, em decorrência da formalidade inerente ao processo do trabalho.
(D) será pronunciada, mesmo quando arguida por quem lhe tiver dado causa, por expressa determinação legal.
(E) do ato não prejudicará senão os posteriores que dele dependam ou sejam consequência.

A: assertiva incorreta (art. 797 da CLT); **B:** assertiva incorreta (art. 795, §§ 1º e 2º, da CLT); **C:** assertiva incorreta (art. 796, *a*, da CLT); **D:** assertiva incorreta (art. 796, *b*, da CLT); **E:** assertiva correta (art. 798 da CLT).

Gabarito "E"

(Analista – TRT/9ª – 2007 – CESPE) Acerca das nulidades processuais no processo do trabalho, julgue os itens a seguir.

(1) No processo do trabalho, se considera a nulidade apenas quando do ato questionado resulte manifesto prejuízo à parte que não o praticou, e desde que, não tendo sido arguido por quem lhe haja dado causa, seja possível suprir a falta ou repetir-se o ato, resultando na necessária nulidade do processado, prejudicando não apenas os atos subsequentes como os anteriores, uma vez que prevalece a contaminação dos atos processuais.
(2) As partes litigantes deverão arguir a nulidade perante o juiz, na primeira ocasião em que se manifestarem no processo. Se não o fizerem, a eventual nulidade não poderá ser pronunciada por decorrência da preclusão, mesmo que envolva questão alusiva à competência material da Justiça do Trabalho.

1: assertiva incorreta (arts. 794, 796, *b*, e 798 da CLT); **2:** assertiva incorreta (art. 795 da CLT).

Gabarito 1E, 2E

8. PROVAS

(Técnico – TRT/16ª – 2015 – FCC) No tocante à produção de provas no processo do trabalho, é correto afirmar que:

(A) Somente no rito ordinário, e não no sumaríssimo, existe a possibilidade de requerimento pelas partes, se for o caso, de condução coercitiva de suas testemunhas.
(B) Com a revelia da reclamada e aplicação da confissão quanto à matéria de fato, o pedido de insalubridade requerido na inicial será julgado procedente, dispensando obrigatoriamente o Juiz a realização de prova pericial para sua apuração.
(C) No rito ordinário é facultado a cada uma das partes a indicação de até três testemunhas; já no inquérito para apuração de falta grave, o número de testemunhas será de seis para cada parte.
(D) As testemunhas, que forem depor em Juízo e apresentarem o devido Atestado de Comparecimento à empresa em que trabalham, poderão sofrer desconto do dia.
(E) No rito sumaríssimo, tendo em vista a celeridade processual, é proibida a produção de prova técnica, sendo que a parte deverá escolher o rito ordinário se tiver intenção de produzi-la para embasar seus pedidos.

A: opção incorreta, pois assim como no rito ordinário, art. 840, § 1º, da CLT e art. 282, IV, do CPC (art. 319, IV, CPC/2015), no procedimento sumaríssimo também se admite o requerimento pelas partes de condução coercitiva das testemunhas, nos termos do art. 852-H, § 3º, da CLT sempre que a testemunha convidada, comprovadamente, deixar de comparecer à audiência. **B:** opção incorreta, pois o pedido de insalubridade ou periculosidade exige a produção de prova pericial/técnica, nos termos do art. 195 da CLT. Por ser uma matéria exclusivamente de direito não se aplicam os efeitos da revelia, ou seja, confissão quanto a matéria de fato. **C:** opção correta, pois nos termos do art. 821 da CLT cada uma das partes não poderá indicar mais de 3 (três) testemunhas, salvo quando se tratar de inquérito, caso em que esse número poderá ser elevado a 6 (seis). **D:** opção incorreta, pois nos termos do art. 822 da CLT, as testemunhas não poderão sofrer qualquer desconto pelas faltas ao serviço, ocasionadas pelo seu comparecimento para depor, quando devidamente arroladas ou convocadas. **E:** opção incorreta, pois nos termos do art. 852-H, § 4º, da CLT no procedimento sumaríssimo sempre que a prova do fato o exigir, ou for legalmente imposta, será deferida prova técnica, incumbindo ao juiz, desde logo, fixar o prazo, o objeto da perícia e nomear perito.

Gabarito "C"

(Técnico Judiciário – TRT/6ª – 2006 – FCC) Em relação às testemunhas, cada parte poderá ouvir, no procedimento ordinário e no sumaríssimo,

(A) 6 (seis) e 3 (três) testemunhas, respectivamente.
(B) 3 (três) e 6 (seis) testemunhas, respectivamente.
(C) 3 (três) em ambos os procedimentos.
(D) 2 (duas) em ambos os procedimentos.
(E) 3 (três) e 2 (duas) testemunhas, respectivamente.

Arts. 821 e 852-H, § 2º, da CLT.

Gabarito "E"

(Técnico Judiciário – TRT/7ª – 2009 – FCC) Observe as assertivas abaixo a respeito da prova testemunhal.

I. As testemunhas comparecerão à audiência independentemente de notificação ou intimação, e as que não comparecerem serão intimadas *ex oficio* ou a requerimento da parte, ficando sujeitas à condução coercitiva se não atenderem a intimação sem justo motivo.
II. As testemunhas não poderão sofrer qualquer desconto pelas faltas ao serviço ocasionadas pelo seu comparecimento para depor, quando devidamente arroladas ou convocadas.
III. A testemunha que for parente até o terceiro grau civil, amigo íntimo ou inimigo de qualquer das partes não prestará compromisso, e seu depoimento valerá como simples informação.
IV. Cada uma das partes não poderá indicar mais de duas testemunhas, salvo quando se tratar de inquérito, fase em que esse número poderá ser elevado a três.

De acordo com a Consolidação das Leis do Trabalho, é correto o que se afirma APENAS em:

(A) II e III.
(B) I e IV.
(C) II e IV.
(D) II, III e IV.
(E) I, II e III.

I: correta, art. 825 da CLT; II: correta, art. 822 da CLT; III: correta, art. 829 da CLT; IV: incorreta, pois cada uma das partes não poderá indicar mais de três testemunhas (art. 821 da CLT).

Gabarito "E".

(Técnico Judiciário – TRT/9ª – 2010 – FCC) Considere as seguintes assertivas a respeito das provas:

I. A indicação do perito assistente é faculdade da parte, a qual deve responder pelos respectivos honorários, ainda que vencedora do objeto da perícia.

II. Se a testemunha for funcionário civil ou militar e tiver que depor em hora de serviço, será requisitado o seu comparecimento ao Governador do Estado ou ao Prefeito Municipal, conforme o caso concreto.

III. A testemunha que for parente até o terceiro grau civil não prestará compromisso e seu depoimento valerá como simples informação.

IV. O documento em cópia oferecido para prova deverá conter declaração de autenticidade do cartório responsável, vedada a declaração de autenticidade feita por advogado.

Está correto o que consta APENAS em:

(A) I e III.
(B) I e II.
(C) I, II e III.
(D) III e IV.
(E) II, III e IV.

I: correta, Súmula 341 do TST; II: incorreta, pois se a testemunha for funcionário civil ou militar, e tiver de depor em hora de serviço, será requisitada ao chefe da repartição para comparecer à audiência marcada (art. 823 da CLT); III: correta, art. 829 da CLT; IV: incorreta, dispõe o art. 830 da CLT que "o documento em cópia oferecido para prova poderá ser declarado autêntico pelo próprio advogado, sob sua responsabilidade pessoal" (redação dada pela Lei 11.925/2009).

Gabarito "A".

(Técnico Judiciário – TRT/11ª – 2005 – FCC) Excluídas as demandas sujeitas ao procedimento sumaríssimo, nos processos trabalhistas cada uma das partes poderá arrolar pessoas para que sejam ouvidas como testemunhas, no número máximo de:

(A) duas.
(B) três.
(C) quatro.
(D) cinco.
(E) seis.

Art. 821 da CLT.

Gabarito "B".

(Técnico Judiciário – TRT/16ª – 2009 – FCC) João ajuizou reclamação trabalhista em face de sua ex-empregadora, a empresa X. Considerando que Manoela é parente consanguíneo de João de terceiro grau; que Marcela é parente por afinidade de segundo grau de João e que Mirela é parente por afinidade de terceiro grau de João. Está (ão) impedida (s) de depor

(A) Marcela, apenas.
(B) Manoela, apenas.
(C) Marcela e Mirela, apenas.
(D) Manoela e Marcela, apenas.
(E) Manoela, Marcela e Mirela.

Arts. 829 da CLT e 405, § 2º, I, do CPC (art. 447, § 2º, I, CPC/2015).

Gabarito "E".

(Técnico Judiciário – TRT/20ª – 2011 – FCC) Considere as seguintes assertivas a respeito das provas:

I. As anotações apostas pelo empregador na carteira profissional do empregado não geram presunção *juris et de jure*, mas apenas *juris tantum*.

II. Presume-se recebida a notificação quarenta e oito horas depois de sua postagem. O seu não recebimento ou a entrega após o decurso desse prazo constitui ônus de prova do destinatário.

III. Não torna suspeita a testemunha o simples fato de estar litigando ou de ter litigado contra o mesmo empregador.

IV. A prova documental poderá, em regra, ser produzida em qualquer oportunidade, inclusive na fase recursal. A juntada de documentos com o recurso é perfeitamente possível não importando se referente a fato anterior ou posterior à sentença.

Está correto o que se afirma APENAS em:

(A) I e II.
(B) I, II e III.
(C) I e III.
(D) II, III e IV.
(E) II e IV.

I: correta, Súmula 12 do TST; II: correta, Súmula 16 do TST; III: correta, Súmula 357 do TST; IV: incorreta, de acordo com a Súmula 8 do TST "a juntada de documentos na fase recursal só se justifica quando provado o justo impedimento para sua oportuna apresentação ou se referir a fato posterior à sentença".

Gabarito "B".

(Técnico Judiciário – TRT/23ª – 2007 – FCC) A respeito da prova testemunhal, considere:

I. As testemunhas sofrerão desconto pelas faltas ao serviço ocasionadas pelo seu comparecimento para depor quando tiverem sido arroladas para a audiência, mas forem dispensadas em razão de acordo.

II. O juiz providenciará para que o depoimento de uma testemunha não seja ouvido pelas demais que tenham de depor no processo.

III. Em regra, cada uma das partes poderá indicar até três testemunhas, salvo quando se tratar de inquérito, caso em que esse número poderá ser elevado para seis.

IV. A testemunha que for parente em terceiro grau civil de qualquer das partes, não prestará compromisso, e seu depoimento valerá como simples informação.

Está correto o que se afirma APENAS em:

(A) II e III.
(B) II, III e IV.
(C) II e IV.
(D) I, II e IV.
(E) I e III.

I: incorreta, pois, nesse caso, as testemunhas não poderão sofrer qualquer desconto (art. 822 da CLT); II: correta, art. 824 da CLT; III: correta, art. 821 da CLT; IV: correta, art. 829 da CLT.

Gabarito "B".

(Técnico Judiciário – TRT/1ª – 2008 – CESPE) Se, em uma reclamação trabalhista, antes de encerrada a instrução, a reclamada solicitar, por meio de seu procurador ou preposto, a reinquirição do reclamante, o juiz:

(A) deverá atender o requerimento, sob pena de ofensa ao direito à ampla defesa.
(B) poderá deferir essa pretensão, caso a entenda pertinente.
(C) não poderá deferir o requerimento.
(D) só poderá deferir o requerimento após ouvir novamente as testemunhas.
(E) só poderá atender o requerimento mediante julgamento de recurso, a ser aviado.

Arts. 765, 820 e 848 da CLT.

Gabarito "B".

(Técnico Judiciário – TRT/9ª – 2007 – CESPE) Julgue o item a seguir.

(1) No processo do trabalho é admitida, em geral, a indicação de três testemunhas para cada uma das partes, exceto nas reclamações sob rito sumaríssimo, quando o número de testemunhas é limitado a duas por parte, ou nos inquéritos para apuração de falta grave, quando poderá chegar a seis testemunhas para cada parte.

1: correta, arts. 821 e 852-H, § 2º, da CLT.

Gabarito 1C

(Analista – TRT/11ª – 2012 – FCC) O Banco Alfa S/A não enviou preposto para a audiência designada logo após a distribuição da reclamação, embora estivesse presente o seu advogado, com procuração.

Nesta situação, o reclamado é considerado quanto à matéria

(A) fática, confesso mas não revel.
(B) fática, revel e confesso.
(C) fática, nem revel nem confesso.
(D) fática, revel mas não confesso.
(E) de direito, confesso apenas.

A assertiva "B" é a opção correta, pois nos termos do art. 844 da CLT o não comparecimento do reclamado à audiência importa revelia, além de confissão quanto à matéria de fato.

Gabarito "B".

(Analista – TRT/11ª – 2012 – FCC) Carlos, analista judiciário do TRT, é arrolado como testemunha do autor em uma ação reclamatória trabalhista em que deverá depor em horário normal de seu expediente.

Nesta situação, Carlos deverá

(A) ser conduzido por oficial de justiça à audiência marcada.
(B) comparecer espontaneamente à audiência designada.
(C) ser ouvido na sua própria repartição.
(D) prestar seu depoimento por escrito para posterior juntada aos autos.
(E) ser requisitado ao chefe da repartição para comparecer à audiência marcada.

A assertiva "E" é a opção correta, pois regra geral em conformidade com o art. 825 da CLT as testemunhas comparecerão a audiência independentemente de notificação ou intimação. Porém, se a testemunha for funcionário civil ou militar, e tiver de depor em hora de serviço, será requisitada ao chefe da repartição para comparecer à audiência marcada, nos termos do art. 823 da CLT.

Gabarito "E".

(Analista – TRT/9ª – 2012 – FCC) Em todo processo judicial, o conjunto probatório é fundamental para a solução do litígio. A Consolidação das Leis do Trabalho possui regras específicas sobre as provas judiciais, sendo assim,

(A) as testemunhas não poderão sofrer qualquer desconto pelas faltas ao serviço, ocasionadas pelo seu comparecimento para depor, quando devidamente arroladas ou convocadas.
(B) as testemunhas comparecerão à audiência independentemente de notificação ou intimação, sendo que as que não comparecerem não serão ouvidas, ainda que seja requerido pela parte a intimação das ausentes.
(C) o juiz nomeará perito em caso de haver matéria técnica, não sendo facultado às partes indicação de assistentes técnicos em razão da celeridade processual que deve ser aplicada ao Processo do Trabalho.
(D) apenas a testemunha que for parente até o segundo grau civil ou amigo íntimo de qualquer das partes, não prestará compromisso, e seu depoimento valerá como simples informação.
(E) o documento oferecido para prova só será aceito se estiver no original ou em certidão autêntica, não podendo ser declarado autêntico pelo próprio advogado, diante da sua parcialidade.

A: assertiva correta, pois reflete os exatos termos do disposto no art. 822 da CLT; **B:** assertiva incorreta, pois embora conste do art. 825 da CLT que as testemunhas comparecerão independentemente de notificação ou intimação, determina o parágrafo único do mesmo dispositivo legal que as testemunhas que não comparecerem serão intimadas, *ex officio* ou a requerimento da parte, ficando sujeitas à condução coercitiva, além das penalidades do art. 730 da CLT, caso, sem motivo justificado, não atendam à intimação; **C:** assertiva incorreta, pois nos termos do art. 826 da CLT é facultado a cada uma das partes apresentar um perito ou técnico, sendo que nos termos do art. 3º da Lei 5.584/1970 os exames periciais serão realizados por perito único designado pelo Juiz, que fixará o prazo para entrega do laudo e, em conformidade com o parágrafo único do referido artigo, será permitido a cada parte a indicação de um assistente, cuja laudo terá que ser apresentado no mesmo prazo assinado para o perito, sob pena de ser desentranhado dos autos; **D:** assertiva incorreta, pois nos termos do art. 829 da CLT a testemunha que for parente até o terceiro grau civil, o amigo íntimo ou o inimigo de qualquer das partes não prestará compromisso; **E:** assertiva incorreta, pois em conformidade com o art. 830 da CLT o documento em cópia oferecido para prova poderá ser declarado autêntico pelo próprio advogado, sob sua responsabilidade pessoal.

Gabarito "A".

(Analista – TRT/1ª – 2012 – FCC) Atenas, em dezembro de 2012, ajuizou reclamação trabalhista em face da sua empregadora Celestial Cosméticos e Perfumes S/A postulando apenas uma indenização por ofensas e danos morais, no valor que foi atribuído à causa de R$ 6.220,00 (seis mil duzentos e vinte reais), equivalentes a 10 salários mínimos na época da propositura da ação. Para comprovar suas alegações, conforme previsão legal, a quantidade máxima de testemunhas que Atenas poderá indicar é de

(A) três.
(B) cinco.
(C) duas.
(D) quatro.
(E) seis.

A assertiva "C" é a opção correta, pois, nos termos do art. 852-A da CLT, as ações cujo valor da causa não superar 40 salários mínimos ficarão submetidos ao procedimento sumaríssimo. Nesse procedimento, de acordo com o art. 852-H, § 2º, da CLT cada parte poderá levar até duas testemunhas.

Gabarito "C".

(Analista – TRT/6ª – 2012 – FCC) O número máximo de testemunhas admitido em lei para cada uma das partes nos dissídios individuais trabalhistas nos procedimentos ordinário, sumaríssimo e inquérito para apuração de falta grave, respectivamente, é de

(A) duas, três e quatro.
(B) três, duas e seis.
(C) três, três e três.
(D) cinco, três e seis.
(E) cinco, três e cinco.

Arts. 821 e 852-H, § 2º, da CLT.

Gabarito "B".

(Analista – TRT/6ª – 2006 – FCC) Ao contestar uma reclamação trabalhista em que o reclamante postula verbas rescisórias decorrentes da despedida injusta, a empresa alegou justa causa para a rescisão do contrato de trabalho. Nesse caso, o ônus da prova incumbe

(A) ao empregador, por se tratar de fato extintivo do direito do autor.
(B) ao empregador, por se tratar de fato impeditivo do direito do autor.
(C) ao empregador, por se tratar de fato modificativo do direito do autor.
(D) ao empregado, por se tratar de fato constitutivo do seu direito.
(E) à parte a quem o juiz atribuir o encargo.

No caso apresentado, o empregado fundamentou sua demissão alegando despedida injusta, sendo que a empresa reclamada apresentou motivo diverso para a demissão, qual seja, justa causa do empregado. Ao contestar a lide a apontar como causa da extinção do pacto laboral a justa causa do empregado, a empresa aponta fato impeditivo do direito do autor, invocando para ela o ônus dessa prova, nos termos do art. 818 da CLT e art. 333, II, do CPC (art. 373, II, CPC/2015)

Gabarito "B".

(Analista – TRT/8ª – 2010 – FCC) A empresa X possui atualmente sete empregados, uma vez que dispensou Maria no semestre passado e João pediu demissão. João ajuizou reclamação trabalhista em face de sua ex-empregadora requerendo, dentre outras verbas, horas extras realizadas e aviso prévio. Neste caso, em regra, o ônus da prova das horas extras e do aviso prévio é

(A) da empresa X e de João, respectivamente.
(B) de João.
(C) da empresa X.
(D) de João e da empresa X, respectivamente.
(E) de ambas as partes indistintamente.

Art. 818 da CLT. Assim, pelo princípio do ônus da prova, cumpre ao autor provar os fatos constitutivos de seus direitos (no caso, a prestação de sobrejornada), cumprindo ao réu a comprovação dos fatos impeditivos, extintivos ou modificativos do direito do autor (art. 333 do CPC) (art. 373 CPC/2015). Quanto ao aviso prévio, o enunciado perde um pouco de sentido, pois se trata de ônus contrário a João, eis que, na qualidade de demissionário, cabia-lhe o dever da comunicação do aviso prévio, e não o direito ao recebimento do aviso prévio. Em todo caso, havendo pedido de aviso prévio da parte de João, na medida em que não se deve exigir do autor a prova de fato negativo, o que caracterizaria a prova como impossível, cumpria ao réu demonstrar a sua concessão ou que não o fez em razão do pedido de demissão de João (v. Súmula 212 do TST: "O ônus de provar o término do contrato de trabalho, quando negados a prestação de serviço e o despedimento, é do empregador, pois o princípio da continuidade da relação de emprego constitui presunção favorável ao empregado").

Gabarito "D".

(Analista – TRT/11ª – 2012 – FCC) Em relação à prova testemunhal no processo do trabalho, é correto afirmar que

(A) no caso de inquérito para apuração de falta grave, cada uma das partes não poderá indicar mais de três testemunhas.
(B) no procedimento sumaríssimo, só será deferida intimação de testemunha que, comprovadamente convidada, deixar de comparecer.
(C) a testemunha que for parente até o quarto grau civil, não prestará compromisso, e seu depoimento valerá como simples informação.
(D) a testemunha que não souber falar a língua nacional não será ouvida, devendo ser substituída por outra testemunha.
(E) a testemunha poderá sofrer desconto salarial proporcional ao tempo do seu depoimento quando for arrolada pela parte, mas não poderá sofrer qualquer desconto quando foi convocada pelo juiz.

A: assertiva incorreta, pois cada uma das partes poderá indicar até seis testemunhas (art. 821 da CLT); **B:** assertiva correta (art. 852-H, § 3º, da CLT); **C:** assertiva incorreta, pois o parente até o terceiro grau civil não prestará compromisso (art. 829 da CLT); **D:** assertiva incorreta, pois o depoimento da testemunha que não souber falar a língua nacional será feito por meio de intérprete nomeado pelo juiz (art. 819, *caput*, da CLT); **E:** assertiva incorreta, pois, quando devidamente arrolada pela parte ou convocada pelo juiz, a testemunha não poderá sofrer qualquer desconto pela falta ao serviço (art. 822 da CLT).

Gabarito "B".

(Analista – TRT/12ª – 2010 – FCC) Nas reclamações sujeitas ao Procedimento Sumaríssimo, a prova técnica

(A) é incabível, devendo o juiz modificar o rito processual para o Ordinário e prosseguir com a realização da perícia, devendo as partes devidamente intimadas manifestarem-se sobre o laudo técnico no prazo sucessivo de cinco dias.
(B) é incabível, devendo o juiz modificar o rito processual para o Ordinário e prosseguir com a realização da perícia, devendo as partes devidamente intimadas manifestarem-se sobre o laudo técnico no prazo sucessivo de dez dias.
(C) somente será deferida quando a prova do fato a exigir ou for legalmente imposta, devendo as partes devidamente intimadas manifestarem-se sobre o laudo técnico no prazo comum de cinco dias.
(D) somente será deferida quando a prova do fato a exigir ou for legalmente imposta, devendo as partes devidamente intimadas manifestarem-se sobre o laudo técnico no prazo sucessivo de dez dias.
(E) poderá ser deferida em qualquer hipótese, mas as partes devidamente intimadas devem manifestarem-se sobre o laudo técnico no prazo comum de quarenta e oito horas.

Art. 852-H, §§ 4º e 6º, da CLT.

Gabarito "C".

(Analista – TRT/13ª – 2005 – FCC) No processo do trabalho, são fundamentos das contraditas, assim como previstos na C.L.T.,

(A) possuir ação em curso contra o réu ou ser amigo do reclamante.
(B) ter interesse no desfecho da lide.
(C) ser parente de quarto grau civil ou ser inimigo do reclamante.
(D) ser ou ter sido sócio do empreendimento reclamado.
(E) guardar relação de parentesco, até o terceiro grau civil, nutrir amizade íntima e inimizade.

Art. 829 da CLT.

Gabarito "E".

(Analista – TRT/20ª – 2011 – FCC) Com relação às provas no Direito Processual do Trabalho, considere:

I. A prova pré-constituída nos autos pode ser levada em confronto com a confissão ficta, não implicando cerceamento de defesa o indeferimento de provas posteriores.
II. A prova do contrato de trabalho pode ser realizada por qualquer meio admitido em direito, sendo relativa a veracidade das anotações lançadas na CTPS do empregado.
III. É ônus do empregador que conta com mais de 10 empregados o registro da jornada de trabalho na forma da lei.
IV. No tocante às testemunhas, em regra, a incapacidade e o impedimento são de ordem subjetiva e a suspeição de ordem objetiva, sendo suspeita a testemunha que for cônjuge do reclamante.

Está correto o que se afirma APENAS em

(A) I e II.
(B) I, II e III.
(C) II e III.
(D) II, III e IV.
(E) III e IV.

I: assertiva correta, conforme redação da Súmula 74, II, do TST ("II – A prova pré-constituída nos autos pode ser levada em conta para confronto com a confissão ficta (art. 400, I, CPC), não implicando cerceamento de defesa o indeferimento de provas posteriores"). A confissão ficta, um dos efeitos decorrentes da revelia, atrai a presunção meramente relativa de veracidade dos fatos trazidos pela parte por ela beneficiada, de modo que é dado ao magistrado, em cotejo com os elementos de convicção existentes nos autos, afastá-la total ou parcialmente. Quanto ao deferimento ou não de provas posteriores, a medida insere-se no princípio de que o Magistrado é o destinatário da prova, cumprindo-lhe indeferir as diligências inúteis ou meramente protelatórias (art. 130 do CPC (art. 370 CPC/2015); e art. 765 da CLT); **II:** assertiva correta, nos termos da Súmula 12 do TST ("As anotações apostas pelo empregador na carteira profissional do empregado não geram presunção *juris et de jure*, mas apenas *juris tantum*"); **III:** assertiva correta, de acordo com a Súmula 338, I, do TST ("I – É ônus do empregador que conta com mais de 10 (dez) empregados o registro da jornada de trabalho na forma do art. 74, § 2º, da CLT. A não apresentação injustificada dos controles de frequência gera presunção relativa de veracidade da jornada de trabalho, a qual pode ser elidida por prova em contrário"); **IV:** assertiva incorreta, pois ocorre o inverso: a incapacidade e o impedimento são de ordem subjetiva, ao passo que a suspeição é de ordem subjetiva (art. 405, CPC) (art. 447 CPC/2015)

Gabarito "B".

(Analista – TRT/20ª – 2006 – FCC) De acordo com a Consolidação das Leis do Trabalho, em relação às provas, é correto afirmar que

(A) cada uma das partes poderá indicar até 4 testemunhas, inclusive quando se tratar de inquérito.
(B) o depoimento das partes e testemunhas que não souberem falar a língua nacional será feito por meio de intérprete nomeado pelo juiz.
(C) a testemunha que for parente até o quarto grau civil de qualquer das partes, não prestará compromisso e seu depoimento valerá como simples informação.
(D) o depoimento de uma testemunha poderá ser ouvido pelas demais que tenham de depor no processo.
(E) em regra, as testemunhas comparecerão a audiência mediante expressa e comprovada notificação ou intimação.

A: assertiva incorreta, pois cada uma das partes não poderá indicar mais de 3 testemunhas, exceto quando se tratar de inquérito, quando neste caso o número poderá ser elevado a 6 testemunhas (art. 821 da CLT); **B:** assertiva correta (art. 819 da CLT); **C:** assertiva incorreta, sendo que para a testemunha parente até o terceiro grau vale a regra de não prestar compromisso e seu depoimento servir como simples informação (art. 829 da CLT); **D:** assertiva incorreta, uma vez que o depoimento de uma testemunha não deve ser ouvido pelas demais testemunhas (art. 824 da CLT); **E:** assertiva incorreta, pois as testemunhas comparecerão à audiência independentemente de notificação ou intimação (art. 825 da CLT).

Gabarito "B".

(Analista – TRT/22ª – 2010 – FCC) Joana e Márcia são testemunhas na reclamação trabalhista proposta por Gabriela contra sua ex-empregadora, a empresa CHÁ. Somente considerando que Joana já litigou contra a mesma empregadora em reclamação trabalhista transitada em julgado e que Márcia ainda está litigando contra a empresa CHÁ,

(A) Joana e Márcia não são consideradas suspeitas.
(B) Joana e Márcia são consideradas suspeitas.
(C) apenas Joana é considerada suspeita.
(D) apenas Márcia é considerada suspeita.
(E) Joana e Márcia estão impedidas de testemunhar.

Súmula 357 do TST: "Não torna suspeita a testemunha o simples fato de estar litigando ou de ter litigado contra o mesmo empregador".

Gabarito "A".

(Analista – TRT/24ª – 2011 – FCC) Em determinada reclamação trabalhista Janaina, advogada da reclamante, anexou à petição inicial cópia simples, extraída da internet, de Convenção Coletiva de Trabalho da Categoria. Este documento, de acordo com Orientação Jurisprudencial do Tribunal Superior do Trabalho,

(A) não possui valor probante, uma vez que as Convenções Coletivas de Trabalho devem ser anexadas aos autos obrigatoriamente por meio de cópias com carimbo do órgão representativo da categoria em questão.

(B) não possui valor probante, pois os instrumentos normativos que acompanham a reclamação ou a contestação devem ser obrigatoriamente cópias autenticadas em razão da relevância jurídica.
(C) possui valor probante incontestável, tratando-se de documento comum a ambas as partes e de fácil acesso.
(D) não possui valor probante, uma vez que foi extraído da internet e não de órgãos oficiais.
(E) possui valor probante, desde que não haja impugnação do seu conteúdo, eis que se trata de documento comum a ambas as partes.

OJ 36 da SDI-1 do TST: "O instrumento normativo em cópia não autenticada possui valor probante, desde que não haja impugnação ao seu conteúdo, eis que se trata de documento comum às partes".

Gabarito "E"

(Analista – TRT/1ª – 2008 – CESPE) No que se refere a noções fundamentais de provas, assinale a opção correta.

(A) A confissão ficta prevalece sobre a prova pré-constituída.
(B) Há confissão real se a parte comparece à audiência e se recusa a responder as perguntas do juiz.
(C) A confissão real goza de presunção absoluta, tendo o juiz o dever de acatá-la.
(D) A confissão, em regra, se dá por tópicos.
(E) A confissão judicial faz prova contra o confitente e contra os litisconsortes.

A: assertiva incorreta, pois inexiste, no Brasil, em princípio, gradação legal entre as provas (princípio da prova tarifada), vigorando o princípio da livre convicção motivada ou da persuasão racional; **B:** assertiva incorreta, pois a hipótese é de confissão tácita; **C:** assertiva correta, pois a confissão real é aquela que será obtida através de depoimento pessoal e tem presunção absoluta de veracidade dos fatos não podendo ser elidida por prova em contrário (art. 334, II, do CPC (art. 371, II, CPC/2015)); **D:** assertiva incorreta, pois a confissão é, em linha de princípio, indivisível (art. 354 do CPC (art. 391 CPC/2015)); **E:** assertiva incorreta, pois, nos termos do art. 350 do CPC, a confissão judicial faz prova apenas contra o confitente, não prejudicando os litisconsortes.

Gabarito "C"

(Analista – TRT/1ª – 2008 – CESPE) Com relação a testemunhas em processo trabalhista, assinale a opção correta.

(A) O simples fato de a testemunha estar litigando ou de ter litigado contra o mesmo empregador não a torna suspeita.
(B) As partes devem apresentar rol de testemunhas, para que sejam intimadas.
(C) A testemunha que for parente até o terceiro grau civil da parte é suspeita, nos termos da CLT.
(D) O juiz não pode tomar o depoimento de testemunha suspeita.
(E) Em ação sujeita ao processo sumaríssimo, como regra, são permitidas três testemunhas para cada parte.

A: assertiva correta, conforme dispõe a Súmula 357 do TST: "Não torna suspeita a testemunha o simples fato de estar litigando ou de ter litigado contra o mesmo empregador"; **B:** assertiva incorreta, uma vez que o comparecimento, como regra, independerá de intimação ou notificação, nos termos do art. 825 da CLT; **C:** assertiva incorreta. Apesar do gabarito, a afirmativa está correta segundo o art. 829 da CLT (embora esta não empregue a expressão "suspeita") e o art. 405, § 2º, I, do CPC (art. 447, § 2º, I, CPC/2015), que declara ser impedido como testemunha o parente até o terceiro grau; **D:** assertiva incorreta, pois o juiz pode, não exigindo compromisso e tomando-o como simples informação (art. 829 da CLT); **E:** assertiva incorreta, pois são permitidas até o máximo de duas testemunhas para cada parte (art. 852-H, § 2º, da CLT).

Gabarito "A"

(Analista – TRT/1ª – 2008 – CESPE) Ainda com respeito a testemunhas, assinale a opção correta.

(A) A testemunha que não comparecer será intimada, de ofício ou a requerimento da parte, ficando sujeita à condução coercitiva se a parte provar tê-la convidado.
(B) Em processo trabalhista, a parte pode comprometer-se a levar a testemunha à audiência, independentemente de intimação, presumindo-se, caso a testemunha não compareça, que a parte desistiu de ouvi-la.
(C) No procedimento sumaríssimo, será automaticamente intimada a testemunha que deixar de comparecer.
(D) O pagamento de salário ao empregado analfabeto deverá ser efetuado na presença de duas testemunhas.
(E) No procedimento sumaríssimo, a parte pode comprometer-se a levar a testemunha à audiência, independentemente de intimação, presumindo-se, caso a testemunha não compareça, que a parte desistiu de ouvi-la.

A: assertiva incorreta, pois nos termos do art. 825, parágrafo único, da CLT não é necessário a prova de convite. A prova do convite será necessária no procedimento sumaríssimo, em conformidade com o art. 852-H, § 3º, da CLT; **B:** assertiva incorreta, pois não há presunção de desistência, na medida em que poderá pedir sua intimação, nos termos do art. 825, parágrafo único, da CLT. **C:** assertiva incorreta, pois nos termos do art. 852-H, § 3º, da CLT só será deferida intimação de testemunha que, comprovadamente convidada, deixar de comparecer. Não comparecendo a testemunha intimada, o juiz poderá determinar sua imediata condução coercitiva; **D:** assertiva correta, pois reflete o disposto no Precedente Normativo 58 do TST. **E:** assertiva incorreta, pois não há presunção de desistência da testemunha, podendo ocorrer sua intimação, em conformidade com o art. 852-H, § 3º, da CLT.

Gabarito "D"

(Analista – TRT/1ª – 2008 – CESPE) No que concerne aos peritos e à periculosidade e insalubridade, assinale a opção correta.

(A) Os assistentes técnicos prestam compromisso e contra eles cabe exceção de suspeição.
(B) O perito nomeado pelo juiz tem de prestar compromisso, não estando, porém, sujeito aos mesmos impedimentos e suspeições dos magistrados.
(C) Se o pedido versar sobre periculosidade e insalubridade, o juiz estará obrigado a determinar a realização de prova pericial.
(D) A indicação do perito assistente é faculdade da parte, que não responde pelos honorários periciais se vencedora no objeto da perícia.
(E) A apuração de periculosidade é atribuição tão somente de engenheiro do trabalho ou profissional com equivalente formação técnica, inscrito no respectivo Conselho Regional de Engenharia e Arquitetura (CREA). A apuração de insalubridade também inclui o médico do trabalho.

A: assertiva incorreta, pois inexiste tal previsão legal (v. art. 3º, parágrafo único, da Lei 5.584/1970); **B:** assertiva incorreta, pois o perito judicial está sob compromisso, embora a lei não exija que preste juramento nos autos (art. 422 do CPC)(art. 466, § 1º, CPC/2015), aplicando-se-lhe as exceções de suspeição e impedimento (art. 138, III, do CPC) (art. 148, II, CPC/2015); **C:** assertiva correta, nos termos do art. 195 da CLT; **D:** assertiva incorreta, conforme determina a Súmula 341 do TST ("A indicação do perito assistente é faculdade da parte, a qual deve responder pelos respectivos honorários, ainda que vencedora no objeto da perícia"); **E:** assertiva incorreta, de acordo com o disposto na OJ 165 da SDI-1 do TST ("O art. 195 da CLT não faz qualquer distinção entre o médico e o engenheiro para efeito de caracterização e classificação da insalubridade e periculosidade, bastando para a elaboração do laudo seja o profissional devidamente qualificado").

Gabarito "C"

9. PROCEDIMENTO (INCLUSIVE, ATOS PROCESSUAIS)

(Técnico – TRT/19ª – 2015 – FCC) Viviane compareceu ao distribuidor da Justiça Trabalhista objetivando a propositura de uma reclamação trabalhista verbal. Após a sua distribuição, Viviane foi advertida de que deveria comparecer na secretaria da Vara competente no prazo de cinco dias para que a reclamação trabalhista fosse reduzida a termo. De acordo com a Consolidação das Leis do Trabalho, se Viviane não comparecer na referida secretaria, sem justo motivo, dentro do respectivo prazo,

(A) incorrerá na pena de perda, pelo prazo de 6 (seis) meses, do direito de reclamar perante a Justiça do Trabalho.
(B) incorrerá na pena de perda, pelo prazo de 12 (doze) meses, do direito de reclamar perante a Justiça do Trabalho.
(C) não ocorrerá a redução a termo da reclamação verbal e Viviane somente poderá ajuizar ação escrita através de advogado ou do sindicato da categoria.
(D) não ocorrerá a redução a termo da reclamação verbal e Viviane poderá ajuizar novamente reclamação verbal após dez dias do arquivamento da distribuição anterior.
(E) não ocorrerá a redução a termo da reclamação verbal e Viviane poderá ajuizar novamente reclamação verbal após trinta dias do arquivamento da distribuição anterior.

"A" é a opção correta. Nos termos do art. 731 da CLT aquele que, tendo apresentado ao distribuidor reclamação verbal, não se apresentar, no prazo de 5 dias estabelecido no parágrafo único do art. 786 da CLT, comparecer na secretaria da Vara competente para que a reclamação trabalhista seja reduzida a termo, incorrerá na pena de perda, pelo prazo de 6 (seis) meses, do direito de reclamar perante a Justiça do Trabalho, fenômeno processual conhecido como "perempção provisória".

Gabarito "A"

(Técnico – TRT/19ª – 2015 – FCC) No tocante aos prazos processuais, considere:

I. Quanto à origem da fixação, o prazo estabelecido na Consolidação das Leis do Trabalho para o executado pagar ou garantir a execução em 48 horas classifica-se como um prazo judicial.
II. Os prazos dilatórios não admitem a prorrogação pelo juiz, inclusive quando solicitado pela parte.
III. Os prazos fixados pelo ordenamento jurídico e destinados aos juízes e servidores do Poder Judiciário, não sujeitos a preclusão, classificam-se, quanto aos destinatários, em impróprios.

Está correto o que consta APENAS em

(A) I e III.
(B) I.
(C) I e II.
(D) II e III.
(E) III.

I: opção incorreta, pois por ser fixado em lei, especificamente no art. 880 da CLT, possui natureza de prazo legal. **II:** opção incorreta, pois nos termos do art. 181 do CPC (art. 190 CPC/2015) podem as partes, de comum acordo, reduzir ou prorrogar o prazo dilatório; a convenção, porém, só tem eficácia se, requerida antes do vencimento do prazo, se fundar em motivo legítimo. **III:** opção correta, pois os prazos impróprios não acarretam preclusão e são estabelecidos para o juiz, auxiliares e o MP quando atua como fiscal da lei.

Gabarito "E"

(Técnico – TRT/19ª – 2015 – FCC) Considere hipoteticamente as seguintes reclamações trabalhistas:

I. Reclamação trabalhista A: partes: Maria das Graças e Empresa Casa Ltda.; valor da causa: R$ 26.000,00.
II. Reclamação trabalhista B: partes: Simone Silva e Empresa Flores Ltda.; valor da causa: R$ 13.560,00.
III. Reclamação trabalhista C: partes: Gabriela Sousa e Fundação Pública S; valor da causa: R$ 11.000,00.
IV. Reclamação trabalhista D: partes: Felícia Campos e Autarquia Estadual Z; valor da causa: R$ 19.000,00.

De acordo com a Consolidação das Leis do Trabalho, obedecerão o procedimento sumaríssimo, as demandas que constam em

(A) I e II, apenas.
(B) I, II, III e IV.
(C) III e IV, apenas.
(D) II e IV, apenas.
(E) I e III, apenas.

Inicialmente cumpre salientar que em 2015 o salário mínimo nacional era de R$ 788,00 (setecentos e oitenta e oito reais). **I:** correta, a reclamação tramitará pelo procedimento sumaríssimo, tendo em vista que o valor da causa é inferior a 40 vezes o valor do salário mínimo, ou seja, abaixo de R$ 31.520,00 Trinta e um mil, quinhentos e vinte reais). **II:** correta, a reclamação tramitará pelo procedimento sumaríssimo, tendo em vista que o valor da causa é inferior a 40 vezes o valor do salário mínimo, ou seja, abaixo de R$ 31.520,00 Trinta e um mil, quinhentos e vinte reais). **III:** incorreta, embora a reclamação trabalhista tenha valor da causa inferior a 40 salários mínimos, a ação foi proposta contra Fundação Pública, o que nos termos do art. 852-A, parágrafo único, da CLT impede que a reclamação trabalhista tramite pelo procedimento sumaríssimo. **IV:** incorreta, embora a reclamação trabalhista tenha valor da causa inferior a 40 salários mínimos, a ação foi proposta contra Autarquia Estadual, o que nos termos do art. 852-A, parágrafo único, da CLT impede que a reclamação trabalhista tramite pelo procedimento sumaríssimo.

Gabarito "A"

(Técnico – TRT/16ª – 2015 – FCC) Determinado trabalhador ajuizou reclamação trabalhista, mas deixou de comparecer à audiência designada, injustificadamente, tendo o processo sido arquivado. Seu advogado solicitou o desentranhamento dos documentos e, após três meses, ingressou com nova ação. Novamente, deixou o reclamante de comparecer à audiência, sem motivo justificado, tendo o processo sido novamente arquivado. Seu advogado, de igual forma, requereu o desentranhamento dos documentos. Caso queira ajuizar uma nova ação, o trabalhador

(A) terá que aguardar o prazo de um ano.
(B) terá que aguardar o prazo de seis meses.
(C) poderá ajuizar a nova ação de imediato, contanto que pague o valor de uma multa que será arbitrada pelo juiz.
(D) poderá ajuizar a nova ação de imediato, desde que autorizado pelo juiz.
(E) perderá seu direito de ajuizar nova ação, tendo em vista suas faltas injustificadas às audiências, como penalidade por desrespeito ao Poder Judiciário.

"B" é a opção incorreta. Determina o art. 732 da CLT que o reclamante que, por 2 (duas) vezes seguidas, der causa ao arquivamento por não comparecimento à audiência inaugural, perderá o direito de apresentar nova reclamação trabalhista por 6 (seis) meses. Esse fenômeno processual é denominado "perempção provisória". Após o transcurso desse período e respeitado o prazo prescricional, o reclamante poderá apresentar nova reclamação trabalhista.

Gabarito "B"

(Técnico – TRT/16ª – 2015 – FCC) Na audiência, após o depoimento pessoal das partes, a oitiva das testemunhas e o encerramento da instrução processual, o Juiz, na mesma oportunidade, proferiu sentença, julgando procedente em parte a reclamação. As partes saíram intimadas. Sabendo-se que a audiência ocorreu no dia 01/11, uma 5ª feira e que dia 02/11 é feriado, bem como que o prazo para interposição de recurso ordinário é de oito dias, é correto afirmar que a data final para interposição da medida processual é

(A) 09 de novembro.
(B) 08 de novembro.
(C) 13 de novembro.
(D) 07 de novembro.
(E) 12 de novembro.

"E" é a opção correta. Isso porque, determina o art. 774 da CLT que os prazos serão contados a partir da data em que for feita pessoalmente. Por sua vez, o art. 775 da CLT ensina que os prazos contam-se com exclusão do dia do começo e inclusão do dia do vencimento, e são contínuos e irreleváveis, podendo, entretanto, ser prorrogados pelo tempo estritamente necessário pelo juiz ou tribunal, ou em virtude de força maior, devidamente comprovada. Assim, como as partes saíram intimadas no dia 01/11, quinta-feira, o prazo se iniciaria no dia 02/11, sexta-feira, mas como nesse dia é feriado, a contagem do prazo se inicia no primeiro dia útil seguinte. (Veja súmula 01 do TST). Como dias 03 e 04/11 correspondem ao sábado e domingo, respectivamente, o prazo de 8 dias se iniciará no dia 05/11, segunda-feira e, portanto, se extinguirá no dia 12/11, segunda-feira.

Gabarito "E"

(Técnico – TRT/3ª – 2015 – FCC) Gabriela ajuizou reclamação trabalhista em face de sua ex-empregadora a empresa "S" dando à causa o valor de R$ 27.800,00. Gabriela convidou Bruna, Soraya e Janine para prestarem depoimento testemunhal. Neste caso,

(A) as três testemunhas poderão prestar depoimento testemunhal, sendo que comparecerão à audiência de instrução e julgamento mediante prévia intimação pessoal.
(B) as três testemunhas poderão prestar depoimento testemunhal, sendo que comparecerão à audiência de instrução e julgamento independentemente de intimação.
(C) Gabriela terá que escolher duas das três testemunhas, que comparecerão à audiência de instrução e julgamento mediante prévia intimação pessoal.
(D) Gabriela terá que escolher duas das três testemunhas, que comparecerão à audiência de instrução e julgamento independentemente de intimação.
(E) o magistrado escolherá apenas duas das três testemunhas de Gabriela, desde que todas estejam presentes na audiência de instrução e julgamento.

"D" é a opção correta. Inicialmente cumpre salientar que o valor do salário mínimo em 2015 era de R$ 788,00 (setecentos e oitenta e oito reais). Como Gabriela atribuiu à causa o valor de R$ 27.800,00, ou seja, valor abaixo de 40 salários mínimos, a ação tramitará pelo procedimento sumaríssimo, art. 852-A a 852-I da CLT. Nesse tipo de procedimento explica o art. 852-H, § 2º, da CLT que cada parte poderá levar, no máximo, 2 testemunhas que comparecerão à audiência de instrução e julgamento independentemente de intimação, ou seja, a testemunha será convidada a comparecer na audiência. Somente será deferida intimação de testemunha que, comprovadamente convidada, deixar de comparecer. Não comparecendo a testemunha intimada, o juiz poderá determinar sua imediata condução coercitiva.

Gabarito "D"

(Técnico – TRT/3ª – 2015 – FCC) Joana ajuizou reclamação trabalhista em face de sua ex-empregadora a empresa "Z". O processo foi devidamente contestado pela reclamada, tendo sido realizada perícia para apuração de insalubridade no local de trabalho. Após entrega do laudo pericial e manifestação das partes, foi designada audiência de instrução e julgamento. Na data da referida audiência não compareceram a reclamante e nem o seu advogado, mas compareceram a reclamada e seu patrono. Neste caso, considerando que as partes estavam devidamente intimadas da referida audiência, inclusive, para prestarem depoimento pessoal, sob pena de confissão,

(A) a audiência se realizará sem a presença de Joana e para ela será aplicada a pena de confissão no tocante às questões de fatos nas quais lhe cabia o ônus da prova.

(B) o processo será arquivado, e Joana será condenada às custas e despesas processuais, havendo expresso dispositivo legal neste sentido.

(C) será marcada nova audiência, com a intimação pessoal de Joana, em razão da ausência também de seu advogado.

(D) será marcada nova audiência, com intimação de Joana através de seu advogado, uma vez que regularmente constituído nos autos.

(E) a audiência se realizará sem a presença de Joana sendo que para ela não será aplicada a pena de confissão, uma vez que esta é aplicada exclusivamente à parte reclamada.

A: opção correta, pois reflete o entendimento disposto na súmula 74 do TST. **B:** opção incorreta, pois em conformidade com o entendimento disposto na súmula 9 do TST A ausência do reclamante, quando adiada a instrução após contestada a ação em audiência, não importa arquivamento do processo. **C:** opção incorreta, pois como as partes saíram intimadas da audiência de instrução, será aplicada a pena de confissão, não havendo nova designação de audiência. **D:** opção incorreta, pelas mesmas razões expostas no comentário anterior. **E:** opção incorreta, pois contraria o entendimento disposto na súmula 74 do TST.

Gabarito "A"

(Técnico Judiciário – TRT/9ª – 2012 – FCC) Os dissídios individuais trabalhistas podem seguir o procedimento ordinário e sumaríssimo. Sobre esse último (sumaríssimo) é INCORRETO:

(A) Estão excluídas desse procedimento as demandas em que é parte a Administração pública direta, autárquica e fundacional.

(B) Esse procedimento é determinado pelo valor dos dissídios individuais, que não exceda a 20 (vinte) vezes o salário mínimo vigente na data do ajuizamento da reclamação.

(C) Nas reclamações enquadradas nesse procedimento, o pedido deverá ser certo ou determinado e indicará o valor correspondente, sob pena de arquivamento da reclamação.

(D) As testemunhas, até o máximo de duas para cada parte, comparecerão à audiência de instrução e julgamento independentemente de intimação.

(E) Todas as provas serão produzidas em audiência única, sendo que sobre os documentos apresentados por uma das partes manifestar-se-á imediatamente a parte contrária, sem interrupção da audiência, salvo absoluta impossibilidade, a critério do juiz.

A: correta, pois reflete o disposto no art. 852-A, parágrafo único, da CLT. **B:** incorreta, pois nos termos do art. 852-A da CLT o procedimento sumaríssimo é determinado pelo valor dos dissídios individuais, que não exceda a 40 (quarenta) vezes o salário mínimo vigente na data do ajuizamento da reclamação. **C:** correta, pois reflete o disposto no art. 852-B, I e § 1º, da CLT. **D:** correta, pois reflete o disposto no art. 852-H, § 2º, da CLT. **E:** correta, pois reflete o disposto no art. 852-H, caput e § 1º, da CLT.

Gabarito "B"

(Técnico Judiciário – TRT/9ª – 2012 – FCC) Sobre as audiências trabalhistas, com base nas normas aplicáveis, é correto afirmar:

(A) As partes e testemunhas serão inquiridas pelo juiz, não podendo ser reinquiridas a requerimento das partes ou advogados.

(B) O juiz, à hora marcada, declarará aberta a audiência, sendo feita pelo chefe de secretaria ou escrivão a chamada das partes, havendo uma tolerância de até 15 minutos após a hora marcada.

(C) Estas serão públicas e realizar-se-ão em dias úteis, entre 8 e 18 horas, não podendo ultrapassar 5 horas seguidas, salvo quando houver matéria urgente.

(D) A ausência injustificada do reclamante ou de seu advogado à audiência importa em revelia, além de confissão quanto à matéria de fato.

(E) O reclamante e o reclamado, deverão estar presentes pessoalmente, independentemente do comparecimento de seus advogados, não podendo ser substituídos ou representados neste ato processual.

A: incorreta, pois nos termos do art. 820 da CLT as partes e testemunhas serão inquiridas pelo juiz, podendo ser reinquiridas, por seu intermédio, a requerimento dos vogais, das partes, seus representantes ou advogados; **B:** incorreta, pois não há limite de tolerâncias para as partes, mas somente para o juiz, como se observa pela redação do art. 815, parágrafo único, da CLT; **C:** correta, pois reflete o disposto no art. 813 da CLT; **D:** incorreta, pois a pena de revelia aplica-se ao reclamado que não comparece à audiência. Caso o reclamante não compareça a reclamação será arquivada, nos termos do art. 844 da CLT; **E:** incorreta, pois o reclamado pode ser representado pelo gerente, ou qualquer outro preposto que tenha conhecimento dos fatos, art. 843, § 1º, da CLT. Já o reclamante se por doença ou qualquer outro motivo poderoso, devidamente comprovado, não for possível comparecer pessoalmente, poderá fazer-se representar por outro empregado que pertença à mesma profissão, ou pelo seu sindicato.

Gabarito "C"

(Técnico Judiciário – TRT/9ª – 2012 – FCC) Considere as afirmações sobre atos, termos e prazos processuais.

I. Os atos processuais serão públicos salvo quando o contrário determinar o interesse social, e realizar-se-ão nos dias úteis das 6 (seis) às 20 (vinte) horas.

II. Os prazos processuais trabalhistas são contados com exclusão do dia do começo e inclusão do dia do vencimento.

III. A penhora poderá realizar-se em domingo ou dia feriado, independentemente de autorização judicial, devido a sua relevância para a execução.

IV. Caso a parte tenha constituído procurador, apenas este poderá consultar, com ampla liberdade, os processos nos cartórios ou secretarias.

V. Os prazos processuais que se vencerem em sábado, domingo ou dia em que for feriado, terminarão no primeiro dia útil seguinte.

Está correto APENAS o que se afirma em:

(A) I, II e V.
(B) I, III e V.
(C) II, III e IV.
(D) III, IV e V.
(E) I, II, e IV.

I: correta, pois reflete o disposto no art. 770 da CLT; **II:** correta, pois reflete o disposto no art. 775 da CLT; **III:** incorreta, pois nos termos do art. 770, parágrafo único, da CLT a penhora poderá realizar-se em domingo ou dia feriado, mediante autorização expressa do juiz; **IV:** incorreta, pois nos termos do art. 779 da CLT as partes, ou seus procuradores, poderão consultar, com ampla liberdade, os processos nos cartórios ou secretarias; **V:** correta, pois reflete o disposto no art. 775, parágrafo único, da CLT.

Gabarito "A"

(Técnico Judiciário – TRT/2ª – 2008 – FCC) Numa reclamação trabalhista, o crédito do reclamado é superior ao do reclamante. Nesse caso,

(A) o reclamado só poderá apresentar reconvenção se a diferença for superior a um mês de salário do empregado e se tiver ocorrido rescisão do contrato de trabalho.

(B) o juiz pode determinar ao reclamante que devolva a diferença ao reclamado, independentemente de reconvenção.

(C) o reclamado só poderá pleitear seu crédito em ação própria, pois, no processo trabalhista, não há reconvenção.

(D) o reclamado pode apresentar reconvenção, se o crédito for oriundo da relação de emprego e houver conexão.

(E) o reclamado pode, em contestação, pedir a compensação dos créditos e a devolução do que entende devido, sendo que o reclamante pode apresentar reconvenção.

A compensação no processo do trabalho, conforme o art. 767 da CLT, deve ser arguida em contestação, mas se o crédito do reclamado superar o do reclamante, este poderá propor reconvenção, nos termos dos arts. 315 a 318 do CPC (Mauro Schiavi). (De acordo com o art. 343 do CPC/2015 a reconvenção será apresentada no corpo da contestação)

Gabarito "C"

(Técnico Judiciário – TRT/3ª – 2005 – FCC) Os dissídios individuais, cujo valor não exceda a 40 vezes o salário mínimo vigente na data do ajuizamento da ação e dos quais não seja parte a Administração Pública, submetem-se ao procedimento:

(A) sumário.
(B) ordinário.
(C) sumaríssimo.
(D) cautelar.
(E) incidental.

Art. 852-A da CLT.

Gabarito "C"

(Técnico Judiciário – TRT/4ª – 2011 – FCC) A empresa Circo, de propriedade dos irmãos Júnior e Fabrício, foi intimada da reclamação trabalhista K, tendo a audiência UNA sido marcada. Na data da audiência, os sócios da empresa estarão viajando e não poderão comparecer. Neste caso, a empresa Circo deverá nomear um preposto que:

(A) deverá ser necessariamente um empregado da empresa que tenha conhecimento dos fatos.
(B) poderá ser qualquer pessoa que tenha conhecimento dos fatos, inclusive o advogado legalmente constituído, tendo em vista que a ela é aplicada a pena de confissão.
(C) deverá ser necessariamente um descendente dos sócios e, na falta destes, um ascendente ou outro irmão.
(D) poderá ser o advogado que estiver legalmente constituído posto que este pode acumular a função de advogado e preposto.
(E) poderá ser um membro da família, desde que parente consanguíneo de primeiro grau, mesmo que este não labore na empresa.

Art. 843, § 1º, e Súmula 377 do TST.

Gabarito "A"

(Técnico Judiciário – TRT/4ª – 2011 – FCC) Em determinada reclamação trabalhista a empresa reclamada apresentou defesa em audiência. Após a apresentação da defesa, o advogado do reclamante pretende aditar seu pedido. Neste caso, o aditamento

(A) será possível se a parte reclamada for novamente intimada em obediência ao princípio do contraditório.
(B) será possível independentemente de nova intimação da parte reclamada, em obediência ao princípio da verdade real.
(C) não será mais possível, em atenção ao princípio da *perpetuatio jurisdictionis*.
(D) não será mais possível, em decorrência do princípio da estabilidade da lide.
(E) não será mais possível, obedecendo-se ao princípio da instrumentalidade.

O princípio da estabilidade da lide informa a proibição de inovação de pedido ou causa de pedir após determinado momento processual. No processo cível, após a citação do réu só é permitida a mudança do pedido ou causa de pedir com a concordância deste, sendo que em nenhuma hipótese será possível a mudança do pedido ou causa de pedir após o saneamento da lide (CPC, art. 264) (art. 329, II, CPC/2015). No processo do trabalho, uma vez que a citação do Réu decorre de ato automático do Juízo e uma vez que inexiste expressa previsão de despacho saneador, doutrinadores debatem quanto ao momento da estabilização da demanda, prevalecendo que até o momento de apresentação da defesa o autor poderá aditar a inicial para alterar pedidos e causa de pedir.

Gabarito "D"

(Técnico Judiciário – TRT/4ª – 2011 – FCC) Em novembro de 2010, Gustavo ajuizou reclamação trabalhista em face de sua ex-empregadora, a empresa GUGA, com valor da causa de R$ 15.000,00. Marcada a audiência, Gustavo enviou telegrama para as suas três testemunhas, com aviso de recebimento, convidando-as para depor na referida audiência, mas nenhuma delas compareceu espontaneamente. Neste caso, o M.M. juiz deverá:

(A) suspender o processo por quinze dias, marcar audiência necessariamente dentro de sessenta dias e determinar a condução coercitiva das testemunhas através de força policial.
(B) suspender o processo por trinta dias, marcar audiência necessariamente dentro desse prazo, e determinar a condução coercitiva das testemunhas através de força policial.
(C) dar andamento à audiência, tendo em vista que Gustavo possuía a obrigação legal de levar as suas testemunhas independentemente de intimação, tendo ocorrido a preclusão.
(D) marcar nova audiência e deferir a intimação das três testemunhas comprovadamente convidadas a depor.
(E) marcar nova audiência e deferir a intimação de apenas duas das três testemunhas.

Art. 852-H, §§ 2º e 3º, da CLT.

Gabarito "E"

(Técnico Judiciário – TRT/4ª – 2011 – FCC) Considere as seguintes assertivas a respeito do arquivamento do processo na Justiça do Trabalho:

I. A ausência do reclamante, quando adiada a instrução após contestada a ação em audiência, não importa arquivamento do processo.
II. Se por doença, devidamente comprovada, não for possível ao empregado comparecer pessoalmente à audiência UNA, não poderá fazer-se representar por outro empregado que pertença à mesma profissão.
III. Aquele que por duas vezes seguidas der causa ao arquivamento de reclamação trabalhista pelo não comparecimento na audiência UNA ficará impossibilitado de ajuizar reclamação trabalhista pelo período de três meses contados do último arquivamento.

Está correto o que se afirma SOMENTE em:

(A) II e III.
(B) I e III.
(C) I.
(D) III.
(E) I e II.

I: correta, Súmula 9 do TST; **II:** incorreta, pois "se por doença ou qualquer outro motivo poderoso, devidamente comprovado, não for possível ao empregado comparecer pessoalmente, poderá fazer-se representar por outro empregado que pertença à mesma profissão, ou pelo seu sindicato" (art. 843, § 2º, da CLT); **III:** incorreta, pois o período estipulado pelos arts. 731 e 732 da CLT é de 6 (seis) meses.

Gabarito "C"

(Técnico Judiciário – TRT/4ª – 2011 – FCC) Termo Processual é a:

(A) assinatura digital do magistrado em determinados atos processuais.
(B) assinatura dos serventuários e magistrados nos atos processuais.
(C) documentação jurídica que acompanha as iniciais, defesas e recursos.
(D) publicação em diário oficial dos atos processuais.
(E) reprodução gráfica dos atos processuais.

A letra E está correta, por definição.

Gabarito "E"

(Técnico Judiciário – TRT/4ª – 2006 – FCC) No Processo do Trabalho, os atos processuais serão realizados:

(A) nos dias úteis, das 6 (seis) às 20 (vinte) horas.
(B) nos dias úteis, das 8 (oito) às 18 (dezoito) horas.
(C) de segunda a sexta-feira, das 8 (oito) às 20 (vinte) horas.
(D) de segunda a sábado, das 10 (dez) às 18 (dezoito) horas.
(E) em qualquer dia da semana, a partir das 8 (oito) horas.

Art. 770 da CLT.

Gabarito "A"

(Técnico Judiciário – TRT/4ª – 2006 – FCC) A contagem do prazo de intimação recebida numa sexta-feira inicia-se

(A) na própria sexta-feira.
(B) no sábado.
(C) na terça-feira.
(D) no primeiro dia útil subsequente.
(E) 48 horas após o recebimento da intimação.

Arts. 775 e 776 da CLT e Art. 240, parágrafo único, do CPC (art. 224, § 1º, CPC/2015).

Gabarito "D"

(Técnico Judiciário – TRT/4ª – 2006 – FCC) A CLT permite a acumulação de várias reclamações num só processo, observada a identidade de:

(A) matéria e de causa de pedir.
(B) partes e de jurisdição.
(C) objeto e de causa de pedir.
(D) matéria e de partes, ainda que se trate de empregados de empresas distintas.
(E) matéria, tratando-se de empregados de uma mesma empresa ou estabelecimento.

Art. 842 da CLT.

Gabarito "E"

(Técnico Judiciário – TRT/4ª – 2006 – FCC) A citação do reclamado para comparecer à audiência e apresentar contestação é feita:

(A) pelo Correio, com pelo menos 48 horas de antecedência.
(B) pelo Correio, com pelo menos 5 dias de antecedência.
(C) pelo Correio, com pelo menos 15 dias de antecedência.
(D) pelo Diário Oficial ou jornal local de grande circulação.
(E) exclusivamente por Oficial de Justiça.

Art. 841 da CLT.

Gabarito "B"

(Técnico – TRT/6ª – 2012 – FCC) Hefesta ajuizou reclamação em face da Fundação Pública "Zeus", possuindo a causa o valor de R$ 7.000,00. Perséfone ajuizou reclamação trabalhista em face da Autarquia municipal "LL", possuindo a causa o valor de R$ 24.800,00. Héstia ajuizou reclamação trabalhista em face da empresa "CD Ltda.", possuindo a causa o valor de R$ 23.257,00. Nestes casos, o procedimento Sumaríssimo será aplicado na reclamação trabalhista proposta APENAS por:

(A) Perséfone e por Héstia.
(B) Héstia.
(C) Zeus e por Perséfone.
(D) Zeus.
(E) Zeus e por Héstia.

Art. 852-A da CLT (observe-se que, segundo o parágrafo único do dispositivo citado, estão excluídas do procedimento sumaríssimo as demandas em que é parte a Administração Pública direta, autárquica e fundacional).

Gabarito "B"

(Técnico Judiciário – TRT/6ª – 2006 – FCC) Os atos processuais poderão correr em segredo de justiça:

(A) quando assim determinar o interesse social.
(B) quando houver parte menor.
(C) se assim requererem as partes.
(D) por determinação do Presidente do Tribunal.
(E) se assim o requerer o Ministério Público do Trabalho.

Art. 770 da CLT.

Gabarito "A"

(Técnico Judiciário – TRT/6ª – 2006 – FCC) Os prazos processuais:

(A) poderão ser fixados de comum acordo pelas partes.
(B) que se vencerem em sábado, domingo ou feriado, serão antecipados.
(C) serão interrompidos nas férias forenses, nos domingos e nos feriados.
(D) são contados com exclusão do dia do começo e inclusão do dia do vencimento.
(E) em nenhuma hipótese poderão ser prorrogados.

Art. 775 da CLT.

Gabarito "D"

(Técnico Judiciário – TRT/6ª – 2006 – FCC) Os dissídios individuais, cujo valor não ultrapasse 40 (quarenta) vezes o salário mínimo vigente na data de seu ajuizamento, observarão o procedimento:

(A) geral.
(B) sumário.
(C) ordinário.
(D) especial.
(E) sumaríssimo.

Art. 852-A da CLT.

Gabarito "E"

(Técnico Judiciário – TRT/6ª – 2006 – FCC) O NÃO comparecimento do reclamante à audiência importa em:

(A) redesignação da audiência.
(B) revelia.
(C) confissão quanto à matéria de fato.
(D) arquivamento da reclamação.
(E) imposição de multa.

Art. 844 da CLT.

Gabarito "D"

(Técnico Judiciário – TRT/7ª – 2009 – FCC) Quanto ao procedimento sumaríssimo, é correto afirmar que:

(A) é permitida a citação por edital.
(B) ficam submetidos ao procedimento sumaríssimo os dissídios individuais cujo valor não exceda a sessenta vezes o salário mínimo vigente na data do ajuizamento da Reclamação.
(C) a Administração Pública direta, autárquica e fundacional poderá atuar como parte quando se tratar de procedimento sumaríssimo.
(D) as demandas sujeitas ao rito sumaríssimo serão instruídas e julgadas em audiência única.
(E) os pedidos podem ser ilíquidos ou indeterminados.

A: incorreta, pois dispõe o art. 852-B, II, da CLT que "não se fará citação por edital, incumbindo ao autor a correta indicação do nome e endereço do reclamado"; **B:** incorreta, pois o valor não excederá 40 (quarenta) vezes o salário mínimo vigente (art. 852-A); **C:** incorreta, pois "estão excluídas do procedimento sumaríssimo as demandas em que é parte a Administração Pública direta, autárquica e fundacional" (art. 852-A, parágrafo único); **D:** correta, art. 852-C; **E:** incorreta, de acordo com o art. 852-B, I, da CLT, o pedido deverá ser certo ou determinado e indicará o valor correspondente.

Gabarito "D"

(Técnico Judiciário – TRT/7ª – 2009 – FCC) Considere as assertivas abaixo a respeito do termo lavrado na audiência de conciliação.

I. É decisão irrecorrível, salvo para a Previdência Social.
II. Deverá sempre indicar a natureza jurídica das parcelas, inclusive o limite de responsabilidade de cada parte pelo recolhimento da contribuição previdenciária, se for o caso.
III. Passa a ser título executivo judicial.

É correto o que se afirma em:

(A) I, II e III.
(B) I, apenas.
(C) II, apenas.
(D) III, apenas.
(E) I e II, apenas.

I: correta, art. 831, parágrafo único, da CLT; **II:** correta, art. 832, § 3º, da CLT; **III:** correta, art. 876 da CLT.

Gabarito "A"

(Técnico Judiciário – TRT/9ª – 2010 – FCC) De acordo com a Consolidação das Leis do Trabalho, com relação às demandas sujeitas ao procedimento sumaríssimo, é INCORRETO afirmar:

(A) Os dissídios individuais, cujos valores não excedam a quarenta vezes o salário mínimo vigente na data do ajuizamento da reclamação, ficam submetidos ao procedimento sumaríssimo.
(B) Estão excluídas do procedimento sumaríssimo as demandas em que é parte a Administração Pública direta, autárquica e fundacional.
(C) O recurso ordinário, uma vez recebido no Tribunal, deve ser liberado pelo relator no prazo máximo de quinze dias, e a Secretaria do Tribunal ou Turma deve colocá-lo imediatamente em pauta para julgamento, após apreciação do revisor.
(D) Deferida a prova técnica, incumbirá ao juiz, desde logo, fixar o prazo, o objeto da perícia e nomear perito, sendo que as partes serão intimadas a manifestar- se sobre o laudo, no prazo comum de cinco dias.
(E) Em regra, as testemunhas, até o máximo de duas para cada parte, comparecerão à audiência de instrução e julgamento, independentemente de intimação.

A: correta, art. 852-A, da CLT; **B:** correta, art. 852-A, parágrafo único da CLT; **C:** incorreta (devendo ser assinalada), pois o recurso ordinário será imediatamente distribuído, uma vez recebido no Tribunal, devendo o relator liberá-lo no prazo máximo de dez dias, e a Secretaria do Tribunal ou Turma colocá-lo imediatamente em pauta para julgamento, sem revisor (art. 895, § 1º, da CLT); **D:** correta, art. 852-H, §§ 4º e 6º, da CLT; **E:** correta, art. 852-H, § 2º, da CLT.

Gabarito "C."

(Técnico – TRT/11ª – 2012 – FCC) De acordo com a CLT, em regra, os atos processuais praticados no Processo Trabalhista serão:

(A) sempre públicos e realizar-se-ão nos dias úteis das 8 às 18 horas.
(B) públicos salvo quando as partes estabelecerem o contrário e realizar-se-ão nos dias úteis das 6 às 20 horas.
(C) públicos salvo quando o contrário determinar o juiz e realizar-se-ão nos dias úteis das 6 às 18 horas.
(D) públicos salvo quando envolver pessoa pública de notoriedade social e a penhora poderá realizar-se em domingo ou dia de feriado, independente de autorização expressa do juiz.
(E) públicos salvo quando o contrário determinar o interesse social e realizar-se-ão nos dias úteis das 6 às 20 horas.

Art. 770 da CLT.

Gabarito "E."

(Técnico – TRT/11ª – 2012 – FCC) Nas audiências realizadas nos processos trabalhistas pelos órgãos da Justiça do Trabalho é INCORRETO afirmar que:

(A) é facultado ao empregador fazer-se substituir pelo gerente, ou qualquer outro preposto que tenha conhecimento do fato, e cujas declarações obrigarão o proponente.
(B) se por doença ou qualquer outro motivo poderoso, devidamente comprovado, não for possível ao empregado comparecer pessoalmente, poderá fazer-se representar por outro empregado que pertença à mesma profissão, ou pelo seu sindicato.
(C) o não comparecimento do reclamante à audiência importa em revelia, além de confissão quanto à matéria de fato.
(D) as testemunhas, em regra, comparecerão à audiência independentemente de notificação ou intimação.
(E) as testemunhas que forem intimadas para comparecimento em audiência e, sem motivo justificado, não atendam à intimação, estarão sujeitas a condução coercitiva, além do pagamento de multa.

A: correta, art. 843, § 1º, da CLT; **B:** correta, art. 843, § 2º, da CLT; **C:** incorreta (devendo ser assinalada), estabelece o art. 844 da CLT que "o não comparecimento do reclamante à audiência importa o arquivamento da reclamação, e o não comparecimento do reclamado importa revelia, além de confissão quanto à matéria de fato"; **D:** correta, art. 825 da CLT; **E:** correta, art. 825, parágrafo único, da CLT.

Gabarito "C."

(Técnico Judiciário – TRT/11ª – 2005 – FCC) Existem, na Justiça do Trabalho, dissídios individuais e dissídios coletivos. A conciliação, entre as partes, nos termos da lei, é admitida:

(A) nos dissídios individuais, apenas na fase inicial do processo.
(B) nos dissídios coletivos, apenas em audiência.
(C) nos dissídios individuais, mas não nos dissídios coletivos.
(D) nos dissídios individuais e nos dissídios coletivos, apenas na fase inicial do processo.
(E) em todos os dissídios, individuais e coletivos, em qualquer fase do processo.

Art. 764 da CLT.

Gabarito "E."

(Técnico Judiciário – TRT/11ª – 2005 – FCC) Os processos trabalhistas, como disposto na CLT, devem permanecer nos cartórios ou secretarias das Varas. As consultas aos processos nos cartórios ou secretarias podem ser realizadas:

(A) por quaisquer pessoas, com ampla liberdade.
(B) somente pelos reclamantes e pelos reclamados.
(C) pelos reclamantes e pelos reclamados, bem como por seus advogados.
(D) por quaisquer interessados.
(E) pelos advogados e pelas partes, desde que previamente autorizados pelo juiz.

Art. 779 da CLT.

Gabarito "C."

(Técnico Judiciário – TRT/11ª – 2005 – FCC) A pontualidade no comparecimento às audiências é sempre necessária. A lei, todavia, abre exceção para a hipótese de atraso dos juízes, concedendo uma tolerância de:

(A) 5 minutos.
(B) 10 minutos.
(C) 15 minutos.
(D) 20 minutos.
(E) 30 minutos.

Art. 815, parágrafo único, da CLT.

Gabarito "C."

(Técnico Judiciário – TRT/11ª – 2005 – FCC) Ajuizada a reclamação trabalhista, o reclamado será notificado para comparecer à audiência, na qual apresentará sua defesa e as provas que tiver. A notificação do reclamado será feita por:

(A) via postal comum.
(B) SEDEX.
(C) oficial de justiça.
(D) telegrama.
(E) e-mail ou telegrama.

Art. 841, § 1º, da CLT.

Gabarito "A."

(Técnico Judiciário – TRT/11ª – 2005 – FCC) Inexistindo prova técnica (laudo pericial), as reclamações enquadradas no procedimento sumaríssimo deverão ser solucionadas no prazo máximo de:

(A) 10 dias.
(B) 15 dias.
(C) 21 dias.
(D) 30 dias.
(E) 60 dias.

Art. 852-B, III, da CLT.

Gabarito "B."

(Técnico Judiciário – TRT/14ª – 2011 – FCC) Considere as seguintes assertivas a respeito dos atos e termos processuais:

I. Os atos processuais serão públicos, salvo quando o contrário determinar o interesse social, e realizar-se-ão nos dias úteis das seis às vinte horas.
II. O vencimento dos prazos será certificado nos processos pelos escrivães ou diretores de secretaria.
III. Os documentos juntos aos autos poderão ser desentranhados a qualquer momento, desde que antes do trânsito em julgado da sentença.

De acordo com a Consolidação das Leis do Trabalho está correto o que se afirma APENAS em:

(A) II.
(B) II e III.
(C) I.
(D) I e II.
(E) I e III.

I: correta, art. 770 da CLT; **II:** correta, art. 776 da CLT; **III:** incorreta, pois "os documentos juntos aos autos poderão ser desentranhados somente depois de findo o processo, ficando traslado" (art. 780 da CLT).

Gabarito "D."

(Técnico Judiciário – TRT/14ª – 2011 – FCC) Helena, advogada recém formada, está com dúvidas a respeito da contagem dos prazos processuais e, sendo assim, solicitou ajuda ao seu irmão, Venâncio, advogado sênior de uma empresa multinacional. Venâncio respondeu para Helena que os prazos processuais, em regra,

(A) são contínuos, mas relevávеis, tendo em vista que não há preclusão consumativa na justiça do trabalho.
(B) são contínuos, mas relevávеis, tendo em vista que não há preclusão terminativa na justiça do trabalho.

(C) contam-se com a exclusão do dia do começo e inclusão do dia do vencimento e são contínuos e irreleváveis.

(D) que se vencerem em sábado, domingo ou dia feriado, terminarão no último dia útil que anteceder o dia sem expediente forense.

(E) são preestabelecidos pela legislação, como por exemplo, o prazo para devolução de notificação postal que é de cinco dias.

Art. 775 da CLT.

Gabarito "C"

(Técnico Judiciário – TRT/15ª – 2009 – FCC) Considere as seguintes assertivas a respeito dos atos, termos e prazos processuais:

I. Os prazos que se vencerem em sábado, domingo ou dia feriado terminarão no primeiro dia útil seguinte.

II. Os prazos processuais contam-se com exclusão do dia do começo e inclusão do dia do vencimento, e são contínuos e irreleváveis.

III. Os prazos processuais são sempre contínuos, irreleváveis e improrrogáveis.

IV. É vedada, em qualquer hipótese, a realização de penhora em domingo ou feriado, em razão dos princípios constitucionais protecionistas.

Está correto o que se afirma SOMENTE em:

(A) II e IV.

(B) I, II e III.

(C) II, III e IV.

(D) I, III e IV.

(E) I e II.

I: correta, art. 775, parágrafo único, da CLT; II: correta, art. 775, *caput*, da CLT; III: incorreta, afora a exceção da parte final do art. 775, *caput*, da CLT, há prazos impróprios, que não acarretam preclusão, como é o caso dos prazos para o Juiz; IV: incorreta, pois "a penhora poderá realizar-se em domingo ou dia feriado, mediante autorização expressa do juiz ou presidente" (art. 770, parágrafo único, da CLT).

Gabarito "E"

(Técnico Judiciário – TRT/15ª – 2009 – FCC) Considere as seguintes assertivas a respeito das exceções:

I. Podem ser arguidas mais de uma exceção ao mesmo tempo, devendo a exceção de incompetência ser apreciada antes da exceção de impedimento e suspeição do juiz.

II. De acordo com a Consolidação das Leis do Trabalho, as exceções de incompetência suspendem os feitos.

III. Apresentada a exceção de incompetência, abrir-se-á vista dos autos ao exceto, por quarenta e oito horas improrrogáveis, devendo a decisão ser proferida na primeira audiência que se seguir.

IV. Apresentada a exceção de suspeição, o juiz ou Tribunal designará audiência dentro de quarenta e oito horas, para instrução e julgamento da exceção.

Está correto o que se afirma SOMENTE em:

(A) I, II e III.

(B) II, III e IV.

(C) II e IV.

(D) III e IV.

(E) I e II.

I: incorreta, pois inexiste previsão legal em tal sentido, ditando a boa técnica, no entanto, que o impedimento e a suspeição são prejudiciais à incompetência; II: correta, art. 799, *caput*, da CLT; III: incorreta, pois o prazo será de 24 (vinte e quatro) horas improrrogáveis, devendo a decisão ser proferida na primeira audiência ou sessão que se seguir (art. 800 da CLT); IV: correta, art. 802 da CLT.

Gabarito "C"

(Técnico Judiciário – TRT/15ª – 2009 – FCC) Jonas laborava na empresa TE na função de auxiliar administrativo quando foi dispensado sem justa causa. Não tendo recebido corretamente os seus direitos, Jonas ajuizou uma reclamação trabalhista contra sua ex-empregadora. Na data designada para a audiência, Jonas estava com intoxicação alimentar ocasionada pelo rotavirus e sendo assim, enviou em seu lugar seu colega de trabalho, Joaquim. Considerando que Joaquim também é auxiliar administrativo da empresa TE e que o mesmo compareceu no horário previamente designado com atestado médico e sem advogado, o M.M. Juiz deverá:

(A) designar nova data para a audiência, sendo que Joaquim sairá regularmente intimado da nova data, devendo assinar o respectivo termo de audiência.

(B) arquivar o processo, porque o reclamante não estava regularmente representado e tendo em vista que Joaquim não é membro de sua família.

(C) arquivar o processo, uma vez que o reclamante não estava regularmente representado, tendo em vista que sua representação não foi feita por advogado com procuração devidamente outorgada.

(D) designar nova data para a audiência, devendo Jonas ser intimado pelo correio dessa designação.

(E) arquivar o processo, porque na situação descrita o reclamante só poderia estar representado pelo sindicato de sua categoria.

Art. 843, § 2º, da CLT e doutrina de Valentin Carrion; em sentido contrário, entendendo que a eficácia da representação em questão não se limita ao requerimento de adiamento da audiência, Mauro Schiavi.

Gabarito "D"

(Técnico Judiciário – TRT/16ª – 2009 – FCC) A compensação

(A) pode ser determinada pelo juiz de ofício se a dívida for constatada na fase da execução da sentença.

(B) pode ser alegada pelo reclamante na inicial, quando tratar-se de dívida de natureza comercial.

(C) pode ocorrer com dívida de natureza civil, desde que entre as mesmas partes.

(D) só pode ser arguida na contestação, jamais no curso do processo ou na fase recursal.

(E) consiste no direito do reclamado reter alguma quantia do reclamante, até que a dívida deste seja quitada.

Art. 767 da CLT e súmulas 48 e 18 do TST.

Gabarito "D"

(Técnico Judiciário – TRT/16ª – 2009 – FCC) No processo do trabalho, intimada ou notificada a parte no sábado, o início do prazo

(A) dar-se-á no domingo e a contagem no primeiro dia útil subsequente.

(B) e a contagem dar-se-ão no próprio sábado.

(C) dar-se-á no próprio sábado e a contagem no primeiro dia útil subsequente.

(D) dar-se-á no primeiro dia útil imediato e a contagem no subsequente.

(E) e a contagem dar-se-ão no primeiro dia útil subsequente.

Arts. 775 e 776 da CLT e art. 240, parágrafo único do CPC (art. 224, § 1º, CPC/2015).

Gabarito "D"

(Técnico Judiciário – TRT/16ª – 2009 – FCC) Considere as seguintes assertivas a respeito do procedimento sumaríssimo:

I. Havendo perícia, o prazo para a manifestação sobre o laudo será comum e de cinco dias.

II. Os dissídios individuais cujo valor não exceda a sessenta vezes o salário mínimo vigente na data do ajuizamento da reclamação trabalhista ficam submetidos ao procedimento sumaríssimo.

III. As testemunhas, até no máximo duas para cada parte, comparecerão à audiência independentemente de intimação.

IV. Em regra, se a parte apresentar documentos em audiência, esta será interrompida, devendo a parte contrária se manifestar no prazo improrrogável de cinco dias.

De acordo com a Consolidação das Leis do Trabalho, está correto o que se afirma APENAS em:

(A) I e IV.

(B) I, II e III.

(C) I e III.

(D) II, III e IV.

(E) III e IV.

I: correta, art. 852-H, § 6º, da CLT; II: incorreta, pois o valor não excederá a 40 (quarenta) vezes o salário mínimo vigente (art. 852-A da CLT); III: correta, art. 852-H, § 2º; IV: incorreta, pois não haverá interrupção da audiência, salvo absoluta impossibilidade, a critério do juiz (art. 852-H, § 1º, da CLT).

Gabarito "C"

(Técnico Judiciário – TRT/18ª – 2008 – FCC) Considere as assertivas abaixo a respeito do procedimento sumaríssimo no processo do trabalho:

I. Os dissídios individuais, cujo valor não exceda a sessenta vezes o salário mínimo vigente na data do ajuizamento da reclamação, ficam submetidos ao procedimento sumaríssimo.
II. Todas as provas serão produzidas na audiência de instrução e julgamento, ainda que não requeridas previamente.
III. Sobre os documentos apresentados por uma das partes manifestar-se-á imediatamente a parte contrária, com a interrupção obrigatória da audiência por no máximo dez minutos.
IV. Nas reclamações enquadradas no procedimento sumaríssimo não se fará citação por edital, incumbindo ao autor a correta indicação do nome e endereço do reclamado.

De acordo com a Consolidação das Leis do Trabalho, é correto o que consta APENAS em:

(A) I, II e IV.
(B) I e III.
(C) II e IV.
(D) III e IV.
(E) I e II.

I: incorreta, pois o valor não excederá a 40 (quarenta) vezes o salário mínimo vigente (art. 852-A da CLT); **II**: correta, art. 852-H, *caput*, da CLT; **III**: incorreta, dispõe o art. 852-H, § 1º, da CLT que não haverá interrupção da audiência; **IV**: correta, art. 852-B, II, da CLT.

Gabarito "C"

(Técnico Judiciário – TRT/20ª – 2011 – FCC) Carol ajuizou no início do ano de 2011 reclamação trabalhista em face de sua ex-empregadora a empresa EFGH. A presente reclamação possui o valor da causa de R$ 19.739,00. Tendo em vista que a audiência UNA foi marcada para o dia 10 de Agosto de 2011, Carol enviou telegrama com aviso de recebimento para suas três testemunhas convidando-as para depor no dia e hora em que a audiência foi designada porém, nenhuma das três testemunhas compareceu. Neste caso, de acordo com a Consolidação das Leis do Trabalho, o M.M. juiz deverá:

(A) suspender o processo por vinte dias e marcar nova audiência para no máximo 90 dias, porém Carol deverá levar as testemunhas nesta nova audiência independentemente de intimação.
(B) suspender o processo por quinze dias e marcar nova audiência para no máximo 60 dias, porém Carol deverá levar as testemunhas nesta nova audiência independentemente de intimação.
(C) marcar nova data para a realização da audiência e deferir a intimação das três testemunhas.
(D) marcar nova data para a realização da audiência e deferir a intimação de duas das três testemunhas, devendo Carol desistir do depoimento de uma delas.
(E) proferir sentença na mesma audiência uma vez que Carol possuía a obrigação de levar as testemunhas independentemente de intimação.

Art. 852-H, §§ 2º e 3º, da CLT.

Gabarito "D"

(Técnico Judiciário – TRT/20ª – 2006 – FCC) De acordo com a Consolidação das Leis do Trabalho, os prazos processuais contam-se com:

(A) exclusão do dia do começo e inclusão do dia do vencimento, sendo que são contínuos e relеváveis.
(B) exclusão do dia do começo e inclusão do dia do vencimento, sendo que são contínuos e irreleváveis.
(C) inclusão do dia do começo e exclusão do dia do vencimento, sendo que são contínuos e irreleváveis.
(D) inclusão do dia do começo e exclusão do dia do vencimento, sendo que não são contínuos e são irreleváveis.
(E) inclusão do dia do começo e exclusão do dia do vencimento, sendo que são contínuos e relеváveis.

Art. 775 da CLT.

Gabarito "B"

(Técnico Judiciário – TRT/20ª – 2006 – FCC) De acordo com a Consolidação das Leis do Trabalho, em relação ao Procedimento Sumaríssimo é correto afirmar que:

(A) nas reclamações enquadradas no procedimento sumaríssimo o pedido poderá ser incerto ou indeterminado, podendo indicar valor aproximado.
(B) os dissídios individuais cujo valor não exceda a sessenta vezes o salário mínimo vigente na data do ajuizamento da reclamação ficam submetidos ao procedimento sumaríssimo.
(C) a sentença mencionará os elementos de convicção do juízo, com resumo dos fatos relevantes ocorridos em audiência, sendo indispensável o relatório.
(D) as testemunhas, até o máximo de três para cada parte, comparecerão à audiência de instrução e julgamento independentemente de intimação.
(E) nas reclamações enquadradas no procedimento sumaríssimo, não se fará citação por edital, incumbindo ao autor a correta indicação do nome e endereço do reclamado.

A: incorreta, prevê o art. 852-B, I, da CLT que o pedido deverá ser certo ou determinado e indicará o valor correspondente; **B**: incorreta, pois "os dissídios individuais cujo valor não exceda a quarenta vezes o salário mínimo vigente na data do ajuizamento da reclamação ficam submetidos ao procedimento sumaríssimo" (art. 852-A, da CLT); **C**: incorreta, estabelece o art. 852-I da CLT que "a sentença mencionará os elementos de convicção do juízo, com resumo dos fatos relevantes ocorridos em audiência, dispensado o relatório"; **D**: incorreta, pois o número de testemunhas será de, no máximo, duas para cada parte (art. 852-H, § 2º, da CLT); **E**: correta, art. 852-B, II, da CLT.

Gabarito "E"

(Técnico Judiciário – TRT/20ª – 2006 – FCC) De acordo com a Consolidação das Leis do Trabalho, em relação à audiência é correto afirmar que:

(A) o não comparecimento do reclamado à audiência importa em execução direta dos valores requeridos pelo reclamante, ocorrendo a confissão quanto à matéria de direito.
(B) é facultado ao empregador fazer-se substituir pelo gerente, ou qualquer outro preposto que tenha conhecimento do fato, mas as declarações deste não obrigarão o proponente.
(C) o não comparecimento do reclamante à audiência importa em confissão quanto à matéria de fato.
(D) terminada a instrução, poderão as partes aduzir razões finais, em prazo não excedente de 10 minutos para cada uma.
(E) se não for possível, por motivo de força maior, concluir a audiência no mesmo dia, o juiz marcará a sua continuação para a primeira desimpedida, sendo obrigatória nova notificação.

A: incorreta, pois "o não comparecimento do reclamado importa revelia, além de confissão quanto à matéria de fato" (art. 844 da CLT); **B**: incorreta, de acordo com o art. 843, § 1º, da CLT, é facultado ao empregador fazer-se substituir pelo gerente, ou qualquer outro preposto que tenha conhecimento do fato, e cujas declarações obrigarão o proponente; **C**: incorreta, pois "o não comparecimento do reclamante à audiência importa o arquivamento da reclamação (art. 844 da CLT); **D**: correta, art. 850 da CLT; **E**: incorreta, pois "o juiz ou presidente marcará a sua continuação para a primeira desimpedida, independentemente de nova notificação" (art. 849 da CLT).

Gabarito "D"

(Técnico Judiciário – TRT/20ª – 2006 – FCC) Considere as seguintes assertivas a respeito das Exceções:

I. O juiz é obrigado a dar-se por suspeito, e pode ser recusado, quando tiver parentesco por consanguinidade ou afinidade até o terceiro grau civil em relação à pessoa dos litigantes.
II. Apresentada a exceção de incompetência abrir-se-á vista dos autos ao exceto, por 5 dias improrrogáveis.
III. Nas causas da jurisdição da Justiça do Trabalho, em regra, as exceções de suspeição ou incompetência não suspendem o feito.

De acordo com a Consolidação das Leis do Trabalho, está correto APENAS o que se afirma em:

(A) I.
(B) II.
(C) I e II.
(D) I e III.
(E) II e III.

I: correta, art. 801 da CLT; **II**: incorreta, prevê o art. 800 da CLT que "apresentada a exceção de incompetência, abrir-se-á vista dos autos ao exceto, por 24 (vinte e quatro) horas improrrogáveis, devendo a decisão ser proferida na primeira audiência ou sessão que se seguir"; **III**: incorreta, as exceções de suspeição ou incompetência suspendem o feito, nos termos do art. 799 da CLT.

Gabarito "A".

(Técnico Judiciário – TRT/22ª – 2010 – FCC) A respeito do prazo para contestação no Processo do Trabalho, é correto afirmar que:

(A) Inexiste prazo para apresentar contestação na Secretaria da Vara na Reclamação Trabalhista, devendo ser a ação contestada na audiência inicial ou UNA.
(B) O prazo para apresentar contestação na Secretaria da Vara na Reclamação Trabalhista é de dez dias a contar da citação do reclamado.
(C) O prazo para apresentar contestação na Secretaria da Vara na Reclamação Trabalhista é de vinte dias a contar da citação do reclamado quando este se tratar de órgão da Administração Pública.
(D) O prazo para apresentar contestação na Secretaria da Vara na Reclamação Trabalhista é de dez dias a contar da audiência inicial ou UNA.
(E) O prazo para apresentar contestação na Secretaria da Vara na Reclamação Trabalhista é de vinte dias a contar da audiência inicial ou UNA, quando se tratar o reclamado de órgão da Administração Pública.

Art. 847 da CLT.

Gabarito "A".

(Técnico Judiciário – TRT/22ª – 2010 – FCC) Sobre a revelia, considere:

I. A ausência do reclamado em audiência, apesar de regularmente intimado, configura revelia.
II. A revelia importa na confissão do reclamado quanto à matéria de fato.
III. Havendo revelia, mas ocorrendo, entretanto, motivo relevante, poderá o juiz suspender o julgamento, designando nova audiência.
IV. A revelia pode ser aplicada tanto ao reclamante quanto ao reclamado.

Está correto o que se afirma APENAS em:

(A) I e IV.
(B) II e III.
(C) III e IV.
(D) I, II e III.
(E) I, III e IV.

I, II, III: corretas, art. 844 da CLT; **IV**: incorreta, pois a revelia aplica-se apenas ao reclamado (art. 844 da CLT).

Gabarito "D".

(Técnico Judiciário – TRT/23ª – 2011 – FCC) Estão submetidos ao procedimento sumaríssimo os dissídios individuais cujo valor NÃO exceda a:

(A) sessenta vezes o salário mínimo vigente na data do ajuizamento da reclamação, estando excluídas desse procedimento as demandas em que é parte a Administração Pública direta, autárquica e fundacional.
(B) quarenta vezes o salário mínimo vigente na data do ajuizamento da reclamação, estando excluídas desse procedimento as demandas em que é parte a Administração Pública direta, autárquica e fundacional.
(C) quarenta vezes o salário mínimo vigente na data do ajuizamento da reclamação, sendo, inclusive, submetidas a esse procedimento as demandas em que é parte a Administração Pública direta, autárquica e fundacional.
(D) sessenta vezes o salário mínimo vigente na data do ajuizamento da reclamação, sendo, inclusive, submetidas a esse procedimento as demandas em que é parte a Administração Pública direta, autárquica e fundacional. (E) setenta vezes o salário--mínimo vigente na data do ajuizamento da reclamação, estando excluídas desse procedimento somente as demandas em que é parte a Administração Pública autárquica.

Art. 852-A da CLT.

Gabarito "B".

(Técnico Judiciário – TRT/23ª – 2007 – FCC) O NÃO comparecimento do reclamante à audiência, sem motivo relevante, implica:

(A) no arquivamento da reclamação.
(B) no prosseguimento da reclamação, com a presença de seu advogado.
(C) na designação de nova audiência, sem qualquer sanção.
(D) na designação de nova audiência, com imposição de multa.
(E) no julgamento imediato em favor do reclamado.

Art. 844 da CLT.

Gabarito "A".

(Técnico Judiciário – TRT/23ª – 2007 – FCC) O procedimento sumaríssimo no processo trabalhista, previsto pela Lei 9.957/2000, será adotado nos dissídios:

(A) coletivos, cujo valor não exceda a trinta vezes o salário mínimo vigente na data do ajuizamento.
(B) individuais em que for parte a Administração Pública direta.
(C) individuais cujo valor não exceda a quarenta vezes o salário mínimo vigente na data do ajuizamento da reclamação.
(D) individuais ajuizados contra autarquia ou fundação mantida pelo poder público.
(E) individuais que, independentemente de valor, tenham pedido certo ou determinado.

Art. 852-A da CLT.

Gabarito "C".

(Técnico Judiciário – TRT/24ª – 2011 – FCC) Margarida ajuizou reclamação trabalhista em face de sua ex-empregadora, a empresa X. Na audiência inaugural, apesar de regularmente intimada, não compareceu nenhum representante legal da reclamada, tendo sido declarada a sua revelia. Neste caso, de acordo com a Consolidação das Leis do Trabalho, a empresa X:

(A) será penalizada com multa administrativa de 20% sobre o valor da causa, revertida para o Fundo de Assistência ao Trabalhador gerido pelo Governo Federal.
(B) deverá ser intimada da sentença apenas se tiver advogado constituído nos autos.
(C) deverá ser intimada da sentença, ainda que não tenha advogado constituído nos autos.
(D) não será intimada da sentença, uma vez que está legalmente declarada revel, podendo ingressar no processo até a publicação da sentença.
(E) não será intimada da sentença, uma vez que está legalmente declarada revel, bem como não poderá ingressar no processo para interpor recursos.

Art. 852 da CLT.

Gabarito "C".

(Técnico Judiciário – TRT/24ª – 2011 – FCC) Em determinada demanda trabalhista regida pelo procedimento sumaríssimo, foi deferida a prova técnica para a apuração de insalubridade. As partes foram intimadas para manifestação sobre o laudo pericial na segunda-feira, dia 10 do mês X. Neste caso, o prazo das partes se extinguirá, no mesmo mês, na próxima:

(A) quinta-feira, dia 13.
(B) sexta-feira, dia 14.
(C) segunda-feira, dia 17.
(D) quarta-feira, dia 19.
(E) quinta-feira, dia 20.

A manifestação sobre o laudo pericial deve ocorrer no prazo comum de cinco dias da intimação (CLT, art. 852-H, § 6º). Ocorrendo a intimação no dia 10, segunda-feira, e excluindo-se o dia do começo (CLT, art. 775, *caput*), a contagem inicia-se na terça, terminando no sábado, dia 15, e, assim, prorrogando-se o vencimento até o primeiro dia útil seguinte, que é segunda-feira, dia 17.

Gabarito "C".

(Técnico Judiciário – TRT/24ª – 2011 – FCC) De acordo com a Consolidação das Leis do Trabalho, ficam submetidos ao procedimento sumaríssimo os dissídios individuais cujo valor NÃO exceda a:

(A) sessenta vezes o salário mínimo vigente na data do ajuizamento da reclamação.
(B) quarenta vezes o salário mínimo vigente na data do ajuizamento da reclamação.
(C) quarenta vezes o salário mínimo vigente na data da extinção do contrato de trabalho.
(D) vinte vezes o salário mínimo vigente na data do ajuizamento da reclamação.
(E) vinte vezes o salário mínimo vigente na data da extinção do contrato de trabalho.

Art. 852-A da CLT.

Gabarito "B".

(Técnico Judiciário – TRT/24ª – 2011 – FCC) De acordo com a Consolidação das Leis do Trabalho, a reclamação trabalhista verbal será distribuída:

(A) dentro do prazo de cinco dias após a sua redução a termo.
(B) em vinte e quatro horas após a sua redução a termo.
(C) em quarenta e oito horas após a sua redução a termo.
(D) dentro do prazo de quinze dias após a sua redução a termo.
(E) antes de sua redução a termo.

Art. 786 da CLT.

Gabarito "E".

(Técnico Judiciário – TRT/24ª – 2006 – FCC) Considere as seguintes assertivas a respeito dos atos e termos processuais.

I. A penhora poderá realizar-se em domingo ou dia feriado, mediante autorização expressa do juiz.
II. Os termos relativos ao movimento dos processos constarão de simples notas, datadas e rubricadas pelos chefes de secretarias ou escrivães.
III. Os atos e termos processuais não poderão ser escritos à tinta ou a carimbo, devendo ser datilografados.

De acordo com o Decreto Lei 5.452/1943, está correto o que se afirma APENAS em:

(A) I e II.
(B) I e III.
(C) III.
(D) II e III.
(E) II.

I: correta, art. 770, parágrafo único, da CLT; **II:** correta, art. 773 da CLT; **III:** incorreta, pois, segundo previsão do art. 771 da CLT, "os atos e termos processuais poderão ser escritos a tinta, datilografados ou a carimbo".

Gabarito "A".

(Técnico Judiciário – TRT/24ª – 2006 – FCC) Os prazos processuais:

(A) contam-se, em regra, com a inclusão do dia do começo e exclusão do dia do vencimento.
(B) podem, excepcionalmente, serem prorrogados em virtude de força maior, devidamente comprovada.
(C) não são contínuos mas são relevados, em regra, por expressa determinação legal.
(D) que vencerem em sábado, domingo ou dia feriado, terminarão no segundo dia útil subsequente.
(E) não terão, necessariamente, o seu vencimento certificado nos processos pelos escrivães ou secretários.

Art. 775 da CLT.

Gabarito "B".

(Técnico Judiciário – TRT/24ª – 2006 – FCC) De acordo com o Decreto-lei 5.452/1943, com relação às audiências é correto afirmar:

(A) Do registro das audiências poderão ser fornecidas certidões às pessoas que as requererem.
(B) As audiências dos órgãos da Justiça do Trabalho, em regra, não serão públicas, não havendo, também, limite de horário para a sua realização.
(C) Não poderão, em nenhuma hipótese, serem convocadas audiências extraordinárias, por expressa vedação legal.
(D) O comparecimento dos escrivães ou secretários às audiências dos órgãos da Justiça do Trabalho é facultativo.
(E) Se, na hora marcada, as partes não houverem comparecido à audiência, o juiz deverá aguardá-las, obrigatoriamente, por mais 15 minutos.

A: correta, art. 817, parágrafo único da CLT; **B:** incorreta, nos termos do art. 813, *caput*, da CLT, "as audiências dos órgãos da Justiça do Trabalho serão públicas e realizar-se-ão na sede do Juízo ou Tribunal em dias úteis previamente fixados, entre 8 (oito) e 18 (dezoito) horas, não podendo ultrapassar 5 (cinco) horas seguidas, salvo quando houver matéria urgente"; **C:** incorreta. Sempre que for necessário, poderão ser convocadas audiências extraordinárias, observado o prazo do § 1º do art. 813 da CLT; **D:** incorreta, pois o comparecimento dos escrivães ou secretários será obrigatório (art. 814 da CLT); **E:** incorreta, pois não há limite de tolerâncias para as partes, mas somente para o juiz (art. 815, parágrafo único, da CLT).

Gabarito "A".

(Técnico Judiciário – TRT/24ª – 2006 – FCC) Sendo várias as reclamações:

(A) poderão ser acumuladas num só processo, desde que trate de empregados da mesma empresa ou estabelecimento, independentemente de ter identidade de matéria.
(B) poderão ser acumuladas num só processo, desde que haja identidade de matéria e trate de empregados da mesma empresa ou estabelecimento.
(C) poderão ser acumuladas num só processo, desde que haja identidade de matéria, independentemente de tratar de empregados da mesma empresa ou estabelecimento.
(D) poderão ser acumuladas num só processo, independentemente de ter identidade de matéria ou de tratar de empregados da mesma empresa ou estabelecimento.
(E) não poderão ser acumuladas num só processo, em razão de expressa vedação legal a qualquer tipo de acumulação de processos.

Art. 842 da CLT.

Gabarito "B".

(Técnico Judiciário – TRT/24ª – 2006 – FCC) De acordo com o Decreto-lei 5452/43, com relação aos processos na Justiça do Trabalho é correto afirmar que:

(A) as partes poderão requerer certidões somente dos processos em curso, as quais serão lavradas pelos escrivães.
(B) os autos dos processos da Justiça do Trabalho não poderão, em nenhuma hipótese, sair dos cartórios ou secretarias.
(C) as partes ou seus procuradores não poderão consultar, com ampla liberdade, os processos nos cartórios ou secretarias.
(D) os documentos juntos aos autos poderão ser desentranhados somente depois de findo o processo, ficando traslado.
(E) as certidões dos processos não dependem de despacho do juiz, inclusive dos processos que correrem em segredo de justiça.

A: incorreta, dispõe o art. 781 da CLT que "as partes poderão requerer certidões dos processos em curso ou arquivados, as quais serão lavradas pelos escrivães ou secretários"; **B:** incorreta. Os autos dos processos da Justiça do Trabalho, não poderão sair dos cartórios ou secretarias, salvo se solicitados por advogados regularmente constituído por qualquer das partes, ou quando tiverem de ser remetidos aos órgãos competentes, em caso de recurso ou requisição (art. 778 da CLT); **C:** incorreta, de acordo com o art. 779 da CLT, "as partes, ou seus procuradores, poderão consultar, com ampla liberdade, os processos nos cartórios ou secretarias"; **D:** correta, art. 780 da CLT; **E:** incorreta. A CLT determina que "as certidões dos processos que correrem em segredo de justiça dependerão de despacho do juiz ou presidente" (art. 781, parágrafo único, da CLT).

Gabarito "D".

(Técnico Judiciário – TRT/1ª – 2008 – CESPE) A empresa Alfa foi acionada na justiça do trabalho, e o rito a ser observado será o sumaríssimo, podendo a empresa apresentar defesa. Nessa situação, o prazo mínimo fixado, a partir da notificação, caso a empresa deseje apresentar defesa, é de:

(A) 15 dias.
(B) 10 dias.
(C) 8 dias.
(D) 5 dias.
(E) 48 horas.

Art. 841 da CLT.

Gabarito "D".

(Técnico Judiciário – TRT/1ª – 2008 – CESPE) Em causa sob o procedimento sumaríssimo, o juiz do trabalho deve arquivar o processo quando:

(A) o autor requerer citação editalícia do reclamado.
(B) o autor tiver submetido sua causa à comissão de conciliação prévia.
(C) o autor declinar na inicial valor da causa abaixo de quarenta salários mínimos.
(D) a reclamada não tiver comparecido à audiência inicial designada, apesar de regularmente notificada.
(E) o autor tiver apresentado liquidação do pedido.

Art. 852-B, II e § 1º, da CLT.

Gabarito "A"

(Técnico Judiciário – TRT/1ª – 2008 – CESPE) No caso de demanda submetida ao judiciário trabalhista e que tramite pelo rito sumaríssimo,

(A) as partes, caso haja perícia, terão vista do laudo no prazo sucessivo de cinco dias.
(B) será aberta a vista dos autos caso seja apresentada exceção de incompetência.
(C) as custas devidas serão fixadas no importe de 1% sobre o valor da causa.
(D) será admitida a oitiva de, no máximo, três testemunhas para cada uma das partes.
(E) o reclamado terá vinte minutos para aduzir sua defesa, caso não ocorra acordo.

A: incorreta. As partes serão intimadas a manifestar-se sobre o laudo, no prazo comum de cinco dias (art. 852-H, § 6º, da CLT); **B:** incorreta, nos termos do art. 852-G, da CLT, "serão decididos, de plano, todos os incidentes e exceções que possam interferir no prosseguimento da audiência e do processo"; **C:** incorreta. As custas relativas ao processo de conhecimento incidirão à base de 2% (dois por cento), observado o mínimo de R$ 10,64 (dez reais e sessenta e quatro centavos) (art. 789 da CLT); **D:** incorreta, pois admite-se a oitiva de até duas para cada parte (art. 852-H, § 2º, da CLT); **E:** correta, art. 847 da CLT.

Gabarito "E"

(Técnico Judiciário – TRT/1ª – 2008 – CESPE) Terminada a instrução do feito, a última tentativa conciliatória do julgador deve ocorrer:

(A) ao término do interrogatório das partes.
(B) antes das razões finais.
(C) depois das razões finais.
(D) logo após a oitiva da última testemunha apresentada.
(E) durante o tempo assegurado às partes para as razões finais.

Art. 850 da CLT.

Gabarito "C"

(Técnico Judiciário – TRT/5ª – 2008 – CESPE) Augusto moveu reclamação trabalhista contra determinada empresa. No dia designado para a audiência inaugural, Augusto chegou 15 minutos atrasado. Quanto à situação hipotética acima e às audiências, julgue o próximo item.

(1) Na situação considerada, não haverá nenhum prejuízo para Augusto, já que existe previsão legal de tolerância de 15 minutos para as partes.

1: incorreta, pois não há limite de tolerâncias para as partes, mas somente para o juiz (art. 815 da CLT).

Gabarito 1E

(Técnico Judiciário – TRT/9ª – 2007 – CESPE) Julgue os itens a seguir.

(1) No processo do trabalho, apenas se admite a reclamação trabalhista oral, dado o princípio da oralidade.
(2) Quando o reclamante não comparecer à audiência inaugural, o juiz deve determinar o arquivamento do processo, mas se quem não comparecer, sem justificativa, for o reclamado, a pena aplicável é a de revelia e confissão.
(3) Se o valor dado à causa não exceder a 60 salários mínimos, as reclamações trabalhistas deverão seguir o rito sumaríssimo previsto na Consolidação das Leis do Trabalho (CLT).

1: incorreta, pois "a reclamação poderá ser escrita ou verbal" (art. 840 da CLT); **2:** correta, art. 844 da CLT; **3:** incorreta, no procedimento sumaríssimo o valor da causa não excederá 40 (quarenta) vezes o salário mínimo (art. 852-A da CLT).

Gabarito 1E, 2C, 3E

(Técnico Judiciário – TRT/9ª – 2007 – CESPE) No que concerne aos atos processuais, julgue o item que se segue.

(1) Em regra, na contagem dos prazos processuais, exclui-se o dia de começo e inclui-se o do vencimento. Se a citação ou intimação for feita por oficial de justiça, o prazo para a prática do ato processual terá início a partir da juntada aos autos do mandado cumprido.

1: correta, arts. 774 e 775 da CLT.

Gabarito 1C

(Técnico Judiciário – TRT/17ª – 2009 – CESPE) Com relação a audiências no processo do trabalho, julgue os itens a seguir.

(1) Caso não seja bem-sucedida a proposta conciliatória, a audiência destinada à tentativa de conciliação e entrega da defesa deve ocorrer no prazo mínimo de 10 dias após o recebimento da contrafé pelo reclamado.
(2) Após as razões finais, no procedimento ordinário, deve ser procedida a segunda proposta de conciliação.
(3) Quando o reclamante não comparece à audiência una, o arquivamento do processo pode ser determinado pelo juízo.

1: incorreta, pois "o reclamado terá vinte minutos para aduzir sua defesa, após a leitura da reclamação, quando esta não for dispensada por ambas as partes" art. 847 da CLT; **2:** correta, art. 850 da CLT; **3:** correta, art. 844 da CLT.

Gabarito 1E, 2C, 3C

(Técnico Judiciário – TRT/17ª – 2009 – CESPE) Quanto ao processo judiciário do trabalho, julgue os itens subsequentes.

(1) Nos dissídios individuais ou coletivos submetidos à apreciação da justiça do trabalho, são, na medida do possível, formuladas pelo juízo propostas de conciliação.
(2) Inexistindo acordo, o juízo conciliatório converte-se obrigatoriamente em arbitral e profere decisão na forma prescrita no título Do Processo Judiciário do Trabalho, da CLT.
(3) A fim de evitar o enriquecimento indevido da parte autora, a compensação ou a retenção pode ser arguida desde que não tenha sido proferida sentença monocrática.

1: incorreta, pois serão sempre sujeitos à conciliação (art. 764 da CLT); **2:** correta, art. 764, § 2º, da CLT; **3:** incorreta, pois "a compensação, ou retenção, só poderá ser arguida como matéria de defesa" (art. 767 da CLT).

Gabarito 1E, 2C, 3E

(Analista – TRT/11ª – 2012 – FCC) Em relação ao procedimento sumaríssimo na Justiça do Trabalho, é INCORRETO afirmar que

(A) não se fará citação por edital, incumbindo ao autor a correta indicação do nome e do endereço do reclamado.
(B) o pedido deverá ser certo ou determinado e indicará o valor correspondente.
(C) as demandas em que é parte a administração pública direta, autárquica e fundacional também podem se submeter ao procedimento sumaríssimo, se o valor pleiteado não exceder a quarenta vezes o salário mínimo.
(D) as testemunhas, até no máximo de duas para cada parte, comparecerão à audiência de instrução e julgamento independentemente de intimação.
(E) só será deferida intimação de testemunha que, comprovadamente convidada, deixar de comparecer.

A: assertiva correta, pois reflete o disposto no art. 852-B, II, da CLT; **B:** assertiva correta, pois reflete o disposto no art. 852-B, I, da CLT; **C:** assertiva incorreta, devendo esta assertiva ser assinalada, pois, nos termos do art. 852-A, parágrafo único, da CLT, estão excluídas do procedimento sumaríssimo as demandas em que é parte a Administração Pública direta, autárquica e fundacional; **D:** assertiva correta, pois reflete o disposto no art. 852-H, § 2º, da CLT; **E:** assertiva correta, pois reflete o disposto no art. 852-H, § 3º, da CLT.

Gabarito "C"

(Analista – TRT/11ª – 2012 – FCC) Em se tratando de reclamada pessoa jurídica de direito privado, entre o ajuizamento da reclamação trabalhista e a data designada para audiência, há que existir um interregno mínimo de

(A) 5 dias.
(B) 10 dias
(C) 15 dias.

(D) 20 dias.
(E) 48 horas.

A assertiva "A" é a opção correta, pois nos termos o art. 841 da CLT: "Recebida e protocolada a reclamação, o escrivão ou secretário, dentro de 48 (quarenta e oito) horas, remeterá a segunda via da petição, ou do termo, ao reclamado, notificando-o ao mesmo tempo, para comparecer à audiência do julgamento, que será a primeira desimpedida, depois de 5 (cinco) dias".

Gabarito "A".

(Analista – TRT/11ª – 2012 – FCC) João moveu reclamação trabalhista em face da empresa Omega Industrial, tendo atribuído à causa o valor total das verbas pleiteadas no importe de R$ 3.000,00. Na audiência UNA designada a empresa reclamada não compareceu, e o juiz verificou que a citação não fora realizada porque o reclamante havia fornecido o endereço incorreto da reclamada, absolutamente diverso daquele anotado em sua Carteira Profissional. De acordo com a CLT, o juiz deve

(A) aplicar a penalidade da revelia e confissão da reclamada.
(B) abrir prazo para que o reclamante informe o endereço correto da reclamada, determinando a designação de nova audiência.
(C) determinar o retorno do processo à secretaria da vara para tentativa de localização da reclamada.
(D) determinar a citação da reclamada por edital.
(E) determinar o arquivamento da reclamação trabalhista e condenação do reclamante ao pagamento de custas sobre o valor da causa.

A assertiva "E" é a opção correta, pois como o valor da causa foi de R$ 3.000,00, ou seja, valor inferior a 40 salários mínimos, a reclamação trabalhista observou o rito sumaríssimo, em conformidade com o art. 852-A da CLT. Nesse procedimento caberá ao autor a correta indicação do nome e endereço do reclamado, pois não se admite a citação por edital, nos termos do art. 852-B, II, da CLT. Assim, não observada essa regra, determina o § 1º do art. 852-B da CLT o arquivamento da reclamação e condenação ao pagamento de custas sobre o valor da causa.

Gabarito "E".

(Analista – TRT/11ª – 2012 – FCC) No processo do trabalho, o Juiz deverá propor a conciliação

(A) somente quando o valor da causa o permitir.
(B) somente quando houver requerimento das partes.
(C) após a apresentação da defesa e ao término da instrução processual.
(D) na abertura da audiência, antes da apresentação da defesa e renovadas após as razões finais.
(E) após a oitiva das partes e quando do encerramento da instrução processual.

A assertiva "D" é a opção correta, pois aberta a audiência o Juiz deverá propor a conciliação, nos termos do que dispõe o art. 846 da CLT, e deverá renovar a proposta após a apresentação de razões finais, nos termos do art. 850 da CLT.

Gabarito "D".

(Analista – TRT/10ª – 2013 – CESPE) Acerca de procedimento ordinário, julgue os itens subsecutivos.

(1) Nas causas sujeitas ao procedimento ordinário, não é admitido recurso de revista contra decisão proferida em grau de recurso ordinário que viole direta e literalmente dispositivo constitucional.
(2) No rito ordinário, o juiz somente tem a obrigação de propor a conciliação por ocasião da abertura da audiência, podendo usar dos meios adequados de persuasão para a solução conciliatória do litígio, em qualquer fase da audiência.

1: assertiva incorreta, pois nos termos do art. 896, *c*, da CLT será possível a interposição de recurso de revista; **2:** assertiva incorreta, pois a conciliação também deverá ter buscada após a apresentação de eventual razões finais, nos termos do art. 850 da CLT.

Gabarito 1E, 2E

(Analista – TRT/9ª – 2012 – FCC) Em se tratando de dissídio individual, a norma processual trabalhista prevê, como regra, a realização de audiência UNA, ou seja, em um determinado ato processual será realizada a tentativa de conciliação, a instrução processual e o julgamento. Nesse sentido,

(A) terminada a defesa, seguir-se-á a instrução do processo, sendo ouvidas as testemunhas, os peritos e os técnicos, se houver, e após será efetuado o interrogatório dos litigantes.
(B) caso o reclamante não compareça na audiência inaugural, mesmo presente seu advogado, deverá necessariamente ser adiada a sessão.
(C) é facultado ao empregador fazer-se substituir pelo gerente, ou qualquer outro preposto que tenha conhecimento do fato, mas cujas declarações não obrigarão o proponente.
(D) aberta a audiência, o Juiz proporá a conciliação, sendo que se não houver acordo, o reclamado poderá apresentar defesa oral no tempo máximo de 10 (dez) minutos.
(E) deverão estar presentes o reclamante e o reclamado na audiência de julgamento, independentemente do comparecimento de seus representantes.

A: assertiva incorreta, pois, nos termos do art. 848 da CLT, terminada a defesa seguir-se-á a instrução podendo o juiz interrogar os litigantes e, a seguir, nos termos do § 2º do mesmo dispositivo serão ouvidas as testemunhas, os peritos e os técnicos, se houver; **B:** assertiva incorreta, pois caso o reclamante não compareça na audiência inaugural a reclamação será arquivada, nos termos do art. 844 da CLT; **C:** assertiva incorreta, pois nos termos do art. 843, § 1º, da CLT as declarações obrigarão o proponente; **D:** assertiva incorreta, pois, nos termos do art. 847 da CLT, a defesa poderá ser apresentada em até 20 minutos; **E:** assertiva correta, pois reflete o disposto no art. 843 da CLT.

Gabarito "E".

(Analista – TRT/9ª – 2012 – FCC) Hidra pretende ajuizar uma reclamatória trabalhista em face da sua empregadora Matrix S/A, postulando o pagamento de horas extraordinárias, totalizando o valor equivalente a 10 (dez) salários mínimos à época do ajuizamento da ação. Nesse caso, o procedimento processual que deve tramitar a reclamatória trabalhista e a quantidade máxima de testemunhas que cada parte pode indicar, respectivamente, é

(A) ordinário e três testemunhas.
(B) sumaríssimo e duas testemunhas.
(C) inquérito judicial e seis testemunhas.
(D) ordinário e cinco testemunhas.
(E) sumaríssimo e três testemunhas.

A assertiva "B" é a opção correta, pois, nos termos do art. 852-A da CLT, os dissídios individuais cujo valor não exceda a quarenta vezes o salário mínimo vigente na data do ajuizamento da reclamação ficam submetidos ao procedimento sumaríssimo e de acordo com o § 2º do art. 852-H da CLT cada parte poderá levar no máximo 2 testemunhas.

Gabarito "B".

(Analista – TRT/9ª – 2012 – FCC) A Consolidação das Leis do Trabalho prevê disposições específicas sobre atos, termos e prazos processuais a serem observados nos dissídios individuais trabalhistas. A esse respeito é correto afirmar que

(A) os atos processuais serão públicos, salvo quando o contrário determinar o interesse social, e realizar-se-ão nos dias úteis das 8 às 18 horas.
(B) os dissídios individuais ou coletivos submetidos à apreciação da Justiça do Trabalho serão sempre sujeitos à conciliação, que deverá ocorrer até o encerramento do juízo conciliatório.
(C) nos casos omissos, o direito processual comum será fonte subsidiária do direito processual do trabalho, exceto naquilo em que for incompatível com as normas do processo judiciário do trabalho.
(D) os prazos processuais que se vencerem em sábado, domingo ou feriado, não serão prorrogados para o primeiro dia útil seguinte.
(E) uma vez constituído advogado pelas partes, apenas esses procuradores, poderão consultar, com ampla liberdade, os processos nos cartórios ou secretarias.

A: assertiva incorreta, pois nos termos do art. 770 da CLT os atos processuais serão públicos salvo quando o contrário determinar o interesse social, e realizar-se-ão nos dias úteis das 6 (seis) às 20 (vinte) horas; **B:** assertiva incorreta, pois a conciliação será buscada em qualquer momento processual e estarão sempre submetidos à conciliação, nos termos do art. 764 da CLT; **C:** assertiva correta, pois reflete o disposto no art. 769 da CLT; **D:** assertiva incorreta, pois nos termos do art. 775, parágrafo único, da CLT os prazos que se vencerem em sábado, domingo ou dia feriado, terminarão no primeiro dia útil seguinte; **E:** assertiva incorreta, pois, nos termos do art. 779 da CLT, as partes, ou seus procuradores, poderão consultar, com ampla liberdade, os processos nos cartórios ou secretarias.

Gabarito "C".

(Analista – TRT/2ª – 2008 – FCC) A notificação presume-se recebida

(A) na data da assinatura do aviso de recebimento.
(B) na data de sua expedição.
(C) em 48 horas da data de sua postagem.
(D) na data da juntada aos autos do aviso de recebimento.
(E) três dias após a juntada aos autos do aviso de recebimento.

Art. 774, parágrafo único, da CLT e Súmula 16 do TST ("Presume-se recebida a notificação 48 (quarenta e oito) horas depois de sua postagem. O seu não recebimento ou a entrega após o decurso desse prazo constitui ônus de prova do destinatário").

Gabarito "C"

(Analista – TRT/3ª – 2005 – FCC) Na Justiça do Trabalho, as certidões

(A) terão validade apenas se forem firmadas na presença de duas testemunhas.
(B) dependerão de despacho do juiz, quando se tratar de processo que corre em segredo de justiça.
(C) serão expedidas somente nos dias úteis, entre 8 e 18 horas.
(D) serão válidas desde que nelas tenha sido aposto o respectivo selo.
(E) serão lavradas pelos Oficiais de Justiça.

Art. 781, parágrafo único, da CLT.

Gabarito "B"

(Analista – TRT/3ª – 2005 – FCC) A reconvenção

(A) é ação própria do processo do trabalho, sendo regida pela CLT.
(B) tem seu processamento obstado na hipótese de desistência do autor ou de extinção da ação.
(C) é admitida no procedimento sumaríssimo.
(D) é incompatível com o processo do trabalho.
(E) é a ação do réu contra o autor proposta no mesmo feito em que o primeiro está sendo demandado.

A: assertiva incorreta, pois se trata de ação própria do processo civil, sendo que seu regimento se dá pelo CPC; **B:** assertiva incorreta nos termos do art. 317 do CPC (art. 343, § 2º, CPC/2015), uma vez que o prosseguimento da reconvenção não é obstada pela desistência do autor ou pela extinção da ação; **C:** assertiva incorreta, pois se entende que o princípio da celeridade ínsito ao procedimento sumaríssimo torna a reconvenção incompatível com este. Ademais, no procedimento sumaríssimo no processo do trabalho, é admitida a apresentação de pedido contraposto pela defesa, com fundamento no art. 31 da lei 9.099/95; **D:** assertiva incorreta, uma vez que se entende ser cabível a reconvenção no processo do trabalho, aplicando-se o art. 769 da CLT; **E:** assertiva correta, nos termos do art. 315 do CPC. Nos termos dos arts. 336 e 343 do CPC/2015 a reconvenção deverá ser apresentada no bojo da contestação.

Gabarito "E"

(Analista – TRT/3ª – 2005 – FCC) Designada audiência inicial, a ela não comparecem nem o reclamante nem o reclamado. Nessa hipótese, o juiz deverá

(A) determinar o arquivamento da reclamação trabalhista.
(B) decretar a revelia do reclamado.
(C) aplicar pena de confissão às partes.
(D) designar nova audiência.
(E) determinar que as partes sejam conduzidas coercitivamente.

Art. 844 da CLT.

Gabarito "A"

(Analista – TRT/6ª – 2012 – FCC) Conforme regra contida na Consolidação das Leis do Trabalho, contam-se os prazos processuais com a

(A) inclusão do dia do vencimento e são contínuos.
(B) exclusão do dia do vencimento e se interrompem nos feriados.
(C) exclusão do dia do começo e são absolutamente improrrogáveis.
(D) inclusão do dia do começo e são contínuos.
(E) inclusão do dia do vencimento, sendo que apenas os que vencerem em feriados terminarão no dia seguinte.

Art. 775 da CLT.

Gabarito "A"

(Analista – TRT/6ª – 2012 – FCC) A empresa Margarida Confeitaria Ltda., em reclamação trabalhista em que é ré, apresentou na audiência em sua defesa uma exceção. Em relação às exceções no processo do trabalho é correto afirmar:

(A) Apresentada exceção de incompetência, abrir-se-á vista dos autos ao exceto, por 48 (quarenta e oito) horas, que poderão ser prorrogadas por igual prazo pelo Juiz, em caso de complexidade da matéria, devendo a decisão ser proferida na primeira audiência ou sessão que se seguir.
(B) Apresentada exceção de suspeição, o juiz designará audiência dentro de 05 (cinco) dias para instrução e julgamento da exceção.
(C) Se o recusante houver praticado algum ato pelo qual haja consentido na pessoa do juiz, não poderá alegar exceção de suspeição, salvo sobrevindo novo motivo.
(D) O juiz é obrigado a dar-se por suspeito, e pode ser recusado, por parentesco por consanguinidade ou afinidade até o quarto grau civil.
(E) A exceção de suspeição será admitida ainda que o recusante procurou de propósito o motivo de que ela se originou.

A: assertiva incorreta, uma vez que a legislação trabalhista prevê o prazo de vistas dos autos ao exceto de 24 (vinte e quatro) horas improrrogáveis (art. 800 da CLT); **B:** assertiva incorreta, tendo-se em vista que o juiz deverá designar audiência dentro de 48 (quarenta e oito) horas para instrução e julgamento da exceção (art. 802 da CLT); **C:** assertiva correta, nos exatos termos da primeira parte do art. 801, parágrafo único, da CLT; **D:** assertiva incorreta, pois o juiz é obrigado a dar-se por suspeito, e pode ser recusado, por parentesco por consanguinidade ou afinidade até o terceiro grau civil (art. 801, *c*, da CLT); **E:** assertiva incorreta, uma vez que, se o recusante procurou de propósito o motivo de que ela se originou, a exceção de suspeição não será admitida (art. 801, parágrafo único, segunda parte, da CLT).

Gabarito "C"

(Analista – TRT/6ª – 2006 – FCC) Na direção do processo, os Juízes e os Tribunais do Trabalho

(A) deverão, obrigatoriamente, aplicar as Súmulas de Jurisprudência e Orientações Normativas do Tribunal Superior do Trabalho, velando pelo rápido andamento das causas.
(B) terão ampla liberdade, podendo determinar, apenas, as diligências previamente requeridas pelas partes.
(C) terão ampla liberdade, porém, deverão ouvir, previamente, o Ministério Público do Trabalho, quando se tratar de determinar diligência não requerida pelas partes.
(D) terão ampla liberdade, podendo determinar quaisquer diligências que entenderem necessárias.
(E) deverão, em qualquer hipótese, homologar acordo que ponha termo ao processo, velando pelo rápido andamento das causas.

Art. 765 da CLT.

Gabarito "D"

(Analista – TRT/6ª – 2006 – FCC) Terão preferência as reclamações trabalhistas

(A) cujo objeto for o pagamento de salários e as que decorrerem da falência do empregador.
(B) cujo objeto forem as condições de trabalho e a aquelas em que for parte o menor.
(C) em que se pretender o reconhecimento do vínculo de emprego e aquelas em que for parte o menor.
(D) em que se pretender o reconhecimento da estabilidade do empregado.
(E) em que for parte o menor ou o analfabeto.

Art. 768 da CLT.

Gabarito "A"

(Analista – TRT/4ª – 2006 – FCC) Com relação ao procedimento sumaríssimo, é correto afirmar que

(A) exige pedido certo e determinado, admitindo, todavia, a citação por edital quando o paradeiro do réu for desconhecido.
(B) não se aplica às ações em que é parte a Administração Pública direta, autárquica e fundacional.
(C) se aplica aos dissídios individuais e coletivos, cujo valor não exceda a 40 vezes o salário mínimo vigente na data do ajuizamento.
(D) dispensa a tentativa de conciliação, em prol da celeridade processual.

(E) havendo necessidade de prova pericial, as partes não poderão indicar assistente técnico e terão o prazo de 10 dias, sucessivos, para se manifestar sobre o laudo.

A: assertiva incorreta, pois no procedimento sumaríssimo não se admite a citação por edital, incumbindo ao autor a correta indicação do nome e endereço do reclamado (art. 852-B, I e II, da CLT); **B:** assertiva correta, nos exatos termos do art. 852-A, parágrafo único, da CLT; **C:** assertiva incorreta, uma vez que o procedimento sumaríssimo não se aplica aos dissídios coletivos, conforme se depreende da leitura do art. 852-A, *caput*, da CLT; **D:** assertiva incorreta, uma vez que, aberta a sessão, o juiz esclarecerá as partes presentes sobre as vantagens da conciliação e usará os meios adequados de persuasão para a solução conciliatória do litígio, em qualquer fase da audiência (arts. 764, *caput* e 852-E da CLT); **E:** assertiva incorreta, tendo-se em vista que a CLT prevê prazo comum de 5 dias para as partes se manifestarem acerca do laudo pericial (art. 852-H, § 6º da CLT).

Gabarito "B"

(Analista – TRT/8ª – 2010 – FCC) De acordo com a Lei 11.419/2006, os documentos produzidos eletronicamente e juntados aos processos eletrônicos com garantia da origem e de seu signatário, na forma estabelecida por esta Lei, serão considerados originais para todos os efeitos legais. Os documentos cuja digitalização seja tecnicamente inviável devido ao grande volume ou por motivo de ilegibilidade deverão ser apresentados ao cartório ou secretaria no prazo de

(A) dez dias contados do envio de petição eletrônica comunicando o fato, os quais serão devolvidos à parte no prazo máximo de cento e vinte dias corridos.
(B) cinco dias contados do envio de petição eletrônica comunicando o fato, os quais serão devolvidos à parte após o trânsito em julgado.
(C) dez dias contados do envio de petição eletrônica comunicando o fato, os quais serão devolvidos à parte após o trânsito em julgado.
(D) cinco dias contados do envio de petição eletrônica comunicando o fato, os quais serão devolvidos à parte no prazo máximo de cento e vinte dias corridos.
(E) 48 horas contadas do envio de petição eletrônica comunicando o fato, os quais serão devolvidos à parte no prazo máximo de cento e vinte dias corridos.

Art. 11, § 5º, da Lei 11.419/2006.

Gabarito "C"

(Analista – TRT/8ª – 2010 – FCC) Messias, metalúrgico, ajuizou reclamação trabalhista em face de sua ex-empregadora, a empresa X. No dia da audiência Messias teve um problema estomacal e foi internado em hospital. Sua irmã, preocupada com a audiência, levou toda a documentação para seu amigo, o metalúrgico Sidnei. Neste caso, o comparecimento de Sidnei na audiência com o atestado médico comprobatório da sua internação

(A) não evita o arquivamento da ação, tendo em vista que Sidnei não é competente para representar Messias.
(B) evita o arquivamento da reclamação.
(C) evita o arquivamento da reclamação bastando que Sidnei apresente procuração de Messias.
(D) evita o arquivamento da reclamação desde que Sidnei apresente procuração de Messias e compareça com advogado legalmente habilitado.
(E) evita o arquivamento da reclamação, desde que compareça com advogado legalmente habilitado, bem como com duas testemunhas que conheçam o fato.

Art. 843, § 2º, da CLT.

Gabarito "B"

(Analista – TRT/8ª – 2010 – FCC) Matias ajuizou reclamação trabalhista em face de sua ex-empregadora, a empresa Doce. A audiência de instrução ocorrida no início do ano foi adiada, tendo em vista o não comparecimento de testemunha do reclamante em virtude de cirurgia gástrica. Foi marcada nova audiência de instrução sendo que, nesta oportunidade, o reclamante não compareceu sem justo motivo. Considerando que a presente reclamação foi contestada na primeira audiência, o não comparecimento do reclamante nesta segunda audiência

(A) importará o arquivamento do processo, sendo que o reclamante não poderá ajuizar nova reclamação durante o prazo de seis meses.
(B) importará o arquivamento do processo, sendo o reclamante condenado ao pagamento das custas processuais.
(C) importará o arquivamento do processo, sendo o reclamante condenado ao pagamento das custas processuais acrescidas de 50% a título de penalidade.
(D) importará o arquivamento do processo, mas o reclamante está isento do pagamento das custas.
(E) não acarretará o arquivamento do processo.

Súmula 9 do TST: "A ausência do reclamante, quando adiada a instrução após contestada a ação em audiência, não importa arquivamento do processo".

Gabarito "E"

(Analista – TRT/8ª – 2010 – FCC) Segundo a Lei 11.419/2006, consideram-se realizados os atos processuais por meio eletrônico no dia e hora do seu envio ao sistema do Poder Judiciário, do que deverá ser fornecido protocolo eletrônico. Quando a petição eletrônica for enviada para atender prazo processual, serão consideradas tempestivas as transmitidas até às

(A) 18 horas do seu último dia.
(B) 18 horas e 30 minutos do seu último dia.
(C) 19 horas do seu último dia.
(D) 24 horas do seu último dia.
(E) 22 horas do seu último dia.

Art. 10, § 1º, da Lei 11.419/2006.

Gabarito "D"

(Analista – TRT/8ª – 2010 – FCC) Mirna ajuizou reclamação trabalhista em face da sua ex-empregadora, a empresa M, requerendo diversas verbas. A empresa M possui crédito decorrente da relação de emprego com Mirna, em valor inferior ao pleiteado na exordial. Neste caso, a empresa M deverá

(A) requerer a compensação de valores em recurso ordinário se houver condenação.
(B) formular pedido reconvencional juntamente com os pedidos da contestação.
(C) requerer a compensação de valores em execução de sentença se houver condenação.
(D) elaborar reconvenção em peça própria e apresentar no prazo de cinco dias contados da intimação da data da audiência.
(E) requerer a compensação de valores na contestação.

Art. 767 da CLT (v. Súmulas 18: "A compensação, na Justiça do Trabalho, está restrita a dívidas de natureza trabalhista"; e 48: "A compensação só poderá ser arguida com a contestação", ambas do TST).

Gabarito "E"

(Analista – TRT/11ª – 2005 – FCC) Nos termos da CLT, tem preferência sobre os demais o litígio

(A) cuja execução será processada perante o juízo da falência.
(B) em que é parte a mulher ou o menor.
(C) que tenha por objeto a reintegração de empregado estável.
(D) sujeito à conciliação.
(E) que tenha sido previamente submetido à Comissão de Conciliação Prévia.

Art. 768 da CLT.

Gabarito "A"

(Analista – TRT/11ª – 2005 – FCC) Reclamação trabalhista em que é réu o Município e cujo valor não ultrapassar 40 vezes o salário mínimo deverá seguir o procedimento

(A) ordinário.
(B) sumário.
(C) sumaríssimo.
(D) especial.
(E) de exceção.

Art. 852-A, parágrafo único, da CLT.

Gabarito "A"

(Analista – TRT/12ª – 2010 – FCC) Tomás é advogado e está com três reclamações trabalhistas prontas para ajuizamento. Na reclamação trabalhista I foi atribuído à causa o valor de R$ 20.100,00. Na reclamação trabalhista II foi atribuído à causa o valor de R$ 15.000,00 e na reclamação trabalhista III, formulada em face de duas reclamadas, o valor de R$ 10.200,00. Nestes casos, as reclamações trabalhistas I, II e III obedecerão o procedimento

(A) sumaríssimo.
(B) ordinário.
(C) ordinário, sumaríssimo e sumaríssimo, respectivamente.
(D) ordinário, ordinário e sumaríssimo, respectivamente.
(E) ordinário, sumaríssimo e ordinário, respectivamente.

Art. 852-A, *caput*, da CLT.
Gabarito "A".

(Analista – TRT/13ª – 2005 – FCC) No processo do trabalho, as exceções peremptórias distinguem-se das dilatórias porque as primeiras

(A) são apresentadas com a contestação, as últimas, em razões finais.
(B) se acolhidas, atrasam o resultado final do processo, enquanto as últimas, se acolhidas, provocam sua extinção.
(C) são estabelecidas pelo Juiz e, as últimas, pela lei.
(D) comportam recurso imediato e, as últimas, apenas após o julgamento final do mérito da causa.
(E) podem ser apresentadas por autor ou réu e, as últimas, apenas pelo réu.

A assertiva "B" é a correta, pois se trata da correta distinção entre as exceções peremptórias e as dilatórias.
Gabarito "B".

(Analista – TRT/14ª – 2011 – FCC) De acordo com a Consolidação das Leis do Trabalho, os atos processuais serão públicos, salvo quando o contrário determinar o interesse social, e realizar-se-ão nos dias úteis, das seis às vinte horas. Porém, poderá realizar-se em domingo ou dia feriado, mediante autorização expressa do juiz ou presidente, a

(A) penhora.
(B) notificação da reclamada pessoa jurídica estrangeira.
(C) intimação para comparecer pessoalmente para depoimento pessoal.
(D) intimação da praça.
(E) notificação da reclamada pessoa jurídica de direito público interno.

Art. 770, parágrafo único, da CLT.
Gabarito "A".

(Analista – TRT/16ª – 2009 – FCC) No caso de se converter a reintegração em indenização dobrada, o direito aos salários é assegurado até

(A) a data da primeira decisão que determinou essa conversão.
(B) a data do ajuizamento da reclamação trabalhista.
(C) a data em que a estabilidade acabaria.
(D) o trânsito em julgado da decisão que determinou essa conversão.
(E) a data da dispensa arbitrária.

Súmula 28 do TST: "No caso de se converter a reintegração em indenização dobrada, o direito aos salários é assegurado até a data da primeira decisão que determinou essa conversão".
Gabarito "A".

(Analista – TRT/19ª – 2008 – FCC) Ana Maria, representante legal da empresa XUBA, recebeu intimação na reclamação trabalhista proposta por Ana Joaquina, sua ex-funcionária. Considerando que a intimação ocorreu no sábado e que segunda-feira é feriado nacional, será considerada que a intimação foi realizada

(A) no próprio sábado e o prazo processual começará a correr na terça-feira.
(B) no próprio sábado e o prazo processual começará a correr na segunda-feira.
(C) na terça-feira e o prazo processual começará a correr na quarta-feira.
(D) na terça-feira e o prazo processual começará a correr da própria terça-feira.
(E) na sexta-feira antecedente e o prazo processual começará a correr na terça-feira.

Art. 240, parágrafo único, do CPC (art. 224, § 1º, CPC/2015), e art. 775, *caput*, da CLT.
Gabarito "C".

(Analista – TRT/19ª – 2008 – FCC) Considere as assertivas abaixo a respeito do Procedimento Sumaríssimo.

I. Os dissídios individuais cujo valor não exceda a vinte vezes o salário mínimo vigente na data do ajuizamento da reclamação ficam submetidos ao procedimento sumaríssimo.
II. Estão excluídas do procedimento sumaríssimo as demandas em que é parte a Administração Pública direta, autárquica e fundacional.
III. As partes e advogados comunicarão ao juízo as mudanças de endereço ocorridas no curso do processo, reputando-se eficazes as intimações enviadas ao local anteriormente indicado, na ausência de comunicação.
IV. Todas as provas serão produzidas na audiência de instrução e julgamento, ainda que não requeridas previamente.

De acordo com a CLT, é correto o que se afirma APENAS em

(A) II e III.
(B) I, II e III.
(C) I, III e IV.
(D) II, III e IV.
(E) I e IV.

I: assertiva incorreta, pois os dissídios individuais cujo valor da causa não exceder a quarenta vezes o salário mínimo vigente na data do ajuizamento serão submetidos ao procedimento ordinário (art. 852-A, *caput*, da CLT); **II:** assertiva correta, nos exatos termos do art. 852-A, parágrafo único, da CLT; **III:** assertiva correta, conforme se depreende da leitura do art. 852-B, § 2º, da CLT; **IV:** assertiva correta, nos termos do art. 852-H, *caput*, da CLT.
Gabarito "D".

(Analista – TRT/20ª – 2011 – FCC) Murilo ajuizou reclamação trabalhista em face de sua ex-empregadora a empresa Azul Ltda.; Mateus ajuizou reclamação trabalhista em face de sua ex-empregadora a multinacional Blue; e Matias ajuizou reclamação trabalhista em face de sua ex-empregadora a empresa Branca Ltda. Na audiência UNA já designada nos respectivos processos, todas as empresas pretendem enviar prepostos. Nestes casos, considerando que Murilo e Mateus possuem mais de dez anos de contrato de trabalho, de acordo com o entendimento Sumulado do Tribunal Superior do Trabalho, o preposto deve ser necessariamente empregado

(A) das empresas Azul, Blue e Branca.
(B) das empresas Azul e Branca, apenas.
(C) da empresa Blue, apenas.
(D) das empresas Azul e Blue, apenas.
(E) da empresa Branca, apenas.

Súmula 377 do TST: "Exceto quanto à reclamação de empregado doméstico, ou contra micro ou pequeno empresário, o preposto deve ser necessariamente empregado do reclamado. Inteligência do art. 843, § 1º, da CLT e do art. 54 da Lei Complementar nº 123, de 14 de dezembro de 2006".
Gabarito "A".

(Analista – TRT/20ª – 2006 – FCC) De acordo com a Consolidação das Leis do Trabalho, em relação aos atos, termos e prazos processuais é correto afirmar que

(A) os prazos processuais são contínuos e irreleváveis, não podendo, em nenhuma hipótese, serem prorrogados.
(B) os prazos processuais contam-se com a inclusão do dia do começo e exclusão do dia do vencimento.
(C) a penhora poderá realizar-se em domingo ou dia feriado, mediante autorização expressa do juiz.
(D) em regra, os documentos juntos aos autos poderão ser desentranhados em qualquer momento, independentemente de ter ocorrido o encerramento do processo.
(E) os atos e termos processuais poderão ser datilografados ou a carimbo, sendo vedado o ato processual escrito à tinta.

A: assertiva incorreta, pois há previsão na CLT de prorrogação dos prazos pelo tempo estritamente necessário pelo juiz ou tribunal, ou em virtude de força maior, devidamente comprovada (art. 775, *caput*, da CLT); **B:** assertiva incorreta, sendo justamente o oposto: os prazos processuais contam-se com exclusão do dia do começo e inclusão do dia do vencimento (art. 775, *caput*, da CLT); **C:** assertiva correta, nos termos do art. 770, parágrafo único, da CLT; **D:** assertiva incorreta, sendo que apenas depois de findo o processo os documentos juntos aos autos poderão ser desentranhados, ficando traslado (art. 780 da CLT); **E:** assertiva incorreta, pois há previsão legal de que os atos e termos processuais poderão ser escritos à tinta (art. 771 da CLT).
Gabarito "C".

(Analista – TRT/20ª – 2006 – FCC) Considere as seguintes assertivas a respeito das Exceções no Processo do Trabalho:

I. Apresentada a exceção de incompetência, abrir-se-á vista dos autos ao exceto, por cinco dias improrrogáveis, devendo a decisão ser proferida na primeira audiência ou sessão que se seguir.
II. O parentesco por consanguinidade ou afinidade até o quarto grau civil do juiz com relação à pessoa dos litigantes é causa de suspeição do juízo, que poderá ser oposta através de exceção.
III. Nas causas da jurisdição da Justiça do Trabalho, somente as exceções de suspeição ou incompetência acarretam a suspensão do feito.

De acordo com a Consolidação das Leis do Trabalho, está correto APENAS o que se afirma em:

(A) I.
(B) I e II.
(C) I e III.
(D) II e III.
(E) III.

I: assertiva incorreta, pois o prazo de vistas dos autos ao exceto é de 24 (vinte e quatro) horas improrrogáveis (art. 800 da CLT); II: assertiva incorreta, pois o juiz é obrigado a dar-se por suspeito na hipótese de parentesco por consaguinidade ou afinidade até o terceiro grau civil (art. 801, *c*, da CLT); III: assertiva correta, nos termos do art. 799, *caput*, da CLT.

Gabarito "E".

(Analista – TRT/20ª – 2006 – FCC) De acordo com a Consolidação das Leis do Trabalho, o Procedimento Sumaríssimo

(A) poderá ser aplicado nas demandas em que é parte a Administração Pública autárquica e fundacional.
(B) será aplicado nos dissídios individuais cujo valor não exceda a sessenta vezes o salário mínimo vigente na data do ajuizamento da reclamação.
(C) será aplicado nos dissídios individuais cujo valor não exceda a vinte vezes o salário mínimo vigente na data do ajuizamento da reclamação.
(D) terá todas as provas produzidas na audiência de instrução e julgamento, ainda que não requeridas previamente.
(E) permite às partes arrolarem até no máximo 3 testemunhas cada, as quais comparecerão à audiência de instrução e julgamento independentemente de intimação.

A: assertiva incorreta, pois estão excluídas do procedimento sumaríssimo as causas em que é parte a Administração Pública direta, autárquica e fundacional (art. 852-A, parágrafo único, da CLT); B: assertiva incorreta, pois os dissídios individuais cujo valor da causa não exceder a quarenta vezes o salário mínimo vigente na data do ajuizamento serão submetidos ao procedimento ordinário (art. 852-A, *caput*, da CLT); C: assertiva incorreta, pois, como mencionado na assertiva "B", o valor da causa não pode exceder a quarenta vezes o salário mínimo vigente na data do ajuizamento da reclamação (art. 852-A, *caput*, da CLT); D: assertiva correta, nos termos do art. 852-H, *caput*, da CLT; E: assertiva incorreta, pois às partes permite-se arrolar até o máximo de duas testemunhas, conforme se denota do art. 852-H, § 2º, da CLT.

Gabarito "D".

(Analista – TRT/23ª – 2011 – FCC) Com relação à Revelia e à Confissão, considere:

I. Para elidir a revelia basta a presença do advogado do réu na audiência munido de procuração e contestação.
II. A revelia implica o prosseguimento do processo contra o réu, independentemente de intimação ou notificação para a contagem do início dos prazos ou para atos do processo, com exceção da sentença, da qual o réu revel será intimado.
III. Em sede de Ação Rescisória não há lugar para os efeitos da revelia, assim, nesta ação a revelia não produz confissão.

Está correto o que se afirma APENAS em

(A) II e III.
(B) I e II.
(C) I e III.
(D) III.
(E) I.

I: assertiva incorreta, nos termos da Súmula 122 do TST ("A reclamada, ausente à audiência em que deveria apresentar defesa, é revel, ainda que presente seu advogado munido de procuração, podendo ser ilidida a revelia mediante a apresentação de atestado médico, que deverá declarar, expressamente, a impossibilidade de locomoção do empregador ou do seu preposto no dia da audiência"); II: assertiva correta, por definição (v. arts. 852 e 841, § 1º, da CLT); III: assertiva correta, nos termos da Súmula 398 do TST ("Na ação rescisória, o que se ataca na ação é a sentença, ato oficial do Estado, acobertado pelo manto da coisa julgada. Assim sendo, e considerando que a coisa julgada envolve questão de ordem pública, a revelia não produz confissão na ação rescisória").

Gabarito "A".

(Analista – TRT/23ª – 2011 – FCC) Dioclécia, empregada da empresa X, foi dispensada sem justa causa. Com a rescisão de seu contrato de trabalho, na semana seguinte, ajuizou reclamação trabalhista em face de sua ex-empregadora. Na data da audiência UNA, Dioclécia não compareceu por ter se confundido com o horário marcado e, sendo assim, o processo foi arquivado. No dia seguinte, seu advogado ajuizou nova reclamação trabalhista. Neste caso, esta nova reclamação trabalhista

(A) será extinta com julgamento do mérito, uma vez que Dioclécia deveria aguardar o prazo de seis meses para ajuizamento de nova reclamação.
(B) será extinta sem julgamento do mérito, uma vez que Dioclécia deveria aguardar o prazo de seis meses para ajuizamento de nova reclamação.
(C) será extinta sem julgamento do mérito, uma vez que, em razão de entendimento Sumulado pelo Tribunal Superior do Trabalho, Dioclécia deveria aguardar pelo menos três dias para o ajuizamento de nova reclamação.
(D) será extinta sem julgamento do mérito, uma vez que, em razão de entendimento Sumulado pelo Tribunal Superior do Trabalho, Dioclécia deveria aguardar pelo menos cinco dias para o ajuizamento de nova reclamação.
(E) terá prosseguimento normal, pois para o caso narrado, não há penalidade na Consolidação das Leis do Trabalho.

De fato, a hipótese descrita não implica perempção e, como a ausência da reclamante ocorreu anteriormente à apresentação de contestação, não será a ela imputado o ônus da confissão ficta quanto às matérias arguidas pela defesa (v. arts. 731 e 732 da CLT).

Gabarito "E".

(Analista – TRT/23ª – 2011 – FCC) De acordo com a Consolidação das Leis do Trabalho, apresentada a exceção de incompetência

(A) abrir-se-á vista dos autos ao exceto, por 24 horas prorrogáveis por igual período.
(B) abrir-se-á vista dos autos ao exceto, por 24 horas improrrogáveis.
(C) abrir-se-á vista dos autos ao exceto, por 48 horas improrrogáveis.
(D) abrir-se-á vista dos autos ao exceto, por 48 horas prorrogáveis por igual período.
(E) o juiz decidirá de plano, sem a manifestação da parte contrária que será intimada da decisão.

Art. 800 da CLT.

Gabarito "B".

(Analista – TRT/23ª – 2007 – FCC) Considere as seguintes assertivas a respeito dos atos e prazos processuais:

I. A penhora poderá realizar-se em domingo ou dia feriado, mediante autorização expressa do juiz.
II. Tratando-se de notificação postal, no caso de recusa de recebimento, o Correio ficará obrigado, sob pena de responsabilidade do servidor, a devolvê-la, no prazo de 5 dias, ao Tribunal de origem.
III. Em regra, os prazos processuais são contínuos e irrelevàveis, correndo ininterruptamente.
IV. Os prazos processuais contam-se com inclusão do dia do começo e exclusão do dia do vencimento, sendo que os prazos que se vencerem em sábado, domingo ou dia feriado, terminarão no primeiro dia útil seguinte.

De acordo com a Consolidação das Leis do Trabalho é correto o que se afirma APENAS em

(A) I e III.
(B) I, III e IV.
(C) I e II.
(D) I, II e IV.
(E) II, III e IV.

I: assertiva correta, nos termos do art. 770, parágrafo único, da CLT; **II:** assertiva incorreta, pois o Correio ficará obrigado a devolver a notificação postal, sob pena de responsabilidade do servidor, no prazo de 48 horas, ao Tribunal de origem, conforme art. 774, parágrafo único, da CLT; **III:** assertiva correta, nos termos do art. 775 da CLT; **IV:** assertiva incorreta, sendo justamente o oposto: os prazos processuais contam-se com exclusão do dia do começo e inclusão do dia do vencimento, de acordo com o art. 775, *caput* e parágrafo único, da CLT.

Gabarito "A"

(Analista – TRT/23ª – 2007 – FCC) De acordo com Provimento 01/2006 do Tribunal Regional do Trabalho da 23ª Região, considera-se com pendências o arquivamento

(A) de processo sem movimentação processual por mais de 01 ano, em virtude de impossibilidade de execução da sentença por ausência de indicação de bens para sua garantia.

(B) de processo sem movimentação processual por mais de 01 ano, em virtude de impossibilidade de liquidação da sentença por ausência de interesse da parte autora.

(C) de processo sem movimentação processual por mais de 02 anos, em virtude de impossibilidade de execução da sentença por ausência de nomeação de bens para sua garantia.

(D) dos autos que retornarem do arquivamento provisório após um ano e intimada a parte interessada esta não se manifestar requerendo prosseguimento do feito.

(E) de processo sem movimentação processual por mais de 2 anos, em virtude de pendência que impossibilite o arquivamento definitivo, inclusive na hipótese de estar o feito dependendo da solução de outro processo.

Art. 135, § 2º, I, da Res. 01/2006 do TRT23: "Art. 135 (...) § 2º Considera-se com pendências o arquivamento em virtude de: I – os autos que retornarem do arquivamento provisório após um ano e intimada a parte interessada esta não se manifestar requerendo prosseguimento do feito").

Gabarito "D"

(Analista – TRT/23ª – 2007 – FCC) Com relação às exceções é correto afirmar:

(A) Apresentada a exceção de suspeição, o juiz ou Tribunal designará audiência dentro de 10 dias, para instrução e julgamento da exceção.

(B) Em regra, das decisões sobre exceções de suspeição e incompetência, caberá recurso, que deverá ser interposto no prazo de 5 dias.

(C) Apresentada a exceção de incompetência, abrir-se-á vista dos autos ao exceto, por 5 dias improrrogáveis, devendo a decisão ser proferida na primeira audiência ou sessão que se seguir.

(D) O juiz é obrigado a dar-se por suspeito, e pode ser recusado, quando tiver parentesco por consanguinidade ou afinidade até o quarto grau civil à pessoa dos litigantes.

(E) Nas causas da jurisdição da Justiça do Trabalho, somente podem ser opostas, com suspensão do feito, as exceções de suspeição ou incompetência.

A: assertiva incorreta, pois, após abrir-se vista dos autos ao exceto por 24 horas improrrogáveis, a decisão deverá ser proferida na primeira audiência ou sessão que se seguir (art. 800 da CLT); **B:** assertiva incorreta, pois, embora possível o recurso (Súmula 214 do TST: "Na Justiça do Trabalho, nos termos do art. 893, § 1º, da CLT, as decisões interlocutórias não ensejam recurso imediato, salvo nas hipóteses de decisão: a) de Tribunal Regional do Trabalho contrária à Súmula ou Orientação Jurisprudencial do Tribunal Superior do Trabalho; b) suscetível de impugnação mediante recurso para o mesmo Tribunal; c) que acolhe exceção de incompetência territorial, com a remessa dos autos para Tribunal Regional distinto daquele a que se vincula o juízo excepcionado, consoante o disposto no art. 799, § 2º, da CLT"), o prazo será o de oito dias, salvo em embargos de declaração; **C:** assertiva incorreta, pois o prazo de vistas ao exceto é de 24 horas improrrogáveis (art. 800 da CLT); **D:** assertiva incorreta, pois o juiz é obrigado a dar-se por suspeito , e pode ser recusado, quando tiver parentesco por consanguinidade ou afinidade até o terceiro grau civil à pessoa dos litigantes (art. 801, *c*, da CLT); **E:** assertiva correta, nos termos do art. 799, *caput*, da CLT.

Gabarito "E"

(Analista – TRT/23ª – 2007 – FCC) A respeito do procedimento sumaríssimo previsto na Lei 9.957/2000, é correto afirmar:

(A) Cada uma das partes poderá arrolar até três testemunhas, que comparecerão à audiência independentemente de intimação.

(B) Em regra, só será deferida intimação de testemunha que, comprovadamente convidada, deixar de comparecer.

(C) A sentença prescinde de fundamentação, mas deverá conter minucioso relatório do processo.

(D) Nas reclamações trabalhistas sujeitas a esse tipo de procedimento não caberá recurso.

(E) As demandas que o adotarem serão instruídas e julgadas em três audiências, respectivamente de conciliação, instrução e julgamento.

A: assertiva incorreta, pois cada uma das partes poderá arrolar até o máximo de duas testemunhas (art. 852-H, § 2º, da CLT); **B:** assertiva correta, nos termos da primeira parte do art. 852-H, § 3º, da CLT; **C:** assertiva incorreta, pois a sentença deverá mencionar os elementos de convicção do juízo, com resumo dos fatos relevantes ocorridos em audiência, dispensado o relatório (art. 852-I, *caput, da CLT*); **D:** assertiva incorreta, conforme previsão legal (arts. 895, § 1º, e 896, § 9º, da CLT, por exemplo); **E:** assertiva incorreta, pois as demandas sujeitas a rito sumaríssimo serão instruídas e julgadas em audiência única (art. 852-C, da CLT).

Gabarito "B"

(Analista – TRT/24ª – 2011 – FCC) Camila, advogada de Ana, pretende ajuizar reclamação trabalhista cujo valor da causa é de R$ 17.000,00. Neste caso, em regra,

(A) Camila deverá arrolar previamente até duas testemunhas na petição inicial, sob pena de preclusão.

(B) na data da audiência, Ana deverá trazer até três testemunhas, independentemente de intimação.

(C) o pedido deverá ser certo e determinado, indicando o valor de R$ 17.000,00.

(D) Camila poderá requerer a citação por edital se a empresa ré, comprovadamente, possuir endereço incerto.

(E) Camila deverá arrolar previamente até três testemunhas na petição inicial, sob pena de preclusão.

Art. 852-B, I, da CLT.

Gabarito "C"

(Analista – TRT/24ª – 2006 – FCC) Com relação ao Processo Judiciário do Trabalho, considere as seguintes assertivas:

I. É lícito às partes celebrar acordo que ponha termo ao processo, ainda mesmo depois de encerrado o juízo conciliatório.

II. A compensação poderá ser arguida em qualquer fase do processo, por expressa determinação legal, sendo uma faculdade da parte alegá-la em contestação.

III. Os Juízos e Tribunais do Trabalho terão ampla liberdade na direção do processo e velarão pelo andamento rápido das causas, podendo determinar qualquer diligência necessária ao esclarecimento delas.

Está correto o que se afirma APENAS em

(A) I e II.

(B) I e III.

(C) II.

(D) II e III.

(E) III.

I: assertiva correta, nos exatos termos do art. 764, § 3º, da CLT; **II:** assertiva incorreta, pois a compensação somente poderá ser arguida como matéria de defesa, na contestação (art. 767 da CLT); **III:** assertiva correta, pois se encontra em conformidade com o disposto no art. 765 da CLT.

Gabarito "B"

(Analista – TRT/24ª – 2006 – FCC) Com relação ao Procedimento Sumaríssimo, previsto na Lei 9.957/2000, é correto afirmar:

(A) Nas reclamações enquadradas no procedimento sumaríssimo o pedido deverá ser incerto ou indeterminado, objetivando a apuração em fase de liquidação.

(B) Os dissídios individuais cujo valor não exceda a sessenta vezes o salário mínimo vigente na data do ajuizamento da reclamação ficam submetidos ao procedimento sumaríssimo.

(C) Estão incluídas no procedimento sumaríssimo as demandas em que é parte a Administração Pública direta, autárquica e fundacional.

(D) As testemunhas, até o máximo de duas para cada parte, comparecerão à audiência de instrução e julgamento independentemente de intimação.

(E) Nas reclamações enquadradas no procedimento sumaríssimo é permitida, em regra, a citação por edital.

A: assertiva incorreta, pois o pedido deverá ser certo e determinado (art. 852-B, I, da CLT); **B:** assertiva incorreta, pois ficam submetidos ao procedimento sumaríssimo os dissídios individuais cujo valor não exceda a quarenta vezes o salário mínimo vigente na data do ajuizamento da reclamação (art. 852-A, *caput*, da CLT); **C:** assertiva incorreta, pois estão excluídas do procedimento sumaríssimo as demandas em que é parte a Administração Pública direta, autárquica e fundacional (art. 852-A, parágrafo único, da CLT); **D:** assertiva correta, nos exatos termos do art. 852-H, § 2º, da CLT; **E:** assertiva incorreta, pois nas reclamações que tramitam pelo procedimento sumaríssimo não se fará a citação por edital, incumbindo ao autor a correta indicação do nome e endereço do reclamado (art. 852-B, II, da CLT).

Gabarito "D"

(Analista – TRT/24ª – 2006 – FCC) Nos dissídios individuais,

(A) após a apresentação das razões finais, é defeso ao juiz renovar a proposta de conciliação, em razão do término da instrução.
(B) não havendo acordo, o reclamado terá trinta minutos para aduzir sua defesa, após a leitura da reclamação, não podendo esta leitura ser dispensada pelas partes.
(C) terminada a instrução, poderão as partes aduzir razões finais, em prazo não excedente de dez minutos para cada uma.
(D) o não comparecimento do reclamante à audiência importa em confissão quanto à matéria de fato.
(E) é facultado ao empregador fazer-se substituir por preposto que tenha conhecimento do fato, porém as declarações deste não obrigarão o proponente.

A: assertiva incorreta, pois após a apresentação das razões finais, o juiz renovará a proposta de conciliação e restando esta infrutífera, será proferida a decisão (arts. 764, *caput*, e 850, *caput*, da CLT); **B:** assertiva incorreta, uma vez que o reclamado terá vinte minutos para aduzir sua defesa, após a leitura da reclamação, quando esta não for dispensada por ambas as partes (art. 847 da CLT); **C:** assertiva correta, eis que nos exatos termos da primeira parte do art. 850 da CLT; **D:** assertiva incorreta, pois é a ausência do reclamado à audiência que importa em confissão quanto à matéria de fato, além da revelia; a ausência do reclamante importa o arquivamento da reclamação trabalhista (art. 844 da CLT); **E:** assertiva incorreta, pois as declarações obrigarão o proponente (art. 843, § 1º, da CLT).

Gabarito "C"

(Analista – TRT/1ª – 2008 – CESPE) Acerca da justiça do trabalho, assinale a opção correta.

(A) A antecipação da tutela concedida na sentença comporta impugnação pela via do mandado de segurança, por não ser impugnável mediante recurso ordinário.
(B) No caso de a tutela antecipada (ou liminar) ser concedida antes da sentença, cabe a impetração do mandado de segurança, em face da inexistência de recurso próprio.
(C) A superveniência de uma sentença, nos autos originários, não faz perder o objeto do mandado de segurança que impugnava a concessão da tutela antecipada.
(D) Uma decisão judicial transitada em julgado pode ser impugnada por meio de mandado de segurança.
(E) O juiz determinará que o impetrante emende a inicial quando verificar, na petição inicial do *mandamus*, a ausência da prova documental pré-constituída, indispensável ao julgamento da causa.

Súmula 414, II, do TST: "II – No caso da tutela antecipada (ou liminar) ser concedida antes da sentença, cabe a impetração do mandado de segurança, em face da inexistência de recurso próprio".

Gabarito "B"

(Analista – TRT/1ª – 2008 – CESPE) Assinale a opção correta acerca do dissídio individual trabalhista.

(A) A alegação de prescrição pelo reclamado é considerada defesa direta de mérito.
(B) A alegação de fato impeditivo pelo reclamado constitui defesa direta de mérito.
(C) A compensação somente pode ser alegada como matéria de defesa.
(D) No procedimento comum, só será deferida intimação de testemunha que, comprovadamente convidada, deixar de comparecer. Não comparecendo a testemunha intimada, o juiz poderá determinar sua imediata condução coercitiva.
(E) A exceção de incompetência relativa é oferecida em separado e autuada e fica em apenso aos autos principais.

A: assertiva incorreta, pois se trata de matéria prejudicial de mérito, ou seja, defesa indireta de mérito.; **B:** assertiva incorreta, uma vez que se trata de defesa indireta de mérito; **C:** assertiva correta (art. 767 da CLT); **D:** assertiva incorreta, pois o enunciado se refere à previsão aplicável ao procedimento sumaríssimo, art. 852-H, § 3º, CLT); **E:** assertiva incorreta, pois não há a prática do apensamento no processo trabalhista, sendo o procedimento da exceção de incompetência ditado pelos arts. 799 e 800 da CLT.

Gabarito "C"

(Analista – TRT/9ª – 2007 – CESPE) Quanto às reclamações trabalhistas, julgue os itens que se seguem.

(1) As reclamações trabalhistas podem seguir rito sumaríssimo, se o valor dado à causa for igual ou superior a 40 salários mínimos. Entretanto, se a causa envolver o Poder Público, deverá seguir sempre pelo rito ordinário do processo do trabalho.
(2) Após a distribuição da reclamação trabalhista, será designada audiência, quando o juiz tentará a conciliação entre as partes ou, em caso negativo, prosseguirá, recebendo a contestação e as demais exceções e instruindo a causa para imediato julgamento, com as provas que lhe forem apresentadas. Se não houver condições de concluir a instrução, o juiz designará nova audiência para prosseguimento, no prazo de trinta dias.
(3) Se a parte não estiver presente em audiência de julgamento, ainda quando intimada anteriormente da data da prolação da sentença, será, necessariamente, a decisão publicada ou notificada pessoalmente à parte, sob pena de nulidade.
(4) No caso de o reclamado não comparecer à audiência inaugural e não justificar a sua ausência, o processo será arquivado.

1: assertiva incorreta, pois o valor da causa não deve exceder a 40 salários mínimos, nos termos do art. 852-A, *caput*, da CLT; **2:** assertiva incorreta, pois tal prazo de trinta dias é restrito aos processos de rito sumaríssimo (art. 852-H, § 7º, da CLT), com o art. 849 do mesmo diploma legal limitando a se referir ao agendamento da audiência de continuação para a primeira data desimpedida, independentemente de nova intimação; **3:** assertiva incorreta, conforme Súmula 197 do TST ("O prazo para recurso da parte que, intimada, não comparecer à audiência em prosseguimento para a prolação da sentença conta-se de sua publicação"); **4:** assertiva incorreta, pois a ausência do reclamado à audiência importa em revelia e em confissão quanto à matéria de fato (art. 844 da CLT).

Gabarito 1E, 2E, 3E, 4E

(Analista – TRT/17ª – 2009 – CESPE) Julgue o item subsequente, relativo ao processo judiciário do trabalho.

(1) É lícito às partes celebrar acordo que ponha termo ao processo, mesmo depois de encerrado o juízo conciliatório.

1: assertiva correta, nos termos do que dispõe o art. 764, § 3º, da CLT.

Gabarito 1C

10. LIQUIDAÇÃO DE SENTENÇA

(Técnico – TRT/16ª – 2015 – FCC) No processo do trabalho, a liquidação da sentença é um aperfeiçoamento da sentença de conhecimento que, em sendo ilíquida, deverá o juiz ordenar previamente sua liquidação. As formas previstas na CLT de liquidação de sentença nas obrigações de pagar e o número de dias para impugnação serão, respectivamente:

(A) cálculos, artigos ou arbitramento; prazo de 10 dias.
(B) artigos, arbitramento ou cálculos; prazo de 8 dias.
(C) arbitramento, cálculos ou artigos; prazo de 15 dias.
(D) arbitragem, cálculos ou artigos; prazo de 5 dias.
(E) artigos, arbitragem ou cálculos; prazo de 8 dias.

"A" é a opção correta. Nos termos do art. 879 da CLT sendo ilíquida a sentença exequenda, ordenar-se-á, previamente, a sua liquidação, que poderá ser feita por cálculo, por arbitramento ou por artigos. Todavia, uma vez aberto o prazo para impugnação, as partes terão o prazo sucessivo de 10 dias para sua apresentação fundamentada com a indicação dos itens e valores objeto da discordância, sob pena de preclusão.

Gabarito "A"

(Técnico Judiciário – TRT/2ª – 2008 – FCC) Considere:

I. Termo de compromisso de ajustamento de conduta com conteúdo obrigacional firmado perante o Ministério Público do Trabalho.
II. Acordo celebrado entre empregador e empregado não homologado e sem testemunhas instrumentárias.

III. Cheque sem suficiente provisão de fundos emitido pelo empregador para pagamento de salário.

IV. Termo de conciliação com conteúdo obrigacional celebrado perante a Comissão de Conciliação Prévia competente.

São títulos exequíveis na Justiça do Trabalho os indicados APENAS em:

(A) I e IV.
(B) II e IV.
(C) I, III e IV.
(D) II e III.
(E) I, II e III.

Art. 876 da CLT.

Gabarito "A".

(Técnico Judiciário – TRT/2ª – 2008 – FCC) Os embargos à execução NÃO poderão versar, dentre outras hipóteses, sobre:

(A) inexigibilidade do título.
(B) quitação anterior à sentença do processo de conhecimento.
(C) incompetência do juízo da execução.
(D) excesso de execução até a penhora.
(E) prescrição posterior à sentença do processo de conhecimento.

Art. 884, § 1º, da CLT.

Gabarito "B".

(Técnico – TRT/6ª – 2012 – FCC) Em determinada execução trabalhista por carta precatória, foi penhorado bem imóvel de Samuel, irmão gêmeo de Davi, proprietário da empresa executada. Samuel pretende ajuizar Embargos de Terceiro. Neste caso, como regra geral, Samuel:

(A) deverá oferecer os referidos embargos no juízo deprecado, sob pena de não conhecimento.
(B) poderá oferecer os referidos embargos no juízo deprecante ou no juízo deprecado, sendo que a competência para julgá-los é do juízo deprecado.
(C) deverá oferecer os referidos embargos no juízo deprecante, sob pena de não conhecimento.
(D) poderá oferecer os referidos embargos no juízo deprecante ou no juízo deprecado, sendo que a competência para julgá-los é do juízo deprecante.
(E) não poderá oferecer Embargos de Terceiros, uma vez que não há tipificação legal para o ajuizamento destes embargos na hipótese mencionada.

Súmula 419 do TST.

Gabarito "D".

(Técnico – TRT/6ª – 2012 – FCC) Na reclamação Trabalhista "M", em fase de execução de sentença, o Juiz da "W" Vara do Trabalho de Recife não homologou acordo celebrado entre as partes em razão do valor acordado tratar-se de apenas 5% do débito que estava sendo executado. Neste caso,

(A) a homologação do acordo constitui faculdade do juiz, inexistindo direito líquido e certo tutelável pela via do mandado de segurança.
(B) as partes poderão impetrar mandado de segurança no prazo de 120 dias da não homologação judicial.
(C) as partes poderão impetrar mandado de segurança no prazo de 90 dias da não homologação judicial.
(D) as partes deverão interpor agravo de petição no prazo de 8 dias da não homologação judicial.
(E) as partes poderão impetrar mandado de segurança no prazo de 60 dias da não homologação judicial.

Súmula 418 do TST.

Gabarito "A".

(Técnico – TRT/6ª – 2012 – FCC) Salomão e David são irmãos e pretendem arrematar um imóvel no leilão judicial de bens penhorados em reclamações trabalhistas para moradia de sua mãe. Em determinado leilão judicial, Salomão conseguiu arrematar uma casa pelo valor de R$ 100.000,00. Neste caso, Salomão deverá garantir o seu lance com um sinal correspondente a:

(A) R$ 10.000,00 e efetuar o pagamento do restante em 48 horas da arrematação.
(B) R$ 10.000,00 e efetuar o pagamento do restante em 24 horas da arrematação.
(C) R$ 20.000,00 e efetuar o pagamento do restante em 48 horas da arrematação.
(D) R$ 20.000,00 e efetuar o pagamento do restante em 24 horas da arrematação.
(E) R$ 15.000,00 e efetuar o pagamento do restante em 24 horas da arrematação.

Art. 888, §§ 2º e 4º, da CLT.

Gabarito "D".

(Técnico Judiciário – TRT/7ª – 2009 – FCC) Em regra, de acordo com a Consolidação das Leis de Trabalho, são títulos exequíveis na Justiça do Trabalho as decisões:

(A) transitadas em julgado, decisões das quais não tenha havido recurso com efeito suspensivo, os acordos quando não cumpridos e os termos de conciliação firmados perante as Comissões de Conciliação Prévia.
(B) não transitadas em julgado, decisões das quais não tenha havido recurso com efeito suspensivo, os acordos cumpridos e os termos de conciliação firmados perante as Comissões de Conciliação Prévia.
(C) transitadas em julgado, decisões das quais tenha havido recurso com efeito suspensivo, os acordos quando não cumpridos e os termos de conciliação firmados perante as Comissões de Conciliação Prévia.
(D) transitadas em julgado, decisões das quais não tenha havido recurso com efeito suspensivo, os acordos cumpridos e os termos de conciliação firmados perante as Comissões de Conciliação Prévia.
(E) não transitadas em julgado, decisões das quais tenha havido recurso com efeito suspensivo, os acordos cumpridos e os termos de conciliação firmados perante as Comissões de Conciliação Prévia.

Art. 876 da CLT.

Gabarito "A".

(Técnico Judiciário – TRT/9º – 2010 – FCC) Mario ajuizou reclamação trabalhista em face da empresa LAGO que foi julgada totalmente procedente. Na fase de liquidação de sentença, elaborada a conta e tornada líquida, o juiz abriu prazo para manifestação das partes.

Neste caso, a empresa LAGO deverá apresentar impugnação fundamentada no prazo:

(A) comum de cinco dias, ou seja, conjuntamente com Mário, já que se trata de hipótese de prazo comum a ambas as partes tipificado pela Consolidação das Leis do Trabalho.
(B) comum de dez dias, ou seja, conjuntamente com Mário, já que se trata de hipótese de prazo comum a ambas as partes tipificado pela Consolidação das Leis do Trabalho.
(C) de dez dias contados do dia seguinte à publicação do mencionado despacho, já que, apesar de tratar-se de prazo sucessivo, na execução, a empresa executada se manifesta antes do exequente.
(D) comum de oito dias, ou seja, conjuntamente com Mário, já que se trata de hipótese de prazo comum a ambas as partes tipificado pela Consolidação das Leis do Trabalho.
(E) de dez dias após a manifestação de Mário, já que este prazo é sucessivo.

Art. 879, § 2º, da CLT.

Gabarito "E".

(Técnico Judiciário – TRT/15ª – 2009 – FCC) Considere as seguintes assertivas a respeito da execução trabalhista:

I. Serão executadas *ex officio* as contribuições sociais devidas em decorrência de decisão proferida pelos Juízes resultantes de homologação de acordo, exceto sobre os salários pagos durante o período contratual reconhecido.

II. Faculta-se ao devedor o pagamento imediato da parte que entender devida à Previdência Social, sem prejuízo da cobrança de eventuais diferenças encontradas na execução *ex officio*.

III. O arrematante deverá garantir o lance com o sinal correspondente a 50% do seu valor.

IV. Somente nos embargos à penhora poderá o executado impugnar a sentença de liquidação, cabendo ao exequente igual direito e no mesmo prazo.

De acordo com a Consolidação das Leis do Trabalho está correto o que se afirma SOMENTE em

(A) II e IV.
(B) I, II e III.
(C) II, III e IV.
(D) I e IV.
(E) I, II e IV.

I: opção incorreta, pois reflete a interpretação restritiva do art. 114, VIII, da CF (observação: a banca examinadora tomou como base a decisão proferida pelo STF no julgamento do recurso extraordinário com repercussão geral 569.056 em que se decidiu que a competência da Justiça do Trabalho está limitada a execução das sentenças condenatórias que proferir. Temos entendimento divergente ao da banca examinadora, pois entendemos que o art. 876, parágrafo único, da CLT permite a execução da contribuição sobre os salários pagos durante o pacto laboral. Ademais, a súmula 368, I, do TST ensina que a competência da Justiça do Trabalho está limitada aos valores decorrentes das condenações que proferir ou acordos que homologar, não irradiando efeitos para os valores que foram pagos no decorrer do contrato de trabalho); **II:** opção correta, art. 878-A da CLT; **III:** opção incorreta, pois nos termos do art. 888, § 2º, da CLT o sinal será de 20%. **IV:** opção correta, pois reflete o disposto no art. 884, § 3º, da CLT.

Gabarito "A"

(Técnico Judiciário – TRT/20ª – 2006 – FCC) De acordo com a Consolidação das Leis do Trabalho, garantida a execução ou penhorados os bens, terá o executado:

(A) 5 dias para apresentar embargos, cabendo igual prazo ao exequente para impugnação.
(B) 5 dias para apresentar embargos, cabendo ao exequente o prazo de 10 dias para impugnação.
(C) 8 dias para apresentar embargos, cabendo igual prazo ao exequente para impugnação.
(D) 8 dias para apresentar embargos, cabendo ao exequente o prazo de 10 dias para impugnação.
(E) 10 dias para apresentar embargos, cabendo igual prazo ao exequente para impugnação.

Art. 884 da CLT.

Gabarito "A"

(Técnico Judiciário – TRT/22ª – 2010 – FCC) Considere:

I. Sentenças transitadas em julgado.
II. Acordos cumpridos na sua integralidade.
III. Custas.
IV. Multas.

A execução compreende APENAS os itens:

(A) I e III.
(B) II e III.
(C) I e IV.
(D) III e IV.
(E) I, III e IV.

Art. 876 da CLT.

Gabarito "E"

(Técnico Judiciário – TRT/23ª – 2011 – FCC) A respeito da execução na Justiça do Trabalho, considere:

I. O juiz ou presidente do tribunal, requerida a execução, mandará expedir mandado de citação ao executado, para que pague em até 30 dias, ou garanta a execução, sob pena de penhora, quando se tratar de pagamento em dinheiro, incluídas as contribuições sociais devidas ao INSS.
II. Se o executado, procurado por 3 vezes no espaço de 72 horas, não for encontrado, far-se-á a citação por edital.
III. O mandado de citação deverá conter a decisão exequenda ou o termo de acordo não cumprido.

De acordo com a Consolidação das Leis de Trabalho (CLT), está correto o que se afirma APENAS em:

(A) III.
(B) II e III.
(C) I e III.
(D) I.
(E) I e II.

I: incorreta, estabelece o art. 880, *caput*, da CLT que "requerida a execução, o juiz ou presidente do tribunal mandará expedir mandado de citação do executado, a fim de que cumpra a decisão ou o acordo no prazo, pelo modo e sob as cominações estabelecidas ou, quando se tratar de pagamento em dinheiro, inclusive de contribuições sociais devidas à União, para que o faça em 48 (quarenta e oito) horas ou garanta a execução, sob pena de penhora"; **II:** incorreta, pois o executado será procurado por 2 (duas) vezes no espaço de 48 (quarenta e oito) horas (art. 880, § 3º, da CLT); **III:** correta, art. 880, § 1º, da CLT.

Gabarito "A"

(Técnico Judiciário – TRT/23ª – 2011 – FCC) A respeito da arrematação é correto afirmar que os bens serão vendidos pelo maior lance,

(A) não possuindo o exequente preferência para a adjudicação. O arrematante deverá garantir o lance com um sinal correspondente a 10% do seu valor.
(B) tendo o exequente preferência para a adjudicação. O arrematante deverá garantir o lance com um sinal correspondente a 15% do seu valor.
(C) tendo o exequente preferência para a adjudicação. O arrematante deverá garantir o lance com um sinal correspondente a 20% do seu valor.
(D) tendo o exequente preferência para a adjudicação. O arrematante deverá garantir o lance com um sinal correspondente a 5% do seu valor. (E) não possuindo o exequente preferência para a adjudicação. O arrematante deverá garantir o lance com um sinal correspondente a 15% do seu valor.

Art. 888, § 2º, da CLT.

Gabarito "C"

(Técnico Judiciário – TRT/1ª – 2008 – CESPE) Submetida uma demanda trabalhista à comissão de conciliação prévia, celebrou-se acordo. Entretanto, a reclamada não o cumpriu. Nessa situação,

(A) o acordo celebrado é um título executivo, como o são os termos de ajuste de conduta firmados perante o Ministério Público do Trabalho.
(B) em face do não cumprimento de acordo, o trabalhador está de posse de um título executivo judicial.
(C) como foi celebrado em comissão de conciliação prévia, o acordo não é considerado título executivo.
(D) deverá ser fornecida ao trabalhador declaração de conciliação frustrada.
(E) somente o acordo realizado perante a justiça do trabalho é considerado um título executivo.

Art. 876 da CLT.

Gabarito "A"

(Técnico Judiciário – TRT/9ª – 2007 – CESPE) Julgue os itens a seguir.

(1) A execução trabalhista pode ser promovida pelo interessado ou de ofício pelo juiz.
(2) Garantida a execução ou penhorados os bens, o executado, exceto quando se tratar da Fazenda Pública, terá o prazo de 10 dias para apresentar embargos.

1: correta, art. 878 da CLT; **2:** incorreta, pois garantida a execução ou penhorados os bens, terá o executado 5 (cinco) dias para apresentar embargos, cabendo igual prazo ao exequente para impugnação (art. 884 da CLT).

Gabarito 1C, 2E

(Analista – TRT/14ª – 2011 – FCC) Considere as seguintes assertivas a respeito da liquidação da sentença:

I. Requerida a liquidação por arbitramento, o juiz nomeará o perito e fixará o prazo para a entrega do laudo. Apresentado o laudo, sobre o qual poderão as partes manifestar-se no prazo de cinco dias, o juiz proferirá decisão ou designará, se necessário, audiência.
II. Na liquidação por cálculos, elaborada a conta e tornada líquida, o Juiz poderá abrir às partes prazo comum de dez dias para impugnação fundamentada com a indicação dos itens e valores objeto da discordância, sob pena de preclusão.

III. Far-se-á a liquidação por artigos, quando, para determinar o valor da condenação, houver necessidade de alegar e provar fato novo.

IV. Na liquidação por cálculos, elaborada a conta pela parte ou pelos órgãos auxiliares da Justiça do Trabalho, o juiz procederá à intimação da União para manifestação, no prazo de 10 dias, sob pena de preclusão.

Está correto o que se afirma APENAS em

(A) I, II e III.
(B) I e III.
(C) II, III e IV.
(D) II e IV.
(E) III e IV.

I: assertiva incorreta, pois o prazo determinado para as partes se manifestarem acerca do laudo é de dez dias (art. 475-D do CPC (art. 510 CPC/2015)); **II:** assertiva incorreta, pois o prazo para as partes impugnarem é sucessivo, e não comum, de dez dias (art. 879, § 2º, da CLT); **III:** assertiva correta, conforme os exatos termos do art. 475-E do CPC (art. 509, II, CPC/2015); **IV:** assertiva correta, de acordo com o texto do art. 879, § 3º, da CLT.

Gabarito "E".

(Analista – TRT/15ª – 2009 – FCC) Considere as seguintes assertivas a respeito da liquidação de sentença:

I. Na liquidação, não se poderá modificar ou inovar a sentença liquidanda, mas poderá discutir matéria pertinente à causa principal.

II. As partes deverão ser previamente intimadas para a apresentação do cálculo de liquidação, inclusive da contribuição previdenciária incidente.

III. Elaborada a conta e tornada líquida, o Juiz poderá abrir às partes prazo comum de dez dias para impugnação fundamentada com a indicação dos itens e valores objeto da discordância, sob pena de preclusão.

IV. A manifestação da União é ato obrigatório que, não sendo intimada legalmente, gerará nulidade absoluta dos atos processuais posteriormente praticados.

Está correto o que se afirma SOMENTE em

(A) II.
(B) I, II e IV.
(C) III e IV.
(D) III.
(E) I, II e III.

I: assertiva incorreta, pois de acordo com o art. 879, § 1º, da CLT, na liquidação também é vedada a discussão de matéria pertinente à causa principal; **II:** assertiva correta, conforme redação literal do art. 879, § 1º-B, da CLT; **III:** assertiva incorreta, uma vez que o prazo de dez dias é sucessivo, nos termos do art. 879, § 2º, da CLT; **IV:** assertiva incorreta, pois a ausência de manifestação pela União, no prazo de dez dias, acarretará a preclusão, de acordo com o art. 879, § 3º, da CLT.

Gabarito "A".

11. EXECUÇÃO

(Técnico – TRT/16ª – 2015 – FCC) Tendo em vista a execução trabalhista, segundo a Consolidação das Leis do Trabalho, é INCORRETO afirmar:

(A) Não há citação para execução, uma vez que a fase executiva pode ser iniciada de ofício pelo juiz.
(B) A citação na execução será realizada por mandado, mas, se o executado não for encontrado após duas tentativas, caberá a citação por edital.
(C) A citação na execução poderá ser feita pelos oficiais de justiça.
(D) A citação na execução será realizada por mandado, determinando o cumprimento da decisão ou do acordo no prazo e com as cominações ali estabelecidas.
(E) No mandado de citação na execução, quando se tratar de pagamento em dinheiro, constarão igualmente as contribuições previdenciárias devidas.

A: opção incorreta, pois embora a fase executiva possa ser iniciada de ofício pelo juiz, nos termos do art. 878 da CLT, deve haver a citação do executado para que cumpra a decisão, nos moldes do art. 880 da CLT. **B:** opção correta, pois reflete o disposto nos §§ 1º, 2º e 3º do art. 880 da CLT. **C:** opção correta, pois reflete o disposto no § 2º do art. 880 da CLT. **D:** opção correta, pois reflete o disposto no art. 880, *caput*, da CLT. **E:** opção correta, pois reflete a disposição contida no art. 880 *caput*, da CLT.

Gabarito "A".

(Técnico – TRT/3ª – 2015 – FCC) Simon arrematou uma casa em leilão judicial no qual os bens da empresa "X" foram leiloados para pagamento de diversas reclamações trabalhistas. O lance de Simon foi de R$ 500.000,00. Neste caso, de acordo com a Consolidação das Leis do Trabalho, Simon deverá garantir o lance com

(A) sinal de R$ 100.000,00 e pagar o preço da arrematação dentro de 24 horas.
(B) o seu preço integral no ato da arrematação no leilão judicial.
(C) sinal de R$ 50.000,00 e pagar o preço da arrematação dentro de 24 horas.
(D) sinal de R$ 100.000,00 e pagar o preço da arrematação dentro de 48 horas.
(E) sinal de R$ 50.000,00 e pagar o preço da arrematação dentro de cinco dias.

"A" é a opção correta, pois nos termos do art. 888, § 2º, da CLT o arrematante deverá garantir o lance com o sinal correspondente a 20% (vinte por cento) do seu valor. Ademais, ensina o § 4º do mesmo dispositivo legal que se o arrematante, ou seu fiador, não pagar dentro de 24 (vinte e quatro) horas o preço da arrematação, perderá, em benefício da execução, o sinal de que trata o § 2º deste artigo, voltando à praça os bens executados.

Gabarito "A".

(Analista – TRT/11ª – 2012 – FCC) Na execução trabalhista os bens do executado que forem penhorados poderão ser vendidos em leilão

(A) observado o prazo de cinco dias após a realização da avaliação.
(B) caso o arrematante deixar de garantir o lance com o sinal de 20% do valor da arrematação.
(C) mediante requerimento do exequente após determinação do juiz da execução.
(D) caso não ocorra licitante na praça e não requerendo o exequente a adjudicação.
(E) caso o arrematante, ou seu fiador, não pagar em doze horas o preço da arrematação.

A: assertiva incorreta, pois o prazo será de 10 dias, nos termos do art. 888 da CLT; **B:** assertiva incorreta, pois haverá nova arrematação se o arrematante não garantir o preço da arrematação, art. 888, § 4º, da CLT; **C:** assertiva incorreta, pois nos termos do art. 888, § 3º, da CLT não havendo licitante, e não requerendo o exequente a adjudicação dos bens penhorados, poderão os bens penhorados ser levados à leilão; **D:** assertiva correta, pois reflete o disposto no art. 888, § 3º, da CLT; **E:** assertiva incorreta, pois o prazo para pagamento do preço da arrematação é de 24 horas, nos termos do art. 888, § 4º, da CLT.

Gabarito "D".

(Analista – TRT/11ª – 2012 – FCC) Conforme previsão contida na CLT, nos embargos à execução a matéria de defesa do executado será restrita às alegações de

(A) decadência do direito de executar a sentença, pagamento da dívida ou ilegitimidade do exequente.
(B) exceção de incompetência material, transação, pagamento da dívida ou prescrição da ação principal.
(C) cumprimento da decisão ou do acordo, quitação ou prescrição da dívida.
(D) cumprimento da decisão ou do acordo, novação ou incompetência do Juízo prolator da sentença exequenda.
(E) exceção de pré-executividade, cumprimento do acordo ou pagamento da dívida.

A assertiva "C" é a opção correta, pois nos termos do art. 884, § 1º, da CLT a matéria de defesa será restrita às alegações de cumprimento da decisão ou do acordo, quitação ou prescrição da dívida. Vale lembrar, todavia, que as matérias arroladas nos arts. 475-L e 745 do CPC (arts. 525, § 1º e 917 do CPC/2015) podem ser tratadas nos embargos à execução.

Gabarito "C".

(Analista – TRT/11ª – 2012 – FCC) Em relação à execução por prestações sucessivas, por tempo indeterminado, é correto afirmar que

(A) não há previsão de execução por prestações sucessivas no processo do trabalho.
(B) a execução compreenderá inicialmente as prestações devidas até a data do ingresso na execução.
(C) a execução por prestações sucessivas no processo do trabalho obedece aos parâmetros estabelecidos no CPC, aplicável subsidiariamente ao processo do trabalho.

(D) a execução pelo não pagamento de uma prestação compreenderá as que lhe sucederem.
(E) a execução compreenderá apenas as prestações devidas após o ingresso na execução.

A: assertiva incorreta, pois os arts. 890 até o 892 da CLT tratam do tema (Seção V – Da execução por prestações sucessivas); **B:** assertiva correta, pois reflete o disposto no art. 892 da CLT; **C:** assertiva incorreta, pois a execução para pagamento de prestações sucessivas far-se-á com observância das normas constantes na própria CLT, arts. 890 a 892; **D:** assertiva incorreta, pois, nos termos do art. 891 da CLT, as prestações sucessivas por tempo determinado (e não indeterminado), a execução pelo não pagamento de uma prestação compreenderá as que lhe sucederem; **E:** assertiva incorreta, pois, nos termos do art. 892 da CLT, a execução compreenderá inicialmente as prestações devidas até a data do ingresso na execução e, posteriormente, a demais.

Gabarito "B"

(Analista – TRT/9ª – 2012 – FCC) A fase de execução no processo trabalhista possui regramentos próprios e típicos, conforme previsões contidas na Consolidação das Leis do Trabalho, sendo correto afirmar sobre essa fase que

(A) a matéria de defesa nos embargos do executado será restrita às alegações de cumprimento da decisão ou do acordo, quitação ou prescrição da dívida, não cabendo produção de prova testemunhal.
(B) requerida a execução, o Juiz mandará expedir mandado de citação do executado para que faça o pagamento em 15 (quinze) dias ou garanta a execução, sob pena de penhora.
(C) o executado que não pagar a importância reclamada poderá nomear bens à penhora, não havendo qualquer ordem preferencial a ser observada.
(D) garantida a execução ou penhorados os bens, terá a empresa executada 5 (cinco) dias para apresentar embargos, cabendo igual prazo ao exequente para impugnação.
(E) serão julgados em sentenças distintas os embargos e as impugnações à liquidação apresentadas pelos credores trabalhista e previdenciário, para possibilitar recursos parciais.

A: assertiva incorreta, pois é permitida a prova testemunhal. Veja art. 884, § 2º, e art. 886, ambos da CLT; **B:** assertiva incorreta, pois o pagamento deverá ser feito no prazo de 48 horas, nos termos do art. 880 da CLT; **C:** assertiva incorreta, pois deverá ser observada a ordem preferencial estabelecida no art. 655 do CPC (art. 835 CPC/2015), em conformidade com o art. 882 da CLT; **D:** assertiva correta, pois reflete o disposto no art. 884 da CLT; **E:** assertiva incorreta, pois, nos termos do art. 884, § 4º, da CLT, os embargos e as impugnações à liquidação serão julgados na mesma sentença.

Gabarito "D"

(Analista – TRT/3ª – 2005 – FCC) Em se tratando de execução por prestações sucessivas por tempo determinado, o inadimplemento de uma das prestações implica na execução das prestações

(A) devidas até a data em que for proferida a sentença.
(B) que já tiverem vencido.
(C) que lhe sucederem.
(D) devidas até a data do ajuizamento da ação.
(E) devidas até a data do início da execução.

Art. 891 da CLT.

Gabarito "C"

(Analista – TRT/4ª – 2006 – FCC) Considere as afirmativas abaixo:

I. Quando se tratar de decisão dos Tribunais Regionais, a execução poderá ser promovida pela Procuradoria da Justiça do Trabalho.
II. O juiz ou presidente do Tribunal, requerida a execução, mandará expedir mandado de citação ao executado, a fim de que cumpra a decisão ou acordo no prazo, pelo modo e sob as cominações estabelecidas, ou, em se tratando de pagamento em dinheiro, incluídas as contribuições sociais devidas ao INSS, para que pague em vinte e quatro horas, sob pena de penhora.
III. Sendo ilíquida a sentença exequenda, ordenar-se-á a sua liquidação, que se fará, exclusivamente, por cálculo.
IV. É competente para a execução de título executivo extrajudicial o juiz que teria competência para o processo de conhecimento relativo à matéria.

É correto APENAS o que consta em

(A) I.
(B) II.
(C) I e II.
(D) I e IV.
(E) II, III e IV.

I: assertiva correta, pois reflete o teor do art. 878, parágrafo único, da CLT; **II:** assertiva incorreta, pois as contribuições sociais incluídas são devidas à União, e não ao INSS, no prazo de quarenta e oito horas (art. 880 da CLT); **III:** assertiva incorreta, pois a liquidação poderá ser feita por cálculo, por arbitramento ou por artigos (art. 879, *caput*, da CLT); **IV:** assertiva correta, nos exatos termos do art. 877-A da CLT.

Gabarito "D"

(Analista – TRT/6ª – 2012 – FCC) Em se tratando de embargos à execução e impugnação à sentença no processo do trabalho, é correto afirmar:

(A) É vedada a dilação probatória nos embargos à execução.
(B) Não é necessária a garantia do juízo ou penhora de bens para apresentação de embargos à execução.
(C) O prazo do executado para apresentar embargos à execução é de 5 (cinco) dias, cabendo igual prazo ao exequente para impugnação.
(D) A matéria da defesa dos embargos é ampla, podendo rediscutir as bases do título executivo judicial.
(E) A sentença de liquidação não poderá ser impugnada pelo executado ou exequente por meio de embargos à penhora.

A: assertiva incorreta, tendo em vista que, se na defesa tiverem sido arroladas testemunhas, poderá o Juiz ou o Presidente do Tribunal, caso julgue necessários seus depoimentos, marcar audiência para a produção das provas (art. 884, § 2º, da CLT); **B:** assertiva incorreta, pois é o oposto, sendo necessária a garantia do juízo ou a penhora de bens (art. 884, *caput*, da CLT); **C:** assertiva correta (art. 884, *caput*, da CLT); **D:** assertiva incorreta, pois a matéria de defesa é restrita às alegações de cumprimento da decisão ou do acordo, quitação ou prescrição da dívida (art. 884, § 1º, da CLT); **E:** assertiva incorreta, uma vez que somente nos embargos à penhora o executado poderá impugnar a sentença de liquidação (art. 884, § 3º, da CLT).

Gabarito "C"

(Analista – TRT/6ª – 2012 – FCC) A empresa Alfa, executada em ação trabalhista, foi citada "para pagar o débito ou garantir a execução, sob pena de penhora". Nesta situação, em relação à nomeação de bens à penhora, deve-se observar

(A) a ordem preferencial estabelecida no art. 655 do Código Processual Civil.
(B) as disposições contidas na legislação do Imposto de Renda.
(C) o interesse ou conveniência do executado.
(D) a preferência por bens imóveis sobre os demais.
(E) que indicação do exequente, independente de ordem preferencial.

Art. 882 da CLT.

Gabarito "A"

(Analista – TRT/6ª – 2006 – FCC) Os prazos conferidos pela CLT ao Executante de Mandados para realização dos atos decorrentes da execução e para realização da avaliação, são, respectivamente, de

(A) 9 (nove) e 15 (quinze) dias.
(B) 5 (cinco) e 7 (sete) dias.
(C) 9 (nove) e 10 (dez) dias.
(D) 9 (nove) e 5 (cinco) dias.
(E) 10 (dez) e 9 (nove) dias.

Arts. 721, §§ 2º e 3º, e 888 da CLT.

Gabarito "C"

(Analista – TRT/6ª – 2006 – FCC) Recebido o mandado de citação, o executado tem o prazo de

(A) 5 (cinco) dias para garantir a execução.
(B) 48 (quarenta e oito) horas para apresentar embargos à execução.
(C) 72 (setenta e duas) horas para garantir a execução ou 5 (cinco) dias para pagar o débito.
(D) 48 (quarenta e oito) horas para pagar o débito ou garantir a execução.
(E) 5 (cinco) dias para apresentar embargos à execução.

Art. 880, *caput*, da CLT.

Gabarito "D"

(Analista – TRT/6ª – 2006 – FCC) Os bens penhorados serão vendidos em leilão

(A) mediante pedido do exequente, deferido pelo Juiz da execução.
(B) no prazo de 10 (dez) dias depois de realizada a avaliação.
(C) se a praça resultar negativa e o exequente não tiver requerido a adjudicação.
(D) quando o arrematante deixar de garantir o lance com sinal correspondente a 20% do valor da arrematação.
(E) sendo defeso ao exequente requerer sua adjudicação.

Art. 888, § 3º, da CLT.
Gabarito "C"

(Analista – TRT/9ª – 2010 – FCC) De acordo com a Consolidação das Leis do Trabalho, tratando-se de prestações sucessivas por tempo indeterminado, a execução compreenderá inicialmente as prestações devidas até

(A) a data do ingresso na execução.
(B) seis meses após o trânsito em julgado da sentença.
(C) a data do ajuizamento da reclamação trabalhista.
(D) a data do trânsito em julgado da sentença.
(E) a data da publicação da sentença de primeiro grau ou da data da publicação de acórdão, se concessivo.

Art. 892 da CLT.
Gabarito "A"

(Analista – TRT/9ª – 2010 – FCC) Na execução da sentença proferida na reclamação trabalhista X, João arrematou um apartamento na cidade de Santos-SP. Para garantir o lance, João deu sinal correspondente a 20% do seu valor. Neste caso, de acordo com a Consolidação das Leis do Trabalho, João deverá pagar o preço da arrematação dentro de

(A) cinco dias, sob pena de perder, em benefício da execução, todo o sinal, voltando à praça o imóvel arrematado.
(B) quarenta e oito horas, sob pena de perder, em benefício da execução, metade do sinal, voltando à praça o imóvel arrematado.
(C) vinte e quatro horas, sob pena de perder, em benefício da execução, todo o sinal, voltando à praça o imóvel arrematado.
(D) dez dias, sob pena de perder, em benefício da execução, metade do sinal, voltando à praça o imóvel arrematado.
(E) trinta dias, sob pena de perder, em benefício da execução, todo o sinal, voltando à praça o imóvel arrematado.

Art. 888, § 4º, da CLT.
Gabarito "C"

(Analista – TRT/12ª – 2010 – FCC) Em regra, NÃO é absolutamente impenhorável

(A) a totalidade dos vestuários, bem como os pertences de uso pessoal do executado.
(B) o seguro de vida.
(C) a totalidade dos materiais necessários para obras em andamento.
(D) a quantia depositada em caderneta de poupança, independentemente do seu valor.
(E) a pequena propriedade rural trabalhada pela família.

A: assertiva incorreta, pois é absolutamente impenhorável (art. 649, III, do CPC (art. 833, III, CPC/2015)); **B:** assertiva incorreta, pois é absolutamente impenhorável (art. 649, VI, do CPC) (art. 833, IV, CPC/2015); **C:** assertiva incorreta, pois é absolutamente impenhorável (art. 649, VII, do CPC) (art. 833, VII, CPC/2015); **D:** assertiva correta, pois a quantia até o limite de 40 salários mínimos depositada em caderneta de poupança é considerada absolutamente impenhorável art. 649, X, do CPC (art. 833, X, CPC/2015) (v. Súmula 417, I, do TST: "I – Não fere direito líquido e certo do impetrante o ato judicial que determina penhora em dinheiro do executado, em execução definitiva, para garantir crédito exequendo, uma vez que obedece à gradação prevista no art. 655 do CPC"); **E:** assertiva incorreta, pois é absolutamente impenhorável (art. 649, VIII, do CPC) (art. 833, VIII, CPC/2015).
Gabarito "D"

(Analista – TRT/14ª – 2011 – FCC) De acordo com a Lei 8.009/1990, o bem de família NÃO poderá ser penhorado

(A) para cobrança de impostos, predial ou territorial, taxas e contribuições devidas em função do imóvel familiar.
(B) para execução de sentença penal condenatória a ressarcimento.
(C) pelo credor de pensão alimentícia.
(D) em razão dos créditos trabalhistas em geral.
(E) para execução de hipoteca sobre o imóvel oferecido como garantia real pelo casal.

Art. 3º da Lei 8.009/1990.
Gabarito "D"

(Analista – TRT/14ª – 2011 – FCC) Bruna ajuizou reclamação trabalhista em face de sua empregadora doméstica, Vanessa. A reclamação foi julgada procedente e Vanessa condenada a pagar a Bruna a quantia de R$ 15.000,00. Na fase de execução de sentença, Vanessa pretende nomear bens à penhora, tendo em vista que está sem recursos financeiros no momento para saldar a dívida. Considerando que Vanessa é proprietária de um terreno; de um veículo; de pedras e metais preciosos; de títulos da dívida pública da União e de sete geladeiras, de acordo com a ordem de preferência estabelecida na legislação processual, dentre os bens de Vanessa, obedecendo a ordem legal, ela deverá nomear

(A) o veículo.
(B) os títulos da dívida pública da União.
(C) as pedras e metais preciosos.
(D) as geladeiras.
(E) o terreno.

Art. 882 da CLT c/c art. 655 do CPC (art. 833 CPC/2015).
Gabarito "A"

(Analista – TRT/14ª – 2011 – FCC) Valéria arrematou um imóvel comercial pelo valor de R$ 105.000,00 em leilão judicial realizado pelo Tribunal Regional do Trabalho da 14ª Região. Neste caso, ela deverá garantir o lance com o sinal correspondente a

(A) R$ 5.250,00
(B) R$ 10.500,00
(C) R$ 21.000,00
(D) R$ 25.250,00
(E) R$ 31.500,00

Art. 888, § 2º, da CLT.
Gabarito "C"

(Analista – TRT/14ª – 2011 – FCC) Da decisão que aprecia os embargos à execução caberá

(A) agravo de petição, não havendo pagamento de custas para a sua interposição.
(B) agravo de petição, devendo o agravante efetuar o prévio recolhimento das custas processuais conforme tabela do Tribunal Superior do Trabalho publicada no Diário Oficial da União, sob pena de deserção do recurso.
(C) agravo de petição, devendo o agravante efetuar o prévio recolhimento das custas processuais conforme previsto no Regimento Interno do Tribunal Regional do Trabalho competente, sob pena de deserção do recurso.
(D) agravo de instrumento, não havendo pagamento de custas para a sua interposição.
(E) embargos, devendo o agravante efetuar o prévio recolhimento das custas processuais conforme tabela do Tribunal Superior do Trabalho publicada no Diário Oficial da União, sob pena de deserção do recurso.

Art. 897, *a*, da CLT, sendo que as custas na execução são pagas apenas ao final (art. 789-A da CLT).
Gabarito "A"

(Analista – TRT/20ª – 2011 – FCC) Considere:

I. O seguro de vida.
II. Bens móveis necessários ou úteis ao exercício de qualquer profissão.
III. 20 salários mínimos depositados em caderneta de poupança.
IV. Aparelho de ar-condicionado e aparelhos eletroeletrônicos sofisticados.

Em regra, são absolutamente impenhoráveis os bens indicados APENAS em

(A) I e II.

(B) II e III.
(C) I, II e III.
(D) II e IV.
(E) II, III e IV.

I: assertiva correta (art. 649, VI, do CPC) (art. 833, VI, CPC/2015); **II:** assertiva correta (art. 649, V, do CPC) (art. 833, V, CPC/2015); **III:** assertiva correta (art. 649, X, do CPC) (art. 833, X, CPC/2015); **IV:** assertiva incorreta (art. 649, II, do CPC (art. 833, II, CPC/2015)).

Gabarito "C".

(Analista – TRT/20ª – 2011 – FCC) A casa onde Júnior reside com a sua família e é proprietário foi penhorada e arrematada em leilão judicial em execução de reclamação trabalhista da empresa X ocorrido há três dias. Júnior não é parte no processo e pretende interpor Embargos de Terceiro. Neste caso, considerando que não ocorreu a assinatura da respectiva carta de arrematação, Júnior

(A) não poderá interpor Embargos de Terceiro porque este só pode ser proposto até o trânsito em julgado da lide.
(B) poderá interpor Embargos de Terceiro estando dentro do prazo legal previsto em lei.
(C) não poderá interpor Embargos de Terceiro porque o prazo para interposição em fase de execução já se esgotou.
(D) poderá interpor Embargos à Execução e não Embargos de Terceiro em razão da efetivação da penhora.
(E) deverá interpor agravo de petição e não Embargos de Terceiro em razão do encerramento do leilão judicial e da efetivação da arrematação.

Art. 1.048 do CPC. (art. 675 CPC/2015)

Gabarito "B".

(Analista – TRT/20ª – 2011 – FCC) Flávia arrematou um veículo modelo X, ano 2007, placa Y em hasta pública decorrente de execução de reclamação trabalhista da empresa XYZ. O veículo foi arrematado por R$ 10.000,00. De acordo com a Consolidação das Leis do Trabalho, Flávia deverá garantir um sinal de

(A) R$ 2.000,00 e depositar o restante em 24 horas.
(B) R$ 2.000,00 e depositar o restante em 48 horas.
(C) R$ 5.000,00 e depositar o restante em 24 horas.
(D) R$ 5.000,00 e depositar o restante em 48 horas.
(E) R$ 1.000,00 e depositar o restante em 24 horas.

Art. 888, §§ 2º e 4º, da CLT.

Gabarito "A".

(Analista – TRT/20ª – 2006 – FCC) De acordo com a Consolidação das Leis do Trabalho, em relação aos Embargos à Execução e sua impugnação é correto afirmar que

(A) nos Embargos à Execução não haverá audiência de instrução e julgamento para a produção das provas, por expressa vedação legal.
(B) garantida a execução ou penhorados os bens, terá o executado 8 dias para apresentar embargos, cabendo igual prazo ao exequente para impugnação.
(C) a matéria de defesa será restrita às alegações de cumprimento da decisão ou do acordo, quitação ou prescrição da dívida.
(D) julgar-se-ão em sentenças separadas, os embargos e as impugnações à liquidação apresentadas pelos credores trabalhista e previdenciário.
(E) garantida a execução ou penhorados os bens, terá o executado 10 dias para apresentar embargos, cabendo igual prazo ao exequente para impugnação.

A: assertiva incorreta (art. 884, § 2º, da CLT); **B:** assertiva incorreta (art. 884, *caput*, da CLT); **C:** assertiva correta, nos exatos termos do art. 884, § 1º, da CLT; **D:** assertiva incorreta (art. 884, § 4º, da CLT); **E:** assertiva incorreta (art. 884, *caput*, da CLT).

Gabarito "C".

(Analista – TRT/22ª – 2010 – FCC) Em determinada reclamação trabalhista um conjunto comercial foi a leilão em razão do inadimplemento do executado. Diego, necessitando de um espaço para montar sua empresa, arremata tal bem, tendo em vista que foi o licitante que ofereceu maior lance. Neste caso, de acordo com a Consolidação das Leis do Trabalho, Diego deverá garantir o lance com sinal correspondente a

(A) 20% de seu valor e pagar o preço da arrematação em vinte e quatro horas.
(B) 20% de seu valor e pagar o preço da arrematação em quarenta e oito horas.
(C) 30% de seu valor e pagar o preço da arrematação em quarenta e oito horas.
(D) 50% de seu valor e pagar o preço da arrematação em quarenta e oito horas.
(E) 50% de seu valor e pagar o preço da arrematação em vinte e quatro horas.

Art. 888, §§ 2º e 4º, da CLT.

Gabarito "A".

(Analista – TRT/22ª – 2010 – FCC) Garantido o juízo na fase executória, a exigência de depósito para recorrer de qualquer decisão

(A) é legal e constitui pressuposto objetivo recursal previamente previsto em legislação específica.
(B) é legal e previsto na Consolidação das Leis do Trabalho.
(C) viola o princípio do contraditório e da ampla defesa, mas havendo, porém, elevação do débito, exige-se a complementação da garantia do juízo.
(D) viola o princípio do contraditório e da ampla defesa independentemente de elevação de débito tendo em vista que quando intimado a garantia foi oportunamente ofertada.
(E) é legal e constitui pressuposto subjetivo recursal previamente previsto em legislação específica.

Súmula 128, II, do TST: "II – Garantido o juízo, na fase executória, a exigência de depósito para recorrer de qualquer decisão viola os incisos II e LV do art. 5º da CF/1988. Havendo, porém, elevação do valor do débito, exige-se a complementação da garantia do juízo".

Gabarito "C".

(Analista – TRT/22ª – 2010 – FCC) O edital de hasta pública é requisito

(A) indispensável à validade do ato de expropriação dos bens levados à hasta, devendo ser fixado na sede do juízo ou tribunal e publicado no jornal local, se houver, com antecedência de 20 dias.
(B) indispensável à validade do ato de expropriação dos bens levados à hasta, devendo ser fixado na sede do juízo ou tribunal e publicado no jornal local, se houver, com antecedência de 30 dias.
(C) indispensável à validade do ato de expropriação dos bens levados à hasta, devendo ser fixado na sede do juízo ou tribunal e publicado no jornal local, se houver, com antecedência de 60 dias.
(D) dispensável à validade do ato de expropriação dos bens levados à hasta, mas quando existir, deve ser fixado na sede do juízo ou tribunal e publicado no jornal local, se houver, com antecedência de 60 dias.
(E) dispensável à validade do ato de expropriação dos bens levados à hasta, mas quando existir, deve ser fixado na sede do juízo ou tribunal e publicado no jornal local, se houver, com antecedência de 90 dias.

Art. 888, *caput*, da CLT.

Gabarito "A".

(Analista – TRT/23ª – 2007 – FCC) De acordo com o Provimento 01/2006, com alteração do Provimento 02/2007 do Tribunal Regional do Trabalho da 23ª Região, na hipótese de o Juiz imprimir efeito modificativo à sentença de liquidação de cálculos embargada,

(A) será obrigatoriamente aberta vista dos autos as partes para que apresentem novos cálculos no prazo sucessivo de 15 dias.
(B) os autos serão encaminhados à Contadoria, a fim de que, no prazo de cinco dias, proceda à devida adequação dos cálculos.
(C) será obrigatoriamente aberto vista dos autos as partes para que apresentem novos cálculos no prazo sucessivo de 5 dias.
(D) os autos serão encaminhados à Contadoria, a fim de que, no prazo de dois dias, proceda à devida adequação dos cálculos.
(E) os autos serão encaminhados à Contadoria, a fim de que, no prazo de dez dias, proceda à devida adequação dos cálculos.

Art. 196-D do Provimento 01/2006 do TRT da 23ª Região: "Na hipótese de o Juiz imprimir efeito modificativo à sentença embargada, os autos serão encaminhados à Contadoria, a fim de que, no prazo de 2 (dois) dias, proceda à devida adequação dos cálculos".

Gabarito "D".

(Analista – TRT/1ª – 2008 – CESPE) Nos termos do art. 884, § 1º, da CLT, garantida a execução ou penhorados os bens, o executado poderá apresentar embargos, ficando a matéria de defesa restrita às alegações de cumprimento da decisão ou do acordo, quitação ou prescrição da dívida. Considerando o dispositivo acima, assinale a opção correta.

(A) O dispositivo em apreço esgotou, no âmbito do processo do trabalho, as matérias passíveis de arguição pela via dos embargos à execução.

(B) Parte da doutrina defende a aplicação subsidiária ao processo do trabalho do artigo do CPC que trata das matérias arguíveis nos embargos à execução.

(C) O STF e o TST não admitem a prescrição intercorrente na justiça do trabalho.

(D) Os embargos de terceiro são incompatíveis com o processo do trabalho.

(E) Compete à União a iniciativa de execução das contribuições sociais decorrentes de sentenças trabalhistas.

A: assertiva incorreta, uma vez que se entende que o rol do art. 884, § 1º, da CLT, não é taxativo, sendo alegáveis as demais matérias do art. 475-L do CPC (art. 525, §§ 1º, 4º e 12º, CPC/2015); **B:** assertiva correta, conforme doutrina de Mauro Schiavi, Manual de Direito Processual do Trabalho, 2ª ed. – São Paulo: LTr, 2009, págs. 898/905, dentre outros; **C:** assertiva incorreta. O TST entende inaplicável (Súmula 114 do TST: "É inaplicável na Justiça do Trabalho a prescrição intercorrente"), ao contrário do STF (Súmula 327 do STF: "O direito trabalhista admite a prescrição intercorrente"); **D:** assertiva incorreta. Conquanto não regulados pela CLT, a jurisprudência os admite, conforme Súmula 419 do TST ("Na execução por carta precatória, os embargos de terceiro serão oferecidos no juízo deprecante ou no juízo deprecado, mas a competência para julgá-los é do juízo deprecante, salvo se versarem, unicamente, sobre vícios ou irregularidades da penhora, avaliação ou alienação dos bens, praticados pelo juízo deprecado, em que a competência será deste último"); **E:** assertiva incorreta, pois o parágrafo único do art. 876 da CLT alude à execução *ex officio*.

Gabarito "B".

12. EMBARGOS DE TERCEIRO

(Analista – TRT/8ª – 2010 – FCC) Gabriela adquiriu uma fazenda na Cidade do Sol através de instrumento particular de compra e venda. Após alguns dias descobriu que a fazenda adquirida havia sido arrematada em leilão judicial em razão de dívida trabalhista do ex-proprietário. Neste caso, Gabriela

(A) não poderá interpor Embargos de Terceiros, tendo em vista que o bem já foi arrematado em leilão.

(B) poderá interpor Embargos de Terceiros até cinco dias depois da arrematação, mas sempre antes da assinatura da respectiva carta.

(C) poderá interpor Embargos de Terceiros até dez dias depois da arrematação, mas sempre antes da assinatura da respectiva carta.

(D) poderá interpor Embargos de Terceiros até cinco dias depois da arrematação, independentemente da assinatura da respectiva carta.

(E) poderá interpor Embargos de Terceiros até dez dias depois da arrematação, independentemente da assinatura da respectiva carta.

Art. 1.048 do CPC. (art. 675 CPC/2015)

Gabarito "B".

(Analista – TRT/15ª – 2009 – FCC) Considere as seguintes assertivas a respeito dos Embargos de Terceiros:

I. No processo de execução, os embargos de terceiros somente podem ser opostos até cinco dias depois da arrematação, adjudicação ou remição, mas sempre antes da assinatura da respectiva carta.

II. Aquele que não é proprietário, mas é detentor da posse de determinado imóvel é parte legítima para propor embargos de terceiros.

III. Em regra, na execução por carta precatória, os embargos de terceiros serão oferecidos no juízo deprecante, mas a competência para julgá-lo é do juízo deprecado.

IV. O prazo para o embargado oferecer sua resposta é de cinco dias, contatos da intimação.

Está correto o que se afirma SOMENTE em

(A) II e III.

(B) I, II e III.

(C) II, III e IV.

(D) I, II e IV.

(E) I e II.

I: assertiva correta (art. 1.048 do CPC (art. 675 CPC/2015)); **II:** assertiva correta (art. 1.046, § 1º do CPC (art. 674, § 1º, CPC/2015)); **III:** assertiva incorreta, pois na execução por carta precatória, os embargos de terceiro serão oferecidos no juízo deprecante ou no juízo deprecado, mas a competência para julgá-los é do juízo deprecante, salvo se versarem, unicamente, sobre vícios ou irregularidades da penhora, avaliação ou alienação dos bens, praticados pelo juízo deprecado, em que a competência será deste último (Súmula 419 do TST: "Na execução por carta precatória, os embargos de terceiro serão oferecidos no juízo deprecante ou no juízo deprecado, mas a competência para julgá-los é do juízo deprecante, salvo se versarem, unicamente, sobre vícios ou irregularidades da penhora, avaliação ou alienação dos bens, praticados pelo juízo deprecado, em que a competência será deste último"); **IV:** assertiva incorreta, uma vez que o prazo é de 15 dias (art. 679 CPC/2015).

Gabarito "E".

13. COISA JULGADA E AÇÃO RESCISÓRIA

(Analista – TRT/7ª – 2009 – FCC) O marco divisor quanto a ser, ou não, controvertida, nos Tribunais, a interpretação dos dispositivos legais citados na ação rescisória é a data da

(A) inclusão, entre as Súmulas do Tribunal Superior do Trabalho, da matéria discutida.

(B) inclusão, na Orientação Jurisprudencial do Tribunal Superior do Trabalho, da matéria discutida.

(C) inclusão, entre as Súmulas do Supremo Tribunal Federal, da matéria discutida.

(D) publicação do último acórdão com a matéria discutida de uma Turma, divergente do posicionamento jurisprudencial das demais Turmas do respectivo tribunal.

(E) publicação do último acórdão com a matéria discutida proferido pelo Plenário do respectivo Tribunal, divergente do posicionamento jurisprudencial de suas Turmas.

Súmula 83, II, do TST: "II – O marco divisor quanto a ser, ou não, controvertida, nos Tribunais, a interpretação dos dispositivos legais citados na ação rescisória é a data da inclusão, na Orientação Jurisprudencial do TST, da matéria discutida".

Gabarito "B".

(Analista – TRT/8ª – 2010 – FCC) Com relação à Ação Rescisória, considere:

I. A execução da decisão proferida em ação rescisória far-se-á nos próprios autos da ação que lhe deu origem, e será instruída com o acórdão da rescisória e a respectiva certidão de trânsito em julgado.

II. Ao ajuizar ação rescisória o autor desta, em regra, deverá depositar em juízo, previamente, 30% do valor da causa.

III. Declarando o tribunal que a ação rescisória é inadmissível ou improcedente, a importância do depósito recursal reverterá em favor do réu.

IV. Conta-se o prazo decadencial da ação rescisória, após o decurso do prazo legal previsto para a interposição do recurso extraordinário, apenas quando esgotadas todas as vias recursais ordinárias.

Está correto o que se afirma APENAS em

(A) I, III e IV.

(B) I, II e III.

(C) II, III e IV.

(D) II e IV.

(E) I e III.

I: assertiva correta (art. 836, parágrafo único, da CLT); **II:** assertiva incorreta, pois de acordo com o art. 836, *caput*, da CLT, o depósito prévio corresponde a 20% do valor da causa. (v. IN 31/2007 do TST); **III:** assertiva correta (art. 488, II, do CPC (art. 968, II, CPC/2015)); **IV:** assertiva correta (Súmula 100, X, do TST: "X – Conta-se o prazo decadencial da ação rescisória, após o decurso do prazo legal previsto para a interposição do recurso extraordinário, apenas quando esgotadas todas as vias recursais ordinárias").

Gabarito "A".

(Analista – TRT/8ª – 2010 – FCC) Débora ajuizou Ação Rescisória deixando de juntar com a inicial o documento comprobatório do trânsito em julgado da decisão rescindenda. Neste caso, o M.M. juiz deverá

(A) extinguir o processo sem julgamento do mérito em razão da inépcia da inicial.
(B) indeferir a inicial em razão da falta do documento essencial.
(C) abrir prazo de dez dias para que Débora junte tal documento.
(D) abrir prazo de cinco dias para que Débora junte tal documento.
(E) abrir prazo de vinte e quatro horas prorrogável por igual período para que Débora junte tal documento.

Súmula 299, II, do TST: "II – Verificando o relator que a parte interessada não juntou à inicial o documento comprobatório, abrirá prazo de 10 (dez) dias para que o faça, sob pena de indeferimento".

Gabarito "C".

(Analista – TRT/9ª – 2010 – FCC) Em regra, tratando-se de ação rescisória,

(A) se ocorrer revelia nesta ação, reputarão verdadeiros os fatos afirmados pelo autor, produzindo-se a confissão.
(B) se a decisão rescindenda é homologatória de acordo, é possível a sua desconstituição calcada no dolo processual, ou seja, no dolo da parte vencedora em detrimento da vencida.
(C) a parte que propuser a referida ação deverá efetuar, como pressuposto para a sua propositura, o depósito de 30% do valor da causa, a título de multa.
(D) é cabível tal ação para impugnar decisão homologatória de adjudicação ou arrematação, desde que presentes os requisitos essenciais previstos no Código de Processo Civil.
(E) não é documento novo apto a viabilizar a desconstituição de julgado sentença normativa proferida ou transitada em julgado posteriormente à sentença rescindenda.

A: assertiva incorreta (Súmula 398 do TST: "Na ação rescisória, o que se ataca na ação é a sentença, ato oficial do Estado, acobertado pelo manto da coisa julgada. Assim sendo, e considerando que a coisa julgada envolve questão de ordem pública, a revelia não produz confissão na ação rescisória"); **B:** assertiva incorreta (Súmula 403, II, do TST: "II – Se a decisão rescindenda é homologatória de acordo, não há parte vencedora ou vencida, razão pela qual não é possível a sua desconstituição calcada no inciso III do art. 485 do CPC (dolo da parte vencedora em detrimento da vencida), pois constitui fundamento de rescindibilidade que supõe solução jurisdicional para a lide"); **C:** assertiva incorreta, pois o depósito prévio deve corresponder a 20% do valor da causa (art. 836, *caput*, da CLT); **D:** assertiva incorreta (Súmula 399, I, do TST: "I – É incabível ação rescisória para impugnar decisão homologatória de adjudicação ou arrematação"); **E:** assertiva correta (Súmula 402 do TST: "Documento novo é o cronologicamente velho, já existente ao tempo da decisão rescindenda, mas ignorado pelo interessado ou de impossível utilização, à época, no processo. Não é documento novo apto a viabilizar a desconstituição de julgado: a) sentença normativa proferida ou transitada em julgado posteriormente à sentença rescindenda; b) sentença normativa preexistente à sentença rescindenda, mas não exibida no processo principal, em virtude de negligência da parte, quando podia e deveria louvar-se de documento já existente e não ignorado quando emitida a decisão rescindenda").

Gabarito "E".

(Analista – TRT/12ª – 2010 – FCC) Marta ajuizou reclamação trabalhista em face de sua ex-empregadora. A reclamação trabalhista foi julgada improcedente. Um ano e seis meses após o trânsito em julgado da referida reclamação, Marta faleceu. Seu único filho, Jonas, com trinta anos de idade e seu sucessor universal,

(A) só possuirá legitimidade para ajuizar ação rescisória se estiver assistido pelo sindicato da categoria, em razão do falecimento de Marta.
(B) não possui legitimidade para ajuizar ação rescisória tratando-se de ação personalíssima intransferível.
(C) possui legitimidade para ajuizar ação rescisória, mas já decorreu o prazo prescricional para o ajuizamento de tal ação.
(D) possui legitimidade para ajuizar ação rescisória, devendo depositar previamente 10% do valor da causa para ajuizamento.
(E) possui legitimidade para ajuizar ação rescisória, devendo depositar previamente 20% do valor da causa para ajuizamento.

Art. 836, *caput*, da CLT.

Gabarito "E".

(Analista – TRT/15ª – 2009 – FCC) Considere as seguintes assertivas a respeito da ação rescisória:

I. Não é documento novo apto a viabilizar a desconstituição do julgado a sentença normativa proferida ou transitada em julgado posteriormente à sentença rescindenda.
II. Em se tratando de rescisória de rescisória, o vício apontado deve nascer na decisão rescindenda, não se admitindo a rediscussão do acerto do julgamento da rescisória anterior.
III. Não procede ação rescisória calcada em ofensa à coisa julgada perpetrada por decisão proferida em ação de cumprimento, em face de a sentença normativa, na qual se louvava, ter sido modificada em grau de recurso.
IV. É cabível ação rescisória para impugnar decisão homologatória de adjudicação ou arrematação.

Está correto o que se afirma SOMENTE em

(A) II e III.
(B) II, III e IV.
(C) I, II e III.
(D) I e IV.
(E) I e II.

I: assertiva correta (Súmula 402 do TST: "Documento novo é o cronologicamente velho, já existente ao tempo da decisão rescindenda, mas ignorado pelo interessado ou de impossível utilização, à época, no processo. Não é documento novo apto a viabilizar a desconstituição de julgado: a) sentença normativa proferida ou transitada em julgado posteriormente à sentença rescindenda; b) sentença normativa preexistente à sentença rescindenda, mas não exibida no processo principal, em virtude de negligência da parte, quando podia e deveria louvar-se de documento já existente e não ignorado quando emitida a decisão rescindenda"); **II:** assertiva correta (Súmula 400 do TST: "Em se tratando de rescisória de rescisória, o vício apontado deve nascer na decisão rescindenda, não se admitindo a rediscussão do acerto do julgamento da rescisória anterior. Assim, não se admite rescisória calcada no inciso V do art. 485 do CPC para discussão, por má aplicação dos mesmos dispositivos de lei, tidos por violados na rescisória anterior, bem como para arguição de questões inerentes à ação rescisória primitiva"); **III:** assertiva correta (Súmula 397 do TST: "Não procede ação rescisória calcada em ofensa à coisa julgada perpetrada por decisão proferida em ação de cumprimento, em face de a sentença normativa, na qual se louvava, ter sido modificada em grau de recurso, porque em dissídio coletivo somente se consubstancia coisa julgada formal. Assim, os meios processuais aptos a atacarem a execução da cláusula reformada são a exceção de pré-executividade e o mandado de segurança, no caso de descumprimento do art. 572 do CPC"); **IV:** assertiva incorreta (Súmula 399, I, do TST: "I – É incabível ação rescisória para impugnar decisão homologatória de adjudicação ou arrematação").

Gabarito "C".

(Analista – TRT/16ª – 2009 – FCC) Com relação à ação rescisória trabalhista, é correto afirmar:

(A) O litisconsórcio, na ação rescisória, é necessário em relação ao polo passivo da demanda e facultativo em relação ao polo ativo da demanda.
(B) O direito de propor ação rescisória extingue em três anos, contados do trânsito em julgado da decisão.
(C) É plenamente cabível ação rescisória para impugnar decisão homologatória de adjudicação.
(D) Na ação rescisória o que se ataca é a sentença, ato oficial do Estado, assim, a revelia produz confissão.
(E) Em se tratando de rescisória de rescisória, admite-se a rediscussão do acerto do julgamento da rescisória anterior.

A: assertiva correta (Súmula 406, I, do TST: "I – O litisconsórcio, na ação rescisória, é necessário em relação ao polo passivo da demanda, porque supõe uma comunidade de direitos ou de obrigações que não admite solução díspar para os litisconsortes, em face da indivisibilidade do objeto. Já em relação ao polo ativo, o litisconsórcio é facultativo, uma vez que a aglutinação de autores se faz por conveniência e não pela necessidade decorrente da natureza do litígio, pois não se pode condicionar o exercício do direito individual de um dos litigantes no processo originário à anuência dos demais para retomar a lide"); **B:** assertiva incorreta, pois o direito de propor a ação rescisória extingue-se em dois anos contados do trânsito em julgado da última decisão, art. 975 CPC/2015; **C:** assertiva incorreta (Súmula 399, I, do TST: "I – É incabível ação rescisória para impugnar decisão homologatória de adjudicação ou arrematação"); **D:** assertiva incorreta (Súmula 398 do TST: "Na ação rescisória, o que se ataca na ação é a sentença, ato oficial do Estado, acobertado pelo manto da coisa julgada. Assim sendo, e considerando que a coisa julgada envolve questão de ordem pública, a revelia não produz confissão na ação rescisória"); **E:** assertiva incorreta (Súmula 400 do TST: "Em se tratando de rescisória de rescisória, o vício apontado deve nascer na decisão rescindenda, não se admitindo a rediscussão do acerto do julgamento da rescisória anterior. Assim, não se admite rescisória calcada no inciso V do art. 485 do CPC para discussão, por má aplicação dos mesmos dispositivos de lei, tidos por violados na rescisória anterior, bem como para arguição de questões inerentes à ação rescisória primitiva").

Gabarito "A".

(Analista – TRT/18ª – 2008 – FCC) A ação rescisória deve ser proposta no prazo de dois anos, contados do trânsito em julgado da decisão. O referido prazo é de

(A) prescrição e conta-se do dia em que ocorreu o trânsito em julgado da última decisão de mérito proferida na causa.
(B) prescrição e conta-se do dia subsequente ao trânsito em julgado da última decisão proferida na causa, seja de mérito ou não.
(C) decadência e conta-se do dia em que ocorreu o trânsito em julgado da última decisão proferida na causa, seja de mérito ou não.
(D) decadência e conta-se do dia subsequente ao trânsito em julgado da última decisão proferida na causa, seja de mérito ou não.
(E) decadência e conta-se do dia em que ocorreu o trânsito em julgado da última decisão de mérito proferida na causa.

Art. 975 CPC/2015 e Súmula 100, I, do TST ("I – O prazo de decadência, na ação rescisória, conta-se do dia imediatamente subsequente ao trânsito em julgado da última decisão proferida na causa, seja de mérito ou não").

Gabarito "D".

(Analista – TRT/18ª – 2008 – FCC) A decisão que, após o exame de fatos e provas, conclui não ter havido relação de emprego entre o reclamante e a reclamada extingue o processo com o exame do mérito, ainda que adote como desfecho "carência de ação", sendo passível, portanto, de reexame em ação rescisória. TST – SBDI2 – ROAR 66875/92.7 – AC. 103/97 – Rel. min. Manoel Mendes Filho – j. 18.02.1997 (com adaptações).

Com base no entendimento acima apresentado, assinale a opção correta.

(A) A decisão que conclui não ter havido relação de emprego entre as partes faz coisa julgada material, impedindo que o reclamante proponha nova ação, inclusive em juízo diverso do trabalhista, para discutir matéria cível.
(B) A coisa julgada formal se irradia para fora do processo.
(C) Caso seja considerado carecedor da ação, o autor da ação primitiva poderá ajuizar novas ações idênticas.
(D) O prazo de decadência, na ação rescisória, é contado a partir do dia em que se der o trânsito em julgado da última decisão proferida na causa, seja de mérito ou não.
(E) Não ofende o princípio do duplo grau de jurisdição a decisão do TST que, após afastar a decadência em sede de recurso ordinário, aprecia desde logo a lide, se a causa versar acerca de questão exclusivamente de direito e estiver em condições de imediato julgamento.

A: assertiva incorreta, pois a decisão, salvo em se tratando de decisão proferida em *status assertionis* a título de carência de ação, faz coisa julgada material, mas não inibe ajuizamento de nova ação embasada em pedidos ou causa de pedir distintos; **B:** assertiva incorreta, uma vez que a coisa julgada formal só produz efeitos endoprocessuais; **C:** assertiva incorreta, já que o autor poderá ajuizar ações idênticas, mas deverá corrigir os vícios que culminaram na decretação de carência; **D:** assertiva incorreta, nos termos da Súmula 100, I, do TST ("I – O prazo de decadência, na ação rescisória, conta-se do dia imediatamente subsequente ao trânsito em julgado da última decisão proferida na causa, seja de mérito ou não"); **E:** assertiva correta, pois se trata da teoria da causa madura, veiculada pelo § 3º do art. 515 do CPC (art. 1013, § 3º, CPC/2015), aplicável ao recurso ordinário trabalhista).

Gabarito "E".

(Analista – TRT/20ª – 2011 – FCC) De acordo com o entendimento Sumulado do Tribunal Superior do Trabalho o litisconsórcio, na ação rescisória, é

(A) inadmissível pela legislação trabalhista vigente.
(B) sempre necessário independentemente do polo da demanda (ativo ou passivo).
(C) sempre facultativo independentemente do polo da demanda (ativo ou passivo).
(D) necessário em relação ao polo ativo da demanda, apenas.
(E) necessário em relação ao polo passivo da demanda, apenas.

Súmula 406, I, do TST: "I – O litisconsórcio, na ação rescisória, é necessário em relação ao polo passivo da demanda, porque supõe uma comunidade de direitos ou de obrigações que não admite solução díspar para os litisconsortes, em face da indivisibilidade do objeto. Já em relação ao polo ativo, o litisconsórcio é facultativo, uma vez que a aglutinação de autores se faz por conveniência e não pela necessidade decorrente da natureza do litígio, pois não se pode condicionar o exercício do direito individual de um dos litigantes no processo originário à anuência dos demais para retomar a lide".

Gabarito "E".

(Analista – TRT/20ª – 2011 – FCC) O prazo para contestação da ação rescisória é fixado

(A) em 8 dias pela Consolidação dos Leis do Trabalho.
(B) em 8 dias através de súmula do Tribunal Superior do Trabalho.
(C) pelo relator sendo no mínimo de 10 dias e no máximo de 15 dias.
(D) em 10 dias através de súmula do Tribunal Superior do Trabalho.
(E) pelo relator sendo no mínimo de 15 dias e no máximo de 30 dias.

Art. 491 do CPC. (art. 970 CPC/2015)

Gabarito "E".

(Analista – TRT/22ª – 2010 – FCC) O Sindicato, substituto processual e autor da reclamação trabalhista, em cujos autos fora proferida a decisão rescindenda,

(A) só possui legitimidade para figurar como réu na ação rescisória se tiver autorização expressa de todos os reclamantes figurantes da ação em que foi proferida a decisão rescindenda.
(B) possui legitimidade para figurar como réu na ação rescisória, sendo necessária a citação de todos os empregados substituídos em razão da existência de litisconsórcio passivo necessário.
(C) não possui legitimidade para figurar como réu na ação rescisória, tratando-se de ação pessoal que não admite substituição processual.
(D) possui legitimidade para figurar como réu na ação rescisória, sendo descabida a exigência de citação de todos os empregados substituídos, porquanto inexistente litisconsórcio passivo necessário.
(E) só possui legitimidade para figurar como réu na ação rescisória se tiver autorização expressa de dois terços dos reclamantes figurantes da ação em que foi proferida a decisão rescindenda.

Súmula 406, II, do TST: "II – O Sindicato, substituto processual e autor da reclamação trabalhista, em cujos autos fora proferida a decisão rescindenda, possui legitimidade para figurar como réu na ação rescisória, sendo descabida a exigência de citação de todos os empregados substituídos, porquanto inexistente litisconsórcio passivo necessário".

Gabarito "D".

(Analista – TRT/22ª – 2010 – FCC) Em sede de Ação Rescisória,

(A) é obrigatório o depósito prévio de 35% do valor da causa para o seu ajuizamento.
(B) procede pedido formulado por violação literal de lei se a decisão rescindenda estiver baseada em texto legal infraconstitucional de interpretação controvertida nos Tribunais.
(C) a comprovação do trânsito em julgado da decisão rescindenda é pressuposto dispensável ao tempo do seu ajuizamento.
(D) não é possível a discussão a respeito de homologação de acordo na Justiça do Trabalho.
(E) havendo recurso ordinário, o depósito recursal só é exigível quando for julgado procedente o pedido e imposta condenação em pecúnia, devendo este ser efetuado no prazo recursal, no limite e nos termos da legislação vigente, sob pena de deserção.

A: assertiva incorreta, pois o depósito prévio deve corresponder a 20% do valor da causa (art. 836, *caput*, da CLT); **B:** assertiva incorreta (Súmula 83, I, do TST: "I – Não procede pedido formulado na ação rescisória por violação literal de lei se a decisão rescindenda estiver baseada em texto legal infraconstitucional de interpretação controvertida nos Tribunais"); **C:** assertiva incorreta (Súmula 299, I, do TST: "I – É indispensável ao processamento da ação rescisória a prova do trânsito em julgado da decisão rescindenda"); **D:** assertiva incorreta (Súmula 259 do TST: "Só por ação rescisória é impugnável o termo de conciliação previsto no parágrafo único do art. 831 da CLT"); **E:** assertiva correta, pois reflete a Súmula 99 do TST ("Havendo recurso ordinário em sede de rescisória, o depósito recursal só é exigível quando for julgado procedente o pedido e imposta condenação em pecúnia, devendo este ser efetuado no prazo recursal, no limite e nos termos da legislação vigente, sob pena de deserção").

Gabarito "E".

(Analista – TRT/23ª – 2011 – FCC) João ajuizou reclamação trabalhista em face de sua ex-empregadora a empresa X. Na audiência UNA designada, as partes celebraram acordo devidamente homologado pelo M.M. juiz de direito. Após 20 dias, João descobriu que havia sido enganado pelo advogado da parte contrária.

Assim, João pretende impugnar o termo de acordo celebrado nesta audiência. Neste caso, ele deverá

(A) impetrar Mandado de Segurança.
(B) interpor Recurso Ordinário.
(C) ajuizar Ação Rescisória.
(D) interpor Agravo de Instrumento.
(E) interpor Agravo de Petição.

"C" é a opção correta, pois nos termos da súmula 259 do TST a parte interessada deverá ingressar com ação rescisória, art. 836 CLT e arts. 966 e seguintes do CPC/2015.

Gabarito "C".

(Analista – TRT/1ª – 2008 – CESPE) Supondo que determinada pessoa tenha sido vencedora na demanda trabalhista e que, após o trânsito em julgado da sentença, tenha pedido averbação do tempo de serviço junto ao INSS para fins de aposentadoria, assinale a opção correta.

(A) A autarquia previdenciária deve, automaticamente, averbar o tempo de serviço descrito na sentença, em face da coisa julgada material.
(B) A sentença trabalhista, nesse caso, é considerada como início de prova material, hábil para a averbação de tempo de serviço, desde que fundada em elementos que evidenciem o exercício da atividade laborativa na função e nos períodos alegados pelo reclamante. Por esse motivo, a previdência pode se recusar a averbar o tempo de serviço pretendido se a sentença estiver desacompanhada de provas.
(C) As anotações apostas pelo empregador na CTPS do empregado geram presunção juris et de jure em relação ao empregado.
(D) A não averbação do tempo de serviço reconhecido pela justiça do trabalho, sob o argumento de que as provas não existiriam ou não seriam contemporâneas ao período pretendido, é questão a ser dirimida na justiça do trabalho.
(E) A sentença trabalhista que reconhece tempo de serviço é terminativa.

Arts. 55, § 3º, e 108 da Lei 8.213/1991.

Gabarito "B".

14. INQUÉRITO PARA APURAÇÃO DE FALTA GRAVE

(Analista – TRT/9ª – 2010 – FCC) Para a instauração do inquérito para apuração de falta grave contra empregado garantido com estabilidade, o empregador apresentará reclamação por escrito à Vara do Trabalho ou Juízo de Direito, dentro de

(A) trinta dias, contados da data da suspensão do empregado, cabendo a cada parte apresentar até três testemunhas.
(B) trinta dias, contados da data da suspensão do empregado, cabendo a cada parte apresentar até seis testemunhas.
(C) sessenta dias, contados da data da suspensão do empregado, cabendo a cada parte apresentar até seis testemunhas.
(D) sessenta dias, contados da data da suspensão do empregado, cabendo a cada parte apresentar até três testemunhas.
(E) noventa dias, contados da data da prática da falta grave pelo empregado estável, cabendo a cada parte apresentar até seis testemunhas.

Arts. 821 e 853 da CLT.

Gabarito "B".

(Analista – TRT/12ª – 2010 – FCC) Havendo suspensão do empregado estável e posteriormente ajuizamento de inquérito judicial para apuração de falta grave, se o pedido formulado na referida ação for julgado improcedente, o

(A) empregador ficará obrigado a reintegrar o empregado e pagar-lhe os salários e demais vantagens concernentes a todo o período de afastamento.
(B) contrato de trabalho estará extinto sem justa causa, devendo o empregador pagar ao empregado todas as verbas que lhes são devidas, inclusive a multa referente ao FGTS.
(C) contrato de trabalho estará extinto sem justa causa, devendo o empregador pagar ao empregado todas as verbas que lhe são devidas, exceto a multa referente ao FGTS.
(D) empregador ficará obrigado a reintegrar o empregado e pagar-lhe somente os salários concernentes a todo o período de afastamento.
(E) empregador ficará obrigado a reintegrar o empregado, não sendo devido o pagamento dos salários relativos ao tempo em que a questão ficou *sub judice*.

Art. 495 da CLT.

Gabarito "A".

(Analista – TRT/14ª – 2011 – FCC) A empresa MAIS ajuizou inquérito judicial para apuração de falta grave cometida pela empregada Suzana. Neste caso, a oitiva das testemunhas da empresa será de, no máximo,

(A) 2 pessoas.
(B) 3 pessoas.
(C) 4 pessoas.
(D) 6 pessoas.
(E) 8 pessoas.

Art. 821 da CLT.

Gabarito "D".

(Analista – TRT/22ª – 2010 – FCC) Maria, dirigente sindical, empregada da empresa K, praticou falta grave passível de dispensa. Maria foi suspensa e a empresa K pretende dispensá-la. Neste caso, para a instauração de inquérito para apuração de falta grave, a empregadora

(A) deverá apresentar reclamação por escrito à Vara do Trabalho dentro de dez dias, contados da data da suspensão da empregada.
(B) deverá apresentar reclamação por escrito à Vara do Trabalho dentro de trintas dias, contados da data da suspensão da empregada.
(C) deverá apresentar reclamação por escrito ou verbal à Vara do Trabalho dentro de sessenta dias, contados da data da suspensão da empregada.
(D) deverá apresentar obrigatoriamente reclamação por escrito à Vara do Trabalho dentro de sessenta dias, contados da data da suspensão da empregada.
(E) não poderá dispensar Maria, tendo em vista que ela possui estabilidade provisória garantida ao dirigente sindical.

Art. 853 da CLT.

Gabarito "B".

(Analista – TRT/24ª – 2011 – FCC) João, representante suplente dos empregados, membro de Comissão de Conciliação Prévia, foi suspenso por cinco dias em razão da prática de falta grave passível de demissão por justa causa. Neste caso, seu empregador

(A) poderá dispensar João após o término da pena de suspensão aplicada, tendo em vista que o membro suplente de Comissão de Conciliação Prévia não possui estabilidade.
(B) poderá dispensar João imediatamente, tendo em vista que o membro suplente de Comissão de Conciliação Prévia não possui estabilidade.
(C) deverá ajuizar reclamação escrita ou verbal a fim de instaurar inquérito para apuração de falta grave perante uma das Varas do Trabalho, dentro de quinze dias, contados da data da suspensão de João.
(D) deverá ajuizar reclamação escrita a fim de instaurar inquérito para apuração de falta grave perante uma das Varas do Trabalho, dentro de trinta dias, contados da data da suspensão de João.
(E) deverá ajuizar reclamação escrita a fim de instaurar inquérito para apuração de falta grave perante o Tribunal Regional do Trabalho competente, dentro de sessenta dias, contados da data da suspensão de João.

Art. 853 da CLT. Cumpre mencionar, contudo, que não é pacífica, na doutrina, como Mauro Schiavi, Manual de Direito Processual do Trabalho, 2ª ed. - são Paulo: LTr, 2009, pág. 951 a exigibilidade do inquérito judicial para a despedida de membro de

Comissão de Conciliação Prévia. Por outro lado, é pacífica a obrigatoriedade do inquérito (instrumento que surgiu como condicionante à despedida do trabalhador beneficiado pela estabilidade decenal) para a dispensa do dirigente sindical estável (Súmula 379 do TST: "O dirigente sindical somente poderá ser dispensado por falta grave mediante a apuração em inquérito judicial, inteligência dos arts. 494 e 543, § 3º, da CLT").

Gabarito "D"

15. MANDADO DE SEGURANÇA

(Analista – TRT/12ª – 2010 – FCC) A respeito do Mandado de Segurança, considere:

I. Em se tratando de execução provisória, fere direito líquido e certo do impetrante a determinação de penhora em dinheiro, quando nomeados outros bens à penhora.

II. A homologação de acordo constitui faculdade do juiz, inexistindo direito líquido e certo tutelável pela via do mandado de segurança.

III. A superveniência da sentença, nos autos originários, não faz perder o objeto do mandado de segurança que impugnava a concessão da tutela antecipada.

IV. Havendo discordância do credor, em execução definitiva, não tem o executado direito líquido e certo a que os valores penhorados em dinheiro fiquem depositados no próprio banco.

Está correto o que consta APENAS em

(A) II, III e IV.
(B) I, II e IV.
(C) I e II.
(D) II e IV.
(E) I e III.

I: assertiva correta (Súmula 417, III, do TST: "III – Em se tratando de execução provisória, fere direito líquido e certo do impetrante a determinação de penhora em dinheiro, quando nomeados outros bens à penhora, pois o executado tem direito a que a execução se processe da forma que lhe seja menos gravosa, nos termos do art. 620 do CPC"); **II:** assertiva correta (Súmula 418 do TST: "A concessão de liminar ou a homologação de acordo constituem faculdade do juiz, inexistindo direito líquido e certo tutelável pela via do mandado de segurança"); **III:** assertiva incorreta (Súmula 414, III, do TST: "III – A superveniência da sentença, nos autos originários, faz perder o objeto do mandado de segurança que impugnava a concessão da tutela antecipada (ou liminar)"); **IV:** assertiva correta (Súmula 417, II, do TST: "II – Havendo discordância do credor, em execução definitiva, não tem o executado direito líquido e certo a que os valores penhorados em dinheiro fiquem depositados no próprio banco, ainda que atenda aos requisitos do art. 666, I, do CPC").

Gabarito "B"

(Analista – TRT/16ª – 2009 – FCC) Considere as seguintes assertivas a respeito do mandado de segurança no âmbito do processo do trabalho:

I. Caberá mandado de segurança da decisão que cerceia direito de defesa da parte.

II. Não cabe mandado de segurança de decisão transitada em julgado.

III. Caberá mandado de segurança em face do deferimento de reintegração no emprego em ação cautelar.

IV. Fere direito líquido e certo a concessão de tutela antecipada para reintegração de empregado protegido por estabilidade provisória decorrente de norma coletiva.

É correto o que se afirma APENAS em

(A) II e III.
(B) I, III e IV.
(C) I e II.
(D) II, III e IV.
(E) I, II e III.

I: assertiva correta, nos termos dos arts. 5º, LXIX, da CF, e 1º da Lei 12.016/2009, desde que se trate de direito líquido e certo não amparado por *habeas corpus* ou *habeas data*; **II:** assertiva correta (Súmula 33 do TST: "Não cabe mandado de segurança de decisão judicial transitada em julgado"); **III:** assertiva correta (OJ 63 da SDI-2 do TST: "Comporta a impetração de mandado de segurança o deferimento de reintegração no emprego em ação cautelar"); **IV:** assertiva incorreta (OJ 64 da SDI-2 do TST: "Não fere direito líquido e certo a concessão de tutela antecipada para reintegração de empregado protegido por estabilidade provisória decorrente de lei ou norma coletiva").

Gabarito "E"

(Analista – TRT/20ª – 2011 – FCC) Considere as seguintes assertivas a respeito do mandado de segurança:

I. O *jus postulandi* das partes, estabelecido na CLT, alcança o mandado de segurança de competência do Tribunal Superior do Trabalho.

II. No caso de tutela antecipada concedida antes da sentença, caberá a impetração do mandado de segurança, em face da inexistência de recurso próprio.

III. Em regra, a antecipação da tutela concedida na sentença comporta impugnação pela via do mandado de segurança.

De acordo com o entendimento Sumulado do Tribunal Superior do Trabalho está correto o que se afirma APENAS em

(A) I e II.
(B) I e III.
(C) II.
(D) II e III.
(E) III.

I: assertiva incorreta (Súmula 425 do TST: "O *jus postulandi* das partes, estabelecido no art. 791 da CLT, limita-se às Varas do Trabalho e aos Tribunais Regionais do Trabalho, não alcançando a ação rescisória, a ação cautelar, o mandado de segurança e os recursos de competência do Tribunal Superior do Trabalho"); **II:** assertiva correta (Súmula 414, II, do TST: "II – No caso da tutela antecipada (ou liminar) ser concedida antes da sentença, cabe a impetração do mandado de segurança, em face da inexistência de recurso próprio"); **III:** assertiva incorreta (Súmula 414, I, do TST: "I – A antecipação da tutela concedida na sentença não comporta impugnação pela via do mandado de segurança, por ser impugnável mediante recurso ordinário. A ação cautelar é o meio próprio para se obter efeito suspensivo a recurso").

Gabarito "C"

(Analista – TRT/23ª – 2011 – FCC) Caberá mandado de segurança

(A) para impugnar despacho que acolheu ou indeferiu liminar em outro mandado de segurança.
(B) em execução provisória em face a determinação de penhora em dinheiro, quando nomeados outros bens à penhora.
(C) contra ato judicial passível de recurso.
(D) contra ato judicial passível de correição.
(E) contra lei em tese.

A: assertiva incorreta, nos termos da Súmula 418 do TST: "A concessão de liminar ou a homologação de acordo constituem faculdade do juiz, inexistindo direito líquido e certo tutelável pela via do mandado de segurança" (v. antiga OJ 140 da SDI2 do TST); **B:** assertiva correta (Súmula 417, III, do TST: "III – Em se tratando de execução provisória, fere direito líquido e certo do impetrante a determinação de penhora em dinheiro, quando nomeados outros bens à penhora, pois o executado tem direito a que a execução se processe da forma que lhe seja menos gravosa, nos termos do art. 620 do CPC"); **C:** assertiva incorreta (OJ 92 da SDI-2 do TST: "Não cabe mandado de segurança contra decisão judicial passível de reforma mediante recurso próprio, ainda que com efeito diferido"); **D:** assertiva incorreta (Súmula 267 do STF: "Não cabe mandado de segurança contra ato judicial passível de recurso ou correição"). O manejo do mandado de segurança para atacar atos judiciais é visto com muita ressalva, eis que o direito processual já concebe os meios adequados para o reexame das decisões (como regra, os recursos), ao passo que o mandado de segurança é uma ação vocacionada, genericamente, para a impugnação de atos de autoridades não tuteláveis pelo *habeas corpus* ou pelo *habeas data*. Portanto, o mandado de segurança não deve ser visto como simples supedâneo de recursos ou outras medidas provocativas de reexame comportadas pelo direito processual, como é o caso da reclamação correicional, devendo ser manejado subsidiariamente, isto é, nas hipóteses de inexistência de recurso (atente-se, contudo, para a OJ 99 da SDI-2 do TST: "Esgotadas as vias recursais existentes, não cabe mandado de segurança") ou outra medida destinada ao reexame do ato combatido. É importante ressaltar, todavia, que a reclamação correicional também é um instrumento processual um tanto ambíguo (destinado a corrigir atos judiciais suscetíveis de causar tumulto processual quando inexistir recurso idôneo a tanto – trata-se de instrumento de combate ao chamado *error in procedendo*, e não ao *error in judicando*), de modo que, na prática, é comum verificarmos a aceitação de mandados de segurança em atos que comportariam, em tese, reclamação correicional; **E:** assertiva incorreta (súmula 266 do STF: "Não cabe mandado de segurança contra lei em tese").

Gabarito "B"

(Analista – TRT/22ª – 2010 – FCC) O mandado de segurança

(A) não pode ser indeferido de plano tendo em vista a obrigatoriedade do recebimento das informações da autoridade coatora.
(B) é cabível em face de decisão judicial passível de correição.
(C) não é cabível em face de decisão judicial transitada em julgado.
(D) não é cabível em face da tutela antecipada concedida antes da sentença, independentemente do objeto da ação.
(E) não é cabível somente em face da tutela antecipada concedida antes da sentença que defere reintegração no emprego.

A: assertiva incorreta (art. 6º, § 5º, da Lei 12.016/2009); **B:** assertiva incorreta (OJ 92 da SDI-2 do TST: "Não cabe mandado de segurança contra decisão judicial passível de reforma mediante recurso próprio, ainda que com efeito diferido"); **C:** assertiva correta (OJ 99 da SDI-2 do TST: "Esgotadas as vias recursais existentes, não cabe mandado de segurança"); **D** e **E:** assertivas incorretas, nos termos da Súmula 414 do TST: "I – A antecipação da tutela concedida na sentença não comporta impugnação pela via do mandado de segurança, por ser impugnável mediante recurso ordinário. A ação cautelar é o meio próprio para se obter efeito suspensivo a recurso; II – No caso da tutela antecipada (ou liminar) ser concedida antes da sentença, cabe a impetração do mandado de segurança, em face da inexistência de recurso próprio; III – A superveniência da sentença, nos autos originários, faz perder o objeto do mandado de segurança que impugnava a concessão da tutela antecipada (ou liminar)" (v. OJs 63, 64 e 65 da SDI-2 do TST).

Gabarito "C".

(Analista – TRT/22ª – 2010 – FCC) Em sede de Mandado de Segurança,

(A) a concessão de liminar ou a homologação de acordo não constituem faculdade do juiz, existindo direito líquido e certo tutelável por esta via, devendo-se observar o prazo decadencial de 90 dias.
(B) a concessão de liminar ou a homologação de acordo constituem faculdade do juiz, inexistindo direito líquido e certo tutelável por esta via.
(C) apenas a concessão de liminar não constitui faculdade do juiz, existindo direito líquido e certo tutelável por esta via.
(D) apenas a homologação de acordo não constitui faculdade do juiz, existindo direito líquido e certo tutelável por esta via.
(E) a concessão de liminar ou a homologação de acordo não constituem faculdade do juiz, existindo direito líquido e certo tutelável por esta via, devendo-se observar o prazo decadencial de 120 dias.

Súmula 418 do TST: "A concessão de liminar ou a homologação de acordo constituem faculdade do juiz, inexistindo direito líquido e certo tutelável pela via do mandado de segurança".

Gabarito "B".

(Analista – TRT/24ª – 2011 – FCC) Considere as seguintes assertivas a respeito do Mandado de Segurança:

I. Não há direito líquido e certo à execução definitiva na pendência de Recurso Extraordinário, ou de Agravo de Instrumento visando a destrancá-lo.
II. Ajuizados Embargos de Terceiro para pleitear a desconstituição da penhora, é incabível a interposição de mandado de segurança com a mesma finalidade.
III. Constitui direito líquido e certo passível de ser tutelado através de Mandado de Segurança a negativa do juiz em homologar acordo entre as partes litigantes.
IV. É incabível a impetração de mandado de segurança contra ato judicial que, de ofício, arbitrou novo valor à causa, acarretando a majoração das custas processuais.

Está correto o que consta APENAS em

(A) III e IV.
(B) I e II.
(C) I, II e IV.
(D) I, II e III.
(E) II, III e IV.

I: assertiva correta (OJ 56 da SDI-2 do TST: "Não há direito líquido e certo à execução definitiva na pendência de recurso extraordinário, ou de agravo de instrumento visando a destrancá-lo"); **II:** assertiva correta (OJ 54 da SDI-2 do TST: " Ajuizados embargos de terceiro (CPC, art. 1.046) para pleitear a desconstituição da penhora, é incabível a interposição de mandado de segurança com a mesma finalidade"); **III:** assertiva incorreta (Súmula 418 do TST: "A concessão de liminar ou a homologação de acordo constituem faculdade do juiz, inexistindo direito líquido e certo tutelável pela via do mandado de segurança"); **IV:** assertiva correta (OJ 88 da SDI-2 do TST: "Incabível a impetração de mandado de segurança contra ato judicial que, de ofício, arbitrou novo valor à causa, acarretando a majoração das custas processuais, uma vez que cabia à parte, após recolher as custas, calculadas com base no valor dado à causa na inicial, interpor recurso ordinário e, posteriormente, agravo de instrumento no caso de o recurso ser considerado deserto").

Gabarito "C".

16. DEMANDAS COLETIVAS (DISSÍDIO COLETIVO, AÇÃO CIVIL PÚBLICA, AÇÃO DE CUMPRIMENTO)

(Analista – TRT/2ª – 2008 – FCC) No que diz respeito à Ação de Cumprimento, considere:

I. É dispensável o trânsito em julgado da sentença normativa para a propositura da ação de cumprimento.
II. Procede ação rescisória calcada em ofensa à coisa julgada perpetrada por decisão proferida em ação de cumprimento, em face da sentença normativa, na qual se louvava ter sido modificada em grau de recurso.
III. Há legitimidade concorrente para a propositura da ação de cumprimento, uma vez que tanto o sindicato quanto os empregados poderão propô-la.
IV. A competência para processar e julgar ação de cumprimento é, em regra, do Tribunal Regional do Trabalho de competência do local da prestação do serviço.

Está correto o que consta APENAS em

(A) I, II e III.
(B) I e III.
(C) II, III e IV.
(D) I e IV.
(E) II e III.

I: assertiva correta, eis que nos exatos termos da Súmula 246 do TST: "É dispensável o trânsito em julgado da sentença normativa para propositura da ação de cumprimento"; **II:** assertiva incorreta (Súmula 397 do TST: "Não procede ação rescisória calcada em ofensa à coisa julgada perpetrada por decisão proferida em ação de cumprimento, em face de a sentença normativa, na qual se louvava, ter sido modificada em grau de recurso, porque em dissídio coletivo somente se consubstancia coisa julgada formal. Assim, os meios processuais aptos a atacarem a execução da cláusula reformada são a exceção de pré-executividade e o mandado de segurança, no caso de descumprimento do art. 572 do CPC "); **III:** assertiva correta (art. 872, parágrafo único, da CLT); **IV:** assertiva incorreta, pois a competência é das Varas do Trabalho (art. 651 da CLT).

Gabarito "B".

(Analista – TRT/4ª – 2006 – FCC) Ocorrendo de um grupo de empregados ocupar uma fábrica, no curso de uma greve, como meio de pressionar o empregador para obter o acolhimento de reivindicações trabalhistas, a empresa poderá ajuizar perante a Justiça do Trabalho ação

(A) de reintegração de posse.
(B) rescisória.
(C) de despejo.
(D) de responsabilidade por dano à coletividade.
(E) civil pública.

Arts. 926 e 931 do CPC. (arts. 560 e 566 CPC/2015

Gabarito "A".

(Analista – TRT/8ª – 2010 – FCC) Determinado direito já foi reconhecido mediante sentença normativa, mas Gilson pretende ajuizar reclamação trabalhista para assegurar tal direito. Neste caso,

(A) Gilson poderá ajuizar reclamação trabalhista que seguirá obrigatoriamente o rito ordinário.
(B) há falta de interesse processual, devendo Gilson ajuizar ação de cumprimento, não sendo necessário que haja o trânsito em julgado da sentença normativa.
(C) há falta de interesse processual, devendo Gilson ajuizar ação de cumprimento, sendo necessário que haja o trânsito em julgado da sentença normativa.
(D) Gilson poderá ajuizar reclamação trabalhista que seguirá obrigatoriamente o rito sumário.
(E) Gilson deverá ajuizar execução provisória de sentença normativa, devendo depositar 50% do valor da causa a título de caução.

Súmula 246 do TST ("É dispensável o trânsito em julgado da sentença normativa para propositura da ação de cumprimento") e OJ 188 da SDI-1 do TST ("Falta interesse de agir para a ação individual, singular ou plúrima, quando o direito já foi reconhecido através de decisão normativa, cabendo, no caso, ação de cumprimento").

Gabarito "B"

(Analista – TRT/9ª – 2010 – FCC) Considere as seguintes assertivas a respeito da revisão da sentença normativa:

I. A revisão de sentença normativa poderá ser promovida por iniciativa do Tribunal prolator, do Ministério Público do Trabalho, dos sindicatos ou de empregador ou empregadores interessados no cumprimento da decisão.

II. Decorrido mais de seis meses de sua vigência, caberá revisão das decisões que fixarem condições de trabalho, quando tiverem sido modificadas as circunstâncias que as ditaram.

III. No pedido de revisão não é possível o acréscimo de novas condições de trabalho que não foram objeto do dissídio originário.

IV. A revisão será julgada pelo tribunal que tiver proferido a decisão, depois de ouvido o Ministério Público do Trabalho.

Está correto o que consta APENAS em

(A) III e IV.
(B) I, II e III.
(C) I e III.
(D) I, III e IV.
(E) I, II e IV.

I: assertiva correta (art. 874, *caput*, da CLT); **II:** assertiva incorreta, pois o prazo fixado pela legislação é de um ano (art. 873 da CLT); **III:** assertiva correta, uma vez que somente por novo dissídio coletivo é que poderão ser criadas novas condições de trabalho; **IV:** assertiva correta (art. 875 da CLT).

Gabarito "D"

(Analista – TRT/15ª – 2009 – FCC) Um dissídio coletivo não foi ajuizado dentro dos sessenta dias anteriores ao termo final da Convenção Coletiva vigente de uma categoria de trabalho, tendo sido ajuizado após este prazo. Neste caso, a sentença normativa vigorará a partir

(A) da data de sua publicação.
(B) da data de seu ajuizamento.
(C) da data do seu trânsito em julgado.
(D) do dia imediato ao termo final de vigência da convenção coletiva.
(E) do dia seguinte à publicação do seu trânsito em julgado.

Havendo convenção, acordo ou sentença normativa em vigor, o dissídio coletivo deverá ser instaurado dentro dos sessenta dias anteriores ao respectivo termo final, para que o novo instrumento possa ter vigência no dia imediato a esse termo (art. 616, § 3º, da CLT). Na hipótese, deu-se a perda da data-base pelo ajuizamento extemporâneo do dissídio (que poderia haver sido precedido da ação para manutenção de data-base, na hipótese das negociações não haverem se findado até os sessenta dias que antecedem o término da vigência de instrumento coletivo), conforme art. 868 da CLT.

Gabarito "A"

(Analista – TRT/15ª – 2009 – FCC) Os dissídios coletivos para interpretação de cláusulas de convenções coletivas e os dissídios coletivos para interpretação de disposições legais particulares de categoria profissional ou econômica classificam-se em dissídios coletivos de natureza

(A) jurídica.
(B) econômica.
(C) jurídica e econômica, respectivamente.
(D) econômica e jurídica, respectivamente.
(E) de interesse e econômica, respectivamente.

São jurídicos, ou de interpretação, os dissídios coletivos que objetivem a interpretação ou a declaração de alcance de normas coletivas ou heterônomas que particularmente afetam a categoria, enquanto que são econômicos, ou de interesse, os dissídios coletivos que objetivem a criação, extinção ou modificação das condições de trabalho. Alude-se, outrossim, aos dissídios coletivos de natureza mista, que mesclam ambas as pretensões sobreditas, como é o caso do dissídio de greve (busca-se a declaração da legalidade do movimento e novas condições de trabalho).

Gabarito "A"

(Analista – TRT/16ª – 2009 – FCC) Considere as seguintes situações:

I. Contratação de empregados por autarquia federal sem prévio Concurso Público.

II. Greve no serviço de saúde com o não atendimento das necessidades inadiáveis da comunidade.

III. Dispensa coletiva de trabalhadores durante uma greve, como forma de retaliação.

IV. Atraso ou sonegação de salário dos empregados de determinada empresa.

Trata-se de situação concreta da existência de interesses e direitos difusos a serem tutelados pelo Ministério Público do Trabalho por meio da competente Ação Civil Pública as indicadas APENAS em

(A) III e IV.
(B) I.
(C) I, II e III.
(D) I e II.
(E) II, III e IV.

Embora todas as hipóteses sejam tuteláveis pelo Ministério Público do Trabalho por meio da ação civil pública, apenas as alternativas I e II versam sobre interesses difusos (art. 81, I, da Lei 8.078/1990 – Código de Defesa do Consumidor); III trata de direitos coletivos em sentido estrito (art. 81, II, da Lei 8.078/1990); e IV trata de direitos individuais homogêneos (art. 81, III, da Lei 8.078/1990).

Gabarito "D"

(Analista – TRT/23ª – 2011 – FCC) Segundo a Consolidação das Leis do Trabalho, a decisão sobre novas condições de trabalho poderá também ser estendida a todos os empregados da mesma categoria profissional compreendida na jurisdição do Tribunal por solicitação, dentre outros, de

(A) 1 ou mais empregadores.
(B) no mínimo dois sindicatos de empregados.
(C) no mínimo três sindicatos de empregadores.
(D) no mínimo dez empregadores.
(E) no mínimo cinco sindicatos de empregados.

Art. 869 da CLT.

Gabarito "A"

(Analista – TRT/17ª – 2009 – CESPE) Julgue o item subsequente, relativo ao processo judiciário do trabalho.

(1) Nos dissídios a respeito da estipulação de salários, são estabelecidas condições que, assegurando justos salários aos trabalhadores, permitem também justa retribuição às empresas interessadas.

1: assertiva correta. Trata-se do princípio da razoabilidade que deve nortear o magistrado no julgamento do dissídio coletivo, marcado por ampla margem de discricionariedade.

Gabarito 1C

(Analista – TRT/18ª – 2008 – FCC) No que diz respeito à extensão das decisões em Dissídios Coletivos, analise:

I. O Tribunal que houver julgado o dissídio coletivo fixará a data em que a decisão deve entrar em execução, bem como o prazo de sua vigência, o qual não pode ser superior a quatro anos.

II. Em regra, nos dissídios de natureza jurídica que não tratarem de condições de trabalho, as decisões poderão ser estendidas a todos os empregados da mesma categoria profissional compreendida na jurisdição do Tribunal competente.

III. Sempre que o Tribunal competente estender a decisão em dissídio coletivo marcará a data em que a extensão deva entrar em vigor.

IV. Mesmo em dissídio coletivo que for suscitado em nome de toda a categoria, haverá necessidade da extensão das decisões, tendo em vista que a decisão não possuirá eficácia *erga omnes*.

De acordo com a Consolidação das Leis do Trabalho, está correto o que consta APENAS em

(A) II e IV.
(B) I e III.
(C) III e IV.
(D) I e II.
(E) I, II e III.

I: assertiva correta (art. 868, parágrafo único, da CLT); **II:** assertiva incorreta, pois o art. 869 da CLT não contém tal limitação; **III:** assertiva correta (art. 868, parágrafo único, da CLT); **IV:** assertiva incorreta; trata-se de possibilidade de extensão, e não de necessidade (art. 868, *caput*, da CLT).

Gabarito "B".

17. RECURSOS

(Técnico – TRT/19ª – 2015 – FCC) Dispõe a legislação competente que no caso de indeferimento da petição inicial, o autor poderá recorrer, sendo facultado ao juiz, no prazo legal, reformar a decisão. Nesse caso, no tocante aos efeitos dos recursos, esta possibilidade de reforma da decisão pelo Magistrado trata-se, especificamente, do efeito

(A) regressivo.
(B) substitutivo.
(C) translativo.
(D) devolutivo.
(E) do processamento subjetivo.

A: opção correta, pois o efeito regressivo consiste na possibilidade de o próprio órgão que prolatou a decisão retratar-se. Dispõe o art. 296 do CPC "Indeferida a petição inicial, o autor poderá apelar, facultado ao juiz, no prazo de 48 (quarenta e oito) horas, reformar sua decisão." (Atenção, o art. 331 do CPC/2015 confere ao juiz prazo de 5 dias para retratação) **B:** opção incorreta, pois o efeito substitutivo ensina que a decisão proferida no acórdão prolatado pelo Tribunal hierarquicamente superior, substituirá a decisão dada na instância inferior. **C:** opção incorreta, pois o efeito translativo consiste na possibilidade do Tribunal conhecer de matérias não invocadas pelo recorrente no corpo de seu recurso. **D:** opção incorreta, pois o efeito devolutivo consiste em devolver ao Tribunal a apreciação da matéria objeto do recurso, propiciando o reexame da decisão judicial e novo julgamento da questão. **E:** opção incorreta, pois não se trata de efeito do processamento individual do recurso.

Gabarito "A".

(Técnico – TRT/19ª – 2015 – FCC) Constitui pressuposto intrínseco do recurso de revista

(A) a tempestividade.
(B) a sucumbência.
(C) a divergência jurisprudencial.
(D) a regularidade de representação.
(E) o preparo.

A: opção incorreta, pois a tempestividade é um pressuposto extrínseco do recurso. **B:** opção incorreta, pois a sucumbência não é pressuposto recursal. O que constitui, também, verdadeiro pressuposto intrínseco do recurso é o interesse recursal. **C:** opção correta, pois por pressuposto intrínseco podemos entender como aquele próprio do recurso de revista. Assim, a divergência jurisprudencial é um pressuposto intrínseco do recurso de revista pautado nas alíneas "*a*" e "*b*" do art. 896 da CLT. **D:** opção incorreta, pois a regularidade de representação é um pressuposto extrínseco do recurso. **E:** opção incorreta, pois o preparo (recolhimento de custas e depósito recursal, este último apenas em se tratando de empregador) constitui pressuposto extrínseco do recurso.

Gabarito "C".

(Técnico – TRT/16ª – 2015 – FCC) Considere a seguinte hipótese: Reclamação trabalhista ajuizada perante o Juiz de Direito, tendo em vista que aquela localidade não estava abrangida por jurisdição de Vara do Trabalho, sendo pelo mesmo processada e julgada. Inconformadas as partes com o teor da sentença, devem interpor recurso

(A) de apelação para o Tribunal de Justiça do Estado.
(B) de apelação para o Tribunal Regional do Trabalho.
(C) ordinário para o Tribunal de Justiça do Estado.
(D) ordinário para o Tribunal Regional do Trabalho.
(E) especial para o Superior Tribunal de Justiça.

"D" é a opção correta. Nos termos do art. 112 da CF nas localidades não abrangidas por jurisdição de Vara do Trabalho, ou seja, nas localidades onde não haja Vara do Trabalho, a competência para apreciação das demandas de natureza trabalhista será atribuída aos juízes de direito, com recurso para o respectivo Tribunal Regional do Trabalho.

Gabarito "D".

(Técnico – TRT/3ª – 2015 – FCC) Considere as seguintes hipóteses:

I. Indeferimento da petição inicial.
II. Indeferimento do requerimento da realização de perícia para apuração de periculosidade.
III. Juiz acolhe alegação de litispendência.
IV. Juiz acolhe alegação de coisa julgada.

Caberá Recurso Ordinário nas hipóteses indicadas APENAS em

(A) I e III.
(B) I e II.
(C) I, III e IV.
(D) II, III e IV.
(E) II e IV.

I: opção correta, pois decisão que indefere a petição inicial extingue o processo sem resolução do mérito (art. 267 CPC) (485 CPC/2015) e por isso possui natureza jurídica de sentença, nos termos do art. 162, § 1º, do CPC (art. 203, § 1º CPC/2015). **II:** opção incorreta, pois a decisão que indefere o requerimento de perícia possui natureza de decisão interlocutória, em conformidade com o art. 162, § 2º, do CPC (art. 203, § 2º, CPC/2015), não desafiando a interposição de recurso ordinário, art. 893, § 1º, da CLT. **III:** opção correta, pois em conformidade com o art. 162, § 1º, da CLT a decisão que acata a litispendência possui natureza de sentença e extingue o processo sem resolução de mérito. **IV:** opção correta, pois em conformidade com o art. 162, § 1º, do CPC (art. 203, § 1º, CPC/2015) a decisão que acolhe a alegação de coisa julgada extingue o processo sem resolução de mérito (art. 267 CPC) (art. 485 CPC/2015) possui natureza jurídica de sentença.

Gabarito "C".

(Técnico – TRT/3ª – 2015 – FCC) Na execução de sentença proferida em reclamação trabalhista, contra as decisões dos Tribunais Regionais do Trabalho

(A) não caberá Recurso de Revista, salvo na hipótese de ofensa direta e literal de norma estadual ou federal.
(B) caberá, em qualquer hipótese, Recurso de Revista, no prazo de oito dias.
(C) não caberá Recurso de Revista, salvo na hipótese de ofensa à súmula ou jurisprudência consolidada do Tribunal Superior do Trabalho.
(D) caberá, em qualquer hipótese, Recurso de Revista, no prazo de quinze dias.
(E) não caberá Recurso de Revista, exceto quando ocorrer ofensa direta e literal de norma da Constituição Federal.

A: opção incorreta, pois na fase de execução não caberá recurso de revista por ofensa direta e literal de norma estadual ou federal. Veja art. 896, §§ 2º e 10º, da CLT. **B:** opção incorreta, pois na fase de execução o recurso de revista está restrito a hipótese de ofensa direta e literal de norma da Constituição Federal. Ademais, caberá recurso de revista por violação à lei federal, por divergência jurisprudencial e por ofensa à Constituição Federal nas execuções fiscais e nas controvérsias da fase de execução que envolvam a Certidão Negativa de Débitos Trabalhistas (CNDT). **C:** opção incorreta, pois o recurso de revista na hipótese de ofensa à súmula ou jurisprudência consolidada do TST é prevista para a fase de conhecimento no procedimento ordinário. **D:** opção incorreta, pois as hipóteses de cabimento de recurso de revista estão previstas nos §§ 2º e 10º do art. 896 da CLT e seu prazo será de 8 dias, art. 6º da Lei 5.584/1970. **E:** opção correta, pois reflete o disposto no art. 896, § 2º, da CLT.

Gabarito "E".

(Técnico Judiciário – TRT9 – 2012 – FCC) Vênus foi dispensada da empresa Néctar dos Deuses S/A por justa causa. Ajuizou reclamação trabalhista para questionar o motivo da rescisão e postular indenização por dispensa imotivada. Ocorre que a ação foi julgada improcedente pelo Juiz da Vara do Trabalho. Inconformada, Vênus resolveu recorrer da sentença. Nessa situação, é cabível interpor

(A) recurso ordinário, no prazo de 05 dias.
(B) embargos de declaração, no prazo de 05 dias.
(C) recurso de revista, no prazo de 08 dias.
(D) apelação, no prazo de 15 dias.
(E) recurso ordinário, no prazo de 08 dias.

A: opção incorreta, pois o prazo para o recurso ordinário é de 8 dias, nos termos do art. 895, I, da CLT. **B:** opção incorreta, pois os embargos de declaração é o recurso cabível das sentenças que contenham omissão, contradição ou obscuridade, nos termos do art. 897-A, *caput*, da CLT. **C:** opção incorreta, pois o recurso de revista é o recurso cabível das decisões proferidas pelo TRT, nos termos do art. 896 da CLT. **D:** opção incorreta, pois no processo do trabalho não existe o recurso de apelação. Nesse caso, tendo em vista a existência de recursos próprios, não se aplica o CPC de forma subsidiária (art. 769 da CLT.). **E:** opção correta, pois reflete o disposto no art. 895, I, da CLT.

Gabarito "E".

(Técnico Judiciário – TRT/2ª – 2008 – FCC) A respeito dos recursos em matéria trabalhista, é INCORRETO afirmar:

(A) Cabe agravo de instrumento contra decisão que negar seguimento a recurso ordinário.

(B) Cabe agravo de petição contra a sentença que homologa o cálculo em execução de sentença, desacolhendo parcialmente impugnação do reclamado.
(C) Cabe agravo regimental para o Tribunal Pleno do TST das decisões proferidas pelo Corregedor do TST.
(D) Pode o reclamante interpor recurso ordinário contra a decisão que homologa acordo entre as partes.
(E) Os embargos de declaração são cabíveis para impugnar sentença ou acórdão quando ocorrer omissão, obscuridade ou contradição.

A: assertiva correta, art. 897, *b*, da CLT; **B:** assertiva correta, art. 897, *a*, da CLT; **C:** assertiva correta, art. 709, §1º da CLT; **D:** assertiva incorreta, devendo ser assinalada, súmula 259 do TST (todavia, poderá o INSS recorrer); **E:** assertiva correta, art. 897-A, *caput*, da CLT.

Gabarito "D".

(Técnico – TRT/6ª – 2012 – FCC) Considere:

I. Recurso Ordinário.
II. Embargos de Declaração em Recurso Ordinário.
III. Ação Rescisória.
IV. Recurso de Revista.
V. Agravo de Petição de decisão proferida por Vara do Trabalho.

O *jus postulandi* das partes NÃO alcança as hipóteses indicadas APENAS em:

(A) I, II e V.
(B) III, IV e V.
(C) III e IV.
(D) II, III e IV.
(E) I, II e IV.

Súmula 425 do TST.

Gabarito "C".

(Técnico – TRT/6ª – 2012 – FCC) De decisão não unânime do Tribunal Superior do Trabalho que estender sentença normativa e das decisões definitivas dos Tribunais Regionais do Trabalho em processos de sua competência originária, ainda não transitados em julgados, caberá:

(A) Embargos e Agravo de Petição, respectivamente.
(B) Embargos e Recurso Ordinário, respectivamente.
(C) Recurso de Revista e Recurso Ordinário, respectivamente.
(D) Embargos.
(E) Recurso de Revista.

Arts. 894, I, *a*, e 895, II, da CLT.

Gabarito "B".

(Técnico Judiciário – TRT/6ª – 2006 – FCC) Um reclamante ajuizou reclamação trabalhista à qual atribuiu o valor de R$ 5.000,00. Proferida a sentença, o juiz fixou a condenação no valor de R$ 8.000,00. Pretendendo recorrer, a reclamada deverá recolher as custas processuais no valor de:

(A) R$ 50,00 (cinquenta reais).
(B) R$ 100,00 (cem reais).
(C) R$ 160,00 (cento e sessenta reais).
(D) R$ 250,00 (duzentos e cinquenta reais).
(E) R$ 400,00 (quatrocentos reais).

Art. 789, I e § 1º, segunda parte, da CLT.

Gabarito "C".

(Técnico Judiciário – TRT/6ª – 2006 – FCC) O prazo para interposição do recurso ordinário é de:

(A) 5 (cinco) dias.
(B) 8 (oito) dias.
(C) 10 (dez) dias.
(D) 15 (quinze) dias.
(E) 30 (trinta) dias.

Art. 895 da CLT.

Gabarito "B".

(Técnico Judiciário – TRT/6ª – 2006 – FCC) Da decisão que nega seguimento a recurso, por deserto, cabe:

(A) agravo regimental.
(B) agravo de petição.
(C) agravo de instrumento.
(D) apelação.
(E) recurso de revista.

Art. 897, *b*, da CLT.

Gabarito "C".

(Técnico Judiciário – TRT/7ª – 2009 – FCC) Observe as assertivas abaixo a respeito dos Embargos de Declaração.

I. Os Embargos de Declaração serão opostos quando existir contradição ou omissão na sentença ou acórdão.
II. O prazo para interposição dos Embargos de Declaração da sentença é de dez dias.
III. A interposição dos Embargos de Declaração interrompe o prazo para qualquer recurso.
IV. Os Embargos de Declaração são processados e julgados pelo próprio juízo prolator da decisão embargada e, quando opostos em face de acórdão de TRT, devem ser dirigidos ao juiz relator.
V. O prazo para a interposição para Embargos de Declaração de acórdão é de três dias.

É correto o que se afirma APENAS em:

(A) I, III e IV.
(B) II e V.
(C) I, II e III.
(D) I, II, III e V.
(E) III e IV.

I: opção correta, pois reflete o disposto no art. 897-A, *caput*, da CLT. **II:** opção incorreta, pois nos termos do art.897-A, *caput*, da CLT deverão ser opostos no prazo de 5 dias. **III:** opção correta, pois reflete o disposto no art. 897-A, § 3º, da CLT. **IV:** opção correta, pois reflete o disposto nos arts. 536 e 537 do CPC (arts. 1.023 e 1.024, § 1º, CPC/2015). **V:** opção incorreta, pois nos termos do *caput* do art. 897-A da CLT o prazo é de 5 dias.

Gabarito "A".

(Técnico Judiciário – TRT/7ª – 2009 – FCC) Das decisões definitivas dos Tribunais Regionais de Trabalho em processos de sua competência originária, é cabível:

(A) Agravo Regimental, no prazo de dez dias.
(B) Agravo Regimental, no prazo de oito dias.
(C) Agravo de Instrumento, no prazo de oito dias.
(D) Recurso Ordinário, no prazo de oito dias.
(E) Recurso Ordinário, no prazo de dez dias.

Art. 895, II, da CLT.

Gabarito "D".

(Técnico Judiciário – TRT/7ª – 2009 – FCC) Considere as assertivas abaixo a respeito do Agravo de Instrumento.

I. Caberá Agravo de Instrumento, dentre outras hipóteses, contra decisão que denegar seguimento a Recurso Ordinário.
II. O Agravo de Instrumento será julgado pelo Tribunal que seria competente para conhecer o recurso cuja interposição foi denegada.
III. O Agravo de Instrumento interposto contra o despacho que não receber Agravo de Petição, suspende a execução da sentença.
IV. O prazo para interposição de Agravo de Instrumento é de oito dias.

É correto o que se afirma em:

(A) III e IV, apenas.
(B) I, II e IV, apenas.
(C) I, II e III, apenas.
(D) I, II, III e IV.
(E) I e III, apenas.

I: correta, art. 897, *b*, da CLT; **II:** correta, art. 897, § 4º, da CLT; **III:** incorreta, dispõe o art. 897, § 2º, da CLT que "o agravo de instrumento interposto contra o despacho que não receber agravo de petição não suspende a execução da sentença"; **IV:** correta, art. 897, *b*, da CLT.

Gabarito "B".

(Técnico Judiciário – TRT/7ª – 2009 – FCC) As hipóteses de cabimento de Agravo Regimental vêm sempre previstas:

(A) no Regimento Interno dos Tribunais, e o prazo para sua interposição no Tribunal Superior do Trabalho é de dez dias.
(B) na Constituição Federal, e o prazo para sua interposição no Tribunal Superior do Trabalho é de dez dias.

(C) no Regimento Interno dos Tribunais, e o prazo para sua interposição no Tribunal Superior do Trabalho é de oito dias.

(D) na Consolidação das Leis do Trabalho, e o prazo para sua interposição no Tribunal Superior do Trabalho é de cinco dias.

(E) na Constituição Federal, e o prazo para sua interposição no Tribunal Superior do Trabalho é de oito dias.

A expressão "sempre" torna o enunciado controvertido, eis que conquanto se trate o agravo regimental de recurso previsto nos regimentos internos dos tribunais, o art. 709, § 1º, da CLT e a Lei 7.701/1988 também veiculam hipóteses de agravo regimental. Quanto ao prazo, segue a regra geral dos recursos trabalhistas prescrita pelo art. 6º da Lei 5.584/70 de oito dias, excepcionada na hipótese de embargos de declaração (neste sentido prevê o art. 241 do Regimento Interno do TST).

Gabarito "C".

(Técnico Judiciário – TRT/7ª – 2009 – FCC) Da decisão proferida na fase de execução caberá, ao Tribunal Regional do Trabalho, desde que o recorrente delimite, justificadamente, as matérias e os valores impugnados, Agravo:

(A) de Petição, no prazo de dez dias.

(B) de Petição, no prazo de oito dias.

(C) Regimental, no prazo de oito dias.

(D) de Instrumento, no prazo de oito dias.

(E) de Instrumento, no prazo de dez dias.

Art. 897, *a*, da CLT.

Gabarito "B".

(Técnico Judiciário – TRT/9º – 2010 – FCC) Joana e Gabriela, empregadas da empresa Z, ajuizaram reclamações trabalhistas distintas tendo em vista a demissão sem justa causa de ambas as empregadas. A petição inicial da reclamação trabalhista de Joana foi indeferida em razão da sua inépcia e a reclamação trabalhista de Gabriela foi arquivada em razão do seu não comparecimento à audiência. Ambas pretendem recorrer destas decisões. Nestes casos,

(A) não caberá recurso em ambas as reclamações.

(B) caberá agravo de petição em ambas as reclamações.

(C) caberá agravo de instrumento em ambas as reclamações.

(D) caberá recurso ordinário em ambas as reclamações.

(E) caberá recurso ordinário somente na reclamação trabalhista de Joana.

Art. 895, I, da CLT.

Gabarito "D".

(Técnico Judiciário – TRT/9º – 2010 – FCC) Em uma execução de reclamação trabalhista, foi proferida decisão em agravo de petição por Turma de Tribunal Regional do Trabalho, que ofendeu direta e literalmente norma da Constituição Federal. Neste caso,

(A) caberá Embargos de divergência para o Tribunal Superior do Trabalho.

(B) não caberá recurso por expressa disposição legal.

(C) caberá agravo de instrumento.

(D) caberá recurso de revista.

(E) caberá Embargos de divergência para o próprio Tribunal que proferiu a decisão.

Art. 896, § 2º, da CLT.

Gabarito "D".

(Técnico Judiciário – TRT/11ª – 2005 – FCC) NÃO se inclui no elenco dos recursos admissíveis contra as decisões dos juízes e dos Tribunais Regionais do Trabalho:

(A) recurso de embargos.

(B) recurso ordinário.

(C) recurso de revista.

(D) agravo.

(E) recurso extraordinário.

Art. 893 da CLT.

Gabarito "E".

(Técnico Judiciário – TRT/18ª – 2008 – FCC) De acordo com a Consolidação das Leis do Trabalho, em regra, nas reclamações sujeitas ao procedimento sumaríssimo, o recurso ordinário:

(A) será distribuído de imediato ao Procurador do Trabalho designado, que terá o prazo de dez dias para encaminhá-lo ao relator, com a emissão de parecer escrito.

(B) será distribuído de imediato ao relator designado, que deverá encaminhá-lo para o revisor no prazo máximo de 15 dias contados da distribuição.

(C) terá parecer escrito do representante do Ministério Público, que deverá apresentá-lo no prazo máximo de dez dias contados do recebimento do processo.

(D) será distribuído de imediato ao relator designado, que deverá liberá-lo para pauta de julgamento no máximo em 30 dias contados da distribuição.

(E) terá acórdão consistente unicamente na certidão de julgamento, com a indicação suficiente do processo e parte dispositiva, e das razões de decidir do voto prevalente.

A, B e **D:** incorretas, estipula o art. 895, § 1º, II, da CLT que o recurso ordinário "será imediatamente distribuído, uma vez recebido no Tribunal, devendo o relator liberá-lo no prazo máximo de dez dias, e a Secretaria do Tribunal ou Turma colocá-lo imediatamente em pauta para julgamento, sem revisor"; **C:** incorreta, pois o recurso ordinário "terá parecer oral do representante do Ministério Público presente à sessão de julgamento, se este entender necessário o parecer, com registro na certidão" (art. 895, § 1º, III, da CLT); **E:** correta, art. 895, § 1º, IV, da CLT.

Gabarito "E".

(Técnico Judiciário – TRT/18ª – 2008 – FCC) A empresa W foi intimada de decisão de magistrado na execução de sentença proferida na reclamação trabalhista promovida por José, seu ex-empregado. Neste caso, a empresa W terá:

(A) dez dias para interpor Agravo de Instrumento, sendo que os prazos processuais contam-se com inclusão do dia do começo e exclusão do dia do vencimento.

(B) oito dias para interpor Agravo de Petição, sendo que os prazos processuais contam-se com inclusão do dia do começo e exclusão do dia do vencimento.

(C) oito dias para interpor Recurso Ordinário, sendo que os prazos processuais contam-se com inclusão do dia do começo e exclusão do dia do vencimento.

(D) dez dias para interpor Agravo de Instrumento, sendo que os prazos processuais contam-se com exclusão do dia do começo e inclusão do dia do vencimento.

(E) oito dias para interpor Agravo de Petição, sendo que os prazos processuais contam-se com exclusão do dia do começo e inclusão do dia do vencimento.

Art. 897, *b*, da CLT.

Gabarito "E".

(Técnico Judiciário – TRT/18ª – 2008 – FCC) De acordo com a Consolidação das Leis do Trabalho, em regra, da decisão interlocutória proferida por magistrado em exceção de suspeição:

(A) caberá recurso ordinário para o Tribunal Regional do Trabalho competente no prazo de oito dias.

(B) não caberá recurso, cabendo exame apenas no recurso que couber da decisão final.

(C) caberá recurso ordinário para o Tribunal Superior do Trabalho no prazo de oito dias.

(D) caberá agravo de instrumento para o Tribunal Regional do Trabalho competente no prazo de dez dias.

(E) caberá recurso ordinário para o Tribunal Regional do Trabalho competente no prazo de dez dias.

Art. 893, § 1º, da CLT.

Gabarito "B".

(Técnico Judiciário – TRT/20ª – 2011 – FCC) Joana ajuizou reclamação trabalhista em face da sua ex-empregadora, a empresa ABCD. A reclamação trabalhista foi julgada procedente e a empresa interpôs recurso ordinário. O referido recurso foi considerado intempestivo pelo juiz *a quo* que lhe negou seguimento. A empresa interpôs agravo de instrumento demonstrando que o recurso era tempestivo em razão da ocorrência de um feriado local. No agravo de Instrumento, o juiz *a quo*, verificando a existência real do feriado, reconsiderou a sua decisão e conheceu do recurso principal. Neste caso,

(A) ocorreu o efeito regressivo do recurso de Agravo de Instrumento.
(B) o juiz *a quo* não agiu corretamente porque só o Tribunal competente é que poderia reformar a decisão, não havendo juízo de retratação em Agravo de Instrumento.
(C) Joana deverá interpor agravo de instrumento no prazo de oito dias em face desta decisão que admitiu o recurso ordinário através de reconsideração.
(D) ocorreu o efeito extensivo do recurso de Agravo de Instrumento.
(E) Joana deverá interpor Agravo de Petição no prazo de oito dias em face desta decisão que admitiu o recurso ordinário através de reconsideração.

A: correta, por definição. Efeito regressivo dos recursos é aquele que permite ao juiz prolator da decisão atacada revê sua decisão (trata-se do chamado juízo de retratação). O efeito regressivo está sempre presente no recurso de Agravo de Instrumento. No Recurso Ordinário, em regra inexiste tal efeito. Excepcionalmente, no entanto, em hipóteses de sentença liminar de improcedência da demanda ou de indeferimento da inicial, é defensável a tese da possibilidade do juiz cassar a própria sentença diante de um Recurso Ordinário, com fundamento nos arts. 285-A, § 1º, e 296 do Código de Processo Civil (arts. 332, § 3º e 331 CPC/2015).

Gabarito "A"

(Técnico Judiciário – TRT/20ª – 2011 – FCC) Na Justiça do Trabalho, os Embargos de Declaração são cabíveis no prazo de

(A) três dias, havendo omissão, contradição ou obscuridade no julgado.
(B) cinco dias, havendo omissão, contradição ou obscuridade no julgado.
(C) 48 horas em atenção ao princípio da celeridade processual.
(D) oito dias, havendo omissão, contradição ou obscuridade no julgado.
(E) 24 horas em atenção ao princípio da celeridade processual.

Art. 897-A, *caput*, da CLT.

Gabarito "B"

(Técnico Judiciário – TRT/20ª – 2006 – FCC) De acordo com a Consolidação das Leis do Trabalho, das decisões do Juiz nas execuções caberá:

(A) embargos, no prazo de 10 dias.
(B) embargos, no prazo de 8 dias.
(C) agravo de Petição, no prazo de 8 dias.
(D) agravo de Petição, no prazo de 10 dias.
(E) recurso Ordinário, no prazo de 8 dias.

Art. 897, *a*, da CLT.

Gabarito "C"

(Técnico Judiciário – TRT/22ª – 2010 – FCC) Com relação aos recursos na Justiça do Trabalho:

(A) Cabe agravo de instrumento, no prazo de dez dias, dos despachos que denegarem a interposição de recursos.
(B) Cabe recurso ordinário para a instância superior das decisões definitivas ou terminativas das Varas e Juízos, no prazo de dez dias.
(C) Cabe recurso ordinário para a instância superior das decisões definitivas ou terminativas das Varas e Juízos, no prazo de oito dias.
(D) O agravo de instrumento interposto contra o despacho que não receber agravo de petição suspende a execução da sentença.
(E) Caberão embargos de declaração da sentença ou acórdão, no prazo de oito dias, devendo seu julgamento ocorrer na primeira audiência ou sessão subsequente a sua apresentação.

Art. 895, I, da CLT.

Gabarito "C"

(Técnico Judiciário – TRT/23ª – 2007 – FCC) Das decisões definitivas das Varas do Trabalho, pode ser interposto para a instância superior:

(A) recurso extraordinário e de revista.
(B) recurso ordinário.
(C) recurso de revista.
(D) agravo de petição.
(E) agravo de instrumento.

Art. 895, I, da CLT.

Gabarito "B"

(Técnico Judiciário – TRT/23ª – 2007 – FCC) Proferida a decisão, os evidentes erros de cálculo dela constantes, antes da execução, poderão ser corrigidos

(A) somente pela Procuradoria da Justiça do Trabalho.
(B) somente a requerimento das partes.
(C) apenas pela superior instância, se houver recurso.
(D) pela secretaria do juízo.
(E) pelo juiz *ex officio*.

Art. 897-A, § 1º, da CLT.

Gabarito "E"

(Técnico Judiciário – TRT/5ª – 2008 – CESPE) Julgue os itens subsequentes, relativos aos recursos no processo do trabalho.

(1) O Código de Processo Civil (CPC) estabelece prazo em dobro para litisconsortes com procuradores distintos. Tal regra não se aplica ao processo do trabalho, pois é incompatível com o princípio da celeridade inerente ao processo trabalhista.
(2) O recurso cabível contra as decisões proferidas pelo juiz do trabalho em execuções é o agravo de petição.
(3) É admissível a interposição de recursos por fax, desde que os originais sejam juntados ao processo em cinco dias, contados a partir do dia subsequente ao término do prazo recursal.
(4) O depósito recursal é requisito de conhecimento do recurso ordinário.
(5) A apresentação das contrarrazões de um recurso é obrigatória.

1: opção correta, pois nos termos da OJ 310 da SDI-1 do TST a regra contida no art. 191 do CPC (art. 229 CPC/2015) é inaplicável ao processo do trabalho, em decorrência da sua incompatibilidade com o princípio da celeridade inerente ao processo trabalhista; **2:** opção correta, pois reflete o disposto no art. 897, *a*, da CLT; **3:** opção correta, pois reflete o disposto no art. 2º da Lei 9.800/1999 e Súmula 387 do TST; **4:** opção correta, pois reflete o entendimento disposto no art. 899, §1º, da CLT, Lei 8.177/1991, IN 03/93 do TST e súmula 128 do TST; **5:** opção incorreta, pois trata-se de um ônus processual previsto no art. 900 da CLT, mas não de um dever, pois a não apresentação, embora possa acarretar uma desvantagem no processo, não acarreta sanção.

Gabarito 1C, 2C, 3C, 4C, 5E

(Técnico Judiciário – TRT/9ª – 2007 – CESPE) Julgue os itens a seguir.

(1) Quando as partes são intimadas na data da audiência de publicação da sentença, o prazo para recurso inicia-se no dia do julgamento.
(2) Ao sentenciar, o juiz deve arbitrar o valor da condenação, quando não for possível desde logo liquidá-la, mas o valor assim fixado provisoriamente apenas tem efeito para fins de custas ou de depósito no caso de recurso, eis que necessária a apuração do efetivamente devido por meio de cálculo, arbitramento ou artigos, em sendo a sentença ilíquida.
(3) Contra as decisões proferidas pelos juízes do trabalho apenas cabe a interposição para o TRT do recurso ordinário ou do agravo de instrumento.

1: incorreta, o prazo inicia-se no dia seguinte ao da audiência (art. 775 da CLT); **2:** correta, arts. 789, § 2º, e 879 da CLT; **3:** incorreta, há, outrossim, o recurso de agravo de petição.

Gabarito 1E, 2C, 3E

(Técnico Judiciário – TRT/9ª – 2007 – CESPE) Com relação aos recursos, julgue os itens que se seguem.

(1) O princípio da proibição de reforma para pior consiste na vedação de que, no julgamento de um recurso, se possa retirar do único recorrente, no todo ou em parte, vantagem obtida no julgamento do grau inferior, em benefício do recorrido.
(2) O prazo recursal é peremptório; por isso, quando ocorrer a sua interrupção, o prazo já transcorrido antes da paralisação será computado na verificação da tempestividade do recurso, isto é, se reinicia a contagem pelo restante do prazo e não por inteiro.

1: correta, o princípio da *non reformatio in pejus* decorre do princípio dispositivo e do princípio da inércia, sendo corolário, outrossim, do efeito devolutivo (*tantum devolutum quantum apellatum*), e é excepcionado, segundo a doutrina, nas hipóteses do recurso produzir efeito translativo, assim denominada a possibilidade de conhecimento *ex officio* de matérias de ordem pública em sede recursal, ainda que implique em julgamento prejudicial ao recorrente; **2:** incorreta, pois a interrupção de prazos, como ocorre na hipótese de interposição de embargos de declaração, é conceito que se distingue da mera suspensão: no primeiro caso, a prática do ato interruptor acarreta, na forma que a lei determinar, o reinício do prazo, ao passo que no segundo, como é o caso dos embargos de declaração intempestivos (segundo entende Carlos Henrique Bezerra Leite), é aproveitado o prazo anterior.

Gabarito 1C, 2E

(Analista – TRT/11ª – 2012 – FCC) A empresa Tetra, durante a execução definitiva de um processo em que é parte, teve parte de seus bens penhorados. A executada interpôs embargos à execução por não concordar com os cálculos do exequente, os quais foram homologados. O juiz da execução, decidindo os embargos, deles não conheceu, em razão de considerá-los intempestivos. Dessa decisão caberá

(A) recurso de revista.
(B) recurso ordinário.
(C) embargos declaratórios.
(D) agravo de instrumento.
(E) agravo de petição.

A assertiva "E" é a opção correta, pois, nos termos do art. 897, *a*, da CLT, das decisões proferidas na fase de execução caberá agravo de petição.

Gabarito "E".

(Analista – TRT/11ª – 2012 – FCC) Sobre a matéria recursal no Processo do Trabalho é correto afirmar que

(A) cabe recurso ordinário para a instância superior das decisões definitivas ou terminativas dos Tribunais Regionais, em processos de sua competência originária, no prazo de oito dias, quer nos dissídios individuais, quer nos dissídios coletivos.
(B) no Tribunal Superior do Trabalho cabem embargos, no prazo de oito dias, das decisões das Turmas que divergirem entre si, ou das decisões proferidas pela Seção de Dissídios Individuais, ainda que a decisão recorrida estiver em consonância com súmula ou orientação Jurisprudencial do Tribunal Superior do Trabalho ou do Supremo Tribunal Federal.
(C) o recurso de revista, sempre dotado de efeitos devolutivo e suspensivo, será apresentado ao Presidente do Tribunal recorrido, que poderá recebê-lo ou denegá-lo, fundamentando em qualquer caso, a decisão.
(D) das decisões proferidas pelos Tribunais Regionais do Trabalho ou por suas Turmas em execução de sentença inclusive em processo incidente de embargos de terceiro, sempre caberá recurso de revista.
(E) o agravo de instrumento interposto contra o despacho que não receber agravo de petição suspende a execução da sentença.

A: assertiva correta, pois reflete o disposto no art. 895, II, da CLT; **B:** assertiva incorreta, pois se a decisão recorrida estiver em consonância com súmula ou orientação jurisprudencial do Tribunal Superior do Trabalho ou do Supremo Tribunal Federal, não caberá recurso, nos termos do art. 894, II, da CLT; **C:** assertiva incorreta, pois o recurso de revista é dotado, apenas, de efeito devolutivo, nos termos do art. 896, § 1º, da CLT; **D:** assertiva incorreta, pois na fase de execução de sentença, nos termos do art. 896, § 2º, da CLT, somente caberá recurso de revista por ofensa direta e literal de norma da Constituição Federal; **E:** assertiva incorreta, pois nos termos do art. 897, § 2º, da CLT o agravo de instrumento interposto contra o despacho que não receber agravo de petição não suspende a execução da sentença.

Gabarito "A".

(Analista – TRT/1ª – 2012 – FCC) Sobre os recursos no Processo do Trabalho, conforme previsão legal é correto afirmar:

(A) O Agravo de Instrumento é o recurso cabível para questionar as decisões interlocutórias, devendo ser interposto no prazo de 8 (oito) dias.
(B) No Tribunal Superior do Trabalho cabem Embargos, no prazo de 8 (oito) dias das decisões das Turmas que divergirem entre si, ou das decisões proferidas pela Seção de Dissídios Individuais, ainda que a decisão recorrida esteja em consonância com súmula ou orientação jurisprudencial do próprio TST.
(C) Cabe Recurso Ordinário para a instância superior das decisões definitivas ou terminativas dos Tribunais Regionais, em processos de sua competência originária, no prazo de 15 (quinze) dias, quer nos dissídios individuais, quer nos dissídios coletivos.
(D) O Recurso de Revista, interposto em 10 (dez) dias, dotado dos efeitos suspensivo e devolutivo, será apresentado ao Presidente do Tribunal recorrido, que poderá recebê-lo ou denegá-lo, fundamentando, em qualquer caso, a decisão.
(E) O Agravo de Petição só será recebido quando o agravante delimitar, justificadamente, as matérias e os valores impugnados, permitida a execução imediata da parte remanescente até o final, nos próprios autos ou por carta de sentença.

A: assertiva incorreta, pois nos termos do art. 897, *b*, da CLT caberá o agravo de instrumento dos despachos que denegarem a interposição de recursos; **B:** assertiva incorreta, pois nos termos do art. 894, II, da CLT se decisão recorrida estiver em consonância com súmula ou orientação jurisprudencial do Tribunal Superior do Trabalho ou do Supremo Tribunal Federal não caberá o recurso de embargos; **C:** assertiva incorreta, pois nos termos do art. 895, II, da CLT o prazo para a interposição do recurso ordinário das decisões definitivas ou terminativas dos Tribunais Regionais é de 8 (oito) dias; **D:** assertiva incorreta, pois o recurso de revista será recebido somente no efeito devolutivo, nos termos do art. 896, § 1º, da CLT. Ademais, o prazo para sua interposição é de 8 (oito) dias.

Gabarito "E".

(Analista – TRT/2ª – 2008 – FCC) O recurso adesivo é compatível com o processo do trabalho e cabe, no prazo de oito dias, na hipótese de interposição, APENAS, de recursos

(A) ordinário, de agravo de petição, de revista e de embargos, sendo desnecessário que a matéria neles veiculada esteja relacionada com a do recurso interposto pela parte contrária.
(B) ordinário e de agravo de petição, sendo obrigatório que a matéria neles veiculada esteja relacionada com a do recurso interposto pela parte contrária.
(C) ordinário e de revista, sendo desnecessário que a matéria nele veiculada esteja relacionada com a do recurso interposto pela parte contrária.
(D) ordinário, de agravo de petição, de revista e de embargos, sendo obrigatório que a matéria neles veiculada esteja relacionada com a do recurso interposto pela parte contrária.
(E) de revista e de embargos, sendo desnecessário que a matéria neles veiculada esteja relacionada com a do recurso interposto pela parte contrária.

Súmula 283 do TST: "O recurso adesivo é compatível com o processo do trabalho e cabe, no prazo de 8 (oito) dias, nas hipóteses de interposição de recurso ordinário, de agravo de petição, de revista e de embargos, sendo desnecessário que a matéria nele veiculada esteja relacionada com a do recurso interposto pela parte contrária".

Gabarito "A".

(Analista – TRT/6ª – 2012 – FCC) Das decisões proferidas no âmbito da Justiça do Trabalho são admissíveis os seguintes recursos:

(A) apelação infringente, recurso de revista e embargos.
(B) recurso infringente extraordinário, agravo retido e recurso de revista.
(C) agravo de instrumento, embargos e recurso especial.
(D) recurso ordinário, recurso de revista e agravo de petição.
(E) agravo de petição, apelação e recurso especial.

Art. 893 da CLT.

Gabarito "D".

(Analista – TRT/6ª – 2006 – FCC) Contra Acórdão proferido em Agravo de Petição por uma das Turmas do Tribunal, com ofensa direta e literal de norma da Constituição Federal, o recurso cabível é o

(A) de apelação.
(B) de revista.
(C) ordinário.
(D) agravo regimental.
(E) agravo de instrumento.

Art. 896, § 2º, da CLT.

Gabarito "B".

(Analista – TRT/6ª – 2006 – FCC) De acordo com o parágrafo primeiro do artigo 893 da CLT, "os incidentes do processo serão resolvidos pelo próprio Juízo ou Tribunal, admitindo-se a apreciação do merecimento das decisões interlocutórias somente em recursos da decisão definitiva". Este dispositivo consagra o princípio

(A) do devido processo legal.
(B) do *jus postulandi*.
(C) do *jus variandi*.
(D) da proteção ao hipossuficiente.
(E) da irrecorribilidade das decisões interlocutórias.

O princípio da irrecorribilidade das decisões interlocutórias condiz com a insuscetibilidade, observadas as exceções mencionadas pela Súmula 214 do TST ("Na Justiça do Trabalho, nos termos do art. 893, § 1º, da CLT, as decisões interlocutórias não ensejam recurso imediato, salvo nas hipóteses de decisão: a) de Tribunal Regional do Trabalho contrária à Súmula ou Orientação Jurisprudencial do Tribunal Superior do Trabalho; b) suscetível de impugnação mediante recurso para o mesmo Tribunal; c) que acolhe exceção de incompetência territorial, com a remessa dos autos para Tribunal Regional distinto daquele a que se vincula o juízo excepcionado, consoante o disposto no art. 799, § 2º, da CLT"), de se interpor recurso em face de decisões interlocutórias no processo trabalhista.

Gabarito "E".

(Analista – TRT/7ª – 2009 – FCC) Em uma reclamação trabalhista a empresa X e a empresa Y foram condenadas solidariamente em R$ 50.000,00. Ambas as empresas pretendem interpor Recurso Ordinário. Considerando que nenhuma das empresas requereu a exclusão da lide, para a interposição do referido recurso as custas processuais serão de

(A) R$ 1.000,00, sendo que o depósito recursal efetuado por uma das empresas será aproveitado pela outra para a interposição de Recurso Ordinário.

(B) R$ 500,00, sendo que o depósito recursal efetuado por uma das empresas será aproveitado pela outra para a interposição de Recurso Ordinário.

(C) R$ 500,00, sendo que o depósito recursal efetuado por uma das empresas não poderá ser aproveitado pela outra para a interposição de Recurso Ordinário, tratando-se de pressuposto processual personalíssimo.

(D) R$ 1.000,00, sendo que o depósito recursal efetuado por uma das empresas não poderá ser aproveitado pela outra para a interposição de Recurso Ordinário, tratando-se de pressuposto processual personalíssimo.

(E) R$ 1.500,00, sendo que o depósito recursal efetuado por uma das empresas não poderá ser aproveitado pela outra para a interposição de Recurso Ordinário, tratando-se de pressuposto processual personalíssimo.

Súmula 128, III, do TST ("III – Havendo condenação solidária de duas ou mais empresas, o depósito recursal efetuado por uma delas aproveita as demais, quando a empresa que efetuou o depósito não pleiteia sua exclusão da lide").

Gabarito "A".

(Analista – TRT/7ª – 2009 – FCC) O Recurso Adesivo é compatível com o processo do trabalho e cabe, no prazo de oito dias, nas hipóteses de interposição

(A) apenas de Recurso Ordinário, de Revista e de Embargos, sendo pressuposto recursal indispensável que a matéria nele veiculada esteja relacionada com a do recurso interposto pela parte contrária.

(B) de Recurso Ordinário, de Agravo de Petição, de Revista e de Embargos, sendo pressuposto recursal indispensável que a matéria nele veiculada esteja relacionada com a do recurso interposto pela parte contrária.

(C) apenas de Recurso Ordinário, de Revista e de Embargos, sendo desnecessário que a matéria nele veiculada esteja relacionada com a do recurso interposto pela parte contrária.

(D) de Recurso Ordinário, de Agravo de Petição, de Revista e de Embargos, sendo desnecessário que a matéria nele veiculada esteja relacionada com a do recurso interposto pela parte contrária.

(E) apenas de Recurso Ordinário e de Revista, sendo pressuposto recursal indispensável que a matéria nele veiculada esteja relacionada com a do recurso interposto pela parte contrária.

Súmula 283 do TST: "O recurso adesivo é compatível com o processo do trabalho e cabe, no prazo de 8 (oito) dias, nas hipóteses de interposição de recurso ordinário, de agravo de petição, de revista e de embargos, sendo desnecessário que a matéria nele veiculada esteja relacionada com a do recurso interposto pela parte contrária".

Gabarito "D".

(Analista – TRT/7ª – 2009 – FCC) O meio próprio para se obter efeito suspensivo a recurso é

(A) o Mandado de Segurança sem pedido de antecipação de tutela.

(B) o Mandado de Segurança com pedido de antecipação de tutela.

(C) a Ação Cautelar.

(D) o Agravo de Instrumento.

(E) através de pedido liminar em Mandado de Segurança.

Súmula 414, I, do TST: "I – A antecipação da tutela concedida na sentença não comporta impugnação pela via do mandado de segurança, por ser impugnável mediante recurso ordinário. A ação cautelar é o meio próprio para se obter efeito suspensivo a recurso".

Gabarito "C".

(Analista – TRT/8ª – 2010 – FCC) Contra a decisão do M.M. juiz que declara a incompetência absoluta da Justiça do Trabalho e determina a remessa dos autos para a Justiça Comum estadual

(A) caberá Recurso de Revista.

(B) caberá Agravo de Instrumento.

(C) caberá Agravo de Petição.

(D) não caberá recurso, por expressa disposição legal.

(E) caberá Recurso Ordinário.

Trata-se de decisão terminativa, aplicando-se o art. 895, I, da CLT (v. Súmula 214 do TST: "Na Justiça do Trabalho, nos termos do art. 893, § 1º, da CLT, as decisões interlocutórias não ensejam recurso imediato, salvo nas hipóteses de decisão: a) de Tribunal Regional do Trabalho contrária à Súmula ou Orientação Jurisprudencial do Tribunal Superior do Trabalho; b) suscetível de impugnação mediante recurso para o mesmo Tribunal; c) que acolhe exceção de incompetência territorial, com a remessa dos autos para Tribunal Regional distinto daquele a que se vincula o juízo excepcionado, consoante o disposto no art. 799, § 2º, da CLT").

Gabarito "E".

(Analista – TRT/8ª – 2010 – FCC) Joana interpôs Recurso Ordinário da sentença que julgou parcialmente procedente a reclamação trabalhista ajuizada pelo rito sumaríssimo em face da sua ex-empregadora. O Recurso Ordinário foi conhecido, mas o seu provimento negado. Joana pretende interpor Recurso de Revista com base na violação direta de dispositivo da Consolidação das Leis do Trabalho. Neste caso,

(A) deverá mencionar expressamente nas razões do recurso qual o dispositivo legal da Consolidação das Leis do Trabalho que está sendo diretamente violado.

(B) deverá ser interposto no prazo de oito dias, endereçando o referido recurso para o Tribunal Superior do Trabalho.

(C) deverá ser interposto no prazo de oito dias, endereçando o referido recurso para o Tribunal Regional do Trabalho competente.

(D) deverá ser interposto no prazo de cinco dias, endereçando o referido recurso para o Tribunal Superior do Trabalho.

(E) não é cabível o Recurso de Revista com esta fundamentação.

Art. 896, § 9º, da CLT.

Gabarito "E".

(Analista – TRT/9ª – 2010 – FCC) No recurso ordinário, o efeito devolutivo em profundidade, transfere automaticamente ao Tribunal a apreciação de fundamento da defesa não examinado pela sentença,

(A) desde que renovado em contrarrazões, não se aplicando, todavia, ao caso de pedido não apreciado na sentença.

(B) ainda que não renovado em contrarrazões, não se aplicando, todavia, ao caso de pedido não apreciado na sentença.

(C) ainda que não renovado em contrarrazões, aplicando-se, inclusive, ao caso de pedido não apreciado na sentença.

(D) desde que renovado em contrarrazões e apreciado na sentença, bastando a apreciação na fundamentação.

(E) desde que renovado em contrarrazões, apreciado na sentença com manifestação expressa no relatório e na fundamentação.

Súmula 393 do TST: "O efeito devolutivo em profundidade do recurso ordinário, que se extrai do § 1º do art. 515 do CPC, transfere automaticamente ao Tribunal a apreciação de fundamento da defesa não examinado pela sentença, ainda que não renovado em contrarrazões. Não se aplica, todavia, ao caso de pedido não apreciado na sentença".

Gabarito "B".

(Analista – TRT/11ª – 2012 – FCC) Sobre recursos no processo do trabalho, é INCORRETO afirmar que

(A) o prazo para interposição de recurso ordinário e agravo de instrumento é de oito dias.

(B) como regra, não cabe recurso ordinário de decisão interlocutória, cabendo apreciação do mérito desta decisão somente em recurso da decisão definitiva.

(C) o recurso de revista será apresentado ao presidente do tribunal recorrido e será recebido apenas no efeito devolutivo.

(D) cabe agravo de petição das decisões do juiz nas execuções, mas não cabe agravo de instrumento, em nenhuma situação, seja na fase de conhecimento ou na execução.

(E) das decisões definitivas dos tribunais regionais do trabalho, em processos de sua competência originária, cabe recurso ordinário.

A: assertiva correta (arts. 895 e 897 da CLT); **B:** assertiva correta (art. 893, § 1º, da CLT); **C:** assertiva correta (art. 896, § 1º, da CLT); **D:** assertiva incorreta, devendo esta ser assinalada, uma vez que é cabível a interposição de agravo de instrumento dos despachos que denegarem a interposição de recursos, (art. 897, *b*, da CLT); **E:** assertiva correta (art. 895, II, da CLT).

Gabarito "D"

(Analista – TRT/12ª – 2010 – FCC) Para comprovação da divergência justificadora do recurso de revista, é necessário que o recorrente junte certidão ou cópia autenticada do acórdão paradigma ou cite a fonte oficial ou o repositório autorizado em que foi publicado e transcreva, nas razões recursais,

(A) as ementas e/ou trechos dos acórdãos trazidos à configuração do dissídio, demonstrando o conflito de teses que justifique o conhecimento do recurso, ainda que os acórdãos já se encontrem nos autos ou venham a ser juntados com o recurso.

(B) as ementas e/ou trechos dos acórdãos trazidos à configuração do dissídio, demonstrando o conflito de teses que justifique o conhecimento do recurso, exceto se os acórdãos já se encontrem nos autos ou venham a ser juntados com o recurso.

(C) obrigatoriamente a integralidade dos acórdãos, exceto se já se encontrem nos autos ou venham a ser juntados com o recurso.

(D) a integralidade dos acórdãos, ainda que os acórdãos já se encontrem nos autos ou venham a ser juntados com o recurso.

(E) trechos das ementas dos acórdãos trazidos à configuração do dissídio, demonstrando o conflito de teses que justifique o conhecimento do recurso, exceto se os acórdãos já se encontrem nos autos ou venham a ser juntados com o recurso.

Súmula 337, I, *b*, do TST: "I – Para comprovação da divergência justificadora do recurso, é necessário que o recorrente: (...) b) Transcreva, nas razões recursais, as ementas e/ou trechos dos acórdãos trazidos à configuração do dissídio, demonstrando o conflito de teses que justifique o conhecimento do recurso, ainda que os acórdãos já se encontrem nos autos ou venham a ser juntados com o recurso".

Gabarito "A"

(Analista – TRT/12ª – 2010 – FCC) Em determinada reclamação trabalhista em trâmite perante a 1ª Vara do Trabalho de Florianópolis, o M.M. Juiz acolheu exceção de incompetência territorial e determinou a remessa dos autos a uma das Varas do Trabalho de Porto Alegre. Desta decisão

(A) caberá mandado de segurança.

(B) não caberá recurso, tratando-se de decisão interlocutória.

(C) caberá agravo de instrumento.

(D) caberá recurso ordinário.

(E) caberá agravo de petição.

Súmula 214, c, do TST: "Na Justiça do Trabalho, nos termos do art. 893, § 1º, da CLT, as decisões interlocutórias não ensejam recurso imediato, salvo nas hipóteses de decisão: a) de Tribunal Regional do Trabalho contrária à Súmula ou Orientação Jurisprudencial do Tribunal Superior do Trabalho; b) suscetível de impugnação mediante recurso para o mesmo Tribunal; c) que acolhe exceção de incompetência territorial, com a remessa dos autos para Tribunal Regional distinto daquele a que se vincula o juízo excepcionado, consoante o disposto no art. 799, § 2º, da CLT".

Gabarito "D"

(Analista – TRT/14ª – 2011 – FCC) Considere as seguintes assertivas a respeito dos Recursos:

I. Em relação às questões de ordem pública, que devam ser conhecidas de ofício, pode o juiz ou tribunal decidi-las ainda que não constem das razões recursais ou contrarrazões, gerando o denominado efeito extensivo do recurso.

II. Em dissídio individual não está sujeita ao duplo grau de jurisdição decisão contrária à Fazenda Pública, quando a condenação não ultrapassar 60 salários mínimos.

III. O Ministério Público do Trabalho possui o prazo de 16 dias para interpor recurso ordinário.

IV. As sociedades de economia mista possuem o prazo de 16 dias para interpor agravo de instrumento.

Está correto o que se afirma SOMENTE em:

(A) II e III.

(B) I e II.

(C) I e IV.

(D) I, II e III.

(E) II, III e IV.

I: assertiva incorreta, pois a hipótese trata do efeito translativo do recurso (efeito extensivo é a possibilidade do recurso interposto pela parte beneficiar litisconsorte que deixou de recorrer, o que alguns doutrinadores também chamam de efeito expansivo subjetivo dos recursos); **II:** assertiva correta (art. 475, § 2º, do CPC (art. 496, § 3º, CPC/2015) e Súmula 303, I, a, do TST: "I – Em dissídio individual, está sujeita ao duplo grau de jurisdição, mesmo na vigência da CF/1988, decisão contrária à Fazenda Pública, salvo: a) quando a condenação não ultrapassar o valor correspondente a 60 (sessenta) salários mínimos"); **III:** assertiva correta, nos termos do art. 188 do CPC (art. 180 CPC/2015) c/c o art. 895 da CLT; **IV:** assertiva incorreta, pois o prazo em dobro para recorrer, no caso, prazo de 16 dias para interpor agravo de instrumento (art. 897, *b*, da CLT) é privilégio da União, dos Estados, do Distrito Federal, dos Municípios e das autarquias ou fundações de direito público federais, estaduais ou municipais que não explorem atividade econômica (art. 1º, III, do DL 779/1969).

Gabarito "A"

(Analista – TRT/14ª – 2011 – FCC) Da decisão de Tribunal Regional do Trabalho em mandado de segurança

(A) caberá recurso de revista, no prazo de quinze dias, para o Tribunal Superior do Trabalho.

(B) caberá recurso ordinário, no prazo de oito dias, para o Tribunal Superior do Trabalho.

(C) caberá recurso ordinário, no prazo de oito dias, para uma das Turmas do Tribunal Regional do Trabalho prolator da decisão.

(D) não caberá recurso, por expressa vedação legal, tratando- se de hipótese de ação rescisória, desde que preenchido os requisitos.

(E) caberá recurso ordinário, no prazo de oito dias, para o pleno do Tribunal Regional do Trabalho prolator da decisão.

Art. 895, II, da CLT.

Gabarito "B"

(Analista – TRT/14ª – 2011 – FCC) No processo trabalhista NÃO caberá recurso adesivo em face de

(A) agravo de petição.

(B) recurso de embargos.

(C) recurso de revista.

(D) agravo de instrumento.

(E) recurso ordinário.

Súmula 283 do TST: "O recurso adesivo é compatível com o processo do trabalho e cabe, no prazo de 8 (oito) dias, nas hipóteses de interposição de recurso ordinário, de agravo de petição, de revista e de embargos, sendo desnecessário que a matéria nele veiculada esteja relacionada com a do recurso interposto pela parte contrária".

Gabarito "D"

(Analista – TRT/14ª – 2011 – FCC) Contra despacho monocrático que indeferir a petição inicial de ação rescisória caberá

(A) recurso de revista para o Tribunal Superior do Trabalho.

(B) agravo de instrumento para o Tribunal Superior do Trabalho.

(C) agravo regimental para o Tribunal Superior do Trabalho.

(D) recurso de revista para o próprio Tribunal Regional do Trabalho.

(E) agravo regimental para o próprio Tribunal Regional do Trabalho.

OJ 69 da SDI2 do TST: "Recurso ordinário interposto contra despacho monocrático indeferitório da petição inicial de ação rescisória ou de mandado de segurança pode, pelo princípio de fungibilidade recursal, ser recebido como agravo regimental. Hipótese de não conhecimento do recurso pelo TST e devolução dos autos ao TRT, para que aprecie o apelo como agravo regimental".

Gabarito "E"

(Analista – TRT/14ª – 2011 – FCC) Considere as seguintes situações:

I. O processo Azul foi extinto com resolução de mérito, tendo em vista que o juiz acolheu a alegação de decadência da reclamada.

II. O processo Branco foi extinto sem resolução de mérito, tendo em vista que o juiz acolheu alegação de litispendência.

III. No processo Preto, o juiz indeferiu a petição inicial por inépcia.
IV. No processo Vermelho, o juiz determinou a realização de perícia contábil para apuração de eventual pagamento ao reclamante não constante em folha.

Caberá recurso ordinário APENAS no(s) processo(s)

(A) Preto e Vermelho.
(B) Azul, Branco e Preto.
(C) Azul.
(D) Azul e Branco.
(E) Branco e Preto.

Art. 895, I, da CLT.

Gabarito "B".

(Analista – TRT/15ª – 2009 – FCC) Considere as seguintes assertivas a respeito do Recurso Ordinário nas reclamações sujeitas ao procedimento sumaríssimo:

I. Deverá ser imediatamente distribuído e apreciado pelo relator no prazo de cinco dias; posteriormente, a Secretaria do Tribunal ou Turma deverá colocá-lo em pauta para julgamento, enviando-o desde logo ao revisor.
II. Terá parecer escrito do representante do Ministério Público, que deverá apresentá-lo no prazo máximo de cinco dias após a liberação do recurso pelo relator.
III. Terá acórdão consistente unicamente na certidão de julgamento, com a indicação suficiente do processo e parte dispositiva, e das razões de decidir do voto prevalente.
IV. Se a sentença for confirmada pelos próprios fundamentos, a certidão de julgamento, registrando tal circunstância, servirá de acórdão.

De acordo com a Consolidação das Leis do Trabalho, está correto o que se afirma SOMENTE em

(A) I, II e IV.
(B) I, II e III.
(C) II, III e IV.
(D) I, III e IV.
(E) III e IV.

I: assertiva incorreta, pois o prazo do relator é de dez dias e não há revisor (art. 895, § 1º, II, da CLT); **II:** assertiva incorreta, pois a legislação prevê que será oral, se o *Parquet* entender necessário o parecer (art. 895, § 1º, III, da CLT); **III** e **IV:** assertivas corretas, pois refletem o disposto no art. 895, § 1º, IV, da CLT.

Gabarito "E".

(Analista – TRT/16ª – 2009 – FCC) Das decisões proferidas pelos Tribunais Regionais do Trabalho ou por suas Turmas, em execução de sentença,

(A) não caberá Recurso de Revista em nenhuma hipótese, por expressa vedação legal.
(B) não caberá Recurso de Revista, salvo na hipótese de divergência jurisprudencial comprovada documentalmente.
(C) caberá, em qualquer hipótese, Recurso de Revista para o Tribunal Superior do Trabalho no prazo de oito dias.
(D) não caberá Recurso de Revista, salvo na hipótese de ofensa direta e literal de norma da Constituição Federal.
(E) caberá, em qualquer hipótese, Recurso de Revista para o Tribunal Superior do Trabalho no prazo de quinze dias.

Art. 896, § 2º, da CLT.

Gabarito "D".

(Analista – TRT/18ª – 2008 – FCC) Com relação ao recurso de revista, é certo que

(A) é incabível esse recurso para reexame de fatos, mas será cabível a revista para reexame de provas.
(B) caberá, em regra, esse recurso contra acórdão regional prolatado em agravo de instrumento.
(C) a admissibilidade desse recurso contra acórdão proferido em processo incidente na execução independe de demonstração inequívoca de violação direta à Constituição Federal.
(D) só caberá esse recurso por violação literal de dispositivo de lei federal nas demandas sujeitas ao procedimento sumaríssimo.
(E) não se conhecerá desse recurso ou dos embargos quando a decisão recorrida resolver determinado item do pedido por diversos fundamentos e a jurisprudência transcrita não abranger a todos.

A: assertiva incorreta, pois incabível para reexame de fatos e de provas (Súmula 126 do TST: "Incabível o recurso de revista ou de embargos (CLT, artigos 896 e 894, b) para reexame de fatos e provas"); **B:** assertiva incorreta (Súmula 218 do TST: "É incabível recurso de revista contra acórdão regional prolatado em agravo de instrumento"); **C:** assertiva incorreta, pois a hipótese de ofensa direta e literal de norma da Constituição Federal enseja o cabimento de recurso de revista (art. 896, § 2º, da CLT); **D:** assertiva incorreta, pois nas causas sujeitas ao procedimento sumaríssimo, somente será admitido recurso de revista por contrariedade à súmula de jurisprudência uniforme do Tribunal Superior do Trabalho ou a súmula vinculante do STF e violação direta da Constituição da República (art. 896, § 9º, da CLT); **E:** assertiva correta (Súmula 23 do TST: "Não se conhece da revista ou dos embargos, se a decisão recorrida resolver determinado item do pedido por diversos fundamentos e a jurisprudência transcrita não abranger a todos").

Gabarito "E".

(Analista – TRT/18ª – 2008 – FCC) Da decisão do Tribunal Regional do Trabalho em Mandado de Segurança caberá recurso ordinário no prazo de

(A) oito dias para o Tribunal Superior do Trabalho, correndo igual prazo para o recorrido e interessados apresentarem razão de contrariedade.
(B) oito dias para o pleno do próprio Tribunal Regional do Trabalho, correndo igual prazo para o recorrido e interessados apresentarem razão de contrariedade.
(C) cinco dias para o Tribunal Superior do Trabalho, correndo igual prazo para o recorrido e em dobro para os interessados apresentarem razão de contrariedade.
(D) cinco dias para o pleno do próprio Tribunal Regional do Trabalho, correndo igual prazo para o recorrido e interessados apresentarem razão de contrariedade.
(E) oito dias para o Tribunal Superior do Trabalho, correndo igual prazo para o recorrido e o dobro para os interessados apresentarem razão de contrariedade.

Art. 895, II, da CLT.

Gabarito "A".

(Analista – TRT/20ª – 2011 – FCC) Segundo o entendimento Sumulado do Tribunal Superior do Trabalho, o prazo para recurso será contado da data em que a parte receber a intimação da sentença, quando não juntada a ata da sentença ao processo em

(A) 24 horas, contadas da audiência de julgamento.
(B) 48 horas, contadas da audiência de julgamento.
(C) três dias, contados da audiência de julgamento.
(D) cinco dias, contados do dia seguinte da audiência de julgamento.
(E) dez dias, contados do dia seguinte da audiência de julgamento.

Súmula 30 do TST: "Quando não juntada a ata, ao processo, em 48 (quarenta e oito) horas contadas da audiência de julgamento (art. 851, § 2º, da CLT), o prazo para recurso será contado da data em que a parte receber a intimação da sentença".

Gabarito "B".

(Analista – TRT/20ª – 2011 – FCC) No tocante ao Recurso de Revista, considere:

I. Não se conhece de recurso de revista, se a decisão recorrida resolver determinado item do pedido por diversos fundamentos e a jurisprudência transcrita não abranger a todos.
II. Nos dissídios coletivos não há possibilidade de utilização do recurso de revista haja vista que são processos de competência originária dos tribunais.
III. Caberá recurso de revista contra acórdão regional prolatado em agravo de instrumento.
IV. É incabível o recurso de revista para reexame de fatos e provas.

Está correto o que se afirma APENAS em

(A) I, II e III.
(B) I, II e IV.
(C) I e IV.
(D) II e III.
(E) III e IV.

I: assertiva correta (Súmula 23 do TST: "Não se conhece da revista ou dos embargos, se a decisão recorrida resolver determinado item do pedido por diversos fundamentos e a jurisprudência transcrita não abranger a todos"); **II:** assertiva correta, nos termos do art. 895, II, da CLT (v. art. 896 da CLT); **III:** assertiva incorreta (Súmula 218 do TST: "É incabível recurso de revista contra acórdão regional prolatado em agravo de instrumento"); **IV:** assertiva correta (Súmula 126 do TST: "Incabível o recurso de revista ou de embargos (CLT, artigos 896 e 894, b) para reexame de fatos e provas").

Gabarito "B".

(Analista – TRT/20ª – 2011 – FCC) São pressupostos recursais intrínsecos

(A) o depósito recursal e o interesse recursal.
(B) o cabimento e o pagamento de custas.
(C) o interesse recursal e a legitimidade.
(D) a tempestividade e a legitimidade.
(E) o depósito recursal e a tempestividade.

Os pressupostos de admissibilidade recursal são divididos em intrínsecos (ou subjetivos) e extrínsecos (ou objetivos). Assim, interesse recursal e legitimidade são pressupostos intrínsecos, enquanto que previsão legal, adequação, tempestividade, forma, preparo e representação são pressupostos extrínsecos.

Gabarito "C".

(Analista – TRT/20ª – 2006 – FCC) Contra o despacho que denegar seguimento ao recurso ordinário caberá

(A) Agravo de Instrumento, no prazo de 8 dias.
(B) Agravo de petição, no prazo de 8 dias.
(C) Agravo de instrumento, no prazo de 10 dias.
(D) Agravo de petição, no prazo de 10 dias.
(E) Recurso de Revista, no prazo de 8 dias.

Art. 897, *b*, da CLT.

Gabarito "A".

(Analista – TRT/22ª – 2010 – FCC) As empresas G e F interpuseram recurso ordinário, tendo em vista condenação em sentença de primeiro grau anexando ao recurso documentos que não estão no processo e não foram objeto de contraditório. O documento juntado pela empresa G é referente a fato posterior à sentença e o documento juntado pela empresa F é referente a fato anterior à sentença. Neste caso, será admitida a juntada

(A) apenas do documento da empresa F, independentemente da comprovação do justo impedimento para a sua oportuna apresentação.
(B) apenas do documento da empresa G.
(C) apenas do documento da empresa F, desde que esta comprove justo impedimento para a sua oportuna apresentação.
(D) de ambos os documentos, independentemente da comprovação do justo impedimento.
(E) de ambos os documentos, desde que a empresa F comprove justo impedimento para a sua oportuna apresentação.

Súmula 8 do TST: "A juntada de documentos na fase recursal só se justifica quando provado o justo impedimento para sua oportuna apresentação ou se referir a fato posterior à sentença".

Gabarito "E".

(Analista – TRT/22ª – 2010 – FCC) Matias pretende interpor recurso adesivo no recurso ordinário interposto pela reclamada na reclamação trabalhista que ajuizou. Neste caso, o recurso adesivo é

(A) compatível com o processo do trabalho e cabe, no prazo de 8 dias, nas hipóteses de interposição de recurso ordinário, de agravo de petição, de revista e de embargos, sendo necessário que a matéria nele veiculada esteja relacionada com a do recurso interposto pela parte contrária.
(B) compatível com o processo do trabalho e cabe, no prazo de 8 dias, nas hipóteses de interposição de recurso ordinário, de agravo de petição, de revista e de embargos, sendo desnecessário que a matéria nele veiculada esteja relacionada com a do recurso interposto pela parte contrária.
(C) incompatível com o processo do trabalho pela ausência de dispositivo expresso na Consolidação das Leis do Trabalho e na Constituição Federal.
(D) compatível com o processo do trabalho e cabe, no prazo de 8 dias, nas hipóteses apenas de interposição de recurso ordinário e de agravo de petição, sendo desnecessário que a matéria nele veiculada esteja relacionada com a do recurso interposto pela parte contrária.
(E) compatível com o processo do trabalho e cabe, no prazo de 8 dias, nas hipóteses apenas de interposição de recurso ordinário e de agravo de petição, sendo necessário que a matéria nele veiculada esteja relacionada com a do recurso interposto pela parte contrária.

Súmula 283 do TST: "O recurso adesivo é compatível com o processo do trabalho e cabe, no prazo de 8 (oito) dias, nas hipóteses de interposição de recurso ordinário, de agravo de petição, de revista e de embargos, sendo desnecessário que a matéria nele veiculada esteja relacionada com a do recurso interposto pela parte contrária".

Gabarito "B".

(Analista – TRT/23ª – 2011 – FCC) NÃO caberá Agravo de Instrumento da decisão que

(A) denegar seguimento ao Recurso de Revista.
(B) denegar seguimento ao Recurso Ordinário.
(C) impugnar decisão concessiva de Medida Liminar.
(D) denegar seguimento ao Recurso Adesivo.
(E) denegar seguimento ao Agravo de Petição.

Art. 897, *b*, da CLT.

Gabarito "C".

(Analista – TRT/23ª – 2011 – FCC) Em dezembro de 2010, Gabriela ajuizou reclamação trabalhista em face de sua ex-empregadora a empresa Z, dando à causa o valor de R$ 14.500,00. A reclamação trabalhista foi julgada procedente e a empresa reclamada interpôs recurso ordinário. Neste caso, o parecer do representante do Ministério Público será

(A) oral na sessão de julgamento, se este entender necessário tal parecer, havendo, então, registro na certidão de julgamento.
(B) escrito, devendo ser apresentado no prazo máximo de trinta dias após a distribuição do recurso, se este entender necessário tal parecer.
(C) oral na sessão de julgamento, sob pena de nulidade, em razão da obrigatoriedade imposta ao representante do Ministério Público em manifestar-se nos processos em segundo grau de jurisdição.
(D) escrito, devendo ser apresentado no prazo máximo de dez dias após a distribuição do recurso, se este entender necessário tal parecer.
(E) escrito, devendo ser apresentado obrigatoriamente no prazo máximo de trinta dias após a distribuição do recurso em razão da necessidade de participação deste representante nos processos em segundo grau de jurisdição.

Art. 895, § 1º, III, da CLT.

Gabarito "A".

(Analista – TRT/23ª – 2011 – FCC) Em regra, da decisão do juiz que extingue o processo sem julgamento do mérito em função da ausência de possibilidade jurídica do pedido

(A) caberá mandado de segurança no prazo de 120 dias.
(B) não caberá recurso.
(C) caberá recurso ordinário.
(D) caberá agravo de instrumento.
(E) caberá mandado de segurança no prazo de 30 dias.

Art. 895, I, da CLT.

Gabarito "C".

(Analista – TRT/23ª – 2007 – FCC) Das decisões definitivas dos Tribunais Regionais do Trabalho em processos de sua competência originária em dissídios coletivos e das decisões de indeferimento da petição inicial, caberá

(A) recurso ordinário no prazo de 8 dias.
(B) recurso de revista e recurso ordinário, respectivamente, no prazo de 15 e 8 dias
(C) recurso de revista e recurso ordinário, respectivamente, no prazo de 8 dias.
(D) recurso ordinário e agravo de petição, respectivamente, no prazo de 8 dias.
(E) embargos e recurso ordinário, respectivamente, no prazo de 15 e 8 dias.

Art. 895, I e II, da CLT.

Gabarito "A".

(Analista – TRT/23ª – 2007 – FCC) Mario ingressou com reclamação trabalhista em face da empresa X e teve sua reclamação julgada procedente. A empresa X pretende ingressar com Recurso Ordinário para a segunda instância. Considerando que a sentença foi publicada no Diário Oficial no dia 04 de Maio de 2007 (sexta-feira), o prazo para interposição do respectivo recurso expirou-se em

(A) 11 de Maio de 2007 (sexta-feira).
(B) 14 de Maio de 2007 (segunda-feira).

(C) 16 de Maio de 2007 (quarta-feira).
(D) 18 de Maio de 2007 (sexta-feira).
(E) 21 de Maio de 2007 (segunda-feira).

Quanto ao prazo, aplica-se o art. 895, I, da CLT (8 dias) c/c art. 184 do CPC,(art. 224 CPC/2015) quanto ao início de contagem de prazo no 1º dia útil seguinte ao da intimação e prorrogação do término até o primeiro dia útil, na hipótese de coincidir com dia não útil, e Súmula 1 do TST ("Quando a intimação tiver lugar na sexta-feira, ou a publicação com efeito de intimação for feita nesse dia, o prazo judicial será contado da segunda-feira imediata, inclusive, salvo se não houver expediente, caso em que fluirá do dia útil que se seguir").

Gabarito "B".

(Analista – TRT/23ª – 2007 – FCC) Com relação aos Recursos é correto afirmar:

(A) Não se admitirá agravo de petição do despacho que determinou ou não a perícia contábil.
(B) Caberá recurso ordinário para unificação da interpretação jurisprudencial das Turmas do Tribunal Superior do Trabalho.
(C) O recurso de revista será conhecido na hipótese da decisão do juízo a quo resolver determinado item do pedido por diversos fundamentos e a jurisprudência não abranger a todos.
(D) O recurso de revista é requerido ao Presidente do Tribunal Regional do Trabalho competente, bem como suas razões a ele serão dirigidas.
(E) Não caberá recurso ordinário das decisões que extinguem o processo sem julgamento do mérito.

A: assertiva correta, pois se trata de decisão interlocutória; **B:** assertiva incorreta, uma vez que são os embargos de divergência que possuem tal vocação; **C:** assertiva incorreta (Súmula 23 do TST: "Não se conhece da revista ou dos embargos, se a decisão recorrida resolver determinado item do pedido por diversos fundamentos e a jurisprudência transcrita não abranger a todos"); **D:** assertiva incorreta, pois, embora requerido ao Presidente do TRT correspondente, conforme art. 896, § 1º, da CLT, as razões deverão ser endereçadas ao órgão *a quo*; **E:** assertiva incorreta, pois é cabível, por se tratarem de decisões definitivas (art. 895, I e II, da ,CLT).

Gabarito "A".

(Analista – TRT/24ª – 2011 – FCC) Das decisões finais (terminativas ou definitivas) prolatadas em ações rescisórias

(A) caberá recurso ordinário ao Tribunal Superior do Trabalho.
(B) caberá recurso ordinário ao Tribunal Regional do Trabalho competente.
(C) não caberá recurso.
(D) caberá agravo de instrumento ao Tribunal Regional do Trabalho competente.
(E) caberá mandado de segurança ao Tribunal Superior do Trabalho.

Art. 895, II, da CLT.

Gabarito "A".

(Analista – TRT/24ª – 2006 – FCC) Das decisões definitivas dos Tribunais Regionais, em processos de sua competência originária, quer nos dissídios individuais quer nos dissídios coletivos, caberá

(A) Recurso Ordinário, no prazo de oito dias.
(B) Recurso Revista, no prazo de quinze dias.
(C) Recurso Ordinário, no prazo de quinze dias.
(D) Recurso Revista, no prazo de oito dias.
(E) Agravo de Petição, no prazo de dez dias.

Art. 895, II, da CLT.

Gabarito "A".

(Analista – TRT/1ª – 2008 – CESPE) A Quarta Turma do TST desproveu recurso de agravo de instrumento, entendendo que no recurso de revista a parte tem de estar representada por advogado, nos seguintes termos: O *jus postulandi* está agasalhado no art. 791 da CLT, que preceitua: "Os empregados e os empregadores poderão reclamar pessoalmente perante a Justiça do Trabalho e acompanhar as suas reclamações até o final". O recurso de revista, por sua natureza de recurso extraordinário, exige que seja interposto por advogado devidamente inscrito na OAB, a quem é reservada a atividade privativa da postulação em juízo, incluindo-se o ato de recorrer. TST, AIRR 886/2000-401-05-00 (com adaptações). Considerando que o julgado acima tenha sido publicado em 2008, assinale a opção correta.

(A) Contra essa decisão poderia o agravante opor embargos para a SDI, alegando contrariedade a dispositivo de lei federal (art.791 da CLT).
(B) Sabendo-se que a Terceira Turma do TST já decidiu de modo diverso, no sentido de que o recurso de revista não exige advogado, poderia o recorrente opor embargos para a SDI.
(C) O acórdão de turma do TST serve como paradigma para recurso de revista embasado em divergência jurisprudencial.
(D) O STF entende que a capacidade postulatória do advogado não é obrigatória nos juizados especiais, na justiça do trabalho e na chamada justiça de paz.
(E) O art. 791 da CLT não foi recepcionado pela CF.

A: assertiva incorreta, quanto aos embargos, pois a Lei 11.496/2007 suprimiu os embargos de nulidade, subsistindo apenas os embargos infringentes de que trata o art. 2º, II, *c*, da Lei 7.701/1988, os embargos de divergência, de que cuida o art. 3º, III, *b*, da Lei 7.701/1988, e os embargos de declaração (art. 897-A da CLT); **B:** assertiva incorreta, pois a divergência que empolga os embargos deve ser atual Súmula 333 do TST: "Não ensejam recurso de revista decisões superadas por iterativa, notória e atual jurisprudência do Tribunal Superior do Trabalho."; **C:** assertiva incorreta, pois o art. 896, *a*, da CLT não menciona o acórdão de Turma do TST; **D:** assertiva correta, segundo jurisprudência do STF (ADI 1.127-8/DF); **E:** assertiva incorreta, segundo jurisprudência do STF (ADI 1.127-8/DF). ATENÇÃO: v. Súmula 425 do TST, na redação dada pela Res. 165/2010: "*O jus postulandi* das partes, estabelecido no art. 791 da CLT, limita-se às Varas do Trabalho e aos Tribunais Regionais do Trabalho, não alcançando a ação rescisória, a ação cautelar, o mandado de segurança e os recursos de competência do Tribunal Superior do Trabalho".

Gabarito "D".

(Analista – TRT/17ª – 2009 – CESPE) Com relação aos recursos trabalhistas, julgue os itens subsequentes.

(1) Cabe agravo de petição, no prazo de oito dias, das decisões do juiz de primeiro grau nas execuções, e, considerando-se as peculiaridades do processo do trabalho e o princípio da proteção, é desnecessária a delimitação justificada dos valores impugnados.
(2) O agravo de instrumento interposto contra o despacho que não recebe agravo de petição não suspende a execução da sentença.
(3) Compete à Seção de Dissídios Individuais (SDI) julgar em última instância os embargos interpostos às decisões divergentes das turmas, ou destas com decisão da SDI, ou com enunciado da súmula e as que violarem literalmente preceito de lei federal ou da CF.

1: assertiva incorreta, pois o agravo de petição só será recebido quando o agravante delimitar, justificadamente, as matérias e os valores impugnados, permitida a execução imediata da parte remanescente até o final, nos próprios autos ou por carta de sentença (art. 897, § 1º, da CLT); **2:** assertiva correta, pois reflete os exatos termos do art. 897, § 2º, da CLT; **3:** assertiva incorreta, tendo em vista que os embargos de nulidade (por violação a preceito de lei federal) foram suprimidos pela Lei 11.496/2007.

Gabarito 1E, 2C, 3E

(Analista – TRT/21ª – 2010 – CESPE) Recursos constituem um instrumento assegurado aos interesses para que, sempre que vencidos, possam pedir aos órgãos jurisdicionais novo pronunciamento sobre a questão decidida. Amauri Mascaro Nascimento. *Curso de direito processual do trabalho*, 15. ed. São Paulo: LTr, 1994, p. 281. Com relação a recursos, julgue os itens que se seguem.

(1) Os prazos fixados para os recursos previstos na Consolidação das Leis do Trabalho são de oito dias, salvo o caso dos embargos de declaração.
(2) Assim como no processo civil, no processo do trabalho os recursos repousam na existência comum do efeito suspensivo.
(3) O prazo para recurso da parte intimada, nos termos da Súmula nº 197 do Tribunal Superior do Trabalho, começa a correr no primeiro dia útil após a audiência de julgamento, devendo a sentença ser juntada aos autos no prazo de 48 horas, sob pena de intimação da parte.

1: assertiva correta, conforme se observa dos arts. 894, 895 e 897 da CLT, e do art. 6º da Lei 5.584/1970. O prazo para a oposição dos embargos de declaração, previstos no art. 897-A da CLT, é de cinco dias; **2:** assertiva incorreta, pois os recursos recebem efeito meramente devolutivo, salvo as exceções (art. 899 da CLT); **3:** assertiva correta, nos termos do art. 851, § 2º, da CLT e da Súmula 197 do TST ("O prazo para recurso da parte que, intimada, não comparecer à audiência em prosseguimento para a prolação da sentença, conta-se de sua publicação").

Gabarito 1C, 2E, 3C

13. DIREITO PREVIDENCIÁRIO

*Henrique Subi, Hermes Arrais Alencar e Robinson Sakiyama Barreirinhas**

1. PRINCÍPIOS E NORMAS GERAIS

(VUNESP – 2014) Considerando-se os princípios e diretrizes que regem a Seguridade Social, é correto afirmar que

(A) os princípios e diretrizes da Saúde se estendem à esfera da Previdência Social.
(B) o direito à saúde é garantido a todos, independentemente da qualidade de contribuintes da previdência social.
(C) a base de financiamento da seguridade social é composta por contribuição dos segurados e, no caso de empregados, dos empregadores.
(D) a seguridade social compreende um conjunto de ações destinado a assegurar o direito da sociedade à saúde e à previdência social.
(E) a universalidade da cobertura e do atendimento garante o direito de toda a população aos benefícios da previdência social.

A: incorreta. A questão é um tanto maldosa, porque induz o candidato a pensar nos **objetivos** da seguridade social previstos no parágrafo único do art. 194 da CF, os quais são aplicáveis às três esferas da seguridade (saúde, previdência social e assistência social). As **diretrizes** da Saúde estão previstas no art. 198 da CF e lhe são próprias, não se estendendo às demais esferas: descentralização, com direção única em cada esfera de governo; atendimento integral, com prioridade para as atividades preventivas, sem prejuízo dos serviços assistenciais; e participação da comunidade; **B:** correta, nos termos do art. 196 da CF, que dispõe que a saúde é direito de **todos**, sem fazer qualquer ressalva; **C:** incorreta. A contribuição social da empresa e entidades a ela equiparadas incidente sobre a folha de salários abrange a remuneração paga a qualquer pessoa física que lhe preste serviço, seja ela empregada ou contribuinte individual; **D:** incorreta. Faltou mencionar a assistência social (art. 194 da CF); **E:** incorreta. A universalidade da cobertura e do atendimento, objetivo da seguridade social previsto no art. 194, parágrafo único, I, da CF, deve ser interpretada à luz das regras incidentes sobre cada esfera da seguridade. No caso da previdência social, ela (a universalidade) será garantida a todos aqueles que **contribuírem** para o RGPS, nos termos do art. 201 da CF.

Gabarito "B"

(TRT 2ª Região – 2014) Em relação ao tratamento constitucional da seguridade e da previdência social, aponte a alternativa correta:

(A) A seguridade social se rege pelo princípio democrático, consubstanciado na descentralização de sua administração, mediante gestão tripartite, com participação dos trabalhadores, empregadores e governo nos órgãos colegiados.
(B) A previdência social se constitui no conjunto de ações do Poder Público e da sociedade que assegura os direitos relativos à saúde, à seguridade social e à assistência social.
(C) São princípios da previdência e da seguridade social a universalidade do atendimento, a seletividade e distributividade na prestação dos serviços e a diversidade da base de financiamento.
(D) A seguridade será financiada observando-se o princípio da equidade e abrangerá, entre outros, os lucros, os rendimentos do trabalho pagos ou creditados a qualquer título à pessoa física que preste serviço e aposentadoria concedida pelo regime geral de previdência.
(E) A previdência social atenderá, nos termos da lei e de forma universal, entre outros, os eventos de doença, proteção à maternidade, em especial ao nascituro, invalidez, auxílio reclusão, morte e idade avançada.

A: incorreta. A gestão será **quadripartite**. A assertiva deixou de mencionar a participação dos aposentados (art. 194, parágrafo único, VII, da CF); **B:** incorreta. É necessária extrema atenção nesse caso, porque a alternativa simplesmente inverte o gênero "seguridade social" com a espécie "previdência social" (art. 194 da CF); **C:** correta, nos termos do art. 194, parágrafo único, I, III e VI, respectivamente, da CF; **D:** incorreta. A aposentadoria concedida pelo RGPS é imune a contribuições sociais (art. 195, II, *in fine*, da CF); **E:** incorreta. A previdência social não contempla o nascituro, ao menos não expressamente. O art. 201, II, da CF estabelece a proteção à maternidade, especialmente à **gestante**.

Gabarito "C"

(UEPA – 2013) Sobre o financiamento da seguridade social, assinale a afirmativa correta.

(A) A seguridade social será financiada por toda a sociedade, de forma direta e indireta, nos termos da lei, mediante recursos provenientes dos orçamentos da União, dos Estados, do Distrito Federal e dos Municípios, e de contribuições sociais como a do o empregador, da empresa e da entidade a ela equiparada na forma da lei, incidentes sobre: a) a folha de salários e demais rendimentos do trabalho pagos ou creditados, a qualquer título, à pessoa física que lhe preste serviço, desde que com vínculo empregatício; b) a receita ou o faturamento; c) o lucro.
(B) Nenhum benefício ou serviço da seguridade social poderá ser criado, majorado ou estendido sem a correspondente fonte de custeio total, a não ser que seja autorizado pelo chefe do Poder Executivo, que tem legitimidade para propor o projeto de lei orçamentária.
(C) A proposta de orçamento da seguridade social será elaborada de forma integrada pelos órgãos responsáveis pela saúde, previdência social e assistência social, considerando o disposto na lei de diretrizes orçamentárias, devendo ser unificada a gestão dos recursos apenas pela área da assistência social.
(D) É vedada a utilização, sem autorização legislativa específica, de recursos dos orçamentos fiscal e da seguridade social para suprir necessidade ou cobrir déficit de empresas, fundações e fundos.
(E) A previdência social será organizada sob a forma de regime geral, de caráter contributivo e de filiação obrigatória, observados critérios que preservem o equilíbrio financeiro e atuarial, e atenderá, nos termos da lei, a proteção à maternidade, especialmente à gestante, a proteção ao trabalhador em situação de desemprego involuntário; salário-família e auxílio-reclusão para os dependentes dos segurados de qualquer renda.

A: incorreta. A contribuição social das empresas incidente sobre a folha de pagamento atinge a totalidade dos valores pagos ou creditados a pessoas físicas que lhe prestem serviço, tenham elas vínculo empregatício ou não (art. 195, I, "a", da Constituição Federal); **B:** incorreta. Não há exceções para a regra da previsão do custeio de novos

* Para fins didáticos inserimos questões bônus de outras bancas examinadoras e concursos, de modo a incrementar os estudos sobre Direito Previdenciário. **Henrique Subi** comentou as questões dos concursos do Ministério Público, das demais questões dos concursos de Magistratura Federal e Ministério Público Federal, das provas dos concursos referentes à advocacia das empresas estatais, autarquias e agências reguladoras e dos seguintes concursos: CESPE – 2015 ,FMP – 2015, VUNESP – 2014, FCC – 2014, TRT 2ª Região – 2014, TRT 3ª Região – 2014, Analista – TRT/2ª – 2014 – FCC, Analista – TRT/16ª – 2014 – FCC, UEPA – 2013, CESPE – 2013, Procurador do Estado do DF/13, GO/2010, MG/12, MT/11, PR/11 e RS/2010 e Sorocaba/12, **Hermes Arrais Alencar** comentou as questões dos concursos trabalhistas e **Robinson Sakiyama Barreirinhas** comentou as questões dos concursos de Defensoria, Delegado e as demais questões dos concursos de Procuradoria e dos seguintes concursos federais: MAGFED/3ªR./2010, MAGFED/3ª/XIII, MAGFED/4ª/2010, MAGFED/5ª/11.

benefícios (art. 195, § 5º, da CF); **C:** incorreta. A gestão dos recursos é individualizada entre cada uma das áreas que compõem a seguridade social (art. 195, § 2º, *in fine*, da CF); **D:** correta, nos termos do art. 167, VIII, da CF; **E:** incorreta. O salário-família e o auxílio-reclusão são pagos apenas, respectivamente, aos segurados e dependentes de **baixa** renda (art. 201, IV, da CF).

Gabarito "D"

(UEPA – 2013) Assinale a alternativa correta sobre o regime de previdência social:

(A) É facultada a adoção de requisitos e critérios diferenciados para a concessão de aposentadoria aos beneficiários do regime geral de previdência social, ressalvados os casos de atividades exercidas sob condições especiais que prejudiquem a saúde ou a integridade física e quando se tratar de segurados portadores de deficiência, nos termos definidos em lei complementar.

(B) O regime de previdência privada, de caráter complementar e organizado de forma autônoma em relação ao regime geral de previdência social, será obrigatório, baseado na constituição de reservas que garantam o benefício contratado, e regulado por lei complementar.

(C) É vedada a filiação ao regime geral de previdência social, na qualidade de segurado facultativo, de pessoa participante de regime próprio de previdência.

(D) Os Estados não podem legislar sobre previdência social, uma vez que se trata de competência privativa da União.

(E) A previdência social será organizada sob a forma de regime geral, de caráter contributivo e de filiação facultativa, observados critérios que preservem o equilíbrio financeiro e atuarial.

A: incorreta. É **vedada** a adoção de critérios diferenciados, salvo nas hipóteses narradas na alternativa (art. 201, § 1º, da CF); **B:** incorreta. O regime de previdência privada é **facultativo** (art. 202, *caput*, da CF); **C:** correta, nos termos do art. 201, § 5º, da CF; **D:** incorreta. A competência em questão é **concorrente**, cabendo aos Estados legislar sobre seu regime **próprio** de previdência (art. 24, XII, da CF); **E:** incorreta. A filiação ao regime geral de previdência social é **obrigatória** em caso de exercício de atividade remunerada (art. 201 da CF).

Gabarito "C"

(TRT 3ª Região – 2014) São princípios e diretrizes da Seguridade Social, EXCETO:

(A) Universalidade da cobertura e do atendimento.

(B) Seletividade e distributividade na prestação dos benefícios e serviços.

(C) Unidade da base de financiamento.

(D) Equidade na forma de participação no custeio.

(E) Irredutibilidade do valor dos benefícios.

Todas as alternativas representam objetivos constitucionais da seguridade social (art. 194, parágrafo único, I, III, V e IV, respectivamente), com exceção da letra "C", que deve ser assinalada. Na verdade, inciso Vi do mencionado dispositivo prevê a **diversidade** da base de financiamento, justamente para evitar a dependência da seguridade social em relação a uma única fonte de custeio.

Gabarito "C"

(FCC – 2013) Conforme dispõe a Constituição da República Federativa do Brasil, compete ao Poder Público, nos termos da lei, organizar a seguridade social, com base no objetivo de

(A) universalidade da cobertura e singularidade no atendimento.

(B) unidade na base do financiamento e custeio.

(C) equidade na forma de participação no custeio.

(D) centralização na administração, com direção única em todas as esferas de governo.

(E) diversidade dos benefícios e serviços às populações urbanas e rurais, em razão das suas peculiaridades.

A: incorreta, pois há o objetivo da universalidade do atendimento, não da singularidade – art. 194, parágrafo único, I, da CF; **B:** incorreta, pois há o objetivo da diversidade da base de financiamento e da equidade na forma de participação no custeio – art. 194, parágrafo único, V e VI, da CF; **C:** correta, conforme comentário à alternativa anterior; **D:** incorreta, pois há o objetivo do caráter democrático e descentralizado da administração, mediante gestão quadripartite, com participação dos trabalhadores, dos empregadores, dos aposentados e do Governo nos órgãos colegiados – art. 194, parágrafo único, VII, da CF; **E:** incorreta, pois há o objetivo da uniformidade e equivalência dos benefícios e serviços às populações urbanas e rurais – art. 194, parágrafo único, II, da CF.

Gabarito "C"

(FCC – 2013) A seguridade social compreende um conjunto integrado de ações de iniciativa dos Poderes Públicos e da sociedade, destinados a assegurar os direitos relativos à saúde, à previdência e à assistência social. Nesta seara, nos termos das previsões constitucionais, é correto afirmar que

(A) a proposta de orçamento da seguridade social será elaborada de forma centralizada e não integrada, não sendo assegurada a cada área a gestão de seus recursos, visto que devem ser observadas as peculiaridades e necessidades de cada área.

(B) as receitas dos Estados, do Distrito Federal e dos Municípios destinadas à seguridade social constarão dos respectivos orçamentos, não integrando o orçamento da União.

(C) os recursos do orçamento da seguridade social previstos na Constituição Federal não financiarão o sistema único de saúde, bem como as ações governamentais na área de assistência social não serão realizadas com tais recursos, mas apenas por meio de outras fontes arrecadatórias.

(D) a previdência social será organizada sob a forma de regime geral, de caráter contributivo e de filiação obrigatória, observados critérios que preservem o equilíbrio financeiro atuarial, razão pela qual não atenderá a proteção ao trabalhador em situação de desemprego involuntário.

(E) não constitui atribuição do sistema único de saúde participar da formulação da política e da execução das ações de saneamento básico.

A: incorreta, pois a proposta de orçamento da seguridade social será elaborada de forma integrada pelos órgãos responsáveis pela saúde, previdência social e assistência social, tendo em vista as metas e prioridades estabelecidas na lei de diretrizes orçamentárias, assegurada a cada área a gestão de seus recursos – art. 195, § 2º, da CF; **B:** correta, pois reflete o disposto no art. 195, § 1º, da CF; **C:** incorreta, pois o sistema único de saúde e as ações governamentais na área da assistência social serão realizadas com recursos do orçamento da seguridade social, além de outras fontes, nos termos dos arts. 198, § 1º, e 204, *caput*, da CF; **D:** incorreta, pois, embora a parte inicial da assertiva reflita efetivamente a forma de organização da previdência social, nos termos do art. 201, *caput*, da CF, seu inciso III garante expressamente a proteção ao trabalhador em situação de desemprego involuntário; **E:** incorreta, pois isso compete também ao sistema único de saúde, nos termos do art. 200, IV, da CF.

Gabarito "B"

(CESPE – 2013) Considerando o conceito, a organização e os princípios da seguridade social no Brasil, assinale a opção correta.

(A) Apesar de ser regida pelo princípio da universalidade da cobertura e do atendimento, a seguridade social só é acessível a brasileiros que residem no país.

(B) A assistência social atende os hipossuficientes, por meio da concessão de benefícios, independentemente de contribuição.

(C) No Brasil, a seguridade social é caracterizada por uma administração democrática e descentralizada, mediante gestão quadripartite, com participação, nos órgãos colegiados, dos trabalhadores, empregadores, pensionistas e do governo.

(D) O princípio da uniformidade e equivalência dos benefícios e serviços às populações urbanas e rurais sempre norteou a seguridade social brasileira, e, desde a criação da previdência social no país, não há discriminação entre trabalhadores urbanos e rurais.

(E) Para que o usuário possa usufruir dos serviços públicos de saúde será necessária a contribuição mensal ao SUS.

A: incorreta, pois há diversas hipóteses de beneficiários domiciliados no exterior e estrangeiros domiciliados no Brasil – *v.g.* art. 11, I, *c* e *e*, do Plano de Benefícios da Previdência Social – PBPS (Lei 8.213/1991); **B:** correta, pois a assistência social não tem caráter contributivo, ou seja, será prestada a quem dela necessitar, independentemente de contribuição à seguridade social – art. 203, *caput*, da CF; **C:** incorreta, pois os aposentados, não os pensionistas, participam da gestão quadripartite – art. 194, parágrafo único, VII, da CF; **D:** incorreta, pois essa é inovação do art. 194, parágrafo único, II, da CF de 1988; **E:** incorreta, pois a saúde não tem caráter contributivo, é direito de todos – art. 196 da CF.

Gabarito "B"

(CESPE – 2012) No tocante a seguridade social, julgue os itens subsequentes.

(1) Segundo a jurisprudência do STF, as novas contribuições para a seguridade social (contribuições residuais), apesar de só poderem ser criadas mediante lei complementar, poderão ter base de cálculo e fato gerador próprios de impostos, mas não das contribuições existentes.

(2) Contando com a participação de representantes da sociedade civil e do governo, o Conselho Nacional de Previdência Social, órgão superior de deliberação colegiada, é exemplo do caráter democrático e descentralizado da administração da seguridade social no Brasil.

(3) A publicação, em 1954, do Decreto 35.448, que aprovou o Regulamento Geral dos Institutos de Aposentadorias e Pensões, e considerada, pela doutrina majoritária, o marco inicial da previdência social brasileira.

1: correta – ver RE 258.470/RS; **2:** correta, nos termos do art. 194, parágrafo único, VII, da CF e art. 3º do PBPS; **3:** incorreta, pois a Lei Eloy Chaves (Decreto-Legislativo 4.682/1923) é considerada por muitos o marco da previdência social no Brasil, embora não tenha sido a primeira. Antes dela, citamos o Regulamento 737/1850, o Decreto 2.711/1860, o Decreto 9.912-A/1888, o Decreto 3.397/1888, como alguns exemplos.

Gabarito 1C, 2C, 3E

(CESPE – 2012) Assinale a opção correta no que se refere à seguridade social.

(A) A seguridade social compreende um conjunto de ações de proteção social custeado pelo Estado, conforme suas limitações orçamentárias, e organizado com base, entre outros objetivos, na irredutibilidade do valor das contribuições.

(B) A previdência social estrutura-se como um sistema não contributivo, sendo os recursos para o financiamento de suas ações provenientes da arrecadação de tributos pelos entes estatais.

(C) A dimensão subjetiva da universalidade de cobertura e atendimento do seguro social, relacionada às situações de risco social, adquire não apenas caráter reparador, mas também preventivo.

(D) O princípio da equidade, que fundamenta a forma de participação no custeio da seguridade social, está associado aos princípios da capacidade contributiva e da isonomia fiscal.

(E) São considerados direitos fundamentais de primeira geração ou dimensão os relativos à saúde, à previdência e à assistência social.

A: incorreta, pois a seguridade social não é custeada apenas pelo Estado, mas por toda a sociedade, nos termos do art. 195 da CF e tem, entre seus objetivos, a irredutibilidade do valor dos benefícios, não das contribuições – art. 194, parágrafo único, IV, da CF; **B:** incorreta, pois a previdência social tem caráter contributivo – art. 201, *caput*, da CF; **C:** incorreta, pois a dimensão subjetiva da universalidade refere-se às pessoas alcançadas pela seguridade social, sendo que o caráter preventivo e reparador é mais próximos ao aspecto objetivo da universalidade, ou seja, dos benefícios da seguridade social; **D:** assertiva correta – art. 194, parágrafo único, V, da CF; **E:** incorreta, pois os direitos sociais são identificados como de segunda geração ou dimensão dos direitos humanos fundamentais.

Gabarito "D"

(CESPE – 2012) Com relação aos princípios e objetivos que norteiam a seguridade social no Brasil, assinale a opção correta.

(A) Com relação à seletividade e distributividade na prestação dos benefícios e serviços, o legislador ordinário deve escolher os eventos que serão cobertos pela previdência social, levando em conta as possibilidades econômicas dos segurados.

(B) As populações urbanas e rurais devem receber tratamento uniforme e equivalente com relação aos benefícios e serviços, de forma a reparar injustiça histórica com os trabalhadores rurais, porém, devido à reduzida capacidade de contribuição desses trabalhadores, a concessão dos benefícios deve exigir um maior período de carência.

(C) A irredutibilidade do valor dos benefícios tem como escopo garantir que a renda dos benefícios previdenciários preserve seu valor real segundo critérios estabelecidos por lei, sem qualquer vinculação ao salário mínimo, dada a vedação de sua vinculação para qualquer fim.

(D) No que concerne à diversidade da base de financiamento, a seguridade social deve ser financiada por toda a sociedade, de forma direta, mediante contribuições provenientes do trabalhador, da empresa e da entidade a ela equiparada, da União e dos demais segurados e aposentados da previdência social e, ainda, das contribuições sobre a receita de concursos de prognósticos.

(E) O custeio da seguridade social deve ser equânime, dadas as possibilidades de cada um. Lei complementar garante às empresas o repasse do custo da contribuição aos preços praticados no mercado.

A: incorreta. A seletividade refere-se à seleção (realizada pelo legislador) das necessidades básicas que serão atendidas pela seguridade social. Distributividade refere-se à justiça social advinda da distribuição solidária de recursos (dos que mais têm aos que mais necessitam); **B:** incorreta, pois os períodos de carência observam o objetivo de uniformidade e equivalência dos benefícios e serviços às populações urbanas e rurais – art. 194, parágrafo único, II, da CF e art. 25 do PBPS; **C:** assertiva correta (arts. 7º, IV, *in fine* e 194, parágrafo único, IV, da CF); **D:** incorreta, pois não incide contribuição previdenciária sobre as aposentadorias e pensões pagas no regime geral de previdência social (ou seja, aposentados e pensionistas não contribuem direta e imediatamente, em princípio, para o financiamento da seguridade social) – art. 195, II, *in fine*, da CF; **E:** incorreta, pois não há essa garantia de repasse por lei complementar.

Gabarito "C"

(CESPE – 2010) Em relação aos institutos de direito previdenciário, julgue o item seguinte.

(1) A Lei Eloy Chaves (Decreto Legislativo 4.682/1923), considerada o marco da Previdência Social no Brasil, criou as caixas de aposentadoria e pensões das empresas de estradas de ferro, sendo esse sistema mantido e administrado pelo Estado.

1: assertiva incorreta. Na sistemática da Lei Eloy Chaves, eram criadas caixas de aposentadorias e pensões, de natureza privada, em cada uma das empresas de estrada de ferro para os respectivos empregados. Havia contribuições pelos trabalhadores ferroviários e pelos usuários de transportes. O Estado não participava do custeio ou da administração do sistema.

Gabarito 1E

(CESPE –2010) Com base no direito previdenciário, julgue o item seguinte.

(1) Caso a CF previsse que determinado benefício previdenciário deveria abranger somente os empregados urbanos, rurais e trabalhadores avulsos, norma infraconstitucional posterior que fosse editada estendendo o benefício aos contribuintes individuais, com a precedente fonte de custeio, deveria ser considerada constitucional.

1: assertiva correta, pois a lei pode estender benefício ou serviço da seguridade social, desde que haja a correspondente fonte de custeio – art. 195, § 5º, da CF.

Gabarito 1C

(CESPE – 2010) Em relação às disposições constitucionais aplicáveis à previdência social, julgue o item a seguir.

(1) É vedada a adoção de requisitos e critérios diferenciados para a concessão de aposentadoria aos beneficiários do regime geral de previdência social, ressalvados os casos de atividades que, exercidas sob condições especiais, prejudiquem a saúde ou a integridade física, e quando se tratar de segurados portadores de deficiência, nos termos definidos em lei complementar.

1: assertiva correta, pois a vedação é prevista no art. 201, § 1º, da CF.

Gabarito 1C

(I. Cidades – 2010) De acordo com as disposições constitucionais, são eventos cobertos pela Previdência Social:

I. Cobertura dos eventos de invalidez, morte e idade avançada.
II. Proteção à família, à criança e ao idoso.
III. Qualificação para o trabalho e pagamento do seguro desemprego.
IV. Garantia de um salário mínimo ao deficiente físico e ao idoso.

(A) Todos estão corretos.
(B) I está correto.
(C) I e II estão corretos.
(D) I e III estão corretos.
(E) III e IV estão corretos.

I: assertiva correta, pois esses eventos são cobertos pela previdência social, conforme expressa disposição do art. 201, I, da CF; **II:** incorreta, pois a proteção à família, à infância e à velhice, e o amparo às crianças carentes são objetivos da assistência social, não da previdência, expressamente listados no art. 203, I e II, da CF; **III:** incorreta, pois não há previsão constitucional expressa de qualificação para o trabalho como evento coberto pela previdência social. Existe a reabilitação profissional, como serviço a ser prestado ao segurado e ao dependente, prevista no art. 18, III, *c*, do Plano de Benefícios da Previdência Social – PBPS (Lei 8.213/1991). O seguro-desemprego é indicado como direito dos trabalhadores na Constituição – art. 7º, II, da CF. É bom salientar que o art. 205 da CF prevê que a qualificação para o trabalho é objetivo da educação (dever do Estado e da família); **IV:** incorreta, pois compete à assistência social, não à previdência, garantir um salário mínimo de benefício mensal à pessoa portadora de deficiência e ao idoso que comprovem não possuir meios de prover a própria manutenção ou de tê-la provida por sua família – art. 203, V, da CF. Obs.: interessante lembrar que a Seguridade Social é composta pela Previdência Social, pela Saúde e pela Assistência Social – art. 194 da CF.

Gabarito "B"

(I. Cidades – 2010) Julgue os itens abaixo:

I. A Carta constitucional de 1937 previa, como forma de atuação do estado, as áreas de saúde, assistência e previdência social, além de inúmeras outras inovações na área da seguridade social.

II. A constituição do sistema de proteção social no Brasil, a exemplo do que ocorreu na Europa, deu-se em razão de longo e vagaroso processo de superação dos postulados do liberalismo clássico, passando o sistema da total ausência de regulação estatal para uma intervenção cada vez mais ativa do Estado que culminou com os atuais sistemas de proteção previdenciária.

III. Somente no século XX veio a lume, no Brasil, normas de caráter geral em matéria de previdência social, já que antes de tal marco temporal a regulação era dispersa em textos legais específicos.

IV. É entendimento doutrinário dominante que o marco inicial da previdência social brasileira foi a publicação do Decreto Legislativo 4.682/1923, Lei Eloy Chaves, que criou as caixas de aposentadoria e pensões nas empresas de estradas de ferro existentes, sendo que tal instrumento normativo foi pioneiro na criação do instituto da aposentadoria.

V. A Carta de 1934 foi pioneira em prever a forma tripartite de custeio, ou seja, a contribuição dos trabalhadores, a dos empregadores e a do poder público.

Assinale a alternativa correta:

(A) Somente as alternativas I, II, e III estão corretas.
(B) Somente as alternativas IV e V estão corretas.
(C) Somente as alternativas II, IV e V estão corretas.
(D) Somente as alternativas I, IV e V estão corretas.
(E) Somente as alternativas II, III e V estão corretas.

I: incorreta, pois a Constituição do Estado Novo (1937) pouco dispôs a respeito da matéria, referindo-se, sucintamente, ao "seguro social"; **II:** assertiva correta, pois descreve adequadamente a evolução da seguridade social no país; **III:** assertiva correta. A Lei Eloy Chaves (Decreto-Legislativo 4.682/1923) é considerada marco da previdência social no Brasil, embora não tenha sido a primeira. Antes dela, citamos o Regulamento 737/1850, o Decreto 2.711/1860, o Decreto 9.912-A/1888, o Decreto 3.397/1888, como alguns exemplos; **IV:** assertiva incorreta, conforme comentário à alternativa anterior, pois o instituto da aposentadoria já existia. Na sistemática da Lei Eloy Chaves, eram criadas caixas de aposentadorias e pensões, de natureza privada, em cada uma das empresas de estrada de ferro para os respectivos empregados. Havia contribuições pelos trabalhadores ferroviários e pelos usuários de transportes. O Estado não participava do custeio ou da administração do sistema; **V:** Assertiva correta, conforme o art. 121, § 1º, *h*, da CF/1934.

Gabarito "E"

(MSCONCURSOS – 2012) Acerca da seguridade social, assinale a alternativa correta:

(A) O caráter democrático e descentralizado da administração da seguridade social se dá mediante gestão tripartite, com participação dos trabalhadores, dos empregadores e dos aposentados nos órgãos colegiados.
(B) A seguridade social será financiada por toda a sociedade, de forma direta e indireta, nos termos da lei, mediante recursos provenientes dos orçamentos da União, dos Estados e dos Municípios
(C) As receitas dos Estados, do Distrito Federal e dos Municípios destinadas à seguridade social constarão dos respectivos orçamentos, integrando, assim, o orçamento da União.
(D) A proposta de orçamento da seguridade social será elaborada de forma integrada pelos órgãos responsáveis pela saúde, previdência social e assistência social, tendo em vista as metas e prioridades estabelecidas na lei de diretrizes orçamentárias, assegurada a cada área a gestão de seus recursos.
(E) A previdência social compreende um conjunto integrado de ações de iniciativa dos Poderes Públicos e da sociedade, destinadas a assegurar os direitos relativos à saúde e à assistência social.

A: incorreta, pois a seguridade social possui gestão quadripartite, com participação dos trabalhadores, dos empregadores, dos aposentados e do Governo nos órgãos colegiados – art. 194, VII, da CF; **B:** incorreta. Essa alternativa foi considerada incorreta pelo gabarito oficial, porém, a questão é discutível, por ser incompleta. A rigor, o art. 195 da CF prevê financiamento também por recursos provenientes do orçamento do Distrito Federal e de determinadas contribuições sociais; **C:** incorreta, pois cada ente político tem seu próprio orçamento, que não integra o de outro – art. 165 e ss. da CF; **D:** correta, pois reproduz o art. 195, § 2º, da CF; **E:** incorreta, pois a assertiva refere-se à seguridade social, nos termos do art. 194 da CF. A previdência é uma das vertentes da seguridade social, ao lado da assistência social e da saúde (ou seja, assistência e saúde não estão compreendidas na previdência, mas sim na seguridade social).

Gabarito "D"

(CESPE – 2013) Acerca da seguridade social, julgue os itens a seguir.

(1) Caso a declaração de inconstitucionalidade de textos normativos que estabelecessem distinção entre as alíquotas recolhidas, a título de contribuição social, das instituições financeiras e aquelas oriundas das empresas jurídicas em geral tivesse como consequência normativa a equiparação dos percentuais ou a sua supressão, tal pretensão não poderia ser acolhida em juízo, por impossibilidade jurídica do pedido, uma vez que o Poder Judiciário não pode atuar como legislador positivo nem conceder isenções tributárias.
(2) Uma norma legal que apenas altere o prazo de recolhimento das contribuições sociais destinadas à previdência social não se sujeitará ao princípio da anterioridade.
(3) Conforme jurisprudência do STF fundamentada no princípio da seletividade, operações e bens relacionados à saúde são imunes a tributação.

1: correta, pois essa é a jurisprudência dominante – ver RE 631.641 AgR/RS do STF; **2:** correta, pois é pacífico o entendimento no sentido de que a simples alteração do prazo de recolhimento dos tributos não implica majoração, nem, portanto, sujeita-se ao princípio da anterioridade – Súmula 669 do STF; **3:** incorreta, pois o STF afastou essa tese – ver RE 429.306/PR.

Gabarito 1C, 2C, 3E

(FCC – 2011) A Seguridade Social compreende um conjunto integrado de ações de iniciativa dos poderes públicos e da sociedade, destinado a assegurar o direito relativo à saúde, à previdência e à assistência social.

Considere os itens abaixo relacionados:

I. universalidade da cobertura e do atendimento;
II. uniformidade e equivalência dos benefícios e serviços às populações urbanas e rurais;
III. seletividade e distributividade na prestação dos benefícios e serviços;
IV. irredutibilidade do valor dos benefícios;
V. caráter democrático e centralizado da gestão administrativa, com a participação da comunidade, em especial de trabalhadores, empresários e aposentados.

Quanto aos princípios e diretrizes da Seguridade Social, estão corretos os itens

(A) I, II, III e IV, apenas.
(B) I, III, IV e V, apenas.
(C) I, II, IV e V, apenas.
(D) II, III, IV e V, apenas.
(E) I, II, III, IV e V.

I: correta (art. 194, parágrafo único, I, da CF); **II:** correta (art. 194, parágrafo único, II, da CF); **III:** correta (art. 194, parágrafo único, III, da CF); **IV:** correta (art. 194, parágrafo único, IV, da CF); **V:** incorreta. A gestão administrativa da seguridade social terá caráter democrático e descentralizado, mediante administração quadripartite – Governo, aposentados, trabalhadores e empregadores (art. 194, parágrafo único, VII, da CF).

Gabarito "A"

(FUNDATEC – 2010) Face aos dispositivos constitucionais que informam a Seguridade Social, é incorreto afirmar que:

(A) A irredutibilidade do valor dos benefícios veda a redução do valor nominal da prestação previdenciária.
(B) O princípio da universalidade visa ao atendimento do maior número possível de pessoas, cobrindo o maior número possível de contingências.
(C) A Saúde e a Assistência Social têm o dever de prestar atendimento à generalidade das pessoas, enquanto na Previdência Social nem todas as pessoas são beneficiárias.
(D) O caráter democrático e descentralizado da administração se faz mediante gestão quadripartite, com participação dos servidores públicos, dos empregadores, dos aposentados e do Governo nos órgãos colegiados.
(E) A Seguridade Social deve ser organizada com fundamento na diversidade da base de financiamento.

A: correta. Além desse aspecto, o princípio da irredutibilidade do valor dos benefícios também garante a irredutibilidade real, que se consubstancia no direito ao reajuste anual do valor de modo a preservar-lhe o poder aquisitivo; **B:** correta. Está perfeito o conceito do princípio da universalidade da cobertura e do atendimento; **C:** correta. Dentre as três esferas que compõem a Seguridade Social (Saúde, Previdência Social e Assistência Social), apenas a Previdência tem caráter contributivo, ou seja, é acessível somente àqueles que pagam os tributos denominados "contribuições sociais"; **D:** incorreta, devendo ser assinalada. A gestão quadripartite da Seguridade Social é composta por representantes do Governo, dos trabalhadores da iniciativa privada (não dos servidores públicos), dos empregadores e dos aposentados; **E:** correta, nos termos do art. 194, parágrafo único, VI, da CF.

Gabarito "D"

(CESPE – 2010) Julgue o item a seguir, relativo às legislações previdenciária e da seguridade social.

(1) A equidade na forma de participação no custeio é princípio constitucional atinente à seguridade social, no entanto, as entidades beneficentes de assistência social que atenderem às exigências estabelecidas em lei serão isentas de contribuição para a seguridade social.

1: assertiva correta, pois a isenção em favor das entidades beneficentes de assistência social (a rigor, imunidade) é prevista expressamente pelo art. 195, § 7º, da CF.

Gabarito 1C

(CESPE – 2012) Com base na jurisprudência do STF, julgue os itens a seguir, acerca da seguridade social.

(1) Apesar de a Emenda Constitucional 20/1998 ter estabelecido um limite máximo para o valor dos benefícios do RGPS, esse teto não se aplica ao salário-maternidade da segurada empregada, devendo o valor do benefício, nesse caso, corresponder à integralidade da remuneração da empregada, e cabendo à previdência social o seu pagamento, salvo no tocante à prorrogação por sessenta dias da licença-maternidade, cujo pagamento ficará a cargo do empregador.
(2) Em face do princípio constitucional da irredutibilidade do valor dos benefícios previdenciários, a aplicação de novos critérios de cálculo mais benéficos estabelecidos em lei deve ser automaticamente estendida a todos os benefícios cuja concessão tenha corrido sob regime legal anterior.
(3) Como o direito à proteção da seguridade social, no Brasil, é garantido apenas aos segurados de um dos regimes previdenciários previstos em lei, o indivíduo que não contribui para nenhum desses regimes não faz jus à referida proteção.

1: incorreta. O salário-maternidade não se submete ao teto dos demais benefícios do RGPS, porém encontra também um limite máximo previsto no art. 248 da CF, segundo o qual nenhum benefício pago à conta do Tesouro Nacional será maior que o valor do subsídio dos Ministros do Supremo Tribunal Federal; **2:** incorreta. A situação narrada não se relaciona com o princípio da irredutibilidade dos benefícios. Segundo esse preceptivo, os benefícios não podem ter seus valores reduzidos (irredutibilidade nominal) e devem ser reajustados anualmente de forma a preservar-lhes o poder aquisitivo (irredutibilidade real). Além disso, não há a aludida extensão automática dos benefícios, porque nenhum deles poderá ser criado, majorado ou estendido sem a previsão da respectiva fonte de custeio total (art. 195, § 5º, da CF); **3:** incorreta. A seguridade social é o gênero que reúne três espécies de serviço público: saúde, previdência social e assistência social. Dentre eles, apenas a previdência social tem caráter contributivo, de forma que as outras duas esferas da seguridade (saúde e assistência social) serão prestadas independentemente de pagamento de contribuições.

Gabarito 1E, 2E, 3E

(CESGRANRIO – 2012) O princípio da solidariedade é um princípio securitário de suma importância, pois

(A) permite que qualquer pessoa possa participar da proteção social patrocinada pelo Estado.
(B) permite a participação da sociedade na organização e no gerenciamento da seguridade social, mediante gestão quadripartite, com a participação de trabalhadores, empregadores, aposentados e governo.
(C) permite a proteção coletiva, na qual as pequenas contribuições individuais geram recursos suficientes para a criação de um manto protetor sobre todos, viabilizando a concessão de prestações previdenciárias em decorrência de eventos preestabelecidos.
(D) impede a insegurança do sistema previdenciário, pois a sua base de financiamento deve ser a mais variada possível, de modo que as oscilações setoriais não venham a comprometer a arrecadação de contribuições.
(E) impede a redução do valor do benefício pago, a fim de evitar o prejuízo aos beneficiários da Previdência Social.

A: incorreta, pois a assertiva refere-se ao princípio da universalidade de atendimento; **B:** incorreta, pois a assertiva refere-se ao caráter democrático da gestão da seguridade social; **C:** correta. Com efeito, o princípio da solidariedade baseia-se no fato daqueles que detêm maior capacidade econômica contribuírem para o custeio da seguridade social, que buscará auxiliar aqueles que, por razões permanentes ou transitórias, não puderem suprir a própria sobrevivência; **D:** incorreta. A assertiva está relacionada com o princípio da diversidade da base de financiamento; **E:** incorreta, pois refere-se ao princípio da irredutibilidade dos benefícios.

Gabarito "C"

(CESPE – 2011) Em relação às fontes e princípios e à eficácia e interpretação das normas de seguridade, assinale a opção correta.

(A) Com base no princípio constitucional de irredutibilidade do valor dos benefícios, não se admite redução do valor nominal do benefício previdenciário pago em atraso, exceto na hipótese de índice negativo de correção para os períodos em que ocorra deflação.
(B) As fontes formais do direito previdenciário consistem nos fatores que interferem na produção de suas normas jurídicas, como, por exemplo, os fundamentos do surgimento e da manutenção dos seguros sociais e os costumes no âmbito das relações entre a autarquia previdenciária – no caso, o INSS – e o segurado.
(C) Havendo antinomia entre norma principiológica e norma infraconstitucional, a questão se resolve pela sobreposição da norma constitucional à legal, razão pela qual o STF declarou a inconstitucionalidade formal da Lei 9.876/1999, na parte que estendeu o salário-maternidade às contribuintes individuais, sob o argumento de que a CF somente prevê o benefício expressamente às empregadas urbanas, rurais e domésticas e às trabalhadoras avulsas.
(D) Diante de aparente antinomia entre normas principiológicas ou constitucionais, não é correto, segundo a doutrina dominante, falar-se em conflito, mas em momentâneo estado de tensão ou de mal-estar hermenêutico, cuja solução não se dá pela exclusão de uma norma do ordenamento jurídico, como ocorre com as regras em geral, mas pela ponderação entre os princípios, em cada caso concreto.
(E) A interpretação teleológica das normas previdenciárias consiste na análise da norma no contexto desse ramo do direito ou do ordenamento jurídico como um todo, e não, isoladamente. Busca-se, com isso, a integração da norma com os princípios norteadores e demais institutos aplicáveis.

A: incorreta, pois o STJ, "tendo em vista a função da correção monetária, qual seja, a manutenção do poder aquisitivo da moeda, bem como a vedação constitucional à irredutibilidade ao valor dos benefícios e, ainda, o caráter social e protetivo de que se reveste a norma previdenciária, firmou compreensão no sentido de ser inaplicável o índice negativo de correção monetária para a atualização dos valores pertinentes a benefícios previdenciários pagos em atraso" – AgRg no REsp 1.242.584/RS; **B:** incorreta. A rigor, a doutrina não é uniforme no uso das expressões fontes materiais e fontes formais do direito. De qualquer forma, há certa harmonia no entendimento de que fontes formais são os veículos normativos (Constituição, leis, decretos, portarias etc.). Discute-se a possibilidade de o costume ser admitido como fonte do direito previdenciário (no direito tributário, por exemplo, ver o art. 100, III, do CTN). Os fundamentos do surgimento e da manutenção dos seguros sociais seriam classificados como fontes materiais do direito previdenciário; **C:** assertiva incorreta, pois o STF não declarou inconstitucional o salário-maternidade em favor da segurada individual – art. 71 do Plano de Benefícios da Previdência Social – PBPS (Lei 8.213/1991) – ver MC na ADI 2.111/DF; **D:** assertiva correta, muito embora, excepcionalmente, possa haver declaração de inconstitucionalidade de norma constitucional incluída pelo constituinte derivado – ver ADI 939/DF; **E:** incorreta, pois a assertiva indica a interpretação sistemática. A interpretação teleológica refere-se à finalidade da norma.

Gabarito "D"

(TRT 16ª Região – 2011) A Seguridade Social obedecerá aos seguintes princípios e diretrizes, EXCETO:

(A) universalidade da cobertura e do atendimento.
(B) uniformidade e equivalência dos benefícios e serviços às populações urbanas e rurais.
(C) seletividade e distributividade na prestação dos benefícios e serviços.
(D) irredutibilidade do valor dos benefícios.
(E) progressividade na forma de participação no custeio.

Os princípios constitucionais da seguridade social estão arrolados no art. 194, parágrafo único, da CF/1988, e dentre eles não consta "progressividade" mas sim "equidade" na forma de participação no custeio. Assim, a alternativa "E" é incorreta e deve ser assinalada.

Gabarito "E"

2. CUSTEIO

(CESPE – 2015) Rita foi contratada para trabalhar na residência de Zuleica, em atividade sem fins lucrativos, mediante o recebimento de um salário mínimo por mês.

Nessa situação hipotética, a contribuição destinada à seguridade social a cargo de

(1) Rita será de 8% sobre o valor de um salário mínimo.
(2) Zuleica será de 20% sobre o total das remunerações pagas, devidas ou creditadas, a qualquer título, no decorrer do mês, à segurada.

1: correta. Rita é emprega doméstica, portanto à sua contribuição se aplica a mesma tabela de alíquotas do segurado empregado (8%, 9% ou 11%). Perceba que a questão não exigiu que o candidato soubesse exatamente os patamares de cada alíquota, pois disse que Rita foi contratada por um salário mínimo. Logo, sua contribuição só pode ser de 8% sobre o salário de contribuição (art. 20 do PCSS); **2:** incorreta. A alíquota da contribuição do empregador doméstico é 12% (art. 24 do PCSS).

Gabarito 1C, 2E

(Analista – TRT/2ª – 2014 – FCC) Segundo a chamada regra constitucional da contrapartida:

(A) nenhuma contribuição previdenciária é devida sem que tenha havido efetiva prestação de trabalho pelo segurado.
(B) nenhuma contribuição patronal é devida sem que o segurado tenha trazido regular prova de sua documentação pessoal ao empregador.
(C) nenhum benefício ou serviço da seguridade social pode ser criado, majorado ou estendido sem a correspondente fonte de custeio total.
(D) nenhuma contribuição de seguridade social pode ser exigida antes de 90 dias da data de publicação da lei que a houver instituído ou diminuído.
(E) nenhum benefício previdenciário ou assistencial pode ser deferido sem que tenha havido prova das contribuições previdenciárias exigidas a título de carência.

A doutrina denomina "regra da contrapartida" a obrigação de que nenhum benefício previdenciário seja criado, aumentado ou estendido sem a previsão da respectiva fonte de custeio total (art. 195, § 5º, da CF).

Gabarito "C"

(FCC – 2014) É INCORRETO afirmar em relação ao Plano de Custeio da Seguridade Social:

(A) A contribuição a cargo da empresa, destinada à Seguridade Social é de 20% (vinte por cento) sobre o total das remunerações pagas, devidas ou creditadas a qualquer título, durante o mês, aos segurados empregados e trabalhadores avulsos que lhe prestem serviços normativa.
(B) A contribuição do empregado doméstico destinada à Seguridade Social é de 9% (nove por cento) calculada mediante a aplicação da correspondente alíquota sobre o seu salário de contribuição mensal.
(C) A contribuição do empregador doméstico é de 12% (doze por cento) do salário de contribuição do em pregado doméstico a seu serviço.
(D) Caberá à entidade promotora do espetáculo a responsabilidade de efetuar o desconto de 5% (cinco por cento) da receita bruta decorrente dos espetáculos desportivos e o respectivo recolhimento, no prazo de até dois dias úteis após a realização do evento.
(E) A alíquota de contribuição dos segurados contribuinte individual e facultativo será de 20% (vinte por cento) sobre o respectivo salário de contribuição.

A: assertiva correta, nos termos do art. 22, I, da Lei 8.212/1991; **B:** assertiva incorreta, devendo ser assinalada. A alíquota da contribuição do empregado doméstico é progressiva, nos mesmos moldes do segurado empregado (8%, 9% ou 11%, a depender do salário de contribuição), conforme dispõe o art. 20 da Lei 8.212/1991; **C:** assertiva correta, nos termos do art. 24 da Lei 8.212/1991; **D:** assertiva correta, nos termos do art. 22, § 7º, da Lei 8.212/1991; **E:** assertiva correta, nos termos do art. 21 da Lei 8.212/1991.

Gabarito "B"

(CESPE – 2013) Relativamente às fontes de custeio da seguridade social, julgue o item abaixo.

(1) A seguridade social tem como únicas fontes de custeio, além dos recursos advindos dos orçamentos da União, dos estados, do DF e dos municípios, as contribuições do empregador e do trabalhador.

1: incorreta. O art. 195 da CF prevê também o custeio advindo das receitas dos concursos de prognósticos e do importador de bens ou serviços ou de quem a lei a ele equiparar (incisos III e IV).

Gabarito 1E

(TRT 3ª Região – 2014) A partir da disposição literal do art. 28 da Lei 8.212/1991, é correto afirmar que não integram o salário de contribuição, EXCETO:

(A) As parcelas recebidas a título de incentivo à demissão.
(B) Os valores recebidos em decorrência da cessão de direitos autorais.
(C) As diárias para viagens, desde que não excedam a 50% da remuneração mensal.
(D) O aviso prévio indenizado.
(E) As ajudas de custo e o adicional mensal recebidos pelo aeronauta nos termos da Lei n. 5.929, de 30 de outubro de 1973.

A, B, C e E: assertivas corretas, nos termos do art. 28, § 9º, "e" – item 5, "v", "h" e "b", respectivamente, da Lei 8.212/1991; **D:** incorreta, devendo ser assinalada. Com efeito, o aviso prévio indenizado não era considerado salário de contribuição. Isso mudou com a edição do Dec. 6.727/2009, que revogou a exclusão prevista no art. 214, § 9º, V, "f", do RPS (Dec. 3.048/1999). A partir de então, mesmo sob fortes críticas doutrinárias, o aviso prévio indenizado passou a ser considerado salário de contribuição e incide sobre seu valor, portanto, a contribuição previdenciária do segurado.

Gabarito "D"

(FCC – 2013) Em relação à Organização e Custeio da Seguridade Social, analise as afirmações abaixo.

I. As propostas orçamentárias anuais ou plurianuais da Seguridade Social serão elaboradas por comissão integrada por 3 (três) representantes, sendo 1 (um) de cada área: saúde, previdência social e assistência social.
II. A contribuição do empregado doméstico, bem como a do trabalhador avulso é de 12% (doze por cento) do seu salário de contribuição mensal.
III. A União não é responsável pela cobertura de eventuais insuficiências financeiras da Seguridade Social, quando decorrentes do pagamento de benefícios de prestação continuada da Previdência Social, por falta de previsão da Lei Orçamentária Anual.
IV. Constitui receita da Seguridade Social 40% (quarenta por cento) do resultado dos leilões dos bens apreendidos pelo Departamento da Receita Federal.

V. Caberá à entidade promotora do espetáculo a responsabilidade de efetuar o desconto de cinco por cento da receita bruta decorrente dos espetáculos desportivos e o respectivo recolhimento ao INSS, no prazo de até dois dias úteis após a realização do evento.

Está correto o que se afirma APENAS em

(A) I, II e III.
(B) I, III e V.
(C) II, III e IV.
(D) II, IV e V.
(E) I, IV e V.

I: correta, nos termos do art. 8º do Plano de Custeio da Seguridade Social – PCSS (Lei 8.212/1991); **II:** incorreta, pois as alíquotas variam de 8% a 11% – art. 20 do PCSS; **III:** incorreta, pois há essa responsabilidade da União – art. 16, parágrafo único, do PCSS; **IV:** correta (art. 27, VII, do PCSS); **V:** correta (art. 22, § 7º, do PCSS).

Gabarito "E"

(CESPE – 2012) Assinale a opção correta com relação ao custeio da seguridade social.

(A) Os produtores rurais integrantes de consórcio simplificado de produtores rurais são responsáveis subsidiários em relação às obrigações previdenciárias.
(B) O limite mínimo do salário de contribuição do menor aprendiz corresponde à sua remuneração mínima definida em lei.
(C) Integram o salário de contribuição os valores recebidos em decorrência da cessão de direitos autorais e a importância recebida a título de bolsa de aprendizagem assegurada a adolescentes até quatorze anos de idade.
(D) A alíquota de contribuição do segurado facultativo é de 30% sobre o respectivo salário de contribuição.
(E) Constitui receita da seguridade social a renda bruta proveniente dos concursos de prognósticos.

A: incorreta, pois a responsabilidade dos produtores rurais é solidária, no caso, não subsidiária – art. 25-A, § 3º, do PCSS; **B:** correta, nos termos do art. 28, § 4º, do PCSS; **C:** incorreta, pois essas verbas não integram o salário de contribuição – art. 28, § 9º, u e v, do PCSS; **D:** incorreta, pois a alíquota é de 20% – art. 21 do PCSS; **E:** incorreta, pois a receita da seguridade social corresponde à renda líquida dos concursos de prognósticos, excetuando-se os valores destinados ao Programa de Crédito Educativo, nos termos do art. 26 do PCSS.

Gabarito "B"

(CESPE – 2010) Com base no direito previdenciário, julgue o item seguinte.

(1) Para fins previdenciários, a principal diferença entre empresa e empregador doméstico é que a primeira se caracteriza por exercer atividade exclusivamente com fins lucrativos, e o segundo, não.

1: a assertiva é incorreta, pois, para fins previdenciários, considera-se empresa mesmo a firma ou a sociedade **sem fins lucrativos**, desde que assuma o risco de atividade econômica urbana ou rural. Por outro lado, o empregador doméstico jamais tem finalidade lucrativa, no que se refere à contratação do empregado doméstico – art. 15, I e II, do Plano de Custeio da Seguridade Social – PCSS (Lei 8.212/1991).

Gabarito 1E

(CESPE – 2013) Acerca da seguridade social, julgue os itens a seguir.

(1) A inclusão do cônjuge, pelo servidor público, como seu dependente para fins previdenciários independe da indicação de fonte de custeio.
(2) O legislador comum, fora das hipóteses expressamente indicadas na CF, pode valer-se da progressividade na definição das alíquotas pertinentes à contribuição de seguridade social devida por servidores públicos em atividade, uma vez que a previsão constitucional das referidas hipóteses não é taxativa.

1: correta, pois esse é direito legalmente garantido. O que exige indicação prévia da fonte de custeio total é a criação de um novo benefício – art. 195, § 5º, da CF; **2:** incorreta, pois o STF tem interpretação restritiva do disposto no art. 145, § 1º, da CF, restringindo a progressividade aos impostos de caráter pessoal e às hipóteses expressas no texto constitucional – ver Súmula 668/STF.

Gabarito 1C, 2E

(CESPE – 2013) Acerca de institutos diversos de direito previdenciário, julgue o item subsequente.

(1) Lei ordinária poderá determinar que sócios das empresas por cotas de responsabilidade limitada respondam, solidariamente, com seus bens pessoais, pelos débitos junto à seguridade social, uma vez que não se trata de matéria reservada a lei complementar.

1: incorreta, pois o STF fixou entendimento de que não é possível lei ordinária criar essa responsabilidade solidária, fora dos parâmetros fixados pela lei complementar (art. 135, III, do CTN, especificamente), julgando inconstitucional o disposto no art. 13 da Lei 8.620/1993 – ver RE 562.276/PR.

Gabarito 1E

(FUMARC – 2012) Assinale a alternativa que completa corretamente a seguinte frase:

"Não integram o salário-de-contribuição nos termos da Lei 8.212, de 24 de julho de 1991, EXCETO ________."

(A) o salário maternidade;
(B) as importâncias recebidas a título de férias indenizadas e respectivo adicional constitucional;
(C) os proventos de aposentadoria por tempo de contribuição;
(D) as importâncias recebidas a título de licença-prêmio indenizada;
(E) o abono do Programa de Integração Social-PIS e do Programa de Assistência ao Servidor Público-PASEP.

A única alternativa que contempla verba recebida pelo trabalhador que integra o salário-de-contribuição, nos termos do art. 28, § 9º, "a", do PCSS, é o salário-maternidade.

Gabarito "A"

(FCC – 2011) Em relação ao financiamento da Seguridade Social, é correto afirmar:

(A) A Seguridade Social será financiada por toda a sociedade, de forma direta e indireta, mediante recursos provenientes apenas da União e dos Estados e, em certos casos, também de contribuições sociais.
(B) No âmbito federal, o orçamento da Seguridade Social é composto de receitas, provenientes da União, dos Estados, das contribuições sociais e de receitas de outras fontes.
(C) Constituem contribuições sociais, as das empresas, incidentes sobre a remuneração paga ou creditada aos segurados a seu serviço, com exceção das microempresas.
(D) Entre as contribuições sociais encontramos as dos empregadores domésticos.
(E) Figuram também entre as contribuições sociais as incidentes sobre a receita de concursos de prognósticos e do imposto de importação.

A: incorreta. A seguridade social será financiada, de forma indireta, com recursos da União, dos Estados, do Distrito Federal e dos Municípios e, de forma direta, pela receita das contribuições sociais (art. 195 da CF); **B:** incorreta. As receitas provenientes dos Municípios também integram o orçamento da seguridade social (art. 195, § 1º, da CF); **C:** incorreta. As microempresas também são contribuintes da seguridade social. A única diferença reside que, naquelas optantes do SIMPLES, o recolhimento de sua contribuição está inserido na alíquota única que caracteriza esse sistema de arrecadação; **D:** correta, conforme previsto no art. 24 do PCSS; **E:** incorreta. O imposto de importação não é receita da seguridade social. O art. 195, IV, da CF prevê como fonte de custeio a contribuição do importador, mas essa se dá mediante o pagamento das contribuições sociais do PIS e da COFINS incidentes sobre a operação de importação.

Gabarito "D"

(FUNDATEC – 2010) Assinale a alternativa incorreta:

(A) Compete exclusivamente à União instituir contribuição social para o custeio do Regime Geral de Previdência Social.
(B) Os Estados, o Distrito Federal e os Municípios podem instituir contribuição a ser cobrada de seus servidores, para o custeio, em benefício destes, de regime próprio de previdência.
(C) A contribuição social de Seguridade Social só pode ser exigida 90 (noventa) dias após a data da publicação da lei que a instituiu ou modificou.

(D) É vedada à União, aos Estados, ao Distrito Federal e aos Municípios a cobrança de contribuição social de Seguridade Social no mesmo exercício financeiro em que haja sido publicada a lei que a instituiu ou aumentou.

(E) As entidades beneficentes de assistência social, desde que atendidas as exigências estabelecidas em lei, são isentas de contribuição para a Seguridade Social.

A: correta, nos termos do art. 149 da CF; **B:** correta, nos termos do art. 149, § 1º, da CF; **C:** correta, nos termos do art. 195, § 6º, da CF; **D:** incorreta, devendo ser assinalada. Nos termos do art. 195, § 6º, da CF, não se aplica às contribuições sociais a anterioridade de exercício prevista no art. 150, III, "b", da Carta Magna; **E:** correta, conforme previsto no art. 195, § 7º, da CF. Não custa ressaltar que o preceptivo constitucional apresenta um deslize técnico, pois não se trata de isenção, mas sim de imunidade.

Gabarito "D"

(CESPE – 2010) Em relação ao custeio da seguridade social, julgue os itens a seguir.

(1) Se, no exame da escrituração contábil e de qualquer outro documento da empresa, a fiscalização constatar que a contabilidade não registra o movimento real de remuneração dos segurados a seu serviço, do faturamento e do lucro, serão apuradas, por aferição indireta, as contribuições efetivamente devidas, cabendo, no entanto, ao Instituto Nacional do Seguro Social a prova da irregularidade, sob pena de violação do postulado do devido processo legal.

(2) O STF decidiu que a cobrança da contribuição ao Seguro Acidente de Trabalho (SAT) incidente sobre o total das remunerações pagas tanto aos empregados quanto aos trabalhadores avulsos é ilegítima.

(3) É desnecessária a edição de lei complementar para a majoração de alíquota da contribuição para o financiamento da seguridade social. O conceito de receita bruta sujeita à incidência dessa contribuição envolve não só aquela decorrente da venda de mercadorias e da prestação de serviços, como também a soma das receitas oriundas do exercício de outras atividades empresariais.

1: incorreta, pois, no caso, cabe à empresa o ônus da prova em contrário – art. 33, § 6º, do Plano de Custeio da Seguridade Social – PCSS (Lei 8.212/1991); **2:** assertiva incorreta, pois o STF entendeu que essa cobrança é **legítima** – ver RE 450.061 AgR/MG; **3:** assertiva correta, pois reflete o entendimento do STF – ver RE 487.475 AgR/RJ e RE 371.258 AgR/SP.

Gabarito 1E, 2E, 3C

(CESPE – 2010) No que concerne à legislação acidentária, ao benefício de prestação continuada previsto na Lei de Organização da Assistência Social e jurisprudência dos tribunais superiores, julgue o item seguinte.

(1) A alíquota da contribuição para o SAT deve corresponder ao grau de risco da atividade desenvolvida em cada estabelecimento da empresa, individualizado por seu CNPJ. Possuindo esta um único CNPJ, a alíquota da referida exação deve corresponder à atividade preponderante por ela desempenhada.

1: assertiva correta, pois reflete exatamente o entendimento jurisprudencial consolidado pela Súmula 351/STJ.

Gabarito 1C

(FUNDATEC – 2010) Considere as seguintes afirmações, segundo o que dispõe a Constituição Federal com relação ao financiamento da Seguridade Social, apontando aquela que está incorreta:

(A) Os recursos provenientes dos orçamentos da União, dos Estados, do Distrito Federal, dos Municípios e as contribuições sociais especificas financiam a Seguridade Social.

(B) Incide contribuição social sobre a receita de concursos de prognósticos.

(C) A pessoa jurídica em débito com o sistema de seguridade social não poderá contratar com o Poder Público, mas dele poderá receber incentivo fiscal.

(D) Não incide contribuição sobre os proventos de aposentadoria pagos pelo Regime Geral de Previdência Social.

(E) Incide contribuição social sobre a receita ou o faturamento e sobre o lucro das empresas.

A: correta, nos termos do art. 195 da CF; **B:** correta, nos termos do art. 195, III, da CF; **C:** incorreta, devendo ser assinalada. A pessoa jurídica em débito com a Seguridade Social não poderá contratar com o poder público nem receber incentivos fiscais ou creditícios (art. 195, § 3º, da CF); **D:** correta, nos termos do art. 195, II, *in fine*, da CF; **E:** correta, nos termos do art. 195, I, "b" e "c", da CF.

Gabarito "C"

(CESPE – 2010) Considerando que o limite máximo do salário de contribuição, a partir de 01.01.2010, é de R$ 3.416,54, assinale a opção correta de acordo com a legislação previdenciária de regência.

(A) Se um trabalhador segurado tiver recebido, no mês de dezembro de 2009, o valor de R$ 1.220,00 a título de décimo terceiro salário (gratificação natalina), então esse valor integrará o salário de contribuição desse segurado, em seu valor bruto, sem compensação de eventuais adiantamentos pagos.

(B) Considere que Roberto seja titular de firma individual que atua na área de desenvolvimento de *websites* corporativos e que, nessa condição, preste serviços a diversas pessoas jurídicas, recebendo, por cada trabalho, o valor de R$ 1.500,00. Considere, ainda, que, no mês de janeiro de 2010, Roberto tenha prestado serviços a 4 empresas e que tenha recebido à vista por tais serviços. Nessa situação hipotética, será considerado salário-de-contribuição a totalidade dos rendimentos auferidos por Roberto durante o mês de janeiro.

(C) Se uma empregada doméstica que recebe R$ 600,00 de remuneração mensal faltar ao seu trabalho, injustificadamente, por quatro dias durante determinado mês, apesar de o empregador poder descontar os valores referentes às faltas injustificadas de sua remuneração, o valor do salário-de-contribuição dessa empregada permanecerá inalterado.

(D) A indenização compensatória, correspondente a 40% do montante depositado em sua conta vinculada do FGTS, recebida por trabalhador demitido sem justa causa integra o salário-de-contribuição desse trabalhador, observado o limite máximo legalmente previsto.

(E) A parcela paga, anualmente, aos empregados de pessoa jurídica a título de participação nos lucros e resultados da empresa integra o salário-de-contribuição dos empregados, se for paga ou creditada em consonância com lei específica.

A: correta, nos termos do art. 214, §§ 6º e 7º, do RPS. Vale lembrar que tal contribuição não é considerada para o cálculo do salário de benefício; **B:** incorreta. O salário-de-contribuição é sempre limitado ao valor estabelecido em lei e atualizado pelo Ministério da Previdência e Assistência Social. No exemplo dado, a soma dos rendimentos de Roberto totaliza R$ 6.000,00. Portanto, o seu salário-de-contribuição será estabelecido no limite máximo, ou seja, R$ 3.416,54; **C:** incorreta. O valor do salário de contribuição deve refletir aquilo efetivamente recebido pela empregada doméstica no mês, ou seja, incidirá a contribuição social sobre o salário percebido após os devidos descontos (art. 214, § 1º, do RPS); **D:** incorreta. A indenização do FGTS não integra o salário de contribuição (art. 28, § 9º, "e", 1, do PCSS); **E:** incorreta. A participação nos lucros e resultados paga de acordo com a lei, em periodicidade não superior a duas vezes por ano, não integra o salário de contribuição (art. 28, § 9º, "j", do PCSS).

Gabarito "A"

(CESPE – 2011) Assinale a opção correta com referência ao financiamento da seguridade social.

(A) Aplica-se à tributação da pessoa jurídica, para as contribuições destinadas ao custeio da seguridade social, calculadas com base na remuneração, o regime de competência, de forma que o tributo incide no momento em que surge a obrigação legal de pagamento, não importando se este vai ocorrer em oportunidade posterior.

(B) A CF autoriza a utilização dos recursos provenientes das contribuições sociais incidentes sobre a folha de salários e demais rendimentos dos segurados para custear as despesas com pessoal e administração geral do Instituto Nacional do Seguro Social.

(C) Para fins de cálculo do salário de contribuição do segurado empregado, não se admite fracionamento, razão pela qual, quando a admissão, a dispensa, o afastamento ou a falta do segurado empregado ocorrer no curso do mês, o salário de contribuição será calculado considerando-se o número total de dias do mês.

(D) Conforme previsão constitucional, nenhum benefício ou serviço da seguridade social ou de previdência privada poderá ser criado, majorado ou estendido sem a correspondente fonte de custeio total.

(E) Integram a produção, para os efeitos de contribuição do empregador rural pessoa física, os produtos de origem vegetal submetidos a processos de beneficiamento ou industrialização rudimentar, excetuando-se os processos de lavagem, limpeza, descaroçamento, pilagem, descascamento, lenhamento, pasteurização, resfriamento, secagem, fermentação, embalagem, cristalização e fundição.

A: correta, nos termos do art. 225, § 13, I, do RPS (Regulamento da Previdência Social – Decreto 3.048/1999); **B:** incorreta. A receita oriunda de tais contribuições pode ser usada somente para o pagamento de benefícios previdenciários do RGPS (art. 167, IX, da CF); **C:** incorreta. Nesses casos, deve ser calculado proporcionalmente o salário de contribuição de acordo com o número de dias efetivamente trabalhados (art. 28, § 1º, da Lei 8.212/1991 – Plano de Custeio da Seguridade Social – PCSS); **D:** incorreta. A regra de necessidade de previsão de custeio não se aplica às entidades de previdência privada (art. 195, § 5º, da CF); **E:** incorreta. O art. 200, § 5º, do RPS expressamente inclui essas atividades entre aquelas que integram a produção para fins de cálculo da contribuição do produtor rural pessoa física e do segurado especial.

Gabarito "A"

(CESPE – 2011) Em referência ao custeio da seguridade social, assinale a opção correta.

(A) O grau de risco – leve, médio ou grave – para a determinação da contribuição para o custeio da aposentadoria especial, partindo-se da atividade preponderante da empresa, deve ser definido por lei, sendo ilegítima a definição por mero decreto.

(B) Para o contribuinte individual, estipula-se como salário de contribuição a remuneração auferida durante o mês em uma ou mais empresas ou pelo exercício de sua atividade por conta própria, sem limite, nesse último caso.

(C) O salário-maternidade não tem natureza remuneratória, mas indenizatória, razão pela qual não integra a base de cálculo da contribuição previdenciária devida pela segurada empregada.

(D) O abono recebido em parcela única e sem habitualidade pelo segurado empregado, previsto em convenção coletiva de trabalho, não integra a base de cálculo do salário de contribuição.

(E) Constitui receita da seguridade social a renda bruta dos concursos de prognósticos, excetuando-se os valores destinados ao programa de crédito educativo.

A: incorreta. A catalogação do grau de riscos das atividades é feita pelo Anexo V do RPS; **B:** incorreta. O salário de contribuição sempre respeitará o limite máximo estabelecido pelo Ministério da Previdência e Assistência Social (art. 28, III, do PCSS); **C:** incorreta. O salário-maternidade é exceção à regra de que os benefícios previdenciários não são considerados como salário de contribuição. Assim, sobre ele incidirá normalmente a contribuição previdenciária devida pela segurada (art. 28, § 2º, do PCSS); **D:** correta, nos termos do julgamento proferido pelo STJ no AgRg no REsp 1.235.356/RS, *DJ* 22.03.2011; **E:** incorreta. Devem ser descontados, também, os tributos incidentes, os prêmios pagos e as despesas com administração (art. 26, *caput* e § 2º, do PCSS).

Gabarito "D"

(CESPE – 2011) Com relação a custeio da previdência social e a benefícios previdenciários, assinale a opção correta.

(A) O contrato de locação de automóveis firmado entre empregador e seus empregados configura salário-utilidade, não integrando, por conseguinte, para fins de incidência de contribuição tributária, o conceito de salário de contribuição, ainda que não caracterizada a gratuidade do benefício aos empregados.

(B) Com fundamento no princípio do equilíbrio financeiro-atuarial, a jurisprudência do STJ firmou-se no sentido de que incide contribuição previdenciária sobre o terço constitucional de férias, a despeito de tal verba não se incorporar à remuneração para fins de aposentadoria.

(C) O salário-maternidade tem natureza salarial, motivo pelo qual integra a base de cálculo da contribuição previdenciária; por outro lado, não tem natureza remuneratória a quantia paga a título de auxílio-doença e auxílio-acidente nos quinze primeiros dias do benefício.

(D) De acordo com o entendimento do STJ, com fundamento no princípio da especialidade, os juros moratórios, na repetição do indébito tributário, são devidos a partir do trânsito em julgado da sentença, regime não aplicável à repetição de indébito de contribuições previdenciárias.

(E) O valor do benefício de prestação continuada, exceto o regido por norma especial e o decorrente de acidente do trabalho, deve ser calculado com base no salário de benefício.

A: incorreta, pois o salário de contribuição para o empregado inclui apenas os rendimentos destinados a retribuir o trabalho, não o ressarcimento pela utilização de veículo do empregado – art. 28, I, e § 9º, *s*, do Plano de Custeio da Seguridade Social – PCSS (Lei 8.212/1991); **B:** incorreta, pois a jurisprudência do STJ é pacífica no sentido de que não incide contribuição previdenciária sobre o terço constitucional de férias – ver AgRg no AREsp 16.759/RS; **C:** assertiva correta, conforme o art. 28, § 2º, do PCSS e jurisprudência do STJ em relação aos 15 primeiros dias do auxílio-doença e auxílio-acidente – ver AgRg no Ag 1.409.054/DF e REsp 1.217.686/PE; **D:** incorreta, pois o disposto na Súmula 188 do STJ (juros moratórios a partir do trânsito) aplica-se às contribuições previdenciárias, que têm natureza tributária – ver REsp 1.089.241/MG; **E:** incorreta, pois o valor do benefício de prestação continuada, *inclusive* o regido por norma especial e o decorrente de acidente do trabalho, exceto o salário-família e o salário-maternidade, será calculado com base no salário de benefício – art. 28 do PBPS.

Gabarito "C"

(TRT 15ª Região – 2010) Aponte a alternativa incorreta:

(A) a contribuição à seguridade social devida pelo empregador rural pessoa física é calculada sobre a receita bruta proveniente da comercialização da sua produção, sendo devida contribuição para as prestações do acidente do trabalho, que têm igual base de cálculo;

(B) os bancos pagam alíquota diferenciada de contribuição à seguridade social, sendo esta superior àquela devida, no geral, para os demais empregadores;

(C) com base nas estatísticas de acidentes do trabalho, é possível alterar o enquadramento de empresas para efeito da contribuição destinada ao SAT;

(D) a contribuição empresarial da associação desportiva que mantenha equipe de futebol profissional corresponde a cinco por cento da receita bruta e só não é calculada sobre o valor recebido pelo clube em decorrência da transmissão dos jogos por empresas de televisão;

(E) não se considera como remuneração direta ou indireta, para os efeitos, da Lei 8.212/1991, os valores pagos pelas instituições de ensino vocacional aos membros da congregação em face do seu mister religioso ou para sua subsistência, desde que fornecidos em condições que independam da natureza e da quantidade do trabalho executado.

A: Correta, de acordo com o art. 25 da Lei 8.212/1991; **B:** Correta, Art. 22, § 1º, da Lei 8.212/1991, que majora a alíquota contributiva das instituições financeiras em 2,5%; **C:** Correta, trata-se do FAP (fator Acidentário de Prevenção), trazido pela Lei 10.666, de 2003; **D:** Incorreta (a ser assinalada), o art. 22, § 6º, da Lei 8.212 determina a incidência de contribuição previdenciária sobre o valor decorrente de transmissão de espetáculos desportivos; **E:** Correta, de acordo com o art. 22, § 13, da Lei 8.212/1991.

Gabarito "D"

(TRT 15ª Região – 2011) A respeito da responsabilidade pelo recolhimento de contribuições previdenciárias, é incorreto afirmar que:

(A) quitadas em primeira audiência verbas rescisórias incontroversamente devidas, dentre elas o saldo de salário e o décimo-terceiro, o magistrado determinará, sob pena de responsabilidade, que a reclamada proceda ao imediato recolhimento das contribuições previdenciárias;

(B) os administradores das empresas públicas sujeitas ao controle dos Estados, em mora com o pagamento de' contribuições previdenciárias há mais de 30 (trinta) dias, nos termos da lei, são subsidiariamente responsáveis pelo respectivo pagamento;

(C) os administradores de fundações públicas, criadas e mantidas pelo Poder Público, sujeitas ao controle dos Municípios, em mora com o pagamento de contribuições previdenciárias há mais de 30 (trinta) dias, tornam-se solidariamente responsáveis pelo respectivo pagamento;

(D) exclui-se da responsabilidade solidária perante a Seguridade Social o adquirente de unidade imobiliária que realizar a operação com empresa de comercialização de imóveis ficando esta solidariamente responsável com o construtor;

(E) as empresas que integram grupo econômico de qualquer natureza respondem entre si, solidariamente, pelas contribuições previdenciárias.

A: Correta, conforme art. 43 da Lei 8.212/1991; **B:** Incorreta (a ser assinalada) o art. 42 da Lei 8.212/1991 impõe responsabilidade "solidária" e não "subsidiária"; **C:** Correta, art. 42 da Lei 8.212/1991; **D:** Correta, art. 30, VII, da Lei 8.212/1991 ; **E:** Correta, art. 30, IX, da Lei 8.212/1991.

Gabarito "B".

(TRT 2ª Região – 2010) Aponte a afirmativa correta:

(A) São exemplos de segurados obrigatórios da previdência social, na categoria de contribuintes individuais: o ministro de confissão religiosa e o membro de instituto de vida consagrada, de congregação ou de ordem religiosa; o servidor público ocupante de cargo em comissão, sem vínculo efetivo com a União, Autarquias, inclusive em regime especial, e Fundações Públicas Federais; quem presta serviço de natureza urbana ou rural, em caráter eventual, a uma ou mais empresas, sem relação de emprego.

(B) O servidor civil ocupante de cargo efetivo da União, dos Estados, do Distrito Federal ou dos Municípios, bem como o das respectivas autarquias e fundações, são excluídos do Regime Geral de Previdência Social, desde que amparados por regime próprio de previdência social.

(C) A contribuição do empregador doméstico é de 11% (onze por cento) do salário-de contribuição do empregado doméstico a seu serviço.

(D) A contribuição a cargo da empresa, destinadas à Seguridade Social, é de 20% (vinte por cento) sobre o total das remunerações pagas, devidas ou creditadas a qualquer título, durante o mês, aos segurados empregados e trabalhadores avulsos que lhe prestem serviços, destinadas a retribuir o trabalho, qualquer que seja a sua forma, quer pelos serviços efetivamente prestados, quer pelo tempo à disposição do empregador ou tomador de serviços, excluídas as gorjetas, os ganhos habituais sob a forma de utilidades e os adiantamentos decorrentes de reajuste salarial.

(E) Equipara-se ao empregador rural pessoa natural o consórcio simplificado de produtores rurais, formado pela união de produtores rurais pessoas naturais, que outorgar a um deles poderes para contratar, gerir e dispensar trabalhadores para prestação de serviços, exclusivamente, aos seus integrantes, mediante documento registrado em cartório de títulos e documentos, hipótese em que fica dispensada a identificação perante o INSS de cada produtor, seu endereço pessoal e o de sua propriedade rural.

A: Incorreta, uma vez que o servidor público ocupante de cargo em comissão, sem vínculo efetivo é segurado obrigatório do Regime Geral n categoria de empregado; **B:** Correta, de acordo com o art. 12 da Lei 8.213/1991; **C:** Incorreta, a contribuição do empregador doméstico é de 12% (art. 24 da Lei 8.212/1991); **D:** Incorreta, uma vez que são "incluídas" as gorjetas em atenção ao art. 20, I, da Lei 8.212/1991; **E:** Incorreto, a Lei 8.212/1991, no art. 25-A, determina a matrícula no Instituto Nacional do Seguro Social – INSS de cada um dos produtores rurais para caracterização previdenciária do consórcio simplificado de produtores rurais.

Gabarito "B".

(TRT 15ª Região – 2010) Observe as afirmativas abaixo:

I. Incidem contribuições previdenciárias sobre o pagamento das férias normalmente usufruídas na vigência do contrato de emprego.

II. Não incidem contribuições previdenciárias sobre o 13ºº salário.

III. Incidem contribuições previdenciárias sobre a remuneração do tempo despendido pelo empregado até o local de trabalho e para o seu retorno em condução fornecida pelo empregador, sendo de difícil acesso ou não servido por transporte público o local onde se exerce a atividade laboral.

IV. Incidem contribuições previdenciárias sobre o salário-maternidade.

Agora responda:

(A) todas as assertivas são corretas;

(B) apenas uma das assertivas é correta;

(C) duas das quatro assertivas são corretas;

(D) três das quatro assertivas são corretas;

(E) todas as assertivas são incorretas.

I: correta, art. 28, § 9º, d, da Lei 8.212/1991; **II:** incorreta, o art. 28, § 7º, da Lei 8.212/1991 determina a incidência contributiva sobre o 13º salário; **III:** correta, assertiva de acordo com o texto do Enunciado 90 do TST; **IV:** correta, conforme art. 28, § 9º, I, da Lei 8.212/1991.

Gabarito "D".

(TRT 15ª Região – 2010) A contribuição a cargo da empresa, destinada à Seguridade Social, não incide sobre:

(A) gorjetas;

(B) ganhos eventuais pagos sob a forma de utilidades;

(C) o total das remunerações pagas ou creditadas a qualquer título, no decorrer do mês, aos segurados contribuintes individuais que lhe prestem serviços;

(D) o valor bruto da, nota fiscal ou fatura, relativamente a serviços que lhe são prestados por cooperados por intermédio de cooperativas de trabalho;

(E) nenhuma das anteriores.

A: correta, o art. 22 da Lei 8.212/1991, inciso I, inclui as gorjetas dentre as rubricas passíveis de incidência da contribuição previdenciária; **B:** incorreta (a ser assinalada), sobre os ganhos "habituais" sob a forma de utilidades incide a contribuição previdenciária (art. 22, I, da Lei 8.212/1991), ganhos "eventuais" estão exclusos, portanto, da previsão legal; **C:** Correta, art. 22, III, da Lei 8.212/1991; **D:** Correta, art. 22, IV, da Lei 8.212/1991; **E:** Existe resposta, alternativa "B".

Gabarito "B".

(TRT 2ª Região – 2011) Assinale a alternativa incorreta, com base na Lei 8.212/1991 :

(A) o total das diárias pagas, independentemente de seu valor, não Integra o salário de
contribuição para a Previdência Social.

(B) Os benefícios pagos pela Previdência Social, nos termos e limites legais, salvo o salário-maternidade, não integram o salário-de--contribuição para a Previdência Social.

(C) As ajudas de custo e o adicional mensal, recebidos pelo aeronauta, nos termos da Lei 5.929, de 30 de outubro de 1973, não integram o salário de contribuição para a Previdência Social.

(D) A parcela "in natura", recebida de acordo com os programas de alimentação aprovados pelo Ministério do Trabalho e da Previdência Social, nos termos da Lei 6.321, de 14 de abril de 1976, não integra o salário-de-contribuição para a Previdência Social.

(E) As importâncias recebidas a título de férias indenizadas e respectivo adicional constitucional, inclusive o valor correspondente à dobra da remuneração de férias de que trata o art. 137 da Consolidação das Leis do Trabalho, não integram o salário de contribuição para a Previdência Social.

A: Incorreta (a ser assinalada), uma vez que o art. 28, § 8º, da Lei 8.212/1991 determina que integram o salário-de-contribuição pelo seu valor total as diárias pagas, quando excedente a cinquenta por cento da remuneração mensal; **B:** Correta, reprodução do art. 28, § 9º, letra "a", da Lei 8.212/1991; **C:** correta, transcrição do art. 28, § 9º, letra "b", da Lei 8.212/1991; **D:** Correta, de acordo com o art. 28, § 9º, letra "c", da Lei 8.212/1991; **E:** Correta, em conformidade com do art. 28, § 9º, letra "d", da Lei 8.212/1991.

Gabarito "A".

(TRT 2ª Região – 2011) Assinale a alternativa correta:

(A) No caso de empregado e trabalhador avulso, entende-se como "salário de contribuição", para fins previdenciários, a remuneração registrada na Carteira de Trabalho e Previdência Social, observadas as normas estabelecidas em convenções coletivas quanto ao valor da remuneração.

(B) No caso de empregado e trabalhador avulso, entende-se como "salário de contribuição" para fins previdenciários, a remuneração auferida em uma ou mais empresas, assim entendida a totalidade dos rendimentos pagos, devidos ou creditados a qualquer título, durante o mês, destinados a retribuir o trabalho, qualquer que seja a sua forma, inclusive as gorjetas, os ganhos habituais sob a forma de utilidades e os adiantamentos decorrentes de reajuste salarial, quer pelos serviços efetivamente prestados, quer pelo tempo à disposição do empregador ou tomador de serviços nos termos da lei ou do contrato ou, ainda, de convenção ou acordo coletivo de trabalho ou sentença normativa.

(C) No caso de empregado e trabalhador avulso, entende-se como "salário de contribuição", para fins previdenciários, a remuneração-base e diárias recebidas inferiores a 50% da remuneração mensal.

(D) No caso de empregado e trabalhador avulso, entende-se como "salário de contribuição", para fins previdenciários, a remuneração auferida em uma ou mais empresas, destinada a retribuir o trabalho pelos serviços efetivamente prestados durante o mês, observado o teto de contribuição.

(E) No caso de empregado e trabalhador avulso, o "salário de contribuição" para fins previdenciários consiste nos valores simplesmente declarados pelos segurados em questão, observado o teto de contribuição.

A: Incorreta, uma vez que a definição de salário-de-contribuição do trabalhador avulso é diversa da prevista para o segurado empregado doméstico (art. 28 incisos I e II, da Lei 8.212/1991); **B:** Correta, de acordo o texto literal do art. 28, I, da Lei 8.212/1991; **C:** incorreta, pois difere da definição legal (art. 28, I, da Lei 8.212/1991); **D:** incorreta, pois difere da definição legal (art. 28, I, da Lei 8.212/1991); **E:** incorreta, pois difere da definição legal (art. 28, I, da Lei 8.212/1991).

Gabarito "B"

3. SEGURADOS DA PREVIDÊNCIA E DEPENDENTES

(FMP – 2015) De acordo com a Lei 8.212/1991, poderá contribuir facultativamente à Previdência Social, além de contribuir obrigatoriamente à Seguridade Social, o:

(A) exercente de mandato eletivo federal, estadual ou municipal, desde que não vinculado a regime próprio de previdência social.

(B) ministro de confissão religiosa e o membro de instituto de vida consagrada, de congregação ou de ordem religiosa.

(C) segurado que presta serviço de natureza urbana ou rural, em caráter eventual, a uma ou mais empresas, sem relação de emprego.

(D) brasileiro civil que trabalha no exterior para organismo oficial internacional do qual o Brasil é membro efetivo, ainda que lá domiciliado e contratado, salvo quando coberto por regime próprio de previdência social.

(E) segurado especial.

O art. 12 da Lei 8.212/1991 (Plano de Custeio da Seguridade Social – PCSS) afasta a possibilidade do segurado obrigatório contribuir também como facultativo para o RGPS. A única exceção nesses casos é o **segurado especial**, que pode fazer as duas contribuições (obrigatória e facultativa), nos termos do art. 25, §1º, do PCSS.

Gabarito "E"

(FMP – 2015) Entre as pessoas abaixo indicadas, a Lei **8.213/1991** presume a dependência econômica:

(A) do companheiro ou companheira que mantenha união estável com o segurado.

(B) dos pais do segurado que com ele residam e que tenham mais de 70 anos de idade e não recebam benefício previdenciário de qualquer regime.

(C) do enteado e do menor tutelado que residam com o segurado.

(D) dos irmãos do segurado que com ele residam, não emancipados, menores de 21 anos ou inválidos.

(E) de qualquer pessoa inválida que resida com o segurado e que seja por ele mantida.

A dependência econômica é presumida para os dependentes de 1ª classe, assim denominadas as pessoas previstas no art. 16, I, da Lei 8.213/1991 (Plano de Benefícios da Previdência Social – PBPS): o cônjuge, a companheira, o companheiro e o filho não emancipado, de qualquer condição, menor de 21 anos ou inválido ou que tenha deficiência. Todos os demais dependentes devem comprovar sua dependência econômica junto ao segurado (art. 16, § 4º, do PBPS).

Gabarito "A"

(Analista – TRT/2ª – 2014 – FCC) São beneficiários dos segurados no regime geral, na condição de dependentes,

(A) o fundo de amparo ao trabalhador, se não houver nenhum herdeiro necessário.

(B) o cônjuge, a companheira, o companheiro e o filho não emancipado menor de 21 anos ou inválido.

(C) os pais e avós do segurado, como ascendentes.

(D) as pessoas designadas pelo segurado, desde que não haja cônjuges ou filhos.

(E) os tios e primos de sangue do segurado, se forem pessoas com deficiência.

A: incorreta. Não há qualquer previsão legal nesse sentido; **B:** correta, nos termos do art. 16, I, do PBPS; **C:** incorreta. Apenas os pais são considerados dependentes (art. 16, II, do PBPS); **D:** incorreta. Não há qualquer previsão legal nesse sentido; **E:** incorreta. Os únicos parentes colaterais previstos como dependentes são os irmãos, desde que menores de 21 anos ou inválido ou portador de deficiência (art. 16, III, do PBPS).

Gabarito "B"

(FCC – 2014) Considere os seguintes itens:

I. benefício de pensão por morte, auxílio-acidente ou auxílio-reclusão, cujo valor não supere o do menor benefício de prestação continuada da Previdência Social;

II. exercício de mandato eletivo de dirigente sindical de organização da categoria de trabalhadores rurais;

III. exercício de mandato de vereador do Município em que desenvolve a atividade rural ou de dirigente de cooperativa rural constituída, exclusivamente, por segurados especiais;

IV. atividade artesanal desenvolvida com matéria-prima produzida pelo respectivo grupo familiar, podendo ser utilizada matéria-prima de outra origem, desde que a renda mensal obtida na atividade não exceda ao menor benefício de prestação continuada da Previdência Social.

Não é segurado especial da Previdência Social o membro de grupo familiar que possuir outra fonte de rendimento, EXCETO se decorrente de:

(A) III e IV, apenas.

(B) I, II, III e IV.

(C) I, II e IV, apenas.

(D) I, II e III, apenas.

(E) II, III e IV, apenas.

Todas as fontes de rendimento estão listadas no art. 11, § 9º, I, IV, V e VII, respectivamente, da Lei 8.213/1991 como possíveis de serem recebidas pelo segurado especial sem retirar-lhe essa condição.

Gabarito "B"

(CESPE – 2013) Acerca do RGPS, julgue os itens a seguir.

(1) Considere a seguinte situação hipotética. Em julho de 2011, depois de pagar ininterruptamente por mais de dez anos contribuições mensais a previdência social, Maria foi demitida da empresa onde trabalhava como balconista e, desde então, ela não recolheu contribuições para a previdência social. Em face dessa situação hipotética, é correto afirmar que, em marco de 2013, Maria ainda mantinha a qualidade de segurada.

(2) De acordo com o disposto na Lei 8.213/1991, filho maior de vinte e um anos de idade não portador de invalidez ou qualquer deficiência mantém a condição de dependente do segurado do RGPS até completar vinte e quatro anos, desde que seja estudante universitário.

(3) É presumida a dependência econômica do filho com mais de dezoito anos e menos de vinte e um anos de idade em relação ao segurado da previdência social, não sendo necessária a comprovação dessa dependência para que ele se torne do RGPS na condição de dependente do segurado.

(4) É segurado obrigatório da previdência social o estrangeiro domiciliado e contratado no Brasil para trabalhar como empregado em sucursal de empresa nacional no exterior.

(5) Aquele que exerça, concomitantemente, duas atividades remuneradas sujeitas ao RGPS e obrigatoriamente filiado ao referido regime em relação a cada uma delas.

1: correta. Caso o segurado já tenha contribuído com mais de 120 contribuições mensais para o RGPS, seu período de graça, durante o qual mantém a qualidade de segurado independentemente do pagamento das contribuição, será de 24 meses (art. 15, § 1º, da Lei 8.213/1991); **2:** incorreta. Além de tal direito não encontrar previsão legal, a jurisprudência do STJ é uníssona em recusar o pagamento do benefício nessas condições, ratificando que o benefício se extingue quando o filho não inválido atingir 21 anos de idade, nos termos do art. 16, I, da Lei 8.213/1991; **3:** correta, nos termos do art. 16, § 4º, da Lei 8.213/1991; **4:** correta. É considerado segurado empregado (art. 11, I, "c", da Lei 8.213/1991); **5:** correta, nos termos o art. 11, § 2º, da Lei 8.213/1991.

Gabarito 1C, 2E, 3C, 4C, 5C

(Ministério Público/PR – 2011) Examine as afirmações abaixo e após responda:

I. São segurados obrigatórios da previdência social os empregados, entendidos como aqueles que prestam serviço urbano ou rural à empresa, em caráter não eventual, mediante remuneração.

II. São segurados obrigatórios da previdência social os empregados domésticos, entendidos como aqueles que prestam serviços de natureza contínua a pessoa ou família, no âmbito residencial desta, em atividades sem fins lucrativos.

III. São segurados facultativos da previdência social os contribuintes individuais, entendidos como aqueles que prestam serviços de forma independente, em caráter eventual e sem vínculo empregatício.

IV. São segurados facultativos da previdência social as donas de casa.

V. São segurados facultativos da previdência social os trabalhadores avulsos, entendidos como aqueles que, sindicalizados ou não, prestam serviços de natureza urbana ou rural, a diversas empresas, sem vínculo empregatício, com intermediação obrigatória de órgão gestor de mão de obra, nos termos da Lei 8.630/1993, ou do sindicato da categoria.

(A) todas as afirmativas estão corretas.
(B) as afirmativas I, III e IV são corretas.
(C) a afirmativa V é a única correta.
(D) as afirmativas III e V são incorretas.
(E) todas as afirmativas são incorretas.

I: correta, nos termos do art. 12, I, "a", da Lei 8.212/1991 (Plano de Custeio da Seguridade Social – PCSS); **II:** correta, nos termos do art. 12, II, do PCSS; **III:** incorreta. Os contribuintes individuais, que incluem aquele que prestam serviços de forma independente, em caráter eventual e sem vínculo empregatício, são segurados **obrigatórios** da previdência social (art. 12, V, do PCSS); **IV:** correta, nos termos do art. 11, § 1º, I, do Decreto 3.048/1999 (Regulamento da Previdência Social – RPS); **V:** incorreta. Os trabalhadores avulsos, corretamente conceituados na assertiva, são considerados segurados **obrigatórios** da previdência social (art. 12, VI, do PCSS).

Gabarito "D"

(CESPE – 2010) Considerando a jurisprudência do STF e do STJ, assim como o que dispõe a CF e a legislação previdenciária, assinale a opção correta.

(A) Conforme a jurisprudência do STF, em se tratando de auxílio-reclusão, benefício previdenciário concedido para os dependentes dos segurados de baixa renda, nos termos da CF, a renda a ser observada para a concessão é a dos dependentes e não a do segurado recolhido à prisão.
(B) Consoante à jurisprudência do STJ, é devida a incidência da contribuição previdenciária sobre os valores pagos pela empresa ao segurado empregado durante os quinze primeiros dias que antecedem a concessão de auxílio-doença.
(C) De acordo com a jurisprudência do STF, a contribuição nova para o financiamento da seguridade social, criada por lei complementar, pode ter a mesma base de cálculo de imposto já existente.
(D) A perda da qualidade de segurado não será considerada para a concessão das aposentadorias por tempo de contribuição e especial, desde que o segurado conte com, no mínimo, o tempo de contribuição correspondente ao exigido para efeito de carência na data do requerimento do benefício.
(E) Entre os princípios da previdência social enumerados na CF incluem-se a universalidade da cobertura e do atendimento, a uniformidade e equivalência dos benefícios e serviços às populações urbanas e rurais e a descentralização, com direção única em cada esfera de governo.

A: incorreta. Deve ser considerada a renda do segurado para a apuração do direito à percepção do benefício do auxílio-reclusão (STF, AI 767.352, *DJ* 14.12.2012); **B:** incorreta. Para o STJ, o pagamento dos quinze primeiros dias de afastamento do trabalhador que antecedem o auxílio-doença tem natureza indenizatória e, portanto, sobre ele não incide contribuição previdenciária (AgRg no AREsp 103.294, *DJ* 08.05.2012); **C:** correta. Essa polêmica decisão foi dada no julgamento do RE 228.321, *DJ* 01.10.1998; **D:** incorreta. A perda da qualidade de segurado apenas não impedirá a concessão dos benefícios de aposentadoria se, quando da perda, o segurado já reunia **todos** os requisitos para a fruição do benefício (art. 102, § 1º, da Lei 8.213/1991 – do PBPS); **E:** incorreta. O princípio da descentralização da gestão da seguridade social impõe a gestão quadripartite, com representantes do Governo, dos trabalhadores, dos empregadores e dos aposentados (art. 194, parágrafo único, VII, da CF).

Gabarito "C"

(FCC – 2013) Conforme previsão contida no Plano de Benefícios da Previdência Social – Lei 8.213/1991 – mantém a qualidade de segurado, independente de contribuições,

(A) quem está no gozo de benefício, limitado ao prazo máximo de 24 (vinte e quatro) meses.
(B) até 6 (seis) meses após o licenciamento, o segurado incorporado às Forças Armadas para prestar o serviço militar.
(C) até 24 (vinte e quatro) meses após o livramento, o segurado retido ou recluso.
(D) até 6 (seis) meses após a cessação das contribuições, o segurado facultativo.
(E) até 18 (dezoito) meses após cessar a segregação, o segurado acometido de doença de segregação compulsória.

A: incorreta, pois quem está em gozo de benefício mantém a qualidade de segurado independentemente de contribuições sem limite de prazo – art. 15, I, do Plano de Benefícios da Previdência Social – PBPS (Lei 8.213/1991); **B:** incorreta, pois o prazo, no caso, é de até 3 meses após o licenciamento – art. 15, V, do PBPS; **C:** incorreta, pois o prazo, no caso, é de até 12 meses após o livramento – art. 15, IV, do PBPS; **D:** correta, nos termos do art. 15, VI, do PBPS; **E:** incorreta, pois o prazo, no caso, é de até 12 meses após cessar a segregação – art. 15, III, do PBPS.

Gabarito "D"

(CESPE – 2012) No que se refere aos regimes previdenciários, julgue o próximo item.

(1) É considerado segurado empregado da previdência social o brasileiro civil que trabalha para a União, no exterior, em organismos oficiais brasileiros ou internacionais dos quais o Brasil seja membro efetivo, ainda que domiciliado e contratado fora do Brasil, salvo se segurado na forma da legislação do país do domicílio.

1: correta, pois reflete exatamente o disposto no art. 11, I, e, do PBPS.

Gabarito 1C

(CESPE – 2013) Acerca das normas que regulam os segurados e dependentes do RGPS, assinale a opção correta.

(A) O defensor público estadual que assumir cargo de ministro de Estado, será considerado, durante o período em que exercer o cargo em comissão, segurado obrigatório do RGPS, ficando temporariamente excluído do regime próprio de origem.
(B) Apesar de não poder ser dependente, a pessoa jurídica, por contribuir para a previdência social, é considerada beneficiário na qualidade de segurado obrigatório.
(C) O segurado que exerça mais de uma atividade abrangida pelo RGPS deve filiar-se como segurado obrigatório em relação a cada uma dessas atividades, não sendo possível, entretanto, que ostente, ao mesmo tempo, a qualidade de dependente.
(D) Considere que uma empresa, durante as festividades de final de ano, contrate, pelo período de dois meses, trabalhadores para atender ao aumento extraordinário de serviço. Nessa situação, esses trabalhadores temporários serão filiados obrigatórios do RGPS na qualidade de segurado empregado.
(E) Deputado federal será sempre filiado obrigatório do RGPS, na condição de segurado empregado.

A: incorreta, pois os servidores efetivos amparados por regime próprio de previdência social são excluídos do regime geral – art. 12 do PBPS (Lei 8.213/1991); **B:** incorreta, pois somente pessoas físicas (= naturais, não pessoas jurídicas) são beneficiárias do regime geral de previdência social – RGPS – arts. 11 e 16 do PBPS; **C:** incorreta, pois não há vedação para que seja também dependente – art. 11, § 2º, do PBPS; **D:** correta, nos termos do art. 11, I, b, do PBPS; **E:** incorreta, pois, caso o deputado seja servidor efetivo vinculado a regime próprio de previdência social, não será filiado ao RGPS – art. 11, I, h, *in fine*, do PBPS.

Gabarito "D"

(CESPE – 2012) É segurado obrigatório da previdência social, como empregado,

(A) o trabalhador que presta serviço de natureza rural a diversas empresas sem vínculo empregatício.

(B) a pessoa física que presta serviço de natureza eventual, no âmbito residencial da pessoa que contrate o serviço, em atividades sem fins lucrativos.

(C) a pessoa física que presta, em caráter eventual, serviço de natureza rural a empresa.

(D) o membro de instituto de vida consagrada, de congregação ou de ordem religiosa.

(E) o servidor público federal ocupante de cargo em comissão, sem vínculo efetivo com a União.

A e **C:** incorretas, pois somente o trabalhador rural que presta serviço à empresa em caráter não eventual, sob sua subordinação e mediante remuneração é que será considerado segurado obrigatório na condição de empregado – art. 11, I, a, do PBPS; **B:** incorreta, pois será considerado segurado obrigatório na condição de empregado doméstico somente aquele que presta serviço de natureza contínua (não eventual) a pessoa ou família, no âmbito residencial desta, em atividades sem fins lucrativos – art. 11, II, do PBPS; **D:** incorreta, pois esse membro é segurado obrigatório na condição de contribuinte individual – art. 11, V, c, do PBPS; **E:** correta, nos termos do art. 11, I, g, do PBPS.

Gabarito "E"

(CESPE – 2012) A CF, ao determinar os objetivos que devem nortear a seguridade social, estabelece a uniformidade e equivalência dos benefícios e serviços às populações urbanas e rurais, excluindo, a partir de então, a situação de discriminação em que se encontravam os trabalhadores rurais com relação à previdência social, notadamente os que trabalham por conta própria e(ou) com auxílio de seu grupo familiar. Dadas as especificidades desses trabalhadores, a legislação previdenciária instituiu um novo tipo de segurado obrigatório para o RGPS: o segurado especial. Com relação a esse segurado, assinale a opção correta.

(A) O exercício de mandato eletivo de dirigente sindical de organização da categoria de trabalhadores rurais descaracteriza a condição de segurado especial caso o referido dirigente obtenha, por meio dessa atividade, ajuda de custo.

(B) Diferentemente do que ocorre com a segurada contribuinte individual, para a segurada especial, o período de carência considerado para a concessão do salário-maternidade é igual a dez meses de efetivo exercício de atividade rural anteriores ao parto ou à adoção, ainda que de forma descontínua.

(C) Entende-se como regime de economia familiar a atividade em que o trabalho dos membros da família seja indispensável à própria subsistência e ao desenvolvimento socioeconômico do núcleo familiar e seja exercido em condições de mútua dependência e colaboração, mesmo com a utilização de empregados permanentes.

(D) É considerado segurado especial o produtor, seja ele proprietário, usufrutuário, possuidor, assentado, parceiro ou meeiro outorgado, comodatário ou arrendatário rural, e o empregado rural que explore atividade agropecuária em área contínua, ou não.

(E) A esposa ou companheira do trabalhador rural, mesmo que não trabalhe diretamente nas atividades rurais exercidas pelos demais membros do grupo familiar, é considerada segurada especial.

A: incorreta, pois o dirigente sindical mantém, durante o exercício do mandato eletivo, o mesmo enquadramento no regime geral de previdência social – RGPS de antes da investidura – art. 11, § 4º, do PBPS; **B:** correta, nos termos do art. 39, parágrafo único, do PBPS; **C:** incorreta, pois a utilização de empregados permanentes descaracteriza o regime de economia familiar – art. 11, § 1º, do PBPS; **D:** incorreta, pois o empregado rural não é segurado especial, mas sim segurado obrigatório na condição de empregado – art. 11, I, a, e VII, a, do PBPS; **E:** incorreta, pois somente o cônjuge ou companheiro que comprovadamente trabalhe com o grupo familiar será considerado segurado especial – art. 11, VII, c, do PBPS.

Gabarito "B"

(CESPE – 2010) Com base no direito previdenciário, julgue os itens seguintes.

(1) A qualidade de segurado obrigatório está insitamente ligada ao exercício de atividade remunerada, com ou sem vínculo empregatício, de modo que, para um indivíduo ser considerado segurado obrigatório, a remuneração por ele percebida pelo exercício da atividade deve ser declarada e expressa, e não, meramente presumida.

(2) Suponha que João, servidor público federal aposentado, tenha sido eleito síndico do condomínio em que reside e que a respectiva convenção condominial não preveja remuneração para o desempenho dessa função. Nesse caso, João pode filiar-se ao Regime Geral da Previdência Social (RGPS) na condição de segurado facultativo e formalizar sua inscrição com o pagamento da primeira contribuição.

(3) Considere que Pedro explore, individualmente, em sua propriedade rural, atividade de produtor agropecuário em área contínua equivalente a 3 módulos fiscais, em região do Pantanal mato-grossense, e que, durante os meses de dezembro, janeiro e fevereiro de cada ano, explore atividade turística na mesma propriedade, fornecendo hospedagem rústica. Nessa situação, Pedro é considerado segurado especial.

(4) Considere que Lucas tenha exercido, individualmente, de modo sustentável, durante toda a vida, a atividade de seringueiro na região amazônica, tendo os frutos dessa atividade sido sua única fonte de renda. Após o falecimento dele, os herdeiros – demonstrados os pressupostos de filiação – poderão requerer a inscrição de Lucas, como segurado especial, no RGPS.

1: incorreta, pois a qualidade do segurado obrigatório não é afastada em caso de remuneração não declarada que, ademais, dá ensejo à autuação – arts. 12, I, e 37 do PCSS (Lei 8.212/1991); **2:** incorreta, pois é vedada a filiação ao regime geral de previdência social, na qualidade de segurado facultativo, de pessoa participante de regime próprio de previdência (casos dos servidores federais) – art. 201, § 5º, da CF; **3:** assertiva correta, pois a exploração agropecuária em área de até 4 módulos fiscais, individualmente ou em regime de economia familiar, indica a condição de segurado especial, que não é descaracterizada pela exploração de atividade turística da propriedade rural, inclusive com hospedagem, por não mais de 120 dias ao ano – art. 12, VII, *a*, 1 e § 9º, II, do PCSS; **4:** assertiva correta, pois o seringueiro, nessa situação, qualifica-se como segurado especial – art. 12, VII, *a*, 2, do PCSS e art. 18, § 5º, do Regulamento da Previdência Social – RPS (Decreto 3.048/1999).

Gabarito 1E, 2E, 3C, 4C

(CESPE – 2010) Em relação aos institutos de direito previdenciário, julgue o item seguinte.

(1) Quanto à filiação do segurado obrigatório à previdência social, vigora o princípio da automaticidade, segundo o qual a filiação desse segurado decorre, automaticamente, do exercício de atividade remunerada, independentemente de algum ato seu perante a previdência social. A inscrição, ato material de registro nos cadastros da previdência social, pode ser concomitante ou posterior à filiação, mas nunca, anterior.

1: assertiva correta, conforme o art. 20, § 1º, do Regulamento da Previdência Social – RPS (Decreto 3.048/1999).

Gabarito 1C

(CESPE – 2010) Em relação aos diversos institutos de direito previdenciário, julgue os itens subsecutivos.

(1) São segurados obrigatórios da previdência social, na qualidade de trabalhadores avulsos, o ministro de confissão religiosa e o membro de instituto de vida consagrada, de congregação ou de ordem religiosa.

(2) É segurado facultativo o maior de doze anos que se filiar ao regime geral de previdência social, mediante contribuição.

(3) Segundo a jurisprudência do STF, deve-se utilizar, como parâmetro para a concessão do benefício de auxílio-reclusão, a renda do segurado preso, e não, a de seus dependentes.

(4) É segurado obrigatório da previdência social, na qualidade de empregado, o exercente de mandato eletivo federal, estadual ou municipal, desde que não vinculado a regime próprio de previdência social.

1: incorreta, pois o ministro de confissão religiosa e o membro de instituto de vida consagrada, de congregação ou de ordem religiosa é segurado obrigatório na condição de contribuinte individual, não como trabalhador avulso – art. 11, V, c, do Plano de Benefícios da Previdência Social – PBPS (Lei 8.213/1991); **2:** incorreta. Atualmente, a idade mínima para o trabalho e, portanto, para a inscrição no Regime Geral da Previdência Social – RGPS, é de 16 anos, admitindo-se excepcionalmente o aprendiz, a partir dos 14 anos de idade (art. 7º, XXXIII, da CF) – note que fica em parte prejudicado o art. 13 do PBPS, que prevê a idade mínima de 14 anos para o menor se filiar no Regime Geral de Previdência Social e qualificar-se como segurado facultativo; **3:** correta – art. 201, IV, da CF, ver AI 767.352 AgR/SC; **4:** correta, nos termos do art. 11, I, *h*, do PBPS.

Gabarito 1E, 2E, 3C, 4C

(MSCONCURSOS – 2012) O segurado facultativo, que não esteja em gozo de benefício, mantém a qualidade de segurado, independentemente de contribuições, até __________ meses após a cessação das contribuições. Assinale a alternativa que completa corretamente a lacuna acima, nos termos da Lei 8.213/1991.

(A) 3 (três).
(B) 6 (seis).
(C) 9 (nove).
(D) 10 (dez).
(E) 12 (doze).

Nos termos do art. 15, VI, da Lei (Lei 8.213/1991), o segurado facultativo mantém por 6 meses a qualidade de segurado, independentemente de contribuições, após a cessação das contribuições.

Gabarito "B"

(CESPE – 2010) Julgue o item a seguir, relativo às legislações previdenciária e da seguridade social.

(1) O exercente de mandato eletivo federal, estadual ou municipal é segurado obrigatório da previdência social como empregado, ainda que seja vinculado a regime próprio de previdência social.

1: assertiva incorreta, pois a vinculação a regime próprio de previdência afasta a qualidade de segurado obrigatório do RGPS – art. 12, I, *j*, *in fine*, do PCSS.

Gabarito 1E

(CESPE – 2011) Em relação aos segurados do RGPS e aos seus dependentes, assinale a opção correta.

(A) É devida a contribuição previdenciária sobre os valores recebidos a título de bolsa de estudo pelos médicos-residentes, dado que prestam serviço autônomo remunerado e enquadram-se, portanto, na qualidade de trabalhadores avulsos.

(B) Para que o cônjuge separado judicialmente faça jus à pensão por morte, não é necessária a comprovação da dependência econômica entre o requerente e o falecido.

(C) Não se exige início de prova material para comprovação da dependência econômica de mãe para com o filho, para o fim de percepção da pensão por morte.

(D) Por expressa previsão na lei de benefícios previdenciários, o menor sob guarda é dependente de segurado do RGPS.

(E) O tempo de estudante como aluno-aprendiz em escola técnica pode ser computado para fins de complementação de aposentadoria, independentemente de remuneração e da existência do vínculo empregatício.

A: incorreta. Os médicos-residentes são segurados obrigatórios na qualidade de contribuintes individuais do RGPS (art. 9º, § 15, X, do RPS); **B:** incorreta. Uma vez ocorrida a separação judicial, não há mais presunção de dependência econômica entre os cônjuges, razão pela qual ela deve ser comprovada para fins de pagamento da pensão por morte, principalmente por intermédio do recebimento de pensão alimentícia (art. 17, I, do RPS); **C:** correta, nos termos do art. 16, § 4º, do PBPS; **D:** incorreta. Apesar de ainda subsistir alguma controvérsia sob o assunto na doutrina e na jurisprudência dos Tribunais, o STJ consolidou o entendimento de que o menor sob guarda não pode ser considerado dependente para fins previdenciários (REsp 720706/SE, *DJ* 09.08.2011). A lei equipara a filho o menor tutelado, mas assevera que ele, apesar de ser dependente de primeira classe, deve comprovar a dependência econômica em relação ao segurado para ter direito ao recebimento dos benefícios (art. 16, § 2º, do PBPS); **E:** incorreta. Para a contagem do tempo de serviço, imprescindível a existência de remuneração e de vínculo empregatício (STJ, AR 1480/AL, *DJ* 05.02.2009).

Gabarito "C"

(CESPE – 2011) Com relação aos segurados da previdência social e a seus dependentes, assinale a opção correta.

(A) É segurado obrigatório da previdência social na qualidade de empregado aquele que presta serviço no Brasil a missão diplomática ou a repartição consular de carreira estrangeira e a órgãos a ela subordinados ou a membros dessas missões e repartições, ainda que o prestador desse tipo de serviço seja estrangeiro sem residência permanente no Brasil.

(B) No que se refere à concessão de benefícios previdenciários, a condição de dependente é autônoma em relação à de segurado, de forma que, tendo o falecido, na data do óbito, perdido a condição de segurado e não tendo cumprido os requisitos necessários para a aposentadoria, seus dependentes farão jus à pensão por morte, em valor proporcional ao tempo de contribuição do instituidor do benefício.

(C) Para a caracterização de segurado especial, considera-se regime de economia familiar a atividade laboral dos membros de uma família e, ainda, que a referida atividade seja indispensável à subsistência e ao desenvolvimento socioeconômico do núcleo familiar e exercida em condições de mútua dependência e colaboração, sem a utilização de empregados permanentes. O exercício de atividade remunerada por um membro da família, ainda que urbana, não descaracteriza a condição de segurado especial.

(D) Entre os requisitos da condição de segurado obrigatório do RGPS, incluem-se o de ser o segurado pessoa física – sendo legalmente inaceitável a existência de segurado pessoa jurídica – e o de ele exercer atividade laboral, lícita ou ilícita, pois as contribuições ao sistema previdenciário são, de acordo com a jurisprudência do STF, espécies do gênero tributo.

(E) Tratando-se de trabalhador rural informal, a exigência de início de prova material para a comprovação do exercício da atividade agrícola deve ser interpretada com temperamento, mas não pode ser dispensada, ainda que em casos extremos, sob pena de se contrariar o princípio do equilíbrio financeiro atuarial do sistema previdenciário.

A: incorreta, pois o estrangeiro sem residência permanente no Brasil, que preste serviço no país a missão diplomática ou a repartição consular, não é segurado obrigatório na qualidade de empregado – art. 12, I, *d*, do PCSS; **B:** incorreta, pois o dependente é apenas aquele vinculado ao segurado – arts. 16 e 74 do PBPS. A perda da qualidade de segurado implica caducidade dos direitos inerentes – art. 102, *caput*, do PBPS. Seria possível a concessão da pensão apenas se o falecido tivesse preenchido os requisitos para o benefício antes de perder a condição de segurado – art. 102, § 2º, do PBPS; **C:** assertiva correta, conforme a definição de regime de economia familiar dada pelo art. 12, § 1º, do PCSS. O membro da família que exerce atividade remunerada não será, em princípio, considerado contribuinte especial – art. 12, § 10, do PCSS; **D:** discutível. Somente pessoas físicas são seguradas do RGPS e, de fato, as contribuições previdenciárias têm natureza tributária. Quanto à ilicitude, parece-nos possível, por exemplo, que um comerciante autônomo irregular (camelô sem registro), ainda que atue ilicitamente (contra as normas que regem a atividade empresarial), seja considerado contribuinte individual – art. 12, V, *h*, do PCSS. Entretanto, ainda que se defenda essa posição, o enquadramento como segurado obrigatório, nesse caso, não decorre da natureza da contribuição previdenciária, mas sim da universalidade da seguridade social – art. 194, parágrafo único, I, da CF; **E:** incorreta, pois, embora o início de prova material seja, em princípio, essencial (ver Súmula 149 do STJ), pode ser dispensada na ocorrência de motivo de força maior ou caso fortuito, conforme disposto no regulamento – art. 55, § 3º, do PBPS.

Gabarito "C"

(Magistratura Federal – 4ª Região – 2010) Dadas as assertivas abaixo, assinale a alternativa correta.

Os beneficiários do Regime Geral de Previdência Social classificam-se como segurados e dependentes. Sobre os segurados pode-se afirmar que:

I. O servidor público ocupante de cargo em comissão, sem vínculo efetivo com a União, Autarquias, inclusive em regime especial, e Fundações Públicas Federais, pode se filiar ao Regime Geral de Previdência Social como segurado facultativo.

II. É segurado especial o trabalhador que, individualmente ou em regime de economia familiar, ainda que com o auxílio eventual de terceiros, desempenhe atividade na condição de pescador artesanal ou a esta assemelhada e que faça da pesca profissão habitual ou principal meio de vida.

III. É segurado obrigatório da Previdência Social como empregado a pessoa física maior de 12 (doze) anos que presta serviço de natureza urbana ou rural à empresa, em caráter não eventual, sob sua subordinação e mediante remuneração, inclusive como diretor empregado.

IV. É segurado como trabalhador avulso aquele que presta, a diversas empresas, sem vínculo empregatício, serviço de natureza urbana ou rural definidos no Regulamento de Benefícios.

V. Entende-se como regime de economia familiar para fins de qualificação como segurado especial a atividade em que o trabalho dos membros da família é indispensável à própria subsistência e ao desenvolvimento socioeconômico do núcleo familiar e é exercido em condições de mútua dependência e colaboração, sem a utilização de empregados permanentes.

(A) Estão corretas apenas as assertivas I e II.
(B) Estão corretas apenas as assertivas I e V.
(C) Estão corretas apenas as assertivas II, IV e V.
(D) Estão corretas apenas as assertivas III, IV e V.
(E) Estão corretas apenas as assertivas I, II, III e IV.

I: incorreta, pois se trata de segurado obrigatório, na condição de empregado – art. 12, I, *g*, do PCSS; **II:** correta, conforme o art. 12, VII, *b*, do PCSS; **III:** assertiva incorreta, já que a idade mínima para o trabalho e, portanto, para a inscrição no RGPS, é de 16 anos, admitindo-se excepcionalmente o aprendiz, a partir dos 14 anos de idade – art. 7º, XXXIII, da CF e art. 13 do PBPS; **IV:** assertiva correta, nos termos do art. 12, VI, do PCSS; **V:** correta, conforme a definição de regime de economia familiar dada pelo art. 12, § 1º, do PCSS.

Gabarito "C"

Veja as seguintes tabelas, com os segurados obrigatórios do RGPS e os dependentes:

Segurados obrigatórios do RGPS – art. 11 do PBPS	
Empregado	– aquele que presta serviço de natureza urbana ou rural à empresa, em caráter não eventual, sob sua subordinação e mediante remuneração, inclusive como diretor empregado; – aquele que, contratado por empresa de trabalho temporário, definida em legislação específica, presta serviço para atender a necessidade transitória de substituição de pessoal regular e permanente ou a acréscimo extraordinário de serviços de outras empresas; – o brasileiro ou o estrangeiro domiciliado e contratado no Brasil para trabalhar como empregado em sucursal ou agência de empresa nacional no exterior; – aquele que presta serviço no Brasil a missão diplomática ou a repartição consular de carreira estrangeira e a órgãos a elas subordinados, ou a membros dessas missões e repartições, excluídos o não brasileiro sem residência permanente no Brasil e o brasileiro amparado pela legislação previdenciária do país da respectiva missão diplomática ou repartição consular; – o brasileiro civil que trabalha para a União, no exterior, em organismos oficiais brasileiros ou internacionais dos quais o Brasil seja membro efetivo, ainda que lá domiciliado e contratado, salvo se segurado na forma da legislação vigente do país do domicílio; – o brasileiro ou estrangeiro domiciliado e contratado no Brasil para trabalhar como empregado em empresa domiciliada no exterior, cuja maioria do capital votante pertença a empresa brasileira de capital nacional; – o servidor público ocupante de cargo em comissão, sem vínculo efetivo com a União, Autarquias, inclusive em regime especial, e Fundações Públicas Federais; – o exercente de mandato eletivo federal, estadual ou municipal, desde que não vinculado a regime próprio de previdência social; – o empregado de organismo oficial internacional ou estrangeiro em funcionamento no Brasil, salvo quando coberto por regime próprio de previdência social;
Empregado doméstico	– aquele que presta serviço de natureza contínua a pessoa ou família, no âmbito residencial desta, em atividades sem fins lucrativos;
Contribuinte individual	– a pessoa física, proprietária ou não, que explora atividade agropecuária, a qualquer título, em caráter permanente ou temporário, em área superior a 4 (quatro) módulos fiscais; ou, quando em área igual ou inferior a 4 (quatro) módulos fiscais ou atividade pesqueira, com auxílio de empregados ou por intermédio de prepostos; ou ainda nas hipóteses dos §§ 9º e 10 deste artigo; – a pessoa física, proprietária ou não, que explora atividade de extração mineral – garimpo, em caráter permanente ou temporário, diretamente ou por intermédio de prepostos, com ou sem o auxílio de empregados, utilizados a qualquer título, ainda que de forma não contínua; – o ministro de confissão religiosa e o membro de instituto de vida consagrada, de congregação ou de ordem religiosa; – o brasileiro civil que trabalha no exterior para organismo oficial internacional do qual o Brasil é membro efetivo, ainda que lá domiciliado e contratado, salvo quando coberto por regime próprio de previdência social; – o titular de firma individual urbana ou rural, o diretor não empregado e o membro de conselho de administração de sociedade anônima, o sócio solidário, o sócio de indústria, o sócio gerente e o sócio cotista que recebam remuneração decorrente de seu trabalho em empresa urbana ou rural, e o associado eleito para cargo de direção em cooperativa, associação ou entidade de qualquer natureza ou finalidade, bem como o síndico ou administrador eleito para exercer atividade de direção condominial, desde que recebam remuneração; – quem presta serviço de natureza urbana ou rural, em caráter eventual, a uma ou mais empresas, sem relação de emprego; – a pessoa física que exerce, por conta própria, atividade econômica de natureza urbana, com fins lucrativos ou não;
Trabalhador avulso	– quem presta, a diversas empresas, sem vínculo empregatício, serviço de natureza urbana ou rural definidos no Regulamento;
Segurado especial	– como segurado especial: a pessoa física residente no imóvel rural ou em aglomerado urbano ou rural próximo a ele que, individualmente ou em regime de economia familiar, ainda que com o auxílio eventual de terceiros, exerça as atividades de produtor ou pescador, ou seja cônjuge, companheiro, filho ou equiparado, conforme o art. 11, VII, do PBPS.

Dependentes no RGPS – art. 16 do PBPS – a primeira classe com dependente exclui as seguintes
– o cônjuge, a companheira, o companheiro e o filho não emancipado, de qualquer condição, menor de 21 (vinte e um) anos ou inválido ou que tenha deficiência intelectual ou mental que o torne absoluta ou relativamente incapaz, assim declarado judicialmente. A dependência econômica desses é presumida, a dos demais deve ser comprovada – § 3º. O enteado e o menor tutelado equiparam-se a filho, mediante declaração do segurado, e desde que comprovada a dependência econômica – § 2º; – os pais; – o irmão não emancipado, de qualquer condição, menor de 21 (vinte e um) anos ou inválido ou que tenha deficiência intelectual ou mental ou deficiência grave.

DIREITO PREVIDENCIÁRIO

(Magistratura Federal - 4ª Região – 2010) Dadas as assertivas abaixo, assinale a alternativa correta.

Os beneficiários do Regime Geral de Previdência Social classificam-se como segurados e dependentes. Sobre os dependentes pode-se afirmar que:

I. É beneficiário do Regime Geral de Previdência Social, na condição de dependente do segurado, o irmão não emancipado, de qualquer condição, menor de 21 (vinte e um) anos ou inválido.
II. O enteado e o menor tutelado equiparam-se a filho mediante declaração do segurado, sendo presumida, nesse caso, a dependência.
III. A dependência dos pais em relação aos filhos depende de comprovação, não se presumindo.
IV. O cônjuge e o filho não emancipado, de qualquer condição, menor de 21 (vinte e um) anos ou inválido, têm dependência presumida e concorrem em situação de igualdade ao benefício de pensão.
V. Ainda que demonstrada a condição de companheiro ou companheira, assim entendida a pessoa que, sem ser casada, mantém união estável com o segurado ou com a segurada, a qualidade de dependente para fins previdenciários está condicionada à comprovação da efetiva dependência econômica.

(A) Estão corretas apenas as assertivas I, III e IV.
(B) Estão corretas apenas as assertivas I, III e V.
(C) Estão corretas apenas as assertivas II, III e IV.
(D) Estão corretas apenas as assertivas II, IV e V.
(E) Estão corretas apenas as assertivas I, II, III e IV.

I: assertiva correta, nos termos do art. 16, III, do PBPS. Interessante notar que o dispositivo legal refere-se, atualmente, ao irmão não emancipado, de qualquer condição, menor de 21 anos ou inválido ou que tenha deficiência intelectual ou mental ou deficiência grave; **II:** incorreta, pois a dependência econômica do enteado ou do menor tutelado deve ser comprovada na forma estabelecida no regulamento – art. 16, § 2º, do PBPS; **III:** correta, pois a dependência dos pais e do irmão não se presume, nos termos do art. 16, § 4º, do PBPS; **IV:** correta, nos termos do art. 16, I, e § 4º, do PBPS. Interessante notar que o art. 16, I, do PBPS refere-se, atualmente, ao filho não emancipado, de qualquer condição, menor de 21 (vinte e um) anos ou inválido ou que tenha deficiência intelectual ou mental ou deficiência grave; **V:** incorreta, pois a dependência do companheiro ou da companheira é presumida – art. 16, I, e § 4º, do PBPS.

Gabarito "A"

(Magistratura Federal - 4ª Região – 2010) João trabalhou como empregado de Armarinhos Silva Ltda., vinculado ao Regime Geral de Previdência Social, por nove anos ininterruptos até 15 de janeiro de 2006 e depois ficou desempregado, passando a receber regularmente o seguro-desemprego pelo prazo legal.

Cessado o pagamento do seguro-desemprego, ele não conseguiu imediatamente recolocação no mercado de trabalho nem sequer providenciou o recolhimento de contribuições como facultativo. Em 20 de fevereiro de 2008, João conseguiu emprego novamente junto a Açougue Sabor da Carne Ltda. e trabalhou até 10 de maio de 2008, quando, em razão de problema de saúde, ficou incapacitado para o trabalho e requereu auxílio-doença ao INSS. Analise a situação acima à luz da legislação de regência e assinale a alternativa correta.

(A) Quando João voltou a trabalhar, em 20 de fevereiro de 2008, ele não detinha mais a condição de segurado, mas, ainda assim, quando ficou doente, tinha direito ao auxílio-doença.
(B) Mesmo que João houvesse perdido a condição de segurado após deixar o emprego junto à empresa Armarinhos Silva Ltda., o que não ocorreu, teria ele direito à concessão de auxílio-doença em maio de 2008, pois cumprida a carência exigida.
(C) João ainda detinha a condição de segurado em 20 de fevereiro de 2008, quando voltou a trabalhar, mas não tinha direito à concessão de auxílio-doença quando ficou doente, pois não preenchia a carência exigida pela Lei 8.213/1991.
(D) João somente faria jus à concessão do auxílio-doença requerido no caso de ter sofrido acidente de qualquer natureza ou causa ou de ter sido acometido de doença profissional ou do trabalho ou de alguma das doenças e afecções especificadas em lista elaborada pelos Ministérios da Saúde e do Trabalho e da Previdência Social, de acordo com os critérios de estigma, deformação, mutilação, deficiência ou outro fator que lhe confira especificidade e gravidade que mereçam tratamento particularizado.
(E) Quando João voltou a trabalhar, em 20 de fevereiro de 2008, ele ainda detinha a condição de segurado, isso em razão do número de contribuições que recolheu até 15 de janeiro de 2006 sem interrupção que acarretasse a perda dessa condição, o que viabilizava a concessão de auxílio-doença, pois cumprida a carência exigida.

A: incorreta, pois João ainda era segurado em fevereiro de 2008, pois perderia essa qualidade, nos termos do art. 15, § 4º, do PBPS, somente em 16 de março de 2008; **B:** correta. Caso tivesse perdido a qualidade de segurado, o que efetivamente não ocorreu, João cumpriu a carência exigida com base no art. 24, parágrafo único, do PBPS ao pagar um terço das contribuições exigidas para o benefício (como João efetivamente trabalhou em fevereiro e maio, haverá contribuição relativa a esses meses – logo, efetuou 04 contribuições mensais, que equivalem a um terço das 12 exigidas para o auxílio-doença); **C:** incorreta, nos termos do comentário à alternativa anterior; **D:** incorreta, conforme comentários anteriores; **E:** incorreta. João não ostentava ainda a qualidade de segurado por conta do número de contribuições que recolheu até 15 de janeiro de 2006, porque contribuiu, nesse período, por 09 anos, sendo que o art. 15, § 1º, do PBPS aumenta em 12 meses o período de graça caso o segurado já tenha efetivado 120 contribuições mensais – ou seja, 10 anos. João ainda mantinha sua qualidade de segurado pelos 12 meses adicionais de período de graça que recebeu pela comprovação de sua situação de desemprego (art. 15, § 2º, do PBPS), a qual podemos deduzir por ter ele usufruído do seguro-desemprego.

Gabarito "B"

(TRT 16ª Região – 2011) Assinale a opção INCORRETA. São segurados obrigatórios da previdência social:

(A) Aquele que presta serviço de natureza urbana ou rural à empresa, em caráter não eventual, sob sua subordinação e mediante remuneração, inclusive como diretor empregado.
(B) O brasileiro civil que trabalha para a União, no exterior, em organismos oficiais brasileiros ou internacionais dos quais o Brasil seja membro efetivo, ainda que lá domiciliado e contratado, mesmo que seja segurado na forma da legislação vigente do pais do domicilio.
(C) O brasileiro ou o estrangeiro domiciliado e contratado no Brasil para trabalhar como empregado em sucursal ou agência de empresa nacional no exterior.
(D) Aquele que presta serviço no Brasil a missão diplomática ou a repartição consular de carreira estrangeira e a órgãos a elas subordinados, ou a membros dessas missões e repartições, excluídos o não-brasileiro sem residência permanente no Brasil e o brasileiro amparado pela legislação previdenciária do pais da respectiva missão diplomática ou repartição consular.
(E) Aquele que, contratado por empresa de trabalho temporário, definida em legislação especifica, presta serviço para atender a necessidade transitória de substituição de pessoal regular e permanente ou a acréscimo extraordinário de serviços de outras empresas.

A: Correta, art. 11, I, da Lei 8.213/1991 na categoria de empregado; **B:** Incorreta (a ser assinalada), o art. 11, I, letra "e", da Lei 8.213/1991 excetua, na situação narrada, aquele que for segurado na forma da legislação vigente do país do domicílio; **C:** Correta, art. 11, I, da Lei 8.213/1991 na categoria de empregado; **D:** Correta, art. 11, I, da Lei 8.213/1991 na categoria de empregado; **E:** Correta, art. 11, I, da Lei 8.213/1991 na categoria de empregado.

Gabarito "B"

(TRT 15ª Região – 2011) João das Dores foi empregado regularmente registrado por 10 (dez) anos. Condenado por homicídio, permaneceu recluso por 8 (oito) anos. Ao sair da penitenciária, não obteve emprego e, no décimo mês após seu livramento, foi acometido por doença pulmonar grave. Em face de tais premissas, aponte a alternativa correta no tocante à situação previdenciária de João:

(A) ausentes mais de 60 (sessenta) contribuições, não há direito previdenciário;
(B) há direito a benefício previdenciário, tendo em vista que no momento do surgimento da doença a qualidade de segurado encontrava-se mantida;

(C) conquanto o liame previdenciário ainda esteja presente, outros são os benefícios devidos, mas não o auxílio-doença;
(D) a perda da qualidade de segundo deu-se 10 (dez) meses após o livramento;
(E) a perda da qualidade de segurado deu-se 6 (seis) meses após o livramento

A: Incorreta, os benefícios por incapacidade de auxílio-doença (hipótese provável para a situação narrada) e de aposentadoria por invalidez exigem apenas 12 meses de carência (art. 25, I, da Lei 8.213/1991); **B:** Correta, em conformidade com o art. 15, IV, da Lei 8.213/1991, é mantida a qualidade de segurado da Previdência Social, mesmo sem contribuições, por até 12 (doze) meses após o livramento, o segurado retido ou recluso; **C:** Incorreta, diante da situação narrada é o auxílio-doença o benefício cabível; **D:** Incorreta, doze meses, 15, IV, da Lei 8.213/1991; **E:** doze meses, 15, IV, da Lei 8.213/1991.

Gabarito "B"

(TRT 8ª Região – 2011) Assinale a alternativa INCORRETA:

(A) O brasileiro civil que trabalha no exterior para organismo oficial internacional do qual o Brasil é membro efetivo, ainda que lá domiciliado e contratado, é considerado contribuinte individual, salvo quando coberto por regime próprio de previdência social.
(B) Mesmo que o membro de grupo familiar possua outra fonte de renda, a saber: benefício de pensão por morte; auxílio-acidente ou auxílio-reclusão, não perderá a condição de segurado especial, desde que não supere o do menor benefício de prestação continuada da previdência social.
(C) É vedada pela Constituição de 1988 a filiação ao regime geral da previdência social, na qualidade de segurado facultativo, de pessoa participante de regime próprio de previdência social.
(D) A contribuição do segurado trabalhador rural, contratado para o exercício de atividades de natureza temporária para produtor rural pessoa física, na forma da Lei 5.889/1973, é de 11% (onze por cento) sobre o respectivo salário-de-contribuição.
(E) O cônjuge separado de fato que mantiver dependência econômica do segurado será considerado dependente para fins previdenciários.

A: Correta, trata-se de extraterritorialidade admitida pela Lei 8.213/1991 no art. 11, inciso V, letra "e"; **B:** Correta, conforme a letra do art. 11, § 9º, I, da Lei 8.213/1991; **C:** Correta, art. 201, § 5º, da CF/1988; **D:** Incorreta (a ser assinalada), de acordo com o art. 9º, inciso I, letra "r", do Decreto Federal 3048/1999, a situação citada enquadra o trabalhador rural n a categoria de "empregado", decorrente a partir disso o dever de contribuir mediante uma dentre as seguintes alíquotas de 8%, 9% ou 11% (art. 20 da Lei 8.212/1991); **E:** Correta, está em conformidade com o art. 16, I, e art. 76, § 2º, da Lei 8.213/1991.

Gabarito "D"

4. BENEFÍCIOS PREVIDENCIÁRIOS

(FMP – 2015) Após a promulgação da EC 20, de 15 de dezembro de 1998, pode-se afirmar que:

I. a única aposentadoria possível ao homem será quando comprovada a carência exigida em lei e 35 anos de contribuição.
II. a única aposentadoria possível à mulher será quando comprovada a carência exigida em lei e 30 anos de contribuição.
III. será possível a aposentadoria por tempo de contribuição, seja integral ou proporcional, se o segurado, além do tempo de serviço, 30 anos a mulher e 35 anos o homem, acrescentar 20% sobre o tempo que faltava para completar os 30 e 35 anos, respectivamente, em 15.12.1998.
IV. será possível a aposentadoria proporcional ao segurado do sexo masculino quando, contando com a carência na forma da lei, possuir 53 anos de idade, 30 anos de contribuição e um período adicional de contribuição equivalente a 40% sobre o tempo que lhe faltava para atingir trinta anos de serviço em 15.12.1998.
V. que será possível a aposentadoria proporcional à segurada quando, contando com a carência exigida na lei, possuir 48 anos de idade, 25 anos de contribuição e um período adicional de contribuição equivalente a 40% sobre o tempo que lhe faltava para atingir 25 anos de serviço em 15.12.1998.

Indique a alternativa CORRETA:

(A) Apenas as assertivas I e II estão corretas.
(B) Apenas a assertiva III está correta.
(C) Apenas as assertivas III e IV estão corretas.
(D) Apenas as assertivas III e V estão corretas.
(E) Apenas as assertivas IV e V estão corretas.

I e II: incorretas. A previdência social brasileira também prevê a aposentadoria por idade (cumprida a carência, aos 60 anos de idade para o homem e 55 para a mulher), a aposentadoria por invalidez (cumprida a carência, se o caso, quando o segurado tornar-se permanentemente inválido para o exercício de qualquer atividade). Além disso, a própria Emenda Constitucional 20/1998 previu uma série de regras de transição para os segurados já filiados ao RGPS no momento de sua publicação com valores proporcionais; **III:** incorreta. Além do tempo de contribuição e do adicional de 20%, é necessário que o segurado conte, no mínimo, 53 anos de idade, se homem, ou 48 anos, se mulher (art. 9º, I e II, da Emenda Constitucional 20/1998); **IV e V:** corretas, nos termos do art. 9º, § 1º, I, da Emenda Constitucional 20/1998.

Gabarito "E"

(CESPE – 2015) Pedro mantém vínculo com o Regime Geral da Previdência Social (RGPS) há doze anos e quatro meses, em função do exercício de atividade laboral na condição de empregado de empresa privada urbana. Pedro é viúvo e mora em companhia de seu único filho, Jorge, de dezenove anos de idade.
Com referência a essa situação hipotética, julgue os seguintes itens.

(1) Se Pedro vier a falecer no presente mês, seu filho Jorge terá direito a pensão por morte, que consiste em renda mensal correspondente a 91% da média aritmética simples dos maiores salários de contribuição de Pedro.
(2) Caso, no mês em curso, Pedro complete sessenta e cinco anos de idade, então, a partir do próximo mês ele terá direito ao benefício da aposentadoria por idade, cujo valor da renda mensal deverá ser de 100% do valor do salário de benefício.

1: incorreta. A renda mensal inicial da pensão por morte equivale a 100% do valor que o segurado teria direito se estivesse aposentado por invalidez da data do falecimento, o que equivale a 100% do salário de benefício; **2:** incorreta. Ainda que complete 65 anos de idade, Pedro não terá atingido o período de carência para este benefício, que é de 180 contribuições mensais (15 anos – art. 25, II, do PBPS).

Gabarito 1E, 2E

(CESPE – 2015) Julgue o item abaixo, relativo a regimes previdenciários.

(1) Segundo a legislação, é vedado ao segurado receber mais de uma aposentadoria do RGPS. Entretanto, não há impedimento a que o segurado receba aposentadoria por idade desse regime e aposentadoria por tempo de contribuição do serviço público.

1: correta. A cumulação de benefícios oriundos de fontes previdenciárias diferentes (RGPS, regime próprio dos servidores públicos ou previdência privada) é permitida.

Gabarito 1C

(FCC – 2014) A renda mensal inicial do auxílio-doença, no regime geral, consistirá num percentual, aplicado sobre o salário de benefício do segurado, correspondente a

(A) 80%.
(B) 50%.
(C) 100%, menos o valor da alíquota cabível de contribuição previdenciária.
(D) 91%.
(E) 70%, mais 1% a cada grupo de 12 contribuições vertidas ao sistema, limitado a 100%.

A renda mensal inicial do auxílio-doença é 91% do salário de benefício (art. 61 do PBPS).

Gabarito "D"

(FCC – 2014) Paulo, após filiar-se ao Regime Geral de Previdência Social, foi acometido de doença especificada em lista elaborada pelos Ministérios da Saúde e do Trabalho e da Previdência Social, de acordo com os critérios de deformação. Paulo, então, requereu à Previdência, o auxílio-doença. Referido benefício será concedido

(A) respeitada a carência de 10 (dez) contribuições mensais.
(B) respeitada a carência de 12 (doze) contribuições mensais.

(C) respeitada a carência de 180 (cento e oitenta) contribuições mensais.
(D) independente de carência.
(E) respeitado o período de carência correspondente ao número de contribuições realizadas a partir do momento em que a doença foi adquirida.

Caso a doença determinante do afastamento esteja prevista na lista mencionada, a concessão do auxílio-doença e da aposentadoria por invalidez independerá de carência (art. 26, II, do PBPS). Anote-se o equívoco do enunciado ao mencionar o Ministério do Trabalho como coautor da lista: nos termos do dispositivo legal citado, ela é elaborada pelos Ministérios da Saúde e da Previdência e Assistência Social.
Gabarito "D"

(FCC – 2014) Airton, filiado ao Regime Geral de Previdência Social, recebeu durante o ano auxílio-reclusão. Dessa forma, a ele o abono anual

(A) é devido, calculado, no que couber, da mesma forma que o Descanso Semanal Remunerado dos trabalhadores, tendo por base o valor médio da renda mensal do benefício do mês de dezembro do referido ano.
(B) não é devido, pois o mesmo cabe apenas a quem recebeu, durante o ano, auxílio-doença e aposentadoria.
(C) é devido, calculado, no que couber, da mesma forma que o Descanso Semanal Remunerado dos trabalhadores, tendo por base o valor da hora mensal trabalhada.
(D) não é devido, pois o mesmo cabe apenas a quem recebeu, durante o ano, aposentadoria.
(E) é devido, calculado, no que couber, da mesma forma que a Gratificação de Natal dos trabalhadores, tendo por base o valor da renda mensal do benefício do mês de dezembro do referido ano.

O abono anual (que é o nome técnico do "13º salário" daqueles que se encontram no gozo de benefícios previdenciários) é devido àquele que recebeu auxílio-reclusão ao longo do ano, nos termos do art. 40, *caput* e parágrafo único, do PBPS.
Gabarito "E"

(FCC – 2014) Em relação à habilitação e à reabilitação profissional, é INCORRETO afirmar:

(A) O Brasil ratificou a Convenção sobre os Direitos das pessoas com Deficiência (Convenção de Nova York, 2007), adotada pela ONU (Organização das Nações Unidas), bem como seu Protocolo Facultativo, a qual se incorporou ao ordenamento jurídico nacional com status de emenda constitucional.
(B) O Ministério do Trabalho e da Previdência Social deverá gerar estatísticas sobre o total de empregados e as vagas preenchidas por reabilitados e deficientes habilitados, fornecendo-as, quando solicitadas, aos sindicatos ou entidades representativas dos empregados.
(C) A dispensa de trabalhador reabilitado ou de deficiente habilitado ao final de contrato por prazo determinado de mais de 90 (noventa) dias, e a imotivada, no contrato por prazo indeterminado, só poderá ocorrer após a contratação de substituto de condição semelhante.
(D) A empresa com 100 (cem) ou mais empregados está obrigada a preencher de 2% (dois por cento) a 5% (cinco por cento) dos seus cargos com beneficiários reabilitados ou pessoas portadoras de deficiência, habilitadas, na seguinte proporção: de 201 a 500 –3%; de 501 a 1.000 – 4%; de 1.001 em diante 5%.
(E) As empresas filantrópicas e sem fins lucrativos cujas atividades estão voltadas para serviços de atendimento a portadores de deficiência não são obrigadas a cumprir a cota legal de trabalhadores com deficiência, podendo fazê-lo voluntariamente.

A: correta. A aprovação pelo Congresso Nacional com o quórum exigido pelo art. 5º, § 3º, da CF foi veiculada pelo Decreto Legislativo 186/2008 e a ratificação da Convenção foi objeto do Dec. 6.949/2009; **B:** correta, nos termos do art. 93, § 2º, da Lei 8.213/1991; **C:** correta, nos termos do art. 93, § 1º, da Lei 8.213/1991; **D:** correta, nos termos do art. 93, *caput*, da Lei 8.213/1991; **E:** incorreta, devendo ser assinalada. Não está prevista qualquer exceção à obrigação legal de contratação de deficientes imposta pelo art. 93 da Lei 8.213/1991.
Gabarito "E"

(TRT 3ª Região – 2014) A partir do disposto no art. 26 da Lei 8.213/1991, é correto afirmar que são benefícios previdenciários que independem de prazo de carência, EXCETO:

(A) Aposentadoria por invalidez.
(B) Auxílio-doença nos casos de acidente de qualquer natureza ou causa e de doença profissional ou do trabalho.
(C) Salário-maternidade para as seguradas empregada, trabalhadora avulsa e empregada doméstica.
(D) Auxílio-reclusão.
(E) Pensão por morte.

A: incorreta, devendo ser assinalada. Em regra, a aposentadoria por invalidez tem carência de 12 contribuições mensais (art. 25, I, da Lei 8.213/1991). Será ela dispensada nos mesmos casos do auxílio-doença (art. 26, II, da mesma Lei). Como a alternativa, contudo, não menciona tais exceções, deve ser tida como errada; **B**, **C**, **D** e **E:** corretas, nos termos do art. 26, II, VI e I, respectivamente, da Lei 8.213/1991.
Gabarito "A"

(CESPE – 2010) João, que era casado com Maria e tinha um filho menor não emancipado chamado Júnior, exercia, quando veio a falecer, atividade abrangida pelo RGPS, como empregado de uma fábrica há oito meses, recebendo, nesse período, um salário de R$ 700,00. Morava ainda com o casal e o filho menor a mãe de João.

Com base nessa situação hipotética, assinale a opção correta.

(A) Maria, sua sogra e Júnior não têm direito à pensão por morte, porque João, que trabalhou apenas oito meses, não completou a carência, que é o número mínimo de contribuições mensais indispensáveis à concessão de benefício previdenciário.
(B) Para se habilitarem à pensão por morte, Maria, Júnior e a mãe de João precisam comprovar que dependiam economicamente de João.
(C) Caso seja requerida apenas por Maria, a pensão por morte será concedida a partir do dia do óbito de João, independentemente da data do requerimento.
(D) Aplica-se o fator previdenciário no cálculo da renda mensal inicial da pensão por morte, que é feito com base no salário de benefício da aposentadoria que seria devida a João na data do seu falecimento.
(E) Se Maria, sua sogra e Júnior requererem pensão por morte, o benefício será concedido apenas a Maria e Júnior, em partes iguais, sendo que a parte de cada um poderá ser menor que um salário mínimo.

A: incorreta. A pensão por morte é benefício previdenciário que independe de carência (art. 26, I, da Lei 8.213/1991 (Plano de Benefícios da Previdência Social – PBPS); **B:** incorreta. Maria e o Júnior são dependentes de 1ª classe, os quais estão dispensados de comprovar a dependência econômica. Apenas a mãe de João precisaria provar essa circunstância (art. 16, § 4º, do PBPS); **C:** incorreta. A pensão por morte será concedida a partir da data do óbito se for requerida até 30 dias após esse. Caso contrário, será paga a partir da data do requerimento. Em caso de morte presumida, será devida a partir da decisão judicial que a declarar (art. 74, III, do PBPS); **D:** incorreta. Não se aplica o fator previdenciário no cálculo da pensão por morte (art. 29, II, do PBPS); **E:** correta. A existência de dependentes em classes superiores (cônjuge e filho) afasta o direito ao benefício das classes inferiores (pais), nos termos do art. 16, § 1º, do PBPS. Além disso, a lei garante que o **benefício** não será menor que o salário mínimo. Em caso de rateio, a parte que cabe a cada dependente poderá ser inferior ao estabelecido.
Gabarito "E"

(CESPE – 2010) Com relação ao reajustamento do valor dos benefícios, ao tempo de serviço para fins previdenciários e à carência, assinale a opção correta.

(A) O reconhecimento da atividade exercida como especial é disciplinado pela lei vigente à época da prestação do serviço, por força do princípio *tempus regit actum*, passando a integrar, como direito adquirido, o patrimônio jurídico do trabalhador, não se aplicando retroativamente legislação nova mais restritiva.
(B) No primeiro reajuste da renda mensal inicial da aposentadoria concedida na vigência da Lei n. 8.213/1991, deve-se aplicar integralmente o índice oficial de correção, independentemente do mês de concessão do benefício previdenciário.
(C) O tempo de serviço rural anterior à vigência da Lei n. 8.213/1991 não será considerado para efeito de carência, mas poderá ser

computado como tempo de contribuição, para efeito de aposentadoria, mediante o recolhimento das respectivas contribuições.

(D) As contribuições que o segurado contribuinte individual pagar em atraso não serão consideradas para efeito de carência nem serão computadas como tempo de contribuição para efeito de aposentadoria, ainda que comprovado o exercício de atividade abrangida pela previdência social.

(E) O trabalho infantil é repudiado pelo ordenamento jurídico brasileiro, de acordo com a CF, de modo que é inadmissível a contagem do trabalho rural em regime de economia familiar antes dos quatorze anos de idade, para efeito de aposentadoria.

A: correta, conforme julgado pelo STJ no REsp 414.083, *DJ* 02.09.2002; **B:** incorreta. Para a aplicação do índice de correção no primeiro reajuste do benefício previdenciário deve ser aplicada a regra da proporcionalidade, ou seja, como o reajuste é anual, a primeira correção do valor deve levar em conta o fator de atualização proporcional ao número de meses em que o segurado recebeu o benefício (STJ, AgRg no EDcl no Ag 797.532, *DJ* 15.03.2007); **C:** incorreta. Para o STJ, o tempo de serviço rural anterior ao PCSS será computado independentemente do pagamento das contribuições a ele relativas para todos os fins, exceto cumprimento de carência (AgRg no EDcl no REsp 848.144, *DJ* 18.08.2009); **D:** incorreta. O pagamento em atraso das contribuições pelo contribuinte individual será considerado para efeito de aposentadoria, desde que comprovado o exercício da atividade sujeita à filiação obrigatória na previdência social; **E:** incorreta. Segundo o STJ, a norma constitucional foi estabelecida e deve, portanto, ser interpretada em proteção ao menor, nunca em seu prejuízo. Logo, o trabalho rural em regime de economia familiar do menor de 14 anos deve ser considerado para fins previdenciários (EREsp 329.269, *DJ* 28.08.2002).

Gabarito "A"

(CESPE – 2010) Assinale a opção correta referente ao direito previdenciário.

(A) Suponha que Caio tenha requerido, administrativamente, em 10.08.2009, o benefício de auxílio-doença, que foi indeferido pelo INSS, motivo pelo qual ajuizou, em 14.11.2009, uma ação ordinária pleiteando o referido benefício, sendo que o laudo médico pericial, juntado aos autos em 20.02.2010, reconheceu a incapacidade de Caio. Nessa situação hipotética, o termo inicial do auxílio-doença a ser concedido judicialmente será o dia 14.11.2009.

(B) Para efeito de aposentadoria, é assegurada a contagem recíproca do tempo de contribuição na administração pública e na atividade privada, rural e urbana, hipótese na qual os diversos regimes de previdência social se compensarão financeiramente; entretanto, é vedada a contagem de tempo de serviço público com o de atividade privada, quando concomitantes.

(C) Consoante à jurisprudência do STJ, o requisito da renda familiar *per capita* inferior a um quarto do salário mínimo, previsto na Lei n. 8.742/1993 para concessão do benefício de prestação continuada, de caráter assistencial, consubstancia um critério legal absoluto, impediente de que o julgador faça uso de outros elementos probatórios para comprovar a condição de miserabilidade da família.

(D) As ações judiciais relativas a acidente do trabalho são de competência da justiça comum estadual, nos termos da Lei n. 8.213/1991. Desse modo, é correto afirmar que a ação regressiva, ajuizada pelo INSS contra o empregador, pleiteando ressarcimento dos gastos relativos a pagamento de benefício de aposentadoria por invalidez decorrente de acidente do trabalho, não é de competência da justiça federal.

(E) Considere que Pedro, que exercia atividade remunerada abrangida pela previdência social, tenha sofrido um acidente e, em decorrência disso, recebido auxílio-doença por 24 meses. Nessa situação hipotética, é correto afirmar que ele manteve a qualidade de segurado durante todo o período em que recebeu o auxílio-doença, desde que ele tenha comprovado a situação de desempregado pelo registro no órgão próprio do Ministério do Trabalho e Emprego.

A: incorreta. Nesse caso, o benefício é devido desde a data do requerimento administrativo, ou seja, 10.08.2009; **B:** correta, nos termos dos arts. 125, I e II, e 127, II, do RPS; **C:** incorreta. Para o STJ, devem ser reconhecidas outras provas da condição de miserabilidade da família para fins de concessão do benefício de prestação continuada da assistência social (AGRg no AREsp 221.213, *DJ* 27.11.2012); **D:** incorreta. A competência para julgamento das ações relativas a acidente de trabalho é da Justiça do Trabalho (STF, CC 7.204, *DJ* 29.06.2005). Além disso, cabe à Justiça Federal o julgamento de ações nas quais autarquias da União, como o INSS, figurem como parte (art. 109, I, da CF); **E:** incorreta. O período de graça, lapso em que se mantém a qualidade de segurado independentemente do pagamento de contribuições, em caso de gozo de benefício previdenciário, perdura por todo o tempo de pagamento do benefício, independentemente de qualquer outra formalidade (art. 15, I, do PBPS).

Gabarito "B"

(CESPE – 2013) Acerca das normas que regulam os benefícios e as prestações do RGPS, assinale a opção correta.

(A) Considere que Joana, casada com Marcos, segurado do RGPS, receba proventos relativos a aposentadoria por tempo de contribuição. Nessa situação, com a morte do esposo, Joana não poderá, de acordo com a lei, passar a receber cumulativamente a pensão por morte, devendo optar pelo benefício mais vantajoso.

(B) Suponha que um segurado, em virtude de condenação pelo cometimento de crime, tenha sido recolhido à prisão para início do cumprimento de pena em regime fechado e solicitado auxílio-reclusão. Nessa situação, segundo a jurisprudência do STF, é necessária a comprovação de situação de necessidade, devendo-se utilizar como parâmetro a renda dos dependentes, sendo irrelevante a renda auferida pelo segurado preso.

(C) O salário maternidade da segurada empregada consistirá sempre em renda mensal equivalente à sua remuneração integral.

(D) O prazo para o primeiro pagamento do benefício da previdência social é estipulado em até quarenta e cinco dias contados da data da apresentação, pelo segurado, da documentação necessária à concessão do benefício.

(E) O retorno do aposentado à atividade exercida não prejudica o recebimento de sua aposentadoria, que, em qualquer caso, será mantida no seu valor integral.

A: incorreta, pois não há vedação à cumulação da aposentadoria com a pensão deixada pelo cônjuge – art. 124 do Plano de Benefícios da Previdência Social – PBPS (Lei 8.213/1991); **B:** incorreta, pois o STF fixou o entendimento no sentido de que a renda do segurado preso é a que deve ser utilizada como parâmetro para a concessão do benefício, e não a de seus dependentes – ver AI 767.352 AgR/SC e art. 80 do PBPS; **C:** incorreta, pois, embora a regra seja essa (art. 72 do PBPS), em caso de salário variável, o benefício será igual à média dos últimos 6 meses de trabalho, apurada conforme a lei salarial ou dissídio da categoria (note que o erro da assertiva está na palavra "sempre") – art. 393 da CLT; **D:** correta, conforme o art. 41-A, § 5º, do PBPS; **E:** incorreta, pois o aposentado por invalidez que retornar voluntariamente à atividade terá sua aposentadoria automaticamente cancelada, a partir da data do retorno – art. 46 do PBPS.

Gabarito "D"

(CESPE –2010) Em relação aos institutos de direito previdenciário, julgue os itens seguintes.

(1) A jurisprudência consolidou o entendimento de que a concessão da pensão por morte é regida pela norma vigente ao tempo da implementação da condição fática necessária à concessão do benefício, qual seja, a data do óbito do segurado.

(2) A aposentadoria por tempo de contribuição sofre constantes ataques da doutrina, e número razoável de especialistas defende sua extinção, o que se deve ao fato de esse benefício não ser tipicamente previdenciário, pois não há, nesse caso, risco social sendo protegido, já que o tempo de contribuição não gera presunção de incapacidade para o trabalho.

1: assertiva correta, pois reflete o entendimento pacífico do Judiciário – ver MS 14.743/DF-STJ; **2:** assertiva correta, pois há tendência a se prestigiar a idade como critério básico para a concessão de aposentadoria.

Gabarito 1C, 2C

(CESPE –2010) Em relação às disposições constitucionais aplicáveis à previdência social, julgue o item a seguir.

(1) Ao segurado homem garante-se a aposentadoria no regime geral de previdência social após trinta e cinco anos de contribuição e sessenta e cinco anos de idade, reduzido em cinco anos o limite etário para os professores dos ensinos fundamental e médio.

1: incorreta, pois a redução de cinco anos para professores refere-se ao tempo de contribuição (35 anos, que são reduzidos para 30 anos), e não à idade mínima.

Ademais, o benefício é estendido ao professor que comprove exclusivamente tempo de efetivo exercício das funções de magistério na educação infantil e no ensino fundamental e médio (a assertiva é omissa quanto ao professor de educação infantil) – art. 201, § 8º, da CF.

Gabarito 1E

(CESPE – 2013) Julgue os itens seguintes, que versam sobre a previdência social.

(1) A renúncia à aposentadoria pelo RGPS, para fins de aproveitamento do tempo de contribuição e concessão de novo benefício, seja no mesmo regime, seja em regime diverso, não importa em devolução dos valores percebidos, pois, enquanto perdurar a aposentadoria pelo RGPS, os pagamentos de natureza alimentar serão indiscutivelmente devidos.

(2) Conforme a jurisprudência do STJ, no âmbito do RGPS, o termo inicial do auxílio-acidente será o dia seguinte ao da cessação do auxílio-doença.

(3) Ressalvada a revisão prevista em lei, os proventos da inatividade regulam-se pela lei vigente ao tempo em que o militar, ou o servidor civil, tiver reunido os requisitos necessários, inclusive a apresentação do requerimento, quando a inatividade for voluntária.

(4) O tratamento dado pelo STF à adesão do interessado a plano de previdência privada não se limita à liberdade de associação, pois, em razão do equilíbrio financeiro-atuarial do sistema, não é permitida a desfiliação mediante a simples vontade unilateral do interessado.

1: correta, pois essa é a jurisprudência fixada pelo STJ para a hipótese de "desaposentação" – REsp 1.334.488/SC (repetitivo); **2:** correta, conforme entendimento pacífico do STJ – ver AgRg REsp 1.336.437/SP; **3:** incorreta, pois a apresentação do requerimento, para a hipótese em que a inatividade for voluntária, não é relevante para a definição da lei aplicável, conforme alteração da Súmula 359 do STF; **4:** incorreta, pois, em razão da liberdade de associação, garante-se o direito de desfiliação, conforme jurisprudência do STF – ver RE 482.207 AgR/PR.

Gabarito 1C, 2C, 3E, 4E

(FUMARC – 2012) Com relação ao regime geral de previdência social assinale a proposição INCORRETA:

(A) Período de carência é o número mínimo de contribuições mensais indispensáveis para que o beneficiário faça jus ao benefício, consideradas a partir do transcurso do primeiro dia dos meses de suas competências;

(B) o salário-de-benefício para a aposentadoria por idade e para a aposentadoria por tempo de contribuição consiste na média aritmética simples dos maiores salários-de-contribuição correspondentes a oitenta por cento de todo o período contributivo, multiplicada pelo fator previdenciário;

(C) a concessão da aposentadoria por invalidez decorrente de acidente de qualquer natureza, inclusive de acidente do trabalho, depende do período de carência de 12 (doze) contribuições mensais;

(D) o salário-de-benefício para a aposentadoria por invalidez consiste na média aritmética simples dos maiores salários-de-contribuição correspondentes a oitenta por cento de todo o período contributivo, sem a incidência do fator previdenciário;

(E) independe de carência a concessão da pensão por morte, do auxílio-reclusão, do salário-família, do auxílio-acidente e do salário maternidade para as seguradas empregadas, trabalhadora avulsa e empregada doméstica.

A: correta, nos termos do art. 24 do PBPS; **B:** correta, nos termos do art. 29, I, do PBPS; **C:** incorreta, devendo ser assinalada. A invalidez decorrente de acidentes de qualquer natureza, inclusive acidentes de trabalho, é exceção à necessidade de comprovação de carência para a concessão da aposentadoria por invalidez (art. 26, II, do PBPS); **D:** correta, conforme art. 29, II, do PBPS; **E:** correta, nos termos do art. 26, I e VI, do PBPS.

Gabarito "C"

(FCC – 2011) Em relação ao auxílio-acidente, é correto afirmar:

(A) O auxílio-acidente será devido a partir do dia seguinte ao da cessação do auxílio-doença, independentemente de qualquer remuneração ou rendimento auferido pelo acidentado, permitida sua acumulação com qualquer aposentadoria.

(B) O auxílio-acidente mensal corresponderá a cinquenta por cento do salário-de-contribuição e será devido até a véspera do início de qualquer aposentadoria ou até a data do óbito do segurado.

(C) O auxílio-acidente será concedido, como indenização, ao segurado quando, após a consolidação das lesões decorrentes de acidente de qualquer natureza, resultarem sequelas que impliquem redução da capacidade para o trabalho que habitualmente exercia.

(D) O recebimento de salário ou concessão de qualquer outro benefício, não prejudicará a continuidade do recebimento do auxílio-acidente.

(E) A perda da audição somente proporcionará a concessão do auxílio-acidente, quando, além do reconhecimento de causalidade entre o trabalho e a doença, resultar, comprovadamente, na perda da capacidade para o trabalho que habitualmente exercia.

A: incorreta. O auxílio-acidente não se acumula com aposentadoria (art. 86, § 2º, do PBPS); **B:** incorreta. O auxílio-acidente, como qualquer outro benefício previdenciário, é calculado com base no salário de benefício, não no salário de contribuição (art. 86, § 1º, do PBPS); **C:** correta, nos termos do art. 86, *caput*, do PBPS; **D:** incorreta. Como já dissemos, o auxílio-acidente não se cumula com aposentadoria. Logo, a concessão deste benefício prejudica o recebimento daquela (art. 86, § 3º, do PBPS); **E:** incorreta. Além da perda da capacidade para o trabalho, sua redução em razão da perda da audição em qualquer grau também enseja o pagamento de auxílio-acidente (art. 86, § 4º, do PBPS).

Gabarito "C"

(FCC – 2011) Considerando a contagem recíproca de tempo de serviço, é correto afirmar:

(A) O tempo de contribuição ou de serviço será contado de acordo com a legislação pertinente, considerando entre outras normas, a admissão da contagem em dobro, em situações especiais.

(B) A aposentadoria por tempo de serviço, com contagem de tempo, será concedida ao segurado do sexo feminino a partir de 30 (trinta) anos completos de serviço, e, ao segurado do sexo masculino, a partir de 25 (vinte e cinco) anos completos de serviço, ressalvadas as hipóteses de redução previstas em lei.

(C) Quando a soma dos tempos de serviço ultrapassar 25 (vinte e cinco) anos, se do sexo feminino, e 30 (trinta) anos, se do sexo masculino, o excesso não será considerado para qualquer efeito.

(D) O benefício resultante de contagem de tempo de serviço será concedido e pago pelo sistema a que o interessado estiver vinculado ao requerê-lo, e calculado na forma da legislação anterior, considerando o direito adquirido do beneficiário.

(E) Para efeito dos benefícios previstos no Regime Geral de Previdência Social ou no serviço público é assegurada a contagem recíproca do tempo de contribuição na atividade privada, rural e urbana, e do tempo de contribuição ou de serviço na administração pública, hipótese em que os diferentes sistemas de previdência social se compensarão financeiramente.

A: incorreta. É vedada a contagem de tempo de serviço em dobro (art. 96, I, do PBPS); **B:** incorreta. O lapso temporal necessário para a concessão do benefício está invertido: são 30 anos para os homens e 25 para as mulheres (art. 97 do PBPS); **C:** incorreta. As margens para que o excesso de tempo de serviço sejam desconsideradas são de 35 anos para os homens e 30 para as mulheres (art. 98 do PBPS); **D:** incorreta. O benefício será calculado na forma da legislação relativa ao sistema ao qual o segurado se vincula (art. 99 do PBPS); **E:** correta, nos termos do art. 94 do PBPS e art. 201, § 9º, da CF.

Gabarito "E"

(CESPE – 2010) Julgue o item a seguir, relativo às legislações previdenciária e da seguridade social.

(1) É vedado o recebimento conjunto do seguro-desemprego com qualquer benefício de prestação continuada da previdência social, exceto pensão por morte ou auxílio-acidente.

1: correta, pois reflete o disposto no art. 124, parágrafo único, do PBPS.

Gabarito 1C

(CESPE – 2012) À luz da jurisprudência do STF e do STJ, julgue o item seguinte, relativos ao RGPS.

(1) A concessão de pensão por morte, auxílio-reclusão e salário-família independe de carência.

1: correta. Tanto a jurisprudência quanto a própria legislação previdenciária já afasta a necessidade de cumprimento de carência para os benefícios mencionados. Aproveite o ensejo para relembrar os períodos de carência previstos para cada benefício previdenciário:

Benefício	Carência	Exceções
Aposentadoria por tempo de contribuição	180 contribuições	Não há
Aposentadoria por idade	180 contribuições	Não há
Aposentadoria por invalidez	12 contribuições	Doenças graves previstas em ato normativo do Ministério da Previdência e Assistência Social
Aposentadoria especial	180 contribuições	Não há
Auxílio-doença	12 contribuições	Doenças graves previstas em ato normativo do Ministério da Previdência e Assistência Social
Salário-família	**Não há**	Não há
Salário-maternidade	10 contribuições mensais	Segurada empregada, empregada doméstica e trabalhadora avulsa
Auxílio-acidente	**Não há**	Não há
Pensão por morte	**Não há**	Não há
Auxílio-reclusão	**Não há**	Não há

Gabarito 1C

(CESGRANRIO – 2012) Eduardo foi admitido por uma empresa como estoquista, em 18.09.2007. Suas atividades eram: controlar a recepção dos materiais, confrontando tipo e quantidades com os dados contidos nas requisições, certificar a correspondência entre o material recebido e o solicitado e dispor os materiais relacionados nos pedidos, separando-os de acordo com as especificações e quantidades. Após anos de trabalho, Eduardo passou a sentir fortes dores na coluna e, em pouco tempo, não conseguia mais fazer movimentos de flexão e extensão da coluna. Após a realização de exame médico pericial, constatou-se que o empregado estava inapto para o trabalho e impossibilitado de reabilitação. Considerando-se os fatos apresentados acima, qual dos benefícios previdenciários será concedido a Eduardo?

(A) Aposentadoria especial
(B) Aposentadoria por invalidez
(C) Auxílio-doença
(D) Auxílio-acidente
(E) Salário-família

A: incorreta. A aposentadoria especial é destinada àqueles que se dedicaram a trabalho perigoso ou insalubre, de forma não ocasional nem intermitente, durante o tempo fixado em lei; **B:** correta. A aposentadoria por invalidez é o benefício previdenciário destinado aos segurados acometidos de incapacidade total e permanente para qualquer trabalho ou função, sem expectativa de reabilitação segundo os peritos oficiais. Vale lembrar que, mesmo nesse quadro, o beneficiário deve submeter-se a novas perícias a cada dois anos para atestar a permanência da incapacidade; **C:** incorreta. O auxílio-doença é pago em caso de incapacidade total e temporária para o exercício das atividades habitualmente exercidas pelo segurado a partir do 16º dia de afastamento; **D:** incorreta. Auxílio-acidente é o benefício previdenciário pago em caso de consolidação de lesões que diminuam a capacidade laborativa do segurado; **E:** incorreta. O salário-família é garantido ao segurado de baixa renda que possua filhos menores de 14 anos ou inválidos de qualquer idade.

Gabarito "B"

(CESPE – 2010) Em cada uma das opções abaixo, é apresentada uma situação hipotética, seguida de uma assertiva a ser julgada com base na disciplina relativa a prescrição e decadência na legislação previdenciária. Assinale a opção que apresenta a assertiva correta.

(A) Em decorrência de acidente de trabalho, Sérgio ficou permanentemente incapacitado para o trabalho. Nessa situação, Sérgio poderá mover ação referente às prestações do benefício previdenciário de aposentadoria por invalidez em até cinco anos, contados a partir da data da ocorrência do sinistro; após esse período, seu direito à ação estará prescrito.
(B) Após analisar procedimento administrativo apresentado por Maria, na condição de representante de Humberto, menor impúbere, a autoridade competente da previdência social deferiu o pedido de pagamento, em benefício de Humberto, de pensão por morte do seu genitor. Nessa situação, o prazo decadencial para a previdência social anular o referido ato administrativo será de cinco anos, a contar da data de sua publicação.
(C) A seguridade social, em procedimento administrativo específico, apurou a existência de créditos em desfavor de Beta Ltda. relativos aos exercícios de 2000, 2001 e 2002, mas que foram constituídos em 2003. Nessa situação, a seguridade social podia cobrar os aludidos créditos tributários, pois o prazo prescricional ainda não havia transcorrido.
(D) Em 10.04.2004, o requerimento administrativo apresentado por Marcos, no qual pleiteava a revisão do ato de concessão do benefício previdenciário de aposentadoria por invalidez, foi indeferido, em decisão definitiva. Nessa situação, o direito de ação de Marcos para pleitear a referida revisão decaiu em 10.04.2009.
(E) Túlio, menor impúbere com 15 anos de idade, foi reconhecido judicialmente como filho e único herdeiro de Adalberto, que havia falecido quando Túlio tinha três anos de idade. Nessa situação, uma vez reconhecida a paternidade, se Adalberto for segurado obrigatório da previdência social, Túlio terá direito à percepção do benefício previdenciário denominado pensão por morte, podendo pleitear as prestações vencidas devidas pela previdência social desde a data do falecimento de seu genitor.

A: incorreta. O termo inicial da prescrição, em caso de acidente de trabalho, é contado da data do acidente apenas se dele resultar morte ou incapacidade temporária. Em caso de invalidez, o lapso temporal é contado a partir da data do reconhecimento da incapacidade laborativa pela Previdência Social (art. 104. II, do PBPS); **B:** incorreta. O direito de a Previdência Social anular atos administrativos dos quais decorram efeitos favoráveis para o beneficiário decai em 10 anos, contados da data do ato (art. 103-A do PBPS); **C:** incorreta. A assertiva não deixa claro, mas podemos deduzir que a pergunta considera a data da realização do concurso (2010) para o cálculo da prescrição. Nesse caso, a pretensão da Previdência já estaria extinta pela prescrição, porque desde a Súmula Vinculante 08 do STF, que culminou com a revogação dos arts. 45 e 46 do PCSS, pacificou-se o entendimento de que a prescrição das contribuições sociais opera-se no prazo de 05 anos, contados da constituição definitiva do crédito tributário; **D:** incorreta. Nesse caso, o prazo decadencial é de 10 anos, nos termos do art. 103 do PBPS; **E:** correta. A despeito do largo lapso temporal transcorrido (12 anos), é certo que contra os absolutamente incapazes não corre a prescrição, de forma que ainda está íntegra a pretensão de Túlio (art. 103, parágrafo único, do PBPS).

Gabarito "E"

(CESPE – 2010) Ainda a respeito dos planos de benefícios da previdência social, assinale a opção correta.

(A) Trabalhador portuário segurado da previdência social na condição de trabalhador avulso faz jus ao benefício denominado salário-família.
(B) Considere que Murilo estivesse em gozo de auxílio-doença quando foi condenado a três anos de reclusão pela prática de crime e que, por causa disso, tenha sido recolhido à instituição carcerária em dezembro de 2009, onde permanece até os dias atuais. Nessa situação hipotética, os dependentes de Murilo têm direito à percepção de auxílio-reclusão, o qual é concedido nas mesmas condições da pensão por morte.
(C) Considere que Jonas recebia auxílio-acidente quando requereu sua aposentadoria por idade, já que os requisitos legais haviam sido preenchidos. Nessa situação, ante a permanência do estado mórbido que culminou na concessão do auxílio-doença, Jonas faz jus ao recebimento dos dois benefícios previdenciários cumulativamente.
(D) Considere que, quando faleceu, Alberto estava impugnando ação de reconhecimento de paternidade que tramitava contra ele e que, à época de seu falecimento, sua mãe era sua única dependente declarada. Nessa situação, havendo a possibilidade de posterior habilitação de possível dependente, que importaria na exclusão da mãe de Alberto dessa condição, a concessão da pensão por morte poderá ser protelada, a critério da autoridade competente.
(E) Segurado especial, na condição de trabalhador rural, faz jus à percepção de aposentadoria especial, uma vez cumprido o período de carência.

A: correta, nos termos do art. 65 do PBPS; **B:** incorreta. A prisão do segurado não acarreta a suspensão do pagamento do auxílio-doença, razão pela qual os dependentes não fazem jus ao auxílio-reclusão (art. 80 do PBPS); **C:** incorreta. É vedada, salvo direito adquirido, a cumulação de qualquer aposentadoria com auxílio-acidente (art. 86, § 2º, do PBPS); **D:** incorreta. Nos termos do art. 76 do PBPS, o pagamento da pensão por morte não será protelado pela falta de habilitação de outro possível dependente; **E:** incorreta. A aposentadoria especial é destinada àqueles que tiverem trabalhado sujeito a condições especiais que prejudiquem a saúde ou a integridade física por força de agentes químicos, físicos ou biológicos, não se relacionando com o segurado especial (art. 57 do PBPS).

Gabarito "A"

(CESPE – 2011) A respeito da pensão por morte e do auxílio-acidente no âmbito do RGPS, assinale a opção correta.

(A) Para concessão de auxílio-acidente fundamentado na redução da capacidade laboral pela perda de audição, não é necessário que a sequela decorra da atividade exercida nem que acarrete redução da capacidade para o trabalho habitualmente exercido.

(B) Para fins de recebimento de pensão por morte, o menor sob guarda equipara-se ao filho do segurado falecido, sendo considerado seu dependente, sem que haja necessidade de comprovação da dependência econômica.

(C) O entendimento de que a existência de impedimento para o matrimônio, por parte de um dos pretensos companheiros, embaraça a constituição da união estável não se aplica para fins previdenciários de percepção de pensão por morte.

(D) A perda da qualidade de segurado impede a concessão do benefício de pensão por morte, ainda que o *de cujus*, antes de seu falecimento, tenha preenchido os requisitos para a obtenção de qualquer aposentadoria.

(E) Na ausência de requerimento administrativo e prévia concessão do auxílio-doença, o termo inicial do auxílio-acidente pleiteado judicialmente deve ser fixado na citação.

A: incorreta. A contingência protegida pelo auxílio-acidente é a redução parcial e permanente da capacidade laborativa em virtude de acidente de qualquer natureza para as atividades habitualmente exercidas (art. 86 da Lei 8.213/1991 - Plano de Benefícios da Previdência Social – PBPS); **B:** incorreta. Apesar de ainda subsistir alguma controvérsia sob o assunto na doutrina e na jurisprudência dos Tribunais, o STJ consolidou o entendimento de que o menor sob guarda não pode ser considerado dependente para fins previdenciários (REsp 720.706/SE, *DJ* 09.08.2011). A lei equipara a filho o menor tutelado, mas assevera que ele, apesar de ser dependente de primeira classe, deve comprovar a dependência econômica em relação ao segurado para ter direito ao recebimento dos benefícios (art. 16, § 2º, do PBPS); **C:** incorreta. A interpretação do termo "companheiro" utilizado pelo art. 16, I, do PBPS deve ser interpretado à luz do Código Civil. É o que determina o art. 16, § 6º, do Decreto 3.048/1999 (Regulamento da Previdência Social – RPS); **D:** incorreta. O benefício será garantido se o segurado já tivesse direito adquirido à aposentadoria no momento de seu falecimento (Súmula 416 do STJ); **E:** correta, nos termos do quanto decidido pelo STJ no EREsp 735.329/RJ, *DJ* 13.04.2011).

Gabarito "E"

(CESPE – 2011) Com relação a questões previdenciárias diversas no âmbito dos juizados especiais federais, assinale a opção correta.

(A) Tratando-se de aposentadoria de trabalhador rurícola por idade, o tempo de serviço rural fica descaracterizado pelo exercício de atividade urbana, ainda que por curtos períodos e de forma intercalada com a atividade rural, dentro do período de carência.

(B) Para a concessão do benefício de auxílio-doença, exige-se a impossibilidade total do segurado para qualquer atividade laborativa, não sendo suficiente que o trabalhador esteja temporariamente incapacitado para o exercício de sua atividade habitual por mais de quinze dias consecutivos.

(C) Para a concessão de aposentadoria por idade, o tempo em gozo de auxílio-doença sempre pode ser computado para fins de carência, mas o tempo em gozo de aposentadoria por invalidez somente pode ser computado se intercalado com atividade.

(D) Tratando-se de restabelecimento de benefício por incapacidade e sendo a incapacidade decorrente da mesma doença que tenha justificado a concessão do benefício cancelado, não há presunção de continuidade do estado incapacitante, devendo a data de início do benefício ser fixada a partir do requerimento administrativo.

(E) Para fins de instrução do pedido de averbação de tempo de serviço rural, admite-se a apresentação de documentação pertinente e contemporânea à data dos fatos, desde que em nome do segurado, não se admitindo documentos em nome de terceiros.

A: incorreta. O art. 39, I, do PBPS garante o direito à aposentadoria por idade e por invalidez mesmo que a atividade rural tenha sido exercida de forma descontínua; **B:** incorreta. O auxílio-doença é pago ao segurado que estiver total e temporariamente incapacitado para o exercício de suas atividades habituais (art. 59 do PBPS); **C:** correta, nos termos da decisão proferida no processo 2009.72.66.001857-1 da Turma Nacional de Uniformização dos Juizados Especiais Federais; **D:** incorreta. A situação importa presumir a continuidade do estado incapacitante, a qual determina o restabelecimento do pagamento desde a data do cancelamento indevido (Processo 2007.72.57.003683-6 da Turma Nacional de Uniformização dos Juizados Especiais Federais); **E:** incorreta. Documentos em nome de terceiros podem ser considerados como início de prova material de atividade rural (Processo 2005.70.95.014733-3 e Processo 2005.70.95.014733-3 da Turma Regional de Uniformização do TRF 4).

Gabarito "C"

(CESPE – 2011) A respeito da renda mensal dos benefícios do RGPS, assinale a opção correta.

(A) Ao segurado trabalhador avulso que tenha cumprido todas as condições para a concessão do benefício pleiteado, mas não possa comprovar o valor dos seus salários de contribuição no período básico de cálculo, será concedido o benefício de valor mínimo, devendo esta renda ser recalculada quando da apresentação de prova dos salários de contribuição.

(B) No cálculo do valor da renda mensal do benefício, com exceção do decorrente de acidente do trabalho, serão computados, para o segurado empregado e empregado doméstico, os salários de contribuição referentes aos meses de contribuições devidas, ainda que não recolhidas pelo empregador, sem prejuízo da respectiva cobrança e da aplicação das penalidades cabíveis.

(C) A CF, em dispositivo dotado de autoaplicabilidade, inovou no ordenamento jurídico ao assegurar, para os benefícios concedidos após a sua vigência, a correção monetária de todos os salários de contribuição considerados no cálculo da renda mensal inicial.

(D) É devida a inclusão de expurgos inflacionários na correção monetária dos salários de contribuição, quando do cômputo da renda mensal inicial dos benefícios de prestação continuada concedidos pela previdência social após a promulgação da CF.

(E) É devido abono anual ao segurado que, durante o ano, tenha recebido auxílio-doença, auxílio-acidente ou aposentadoria, pensão por morte, auxílio-reclusão ou salário-família, devendo o abono ser calculado pela média dos proventos pagos durante o ano ao segurado.

A: correta, nos termos do art. 35 do PBPS; **B:** incorreta. A regra enunciada aplica-se também aos benefícios decorrentes de acidente de trabalho (art. 34, I, do PBPS); **C:** incorreta. O art. 194, parágrafo único, IV, da CF assegura a irredutibilidade do valor dos benefícios, o que abrange tanto a irredutibilidade nominal (valor expresso em moeda corrente) e a irredutibilidade real (conferida pela correção monetária para afastar os efeitos da inflação). Ocorre que a regra não é autoaplicável, na medida em que o próprio dispositivo enuncia que tal garantia se dará "nos termos da lei"; **D:** incorreta. A jurisprudência do STJ é uníssona em afirmar que é impossível a inclusão dos expurgos inflacionários na correção monetária dos salários de contribuição (EREsp 213.164/SC, *DJ* 12.02.2010); **E:** incorreta. O valor do abono anual, também conhecido como "13º salário dos aposentados", é calculado sobre a renda do benefício relativa ao mês de dezembro de cada ano (art. 40, parágrafo único, do PBPS).

Gabarito "A"

(CESPE – 2011) Assinale a opção correta relativamente ao cálculo do valor dos benefícios previdenciários.

(A) À segurada especial é garantida a concessão do salário-maternidade no valor de um salário-mínimo, desde que se comprove o exercício de atividade rural de forma contínua, nos nove meses imediatamente anteriores ao do início do benefício.

(B) O valor do benefício de prestação continuada, incluindo-se o regido por norma especial e o decorrente de acidente do trabalho e excetuando-se o salário-família e o salário-maternidade, será calculado com base no salário de benefício.

(C) Serão considerados para cálculo do salário de benefício os ganhos habituais do segurado empregado, a qualquer título, sob forma de moeda corrente ou de utilidades, sobre os quais incidam contribuições previdenciárias, incluindo-se a gratificação natalina.

(D) O valor mensal do auxílio-acidente não integra o salário de contribuição, para cálculo do salário de benefício de qualquer aposentadoria paga pelo RGPS.

(E) Ao segurado contribuinte individual que, satisfazendo as condições exigidas para a concessão do benefício requerido, não comprovar o efetivo recolhimento das contribuições devidas será concedido o benefício de valor mínimo, devendo sua renda ser recalculada quando da apresentação da prova do recolhimento das contribuições.

A: incorreta. A atividade rural pode ser descontínua e deve ser realizada por, no mínimo, dez meses, que é o período de carência padrão do salário-maternidade (art. 93, § 2º, do RPS); **B:** correta, nos exatos termos do art. 28 do PBPS; **C:** incorreta. A gratificação natalina (13º salário) é considerada salário de contribuição, porém não integra o cálculo do salário de benefício (art. 29, § 3º, do PBPS); **D:** incorreta. O auxílio-acidente integra o salário de contribuição (art. 31 do PBPS); **E:** incorreta. A regra estipulada vale apenas para o empregado, o avulso e o empregado doméstico (arts. 35 e 36 do PBPS).

Gabarito "B"

(CESPE– 2011) No que se refere aos litígios previdenciários nos juizados especiais federais e às aposentadorias, assinale a opção correta.

(A) O tempo de serviço anterior à edição da Lei 8.213/1991 pode ser considerado para a concessão de benefício previdenciário do RGPS ao segurado trabalhador rural, inclusive para efeito de carência, ainda que não tenha havido, naquele tempo, recolhimento de contribuição previdenciária.

(B) Para fins de aposentadoria por idade, é necessário que o trabalhador rural comprove atividade rurícola contínua, no período imediatamente anterior ao requerimento administrativo ou judicial, por período equivalente à metade do prazo de carência legalmente exigido aos demais trabalhadores.

(C) O salário de benefício da aposentadoria por invalidez será igual a 91% do valor do salário de benefício do auxílio-doença anteriormente recebido, reajustado pelos índices de correção dos benefícios previdenciários.

(D) É juridicamente aceitável a acumulação de pensão por morte com aposentadoria por invalidez, pois esses benefícios têm naturezas distintas e fatos geradores diferentes.

(E) Tratando-se de demanda previdenciária, o fato de o imóvel ser superior ao módulo rural afasta, por si só, a qualificação de seu proprietário como segurado especial, ainda que comprovada, nos autos, a exploração em regime de economia familiar.

A: incorreta, pois, nos termos da Súmula 24 da TNU (Turma Nacional de Uniformização), "O tempo de serviço do segurado trabalhador rural anterior ao advento da Lei 8.213/1991, sem o recolhimento de contribuições previdenciárias, pode ser considerado para a concessão de benefício previdenciário do Regime Geral de Previdência Social (RGPS), exceto para efeito de carência, conforme a regra do art. 55, § 2º, da Lei 8.213/1991" – ver STJ, AgRg no AI 699.796/SPJ; **B:** assertiva incorreta, pois não há delimitação exata em relação ao período de atividade rural a ser provado – ver AgRg no AI 1.410.501/GO-STJ e Súmula 14 do TNU "Para a concessão de aposentadoria rural por idade, não se exige que o início de prova material corresponda a todo o período equivalente à carência do benefício"; **C:** incorreta, pois a aposentadoria por invalidez, inclusive a decorrente de acidente do trabalho, consistirá numa renda mensal correspondente a 100% do salário de benefício. É importante lembrar que o fator previdenciário (que reduz o salário de benefício) não se aplica à aposentadoria por invalidez – art. 29, II, do PBPS; **D:** essa é a assertiva correta, pois não é vedado o recebimento conjunto de aposentadoria e pensão – art. 124 do PBPS; **E:** incorreta, pois o limite do imóvel explorado em atividade agropecuária é de 4 módulos fiscais, para a qualificação do segurado especial – art. 12, VII, *a*, 1, do PCSS.

Gabarito "D"

(Magistratura Federal – 4ª Região – 2010) Um dos requisitos exigidos para a concessão de benefícios previdenciários no Regime Geral de Previdência Social é a carência. Dadas as assertivas abaixo sobre carência, assinale a alternativa correta.

I. Período de carência é o número mínimo de contribuições mensais indispensáveis para que o beneficiário faça jus ao benefício, consideradas a partir do transcurso do primeiro dia dos meses subsequentes às suas respectivas competências.

II. Independe de carência a concessão de auxílio-doença e aposentadoria por invalidez nos casos de acidente de qualquer natureza ou causa e de doença profissional ou do trabalho, bem como nos casos de segurado que, após filiar-se ao Regime Geral de Previdência Social, for acometido de alguma das doenças e afecções especificadas em lista elaborada pelos Ministérios competentes, de acordo com os critérios de estigma, deformação, mutilação, deficiência ou outro fator que lhe confira especificidade e gravidade que mereçam tratamento particularizado.

III. A perda da qualidade de segurado importa em caducidade dos direitos inerentes a essa qualidade, não havendo possibilidade de concessão de pensão por morte aos dependentes do segurado que falecer após a perda dessa qualidade.

IV. A despeito da preocupação social que inspira o regime previdenciário público brasileiro, ele é eminentemente contributivo, de modo que, a partir do advento da Lei 8.213/1991, deixou de existir qualquer possibilidade de concessão de benefício previdenciário sem recolhimento de contribuições no período equivalente à carência exigida.

V. Nos casos do segurado empregado e do trabalhador avulso, serão consideradas, para cômputo do período de carência, as contribuições referentes ao período a partir da data da inscrição no Regime Geral de Previdência Social.

(A) Está correta apenas a assertiva II.
(B) Estão corretas apenas as assertivas II e V.
(C) Estão corretas apenas as assertivas I, III e V.
(D) Estão corretas todas as assertivas.
(E) Nenhuma assertiva está correta.

I: incorreta, pois, para contagem do prazo de carência, as contribuições são consideradas a partir do transcurso do primeiro dia dos meses de suas competências (não dos meses subsequentes, como consta da assertiva) – art. 24, *caput*, do PBPS; **II:** assertiva correta, pois não há carência nessas hipóteses, conforme o art. 26, II, do PBPS; **III:** incorreta, pois, embora a perda da qualidade de segurado importe caducidade dos direitos respectivos, ela não prejudica o direito à pensão por morte em favor dos dependentes, se os requisitos para sua concessão já tiverem sido preenchidos anteriormente, conforme a legislação então vigente (antes da perda da condição de segurado, o falecido já havia preenchido os requisitos para a concessão da pensão) – art. 102, § 2º, do PBPS; **IV:** incorreta, pois, embora a previdência social tenha caráter contributivo (art. 201 da CF), há determinados benefícios que independem de carência – art. 26 do PBPS; **V:** assertiva imprecisa, pois a lei se refere à data de *filiação* (não de inscrição) no RGPS – art. 27, I, do PBPS.

Gabarito "A"

Veja as seguintes tabelas, para estudo e memorização dos períodos de carência e das prestações que independem de carência:

Períodos de Carência – art. 25 do PBPS	
– auxílio-doença e aposentadoria por invalidez	12 contribuições mensais
– aposentadoria por idade, aposentadoria por tempo de serviço e aposentadoria especial	180 contribuições mensais
– salário-maternidade para contribuintes individuais, seguradas especiais e facultativas	10 contribuições mensais. Em caso de antecipação do parto, o período é reduzido em número de contribuições equivalentes ao número de meses em que o parto foi antecipado. A segurada especial deve apenas comprovar atividade rural nos 12 meses anteriores ao início do benefício – art. 39, parágrafo único, do PBPS

Independem de Carência – art. 26 do PBPS
– pensão por morte, auxílio-reclusão, salário-família e auxílio-acidente; – auxílio-doença e aposentadoria por invalidez; – aposentadoria por idade ou por invalidez, auxílio-doença, auxílio-reclusão, pensão para o segurado especial, no valor de um salário-mínimo, desde que comprove o exercício de atividade rural, ainda que de forma descontínua, no período, imediatamente anterior ao requerimento do benefício, igual ao número de meses correspondentes à carência do benefício requerido; – serviço social; – reabilitação profissional; – salário-maternidade para as seguradas empregada, trabalhadora avulsa e empregada doméstica.

(Magistratura Federal – 4ª Região – 2010) Dadas as assertivas referentes aos benefícios devidos aos segurados e dependentes no âmbito do Regime Geral de Previdência Social, assinale a alternativa correta.

I. A aposentadoria por idade será devida ao segurado que, cumprida a carência exigida na Lei 8.213/1991, completar 65 (sessenta e cinco) anos de idade, se homem, e 60 (sessenta), se mulher, reduzidos os limites etários para 60 (sessenta) e 55 (cinquenta e cinco) anos no caso de trabalhadores rurais, respectivamente homens e mulheres.

II. É assegurada aposentadoria no Regime Geral de Previdência Social, nos termos da lei, aos trinta e cinco anos de contribuição, se homem, e trinta anos de contribuição, se mulher.

III. Trata-se a aposentadoria por invalidez de benefício definitivo. Assim, seu cancelamento somente pode ocorrer na hipótese de o aposentado por invalidez retornar voluntariamente à atividade laborativa, caso em que terá sua aposentadoria automaticamente cancelada a partir da data do retorno.

IV. É devida a pensão por morte ao filho menor de segurado que, apesar de ter perdido essa qualidade, preencheu os requisitos legais para a obtenção de aposentadoria até a data do seu óbito, mas extingue-se o direito ao benefício assim que o dependente atinge 21 anos, ainda que estudante de curso superior.

V. O auxílio-doença será devido ao segurado que, havendo cumprido, quando for o caso, o período de carência exigido na Lei 8.213/1991, ficar incapacitado para o seu trabalho ou para a sua atividade habitual. Não será devido, contudo, ao segurado que se filiar ao Regime Geral de Previdência Social já portador da doença ou da lesão invocada como causa para o benefício, salvo quando a incapacidade sobrevier por motivo de progressão ou agravamento dessa doença ou lesão.

(A) Estão corretas apenas as assertivas I, II e V.
(B) Estão corretas apenas as assertivas II, III e IV.
(C) Estão corretas apenas as assertivas I, II, III e V.
(D) Estão corretas apenas as assertivas I, II, IV e V.
(E) Estão corretas todas as assertivas.

I: correta, conforme o art. 201, § 7º, II, da CF e o art. 25, II, do PBPS; **II:** correta, nos termos do art. 201, § 7º, I, da CF; **III:** incorreta, pois a aposentadoria por invalidez cessará sempre que houver recuperação da capacidade de trabalho – art. 47 do PBPS; **IV:** correta, conforme os arts. 16, I, e 102, § 2º, do PBPS; **V:** correta, conforme o art. 59 do PBPS.

Gabarito "D"

(Magistratura Federal – 3ª Região – 2010) Assinale a alternativa correta:

(A) A aposentadoria por idade será devida ao segurado que completar 65 (sessenta e cinco) anos, se homem, e 60 (sessenta) anos se mulher, independentemente de cumprimento de período de carência;
(B) A aposentadoria por idade, cumprida a carência exigida na Lei 8.213/1991, será devida ao segurado que completar 63 (sessenta e três) anos, se homem, e 57 (cinquenta e sete) anos, se mulher;
(C) A aposentaria por idade, cumprida a carência exigida na Lei 8.213/1991, será devida ao segurado que completar 65 (sessenta e cinco) anos, se homem, e 60 (sessenta) anos, se mulher;
(D) A concessão do benefício de aposentadoria por idade não depende de período de carência.

A, B e **D:** incorretas, pois a aposentadoria por idade, 65 anos para homens e 60 para mulheres, depende do cumprimento do prazo de carência de 180 contribuições mensais – art. 48, *caput,* c/c art. 25, II, do Plano de Benefícios da Previdência Social – PBPS (Lei 8.213/1991); **C:** correta, conforme comentários anteriores.

Gabarito "C"

(Magistratura Federal – 3ª Região – 2010) O professor e a professora poderão se aposentar por tempo de serviço:

(A) Após 30 (trinta) anos o professor e após 25 (vinte e cinco) anos a professora, de efetivo exercício em função de magistério, com renda mensal correspondente a 100% (cem por cento) do salário de benefício;
(B) Após 30 (trinta) anos o professor e após 25 (vinte e cinco) anos a professora, de efetivo exercício em função de magistério, com renda mensal correspondente a 80% (oitenta por cento) do salário de benefício;
(C) Após 30 (trinta) anos o professor e a professora, de efetivo exercício em funções de magistério, com renda mensal correspondente a 100% (cem por cento) do salário de benefício;
(D) Após 25 (vinte e cinco) anos o professor e 20 (vinte) anos a professora, de efetivo exercício de magistério, com renda mensal correspondente a 100% (cem por cento) do salário de benefício.

O professor que comprove exclusivamente tempo de efetivo exercício das funções de magistério na educação infantil e no ensino fundamental e médio poderá se aposentar com 30 anos de contribuição (homem) ou 25 anos de contribuição (mulher), com renda mensal correspondente a 100% do salário de benefício – art. 201, § 7º, I, e § 8º, da CF e art. 56 do PBPS.

Gabarito "A"

(Magistratura Federal – 3ª Região – 2010) Assinale a alternativa correta:

(A) O abono anual é devido ao segurado e ao dependente da Previdência Social que, durante o ano, recebe o benefício da assistência social constitucional;
(B) O abono anual é devido ao segurado e ao dependente da Previdência Social que recebeu o benefício do auxílio-doença, auxílio-acidente ou aposentadoria, pensão por morte e auxílio--reclusão;
(C) O abono anual será calculado pela média dos valores do benefício recebido pelo segurado durante o ano;
(D) O abono anual não se confunde e não tem qualquer relação com a gratificação de natal dos trabalhadores.

Nos termos do art. 40 do PBPS, é devido abono anual, tal qual o 13º salário, ao segurado e ao dependente da Previdência Social que, durante o ano, recebeu auxílio-doença, auxílio-acidente ou aposentadoria, pensão por morte ou auxílio-reclusão.

Gabarito "B"

(Magistratura Federal – 3ª Região – 2010) Assinale a alternativa correta:

(A) O benefício de aposentadoria por invalidez corresponde a 85% (oitenta e cinco por cento) do salário de benefício;
(B) O benefício de aposentadoria por invalidez pode ser concedido ao segurado insuscetível de reabilitação para o exercício de atividade que lhe garanta a subsistência, sendo-lhe pago por tempo indeterminado;
(C) Em nenhuma hipótese, o benefício da aposentadoria por invalidez será pago ao segurado portador de doença ou lesão de que já era portador ao filiar-se ao Regime Geral da Previdência Social;
(D) O valor da aposentadoria por invalidez do segurado que necessitar da assistência permanente de outra pessoa será acrescido de 25% (vinte e cinco por cento)

A: incorreta, pois a aposentadoria por invalidez consistirá em renda mensal correspondente a 100% do salário de benefício – art. 44 do PBPS; **B:** incorreta, pois o benefício de aposentadoria será pago enquanto o segurado permanecer na condição (incapaz e insuscetível de reabilitação) – art. 42 do PBPS; **C:** incorreta, pois, excepcionalmente, haverá direito à aposentadoria por invalidez quando a incapacidade sobrevier por motivo de progressão ou agravamento da doença ou lesão anteriormente existente – art. 42, § 2º, *in fine,* do PBPS; **D:** assertiva correta, pois reflete o disposto no art. 45 do PBPS.

Gabarito "D"

(TRT 14ª Região – 2011) Dentre as prestações previdenciárias compreendidas pelo Regime Geral da Previdência Social, devidas aos segurados, não se incluem:

(A) aposentadoria por invalidez.
(B) auxílio-doença.
(C) salário maternidade.
(D) auxílio-acidente.
(E) auxílio-reclusão.

No art. 18 da Lei 8.213/1991 estão enumerados os benefícios previdenciários devidos a segurados e os deferíveis a dependentes. Segundo a disposição legal, os dependentes fazem jus apenas a pensão por morte e a auxílio-reclusão. Dessa forma, a alternativa incorreta, a ser assinalada, é a letra "E".

Gabarito "E"

(TRT 16ª Região – 2011) O Regime Geral de Previdência Social compreende as seguintes prestações, devidas inclusive em razão de eventos decorrentes de acidente do trabalho, expressas em benefícios e serviços, EXCETO:

(A) Aposentadoria por invalidez, pecúlios e aposentadoria por tempo de serviço.
(B) Aposentadoria por tempo de contribuição, aposentadoria especial e auxílio-doença.
(C) Salário-família, salário-maternidade e auxílio-acidente.
(D) Pensão por morte, auxílio-reclusão e auxílio-doença.
(E) Reabilitação profissional, aposentadoria por idade e salário-maternidade.

As prestações concedidas no Regime geral de Previdência Social estão previstas no art. 18 da Lei 8.213/1991, e do rol trazido na legislação não consta "pecúlio", que fora extinto no ano de 1994 pela Lei 8.870. Dessa forma, a alternativa "A" deve ser assinalada.

Gabarito "A".

(TRT 15ª Região – 2010) O aposentado que retorna ao trabalho, como empregado e se vincula novamente à previdência social, tem direito ao seguinte benefício previdenciário:

(A) aposentadoria por invalidez decorrente de acidente do trabalho ocorrido em face do novo Vínculo empregatício;
(B) aposentadoria por tempo de contribuição na nova atividade;
(C) auxílio-doença;
(D) auxílio-acidente;
(E) reabilitação profissional.

O art. 18, § 2º, da Lei 8.213/1991 ao aposentado que retornou ao mercado de trabalho (ou nele se manteve) somente autoriza a concessão de salário-família e do serviço de reabilitação profissional. Desse modo, a única alternativa que atende ao regramento legal é a letra "E".

Gabarito "E".

(TRT 8ª Região – 2011) Acerca das prestações previdenciárias em geral, analise as proposições abaixo e assinale a alternativa CORRETA:

(A) O salário-maternidade para a segurada empregada ou trabalhadora avulsa consiste em renda igual à sua remuneração integral, cabendo à empresa o seu pagamento, efetivando-se a compensação correspondente, exceto nas hipóteses de adoção ou de guarda judicial para fins de adoção, quando o referido benefício será pago diretamente pela Previdência Social.
(B) O auxílio-acidente será devido a partir do dia seguinte ao da cessação do auxílio-doença, até a véspera do início da aposentadoria por idade ou até a data do óbito do segurado. Desta feita, o recebimento de salário ou concessão de outro benefício, exceto o da aposentadoria por idade, com que não pode ser acumulado, não prejudica o recebimento do auxílio-doença.
(C) O empregado que for aposentado por invalidez terá suspenso seu contrato de trabalho. Recuperando o empregado a capacidade de trabalho e sendo a aposentadoria cancelada, ser-lhe-á assegurado o direito à função que ocupava ao tempo da aposentadoria, sendo garantida obrigatoriamente a manutenção no emprego por doze meses.
(D) Não será devido auxílio-doença, em nenhuma hipótese, ao segurado que se filiar ao Regime Geral de Previdência Social já portador da doença ou da lesão invocada como causa para o benefício.
(E) O auxílio-doença é devido a partir do 16º dia de afastamento para os segurados empregados e, desde a data do início da incapacidade para os segurados empregados domésticos, contribuintes individuais, trabalhadores avulso, especiais ou facultativos. Entretanto, quando requerido por segurado afastado da atividade por mais de trinta dias, somente será devido a contar da data de entrada do requerimento.

A: Incorreta, na medida em que a assertiva refere-se a "empregada" e "trabalhadora avulsa" sendo verdadeira a afirmativa no que tange ao valor do benefício (totalidade da remuneração), por outro lado, não sendo verdadeira, para a trabalhadora avulsa, a afirmação de que a operacionalização do benefício é feita pela empresa (art. 72, § 2º, da Lei 8.213/1991). A trabalhadora avulsa recebe seu benefício de salário-maternidade diretamente do INSS e não do OGMO (Órgão gesto de mão de Obra); **B:** Incorreta, a percepção de auxílio-doença é incompatível com o recebimento e de salário e de outro beneficio, consoante se observa do art. 124 da Lei 8.213/1991; **C:** Incorreta, o direito à estabilidade por no mínimo 12 meses ocorre tão somente na hipótese entabulada no art. 118 da Lei 8.213/1991 (decorrente de acidente do trabalho); **D:** Incorreta, o art. 59, parágrafo único, admite a concessão de auxílio-doença em face de mal preexistente "quando a incapacidade sobrevier por motivo de progressão ou agravamento dessa doença ou lesão"; **E:** Correta, em estrita conformidade com o art. 60, *caput* e § 1º, da Lei 8.213/1991.

Gabarito "E".

(TRT 15ª Região – 2011) A respeito do instituto da carência, aponte a alternativa incorreta:

(A) trata-se do número mínimo de contribuições mensais indispensáveis para que o segurado faça jus a determinado beneficio previdenciário sendo o direito concedido a partir do primeiro dia do mês posterior ao qual a última contribuição do período de carência se refere;
(B) quando perdida a qualidade de segurado, as contribuições anteriores serão computadas para efeito de carência depois que o segundo contar, a partir da nova filiação à Previdência Social com, no mínimo 1/3 (um terço) do número de contribuições exigidas para o cumprimento da carência definida para o beneficio a ser requerido;
(C) é de 12 (doze) contribuições mensais o período de carência para obtenção do auxílio-doença e da aposentadoria por invalidez;
(D) é de 180 (cento e oitenta) contribuições mensais o período de carência para obtenção do beneficio à aposentadoria por idade, aposentadoria por tempo de serviço e aposentadoria especial;
(E) não depende de carência a concessão de auxílio-doença e aposentadoria por invalidez ao segurado que após filiar-se ao Regime Geral de Previdência Social, sofrer contaminação por radiação com base em conclusão da medicina especializada.

A: Incorreta (a ser assinalada), a data de início do benefício não é atrelada à data da satisfação do requisito carência, veja, por exemplo, o benefício de auxílio-doença (art. 60 da Lei 8.213/1991), que será devido ao segurado empregado a partir do 16º dia da incapacidade laborativa, pouco importando, para fixação do termo inicial, quando houve o implemento do requisito da carência; **B:** Correta, art. 24, parágrafo único, da Lei 8.213/1991; **C:** Correta, art. 25, I, da Lei 8.213/1991; **D:** Correta, art. 25, II, da Lei 8.213/1991; **E:** Correta, art. 151 da Lei 8.213/1991.

Gabarito "A".

(TRT 15ª Região – 2010) De acordo com a legislação é correto afirmar que:

(A) o empregado doméstico tem direito ao auxílio-doença, recebendo do empregador a remuneração dos primeiros quinze dias de afastamento, ficando a cargo da Previdência Social o pagamento devido a partir do 16º dia;
(B) durante os primeiros quinze dias de afastamento da atividade por motivo de invalidez, caberá à empresa pagar o salário ao segurado empregado;
(C) para efeito de aposentadoria por tempo de serviço de empregado urbano, admitir-se-á a averbação de período trabalhado durante o qual o exercício da atividade não determinava filiação obrigatória ao anterior Regime de Previdência Social Urbana, independentemente do recolhimento das contribuições correspondentes, conforme dispuser o Regulamento;
(D) o salário-maternidade é pago à empregada doméstica gestante diretamente pelo empregador, efetivando-se a compensação;
(E) o auxílio-reclusão é devido, aos dependentes do segurado recolhido à prisão que estiver em gozo de auxílio-doença.

A: Incorreta, o empregado doméstico faz jus ao benefício de auxílio-doença desde a data de início da incapacidade laborativa, salvo se requerer o benefício após trinta dias do início dessa incapacidade, hipótese em que será a data do requerimento o termo inicial da concessão (art. 60 da Lei 8.213/1991); **B:** Correta, art. 60, § 3º, da Lei 8.213/1991; **C:** Incorreta, o artigo 55, § 1º, da Lei 8.213/1991 somente admite a contagem do tempo referido mediante o recolhimento das contribuições correspondentes; **D:** Incorreta, o salário-maternidade da segurada empregada doméstica é pago diretamente pelo INSS (art. 71 da Lei 8.213/1991); **E:** Incorreta, art. 2º, § 1º, da Lei 10.666/2003, veda a concessão de auxílio-reclusão aos dependentes do segurado preso se este estiver em gozo de auxílio-doença.

Gabarito "B".

(Ministério Público do Trabalho – 14º) O auxílio-acidente atualmente tem natureza:

(A) complementar;
(B) suplementar;
(C) indenizatória;
(D) salarial;
(E) não respondida.

A resposta encontra-se expressa no art. 86 da Lei 8.213/1991, que afirma natureza "indenizatória", de modo a ser correta a letra "C". As demais letras não guardam pertinência com a legislação previdenciária.

Gabarito "C"

(TRT 2ª Região – 2011) Assinale a alternativa correta:

(A) O auxílio-acidente será devido ao segurado quando, após a consolidação das lesões decorrentes do acidente de trabalho, resultarem sequelas que impliquem redução da capacidade laborativa que exija maior esforço ou necessidade de adaptação para exercer a mesma atividade, independentemente de habilitação profissional.
(B) O auxílio-acidente será devido, como indenização, ao segurado quando, após a consolidação das lesões decorrentes de acidente de qualquer natureza, resultarem sequelas que impliquem redução da capacidade para o trabalho que habitualmente exercia.
(C) O auxílio-acidente será devido ao segurado quando, após a consolidação das lesões decorrentes do acidente de trabalho, resultarem saqueias que impliquem redução da capacidade laborativa que impeça, por si só, o desempenho da atividade que exercia à época do acidente, porém, não o de outra, do mesmo nível de complexidade, após reabilitação profissional.
(D) O auxílio-acidente será devido ao segurado quando, após a consolidação das lesões decorrentes do acidente do trabalho, resultarem sequelas que Impliquem redução da capacidade laborativa que impeça, por si só, o desempenho da atividade que exercia à época do acidente, porém não o de outra, de nível inferior de complexidade, após reabilitação.
(E) O auxílio-acidente será devido ao segurado quando, após a consolidação das lesões decorrentes de acidente de trabalho típico, resultar sequelas que impliquem redução da capacidade para o trabalho que habitualmente exercia.

A alternativa correta é a letra "B" por reproduzir, com fidelidade, o teor do art. 86 da Lei 8.213, ao passo que as demais alternativas promovem alterações/inclusões de termos não contemplados na definição legal, por essa razão incorretas as demais.

Gabarito "B"

5. PREVIDÊNCIA DOS SERVIDORES PÚBLICOS

(FMP – 2015) Aos servidores públicos vinculados a Regime Próprio de Previdência Social até 31.12.2003, a Emenda Constitucional 70, de 29 de março de 2012, assegurou o direito à:

(A) aposentadoria por invalidez permanente, independente da causa da invalidez, com proventos integrais e reajustes na mesma proporção e na mesma data, sempre que se modificar a remuneração dos servidores em atividade.
(B) aposentadoria por invalidez permanente, independente da causa da invalidez, com proventos integrais e reajustes de forma a preservar-lhes, em caráter permanente, o valor real conforme critérios estabelecidos em lei.
(C) aposentadoria por invalidez permanente, com proventos apurados de acordo com a média aritmética simples dos maiores salários de contribuição correspondentes a 80% (oitenta por cento) de todo o período contributivo, e reajustes na mesma proporção e na mesma data, sempre que se modificar a remuneração dos servidores em atividade.
(D) aposentadoria por invalidez permanente, quando decorrente de acidente em serviço, moléstia profissional ou doença grave, contagiosa ou incurável, na forma da lei, com proventos integrais e reajustes na mesma proporção e na mesma data, sempre que se modificar a remuneração dos servidores em atividade.
(E) aposentadoria compulsória e à aposentadoria por invalidez permanente, quando decorrente de acidente em serviço, moléstia profissional ou doença grave, contagiosa ou incurável, na forma da lei, com proventos integrais e reajustes na mesma proporção e na mesma data, sempre que se modificar a remuneração dos servidores em atividade.

A Emenda Constitucional 70/2012 inseriu o art. 6º-A na Emenda Constitucional 41/2003 para assegurar ao servidor público que já tivesse ingressado no serviço público até a data da publicação desta última Emenda (dia 31.12.2003) o direito à aposentadoria por invalidez permanente em caso de acidente em serviço, moléstia profissional ou doença grave, contagiosa ou incurável, com o chamado "benefício da paridade" – o reajuste do valor do benefício deve seguir os mesmos índices e nas mesmas datas em que se alterem os vencimentos dos servidores em atividade no mesmo cargo em que se deu a aposentadoria.

Gabarito "D"

(FCC – 2014) Uma vez criados por lei do ente federativo, vinculam-se aos regimes próprios de previdência social os servidores

(A) requisitados para o serviço eleitoral pela Justiça respectiva.
(B) empregados temporários na Administração direta e indireta da União.
(C) ocupantes exclusivamente de cargos comissionados da União, Estados e Municípios da Administração direta.
(D) ocupantes de cargos efetivos de autarquias da União, Estados e Municípios.
(E) empregados de empresas públicas da União, Estados e Municípios.

Os regimes próprios de previdência social são exclusivos dos servidores públicos ocupantes de cargos efetivos da Administração Direta e das autarquias e fundações das três esferas de governo (art. 40 da CF). Os demais agentes públicos vinculam-se ao RGPS na condição de empregados (art. 12, I, do PCSS).

Gabarito "D"

(FCC – 2014) Sobre os proventos de aposentadoria e pensão dos servidores públicos vinculados a regimes próprios de previdência social,

(A) incidem contribuições previdenciárias, independentemente de quaisquer valores de referência do regime geral.
(B) incide ordinariamente contribuição sobre o valor que supere o teto do regime geral, em percentual igual ao que incide sobre a remuneração dos servidores em atividade.
(C) não podem incidir contribuições sociais.
(D) incide ordinariamente contribuição sobre o valor que supere o dobro do teto do regime geral.
(E) incide contribuição sobre o valor que supere o teto do regime geral, quando o beneficiário for portador de doença incapacitante.

O art. 40, § 18, da CF determina a incidência de contribuição previdenciária sobre os benefícios pagos pelos regimes próprios de previdência social sobre a parcela que exceder o valor do teto do RGPS pela mesma alíquota aplicável aos servidores em atividade. Registre-se a exceção prevista no § 21 do mesmo artigo, que aumenta para o dobro do teto do RGPS a não incidência da contribuição para pessoas portadoras de doenças incapacitantes.

Gabarito "B"

(FCC – 2014) Para efeito de aposentadoria perante o regime próprio, o tempo de contribuição regularmente feito pelo segurado no regime geral

(A) não poderá ser computado, senão mediante aplicação do chamado fator previdenciário.
(B) não poderá ser computado, a menos que haja reciprocidade prevista, facultativamente, na legislação do respectivo ente político.
(C) poderá ser computado, hipótese em que os diversos regimes previdenciários se compensarão financeiramente.
(D) poderá ser computado, mediante pedido de restituição, pelo segurado, das contribuições vertidas e posterior recolhimento indenizatório perante o regime instituidor do benefício.
(E) estará assegurado apenas perante o regime dos servidores públicos da União, por se tratar de contribuições recolhidas a uma autarquia federal.

O art. 40, § 9º, da CF determina que seja computado o tempo de contribuição ao RGPS do segurado de regime próprio, hipótese em que os regimes previdenciários se compensarão financeiramente.

Gabarito "C"

(CESPE – 2012) No que se refere aos regimes previdenciários, julgue os próximos itens.

(1) O tempo de contribuição para o RGPS, na qualidade de trabalhador rural, pode ser aproveitado para a obtenção de aposentadoria no serviço publico pelo RPPS. Nessa hipótese, os regimes de previdência social se compensarão financeiramente, segundo critérios estabelecidos em lei.

(2) Servidor público estadual que ocupe cargo efetivo no Poder Executivo do estado do Espírito Santo, além do cargo de professor em escola particular, mesmo sendo obrigado a contribuir tanto para o RPPS do estado quanto para o RGPS, só poderá se aposentar pelo regime próprio do estado.

1: correta, pois a contagem recíproca do tempo de contribuição é prevista no art. 201, § 9º, da CF e no art. 94 do PBPS; **2:** incorreta, pois é possível a cumulação de aposentadorias de regimes distintos, desde que cumpridos os requisitos para cada uma delas. A rigor, é possível a cumulação inclusive no regime próprio dos servidores, excepcionalmente, desde que aposentadorias decorrentes de cargos acumuláveis na forma da Constituição – art. 40, § 6º, da CF, ver AgRg no REsp 1.335.066/RN-STJ.

Gabarito 1C, 2E

(FCC – 2013) Hermes, funcionário público civil do Estado do Amazonas em atividade, após manter união estável com Afrodite durante doze anos, por desentendimentos recíprocos veio a se separar. Afrodite, após a separação não contraiu matrimônio ou outra união estável. Nessa hipótese, na situação de ex-companheira de Hermes, Afrodite será beneficiária do Programa de Previdência instituído pela Lei Complementar do Estado do Amazonas 30, de 27 de dezembro de 2001?

(A) Sim, na qualidade de segurada, desde que comprovada a efetiva relação de dependência econômica.

(B) Não, uma vez que a separação rompeu a relação econômica de dependência.

(C) Sim, na condição de dependente do segurado, desde que credora de alimentos.

(D) Não, visto que será beneficiário apenas o cônjuge ou companheiro(a) enquanto perdurar o casamento ou a união estável.

(E) Sim, desde que o segurado não possua pais vivos, visto que após a separação os pais passam a ser automaticamente inscritos em substituição à ex-companheira.

O regime próprio de previdência dos servidores públicos é regulado pela legislação de cada ente. No caso do Amazonas, o art. 2º, II, a, da LC 30/2001 garante a condição de segurado ao ex-cônjuge, desde que credor de alimentos, o que parece ser o caso de Afrodite. A alternativa "C" é a correta, até por exclusão das demais, conforme os comentários iniciais.

Gabarito "C"

(FUMARC – 2012) Sobre o custeio do regime próprio de previdência social dos servidores públicos, assinale a alternativa correta:

(A) considerando que o § 12, do art. 40, da Constituição da República Federativa do Brasil dispõe que o regime de previdência dos servidores públicos titulares de cargo efetivo observará, no que couber, os requisitos e critérios fixados para o regime geral de previdência social e nesse é assegurado ao aposentado imunidade tributária, conforme art. 195, II, da Constituição da República Federativa do Brasil de 1988, conclui-se que os servidores públicos aposentados têm direito adquirido aos proventos e, portanto, a contribuição previdenciária não incide sobre os mesmos, segundo entendimento do Supremo Tribunal Federal;

(B) os Estados instituirão contribuição cobrada de seus servidores, para o custeio, em benefício destes, do regime previdenciário de que trata o art. 40, da Constituição da República Federativa do Brasil de 1988 cuja alíquota será no máximo 11% sobre a remuneração do servidor no cargo efetivo;

(C) as contribuições previdenciárias dos Estados somente poderão ser utilizadas para pagamento de benefícios previdenciários dos respectivos regimes, sem ressalvas;

(D) a contribuição da União, dos Estados, do Distrito Federal e dos Municípios, incluídas suas autarquias e fundações, aos regimes próprios de previdência social a que estejam vinculados seus servidores não poderá ser inferior ao valor da contribuição do servidor ativo, nem superior ao dobro desta contribuição;

(E) a base de cálculo da contribuição dos servidores públicos titulares de cargos efetivos pertencentes ao regime próprio de previdência social, da União, Estados, Municípios e Distrito Federal é definida pela Lei 10.887/2004, em seu art. 4º, § 1º.

A: incorreta. Desde a Emenda Constitucional 41/2003 incide contribuição previdenciária sobre o valor de aposentadorias e pensões concedidas pelos regimes próprios de previdência social que ultrapassar o teto do RGPS (art. 40, § 18, da CF). A constitucionalidade da Emenda foi questionada no STF, que, no julgamento da ADI 3128, referendou a possibilidade de exação tributária sobre os proventos de aposentadorias e pensões dos servidores públicos; **B:** incorreta. A CF não estabelece patamar máximo para a alíquota da contribuição previdenciária dos Estados, DF e Municípios, apenas proíbe que ela seja menor do que aquela cobrada pela União (art. 149, § 1º, da CF); **C:** incorreta. É possível a utilização dos recursos para fazer frente a despesas administrativas dos fundos de previdência (art. 1º, III, da Lei 9.717/1998); **D:** correta, nos termos do art. 2º da Lei 9.717/1998; **E:** incorreta. O mencionado preceptivo legal define apenas a base de cálculo da contribuição dos servidores federais.

Gabarito "D"

(Procurador do Estado/GO – 2010) Nos termos do regramento referente aos regimes próprios previdenciários, é CORRETO afirmar:

(A) O regime próprio é obrigatoriamente aplicável aos servidores públicos regidos por vinculo estatutário.

(B) É possível que os militares estaduais tenham regime previdenciário próprio, distinto do servidores civis, aplicando-lhes regras especiais, trazidas por legislação específica, desde que preservado o equilíbrio financeiro e atuarial do sistema.

(C) Para o cálculo dos proventos de aposentadorias também será considerada a expectativa de vida do participante.

(D) Ficam excluídos de alguns dos benefícios previdenciários os servidores titulares de cargo efetivo em estágio probatório, por não gozarem ainda de estabilidade.

(E) O regramento do regime próprio não alcança os membros da Magistratura e do Ministério Público Estadual, uma vez que são titulares de cargos públicos vitalícios.

A: incorreta. Essa é uma confusão comum: vínculo estatutário significa que o regime jurídico ao qual se submete o servidor é o Estatuto dos Servidores Públicos respectivo, não a CLT. Sendo assim, não podemos esquecer que os ocupantes de cargo em comissão também têm vínculo estatutário, mas não são acolhidos pelos regimes próprios de previdência, exclusivos os servidores de cargo efetivo; **B:** correta, nos termos do art. 1º da Lei 9.717/1998; **C:** incorreta. Nos regimes próprios de previdência, a expectativa de sobrevida do segurado (variável que integra o fator previdenciário do RGPS) não interfere no cálculo do valor do benefício; **D:** incorreta. Não há qualquer distinção na seara previdenciária entre servidores estáveis ou em estágio probatório; **E:** incorreta. Os ocupantes de cargos vitalícios estão inseridos no mesmo regime próprio de previdência dos servidores de cargo efetivo (arts. 93, VI, e 129, § 4º, da CF).

Gabarito "B"

(Procurador do Estado/GO – 2010) Sobre o regime de previdência dos servidores públicos do Estado de Goiás, é CORRETO afirmar:

(A) A concessão de aposentadoria por invalidez depende do cumprimento de carência correspondente a 12 contribuições mensais.

(B) A lei previdenciária prevê a hipótese de reversão da aposentadoria por invalidez, nos casos em que se verifica a recuperação da capacidade de trabalho do beneficiário.

(C) A lei previdenciária considera como dependente o filho solteiro, maior de 21 anos, desde que cursando estabelecimento de nível superior, até a colação de grau ou até a idade limite de 24 anos e desde que comprovada a dependência econômica.

(D) Há proibição, em qualquer hipótese, de concessão de aposentadoria por invalidez quando a causa da incapacitação for doença preexistente ao ingresso do participante no sistema.

(E) O sistema oferece, entre outros benefícios previdenciários, o auxílio-acidente.

A: incorreta. Não há carência para a concessão de aposentadoria por invalidez no regime próprio de previdência dos servidores públicos do Estado de Goiás; **B:** correta, nos termos do art. 124 da Lei Estadual 10.460/1988; **C:** incorreta. A legislação previdenciária goiana não reconhece como dependente o filho maior de 21 anos, salvo se inválido e desde que essa incapacidade laborativa seja anterior à mencionada idade (art. 14, III e IV, da Lei Complementar Estadual 77/2010); **D:** incorreta. Aplica-se supletivamente, no caso, o art. 42, § 2º, do PBPS, que autoriza a concessão de aposentadoria por invalidez em caso de doença ou lesão preexistente quando a incapacidade sobrevier por motivo de progressão ou agravamento dessa doença ou lesão; **E:** incorreta. O auxílio-acidente não se encontra dentre os benefícios previstos no art. 41 da Lei Complementar Estadual 77/2010.

Gabarito "B"

(UEL-COPS – 2011) Servidor público estadual, aposentado em cargo de provimento efetivo, no mês de julho de 1999, vem sofrendo descontos de contribuições previdenciárias sobre seus proventos, sob a alíquota de 14%, mesma alíquota aplicada aos servidores ativos, desde a data de sua aposentadoria, até o presente, com respaldo em Lei Estadual publicada no mês janeiro de 1999. Sobre a situação descrita, é correto afirmar:

(A) o desconto da contribuição previdenciária durante todo o período narrado, desde a aposentadoria do servidor, é ilegítimo apenas naquilo em que excedeu a alíquota de 11%, por ser esta, por determinação da legislação federal, a alíquota máxima para as contribuições previdenciárias impostas pelos Estados aos seus servidores;

(B) no caso, houve inconstitucionalidade da citada Lei Estadual que previu os descontos da contribuição previdenciária sobre os proventos de aposentadoria dos servidores; vício este, porém, que perdurou apenas até a publicação da Emenda Constitucional 41/2003, vez que esta Emenda autorizou a cobrança de contribuição previdenciária de inativos. Por este motivo, os descontos efetuados sobre os proventos do servidor, com base na Lei Estadual publicada no ano de 1999, não padeceram de qualquer irregularidade posteriormente à edição da Emenda Constitucional 41/2003;

(C) no caso, os descontos realizados sobre os proventos do servidor são ilegítimos mesmo após a edição da Emenda Constitucional 41/2003, vez que, por ter reunido os requisitos para aposentadoria antes da edição da mencionada emenda constitucional, o servidor tem direito adquirido a não incidência da contribuição previdenciária sobre seus proventos;

(D) no caso, todos os descontos de contribuições previdenciárias efetuados foram indevidos, porquanto a legitimidade da incidência da contribuição previdenciária sobre proventos de inativos depende de que tal contribuição seja instituída por lei editada após a vigência da Emenda Constitucional 41/2003;

(E) no caso, os descontos efetuados desde a aposentadoria do servidor estão em conformidade com a Constituição Federal, pois somente os servidores aposentados antes da edição da Emenda Constitucional 20/1998 têm direito adquirido a não incidência da contribuição previdenciária.

A contribuição previdenciária incidente sobre os proventos de aposentadoria dos servidores públicos inativos foi autorizada somente com a edição da Emenda Constitucional 41/2003, que incluiu o § 18 no art. 40 da CF. Ocorre que o STF já decidiu que não existe no ordenamento brasileiro a "constitucionalidade superveniente", de forma que uma lei editada sem respaldo constitucional não se convalida pela alteração posterior da Lei Maior. Com isso, é indevida a cobrança de todas as contribuições no caso em exame, devendo ser devolvidos os valores ao segurado (ADI 2158/PR, DJ 15.09.2010).

Gabarito "D"

(UEL-COPS – 2011) Sobre os regimes de previdência social aplicáveis aos diversos agentes públicos, é correto afirmar:

(A) notários e registradores, por exercerem função pública delegada, devem estar vinculados ao regime próprio de previdência dos servidores públicos;

(B) o servidor público, titular de cargo efetivo, que venha a ocupar, transitoriamente, cargo em comissão na Administração Pública, deverá vincular-se ao regime geral de previdência social;

(C) aos servidores contratados por prazo determinado, para atender necessidade temporária de excepcional interesse público, aplica-se o regime geral de previdência social;

(D) é vedado aos servidores públicos aderir a regime de previdência complementar;

(E) os militares dos Estados submetem-se ao mesmo regime jurídico previdenciário aplicável aos servidores públicos civis, sem qualquer distinção.

A: incorreta. Nos termos do art. 40 da Lei 8.935/1994, os titulares dos cartórios extrajudiciais (notários e registradores) são vinculados ao RGPS; **B:** incorreta. Ainda que venha a ocupar, temporariamente, cargo em comissão, o titular de cargo efetivo mantém-se vinculado ao seu regime próprio de previdência (art. 12, I, "g", do PCSS); **C:** correta, nos termos do art. 8º da Lei 8.745/1993 e art. 1º da Lei 8.647/1993; **D:** incorreta. Nada obsta que servidores públicos contratem planos de previdência complementar com fundos de previdência ou instituições financeiras. O que lhes é proibido é inscrever-se como segurado facultativo no RGPS (art. 201, § 5º, da CF); **E:** incorreta. Os militares dos Estados possuem regime próprio de previdência, previsto genericamente no art. 1º da Lei 9.717/1998.

Gabarito "C"

(UEL-COPS – 2011) Companheira de ex-servidor público estadual, falecido em setembro de 2004, após ter sido negado, em janeiro de 2005, prévio requerimento administrativo voltado à concessão da pensão decorrente do óbito do servidor, propôs, em junho de 2011, ação judicial destinada a obter o estabelecimento da pensão por morte. Com base nos fatos acima descritos, assinale a alternativa correta:

(A) a prescrição, no caso, atinge apenas as parcelas anteriores a cinco anos contados da data do ajuizamento da ação, por se tratar de relação jurídica de trato sucessivo;

(B) não há que se falar em prescrição no caso, haja vista que decorreram menos de cinco anos entre a data do óbito e a data do requerimento administrativo de concessão do benefício;

(C) não há que se falar em prescrição no caso, vez que os direitos de natureza previdenciária e seus efeitos patrimoniais são imprescritíveis;

(D) não há que se falar em prescrição no caso, porquanto não decorrido o prazo prescricional entre a data do fato gerador do benefício previdenciário pleiteado e a data do ajuizamento da ação;

(E) a prescrição, no caso, atingiu o fundo de direito reclamado, de modo que se encontra fulminada tanto a pretensão à concessão do benefício quanto qualquer efeito patrimonial dele decorrente.

Dispõe o Decreto 20.910/1932, em seu art. 1º, que as ações contra a Fazenda Pública prescrevem em cinco anos contados da data do ato ou fato do qual se originaram. Completa o art. 2º do Decreto-lei 4.597/1942 que a expressão "Fazenda Pública" abrange autarquias e outros órgãos paraestatais. No caso em exame, a pretensão da companheira do servidor falecido surgiu com a negativa do pagamento na esfera administrativa em janeiro de 2005. Portanto, em janeiro de 2010 operou-se a prescrição da ação, nada mais lhe sendo devido a título de pensão por morte.

Gabarito "E"

(UEL-COPS – 2011) Acerca das regras da paridade e da integralidade entre ativos, inativos e pensionistas, assinale a alternativa correta:

(A) de acordo com as normas constitucionais vigentes, a paridade e a integralidade beneficiam apenas os servidores que ingressaram no serviço público antes da publicação da Emenda Constitucional 20/1998;

(B) pensionistas dos servidores públicos aposentados sob a vigência da Emenda Constitucional 20/1998, e falecidos após a edição da Lei Federal 10.887/2004, não terão seus benefícios calculados em valor correspondente à integralidade dos proventos a que faria jus o ex-servidor se vivo estivesse, caso estes superem o limite máximo estabelecido para os benefícios do regime geral de previdência social;

(C) os servidores que reuniram os requisitos para passagem à inatividade antes da edição da Emenda Constitucional 41/2003, não gozam das garantias da integralidade e da paridade, exceto se tiverem requerido a aposentadoria antes da data da publicação da referida Emenda Constitucional;

(D) a paridade assegura a extensão aos inativos e pensionistas de todas as vantagens pecuniárias concedidas aos servidores ativos, inclusive aquelas transitórias de natureza "propter laborem";

(E) até a edição da Emenda Constitucional 41/2003, a Constituição Federal assegurava a todos os servidores aposentados por invalidez a integralidade dos proventos de aposentadoria.

A: incorreta. Vamos relembrar que "integralidade" refere-se ao valor dos proventos serem iguais ao valor dos vencimentos auferidos enquanto na atividade e "paridade" significa a extensão aos inativos de todos os aumentos e reajustes permanentes concedidos aos servidores da ativa, prevista no art. 7º da Emenda Constitucional 41/2003. Isso posto, temos que a integralidade e paridade também se aplicam aos servidores que tenham ingressado no serviço público após a publicação da Emenda Constitucional 20/1998, mas desde que antes da publicação da Emenda Constitucional 41/2003; **B:** correta, conforme previsto no art. 2º da Lei 10.887/2004; **C:** incorreta. Servidores aposentados ou que já tenham o direito adquirido à aposentadoria antes da publicação da Emenda Constitucional 41/2003 passam à inatividade seguindo as regras estabelecidas nos arts. 3º e 7º dessa Emenda, que garantem a integralidade e a paridade dos benefícios; **D:** incorreta. A paridade não alcança verbas de natureza transitória "propter laborem", isto é, aquelas pagas "para o trabalho", como o auxílio-transporte, o auxílio-alimentação e as diárias de viagem; **E:** incorreta. Com a edição da Emenda Constitucional 20/1998 já havia sido limitada a possibilidade de aposentadoria integral por invalidez aos servidores públicos por conta de acidente de trabalho, moléstia profissional ou doença grave. Vale ressaltar que a Emenda Constitucional 70/2012, que inseriu o art. 6º-A na Emenda Constitucional 41/2003, estendeu o benefício da paridade às aposentadorias por invalidez pagas a servidores que ingressaram no serviço público até 31.12.2003 e garantiu-lhes o cálculo com base no valor de seus últimos vencimentos, afastando a regra prevista no art. 1º da Lei 10.887/2004 nesse caso (benefício calculado sobre a média aritmética simples dos 80% maiores remunerações).

Gabarito "B".

(VUNESP – 2012) Conforme estabelece a Constituição da República sobre os servidores públicos civis, a lei disporá sobre a concessão do benefício de pensão por morte, que será igual ao valor da totalidade

(A) dos proventos do servidor falecido, até o limite máximo estabelecido para os benefícios do regime geral de previdência social, acrescido de setenta por cento da parcela excedente a este limite, caso aposentado à data do óbito.

(B) dos proventos do servidor falecido, até o limite máximo estabelecido para os benefícios do regime geral de previdência social, acrescido de sessenta por cento da parcela excedente a este limite, caso aposentado à data do óbito.

(C) da remuneração do servidor no cargo efetivo em que se deu o falecimento, até o limite máximo estabelecido para os benefícios do regime geral de previdência social, acrescido de trinta por cento da parcela excedente a este limite, caso em atividade na data do óbito.

(D) da remuneração do servidor no cargo efetivo em que se deu o falecimento, até o limite máximo estabelecido para os benefícios do regime geral de previdência social, acrescido de cinquenta por cento da parcela excedente a este limite, caso em atividade na data do óbito.

(E) da remuneração do servidor no cargo efetivo em que se deu o falecimento, até o limite máximo estabelecido para os benefícios do regime geral de previdência social, acrescido de sessenta por cento da parcela excedente a este limite, caso em atividade na data do óbito.

O art. 40, § 7º, da CF fixa o valor da pensão por morte nos regimes próprios de previdência de acordo com a situação do servidor na data do óbito. Em resumo, a renda mensal será igual àquilo que o servidor recebia (seja em atividade ou aposentado) se não ultrapassar o teto do RGPS. Se ultrapassar, limita-se o valor ao teto do RGPS e acrescenta-se 70% do que exceder esse limite.

Gabarito "A".

(CESPE – 2012) Com base na lei que instituiu o regime de previdência complementar para os servidores públicos federais, julgue os itens subsequentes.

(1) O limite máximo estabelecido para os benefícios do RGPS deve ser aplicado às aposentadorias e pensões de todos os servidores públicos federais que ingressem no serviço público a partir do início da vigência do regime de previdência complementar, inclusos os detentores de cargo comissionado.

(2) Os servidores públicos aposentados devem ser automaticamente inseridos no novo regime de previdência complementar.

1: incorreta. Os servidores ocupantes de cargo em comissão não se sujeitam ao regime de previdência complementar criado pela Lei 12.618/2012, porque não são admitidos no regime próprio de previdência dos servidores públicos. Os ocupantes de cargos comissionados são vinculados ao RGPS na qualidade de empregados (art. 12, I, "g", da Lei 8.212/1991); **2:** incorreta. O regime de previdência complementar é aplicado obrigatoriamente apenas àqueles que ingressarem em cargo público efetivo após a vigência da Lei 12.618/2012. Para quem já é aposentado, o novo sistema é opcional (art. 1º, § 1º, da Lei 12.618/2012).

Gabarito 1E, 2E

(CESPE – 2011) Considerando o regime próprio de previdência social dos servidores públicos estatutários, assinale a opção correta.

(A) O cômputo do tempo de atividade rural anterior a 1991, para fins de contagem recíproca com o período prestado na administração pública sob regime estatutário, visando à aposentadoria estatutária, só pode ser feito mediante o recolhimento das contribuições previdenciárias relativas ao tempo de atividade rural.

(B) O pensionista portador de doença incapacitante é isento da contribuição sobre os proventos de pensão recebida no âmbito do regime próprio de previdência dos servidores públicos estatutários, ainda que os proventos superem o dobro do limite máximo estabelecido para os benefícios do RGPS.

(C) O regime próprio de previdência social dos servidores públicos estatutários observa, assim como o RGPS, critérios que preservem o equilíbrio financeiro e atuarial, mas, por expressa disposição constitucional, não admite a aplicação subsidiária das normas do regime geral.

(D) Suponha que João, procurador aposentado da fazenda nacional, seja convidado a ocupar o cargo em comissão de diretor de secretaria da Vara Federal de Execuções Fiscais do Estado de São Paulo e aceite a proposta. Nessa situação, em relação à atividade de diretor de secretaria, João estará vinculado ao regime próprio de previdência dos servidores públicos federais.

(E) O servidor público ex-celetista que tenha exercido atividade especial e passado para o regime estatutário por força da CF não tem direito a contar o tempo de serviço com o acréscimo legal, dada a vedação constitucional da contagem de tempo de serviço fictício, para fins de aposentadoria estatutária.

A: correta, nos termos do quando decidido pelo STJ no julgamento do AR 3.215/MG, *DJ* 28.06.2006; **B:** incorreta. Superando esse limite, haverá a incidência de contribuição previdenciária (art. 40, § 20, da CF); **C:** incorreta. Não há qualquer disposição constitucional expressa nesse sentido; **D:** incorreta. O servidor ocupante exclusivamente de cargo em comissão é segurado obrigatório do RGPS na qualidade de empregado (art. 11, I, *g*, do PBPS); **E:** incorreta. Esse caso não trata de tempo de serviço fictício, mas sim de contagem recíproca de tempo de contribuição, hipótese em que os respectivos órgãos previdenciários se compensarão mutuamente (art. 94 do PBPS).

Gabarito "A".

6. PREVIDÊNCIA PRIVADA COMPLEMENTAR

(CESPE – 2012) No que concerne a previdência complementar, julgue os itens subsecutivos.

(1) O ente federativo que instituir previdência complementar pública poderá fazer aporte de recursos à respectiva entidade, mas sua contribuição normal não poderá exceder a do segurado.

(2) Embora a filiação a plano de previdência complementar seja facultativa, se o empregado se filiar a um plano constituído pela empresa para a qual trabalhe, os benefícios contratados passarão a integrar seu contrato de trabalho.

1: correta, nos termos do art. 202, § 3º, *in fine*, c/c o art. 40, § 15, da CF; **2:** incorreta, pois as contribuições do empregador, os benefícios e as condições contratuais previstos nos estatutos, regulamentos e planos de benefícios das entidades de previdência complementar não integram o contrato de trabalho dos participantes, assim como, à exceção dos benefícios concedidos, não integram a remuneração dos participantes – art. 68 da LC 109/2001.

Gabarito 1C, 2E

(CESPE – 2012) Em cada opção abaixo, é apresentada uma situação hipotética acerca da contagem recíproca de tempo de contribuição e compensação financeira, seguida de uma assertiva a ser julgada.

Assinale a opção em que a assertiva está correta.

(A) Um DP prestes a se aposentar requereu averbação de tempo de serviço rural para fins de aposentadoria no RPPS. Nessa situação, reconhecido e averbado o referido tempo de serviço rural, impõe-se ao DP o dever de indenizar a previdência social, para dar ensejo à compensação entre o RGPS e o RPPS, cujas fontes de custeio são apartadas.

(B) Paula é DP e professora em faculdade particular, estando, dessa forma, vinculada ao RPPS e ao RGPS, contribuindo para ambos. Nessa situação, caso as atividades sejam desempenhadas de forma concomitante, Paula poderá efetuar a contagem recíproca de tempo de serviço para fins de aposentadoria.

(C) Gabriel, após lograr aprovação em concurso público para DP, averbou, no RPPS, os anos em que contribuiu para o RGPS como advogado em escritório particular. Nessa situação, preenchidos os requisitos de idade e contribuição para que possa se aposentar voluntariamente, Gabriel deverá, ainda, cumprir dez anos ininterruptos no cargo efetivo em que se dará a referida aposentadoria.

(D) Um advogado contribuiu por determinado tempo como contribuinte individual no RGPS e, posteriormente, tomou posse como DPE, em virtude de aprovação em concurso público. Nessa situação, o advogado poderá computar o tempo de contribuição anterior ao Instituto Nacional do Seguro Social no RPPS do estado ao qual estiver vinculado, sendo-lhe vedado, contudo, o inverso.

(E) Rodrigo trabalhou, durante muitos anos, em determinada empresa privada, exercendo atividades especiais, sob condições insalubres. Nessa situação, caso passe em concurso público, Rodrigo terá direito à contagem diferenciada do tempo trabalhado sob as referidas condições, no período em que esteve filiado ao RGPS, quando da transferência para o RPPS dos servidores públicos.

A: correta, pois, embora seja possível o reconhecimento e a averbação do tempo de serviço rural sem comprovação das contribuições (período anterior à Lei 8.213/1991) para fins de aposentadoria no RGPS (art. 55, § 2º, do PBPS), o mesmo não vale para a contagem recíproca em regime distinto (no regime próprio dos servidores), caso em que o interessado deve indenizar a Previdência Social – ver AgRg no REsp 544.873/RS-STJ; **B:** incorreta, porém discordamos do gabarito oficial. A jurisprudência mais recente do STJ admite que a "norma previdenciária não cria óbice a percepção de duas aposentadorias em regimes distintos, quando os tempos de serviços realizados em atividades concomitantes sejam computados em cada sistema de previdência, havendo a respectiva contribuição para cada um deles" (AgRg no REsp 1.335.066/RN); **C:** incorreta, pois exige-se tempo mínimo de dez anos de efetivo exercício no serviço público e cinco anos (não 10) no cargo efetivo em que se dará a aposentadoria – art. 40, § 1º, III, da CF; **D:** incorreta, pois a possibilidade de contagem e compensação é recíproca, ou seja, o inverso também vale – art. 201, § 9º, da CF; **E:** incorreta, pois não há previsão dessa contagem recíproca diferenciada – art. 201, § 9º, da CF.

Gabarito "A"

(CESPE – 2012) Considerando a jurisprudência do STF e do STJ, julgue os próximos itens, referentes à previdência privada.

(1) A CF prevê, como garantia do equilíbrio atuarial e financeiro, a possibilidade de, em caso de insuficiência financeira, a administração pública aportar recursos a entidades de previdência privada.

(2) Não poderá recair penhora sobre o saldo de depósito em fundo de previdência privada em nome de diretor de empresa falida suspeito de gestão fraudulenta, dado o nítido caráter alimentar de tal verba, advinda da remuneração mensal do diretor, especialmente se os referidos valores tiverem sido depositados antes de seu ingresso na diretoria da empresa.

1: incorreta. O aporte de recursos públicos para as entidades de previdência privada é proibido pelo art. 202, § 3º, da CF, salvo na qualidade de patrocinador; **2:** incorreta. A questão foi analisada no bojo do REsp 1.121.719 pelo STJ, que entendeu que o depósito em fundo de previdência privada não tem caráter alimentar, porque se assemelha a uma poupança, isto é, são valores que ficam depositados por longo prazo apenas para utilização futura pelo beneficiário.

Gabarito 1E, 2E

7. ACIDENTES, DOENÇAS DO TRABALHO

(FCC – 2014) Considere os seguintes itens:

I. doença degenerativa;

II. doença inerente a grupo etário;

III. doença que não produz incapacidade laborativa;

IV. doença comum adquirida por segurado habitante de região em que ela se desenvolve, salvo comprovação de que é resultante de exposição ou contato direto determinado pela natureza do trabalho.

NÃO são consideradas como doença do trabalho, APENAS

(A) I e IV.

(B) I e II.

(C) I, II e III.

(D) II e III.

(E) II, III e IV.

I, II e **III:** não são consideradas doença do trabalho por força do art. 20, § 1º, "a", "b" e "c", da Lei 8.213/1991; **IV:** é considerada doença do trabalho. O art. 20, § 1º, "d", da Lei 8.213/1991 exclui apenas a doença **endêmica** nas condições narradas.

Gabarito "C"

(TRT 3ª Região – 2014) As doenças ou eventos abaixo relacionados são considerados acidente de trabalho ou são a ele equiparados, nos termos dos arts. 20 e 21 da Lei 8.213/1991, EXCETO:

(A) A doença profissional, assim entendida a produzida ou desencadeada pelo exercício do trabalho peculiar a determinada atividade e constante da respectiva relação elaborada pelo Ministério do Trabalho e da Previdência Social.

(B) A doença proveniente de contaminação acidental do empregado no exercício de sua atividade.

(C) A doença do trabalho, assim entendida a adquirida ou desencadeada em função de condições especiais em que o trabalho é realizado e com ele se relacione diretamente, constante da respectiva relação elaborada pelo Ministério do Trabalho e da Previdência Social.

(D) O acidente sofrido pelo segurado no local e no horário do trabalho, em consequência de ato de pessoa privada do uso da razão.

(E) A doença endêmica adquirida por segurado habitante de região em que ela se desenvolva.

A, **B**, **C** e **D**: assertivas corretas, nos termos dos arts. 20, I, art. 21, III, arts. 20, II, e art. 21, II, "d", respectivamente, da Lei nº 8.213/1991; **E:** assertiva incorreta, devendo ser assinalada. A doença endêmica contraída nessas condições não é considerada acidente de trabalho por exclusão expressa prevista no art. 20, § 1º, "d", da Lei 8.213/1991.

Gabarito "E"

(CESPE – 2012) No que se refere aos regimes previdenciários, julgue os próximos itens.

(1) No caso de empregada de determinada empresa morrer, em seu local de trabalho, em decorrência de queimaduras sofridas durante um incêndio ocorrido no seu horário de trabalho, a empresa será obrigada a comunicar o acidente à previdência social até o 1º dia útil seguinte ao da ocorrência, ainda que o incêndio não tenha sido intencional.

(2) Caso um segurado empregado, em seu primeiro dia no emprego, em virtude de acidente, se torne definitivamente incapaz para o trabalho, ele terá direito a aposentadoria por invalidez, ainda que não tenha recolhido nenhuma contribuição para o RGPS, mas somente poderá exercer tal direito após o gozo de auxílio-doença prévio durante o período mínimo de quinze dias.

1: incorreta, pois, em caso de morte, a comunicação deve ser imediata – art. 22, *caput*, do PBPS; **2:** incorreta, pois o benefício da aposentadoria por invalidez já pode ser concedido a partir da data do requerimento, se a entrada tiver sido dada mais de 30 dias após o afastamento – art. 43, § 1º, *a*, do PBPS. De fato, não há carência para a aposentadoria por invalidez em caso de acidente – art. 26, II, do PBPS e art. 30, III, do Regulamento da Previdência Social – RPS (Decreto 3.048/1999).

Gabarito 1E, 2E

(CESPE – 2010) Julgue o item a seguir, relativo às legislações previdenciária e da seguridade social.

(1) Se, durante seu intervalo para refeição, um empregado lesionar um dos seus joelhos enquanto joga futebol nas dependências da empresa, ficando impossibilitado de andar, tal evento, nos termos da legislação previdenciária, não poderá ser considerado como acidente de trabalho.

1: incorreta, pois o empregado é considerado no exercício do trabalho nos períodos destinados a refeição ou descanso, ou por ocasião da satisfação de outras necessidades fisiológicas, no local do trabalho ou durante este – art. 21, § 1º, do PBPS.

Gabarito 1E

(CESPE – 2010) No que se refere a acidente de trabalho, assinale a opção correta.

(A) Se um engenheiro designado por pessoa jurídica que o emprega para trabalhar na construção de usina hidrelétrica na região amazônica for contaminado por malária enquanto acompanha e supervisiona a realização das obras da usina, exposto ao Sol e a insetos, não haverá que se falar, nesse caso, em moléstia profissional, já que a malária é considerada doença endêmica.

(B) No caso de um empregado, em virtude de seu ambiente de trabalho estressante, adquirir doença degenerativa, configura-se doença laboral, haja vista a enfermidade ter sido desencadeada pelo exercício do trabalho.

(C) Considere que César, em virtude de fortes dores no corpo, não tenha comparecido ao trabalho em 15.01.2010, e que, no dia 18.01.2010, por continuar sentido dor, tenha procurado um médico que diagnosticou enfermidade decorrente de intoxicação pelo uso de determinados produtos químicos, manipulados em seu ambiente de trabalho. Nessa situação hipotética, considera-se como dia do acidente o dia 18/1/2010, data em que foi realizado o diagnóstico.

(D) Se trabalhador que exerce suas funções em laboratório de análises clínicas, em virtude de acidente ocorrido durante a manipulação de alguns produtos químicos, for acometido por urticária moderada, mas não for impedido de continuar suas atividades, inexistirá, nesse caso, doença laboral, na forma da legislação pertinente.

(E) Considere que Marta, com 59 anos de idade, tenha sido acometida, recentemente, por osteoporose e que as atividades por ela desempenhadas, em seu ambiente de trabalho, envolvam procedimentos de arquivo, o que torna necessário que Marta eleve enormes caixas, com documentos e processos, para guardá-las nas inúmeras estantes existentes em seu departamento, fato que aumenta consideravelmente as suas dores. Nessa situação hipotética, considerando-se o agravamento da doença adquirida por Marta, a osteoporose é considerada doença profissional.

A: incorreta. Como a aquisição da moléstia foi resultante da exposição aos insetos que a transmitem determinada pela natureza do trabalho, excepcionalmente a doença endêmica será considerada doença profissional, conforme dispõe o art. 20, § 1º, "d", do PBPS; **B:** incorreta. A doença degenerativa não é considerada como moléstia profissional em nenhuma hipótese (art. 20, § 1º, "a", do PBPS); **C:** incorreta. Nos termos do art. 23 do PBPS, considera-se como dia do acidente o início da incapacidade laborativa ou o dia do diagnóstico, o que ocorrer primeiro. Portanto, no caso em exame, temos como dia do acidente o dia 15.01.2010, quando César deixou de reunir condições para trabalhar, já que esta ocorreu antes do diagnóstico médico; **D:** correta, nos termos do art. 19 do PBPS, que qualifica como acidente de trabalho o sinistro que resulte em morte ou perda ou redução, permanente ou temporária, da capacidade para o trabalho; **E:** incorreta. A osteoporose é uma doença degenerativa e inerente a grupo etário, de forma que é excluída da classificação como doença profissional (art. 20, § 1º, "a" e "b", do PBPS).

Gabarito "D"

(TRT 16ª Região – 2011) Considerando apenas o disposto na legislação previdenciária sobre acidente de trabalho, marque a alternativa CORRETA.

(A) Considera-se acidente de trabalho a doença do trabalho, assim entendida a adquirida ou desencadeada em função de condições especiais em que o trabalho é realizado, mesmo que com ele não se relacione diretamente.

(B) Não se considera doença do trabalho a que não produza incapacidade laborativa, salvo se sobrevier dano estético e/ou moral.

(C) Considera-se acidente de trabalho a doença profissional, assim entendida a produzida ou desencadeada pelo exercício do trabalho peculiar a determinada atividade e constante da respectiva relação elaborada pelo Ministério do Trabalho e da Previdência Social.

(D) A empresa é responsável pela adoção e uso das medidas coletivas e individuais de proteção e segurança da saúde do trabalhador. Constitui crime, punível com pena de reclusão e multa, deixar a empresa de cumprir as normas de segurança e higiene do trabalho.

(E) É dever da empresa prestar informações pormenorizadas sobre os riscos da operação a executar e do produto a manipular, desde que os mesmos constem da respectiva relação elaborada pelo Ministério do Trabalho e da Previdência Social.

A: Incorreta, o art. 20, II, da Lei 8.213/1991 exige que a doença esteja com relacionada diretamente com o trabalho; **B:** Incorreta, do art. 20, § 1º não consta referência a dano estético e/ou moral; **C:** Correta, exata reprodução do art. 20, I, da Lei 8.213/1991; **D:** Incorreta, o art. 19, § 2º, da Lei 8.213/1991 afirma constituir contravenção penal, e não crime, a situação narrada; **E:** Incorreta, do art. 19, § 3º, da Lei 8.213/1991 não consta "desde que os mesmos constem" de qualquer relação.

Gabarito "C"

8. ASSISTÊNCIA SOCIAL E SAÚDE

(FUNDATEC – 2010) De acordo com o regramento constitucional acerca da Seguridade Social, no que pertine à Saúde, é incorreto afirmar que:

(A) Dentre as atribuições do Sistema Único de Saúde (SUS), estão a fiscalização e a inspeção de alimentos, bem como de bebidas e de águas para consumo humano.

(B) Os recursos mínimos a serem aplicados pelos diferentes entes da federação, anualmente, em ações e serviços públicos de saúde, terão seus percentuais estabelecidos por lei ordinária.

(C) A descentralização é uma diretriz aplicável às ações e serviços públicos de saúde.

(D) As instituições de saúde privadas podem participar do SUS, de forma complementar.

(E) Existe vinculação constitucional de recursos da União, dos Estados, do Distrito Federal e dos Municípios para o atendimento na área da saúde.

A: correta, nos termos do art. 200, VI, da CF; **B:** incorreta, devendo ser assinalada. Os percentuais devem ser previstos em lei complementar (art. 198, §§ 2º e 3º, da CF); **C:** correta, conforme previsto no art. 198, I, da CF; **D:** correta, nos termos do art. 199, § 1º, da CF; **E:** correta, nos termos do art. 198, § 2º, da CF.

Gabarito "B"

(CESPE – 2010) No que concerne à legislação acidentária, ao benefício de prestação continuada previsto na Lei de Organização da Assistência Social e jurisprudência dos tribunais superiores, julgue o item seguinte.

(1) Para fins de concessão do benefício de prestação continuada, considera-se incapaz de prover a manutenção da pessoa portadora de deficiência ou idosa a família cuja renda mensal per capita seja inferior a um quarto do salário-mínimo. Esse critério, de acordo com entendimento do STF, apesar de ser constitucional, pode ser conjugado com outros fatores indicativos do estado de miserabilidade do indivíduo e de sua família.

1: Assertiva correta, pois reflete o disposto no art. 20, § 3º, da Lei Orgânica da Assistência Social – LOAS (Lei 8.742/1993), à luz do art. 203, V, da CF – ver ADI 1.232/DF.

Gabarito 1C

(CESPE – 2010) Julgue o item a seguir, relativos às legislações previdenciária e da seguridade social.

(1) No que tange à organização da assistência social, compete aos municípios atender às ações assistenciais de caráter emergencial e efetuar o pagamento do auxílio-natalidade e do auxílio-funeral.

1: Assertiva correta, pois essas competências municipais são previstas no art. 15, II e IV, da LOAS.

Gabarito 1C

(Magistratura Federal – 3ª Região – 2010) Segundo o artigo 203 da Constituição Federal de 1988, a assistência social será prestada:

(A) A quem dela necessitar, conforme dispuser a lei, porém dependente de contribuição à seguridade social;

(B) A que dela necessitar, independentemente de contribuição a seguridade social, e tem por exclusivo objetivo a proteção a família, a maternidade, à infância, e a adolescência;

(C) A quem dela necessitar, atendida a qualidade de segurado da previdência social e as condições previstas em lei;

(D) A quem dela necessitar, independentemente de contribuição a seguridade social, e tem entre seus objetivos a garantia de um salário-mínimo de benefício mensal a pessoa portadora de deficiência e ao idoso que comprovem não possuir meios de prover a própria manutenção ou de tê-la provida por sua família, conforme dispuser a lei.

A: incorreta. A seguridade social é composta pela (i) previdência social, (ii) assistência social e (iii) saúde. Diferentemente da previdência social, a assistência social não é retributiva, ou seja, independe de contribuição do beneficiário para a seguridade social – art. 203, *caput*, da CF; **B:** incorreta, pois, além da proteção à família, à maternidade, à infância e à adolescência, a assistência social tem, também, por objetivos a proteção à velhice, o amparo às crianças e adolescentes carentes, a promoção da integração ao mercado de trabalho, a habilitação e reabilitação das pessoas portadoras de deficiência e a promoção de sua integração à vida comunitária, e a garantia de um salário-mínimo de benefício mensal à pessoa portadora de deficiência e ao idoso que comprovem não possuir meios de prover à própria manutenção ou de tê-la provida por sua família, conforme dispuser a lei – art. 203, I a V, da CF; **C:** incorreta, pois a assistência social é prestada a todos que dela precisarem, independentemente de filiação à previdência social – art. 203, *caput*, da CF; **D:** assertiva correta, conforme o art. 203, V, da CF.

Gabarito "D"

Veja a tabela seguinte, para estudo e memorização dos objetivos da assistência social:

Objetivos da Assistência Social – art. 203 da CF
– a proteção à família, à maternidade, à infância, à adolescência e à velhice – o amparo às crianças e adolescentes carentes – a promoção da integração ao mercado de trabalho – a habilitação e reabilitação das pessoas portadoras de deficiência e a promoção de sua integração à vida comunitária – a garantia de um salário-mínimo de benefício mensal à pessoa portadora de deficiência e ao idoso que comprovem não possuir meios de prover à própria manutenção ou de tê-la provida por sua família, conforme dispuser a lei

9. AÇÕES PREVIDENCIÁRIAS

(TRT 3ª Região – 2014) Nos exatos termos do art. 43, §§ 1º e 2º, da Lei 8.212/1991, com a redação dada pela da Lei 11.941/2009, é correto afirmar que o recolhimento das contribuições previdenciárias decorrentes de condenação pela Justiça do Trabalho se opera:

(A) Pelo regime de caixa, levando em conta a data do pagamento das parcelas da condenação.

(B) Pelo regime de competência, levando em conta a data da prestação de serviços.

(C) Por sistema modulado, ou seja, pelo regime de caixa até a data de vigência da lei supracitada e pelo regime de competência a partir de então.

(D) Por sistema modulado, ou seja, pelo regime de competência até a data de vigência da lei supracitada e pelo regime de caixa a partir de então.

(E) Pelo regime híbrido, observando-se o regime de competência quanto às contribuições referentes ao período de vigência do contrato de trabalho e o regime de caixa quanto às contribuições incidentes sobre as parcelas da condenação.

O § 3º do art. 43 da Lei 8.212/1991, que não está mencionado no enunciado, determina que a contribuição seja apurada mês a mês tendo como referência o período da prestação do serviço. O § 2º do mesmo dispositivo assevera que o fato gerador da contribuição é a data da prestação do serviço. Isso significa que os tributos decorrentes de sentença trabalhista serão recolhidos pelo **regime de competência**, ou seja, apura-se o valor devido com base nas regras vigentes no mês em que se prestou o serviço, ainda que tenham sido alteradas posteriormente.

Gabarito "B"

(CESPE – 2012) Maria de Fátima, empregada de confecção de roupas, após 15 anos de prestação de serviços ajuizou, em razão de acidente de trabalho de que fora vítima, dado que a empresa não adotou medidas legais de segurança no trabalho, ação judicial no juizado especial federal com o objetivo de reverter decisão do INSS que lhe negara a concessão de auxílio-doença por não ter ela cumprido o período de carência exigido para o benefício.

Considerando essa situação hipotética, assinale a opção correta à luz da legislação previdenciária.

(A) O pedido de benefício por Maria de Fátima não obedeceu a requisito fundamental estabelecido pela legislação previdenciária para a concessão do auxílio-doença, qual seja, a comprovação da qualidade de segurado; por essa razão, a ação deve ser extinta sem julgamento do mérito.

(B) Maria de Fátima deveria ter ajuizado sua ação perante a justiça do trabalho, dado que, na condição de responsável pela ocorrência do acidente de trabalho – pois não adotou as medidas legais de segurança e saúde no trabalho –, a empresa deve arcar com o pagamento do auxílio-doença.

(C) Apresenta-se correta a decisão do INSS, dado que o cumprimento de carência é requisito fundamental para que os segurados façam jus aos benefícios por incapacidade previstos no RGPS.

(D) O juizado especial federal não tem competência para processar e julgar a ação ajuizada por Maria de Fátima, visto que os litígios e medidas cautelares relativos a acidentes do trabalho são da competência da justiça estadual.

(E) A ação ajuizada por Maria de Fátima deverá ser extinta sem julgamento do mérito, uma vez que ela deveria ter esgotado o procedimento administrativo recorrendo contra a decisão do INSS junto ao Conselho de Recursos da Previdência Social.

Nos termos da Súmula 15 do STJ, compete à justiça estadual julgar os litígios decorrentes de acidentes do trabalho, de modo que a ação foi ajuizada por Maria de Fátima no foro inadequado e a alternativa "D" é a correta.

Gabarito "D"

(CESPE – 2010) Em relação às disposições constitucionais aplicáveis à previdência social, julgue o item a seguir.

(1) Compete à justiça federal processar e julgar questões pertinentes ao direito de família quando objetivem reivindicação de benefícios previdenciários.

1: incorreta, pois, conforme a Súmula 53 do TRF: "Compete à Justiça Estadual processar e julgar questões pertinentes ao direito de família, ainda que estas objetivem reivindicação de benefícios previdenciários". O entendimento é acolhido pela jurisprudência atual do STJ – ver EDcl AgRg REsp 803.264/PE-STJ.

Gabarito 1E

(CESPE – 2010) Em relação às disposições constitucionais aplicáveis à previdência social, julgue o item a seguir.

(1) Compete à justiça comum dos estados processar e julgar as ações acidentárias, as propostas, pelo segurado, contra o INSS, visando a benefício e aos serviços previdenciários correspondentes a acidente do trabalho.

1: assertiva correta, conforme a jurisprudência do STJ, que reconhece a competência da justiça estadual para as ações acidentárias típicas – ver AgRg no CC 107.796/SP.

Gabarito 1C

(CESPE – 2010) No que concerne à legislação acidentária, ao benefício de prestação continuada previsto na Lei de Organização da Assistência Social e jurisprudência dos tribunais superiores, julgue o item seguinte.

(1) A competência para julgar ações de indenização por danos morais e materiais decorrentes de acidente de trabalho propostas pelo trabalhador, após a edição da Emenda Constitucional 45/2004, é da justiça comum estadual.

1: incorreta, pois, nos termos da Súmula Vinculante 22/STF, a Justiça do Trabalho é competente para processar e julgar as ações de indenização por danos morais e patrimoniais decorrentes de acidente de trabalho propostas por empregado contra empregador, inclusive aquelas que ainda não possuíam sentença de mérito em primeiro grau quando da promulgação da Emenda Constitucional 45/2004.

Gabarito 1E

(CESPE – 2011) Assinale a opção correta acerca das ações previdenciárias.

(A) O cálculo da verba de honorários advocatícios nas ações previdenciárias incide apenas sobre as prestações vencidas até a prolação da sentença que julgar total ou parcialmente procedente o pedido, excluindo-se, assim, as vincendas.

(B) Compete à justiça federal da capital do estado processar e julgar os litígios decorrentes de acidente do trabalho envolvendo segurado residente em município que não seja sede de vara federal.

(C) O cômputo do prazo prescricional de um ano para o ajuizamento da ação, objetivando o recebimento de indenização securitária em favor do segurado, tem início a partir do requerimento em que se tenha pleiteado administrativamente a aposentadoria por invalidez.

(D) O MP não tem legitimidade para propor ação civil pública que veicule pretensões relativas a benefícios previdenciários.

(E) Compete à justiça federal julgar ação de complementação de aposentadoria em que se objetive a complementação de benefício previdenciário, caso o pedido e a causa de pedir decorram de pacto firmado com instituição de previdência privada.

A: correta, nos termos da Súmula 111 do STJ; **B:** incorreta. A competência para julgamento de ações acidentárias é da Justiça Estadual (STJ, CC 47.811/SP, *DJ* 27.04.2005); **C:** incorreta. O prazo prescricional de um ano nas lides oriundas de contratos de seguro são contadas da data do sinistro (art. 206, § 1º, II, *b*, do CC); **D:** incorreta. A legitimidade do MP foi atestada pelo STJ no REsp 1142630/PR, *DJ* 01.02.2011. Ver, no mesmo sentido, STF, AgRg no AI 516.419/PR, *DJ* 30.11.2010; **E:** incorreta. A competência, nesse caso, é da Justiça Estadual, conforme restou decidido pelo STJ no REsp 1281690/RS, *DJ* 26.09.2012.

Gabarito "A"

(CESPE – 2011) Assinale a opção correta a respeito de ações previdenciárias no juizado especial federal.

(A) O prévio requerimento administrativo de prorrogação de auxílio-doença é requisito para o ajuizamento de ação em que se pleiteie o restabelecimento do benefício previdenciário, importando sua ausência na extinção do processo sem resolução de mérito.

(B) A relativização do formalismo processual nas ações previdenciárias, que têm nítido caráter social, permite que o segurado interponha recurso perante o juizado especial federal sem estar representado por advogado.

(C) Em ação previdenciária no juizado especial federal, na qual o autor não seja beneficiário da justiça gratuita e haja necessidade de prova pericial médica, os honorários do perito nomeado pelo juiz serão antecipados à conta de verba orçamentária do respectivo tribunal.

(D) Os valores de benefício previdenciário recebidos pelo segurado em razão de antecipação de tutela que, por ocasião da sentença, tenha sido cassada por improcedência do pedido, são considerados indevidos e, por isso, devem ser restituídos.

(E) O MP federal deve intervir obrigatoriamente nas ações previdenciárias que envolvam interesse de menores incapazes ou de idosos, sob pena de nulidade da sentença proferida no juizado especial federal.

A: incorreta. Não se exige o prévio requerimento administrativo da prorrogação para o ajuizamento da ação (processo 2009.72.64.002377-9 da Turma Nacional de Unificação dos Juizados Especiais Federais); **B:** incorreta. Nos termos do art. 41, § 2º, da Lei 9.099/1995, aplicável por analogia aos Juizados Especiais Federais nos termos do art. 1º da Lei 10.259/2001, determina que a interposição de recursos nos Juizados deverá ser feita, obrigatoriamente, por advogado, ainda que esse não tenha patrocinado a causa em primeira instância; **C:** correta, nos termos do art. 12 da Lei 10.259/2001; **D:** incorreta. Os valores dos benefícios previdenciários são considerados verbas de natureza alimentar e, portanto, são irrepetíveis (processo 2007.72.51.001076-4 da Turma Nacional de Uniformização dos Juizados Especiais Federais); **E:** alternativa considerada incorreta pelo gabarito oficial, porém o tema é bastante controvertido na doutrina. A questão se baseia apenas na posição exarada pelo TRF da 1ª Região na AC 2008.01.99.056502-7/MG, *DJ* 08.07.2009, que afasta a necessidade de intervenção do Ministério Público por considerar que se trata de um interesse disponível. Outros autores, como Sérgio Neves Coelho, porém, defendem a obrigatoriedade da intervenção do *Parquet* como *custus legis*

Gabarito "C"

(Magistratura Federal-4ª Região – 2010) Há em tramitação no Judiciário brasileiro um número muito expressivo de ações de natureza previdenciária, o que deu origem a orientações seguras na jurisprudência acerca de várias questões. Dadas as assertivas, analisando-as à luz do entendimento jurisprudencial predominante no âmbito do Tribunal Regional Federal da 4ª Região e dos Tribunais Superiores, assinale a alternativa correta.

I. Subsiste no novo texto constitucional a opção do segurado para ajuizar ações contra a Previdência Social no foro estadual do seu domicílio ou no do Juízo Federal, devendo a ação, nesse último caso, ser ajuizada necessariamente perante o Juízo Federal do seu domicílio.

II. As parcelas devidas pelo INSS em ações previdenciárias devem ser acrescidas de correção monetária. Os juros, quando cabíveis, também devem ser acrescidos ao montante principal, incidentes a partir da data do ajuizamento da ação.

III. Os honorários advocatícios, nas ações previdenciárias, devem incidir somente sobre as parcelas vencidas até a data da sentença de procedência ou do acórdão que reforme a sentença de improcedência.

IV. A prova exclusivamente testemunhal não basta à comprovação da atividade rurícola, para efeito de obtenção de benefício previdenciário, mas admitem-se como início de prova material do efetivo exercício de atividade rural, em regime de economia familiar, documentos em nome de terceiros, membros do grupo parental.

V. Em matéria de direito intertemporal, a lei aplicável ao pleito de concessão de pensão previdenciária por morte é aquela vigente na data do óbito do segurado.

(A) Estão corretas apenas as assertivas I, III e IV.

(B) Estão corretas apenas as assertivas II, III e V.

(C) Estão corretas apenas as assertivas III, IV e V.

(D) Estão corretas apenas as assertivas I, III, IV e V.

(E) Estão corretas todas as assertivas.

I: incorreta, pois não há opção por parte do autor em qualquer hipótese. O ajuizamento na justiça estadual ocorre apenas se a comarca do domicílio do segurado não for sede de vara do juízo federal – art. 109, § 3º, da CF; **II:** incorreta, pois os juros moratórios são devidos a partir da citação válida, não do ajuizamento da ação (como consta da assertiva) – Súmula 204 do STJ; **III:** assertiva correta, conforme a Súmula 111 do STJ; **IV:** assertiva correta, conforme a jurisprudência do STJ – ver AgRg no REsp 1.100.187/MG e Súmula 149 do STJ; **V:** assertiva correta, pelo princípio do *tempus regit actum* – ver REsp 1.188.756/MG.

Gabarito "C"

(Magistratura Federal – 3ª Região – 2010) Assinale a alternativa correta:

(A) O prazo de decadência para que o segurado ou beneficiário exerça o direito de revisão do ato de concessão de benefício será contado do primeiro dia do mês seguinte ao do recebimento da primeira prestação, ou, quando for o caso, do dia que tomar conhecimento da decisão indeferitória definitiva no âmbito administrativo;

(B) Os prazos de decadência e prescrição serão de 5 (cinco) anos para a revisão de todo e qualquer direito previdenciário;

(C) O prazo de prescrição de toda e qualquer ação para haver prestações vencidas ou quaisquer restituições ou diferenças devidas pela Previdência Social será de 10 (dez) anos, salvo o direito dos menores, incapazes e ausentes, na forma do Código Civil;

(D) O direito de revisão e o de haver prestações vencidas ou restituições, ainda que dentro dos respectivos prazos, somente poderá ser exercido judicialmente após o indeferimento na via administrativa.

A: assertiva correta, pois descreve o termo inicial do prazo decadencial de 10 anos para todo e qualquer direito de ação do segurado ou beneficiado para a revisão do ato de concessão do benefício – art. 103 do PBPS; **B:** incorreta, conforme o comentário à alternativa "A"; **C:** incorreta, pois é de 5 anos o prazo prescricional para pleitear judicialmente prestações vencidas ou quaisquer restituições ou diferenças devidas pela Previdência, salvo o direito dos menores, incapazes e ausentes – art. 103, parágrafo único, do PBPS; **D:** incorreta, pois não se exige o esgotamento da via administrativa para que seja exercido o direito de ação.

Gabarito "A"

10. TEMAS COMBINADOS

(FMP – 2015) A Lei Orgânica da Assistência Social (Lei 8.742/1993) estabelece, entre outros, como princípio:

(A) a universalidade de participação nos planos previdenciários.

(B) a igualdade de direitos no acesso ao atendimento, sem discriminação de qualquer natureza, garantindo-se equivalência às populações urbanas e rurais.

(C) a uniformidade e equivalência dos benefícios e serviços às populações urbanas e rurais;

(D) a seletividade e distributividade na prestação dos benefícios.

(E) o caráter democrático e descentralizado da gestão administrativa, com a participação do governo e da comunidade.

Os princípios da assistência social estão previstos no art. 4º da Lei 8.742/1993: supremacia do atendimento às necessidades sociais sobre as exigências da rentabilidade econômica; universalização dos direitos sociais, a fim de tornar o destinatário da ação assistencial alcançável pelas demais políticas públicas; respeito à dignidade do cidadão, à sua autonomia e ao seu direito a benefícios e serviços de qualidade, bem como à convivência familiar e comunitária, vedando-se qualquer comprovação vexatória de necessidade; igualdade de direitos no acesso ao atendimento, sem discriminação de qualquer natureza, garantindo-se equivalência às populações urbanas e rurais; e divulgação ampla dos benefícios, serviços, programas e projetos assistenciais, bem como dos recursos oferecidos pelo Poder Público e dos critérios para sua concessão. Correta, portanto, a alternativa "B". As demais referem-se a princípios e objetivos da **previdência social**, e não da **assistência social**.

Gabarito "B".

(FCC – 2014) As ações e serviços públicos de saúde constituem um sistema único, organizado de acordo com diretrizes determinadas. Dentre elas, está

(A) o caráter contributivo e de filiação obrigatória.
(B) a promoção da integração ao mercado de trabalho.
(C) a centralização, com direção única no Governo Federal.
(D) a observância de critérios que preservem o equilíbrio financeiro e atuarial.
(E) o atendimento integral, com prioridade para as atividades preventivas.

A: incorreta. Essas são características da Previdência Social (art. 201 da CF); **B:** incorreta. É diretriz da Assistência Social (art. 203, III, da CF); **C:** incorreta. O Sistema Único de Saúde é descentralizado, com direção única em cada esfera de governo (art. 198, I, da CF); **D:** incorreta. É diretriz da Previdência Social (art. 201 da CF); **E:** correta, nos termos do art. 198, II, da CF.

Gabarito "E".

(FCC – 2014) Terá direito ao recebimento de um salário mínimo mensal, conforme dispuser a lei,

(A) a pessoa com deficiência e o idoso que comprovem não possuir meios de prover à própria manutenção ou de tê-la provida por sua família, desde que contribuam à seguridade social.
(B) a pessoa com deficiência e o idoso que comprovem não possuir meios de prover à própria manutenção ou de tê-la provida por sua família, independentemente de contribuição à seguridade social.
(C) apenas a pessoa com deficiência, que comprove não possuir meios de prover à própria manutenção ou de tê-la provida por sua família, desde que contribua à seguridade social.
(D) apenas o idoso, que comprove não possuir meios de prover à própria manutenção ou de tê-la provida por sua família, desde que contribua à seguridade social.
(E) apenas a pessoa com deficiência, que comprove não possuir meios de prover à própria manutenção, mesmo que sua família possa provê-la, independentemente de contribuição à seguridade social.

A questão trata do chamado "benefício de prestação continuada", ou BPC, previsto no art. 20 da Lei 8.742/1993 (Lei Orgânica da Assistência Social). Ele é garantido à pessoa com deficiência ou idoso com mais de 65 anos que não tenha condições de prover a própria subsistência ou de tê-la provida por sua família, independentemente de contribuições à seguridade social (porque se trata de benefício da **assistência e não da previdência social**). Considera-se incapaz de prover a própria subsistência a pessoa cuja renda mensal familiar *per capita* seja inferior a um quarto do salário mínimo.

Gabarito "B".

(CESPE – 2013) Julgue os itens a seguir, relativos a seguridade social e a acidente do trabalho.

(1) Entre os objetivos em que se baseia a organização da seguridade social no Brasil inclui-se o caráter democrático e descentralizado da administração, mediante gestão tripartite, com participação dos trabalhadores, dos empregadores e do governo nos órgãos colegiados.
(2) De acordo com a Lei 8.213/1991, que dispõe sobre os planos de benefícios da previdência social, equipara-se ao acidente do trabalho o acidente sofrido pelo segurado do RGPS no local e no horário do trabalho, em consequência de ato de agressão praticado por terceiro.
(3) Caso um segurado do RGPS, conduzindo veículo de sua propriedade, sofra acidente de trânsito ao deslocar-se de sua residência para seu local de trabalho, esse acidente não se equiparará a acidente do trabalho.
(4) Nos termos da CF, a seguridade social compreende um conjunto integrado de ações de iniciativa dos poderes públicos e da sociedade destinadas a assegurar, exclusivamente, os direitos relativos a previdência e a assistência social.

1: incorreta. A gestão será **quadripartite**. A assertiva deixou de mencionar a participação dos aposentados (art. 194, parágrafo único, VII, da CF); **2:** correta, nos termos do art. 21, II, "a", da Lei 8.213/1991; **3:** incorreta. Tal acidente equipara-se ao do trabalho por força do art. 21, IV, "d", da Lei 8.213/1991; **4:** incorreta. Faltou mencionar a saúde (art. 194 da CF).

Gabarito 1E, 2C, 3E, 4E

(TRT 2ª Região – 2014) Quanto ao seguro desemprego, aponte a alternativa **correta**:

(A) Tem por objetivos a assistência temporária do trabalhador desempregado, a qualificação profissional e a preservação do emprego.
(B) O trabalhador comprovadamente resgatado de regime forçado ou da condição análoga à escravidão terá direito a 6 (seis) parcelas de seguro-desemprego, no valor de 1 (um) salário mínimo, sendo vedado o recebimento do mesmo benefício, em situação similar, nos 12 (doze) meses seguintes à percepção da última parcela.
(C) O Fundo de Amparo ao Trabalhador (FAT) é destinado ao custeio do seguro desemprego, do abono salarial e de programas de qualificação profissional, sendo gerido por Conselho Deliberativo composto por membros indicados pelos Ministérios do Trabalho e Emprego, Previdência Social e Desenvolvimento Social e Combate à Fome.
(D) É assegurado o recebimento de abono salarial ao trabalhador que receba até 2 (dois) salários mínimos médios de remuneração mensal e que tenham exercido atividade remunerada no período mínimo de 3 (três) meses no ano base de empregador que contribua para o Programa de Integração Social (PIS).
(E) O trabalhador empregado poderá receber bolsa de qualificação profissional, desde que tenha o contrato suspenso para participação em curso previsto em Acordo ou Convenção Coletiva com essa finalidade.

A: incorreta. Nos termos do art. 2º da Lei 7.998/1990, o seguro-desemprego tem por finalidade: I – prover assistência financeira temporária ao trabalhador desempregado em virtude de dispensa sem justa causa, inclusive a indireta, e ao trabalhador comprovadamente resgatado de regime de trabalho forçado ou da condição análoga à de escravo; e II – auxiliar os trabalhadores na busca ou preservação do emprego, promovendo, para tanto, ações integradas de orientação, recolocação e qualificação profissional; **B:** incorreta. O trabalhador resgatado dessas condições tem direito a **três** parcelas do seguro-desemprego (art. 2º-C da Lei 7.998/1990); **C:** incorreta. Além de contar com representantes dos trabalhadores e empregadores, o CODEFAT é composto por representantes dos Ministérios do Trabalho, Fazenda, Previdência Social, Agricultura, Desenvolvimento Agrário e do BNDES (art. 1º do Decreto 6.827/2009); **D:** incorreta. O abono salarial é garantido àqueles que exerceram atividade remunerada por pelo menos **30 dias** no ano-base (art. 9º, I, da Lei 7.998/1990); **E:** correta, nos termos do art. 2º-A, da Lei 7.998/1990.

Gabarito "E".

(CESPE – 2010) Acerca dos institutos de direito previdenciário e da jurisprudência relacionada ao tema, assinale a opção correta.

(A) Ao indivíduo que tenha sofrido acidente de trabalho e implementado todos os requisitos necessários à concessão de aposentadoria por invalidez, mas que não possua salários de contribuição no período básico de cálculo, será concedida aposentadoria por invalidez com renda mensal no valor de um salário mínimo.
(B) Antes do Decreto Legislativo n. 4.682, de 24.01.1923, conhecido como Lei Eloy Chaves, não existia nenhuma legislação em matéria previdenciária no Brasil. Por esse motivo, o dia 24 de janeiro é considerado oficialmente o dia da previdência social.
(C) O trabalhador rural, na condição de segurado especial, está sujeito à contribuição obrigatória sobre a produção rural comercializada, que lhe garante, entre outros benefícios, aposentadoria por invalidez, aposentadoria por idade e aposentadoria por tempo de contribuição.

(D) A partir da Lei n. 10.839/2004, que deu nova redação ao art. 103 da Lei n. 8.213/1991, prescreve em dez anos, a contar da data em que deveria ter sido paga, toda e qualquer ação para haver prestações vencidas ou quaisquer restituições ou diferenças devidas pela previdência social.

(E) É vedada a filiação ao RGPS, na qualidade de segurado obrigatório, de pessoa participante de regime próprio de previdência, ainda que servidor ocupante exclusivamente de cargo em comissão declarado em lei de livre nomeação e exoneração.

A: correta, nos termos do art. 29, § 5º, do PBPS; **B:** incorreta. A Lei Eloy Chaves é realmente considerada o marco inicial da Previdência Social no Brasil, porém, não é correto dizer que antes dela não havia qualquer legislação sobre o tema. Cite-se, por exemplo, a criação do montepio geral dos servidores do Estado e a Lei 3.397/1888, que criou uma "Caixa de Socorro" para os trabalhadores de cada uma das empresas ferroviárias estatais; **C:** incorreta. O segurado especial não faz jus à aposentadoria por tempo de contribuição, exceto se contribuir no montante previsto para os contribuintes individuais (art. 60, § 4º, e 200, § 2º, do RPS); **D:** incorreta. O prazo prescricional em comento é de 05 anos (art. 103, parágrafo único, do PBPS); **E:** incorreta. É vedada a filiação como segurado **facultativo** de pessoa participante de regime próprio de previdência (art. 201, § 5º, da CF).

Gabarito "A"

(CESPE – 2012) Acerca do RGPS, assinale a opção correta.

(A) O valor do salário de benefício não pode exceder em cinco vezes o limite máximo estabelecido para o salário de contribuição na data de concessão do benefício.

(B) Considera-se beneficiário do RGPS, na condição de dependente do segurado, irmão com menos de vinte e um anos de idade, ainda que emancipado.

(C) Compete ao dependente promover sua inscrição na previdência social quando do requerimento do benefício a que estiver habilitado.

(D) Constitui infração administrativa o não cumprimento, pela empresa, das normas de segurança e higiene do trabalho.

(E) A doença degenerativa e a inerente a grupo etário, desde que produzam incapacidade laborativa, são consideradas doenças do trabalho.

A: incorreta, pois nenhum benefício reajustado poderá exceder o limite máximo do salário de benefício na data do reajustamento, respeitados os direitos adquiridos – art. 41-A, § 1º, do Plano de Benefícios da Previdência Social – PBPS (Lei 8.213/1991); **B:** incorreta, pois apenas o irmão não emancipado menor de 21 anos ou inválido ou que tenha deficiência intelectual ou mental ou deficiência grave é considerado segurado – arts. 16, III, e 77, § 2º, II, do PBPS; **C:** correta, pois reflete o disposto no art. 17, § 1º, do PBPS; **D:** incorreta, pois o art. 19, § 2º, do PBPS refere-se a contravenção penal; **E:** incorreta, pois não são consideradas doenças do trabalho, excluídas expressamente pelo art. 20, § 1º, a e b, do PBPS.

Gabarito "C"

(CESPE – 2012) A respeito do direito previdenciário, assinale a opção correta.

(A) Segundo entendimento do STF, com o fim da paridade entre ativos e inativos, quaisquer vantagens pecuniárias decorrentes de reposicionamento de servidores ativos na carreira não mais se estendem aos inativos.

(B) Para efeito dos benefícios previstos no RGPS ou no serviço público, é assegurada a contagem recíproca do tempo de contribuição na atividade privada, rural e urbana, e do tempo de contribuição ou de serviço na administração pública; entretanto, os diferentes sistemas de previdência social não se compensarão financeiramente.

(C) Nos termos da legislação vigente, caso a soma do tempo de serviço da trabalhadora segurada na previdência social ultrapasse trinta anos e a do trabalhador segurado, trinta e cinco anos, o excesso poderá ser considerado para todos os efeitos legais.

(D) O constituinte derivado vedou, por meio de emenda constitucional, todas as exceções anteriormente previstas para a percepção de mais de uma aposentadoria à conta do regime público de previdência social.

(E) Com a instituição do novo regime de previdência complementar dos servidores públicos federais titulares de cargo efetivo, instituído pela Lei 12.618/2012, o servidor público que ingressou no serviço público em data anterior à vigência do referido normativo, terá o prazo de doze meses para optar pelo novo regime de previdência, e poderá realizar eventual retratação no prazo de cinco anos.

A: correta, pois essa é a jurisprudência do STF – ver AI 796.527 AgR/RJ; **B:** incorreta, pois há compensação financeira na contagem recíproca – art. 201, § 9º, da CF; **C:** incorreta, pois o excesso não será considerado para qualquer efeito – art. 98 do PBPS (Lei 8.213/1991); **D:** incorreta, pois é possível a cumulação inclusive no regime próprio dos servidores, excepcionalmente, desde que aposentadorias decorrentes de cargos acumuláveis na forma da Constituição – art. 40, § 6º, da CF; **E:** incorreta, pois o prazo para a opção é de 24 meses, sendo irrevogável e irretratável – art. 3º, §§ 7º e 8º, da Lei 12.618/2012.

Gabarito "A"

(CESPE – 2010) Em relação às disposições constitucionais aplicáveis à previdência social, julgue o item a seguir.

(1) O julgamento pela ilegalidade do pagamento de benefício previdenciário previsto na legislação não implica a obrigatoriedade da devolução das importâncias recebidas, de boa-fé, pelo segurado.

1: assertiva correta, conforme a jurisprudência do STJ – ver AgRg Ag 1.421.204/RN.

Gabarito 1C

(CESPE – 2013) Acerca de institutos diversos de direito previdenciário, julgue o item subsequente.

(1) Nas hipóteses em que o ilícito administrativo praticado por servidor, nessa condição, dê ensejo à cassação de aposentadoria e também seja capitulado como crime, a prescrição da pretensão punitiva da administração terá como baliza temporal a pena em concreto, aplicada no âmbito criminal, devendo ser observados os prazos prescricionais do CP.

1: correta, nos termos do art. 142, § 2º, da Lei 8.112/1990– ver também RMS 32.285/RS do STJ.

Gabarito 1C

(Procurador do Estado/GO – 2010) De acordo com a legislação que dispõe sobre o Regime Geral de Previdência Social, é CORRETO afirmar:

(A) São segurados obrigatórios os titulares de mandato eletivo, desde que não filiados a regime de previdência complementar.

(B) A morte do último pensionista preferencial não traz direito à concessão de pensão aos dependentes excluídos na data do óbito.

(C) A previdência social será prestada a quem dela necessitar, independentemente de contribuições, em razão do princípio da universalidade de participação nos planos previdenciários.

(D) Os pais, desde que maiores de 65 anos e quando designados, terão direito à pensão por óbito do segurado, devendo o benefício ser rateado entre todos os beneficiários em partes iguais.

(E) O servidor civil, vinculado a Regime Próprio de Previdência Social, que venha a exercer, concomitantemente, atividade abrangida pelo Regime Geral de Previdência Social, é segurado facultativo deste último, em razão da complementaridade dos regimes citados.

A: incorreta. Os ocupantes de mandato eletivo são segurados obrigatórios na qualidade de empregados, desde que não sejam filiados a regime próprio de previdência, ou seja, não sejam servidores públicos efetivos (art. 12, I, "j", da Lei 8.212/1991 – PCSS); **B:** correta, nos termos dos arts. 16, § 1º, e 77, § 3º, da Lei 8.213/1991 – PBPS; **C:** incorreta. A previdência social é essencialmente contributiva, sendo acessível somente àqueles que para ela contribuírem (art. 201 da CF); **D:** incorreta. Os pais são dependentes de 2ª classe do segurado independentemente de sua idade, desde que comprovem a dependência econômica, e somente terão direito aos benefícios na ausência de dependentes preferenciais; **E:** incorreta. Quem exerce atividade remunerada abrangida pelo RGPS é segurado obrigatório deste último. No caso citado, o contribuinte será enquadrado como contribuinte individual. Além disso, é expressamente vedada a inscrição como segurado facultativo de pessoa participante de regime próprio de previdência (art. 201, § 5º, da CF).

Gabarito "B"

(CESPE – 2011) Em relação ao denominado período de graça e à comprovação de tempo de serviço/contribuição no âmbito do RGPS, assinale a opção correta.

(A) Mantém a qualidade de segurado, independentemente de contribuições, até doze meses após o licenciamento, o indivíduo incorporado às Forças Armadas para prestar serviço militar.

(B) Para fins de reconhecimento de tempo de serviço, a sentença trabalhista será admitida como início de prova material quando corroborada pelo conjunto fático-probatório dos autos, ainda que o INSS não tenha integrado a lide.

(C) Para fazer jus às vantagens garantidas em lei pelo período de graça, o segurado deve comprovar sua situação de desemprego por meio de registro em órgão do Ministério do Trabalho e Emprego.

(D) É incabível ação declaratória para o mero reconhecimento de tempo de serviço para fins previdenciários.

(E) A comprovação do tempo de serviço mediante justificação administrativa só produz efeito quando embasada em início de prova material; não se admite prova exclusivamente testemunhal, mesmo na hipótese de força maior ou caso fortuito.

A: incorreta. Nesse caso, o período de graça é de 03 meses (art. 15, V, do PBPS); **B:** correta, conforme decidido pelo STJ no AgRg no Ag 1.382.384/SP, *DJ* 19.05.2011; **C:** incorreta. O período de graça é garantido ao segurado independentemente de qualquer formalidade. O PBPS faculta, em seu art. 15, § 2º, que o trabalhador desempregado informe sua condição ao MTE para, com isso, aumentar em 12 meses seu período de graça; **D:** incorreta. A Súmula 242 do STJ afirma o cabimento da ação; **E:** incorreta. O caso fortuito e a força maior excepcionam a regra, autorizando a prova exclusivamente testemunhal (art. 55, § 3º, do PBPS).

Gabarito "B"

(CESPE – 2011) Assinale a opção correta, a respeito do RGPS.

(A) Suponha que Mário seja titular de aposentadoria concedida em 20.11.1996. Nesse caso, não há prazo para o INSS revisar de ofício a renda mensal inicial do mencionado benefício, o que pode ser feito a qualquer tempo, desde que observado o prévio contraditório.

(B) A comprovação do tempo de serviço para obtenção de benefício previdenciário exige início de prova material, sendo assim considerada a declaração prestada pelo ex-empregador, quando contemporânea aos fatos alegados.

(C) Considere que João, carregador de bagagem em porto, preste, sem vínculo empregatício, serviços a diversas empresas por intermédio do sindicato da categoria. Nessa situação, João é segurado obrigatório na condição de contribuinte individual.

(D) A dependência econômica dos pais em relação aos filhos não é presumida e deve ser comprovada com início de prova material, não sendo admitida a prova exclusivamente testemunhal, salvo na ocorrência de força maior ou caso fortuito.

(E) Conforme jurisprudência do STF, a majoração do limite máximo do valor dos benefícios previdenciários (também conhecido como teto) efetivada por emenda constitucional não tem aplicação retroativa aos benefícios concedidos com limite no teto anterior.

A: incorreta. O prazo decadencial para o INSS revisar atos de concessão de benefícios é de 10 anos, contados a partir da prática do ato, nos termos do art. 103-A do PBPS; **B:** correta, nos termos da decisão proferida pelo STJ na AR 1.808/SP, *DJ* 24.04.2006; **C:** incorreta. João, pela sua atividade, enquadra-se como trabalhador avulso (art. 9º, VI, *g*, do RPS); **D:** incorreta. No caso de comprovação de dependência econômica, em hipótese alguma é admitida a prova exclusivamente testemunhal (art. 143 do RPS); **E:** incorreta. O STF, no julgamento do RE 564.354/SE, *DJ* 08.09.2010, entendeu pela possibilidade de revisão dos benefícios previdenciários concedidos anteriormente a Emenda Constitucional que altera seu limite máximo.

Gabarito "B"

(CESPE – 2011) Assinale a opção correta no que se refere a benefícios do RGPS e contribuições sociais.

(A) O adicional noturno e o referente à prestação de horas extras pagos habitualmente pelo empregador ao empregado têm natureza indenizatória e, por isso, não sofrem incidência de contribuição previdenciária.

(B) Consoante jurisprudência do STF, compete à justiça estadual processar e julgar as ações em que se pleiteie a acumulação de aposentadoria por tempo de contribuição com auxílio-acidente decorrente de acidente de trabalho.

(C) Consoante jurisprudência do STJ, compete à justiça federal processar e julgar as ações em que se pleiteie pensão por morte decorrente de falecimento do segurado em razão de acidente de trabalho.

(D) A renda mensal referente a auxílio-acidente concedido em virtude de moléstia surgida em 2005 não integra o salário de contribuição para efeito de cálculo do salário de benefício da aposentadoria por idade requerida em 2011.

(E) Incide contribuição previdenciária sobre a remuneração paga pelo empregador ao empregado durante os primeiros quinze dias de afastamento em virtude de incapacidade para o trabalho.

A: incorreta. Tais verbas integram o salário de contribuição, porque são consideradas como remuneração (art. 28 do PBPS); **B:** incorreta. O STF, nessa hipótese, reconhece a competência da Justiça Federal para julgar o feito (RE 461.005/SP, *DJ* 08.04.2008); **C:** correta. Essa posição consolidada do STJ pode ser encontrada, por exemplo, no AgRg no CC 113.675/SP, *DJ* 12.12.2012; **D:** incorreta. O art. 31 do PBPS determina que o auxílio-acidente integra o cálculo do salário de benefício de qualquer aposentadoria; **E:** incorreta. A jurisprudência do STJ afasta a incidência da contribuição previdenciária nessa hipótese, sob o fundamento de que a verba não tem natureza salarial (REsp 786.250/RS, *DJ* 06.03.2006).

Gabarito "C"

(CESPE – 2011) Acerca dos regimes especiais, assinale a opção correta.

(A) A reparação econômica em prestação mensal, devida ao anistiado político no valor igual ao da remuneração que receberia se estivesse na ativa, não é isenta de contribuição previdenciária nem pode ser acumulada com outros benefícios de natureza previdenciária.

(B) Somente o ferroviário admitido na Rede Ferroviária Federal S.A. pelo regime estatutário e que não tenha feito a opção pelo regime celetista tem direito à complementação de aposentadoria para equiparar os proventos da inatividade com a remuneração que receberia se em atividade estivesse.

(C) A pensão especial aos portadores da síndrome da talidomida, cujo valor é calculado com base nos pontos indicadores da natureza e no grau da dependência resultante da deformidade física, não pode ser reduzida em razão da aquisição de capacidade laborativa ocorrida após a sua concessão.

(D) O direito de reversão da pensão de ex-combatente da Segunda Guerra Mundial para a filha mulher, em razão do falecimento da própria mãe, que recebia a pensão especial, é regulado pelas normas em vigor na data do óbito da genitora.

(E) Os seringueiros que contribuíram na produção da borracha durante a Segunda Guerra Mundial, conhecidos como "soldados da borracha", têm direito à pensão mensal vitalícia no valor de dois salários-mínimos, intransferível aos dependentes.

A: incorreta. A reparação econômica do anistiado político é isenta de contribuição ao INSS e não há qualquer vedação à sua cumulação com qualquer benefício previdenciário (art. 9º da Lei 10.559/2002); **B:** incorreta. A complementação é devida também aos ferroviários que optaram pelo regime celetista (art. 3º da Lei 8.186/1991); **C:** correta, nos termos dos arts. 1º, § 1º, e 3º, § 1º, da Lei 7.070/1982; **D:** incorreta. É vedada a transferência da pensão especial de um dependente para outro (art. 14, parágrafo único, da Lei 8.059/1990); **E:** incorreta. O benefício é transferível aos dependentes reconhecidamente carentes (art. 54, § 2º, do Ato das Disposições Constitucionais Transitórias).

Gabarito "C"

(Magistratura Federal-5ª Região – 2011) A respeito da saúde, da assistência social, da manutenção e da perda da qualidade de segurado da previdência social, assinale a opção correta.

(A) De acordo com a jurisprudência do STJ, no que se refere à tarifação legal de provas, o registro no Ministério do Trabalho e Emprego deve servir como o único meio de prova da condição de desempregado do segurado, o que representa exceção à prevalência do livre convencimento motivado do juiz.

(B) O trabalhador que, em razão de estar incapacitado para o trabalho, deixar de contribuir para a previdência social por mais de doze meses consecutivos perderá a qualidade de segurado, pois incapacidade não é hipótese legalmente prevista para a manutenção da qualidade de segurado do trabalhador que deixe de exercer atividade remunerada.

(C) Em razão da essencialidade do direito à saúde, o Estado não pode afastar-se do mandato, juridicamente vinculante, que lhe foi outorgado pela CF, embora as opções do poder público, tratando-se de proteção à saúde, possam ser exercidas com apoio em juízo de conveniência ou de oportunidade, razão pela qual é indevida a intromissão do Poder Judiciário quando atue positivamente para garantir direito dessa natureza.

(D) Segundo a jurisprudência consolidada do STJ, a substituição de um medicamento por outro para tratar a mesma doença constituirá novo pedido, já que o objeto imediato será alterado, devendo a parte ajuizar nova medida caso necessite de novos medicamentos no curso da ação judicial inicialmente promovida para o fornecimento de fármaco que se tenha revelado ineficaz.

(E) As ações governamentais na área da assistência social caracterizam-se pela descentralização político-administrativa, cabendo a coordenação e a edição de normas gerais à esfera federal e a coordenação e a execução dos respectivos programas às esferas estadual e municipal bem como a entidades beneficentes e de assistência social.

A: incorreta, pois o STJ admite outros meios de prova, para demonstração da situação de desemprego – ver AgRg no AREsp 23.439/PR; **B:** incorreta, pois a incapacidade para o trabalho dá ensejo ao auxílio-doença (art. 59 do PBPS), sendo que, durante a percepção do benefício, fica mantida a condição de segurado, ainda que sem recolhimento de contribuições – art. 15, I, do PBPS; **C:** incorreta à luz da jurisprudência pacífica, que admite o acesso ao judiciário para que o cidadão tenha garantido o fornecimento de medicamentos ou serviços de saúde, por exemplo; **D:** incorreta, pois a alteração do medicamento utilizado pelo autor e indicado na petição inicial, durante o curso do tratamento médico, não prejudica a ação judicial, pois não implica modificação do pedido – art. 264 do CPC, ver AgRg no REsp 1.222.387/RS; **E:** essa é a assertiva correta, pois reflete o disposto no art. 11 da Lei Orgânica da Assistência Social – LOAS (Lei 8.742/1993).

Gabarito "E"

(Magistratura Federal-5ª Região – 2011) Em relação aos institutos de direito previdenciário, assinale a opção correta.

(A) Não há inconstitucionalidade formal ou material em lei ordinária que vincule a simples condição de sócio à obrigação de responder solidariamente pelos débitos da sociedade limitada perante a seguridade social, visto que tal matéria não se inclui entre as normas gerais de direito tributário; além disso, unificar os patrimônios das pessoas jurídica e física, nesse caso, não compromete a garantia constitucional da livre-iniciativa.

(B) A justiça comum estadual não tem competência para processar e julgar ação de justificação judicial para habilitação de benefício previdenciário, mesmo na hipótese de o domicílio do justificante não ser sede de vara federal, uma vez que se trata de competência indelegável dos juízes federais.

(C) É possível a aplicação imediata de novo teto previdenciário fixado por emenda constitucional aos benefícios pagos com base em limitador anterior, considerados os salários de contribuição utilizados para os cálculos iniciais, pois não se trata de majoração do valor do benefício sem a correspondente fonte de custeio, mas apenas da declaração do direito de o segurado ter a sua renda mensal de benefício calculada com base em limitador mais alto.

(D) de dez contribuições mensais o período de carência exigido para a concessão de salário-maternidade à empregada doméstica; à segurada da previdência social que adotar criança até um ano de idade será devido esse benefício por cento e vinte dias, àquela que adotar criança com idade entre um e quatro anos, por sessenta dias, e àquela que adotar criança com idade entre quatro a oito anos, por trinta dias.

(E) No que se refere à concessão de benefícios, a legislação previdenciária deve ser interpretada de forma restrita, razão pela qual não é possível o reconhecimento do exercício de atividade especial em data anterior à legislação que a teria incluído no mundo jurídico, o que representaria a possibilidade de aplicação retroativa de lei nova, em violação ao princípio *tempus regit actum*.

A: incorreta. O STF reconheceu que não se pode "criar novos casos de responsabilidade tributária sem a observância dos requisitos exigidos pelo art. 128 do CTN, tampouco a desconsiderar as regras matrizes de responsabilidade de terceiros estabelecidas em caráter geral pelos arts. 134 e 135 do mesmo diploma" – RE 562.276/PR. Com isso, a Suprema Corte declarou a inconstitucionalidade do art. 13 da Lei 8.620/1993, que previa responsabilidade solidária dos sócios pelos débitos previdenciários da sociedade limitada por conta do simples inadimplemento (sem que houvesse violação da lei ou dos estatutos sociais, conforme previsto no art. 135 do CTN); **B:** incorreta, pois o ajuizamento de demanda previdenciária pode se dar na justiça estadual, caso a comarca do domicílio do segurado não seja sede de vara do juízo federal – art. 109, § 3º, da CF; **C:** essa é a assertiva correta, pois o STF decidiu que "Não ofende o ato jurídico perfeito a aplicação imediata do art. 14 da Emenda Constitucional 20/1998 e do art. 5º da Emenda Constitucional 41/2003 aos benefícios previdenciários limitados a teto do regime geral de previdência estabelecido antes da vigência dessas normas, de modo a que passem a observar o novo teto constitucional" Repercussão Geral no RE 564.354/SE; **D:** incorreta, pois não há carência no caso de salário-maternidade para seguradas empregada, trabalhadora avulsa e empregada doméstica – art. 26, VI, do PBPS. No mais, quanto ao benefício em caso de adoção, a assertiva é correta – art. 71-A do PBPS; **E:** incorreta, pois o STJ tem jurisprudência pacífica pelo reconhecimento de atividade especial anterior à Lei 3.807/1960, para fins de concessão de aposentadoria – ver AgRg no REsp 1.008.380/RS.

Gabarito "C"

(TRT 14ª Região – 2011) Conforme previsão expressa constante da Lei Específica podem ser descontados dos benefícios previdenciários as seguintes parcelas, exceto:

(A) pagamento de benefício além do devido.

(B) contribuições devidas pelo segurado à Previdência Social.

(C) imposto de renda retido na fonte.

(D) mensalidades de associações e demais entidades de aposentados legalmente reconhecidas, desde que autorizadas por seus filiados.

(E) pagamento de empréstimos, financiamentos e operações de arrendamento mercantil concedidos por instituições financeiras e sociedades de arrendamento mercantil, públicas e privadas, quando expressamente autorizado pelo beneficiário, até o limite de quarenta por cento do valor do benefício.

As hipóteses permissivas de desconto do valor do benefício previdenciário estão relacionadas no art. 115 da Lei 8.213/1991. As hipóteses contidas no dispositivo legal são reproduzidas nas alternativas "A", "B", "C", e "D". A assertiva contida na letra "E" traz complemento não previsto na norma "até o limite de quarenta por cento do valor do benefício", dessa maneira, incorreta, devendo ser assinalada.

Gabarito "E"

(TRT 14ª Região – 2011) O tempo de contribuição ou de serviço para efeito da contagem recíproca do tempo de serviço será contado de acordo com a legislação pertinente, observadas as normas seguintes, exceto:

(A) não será admitida a contagem em dobro ou em outras condições especiais.

(B) não é vedada a contagem de tempo de serviço público com o de atividade privada, ainda que concomitantes.

(C) não será contado por um sistema o tempo de serviço utilizado para concessão de aposentadoria pelo outro.

(D) quando a soma dos tempos de serviço ultrapassar 30 (trinta) anos, se do sexo feminino, e 35 (trinta e cinco) anos, se do sexo masculino, o excesso não será considerado para qualquer efeito.

(E) o tempo de serviço anterior ou posterior à obrigatoriedade de filiação à Previdência Social só será contado mediante indenização da contribuição correspondente ao período respectivo, com acréscimo de juros moratórios de zero vírgula cinco por cento ao mês, capitalizados anualmente, e multa de dez por cento.

A: Correta, de acordo com o art. 96 da Lei 8.213/1991; **B:** Incorreta (a ser assinalada), não é admitida pela Lei 8.213/1991, art. 96, a contagem recíproca de tempo concomitante; **C:** Correta, em conformidade com o art. 96 da Lei 8.213/1991; **D:** Correta, trata-se de reprodução do art. 98 da Lei 8.213/1991; **E:** Correta, assertiva em conformidade com o art. 55, § 1º, da Lei 8.213/1991 combinado com o art. 45-A da Lei 8.212/1991 (juros e multa);

Gabarito "B"

(TRT 14ª Região – 2011) Segundo a Lei 8.213/1991, a habilitação e a reabilitação profissional e social deverão proporcionar ao beneficiário incapacitado parcial ou totalmente para o trabalho, e às pessoas portadoras de deficiência, os meios para a (re)educação e de (re) adaptação profissional e social indicados para participar do mercado de trabalho e do contexto em que vive. A reabilitação profissional compreende os seguintes fatores, salvo:

(A) fornecimento de aparelho de prótese, Órtese e instrumentos de auxílio para locomoção quando a perda ou redução da capacidade funcional puder ser atenuada por seu uso e dos equipamentos necessários à habilitação e reabilitação social e profissional.
(B) o transporte do acidentado do trabalho, quando necessário.
(C) fornecimento de aparelho de prótese, Órtese e instrumentos de auxílio para locomoção, independentemente do fato da perda ou redução da capacidade funcional poderem ser atenuadas por seu uso.
(D) a reparação ou a substituição dos aparelhos de prótese, Órtese e instrumentos de auxilio para locomoção, desgastados pelo uso normal ou por ocorrência estranha à vontade do beneficiário.
(E) será concedido, no caso de habilitação e reabilitação profissional, auxilio para tratamento ou exame fora do domicílio do beneficiário, conforme dispuser o Regulamento.

Do art. 89 da Lei 8.213/1991 estão arroladas as medidas cabíveis a título de reabilitação profissional e dentre elas observa-se que a letra "C" destoa da ordem contida no preceito legal, estando, portanto, incorreta, devendo ser assinalada.

Gabarito "C"

(TRT 16ª Região – 2011) São atribuições do Conselho Nacional de Previdência Social-CNPS, EXCETO:

(A) Estabelecer diretrizes gerais e apreciar as decisões de políticas aplicáveis à Previdência Social.
(B) Participar, acompanhar e avaliar sistematicamente a gestão previdenciária.
(C) Elaborar e aprovar seu orçamento anual.
(D) Acompanhar e apreciar, através de relatórios gerenciais por ele definidos, a execução dos planos, programas e orçamentos no âmbito da Previdência Social.
(E) Apreciar a prestação de contas anual a ser remetida ao Tribunal de Contas da União, podendo, se for necessário, contratar auditoria externa.

As atribuições do CNPS estão relacionadas no art. 4º da Lei 8.213/1991, e dentre elas não se incluem elaboração e aprovação do seu orçamento anual. Desse modo, a alternativa incorreta, e que deve ser assinalada, é a letra "C".

Gabarito "C"

(TRT 15ª Região – 2010) É entendimento pacificado nos Tribunais Superiores e/ou no Supremo Tribunal Federal que:

(A) a contribuição previdenciária não incide sobre o abono incorporado ao salário;
(B) é inconstitucional o art. 118 da Lei 8.213/1991;
(C) para efeito da aposentadoria especial de professores, computa-se também o tempo de serviço prestado fora da sala de aula;
(D) é devida a pensão por morte aos dependentes do segurado que, apesar de ter perdido essa qualidade, preencheu os requisitos legais para a obtenção de aposentadoria até a data de seu óbito;
(E) nenhuma das anteriores.

A: Incorreta, viola o texto da Súmula 241 do STF; **B:** Incorreta, o art. 118 foi declarado constitucional pelo STF (Adin 639) e pelo TST (Sumula 378); **C:** Incorreta, o examinador alterou o teor da Súmula 726 do STF, que assevera: "Para efeito de aposentadoria especial de professores, não se computa o tempo de serviço prestado fora da sala de aula.", cabe registrar, por derradeiro, que no ano de 2006, justamente para contornar referido enunciado do STF, houve a edição da Lei 11.301 que passou a considerar como funções de magistério, para efeitos previdenciários, o labor de professores e especialistas em educação "fora de sala de aula" quando no exercício das atividades de direção de unidade escolar, coordenação e assessoramento pedagógico. De anotar ainda que o STF declarou constitucional referida lei ao apreciar a ADIn 3.772; **D:** Correta, trata-se de reprodução do enunciado sumular 416 do STJ; **E:** Incorreta, uma vez que há uma alternativa correta, a letra "D".

Gabarito "D"

(TRT 15ª Região – 2010) Analise as afirmações contidas, nos itens "I", "II" e "III" e assinale a alternativa correta:

I. A Seguridade Social compreende um conjunto integrado de ações de iniciativa dos Poderes Públicos e da, sociedade; destinadas a assegurar os direitos relativos à saúde, à previdência e à educação.
II. A pessoa jurídica em débito com o sistema da seguridade social, como estabelecido em lei, não poderá contratar com o Poder Público nem dele receber benefícios ou incentivos fiscais ou creditícios.
III. O Supremo Tribunal Federal considera inconstitucionais os artigos 45 e 46 da Lei 8.212, de 24/7/1991.

(A) somente as afirmações contidas nas alíneas "I" e "II" são corretas;
(B) somente as afirmações contidas nas alíneas "I" e "III" são corretas;
(C) as afirmações contidas nas alíneas "I", "II" e "III" são corretas;
(D) somente as afirmações contidas nas alíneas "II" e "III" são corretas;
(E) todas as afirmações são incorretas.

I: Incorreta, do conceito constitucional de seguridade social constante do art. 194 da CF/1988 não consta "educação"; **II:** Correta, trata-se de reprodução do art. 195, § 3º, da CF/1988; **III:** Correta, o STF editou a Súmula Vinculante 8 declarando a inconstitucionalidade dos arts. 45 e 46 da Lei 8.212/1991.

Gabarito "D"

(TRT 2ª Região – 2010) Aponte a afirmativa correta:

(A) O auxílio-reclusão é devido apenas durante o período em que o segurado estiver recolhido à prisão sob regime fechado ou semi-aberto; no caso de fuga do preso ocorre a perda do direito ao recebimento do benefício pelos seus dependentes, que não poderá ser restabelecido se houver recaptura do segurado.
(B) Não será devido auxílio-doença ao segurado que se filiar ao Regime Geral de Previdência Social já portador de doença ou lesão invocada como causa para a concessão do benefício, seja qual for o motivo gerador da incapacidade para o trabalho.
(C) Para fazer jus à aposentadoria especial o segurado deverá comprovar a efetiva exposição aos agentes nocivos físicos, químicos, biológicos ou associação de agentes prejudiciais à saúde ou à integridade física, pelo período equivalente ao exigido para a concessão do benefício, a saber: quinze, vinte ou vinte e cinco anos conforme dispuser a lei.
(D) As contribuições sociais devidas por empregadores, empresas e entidades a elas equiparadas na forma da lei somente poderão ter alíquotas ou bases de cálculo diferenciadas em razão do porte da empresa ou da utilização intensiva de mão de obra, não se justificando tratamento específico em virtude das variações da atividade econômica ou das condições estruturais do mercado de trabalho.
(E) Compete ao Poder Público organizar a seguridade social com base nos objetivos de: universalidade da cobertura e do atendimento; seletividade, distributividade e especificidade dos benefícios e serviços às populações urbanas e rurais; irredutibilidade do valor dos benefícios; equidade na forma de participação no custeio; diversidade da base de financiamento; caráter democrático e descentralizado da administração, mediante gestão tripartite.

A: Incorreta, a fuga do segurado-recluso resulta na "suspensão" do benefício, que será reativado quando verificada a recaptura e na ocasião da prisão ainda esteja mantida a qualidade de segurado do foragido (art. 117, § 2º, do Decreto Federal 3.048/1999); **B:** Incorreta, o art. 59, parágrafo único, da Lei 8.213/1991 admite ressalva, e por conseguinte proteção previdenciária, quando a incapacidade sobrevier por motivo de progressão ou agravamento dessa doença ou lesão; **C:** Correta, a assertiva reproduz o art. 57, *caput*, e o respectivo § 4º, da Lei 8.213/1991; **D:** Incorreta, o texto diverge do comando constitucional constante do art. 195, § 9º, da CF/1988; **E:** Incorreta, traz rol diferente do previsto constitucionalmente no art. 194, parágrafo único, da CF/1988.

Gabarito "C"